Curso de
Direito Processual
do Trabalho

EDUARDO GABRIEL SAAD

CURSO DE
DIREITO PROCESSUAL
DO TRABALHO

7ª Edição
Revista, Atualizada e Ampliada por

JOSÉ EDUARDO DUARTE SAAD
*Advogado, Professor, ex-Procurador Chefe do Ministério Público do Trabalho em São Paulo,
ex-Assessor Jurídico de Ministro do Supremo Tribunal Federal.
Membro do Instituto dos Advogados de São Paulo.
e-mail: jesaad@saadadvocacia.com.br*

ANA MARIA SAAD CASTELLO BRANCO
Advogada, Consultiva e Contenciosa, na Área Civil e Trabalhista.

EDITORA LTDA.
© Todos os direitos reservados

Rua Jaguaribe, 571
CEP 01224-001
São Paulo, SP – Brasil
Fone (11) 2167-1101
www.ltr.com.br

LTr 4978.7
Fevereiro, 2014

Dados Internacionais de Catalogação na Publicação (CIP)
(Câmara Brasileira do Livro, SP, Brasil)

Saad, Eduardo Gabriel
  Curso de direito processual do trabalho / Eduardo Gabriel Saad. -- 7. ed. rev., atual. e ampl. por José Eduardo Saad e Ana Maria Saad Castello Branco. -- São Paulo : LTr, 2014.

  Bibliografia.
  ISBN 978-85-361-2862-7

  1. Direito do trabalho 2. Direito do trabalho - Brasil 3. Direito processual do trabalho - Brasil I. Saad, José Eduardo Duarte. II. Castello Branco, Ana Maria Saad. III. Título.

14-01389   CDU-347.9:331(81)

Índice para catálogo sistemático:
  1. Brasil : Processo trabalhista : Direito do trabalho   347.9:331(81)

Prefácio

A presente obra é um importante referencial na área do Direito Processual do Trabalho pela abrangência e densidade de seu conteúdo.

O Curso de Direito Processual do Trabalho reveste-se de inestimável importância no cenário jurídico do país, por se tratar de instrumento de realização e aplicação do Direito do Trabalho, seguramente o ramo do direito mais importante do ponto de vista social e humanístico.

Eduardo Gabriel Saad, jurista de renome e que dispensa apresentações, desde a primeira edição desta obra, enfrentou, com profundidade, todos os temas processuais relevantes, aliando a teoria à prática. Contribuiu, de maneira decisiva, para a consolidação da autonomia doutrinária do Direito Processual do Trabalho, que hoje não mais se questiona.

Podemos afirmar, com segurança, que *Saad* se imortalizou não apenas com a presente obra, mas com os inúmeros e importantes livros que editou, dentre os quais a "CLT Comentada", que se encontra, atualmente, na 46ª edição.

Agora, sob a responsabilidade de *José Eduardo Duarte Saad*, advogado, ex-Procurador-Chefe do Ministério Público do Trabalho de São Paulo, e de *Ana Maria Saad Castello Branco*, advogada experiente, herdeiros deste inestimável legado, esta obra vem a ser revisada, atualizada e ampliada.

Não resta dúvida de que a presente obra continuará ocupando posição de destaque na praxe forense, por sua amplitude e profundidade, contribuindo para o aperfeiçoamento do Direito Processual do Trabalho e para a qualificação de todos os estudiosos que dele se ocupam, seja nos cursos de graduação ou pós-graduação ou mesmo nos ofícios da magistratura, da advocacia ou do Ministério Público do Trabalho.

Vantuil Abdala
ex-Ministro Presidente do Tribunal Superior do Trabalho

Índice Geral

1ª PARTE
TEORIA

Capítulo I
Conceitos Fundamentais e um Pouco de História

1. Direito Processual do Trabalho. Processo. Conceitos	29
1.1. Reforma do CPC e seus Reflexos na CLT	31
2. Denominação da Disciplina: Direito Judiciário do Trabalho ou Direito Processual do Trabalho?	32
3. Meios de Solução dos Conflitos de Interesses: Da Autodefesa	32
4. Outros Meios de Solução dos Conflitos de Interesses: Autocomposição e Heterocomposição	33
5. Posição Enciclopédica do Direito Processual do Trabalho	34
6. Da Codificação	35
7. Competência da União para Legislar sobre Direito Processual do Trabalho	36
8. Notícia Histórica do Direito Processual do Trabalho. Breve Resenha de Direito Comparado	36
a) Experiência Francesa	37
b) Experiência Alemã	37
c) Experiência Italiana	37
d) Experiência Espanhola	37
e) Experiência Portuguesa	38
f) Experiência Brasileira	38
9. Conceito de Ação	39
10. Individualização das Ações	41
11. Condições de Ação	44
12. Processo. Procedimento	45
12.1. Do Procedimento	45
13. Pressupostos Processuais	46
14. Fontes do Direito Processual do Trabalho	46
15. Incidente de Uniformização da Jurisprudência	48
16. O Processo e a Constituição da República	50
16.1. Alteração da Competência por Lei Ordinária	55
17. O Ministério Público do Trabalho e a Constituição Federal	56
18. A CLT e o Processo	56
19. Abuso de Direito no Exercício da Demanda	57
19.1. Abuso de Direito no Exercício da Capacidade Recursal	57
19.2. Litigância de Má-Fé	60
19.3. Litigância de Má-fé no Processo de Dissídio Coletivo	62
20. Regimento Interno dos Tribunais	63

Capítulo II
Princípios do Direito Processual do Trabalho

21. Princípios Informativos do Direito Processual do Trabalho	64
22. Do Dispositivo	64
23. Do Inquisitivo	65
24. Princípio da Duração Razoável do Processo. Princípios da Concentração, da Oralidade, da Imediatidade e da Celeridade Processuais	66
25. Concentração	66

26. Da Oralidade 67
27. Da Imediatidade 67
28. Da Eventualidade 67
29. Do Contraditório 68
30. Da Conciliação e da Transação 69
    30.1. Transação sem Versar Questão Posta em Juízo 70
31. Imparcialidade do Juiz 71
32. Duplo Grau de Jurisdição 71
33. *Non Reformatio in Pejus* 73
    33.1. Duplo Grau de Jurisdição e a Fazenda Pública 73
34. Preclusão e Perempção 73
35. Interpretação e Aplicação da Lei Processual 74
36. Analogia 77
37. Princípios Gerais do Direito 77
38. Usos e Costumes 78
39. Equidade 79
40. Direito Comparado 79

Capítulo III
Direito Processual do Trabalho no Tempo e no Espaço

41. Princípio da Irretroatividade e Processo 80
42. Prescrição da Ação 81
    42.1. Súmulas e Orientações do STF, do STJ e do TST sobre a prescrição ... 87
        42.1.1. Súmulas do STF 87
        42.1.2. Súmulas do STJ 87
        42.1.3. Súmulas do TST 88
        42.1.4. Orientações Jurisprudências da SDI-1, do TST 89
    42.2. Da Prescrição no Novo Código Civil 90
        42.2.1. Prazo Unificado para o Trabalho Urbano e Rural 90
        42.2.2. Prescrição do Direito de Ação 91
        42.2.3. Prescrição da Exceção 91
        42.2.4. Da Renúncia da Prescrição 91
        42.2.5. Prescrição e Vontade das Partes 91
        42.2.6. Invocação da Prescrição em Juízo 91
        42.2.7. Decretação da Prescrição 92
        42.2.8. Responsabilidade dos Representantes dos Relativamente Incapazes ... 92
        42.2.9. Da Prescrição Intercorrente 92
        42.2.10. Causas Impeditivas da Prescrição 92
        42.2.11. Causas Interruptivas e Suspensivas da Prescrição 92
        42.2.12. Dos Prazos da Prescrição 93
    42.3. Prescrição e o Fundo de Garantia: Introdução 93
        42.3.1. Mais Doutrina sobre a Prescrição 94
        42.3.2. O Que é Coisa Principal 95
        42.3.3. Outras Súmulas do TST acerca da prescrição do FGTS 95
        42.3.4. O Supremo Tribunal Federal e o FGTS 95
43. Da Decadência 96
    43.1. Da Decadência no Novo Código Civil 96
44. Lei Processual no Espaço 97
45. Instância 98

Capítulo IV
Ações. Classificação e Elementos

46. Classificação das Ações Trabalhistas 99
47. Da Ação Condenatória 99
48. Das Ações Constitutivas 99

49. Das Ações Declaratórias	99
50. Da Ação Executiva	100
51. Das Ações Cautelares	100
52. Das Ações Coletivas	100
53. Elementos da Ação	101
54. Das Partes. Substituição Processual. Representação	101
54.1. Das Partes	101
54.2. Da Substituição das Partes ou Sucessão Processual	102
54.3. Da Representação Processual	103
54.4. Da Substituição Processual	105
54.4.1. Da Substituição Processual: Antecedentes Históricos	106
54.4.2. Da Substituição Processual: Doutrina Estrangeira	107
54.4.3. Da Substituição Processual e o Código de Processo Civil	107
54.4.4. Da Constituição e da Substituição Processual	108
54.4.5. Da Substituição Processual na CLT	108
54.4.6. Da Substituição Processual no STF e no TST: Súmula n. 310	109
54.5. Insalubridade e Substituição Processual	113
54.6. Pactos Coletivos e Substituição Processual	113
55. Do Litisconsórcio	115
56. Litisconsórcio Necessário	117
57. Litisconsórcio Facultativo	117
58. Cumulação de Ações	119
59. Exame dos Autos fora do Cartório	119
60. Desentranhamento de Documentos	120
61. Exame dos Autos pelas Partes	120
62. O Advogado e o Processo	120
62.1. Uso de Documento Falso por Advogado	127
63. Assistência Judiciária	127
63.1. Assistência Judiciária prestada pelo Sindicato. Defensoria Pública	130
64. O Processo e o Estagiário	132
65. O Terceiro e o Processo	132

Capítulo V
Formas de Intervenção Coata

66. Da Intervenção de Terceiros	133
66.1. Da Nomeação à Autoria	133
67. Denunciação da Lide	134
67.1. *Factum Principis*	*134*
68. Do Chamamento ao Processo	135

Capítulo VII
Processo e Procedimento

72. Processo. Procedimento. Conceito	137
73. Atos Processuais	137
74. Atos Processuais Objetivos e Subjetivos	138
75. Publicidade dos Atos Processuais	138
76. Forma dos Atos Processuais	138
76.1. Transmissão de Dados Via Fac-símile para a Prática de Atos Processuais	139
76.2. Processo eletrônico. Informatização processual	139
77. Atos Processuais de Responsabilidade do Juiz	144
78. Atos Processuais das Partes	145
79. Atos Postulatórios	145
80. Atos Dispositivos	145
81. Atos Probatórios	145
82. Atos Processuais no Procedimento	145

83. Assinatura das Partes nos Atos e Termos Processuais...........145
84. Os Termos Processuais e os Chefes de Secretarias...........146

Capítulo VIII
Prazos

85. Dos Prazos...........147
86. Classificação dos Prazos...........147
87. Termos Inicial e Final dos Prazos...........148
88. Prazos Peremptório e Dilatório...........149
89. Casos Especiais de Prazos...........150
90. Impulso Processual...........152

Capítulo IX
Dos Serviços Auxiliares da Justiça do Trabalho

91. Atos dos Serviços Auxiliares da Justiça do Trabalho...........154
92. Dos Distribuidores...........154
93. Dos Cartórios dos Juízos de Direito...........155
94. Das Secretarias dos TRTs...........155
95. Dos Oficiais de Justiça e Oficiais Avaliadores...........155
96. Do Perito...........155
    96.1. A Perícia e o Juiz...........160
97. Honorários Periciais e a Justiça Gratuita...........160
98. Do Depositário e do Administrador...........162
99. Do Intérprete...........162
100. Divisão dos Auxiliares Eventuais do Juiz...........162

Capítulo X
Sucumbência e Assistência Judiciária

101. Da Sucumbência...........163
102. Da Assistência Judiciária e a Constituição. Honorários de Sucumbência...........163

Capítulo XI
Comunicação dos Atos Processuais

103. Da Comunicação dos Atos Processuais...........166
104. Das Espécies de Cartas: Rogatória, de Ordem e Precatória...........166
105. Da Notificação (Citação)...........169
    105.1. Da Citação por Edital e Nomeação de Curador Especial: Ausência de Revelia...........171
106. Das Intimações...........171

Capítulo XII
Das Nulidades

107. Das Nulidades Processuais...........172
    107.1. Princípios das Nulidades Processuais...........174
        107.1.1. Princípio da especificidade...........174
        107.1.2. Princípio da transcendência...........174
        107.1.3. Princípio da convalidação...........174
        107.1.4. Princípio da proteção...........174
        107.1.5. Princípio da conservação...........174
    107.2. Nulidades Processuais. Casuística...........174
108. Nulidade e Silêncio da Parte...........175
109. Julgamento Antecipado da Lide...........176
110. Cerceamento da Defesa...........176
111. Nulidade que não se Pronuncia...........176
112. Nulidade e o Ministério Público...........177

113. Nulidade da Notificação e da Intimação 177
114. Nulidade Processual na CLT 177
    114.1. Nulidades no Novo Código Civil e seus Reflexos nos Aspectos Processuais da CLT: Introdução 177
        114.1.1. Nulidades. Conceito 178
        114.1.2. Da Invalidade do Negócio Jurídico 178
        114.1.3. Da Simulação 179
        114.1.4. Declaração da Nulidade 180
        114.1.5. Anulabilidade do Negócio Jurídico 180
        114.1.6. Causas de Anulabilidade 181
        114.1.7. Do Erro ou Ignorância 181
        114.1.8. Do Dolo 181
        114.1.9. Da Coação 182
        114.1.10. Estado de Perigo 182
        114.1.11. Da Lesão 182
        114.1.12. Da Fraude contra Credores 183
        114.1.13. Defeitos do Negócio Jurídico e a CLT 183

Capítulo XIII
Das Exceções

115. Das Exceções 184
116. Exceção de Suspeição 185
117. Exceção de Incompetência 186

Capítulo XIV
Jurisdição e Competência

118. Da Jurisdição 187
119. Jurisdição Voluntária 188
120. Da Competência 189
121. Conflitos de Competência 190
122. A Competência e a Constituição após a Emenda Constitucional n. 45/2004 191
    122.1. Hermenêutica da Norma Constitucional em Geral e da Norma Constitucional Processual do Trabalho 192
    122.2. Competência da Justiça do Trabalho para Processar e Julgar 195
    122.3. Inciso I, art. 114, CF. Espécies da Relação de Trabalho. Relação de Emprego. Estatutário e "Celetista". Pessoa Jurídica de Direito Público Externo 196
    122.4. Inciso II, art. 114, CF. Greve em Atividade Essencial e Não Essencial. Ocupação da Empresa e as Ações Possessórias ... 199
    122.5. Inciso III, art. 114, CF — Ações sobre Representação Sindical. Eleição Sindical. Cobrança de Contribuições de Natureza Sindical 202
    122.6. Inciso IV, art. 114, CF — Mandado de Segurança, *Habeas Corpus* e *Habeas Data* 203
    122.7. Inciso V, art. 114, CF — Conflitos de Competência na Justiça do Trabalho 205
    122.8. Inciso VI, do art. 114, CF — Dano Moral e Patrimonial 205
    122.9. Inciso VII, do art. 114, CF — Auto de Infração lavrado pela Fiscalização Trabalhista 206
    122.10. Inciso VIII, do art. 114, CF — Execução de Ofício das Contribuições Sociais 206
    122.11. Inciso IX, do art. 114, CF — Outras Controvérsias Decorrentes da Relação de Trabalho Mediante Lei 207
    122.12. Ajuizamento de Comum Acordo do Dissídio Coletivo de Natureza Econômica 207
    122.13. Exame de Alguns Casos Práticos Decorrentes da Nova Redação do Art. 114, da Constituição 210
123. Competência *Ex Ratione Personae* 215
124. Justiça do Trabalho e o Avulso 216
125. Justiça do Trabalho e os Territórios 217
126. Justiça do Trabalho e Empregados de Concessionárias de Serviços Públicos 217
127. Justiça do Trabalho e o Doméstico 217
128. Justiça do Trabalho e o Trabalhador Rural 217
129. Justiça do Trabalho e a Parceria Rural 218
130. Justiça do Trabalho e o Trabalhador Eventual 218
131. Privilégios da União 218
132. Justiça do Trabalho, Empresas Públicas e Sociedades de Economia Mista 219

133. Justiça do Trabalho, Autarquias e Fundações Públicas	219
134. Justiça do Trabalho e o Funcionário Público	219
135. Justiça do Trabalho e Entes de Direito Público Externo	219
136. Justiça do Trabalho e o Pequeno Empreiteiro. Relação de Consumo	220
136.1. Responsabilidade Civil do Estado por Atos da Justiça do Trabalho	221
137. Competência *Ex Ratione Materiae*. Casos Especiais	223
137.1. Da contribuição assistencial	224
137.2. Da contribuição confederativa	224
137.3. Da contribuição sindical do empregado e do empregador	224
137.4. Programa de Integração Social — PIS	225
137.5. Trabalho avulso e perdas e danos	225
137.6. A União como assistente	225
137.7. Imunidade de jurisdição	225
137.8. Órgãos de controle profissional	225
137.9. Ação reintegratória contra empregado	225
137.10. Dano moral e a Justiça do Trabalho	226
137.10.1. Casos Especiais de Dano Moral no Direito do Trabalho: competência da justiça do trabalho	228
137.11. Normas de Segurança, Higiene e Medicina do Trabalho	229
137.12. Crime de Falsificação ou Uso de Documento Falso perante a Justiça do Trabalho	229
137.13. Súmulas do STF, STJ e TST sobre Casos Especiais de Competência	229
137.13.1. Súmulas do STF	229
137.13.2. Súmulas do STJ	230
137.13.3. Súmulas do TST	231
137.14. Orientações Jurisprudenciais e Precedentes Normativos do TST acerca de casos especiais de competência	232
137.14.1. Orientações Jurisprudenciais — Tribunal Pleno (TP) e Órgão Especial (OE)	232
137.14.2. Orientações Jurisprudenciais — SDI	232
137.14.2.1. Orientações Jurisprudenciais — SDI-1	232
137.14.2.2. Orientações Jurisprudenciais — SDI-2	232
137.14.3. Orientações Jurisprudenciais — SDC	233
137.14.4. Precedentes Normativos — SDC	233
137.15. Imunidade de Jurisdição e o Estado Estrangeiro	233
137.16. Atleta Profissional	234
137.17. Servidores de Cartórios Extrajudiciais	235
137.18. Execução das Contribuições Previdenciárias	235
138. Prevenção e Solução Extrajudicial de Conflitos do Trabalho	236
139. Competência *Ex Ratione Loci*	236
140. Empregado Brasileiro no Estrangeiro	237
141. Empresas com Agências ou Filiais em Outros Estados ou Cidades	237

Capítulo XV
Das Modificações da Competência

142. Prorrogação da Competência	238
143. A Competência e a Conexão de Causas	239
144. Continência e Competência	239
145. Prorrogação Legal da Competência	239
146. Da Competência Funcional	240
147. Competência das Varas do Trabalho	240
148. Dissídios entre Avulsos e Usuários de seus Serviços	241
149. Outros Casos de Competência da Vara do Trabalho	241
149.1. Indenizações, Horas Extras, Adicionais etc.	241
149.2. Estabilidade Provisória e Inquérito para Apuração de Falta Grave	241
149.3. Vara do Trabalho e os Embargos	242
149.4. Empregador que Exerce Atividades Fora do Local da Celebração do Contrato de Trabalho	242
149.5. Empresa Nacional com Filiais no Estrangeiro	242
150. Da Competência dos Tribunais Regionais do Trabalho	242
151. Da Competência do Tribunal Superior do Trabalho	243
151.1. Da Competência do Tribunal Pleno do TST	244

152.	Da Competência do Órgão Especial do TST	244
153.	Da Competência da Seção Especializada em Dissídios Coletivos do TST	245
154.	Da Competência da Seção Especializada em Dissídios Individuais do TST	246
155.	Da Competência das Turmas do TST	246

Capítulo XVI
Da Estrutura e Dinâmica da Justiça do Trabalho

156.	História e Organização da Justiça do Trabalho	248
157.	Representação Paritária	249
158.	Espaço Territorial e Justiça do Trabalho	249
159.	Composição e Funcionamento das Varas do Trabalho. Garantias do Juiz	250
160.	A Magistratura e o Sindicalismo. Direito de Greve	253
161.	Critério Legal para Criação de Varas do Trabalho	254
162.	Do Juiz Substituto	255
163.	Dos Juízos de Direito. Organização e Funcionamento	255
164.	O Juiz do Trabalho e a Equidade	255
165.	Organização e Funcionamento dos Tribunais Regionais do Trabalho	256
166.	Da Correição	258
167.	TRTs Divididos em Turmas	259
168.	Localização dos TRTs	259
169.	Jurisprudência Predominante dos TRTs	259
170.	Da Organização e Funcionamento do Tribunal Superior do Trabalho	259

Capítulo XVII
Do Ministério Público do Trabalho, da Arbitragem e das Comissões de Conciliação Prévia

171.	Do Ministério Público e sua obrigação de defender direitos pessoais à defesa de direitos impessoais	262
171.1.	Evolução Histórica do Ministério Público: Da Justiça nas Sociedades Primitivas à Sociedade Moderna e o Ministério Público	262
171.2.	Evolução Histórica do Ministério Público no Brasil	263
171.3.	Do Ministério Público do Trabalho: Evolução Histórica no Brasil	264
171.4.	Aspectos Gerais do Ministério Público Atual e seus Reflexos na Estruturação Institucional do Ministério Público do Trabalho	265
171.4.1.	Lei Complementar n. 75/93	267
171.5.	O Ministério Público do Trabalho e a Titularidade Exclusiva da Ação Anulatória de Cláusula em Pacto Coletivo de Trabalho	277
171.6.	Do Ministério Público do Trabalho e os Interesses e Direitos Individuais Homogêneos	278
171.7.	Da Arbitragem: Conceito. Arbitrador e árbitro. Natureza jurídica do instituto. Antecedentes legislativos. Juízo arbitral e acesso à Justiça. Campo de aplicação da nova lei. Lei, equidade e juízo arbitral. Convenção de arbitragem e seus efeitos. Resistência à instituição da arbitragem. Dos árbitros. Procedimento arbitral. Sentença arbitral. Sentença arbitral estrangeira. Alterações na legislação vigente	281
171.8.	Sentença Arbitral Estrangeira	288
	A) Nova Convenção Internacional	288
	B) Notícia Histórica	288
	C) A Convenção Internacional e a Constituição	289
	D) A Convenção Internacional e a Lei de Arbitragem	290
171.9.	Das Comissões de Conciliação Prévia	291
171.10.	O Ministério do Trabalho e Emprego e as Comissões de Conciliação Prévia — CCP	292
171.11.	Ação Civil Pública. A Terceirização e o Ministério Público do Trabalho. Estudo de um caso	295
171.11.1.	A globalização e a empresa nacional	296
171.11.2.	O Ministério Público e a Constituição	296
171.11.3.	Fundamentos da Ação Civil Pública	297
171.11.4.	Interesses e Direitos Difusos, Coletivos e Individuais Homogêneos	298
171.11.5.	Terceirização de atividades da empresa	299
171.11.6.	*Legitimatio ad causam* e interesse de agir	300
171.11.7.	Do direito lesado	301
171.11.8.	Indenização por violação da ordem jurídica	301
171.11.9.	Da Antecipação da Tutela	301
171.11.10.	Conclusões	302

171.12. Ação Civil Pública. Aplicação da Lei de Licitações pelo Ministério Público do Trabalho e a Terceirização de Serviços pela Administração Pública.. 302
171.13. Ação Civil Pública e necessidade de publicação de edital... 303
171.14. Carência de Ação do Ministério Público do Trabalho relativamente à Ação Civil Pública. Estudo de caso..... 304

Capítulo XVIII
Princípio e Fim do Processo de Conhecimento

172. Da Formação, da Suspensão e da Extinção do Processo... 307
173. Formação do Processo.. 307
174. Da Suspensão do Processo... 308
175. Casos de Suspensão que Dependem de Autorização do Juiz.. 308
176. Da Extinção do Processo.. 309

Capítulo XIX
Procedimento do Dissídio Individual do Trabalho

177. Procedimento do Dissídio Individual.. 311
178. Do Termo de Reclamação... 311
179. Da Petição Inicial.. 312
    179.1. Antecipação da Tutela de Mérito no Processo do Trabalho.. 315
    179.2. Da Ação Rescisória e a Tutela Antecipada... 315
    179.3. Tutela Antecipada e a CLT.. 315
    179.4. Tutela Antecipada e o art. 273 do CPC.. 316
    179.5. Do Pedido da Tutela Antecipada.. 317
    179.6. Execução Provisória da Decisão Concessiva da Tutela Antecipada.. 318
    179.7. Tutela Antecipada e Obrigações de Fazer e Não Fazer... 320
    179.8. Obrigações de Fazer e de Não Fazer... 320
    179.9. Do Pedido da Tutela Antecipada no art. 461 do CPC... 321
    179.10. Da Multa Diária.. 322
    179.11. Das Perdas e Danos.. 322
    179.12. Medidas para Efetivação da Tutela Específica... 323
    179.13. A Tutela Antecipada e o Poder Público.. 323
180. Quem pode ser reclamante... 324
    180.1. Da Representação do Espólio no Processo do Trabalho... 324
    180.2. Quem Pode Ser Reclamado... 324
    180.3. Quem pode ser Reclamado. Grupo Econômico e suas Características.. 325
    180.4. Responsabilidade Solidária Ativa (Empregador Único) e Responsabilidade Solidária Passiva das Empresas Integrantes de um Grupo Econômico... 326
    180.5. Solidariedade ativa e passiva do Grupo de Empresas. Suas correntes jurisprudenciais............................ 329
181. A Petição Inicial e as Provas... 330
182. Do Valor da Causa... 331
183. Da Notificação (Citação)... 331
184. Efeitos da Notificação... 333
185. Formas de Notificação.. 333
186. Da Audiência.. 334
    186.1. Identidade Física do Juiz... 335
187. Comparecimento das Partes à Audiência.. 335
188. Preposto do Empregador.. 335
189. Ausência do Reclamante e do Reclamado à Audiência... 336
190. Da Pena de Confissão.. 337
191. Pena de Confissão e Perícia.. 338
192. Da confissão... 338
193. Exibição de Documento ou Coisa.. 339
194. Representação do Reclamante por outro Empregado.. 339
195. Revelia e Reclamação Plúrima... 340
196. Da Revelia... 340

197. Resposta ou Defesa do Reclamado. Exceções	342
198. Da Reconvenção	344
199. Da Compensação e da Retenção	345
200. Do Procedimento da Reconvenção. Da Compensação e da Retenção	346
201. Da Conciliação	346

Capítulo XX
Da Prova e Seus Princípios

202. Da Prova	350
203. Natureza do Instituto da Prova	351
204. O Juiz e a Prova	352
204.1. Impulso Processual da Prova. Possibilidade de Indeferimento pelo Juiz de Oitiva de Testemunha	353
205. Das Presunções	354
206. Ônus da Prova	355
206.1. Inversão do Ônus da Prova	357
207. Licitude dos Meios de Prova	357
208. Da Isonomia na Produção da Prova	358
209. Da Oportunidade da Prova	358
210. Espécies de Provas	358
211. Fatos Notórios	359
212. Prova de Normas Jurídicas	359
213. Classificação das Provas	360
214. A Prova e a CLT	360
214.1. Da Prova Ilícita	361
215. Do Depoimento Pessoal	362
216. Espécies de Confissão	364
217. Do Testemunho	365
218. Admissibilidade e Valor da Prova Testemunhal	366
219. Quem Pode Ser Testemunha	367
220. Prova Documental	368
221. Do Preposto	370
221.1. Testemunho do Preposto	373
221.2. Preposto não empregado de empregador rural	373
221.3. Preposto não Empregado de Micro ou Pequena Empresa	374
222. Inquirição de Testemunhas	374
222.1. Testemunha que se recusa a depor: prisão ou multa?	375
223. Produção Antecipada da Prova	375
224. Do Incidente de Falsidade	376
225. O Prazo e a Produção da Prova Documental	377
226. Da Prova Pericial	377
227. Exame de Livros Mercantis	380
228. Da Inspeção Judicial	381
229. Da Prova Emprestada	382
229.1. A Prova no Código Civil de 1916 e no de 2002	382
229.1.1. Da Confissão Ineficaz	383
229.1.2. Da Confissão Anulável	384
229.1.3. Telegrama como Prova	385
229.1.4. Cópia Fotográfica de Documento	385
229.1.5. Registros Fotográficos e Outros	385
229.1.6. Dos Livros e Fichas Mercantis	385
229.1.7. Da Prova Testemunhal	386
229.1.8. Quem Não Pode Depor	386
229.1.9. Presunções e a Prova Testemunhal	387
229.2. A Prova e os Tribunais	387
229.2.1. Súmulas do Supremo Tribunal Federal e a prova	387
229.2.2. Súmula do extinto Tribunal Federal de Recursos e a prova	387

229.2.3.	Súmulas do Tribunal Superior do Trabalho e a prova	388
229.2.4.	Orientação Jurisprudencial SDI-1, do Tribunal Superior do Trabalho e a prova	389
229.2.5.	Orientação Jurisprudencial da Seção de Dissídio Individual (SDI-1), do Tribunal Superior do Trabalho (Transitória) e a prova	390
229.2.6.	Orientação Jurisprudencial da Seção de Dissídio Individual (SDI-2), do Tribunal Superior do Trabalho e a prova	390
229.2.7.	Orientação Jurisprudencial da Seção de Dissídios Coletivos (SDC), do Tribunal Superior do Trabalho e a prova	391

Capítulo XXI
Fase Decisória do Dissídio Individual

230.	Fase Final ou Decisória dos Dissídios Individuais	392
	230.1. Ação Repetitiva ou Julgamento de Plano na Justiça do Trabalho	393
231.	Audiência de Instrução e Julgamento	395
232.	Da Sentença	395
	232.1. Sentença *ultra petita* e Nulidade de demissão	397
233.	Requisitos da Sentença	398
234.	Sentença Nula	399
235.	Sentença Terminativa sem Julgamento de Mérito	399
236.	Clareza da Sentença	400
237.	Sentença — Ato Público	400
238.	Obscuridade ou Contradição da Sentença	400
239.	Publicação da Sentença	400
240.	Efeitos da Sentença	400
241.	Da Sentença Condenatória	401
242.	Da Sentença Constitutiva	402
243.	Da Sentença Declaratória	402
244.	Embargos de Declaração	403
245.	Coisa Julgada	405
	245.1. Relação Jurídica Continuativa e a Insalubridade	406
	245.2. Ação Rescisória e o Ministério Público	407
	245.3. Erros ou Enganos da Sentença e a Coisa Julgada	408

Capítulo XXII
Do Procedimento Sumaríssimo e Ação de Alçada

246.	Procedimento Sumaríssimo	412
247.	Reconvenção e Ações de Procedimento Sumaríssimo	414
248.	Litisconsórcio e Ação de Rito Sumaríssimo	415
	248.1. Medidas Processuais não Admitidas no Procedimento Sumaríssimo: ação declaratória incidental e a intervenção de terceiro	415

Capítulo XXIII
Inquérito para Apuração de Falta Grave

249.	Inquérito para Apuração de Falta Grave	417

Capítulo XXIV
Greve e Dissídio Coletivo do Trabalho

250.	Dissídios Coletivos	419
251.	A Greve e o Ministério Público	421
252.	Negociação Coletiva	423
253.	Instauração da Instância do Dissídio Coletivo	424
254.	Dissídio Coletivo de Natureza Econômica	428
255.	Dissídio Coletivo de Natureza Jurídica	429
256.	Sentença Normativa	430

257.	Ação de Cumprimento de Sentença Normativa	433
	257.1. Extensão das Decisões Normativas	435
258.	Revisão de Sentença Normativa	436
259.	Recursos no Processo de Dissídio Coletivo	437
	259.1. Do Recurso Ordinário no Dissídio Coletivo	437
	259.2. Da Assistência no Processo de Dissídio Coletivo	438
	259.3. Dos Embargos Infringentes no Processo de Dissídio Coletivo	439
	259.4. Depósito Recursal e Dissídio Coletivo	439
260.	Política Salarial e Dissídio Coletivo	439
261.	Orientações Jurisprudenciais da Seção de Dissídios Coletivos (SDC), e Precedentes Normativos do TST	441
	261.1. Orientações Jurisprudenciais da SDC do TST	441
	261.2. Precedentes Normativos	442
262.	Poder Normativo da Justiça do Trabalho	448
	262.1. A Ação Coletiva e o Exercício Irregular do Direito de Greve	450
	262.2. Greve do Servidor Público e do Militar	454
	262.3. Outros aspectos da Greve de Servidor Público	456

Capítulo XXV
Recursos no Processo Individual do Trabalho

263.	Recursos no Processo Individual do Trabalho	458
	263.1. Princípio do Duplo Grau de Jurisdição	459
	263.2. Princípios do Sistema Legal de Recursos	460
	263.3. Questões Recursais e o Litisconsórcio	461
	263.4. Efeitos do Recurso	462
	263.5. Recurso Ordinário no Processo do Trabalho	462
	263.6. Procedimento. Prazo Recursal	463
	263.7. Juntada de Documentos na Fase Recursal	465
264.	Juízo de Admissibilidade	466
265.	Pressupostos dos Recursos: Subjetivos e Objetivos	467
	265.1. Pressuposto Objetivo do Recurso — Das Custas	470
	265.1.1. Natureza Jurídica das Custas	470
	265.1.2. Custas, Processo e Procedimento	471
	265.1.3. Custas e Instruções do TST	472
	265.1.4. Do Benefício da Justiça Gratuita	472
	265.1.4.1. Justiça Gratuita e Sindicato	473
	a) Exame de uma questão	473
	b) Que é Justiça Gratuita	473
	c) Justiça Gratuita e o Processo Civil	474
	d) Constituição e Justiça Gratuita	475
	e) Os Tribunais e a Justiça Gratuita	475
	f) Livre acesso à Justiça	475
	g) Justiça Gratuita e o Processo do Trabalho	475
	265.1.4.2. Honorários Periciais e Justiça Gratuita	476
	265.1.5. Custas no Processo de Execução	478
	265.1.6. Do Recurso de Revista. Custas	478
	265.1.7. Isenção do Pagamento de Custas	479
	265.2. Pressuposto Objetivo do Recurso: Custas e sua Jurisprudência	481
266.	Terceiro e o Recurso	483
267.	Recurso Adesivo	484
268.	Espécies de Recursos	485
269.	Recurso Ordinário	485
	269.1. Questões Anteriores à Sentença	488
270.	Procedimento do Recurso Ordinário e Depósito Recursal	489
	270.1. Depósito Recursal e Condenação Solidária — Litisconsórcio	493
271.	Recurso Ordinário no Tribunal Regional do Trabalho	495

272. Recurso de Revista.. 496
    272.1. Incidente de Uniformização de Jurisprudência nos Tribunais Regionais do Trabalho: Seus aspectos históricos. Sua Natureza Jurídica. Seus Pressupostos. Órgão Competente para Julgar o Incidente........................... 503
    272.2. Súmulas e Orientações jurisprudenciais do TST sobre o Recurso de Revista... 506
273. Procedimento do Recurso de Revista... 509
    273.1. Transcendência em Recurso de Revista... 511
274. Embargos... 512
275. Embargos Infringentes.. 519
276. Agravo de Instrumento... 519
    276.1. Agravo de Instrumento e o poder do juiz em requisitar informações ao juízo *a quo*............................. 526
277. Agravo Regimental.. 528
278. Agravo de Petição.. 531
279. Recurso Especial.. 532
280. Recurso Extraordinário... 532
    280.1. Matérias do Direito do Trabalho com Repercussão Geral.. 537
    280.2. Matérias do Direito do Trabalho sem Repercussão Geral.. 540
    280.3. Interposição Prematura do Recurso Extraordinário.. 541
    280.4. Da Súmula Vinculante.. 542
281. Correição Parcial... 544
    281.1. Reclamação para Preservar a Competência do Tribunal... 547

Capítulo XXVI
Liquidação da Sentença

282. Conceito e Natureza Jurídica da Liquidação da Sentença... 548
    282.1. Liquidação para Individuar Objeto da Condenação.. 549
    282.2. Liquidação Mista... 550
    282.3. Liquidações Distintas... 550
    282.4. Liquidação e Terceiro... 550
    282.5. Obrigações Alternativas. Sua Liquidação... 550
    282.6. Liquidação de Sentença e a CLT.. 550
    282.7. Natureza Jurídica da Sentença de Liquidação.. 554
283. Liquidação da Sentença por Cálculo... 555
    283.1. Liquidação por Cálculo no Estrangeiro.. 558
284. Liquidação da Sentença por Arbitramento... 559
285. Liquidação da Sentença por Artigos.. 560
286. Impugnação da Sentença de Liquidação... 561
287. Casos Especiais de Liquidação da Sentença... 561
    A) Dos juros... 561
    A.1) Dos juros e o novo Código Civil... 562
    B) Débitos do empregado e a correção monetária.. 564
    C) Momento da contagem dos juros moratórios... 564
    D) Horas *in itinere* e liquidação por artigos.. 565
    E) Débitos da empresa e a sucessão *causa mortis* do empregado.. 565
    F) Impugnação da conta de liquidação e os embargos... 565
    G) Forma de impugnar a sentença de liquidação.. 565
    H) Compensação e liquidação da sentença... 565
    I) Sentença de liquidação e ação rescisória... 565

Capítulo XXVII
Da Execução

288. Processo de Execução.. 566
    288.1. Execução, Prescrição e a CLT... 571
289. Ações de Rito Sumaríssimo e Processo de Execução... 572
290. Juízo da Execução.. 572
    290.1. Contribuições Previdenciárias e a Execução.. 572

290.2. Contribuições Previdenciárias e a Justiça do Trabalho 573
290.3. A Conciliação Judicial e o INSS 574
290.4. As Contribuições Previdenciárias e as Decisões Cognitivas ou Homologatórias 575
290.5. As Contribuições Previdenciárias e Execução *Ex Officio* de Crédito Previdenciário 579
290.6. Pagamento da Dívida com o INSS 579
290.7. Liquidação da Sentença e a Contribuição Previdenciária 580
290.8. Impugnação à Conta de Liquidação da Sentença e a Contribuição Previdenciária 580
290.9. Julgamento da Impugnação à Conta de Liquidação 581
290.10. Procedimento do Recolhimento das Contribuições Previdenciárias 581
290.11. Das Contribuições Previdenciárias e do Agravo de Petição 581
290.12. Jurisprudência sobre a Execução das Contribuições Previdenciárias e Fiscais na Justiça do Trabalho 582
291. Extinção da Execução 587
  291.1. Extinção e Desistência da Execução 589
  291.2. Suspensão da Execução 590
  291.3. Outros Aspectos da Suspensão da Execução 591
292. Sujeito Ativo da Execução 593
293. Sujeito Passivo da Execução 594
  293.1. Dos Precatórios e dos Sequestros 595
  293.2. Sequestro de Rendas do Município 598
  293.3. Precatórios e Juros Moratórios 599
  293.4. Não Pagamento dos Precatórios: Responsabilidade Civil do Estado 600
  293.5. Os Precatórios e a Emenda Constitucional n. 37/2002 602
294. Espécies de Execução: Provisória e Definitiva. Penhora 604
  294.1. Tutela Antecipada e Execução Provisória 608
  294.2. Execução em Processo Extinto: Sentença Normativa 608
295. Obrigações de Dar e de Fazer 609
296. Execuções Singulares e Plúrimas 611
  296.1. Cumulação de Execuções 612
297. Execução e Falência. Recuperação Judicial. Considerações Gerais 613
  297.1. Massa Falida e as penalidades do art. 467 e do art. 477, § 8º, da CLT. Verbas Incontroversas 615
  297.2. Liquidação Extrajudicial de Instituições Financeiras 617
  297.3. Recuperação Judicial da Empresa e os Créditos Trabalhistas 617
    297.3.1. Análise das Principais Repercussões da Recuperação Judicial sobre os Créditos Trabalhistas 621
      1) Juízo Competente 621
      2) Suspensão da Prescrição, das Ações e das Execuções 621
      3) Impugnação do Crédito Trabalhista no Quadro-Geral dos Credores 623
      4) Reserva de Valor Estimado no Quadro-Geral dos Credores 623
      5) Prazo para Pagamento dos Créditos Trabalhistas na Recuperação Judicial 623
      6) Vencimento das Dívidas 623
      7) Requisitos de Natureza Trabalhista dentro da Petição Inicial da Ação de Recuperação Judicial 624
      8) Sindicato como Representante dos Trabalhadores, Associados ou não, na Assembleia Geral de Credores ... 624
      9) Redução Salarial, Compensação de Horários e Redução da Jornada de Trabalho dentro da Recuperação Judicial 624
      10) Sucessão de Empregador e a Recuperação Judicial 625
      11) Recuperação Judicial e a Manutenção da Personalidade Jurídica do Devedor 626
      12) Exigibilidade do Depósito Recursal e do Pagamento das Custas Processuais da Empresa em Recuperação 626
      13) Efeito do Plano de Recuperação Judicial Homologado sobre a Penhora Judicial Trabalhista 626
      14) Juros e Correção Monetária dos Débitos Judiciais Trabalhistas na Recuperação Judicial 626
      15) Débito Trabalhista Executado na Vigência do Plano de Recuperação Judicial 626
      16) Comitê de Credores e a Recuperação Judicial 627
      17) Possibilidade do Crédito Trabalhista Ser Negociado Individualmente na Recuperação Judicial 627
      18) Possibilidade de Revisão da Sentença que Homologa o Plano de Recuperação Judicial 629
298. Da Insolvência Civil 630
299. Fraude à Execução 631
  299.1. Da Exceção de Pré-Executividade: Sua Denominação 633

299.2.	Natureza Jurídica da Exceção de Pré-executividade	633
299.3.	Apresentação da Exceção e seu Prazo	634
299.4.	Da Exceção de Pré-Executividade no Processo do Trabalho	634
299.5.	Algumas Hipóteses de Cabimento da Exceção de Pré-Executividade	635
	a) Ausência de Pressupostos Processuais	635
	b) Falta de Notificação no Processo de Conhecimento	635
	c) Da Coisa Julgada	636
	d) Execução *Ex Officio*	636

Capítulo XXVIII
Da Penhora e Forma de Sociedades Mercantis

300.	Penhora: Sua Natureza Jurídica	637
	A) Da Sociedade Simples	639
	A.1) Da Microempresa e da Empresa de Pequeno Porte	640
	B) Sociedades em Comandita Simples	640
	C) Sociedade em Nome Coletivo	640
	D) Sociedade de Capital e Indústria	641
	E) Sociedade em Conta de Participação	641
	F) Sociedade por Quotas de Responsabilidade Limitada	641
	G) Sociedade Irregular ou de Fato	642
	H) Sociedade de Marido e Mulher	642
	I) Sociedade de Economia Mista	643
	J) Empresa Pública Federal	643
	K) Sociedades por Ações	643
	L) Transformação, Incorporação, Fusão, Cisão, Dissolução, Liquidação e Partilha de Sociedades Mercantis	644
	M) Transformação	644
	N) Incorporação	644
	O) Fusão	644
	P) Cisão	645
	Q) Dissolução, Liquidação e Partilha	645
	R) Sociedade Cooperativa	645
	S) Sociedades Coligadas	646
301.	Concurso de Credores	646
302.	Fiança Bancária	646
303.	Garantia da Execução por Terceiros	647
304.	Penhora dos Bens	647
	304.1. O Terceiro e a Penhora do Bem por ele Adquirido	647
305.	Natureza Jurídica da Penhora	648
306.	Nomeação de Bens à Penhora	648
	306.1. Penhora de Créditos Futuros	649
307.	Bens Impenhoráveis	651
308.	Dupla Penhora	651
309.	Penhora de Créditos	652
310.	Penhora de Empresa	653
311.	Caução de Títulos ou Ações	653
312.	Remição e Valor da Condenação	654
313.	A Penhora e a Falência da Empresa	654
314.	Penhora e Alienação Fiduciária	655
315.	Créditos de Natureza Alimentícia e a Fazenda Pública	655
316.	Penhora Múltipla dos Mesmos Bens	655
317.	Localização de Bens do Executado e a Receita Federal	656
	317.1. Localização de Bens do Executado e a Penhora *on line*. Banco Central	656
318.	Desconsideração da Personalidade Jurídica (*Disregard Doctrine*)	656
319.	Penhora de Bens Vendidos a Terceiro	658
320.	Meação da Mulher e a Penhora	658
321.	Penhora de Concessão de Serviço Público	659

321.1.	Outros Casos Especiais de Penhora	659
321.1.1.	Penhora Sobre Penhora	659
321.1.2.	Dívidas do Espólio	659
321.1.3.	Penhora de Imóvel Hipotecado	660
321.1.4.	A Penhora e o "Leasing"	662
321.1.5.	A Penhora e o Usufruto	662
321.1.6.	Ordem Preferencial da Penhora	663
321.1.7.	Penhora e Condomínio	663
321.1.8.	Penhora de Créditos	663
321.1.9.	Penhora de Direito pleiteado em Juízo	665
322.	Procedimento da Penhora e do Depósito	665
323.	Execução por Carta	667
324.	Casos Especiais de Impenhorabilidade	668
A)	Bem de Família	668
B)	Fundos Líquidos de Sociedade Mercantil	670
C)	Bem Hipotecado	670
D)	Elevador de Edifício em Condomínio	670
E)	Direitos Autorais e Salários de Artistas	670
F)	Condomínio e Obrigação *Propter Rem*	670
G)	Bem Alienado Fiduciariamente	670
H)	Bem Financiado pelo Sistema Financeiro da Habitação	670
I)	Direitos Derivados de Reclamação Trabalhista	670
J)	Telefone de Profissional Liberal	670
K)	Frutos e Rendimentos de Bens Gravados com Cláusula de Impenhorabilidade	670
325.	Embargos à Execução	671
325.1.	Parcelamento da Dívida Exequenda	677
326.	Embargos de Terceiro	677
326.1.	Embargos de Terceiro: Antecedentes Históricos e Legislativos, Natureza Jurídica, Casos Especiais de Embargos, Procedimento e Recursos	680
326.2.	Embargos de Terceiro e o Supremo Tribunal Federal	683

Capítulo XXIX
Trâmites Finais da Execução

327.	Subsistência ou Insubsistência da Penhora	685
328.	Avaliação	685
329.	Impedimentos do Oficial de Justiça Avaliador	686
330.	Arrematação ou Alienação em Hasta Pública	687
330.1.	Embargos à Arrematação, à Adjudicação e à Remição	691
330.2.	Arrematação de Bem Imóvel Hipotecado	691
331.	Adjudicação e Usufruto	692
332.	Leilão	694
333.	Remição	695
334.	Execução por Prestações Sucessivas	695
334.1.	Processo do Trabalho e Ação Monitória	695

Capítulo XXX
Poder Cautelar Geral

335.	Processo Cautelar	699
336.	Da Ação Cautelar. Disposições Gerais	699
336.1.	Medida Cautelar em Via Recursal	702
337.	Poder Cautelar Geral ou Medida Cautelar Inominada	703
338.	Poder Geral de Cautela e o Direito Estrangeiro	706

Capítulo XXXI
Procedimentos Cautelares Específicos

339.	Arresto	708
340.	Sequestro	708

341. Caução	709
342. Busca e Apreensão	710
343. Exibição	710
344. Produção Antecipada da Prova	711
345. Arrolamento de Bens	711
346. Justificação	712
347. Protestos, Notificações e Interpelações	712
348. Atentado	713

Capítulo XXXII
Procedimentos Especiais

349. Ação Declaratória	714
350. Ação de Consignação em Pagamento	716
350.1. Consignação Extrajudicial em Pagamento	717
351. Ação de Prestação de Contas	718
352. Ações Possessórias	719
353. Mandado de Segurança	720
354. Mandado de Segurança Coletivo	725
354.1. Jurisprudência do STF, STJ e do TST acerca do Mandado de Segurança	726
A) Supremo Tribunal Federal	726
B) Superior Tribunal de Justiça	727
C) Tribunal Superior do Trabalho	728
C.1. Súmulas	728
C.2. Orientações Jurisprudenciais do Pleno, do TST	728
C.3. Orientação Jurisprudencial da Seção de Dissídio Individual 2 (SDI-2), do TST:	729
355. **Habeas Data**	730
356. Mandado de Injunção	731
357. **Habeas Corpus**	733
358. Ação Rescisória	734
358.1. Procedimento	739
359. Súmulas do TST e a Ação Rescisória	741
359.1. Orientações Jurisprudenciais da Seção de Dissídios Individuais (SDI-1) do TST e a Ação Rescisória	745
359.2. Orientações Jurisprudenciais da Seção de Dissídios Individuais 2 (SDI-2) do TST e a Ação Rescisória.	745
360. Súmulas do STF e do STJ e a Ação Rescisória	749
360.1. Ação Anulatória de Ato Judicial	750
360.2. Ação Anulatória de Cláusula de Pacto Coletivo. Competência Originária do TRT ou do TST	750
361. Controle Jurisdicional de Constitucionalidade: Ação Direta de Inconstitucionalidade; Ação Declaratória de Constitucionalidade e Arguição de Descumprimento de Preceito Fundamental. Central Sindical	751
362. Juízo Arbitral	755
363. Ação Cominatória	755
363.1. A Ação Civil Pública na Justiça do Trabalho	756
363.2. Ação Revisional e a relação jurídica continuativa	759
363.3. Ação de Restauração de Autos	759

2ª PARTE
JURISPRUDÊNCIA

364. Índice Único abrangendo as Súmulas do STF, STJ, ex-TRF, TST, Orientações Jurisprudenciais e Precedentes Normativos do TST	765
365. Súmulas selecionadas da Jurisprudência predominante do Supremo Tribunal Federal aplicável ao Direito Processual do Trabalho	811
365.1. Súmulas Vinculantes	811
365.2. Súmulas	811
366. Súmulas do Superior Tribunal de Justiça de Natureza Processual Trabalhista	816
367. Súmulas do Ex-Tribunal Federal de Recursos de Natureza Processual Trabalhista	821
368. Súmulas do TST de Natureza Processual	822
369. Orientações Jurisprudenciais de natureza processual do Tribunal Superior do Trabalho — Tribunal Pleno	834

370.	Orientações Jurisprudenciais da SDI-1 do TST de Natureza Processual	835
371.	Orientações Jurisprudenciais Transitórias de Natureza Processual da Seção de Dissídio Individual (SDI-1), do TST	843
372.	Orientação Jurisprudencial da Seção de Dissídio Individual 2 (SDI-2), do TST de natureza processual	844
373.	Orientação Jurisprudencial da Seção de Dissídio Coletivo (SDC), do TST	844
Bibliografia		845
Índice Analítico e Remissivo		853

3ª PARTE
PRÁTICA PROCESSUAL

374.	Alerta ao Leitor	891

Capítulo XXXIII
Representação das Partes

375.	Advogados e Procurações	893
376.	Contrato de Honorários	893
377.	Renúncia do Advogado	895

Capítulo XXXIV
Das Comissões de Conciliação Prévia

378.	Formulação da Reclamação	896
379.	Ata da Reunião da Comissão de Conciliação Prévia	896
380.	Termo de Conciliação	896
381.	Declaração de Frustrada Conciliação	897

Capítulo XXXV
Petição Inicial

382.	Do Caso de Despedida sem Motivo Justo	898
383.	Do Caso de Despedida de Empregado-Dirigente Sindical	899
	383.1. Dispensa Justificada de Dirigente Sindical	900
384.	Da Reclamação de Empregada Gestante Dispensada sem Motivo Justo	900
385.	Da Reclamação de Empregado Dispensado na volta ao Serviço depois de um Acidente do Trabalho	901
386.	Da Reclamação do Diretor-Empregado	902
387.	Da Reclamação do Representante Comercial	903
388.	Reclamação por Equiparação Salarial	904
389.	Requerimento de Inquérito para Apuração de Falta Grave	905
390.	Correção de Erro Grave da Petição Inicial	905
	390.1 Antecipação da Tutela	906
	390.2. Liminar de Reintegração de Dirigente Sindical	906
	390.3. Desistência da Ação – Petição de acordo	907
391.	Julgamento Antecipado da Lide	907
392.	Reclamação Trabalhista e Falência do Empregador	908
393.	Concessão de Liminar em Transferência de Empregado	908
394.	Notificação por Mandado	909
395.	Notificação por Edital	909
396.	Conflito de Competência	909

Capítulo XXXVI
Da Defesa do Reclamado

397.	Reclamação de Horas Extras	910
398.	Carta de Preposto	910
399.	Defesa e Arguição de Exceção	910
400.	Defesa e Reconvenção	911
401.	Carência de Ação	912

402. Impugnação do Valor da Causa 912
403. Ilegitimidade da Substituição Processual 912
404. Defesa e Prescrição 913
405. Defesa e Decadência 913
406. Reclamação sobre Anotação de Carteira de Trabalho na Superintendência Regional do Trabalho e Emprego (ex-DRT) 914
407. Defesa em Reclamação de Anotação na Carteira de Trabalho na Superintendência Regional do Trabalho e Emprego (ex-DRT) ... 914
408. Defesa em Reclamação na Justiça do Trabalho sobre Falta de Anotação na Carteira de Trabalho 915
409. Adicional de Insalubridade e Revisão da Sentença 915
410. Defesa e Compensação 916
411. Conciliação 916

Capítulo XXXVII
Da Prova

412. Retratação da Confissão 917
413. Carta Precatória de Testemunhas 917
414. Contradita da Testemunha 918
415. Substituição de Testemunhas 918
416. Produção Antecipada da Prova Testemunhal 918
417. Perícia Antecipada 918
418. Incidente de Falsidade 919
419. Perícia 919
420. Honorários Periciais 920
421. Pagamento de Honorários de Perito 920
   421.1. Litigante de Má-Fé 920

Capítulo XXXVIII
Trâmites Finais do Processo de Conhecimento

422. Razões Finais 921
423. Embargos de Declaração 921

Capítulo XXXIX
Dissídio Coletivo

424. Representação para Instauração de Instância do Dissídio Coletivo 922
425. Defesa do Sindicato Patronal no Dissídio Coletivo 923
426. Recurso no Processo de Dissídio Coletivo 924
427. Pedido de Efeito Suspensivo do Recurso no Dissídio Coletivo 924
428. Ação de Cumprimento 925
429. Da Oposição no Dissídio Coletivo 925
430. Embargos Infringentes 926
   430.1. Embargos de Declaração em Processo de Dissídio Coletivo 926

Capítulo XL
Dos Recursos no Processo Individual

431. Recurso Ordinário 927
   431.1. Recurso Ordinário Adesivo 928
432. Recurso de Revista 928
433. Agravo de Instrumento 929
434. Embargos 930
435. Agravo Regimental 931
436. Recurso Extraordinário 932

Capítulo XLI
Liquidação da Sentença por Cálculo

437. Liquidação da Sentença 933
438. Liquidação da Sentença por Cálculo do Contador 933

439.	Liquidação da Sentença por Arbitramento	933
440.	Liquidação da Sentença por Artigos	934
441.	Impugnação das Contas de Liquidação da Sentença	934
442.	Aceitação da Conta de Liquidação pelo Reclamado	934

Capítulo XLII
Da Execução

443.	Da Execução Provisória	935
444.	Execução por Quantia Certa	935
445.	Nomeação de Bens à Penhora	935
446.	Impugnação da Nomeação de Bens à Penhora	936
447.	Ampliação da Penhora	936
448.	Carta Precatória e Penhora	936
	448.1. Desistência da Execução	936
449.	Embargos à Execução	937
450.	Agravo de Petição	937
451.	Da Adjudicação	938
452.	Da Remição	938
453.	Embargos de Terceiro	939
454.	Nova Avaliação dos Bens Penhorados	939
455.	Suspeição do Avaliador	940

Capítulo XLIII
Medidas Cautelares

456.	Arresto	941
457.	Contestação do Pedido de Arresto	941
458.	Sequestro	942
459.	Caução	942
460.	Busca e Apreensão	943
461.	Exibição	943
462.	Justificação	944
463.	Protesto	944
464.	Notificação	944
465.	Interpelação	945
466.	Atentado	945

Capítulo XLIV
Procedimentos Especiais

467.	Ação Declaratória	946
468.	Ação Declaratória Incidental	946
469.	Ação de Consignação em Pagamento	947
	469.1. Consignação Extrajudicial em Pagamento	947
470.	Ação de Prestação de Contas	948
471.	Ação Possessória	948
472.	Mandado de Segurança Individual	949
473.	Mandado de Segurança Coletivo	949
474.	**Habeas Data**	**950**
475.	Mandado de Injunção	950
476.	**Habeas Corpus**	**951**
477.	Ação Rescisória	951
Índice Analítico e Remissivo – Parte Prática		955

1ª Parte

TEORIA

CAPÍTULO I
Conceitos Fundamentais e um Pouco de História

1. Direito Processual do Trabalho. Processo. Conceitos

A atual denominação do processo — meio de que se serve a função jurisdicional — é relativamente moderna, de origem canônica, medieval, latino desde o ponto de vista filológico. Outro grupo importante de idiomas, os germânicos, usa um vocábulo — *verfahren* — que tem o mesmo significado de processo (v. *Leonardo Prieto Castro*, "Tratado de Derecho Procesal Civil", Madrid: Imprenta Sez, 1952, I tomo, p. 6).

É o processo do trabalho formado de atos que se encadeiam sob a regência de princípios e normas legais, objetivando a aplicação da lei ao conflito submetido à Justiça.

O conceito em nada difere daquele dado ao processo comum. Este, no falar de *Couture*, "é uma sequência ou série de atos que se desenvolvem progressivamente com o objeto de resolver, mediante um juízo de autoridade, o conflito submetido à sua decisão"; para *Chiovenda* ("Principii di Diritto Processuale Civile", 3. ed., Editrici Jovene, 1923, p. 68) "o processo civil é um complexo de atos coordenados ao escopo da atuação da vontade concreta da lei, com relação ao bem que se pretende por esta garantido, por parte dos órgãos da jurisdição voluntária". Na mesma página da obra já indicada, em nota de rodapé, esclarece *Chiovenda* que seu conceito, em substância, é o mesmo adotado por *Wach*, "Manuale", p. 1 e ss.

Os conceitos acima referidos são teleológicos, pois o que os caracteriza é o fim do processo. Nem podia ser de outra maneira, dada a condição de instrumento que o processo tem.

A simples sequência de atos é o procedimento.

Como relação jurídica que é, vem o processo a ser um conjunto de vinculações que a lei estabelece entre as partes e os órgãos do Poder Judiciário e das partes entre si.

É, como deixamos entrever, uma relação jurídica multilateral. Sem embargo dessa circunstância, o processo preserva sua unidade.

Qual a natureza jurídica do processo?

Trata-se de investigação cuja importância não se deve desprezar, uma vez que suas implicações de ordem prática são consideráveis. Formaram-se a respeito várias teorias.

Comecemos pela teoria contratualista.

Seus antecedentes mais remotos são encontrados no direito romano, onde a *litis contestatio* resultava de um acordo entre as partes. Essa característica contratual mais se acentuou no regime das fórmulas, pois aí as partes decidiam aceitar a decisão do juiz.

A velha concepção romana da *litis contestatio* tinha mais de procedimento arbitral do que de processo judicial.

No direito processual moderno, a doutrina contratualista tem valor apenas histórico.

Durante longo tempo, considerou-se o direito processual como um complemento do direito material.

Hoje, ninguém ousa negar a coatividade do processo, que paira acima da vontade das partes.

É o processo regido pela Lei, o que exclui a possibilidade de ele depender da vontade das partes.

A ideia do processo como uma relação jurídica é a que goza de maior prestígio na atualidade.

Foi com *Oscar Bülow* que teve início o movimento em prol da publicização do direito processual. Chamou ele a nossa atenção para o fato de que a relação processual era de direito público, que tem como polos o Estado e as partes.

Daí para adiante, não mais se contestou a autonomia do direito processual.

Com carradas de razão, afirma *W. Fashing* ("O desenvolvimento do CPC austríaco nos últimos 75 anos", in RP 5:115-27, 1977) que, nos tempos atuais, é duplo o escopo: a) proteção dos direitos individuais; e b) resguardo da ordem jurídica, o que põe abaixo a concepção individualista do processo.

É chamado direito processual de trabalho o complexo de princípios e normas legais que regula: a) o processo; b) as atividades das partes; e c) o órgão jurisdicional e os seus agentes.

A visualização que fazemos do direito processual do trabalho nos aproxima de *De Litala* ("Derecho Procesal del Trabajo", Buenos Aires: Bosch, 1949, tomo I, p. 25): "É o ramo das ciências jurídicas que dita as normas instrumentais para a atuação do direito do trabalho e disciplina a atividade do juiz e das partes, em todos os procedimentos concernentes à matéria do Trabalho".

Há autores que se limitam a dizer que o direito processual é um ramo da ciência jurídica que estuda a natureza, desenvolvimento e eficácia do conjunto de relações jurídicas, denominado processo.

Entendemos que o direito processual não tem por escopo, apenas, o estudo de tais relações jurídicas, mas também e, sobretudo, o de regulá-las.

É através do processo que o poder estatal soluciona os conflitos trabalhistas, que se dividem em individuais e coletivos. Os primeiros têm como participantes determinadas pessoas, enquanto os segundos envolvem número indeterminado de pessoas, mas todas elas vinculadas ao mesmo interesse.

Nosso direito processual comum se insere no sistema romano-germânico.

No ordenamento jurídico, percebe-se a presença de duas espécies de normas: substantivas ou materiais, que "regulam diretamente as relações que se estabelecem entre os homens na sua vida de relação"; normas secundárias, ou de segundo grau, ou instrumentais ou, ainda, formais, destinadas a garantir a eficácia prática e efetiva do ordenamento jurídico, instituindo órgãos públicos com a incumbência de atuar essa garantia e disciplinando as modalidades e formas da sua atividade" (*Liebman*, "Manual de Direito Processual Civil", 1º tomo, p. 3, Forense, 1984).

De notar-se que o direito processual tem pouco mais de um século de autonomia.

Desenvolveu-se num ambiente político-social impregnado de individualismo. Reservava às partes, com exclusividade, não só a iniciativa do processo como, também, toda a investigação sobre os fatos subjacentes à lide e a condução do próprio processo.

Foi a Áustria o primeiro país, no último quartel do século passado, a fundar-se na concepção social do processo ao reformular o respectivo direito. Deu relevo à iniciativa oficial, retirando o juiz do seu papel passivo, e concedeu-lhe maior participação no esclarecimento dos fatos ligados ao litígio.

Como norma instrumental, o direito processual do trabalho propicia a atuação do direito material do trabalho, fixa as atribuições do Juiz e traça as diretrizes do comportamento das partes nos processos que têm por objeto controvérsias entre o patrão e o empregado.

Afirmar que o direito processual do trabalho é um ramo do direito processual comum é manifestar simpatia pelo monismo processual. Está implícito nessa asserção que apenas uma parte da lei processual comum é reservada à solução dos conflitos trabalhistas, sejam individuais ou coletivos. É usual dizer que um ramo do direito tem autonomia quando: a) se submete a princípios que não se confundem com quaisquer outros; b) seu objeto é individualizado e bem nítido, distinguindo-se dos demais ramos da frondosa árvore do direito processual; e c) seus procedimentos são próprios e diferenciados.

Nessa perspectiva, fica difícil sustentar-se a autonomia do direito processual do trabalho. Nele, os princípios, o objeto e os procedimentos não se distinguem basicamente dos do direito processual comum.

Costumam alguns adeptos da teoria dualista apegar-se, com força, a um único argumento: a figura do dissídio coletivo é ímpar e incontrastável, mesmo por semelhança, no direito processual comum.

Nossa contradita traduz-se na observação de que o argumento é válido nos dois ou três países do mundo (os únicos, por sinal) que incluíram em seu ordenamento jurídico a solução compulsória, pela via judicial, dos conflitos coletivos de trabalho. De consequência, não se trata de argumento de caráter universal, receptível indistintamente por toda a parte.

Mesmo em nosso país, o argumento perdeu muita de sua força com o Código de Defesa do Consumidor (arts. 91 e segs. da Lei n. 8.078, 11.9.1990), que prevê ações coletivas de abrangência igual a dos dissídios coletivos.

Sob o prisma legal, em nosso País, suspeita-se que não se materializou a autonomia do direito processual do trabalho, embora tenha lugar bem definido na Consolidação das Leis do Trabalho.

Inobstante preconizamos o dualismo processual e, por isso mesmo, defendemos a autonomia do direito processual do trabalho.

Assim pensamos porque ele se destina a dirimir controvérsias individuais e coletivas em que se discutem, primordialmente, assuntos de caráter financeiro e indispensáveis à subsistência de boa parte da população.

Qualquer delonga nesses processos põe em risco o direito natural à vida do trabalhador e de seus dependentes.

Identificamos nesse fato o motivo que justifica normas legais inspiradas pela celeridade e pela simplicidade dos atos que compõem o processo do trabalho.

Em nosso País, estudo comparativo das disposições do CPC e da CLT, pertinentes à nossa matéria, põe em destaque algumas características do processo trabalhista e que relacionamos da seguinte maneira: a) a competência territorial não é condicionada pela residência do reclamado, mas sim pelo domicílio ou local da prestação de serviços do reclamante; b) a contumácia, por repetidas vezes, do reclamante não leva à perempção definitiva, ao contrário do que ocorre no CPC, art. 268, parágrafo único; c) prazos mais curtos para atendimento das exigências processuais; d) o critério de valoração dos direitos do trabalhador favorece-o de maneira destacada; e e) prova de quaisquer condições de trabalho até com o testemunho de terceiros (v. Isis de Almeida, "Manual de Direito Processual do Trabalho", 3ª ed., p. 22 e segs., LTr Edit.).

1.1. Reforma do CPC e seus Reflexos na CLT

A partir de 1994, teve início a reforma do Código de Processo Civil.

Algumas leis, em ordem sequencial, alteraram, de modo substancial, vários institutos e, notadamente, o nosso sistema de execução forçada.

Dentre essas modificações, ganhou relevância a que atribuiu poderes ao Juiz, no processo de conhecimento e após a prolação da sentença, de molde a assegurar a efetividade do julgado ante a rebeldia da parte condenada por obrigação de fazer ou de não fazer (art. 461, *caput* e seus parágrafos).

Outra inovação — o processo monitório para formação de título executivo judicial (arts. 1.102a a 1.102c) — foi muito bem recebida pelos círculos jurídicos.

Ao longo destas páginas, serão postas em foco outras facetas dessas reformas introduzidas no CPC, com repercussão no processo trabalhista. Merecem destaque as seguintes leis que alteraram esse Código: Lei n. 11.187/2005, DOU 20.10.05; Lei n. 11.232/2005, DOU 23.12.05; Lei n. 11.276/2006, DOU 8.2.06, que cuida da forma de interposição de recursos, do saneamento de nulidades processuais em grau recursal e do recebimento de recurso de apelação; Lei n. 11.277/2006, que trata das ações repetitivas ou sentenças de improcedência; Lei n. 11.280/2006, que cuida da incompetência relativa, meios eletrônicos processuais, prescrição, distribuição por dependência, exceção de incompetência, revelia, carta precatória e rogatória, ação rescisória e vista dos autos; Lei n. 11.341/2006, que admite as decisões disponíveis em mídia eletrônica, inclusive na Internet, entre as suscetíveis de prova de divergência jurisprudencial; Lei n. 11.382/2006, que alterou o processo de execução civil; Lei n. 11.418/2006, que disciplina a questão constitucional de repercussão geral como requisito da interposição do recurso extraordinário; e Lei n. 11.419/2006, que dispõe sobre a informatização do processo judicial.

De outra parte, o esforço legislativo para promover a atualização das normas processuais trabalhistas foi materializado pela Lei n. 11.495/2007, que alterou a redação do art. 836, da CLT, disciplinador da ação rescisória, como será mais à frente estudada, e pela Lei n. 11.496/2007, que deu nova redação ao art. 894, da CLT, que trata da interposição de embargos.

Vittorio Denti (*in* "Le Recenti Riforme del Processo Civile: Valutazione e Prospettive", Giuffrè, 1994, p. 13) revela que *Carnelutti*, recordando sua posição com respeito à elaboração do Código de 1940, chegou a dizer que o Governo, fazendo preceder o novo Código Processual ao novo ordenamento judiciário, colocara o carro adiante dos bois.

É certo que, depois, *Carnelutti* silenciou sobre esse pronunciamento.

Evocando tal episódio da história do processo civil italiano, queremos salientar que, nos tempos que fluem, os tribunais patrícios se avizinham do colapso devido ao número extraordinário de ações que supera a capacidade de trabalho dos magistrados de todas as instâncias.

Que fazer, em tal emergência? Modificar as leis processuais ou a estrutura do Judiciário? Nomear mais juízes?

Estamos em que, na causalidade da reforma aqui focalizada, vislumbra-se o empenho em agilizar os processos e, por via de consequência, dar maior rendimento ao labor dos juízes.

Sem embargo desse louvável propósito, os responsáveis pelas inovações processuais não minimizaram a crise que ainda aflige o nosso Poder Judiciário.

Percebe-se que não existe a mais remota possibilidade de aumentar-se o número de magistrados, e, a par disso, é geral a crença de que alterações do Código do Processo não aliviarão o Judiciário de parte ponderável do fardo que o ameaça de esmagamento.

Desde a década de 1960, vem-se observando a expansão da nossa economia e o aumento da população, o que gera maior número de conflitos intersubjetivos que a Justiça tem de resolver.

Pondo à margem propostas que demandem recursos financeiros indisponíveis no Tesouro Nacional, muitos juristas — e nós também — voltam sua atenção para fórmulas de solução extrajudicial dos litígios e para a súmula vinculante do Supremo Tribunal Federal, que, finalmente, foi aprovada com a Emenda Constitucional n. 45/2004, ao introduzir o art. 103-A, na Constituição, como um dispositivo apto a contribuir com a redução do número de recursos no STF e, ainda, conferir maior celeridade ao processo, garantia que foi reconhecida ao cidadão no art. 5º, LXXVIII, desse mesmo diploma legal. Essa matéria foi regulamentada pela Lei n. 11.417, de 19.12.2006, que disciplina a edição, a revisão e o cancelamento de enunciado de súmula vinculante pelo STF.

Dentre essas fórmulas, projeta-se a arbitragem já regulada pela Lei n. 9.307, de 23 de setembro de 1996, mas que muitos relutam em estender aos dissídios individuais do trabalho (v. item 171.7).

A Lei n. 9.958, de 12.1.2000, criou, em nosso País, as Comissões de Conciliação Prévia, de composição paritária e os acordos, nelas concluídos, foram equiparados a títulos executivos extrajudiciais. Improcedem as alegações de alguns estudiosos de que esse diploma legal tem a pecha da inconstitucionalidade, porque impede o acesso do cidadão ao Poder Judiciário. A susocitada lei exige, tão somente, que o Reclamante, antes de bater às portas de uma Vara do Trabalho, deve obrigatoriamente tentar uma conciliação com o empregado perante a Comissão acima nomeada. Malograda a composição de interesses em choque, o Reclamante tem aberto o caminho que leva à Justiça do Trabalho. Não há, portanto, a vulneração do inciso XXXV, do art. 5º da Constituição da República.

Quanto à súmula vinculante — que vem provocando intensos debates dentro e fora dos tribunais —, iremos falar sobre ela mais adiante, no item 280.4.

Muitas controvérsias sobre o tema aqui colocado são alimentadas pelo corporativismo e mal disfarçados privilégios. A magnitude da questão acabará por levar de roldão aqueles que se opõem a soluções susceptíveis de libertar o Judiciário da crise que o atormenta há tempos. Nessa perspectiva, percebem-se nítidos sinais prenunciadores de profunda reforma, em curto prazo, do nosso direito material do trabalho.

Destarte, pensamos que se impõe compasso de espera na completa reformulação do direito processual do trabalho até que se introduzam as alterações — que reputamos inevitáveis — não só das normas legais atinentes ao trabalho subordinado, mas, também, da Constituição da República.

Finalizando, com *Roland Arazi* (in "Derecho Procesal en Vísperas del Siglo XXI", Ediar, 1997, p. 13) dizemos que nos avizinhamos do final do século XX e ainda não encontramos maneira de simplificar os processos judiciais.

2. Denominação da Disciplina: Direito Judiciário do Trabalho ou Direito Processual do Trabalho?

Quanto à denominação da disciplina, há quem lhe chame direito judiciário do trabalho. Inclinamo-nos a favor de *direito processual do trabalho*, devido à sua abrangência.

Ao analisar o papel dos sujeitos da relação processual, é inevitável o enfoque da figura do Juiz e da estrutura oficial em que ele se insere.

Não nos sentimos atraídos por um debate mais profundo sobre o ponto porque ele se nos afigura de importância relativa quando se encara, de modo global, o conjunto da processualística.

3. Meios de Solução dos Conflitos de Interesses: Da Autodefesa

Três são os meios de solução dos conflitos de interesses com valoração jurídica: a) autodefesa ou autotutela; b) autocomposição; e c) heterocomposição ou processo.

A autodefesa consiste na reação de quem se julga lesado em seu direito e faz justiça com as próprias mãos.

No âmbito penal, é, de regra, tipificada como delito, mas não o será se resultar da defesa moderada contra agressão (defesa própria).

Outra forma de solução de um conflito de interesses é a greve, que, no País, hoje, conta com a consagração constitucional.

Não resta dúvida de que a proibição da autotutela é de caráter processual e não de direito material. É porque ela se exerce no lugar do processo.

A autodefesa ou justiça pelas próprias mãos — forma imperante, em épocas primeiras, de resolver divergências — ainda sobrevive, de algum modo, nos tempos modernos nos casos em que o Poder Público, em determinado momento, está impossibilitado de proporcionar ao cidadão o amparo de que necessita em certas emergências.

Na esfera trabalhista, em se tratando de dissídios individuais, não conhecemos hipótese em que se possa justificar a autodefesa.

Há autores que veem no poder disciplinar do empregador uma espécie de autotutela.

Não é esse o nosso ponto de vista. Na autodefesa, há um dissídio que se soluciona pela força, ao passo que no exercício do poder disciplinar do empregador não existe qualquer conflito.

Mas, quando se trata de litígios coletivos, logo nos acode à lembrança a greve como forma de autotutela.

É a greve o meio mais eficaz à disposição dos empregados para dobrar a resistência dos empregadores à concessão de certos privilégios e vantagens.

Há que se tolerar o movimento grevista enquanto o direito não atingir certo grau de perfeição que lhe permita solucionar as controvérsias coletivas de trabalho.

A exemplo do que se verifica em muitos outros países, nos quais o Estado de Direito é uma realidade, no Brasil o direito de greve conta com a tutela da Constituição Federal, no art. 9º:

"*É assegurado o direito de greve, competindo aos trabalhadores decidir sobre a oportunidade de exercê-lo e sobre os interesses que devam por meio dele defender.*

§ 1º A lei definirá os serviços ou atividades essenciais e disporá sobre o atendimento das necessidades inadiáveis da comunidade.

§ 2º Os abusos cometidos sujeitam os responsáveis às penas da lei".

Se o legislador constituinte tivesse sido mais conciso na redação do dispositivo, talvez fossem bem menos intensas as disputas em torno do seu sentido e alcance.

Países como Itália e França, em suas Cartas Constitucionais, asseguraram aos trabalhadores o direito de greve, mas assentaram que seu exercício seria regulado por lei ordinária.

A prolixidade do nosso constituinte, não só no sobredito art. 9º, como em muitos outros, faz-nos acreditar que ele não confiava muito no equilíbrio e na objetividade do legislador infraconstitucional e, por isso, desceu a particularidades que acabaram mergulhando o seu texto nas sombras da ambiguidade, dando origem a toda sorte de interpretações e engessando a regulamentação da Lei Fundamental.

Dizer que cabe aos trabalhadores escolher o momento do exercício do direito de greve não significa que esse procedimento é lícito em qualquer instante. Têm os trabalhadores, no caso, de respeitar a vigência de um pacto coletivo ou de uma sentença normativa, sob pena de o movimento paredista tornar-se ilegal.

Mesmo na doutrina, é prevalecente o entendimento de que a greve há-de ter, sempre, objetivos de natureza profissional, uma vez que só a estes está o empregador em condições de atender.

Se forem políticos os fins de uma cessação coletiva do trabalho, não estaremos em presença de uma greve, mas de u'a manifestação insurrecional.

É assim que se deve entender a expressão encerrada no *caput* do art. 9º em tela: *compete aos trabalhadores decidir sobre os interesses profissionais que devem defender por meio da greve.*

A Lei n. 7.783, de 28 de junho de 1989 (Lei da Greve — LG), ao regulamentar a sobredita disposição constitucional, reproduziu, no art. 1º, seu *caput*. Não declarou, às expressas, que a greve só deva ter objetivos de interesse profissional. É incontestável, porém, estar subjacente a todo o seu texto que esses objetivos não podem ter outra natureza, porque, se o tiverem, criarão para o patronato a impossibilidade de atendê-los.

A iterativa jurisprudência dos tribunais do trabalho perfilha tal exegese do *caput* do art. 9º da Lei Fundamental.

Ao mesmo tempo, que a Constituição autoriza a greve nos serviços essenciais, recomenda ao legislador ordinário que os defina, mas sem esquecer que, na hipótese, é mister atender às necessidades inadiáveis da comunidade".

No plano constitucional, afirma-se a hegemonia do interesse coletivo sobre o interesse individual ou de categoria de trabalhadores.

A Lei n. 7.783 agasalha o rol das atividades essenciais e cria mecanismo especial para o movimento grevista que as paralisa. Ilegal a greve que não observa o regramento dessa Lei (LG), como, por exemplo, a prévia negociação coletiva.

No passado alguns Tribunais Regionais do Trabalho vinham interpretando equivocadamente a Lei de Greve (LG) no tangente à remuneração dos dias da suspensão coletiva do trabalho, *verbi gratia*, o da 1ª Região, 5ª Turma, no julgamento do Recurso Ordinário n. 6.719/91, sendo de 30 de maio de 1994 o respectivo acórdão.

Tal pensamento contraria o preceituado no art. 7º da Lei de Greve: "Observadas as condições previstas nesta Lei, a participação em greve suspende o contrato de trabalho, devendo as relações obrigacionais durante o período ser regidas pelo acordo, convenção, laudo arbitral ou decisão da Justiça do Trabalho".

Ora, se a greve suspende o contrato de trabalho, cessa o direito do trabalhador ao salário.

No Tribunal Superior do Trabalho prospera tal interpretação do art. 7º da Lei de Greve, como se infere da leitura da seguinte ementa: **Greve. Descontos dos dias parados.** A jurisprudência desta Corte é firme no sentido de que a greve caracteriza-se como suspensão do contrato de trabalho e, como tal, não obriga o empregador ao pagamento dos salários correspondentes, independente da declaração de legalidade do movimento. TST, RR 788268, 8ª Turma, Rel. Min. Maria Cristina Irigoyen Peduzzi, DJ 9.5.08.

Em suma: de conformidade com a LG e a jurisprudência dominante do TST, tanto na greve legal como na ilegal não é obrigatória a remuneração dos dias de greve.

Supérfluo dizer que nada impede um acordo, sobre o assunto, entre as partes envolvidas no conflito. O que a lei obsta é uma decisão judicial ordenando o pagamento dos salários nas situações indicadas.

O TST editou a Orientação Jurisprudencial n. 10, de sua Seção de Dissídios Coletivos (SDC), em que ficou esclarecido que a greve abusiva não gera efeitos. Ficou esclarecido aí que *"é incompatível com declaração de abusividade de movimento grevista o estabelecimento de quaisquer vantagens ou garantias a seus partícipes, que assumiram os riscos inerentes à utilização do instrumento de pressão máximo".*

4. Outros Meios de Solução dos Conflitos de Interesses: Autocomposição e Heterocomposição

Na autodefesa o que decide é a força, e na autocomposição, há um acordo de vontades, em que os implicados voluntariamente fazem recíprocas concessões para chegar à composição, que previne a luta. Temos, aí, a transação.

As medidas autocompositivas, no direito do trabalho pátrio, são os acordos e convenções coletivas de trabalho. Aqueles são celebrados em uma ou várias empresas e estas últimas abarcam todas as empresas e todos os trabalhadores da mesma categoria econômica num mesmo município, região ou Estado.

Pela heterocomposição os dissídios individuais ou coletivos chegam a seu termo mediante a intervenção de terceiros, cujas decisões têm de ser respeitadas.

A arbitragem e a jurisdição conduzem à heterocomposição. A primeira é extrajudicial, pois cabe a um terceiro — escolhido pelas partes — dizer o direito, e a segunda é a jurisdição trabalhista, que existe em nosso País.

Carnelutti ("Instituciones del Proceso Civil", 4. ed. italiana de 1950, Europa-América, tomo I, p. 115) assinala serem os árbitros pessoas a quem as partes, de comum acordo, entregam a composição de uma *litis* de pretensão discutida. De conseguinte, a arbitragem é um equivalente do processo contencioso de cognição, mas é negada ao árbitro qualquer outra atividade processual, ou seja, executiva, cautelar ou voluntária.

Com clareza e concisão, acrescenta o mestre peninsular que as partes preferem a arbitragem por motivos assim condensados: a) quando a natureza da *litis* exija experiência particular de seu julgador; b) houver conveniência de subtrair publicidade ao processo; e c) dificuldade de utilizar certos documentos no processo ordinário por não estarem de conformidade com a legislação tributária.

A CLT não faz referência à arbitragem privada como meio de solução de conflitos individuais do trabalho.

Foi esse instituto regulado pela Lei n. 9.307, de 23 de setembro de 1996. Propõe-se a dirimir litígios relativos a direitos patrimoniais disponíveis, deixando de lado, obviamente, os direitos indisponíveis.

No item 171.7, analisamos esse diploma legal.

A arbitragem é processo heterocompositivo de solução de conflitos individuais e coletivos de trabalho.

A mediação, em nosso entendimento, não é medida heterocompositiva. É um processo usado para chegar-se à autocomposição. O mediador faz uma proposta de acordo que as partes poderão aceitar, ou não.

5. Posição Enciclopédica do Direito Processual do Trabalho

Na dogmática jurídica, o direito processual é uma ciência autônoma. Tem princípios próprios e objeto específico.

A dicotomia que divide o direito em direito público e direito privado situa o direito processual no direito público. É essa a sua posição porque regula a atividade jurisdicional do Estado.

O direito constitucional estabelece as linhas mestras do direito processual, estrutura o Poder Judiciário, enuncia as garantias da magistratura e os princípios que dão embasamento à garantia do devido processo legal (*due process of law*).

Existe conexão genérica do direito processual com os demais segmentos da ciência jurídica.

Com o direito administrativo se relaciona o direito processual porque cabe a ele disciplinar as relações entre os órgãos fundamentais e auxiliares da Justiça com o Estado.

No direito penal, encontramos disposições atinentes à proteção penal do processo ("Dos Crimes contra a Administração da Justiça", arts. 338 a 359).

É estreita a vinculação do direito processual com o direito civil, porque neste são definidos o domicílio e a capacidade jurídica, que têm relevância em temas processuais como a competência, a capacidade processual etc.

É o processo um instrumento da Justiça; e administrar a justiça é uma função soberana do Estado. Ante casos concretos de conflitos de interesses, cabe-lhe harmonizá-los em consonância com a vontade da Lei.

Desgarrou-se o direito processual do trabalho do campo do direito processual civil, não tanto pela natureza da lide — preleciona *Moacyr Amaral Santos* — "*mas com mais segurança pela especialidade de jurisdição*" ("Primeiras Linhas de Direito Processual Civil", 5. ed., Saraiva, tomo 1, p. 14).

Sem embargo desse divórcio, é evidente que se aplicam ao processo do trabalho as considerações que acabamos de fazer a propósito da vinculação do direito processual comum com o direito constitucional.

Aqueles que defendem a autonomia do direito processual do trabalho afirmam ter ele peculiaridades no que diz respeito à jurisdição, ação e processo.

Vejamos cada um desses elementos diferenciadores sob o prisma dos autonomistas.

A função normativa da Justiça do Trabalho não encontra símile na Justiça comum.

O processo de dissídio coletivo, pelo qual a Justiça do Trabalho exerce seu poder normativo, é desconhecido no processo comum; a ação coletiva prevista no Código do Consumidor não tem por fim criar novos direitos ou obrigações, como acontece no processo de dissídio coletivo na Justiça Laboral.

Aqueles que se opõem ao dualismo processual vão buscar no direito comparado os seguintes argumentos: o poder normativo da Justiça do Trabalho não existe na maioria dos países onde o trabalho subordinado conta com proteção estatal. O poder normativo da Justiça Laboral é uma característica do direito processual do trabalho brasileiro e de uns poucos outros países. Esse mesmo poder normativo sofreu profunda alteração com a Emenda Constitucional n. 45/2004, que deu nova redação ao art. 114, § 2º, onde ficou assentado que o ajuizamento do dissídio coletivo somente poderá ocorrer de comum acordo entre as partes: "§ 2º. Recusando-se qualquer das partes à negociação coletiva ou à arbitragem, é facultado às mesmas, de comum acordo, ajuizar dissídio coletivo de natureza econômica, podendo a Justiça do Trabalho decidir o conflito, respeitadas as disposições mínimas legais de proteção ao trabalho, bem como as convencionadas anteriormente".

Acrescentam que a Justiça paritária — como soem dizer os autonomistas — é raramente encontrada nos países estrangeiros. Os *conseils de prud'hommes* da França não constituem modelo que se haja generalizado.

No que tange às ações coletivas, de notar-se que, em data recente, o Código de Defesa do Consumidor (Lei n. 8.078, de 11.9.1990) veio a criar tal espécie de ação para defender número indeterminado de consumidores, ligados por interesses difusos ou coletivos, mas, como assinalamos há pouco, na espécie, não está o julgador autorizado a criar novos direitos ou obrigações, como se verifica no processo de dissídio coletivo.

Força é reconhecer que a normatividade das decisões da Justiça do Trabalho e a sua peculiar organização em nosso País não podem ser considerados traços distintivos e universais do direito processual do trabalho capazes de atribuir-lhe, no âmbito deste, compartimento estanque, autônomo.

Se a natureza da lide — no dizer do mestre *Amaral Santos* — não justifica a autonomia do direito processual do trabalho, temos de aceitar a natureza alimentar das pretensões que os trabalhadores levam à Justiça e, assim, justificar a ênfase a alguns aspectos do processo a fim de que ganhe celeridade.

Não nos enfileiramos ao lado dos adeptos da teoria monista, mas fazemos companhia aos que defendem uma *teoria dualista relativa,* isto é, aquela que vê a necessidade de o processo do trabalho levar a extremos desconhecidos no processo comum os princípios de celeridade e de economia processuais.

O próprio legislador, preocupado com a necessidade de que haja celeridade na composição dos conflitos judiciais ou administrativos, introduziu o inciso LXXVIII, no art. 5º, da Constituição, dentre o elenco de direitos e garantias fundamentais, que está vazado nos seguintes termos: "*a todos, no âmbito judicial e administrativo, são assegurados a razoável duração do processo e os meios que garantam a celeridade de sua tramitação*".

6. Da Codificação

Jacques Vanderlinden ("Le Concept de Code en Europe Occidentale du XIII e au XIX Siècle", Bruxelles, 1967, p. 69 e ss.) diz que o Código possui três características essenciais: a) sua forma deve ser a de um conjunto, resultado da união de partes do todo. É o aspecto que, mais comumente se põe em relevo; b) seu conteúdo deve ser o conjunto ou uma parte importante do direito, com força obrigatória de lei; e c) seus atributos devem permitir um melhor conhecimento do direito.

Fala-se, de há muito, na necessidade de o nosso País ter o seu Código do Trabalho, pois a Consolidação das Leis do Trabalho não é um Código.

Há quem se oponha a essa tese, afirmando que a vetusta Consolidação das Leis do Trabalho vem cumprindo, satisfatoriamente, o seu papel.

Escusado falar da desvalia do argumento.

Em verdade, nossa CLT tem mais de Código do que de uma consolidação, mas não menos certo que, depois de meio século de vigência, a CLT se tornou anacrônica em muitos de seus principais pontos.

No após-guerra, a Itália, que tanto inspirou o nosso direito do trabalho, vem promovendo incessantes reformas em seu direito processual, e seus juristas pedem, incansavelmente, mais mudanças nesse segmento do ordenamento jurídico (*Giovanni Verde*, "Giudice Monocrático e Collegiale", *in Riv. di Diritto Processuale*, n. 4, 1991, p. 942 e ss.).

Entrementes, poucas modificações se fizeram nas normas processuais reunidas na CLT desde 1943. É prova de fidelidade à origem ou de ser mais realista que o rei...

As discussões em torno do assunto não guardam qualquer semelhança com a polêmica que envolveu *Savigny* e *Thibaut.*

Empenhados no renascimento do Direito alemão, esforço que mal disfarçava o desejo de libertar-se da influência do Código Civil dos franceses, os dois famosos juristas não eram contrários à codificação do direito.

Savigny aspirava a um Código para toda a Alemanha, em prazo relativamente curto, utilizando-se de três elementos: o direito romano, o direito germânico e as modificações por eles sofridas com o decorrer do tempo.

Thibaut, por seu turno, entendia que essa codificação exigia tempo assaz longo. A divergência residia na questão do tempo indispensável à elaboração de um Código ("La Codificación", *Thibaut e Savigny*, Aguilar, 1970).

Estamos em que o Código do Trabalho, em nosso país, deve ser estruturado só daqui a algum tempo.

Nosso desenvolvimento social e econômico está num ritmo acelerado, o que obriga o legislador, a espaços cada vez menores, a editar novas normas legais. A par disso, há ainda o fato de as unidades federativas se encontrarem em estágios distintos do desenvolvimento socioeconômico.

Um Código sugere a ideia de segurança, de permanência. Essa ideia não se harmoniza com o Brasil deste fim de século.

A CLT reuniu num único texto disposições de direito material e processual.

Somos pela separação dessas normas.

Se o Código do Trabalho precisa esperar algum tempo para tornar-se realidade, o Código Processual do Trabalho não.

Há alguns anos, *Mozart Victor Russomano* preparou anteprojeto de lei processual do trabalho, que, infelizmente, não chegou a ser examinado pelo Congresso Nacional, a despeito do seu encaminhamento à Presidência da República a 28 de agosto de 1963 (v. "Arquivos do Ministério da Justiça", n. 89, março de 1964, p. 30).

Em data mais recente, dois ministros do TST — *Carlos Alberto Barata e Silva* e *José Luiz Vasconcellos* —, em cumprimento a ato da presidência do TST, de 28 de fevereiro de 1991, também redigiram, em curto espaço de tempo, anteprojeto de lei processual.

Alguns juristas de boa cepa se apressaram em dissecar o trabalho desses dois magistrados, descobrindo nele toda sorte de imperfeições — a maioria delas de pouca monta.

Outros, porém, e nós também, não pouparam elogios ao trabalho dos dois magistrados, dando destaque ao esforço e dedicação com que o realizaram.

Compreendemos que se tratava de um anteprojeto para servir de base às discussões e às pesquisas dos magistrados e de outros cultores do direito do País.

Fundiram, num único texto, as normas específicas e peculiares do processo do trabalho com as do Código de Processo Civil que a ele se aplicam subsidiariamente.

Desprezaram o modelo processual de outros países que reservaram às lides trabalhistas um simples capítulo do Código de Processo Civil.

No Brasil, nossas tradições jurídicas e a organização toda especial da Justiça do Trabalho não recomendavam, como ainda não recomendam, a unificação das normas processuais.

Mercê dessas considerações, entendemos que a codificação do direito positivo do trabalho deva ser relegada para época mais distante, enquanto as normas reguladoras do processo do trabalho precisam ser modernizadas com a maior brevidade possível.

Prenuncia-se profunda revisão constitucional e há fortes indícios de que o nosso direito coletivo do trabalho passará, a curto prazo, por substanciais alterações, que, hoje, foram materializadas na multicitada Emenda Constitucional n. 45/2004, que cuidou, parcialmente, da reforma do Poder Judiciário.

Tais mudanças irão, com certeza, exigir novo regramento processual para as controvérsias coletivas, o que importa dizer que a codificação do direito processual do trabalho precisa aguardar o término da revisão constitucional acolitada por profunda reforma do nosso direito material do trabalho.

7. *Competência da União para Legislar sobre Direito Processual do Trabalho*

Consoante o art. 22, I, da Constituição Federal, compete privativamente à União legislar sobre direito processual. Mas no parágrafo único desse dispositivo é ressaltado que lei complementar poderá autorizar os Estados a legislar sobre questões específicas dessa matéria.

Dessarte, antes da edição dessa Lei Complementar, estão os Estados impedidos de legislar sobre direito processual do trabalho, dentro dos limites traçados pelo parágrafo único do sobredito dispositivo constitucional e fundados sobre questões específicas ou peculiares à unidade federativa.

8. *Notícia Histórica do Direito Processual do Trabalho. Breve Resenha de Direito Comparado*

Olhar retrospectivo, que alcance as formas mais primitivas da vida social, revela que sempre houve normas de conduta, as quais se confundiam com os princípios religiosos.

Desrespeitar essas normas era dar início a um conflito de interesses que se submetia à lei do mais forte.

Era o direito da força, em sua expressão mais genuína.

À medida que os agrupamentos humanos cresciam em número, mais complexas se tornavam as relações entre os seus membros, o que determinou a gradual separação das normas de conduta das religiosas.

E o Estado acabou por assumir o papel de distribuir a Justiça.

Mesmo em época anterior à Revolução Industrial, houve o trabalho subordinado e urbano, mas sua proteção não demandava normação especial, porque predominava a economia agrícola.

Não tinham as relações de trabalho lugar privilegiado no sistema legal.

A ampla utilização das máquinas na produção de bens úteis à vida humana criou uma nova classe — a dos assalariados.

À míngua de disposições legais que os amparassem nos casos de violência por parte dos empresários, os operários se serviam da única arma que tinham à sua disposição: a greve, seguida de lutas sangrentas.

A partir daí, foi crescendo a atenção do homem público pela questão trabalhista.

Nos princípios do século XIX começaram a surgir, aqui e acolá, leis protegendo o trabalhador e disciplinando o direito de greve.

Ao calor das lutas operárias, desenvolveram-se, também as técnicas de autocomposição e de autodefesa.

Damos, em seguida, breve notícia do processo evolutivo do direito do trabalho em alguns países.

a) **Experiência Francesa**

No século XV, o Rei Luís XI, por meio do édito de 29 de abril de 1664, autorizou os *prud'hommes* (homens prudentes) a solucionar as divergências entre industriais e operários, ou melhor, entre artesãos e companheiros. Deu-lhes papel algo parecido com o de árbitro.

Os ventos do liberalismo em fins do século XVIII levaram o governo francês a dissolver os *Conseils de Prud'hommes*, mas, em 1806, foram eles restabelecidos com estrutura que preservava o privilégio anterior dos patrões de serem maioria nesses organismos. Estes, muito mais tarde, passaram a obedecer ao princípio da paridade, e com essa estrutura, atualmente, integram o corpo judiciário da nação gaulesa.

Na França, os dissídios individuais são entregues àqueles Conselhos, ao passo que as controvérsias coletivas são dirimidas por meio de arbitragem.

Para tais conflitos de natureza coletiva, há processos obrigatórios de arbitragem e os respectivos laudos passíveis de revisão pela Corte Superior de Arbitragem.

b) **Experiência Alemã**

Desde o século passado, desgarrou-se do corpo judiciário um ramo para compor a justiça especializada do trabalho.

Atualmente, tem ela mais ou menos a estrutura dos primeiros tempos: tribunais do trabalho distritais; tribunais do trabalho de apelação e tribunal federal do trabalho.

Têm esses tribunais competência para julgar dissídios individuais e coletivos de trabalho. No que tange aos conflitos coletivos, a intervenção judicial é condicionada pela provocação das partes. Não é, de conseguinte, compulsória.

No Brasil, a Justiça do Trabalho é também chamada pelas partes se o desejarem, mas a lei vigente autoriza o Presidente do Tribunal do Trabalho a instaurar, de ofício, a instância na hipótese indicada.

O Ministério Público do Trabalho, sem consultar as partes, também tem dever legal de requerer o ajuizamento do processo de dissídio coletivo em determinadas hipóteses, que serão analisadas no item dedicado à matéria.

c) **Experiência Italiana**

No último quartel do século passado, constituíram-se na Itália organismos bem semelhantes aos *Conseils de Prud'hommes*.

Era a força irradiante das ideias napoleônicas, sem embargo do desaparecimento de quem criara esse instituto.

Na época do corporativismo, com Mussolini, a intervenção da Justiça nos conflitos trabalhistas se alargou consideravelmente.

O Tribunal do Trabalho era competente para julgar dissídios coletivos de natureza econômica e estabelecer novas condições de trabalho.

Com a derrocada do fascismo, manifesta-se a tendência de absorção do código processual do trabalho pelo de processo civil, e ela se consuma em 1973, pela Lei n. 533, de 11 de agosto.

A partir do art. 409 do Código de Processo Civil italiano se encontram as regras especiais para solução dos dissídios individuais do trabalho.

As controvérsias coletivas ficaram à margem da solução compulsória pela Justiça do Trabalho, cabendo às partes solucionar o problema. A greve e a arbitragem são os meios mais em voga para pôr termo às divergências coletivas entre patrões e empregados.

d) **Experiência Espanhola**

Consoante a *Ley de Procedimiento Laboral* (Real Decreto Legislativo n. 2, de 7.4.95) os Tribunais do Trabalho têm competência para conhecer e julgar os litígios individuais de trabalho.

Compete-lhes, outrossim, apreciar uma série de conflitos coletivos envolvendo sindicatos e seus associados, sindicatos de empregados e empresas, questões eleitorais etc.

No que tange à controvérsia por motivo econômico, é competente o tribunal do trabalho, mas por provocação da autoridade competente.

Com o desaparecimento das instituições recebidas do franquismo, o regime monárquico-constitucional reduziu bastante a ingerência do Estado no mundo do trabalho, ensejando o diálogo entre patrões e empregados sobre questões de seu mútuo interesse.

e) **Experiência Portuguesa**

No regime salazarista, os dissídios individuais eram solucionados em duas áreas: administrativa e judicial.

Quanto aos conflitos coletivos do trabalho, era a greve proibida.

Hoje, vigora em Portugal o Código de Processo do Trabalho, aprovado pelo Decreto-lei n. 480/99, de 9 de novembro de 1999.

A Constituição Portuguesa, de 2 de abril de 1976, em seu art. 213, admite a formação, na primeira instância, de tribunais com competência específica e de tribunais especializados para o julgamento de matérias determinadas.

Os Tribunais da Relação (2ª instância) e o Supremo Tribunal de Justiça (órgão superior da hierarquia dos tribunais judiciais, sem prejuízo da competência própria do Tribunal Constitucional) estão autorizados a funcionar em seções especializadas.

f) **Experiência Brasileira**

No começo do século XIX, entregávamo-nos à incipiente exploração rural do nosso imenso território e submetidos ao regramento legal deixado pelos Reis de Portugal, como o determinou a Lei de 20 de outubro de 1823, em seu art. 1º: "As Ordenações, Leis, Regimentos, Alvarás, Decretos e Resoluções promulgadas pelos Reis de Portugal, e pelas quais o Brasil se governava até o dia 25 de abril de 1821, em que sua Majestade Fidelíssima atual Rei de Portugal e Algarves, se ausentou desta Corte, e todas as que foram promulgadas daquela data em diante pelo senhor Dom Pedro de Alcântara, como Regente do Brasil como reino e como Imperador Constitucional dele, desde que se erigiu em Império, ficam em inteiro vigor na parte em que não tiverem sido revogadas para por elas se regularem os negócios do interior deste Império, enquanto não se organizar um novo Código, ou não forem especialmente alteradas".

Assim, o processo civil continuou preso ao Livro III das Ordenações Filipinas e à legislação extravagante, na qual se destacava a Lei da Boa Razão, de 18 de agosto de 1769.

No Brasil Império, a lei processual civil mais assinalada foi o Regulamento n. 737, de 25 de novembro de 1850, data em que também se aprovou o Código Comercial. Aquele Regulamento, constante do Decreto n. 763, de 19 de setembro de 1890, passou a ser observado, também, nas causas cíveis.

O Decreto n. 2.827, de 15 de março de 1879, estabeleceu que as ações ligadas à *locação de serviços* na agricultura teriam rito sumário perante a Justiça comum. As demais locações de serviços ficavam sujeitas à Ordenação do Livro IV, Títulos 29 a 35 e arts. 226 e ss., do Código Comercial de 1850, sempre observado o rito sumário exigido pelo Regulamento n. 737, de 25 de novembro de 1850.

Com a proclamação da República, cada Estado da Federação passou a ter seu processo civil.

Sua unificação só se verificou em 1939, no governo autoritário de Getúlio Vargas, pelo Decreto-lei n. 1.608, de 18 de setembro.

Os litígios entre empregados e empregadores eram regulados pela legislação legada pelo Império, até o surgimento do Código Civil de 1916, e só na década de 30 começaram a ser aprovadas leis específicas sobre matéria trabalhista.

Em nosso País, o primeiro órgão especializado para solucionar dissídios trabalhistas foi criado no Estado de São Paulo pela Lei n. 1.869, de 10.10.1922. Ele era constituído de um Juiz de Direito e de representantes dos trabalhadores e dos proprietários rurais. Foi o embrião da Justiça do Trabalho, como *una voce* reconhecem todos os processualistas.

A experiência não se difundiu pelo País, mas valeu como registro histórico da sensibilidade do povo paulista para as divergências entre patrões e empregados. De observar-se, porém, que a experiência teve como local a unidade federativa em que o desenvolvimento da agricultura era mais acentuado.

No crepúsculo de 1932 (logo após a Revolução Constitucionalista), em 26 de novembro, o Decreto n. 22.132 criou as Juntas de Conciliação e Julgamento para dirimir os dissídios individuais do trabalho. Não gozavam de autonomia nem faziam parte do Poder Judiciário. Suas decisões eram passíveis de modificação por ato do Ministro do Trabalho. Confiava-se a execução de suas decisões à Justiça comum.

O Decreto n. 21.396, de 12 de maio de 1936, instituiu as Comissões Mistas de Conciliação, incumbidas do julgamento dos dissídios coletivos.

Eram um arremedo do Juízo arbitral. Tinham as partes a faculdade de submeter suas divergências, ou não, a tais Comissões. Na hipótese da recusa, eram os dissídios coletivos levados ao Ministro do Trabalho, que lhes dava solução ratificando o laudo apresentado por comissão especialmente organizada para esse fim.

As Comissões Mistas de Conciliação e o Conselho Nacional do Trabalho eram, em verdade, um prolongamento do setor administrativo da União. Não integravam o Poder Judiciário.

A composição da Justiça do Trabalho foi dada, pela vez primeira, pelo Decreto n. 6.596, de 12 de dezembro de 1940, quando ainda vigia a Carta outorgada de 1937. É bem de ver que esta não previa a Justiça do Trabalho como um dos ramos do Poder Judiciário.

A 1º de maio de 1941, pelo Decreto n. 1.237, regulamentado pelo de n. 6.596, de 12 de dezembro de 1941, a Justiça do Trabalho finalmente ganhou autonomia. Dotou-a de poderes próprios (*notio e imperium*). Contudo, seus magistrados, ainda aí, não gozavam da mesma proteção dada aos Juízes da Justiça Comum. Garantias que tais só foram estendidas à magistratura do trabalho pelo Decreto-lei n. 9.797, de 9 de setembro de 1946. Nove dias após era promulgada a Constituição Federal, de 18 de setembro de 1946, que situou a Justiça do Trabalho no Poder Judiciário.

Foi o Decreto-lei n. 9.797, de 1946, pouco antes da promulgação da Constituição, que incluiu a Justiça do Trabalho entre os órgãos do Judiciário.

Desde então, todas as Constituições fizeram menção à Justiça do Trabalho como parte do Poder Judiciário.

De todo o exposto, percebe-se que, depois de várias décadas, a Justiça do Trabalho saiu da esfera administrativa para integrar-se ao Poder Judiciário.

Nas Constituições de 34 e 37, era classificada como órgão administrativo, e isso a despeito dos protestos da doutrina e reiterados pronunciamentos judiciais.

Essa longa permanência da Justiça do Trabalho na órbita da administração repercutiu negativamente na terminologia processual do trabalho.

O vocabulário da Consolidação das Leis do Trabalho, a despeito do tempo já transcorrido desde 1946 (cerca de meio século), quando essa Justiça se institucionalizou constitucionalmente, ainda conserva os vestígios da sua fase administrativa.

Causa certa perplexidade esse fenômeno porque, ao tempo do nascimento da CLT (1943), já se encontrava em vigor o Código de Processo Civil de 1939.

Assim se explica o fato de que, no processo civil, temos Autor e Réu, e, no processo trabalhista, Reclamante e Reclamado; citação e notificação. Na CLT temos inquérito para apuração de falta grave, de ranço manifestamente administrativo. O correto seria dizer-se ação declaratória de falta grave.

A Emenda Constitucional n. 24, de 9.12.1999 (DOU 10.12.1999), extinguiu os representantes dos empregados e dos empregadores dentro da Justiça do Trabalho, deixando, assim, de existir a figura que era conhecida como vogais ou juízes classistas.

A Emenda Constitucional n. 45, de 8.12.2004, ampliou, consideravelmente, a competência da Justiça do Trabalho, como se infere da leitura do art. 114. Além disso, essa Emenda estabeleceu que funcionarão junto ao Tribunal Superior do Trabalho, órgão máximo da Justiça do Trabalho, (a) a *Escola Nacional de Formação e Aperfeiçoamento de Magistrados do Trabalho*, cabendo-lhe, dentre outras funções, regulamentar os cursos oficiais para o ingresso e promoção na carreira, (b) o *Conselho Superior da Justiça do Trabalho*, cabendo-lhe exercer, na forma da lei, a supervisão administrativa, orçamentária, financeira e patrimonial da Justiça do Trabalho de primeiro e segundo graus, como órgão central do sistema, cujas decisões terão efeito vinculante.

9. Conceito de Ação

Depois de organizados o Estado e a ordem jurídica, normas gerais de conduta se impuseram a todos os cidadãos e, dentre elas, a que vedava a defesa, pelas próprias mãos, dos interesses (autotutela) submetidos à proteção da lei.

Corolariamente, obrigou-se o Estado a prestar jurisdição àqueles que ficaram impedidos de se autodefenderem.

Ameaçado ou violado seu direito, tem o cidadão o direito de ação, isto é, o direito de pedir ao Estado que se pronuncie a respeito, dando a cada um o que lhe pertence.

É assim que se conceitua a ação, como um direito público subjetivo, ou melhor, como o exercício de um direito preexistente.

Não é, portanto, nem direito nem pretensão; é a ação o exercício de um direito.

Não basta a iniciativa do interessado; é mister que ele demonstre, satisfatoriamente, ter sido lesado seu direito ou apenas ameaçado por alguém, o qual será a outra parte do processo, circunstância que conduz à bilateralidade da ação ou da reclamatória trabalhista.

A ação indica não apenas a atividade desenvolvida em juízo, mas também o direito de desenvolvê-la, como já dizia *Celso* (D. 44, 7, 51): *nihil aliud est actio quam ius persequendi quod sibi debetur.*

O conceito por nós adotado opõe-se a um outro, por sinal muito difundido, de que a ação é o meio legal de pedir judicialmente o que entendemos ser nosso ou que se nos deve. É incompleto o conceito, uma vez que não abarca as ações declaratórias, as medidas preventivas e algumas constitutivas. Além disso, nem sempre o que julgamos ser nosso o é de fato.

Sobre o conceito de ação, surgiram diversas teorias.

Sinalizamos, aqui, apenas três, por considerá-las as mais destacadas.

A primeira — a *teoria civilista* — teve em *Savigny* seu mais importante pregoeiro.

O direito de ação vem depois da violação de um direito.

Para demonstrar que a ação era o direito material posto em movimento, *Savigny* invocava a definição de *Celso: nihil aliud est actio quam ius, quod sibi debeatur in judicio persequendi* ("a ação é, apenas, o direito de pedir em juízo o que nos é devido" — Inst. L. IV, Tit. VI).

Todavia, *Celso,* ao conceituar a *actio* — pensava no direito material.

Em verdade, a teoria civilista não apreendeu, com exatidão, o que os romanos entendiam por *actio*. Esta se confundia com o direito material.

Preleciona *Fábio Luiz Gomes* (in "Teoria Geral do Processo Civil", Revista dos Tribunais, 1997, p. 100) que a "formulação de uma teoria nos moldes da civilista, com o desvirtuamento da concepção romana, deveu-se a fatores políticos-econômicos ligados ao mercantilismo do início do século XVIII".

A seguir, completa seu pensamento, ressaltando que a teoria civilista tinha por principal objetivo um sistema legal sem lacunas, sem vazios, que impossibilitasse uma jurisprudência criadora de direitos.

A velha concepção romana, abraçada pelos seguidores da teoria civilista, não resistiu à seguinte crítica: se a ação era, tão somente, o direito de exigir-se em juízo o que nos é devido, como ficam as ações negativas, bem como as ações declaratórias negativas?

A *segunda grande teoria* é a de *Wach*: é o direito de ação um direito subjetivo público, dirigido contra o Estado, obrigado a dar aos cidadãos a prestação jurisdicional; em suma, o direito de ação é o direito ao serviço da justiça.

Mas o defeito maior dessa teoria é de conservar, ainda intimamente ligados, o direito material e o direito de ação.

Com o intuito de romper esse vínculo, surgiu a teoria abstrata da ação, defendida por *Alfredo Rocco*, *Alberto Reis* e *Couture*.

O direito de ação é, simplesmente, o direito de despertar a atividade jurisdicional do Estado, não se fazendo mister a preexistência de um direito do autor.

Desvinculou-se o direito de ação do direito material, convertendo-se em genuíno direito subjetivo público.

Chegamos à *teoria da ação como direito potestativo*, de *Chiovenda* e de *Weisman*.

A ação vem a ser o poder jurídico do cidadão de criar a condição imprescindível à atuação da vontade da lei.

Como fecho a esse retrospecto das teorias da ação, dizemos — com *Liebman* — que cada uma delas tem parte da verdade.

Para *Liebman* o direito de ação é um poder jurídico. Vale dizer, existe ele antes do início da ação.

Nossa posição, diante do tema sobre o qual vimos discorrendo, é a de *Lopes da Costa* ("Direito Processual Civil Brasileiro", 2. ed., tomo I, Forense, 1959, p. 92): "O direito de ação será assim um direito subjetivo público contra o Estado, para que este se manifeste sobre a legitimidade da pretensão do interessado a um bem e, afirmada esta, satisfaça o interesse em questão".

Por derradeiro, relembra *Fábio Luiz Gomes* (obra citada, p. 132) que o direito subjetivo público de ação aparece no exato momento em que se estabelece o monopólio da jurisdição pelo Estado.

O trabalhador e o empregador isoladamente, ou em grupo por intermédio dos sindicatos que os representam, têm o direito de impulsionar o órgão jurisdicional do Estado, direito que, em última análise, é o direito de ação.

Dá-se ao Poder Judiciário a função jurisdicional, que é uma função de poder.

Esse direito, em passado não muito distante (até a primeira metade do século passado), era simples complemento do direito material.

O processo como construção científica foi concebido por *Oskar von Bülow* ("Excepciones y Presupuestos Procesales", Buenos Aires: JEA, 1964, sendo que o original em alemão foi publicado em 1868).

Anteriormente, *Windscheid* e *Muther* ("Polémica sobre la actio", Buenos Aires: JEA, 1974, cujo original alemão data de 1856) abriram novos horizontes para a pesquisa científica, tendo o segundo *Muther*, chegado a afirmar que o direito se distinguia da ação e esta era o direito à tutela do Estado ou, por outras palavras, um direito subjetivo público.

Mas o certo é dizer que foi a partir de *von Bülow* que o direito processual passou a ser considerado como ramo autônomo da ciência jurídica. Esse genial jurista (em cuja esteira veio logo depois *Wach*), desbravador dos amplos caminhos do direito processual moderno, dentre as palavras iniciais de sua obra imortal, criticando aqueles que viam na relação jurídico-processual uma relação de direito privado, deparamos com as seguintes: "Desde que os direitos e obrigações processuais se dão entre funcionários do Estado e os cidadãos, desde que se trata, no processo, da função dos oficiais públicos e desde que, também, as partes são vistas unicamente sob o aspecto de sua vinculação e cooperação com a atividade judicial, essa relação pertence, com toda a evidência, ao direito público e o processo resulta, portanto, uma relação jurídica pública".

Mas, ainda em meados de 1894, *Scialoja* ("Procedimiento Civil Romano", Buenos Aires: Jur. Europa-América, 1954, p. 24), depois de afirmar que o exercício do direito pode distinguir-se em dois elementos: o gozo de fato do objeto sobre o qual recai o direito e a possibilidade de cumprir, relativamente a ele, atos jurídicos — preleciona que entre estes últimos se inclui "a ação com que se garante a relação jurídica; quem intenta uma ação exerce o próprio direito, precisamente porque a defesa do direito é um elemento constitutivo do direito".

Ainda não chegara a *Scialoja* o pensamento de *von Bülow*, depois de mais de duas décadas.

Nos dias que correm, ninguém mais contesta que o direito processual do trabalho é uma ramificação do direito público, não se negando, porém, seu caráter instrumental.

Dogmatizou-se a autonomia do direito processual.

10. Individualização das Ações

É a ação identificada por seus elementos: a) as partes; b) o objeto da ação; e c) a causa de pedir.

As partes de um processo do trabalho são o Reclamante e o Reclamado. O primeiro é titular de um interesse que se atrita com o de um outro — que é o segundo, o Reclamado.

O objeto da ação é o pedido do Reclamado; é o que ele reivindica perante a Justiça do Trabalho (inciso IV do art. 282 do CPC).

Causa de pedir (*causa petendi*) são os fundamentos jurídicos do pedido do Reclamante.

O art. 840 da CLT reza que a reclamação, sendo escrita, não precisará oferecer os fundamentos jurídicos do pedido.

O legislador se houve com coerência nesse ponto.

Defere-se ao reclamante ou ao reclamado o direito de estarem em Juízo sem a assistência de advogado, seria um *non sense* pedir-lhes os fundamentos jurídicos do seu pedido ou da sua defesa, pois, com raríssimas exceções, não têm eles sequer conhecimento elementar do direito.

É fora de dúvida que essa orientação legal dá ao Juiz do Trabalho maior carga de trabalho e de responsabilidade.

É ainda controvertido o inciso I do art. 1º da Lei n. 8.906, de 4 de julho de 1994 (Estatuto da Advocacia e da OAB), que quer extinguir o *jus postulandi* das partes em qualquer órgão do Poder Judiciário.

Essa controvérsia está confinada no plano doutrinário, uma vez que o Supremo Tribunal Federal e o Tribunal Superior do Trabalho, em repetidos pronunciamentos, mantiveram o *jus postulandi* na Justiça do Trabalho. Inclusive o Supremo Tribunal Federal, no julgamento da ADIn 1.127, em 17.5.2006, confirmou essa posição ao excluir a expressão "qualquer" do art. 1º, inciso I da citada lei, ficando com a seguinte redação: "Art. 1º São atividades privativas de Advocacia: I — a postulação a órgão do Poder Judiciário e aos juizados especiais". Todavia, de uns tempos a esta parte, tem o TST decidido contrariamente ao *jus postulandi* das partes litigantes, reservando-o ao advogado devidamente habilitado para tanto. Assim, a SDI-1 do Tribunal Superior Trabalho, no julgamento do AG-E-RR 292.840/96.1 (*in Rev. LTr* n. 63-05/635) proferiu acórdão assim ementado:

"*JUS POSTULANDI. RECURSO. ATO PRIVATIVO DE ADVOGADO. LEI N. 8.906/94. A simples personalidade jurídica ou capacidade de ser parte não são suficientes para autorizar o exercício, por si, de atos processuais, próprios e especificados em lei, privativos de advogados. O disposto no art. 791 da CLT, jus postulandi, concede, apenas, o direito de as partes terem o acesso e acompanharem suas reclamações trabalhistas pessoalmente, nada mais. Uma vez ocorrido o acesso, o juiz fica obrigado por lei (arts. 14 a 19 da Lei n. 5.584/70) a regularizar a representação processual. 2. Nos termos do art. 1º da Lei n. 8.906/94, o ato de recorrer é privativo de advogado.*"

Do voto condutor do julgamento, destacamos o seguinte trecho:

"*Preliminarmente, verifica-se que a petição do agravo regimental, fls. 1492/1535, apresenta-se assinada pelo próprio Reclamante, que alega ter o direito ao uso do jus postulandi. Inicialmente, cabe distinguir entre capacidade de ser parte, capacidade de estar em juízo e jus postulandi. Toda pessoa física tem personalidade jurídica, ou seja, é capaz de direitos e obrigações. A simples personalidade jurídica ou capacidade de ser parte não são suficientes para autorizar o exercício, por si, de atos processuais, próprios e especificados em lei, privativos de advogados conforme previsto no art. 1º da Lei n. 8.906/94: São atividades privativas da advocacia: I — a postulação a qualquer órgão do Poder Judiciário e aos juizados especiais*".

Pouco mais adiante, lê-se nesse voto do douto Relator que "a doutrina e a jurisprudência são no sentido de que o disposto no art. 791 da CLT, *jus postulandi*, concede apenas o direito de as partes terem o acesso e acompanharem suas reclamações trabalhistas pessoalmente, nada mais".

Nenhuma crítica fazemos à assertiva de que a capacidade de ser parte, capacidade de estar em juízo e *jus postulandi* não se confundem por se reportarem a situações jurídicas distintas.

Estamos com *Chiovenda* ("Instituições", vol. II, p. 320) quando preleciona que "parte é aquele que demanda em seu nome próprio (ou em cujo nome é demandada) a atuação de uma vontade da lei e aquele em face de quem essa atuação é demandada."

Nesse conceito, estão nitidamente recortadas as figuras do autor e do réu.

Prendem-se, ao conceito de parte, três aspectos de singular importância:

I — a capacidade de ser parte, ou melhor, a capacidade de ser sujeito da relação processual — *legitimatio ad causam* — também tem supedâneo no art. 1º do Código Civil: toda pessoa *é capaz de direitos e obrigações na ordem civil*;

II — capacidade de estar em juízo ou *legitimatio ad processum*, correspondente ao poder de praticar atos processuais porque a parte está no exercício de seus direitos.

III — capacidade postulatória ou o poder de requerer em Juízo, que, de regra, é conferido aos advogados inscritos na Ordem dos Advogados do Brasil.

Na órbita civil não se equivalem a capacidade de ter direitos e a capacidade de exercê-los.

O menor ou um alienado podem ser titulares de direitos, mas estão impedidos de defendê-los em juízo quando ameaçados ou lesados.

O mesmo ocorre no plano processual.

A capacidade de ser parte não traz, invariavelmente, em sua esteira, a capacidade de estar em juízo.

Toda pessoa jurídica ou pessoa natural têm capacidade de ser parte. Quanto a esta última, sua capacidade não é afetada pela idade, sexo, estado civil ou estado mental.

No tangente à capacidade de estar em juízo ou legitimação para o processo (*legitimatio ad processum*), é ela deferida apenas aos que estiverem aptos para exercer seus direitos. Dessarte, o menor ou o alienado não têm capacidade para estar em juízo.

É compreensível essa restrição.

No desenrolar do processo, muitos atos têm de ser praticados e sua omissão ou realizados com algum vício podem provocar o malogro da pretensão deduzida em juízo. Por essa razão, os menores, os doentes mentais ou os silvícolas precisam ser representados em juízo. Tais pessoas, portanto, têm capacidade de ser parte num processo, mas não possuem a capacidade de estar em juízo.

No decisório acima referido, não encontra eco na doutrina dominante, a interpretação que faz do art. 791, da Consolidação das Leis do Trabalho.

Diz-se, nesse dispositivo consolidado que "os empregados e os empregadores poderão reclamar pessoalmente perante a Justiça do Trabalho e acompanhar as suas reclamações até o fim".

Interpretação literal da norma conclui que o empregado, pessoalmente, desacompanhado de advogado, pode ir a uma Vara do Trabalho e apresentar sua reclamação.

Semelhante entendimento é ratificado pelo art. 839, também do Estatuto Obreiro, nos seguintes termos: "A reclamação poderá ser apresentada: a) pelos empregados e empregadores, pessoalmente, ou por seus representantes, e pelos sindicatos de classe."

E depois de formular sua reclamação, na secretaria da Vara do Trabalho ou em juízo com investidura trabalhista, está a parte autorizada a praticar todos os atos processuais?

Consoante o aprovado pela SDI-1, do Tribunal Superior do Trabalho, no susocitado julgamento, tem o juiz, depois de oferecida a reclamação pessoalmente pelo interessado, de regularizar a representação processual nos termos dos arts. 14 *usque* 19 da Lei n. 5.584/70.

Mas, nesse diploma legal é disposto que a assistência judiciária só é dada pelos sindicatos aos empregados que percebam salário inferior a dois salários mínimos ou aqueles que, com remuneração mais elevada, não têm condições de arcar com os gastos de um processo.

Corolariamente, não poderão contar com a representação pelo sindicato ou por seus assessores jurídicos, os empregados que não se encontrem numa das duas situações arroladas pela Lei n. 5.584/70 para concessão da assistência judiciária.

Pesa-nos dizer que a maioria dos doutrinadores vem interpretando o supracitado art. 791 consolidado de maneira diferente daquela perfilhada pelo já referido órgão do Tribunal Superior do Trabalho.

Campos Batalha ("Tratado de Direito Judiciário do Trabalho", 3. ed., LTr Edit., 1995, p. 607/611), *Carrion* ("Comentários à CLT", 24. ed., Saraiva, 1999, p. 607/608), *Sérgio Pinto Martins* ("Comentários à CLT", Atlas, 1998, p. 724/725), *Tostes Malta* ("Comentários à CLT", 6. ed., LTr Edit., p. 447 e ss.), e muitos outros autores de igual nomeada não se opõem ao *jus postulandi* das partes na Justiça do Trabalho.

Dissentem da tese abraçada pela SDI-1 outros conhecidos juslaboristas.

Mozart Russomano sintetizou o pensamento da corrente doutrinária discrepante do *jus postulandi* na Justiça do Trabalho ao dizer o seguinte (*in* "Comentários à CLT", 13ª ed., II tomo, Forense, 1990, p. 867/868:

"*A prática nos tem demonstrado que, ao menos no Brasil, não é aconselhável o sistema (exercício do direito de ação diretamente pela parte). O índice intelectual do empregado e do empregador não é, entre nós, suficientemente alto para que eles compreendam, sem certas dificuldades, as razões de ser da Justiça do Trabalho, sua atribuição de aplicar aos fatos uma lei protecionista do trabalhador, mas interpretada com imparcialidade. Por outro lado, o direito processual do trabalho está subordinado aos princípios e aos postulados medulares de toda a ciência jurídica que fogem à compreensão dos leigos. É um ramo do direito positivo com regras abundantes e que demandam análise de hermeneuta, por mais simples que queiram ser. O resultado disso tudo é que a parte que comparece sem procurador, nos feitos trabalhistas, recai em uma inferioridade processual assombrosa".*

Francisco Antonio de Oliveira (in "Consolidação das Leis do Trabalho Comentada", Rev. dos Tribunais, 1990, p. 739) acompanha *Russomano* na crítica ao *jus postulandi* dizendo: *"Não se pode relegar ao oblívio que o processo do trabalho, no seu estágio atual, recebe sopro benfazejo de ventos atualizantes para que possa cumprir sua finalidade em consonância com uma nova realidade. E desconhecer essa realidade em constante efervescência é calcar-se no vazio e quedar-se em isolamento franciscano. A capacidade postulatória das partes na Justiça do Trabalho é ranço pernicioso originário da fase administrativa e que ainda hoje persiste em total discrepância com a realidade atual".*

Aceitamos a argumentação de *Francisco Antônio* e de *Russomano* exceto no ponto em que este último insinua ser baixo o nível intelectual dos nossos empregados e empregadores. Ao contrário, todos eles podem ter até formação universitária, mas estranha à ciência jurídica, o que nos permite prever que sua ação direta em juízo seja assaz deficiente.

Prevalece no campo doutrinário a ideia de que a expressão "... acompanhar as suas reclamações até o final" significa que a parte, *in casu*, está autorizada a exercer o *jus postulandi* em sua dimensão maior, isto é, de praticar todos os atos processuais até o fecho definitivo da lide.

É também o que sustenta *Sérgio Pinto Martins* (obra citada, p. 725): *"Acompanhar a reclamação até o final quer dizer que o jus postulandi das partes pode ser exercitado até o TST, em todos os recursos. Apenas se a parte tiver de apresentar recurso extraordinário é que precisará de advogado, pois, jus postulandi só pode ser exercitado nas instâncias da Justiça do Trabalho e em instância extraordinária."*

O legislador manifesta, de modo insofismável, sua simpatia por semelhante entendimento ao estatuir, no art. 4º, da Lei n. 5.584, de 26 de junho de 1970 que "nos dissídios de alçada exclusiva das Juntas e naqueles em que os empregados ou empregadores reclamarem pessoalmente, o processo poderá ser impulsionado de ofício pelo Juiz."

De conseguinte, na hipótese em debate, quando a parte estiver desacompanhada de advogado, o impulso processual há-de ser dado, de ofício, pelo Juiz.

O certo é que só se admite no plano doutrinário o debate em torno da sobrevivência, ou não, do *jus postulandi* das partes, após a Constituição de 1988 (art. 133) e do Estatuto da Advocacia (Lei n. 8.906/94), uma vez que o Supremo Tribunal Federal, em diversos julgados, decidiu que o art. 791 da CLT não foi derrogado pelos supracitados diplomas legais. Por outras palavras, foi preservado o *jus postulandi* das partes na Justiça do Trabalho.

Por derradeiro, cumpre-nos ressaltar que não estamos de acordo com a tese inspiradora do acórdão da SDI-1: a lei autoriza a parte a apresentar, pessoalmente, sua reclamação em Juízo, mas depois disso, deve o Juiz promover sua representação por um advogado.

A nosso ver, o exercício do direito de ação pela parte deve ser por intermédio de um advogado e, se carecedora de recursos financeiros, deve o Estado proporcionar-lhe defensor gratuito.

Nos tempos que correm, é de todo em todo inaceitável a ideia de que o Juiz, com respaldo no art. 4º da Lei n. 5.584/70, tenha de movimentar o processo e, ao mesmo passo, orientar a produção da prova do alegado pela parte que veio a juízo desassistida de advogado.

Se levado a proceder dessa maneira, estará o juiz voltando as costas à norma fundamental de conduta dos que desempenham o ofício de julgar, isto é, de administrar a justiça, norma consistente na imparcialidade com que deve analisar os fatos relacionados com o conflito de interesses e avaliar as provas deduzidas pelas partes.

O *jus postulandi* das partes na Justiça do Trabalho vai exigir do juiz, de duas, uma: que assista impassível aos erros que a parte, sem conhecimentos especializados da ciência jurídica, provavelmente vai cometer na defesa de sua pretensão ou que abandone a característica isenção de espírito para dar ajuda a uma parte em detrimento de outra.

Estamos em que o Juiz irá impulsionar o processo, como o quer a Lei n. 5.584/70, de molde a colher os elementos probatórios mínimos de que necessita para julgar com segurança.

No voto condutor do julgamento da SDI-1 é informado que a parte desacompanhada de advogado redigiu de modo confuso as petições de vários recursos.

Quer isto dizer, que a parte não defendeu de modo adequado o seu interesse no feito.

Estamos em que, na maioria das ações intentadas pelas partes no exercício da capacidade postulatória, repete-se essa defesa defeituosa de pretensões.

Não resta dúvida que, na dicção de *Francisco Antonio de Oliveira*, já é tempo de o legislador expungir do Estatuto Obreiro essa norma ultrapassada pela realidade que concede ao trabalhador e ao patrão o *jus postulandi*.

Por derradeiro, é de assinalar-se que a fórmula aninhada na Lei n. 5.584/70 (assistência judiciária prestada pelos sindicatos) tem, como pressuposto, a mantença do regime do sindicato único. São visíveis os sinais da insatisfação geral com o unitarismo sindical e com as contribuições compulsórias.

Apesar do disposto no art. 133, da Constituição ("*Art. 133 — O advogado é indispensável à administração da justiça, sendo inviolável por seus atos e manifestações no exercício da profissão, nos limites da lei*"), o TST editou a Súmula n. 425 no sentido de autorizar *o jus postulandi nas* 1ª *e* 2ª *instâncias da Justiça do Trabalho*. Porém, não o reconhece perante o TST, na ação rescisória, mandado de segurança e ação cautelar, *verbis:* "*Jus Postulandi* na Justiça do Trabalho — Alcance — O *jus postulandi* das partes, estabelecido no art. 791, da CLT, limita-se às Varas do Trabalho e aos Tribunais Regionais do Trabalho, não alcançando a ação rescisória, a ação cautelar, o mandado de segurança e os recursos de competência do Tribunal Superior do Trabalho".

11. Condições de Ação

Certos requisitos, formais e de essência, têm de ser satisfeitos quando da propositura da ação.

Foi *Chiovenda* ("Instituições de Direito Processual Civil", Saraiva, 1952, tomo I, p. 109) quem dividiu esses requisitos em dois grupos: condições de ação e pressupostos processuais.

Prendem-se as condições de ação ao direito postulado, à *legitimatio ad causam* e ao interesse de agir.

Tais requisitos se referem aos direitos das partes e às normas diretoras da tutela jurisdicional. A ausência de um desses requisitos acarreta a carência da ação.

A existência do direito de ação, em caso concreto, vincula-se às condições de ação, que são as seguintes: a) possibilidade jurídica do pedido; b) interesse de agir; e c) legitimidade para a causa.

Associa-se a possibilidade jurídica à pretensão. Esta, em abstrato, deve ser objeto do direito material.

Se o pedido não conta com a tutela jurisdicional, configura-se a impossibilidade jurídica do pedido. Por outras palavras, é possível uma pretensão quando os fatos invocados corresponderem à hipótese da norma legal mencionada, inclusive por analogia e consuetudinariamente.

Há, na pretensão, um direito substancial, também chamado de interesse primário, isto é, o bem ou utilidade protegido pelo direito.

Quando duas pessoas se desentendem acerca de um mesmo interesse, temos configurado o conflito de interesses.

A pretensão de uma das partes resistida pela outra vem a ser a lide, a qual, no entender de muitos, corresponde ao próprio conflito de interesses.

Estamos propensos a dizer que o conflito de interesses dá nascimento à lide, o que importa dizer, a sujeição da divergência à apreciação do Poder Judiciário.

Dizemos, de conseguinte, que o conflito é susceptível de dar origem à lide, o que de modo algum significa que ambos são a mesma coisa. Um é o fato situado no núcleo do conflito; o outro, a lide (*litis*) corresponde à demanda, ao processo.

Admitimos a existência de um conflito, mas nem por isso a parte está obrigada a levá-lo a exame do Judiciário. Logo, só nos resta concluir que conflitos de interesses e lide não têm o mesmo significado.

Ao falar de pretensão resistida, indicamos que o indivíduo tem a faculdade reconhecida por lei de exigir a prática ou a omissão de determinado ato de um terceiro, sendo a este facultado, também por lei, opor-se a essa pretensão, que é o mesmo que dizer que a ela resiste.

Reclamar a atividade jurisdicional do Estado para que proteja o interesse primário, corresponde ao interesse de agir, que é um interesse secundário, instrumental, e consubstanciado no pedido de providência jurisdicional visando à obtenção do bem contido na pretensão ou ao seu resguardo.

Ao elaborar o projeto de Código de Processo Civil, *Buzaid* — como um dos discípulos de *Liebman* — nele inseriu normas que se transformaram nos arts. 3º e 267, inciso VI, do CPC em vigor: "para propor ou contestar ação é necessário ter interesse e legitimidade" e "extingue-se o processo, sem julgamento de mérito: I — *omissis;* VI — quando não concorrer qualquer das condições de ação, como a possibilidade jurídica, a legitimidade das partes e o interesse processual".

É a legitimidade para agir (*legitimatio ad causam*) a terceira condição do direito de ação.

É o mesmo que dizer que o autor deve ser o titular do direito que se contém na pretensão.

É a legitimação ativa.

Quem for titular de interesse que se opõe ao do autor tem a legitimação passiva para contestar e para se defender.

Em suma, a qualidade para agir ou para defender-se configura-se quando o autor coincide com aquele a quem a lei confere certo direito e quando é a pessoa a quem a lei obriga a dar ou fazer alguma coisa; legitimação ativa, primeiro caso; legitimação passiva, segundo caso.

A ausência de uma condição de ação autoriza o Juiz a extinguir o processo, *ex vi* do preceituado no inciso VI do art. 267 do CPC, extensível ao processo trabalhista.

Do que falamos acerca das condições de ação, conclui-se serem elas imprescindíveis a uma decisão de mérito.

12. Processo. Procedimento

Já ficou consignado que a ação é o direito de exigir do Poder Público a prestação da tutela jurisdicional para resguardo de um direito ameaçado ou lesionado.

Exercido esse direito público subjetivo instaura-se o processo, que é o meio utilizado pelo Estado para resolução dos conflitos de interesses.

Por outras palavras, é o processo uma série de atos coordenados indispensáveis ao exercício da função jurisdicional.

De modo mais prolixo, acentua *Prieto e Castro* ("Derecho Procesal Civil", 22. ed., Madrid: Editorial Tecnos, 1974, p. 23) que *"processo é o conjunto de atividades reguladas pelo Direito Processual, que realizam as partes e o Tribunal, iniciado por uma petição de outorgamento de justiça à jurisdição, para alcançar uma sentença ou ato pelo qual o Estado realiza seu dever e seu direito de defesa da ordem jurídico-objetiva privada, que implica a proteção do direito ou do interesse da parte que se ampara em tal direito objetivo"*.

A sucessão dos atos processuais faz lembrar o processo dialético. Tese e antítese, alegações e contra-alegações, e a síntese, que é o julgamento da lide.

Formaram-se várias correntes sobre a natureza jurídica do processo: contrato, situação jurídica, instituição e relação jurídica.

Nos dias que correm vem merecendo o acolhimento, por parte da maioria dos processualistas, a tese de que o processo é uma complexa relação jurídica que abrange os direitos, deveres e ônus das partes e do Juiz, e quanto a este último, também, os seus poderes.

Três são os tipos de processo: 1) processo de conhecimento; 2) processo de execução; e 3) processo cautelar.

O processo de conhecimento começa com a petição inicial e termina com a sentença. Entre uma e outra, são praticados os mais variados atos processuais das partes e do Juiz.

O processo de execução trabalhista se instala, exclusivamente, com o título executivo representado pela sentença exequenda ou pelo acordo consumado nos autos. Seu início é o pedido do vencedor da lide para que a sentença seja cumprida, e o término, o pagamento que é devido àquele ou a prestação da obrigação de fazer. Com a edição da Lei n. 11.232/05 (DOU 22.12.2005), que alterou o CPC, a execução de sentença passou a ser tratada dentro do próprio processo de conhecimento (art. 475-A e ss.).

O processo cautelar se desenvolve entre o pedido da providência e o seu deferimento (ou indeferimento). É um processo marcado por sua simplicidade e cuja eficácia é mantida até a prolação da sentença definitiva no processo principal.

A finalidade desse processo é a de ensejar a atuação da vontade da lei em situações concretas de litígio, o que corresponde à tese publicística do processo. Neste, não se visa exclusivamente à satisfação do pedido de alguém que anseia pelo reconhecimento de seu direito pelo Juiz. Há o interesse maior do Estado de ver os interesses devidamente protegido e isso por ser essencial à preservação da ordem pública.

Não é de agora que se proclama, no plano da doutrina, ser uno o processo.

Se o conflito tem lugar nesta ou aquela esfera do direito, os regramentos processuais especiais conservarão a mesma substância, qual seja, o fato de o processo ter por fim dirimir um conflito de interesses.

A composição dos órgãos judicantes, a competência e os trâmites processuais podem ser diversos, mas o processo preserva sua essência.

Objeto do processo é a pretensão do Reclamante.

É o pedido formulado ao Juiz para que proclame a legitimidade do pedido, a despeito da resistência oferecida pelo Reclamado.

É o processo uma relação jurídica (*iudicium* dos romanos) que tem como sujeitos o Juiz, o Reclamante e o Reclamado. Tem-se a relação jurídica como vínculo que une aqueles sujeitos. É uma relação trilateral, não é uma relação bilateral — Reclamante e Reclamado —, com exclusão da figura do Juiz.

Essas três figuras (Reclamante, Reclamado e Juiz) praticam, no processo, atos que se articulam pelo fio da interdependência, e, de conseguinte, não há como afastar uma delas — a do Juiz.

12.1. Do Procedimento

Com *Calamandrei*, entendemos que o procedimento é o aspecto exterior do fenômeno processual.

Não se confunde com o processo, e, por isso, é condenável seu emprego como se fossem vocábulos sinônimos.

Processo é uma diretriz, um caminhar rumo à provisão jurisdicional; procedimento é a forma e o modo dos atos processuais na ordem sequencial do processo.

Enfim, a doutrina dominante reconhece que o processo nada mais é que uma relação jurídica entre os litigantes e o Juiz (*judicium est actum trium personarum, actoris, rei, judicis*).

No processo do trabalho, o procedimento é eminentemente oral e caracteriza-se por sua concentração.

Reclamante e Reclamado porfiam em esclarecer o magistrado sobre suas pretensões para que o julgado, a final, expresse a vontade da lei.

13. Pressupostos Processuais

Carnelutti, in "Riv. D. Proc." de 1952, tomo I, p. 152, declara que a teoria dos pressupostos processuais é algo que só interessa a um museu.

O insigne mestre expressava o pensamento predominante na doutrina italiana. Contudo, no resto da Europa e na América, a teoria dos pressupostos processuais era e é, ainda, levada em conta tanto na doutrina como na jurisprudência.

Coube a *Oskar von Bülow*, em 1868, a introdução, no direito processual, do conceito de pressupostos da relação jurídica processual: partes, juízes, litispendência, existência de compromisso (*apud Pontes de Miranda*, "Comentários ao CPC", 3. ed., II tomo, Forense, p. 193).

Referem-se os pressupostos processuais a fatos e circunstâncias referendados pela Lei e que são exteriores e anteriores à vontade do Juiz.

No dizer de *Couture*, "*pressupostos processuais são antecedentes necessários para que o juízo tenha existência jurídica e validade formal*" (obra citada, p. 103).

Para que uma relação jurídica processual se revista de utilidade é imprescindível que preexistam certos requisitos ou pressupostos processuais: a) capacidade das partes; b) competência do Juízo; c) conflito real de interesses e satisfação de requisitos para a prática de atos processuais.

A nosso ver, dividem-se eles em duas categorias: a) os que pertinem a um processo regular; e b) os que dizem respeito à existência de certas circunstâncias obstativas da regularidade do processo, que são as exceções processuais.

No primeiro grupo de pressupostos se incluem as objeções à capacidade e à representação das partes.

Os autores alemães distinguem os pressupostos de admissibilidade da ação e os pressupostos do fundamento da lide.

Couture fala em pressupostos processuais: a) da ação; b) da pretensão; c) da validade do processo; e d) de uma sentença favorável.

A classificação que adotamos parece-nos mais objetiva e mais simples.

No processo trabalhista, a parte sempre teve sua capacidade processual aos 18 anos, e nisso se distinguia do processo civil comum, no qual a idade-limite era 21 anos, antes do advento do Código Civil de 2002. Com esse novo Código, também no processo civil a capacidade processual passou a ser também aos 18 anos.

Suspendem o feito na Justiça do Trabalho as exceções de suspeição e de incompetência; as demais exceções são alegadas como matéria de defesa. Temos, aí, o segundo grupo de pressupostos processuais, dos quais depende a validade da relação jurídica — *legitimatio ad processum*.

Há, ainda, a divisão dos pressupostos em objetivos e subjetivos.

Objetivo é o pressuposto consubstanciado em pedido regular na notificação do Reclamado.

Subjetivos são: o órgão jurisdicional e sua competência; capacidade de ser parte e capacidade processual, bem como a regularidade da representação.

Se a parte interessada, ao ingressar na lide, não arguir desde logo a nulidade, haverá convalidação do que se praticou no processo. Essa circunstância suscita dúvidas quanto à classificação dessa nulidade como um pressuposto processual, uma vez que este, de regra, independe da vontade das partes.

A hipótese em estudo só se encaixa no caso de não convalidação dos atos posteriores à citação nula, porque aí o Juiz terá em mãos um processo nulo desde os seus instantes iniciais.

14. Fontes do Direito Processual do Trabalho

Fontes formais são as formas pelas quais se apresenta o direito. Na esfera processual, essas fontes, ainda que diferentes, entrelaçam-se harmoniosamente.

Dentre as leis formadoras desse direito instrumental, as mais relevantes são as constitucionais.

Sabe-se que a Constituição mexicana de 1917 foi a primeira a dar abrigo a normas processuais.

Vê-se, portanto, que só em pleno século XX é que as regras processuais alcançaram o plano constitucional.

A Constituição brasileira de 1946 regulou a organização e a competência da Justiça do Trabalho; a de 1967 e Emenda n. 1, de 1969, seguiram a mesma trilha, e a Constituição promulgada a 5 de outubro de 1988 não só aumentou a composição dos seus Tribunais como, também, deu maiores dimensões à sua competência. Não bastasse isso, inseriu no seu art. 5º várias disposições de caráter nitidamente processual, como, por exemplo:

No art. 5º:

XXXV — a lei não excluirá da apreciação do Poder Judiciário lesão ou ameaça a direito;

XXXVI — a lei não prejudicará o direito adquirido, o ato jurídico perfeito e a coisa julgada;

XXXVII — não haverá juízo ou tribunal de exceção;

LIII — ninguém será processado nem sentenciado senão pela autoridade competente;

LIV — ninguém será privado da liberdade ou de seus bens sem o devido processo legal;

LV — aos litigantes, em processo judicial ou administrativo e aos acusados em geral, são assegurados o contraditório e ampla defesa, com os meios e recursos a ela inerentes;

LVI — são inadmissíveis, no processo, as provas obtidas por meios ilícitos;

LX — a lei só poderá restringir a publicidade dos atos processuais quando a defesa da intimidade ou o interesse social o exigirem;

LXIX — conceder-se-á mandado de segurança para proteger direito líquido e certo, não amparado por habeas corpus ou habeas data, quando o responsável pela ilegalidade ou abuso de poder for autoridade pública ou agente de pessoa jurídica no exercício de atribuições do Poder Público;

LXX — o mandado de segurança coletivo pode ser impetrado por:

a) partido político com representação no Congresso Nacional;

b) organização sindical, entidade de classe ou associação legalmente constituída e em funcionamento há pelo menos um ano, em defesa dos interesses de seus membros ou associados;

LXXIV — o Estado prestará assistência jurídica integral e gratuita aos que comprovarem insuficiência de recursos;

LXXV — o Estado indenizará o condenado por erro judiciário, assim como o que ficar preso além do tempo fixado na sentença;

LXXVIII — a todos, no âmbito judicial e administrativo, são assegurados a razoável duração do processo e os meios que garantam a celeridade de sua tramitação.

Art. 8º:

III — ao sindicato cabe a defesa dos direitos e interesses coletivos e individuais da categoria, inclusive em questões judiciais ou administrativas;

...

Art. 93:

IX — todos os julgamentos dos órgãos do Poder Judiciário serão públicos, e fundamentadas todas as decisões, sob pena de nulidade, podendo a lei limitar a presença, em determinados atos, às próprias partes e a seus advogados, ou somente a estes, em casos nos quais a preservação do direito à intimidade do interessado no sigilo não prejudique o interesse público à informação (redação dada pela Emenda Constitucional n. 45, de 8.12.2004);

XI — a atividade jurisdicional será ininterrupta, sendo vedado férias coletivas nos juízos e tribunais de segundo grau, funcionando, nos dias em que não houver expediente forense normal, juízes em plantão permanente (redação dada pela Emenda Constitucional n. 45, de 8.12.2004);

XIII — o número de juízes na unidade jurisdicional será proporcional à efetiva demanda judicial e à respectiva população (redação dada pela Emenda Constitucional n. 45, de 8.12.2004);

XIV — os servidores receberão delegação para a prática de atos de administração e atos de mero expediente sem caráter decisório (redação dada pela Emenda Constitucional n. 45, de 8.12.2004);

XV — a distribuição de processos será imediata, em todos os graus de jurisdição (redação dada pela Emenda Constitucional n. 45, de 8.12.2004).

Art. 103-A — O Supremo Tribunal Federal poderá, de ofício ou por provocação, mediante decisão de dois terços dos seus membros, após reiteradas decisões sobre matéria constitucional, aprovar súmula que, a partir de sua publicação na imprensa oficial, terá efeito vinculante em relação aos demais órgãos do Poder Judiciário e à administração púbica direta e indireta, nas esferas federal, estadual e municipal, bem como proceder à sua revisão ou cancelamento, na forma estabelecida em lei (redação dada pela Emenda Constitucional n. 45, de 8.12.2004).

É claro que, no bojo da Lei Maior, há outras disposições que poderíamos rotular de processuais, mas relacionamos apenas aquelas que, no plano constitucional, aparecem pela primeira vez.

Logo depois das normas constitucionais, vem a Consolidação das Leis do Trabalho e legislação extravagante (Lei n. 5.584, de 26.6.70, e outras) e, subsidiariamente, o Código de Processo Civil e a Lei de Execução Fiscal.

Os regimentos internos dos Tribunais classificam-se como fontes formais do direito processual do trabalho, pois, com autorização constitucional, disciplinam situações que dizem respeito à tramitação dos processos.

Não gozam os costumes de grande influência no processo do trabalho. Sua presença se faz sentir na praxe, nas normas procedimentais. Não fazemos companhia àqueles que negam inteiramente a possibilidade de o costume ser acatado no processo.

Como vimos, a imensa maioria das normas processuais é de fonte estatal.

Vêm-nos à lembrança as palavras de *Puig Brutau* ("La Jurisprudencia como Fonte del Derecho", Barcelona: Bosch, p. 8): "A lei não contém todo o direito que, a cada instante, a sociedade necessita para sua vida normal. Por isso, quem tem a seu cargo a missão de interpretar e aplicar a lei realiza, em muitos casos, função verdadeiramente criadora".

A jurisprudência pode ser invocada como *jus novum* quando se forma através de sucessivas e uniformes decisões sobre o mesmo assunto.

Para os romanos, era autêntica fonte de direito: *auctoritas rerum perpetuo similiter judicatorum*.

Diz-se que a jurisprudência é *jus novum* porque a iteração das decisões dos tribunais se converte num direito costumeiro, num direito novo.

Não incorremos no exagero de afirmar que a jurisprudência é sempre uma fonte de direito.

Ela pode sê-lo quando lacunosa a lei. De resto, não é lembrada como fonte de direito pelo nosso Código Civil nem pela CLT.

Não negamos ao Juiz toda e qualquer participação na criação do direito. Se o fizéssemos, daríamos mostras de que persiste o temor nascido na época em que os governantes praticavam toda a sorte de arbitrariedades, que criavam para todos os cidadãos um clima de incerteza e de insegurança verdadeiramente insuportável.

Não pensamos, portanto, dar ao Juiz atividade puramente gnosiológica.

Admitimos o emprego de critérios teleológicos para completar lacunas do direito legislado. Mas, repisando, não aceitamos o Juiz como substituto do legislador.

Até *Geny* reconhece a "extraordinária autoridade dos precedentes judiciários, mas recusa-lhes o valor e a força legislativa e aduz que a jurisprudência jamais poderá ser *contra legem*" (*apud* M. Serpa Lopes, "Lei de Introdução ao Código Civil", tomo I, p. 92).

Repetimos, com *Cogliolo*, que, nas sociedades primitivas, a *actio* fazia nascer o *ius*; hoje, defende-se a preexistência do *ius* constituído e completo.

Em nosso ordenamento jurídico, de tradição romanística, há a característica do primado do processo legislativo sobre as demais fontes do direito.

É o oposto do que ocorre nos países de tradição anglo-americana (*common law*), onde o direito se revela sobretudo através dos usos e costumes e pela fala dos tribunais, ficando em plano secundário o processo legislativo a cargo dos parlamentos.

A escola do direito livre, pregada sobretudo por *Kantorowicz* ("La Definición del Derecho", Madrid, 1964), não encontra espaço em nossas tradições jurídicas nem em nosso sistema legal.

Preleciona *Frederico Marques* (in "Manual de Direito Processual Civil", Saraiva, Bookseller, 1997, tomo I, p. 53/4) que *"regras de direito das gentes também podem ser fontes normativas do direito processual do trabalho, regulando em convenções, tratados ou no direito consuetudinário os efeitos de atos emanados de tribunais estrangeiros e as relações interjurisdicionais com esses órgãos jurisdicionais peregrinos ou outros problemas e questões de processo com projeção especial"*.

Exemplo do que acaba de dizer o saudoso mestre paulista é o tratado de Itaipu para regular as ações trabalhistas envolvendo trabalhadores brasileiros e paraguaios.

Para suprir lacunas e omissões do direito processual do trabalho temos, complementarmente, como fontes formais secundárias, a doutrina (*communis opinio doctorum*) e os princípios gerais do direito.

O direito processual do trabalho, a exemplo do que acontece com todos o ramos do direito, é estruturado e dinamizado dentro dos limites que lhe traça a Constituição, de primado absoluto sobre as leis ordinárias.

As sentenças normativas, proferidas em processos de dissídio coletivo, podem ser lembradas como fontes de direito material do trabalho, mas não do direito processual. Criam novas condições de trabalho, mas nada inovam no campo processual, nem poderiam fazê-lo.

Os pactos coletivos — acordos e convenções coletivas de trabalho — também são citados como fontes do direito substancial do trabalho. Equivocam-se aqueles que os mencionam como fontes do direito processual.

15. Incidente de Uniformização da Jurisprudência

Não é um recurso o instituto da uniformização da jurisprudência.

É — como o diz o CPC — um incidente no curso de um processo em julgamento.

Cada órgão fracionário de um Tribunal (as Turmas) tem a faculdade legal de formar sua própria jurisprudência; não raro suas decisões entram em conflito com os demais, o que gera dúvida e insegurança nas partes.

Por meio do incidente de uniformização da jurisprudência é debelado o mal.

Em havendo discrepância jurisprudencial entre os vários Tribunais do Trabalho, é missão do Tribunal Superior do Trabalho, por meio de Súmulas, uniformizar esses decisórios.

Discutiu-se, durante largo período, a aplicação subsidiária ao processo trabalhista dos arts. 476 a 479, do CPC, reguladores do incidente de uniformização da jurisprudência perante os Tribunais Regionais do Trabalho. Nesse mesmo lapso de tempo, alguns deles têm encetado esse trabalho de uniformizar sua jurisprudência, porém, timidamente, o que recomenda que ele seja mais dinamizado.

Inobstante, ganhava corpo, no âmbito doutrinário, a tese da aplicabilidade daqueles preceitos ao processo trabalhista.

Pondo termo à controvérsia, o Congresso Nacional aprovou a Lei n. 7.701, a 21 de dezembro de 1988, cujo art. 14 é vazado nos seguintes termos: "O Regimento Interno dos Tribunais Regionais do Trabalho deverá dispor sobre a súmula da respectiva jurisprudência predominante e sobre o incidente de uniformização, inclusive os pertinentes às leis estaduais e normas coletivas".

Supérfluo dizer que o novo diploma legal modificou, de imediato, o comportamento dos Tribunais Regionais do Trabalho diante das questões já enunciadas. Toda essa discussão foi pacificada com a edição do § 3º, do art. 896, da CLT: é aplicável o CPC à espécie.

Fato dos mais comuns é a variedade de interpretações que, num mesmo Tribunal, se dá a um dispositivo legal. Isso explica o surgimento do incidente da uniformização da jurisprudência, que é saudável na tramitação processual e, ao mesmo passo, dá mais segurança às partes.

Não é esse incidente um recurso nem guarda com ele qualquer semelhança.

É, apenas, um meio que a lei coloca à disposição dos juízes e das partes para pôr cobro à divergência de interpretação de um mesmo preceito legal.

Estamos em que o Regimento dos Tribunais do Trabalho não deixará de atender às prescrições do Código de Processo relativas à matéria.

Reza o art. 476 do CPC ser lícito a qualquer Juiz, ao proferir seu voto na Turma ou Seção do Tribunal, solicitar o prévio pronunciamento de seus pares acerca do significado de uma norma legal quando: a) verificar e demonstrar que, sobre o assunto em debate, ocorre divergência; b) no julgamento recorrido, a interpretação for diversa da que lhe haja dado outra Turma ou Seção.

De acordo com o parágrafo único do sobredito artigo do CPC, faculta-se à parte, ao arrazoar o recurso ou em petição avulsa, requerer, fundamentadamente, que o Plenário do Tribunal se manifeste sobre a divergência de interpretação.

É evidente que o incidente em tela não pode ser suscitado no Pleno do Tribunal.

É mera faculdade que a lei outorga ao Juiz ou à parte. A esta, é lícito suscitar o incidente por meio de recurso ou petição avulsa devidamente fundamentados (parágrafo único do art. 476 do CPC).

Fazemos breve pausa para dizer que, em nosso entendimento, a expressão "julgamento recorrido", que aparece no art. 476 do CPC, não indica a instância primária, mas o Tribunal em que se debate o apelo originário daquela.

Se a Câmara ou Turma entender que inexiste conflito jurisprudencial, passa, de imediato, a examinar o mérito do recurso. Aceitando a divergência arguida pelo Juiz ou pela parte, ordena a remessa dos autos ao Presidente do Tribunal para que designe a sessão de julgamento do incidente.

Reza o art. 479 do CPC que o julgamento será pelo voto da maioria absoluta dos membros que integram o Tribunal, e a decisão será objeto de súmula e constituirá precedente na uniformização da jurisprudência. Na oportunidade, o voto é emitido com exposição fundamentada.

Em consonância com o parágrafo único do art. 478 do CPC, é obrigatória a audiência do Ministério Público.

O incidente da uniformização da jurisprudência talvez venha a ser mais útil no foro trabalhista que no comum.

Fato corriqueiro na Justiça do Trabalho é a propositura de numerosas ações contra a mesma empresa ou contra várias delas em que se postula o mesmo direito.

Por meio do incidente em causa, os decisórios se uniformizarão, concedendo maior celeridade aos processos ou incentivando muitos acordos entre as partes devido ao reconhecimento da inutilidade da proposição ou reclamatória ou da inocuidade da resistência à pretensão dos trabalhadores.

Não cabe recurso contra acórdão uniformizador da jurisprudência.

Quando da sua aplicação a um caso concreto é que poderá o interessado interpor recurso.

Albuquerque Rocha ("O Procedimento da Uniformização da Jurisprudência", Rev. dos Tribunais, 1977, p. 1) abre sua excelente monografia sobre o tema alertando-nos para o fato de que se trata de instituto processual novo, "sem fontes diretas e imediatas no direito brasileiro. Sendo novidade, a literatura sobre ele é recente e escassa, embora de boa qualidade doutrinária...".

16. O Processo e a Constituição da República

Atua o Direito pela Jurisdição — uma das funções fundamentais do Estado.

Dada a relevância dessa função estatal, a Constituição Federal cerca o Poder Judiciário de garantias e, no mesmo passo, traça as regras fundamentais do processo, compondo, assim, o Direito Constitucional Processual.

Essa normação da Lei Maior é algo parecido com a estrutura de cimento armado de um alto edifício. Toda a legislação processual infraconstitucional preenche os vazios daquela estrutura, ou melhor, os espaços das grandes diretrizes constitucionais, criando, desse modo, harmonioso sistema legal.

De assinalar-se que a Constituição regula, outrossim, o processo, que é instrumento da jurisdição constitucional. Trata-se do Direito Constitucional Processual.

Passemos em revista as disposições da Constituição de 1988 que têm natureza processual.

A) O *caput* do art. 5º da nossa Lei Fundamental estabelece que todos são iguais perante a Lei, sem distinção de qualquer natureza, garantindo-se aos brasileiros e aos estrangeiros residentes no País a inviolabilidade do direito à vida, à liberdade, à igualdade, à segurança e à propriedade.

Em respeito a essa norma, prevalece no processo o princípio da igualdade das partes.

A lei processual está impedida de conceder privilégios a uma parte em detrimento da outra que lhe é adversa.

Na condução do processo, tem o Juiz de dispensar tratamento igualitário às partes, sob pena de nulidade dos atos praticados com a inobservância do princípio da igualdade das partes ou da isonomia.

Interessante a observação de *Ada Pellegrini Grinover* ("Novas tendências do Direito Processual, de acordo com a Constituição de 1988", Forense, 1990, p. 6) de que a igualdade tem uma dimensão estática e outra dinâmica. Exaure-se a dimensão estática no axioma de que todos são iguais perante a lei, mas que não passa de uma ficção jurídica, por ser evidente que todos são desiguais, mas "essa patente desigualdade é recusada pelo legislador. Na dimensão dinâmica, porém, verifica-se caber ao Estado suprir as desigualdades para transformá-las em igualdade real".

É certo, também, dizer que a lei deve tratar igualmente as situações jurídicas iguais.

B) O inciso II do art. 5º reza que ninguém será obrigado a fazer ou deixar de fazer alguma coisa senão em virtude de lei.

É a norma dirigida, de modo particular, ao Juiz.

É-lhe vedado exigir das partes processuais algo que não tenha o amparo da Lei.

Ocioso dizer que tal vedação se impõe a qualquer outro agente do Poder Público.

C) Encerra o inciso XXXVII do art. 5º o princípio garantidor do juiz natural: "não haverá juízo ou tribunal de exceção".

Trata-se de garantia inscrita em quase todas as Constituições modernas, sobretudo naquelas que estruturam o Estado de direito.

É bem de ver que a regra do inciso acima indicado está associada à do inciso LIII, também do art. 5º: "ninguém será processado nem sentenciado senão pela autoridade competente".

D) O inciso LV do art. 5º tem a seguinte redação: "*aos litigantes, em processo judicial ou administrativo, e aos acusados em geral são assegurados o contraditório e ampla defesa, com os meios e recursos a ela inerentes*".

Temos aí a base de sustentação de três princípios processuais: do contraditório, da ampla defesa e do duplo grau de jurisdição. Os dois primeiros estão interligados.

A parte deve sempre manifestar-se sobre declaração ou documentos oferecidos pela parte contrária. Assim procedendo, está no exercício da ampla defesa, associado ao princípio isonômico.

O inciso assegura ao litigante o direito de recorrer à instância superior: é o duplo grau de jurisdição.

Para o exercício desse direito, nenhuma condicionante é exigida.

Nas ações de alçada, que obstam o acesso à instância superior, há ofensa ao inciso constitucional em tela. O mesmo dizemos no que tange à obrigatoriedade do depósito recursal. São exigências limitadoras do exercício de um direito constitucionalmente assegurado. A respectiva lei ordinária é viciada de inconstitucionalidade.

Essas exigências legais criam um óbice sério e instransponível ao exercício do direito de petição, sem se falar que existe aí, também, uma ofensa ao princípio do contraditório.

O depósito recursal mencionado no § 1º do art. 899 e alterado pelas Leis ns. 8.177/91 (art. 40) e 8.542/92, a nosso sentir tem o vício da inconstitucionalidade. É um óbice ao direito de acesso à Justiça, como se depreende da leitura do art. 5º, XXXV ("*a lei não excluirá da apreciação do Poder Judiciário lesão ou ameaça a direito*"), e do inciso LV ("*aos litigantes, em processo judicial ou administrativo, e aos acusados em geral são assegurados o contraditório e ampla defesa, com os meios e recursos a ela inerentes*"), ambos da CF.

O art. 40, da Lei n. 8.177/91, está vazado nos seguintes termos: "*Art. 40. O depósito recursal de que trata o art. 899 da Consolidação das Leis do Trabalho fica limitado a Cr$ 20.000.000,00 (vinte milhões de cruzeiros), nos casos de interposição de recurso* *ordinário, e de Cr$ 40.000.000,00 (quarenta milhões de cruzeiros), em se tratando de recurso de revista, embargos infringentes e recursos extraordinários, sendo devido a cada novo recurso interposto no decorrer do processo. § 1º Em se tratando de condenação imposta em ação rescisória, o depósito recursal terá, como limite máximo, qualquer que seja o recurso, o valor de Cr$ 40.000.000,00 (quarenta milhões de cruzeiros). § 2º A exigência de depósito aplica-se, igualmente, aos embargos, à execução e a qualquer recurso subsequente do devedor. § 3º O valor do recurso ordinário, quando interposto em dissídio coletivo, será equivalente ao quádruplo do previsto no caput deste artigo. § 4º Os valores previstos neste artigo serão reajustados bimestralmente pela variação acumulada do INPC do IBGE dos dois meses imediatamente anteriores."*

Contra esse depósito prévio recursal duas Confederações patronais ajuizaram perante o STF as ADIns ns. 836/93 e 884/93, sendo que não houve a concessão de liminar em sede de medida cautelar para a suspensão desse depósito. Posteriormente, em virtude de terem sido alterados os valores dos depósitos recursais, esse Tribunal julgou extintas as ações sob o fundamento de as autoras não terem aditado suas petições inicias. Dessa forma, não houve julgamento de mérito dessa matéria até o presente momento. Por essa razão, continuamos a insistir no pensamento de que esse depósito prévio está maculado pela inconstitucionalidade. Senão, veja-se.

Há muito tempo discute-se a constitucionalidade do depósito recursal (art. 899 da CLT, §§ 1º, 2º; art. 40, da Lei n. 8.177/91) ou do depósito prévio do valor da multa administrativa (art. 636, § 1º da CLT) como condição de admissibilidade do recurso judicial ou administrativo. Por exemplo, o TRF da 3ª Região, no julgamento do AI n. 98.03.104052 (Bol. da AASP de 24 a 30.5.99, p. 955) foi pela inconstitucionalidade dessa exigência do depósito prévio da multa administrativa. Posicionâmo-nos a favor da tese do TRF da 3ª Região. Na esteira de nosso pensamento, o Supremo Tribunal Federal, revendo entendimento anterior, assentou que a exigência do depósito prévio do valor da multa questionada, como condição de admissibilidade de recurso administrativo, ofende o art. 5º, LV, da Constituição da República, que garante o princípio de ampla defesa e o contraditório, além de restringir o direito de petição inscrito no inciso XXXIV, desse mesmo artigo (RE 388.359, Pl, 28.03.07, M. Aurélio, Inf./STF 461).

Nesse mesmo diapasão, o STF julgou procedente a ADI n. 1.976, Relator Ministro Joaquim Barbosa (DOU 18.5.2007) e a ADI n. 1.074, Relator Ministro Eros Grau (DOU 25.5.2007), ajuizadas contra leis que exigiam o depósito prévio da quantia discutida em recurso administrativo.

Diante dessa farta jurisprudência contra o depósito prévio como condição do recurso administrativo, o STJ editou sua Súmula n. 373, com a seguinte redação: "É ilegítima a exigência de depósito prévio para admissibilidade de recurso administrativo".

Reconhecendo a inconstitucionalidade desse depósito prévio, o STF editou a Súmula Vinculante n. 21 nestes termos: "É inconstitucional a exigência do depósito ou arrolamento prévios para admissibilidade de recurso administrativo". Nesse mesmo sentido, o TST editou a Súmula n. 424: "Recurso administrativo. Pressuposto de admissibilidade. Depósito prévio da multa administrativa. Não recepção pela Constituição Federal do § 1º do art. 636 da CLT — O § 1º do art. 636 da CLT, que estabelece a exigência de prova do depósito prévio do valor da multa cominada em razão de autuação administrativa como pressuposto de admissibilidade de recurso administrativo, não foi recepcionado pela Constituição Federal de 1988, ante a sua incompatibilidade com o inciso LV do art. 5º".

Tendo em vista esses precedentes judiciais, concluímos ser inconstitucional todo e qualquer dispositivo legal que restrinja o direito de petição na esfera administrativa ou na judicial, vg, o art. 56 da citada Lei n. 9.784/99; o § 1º, do art. 636, da CLT, ao estatuir que, na esfera administrativa, "o recurso só terá seguimento se o interessado o instruir com a prova do depósito da multa", depósito esse em valor integral.

O depósito prévio para a admissibilidade de um recurso administrativo é desarrazoado e descabido por fazer, como é evidente, tábua rasa do fato de que recorrente pode não dispor de bens ou determinada quantia para recorrer. Em outras palavras, quem não dispõe de recursos financeiros ficaria impedido de exercer o direito de defesa previsto na Constituição, caso o STF não considerasse inconstitucional tal exigência legal na esfera administrativa. Essa mesma linha de raciocínio adotado por esse Tribunal para considerar inconstitucional o depósito prévio quando da interposição do recurso administrativo pode e deve ser adotada para o depósito prévio de um recurso judicial, como previsto pelo art. 899, § 1º e 2º, da CLT, com as alterações introduzidas pelas citadas leis.

E) Consoante o inciso LVI, sempre do art. 5º da Constituição, "são inadmissíveis, no processo, as provas obtidas por meios ilícitos".

Na fase probatória do processo trabalhista, não há o Juiz de permitir a qualquer uma das partes a produção de prova que resultou de ato ilícito.

O contrário seria um intolerável paradoxo: realização da Justiça por meio de atos condenados pela moral e pelo direito.

Norma idêntica é encontrada no Código de Processo Civil de 1973, no art. 332: "Todos os meios legais, bem como os moralmente legítimos, ainda que não especificados neste Código, são hábeis para provar a verdade dos fatos, em que se funda a ação ou a defesa".

F) Diz o inciso LX do artigo já citado que "a lei só poderá restringir a publicidade dos atos processuais quando a defesa da intimidade ou o interesse social o exigirem".

Deixarão de ser públicos os atos processuais quando, por exemplo, se discute a prática de ato indecoroso por uma das partes e cuja divulgação seja ofensiva à intimidade de que fala a norma da Lei Maior.

Talvez exista algum litígio que, por sua natureza, na esfera trabalhista, seja prejudicial ao interesse social, mas, pelo menos neste momento, não o conhecemos.

F.1) A Emenda Constitucional n. 45 introduziu no art. 5º o inciso LXXVIII que estabelece uma salutar regra visando à celeridade na tramitação do processo judicial e do procedimento administrativo: *"a todos, no âmbito judicial e administrativo, são assegurados a razoável duração do processo e os meios que garantam a celeridade de sua tramitação".*

Somos inclinados a reconhecer que é dificílima a conceituação do que seja "razoável duração do processo". Porém, foi essa questão guindada à garantia fundamental do cidadão.

Quanto à noção de prazo razoável, conforme *José Rogério Lauria e Tucci*, citando *Jean-Pierre Marguénaud*, a Corte Europeia dos Direitos do Homem estabeleceu três critérios a sopesar as circunstâncias do caso concreto para se fixar *"o tempo razoável de duração de um determinado processo"*. São eles os seguintes: 1) complexidade do assunto; 2) do comportamento dos litigantes e de seus procuradores e 3) da atuação do órgão jurisdicional. Nesse sentido, eis como o assunto foi tratado por esse doutrinador gaulês: *"l'appréciation du caractère raisonable de la durée de la procédure, elle se réalise au cas par cas eu égard aux critères consacrés par la jurisprudence de la Cour, notamment la complexité de l'affaire, le comportement des requérants et celui des autorités competentes"* (in La Cour Européenne des Droits de l'Homme, Paris: Dalloz, 1997, § 94, cf. ob. coletiva "Estado de Direito e Direitos Fundamentais", Rio de Janeiro: Forense Digital, 2005).

Sérgio Bermudes, analisando o referido inciso LXXVIII, do art. 5º, destaca que ele "fala em *"razoável duração"* e em *"celeridade de sua tramitação"*.

É a celeridade da tramitação que alcança a duração razoável, ou seja, a duração necessária à conclusão do processo, sem prejuízo do direito das partes e terceiros de deduzirem as suas pretensões, mas sem delongas que retardem a prestação jurisdicional ou administrativa postulada. A celeridade da tramitação traduz-se na presteza da prática de cada ato do processo, porquanto a demora na prática de um deles repercute, negativamente, no conjunto, como acontece com a retenção de um trem num dos pontos de parada do seu percurso. Atos praticados celeremente asseguram a duração razoável, senão rápida do processo, o qual outra coisa não é, desde a etimologia, que um conjunto de atos que se sucedem para a consecução de determinado fim (cf. "A Reforma do Judiciário pela Emenda Constitucional n. 45", Forense Digital, 2005).

A inclusão pelo legislador desse inciso LXXVIII no corpo do art. 5º, da Constituição Federal, nada mais é do que seu reconhecimento da tendência mundial de se proteger essa importantíssima garantia de cidadania. Vem ele ao encontro do debate acerca do tema de "acesso à justiça".

Trata-se de uma norma programática, mas que revela um propósito saudável, que depende da existência dos meios necessários a propiciar a celeridade dos atos processuais para alcançar a razoável duração do processo. Se não existirem meios de fazer célere o processo, o dispositivo em foco cai no vazio, não passando de um mero desejo do legislador constituinte. Espera-se que a máquina jurisdicional seja dotada de todo o instrumental adequado e necessário, seja material, seja humano, para que a justiça seja realizada com eficiência e celeridade, evitando-se, assim, o aumento das tensões sociais.

G) O inciso IX do art. 93 da Lei Básica reza que *"todos os julgamentos dos órgãos do Poder Judiciário serão públicos e fundamentadas todas as decisões, sob pena de nulidade, podendo a lei limitar a presença, em determinados atos, às próprias partes e a seus advogados ou somente a estes, em casos nos quais a preservação do direito à intimidade do interessado no sigilo não prejudique o interesse público à informação"* (nova redação dada pela Emenda Constitucional n. 45, de 8.12.2004).

A regra é que sejam públicos todos os julgamentos do Judiciário, mas, quando e onde o interesse público o exigir, só as partes e seus patronos dele participarão.

A sentença há-de ser fundamentada, sob pena de nulidade. Tem o Juiz de indicar as provas que serviram de estribo a seu convencimento, bem como seus fundamentos jurídicos.

Às sentenças prolatadas em dissídios individuais ou coletivos se aplica o inciso constitucional aqui focalizado.

H) Tem o art. 114 da Constituição a seguinte redação:

"Art. 114. Compete à Justiça do Trabalho processar e julgar:

I — as ações oriundas da relação de trabalho, abrangidos os entes de direito público externo e da administração pública direta e indireta da União, dos Estados, do Distrito Federal e dos Municípios;

II — as ações que envolvam exercício do direito de greve;

III — as ações sobre representação sindical, entre sindicatos, entre sindicatos e trabalhadores, e entre sindicatos e empregadores;

IV — os mandados de segurança, habeas corpus e habeas data, quando o ato questionado envolver matéria sujeita à sua jurisdição;

V — os conflitos de competência entre órgãos com jurisdição trabalhista, ressalvado o disposto no art. 102, I, o;

VI — as ações de indenização por dano moral ou patrimonial, decorrentes da relação de trabalho;

VII — as ações relativas às penalidades administrativas impostas aos empregadores pelos órgãos de fiscalização das relações de trabalho;

VIII — a execução, de ofício, das contribuições sociais previstas no art. 195, I, a, e II, e seus acréscimos legais, decorrentes das sentenças que proferir;

IX — outras controvérsias decorrentes da relação de trabalho, na forma da lei".

No caso da negociação coletiva for frustrada, assegura a norma constitucional o poder às partes de eleger árbitro (art. 114, § 1º, CF/88).

Contudo, recusando-se qualquer das partes à negociação coletiva ou à arbitragem, é facultado às mesmas, de comum acordo, ajuizar dissídio coletivo de natureza econômica, podendo a Justiça do Trabalho decidir o conflito, respeitadas as disposições mínimas legais de proteção ao trabalho, bem como as convencionadas anteriormente, como estabelece o § 2º, do art. 114, da CF/88, com redação dada pela Emenda Constitucional n. 45, já citada.

Por força dessa mesma Emenda, em caso de greve em atividade essencial à sociedade, com possibilidade de lesão do interesse público, o Ministério Público do Trabalho poderá ajuizar dissídio coletivo, competindo à Justiça do Trabalho decidir o conflito (art. 114, § 3º). Essa titularidade do Ministério Público do Trabalho relativamente ao dissídio coletivo de greve é, no caso, concorrente relativamente ao empregador exercente da atividade essencial à sociedade. Quer dizer, esse empregador poderá, também, ajuizar o dissídio coletivo de greve, o que desobriga o Ministério Público do Trabalho em ajuizar também essa ação. Com isso, haverá o respeito do direito individual desse empregador de acesso ao Poder Judiciário, conforme lhe garante o disposto no art. 5º, XXXV, da Constituição Federal: *"XXXV — a lei não excluirá da apreciação do Poder Judiciário lesão ou ameaça a direito".*

Noutros pontos desta obra, faremos estudo mais detido do dispositivo constitucional acima transcrito, notadamente do conceito e dos vários aspectos da competência normativa. Por agora, serão breves os comentários ao seu conteúdo.

Manteve a Carta de 1988 a competência da Justiça do Trabalho para processar e julgar tanto os dissídios individuais entre trabalhadores e empregadores como, também, os dissídios coletivos entre os empregados e a empresa ou entre sindicatos profissional e patronal. Estes últimos — dissídios coletivos — somente poderão ser instaurados desde que haja comum acordo entre as partes.

Atribuiu-lhe o poder, nos litígios coletivos, de estabelecer normas e condições, mas devendo "respeitar as disposições convencionais e legais mínimas da proteção ao trabalho".

Houve quem se apressasse em afirmar que os Tribunais do Trabalho estavam autorizados a ir além do mínimo legal ou do pactuado anteriormente para deferir vantagens mais amplas aos assalariados. Não se deu conta esse intérprete da Constituição de que estava, pura e simplesmente, transferindo para a Justiça Laboral a principal atribuição do Poder Legislativo, que é a de elaborar leis.

A Justiça do Trabalho tem de respeitar a lei pertinente à matéria em debate e é-lhe defeso ir além dela, pois ninguém é obrigado a fazer ou a deixar de fazer alguma coisa senão por determinação da Lei.

Durante o ano de 1997, o Supremo Tribunal Federal modificou algumas decisões normativas do Tribunal Superior do Trabalho porque criavam direitos e obrigações não previstos em lei ou, o que vem a dar no mesmo, sem previsão legal.

Quanto às normas convencionais, parece-nos ofuscantemente claro que um pacto coletivo em pleno vigor não pode ser alterado por uma sentença normativa ou mesmo por lei posterior. Lugar comum é dizer que o ato jurídico perfeito e acabado não se altera com lei ou sentença posteriores.

Deixamos para o fim a questão da competência da Justiça do Trabalho para julgar conflitos entre o funcionário e a administração direta e indireta dos Municípios, dos Estados e da União.

Nossa mais alta Corte de Justiça já decidiu que, no caso de funcionários públicos federais, cabe à Justiça Federal julgar tais feitos, antes mesmo da edição da Emenda Constitucional n. 45/2004. Essa questão será examinada detalhadamente na nota 122 e seguintes.

Lembre-se que o STF já decretara a inconstitucionalidade de disposições da Lei n. 8.112, de 11 de dezembro de 1990 (Novo regime jurídico dos servidores públicos civis da União), que confirmavam a competência da Justiça do Trabalho para conhecer e julgar as ações em causa.

I) *"Art. 102 — Compete ao Supremo Tribunal Federal, precipuamente, a guarda da Constituição Federal, cabendo-lhe: I — processar e julgar originariamente: a) a ação direta de inconstitucionalidade de lei ou ato normativo federal ou estadual e a ação declaratória de constitucionalidade de lei ou ato normativo federal"* (Emenda Constitucional n. 3, de 17.3.93).

Art. 103 — Podem propor a ação de inconstitucionalidade e a ação declaratória de constitucionalidade: I — omissis; IX — confederação sindical ou entidade de classe de âmbito nacional".

Esse preceito constitucional parece redundante, uma vez que a confederação de trabalhadores ou de patrões, em nossa estrutura sindical, é a única entidade de classe de âmbito nacional. Tinha o legislador constituinte ciência dessa tônica da legislação sindical. Assim mesmo, colocou ao lado da "confederação sindical" a "entidade de classe de âmbito nacional".

No presente, tais entidades só podem ser as Centrais Sindicais, que, de uns anos a esta parte, surgiram no cenário trabalhista como entes estranhos ao sindicalismo de formação legal.

Com a extinção do regime único do nosso sindicalismo — e esperamos que isso aconteça logo — ruirão as barreiras que, hoje, negam maior efetividade ao trabalho de mobilização das centrais sindicais.

A antiga Constituição, em seu art. 114, alínea l do inciso I, dispunha que competia ao Supremo Tribunal Federal processar e julgar originariamente a "representação do Procurador-Geral da República, por inconstitucionalidade ou para interpretação de lei ou ato normativo federal ou estadual".

Lembra *Pontes de Miranda*, em seus "Comentários à Constituição de 1967 e Emenda n. 1, de 1969", que esta Carta "estabeleceu, pela primeira vez, a ação constitutiva negativa por inconstitucionalidade, *in abstracto*, mas com legitimação ativa apenas para o Procurador-Geral da República".

Só o chefe do Ministério Público da União estava credenciado, pela Constituição, a propor perante o Supremo Tribunal Federal a ação de inconstitucionalidade de uma lei, em tese. Sua recusa em levar àquela Corte a arguição de inconstitucionalidade erguia barreira intransponível ao interessado.

A Carta de 1988 conservou o Procurador-Geral da República com a faculdade de pedir ao Supremo Tribunal Federal a declaração de inconstitucionalidade de uma lei, mas não em termos exclusivos.

O Presidente da República, as Mesas do Senado, da Câmara dos Deputados e das Assembleias Legislativas ou da Câmara Legislativa do Distrito Federal, Governador de Estado ou do Distrito Federal, o Procurador-Geral da República, o Conselho Federal da Ordem dos Advogados do Brasil, partido político com representação no Congresso Nacional e confederação sindical ou entidade de classe de âmbito nacional, de conformidade com o disposto no *caput* do art. 103 da Lei Fundamental, foram, também, autorizados a exercer a mesma faculdade de propor, perante a Corte Suprema, a inconstitucionalidade de uma lei. Além disso, podem eles propor a ação declaratória de constitucionalidade.

É admitido o reconhecimento da inconstitucionalidade de uma lei ou de ato do Executivo pela via de exceção ou por uma ação especial; na primeira hipótese, a decisão do Tribunal tem alcance restrito ao objeto do litígio; na ação direta de inconstitucionalidade, seu efeito é *erga omnes*, cabendo ao Senado Federal (inciso X do art. 52 da CF) suspender, no todo ou em parte, a execução da lei declarada inconstitucional pelo Supremo Tribunal Federal em sentença definitiva.

É *ex nunc* ou *ex tunc* o efeito da decisão numa ação de inconstitucionalidade?

Na mesma hipótese, ocorre a repristinação das normas revogadas pela lei considerada inconstitucional?

Semelhante temática não se apresenta na França porque lá o Conselho Constitucional tem a atribuição de examinar leis antes da sua promulgação e declarar, previamente, sua constitucionalidade ou não. Se inconstitucional, a lei não poderá ser promulgada; se a declarar constitucional, ficarão os Tribunais impedidos de discutir sua constitucionalidade.

Em nosso País, é preservada a validade dos atos jurídicos praticados sob o império de lei que, posteriormente, é declarada inconstitucional na ação proposta nos termos do art. 102 da Constituição Federal. Até que o Senado Federal suspenda a execução de uma lei, ela é ainda uma lei.

A Emenda n. 3, de 17 de março de 1993, introduziu no arsenal processual a ação declaratória de constitucionalidade de uma lei ou ato normativo federal. *In casu* a legitimação ativa está prevista no art. 103 e seus oito incisos, como já apontado, conforme alteração introduzida pela Emenda Constitucional n. 45/2004.

A decisão definitiva do Supremo Tribunal Federal nessa espécie de ação terá efeito vinculante relativamente aos demais órgãos do Poder Judiciário e ao Executivo.

Tem uma lei a mácula da inconstitucionalidade quando contraria, total ou parcialmente, a Constituição.

Por oportuno, registramos, neste passo, que o sistema do direito positivo brasileiro de controle da constitucionalidade é misto: difuso (*incidenter tantum*) e concentrado.

Controle difuso é o que pode ser exercido em todos os patamares do Judiciário.

A prejudicial da inconstitucionalidade é arguível por uma das partes na petição inicial, na contestação e nas razões finais.

Acolhida essa prejudicial, seus efeitos não se projetam além das lindes do processo.

O controle concentrado da constitucionalidade realiza-se por meio das ações direta de inconstitucionalidade e declaratória da constitucionalidade, *ex vi* do preceituado na alínea *a* do inciso I, do art. 102 da Constituição da República: "*Compete ao Supremo Tribunal Federal, precipuamente, a guarda da Constituição, cabendo-lhe: I — processar e julgar, originariamente: a) a ação direta de inconstitucionalidade de lei ou ato normativo federal ou estadual e a ação declaratória de constitucionalidade de lei ou ato normativo federal*".

Assim, cabe ao Supremo Tribunal Federal processar e julgar, originariamente, essas duas ações.

A decisão na ação declaratória da constitucionalidade produz "eficácia contra todos e efeito vinculante, relativamente aos demais órgãos do Poder Judiciário e ao Poder Executivo".

Se uma lei for declarada inconstitucional por decisão definitiva do Supremo Tribunal Federal, compete ao Senado Federal (inciso X do art. 52 da CF) suspender sua execução, no todo ou em parte.

Lembre-se que o entendimento do STF sobre a matéria é de que o Senado somente suspende a execução de uma lei julgada inconstitucional nos casos de controle difuso. Nesse controle difuso fica incluída, também, a declaração incidental de inconstitucionalidade, suscitada na forma do art. 178, do Regimento Interno do STF.

Nesse sentido, aliás, está vazado o art. 178, do Regimento Interno do STF, *verbis*: *"Declarada, incidentalmente, a inconstitucionalidade, na forma prevista nos arts. 176 e 177, far-se-á a comunicação, logo após a decisão, à autoridade ou órgão interessado, bem como, depois do trânsito em julgado, ao Senado Federal, para os efeitos do art. 52, X, da Constituição".*

Contudo, quando se tratar de controle de constitucionalidade concentrado, realizado por meio da ação direta de inconstitucionalidade e da ação declaratória de constitucionalidade perante o STF, existe o entendimento de que tem a decisão efeitos *erga omnes*, independentemente da comunicação ao Senado, posto que ela vincula o Poder Judiciário, Executivo e o próprio Poder Legislativo.

Essa é a corrente mais abalizada, notadamente porque foi tratada essa matéria no art. 102, § 2º, da Constituição, com a redação dada pela Emenda Constitucional n. 45/2004, da seguinte forma, *verbis*: "As decisões definitivas de mérito, proferidas pelo Supremo Tribunal Federal, nas ações diretas de inconstitucionalidade e nas ações declaratórias de constitucionalidade produzirão eficácia contra todos e efeito vinculante, relativamente aos demais órgãos do Poder Judiciário, e à administração pública direta e indireta, nas esferas federal, estadual e municipal".

Em perfeita sintonia com esse dispositivo constitucional, o art. 28, parágrafo único, da Lei n. 9.868/1999, estabeleceu o seguinte ao reconhecer o efeito *erga omnes* da decisão proferida pelo STF nos citados casos, *verbis*: *"Parágrafo único. A declaração de constitucionalidade ou de inconstitucionalidade, inclusive a interpretação conforme a Constituição e a declaração parcial de inconstitucionalidade sem redução de texto, têm eficácia contra todos e efeito vinculante em relação aos órgãos do Poder Judiciário e à Administração Pública federal, estadual e municipal".*

Oportuna a lição da doutrina do saudoso, mas sempre presente, *José Frederico Marques no sentido* de que... "o Supremo Tribunal, sob pena de comprometerem as elevadas funções que a Constituição lhe conferiu, não pode ter seus julgados desobedecidos (por meios diretos ou oblíquos), ou vulnerada sua competência. Trata-se (....) de medida de Direito Processual Constitucional, porquanto tem como *causa finalis* assegurar os poderes e prerrogativas que ao Supremo Tribunal foram dados pela Constituição da República" (*apud* Ministro Celso de Mello, quando do julgamento da RCLQO 1.723-CE, DJU de 6.4.2001).

Fica, portanto, restrita a comunicação ao Senado Federal pelo STF do julgamento de inconstitucionalidade de uma lei nos casos de controle difuso de constitucionalidade. Com essa comunicação, não pode o Senado examinar a decisão do STF seja sob o aspecto formal ou material para promover a suspensão do ato, sob pena de invadir a esfera deste último, atentando, assim, contra o princípio da separação dos poderes, como agasalhado no art. 2º, da Constituição: "São Poderes da União, independentes e harmônicos entre si, o Legislativo, o Executivo e o Judiciário".

Daí não concordamos com a lição de *Celso Ribeiro Bastos* quando, ao examinar as correntes doutrinárias sobre a matéria, diz vincular-se àquela que diz ser da competência do Senado o exame dos aspectos formais da decisão do STF acerca da inconstitucionalidade de uma lei, para cumprir com sua obrigação contida no art. 52, X, da Constituição, *verbis*: "A mais correta decisão nos parece ser aquela que atribui significado ao papel do Senado, sendo este, contudo, meramente formal. Cabe, ao nosso ver, ao Senado examinar se ocorreram os pressupostos constitucionais para a declaração de inconstitucionalidade. Não nos parece merecer acolhida a alegação de se tratar de questões *interna corporis* do Supremo". E arremata ele: "Ao Senado incumbe justamente o indagar do respeito a todos os requisitos constitucionais. Trata-se, pois, de atividade vinculada, de exame dos requisitos formais para a suspensão da lei ou ato" (cf. s/ob "Comentários à Constituição do Brasil", 2. ed., vol. 4º, Tomo I, Saraiva, p .198).

Com o devido respeito ao saudoso professor *Celso Bastos*, entendemos que, reconhecida a inconstitucionalidade de uma lei no controle difuso pelo STF, incumbe apenas ao Senado dar plena difusão e publicidade de tal decisão.

Lembramos que é a Lei n. 9.868, de 10 de novembro de 1999, que dispõe sobre o processo e julgamento da ação direta de inconstitucionalidade e da ação declaratória de constitucionalidade perante o Supremo Tribunal Federal.

16.1. Alteração da Competência por Lei Ordinária

Temos sustentado, em várias ocasiões, que uma lei ordinária não modifica as fronteiras da competência dos vários órgãos do Poder Judiciário.

Deixando de lado o que se diz e o que se pensa no plano doutrinário, limitamo-nos a dizer que está implícito, nas disposições constitucionais pertinentes à matéria, a tese que vimos defendendo. De fato, no texto da Lei Básica é definida a competência da Justiça Federal, da Justiça do Trabalho, da Justiça Militar e da Justiça Eleitoral e, por via, de consequência, a sobra se inclui na órbita competencial da Justiça dos Estados.

A contrariedade a tal regramento faz configurar ofensa à Constituição. Claro está que uma lei ordinária não será inconstitucional caso ela esteja disciplinando o disposto no art. 114, IX, da Constituição Federal, que estabelece a necessidade dela para identificar as hipóteses de litígios decorrentes de outras relações de trabalho: "Art. 114 — Compete à Justiça do Trabalho processar e julgar: I — *omissis*; IX — outras controvérsias decorrentes da relação de trabalho, na forma da lei".

17. O Ministério Público do Trabalho e a Constituição Federal

Em consonância com o disposto no art. 127 da Lei Fundamental, *"o Ministério Público é instituição permanente, essencial à função jurisdicional do Estado, incumbindo-lhe a defesa da ordem jurídica, do regime democrático e dos interesses sociais e individuais indisponíveis"*.

O Ministério Público do Trabalho integra o Ministério Público da União, cuja lei orgânica é a Lei Complementar n. 75, de 20 de maio de 1993.

Visão retrospectiva das Constituições brasileiras põe de manifesto o desenvolvimento institucional do Ministério Público.

As breves referências feitas a ele, nas Constituições de 1824 e de 1891, dão a medida, bem modesta, de sua posição no aparelho judiciário.

Institucionalizou-o a Carta de 1934, e a Constituição outorgada de 1937 reduziu-lhe a importância. Foi na vigência desta última que se editou a Consolidação das Leis do Trabalho, abrigando normas atinentes à organização e atribuições do Ministério Público do Trabalho.

A Constituição de 1967, nos arts. 137 a 139, colocou o Ministério Público como parte do Judiciário, ao passo que a Emenda n. 1, de 1969, situou-o no Poder Executivo (arts. 94 a 96).

A Carta Constitucional de 5 de outubro de 1988 separou o Ministério Público do Poder Executivo, estatuindo, no art. 127, ser ele "instituição permanente, essencial à função jurisdicional do Estado, incumbindo-lhe a defesa da ordem jurídica, do regime democrático e dos interesses sociais e individuais indisponíveis".

Está desvinculado de qualquer Poder da República.

O Ministério Público abrange: I — o Ministério Público da União, que compreende: a) o Ministério Público Federal; b) o Ministério Público do Trabalho; c) o Ministério Público Militar; d) o Ministério Público do Distrito Federal e dos Territórios; II — os Ministérios Públicos dos Estados.

Exceção feita ao art. 739 ("Não estão sujeitos a ponto o Procurador-Geral e os Procuradores"), os arts. 736 a 754 da CLT foram revogados pela Lei Complementar n. 75, de 20 de maio de 1993, que dispõe sobre a organização, atribuições e o Estatuto do Ministério Público da União, enquanto os de ns. 755 a 762 já haviam sido, anteriormente, derrogados por várias leis e, sobretudo, pelo Decreto-lei n. 72, de 21 de novembro de 1966.

O art. 131 da Constituição da República reza:

"A Advocacia Geral da União é a instituição que, diretamente ou através de órgão vinculado, representa a União, judicial e extrajudicialmente, cabendo-lhe, nos termos da lei complementar que dispuser sobre sua organização e funcionamento, as atividades de consultoria e assessoramento jurídico do Poder Executivo".

Assim, *grosso modo*, podemos dizer que o Ministério Público ficou confinado no seu papel importantíssimo de defensor da sociedade e das instituições políticas, ao passo que a Advocacia Geral da União recebeu o encargo de defender os interesses do Executivo.

Nos itens 54, 171 e 251, retomamos o assunto por ângulos diversos.

18. A CLT e o Processo

Outra fonte do direito processual do trabalho pátrio, e das mais significativas, é a Consolidação das Leis do Trabalho, de 1943, por reunir disposições de ordem material e adjetiva. A esta última dedica os arts. 643 *usque* 910, agrupados nos seguintes Títulos: da Justiça do Trabalho; do Ministério Público do Trabalho; do Processo Judiciário do Trabalho.

Fala-se muito, nos últimos tempos, em modernização da CLT.

Fizeram-se algumas tentativas e nenhuma delas chegou a bom termo.

A nosso ver, uma lei não é velha nem nova; ela é boa enquanto refletir a realidade que se propõe a regular. Se o mundo fático se modifica, tem a lei de ser alterada.

A CLT completou mais de meio século, e, nesse lapso de tempo, nosso País passou por profundas mudanças sociais e econômicas, as quais pedem, com urgência, novo regramento legal para as relações de trabalho.

Em vez de modernização da CLT, preferimos dizer atualização da CLT. Tal objetivo deve ser precedido, como evidente, de um enxugamento da Constituição Federal promulgada a 5 de outubro de 1988 e da sua compatibilização com princípios homogeneizadores da barafunda doutrinária que presidiu os trabalhos da Assembleia Nacional Constituinte.

Além da CLT, temos outras leis de índole processual, dentre as quais destacamos: a) Decreto-lei n. 779, de 21 de agosto de 1969, dispondo sobre a aplicação de normas processuais trabalhistas à União Federal, Estados, Municípios, Distrito Federal, autarquias e fundações de direito público que não explorem atividade econômica; b) Lei n. 5.584, de 26 de junho de 1970, que dispõe sobre normas de direito processual do trabalho e disciplina a assistência judiciária na Justiça do Trabalho; c) Lei n. 7.701, de 21 de dezembro de 1988, estabelecendo normas sobre a especialização das turmas dos Tribunais do Trabalho em processos coletivos; d) Lei n. 8.542, de 23 de dezembro de 1992, especificando valores dos depósitos recursais, e Lei n. 8.880, de 27 de maio de 1994 (art. 27), com critério para atualização dos salários nos dissídios coletivos.

Noutro ponto deste livro, defendemos a separação das normas de direito material das de direito processual.

19. Abuso de Direito no Exercício da Demanda

Quem exerce, de modo irregular ou anormal, o direito de ação, sem interesse legítimo ou justa causa, procede temerariamente.

É óbvio que a ausência de fundamento jurídico, na ação deduzida em juízo, ocasiona prejuízo ao Reclamado.

Temos, aí, a lide temerária resultante de conduta culposa.

Quando, porém, se pleiteia de má-fé, tem-se de responder pelas perdas e danos.

A má-fé caracteriza-se pela intenção de prejudicar.

À primeira vista, parece que só a conduta dolosa da parte gera sua responsabilidade pelos danos impostos ao seu adversário.

Nossa lei processual não define má-fé; limita-se a enumerar, no art. 17, os casos que reputa de má-fé. Entre estes, há os que se caracterizam pela intenção malévola e, outros, pela culpa grave. Esta, de conseguinte, é equiparada ao dolo para o efeito de configuração da má-fé.

Não é de agora que se fala no exercício abusivo do direito. Já *Gaio* dizia que não devemos usar mal o nosso direito (*male enim nostro iure uti non debemus*).

Nessa citação, socorremo-nos de *Pontes de Miranda* ("Comentários ao CPC", tomo I, Forense, 1974, p. 385) e repetimos as palavras desse saudoso mestre processualista com que conceitua o abuso de direito no processo: "... o abuso do direito processual só existe quando se compõem os seus pressupostos segundo texto legal; e nunca se aprecia antes de ter produzido os seus efeitos, porque então se estariam a peneirar, liminarmente, a pretensão à tutela jurídica, a pretensão processual, a ação e a prática dos atos processuais".

Na realidade forense, esse conceito se ajusta à maioria das situações de litigância de má-fé. Contudo, temos de prever casos em que os primeiros passos do Reclamante ou do Reclamado possam pôr a nu sua má-fé.

Enquanto no direito privado a lide temerária só atinge a outra parte, ou terceiros, no processo alcança também o Estado (v. *Lopes da Costa*, "Direito Processual Civil", tomo I, n. 312, p. 28; *José Olímpio de Castro Filho*, "Abuso do Direito no Processo Civil", 2ª ed., Forense, 1960, p. 32). Na hipótese, o indivíduo serve-se do Estado, recorrendo a seus órgãos jurisdicionais para prejudicar a outrem, ou para obter resultados ilícitos que seriam inatingíveis sem o concurso do mesmo Estado.

19.1. Abuso de Direito no Exercício da Capacidade Recursal

O Diário da Justiça da União, em sua edição de 3 de março de 2000, informa que os embargos de declaração em agravo regimental em agravo de recurso extraordinário n. 240.824-5, oferecidos pela Caixa Econômica Federal foram julgados pela 2ª Turma do Supremo Tribunal Federal e a ementa do respectivo acórdão tem o seguinte texto:

"*Recurso manifestamente infundado. Abuso do direito de recorrer. Imposição de multa à parte recorrente (CPC, art. 557, § 2º, na redação dada pela Lei n. 9.756/98). Prévio depósito do valor da multa como requisito de admissibilidade de novos recursos. Valor da multa não depositado. Embargos de declaração não conhecidos*".

No corpo do acórdão em tela é dito que "o processo não pode ser manipulado para viabilizar o abuso de direito, pois essa é uma ideia que se revela frontalmente contrária ao dever de probidade que se impõe à observância das partes. O litigante de má-fé — trate-se de parte pública ou de parte privada — deve ter a sua conduta sumariamente repelida pela atuação jurisdicional dos juízes e dos tribunais, que não podem tolerar o abuso processual como prática descaracterizadora da essência ética do processo."

De fato, o uso imoderado e injustificado do direito de recorrer não só retarda a prestação jurisdicional a que tem direito o cidadão, como também desrespeita a lealdade — um dos postulados ético-jurídicos do direito processual.

Na imensa maioria desses casos, o direito de recorrer é explorado por certas entidades públicas até o extremo limite da paciência dos magistrados e dos que com elas contendem. Tudo isso acontece em feitos em que a jurisprudência, caudalosa e uniformemente, já se manifestara contrariamente aos interesses dessas entidades.

Em consonância com o preceituado no art. 17, do CPC, é litigante de má-fé (*improbus litigator*) aquele que "interpuser recurso com intuito manifestamente protelatório".

Quem assim atua num processo, "responde por perdas e danos" (art. 16 do CPC), devendo "indenizar a parte contrária dos prejuízos que esta sofreu, mais os honorários advocatícios e todas as despesas que efetuou". O "valor da indenização será desde logo fixado pelo juiz, em quantia não superior a vinte por cento sobre o valor da causa, ou liquidado por arbitramento" (§§ 1º e 2º do art. 18 do CPC).

A argumentação desenvolvida pelo Ministro Relator funda-se no entendimento de que o uso e abuso do direito de recorrer pela Caixa Econômica Federal caracteriza litigância de má-fé.

Esteada nesse raciocínio, a Corte Suprema, em lugar de aplicar as sanções previstas no art. 18 do CPC, por se configurar a hipótese do inciso VII, do art. 17 também do CPC, houve por bem punir a Caixa Econômica Federal com base no § 2º do art. 557 do CPC:

"Quando manifestamente inadmissível ou infundado o agravo, o tribunal condenará o agravante a pagar ao agravado multa entre um e dez por cento do valor corrigido da causa, ficando a interposição de qualquer outro recurso condicionada ao depósito do respectivo valor."

A penalidade informada pelo art. 18 do Estatuto do Processo é, pecuniariamente, duas vezes mais pesada que aquela indicada no referido parágrafo do art. 557, uma vez que permite a fixação pelo juiz, além da multa de 1%, de uma indenização de até 20% do valor da causa. De uns tempos a esta parte, nos pronunciamentos dos membros da Corte Suprema e, também, dos do Superior Tribunal de Justiça, vimos observando sinais muitos claros da irritação de seus ilustres membros com órgãos da administração direta e indireta que insistem em servir-se de todo o arsenal de recursos, embora sabendo, de antemão, que a decisão final, em sintonia com remansosa jurisprudência, lhes será desfavorável.

Não incorremos em qualquer exagero ao afirmar que esse proceder de tais entidades públicas é um dos argumentos mais empregados em defesa da súmula vinculante.

Esse exercício abusivo do direito de ação ou, mais especificamente, do direito de recorrer é definido, por *José Olímpio de Castro Filho* e por muitos outros autores, nos seguintes termos:

"Assim, toda vez que, na ordem jurídica, o indivíduo no exercício do seu direito subjetivo excede os limites impostos pelo direito positivo, aí compreendidos não só o texto legal mas também as normas éticas que coexistem em todo sistema jurídico, ou toda vez que o indivíduo no exercício do seu direito subjetivo o realiza de forma contrária à finalidade social, verifica-se o abuso do direito." ("Abuso do Direito no Processo Civil", 2. ed., Forense, 1960, p. 21)

Do conceito de abuso do direito acima enunciado, infere-se que ele se manifesta não só por haver transposto os limites do direito positivado, mas também as normas éticas que se fazem presentes na ordem jurídica.

Venia permissa, no caso que deu origem a esta nota, temos que a Caixa Econômica não só agrediu os princípios da celeridade e da lealdade processuais, como também impediu que o processo atingisse, plenamente, sua finalidade social: *manter a paz entre os homens que vivem em sociedade*.

A reação contra o uso do processo de maneira indevida e inadequada aos seus fins, não é coisa apenas do nosso tempo.

Não era o instituto conhecido no período das *legis actiones*, mas no período formulário, no *iudicium calumniae*. É o que conta *Scialoja* ("Procedimiento civil romano. Ejercicio y defensa de los derechos", EJEA, 1954, p. 273 e ss.).

Disposições de natureza penal, chamadas pelos romanos de *poenae temere litigantium*, tinham por fim lides temerárias.

Já então havia a consciência da complexidade do problema do abuso do direito de ação.

De um lado, afirmava-se haver o desejo de o processo ter rápido andamento a fim de que o direito entrasse efetivamente em ação; de outro, havia o interesse do legislador em prevenir as maquinações daqueles que queriam dar, ao processo, vida a mais longa possível. É evidente que o legislador diante dessas aspirações antagônicas, tem de atuar com prudência a fim de não causar maior dano a esta ou àquela parte do processo.

No período clássico do direito romano, as custas do processo eram divididas entre vencedor e vencido, na proporção de sua responsabilidade pelos atos praticados. Então, as custas não integravam a condenação; eram um mal necessário que os litigantes tinham de suportar. Depois — como salientamos há pouco — as custas teriam de ser atendidas, totalmente, pelo vencido se temerário o seu comportamento no processo.

Foi uma constituição de *Zénon*, do ano 487, que criou a sanção da litis temerária representada pelas custas pagas totalmente pelo vencido.

Com Justiniano, o espírito litigioso foi enfrentado com mais rigor: o vencido, que usara abusivamente o direito no processo, teria de reembolsar o vencedor de todas as despesas que realizara.

Recorremos outra vez a *José Olímpio de Castro Filho* que, por sua vez, se socorre de *Chiovenda*, para ressaltar o fato de que, com a invasão dos bárbaros, relegou-se ao esquecimento a repressão à temeridade processual, cabendo aos juízos eclesiásticos conservar as formas romanas, na sua maior pureza.

Muito tempo depois, em 1539, Francisco I, da França, voltou a reprimir o abuso do direito no processo. E a partir daí, a despeito do seu enfraquecimento pelas ideias do liberalismo individualista, a teoria do abuso do direito de ação espalhou-se por todo o globo.

O Código do Processo Civil italiano, de 1865, no art. 370, já previa:

"A parte sucumbente condenada nas despesas do juízo e tratando-se de litis temerária, pode ainda ser condenada ao ressarcimento de danos" (sofridos pela parte vencedora).

O Código do Processo Civil também da Itália, de 1940, nos arts. 96 e 97, têm por objeto o abuso do direito no processo e dá poderes ao Juiz para impor pesadas sanções a quem não se conduz, em juízo, com lealdade e probidade.

O direito comparado relaciona muitas outras leis processuais em que a teoria do abuso do direito de litigar é punido com severidade. Não as trazemos à colação porque o espaço poderia tornar tediosa nossa exposição.

Neste passo, parece-nos oportuno lembrar que o abuso de direito se expressa de diversas maneiras, sendo as mais frequentes as que se manifestam com dolo, fraude, simulação, erro, grosseiro, protelação da lide e proceder de modo temerário.

Vejamos exemplos tirados da jurisprudência dos Tribunais do Trabalho:

I — Patrão e empregado simulam uma despedida arbitrária, que dá origem a um processo na Vara do Trabalho. Não raro antes do início da instrução, as partes fazem acordo pondo fim ao "litígio". O empregado, de posse da Guia prevista na Lei do Fundo de Garantia do Tempo de Serviço, promove o levantamento dos valores depositados em sua conta vinculada. Logo depois, o empregado retorna ao serviço, devolvendo ao empregador o que recebera a título de aviso prévio.

É um caso de simulação acoplado ao de fraude à Lei do FGTS.

II — Os §§ 5º e 6º do artigo 896 da CLT rezam que:

a) estando a decisão recorrida em consonância com Súmula da jurisprudência do Tribunal Superior do Trabalho, tem o Ministro Relator a faculdade de negar seguimento ao recurso de revista, aos embargos e ao agravo de instrumento. Além disso, ele tem essa mesma faculdade nas hipóteses do recurso ser intempestivo, deserto, desprovido de alçada e de legitimidade de representação. Contra essa decisão poderá ser interposto agravo. Se, por exemplo, for constatado no julgamento do agravo que o recurso era efetivamente intempestivo ou deserto, por certo que fica caracterizado o abuso recursal que estamos analisando;

b) nas causas sujeitas ao procedimento sumaríssimo, só se admite o recurso de revista por contrariedade à súmula do Tribunal Superior do Trabalho e violação direta da Constituição da República. Se a contrariedade for à Orientação Jurisprudencial desse tribunal, descabe o recurso de revista, conforme a sua Súmula n. 442, *verbis*: "**Procedimento sumaríssimo. Recurso de Revista fundamentado em contrariedade a Orientação Jurisprudencial. Inadmissibilidade. Art. 896, § 6º, da CLT, Acrescentado pela Lei n. 9.957, de 12.01.2000**. Nas causas sujeitas ao procedimento sumaríssimo, a admissibilidade de recurso de revista está limitada à demonstração de violação direta a dispositivo da Constituição Federal ou contrariedade a Súmula do Tribunal Superior do Trabalho, não se admitindo o recurso por contrariedade a Orientação Jurisprudencial deste Tribunal (Livro II, Título II, Capítulo III, do RITST), ante a ausência de previsão no art. 896, § 6º, da CLT".

Assim, se a parte vencida, insistir na interposição de recursos nas hipóteses albergadas nos referidos parágrafos do art. 896 da CLT, é evidente que aí se desenha o abuso do direito no processo do trabalho, punível nos termos já indicados nas linhas precedentes.

III — Em reclamatória tendo por objeto horas extraordinárias trabalhadas e não pagas, a empresa destruiu todos os documentos que, em seu arquivo, provavam o alegado pelo trabalhador. A perícia comprova a prática desse ato.

A conduta do Reclamado se enquadra no inciso II do art. 17 do CPC, com redação dada pela Lei n. 6.771, de 27.3.1980): alterar a verdade dos fatos, o que se considera, também, improbidade do responsável.

IV — O Reclamante reivindica o pagamento de férias, 13º salário e trabalho extraordinário.

No processo, o Reclamado prova insofismavelmente que tais verbas já haviam sido pagas ao Reclamante.

Trata-se inequivocamente de procedimento temerário.

Estamos em que é aplicável, ao caso, o disposto no art. 940 do Código Civil de 2002 — *verbis*:

"Aquele que demandar por dívida já paga, no todo ou em parte, sem ressalvar as quantias recebidas, ou pedir mais do que for devido, ficará obrigado a pagar ao devedor, no primeiro caso, o dobro do que houver cobrado e, no segundo, o equivalente do que dele exigir, salvo se houver prescrição".

De notar-se, outrossim, que as perdas e danos decorrentes da litigância de má-fé não se confundem com a sanção prevista no dispositivo acima transcrito.

V — Em tempo de estabilidade da moeda, muitos empregadores rejeitam a conciliação e servem-se amplamente de todos os meios para opor "resistência injustificada ao andamento do processo" e provocam "incidentes manifestamente infundados" (respectivamente inciso IV e VI do art. 17 do CPC).

Sabem esses empregadores que, a final, terão de pagar o que o empregado postula em juízo, mas adiando o cumprimento dessa obrigação por dois ou mais anos, utilizam, nesse lapso de tempo, com mais proveito, a respectiva quantia em suas atividades mercantis.

Muitos outros exemplos de abuso do direito de ação poderíamos apresentar ao leitor, mas aqueles que relacionamos acima bem ilustram a magnitude do problema, na Justiça do Trabalho, do exercício abusivo do direito de defesa ou de pedir tutela jurisdicional a uma pretensão.

Passando em revista as decisões de Tribunais e de Varas do Trabalho ficou-nos a impressão de que a litigância de má-fé, em suas múltiplas manifestações, embora evidentes em muitos casos, não recebem a sanção indicada na Lei.

Difundindo-se a certeza de que a lide temerária ou a improbidade das partes serão sempre castigadas na Justiça Laboral, esse comportamento dos magistrados se converterá num fator capaz de inibir grande número de ações.

É fora de dúvida que o Juiz, ao ter de aplicar sanção aos casos de litigância de má-fé do trabalhador — reclamante, a modéstia da situação financeira deste será devidamente considerada.

Como remate a esta nota, informamos que o Diário da Justiça da União, em suas edições de 7 de fevereiro e de 10 de março de 2000, divulgou nada menos de 171 (cento e setenta e um) acórdãos, das 1ª e 2ª Turmas do Supremo Tribunal Federal, relativos ao julgamento de Agravo Regimental em Agravo de Recurso Extraordinário oferecido pela Caixa Econômica Federal e cuja ementa é, uniformemente a seguinte:

"FGTS. Correção monetária dos saldos das contas vinculadas, em função dos expurgos inflacionários. Debate de natureza infraconstitucional conforme jurisprudência dominante do Tribunal. Ofensa indireta à Constituição. Agravo manifestamente inadmissível. Aplicação da multa de 5% (cinco por cento) do valor corrigido da causa (CPC art. 557, § 2º, redação da Lei n. 9.756/98). Recurso não provido."

Há pouco mais de um lustro se sucedem as leis visando à reforma do Código de Processo Civil, de molde a permitir que se torne realidade o princípio da celeridade processual.

Aqui se reduzem prazos para as partes praticarem certos atos (o que, de ordinário, exige maiores sacrifícios do advogado) e, acolá, são eliminadas certas exigências a cargo do Juiz, mas todo esse esforço reformista se torna inútil diante da costumeira ressalva: permite-se ao Juiz desrespeitar os prazos que a lei lhe consigna se alegar excesso de serviço.

Devemos continuar fingindo que, de fato, a prestação jurisdicional é dada, sempre, a tempo e a hora?

Repetimos que a súmula vinculante do Supremo Tribunal Federal ganha, cada vez mais, a simpatia dos cidadãos devido ao uso e abuso dos meios recursais, notadamente pelas entidades públicas.

Voltamos a afirmar que se suprimiria mais de metade do movimento dos Tribunais superiores do País se fossem alterados os limites subjetivos da coisa julgada e se transportasse para a esfera do processo comum o conceito de direito homogêneo agasalhado no inciso III do art. 81 do Código de Defesa do Consumidor (Lei n. 8.078, de 11.9.1990): "interesses ou direitos individuais homogêneos, assim entendidos os decorrentes de origem comum."

19.2. Litigância de Má-Fé

"Má-fé" vem do baixo latim *malefatius*, significando o conhecimento de um erro ou de um vício.

Do declarado no item anterior conclui-se ser litigante de má-fé aquele que, no processo, com a intenção de prejudicar a outra parte, pratica uma das ações enumeradas no art. 17 do CPC.

A primeira delas se dá quando o litigante deduz pretensão ou articula a defesa com falta de fundamento que, por sua notoriedade, não podia ignorar. Observa-se, nesse caso, que a culpa grave vale como dolo.

A segunda refere-se à intencional alteração da verdade dos fatos. O litigante faz, em juízo, assertiva que sabe ser mentirosa. Aqui existe o elemento subjetivo, e, por isso, é punível a má-fé.

Consiste, ainda, na omissão intencional de fatos essenciais ao julgamento da lide. Na apreciação dessa modalidade de litigância de má-fé, não se admite sua caracterização só porque a parte, na pretensão ou na defesa, silenciou sobre fatos ou circunstâncias que lhe eram desfavoráveis. Está assente na boa doutrina que a omissão se torna punível se disser respeito a fatos indispensáveis à dilucidação do litígio.

A terceira ação se consubstancia na utilização do processo com o fim de conseguir-se objetivo ilegal. Não se confunde essa conduta da parte com o conluio entre os implicados no processo para chegarem a um resultado ilícito (art. 129 do CPC). O inciso III do art. 17 do CPC pertine ao uso do processo para causar dano à outra parte ou a um terceiro. A quarta é a resistência injustificada ao andamento do processo. De rigor, essa conduta faltosa é atribuída ao devedor ou ao Reclamado, pois só a ele interessa, na maioria dos casos, retardar a marcha do processo a fim de adiar o pagamento do que deve.

Configura-se a quinta quando a parte procede de modo temerário em qualquer incidente ou ato do processo. Aqui está presente a culpa grave (*magna culpa dolus est*) e não o dolo. Embora não haja a intenção de causar dano, o procedimento temerário leva a um mesmo resultado.

A sexta ação, que caracteriza a manifesta litigância de má-fé, é a provocação de incidentes claramente infundados. Temos como certo que tal conduta, de ordinário, é a do devedor — ou do Reclamado — para afastar, o mais possível, a data em que terá de pagar o que deve ao Reclamante ou Exequente.

A sétima e última ação caracterizadora da má-fé da parte é a interposição de recurso com intuito manifestamente protelatório (inciso acrescentado ao art. 17 pela Lei n. 9.668, de 23.6.1998).

Cabe ao Tribunal *ad quem* reconhecer a existência dessa hipótese de litigância de má-fé. Não diz o art. 17 em tela quais os traços característicos dessa hipótese. A nosso sentir, é procrastinatório o recurso quando houver, sobre a controvérsia, decisão passada em julgado do Superior Tribunal de Justiça ou do Supremo Tribunal Federal se o dissenso tem fundamento constitucional.

O art. 18 do CPC, com a roupagem dada pela Lei n. 9.668, de 23.6.1998, oferece-nos o critério para o cálculo da indenização que o litigante deve pagar à parte contrária.

Compõe-se essa reparação pecuniária de três partes: os danos sofridos, honorários de advogado e despesas processuais suportadas pelo lesado.

Os prejuízos são aqueles ocorridos nos bens ou atividades econômicas ou profissionais; as despesas processuais abrangem as custas, honorários periciais etc.; os honorários do advogado se arbitram nos termos dos §§ 3º e 4º do art. 20 do CPC.

O art. 18 atual, introduziu, ainda, a condenação do litigante de má-fé, pelo juiz ou tribunal, de ofício ou a requerimento, ao pagamento de uma multa que não poderá ultrapassar a um por cento do valor da causa, *verbis*: "Art. 18. O juiz ou tribunal, de ofício ou a requerimento, condenará o litigante de má-fé a pagar multa não excedente a um por cento sobre o valor da causa e a indenizar a parte contrária dos prejuízos que esta sofreu, mais os honorários advocatícios e todas as despesas que efetuou".

Apoiando-nos em *Theotônio Negrão et al*, ao anotar o art. 18 do CPC, sustentamos que tanto a multa como as demais verbas previstas neste artigo são cumuláveis com a multa prevista nos arts. 461, § 4º, 621, parágrafo único e 645, *caput*, que tem distinta finalidade coercitiva (cf. s/ob "CPC e legislação processual em vigor", 38. ed., 2006, p. 139).

Não existem óbices para que uma outra conduta do litigante no mesmo processo venha a ser objeto de nova punição, fazendo incidir mais uma vez a pena do art. 18 ou dando azo à incidência de outra sanção mais específica, sem prejuízo da pena imposta pelo comportamento anterior (cf. s/ob cit., p. 139).

No processo trabalhista, a indenização devida à má-fé é exigível do empregado-Reclamante quando representado por advogado nos autos ou quando defendido pelo sindicato profissional nos casos de assistência judiciária previstos na Lei n. 5.584, de 26 de junho de 1970.

Configura-se a litigância de má-fé atribuível ao empregado que vai à Vara do Trabalho desacompanhado de advogado apenas em duas hipóteses: a) alterar a verdade dos fatos e b) usar do processo para conseguir objetivo ilegal (incisos II e III do art. 17 do CPC).

Ainda na hipótese, tem-se de avaliar com certa indulgência o procedimento antijurídico do trabalhador, ou do empregador, sem assistência jurídica, como o fez a 3ª Turma do TRT da 2ª Região, no julgamento do Recurso Ordinário n. 02940438026-SP:

"*A litigância de má-fé se consubstancia através de ato doloso com o objetivo inescusável de enganar, de prejudicar. Não têm tal intensidade afirmações feitas em defesa e não prestigiadas por documentos juntados no mesmo ato pela ré. Quando muito, teriam sido simplórias suas alegações*" (in Bol. da AASP n. 1.953, de 29.5.96, p. 169).

A nosso parecer, a litigância de má-fé é punível em qualquer instância em que se haja praticado o ato faltoso.

Condena-se a litigância de má-fé por iniciativa do Juiz, portanto, de ofício, ou a requerimento da parte.

Se houver mais de um litigante, cada um será condenado na proporção de seu interesse na causa ou solidariamente aqueles que se coligaram para prejudicar a parte contrária.

Consoante o § 2º do mencionado art. 18 do CPC, o valor da indenização será desde logo fixado pelo Juiz, em quantia não superior a vinte por cento sobre o valor da causa ou liquidado por arbitramento.

Temos como certo que a melhor interpretação desse dispositivo é aquela que prevê a liquidação por arbitramento quando ínfimo o valor da causa e vultosos os prejuízos da parte.

Só assim se atenderá à ideia, encerrada no conceito de indenização, de que esta se propõe a restabelecer as condições que o patrimônio do lesado possuía antes de sofrer o dano.

Quando possível, o juiz fixará desde logo a indenização a ser paga pelo litigante de má-fé ou, em caso contrário, na execução, por arbitramento.

Os princípios — de consagração constitucional — da ampla defesa e do contraditório recomendam que na punição do litigante de má-fé se observe o seguinte procedimento:

a) Se denunciada a litigância de má-fé pelo Juiz, deve este dar oportunidade ao Réu de defender-se e, ao Autor, de pronunciar-se sobre o fato. Só depois disso é que se profere a sentença condenatória.

b) Requerida a condenação, no caso, pelo Reclamante ou Autor, tem o Réu de manifestar-se sobre o pedido, e, em seguida, o Juiz decidirá.

Esse procedimento se realiza no próprio processo de conhecimento ou de execução. A respectiva sentença é recorrível no término do processo de cognição ou, na execução, por ocasião dos embargos à execução ou por agravo de petição.

A teor do art. 35 do CPC, as sanções impostas às partes em consequência de má-fé serão contadas como custas e reverterão em benefício da parte contrária; as impostas aos serventuários pertencerão ao Estado.

Mortara ("Commentario del Codice e Delle Leggi di Procedura Civile", volume IV, p. 143), no começo do século, já observava que nem sempre se pode atribuir má-fé ao litigante, mas ao seu defensor.

Pesa-nos dizer que, em nossa prestante profissão, têm-se registrado casos em que o advogado, de fato, comporta-se de maneira censurável.

Acerca desse fato, na obra citada, escreveu *Olimpio de Castro* estas ideias ricas de sabedoria: "Em outras palavras: responsável, sempre, perante o juízo ou a parte contrária, é a parte em cujo nome está sendo praticado o abuso, ainda que a tal parte possa caber, em dadas circunstâncias, o direito de, por sua vez, responsabilizar o mandatário. Reprime-se, então, sempre, o abuso, seja praticado pela parte, seja cometido por seu representante, seja efetuado por ambos".

O STF entende que não é aplicável ao advogado a multa por litigância de má-fé prevista no art. 14, V, parágrafo único, do CPC, conforme o que foi decidido na ADI n. 2.652. Na doutrina, encontra-se o magistério de *Araken de Assis* nesse mesmo sentido: "Por outro lado, o art. 14, V, parágrafo único, do CPC, generalizou a sanção por *contempt of court*. De fato, previu a imposição de multa no caso de descumprimento dos provimentos mandamentais, de modo similar ao que acontece com a *injunction* norte-americana, sancionando, além disto, a criação de "embaraços à efetivação dos provimentos judiciais, de natureza antecipatória ou final". Podem ser sujeitos passivos da multa as partes e todos aqueles que de qualquer forma participam do processo (art. 14, *caput*, do CPC). Ficam alheios à punição, porém, como é da tradição do direito pátrio, os advogados, cujo controle disciplinar incumbe à Ordem dos Advogados, inferindo-se tal exceção da cláusula inicial do parágrafo único do art. 14 do CPC." (s/artigo "O *contempt of court* no direito brasileiro. Revista de Processo, v.28, n.111, p.18-37, jul./set., 2003).

Nesse mesmo diapasão, esclarece *José Roberto Cruz e Tucci*: "Insta anotar, destarte, que o advogado ou advogados de um dos litigantes não poderão ser atingidos pela sanção aí preconizada. Não obstante, o juiz poderá entender serem eles responsáveis pelo descumprimento dos provimentos mandamentais ou pelo entrave colocado à efetivação de decisão de natureza antecipatória ou final. *Machado Guimarães*, exortando os juízes para a sobriedade no trato com os advogados, aconselha evitar qualquer espécie explícita de censura na fundamentação dos atos decisórios. A falta profissional grave, inclusive aquela passível de ser emoldurada nos quadrantes do novo art. 14, quando detectada pelo magistrado, deve ser comunicada à Ordem dos Advogados do Brasil para as devidas providências." (s/artigo "Repressão ao dolo processual: o novo art. 14 do CPC". Revista dos Tribunais, São Paulo, v. 91, n.798, p.65-77, abr., 2002.).

A penalidade aplicada por litigância de má-fé à parte litigante não impede que ela obtenha o benefício da justiça gratuita. São dois institutos autônomos. A concessão da gratuidade da justiça é um instrumento de acesso ao Poder Judiciário, e depende unicamente da declaração da parte de que não está em condições de pagar as despesas processuais, sem prejuízo próprio ou de sua família, conforme o que estabelece o art. 4º, da Lei n. 1.060/50. Relativamente às penalidades aplicáveis ao litigante de má-fé previstas no *caput* do art. 18, do CPC, essa norma deve ser interpretada restritivamente por ter uma natureza punitiva. A penalidade assim aplicada à parte não lhe retira o direito de obter ou manter a gratuidade da justiça.

A concessão da justiça gratuita abrange apenas as despesas processuais e não alcança as penalidades aplicadas à parte por litigância de má-fé, cuja previsão tem por escopo desencorajar a prática de atos atentatórios à lealdade processual.

19.3. Litigância de Má-fé no Processo de Dissídio Coletivo

Um sindicato de trabalhadores propôs ação de dissídio coletivo perante o Tribunal Regional do Trabalho da 5ª Região.

Aplicou-lhe multa de 10% sobre o valor da causa porque, reiteradamente, ajuizava ações coletivas sem preencher os requisitos fundamentais à espécie. Assim, foi considerado litigante de má-fé.

O sindicato em tela recorreu para o Tribunal Superior do Trabalho, cuja seção de dissídio coletivo proferiu acórdão assim ementado:

"Dissídio Coletivo. Litigância de má-fé. Não há como se considerar litigante de má-fé aquele que tão somente pleiteia judicialmente o estabelecimento de condições de trabalho que considera justas, porque a parte está apenas exercendo o seu direito de ação protegido constitucionalmente. O fato de não restarem preenchidos os pressupostos para a instauração da instância não é suficiente à caracterização da litigância de má-fé. Recurso ordinário do sindicato suscitante parcialmente provido para afastar a decretação de litigância de má-fé, excluindo a multa imposta a tal título." (Processo n. 492.233/1998.8 in DJU de 26.11.1999, p. 6).

Da leitura que fizemos de todo o acórdão, cuja ementa acabamos de oferecer ao leitor, infere-se que a repetição do mesmo erro nos vários processos de dissídio coletivo mais semelha ignorância obstinada do que litigância de má-fé.

Como já apontamos, a teor do art. 17 do Código de Processo Civil, *"reputa-se litigante de má-fé aquele que: I — deduzir pretensão ou defesa contra texto expresso de lei ou fato incontroverso; II — alterar a verdade dos fatos; III — usar do processo para conseguir objetivo ilegal; IV — opuser resistência injustificada ao andamento do processo; V — proceder de modo temerário em qualquer incidente ou ato do processo e VI — provocar incidentes manifestamente infundados; VII — interpuser recurso com intuito manifestamente protelatório."*

O sindicato suscitante, de fato, não lançou mão de procedimentos escusos nem recorreu a medidas procrastinatórias para adiar o desfecho do processo.

O abuso do exercício do direito de ação não se desenhou no caso em debate na Justiça do Trabalho.

20. Regimento Interno dos Tribunais

Reza o art. 96, I, da Constituição Federal que compete, privativamente, aos Tribunais elaborar seus regimentos internos, com observância das normas de processo e das garantias processuais das partes, dispondo sobre a competência e o funcionamento dos respectivos órgãos jurisdicionais e administrativos.

Estamos com *Frederico Marques* quando afirma que o Regimento é lei em sentido material, embora não o seja em sentido formal.

Toda a matéria *interna corporis* dos tribunais é regulada por seu regimento. A pauta dos trabalhos, a ordem dos processos, os atos processuais formadores da *iudicatio*, são aspectos processuais que escapam ao campo de aplicação das normas da lei formal.

O regimento interno de um tribunal contém normas administrativas e processuais. As primeiras dizem respeito aos serviços judiciários dos tribunais; as segundas referem-se aos processos e julgamentos dos feitos em curso nos tribunais.

É certo, ainda, que o CPC, nos arts. 123, 124, 265, § 4º, e 548, credencia os tribunais a regularem determinadas matérias processuais. Temos, aí, o poder de legislar do Judiciário.

O Regimento Interno do Tribunal Superior do Trabalho foi editado pela Resolução Administrativa n. 1295/2008 (*in DJU* de 9.5.2008).

CAPÍTULO II
Princípios do Direito Processual do Trabalho

21. Princípios Informativos do Direito Processual do Trabalho

O vocábulo "princípio" (do *latim principium*) tem significado que varia de um para outro campo do pensamento.

É ele empregado, aqui, para designar os elementos fundamentais do direito processual.

A doutrina não confunde as normas ideais do processo com os princípios informadores deste. Os primeiros traduzem um anseio de aperfeiçoamento do direito processual; os segundos fixam os lindes das atividades processuais e dão-lhes harmonia com o regramento constitucional, pondo-as em linha propícia ao aprimoramento do processo.

Tais normas ideais e princípios informadores são seguidos em nosso direito processual com funções idênticas no processo civil e no processo trabalhista. Neste último, há peculiaridades que acarretam a maior ou menor significação de um ou outro princípio geral.

22. Do Dispositivo

A tutela jurisdicional tem de ser pedida, sempre, pela parte interessada.

O processo trabalhista — como também o comum — depende da iniciativa da parte. Sem ela, o aparelho judiciário se mantém inerte.

Não há que se entender, porém, que o juiz deve conservar-se como mero espectador da atividade processual. O caráter publicista do processo não lhe permite assumir essa posição.

Como se verá mais adiante, o juiz sempre toma algumas iniciativas tendentes ao completo esclarecimento da controvérsia colocada no processo. Essa liberdade de ação do julgador corresponde ao princípio inquisitivo.

O princípio dispositivo deriva da natureza mesma do direito material, cuja proteção se solicita por meio do processo. Não se instaura a relação processual sem a iniciativa da parte que postula, em juízo, a proteção de um direito que julga ser seu ou que afirma ter sido lesado (*nemo iudex sine actore*).

Por outras palavras, o princípio dispositivo impede o juiz de instaurar *ex officio* o processo de conhecimento trabalhista. Contudo, por força do art. 878, da CLT, existe o reconhecimento de que a execução poderá ser promovida *ex officio*, pelo próprio juiz ou presidente ou tribunal competente.

Como se costuma dizer, onde não há demandante não há juiz ("El Proceso Civil en Derecho Comparado", *Mauro Cappelletti*, Buenos Aires: Jur. Europa-América, 1973).

Além dessa exceção ao princípio dispositivo no âmbito trabalhista, temos uma outra, qual seja: é o processo de dissídio coletivo, que pode ser iniciado mediante atuação do Ministério Público do Trabalho no caso de greve em atividade essencial à sociedade (§ 3º, art. 114, da Constituição) ou da Presidência do Tribunal Regional, como previsto no art. 856 da Consolidação das Leis do Trabalho — CLT. Vale ressaltar que esse dispositivo consolidado não foi alterado com a superveniência da nova Lei de Greve (Lei n. 7.783, de 28.6.1989). Improcede, outrossim, a alegação de que o art. 114 da Constituição Federal promulgada a 5 de outubro de 1988 retirou daquelas autoridades a faculdade de suscitar judicialmente o dissídio coletivo em caso de greve.

Numa controvérsia coletiva, estão em jogo não apenas interesses individuais ou de grupo, mas de toda a comunidade, o que explica e justifica a exceção ao princípio de que só as partes estão autorizadas a postular tutela jurisdicional.

E mais.

Em consonância com o disposto no § 2º do art. 114 da Constituição Federal, com nova redação dada pela Emenda Constitucional n. 45/2004, "recusando-se qualquer das partes à negociação coletiva ou à arbitragem, é facultado às mesmas, de comum acordo, ajuizar dissídio coletivo de natureza econômica, podendo a Justiça do Trabalho decidir o conflito, respeitadas as disposições mínimas legais de proteção ao trabalho, bem como as convencionadas anteriormente".

Alguns intérpretes dessa norma constitucional chegaram a dizer que só as organizações sindicais poderiam instaurar a instância do dissídio coletivo e, decorrentemente, ficaria invalidado o artigo em epígrafe na parte em que dá, ao Presidente do Tribunal do Trabalho ou à Procuradoria da Justiça do Trabalho, a iniciativa do processo em questão sempre que ocorrer a paralisação do trabalho.

A Lei Maior confere às associações sindicais uma faculdade e não uma prerrogativa ou, melhor explicitando nosso pensamento, não declara ser exclusivamente daquelas associações o direito de instaurar a instância do dissídio coletivo.

Destarte, não conflita com o sobredito dispositivo constitucional o que se contém no art. 856 da CLT e que ora examinamos. Assim, em nosso entendimento fica mantido o direito do Presidente do Tribunal do Trabalho ou da Procuradoria da Justiça do Trabalho de dar início ao processo de dissídio coletivo quando tiver lugar a cessação coletiva de trabalho, mesmo após a edição da Emenda Constitucional n. 45/2004, que deu nova redação ao art. 114, da Constituição.

No caso particular do Ministério Público do Trabalho, cabe-nos observar que, mercê da Lei Complementar n. 75, de 20 de maio de 1993, tem ele a faculdade de requerer a instância do dissídio coletivo quando houver ameaça à ordem jurídica ou ao bem-estar coletivo com a paralisação do trabalho em atividade considerada essencial. Essa norma foi alçada ao patamar constitucional, como se infere da leitura do § 3º, do art. 114, com redação dada pela EC n. 45/04: "Em caso de greve em atividade essencial, com possibilidade de lesão do interesse público, o Ministério Público do Trabalho poderá ajuizar dissídio coletivo, competindo à Justiça do Trabalho decidir o conflito". Se a paralisação não for em atividade essencial, com possibilidade de lesão a interesse público, por certo que fica o *Parquet* manietado diante de um conflito coletivo de trabalho.

O princípio dispositivo impõe ao Juiz um limite ao poder de julgar. É-lhe vedado ir além ou ficar aquém do pedido do autor ou do reclamante (julgamento *extra petita*, *ultra petita* e *citra petita*).

Vacila, ainda, a jurisprudência quanto aos reais efeitos do julgamento que não se atém ao pedido vestibular. Uns pensam que, na hipótese, é nula a sentença; outros entendem que se deve corrigir o decisório e salvar o que corresponder ao pedido.

Inclinamo-nos a favor da segunda corrente, porque mais compatível com o princípio da economia processual. Todavia, será sempre nula a sentença que julgar fora do pedido, ou melhor, que julgar matéria estranha ao pedido.

Quando, porém, a sentença deixar de apreciar parte do pedido, recusamos ao tribunal o direito de completá-la, pois, aí, a rigor, haveria a supressão de uma instância, o que nos permite concluir que, *in casu*, têm os autos de retornar à instância primária.

Não se diga que ficou precluso o direito de a parte recorrer porque, em *opportuno tempore*, não interpôs embargos declaratórios. Tal solução agride o princípio constitucional que dá a todo cidadão a garantia de submeter ao Judiciário toda e qualquer lesão a seu direito.

Contudo, iterativa jurisprudência dos Tribunais Superiores sustenta que, na hipótese, ocorre a preclusão.

Não é axiomático o princípio *iudex secundum allegata et probata partium judicare debet; nemo iudex sine actore*. Se o fosse, seria marcado pela passividade o papel do julgador, quando a lei quer e autoriza sua participação dinâmica no processo.

Cabe ao Juiz a iniciativa de certos atos considerados úteis à tramitação processual e ao deslinde do litígio.

O CPC de 1973 e a CLT dão ao juiz vasta gama de atividades instrutórias, o que revela fidelidade ao princípio publicista do processo.

23. Do Inquisitivo

Está esse princípio inscrito no art. 765 da CLT:

"Os juízos e os tribunais do trabalho terão ampla liberdade na direção do processo e velarão pelo rápido andamento das causas, podendo determinar qualquer diligência necessária ao esclarecimento delas".

Essa norma é reflexo do caráter publicista do direito processual. Fazendo a aplicação dessa regra, o TST editou o item III, da Súmula n. 74, sublinhando os poderes de direção do juiz na condução do processo: "*III — A vedação à produção de prova posterior pela parte confessa somente a ela se aplica, não afetando o exercício, pelo magistrado, do poder/dever de conduzir o processo*".

É o que também se afirma no art. 852-D, da CLT (com redação dada pela Lei n. 9.957, de 12.1.2000):

"O juiz dirigirá o processo com liberdade para determinar as provas a serem produzidas, considerando o ônus probatório de cada litigante, podendo limitar ou excluir as que considerar excessivas, impertinentes ou protelatórias, bem como para apreciá-las e dar especial valor às regras de experiência comum ou técnica."

Esse preceito se prende ao procedimento sumaríssimo que é obrigatório nas causas de valor que não excede a 40 salários mínimos.

O cotejo desse dispositivo com a referida norma consolidada põe em realce a circunstância de que a Lei n. 9.957, de 12.1.2000, intenta restringir o campo de aplicação do princípio inquisitivo às causas de valor igual ou inferior a quarenta salários mínimos e àqueles em que empregados e empregadores se apresentarem desacompanhados de advogados.

Registre-se, de passagem, que o inciso IV do art. 7º da Constituição da República veda a vinculação do salário mínimo para qualquer fim.

Embora a Lei n. 9.957/2000 seja de data mais recente que a da CLT, não entendemos que, na hipótese, aquela haja prevalecido sobre esta última, derrogando-a. A regra consolidada é de âmbito geral, enquanto a outra veio dar ênfase à incidência do princípio em causa nos dissídios individuais de alçada e naqueles em que o *jus postulandi* é exercido pelo empregado ou pelo empregador.

No processo de execução também se faz presente o princípio inquisitivo.

Segundo o disposto no art. 878 da CLT, está o Juiz autorizado a promover, de ofício, a execução da sentença ou do acordo.

No desempenho dessa função, é bem de ver que o magistrado não desprezará a norma encerrada no art. 125 do Código de Processo Civil — CPC — aplicável ao processo do trabalho, que manda dispensar às partes igualdade de tratamento.

Por oportuno, salientemos que a liberdade do juiz de impulsionar o processo, mesmo à revelia das partes, é, na atualidade, princípio comum aos processos civil e trabalhista. No primeiro, o respectivo Código diz no art. 130 ser facultado ao Juiz determinar as provas que julgar necessárias ao perfeito deslinde do litígio, ainda que não haja a respeito qualquer pedido dos interessados.

Em suma, o princípio inquisitivo autoriza o Juiz a impulsionar o processo e a ordenar diligências que deem celeridade ao feito, mesmo que as partes se mostrem indiferentes a tais medidas.

Alguns estudiosos vêm afirmando que no âmbito da Justiça do Trabalho, o processo de conhecimento não se distingue do processo de execução, pois, ambos, formam um único processo. Fulcram esse entendimento no fato de que a CLT autoriza o Juiz, de ofício, a iniciar a execução de sentença. Divergimos dessa opinião. Ambos os processos se diferenciam teleologicamente. Enquanto no processo de conhecimento se busca a aplicação da lei a uma situação concreta, no processo de execução objetiva-se a concretização do comando emergente da sentença condenatória.

É certo que a Lei n. 11.232/2005 (DOU 22.12.2005), alterou o CPC, transferindo a execução para o processo de conhecimento, como se infere da leitura da redação dos novos arts. 475-A e seguintes. Todavia, essa transferência da fase de execução para o conhecimento na esfera trabalhista não produziu efeito, posto que existem na CLT normas especiais acerca do processo de execução, que não podem ser afastadas pelo CPC, como iremos examinar em local próprio deste livro (arts. 876 e seguintes da CLT).

24. Princípio da Duração Razoável do Processo. Princípios da Concentração, da Oralidade, da Imediatidade e da Celeridade Processuais

O legislador constituinte elevou ao plano constitucional o princípio da duração razoável do processo, sinalizando, com isso, que ele deve ser eficaz e célere. De fato, o inciso LXXVIII, do art. 5º, da Constituição, estabelece que *"a todos, no âmbito judicial e administrativo, são assegurados a razoável duração do processo e os meios que garantam a celeridade de sua tramitação"*.

Processo com razoável duração não significa, necessariamente, um processo veloz, mas um processo que deve tramitar com certa rapidez, de modo a que as partes tenham uma prestação jurisdicional em tempo hábil.

Daí a importância do Poder Judiciário ser dotado pelo legislador ordinário de todos os recursos humanos e materiais para que a realização da justiça seja feita nesse tempo oportuno para o cidadão. Se isso não ocorrer, por certo que será mais um direito fundamental ineficaz.

Os demais quatro princípios da concentração, da oralidade, da imediatidade e da celeridade processuais são de inegável importância no processo. Os três primeiros deles são, a rigor, caudatários do princípio da celeridade processual. Atrelados a esse princípio da duração razoável do processo, vamos encontrar outras regras albergadas nos seguintes incisos do art. 93, da Constituição: *"XII — a atividade jurisdicional será ininterrupta, sendo vedado férias coletivas nos juízos e tribunais de segundo grau, funcionando, nos dias em que não houver expediente forense normal, juízes em plantão permanente"*; *"XIV — os servidores receberão delegação para a prática de atos de administração e atos de mero expediente sem caráter decisório"*.

Além desses dois comandos objetivando a realização da duração razoável do processo, a nossa *Lex Legum* estabelece, inclusive, punição ao juiz que retiver processos além do processo legal, como se lê da alínea "e", do inciso II, do art. 93: *"e) não será promovido o juiz que, injustificadamente, retiver autos em seu poder além do prazo legal, não podendo devolvê-lo ao cartório sem o devido despacho ou decisão"*.

E mais. Não se há de negar que a *celeridade* é alcançada por intermédio dos princípios da *concentração*, da *oralidade* e da *imediatidade*.

Examinemos cada um desses três princípios que objetivam não apenas a celeridade de um processo, mas, também, a sua duração razoável, de forma que os litigantes tenham a efetiva prestação jurisdicional realizada.

25. Concentração

Reza o art. 849 da CLT que se concentram os atos processuais numa única audiência, que será contínua. Se não for possível concluí-la num mesmo dia, caberá ao Juiz fixar nova data para seu prosseguimento.

Na prática, a regra é a audiência não chegar a seu término num mesmo dia, e, por isso, desdobrar-se em várias sessões.

Na instalação da audiência, há a obrigatória tentativa de conciliação das partes, e sua frustração é seguida de sessões de instrução e julgamento, hipótese em que não se precisará fazer outra notificação, uma vez que as partes serão intimadas na própria audiência sobre a data de sua continuação.

A prática de fragmentar-se a audiência responde a uma realidade fática.

Em verdade, a relação processual — com seus três polos (juiz, Reclamante e Reclamado) — só se completa na audiência que podemos qualificar de inaugural. Nesse instante, o pedido sofre a oposição da defesa (resistência ao pedido, no dizer de *Carnelutti*), o que determinará, exatamente, o posicionamento das partes em face do objeto do processo.

O Reclamante saberá, com segurança, qual a dimensão do seu ônus de provar a veracidade do que alegou.

Nessas condições, ficaria desrespeitada a igualdade das partes se a audiência se cumprisse num único dia sem permitir a manifestação do autor sobre a defesa feita pelo Reclamado.

De regra, o art. 849 do Estatuto Obreiro é exequível em se tratando de questões de direito ou quando se trate de questões de fato suficientemente provadas por meio dos documentos integrantes da inicial ou da defesa. No caso, é imprescindível que o Reclamante abra mão do prazo para analisar os fundamentos da defesa.

26. Da Oralidade

A oralidade é um dos estágios mais avançados da evolução do processo judicial.

Seus princípios tipificadores não excluem algumas concessões à forma escrita do procedimento.

Em verdade, o que se observa e que nos parece acima e fora de qualquer discussão é que o processo judicial moderno tem na oralidade sua viga mestra.

Esta ou aquela transigência não lhe retira a principal característica consistente na palavra falada.

É o que diz, com admirável clareza e segurança, *Chiovenda* ("Principii di Diritto Processuale Civile", 3. ed., Editrice Eugenio Jovene, 1923, p. 681), ao advertir que o princípio da oralidade não exclui a escrita do procedimento processual (*D'altro lato il principio dell'oralità no esige punto l'esclusione della scritura dal processo, come il nome potrebbe far credre agli inesperti*).

A oralidade consiste na leitura da reclamação, da defesa oral, em vinte minutos (já se tornou praxe a defesa escrita), e discussão da proposta de conciliação; interrogatório das partes; depoimento das testemunhas; razões finais em exposição oral de dez minutos e última proposta verbal de conciliação.

27. Da Imediatidade

É a imediação do Juiz com as pessoas que deve ouvir, decorrendo desse princípio o da identidade física do juiz, isto é, quem colhe a prova deve julgar o feito.

Durante largo período, no campo da doutrina lavrou a controvérsia sobre o princípio da identidade física do Juiz do Trabalho. O Tribunal Superior do Trabalho definiu-se, em 1964, a respeito do assunto por meio da Súmula n. 136: "*Não se aplica às Varas do Trabalho o princípio da identidade física do Juiz.*"

Nesse mesmo sentido, temos a Súmula n. 222 do STF: "*Identidade física do juiz. O princípio da identidade física do juiz não é aplicável às Juntas de Conciliação e Julgamento, da Justiça do Trabalho*" (hoje denominadas Varas do Trabalho).

Com a extinção do vogalato na Justiça do Trabalho pela Emenda Constitucional n. 24/99, desapareceu o argumento usado para negar a aplicabilidade do princípio da identidade física do juiz no processo do trabalho. Assim, procedeu bem o TST ao cancelar sua Súmula n. 136, quando da revisão geral das súmulas, ocorrida em 2012. Com o cancelamento dela, houve a consagração do princípio da identidade física do juiz na Justiça do Trabalho, o que será benéfico para ela e para seus jurisdicionados.

Espera-se que o STF trilhe por esse mesmo caminho e promova o cancelamento da sua Súmula n. 222, citada acima.

Embora admitida sem hesitações no processo do trabalho, bem como no processo comum, a prova emprestada não se harmoniza com o princípio da imediatidade. É o tema analisado, com mais desenvolvimento, no item 229.

Dispõe expressamente o art. 893, § 1º, da CLT que os incidentes do processo sejam resolvidos pelo próprio juízo ou tribunal, admitindo-se a apreciação do merecimento das decisões interlocutórias somente em recurso de sentença definitiva. Tais decisões não são passíveis de agravo de instrumento, mesmo retido nos autos.

Não é despiciendo lembrar que se desenhará a preclusão quando a parte não protestar contra o ato inquinado de irregular no primeiro momento em que falar no processo.

28. Da Eventualidade

Relevo especial tem o princípio da eventualidade no processo trabalhista.

Obriga as partes a apresentarem, de uma só vez, tudo que interessar ao ataque e à defesa da posição de cada um nos autos.

Tem esse princípio como corolário a preclusão, se não houver o resguardo do próprio interesse mediante protesto no momento adequado.

Se, na defesa, o Reclamado não se conduzir como determinam os arts. 300, 301 e 302 do CPC, ficarão sem controvérsia pontos do pedido do autor ou do reclamante, mercê da preclusão, que fulminarão, por inúteis, os argumentos apresentados extemporaneamente.

No instante em que deveria pronunciar-se sobre declarações dos adversários, a inércia da parte leva ao reconhecimento da veracidade destas últimas.

Insere-se no princípio da eventualidade um outro: o da lealdade e da boa-fé. É o que vem expresso no art. 14 do CPC:

"São deveres das partes e de todos aqueles que de qualquer forma participam do processo: I — expor os fatos em juízo conforme a verdade; II — proceder com lealdade e boa-fé; III — não formular pretensões nem alegar defesa, cientes de que são destituídas de fundamento; IV — não produzir provas, nem praticar atos inúteis ou desnecessários à declaração ou defesa do direito; V — cumprir com exatidão os provimentos mandamentais e não criar embaraços à efetivação de provimentos judiciais, de natureza antecipatória ou final. Parágrafo único. Ressalvados os advogados que se sujeitam exclusivamente aos estatutos da OAB, a violação do disposto no inciso V deste artigo constitui ato atentatório ao exercício da jurisdição, podendo o juiz, sem prejuízo das sanções criminais, civis e processuais cabíveis, aplicar ao responsável multa em montante a ser fixado de acordo com a gravidade da conduta e não superior a vinte por cento do valor da causa; não sendo paga no prazo estabelecido, contado do trânsito em julgado da decisão final da causa, a multa será inscrita sempre como dívida ativa da União ou do Estado".

O comportamento ético-jurídico da parte é exigível não só em relação ao seu adversário, mas, também, em relação ao juiz.

Agindo com deslealdade e malícia, a parte pode ser conceituada como litigante de má-fé quando: a) deduzir pretensão ou defesa contra texto expresso da lei ou fato incontroverso; b) alterar a verdade dos fatos; c) usar do processo para conseguir objetivo ilegal; d) opuser resistência injustificada ao andamento do processo; e) proceder de modo temerário em qualquer incidente ou ato do processo; f) provocar incidentes manifestamente infundados; g) interpuser recurso com intuito manifestamente protelatório (art. 17 do CPC).

Semelhante conduta, ou seja, pleitear de má-fé, como Reclamante, como Reclamado ou interveniente, é punida com perdas e danos pelos arts. 16 e 18 do CPC.

Máxime o art. 18 do CPC pune o litigante de má-fé com indenização, à parte contrária, dos prejuízos que tenha sofrido, mais os honorários advocatícios e todas as despesas que efetuou, além de multa não excedente a um por cento sobre o valor da causa.

Sensível a essa questão, a própria Lei de Falências (Lei n. 11.101, de 9.2.2005) estabelece no art. 94, II, que "será decretada a falência do devedor que: II — executado por qualquer quantia líquida, não paga, não deposita e não nomeia à penhora bens suficientes dentro do prazo legal".

No processo de execução, a litigância de má-fé é punida com maior rigor. Classifica como atentatório à dignidade da justiça o devedor que: fraudа a execução; opõe-se maliciosamente à execução, empregando ardis e meios artificiosos; resiste injustificadamente às ordens judiciais; não indica ao juiz onde se encontram os bens sujeitos à execução.

Se, advertido pelo juiz, insistir na conduta antiética, será proibido, a partir daí, de falar nos autos.

No processo de conhecimento, a má-fé responde por perdas e danos; no processo de execução, trata-se de ofensa ao Estado.

A CLT, segundo alguns comentaristas, abriga disposições inconciliáveis com o princípio da lealdade.

Não obriga as partes, no pedido ou na contestação, a apresentar o rol de testemunhas. De ordinário, fica o Reclamante em desvantagem, porque só vem a conhecer as linhas da defesa do adversário na audiência inaugural.

É, de todo em todo, improcedente essa crítica.

Tem o juiz de dar prazo ao Reclamante para examinar as proposições da defesa, sob pena de ofensa aos princípios do contraditório e da igualdade das partes.

29. Do Contraditório

Por esse princípio, nega-se validade à decisão tomada sem se ouvir os litigantes.

De ato processual praticado por uma das partes, tem a outra de ser obrigatoriamente intimada para dele tomar ciência.

Vincula-se esse princípio àquele outro que assegura a igualdade das partes.

Admite a lei exceções ao princípio do contraditório. Uma delas são as liminares nas medidas cautelares se tiverem por alvo situações que acarretem ao requerente dano irreparável se houver qualquer delonga na sua concessão. Medidas que tais são deferidas *inaudita altera pars*, isto é, sem audiência da outra parte.

Na raiz do contraditório está o direito de defesa.

Neste passo, projeta-se a importância da notificação, que, na terminologia do processo trabalhista, equivale à citação do processo comum. Inexistindo essa notificação, não se estabelece o contraditório e nulo será o processo *ab initio*.

Não contraria o princípio em estudo nem o da igualdade no processo a aplicação da pena de revelia àquele que, regularmente notificado, deixa de comparecer à audiência designada e, assim, não responde ao pedido do Reclamante.

Parece-nos incontroverso que a notificação por edital obrigue a Vara do Trabalho a dar curador especial ao revel. É a aplicação ao processo trabalhista do inciso II do art. 9º do CPC.

Têm os tribunais entendido ser nulo o processo em que o curador especial concorda, sem tergiversar, com o pedido.

Sem embargo da presença do curador especial, nada impede que, posteriormente, haja a intervenção do reclamado no processo, o que, como é óbvio, faz cessar a função do curador.

30. Da Conciliação e da Transação

Ato jurídico bilateral é a transação um acordo de vontades dos interessados para prevenir ou pôr fim a um litígio mediante concessões mútuas. Ao contrário do Código Civil de 1916, que a considerava como uma forma de extinção de obrigações, com o advento do Código Civil de 2002, ela passou a ser considerada como um contrato, como se observa da leitura do seu art. 840, *verbis*: *"É lícito aos interessados prevenirem ou terminarem o litígio mediante concessões mútuas"*.

A indivisibilidade é elemento essencial da transação. Por esse motivo, o Código Civil, no art. 848, estabelece que, sendo nula qualquer das cláusulas da transação, esta será nula. Quando, porém, versar sobre vários direitos contestados, ela prevalecerá sobre aqueles que a contestação não atingiu.

Por importar na renúncia de direitos e por visar à extinção de obrigações, é a transação interpretada restritivamente (art. 843, do Código Civil).

É, portanto, modalidade anômala de pôr fim à relação processual ou de extinguir o processo, mediante um contrato.

A sentença homologatória desse negócio jurídico empresta-lhe solenidade, mas não o modifica em nada, limitando-se a ser o pré requisito dos efeitos jurídicos que lhe são próprios. Adquire, por esse modo, força executiva no caso de inadimplemento.

Transação e conciliação são dois institutos que, na sua essência, não se distinguem. Resultam ambos de um acordo de vontades mediante concessões mútuas.

No âmbito trabalhista, a transação realiza-se entre particulares, enquanto a conciliação materializa-se sob a supervisão do Juiz, embora também resulte da reciprocidade de concessões.

O art. 764 da CLT torna obrigatória a proposta de conciliação nos dissídios individuais ou coletivos de trabalho de competência da Justiça do Trabalho.

A CLT, nos arts. 847 e 850, indica os dois momentos processuais em que, obrigatoriamente, o Juiz tem de fazer proposta de conciliação: logo após a defesa e no término da instrução. Não sendo cumprida tal exigência, eventual sentença que venha a ser proferida poderá ser considerada nula, conforme jurisprudência iterativa sobre a matéria.

Efetivada a conciliação — diz o art. 831 do Estatuto Obreiro — o respectivo termo valerá como sentença irrecorrível.

Têm a doutrina e a jurisprudência assentado que compete ao Juiz verificar se, no acordo, houve a observância de norma imperativa pertinente à matéria ou se suas bases são prejudiciais ao empregado. Numa ou noutra hipótese, é lícito ao Juiz recusar a homologação do ajuste.

Reconhecendo o empregador a inexistência de justa causa para a dissolução do contrato de trabalho, não vemos qualquer óbice à expedição da guia para levantamento dos valores da conta vinculada do FGTS.

Sabemos que, no caso, é previsível fraude em dano do FGTS, mas é mister prová-la.

É vedado à administração do FGTS negar validade a acordo judicial em que se reconhece a imotivação da despedida, para obstar o levantamento de valores depositados na conta do empregado.

Se provada a má-fé das partes, incide no caso o art. 129 do CPC:

"Convencendo-se, pelas circunstâncias da causa, de que autor e réu se serviram do processo para praticar ato simulado ou conseguir fim proibido em lei, o juiz proferirá sentença que obste aos objetivos das partes".

Na prática, não é muito fácil provar-se conluio entre as partes que tenha por objetivo o questionado levantamento.

Se o empregado comparece em Juízo e declara que foi despedido sem motivo justo, e, na audiência inaugural, a empresa se defende, mas acaba aceitando proposta de conciliação em que confessa a despedida injustificada, é fato que acontece com relativa frequência no foro trabalhista.

Não vemos como o Juiz possa impedir que a conciliação produza todos os efeitos legais, inclusive o do levantamento de valores da conta vinculada do empregado.

Entendeu o C. Tribunal Superior do Trabalho, pela Súmula n. 259 ("Só por ação rescisória é impugnável o termo de conciliação previsto no parágrafo único do art. 831 da CLT"), que o acordo nos autos não só equivale a uma sentença irrecorrível como também o é a sentença que o tiver homologado.

Ousamos discrepar dessa linha jurisprudencial.

O termo de conciliação, em si, é um negócio jurídico e não é uma sentença. Esta, na hipótese em estudo, não aprecia o mérito; limita-se a homologar o acordo.

O Supremo Tribunal Federal (RT 605/211) inadmite a ação rescisória para desconstituir acordo homologado pelo Juiz.

Em nosso entendimento, é de se propor ação anulatória e não a rescisória. Quanto a competência para o julgamento da ação anulatória, o TST fixou a Orientação Jurisprudencial n. 129, da SDI-2, que diz: "*Ação anulatória. Competência originária — Em se tratando de ação anulatória, a competência originária se dá no mesmo juízo em que praticado o ato supostamente eivado de vício.*"

É passível de correição Juiz que se recusa a homologar acordo que não desrespeite norma de ordem pública nem seja ostensivamente lesiva aos interesses do empregado. No item 281 cuidamos dos aspectos inconstitucionais da correição parcial.

Neste passo, exsurge a questão da irrenunciabilidade de direitos indisponíveis.

Em havendo essa renúncia, sustentam alguns autores que o Juiz, com arrimo no princípio inquisitivo, poderá recusar homologação a acordos ou conciliações que sejam lesivas ao trabalhador.

É preciso atentar para o fato de que o princípio da indisponibilidade de direitos está inscrito na parte da CLT dedicada ao direito material — arts. 9º e 468. Vedam, energicamente, qualquer acordo entre patrão e empregado que traga prejuízo a este último.

Quando, porém, a conciliação se realiza em juízo, perante um magistrado, há a presunção de que o empregado faz a concessão livremente, sem sofrer qualquer coação.

O princípio da irrenunciabilidade de direitos indisponíveis, a nosso ver, fica restrito ao direito substancial do trabalho.

Reza o art. 1º, da Lei n. 9.469, de 27.6.91, que "*o Advogado-Geral da União e os dirigentes máximos das autarquias, das fundações e das empresas públicas federais poderão autorizar a realização de acordos ou transações, em juízo, para terminar o litígio, nas causas de valor até R$ 50.000,00 (cinquenta mil reais), a não-propositura de ações e a não-interposição de recursos, assim como requerimento de extinção das ações em curso ou de desistência dos respectivos recursos judiciais, para cobrança de créditos, atualizados, de valor igual ou inferior a R$ 1.000,00 (mil reais), em que interessadas essas entidades na qualidade de autoras, rés, assistentes ou oponentes, nas condições aqui estabelecidas*".

Prevê o § 1º, desse art. 1º, que, "*quando a causa envolver valores superiores ao limite fixado no caput, o acordo ou a transação, sob pena de nulidade, dependerá de prévia e expressa autorização do Ministro de Estado ou do titular da Secretaria da Presidência da República a cuja área de competência estiver afeto o assunto, no caso da União, ou da autoridade máxima da autarquia, da fundação ou da empresa pública*". Essa possibilidade de renúncia não se aplica às causas relativas ao patrimônio imobiliário da União Federal, como se lê, do § 2º, desse artigo 1º.

Esses acordos sobre débitos de valores não superiores a R$ 50.000,00 poderão ser feitos em até 30 parcelas mensais e sucessivas. Conforme o § 2º, do art. 6º, dessa Lei, *o acordo ou a transação celebrada diretamente pela parte ou por intermédio de procurador para extinguir ou encerrar processo judicial, inclusive nos casos de extensão administrativa de pagamentos postulados em juízo, implicará sempre a responsabilidade de cada uma das partes pelo pagamento dos honorários de seus respectivos advogados, mesmo que tenham sido objeto de condenação transitada em julgado*".

30.1. Transação sem Versar Questão Posta em Juízo

A Lei n. 11.232/2005 (DOU 22.12.2005), além de ter transferido a execução para a fase de conhecimento, quando deslocou o art. 584 para o art. 475-N, emprestou-lhe nova redação ao indicar quais são os títulos executivos judiciais, *verbis*:

"*Art. 475-N: São títulos executivos judiciais:*

I — a sentença proferida no processo civil que reconheça a existência de obrigação de fazer, não fazer, entregar coisa ou pagar quantia;

II — a sentença penal condenatória transitada em julgado;

III — a sentença homologatória de conciliação ou de transação, ainda que inclua matéria não posta em juízo;

IV — a sentença arbitral;

V — o acordo extrajudicial, de qualquer natureza, homologado judicialmente;

VI — a sentença estrangeira, homologada pelo Superior Tribunal de Justiça;

VII — o formal e a certidão de partilha, exclusivamente em relação ao inventariante, aos herdeiros e aos sucessores a título singular ou universal".

Referindo-se, o inciso III acima transcrito, à conciliação e à transação, julgamos conveniente, desde logo, remeter o leitor ao item anterior para constatar como nós conceituamos ambos os institutos. A sentença homologatória desse negócio jurídico empresta-lhe solenidade, mas não o modifica em nada, limitando-se a ser o pré-requisito dos efeitos jurídicos que lhe são próprios. Adquire, por esse motivo, força executiva no caso de inadimplemento. Nesse sentido, estabelece o art. 842, do Código Civil: "*A transação far-se-á por escritura pública, nas obrigações em que a lei o exige, ou por instrumento particular, nas em que ela o admite; se recair sobre direitos contestados em juízo, será feita por escritura pública, ou por termo nos autos, assinado pelos transigentes e homologado pelo juiz".*

A conciliação — no processo do trabalho, como também no processo comum (v. art. 331 do CPC) — é instituto que, na sua essência, não se distingue da transação, uma vez que ambos resultam de um acordo de vontades com reciprocidade de concessões.

A única diferença reside na circunstância de que a transação se realiza entre particulares, ao passo que a conciliação se consuma sob a supervisão do Juiz.

Percebe-se outro traço comum aos dois institutos: ambos extinguem, de forma anômala, a relação processual.

Estabelece o art. 475-N, III, do CPC, que revogou o art. 584, que será um título executivo judicial "III — a sentença homologatória de conciliação ou de transação, ainda que inclua matéria não posta em juízo".

Transparece do texto a intenção do legislador de autorizar o juiz a homologar transação ainda que tenha por objeto matéria não mencionada na petição inicial.

Sabe-se que alguns juízes chegaram a recusar a homologação de tais acordos por respeito ao princípio de que o Juiz deve julgar a lide dentro dos limites pelos quais é ela proposta ou pelos quais ela lhe é apresentada pelo autor.

Incorriam em erro, no caso.

O supracitado princípio tem importância axiomática para o juiz e não para as partes.

Não é certo que o Autor, com o consentimento do Réu, mesmo depois da citação deste, pode alterar o pedido inaugural do processo? Por que motivo, então, se há de recusar-lhes — no curso do processo — a autocomposição de seus interesses mediante acordo com mútuas concessões sobre questões não ventiladas na petição inicial?

É claro que, na hipótese, por consenso, ocorre u'a mudança nos limites que inicialmente foram traçados para o processo, mas, nenhuma das partes é prejudicada com o prematuro encerramento do processo.

Coerente com as considerações supra, entendemos que o discutido inciso III não criou nenhum obstáculo a transações ou conciliações que excedam ou que fiquem aquém da postulação do Autor ou do Reclamante (no processo do trabalho).

Temos como certo, porém, que se reveste de legitimidade a recusa do juiz do trabalho em homologar transação envolvendo questões sem natureza trabalhista.

Se, porém, as partes transacionaram sobre questões trabalhistas e não trabalhistas, esse magistrado terá o direito de restringir o ato homologatório às primeiras questões, deixando de fora as últimas, isto é, aquelas às quais não se aplicam disposições da Consolidação das Leis do Trabalho.

31. Imparcialidade do Juiz

Estabelece o art. 10 da Declaração Universal dos Direitos do Homem, de 1948, que "Toda pessoa tem direito, em condições de plena igualdade, de ser ouvida publicamente e com justiça por um tribunal independente e imparcial, para a determinação de seus direitos e obrigações ou para o exame de qualquer acusação contra ela em matéria penal".

Veja-se que, em termos universais, a imparcialidade do Juiz tem especial significado.

Sem essa imparcialidade não há, para as partes, garantia de justiça.

Para proteger o Juiz contra influências de toda ordem, a Constituição Federal cerca-o de várias garantias (vitaliciedade, inamovibilidade, irredutibilidade de vencimentos etc.).

Com um juiz imparcial, o processo, além de ser um instrumento técnico na solução dos conflitos de interesses, é também um instrumento ético.

Encerramos como começamos este item: *um dos direitos fundamentais do homem, reconhecido universalmente, é a garantia do Juiz imparcial.*

32. Duplo Grau de Jurisdição

Esse princípio admite, pela via recursal, a revisão de sentença proferida por Juiz de primeiro grau ou pelo Tribunal Regional nas ações de competência originária.

É um princípio moldado na Revolução Francesa, embora, na sua essência, não fosse desconhecido em tempos mais recuados.

Já se tornou lugar comum dizer que a função de julgar nasceu com a própria sociedade.

Mesmo nos grupos mais primitivos, sempre surgiram choques de paixões e de interesses que eram apreciados por um terceiro.

E, também desde a remota antiguidade, os povos sempre evitaram — com algumas exceções, é claro — o julgamento singular.

Eis alguns exemplos que a história nos oferece: o sanédio, instituído por Moisés, integrado de sofetins (os juízes) e dos soterins (os executores) de suas sentenças; o Tribunal de Brama das quatro faces, previsto no Código de Manu; na Grécia antiga, o dicastério com duzentos dicastas (o mesmo que julgou Sócrates); na velha Roma, o magistrado solenizava o julgamento, mas este era feito por confiança das partes (*o judex ou arbiter*), que atuava como Juiz singular ou coletivamente; no feudalismo, era a justiça distribuída por conselhos, em que as provas eram os juízos de Deus e as ordálias.

O retrospecto que acabamos de fazer serve apenas para demonstrar que os homens sempre encararam com certa reserva os julgamentos feitos por um único Juiz.

A par de outros fatores que explicam historicamente o nascimento dos colegiados (como as Juntas de Conciliação e Julgamento) colocamos, também, aquela antiga desconfiança dos homens em relação aos juízos monocráticos.

Corrente inexpressiva de estudiosos condena o princípio do duplo grau de jurisdição porque: a) se os juízes de 1º grau são passíveis de erro, também o são os de 2º; b) há inútil perda de tempo se a instância superior confirma a sentença de 1º grau; c) quando a decisão da instância mais alta reforma a sentença de 1º grau provoca o descrédito da Justiça, pois o cidadão se sente inseguro no conceituar a sentença verdadeiramente justa.

É patente a desvalia de tais argumentos.

A margem de erro dos membros de um tribunal é bem menor que a da instância primária. Além disso, como a própria história comprova, é raro alguém aceitar de bom grado um único julgamento que lhe foi desfavorável (v. *Humberto Theodoro Jr.*, "Processo de Conhecimento", 1978, 1º tomo, n. 183 e seguintes; *Castro Nunes*, "Teoria e Prática do Poder Judiciário", Rev. Forense, 1943; *Redenti*, "Diritto Processuale Civile", 1947, 1º tomo).

A Constituição da República de 5 de outubro de 1988 não se refere de modo preciso ao duplo grau de jurisdição.

No inciso LV do art. 5º, dispõe que aos litigantes, em processo judicial ou administrativo aos acusados em geral são assegurados o contraditório e ampla defesa, *com os meios e recursos a ele inerentes.*

Atribuindo à parte o direito de transferir o exame do litígio para uma outra instância através do recurso, está a Constituição prescrevendo e garantindo o duplo grau de jurisdição. Mas, como dissemos há pouco, a Constituição não trata do assunto com uma referência expressa.

Em abono desse ponto de vista, lembramos que a Carta Magna dá as linhas estruturais dos órgãos judicantes de segundo e terceiro graus, bem como sua competência para conhecer e julgar quaisquer recursos. Aliás, nesse sentido, vemos que o art. 111, da Constituição, indica quais são os órgãos da Justiça do Trabalho, quais sejam, Tribunal Superior do Trabalho, os Tribunais Regionais do Trabalho e Juízes do Trabalho. Apesar da Constituição não estabelecer a competência desses órgãos, como faz relativamente aos Tribunais Regionais Federais e aos Juízes Federais (arts. 101 e 109), é claro que uma lei ordinária não pode prever que uma ação de competência da Justiça do Trabalho não deverá percorrer os órgãos que a integram. Poderá alguém lembrar-se do art. 102 da Constituição da República, que outorga ao Supremo Tribunal julgar certos feitos em última e única instância. De fato, há essa atribuição, que qualificamos de extraordinária, da Suprema Corte, mas se trata de uma exceção que a própria Constituição abre ao princípio do duplo grau de jurisdição e que deve ser encarada restritivamente.

De consequência, é defeso ao intérprete ou ao legislador ordinário incluir nessa exceção as ações de alçada criadas pela Lei n. 5.584/70.

No processo trabalhista, o princípio em causa sofre mutilação quando se trata de reclamações de alçada de valor igual ou inferior a dois salários mínimos à data do ajuizamento. Em tais processos, só é cabível recurso que verse matéria constitucional (v. § 4º do art. 2º da Lei n. 5.584, de 26.6.1970, com redação dada pela Lei n. 7.402/85).

Estamos em que, no caso, é violado o princípio do duplo grau de jurisdição. De conseguinte, a sobredita norma legal tem a mácula de inconstitucionalidade, isso porque o art. 111, da Constituição, prevê que são órgãos da Justiça do Trabalho o TST, os TRTs e os juízes do trabalho, e não apenas um deles.

É ínsito ao princípio em tela o respeito à tramitação do processo pelas várias instâncias, sem exclusão de qualquer uma delas.

Se, na instância originária, admite-se a preliminar terminativa do feito e o tribunal *ad quem* não a acolhe, têm os autos de retornar à origem para que o mérito seja apreciado. Se assim não for feito, estar-se-á saltando uma instância.

Questão prejudicial muito comum no foro trabalhista é o acolhimento, pela Vara do Trabalho, da negativa da existência da relação empregatícia. Aí, entendemos que houve exame de mérito, e, se a instância superior reformar a sentença, não se faz necessária a volta dos autos à Vara do Trabalho.

É aplicável ao processo trabalhista a regra encerrada no § 1º do art. 515 do CPC: "*Serão, porém, objeto de apreciação e julgamento pelo Tribunal todas as questões suscitadas e discutidas no processo, ainda que a sentença não as tenha julgado por inteiro*".

Se as partes discutiram a questão no processo, inclusive na fase probatória, é fora de dúvida que se trata da hipótese indicada no permissivo legal já citado, o qual se completa com o que se diz no § 2º do mesmo art. 515: "Quando o pedido ou a defesa tiver mais de um fundamento e o juiz acolher apenas um deles, a apelação (recurso ordinário no processo trabalhista) devolverá ao Tribunal o conhecimento dos demais".

O princípio da dualidade de instâncias é observado por toda a parte.

Inobstante tudo isso, o STF e o TST consideram constitucional a Lei n. 5.584/70 quando ela fixa a alçada restrita à primeira instância da Justiça do Trabalho.

33. Non Reformatio in Pejus

Inocultável a intimidade desse princípio com os dois outros: *o dispositivo* e o *duplo grau de jurisdição*.

Pelo princípio aqui posto em foco, é defeso ao tribunal, no julgamento de um recurso, proferir decisão agravando ou exacerbando o ponto da sentença impugnada desfavorável ao recorrente.

De certo modo, e como decorrência do princípio sob análise, a instância superior não deve julgar *extra petitum, ultra* ou *citra petitum*.

É o que se infere do disposto no art. 512 do CPC, incidente no processo trabalhista:

"O julgamento proferido pelo Tribunal substituirá a sentença ou a decisão recorrida no que tiver sido objeto de recurso".

Portanto, é vedado ao tribunal modificar a sentença para beneficiar a quem não recorreu.

Contudo, é de se ressalvar as hipóteses elencadas no art. 475 do CPC, entre as quais figura aquela que interessa ao processo trabalhista, qual seja, o duplo grau de jurisdição nas sentenças proferidas contra a União, Estado ou Município.

No caso, haja ou não recurso, toda a matéria do julgamento será reapreciada na instância superior, desde que o valor da condenação exceda o limite legal.

Em processo tendo como sujeitos pessoas de direito privado, se o recurso for parcial, isto é, ataca apenas parte da sentença, o restante passa em julgado e torna-se irreformável. Se a instância superior desrespeitar essa norma, estará afrontando princípio da *non reformatio in pejus*.

Sobre esse assunto é silente a CLT.

Daí a incidência dos arts. 505 e 515 do CPC:

"A sentença pode ser impugnada no todo ou em parte"; e *"A apelação (recurso ordinário no processo trabalhista) devolverá ao Tribunal o conhecimento da matéria impugnada".*

33.1. Duplo Grau de Jurisdição e a Fazenda Pública

Despiciendo dizer que a União, o Estado, o Distrito Federal, o Município, respectivas autarquias e fundações de direito público também têm direito ao duplo grau de jurisdição. Isto, como óbvio, quando as sentenças lhes forem desfavoráveis.

O art. 475 do CPC (com redação dada pela Lei n. 10.352, de 26.12.2001, *in* DOU de 27.12.2001, p. 1/2) estatui que está sujeita ao duplo grau de jurisdição, não produzindo efeito senão depois de confirmada pelo tribunal, a sentença: a) proferida contra aquelas pessoas jurídicas de direito público interno e as respectivas autarquias e fundações de direito público; b) que julgar procedentes, no todo ou em parte, os embargos à execução de dívida ativa da Fazenda Pública (art. 585, VII).

Nos supracitados casos, o juiz ordenará a remessa dos autos ao tribunal, haja ou não apelação; não o fazendo, o presidente do Tribunal deverá avocá-los.

Se a condenação for de valor inferior a sessenta salários mínimos, deixa de ser obrigatório o duplo grau de jurisdição. Parece-nos, porém, que o defensor da fazenda pública, se julgar conveniente, na hipótese, recorrer à instância superior, não estará impedido de fazê-lo.

Deixa, também, de existir o duplo grau de jurisdição compulsório se a sentença estiver fundada em jurisprudência do plenário do Supremo Tribunal Federal ou em súmula deste Tribunal ou do tribunal superior competente. Se, no caso, for interposto recurso, é lícito ao juízo de admissibilidade obstar o seu seguimento.

O TST editou a Súmula n. 303, que cuida da questão do duplo grau quando estiver presente na lide a Fazenda Pública, verbis: *"Fazenda Pública. Duplo grau de jurisdição — I — Em dissídio individual, está sujeita ao duplo grau de jurisdição, mesmo na vigência da CF/1988, decisão contrária à Fazenda Pública, salvo: a) quando a condenação não ultrapassar o valor correspondente a 60 (sessenta) salários mínimos; b) quando a decisão estiver em consonância com decisão plenária do Supremo Tribunal Federal ou com súmula ou orientação jurisprudencial do Tribunal Superior do Trabalho. II — Em ação rescisória, a decisão proferida pelo juízo de primeiro grau está sujeita ao duplo grau de jurisdição obrigatório quando desfavorável ao ente público, exceto nas hipóteses das alíneas a e b do inciso anterior. III — Em mandado de segurança, somente cabe remessa ex officio se, na relação processual, figurar pessoa jurídica de direito público como parte prejudicada pela concessão da ordem. Tal situação não ocorre na hipótese de figurar no feito como impetrante e terceiro interessado pessoa de direito privado, ressalvada a hipótese de matéria administrativa.".*

34. *Preclusão e Perempção*

Fazendo eco aos ensinamentos de *Couture* ("Fundamentos del Derecho Procesal Civil"), incluímos a preclusão e a perempção entre os princípios orientadores do processo do trabalho.

Preclusão é a perda da faculdade de praticar um ato por haver passado o momento processual ou expirado o prazo determinado em lei.

O art. 473 do CPC, aplicável ao processo trabalhista, cuidando do assunto, diz ser defeso à parte discutir, no curso do processo, as questões já decididas ou aquelas a cujo respeito se operou a preclusão.

A preclusão não se confunde com a coisa julgada, mas esta pode nascer daquela.

Segundo o douto processualista uruguaio, a preclusão resulta de três situações, a saber: a) por descumprimento da ordem e oportunidade estabelecidas em lei para a realização de um ato; b) pela realização de atividade incompatível com uma outra; c) pelo exercício anterior e válido dessa faculdade (obra citada, p. 196).

Antes de ser um instituto, *a preclusão é uma circunstância da própria estrutura do juízo*.

Perempção equivale à extinção do direito de praticar um ato processual ou de prosseguir com o feito porque a parte se manteve inerte e deixou transcorrer o prazo legal sem exercer aquele direito.

Sem embargo da enorme divergência que, doutrinariamente sua conceituação encerra, seu sentido é o que estava albergado no art. 204, do Código de Processo Civil de 1939, e que foi reproduzido no parágrafo único do art. 268 do CPC de 1973: ocorre a perempção do direito do autor quando ele dá causa, por três vezes, à extinção do processo, por não promover os atos e diligências que lhe competirem, abandonando a causa por mais de trinta dias.

Os arts. 731 e 732 da CLT têm por objeto situações que acarretam a perda temporária do direito de ação: aquele que, tendo apresentado ao distribuidor reclamação verbal, não se apresentar no prazo estabelecido no parágrafo único do art. 766, à Vara do Trabalho ou Juízo para fazê-la tomar por termo, incorrerá na pena de perda, pelo prazo de seis meses, do direito de reclamar, perante a Justiça do Trabalho; na mesma pena incorrerá o reclamante que, por duas vezes seguidas, der causa ao arquivamento do processo.

No processo civil, *ex vi* do disposto no § 3º do art. 267, a perempção é declarada de ofício.

Há quem dê pela inaplicabilidade da norma ao processo trabalhista por ser restritiva de direito e, por isso, é vedada sua aplicação por analogia.

Não vemos qualquer incompatibilidade entre a norma questionada e os princípios orientadores do processo trabalhista. Além disso, no caso, não se trata de aproveitamento do preceito por analogia, mas sim porque o CPC é fonte subsidiária do processo trabalhista.

Alega-se, ainda, que o Juízo não tem ciência dos arquivamentos sofridos pelo processo por desídia do Reclamante.

É o argumento extremamente frágil, pois o Reclamado, com certeza, incumbir-se-á de denunciar tais arquivamentos ao Juízo.

35. Interpretação e Aplicação da Lei Processual

A hermenêutica tem por finalidade o estudo sistemático dos processos utilizados na fixação do sentido e da abrangência das normas legais. As regras de hermenêutica são *legais* (arts. 5º, 6º e 7º, da Lei de Introdução ao Código Civil), de *jurisprudência*, criadas pelos tribunais, e *científicas*, apontadas pelos doutrinadores.

Estão compreendidas na hermenêutica (a) *a interpretação*; (b) a *integração* — que se desdobra na analogia, na equidade, na jurisprudência, princípios gerais do direito (v.art. 8º, da CLT); e (c) *a aplicação da lei no tempo e no espaço territorial*.

De origem etimológica grega, a hermenêutica tem sua genealogia no deus *Hermes*, que era o intérprete da vontade divina. Hermenêutica, em um sentido amplo, quer dizer "compreender o significado do mundo", conforme *Heidegger*.

Já a interpretação, como parte integrante da hermenêutica, *"tem origem latina — "interpres" — que designava aquele que descobria o futuro nas entranhas das vítimas. Tirar das entranhas ou desentranhar era, portanto, o atributo do "interpres", de que deriva a palavra interpretar com o significado específico de desenhar o próprio sentido das palavras da lei, deixando implícito que a tradução do verdadeiro sentido da lei é algo bem guardado, entranhado, portanto, em sua própria essência"* (cf. Fernando Coelho, s/ob "Lógica jurídica e interpretação das leis", Forense, 1981, p. 182).

Para *Couture* ("Interpretação das Leis Processuais", Max Limonad, 1956, p. 13) *"o intérprete é um intermediário entre o texto e a realidade; a interpretação consiste em extrair o sentido, desenterrar o conteúdo, que o texto encerra com relação à realidade"*.

É, mais ou menos, o que também disse *Franscesco Ferrara* (in "Interpretação e Aplicação das Leis", 4. ed., Coimbra, 1987, p. 111): *o Juiz é o intermediário entre a norma e a vida; é o instrumento vivo que transforma a regulamentação típica imposta pelo legislador na regulamentação individual das relações dos particulares; que traduz o comando abstracto da lei no comando concreto entre as partes, formulado na sentença.*

Numa palavra, compete ao Juiz verificar se o texto legal se aplica ao litígio.

A interpretação de uma lei resulta de várias operações intelectuais de uma certa complexidade.

Tais operações se fundam em vários processos, que enumeramos em seguida.

A *interpretação gramatical* pressupõe um completo conhecimento do sentido das palavras que compõem o texto legal. É certo, porém, que nem sempre o significado comum de uma palavra é diferente do sentido que lhe empresta o direito.

Outra modalidade de interpretação é a histórica. De inegável valia o processo histórico.

Abrigando a lei processual institutos oriundos do velho direito romano e das legislações nacionais anteriores, é de toda a evidência que a sua análise — sem desprezar as condições da época em que surgiram — reclama entendimento com a mentalidade de hoje.

Pelo processo sistemático, paralelamente ao histórico, vai-se buscar as diversas leis que antecederam a atual.

Uma outra modalidade de interpretação é a teleológica. O processo teleológico é o mais importante dentre aqueles utilizados na interpretação de uma lei processual. Perquire a identificação do fim da norma processual e, assim, ressalta sua razão de existir.

Prieto-Castro ("Derecho Procesal Civil", 2. ed., Madrid: Tecnos, 1974, p. 45) adverte que os estudiosos em geral não dão particular atenção ao elemento sociológico da interpretação e diz, lapidarmente: *"Na norma não há que averiguar o fim jurídico abstrato a que tende, senão também contemplar o interesse que, ao cumprir dito fim, é servido por ela. Isto obriga a incluir entre os elementos da interpretação outro novo, que até agora não tem merecido a atenção da doutrina e é o que chamamos de sociológico".*

As leis regentes do processo do trabalho não fogem das normas comuns da hermenêutica. Todavia, há que se dar realce, no âmbito trabalhista, ao conteúdo do art. 5º da Lei de Introdução ao Código Civil: "Na aplicação da Lei, o Juiz atenderá aos fins sociais a que ela se dirige e às exigências do bem comum".

Pela equidade e pela primazia do social sobre o individual na aplicação da Lei, a Vara do Trabalho posiciona-se melhor na prestação jurisdicional solicitada pelo trabalhador, o hipossuficiente no dizer do saudoso mestre *Cesarino Júnior*.

Já foi destacado que a fonte principal das normas processuais do trabalho é o direito escrito.

Em havendo lacunas no *ius scriptum*, no que tange ao processo do trabalho, subordina-se ele, de modo particular, ao princípio da subsidiariedade.

De fato, muitos dos claros da lei processual trabalhista são preenchidos por preceitos da lei processual comum. Aliás, sobre esse ponto, o art. 769 da CLT não deixa margem a qualquer dúvida:

"Nos casos omissos, o direito processual comum será fonte subsidiária do direito processual do trabalho, exceto naquilo em que for incompatível com as prescrições do Título X da CLT".

E, se a lei processual comum também for lacunosa, resta ao Juiz recorrer ao art. 8º da CLT:

"As autoridades administrativas e a Justiça do Trabalho, na falta de disposições legais ou contratuais, decidirão conforme o caso, pela jurisprudência, por analogia, por equidade e outros princípios e normas gerais de direito, principalmente do direito do trabalho, e, ainda de acordo com os usos e costumes, o direito comparado, mas sempre de maneira que nenhum interesse de classe ou particular prevaleça sobre o interesse público. Parágrafo único. O direito comum será fonte subsidiária do direito do trabalho, naquilo em que não for incompatível com os princípios fundamentais deste".

Parece-nos certo que, ante uma lacuna da lei processual do trabalho, há-de o Juiz, no processo de conhecimento, socorrer-se, em primeiro lugar, da lei processual comum; se esta também se revelar deficiente, deverá voltar-se para o art. 8º da CLT acima transcrito. No processo de execução, os vazios da lei trabalhista são preenchidos pela Lei n. 6.830, de 22 de setembro de 1980, e, complementarmente, pelo CPC.

Seja lá qual for a dificuldade com que o Juiz venha a se defrontar no deslinde de um litígio, há-de ter presente o disposto no art. 126 do CPC:

"O Juiz não se exime de sentenciar ou despachar alegando lacuna ou obscuridade da lei".

A hermenêutica não dedica parte especial à lei processual do trabalho bem como à lei processual comum.

Nesse particular, a metodologia é a mesma.

O intérprete, diante de caso concreto, saberá escolher o processo que lhe parecer mais adequado, isto é, a interpretação literal, a sistemática ou teleológica.

Como recorda *Frederico Marques o logos del razonable,* como ensina *Recaséns Siches*, é que deve orientar o intérprete, visto que, na aplicação do direito, não se depara com a uniformidade lógica do raciocínio matemático e sim com a flexibilidade ou compreensão razoável da norma do *ius scriptum* ("Manual de Direito Processual Civil", I tomo, 2. ed., 2. Tiragem, Millennium, 2000, p. 79/80).

Permitimo-nos lembrar, mais uma vez, as seguintes palavras de *Recaséns Siches* ("Nueva Filosofia de la Interpretación del Derecho", México: Porrúa, p. 211, 1973): "Em verdade, não é exagerado afirmar que, na quase-totalidade do pensamento jurídico contemporâneo, a concepção mecânica da função judicial entendida como um silogismo, caiu em definitivo descrédito".

A referência *supra* não comprova que vamos na esteira dos que entendem ter o Juiz ampla liberdade em criar o direito a ser aplicado ao caso submetido à sua apreciação.

Aceitamos, apenas, que, ante a impossibilidade de o comando abstrato da lei abarcar toda a realidade, o Juiz sempre, de certo modo, cria o direito. Mas não o faz totalmente.

A jurisprudência, como um mecanismo automático ou processo de lógica dedutiva, é alvo de críticas partidas de correntes de pensamento as mais diversas.

Há consenso em que a conclusão silogística a que chega o Juiz sempre traz em seu bojo algo mais do que se contém na Lei.

Tal conclusão conflita com a doutrina tradicional que declara competir exclusivamente ao legislador a função de criar o direito.

Mas essa divergência, na maioria das vezes, é apenas aparente.

Georges Ripert, por exemplo ("Forces Créatrices du Droit", Librairie Générale de Droit, 1955, cap. VII), embora defensor da doutrina tradicional, não deixa de fazer reservas deste gênero: "a) o Juiz não decide de forma mecânica; b) a função judicial sempre traz algo novo para a lei; c) a interpretação da lei pelo Juiz é susceptível de dar diferente alcance a antigas normas legais".

É fácil perceber que as duas escolas de interpretação, com figuras exponenciais como *Recaséns Siches* e *Ripert*, vêm aumentando, a pouco e pouco, seus pontos de contato.

Se de um lado não desejamos conferir ao Juiz o papel de legislador, de outro, não queremos reduzir sua função a um automatismo que importa em cega escravidão ao texto legal. Este, na maioria das vezes, não apreende, em sua totalidade, todas as relações do homem em sociedade e que tenham valoração jurídica, o que obriga o Juiz a exercer a função criadora do direito.

Noutros pontos desta obra discorremos sobre a jurisprudência (v. Fontes do Direito Processual do Trabalho) e sobre a equidade (v. O Juiz do Trabalho e a equidade).

Neste espaço, pomos em foco apenas as demais partes do conteúdo do art. 8º da CLT acima transcrito.

Esse dispositivo encerra norma que tanto se aplica à parte da CLT reservada ao direito material como à outra dedicada ao direito processual do trabalho (arts. 643 *usque* 910).

Antes de aplicar a lei é necessário interpretá-la, penetrar no seu real sentido e transportá-la para o caso concreto sob exame.

Ensina *Ennecerus* ("Tratado de Derecho Civil", vol. I, p. 215 e segs., Bosch, 1947, trad. da 39. edição alemã) que toda questão de direito emergente da vida pede ao Juiz uma solução.

São em quatro sentidos as lacunas que o direito estruturado na Lei, ou no costume, sempre apresenta. Semelhante assertiva alcança, como é óbvio, o direito processual do trabalho.

No primeiro sentido, a lei dá ao Juiz uma orientação geral. Indica-lhe, expressa ou tacitamente, fatos, conceitos e critérios não determinados em suas disposições especiais, cabendo ao Juiz investigar, em cada caso concreto sujeito à controvérsia. Assim, o aplicador da lei atua como as pessoas honradas e de boa-fé agiriam diante do caso concreto.

No segundo sentido, é a norma completamente omissa e o problema não se achava bem preparado para a solução ou porque a questão não foi suscitada até o surgimento da norma ou, finalmente, porque a solução não fora prevista (v. também "O Direito e a Vida dos Direitos", de *Vicente Ráo*, 1º vol., p. 600-601).

No terceiro sentido, as normas legais se contradizem e, por isso, tornam-se reciprocamente ineficazes.

No quarto e último sentido, a inaplicabilidade da norma resulta da constatação dela apreender casos ou consequências que o legislador não teria considerado se deles tivesse exato conhecimento.

Nos casos ou hipóteses de que *Ennecerus* falou, o juiz ou o intérprete deve pesquisar norma que dê solução ao problema, norma que, em razão disso, será integrativa do direito ou mesmo modificativa no quarto sentido.

Repetindo — lei que resulte de processo elaborativo o mais aperfeiçoado possível sempre será lacunosa quando chamada a solucionar casos concretos.

A lei trabalhista — como não podia deixar de ser — acusa lacunas, e seu intérprete tem de recorrer à interpretação e à integração.

O art. 8º da CLT traça as diretrizes de ação das autoridades judiciárias e administrativas do trabalho, quando em face das lacunas da lei trabalhista.

Indica os recursos admitidos para dar remédio a tal situação: jurisprudência, analogia, equidade, princípios gerais de direitos, usos e costumes, direito comparado e, finalmente, o direito comum como fonte subsidiária do direito do trabalho.

A ordem observada nesse artigo não revela, de forma alguma, a maior ou menor importância de cada um desses recursos.

Não significa, outrossim, que o intérprete e o aplicador devam socorrer-se, em primeiro lugar, da jurisprudência, porque figura na cabeça da lista, e, depois, da analogia e assim por diante.

Diante de uma situação concreta, cabe ao Juiz decidir sobre a seleção do ou dos meios como julgar adequado.

De certa forma, *Coqueijo Costa* ("Direito Processual do Trabalho", 2. ed., Forense, p. 18, 1984) condensou tudo que acabamos de dizer nas regras norteadoras da aplicação do direito processual do trabalho:

"a) igualdade das partes (contraditório, repartição das provas, prazos);

b) economia dos Juízos: o máximo de atuação da lei com o mínimo de atividade processual;

c) de nada vale a interpretação gramatical ou literária: a letra mata e o espírito vivifica;

d) justifica-se a interpretação das leis processuais com espírito equitativo, principalmente no direito processual coletivo do trabalho;

e) os Tribunais de Trabalho, por sua função social, têm obrigação de interpretar equitativamente as normas processuais do trabalho *"con dulzor de justicia para los obreros"* (*Trueba Urbina*), de acordo com o espírito, pressupostos e convicções sociais que lhes dão vitalidade;

f) o princípio da celeridade beneficia a classe trabalhadora, dado o caráter alimentar do salário; no processo do trabalho *"a lentidão se transforma em irritante denegação da Justiça"*, como pontua José A. Arlas;

g) em casos de dúvida, interpreta-se a favor do empregado, que é o mísero (art. 18 da Lei mexicana do Trabalho)".

Afastamo-nos, com pesar, do pensamento do saudoso processualista no ponto em que afirma a inocuidade da interpretação gramatical. Tal espécie de interpretação, em se tratando de lei dotada de clareza que se ajusta, à perfeição, ao litígio *sub judice*, realiza plenamente os seus fins.

36. Analogia

É a operação lógica para aplicar à hipótese não prevista na lei norma jurídica semelhante.

Há duas formas de analogia: analogia jurídica ou *analogia juris* e analogia legal ou *analogia legis*.

A *analogia juris* serve para resolver o caso que não foi previsto por qualquer preceito legal, forçando o aplicador a recorrer ao espírito do sistema, na sua totalidade, ou aos princípios gerais do direito.

A *analogia legis* diz respeito à falta de um artigo de lei e, aí, invoca-se o preceito que disciplina caso semelhante.

Feito o cotejo de ambas as espécies de analogia, observa-se, de pronto, que a omissão da lei é solucionada pela *analogia juris*, mediante a aplicação de um princípio teórico, enquanto a *analogia legis* importa o uso de um texto legal.

37. Princípios Gerais do Direito

Os princípios gerais do direito são as ideias fundamentais e informadoras da ordem jurídica.

Verdadeiras sínteses doutrinárias de um número — mais ou menos elevado — de regras de direito, são o resultado de generalizações em consonância com o método indutivo, dentro de um processo lógico de abstração.

Princípios não escritos — e nisso se distinguem da lei — que integram o direito positivo quando o ordenamento jurídico de uma nação, como é o caso do Brasil, assim o estabelece.

Há autores — como *Ferrara* — que não distinguem a *analogia juris* dos princípios gerais do direito.

Não é esse o nosso pensamento.

O método analógico procura ampliar o campo de aplicação de uma lei, para abranger outras situações além daquelas previstas inicialmente, mas que têm, todas elas, a mesma *ratio legis* (*Del Vecchio*, "Principios Generales del Derecho", p. 54).

A analogia não leva aos princípios gerais do direito.

O art. 8º da CLT alude aos princípios gerais do direito e silencia quanto aos que são próprios do Direito do Trabalho. Embora não se compreenda qualquer incongruência entre uns e outros, os primeiros sempre se situam reconhecidamente em plano mais elevado do processo de abstração lógica.

Perez Botija adverte que os princípios gerais do Direito do Trabalho têm dupla natureza: política e jurídica.

Políticos são aqueles princípios que têm sentido constitucional; *jurídicos*, os que se extraem da própria legislação ordinária e acabam por erigir-se em critérios de orientação do legislador e do Juiz.

Para *Alonso Garcia*, princípios gerais do direito do trabalho são "aquelas linhas diretoras ou postulados que inspiram o sentido das normas laborais e configuram a regulação das relações de acordo com critérios distintos dos que se usam em outros ramos do direito" ("Derecho del Trabajo", tomo I, Barcelona, 1960, p. 247).

Para *Américo Plá Rodriguez* ("Los Principios del Derecho del Trabajo", Montevidéu, 1975, p. 25 e 26) os princípios do Direito do Trabalho são: a) princípio protetor que se realiza por meio de três ideias: *in dubio pro operario*, regra de aplicação da norma mais favorável e regra da condição mais benéfica; b) princípio da irrenunciabilidade dos direitos; c) princípio da continuação da relação laboral; d) princípio da primazia da realidade; e) princípio da razoabilidade; f) princípio da boa-fé.

E mais, ainda.

Surgiu, no universo jurídico, em tempo recente, a opinião de que a ideologia é imprescindível na interpretação das leis, de modo geral. Pela ideologia, é feita a valoração que leva aos objetivos da ação do homem dentro da sociedade. Segundo essa corrente, na interpretação se há de levar em conta a apontada valoração predominante num dado momento social, o que importa dizer ter ela de modificar-se à medida que se transforma o contexto social.

Por outras palavras, não se vai buscar o significado da norma na vontade histórica do legislador, mas do intérprete no instante em que se pretende aplicar a lei a uma situação concreta.

A crítica que fazemos a esse método de interpretação é que lhe é implícita a ideia de que a maioria da sociedade segue a ideologia invocada na análise do texto legal. E a minoria que não abraça essa ideologia como deve entender a lei? O exame de uma lei não tolera discriminação ideológica, sob pena de cairmos em uma ditadura criada pelas pessoas que julgam.

Aqui lembramos de *Kelsen*. Para ele ("Teoria General del derecho y del Estado", p. 140 e ss.) o intérprete extrai da norma legal as várias decisões que ela comporta e escolhe uma delas. Assim, a interpretação não equivale a uma atividade puramente intelectual, mas a um ato de vontade. Na raiz desse ato de vontade, estão múltiplas influências que não se há de desconhecer. O pensamento kelseniano — descritivo como é — não é rejeitado por nós.

Como dito anteriormente, o Direito do Trabalho desgarrou-se do Direito Civil, o que explica o fato de, até hoje, perceber-se em sua interpretação, métodos usados na fonte original. Não é, portanto, de surpreender que esses ramos do Direito estejam submetidos às mesmas regras da hermenêutica (ciência da interpretação das leis).

É certo, porém, que o intérprete do Direito do Trabalho não deve olvidar dos seus princípios gerais (*in dubio pro operario*; da norma mais favorável; condição mais benéfica, da irrenunciabilidade; da continuidade; da primazia da realidade).

Assim, no caso de a norma legal admitir várias interpretações, deve o juiz ou o doutrinador dar preferência àquela mais favorável ao trabalhador. De passagem, assinalamos que, segundo alguns bons autores, esse princípio — *pro misero* — se enraíza no art. 5º da Lei de Introdução ao Código Civil: "Na aplicação da lei, o juiz atenderá aos fins sociais a que ela se dirige e às exigências do bem comum." Mas, semelhante reflexão leva à conclusão de que o princípio *in dubio pro operario* não é peculiar ao Direito do Trabalho. Ademais disso, pode acontecer que dado interesse do trabalhador não se case com os fins sociais da lei nem corresponda ao bem comum.

Giorgio Ardau critica o princípio *pro misero*. No seu entender, o intérprete da lei deve socorrer-se de todas as normas e princípios que lhe permitem aplicá-la à situação concreta de forma condizente com a justiça, sem levar em conta a condição social das partes interessadas. Embora não aceitemos, *in totum*, o pensamento de *Ardau*, serve ele de advertência aos aplicadores da Lei trabalhista para que apliquem com prudência o princípio *in dubio pro operario*, precipuamente em matéria probatória, que possui regras próprias.

Harmoniza-se esse princípio com a finalidade primordial do Direito do Trabalho de tutelar o assalariado contra a maior força econômica de seu empregador, mas de forma tal que não venha causar a este último dano capaz de inibi-lo na realização de outros investimentos dentro do processo produtivo.

No Direito do Trabalho, o intérprete deve — enfim — dar maior ou menor ênfase a este ou aquele princípio geral a fim de atender às circunstâncias de que se revestirem os conflitos de interesses entre o assalariado e seu empregador.

Em síntese, a aplicação desses princípios e regras de interpretação objetiva buscar a harmonia do texto constitucional com suas finalidades precípuas, adequando-as à realidade e pleiteando a maior aplicabilidade dos direitos, garantias e liberdade públicas.

Sem querer estender demasiado o exame dos princípios gerais do direito, estamos em que as diferentes listas de princípios gerais do direito do trabalho se inspiram, todas elas, no princípio da proteção do mais fraco (assalariado) contra o mais forte economicamente (o empregador).

38. Usos e Costumes

O "costume" é forma de expressão das aspirações de um povo e das exigências da vida jurídica (*François Geny*, "Methode d'Interpretation et Sources en Droit Privé Positif", tomo I, n. 110, 1932).

O costume sempre se origina da vida social, o que nem sempre acontece com a lei escrita.

Vem a ser um comportamento com conteúdo jurídico porque se repete, com uniformidade, através do tempo.

O costume pode ser fonte de direito, mas *secundum legem*.

Tem por missão preencher os claros de uma lei e, aí, é supletiva sua função-costume *praeter legem*. Em tese, não se admite o costume *contra legem*.

O costume e o uso não se confundem.

O costume pode ser norma, constituindo o direito costumeiro.

O uso é expressão convencional.

Enquanto a interpretação do costume constitui interpretação do direito, a interpretação do uso é, quase sempre, interpretação da vontade das partes (v. *Oscar Tenório*, "Introdução ao Código Civil Brasileiro", p. 126).

No âmbito processual, os usos e costumes formam a praxe forense, que incide, de modo particular, no procedimento.

A jurisprudência concorre, em boa medida, para a *consuetudo fori* ou direito processual costumeiro.

Prieto-Castro entende que em nenhum caso as práticas e os usos do foro podem ser invocados como se fossem fontes do direito processual. O mesmo diz em relação aos princípios gerais do direito. Não se classificam como fontes do direito processual.

É certo, porém, assinala o ilustre processualista, que eles coexistem com a norma legal, pois, de certo modo, as ideias que as inspiraram brotaram desses princípios (obra citada, p. 39 e seguintes).

Considerações que tais se ajustam ao sistema processual espanhol.

No direito processual brasileiro, está o Juiz (art. 126 do CPC) autorizado, em falta de norma legal específica, a decidir de conformidade com a analogia, os costumes e os princípios gerais do direito.

39. Equidade

É o direito material composto de regras de caráter genérico.

Largas são suas malhas, por onde passariam muitas situações jurídicas se não houvesse a técnica integrativa e a equidade.

Por meio desta última, o aplicador da Lei, o Juiz, amolda ou abranda a norma às circunstâncias ou características da situação concreta sob julgamento.

A equidade só admite julgamento *secundum legem* e nunca *contra legem* ou *praeter legem*.

Lembramo-nos, neste passo, da célebre divisa do juiz *Magnaud*: "*As leis devem ser interpretadas com equidade, bom senso e sem rotina*".

40. Direito Comparado

Quando a omissão da lei nacional não puder ser preenchida por meio dos processos mencionados no art. 8º da CLT, recorre-se ao direito comparado, isto é, às normas legais existentes em outros países, versando a mesma matéria da pesquisa.

O direito comparado nos permite, outrossim, captar a experiência de outros países e utilizá-la em proveito da nossa classe obreira.

Essa reflexão deixa patente que o direito comparado não é uma ciência, mas simples processo de pesquisa.

Não menosprezamos o direito comparado, pois, com *Rodiére* ("Introduction au Droit Comparé". Paris: Dalloz, 1979, p. 1), entendemos ser ele um dos esforços mais interessantes, nos tempos modernos, para dar à ciência jurídica um sentido universal.

Há que se ter presente que desde o século passado, época das grandes codificações nacionais, os estudos do direito comparado tiveram grande incremento.

No tangente ao direito do trabalho, sentem-se, com nitidez, os reflexos da ação universalizadora da Organização Internacional do Trabalho — OIT.

A par disso, é incontestável que o trabalho subordinado, em qualquer País do mundo e independentemente do regime político adotado, sempre apresenta algumas características comuns, derivadas do uso dos mesmos equipamentos ou processos de produção. É evidente que esse fenômeno não deixa de repercutir no processo trabalhista.

Há quem imagine existir apenas a contraposição da *common law* à *civil law*, isto é, a família jurídica dos anglo-saxões diferenciando-se da família jurídica da Europa continental. Mas, como *Mauro Cappelletti* observa com toda propriedade, cada País tem seu direito processual com características próprias ("El Proceso Civil en el Derecho Comparado", Europa-América, 1973, p. 4 e ss.).

O mestre peninsular dá-nos a fórmula para superar a dificuldade representada pela multiplicidade de sistemas processuais: *exame meticuloso de todos os sistemas e, depois, num esforço de síntese, identificar os pontos comuns*.

Nessa tarefa, não perder de vista que o direito comparado se divide em história dos institutos e legislação comparada (v. nesse sentido interessante estudo de *Wahlendorf*, "Droit Comparé". Paris: Librairie Générale, 1978).

O art. 126 do CPC autoriza o Juiz — em não havendo norma legal para aplicar ao caso em exame — a recorrer à analogia, aos costumes e aos princípios gerais do direito.

A CLT, nesse particular, proporciona ao Juiz critério mais amplo. Permite-lhe socorrer-se do direito comparado.

CAPÍTULO III

Direito Processual do Trabalho no Tempo e no Espaço

41. Princípio da Irretroatividade e Processo

Como todas as obras humanas, a lei processual nasce, vive e morre.

Submete-se ao regramento do art. 2º da Lei de Introdução às Normas do Direito Brasileiro:

"Não se destinando à vigência temporária, a lei terá vigor até que outra a modifique ou revogue. § 1º a lei posterior revoga a anterior quando expressamente o declare, quando seja com ela incompatível ou quando regule inteiramente a matéria de que tratava a lei anterior; § 2º a lei nova que estabeleça disposições gerais ou especiais a par das já existentes, não revoga nem modifica a lei anterior; § 3º salvo disposição em contrário, a lei revogada não se restaura por ter a lei revogadora perdido vigência".

Ante esse dispositivo, a lei processual não perde vigência pelo desuso ou pelo costume.

A lei processual nova abrange os processos pendentes, mas respeita os atos já realizados, bem como os seus efeitos já em plena vigência da lei nova.

Como observa *Jean Vincent*, com toda a propriedade ("Procédure Civile", 22. ed., Paris: Dalloz, 1991, p. 25), a lei processual é de pura forma, e, por isso, não se deve confundir irretroatividade com efeito imediato da norma do processo.

Desse modo, se a lei altera a competência de um órgão da jurisdição, os processos nele pendentes terão de ser imediatamente transferidos para o órgão que recebeu competência para conhecê-los e julgá-los. Nessa hipótese, não se há de falar em princípio da irretroatividade da lei, porque o órgão que se despoja dos processos pendentes não adquiriu o direito de levá-los até final.

Reza o art. 912 da CLT:

"Os dispositivos de caráter imperativo terão aplicação imediata às relações iniciadas, mas não consumadas, antes da vigência desta Consolidação".

Essa norma consona com o art. 1.211 do CPC:

"Este Código regerá o processo civil em todo o território brasileiro. Ao entrar em vigor, suas disposições aplicar-se-ão desde logo aos processos pendentes".

Tanto no processo civil como no trabalhista, prevalece o princípio da não-retroatividade da lei.

Os atos já praticados não são alcançados pela nova lei; esta molda, apenas, os atos futuros que virão integrar a relação processual.

A aplicação dessa norma não se faz de modo pacífico.

Há casos concretos que geram dúvidas. Vejamos alguns deles.

Alterada a organização judiciária, é modificada a competência do Juiz que preside processo em andamento.

Como não há a exigência da identidade física do Juiz, admite-se a transferência do processo a outro magistrado, embora o CPC lhe defira o direito de mandar renovar toda a prova produzida anteriormente.

Diz a Súmula n. 71 do TST que *"a alçada é fixada pelo valor dado à causa na data do seu ajuizamento, desde que não impugnado (em momento oportuno, esclarecemos nós), sendo inalterável no curso do processo".*

Essa orientação jurisprudencial pôs termo à controvérsia sobre a possibilidade de, em processo pendente, poder modificar-se a alçada em decorrência de novo salário mínimo.

O novo valor do salário mínimo em nada afeta a alçada.

O processo iniciado, de rito sumário, mediante valor anterior, não é atingido pela nova lei. O ato praticado anteriormente à instituição do novo nível mínimo de salário tem de ser preservado.

É de toda evidência que a lei afeta a produção da prova, mas não aquela que se produziu segundo os cânones da lei antiga nem a prova pré-constituída.

O novo regramento legal incide sobre a prova que ainda se vai fazer.

A prova *ad solemnitatem* prende-se ao direito material e, por isso, tem de atender às prescrições da lei do tempo em que se realizou o ato.

Em matéria recursal, nosso pensamento é no sentido de que se há de acatar a regência da norma legal vigente na época em que se praticou o ato judicial que se pretende impugnar.

Dessarte, ficam preservados os pressupostos objetivos (condições da admissibilidade) e subjetivos (legitimidade da parte ou sua capacidade). Deve-se, ainda, respeitar as disposições legais imperantes na data da prolação da sentença e atinentes à matéria recursal, o que resguarda o direito de a parte apelar para a instância superior, embora logo depois surja nova lei alterando as respectivas normas.

Há uma disposição transitória da CLT — o art. 915 — que, decorridos muitos anos, conserva sua atualidade:

"Não serão prejudicados os recursos interpostos com apoio em dispositivos alterados ou cujo prazo para interposição esteja em curso à data da vigência desta Consolidação".

Há três sistemas reguladores da aplicação da lei no tempo.

O primeiro parte da premissa de que o processo é uma série de atos intimamente ligados entre si, portanto inseparáveis, o que desaconselha a incidência imediata da nova lei.

O segundo entende que as quatro fases do processo — postulatória, probatória, decisória e recursal — são unidades bem definidas e que não se submetem, cada uma delas, a leis diferentes.

O terceiro e último declara que os atos processuais, embora evoluam na direção de uma sentença, podem ser isolados a fim de permitir a aplicação imediata da lei nova.

Este último sistema é o que teve mais aceitação na doutrina e no direito comparado.

Sobre este ponto, há o magistério de *Amaral Santos*, estribado nas lições de *Carnelutti*, *Chiovenda*, *Ugo Rocco* e outros:

"A lei nova, encontrando um processo em desenvolvimento, respeita a eficácia dos atos processuais já realizados e disciplina o processo a partir da sua vigência. Por outras palavras, a lei nova respeita os atos processuais realizados, bem como os seus efeitos, e se aplica aos que houverem de realizar-se" ("Primeiras Linhas", 1. tomo, 12. ed., 1985, p. 32).

42. Prescrição da Ação

Verdade cediça é dizer-se ser o tempo relevante na vida biológica do homem (infância, adolescência, maturidade, velhice) e, de igual modo, na vida dos direitos. É condição do exercício destes e, ademais disso, marca o momento inicial de uma relação jurídica.

Por derradeiro, pode ser causa de extinção de direitos subjetivos (prescrição) ou resguardar a vida de uma relação jurídica após o decurso do lapso de tempo previsto em lei (usucapião). Aquela é extintiva de direitos, e esta, aquisitiva.

Com *Cunha Gonçalves* ("Tratado de Direito Civil", vol. 3, Coimbra Editora, 1930, p. 633) declaramos ser a prescrição instituto indispensável à estabilidade dos direitos.

De fato, inexistindo esse instituto, a insegurança se espalharia por toda a sociedade. Os devedores, por exemplo, teriam de conservar, indefinidamente, os comprovantes do resgate da dívida contraída.

Remontando às velhas fontes do direito romano, constata-se que a *praescriptio* surgiu no período formulário (de 150 a. C. a 200 d.C.). Era a parte introdutória da fórmula em que o pretor determinava ao Juiz "a absolvição do réu, se extinto estivesse o prazo de duração da ação" (*Aldyr Dias Vianna*, "Da Prescrição no Direito Civil Brasileiro", 1. ed., Forense, 1983, p. 4).

Assim se formou o antecedente mais remoto da prescrição como a conhecemos nos dias atuais.

Com a Lei Ebúcia, teve o pretor sua competência ampliada e, por isso, pôde criar a prescrição de longa prescrição (*praescriptio longi temporis*). Se o titular de um direito não o exerce num certo período, desenha-se a prescrição; se há a inércia do titular para exercer um direito que só pode ser exercido em determinado tempo, temos a caducidade ou a decadência.

Alguns autores sustentam que a prescrição é do direito (*Caio Mário da Silva Pereira*, "Instituições de Direito Civil", 12. ed., Forense, p. 474), enquanto outros defendem a tese de que prescreve, tão somente, o meio de defesa do direito, isto é, a ação judicial. Para estes últimos, portanto, o direito substancial é imprescritível.

Opõe-se a esse entendimento outro grupo de estudiosos em que se destaca *Câmara Leal* com a definição da prescrição como "a extinção de uma ação ajuizável, em virtude da inércia de seu titular durante um certo lapso de tempo, na ausência de causas preclusivas" ("Da Prescrição e da Decadência", Forense, 1978, p. 12).

É este, também, o pensamento do insigne *Clóvis Beviláqua*: *"Prescrição é a perda da ação atribuída a um direito e de toda a sua capacidade defensiva, em consequência do não uso delas, durante um determinado espaço de tempo"* ("Teoria Geral do Direito Civil", 2. ed., Livraria Francisco Alves, 1929, p. 370).

É essa também a nossa opinião: a prescrição só afeta o direito de ação do titular de um direito material. Acrescentamos que semelhante entendimento está mais em harmonia com as origens do instituto, quando significava, a rigor, a perda de um direito devido à inércia do seu titular. Temos, aí, os dois requisitos da prescrição: inércia do titular e decurso do tempo.

Ocorre, portanto, a prescrição ou o despojamento, de um direito, de sua capacidade de defender-se, quando esta não se exerce no espaço de tempo previsto em lei.

Não é o direito que enfraquece e morre com a prescrição, pois ele se conserva íntegro a despeito do perpassar do tempo; é a sua capacidade de defender-se de eventual agravo que a prescrição atinge.

É usual dizer que a prescrição se inicia com o direito de ação nascido da lesão ou ofensa a um direito subjetivo.

Todavia, não é sempre assim que acontece.

Para ilustrar essa assertiva, há a hipótese do art. 327 do Código Civil: o devedor não se recusa a pagar e o credor não o procura em seu domicílio para receber. Escoado o tempo de prescrição, desaparece a possibilidade de o credor exigir do devedor o pagamento da dívida.

Por essa razão é predominante, na doutrina, a tese de que a prescrição começa com o surgimento da pretensão.

O Código Civil alemão, no art. 194, deu acolhida a esse entendimento:

"O direito de exigir de outro uma ação ou omissão (pretensão) se extingue por prescrição".

Depois dessas considerações preliminares sobre o instituto da prescrição, enfocaremos a questão do momento inicial da prescrição.

Na dicção de *Câmara Leal* "exercitar a ação ignorando a violação que lhe dá origem é racionalmente impossível, e antijurídico seria responsabilizar o titular de uma inércia que não lhe pode ser imputada" (*apud Délio Maranhão*, "Instituições de Direito do Trabalho", 16. ed., vol. 2, LTr Edit., 1996, p. 1.384).

O Código Civil brasileiro não cogitou dessa hipótese impeditiva da prescrição. Trata-se de uma criação doutrinária que demonstra não ser exaustiva a relação das causas impeditivas da prescrição encerrada nos arts. 197 a 205 daquele Código.

Neste passo, cabe-nos observar que a CLT é omissa no tocante às causas impeditivas, suspensivas ou interruptivas da prescrição.

Com fundamento no que acabamos de expor, deduzimos que a prescrição não flui se a lesão ao direito do empregado se materializa quando afastado do serviço por motivo de doença ou acidente do trabalho.

Reza o inciso XXIX do art. 7º da Constituição Federal:

"São direitos dos trabalhadores urbanos e rurais, além de outros que visem à melhoria de sua condição social: I — omissis; XXIX — "ação, quanto aos créditos resultantes das relações de trabalho, com prazo prescricional de cinco anos para os trabalhadores urbanos e rurais, até o limite de dois anos após a extinção do contrato de trabalho" (Emenda Constitucional n. 28/00).

Esse preceito constitucional, em sua primitiva redação, estabelecia prazos diferentes para as ações propostas pelos trabalhadores urbanos e rurais.

In casu, tal tratamento diferenciado a situações jurídicas idênticas, ofendia a garantia fundamental da igualdade de todos perante a lei. Andou bem, portanto, o constituinte derivado ao dar novo texto àquele inciso do art. 7º da *Lex Legum*.

O direito patrimonial do trabalhador urbano ou rural torna-se judicialmente indefeso se ele, no curso da prestação de serviços deixar transcorrer o quinquênio ou, após a dissolução do contrato, se mantiver inerte durante dois anos, na vigência do contrato de trabalho, deixar passar cinco anos sem ir ao Judiciário pedir o que julga ser seu. E, se a lesão ao seu direito consumar-se um ou dois anos antes da extinção do seu contrato de trabalho, seu direito de ação ficará mantido por mais dois anos apenas após o seu desligamento da empresa.

Na Justiça do Trabalho, a distribuição da reclamatória interrompe a prescrição (v. art. 219 do CPC).

É de aplicação subsidiária ao processo trabalhista o art. 202 do Código Civil, que relaciona os casos de interrupção do prazo prescricional.

O TST editou a Súmula n. 268, que cuida da interrupção da prescrição, mesmo quando a ação trabalhista é arquivada, verbis: *"Prescrição. Interrupção. Ação trabalhista arquivada. A ação trabalhista, ainda que arquivada, interrompe a prescrição somente em relação aos pedidos idênticos".*

Indagação curiosa que poderá surgir da aplicação dessa Súmula n. 268 é a seguinte: **na hipótese do sindicato ser considerado parte ilegítima, haverá a interrupção da prescrição?**

Enfrentando essa questão, o TST editou a Orientação Jurisprudencial SDI-1 n. 359 nestes termos: *"Substituição Processual. Sindicato. Legitimidade. Prescrição. Interrupção. A ação movida por sindicato, na qualidade de substituto processual, interrompe a prescrição, ainda que tenha sido considerado parte ilegítima ad causam".*

Essa Orientação Jurisprudencial está em perfeita sintonia com os termos dessa Súmula, pois ela fixa o entendimento de que *"a ação trabalhista, ainda que arquivada, interrompe a prescrição somente em relação aos pedidos idênticos".*

Assim, a ilação que se extrai dessa Súmula é que, ocorrendo o arquivamento, fica interrompida a prescrição quando existir pedidos idênticos, sendo irrelevante, portanto, que tenha sido a ação ajuizada por sindicato, como substituto processual, extinta sem julgamento do mérito, ainda que por falta de legitimidade ativa.

Não corre a prescrição contra os menores de 18 anos (art. 440, da CLT)

Também, de acordo com o Código Civil de 2002, não corre a prescrição contra os tutelados ou curatelados e seus tutores ou curadores, durante a tutela ou curatela (art. 197, III), os que, por enfermidade ou deficiência mental, não tiverem o necessário discernimento para a prática desses atos e os que, mesmo por causa transitória, não puderem exprimir sua vontade (art. 198, I, c/c art. 3º)

Já os relativamente incapazes, como definidos no art. 4º do CC/02, e as pessoas jurídicas têm ação contra os seus assistentes ou representantes legais, que derem causa à prescrição, ou não a alegarem oportunamente (art. 195, do Código Civil de 2002).

O processo arquivado (absolvição de instância) anula os efeitos que produziu no prazo prescricional. De acordo com Súmula n. 268 do TST e artigo 202, I, do Código Civil, o ajuizamento de reclamatória anterior, ainda que arquivada, interrompe o curso da prescrição bienal do direito de ação, havendo novo curso da prescrição que, se inicia a partir da decisão que determinou o arquivamento dos autos. Contudo, se a ação foi ajuizada após expirado o novo prazo, impõe-se o reconhecimento da prescrição bienal do direito de ação.

O prazo prescricional começa a fluir no dia em que nasce o direito de ação, ressalvada a hipótese apreciada na parte inicial deste item (lesão ao direito durante o afastamento do empregado por motivo de doença, acidente do trabalho ou no curso de licença não remunerada).

Há as seguintes Súmulas em vigor do TST sobre prescrição:

Súmula n. 114. "*Prescrição Intercorrente. É inaplicável na Justiça do Trabalho a prescrição intercorrente*".

Nota: Está essa Súmula em aberta contrariedade com a Súmula n. 327 do Supremo Tribunal Federal: "*O direito trabalhista admite a prescrição intercorrente*".

Além dessas duas posições — as do STF e do TST — existe uma terceira: a que admite a prescrição intercorrente nos processos em que o empregado se faz representar por advogado regularmente constituído; deve ser ela rejeitada quando o empregado comparece em Juízo desacompanhado desse profissional.

Em favor desse entendimento há o acórdão proferido pela 5ª Turma do Tribunal Superior do Trabalho, no julgamento do Recurso de Revista n. 153542/94.5 (*in DJU* de 16.2.96, p. 3.264), de cuja ementa extraímos o seguinte trecho: "*A prescrição intercorrente é inaplicável na Justiça do Trabalho quando desacompanhado o Reclamante de advogado ou, então, naqueles casos em que a paralisação do processo se dá por motivo de desídia do juízo na efetivação de diligência a seu cargo, tendo em vista o art. 765, da CLT, que consagra o princípio do inquisitório, podendo o Juiz, até mesmo, instaurar execuções de ofício a teor do art. 878 da CLT*".

Temos, aí, uma posição conciliadora ante os dois polos: o que aceita a prescrição no curso do processo e aquele que a rejeita.

Deflui do precitado aresto turmário do TST que o magistrado deve apreciar, em cada caso concreto, se há ou não a responsabilidade da parte pela demorada paralisação do processo.

Passando em revista as diferentes opiniões sobre a prescrição intercorrente, isto é, aquela que ocorre no curso da ação devido à inércia da parte, nota-se que os defensores da tese da inaplicabilidade dessa espécie de prescrição ao processo do trabalho não mencionam os fundamentos legais de sua posição.

Ao revés, tais fundamentos existem para os que se opõem ao entendimento cristalizado na Súmula n. 114 do Tribunal Superior do Trabalho.

Senão, vejamos.

Afora o prescrito no art. 440 ("*Contra os menores de 18 anos não corre nenhum prazo de prescrição*") e no § 2º do art. 884 ("*A matéria de defesa (do executado) será restrita às alegações de cumprimento da decisão ou do acordo, quitação ou prescrição da dívida*"), ambos da CLT, nesta não se alberga outra disposição sobre a matéria.

Dividimos o enfoque do assunto em dois tempos: no primeiro cuidaremos do processo de conhecimento, e, no segundo, da execução da sentença.

O trabalhador que reclama contra o empregador pode estar em juízo sozinho ou assistido por advogado. Na primeira hipótese, vai caber ao Juiz o desenvolvimento regular do processo (art. 765 da CLT), e, na segunda, transfere-se o ônus ao advogado.

Se, por desídia do juiz ou do advogado, o processo ficar paralisado por prazo superior a dois anos (se já extinto o contrato de trabalho) ou a cinco anos, na vigência desse contrato, é irrefutável o direito de o trabalhador exigir da União (se a responsabilidade for do juiz) ou do advogado, na justiça comum, o ressarcimento dos prejuízos provocados pela prescrição do seu direito de ação.

Nosso entendimento tem como fundamento o art. 202, parágrafo único, do Código Civil: "*A prescrição interrompida (com o ajuizamento da ação) recomeça a correr da data do ato que a interrompeu, ou do último ato do processo para a interromper*".

Não vacilamos em afirmar que essa norma é aplicável ao processo do trabalho.

Assim, fica evitada a perpetuidade da ação, o que se harmoniza com o princípio geral de que não há obrigações patrimoniais imprescritíveis.

No processo de conhecimento, portanto, incide a prescrição intercorrente.

Tratemos, agora, da prescrição na execução trabalhista.

No processo comum, é acatado, sem tergiversações, o princípio de que o prazo de prescrição do processo executório é o mesmo da ação principal, princípio que encontrou consagração na Súmula n. 150 do Supremo Tribunal Federal: *"Prescreve a execução no mesmo prazo de prescrição da ação".*

Tal princípio nos autoriza a dizer que nossas considerações, feitas há pouco em torno do processo, cujo término é coroado pela sentença condenatória, também se aplicam à execução trabalhista. Ficou bem ressaltado que a prescrição pode decorrer da omissão, negligência ou desídia do juiz, do advogado ou da própria parte, conforme o caso.

Todavia, há duas situações em que as normas legais acima citadas não incidem. A primeira é referente à não localização do devedor e a segunda ao fato de não terem sido encontrados bens sobre os quais possa recair a penhora, e, nesses casos, não correrá o prazo de prescrição.

Essa matéria é objeto do art. 40 da Lei n. 6.830/80.

A obscuridade de seu texto e sua colisão com outras normas legais, até de hierarquia superior, têm originado toda a sorte de interpretações.

Duas delas, porém, merecem nossa atenção toda especial.

A primeira sustenta que, a qualquer tempo, prossegue a execução, se localizado o devedor ou encontrados seus bens penhoráveis.

Trata-se de tese estribada em interpretação literal do dispositivo referenciado e dissociada de outras prescrições da mesma Lei n. 6.830.

De feito, o art. 8º, § 2º, reza que o despacho do juiz, ordenando a citação do devedor, interrompe a prescrição. Assim, esta retoma seu curso após a prática desse ato processual.

Contraditoriamente, o questionado art. 40 informa que o juiz suspenderá a execução se o devedor não for localizado. Ora, esta já estava suspensa desde o despacho de citação já mencionado.

De outra parte, a citação do executado, em qualquer hipótese, aperfeiçoa-se por edital.

Se não encontrados bens penhoráveis, é suspensa a execução e abre-se vista ao Ministério Público para que determine as providências que julgar cabíveis.

Decorrido um ano sem localizar-se o devedor ou sem encontrar bens penhoráveis, é o processo arquivado.

A partir daí, reinicia-se a fluência do prazo restante da prescrição.

Esta a única interpretação do art. 40 da Lei de Execução Fiscal, aplicável ao processo trabalhista, que se afina com as tradições da nossa processualística.

A suspensão por tempo indefinido do processo executório trabalhista, com fundamento no precitado dispositivo, conflita com o assentado no art. 174 do Código Tributário Nacional: *o crédito tributário, depois de constituído, prescreve em cinco anos.*

Situa-se nessa linha de opinião o acórdão proferido pela 1ª Turma do Supremo Tribunal Federal, no julgamento do Recurso Extraordinário n. 106.217, de 8.8.86 (*in* RTJ 119/329), cuja ementa é a seguinte: "A interpretação dada pelo acórdão recorrido ao art. 40 da Lei n. 6.830/80, recusando a suspensão da prescrição por tempo indefinido, é a única susceptível de torná-lo compatível com a norma do art. 174 do Código Tributário Nacional, a cujas disposições gerais é reconhecida a hierarquia da lei complementar".

Decorrentemente do juízo estampado nesse aresto, a Lei n. 6.830/80 tem de curvar-se ao que prescreve uma lei complementar.

Escusado dizer que nos enfileiramos ao lado daqueles que negam a suspensão da execução por tempo indefinido. No mesmo passo, consideramos a execução trabalhista uma ação autônoma, o que leva à conclusão de nesta se admitir a prescrição intercorrente.

Quanto ao momento da alegação da prescrição, esclarece o TST em sua Súmula que ela não é conhecida caso não seja arguida na instância ordinária, como se infere da leitura de sua Súmula n. 153: *"Não se conhece de prescrição não arguida na instância ordinária".*

Embutida nessa Súmula está a indagação se o juiz deve conhecer, ou não, de ofício a prescrição não invocada pela parte. Estava ela em sintonia com a norma do art. 166, do Código Civil de 1916: *"O juiz não pode conhecer da prescrição de direitos patrimoniais se não foi invocada pelas partes".* Esse dispositivo não tem correspondente no Código Civil de 2002.

Havia, no mesmo sentido, o art. 219, § 5º, combinado com o art. 218, ambos do CPC. Aí era repetido que o juiz ficava impedido de conhecer a prescrição se não foi invocada pelas partes. Porém, a Lei n. 11.280/2006, deu nova redação ao § 5º, do art. 219, do CPC, onde ficou consignado que *"o juiz pronunciará, de ofício, a prescrição"*, o que implica dizer que o juiz tem a obrigação de invocá-la. Até o próprio TRT pode invocá-la. Entendemos que o TST, contudo, não pode invocá-la, posto que em sede de recurso de revista só se discute questão de direito e não questão de fato, como é o caso da prescrição.

Bem se sabe que essa nova lei teve em mira o interesse público na mais célere solução dos litígios. Não cumprindo o juiz com sua obrigação de pronunciar a prescrição, incumbe à parte invocá-la na forma da Súmula n. 153, do TST. E se esta não a invocou, incumbe ao Tribunal Regional decretar a prescrição.

Comentando essa alteração da redação do § 5º, do art. 219, do CPC, afirma *Nelson Nery Jr.* que a prescrição é sempre de ordem patrimonial, e, pelo novo sistema da Lei n. 11.280/06, o juiz deve pronunciá-la de ofício. A norma é imperativa e não confere faculdade ao juiz para reconhecer a prescrição de ofício, mas o obriga a pronunciá-la *ex officio* (cf. "CPC Comentado e Legislação Extravagante, 9. ed., Revista dos Tribunais, 2006", p. 408, nota 17).

Com essa nova redação do art. 219, § 5º, do CPC, foi revogado o art. 194, do Código Civil de 2002, que proibia o juiz de reconhecer de ofício a prescrição, salvo quando se tratasse de favorecer incapaz. Agora o juiz deve reconhecê-la de ofício independente de quem será o prejudicado ou beneficiado por esse reconhecimento (cf. ob. cit., nota 17, p. 408, *Nelson Nery Jr.*). Com isso, foi revogado tacitamente o art. 193, do Código Civil: *"A prescrição pode ser alegada em qualquer grau de jurisdição, pela parte a quem aproveita"*. Isso porque, com a nova redação desse § 5º, do art. 219, o Juiz também tem o direito e obrigação de invocar a prescrição.

Tendo em vista a nova regra de reconhecimento judicial de prescrição encartada no citado § 5º, do art. 219, do CPC, transformando essa matéria, nessa parte, em questão de ordem pública, o juiz deve proclamar a prescrição contra qualquer pessoa, mesmo que seja revel e mesmo ainda contra o poder público em todas as suas manifestações (União, Estados, Municípios, Distrito Federal, autarquias, empresas públicas, fundações públicas e sociedades de economia mista federais, estaduais, distritais e municipais). E mais. Passando a prescrição a ter essa natureza de ordem pública, poderá ela ser pronunciada a qualquer momento ou grau de jurisdição. Se não foi invocada nas instâncias ordinárias, deverá ser ela invocada pelo juiz no TRT. Já no TST, não poderá ser ela decretada *ex officio* em virtude de ser a prescrição matéria de fato, que não pode ser examinada em sede de recurso de revista.

Entendemos, assim, que essa norma contida no § 5º, do art. 219, do CPC, é plenamente aplicável ao processo do trabalho. Nesse mesmo sentido, merece ser lido o substancioso artigo de autoria de *José Augusto Rodrigues Pinto* (*Revista LTr* 70-04/394) e de Francisco Antonio de Oliveira (*Revista LTr* 70-12/11421).

Se o juiz não cumprir com sua obrigação insculpida no enfocado dispositivo processual, claro está que se admitirá que a parte faça a arguição da prescrição no recurso ordinário ao Tribunal Regional do Trabalho, pois, aí, ainda se encontra o processo em instância ordinária, como diz a Súmula n. 153, do TST.

Ainda nessa hipótese de descumprimento da regra contida no art. 219, § 5º, do CPC, é defeso ao Reclamado fazer essa arguição no recurso de revista e nos embargos para o Pleno da SDI do TST, pois, no caso, se está em presença da instância extraordinária, onde se discute matéria de direito. E, como a prescrição é matéria de fato, claro está que ela aí não pode ser debatida.

Dessa assertiva surge a seguinte questão de relevo: é possível invocar a prescrição em sede de recurso extraordinário, de recurso especial, ou em sede de recurso de revista, já que esse artigo 193 assegura a possibilidade da parte invocar a prescrição em qualquer grau de jurisdição?

Entendemos que inexiste a possibilidade de se invocar a prescrição na sede desses recursos, posto que eles tem pressupostos voltados para a tutela das normas federais, constitucionais e ordinárias. Por meio deles, não se discute questões fáticas, mas apenas as questões de direito. E dentre estas questões, não figuram toda e qualquer *quaestio iuris*, já que esses recursos extremos só se ocupam daquelas examinadas e solucionadas no decisório impugnado.

Por ser a prescrição uma *quaestio facti*, não pode ser examinada em recurso de revista ou em recurso extraordinário. Claro está que não poderá ela ser examinada em sede de embargos, declaratórios ou de divergência, apresentados contra acórdão proferido nesses recursos.

Com relação à impossibilidade de se invocar a matéria em recurso extraordinário, merecem ser citadas as palavras lúcidas de *Humberto Theodoro Júnior* no sentido de que *"a exceção de prescrição não pode ser suscitada originariamente no recurso extraordinário e no especial, em primeiro lugar, porque não se pode examinar a questão sem a análise de seu suporte fático (inércia do titular do direito não exercido da respectiva pretensão e decurso de tempo); a prescrição é, basicamente, uma quaestio facti, e não uma quaestio iuris. Em segundo lugar por representar uma inovação objetiva da causa, feita após julgamento recorrido, o que atenta contra o requisito recursal do prequestionamento. Se nem mesmo o exame da ofensa à Constituição dispensa o requisito do prequestionamento com maior força o princípio haverá de ser observado na arguição de prescrição"* (cf. p. 206, s/ob "Comentários ao Novo Código Civil", art. 185 a 232, vol. III, tomo II, Forense, 2003).

Esse renomado autor patrício colaciona inúmeros julgados, que, por sua relevância, merecem ser transcritos:

1) "A versão fática do acórdão é imodificável na instância extraordinária" (STF, 2ª T., Ag 147.019/CE, Rel. Ministro Carlos Velloso, Ac. 13/104/1993, RTJ 152/612);

2) "É inadmissível o recurso extraordinário, quando não ventilada, na decisão recorrida, a questão federal suscitada" (Súmula n. 282, do STF).

3) "Prescrição não arguida nas instâncias ordinárias não pode ser considerada no grau extraordinário" (STJ, 2ª T. RESP 5.068, DJU 22.3.93, 4.524);

4) "No que toca à alegada prescrição da ação petitória de herança, é de ver que a suscitação da *quaestio iuris* originariamente, em embargos declaratórios, não propicia o recurso extraordinário, à míngua do prequestionamento" (STF, 2ª T., RE 104.893, Rel. Min. Djaci Falcão, Ac. 15.12.1987, DJU 17.6.1988, p. 15.255).

E quanto ao recurso de revista, por estabelecer a CLT, taxativamente, as matérias de índole jurídica que podem ser examinadas no recurso de revista, delas não constando a prescrição, que é matéria fática, como salientado acima, não pode a regra do art. 193 do Código Civil de 2002 ser aqui aplicada subsidiariamente, caso se entenda que ela não tenha sido revogada tacitamente pela nova redação do art. 219, § 5º, desse mesmo diploma legal. Assim, não pode ser invocada a prescrição em recurso de revista. Não pode, também, o TST decretá-la.

Há quem se oponha à arguição, pelo Ministério Público do Trabalho, da prescrição do direito de ação em favor de pessoa jurídica de direito público interno. Baseia-se esse entendimento nos arts. 193 e 194 do Código Civil: a prescrição de direitos patrimoniais só pode ser decretada a pedido da parte. Porém, como já dissemos anteriormente, esses dispositivos foram revogados com a Lei n. 11.280/2006, que deu nova redação ao art. 219, § 5º, do CPC: "*o juiz pronunciará, de ofício, a prescrição*".

E mais.

Entendemos que o Ministério Público do Trabalho tem legitimidade de invocar a prescrição da ação, porque a Lei Complementar n. 75, de 20 de maio de 1993, no art. 83, estabelece que ele, ainda que na condição de fiscal da lei, está autorizado a "*manifestar-se em qualquer fase do processo trabalhista, acolhendo solicitação do juiz ou por sua iniciativa, quando entender existente interesse público que justifique a intervenção*".

Mais robusta fica essa posição com o inciso VI do mesmo art. 83, há pouco citado, porque autoriza aquele ramo do Ministério Público "*a recorrer das decisões da Justiça do Trabalho quando entender necessário, tanto nos processos em que for parte, como naqueles em que oficiar como fiscal da lei*".

Contra esse nosso pensamento, contudo, o TST editou a Orientação Jurisprudencial n. 130: "*Prescrição. Ministério Público. Arguição. Custos legis. Ilegitimidade*".. Ao exarar o parecer na remessa de ofício, na qualidade de *custos legis*, o Ministério Público não tem legitimidade para arguir a prescrição em favor de entidade de direito público, em matéria de direito patrimonial (arts. 194 do CC de 2002 e 219, § 5º, do CPC)".

Observe-se que essa Orientação Jurisprudencial se fundamentou na antiga redação do § 5º, do art. 219, do CPC, que estabelecia a vedação ao juiz em conhecer de prescrição não invocada pelas partes. Tendo esse dispositivo legal recebido nova redação com a Lei n. 11.280/06, o juiz passou a ter a obrigação de conhecer a prescrição de ofício contra qualquer pessoa ou a seu favor. Se atualmente existe essa obrigação ao juiz, não sendo ela cumprida, deve o Ministério Público corrigir essa omissão, invocando, assim, a prescrição, por força do disposto no art. 83 de sua Lei Complementar n. 75/1993.

É bem de ver que o novo prazo prescricional inscrito no art. 7º, XXIX, da Constituição não afeta as situações já atingidas pela prescrição bienal.

O prazo prescricional tem início no instante em que o direito é lesado ou no momento em que o titular desse direito toma ciência da lesão.

Ocorre a prescrição, isto é, o despojamento de um direito de sua capacidade de defender-se, quando esta não se exerce depois de certo lapso de tempo previsto em lei pertinente. Como se vê, não é o direito que enfraquece e morre com a prescrição, pois pode ele conservar-se íntegro com o passar do tempo; é a sua capacidade de defender-se contra eventual agravo que a prescrição afeta. A certeza das relações jurídicas e a ordem social exigem a temporalidade do direito subjetivo e, de consequência, obrigam seu titular a exercê-lo num determinado espaço de tempo.

O objeto da prescrição não são todos os direitos, mas apenas os patrimoniais e alienáveis.

A renúncia da prescrição — reza o art. 191 do Código Civil de 2002 — pode ser expressa ou tácita e só valerá sendo feita, sem prejuízo de terceiro, depois que a prescrição se consumar. Tácita é a renúncia quando se presume de fatos do interessado, incompatíveis com a prescrição.

A produção do efeito extintivo ou liberatório da prescrição não exige, como pressuposto, a boa-fé, como acontece no usucapião (este faz nascer direitos e aquela é causa extintiva de ação em defesa de um direito); ocorre a prescrição com o simples transcorrer do tempo.

Com a nova redação do art. 219, § 5º, do Código Civil, entendemos que o art. 191, que trata da renúncia, está tacitamente revogado também. Isso porque, como já salientamos, o Juiz deverá invocar a prescrição em qualquer grau de jurisdição.

Esta Consolidação, ao contrário do atual Código Civil, não estabeleceu uma distinção entre prescrição e decadência. A primeira afeta o modo pelo qual um direito, quando atacado, pode defender-se; a segunda, é efeito da inércia do titular de um direito que tem certo prazo para agir e não o faz, provocando a caducidade desse direito. (Sobre a decadência ver arts. 207 *usque* 211; sobre a prescrição ver arts. 189 *usque* 206, todos do Código Civil de 2002). A prescrição atinge diretamente a própria ação. A decadência atinge o direito material.

É fatal o prazo de decadência. Extingue-se na hora preestabelecida. Esse prazo — que se qualifica também de extintivo de direito — não se interrompe nem se suspende, seja qual for a razão ou motivo invocados, salvo disposição legal em contrário, conforme artigo 207 do Código Civil de 2002.

É a renúncia o modo pelo qual se extinguem direitos disponíveis. Consoante o Código Civil, é renunciável a prescrição só depois de consumar-se. Ensina *Clóvis Bevilacqua* ("Código Civil Comentado", tomo I, p. 351, 1956, Ed. Francisco Alves): "*A renúncia da prescrição consumada, para ser válida, deve ser feita por pessoa capaz e não há de prejudicar direito de terceiro*". Este o pensamento de todos aqueles que interpretaram o nosso Código Civil. Dessa regra se infere que o empresário em recuperação judicial está impossibilitado de renunciar à prescrição consumada porque, exonerado de uma prescrição, seu patrimônio aumentou. É evidente que, no caso, a garantia com que contam os credores ficará diminuída pela renúncia. Em se tratando de solidariedade passiva de empresas, a renúncia da prescrição, nos termos apontados, de um dos devedores solidários, não é oponível aos demais devedores.

Todavia, com a nova redação do art. 219, § 5º, do Código Civil, toda essa discussão acerca da renúncia e da prescrição ficou afastada, posto que foi criada a obrigação ao Juiz de sempre invocá-la em qualquer grau de jurisdição até o TRT.

42.1. Súmulas e Orientações do STF, do STJ e do TST sobre a prescrição

42.1.1. Súmulas do STF

Súmula Vinculante n. 8 — São inconstitucionais o parágrafo único do art. 5º do Decreto-lei n. 1.569/77 e os arts. 45 e 46 da Lei n. 8.212/91, que tratam de prescrição e decadência de crédito tributário.

Súmula n. 150 — Prescreve a execução no mesmo prazo de prescrição da ação.

Súmula n. 154 — Simples vistoria não interrompe a prescrição.

Súmula n. 230 — A prescrição da ação de acidente do Trabalho conta-se do exame pericial que comprovar a enfermidade ou verificar a natureza da incapacidade.

Súmula n. 264 — Verifica-se a prescrição intercorrente pela paralisação da ação rescisória por mais de cinco anos.

Súmula n. 327 — **Prescrição intercorrente**. O direito trabalhista admite a prescrição intercorrente.

Súmula n. 349 — A prescrição atinge somente as prestações de mais de dois anos, reclamadas com fundamento em decisão normativa da justiça do Trabalho, ou em convenção coletiva de trabalho, quando não estiver em causa a própria validade de tais atos.

Súmula n. 443 — A prescrição das prestações anteriores ao período previsto em lei não ocorre, quando não tiver sido negado, antes daquele prazo, o próprio direito reclamado, ou a situação jurídica de que ele resulta.

42.1.2. Súmulas do STJ

Súmula n. 85 — Nas relações jurídicas de trato sucessivo em que a Fazenda Pública figure como devedora, quando não tiver sido negado o próprio direito reclamado, a Prescrição atinge apenas as prestações vencidas antes do quinquênio anterior à propositura da ação.

Súmula n. 106 — Proposta a ação no prazo fixado para o seu exercício, a demora na citação, por motivos inerentes ao mecanismo da justiça, não justifica o acolhimento da arguição de prescrição ou decadência.

Súmula n. 210 — **A ação de cobrança das contribuições para o FGTS prescreve em trinta (30) anos.**

Súmula n. 278 — **Prescrição. Termo Inicial na Ação de Indenização de Segurado Previdenciário. Ciência Inequívoca da Incapacidade Laboral.** O termo inicial do prazo prescricional, na ação de indenização, é a data em que o segurado teve ciência inequívoca da incapacidade laboral.

Súmula n. 291 — A ação de cobrança de parcelas de complementação de aposentadoria pela previdência privada prescreve em cinco anos.

Súmula n. 314 — Em execução fiscal, não localizados bens penhoráveis, suspende-se o processo por um ano, findo o qual se inicia o prazo da prescrição quinquenal intercorrente.

Súmula n. 398 — A prescrição da ação para pleitear os juros progressivos sobre os saldos de conta vinculada do FGTS não atinge o fundo de direito, limitando-se às parcelas vencidas.

Súmula n. 409 — Em execução fiscal, a prescrição ocorrida antes da propositura da ação pode ser decretada de ofício (art. 219, § 5º, do CPC).

Súmula n. 427 — A ação de cobrança de diferenças de valores de complementação de aposentadoria prescreve em cinco anos contados da data do pagamento.

42.1.3. Súmulas do TST

Elencamos estas outras Súmulas do TST sobre a prescrição:

Súmula n. 6 — Equiparação salarial. Art. 461 da CLT. ... IX — Na ação de equiparação salarial, a prescrição é parcial e só alcança as diferenças salariais vencidas no período de 5 (cinco) anos que precedeu o ajuizamento....

Nota: A sucessividade da obrigação de pagar o salário explica o conteúdo desse item da Súmula *supra*.

Súmula n. 114 — Prescrição intercorrente. É inaplicável na Justiça do Trabalho a prescrição intercorrente.

Súmula n. 153 — Prescrição. Não se conhece de prescrição não arguida na instância ordinária.

Súmula n. 156 — Prescrição. Prazo. Da extinção do último contrato começa a fluir o prazo prescricional do direito de ação em que se objetiva a soma de períodos descontínuos de trabalho.

Súmula n. 199 — Bancário. Pré-contratação de horas extras. ... II — Em se tratando de horas extras pré-contratadas, opera-se a prescrição total se a ação não for ajuizada no prazo de cinco anos, a partir da data em que foram suprimidas.

Súmula n. 206 — FGTS. Incidência sobre parcelas prescritas. A prescrição da pretensão relativa às parcelas remuneratórias alcança o respectivo recolhimento da contribuição para o FGTS.

A rigor, a Súmula n. 206 tornava sem efeito a de n. 95, que foi definitivamente cancelada com a revisão geral das Súmulas feita pelo TST em 2003. Nesse particular, decidiu com acerto o TST. Se o principal — que é a verba remuneratória — prescreveu, o acessório — que é a contribuição ao FGTS — também o está.

Em favor dessa tese, há um outro argumento. O Código Tributário Nacional fixa o prazo de cinco anos para a cobrança de crédito fiscal. E, a nosso ver, a contribuição ao FGTS é de índole tributária.

Reunindo as duas ordens de argumentos, concluímos que prescreve a contribuição em causa em duas hipóteses: a) na vigência do contrato de trabalho, cinco anos após cada inadimplência mensal; b) dois anos após a dissolução do contrato de trabalho.

Súmula n. 268 — Prescrição. Interrupção. Ação trabalhista arquivada. A ação trabalhista, ainda que arquivada, interrompe a prescrição somente em relação aos pedidos idênticos.

Nota: Examinando-se essa Súmula sob a luz do disposto no art. 268, parágrafo único do CPC, e que trata da perempção, arquivada por três vezes a mesma ação ficava o autor impedido de renová-la, sendo-lhe facultado, apenas alegar a prescrição em defesa. Contudo, o art. 202 do Código Civil de 2002, diz, expressamente, que a interrupção da prescrição somente poderá ocorrer uma única vez.

Assim, analisando-se os dois artigos em conjunto, verifica-se que é facultado ao autor ajuizar por mais duas vezes a mesma ação, desde que ela esteja dentro do lapso prescricional relativamente à primeira interrupção ocorrida com o primeiro ajuizamento da ação.

Interpretar aquela Súmula sem as restrições apontadas pelo Código Civil e pelo Código de Processo Civil é dar ao interessado a possibilidade de renovar a ação indefinidamente. Repita-se: a prescrição só pode ser interrompida uma única vez com o ajuizamento da ação.

Súmula n. 275 — Prescrição. Desvio de função e reenquadramento. I — Na ação que objetive corrigir desvio funcional, a prescrição só alcança as diferenças salariais vencidas no período de 5 (cinco) anos que precedeu o ajuizamento. II — Em se tratando de pedido de reenquadramento, a prescrição é total, contada da data do enquadramento do empregado.

Súmula n. 294 — Prescrição. Alteração contratual. Trabalhador urbano. Tratando-se de ação que envolva pedido de prestações sucessivas decorrente de alteração do pactuado, a prescrição é total, exceto quando o direito à parcela esteja também assegurado por preceito de lei.

Nota: O TST alterou seu posicionamento diante das prestações sucessivas, cancelando as Súmulas ns. 168 e 198, respectivamente em 1982 e 1989.

Anteriormente, a prescrição era parcial, abrangendo apenas as prestações que se situassem fora do prazo prescricional e tivessem elas o respaldo de um pacto ou de uma lei.

Agora, pela Súmula acima transcrita, tal espécie de prescrição só envolve as prestações sucessivas que se originarem da lei.

É despiciendo dizer que uma obrigação não pode ser eterna. É da sua essência a transitoriedade.

Se, porém, essa obrigação sucessiva se alicerçar numa lei, a prescrição será sempre parcial.

Súmula n. 308 — Prescrição quinquenal. I. Respeitado o biênio subsequente à cessação contratual, a prescrição da ação trabalhista concerne às pretensões imediatamente anteriores a cinco anos, contados da data do ajuizamento da reclamação e, não, às anteriores ao quinquênio da data da extinção do contrato. II. A norma constitucional que ampliou o prazo de prescrição da ação trabalhista para 5 (cinco) anos é de aplicação imediata e não atinge pretensões já alcançadas pela prescrição bienal quando da promulgação da CF/1988.

Súmula n. 326 — Complementação de aposentadoria. Prescrição total. A pretensão à complementação de aposentadoria jamais recebida prescreve em 2 (dois) anos contados da cessação do contrato de trabalho.

Súmula n. 327 — Complementação de aposentadoria. Diferenças. Prescrição parcial. A pretensão a diferenças de complementação de aposentadoria sujeita-se à prescrição parcial e quinquenal, salvo se o pretenso direito decorrer de verbas não recebidas no curso da relação de emprego e já alcançadas pela prescrição, à época da propositura da ação.

Súmula n. 350 — Prescrição. Termo inicial. Ação de cumprimento. Sentença normativa. O prazo de prescrição com relação à ação de cumprimento de decisão normativa flui apenas da data de seu trânsito em julgado.

Súmula n. 362 — FGTS. Prescrição. É trintenária a prescrição do direito de reclamar contra o não-recolhimento da contribuição para o FGTS, observado o prazo de 2 (dois) anos após o término do contrato de trabalho.

Súmula n. 373 — Gratificação semestral. Congelamento. Prescrição parcial. Tratando-se de pedido de diferença de gratificação semestral que teve seu valor congelado, a prescrição aplicável é a parcial.

Súmula n. 382 — Mudança de regime celetista para estatutário. Extinção do contrato. Prescrição bienal. A transferência do regime jurídico de celetista para estatutário implica extinção do contrato de trabalho, fluindo o prazo da prescrição bienal a partir da mudança de regime.

Súmula n. 409 — Ação rescisória. Prazo prescricional. Total ou parcial. Violação do art. 7º, XXIX, da CF/88. Matéria infraconstitucional. Não procede ação rescisória calcada em violação do art. 7º, XXIX, da CF/88 quando a questão envolve discussão sobre a espécie de prazo prescricional aplicável aos créditos trabalhistas, se total ou parcial, porque a matéria tem índole infraconstitucional, construída, na Justiça do Trabalho, no plano jurisprudencial.

42.1.4. Orientações Jurisprudências da SDI-1, do TST

Orientação Jurisprudencial n. 38 — Empregado que exerce atividade rural. Empresa de reflorestamento. Prescrição própria do rurícola. (Lei n. 5.889/73, art. 10 e Decreto n. 73.626/74, art. 2º, § 4º). O empregado que trabalha em empresa de reflorestamento, cuja atividade está diretamente ligada ao manuseio da terra e de matéria-prima, é rurícola e não industriário, nos termos do Decreto n. 73.626, de 12.02.1974, art. 2º, § 4º, pouco importando que o fruto de seu trabalho seja destinado à indústria. Assim, aplica-se a prescrição própria dos rurícolas aos direitos desses empregados.

Orientação Jurisprudencial n. 76 — Substituição dos avanços trienais por quinquênios. Alteração do contrato de trabalho. Prescrição total. CEEE. (inserido dispositivo, DJ 20.4.2005). A alteração contratual consubstanciada na substituição dos avanços trienais por quinquênios decorre de ato único do empregador, momento em que começa a fluir o prazo fatal de prescrição.

Orientação Jurisprudencial n. 83 — Aviso prévio. Indenizado. Prescrição. A prescrição começa a fluir no final da data do término do aviso prévio. Art. 487, § 1º, CLT.

Orientação Jurisprudencial n. 129 — Prescrição. Complementação da pensão e auxílio-funeral. A prescrição extintiva para pleitear judicialmente o pagamento da complementação de pensão e do auxílio-funeral é de 2 anos, contados a partir do óbito do empregado.

Orientação Jurisprudencial n. 130 — Prescrição. Ministério Público. Arguição. *Custos legis*. Ilegitimidade (nova redação, DJ 20.4.2005). Ao exarar o parecer na remessa de ofício, na qualidade de *custos legis*, o Ministério Público não tem legitimidade para arguir a prescrição em favor de entidade de direito público, em matéria de direito patrimonial (arts. 194 do CC de 2002 e 219, § 5º, do CPC).

Orientação Jurisprudencial n. 175 — Comissões. Alteração ou supressão. Prescrição total. A supressão das comissões, ou a alteração quanto à forma ou ao percentual, em prejuízo do empregado, é suscetível de operar a prescrição total da ação, nos termos da Súmula n. 294 do TST, em virtude de cuidar-se de parcela não assegurada por preceito de lei.

Orientação Jurisprudencial n. 242 — Prescrição total. Horas extras. Adicional. Incorporação. Embora haja previsão legal para o direito à hora extra, inexiste previsão para a incorporação ao salário do respectivo adicional, razão pela qual deve incidir a prescrição total.

Orientação Jurisprudencial n. 243 — Prescrição total. Planos econômicos. Aplicável a prescrição total sobre o direito de reclamar diferenças salariais resultantes de planos econômicos.

Orientação Jurisprudencial n. 271 — Rurícola. Prescrição. Contrato de emprego extinto. Emenda Constitucional n. 28/00. Inaplicabilidade. O prazo prescricional da pretensão do rurícola, cujo contrato de emprego já se extinguira ao sobrevir a Emenda Constitucional n. 28, de 26.5.2000, tenha sido ou não ajuizada a ação trabalhista, prossegue regido pela lei vigente ao tempo da extinção do contrato de emprego.

Orientação Jurisprudencial n. 344 — FGTS. Multa de 40%. Diferenças decorrentes dos expurgos inflacionários. Prescrição. Termo inicial. O termo inicial do prazo prescricional para o empregado pleitear em juízo diferenças da multa do FGTS, decorrentes dos expurgos inflacionários, deu-se com a vigência da Lei Complementar n. 110, em 30.6.2001, salvo comprovado trânsito em julgado de decisão proferida em ação proposta anteriormente na Justiça Federal, que reconheça o direito à atualização do saldo da conta vinculada.

Orientação Jurisprudencial n. 359 — Substituição Processual. Sindicato. Legitimidade. Prescrição. Interrupção. A ação movida por sindicato, na qualidade de substituto processual, interrompe a prescrição, ainda que tenha sido considerado parte ilegítima *ad causam*.

Orientação Jurisprudencial n. 370 — FGTS. Multa de 40%. Diferenças dos expurgos inflacionários. Prescrição. Interrupção decorrente de protestos judiciais. O ajuizamento de protesto judicial dentro do biênio posterior à Lei Complementar n. 110, de 29.6.2001, interrompe a prescrição, sendo irrelevante o transcurso de mais de dois anos da propositura de outra medida acautelatória, com o mesmo objetivo, ocorrida antes da vigência da referida lei, pois ainda não iniciado o prazo prescricional, conforme disposto na Orientação Jurisprudencial n. 344 da SBDI-1.

Orientação Jurisprudencial n. 375 — Auxílio-doença. Aposentadoria por invalidez. Suspensão do contrato de trabalho. Prescrição. Contagem. A suspensão do contrato de trabalho, em virtude da percepção do auxílio-doença ou da aposentadoria por invalidez, não impede a fluência da prescrição quinquenal, ressalvada a hipótese de absoluta impossibilidade de acesso ao Judiciário.

Orientação Jurisprudencial n. 392 — Prescrição. Interrupção. Ajuizamento de protesto judicial. Marco inicial. O protesto judicial é medida aplicável no processo do trabalho, por força do art. 769 da CLT, sendo que o seu ajuizamento, por si só, interrompe o prazo prescricional, em razão da inaplicabilidade do § 2º do art. 219 do CPC, que impõe ao autor da ação o ônus de promover a citação do réu, por ser ele incompatível com o disposto no art. 841 da CLT.

Orientação Jurisprudencial n. 401 — Prescrição. Marco inicial. Ação condenatória. Trânsito em julgado da ação declaratória com mesma causa de pedir remota ajuizada antes da extinção do contrato de trabalho. O marco inicial da contagem do prazo prescricional para o ajuizamento de ação condenatória, quando advém a dispensa do empregado no curso de ação declaratória que possua a mesma causa de pedir remota, é o trânsito em julgado da decisão proferida na ação declaratória e não a data da extinção do contrato de trabalho.

Orientação Jurisprudencial n. 404 — Diferenças salariais. Plano de cargos e salários. Descumprimento. Critérios de promoção não observados. Prescrição parcial. Tratando-se de pedido de pagamento de diferenças salariais decorrentes da inobservância dos critérios de promoção estabelecidos em Plano de Cargos e Salários criado pela empresa, a prescrição aplicável é a parcial, pois a lesão é sucessiva e se renova mês a mês.

Orientação Jurisprudencial n. 417 — Prescrição. Rurícola. Emenda Constitucional n. 28, de 26.05.2000. Contrato de trabalho em curso. Não há prescrição total ou parcial da pretensão do trabalhador rural que reclama direitos relativos a contrato de trabalho que se encontrava em curso à época da promulgação da Emenda Constitucional n. 28, de 26.5.2000, desde que ajuizada a demanda no prazo de cinco anos de sua publicação, observada a prescrição bienal.

42.2. Da Prescrição no Novo Código Civil

À vista do parágrafo único do art. 8º da Consolidação das Leis do Trabalho — CLT — é o direito comum uma da fontes subsidiárias do direito do trabalho, naquilo no que não for incompatível com os princípios deste.

O componente principal do direito comum é o Código Civil, em vigor desde 11 de janeiro de 2003.

Não constitui nenhuma novidade dizer-se que muitos dispositivos desse Código se aplicam às relações de trabalho subordinado, pois, em verdade, o Direito do Trabalho desgarrou-se do Direito Civil e ganhou vida própria há pouco mais de cem anos.

Vamos, em seguida, focalizar os preceitos do novo Código Civil sobre a prescrição que, a nosso ver, são invocáveis como fonte subsidiária da CLT.

42.2.1. Prazo Unificado para o Trabalho Urbano e Rural

O instituto da prescrição já era conhecido no direito romano (*praescriptio*) e, na Constituição Federal, é o objeto do inciso XXIX do art. 7º (com redação dada pela Emenda Constitucional n. 28, de 25 de maio de 2000):

"*São direitos dos trabalhadores urbanos e rurais, além de outros que visem à melhoria de sua condição social:*

I — omissis;

XXIX — ação, quanto aos créditos resultantes da relação de trabalho, com prazo prescricional de cinco anos para os trabalhadores rurais e urbanos, até o limite de dois anos após a extinção do contrato de trabalho."

Como sabido, a nossa Carta Política, anteriormente, previa prazos prescricionais diferentes para o assalariado da cidade e do campo.

O art. 11 da CLT tem de adaptar-se ao novo texto do sobredito inciso do art. 7º da Lei Fundamental.

É bem de ver que a prescrição possui vários outros aspectos sobre os quais a CLT guardou silêncio e, por isso, o aplicador ou intérprete há-de, frequentemente, recorrer às normas pertinentes do Código Civil.

42.2.2. Prescrição do Direito de Ação

Cumpre-nos sublinhar, desde logo, que o legislador, no novo Código Civil — CC/02 — não se afastou da linha doutrinária de há muito imperante entre nós: *a prescrição atinge o direito de ação, mas não o direito positivado em si.*

De fato, registra-se no seu art. 189 que *"violado o direito, nasce para o titular a pretensão, a qual se extingue, pela prescrição, nos prazos a que aludem os arts. 205 e 206."*

E, em direito processual, a pretensão corresponde *"à faculdade que tem o titular de um direito subjetivo, de exigir, sob a proteção da ordem jurídica, que outrem, positiva ou negativamente, satisfaça um seu interesse legítimo, econômico ou moral, o objeto de uma ação judicial."* (Pedro Nunes, "Dicionário de Tecnologia Jurídica", 12. ed., 2. tiragem, Freitas Bastos, p. 678).

A pretensão é, portanto, o objeto de uma ação judicial; é o exercício constitucionalmente assegurado a todo cidadão de recorrer ao judiciário para defender o que reputa ser seu direito.

42.2.3. Prescrição da Exceção

Acrescenta o art. 190 do novo Código Civil que "a exceção prescreve no mesmo prazo em que a pretensão."

Definindo-se a exceção como um meio de defesa do réu e consistente na existência de fatos impeditivos da ação judicial, compreende-se sem esforço porque o legislador, em matéria de prescrição, colocou, em pé de igualdade, a pretensão do autor e a exceção do réu.

O precitado art. 190 não tem correspondente no velho Código de Beviláqua.

42.2.4. Da Renúncia da Prescrição

O CC/02, no art. 191, não se afasta do que prescrevia o velho Código de 1916 sobre a renúncia da prescrição:

"Pode ser expressa ou tácita e só valerá, sendo feita, sem prejuízo de terceiro, depois que a prescrição se consumar; tácita é a renúncia quando se presume de fato do interessado, incompatíveis com a prescrição."

É a renúncia um dos meios de se extinguir direito disponível.

Consoante o disposto no artigo acima transcrito, só se admite a renúncia à prescrição depois desta consumar-se. E ela (a renúncia), para ser válida deve ser feita por agente capaz, isto é, que tenha mais de 18 anos e esteja na plena posse de suas faculdades mentais.

42.2.5. Prescrição e Vontade das Partes

O prazo da prescrição está inscrito em norma imperativa e que, consequentemente, não pode ser alterada pela vontade das partes.

É o que decorre do art. 192 do CC/02 — *verbis*:

"Os prazos de prescrição não podem ser alterados por acordo das partes."

Silente sobre esse assunto o Código Civil anterior.

Em doutrina, porém, já era incontroverso que a matéria escapava à vontade das pares.

42.2.6. Invocação da Prescrição em Juízo

Dispõe o art. 193 do CC/02 que "a prescrição pode ser alegada em qualquer grau de jurisdição, pela parte a quem aproveita".

Essa disposição se distingue daquela outra do art. 162 do velho Código num ponto: este se reporta à instância e, aquele, ao grau de jurisdição. Assim, fica bem claro que a prescrição é arguível em juízo ou tribunal, de qualquer grau.

Trata-se de norma de natureza processual.

É certo, porém, que o velho Código também hospedava disposições dessa natureza.

Embora o velho Código também admitisse a invocação da prescrição em "qualquer instância", o Tribunal Superior do Trabalho aprovou a Súmula n. 153, assentando que isto só seria aceito na "instância ordinária", ou melhor, com o recurso ordinário. E isso porque, como já explicado, a via estreita do recurso de revista tem pressupostos legais de conhecimento que impedem a invocação da prescrição nesse momento.

Atentar para o fato de que a Lei n. 11.280/2006 deu nova redação ao § 5º, do art. 219, do CPC, onde ficou consignado que "o juiz pronunciará, de ofício, a prescrição", o que implica dizer que o juiz tem a obrigação de invocá-la.

Assim, descumprindo o juiz essa sua obrigação, a parte poderá lançar mão dos exatos termos da Súmula n. 153, do TST, invocando a prescrição nas vias ordinárias.

42.2.7. Decretação da Prescrição

Após o advento da Carta Constitucional de 1988, manifestou-se respeitável corrente doutrinária defendendo a tese de que a prescrição se consuma automaticamente, prescindindo-se da provocação do interessado.

Os Tribunais, de modo geral, não se mostraram sensibilizados por essa posição doutrinária, como também não o foi o legislador no art. 194 do CC/02:

"O juiz não pode suprir de ofício a alegação da prescrição, salvo se favorecer a absolutamente incapaz."

A regra, portanto, era a de que o interessado é que deve postular a prescrição. De ofício, só por exceção, se o interessado for absolutamente incapaz.

Todavia, como já apontamos anteriormente, entendemos que esse art. 194, do Código Civil de 2002 foi revogado pela Lei n. 11.280/2006, que deu nova redação ao § 5º, do art. 219, do CPC, onde ficou consignado que *"o juiz pronunciará, de ofício, a prescrição"*, o que implica dizer que o juiz passou a ter a obrigação de pronunciá-la independentemente de provocação da parte interessada.

42.2.8. Responsabilidade dos Representantes dos Relativamente Incapazes

Reza o art. 195 do CC/02 — verbis:

"Os relativamente incapazes e as pessoas jurídicas têm ação contra os seus assistentes ou representantes legais, que derem causa à prescrição, ou não a alegarem oportunamente."

O velho Código, no art. 164, só se ocupava da responsabilidade dos representantes de quem fora privado, por lei, de administrar os próprios bens.

O CC/02, no art. 195, ampara os relativamente incapazes e as pessoas jurídicas no caso de serem prejudicados pela negligência de seus representantes ou assistentes no tocante à arguição da prescrição.

Não faz menção dos representantes das pessoas físicas com capacidade jurídica.

42.2.9. Da Prescrição Intercorrente

No processo civil, não se discute a admissibilidade da prescrição intercorrente, isto é, aquela que se consuma no desenvolvimento de uma relação processual devido à inércia da parte.

O CC/02 não se refere a esta espécie de prescrição, como também a CLT.

Todavia, já ganhou consenso no âmbito da Justiça do Trabalho a impossibilidade de arguir-se, perante ela, a prescrição intercorrente. Sustenta-se, em prol dessa tese, de que o *jus postulandi* assegurado às partes no processo do trabalho, é incompatível com a prescrição intercorrente. Nesse sentido temos a Súmula n. 114, do TST: "Prescrição intercorrente. É inaplicável na Justiça do Trabalho a prescrição intercorrente".

Essa questão foi examinada por nós nos itens anteriores.

42.2.10. Causas Impeditivas da Prescrição

A CLT não faz alusão a essas causas. Por isso, há que se recorrer ao Código Civil.

Os arts. 197 a 201 (inclusive) do CC/02 apresentam-nos o rol das causas que impedem a fluição do prazo prescricional.

Seria fastidioso repetir, aqui, tudo o que está inscrito no CC/02 sobre o tema, pois afastou-se do velho Código de 1916 apenas no art. 200 — verbis: *"Quando a ação se originar de fato que deva ser apurado no juízo criminal, não correrá a prescrição, antes da respectiva sentença definitiva."*

Estamos em que o preceito se aplica à hipótese de o empregado ser despedido pela falta grave consubstanciada em fato delituoso que lhe imputou o empregador.

Se, no foro criminal, a sentença definitiva proclama a inocência do empregado, é a partir do trânsito em julgado dessa sentença que começará a fluir o prazo prescricional da sua pretensão a uma reparação indenizatória.

42.2.11. Causas Interruptivas e Suspensivas da Prescrição

Há causas suspensivas e interruptivas do prazo de prescrição. As primeiras suspendem o curso da prescrição e não anulam o período já transcorrido: cessada a causa, o prazo reinicia o seu curso. A causa interruptiva apaga o tempo que já correu e, depois da sua cessação, o prazo da prescrição começa a ser contado outra vez. Em face do silêncio da CLT no que tange às causas suspensivas e interruptivas da prescrição, utiliza-se o que a respeito é estabelecido no Direito Comum, isto é, no Código Civil. Diante das peculiaridades do Direito do Trabalho, pensamos que a ele se aplicam as causas que impedem ou suspendem a prescrição encerradas nos incs. III, do art. 197 e II e III, do art. 198 do Código Civil de 2002.

Assim, não corre a prescrição: entre tutelados e curatelados e seus tutores ou curadores, durante a tutela ou curatela; contra os ausentes do Brasil em serviço público da União, dos Estados ou dos Municípios; contra os que se acharem servindo nas Forças Armadas em tempo de guerra.

Os preceitos citados por último deixaram de lado os casos de prestação de serviços, no Exterior, a uma autarquia, empresa pública ou fundação pública. Observa-se que o atual Código Civil corrigiu a distorção que existia no código anterior, que se olvidava dos integrantes da Aeronáutica, quanto à não fluição da prescrição para estes.

Entre as causas suspensivas da prescrição colocamos as medidas cautelares previstas em nosso Código de Processo Civil, medidas que têm de anteceder o ajuizamento da causa principal. Escoado o prazo previsto no Código de Processo Civil (art. 806, do CPC), e que é de 30 dias, a medida cautelar perde sua eficácia. O prazo referido conta-se da data da efetivação da medida cautelar, quando concedida em processo preparatório.

No art. 202 do Código Civil de 2002, estão arroladas as causas que interrompem a prescrição. Adaptando-se ao Direito do Trabalho o que se contém nesse art. 202, diremos que a prescrição se interrompe pela apresentação da reclamatória e não pela citação (ou notificação) do reclamado, eis que esta independe de qualquer providência do reclamante. São, também, causas interruptivas da prescrição: qualquer ato judicial que constitua em mora o devedor e qualquer ato inequívoco, ainda que extrajudicial que importe o reconhecimento do direito pelo devedor. O protesto judicial interrompe a prescrição (art. 202, II, CC). Consoante o art. 202, parágrafo único, do Código Civil de 2002, "a prescrição interrompida recomeça a correr da data do ato que a interrompeu, ou do último ato do processo para a interromper". O *caput* desse art. 202 apresenta uma inovação ao estabelecer que a interrupção da prescrição somente poderá ocorrer uma única vez. Essa regra é aplicável perfeitamente ao Direito do Trabalho.

Tudo que acabamos de falar sobre as causas interruptivas e suspensivas da prescrição não se altera com a superveniência do disposto no inciso XXIX do art. 7º da CF acerca daquele instituto. Pensar diferente é fechar os olhos às desagradáveis consequências do curso inexorável e peremptório do prazo prescricional, como no caso dos menores de 18 anos.

A Lei n. 9.958, de 12.1.2000, estabelece que se suspende o curso da prescrição no instante em que o trabalhador apresenta sua reclamação às Comissões de Conciliação Prévia.

42.2.12. Dos Prazos da Prescrição

O art. 206 do CC/02 reúne os prazos da prescrição conforme a natureza da relação jurídica.

Só interessa à CLT o prazo prescricional de três anos constante da alínea *b*, do inciso VII, do § 3º, do art. 207 e relativo à pretensão de ressarcimento contra os administradores de entidades sindicais a contar da aprovação do balanço pela assembleia.

42.3. Prescrição e o Fundo de Garantia: Introdução

Em setembro de 1999, o Tribunal Superior do Trabalho aprovou a Súmula n. 362, cujo texto era o seguinte:

"*FGTS. Prescrição. Extinto o contrato de trabalho, é de dois anos o prazo prescricional para reclamar em juízo o não-recolhimento da contribuição ao Fundo de Garantia do Tempo de Serviço.*"

Com a grande revisão que esse Tribunal procedeu em todas suas Súmulas no ano de 2003, essa Súmula n. 362 passou a ter a seguinte redação:

"*É trintenária a prescrição do direito de reclamar contra o não-recolhimento da contribuição para o FGTS, observado o prazo de 2 (dois) anos após o término do contrato de trabalho.*"

Assim procedendo, o TST bem se alinhou à jurisprudência do STF e do STJ, além de aplicar com precisão a boa doutrina acerca da matéria, como iremos dissertar a seguir.

Aos olhos de alguém pouco afeiçoado às questões processuais no âmbito trabalhista, a redação antiga do verbete n. 362 devia causar uma certa estranheza.

Como estava redigido e impregnado de imperatividade, parecia que era dirigido:

a) ao trabalhador;

b) à Caixa Econômica Federal, que, consoante o prescrito no art. 4º da Lei n. 8.036, de 11 de maio de 1990 (Lei do Fundo de Garantia do Tempo de Serviço), cabe o papel de Agente Operador do FGTS;

c) à Procuradoria Geral da Fazenda Nacional que, nos termos do art. 2º, da Lei n. 8.844, de 20 de janeiro de 1994, é competente para inscrever "em Dívida Ativa dos débitos para com o Fundo de Garantia do Tempo de Serviço — FGTS na forma do artigo anterior, bem como diretamente ou por intermédio da Caixa Econômica Federal mediante convênio, a representação judicial e extrajudicial do FGTS para a correspondente cobrança relativamente às contribuições multas e demais encargos previstos na legislação respectiva" e

d) ao próprio legislador para adverti-lo de que a Súmula em tela modificou o § 5º do art. 23 da precitada Lei n. 8.036, *verbo ad verbum*:

"O processo de fiscalização, de autuação e de imposição de multas reger-se-á pelo disposto no Título VII (do processo de multas administrativas) da CLT, respeitado o privilégio do FGTS à prescrição trintenária."

Acreditamos que, no caso, não é muito grande o espanto dos que, por dever de ofício, observam, quotidianamente, o evoluir da jurisprudência dos nossos Tribunais do Trabalho.

Lançando o olhar sobre o conjunto das Súmulas e dos Precedentes Normativos do Tribunal Superior do Trabalho, mesmo quem for jejuno em direito do trabalho, percebe, desde logo, que muitos desses verbetes modificam normas legais ou criam direitos e obrigações não previstos na legislação vigente.

Malgrado sua concisão, temos para nós que a Súmula n. 362 é endereçada ao trabalhador, uma vez que a Justiça do Trabalho só é competente para processar e julgar os dissídios individuais e coletivos entre trabalhadores e empregadores e na forma da lei, outras controvérsias decorrentes da relação de trabalho, bem como os litígios que tenham origem no cumprimento de suas próprias sentenças, inclusive coletivas, como se infere da leitura do art. 114, da Constituição, com nova redação dada pela Emenda Constitucional n. 45.

Da forma que estava redigida a antiga Súmula, observamos à época o TST teria entendido que dois eram os prazos prescricionais para cobrança dos referidos depósitos fundiários: um, para o trabalhador e outro para a Procuradoria Geral da Fazenda Nacional (trinta anos).

Escusado dizer que isto não combinava com o fino das nossas tradições jurídicas.

42.3.1. Mais Doutrina sobre a Prescrição

Já ouvimos até alguém dizer que a antiga Súmula n. 362 se esteiava, também, no art. 167 do Código Civil, de 1916, que não tem correspondente com o código atual:

"Com o principal prescrevem os direitos acessórios".

Repetindo a regra anterior, o atual Código Civil esclarece no artigo 92 que "principal é o bem que existe sobre si, abstrata ou concretamente; acessório, aquele cuja existência supõe a do principal".

Analisando a não correspondência desse art. 167 do antigo Código de 1916 ao atual Código, *Barros Monteiro* esclarece que se tratava, realmente, de dispositivo ocioso, *"de nova aplicação de tantas vezes repetido princípio* accessorium sequitur suum principale. *Em consonância com este, prescrita uma dívida, prescrita estará igualmente garantia outorgada para assegurar-lhe o pagamento; prescrita a obrigação, prescritos ficam a cláusula penal e os juros respectivos. Mas a recíproca não é verdadeira; a prescrição dos direitos acessórios não afeta o principal"* (s/ob "Curso de Direito Civil", vol. I, p. 341, ed. 2003, Saraiva).

Esse princípio é um dos cânones da reciprocidade entre os bens.

Com seu estilo conciso e elegante, *Clovis Beviláqua* escreveu, sobre ele o seguinte: *"Não se atende à prescrição dos direitos acessórios quando o principal está prescrito. Se a dívida prescreveu deixa de produzir juros. Consequentemente, não se tem que indagar se decorreu o tempo necessário para extinguir o direito de reclamar os juros. Assim, em todos os casos".*

Esse preceito, que se originou do Projeto da lavra de *Beviláqua*, é criticável porque faz crer que a prescrição atinge o direito, quando em verdade se cinge a eliminar seu direito de defesa.

É por esse motivo que *Antônio Luís da Câmara Leal* ("Da prescrição e da decadência", 3. ed., Forense, 1978, p. 46) escreveu: "Esse dispositivo (art. 167 do CC) é uma aplicação do princípio *acessorium sequitur principale*, consagrado pelo mesmo Código. Mais correta, porém, seria a disposição de nossa lei, se tivesse dito que com a ação principal prescrevem as ações relativas aos direitos acessórios, porque a prescrição se dirige contra as ações, e só, por via de consequência, contra os direitos".

Contrario sensu, aduzimos nós, a ação é imune aos efeitos da prescrição das ações acessórias.

Luiz Carpenter (in "Da prescrição", 3. ed., 1958, p. 293) lembra que *Lacantineri* e *Tissier*, comentando o art. 224 do Código Civil Germânico, concluem que a prescrição opera retroativamente, isto é, o devedor "cujo débito é extinto pela prescrição é liberado da obrigação de pagar não somente o principal do débito, mas também os juros dos quais fosse porventura devedor, no momento em que a prescrição se completou."

Nessa ordem de ideias, tendo como ponto de partida a discutida Súmula n. 362 do Tribunal Superior do Trabalho, em sua redação antiga e a atual, e consumada a prescrição ao fim do biênio após a dissolução do contrato de trabalho — o contribuinte inadimplente do FGTS fica também liberado do pagamento dos juros e da correção monetária dos depósitos não realizados.

Como fecho a este item, evocamos o magistério de *Coelho da Rocha* ("Instituições de Direito Civil", Saraiva, cópia da edição de 1844, I tomo, p. 44):

"Principais dizem-se aquelas coisas que existem por sim, e para si. Acessórias ou pertenças aquelas que estão exteriormente unidas à principal, ou seja pela natureza, como a aluvião, o feito, os frutos ou pela vontade do homem, com o fim de fazê-las servir ao uso perpétuo da principal como os animais e ferramentas de lavoura, a respeito dos prédios rústicos — Código da Prússia, p. 1, Tit. 2, arts. 42 e s. Em quanto a estas, pode-se estabelecer a regra geral de que a disposição que regula a principal, compreende a acessória, uma vez que não seja expressamente excetuada — Mackeldey citado, § 153".

O notável jurista lusitano, em meio ao século XIX, quando escreveu suas Instituições, em substituição às célebres *Institutiones Iuris Civilis Lusitani*, de Mello Freire, já observava que o *acessorium sequitur principale* podia ser "excetuado" por meio de lei ou de ato de vontade dos interessados. E no caso presente, a Lei n. 8.036/90, do FGTS, prevê a prescrição trintenária.

42.3.2. O Que é Coisa Principal

Deixava a redação antiga da Súmula n. 362 transparecer que se arrimava no princípio *acessorium sequitur principale*.

É oportuno, portanto, neste passo, nos determos sobre a acepção de "a coisa principal" no plano jurídico.

A resposta a essa indagação é encontrada no art. 92 do Código Civil (antigo 58), de 2002, *verbis*:

"*Principal é o bem que existe sobre si, abstrata ou concretamente. Acessório, aquele cuja existência supõe a da principal.*"

É o dispositivo de uma clareza acima de qualquer crítica.

Deixa bem patente que o acessório não existe sem o principal; este é o pressuposto fundamental daquele.

Consideram-se coisas acessórias os frutos, produtos e rendimentos.

Situam-se, na classe de rendimentos, os juros e a correção monetária dos valores da conta vinculada do FGTS.

Retomando o tema aqui focalizado, cumpre-nos indagar: prescrito o direito de ação do trabalhador para postular, em juízo, um interesse legítimo lesado pelo empregador, está também prescrito o direito de ação para reivindicar depósitos fundiários?

No caso, a existência do depósito fundiário tem como suposto a do contrato de trabalho?

À primeira vista, a resposta há-de ser afirmativa: sem contrato de trabalho não nasce a obrigação de o empregador fazer os multicitados depósitos. Um não pode existir sem o outro.

Todavia, há conexão de outros direitos com o do trabalhador de receber mensalmente, em sua conta vinculada, 8% (oito por cento) do salário percebido, o que impede a aplicação do princípio do art. 167 do Código Civil ao caso do empregador inadimplente com o FGTS.

Por força da Lei n. 8.036/90:

a) recursos do FGTS devem ser empregados na política nacional de desenvolvimento urbano, de saneamento básico e em políticas setoriais de habitação popular (inciso I do art. 5º);

b) é renda do Tesouro Nacional as multas pelas infrações elencadas no art. 23.

Como se vê, as contribuições do FGTS não são, apenas, um acessório do contrato de trabalho, pois, são fonte geradora de outros direitos e de outras obrigações.

De conseguinte, já aqui se percebe que a prescrição do direito de ação do trabalhador, nos termos da Súmula n. 362, não se respalda na Lei, porque atinge direitos e obrigações que transcendem a órbita competencial da Justiça do Trabalho.

Por derradeiro, repetimos que o princípio *acessorium sequitur principale*, agasalhado no art. 59 do Código Civil, não é absoluto, tanto que ele assinala a possibilidade de a norma não ser respeitada se houver disposição em contrário.

São susceptíveis, portanto, de neutralizar aquele princípio, a vontade das partes ou a lei.

E, como pontuamos há pouco, a Lei n. 8.036 privilegia os créditos do FGTS com a prescrição trintenária, o que, *in casu*, joga para um canto o *velho acessorium sequitur principale*.

É indiferente, à eficácia desse privilégio dispensado aos créditos fundiários, a natureza jurídica das contribuições ao FGTS, isto é, se são tributo ou não. Nesse sentido, o TST editou a Súmula n. 362, esclarecendo que, no caso, a prescrição é trintenária. Observe-se que a Súmula n. 268, do TST, estabelece que "*a prescrição da pretensão relativa às parcelas remuneratórias alcança o respectivo recolhimento da contribuição para o FGTS*". Quer dizer, prescritas essas parcelas remuneratórias, não há que se falar em incidência do FGTS sobre elas.

42.3.3. Outras Súmulas do TST acerca da prescrição do FGTS

A superveniência da Súmula n. 362 acarretou, com certeza, o cancelamento da Súmula n. 95 — *verbis*:

"*Prescrição trintenária do FGTS. É trintenária a prescrição do direito de reclamar contra o não recolhimento da contribuição para o Fundo de Garantia do Tempo de Serviço.*"

Tal providência foi adotada pelo órgão competente da Justiça do Trabalho na revisão geral das suas Súmulas ocorrida em 2003.

Uma outra Súmula, de n. 206, foi praticamente ratificada pela n. 362:

"*FGTS. Incidência sobre parcelas prescritas. A prescrição da pretensão relativa às parcelas remuneratórias alcança o respectivo recolhimento da contribuição para o FGTS*".

42.3.4. O Supremo Tribunal Federal e o FGTS

O eminente juiz e respeitado jurista — *Francisco Antônio de Oliveira* publicou artigo no Suplemento Trabalhista n. 174/99, da Editora LTr, versando o tema em foco.

Posicionava-se, também, contra a redação antiga da Súmula n. 362.

Trouxe à colação um feixe de arestos do Supremo Tribunal Federal em que se afirma o entendimento de que "as contribuições para o FGTS não são contribuições previdenciárias, mas contribuições sociais e que não têm natureza tributária e a elas não se aplicam as normas tributárias concernentes à decadência e à prescrição."

O Superior Tribunal de Justiça aceitou, sem tergiversação, a linha traçada pela Corte Suprema.

No susocitado artigo divulgado pelo Suplemento Trabalhista, da LTr, *Francisco Antônio* transcreve a seguinte ementa de acórdão proferido pelo Superior Tribunal de Justiça no julgamento do recurso especial 27.383-5-SP:

"As contribuições para o FGTS, malgrado enfeixem liame de aproximação com os tributos, a esses não se equiparam, por definição constitucional, para os efeitos da fixação do prazo prescricional, o prazo consignado no art. 174 do Código Tributário Nacional. A prescrição da ação de cobrança das contribuições para o Fundo de Garantia do Tempo de Serviço é trintenária, consoante entendimento predominante na jurisprudência dos tribunais."

O Superior Tribunal de Justiça acabou por editar a Súmula n. 210, em 2.6.1998: "*A ação de cobrança das contribuições para o FGTS prescreve em (30) trinta anos.*"

A questão da prescrição trintenária ou quinquenal está sendo examinada pelo STF. De fato, já existe o reconhecimento por esse Tribunal da Repercussão Geral nos autos do RE 522.897, de relatoria do Ministro Gilmar Mendes, e que se converteu no Tema n. 608: "Prazo prescricional aplicável à cobrança de valores não depositado no Fundo de Garantia por Tempo de Serviço — FGTS", tendo como *leading case* o ARE 709.212.

43. Da Decadência

É, também, a decadência um dos efeitos do tempo na relação jurídica.

Há certa semelhança desse instituto com a prescrição, pois ambos derivam basicamente do efeito do tempo no universo jurídico.

A prescrição acarreta a perda de defesa de um direito, enquanto a decadência lhe provoca a morte devido ao seu não-exercício em período prefixado na lei.

É de decadência o prazo para se exercer um direito ou para se propor uma ação.

É o mesmo que caducidade ou prazo preclusivo.

Decadencial vem a ser o prazo de 30 dias que o empregador tem para requerer a instauração de inquérito para apuração de falta grave contra empregado garantido com estabilidade (art. 853 da CLT).

A Súmula n. 403 do Supremo Tribunal Federal diz ser de "decadência o prazo de 30 dias para inquérito judicial, a contar da suspensão, por falta grave, de empregado estável".

O inquérito já citado é disciplinado pelas arts. 853, 854 e 855 da CLT, idealizados para proteger, especialmente, o trabalhador que, após dez anos de serviços prestados à mesma empresa, adquiriu estabilidade no emprego.

É certo que o inciso I do art. 7º da Constituição da República de 5 de outubro de 1988 extinguiu a estabilidade decenal e colocou em seu lugar a indenização compensatória.

Parece-nos, porém, que esse inquérito deve ser proposto contra empregado que haja praticado falta grave e que desfruta da estabilidade concedida por lei aos exercentes de cargos de direção em entidades sindicais.

A Constituição, no inciso VIII do art. 8º, oferece tal garantia ao empregado sindicalizado a partir do registro da candidatura a cargo de direção ou representação sindical e, se eleito, ainda que suplente, até um ano após o final do mandato, salvo se cometer falta grave nos termos da lei.

O art. 855 da CLT fala em empregado garantido pela estabilidade. Não diz que se trata, tão somente, da estabilidade adquirida após dez anos de serviços prestados. É abrangente, portanto, a norma. Abarca os casos de dirigentes sindicais protegidos pela estabilidade.

Falar da extensão da garantia em foco aos casos de estabilidade do cipeiro e da mulher gestante é incorrer em falta de senso prático, pois é absolutamente certo que, quando se formar a coisa julgada, já se terá esgotado o prazo de garantia do emprego nos casos apontados.

43.1. Da Decadência no Novo Código Civil

Põe-se em dúvida a validade do velho critério distintivo da prescrição e da decadência: aquela extingue o direito de ação e, esta, o direito. Ver, sobre este ponto, o que dizem *Nelson Nery Jr.* e *Rosa Maria de Andrade Nery* no "Novo Código Civil" (Rev. dos Tr., 2002, p. 114, nota 2 ao art. 189).

O velho Código não fazia referência expressa à decadência, embora assinalasse casos concretos de caducidade.

Essa matéria, no CC/02, é regulada pelos arts. 207 a 211 (inclusive).

O art. 207 assenta que "salvo disposição legal em contrário, não se aplicam à decadência as normas que impedem, suspendem ou interrompem a prescrição."

Portanto, tais causas, eficazes apenas em relação à prescrição, são inócuas no tangente à decadência, a menos que norma leal venha dispor em sentido diverso.

Se fixada em lei, a decadência é irrenunciável.

Daí, estabelecer o art. 210 que *"deve o juiz, de ofício, conhecer da decadência, quando estabelecida em lei"*.

Não hesitamos em dizer que esse dispositivo incide no caso de o empregador requerer o inquérito para apuração de falta grave depois do trintídio fixado no art. 853 da CLT.

O que acabamos de dizer sobre o art. 210 a propósito do dever de o juiz conhecer de ofício decadência imposta pela lei, não se aplica à hipótese de ela resultar de vontade das partes.

É o que prescreve o art. 211:

"Se a decadência for convencional, a parte a quem aproveita pode alegá-la em qualquer grau de jurisdição, mas o juiz não pode suprir a alegação."

44. Lei Processual no Espaço

Genuína função da soberania do Estado é a jurisdição, que a lei processual regula. Dessarte, é perfeitamente lógico que, no caso, se observe o princípio da territorialidade das leis.

A lei processual é cumprida no Estado soberano que a editou (*Gaetano Morelli*, "Derecho Procesal Civil Internacional". Buenos Aires: Europa-América, 1953, p. 11 e ss.).

Submetem-se à *lex fori* — lei do lugar — as ações trabalhistas propostas em Juízo.

Nada mais natural, portanto, que as ações articuladas em território nacional sejam regidas pela Consolidação das Leis do Trabalho, legislação trabalhista extravagante e, subsidiariamente, pelo Código de Processo Civil e Lei de Execução Fiscal.

As normas processuais trabalhistas, em decorrência do art. 5º da Constituição da República e do art. 7º da CLT, aplicam-se indistintamente tanto aos empregados brasileiros natos como aos naturalizados e, também, aos estrangeiros de permanência regular no País.

Em se tratando de técnico estrangeiro que venha ao Brasil para cumprir determinada tarefa, é claro que, em qualquer litígio vinculado ao contrato de trabalho celebrado em seu País de origem, a legislação deste é que será observada.

O art. 12 da Lei de Introdução ao Código Civil, que, com a Lei n. 12.376, de 30.12.2010, passou a ser denominada Lei de Introdução às Normas do Direito Brasileiro — LINDB", inspira-se no princípio da territorialidade das leis:

"É competente a autoridade judiciária quando for o réu domiciliado no Brasil ou aqui tiver de ser cumprida a obrigação".

Foi essa regra complementada pelo art. 88 do CPC:

"É competente a autoridade judiciária brasileira quando:

I — o réu, qualquer que seja a sua nacionalidade, estiver domiciliado no Brasil; II — no Brasil tiver de ser cumprida a obrigação; III — a ação se originar de fato ou de ato praticado no Brasil. Parágrafo único. Para o fim disposto no n. I, reputa-se domiciliada no Brasil a pessoa jurídica estrangeira que aqui tiver filial ou sucursal".

A competência do Juiz nacional não exclui o estrangeiro nem o ato ou fato aqui ocorridos, mas de interesse de alguém domiciliado no estrangeiro.

Para o deslinde de feito confiado à jurisdição brasileira, pode acontecer que se faça necessário provar fato ocorrido no estrangeiro. *In casu*, não é a *lex fori* que se há de observar, mas a *lex loci*.

A este respeito dispõe o art. 13 da Lei de Introdução:

"A prova dos fatos ocorridos em País estrangeiro rege-se pela lei que nele vigorar, quanto ao ônus e aos meios de produzir-se, não admitindo os tribunais brasileiros provas que a lei brasileira desconheça".

Por oportuno, realçamos, consoante o art. 90 do CPC: "A ação intentada perante tribunal estrangeiro não induz litispendência nem obsta a que a autoridade judiciária brasileira conheça da mesma causa e das que lhe são conexas".

Agasalha a CLT norma de direito internacional privado. É o art. 651 — *verbis*:

"A competência das Varas do Trabalho é determinada pela localidade onde o empregado, reclamante ou reclamado, prestar serviços ao empregador, ainda que tenha sido contratado noutro local ou no estrangeiro. § 1º Omissis; § 2º A competência das Varas do Trabalho, estabelecida neste artigo, estende-se aos dissídios ocorridos em agência ou filial no estrangeiro desde que o empregado seja brasileiro e não haja convenção internacional em contrário".

Temos como certo que essa norma consolidada também ampara o estrangeiro domiciliado no Brasil.

Cumpre-se, assim, o princípio da isonomia, inserto no art. 5º, *caput*, da Constituição Federal.

Sobre o ponto em debate, o TST editou a Súmula n. 207 do Tribunal Superior do Trabalho: *"A relação jurídica trabalhista é regida pelas leis vigentes no País da prestação do serviço e não por aquelas do local da contratação".*

Contudo, essa Súmula n. 207 foi cancelada em 2010. De fato, a jurisprudência trabalhista, dizendo estar preocupada com o processo de globalização da economia em que existe um avanço das empresas brasileiras para novos mercados no exterior, apontou para o fato de ser insuficiente e inadequado o critério previsto nessa súmula. Assim, ela passou a considerar que, contratado no Brasil o empregado para laborar imediatamente no exterior, é de se aplicar à relação de trabalho mantida entre as partes a legislação brasileira, quando contêm normas mais favoráveis em seu conjunto a ele, trabalhador. Ver, nesse sentido, o AIRR n. 295-74.2010.5.03.0035, Rel. Ministra Maria de Assis Calsing, DJe 22.6.12.

Essa mudança de jurisprudência provoca esta seguinte situação no julgamento de um caso: o juiz fica obrigado a realizar um trabalho praticamente impossível, qual seja, o de demonstrar que um ordenamento jurídico, no seu todo, é superior a um outro.

Não somos favorável à tese de que se aplica a lei que for mais favorável ao empregado. Esse princípio é respeitado dentro de um mesmo ordenamento jurídico e nunca naquela situação do cotejo de duas ou mais legislações estrangeiras.

Na esfera do Direito do Trabalho, as hipóteses mais comuns são duas: (a) o empregado vincula-se a uma multinacional e sai de um país estrangeiro para vir trabalhar no Brasil, em empresa filiada, por tempo indeterminado; (b) empregado de empresa estrangeira vem ao Brasil para dar assistência técnica a um cliente e isto, como é óbvio, por tempo predeterminado. Na primeira situação, hão de prevalecer as disposições do nosso Direito do Trabalho. Presume-se, *in casu*, que o contrato anterior foi extinto e substituído por um outro, a ser cumprido em terras brasileiras. De consequência, o tempo de serviço, prestado anteriormente fora do Brasil, terá de ser computado para fins indenizatórios, uma vez que, aí, se configura o grupo econômico de que fala o art. 2º, desta Consolidação. Na segunda situação, o empregado continua vinculado ao grupo multinacional por um contrato que não se dissolveu, eis que, para bem cumpri-lo, transporta-se temporariamente ao nosso País para dar assistência técnica a um cliente. É sabido que alguns aspectos desse contrato caem sob o império da lei brasileira enquanto o empregado aqui se encontrar, mas, repetimos, a obrigação nesta hipótese de trabalho temporário — no que ela tem de essencial — continua regida pela *"lex loci contractus".*

O art. 114 da Constituição Federal colocou na órbita da competência da Justiça do Trabalho quaisquer dissídios individuais ou coletivos do trabalho que envolvam "entes de direito público externo".

Mesmo nos casos em que a legislação brasileira autorize a aplicação da lei estrangeira, não se deve perder de vista o preceituado no art. 17 da Lei de Introdução às Normas do Direito Brasileiro:

"As leis, atos, sentenças de outro País, bem como quaisquer declarações de vontade, não terão eficácia no Brasil, quando ofenderem a soberania nacional, a ordem pública e os bons costumes".

45. Instância

O processo do trabalho, à semelhança do que ocorre com o processo civil, desenvolve-se em instâncias ou graus.

Esse desenvolvimento ordenado obedece ao princípio da preclusão, pois não é possível levar o processo à segunda instância sem, primeiro, encerrar todos os trâmites da primeira.

No processo de tempos primitivos, a instância era, às vezes, uma só, porque se acreditava ser a sentença de emanação divina, atributo que excluía a possibilidade de sua revisão.

Hoje, ninguém mais discute a necessidade de a sentença de primeira instância ser levada a uma outra, que lhe é superior, com poderes de anular ou modificar o que fora decidido.

De nenhum valor o argumento de que seria mais prático levar diretamente à segunda instância o pedido do Reclamante.

Ao Juiz do primeiro grau cabe, de ordinário, ouvir as partes, reunir as provas para, a final, decidir. Os tribunais de segunda instância são colegiados, e essa circunstância explica porque não lhes é dado realizar os atos que só à instância primária cabe realizar.

A segunda instância é, em síntese, a garantia dada à parte de ver a sentença originária submetida a novo exame.

Sobre esse tema de há muito controvertido, surge um dilema diante do legislador: optar pelo princípio da economia processual, que suprime o duplo grau de jurisdição, ou pelo da justiça na decisão.

Tem prevalecido a tese de que a economia processual não deve ser tamanha que ponha em risco a justiça da decisão nem a discussão deve ser tão demorada que torne remoto o dia da fala da lei, da aplicação da sua vontade concreta.

CAPÍTULO IV
Ações. Classificação e Elementos

46. Classificação das Ações Trabalhistas

Têm as ações, em geral, características e afinidades que servem para agrupá-las em classes.

Liebman ("Manuale di Diritto Processuale", p. 46 e 47) considera legítima, no sistema do direito processual, a classificação calcada na natureza do provimento postulado. Por esse ângulo, são três as categorias das ações: a) ação de conhecimento; b) ação executiva; e c) ação cautelar.

No processo de conhecimento, o juiz se inteira do conflito de interesses, toma ciência do pedido do Reclamante, aprecia a defesa do Reclamado, sopesa a prova produzida pelas partes e profere a sentença em que aplica a vontade da lei ao caso concreto.

No processo de execução, são tomadas providências para que o Reclamado cumpra, espontânea ou coercitivamente, a sentença.

No processo cautelar, específico ou atípico, procura-se, preventivamente, a prática de atos que assegurem, depois, a plena execução da sentença.

Para atender melhor às peculiaridades do nosso direito processual do trabalho, dividimos as ações em duas classes: individuais e coletivas.

Nas individuais, seus titulares são pessoas consideradas isoladamente que pedem tutela jurisdicional para interesses concretos e bem definidos.

As ações individuais se desdobram em condenatórias, constitutivas, declaratórias, cautelares e executórias.

47. Da Ação Condenatória

Na condenatória, o autor (reclamante, no processo trabalhista) objetiva a obtenção de prestação jurisdicional que leve à realização do direito declarado.

Nesse tipo de ação, a sentença — quando favorável ao autor — transforma-se em título executório que sujeitará o perdedor a resgatá-lo.

A condenação é de pagar quando o vencido é constrangido a entregar ao vitorioso no pleito determinada importância correspondente ao valor atribuído à pretensão deduzida em juízo.

É de fazer quando o vencido é obrigado a reintegrar no emprego o beneficiário de uma das formas de estabilidade previstas no art. 10 do Ato das Disposições Constitucionais Transitórias ou da estabilidade decenal adquirida antes da vigência da Constituição de 5 de outubro de 1988.

É de não fazer quando o empregador é condenado a não proceder a certo desconto salarial ou a não efetivar a transferência do empregado para local diferente daquele em que, habitualmente, prestava serviços.

48. Das Ações Constitutivas

A exemplo do que ocorre com as ações condenatórias, as ações constitutivas contêm uma declaração e, a par disso, formam situação nova, modificando a situação jurídica anterior.

A sentença declara a existência das condições ensejadoras da modificação ou extinção de uma relação ou situação jurídica.

O caso mais frequente de ação constitutiva no foro trabalhista é o da equiparação salarial. Nela se declara o direito do Reclamante a um salário diferente, mas sempre maior. Constitui-se, desse modo, nova situação.

49. Das Ações Declaratórias

As ações declaratórias têm por fim a declaração ou a negação de uma relação jurídica, a autenticidade ou a falsidade de um documento (v. art. 4º do CPC).

A incerteza de uma relação jurídica serve de causa a um conflito de interesses. Para evitá-lo, lança-se mão da ação declaratória.

Como o interesse de agir do autor se resumiu na declaração da existência ou da inexistência da relação jurídica, a sentença correspondente não serve como título executivo. Para exigir o direito declarado na sentença, terá o autor de promover ação condenatória.

Quanto ao cabimento ou não da ação declaratória concernente à complementação de aposentadoria, o TST editou a Orientação Jurisprudencial n. 276, SDI-1, *verbis*: "*Ação declaratória. Complementação de aposentadoria. É incabível ação declaratória visando a declarar direito à complementação de aposentadoria, se ainda não atendidos os requisitos necessários à aquisição do direito, seja por via regulamentar, ou por acordo coletivo*".

O STF reconheceu em sua Súmula n. 258 que é admissível a reconvenção em ação declaratória.

50. Da Ação Executiva

Como visto há pouco, a sentença condenatória tem uma função sancionadora.

Representa, nas mãos do credor (do Reclamante, se vencedor da causa), um título executivo.

Há casos em que o devedor satisfaz a obrigação logo depois da prolação da sentença ou do seu trânsito em julgado; se não o fizer, o credor utiliza o título executivo para solicitar da jurisdição providências susceptíveis de materializar a regra sancionada. Como se vê, na hipótese, o título executivo (a sentença) é o pressuposto da ação executiva perante a Justiça do Trabalho.

A pedido do credor, praticam-se atos de execução, tais como a penhora dos bens do devedor (do Reclamado), que, levados à praça, produzem o dinheiro necessário para a satisfação do sancionado na sentença.

De passagem, lembramos que *Liebman* chama tais ações de executórias.

As ações executivas, motivadas por créditos a que a lei atribui força executiva (letras de câmbio, notas promissórias etc.), não se admitem no âmbito trabalhista.

Em termos sintéticos, podemos dizer que no direito processual do trabalho somente são considerados títulos executivos a sentença condenatória transitada em julgado, o acordo não cumprido, o termo de ajuste de conduta celebrado perante o Ministério Público do Trabalho e o termo de conciliação celebrado perante a Comissão de Conciliação Prévia (art. 876, da CLT).

51. Das Ações Cautelares

A classificação calcada na natureza da providência jurisdicional inclui as ações cautelares ou preventivas.

Objetivam garantir os efeitos da providência principal, se houver demora (*periculum in mora*) e aparência de bom direito (*fumus boni juris*).

No processo de conhecimento ou de execução, o final de uma série de atos processuais que se praticam ao longo de meses e até anos é a sentença. Sua prolação verifica-se, não raro, quando já se tornou impossível a obtenção do direito visado pela ação. Devido a esse perigo, há as ações cautelares ou preventivas, capazes de assegurar os efeitos da sentença a ser proferida no processo de conhecimento ou de execução. É de caráter temporário a medida cautelar. Cessa sua eficácia com o julgamento da ação principal.

52. Das Ações Coletivas

Têm como titulares as categorias econômicas e profissionais representadas por seus sindicatos. Essa é a regra em nosso sistema legal. É denominado de Dissídio Coletivo de Natureza Econômica (art. 856 *usque* art. 875, todos da CLT).

Em casos excepcionais, como o de cessação coletiva de trabalho, a legitimação ativa também cabe ao Presidente do Tribunal Regional do Trabalho ou, conforme o caso, ao Ministério Público do Trabalho e, inclusive, à própria empresa que tiver suas atividades paralisadas pela greve de seus trabalhadores. É o denominado Dissídio Coletivo de Greve.

Objetiva o estabelecimento de novas condições de trabalho. Subjacentes a elas estão os interesses uniformes do grupo profissional diante de seus empregadores.

Chamam-se normativas as sentenças que se prolatam em tais ações. Tomam o lugar dos pactos coletivos (convenções e acordos coletivos de trabalho).

Em nosso sistema legal, o ajuizamento de uma ação coletiva tem de ser precedido, obrigatoriamente, de uma tentativa de conciliação, que, quando se consuma fora da Justiça do Trabalho, toma a forma de uma convenção ou de um acordo coletivo de trabalho (art. 611 *usque* art. 625, da CLT).

A par da ação coletiva constitutiva, há a declaratória, que tem em mira a solução de um Dissídio Coletivo de Natureza Jurídica.

Pouquíssimos são os países que ainda incumbem o Poder Judiciário de dar solução aos conflitos coletivos de natureza econômica; o que tem caráter mais ou menos genérico é a ação coletiva declaratória.

53. Elementos da Ação

Já assinalamos que os elementos identificadores das ações são: a) as partes, como sujeitos da ação; b) o objeto ou a tutela jurisdicional que se pede para determinado bem; c) a causa de pedir, isto é, as razões que justificam a pretensão e legitimam a providência jurisdicional.

São esses três elementos que identificam e individualizam as ações. Vejamos, com maiores detalhes, como se identificam as ações.

Diz-se que duas ou mais ações são idênticas quando nelas se encontram aqueles elementos.

A presença de apenas dois deles configura a semelhança ou a conexão.

A identidade de ações se caracteriza: a) quando forem as mesmas as pessoas e colocadas na mesma posição nos vários processos, posição que não é afetada em casos de sucessão; b) quando o *petitum* vem a ser o mesmo objeto das ações, nele se incluindo o que se requer ao Juiz, sendo certo que inocorre a exceção da coisa julgada quando numa ação se pediu a parte e, noutra, o todo; c) quando a causa de pedir, embora com fundamentação jurídica distinta, — é a mesma nas duas ou mais ações.

No direito pátrio, é a matéria da identidade das ações enfocada no art. 301, § 2º, do CPC: *"Uma ação é idêntica a outra quando tem as mesmas partes, a mesma causa de pedir e o mesmo pedido"*.

Dá destaque à relevância da teoria da identidade das ações a circunstância de que, por meio dela, dilucidam-se questões de litispendência, da coisa julgada e da *mutatio libelli*.

Cuidando da alegação de insalubridade por agente diverso do apontado na petição inicial como causa de pedir, o TST editou a Súmula n. 293, onde ficou assentado o seguinte: *"Adicional de insalubridade. Causa de pedir. Agente nocivo diverso do apontado na inicial — A verificação mediante perícia de prestação de serviços em condições nocivas, considerado agente insalubre diverso do apontado na inicial, não prejudica o pedido de adicional de insalubridade"*.

54. Das Partes. Substituição Processual. Representação

54.1. Das Partes

O processo pressupõe a existência de duas pessoas em posições antagônicas.

São elas as partes do processo.

O titular de um interesse em conflito com o de outrem é que tem o direito de ação. É ele o sujeito ativo da ação.

Quem resiste à pretensão do autor ou reclamante é o sujeito passivo da ação ou Reclamado. É titular, também, do direito subjetivo público de defender-se no processo.

São as partes os sujeitos de uma relação jurídica que se discute em juízo. Podem ser elas pessoa física ou jurídica (empresa, sociedade anônima, sindicato etc.).

Descendo a pormenores, diríamos que partes são os titulares de um direito cujo reconhecimento postulam em juízo ou que estão legitimados a contradizer esse pedido. Com *Redenti* ("Derecho Procesal Civil", vol. I, p. 110-111) lembramos que a distinção entre capacidade de ser parte e capacidade de estar em juízo lembra a diferença entre capacidade de gozo e capacidade de exercício.

O traço fundamental que caracteriza a parte, no âmbito processual, é a titularidade do direito postulado ou da defesa. Não é ele afetado pela circunstância de o titular fazer-se representar no processo.

É o que deriva do conceito de parte perfilhado por *Chiovenda*: "é quem demanda em seu próprio nome (ou em cujo nome é demandado) a atuação de uma vontade da lei e aquele em face de quem essa atuação é demandada".

Dentre os princípios informadores do processo, três se dirigem, especificamente, às partes.

O primeiro deles é o princípio da dualidade.

A relação processual tem como pressuposto a existência de duas partes: o Autor e o Réu (Reclamante e Reclamado, no processo trabalhista).

A revelia não contradiz esse conceito.

Embora ausente o réu, diligenciou-se seu comparecimento mediante citação, que não se aperfeiçoou porque ignorado o seu paradeiro.

O segundo princípio é o da igualdade das partes, dirigido ao Juiz. É conhecido, também, como princípio da isonomia.

Em nosso ordenamento jurídico, a raiz primeira da isonomia reside na Constituição Federal: inciso I do art. 5º.

Significa que, no processo, os litigantes devem receber igual tratamento.

Não infringem esse princípio os prazos em dobro para recorrer e em quádruplo para contestar (art. 188 do CPC) da Fazenda Pública e do Ministério Público, quando partes no processo.

Ambos se encontram em situação especial, traduzida no mecanismo complexo e gigantesco do Estado e no fato de que o Ministério Público do Trabalho, no processo, atua *custos legis* ou como parte, nas mais variadas situações. Tais circunstâncias exigem e justificam prazos mais dilatados que os dos particulares figurantes da relação processual eis que são diferentes as situações de uns e outros.

Embora pareça um paradoxo, ofensa ao princípio da isonomia haveria se o Estado e o Ministério Público tivessem de cumprir os mesmos prazos que a lei defere aos particulares implicados no processo.

O último princípio é o do contraditório, que garante ao Réu amplo direito de defesa.

Tem esse princípio consagração constitucional, no inciso LV do art. 5º — *verbis*:

"*aos litigantes, em processo judicial ou administrativo e aos acusados em geral, são assegurados o contraditório e ampla defesa com os meios e recursos a ela inerentes*".

Escusado dizer que o princípio do contraditório é genuína manifestação do Estado de Direito.

Com razão *Nelson Nery Júnior* (*in* "Princípios do Processo Civil na Constituição Federal", 4. ed., Revista dos Tribunais, 1997, p. 125) ao frisar que o princípio do contraditório "tem íntima ligação com o da igualdade das partes e o do direito de ação, pois o texto constitucional, ao garantir aos litigantes o contraditório e ampla defesa, quer significar que tanto o direito de ação, quanto o direito de defesa são manifestação do princípio do contraditório".

Na Itália, a doutrina não tem negado essa conexão entre os sobreditos princípios (*Cappelletti e Vigoriti, in* "Riv. Dir. Proc. XXVI", de 1971, p. 622/623).

De nenhum valor o argumento de que o princípio do contraditório é malferido na concessão de liminar *inaudita altera pars* na cautelar, inominada ou não, na antecipação da tutela de mérito e no mandado de segurança.

Na espécie, a parte — intervindo posteriormente no processo — tem o ensejo de manifestar-se sobre aquela medida. O caráter provisório desta tem implícita a possibilidade de ser revista noutro momento processual.

A capacidade de estar em juízo é a *legitimatio ad processum*, cuja falta acarreta a absolvição de instância, por ser pressuposto processual.

Pode ser parte, num processo, um terceiro comumente definido como aquele que sofre os efeitos da sentença sem ter participado do processo. O conceito é muito difundido, mas manifestamente impróprio, pois há quem sofra os efeitos do julgado sem ter participado do processo e que, no entanto, não se pode chamar de terceiro.

Entendemos que terceiro é aquele que tem interesse em que o processo tenha certa conclusão favorável a seu direito ou quem, no processo de execução, se vê indevidamente nele envolvido com ameaça a seu patrimônio.

Deve a parte ser capaz, isto é, apta para ter direitos e contrair obrigações e exercê-los diretamente.

No processo trabalhista, o menor de 18 anos, como incapaz, atuará por intermédio de um representante (pai, mãe ou tutor) ou do Ministério Público.

São absolutamente incapazes os que, por enfermidade ou deficiência mental, não tiverem o necessário discernimento para a prática dos atos da vida civil e os que, mesmo por causa transitória, não puderem exprimir sua vontade. Os atos que praticarem são nulos e não convalidáveis *a posteriori*.

De conformidade com o preceituado no art. 4º, combinado com o art. 171, ambos do Código Civil de 2002, são anuláveis os atos praticados pelos maiores de 16 e menores de 18 anos. A teor dessa norma, são absolutamente nulos os atos praticados pelo empregado menor de 16 e maior de 14 anos e anuláveis entre os 16 e os 18 anos. Estes últimos são susceptíveis de ratificação.

Dará o Juiz curador especial: ao incapaz, se não tiver representante legal ou se os interesses deste colidirem com os daquele. Estabelece o art. 793, da CLT que "*a reclamação trabalhista do menor de 18 anos será feita por seus representantes legais e, na falta destes, pela Procuradoria da Justiça do Trabalho, pelo Sindicato, pelo Ministério Público estadual ou curador nomeado em juízo*".

A lei concede prioridade na tramitação dos processos em que a parte tem idade avançada ou, então, é portadora de doença grave.

De fato, os arts. 1.211-A, 1.211-B e 1.211-C, do CPC, dão prioridade de tramitação aos procedimentos judiciais em que figure como parte pessoa com idade igual ou superior a 60 anos. Com a morte do beneficiado, estende-se a prioridade em tela ao cônjuge supérstite, companheiro ou companheira com união estável. Temos como certo que tal prioridade pode ser requerida no processo do trabalho.

O Estatuto do Idoso, Lei n. 10.741, de 1º de outubro de 2003, repete estes artigos do CPC. Terão igual tratamento prioritário as pessoas portadoras de doença grave, que poderão requerer e provar essa sua condição especial perante a autoridade judiciária.

54.2. Da Substituição das Partes ou Sucessão Processual

Em consonância com o disposto no art. 41 do CPC, "só é permitida, no curso do processo, a substituição voluntária das partes nos casos expressos em lei".

Inexiste norma semelhante na CLT.

Outra denominação deveria ter o fenômeno processual de que trata o sobredito dispositivo do Estatuto do Processo comum. Quando uma pessoa toma o lugar de outra num processo e passa a figurar como parte, não se operou uma substituição, mas, em verdade, uma sucessão processual.

A espécie nada tem que ver com a substituição processual. Nesta, há a postulação, em nome próprio, de direito alheio; na sucessão processual há a postulação e defesa de direito próprio, pois o sucessor passou a ser o titular do direito defendido ou contestado no processo.

Em doutrina, ainda se afirma que a sucessão das partes é, de fato, uma exceção ao princípio da estabilidade subjetiva da lide (*perpetuatio legitimationis*) que proíbe a alteração das partes e dos intervenientes no curso do processo.

No processo comum a alienação do estabelecimento não importa na sucessão do alienante pelo adquirente. É o que prescreve o art. 42 do CPC.

É, portanto, vedado ao adquirente o ingresso no processo, mas os efeitos da sentença — se condenatória — o atingirão, porque os bens da empresa que comprou serão considerados no processo de execução. Entretanto, a sucessão, no caso, é viável se o Reclamante concordar (art. 42, § 1º, do CPC: *"O adquirente ou o cessionário não poderá ingressar em juízo, substituindo o alienante, ou o cedente, sem que o consinta a parte contrária"*).

Em face da discordância do Reclamante, resta ao adquirente do estabelecimento entrar no processo como assistente litisconsorcial.

Todavia, se o alienante vier a falecer na marcha do processo, aí o adquirente do estabelecimento poderá sucedê-lo, ganhando a condição de parte, independentemente da anuência da outra. É o que autoriza o art. 1.061, também do CPC:

"Falecendo o alienante ou o cedente, poderá o adquirente ou o cessionário prosseguir na causa juntando aos autos o respectivo título e provando a sua identidade".

Ainda no caso do falecimento de uma das partes (Reclamante ou Reclamado), reza o art. 43 do CPC:

"Dar-se-á a substituição pelo seu espólio ou pelos seus sucessores observado o disposto no art. 265".

Na hipótese, suspende-se o processo, a menos que já se tenha iniciado a audiência de instrução e julgamento, caso em que: a) o advogado continuará no processo até o encerramento da audiência; b) o processo só se suspenderá a partir da publicação da sentença ou do acórdão.

A mesma hipótese, no processo do trabalho, tem tratamento diferente, *ex vi* do disposto no art. 10 da CLT: *"Qualquer alteração na estrutura jurídica da empresa não afetará os direitos adquiridos pelos empregados"*.

Inspirou-se, esse preceito, na teoria da despersonalização da pessoa jurídica ou *disregard doctrine*.

54.3. Da Representação Processual

Representar é estar no lugar de alguém. Portanto, representar um incapaz em Juízo é estar ali em seu lugar.

A representação processual pode ser (a) legal, (b) convencional e (c) ilegítima.

É *legal* a representação quando decorrente de expressa autorização da Lei. Assim o pai que representa, perante a Vara do Trabalho, filho menor ou curador de empregado adulto que se torna incapaz no curso da ação.

Convencional é a representação, também prevista em lei, que faculta às partes, por um ato de vontade, fazerem-se representar em Juízo, como acontece com o empregador por meio de seu preposto.

Ilegítima é a representação processada de forma irregular, como a de um preposto que não satisfaz as exigências de praxe: conhecimento do litígio; carta de preposição; poderes inerentes à parte que representa.

Na hipótese, não se impõe a extinção do processo, mas a sua suspensão durante lapso de tempo estipulado pela Vara do Trabalho a fim de que a irregularidade seja sanada.

Há juízes, porém, que nesse caso não dão a menor atenção ao preceituado no art. 13 do CPC, aplicável ao processo trabalhista:

"Verificando a incapacidade processual ou a irregularidade da representação das partes, o Juiz, suspendendo o processo, marcará prazo razoável para ser sanado o defeito.

Não sendo cumprido o despacho dentro do prazo, se a providência couber: I — ao autor, o juiz decretará a nulidade do processo; II — ao réu, reputar-se-á revel; III — ao terceiro, será excluído do processo".

Pesquisa em repertórios de jurisprudência nos permitiram levantar os casos mais comuns de representação processual, que são os seguintes:

I) Debate-se, no plano doutrinário, se o empregado de menos de 18 anos é representado ou assistido em Juízo.

Com estribo no Código Civil, há quem sustente que esse empregado menor deva ser apenas assistido, enquanto outros pensam que se trata de representação.

Não resta dúvida de que a controvérsia se resolve com o emprego das normas processuais. E o art. 793 não deixa subsistir qualquer dúvida a respeito. Dispõe que, tratando-se de maiores de 16 e menores de 18 anos, as reclamações poderão ser feitas pelos seus representantes legais ou, na falta destes, por intermédio da Procuradoria da Justiça do Trabalho. Nas cidades onde não haja Procuradoria, assume o papel o curador à lide nomeado pelo Juiz da Vara do Trabalho.

Ligeira crítica fazemos ao referido dispositivo consolidado. Nele se diz que, nos casos em tela, as reclamações poderão ser feitas pelo representante legal do menor, em lugar de dizer que elas deverão ser feitas pelo representante. A redação faz-nos pensar que o legislador, na hipótese, entende que semelhante nomeação é facultativa. É claro que se trata de simples impropriedade de linguagem.

Caso, também, muito frequente é o de o menor de 16 anos (abaixo da idade-limite prefixada no art. 7º da Constituição Federal) ter de apresentar reclamação contra o seu empregador. Na hipótese, não só é competente a Justiça do Trabalho para conhecer o fato, como também deve o menor ser representado por pai, mãe ou tutor e, na falta destes, pelo Ministério Público.

II) Na falta de representante legal do menor, cabe ao Ministério Público do Trabalho apresentar a reclamatória. É o que diz — *in fine* — o art. 793 da CLT.

Não se exaure nesse ato a participação da Procuradoria no processo. Nele terá de atuar como parte e, de conseguinte, titular de direitos e obrigações que lhe são peculiares.

De notar-se que a Lei Complementar n. 75, de 20 de maio de 1993, reza que compete à Procuradoria do Trabalho *"propor as ações necessárias à defesa dos direitos e interesses dos menores, incapazes e índios decorrentes da relação de trabalho"*.

Interpretação literal dessa norma leva, erroneamente, à conclusão de que o menor, mesmo com representante legal, só irá a Juízo por intermédio do Ministério Público.

É de toda evidência que a atuação deste último tem como pressuposto a inexistência de representante legal do menor.

Além da Procuradoria da Justiça do Trabalho, e na forma do art. 793, da CLT, a reclamação trabalhista desse menor será feita pelo seu Sindicato, pelo Ministério Público estadual ou curador nomeado em juízo.

III) Os ausentes e os incapazes maiores de 18 anos (loucos, surdos-mudos) só podem estar em Juízo por seus representantes legais. Inexistindo estes últimos, resta nomear curador à lide. É a aplicação extensiva do art. 793 da CLT. Não se faz mister a observância de todo o disposto no Código Civil (arts. 1.767 a 1.780 e 22 a 36) no tangente à curatela, que demanda processo moroso, capaz de pôr em risco os interesses do incapaz no âmbito trabalhista.

IV) Dispõe o § 1º do art. 843 ser facultado ao empregador fazer-se substituir pelo gerente, ou qualquer outro preposto que tenha conhecimento do fato, e cujas declarações obrigarão o preponente.

Impossibilitado de comparecer em Juízo, o empregador está autorizado por lei a fazer-se representar por um gerente — empregado de confiança — ou qualquer outro preposto. Quanto ao significado deste último vocábulo são divergentes as opiniões, e a controvérsia mais se aguça com o recurso aos ensinamentos dos doutrinadores da lei comercial.

Não aceitamos a exegese da precitada norma, que leva à conclusão de que o preposto não precisa ser obrigatoriamente empregado da empresa.

Ao revés, o que deixa claro o parágrafo do art. 843 da CLT é que o gerente deve merecer preferência na escolha de um substituto do empregador na audiência, mas é permitido que se indique outro empregado, de confiança ou não, que tenha conhecimento do fato.

Por oportuno, lembramos que se aplica ao processo trabalhista o disposto no CPC sobre o depoimento pessoal das partes.

O § 1º do art. 343 do CPC comum reza que a parte será intimada pessoalmente, constando do mandado que se presumirão confessados os fatos contra ela alegados, caso não compareça ou, comparecendo, recuse-se a depor.

Aplica-se, no caso, a pena de confissão.

O representante do empregador, que alega não ter conhecimento dos fatos vinculados à lide, autoriza o Juiz a aplicar-lhe a pena de confissão.

É a aplicação analógica dos arts. 343 e 345 do CPC.

Finalmente, quando a CLT exige que o preposto tenha conhecimento dos fatos, está implícito nessa exigência que ele — o preposto — deva ser alguém que, como empregado, encontrava-se no interior da empresa assistindo ou participando mesmo das ocorrências que motivaram a reclamatória.

Em suma, entendemos que o preposto deve ser realmente empregado da empresa e, por via de consequência, colocamo-nos de acordo com a diretriz jurisprudencial já dominante, que esposa idêntica opinião.

Aqui, lembramos que, no Japão, o advogado pode representar as partes em Juízo embora não haja entre eles vínculo empregatício ("Introduction au Droit Japonais", de *Yosiyuki Noda*, Librairie Dalloz, 1966, p. 159).

No item 221 é estudada, com mais vagar, a figura do preposto.

V) A empresa em recuperação judicial não é despojado da administração dos seus negócios.

Recorrendo à recuperação judicial, e sendo o plano de sua recuperação homologado pelo juiz, evita a definitiva insolvência mediante a prorrogação dos prazos de vencimento das suas obrigações.

Como reclamado numa ação trabalhista, tem a empresa em recuperação judicial de comparecer em Juízo ou se fazer representar nos termos do § 1º do art. 843 da CLT.

VI) O condomínio é representado por seu síndico ou administrador.

VII) As sociedades civis, as fundações, as empresas públicas e as sociedades de economia mista comparecem em Juízo por meio de seus dirigentes, que, estatutariamente, devem fazê-lo. Nada impede, porém, que eles se façam representar por prepostos nos termos da Lei.

VIII) Os Estados e Municípios, por seus procuradores. O TST editou a Orientação Jurisprudencial n. 318, SDI-1, sobre essa matéria, *verbis*: "*Representação irregular. Autarquia*. Os Estados e os Municípios não têm legitimidade para recorrer em nome das autarquias detentoras de personalidade jurídica própria, devendo ser representadas pelos procuradores que fazem parte de seus quadros ou por advogados constituídos".

IX) Decretada a falência da empresa, o administrador judicial (denominação atual do ex-síndico) é que terá de representá-la em Juízo e, mesmo nas ações em curso, tomará o papel do falido (art. 21, II, "c", da Lei n. 11.101, de 9.2.2005)

X) Os sindicatos, nas ações individuais, podem ter um duplo papel: de representante e de substituto processual.

Há quem se reporte ao inciso III do art. 8º da Constituição ("ao sindicato cabe a defesa dos direitos e interesses coletivos ou individuais da categoria, inclusive em questões judiciais ou administrativas") para concluir que o sindicato é o substituto processual dos trabalhadores.

Argumenta-se que, por força desse dispositivo constitucional, o Sindicato representa todos os trabalhadores, seus associados ou não. Vislumbram eles que esse dispositivo outorga ao sindicato a condição de substituto processual em todas as questões judiciais ou administrativas, seja no processo de conhecimento como no processo de execução trabalhista.

Tínhamos opinião contrária. Sustentávamos que esse dispositivo constitucional não era autoaplicável. Dizíamos que o inciso III do art. 8º da Constituição limita-se a dizer que *"ao sindicato cabe a defesa dos direitos e interesses coletivos e individuais da categoria, inclusive em questões judiciais ou administrativas."*

Argumentávamos que essa defesa tanto podia ser feita mediante a representação processual como pela substituição processual. Logo, competia ao legislador infraconstitucional dizer como se materializaria essa defesa.

Como se vê, sustentávamos que era encargo do legislador ordinário dispor sobre como se faria a defesa dos interesses do trabalhador por seu sindicato, se por meio de representação ou de substituição processual. Se fosse como representante, só estaria em Juízo com a procuração do trabalhador.

Contudo, o Supremo Tribunal Federal entendeu que o sindicato tem a ampla capacidade processual para a defesa de qualquer tipo de interesse de seus representados seja na fase de conhecimento, seja na fase de cumprimento da sentença exequenda (RE 213.111; 210.029; 193.503; 193.579; 208.983; 211.152; 214.830; 211.874 e 214.668). Isto é, foi reconhecido que o sindicato é substituto processual pleno dos trabalhadores.

54.4. Da Substituição Processual

Quem afirma ser o titular de um direito material tem, também, normalmente, o direito de ação, ou melhor, tem legitimação para agir.

Há, porém, a hipótese de a legitimação de agir ser transferida para aqueles que, autorizados por lei, podem estar em juízo para, em nome próprio, defender direito alheio.

Essa legitimação é: a) autônoma, porque o substituto, no processo, tem a mesma liberdade do próprio substituído; b) concorrente, porque preserva a legitimação do titular do direito ou de defesa.

Substituto processual, portanto, é aquele que, em nome próprio, vai a Juízo postular direito de outrem.

Sua atuação só se reveste de legitimidade quando autorizada por lei, como deflui do art. 6º do CPC — *verbis*: "*Ninguém poderá pleitear, em nome próprio, direito alheio, salvo quando autorizado por lei*".

Percebe-se, nitidamente, na parte final desse dispositivo, a figura do substituto processual. A legitimidade de sua ação em Juízo, em nome de um terceiro, é *ex vi legis*.

Ugo Rocco (apud Wilson Batalha, "Tratado de Direito Judiciário do Trabalho", 3. ed., I tomo, LTr Edit., p. 598) sustenta que, "*na espécie, se configura, não o exercício do direito de ação alheio em nome próprio, mas, ao contrário, o exercício de um direito de ação próprio; portanto, em nome próprio, tendo por objeto uma relação jurídica alheia*".

A figura do substituto processual tanto pode ser do autor (reclamante) ou do réu (reclamado). Destarte, o substituto processual, como parte no processo, detém, conforme o caso, o direito de ação ou de defesa.

A substituição processual distingue-se da representação porque aquela autoriza a presença em juízo, em nome próprio, e esta também, mas em nome de outrem. Por outras palavras, o substituto não necessita de mandato do titular do direito para compor a relação processual, enquanto o representante tem de possuir o instrumento procuratório para estar em juízo.

É de todo inaceitável a tese de que o inciso III do art. 8º da Constituição da República ("*ao sindicato cabe a defesa dos direitos e interesses coletivos ou individuais da categoria, inclusive em questões judiciais ou administrativas*") confere às entidades sindicais substituição processual ampla e irrestrita.

Submetendo esse dispositivo constitucional aos rigores de uma interpretação histórica, observa-se, desde já, que o legislador constituinte não objetivou outorgar ao sindicato a condição de substituto processual.

Num primeiro momento dos debates constituintes, a Subcomissão de Direitos dos Trabalhadores e Servidores Públicos, a Comissão da Ordem Social e a Comissão de Sistematização da Assembleia Nacional Constituinte haviam conferido, explícita e genericamente, às entidades sindicais a qualidade de substitutos processuais, ao redigir esse inciso III, do art. 8º, nos seguintes termos: "à entidade sindical cabe a defesa dos direitos e interesses da categoria, individuais ou coletivos, inclusive como substituto processual em questões judiciais ou administrativas".

Contudo, essa expressão "substituto processual" sofreu a ablação pelo Plenário da Assembleia, no 1º turno de votação. Elaborou-se uma emenda na tentativa de restabelecê-la, porém, foi ela repelida no 2º e último turno. Com esse dado histórico em mãos dos debates acerca da elaboração desse dispositivo constitucional, é forçoso se concluir que houve a manifesta decisão da Assembleia Constituinte de não conceder às entidades sindicais, em norma constitucional, a condição de "substituto processual" em todos os casos de interesse da categoria, profissional ou econômica, representada.

Submetendo esse inciso III, do art. 8º, da Constituição, à interpretação teleológica, não se pode aceitar a substituição processual ilimitada pela entidade sindical, pois caso contrário a dignidade da pessoa humana estaria seriamente ameaçada pela prevalência do interesse coletivo sobre o individual, como bem aponta *Aluísio Rodrigues* no livro "Direito Constitucional do Trabalho", vol. II, LTr Edit., p. 362.

Houve, assim, a correta inteligência do legislador constituinte de que esse essa condição de substituição processual da entidade sindical, por ser uma legitimação extraordinária, deve ser examinada não por ele, mas, sim, pelo legislador ordinário ou infraconstitucional, caso por caso.

Nesse mesmo sentido, temos as palavras sempre precisas de *Arnaldo Süssekind* ao constatar, também, que o legislador constituinte suprimiu essa expressão da norma constitucional em exame: "Essa circunstância tem evidente valor histórico na interpretação do inciso III, do art. 8º da Carta Magna. E, com a propositada supressão das palavras "substituto processual", o Constituinte fez prevalecer a doutrina tradicional, em virtude da qual essa legitimação extraordinária deve resultar de expressa previsão legal para cada hipótese." (cf. s/ob "Direito Constitucional do Trabalho", 2. ed., LTr Edit., p. 390).

Contudo, o Supremo Tribunal Federal entendeu que o sindicato tem a ampla capacidade processual para a defesa de qualquer tipo de interesse de seus representados seja na fase de conhecimento, seja na fase de cumprimento da sentença exequenda (RE 213.111; 210.029; 193.503; 193.579; 208.983; 211.152; 214.830; 211.874 e 214.668). Isto é, foi reconhecido que o sindicato é substituto processual pleno dos trabalhadores.

Relativamente à prescrição e a substituição processual o TST editou a Orientação Jurisprudencial n. 359, SDI-1 nestes termos: "**Substituição Processual. Sindicato. Legitimidade. Prescrição. Interrupção**. *A ação movida por sindicato, na qualidade de substituto processual, interrompe a prescrição, ainda que tenha sido considerado parte ilegítima* ad causam". Ver item 42.

Antes de avançarmos no exame de certas situações concretas constantes de decisões judiciais acerca da substituição processual, vejamos alguns de seus aspectos históricos.

54.4.1. *Da Substituição Processual: Antecedentes Históricos*

Gayo (IV, § 82) informa que, no primitivo período das *legis actiones* (correspondente à época da realeza), só, em determinadas causas, se permitia a representação das partes em Juízo. No período seguinte, o formulário (3 primeiros séculos do Império — I de AC e II DC) aos cognitores, procuradores, tutores e curadores era lícito acionar em nome alheio. Neste segundo período, subsistiram muitos casos de representação observados ao tempos da *legis actiones*. Os dois primeiros períodos compõem o *ordo judiciorum privatorum*. O terceiro e último período vai do III século até Justiniano, quando a justiça se tornou inteiramente estatal. É certo que as ações populares já então admitidas podiam servir de exemplo ao que atualmente chamamos de substituição processual.

Depois de compulsar *Scialoja, Cuenca, Bonfanti* e outros romanistas da mesma estirpe, não detectamos estudo sistemático do fenômeno processual que hoje, graças a *Giuseppe Chiovenda*, se conhece pelo *nomen juris* de substituição processual. Esta denominação é combatida por alguns juristas patrícios com *Pontes de Miranda* à frente, por entenderem que, no caso, há equiparação processual e não substituição. De qualquer modo, o batismo feito por *Chiovenda* é respeitado até os dias que correm.

Com apoio em informações dos que mais estudaram o instituto, reconhecemos que há consenso em dizer-se que *Josef Kohler*, em 1886, foi o primeiro a falar em substituição processual.

O próprio *Chiovenda* o confessa ao dizer que "*Kohler considera como um caso de substituição processual a capacidade de ser parte em juízo que se reconhece às uniões destituídas de personalidade jurídica; em seu entender, as uniões têm personalidade meramente processual, com o objeto de defender direito alheio (ou seja, o dos diversos componentes da união)*" ("Instituições de Direito Processual Civil", Saraiva, 1965, II tomo, p. 254).

Nesse exemplo, *Kohler* confunde representação com substituição processual.

É fora de dúvida, porém, que *Chiovenda* foi quem — nos primórdios do século XX — realizou estudo acurado da questão, tendo como premissa a possibilidade de transplantar-se para o âmbito processual o que, de há muito, se admitia no direito material, isto é, alguém exercer, em nome próprio, o direito alheio.

Assinalou, outrossim, que o substituto processual, embora defendendo em nome próprio o direito alheio, não estava autorizado praticar todo e qualquer ato processual. Alguns deles, como transação, confissão, desistência da ação, reconhecimento do direito alheio etc., só poderiam ser praticados pelo titular da relação de direito material.

A nossa legislação (e sobretudo o art. 6º do Código de Processo Civil) é omissa sobre este aspecto do problema. Inobstante, a doutrina e a jurisprudência pátrias não discrepam do velho pensamento chiovendiano.

A nosso sentir, até hoje ninguém explicou melhor que *Chiovenda* o vínculo entre substituto e substituído na gênese do instituto em tela:

"O fato, porém, de ser o substituto processual autorizado por lei a comparecer em juízo pelo direito alheio, decorre de uma relação em que aquele se encontra com o sujeito dele. Esta relação, em que ele se encontra com o titular, constitui o interesse como condição da substituição processual, apresentado, pois, como coisa bem diferente do interesse como condição da ação que se faz valer."

O velho mestre peninsular salienta que o interesse do substituto processual não se confunde com o interesse de agir da parte.

O nosso Código de Processo Civil de 1939 não fazia referência ao tema, sendo certo, porém, que a doutrina aceitava, sem tergiversar, o instituto da substituição processual.

54.4.2. Da Substituição Processual: Doutrina Estrangeira

Deixamos de lado o magistério de *Chiovenda* porque a ele já nos reportamos anteriormente.

Para *Carnelutti*, a substituição processual se configura quando uma pessoa, diversa daquela que retém a titularidade do direito substancial, mas estimulada por interesse conexo com o interesse empenhado na lide, vai a Juízo pleitear, como se fosse seu, um direito alheio.

Percebe-se que *Carnelutti* considera "interesse conexo" a relação de que fala *Chiovenda* entre o substituto e o substituído.

Fala em substituição absoluta e relativa. A primeira corresponde a identificação do interesse do substituto com o do substituído; na segunda, está ausente essa identificação.

A ideia de que sempre há interesse pessoal do substituto não é real; o Ministério Público exerce sua função, como substituto, e não tem esse interesse pessoal.

Marco Tullio Zanzucchi afasta-se do pensamento de *Carnelutti* ao fazer digressão sobre o sentido da expressão "agir em nome próprio". No caso, não é atuar no próprio interesse; equivale à aceitação do papel de sujeito da relação processual que traz, na sua esteira, rosário de poderes, direitos, obrigações e ônus de índole processual.

Não admite substituição processual que não seja autorizada por lei e, de conseguinte, exclui a substituição processual voluntária.

Gian Antonio Micheli afina pelo mesmo diapasão.

Enrico Redenti assevera, sem nenhuma hesitação, que na substituição meramente processual, a parte em sentido substancial conserva inalterada sua posição de titular do direito e da ação e da sua faculdade de dispor pessoalmente deles, ainda que se deixe ou se faça substituir por outros nas atividades processuais.

Ugo Rocco opõe-se à substituição processual por entender que não existe tal fenômeno, pois a ninguém é dado exercer o direito de ação alheio.

O eminente mestre não se dá conta de que, na espécie, o direito de ação é exercido pelo substituto para defender interesse ou direito alheio ("Trattato di diritto processuale civile", 2. ed., volume I, UTET, 1966, p. 348).

Para *Salvatore Satta*, trata-se *"de uma relação de prejudicialidade, entre a relação alheia e o direito próprio"* (*Ephraim Campos*, "Substituição processual", Rev. dos Tr., 1985, p. 61). Acrescenta esse autor patrício que "a substituição processual (para *Satta*) não é senão uma hipótese de interferência entre relações jurídicas."

Como fecho a este tópico, ressaltamos que, no presente, a corrente doutrinária majoritária reconhece o fenômeno processual da substituição, em Juízo, do titular de um direito substancial por quem estiver autorizado por lei a defender esse mesmo direito.

54.4.3. Da Substituição Processual e o Código de Processo Civil

Já sublinhamos que o Código de Processo Civil de 1939 não aludia ao instituto processual que vimos analisando nestas linhas.

Já o CPC de 1973 dispõe no art. 6º — *verbis*: *"Ninguém poderá pleitear, em nome próprio, direito alheio, salvo quando autorizado por lei."*

A norma cria a legitimação extraordinária, anômala.

O autor ou réu, embora não detenha a titularidade do direito, fica autorizado a pleiteá-lo ou defendê-lo em juízo.

Temos, assim, a substituição processual ativa ou passiva.

Não existindo a autorização legal para essa substituição, desaparece a legitimidade extraordinária e o processo pode ser extinto com fundamento no inciso VI do art. 267c/c art. 329 do Código de Processo Civil.

O sujeito de relação jurídica material não pode ser usurpado, permanentemente, do direito de postular ou defender seu direito perante a Justiça. Só em casos especiais, ou melhor, só excepcionalmente, a lei permite que um terceiro ajuíze ação para defender, em nome próprio, direito de outrem.

Historicamente, ao longo dos séculos, o legislador teve o cuidado de não banalizar esse instituto processual, pois, sempre condicionou seu exercício a uma autorização expressa da lei.

54.4.4. Da Constituição e da Substituição Processual

A expressão "substituição processual" não é encontrada, uma só vez, no texto da Constituição Federal de 1988.

O inciso XXI do art. 5º da *Lex Legum* estatui: "as entidades associativas, quando expressamente autorizadas, têm legitimidade para representar seus filiados judicial ou extrajudicialmente."

Como já mencionado, o inciso III do art. 8º, também da Lei Maior, reza *"ao sindicato cabe a defesa dos direitos e interesses coletivos ou individuais da categoria, inclusive em questões judiciais ou administrativas"*.

No inciso do art. 5º, o legislador constituinte fala na legitimidade de a entidade associativa "representar" seus filiados se expressamente autorizada.

É curial recordar que a doutrina e a jurisprudência estrangeiras e nacionais, unissonamente, estabelecem a nítida distinção entre os institutos da representação e da substituição processual. A primeira consiste na defesa, em juízo, em nome alheio, de direito de outrem. O representante, no caso, deve ser autorizado expressamente pelo representado a defender seu direito em juízo. No caso, o representado não só permanece titular do direito substancial como, também, é parte no processo.

Na substituição processual, o substituto é parte no processo, o que importa dizer que, em nome próprio, defende direito alheio em juízo, porque para tanto foi autorizado por lei.

De conseguinte, é-nos permitido concluir afirmando que a representação deriva de um ato de vontade de quem tem titularidade do direito material, enquanto na substituição processual ela resulta, também de um ato de vontade, mas do legislador. À primeira vista, os dois institutos parecem semelhantes porque alguns de seus efeitos guardam analogia entre si, mas seus fundamentos são incontrastavelmente diferentes.

No inciso III, do art. 8º da Lei Básica, é estabelecido que cabe ao sindicato a "defesa dos direitos coletivos e individuais da categoria".

Só por meio de interpretação extensiva — inadequada em se tratando de norma constitucional — se conclui que o sindicato, no cumprimento daquele preceito constitucional, atua como substituto processual.

Possibilita-se a defesa de um direito em juízo por três maneiras: por seu titular, pelo representante ou pelo substituto processual.

Deflui dessa irrefutável análise que o legislador constituinte delegou ao legislador menor a atribuição de dizer em que condição o sindicato deve defender, na Justiça, os interesses e direitos coletivos e individuais da categoria. Apesar disso, como afirmamos anteriormente, o Supremo Tribunal Federal entendeu que o sindicato tem a ampla capacidade processual para a defesa de qualquer tipo de interesse de seus representados seja na fase de conhecimento, seja na fase de cumprimento da sentença exequenda (RE 213.111; 210.029; 193.503; 193.579; 208.983; 211.152; 214.830; 211.874 e 214.668). Isto é, foi reconhecido que o sindicato é substituto processual pleno dos trabalhadores.

54.4.5. Da Substituição Processual na CLT

No item precedente, deixamos bem patente que o legislador constituinte não considerou, expressamente, o sindicato substituto processual de seus filiados. Limitou-se a dizer que lhe cabe fazer a defesa dos interesses coletivos e individuais da categoria investido no papel que lhe designasse o legislador infraconstitucional, isto é, como representante ou como substituto processual.

Nessa ordem de ideias, temos de voltar nossa atenção para a Consolidação das Leis do Trabalho — CLT.

Desde já, adiantamos que o "legislador dativo" (*Getúlio Vargas*) e Congresso Nacional não se houveram com acerto no trato da matéria aqui enfocada; o primeiro, ao aprovar, por decreto-lei, o texto original a CLT e, o segundo, nas dezenas de alterações feitas posteriormente.

No art. 195, com redação dada pela Lei n. 6.514, de 23.12.1977, assenta que o sindicato tem a faculdade de arguir em juízo insalubridade ou periculosidade em favor de grupo de associados.

Não informa que o sindicato, na espécie, está autorizado por lei a substituir processualmente seus associados numa ação tendo por objeto o adicional de insalubridade ou periculosidade.

A despeito dessa imperfeição formal, o TST, pela Súmula n. 271, pronunciou-se a favor da tese de que, no precitado dispositivo consolidado, o sindicato é substituto processual dos seus filiados. Apesar de cancelada essa Súmula pela Resolução n. 121/2003 (DJ 21.11.2003), entendemos que permanece íntegro o pensamento de que, nessa hipótese, o sindicato é substituto processual.

No art. 513, alínea *a*, também do Estatuto Obreiro, é disposto ser prerrogativa dos sindicatos "representar, perante as autoridades administrativas e judiciárias, os interesses gerais da respectiva categoria ou profissão liberal ou os interesses individuais dos associados relativos à atividades ou profissão exercida."

Já destacamos, anteriormente, que, na representação, é imprescindível a autorização expressa do representado para que o representante fique apto para defender seu direito em juízo. Mas, como já apontamos anteriormente, o STF entendeu que o sindicato tem a ampla capacidade processual para a defesa de qualquer tipo de interesse de seus representados.

Tem-se admitido que essa autorização está expressa nos estatutos do sindicato. Quanto a nós, encaramos com reserva tal entendimento. Infere-se, de todos os textos legais relativos ao instituto da representação processual, que, no tangente à representação processual, a autorização do representado deve cingir-se a um caso concreto, bem definido.

De qualquer modo, estamos em que a alínea *a* do art. 513 da CLT, não erige o sindicato em substituto processual do trabalhador, mas apenas seu representante. Daí não concordarmos com o posicionamento apontado do STF.

O § 2º do art. 114 da Constituição Federal combinado com o art. 857 da CLT retratam, com fidelidade, o papel do sindicato como substituto processual da categoria mas dentro de um processo de dissídio coletivo.

Inconsistente o argumento de que, *in casu*, não há substituição processual porque a categoria profissional não tem personalidade jurídica. Esse requisito não é exigível na configuração daquele instituto. Corrobora nosso pensamento a existência, já em priscas eras, a ação *pro populo*, germe da ação popular dos dias atuais.

Tem a jurisprudência admitido a presença de uma empresa em processo de dissídio coletivo tendo, como partes, sindicatos de assalariados e de empregadores. Na hipótese, não se desfigura o instituto da substituição processual no processo coletivo, pois, aí, manifesta-se a substituição concorrente, isto é aquela em que algumas partes são defendidas pelo substituto e, outras, pelos próprios titulares. Mais adiante retomaremos, com mais vagar, este aspecto da questão.

É no parágrafo único do art. 872 consolidado que se desenha com fidelidade o perfil do substituto processual. O sindicato, independentemente de outorga de poderes de seus associados, é autorizado a propor a ação de cumprimento de uma decisão normativa da Justiça do Trabalho.

Depois dessa incursão por todo o texto da CLT, constata-se que o legislador — de fato — não tratou com correção esse instituto, o que ficou mais agravado com o novo posicionamento do STF em ver o sindicato como detentor de capacidade processual plena na defesa de todas as pessoas que integram sua categoria.

54.4.6. Da Substituição Processual no STF e no TST: Súmula n. 310

Em maio de 1993, o TST editou a Súmula n. 310, que tratava da substituição processual por parte dos sindicatos (Resolução n. 1/1993, DJU de 6.5.1993). Eis como estava vazada:

"*Substituição processual. Sindicato.*

I — O art. 8º, inciso III, da Constituição da República não assegura a substituição processual pelo sindicato.

II — A substituição processual autorizada ao sindicato pelas Leis ns. 6.708, de 30.10.1979, e 7.238, de 29.10.1984, limitada aos associados, restringe-se às demandas que visem aos reajustes salariais previstos em lei, ajuizadas até 3.7.1989, data em que entrou em vigor a Lei n. 7.788.

III — A Lei n. 7.788/1989, em seu art. 8º, assegurou, durante sua vigência, a legitimidade do sindicato como substituto processual da categoria.

IV — A substituição processual autorizada pela Lei n. 8.073, de 30.7.1990, ao sindicato alcança todos os integrantes da categoria e é restrita às demandas que visem à satisfação de reajustes salariais específicos resultantes de disposição prevista em lei de política salarial.

V — Em qualquer ação proposta pelo sindicato como substituto processual, todos os substituídos serão individualizados na petição inicial e, para o início da execução, devidamente identificados pelo número da Carteira de Trabalho e Previdência Social ou de qualquer documento de identidade.

VI — É lícito aos substituídos integrar a lide como assistente litisconsorcial, acordar, transigir e renunciar, independentemente de autorização ou anuência do substituto.

VII — Na liquidação da sentença exequenda, promovida pelo substituto, serão individualizados os valores devidos a cada substituído, cujos depósitos para quitação serão levantados através de guias expedidas em seu nome ou de procurador com poderes especiais para esse fim, inclusive nas ações de cumprimento.

VIII — Quando o sindicato for o autor da ação na condição de substituto processual, não serão devidos honorários advocatícios."

Estava essa Súmula em perfeita sintonia com a doutrina majoritária acerca da matéria, pois ela enfocava, com precisão, as diversas situações que o legislador ordinário outorgava a condição de substituto processual ao sindicato. Contudo, entendeu o TST revogar tal Súmula em outubro de 2003 (Res. n. 119/2003, DJU de 1º.10.2003), sinalizando, com isso, que passaria a entender que o inciso III, do art. 8º da Constituição prevê a substituição processual da entidade sindical como sendo ampla e ilimitada. Essa posição foi acolhida pelo STF, como anteriormente apontado.

Por discordarmos dessa decisão do STF e por considerarmos que tal Súmula não merecia ser revogada, achamos por bem mantermos neste livro os comentários doutrinários acerca dela. Ei-los.

A Súmula n. 310 dizia expressamente que o inciso III, do art. 8º da Constituição da República, não assegura ao sindicato a substituição processual.

É esta também a nossa opinião e já externada em item precedente. Compete ao legislador inferior dizer como o sindicato deve defender os interesses individuais e coletivos da categoria que representa, isto é, como representante ou como substituto processual. O constituinte deixou essa questão em aberto. E, até hoje, não sobreveio lei autorizando o sindicato a ser substituto processual de um único trabalhador.

Nos incisos II, III e IV da Súmula n. 310, o Tribunal Superior do Trabalho afirmava que as Leis ns. 6.708, 7.238, 7.788 e 8.073, respectivamente, de 1979, 1984, 1989 e 1990, davam legitimidade à substituição processual, pelo sindicato, da categoria e de seus membros em particular, para as demandas que visem aos reajustes salariais.

Também nesse ponto não divergíamos da mais alta Corte da Justiça do Trabalho.

Nossas opiniões entravam em choque quanto à regra encerrada no inciso VI da Súmula em tela e, por essa razão, julgamos de bom aviso copiá-la, aqui, outra vez:

"É lícito aos substituídos integrar a lide como assistente litisconsorcial, acordar, transigir e renunciar, independentemente de autorização ou anuência do substituto."

Temos a impressão de que inspirou esse inciso a ideia de que, sem embargo da autorização legal para o sindicato atuar como substituto legal, resta ao substituído o direito de, a qualquer tempo, integrar a lide para praticar um dos atos que, univocamente, a doutrina recusa ao substituto processual.

Parece-nos, outrossim, que esse entendimento fez alguns estudiosos concluírem que a hipótese é de substituição processual concorrente. A par dessa posição, manifestou-se uma outra: *a substituição processual é sempre concorrente na Justiça do Trabalho.*

Com apoio no magistério de *Chiovenda, Carnelutti, Redenti, Rosenberg, Liebmann, Ephraim de Campos* e muitos outros, estávamos em que, ocorrendo a entrada, no processo, do verdadeiro titular do direito substancial — a substituição processual desaparecia.

Derivava do preceituado no inciso IV da Súmula n. 310 que o ingresso, do titular do direito material, no processo em que atua o seu substituto, transformava-o em assistente litisconsorcial.

Não se pode negar a engenhosidade da solução que o TST intentava dar ao problema, mas, *permissa venia*, ela não era adequada à referida situação processual.

O assistente — reza o art. 50 do CPC — é o terceiro que, numa demanda entre duas ou mais pessoas, nela intervém por ter interesse jurídico em que a sentença seja favorável a uma delas.

O interesse jurídico, na espécie, consiste na possibilidade de advir, ao assistente, prejuízo jurídico relevante se a vitória for da parte contrária.

Ademais, a assistência litisconsorcial tem, como pressuposto de sua legitimidade, a existência de um litisconsórcio, ativo ou passivo, nas hipóteses enumeradas no art. 46 do CPC: a) comunhão de direitos ou de obrigações relativamente à lide; b) direitos ou obrigações derivados do mesmo fundamento de fato ou de direito; c) conexão entre as causas pelo objeto ou pela causa de pedir; d) afinidade de questões por um ponto comum de fato ou de direito.

Sublinhe-se que o juiz poderá limitar o litisconsórcio facultativo quanto ao número de litigantes, quando este comprometer a rápida solução do litígio ou dificultar a defesa. O pedido de limitação interrompe o prazo para resposta, que recomeça da intimação da decisão.

Assim equacionada a controvérsia, vejamos a estrutura do processo em que atua o substituto processual.

De regra, ele substitui um conjunto de trabalhadores (ou de empregadores). Nessa figura mais comum de substituição processual, temos de um lado o substituto e, de outro, a parte adversa.

No exemplo, evidentemente não há litisconsórcio. Não há que falar, portanto, em assistente litisconsorcial.

Se um dos substituídos ingressa na lide "para transigir, acordar ou renunciar", seu gesto produz dois efeitos de imediato: a) para ele, como titular de direito substancial, cessa a substituição processual; b) manifesta-se o que, de há muito, se convencionou chamar-se de "substituição processual concorrente", ou seja, a presença, na mesma ação, do substituto e de um ou mais titulares do direito substancial.

Releva notar que, de ordinário, é defeso a "um assistente litisconsorcial" praticar atos jurídicos, como os de transigir, acordar ou renunciar, que são privativos do titular do direito resistido no feito.

Parece-nos inquestionável que a situação processual, retratada no inciso IV da Súmula n. 310, mais se aproximava do litisconsórcio formado pelo substituto processual e pelo substituído (que quer tornar-se parte no processo), do que da figura do assistente litisconsorcial.

Vejamos outro exemplo: no processo, o substituto processual o é de, apenas, um trabalhador (ou empregador). Na hipótese, se o substituído adentrar a lide, deixa de existir, automaticamente, o substituto. É o que entende a corrente doutrinária mais volumosa formada desde *Kohler* e *Chiovenda* e, nesse particular, representada entre nós por *Barbosa Moreira*: a presença do substituído, no processo, expulsa o substituto (*José Carlos Barbosa Moreira*, "Apontamentos para um estudo sistemático da legitimação extraordinária", *in* RT 404/9).

Já o Supremo Tribunal Federal, desde 1995, tem entendimento contrário à Súmula n. 310 do TST, revogada em 2003. Entendia a Suprema Corte que a substituição processual do sindicato é ampla e irrestrita, notadamente quando passou a examinar os aspectos constitucionais da Lei n. 8.073/90.

Assim, semelhante posicionamento foi assumido pelo Supremo Tribunal Federal no julgamento do AGRAG n.153.148, *in* DJU de 17.11.1995, e, por sua 2ª Turma, no julgamento do RE n. 181.745, *in* DJU de 19.12.1996.

Os citados pronunciamentos da Suprema Corte têm como fundamento o art. 3º da Lei n. 8.073/90, que legitima a atuação dos sindicatos na defesa dos direitos e interesses coletivos ou individuais dos integrantes da categoria, como substitutos processuais.

Manoel Antonio Teixeira Filho (in "Litisconsórcio, Assistência e Intervenção de Terceiros no Processo do Trabalho", 3. ed., LTr Edit., 1995, p. 67) identifica-se com o pensamento do Supremo Tribunal ao dizer que *"o veto aos artigos 1º e 2º, da Lei n. 8.073/90, retirando-lhe o conteúdo material (política salarial) faz com que a substituição processual, nela referida, se tornasse ampla, vale dizer, pudesse ser exercitada na generalidade dos casos, independentemente do direito pleiteado"*.

Discrepamos desse entendimento.

Em verdade, no texto saído do Congresso Nacional, o questionado art. 3º, dessa Lei n. 8.073, vinculava-se a questões de ordem coletiva da política salarial.

O Supremo Tribunal, com aqueles decisórios, batia de frente com a Súmula n. 310 do Tribunal Superior do Trabalho, na qual se afirma que: a) o inciso III do art. 8º, da Constituição Federal não assegura a substituição processual do sindicato; b) a substituição processual autorizada pela Lei n. 8.073, de 30 de julho de 1990, ao sindicato alcança todos os integrantes da categoria e é restrita às demandas que visem à satisfação de reajustes salariais específicos, resultantes de disposição expressa prevista em lei de política salarial; c) é lícito aos substituídos integrar a lide como assistente litisconsorcial, acordar, transigir e renunciar, independentemente de autorização ou anuência do substituto.

Venia permissa, a Corte do Trabalho dava ao supracitado inciso constitucional interpretação mais afinada com a boa doutrina e em obediência aos lineamentos da hermenêutica.

A defesa dos interesses dos trabalhador — no dizer do legislador constituinte — pode ser feita de várias maneiras. Nessa regra genérica, está implícito o encargo do legislador ordinário de dizer se tal defesa se processará sob a forma de substituição ou de representação.

Ora, nenhuma objeção doutrinária se havia de fazer ao ponto da Súmula n. 310 que regulava o ingresso do substituído no processo como assistente litisconsorcial para acordar, transigir e renunciar, sem prévio assentimento do substituto (o sindicato).

Tanto a CLT como o Estatuto processual civil não nos ofereciam outra solução para o problema.

Adiantando-se à crítica de que o CPC, no art. 53, prevê a possibilidade de a parte principal — no caso, o substituto — desistir da ação ou transigir sobre direitos controvertidos, o TST — na Súmula que mencionamos acima — esclarecia que só o substituído pode acordar, transigir ou renunciar.

Assim se posicionando, o TST ficava em sintonia com a melhor doutrina no respeitante aos direitos e faculdades do substituto processual.

A nosso ver, o inciso da Lei Maior deixava entrever que tal defesa, consoante disposição de lei ordinária, poderia ser feita por representação ou substituição processual.

O item V da Súmula n. 310 do TST assentava que, *"em qualquer ação proposta pelo sindicato como substituto processual, todos os substituídos serão individualizados na petição inicial e, para o início da execução, devidamente identificados, pelo número da Carteira de Trabalho e Previdência Social ou de qualquer documento de identidade"*.

A exigência arrimava-se no inciso II do art. 282 do CPC, que manda incluir na petição inicial os dados que qualifiquem os autores.

Desse modo, cuidava-se da exequibilidade do item VII da mesma Súmula n. 310: *"Na liquidação da sentença exequenda, promovida pelo substituto, serão individualizados os valores devidos a cada substituído, cujos depósitos para quitação serão levantados através de guias expedidas em seu nome ou de procurador com poderes especiais para esse fim, inclusive nas ações de cumprimento".*

Obriga o sindicato a identificar os interessados na percepção de eventuais diferenças salariais e determina, também, com acerto, que na execução sejam especificados os valores devidos a cada um dos substituídos.

Existe a possibilidade de o sindicato profissional não contar com elementos que o levem a identificar todos os interessados que trabalhem em determinada empresa. No caso, não poderá identificar, no pedido vestibular, todos os interessados.

Com apoio nos arts. 355 e seguintes do CPC, tem o Juiz o poder de obrigar a empresa a fornecer os dados identificadores daqueles que tenham interesse na lide aberta pelo sindicato.

De outra parte, a revogada Súmula n. 310 fez desaparecer à época a de n. 255, que só admitia a desistência ou acordo do substituído antes da prolação da sentença de primeiro grau.

Nesse ponto, o TST estava certo.

Era inadmissível que o titular do direito material, em discussão na lide, ficasse impedido de renunciar ou de fazer acordo em qualquer ponto ou estágio do processo.

Há autores que se insurgiam contra a referida Súmula n. 310 por verem nela uma afronta ao princípio da irrenunciabilidade dos direitos do trabalhador.

Em contradita a essa opinião, assinalávamos que tal princípio devia ser respeitado por empregado e empresário na formação e execução do contrato de trabalho.

Em juízo, porém, se o direito já se incorporou no patrimônio do empregado, é-lhe lícito reduzi-lo ou renunciar numa transação com concessões recíprocas.

De qualquer maneira, é irrefutável que, em juízo, a presença do magistrado nos dá a certeza de que o empregado gozará de toda a liberdade para bem decidir sobre o que parecer mais conveniente aos seus interesses.

Além disso, temos de reconhecer que o TST, na aprovação da Súmula n. 310, colocava-se na mesma linha da melhor corrente doutrinária.

Desde *Chiovenda* se vem entendendo que o substituto processual, embora parte no processo, *"não implica dizer que ele possa realizar todas as atividades de parte. Pode haver atividades de parte a que a lei somente atribua importância desde que emanem daquele que é titular da relação substancial (juramento, confissão, renúncia aos autos, renúncia à ação, reconhecimento da ação), ou daquele que é representante ou órgão do titular. Semelhantes atividades não as poderia exercer o substituto; a atividade dele é, pois, circunscrita por sua própria condição"* ("Instituições de Direito Processual Civil", 2. ed., II tomo, Saraiva, 1965, p. 254).

Na mesma linha de pensamento *Arruda Alvim* ("CPC Comentado", vol. I, p. 429/430), ao sustentar que há direitos próprios e inalienáveis do substituído.

Em favor dessa argumentação, há que se atentar para o disposto no art. 6º do CPC, que transcrevemos no início deste item.

Sem embargo da sua concisão, o dispositivo deixa claro que o substituto processual está autorizado, por lei, a apenas pleitear — defender ou reivindicar — o direito do substituto. Não se incluem nesse permissivo legal os tais direitos a que fazem remissão *Chiovenda, Arruda Alvim* e muitos outros processualistas que propugnam a restrição aos direitos do substituto processual.

O inciso III da Súmula n. 219, do TST, com a revisão ocorrida em 2011, passou a prever expressamente que *"são devidos os honorários advocatícios nas causas em que o ente sindical figure como substituto processual e nas lides que não derivem da relação de emprego"*. Isto é, nas lides que não derivem da relação de emprego, eis que não disciplinadas pela CLT, são devidos os honorários. É o caso, por exemplo, de uma entidade sindical promover a cobrança da contribuição sindical dos trabalhadores contra uma empresa em virtude desta não ter feito o recolhimento a seus cofres, apesar de tê-la descontado na época própria. Nessa hipótese, sendo vencida a empresa, o sindicato de trabalhadores terá direito a perceber honorários advocatícios por ter ocorrido a sucumbência.

De tudo que dissemos nas linhas precedentes extraímos as seguintes conclusões:

A) Na representação, o representante não é parte no processo, mas o titular do direito substancial (o empregado) que se faz representar pelo sindicato.

B) O traço distintivo mais marcante entre os dois institutos é o de que, na substituição processual, o substituto é parte no processo, enquanto, na representação, o representante não é.

C) É legítima a substituição processual só nos casos expressos em lei, como, por exemplo, naqueles em que o sindicato substitui os trabalhadores: ação de cumprimento; de cobrança do adicional de insalubridade; nos dissídios coletivos de natureza econômica e jurídica; na cobrança de diferenças salariais resultantes do descumprimento das leis acima referidas.

D) A Constituição Federal, no inciso III, do art. 8º, não diz, às expressas, que o sindicato é o substituto processual de seus filiados.

E) A legislação infraconstitucional autoriza o sindicato a ser substituto processual dos trabalhadores nas ações que tenham por objeto questões salariais;

F) Inexiste norma legal que autorize o sindicato a ser substituto processual de um único trabalhador ou empregador;

G) A substituição processual concorrente não é peculiar ao processo do trabalho, mas tão somente fenômeno que se produz quando um dos substituídos ingressa na lide ao lado do substituto processual de outros titulares da relação processual contestada.

Como essas conclusões, pode-se bem constatar que discrepamos do posicionamento do STF em erigir o sindicato em um ente quase supremo de detentor de amplíssimos poderes das pessoas integrantes da categoria prevista em seu estatuto social.

54.5. Insalubridade e Substituição Processual

A atividade exercida pelo trabalhador é insalubre quando lhe pode trazer danos à saúde ou mesmo provocar-lhe a morte.

Consoante o art. 189 da CLT, "*serão consideradas atividades ou operações insalubres aquelas que, por sua natureza, condições ou métodos de trabalho, exponham os empregados a agentes nocivos à saúde, acima dos limites de tolerância fixados em razão da natureza e da intensidade do agente e do tempo de exposição aos seus efeitos*".

Reza o § 2º do art. 195, também da Consolidação referida, que o sindicato tem autorização para arguir, em juízo, insalubridade ou periculosidade em favor de um grupo de associados.

Deriva desse preceito legal não estar a entidade sindical autorizada a ser a substituta processual de um único trabalhador-associado em questão judicial versando a insalubridade ou periculosidade. A autorização legal é expressa: a substituição processual, *in casu*, só se legitima quando for de um grupo de associados.

No tocante à situação dos empregados ainda não organizados em sindicato, silenciou a lei.

No caso, cada um ou o grupo sob a forma litisconsorcial terão de postular, perante a Vara do Trabalho, o reconhecimento das condições insalubres ou perigosas, bem como o respectivo adicional.

Isso também se aplica a um associado do sindicato, pois, como observado acima, a substituição processual, na hipótese em foco, só se torna legítima se houver um grupo de associados.

Seja lá qual for a situação concreta, o trabalhador, filiado a um sindicato ou não, detém o direito de exercer, sozinho, o direito de ação com vistas à insalubridade, periculosidade e respectivos adicionais.

Com o novo posicionamento do STF, o sindicato passou a ter capacidade processual dos trabalhadores, seus associados ou não, nesses casos de insalubridade ou de periculosidade.

Indagação curiosa que poderá surgir é a seguinte: **na hipótese do sindicato ser considerado parte ilegítima, haverá a interrupção da prescrição?**

Respondendo essa questão, o TST editou a Orientação Jurisprudencial n. 359, SDI-1, nestes termos: "*Substituição Processual. Sindicato. Legitimidade. Prescrição. Interrupção. A ação movida por sindicato, na qualidade de substituto processual, interrompe a prescrição, ainda que tenha sido considerado parte ilegítima ad causam*".

Essa Orientação Jurisprudencial está em perfeita sintonia com os termos da Súmula n. 268, do TST, que fixa o entendimento de que "*a ação trabalhista, ainda que arquivada, interrompe a prescrição somente em relação aos pedidos idênticos*".

Assim, a ilação que se extrai dessa Súmula é que, ocorrendo o arquivamento, fica interrompida a prescrição quando existir pedidos idênticos, sendo irrelevante, portanto, que tenha sido a ação ajuizada por sindicato, como substituto processual, extinta sem julgamento do mérito, ainda que por falta de legitimidade ativa. De acordo com Súmula n. 268 do TST e artigo 202, I, do Código Civil, o ajuizamento de reclamatória anterior, ainda que arquivada, interrompe o curso da prescrição bienal do direito de ação, havendo novo curso da prescrição que, se inicia a partir da decisão que determinou o arquivamento dos autos. Contudo, se a ação foi ajuizada após expirado o novo prazo, impõe-se o reconhecimento da prescrição bienal do direito de ação.

54.6. Pactos Coletivos e Substituição Processual

É o sindicato de trabalhadores o titular do direito de celebrar Acordos ou Convenções Coletivas de Trabalho com empresa ou várias delas e o sindicato patronal (art. 611, *caput* e § 1º, da CLT).

Sem representação sindical, os trabalhadores dirigem-se à respectiva Federação ou, na ausência desta, à Confederação, para concluir Convenção Coletiva de Trabalho, ficando de fora o Acordo Coletivo de Trabalho, uma vez que este não é abrangido pela autorização legal.

Opera-se, no exemplo dado, a substituição do sindicato por órgãos sindicais de grau superior.

Ainda na hipótese em estudo, se malograrem as negociações coletivas visando à formação do supracitado pacto coletivo, tem a Federação (ou a Confederação, conforme o caso) permissão legal para requerer a instauração da instância do dissídio coletivo (art. 857, parágrafo único, da CLT).

Resta outra hipótese de conflito coletivo de trabalho envolvendo trabalhadores inorganizados em sindicato. Trata-se da decisão desses trabalhadores de ir à greve depois de verem frustradas as tentativas da negociação de uma Convenção Coletiva de Trabalho.

A propósito dessa espécie de cessação coletiva de trabalho, agasalha a Lei n. 7.783, de 28 de junho de 1989 (Lei de Greve), duas normas que requerem atenção especial do intérprete.

A primeira se encerra no § 2º do art. 4º: "Na falta de entidade sindical, a assembleia geral dos trabalhadores interessados deliberará para os fins previstos no *caput* constituindo comissão de negociação". Dessarte, essa Comissão tem o poder legal de convocar a assembleia dos trabalhadores que definirá as "reivindicações da categoria e deliberará sobre a paralisação coletiva da prestação de serviços."

Note-se que, mais uma vez, o legislador limita a excepcionalidade da representação à categoria profissional como um todo, deixando à margem os trabalhadores de uma ou várias empresas.

Breve retrospecto do que dissemos até aqui deixa claro que a Federação ou a Confederação têm permissão legal para negociar uma Convenção Coletiva de Trabalho.

Se, porém, fracassarem tais entendimentos com o correspondente grupo patronal e os trabalhadores optarem pela paralisação coletiva de trabalho, aqueles órgãos sindicais de grau superior cedem o lugar à Comissão de que fala a Lei de Greve.

A segunda norma da Lei n. 7.783 está aninhada no seu art. 5º — *verbis*: "A entidade sindical ou Comissão especialmente eleita representará os interesses dos trabalhadores nas negociações ou na Justiça do Trabalho".

Decorre desse preceito legal que a citada Comissão está autorizada a negociar um Acordo ou uma Convenção Coletiva de Trabalho e, em caso de fracasso, liderar o movimento grevista.

Se for bem-sucedida na negociação de um Acordo Coletivo, estamos que essa Comissão adquire o direito de celebrar tal pacto coletivo, uma vez que a Lei, de modo expresso, delega à Federação ou à Confederação apenas o poder de concluir Convenções Coletivas de Trabalho.

Não simpatizamos com a tese de que, no precitado art. 5º da Lei de Greve, inclui o direito de a Comissão em questão concluir uma Convenção Coletiva de Trabalho. E isto por dois motivos: a) A Lei defere, às expressas, aos órgãos sindicais de grau superior o direito de ajustar Convenções Coletivas de Trabalho; b) porque entendimento oposto ao nosso irá, desnecessariamente, enfraquecer as organizações sindicais, o que não é útil ao bem comum.

No curso do movimento paredista, os trabalhadores, ou a entidade patronal, decidem submeter o litígio à Justiça do Trabalho.

Cabe, inegavelmente, à questionada Comissão requerer a instauração da instância do dissídio (ou de defender os trabalhadores se a iniciativa for dos empregadores), mas sujeita às exigências básicas previstas em lei: ata da assembleia geral dos interessados, voto secreto, pauta de reivindicações, prova de que não deu resultado a prévia tentativa de conciliação.

Nosso entendimento se lastreia na circunstância de que a Lei n. 7.783/89 derrogou, em parte, o parágrafo único do art. 857 da CLT, que autoriza a Federação ou a Confederação a ajuizar o processo de dissídio coletivo quando os empregados não possuírem representação sindical.

Tal parágrafo foi acrescentado ao art. 857 pela Lei n. 2.693, de 29 de dezembro de 1955, e a Lei de Greve, de 1989, que lhe é posterior, autoriza os empregados em tela, no curso da greve, a submeter o conflito coletivo à Justiça do Trabalho, atribuindo à multicitada Comissão o encargo de firmar a representação inaugural do dissídio coletivo.

Restou preservado, tão somente, o direito de a Federação (ou a Confederação) negociar uma Convenção Coletiva e instaurar a instância do dissídio coletivo se fracassarem os entendimentos com o sindicato patronal.

No caso de os trabalhadores optarem pela deflagração de uma greve, a Comissão, citada nos arts. 4º e 5º da Lei n. 7.783, assumirá o comando do movimento grevista com os poderes legais de firmar Acordo Coletivo e de representar pela instauração da instância do dissídio coletivo.

Como remate a este item, reportamo-nos à hipótese de descumprimento da sentença normativa proferida no dissídio coletivo.

A teor do parágrafo único do art. 872 da CLT, o sindicato tem o poder legal de promover a respectiva ação de cumprimento, independente da outorga de poderes de seus associados.

Deriva dessa norma consolidada: a) a titularidade de tal ação é reservada, com exclusividade, ao sindicato, o que significa que as Federações e Confederações não estão autorizadas a ajuizar essa ação em se tratando de trabalhadores inorganizados em sindicato; b) idêntica restrição se faz no caso de os trabalhadores sem representação sindical serem representados pela Comissão de que fala a Lei n. 7.783; c) o sindicato, na ação de cumprimento, só pode atuar como substituto processual de seus associados; d) em qualquer hipótese, o trabalhador isolado ou um grupo deles pode ir a Juízo cobrar dos patrões o que a sentença normativa lhes houver assegurado.

55. Do Litisconsórcio

É aceito pela unanimidade dos processualistas o princípio de que *judicium est actum atrium, personarum, judicis, actoris, rei* expressa, de modo simplista, a ideia da estrutura tríplice da relação processual:

a) o Estado, encarnado no Juiz incumbido do exercício da jurisdição; b) o Autor, porque se lhe veda a autotutela de sua pretensão e exerce a ação, uma vez que, com raríssimas exceções, há o princípio da inércia da jurisdição; e c) o Réu, que, na sua defesa, é colocado no mesmo plano do Autor.

A relação processual, na sua forma mais singela, que é a triangular, não recusa a presença, no mesmo processo, de vários autores (litisconsórcio ativo) ou de vários réus (litisconsórcio passivo) e da multiplicidade de uns e outros (litisconsórcio misto).

No magistério de *Pontes de Miranda* ("Comentários ao Código de Processo Civil", Forense, 3. ed., 2000, tomo II, p. 6/7) "o litisconsórcio supõe a comunidade de direito ou de obrigações, como acontece em caso de condomínio, comunhão de direito, créditos solidários, dívidas solidárias, ou com o devedor principal e o garante, ou conexão de causas, como a demanda de locatários contra o locador que os notificou do aumento do aluguer, ou a de credores que propõem a ação anulatória por fraude ou a ação revocatória falencial, ou a ação declaratória falencial, ou a afinidade de questões por ponto comum de fato ou de direito (= igualdade de pretensões, ou de ações, ou igualdade de fatos jurídicos ou de fundamento de direito)".

Esse comentário de *Pontes* era dirigido ao art. 46 do CPC.

Em consonância com esse dispositivo, "duas ou mais pessoas podem litigar, no mesmo processo, em conjunto, ativa ou passivamente, quando: I — entre elas houver comunhão de direitos ou obrigações, relativamente à lide; II — os direitos ou as obrigações derivarem do mesmo fundamento de fato ou de direito; III — entre as causas houver conexão pelo objeto ou pela causa de pedir; IV — ocorrer afinidade de questões por um ponto comum de fato ou de direito".

Em última análise, caracteriza-se o litisconsórcio pela presença de pessoas num mesmo processo por terem, de alguma forma, adquirido a qualidade de autores ou de réus, ou — consoante a terminologia do processo do trabalho — assumiram o papel de Reclamantes ou de Reclamados.

O litisconsórcio pede um único procedimento e a mesma produção de provas.

É certo que para cada litisconsorte há uma relação jurídica, mas o processo é um só.

Inobstante, é mister verificar os pressupostos processuais em relação a cada litisconsorte e, assim, certificar-se de que está apto a postular em juízo ou a defender-se.

Diz-se subjetiva a cumulação no litisconsórcio porque há pluralidade de autores ou de réus. Distingue-se da cumulação objetiva, que é a pluralidade de pedidos contra o mesmo réu (ou Reclamado, no processo do trabalho), ainda que entre eles não haja conexão. Nos termos do art. 292 do CPC, os requisitos da cumulação objetiva são: a) que os pedidos sejam compatíveis entre si; b) que seja competente para conhecer deles o mesmo juízo; c) que seja adequado para todos os pedidos o tipo de procedimento.

No processo do trabalho, é mais comum o litisconsórcio ativo, ou seja, vários trabalhadores acionando o mesmo empregador.

Em havendo comunhão de direitos e obrigações, configura-se o litisconsórcio necessário.

Reza o art. 47 do CPC que, no *litisconsortium necessarium*, é mister a previsão legal ou, ainda, devido à natureza da relação jurídica, tiver o juiz de decidir de modo uniforme para todas as partes. Na hipótese, a eficácia da sentença fica na dependência da citação de todos os litisconsortes. A ausência de citação de um destes acarreta a nulidade do processo *ab initio*.

Os incisos II, III e IV do art. 46 do CPC dão embasamento ao litisconsórcio facultativo.

Há, também, o litisconsórcio misto ou recíproco, com vários reclamantes e reclamados.

Temos aí as fontes ou pressupostos do litisconsórcio.

Inexistindo uns e outros, é inadmissível o litisconsórcio.

A apreciação isolada do art. 46 há pouco transcrito leva à suposição de que ele só se reporta ao litisconsórcio facultativo, pois nele se diz que *"duas ou mais pessoas podem litigar..."*.

O exame do art. 47, ao informar o que é litisconsórcio necessário, deixa patente que naquele dispositivo, no art. 46, são enunciadas, em termos bem amplos, as várias espécies de litisconsórcio.

É incabível o litisconsórcio no processo de execução, porque aí se estaria violando o princípio da igualdade das partes e o da livre defesa.

Dizemos que é vedada a formação litisconsorcial no processo executivo.

Se, porém, o litisconsórcio se constituiu no processo de conhecimento, é natural que ele se mantenha na execução.

O caso mais comum na Justiça do Trabalho é o do grupo econômico.

O Diário da Justiça da União, em sua edição de 31 de outubro de 1995, p. 37107, dá-nos a notícia do seguinte caso:

Vencedor na reclamatória proposta contra a empresa empregadora, o empregado deu início ao processo de execução.

Consumada a liquidação da sentença, requereu a citação do vencido e de outra empresa integrante do mesmo grupo econômico.

Esta última ofereceu embargos, desacolhidos pela Vara do Trabalho; o Tribunal Regional do Trabalho não deu provimento ao agravo de petição, e o recurso de revista não teve melhor sorte nas mãos do Ministro Relator, no TST.

O agravo regimental forçou o pronunciamento da Turma do TST, que não conheceu do recurso porque não demonstrada a violação dos incisos XXXVI e LV (a lei não prejudicará o direito adquirido, o ato jurídico perfeito e a coisa julgada; contraditório e ampla defesa) da Constituição Federal.

Apresentados os embargos, o presidente da Turma aceitou-os e lhes deu seguimento por entender que os vários decisórios permitindo a constituição do litisconsórcio no processo de execução (grupo econômico) desrespeitaram a coisa julgada.

De fato, a sentença transitada em julgado e convertida em título executivo judicial não fizera menção a outra empresa do Grupo Econômico. Dessarte, integrando-a no processo executivo, ofendeu-se a coisa julgada. Realmente, os litisconsortes eventualmente admitidos na execução não tiveram a oportunidade de colocar-se em pé de igualdade com as outras partes nem tiveram o ensejo de se defenderem, como o quer o inciso LV do art. 5º da Constituição Federal. A par disso, a sentença exequenda não pode estender-se a estranhos ao processo de conhecimento, o que também é vedado pelos limites subjetivos da coisa julgada.

Pelas mesmas razões, é inaceitável o litisconsórcio no segundo grau de jurisdição.

Resumindo o que dissemos nas linhas precedentes, dizemos que, em havendo, pluralidade de partes:

a) com vários Reclamantes, o litisconsórcio é ativo, e, com vários Reclamados, é passivo;

b) com vários Reclamantes e vários Reclamados, é misto ou recíproco.

Dois são os momentos da constituição do litisconsórcio: no ajuizamento da reclamatória e requerido na petição inicial; ulterior, por ser postulado no processo em desenvolvimento.

No processo do trabalho, comumente, o momento de formação do litisconsórcio é na petição inicial.

Mais raro é o caso de uma sociedade de responsabilidade ilimitada em que os dois sócios têm poderes de gestão e de representação. Na hipótese, é conveniente requerer a notificação de um e de outro, a fim de que, na execução, se insuficientes os bens da sociedade, a constrição judicial envolva o patrimônio de ambos.

O litisconsórcio é necessário quando há comunhão de direitos ou de obrigações relativamente à lide; é facultativo nas hipóteses dos incisos II, III e IV do art. 46 do CPC.

É unitário o litisconsórcio em que o juiz tem de decidir de modo uniforme para todos os litisconsortes; simples quando a sentença não guarda uniformidade para todos.

Seja lá qual for a espécie de litisconsórcio, há que se observar o preceituado no art. 48 do CPC:

"Salvo disposição em contrário, os litisconsortes serão considerados em suas relações com a parte adversa como litigantes distintos; os atos e omissões de um não prejudicarão nem beneficiarão os outros".

A norma contida no art. 48, que acabamos de transcrever corresponde ao princípio geral da independência dos litisconsortes, que se faz presente no litisconsórcio simples, no qual a autonomia de cada litigante é uma de suas características.

A ressalva feita nesse artigo quanto às disposições contrárias, envolve o art. 509 do CPC — *verbis*:

"O recurso interposto por um dos litisconsortes a todos aproveita, salvo se distintos ou opostos os seus interesses. Parágrafo único. Havendo solidariedade passiva, o recurso interposto por um devedor aproveitará aos outros, quando as defesas opostas ao credor lhes forem comuns".

À luz dessa regra processual, se apenas um membro do grupo econômico, como definido no § 2º do art. 2º da CLT, interpuser recurso, o provimento deste beneficiará os demais.

Ainda de conformidade com o *caput* do art. 509 do CPC, dizemos que, nos casos de litisconsórcio ativo em que são idênticos os interesses de todos os reclamantes, o recurso articulado por um deles apenas aproveitará aos outros.

Nossas ponderações não se referem ao litisconsórcio unitário, porque neste a sentença é uniforme para todos, seja o litisconsórcio necessário ou facultativo.

No que tange às provas, quando apresentadas por um litisconsorte, tanto podem beneficiar como prejudicar aos demais.

A prova é do juízo, sendo indiferente saber quem as apresentou.

O art. 49 do CPC proclama, expressamente, o direito de cada litisconsorte promover o andamento do processo, e todos devem ser intimados dos respectivos atos.

Essa disposição está coerente com o princípio da autonomia dos litisconsortes.

No caso de existirem procuradores distintos dentro de um litisconsórcio, o TST cuida dessa questão em sua Orientação Jurisprudencial n. 310, SDI-1, *verbis*:

"Litisconsortes. Procuradores distintos. Prazo em dobro. Art. 191 do CPC. Inaplicável ao processo do trabalho. A regra contida no art. 191 do CPC é inaplicável ao processo do trabalho, em face da sua incompatibilidade com o princípio da celeridade inerente ao processo trabalhista".

Já o citado art. 191, do CPC estabelece:

"Art. 191. Quando os litisconsortes tiverem diferentes procuradores, ser-lhe-ão contados em dobro os prazos para contestar, para recorrer e, de modo geral, para falar nos autos".

Somos de opinião que é aplicável ao processo trabalhista a regra do art. 191 do CPC: "quando os litisconsortes tiverem diferentes procuradores, ser-lhes-ão contados em dobro os prazos para recorrer e, de modo geral, para falar nos autos" pois, não se justifica que, sob o pretexto de que o processo do trabalho está sob égide da celeridade, ir-se-á mutilar o direito constitucional à defesa e ao devido processo legal dos litisconsortes. Daí entendermos que não pode prosperar essa Orientação Jurisprudencial n. 310, da SDI-1, do TST. Lembre-se que o princípio da celeridade não é algo privativo do processo do trabalho. A prestação jurisdicional célere é uma exigência que se faz em todas as áreas do Poder Judiciário.

56. Litisconsórcio Necessário

Reza o art. 47 do CPC: *"Há litisconsórcio necessário quando, por disposição da Lei ou pela natureza da relação jurídica, o Juiz tiver de decidir a lide de modo uniforme para todas as partes, caso em que a eficácia da sentença dependerá da citação de todos os litisconsortes no processo. Parágrafo único. O Juiz ordenará ao autor que promova a citação de todos os litisconsortes necessários, dentro do prazo que assinar, sob pena de declarar extinto o processo".*

É defeso às partes impedir a formação do litisconsórcio necessário, uma vez que este se funda na lei ou na natureza da relação jurídica.

Se o litisconsorte necessário não é chamado a integrar a relação processual, nulo é o processo.

Em tom imperativo, o parágrafo único do sobredito art. 47 estabelece que o Juiz deve determinar ao Reclamante (ou Autor) que promova a citação de todos os litisconsortes necessários; se não o fizer, será declarado extinto o processo.

A formação do litisconsórcio necessário não depende de ato de vontade das partes. Resulta ele de norma legal ou da própria natureza da relação jurídica.

Ainda que um litisconsorte necessário se recuse a litigar junto a um outro, deve ser ele citado. Mantendo-se inerte no processo, sua omissão não prejudicará os demais, *ex vi* do preceituado no art. 48 do CPC.

Procede a crítica ao art. 47 do CPC de que a sentença uniforme não é peculiar ao litisconsórcio necessário, uma vez que há litisconsórcio facultativo que pede, também, sentença igual para todos.

No âmbito processual do trabalho, ilustramos nossa assertiva com o § 2º do art. 2º da CLT, no qual se conceitua o grupo econômico de conformidade com a *disregard doctrine* ou despersonalização da pessoa jurídica.

Não é o empregado obrigado a propor ação contra todas as empresas que integram o grupo econômico, mas, se o fizer, a sentença será igual para todas elas. *In casu*, o litisconsórcio passivo é facultativo. Escusado dizer que haverá maior segurança para o fiel cumprimento da eventual sentença condenatória se todos os membros do grupo econômico forem citados no processo de conhecimento.

De outra parte, há casos de litisconsórcio necessário em que a sentença não é uniforme para todos. Exemplo do que vimos de afirmar é encontrado fora das fronteiras do direito processual do trabalho, mas que confirma o que vimos sustentando sobre as deficiências do CPC com referência ao litisconsórcio. Trata-se de ação de usucapião de terras particulares (litisconsórcio necessário por determinação da Lei) em que o art. 942, do CPC, exige a citação dos confinantes e, no caso, a sentença não é forçosamente uniforme (v. *Agrícola Barbi*, "Comentários ao CPC", 1. ed., vol. I, tomo I, Forense, 1977, p. 276/277).

Não conhecemos caso que exija a formação de litisconsórcio necessário no processo do trabalho.

57. Litisconsórcio Facultativo

Acabamos de ver que o litisconsórcio necessário se forma por força de lei ou da natureza da relação jurídica.

Neste item, centra-se nosso exame no litisconsórcio facultativo, isto é, aquele que se constitui pela vontade das partes.

Afora o inciso I do art. 46 do CPC, que se refere ao litisconsórcio necessário, os demais incisos — II a IV — são as fontes do litisconsórcio facultativo.

A figura típica dessa espécie de litisconsórcio, na esfera trabalhista, é aquela retratada no art. 842 da CLT: *"Sendo várias as reclamações e havendo identidade de matéria, poderão ser acumuladas num só processo, se se tratar de empregados da mesma empresa ou estabelecimento".*

Resulta do disposto nesse artigo da CLT que a cumulação de reclamações depende da identidade da matéria, como, por exemplo, a reivindicação do adicional de insalubridade de todos os que trabalham no mesmo estabelecimento ou empresa.

É imprescindível, também, que os empregados sejam da mesma empresa.

A Lei n. 8.952, de 13 de dezembro de 1994, acrescentou ao art. 46 do CPC seu parágrafo único — *verbis*: *"O Juiz poderá limitar o litisconsórcio facultativo quanto ao número de litigantes, quando este comprometer a rápida solução do litígio ou dificultar a defesa. O pedido de limitação interrompe o prazo para resposta, que recomeça da intimação da decisão".*

Temos como certo que essa nova disposição processual incide no processo trabalhista, desde que se trate de litisconsórcio facultativo, uma que, no litisconsórcio necessário, sua aplicabilidade contrariaria a essência da figura litisconsorcial.

No litisconsórcio necessário, a sentença tem de ser rigorosamente igual para todos os compartes.

No litisconsórcio facultativo, o Juiz recebeu o poder de ordenar o desmembramento do processo no mesmo momento em que examina a petição inicial. Trata-se de poder cujo uso é facultativo e não obrigatório.

A precitada norma processual deixa entrever, claramente, a possibilidade de o Reclamado requerer a limitação do número de litigantes, como se infere das seguintes expressões: "O pedido de limitação interrompe o prazo para resposta, que recomeça da intimação da decisão".

Adaptando o preceito às prescrições da CLT, dizemos que o pedido de limitação de litigantes deve ser formulado, em audiência (arts. 843 e 847 da CLT).

Esse pedido do Reclamado se fulcra em dois princípios constitucionais intimamente ligados: o do *due process of law* e o da ampla defesa (art. 5º, incisos LIII e LV, da CF).

Não nos parece lógico dizer que os Reclamantes podem pedir a redução do número de litigantes, uma vez que coube a eles a iniciativa de reunir muitos interessados na mesma reclamatória.

A decisão do magistrado de reduzir o número de litisconsortes, na hipótese em estudo, não deve fundar-se apenas na intenção de prestar rápida prestação jurisdicional, mas também na de não criar embaraços à defesa do Reclamado.

No processo, tem o magistrado de tratar igualmente as partes e, por isso mesmo, *in casu*, sua decisão há-de favorecer, de um lado, os litisconsortes ativos com a rápida solução do litígio e, de outro, o Reclamado ao assegurar-lhe todas as condições para o exercício do seu direito de defesa.

Interlocutória a decisão do Juiz limitando o número de litigantes no litisconsórcio facultativo, é ela irrecorrível.

É-o, por igual, na hipótese de indeferimento do pedido feito pelo Reclamado. Cabe a este, porém, na primeira vez em que falar nos autos, protestar contra essa decisão e, assim, no recurso ao Tribunal Regional, provar que ela prejudicou sua defesa.

Desmembrando em dois ou três processos, com fundamento no referido parágrafo único do art. 46 do CPC, o magistrado determinará a extração de cópias da petição inicial e dos documentos que a instruíram. Desnecessário ressaltar que tais processos terão de ser julgados pela mesma Vara do Trabalho.

Consoante o art. 843 da CLT, nas reclamações plúrimas (litisconsórcio facultativo) os empregados podem fazer-se representar pelo sindicato da sua categoria.

É a CLT silente quanto à possibilidade de um litisconsorte representar os demais no processo.

Campos Batalha (*in* "Tratado de Direito Judiciário do Trabalho", tomo I, 3. ed., LTr Edit., 1995, p. 583) informa que o Tribunal Superior do Trabalho tem admitido tal espécie de representação, embora o art. 844 daquele Estatuto lhe seja contrário.

O art. 842 da CLT, há pouco citado, retrata o litisconsórcio, que não se confunde com a cumulação de ações; no primeiro há várias partes ou pluralidade subjetiva; na segunda, há vários pedidos de um único Reclamante contra o mesmo Reclamado ou pluralidade objetiva.

A formação do *simultaneus processus* é resultado do litisconsórcio.

Com ele se economiza procedimento, no dizer de *Pontes de Miranda* ("Comentários ao CPC", tomo II, p. 91).

Quando são vários Reclamantes e uma só empresa ou reclamada, temos o litisconsórcio ativo: um autor contra vários Reclamados — é o litisconsórcio passivo.

Quanto a essa espécie litisconsorcial (a passiva), salientamos a figura do grupo econômico desenhada no § 2º do art. 2º da CLT, que transcrevemos no item anterior.

Nesse caso, incumbia ao Reclamante requerer a notificação de todos os integrantes do grupo econômico, porque, se não o fizesse, iria esbarrar na Súmula n. 205 do TST. Essa Súmula foi cancelada na grande revisão de Súmulas procedida pelo próprio TST, em 2003 — *verbis*:

"O responsável solidário, integrante do grupo econômico, que não participou da relação processual como reclamado e que, portanto, não consta no título executivo judicial como devedor, não pode ser sujeito passivo na execução".

Assim, com o cancelamento dessa Súmula, empresa do mesmo grupo econômico pode ser chamada a integrar a lide mesmo em execução de sentença.

Se apenas um membro do grupo econômico for chamado ao processo e se, a final, no processo de execução, verificar-se que os bens da única executada foram insuficientes ao resgate da dívida, nada impede o Reclamante de dirigir a ação contra todo o grupo econômico, a menos que a prescrição já se tenha consumado.

No art. 842 da CLT, é dito que, presentes a identidade da matéria e a condição de empregados da mesma empresa, é facultada a acumulação das reclamações num único processo.

É uma faculdade que os interessados exercitarão se quiserem.

Voltamos a assinalar que a lei processual trabalhista não previu, de modo expresso, o litisconsórcio necessário, como conceituado no CPC.

Entretanto, estar-se-ia atendendo aos fins sociais da lei e ao princípio da economia processual se fosse admitido expressamente o litisconsórcio necessário nos casos de insalubridade, de periculosidade, de proteção ao trabalho da mulher e do menor envolvendo vários interessados.

Ter-se-ia o litisconsórcio unitário ou necessário, bem definido no art. 47 do CPC e seu parágrafo único, o qual, na ordem de ideias que vimos seguindo, seria aplicável ao processo trabalhista nas situações que acabamos de relacionar.

Enfatizamos ser imprescindível uma lei instituindo, no processo do trabalho, essa espécie de litisconsórcio.

Se acolhida a nossa sugestão, estará o legislador alargando, para os trabalhadores, a via de acesso à Justiça nos casos especiais já mencionados.

É válida nossa sugestão mesmo diante da norma consolidada que autoriza a substituição processual dos trabalhadores na ação de cobrança dos adicionais de insalubridade ou de periculosidade (§§ 1º e 2º do art. 195 da CLT), porque em muitos municípios do País os trabalhadores não contam com representação sindical e independe desta a constituição do litisconsórcio necessário.

58. Cumulação de Ações

Se o litisconsórcio é a cumulação subjetiva, a cumulação objetiva é a que vem regulada no art. 292 do CPC:

"É permitida a cumulação, num único processo, contra o mesmo réu, de vários pedidos, ainda que entre eles não haja conexão.

"§ 1º São requisitos de admissibilidade da cumulação:

I — que os pedidos sejam compatíveis entre si;

II — que seja competente para conhecer deles o mesmo juízo;

III — que seja adequado para todos os pedidos o tipo de procedimento.

§ 2º Quando, para cada pedido, corresponder tipo diverso de procedimento, admitir-se-á a cumulação se o autor empregar o procedimento ordinário".

Tal cumulação de ações é aceita no foro trabalhista.

A essa reunião de pedidos, num mesmo processo, não se pode opor o reclamado, a menos que haja inobservância do disposto no art. 292 do CPC, que acabamos de transcrever.

Exemplo: pedidos sob a regência da CLT e outro pela legislação previdenciária. Na espécie, escapa à competência da Justiça do Trabalho julgamento de ações contra a Previdência Social e tendo por objeto um dos seus benefícios.

Ante o conteúdo do art. 292 do CPC, é vedado ao Juiz determinar o desmembramento de processo em que haja cumulação objetiva. A faculdade, fundada nesse artigo da lei processual, é do Reclamante e cujo exercício não pode ser obstado pelo Juiz, ou pela Vara do Trabalho.

O momento da cumulação de ações é na petição inicial.

É certo, porém, que se admite a cumulação ulterior com apoio no art. 105 do CPC:

"Havendo conexão ou continência, o Juiz, de ofício, ou a requerimento de qualquer das partes, pode ordenar a reunião de ações propostas em separado, a fim de que sejam decididas simultaneamente".

No caso, tem o juiz certa discricionariedade na decisão sobre: a conexão; a relevância dos julgados divergentes e a oportunidade da reunião dos processos.

Enquanto na cumulação objetiva solicitada na petição inicial é defeso ao Juiz impugná-la, o mesmo não ocorre quando é ela reivindicada em outro momento processual.

Caso comum de cumulação na Justiça do Trabalho é o de pedido, do trabalhador ao seu empregador, de diferenças salariais, férias vencidas, adicional de insalubridade e horas extras.

59. Exame dos Autos fora do Cartório

Assegura a CLT (art. 779) às partes, ou aos seus procuradores, o direito de consultar, com ampla liberdade, os processos nos cartórios ou secretarias. Note-se que o dispositivo fala apenas em consulta, e silencia quanto à retirada dos autos de cartório. É isso permitido, com exclusividade, aos advogados legalmente constituídos pelas partes (inciso XVI do art. 7º da Lei n. 8.906, de 4.7.1994).

Estagiário regularmente inscrito na OAB pode praticar todos os atos judiciais não privativos dos advogados (§ 2º do art. 3º da Lei n. 8.906, citada), o que importa dizer que lhe é permitido retirar os autos do cartório ou examiná-los ali mesmo. Para praticar tais atos, é mister a inclusão do estagiário na procuração outorgada ao advogado.

Se comum às partes o prazo, só mediante ajuste prévio por petição nos autos poderão os procuradores retirar os autos, ressalvada a obtenção de cópias para a qual cada procurador poderá retirá-los pelo prazo de 1 (uma) hora independentemente de ajuste. (§ 2º do art. 40 do CPC).

60. Desentranhamento de Documentos

Os documentos anexos aos autos sempre são importantes na dilucidação do litígio. Se não o fossem, o juiz não mandaria incorporá-los ao processo.

Em razão dessa constatação, a lei só admite o desentranhamento dos documentos depois de findo o processo e, assim mesmo, ficando traslado, isto é, cópia fiel feita pelo escrivão ou secretário.

Sobre o assunto, de anotar-se o art. 195 do CPC:

"O advogado deve restituir os autos no prazo legal. Não o fazendo, mandará o Juiz, de ofício, riscar o que neles houver escrito e desentranhar as alegações e documentos que apresentar".

Tem-se entendido que não se há de considerar intempestivo recurso interposto no prazo legal só porque o advogado reteve em seu poder os autos por tempo excessivo.

Tese contrária é apoiar sanção desproporcional ao peso do ato irregular que não causou qualquer prejuízo à outra parte.

61. Exame dos Autos pelas Partes

Entendemos não ser lícito ao empregado ou ao empregador que comparecerem em juízo desacompanhados de advogado retirar os autos do cartório. E isso porque não oferecem a mesma garantia de um advogado de devolver os autos no estado em que os receberam.

No item seguinte — n. 62 — damos a notícia da sanção da Lei n. 8.906, de 4 de julho de 1994, dispondo sobre o Estatuto da Advocacia e a Ordem dos Advogados do Brasil — OAB. Contudo, o Supremo Tribunal Federal derrubou diversas prerrogativas dos advogados ao julgar, em 17.5.2006, a Ação Direta de Inconstitucionalidade (ADIn) n. 1.127/94, ajuizada, em 1994, pela Associação dos Magistrados Brasileiros. Houve alterações nesse Estatuto com a supressão de dez expressões em cinco artigos e adição de textos em outros. No item seguinte iremos apontar as principais prerrogativas dos advogados vigentes.

O novo diploma legal não admite, no processo trabalhista, a prática, pelas partes, de atos privativos dos advogados.

62. O Advogado e o Processo

Os direitos dos advogados estão relacionados nos arts. 1º, 2º, 3º, 5º, 6º e 7º da Lei n. 8.906, de 4 de julho de 1994, e, os deveres, nos arts. 31, 32, 33 e 34, também do sobredito diploma legal. Como já apontado na nota anterior, a ADIn n. 1.127/94 provocou a alteração parcial dessa Lei.

Dentre os *direitos* dos advogados, destacamos os seguintes:

a) exercer, com liberdade, a profissão em todo o território nacional na defesa dos direitos ou interesses que lhes forem confiados;

b) ter respeitada, em nome da liberdade de defesa e do sigilo profissional, a inviolabilidade de seu escritório ou local de trabalho, de seus arquivos e dados, de sua correspondência e de suas comunicações, inclusive telefônicas ou afins, salvo caso de busca e apreensão determinada por magistrado e acompanhada de representante da OAB (**NOTA**: Constou da ADIn n. 1.127/94 que esse direito do advogado inscrito no art. 7º, II, do Estatuto da Advocacia, devia ser mantido, ressalvado à OAB para que designe representante para acompanhar o cumprimento de mandado de busca e apreensão, que poderá ser em caráter confidencial a fim de garantir a eficácia das diligências);

c) ingressar livremente: nas salas de sessões dos Tribunais, mesmo além dos cancelos que separam a parte reservada aos magistrados; nas salas e dependências de audiências, secretarias, cartórios, tabelionatos, ofícios de justiça, inclusive dos registros públicos, delegacias e prisões;

d) dirigir-se aos Juízes nas salas e gabinetes de trabalho, independentemente de audiência previamente marcada, observando-se a ordem de chegada;

e) reclamar verbalmente ou por escrito, perante qualquer juízo ou Tribunal, contra a inobservância de preceito de lei, regulamento ou regimento;

f) sustentar oralmente as razões de qualquer recurso ou processo, nas sessões de julgamento, após o voto do relator, em instância judicial ou administrativa, pelo prazo de quinze minutos, salvo se prazo maior for concedido;

g) usar da palavra, pela ordem, em qualquer juízo ou tribunal, mediante intervenção sumária para esclarecer equívoco ou dúvida surgida em relação a fatos, documentos ou afirmações que influam no julgamento, bem como para replicar acusação ou censura que lhes forem feitas (**NOTA**: esse direito inscrito no art. 7º, IX, do Estatuto da Advocacia, foi considerado inconstitucional pela citada ADIn);

h) ter vista, em cartório, dos autos dos processos em que funcionem, quando, havendo dois ou mais litigantes com procuradores diversos, haja prazo comum para contestar, defender, falar ou recorrer;

i) ter vistas ou retirar, para os prazos legais, os autos dos processos judiciais ou administrativos de qualquer natureza, desde que não ocorra a hipótese do item anterior, quando a vista será comum, no cartório ou na repartição competente;

j) não ser recolhido preso, antes de sentença transitada em julgado, senão em sala de Estado Maior, com instalações e comodidades condignas e, na sua falta, em prisão domiciliar;

k) ter imunidade profissional, não constituindo injúria ou difamação puníveis qualquer manifestação de sua parte, no exercício de sua atividade, em juízo ou fora dele, sem prejuízo das sanções disciplinares perante a OAB, pelos excessos que cometer.

Neste instante, veio-nos à mente trecho da "Luta pelo Direito", de *Jhering*:

"A profissão de advogado é uma luta permanente: luta para defender uma pessoa ou um direito, luta para fazer respeitar um princípio, luta para obstar a um arbítrio, luta para desmascarar uma impostura, luta, por vezes, para atacar um potentado que abusa do seu poderio".

Relativamente aos *deveres* do advogado, o Estatuto da OAB, baixado pela Lei n. 8.906, de 4 de julho de 1994, não os apresenta de modo sistemático, como o fazia o anterior, baixado pela Lei n. 4.215/63.

O Estatuto da OAB, enumera, no art. 1º, as atividades privativas do advogado e dispõe, em seu art. 3º, § 1º, que *"exercem atividade de advocacia, sujeitando-se ao regime desta lei, além do regime próprio a que se subordinem, os integrantes da Advocacia Geral da União, da Procuradoria da Fazenda Nacional, da Defensoria Pública e das Procuradorias e Consultorias Jurídicas dos Estados, do Distrito Federal e dos Municípios e das respectivas entidades de administração indireta e fundacional".*

Rebelando-se contra parte deste último dispositivo, o Executivo baixou, a 13 de abril de 1996, a Medida Provisória n. 1.522-6, estabelecendo, em seu art. 3º, que os arts. 18 a 22 do Estatuto não se aplicavam à administração pública direta da União, dos Estados, do Distrito Federal e dos Municípios, bem como às autarquias, às empresas públicas e às sociedades de economia mista.

O Supremo Tribunal Federal, em sessão plenária, acolheu a arguição de inconstitucionalidade da norma da Medida Provisória que excluía do campo de incidência das normas do Estatuto atinentes aos advogados-empregados os profissionais das empresas públicas e das sociedades de economia mista que explorem atividades econômicas (Boletim Informativo STF, n. 70, de 5 a 9 de maio de 1997).

De fato, o § 1º do art. 173 da Constituição da República prescreve que a empresa pública, as sociedades de economia mista e outras entidades que explorem atividade econômica sujeitam-se ao regime jurídico próprio das empresas privadas, inclusive quanto às obrigações trabalhistas e tributárias.

À luz desse preceito constitucional, a aludida Medida Provisória vulnerou o princípio da isonomia.

O Código de Ética foi aprovado pelo Conselho Federal da OAB a 13 de fevereiro de 1995. Por sua relevância, dele destacamos as seguintes disposições: a) concluída a causa ou arquivado o processo, presumem-se o cumprimento e a cessação do mandato (art. 10); b) o advogado não deve aceitar procuração de quem tenha patrono constituído, sem prévio conhecimento deste, salvo por motivo justo ou para adoção de medidas judiciais urgentes e inadiáveis (art. 12); c) a revogação do mandato judicial por vontade do cliente não o desobriga do pagamento das verbas honorárias contratadas, bem como não retira o direito do advogado de receber o quanto lhe seja devido em eventual verba honorária de sucumbência, calculada proporcionalmente, em face do serviço efetivamente prestado (art. 14); d) *é defeso ao advogado funcionar no mesmo processo simultaneamente como patrono e preposto do empregador ou cliente.*

De conformidade com o preceituado no inciso V, do art. 14 do CPC (com redação dada pela Lei n. 10.358, de 27.12.2001), é dever da parte *"cumprir com exatidão os provimentos mandamentais e não criar embaraços à efetivação de provimentos judiciais, de natureza antecipatória ou final".*

Ressalvados os casos submetidos aos estatutos da OAB, a violação do disposto no inciso V acima transcrito constitui ato atentatório ao exercício da jurisdição, podendo o juiz, sem prejuízo das sanções criminais, civis e processuais cabíveis, aplicar ao responsável multa em montante a ser fixado de acordo com a gravidade da conduta e não superior a vinte por cento do valor da causa; não sendo paga no prazo estabelecido, contado do trânsito em julgado da decisão final da causa, a multa será inscrita sempre como dívida ativa da União ou do Estado (parágrafo único do art. 14, com texto dado pela Lei n. 10.358, de 27.12.2001).

Só o advogado legalmente habilitado pode estar em juízo representando a parte. Sem procuração concedida pela parte em termos legais, não será admitido a procurar em juízo, excepcionados os casos mencionados no art. 37 do CPC e relativos à decadência, prescrição e os atos reputados urgentes. Nesses casos especiais, o advogado se compromete a exibir o instrumento do mandato no prazo de 15 dias, prorrogável por igual prazo, mediante despacho do juiz.

Se, a final, os atos não forem ratificados pela parte, serão eles havidos por inexistentes, respondendo o advogado por despesas e perdas e danos.

É uma erronia dizer que a procuração *apud acta* é mandato tácito.

No mandato judicial, não se admite a forma tácita.

A procuração *apud acta* resulta do comparecimento da parte em juízo acompanhada de advogado, e a procuração é passada nos próprios autos, a requerimento da parte. A partir daí, o advogado está regularmente credenciado a atuar não só no processo de conhecimento como no de execução e a interpor recursos. Para confirmar esse entendimento da inexistência de mandato tácito judicial, a Lei n. 12.437/11 introduziu o § 3º, ao art. 791, da CLT, onde ficou consignado que a constituição de procurador com poderes para o foro em geral poderá ser efetivada mediante simples registro em ata de audiência, conforme requerimento verbal do advogado interessado, com anuência da parte representada,

O TST reconhece a existência do mandato tácito dentro de uma ação, como se infere da leitura de sua Orientação Jurisprudencial n. 286, SDI-1, verbis: *Agravo de instrumento. Traslado. Mandato tácito. Ata de audiência. Configuração. I — A juntada da ata de audiência, em que consignada a presença do advogado, desde que não estivesse atuando com mandato expresso, torna dispensável a procuração deste, porque demonstrada a existência de mandato tácito. II — Configurada a existência de mandato tácito fica suprida a irregularidade detectada no mandato expresso.*

Reconhece o TST ser inválido o substabelecimento de mandato tácito, como se infere da leitura de sua Orientação Jurisprudencial n. 200, SDI-1, verbis: *"Mandato tácito. Substabelecimento inválido. É inválido o substabelecimento de advogado investido de mandato tácito".*

Na instância superior, não se admite a procuração *apud acta*, pois nela não se verificam as circunstâncias justificadoras de tal espécie de procuração. Nesse sentido, a Súmula n. 164 do TST e a Súmula n. 115 do Superior Tribunal de Justiça.

O TST editou a Súmula n. 383, que trata do instrumento de mandato juntado na fase recursal, e que está assim redigida: *"Mandato. Arts. 13 e 37 do CPC. Fase recursal. Inaplicabilidade — I — É inadmissível, em instância recursal, o oferecimento tardio de procuração, nos termos do art. 37 do CPC, ainda que mediante protesto por posterior juntada, já que a interposição de recurso não pode ser reputada ato urgente. II — Inadmissível na fase recursal a regularização da representação processual, na forma do art. 13 do CPC, cuja aplicação se restringe ao Juízo de 1º grau".*

O TST elaborou a Orientação Jurisprudencial n. 110, SDI-1 que trata da representação irregular, esclarecendo que ela é irregular quando a procuração está apenas nos autos de agravo de instrumento, verbis: *"Representação irregular. Procuração apenas nos autos de agravo de instrumento. A existência de instrumento de mandato apenas nos autos de agravo de instrumento, ainda que em apenso, não legitima a atuação de advogado nos processos de que se originou o agravo".*

O TST firmou o entendimento de que é desnecessário a juntada do contrato social da empresa para dar validade ao mandato, como se infere da leitura da Orientação Jurisprudencial n. 255, SDI-1, verbis: *"Mandato. Contrato social. Desnecessária a juntada. O art. 12, VI, do CPC, não determina a exibição dos estatutos da empresa em juízo como condição de validade do instrumento de mandato outorgado ao seu procurador, salvo se houver impugnação da parte contrária".*

Ganha corpo a tese de que, nas instâncias ordinárias, não se reputa inexistente ato praticado por advogado da parte que não está munido do instrumento de mandato, sem antes o juiz ensejar ao interessado suprir a irregularidade.

Sálvio de Figueiredo Teixeira, como relator do Recurso Especial n. 148.174/97 (in DJU de 24.11.1997, p. 61.245), diz, com toda a propriedade: *"O vigente Código de Processo Civil prestigia o sistema que se orienta no sentido de aproveitar, ao máximo, os atos processuais, regularizando sempre que possível as nulidades sanáveis".*

Instrumento do mandato é a procuração; pode ser público ou particular.

Público quando se submete às formalidades do tabelionato e apresenta as assinaturas do outorgante, do auxiliar que datilografou o instrumento e do próprio tabelião.

Dispõe o art. 38 do CPC: "A procuração geral para o foro, conferida por instrumento público ou particular assinado pela parte, habilita o advogado a praticar todos os atos do processo, salvo para receber citação inicial, confessar, reconhecer a procedência do pedido, transigir, desistir, renunciar ao direito sobre que se funda a ação, receber, dar quitação e firmar compromisso".

Por oportuno, adiantamos que a Lei n. 8.952, de 13 de dezembro de 1994, deu nova redação ao art. 38 do CPC e suprimiu a exigência de reconhecer-se a firma na procuração geral para o foro.

Na forma do parágrafo único, do art. 38, do CPC, *"a procuração pode ser assinada digitalmente com base em certificado emitido por Autoridade Certificadora credenciada, na forma da lei específica".* A Lei n. 11.419, de 19.12.2006, que dispõe sobre a informatização do processo judicial, em seu art. 1º § 2º, III, "a", cuida dessa procuração assinada digitalmente.

É incontestável o direito do advogado de receber e dar quitação se tiver recebido poderes expressos para praticar tais atos, e isso por meio de instrumentos procuratórios regularmente outorgados nos termos do art. 38 do CPC. Dessarte, o advogado não pode sofrer restrições ao exercitar tais poderes, inclusive nos débitos judiciais liquidados mediante precatório.

Sublinhamos, aqui, que o § 4º do art. 22 da Lei n. 8.906/94 autoriza a dedução dos honorários contratuais para pagamento direto ao advogado, desde que o respectivo contrato seja anexado aos autos antes de integralmente cumprido o precatório.

A procuração *ad judicia* habilita o advogado a praticar todos os atos do processo, menos aqueles ressalvados no art. 38 do CPC e que exigem poderes especiais.

A fortiori, suprimiu-se, também, a exigência do reconhecimento da firma no substabelecimento. Este se define como o ato pelo qual o mandatário, no exercício de faculdade ínsita no instrumento do mandato judicial, transfere a outro advogado os poderes que lhe foram outorgados pelo mandante.

Em consonância com o disposto no § 1º, do art. 667 do Código Civil de 2002, não é nulo o substabelecimento feito sem prévia autorização do mandante. Ocorre, na hipótese, que o mandatário responderá pelos danos que, eventualmente o mandante vier a sofrer. Numa palavra: *sem embargo da proibição do mandante, é dado ao mandatário substabelecer os poderes que tiver recebido, correndo o risco já mencionado.*

O substabelecimento é feito com ou sem reserva de iguais poderes. Com reserva de poderes, é parcial o substabelecimento; sem reserva, afasta o mandatário da causa.

Na hipótese de haver a juntada de nova procuração a outros advogados, e não o substabelecimento, o TST reconhece que os advogados anteriores ficam, automaticamente, com a procuração revogada, como se lê da Orientação Jurisprudencial n. 349, da SDI-1, do TST, *verbis*:

"*Mandato. Juntada de nova procuração. Ausência de ressalva. Efeitos. A juntada de nova procuração aos autos, sem ressalva de poderes conferidos ao antigo patrono, implica revogação tácita do mandato anterior*".

Há quem diga que os poderes especiais mencionados *in fine*, do mesmo art. 38, CPC, quando conferidos ao mandatário, o instrumento particular deve ter a firma reconhecida do outorgante.

Pensamos diferente.

O referido dispositivo da lei processual esclarece, apenas, que "a procuração geral para o foro" habilita o advogado a praticar todos os atos processuais, ressalvados os supracitados poderes especiais. Com isso, quis o legislador dizer que tais poderes devem ser expressamente relacionados no mandato. Contudo, o TST editou a Orientação Jurisprudencial n. 75, SDI-1, *verbis*: "*Substabelecimento sem o reconhecimento de firma do substabelecente. Inválido (anterior à Lei n. 8.952/94). Não produz efeitos jurídicos recurso subscrito por advogado com poderes conferidos em substabelecimento em que não consta o reconhecimento de firma do outorgante. Entendimento aplicável antes do advento da Lei n. 8.952/94*".

Resta a hipótese de alguém, sem estar legalmente habilitado a exercer a advocacia, substabelecer a procuração recebida para patrocinar, em juízo, causa de interesse do outorgante.

O Estatuto da Advocacia (Lei n. 8.906, de 4.7.1994) é silente quanto a esse fato.

Nada impede, de conseguinte, o mandatário transferir a um advogado os poderes que lhe foram dados para estar em juízo, poderes que está inabilitado a exercer.

A ausência dos requisitos relacionados nas linhas antecedentes provoca a nulidade de todos os atos que esse profissional vier a praticar no processo.

Cancelada a inscrição do advogado na OAB, fica ele de pronto impedido de estar em juízo. No caso, cabe à parte ajustar novo patrono.

A regra — como dissemos há pouco — é o advogado possuir o instrumento de mandato para estar em juízo. Contudo — como o autoriza expressamente o art. 37 do CPC — é-lhe facultado, mesmo sem mandato, intentar ação a fim de evitar decadência ou prescrição ou intervir no processo para praticar atos urgentes. Na oportunidade assume o compromisso de, em 15 dias, exibir o instrumento procuratório, sendo prorrogável esse prazo por mais quinze dias, mediante despacho do Juiz.

O primeiro prazo é automático e prescinde de autorização judicial; trata-se de um direito concedido pela lei ao advogado.

A simples juntada do instrumento procuratório tem efeito retroativo e convalida todos os atos já praticados. Se isso não acontecer dentro do prazo apontado, ficará o advogado responsável por despesas, perdas e danos.

O prazo de 15 dias é para apresentação do mandato, e o defeito na representação será eliminado no prazo que o Juiz fixar.

O TST editou a Súmula n. 395, que trata do mandato e seu substabelecimento, indicando as condições de sua validade, *verbis*: "*Mandato e substabelecimento. Condições de validade. I — Válido é o instrumento de mandato com prazo determinado que contém cláusula estabelecendo a prevalência dos poderes para atuar até o final da demanda. II — Diante da existência de previsão, no mandato, fixando termo para sua juntada, o instrumento de mandato só tem validade se anexado ao processo dentro do aludido prazo. III — São válidos os atos praticados pelo substabelecido, ainda que não haja, no mandato, poderes expressos para substabelecer (art. 667, e parágrafos, do Código Civil de 2002). IV — Configura-se a irregularidade de representação se o substabelecimento é anterior à outorga passada ao substabelecente*".

A procuração *ad judicia*, por instrumento público ou particular assinado pela parte habilita o advogado a praticar todos os atos do processo, menos o de receber a notificação, confessar, reconhecer a procedência do pedido, transigir, desistir, renunciar ao direito sobre que se funda a reclamatória, receber, dar quitação e firmar compromisso. Para realizar tais atos tem o advogado de receber poderes especiais.

Conhecemos decisórios divergentes que, salvo melhor juízo, carecem de suporte legal.

Dispõe o art. 778 da CLT que os autos dos processos da Justiça do Trabalho não poderão sair dos cartórios ou secretarias salvo se solicitados por advogado regularmente constituído por qualquer das partes ou quando tiverem de ser remetidos aos órgãos competentes em caso de recurso ou requisição.

O susocitado dispositivo consolidado deixa bem claro que os autos podem sair do cartório quando houver pedido de advogado de uma das partes.

Por oportuno, lembramos o inciso XIII do art. 7º da Lei n. 8.906, de 4 de julho de 1994 (Estatuto da Ordem dos Advogados do Brasil — OAB), estatui que o advogado tem "*o direito de examinar, em qualquer órgão dos Poderes Judiciário e Legislativo, ou da Administração Pública em geral, autos de processos findos ou em andamento, mesmo sem procuração, quando não estejam sujeitos a sigilo, assegurada a obtenção de cópias, podendo tomar apontamentos*". Infere-se dessa norma que o advogado, mesmo sem mandato, tem o direito de examinar — em cartório ou secretaria — qualquer processo, com a ressalva já indicada.

A lei, porém, não o autoriza, na hipótese, a retirar os autos do cartório. Essa norma estatutária é ratificada pelo art. 40 do CPC e tem conteúdo semelhante ao da norma estatutária acima referida.

O inciso XIV do mesmo art. 7º da Lei citada autoriza o advogado a examinar em qualquer repartição policial, mesmo sem procuração, autos de flagrante e de inquérito, findos ou em andamento, ainda que conclusos à autoridade, podendo copiar peças e tomar apontamentos.

O inciso XV do referido art. 7º assinala ter o advogado o direito de pedir vista dos processos judiciais ou administrativos de qualquer natureza, em cartório ou na repartição competente, ou retirá-los pelos prazos legais.

Temos como evidente que, na hipótese desse inciso, o advogado está munido de procuração para defender uma das partes do processo.

O Órgão Especial do Tribunal Superior do Trabalho, pela Resolução Administrativa n. 250/95 (*in DJU* de 1º.11.1995, p. 37.149), com estribo no diploma legal acima referido, dispôs que, naquele Tribunal, os processos só poderão ser entregues a advogado regularmente constituído nos autos ou a estagiário inscrito na OAB, desde que credenciado em documento próprio, subscrito pelo advogado responsável, nos exatos termos do art. 29, I, do Regulamento Geral da Advocacia e da OAB.

Ao receber os autos, o advogado assinará carga no livro competente (§ 1º do art. 40 do CPC).

Autoriza o art. 195 do CPC o juiz a mandar, de ofício, riscar o que houver o advogado escrito no processo e desentranhar as alegações e documentos que apresentar, se deixar de restituir os autos no prazo legal.

Caudalosa jurisprudência entende que a devolução dos autos fora do prazo não autoriza o juiz a recusar conhecimento a recurso interposto tempestivamente ou a não admitir a contestação feita nos termos fixados pela CLT.

A qualquer das partes é lícito (art. 196 do CPC) cobrar os autos ao advogado que exceder o prazo legal. Se, intimado, não os devolver dentro de vinte e quatro horas, perderá o direito à vista fora de cartório e incorrerá em multa correspondente à metade do salário mínimo.

Em se tratando de autos findos, é assegurado ao advogado, mesmo sem mandato, retirar autos de processos judiciais pelo prazo de dez dias.

Têm os Tribunais entendido que se devolve o prazo ao procurador da parte que foi impedido de retirar os autos a fim de preparar as razões de recurso (v. RTJ 107/192).

Correndo em segredo de justiça o processo, seu exame em cartório só é permitido às partes e a seus procuradores (v. art. 155 do CPC).

No direito comparado, não é fato novo a ausência do advogado nas demandas trabalhistas. Países há — como a Alemanha e a Bélgica — que concedem às partes o direito de estarem em juízo desacompanhados de advogado, desde que a causa seja de pequeno valor e não tenha complexidade.

Durante largo período, em nosso País, discutiu-se se o art. 791 da CLT perdera ou não eficácia, com a superveniência do Estatuto dos Advogados baixado pela Lei n. 4.215, de 1963, cujo art. 71 dispunha, *verbis*: "*A advocacia compreende, além da representação em qualquer juízo ou tribunal, mesmo administrativo, o procuratório extrajudicial, assim como os trabalhos jurídicos de consultoria e assessoria e as funções de diretoria jurídica*".

Essa norma legal deu origem à controvérsia acerca da sobrevivência, ou não, do art. 791 da CLT, cujo texto é o seguinte: "*Os empregados e empregadores poderão reclamar, pessoalmente, perante a Justiça do Trabalho e acompanhar as suas reclamações até o final*".

Curvando-se ao peso de uma realidade social e econômica marcada pelo baixo padrão de vida da maioria dos assalariados, os Tribunais do Trabalho consagraram a tese de que não havia incompatibilidade entre as duas sobreditas regras legais.

Para pôr fim à polêmica, a Lei n. 5.584, de 26 de junho de 1970, veio estabelecer, em seu art. 4º, que, *"nos dissídios de alçada exclusiva das Varas do Trabalho e naqueles em que os empregados ou empregadores reclamarem pessoalmente, o processo poderá ser impulsionado de ofício pelo Juiz"*.

A partir daí, como é óbvio, cessaram as dúvidas acerca da legitimidade do *jus postulandi* das partes na Justiça do Trabalho.

Com o advento da Constituição de 1988, quebrou-se a tranquilidade com que se respeitava, no processo trabalhista, o *jus postulandi* das partes. O art. 133 da Lei Básica foi o responsável pela reabertura da polêmica ao dizer que *"o advogado é indispensável à administração da justiça, sendo inviolável por seus atos e manifestações no exercício da profissão, nos limites da lei"*.

A Justiça do Trabalho, usando argumentos os mais variados, concluiu que a norma constitucional não invalidava o disposto no art. 4º da Lei n. 5.584.

Quanto a nós, logo após a promulgação da nova Carta Política, escrevemos em livro ("Constituição e Direito do Trabalho", LTr, 1989) que o supracitado art. 133 fazia o art. 791 da CLT perder a eficácia. Desenvolvemos nossa argumentação em torno da assertiva de que, sendo constitucionalmente reconhecido ser o advogado imprescindível à administração da Justiça, nenhuma lei ordinária poderia estabelecer que, no processo trabalhista, era ele dispensável.

A Justiça do Trabalho manteve-se firme na diretriz de que o questionado art. 791 não fora atingido pela Constituição.

Como consequência do *jus postulandi* pelas partes, continuou o Juiz incumbido de promover todas as diligências para o perfeito esclarecimento do litígio.

De regra, tem de ser imparcial o magistrado, mas, nos casos em tela, tinha de resistir à tendência a defender o economicamente mais fraco, para continuar fiel ao compromisso de dar a proteção jurisdicional com imparcialidade.

Os fatos vêm demonstrando que esse pseudobenefício concedido às partes (estar em juízo sem a assistência de um advogado) não lhes trouxe qualquer vantagem.

Esmagados pelo volume de processos, os juízes não têm tempo nem vagar para tomar o lugar do advogado nos casos em que as partes exercem o *jus postulandi*. De outra parte, como dissemos há pouco, a imparcialidade do Juiz é posta em risco pela assistência que deve dar ao trabalhador sem advogado.

Em se tratando de recurso para instância superior, os interessados — por não possuírem conhecimentos jurídicos especiais — serão levados a cometer erros graves.

Estava a questão tendo tratamento tranquilo e uniforme quando sobreveio a Lei n. 8.906, de 4 de julho de 1994, baixando novo Estatuto da OAB e afirmando, imperativamente, ser atividade privativa da advocacia "a postulação a órgão do Poder Judiciário e aos juizados especiais" (cf. art. 1º, I, do Estatuto da Advocacia, com a alteração introduzida pela ADIn n.1.127).

Desnecessário dizer que a Justiça do Trabalho é parte do Poder Judiciário (art. 92 da CF) e, por via de consequência, é ela alcançada pela Lei n. 8.906.

A nosso ver, foi abolido o *jus postulandi* pelas partes perante os órgãos da Justiça do Trabalho.

De nenhuma valia o argumento de que o Estatuto da OAB é uma lei geral enquanto a CLT é uma lei especial. É pretender dar à Lei de Introdução às Normas do Direito Brasileiro um significado que ela, em verdade, não tem. A lei antiga, geral ou especial, é preservada quando as suas disposições não colidem com as da lei nova no caso vertente tanto o art. 791 da CLT como o art. 4º da Lei n. 5.584 não se conciliam com o novo Estatuto da OAB.

No entanto, o STF ao julgar a ADIn n. 1.127/94, em 17.5.2006, afastou toda essa nossa argumentação, fixando, então, o entendimento de que a capacidade postulatória do advogado não é obrigatória nos juizados especiais de pequenas causas, na Justiça do Trabalho e na Justiça de Paz.

Em 2010, o TST editou a Súmula n. 425, exigindo a presença do advogado nos recursos perante aquela Corte Superior e, também, nas ações rescisórias, cautelares e nos mandados de segurança, como se lê de sua ementa: "*Jus postulandi* na Justiça do Trabalho. Alcance. O *jus postulandi* das partes, estabelecido no art. 791 da CLT, limita-se às Varas do Trabalho e aos Tribunais Regionais do Trabalho, não alcançando a ação rescisória, a ação cautelar, o mandado de segurança e os recursos de competência do Tribunal Superior do Trabalho".

A faculdade legal de o advogado renunciar ao mandato recebido era disciplinada pelo art. 1.320 do Código Civil, de 1916: "A renúncia do mandato será comunicada ao mandante, que, se for prejudicado pela sua inoportunidade, ou pela falta de tempo, a fim de prover a substituição do procurador, será indenizado pelo mandatário, salvo se este provar que não podia continuar no mandato sem prejuízo considerável".

Em seguida, o art. 109 do CPC/39 regulou o assunto. Esse dispositivo foi recebido pelo CPC/73 (art. 45). Em ambos se diz que a renúncia do advogado é viável a qualquer tempo, devendo-se, porém, notificar o mandante, a fim de que lhe nomeie sucessor. Durante os 10 dias seguintes à notificação, deverá o advogado continuar a representar o mandatário, desde que necessário para lhe evitar o prejuízo.

A Lei n. 8.952/94 modificou o texto desse artigo para expressar, com clareza, que o advogado tem de provar, nos autos, que cientificou o mandante de sua decisão.

Se o advogado comunicar à Vara do Trabalho ou ao Tribunal que renunciou ao mandato recebido e não fizer a prova da notificação ao mandante, será dado ao Juiz decidir, optativamente: a) dar prazo ao advogado para que prove a comunicação da renúncia ao outorgante da procuração; b) tomar a iniciativa de comunicar à parte a renúncia de seu advogado, fixando-lhe prazo para designar novo procurador. Em qualquer dessas hipóteses subsiste o contrato de mandato até o exato cumprimento da prescrição contida no referido art. 45 do CPC.

Essa matéria é regulamentada, hoje, pelo art. 688, do Código Civil de 2002: *"A renúncia do mandato será comunicada ao mandante, que, se for prejudicado pela sua inoportunidade, ou pela falta de tempo, a fim de prover à substituição do procurador, será indenizado pelo mandatário, salvo se este provar que não podia continuar no mandato sem prejuízo considerável, e que não lhe era dado substabelecer".*

Há algum tempo, aceitou-se, em alguns órgãos do Poder Judiciário, a prática de os procuradores de autarquias depositarem, em cartório, a procuração que lhes fora outorgada, para surtir efeitos em vários processos. Contudo, o TST editou a Súmula n. 436 esclarecendo ser dispensável a juntada de procuração desses procuradores do Poder Público, *verbis*: **"Representação Processual. Procurador da União, Estados, Municípios e Distrito Federal, suas Autarquias e Fundações Públicas. Juntada de instrumento de mandato.** *I — A União, Estados, Municípios e Distrito Federal, suas autarquias e fundações públicas, quando representadas em juízo, ativa e passivamente, por seus procuradores, estão dispensadas da juntada de instrumento de mandato e de comprovação do ato de nomeação. II — Para os efeitos do item anterior, é essencial que o signatário ao menos declare-se exercente do cargo de procurador, não bastando a indicação do número de inscrição na Ordem dos Advogados do Brasil".*

Esse costume contraria o disposto no art. 13 do CPC, no qual é o juiz obrigado, em caso de irregularidade de representação das partes, a marcar prazo razoável para saneamento do defeito. Descumprido o despacho dentro do prazo prefixado, o juiz declarará a nulidade do processo se a providência couber ao autor; se a irregularidade for atribuída ao réu, será ele declarado revel, e, se a terceiro, será ele excluído do processo.

Sobre a atuação dos procuradores autárquicos, o TST tem a Orientação Jurisprudencial n. 318, SDI-1, que cuida de sua representação irregular, *verbis*: *"Representação irregular. Autarquia. Os Estados e os Municípios não têm legitimidade para recorrer em nome das autarquias detentoras de personalidade jurídica própria, devendo ser representadas pelos procuradores que fazem parte de seus quadros ou por advogados constituídos".*

Tem o TST mais as seguintes Orientações Jurisprudenciais por sua SDI-1 acerca dos advogados:

"Orientação Jurisprudencial n. 7, SDI-1. Advogado. Atuação fora da Seção da OAB onde o advogado está inscrito. Ausência de comunicação (Lei n. 4.215/63, § 2º, art. 56). Infração disciplinar. Não importa nulidade — A despeito da norma então prevista no artigo 56, § 2º, da Lei n. 4.215/63, a falta de comunicação do advogado à OAB para o exercício profissional em seção diversa daquela na qual tem inscrição não importa nulidade dos atos praticados, constituindo apenas infração disciplinar, que cabe àquela instituição analisar";

"Orientação Jurisprudencial n. 120, SDI-1. Recurso. Assinatura da petição ou das razões recursais. Validade. O recurso sem assinatura será tido por inexistente. Será considerado válido o apelo assinado, ao menos, na petição de apresentação ou nas razões recursais";

"Orientação Jurisprudencial n. 319, SDI-1. Representação regular. Estagiário. Habilitação posterior. Válidos são os atos praticados por estagiário se, entre o substabelecimento e a interposição do recurso, sobreveio a habilitação, do então estagiário, para atuar como advogado".

"Orientação Jurisprudencial n. 373, SDI-1. Representação. Pessoa jurídica. Procuração invalidade. Identificação do outorgante e de seu representante. É inválido o instrumento de mandato firmado em nome de pessoa jurídica que não contenha, pelo menos, o nome da entidade outorgante e do signatário da procuração, pois estes dados constituem elementos que os individualizam.

Apesar da presença do advogado em audiência inicial, munido de procuração, na hipótese de não comparecer a reclamada, diz o TST em sua Súmula n. 122 que será decretada a revelia desta, *verbis*: *"Revelia. Atestado médico — A reclamada, ausente à audiência em que deveria apresentar defesa, é revel, ainda que presente seu advogado munido de procuração, podendo ser ilidida a revelia mediante a apresentação de atestado médico, que deverá declarar, expressamente, a impossibilidade de locomoção do empregador ou do seu preposto no dia da audiência".*

Quanto aos honorários advocatícios, o TST editou a Súmula n. 219, vazada nos seguintes termos: **"Honorários advocatícios. Hipótese de cabimento.** *I — Na Justiça do Trabalho, a condenação ao pagamento de honorários advocatícios, nunca superiores a 15% (quinze por cento), não decorre pura e simplesmente da sucumbência, devendo a parte estar assistida por sindicato da categoria profissional e comprovar a percepção de salário inferior ao dobro do salário mínimo ou encontrar-se em situação econômica que não lhe permita demandar sem prejuízo do próprio sustento ou da respectiva família; II — É cabível a condenação ao pagamento de honorários advocatícios em ação rescisória no processo trabalhista. III — São devidos os honorários advocatícios nas causas em que o ente sindical figure como substituto processual e nas lides que não derivem da relação de emprego".*

Esclareceu o TST em sua Súmula n. 329 que, mesmo após a Constituição de 1988, permanece válido o entendimento constante da sobredita Súmula n. 219.

Sobre os poderes que o advogado deve ter para requerer em nome do seu cliente a concessão dos benefícios da justiça gratuita, o TST consolidou sua jurisprudência na Orientação Jurisprudencial n. 331, SDI-1, *verbis*: *"Justiça gratuita. Declaração de insuficiência econômica. Mandato. Poderes específicos desnecessários. Desnecessária a outorga de poderes especiais ao patrono da causa para firmar declaração de insuficiência econômica, destinada à concessão dos benefícios da justiça gratuita"*.

62.1. Uso de Documento Falso por Advogado

É um truísmo dizer que o advogado não deve poupar esforços na defesa do seu cliente em juízo e mesmo fora dele.

O corolário dessa assertiva — de valor dogmático — é o entendimento de que tais esforços não devem ir além das fronteiras do direito e da moral.

Em qualquer litígio, é na produção da prova que o advogado usa ao máximo sua imaginação para trazer à tona fatos e circunstâncias susceptíveis de demonstrar a procedência da pretensão que defende.

Despiciendo dizer que comete um crime o advogado que, conscientemente, traz aos autos documento falso capaz de induzir em erro o juiz ou o perito.

No caso, estará violando o art. 304 do Código Penal: "Fazer uso de qualquer dos papéis falsificados ou adulterados a que se referem os arts. 297 a 302" (falsificação de documento público ou particular, atestado ideologicamente falso).

Para a configuração de tal delito, é mister provar que o acusado sabia ser falso o documento anexado ao processo.

Não é fato raro o advogado receber do cliente documento falso para sustentar a veracidade do alegado em defesa do seu direito.

63. Assistência Judiciária

Informam os estudos monográficos da assistência judiciária que foi *Constantino, o Grande* (288-357), quem, pela vez primeira, tomou a iniciativa de regular essa matéria pela via legal. A respectiva norma foi incluída na legislação justinianeia (*Digesto*, Liv. I, Tít. 26, § 5º), determinando ao procônsul que desse advogado aos pobres e aos incapazes.

Modernamente, um dos princípios informadores do processo do trabalho é a gratuidade da administração da justiça. Todavia, o desenvolvimento do processo comporta uma série de custos econômicos para as partes.

Para facilitar o acesso à Justiça dos que possuem *"escassa resistência econômica para suportar essas despesas processuais, há, com caráter geral, o benefício da justiça gratuita"* (*Baylos Grau* e outros, "Instituciones de Derecho Procesal Laboral", Madrid: Editorial Trotta, 1991, p. 63).

Referem-se esses autores à Espanha.

Na atualidade, todos os países dão atenção especial àqueles que, providos de poucos recursos, não têm condições de suportar todas as despesas processuais.

Em nosso País, a questão foi colocada em primeiro lugar pelas Ordenações Filipinas (1603).

A Lei n. 150, de 9 de abril de 1842, dizia em seu art. 10 que, no cível, estava o litigante pobre isento de pagar dízimo de chancelarias.

Na era republicana, o primeiro ato legislativo de abrangência nacional foi baixado pelo Governo Provisório: o Decreto n. 1.030, de 14 de novembro de 1890.

Desde então, a assistência judiciária foi objeto de vários diplomas legais até chegarmos ao processo do trabalho.

Na Justiça do Trabalho, a assistência judiciária tem como fulcro, o inciso LXXIV do art. 5º da Constituição Federal ("LXXIV — o Estado prestará assistência jurídica integral e gratuita aos que comprovarem insuficiência de recursos") e as Leis ns. 1.060/50, 5.584/70 e art. 790, § 3º, da CLT, *verbis*: *"§ 3º É facultado aos juízes, órgãos julgadores e presidentes dos tribunais do trabalho de qualquer instância conceder, a requerimento ou de ofício, o benefício da justiça gratuita, inclusive quanto a traslados e instrumentos, àqueles que perceberem salário igual ou inferior ao dobro do mínimo legal, ou declararem, sob as penas da lei, que não estão em condições de pagar as custas do processo sem prejuízo do sustento próprio ou de sua família"*.

A assistência judiciária será prestada pelo sindicato da categoria a que pertencer o trabalhador, desde que o salário deste seja igual ou inferior a cinco salários mínimos.

Igual benefício se concede àquele que, embora percebendo remuneração de nível mais elevado, prove que seu sustento próprio ou o da família ficará comprometido se tomar a iniciativa de propor a causa.

Na hipótese, o benefício não é restrito àqueles que tiverem a condição de associado do sindicato; basta provar que integram a categoria por ele representada. É o que diz o art. 18 da supracitada Lei. Entendemos que o desempregado merece ser incluído no rol dos que são beneficiados pela justiça gratuita por razões compreensíveis de não ter condições de pagar as custas sem prejuízo do sustento próprio ou de sua família. O pedido da assistência judiciária, de ordinário, é formulado *initio litis*, na petição inicial.

Não deve o Juiz, de ofício, conceder a assistência judiciária.

É o que a doutrina e jurisprudência vêm entendendo.

A legislação pertinente informa que o pedido de assistência deve partir do interessado, sendo vedado ao Juiz deferi-la *ex officio*.

Entendem alguns estudiosos que a Lei n. 5.584 não criou para os sindicatos o monopólio da assistência judiciária aos trabalhadores e, por isso, sustentam estar mantida a assistência regulada pela Lei n. 1.060/50.

Outros condenam essa opinião, alegando que a Lei n. 5.584, como lei especial, não pode ser revogada por uma Lei geral como é a Lei n. 1.060. Esquecem-se de que a Lei n. 1.060 é anterior à Lei n. 5.584.

Estamos que, onde houver sindicato, a assistência há-de ser prestada por ele; inexistindo essa entidade, utilizar-se-á a Lei n. 1.060.

Dizia o art. 14, §§ 2º e 3º, da Lei n. 5.584/70 que o atestado de pobreza seria fornecido pela autoridade local do Ministério do Trabalho ou pelo Delegado de Polícia.

Essa exigência foi superada pela Lei n. 6.654/79, que exigiu a simples exibição da Carteira de Trabalho, onde se consignam os valores salariais do seu portador. A Lei n. 7.510, de 4 de julho de 1986, deu nova redação ao *caput* do art. 4º, da Lei n. 1.060, para estabelecer que a parte desfrutará dos benefícios da assistência judiciária, *"mediante simples afirmação, na própria petição inicial, de que não está em condições de pagar as custas do processo e os honorários de advogado sem prejuízo próprio ou de sua família"*.

Essa declaração goza da presunção *jure tantum* e, por isso, é ela impugnável. A oposição não interrompe o curso do processo e é feita em autos apartados.

Sobre a declaração de pobreza para a obtenção da assistência judiciária, o TST editou a Orientação Jurisprudencial n. 304, SDI-1, *verbis*: *"Honorários advocatícios. Assistência judiciária. Declaração de pobreza. Comprovação*. Atendidos os requisitos da Lei n. 5.584/70 (art. 14, § 2º), para a concessão da assistência judiciária, basta a simples afirmação do declarante ou de seu advogado, na petição inicial, para se considerar configurada a sua situação econômica (art. 4º, § 1º, da Lei n. 7.510/86, que deu nova redação à Lei n. 1.060/50)".

Comprovada a falsidade da declaração, fica o responsável sujeito à pena de pagamento até o décuplo das custas judiciais.

Para acautelar-se das consequências de uma falsa declaração de miserabilidade, na própria petição, é recomendável a juntada, aos autos, de uma declaração sobre o assunto, firmada pelo próprio interessado.

Sobre os poderes que o advogado deve ter para requerer em nome do seu cliente a concessão dos benefícios da justiça gratuita, o TST consolidou sua jurisprudência na Orientação Jurisprudencial n. 331, SDI-1, *verbis*: *"Justiça gratuita. Declaração de insuficiência econômica. Mandato. Poderes específicos desnecessários*. Desnecessária a outorga de poderes especiais ao patrono da causa para firmar declaração de insuficiência econômica, destinada à concessão dos benefícios da justiça gratuita".

O benefício da justiça gratuita pode ser requerido em qualquer tempo ou grau de jurisdição, desde que, na fase recursal, seja o requerimento formulado no prazo alusivo ao recurso. Nesse sentido, aplica-se a Orientação Jurisprudencial n. 269, da SBDI-1, do TST.

É silenciosa a legislação, incidente no processo do trabalho, sobre o verdadeiro alcance da assistência judiciária.

Dilucida-se a questão com o art. 9º da Lei n. 1.060: "Os benefícios da assistência judiciária compreendem os atos do processo até a decisão final do litígio em todas as instâncias".

Tem o Juiz o poder de promover diligências visando à apuração da veracidade ou não do conteúdo de tal declaração.

É omissa a lei da assistência judiciária no tocante à incapacidade financeira de uma empresa (sobretudo a micro) em face das despesas de uma demanda judicial. Inobstante, tanto na doutrina como na jurisprudência, vem ganhando corpo o entendimento de que não se deve recusar tal benefício a uma pessoa jurídica que, efetivamente, não conte com reservas financeiras para cobrir as despesas processuais. Está a assistência judiciária vinculada ao princípio constitucional de acesso, de toda e qualquer pessoa, ao Judiciário. Negar-se a uma empresa o acesso à justiça só porque é pobre de recursos financeiros, constitui afronta àquele princípio constitucional.

O STJ editou a Súmula n. 481 em que houve o reconhecimento da concessão da justiça gratuita para uma pessoa jurídica, desde que demonstre sua impossibilidade de arcar com as despesas processuais: "**Faz jus ao benefício da justiça gratuita a pessoa jurídica com ou sem fins lucrativos que demonstrar sua impossibilidade de arcar com os encargos processuais**".

A Justiça do Trabalho não pacificou essa questão de concessão da justiça gratuita para uma pessoa jurídica. Encontramos algumas decisões esparsas em que é dito ser possível essa concessão desde que a pessoa jurídica prove cabalmente a impossibilidade de arcar com as despesas processuais, como se lê da seguinte ementa do TST: "Agravo de Instrumento em Recurso Ordinário. Deserção do Recurso Ordinário em Ação Rescisória. Benefícios da Justiça Gratuita. Pessoa Jurídica. À pessoa jurídica, é, em princípio inaplicável o benefício da justiça como regra gratuita, previsto na Lei n. 1.060/50, regido, no âmbito desta Justiça Especializada, pelo disposto no artigo 14, da Lei n. 5.584/70, dirigido ao hipossuficiente, que não tem condições de arcar com os custos de movimentação do processo, sem prejuízo do sustento próprio e de sua família. E, muito embora, nos deparemos com algumas decisões admitindo a possibilidade de deferimento de assistência judiciária a pessoa jurídica, para tanto se exige a demonstração cabal da impossibilidade da empresa arcar com as despesas do processo, o que inocorreu na hipótese. Agravo de instrumento não provido. (TST; AIRO 1.921/2004-000-15-41.7; Segunda Subseção de Dissídios Individuais; Rel. Min. Renato de Lacerda Paiva; DJU 19.10.2007).

Sobre o cabimento de honorários advocatícios para quem esteja com o benefício da justiça gratuita há a seguinte Súmula do TST, que teve sua redação alterada em 27.5.2011: *Súmula n. 219. — Honorários advocatícios. Hipótese de cabimento. (I — Na Justiça do Trabalho, a condenação ao pagamento de honorários advocatícios, nunca superiores a 15% (quinze por cento), não decorre pura e simplesmente da sucumbência, devendo a parte estar assistida por sindicato da categoria profissional e comprovar a percepção de salário inferior ao dobro do salário mínimo ou encontrar-se em situação econômica que não lhe permita demandar sem prejuízo do próprio sustento ou da respectiva família. II — É cabível a condenação ao pagamento de honorários advocatícios em ação rescisória no processo trabalhista. III — São devidos os honorários advocatícios nas causas em que o ente sindical figure como substituto processual e nas lides que não derivem da relação de emprego.*

Há, ainda, a Súmula n. 450 do Supremo Tribunal Federal: *"São devidos honorários de advogado sempre que vencedor o beneficiário da justiça gratuita".*

Fazemos alusão a essa Súmula para manifestar nossa divergência quanto ao entendimento de que, na Justiça do Trabalho, o trabalhador fica impedido de obter a assistência judiciária se se apresenta em Juízo acompanhado de advogado.

Está implícito nessa Súmula que persiste tal direito ainda que o assistido se faça representar por advogado.

Além disso, a lei reguladora da profissão do advogado não veda a celebração de contrato de honorários em que a parte beneficiária da assistência gratuita fique dispensada de qualquer pagamento até o término do processo.

No tocante ao percentual-limite de 15% estabelecido na Súmula n. 219 do TST, cabe-nos fazer reparo. Dado que a CLT é omissa a respeito disso, resta-nos aplicar o preceituado no art. 20, § 3º, do CPC: *"Os honorários serão fixados (pelo Juiz na sentença condenatória) entre o mínimo de dez por cento (10%) e o máximo de vinte por cento (20%) sobre o valor da condenação, atendidos: a) o grau de zelo do profissional; b) o lugar da prestação do serviço; c) a natureza e importância da causa, o trabalho realizado pelo advogado e o tempo exigido para o seu serviço".*

Desse modo, entendemos que a Vara do Trabalho, na prolação de sentença em que o sindicato defende empregado que percebe salário inferior a cinco mínimos, não está obrigada a respeitar o teto da verba honorária indicado na Súmula n. 219, uma vez que esta não tem força vinculante.

Ainda a propósito do tema posto em debate, lembramos a Súmula n. 14 do STJ, *verbis*: "Arbitrados os honorários advocatícios em percentual sobre o valor da causa, a correção monetária incide a partir do respectivo ajuizamento".

O fundamento legal dessa súmula é o art. 1º da Lei n. 6.899, de 8 de abril de 1981: *"A correção monetária incide sobre qualquer débito resultante de decisão judicial, inclusive sobre custas e honorários advocatícios".*

Tem o STJ entendido (*Costa Lima*, "Comentários às Súmulas do STJ", 2ª ed., Brasília Jurídica, 1993, p. 108) que se o Juiz, na sentença, fixar em quantia certa a verba honorária, será a partir da sua data que se fará a correção.

Não vacilamos em afirmar que essa diretriz do STJ deva ser seguida pela Justiça do Trabalho, pois está em harmonia com a Lei n. 6.899.

A Lei Complementar n. 80, de 12 de janeiro de 1994, organizou a Defensoria Pública da União e, no art. 18, deu a seus membros as funções de: atender às partes e aos interessados; postular a concessão de gratuidade de justiça para os necessitados; tentar a conciliação das partes, antes de promover a ação cabível; acompanhar e comparecer aos atos processuais e impulsionar os processos.

Durante algum tempo após a promulgação da Constituição Federal a 5 de outubro de 1988, acesa controvérsia nasceu do disposto no seu art. 133: *"O advogado é indispensável à administração da Justiça, sendo inviolável por seus atos e manifestações no exercício da profissão, nos limites da Lei".*

Entendemos, desde logo, que a nova Carta tornara ineficaz o referido artigo da CLT, pois entendia ser indispensável o advogado à administração da Justiça.

Posteriormente, a jurisprudência do Tribunal Superior do Trabalho orientou-se no sentido da permanência do questionado preceito consolidado, permitindo a presença de Reclamantes na Justiça do Trabalho sem a assistência de um advogado. Fundou-se essa diretriz jurisprudencial na alegação de que a própria Constituição autorizara a lei ordinária a estabelecer os limites à atuação do advogado nas lides trabalhistas.

Pensar dessa maneira é forçar o significado do art. 133 da Lei Básica.

Sem prejuízo do respeito que nutrimos pelos doutos membros do Tribunal Superior do Trabalho, parece-nos que o citado art. 133 da Lei Maior autorizou apenas o legislador infraconstitucional a dizer quando e como o advogado há de desempenhar sua função na administração da Justiça, mas com isso não quis dizer que, por lei ordinária, permitia a eliminação do advogado nos litígios trabalhistas.

O entendimento do TST preservou o art. 791 da CLT, que assegura à parte o exercício do *jus postulandi*. Em 2010, essa Corte editou a Súmula n. 425, limitando o *jus postulandi*, como se lê de sua ementa: *"Jus postulandi na Justiça do Trabalho. Alcance. O jus postulandi das partes, estabelecido no art. 791 da CLT, limita-se às Varas do Trabalho e aos Tribunais Regionais do Trabalho, não alcançando a ação rescisória, a ação cautelar, o mandado de segurança e os recursos de competência do Tribunal Superior do Trabalho"*.

Assim, o Juiz, com apoio no art. 4º da Lei n. 5.584, de 26 de junho de 1970, conserva a faculdade de impulsionar, de ofício, o processo se o interessado não puder ou não souber fazê-lo.

Como o dissemos noutra passagem desta obra, a imparcialidade com que o magistrado tem de dirigir o processo não se coaduna com o papel de defensor ou assistente do Reclamante ou do Reclamado desacompanhados de advogado.

Esse quadro se modificou com o advento do Estatuto da Advocacia (Lei n. 8.096/94), que suprime o *jus postulandi* das partes em qualquer juízo.

O art. 344 do CPC proíbe a parte, que ainda não depôs de ouvir o depoimento da outra, ou melhor, assistir ao seu interrogatório.

Não consideramos essa norma incompatível com o processo trabalhista, mormente no caso de a parte não contar com assistência jurídica. Embora impedida de ouvir o depoimento a outra parte, nenhum prejuízo lhe trará essa medida, uma vez que o Juiz chama a si o encargo de formular as perguntas indispensáveis ao esclarecimento do litígio.

A nosso ver, o art. 791 da CLT não abrange os embargos de terceiro; para o oferecimento destes é mister a presença do advogado.

As considerações que tecemos nas linhas anteriores acerca do *jus postulandi* das partes na Justiça do Trabalho servem de pano de fundo à polêmica que se reabriu tendo por objeto a eficácia ou não do art. 791 da CLT.

No item 62, manifestamo-nos sobre a momentosa questão.

A Lei n. 1.060/50, no art. 2º e parágrafo único, não distinguem entre os necessitados, o que nos permite dizer que o benefício é extensível à pessoa jurídica, desde que — quando solicitada — faça a prova de sua indigência financeira.

Em apertada síntese, apresentamos, em seguida, aspectos da assistência judiciária: a) advogado com poderes *ad judicia*, apenas, está impedido de solicitar assistência judiciária a seu cliente, pois, para isto é necessário ter poderes especiais; b) a decisão denegatória do pedido de assistência judiciária deve ser o alvo de protesto na primeira vez que a parte ou seu procurador tiver de falar nos autos, cabendo-lhe renovar o pedido em recurso à instância superior; c) de regra, o pedido de assistência é formulado na petição inicial ou na defesa.

Quanto aos honorários advocatícios e a assistência judiciária, o TST editou a Orientação Jurisprudencial n. 305, SDI-1, *verbis*: *"Honorários advocatícios. Requisitos. Justiça do Trabalho. Na Justiça do Trabalho, o deferimento de honorários advocatícios sujeita-se à constatação da ocorrência concomitante de dois requisitos: o benefício da justiça gratuita e a assistência por sindicato"*.

Sobre os poderes que o advogado deve ter para requerer em nome do seu cliente a concessão dos benefícios da justiça gratuita, o TST consolidou sua jurisprudência na Orientação Jurisprudencial n. 331, SDI-1, *verbis*: *"Justiça gratuita. Declaração de insuficiência econômica. Mandato. Poderes específicos desnecessários. Desnecessária a outorga de poderes especiais ao patrono da causa para firmar declaração de insuficiência econômica, destinada à concessão dos benefícios da justiça gratuita"*.

No que tange à fixação da base de cálculo dos honorários advocatícios devidos em decorrência da justiça gratuita, o TST cristalizou a sua jurisprudência nos termos da Orientação Jurisprudencial n. 348 da SDI-1, *verbis: Os honorários advocatícios, arbitrados nos termos do art. 11, § 1º, da Lei n. 1.060, de 5.2.1950, devem incidir sobre o valor líquido da condenação, apurado na fase de liquidação de sentença, sem a dedução dos descontos fiscais e previdenciários.*

Essa orientação jurisprudencial contém um pequeno deslize redacional ao dizer que incidirá essa verba sobre "valor líquido" quando deveria estar mencionando "valor bruto", posto que estabelece que tal verba incidirá, inclusive sobre os valores devidos a título de contribuição previdenciárias e fiscais.

A concessão da justiça gratuita abrange apenas as despesas processuais e não alcança as penalidades aplicadas à parte por litigância de má-fé, cuja previsão tem por escopo desencorajar a prática de atos atentatórios à lealdade processual.

A penalidade aplicada por litigância de má-fé à parte litigante não impede que ela obtenha o benefício da justiça gratuita. São dois institutos autônomos. A concessão da gratuidade da justiça é um instrumento de acesso ao Poder Judiciário, e depende unicamente da declaração da parte de que não está em condições de pagar as despesas processuais, sem prejuízo próprio ou de sua família, conforme o que estabelece o art. 4º, da Lei n. 1.060/50. Relativamente às penalidades aplicáveis ao litigante de má-fé previstas no *caput* do art. 18, do CPC, essa norma deve ser interpretada restritivamente por ter uma natureza punitiva. A penalidade assim aplicada à parte não lhe retira o direito de obter ou manter a gratuidade da justiça.

63.1. Assistência Judiciária prestada pelo Sindicato. Defensoria Pública

Consoante o art. 839, da CLT, tanto faz que o empregado tenha ou não condições financeiras que lhe permitam arcar com todos os encargos processuais. Ademais, a incumbência legal do sindicato é a de, apenas, apresentar a reclamação. Situação bem diferente é a do empregado que necessita de assistência judiciária (arts. 14 a 19, da Lei n. 5.584, de 26 de junho de 1970). Se perceber salário inferior a dois salários mínimos, tem direito à assistência judiciária. Não se faz mister, no caso, a comprovação do estado de indigência do empregado. O simples fato de perceber salário incluído na faixa apontada demonstra que tem ele necessidade de assistência judiciária. Se sua remuneração ultrapassar os dois salários mínimos legais, basta declarar na própria petição inicial, de que não está em condições de pagar as custas do processo e os honorários de advogado, sem prejuízo próprio ou de sua família. (Lei n. 1.060/1950, com redação dada pela Lei n. 7.510, de 1986).

Nos termos da Lei n. 5.584, já citada, a assistência judiciária, na Justiça do Trabalho, será prestada pelo sindicato da categoria profissional a que pertencer o trabalhador. Os honorários do advogado que a parte vencida pagar serão recolhidos aos cofres do sindicato.

De todo o exposto se infere que o Sindicato, como representante ou como substituto processual do empregado, só fará jus aos proventos da sucumbência se o empregado tiver provado estar na situação financeira indicada na Lei n. 5.584, seja ele associado ou não.

Onde não existir sindicato, a assistência judiciária ao empregado necessitado será prestada pela Defensoria Pública da União, organizada pela Lei Complementar n. 80, de 12 de janeiro de 1994. Estabelece, também, as linhas estruturais da Defensoria Pública nos Estados, consoante inciso XIII do art. 24 da Constituição Federal.

A Lei Complementar n. 132, de 7.10.2009, alterou essa Lei Complementar n. 80/94. No seu art. 4º houve a indicação das atribuições dos Defensores Públicos, tais como: a) prestar orientação jurídica e exercer a defesa dos necessitados, em todos os graus; b) promover, prioritariamente, a solução extrajudicial dos litígios, visando à composição entre as pessoas em conflito de interesses, por meio de mediação, conciliação, arbitragem e demais técnicas de composição e administração de conflitos; c) promover a difusão e a conscientização dos direitos humanos, da cidadania e do ordenamento jurídico; d) prestar atendimento interdisciplinar, por meio de órgãos ou de servidores de suas Carreiras de apoio para o exercício de suas atribuições; e) exercer, mediante o recebimento dos autos com vista, a ampla defesa e o contraditório em favor de pessoas naturais e jurídicas, em processos administrativos e judiciais, perante todos os órgãos e em todas as instâncias, ordinárias ou extraordinárias, utilizando todas as medidas capazes de propiciar a adequada e efetiva defesa de seus interesses; f) representar aos sistemas internacionais de proteção dos direitos humanos, postulando perante seus órgãos; g) promover ação civil pública e todas as espécies de ações capazes de propiciar a adequada tutela dos direitos difusos, coletivos ou individuais homogêneos quando o resultado da demanda puder beneficiar grupo de pessoas hipossuficientes; h) exercer a defesa dos direitos e interesses individuais, difusos, coletivos e individuais homogêneos e dos direitos do consumidor, na forma do inciso LXXIV do art. 5º da Constituição Federal; i) impetrar *habeas corpus*, mandado de injunção, *habeas data* e mandado de segurança ou qualquer outra ação em defesa das funções institucionais e prerrogativas de seus órgãos de execução; j) promover a mais ampla defesa dos direitos fundamentais dos necessitados, abrangendo seus direitos individuais, coletivos, sociais, econômicos, culturais e ambientais, sendo admissíveis todas as espécies de ações capazes de propiciar sua adequada e efetiva tutela; k) exercer a defesa dos interesses individuais e coletivos da criança e do adolescente, do idoso, da pessoa portadora de necessidades especiais, da mulher vítima de violência doméstica e familiar e de outros grupos sociais vulneráveis que mereçam proteção especial do Estado; l) acompanhar inquérito policial, inclusive com a comunicação imediata da prisão em flagrante pela autoridade policial, quando o preso não constituir advogado; m) patrocinar ação penal privada e a subsidiária da pública; m) exercer a curadoria especial nos casos previstos em lei; n) atuar nos estabelecimentos policiais, penitenciários e de internação de adolescentes, visando a assegurar às pessoas, sob quaisquer circunstâncias, o exercício pleno de seus direitos e garantias fundamentais; o) atuar na preservação e reparação dos direitos de pessoas vítimas de tortura, abusos sexuais, discriminação ou qualquer outra forma de opressão ou violência, propiciando o acompanhamento e o atendimento interdisciplinar das vítimas; p) atuar nos Juizados Especiais; q) participar, quando tiver assento, dos conselhos federais, estaduais e municipais afetos às funções institucionais da Defensoria Pública, respeitadas as atribuições de seus ramos; r) executar e receber as verbas sucumbenciais decorrentes de sua atuação, inclusive quando devidas por quaisquer entes públicos, destinando-as a fundos geridos pela Defensoria Pública e destinados, exclusivamente, ao aparelhamento da Defensoria Pública e à capacitação profissional de seus membros e servidores; s) invocar audiências públicas para discutir matérias relacionadas às suas funções institucionais.

As funções institucionais da Defensoria Pública serão exercidas inclusive contra as Pessoas Jurídicas de Direito Público.

O instrumento de transação, mediação ou conciliação referendado pelo Defensor Público valerá como título executivo extrajudicial, inclusive quando celebrado com a pessoa jurídica de direito público.

A assistência jurídica integral e gratuita custeada ou fornecida pelo Estado será exercida pela Defensoria Pública.

O Defensor Público tem capacidade postulatória com a nomeação e posse nesse cargo público. A ele é garantido sentar-se no mesmo plano do Ministério Público. Se o Defensor Público entender inexistir hipótese de atuação institucional, dará imediata ciência ao Defensor Público-Geral, que decidirá a controvérsia, indicando, se for o caso, outro Defensor Público para atuar.

Algumas prerrogativas dos membros da Defensoria Pública da União são as seguintes:

a) receber, inclusive quando necessário, mediante entrega dos autos com vista, intimação pessoal em qualquer processo e grau de jurisdição ou instância administrativa, contando-se-lhes em dobro todos os prazos; b) usar vestes talares e as insígnias privativas da Defensoria Pública; c) ter vista pessoal dos processos fora dos cartórios e secretarias, ressalvadas as vedações legais; d) comunicar-se, pessoal e reservadamente, com seus assistidos, ainda quando estes se acharem presos ou detidos, mesmo incomunicáveis; e) examinar, em qualquer repartição, autos de flagrante, inquérito e processos; f) comunicar-se, pessoal e reservadamente, com seus assistidos, ainda quando esses se acharem presos ou detidos, mesmo incomunicáveis, tendo livre ingresso em estabelecimentos policiais, prisionais e de internação coletiva, independentemente de prévio agendamento; g) examinar, em qualquer repartição pública, autos de flagrantes, inquéritos e processos, assegurada a obtenção de cópias e podendo tomar apontamentos; h) manifestar-se em autos administrativos ou judiciais por meio de cota; i) requisitar de autoridade pública e de seus agentes exames, certidões, perícias, vistorias, diligências, processos, documentos, informações, esclarecimentos e providências necessárias ao exercício de suas atribuições; j) representar a parte, em feito administrativo ou judicial, independentemente de mandato, ressalvados os casos para os quais a lei exija poderes especiais; k) deixar de patrocinar ação, quando ela for manifestamente incabível ou inconveniente aos interesses da parte sob seu patrocínio, comunicando o fato ao Defensor Público Geral, com as razões de seu proceder; l) ter o mesmo tratamento reservado aos magistrados e demais titulares dos cargos das funções essenciais à justiça; m) ser ouvido como testemunha, em qualquer processo ou procedimento, em dia, hora e local previamente ajustados com a autoridade competente.

64. O Processo e o Estagiário

A posição do estagiário ainda não se definiu perante os órgãos da Justiça do Trabalho.

O § 1º do art. 791 já citado autoriza o "provisionado" (denominação anterior que se dava ao estagiário) a representar os empregados e empregadores no processo do trabalho. Mas o § 2º do art. 3º do Estatuto dos Advogados (Lei n. 8.906, de 4.7.1994) declara que o estagiário só está autorizado a praticar os atos privativos do advogado em conjunto com este e sob sua responsabilidade. E compete privativamente aos advogados elaborar e subscrever petições iniciais, contestações, réplicas, memoriais, razões, minutas e contraminutas nos processos judiciais, bem como a defesa em qualquer foro ou instância.

A jurisprudência ainda não se pacificou a respeito do verdadeiro papel do estagiário na Justiça do Trabalho.

Quanto a nós, estamos persuadidos de que se deve cumprir o preceituado no Estatuto do Advogado: *é lícito ao estagiário praticar todos os atos que não forem privativos do advogado.*

65. O Terceiro e o Processo

Terceiro é todo aquele que nada tem que ver com a prática de um ato jurídico ou que é estranho a uma relação processual.

De ordinário, num processo, são discutidos interesses que dizem respeito exclusivamente às partes.

É comum, porém, os efeitos de uma sentença recaírem sobre terceiros, o que se identifica como extensão subjetiva da sentença.

O interesse do terceiro há-de ser direto, legítimo e atual.

Se esse interesse não for bem definido pela parte, poderá o Juiz impedir seu ingresso no processo.

Ilustra tal fenômeno jurídico a penhora de um bem que pertence a outrem e não ao executado.

O legítimo dono desse bem tem o direito de adentrar o processo a fim de defender seu patrimônio, mas munido de documentos que comprovem — de plano — a veracidade do que alega.

É o que se chama, na terminologia processual, a intervenção de terceiro, admissível nos processos de conhecimento, executivos e cautelares.

O que acabamos de dizer se aplica, também, ao processo de dissídio coletivo que tenha como sujeitos sindicatos de empregados e de patrões.

Uma empresa que esteja em desacordo com a conduta de seu sindicato na ação coletiva nela poderá ingressar.

A intervenção do terceiro no processo é provocada ou coacta e voluntária.

A coacta tem três figuras: a) nomeação à autoria; b) denunciação da lide; e c) chamamento ao processo.

A intervenção voluntária assume as formas de: a) assistência; b) oposição; c) embargos de terceiro; e d) intervenção de credores na execução.

A CLT não se ocupa da intervenção de terceiro no processo trabalhista, e, por isso, tem-se de recorrer, subsidiariamente, ao CPC para analisar o procedimento de cada uma das formas pelas quais se realiza essa intervenção.

De notar-se, ainda, que a CLT só faculta ao Reclamante e ao Reclamado estarem em juízo desacompanhados de advogados.

Não é beneficiário dessa concessão o terceiro.

CAPÍTULO V
Formas de Intervenção Coata

66. Da Intervenção de Terceiros

É quase certo que o tumulto se implantaria nos órgãos do Judiciário ou, pelo menos, iria aumentar-lhes, de modo considerável, o trabalho, se cada pessoa, que não o autor ou o réu, com interesse jurídico numa ação, tivesse de propor uma outra.

Mas, para remover esse perigo e por amor à economia processual, o legislador permitiu que os terceiros ingressassem no feito.

Têm eles, sempre, uma atitude negativa no processo, enquanto no litisconsórcio quem penetra no processo assume a posição de Reclamante ou de Reclamado, e, portanto, sua atitude pode ser positiva ou negativa.

Por essa razão, permite a lei que alguém, sem ser parte na causa, possa nela intervir a fim de cooperar ou de afastar os litigantes, para defender direito ou interesse próprios susceptíveis de ser prejudicados pela sentença. Chama-se a este fenômeno processual de intervenção de terceiros.

A lei e a doutrina de há muito assentaram que a intervenção de terceiros se divide em duas categorias: a voluntária e a coacta (ou necessária).

A primeira — como sua denominação está a indicar — consuma-se por provocação da parte ou do próprio interveniente. Quando a iniciativa coube à parte, é porque lhe assiste, se sucumbente no processo, o direito de regresso contra o terceiro ou interveniente. A segunda — a intervenção coacta — concretiza-se a pedido da parte ou por ato *ex officio* do juiz.

Vejamos, de primeiro, as formas de intervenção coacta.

66.1. Da Nomeação à Autoria

Diz o art. 62 do CPC:

"Aquele que detiver a coisa em nome alheio, sendo-lhe demandada em nome próprio deverá nomear à autoria o proprietário ou possuidor".

É a *nominatio auctoris*, de criação romana.

A extensão da figura da nomeação à autoria é dada pelo art. 63 do CPC — *verbis*: *"Aplica-se também o disposto no artigo antecedente à ação de indenização, intentada pelo proprietário ou pelo titular de um direito sobre a coisa, toda vez que o responsável pelos prejuízos alegar que praticou o ato por ordem, ou em cumprimento de instruções de terceiro".*

Bons autores negam, terminantemente, a aplicação da nomeação à autoria no processo do trabalho por entenderem que a competência da Justiça do Trabalho não se estende ao conhecimento e julgamento de ações que visem ao ressarcimento de prejuízos sofridos pela coisa.

Quanto a nós, divergimos desse entendimento.

Faticamente, no âmbito das relações de trabalho, apresentam-se situações em que se faz mister nomear à autoria.

Para demonstrar a procedência dessa posição, servímo-nos de dois exemplos dados por *Giglio* (*in* "Direito Processual do Trabalho", 10ª ed., Saraiva, 1997, p. 125).

O primeiro consiste na retomada de um imóvel que, como contraprestação salarial *in natura*, foi dado ao empregado pelo subempreiteiro, mas a propriedade do imóvel era do empreiteiro. Na ação de reintegração de posse proposta pelo empregado, é notificado o subempreiteiro e, aí, cabe a este nomear à autoria o empreiteiro.

Outro exemplo é o do empregado que, na realização de sua tarefa na empresa, serve-se, por empréstimo, de máquina ou ferramenta pertencente a outro empregado. Se o empregador pretender reintegrar-se na posse desse material, o empregado deve nomear à autoria o verdadeiro dono do bem.

Tais litígios derivam de uma relação de trabalho e, por isso, incluem-se na competência da Justiça do Trabalho.

Há autores que lembram o caso da penhora de bens de terceiro como exemplo de nomeação à autoria. Esta só se admite na fase de conhecimento do processo, e em razão dessa circunstância consideramos inviável a proposta.

No processo do trabalho, o pedido do reclamado de nomeação à autoria é possível em dois momentos: a) depois da notificação e antes da audiência; b) no decorrer da audiência.

Em qualquer dessas hipóteses, tem o reclamante de ser ouvido.

Compete à Vara do Trabalho conhecer o pedido, e, por ser interlocutória a decisão, é ela impugnável depois da prolação sentença final ou terminativa.

É dado ao Reclamante — nos termos do art. 65 do CPC — rejeitar o nomeado, o que torna sem efeito a nomeação.

In casu e quando o nomeado negar a qualidade que se lhe quer atribuir, é de se assinar novo prazo ao nomeante (o reclamado) para contestar.

Presume-se aceita a nomeação: a) se o Reclamante, no prazo fixado pelo Juiz do Trabalho, nada requerer ou não se manifestar; b) se o nomeado não comparecer ou, comparecendo, nada alegar.

67. Denunciação da Lide

No antigo Código de Processo Civil, a denunciação da lide tinha o *nomen juris* de chamamento à autoria.

Informa o art. 70, do CPC de 1973 ser obrigatória a denunciação da lide em três situações, mas, a nosso ver, só uma delas — a do inciso III — pode ocorrer na Justiça do Trabalho: o chamamento daquele *"que estiver obrigado pela lei ou pelo contrato a indenizar, em ação regressiva, o prejuízo do que perder a demanda"*.

Desenha-se a hipótese, no processo do trabalho, quando se discute a sucessão de empregadores.

Se, no negócio jurídico referente à transferência da propriedade da empresa, houver cláusula em que o vendedor se obriga a indenizar o comprador dos prejuízos de uma sentença condenatória em processo trabalhista versando fatos anteriores à sucessão, temos como certo que o sucessor poderá denunciar à lide o vendedor ou sucedido.

Aí, configurou-se a hipótese do inciso III do mencionado art. 70: a obrigação de indenizar resultou de um contrato.

Os doutrinadores que se opõem a esse entendimento costumam alegar que a Justiça do Trabalho não tem o poder legal de emitir título executivo judicial declarando a responsabilidade por perdas e danos, uma vez que o crédito não tem natureza trabalhista.

A isso contrapomos a circunstância de ser trabalhista o fato gerador do crédito, e este terá de ser resgatado pelo sucedido, ou melhor, pelo vendedor da empresa.

Feita a denunciação pelo Reclamado e se o denunciado a aceitar, o processo terá prosseguimento, ficando Reclamante de um lado e, de outro, como litisconsortes, o denunciante e o denunciado (sucessor e sucedido). A sentença que declarar a responsabilidade do sucedido pelos danos sofridos pelo trabalhador ganha força de título executivo.

Todavia, se o denunciado recusar a qualidade que se lhe quer atribuir, tem o denunciante de prosseguir, sozinho, na defesa, e, se a final for condenado, a ação regressiva terá de ser proposta na Justiça comum, pois aí o crédito está desprovido do caráter trabalhista. O trabalhador é estranho a esse litígio.

67.1. *Factum Principis*

Vem a ser o ato de autoridade municipal, estadual ou federal, ou lei ou resolução que impossibilita o funcionamento, temporário ou definitivo, da empresa.

É o assunto regulado pelo art. 486, da Consolidação das Leis do Trabalho.

Nesse dispositivo, está assentado que, se o empregador alegar em sua defesa um *factum principis*, a Vara do Trabalho notificará a pessoa de direito público responsável pela cessação do trabalho, assinando-lhe prazo de 30 dias para alegar o que entender devido, passando a figurar no processo como denunciado à lide.

No § 1º do art. 486 da CLT, é estabelecido que, *in casu*, a pessoa de direito público ingressa no processo *"como chamada à autoria"*.

No CPC de 1973, tal *nomen juris* — como salientado anteriormente — é dado à denunciação da lide.

À hipótese se aplicam as considerações que fizemos no item anterior — de n. 67 —, com uma diferença: o pedido de denunciação da lide por motivo de *factum principis* tem de fundar-se em documento hábil (§ 2º do referido art. 486, do Estatuto Obreiro).

Desnecessário frisar que, sendo a União a denunciada, a competência passa a ser da Justiça Federal.

Diz o § 3º do art. 486 da CLT que, "verificada qual a autoridade responsável, a Vara do Trabalho ou o Juiz dar-se-á por incompetente, remetendo os autos ao juízo privativo da Fazenda, perante o qual correrá o feito, nos termos previstos no processo comum" (redação pela Lei n. 1.530, de 26.12.1951).

Essa norma consolidada é dirigida aos Estados e Municípios bem como às suas autarquias ou empresas públicas. Foi ela, também, recebida pela Carta Política de 1988.

A relação jurídica entre a pessoa jurídica de direito público interno e seus servidores não se classifica como uma relação de trabalho.

Alega-se, ainda, que o art. 95 do antigo CPC não previa a hipótese que, hoje, aparece no inciso III do art. 70 do atual Código de Processo Civil. Naquele, só se previa o chamamento à autoria pelo autor ou pelo réu "acerca de coisa ou direito real".

O argumento perde toda a sua força se atentarmos para a circunstância de que o legislador, na CLT de 1943, antecipou-se ao de 1973, ao admitir a "chamada à autoria" de quem se obrigara, por uma norma legal, a indenizar, em ação regressiva, a ressarcir o litisdenunciante ou o litisdenunciado do prejuízo resultante de uma sentença condenatória.

68. Do Chamamento ao Processo

Foi esse instituto transplantado do direito português, onde é denominado "chamamento à demanda".

Exceção feita do direito processual lusitano, não é essa figura processual conhecida pelos sistemas legais de países vanguardeiros da processualística moderna.

Na Itália, por exemplo, há o "intervento coatto su istanza di parte" que se parece com o nosso chamamento ao processo, mas dele se distingue em pontos essenciais, aproximando-se muito mais da nossa denunciação à lide.

Com fundamento no inciso III do art. 77 do CPC, tem o Reclamado a faculdade legal de chamar ao processo *"todos os devedores solidários quando o credor (o Reclamante) exigir de um ou de alguns deles, parcial ou totalmente, a dívida comum"*.

Verifica-se o exercício dessa faculdade quando o devedor solidário é acionado sozinho e, assim, responde pela dívida na sua totalidade.

Apenas o Reclamado tem legitimidade para requerer o chamamento ao processo dos demais codevedores solidários ou do devedor principal.

Autores de boa cepa classificam o chamamento ao processo como ação condenatória, enquanto outros sustentam, com mais vigor, ser ele ampliação subjetiva da relação processual ou — o que vem a dar no mesmo — litisconsórcio passivo, facultativo, simples e ulterior.

É essa, também, a nossa opinião.

O chamamento ao processo faz colocar no polo passivo da relação processual outros Reclamados (ou devedores).

Das três hipóteses previstas no sobredito dispositivo do estatuto processual civil, apenas aquela encerrada no seu inciso III é de aplicabilidade reconhecida ao processo do trabalho.

Se o Reclamante não pedir a notificação de todos os devedores, é facultado ao Reclamado fazê-lo: a) em audiência, na sua contestação ou b) antes desse momento processual.

Em razão do pedido, tem o juiz de suspender o processo para mandar notificar os coobrigados e estipular nova data para a audiência.

A CLT e a Lei n. 5.584/70 são silentes quanto à possibilidade de ocorrer o chamamento ao processo de rito sumário.

De conseguinte, o uso subsidiário do CPC nos leva a concluir que, com estribo no seu art. 280, é vedado o chamamento ao processo no procedimento sumário.

O mesmo dizemos em relação ao processo de execução, porque neste já se constituiu o título executivo, de maneira que resta ao devedor que, isoladamente, figurou no processo de conhecimento executar os demais coobrigados — no mesmo processo — proporcionalmente às suas quotas.

Também não se aceita o chamamento ao processo: a) no processo cautelar, porque a finalidade deste é assegurar a eficácia da decisão terminativa; b) na reconvenção porque, nesta, o reconvinte é autor e aquele chamamento é reservado ao réu ou Reclamado, sendo porém lícito ao Chamado ajuizar reconvenção contra o Chamante.

O indeferimento liminar do chamamento ao processo é, em verdade, uma decisão interlocutória e, por isso mesmo, inaceitável por meio de recurso. Se vencido na demanda, é lícito ao Reclamado reiterar o pedido de chamamento ao processo dos demais coobrigados.

Adaptando o art. 80 do CPC ao processo do trabalho, é-nos permitido dizer: a sentença que julgar procedente a ação, condenando os Reclamados — ou coobrigados —, valendo como título executivo em favor do que satisfizer a dívida para exigi-la por inteiro do devedor principal ou de cada um dos codevedores a sua quota na proporção que lhes tocar.

Decorre desse dispositivo que a liquidação da dívida por um único devedor confere-lhe o direito de, no mesmo processo, reivindicar, proporcionalmente, de cada codevedor, a sua quota.

Se o pedido de chamamento ao processo for liminarmente rejeitado e o Reclamado vier a ser condenado, é indubitável que lhe resta propor ação regressiva contra os demais codevedores.

No caso, não nos parece que a competência para julgar o feito seja da Justiça do Trabalho, uma vez que o litígio não é mais entre o empregado e vários Reclamados; essa competência, a nosso sentir, é da Justiça comum.

Vários autores — *Giglio, Manoel Antonio Teixeira Filho, Tostes Malta* e outros — admitem o chamamento ao processo nos casos de sociedade de fato e de condomínio irregularmente constituído ou ainda não constituído. É este, também, o nosso pensar.

Contudo, permitimo-nos recordar uma outra hipótese de chamamento ao processo: em sociedade de nome coletivo, é acionado apenas um sócio. Este, sabedor de que a sociedade, devido à sua precária situação financeira, não dispõe de meios para fazer face a eventual sentença condenatória, chama ao processo os outros sócios. Como sabido (art. 1.042, do Código Civil de 2002), nas sociedades em nome coletivo, seus sócios ficam obrigados solidariamente para com terceiros, embora seus bens particulares só devam ser executados depois de comprovada a insuficiência do patrimônio social. No mesmo sentido o art. 596 do CPC.

CAPÍTULO VII
Processo e Procedimento

72. Processo. Procedimento. Conceito

Se a ação é o direito de pedir a tutela jurisdicional, o processo é o meio utilizado pelo Estado para prestar essa tutela.

Desenvolve-se o processo numa série de atos de três espécies: jurisdicionais, das partes e de terceiros.

Assim, podemos dar ao processo um conceito teleológico: *como instrumento da jurisdição, busca a atuação da lei nas situações concretas de conflito.*

É o processo uma situação jurídica ou uma relação jurídica?

De há muito, vem predominando no campo doutrinário a tese da relação processual (*actum trium personarum*) trilateral ou triangular: juiz, autor e réu. O primeiro tem o poder jurisdicional; o segundo, o direito de ação, e, o terceiro, o direito de defesa.

O objeto do processo é a pretensão resistida.

É a lide.

Vem a ser, ainda, o conteúdo do processo, sendo este o seu continente.

Acreditamos, também, ser, a relação processual jurídica uma relação jurídica complexa.

O complexo de atos a que corresponde o processo ordena-se por intermédio do procedimento.

Distingue-se o processo do procedimento pelo fim que o primeiro visa — composição da lide —, enquanto o segundo se preocupa com o aspecto exterior dos atos processuais, com a sua forma e com o modo pelo qual eles se ligam e se sucedem.

Magistral a lição de *Frederico Marques* sobre as características distintivas dos dois institutos:

"Não se confunde, pois, o processo com procedimento: este é a marcha e sucessão dos atos processuais, coordenados sob formas e ritos para que se atinjam os fins compositivos do processo; aquele, é um conjunto de atos, que o procedimento revela, destinados a resolver, segundo o direito objetivo, um caso litigioso" (obra citada, tomo I, p. 116).

Três são os tipos de processo, porque três são as tutelas jurisdicionais que têm em mira: tutela de conhecimento (processo de conhecimento), tutela de execução (processo de execução) e tutela cautelar (processo cautelar).

73. Atos Processuais

Como acentuado anteriormente, o processo encerra ideia de movimento orientado para um fim que, de regra, é a sentença.

Esse movimento é sustentado pelas pessoas que participam da relação processual, praticando os mais variados atos jurídicos, chamados de atos processuais.

Ato processual é uma espécie do gênero ato jurídico. Este, mercê da vontade manifestada, realiza o fim visado; aquele, também com conteúdo volitivo, embora tenha seu fim especial, contribui apenas para a consecução do objetivo final — a sentença.

São atos processuais aqueles que se revelarem úteis ao desenvolvimento da relação processual, isto é, aqueles que — no dizer de Amaral Santos (obra citada, vol. I, p. 283) — "têm por efeito a constituição, a conservação, o desenvolvimento, a modificação ou cessação da relação processual" o que, de certa maneira, repete o contido no art. 158 do CPC:

"Os atos das partes, consistentes em declarações unilaterais ou bilaterais de vontade, produzem imediatamente a constituição, a modificação ou a extinção de direitos processuais".

Os atos processuais integram uma série contínua que evolui em direção à sentença e são praticados dentro do tempo prefixado em lei; formam corpo unitário à vista de um mesmo fim e estão interligados indestrutivelmente, não se admitindo o isolamento de um deles dentro do procedimento.

Os atos processuais, de ordinário, realizam-se na sede das Varas do Trabalho ou do juízo monocrático investido de jurisdição trabalhista; são eles autônomos ou interdependentes.

Os primeiros não dão origem aos atos posteriores; os segundos, por um nexo causal ou jurídico, ligam-se aos que os antecederam e àqueles que os vão seguir no desenvolvimento do processo. Consequentemente, a anulação de um ato interdependente abrange todos os atos a que estiverem interligados.

A anulação da notificação acarreta a de todos os atos que lhe forem posteriores. É esta a regra do art. 248 do CPC e que se afina com a do art. 798 da CLT: anulado o ato, reputam-se de nenhum efeito todos os subsequentes que dele dependam; todavia, a nulidade de uma parte do ato não prejudicará as outras, que dela sejam independentes.

Reza o art. 156 do CPC:

"Em todos os atos e termos do processo é obrigatório o uso do vernáculo".

A CLT passa ao largo dessa exigência e, consequentemente, aquela norma do CPC se aplica ao processo do trabalho.

Vernáculo, no caso, é o idioma do nosso País, o português.

Inobstante, não se condena o uso de expressões latinas de emprego corrente no foro e, também, em obras jurídicas.

Se o Reclamante ou o Reclamado transcrever trecho de obra de autor estrangeiro, cabe-lhe verter para o português o trecho transcrito na peça vestibular ou na defesa, uma vez que o Juiz não é obrigado a ser um poliglota.

Estatui o art. 161 do CPC ser *"defeso lançar nos autos cotas marginais ou interlineares; o Juiz mandará riscá-las impondo a quem as escreveu multa correspondente à metade do salário mínimo".*

74. Atos Processuais Objetivos e Subjetivos

Há várias classificações de atos processuais. Separamos duas: a objetiva e a subjetiva.

Objetivos — segundo *Guasp* — são os atos processuais de iniciativa (entrega da petição inicial para distribuição); de desenvolvimento, que impulsionam o processo, e de instrução, que compõem o conflito e extinguem o processo ("Derecho Procesal Civil", 3ª ed., Madrid: Instituto de Estudios Políticos, 1968, p. 263).

Os atos processuais subjetivos se dividem em atos do Juiz e do cartório, das partes e de terceiros.

Nosso Código de Processo Civil adotou a classificação subjetiva, embora muitos autores entendam que a objetiva enseja especulações e estudos mais profundos.

A verdade é que a classificação subjetiva é mais prática.

A denúncia, na petição inicial, da pretensão resistida dá lugar à contestação, à resposta do Reclamado (o réu no processo comum), mas isso depois de o Juiz verificar a existência dos pressupostos processuais e das condições de ação.

Em seguida, temos a fase probatória, momento processual em que as partes produzem ou tentam produzir todas as provas capazes de demonstrar a procedência de suas alegações.

75. Publicidade dos Atos Processuais

São públicos os atos processuais.

De conformidade com o disposto no art. 770 da CLT, *"os atos processuais serão públicos, salvo quando o contrário determinar o interesse social e realizar-se-ão nos dias úteis das 6 às 20 horas".*

A penhora é realizável em domingo ou dia feriado, mediante autorização expressa do Juiz da Vara do Trabalho.

A publicidade dos atos processuais permite a constante fiscalização das atividades forenses.

A segurança da Justiça depende, em boa medida, da publicidade dos atos processuais.

O ato público, à vista de qualquer pessoa, permite fiscalização eficaz dos trabalhos judiciais e protege-os contra ataques à autoridade moral dos julgamentos. Numa palavra, contribui para a credibilidade do Judiciário.

A Lei n. 8.952/94 deu ao art. 172 do CPC mais um parágrafo — o 3º —, vazado nos seguintes termos:

"Quando o ato tiver que ser praticado em determinado prazo, por meio de petição, esta deverá ser apresentada no protocolo, dentro do horário do expediente, nos termos da lei de organização judiciária local".

Observe-se que a nova norma — incidente no processo do trabalho — sublinha que a tempestividade do ato realizado por meio de petição só se configura quando esta é entregue no protocolo do órgão judicial e dentro de seu horário de funcionamento. Será, portanto, intempestiva a petição apresentada, fora do prazo constante da lei, a uma dependência da Vara do Trabalho ou do Tribunal que não tenha a função de receber e protocolar documentos.

76. Forma dos Atos Processuais

É aplicável ao processo trabalhista a norma encerrada no art. 154 do CPC: *os atos e termos processuais não dependem de forma determinada senão quando a lei expressamente a exigir, reputando-se válidos os que, realizados de outro modo, preencham-lhe a finalidade essencial.*

Como se vê, mesmo na hipótese de a lei exigir para o ato forma especial, não se lhe negará validade se fugir ao modelo legal mas alcançar a finalidade que lhe é própria.

Não se admite, nos atos e termos processuais, outro idioma que não o português.

Mesmo os documentos que precisem ser anexados aos autos para provar algo de interesse para o esclarecimento dos litígios e vazados em língua estrangeira terão de ser acompanhados de versão em vernáculo firmada por tradutor juramentado. Tal exigência — que deflui do disposto no art. 157 do CPC — nos parece lógica e razoável. Se ela não existisse, teriam os juízes de ser poliglotas, o que impediria o exercício da magistratura pela imensa maioria dos candidatos. Essa norma processual é eco do que se inscreve no art. 224 do Código Civil: os escritos de obrigação redigidos em língua estrangeira, para ter efeitos legais no País, serão vertidos em português.

Enfim, documento redigido em língua estrangeira, para ter valor como prova, há-de ser traduzido.

Têm as partes o direito de exigir recibo de petições, arrazoados, papéis e documentos que entregarem em cartório (art. 160 do CPC).

Não é raro o extravio de documentos nos cartórios, sobretudo naqueles de grande movimento, o que explica a cautela agasalhada no sobredito dispositivo da lei processual comum aplicável ao processo trabalhista.

Reza o art. 161 do CPC ser defeso à parte lançar nos autos cotas, marginais ou interlineares. Quem as fizer é passível de multa correspondente à metade do salário mínimo, cabendo ao Juiz ordenar sejam elas riscadas.

76.1. Transmissão de Dados Via Fac-símile para a Prática de Atos Processuais

Mesmo sem previsão legal, vinha-se admitindo a transmissão, por fax, de atos processuais que exigissem petição escrita. A prática era mais comum na interposição de recursos por partes residentes em cidades muito distantes do Tribunal *a quo*. Todavia, tinha o interessado de entregar o original dentro do prazo estabelecido para o ato.

Essa estranha situação se corrigiu com o advento da Lei n. 9.800, de 26 de maio de 1999. Estabeleceu, em seu art. 1º, ser "permitida às partes a utilização do sistema de transmissão de dados e imagens tipo fac-símile ou outro similar, para a prática de atos processuais que dependam de petição escrita".

A transmissão será feita no decorrer do prazo fixado em lei, mas os originais devem ser entregues em juízo, necessariamente, até cinco dias após o seu término. Inocorrendo concordância entre o original transmitido fac-símile e o original entregue em juízo, será a parte considerada litigante de má-fé.

O TST disciplinou na Súmula n. 387 a interposição de recurso via fac-símile, *verbis*: "Recurso. Fac-símile. Lei n. 9.800/1999. I — *A Lei n. 9.800/1999 é aplicável somente a recursos interpostos após o início de sua vigência.* II — *A contagem do quinquídio para apresentação dos originais de recurso interposto por intermédio de fac-símile começa a fluir do dia subsequente ao término do prazo recursal, nos termos do art. 2º da Lei n. 9.800/1999, e não do dia seguinte à interposição do recurso, se esta se deu antes do termo final do prazo.* III — *Não se tratando a juntada dos originais de ato que dependa de notificação, pois a parte, ao interpor o recurso, já tem ciência de seu ônus processual, não se aplica a regra do art. 184 do CPC quanto ao dies a quo, podendo coincidir com sábado, domingo ou feriado.* IV) *A autorização para utilização do* fac-símile, *constante do art. 1º da Lei n. 9.800/1999, somente alcança as hipóteses em que o documento é dirigido diretamente ao órgão jurisdicional, não se aplicando à transmissão ocorrida entre particulares.*

76.2. Processo eletrônico. Informatização processual

Sensível à necessidade de dotar o Poder Judiciário de instrumentos para imprimir celeridade na prestação jurisdicional, com a adoção dos recursos de informática disponíveis, o legislador ordinário acrescentou um parágrafo único ao art. 154, do CPC, no qual foi previsto que "os tribunais, no âmbito da respectiva jurisdição, poderão disciplinar a prática e a comunicação oficial dos atos processuais por meios eletrônicos, atendidos os requisitos de autenticidade, integridade, validade jurídica e interoperabilidade da Infraestrutura de Chaves Públicas Brasileira — ICP — Brasil" (Lei n. 11.280, de 2006).

Antecipando-se a essa lei de 2006, o Tribunal Superior do Trabalho, em atitude vanguardeira, sob a Presidência do *Ministro Vantuil Abdala*, publicou, em 2005, a Resolução n. 132, que editou a Instrução Normativa n. 28, instituindo o Sistema Integrado de Protocolização e Fluxo de Documentos Eletrônicos, denominado e—DOC, no âmbito da Justiça do Trabalho, que permite às partes, advogados e peritos utilizar a Internet para a prática de atos processuais dependentes de petição escrita, que antes só eram admitidos por petição escrita ou por fax, com o devido protocolo. O e-DOC é um serviço de uso facultativo, disponível na Internet, nas páginas do Tribunal Superior do Trabalho e dos Tribunais Regionais do Trabalho. Praticamente todos os Tribunais Regionais já aderiram a este sistema, que exige que os usuários tenham certificado digital adquirido perante qualquer autoridade certificadora credenciada pela ICP-Brasil. Conforme o art. 3º, dessa Instrução, torna-se desnecessário o protocolo dos originais da peça enviada por esse sistema.

Posteriormente, o TST editou a Instrução Normativa n. 30, que passou a disciplinar integralmente essa questão de peticionamento eletrônico, revogando a de n. 28. No âmbito da Justiça do Trabalho, o envio de petições, de recursos e a prática de atos processuais em geral por meio eletrônico serão admitidos mediante uso de assinatura eletrônica.

A assinatura eletrônica, no âmbito da Justiça do Trabalho, será admitida sob as seguintes modalidades: I — assinatura digital, baseada em certificado digital emitido pelo ICP-Brasil, com uso de cartão e senha; II — assinatura cadastrada, obtida perante o Tribunal Superior do Trabalho ou Tribunais Regionais do Trabalho, com fornecimento de login e senha. Para o uso de qualquer das duas modalidades de assinatura eletrônica, o usuário deverá se credenciar previamente perante o Tribunal Superior do Trabalho ou o Tribunal Regional do Trabalho com jurisdição sobre a cidade em que tenha domicílio, mediante o preenchimento de formulário eletrônico, disponibilizado no Portal da Justiça do Trabalho.

No caso de assinatura digital, em que a identificação presencial já se realizou perante a Autoridade Certificadora, o credenciamento se dará pela simples identificação do usuário por meio de seu certificado digital e remessa do formulário devidamente preenchido. No caso da assinatura cadastrada, o interessado deverá comparecer, pessoalmente, perante o órgão do Tribunal no qual deseje cadastrar sua assinatura eletrônica, munido do formulário devidamente preenchido, obtendo senhas e informações para a operacionalização de sua assinatura eletrônica. Ao credenciado será atribuído registro e meio de acesso ao sistema, de modo a preservar o sigilo (mediante criptografia de senha), a identificação e a autenticidade de suas comunicações. Alterações de dados cadastrais poderão ser feitas pelos usuários, a qualquer momento, na seção respectiva do Portal da Justiça do Trabalho. O credenciamento implica a aceitação das normas estabelecidas na Instrução Normativa e a responsabilidade do credenciado pelo uso indevido da assinatura eletrônica.

O certificado digital é, portanto, um dos principais aspectos nesta nova fase do Poder Judiciário. Assim, para o ajuizamento de uma ação trabalhista ou para a prática de qualquer ato processual no chamado peticionamento eletrônico, o advogado ou a parte precisará dele para substituir a assinatura pessoal.

Dando aplicação à Lei n. 9.800/99, o Supremo Tribunal Federal editou a Resolução STF n. 287, de 14.4.2004 (DJU 16.4.2004), que instituiu o sistema de remessa de dados via internet (e-STF), sistema esse que permite o uso de correio eletrônico, via internet, para a prática de atos processuais no âmbito desse Tribunal. O art. 2º dessa Resolução estabelece que o acesso ao e-STF dá-se por meio da página do Supremo Tribunal Federal na internet, endereço eletrônico www.stf.jus.br, com utilização facultada aos advogados previamente cadastrados e sujeita às regras e condições do serviço constantes do manual do usuário, também disponível nesse sítio. Com esse cadastro, o advogado terá uma senha de segurança, que deverá ser pessoal e sigilosa, assegurando à remessa identificada das petições e dos documentos.

O TRT/SP criou o Sistema de Peticionamento Eletrônico desde 2001, pelo Provimento GP n. 07/01. É aplicável, ao processo trabalhista, a norma encerrada no art. 154, do CPC: *os atos e termos processuais não dependem de forma determinada senão quando a lei expressamente a exigir, reputando-se válidos os que, realizados de outro modo, lhe preencham a finalidade essencial.* Como se vê, mesmo na hipótese de a lei exigir, para o ato, forma especial, não se negará validade ao ato que fugiu ao modelo legal, mas alcançou sua finalidade essencial.

Dando prosseguimento a esse esforço de proceder a implantação da informatização processual, iniciado com a Lei n. 11.280/06, já explicitada, o legislador ordinário editou a Lei n. 11.419, de 19.12.2006 (DOU 20.12.2006). Devem ser sublinhadas as seguintes regras desse diploma legal:

a) as normas desta lei são aplicadas, indistintamente, aos processos civil, penal e trabalhista, bem como aos juizados especiais, em qualquer grau de jurisdição;

b) considera-se: I — meio eletrônico qualquer forma de armazenamento ou tráfego de documentos e arquivos digitais; II — transmissão eletrônica toda forma de comunicação a distância com a utilização de redes de comunicação, preferencialmente a rede mundial de computadores; III — assinatura eletrônica as seguintes formas de identificação inequívoca do signatário:- assinatura digital baseada em certificado digital emitido por Autoridade Certificadora credenciada, na forma de lei específica; mediante cadastro de usuário no Poder Judiciário, conforme disciplinado pelos órgãos respectivos;

c) O envio de petições, de recursos e a prática de atos processuais em geral por meio eletrônico serão admitidos mediante uso de assinatura eletrônica, sendo obrigatório o credenciamento prévio no Poder Judiciário, conforme disciplinado pelos órgãos respectivos. O credenciamento no Poder Judiciário será realizado mediante procedimento no qual esteja assegurada a adequada identificação presencial do interessado. Ao credenciado será atribuído registro e meio de acesso ao sistema, de modo a preservar o sigilo, a identificação e a autenticidade de suas comunicações. Os órgãos do Poder Judiciário poderão criar um cadastro único para o credenciamento previsto neste artigo;

d) Consideram-se realizados os atos processuais por meio eletrônico no dia e hora do seu envio ao sistema do Poder Judiciário, do que deverá ser fornecido protocolo eletrônico. Quando a petição eletrônica for enviada para atender prazo processual, serão consideradas tempestivas as transmitidas até as 24 (vinte e quatro) horas do seu último dia;

e) Os tribunais poderão criar Diário da Justiça eletrônico, disponibilizado em sítio da rede mundial de computadores, para publicação de atos judiciais e administrativos próprios e dos órgãos a eles subordinados, bem como comunicações em geral. O sítio e o conteúdo das publicações deverão ser assinados digitalmente com base em certificado emitido por Autoridade Certificadora credenciada na forma da lei específica. A publicação eletrônica substitui qualquer outro meio e publicação oficial, para quaisquer efeitos legais, à exceção dos casos que, por lei, exigem intimação ou vista pessoal. Considera-se como data da publicação o primeiro dia útil seguinte ao da disponibilização da informação no Diário da Justiça eletrônico. Os prazos processuais terão início no primeiro dia útil que seguir ao considerado como data da publicação. A criação do Diário da Justiça eletrônico deverá ser acompanhada de ampla divulgação, e o ato administrativo correspondente será publicado durante 30 (trinta) dias no diário oficial em uso;

f) As intimações serão feitas por meio eletrônico em portal próprio aos que se cadastrarem na forma da Lei n. 11.280/06, dispensando-se a publicação no órgão oficial, inclusive eletrônico. Considerar-se-á realizada a intimação no dia em que o intimando efetivar a consulta eletrônica ao teor da intimação, certificando-se nos autos a sua realização. Nesta hipótese, nos casos em que a consulta se dê em dia não útil, a intimação será considerada como realizada no primeiro dia útil seguinte. A consulta referida anteriormente deverá ser feita em até 10 (dez) dias corridos contados da data do envio da intimação, sob pena de considerar-se a intimação automaticamente realizada na data do término desse prazo. Em caráter informativo, poderá ser efetivada remessa de correspondência eletrônica, comunicando o envio da intimação e a abertura automática do prazo processual, aos que manifestarem interesse por esse serviço. Nos casos urgentes em que a intimação feita possa causar prejuízo a quaisquer das partes ou nos casos em que for evidenciada qualquer tentativa de burla ao sistema, o ato processual deverá ser realizado por outro meio que atinja a sua finalidade, conforme determinado pelo juiz. Essas intimações eletrônicas, inclusive as da Fazenda Pública, serão consideradas pessoais para todos os efeitos legais;

g) Observadas as formalidades legais, as citações, inclusive as da Fazenda Pública, excetuadas as dos Direitos Processuais Criminal e Infracional, poderão ser feitas por meio eletrônico, desde que a íntegra dos autos seja acessível ao citando;

h) As cartas precatórias, rogatórias, de ordem e, de um modo geral, todas as comunicações oficiais que transitem entre órgãos do Poder Judiciário, bem como entre os deste e os dos demais Poderes, serão feitas preferentemente por meio eletrônico;

i) Os órgãos do Poder Judiciário poderão desenvolver sistemas eletrônicos de processamento de ações judiciais por meio de autos total ou parcialmente digitais, utilizando, preferencialmente, a rede mundial de computadores e acesso por meio de redes internas e externas. Todos os atos processuais do processo eletrônico serão assinados eletronicamente, na forma prevista na Lei ora em comento. No processo eletrônico, todas as citações, intimações e notificações, inclusive da Fazenda Pública, serão feitas por meio eletrônico. As citações, intimações, notificações e remessas que viabilizem o acesso à íntegra do processo correspondente serão consideradas vista pessoal do interessado para todos os efeitos legais. Quando, por motivo técnico, for inviável o uso do meio eletrônico para a realização de citação, intimação ou notificação, esses atos processuais poderão ser praticados segundo as regras ordinárias, digitalizando-se o documento físico, que deverá ser posteriormente destruído;

j) A distribuição da petição inicial e a juntada da contestação, dos recursos e das petições em geral, todos em formato digital, nos autos de processo eletrônico, podem ser feitas diretamente pelos advogados públicos e privados, sem necessidade da intervenção do cartório ou secretaria judicial, situação em que a autuação deverá se dar de forma automática, fornecendo-se recibo eletrônico de protocolo. Quando o ato processual tiver que ser praticado em determinado prazo, por meio de petição eletrônica, serão considerados tempestivos os efetivados até as 24 (vinte e quatro) horas do último dia. No caso citado, se o Sistema do Poder Judiciário se tornar indisponível por motivo técnico, o prazo fica automaticamente prorrogado para o primeiro dia útil seguinte à resolução do problema. Os órgãos do Poder Judiciário deverão manter equipamentos de digitalização e de acesso à rede mundial de computadores à disposição dos interessados para distribuição de peças processuais;

k) Os documentos produzidos eletronicamente e juntados aos processos eletrônicos com garantia da origem e de seu signatário serão considerados originais para todos os efeitos legais. Os extratos digitais e os documentos digitalizados e juntados aos autos pelos órgãos da Justiça e seus auxiliares, pelo Ministério Público e seus auxiliares, pelas procuradorias, pelas autoridades policiais, pelas repartições públicas em geral e por advogados públicos e privados têm a mesma força probante dos originais, ressalvada a alegação motivada e fundamentada de adulteração antes ou durante o processo de digitalização. A arguição de falsidade do documento original será processada eletronicamente na forma da lei processual em vigor. Os originais dos documentos digitalizados, mencionados acima, deverão ser preservados pelo seu detentor até o trânsito em julgado da sentença ou, quando admitida, até o final do prazo para interposição de ação rescisória. Os documentos cuja digitalização seja tecnicamente inviável devido ao grande volume ou por motivo de ilegibilidade deverão ser apresentados ao cartório ou secretaria no prazo de 10 (dez) dias contados do envio de petição eletrônica comunicando o fato, os quais serão devolvidos à parte após o trânsito em julgado. Os documentos digitalizados juntados em processo eletrônico somente estarão disponíveis para acesso por meio da rede externa para suas respectivas partes processuais e para o Ministério Público, respeitado o disposto em lei para as situações de sigilo e de segredo de justiça;

l) A conservação dos autos do processo poderá ser efetuada total ou parcialmente por meio eletrônico. Os autos dos processos eletrônicos deverão ser protegidos por meio de sistemas de segurança de acesso e armazenados em meio que garanta a preservação e integridade dos dados, sendo dispensada a formação de autos suplementares. Os autos de processos eletrônicos que tiverem de ser remetidos a outro juízo ou instância superior que não disponham de sistema compatível deverão ser impressos em papel, autuados na forma dos arts. 166 a 168 da Lei n. 5.869, de 11 de janeiro de 1973 — Código de Processo Civil, ainda que de natureza criminal ou trabalhista, ou pertinentes a juizado especial. No caso citado, o escrivão ou o chefe de secretaria certificará os autores ou a origem dos documentos produzidos nos autos, acrescentando, ressalvada a hipótese de existir segredo de justiça, a forma pela qual o banco de dados poderá ser acessado para aferir a autenticidade das peças e das respectivas assinaturas digitais. Feita a autuação na forma estabelecida acima, o processo seguirá a tramitação legalmente estabelecida para os processos físicos. A digitalização de autos em mídia não digital, em tramitação ou já arquivados, será precedida de publicação de editais de intimações ou da intimação pessoal das partes e de seus procuradores, para que, no prazo preclusivo de 30 (trinta) dias, se manifestem sobre o desejo de manterem pessoalmente a guarda de algum dos documentos originais;

m) O magistrado poderá determinar que sejam realizados por meio eletrônico a exibição e o envio de dados e de documentos necessários à instrução do processo. Consideram-se cadastros públicos, para os efeitos aqui apontados, dentre outros existentes ou que venham a ser criados, ainda que mantidos por concessionárias de serviço público ou empresas privadas, os que contenham informações indispensáveis ao exercício da função judicante. O acesso a estes dados dar-se-á por qualquer meio tecnológico disponível, preferentemente o de menor custo, considerada sua eficiência.

n) O art. 11, § 6º, da Lei n. 11.419/2006, estabelece que os documentos eletrônicos *"somente estarão disponíveis para acesso por meio da rede externa para suas respectivas partes processuais e para o Ministério Público, respeitado o disposto em lei para as situações de sigilo e de segredo de justiça"*. Fazendo aplicação desse dispositivo tendo em vista a norma contida no art. 93, XI, da Constituição, o Conselho Nacional de Justiça editou sua Resolução n. 121, de 5.10.2010, onde ficou esclarecido que não ficarão disponíveis os nomes das partes dos processos trabalhistas na rede mundial de computadores, como se lê do inciso I, do § 1º, do seu art. 4º. Agiu corretamente o CNJ ao editar essa restrição, eis que objetivou se impedir a identificação pública dos nomes dos empregados e das empresas envolvidas na lide. Se houvesse essa identificação das partes pela "internet", isso lhes poderia causar prejuízos.

Em 2011 o CNJ lançou o Processo Judicial Eletrônico — PJe, um sistema processual eletrônico aplicável a todos os tribunais: Justiça Federal, Justiça Estadual, Justiça Militar e Justiça do Trabalho. Na Justiça do Trabalho houve a adesão dos Tribunais de todas as Regiões e sua aplicação vem ocorrendo de forma acelerada. Em algumas Varas do Trabalho do País só se consegue ajuizar novas ações por meio deste novo sistema. Mas, de uma forma geral, ainda permanecem presentes na justiça trabalhista os processos físicos, nos quais o peticionamento é feito pelo protocolo tradicional ou pelo sistema eletrônico próprio dos Tribunais ou pelo E-doc do TST.

Nesse processo eletrônico todas as citações, intimações e notificações, inclusive da Fazenda Pública, serão feitas por meio eletrônico.

As citações, intimações, notificações e remessas que viabilizem o acesso à íntegra do processo correspondente serão consideradas vista pessoal do interessado para todos os efeitos legais.

As intimações far-se-ão diretamente pelo sistema, à exceção da ciência da inclusão do processo em pauta de órgão julgador colegiado e de acórdãos publicados, as quais serão realizadas por meio de publicação no Diário Eletrônico da Justiça do Trabalho.

Tendo em vista o disposto no art. 18, da Lei n. 11.419/06, o CNJT editou a Resolução Administrativa n. 94, de 23.3.2012, instituindo o "Sistema de Processo Judicial Eletrônico da Justiça do Trabalho" (PJe-JT). Esse sistema trata do processamento de informações e prática de atos processuais, além de estabelecer os parâmetros para sua implementação e funcionamento em toda a Justiça do Trabalho. Em *4.2.2013 (DeJT de 8.2.2013), por meio da Resolução Administrativa n. 1.589, o TST instituiu o PJe no próprio TST.*

De conformidade com a Lei n. 11.419/06 e a Resolução n. 94/11 do CNJT, considerar-se-á realizada a intimação no dia em que o intimando efetivar a consulta eletrônica ao teor da intimação, certificando-se nos autos a sua realização. Quando a consulta ocorrer em dia não útil, a intimação será considerada como realizada no primeiro dia útil seguinte. E a consulta deverá ocorrer em até 10 (dez) dias corridos, entre o dia inicial e o dia final do prazo, contados da data da disponibilização da intimação, sob pena de considerar-se a intimação automaticamente realizada na data do término desse prazo.

O dia inicial da contagem é o dia seguinte ao da disponibilização do ato de comunicação no sistema, independentemente de esse dia ser, ou não, de expediente no órgão comunicante;

Os prazos processuais podem ser cumpridos até às 24 horas do dia previsto para o seu encerramento, considerado o horário da sede do Tribunal em que se situa o órgão destinatário. Para fins de cumprimento do prazo é levada em conta a hora final da transmissão e não a hora do início do envio dos arquivos contendo as peças processuais.

A contestação, acompanhada de seus documentos, segundo esse ato normativo, deverá ser encaminhada eletronicamente até antes da realização da audiência, sem prescindir da presença do advogado àquele ato processual.

Não sendo feito esse protocolo antecipado fica facultado à parte a apresentação de defesa oral, pelo tempo de até 20 minutos.

A partir da implantação do PJe-JT em uma unidade judiciária, o recebimento de petição inicial ou de prosseguimento, relativas aos processos que nele tramitam, somente pode ocorrer no meio eletrônico próprio do sistema, sendo vedada a utilização do e-DOC ou qualquer outro sistema de peticionamento eletrônico (art. 39 da Resolução Administrativa n. 94)

Por fim, para uniformizar a implantação e funcionamento do Processo Judicial Eletrônico — PJe —, o Conselho Nacional de Justiça (CNJ) editou a Resolução n. 185, de 18.12.13 (DJe de 20.12.13) que instituiu o "Sistema do Processo Judicial Eletrônico — PJe", como um sistema de informatização do processo judicial no âmbito do Poder Judiciário. Essa resolução estabelece os parâmetros para seu funcionamento objetivando o processamento de informações e prática de atos processuais.

Na forma do art. 8º dessa Resolução, o PJe estará disponível aos usuários 24 (vinte e quatro) horas por dia, ininterruptamente, ressalvados os períodos de manutenção do sistema. Aí é esclarecido que as manutenções programadas do sistema dos

Tribunais serão sempre informadas por eles com antecedência e realizadas, preferencialmente entre 0h de sábado e 22h de domingo, ou entre 0h e 6h dos demais dias da semana.

Considera-se indisponibilidade do sistema PJe a falta de oferta ao público externo, diretamente ou por meio de WebService, de qualquer dos seguintes serviços: a) consulta aos autos digitais; b) transmissão eletrônica de atos processuais; ou c) acesso a citações, intimações ou notificações eletrônicas.

O art. 11 dessa Resolução esclarece que os prazos que vencerem no dia da ocorrência de indisponibilidade de quaisquer dos serviços referidos no art. 8º serão prorrogados para o dia útil seguinte quando: a) a indisponibilidade for superior a 60 (sessenta) minutos, ininterruptos ou não, se ocorrida entre 6h00 e 23h00; e b) ocorrer indisponibilidade entre 23h00 e 24h00. As indisponibilidades ocorridas entre 0h00 e 6h00 dos dias de expediente forense e as ocorridas em feriados e finais de semana, a qualquer hora, não produzirão a prorrogação do prazo. Já os prazos fixados em hora ou minuto serão prorrogados até as 24h00 do dia útil seguinte quando: a) ocorrer indisponibilidade superior a 60 (sessenta) minutos, ininterruptos ou não, nas últimas 24 (vinte e quatro) horas do prazo; ou b) ocorrer indisponibilidade nos 60 (sessenta) minutos anteriores a seu término. Destaque-se que a prorrogação dos prazos aqui apontados será feita automaticamente pelo sistema PJe.

Os documentos que forem juntados eletronicamente em autos digitais e reputados manifestamente impertinentes pelo Juízo poderão ter, observado o contraditório, sua visualização tornada indisponível por expressa determinação judicial, como se lê do art. 16 da Resolução em comento.

Já o art. 17 dessa Resolução cria uma saudável obrigação para as partes visando à celeridade processual, eis que é aí dito que os documentos digitalizados e anexados às petições eletrônicas serão classificados e organizados de forma a facilitar o exame dos autos eletrônicos. Quer dizer, as partes devem ter a cautela de numerar os documentos no corpo de suas petições e anexá-los de forma harmônica conforme suas alegações. Todavia, quando a forma de apresentação dos documentos puder ensejar prejuízo ao exercício do contraditório e da ampla defesa, deverá o juiz determinar nova apresentação e a exclusão dos anteriormente juntados.

Eis algumas dúvidas que o Conselho Superior da Justiça do Trabalho responde em seu site http://www.csjt.jus.br/certificacao-digital, que foi acessado por nós em 25.7.2013, *verbis*:

Por que o PJe-JT exige a certificação digital?

A opção pela certificação digital partiu do Conselho Nacional de Justiça e segue uma tendência mundial em segurança da informação. Além de identificar com precisão pessoas físicas e jurídicas, garante confiabilidade, privacidade, integridade e inviolabilidade em mensagens e diversos tipos de transações realizadas na internet — como o envio de uma petição, por exemplo.

Sou parte num processo que tramita pelo PJe. Também vou precisar de certificado digital para acessá-lo?

Sim. A única situação em que o certificado digital não será necessário é no momento em que o réu precisa ver os documentos iniciais do processo, justamente para saber o que está sendo pedido pelo autor da ação. Nesse caso, ele deverá utilizar as chaves de acesso que constam da citação recebida pelo Correio.

A ideia do CSJT é aperfeiçoar esse sistema de chaves, permitindo que o autor e o réu da ação trabalhista possam visualizar peças do processo, a qualquer tempo, mesmo sem certificado digital. Repare, estamos falando de peças do processo, e não do acompanhamento processual, que continua podendo ser consultado pela internet sem qualquer tipo de restrição.

Em último caso, se você não tiver certificado digital, pode ter acesso à íntegra de seu processo pelos computadores instalados na unidade judiciária, ou ainda solicitar, também à unidade, cópia integral dos autos em arquivo pdf.

Como posso obter meu certificado digital?

O certificado digital deve ser adquirido por meio de uma autoridade certificadora (AC). Acessando a página do Instituto Nacional de Tecnologia da Informação (ITI) você pode conferir passo a passo todas as etapas da aquisição. Outra fonte de informações é a página da AC-OAB, voltada exclusivamente para os advogados. A Associação dos Advogados de São Paulo (AASP) também fornece o certificado digital para os advogados em geral.

Os tribunais onde o PJe já está funcionando fornecem o certificado digital?

Não.

Qual tipo de certificado posso utilizar?

Qualquer certificado registrado em nome de pessoa física, baseado na ICP-Brasil (tipo A3 ou A4). O tipo A3 é comercializado em duas mídias: o cartão, que deve ser encaixado numa leitora ótica com cabo usb; e o token, um equipamento semelhante a um pendrive.

Quais cuidados devo tomar com o meu certificado digital?

A primeira medida é protegê-lo com senha e nunca informá-la a ninguém. Outro bom conselho é ter mais de um, já que o cartão de PVC é uma mídia frágil e quebra-se com facilidade, mesmo guardado dentro da carteira. Por último, é preciso cuidar da renovação do certificado.

Para peticionar basta ter um certificado digital?

Não. Além de ter em mãos o certificado digital, é necessário o cadastro no sistema PJe.

Sou advogado e mesmo informando meu CEP no cadastro de advogado, não encontro meu endereço. Por que isso ocorre?

Por dois motivos: ou o CEP informado não está cadastrado no PJe do Tribunal que você quer peticionar, ou está cadastrado com outro logradouro no site dos Correios. Nesses casos, entre em contato com a unidade judiciária que você pretende peticionar para receber as devidas orientações.

Como ocorre a validação do cadastro do advogado?

Com os dados do CPF do advogado o sistema PJe realiza duas validações: na OAB e na Receita Federal. Na OAB, verifica se os dados do advogado no cartão (nome e número da OAB) e o número da OAB informado no formulário do sistema estão vinculados ao cadastro na OAB. Na Receita, verifica nome e data de nascimento informados no formulário do PJe. Caso os dados passem na validação na OAB e Receita Federal, o cadastro inserido estará com o status ativo, permitindo ao advogado o acesso ao sistema.

O que devo fazer se ocorrer inconsistência na validação do meu cadastro?

O sistema abrirá uma caixa de diálogo, na qual o advogado deverá clicar no botão 'Sim', confirmando a inconsistência. Depois, deverá apresentar à unidade judiciária (aquela na qual pretende peticionar) os documentos que comprovem as informações cadastradas. Assim, o servidor poderá fazer a verificação da autenticidade dos documentos e ativar o cadastro do advogado.

Como faço para obter suporte ao sistema PJe?

O primeiro contato é sempre com a vara ou foro do trabalho para onde você pretende peticionar. Na maioria dos casos, o problema é solucionado ali. Caso isso não aconteça, não se preocupe, pois a unidade judiciária dará encaminhamento ao seu problema para o suporte nacional.

77. Atos Processuais de Responsabilidade do Juiz

Vejamos quais são os atos processuais de responsabilidade do Juiz.

Consoante o art. 162 do CPC — aplicável ao processo trabalhista — são eles:

a) sentença — ato do juiz que implica alguma das situações previstas nos arts. 267 e 269 do CPC (isto é, extinção do processo sem ou com resolução de mérito);

b) decisão interlocutória — ato pelo qual o juiz, no curso do processo, resolve questão incidente;

c) despachos — todos os demais atos do juiz praticados no processo, de ofício ou a requerimento da parte, a cujo respeito a lei não estabelece outra forma;

d) os atos meramente ordinatórios, como a juntada e vista obrigatória, independem de despacho e são praticados de ofício pelo servidor e revistos pelo juiz quando necessários (acrescentado pela Lei n. 8.952/94, sendo que esse comando foi elevado ao plano constitucional pela Emenda Constitucional n. 45/2004, ao introduzir o inciso XII no art. 93, da Constituição: "os servidores receberão delegação para a prática de atos administrativos e atos de mero expediente sem caráter decisório").

Para *Liebman* ("*Manuale di Diritto Processuale Civile*", 1º vol., n. 95 e ss.) os atos do juiz se dividem em quatro grupos: despachos de expediente, despachos interlocutórios, decisões terminativas e sentenças definitivas.

Escusado dizer que a relação de atos do juiz enumerados no artigo do CPC que acabamos de mencionar não é exaustiva. Tem o magistrado, ainda, de presidir audiências, interrogar partes e testemunhas, dirigir o processo, controlar o cartório e exercer muitas outras atividades que o Código não arrolou.

Sentença definitiva é aquela que põe fim ao processo, acolhendo ou rejeitando a pretensão do autor ou do Reclamante.

Não mais se discute se as decisões interlocutórias são recorríveis ou não. No processo trabalhista — para não ficar precluso — o interessado deve consignar sua irresignação (protesto) no primeiro momento em que tiver de falar nos autos. Com esse gesto, preserva o direito de renovar seu protesto no recurso à instância superior.

Sobre o tema, o Tribunal Superior do Trabalho aprovou a Súmula n. 214 acerca da irrecorribilidade da decisão interlocutória, *verbis*: "**Decisão interlocutória. Irrecorribilidade** — *Na Justiça do Trabalho, nos termos do art. 893, § 1º, da CLT, as decisões interlocutórias não ensejam recurso imediato, salvo nas hipóteses de decisão: a) de Tribunal Regional do Trabalho contrária à Súmula ou Orientação Jurisprudencial do Tribunal Superior do Trabalho; b) suscetível de impugnação mediante recurso para o mesmo Tribunal; c) que acolhe exceção de incompetência territorial, com a remessa dos autos para Tribunal Regional distinto daquele a que se vincula o juízo excepcionado, consoante o disposto no art. 799, § 2º, da CLT*".

É recorrível, desde logo, a decisão interlocutória que seja terminativa do feito. Na Súmula n. 214, quando se declara ser impugnável decisão interlocutória sobre questão incidente, não está dispensando a parte de protestar, em momento hábil, a fim de evitar a preclusão.

São despachos todos os demais atos que o Juiz pratica no processo, excluídas as sentenças e as decisões interlocutórias. De regra, são os despachos irrecorríveis.

Todavia, se tais despachos violarem direito líquido e certo e inexistindo recurso próprio com efeito suspensivo, é impetrável o mandado de segurança (art. 5º, II, da Lei n. 12.016, de 7.8.2009). Quando, porém, provocarem tumulto processual, é prevista a corrigenda por meio de correição parcial ou reclamação. No item 281 cuidamos dos aspectos inconstitucionais da correição ou reclamação correicional, como sustentado por certos autores.

A Vara do Trabalho tem como titular Juiz togado. A ele cabe despachar no processo, pois seu encargo é o de conduzir a instrução da causa (alínea *d* do art. 658 e inciso VI do art. 659 da CLT).

É passível de crítica o parágrafo introduzido, pela Lei n. 8.952/94, no art. 162 do CPC, aplicável ao processo trabalhista.

Declara que, quando necessário, o Juiz do Trabalho fará a revisão dos atos ordinatórios a cargo do servidor.

Deriva do preceito a necessidade de o magistrado informar ao servidor quais os atos ordinatórios sujeitos à revisão.

Temos para nós que a juntada, a destempo, de documentos ao processo e vinculados ao cerne do litígio deve ser submetida à apreciação do Juiz.

A inovação criada pela Lei n. 8.952 não impede o Juiz de praticar ou ordenar todos os atos ordinatórios relacionados no § 4º do art. 162 do CPC, pois a ele cabe, em última análise, a incumbência de velar pelo regular desenvolvimento das prescrições procedimentais.

78. Atos Processuais das Partes

No entender de *Frederico Marques* (obra citada, 1. vol., p. 305) os atos processuais das partes se agrupam em quatro categorias: *atos postulatórios, atos dispositivos, atos probatórios e atos reais*.

79. Atos Postulatórios

Nos postulatórios, há um pedido, do Reclamante ou do Reclamado, de providência ou de ato judicial de conteúdo predeterminado, tais como o inicial ou a defesa, as alegações e a produção de provas.

80. Atos Dispositivos

São, a rigor, negócios jurídicos processuais.

Nesses atos, as declarações de vontade tendem a produzir efeitos vinculados à intenção do Reclamante.

Classificam-se como atos dispositivos acordo para redução ou dilatação do prazo, termo de conciliação.

Há atos unilaterais como a renúncia, pelo reclamante, do direito que é objeto da ação ou o reconhecimento deste pelo reclamado.

81. Atos Probatórios

O convencimento do juiz resulta da produção adequada de provas ou dos atos instrutórios.

Praticam-nos os peritos ou terceiros, como o são as testemunhas.

82. Atos Processuais no Procedimento

No procedimento, os atos processuais vão-se ligando uns aos outros até atingir aquele que põe fim ao processo.

A petição inicial e a sentença são os extremos entre os quais se realizam os atos processuais, todos eles conjugados e nenhum deles com valor próprio.

Termo processual é nada mais nada menos, a reprodução do ato processual.

Não é — como alguns chegaram a pensar — uma espécie de ato processual, mas a forma pela qual ele se exterioriza.

Dispõe o art. 771 da CLT que "os atos e termos processuais poderão ser escritos à tinta, datilografados ou a carimbo".

Não é rígida essa disposição consolidada, pois, se o fosse, estaria impossibilitando o uso, no processo, dos meios mais modernos de comunicação ou de registro de atos processuais.

É indiscutível a incidência, no processo do trabalho, do art. 170 do CPC/73, com o texto dado pela Lei n. 8.952/94: "*É lícito o uso da taquigrafia, da estenotipia ou de outro método idôneo, em qualquer juízo ou tribunal*".

Na documentação dos atos processuais, o supracitado dispositivo possibilitou o emprego dos meios mais modernos destinados àquele fim, como a informática — por exemplo.

83. Assinatura das Partes nos Atos e Termos Processuais

Consoante o art. 772 da CLT, os atos e termos processuais, que devam ser assinados pelas partes interessadas quando estas por motivo justificado não possam fazê-lo, serão firmados a rogo, na presença de duas testemunhas, sempre que não houver procurador legalmente constituído.

Embora os auxiliares da Justiça, na realização dos atos processuais, tenham fé pública, diz o referido artigo da CLT que, em existindo motivo justificado (analfabetismo, enfermidade motora, amputação dos braços, etc.), se a parte não puder assinar os atos e termos processuais, serão eles firmados a rogo, na presença de duas testemunhas.

No caso, porém, em que a parte, injustificadamente, recusa-se a assinar ato ou termo, basta a certidão nos autos para provar a desobediência.

Na assinatura a rogo, é imprescindível que a parte, depois de lido pelo escrivão, em voz alta, declare, perante as testemunhas e aquele que irá firmar o documento em seu lugar, que nenhuma objeção tem que fazer ao conteúdo do ato ou termo.

84. Os Termos Processuais e os Chefes de Secretarias

Reza o art. 773 da CLT que os termos relativos ao movimento dos processos constarão de simples notas, datadas e rubricadas pelos Chefes de Secretaria ou escrivães.

Aplicam-se ao processo trabalhista as disposições contidas nos arts. 166 *usque* 171 do CPC (dos atos do escrivão ou do chefe de secretaria).

Ao receber a petição inicial, o escrivão a autuará mencionando a Vara do Trabalho, a natureza do feito, o número de seu registro, os nomes das partes e a data do seu início.

Igual procedimento terá com os volumes que se forem formando.

Cabe ao Escrivão numerar e rubricar todas as folhas dos autos.

É permitido às partes e aos advogados (bem como ao Ministério Público do Trabalho quando intervier no processo), aos peritos e às testemunhas, rubricarem as folhas correspondentes aos atos de que participaram.

Os atos e termos do processo devem ser assinados pelas pessoas que deles foram partícipes; quando alguém se recusar a firmá-los, o escrivão certificará, nos autos, a ocorrência (art. 169 do CPC).

É vedado o uso de abreviaturas nos autos.

Não se admitem, nos atos e termos, espaços em branco, entrelinhas, emendas ou rasuras, salvo se aqueles (os espaços) forem inutilizados e estes expressamente ressalvados.

Do exposto acima, conclui-se que os atos descritos ora são de movimentação ou de documentação (arts. 166 e 168 do CPC).

De movimentação são aqueles que têm por finalidade promover o desenvolvimento do processo; de documentação são os atos praticados pelo chefe da secretaria da Vara do Trabalho atestando a prática de atos das partes e do Juiz.

Enfim, os atos praticados pelo Chefe da Secretaria da Vara do Trabalho chamam-se termos, que são — no dizer de *Frederico Marques*, confirmado pela maioria dos estudiosos — *"a documentação escrita e autêntica dos atos processuais, feita por serventuários da Justiça, no exercício de suas atribuições"*.

O mais importante dos termos é o auto que documenta as atividades do Juiz, das partes, dos peritos, dos avaliadores, de serventuários da justiça.

A totalidade dos atos e termos do processo é chamada "autos", no plural.

CAPÍTULO VIII

Prazos

85. Dos Prazos

O processo, ou a série de atos que o compõe, não tem o seu desenrolar submetido, inteiramente, à vontade das partes. A conduta destas há que atender aos prazos que a lei fixar para a prática desses mesmos atos, e, se assim não fosse, o processo se arrastaria ao longo do tempo a ponto de prejudicar a própria distribuição da justiça.

Prazo, portanto, é o lapso de tempo de que o juiz ou a parte tem para praticar ato de sua responsabilidade.

Tem o prazo o termo inicial — *dies a quo* — e termo final — *dies ad quem*. Entre esses dois termos está o espaço de tempo, que se chama prazo.

O momento a partir do qual é permitido praticar-se o ato vem a ser o *dies a quo*; até quando pode ser ele praticado é o *dies ad quem*.

São os prazos estabelecidos em anos, meses, dias, horas e minutos.

É defesa à parte a mudança de uma unidade de tempo por outra, como, por exemplo, um ano por doze meses, um mês por 30 dias.

A rigor, todos os prazos são fixados, imperativamente, pela Lei, mas ela admite alguns que qualificamos de convencionais, como o da suspensão de instância por 30 dias mediante ajuste das partes.

Consoante o art. 175 do CPC, são feriados, para efeito forense, os domingos e os dias declarados por lei. Praticam-se os atos processuais nos dias úteis, isto é, naqueles que não forem domingos ou feriados ou dias de férias (v. art. 173 do CPC).

Estabelece a Súmula n. 1, do TST, o seguinte entendimento acerca da contagem do prazo judicial quando a intimação tiver lugar na 6ª feira, *verbis*: "*Prazo judicial — Quando a intimação tiver lugar na sexta-feira, ou a publicação com efeito de intimação for feita nesse dia, o prazo judicial será contado da segunda-feira imediata, inclusive, **salvo se não houver expediente, caso em que fluirá no dia útil que se seguir.**"*

Nesse mesmo sentido, o STF editou sua Súmula n. 310.

86. Classificação dos Prazos

Todos os processualistas de boa estirpe adotam diferentes classificações dos prazos.

Dentre elas, demos preferência à de *Frederico Marques*, devido à sua objetividade e clareza ("Manual de Direito Processual Civil", 1º volume, p. 349, Saraiva, 1974).

De consultar-se, ainda: *Carnelutti*, "Sistema del Diritto Processuale Civile", 2º tomo, n. 522 e seguintes; *Liebman*, "Manuale di Diritto Processuale Civile", 1º vol., p. 393 e segs.; *Pontes de Miranda*, "Comentários ao CPC", 1974, tomo III, p. 97 e segs.; *Moniz de Aragão*, "Comentários ao CPC", 1976, 2º vol., n. 72 e ss.

São os prazos divididos em próprios e impróprios, comuns e particulares, legais, judiciais e convencionais.

Prazo comum é o que corre para as duas partes, ao mesmo tempo.

Prazo particular é o que flui só para uma das partes. O prazo para recorrer do vencido é particular.

Prazo próprio é o destinado à prática de atos processuais pelas partes e, quando desrespeitado, produz vários efeitos, sendo que o mais comum deles é a preclusão.

Prazo impróprio é o que se estabelece para o Juiz e seus auxiliares.

Prazo legal é aquele fixado pela lei.

Judicial quando fica a critério do juiz fixá-lo.

No silêncio da Lei, cabe ao Juiz determinar os prazos, levando em conta a complexidade do ato ou da causa.

Convencional é o prazo que as partes podem estabelecer.

Diz o art. 775 da CLT serem contínuos os prazos e irreleváveis, sendo facultado ao Juiz prorrogá-los pelo tempo estritamente necessário ou em virtude de força maior devidamente comprovada e definida nos termos da lei civil como fato necessário cujos efeitos não for possível evitar ou impedir.

87. Termos Inicial e Final dos Prazos

O prazo é contínuo e irrelevável. Não se interrompe nos feriados.

Não começa a fluir, porém, nos feriados, sábados e domingos; não se vence, também, num desses dias. Em ambas as hipóteses, é prorrogado o termo inicial ou final para o primeiro dia útil.

Os feriados e domingos incluídos no prazo são computados na sua contagem.

A Súmula n. 385, do TST, trata da comprovação do feriado local para a contagem do prazo. Assim, essa súmula estabelece três regras nesse sentido: a) Incumbe à parte o ônus de provar, quando da interposição do recurso, a existência de feriado local que autorize a prorrogação do prazo recursal; b) Na hipótese de feriado forense, incumbirá à autoridade que proferir a decisão de admissibilidade certificar o expediente nos autos; c) Na hipótese da letra anterior, admite-se a reconsideração da análise da tempestividade do recurso, mediante prova documental superveniente, em Agravo Regimental, Agravo de Instrumento ou Embargos de Declaração.

O art. 93, XII, da Constituição, com a nova redação dada pela Emenda Constitucional n. 45/2004, estabelece que "a atividade jurisdicional será ininterrupta, sendo vedado férias coletivas nos juízos e tribunais de 2º grau, funcionando, nos dias em que não houver expediente forense normal, juízes em plantão permanente".

Atento a essa norma constitucional, o TST editou a Súmula n. 262, II, nos seguintes termos: "*o recesso forense e as férias coletivas dos Ministros do TST suspendem os prazos recursais*". Isto é, suspenso o prazo, o que lhe sobejar passará a fluir no primeiro dia útil.

Com essa súmula, houve o reconhecimento de que as Varas do Trabalho e os Tribunais Regionais do Trabalho não podem retirar férias coletivas e que o recesso forense de 20 de dezembro a 6 de janeiro é considerado feriado, e não férias coletivas, tudo na forma do art. 62, I, da Lei n. 5.010, de 30.5.1966: "*Além dos fixados em lei, serão feriados na Justiça Federal, inclusive nos Tribunais Superiores: os dias compreendidos entre 20 de dezembro a 6 de janeiro, inclusive*".

Existe a corrente jurisprudencial nos Tribunais Regionais do Trabalho de que o prazo recursal não se suspende por se tratar de mero recesso forense.

É aplicável ao processo trabalhista a regra do art. 173 do CPC, mas restrita aos feriados, uma vez que na Justiça do Trabalho existem férias somente no TST, como já apontado. Dessarte, nos feriados, poderão ser praticados os seguintes atos: produção antecipada de provas, notificação a fim de evitar perecimento de direito, arresto, sequestro, busca e apreensão, depósito, embargos de terceiros e atos análogos.

Aplica-se ao processo de trabalho o art. 180 do CPC.

Suspende-se o curso do prazo por obstáculo criado pela parte ou ocorrendo qualquer das hipóteses do art. 265, I e III: morte ou perda de capacidade processual de qualquer das partes, de seu representante legal ou de seu procurador; quando for oposta exceção de incompetência da Vara do Trabalho ou do Tribunal, bem como de suspeição ou impedimento do Juiz.

Em tais casos, o prazo será restituído por tempo igual ao que faltava para sua complementação.

O obstáculo mais comum criado pela parte é a retirada dos autos do cartório, e, intimado da sentença, o vencido fica impossibilitado de recorrer para a instância superior.

Outros obstáculos judiciais são a força maior, calamidade pública que suspende as atividades forenses etc.

A simples alegação de greve, como motivo de força maior que impediu o cumprimento do prazo do recurso, não é suficiente quando não se demonstra que a petição foi postada em tempo hábil — é o que concluiu a 3ª Turma do STJ, no julgamento do Rec. Esp. 9.756, *in* DJU de 23.9.1991.

Talvez a ementa do acórdão, por sua concisão tenha deixado de revelar alguns aspectos do dissenso que poderia dar razoabilidade àquela conclusão, pois, como está, autoriza-nos a dizer que ela contraria a realidade fática. Se os Correios estavam em greve, a parte não poderia postar a petição. Digamos que a postagem se fez num dia e, logo depois, ocorreu a paralisação do serviço.

Do que vimos de expor sobre os prazos podemos, num esforço de síntese, concluir que a *interrupção* do prazo acarreta a perda do período já transcorrido na superveniência do obstáculo. Cessado o impedimento, o prazo reinicia.

Na *suspensão* do prazo não há perda do tempo já vencido quando se manifestou o obstáculo à sua fluência; desaparecido o impedimento, o prazo retoma seu curso no ponto em que parou.

E mais.

É corriqueiro, no âmbito processual, que o prazo para aviamento de um recurso começa a fluir na data da publicação do dispositivo do acórdão em órgão oficial. O inciso III do art. 506 do CPC dá agasalho a essa regra. Decorre do preceito que a intempestividade do recurso resulta da sua interposição após o vencimento do prazo legal.

Têm, ainda, a doutrina e a jurisprudência entendido que, na espécie, também é intempestivo o recurso se interposto prematuramente, isto é, após o julgamento, mas antes da publicação do acórdão.

É o que se depreende do art. 506 do CPC: *"O prazo para a interposição do recurso, aplicável em todos os casos o disposto no art. 184 e seus parágrafos, contar-se-á da data: I — da leitura da sentença em audiência; II — da intimação às partes, quando a sentença não for proferida em audiência; III — da publicação do dispositivo do acórdão no órgão oficial".*

O dispositivo supra completa-se com o art. 242 do CPC, *verbis:"Art. 242. O prazo para a interposição de recurso conta-se da data, em que os advogados são intimados da decisão, da sentença ou do acórdão. § 1º. Reputam-se intimados na audiência, quando nesta é publicada a decisão ou a sentença".* Esses artigos 242 e 506, que vimos de citar, também se aplicam ao processo do trabalho.

Entendemos, contudo, que a entrega de um recurso antes da publicação não traz qualquer prejuízo à outra parte. Ademais, observamos que os autores — de modo geral — ao analisar a questão dos prazos, não fazem menção ao recurso apresentado prematuramente.

Passando ao largo do fato de que a interposição prematura de um recurso não causa prejuízo algum à outra parte, o próprio TST editou a Súmula n. 434 no seguinte sentido: *"Recurso. Interposição antes da Publicação do Acórdão impugnado. Extemporaneidade. I) É extemporâneo recurso interposto antes de publicado o acórdão impugnado. II) A interrupção do prazo recursal em razão da interposição de embargos de declaração pela parte adversa não acarreta qualquer prejuízo àquele que apresentou seu recurso tempestivamente".*

88. Prazos Peremptório e Dilatório

Prazo dilatório é o prazo que as partes, de comum acordo, reduzem ou ampliam. Essa faculdade encontra supedâneo no art. 181 do CPC.

O que for convencionado pelas partes só terá eficácia se requerido antes do vencimento do prazo e se fundar em motivo legítimo. Cabe ao Juiz — *in casu* — estabelecer o dia do vencimento do prazo em prorrogação. As custas acrescidas são encargo da parte favorecida pela prorrogação.

O prazo peremptório, fixado por lei, não se dilata ainda que haja o assentimento das partes. O prazo para recurso, por exemplo, é peremptório.

Todavia, nas comarcas onde for difícil o transporte, tem o Juiz a permissão legal de prorrogar quaisquer prazos, mas nunca por mais de sessenta dias, salvo se se tratar de calamidade pública.

As exceções à norma encerrada no art. 182 do CPC são taxativas e não exemplificativas, sendo, portanto, defeso ao intérprete ou ao aplicador da lei prorrogar o prazo peremptório por motivo que o Código não previu.

Consoante o disposto no art. 183 do CPC, decorrido o prazo, extingue-se, independentemente de declaração judicial, o direito de praticar o ato, salvo se a parte provar que o não realizou por justa causa.

E que se entende, na espécie, por justa causa?

A resposta é dada pelo § 1º do mesmo art. 183 do CPC: *"Reputa-se justa causa o evento imprevisto, alheio à vontade da parte e que a impediu de praticar o ato por si ou por mandatário".*

As justas causas comumente aceitas pelos Tribunais são: greve dos Correios ou dos serviços forenses, cirurgia de urgência no advogado, falta de intimação da sentença.

Ver, nesse sentido, Ag. 12.605-2, 1ª Turma do STF, *in* DJU de 16.06.89; RTJ 625/365 do STF; TFR, 5ª Turma, Ag. 50.463, *in* Bol.TFR 143/15; RTJ, STF 60/165.

Comprovada a justa causa, deve o Juiz autorizar a prática do ato em novo prazo. Dessa decisão, no processo trabalhista, cabe protesto, pela parte prejudicada pela prorrogação, logo após a intimação da respectiva sentença, protesto que, depois, converter-se-á em preliminar de recurso.

É aplicável ao processo trabalhista a regra do art. 191 do CPC: *quando os litisconsortes tiverem diferentes procuradores, ser-lhes-ão contados em dobro os prazos para recorrer e, de modo geral, para falar nos autos.*

Não se justifica que, sob o pretexto de que o processo do trabalho está sob égide da celeridade, ir-se-á mutilar direito constitucional à defesa e ao devido processo legal dos litisconsortes. Daí entendermos que não pode prosperar a Orientação Jurisprudencial n. 310, SDI-1, *verbis*: *"Litisconsortes. Procuradores distintos. Prazo em dobro. Art. 191 do CPC. Inaplicável ao processo do trabalho. A regra contida no art. 191 do CPC é inaplicável ao processo do trabalho, em face da sua incompatibilidade com o princípio da celeridade inerente ao processo trabalhista".*

Para a defesa, no processo trabalhista, não há prazo predeterminado, uma vez que é ela feita em audiência.

Admite o art. 186 do CPC que a parte renuncie a prazo estabelecido exclusivamente em seu favor. É a regra utilizável no processo trabalhista, por não colidir com nenhuma das suas peculiaridades ou princípio informador.

Segundo o disposto no Decreto-lei n. 779, de 21 de agosto de 1969, é privilégio da União, dos Estados, do Distrito Federal, dos Municípios, das autarquias e fundações de direito público federais, estaduais e municipais que não explorem atividades econômicas o quádruplo do prazo fixado no art. 841 da CLT: realização da audiência, no mínimo, 20 dias depois de recebida e protocolada a reclamação e prazo em dobro para recurso.

O art. 188 do CPC ratificou essas normas e estendeu-as ao Ministério Público.

Afirma-se que o favor dispensado pela Lei ao Poder Público tem como causa a complexidade da organização estatal que dificulta o aliciamento de informações e reunião de provas para servirem de esteio à sua defesa.

Dando remate a este item, salientamos que o prazo peremptório — aquele que termina inexoravelmente no dia do vencimento — está ligado à ideia de preclusão, isto é, a perda de um direito ou faculdade que não foram exercidos no prazo prefixado em lei ou no momento oportuno.

89. Casos Especiais de Prazos

De tudo que dissemos até aqui podemos adiantar que as situações concretas mais comuns e atinentes a prazos são as seguintes:

A) O prazo é contínuo e irrelevável.

Não se interrompe nos feriados, sábados e domingos; não se vence, também, nesses dias, porque aí se prorroga o termo final para o primeiro dia útil. Veja-se, nesse sentido, o art. 178, do CPC.

B) Os feriados e domingos incluídos no prazo são computados na sua contagem.

C) O recesso na Justiça do Trabalho do dia 20 de dezembro a 6 de janeiro é considerado feriado, por força do art. 62, I, da Lei n. 5.010/1966.

Assim, se o prazo não se iniciou antes do dia 20 de dezembro, ele passará a fluir no primeiro dia útil após 6 de janeiro. O recesso suspende o curso do prazo e o que sobejar recomeçará a correr no primeiro dia útil seguinte ao termo daquele período de descanso. Findando o recesso numa sexta-feira, o prazo recomeça na segunda-feira ou primeiro dia útil.

Nesse sentido, temos a Súmula n. 262, II, do TST, em que existe o reconhecimento de que o recesso forense suspende o prazo recursal. Da mesma forma, fica suspenso o prazo durante as férias coletivas dos Ministros do TST: *"o recesso forense e as férias coletivas dos Ministros do TST suspendem os prazos recursais"*. Isto é, suspenso o prazo, o que lhe sobejar passará a fluir no primeiro dia útil.

A proibição de férias coletivas nas Varas e nos Tribunais Regionais decorre da nova redação do art. 93, XII, da Constituição, dada pela Emenda Constitucional n. 45/2004, verbis: *"a atividade jurisdicional será ininterrupta, sendo vedado férias coletivas nos juízos e tribunais de 2º grau, funcionando, nos dias em que não houver expediente forense normal, juízes em plantão permanente"*.

Com essa Súmula n. 262, houve o reconhecimento de que as Varas do Trabalho e os Tribunais Regionais do Trabalho não podem tirar férias coletivas e que o recesso forense de 20 de dezembro a 6 de janeiro é considerado feriado, e não férias coletivas, tudo na forma do art. 62, I, da Lei n. 5.010, de 30.5.1966: *"Além dos fixados em lei, serão feriados na Justiça Federal, inclusive nos Tribunais Superiores: os dias compreendidos entre 20 de dezembro a 6 de janeiro, inclusive"*.

D) Durante as férias e os feriados (isto é, os domingos e os feriados declarados por lei) não se praticam atos processuais. Esta é a regra insculpida no art. 173 do CPC. Excetuam-se: a produção antecipada de provas; a citação a fim de evitar o perecimento do direito; o arresto, o sequestro, a penhora, a arrecadação, a busca e apreensão, o depósito; os atos de jurisdição voluntária bem como quaisquer outros necessários à conservação de direitos que possam ser prejudicados pelo adiamento.

O prazo de decadência não se interrompe nem se suspende com a superveniência do recesso da Justiça do Trabalho.

E) Suspende-se o curso do prazo por obstáculo criado pela parte, como, por exemplo, a retirada dos autos do cartório em havendo prazo comum às partes; pela morte ou perda da capacidade processual de qualquer das partes, de seu representante legal ou de seu procurador; pela convenção das partes e quando for oposta exceção de incompetência do Juízo ou do Tribunal, bem como de suspeição ou impedimento do Juiz.

F) É permitido às partes, de comum acordo, reduzir ou prorrogar o prazo dilatório, mas no caso a convenção só se reveste de validade se requerida antes do vencimento do prazo e se fundar em motivo legítimo.

Cabe ao Juiz fixar o dia do vencimento da prorrogação. Aí, as custas acrescidas ficarão a cargo da parte favorecida pela prorrogação (v. art. 181 do CPC).

Mais uma vez, sublinhamos que entendemos por prazo dilatório aquele fixado por norma legal dispositiva, ao passo que o prazo peremptório é estabelecido em norma imperativa ou cogente.

São peremptórios os prazos para interposição de recurso, para nomear bens à penhora, para oposição de embargos à execução e para propor ação principal no caso de deferimento de medida cautelar.

No caso de o Juiz não fixar o dia do vencimento da prorrogação, o dia de início do novo prazo é o seguinte àquele em que se intima a parte do deferimento do pedido de prorrogação.

G) Inexistindo preceito legal ou assinação pelo Juiz, será de cinco dias o prazo para a prática de ato processual a cargo da parte.

H) É dado à parte renunciar ao prazo fixado em seu favor.

I) É quádruplo o prazo para a audiência de instrução e julgamento (20 dias após a notificação) e em dobro para recorrer quando a parte for a Fazenda Pública ou o Ministério Público.

J) Quando os litisconsortes tiverem diferentes procuradores, ser-lhes-ão contados em dobro os prazos para recorrer e, de modo geral, para falar nos autos.

Essa contagem em dobro só se aplica aos prazos legais e não aos judiciais, isto é, aqueles fixados pela Vara do Trabalho e Relator do processo no Tribunal.

Se a parte for litisconsorte do Ministério Público, será em dobro o prazo para recorrer.

Se o procurador for comum aos litisconsortes, o prazo será normal, pois a lei contempla com o benefício de prazo mais dilatado apenas os litisconsortes que tiverem diferentes procuradores.

Não impede a aplicação do art. 191 do CPC o fato de os advogados pertencerem a um mesmo escritório, se cada um deles defender um litisconsorte.

É aplicável ao processo trabalhista a regra do art. 191 do CPC: *"quando os litisconsortes tiverem diferentes procuradores, ser-lhes-ão contados em dobro os prazos para recorrer e, de modo geral, para falar nos autos".*

Não se justifica que, sob o pretexto de que o processo do trabalho está sob égide da celeridade, ir-se-á mutilar direito constitucional à defesa e ao devido processo legal dos litisconsortes. Daí entendermos que não pode prosperar a Orientação Jurisprudencial n. 310, SDI-1, *verbis*: *"Litisconsortes. Procuradores distintos. Prazo em dobro. Art. 191 do CPC. Inaplicável ao processo do trabalho. A regra contida no art. 191 do CPC é inaplicável ao processo do trabalho, em face da sua incompatibilidade com o princípio da celeridade inerente ao processo trabalhista".*

Em ocorrendo o desfazimento do litisconsórcio no curso do processo, não tem o litisconsorte remanescente direito ao prazo em dobro para recorrer.

Mesmo que um único litisconsorte recorra, seu prazo será em dobro, mas isso se o litisconsórcio for defendido por vários procuradores.

K) Computam-se os prazos excluindo o dia do começo e incluindo o do vencimento.

Vencimento que cai num domingo ou feriado é prorrogado até o primeiro dia útil. Incide a mesma regra no caso de fechamento do fórum ou de encerramento do expediente forense antes da hora normal.

Os prazos começam a correr do primeiro dia útil após a intimação, a qual se considera feita no dia da circulação do jornal que a contina.

Embora seja improrrogável o prazo de decadência, têm os Tribunais dado como tempestiva a petição inicial apresentada no primeiro dia útil após a data do vencimento do prazo, se neste a Vara do Trabalho esteve com as portas cerradas.

Devolve-se o prazo ao advogado se o cartório não encontrar os autos. Na hipótese, deve o interessado obter uma declaração da secretaria da Vara do Trabalho para provar tal alegação.

Dia útil, para efeitos processuais, é aquele em que há expediente na Vara do Trabalho ou no Tribunal.

L) O prazo de decadência, na ação rescisória, conta-se do trânsito em julgado da última decisão proferida na causa, seja de mérito ou não. Sobre essa matéria o TST editou a Súmula n. 100, *verbis*:

Ação rescisória. Decadência. *I — O prazo de decadência, na ação rescisória, conta-se do dia imediatamente subsequente ao trânsito em julgado da última decisão proferida na causa, seja de mérito ou não; II — Havendo recurso parcial no processo principal, o trânsito em julgado dá-se em momentos e em tribunais diferentes, contando-se o prazo decadencial para a ação rescisória do trânsito em julgado de cada decisão, salvo se o recurso tratar de preliminar ou prejudicial que possa tornar insubsistente a decisão recorrida, hipótese em que flui a decadência a partir do trânsito em julgado da decisão que julgar o recurso parcial; III — Salvo se houver dúvida razoável, a interposição de recurso intempestivo ou a interposição de recurso incabível não protrai o termo inicial do prazo decadencial; IV — O juízo rescindente não está adstrito à certidão de trânsito em julgado juntada com a ação rescisória, podendo formar sua convicção através de outros elementos dos autos quanto à antecipação ou postergação do dies a quo do prazo decadencial; V — O acordo homologado judicialmente tem força de decisão irrecorrível, na forma do art. 831 da CLT. Assim sendo, o termo conciliatório transita em julgado na data da sua homologação judicial; VI — Na hipótese de colusão das partes, o prazo decadencial da ação rescisória somente começa a fluir para o Ministério Público, que não interveio no processo principal, a partir do momento em que tem ciência da fraude; VII — Não ofende o princípio do duplo grau de jurisdição a decisão do TST que, após afastar a decadência em sede de recurso ordinário, aprecia desde logo a lide, se a causa versar questão exclusivamente de direito e estiver em condições de imediato julgamento; VIII — A exceção de incompetência, ainda que oposta no prazo recursal, sem ter sido aviado o recurso próprio, não tem o condão de afastar a consumação da coisa julgada e, assim, postergar o termo inicial do prazo decadencial para a ação rescisória; IX — Prorroga-se até o primeiro dia útil, imediatamente subsequente, o prazo decadencial para ajuizamento de ação rescisória quando expira em férias forenses, feriados, finais de semana ou em dia em que não houver expediente forense. Aplicação do art. 775 da CLT; X — Conta-se o prazo decadencial da ação rescisória, após o decurso do prazo legal previsto para a interposição do recurso extraordinário, apenas quando esgotadas todas as vias recursais ordinárias".*

M) Estabelece a Súmula n. 16 do TST que se presume recebida a notificação quarenta e oito horas depois de sua postagem. O seu não recebimento ou a entrega após o decurso desse prazo constituem ônus de prova do destinatário.

Nesse caso concreto, cabe ao Reclamado pedir à respectiva agência de Correios e Telégrafos declaração de que a notificação não lhe foi entregue, ou que a entrega ocorreu depois das quarenta e oito horas da expedição do documento pela Vara do Trabalho.

N) Passando ao largo do fato de que a interposição prematura de um recurso não causa prejuízo algum à outra parte, o TST editou a Súmula n. 434 no seguinte sentido: *"Recurso. Interposição antes da Publicação do Acórdão impugnado. Extemporaneidade. I) É extemporâneo recurso interposto antes de publicado o acórdão impugnado. II) A interrupção do prazo recursal em razão da interposição de embargos de declaração pela parte adversa não acarreta qualquer prejuízo àquele que apresentou seu recurso tempestivamente".*

O) A Orientação Jurisprudencial n. 11, do Tribunal Pleno, que cuida do prazo do recurso em matéria administrativa decidida pelo TRT, em órgão Colegiado, esclarece que será de 8 dias e não 10, quando não houver prazo estabelecido, *verbis: "Se não houver norma específica quanto ao prazo para interposição de recurso em matéria administrativa de decisão emanada de órgão Colegiado do Tribunal Regional do Trabalho, aplica-se, por analogia, a regra geral dos prazos adotados na Justiça do Trabalho, ou seja, oito dias, conforme estabelecido no art. 6º da Lei n. 5.584, de 26.06.1970. O prazo de dez dias a que alude o art. 59 da Lei n. 9.784, de 29.01.1999, aplica-se somente à interposição de recursos de decisões prolatadas monocraticamente".*

P) A Lei n. 11.419, de 19.12.2006, trata sobre as regras acerca da informatização do processo judicial. Aí é estabelecido que os *"prazos processuais terão início no primeiro dia útil que seguir ao considerado como data da publicação",* como se lê do § 4º, do art. 5º dessa lei. Já o § 2º desse mesmo artigo esclarece que a "publicação eletrônica na forma deste artigo substitui qualquer outro meio e publicação oficial, para quaisquer efeitos legais a exceção dos casos que, por lei, exigem intimação ou vista pessoal".

Registre-se que a utilização de meio eletrônico na tramitação de um processo judicial, a comunicação de atos processuais e a transmissão de peças processuais por meio eletrônico constituem em uma faculdade dos cidadãos em qualquer processo judicial e em qualquer grau de jurisdição, seja de natureza civil, penal, trabalhista, eleitoral ou tributária, bem como nos processos submetidos aos Juizados Especiais.

90. *Impulso Processual*

O impulso processual dinamiza a sucessão de atos processuais até o seu final, com a prestação definitiva da tutela jurisdicional.

De conseguinte, o que movimenta o processo de um ato para outro é o impulso processual assegurado às partes e às Varas do Trabalho e aos Tribunais pelo art. 765 da CLT, dando-lhes ampla liberdade na direção do processo para que as causas tenham andamento rápido, podendo determinar qualquer diligência necessária ao seu esclarecimento.

O CPC, no art. 262, diz o mesmo com outras palavras: *"O processo civil começa por iniciativa da parte, mas se desenvolve por impulso oficial".*

É certo, porém, que as partes — exercendo seus direitos e cumprindo suas obrigações processuais dentro dos prazos da lei — participam da movimentação do processo.

Os prazos contínuos e peremptórios e mais a preclusão associados ao impulso *ex officio* dão certo automatismo à marcha do processo. Temos, assim, o princípio dispositivo mesclado do inquisitório.

Além do art. 765 da CLT, citado há pouco, há um outro, também consolidado, de n. 852-D, relativo ao procedimento sumaríssimo, estatuindo que o Juiz dirigirá o processo com liberdade para determinar as provas a serem produzidas, considerando o ônus probatório de cada litigante, podendo limitar ou excluir as que considerar excessivas, impertinentes ou protelatórias, bem como para apreciá-las e dar especial valor às regras de experiência comum ou técnica. Fazendo a aplicação dessas normas, o TST fez inserir o item III em sua Súmula n. 74, sublinhando o poder do juiz em conduzir o processo: *"III — A vedação à produção de prova posterior pela parte confessa somente a ela se aplica, não afetando o exercício, pelo magistrado, do poder/dever de conduzir o processo".*

Nas hipóteses aventadas, se as partes não tiverem condições de impulsionar o processo, o Juiz chamará a si esse encargo.

O impulso processual procura dar continuidade ao processo, fazendo com que os atos processuais se sucedam uns aos outros, rumo ao final que é a sentença.

Para *Couture,* o impulso processual *"é o fenômeno em virtude do qual se assegura a continuidade dos atos processuais e sua direção para a sentença definitiva"* (*"Fundamentos del Derecho Procesal Civil",* 3. ed., póstuma, 1969, p. 172).

Preferimos dizer que, pelo impulso processual, os atos processuais se sucedem uns aos outros a falar que esse impulso lhes dá continuidade. Esse vocábulo não exprime com exatidão a realidade: os atos processuais se praticam, em cadeia, uns após outros por iniciativa das partes ou do Juiz.

Capítulo VIII – Prazos | **153**

O impulso inicial é dado pela parte — o Reclamante —, que apresenta uma pretensão resistida pelo Reclamado.

Depois disso, ambas as partes não ficam inertes, pois lhes cabe requerer tudo que julgarem necessário em defesa de suas alegações.

Contudo, a figura do Juiz não tem a passividade que se possa imaginar, isto é, que ele só se movimenta, ou se manifesta, quando provocado pela parte.

Dá-lhe a lei a faculdade de tomar a iniciativa no sentido de determinar diligências ou de provas que considere indispensáveis ao aparecimento da verdade. É precisamente o que estatui o art. 765 da CLT. O que se contém nesse dispositivo já existia no CPC de 1939 e reaparece, atualmente, no art. 130 do CPC em vigor: *"Caberá ao Juiz, de ofício ou a requerimento da parte, determinar as provas necessárias à instrução do processo, indeferindo as diligências inúteis ou meramente protelatórias"*.

O Juiz que indefere uma diligência requerida pela parte não está impedido de, posteriormente, em face de novas provas, mandar realizá-la, pois, na hipótese, não se há de falar em preclusão.

Nosso sistema legal abre uma exceção ao princípio que assegura à parte o impulso inicial do processo. Trata-se do processo de dissídio coletivo, que, como iremos verificar no ponto adequado, pode ser iniciado por ato da Presidência do Tribunal Regional do Trabalho ou do Ministério Público do Trabalho.

CAPÍTULO IX

Dos Serviços Auxiliares da Justiça do Trabalho

91. Atos dos Serviços Auxiliares da Justiça do Trabalho

O funcionamento das Varas do Trabalho e dos Tribunais do Trabalho depende, em boa medida, de serviços auxiliares incumbidos de atos conducentes aos fins do processo.

Atuam como *longa manus* dos juízes.

Cada Vara do Trabalho é dotada de uma secretaria, a cujo chefe compete: a) o recebimento, a autuação, o andamento, a guarda e a conservação dos processos e outros papéis que lhe forem encaminhados; b) a manutenção do protocolo de entrada e saída dos processos e demais papéis; c) o registro das decisões; d) a informação às partes interessadas e seus procuradores do andamento dos respectivos processos, cuja consulta lhes facilitará; e) a abertura de vista dos processos às partes, na própria secretaria; f) a contagem das custas devidas pelas partes, nos respectivos processos; g) o fornecimento de certidões sobre o que constar dos livros ou do arquivamento da secretaria; h) a realização das penhoras e demais diligências processuais; i) o desempenho dos demais trabalhos que lhe forem cometidos pelo Juiz do Trabalho, para melhor execução dos serviços que lhe estão afetos.

O elenco que acabamos de apresentar das atribuições do chefe de uma secretaria de Vara do Trabalho deixa bem patente que esse auxiliar da Justiça do Trabalho responde, de certo modo, pelo desenrolar dos atos processuais.

Atua, outrossim, como elo de ligação entre a Vara do Trabalho e as partes e seus patronos.

92. Dos Distribuidores

Onde existir mais de uma Vara do Trabalho impõe-se a divisão racional do trabalho entre elas. Cada uma há de receber o mesmo número de processos.

Quem efetua essa operação é o Distribuidor, ao qual compete:

a) a distribuição, pela ordem rigorosa de entrada, e sucessivamente a cada Vara do Trabalho, dos feitos que, para esse fim, lhe forem apresentados pelos interessados; b) o fornecimento, aos interessados, do recibo correspondente a cada feito distribuído; c) a manutenção de dois fichários dos feitos distribuídos, sendo um organizado pelos nomes dos reclamantes e o outro dos reclamados, ambos por ordem alfabética; d) o fornecimento a qualquer pessoa que o solicite, verbalmente ou por certidão, de informações sobre os feitos distribuídos; e) a baixa na distribuição dos feitos, quando isso lhe for determinado pelos Juízes do Trabalho, formando, com as fichas correspondentes, fichários à parte, cujos dados poderão ser consultados pelos interessados mas não serão mencionados em certidões.

Cabe à presidência do Tribunal Regional designar, para o exercício das funções de distribuidor, um dos funcionários das Varas do Trabalho ou do Tribunal.

O comprovante da entrega da petição inicial ao distribuidor consiste na entrega, à parte, do bilhete de distribuição, do qual constem o nome das partes, a data da distribuição, o objeto da reclamação e a Vara do Trabalho ou Juízo a que couber a distribuição.

Mais usual é a parte levar uma cópia da petição, na qual o distribuidor apõe um carimbo com os dados que acabamos de indicar.

De regra, não exige nova distribuição simples aditamento ao pedido vestibular.

Se, porém, ocorrer modificação da causa de pedir, alteração ou acréscimo do pedido que chama ao processo outras partes, deve-se levar a petição ao distribuidor para que a distribua, por dependência, à Vara do Trabalho que recebeu o pedido principal.

Em se tratando de medida cautelar preparatória, é ela distribuída como se fosse um processo. No caso, fica preventa a Vara do Trabalho que a receber, por força do preceituado no art. 796, *in fine*, do CPC.

Cautelar requerida no curso do processo principal deve ser distribuída, por dependência, à Vara do Trabalho responsável pelo processo.

Procede-se, também, à distribuição das cartas precatórias, e, por igual, as reclamações de origem administrativa, referentes à anotação ou correção de anotações em carteiras profissionais.

As ações de competência originária dos tribunais são distribuídas, bem como os recursos, na forma prevista no respectivo regimento interno.

93. Dos Cartórios dos Juízos de Direito

A Constituição Federal, no art. 112, dispõe que só a lei pode instituir Varas do Trabalho, e, onde elas não existirem, atribuirá sua jurisdição aos juízes de direito.

Os cartórios desses Juízos de Direito atuarão como se fossem secretarias de Varas do Trabalho. Aos escrivães desses Juízos é conferida a mesma competência que a CLT (v. seu art. 711) dá aos secretários das Varas do Trabalho.

94. Das Secretarias dos TRTs

Conta cada Tribunal Regional do Trabalho com uma secretaria sob o comando de um diretor.

Tem, além das atribuições que a lei dá aos secretários de Varas do Trabalho, mais as seguintes: a conclusão dos processos ao Juiz e sua remessa, depois de despachados, aos respectivos Relatores; a organização e a manutenção de um fichário de jurisprudência do Tribunal, para consulta dos interessados.

O regimento interno dos Tribunais poderá ampliar a competência do diretor da sua secretaria no que tange ao funcionamento e à ordem dos trabalhos de suas secretarias.

95. Dos Oficiais de Justiça e Oficiais Avaliadores

No âmbito do direito processual do trabalho, os oficiais de justiça têm funções mais limitadas que as de seus colegas do direito processual comum. Estes são chamados a praticar atos tanto no processo de cognição como no de execução; aqueles — da Justiça do Trabalho —, de modo geral, só interferem no processo de execução.

Na falta ou impedimento do oficial de justiça ou oficial de justiça avaliador está o Juiz autorizado a incumbir da realização do ato qualquer serventuário.

Sobre a inexistência de vínculo empregatício do oficial de justiça ad hoc, o TST editou a Orientação Jurisprudencial n. 164, SDI-1, verbis: "Oficial de Justiça ad hoc. Inexistência de vínculo empregatício. Não se caracteriza o vínculo empregatício na nomeação para o exercício das funções de oficial de justiça ad hoc, ainda que feita de forma reiterada, pois exaure-se a cada cumprimento de mandado".

96. Do Perito

Dentre os meios de prova, destaca-se o exame pericial, reservado à demonstração de fatos e para o que se exige a cooperação de técnicos.

Essa prova é de duas espécies: a) de informação; e b) de verificação. Na primeira, o Juiz recebe os esclarecimentos de que necessita para julgar e, na segunda, de verificação, quando tem por finalidade registrar acontecimentos e circunstâncias bem como fornecer informações sobre fatos, situações, documentos ou coisas.

Diz o art. 420 do CPC que a prova pericial consiste em exame, vistoria ou avaliação.

No exame, é determinada uma situação; a vistoria serve para fixar, num dado momento, o estado de coisa móvel ou imóvel; e a avaliação estabelece o valor de um bem material, moral ou intelectual.

Autoriza o supradito artigo o Juiz a indeferir a prova pericial em três hipóteses: a prova do fato não depende de conhecimento especial de técnico; desnecessária em vista de outras provas produzidas e quando a verificação for impraticável.

O art. 427 do CPC arrola outro caso em que é permitido ao Juiz dispensar a prova pericial: quando as partes, na inicial e na contestação, apresentarem, sobre as questões de fato, pareceres técnicos ou documentos elucidativos que considerar suficientes.

Nos itens anteriores focalizamos os serviços auxiliares da justiça identificados na Consolidação das Leis do Trabalho, nos arts. 710 usque 721. Todavia, há outros a que faz remissão o Código de Processo Civil e que se fazem presentes no âmbito do processo do trabalho. Um deles é o perito.

É o Juiz quem o nomeia.

Cabe-lhe escolher profissional regularmente habilitado a fazer a pesquisa de utilidade ao deslinde do litígio.

Quando a perícia tiver de ser feita por carta precatória ou ordem, a nomeação do perito poderá ser feita pelo Juiz deprecado. É, porém, nos termos do art. 428 do CPC mera faculdade. Logo não se exclui a possibilidade de essa nomeação ser feita perante o juízo deprecante.

Nas perícias para estabelecimento do grau de insalubridade é indispensável que o perito escolhido esteja regularmente inscrito no órgão competente como técnico da área de saúde ocupacional (engenheiro de segurança ou médico do trabalho); se a perícia for contábil, o perito tem de ser bacharel em ciências contábeis ou contador (cuja lei específica lhe reserva, privativamente, esse tipo de atividade).

Têm os peritos de comprovar sua especialidade na matéria sobre que deverão pronunciar-se, o que farão com a apresentação de documento que prove sua filiação ao respectivo órgão controlador das profissões regulamentadas por lei.

Consoante o art. 431-B do CPC (com redação dada pela Lei n. 10.358, de 27.12.2001), tratando-se de perícia complexa, que abranja mais de uma área de conhecimento especializado, o juiz poderá nomear mais de um perito e a parte indicar mais de um assistente técnico.

Obscuro, o art. 195 da CLT tem ensejado interpretações conflitantes.

Reza ele que *"a caracterização e a classificação da insalubridade e da periculosidade, segundo as normas do Ministério do Trabalho, far-se-ão através de perícia a cargo de Médico do Trabalho ou Engenheiro de Trabalho, registrado no Ministério do Trabalho"*.

Alguns entendem que, seja lá qual for a espécie da causa geradora da insalubridade ou da periculosidade, tanto o médico como o engenheiro, indistintamente, podem realizar a perícia.

A incerteza quanto ao significado e alcance dessa norma consolidada comprova-se com o seguinte acórdão da 3ª Turma do TST, no julgamento do Recurso de Revista n. 109.839 (*in DJU* de 13.10.1995, p. 34.513):

"O art. 195 da CLT não faz distinção entre médico e engenheiro do trabalho. Assim, a perícia técnica para apuração da insalubridade é válida, pois não cabe ao intérprete eleger qualquer distinção".

Outros, como nós, não aceitamos tal exegese do supracitado dispositivo consolidado.

A realidade fática exige ora os conhecimentos especializados de um engenheiro, ora os de um médico. Pensar diferentemente é admitir que ambos os profissionais têm a mesma formação universitária, o que, por seu absurdo, ninguém ousa sustentar.

Salientamos, há pouco, que são numerosas as causas da insalubridade e, conforme a sua natureza, compete ao médico ou ao engenheiro analisá-las numa perícia.

Reforça nosso ponto de vista o § 2º do art. 145 do CPC: *"Os peritos comprovarão sua especialidade na matéria sobre que deverão opinar, mediante certidão do órgão profissional em que estiverem inscritos"*.

Exemplo: um médico não tem condições para identificar e avaliar poeira de silicose em suspensão no ar, caso não tenha conhecimento especializado nessa matéria.

Contudo, o Tribunal Superior do Trabalho editou a Orientação Jurisprudencial n. 165, SDI-1, onde foi assentado o entendimento de que, tratando-se de apuração de periculosidade ou insalubridade, é válido o laudo elaborado tanto por engenheiro quanto por médico do trabalho, desde que eles tenham qualificação profissional para enfrentar a matéria debatida nos autos: *"Perícia. Engenheiro ou Médico. Adicional de Insalubridade e Periculosidade. Válido. Art. 195, da CLT. O art. 195 da CLT não faz qualquer distinção entre o médico e o engenheiro para efeito de caracterização e classificação da insalubridade e periculosidade, bastando para a elaboração do laudo seja o profissional devidamente qualificado"*.

Autoriza o § 3º do art. 145 do CPC que, em localidades onde não exista profissional que satisfaça os requisitos supracitados, a indicação do perito seja de livre escolha do Juiz.

Há casos em que, pelo vulto do pedido, a parte tem interesse em arcar com a maior despesa advinda da indicação de perito domiciliado noutra comarca. Na hipótese, é de se prever que o Juiz do Trabalho abra mão da faculdade que lhe confere o já referido dispositivo do Código de Processo Civil.

Tem o perito designado pelo Juiz o prazo de cinco dias para escusar-se do encargo, alegando motivo legítimo, contados da intimação ou do impedimento superveniente.

À luz da nova redação do art. 422 do CPC não está mais obrigado a prestar compromisso — *verbis*: *"O perito cumprirá escrupulosamente o encargo que lhe foi cometido, independentemente de termo de compromisso. Os assistentes técnicos são de confiança da parte, não sujeitos a impedimento ou sujeição"*.

Depreende-se da norma que a escusa pode ser alegada no quinquídio ou mesmo depois de vencido esse prazo se o motivo for posterior à aceitação do encargo.

De conformidade com o disposto no art. 424 do CPC, o perito pode ser substituído quando: carecer de conhecimento técnico ou científico; sem motivo legítimo, deixar de cumprir o encargo no prazo que lhe foi assinado.

Nesta última hipótese, o Juiz comunicará a ocorrência à corporação profissional respectiva, podendo, ainda, impor multa ao perito, fixada com base no valor da causa e o possível prejuízo decorrente do atraso no processo.

Comprovado esse prejuízo da parte, estamos que ela deveria ser beneficiada com o valor da multa, ou parte dela. Mas o CPC é silente a respeito. Assim, resta ao interessado propor ação de perdas e danos — perante a Justiça comum — contra o perito substituído pelo Juiz.

A respectiva ação de perdas e danos terá de ser levada à Justiça comum, uma vez que não se prende a uma relação de trabalho.

O perito e os assistentes técnicos precisam de maior liberdade de ação na coleta de dados e informações que lhes permitam levar a cabo a diligência de que estão encarregados. Por isso, devem ter acesso aos documentos e locais, para as verificações que considerarem necessárias. Permite a Lei, até, que ouçam testemunhas (art. 429 do CPC).

Em nosso entendimento, o perito e os assistentes técnicos que forem impedidos de entrar na empresa — por exemplo — para averiguar o grau de insalubridade em determinado setor ou a existência de periculosidade no trabalho do Reclamante poderão requerer ao Juiz a requisição de força policial a fim de que a perícia seja levada a bom termo.

Numa diligência pericial determinada pelo Juiz, a quebra do sigilo que cerca documentos das empresas, sobretudo das instituições financeiras, fica restrita àqueles papéis que interessarem aos fins da perícia.

Diz o art. 434 do CPC que, no caso de o exame ter por objeto a autenticidade ou falsidade de documento ou ser de natureza médico-legal, o perito será escolhido de preferência entre os técnicos dos estabelecimentos oficiais especializados.

Na hipótese, o juiz autorizará a remessa dos autos, bem como do material sujeito a exame, ao estabelecimento oficial selecionado. O art. 434, acima mencionado, em seu texto primitivo dispunha que o perito prestaria compromisso perante o diretor do estabelecimento oficial.

A Lei n. 8.952/94 deu nova redação ao preceito e eliminou essa exigência.

Essa disposição não incide no processo trabalhista porque o art. 827 da CLT estabelece que o juiz poderá arguir os peritos compromissados.

É certo que a Lei n. 5.584/70, no art. 3º, veio assentar que *"os exames periciais serão realizados por perito único, designado pelo Juiz, que fixará prazo para entrega do laudo"*.

Originalmente, a CLT dizia que cada parte poderia indicar seu perito, o que explica a referência, no art. 827 acima citado, a "peritos", no plural. Todavia, temos como certo que a Lei n. 5.584, no processo trabalhista, não eliminou o compromisso do perito.

Permite a Lei que a parte requeira o comparecimento à audiência do perito e do assistente técnico para que lhe prestem certos esclarecimentos.

Para tanto, deve a parte depositar em cartório as perguntas que, na audiência, vai dirigir ao perito ou ao assistente, o que dará ensejo a que eles — perito e assistente — se preparem adequadamente a atender ao pedido do requerente.

Perito e assistente têm de ser intimados até cinco dias antes da audiência, para que fiquem obrigados a prestar esclarecimentos pretendidos pela parte (art. 435 do CPC).

Em sua redação original, a CLT admitia a nomeação de peritos pelas partes. Prestavam compromisso e estavam sujeitos aos mesmos motivos de impedimento e suspeição. Mercê da alteração introduzida na CLT e no CPC, atualmente, cabe ao Juiz nomear o perito e, às partes, os assistentes.

Quando o exame tiver por objeto a autenticidade da letra e firma, o perito poderá requisitar, para efeito de comparação, documentos existentes em repartições públicas; na falta destes, poderá requerer ao Juiz que a pessoa a quem se atribuir a autoria do documento lance em folha de papel, por cópia, ou sob ditado, dizeres diferentes, para fins de comparação.

Têm as partes o prazo de cinco dias, contados da intimação do despacho de nomeação do perito, para indicar assistentes técnicos e formular quesitos. Compete ao Juiz — *ex vi* do disposto no art. 426 do CPC — indeferir os quesitos impertinentes e formular os que entender necessários ao esclarecimento da causa. Com ou sem provocação das partes, é dado ao Juiz formular seus quesitos.

No exercício do seu poder de polícia sobre o comportamento das partes no processo, é lícito ao Juiz repelir os quesitos que considerar inadequados ao aclaramento da lide e que não se relacionam com o fato que se pretende investigar na perícia.

Não estão as partes impedidas de formular quesitos complementares aos do Juiz.

Os laudos dos assistentes terão de ser apresentados no mesmo prazo assinado ao perito oficial ou do Juiz. É certo, também, que os assistentes técnicos das partes não estão sujeitos a compromisso nem às mesmas causas de impedimento e suspeição do perito do Juiz.

Havendo pluralidade de Reclamantes e de Reclamados, é lícito a cada um deles indicar seu assistente técnico.

Estabelece o art. 421, § 2º, do CPC, que quando a natureza do fato o permitir, a perícia poderá consistir apenas na inquirição pelo juiz do perito e dos assistentes, por ocasião da audiência de instrução e julgamento a respeito das coisas que houverem informalmente examinado ou avaliado.

Em consonância com o estabelecido no art. 33, *caput*, do CPC, cada parte pagará a remuneração do assistente técnico que houver indicado, enquanto a do perito será paga pela parte que houver requerido o exame, ou pelo Autor (Reclamante), quando solicitado por ambas as partes ou determinado de ofício pelo Juiz, ônus que, a final, terá de ser suportado pelo vencido (art. 20 do CPC).

A Lei n. 8.952/94 acrescentou ao sobredito dispositivo um parágrafo, conferindo ao Juiz a faculdade de ordenar o prévio pagamento dos honorários do perito. O respectivo numerário, recolhido a estabelecimento de crédito, à ordem do juízo e com correção monetária, é entregue ao perito após a apresentação do laudo.

A Resolução n. 66, do Conselho Superior da Justiça do Trabalho, de 10.6.2010 (DJe 15.6.2010), regulamenta, no âmbito da Justiça do Trabalho de primeiro e segundo graus, a responsabilidade pelo pagamento e antecipação de honorários do perito, do tradutor e do intérprete, no caso de concessão à parte do benefício de justiça gratuita.

É aplicável ao processo do trabalho esse art. 33, do CPC.

Para atender a eventual necessidade do perito para executar a perícia, pode o Juiz liberar parte do mencionado numerário.

Procede a crítica de *Manoel Antonio Teixeira Filho* (in "As alterações no CPC e suas repercussões no processo do trabalho", 3. ed., LTr Edit., 1996, p. 25) aos termos usados na elaboração do precitado parágrafo: *"Há, contudo, um manifesto deslize técnico na redação dessa norma. Na verdade, o depósito deverá ser efetuado não pela parte a quem incumbir o pagamento desses honorários, senão que a antecipação desses honorários".*

De fato, a responsabilidade por esse pagamento só é realmente definida com a prolação da sentença, quando se saberá quem é o vencido, o qual deverá suportar todos os ônus processuais.

É certo, porém, que muitos processualistas soem dizer que "pagar", no referido art. 33, tem o mesmo significado de "adiantar".

Sabe-se que a maioria das perícias, no foro trabalhista, faz-se para avaliação da insalubridade ou da periculosidade, o que, como evidente, interessa de modo particular ao trabalhador. De conseguinte, é a ele que cabe depositar, previamente, a remuneração do perito, se o Juiz resolver usar a faculdade inscrita no sobredito art. 33 do CPC.

Não é boa a tese de ser atacável, por mandado de segurança, tal decisão do Juiz. Este, a rigor, exercita uma faculdade que lhe conferiu a lei, o que não ofende qualquer direito líquido e certo.

Reconhecemos que a antecipação dos honorários do perito não está em sintonia com o art. 789 da CLT, que obriga o vencido a pagar as custas só após o trânsito em julgado da sentença.

Na Justiça do Trabalho, observava-se, de há muito, a praxe de fixar, previamente, os honorários periciais.

Em decorrência da Emenda Constitucional n. 45/2004, o Tribunal Superior do Trabalho editou a Instrução Normativa n. 27, de 16.2.2005, publicada no DJU de 5.7.2005, sendo certo que o art. 6º, foi consignado que "os honorários periciais serão suportados pela parte sucumbente na pretensão objeto da perícia, salvo se beneficiária da justiça gratuita".

O parágrafo único desse art. 6º outorgou ao juiz a faculdade de, em relação à perícia, exigir depósito prévio dos honorários, ressalvadas as lides decorrentes da relação de emprego".

De conformidade com o disposto na Lei n. 6.899, de 8 de abril de 1981, entendemos que os honorários do perito são corrigidos monetariamente.

Reza esse diploma legal, no art. 1º: *"A correção monetária incide sobre qualquer débito resultante de decisão judicial, inclusive sobre custas e honorários advocatícios".*

Nesse sentido o TST editou sua Orientação Jurisprudencial n. 198, SDI-1, verbis: "**Honorários periciais. Atualização monetária.** *Diferentemente da correção aplicada aos débitos trabalhistas, que têm caráter alimentar, a atualização monetária dos honorários periciais é fixada pelo art. 1º da Lei n. 6.899/81, aplicável a débitos resultantes de decisões judiciais".*

Não estabelece que a correção favorece apenas as custas e os honorários advocatícios; neste ponto, a lei é exemplificativa.

Os honorários periciais derivam de uma decisão judicial; logo, devem ser corrigidos a partir da data da respectiva decisão. Por oportuno, assinalamos que, consoante o art. 165 do CPC, a decisão que arbitra os honorários periciais deve ser plenamente justificada, sob pena de nulidade.

A Resolução n. 66, do Conselho Superior da Justiça do Trabalho, de 10.6.2010 (DJe 15.6.2010), regulamenta, no âmbito da Justiça do Trabalho de primeiro e segundo graus, a responsabilidade pelo pagamento e antecipação de honorários do perito, do tradutor e do intérprete, no caso de concessão à parte do benefício de justiça gratuita.

É omissa a CLT no tangente à responsabilidade pelos honorários do assistente técnico.

Daí aplicar-se, subsidiariamente, o CPC, cujos arts. 20 e 33 não são incompatíveis com a sistemática da CLT.

Está tranquilamente assentado na doutrina e na jurisprudência que "pagar", no art. 33 do CPC, significa adiantamento, devendo o acerto final atender ao preceituado no art. 20.

A parte, para defender eficazmente seu direito em juízo, teve de recorrer a um assistente técnico, e, se vencedora, não seria justo que tivesse de suportar inteiramente o pagamento dos honorários do assistente. É o que determina, expressamente, o mencionado art. 20 do CPC, e que é plenamente aplicável ao processo do trabalho: *"a sentença condenará o vencido a pagar ao vencedor as despesas que antecipou e os honorários advocatícios".*

Assim, na forma da lei processual civil, cabe ao vencido a responsabilidade pelos honorários do assistente técnico. Apesar da clareza desse dispositivo, o Tribunal Superior do Trabalho editou a Súmula n. 341, segundo a qual a *"indicação do perito assistente é faculdade da parte, a qual deve responder pelos respectivos honorários, ainda que vencedora no objeto da perícia"*.

Durante diligência, é lícito às partes apresentar quesitos complementares.

Da juntada dos novos quesitos aos autos, dá-se a ciência à parte contrária.

O CPC de 1939, a propósito do momento da admissibilidade dos quesitos complementares, dizia que o era até "a realização da diligência". Essa expressão provocou intermináveis discussões.

O texto em vigor é claro: a apresentação dos quesitos suplementares é aceita enquanto a diligência se realiza: encerrada a perícia, não.

Quem não apresentou quesitos no quinquídio de que já falamos fica impedido de formular quesitos complementares, pois estes não podem completar o que não existe. É um caso de preclusão.

De ressaltar que os novos quesitos não devem trazer à baila matéria nova ou tentar alargar o campo da perícia. Devem cingir-se à explicitação dos quesitos anteriormente formulados.

O Tribunal Superior do Trabalho, pela SDI-2, julgou Recurso em Mandado de Segurança de n. 153.672/94 (*in Rev. LTr* 61-03/332, março de 1997), e o respectivo acórdão tem a seguinte ementa:

"Direito dos reclamantes de estarem presentes quando da realização dos trabalhos do perito. Inexistência de direito líquido e certo do empregador opor-se à presença deles".

Venia permissa, inexiste, também, norma legal garantindo aos reclamantes o direito de assistir ou acompanhar as atividades do perito.

A argumentação do voto condutor do aresto estribou-se na afirmação de que se trata de matéria controvertida e impeditiva do reconhecimento do direito de o empregador obstar o acesso do empregado ao interior da empresa onde se realiza a perícia.

Invocou, outrossim, o magistério de *Amaral Santos* (in "Comentários ao CPC", IV vol., Forense, 1976, p. 363) no sentido de que o poder de a parte comparecer ao ato da diligência se apoia no princípio da publicidade da produção das provas. Aquele processualista acrescenta que as partes não são constrangidas a assumir atitude passiva de meros espectadores, sendo-lhes permitido durante a diligência formular quesitos suplementares (art. 425 do CPC), como também dirigir perguntas orais ao perito e fornecer-lhe informações úteis ao resultado da perícia.

Pesa-nos discrepar do mestre patrício.

A publicidade da produção das provas é simples projeção do art. 155 do CPC: "Os atos processuais são públicos...".

Sublinhamos, desde logo, que, na doutrina, há corrente contrária à preleção de *Amaral Santos*.

Essa corrente discrepante entende que a presença do Reclamante no local da perícia deve ser requerida ao Juiz a fim de avaliar a conveniência, ou não, de acolher tal solicitação.

O art. 429, também do CPC, adianta que o perito, para o regular desempenho da sua função, pode praticar os mais variados atos (coleta de informações, depoimento de testemunhas etc.). Se desejar o acompanhamento de seu trabalho, *in loco*, pelo Reclamante tem de formular pedido ao Juiz.

Na realização dessa espécie de prova, não se tem em mira, apenas, o interesse das partes, mas também o do próprio do Estado de dar adequada prestação jurisdicional. Aí, vislumbra-se um interesse público que não pode nem deve ser superado pelo interesse particular da parte de assistir os trabalhos do perito.

Não aceitamos a interpretação dada por *Amaral Santos* ao art. 425, de que, no decorrer da diligência, a parte poderá fazer perguntas e dar esclarecimentos ao perito. O que se estatui nesse dispositivo é que as partes, no curso dos trabalhos da perícia, poderão oferecer quesitos suplementares, que o Juiz deferirá, ou não.

A Lei n. 10.358, de 27.12.2001, acrescentou ao CPC o art. 431-A: *"As partes terão ciência da data e local designado pelo juiz ou indicados pelo perito para ter início a produção da prova"*. Não diz o novo preceito que as partes poderão acompanhar e mesmo participar dos trabalhos periciais. Estamos em que, no caso, se faz mister autorização do Juiz.

Ocorrendo o fechamento do estabelecimento, impedindo a feitura do exame pericial para apuração de insalubridade, poderá o juiz utilizar-se de outros meios de prova para a composição do litígio, inclusive da prova emprestada. Nesse sentido, o Tribunal Superior do Trabalho editou a Orientação Jurisprudencial n. 278, SDI-1: *"**Adicional de Insalubridade. Perícia. Local de Trabalho Desativado**. A realização de perícia é obrigatória para a verificação de insalubridade. Quando não for possível sua realização, como em caso de fechamento da empresa, poderá o julgador utilizar-se de outros meios de prova"*.

Entendemos que essa Orientação Jurisprudencial n. 278 é aplicável à hipótese, também, de apuração da atividade periculosa, não havendo restrição legal para tal.

A jurisprudência maciça é no sentido de se admitir a prova emprestada quando estiver desativado o local de trabalho, o que prejudica a realização da perícia. Embora a regra do art. 195, § 2º, da CLT, estabeleça a realização de perícia para a caracterização da insalubridade no local de trabalho, é certo que, na hipótese apontada em que se encontre este desativado, e não ofereça as mínimas condições de aferição das condições ambientais existentes quando em atividade, pode referido meio de prova ser suprido pela juntada de laudos emprestados de outros processos, desde que, é claro, seja estabelecida perfeita correspondência entre a situação municiada e o caso *sub judice* (cf. nesse sentido TRT 15ª Reg., Proc. 18513/97, 2ª Turma, Rel. Juiz José A. Pancotti, DOESP 26.1.1999; TRT 2ª Reg. Proc. 19990441149, 8ª Turma, Rel. Juíza Wilma Nogueira de Araújo Vaz da Silva, DOESP 16.1.2001; TRT 23ª Reg. Proc. 3776/99, TP Rel. Juiz Roberto Benatar, DJMT 21.9.2000).

96.1. A Perícia e o Juiz

Carnelutti ("Sistema del Diritto Processuale Civile", I tomo, n. 209, Padova: Cedam, 1936) preleciona, com acerto, que a perícia objetiva a "percepção técnica", a qual só os técnicos estão credenciados a ter de modo satisfatório, graças aos seus conhecimentos especializados. A assertiva tem como premissa a impossibilidade de o Juiz possuir conhecimentos enciclopédicos que lhe permitam interpretar e analisar todos os fatos vinculados à lide sob julgamento.

Daí a necessidade de realizar-se a perícia, como meio de prova que é.

Apresentado o laudo, o juiz não é obrigado a formar sua convicção baseado, exclusivamente, nas conclusões a que tiver chegado o perito.

É o que diz, com propriedade, o art. 436 do CPC:

"O juiz não está adstrito ao laudo pericial, podendo formar sua convicção com outros elementos ou fatos provados nos autos".

Está a norma associada àquela outra agasalhada no art. 131, também do CPC: *"O juiz apreciará livremente a prova, atendendo aos fatos e às circunstâncias constantes dos autos".*

Ao mesmo passo que a lei outorga ao Juiz a liberdade de avaliar a prova produzida (inclusive a pericial), exige que ele se atenha aos fatos e às circunstâncias de que os autos dão notícia.

Com estribo no art. 437 do CPC, o Juiz tem a faculdade de ordenar nova perícia.

Quando houver fundado receio de que, no curso do processo, venha a tornar-se impossível ou muito difícil a verificação de certos fatos, prevê o CPC, nos arts. 846 a 851, a antecipação da prova pericial ou perícia *ad perpetuam rei memoriam.*

É facultado ao juiz indeferir o pedido de antecipação da prova se inexistentes os pré-requisitos já indicados e contidos no art. 849 do CPC.

97. *Honorários Periciais e a Justiça Gratuita*

Vejamos, agora, a questão dos honorários periciais em cotejo com os *poderes do juiz*, quando concede a justiça gratuita à parte.

Alguns órgãos da Justiça do Trabalho se pronunciavam no sentido de negar a inclusão dos honorários periciais no benefício da assistência judiciária. Como amostra dessa linha jurisprudencial passada, mencionamos os seguintes acórdãos:

a) TRT 3ª Região, 4ª Turma, RO 2063/99 in DJMG de 16.10.1999: "Diante dos termos da Súmula n. 236 do TST, temos que nesta Justiça especializada os honorários periciais não se inserem entre os benefícios da assistência judiciária, mormente em sendo despesas processuais, que devem ser suportadas por quem lhes deu azo, sob pena, inclusive, de desestimular-se os auxiliares do juízo". (**Obs.**: esta Súmula n. 236 foi cancelada em 21.11.2003); b) TRT 15ª Região, 1ª Turma, RO 034862/97.2, in DJSP de 27.4.1999, p. 57: *Assistência judiciária gratuita. Honorários periciais. No processo trabalhista, a assistência judiciária gratuita não compreende a isenção dos honorários periciais, porquanto eles envolvem encargos decorrentes de serviços prestados por terceiro, não agente do Estado. É o caso do perito que atua como auxiliar do juízo, nas hipóteses de perícias técnicas ou contábeis. Por isso, a parte que der causa a tais encargos para ver a sua pretensão apreciada em juízo, deve com elas arcar integralmente. Permitir o contrário é deixar o terceiro à mercê de sua própria sorte e, no mais inviabilizar a realização das provas periciais".*

Tais julgados malferiam o inciso V do art. 3º da Lei n. 1.060, de 5 de fevereiro de 1950, porque esse dispositivo legal, às claras, afirma que a assistência judiciária abrange a isenção dos honorários periciais.

É certo, porém, que, em se tratando de assistência judiciária, a Lei n. 1.060, no § 2º do seu art. 11, ressalva, ao perito, o direito de, decorridos cinco anos e já não mais gozando o vencido da condição legal de necessitado, cobrar seus honorários.

No entanto, o art. 790-B, com redação dada pela Lei n. 10.537/2002, espanca toda e qualquer dúvida sobre o alcance do benefício da justiça gratuita: ela compreende o não pagamento dos honorários periciais. Em se tratando, porém, de pedido de isenção, em que o empregado prova reunir todos os pressupostos legais para a efetivação do benefício, deixa de ser uma faculdade para ser um dever do Juiz. É o que deflui dos arts. 14 e seguintes da Lei n. 5.584, de 26 de junho de 1970.

Não é de se acolher o argumento de que se deve negar o pedido de justiça gratuita só pelo fato de o empregado apresentar-se em juízo acompanhado de advogado.

A respectiva normação legal não previu essa hipótese como inibidora da aquisição do referido benefício processual.

Ademais disso, mais débil se torna esse argumento se o contrato dos serviços do advogado contiver cláusula estabelecendo que a remuneração deste último equivalerá a um percentual do que o empregado vier a receber a final, se vencedor da causa.

O Conselho Superior da Justiça do Trabalho editou a Resolução CSJT n. 35, de 23.3.2007 (DJU 19.4.2007), regulando, no âmbito da Justiça do Trabalho, a responsabilidade pelo pagamento e antecipação de honorários periciais, no caso de concessão à parte do benefício de justiça gratuita. Veio em boa hora essa deliberação normativa, corrigindo-se, assim, inúmeras distorções que estavam ocorrendo pelo fato de um perito nada receber pelo trabalho realizado dentro de um processo em que o litigante passou a gozar desse benefício.

Essa Resolução foi editada em virtude do princípio constitucional de acesso dos cidadãos ao Poder Judiciário e o dever do Estado de prestar assistência judiciária integral e gratuita às pessoas carentes, conforme disposto nos incisos XXXV, LV e LXXIV do artigo 5º da Constituição Federal. Claro está que sua edição foi uma demonstração de perfeita sensibilidade ao fato de que, com a ampliação da competência material da Justiça do Trabalho, determinada pela Emenda Constitucional n. 45/2004, muitas questões iriam surgir que exigiriam a necessidade de prova pericial, principalmente nos casos em que existe a discussão de indenização por dano moral, dano material, doença profissional, acidente de trabalho, insalubridade ou periculosidade.

Em 2010, foi editada a Resolução n. 66, de 16.6.2010, revogando a Resolução n. 35, mas mantendo toda a sua estrutura e ampliando o pagamento e antecipação dos honorários também para tradutores e intérpretes, no caso de concessão à parte do benefício de justiça gratuita.

Esclarece a Resolução, que os Tribunais Regionais do Trabalho deverão destinar recursos orçamentários para o pagamento de honorários periciais e de tradutores e intérpretes, sempre que à parte sucumbente na pretensão for concedido o benefício da justiça gratuita. Além disso, estabelece que a responsabilidade da União pelo pagamento de honorários periciais, em caso de concessão desse benefício, está condicionada ao atendimento simultâneo dos seguintes requisitos: 1) fixação judicial de honorários periciais; 2) sucumbência da parte na pretensão objeto da perícia; 3) trânsito em julgado da decisão.

No caso de reversão da sucumbência quanto ao objeto da perícia, caberá ao reclamado-executado ressarcir o erário dos honorários periciais adiantados, mediante o recolhimento da importância adiantada em guia GRU, em código destinado ao Fundo de "assistência judiciária a pessoas carentes", sob pena de execução específica da verba.

Além disso, há a previsão de que poderá haver a concessão da justiça gratuita a empregador, pessoa física, e que dependerá da comprovação de situação de carência que inviabilize a assunção dos ônus decorrentes da demanda judicial.

É disciplinado nessa Resolução n. 66, do CSJT, mais os seguintes temas: a) o pagamento dos honorários poderá ser antecipado, para despesas iniciais, em valor máximo equivalente a R$ 350,00 (trezentos e cinquenta reais), efetuando-se o pagamento do saldo remanescente após o trânsito em julgado da decisão, se a parte for beneficiária de justiça gratuita; b) em caso de concessão do benefício da justiça gratuita, o valor dos honorários periciais, observado o limite de R$ 1.000,00 (um mil reais), será fixado pelo juiz, atendidos: I — a complexidade da matéria; II — o grau de zelo profissional; III — o lugar e o tempo exigidos para a prestação do serviço; IV — as peculiaridades regionais.

A fixação dos honorários em valor maior do que o limite estabelecido acima deverá ser devidamente fundamentada pelo Juiz, sendo certo que, desde que haja disponibilidade orçamentária, os valores acima poderão ser reajustados anualmente no mês de janeiro, com base na variação do IPCA-E do ano anterior ou outro índice que o substitua, por ato normativo do Presidente do Tribunal.

O pagamento dos honorários periciais efetuar-se-á mediante determinação do presidente do Tribunal, após requisição expedida pelo Juiz do feito, observando-se, rigorosamente, a ordem cronológica de apresentação das requisições e as deduções das cotas previdenciárias e fiscais, sendo o valor líquido depositado em conta bancária indicada pelo perito. O valor dos honorários será atualizado pelo IPCA-E ou outro índice que o substitua, a partir da data do arbitramento até o seu efetivo pagamento.

As requisições feitas pelo Juiz deverão indicar, obrigatoriamente: o número do processo; o nome das partes; o valor dos honorários, especificando se de adiantamento ou se finais; o número da conta bancária para crédito; natureza e característica *atividade desempenhada pelo auxiliar do Juízo; declaração expressa de reconhecimento, pelo Juiz, do direito à justiça gratuita; certidão do trânsito em julgado e da sucumbência na perícia, se for o caso; e o endereço, telefone e inscrição no INSS do perito, tradutor ou intérprete.*

Por fim, essa Resolução fixa, ainda, as seguintes diretrizes saudáveis: a) Os Tribunais Regionais do Trabalho poderão manter sistema de credenciamento de peritos, *tradutores e intérpretes* para fins de designação, preferencialmente, de profissionais inscritos nos órgãos de classe competentes e que comprovem sua especialidade na matéria sobre a qual deverão opinar, a ser atestada por meio de certidão do órgão profissional a que estiverem vinculados; b) As Presidências de Tribunais Regionais do Trabalho ficam autorizadas a celebrar convênios com instituições com notória experiência em avaliação e consultoria nas áreas de Meio Ambiente, Promoção da Saúde, Segurança e Higiene do Trabalho, e outras, capazes de realizar as perícias requeridas pelos Juízes; c) O pagamento dos honorários está condicionado à disponibilidade orçamentária, transferindo-se para o exercício financeiro subsequente as requisições não atendidas; d) Nas ações contendo pedido de adicional de insalubridade, de periculosidade, de indenização por acidente do trabalho ou qualquer outro atinente à segurança e saúde do trabalhador, o Juiz poderá determinar a notificação da empresa reclamada para trazer aos autos cópias dos LTCAT (Laudo Técnico de Condições Ambientais de Trabalho), PCMSO (Programa de Controle Médico de Saúde Ocupacional) e PPRA (Programa de Prevenção de Riscos Ambientais), e de laudo pericial da atividade ou local de trabalho, passível de utilização como prova emprestada, referentes ao período em que o reclamante prestou serviços na empresa.

98. Do Depositário e do Administrador

São auxiliares do juízo o depositário e o administrador de bens penhorados, arrestados, sequestrados ou arrecadados. Têm como funções principais — diz o art. 148 do CPC — a guarda e conservação daqueles bens.

Consoante o art. 666, II, também do CPC, cabe ao depositário judicial a guarda de móveis e imóveis urbanos, mas o encargo se transfere para o Banco do Brasil, para a Caixa Econômica Federal ou banco oficial se a penhora recair em dinheiro, pedras ou metais preciosos ou papéis de crédito.

As joias, pedras e objetos preciosos deverão ser depositados com registro do valor estimado do resgate.

Outros bens, que não os móveis e imóveis urbanos, poderão ser confiados a depositário particular (inciso III do art. 666 do CPC).

Se o credor concordar, o devedor pode ser o depositário do bem penhorado, sequestrado, arrestado ou arrecadado.

Os arts. 677 e 678 do CPC referem-se a outros casos de guarda de bens por pessoas que não têm o título de depositário judicial.

É remunerado o trabalho do depositário ou administrador, sendo o respectivo valor fixado pelo Juiz.

A teor do art. 629 do Código Civil, o depositário é obrigado a ter, na guarda e conservação da coisa depositada, o cuidado e diligência que costuma ter com o que lhe pertence, bem como a restituí-la com todos os frutos e acrescidos, quando lhe exija o depositante.

Em consonância com o preceituado no art. 150 do CPC, o depositário ou administrador responde pelos prejuízos que, por dolo ou culpa, causar à parte, perdendo a remuneração que lhe foi arbitrada, mas tem o direito a haver o que legitimamente despendeu no exercício do encargo.

Consoante o § 3º do art. 666, do CPC, a prisão de depositário judicial infiel será decretada no próprio processo, independentemente de ação de depósito.

99. Do Intérprete

Reza o art. 151 do CPC — aplicável ao processo do trabalho — que o juiz nomeará intérprete toda vez que repute necessário para: analisar documento de entendimento duvidoso, redigido em língua estrangeira; verter em português as declarações das partes e das testemunhas que não conhecem o idioma nacional; traduzir a linguagem mímica dos surdos-mudos que não puderem transmitir a sua vontade por escrito.

Para valer como prova no processo, todo documento redigido em língua estrangeira deve, previamente, ser vertido para o português por tradutor público.

Atua ainda o intérprete na inquirição de partes e testemunhas que não falem o nosso idioma.

É exigível a presença do intérprete ainda que o Juiz domine o idioma estrangeiro, pois a lei assim o quer.

Não pode ser nomeado intérprete quem: não tiver a livre administração dos seus bens; for arrolado como testemunha ou servir como perito no processo; estiver inabilitado ao exercício da profissão por sentença penal condenatória, enquanto durar o seu efeito (art. 152 do CPC).

Autoriza o CPC o intérprete, por motivo particular ou por impedimento, a recusar a designação que lhe fizer o Juiz. Deve, porém, fazê-lo nos cinco dias subsequentes ao ato do Juiz.

100. Divisão dos Auxiliares Eventuais do Juiz

Nicola Jaeger ("Diritto Processuale Civile", p. 191 a 210, 1944) dividiu os auxiliares eventuais do juízo em quatro categorias: auxiliares por necessidade técnica — peritos, intérpretes e tradutores; auxiliares por conveniência econômica: o depositário, o administrador, serviço postal e telegráfico, imprensa oficial etc.; auxiliares por circunstância de fato: o vizinho ou pessoa da família (arts. 227 e 228 do CPC); auxiliares por circunstâncias resultantes de situações de direito: a força policial, a repartição pública, a Junta Comercial, o leiloeiro, o tabelião etc.

Também clássica a divisão feita por *João Mendes Jr.*: 1) órgãos da fé pública porque se tem como verdade (presunção *juris tantum*) os atos que praticam ou escrevem, classe que se subdivide em duas: a) auxiliares do foro judicial (escrivães, oficiais de justiça, distribuidores, contadores, depositários públicos); e b) auxiliares do foro extrajudicial (tabeliões, oficiais de registros públicos); 2) órgãos do Ministério Público (v. item 167); 3) órgãos de encargo judicial, que são aqueles com encargo particular no processo, tais como tutores, curadores especiais, administradores judiciais da falência e da recuperação judicial, peritos, testemunhas.

Refletindo, com mais fidelidade, as tendências do processualismo moderno, *Amaral Santos* nos oferece a seguinte classificação de auxiliares da Justiça ou do Juiz: "a) órgãos auxiliares da justiça, propriamente ditos, que são os serventuários e funcionários judiciais, investidos no cargo, na conformidade das leis de organização judiciária, que lhes traçam as atribuições e a disciplina; b) órgãos de encargo judicial, que são as pessoas a que se atribui eventualmente, um particular encargo no processo; c) órgãos auxiliares extravagantes, que são órgãos não judiciários, mas da administração pública e que, no exercício de suas próprias funções realizam atos no processo, visando servir à administração pública, como, por exemplo, os Correios e Telégrafos, o Diário da Justiça, a força policial etc." (v. "Primeiras Linhas de Direito Processual Civil", 1º vol., Saraiva, p. 139; também *Carnelutti*, "Istituzioni di Diritto Processual Civile, 1956, 1º vol., n. 201 e seguintes).

CAPÍTULO X
Sucumbência e Assistência Judiciária

101. Da Sucumbência

No plano doutrinário, há diferentes justificações para a responsabilidade pelas custas.

Hoje, é prevalente a teoria de *Chiovenda* de que a condenação do vencido deriva simplesmente do fato de haver perdido a ação, ainda que se haja conduzido de boa-fé.

É o princípio da sucumbência.

Inspirou ele o art. 789 da CLT bem como o art. 20 do CPC: *"A sentença condenará o vencido a pagar ao vencedor as despesas que antecipou e os honorários advocatícios".*

Quanto a estes últimos, já fizemos a ressalva ditada pela Lei n. 5.584, consistente no teto salarial de dois salários mínimos.

Aplica-se ao processo trabalhista a regra do art. 22 do CPC: *"O réu (reclamado) que, por não arguir na sua resposta (contestação) fato impeditivo, modificativo ou extintivo do direito do autor (o Reclamante), dilatar o julgamento da lide, será condenado nas custas ...."*.

A segunda parte desse dispositivo não se concilia com os princípios do processo trabalhista, uma vez que declara o Reclamado, ainda que vencedor, sem direito a honorários advocatícios. O trabalhador não está obrigado a satisfazer tal encargo.

A regra é o requerente da perícia ter de arcar com os honorários do perito, embora — se vencedor — venha a ser ressarcido pelo vencido a final.

De regra, o trabalhador não possui os recursos necessários à diligência em causa.

Os pronunciamentos das Varas do Trabalho e Tribunais são bem diversificados em função das características de cada caso. Mas com raras exceções cabe à empresa arcar com o ônus.

A Resolução n. 66, do Conselho Superior da Justiça do Trabalho, de 10.6.2010 (DJe 15.6.2010), regulamenta, no âmbito da Justiça do Trabalho de primeiro e segundo graus, a responsabilidade pelo pagamento e antecipação de honorários do perito, do tradutor e do intérprete, no caso de concessão à parte do benefício de justiça gratuita.

O TST editou sua Súmula n. 219, em que existe o disciplinamento dos honorários advocatícios decorrentes da sucumbência, *verbis*: *"Honorários advocatícios. Hipótese de cabimento. I — Na Justiça do Trabalho, a condenação ao pagamento de honorários advocatícios, nunca superiores a 15% (quinze por cento), não decorre pura e simplesmente da sucumbência, devendo a parte estar assistida por sindicato da categoria profissional e comprovar a percepção de salário inferior ao dobro do salário mínimo ou encontrar-se em situação econômica que não lhe permita demandar sem prejuízo do próprio sustento ou da respectiva família. II — É cabível a condenação ao pagamento de honorários advocatícios em ação rescisória no processo trabalhista. III — São devidos os honorários advocatícios nas causas em que o ente sindical figure como substituto processual e nas lides que não derivem da relação de emprego".*

Em sua composição plenária, o TST editou a Instrução Normativa n. 27/05, dispondo sobre as normas procedimentais aplicáveis ao processo do trabalho em decorrência da ampliação da competência da Justiça do Trabalho pela Emenda Constitucional n. 45/2005.

Com a ampliação da competência da Justiça do Trabalho para apreciar outras ações, inclusive as decorrentes da relação de trabalho, conforme lei ordinária disciplinadora da matéria, os honorários advocatícios são devidos em caso de sucumbência. Nesse sentido, prevê a citada Instrução Normativa n. 27/05, art. 5º, em que ficou esclarecido que, exceto nas lides decorrentes da relação de emprego, *os honorários advocatícios são devidos pela mera sucumbência*. Bem se sabe que existe distinção entre relação de trabalho, que é o gênero, e a relação de emprego, que é sua espécie. A relação de emprego é regida pela CLT.

São devidos os honorários de sucumbência nessas ações, exceto as decorrentes da relação de emprego, mesmo em fase de cumprimento de sentença.

102. Da Assistência Judiciária e a Constituição. Honorários de Sucumbência

Estudiosos do tema — com *Rafael Bielsa* à frente — afirmam ter sido o imperador romano Constantino o primeiro a conceder, aos pobres, o benefício da justiça gratuita.

As Ordenações Filipinas (Livro I, Tít. 8º, 6º e Liv. III, Tít. 5º, 3º) dispensavam os pobres do pagamento das custas do agravo, da caução nas demandas em que era exigida etc.

Só a partir de 1841, no Brasil Império, é que, em verdade, a assistência gratuita começou a ser prestada. Reza o inciso LXXIV do art. 5º da Constituição Federal: *"O Estado prestará assistência jurídica integral e gratuita aos que comprovarem insuficiência de recursos".*

É dever, portanto, do Estado dar assistência jurídica àquele que, desprovido de recursos, está impossibilitado de reivindicar em Juízo o que considera ser seu direito.

Inaceitável a interpretação literal do supracitado dispositivo constitucional que conclui pela obrigatoriedade da prova de insuficiência de recursos financeiros da parte para atender aos gastos de um processo judicial. Leva, outrossim, à conclusão de que tem a mácula da inconstitucionalidade a Lei n. 7.115/83.

Esse diploma legal considerou meio de prova da insuficiência financeira a simples declaração da parte.

Abona esse entendimento o acórdão do Supremo Tribunal Federal, por sua 2ª Turma, prolatado no Recurso Extraordinário n. 205.746, de 26.11.1996.

A CLT — há mais de 50 anos — já antevia a dificuldade de o Estado prestar tal tipo de assistência, e, por isso, admitiu a presença das partes em Juízo desacompanhadas de advogados. No caso, transferiu ao Juiz o encargo de movimentar o processo e orientar a prova do alegado pelas partes.

Escusado dizer que, com essa tarefa, pôs em risco a imparcialidade com que o Juiz deve, sempre, julgar os processos.

A isenção do pagamento de taxas, custas, despesas de publicação e com honorários de perito e advogado é concedida àqueles que se enquadrarem nas disposições da Lei n. 5.584, de 26 de junho de 1970, combinadas com as Leis ns. 1.060, de 5 de fevereiro de 1950, e 7.115, de 29 de agosto de 1983.

Essa assistência — como rezado no § 1º do art. 14 da Lei n. 5.584 — é devida a todo aquele que perceber salário igual ou inferior ao dobro do salário mínimo, assegurando-se igual benefício ao trabalhador de maior salário, uma vez provado que sua situação econômica não lhe permite demandar sem prejuízo do sustento próprio ou da família.

Com fulcro nessa norma legal, o fato de o empregado ser possuidor de um imóvel sem renda não lhe retira a condição de necessitado para o fim de obtenção da assistência judiciária.

De fato, não seria justo — por exemplo — que o empregado tivesse de vender o imóvel em que reside para fazer face a despesas processuais.

A Lei n. 7.115, de 29 de agosto de 1983, admite a prova de insuficiência de meios financeiros mediante simples declaração do trabalhador ou de seu advogado. No caso, presume-se a veracidade da declaração.

Sobre a declaração de pobreza para a obtenção da assistência judiciária, o TST editou a Orientação Jurisprudencial n. 304, SDI-1, *verbis: "**Honorários advocatícios. Assistência judiciária. Declaração de pobreza. Comprovação**. Atendidos os requisitos da Lei n. 5.584/70 (art. 14, § 2º), para a concessão da assistência judiciária, basta a simples afirmação do declarante ou de seu advogado, na petição inicial, para se considerar configurada a sua situação econômica (art. 4º, § 1º, da Lei n. 7.510/86, que deu nova redação à Lei n. 1.060/50)".*

Pode a outra parte provar que essa declaração não reflete a real situação financeira do empregado. Comprovada a falsidade dessa declaração em qualquer fase do processo, tem o Juiz de anulá-la e condenar o empregado ao pagamento do décuplo das custas (arts. 4º e 7º da Lei n. 1.060).

Pela Súmula n. 86, o Tribunal Superior do Trabalho assentou que inocorre a deserção de recurso da massa falida por falta de pagamento de custas ou de depósito do valor da condenação. Esse privilégio, no entanto, não é estendido para empresa em liquidação extrajudicial.

Sabe-se que aquela Corte foi levada a expedir a Súmula n. 86 porque o administrador judicial (atual denominação do ex-síndico) está impossibilitado de obter autorização do juiz do processo falimentar dentro do prazo recursal para efetuar o pagamento de custas e o depósito previsto em lei.

Mas não há lei concedendo tal espécie de benefício à massa falida.

A Súmula fere o princípio da isonomia processual.

Em face da omissão da Lei e atentando-se para o art. 126 do CPC ("O Juiz não se exime de sentenciar ou despachar alegando lacuna ou obscuridade da Lei") deveria o Tribunal, na Súmula, dispor que o administrador judicial deveria apenas provar que, no prazo legal para pagamento das custas ou do depósito recursal, requerera no juízo da falência permissão para efetuar tais gastos. Assim, esse pagamento poderia ser feito quando do deferimento do pedido.

Nos termos do art. 790-A da CLT, a União, os Estados, o Distrito Federal, os Municípios, respectivas autarquias e fundações que não tenham atividades econômicas, o Ministério Público do Trabalho, além dos beneficiários da justiça gratuita estão isentos do pagamento de custas.

A assistência judiciária será prestada pelo sindicato que represente a categoria profissional a que pertença o empregado. E isso independentemente do fato de não ser ele associado do sindicato (art. 18 da Lei n. 5.584).

No caso de assistência a um trabalhador pelo sindicato, revertem em favor deste os honorários que o vencido será obrigado a pagar. Frisamos que essa vantagem só é exigível nos casos de assistência judiciária e não naqueles em que o sindicato atua como substituto processual.

O trabalhador necessitado deve dar procuração ao sindicato, pois aí se trata de representação e não de substituição processual; nesta — e só nesta — é que o sindicato pode estar em juízo defendendo em nome próprio o direito do trabalhador.

O sindicato que se recusar a prestar a questionada assistência fica sujeito à penalidade prevista na alínea *a* do art. 553 da Consolidação das Leis do Trabalho: multa de 2 a 100 valores de referência regionais, dobrada na reincidência.

A Lei n. 1.060, de 5 de fevereiro de 1950, modificada pela Lei n. 7.510, de 4 de julho de 1986, aplica-se subsidiariamente à assistência judiciária regulada pela Lei n. 5.584.

Para saber o que se compreende nas isenções resultantes da assistência em tela, recorremos ao art. 3º da Lei n. 1.060.

Diz-se nesse dispositivo que tais isenções abrangem: a) as taxas judiciárias e dos selos; b) os emolumentos e custas; c) as despesas com publicações indispensáveis no jornal encarregado da divulgação dos atos oficiais; d) das indenizações devidas às testemunhas que, quando empregados, receberão do empregador salário integral, como se em serviço estivessem; e e) dos honorários de advogado e peritos.

Adverte a mesma norma que a publicação do edital no referido jornal dispensa a publicação num outro.

O pedido no curso da ação não a suspende. A petição será autuada em separado, apensando-se aos autos da ação principal, depois de resolvido o incidente.

O benefício da assistência judiciária compreende todos os atos do processo até decisão final do litígio, em todas as instâncias.

É exigível do beneficiário da assistência judiciária gratuita o pagamento das custas até cinco anos após a extinção do processo em que foi vencido, e isso se, no período, tiver ficado em condições, sem sacrifício do sustento próprio ou da família, de efetuar tal pagamento.

Transcorrido o quinquênio, extingue-se a obrigação.

De conformidade com o prescrito na Lei n. 6.899, de 8 de abril de 1981, em todas as causas, será corrigido o débito resultante da decisão judicial em favor do reclamante, dos peritos e dos advogados (no caso de assistência judiciária prestada pelo sindicato, nos termos da Lei n. 5.584/70).

Os emolumentos de traslados e instrumentos serão pagos dentro de 48 horas após a sua extração, devendo, ainda, a parte, no ato do requerimento, realizar o depósito prévio do valor estimado pelo funcionário encarregado, mas sujeito à complementação.

No caso de acordo, o pagamento das custas caberá aos litigantes em partes iguais, sendo-lhes facultado decidir de modo diverso.

Duas Súmulas do TST abordam duas questões de custas que reputamos interessantes, ou melhor, relevantes.

A primeira, de n. 25, informa que a parte vencedora na primeira instância, se vencida na segunda, está obrigada, independentemente de intimação, a pagar as custas fixadas na sentença originária, das quais ficará isenta a parte então vencida.

A segunda, Súmula n. 53, é do seguinte teor: *"O prazo para pagamento das custas, no caso de recurso, é contado da intimação do cálculo"*.

Convém atentar para o fato de que o requerimento de isenção de custas judiciais não suspende o prazo para o seu recolhimento, submetendo-se a parte aos riscos da deserção.

Nas comarcas em que não houver sindicato, a assistência em foco será prestada pelo Promotor Público ou pelo Defensor Público. Tal encargo não se atrita com as disposições constitucionais relativas ao Ministério Público.

O empregado que não tiver representação sindical será amparado nos termos da Lei Complementar n. 80, de 12 de janeiro de 1994, que organizou a Defensoria Pública da União. É esta uma instituição essencial à função jurisdicional do Estado, incumbindo-lhe prestar assistência jurídica, judicial e extrajudicial, integral e gratuita, aos necessitados, assim considerados na forma da Lei.

CAPÍTULO XI
Comunicação dos Atos Processuais

103. Da Comunicação dos Atos Processuais

Têm os atos processuais de serem comunicados às partes. Sem isso, não se há que falar na sucessão dos atos dirigidos ao fim do processo.

Cientificado da prática de um ato, o interessado provoca um outro — sob pena de preclusão ou revelia —, e assim se vai formando a cadeia procedimental que dá forma ao processo.

Em certos momentos processuais, a simples comunicação à parte origina sua obrigação de praticar um outro, como, por exemplo, a notificação do reclamado leva-o a comparecer à audiência de instrução e julgamento em que apresentará sua defesa e apreciará a proposta de conciliação formulada pelo Juiz do Trabalho.

Noutros casos, faz-se a comunicação e a Vara do Trabalho ordena a prática de outro ato. Essa hipótese se configura na intimação da sentença ou na sua leitura em audiência. Surge, daí, a necessidade de a parte interpor recurso para a instância superior. A inércia do interessado ou a sua ausência da audiência torna a sentença irrecorrível, fazendo-a passar em julgado e ser exequível de imediato.

104. Das Espécies de Cartas: Rogatória, de Ordem e Precatória

Cumprem-se os atos processuais por ordem judicial ou requisitados por carta, conforme hajam de realizar-se dentro ou fora dos limites territoriais da comarca — diz o art. 200 do Código de Processo Civil — CPC.

As cartas são de três espécies:

a) rogatórias quando dirigidas a autoridade estrangeira;

b) de ordem se o juiz for subordinado ao tribunal de que ela emanar e

c) precatórias quando os juízes forem do mesmo grau e instância.

A carta precatória é dirigida a Juiz do mesmo grau na hierarquia judiciária. É, em verdade, um pedido de cooperação ao qual o Juiz deprecado não pode furtar-se. É o que dispõe o art. 653, alínea e, da CLT.

Outros aspectos dessas cartas são regulados, subsidiariamente, pelo Código de Processo Civil.

Vejamos quais são eles.

A) Entre os fatores que determinam a competência, está o territorial ou espacial.

Cada Juiz tem uma área em que exerce, com plenitude, sua competência funcional.

Cabe-lhe, com exclusividade, a prática de quaisquer atos processuais no território sob sua jurisdição, salvo em duas hipóteses: a) nos termos do art. 107 do CPC, se o imóvel estender-se por mais de uma comarca ou Estado, é o foro determinado pela prevenção, estendendo-se a competência por todo o imóvel; b) autoriza o art. 230 do CPC o oficial de justiça, nas comarcas contíguas de fácil comunicação, e nas que se situem na mesma região metropolitana, a efetuar a notificação, em qualquer delas. Entendemos, outrossim, nesse caso, que a notificação possa ser feita por via postal.

B) Requisitos de qualquer uma das três cartas são os seguintes (art. 202 do CPC):

I) indicação dos juízes de origem e de cumprimento do ato;

II) inteiro teor da petição, do despacho judicial e do instrumento de mandato conferido ao advogado;

III) a menção do ato processual, que lhe constitui o objeto;

IV) o encerramento com a assinatura do Juiz.

Cabe ao cartório ou à secretaria do Tribunal extrair a carta, seja ela qual for.

A ausência de um dos requisitos que acabamos de citar (lembramos serem eles essenciais) autoriza o juiz deprecado a recusar-se cumprir a carta.

A cópia da petição inicial, por exemplo, é para ensejar perfeito conhecimento, pelo juízo deprecado, do objeto da lide e, também, para verificar se ele se inclui na sua competência.

No encerramento da carta, o Juiz declara exatamente o que pretende e agradece a colaboração que lhe será dada pelo magistrado a que se dirige.

Em se tratando de carta rogatória, é indispensável a indicação da pessoa incumbida do pagamento das custas no País em que ela será cumprida.

A qualificação da carta é dada pela natureza do ato processual que se deseja praticar: notificatória, avaliatória, intimatória etc.

C) Traslado, na carta, de quaisquer outras peças do processo, instruindo-as com mapa, desenho ou gráfico, sempre que necessário seu exame, na diligência, pelas partes, peritos ou testemunhas. Isso se faz de ofício ou a requerimento da parte.

D) Se o objeto da carta for um exame pericial sobre documento, este terá de ser remetido em original ao juízo deprecado, ficando nos autos sua reprodução fotográfica.

Não teria qualquer validade uma perícia que se baseasse em cópia de documento.

E) Em todas as cartas deve constar o prazo para o seu cumprimento, o qual é fixado atendendo à facilidade das comunicações e à natureza da diligência.

Vencido esse prazo sem a realização do ato processual, deve o Juiz deprecado informar as razões que o impediram de realizar a diligência no tempo predeterminado.

Se considerar insuficiente o prazo estabelecido pelo juízo deprecante, cumpre-lhe solicitar prorrogação.

F) Em havendo urgência, autoriza o art. 205 do CPC a transmissão da carta de ordem e a precatória por telegrama, radiograma ou telefone.

A carta rogatória terá de ser transmitida, sempre, do modo costumeiro.

Silencia o Código do Processo quanto à utilização do fax. É fora de dúvida que esse meio de transmissão é utilizável nos casos indicados, com as mesmas cautelas estabelecidas no uso do telefone, uma vez que este é o equipamento básico do fax.

Tem o interessado de provar, no juízo de origem, os motivos da urgência no envio da carta pelos meios já mencionados.

Reza o art. 206 do CPC que a carta de ordem ou precatória, por telegrama ou radiograma, conterão, em resumo substancial, os requisitos essenciais há pouco referidos, bem como a declaração da agência expedidora de estar reconhecida a assinatura do Juiz.

O art. 207 do CPC regula a transmissão telefônica da carta. O secretário do Tribunal do Trabalho ou da Vara do Trabalho transmitirá pelo telefone a carta ao secretário da 1ª Vara do Trabalho onde houver mais de uma e observará o que dissemos na alínea anterior.

Cabe à Vara deprecada, no dia posterior, telefonar à deprecante para ler-lhe os termos da carta e solicitar-lhe que lha confirme.

A certidão sobre a realização dessa cautela torna a carta imediatamente exequível. É a partir daí que começa a fluir o prazo para o cumprimento da carta.

Dado que o fax é equipamento acoplado ao telefone, entendemos que sua utilização, na transmissão urgente de uma carta, deve obedecer às mesmas prescrições a que nos reportamos há pouco quando cuidamos do emprego do telefone naquela providência.

Nos casos de urgência de execução do ato processual, as custas respeitarão o disposto no art. 789 da CLT.

G) É dado ao Juiz recusar cumprimento à carta precatória quando: não estiver revestida de requisitos legais; carecer de competência em razão da matéria ou da hierarquia e tiver dúvida acerca de sua autenticidade.

Não compete ao Juiz deprecado suprir omissões ou dar prazo às partes para corrigir irregularidades. Cabe-lhe, apenas, cumprir o que lhe for solicitado. Se o pedido é formulado de maneira insatisfatória, compete ao juízo deprecante dar tratamento à anomalia.

H) Quando o ato processual tiver de realizar-se fora do território nacional, portanto, no estrangeiro, utiliza-se a carta rogatória, que, no dizer de *Pontes de Miranda* ("Comentários ao CPC", tomo III, 3. ed., Forense, 1996, p. 173) *"é ato judicial que através do Ministério das Relações Exteriores vai à autoridade estrangeira que, conforme a legislação do Estado estrangeiro, tem de recebê-la e levá-la à autoridade judiciária competente"*.

Consoante o art. 210 do CPC, *"a carta rogatória obedecerá quanto à sua admissibilidade e modo de seu cumprimento, ao disposto na convenção internacional; à falta desta, será remetida à autoridade judiciária estrangeira por via diplomática, depois de traduzida para a língua do País em que há de praticar-se o ato"*.

É ativa a rogatória quando dirigida ao estrangeiro por autoridade judiciária brasileira; passiva, quando ocorre o inverso.

Preleciona *José Frederico Marques* (in "Manual de Direito Processual Civil", I tomo, 1. ed. atualizada, Bookseller, 1997, p. 462) que *"a rogatória não pode ter por objeto atos de execução, ficando circunscrita a atos como a citação, e a intimação, bem como a atos instrutórios"*.

No âmbito do MERCOSUL (Mercado Comum do Cone Sul), observa-se o Protocolo Adicional à Convenção Interamericana sobre cartas rogatórias, aprovado pelo Brasil através do Decreto legislativo n. 61, de 19 de abril de 1995, e vigorante no território nacional desde 27 de dezembro de 1995.

I) A concessão do *exequatur* às cartas rogatórias de autoridades judiciárias estrangeiras era da competência do Supremo Tribunal Federal (art. 102, I, *h*, da Constituição). Com a Emenda Constitucional n. 45/2004, passou a ser ele de competência do Superior Tribunal de Justiça (art. 104, *I*, *i*, da Constituição), cujo regimento interno poderá atribuí-la a seu Presidente.

J) De regra, a carta não suspende o processo, a menos que a sentença de mérito não possa ser proferida senão depois de verificado determinado fato ou de produzida certa prova requisitada a outro juízo.

Adverte o parágrafo único do art. 338 do CPC que a carta precatória não devolvida dentro do prazo ou concedida sem efeito suspensivo poderá ser juntada aos autos até o julgamento final (parágrafo único do art. 338 do CPC).

K) Reza o art. 428 do CPC que, quando a prova tiver de realizar-se por carta, poderá proceder-se à nomeação de perito e indicação de assistentes técnicos no juízo ao qual se requisitar a perícia.

Observe-se que a norma não é obrigatória, o que nos permite afirmar que semelhante designação poderá ser feita no juízo deprecante.

L) Consoante o art. 658 do CPC, se o devedor não tiver bens no foro da reclamatória, far-se-á a execução por carta, penhorando-se, avaliando-se e alienando-se bens no foro da situação.

É írrita a penhora feita por oficial de justiça sobre imóvel situado em comarca onde ele não exerce suas funções.

Se, porém, o executado nomear à penhora bens situados em comarca diferente daquela em que se processa o feito, o ato processual não precisará ser objeto de carta precatória.

M) O Processo e as Cartas: fixação e cumprimento do prazo

Sobre o assunto há um dispositivo do CPC que ainda suscita dúvidas quanto ao seu sentido e alcance.

Trata-se do art. 203 — *verbis*:

"Em todas as cartas, declarará o juiz o prazo dentro do qual deverão ser cumpridas, atendendo à facilidade das comunicações e a natureza da diligência."

É inquestionável que o legislador não se saiu bem ao redigir esse dispositivo processual.

Fica-se sem saber se o prazo é para ser cumprido pelo juízo deprecado ou pela parte.

No magistério de *Moniz do Aragão* (in "Comentários ao Código de Processo Civil", 7. ed., vol. VII, Forense, 1992, p. 199), o prazo estabelecido pelo juiz em qualquer espécie de carta não é dirigida a ninguém de modo particular, nem ao outro juiz, nem às partes. É uma advertência de caráter geral de que o processo retomará seu curso após a expiração do prazo fixado. Quis o legislador deixar claro que, em nenhum caso, a carta servirá de motivo para suspender a tramitação do processo por tempo indeterminado. Deixa, outrossim, bem claro que o interesse público se sobrepõe ao do particular.

O art. 338, do CPC, recebeu nova redação com a Lei n. 11.280/2006, onde ficou consignado que "a carta precatória e a carta rogatória suspenderão o processo, no caso previsto na alínea "b" do inciso IV, do art. 265 desta Lei, quando, tendo sido requeridas antes da decisão de saneamento, a prova nelas solicitada apresentar-se imprescindível". Essa alínea "b" cuida da suspensão do processo quando a sentença de mérito "não puder ser proferida senão depois de verificado determinado fato, ou de produzida certa prova, requisitada a outro juízo".

Hélio Tornaghi ("Comentários ao Código de Processo Civil", Rev. dos Tr., 1975, vol. II, p. 112/3), aludindo à possibilidade de descumprimento do prazo estabelecido pelo juiz na carta, ressalta os efeitos desse fato conforme o momento processual do pedido da diligência ou a fase do processo em que é formulado.

Se qualquer dessas cartas versa questão indispensável à prolação da sentença, provoca a suspensão do processo, como previsto no inciso IV, alínea *b*, do art. 265 do CPC (quando a sentença de mérito "não puder ser proferida senão depois de verificado determinado fato ou de produzida certa prova requisitada a outro juízo", suspensão que não poderá exceder a um ano e, findo esse prazo, o juiz mandará prosseguir no processo (art. 265, § 5º).

Se a diligência requisitada a outro juízo não for imprescindível para a sentença, não se suspende o processo.

Indaga *Tornaghi*: *"E se a carta não estiver cumprida dentro de um ano? Como irá o juiz proferir sentença que não pode ser proferida senão depois de apurado o fato ou colhida a prova? O código não revela o segredo".*

No caso, estamos em que ao juiz não resta outra alternativa senão a de manter a suspensão do processo e inexiste o risco da prescrição intercorrente porque a esta não deu causa a parte.

Pontes de Miranda (in "Comentários ao Código de Processo Civil", 3. ed., Forense, 1996, p. 178) assim se manifesta sobre a controvérsia:

"O prazo para o cumprimento é como o tempo de vida da precatória. O Código de 1939 fê-lo requisito da carta de ordem, e não da precatória. Mas o Código de 1973 foi explícito: "Em todas as cartas..." Pergunta-se: faltando esse requisito é nula a

carta? Sim, contudo os arts. 249 e 250 são aplicáveis. O prazo interessa ao procedimento, dirige-se às partes; de modo que se há de fixar à precatória, ainda que a lei o tivesse confundido com prazo dirigido ao juiz. Daí só falar dele o Código de 1939, a propósito de carta de ordem".

Na dicção do ínclito *Pontes*, o prazo é elemento substancial da carta; a falta desse elemento acarreta a nulidade da carta, a teor dos arts. 249 e 250 do CPC.

Vislumbra-se contradição no pensamento de *Pontes de Miranda* sobre o assunto. Ao mesmo tempo que assevera interessar o prazo ao procedimento, aduz que ele se dirige às partes. Se diz respeito ao procedimento, há em jogo interesse público na marcha do processo, interesse que sobreleva ao das partes.

O insuperável mestre passa ao largo da indagação: *o que fazer se desrespeitado o prazo inscrito na carta?*

José Frederico Marques (in "Manual de direito processual civil", 1. ed. atualizada, Bookseller, 1997, p. 456/8) analisando as cartas processuais (com exclusão das cartas solenes — de arrematação, de constituição de usufruto, de adjudicação e de remição) não faz menção ao prazo nas cartas de ordem e rogatória, reportando-se a ele, apenas, em se tratando de precatória:

"Cumpre, ainda, ao juiz declarar o prazo dentro do qual deverá ser cumprida a carta, tendo em vista, para isso a facilidade das comunicações e a natureza da diligência (idem, art. 203). Óbvio é, no entanto, que se o juiz deprecado não tiver condições para cumprir a carta no prazo marcado, poderá dilatar tal prazo, cumprindo-lhe, nesse caso, comunicar tudo ao juízo deprecante".

Silencia o insigne processualista sobre o caso de o juiz deprecado ir além do prazo estabelecido e não justificar o fato perante o juiz deprecante.

Cândido Rangel Dinamarco (in "Instituições de Direito Processual Civil", Malheiros, 2001, II tomo, p. 510 e ss.) diz que a *carta* "em sentido técnico-processual é realmente uma carta, ou seja, uma mensagem com que o juiz solicita a outro a cooperação de que tenha necessidade para o cumprimento da função jurisdicional."

A propósito do assunto em estudo, sustenta "ser natural, ao expedir carta de ordem a uma juízo que lhe é subordinado, inclua na ordem o prazo para cumprimento, fixando-o, como estatui o art. 203 do CPC, com atenção ao grau de dificuldade das comunicações e das próprias diligências a realizar. Mas o dispositivo abrange também as cartas precatórias. Embora sejam elas destituídas da natureza de comando, o juiz deprecado tem o dever de realizar a diligência no prazo ou, não lhe sendo possível, comunicar o fato ao deprecante. Obviamente, não se fixam prazos para o cumprimento por um juiz de outro Estado soberano".

O notável jurista não atentou para o fato de que o multicitado art. 203 ordena a fixação do prazo em todas as espécies de cartas, portanto, inclusive as rogatórias. Além disso, não voltou sua atenção para outros aspectos da questão, como as consequências do desrespeito do prazo prefixado pelo juiz solicitante.

A Tribuna do Direito, em seu n. 87, de julho de 2002, outro processualista de peso, em substancioso artigo, aborda a questão do desrespeito do prazo da carta. Assevera que a regra agasalhada no art. 203 é dirigida às partes. Para resguardar o direito de a parte praticar o ato processual, sugere que se estenda ao juiz o que se dispõe no art. 183 do CPC: *"Decorrido o prazo, extingue-se independentemente de declaração judicial, o direito de praticar o ato, ficando salvo, porém, à parte, provar que o não realizou por justa causa."*

A pesquisa que realizamos sobre as cartas, permite-nos extrair as seguintes conclusões aplicáveis ao processo do trabalho:

a) as cartas devem ter os requisitos essenciais relacionados no art. 202 do CPC;

b) é dever do juiz, em qualquer espécie de carta, estabelecer o prazo dentro do qual deverá ser cumprida (art. 203), pois, a omissão acarreta sua nulidade;

c) a carta provoca a suspensão do processo quando seu objeto é imprescindível à prolação da sentença de mérito;

d) quando a carta não for essencial ao desenrolar do processo, seu curso não deve ser interrompido;

e) a paralisação do processo por prazo superior a um ano (art. 265, § 5º do CPC) e a prescrição intercorrente são situações para as quais a parte deve atentar e propor medidas que resguardem seu direito.

Por fim, e para harmonizar o disposto no art. 203 do CPC relativamente à carta rogatória com a noção da independência que um Estado estrangeiro tem relativamente ao nosso, a jurisprudência tem entendido que o prazo fixado pelo juiz nacional rogante, para o cumprimento dela, não tem natureza de ordem ou preceito, mas apenas *solicitação* ao destinatário para que pratique o ato dentro do prazo assinado (cf. RJTJSP 41/205 e RT 488/109).

105. Da Notificação (Citação)

São as partes informadas dos atos procedimentais, e, assim, é respeitado o princípio do contraditório.

Prevê a lei atos específicos de comunicação processual.

Pela notificação (corresponde à citação no processo civil) é o Reclamado chamado a juízo para defender-se. Sem a satisfação dessa exigência, não é válido o processo de conhecimento, de execução ou cautelar.

No processo trabalhista (art. 841 da CLT), a notificação, com cópia da petição inicial ou do termo da reclamação verbal, é feita em registro postal com franquia.

O Código de Processo Civil adotou a citação pelo correio depois que a Lei n. 8.710, de 24 de setembro de 1993, deu novo texto ao art. 222.

No processo comum, deferida essa forma de citação, o prazo começa a fluir da data da juntada aos autos do aviso de recebimento. No processo trabalhista, o Reclamado apresenta sua resposta ao pedido do Reclamante, quando da realização da audiência a que deve comparecer.

A citação pelo correio era utilizada, de há muito, no processo do trabalho, *ex vi* do preceituado no § 1º do art. 841 da CLT.

Tem havido alguma hesitação na observância do disposto na alínea *c*, do supracitado art. 222 do CPC, aplicável ao processo do trabalho. Diz-se, nesse preceito, ser vedada a notificação, pela via postal, de pessoa de direito público. São pessoas de direito público a União, os Estados, os Municípios, o Distrito Federal, a empresa pública e autarquias, que não explorem atividade industrial. As sociedades de economia mista estão fora desse benefício processual, podendo ser notificadas por via postal.

Se o Reclamado opuser embaraços ao seu recebimento, entendemos que a notificação por mandado, segundo as prescrições do art. 226 do CPC, não apresenta qualquer incompatibilidade com o processo trabalhista. Ademais disso, tal orientação se estriba no princípio da subsidiariedade do processo civil.

Entretanto, o art. 841, § 1º, há pouco citado, dispõe que, na hipótese supra, *"far-se-á a notificação por edital inserto em jornal oficial ou no que publicar o expediente forense, ou, na falta, afixado na sede da Vara do Trabalho ou Juízo"*.

O Estatuto Obreiro, infelizmente, não mencionou a notificação por mandado no caso de para ela o Reclamado criar embaraços.

A despeito dessa omissão, continuamos a pensar que não incorrerá em erro a Vara do Trabalho que determinar a notificação por mandado antes de fazê-la por edital.

Não sendo encontrado o Reclamado, far-se-á sua notificação por edital, inserto em jornal oficial ou no que publicar o expediente forense ou, na falta deste, afixado na sede da Vara do Trabalho ou juízo. *In casu*, cumpre-se o disposto no art. 231 do CPC: a citação por edital (notificação ficta) é regular quando ignorado, incerto ou inacessível o lugar em que se encontra o Reclamado.

É imprescindível, na hipótese sob estudo, a afirmação do autor ou certidão do oficial de justiça sobre os motivos que impedem a notificação *in facies*.

É lícito ao Reclamante informar, na peça inicial, ser desconhecido o paradeiro do Reclamado, e, assim, justificar sua notificação por edital. Se falsa essa declaração, será nula a notificação e o Reclamante incorrerá em multa de cinco vezes o salário mínimo (art. 233 do CPC).

Deferindo o edital, deve o juiz: determinar sua afixação na sede da Vara do Trabalho; sua publicação no prazo máximo de quinze dias, uma vez no órgão oficial e pelo menos duas vezes em jornal local, onde houver; fixar o prazo da notificação, que variará entre vinte e sessenta dias, correndo o prazo da data da primeira publicação. Consoante o art. 232 do CPC são esses os requisitos essenciais para que o edital produza todos os seus efeitos.

Sem a notificação do Reclamado deixa o processo de ser o *actum trium personarum*. A relevância desse ato processual também nos é dada pelo inciso I do art. 741 (execução contra a Fazenda Púbica) e pelo art. 475-L, I (cumprimento da sentença), ambos do CPC. Existe nesses dispositivos a previsão de que o devedor poderá invocar a falta de citação para obstar o andamento do processo contra si. No processo do trabalho, essas normas são plenamente aplicáveis quando da execução da sentença, podendo, assim, o devedor invocar a ausência de citação em embargos à execução, se a ação lhe correu à revelia (art. 884, da CLT).

Recebida a reclamação é ela protocolada, cabendo ao chefe da Secretaria, dentro de 48 horas, remeter a segunda via da petição (ou do termo nos casos de reclamantes desacompanhados de advogados) ao Reclamado.

Mercê da Súmula n. 16 do TST, presume-se recebida a notificação quarenta e oito horas depois de sua postagem. O seu não recebimento ou a entrega após o decurso desse prazo constituem ônus de prova do destinatário.

Essa linha jurisprudencial se justificou, ao tempo de sua aprovação, com o silêncio da CLT e do próprio CPC a propósito da circunstância da comprovação do recebimento da notificação.

Todavia, a Lei n. 8.710, de 24 de setembro de 1993, veio indicar os casos em que não há de se admitir a citação do Réu pelo correio (art. 222 do CPC). Outra modificação essa lei introduziu no CPC para estatuir que qualquer prazo começa a fluir depois da data da juntada aos autos do aviso de recebimento (AR) da respectiva correspondência (art. 241).

Parece-nos que, após a superveniência dessa lei, o Reclamado só poderá ser declarado revel se sua ausência verificar-se após a juntada aos autos do AR.

Bem sabemos que a Súmula supracitada procurou, à margem da lei, evitar que centenas e centenas de processos ficassem paralisados aguardando a notificação do Reclamado.

Mas o certo seria promover-se modificação da CLT para incorporar ao seu texto a Súmula n. 16 do TST.

Enquanto isso não se verifica, entendemos que o Reclamado só deverá ser considerado revel: se assinar o AR (aviso de recepção) relativo à comunicação da Vara do Trabalho ou se notificado por mandado ou por edital.

105.1. Da Citação por Edital e Nomeação de Curador Especial: Ausência de Revelia

Se cumpridas todas as disposições dos arts. 227 a 229 do Código de Processo Civil — CPC — avia-se a citação do Réu por mandado com hora certa.

E a citação por edital, nos precisos termos do art. 231 do CPC, faz-se: a) quando desconhecido ou incerto o réu; b) quando ignorado, incerto ou inacessível o lugar em que se encontrar; c) nos casos expressos em lei.

A Consolidação das Leis do Trabalho — CLT — no art. 841, § 1º, cuida da hipótese, mas em termos, a nosso sentir, mais amplos.

Dispõe que, se o reclamado criar embaraços ao seu recebimento, ou não for encontrado, sua notificação será por edital, inserto no jornal oficial ou no que publicar o expediente forense, ou, na falta, afixado na sede da Junta ou Juízo.

Embora a CLT silencie quanto à modalidade da citação (ou notificação) com hora certa, não existe incompatibilidade entre ela e as peculiaridades do processo do trabalho. De conseguinte, têm os bons autores entendido que tal citação é perfeitamente utilizável no âmbito da Justiça do Trabalho.

O mesmo dizemos em relação ao uso do edital para notificação do reclamado quando se encontre em sítio inacessível.

Em ambas as hipóteses, isto é, ao citado por edital ou com hora certa, a teor do prescrito no art. 9º, inciso II, do CPC, o juiz dará curador especial.

É fora de dúvida que se trata de dever imposto, pela Lei, ao Juiz e não se trata de mera faculdade. Outro não pode ser o entendimento, eis que tal curatela se prende ao direito de defesa que tem consagração constitucional.

Seria ridículo imaginar-se que cabe ao Reclamante o encargo de denunciar a nulidade, *in casu*, sob pena de preclusão.

Em suma: se o Juiz não nomear curador especial nos casos de notificação, no processo do trabalho, por edital ou com hora certa, estará acarretando a nulidade de todos os atos praticados que se seguirem àquele ato processual.

Fomos levados a tecer as considerações supra em torno da "curatela processual" devido ao acórdão proferido, a 24.2.1997, pela 8ª Turma do E. Tribunal Regional do Trabalho da 2ª Região no Recurso Ordinário n. 26.144/95 e cuja ementa é a seguinte:

> "Citação por edital. Revelia. A nomeação de Curador Especial (art. 9º, II, do CPC) é providência que o Juiz deve tomar de ofício. A ausência de nomeação de Curador gera irregularidade de representação da parte, além de violar a fórmula legal do processo (art. 250 do CPC). Com a nomeação, a revelia não gera efeitos, podendo o Curador formular defesa e pugnar por ampla produção de prova".

106. Das Intimações

Na comunicação processual, intimação é o ato pelo qual se dá ciência a alguém dos atos e termos do processo, para que faça ou deixe de fazer alguma coisa. É isso que diz o art. 234 do CPC.

A regra, em harmonia com o princípio do impulso oficial, é a intimação efetuar-se de ofício, a menos que haja disposição em contrário.

As intimações se fazem, nas Capitais dos Estados e dos Territórios, pela publicação dos atos no órgão oficial, da qual constem os nomes das partes e de seus advogados. Nas demais localidades, a intimação será por via postal e dirigida ao advogado.

Na hipótese do substabelecimento de poderes a advogado, sem reserva, com escritório na sede da comarca onde se ajuizou a reclamação, ao substabelecido é que devem ser dirigidas as intimações, ainda que inexista requerimento nesse sentido. O essencial é que conste do instrumento do substabelecimento o endereço desse advogado. O STJ por sua 4ª Turma, julgando, a 5.5.1994, o Recurso Especial n. 45.298-8, também decidiu que as intimações devem ser dirigidas ao substabelecido.

Há casos, porém, em que a intimação se faz na audiência.

O prazo para recorrer começa a fluir do dia da audiência em que se procedeu à leitura da sentença e se o advogado tiver sido previamente intimado desse fato.

CAPÍTULO XII
Das Nulidades

107. Das Nulidades Processuais

A validade ou invalidade de um ato processual significa estar ele conforme, ou não, à norma jurídica que lhe é específica. Se válido, é eficaz.

E, para nós, eficácia jurídica não é apenas a aptidão de um ato para produzir os efeitos esperados e que lhe são próprios, mas designa a produção dos efeitos do ato.

Nessa linha doutrinária, acompanhamos *Carnelutti* ("Instituciones del proceso civil", EJEA, 1959, tomo I, p. 528): é da perfeição de um ato processual que deriva sua eficácia; da imperfeição, vem sua ineficácia. Eficaz — confirma o mestre peninsular — é o ato processual que produz efeitos jurídicos.

A invalidade de um ato processual tem dois graus: a) leve — quando sanável o vício do ato e, por isso, pode ser corrigido ou convalescido; b) grave — quando retira do ato toda a eficácia jurídica e, consequentemente, é absoluta a nulidade de *pleno jure*.

Esse critério também nos autoriza a dizer que os vícios dos atos processuais se agrupam em três grandes categorias: a) inexistência do ato; b) nulidades absoluta e relativa; c) irregularidade (*Moniz do Aragão*, "Comentários ao CPC", 7ª ed., Forense, 1992, p. 328 e ss.).

Nulidades e formas processuais estão em íntima conexão.

Por essa razão não ficam ao arbítrio do juiz ou das partes a natureza o número e a forma dos atos processuais, bem como suas condições de lugar e de tempo, uma vez que tudo isso é disciplinado pela lei processual.

Inviável o transplante da teoria das nulidades do direito civil para o âmbito processual. Naquele o ato nulo não produz efeitos e, neste, os tem. Exemplo: mesmo a petição inepta dá início à atividade jurisdicional, porque obriga o juiz a despachá-la, indeferindo-a.

Ensina *Chiovenda* ("Instituições", 2º vol., p. 320, Saraiva, 1965) que "*a carência de um pressuposto, um vício no ato constitutivo, produzem um vício na constituição da relação processual; e, conforme seja esse vício de tal ordem que o juiz tenha de argui-lo de ofício ou tal que só a parte o possa alegar, pode-se cogitar, no domínio do processo também, de nulidade e de anulabilidade*".

Nas distintas etapas da evolução do direito romano, as formas procedimentais assemelhavam-se aos ritos religiosos. Tinha-se de observá-las, com o maior rigor, sob pena de nulidade.

A rigidez desse princípio foi diminuindo por mercê do direito pretoriano, até estabelecer uma distinção entre os atos nulos de pleno direito e independentes de rescisão e aqueles cuja validade dependia de um pronunciamento judicial.

Essa dicotomia — atos nulos e anuláveis — persiste até os dias atuais. Corrente doutrinária alude aos atos inexistentes.

Decorridos muitos séculos, esse formalismo se abrandou de tal modo que o ato processual só se declarava nulo quando desrespeitada a forma determinada em lei.

Esse princípio da legalidade procedimental, antes de dificultar o processo, é uma preciosa garantia da defesa dos direitos das partes (*Calamandrei*, "Instituciones de Derecho Procesal Civil", 1943, p. 246).

Como uma espécie do ato jurídico, o ato processual é praticado pelo homem "*voluntariamente, isto é, com discernimento, intenção e liberdade*" (*Oscar Martinez*, "Estudios de Nulidades Procesales", Editorial Hammurabi, Buenos Aires, 1980, p. 53).

E, como espécie do ato jurídico, o ato processual requer, para sua validade, (a) agente capaz; (b) objeto lícito, possível, determinado ou determinável, e (c) forma prescrita ou não defesa em lei (art. 104 do Código Civil de 2002).

Tais requisitos são regulados, de modo especial, pela lei processual.

A capacidade do agente — *legitimatio ad processum* — é pressuposto essencial à validade da relação processual.

Se incapaz a parte ou irregular sua representação no processo, cabe ao juiz suspender o processo e marcar prazo para que o defeito seja sanado. Descumprido o despacho do juiz: a) pelo Reclamante (o autor), é declarada a nulidade do processo; b) pelo Reclamante (réu), é ele reputado revel; c) por terceiro, será excluído do processo.

No processo civil, vincula-se à capacidade da parte o *jus postulandi*, isto é, o direito de estar em juízo, a que alude o art. 4º do Estatuto da Advocacia (Lei n. 8.906, de 4.7.94): *"São nulos os atos privativos de advogado praticados por pessoa não inscrita na OAB, sem prejuízo das sanções civis, penais e administrativas"*.

No processo do trabalho, é conferido às partes o *jus postulandi*. Iterativa jurisprudência dos Tribunais do Trabalho mantém esse direito das partes no processo trabalhista, mesmo após o advento da Constituição da República de 1988 (art. 133). Inobstante, o preceituado no art. 4º do Estatuto da Advocacia incide no caso de processo do trabalho em que a parte é defendida por advogado.

Falta objeto lícito ao objeto processual quando: a) ele tem em mira pedido lesivo à outra parte; b) esta age de má-fé e c) é contrário à lei.

O objeto terá que ser, também, possível. De fato, o objeto será possível quando sobre ele não incidir proibição legal acerca da sua viabilidade como elemento da relação processual ou quando não houver impossibilidade física nesse sentido. É o exemplo de impossibilidade jurídica o uso de um equipamento de proteção individual (EPI) para descaracterizar uma atividade insalubre, caso esse equipamento não tiver o denominado certificado de aprovação (CA) válido e fornecido pelo MTE, conforme o art. 166, da CLT e Norma Regulamentadora n. 6, da Portaria n. 3.214, de 8.6.1978, do Ministério do Trabalho e Emprego.

Sublinhe-se que há razoável similitude entre a licitude do objeto e a sua possibilidade jurídica, porque tanto uma como outra depende da inexistência de previsão legal que impeça ser ele objeto da relação jurídica.

Ressalte-se, ainda, que a impossibilidade absoluta do objeto vicia a relação jurídica, porque irrealizável por qualquer pessoa, de modo que ninguém conseguiria cumprir o conteúdo do dever assumido pelo obrigado.

Além disso, o objeto deverá ser determinado ou determinável no momento presente ou no momento futuro de sua concretização.

O terceiro pressuposto da validade do ato processual é a sua forma. Se prescrita em lei, ato que não a respeite será declarado nulo (art. 104, III, CC/02).

À semelhança do que ocorre com os atos jurídicos em geral, o ato processual pode ser nulo ou anulável. Registre-se, neste passo, quão errôneo é confundir-se nulidade com vício do ato processual. Este é antecedente daquele. Ou melhor, a nulidade é efeito do vício. *Contrario sensu*, ato processual que obedeceu aos requisitos exigidos por lei é imune de qualquer vício.

Assim, sentença prolatada por juiz incompetente ou subornado produzirá efeitos até sua desconstituição por meio de ação rescisória. Trata-se de ato nulo que inadmite convalidação.

Importa destacar que, no processo trabalhista, é essencial à configuração da nulidade que o ato inquinado traga manifesto prejuízo às partes. Inexistindo o dano, não se declara a nulidade, caso em que é de praxe o juiz ordenar que seja suprida a lacuna ou omissão. Ou, no dizer dos franceses: *pas de nullité sans grief* (art. 794 da CLT: "Nos processos sujeitos à apreciação da Justiça do Trabalho só haverá nulidade quando resultar dos atos inquinados manifesto prejuízo às partes litigantes").

Dano, na esfera processual, significa prejuízo ou embaraço na tramitação do processo. É certo, porém, que o dano processual pode ser causa de lesão patrimonial.

Numa palavra: nossa Consolidação das Leis do Trabalho, já em 1943, refletia a tendência da processualística moderna de reduzir o elenco das nulidades e de apreciá-las pragmaticamente. É o que se percebe no art. 796 da Consolidação: *"A nulidade não será pronunciada: a) quando for possível suprir-se a falta ou repetir-se o ato; b) quando arguida por quem lhe tiver dado causa"*.

Além dos atos nulos e anuláveis, há ainda os inexistentes, a que faz menção Frederico Marques (in "Manual de Direito Processual Civil", vol. II, Bookseller, 1. ed. atualizada de 1997, p. 149):

"Há também atos processuais inexistentes, embora difícil, em algumas hipóteses, a distinção entre ato nulo e ato inexistente. Neste, há a impossibilidade de configurar-se o ato em sua fisionomia particular; existirá apenas um quid de fato sem qualquer projeção jurídico-processual, pois inadmissível será concebê-lo como ato processual".

Dá como exemplo de ato inexistente sentença redigida e assinada pelo escrivão da causa.

O saudoso mestre não fez alusão ao parágrafo único do art. 37 do CPC, onde se menciona expressamente ato inexistente como sendo aquele não ratificado, no prazo legal, pelo advogado que procurou em juízo para evitar prescrição ou decadência, sem estar munido do instrumento de mandato. No caso, o prazo de cumprimento da exigência é de 15 dias (art. 37, *caput*, do CPC).

Se o conteúdo do ato resulta da *vontade*, esta pode apresentar os vícios que, de ordinário, invalidam o ato jurídico: erro ou ignorância, dolo, coação, simulação e fraude contra credores, estado de perigo e lesão (arts. 138 a 165 do Código Civil). Destaque-se que o CPC (art. 43 *usque* art. 250) tem seu próprio sistema de invalidades, que não coincide com o do Código Civil. Nesse sentido, basta exemplificar com a citação inválida, que é causa de nulidade absoluta, cominada (CPC, art. 274), mas que pode ser convalidada (CPC, art. 214, § 2º).

Há, outrossim, os *vícios formais* na realização do ato processual.

Não é a forma, apenas, a parte do ato procedimental que o exterioriza; tem, também, por finalidade propiciar aos litigantes a certeza de que o curso do processo obedecerá a diretrizes bem precisas e excludentes da incerteza fatal à instrumentalidade de normas, diretrizes que conduzem à prestação jurisdicional.

Nem todos os atos processuais têm sua forma determinada por lei, ou melhor, a forma pela qual se exteriorizam. Há outros cuja forma é facultado às partes dar, desde que alcancem a finalidade.

107.1. Princípios das Nulidades Processuais

Dentro da teoria geral do processo é que iremos encontrar os princípios das nulidades. Como já apontamos acima, o sistema de nulidades albergado no CPC não coincide com o sistema adotado pelo Código Civil. Quanto às nulidades processuais previstas na CLT, vamos encontrar sua estrutura nos arts. 794 a 796.

Analisamos, a seguir, *os princípios informadores do sistema das nulidades processuais*.

107.1.1. Princípio da especificidade

O princípio da especificidade inspirou o art. 243 do CPC: se a lei prescreve determinada forma, sob pena de nulidade, a decretação desta pelo juiz não pode ser requerida pela parte que lhe deu causa.

Esse princípio, no processo do trabalho, tem pressuposto diferente. Proclama-se a nulidade, apenas, dos atos processuais que causarem manifesto prejuízo à parte ou às partes (art. 794 da CLT).

Tanto no processo civil como no do trabalho, nenhum ato será declarado nulo sem que a lei contenha expressamente essa sanção.

107.1.2. Princípio da transcendência

O princípio da transcendência, plasmado no velho adágio *pas de nullité sans grief*, deixa claro que a nulidade não constitui simples interesse da lei. A nulidade nasce quando há prejuízo (art. 794, da CLT).

A citação válida é pressuposto para o desenvolvimento do processo, que torna prevento o juízo e induzindo a litispendência e fazendo litigiosa a coisa, conforme art. 219, do CPC. Contudo, se a parte comparece espontaneamente à audiência, apresentando defesa, não há que se cogitar em nulidade da citação. Nesse caso, não existe prejuízo algum para a parte.

107.1.3. Princípio da convalidação

Pelo princípio da convalidação, no processo do trabalho, é preservada a eficácia do ato processual quando a parte, tácita ou expressamente, deu seu consentimento. Tal princípio está na raiz do art. 795, *caput*, da CLT: as partes deverão arguir a nulidade na primeira vez em que tiverem de falar na audiência ou no processo.

No caso, o silêncio da parte retrata o consentimento tácito que convalida o ato processual viciado.

107.1.4. Princípio da proteção

Pelo princípio da proteção, a parte que participou do ato processual fica impossibilitada de requerer sua nulidade uma vez que *propriam turpitudinem allegans nos est audiendus* (alínea b do art. 796 da CLT).

107.1.5. Princípio da conservação

Finalmente, pelo princípio da conservação é válido o ato processual, ainda que irregular, se atingiu o fim que visava. É precisamente o que diz o art. 244 do CPC:

"*Quando a lei prescrever determinada forma sem cominação de nulidade, o juiz considerará válido o ato se, realizado de outro modo, alcançar-lhe a finalidade*".

Como remate a este item, sublinhamos que o ato *nulo* é declarado de ofício pelo juiz, ao passo que o *anulável* exige a arguição ou manifestação da parte interessada, sendo certo que o silêncio desta convalida-o.

Como advertido anteriormente, cabe à parte denunciar o ato anulável na primeira vez em que tiver de falar nos autos.

107.2. Nulidades Processuais. Casuística

Dividem-se os atos processuais em autônomos e interdependentes. Os primeiros não se originam de nenhum outro e nem provocam o nascimento de atos posteriores; os últimos — os interdependentes —, por um nexo causal ou jurídico, ligam-se aos que os antecederam e àqueles que os sucederam no desenvolvimento do processo.

Isto posto, é fácil concluir que a anulação de ato interdependente afeta todos os atos interligados.

Vejamos os casos mais frequentes de nulidades processuais.

A) A anulação da notificação do Reclamado acarreta a de todos os atos que lhe forem posteriores.

Na hipótese, o que ocorre comumente é o Reclamado provar, com declaração da Empresa dos Correios, que a notificação não lhe foi entregue.

Ao pronunciar a nulidade, tem o juiz de informar quais os atos que ela alcança. Por outras palavras, a nulidade do ato não prejudicará senão os posteriores que dele dependam ou sejam sua consequência (arts. 797 e 798 da CLT).

Aproveita ao processo do trabalho o art. 248 do CPC: *a nulidade de uma parte do ato não prejudicará as outras que dela sejam independentes.*

B) Se a prática de um ato — embora fugindo aos padrões preestabelecidos — alcançou o fim visado sem causar dano a quem quer que seja, não é impugnável.

Enquadra-se na hipótese o caso do reclamado que, notificado, irregularmente, vai, no entanto, à audiência e apresenta defesa.

C) Reza o art. 795 da CLT que o Juiz deve declarar, de ofício, a "incompetência do foro" e considerar nulos os atos decisórios.

É imperdoavelmente obscuro esse texto consolidado. Pode levar alguém a imaginar que se trata da incompetência territorial (ou de foro). Como já registrado, é espécie de incompetência relativa, a qual, a teor do art. 114 do CPC, prorroga-se se dela o juiz não declinar na forma do parágrafo único do art. 112 do CPC, ou o reclamado não opuser exceção declinatória, nos casos e prazo legais.

Estamos que o art. 795 se ocupa da incompetência *ratione materiae*, que é absoluta.

D) São nulos os atos privativos de advogado praticados por pessoa não inscrita na OAB, como também o são quando praticados por advogado suspenso ou licenciado.

E) Nulo ou ineficaz é o ato praticado depois do prazo fixado na lei ou pelo juiz.

Nenhum efeito produz recurso interposto fora do prazo legal ou cujas custas são pagas além do tempo estipulado na lei.

F) Se o juiz não revela os fundamentos em que se estribou sua convicção, limitando-se a reproduzir alegações das partes, nula é a sentença.

G) Anula-se o processo de execução quando o executado não for regularmente citado.

H) Por meio de intimação, deve a parte ser cientificada de que, na audiência, proferir-se-á sentença de mérito.

A omissão dessa exigência obriga o Juiz a abrir prazo para oposição de recurso ou, se a sentença tiver passado em julgado, ensejará ação rescisória.

I) É nula a arrematação do imóvel, ainda que registrada a carta respectiva, se o bem já foi penhorado e arrematado em processo anterior.

J) Nula é a arrematação cuja praça se realizou antes do horário marcado. Inexiste, porém, nulidade se realizada depois do horário prefixado, porque, no caso, nenhum prejuízo advém à parte.

K) A falta de audiência de instrução e julgamento na medida cautelar de arresto, contestada, tempestivamente, pelo reclamado, e havendo prova para nela ser produzida, constitui ofensa ao art. 803, parágrafo único, do CPC, que, por ser de ordem pública, causa nulidade do ato impugnado e do processo a partir dele, decretável de ofício pelo juiz.

L) Anula-se o processo a partir da notificação do Reclamado quando respectivo instrumento não contiver: o dia, hora e lugar da audiência; a segunda via da petição inicial; a advertência de que o não-comparecimento do Reclamado à audiência faz presumir aceitos pelo Reclamado, como verdadeiros, os fatos articulados pelo Reclamante (art. 225, IV, combinado com a segunda parte do art. 285 do CPC).

M) Havendo denunciação da lide, nula é a sentença que, decidindo o mérito da ação principal, omite-se na apreciação da lide existente entre o denunciante e o denunciado.

N) Se uma das partes juntar documentos aos autos, a parte contrária deve ser ouvida. Desrespeitada essa regra — decorrente dos princípios do contraditório e da igualdade processual —, torna-se nula a sentença se o documento juntado for relevante (art. 398 do CPC).

O) Nula será a penhora e terá de ser renovada quando não houver, na respectiva intimação à mulher do executado, menção ao prazo para embargar.

P) O julgamento antecipado da lide só deve ter lugar quando inteiramente desnecessária a produção de provas em audiência. A inobservância dessa regra implica cerceamento de defesa, possibilitando a nulidade do processo.

Q) É defeso ao juiz exercer suas funções no processo contencioso ou voluntário que conheceu em primeiro grau de jurisdição, tendo-lhe proferido sentença ou decisão (inciso III, do art. 134 do CPC).

Assim, se o juiz, prolator da decisão interlocutória denegatória de recurso, é promovido ao Tribunal Regional do Trabalho e participa do julgamento do agravo de instrumento interposto contra aquela decisão, acarreta a nulidade do respectivo acórdão.

108. Nulidade e Silêncio da Parte

Exceção feita da nulidade fundada em incompetência absoluta, todas as demais só se declaram mediante provocação das partes, que deverão argui-las à primeira vez em que tiverem de falar em audiência ou nos autos. É isso que está consignado no *caput* do art. 795 da CLT.

A exceção por incompetência de foro é absoluta e, por isso, tem de ser declarada de ofício.

As demais nulidades não o são, e, por isso, sua proclamação terá de ser precedida de provocação das partes.

Quando a supracitada norma consolidada reza que as partes deverão arguir a nulidade ao terem de falar em audiência ou nos autos, está a dizer que só poderão manifestar-se quando o Juiz do Trabalho lhes der a palavra ou quando as intimar a se pronunciarem sobre a questão. Afora isso, a arguição em causa terá de ser feita nas razões finais.

Como se vê, não cabe à parte tomar a iniciativa — nos apontados momentos processuais — de denunciar a nulidade. *In casu*, é indispensável que o magistrado a autorize a discorrer sobre o assunto.

O silêncio da parte, ou a não-arguição da nulidade *opportuno tempore*, acarreta a convalidação do ato.

É a preclusão ou a perda do momento processual próprio para que determinado ato se realize.

Como se vê, deixar passar *in albis* a primeira vez em que tiver de falar nos autos ou em audiência é convalidar o ato viciado de nulidade.

Se a parte ou seu procurador — como é muito comum — pedir em audiência para falar a propósito de uma nulidade e o juiz lhe recusar a palavra, é de toda a evidência que não fica precluso o direito de arguição da nulidade. Na hipótese, deve constar da ata da audiência a recusa do juiz. Depois da audiência, consideramos momento oportuno, para a denúncia da nulidade: a) a intimação para que a parte o faça; ou b) as razões finais.

109. Julgamento Antecipado da Lide

Em consonância com o conteúdo do art. 330 do CPC, é dado ao Juiz conhecer diretamente do pedido, proferindo a sentença: a) quando a questão de mérito for unicamente de direito ou, sendo de direito e de fato, não houver necessidade de prova em audiência; ou b) quando ocorrer a revelia.

É isso o julgamento antecipado da lide.

A obscuridade do referido artigo da lei processual pode levar alguém a imaginar que ele torna dispensável a defesa do Réu.

Essa não é a exegese correta, porque marginaliza o princípio do contraditório, bem como o princípio da ampla defesa, inscrito no inciso LV do art. 5º da Constituição Federal.

É o supracitado preceito do CPC aplicável ao processo do trabalho, mas depois de ligeira adaptação. Para ser cumprido na Justiça do Trabalho, tem de aguardar a audiência em que o Reclamado apresenta sua defesa e o juiz propõe, obrigatoriamente, a conciliação.

Sendo apenas matéria de direito e estando a lide perfeitamente clareada pelas provas apresentadas na peça exordial e na defesa, o Juiz do Trabalho pode encerrar a instrução para proferir sentença definitiva.

110. Cerceamento da Defesa

O indeferimento da prova, capaz de caracterizar o cerceamento da defesa, é objeto de sentença interlocutória.

Cuidando desse ponto, o art. 893, § 1º, da CLT admite a apreciação do merecimento das decisões interlocutórias somente em recurso de sentenças definitivas.

Na espécie, se acolhido o recurso, serão anulados todos os atos praticados após a audiência em que a parte viu rejeitado seu pedido.

Fica precluso o direito de a parte discutir, em recurso, o indeferimento da prova que não foi denunciado na primeira vez em que ela teve de falar nos autos.

111. Nulidade que não se Pronuncia

O art. 796 da CLT é taxativo: "*A nulidade não será pronunciada: a) quando for possível suprir-se a falta ou repetir-se o ato; b) quando arguida por quem lhe tiver dado causa*".

Prescrições que tais foram repetidas nos arts. 243 e 249 do CPC de 1973.

A alínea *a* do sobredito artigo da CLT responde à necessidade de dar-se ao processo toda a celeridade possível.

Seria deplorável que a omissão ou a imperfeição de um ato pudesse paralisar todo o processo, ou, o que seria ainda pior, obrigassem as partes a restaurá-lo por inteiro.

Seria imoral admitir-se a arguição da nulidade por quem lhe dera causa. Acertadamente, a norma consolidada impede que isso possa ocorrer num processo.

Tem o Juiz ou o Tribunal o dever de, por ocasião da declaração da nulidade, relacionar os atos processuais que por ela serão atingidos. Se, por exemplo, não é a parte intimada da audiência em que será proferida a sentença e perde o prazo para interpor recurso, os atos processuais anteriores não serão afetados pela nulidade do que se seguiu à sentença.

Não é por outra razão que o art. 798 da CLT dispõe que *"a nulidade do ato não prejudicará senão os posteriores que dele dependam ou sejam consequência".*

Ao Juiz ou Tribunal que declarar a nulidade, cabe especificar os atos a que ela se estende (art. 797 da CLT).

A omissão na sentença ou no acórdão deve ser atacada por meio de embargos declaratórios. Sem esse prequestionamento, a instância superior, com certeza, não dará provimento ao recurso.

112. Nulidade e o Ministério Público

A Lei Complementar n. 75, de 20 de maio de 1993, ampliou, consideravelmente, a competência do Ministério Público do Trabalho.

Será este ponto examinado detidamente mais adiante. Por aqui, queremos registrar que se aplica ao processo trabalhista a regra encerrada no art. 246 do CPC:

"É nulo o processo, quando o Ministério Público não for intimado a acompanhar o feito em que deva intervir. Parágrafo único. Se o processo tiver corrido, sem conhecimento do Ministério Público, o juiz o anulará a partir do momento em que o órgão devia ter sido intimado".

Ocioso dizer que a regra incide nos casos em que o Ministério Público funciona como *custos legis* — fiscal da lei. Se for parte, serão observadas as disposições específicas.

No item 171 são arroladas as funções do Ministério Público do Trabalho e balizado seu campo de atuação.

113. Nulidade da Notificação e da Intimação

A norma agasalhada no art. 247 do CPC e acatada no processo trabalhista informa serem nulas as citações (aqui, notificações) e intimações quando feitas sem a observância das prescrições legais.

É a notificação do reclamado a peça básica do processo trabalhista. Regularmente efetuada, dá origem à relação processual.

Por isso, qualquer vício na realização desse ato anula todos os atos consequentes, restando apenas a petição inicial, autuação, registro e despacho para a notificação.

Como destacado anteriormente, a intimação sempre se refere a um ato isolado, e, em sendo viciada, ficam anulados todos os atos posteriores.

Na comunicação dos atos processuais têm papel relevante as intimações e as notificações. É compreensível, portanto, o rigor com que o legislador pune as irregularidades que digam respeito a umas e outras.

114. Nulidade Processual na CLT

A regra, no processo civil comum, é reconhecer a nulidade de ato que não se revestiu de forma prescrita em lei.

No âmbito trabalhista, porém, o preceito não é tratado com o mesmo rigor.

De feito, nos termos do art. 794 da CLT, só haverá nulidade quando resultar dos atos inquinados manifesto prejuízo às partes litigantes. *Contrario sensu,* não havendo prejuízo, é mantido o ato.

Aplica-se ao processo trabalhista o art. 13 do CPC: verificando a incapacidade processual ou a irregularidade da representação das partes, o juiz, suspendendo o processo, marcará prazo razoável para ser sanado o defeito. Não sendo cumprido o despacho dentro do prazo, se a providência couber ao autor, o juiz decretará nulidade do processo; ao reclamado reputar-se-á revel; ao terceiro será excluído do processo.

É a sentença a conversão da vontade abstrata do legislador, contida na lei, em vontade concreta.

Nula a sentença desprovida dos requisitos essenciais arrolados: a) pelo art. 832 da CLT; b) art. 458 do CPC; c) inciso IX do art. 93 da Constituição da República:

"todos os julgamentos dos órgãos do Poder Judiciário serão públicos e fundamentadas todas as decisões, sob pena de nulidade...".

Entretanto, deve a parte opor embargos declaratórios para que o Juiz tenha ensejo de suprir as lacunas eventualmente denunciadas, o que atende, plenamente, ao princípio da economia processual.

114.1. Nulidades no Novo Código Civil e seus Reflexos nos Aspectos Processuais da CLT: Introdução

O novo Código Civil — CC/02 — preferiu a expressão "negócio jurídico" àquela usada pelo velho Código Civil — CC/16 — "ato jurídico".

E, em lugar de "nulidades dos atos jurídicos", empregou "invalidade do negócio jurídico".

Sob o prisma terminológico, parece-nos inquestionável que o CC/02, nos pontos indicados, acompanhou as tendências mais modernas da doutrina.

Questão que ainda suscita discussões é a distinção entre o fato e o ato jurídicos.

Serpa Lopes ("Curso de Direito Civil", 3. ed., Freitas Bastos, 1960, p. 400) depois de reportar-se às opiniões de alguns juristas, preleciona com admirável clareza:

"Do estudo feito, pode-se chegar à seguinte conclusão: o fato jurídico é o acontecimento em geral, natural ou humano, que produz uma alteração no mundo jurídico, seja para criar ou para extinguir, seja para modificar um direito".

Neste passo, recordamos a citadíssima definição de *Savigny*: *"fato jurídico é o acontecimento em virtude do qual começam ou terminam as relações jurídicas." Foi esquecido o fato jurídico que se limita a modificar o direito.*

Os autores, de modo geral, bipartem os fatos jurídicos em naturais e voluntários.

Naturais são aqueles que não dependem da vontade humana, mas afetam as relações jurídicas, como o nascimento, a morte, aluvião da terra etc.

Voluntários são os fatos que decorrem da vontade do homem, podendo ser eles negativo ou positivo, omissivo ou comissivo. Dividem-se os fatos jurídicos em atos jurídicos lícitos e ilícitos.

No magistério de *Vicente Ráo* (in "Ato jurídico", Max Limonad, 1961, p. 20) *"o conceito de fato jurídico três categorias compreende, a saber: os fatos ou eventos exteriores que da vontade do sujeito independem; os fatos voluntários cuja disciplina e cujos efeitos são determinados exclusivamente por lei; os fatos voluntários (declarações de vontade) dirigidos à consecução dos efeitos ou resultados práticos que de conformidade como ordenamento jurídico, deles decorrem".*

Caio Mário da Silva Pereira (in "Instituições de Direito Civil", vol. I, 12. ed., Forense, 1990, p. 327) discorrendo sobre a distinção entre negócio jurídico e ato jurídico, assinala que o ato jurídico *lato sensu* abrange as ações humanas visando ou não os efeitos queridos.

O negócio jurídico é o ato humano praticado com vistas a fim jurídico desejado pelo agente; o ato jurídico *stricto sensu* "ocorre manifestação volitiva também, mas os efeitos jurídicos são gerados independentemente de serem perseguidos pelo agente".

Essa doutrina do negócio jurídico não teve origem no direito romano. Este, porém, forneceu os elementos para que, a partir do século XVIII, aquela doutrina se estruturasse (v. *Scialoja, Negozi Giuridice*, "Corso de diritto romano", 5ª reimpressão, 1950, p. 28).

É inegável que os pandectistas germânicos contribuíram grandemente para o fortalecimento da doutrina do negócio jurídico, embora a ela ainda se faça certa oposição (v. *Carnelutti*, "Teoria Generale del diritto", 3. ed., 1951, p. 221).

Façamos, aqui, breve pausa para ressaltar que o CC/16 mencionava, apenas, o ato jurídico para designar o ato resultante de uma declaração de vontade, o que incluía o negócio jurídico.

Coerente com o conceito de negócio jurídico, o CC/02, só a ele se reporta ao cuidar das nulidades, eis que não são passíveis de vícios os atos jurídicos em que a manifestação da vontade não objetiva determinados efeitos.

O contrato de trabalho é uma das espécies do gênero negócio jurídico.

114.1.1. Nulidades. Conceito

É imprescindível que, para o aperfeiçoamento do negócio jurídico, a vontade se exteriorize livre e conscientemente.

A ausência desse requisito, isto é, se viciada a vontade do agente, configura-se a invalidade do ato.

Ensina *Clovis Beviláqua que* "a nulidade é a declaração legal de que a determinados atos se não prendem os efeitos jurídicos, normalmente produzidos por atos semelhantes. É uma reação da ordem jurídica para restabelecer o equilíbrio perturbado pela violação da Lei." ("Código Civil dos Estados Unidos do Brasil", Edição histórica, 1º vol., p. 410).

A ineficácia de um negócio jurídico deriva da existência nele de defeito grave.

Assim, a nulidade equivale à sanção que acompanha a ofensa a uma norma legal. Acarreta o desfazimento total ou parcial do negócio jurídico. Há defeitos que provocam a nulidade total do negócio jurídico (sua insanabilidade) e, outros, que apenas o tornam anulável, susceptível portanto de ratificação.

114.1.2. Da Invalidade do Negócio Jurídico

Vejamos o que diz o CC/02, no art. 166, sobre a invalidade do negócio jurídico:

"Art. 166. *É nulo o negócio jurídico quando:*

I — celebrado por pessoa absolutamente incapaz;

II — for ilícito, impossível ou indeterminável o seu objeto;

III — o motivo determinante, comum a ambas as partes, for ilícito;

IV — não revestir a forma prescrita em lei;

V — for preterida alguma solenidade que a lei considere essencial para a sua validade;

VI — tiver por objetivo fraudar lei imperativa;

VII — a lei taxativamente o declarar nulo, ou proibir-lhe a prática, sem cominar sanção."

Esse dispositivo corresponde ao art. 145 do CC/16.

Relaciona as hipóteses que torna o negócio nulo de pleno direito.

Não têm correspondência, no CC/16, os incisos III e VI."

Examinemos todo o conteúdo do artigo acima transcrito.

Inciso I: O art. 3º do CC/02 indica aqueles que são absolutamente incapazes de exercer pessoalmente os atos da vida civil: menores de 16 anos; os que por enfermidade ou deficiência mental não tiverem o necessário discernimento para a prática desses atos; os que, por causa transitória, não puderem exprimir sua vontade.

Considera-se inexistente o contrato de trabalho concluído com um dos incapazes acima arrolados.

II — Se o fim do negócio jurídico é ilícito, por contrariar a lei, desenha-se a nulidade absoluta.

A avença deve ser possível, ao alcance das partes. Se o pactuado for inviável, é ele fulminado de nulidade absoluta.

Incide o preceito em contratos de trabalho que tenham por fim a exploração da prostituição, dos jogos de azar etc.

III — É também viciado insanavelmente o negócio jurídico em que o objetivo ilícito é comum a ambas as partes. Tal ajuste não conta com proteção da lei.

IV — É nulo o negócio jurídico que desatendeu à forma prescrita em lei.

É a norma inaplicável ao contrato de trabalho submetido às regras da Consolidação das Leis do Trabalho — CLT — porque esta não exige forma especial para o ato.

V — A falta de solenidade essencial à validade do ato, torna-o nulo.

Exemplo: as formalidades previstas na CLT para a celebração de acordo ou convenção coletiva de trabalho.

VI — A lei imperativa atende a uma necessidade fundamental da coletividade. Sua observância está conectada ao interesse do todo social.

Assim, negócio jurídico é considerado inexistente se tiver por fim fraudar lei imperativa.

VII — A lei há de arrolar, *numerus clausus*, os casos nulos ou cujos efeitos ela recusa.

114.1.3. Da Simulação

Reza o art. 167 do CC/02:

"É nulo o negócio jurídico simulado, mas subsistirá o que se dissimulou, se válido for na substância e na forma.

§ 1º Haverá simulação nos negócios jurídicos quando:

I — aparentarem conferir ou transmitir direitos a pessoas diversas daquelas às quais realmente se conferem, ou transmitem;

II — contiverem declaração, confissão, condição ou cláusula não verdadeira;

III — os instrumentos particulares foram antedatados, ou pós-datados.

§ 2º Ressalvam-se os direitos de terceiros de boa-fé em face dos contraentes do negócio jurídico simulado".

É inovador o *caput* do artigo em epígrafe.

Reafirma a nulidade do negócio jurídico simulado, mas admite a preservação do que se simulou se válido for na sua substância e forma.

Deixa a norma entrever que se trata da reserva mental rejeitada pelo Congresso Nacional, mas consignada no Projeto elaborado por *Clovis Beviláqua*. Sobre o tema, disse o insigne jurista: "Se a reserva não é conhecida, o ato subsiste, em atenção à boa-fé da outra parte e porque o autor da reserva não podia ser ouvido ao alegar o seu dolo" (obra citada, vol. I, p. 353).

É simulado o negócio jurídico em que há convergência das vontades das partes para que tenha objetivo distinto daquele realmente por elas desejado e isto para fraudar a lei ou para causar dano a outrem.

São portanto requisitos para a comprovação do vício da simulação: o acordo de vontades dos contraentes; o intuito de causar prejuízo a terceiro ou de fraudar a lei e a discrepância entre a vontade e a sua exteriorização.

As três hipóteses de simulação de um negócio jurídico são as mesmas nos dois Códigos Civil — o de 1916 e o que já vigora no País.

No mundo das relações de trabalho, são frequentes casos de incidência do disposto nos incisos II e III do art. 167 aqui examinado: falsas declarações de gozo das férias e documentos antedatados ou pós-datados.

Outra ocorrência muito conhecida no foro trabalhista, é a de simulação de um litígio, logo seguido de acordo, permitindo ao empregado levantar os valores de sua conta vinculada. Ocioso dizer que, *in casu*, não se verifica a interrupção na prestação de serviços.

O parágrafo segundo do dispositivo sob comento não encontra correspondência no CC/16.

Resguarda os direitos de terceiros de boa-fé ante os contraentes do negócio jurídico simulado.

114.1.4. Declaração da Nulidade

Cessa a eficácia do negócio jurídico nulo quando a nulidade é proclamada pelo Juiz, sendo a este defeso supri-la, ainda que a pedido dos interessados.

Diz o art. 169 do CC/02: o negócio jurídico não pode ser confirmado e não convalesce com o decurso do tempo. Veda a norma a arguição da prescrição a fim de conferir validade ao negócio jurídico nulo. Esse art. 169 reflete o que, de há muito, se afirmava em doutrina. Não tem correspondente no CC/16.

Dispõe o art. 170 do CC/02 (sem correspondente no CC/16):

"Se, porém, o negócio jurídico nulo contiver os requisitos de outro, subsistirá este quando o fim a que visavam as partes permite supor que o teriam querido, se houvessem previsto a nulidade."

O preceito refere-se ao caso de o negócio jurídico nulo ter íntima conexão com um outro, a ponto de conter todos os seus requisitos caracterizadores.

Aí, estatui o CC/02, esse outro negócio jurídico subsistirá se demonstrado ser o desejo dos contraentes.

114.1.5. Anulabilidade do Negócio Jurídico

O CC/02 dedica seus arts. 171 *usque* 184 aos negócios jurídicos anuláveis.

Além dos casos expressamente mencionados na lei, é anulável o negócio jurídico:

a) por incapacidade relativa do agente;

b) por vício resultante de erro, dolo, coação, estado de perigo, lesão ou fraude contra credores.

Assenta o art. 4º, do CC/02, que são relativamente incapazes os maiores de dezesseis e menores de dezoito anos; os ébrios habituais; os viciados em tóxicos; os que, por deficiência mental, tenham o discernimento reduzido; os excepcionais, sem desenvolvimento mental completo e os pródigos.

De notar-se que a incapacidade dos menores, segundo o art. 5º do CC/02, cessa:

a) pela concessão dos pais, mediante instrumento público independentemente de homologação judicial ou por sentença do juiz, ouvido o tutor, se o menor tiver dezesseis anos completos;

b) pelo casamento;

c) pelo exercício de emprego público efetivo;

d) pela colação de grau em curso de ensino superior;

e) pelo estabelecimento civil ou comercial, ou pela existência de relação de emprego, desde que, em função deles, o menor com dezesseis anos completos tenha economia própria.

Estamos em que não é muito comum o casamento de empregado, de dezesseis anos completos ou que perceba salário que lhe permita viver fora da dependência dos pais.

Mas, são hipóteses que a lei previu.

É indubitável que o menor de 18 anos, ao adquirir capacidade civil na forma indicada no art. 5º do CC/02, continua protegido pelas normas especiais da CLT voltadas para a proteção física do menor no ambiente de trabalho.

Nos termos do inciso II do art. 171 do CC/02 é, também, anulável o negócio jurídico por vício resultante de erro, dolo, coação, estado de perigo, lesão ou fraude contra credores.

Neste passo, observou o leitor que o CC/02 classifica a simulação como causa de nulidade de um negócio jurídico, enquanto o CC/16 estabelecia ser ela motivo de anulabilidade do ato.

Admite a lei que o negócio jurídico anulável possa ser confirmado pelas partes, salvo o direito de terceiros.

De regra, a convalidação resulta de um ato de vontade, de uma ação, do decurso do tempo etc. Quando a confirmação se faz por ato de vontade, seu efeito é *ex tunc* (retroativo).

Dispõe o art. 367 do CC/02 que o negócio jurídico anulável pode ser confirmado pela novação.

Em consonância com o art. 173 do CC/02, *"o ato de confirmação deve conter a substância do negócio celebrado e a vontade expressa de mantê-lo."*

Com estribo nesse dispositivo, é dado ao progenitor de um menor de dezoito anos convalidar o contrato de trabalho que este celebrou ocultando sua menoridade.

Está implícito no ato de confirmação do negócio que as partes, ou apenas uma delas, não tinham conhecimento da causa de anulabilidade.

Dispõe o art. 176 que *"quando a anulabilidade do ato resultar da falta de autorização de terceiro, será validado se este a der posteriormente".*

Nos termos do art. 220 do CC/02, a anuência, ou a autorização de outrem, necessária à validade de um ato, provar-se-á do mesmo modo que este e constará, sempre que se possa, do próprio instrumento.

Dessarte, a confirmação do contrato de trabalho irregularmente concluído com menor de 16 e menos de 18 anos, deve ser feita em anotação da Carteira de Trabalho e Previdência Social.

A anulabilidade de um negócio jurídico só se caracteriza mediante sentença judicial, sendo vedado ao juiz proclamá-la *ex officio*, pois — consoante o art. 177 do CC/02 — só os interessados podem alegá-la, e só a eles pode aproveitar, a menos que se trate de caso de solidariedade ou de indivisibilidade.

Assim, a anulabilidade de negócio jurídico há que ser postulada em ação própria.

114.1.6. *Causas de Anulabilidade*

Já destacamos que o negócio se torna anulável quando ostenta um dos seguintes vícios: erro, dolo, coação, estado de perigo, lesão ou fraude contra credores (inciso II do art. 171 do CC/02).

O preceito do CC/16 correspondente a essa norma é o inciso II do art. 147.

O cotejo de ambos os dispositivos põe em realce que o estado de perigo e a lesão — como causas de anulabilidade de um negócio jurídico — não eram reconhecidos pelo CC/16.

Enfocamos, a seguir e de modo breve, os vários defeitos dos negócios jurídicos colacionados pelo CC/02.

114.1.7. *Do Erro ou Ignorância*

Erro é a discordância entre a vontade verdadeira ou interna e a vontade declarada.

Embora no dolo também haja erro, um e outro não se confundem.

No dolo, o erro é fruto da maquinação maliciosa engendrada pelo contraente ou por terceiro; o erro é da própria parte na avaliação dos elementos da avença.

Sobre o erro, o CC/02 apresenta três disposições inexistentes no CC/16.

I — O erro é substancial quando "sendo de direito e não implicando recusa à aplicação da lei, for o motivo único ou principal do negócio jurídico." (inciso III do art. 139).

Durante muito tempo, prevaleceu a teoria clássica de que não há erro de direito porque, nos termos do art. 3º da nossa Lei de Introdução às Normas do Direito Brasileiro, ninguém se escusa de cumprir a lei, alegando sua ignorância.

Hoje, porém, vem predominando o entendimento de que o consentimento da parte foi viciado pelo desconhecimento da norma legal.

Essa concepção moderna inspirou o inciso III do art. 139 do novo Código Civil.

II — Reza o art. 143 do CC/02 — *verbis*:

"O erro de cálculo apenas autoriza a retificação da declaração de vontade."

A rigor, o erro de cálculo não se trata de uma causa de anulabilidade do negócio jurídico. É o que deflui da sobredita norma legal.

Temos para nós, porém, que o negócio jurídico se torna anulável se uma das partes provar que o cálculo retificado a levaria a recusar o ajuste.

III — Dispõe o art. 144 do CC/02 — *ad litteram*:

"O erro não prejudica a validade do negócio jurídico quando a pessoa, a quem a manifestação da vontade se dirige, se oferecer para executá-la na conformidade da vontade real do manifestante."

Se o contraente conhece a vontade real do manifestante e se propõe a cumpri-la, fica preservada a validade do negócio jurídico.

114.1.8. *Do Dolo*

Leciona *Clovis Beviláqua* que o dolo é "o artifício ou expediente astucioso, empregado para induzir alguém à prática de um ato jurídico, que o prejudica, aproveitando ao autor do dolo ou a terceiro."

É passível de anulação o negócio jurídico que teve, como causa, o dolo.

Esse vício da vontade é o objeto dos arts. 145 a 150 do CC/02.

De modo geral, não há diferença sensível entre as disposições dos dois Códigos sobre o precitado defeito de negócio jurídico.

O velho Código, no art. 95, dizia ser anulável o ato por dolo de terceiro, se uma das partes dele tinha conhecimento.

Já o CC/02, no art. 148, dá ao preceito maior abrangência:

"Pode também ser anulado o negócio jurídico por dolo de terceiro, se a parte a quem aproveite dele tivesse ou devesse ter conhecimento; em caso contrário, ainda que subsista o negócio jurídico, o terceiro responderá por todas as perdas e danos da parte a quem ludibriou."

Duas são as hipóteses em que o dolo de terceiro pode anular o negócio jurídico:

a) a parte, a quem aproveite o artifício astucioso, sabia da sua existência;

b) subsistindo o negócio jurídico, o terceiro autor do dolo terá de responder pelas perdas e danos sofridos pelo contraente.

O art. 96 do CC/16 limitava-se a dizer que o dolo do representante de uma das partes só obriga o representado a responder civilmente até à importância do proveito que teve.

O art. 149 do CC/02 deu maior dimensão à responsabilidade do representado ao dispor — *verbis*:

"O dolo do representante legal de uma das partes só obriga o representado a responder civilmente até a importância do proveito que teve; se, porém, o dolo for de representante convencional, o representado responderá solidariamente com ele por perdas e danos."

Disciplinam, os artigos 115 *usque* 120 do novo Código Civil, o instituto da representação pelo qual uma pessoa é autorizada, convencionalmente ou por lei, a praticar determinado ato jurídico cujos efeitos repercutem no patrimônio (ou na esfera jurídica) de outra pessoa.

A representação voluntária é feita por meio de mandato, cujo instrumento é a procuração.

Se o representante agiu além dos poderes que lhe foram conferidos e, assim, causou dano a terceiro, o representado é solidariamente responsável pelo correspondente ressarcimento. Essa solidariedade passiva decorre do fato de ter escolhido um mau representante (*culpa in eligendo*).

Na representação *ex lege*, o representado responde até o limite do proveito proporcionado pela conduta ilícita do representante.

114.1.9. Da Coação

Reza o art. 151 do CC/02:

"A coação, para viciar a declaração de vontade, há de ser tal que incuta ao paciente fundado receio de dano iminente e considerável à sua pessoa, à sua família, ou aos seus bens".

Distingue-se do conceito adotado pelo CC/16 no ponto em que o dano temido devia ser igual, pelo menos, ao receável do ato extorquido.

De acordo com o CC/02, configura-se a coação quando o paciente temer dano iminente e considerável à sua pessoa, à sua família ou aos seus bens. Não há necessidade de esse dano ser pelo menos igual ao receável do ato extorquido.

Não vicia a declaração de vontade — diz o art. 155 do CC/02 — e, por isso, subsistirá o negócio jurídico se a coação for exercida por terceiro e a parte, que por ela é beneficiada, ignorá-la, ficando o autor da coação responsável por todas as perdas e danos causados ao coacto.

114.1.10. Estado de Perigo

Trata-se de figura jurídica que o CC/16 não registrou.

Consoante o art. 156 do CC/02 "configura-se o estado de perigo quando alguém, premido da necessidade de salvar-se, ou a pessoa de sua família, de grave dano conhecido pela outra parte, assume obrigação excessivamente onerosa."

Tratando-se de pessoa não pertencente à família do declarante, o juiz decidirá segundo as circunstâncias (parágrafo único do artigo supra).

Não é imprescindível — para a caracterização do defeito do negócio jurídico — que a outra parte deva, sempre, ter ciência do estado de perigo.

O art. 478 do CC/02 admite a resolução de um contrato de execução continuada ou diferida quando a prestação de uma das partes tornar-se excessivamente onerosa devido a acontecimentos extraordinários e imprevisíveis.

Norma idêntica é encontrada no Código de Defesa do Consumidor.

Tem a CLT e legislação extravagante — com supedâneo na Constituição Federal — normas específicas legitimando alteração da cláusula de contrato de trabalho relativa à remuneração.

114.1.11. Da Lesão

De conformidade com o preceituado no art. 157 do CC/02 "ocorre a lesão quando uma pessoa, sob premente necessidade, ou por inexperiência, se obriga a prestação manifestamente desproporcional ao valor da prestação oposta."

Os parágrafos desse dispositivo estão assim redigidos:

"§ 1º Aprecia-se a desproporção das prestações segundo os valores vigentes ao tempo em que foi celebrado o negócio jurídico.

§ 2º Não se decretará a anulação do negócio se for oferecido suplemento suficiente ou se a parte favorecida concordar com a redução do proveito."

Exemplo típico de lesão no contrato encontramos no Velho Testamento: a compra que Jacó fez dos direitos de primogênito de Esaú, faminto, em troca de um prato lentilhas.

A lesão, estudada a fundo em Roma, também o foi no velho direito português. Proclamada a independência do Brasil, a 20 de outubro de 1823, promulgou-se lei decretando a vigência das Ordenações, nas quais figurava a lesão.

O CC/16 silenciou sobre o instituto que visa a equivalência das prestações nos negócios jurídicos.

É certo, porém, que a ele se faz alusão em diversas outras leis, como, por exemplo, na do inquilinato.

114.1.12. Da Fraude contra Credores

Dispõe o art. 158 do CC/02 — *verbis*:

"*Os negócios de transmissão gratuita de bens ou remissão de dívida, se os praticar o devedor já insolvente, ou por eles reduzido à insolvência, ainda quando o ignore, poderão ser anulados pelos credores quirografários, como lesivos dos seus direitos.*"

§ 1º Igual direito assiste aos credores cuja garantia se tornar insuficiente.

§ 2º Só os credores que já o eram ao tempo daqueles atos podem pleitear a anulação deles."

Configura-se a fraude contra credores quando o devedor, já insolvente, transfere a terceiro, gratuitamente, seus bens ou simula dívidas.

Quando a fraude se pratica no processo de execução, não se faz necessário propor-se ação autônoma para anular o negócio jurídico. Essa anulação é decretada no mesmo processo executório. A penhora pode recair sobre esse bem cuja posse e domínio se transferiu irregularmente a um terceiro.

Autoriza, o art. 160 do CC/02, o adquirente dos bens de devedor insolvente, se ainda não lhe tiver pago o preço e este for aproximadamente o corrente, a depositar o valor em juízo com citação de todos os interessados.

Se inferior o preço ajustado, é permitido ao adquirente dos bens conservá-los desde que deposite em juízo o preço correspondente ao valor real.

Os arts. 161 a 165 do CC/02 versam outros aspectos da fraude contra credores, mas todos eles reproduzem o disposto nos arts. 109 a 113 do CC/16.

O art. 9º da Consolidação das Leis do Trabalho protege os direitos dos trabalhadores contra as manobras artificiosas do empregador, inclusive aquelas arquitetadas no curso do processo de execução.

As supramencionadas disposições do CC/02 implementam o artigo da CLT que acabamos de citar.

No processo falimentar, o empregado, cujo crédito decorra de sentença passada em julgado, pode propor ação revocatória.

No item 299 fazemos um estudo mais aprofundado de fraude, destacando, inclusive, que a fraude à execução não se confunde com a fraude contra credores.

114.1.13. Defeitos do Negócio Jurídico e a CLT

Os subitens anteriores referem-se a vícios que um contrato de trabalho pode apresentar.

Alguns desses defeitos não são comuns e nós mesmos não temos conhecimento de casos reais envolvendo todas as hipóteses inscritas no inciso II do art. 171 do CC/02, mas, não vacilamos em dizer serem todas elas plausíveis no âmbito das relações de trabalho.

CAPÍTULO XIII

Das Exceções

115. Das Exceções

No entender de *Afonso Fraga* ("Instituições do Processo Civil do Brasil", São Paulo, 1940, II tomo, art. 71), "exceção" vem da palavra latina *exceptio*, derivada do verbo *excipere*.

A exceção, para *Ulpiano* ("Digesto", 44, I, 1), era a ação do demandado ou do reclamado: *reus in exceptione actor est*.

Pela exceção, o reclamado exerce o poder jurídico de opor-se à ação que contra ele foi proposta.

Nessa acepção, exceção equivale à defesa do Reclamado.

Numa outra acepção, corresponde a exceção à pretensão do Reclamado contra a do Reclamante. Exemplificando: alega o pagamento do que, agora, é-lhe exigido.

Num terceiro sentido, é usado o vocábulo "exceção" para designar defesas de caráter processual, dilatórias ou peremptórias.

Se a ação é uma espécie de ataque, a exceção é a defesa de quem é atacado.

Nesse equacionamento, percebe-se que a diferença entre as duas situações é a de que o Reclamante retém o poder da iniciativa, enquanto o do Reclamado é o de defender-se. Seu papel, portanto, é passivo.

Em seu linguajar preciso e elegante, diz *Couture* que a exceção é o poder jurídico do demandado de opor-se à pretensão que o autor deduziu ante os órgãos da jurisdição (obra citada, p. 89 e ss., e *Jônatas Milhomens*, "Das Exceções", Forense, 1988, p. 42).

A classificação mais aceita das exceções é aquela que as divide em dilatórias e peremptórias. Nessa classificação é usado o critério finalístico.

A *exceção dilatória*, já conhecida no processo romano, alegada *in limine litis*, tem por objeto o processo e não o direito material postulado pelo autor. Quer corrigir erros que podem ser sanados, sob pena de acarretarem a anulação do processo, como, por exemplo, o preparo defeituoso do processo, a litispendência, a incompetência do juízo, a incapacidade da parte.

A exceção tem caráter dilatório, mas com o fim de evitar o mal maior representado pelo comprometimento da eficácia de todos os atos processuais subsequentes.

A *exceção peremptória* não procura expurgar o processo de quaisquer defeitos, mas ataca o próprio direito invocado pelo Reclamante.

Por meio dessa exceção, é denunciado fato extintivo da obrigação, como compensação, novação, pagamento etc.

As exceções peremptórias não são apreciadas pelo juiz liminarmente e, portanto, não determinam a suspensão do processo; são postergadas para a sentença definitiva.

Como essas exceções ora se referem a questões de fato, ora a questões de direito, são chamadas também de *exceptio facti* e *exceptio jure*.

Exceções, em sentido restrito, são meios de defesa indireta.

Todos os pressupostos processuais, quando ausentes, motivam exceções.

São opostas na contestação. As de suspeição ou incompetência suspendem o processo, como diz exemplarmente o art. 799 da CLT:

"*Nas causas da jurisdição da Justiça do Trabalho, somente podem ser opostas, com suspensão do feito, as exceções de suspeição ou incompetência*".

As demais são conhecidas pelo Juiz como preliminares do mérito, na sentença (litispendência, coisa julgada, prescrição, compensação etc.) e que, de conseguinte, não acarretam a suspensão do processo.

As duas exceções capazes de paralisar o processo trabalhista são dilatórias, porque apenas adiam o conhecimento e o julgamento do feito.

Derivante do que dissemos até aqui sobre as exceções, infere-se que elas abrangem as preliminares alusivas às partes, quais sejam, a incapacidade, a ilegitimidade *ad causam*, a ausência de interesse de agir.

É terminativa do feito, no âmbito da Justiça do Trabalho, a decisão acolhedora da exceção de incompetência *ratione loci* ou *ratione materiae*.

Na espécie, cabente o recurso ordinário.

Por oportuno, ressalvamos a hipótese da incompetência relativa não arguida pela parte no momento processual apropriado, o que importa a prorrogação de competência.

A exceção de suspeição não encerra o processo, e, por isso, o despacho denegatório é impugnável no recurso por ocasião do apelo à instância superior.

116. Exceção de Suspeição

O juiz só desempenha sua nobre função com acerto se estiver equidistante das partes e não tiver qualquer interesse na sorte do litígio.

"O fundamento da suspeição, no processo, é a falibilidade do espírito humano e a contingência do julgador" — com essas palavras lapidares, Russomano abre seu comentário ao art. 801 da CLT (*"Comentários à CLT"*, II tomo, 13. ed., 1990, p. 877).

O comportamento do juiz numa causa — à semelhança do que ocorre com qualquer mortal — sofre a influência de muitos fatores e, dentre eles, sobrelevam: a) a inimizade pessoal; b) a amizade íntima; c) o parentesco por consanguinidade ou afinidade até o terceiro grau civil; d) interesse particular na causa (art. 801 da CLT).

O § 1º, do art. 138 do CPC, deixa claro que a parte deverá arguir a exceção de suspeição quando teve conhecimento do motivo que lhe serve de origem. O instante em que teve ciência do fato pode ser anterior ou posterior à audiência em que se constitui a instância.

A nosso ver, não é exaustiva a lista das causas de suspeição contida no art. 801, da CLT. São admitidas outras situações que geram a impossibilidade de o Juiz continuar instruindo a ação. Os arts. 134 a 137 do CPC, fazem remissão a hipóteses esquecidas pela CLT e que podem importar na suspeição (causa subjetiva) ou impedimento (causa objetiva) do Juiz. Ei-las: a) ser parte do processo; b) interveio como mandatário da parte ou prestou depoimento como testemunha; c) conheceu o processo em primeiro grau de jurisdição, proferindo sentença ou decisão; d) está postulando, como advogado da parte, seu cônjuge ou qualquer parente seu, consanguíneo ou afim, em linha reta ou na linha colateral até o segundo grau; e) quando cônjuge, parente, consanguíneo ou afim, de alguma das partes, em linha reta ou, na colateral, até o terceiro grau; f) quando for membro da direção ou administração de pessoa jurídica, parte na causa; g) amigo íntimo ou inimigo capital de qualquer das partes; h) quando alguma das partes for credora ou devedora do Juiz, de seu cônjuge ou de parentes destes, em linha reta ou na colateral até o terceiro grau; i) se herdeiro presuntivo, donatário ou empregador de alguma das partes; j) quando, antes ou depois de iniciado o processo, receber dádivas, aconselhar alguma das partes acerca do objeto da causa ou subministrar meios para atender às despesas do litígio; k) se interessado no julgamento da causa em favor de uma das partes.

É facultado ao Juiz declarar-se suspeito por motivo íntimo, que não precisa revelar nos próprios autos do processo, como é óbvio.

Todavia, o Conselho Nacional de Justiça editou a Resolução n. 82, de 9.6.2009 (DJU 16.6.2009) que, no caso de suspeição por foro íntimo, o magistrado de primeiro grau fará essa afirmação nos autos e, em ofício reservado, imediatamente exporá as razões desse ato à Corregedoria local ou à órgão diverso designado pelo seu Tribunal. Caso o magistrado seja de segundo grau, procederá ele da mesma forma, devendo, contudo, expor as razões desse ato em ofício reservado dirigido à Corregedoria Nacional de Justiça. Esclarece, ainda, tal resolução que o órgão destinatário das informações manterá as razões em pasta própria, de forma a que o sigilo seja preservado, sem prejuízo do acesso às afirmações para fins correcionais. Por certo que essa resolução foi motivada pelo fato de que todas as decisões dos órgãos do Poder Judiciário devem ser fundamentadas, consoante o disposto no art. 93, I, *c*, da Constituição, além do que é dever do magistrado cumprir com exatidão as disposições legais, conforme o disposto no art. 35, I, da Lei Complementar n. 35/79, obrigação essa cuja observância somente pode ser aferida se conhecidas as razões da decisão de suspeição. Diante desses dispositivos legais, agiu corretamente o Conselho Nacional de Justiça ao editar tal Resolução.

Como já dito, em presença das hipóteses que acabamos de arrolar, deve o juiz, tomar a iniciativa de declarar-se suspeito.

Se não o fizer, será recusado pela parte, mediante a oposição da exceção de suspeição.

Nos termos do parágrafo único do art. 801 da CLT, a parte deverá arguir a exceção de suspeição quando tomar conhecimento do motivo que lhe serve de origem. De conseguinte, o instante em que teve ciência do fato pode ser anterior ou posterior à audiência em que se constitui a instância.

O julgador não será recusado pela parte que, tendo ciência do motivo da suspeição, não a arguiu no primeiro momento em que teve oportunidade de falar nos autos e consentiu na prática do ato processual.

A exceção de suspeição é oposta apenas em relação aos julgadores.

Esqueceu a lei trabalhista a pessoa do procurador. Nesse particular, não imitou o Código de Processo Civil, que, no art. 134, considera fundada a suspeita de parcialidade do juiz quando cônjuge, parente, consanguíneo ou afim de alguma das partes ou de seus procuradores até o terceiro grau.

Temos para nós que, provado o parentesco do juiz com o procurador de uma das partes, estará caracterizada a suspeição de parcialidade. Nesse caso, aplicar-se-á a regra do CPC.

A CLT, no caso vertente, não distingue se o parentesco há de ser legítimo ou não.

Apresentada a exceção, o Juiz ou Tribunal designará audiência para instrução e julgamento dentro de 48 horas.

É irrecorrível a sentença que julgar a exceção. Todavia, cabe à parte, no recurso contra a sentença final de mérito, renovar o exame da matéria.

Se o juiz do trabalho ou de Direito não acolherem a exceção e esta for aceita em grau de recurso, serão anulados todos os atos praticados pelo suspeito.

A exceção de suspeição pode ser declarada de ofício, caso em que se procede à imediata substituição do juiz.

Aplica-se ao processo trabalhista a norma do art. 138 do CPC.

Motivos de impedimento e suspeição são arguíveis contra o representante do Ministério Público do Trabalho, serventuário de justiça, perito, e intérprete.

O incidente será processado em separado, mas sem suspensão da causa.

Nos Tribunais, compete ao Relator julgar o incidente.

117. *Exceção de Incompetência*

Um dos pressupostos processuais é o da competência do Juiz para conhecer e julgar a causa.

Por ser relativa, ela se prorroga se não se opuser exceção.

Em se tratando de incompetência absoluta, é dado ao Juiz declará-la de ofício. Se não o fizer, o Reclamado deverá argui-la na audiência preliminar de instrução. Ultrapassado esse momento processual, é-lhe permitido fazê-lo em qualquer tempo e em qualquer grau de jurisdição, mais, aí terá de responder, integralmente, pelas custas (§ 1º do art. 113, do CPC).

Reza o art. 800 da CLT:

"Apresentada a exceção de incompetência, abrir-se-á vista dos autos ao exceto, por 24 horas improrrogáveis, devendo a decisão ser proferida na primeira audiência ou sessão que se seguir".

Não esclarece essa norma como se há de opor a exceção de incompetência. Logo, é lícito fazê-lo por escrito ou verbalmente em audiência pelo Reclamado, ao falar em sua defesa.

Dos mais simples o correspondente rito processual dessa exceção. Feita sua apresentação, ocorre a imediata suspensão do feito e o juiz, em 24 horas improrrogáveis, fixará prazo para a outra parte contestar por escrito.

Não é o excipiente obrigado a declinar o juízo. É encargo do juiz indicar o órgão que considera competente para apreciar o litígio.

A CLT não veda ao juiz, de ofício, declarar-se incompetente.

Os termos vagos do art. 800 da CLT têm ensejado interpretações controvertidas, como, por exemplo, a de que o prazo do excepto é de 24 horas para falar sobre a exceção.

Quanto a nós, estamos convencidos de que esse curto prazo é do juiz para intimar a outra parte a falar sobre a exceção, que será de 10 dias, como estatui o art. 309 do CPC, que se aplica subsidiariamente ao processo trabalhista.

Reconhecida a incompetência, encerra-se o processo. De consequência, aí é indiscutível a admissibilidade de recurso ordinário para o Tribunal.

Rejeitada a exceção de incompetência *ratione materiae* ou *ratione loci*, o arguente poderá repeti-la como preliminar de recurso.

CAPÍTULO XIV
Jurisdição e Competência

118. Da Jurisdição

Jurisdição designa a função estatal do *ius dicere* ou da tutela jurídica processual. Compreende três poderes: a) o poder de decisão, ou seja, o *notio* e o *iudicio* dos romanos, consistente no poder de conhecer, reunir os elementos de prova e decidir; b) o poder de coerção se traduz no processo de execução, para obrigar o vencido ou o executado a cumprir a decisão; c) o poder de documentação reflete a necessidade de os atos processuais se representarem por escrito.

Dentre as inúmeras teorias que se propõem a explicar a natureza jurídica da atividade jurisdicional do Estado, optamos pela de *Chiovenda*.

Nos seus famosos "Principii di Diritto Processuale Civile", § 2º, preleciona *Chiovenda* que o Estado moderno detém o monopólio de produção das leis e é contemplado com o poder de administrar a justiça, isto é, o poder de aplicar a lei ao caso concreto. Esse poder se chama jurisdição.

Chega à conclusão de que a característica da função jurisdicional é a substituição de uma atividade que outrora era privada por uma outra de caráter público.

Na doutrina chiovendiana, não se olvida a importância da imparcialidade do juiz ao atuar a vontade abstrata da lei, realizando-a no caso concreto.

Dentre os inúmeros processualistas que seguem o pensamento de *Chiovenda* sobre a natureza jurídica da atividade jurisdicional, selecionamos, na Itália, *Calamandrei* e *Zanzucchi*, e, no Brasil, *Amaral Santos*, *Calmon de Passos* e *Celso Agrícola Barbi*.

A regência da jurisdição se faz por três princípios: a) princípio da investidura, que exige o exercício da jurisdição por quem estiver dela investido com legitimidade; b) princípio da indelegabilidade da jurisdição, isto é, por delegação do Estado o Juiz exerce a função jurisdicional e lhe é vedado transferi-la a quem quer que seja; c) princípio da aderência da jurisdição ao território, que faz pressupor um território para o seu exercício (v. *Gabriel de Rezende Filho*, "Curso de Direito Processual Civil", 1º vol. Caps. XI e XII, e *José Frederico Marques*, "Manual de Direito Processual Civil", 1975, vol. 1º, § 8º e seguintes).

Para *Prieto-Castro* ("Derecho Procesal Civil", tomo I, Madrid, p. 47) é *"a função com que o Estado, por meio de órgãos especialmente instituídos, realiza seu dever e seu direito de dirigir o processo e fazer com que se cumpra o fim da proteção jurídica do mesmo, aplicando as normas de direito objetivo aos casos suscitados pelo exercício de uma ação"*.

Lembra *Liebman* ("Manuale", p. 3 e ss.) que a jurisdição e o direito positivo têm em comum o objetivo de fazer com que as pessoas, na vida em sociedade, tenham comportamento condizente com os princípios da Justiça e do equilíbrio entre os grupos sociais. Todavia, enquanto a legislação é um conjunto de regras abstratas enunciando hipóteses criadas pela experiência anterior, a jurisdição procura aplicar a lei a casos concretos.

Jurisdição e processo estão em estreita correlação. Sem o processo, não poderia a jurisdição declarar o direito nos casos concretos. O processo, por seu turno, não lograria os fins para que foi criado sem a jurisdição, a única capaz de dar realidade a esses mesmos fins.

É a jurisdição um poder que promana da soberania estatal e, ao mesmo tempo, uma função consistente na aplicação do direito aos casos concretos.

Está implícito nesse poder um outro: o de dirigir o processo, que é o meio usado para que se aplique o direito e, também, para realizar integralmente o julgado.

O órgão encarregado do exercício da jurisdição, antes de aplicar a lei, tem de cuidar do processo.

Etimologicamente, é esse o significado do vocábulo "jurisdição": dizer o direito.

Numa palavra, jurisdição corresponde à função pública de fazer justiça.

É o mesmo que dizer ser ela "uma das funções do Estado, mediante a qual este se substitui aos titulares dos interesses em conflito para, imparcialmente, buscar a atuação da vontade do direito objetivo que rege, que lhe é apresentada em concreto para ser solucionada; e o Estado desempenha essa função sempre mediante o processo, seja expressando autoritativamente o preceito (através de uma sentença de mérito), seja realizando no mundo das coisas o que o preceito estabelece (através da execução forçada)" ("Teoria Geral do Processo", *Grinover, Cintra e Dinamarco*, 3. ed., Revista dos Tribunais, 1981, p. 83).

Durante muito tempo, jurisdição e competência foram sinônimos. Neste século fez-se a nítida distinção entre as duas palavras.

Hoje, ninguém discute que "a competência é uma medida da jurisdição" (*Couture*, "Fundamentos del Derecho Procesal Civil", 3. ed., p. 29). Portanto, a jurisdição é o todo, e, a competência, seu fragmento.

O mestre uruguaio dá-nos a seguinte definição de jurisdição: "função pública realizada por órgãos competentes do Estado, pelas formas requeridas pela lei, em virtude da qual, por ato de juízo, se determina o direito das partes, com o fim de dirimir seus conflitos e controvérsias de relevância jurídica, mediante decisões com autoridade de coisa julgada, eventualmente factíveis de execução" (obra citada, p. 40).

É teleológica essa definição. Deixa claro que o fim da jurisdição é dar efetividade ao direito, e seu objeto é a coisa julgada.

Por sua simplicidade e amplitude, impressiona o conceito de jurisdição dado por *João Monteiro*: "*é o poder das autoridades judiciárias, quando no desempenho de suas funções*" ("Teoria do Processo Civil", tomo I, p. 34).

É de direito material constitucional esse conceito.

Aplicar o direito às situações concretas de interesses em conflito é função inerente à soberania; é uma emanação do poder estatal.

Não julgamos adequado enfocar, aqui, as discussões alimentadas por *Calamandrei* e alguns outros eminentes processualistas de que a jurisdição só admite a cognição e não a execução. Basta dizer que, em nosso ordenamento jurídico, a execução é atividade jurisdicional.

E, em nosso País, cabe à Justiça do Trabalho a jurisdição trabalhista.

Como função do Estado, é una a jurisdição, mas, devido a exigências de ordem prática, como as da divisão do trabalho, tem ela várias espécies que correspondem à diversificada natureza dos litígios que deve compor.

A respeito dessa diversidade de formas de jurisdição, *Anselmo de Castro* escreveu estas palavras, que, também, exprimem o nosso pensamento:

"*Trata-se, porém, na realidade, de uma função unitária, por visar, em todos os seus ramos, ao mesmo e único fim de enunciar e tornar efetiva a norma jurídica concreta que, de acordo com o direito vigente, deve disciplinar uma determinada situação jurídica. Todo o órgão estatal, que atue nos limites deste escopo, está a realizar jurisdição, não interessando, portanto, o ramo do direito material que ele vise atuar*" ("Direito Processual Civil", Coimbra: Almedina, 1981, vol. I, p. 17).

Em todas essas formas de jurisdição, percebe-se a mesma finalidade: aplicação da norma legal a uma situação concreta. Por esse ângulo, é inegável a unidade da jurisdição.

Não são poucos aqueles que, partindo da unicidade da jurisdição, concluem que o processo deveria ser um só.

Em nosso País, é inviável essa unificação porque o processo trabalhista tem traços que o distinguem do processo comum. Afora isso, temos a Justiça especializada, que vem, com jurisprudência criativa, acentuando essas diferenças.

Dois são os ramos da jurisdição: penal e civil. É bem de ver que a jurisdição do trabalho se integra na jurisdição civil.

A jurisdição do trabalho, na Espanha, é chamada jurisdição social (*Alonso Olea* e *César Miñambres*, "Derecho Procesal del Trabajo", 6ª ed., Civitas, 1991).

Quando voltada para a composição de conflitos de interesses, é contenciosa a jurisdição.

Como fecho a este item, cumpre-nos assinalar que a Constituição Federal não inscreveu, entre os direitos fundamentais do cidadão, de modo expresso, o direito ao Juiz legal ou natural, como o fez a Constituição espanhola no § 2º do seu art. 24: "todos têm direito ao Juiz ordinário predeterminado na lei".

É certo, porém, que esse direito, em nosso ordenamento jurídico, é produto da combinação de vários dispositivos constitucionais com preceitos da legislação ordinária.

119. Jurisdição Voluntária

Jurisdição contenciosa é aquela que se dedica à solução dos conflitos — já o dissemos; jurisdição voluntária ou graciosa tem por fim a prática de atos de índole administrativa atribuídos ao poder judiciário para que fiquem bem resguardados os interesses das partes.

Essas duas espécies de jurisdição têm em mira a paz jurídica.

Estamos entre os autores que entendem inexistir o processo na jurisdição voluntária, mas apenas o procedimento, uma vez que não há conflito de interesses.

Em tempos passados (*Digesto*, I, 16, 2) definia-se a jurisdição voluntária como os procedimentos judiciais desprovidos da oposição das partes e nos quais a decisão do juiz não causa dano a quem quer que seja.

Os atos que são submetidos à jurisdição voluntária são aqueles em que a lei quer que assim se proceda. É evidente a contradição: ato de jurisdição voluntária é obrigatório.

Sem a manifestação judicial, determinados casos não adquirem eficácia jurídica, circunstância que obriga o interessado a socorrer-se da jurisdição impropriamente chamada de voluntária.

Os órgãos jurisdicionais trabalhistas são: Varas do Trabalho, Tribunais Regionais do Trabalho e Tribunal Superior do Trabalho.

Poucos são os casos de jurisdição voluntária no âmbito trabalhista.

Entre eles estão os estabilitários, que tinham essa condição quando da fusão dos regimes da CLT e do FGTS pela Lei n. 8.036, de 11 de maio de 1990. Nos termos do art. 500 da CLT, o pedido de demissão do empregado estável só será válido quando feito com a assistência do respectivo sindicato, e, se não o houver, perante autoridade local competente do Ministério do Trabalho ou da Justiça do Trabalho.

Numa palavra: o Estado, pela jurisdição voluntária, protege determinados interesses de modo especial.

Indo na esteira de *Chiovenda*, entendemos que a jurisdição contenciosa pressupõe a existência de partes em conflito; a jurisdição voluntária não tem autor e réu, mas apenas interessados (v. *Chiovenda*, "Principii" § 2º).

Calamandrei ("Instituciones de Derecho Procesal Civil", vol. I, Buenos Aires: Ediciones Europa-América, p. 191/2) diz, com a elegância e clareza de sempre:

"*Na zona fronteiriça entre a função jurisdicional e a administrativa, está a chamada jurisdição voluntária, a qual, ainda sendo, como veremos em seguida, função substancialmente administrativa, é subjetivamente exercida por órgãos judiciais e, por isso, se designa tradicionalmente com o nome equívoco de jurisdição, se bem acompanhado com o atributo de voluntária que tem a finalidade de distingui-la da verdadeira e própria jurisdição que, em contraposição, se designa de jurisdição contenciosa*".

O mestre italiano termina suas considerações em torno do tema afirmando que só a jurisdição chamada contenciosa é jurisdição, enquanto a jurisdição chamada voluntária não é jurisdição, mas é administração exercida por órgãos judiciais.

Numa palavra, a jurisdição voluntária vem a ser um ramo do que se costuma chamar de administração pública do direito privado, compreendendo atividades em que o Estado intervém para integrar a atividade dos particulares "dirigida à satisfação dos seus interesses mediante o desenvolvimento das relações jurídicas".

120. Da Competência

A jurisdição, embora una e indivisível, reclama para seu exercício a participação de vários órgãos do Poder Judiciário.

São os chamados círculos de competência que se formam quando o Estado soberano confere a atividade processual às várias partes que integram o Poder Judiciário.

A diversificação e o elevado número de processos em grandes concentrações humanas constrangem o Estado a estabelecer um critério de divisão de trabalho entre todos aqueles investidos do poder judicante.

Daí dizermos que os juízes — legalmente investidos em suas funções — têm jurisdição, mas só alguns têm competência para conhecer determinados litígios.

Em doutrina, é controvertido o conceito de competência.

Para *Pimenta Bueno*, é a faculdade que o juiz tem de exercer a jurisdição que lhe foi conferida em certos lugares ou sobre certas matérias, ou relativamente a certas pessoas, conforme a lei determina (v. "Formalidades", p. 31).

Paula Baptista diz mais ou menos a mesma coisa, embora de maneira mais concisa: poder de administrar a Justiça dentro dos limites marcados pela Lei.

Os dois insignes processualistas e muitos outros sublinham que o juiz pode ter a jurisdição, mas só pode exercê-la nos casos e circunstâncias definidas em lei.

A simplicidade do enunciado de *João Mendes Júnior* de que a competência é a medida da jurisdição deu-lhe grande popularidade. É ele, porém, criticável. A distinção entre competência e jurisdição não é de quantidade, mas de qualidade.

É jurisdição o que o juiz presta às partes e não competência. Logo, esta não pode ser a medida daquela.

Digna de registro a contribuição de *Von Bülow* para elucidação da matéria, ao demonstrar que a competência é um dos pressupostos processuais.

Lembra *Celso Neves* (*in* "Enciclopédia Saraiva de Direito", tomo 47, p. 118) que a competência tem um duplo aspecto: subjetivo e objetivo.

Subjetivamente, "é o atributo de capacidade para o exercício da jurisdição decorrente da investidura legítima. Objetivamente e por decorrência desse conceito, a competência surge como relação necessária de adequação legítima entre o processo e o órgão jurisdicional".

Em resumo, nos dias presentes não mais se tolera, o que acontecia outrora, qualquer confusão nos conceitos de jurisdição e competência.

Já dissemos que a jurisdição é função da soberania do Estado.

Nessa ótica, porém, não a visualizamos em termos absolutos e ilimitados, sem levar em conta o domicílio ou a nacionalidade das partes ou a ocorrência dos fatos litigiosos em território estrangeiro. Há que se atentar para as jurisdições de outros Estados soberanos.

A propósito da competência internacional reza o art. 12 da Lei de Introdução às Normas do Direito Brasileiro:

"É competente a autoridade judiciária brasileira, quando for o réu domiciliado no Brasil ou aqui tiver de ser cumprida a obrigação. § 1º Só à autoridade brasileira compete conhecer das ações relativas a imóveis situados no Brasil".

O CPC aumenta o alcance dessa norma ao dispor no art. 88:

"É competente a autoridade judiciária brasileira quando: I — o réu, qualquer que seja a sua nacionalidade, estiver domiciliado no Brasil; II — no Brasil tiver de ser cumprida a obrigação; III — a ação se originar de fato ocorrido ou de ato praticado no Brasil. Parágrafo único. Para o fim do disposto no n. I, reputa-se domiciliada no Brasil a pessoa jurídica estrangeira que aqui tiver agência, filial ou sucursal".

121. Conflitos de Competência

Desenha-se o conflito de competência quando dois juízes se consideram competentes para apreciar um litígio ou quando ambos se declaram incompetentes. A primeira hipótese corresponde ao conflito positivo de competência e, a segunda, ao conflito negativo.

Anteriormente, no Código de Processo Civil de 1939, era esse conflito chamado de jurisdição.

O atual Código, acertadamente, preferiu a expressão "conflito de competência".

Em verdade, não há conflito de jurisdição, porque esta é o poder estatal de distribuir justiça, e, na espécie, o que se discute é se este ou aquele Juiz tem, ou não, competência para julgar o feito.

Não se suscita conflito de competência quando já se proferiu a sentença definitiva. É o que também afirma a Súmula n. 59 do STJ:

"Não há conflito de competência se já existe sentença com trânsito em julgado, proferida por um dos juízos conflitantes".

Nos termos do art. 803 da CLT podem ocorrer os conflitos de competência entre: a) Varas do Trabalho e juízes de direito investidos na administração da Justiça do Trabalho; b) Tribunais Regionais do Trabalho; c) juízos e tribunais do trabalho e órgãos da Justiça Ordinária.

Ocorrendo conflito de competência entre juiz estadual e Juiz do Trabalho, a competência é do Tribunal Regional do Trabalho, com jurisdição sobre ambos (Súmula n. 180 do STJ).

A CLT passou ao largo do conflito de atribuições, isto é, o conflito entre o Poder Judiciário e as autoridades administrativas. Diz o art. 105, I, g, da Constituição Federal que compete ao Superior Tribunal de Justiça conhecer e julgar os conflitos de atribuições entre autoridades administrativas e judiciárias da União, ou entre autoridades judiciárias de um Estado e administrativa de outro ou do Distrito Federal, ou entre as deste e da União.

Consoante o art. 124 do CPC, *"os regimentos internos dos tribunais regularão o processo e julgamento do conflito de atribuições entre autoridade judiciária e autoridade administrativa".*

Dispõe o art. 805 da CLT que os conflitos de competência são suscitados: a) pelos Juízes e Tribunais do Trabalho; b) pelo Procurador-Geral e pelos Procuradores Regionais da Justiça do Trabalho; c) pela parte interessada ou o seu representante.

Além do Reclamante e do Reclamado, incluímos o litisconsorte e o assistente, desde que — quanto a este último — seu interesse não esteja em conflito com o do assistido.

Parece-nos claro que o Juiz deve abster-se de suscitar conflito de competência *ex ratione loci*, por ser prorrogável a competência em razão do lugar. Atente-se que o *foro de eleição* em contrato de adesão no processo civil passou a ter um tratamento diferenciado com a nova redação dada pela Lei n. 11.280, de 16.2.2006, ao parágrafo único do art. 112, do CPC, no sentido de que a *"nulidade da cláusula de eleição de foro, em contrato de adesão, pode ser declarada de ofício pelo juiz, que declinará de competência para o juízo de domicílio do réu".* De acordo com essa mesma lei, o art. 114, do CPC, teve sua redação alterada, no sentido de se prorrogar a competência, caso o juiz não lance mão dessa faculdade de declarar a nulidade no caso de foro de eleição em contrato de adesão em decorrência da incompetência em razão do lugar, ou incompetência relativa, *verbis*: "Prorrogar-se-á a competência se dela o juiz não declinar na forma do parágrafo único do art. 112 desta Lei ou o réu não opuser exceção declinatória nos casos e prazos legais". No processo do trabalho, essa questão de foro de eleição não tem repercussão, posto que as regras de competência em razão do lugar têm um caráter imperativo, que não podem ser afastadas por empregado e empregador ao celebrarem um contrato.

Nos casos de *ratione materiae* e *ratione personae*, por serem casos de competência absoluta, fica o Juiz obrigado de suscitar, em qualquer momento e em qualquer grau de jurisdição, o conflito de competência.

Depois de opor exceção de incompetência, é vedado à parte suscitar conflito de competência. Há-de aguardar o julgamento da exceção.

Se o próprio Juiz, de ofício, declara-se incompetente, dessa decisão é cabível agravo de instrumento.

Revela *Sahione Fadel* que o Supremo Tribunal Federal vem tratando com muita liberalidade a questão da incompetência relativa, tanto que tem admitido sua discussão, não em exceção, mas como preliminar da contestação ("CPC Comentado", 4ª ed., Forense, 1º vol., p. 242, 1981). No processo do trabalho, essa orientação se faz na audiência em que o Reclamado apresenta sua defesa. No caso de incompetência absoluta, pode ser invocada pela parte a qualquer momento e em qualquer grau de jurisdição. Não sendo, contudo, deduzida no prazo de contestação, ou na primeira oportunidade em que lhe couber falar nos autos, a parte responderá integralmente pelas custas, consoante o § 1º, do art. 113, do CPC

122. *A Competência e a Constituição após a Emenda Constitucional n. 45/2004*

Os limites da competência são definidos pela Constituição Federal, leis processuais e de organização judiciária.

Dá-nos a Constituição as linhas estruturais do Poder Judiciário e define as atribuições do Supremo Tribunal Federal, do Superior Tribunal de Justiça, da Justiça Federal e dos Tribunais Regionais Federais; da Justiça do Trabalho, eleitoral e militar.

Há questões processuais, no âmbito da Justiça do Trabalho, que têm de ser submetidas ao Supremo Tribunal Federal ou ao Superior Tribunal de Justiça, como, por exemplo, inconstitucionalidade de uma lei ou conflito de competência entre Juiz do Trabalho e Juiz da justiça comum.

O Supremo Tribunal Federal é composto de onze ministros, com mais de trinta e cinco e menos de sessenta e cinco anos de idade, de notável saber jurídico e reputação ilibada.

O Superior Tribunal de Justiça compõe-se, no mínimo, de trinta e três ministros, que devem satisfazer as mesmas exigências que a Constituição prevê para os membros da Corte Suprema. Esta é chamada, por meio de recurso extraordinário, a decidir controvérsias suscitadas no processo trabalhista julgadas em única ou última instância quando: a decisão recorrida contrariar dispositivo constitucional; declarar a inconstitucionalidade de tratado ou lei federal; julgar válida lei ou ato de governo local contestado em face da Constituição; julgar válida lei local contestada em face de lei federal. Esta última hipótese foi prevista pela Emenda Constitucional n. 45/2004.

Cabe, outrossim, ao Supremo Tribunal processar e julgar originariamente os conflitos de competência entre o Superior Tribunal de Justiça e quaisquer tribunais e entre o Tribunal Superior do Trabalho e outro tribunal superior (v. alínea *o* do inciso I do art. 102 da Constituição).

O § 3º do art. 119 da Constituição Federal de 1967, Emenda n. 1, de 1969, autorizava o Supremo Tribunal a elaborar seu regimento interno estabelecendo o processo e julgamento dos feitos de sua competência originária ou recursal e da arguição de relevância da questão federal, atribuindo, ainda, a seu presidente competência para conceder o *exequatur* a cartas rogatórias e para homologar sentenças estrangeiras.

A Constituição de 1988 limitou sensivelmente essa faculdade do Supremo Tribunal, dispondo no art. 96:

"Compete privativamente aos tribunais eleger seus órgãos diretivos e elaborar seus regimentos internos com observância das normas de processo e das garantias processuais das partes, dispondo sobre a competência e funcionamento dos respectivos órgãos jurisdicionais e administrativos".

Essa norma deu nascimento a uma dúvida quanto à sobrevivência, pós-88, das regras de natureza processual do regimento interno do Supremo Tribunal.

Este — como informa a RT 662/201 — decidiu que as normas processuais contidas em seu regimento interno foram recepcionadas pela atual Constituição, no que com ela se revelam compatíveis. O fato de não ter mais a outorga constitucional para edição das citadas normas mediante ato regimental apenas obstaculiza novas inserções no regimento, ficando aquém da derrogação quanto às já existentes à época da promulgação da nova Carta Política.

Compete ao Superior Tribunal de Justiça conhecer e julgar originariamente os conflitos de competência entre os Tribunais do Trabalho e os Tribunais Federais, ressalvado o disposto no art. 102, I (competência do Supremo Tribunal Federal), bem como entre tribunal e juízes a ele não vinculados e entre juízes vinculados a tribunais diversos.

Assim, um conflito entre Vara do Trabalho e Juiz comum cabe ao Superior Tribunal de Justiça apreciar.

Se, porém, o conflito envolve Varas do Trabalho, a competência é do Tribunal do Trabalho.

Nosso entendimento resulta de um processo de exclusão. Se o fato não se inclui na competência do Supremo Tribunal Federal nem do Superior Tribunal de Justiça, é evidente que será dos Tribunais do Trabalho.

A Emenda Constitucional n. 45, de 8.12.2004, publicada no DOU de 31.12.2004, deu nova redação ao art. 114, da Constituição Federal, ampliando apreciavelmente a competência da Justiça do Trabalho, *verbis*:

"Art. 114. Compete à Justiça do Trabalho processar e julgar:

I — as ações oriundas da relação de trabalho, abrangidos os entes de direito público externo e da administração pública direta e indireta da União, dos Estados, do Distrito Federal e dos Municípios;

II — as ações que envolvam exercício do direito de greve;

III — as ações sobre representação sindical, entre sindicatos, entre sindicatos e trabalhadores, e entre sindicatos e empregadores;

IV — os mandados de segurança, habeas corpus e habeas data, quando o ato questionado envolver matéria sujeita à sua jurisdição;

V — os conflitos de competência entre órgãos com jurisdição trabalhista, ressalvado o disposto no art. 102, I, o;

VI — as ações de indenização por dano moral ou patrimonial, decorrentes da relação de trabalho;

VII — as ações relativas às penalidades administrativas impostas aos empregadores pelos órgãos de fiscalização das relações de trabalho;

VIII — a execução, de ofício, das contribuições sociais previstas no art. 195, I, a, e II, e seus acréscimos legais, decorrentes das sentenças que proferir;

IX — outras controvérsias decorrentes da relação de trabalho, na forma da lei".

No caso da negociação coletiva ser frustrada, assegura a norma constitucional o poder às partes de eleger árbitro (art. 114, § 1º, CF/88).

Contudo, recusando-se qualquer das partes à negociação coletiva ou à arbitragem, é facultado às mesmas, de comum acordo, ajuizar dissídio coletivo de natureza econômica, podendo a Justiça do Trabalho decidir o conflito, respeitadas as disposições mínimas legais de proteção ao trabalho, bem como as convencionadas anteriormente, como estabelece o § 2º, do art. 114, da CF/88, com redação dada pela Emenda Constitucional n. 45, já citada.

Por força dessa mesma Emenda, em caso de greve em atividade essencial à sociedade, com possibilidade de lesão do interesse público, o Ministério Público do Trabalho poderá ajuizar dissídio coletivo, competindo à Justiça do Trabalho decidir o conflito (art. 114, § 3º). Essa titularidade do Ministério Público do Trabalho relativamente ao dissídio coletivo de greve é, no caso, concorrente relativamente ao empregador exercente da atividade essencial à sociedade. Quer dizer, esse empregador poderá, também, ajuizar o dissídio coletivo de greve, o que desobriga o Ministério Público do Trabalho em ajuizar também essa ação. Com isso, haverá o respeito do direito individual desse empregador de acesso ao Poder Judiciário, conforme lhe garante o disposto no art. 5º, XXXV, da Constituição Federal: "XXXV — a lei não excluirá da apreciação do Poder Judiciário lesão ou ameaça a direito".

122.1. Hermenêutica da Norma Constitucional em Geral e da Norma Constitucional Processual do Trabalho

Como aqui estamos examinando certos dispositivos constitucionais (art. 114), devemos fazer algumas considerações acerca das técnicas que são utilizadas para bem se descobrir o real significado da norma neles inserta. Para isso, devemos utilizar da denominada hermenêutica.

A hermenêutica tem por finalidade o estudo sistemático dos processos utilizados na fixação do sentido e da abrangência das normas legais. As regras de hermenêutica são (a) legais (arts. 5º, 6º e 7º, da Lei de Introdução às Normas do Direito Brasileiro), (b) de jurisprudência, criadas pelos tribunais, e (c) científicas, apontadas pelos doutrinadores.

Estão compreendidas na hermenêutica (a) a interpretação (b) a integração — que se desdobra na analogia, na equidade, na jurisprudência, princípios gerais do direito (v. art. 8º, da CLT); e (c) a aplicação da lei no tempo e no espaço territorial.

De origem etimológica grega, a hermenêutica tem sua genealogia no deus Hermes, que era o intérprete da vontade divida. Hermenêutica, em um sentido amplo, quer dizer "compreender o significado do mundo", conforme *Heidegger*.

Já a interpretação, como parte integrante da hermenêutica, "tem origem latina — *interpres* — que designava aquele que descobria o futuro nas entranhas das vítimas. Tirar das entranhas ou desentranhar era, portanto, o atributo do *interpres*, de que deriva para a palavra interpretar com o significado específico de desenhar o próprio sentido das palavras da lei, deixando implícito que a tradução do verdadeiro sentido da lei é algo bem guardado, entranhado, portanto, em sua própria essência" (cf. *Fernando Coelho*, s/ob. "Lógica jurídica e interpretação das leis", Forense, 1981, p. 182).

É curial que, em termos interpretativos, os Princípios Fundamentais da República Federativa do Brasil (arts. 1º ao 4º, CF/88) têm precedência quanto à enunciação dos Direitos e Garantias Fundamentais (art. 5º a art. 17). Porém, isto não quer dizer que essa precedência acarrete o surgimento de uma hierarquia entre as normas constitucionais, de modo a classificá-las em normas superiores e normas secundárias. Na verdade, todas são normas fundamentais.

A interpretação da Constituição Federal é uma necessidade constante, pois somente por meio da conjugação da letra do texto com as características do momento — históricas, políticas e outras essenciais para a inteligência da sociedade e da compreensão do ser humano — encontrar-se-á o melhor sentido e conteúdo da norma jurídica, em confronto com a realidade sociopolítico-econômica. Com isso, deseja-se encontrar sua plena eficácia.

Em sua preciosa obra "Fundamentos da Constituição", *Moreira Canotilho*, enumera os princípios e regras interpretativas das normas constitucionais, quais sejam:

a) da unidade da constituição: a interpretação constitucional deve ser realizada de maneira a evitar contradições entre suas normas;

b) do efeito integrador: na resolução dos problemas jurídico-constitucionais, deverá ser dada maior primazia aos critérios favorecedores da integração política e social, bem como ao reforço da unidade política;

c) da máxima efetividade ou da eficiência: a norma constitucional deve ser atribuído o sentido que maior eficácia lhe conceda;

d) da justeza ou da conformidade funcional: os órgãos encarregados da interpretação da norma constitucional não poderão chegar a uma posição que subverta, altere ou perturbe o esquema organizatório-funcional constitucionalmente estabelecido pelo legislador constituinte originário;

e) da concordância prática ou da harmonização: exige-se a coordenação e combinação dos bens jurídicos em conflito de forma a evitar o sacrifício total de uns em relação aos outros;

f) da força normativa da constituição: entre as interpretações possíveis, deve ser adotada aquela que garanta maior eficácia, aplicabilidade e permanência das normas constitucionais (ob. cit., p. 136, Coimbra, 1991).

Além desses princípios muito bem analisados por *Canotilho*, impõe-se que haja a necessidade de delimitação do âmbito normativo de cada norma constitucional. Com isso, identifica-se sua razão de existência, finalidade e extensão. Atente-se, ainda, que uma norma constitucional tem uma finalidade ou função útil no ordenamento, não sendo cabível uma interpretação que lhe suprima ou diminua essa finalidade ou função.

E mais, ainda.

Surgiu, no universo jurídico, em tempo recente, a opinião de que a ideologia é imprescindível na interpretação das leis, de modo geral. Pela ideologia, é feita a valoração que leva aos objetivos da ação do homem dentro da sociedade. Segundo essa corrente, na interpretação se há de levar em conta a apontada valoração predominante num dado momento social, o que importa dizer ter ela de modificar-se à medida que se transforma o contexto social.

Por outras palavras, não se vai buscar o significado da norma na vontade histórica do legislador, mas do intérprete no instante em que se pretende aplicar a lei a uma situação concreta.

A crítica que fazemos a esse método de interpretação é que lhe é implícita a ideia de que a maioria da sociedade segue a ideologia invocada na análise do texto legal. E a minoria que não abraça essa ideologia como deve entender a lei? O exame de uma lei não tolera discriminação ideológica, sob pena de cairmos em uma ditadura criada pelas pessoas que julgam.

Aqui lembramos de *Kelsen*. Para ele ("Teoria General del derecho y del Estado", p. 140 e ss.) o intérprete extrai da norma legal as várias decisões que ela comporta e escolhe uma delas. Assim, a interpretação não equivale a uma atividade puramente intelectual, mas a um ato de vontade. Na raiz desse ato de vontade, estão múltiplas influências que não se há de desconhecer. O pensamento kelseniano — descritivo como é — não é rejeitado por nós.

Como dito anteriormente, o Direito do Trabalho desgarrou-se do Direito Civil, o que explica o fato de, até hoje, perceber-se em sua interpretação, métodos usados na fonte original. Não é, portanto, de surpreender que esses ramos do Direito estejam submetidos às mesmas regras da hermenêutica (ciência da interpretação das leis).

É certo, porém, que o intérprete do Direito do Trabalho não deve olvidar dos seus princípios gerais (*in dubio pro operario*; da norma mais favorável; condição mais benéfica, da irrenunciabilidade; da continuidade; da primazia da realidade).

Assim, no caso de a norma legal admitir várias interpretações, deve o juiz ou o doutrinador dar preferência àquela mais favorável ao trabalhador. De passagem, assinalamos que, segundo alguns bons autores, esse princípio — *pro misero* — se enraíza no art. 5º da Lei de Introdução às Normas de Direito Brasileiro:

"Na aplicação da lei, o juiz atenderá aos fins sociais a que ela se dirige e às exigências do bem comum".

Mas, semelhante reflexão leva à conclusão de que o princípio *in dubio pro operario* não é peculiar ao Direito do Trabalho. Ademais disso, pode acontecer que dado interesse do trabalhador não se case com os fins sociais da lei nem corresponda ao bem comum.

Giorgio Ardau critica o princípio *pro misero*. No seu entender, o intérprete da lei deve socorrer-se de todas as normas e princípios que lhe permitem aplicá-la à situação concreta de forma condizente com a justiça, sem levar em conta a condição social das partes interessadas. Embora não aceitemos, *in totum*, o pensamento de *Ardau*, serve ele de advertência aos aplicadores da Lei trabalhista para que apliquem com prudência o princípio *in dubio pro operario*, precipuamente em matéria probatória, que possui regras próprias.

Harmoniza-se esse princípio com a finalidade primordial do Direito do Trabalho de tutelar o assalariado contra a maior força econômica de seu empregador, mas de forma tal que não venha causar a este último dano capaz de inibi-lo na realização de outros investimentos dentro do processo produtivo.

No Direito do Trabalho, o intérprete deve — enfim — dar maior ou menor ênfase a este ou aquele princípio geral a fim de atender às circunstâncias de que se revestirem os conflitos de interesses entre o assalariado e seu empregador.

Em síntese, a aplicação desses princípios e regras de interpretação objetiva buscar a harmonia do texto constitucional com suas finalidades precípuas, adequando-as à realidade e pleiteando a maior aplicabilidade dos direitos, garantias e liberdade públicas.

Impõe-se, ainda, dizer que, já de há muito, fixou-se na boa doutrina que o espírito da lei nunca poderá ser invocado contra a liberdade, mas só a favor, aplicando-se aqui a orientação hermenêutica vazada em fundos moldes liberalistas, mas, sempre, tentando salvar seu conteúdo por mácula à Constituição. O esforço atual de interpretação é no sentido de se evitar que, com a declaração de inconstitucionalidade abrupta, crie-se um indesejável vazio jurídico, provocando a insegurança na estrutura social.

Por exemplo, o direito fundamental do cidadão à prestação jurisdicional impede um tipo de raciocínio de que uma greve em atividade não essencial à sociedade fique à margem do Poder Judiciário, como alguns estão a sustentar.

Ora, sob o influxo de uma crítica realista, a ideologia liberal-individualista, já nos albores do século passado, estava se transformando, sendo que *François Geny*, de modo incisivo, escrevia: "Estamos hoje muito longe de ver no direito positivo apenas uma barreira indispensável contra as violações da liberdade. No conjunto social, de que todos fazemos parte, cada um de nós tem uma missão própria, que lhe é imposta por um ideal imperativo de coletividade, e a liberdade não é senão um meio, para cada um de melhor desempenhar esta missão positivamente determinada pelo direito" ("Méthode et Sources", vol. I, p. 201).

Por sua vez, *Roscoe Pound,* o grande jurisconsulto norte-americano, em harmonia com essa linha de pensamento, doutrinava: "Onde o último século via somente interesses individuais, o direito de hoje está cada vez mais subsumindo-os aos interesses sociais. Onde o último século via todos os interesses afirmados em termos de vida individual, o direito de hoje está, cada vez mais, vendo-os como afirmados em termos ou a título de vida social. Onde o último século pendia para um ideal de competidora afirmação individual, o direito de hoje está se voltando para um ideal de cooperação" ("A Comparison of Ideals of Law, na Harvard Law Review", vol. XLII, nov. de 1939).

Que esta nova ideologia político-social esteja em íntima conexão, com os métodos modernos de interpretação, não parece difícil demonstrá-lo. Ela se entrelaça intimamente aos novos métodos de interpretação, uma vez que ela vê, no direito e na lei, alguma coisa mais do que uma barreira indispensável contra as violações da liberdade. Ela vê, na lei, os fins a que esta se destina, o elemento ético, o lado sociológico. E a interpretação da lei deverá servir-se de tais elementos.

Por fim, não devemos nos esquecer do brilhante constitucionalista argentino Prof. Segundo *Linares Quintana*, que em seu clássico "Tratado de la Ciencia del Derecho Constitucional", (vol. II, 1953, p. 425-468) desenvolve o tema da interpretação, construção e integração do direito constitucional. Lembra a opinião de *Rafael Bielsa* ("La Protección constitucional y el recurso extraordinário", p. 304-305):

"A Constituição tem um fim ou fins. A apreciação dos fins implica a opção por um método teleológico, e não positivo e lógico-formal, já que quando juiz julga, não se limita a um exercício de lógica formal... O juiz examina o valor da norma ou do princípio constitucional. Nesta apreciação intelectual, pela qual o administrador e o juiz decidem visando ao fim, consiste precisamente o emprego do método teleológico, cuja virtude é maior no direito público, segundo se viu no próprio ensaio de vários anos da Constituição alemã... O juiz que julga, apoiado no método teleológico, da constitucionalidade de uma lei ou de um ato administrativo (lei no conceito material), pode apreciar o elemento político, mas não no sentido com que o faria o legislador, mas com referência à Constituição ou norma fundamental. E somente assim pode livrar-se o juiz de invadir a órbita reservada ao legislador, e ao mesmo tempo manter o princípio da separação dos poderes".

Assim, a perquirição do conteúdo teleológico da norma constitucional processual do trabalho há de exercer sempre decisiva influência na interpretação, que invariavelmente deverá inclinar-se a favor da proteção e do amparo da liberdade do indivíduo, assim como da efetividade de valores éticos que operam dominantemente no direito constitucional trabalhista, como a justiça, a igualdade, o bem-estar geral etc.

Apesar dessa perquirição do conteúdo teleológico ser importantíssima nesse processo intelectual de interpretação da norma constitucional processual do trabalho, não devemos nos esquecer das palavras de *Coqueijo Costa*, que condensou tudo que acabamos de dizer nas seguintes regras, verbis: "a) igualdade das partes (contraditório, repartição das provas, prazos); b) economia dos Juízos: o máximo de atuação da lei com o mínimo de atividade processual; c) de nada vale a interpretação gramatical ou literária: a letra mata e o espírito vivifica (neste ponto, afastamo-nos, com pesar, do pensamento do saudoso processualista ao afirmar a inocuidade da interpretação gramatical. Entendemos que tal espécie de interpretação, em se tratando de lei dotada de clareza que se ajusta, à perfeição, ao litígio *sub judice*, realiza plenamente os seus fins); d) justifica-se a interpretação das leis processuais com espírito equitativo, principalmente no direito processual coletivo do trabalho; e) os Tribunais de Trabalho, por sua função social, têm obrigação de interpretar equitativamente as normas processuais do trabalho *con dulzor de justicia para los obreros* (*Trueba Urbina*), de acordo com o espírito, pressupostos e convicções sociais que lhes dão vitalidade; f) o princípio da celeridade beneficia a classe trabalhadora, dado o caráter alimentar do salário; no processo do trabalho "a lentidão se transforma em irritante denegação da Justiça", como pontua *José A. Arlas;* g) em casos de dúvida, interpreta-se a favor do empregado, que é o mísero (art. 18 da Lei mexicana do Trabalho)" (cf. s/ob "Direito Processual do Trabalho", 2. ed., Forense, § 18, 1984).

Tendo em vista todas essas regras de interpretação, vejamos como aplicá-las a um caso concreto. Indaga-se, então: a Justiça do Trabalho pode julgar uma greve desencadeada em uma atividade não essencial à sociedade?

Nessa esteira de se identificar a finalidade social para a qual foi criada a norma contida no art. 114, II, da Constituição (*"II — as ações que envolvam exercício do direito de greve"*), cabe ao Poder Judiciário a obrigação de verificar se a resistência do empregador às postulações dos empregados é legal, ou não. E, constatando, por exemplo, que a postulação dos trabalhadores é justa e legal, a Justiça do Trabalho irá impor ao empregador o comando condenatório respectivo, evitando-se, assim, que um movimento paredista tenha repercussões negativas para a sociedade como um todo, já que ela é sacudida, também, pelos efeitos maléficos da suspensão do processo econômico naquela empresa.

Por esses mesmos motivos acima elencados, repelimos o argumento de que o conflito de interesses subjacente ao movimento grevista em atividade não essencial só poderá ser discutido e julgado em um dissídio coletivo ajuizado perante a Justiça do Trabalho no caso de haver comum acordo para esse ajuizamento. O comum acordo entre as partes para o ajuizamento da ação coletiva é uma exigência feita, apenas, para o caso do dissídio coletivo de natureza econômica, como se lê do § 2º, do art. 114, da Constituição Federal.

Condicionar o exercício da ação de dissídio coletivo de greve em uma atividade não essencial à vontade da outra parte litigante é mutilar esse direito de ação judicial previsto de forma ampla no art. 114, II, da Constituição. Essa exigência de comum acordo não se refere ao dissídio coletivo de greve, mas sim ao dissídio coletivo de natureza econômica. Assim, a norma constitucional, que garante o direito fundamental à prestação jurisdicional pelo Estado, visa a impedir, precisamente, que os conflitos de interesses subjacentes a uma greve em uma atividade não essencial à sociedade sejam solucionados mediante a força bruta, que é prejudicial a todos.

Diante disso, concluímos, assim, que não merece prosperar o pensamento de que uma greve deflagrada em uma atividade não essencial à sociedade deve ficar fora da apreciação do Poder Judiciário. Mesmo nesse caso, esse tipo de greve sempre provocará perturbações de toda ordem para o todo social, o que desaconselha que ela fique à margem da prestação jurisdicional do Estado.

122.2. Competência da Justiça do Trabalho para Processar e Julgar

Ao colocar a Justiça do Trabalho como parte integrante do Poder Judiciário, a Constituição de 1946 estabeleceu no seu art. 123 que ela tinha a competência para "conciliar e julgar" os dissídios individuais e coletivos entre empregados e empregadores. Essa previsão constitucional de "conciliar e julgar" os litígios foi repetida no art. 134, da Constituição de 1967, no art. 142, da Emenda Constitucional n. 1/1969 e no art. 114 da Constituição de 1988.

Contudo, a Emenda Constitucional n. 45/2004, que deu nova redação ao *caput* do art. 114, estabelece que a Justiça do Trabalho passa a ter a competência para "processar e julgar" os litígios trabalhistas. Alguns intérpretes dessa norma constitucional, entendem que, por não ter o legislador usado da expressão "conciliar e julgar", mas, sim, da expressão "processar e julgar", a Justiça do Trabalho, ficou impedida de promover a "conciliação" entre os litigantes. Deixam eles entrever que o art. 764, da CLT não teria sido recepcionado pela nova norma constitucional.

Temos pensamento em contrário.

Primeiramente, entendemos que o legislador atual usou da expressão "processar e julgar" para compatibilizar a redação desse artigo 114 com a redação dos outros dispositivos constitucionais que cuidam da competência dos outros órgãos do Poder Judiciário.

Essa expressão "processar e julgar" é utilizada pelos arts. 102, I, 105, I, 108, I, que cuidam, respectivamente, da competência originária do Supremo Tribunal Federal, do Superior Tribunal de Justiça e dos Tribunais Regionais Federais. Essa mesma expressão é usada no art. 109, desse mesmo diploma, ao tratar da competência dos juízes federais. Nesses dispositivos constitucionais não é utilizada a expressão "conciliar e julgar", e não é por isso que devemos entender maculado pela inconstitucionalidade os artigos 447 a 449, do CPC, que tornam obrigatória a tentativa de conciliação nos litígios sobre direitos de família e patrimoniais. Ninguém até hoje ousou dizer que tais artigos são inconstitucionais, não podendo, por consequência, o juiz federal promover a conciliação pelo simples fato do art. 109, I, não prever essa atribuição conciliatória.

Por segundo, essa atribuição de o juiz trabalhista promover, ou não, a conciliação, é de natureza própria de legislação ordinária e não de legislação constitucional, posto que a atividade "conciliatória" está abrangida pela atividade de "processar" uma lide.

Na boa doutrina e linguagem forense, a palavra "processar" é empregada no sentido de proceder, instaurar processo, autuar, intentar demanda, propor ação, dar queixa ou dar denúncia. Tem ela o significado de ir a juízo — civil, penal, trabalhista — intentar um processo contra alguém. Claro está que um juiz não poderá promover a conciliação se alguém não for até ele para apresentar sua postulação.

Daí a necessidade do juiz ter a competência de "processar" o pedido na forma da lei. E, prevendo a lei ordinária, a necessidade do juiz promover a conciliação, deve ela ser cumprida obrigatoriamente. Assim, o art. 764, da CLT ("Os dissídios individuais ou coletivos submetidos à apreciação da Justiça do Trabalho serão sempre sujeitos à conciliação"), foi plenamente recepcionado pela nova redação do *caput* do art. 114, da Constituição, dada pela Emenda n. 45/05, apesar de não ter sido utilizado aí a expressão "conciliar", posto que a conciliação é matéria própria de legislação ordinária. Na forma desse dispositivo consolidado, o que é obrigatório não é a conciliação, mas a sua tentativa.

Lembre-se que desde a primeira Constituição Republicana de 1891, até a atual, sempre foi dito que os órgãos do Poder Judiciário tinham a competência para "processar e julgar" esta ou aquela pretensão. Nunca se discutiu que os juízes não poderiam promover a conciliação, quando possível, e na forma da lei ordinária, por não constar do texto constitucional a competência de "conciliar e julgar" uma lide. E mais. Nas Constituições estaduais, ocorre a mesma coisa.

O termo "conciliação" é derivado do latim *conciliatio*, de *conciliare* — atrair, harmonizar, ajuntar. Entende-se o ato pelo qual duas ou mais pessoas desavindas a respeito de certo negócio, põem fim à divergência amigavelmente. Está, assim, na conformidade de seu sentido originário de "harmonização" a respeito do que se diverge. Desse modo, a conciliação, tecnicamente, tanto pode indicar o acordo amigável, como o que se faça, judicialmente, por meio da transação, que termina o litígio.

122.3. Inciso I, art. 114, CF. Espécies da Relação de Trabalho. Relação de Emprego. Estatutário e "Celetista". Pessoa Jurídica de Direito Público Externo

Estabelece o inciso I, do art. 114 da CF/88, que compete à Justiça do Trabalho processar e julgar "as ações oriundas da relação de trabalho, abrangidos os entes de direito público externo e da administração pública direta e indireta da União, dos Estados, do Distrito Federal e dos Municípios."

Para bem se entender esse dispositivo, impõe-se que se faça a distinção entre relação de trabalho e relação de emprego e entre servidor estatutário e servidor "celetista", sem se falar que esse inciso I precisa ser estudado em conjunto com o inciso IX desse mesmo art. 114, que diz competir à Justiça do Trabalho processar e julgar as "outras controvérsias decorrentes da relação de trabalho, na forma da lei".

Ora, a *relação de trabalho* nada mais é do que uma relação jurídica, devendo esta ser entendida para indicar o "vínculo jurídico", que une uma pessoa, como titular de um direito, ao objeto deste mesmo direito. Com absoluta precisão *Edmond Picard* assevera em sua histórica obra "O Direito Puro" que na "relação" entre o sujeito e objeto de um direito se tem o "coração", a "medula" do próprio direito, porque é ela o "conteúdo" dele, marcando-lhe o valor e a importância e o definindo em seu elemento mais significativo. Assim, quando se rompe esse liame ou se interrompe a comunicação produzida por ele, entre o sujeito e objeto do direito, há uma ofensa ao direito de outrem e se recorre à Justiça para reconduzi-lo em sua situação anterior, restabelecendo o vínculo, que se partira.

No dizer de *Manuel A. Domingues de Andrade*, a relação jurídica, vem a ser, unicamente, "a relação da vida social disciplinada pelo Direito, mediante a atribuição a uma pessoa em sentido jurídico de um direito subjetivo e a correspondente imposição a outra pessoa de um dever ou de uma sujeição" (s/ob. "Teoria Geral da Relação Jurídica", Coimbra: Almedina, 1974, tomo I, p. 2).

Passando ao largo da farta discussão doutrinária acerca da natureza da relação de trabalho, devemos dizer que ela é o vínculo jurídico (fato jurídico) que serve de causa a direitos e obrigações do prestador de serviços e do tomador destes. O núcleo da relação de trabalho é a prestação de serviços contínuos, ou não, e subordinados, ou não, objeto de um contrato bilateral em que o prestador de serviço se obriga a realizar uma atividade sob certas condições, mas mediante retribuição pecuniária. Por outro lado, o tomador de serviço tem o direito de exigir a prestação devida pela outra parte, mas se obriga a lhe pagar aquilo que foi ajustado.

A relação de trabalho é o gênero, sendo que a relação de emprego é uma de suas espécies. Como manifestação da relação de emprego, temos o contrato regido pela CLT, como se infere da leitura do art. 442, da CLT: "contrato individual de trabalho é o acordo tácito ou expresso, correspondente à relação de emprego". A característica básica da relação de emprego é a subordinação jurídica de quem presta serviço contínuo, como apontado no art. 3º, desse mesmo diploma legal.

Se é certo que, em doutrina, não se procura diferenciar a relação de trabalho da relação de emprego, acreditamos que o legislador patrício quis dar àquela significado mais amplo do que à esta última. No art. 1º, da Consolidação das Leis do Trabalho — CLT — menciona-se a relação individual do trabalho e, no art. 442, se diz que o contrato de trabalho correspondente à relação de emprego. Isso nos autoriza a dizer que a relação do trabalho abarca a relação de emprego e a relação resultante do contrato de empreitada em que figura o pequeno empreiteiro, v. g., a que alude o art. 652, III, também da CLT. A diferença entre ambos os conceitos, em nosso sistema legal, destina-se a atender a algo que lhe é peculiar, mas que é irrelevante no plano doutrinário (cf. "Curso de Direito do Trabalho", *Eduardo Gabriel Saad*, LTr, 2000, p. 29).

Todavia, com a Emenda Constitucional n. 45/2004, acredita-se que a doutrina pátria irá se esforçar para fazer o perfeito delineamento entre a relação de trabalho e a relação de emprego, o que permitirá se enfrentar uma aparente contradição (mas inexistente, desde já afirmamos) entre o inciso I e o inciso IX, do art. 114, da Constituição, como mais à frente iremos sustentar.

Lembre-se, ainda, que, na dicção de *Manuel Alonso Olea*, "trabalho humano é aquele realizado pelo homem, seja no manejo da matéria — trabalho manual — seja através de uso de símbolos — trabalho intelectual" (cf. s/ob. "Introdução ao Direito do Trabalho", 4. ed., LTr, 1984, p. 16). E, para *Nitti* (*apud Orlando Gomes*, "Introdução ao Direito do Trabalho", Forense, 1944, p. 5), "por trabalho deve-se entender toda energia humana empregada para obter fim produtivo".

Não perde sua qualificação de trabalho, aquele que se realiza mediante o uso de toda a sorte de equipamentos, eis que eles dependem da iniciativa do homem para se movimentarem, rumo a um fim predeterminado. De outra parte, é bem de ver que não existe um trabalho exclusivamente manual ou intelectual. O que acontece é que, no manual, prevalece o esforço físico sobre o esforço cerebral; no trabalho intelectual ocorre o inverso: mais trabalho mental e menos físico.

Por derradeiro, o trabalho humano, que dá origem à relação de trabalho, é uma atividade e tem por fim: a) promover à subsistência de quem o executa; b) o aperfeiçoamento intelectual (estudos profissionais, pesquisas científicas etc.) e c) atividades lúdicas. Nessa ordem de pensamento, diz-se, também, que o trabalho humano goza de tutela especial quando prestado subordinadamente e porque, de regra, dirigido para fins econômicos consistentes na produção de bens ou de serviços.

Colocada a questão nesses termos, devemos dizer que, além da relação de emprego regida pela CLT, são espécies da relação de trabalho, por exemplo, as seguintes:

a) *a de prestador de serviços*, disciplinada pelo art. 593 e seguintes do Código Civil de 2002. Essa espécie de relação de trabalho era denominada de locação de serviços pelo antigo Código Civil de 1916. Seguindo a terminologia adotada pela legislação previdenciária, esse prestador de serviços é denominado "trabalhador autônomo", assim entendido como sendo "aquele que exerce habitualmente, e por conta própria, atividade profissional remunerada; o que presta serviços a diversas empresas, agrupado ou não em sindicato, inclusive os estivadores, conferentes e assemelhados; o que presta, sem relação de emprego, serviço de caráter eventual a uma ou mais empresas; o que presta serviço remunerado mediante recibo, em caráter eventual, seja qual for a duração da tarefa" (art. 4º, *c*, da Lei n. 5.890/73);

b) *a de agência ou de distribuição*, disciplinada pelo art. 710 e seguintes do Código Civil de 2002. O contrato de agência, que comumente se traduz na chamada representação comercial, que é regulada pela Lei n. 4.886/1965, caracteriza-se pelo fato de o agente assumir a obrigação de providenciar a realização de negócios, em nome de outra pessoa dentro de certo limite territorial. No dizer de *Ricardo Fiúza*, existe diferença entre contrato de agência e de distribuição: "impende distinguir o agente do distribuidor, porquanto este último caracteriza-se como tal ao dispor do bem a ser negociado e aquele desempenha a agência sem a disponibilidade da distribuição do referido bem" ("Novo Código Civil Comentado", coordenação dele, Saraiva, p. 644);

c) *a de mandato*, prevista no art. 653 e ss. do Código Civil de 2002. Esse contrato se opera quando alguém recebe de outrem poderes para, em seu nome, praticar atos ou administrar interesses. A procuração é o instrumento do mandato;

d) *a de depósito*, regrada pelo art. 627 e seguintes do Código Civil de 2002. Por esse tipo de contrato, o depositário recebe um objeto móvel para guardar até que o depositante o reclame. Trata-se, portanto, de um trabalho que aquele irá prestar a este último;

e) *a de comissão*, disciplinada pelo art. 693 e seguintes do Código Civil de 2002. Esse tipo de contrato tem por objeto a aquisição ou a venda de bens pelo comissário, em seu próprio nome, à conta do comitente. É outra espécie de trabalho;

f) *a de corretagem*, inscrita no art. 722 e seguintes do Código Civil de 2002. Por esse contrato, uma pessoa, não ligada a outra em virtude de mandato, de prestação de serviços ou por qualquer relação de dependência, obriga-se a obter para a segunda um ou mais negócios, conforme as instruções recebidas. Na forma do art. 729 desse mesmo diploma legal, não ficam excluídas de aplicação as outras normas previstas em lei especial, tais como a que disciplina a profissão de corretor de seguros (Lei n. 4.594, de 29.12.1964 e Decreto-lei n. 73/1966, arts. 122 a 128); a profissão de corretor imóveis (Lei n. 6.530/1978); a profissão de corretor nas Bolsas de Valores e de corretagem de valores mobiliários fora da Bolsa (Lei n. 6.385/1976, art. 16 e seu parágrafo único); a profissão de corretor oficial de valores (Lei n. 2.146/53); a profissão de corretor de planos previdenciários das entidades abertas de previdência privada (Decreto n. 81.402, de 23.2.1978, arts. 43 a 56);

g) *a de transporte de pessoas e coisas*, disciplinada pelo art. 730 e seguintes do Código Civil de 2002. Por esse tipo de contrato alguém se obriga, mediante retribuição, a transportar, de um lugar para outro, pessoas ou coisas. Temos aqui uma outra modalidade de trabalho;

h) *a de empreitada*, regrada pelo art. 610 e seguintes do Código Civil. Empreitada é o contrato pelo qual uma das partes se obriga, mediante remuneração e sem subordinação ou dependência, a fazer e entregar determinado trabalho para o outro contraente. Nesse caso, o empreiteiro de uma obra pode ser contratado apenas para realizar trabalho ou, então, realizar trabalho e fornecer os materiais. *Washington de Barros Monteiro* afirma que *"a empreitada constitui também uma prestação de serviço, conquanto de natureza especial; tantas são as afinidades entre ambas que, muitas vezes, fácil não é distinguir um e outro contrato, cujo objeto, em última análise, é o mesmo: o trabalho humano"* (s/ob "Curso de Direito Civil", vol. 5, Saraiva, 2003). Confirmando essas palavras do saudoso mestre patrício de ser difícil a distinção entre a empreitada e a prestação de serviços, *Fabrício Zamprogna Matiello* sustenta que aquela primeira é uma "avença que pode visar à construção de prédios, casas, pontes, demolições, aterros, canalizações e tudo o que for lícito e passível de consecução pelo trabalho humano, inclusive atividades de caráter imaterial e intelectual, como escrever livros e novelas, compor músicas etc." (s/ob "Código Civil Comentado", LTr, 2003, p. 230). Como a seguir apontaremos, o art. 652, III, da CLT, estabelece a competência da Justiça do Trabalho para os casos em que esteja presente o "pequeno empreiteiro".

Essas formas de execução do trabalho humano acima elencadas exemplificativamente (de prestador de serviços ou autônomos, de agência ou de distribuição, de representação comercial, de mandato, de depósito, comissão, corretagem, transporte de pessoas e coisas, empreitada, que não seja executada por "pequeno empreiteiro" etc.) nada mais são do que espécies de uma relação de trabalho. Porém, asseveramos nós, estão essas espécies fora da competência da Justiça do Trabalho em virtude de inexistir, até o presente momento, lei ordinária, conforme o disposto no art. 114, inciso IX, da Constituição.

Para objetar essa nossa assertiva, alguém poderá sustentar que o inciso I, do art. 114, da Constituição, estabelece de forma ampla, sem fazer distinção alguma, que existe a previsão de que toda ação oriunda da relação de trabalho é da competência da Justiça do Trabalho, abrangendo os entes de direito público nele identificados e, inclusive, os entes de direito privado.

Essa interpretação emprestada a tal dispositivo não merece guarida.

O inciso I é destinado ao setor público exclusivamente. Nesse inciso, entendemos que o legislador constituinte usou da expressão "relação de trabalho", exclusivamente, para confirmar seu pensamento de que todos os que trabalham para os entes de direito público externo e interno, seja pelo regime da CLT (isto é, servidores denominados "celetistas") ou sob outras modalidades de "relação de trabalho" como acima apontadas para esses casos de "relação de trabalho", estarão eles sob a jurisdição da Justiça do Trabalho, não havendo necessidade de lei ordinária para identificar quais seriam as hipóteses. Isto é, não haverá necessidade de lei para as pessoas de direito público externo ou interno. Todavia, por não serem "celetistas" e nem sujeitos a uma relação de trabalho, aqueles servidores regidos pelo seu Estatuto dos Funcionários ficam fora da competência material da Justiça do Trabalho.

A redação desse inciso I emprestada pela Emenda Constitucional n. 45, de 2004, provoca, por certo, apreciáveis discussões. Confirmando essa nossa assertiva, encontra-se em trâmite perante o STF a Ação Direta de Inconstitucionalidade n. 3.395-6, sendo certo que lhe foi emprestado efeito suspensivo pelo Ministro Nelson Jobin exatamente nesse sentido: "Mesmo que se entendesse a ocorrência de inconstitucionalidade formal, remanesceria vigente a redação do *caput* do art. 114, na parte que atribui à Justiça trabalhista a competência para as "relações de trabalho" não incluídas as relações de direito administrativo". E, nesse despacho foi consignado que "suspendo, *ad referendum*, toda e qualquer interpretação dada ao inciso I, do art. 114, da CF, na redação dada pela EC n. 45/2004, que inclua na competência da Justiça do Trabalho a apreciação de causas que sejam instauradas entre o Poder Público e seus servidores, a ele vinculados por típica relação de ordem estatutária ou de caráter jurídico-administrativo" (DOU 4.2.05).

Já o inciso IX, do art. 114, reputamos ser destinado para o setor privado, sendo que o legislador usou da expressão "relação de trabalho", mas dependendo de lei ordinária. São casos já disciplinados pela vigente legislação ordinária os concernentes à "relação de emprego", que é uma espécie de "relação de trabalho". Essa hipótese é disciplinada pela CLT, sendo certo que ela mesmo diz ser da competência da Justiça do Trabalho o julgamento das ações relativas aos trabalhadores e aos empregadores (art. 652).

É também a lei (a CLT) que diz que as pretensões dos trabalhadores avulsos (art. 643) e dos pequenos empreiteiros (art. 652, III) serão dirimidos por ela, Justiça do Trabalho. Considera-se pequeno empreiteiro aquele que executa o trabalho sem a colaboração de empregados seus e de outros colaboradores.

Assim, inexiste qualquer colisão entre os incisos I e IX, do art. 114, da Constituição, como alguns vislumbram.

Por fim, devemos fazer a distinção entre "servidor público estatutário" e o servidor "celetista". Como já dissemos, o inciso I, do art. 114, abarca estes últimos, cujas ações serão julgadas pela Justiça do Trabalho, ficando o servidor público estatutário fora dela.

Servidor público é aquele que presta serviços às repartições que integram a administração direta ou indireta das referidas pessoas jurídicas do nosso Direito Público Interno. É o servidor público o gênero do qual são espécies o funcionário público, o funcionário autárquico e o empregado paraestatal. Funcionários públicos são os exercentes de cargo ou função pública, de criação legal, na linha da administração direta (v. Dec.-lei n. 200, de 25 de fevereiro de 1967). Estão sujeitos às normas do Estatuto elaborado pelo Poder Público federal, estadual ou municipal. O funcionário autárquico distingue-se do funcionário público, sobretudo porque integra o serviço descentralizado, ao passo que o segundo se liga à administração direta. Há, ainda, o empregado paraestatal que serve a entidades privadas incumbidas, por lei, de funções de interesse público, mediante delegação ou autorização do Estado.

Regime estatutário é o que deriva da aplicação de leis, regulamentos e portarias unilateralmente estabelecidos pelo Estado, prescrevendo os direitos e deveres dos funcionários públicos perante a Administração Pública. O Estado, portanto, não contrata seus funcionários. Nessa atividade, o Estado não tem em vista o interesse particular do servidor, mas o interesse social. A investidura do funcionário no cargo obriga-o a cumprir todas as disposições do estatuto. O servidor que se encontrar em tal situação — funcionário público ou autárquico — não pode invocar normas da CLT para postular direitos na Administração Pública mas sim a Lei n. 8.112, de 11.12.1990, que instituiu o regime jurídico único dos servidores públicos civis da União.

Lembre-se que a Lei n. 9.962, de 22 de fevereiro de 2000, com escora na Emenda Constitucional n. 19/1998, distingue entre o funcionário exercente de atividades típicas do Estado submetido ao regime estatutário, e os demais servidores regidos pela CLT, contratados após a sua vigência.

Como já dito anteriormente, o servidor público estatutário fica excluído de sua competência.

No que tange às *pessoas de direito público externo*, as ações oriundas da relação de trabalho contra tais pessoas são de competência da Justiça do Trabalho, conforme o disposto no art. 114, I, da Constituição. Sobre essa matéria, merece ser citado *Arnaldo Süssekind* que sustenta não ter sido extinta a imunidade de jurisdição por essa norma constitucional. Competirá, portanto à Justiça do Trabalho decidir se na hipótese em foco existe imunidade e, existindo, analisar a eventual renúncia expressa à imunidade jurisdicional em algum tratado internacional. Essas suas palavras se apoiam no acórdão de 7.8.1990, do STF, na AP. n. 02 — DF, rel. Ministro Francisco Rezek, *in Revista do STF* n. 13, Brasília (s/ob coletiva "Justiça do Trabalho: competência ampliada", LTr, maio/2005, p. 24).

Nessa mesma obra, esclarece *Süssekind* que a matéria em foco é objeto de diversos tratados que os Estados aderem por ato soberano, limitando, assim, sua jurisdição. Aqui merecem ser citados os seguintes instrumentos internacionais, que foram ratificados pelo Brasil: a Convenção de Viena sobre Relações Diplomáticas, de 1961; a Convenção de Viena sobre Relações Consulares, de 1963; a Carta das Nações Unidas, de 1945, art. 105; a Convenção sobre Privilégios e Imunidades das Agências Especializadas das Nações Unidas, de 1947. Já no âmbito americano, cabe destacar o Código de Bustamante, de 1928, art. 333, e a Carta da Organização dos Estados Americanos, de 1948, arts. 139 a 141.

Nesses instrumentos internacionais é admitida a renúncia expressa à imunidade jurisdicional, mas que não alcança os atos executórios, sejam eles de caráter administrativo, judiciário ou legislativo. Preveem eles que deve ocorrer nova e explícita renúncia sobre os atos executórios, inclusive, ou, então, preveem eles a proibição dessa renúncia para essa fase do processo.

122.4. Inciso II, art. 114, CF. Greve em Atividade Essencial e Não Essencial. Ocupação da Empresa e as Ações Possessórias

Na forma desse inciso II, compete à Justiça do Trabalho processar e julgar *"as ações que envolvam exercício do direito de greve"*, direito esse previsto no art. 9º, da Constituição Federal e regulamentado pela Lei n. 7.783, de 28.6.1989.

Observamos que o legislador constituinte estabeleceu ser da competência da Justiça do Trabalho todas as modalidades de ações cujas pretensões decorrem do exercício do direito de greve, posto que aí não foi feito qualquer tipo de restrição ou distinção. Aqui devemos aplicar a regra de hermenêutica que diz o seguinte: *"onde a lei não distingue, descabe o intérprete distinguir"*.

Desde já, afirmamos que, em caso de greve em atividade essencial ou não à sociedade, a Justiça do Trabalho tem a competência para: (a) declarar ou não a abusividade do movimento; (b) examinar todos os atos ilícitos praticados durante a greve, com exclusão dos atos com repercussão na área criminal; (c) julgar as ações possessórias; (d) examinar todas as pretensões subjacentes ao movimento grevista, mesmo que o dissídio coletivo de greve tenha sido ajuizado sem que haja o comum acordo entre as partes litigantes.

Dito isso, indaga-se se uma empresa, exercente de uma atividade considerada não essencial à sociedade, no caso de ser paralisada por seus trabalhadores, tem o direito de ajuizar o chamado Dissídio Coletivo de Greve perante a Justiça do Trabalho, postulando a respectiva prestação jurisdicional.

Desde já, respondemos pela afirmativa: essa empresa, que foi paralisada por um movimento grevista "selvagem" ou não, e o Sindicato de seus trabalhadores têm a titularidade da ação de dissídio coletivo de greve.

Com fulcro nesse inciso II, do art. 114, reconhecemos nós, indubitavelmente, que a Justiça do Trabalho, mesmo com a Emenda Constitucional n. 45/2004, tem a competência *ratione materiae* para processar e julgar o denominado dissídio coletivo de greve, inclusive na hipótese da empresa paralisada pelo movimento grevista não exercer uma atividade considerada essencial à sociedade.

Apesar da clareza de tal mandamento, alguns sustentam que a Justiça do Trabalho não pode examinar a ação relativa à greve, seja no seu aspecto formal, seja no seu aspecto material, este entendido como o conflito de interesses entre empregado e empregador subjacente ao movimento grevista. Dizem eles que essa impossibilidade decorre de dois argumentos:

a) o art. 114, § 3º, da Constituição Federal, teria restringido a titularidade do dissídio coletivo de greve ao Ministério Público do Trabalho no caso da paralisação ocorrer em atividade considerada essencial à sociedade. Com isso, argumentam essas pessoas que existe o impedimento do empregador ou o sindicato dos trabalhadores de se socorrerem da Justiça do Trabalho no caso de greve em atividades consideradas não essenciais para a sociedade. Por consequência dessa ausência de essencialidade, o respectivo sindicato dos trabalhadores dessas empresas não teria, também, a titularidade dessa ação. No dizer dessas pessoas, teriam essas empresas e empregados que se digladiarem até a exaustão, ficando cerradas as portas da Justiça do Trabalho para eles nesta hipótese;

b) o art. 114, § 2º, da Constituição Federal, exige que haja comum acordo para o ajuizamento de um dissídio coletivo. Os que comungam desse pensamento arrematam que, inexistindo acordo entre as partes em litígio, não poderá ser ajuizado esse dissídio coletivo de greve pela empresa desprovida dessa essencialidade de suas atividades ou pelo sindicato de seus empregados.

Não comungamos desses pensamentos, pelo simples motivo de que esses §§ 3º e 2º, precisamente por serem meros parágrafos, não podem restringir a aplicação da norma contida no *caput* do art. 114, II, que determina ser da competência da Justiça do Trabalho o julgamento de todo e qualquer tipo de pretensão decorrente de um movimento grevista, inclusive do conflito de interesses de natureza econômica subjacente a ele. Desde já, merece aqui ser relembrado o velho brocardo da hermenêutica de que descabe ao intérprete distinguir onde a lei não distingue.

Senão, vejamos o primeiro argumento de que a titularidade da ação do Ministério Público do Trabalho em matéria de greve exclui a titularidade da mesma ação por empresas não exercentes de atividades essenciais e pelo próprio sindicato dos empregados delas.

Recebeu o art. 114, da CF, mais um § 3º, estabelecendo que o Ministério Público do Trabalho poderá (e não deverá) ajuizar o dissídio coletivo de greve em caso de greve em atividade essencial, *verbis*:

"*Art. 114 — .... (omissis).*

§ 3º — Em caso de greve em atividade essencial, com possibilidade de lesão do interesse público, o Ministério Público do Trabalho poderá ajuizar dissídio coletivo, competindo à Justiça do Trabalho decidir o conflito".

É compreensível que o constituinte derivado tenha acometido ao Ministério Público do Trabalho essa faculdade de ajuizar esse tipo de dissídio coletivo em caso de greve em atividade essencial, com risco de lesão do interesse público.

Isso porque o legislador estava atento às disposições disciplinadoras dessa importante e necessária instituição para o estado democrático, notadamente ao disposto no art. 127 ("O Ministério Público é instituição permanente, essencial à função jurisdicional do Estado, incumbindo-lhe a defesa da ordem jurídica, do regime democrático e dos interesses sociais e individuais indisponíveis") c/c art. 129, II ("São funções institucionais do Ministério Público: II — zelar pelo efetivo respeito dos Poderes públicos e dos serviços de relevância pública aos direitos assegurados nesta Constituição, promovendo as medidas necessárias a sua garantia"), ambos da Constituição Federal/88.

A titularidade dessa ação de Dissídio Coletivo de Greve do Ministério Público do Trabalho é concorrente com a titularidade dessa mesma ação da empresa que exerça uma atividade essencial. Isto é, não ajuizando o Ministério Público essa ação, a empresa exercente desse tipo de atividade essencial poderá fazê-lo também. E o contrário também.

Assim, ajuizada a ação por esse tipo de empresa, o órgão ministerial fica dispensado de ajuizar do Dissídio de Greve. Essa titularidade concorrente da ação deriva da aplicação do art. 5º, LV e XXXV, da Constituição Federal, isto é, não poderia ser subtraído da empresa exercente de uma atividade não essencial o direito de ajuizar essa ação, também.

Acresce dizer que a titularidade constitucional dessa ação do Ministério Público do Trabalho já encontrava agasalho no art. 83, VIII da Lei Complementar n. 75/1993 (Lei Orgânica do Ministério Público da União), posto que aí foi dito que compete ao órgão "*instaurar instância em caso de greve, quando a defesa da ordem jurídica ou o interesse público assim o exigir*". Não havia a necessidade do legislador elevar essa questão ao patamar de norma constitucional.

Quer dizer, interpretando *a contrario sensu* o § 3º, do art. 114, da Constituição, o Ministério Público do Trabalho ficou mais uma vez impedido, agora por força de imperativo de ordem constitucional, de ajuizar o Dissídio Coletivo de Greve na hipótese de a paralisação atingir uma empresa exercente de uma atividade não essencial para a sociedade (ver nesse mesmo sentido o robusto artigo "A Reforma do Poder Judiciário — O Dissídio Coletivo e o Direito de Greve", do eminente Ministro do TST José Luciano de Castilho Pereira", ob. coletiva "Justiça do Trabalho: Competência Ampliada", LTr, 2005, p. 252/3).

E o que é considerada uma atividade essencial, como prevista nesse art. 114, § 3º e no art. 9º, § 1º, ambos da Constituição Federal?

Na forma da Lei n. 7.783, de 28.6.89, disciplinadora do exercício do direito de greve, existe a identificação dos serviços ou atividades essenciais em seu art. 10, *verbis*: "*Art. 10. São considerados serviços ou atividades essenciais: I — tratamento e abastecimento de água, produção e distribuição de energia elétrica, gás e combustíveis; II — assistência médica e hospitalar; III — distribuição e comercialização de medicamentos e alimentos; IV — funerários; V — transporte coletivo; VI — captação e tratamento de esgoto e lixo; VII — telecomunicações; VIII — guarda, uso e controle de substâncias radioativas, equipamentos e materiais nucleares; IX — processamento de dados ligados a serviços essenciais; X — controle de tráfego aéreo; XI — compensação bancária*".

Alguns hermeneutas do art. 114, § 3º, da Constituição Federal, sustentam que o fato da norma aí restringir o ajuizamento da ação pelo Ministério Público do Trabalho aos casos de greve em uma empresa exercente de uma atividade essencial para a sociedade, as empresas que não tenham esse tipo de atividade essencial não seriam titulares da ação de Dissídio Coletivo de Greve.

Com o devido respeito a tal tipo de interpretação, existe um equívoco aí. Isso porque o próprio *caput* desse art. 114 estabelece, claramente, no seu inciso II que a Justiça do Trabalho terá a competência material para julgar as ações em geral que envolvam o exercício do direito de greve, sem fazer qualquer tipo de restrição, isto é, se a greve envolve a paralisação de uma empresa que exerça ou não uma atividade essencial. Essa norma constitucional não restringiu a competência da Justiça do Trabalho a este ou aquele tipo de conflito de interesses, que esteja subjacente ao movimento grevista. Ao contrário, deixou claro que ela terá a competência para o julgamento de todas as ações, e, portanto, para o de todas as pretensões decorrentes do exercício da greve.

Não havendo qualquer tipo de distinção quanto ao tipo de atividade da empresa nesse inciso II do citado dispositivo constitucional em seu *caput*, por certo que descabe seu intérprete proceder qualquer tipo de distinção, Aplica-se aqui, portanto, esse velho brocardo latino de que "onde a lei não distingue, o intérprete fica vedado a proceder qualquer tipo de distinção".

E mais. Aqueles que vislumbram que o § 3º do art. 114, restringe a titularidade da ação ao Ministério Público do Trabalho apenas ao ajuizamento do dissídio coletivo de greve em atividade essencial, olvidam-se da regra básica de interpretação de que o contido em um parágrafo não pode alterar ou restringir o contido no *caput* de um artigo.

Assim, como o *caput* do art. 114, II, consagra a obrigação da Justiça do Trabalho em julgar todas as ações relativas ao exercício de greve sem fazer qualquer tipo de distinção, é curial que um simples parágrafo seu (§ 3º) não poderá ser aplicado de forma a mutilar de morte o direito aí consagrado a empregados e empregadores de ajuizarem, querendo, o respectivo dissídio coletivo na forma da lei ordinária, disciplinadora da matéria, no caso de paralisação de uma empresa exercente de uma atividade essencial ou não à sociedade.

Tal tipo de interpretação deve ser realizada nesses termos para que haja o respeito de todas as outras normas constitucionais, notadamente aquela inscrita como direito fundamental do cidadão no art. 5º, XXXV, da nossa *Lex Legum*, *verbis*: "a lei não excluirá da apreciação do Poder Judiciário lesão ou ameaça a direito".

O sempre citado e aplaudido *Arnaldo Süssekind* comunga desse mesmo pensamento, entendendo ele que neste caso precisa haver o respeito a esse direito fundamental, como se infere da leitura de suas precisas palavras, *verbis*: *"64. Afigura-se-nos ser este o procedimento facultado a qualquer das partes envolvidas no conflito coletivo, quando o prosseguimento da greve estiver lesando ou ameaçando violar legítimo direito da categoria representada. Até porque seria desarrazoado que a Carta Magna se limitasse a proteger o interesse público no suporte fático da greve e deixasse sem solução a lesão ao interesse privado, muitas vezes com repercussão na comunidade, ferindo, portanto interesse públicos"* (cf. seu artigo "As Relações Individuais e Coletivas de Trabalho na Reforma do Poder Judiciário", in ob. coletiva citada, fls. 29, LTr, 2005).

Lembre-se que tal direito fundamental do cidadão à prestação jurisdicional por parte do Estado precisa ser interpretado dessa forma. Ora, se a letra não obsta a liberdade, não é lícito excluí-la pelo espírito da lei. Como corolário desse princípio, se, ao invés, a letra obsta a liberdade, e o espírito favorece, o intérprete deverá sobrepor o espírito liberal à letra rigorosa.

Já de há muito fixou-se na boa doutrina que o espírito da lei nunca pode ser invocado contra a liberdade, mas só a favor, aplicando-se aqui a orientação hermenêutica vazada em fundos moldes liberalistas, mas, sempre, tentando salvar seu conteúdo por mácula à Constituição. O esforço atual de interpretação é no sentido de se evitar que, com a declaração de inconstitucionalidade abrupta, crie-se um indesejável vazio jurídico, provocando a insegurança na estrutura social.

Esse direito fundamental do cidadão à prestação jurisdicional impede um tipo de raciocínio de que uma greve em atividade não essencial à sociedade fique à margem do Poder Judiciário.

E essa norma constitucional, que garante o direito fundamental à prestação jurisdicional pelo Estado, visa a impedir, precisamente, que os conflitos de interesses subjacentes a uma greve em uma atividade não essencial à sociedade sejam solucionados mediante a força bruta, que é prejudicial a todos.

Assim, a perquirição do conteúdo teleológico da norma constitucional há de exercer sempre decisiva influência na interpretação, que invariavelmente deverá inclinar-se a favor da proteção e do amparo da liberdade do indivíduo, assim como da efetividade de valores éticos que operam dominantemente no direito constitucional, como a justiça, a igualdade, o bem-estar geral etc.

Nessa esteira de se identificar a finalidade social para a qual foi criada a norma contida no art. 114, II, da Constituição, se de um lado o direito de greve é um direito fundamental do trabalhador, claro está que ele deve ser exercido dentro dos exatos termos da lei, cabendo ao Poder Judiciário a obrigação de verificar se a resistência do empregador às postulações dos empregados é legal, ou não. E, constatando que a postulação dos trabalhadores é justa e legal, a Justiça do Trabalho irá impor ao empregador o comando condenatório respectivo, evitando-se, assim, que um movimento paredista tenha repercussões negativas para a sociedade como um todo, já que ela é sacudida, também, pelos efeitos maléficos da suspensão do processo econômico naquela empresa.

Por esses mesmos motivos acima elencados, repelimos o argumento de que o conflito de interesses subjacente ao movimento grevista em atividade não essencial só poderá ser discutido e julgado em um dissídio coletivo ajuizado perante a Justiça do Trabalho no caso de haver comum acordo para esse ajuizamento.

Condicionar o ajuizamento da ação à vontade da outra parte litigante no caso de greve em uma atividade não essencial, é mutilar esse direito de acesso ao judiciário, como previsto de forma ampla no art. 114, II, da Constituição. Essa exigência de comum acordo não se refere ao dissídio coletivo de greve.

Concluímos, assim, que não merece prosperar o pensamento de que uma greve deflagrada em uma atividade não essencial à sociedade deve ficar fora da apreciação do Poder Judiciário. Mesmo nesse caso, a greve sempre provocará perturbações de toda ordem para o todo social, o que desaconselha que ela fique à margem da prestação jurisdicional do Estado.

No caso dos grevistas ocuparem ou ameaçarem ocupar o local de trabalho, somos de pensamento de que o empregador deverá utilizar das ações possessórias perante a 1ª instância da Justiça do Trabalho. Como esse fato decorre do movimento grevista, claro está que ela é a justiça competente e não a Justiça estadual, posto que esse inciso III, do art. 114, da CF, não faz qualquer tipo de distinção. Aí é dito, cristalinamente, que compete à Justiça do Trabalho processar e julgar as "ações que envolvam o exercício do direito de greve".

A competência da 1ª instância da Justiça do Trabalho deriva do art. 653, "f", da CLT: "Compete, ainda, às Varas do Trabalho: f) exercer, em geral, no interesse da Justiça do Trabalho, quaisquer outras atribuições que decorram da sua jurisdição". Descabe, assim, ao Tribunal do Trabalho a competência originária para essas modalidades de ação possessória.

Todavia, o STJ julgou o Conflito de Competência n. 46.577-ES e entendeu ser a Justiça Comum competente para apreciar esse tipo de conflito, como se observa da leitura da seguinte ementa: "*Conflito de competência. Interdito proibitório. Livre acesso de funcionários e clientes à agência bancária. Realização de greve. Ação de natureza possessória. Questão de direito privado e não de natureza trabalhista. Precedentes. 1. A causa de pedir e o pedido do interdito proibitório, não adentram matéria de cunho trabalhista, fixando-se a competência da Justiça Comum Estadual para processar e julgar aquele feito. Por outro lado, resta evidente a competência da Justiça Laboral para a apreciação da ação civil pública quanto aos demais pedidos nitidamente trabalhistas relativos ao movimento paredista.*" (DJU de 4.5.2005).

Entendemos que não merece prosperar tal posição jurisprudencial pelas razões expostas acima e porque, sem dúvida, a Justiça do Trabalho é muito mais sensível a esse tipo de questões do que a Justiça Comum estadual.

Esse pensamento nosso foi agasalhado pelo STF ao editar sua Súmula Vinculante n. 23, vazada nos seguintes termos: "*A Justiça do Trabalho é competente para processar e julgar ação possessória ajuizada em decorrência do exercício do direito de greve pelos trabalhadores da iniciativa privada*".

122.5. Inciso III, art. 114, CF — Ações sobre Representação Sindical. Eleição Sindical. Cobrança de Contribuições de Natureza Sindical

Estabelece esse inciso que a Justiça do Trabalho tem a competência para processar e julgar "as ações sobre representação sindical, entre sindicatos, entre sindicatos e trabalhadores, e entre sindicatos e empregadores". Com esteio nesse dispositivo, entendemos que todas as ações que digam respeito direta ou indiretamente à representação sindical são de competência da Justiça do Trabalho, inclusive envolvendo federações ou confederações sindicais.

A "representação" deriva do latim *repraesentatio de repraesentare* (apresentar, estar presente, reproduzir). É o vocábulo empregado na linguagem jurídica nos mais variados sentidos, embora todos eles se fixem na acepção etimológica do vocábulo. Em um significado amplo, calcado no conceito etimológico do vocábulo, podemos dizer que representação significa reprodução, ato de estar presente, apresentação à vista.

Juridicamente, a representação é a instituição, de que se derivam poderes, que investem uma determinada pessoa de autoridade para praticar certos atos ou exercer certas funções, em nome de alguém ou em alguma coisa. Ela pode ser de dois tipos: (a) convencional, quando ela é instituída por acordo das partes, isto é, pela outorga de poderes conferidos pela pessoa àquela que o vai representar ou agir em seu nome; (b) legal, quando é a própria lei que promove a investidura, determinando os atos que podem ser praticados pelo representante.

Já a representação sindical compreende os atos que podem e devem ser praticados pela entidade sindical, na forma da lei e da convenção dos representados, trabalhadores ou empregadores, conforme o caso. Depois da Constituição garantir que a lei não poderá exigir autorização do Estado para a fundação de sindicato, ressalvado o registro no órgão competente, vedadas ao Poder Público a interferência e a intervenção na organização sindical (art. 8º, I), ela mesma proíbe a criação de mais de uma organização sindical, em qualquer grau, representativa de categoria profissional ou econômica, na mesma base territorial, que será definida pelos trabalhadores e empregadores interessados, não podendo ser inferior à área de um Município.

Havendo, assim, conflitos decorrentes de representação de uma entidade sindical, a Justiça do Trabalho é competente para processá-los e julgá-los a partir da Emenda Constitucional n. 45, de 2004, pois, até então, tais conflitos eram julgados pela Justiça Comum.

Como manifestação dessa representação sindical, temos as questões relativas às eleições sindicais como um todo, e que são de competência da Justiça do Trabalho, como já decidiu o Superior Tribunal de Justiça no Conflito de Competência n. 48.372, que teve como Relator o Ministro João Otávio de Noronha. Seu acórdão foi publicado no DJU de 1º.8.2005 com a seguinte ementa:

"*Processual civil. Conflito de competência. Processo eleitoral sindical. Representação sindical. Art. 114, inciso III, da CF. Alteração introduzida pela EC n. 45/2004. Aplicação imediata. Competência da Justiça do Trabalho. 1. As novas disposições do art. 114, inciso III, da Constituição Federal, introduzidas com a promulgação da Emenda Constitucional n. 45/2004, têm aplicação imediata e atingem os processos em curso. 2. Diante do alcance do texto constitucional sub examine, as ações relacionadas com processo eleitoral sindical, conquanto sua solução envolva questões de direito civil, inserem-se no âmbito da competência da Justiça do Trabalho, uma vez que se trata de matéria subjacente à representação sindical.*"

Como um outro aspecto da representação sindical, temos a contribuição sindical, que tem natureza tributária, sendo que parte dela (20%) é destinada à "Conta Especial Emprego e Salário" do Ministério do Trabalho e Emprego. Até então, a cobrança dessa contribuição era da competência da Justiça Comum, em virtude de jurisprudência cristalizada na Súmula n. 87 do extinto Tribunal Federal de Recursos, e que foi repetida na Súmula n. 222 do Superior Tribunal de Justiça, *verbis*: "Compete à Justiça Comum processar e julgar as ações relativas à contribuição sindical prevista no art. 578 da CLT".

Todavia, a partir da Emenda Constitucional n. 45/2004, o Superior Tribunal de Justiça passou a entender que essa sua súmula não era mais aplicável, fixando, assim, o entendimento de ser competente a Justiça do Trabalho para a cobrança da contribuição sindical, como se observa da leitura da ementa do Conflito de Competência n. 2005/0058541-7-PR, de lavra do Ministro Castro Meira.

Nessa v. decisão ficou consignado que, *"1) Após a Emenda Constitucional n. 45/04, a Justiça do Trabalho passou a deter competência para processar e julgar não só as ações sobre representação sindical ("externa" — relativa à legitimidade sindical, e "interna" — relacionada à escolha dos dirigentes sindicais), como também os feitos intersindicais e os processos que envolvam sindicatos e empregadores ou sindicatos e trabalhadores. 2) As ações de cobrança de contribuição sindical propostas pelo sindicato, federação ou confederação respectiva contra o empregador, após a Emenda, devem ser processadas e julgadas pela Justiça Laboral. 3) Precedente da Primeira Seção. 4) A regra de competência prevista no art. 114, III, da CF/88, produz efeitos imediatos, a partir da publicação da EC n. 45/04, atingindo os processos em curso, ressalvado o que já fora decidido sob a regra de competência anterior. 5) Após a Emenda, tornou-se inaplicável a Súmula n. 222/STJ. 6. A competência em razão da matéria é absoluta, e, portanto, questão de ordem pública, podendo ser conhecida pelo órgão julgador a qualquer tempo e grau de jurisdição. Embora o conflito não envolva a Justiça do Trabalho, devem ser remetidos os autos a uma das varas trabalhistas de Guarapuava/PR"* (DJU de 1º.8.05, p. 305).

Se até a contribuição sindical, que tem natureza tributária por ser instituída por lei, é da competência da Justiça do Trabalho após essa Emenda n. 45, por mais razão é de sua competência, também, a cobrança da contribuição confederativa, da contribuição assistencial e de outras contribuições, que são fixadas por deliberação da assembleia das entidades sindicais na forma de seus estatutos sociais. São tais contribuições manifestação da denominada "representação sindical", inscrita no suso inciso III, do art. 114.

122.6. Inciso IV, art. 114, CF — Mandado de Segurança, *Habeas Corpus* e *Habeas Data*

Esse inciso IV estabelece que são da competência da Justiça do Trabalho o processamento e julgamento dos *"mandados de segurança, habeas corpus e habeas data, quando o ato questionado envolver matéria sujeita à sua jurisdição".*

Não pende mais qualquer discussão acerca do cabimento desses remédios constitucionais na Justiça do Trabalho, desde que eles sejam usados contra ato relativo à matéria de sua jurisdição.

Somos de pensamento de que é da competência da Justiça do Trabalho o mandado de segurança impetrado contra ato de membro do Ministério Público do Trabalho, no que tange a suas atribuições, vg, tramitação de um inquérito civil, e contra ato de membro da fiscalização do Ministério do Trabalho e Emprego.

Nesse sentido, temos, também, o posicionamento da douta Procuradora Geral da Justiça do Trabalho, no seguinte sentido: "Desde logo se pode dizer que eventuais mandados de segurança envolvendo, por exemplo, a atuação do Ministério Público do Trabalho (em especial na condução de procedimentos administrativos, como os inquéritos civis) haverão de ser apreciados na Justiça do Trabalho. Dada a competência estabelecida no inciso VII, do art. 114, da Constituição Federal ("as ações relativas às penalidades administrativas impostas aos empregadores pelos órgãos de fiscalização das relações de trabalho"), o julgamento de mandados de segurança impetrados contra Auditores Fiscais, por exemplo, também caberá à Justiça do Trabalho" (ob. coletiva, *Sandra Lia Simon*, "Nova Competência da Justiça do Trabalho", LTr, p. 350).

Não mais se discute a permissibilidade, no Direito Processual do Trabalho, do mandado de segurança que, nos termos do inciso LXIX do art. 5º da CF, se concederá *"para proteger direito líquido e certo não amparado por habeas corpus, seja qual for a autoridade responsável pela ilegalidade ou abuso de poder".* A Lei vigente, de n. 12.016, de 7.8.2009, disciplina o processo do mandado de segurança individual e coletivo. Direito líquido e certo é aquele cuja existência independe da produção de quaisquer provas. É cabível o mandado de segurança contra ato de autoridade judiciária, desde que não caiba recurso previsto em lei como *remedium juris* com efeito suspensivo. Aliás, é o que dispõe expressamente o art. 5º, inc. II, da referida Lei n. 12.016/09. Nos arts. 678, 679 e 702, desta Consolidação, há regras de competência para julgar mandados de segurança. No item 281 cuidamos dos aspectos inconstitucionais da correição ou reclamação correicional, como sustentado por certos autores.

O inciso LXX, do artigo acima referido da CF, instituiu o mandado de segurança coletivo impetrável por organização sindical. Está ele regulamentado pelos arts. 21 e seguintes da Lei n. 12.016/09.

Foi repetida aquela norma contida nesse inciso LXX do art. 5º, da CF, de que a organização sindical, entidade de classe ou associação legalmente constituída e em funcionamento há, pelo menos, 1 ano, podem impetrar esse remédio constitucional na defesa dos direitos líquidos e certos da totalidade ou de parte dos seus membros ou associados, na forma dos seus estatutos, e desde que pertinentes às suas finalidades, dispensada, para tanto, autorização especial de assembleia.

Conforme o parágrafo único do art. 21, dessa Lei, os direitos protegidos pelo mandado de segurança coletivo podem ser: **a) coletivos**, assim entendidos, para efeito desta Lei, os transindividuais, de natureza indivisível, de que seja titular grupo ou categoria de pessoas ligadas entre si ou com a parte contrária por uma relação jurídica básica; **b) individuais homogêneos**, assim entendidos, para efeito desta Lei, os decorrentes de origem comum e da atividade ou situação específica da totalidade ou de parte dos associados ou membros do impetrante.

Esse dispositivo legal não prevê a hipótese do mandado de segurança coletivo ser impetrado pela entidade sindical para a defesa dos **interesses ou direitos difusos**, assim entendidos na forma do parágrafo único do art. 81, do Código de Defesa do Consumidor, os transindividuais, de natureza indivisível, de que sejam titulares pessoas indeterminadas e ligadas por circunstâncias de fato.

Saliente-se que, no mandado de segurança coletivo, a sentença fará coisa julgada limitadamente aos membros do grupo ou categoria substituídos pelo impetrante. O mandado de segurança coletivo não induz litispendência para as ações individuais, mas os efeitos da coisa julgada não beneficiarão o impetrante a título individual se não requerer a desistência de seu mandado de segurança no prazo de 30 (trinta) dias a contar da ciência comprovada da impetração da segurança coletiva.

No mandado de segurança coletivo, a liminar só poderá ser concedida após a audiência do representante judicial da pessoa jurídica de direito público, que deverá se pronunciar no prazo de 72 (setenta e duas) horas.

O direito de requerer mandado de segurança coletivo ou individual extinguir-se-á decorridos 120 (cento e vinte) dias, contados da ciência, pelo interessado, do ato impugnado.

Ver, ainda, Lei n. 8.437, de 30.6.1992, com alterações introduzidas pela Medida Provisória n. 2.180-35/2001, dispondo sobre a concessão de medidas cautelares contra atos do poder público em mandado de segurança individual ou coletivo, ação popular e ação civil pública.

O art. 4º da Lei n. 12.016/09 admite a impetração do mandado de segurança por telegrama, radiograma, fax ou outro meio eletrônico de autenticidade comprovada.

Vem o Supremo Tribunal Federal entendendo que o *writ* não pode ter por objeto ato jurisdicional emanado de um dos seus membros ou mesmo do Colegiado (v. MS 23.975-1, *in DJU* de 18.6.01, p. 15), o qual só pode ser atacado por meio de ação rescisória. Nesse mesmo sentido, eis outro v. acórdão, que se encontra assim ementado: "*Mandado de segurança. Impetração contra ato de conteúdo jurisdicional proferido pelo Supremo Tribunal Federal. **Inadmissibilidade. Agravo improvido. Descabimento de mandado de segurança contra ato jurisdicional emanado do Supremo Tribunal Federal.** Não cabe mandado de segurança contra atos decisórios impregnados de conteúdo jurisdicional, proferidos no âmbito do Supremo Tribunal Federal, eis que tais decisões, ainda quando emanadas de Ministro-Relator, somente serão suscetíveis de desconstituição mediante utilização dos recursos pertinentes, ou, tratando-se de pronunciamentos de mérito já transitados em julgado, mediante ajuizamento originário da pertinente ação rescisória. Precedentes. Poderes processuais do ministro-relator e princípio da colegialidade. Assiste, ao Ministro-Relator, competência plena, para, com fundamento nos poderes processuais de que dispõe, exercer, monocraticamente, o controle de admissibilidade das ações, pedidos ou recursos dirigidos ao Supremo Tribunal Federal. Cabe-lhe, em consequência, poder para negar trânsito, em decisão monocrática, a ações, pedidos ou recursos, quando incabíveis, intempestivos, sem objeto ou, ainda, quando veicularem pretensão incompatível com a jurisprudência predominante na Suprema Corte. Precedentes. — O reconhecimento dessa competência monocrática, deferida ao Relator da causa, não transgride o postulado da colegialidade, pois sempre caberá, para os órgãos colegiados do Supremo Tribunal Federal (Plenário e Turmas), recurso contra as decisões singulares que venham a ser proferidas por seus Juízes*" (STF, Tribunal Pleno, MS-AgR 24542/DF, Relator Min. Celso de Mello, DJ 15.10.04).

Discordamos desse entendimento, à vista do inciso LXIX do art. 5º e inciso I do art. 102 da CF.

O *habeas data* é da competência da Justiça do Trabalho quando envolver matéria de sua jurisdição. Dispõe o inciso LXXII do art. 5º da CF: "Conceder-se-á *habeas data*: a) para assegurar o conhecimento de informações relativas à pessoa do impetrante, constante de registros ou bancos de dados de entidades governamentais ou de caráter público; b) para a retificação de dados quando não se prefira fazê-lo por processo sigiloso, judicial, ou administrativo".

Trata-se de medida judicial que, eventualmente, poderá ter alguma utilidade ao trabalhador da empresa privada, mas, no que tange ao servidor público, estamos persuadidos de que terá de recorrer ao *habeas data* com muita frequência para reunir informações ou provas de que o litígio venha a carecer a fim de ser perfeitamente aclarado.

Aquele inciso constitucional foi regulamentado pela Lei n. 9.507, de 12.11.1997. Parece-nos que, antes de ajuizar o pedido de *habeas data*, o interessado deve dirigir seu pedido aos responsáveis do estabelecimento ou repartição onde se encontre a informação de que precisa. Só diante da recusa de fornecimento das informações, é que se abre o caminho para o Judiciário.

A norma constitucional deixa bem claro que o *habeas data* é meio hábil para o próprio interessado — e não um terceiro — para obter o que for do seu interesse. São gratuitas as ações de *habeas data* (cf. LXXVII do art. 5º da CF).

O Tribunal Superior do Trabalho, em sua composição plenária, editou a Instrução Normativa, n. 27/2005 (DJU 22.2.05), por meio de sua Resolução n. 126/05, dispondo sobre as "normas procedimentais aplicáveis ao processo do trabalho em decorrência da ampliação da competência da Justiça do Trabalho pela Emenda Constitucional n. 45/2004".

Vejamos os principais tópicos dessa Instrução: a) as ações ajuizadas na Justiça do Trabalho tramitarão pelo rito ordinário ou sumaríssimo, conforme previsto na CLT, excepcionando-se, apenas, as que, por disciplina legal expressa, estejam sujeitas a rito especial, tais como o Mandado de Segurança, *Habeas Corpus, Habeas Data,* Ação Rescisória, Ação Cautelar e Ação de

Consignação em Pagamento; b) a sistemática recursal a ser observada é a prevista na CLT, inclusive no tocante à nomenclatura, à alçada e às competências; c) o depósito recursal a que se refere o art. 899, da CLT, é sempre exigível como requisito extrínseco do recurso, quando houver condenação em pecúnia; d) aplicam-se quanto às custas as disposições da CLT; e) as custas serão pagas pelo vencido, após o trânsito em julgado da decisão; f) na hipótese de interposição de recurso, as custas deverão ser pagas e comprovado seu recolhimento no prazo recursal; g) salvo nas lides decorrentes da relação de emprego, é aplicável o princípio da sucumbência recíproca, relativamente às custas; h) aos emolumentos, aplicam-se as regras previstas na CLT, conforme previsão dos seus arts. 789-B e 790. Os entes públicos mencionados no art. 790-A, da CLT são isentos do pagamento de emolumentos (Resolução n. 133/2005); i) exceto nas lides decorrentes da relação de emprego, os honorários advocatícios são devidos pela mera sucumbência; j) os honorários periciais serão suportados pela parte sucumbente na pretensão objeto da perícia, salvo se beneficiária da justiça gratuita; l) faculta-se ao juiz, em relação à perícia, exigir depósito prévio dos honorários ressalvadas as lides decorrentes da relação de emprego.

122.7. Inciso V, art. 114, CF — Conflitos de Competência na Justiça do Trabalho

Estabelece esse inciso que compete à Justiça do Trabalho processar e julgar os "conflitos de competência entre órgãos com jurisdição trabalhista, ressalvado o disposto no art. 102, I, "o", da Constituição". Esse dispositivo concede ao Supremo Tribunal Federal a atribuição de julgar os conflitos de competência entre (a) o Superior Tribunal de Justiça e quaisquer tribunais e (b) entre Tribunais Superiores ou (c) entre Tribunal Superior e qualquer outro tribunal.

Mesmo com essa Emenda, permanece íntegra a Súmula n. 236, do Superior Tribunal de Justiça. Ela dispõe que esse Tribunal reconhece não lhe competir o julgamento dos conflitos de competência entre juízes trabalhistas vinculados a Tribunais do Trabalho.

122.8. Inciso VI, do art. 114, CF — Dano Moral e Patrimonial

Reconhece esse inciso que a Justiça do Trabalho tem a competência para processar e julgar "as ações de indenização por dano moral ou patrimonial, decorrentes da relação de trabalho", sem fazer qualquer tipo de distinção entre elas.

Assim, todas as ações de indenização por dano moral ou patrimonial, inclusive, por dano decorrente de acidente do trabalho, são de competência da Justiça do Trabalho. Quer dizer, o legislador constituinte entendeu que o critério para fixação da competência é o dano sofrido, moral ou patrimonial, decorrente de todas as espécies do gênero " relação de trabalho", incluindo aqui a espécie denominada "relação de emprego".

O Supremo Tribunal Federal já pacificou essa questão de lide envolvendo o dano moral ou patrimonial decorrente da "relação de emprego", reconhecendo a competência da Justiça do Trabalho nesse caso, ficando, porém, os benefícios previdenciários relativos ao acidente do trabalho dentro da esfera da Justiça Estadual comum. Assim, por maioria, ele definiu a competência da justiça trabalhista, a partir da Emenda Constitucional n. 45/2004, para julgamento das ações de indenização por danos morais e patrimoniais decorrentes de acidente do trabalho, vencido, no caso, o Ministro Marco Aurélio, na medida em que não estabelecia a edição da emenda constitucional como marco temporal para competência da justiça trabalhista. Ele entendia que essa competência já existia com a redação anterior do art. 114, da CF/88, o que com ele concordamos (Plenário, 29.6.2005. STF, CC 7204/MG, Rel. Min. Carlos Britto, DJ 3.8.2005, retificado em republicação de 21.9.2005, ata n. 20, de 29.6.2005.

Esse entendimento foi erigido por essa Corte em sua Súmula Vinculante n. 22: *"A Justiça do Trabalho é competente para processar e julgar as ações de indenização por danos morais e patrimoniais decorrentes de acidente de trabalho propostas por empregado contra empregador, inclusive aquelas que ainda não possuíam sentença de mérito em primeiro grau quando da promulgação da Emenda Constitucional n. 45/04".*

Assim, são da competência da Justiça do Trabalho ações de indenização por danos morais e materiais sofridos pelo trabalhador decorrentes de culpa subjetiva do empregador, que tenham como causa de pedir a alegação de descumprimento de normas relativas ao meio ambiente de trabalho (CF, art. 7º, XXII c/c XXVIII). Aliás, já eram de sua competência mesmo na vigência da redação original da Constituição, de 1988, por se tratar de típico litígio emergente da relação de emprego (CF, art. 114, primeira parte, redação originária).

São tais ações ajuizadas pelo empregado contra o empregador sob o fundamento da ocorrência do dano por culpa ou dolo deste último, nas quais existe a postulação de pagamento de uma indenização pelo dano sofrido em virtude, por exemplo, do não fornecimento de equipamentos de proteção individual na forma da lei; da não emissão do documento denominado "Comunicação de Acidente de Trabalho — CAT", que possibilita o gozo do respectivo benefício previdenciário; da não realização de exames médicos periódicos, além de pedidos de reintegração em decorrência da garantia de emprego do acidentado. Como é curial, por força do mandamento constitucional, tais questões somente podem ser julgadas pela Justiça do Trabalho.

Lembre-se que, nas hipóteses exemplificadas acima, a causa de pedir tem esteio na alegação do descumprimento de normas de segurança, higiene e medicina do trabalho, normas que albergam direitos e obrigações de empregados e empregadores quando da execução do contrato de trabalho, *ex vi* do disposto no art. 157 e seguintes da CLT e do art. 19, § 1º, da Lei n. 8.213/91.

É elementar o fato de que a Justiça do Trabalho ao decidir, incidentalmente, sobre a existência ou não do nexo causal entre o dano sofrido e as condições de trabalho, em nada altera essa sua competência, pois não há formação de coisa julgada quanto ao tema (CPC, art. 469, III), situação essa que não está revestida de novidade no nosso Direito Processual, como previsto nos arts. 5º, 325 e 470, do CPC.

Desse modo, não merece censura o entendimento esposado pelo STF no Conflito de Competência n. 7204 ao estabelecer, conclusivamente, a competência da Justiça do Trabalho em tal modalidade de ações de indenização por dano moral ou material.

122.9. Inciso VII, do art. 114, CF — Auto de Infração lavrado pela Fiscalização Trabalhista

Esse inciso fixa a competência da Justiça do Trabalho para o julgamento das "ações relativas às penalidades administrativas impostas aos empregadores pelos órgãos de fiscalização das relações de trabalho." São requisitos para essa competência: a) penalidade administrativa imposta pelos órgãos de fiscalização das relações de trabalho e b) que tal penalidade seja aplicada a um empregador.

Essas ações podem ser declaratória, anulatória, cautelar e mandamental.

Essas ações deverão ser ajuizadas perante a 1ª instância da Justiça do Trabalho, por força do art. 653, "f", da CLT.

V. a Lei n. 9.784, de 29 de janeiro de 1999, DOU 1º.2.1999, com retificação no DOU de 11.3.1999, que disciplina o procedimento administrativo no âmbito da Administração Pública Federal. O descumprimento dos requisitos dessa lei poderá gerar a alegação de nulidade do auto de infração.

122.10. Inciso VIII, do art. 114, CF — Execução de Ofício das Contribuições Sociais

Reconhece esse inciso a competência da Justiça do Trabalho para processar e julgar "a execução, de ofício, das contribuições sociais previstas no art. 195, I, *a*, e II, e seus acréscimos legais, decorrentes das sentenças que proferir".

Na forma desse dispositivo constitucional, são contribuições sociais as seguintes: a) do empregador, da empresa e da entidade a ela equiparada na forma da lei, incidentes sobre a folha de salários e demais rendimentos do trabalho pagos ou creditados, a qualquer título, à pessoa física que lhe preste serviço, mesmo sem vínculo empregatício e b) do trabalhador e dos demais segurados da previdência social, não incidindo contribuição sobre aposentadoria e pensão concedidas pelo regime geral de previdência social de que trata o art. 201 da Constituição.

São tratados por ato da Corregedoria Geral da Justiça do Trabalho diversas questões relativas à forma e à responsabilidade do pagamento da contribuição previdenciária e do pagamento do imposto de renda. Nesse sentido, temos a Consolidação dos Provimentos da Corregedoria, atualizada em 2012.

A par disso, o TST editou a Súmula n. 368, que trata da competência da Justiça do Trabalho quanto à execução das contribuições previdenciárias decorrentes de suas sentenças condenatórias. Trata, ainda, dos descontos previdenciários e fiscais, de sua responsabilidade e forma de cálculo. Na forma dessa Súmula, a cobrança das contribuições previdenciárias decorrentes de sentenças proferidas em ações declaratórias e homologatórias de acordos acerca da existência da relação de emprego não é da competência da Justiça do Trabalho. Eis como está vazada essa Súmula n. 368:

"Descontos previdenciários e fiscais. Competência. Responsabilidade pelo pagamento. Forma de cálculo

I — A Justiça do Trabalho é competente para determinar o recolhimento das contribuições fiscais. A competência da Justiça do Trabalho, quanto à execução das contribuições previdenciárias, limita-se às sentenças condenatórias em pecúnia que proferir e aos valores, objeto de acordo homologado, que integrem o salário de contribuição.

II. É do empregador a responsabilidade pelo recolhimento das contribuições previdenciárias e fiscais, resultante de crédito do empregado oriundo de condenação judicial, devendo ser calculadas, em relação à incidência dos descontos fiscais, mês a mês, nos termos do art. 12-A da Lei n. 7.713, de 22.12.1988, com a redação dada pela Lei n. 12.350/2010.

III. Em se tratando de descontos previdenciários, o critério de apuração encontra-se disciplinado no art. 276, § 4º, do Decreto n. 3.048/1999 que regulamentou a Lei n. 8.212/1991 e determina que a contribuição do empregado, no caso de ações trabalhistas, seja calculada mês a mês, aplicando-se as alíquotas previstas no art. 198, observado o limite máximo do salário de contribuição. (NR 2012)

O item I, dessa Súmula n. 368 do TST, encontra-se em perfeita harmonia com o decidido pelo STF nos autos do Recurso Extraordinário n. 569.056-3, com Repercussão Geral, no sentido de se reconhecer que a competência da Justiça do Trabalho, prevista no art. 114, VIII, da Constituição, alcança apenas a execução das contribuições previdenciárias relativas ao objeto da condenação constante das sentenças que proferir, isto é, sentenças que envolvam condenações em pecúnia de verbas trabalhistas, como bem foi observado no voto do Ministro Relator Menezes Direito: *"O requisito primordial de toda execução é a existência de um título, judicial ou extrajudicial. No caso da contribuição social atrelada ao salário objeto da condenação, é fácil perceber que o título que a corporifica é a própria sentença cuja execução, uma vez que contém o comando para o pagamento do salário, envolve o cumprimento do dever legal de retenção das parcelas devidas ao sistema previdenciário. De outro lado, entender possível a execução de contribuição social desvinculada de qualquer condenação ou transação seria consentir em uma execução sem título executivo, já que a sentença de reconhecimento do vínculo, de carga predominantemente declaratória, não comporta execução que origine o seu recolhimento. No caso, a decisão trabalhista que não dispõe sobre o pagamento de salário, mas apenas se limita a reconhecer a existência do vínculo (de emprego, esclareça-se) não constitui título executivo judicial no que se refere ao crédito de contribuições previdenciária....".*

Ver, também, sobre a execução das contribuições previdenciárias dentro da Justiça do Trabalho os itens 290.1 e seguintes.

122.11. Inciso IX, do art. 114, CF — Outras Controvérsias Decorrentes da Relação de Trabalho Mediante Lei

Deixando claro que a Justiça do Trabalho terá a competência para processar e julgar "outras controvérsias decorrentes da relação de trabalho, na forma da lei", o legislador constituinte sinaliza para o fato de que deverá o legislador ordinário fazer a perfeita indicação das diversas espécies de relação de trabalho, inclusive a espécie relativa à relação de emprego, em lei.

Essa questão foi examinada no item 122.3 supra, para o qual remetemos o leitor.

122.12. Ajuizamento de Comum Acordo do Dissídio Coletivo de Natureza Econômica

Os §§ 1º, 2º e 3º do art. 114 da Lei Fundamental estatuem que: a) malograda a negociação das partes envolvidas no conflito coletivo, elas poderão eleger árbitros; b) se não houver esse consenso, elas poderão, de comum acordo, ajuizar o dissídio coletivo de natureza econômica perante o Tribunal, podendo ele decidir o conflito, respeitadas as disposições mínimas legais de proteção ao trabalho, bem como as convencionadas anteriormente; e c) havendo greve em atividade essencial com possibilidade de lesão do interesse público, o Ministério Público do Trabalho poderá ajuizar o dissídio, sem prejuízo da própria parte interessada ajuizá-lo também, por se tratar de uma titularidade de ação concorrente.

Indaga-se: A nova redação do § 2º, do art. 114, da Constituição/88, dada pela EC n. 45/04, fere o inciso XXXV, do seu art. 5º ("lei não excluirá da apreciação do Poder Judiciário lesão ou ameaça a direito") ao estabelecer que somente a Justiça do Trabalho processará e julgará um dissídio coletivo de natureza econômica no caso de haver o comum acordo entre os litigantes para seu ajuizamento?

Essa questão precisa ser analisada sob as luzes do art. 60, § 4º, IV, da Constituição Federal, que estabelece o seguinte: *"Art. 60. ... (omissis). § 4º — Não será objeto de deliberação a proposta de emenda tendente a abolir: I — a forma federativa de Estado; II — o voto direto, secreto, universal e periódico; III — a separação dos Poderes; IV — os direitos e garantias individuais".*

Vamos aqui examinar a questão, destacando, como preâmbulo, a seguinte frase de *Lacordaire*: "A liberdade somente é possível no País onde o direito paire acima das paixões". Quer dizer, damos aí o alerta de que nossa própria paixão pelo Direito não pode estar acima deste, pois prejudicará a sua efetiva análise.

Essa matéria de contrariedade à cláusula pétrea de livre acesso, na forma da lei, ao Poder Judiciário já resultou em duas ações diretas de inconstitucionalidade. A ADIn n. 3.423 da Confederação Nacional dos Trabalhadores em Turismo e Hospitalidade, ainda não julgada, mas já com o Parecer do Procurador-Geral da República oficiando pela improcedência da ação, e a ADIn n. 3.520, da Confederação Nacional dos Estabelecimentos de Ensino (Confenen), protocolada em 10.6.2005, sendo seu relator o Ministro Relator Cezar Peluso.

Dito isso, vejamos o quanto segue.

De uns tempos a esta parte, vem a imprensa quotidiana do País veiculando notícias sobre providências tomadas pelo Governo Federal objetivando mudanças na sexagenária Consolidação das Leis do Trabalho. Todo esse esforço é justificado pelo interesse em remover obstáculos ao pleno desenvolvimento econômico e social do Brasil. É pensamento do Poder Executivo solicitar ao Congresso Nacional a modificação de alguns dispositivos da Constituição Federal e a supressão de outros. Dentre os vários alvos desse programa reformista, estão os arts. 7º, 8º e 114 e 115 da *Lex Fundamentalis*.

Não é nosso propósito, nesta oportunidade, opinar sobre toda a matéria constitucional em debate; é nosso intento declarar que, de fato, urge colocar a Constituição e a legislação trabalhista em sintonia com os novos tempos de globalização da economia e de abertura do nosso sistema produtivo à concorrência internacional, mas sem sacrifício dos valores essenciais e componentes da dignidade da pessoa humana do trabalhador.

Aqui e neste instante, nossa atenção está centrada nas características da normas pétreas do nosso Texto Maior, ou melhor, se possuem essa natureza as regras agasalhadas nos precitados dispositivos constitucionais. Poderão elas serem modificadas, suprimidas ou substituídas por outras através de emendas constitucionais? Indaga-se, ainda: são normas pétreas, com blindagem resistente aos ataques de emendas constitucionais, os incisos II, IV, VII, VIII e IX", por exemplo, do art. 7º ("seguro-desemprego, em caso de desemprego involuntário", "salário mínimo fixado em lei, nacionalmente unificado", "garantia de salário, nunca inferior ao mínimo, para os que percebem remuneração variável", "décimo terceiro salário com base na remuneração integral ou no valor da aposentadoria", "remuneração de trabalho noturno superior à do diurno")? Se-lo-ão, também, os arts. 111 e 114 da Lei Maior que têm por objeto a estrutura e a competência da Justiça do Trabalho?

A resposta a estas indagações demanda extensa ordem de reflexões sobre os múltiplos aspectos da questão constitucional, reflexões que iremos resumir em seguida.

A dúvida é provocada, sobretudo, pela sistematização que o Texto Constitucional dá à matéria.

Seu Título II — "Dos direitos e garantias fundamentais", desdobrando-se em cinco capítulos: "dos direitos e deveres individuais e coletivos"; "dos direitos sociais"; "da nacionalidade"; "dos direitos políticos"; "dos partidos políticos", deixa no ar a interrogação. Indaga-se, então: são todos eles o que popularmente se designa por cláusulas pétreas?

Em favor da boa exegese desses preceitos, temos o inciso IV, do § 4º, do art. 60, que reza, *verbis*: *"Não será objeto de deliberação a proposta de emenda tendente a abolir: ... omissis; III — a separação dos Poderes; IV — os direitos e garantias individuais".*

Consoante a terminologia do direito constitucional, tornam-se "cláusulas pétreas" as disposições constitucionais arroladas no sobredito § 4º do art. 60. Assim, essas normas adquirem o atributo de intangibilidade e ficam imunes à qualquer arremetida do poder constituinte derivado ou secundário.

Mas, o que é Constituição?

Carlos Mário da Silva Velloso, ministro aposentado do Supremo Tribunal Federal, escreveu substancioso ensaio sobre "reforma constitucional, cláusulas pétreas, especialmente dos direitos fundamentais e a reforma tributária" para obra coletiva de estudos em homenagem a *Geraldo Ataliba* (Malheiros, 1997, II tomo, p. 162 e ss.).

Alude à constituição substancial que se assenta nas realidades de uma nação, ou sejam, realidade sociológica, realidade religiosa, realidade étnica e outras que compõem o próprio Estado e depois salienta que tais realidades precisam ser submetidas a um disciplinamento que tem, como ponto mais alto, a constituição formal entendida como o conjunto de disposições atinentes à estrutura do Estado, à forma de aquisição do poder e os limites à atuação deste consubstanciado nos direitos e garantias fundamentais.

Karl Loewenstein, na sua famosa "Teoria de la Constitución", cuja 2. ed. alemã de 1969 foi vertida para o castelhano em 1986 (Barcelona: Ariel Derecho, p. 191 e ss.) assevera que, há pouco tempo, ganharam muita importância "as chamadas disposições intangíveis de uma constituição (as nossas cláusulas pétreas) que têm como fim defender, radicalmente, de qualquer modificação, determinadas normas constitucionais."

Segundo o pensamento de *Loewenstein,* consideram-se "disposições articuladas de intangibilidade" aquelas indicadas nos incisos de I a IV, do § 4º, do art. 60, da Constituição de 1988. O notável jurista alemão afirma que, dentre as constituições dos grandes Estados modernos, nenhuma foi tão longe no tocante às disposições intangíveis como a Lei Fundamental de Bonn (antiga Alemanha Ocidental). Então, ainda não fora promulgada a nossa Carta de 5 de outubro de 1988. Discorre ele, em tom galhofeiro, sobre a pretensão de as normas intangíveis estarem imunes aos efeitos de qualquer crise política. Quando esta se manifesta, tais disposições "são apenas pedaços de papel varridos pelo vento da realidade política".

Nossa história política registra episódios que confirmam a fragilidade das cláusulas pétreas. Todavia, é inegável que elas sempre são úteis para conter os efêmeros anseios mudancistas de maiorias eventuais no Congresso Nacional.

Vejamos, agora, alguns aspectos acerca da nossa doutrina pátria acerca das cláusulas pétreas em cotejo com os direitos fundamentais.

O Ministro Carlos Velloso, conclui seu pequeno, mas, interessante estudo já citado sobre a matéria aqui debatida, defendendo a tese de que são intangíveis, apenas, os direitos fundamentais quando vinculados ou em conexão com os princípios fundamentais a que fazem remissão os arts. 1º, 2º, 3º e 4º da nossa Lei Maior. Nesses artigos iremos encontrar os seguintes princípios fundamentais:

a) forma republicana do Brasil, com fundamento na soberania, na cidadania, na dignidade da pessoa humana, nos valores sociais do trabalho e da livre-iniciativa e no pluralismo político; além de que todo o poder emana do povo

b) tripartição dos poderes da União em Legislativo, Executivo e Judiciário, e que deverão funcionar de forma independente e harmônica entre si;

c) objetivos fundamentais da República Federativa do Brasil concernentes à construção de uma sociedade livre, justa e solidária; à garantia do desenvolvimento nacional; à erradicação da pobreza e à marginalização e à redução das desigualdades sociais e regionais; à promoção do bem de todos sem preconceitos de origem, raça, sexo, cor, idade e quaisquer outras formas de discriminação;

d) regência da República do Brasil no plano das relações internacionais pelos seguintes princípios: independência nacional; prevalência dos direitos humanos; autodeterminação dos povos; não-intervenção; igualdade entre os Estados; defesa da paz; solução pacífica dos conflitos; repúdio ao terrorismo e ao racismo; cooperação entre os povos para o progresso da humanidade e concessão de asilo político, além da formação de uma comunidade latino-americana de nações!

Considera ele, dessarte, que a tutela especial e extraordinária, dada às garantias individuais pelo § 4º, do art. 60, deixa à margem direitos que, a rigor, não se classificam como liberdades públicas ou fundamentais.

Ives Gandra Martins ("Comentários à Constituição do Brasil", 4º vol. tomo I, Saraiva, 1995, p. 371 e ss.) diz que os direitos e garantias individuais conformam uma norma pétrea e não são eles "apenas os que estão no art. 5º, mas, como determina o § 2º, do mesmo artigo, incluem outros que se espalham pelo Texto Constitucional e outros que decorrem de implicitude inequívoca."

De toda a interpretação que faz do § 4º, do art. 60, da Constituição, infere-se que, para esse douto constitucionalista, os direitos e garantias individuais derivam da própria existência humana e se colocam acima de toda e qualquer norma, sendo-lhes inerente o poder de restringir outros direitos inscritos no Texto Maior.

Pinto Ferreira ("Constituição Brasileira", Saraiva, III vol. 1992, p. 208) reconhece núcleos imodificáveis na Constituição e elencados no § 4º, do seu art. 60; mas, a propósito do assunto *sub examen*, ele se posiciona com firmeza na p. 59, do volume I daquela obra: "A ordem constitucional brasileira assegura a inviolabilidade de cinco direitos fundamentais: a) o direito à vida; b) direito à liberdade; c) direito à igualdade; d) direito à segurança; e) direito à propriedade."

José Cretella Jr. ("Comentários à Constituição-88", 1. ed., Forense, 1991, I vol. p. 127 e ss.) diz, acertadamente, que a expressão "princípios fundamentais" na cabeça do Título I, da Constituição, é redundante, eis que princípios são proposições que se colocam na base dos sistemas, informando-os, sustentando-os, servindo-os de ossatura. Arremata ele com o pensamento de que são imodificáveis os direitos e garantias fundamentais que estiverem em íntima correlação com aqueles princípios contidos nos arts. 1º a 4º, da Constituição.

Neste particular, o pensamento do Ministro Carlos Velloso guarda afinidade com o do preclaro professor *Cretella*.

Por derradeiro, temos *Manoel Gonçalves Filho* ("Direitos humanos fundamentais", Saraiva, 1995, p. 19 e ss.) dividindo os direitos fundamentais em liberdades ou direitos do homem e direitos do cidadão. São as liberdades "poderes de agir, ou não agir, independentemente da ingerência do Estado. Constituem o que *Constant* iria denominar de liberdade dos modernos, numa fórmula que se tornou famosa." Entre essas liberdades, esse renomado constitucionalista inclui a liberdade em geral (arts. 1º, 2º e 4º), a segurança (art. 2º), a liberdade de locomoção (art. 5º, XV), a liberdade de opinião, a liberdade de expressão (art. 5º, IX, X) e a propriedade (art. 5º, XXII) e a liberdade de usar e dispor dos bens.

Direitos do cidadão são poderes; "*são a expressão moderna da liberdade dos antigos. Constituem meios de participação no exercício do Poder Político.*"

Nosso pronunciamento, sobre a controvertida questão da natureza dos direitos fundamentais e da limitação do poder constituinte derivado de reformar o Texto Constitucional, tem como ponto de partida o inciso IV, do § 4º do seu art. 60.

Em consonância com esse dispositivo, é defeso ao Congresso Nacional deliberar sobre proposta de emenda tendente a abolir "os direitos e garantias individuais".

A primeira observação que fazemos é que a emenda poderá ser apreciada se pretender, apenas, modificar aqueles direitos e garantias, eis que a vedação abrange, tão somente, qualquer tentativa de eliminação. A segunda observação é a de que deixam de ser intangíveis (ou cláusulas pétreas) os direitos sociais que não forem úteis ao resguardo dos sobreditos direitos e garantias individuais.

Feitas tais observações ficamos a meio caminho da resposta à indagação, inicialmente colocada, sobre a identificação dos direitos e garantias individuais aos quais a Constituição dispensou tutela especial.

Dentre os direitos sociais, parece-nos não confutável que podem ser eliminados do Texto Constitucional aqueles que não interessem ao direito à vida, como, por exemplo, o inciso V (piso salarial proporcional à extensão e à complexidade do trabalho); o X (proteção do salário na forma da lei, constituindo crime sua retenção dolosa) e outros.

Quanto aos arts. 8º (liberdade de associação sindical) e 9º (direito de greve) não podem ser abolidos, mas apenas modificados, sobretudo o primeiro que encerra uma contradição. Ao mesmo passo que assegura a liberdade sindical, mutila-a, impondo-lhe o sindicato único.

Ambos os dispositivos se articulam com o direito à vida (defesa dos salários e condições humanas do trabalho) e com a liberdade de associação. De conseguinte, não podem ser eliminados do texto da Constituição, mas, a nosso ver, são passíveis de modificação para melhor.

Os outros direitos sociais — reunidos sobretudo no art. 7º — por terem por objeto prestações positivas do Estado e fundadas na solidariedade social, objetivam de imediato "*a correção das injustiças sociais, consubstanciadas nas desigualdades de fato e como finalidade última a garantia da possibilidade de ser livre.*" (João Caupers, "Os direitos Fundamentais dos Trabalhadores e a Constituição". Coimbra: Almedina, 1985, p. 30).

A natureza e o objeto desses direitos entremostram a influência a que estão expostos no seio da sociedade e, por isso mesmo, sujeitos a constantes modificações, circunstância que os afasta, em definitivo, do rol dos direitos fundamentais ou das cláusulas pétreas que não podem ser eliminados do corpo da Constituição.

No tocante aos arts. 111 e 114 da Lei Fundamental, que pertinem à organização e competência da Justiça do Trabalho, não hesitamos em dizer que podem ser modificados por emenda constitucional, desde que se observe o princípio fundamental da tripartição dos poderes.

O estabelecimento da exigência de que o dissídio coletivo de natureza econômica poderá ser instaurado pelas partes litigantes, desde que haja comum acordo entre elas nesse sentido, não provoca a eliminação ou abolição da liberdade de acesso ao Poder Judiciário.

Essa exigência de haver comum acordo para o ajuizamento da ação provoca, tão somente, uma modificação do acesso ao próprio Poder Judiciário. Por se tratar de modificação, apenas, de um direito fundamental, sem que haja sua extinção, por certo que não se pode falar em inconstitucionalidade da Emenda Constitucional n. 45 nesse passo. Houve o respeito à cláusula pétrea de acesso ao Poder Judiciário, como inscrito no art. 5º, XXXV, da Constituição/88.

E mais. Atento a essa questão de se respeitar uma outra cláusula pétrea relativamente à separação dos poderes, o legislador constituinte ao elaborar a Emenda Constitucional n. 45, não outorgou à Justiça do Trabalho o poder normativo, nem mesmo mediante lei, como estava consignado nas Constituições de 1946, de 1967 e de sua Emenda Constitucional n. 1/69. Não houve a concessão à Justiça do Trabalho do poder de legislar, criando normas abstratas e aplicáveis a um determinado número de trabalhadores e empresas, como se porventura fosse o Poder Legislativo.

Aqui o legislador constituinte derivado entendeu que, havendo comum acordo entre as partes, a Justiça do Trabalho poderá (e não deverá) compor o conflito, agindo como se árbitro fosse. Nesse caso, ficará ela adstrita aos limites legais mínimos obrigatórios de proteção ao trabalho e às cláusulas anteriormente convencionadas pelas partes, ficando de fora aquelas outras cláusulas que tenham sido apenas objeto de pacto coletivo. Quer dizer, não pode ela criar algo que não esteja já previsto em lei ou em convenção ou em acordo coletivos.

Julgando o Dissídio Coletivo n. 165049/2005-000-00-00.4, em acórdão de lavra do Ministro Carlos Alberto Reis de Paula, o TST examinou essa questão do comum acordo para ajuizamento dessa ação, assentando o seguinte entendimento: *"Não demonstrando o comum acordo, exigido para o ajuizamento do Dissídio Coletivo, consoante à diretriz constitucional, evidencia-se a inviabilidade do exame do mérito da questão controvertida, por ausência de condição da ação, devendo-se extinguir o processo, sem resolução do mérito, à luz do art. 267, inciso VI, do CPC. Preliminar que se acolhe"* (Revista LTr 70-12/1508).

122.13. Exame de Alguns Casos Práticos Decorrentes da Nova Redação do Art. 114, da Constituição

Vamos fazer algumas considerações em torno das seguintes indagações:

a) *O fato do § 2º, do art. 114, mencionar, apenas, o dissídio coletivo de natureza econômica acarretou a extinção do denominado dissídio coletivo de natureza jurídica?*

Claro que não, devendo ser aqui aplicado o velho e surrado princípio de que onde a lei não distingue, descabe o intérprete distinguir.

Afirma-se que os dissídios coletivos são de duas classes: econômica e jurídica. O primeiro se reconhece pela natureza do pedido de novas normas e condições de trabalho, dentre as quais se projeta a que diz respeito à remuneração. Quanto ao segundo, o dissídio de natureza jurídica, queremos frisar que a Lei n. 7.701, de 21.12.1988, faz a ele remissão expressa e incluindo-o na competência da Justiça do Trabalho.

Alguns autores entendem ser dissídio de natureza jurídica aquele em que se busca o cumprimento de uma sentença normativa (parágrafo único do art. 872). É manifesto o equívoco. A ação de cumprimento é, sem dúvida alguma, uma reclamação plúrima, em que alguns trabalhadores postulam direitos decorrentes da sentença. Fala-se, também, que, por meio do dissídio de natureza jurídica, existe a possibilidade de o Tribunal aclarar pontos obscuros ou sujeitos a controvérsias de sentença normativa. A ação coletiva, no caso, tem alguns traços de ação declaratória. Esse dissídio é de natureza nitidamente jurídica.

O Regimento Interno do TST, no art. 216, II, previa a admissibilidade de dissídio de natureza jurídica *"para interpretação de cláusulas de sentenças normativas, de instrumentos de negociação coletiva, acordos e convenções coletivas, de disposições legais particulares de categoria profissional ou econômica e de atos normativos"*. E ao que se saiba, o TST não revogou esse seu dispositivo com a superveniência da Emenda Constitucional n. 45. Ao contrário, reproduziu, novamente, com o mesmo teor, no art. 220 do seu novo Regimento aprovado em 2008.

Tratando-se de dissídio coletivo de natureza jurídica, não se faz mister a prévia negociação coletiva. É indispensável, porém, a autorização — dada pela assembleia — à diretoria da entidade sindical para ajuizar tal dissídio, conforme o art. 859, da CLT.

A nosso ver, mesmo com a Emenda Constitucional n. 45, o dissídio de natureza jurídica continua a existir e ele objetiva o aclaramento de pontos obscuros, ou sujeitos a controvérsias, da sentença normativa prolatada em processo de dissídio coletivo de natureza econômica. É inegável a semelhança entre esse dissídio de natureza jurídica com a ação declaratória. Essa modalidade de dissídio coletivo pode ser ajuizado, também, quando esses pontos obscuros ou sujeitos à controvérsias estiverem presentes em pactos coletivos de trabalho.

b) *Como fica o poder normativo da Justiça do Trabalho com a redação do § 2º, do art. 114, da Constituição?*

Tendo sido a Justiça do Trabalho colocada pela Constituição de 1946 como órgão integrante do Poder Judiciário, foi estabelecido no seu art. 123, § 2º, que "a lei especificará os casos em que as decisões, nos dissídios coletivos, poderão estabelecer normas e condições de trabalho". Essa regra foi repetida no art. 134, § 2º, da Constituição de 1969, e na sua Emenda Constitucional n. 1, de 23.10.1969, art. 142, § 1º.

Todavia, essa lei ordinária, prevendo as hipóteses em que a Justiça do Trabalho poderia estabelecer normas e condições de trabalho, nunca foi elaborada. Agia ela dentro de um esforço criativo de *vacum legis*, procurando não invadir a esfera da competência do Poder Legislativo, o que não ocorria a maior parte das vezes, conforme reiteradas decisões do Supremo Tribunal Federal.

Com a Constituição de 1988, não houve mais a menção à lei ordinária, ficando estabelecido na redação originária do seu art. 114, § 2º, que, "recusando-se qualquer das partes à negociação ou arbitragem, é facultado aos respectivos sindicatos ajuizar dissídio coletivo, podendo a Justiça do Trabalho estabelecer normas e condições, respeitadas as disposições convencionais e legais mínimas de proteção ao trabalho".

O dispositivo em foco deixava bem claro que competia à Justiça do Trabalho conhecer e julgar os processos de dissídio coletivo. Todavia, a parte final do sobredito dispositivo constitucional deu margem a toda a sorte de dúvidas e controvérsias quanto ao seu verdadeiro alcance.

Uns entendiam que os Tribunais do Trabalho deviam, apenas, respeitar o mínimo inscrito nas leis e nas convenções, sendo-lhes permitido ir além, isto é, teriam autorização constitucional para legislar.

Semelhante exegese significava que a Justiça do Trabalho tinha o poder de dar mais do que constava da lei; menos, não. Não se apercebiam esses intérpretes que essa sua tese violentava o princípio básico do regime democrático, que garante a separação de poderes. Havia a invasão pela Justiça do Trabalho das prerrogativas do Poder Legislativo com esse tipo de raciocínio.

Outros intérpretes — incluíamos-nos entre eles — discrepavam desse entendimento.

Instado a se pronunciar sobre tão relevante matéria, a 1ª Turma do Supremo Tribunal Federal, a 24 de setembro de 1996, "julgou o Recurso Extraordinário n. 197.911-9 PE (*in Rev. LTr* 60-10/1304 — de outubro de 1996) e "reconheceu que, se por um lado, o poder normativo da Justiça do Trabalho opera no branco da lei, ou seja, é normativo, estabelecendo condições de trabalho que inovam no mundo jurídico, por outro, deixou assente que as cláusulas instituídas em sentença normativa não podem sobrepor-se ou contrariar a legislação em vigor, sendo defeso à Justiça Laboral estabelecer normas ou condições vedadas pela Constituição ou dispor sobre matéria cuja disciplina seja reservada pela Constituição ao domínio da lei formal".

A decisão turmária da Corte Suprema cassou as seguintes cláusulas de uma sentença normativa: a) piso salarial equivalente ao salário mínimo acrescido de 20% — por violar o inciso IV do art. 7º da CF; b) garantia do emprego por 90 dias, por vulnerar o art. 7º, I e III, da CF "uma vez que a estabilidade no emprego, para os trabalhadores urbanos e rurais, estaria restrita, desde a entrada em vigor da Carta de 1988, às hipóteses previstas no art. 10, II, do ADCT; c) aviso prévio de 60 dias aos empregados demitidos sem justa causa, porque o inciso XII do art. 7º da CF está sob reserva de lei formal, sendo vedado à Justiça do Trabalho regular a matéria; d) antecipação do 13º salário — por sobrepor-se — à previsão da Lei n. 4.749/65.

De há muito, vínhamos defendendo tese contrária ao desmesurado poder normativo da Justiça do Trabalho. Essa tese encontrou acolhida na Corte Suprema. O que nos surpreendeu foi a circunstância de a Suprema Corte ter levado mais de 8 anos para decidir que a redação originária do art. 114 da Constituição Federal não dava, à competência da Justiça do Trabalho, a amplitude que os órgãos desta vinham sustentando.

E mesmo com a Emenda Constitucional n. 45/04, sustentamos que a Justiça do Trabalho continua despida desse poder normativo, principalmente por estar condicionado o ajuizamento do dissídio coletivo de natureza econômica ao comum acordo entre as partes litigantes, o que implica reconhecer que ela não pode ir além da lei ou do convencionado. Seu papel nada mais é do que o de um árbitro escolhido pela vontade comum das partes.

c) *O que é dissídio coletivo de natureza econômica?*

No dissídio individual do trabalho, é bem determinado o interesse em disputa e as partes bem identificadas, ainda que plúrima a reclamação.

No dissídio coletivo, o interesse é abstrato e as partes envolvidas no litígio não são limitadas; a respectiva sentença produz efeitos que atingem aos que, no momento, são empregados das empresas, como também os que vierem a ser admitidos depois, mas, durante o prazo de vigência da sentença normativa, proferida com aqueles limites da lei e da convenção.

O dissídio coletivo de natureza econômica se reconhece pela natureza da postulação de normas e condições de trabalho, dentre as quais se projeta a que diz respeito à remuneração do trabalho.

Qual o critério a ser seguido pela Justiça do Trabalho no estabelecimento de aumentos coletivos de salários?

A CLT, no art. 766, limita-se a dizer que, nos dissídios sobre estipulação de salários, se estabelecerão condições que assegurem justo salário aos trabalhadores e, ao mesmo passo, permitam justa retribuição às empresas interessadas. Trata-se de mera norma programática, pois, até hoje não se chegou a um consenso sobre o que a vem a ser um salário justo ou justa retribuição do capital.

Até 1964, tendo de julgar dissídios de natureza econômica, os juízes recorriam a dados particulares sobre o custo de vida e o desenvolvimento da economia. Depois daquele ano, implantou-se, no País, nova política salarial. O Poder Público passou a publicar índices oficiais sobre o custo de vida, dos quais se socorriam os Tribunais do Trabalho para fixar revisões salariais de uma categoria profissional ou de uma empresa.

Atualmente, a política oficial de salários é traçada pela Lei n. 8.880, de 27 de maio de 1994, tendo como viga mestra o princípio agasalhado no § 2º, do seu art. 1º. Essa Lei não só estabeleceu as novas bases da política salarial como também criou nova moeda — o Real — e foi apresentada ao público como o fundamento principal do plano que visava à estabilização da economia brasileira mediante o estancamento do processo inflacionário.

Tem esse diploma legal 44 artigos, mas, para a matéria trabalhista, reservou os seguintes: 17, 18, 19, 22, 24, 25, 26, 27, 28, 29, 30, 31, 32, 40.

Temos de por em foco o art. 1º da Lei n. 8.542 que essa Lei n. 8.880/94 manteve de modo expresso e cuja redação é a seguinte:

"Art. 1º A política nacional de salários, respeitado o princípio da irredutibilidade, tem por fundamento a livre negociação coletiva e reger-se-á pelas normas estabelecidas nesta Lei.

Os §§ 1º e 2º do art. 1º da Lei n. 8.542 foram revogados pela Lei n. 10.192, de 14.2.2001.

Cumpre-nos, desde logo, salientar que o princípio de irredutibilidade salarial é excepcionado pelo inciso VI do art. 7º da Constituição Federal: "irredutibilidade do salário, salvo o disposto em convenção ou acordo coletivo".

Faz algum tempo, tanto nos círculos oficiais como fora deles, fala-se muito em negociação coletiva, como se se tratasse de algo novo na doutrina e na legislação do nosso País. Ora, mesmo nos primeiros tempos da CLT (década de 40) era frequente patrões e empregados se reunirem para negociar as bases de um acordo coletivo.

Não há que falar, portanto, em negociação coletiva como uma novidade. O que se deseja, realmente, é que haja o recuo do Estado nas relações de trabalho a fim de dar maior espaço ao uso da negociação coletiva como um meio de prevenir ou solucionar conflitos coletivos de trabalho.

Há alguns anos, firmou-se a tese de que o regramento de um acordo ou convenção coletiva tem sua eficácia preservada até o vencimento do prazo de sua vigência. A respeito desse ponto, formou-se o consenso na doutrina e na jurisprudência.

Deixemos de lado todos os institutos acima referidos e detenhâmo-nos, apenas, na sentença normativa.

Duas serão as dificuldades que os Juízes terão de vencer. A primeira consiste na averiguação do que seja o lucro de uma empresa, pois, a lei é silenciosa acerca desse ponto. Parece-nos que o lucro de uma empresa para os efeitos da lei sob exame deva ser aquele registrado na declaração do imposto de renda.

A segunda dificuldade se consubstancia na investigação sobre a lucratividade de um setor. Ao que saibamos, inexiste pesquisa idônea revelando a lucratividade de cada setor da economia brasileira.

Mesmo que se venha a informar tal coisa, temos de assinalar que é praticamente impossível terem lucro todas as empresas de um segmento econômico; algumas delas devem operar no "vermelho" e obrigá-las a pagar um plus salarial a título de lucratividade, não deixa de ser um despropósito.

Consoante a Lei n. 10.192, de 14.2.2001, a Justiça do Trabalho está impedida de decretar aumentos salariais que reflitam a inflação passada.

Com o advento da nova redação do art. 114, § 2º, da Constituição, que foi dada pela Emenda Constitucional n. 45, a Justiça do Trabalho poderá lançar mão desse regramento da política salarial, mas desde que as partes tenham ajuizado o dissídio coletivo de natureza econômica de comum acordo. Somos de pensamento de que as partes poderão estabelecer certos critérios para a fixação do salário justo ao lado de uma justa retribuição do capital da empresa, precisamente nesse momento de requererem em conjunto a instauração da instância. Isto é, as partes podem e devem estabelecer os limites em que a Justiça do Trabalho poderá agir nessa condição de árbitro, além daqueles limites mínimos legais de proteção do trabalho e limites convencionados, como previstos nesse dispositivo legal.

Os aumentos e reajustes salariais previstos nessa sentença normativa são extensivos a todos os empregados da empresa ou a todos os membros de uma categoria profissional, sejam eles associados ou não da entidade sindical co-suscitante do dissídio coletivo.

Como já tivemos a oportunidade de destacar, a Emenda Constitucional n. 45/2004 ao cuidar dos limites da atuação da Justiça do Trabalho no exame de um dissídio coletivo de natureza econômica, como previsto no art. 114, § 2º, não trouxe qualquer novidade. Apenas com outras palavras, repetiu a redação anterior desse dispositivo: a Justiça do Trabalho deverá respeitar as disposições legais mínimas de proteção ao trabalho, bem como as convencionadas anteriormente.

O Supremo Tribunal Federal já interpretou a versão original do art. 114, § 2º, como se infere da ementa lavrada no Agravo Regimental n. 150.475, pelo Ministro Relator Ilmar Galvão, onde deixou consignado que a preexistência da cláusula postulada em dissídio coletivo não é, por si mesma, fundamento suficiente para sua manutenção. Há necessidade de haver uma justa e fundamentada razão do empregador, *verbis*: "Trabalhista. Dissídio coletivo. Cláusula que mantinha conquistas anteriormente alcançadas em acordos e convenções anteriores. Alegada ofensa ao art. 114, § 2º, da Constituição Federal. Recurso extraordinário que desatende ao art. 321 do RI/STF. Desatende a regra do art. 321 do RI/STF a petição de recurso extraordinário que se omite na indicação da alínea do dispositivo constitucional que o autoriza. Ainda que se considere ter havido lapso escusável, o apelo não haveria de processar-se, certo que não ocorrera a alegada contrariedade ao art. 114, § 2º, da Constituição Federal, que trata de regra de competência. Decisão recorrida que, além do mais, encontra-se em consonância com a jurisprudência do Supremo Tribunal Federal, no sentido de que as condições estabelecidas por convenções coletivas de trabalho ou sentenças normativas prevalecem durante o prazo de sua vigência, não cabendo alegar-se cláusula preexistente. Agravo regimental improvido. Votação: Unânime. Resultado: Improvido." (DJU 27.10.95).

Em atenção a essa decisão da Suprema Corte, passou-se entender que a concessão judicial de cláusulas preexistentes só poderia ocorrer no caso do empregador não provar a existência de uma razão plausível para sua supressão. Quer dizer, o empregador ou a entidade sindical ficaram com o ônus da prova da impossibilidade fática da manutenção da cláusula anteriormente pactuada.

Acerca da manutenção de cláusulas anteriormente pactuadas, o TST já se posicionou como se infere da leitura desta ementa de lavra do Ministro Relator *João Oreste Dalazen*, verbis: *"Dissídio coletivo de natureza econômica e revisional. Cláusulas preexistentes. Art. 114, § 2º, da CF/88. À luz do art. 114, § 2º, da Constituição da República de 1988, cabe à Justiça do Trabalho, no exercício do Poder Normativo, estabelecer normas e condições de trabalho em dissídio coletivo, respeitadas as "disposições convencionais mínimas". Para que o preceito constitucional em tela ostente algum sentido lógico, reputam-se disposições mínimas as cláusulas preexistentes, pactuadas em convenções coletivas de trabalho, em acordos coletivos de trabalho ou contempladas em sentenças normativas. Tais cláusulas, constituindo um piso de conquistas da categoria profissional, balizam o julgamento do dissídio coletivo, a menos que, em face da dinâmica da economia e da sociedade, resulte demonstrada a excessiva onerosidade ou inadequação de determinada cláusula"* (RODC — 31084/2002-900-03-00, DJ 17.10.2003).

O raciocínio exposto nessa decisão do TST prestigia o direito individual inscrito na nossa *lex legum* que protege o ato jurídico perfeito. Como a convenção e o acordo coletivos de trabalho precisam ter um prazo de vigência, conforme exigência legal, claro está que violará o ato jurídico perfeito a sentença normativa que não considerar a livre manifestação de vontade das partes acerca do prazo de validade.

Portanto, para se alcançar a harmonia do art. 114, § 2º, na parte que afirma "bem como as convencionadas anteriormente", com o inciso XXXVI, do art. 5º, ambos da Constituição, impõe-se a realização da interpretação conforme para lhe completar o regular sentido nos seguintes termos: "bem como as convencionadas anteriormente, desde que ainda vigentes por vontade das partes".

Diante de tudo isso, asseveramos que a parte final do art. 114, § 2º não está revestida de complexidade para sua aplicação. Aí vamos encontrar, com clareza, os limites de atuação da Justiça do Trabalho como um efetivo árbitro, de modo a não ultrapassar os limites da própria lei ordinária existente ou, então, não ultrapassar as condições de proteção ao trabalho estipuladas de comum acordo pelas partes, mas desde que estejam ainda vigentes.

d) *A arbitragem é aplicável aos dissídios individuais e coletivos de trabalho?*

Sim. Existe a possibilidade do uso da arbitragem para a solução dos conflitos individuais de trabalho, com fulcro nos arts. 851, 852 e 853, do Código Civil de 2002. Já para os dissídios coletivos existe até previsão constitucional. É certo que a Lei n. 9.307, de 23 de setembro de 1996, que instituiu a arbitragem, estabeleceu que as pessoas capazes de contratar poderão valer-se dela para dirimir litígios relativos a direitos patrimoniais disponíveis. Contudo, o novo Código Civil garantiu a celebração do chamado compromisso arbitral, sem fazer menção aos direitos patrimoniais, como se lê do seu art. 852: "É vedado compromisso para a solução de estado, de direito pessoal de família e de outras que não tenham caráter estritamente patrimonial". Tem caráter patrimonial os direitos trabalhistas.

De outra parte, a Lei n. 10.101/2000, que cuida da participação nos lucros, em seu art. 4º, § 4º, reconhece que "o laudo arbitral terá força normativa, independentemente de homologação judicial".

Assim, na forma do Código Civil de 2002, é cabível a arbitragem para dirimir litígios de caráter patrimonial, sem exceção de nenhum deles.

Lembramos que a Lei Complementar n. 75/93 permite aos membros do Ministério Público o exercício do encargo de árbitro. O seu art. 83, XI, expressamente, prevê essa situação no sentido de permitir que eles possam "atuar como árbitro, se assim for solicitado pelas partes, nos dissídios de competência da Justiça do Trabalho."

e) *Existe a possibilidade de haver a extensão* ex officio *da sentença normativa na forma do art. 869, "c", da CLT?*

Inexiste essa possibilidade de extensão em virtude da instauração da instância do dissídio coletivo de natureza econômica depender da existência de comum acordo entre as partes litigantes.

f) *A nova redação do art. 114 da Constituição, emprestada pela EC n. 45, provocou alguma alteração no sistema prescricional dentro da Justiça do Trabalho?*

Entendemos que não houve alteração alguma na aplicação da prescrição na Justiça do Trabalho relativamente à relação de emprego que dá sustentação ao contrato de trabalho regido pela CLT.

Ela é regrada pelo art. 7º, XIX, da Constituição, *verbis*: "*ação, quanto aos créditos resultantes das relações de trabalho, com prazo prescricional de cinco anos para os trabalhadores urbanos e rurais, até o limite de dois anos após a extinção do contrato de trabalho*". Ora, como o "contrato de trabalho" é conceituado como um acordo tácito ou expresso, correspondente à "relação de emprego", que é uma espécie da relação de trabalho, conforme o disposto no art. 442, da CLT, claro está que esse prazo prescricional é aplicável a todas as controvérsias oriundas dele.

Quer dizer, até os danos morais e patrimoniais sofridos pelo empregado ou pelo empregador ficam submetidos à regência desse lapso prescricional. Isso porque eles surgiram em virtude da existência da relação de emprego entre aquele e este último. Aqui não será aplicado o prazo previsto no art. 206, § 3º, V, do Código Civil, de 2002.

Não é o fato de serem danos morais e patrimoniais sofridos pelo empregado ou pelo empregador, em virtude de ato de um contra outro, que eles perdem a natureza trabalhista e passam a ostentar outra natureza que justifique a aplicação da prescrição trienal, inscrita no art. 206, § 3º, V, do Código Civil, de 2002: "*Art. 206. Prescreve: § 3º Em três anos: V — a pretensão de reparação civil*".

Quando o dano originar-se da relação de emprego, aplica-se o prazo prescricional previsto na Constituição.

Contudo, quando o dano originar-se de uma outra espécie de relação de trabalho, como, por exemplo, pequeno empreiteiro (art. 652, III, CLT), a Justiça do Trabalho, apesar de ter competência para julgar caso que tal, não poderá lançar mão da prescrição prevista na Constituição, posto que ela se refere à relação de emprego, o que não é o caso. Esse caso de pequena empreitada constitui espécie do gênero "relação de trabalho", e que fica sujeita, portanto, ao lapso prescricional previsto no Código Civil.

Quer dizer, todas e quaisquer pretensões de reparação civil não submetidas a prazo especial constitucional prescrevem em três anos, nisso incluídas as que se referem, indistintamente, a danos materiais, a danos morais ou a danos de natureza mista.

Já com relação ao trabalhador avulso, continuamos com o pensamento de que a prescrição é aquela prevista no art. 7º, XXIX, da Constituição. Isso porque o inciso XXXIV, desse art. 7º, prevê que existirá *"igualdade de direitos entre o trabalhador com vínculo empregatício permanente e o trabalhador avulso"*.

Se o dano sofrido decorre de uma relação de emprego regida pela CLT ou pelo Estatuto dos Trabalhadores Rurais, a reparação assumirá a natureza trabalhista. Contudo, se o dano sofrido decorrer de uma outra espécie de relação de trabalho, mesmo que seja julgada pela Justiça do Trabalho como é o caso da pequena empreitada, a reparação terá natureza civil, devendo ser aplicada a prescrição trienal prevista no Código Civil.

Lembre-se que a chamada reparação civil ou reparação trabalhista envolvem pretensões que buscam a reposição do estado anterior ao acontecimento conducente à alteração de certa situação jurídica preexistente. Será a prescrição prevista na norma constitucional (art. 7º, XXIX) quando a pretensão da reparação tiver origem no contrato de trabalho regido pela CLT ou quando o trabalhador seja avulso (inciso XXXIV).

Já o lapso prescricional será trienal para a reparação de danos decorrentes de uma relação de trabalho regida pelo Código Civil ou por outras leis especiais, que sejam julgadas mesmo pela Justiça do Trabalho por força de lei própria, que assim lhe conceda a competência absoluta *ex ratione materiae*, na forma do art. 114, IX, da Constituição Federal ("IX — outras controvérsias decorrentes da relação de trabalho, na forma da lei"). Será respeitado o prazo inscrito no art. 206, § 3º, V, do Código Civil de 2002. Contudo, se houver lei expressa que fixe um outro prazo prescricional, claro que este último deverá ser respeitado.

g) *Os processos em trâmite perante a Justiça estadual com a instrução probatória encerrada ou não, ou, então, em execução, que passaram a ser da competência da Justiça do Trabalho com a Emenda Constitucional n. 45/2004, devem ser remetidos para esta última?*

Entendemos que devem ser remetidos para a Justiça do Trabalho. Com a entrada em vigor dessa Emenda Constitucional, que, dentre outras modificações, alterou o art. 114 da Constituição Federal, a Justiça estadual não é mais a competente para julgamento de causas, v.g., em que existe a postulação de danos morais ou patrimoniais do trabalhador contra seu empregador em decorrência de acidente do trabalho. Inexiste, no caso, a aplicação do princípio da perpetuação da jurisdição.

Explica *Moacyr Amaral Santos* sobre esse princípio, a saber: 'Firmada a competência de um juiz, ela perdura até o final da demanda. É a isso que se chama perpetuação da jurisdição — *perpetuatio iurisdictionis*. O juiz competente para conhecer e decidir de uma ação continua competente até que se esgote a sua função jurisdicional com a decisão da causa, ou com a execução da sentença. Perpetua-se a competência, muito embora circunstâncias várias possam acarretar modificações quanto ao estado de fato ou de direito ocorridas posteriormente."' (*in* s/ob "Primeiras linhas de Direito Processual Civil", 23. ed., vol. 1, Saraiva, p. 265).

Mas o próprio Código de Processo Civil, em seu art. 87, prevê duas exceções ao princípio da perpetuação da jurisdição: quando houver supressão do órgão judiciário ou alteração da competência em razão da matéria ou da hierarquia. O que também não passou despercebido a *Moacyr Amaral Santos* (ob. cit., p. 265), e tampouco a *Humberto Theodoro Jr.*, que, com a habitual objetividade, explica: "Com relação a essas alterações jurídicas, cumpre distinguir entre a competência absoluta e a relativa. Se a competência já firmada for territorial ou em razão do valor, em nada serão afetadas as causas pendentes. Mas, se for suprimido o órgão judiciário perante o qual corria o feito, ou se a alteração legislativa referir-se a competência absoluta (*ratione materiae* ou de hierarquia), já então os feitos pendentes serão imediatamente alcançados: os autos, em tal caso, terão de ser encaminhados ao outro órgão que se tornou competente para a causa." (*in* "Curso de Direito Processual Civil", vol. I, 24. ed., Forense, p. 165).

Com isso, houve maior segurança jurídica e, principalmente, foi dado especial enlevo ao salutar princípio da especialização jurisdicional. Dessa forma, o prosseguimento desta ação na Justiça comum, ainda que apenas para a prolação da sentença, somente causará prejuízos às partes, pois fatalmente implicará em reconhecimento de nulidade dos atos praticados.

O Plenário do Supremo Tribunal Federal reformulou entendimento anterior e declarou que a competência para julgar ações de reparação de danos morais e patrimoniais decorrentes de acidente de trabalho propostas pelo empregado contra o empregador é da Justiça do Trabalho. A decisão foi tomada no dia 29 de junho de 2005, durante análise do Conflito Negativo de Competência (CC n. 7.204-1) suscitado pelo Tribunal Superior do Trabalho contra o Tribunal de Alçada de Minas Gerais. Nessa decisão, ficou esclarecido que tais ações ajuizadas na Justiça Comum até a edição da Emenda Constitucional n. 45, de 31.12.2004, nela permanecerão, estejam elas com a instrução encerrada ou não. Após essa data, essas ações devem ser ajuizadas perante a Justiça do Trabalho. Para adotar essa conclusão, o STF entendeu que havia "*razões de política judiciária*", não explicando quais seriam, o que faz pressupor que assim foi entendido para não provocar um congestionamento repentino na Justiça do Trabalho.

Afora essas ações de danos morais e patrimoniais decorrentes de acidente do trabalho, aquelas outras ações que passaram a ser de competência da Justiça do Trabalho por força da Emenda Constitucional n. 45/2004, deve-se reconhecer a incompetência da Justiça comum para seu processamento, mesmo com a instrução encerrada e no aguardo da prolação da sentença. Também existe a incompetência dessa Justiça mesmo quando a instrução não esteja encerrada ou, então, em execução. Esse reconhecimento pode e deve ser feito *ex officio* e a qualquer tempo por tratar-se de incompetência absoluta em razão da matéria da *res in judicium deducta*.

Com esse novo entendimento, ficou cancelada a Súmula n. 15, do STJ, que fixava a competência da Justiça Comum para dirimir os conflitos relativos à responsabilidade do empregador quanto aos danos morais e patrimoniais sofridos pelo seu trabalhador e decorrentes do acidente do trabalho.

123. *Competência* Ex Ratione Personae

Como já deixamos assentado, a competência é o poder que tem um órgão jurisdicional de fazer atuar a jurisdição diante de um caso concreto. Será dito qual o direito a ser aplicável a uma situação concreta. Esse poder deriva de uma delimitação prévia, constitucional e infraconstitucional, estabelecida consoante critérios de especialização da justiça, distribuição territorial e divisão de serviço. A exigência dessa distribuição surge da impossibilidade concreta de um único juiz decidir toda a gama de lides existente e, também, da necessidade de que as lides sejam decididas pelo órgão jurisdicional adequado, mais apto a melhor solucioná-las.

Dito isso, e fazendo um voo na história, observa-se que em épocas remotas, o critério determinativo da competência em razão da condição das pessoas (*ratione personae*), originando a instituição das mais diversas jurisdições especiais, teve apreciável importância. Todavia, caminhando os povos para o regime democrático, em que estão presentes os saudáveis princípios da liberdade e da igualdade, foram desaparecendo, paulatinamente, aquelas jurisdições. Sempre esteve presente na história de nossas constituições o direito dos cidadãos de não serem levados a julgamento em foros privilegiados ou em tribunais de exceção. Apesar disso, isso não impede que a própria Constituição estabeleça certas situações especiais em razão da condição especialíssima das pessoas (art. 102, I, *b*).

Da leitura do art. 114, e seus incisos, da Constituição Federal, infere-se que a competência da Justiça do Trabalho é determinada, preponderantemente, em razão da matéria ou *ratione materiae*. Nesse caso, examina-se se existe entre as partes uma relação de trabalho, assim analisada no item 122.3 supra. Como aí asseveramos, a relação de trabalho é o gênero de um vínculo jurídico, sendo que a relação de emprego é sua espécie.

Empregador, consoante o art. 2º da CLT, é a empresa individual ou coletiva que, assumindo os riscos da atividade econômica, admite, assalaria e dirige a prestação pessoal de serviços.

Trabalhador é aquele que, subordinadamente, presta serviços contínuos a outrem mediante salário, conforme art. 3º, da CLT.

Dessarte, o profissional liberal que trabalha com independência, sem qualquer subordinação, quando litiga com o tomador de seus serviços, ajuíza a ação perante a Justiça comum.

Quando as partes de um conflito de trabalho tiverem as características há pouco relacionadas, têm elas o direito de recorrer à Justiça laboral, em razão da competência *ex ratione personae*.

O art. 114, VIII, da Constituição Federal dispõe sobre a competência da Justiça do Trabalho em fazer a execução, de ofício, das contribuições sociais previstas no art. 195, I, *a*, e II, desse mesmo diploma, além de seus acréscimos legais, decorrentes das sentenças que proferir.

O fato gerador do crédito da Previdência Social é a sentença transitada em julgado e tornada líquida, o que exclui a possibilidade de, *in casu*, impor-se multa e exigirem-se juros moratórios, se as contribuições forem recolhidas até o 2º dia do mês subsequente ao da competência.

Dessarte, as contribuições derivantes de sentenças prolatadas em processo do trabalho são as do empregado e a do empregador, consoante tabela constante dos arts. 20 e 22 da Lei n. 8.212, de 24 de julho de 1991 (Lei do Custeio da Previdência Social). As parcelas do crédito do trabalhador e consignadas na sentença condenatória, se tiverem natureza salarial e componentes do seu salário de contribuição, sobre elas incidirão as contribuições em tela.

O prazo para recolhimento dessas contribuições começa a fluir a partir do momento em que o valor do crédito do trabalhador estiver à sua disposição. É incontestável a obrigação do empregador, no caso, de proceder ao recolhimento das sobreditas contribuições, sendo certo que a do trabalhador deve ser deduzida de seu crédito.

Quanto ao imposto de renda, também o seu fato gerador é a sentença que deu origem ao rendimento tributável. O desconto do imposto na fonte é encargo do juízo da execução, por ser ele o detentor da importância paga pelo executado (inciso

II do art. 116 do Código Tributário Nacional). Não há ilegalidade se o executado, em lugar de oferecer bens a penhora, decidir pagar sua dívida em dinheiro e, no ensejo, deduzir do crédito do empregado o referido tributo bem como a contribuição previdenciária do empregado.

Indenização não é tributável.

Relativamente aos *juros de mora* decorrentes da ação trabalhista, devemos dizer que sobre eles não incide o imposto de renda. Senão, vejamos.

A função dos juros de mora, segundo a doutrina uniforme, é a de compor a lesão verificada no patrimônio do credor, na busca da reconstituição do *statu quo ante*. Nesse sentido, os prejuízos sofridos pelo credor, como resultado da mora do devedor, deve orientar-se pelo princípio da indenização da integralidade do dano.

Colocada a questão nesses termos, impõe-se verificar se a parcela recebida a título de juros de mora, quando da execução de sentença trabalhista, enquadrar-se-ia no norma prevista no art. 43 do CTN.

A questão principal da discussão é saber qual a natureza jurídica das verbas recebidas pelo empregado, na hipótese de rescisão do contrato de trabalho sem justa causa, decorrente de sentença proferida pela Justiça do Trabalho. A respeito disso, ensina-nos *Roque Antonio Carrazza*:

"*Não é qualquer entrada de dinheiro nos cofres de uma pessoa (física ou jurídica) que pode ser alcançada pelo IR, mas, tão somente, os acréscimos patrimoniais, isto é, a aquisição de disponibilidade de riqueza nova.*

Tudo que não tipificar ganhos durante um período, mas simples transformação de riqueza, não se enquadra na área traçada pelo art. 153, III, da CF.

É o caso das indenizações. Nelas, não há geração de rendas ou acréscimos patrimoniais (proventos) de qualquer espécie. Não há riquezas novas disponíveis, mas reparações, em pecúnia, por perdas de direitos" (IR — Indenização — *in* RDT 52/90).

Nesse mesmo sentido, tem entendido, corretamente, o Superior Tribunal de Justiça que os juros de mora não são sujeitos à tributação do imposto de renda por terem eles natureza indenizatória em virtude da rescisão injusta de um contrato de trabalho. É assente nesse Tribunal o entendimento segundo o qual verbas recebidas de natureza indenizatória não sofrem a incidência do imposto de renda. Nesse sentido é cediço que, as verbas não previstas em lei pagas a ex-empregado, quando de sua demissão, possuem caráter estritamente indenizatório, constituindo mera reposição patrimonial pela perda do vínculo laboral, bem economicamente concreto, de sorte que indevida é a incidência do Imposto de Renda, por ausência do fato gerador previsto no art. 43, I e II, do Código Tributário Nacional. (REsp n. 651899/RJ, 2ª Turma, Ministro Relator Castro Meira, DJU 3.11.2004).

O valor pago em pecúnia, a título de juros moratórios, tem por finalidade a recomposição do patrimônio e, por isso, natureza indenizatória, por força de dívida não quitada, não incidindo o imposto de renda.

Deveras, os juros de mora são acessórios e seguem a sorte da importância principal, situados na hipótese da não incidência, porquanto caracterizada sua natureza igualmente indenizatória.

A jurisprudência do STJ já firmou o entendimento de que não incide sobre as verbas decorrentes da rescisão do contrato de trabalho, incentivada ou não, consentida ou não, imposto de renda. De acordo com o disposto no citado artigo 43 do CTN, o fato gerador do Imposto de Renda é a aquisição de disponibilidade econômica ou jurídica decorrente de acréscimo patrimonial. As indenizações percebidas pelo empregado, em virtude de rescisão contratual, tem a natureza jurídica de repor o patrimônio ao *statu quo ante*, uma vez que a rescisão contratual traduz-se em um dano, tendo em vista a perda do emprego, que, invariavelmente, provoca desequilíbrio na vida do trabalhador (v. nesse sentido o RESP 675639, STJ, Turma 1ª Rel. Min. Luiz Fux, DJ 13.2.06).

Relativamente ao seguro-desemprego o TST entendeu ser competente a Justiça do Trabalho para apreciar esta matéria, conforme a Súmula n. 389, *verbis: "Seguro-desemprego. Competência da Justiça do Trabalho. Direito à indenização por não liberação de guias. I — Inscreve-se na competência material da Justiça do Trabalho a lide entre empregado e empregador tendo por objeto indenização pelo não-fornecimento das guias do seguro-desemprego. II — O não-fornecimento pelo empregador da guia necessária para o recebimento do seguro-desemprego dá origem ao direito à indenização"*.

124. Justiça do Trabalho e o Avulso

Trabalhador avulso é aquele que presta a terceiros serviços de curta duração, com ou sem subordinação. Por natureza, o trabalho avulso é descontínuo e sempre de duração que se mede em horas ou dias.

O inciso XXXIV do art. 7º da Constituição da República assegura a "igualdade de direitos entre o trabalhador com vínculo empregatício permanente e o trabalhador avulso".

Mesmo interpretação literal desse preceito patenteia que tal igualdade diz respeito aos direitos enunciados no precitado dispositivo, não figurando entre eles o de submeter à Justiça do Trabalho as divergências entre o avulso e os tomadores de seus serviços.

Para retirar da norma a eiva da inconstitucionalidade, veio a prevalecer a tese de que o inciso IX, do art. 114 da Lei Básica, no *caput*, ao assentar que também compete à Justiça do Trabalho processar e julgar *"outras controvérsias decorrentes da relação de trabalho"*, alcançou os conflitos de interesses entre os avulsos e os usuários de seus serviços.

Essa linha de raciocínio serve de escudo ao § 3º, acrescentado ao art. 643 da CLT pela Medida Provisória n. 2.164-41, de 24 de agosto de 2001:

"A Justiça do Trabalho é competente, ainda, para processar e julgar as ações entre trabalhadores portuários e os operadores portuários ou o Órgão Gestor da Mão de Obra — OGMO decorrentes da relação de trabalho".

Consoante a Lei n. 8.630/93 (Lei de modernização dos portos) há portuários avulsos e com vínculo empregatício. O caráter genérico da regra do sobredito parágrafo inclui, na competência da Justiça do Trabalho, os dissídios dos operadores portuários dos avulsos e dos empregados que atuem na faixa do cais.

125. Justiça do Trabalho e os Territórios

Discutiu-se sob o império da Constituição Federal anterior se o seu art. 110 atingia os Territórios, isto é, se os litígios trabalhistas com os seus servidores deveriam ser, ou não, apreciados pela Justiça Federal, ainda que fossem lotados em autarquias e empresas públicas. Então, houve quem se opusesse à drenagem do foro para a Justiça Federal porque a sobredita norma constitucional não admitia interpretação ampliativa.

Sustentamos, na época, que o Território não tinha qualquer semelhança com a autarquia nem era algo resultante da política de descentralização do poder central.

Como autarquia, deveria gozar de certa autonomia, o que não corresponde à fisionomia que a Lei Maior do passado dava ao Território. De outra parte, era evidente que inexistia qualquer semelhança entre o território e uma Fundação; faz ele parte da União e colocado em condições de desenvolver-lhe o potencial econômico e proporcionar-lhe os meios que lhe permitam alcançar um estágio de expansão econômica capaz de levá-lo a enfileirar-se ao lado dos Estados-membros da Federação e desfrutar as vantagens e regalias que a Constituição lhes confere como unidades autônomas.

A controvérsia esvaziou-se de qualquer significado ou importância com o advento da Carta de 5 de outubro de 1988, cujo art. 114, I, com sua Emenda Constitucional n. 45/2004, determina expressamente que os litígios trabalhistas em que os Territórios sejam partes se coloquem na esfera de competência da Justiça do Trabalho, caso não estejam eles regidos por estatuto próprio, mas, sim, pela CLT. O art. 18 do Decreto-lei n. 411, de 1969, e o art. 12 do CPC asseguram a capacidade de o Território estar em Juízo representado por seus procuradores.

126. Justiça do Trabalho e Empregados de Concessionárias de Serviços Públicos

A expressão "serviço público" tem relevo na esfera do direito administrativo. No entanto, não é fácil defini-lo, embora seja peça angular daquele ramo do direito.

Dentre as inúmeras definições de serviço público demos preferência à de *Villegas Basavilhaso* ("Derecho Administrativo", 1951, vol. III, p. 49 e 228) em virtude de sua concisão e objetividade: "Serviço público é toda atividade direta ou indireta da administração pública cujo objeto é a satisfação das necessidades coletivas por um procedimento de direito público".

Os serviços públicos impróprios são aqueles realizados por particulares mediante autorização, permissão ou regulamentação.

Esses serviços administrados por particulares não se incluem na órbita da competência da Justiça Federal, como se verifica do inciso I do art. 109 da Constituição Federal.

É fácil concluir, portanto, que litígios entre os empregados das concessionárias de serviços e os administradores destas compete à Justiça do Trabalho processar e julgar.

127. Justiça do Trabalho e o Doméstico

Conflitos de interesses envolvendo empregados domésticos e seu patrões situam-se no âmbito da competência da Justiça do Trabalho.

É certo que a legislação específica do trabalho doméstico (Lei n. 5.859, de 11.7.1972, regulada pelo Decreto n. 71.885, de 9.3.1973) é omissa sobre esse ponto.

Contudo, a índole trabalhista dos direitos previstos no sobredito diploma legal, bem como no parágrafo único do art. 7º da Constituição, induziram a doutrina e a jurisprudência já pacificada a concluir que a competência, na espécie, seria da Justiça do Trabalho.

128. Justiça do Trabalho e o Trabalhador Rural

Os dissídios individuais e coletivos entre trabalhadores rurais e seus empregadores são conciliados e julgados pela Justiça do Trabalho.

O *caput* do art. 7º da Constituição coloca em pé de igualdade com a lei tanto os trabalhadores urbanos como os rurais.

As relações de trabalho rural são reguladas pela Lei n. 5.889, de 8 de junho de 1973, e, no que com ela não colidir, pelas normas da CLT.

Observadas as peculiaridades do trabalho rural, a ele também se aplicam as Leis ns. 605, de 5 de janeiro de 1949, 4.090, de 13 de julho de 1962, 7.783, de 28 de junho de 1989, e as leis de política salarial.

129. Justiça do Trabalho e a Parceria Rural

O contrato de parceria rural é definido como o contrato agrário pelo qual uma pessoa se obriga a ceder a outra, por tempo determinado ou não, o uso específico de imóvel rural, de parte ou partes do mesmo, incluindo, ou não, benfeitorias, outros bens e/ou facilidades, com o objetivo de nele ser exercida atividade de exploração agrícola, pecuária, agroindústria, extrativa vegetal ou mista; e/ou lhe entrega animais para cria, recria, invernagem, engorda ou extração de matérias-primas de origem animal, mediante partilha de riscos, de caso fortuito e de força maior do empreendimento rural e dos frutos, produtos ou lucros havidos nas proporções que estipularem, observados os limites percentuais da lei.

Não hesitamos em afirmar que conflitos nascidos de genuíno contrato de parceria rural devam ser submetidos à Justiça comum.

Quando, porém, o contrato de parceria mascarar prestação de serviços ou quando esta é mais significativa que a própria parceria, o conflito se transfere para a Justiça do Trabalho.

130. Justiça do Trabalho e o Trabalhador Eventual

A CLT não nos dá o conceito de trabalho eventual.

No seu art. 3º, limita-se a dizer que se considera "empregado toda pessoa física que prestar serviços de natureza não eventual a empregador, sob a dependência deste e mediante salário".

Contrario sensu, será eventual o trabalho se não estiver vinculado à atividade permanente da empresa e não houver subordinação do prestador do serviço àquele que o contrata.

Acrescentamos que o trabalho eventual tem, ainda, como característica sua breve duração.

Exemplificando: é eventual o trabalho de limpar as canaletas abertas para evasão de águas pluviais no terreno em que se ergue uma empresa.

Não o é o do mecânico que, permanentemente, encarrega-se da conservação da maquinaria da empresa.

Os conceitos de trabalho avulso e eventual têm alguns pontos de contato. Em nosso entendimento, eles se distinguem pela completa ausência de subordinação do trabalhador eventual ao tomador dos seus serviços, ao passo que no trabalho avulso essa subordinação pode existir.

Caso o trabalho eventual seja de natureza própria de pequena empreitada, claro está que a Justiça do Trabalho será competente para apreciar a questão, por força do art. 652, III, da CLT. Caso contrário, não será ele da competência da Justiça do Trabalho.

Ora, o trabalho eventual é uma espécie de uma relação de trabalho, que depende de lei ordinária para ser de competência dessa Justiça, conforme o art. 114, IX, da Constituição Federal. Nesse caso de pequena empreitada, esse artigo da CLT indica que tal relação de trabalho será de competência da Justiça do Trabalho.

131. Privilégios da União

O Decreto-lei n. 779, de 21 de agosto de 1969, dispõe, em seu art. 1º, que, nos processos perante a Justiça do Trabalho, constituem privilégio da União, dos Estados, do Distrito Federal, dos Municípios, das autarquias ou fundações de direito público federais, estaduais e municipais que não explorem atividades econômica, presunção relativa de validade dos recibos de quitação ou pedido de demissão de seus empregados, ainda que não homologados nem submetidos à assistência mencionada nos §§ 1º, 2º e 3º do art. 477 da CLT; o quádruplo do prazo fixado no art. 841, *in fine* da CLT; o prazo em dobro para recurso; a dispensa de depósito para a interposição de recurso; o recurso ordinário *ex officio* das decisões que lhes sejam total ou parcialmente contrárias; o pagamento de custas a final, salvo quanto à União Federal, que não as pagará. Com relação às custas, o art. 790-A, com a redação nova que recebeu pela Lei n. 10.537/2002, estabelece que essas pessoas de direito público não farão mais seu pagamento nem ao final do processo. Estão elas isentas integralmente do pagamento de custas, da mesma forma que está isento o próprio Ministério Público do Trabalho.

Observe-se que o precitado diploma legal não estende os privilégios que acabamos de arrolar às empresas públicas, às sociedades de economia mista e aos Territórios.

As vantagens acima relacionadas só se concedem às autarquias e fundações criadas pelo poder público se não exercerem atividades econômicas. Havendo tal atividade ficam essas entidades obrigadas a fazer o depósito recursal e a promover o preparo dos recursos que interpuserem.

O § 1º do art. 511 do CPC, com redação dada pela Lei n. 9.756/98, também dispensa, expressamente, o Ministério Público, a União, os Estados e Municípios e respectivas autarquias do preparo do recurso que apresentar nos casos previstos em lei.

Os privilégios acima relacionados existem, também, nas ações de alçada.

Mesmo nos processos de alçada, é cabível, ou melhor, é obrigatória a remessa *ex officio* quando estiver presente alguma pessoa jurídica de direito interno, como previsto no citado Decreto-lei n. 779/1969.

132. Justiça do Trabalho, Empresas Públicas e Sociedades de Economia Mista

As empresas públicas e as sociedades de economia mista não estão excluídas da órbita competencial da Justiça do Trabalho, a menos que a União compareça em Juízo para manifestar seu interesse no litígio. Mesmo nessa hipótese, o interesse terá de ser demonstrado.

As empresas públicas e as sociedades de economia mista integram a administração pública indireta, *ex vi* do preceituado no art. 4º do Decreto-lei n. 200, de 25 de fevereiro de 1967.

De notar-se que o art. 114, I, da Constituição Federal informa que tais empresas são alcançadas pela competência da Justiça do Trabalho, posto que elas são enquadradas na categoria da administração pública indireta do Estado.

Escusado dizer que as empresas públicas e sociedades de economia mista dos Estados e dos Municípios também estão submetidas à Justiça do Trabalho.

Podem, ainda, as empresas públicas serem partes em processo de dissídio coletivo, pois têm autonomia financeira e administrativa.

De nenhum valor, portanto, o argumento de que, por força do disposto no art. 37 da Lei Maior, seus empregados são admitidos mediante concurso público.

Reza o § 1º do art. 173 da Constituição da República (com redação dada pela EC n. 19/98) que cabe à lei estabelecer o estatuto jurídico da empresa pública, da sociedade de economia mista e de suas subsidiárias que explorem atividade econômica de produção ou comercialização de bens ou de prestação de serviços, dispondo sobre a sujeição ao regime jurídico próprio das empresas privadas, inclusive quanto aos direitos e obrigações civis, comerciais, trabalhistas e tributárias.

133. Justiça do Trabalho, Autarquias e Fundações Públicas

Autarquia, segundo conceito inscrito no Decreto-lei n. 200, de 25 de fevereiro de 1967, é o serviço autônomo, criado por lei, com personalidade jurídica, patrimônio e receita próprios para executar atividades típicas de administração pública, que requeiram, para seu melhor funcionamento, gestão administrativa e financeira descentralizada.

Fundação pública é aquela criada por lei federal e da qual participe a União contribuindo para a formação de seu patrimônio.

Como observamos há pouco, o art. 114 da Constituição deixa claro que a competência da Justiça do Trabalho abarca os entes da administração pública direta e indireta das pessoas jurídicas de direito público interno.

Afina-se com essa norma o conteúdo do inciso I do art. 109 também da Lei Maior:

"Aos juízes federais compete processar e julgar: I — as causas em que a União, entidade autárquica ou empresa pública federal forem interessadas na condição de autoras, rés, assistentes ou oponentes, exceto as de falência, as de acidentes de trabalho e as sujeitas à Justiça Eleitoral e à Justiça do Trabalho".

Do confronto das duas regras constitucionais resulta claro que o constituinte pretendeu deslocar para a esfera de competência da Justiça do Trabalho os dissídios envolvendo as autarquias e as fundações públicas. Contudo, a jurisprudência do Superior Tribunal de Justiça e do Supremo Tribunal orientou-se em sentido diverso, para decidir que essa competência é da Justiça Federal.

134. Justiça do Trabalho e o Funcionário Público

Antes mesmo da Emenda Constitucional n. 45/2004, a redação do art. 114 da Lei Fundamental fez com que vários intérpretes entendessem que o verdadeiro pensamento do legislador constituinte era o de colocar sob a competência da Justiça laboral todos os litígios dos servidores públicos com a administração direta ou indireta federal, estadual e municipal, fossem eles "celetistas" ou, então, estatutários.

O próprio legislador ordinário, coerente com esse entendimento, inseriu no texto da Lei n. 8.112, de 11 de fevereiro de 1990, disposições encampando a sobredita exegese do art. 114 da Constituição.

Posteriormente, o Supremo Tribunal Federal decidiu que essas normas eram inconstitucionais porque a competência da Justiça do Trabalho, na espécie, era limitada aos "celetistas", isto é, àqueles que, no regime constitucional anterior, podiam ser colocados a serviço da administração pública tendo seus contratos sujeitos ao regramento da Consolidação das Leis do Trabalho.

De consequência, os Ministros da Suprema Corte mantiveram os funcionários públicos estatutários submetidos à Justiça Federal, antes mesmo da edição da sobredita Emenda Constitucional n. 45/2004. Atualmente, essa questão está sendo discutida nos autos da Ação Direta de Inconstitucionalidade — ADIn n. 3.395-6, sendo certo que o Ministro Presidente concedeu, liminarmente, efeito suspensivo para que apenas os servidores "celetistas" fossem submetidos à Justiça do Trabalho, liminar essa que perdura até a presente revisão desta edição.

Neste passo, fazemos a observação de que há uma tendência universal a colocar o servidor público e o empregado de empresa privada em pé de igualdade no que tange a direitos, obrigações e vantagens.

Acreditamos que o legislador constituinte, sensível ao fenômeno, deve ser considerado como estar dando um passo à frente em direção a esse nivelamento. Esse tipo de interpretação da norma constitucional albergada no art. 114, I, poderá prevalecer no futuro julgamento da questão pelo STF, não obstante a concessão da liminar de efeito suspensivo na citada ação declaratória de inconstitucionalidade.

135. Justiça do Trabalho e Entes de Direito Público Externo

O art. 114 da Constituição é de uma clareza solar ao dispor que a Justiça do Trabalho é competente para apreciar dissídios individuais de trabalho que tenham como partes representantes ou delegações, em nosso País, de nações estrangeiras que pratiquem atos de império.

Fora daí, quando entregues a atividade estranha à função diplomática, os funcionários podem ser chamados a juízo.

Há, ainda, o caso de empregados que não exercem quaisquer funções essenciais à vida da representação diplomática. Tais empregados podem pedir a tutela da Justiça do Trabalho, *ex vi* do disposto no art. 114 da Constituição Federal.

Contudo, a execução dos decisórios trabalhistas esbarra em convenções internacionais, sobretudo a de Viena, ratificada pelo Brasil, que protege os bens das representações estrangeiras com o atributo da impenhorabilidade, como já apontamos anteriormente.

Na hipótese, só resta ao interessado, mediante carta rogatória, obter o integral cumprimento da sentença no País de origem da representação.

136. Justiça do Trabalho e o Pequeno Empreiteiro. Relação de Consumo

Reza o art. 652, III, da Consolidação das Leis do Trabalho que compete à Justiça do Trabalho julgar dissídios oriundos de contratos de empreitada em que o empreiteiro é operário ou artífice.

De lembrar-se que o contrato de empreitada é aquele em que alguém, mediante importância previamente estipulada, propõe-se a realizar determinado serviço sem subordinação técnica ou jurídica.

No regime constitucional de 1946, pusemos em dúvida a legitimidade do inciso III da alínea *a* do supracitado art. 652, porque dava maior alcance à competência da Justiça do Trabalho do que lhe fixara a Constituição. Nesta, declarava-se que tal competência se restringia aos dissídios resultantes da relação de emprego.

A atual Carta, no art. 114, fala em relação de trabalho como gênero, da qual a relação de emprego é uma das espécies da relação de trabalho. Uma outra espécie de relação de trabalho é essa enfocada pequena empreitada.

Tal raciocínio abre, para o legislador infraconstitucional, amplo campo para incluir, na competência da Justiça do Trabalho, atividades como a do pequeno empreiteiro ou artífice.

Ao mesmo passo, estamos que a citada norma da CLT é compatível com a Constituição de 1988, e, com mais clareza, após a Emenda Constitucional n. 45/2004, que deu nova redação ao art. 114, IX, da Constituição.

Detenhamo-nos um pouco mais na análise do inciso III da alínea *a* do art. 652 da CLT.

Nele se diz que compete à Vara do Trabalho conciliar e julgar "os dissídios resultantes de contratos de empreitada em que o empreiteiro seja operário ou artífice".

Empreiteiro, nesse dispositivo consolidado, é o artesão, o profissional que trabalha sozinho. Se o empreiteiro chefia uma equipe de empregados, está impedido de utilizar a referida norma para dirimir controvérsia com o tomador dos seus serviços.

Consoante, ainda, esse preceito da CLT, o empreiteiro está autorizado a levar à Vara do Trabalho controvérsias que digam respeito ao não-pagamento do ajustado, à recusa do serviço prestado, à inobservância de cláusulas do contrato etc.

Todavia, outras relações jurídicas formadas entre um fornecedor de bens ou serviços e um consumidor deles, que se materializam na denominada relação de consumo, disciplinada pelo Código de Defesa do Consumidor, não são da competência da Justiça do Trabalho.

Diante disso, torna-se necessário fazer-se a distinção entre fornecedor e consumidor. Entende-se como fornecedor toda a pessoa física ou jurídica, pública ou privada, nacional ou estrangeira, bem como os entes despersonalizados, que desenvolvem atividades de produção, montagem, criação, construção, transformação, importação, exportação, distribuição ou comercialização de produtos ou prestação de serviços, conforme estatui o art. 3º, do Código de Defesa do Consumidor.

Esse mesmo Código dá os elementos conceituais do consumidor em seu art. 2º, como sendo aquela pessoa física ou jurídica que adquire ou utiliza produto ou serviço como destinatário final. É aquele que contrata a prestação de serviço ou adquire um bem. É aquele que passa a ser o consumidor final.

Por seu turno, esse Código esclarece que serviço é qualquer atividade fornecida no mercado de consumo, mediante remuneração, inclusive as de natureza bancária, financeira, de crédito e securitária, salvo as decorrentes das relações de caráter trabalhista, como se infere da leitura do seu art. 3º, § 2º.

Somente a lide entre um fornecedor de uma pequena empreitada e um determinado consumidor poderá ser examinada pela Justiça do Trabalho, em virtude dos exatos termos do art. 652, III, da CLT c/c o art. 114, IX, da Constituição Federal. Outras hipóteses além dessa pequena empreitada, não são da competência da Justiça do Trabalho, por ausência de lei ordinária que assim venha determinar.

Em casos como de cobrança dos honorários de um advogado, de um médico, de um engenheiro e de outros profissionais, não poderá ela ser processada perante a Justiça do Trabalho. Da mesma forma que os consumidores desses profissionais liberais não poderão discutir nessa justiça se os serviços prestados por eles estão marcados por defeitos. Entre esses consumidores e os profissionais liberais existe uma relação de consumo a ser dirimida pela Justiça Comum estadual. Esse é nosso pensamento.

136.1. Responsabilidade Civil do Estado por Atos da Justiça do Trabalho

A 2ª Turma do Supremo Tribunal Federal, julgando o Recurso Extraordinário n. 197.911-9-PE, decidiu ser defeso à Justiça do Trabalho estabelecer normas ou condições vedadas pela Constituição ou dispor sobre matéria cuja disciplina seja reservada à lei formal.

De há muito, a Justiça Laboral, em suas Súmulas, Precedentes normativos e sentenças em dissídios coletivos, vem criando direitos para os trabalhadores não previstos na Lei. Tais direitos, acarretam maiores despesas para as empresas ou, como óbvio, essas vantagens extralegais causaram danos aos empregadores.

São ressarcíveis esses danos? E a partir de que data?

À primeira indagação respondemos afirmativamente, e, à segunda, também é afirmativa a resposta, mas a partir da data da publicação do acórdão supracitado.

Vejamos, em apertada síntese, os fundamentos da nossa posição diante da questão.

Como um dos segmentos do direito obrigacional, é o instituto da responsabilidade civil a *vedette* do direito contemporâneo, ou, como diz *Arnoldo Wald* (in "Questões de Responsabilidade Civil", CEJUP, 1990, p. 11) *"o desenvolvimento do mecanismo e a preocupação do homem moderno de encontrar um responsável para ressarcir todos os danos causados, fizeram da responsabilidade civil o centro de todo o direito civil".*

Numa palavra, consiste esse instituto na obrigação de alguém reparar o dano causado a outrem.

De conseguinte, o ato ilícito traz, na sua esteira, a obrigação de seu autor reparar o dano que houver provocado.

Sobremodo parcimonioso, no tangente às disposições sobre responsabilidade civil, nosso Código Civil hospeda — na parte geral — os arts. 186, 187 e 188, tendo por objeto a responsabilidade aquiliana e algumas situações que a excluem; na parte especial, o art. 389, contendo a regra fundamental da responsabilidade contratual e mais os arts. 927 a 954, voltados para as obrigações resultantes de atos ilícitos.

Tudo o que concerne à responsabilidade civil originou-se da ideia de culpa, geralmente definida como o ato ou omissão gerador do dano, sendo a responsabilidade um derivado da culpa, ou seja, a obrigação de o culpado indenizar o dano causado a outrem.

É a culpa contratual ou extracontratual, sendo esta, ainda, chamada de aquiliana, como homenagem ao tribuno *Aquilius* que, em Roma, teve a iniciativa de propor lei sobre o tema.

A culpa, que, inicialmente, era subjetiva, evoluiu no sentido de propiciar maior proteção aos que sofrem qualquer espécie de dano.

Hodiernamente, difunde-se por toda a parte a teoria da responsabilidade objetiva com duas projeções: a) teoria do risco e b) teoria do dano objetivo, ou seja, a responsabilidade de indenizar divorciada da ideia de culpa. Dessarte, o simples exercício de uma atividade que prejudique alguém dá nascimento à obrigação de indenizar.

Dano é o resultado de ato ilícito, consubstanciado na redução ou subtração de um bem jurídico. Este, na dicção de *Clóvis Beviláqua* ("Teoria Geral do Direito Civil", p. 65) *"é o bem ou vantagem sobre que o sujeito exerce o poder conferido pela ordem jurídica, podendo ser objeto de direito: 1) modos de ser da própria pessoa na vida social (existência, liberdade, honra, etc.); 2) ações humanas; 3) as coisas corpóreas, entre estas últimas incluindo-se os produtos da inteligência".*

Como se vê, a noção jurídica de bem abrange as coisas materiais e imateriais.

Dentre as classificações dos danos a esses bens, a mais conhecida é aquela que os divide em danos patrimoniais e danos não patrimoniais ou morais. Correspondem os primeiros a prejuízo mensurável ou avaliável em dinheiro, ao passo que os últimos, no dizer preciso de *Santos Briz* ("La Responsabilidad Civil", 3ª ed., Madrid: Montecorvo, 1981) *"são, em princípio, aqueles cuja valoração em dinheiro não tem por base a equivalência que caracteriza os danos patrimoniais, por afetar precisamente a elementos ou interesses de difícil valoração pecuniária".*

Para que se aceite, sem tergiversações, o dano moral é mister reconhecer que o dano, como elemento objetivo da responsabilidade civil, constitui uma ofensa a um bem jurídico, sendo indiferente que este seja corpóreo ou incorpóreo.

A responsabilidade civil do Estado (vocábulo que alcança todas as pessoas jurídicas de direito público interno, tanto da administração direta como da indireta) é a obrigação que a lei lhe impõe de reparar danos causados a terceiros por suas atividades ilegítimas. Daí a ilação de que a responsabilidade civil do Estado desdobra-se em três espécies: a) responsabilidade do Executivo quando um dos seus agentes for o causador do dano; b) responsabilidade do Judiciário pelos prejuízos sofridos pelo cidadão devido a erro no processamento e julgamento do feito; c) responsabilidade do Legislativo quando a lei com vício de inconstitucionalidade causa dano a outrem.

Até 1937, nossas Constituições só obrigavam o agente público a reparar o dano que causasse a terceiro; o Estado, não.

A partir de 1946, consagrou-se, no plano constitucional, o princípio da responsabilidade objetiva do Estado.

A Constituição Federal de 1988 abriga dois dispositivos que asseguram ao cidadão o direito de exigir o ressarcimento do dano que o Estado, por meio de um de seus agentes, lhe causou.

O primeiro é o inciso LXXV do art. 5º: "o Estado indenizará o condenado por erro judiciário, assim como o que ficar preso além do tempo fixado na sentença".

Erros no cível não são contemplados por essa norma. São eles alcançados pelo § 6º do art. 36: *"As pessoas jurídicas de direito público e as de direito privado prestadores de serviços públicos responderão pelos danos que seus agentes, nessa qualidade, causarem a terceiros, assegurado o direito de regresso contra o responsável nos casos de dolo ou culpa".*

Por seu turno, o art. 43 do Código Civil de 2002 esclarece que "As pessoas jurídicas de direito público interno são civilmente responsáveis por atos dos seus agentes que nessa qualidade causem danos a terceiros, ressalvado direito regressivo contra os causadores do dano, se houve, por parte deste, culpa ou dolo".

A atividade jurisdicional do Estado não deixa de ser um serviço público, o que importa dizer que, com fundamento na sobredita regra constitucional, é dado ao cidadão reivindicar a indenização de dano provocado por essa atividade, tanto no cível como no foro trabalhista.

Caio Mário (in "Responsabilidade Civil", 2ª ed., Forense, 1990, p.150 e ss.) aborda a questão da responsabilidade do Estado pelo fato da função jurisdicional.

Faz uma distinção entre o ato lesivo praticado pelo Juiz no exercício de função administrativa e na função judicante.

No primeiro caso, ninguém duvida que o Estado tem de responder pelos danos advindos do ato administrativo do Juiz.

Na hipótese da função jurisdicional propriamente dita, impende considerar se o dano resultou do exercício regular da função ou se o juiz dela exorbitou.

Sem valor o argumento de que há recursos inscritos na lei e destinados a corrigir erros ou excessos perpetrados pelo Juiz na lavratura da sentença.

À semelhança do que acontece com a ação rescisória, anula-se o argumento com a prova de que até o acolhimento do recurso ou até a procedência da ação rescisória o interessado sofreu lesões de ordem patrimonial e mesmo moral.

Irrepreensível o magistério de *Said Cahali* (*in* "Responsabilidade Civil do Estado", 2. ed., Malheiros, 1995, p. 594):

"O que se tem como certo, contudo, é que vem-se acentuando, mais recentemente, uma expressiva manifestação doutrinária, com reflexos antecipatórios na jurisprudência, no sentido do reconhecimento da responsabilidade civil do Estado pelos danos consequentes de suas falhas e omissões na prestação jurisdicional".

Ante o preceituado no § 6º do art. 37 da Constituição, não é limitador da responsabilidade civil do Estado o que se inscreve no art. 133 do Código de Processo Civil: "responderá por perdas e danos o juiz quando: I — no exercício de suas funções proceder com dolo ou fraude; II — recusar, omitir ou retardar, sem justo motivo, providência que deva ordenar de ofício, ou a requerimento da parte".

Em consonância com a sobredita norma constitucional, é bem mais amplo o espectro da responsabilidade civil do Estado por atos do Juiz, dolosos ou não.

José Cretella Jr. apresenta o seguinte elenco de proposições que considera válidas para o sistema jurídico brasileiro ao sustentar a responsabilidade do Estado por atos judiciais em sentido amplo, fundamentando-se em princípios publicísticos, que norteiam todo o moderno direito administrativo, *verbis:*

"a) a responsabilidade do Estado por atos judiciais é espécie do gênero responsabilidade do Estado por atos decorrentes do serviço público;

b) as funções do Estado são funções públicas, exercendo-se pelos três Poderes;

c) o magistrado é órgão do Estado; ao agir, não age em seu nome, mas em nome do Estado, do qual é representante;

d) o serviço público judiciário pode causar dano às partes que vão a juízo pleitear direitos, propondo ou contestando ações (cível); ou na qualidade de réus (crime);

e) o julgamento, quer no crime, quer no cível, pode consubstanciar-se no erro judiciário, motivado pela falibilidade humana na decisão;

f) por meio dos institutos rescisório e revisionista é possível atacar-se o erro judiciário, de acordo com as formas e modos que a lei prescrever; mas se o equívoco já produziu danos, cabe ao Estado o dever de repará-los;

g) voluntário ou involuntário, o erro de consequências danosas exige reparação, respondendo o Estado civilmente pelos prejuízos causados; se o erro foi motivado por falta pessoal do órgão judicante, ainda assim o Estado responde, exercendo a seguir o direito de regresso sobre o causador do dano, por dolo ou culpa;

h) provado o dano e o nexo causal entre este e o órgão judicante, o Estado responde patrimonialmente pelos prejuízos causados, fundamentando-se a responsabilidade do Poder Público, ora na culpa administrativa, o que envolve também a responsabilidade pessoal do juiz, ora no acidente administrativo, o que exclui o julgador, mas empenha o Estado por falha técnica do aparelhamento judiciário, ora no risco integral, o que empenha também o Estado, de acordo com o princípio solidarista dos ônus e encargos públicos" (in *"Responsabilidade do Estado por Atos Judiciais", RF 230:46*).

Retornando ao início deste item, cabe-nos observar que, se a Justiça do Trabalho, em desrespeito a uma decisão do Plenário do Excelso Pretório, persistir na lavratura de sentenças normativas que extrapolam os limites traçados para seu poder normativo, terá o Estado de responder por eventuais danos que esses atos judiciais vierem a causar.

Convém recordar que as sentenças normativas entram em vigor na data de sua publicação, embora susceptíveis de suspensão por ato da Presidência do TST.

137. *Competência* Ex Ratione Materiae. *Casos Especiais*

É a competência *ex ratione materiae* da Justiça do Trabalho definida pela Constituição Federal no art. 114, conforme redação que lhe foi dada pela Emenda Constitucional n. 45/2004. Cabe-lhe processar e julgar os dissídios individuais e coletivos entre trabalhadores e empregadores, abrangidos os entes de direito público externo e da administração pública direta e indireta dos Municípios, do Distrito Federal, dos Estados e da União e, na forma da lei, outras controvérsias decorrentes da relação de trabalho, bem como os litígios que tenham origem no cumprimento de suas próprias sentenças, inclusive coletivas.

Dando tal amplitude à competência da Justiça do Trabalho, a nova ordem constitucional recebeu o art. 643 da CLT:

"Os dissídios oriundos das relações entre empregados e empregadores, bem como de trabalhadores avulsos e seus tomadores de serviços, em atividades reguladas pela legislação social, serão dirimidos pela Justiça do Trabalho, de acordo com o presente Título (o VIII) e na forma estabelecida pelo processo judiciário do trabalho".

Foram, também, recebidos pela nova redação do art. 114, da Constituição, os §§ 2º e 3º, da CLT.

A norma constitucional inclui na órbita competencial da Justiça do Trabalho os conflitos trabalhistas ocorridos na administração pública direta e indireta.

Coerente com a normação do regime constitucional anterior, a CLT não cuidava de tais dissídios.

Entretanto, o Supremo Tribunal Federal (RE n. 134.342-7, 1ª T., *in* DJU de 22.5.92) decidiu que semelhante competência se restringia aos celetistas, isto é, aos servidores admitidos anteriormente a 5 de outubro de 1988 sob o regime da CLT. Essa restrição foi repetida em decisão proferida pela presidência do STF na Ação Direta de Inconstitucionalidade n. 3.395-6, emprestando-lhe efeito suspensivo no sentido de se esclarecer que a Justiça do Trabalho não é competente para apreciar o litígio dos servidores públicos estatutários. Sobre essa matéria, consultar o item 122.3, supra, onde fazemos a análise do inciso I, do art. 114, da Constituição Federal.

A Constituição nenhuma referência faz, no citado art. 114, aos trabalhadores avulsos. Considerando-se, porém, o preceituado no inciso XXXIV do seu art. 7º ("igualdade de direitos entre o trabalhador com vínculo empregatício permanente e o trabalhador avulso"), cria-se uma situação isonômica entre as duas classes de trabalhadores. Essa era a argumentação utilizada para a defesa da competência da Justiça do Trabalho nas lides dos trabalhadores avulsos antes da edição da Emenda Constitucional n. 45/2004. Após ela, entende-se que o trabalho avulso é uma modalidade de uma relação de trabalho, ficando hoje essa questão resolvida em virtude da redação do art. 643, da CLT, que foi recepcionado pelo art. 114, IX, da Constituição Federal, que assegura ser da competência da Justiça do Trabalho "outras controvérsias decorrentes da relação de trabalho, *na forma da lei*".

Argumente-se, de qualquer forma, que, como o empregado submetido à CLT tem o direito de levar suas divergências individuais ou coletivas aos órgãos da Justiça do Trabalho, conclui-se que, desde 5 de outubro de 1988, o avulso manteve o direito inscrito no art. 643 da CLT de submeter àquela Justiça eventuais dissídios com os tomadores de seus serviços.

Fazemos, aqui, pequena pausa, para focalizar antiga controvérsia sobre a conceituação do trabalho avulso.

A esse respeito, formaram-se duas correntes de opinião.

Uma asseverava que avulso era apenas aquele que, organizado em sindicato, trabalha na orla do cais; outra sustentava que o avulso existia também fora da faixa portuária e sem precisar, para sua caracterização, estar organizado em sindicato.

Filiamo-nos à segunda corrente. Não há lei dispondo que o avulso só existe no porto.

Ademais disso, entendemos que avulso é quem desempenha atividade remunerada, que, por sua natureza, é de curta duração e com ou sem subordinação. Assim concebido, o trabalho avulso é encontradiço em qualquer segmento da organização social.

Distingue-se do trabalho autônomo na circunstância de que este é sempre independente, enquanto o avulso pode ser, também, subordinado.

Reza o citado art. 114, IX, da Lei Fundamental que, por meio de lei, outros dissídios oriundos de relações do trabalho poderão ser colocados na esfera de competência da Justiça do Trabalho.

Estamos persuadidos de que, na ótica constitucional, relação de trabalho é o gênero, e relação de emprego, como já analisado anteriormente é sua espécie.

De fato, no inciso I do art. 7º da Constituição da República, diz-se que a relação de emprego será protegida contra a despedida arbitrária; e, no art. 114, alude à relação de trabalho em termos que nos permitem crer que o constituinte deu ao legislador infraconstitucional a faculdade de, por meio de lei, submeter à apreciação dos Tribunais do Trabalho conflitos de interesses entre os trabalhadores eventuais e autônomos e os tomadores de seus serviços.

Vejamos alguns casos de competência em razão da matéria.

137.1. Da contribuição assistencial

Há muito tempo, os sindicatos de empregados costumam exigir contribuição assistencial de todos os integrantes da categoria que representam. Têm feito isso por meio de cláusulas inseridas nos acordos ou convenções coletivas de trabalho ou em sentenças normativas.

Na ordem constitucional anterior, era pacífico que os conflitos tendo por objeto tal contribuição eram da competência da Justiça Comum, uma vez que não diziam respeito à relação de emprego propriamente dita.

Semelhante diretriz foi repelida pela Constituição Federal de 1988 porque no art. 114 afirma ser a Justiça do Trabalho competente para conhecer e julgar os dissídios oriundos do cumprimento de suas sentenças normativas. Daí a inferência de que, em se tratando de contribuição assistencial prevista em sentença normativa, a competência passa a ser da Justiça do Trabalho.

Durante algum tempo, entendeu-se que a competência da Justiça laboral não se estendia aos dissídios oriundos de convenção ou acordo coletivo de trabalho tendo por objeto a citada contribuição assistencial.

Com a superveniência da Lei n. 8.984, de 7 de fevereiro de 1995, tais litígios passaram a competir àquela Justiça.

Cumpre-nos sublinhar, neste passo, que o Tribunal Superior do Trabalho, de uns tempos para cá, vem sistematicamente declarando que a contribuição assistencial não pode ser autorizada ou determinada através de sentença normativa por se tratar de matéria estranha à relação de trabalho. Qualquer dúvida sobre essa matéria deixou de existir após a Emenda Constitucional n. 45/2004, que deu nova redação ao art. 114 da Constituição, ao estabelecer no seu inciso III, ser competente a Justiça do Trabalho para processar e julgar todas "as ações sobre representação sindical, entre sindicatos, entre sindicatos e trabalhadores, e entre sindicatos e empregadores". Ora, a contribuição assistencial é uma manifestação da denominada representação sindical, como já dissemos anteriormente.

137.2. Da contribuição confederativa

A Constituição Federal, no inciso IV do art. 8º, criou a contribuição para custeio do sistema confederativo, independentemente daquela outra já prevista em lei (a contribuição sindical regulada pela CLT).

Discute-se, ainda, se essa norma é de execução imediata — *self executing* — ou se deve aguardar a regulamentação por lei ordinária.

Tomadas de impaciência, numerosas entidades sindicais de empregados e de patrões resolveram não aguardar o disciplinamento legal da matéria e realizaram assembleias estabelecendo as bases da cobrança dessa contribuição.

Antes mesmo da Emenda Constitucional n. 45/2004, tinha a Justiça do Trabalho entendido que lhe compete conhecer ações de cobrança da contribuição confederativa se a exigência derivar de cláusula de convenção coletiva de trabalho. Após essa emenda, e com a nova redação do art. 114, III, da Constituição, ficou mais uma vez confirmada a competência da Justiça do Trabalho, posto que a contribuição é manifestação da representação sindical.

137.3. Da contribuição sindical do empregado e do empregador

Quando um empregador deixa de recolher sua contribuição ao sindicato que o representa (arts. 578 e seguintes da CLT) ou quando ele mesmo não envia à organização representativa de seus empregados o dinheiro resultante do desconto feito no salário de cada um deles referente a essa obrigação legal, o respectivo dissídio compete à Justiça do Trabalho processar e julgar, por força da Emenda Constitucional n. 45, que deu nova redação ao art. 114, III, da Constituição. A contribuição sindical é manifestação da representação sindical tratada nesse dispositivo constitucional.

Antes dessa emenda, o Superior Tribunal de Justiça esclareceu no Conflito de Competência n. 48.891 que sua Súmula n. 222 não mais era aplicável, e que estava assim redigida: "Compete à Justiça Comum processar e julgar as ações relativas à Contribuição Sindical prevista no art. 578, da CLT).

137.4. Programa de Integração Social — PIS

Ações dos empregados contra empregadores relativas ao cadastramento no Programa de Integração Social-PIS, criado pela Lei Complementar n. 7/1970, são de competência da Justiça do Trabalho. É algo que se vincula à relação de emprego.

Há, mesmo, uma Súmula do TST, de n. 300, encampando essa orientação: *"Compete à Justiça do Trabalho processar e julgar ações ajuizadas por empregados em face de empregadores relativas ao cadastramento no Programa de Integração Social (PIS)".*

O extinto Tribunal Federal de Recursos, atual Superior Tribunal de Justiça, já tinha estabelecido a Súmula n. 82 acerca da matéria: "Compete a Justiça do Trabalho processar e julgar as reclamações pertinentes ao cadastramento no plano de integração social (PIS) ou indenização compensatória pela falta deste, desde que não envolvam relações de trabalho dos servidores da união, suas autarquias e empresas publicas".

137.5. Trabalho avulso e perdas e danos

Se o trabalhador avulso prejudica o tomador de seus serviços, culposa ou dolosamente, ao executar os serviços contratados, que deram o surgimento à relação de trabalho, pensávamos que a respectiva ação de perdas e danos devia ser levada à Justiça Comum. Sustentávamos que esse fato estava desprovido de qualquer característica trabalhista.

Contudo, após a edição da Emenda Constitucional n. 45/2004, passamos a entender que, por força da redação do art. 114, IX, da Constituição e do disposto no art. 643, da CLT, esse tipo de conflito surge em decorrência do fato de ser o trabalho avulso uma espécie da relação de trabalho, o que provoca o surgimento da competência da Justiça do Trabalho para dirimir essa modalidade de ação proposta pelo tomador de serviços avulsos em virtude de ter sofrido as perdas e danos causados pelo trabalhador avulso.

137.6. A União como assistente

Num dissídio trabalhista em que sejam partes empresas públicas ou sociedades de economia mista, a que a União comparece como assistente — qualificado ou simples —, só haverá deslocamento para o foro federal se ela demonstrar o seu interesse.

137.7. Imunidade de jurisdição

Sobre a imunidade de jurisdição de Estado estrangeiro, poupamo-nos de fazer qualquer comentário a respeito para limitar-nos a fazer a transcrição da ementa do acórdão proferido pelo Pleno do STF no julgamento do AC n. 9.696, *in* Rev. LTr 55-1/45: *"Não há imunidade de jurisdição para o Estado estrangeiro em causa de natureza trabalhista. Em princípio, esta deve ser processada e julgada pela Justiça do Trabalho, se ajuizada depois do advento da Constituição Federal (art. 114). Na hipótese, porém, permanece a competência da Justiça Federal em face do disposto no parágrafo único do art. 27 do Ato das Disposições Constitucionais Transitórias da CF/88, c/c. art. 125 da EC n. 1/69. Recurso ordinário conhecido e provido pelo Supremo Tribunal Federal para se afastar a imunidade de jurisdição reconhecida pelo Juízo Federal de 1º grau, que deve prosseguir no julgamento da causa".*

A Convenção de Viena, a que aderiu nosso País, veda a penhora de bens de uma representação diplomática. No item seguinte, iremos dissertar com mais profundidade sobre essa matéria.

137.8. Órgãos de controle profissional

Os Conselhos Regionais das diversas profissões têm natureza de autarquias federais.

Como autores, réus, assistentes ou oponentes provocam o deslocamento para a Justiça Federal dos feitos em que forem partes, excluídos aqueles que disserem respeito às causas falimentares, eleitorais e trabalhistas.

137.9. Ação reintegratória contra empregado

Julgando o Conflito de Competência n. 2.602, a 2ª Seção do Superior Tribunal de Justiça proferiu acórdão cuja ementa é a seguinte: "Contrato de uso gratuito de imóvel por empregado. Ação de reintegração de posse, após extinto o contrato laboral. Não sendo pretendida prestação de natureza trabalhista, competente para a demanda reintegratória a Justiça Comum".

Seguindo a linha de raciocínio vencedora nesse julgamento, podemos concluir — *contrario sensu* — que, em sendo de natureza trabalhista o uso do imóvel (prestação *in natura* de índole salarial) a competência seria da Justiça do Trabalho.

Se constar do contrato de trabalho a cessão do imóvel como prestação *in natura* estará delineada a situação que cabe à Justiça do Trabalho conhecer. A correspondente parcela salarial, na espécie, é considerada no cálculo das contribuições à Previdência Social e ao FGTS.

137.10. Dano moral e a Justiça do Trabalho

A Emenda Constitucional n. 45/2004 estabeleceu no art. 114, VI, da Constituição, que é da competência da Justiça do Trabalho processar e julgar "as ações de indenização por dano moral ou patrimonial, decorrentes da relação de trabalho". Apesar da clareza de tal dispositivo, algumas discussões surgiram acerca dos danos decorrentes do acidente de trabalho, que não tivessem caráter previdenciário, estes sim, da competência da Justiça do Trabalho.

Aliás, o TST pacificou essa questão da competência de dano moral trabalhista ao editar a Súmula n. 392, *verbis*: "*Dano moral. Competência da Justiça do Trabalho.* Nos termos do art. 114 da CF/1988, a Justiça do Trabalho é competente para dirimir controvérsias referentes à indenização por dano moral, quando decorrente da relação de trabalho".

Colocada a questão nesses termos, vejamos o que é dano.

Dano é o resultado de um ato ilícito, consubstanciado na redução ou subtração de um bem jurídico, o qual, no dizer de *Clóvis Beviláqua* ("Teoria Geral do Direito Civil", 2. ed., Francisco Alves, 1929, p. 65), é o bem ou vantagem sobre que o sujeito exerce o poder conferido pela ordem jurídica, podendo ser objeto do direito: 1) modos de ser da própria pessoa na vida social (liberdade, existência, honra etc.); 2) as ações humanas; 3) as coisas corpóreas, incluindo-se entre estas últimas os produtos da inteligência".

Essa noção jurídica de bem abrange as coisas materiais e imateriais.

Dentre as classificações de danos a esses bens, a mais conhecida é a que os divide em danos materiais e danos não patrimoniais ou morais.

Os primeiros — os patrimoniais — correspondem a prejuízo mensurável ou avaliável em dinheiro, ao passo que os últimos, no magistério de *Santos Briz* ("La Responsabilidad Civil", 3. ed., Madrid: Moncorvo, 1981) *"são, em princípio, aqueles cuja valoração em dinheiro não tem por base a equivalência que caracteriza os patrimoniais, por afetar precisamente a elementos ou interesses de difícil valoração pecuniária".*

O dano, como elemento objetivo da responsabilidade civil, constitui, em suma, uma ofensa a um bem jurídico, sendo indiferente que ele seja corpóreo ou incorpóreo.

Hodiernamente, ninguém nega a existência, no plano jurídico, do dano moral. Os doutrinadores dividem-se em dois grupos: o primeiro assevera que o dano moral é puro, não repercute no patrimônio material do ofendido; o segundo sustenta que o dano moral não perde sua identidade se refletir-se no patrimônio moral do lesado.

A melhor corrente doutrinária (à qual nos filiamos) assenta que o dano moral pode ser próprio quando não afeta o patrimônio, e impróprio quando nele tem reflexo.

Por dano moral entende-se, corretamente, uma lesão ao patrimônio de valores ideais de uma pessoa, tendo como pressuposto a dor, o sofrimento moral causado por ato ilícito.

Depreende-se desse conceito de dano moral ter ele vinculação com a dor moral ou física, mas sem alcançar o patrimônio material do ofendido. É inocultável a fragilidade do argumento de que a dor não tem preço e, por isso mesmo, impossível a reparabilidade pecuniária desse dano.

Na linha desse entendimento, ter-se-ia de concluir que o direito se mantém indiferente às lesões sofridas por uma pessoa em sua honra.

É claro que tal pensamento repugna à consciência jurídica de um povo.

Condenando o ofensor ao pagamento de uma reparação pecuniária, está a Justiça não apenas reconhecendo a existência do dano moral, mas inibindo a reincidência e propiciando ao ofendido meios para realizar algo compensador.

Na vida de relação, em sociedade, seja lá qual for o seu segmento, o indivíduo está exposto ao dano moral.

Nessa ótica, é claro que o trabalhador, no interior da empresa a que presta serviços, pode ser ofendido moralmente.

Isso acontece, mais comumente, quando o trabalhador é acusado de furto de mercadorias pelo empregador e quando este dá informações falsamente desabonadoras ao empresário que desejar admitir aquele empregado.

No primeiro caso, se o empregado for absolvido na Justiça Criminal e proclamada sua inocência, considera rescindido o contrato de trabalho com fundamento na alínea *e*, do art. 483 da CLT e recebe as verbas indenizatórias previstas em lei.

Na hipótese, o empregado foi ofendido moralmente, e, em razão dessa circunstância, faz jus a outra reparação pecuniária, além daquela de que falam os arts. 477 e 478 da CLT ou na Lei do Fundo de Garantia (40% dos valores depositados na conta vinculada do empregado).

Equivocado a mais não valer o entendimento de que, nas indenizações previstas na CLT ou na Lei do FGTS, está incluído o ressarcimento do dano moral.

Primeiro, porque a lei é silente a respeito disso, e, segundo, porque a indenização da lei trabalhista é a sanção pela ruptura arbitrária do contrato de trabalho, o que não pode alcançar o dano moral.

Fora de dúvida que a hipótese, por vincular-se à relação empregatícia, é abrangida pela competência da Justiça do Trabalho.

De passagem, queremos frisar que a pessoa jurídica da empresa também pode sofrer dano moral. Se o ofensor for um empregado, dificilmente terá ele condições de pagar a reparação pecuniária fixada pela Justiça. Todavia, o fato poderá justificar a extinção do seu contrato de trabalho com perda da indenização inscrita na lei trabalhista.

O cálculo da indenização, no dano moral, não consta de lei.

Nosso Código Civil, nos arts. 944 *usque* 954, apresenta-nos o rol de modalidades de liquidação de obrigações resultantes de atos ilícitos e neles não se faz alusão ao dano moral. Lembre-se que no art. 953 existe o delineamento da indenização por lesão à honra em decorrência da injúria, difamação ou calúnia. Nesses casos, o código limita-se a dizer que a indenização consistirá na reparação do dano que delas resulte ao ofendido. E se o ofendido não puder provar prejuízo material, caberá ao juiz fixar, equitativamente, o valor da indenização, na conformidade das circunstâncias do caso.

É certo que o art. 1.553, do Código Civil de 1916 estabelecia que, *"nos casos não previstos neste Capítulo, se fixará por arbitramento a indenização"*. Como essa norma não foi repetida no Código atual, poder-se-á dizer que o Juiz não poderá usar dessa faculdade. Pensamos contrariamente a quem venha sustentar essa tese, pois o próprio art. 944 demonstra que "a indenização mede-se pela extensão do dano". E no seu parágrafo único, é assentada a regra de que *"se houver excessiva desproporção entre a gravidade da culpa e o dano, poderá o juiz reduzir, equitativamente, a indenização"*.

Além disso, o art. 946 mantém a fórmula de se apurar as perdas e danos na forma que a lei processual determinar. Prevê a norma processual que a liquidação faça-se por artigos ou por arbitramento. Apesar de haver o entendimento de alguns de que o arbitramento deverá ser utilizado pelo Juiz por ser o meio mais seguro para a fixação da reparação do dano moral, devemos dizer que ele impede que haja a defesa eficaz contra uma estimativa adotada livremente por ele. Poderá a indenização ser exorbitante ou ínfima, e qualquer que seja ela, estará sempre provocando inseguranças na prestação jurisdicional, caso não se tomem as devidas cautelas.

Nesse caso, não se pode passar ao largo da advertência da eminente *Maria Helena Diniz* de que o juiz, na reparação do dano moral, deve ter a máxima cautela para examinar cada caso, sopesando o conjunto probatório dos autos, *verbis*:

"...grande é o papel do magistrado na reparação do dano moral, competindo, a seu prudente arbítrio, examinar cada caso, ponderando os elementos probatórios e medindo as circunstâncias, proferindo o desagravo direto ou compensação não-econômica à pecuniária, sempre que possível, ou se não houver riscos de novos danos" (in *"Curso de Direito Civil Brasileiro. Responsabilidade Civil"*, vol. 7, São Paulo: Saraiva, 1984, p. 79).

Dito isso, mais uma vez deve ser relembrado o *conceito de dano moral, para que, em seguida, venhamos delinear a forma de sua efetiva reparação* evitando-se, assim, inseguranças na prestação jurisdicional.

Cunha Gonçalves diz que "dano moral é o prejuízo resultante da ofensa à integridade psíquica ou à personalidade moral, com possível ou efetivo prejuízo do patrimônio moral" (*in* "Tratado de Direito Civil", tomo II, vol. XII, p. 548).

Apoiando-se em *Antônio Chaves* e *Carpenter*, *Lima Teixeira* apresenta seu entendimento do que seja dano moral nestes termos:

"O dano moral é o sofrimento humano provocado por ato ilícito de terceiro que molesta bens imateriais ou magoa valores íntimos da pessoa, os quais constituem o sustentáculo sobre o qual sua personalidade é moldada e sua postura nas relações em sociedade é erigida. Dano moral, na precisa definição de Antônio Chaves, "é a dor resultante da violação de um bem juridicamente tutelado sem repercussão patrimonial. Seja a dor física — dor-sensação como a denomina Carpenter —, nascida de uma lesão material; seja a dor moral — dor-sentimento — de causa material" ("Instituições de Direito do Trabalho", de Arnaldo Süssekind e outros, vol. I, 16. ed., LTr, p. 620).

Estabelecida a definição de dano moral, surge a questão de como repará-la.

Socorrendo-se de *Cunha Gonçalves* novamente, observa-se que, efetivamente, *não se paga a dor e não se indenizam os sentimentos*. Mas esse eminente doutrinador pátrio esclarece que, *apesar disso, o sofredor do dano necessita de meios para se recuperar, para se distrair, como se distrai uma criança que cai e se machuca, aliviando-se a dor ao receber um brinquedo*. (cf. ob. cit., p. 540).

Esse notável mestre fornece a lição, segundo a qual, para que o sofredor possa distrair-se, dá-se-lhe o meio indispensável, munindo-se do instrumento adequado à reparação dos gastos para tal finalidade, e a isto ele denomina "sucedâneo".

Vale dizer que, para se arredarem ou se aliviarem os sofrimentos, os sentimentos, proporciona-se ao ofendido o recurso para se distrair, para se recuperar, mas isto importa em despesas, em custos de dinheiro, e que devem ser pagos pelo ofensor, e aí está o SUCEDÂNEO, que nada mais é do que derivativo.

Sim, derivativo que deve ser concedido ao ofendido para que se opere uma derivação, ocupação ou divertimento com que se procura fugir a estados melancólicos.

Decorre, daí, a certeza de que os sofrimentos e os sentimentos profundos, com fortes sulcos na alma e no corpo, hão de integrar a mais completa reparação no que se denomina dano moral, que, obviamente, não é de quem morre ou fica inutilizado, mas de quem fica sentido, de quem fica triste ou melancólico.

Assim, para que haja a fixação da indenização do dano moral dentro do processo, o Juiz jamais poderá se afastar da máxima cautela, como recomendada por *Maria Helena Diniz*, ao sopesar todo o conjunto probatório constante dos autos. Para tanto, há de se examinar, com a devida cautela como recomenda a ilustre *Maria Helena Diniz*, o conjunto probatório.

Portanto, esse art. 944 e seguintes abrem campo aos debates, nos autos do processo, entre ofensor e ofendido, os quais fornecem elementos ao Juiz para decidir com segurança e acerto. O *pretium doloris* compete ao Juiz fixar para que a efetiva prestação jurisdicional venha a se realizar, consoante o conjunto probatório constante dos autos, *mas em uma decisão devidamente fundamentada*, como lhe determina o art. 93, IX, da Constituição Federal.

137.10.1. Casos Especiais de Dano Moral no Direito do Trabalho: Competência da Justiça do Trabalho

Reza o inciso X, do art. 5º, da Constituição da República — *verbis*:

"são invioláveis a intimidade, a vida privada, a honra e a imagem das pessoas, assegurado o direito a indenização pelo dano material ou moral decorrente de sua violação".

Com fulcro nessa norma constitucional, deduz-se que, no âmbito das relações de trabalho, podem ocorrer os seguintes casos de dano moral:

a) divulgação por órgão de comunicação de massa ou transmissão a terceiros estranhos à empresa, dos resultados de exames médicos e psicotécnicos;

b) no local de trabalho, controle visual de conduta dos empregados nos banheiros e vestiários;

c) revista das mulheres empregadas em lugar desprotegido e de forma a ferir seu pundonor;

d) proibição de casamento com pessoa que trabalhe em empresa concorrente;

e) prévia esterilização da mulher candidata a um emprego (ofensa ao § 7º, do art. 226 da CF);

f) negativa de emprego sem levar em conta o inciso LVII do art. 5º da Lei Maior: "ninguém será considerado culpado até o trânsito em julgado da sentença penal condenatória";

g) imputação, sem provas, de falta grave que fere a honra e a boa fama do empregado;

h) tratamento vexatório ao empregado, rebaixando-o na hierarquia funcional.

Escusado dizer que a relação supra é apenas exemplificativa, eis que no interior das empresas acontecem muitos outros fatos que podem acarretar dano moral aos empregados.

Dessarte, é imune de dúvidas que, a 5 de outubro de 1988, quando da promulgação da nossa Lei Maior, chegou a seu termo a controvérsia acerca da presença, ou não, em nosso ordenamento jurídico, da reparabilidade do dano moral (ou, em alemão, *"schmerzengeld"* — dinheiro de dor).

A bem da verdade, só na fase anterior à codificação do nosso direito civil é que prevaleceu a ideia de que o dano não-patrimonial era irresarcível.

Vejamos duas demonstrações nesse sentido.

Lacerda de Almeida ("Obrigações", § 69, p. 281), num misto de melancolia e revolta, chegou a dizer: *"Ainda me não pude convencer da existência de dano civil de ordem não patrimonial."*

Lafayette ("Direito das coisas", § 205, nota 8, *apud Yussef Said Cahali*, "Dano Moral", 2. ed., Rev. dos Tr., 1998, p. 43) no mesmo diapasão, depois de aludir ao sofrimento físico ou moral, sem refletir nos bens materiais do ofendido, concluiu que "não há necessidade de satisfação pecuniária. Todavia, não tem faltado quem queira reduzir o simples sofrimento físico ou moral a valor; são extravagâncias do espírito humano."

Com o nascimento do Código Civil em 1916, fortaleceu-se a tese da reparabilidade do dano moral, sendo certo que o Código Civil de 2002 estabelece, claramente, no art. 186 que "aquele que, por ação ou omissão voluntária, negligência ou imprudência, violar direito e causar dano a outrem, ainda que exclusivamente moral, comete ato ilícito".

No distante ano de 1929, na 2. ed. da sua "Teoria Geral do Direito Civil" (Livraria Francisco Alves, p. 65) já prelecionava *Clovis Beviláqua* que o dano é o resultado de um ato ilícito, consubstanciado na redução ou subtração de um bem jurídico, o qual, é o bem ou a vantagem sobre que o sujeito exerce o poder conferido pela ordem jurídica, podendo ser objeto do direito: 1) modos de ser da própria pessoa na vida social (liberdade, existência, honra, etc.); 2) as ações humanas; 3) as coisas corpóreas, incluindo, entre estas últimas, os produtos da inteligência.

João de Lima Teixeira Filho (com *Süssekind, Maranhão, Segadas Vianna* in "Instituições de Direito do Trabalho", 17. ed., LTr, 1997. vol. I, p. 627) recorda o magistério anterior de *Ihering*: "A pessoa tanto pode ser lesada no que tem, como no que é."

No dizer preciso de *Ihering*, a lesão também tanto pode ser de natureza patrimonial como moral.

Enfim, não mais se discute que o nosso ordenamento jurídico reconheceu a reparabilidade do dano moral. Todavia, depois de alguma vacilação, nossos Tribunais acabaram por admitir que a mesma ação dolosa ou culposa pode originar um duplo dano: o moral e o patrimonial.

Daí a inferência de serem acumuláveis as indenizações por dano material e dano moral oriundos do mesmo fato (Súmula n. 37 do STJ).

É indubitável que se trata de exercício regular do direito potestativo do empregador a rescisão unilateral do contrato de trabalho seguida do pagamento, ao empregado, das reparações pecuniárias previstas na Lei.

Entretanto, se esse ato é realizado sob condições que humilham o empregado diante de seus colegas ou é acompanhado de declarações que tisnam a honra ou a boa fama do empregado — é inegável a existência do dano moral.

Assim, desde há muito tempo, sempre defendemos que compete à Justiça do Trabalho conhecer e julgar fatos derivantes da relação de trabalho que originem dano moral. É este, também, o entendimento de *Süssekind* e de *Lima Teixeira Filho*, na obra citada, de *Valdir Florindo* in "Dano Moral e o Direito do Trabalho" (LTr, 1995, p. 71 e ss.).

Antes mesmo da edição da Emenda Constitucional n. 45/2004, e pacificando essa questão da competência da Justiça do Trabalho para apreciar a alegação de dano moral por parte de um empregado, o Supremo Tribunal Federal apresentou a ementa do acórdão proferido por sua 1ª Turma no julgamento, a 17.11.98, do Recurso Extraordinário n. 238.737-SP (DJU de 5.2.99), conforme a seguinte notícia veiculada por seu Boletim Informativo STF n. 132, de 25.11.98, vazada nos seguintes termos:

"Compete à Justiça do Trabalho o julgamento da ação de indenização, por danos materiais e morais, movida pelo empregado contra seu empregador, fundada em fato decorrente da relação de trabalho (CF, art. 114: "Compete à Justiça do Trabalho conciliar e julgar os dissídios individuais e coletivos entre trabalhadores e empregadores... outras controvérsias decorrentes da relação de trabalho..."), nada importando que o dissídio venha a ser resolvido com base nas normas de Direito Civil. Com esse entendimento, a Turma conheceu e deu provimento a recurso extraordinário para reformar acórdão do STJ que — ao entendimento de que a causa de pedir e o pedido demarcam a natureza da tutela jurisdicional pretendida, definindo-lhes a competência — assentara a competência da Justiça Comum para processar ação de reparação, por danos materiais e morais, propostas por trabalhador dispensado por justa causa sob a acusação de apropriação indébita. Precedente citado: CJ 6.959-DF (RTJ 134/96). Rel. Min. Sepúlveda Pertence."

Como se vê, a Corte Suprema serviu-se de argumento extraordinariamente consistente: a competência da Justiça do Trabalho alcança "outras controvérsias decorrentes da relação de trabalho", como o prevê o art. 114 da Lei Fundamental.

Já o TST editou a Orientação Jurisprudencial n. 327, SDI-1, convertida em 24.4.2005 na Súmula n. 392, em perfeita harmonia com o que foi decidido pelo STF, como se observa da leitura do seu verbete: *"Dano moral. Competência da Justiça do Trabalho. Nos termos do art. 114 da CF/1988, a Justiça do Trabalho é competente para dirimir controvérsias referentes à indenização por dano moral, quando decorrente da relação de trabalho."*

Após a Emenda Constitucional n. 45/2004 essa matéria veio a ser discutida, novamente, pelo Supremo Tribunal Federal, que a pacificou com o acórdão proferido no Conflito de Competência n. 7.204, publicado no DJU de 21.9.2005. Foi aí assentado que essas ações de dano moral decorrentes do acidente do trabalho passaram a ser da competência da Justiça do Trabalho a partir de 31.12.2004, data de publicação da referida Emenda. Como já apontamos anteriormente, esse entendimento implica no imediato cancelamento da Súmula n. 15, do Superior Tribunal de Justiça.

137.11. Normas de Segurança, Higiene e Medicina do Trabalho

Estabelece a Súmula n. 736 do STF: "Compete à Justiça do Trabalho julgar as ações que tenham como causa de pedir o descumprimento de normas trabalhistas relativas à segurança, higiene e saúde dos trabalhadores."

137.12. Crime de Falsificação ou Uso de Documento Falso perante a Justiça do Trabalho

O extinto Tribunal Regional Federal, atual Superior Tribunal de Justiça, editou a Súmula n. 200, nos seguintes termos: "Compete a Justiça Federal processar e julgar o crime de falsificação ou de uso de documento falso perante a Justiça do Trabalho".

137.13. Súmulas do STF, STJ e TST sobre Casos Especiais de Competência

137.13.1. Súmulas do STF

N. 235 — *É competente para a ação de acidente do trabalho a justiça cível comum, inclusive em segunda instância, ainda que seja parte autarquia seguradora* (Observação: No julgamento do CC 7204 o Tribunal, em sessão plenária, definiu a competência da justiça trabalhista, a partir da Emenda Constitucional n. 45/2004, para julgamento das ações de indenização por danos morais e patrimoniais decorrentes de acidente do trabalho).

N. 251 — Responde a Rede Ferroviária Federal S.A. perante o foro comum e não perante o juízo especial da fazenda nacional, a menos que a união intervenha na causa.

N. 339 — Não cabe ao poder judiciário, que não tem função legislativa, aumentar vencimentos de servidores públicos sob fundamento de isonomia.

N. 363 — A pessoa jurídica de direito privado pode ser demandada no domicílio da agência, ou estabelecimento, em que se praticou o ato.

N. 433 — É competente o Tribunal Regional do Trabalho para julgar mandado de segurança contra ato de seu presidente em execução de sentença trabalhista.

N. 510 — Praticado o ato por autoridade, no exercício de competência delegada, contra ela cabe o mandado de segurança ou a medida judicial.

N. 517 — As sociedades de economia mista só têm foro na justiça federal, quando a união intervém como assistente ou oponente.

N. 518 — A intervenção da União, em feito já julgado pela segunda instância e pendente de embargos, não desloca o processo para o tribunal federal de recursos.

N. 624 — Não compete ao Supremo Tribunal Federal conhecer originariamente de mandado de segurança contra atos de outros tribunais.

N. 627 — No mandado de segurança contra a nomeação de magistrado da competência do presidente da República, este é considerado autoridade coatora, ainda que o fundamento da impetração seja nulidade ocorrida em fase anterior do procedimento.

N. 634 — Não compete ao Supremo Tribunal Federal conceder medida cautelar para dar efeito suspensivo a recurso extraordinário que ainda não foi objeto de juízo de admissibilidade na origem.

N. 635 — Cabe ao presidente do tribunal de origem decidir o pedido de medida cautelar em recurso extraordinário ainda pendente do seu juízo de admissibilidade.

N. 736 — Compete à Justiça do Trabalho julgar as ações que tenham como causa de pedir o descumprimento de normas trabalhistas relativas à segurança, higiene e saúde dos trabalhadores (DJ 9.12.03).

137.13.2. Súmulas do STJ

N. 4 — Competência. Sindicato. Processo eleitoral. Compete à Justiça estadual julgar causa decorrente do processo eleitoral sindical. (Nossa observação: deixou de ter validade diante da nova redação do art. 114, III, da Constituição Federal, dada pela Emenda Constitucional n. 45/2004).

N. 10 — Competência. Junta instalada. Instalada a Junta de Conciliação e Julgamento (extinta, atualmente, que passou a ser chamada Vara do Trabalho), cessa a competência do Juiz de Direito em matéria trabalhista, inclusive para a execução das sentenças por ele proferidas.

N. 41 — O Superior Tribunal de Justiça não tem competência para processar e julgar, originariamente, mandado de segurança contra ato de outros tribunais ou dos respectivos órgãos.

N. 59 — Competência. Trânsito em julgado. Não há conflito de competência se já existe sentença com trânsito em julgado, proferida por um dos juízos conflitantes.

N. 62 — Competência. Crime de falsa anotação na CPTS. Empresa privada. Compete à Justiça Estadual processar e julgar o crime de falsa anotação na Carteira de Trabalho e Previdência Social, atribuído à empresa privada.

N. 82 — FGTS. Movimentação. Competência. Compete à Justiça Federal, excluídas as reclamações trabalhistas, processar e julgar os feitos relativos à movimentação do FGTS (v. Súmula n. 176, do TST: "A Justiça do Trabalho só tem competência para autorizar o levantamento do depósito do Fundo de Garantia do Tempo de Serviço na ocorrência de dissídio entre empregado e empregador").

N. 97 — Competência. Servidor Público. Compete à Justiça do Trabalho processar e julgar reclamação de servidor público relativamente a vantagens trabalhistas anteriores à instituição do regime jurídico único.

N. 137 — Competência. Servidor Público Municipal. Regime Estatutário. Compete à Justiça Comum Estadual processar e julgar ação de servidor público municipal, pleiteando direitos relativos ao vínculo estatutário.

N. 150 — Competência. Interesse jurídico da União, suas autarquias ou empresas públicas. Compete à Justiça Federal decidir sobre a existência de interesse jurídico que justifique a presença no processo, da União, suas autarquias ou empresas públicas.

N. 161 — Competência. Levantamento dos valores relativos ao PIS/PASEP e FGTS. Falecimento do titular da conta. É da competência da Justiça Estadual autorizar o levantamento dos valores relativos ao PIS/PASEP e FGTS, em decorrência do falecimento do titular da conta.

N. 165 — Competência. Crime de falso testemunho. Processo do Trabalho. Compete à Justiça Federal processar e julgar crime de falso testemunho cometido no processo do trabalho

N. 170 — *Competência. Pedidos trabalhista e estatutário e pedido remanescente.* Compete ao juízo onde primeiro for intentada a ação envolvendo acumulação de pedidos, trabalhista e estatutário, decidi-la nos limites da sua jurisdição, sem prejuízo do ajuizamento de nova causa, com o pedido remanescente, no juízo próprio.

N. 180 — *Conflito de Competência. Juiz Estadual e Vara do Trabalho.* Na lide trabalhista, compete ao Tribunal Regional do Trabalho dirimir conflito de competência verificado, na respectiva região, entre Juiz Estadual e Junta de Conciliação e Julgamento

N. 218 — *Competência. Ação de Servidor Público Estadual. Cargo em Comissão. Estatutário. Justiça Comum.* Compete à Justiça dos Estados processar e julgar ação de servidor estadual decorrente de direitos e vantagens estatutárias no exercício de cargo em comissão

N. 222 — *Competência. Contribuição Sindical prevista no art. 578 da CLT.* Compete à Justiça Comum processar e julgar as ações relativas à Contribuição Sindical prevista no art. 578 da CLT (Inaplicável após a EC n. 45/2004, conforme Conflito de Competência STJ n. 48891)

N. 225 — *Competência. Tribunal Regional do Trabalho. Declaração de Nulidade.* Compete ao Tribunal Regional do Trabalho apreciar recurso contra sentença proferida por órgão de primeiro grau da Justiça Trabalhista, ainda que para declarar-lhe a nulidade em virtude de incompetência.

N. 236 — *Competência. Conflitos de Competência entre Juízes Trabalhistas vinculados a Tribunais do Trabalho diversos.* Não compete ao Superior Tribunal de Justiça dirimir conflito de competência entre juízes trabalhistas vinculados a Tribunais Regionais do Trabalho diversos.

N. 349 — *Compete à Justiça Federal ou aos juízes com competência delegada o julgamento das execuções fiscais de contribuições devidas pelo empregador ao FGTS.*

N. 363 — *Compete à Justiça estadual processar e julgar a ação de cobrança ajuizada por profissional liberal contra cliente.*

N. 365 — *A intervenção da União como sucessora da Rede Ferroviária Federal S/A (RFFSA) desloca a competência para a Justiça Federal ainda que a sentença tenha sido proferida por Juízo estadual.*

N. 367 — *A competência estabelecida pela EC n. 45/2004 não alcança os processos já sentenciados.*

137.13.3. Súmulas do TST

Súmula n. 19 — Quadro de carreira. A Justiça do Trabalho é competente para apreciar reclamação de empregado que tenha por objeto direito fundado em quadro de carreira. (1969)

Súmula n. 189 — Greve. Competência da Justiça do Trabalho. Abusividade. A Justiça do Trabalho é competente para declarar a abusividade, ou não, da greve.

Súmula n. 192 — Ação rescisória. Competência e possibilidade jurídica do pedido. I — Se não houver o conhecimento de recurso de revista ou de embargos, a competência para julgar ação que vise a rescindir a decisão de mérito é do Tribunal Regional do Trabalho, ressalvado o disposto no item II. II — Acórdão rescindendo do Tribunal Superior do Trabalho que não conhece de recurso de embargos ou de revista, analisando arguição de violação de dispositivo de lei material ou decidindo em consonância com súmula de direito material ou com iterativa, notória e atual jurisprudência de direito material da Seção de Dissídios Individuais (Súmula n. 333), examina o mérito da causa, cabendo ação rescisória da competência do Tribunal Superior do Trabalho. III — Em face do disposto no art. 512 do CPC, é juridicamente impossível o pedido explícito de desconstituição de sentença quando substituída por acórdão do Tribunal Regional ou superveniente sentença homologatória de acordo que puser fim ao litígio. IV — É manifesta a impossibilidade jurídica do pedido de rescisão de julgado proferido em agravo de instrumento que, limitando-se a aferir o eventual desacerto do juízo negativo de admissibilidade do recurso de revista, não substitui o acórdão regional, na forma do art. 512 do CPC. V — A decisão proferida pela SBDI, em sede de agravo regimental, calcada na Súmula n. 333, substitui acórdão de Turma do TST, porque emite juízo de mérito, comportando, em tese, o corte rescisório (NR 2008)

Súmula n. 214 — Decisão Interlocutória. Irrecorribilidade. Na Justiça do Trabalho, nos termos do art. 893, § 1º, da CLT, as decisões interlocutórias não ensejam recurso imediato, salvo nas hipóteses de decisão: a) de Tribunal Regional do Trabalho contrária à Súmula ou Orientação Jurisprudencial do Tribunal Superior do Trabalho; b) suscetível de impugnação mediante recurso para o mesmo Tribunal; c) que acolhe exceção de incompetência territorial, com a remessa dos autos para Tribunal Regional distinto daquele a que se vincula o juízo excepcionado, consoante o disposto no art. 799, § 2º, da CLT. (NR 2005)

Súmula n. 300 — Competência da Justiça do Trabalho. Cadastramento no PIS. Compete à Justiça do Trabalho processar e julgar ações ajuizadas por empregados em face de empregadores relativas ao cadastramento no Programa de Integração Social (PIS).

Súmula n. 368 — Descontos previdenciários e fiscais. Competência. Responsabilidade pelo pagamento. Forma de cálculo. I — A Justiça do Trabalho é competente para determinar o recolhimento das contribuições fiscais. A competência da Justiça do Trabalho, quanto à execução das contribuições previdenciárias, limita-se às sentenças condenatórias em pecúnia que proferir e aos valores, objeto de acordo homologado, que integrem o salário de contribuição. II. É do empregador a responsabilidade pelo recolhimento das contribuições previdenciárias e fiscais, resultante de crédito do empregado oriundo de condenação judicial, devendo ser calculadas, em relação à incidência dos descontos fiscais, mês a mês, nos termos do art. 12-A da Lei n. 7.713, de 22.12.1988, com a redação dada pela Lei n. 12.350/2010. III. Em se tratando de descontos previdenciários, o critério de apuração encontra-se disciplinado no art. 276, § 4º, do Decreto n. 3.048/1999 que regulamentou a Lei n. 8.212/1991 e determina que a contribuição do empregado, no caso de ações trabalhistas, seja calculada mês a mês, aplicando-se as alíquotas previstas no art. 198, observado o limite máximo do salário de contribuição. (NR 2012)

Súmula n. 389 — Seguro-desemprego. Competência da Justiça do Trabalho. Direito à indenização por não liberação de guias.— I — Inscreve-se na competência material da Justiça do Trabalho a lide entre empregado e empregador tendo por objeto indenização pelo não-fornecimento das guias do seguro-desemprego. II — O não-fornecimento pelo empregador da guia necessária para o recebimento do seguro-desemprego dá origem ao direito à indenização.

Súmula n. 392 — Dano moral. Competência da Justiça do Trabalho.— Nos termos do art. 114 da CF/1988, a Justiça do Trabalho é competente para dirimir controvérsias referentes à indenização por dano moral, quando decorrente da relação de trabalho.

Súmula n. 419 — Competência. Execução por carta. Embargos de terceiro. Juízo deprecante.. Na execução por carta precatória, os embargos de terceiro serão oferecidos no juízo deprecante ou no juízo deprecado, mas a competência para julgá-los é do juízo deprecante, salvo se versarem, unicamente, sobre vícios ou irregularidades da penhora, avaliação ou alienação dos bens, praticados pelo juízo deprecado, em que a competência será deste último.

Súmula n. 420 — Competência funcional. Conflito negativo. TRT e Vara do Trabalho de idêntica região. Não configuração. Não se configura conflito de competência entre Tribunal Regional do Trabalho e Vara do Trabalho a ele vinculada. (Nota do Autor: o conflito de competência somente existe entre Varas e Tribunais de jurisdições diversas ou entre Tribunais. Não se pode falar em conflito entre Varas e o Tribunal Regional de uma mesma Região).

137.14. Orientações Jurisprudenciais e Precedentes Normativos do TST acerca de casos especiais de competência

137.14.1. Orientações Jurisprudenciais — Tribunal Pleno (TP) e Órgão Especial (OE)

Orientação Jurisprudencial n. 4-TP — Mandado de segurança. Decisão de TRT. Incompetência originária do Tribunal Superior do Trabalho —Ao Tribunal Superior do Trabalho não compete apreciar, originariamente, mandado de segurança impetrado em face de decisão de TRT. (2004)

Orientação Jurisprudencial n. 12- OE — Precatório. Procedimento de natureza administrativa. Incompetência funcional do Presidente do TRT para declarar a inexigibilidade do título exequendo. O Presidente do TRT, em sede de precatório, não tem competência funcional para declarar a inexigibilidade do título judicial exequendo, com fundamento no art. 884, § 5º, da CLT, ante a natureza meramente administrativa do procedimento.

137.14.2. Orientações Jurisprudenciais — SDI

137.14.2.1. Orientações Jurisprudenciais — SDI-1

Orientação Jurisprudencial n. 26. Competência da Justiça do Trabalho. Complementação de pensão requerida por viúva de ex-empregado. A Justiça do Trabalho é competente para apreciar pedido de complementação de pensão postulada por viúva de ex-empregado, por se tratar de pedido que deriva do contrato de trabalho.

Orientação Jurisprudencial n. 62. Prequestionamento. Pressuposto de admissibilidade em apelo de natureza extraordinária. Necessidade, ainda que se trate de incompetência absoluta. É necessário o prequestionamento como pressuposto de admissibilidade em recurso de natureza extraordinária, ainda que se trate de incompetência absoluta. (NR 2010)

Orientação Jurisprudencial n. 138. Competência residual. Regime jurídico único. Limitação da execução. Compete à Justiça do Trabalho julgar pedidos de direitos e vantagens previstos na legislação trabalhista referente a período anterior à Lei n. 8.112/90, mesmo que a ação tenha sido ajuizada após a edição da referida lei. A superveniência de regime estatutário em substituição ao celetista, mesmo após a sentença, limita a execução ao período celetista. (NR 2005)

Orientação Jurisprudencial n. 414. Competência da Justiça do Trabalho. Execução de ofício. Contribuição social referente ao seguro de acidente de trabalho (SAT). Arts. 114, VIII, e 195, I, "A", da Constituição da República. Compete à Justiça do Trabalho a execução, de ofício, da contribuição referente ao Seguro de Acidente de Trabalho (SAT), que tem natureza de contribuição para a seguridade social (arts. 114, VIII, e 195, I, "a", da CF), pois se destina ao financiamento de benefícios relativos à incapacidade do empregado decorrente de infortúnio no trabalho (arts. 11 e 22 da Lei n. 8.212/1991). (2012)

137.14.2.2. Orientações Jurisprudenciais — SDI-2

Orientação Jurisprudencial n. 7 — Ação rescisória. Competência. Criação de Tribunal Regional do Trabalho. Na omissão da lei, é fixada pelo art. 678, inc. I, "C", item 2, da CLT. A Lei n. 7.872/89 que criou o Tribunal Regional do Trabalho da 17ª Região não fixou a sua competência para apreciar as ações rescisórias de decisões oriundas da 1ª Região, o que decorreu do art. 678, I, "c", item 2, da CLT.

Orientação Jurisprudencial n. 124 — Ação rescisória. Art. 485, II, DO CPC. Arguição de incompetência absoluta. Prequestionamento inexigível. Na hipótese em que a ação rescisória tem como causa de rescindibilidade o inciso II do art. 485 do CPC, a arguição de incompetência absoluta prescinde de prequestionamento.

Orientação Jurisprudencial n.129 — Ação anulatória. Competência originária. Em se tratando de ação anulatória, a competência originária se dá no mesmo juízo em que praticado o ato supostamente eivado de vício.

Orientação Jurisprudencial n. 148 — Conflito de competência. Incompetência territorial. Hipótese do art. 651, § 3º, da CLT. Impossibilidade de declaração de ofício de incompetência relativa. Não cabe declaração de ofício de incompetência territorial no caso do uso, pelo trabalhador, da faculdade prevista no art. 651, § 3º, da CLT. Nessa hipótese, resolve-se o conflito pelo reconhecimento da competência do juízo do local onde a ação foi proposta.

137.14.3. Orientações Jurisprudenciais — SDC

Orientação Jurisprudencial n. 9 — Enquadramento sindical. Incompetência material da Justiça do Trabalho. O dissídio coletivo não é meio próprio para o Sindicato vir a obter o reconhecimento de que a categoria que representa é diferenciada, pois esta matéria — enquadramento sindical — envolve a interpretação de norma genérica, notadamente do art. 577 da CLT.

137.14.4. Precedentes Normativos — SDC

Orientação Jurisprudencial n. 10 — Banco do Brasil como parte em Dissídio Coletivo no TRT (Positivo) — Os Tribunais Regionais do Trabalho são incompetentes para processar e julgar Dissídios Coletivos em que sejam partes o Banco do Brasil S.A. e entidades sindicais dos bancários. (nova redação 1998)

Orientação Jurisprudencial n. 29 — Greve. Competência dos Tribunais para declará-la Abusiva (Positivo) — Compete aos Tribunais do Trabalho decidir sobre o abuso do direito de greve.

137.15. Imunidade de Jurisdição e o Estado Estrangeiro

Nosso País, a 24 de abril de 1964, assinou a Convenção de Viena sobre Relações Diplomáticas e promulgou-a 8 de junho de 1965 pelo Decreto n. 56.435.

Durante largo período, a doutrina e a jurisprudência vacilaram na interpretação do art. 31 daquele tratado multilateral.

Dispõe essa norma que "o agente diplomático gozará da imunidade de jurisdição penal do Estado acreditado. Gozará também da imunidade de jurisdição civil e administrativa, não ser que se trate de:

a) uma ação real sobre imóvel privado situado no território do Estado acreditado, salvo se o agente diplomático o possuir por conta do Estado acreditante para os fins da Missão;

b) uma ação sucessória na qual o agente diplomático figure, a título privado e não em nome do Estado, como executor testamenteiro, administrador, herdeiro ou legatário;

c) uma ação referente a qualquer profissão liberal ou atividade comercial exercida pelo agente diplomático no Estado acreditado fora de suas funções oficiais."

O agente diplomático não está sujeito a nenhuma medida de execução, ressalvados os casos das alíneas a, b e c acima transcritas, hipóteses em que a inviolabilidade da pessoa do agente ou da sua residência não sejam afetadas.

O precitado dispositivo não fez menção expressa à legislação trabalhista.

O mesmo se verifica no art. 33 que regula as relações do agente diplomático com as pessoas que emprega e que sejam nacionais do Estado acreditado. Todavia, nesse caso, devem ser respeitadas "as obrigações impostas aos patrões pelas disposições sobre seguro social vigentes no Estado acreditado." Nenhuma alusão faz à legislação trabalhista.

A partir da década de 80 do século passado, os doutrinadores e a Justiça brasileiro passaram a defender a tese de que, sem embargo das prescrições do Tratado de Viena, eram amparados pela Consolidação das Leis do Trabalho admitidos em missões diplomáticas estrangeiras para prestar serviços apenas de gestão e não os de império.

Essa linha de pensamento inspirou parte do texto do artigo 114 da Constituição Federal e atinente à competência da Justiça do Trabalho *"para conciliar e julgar os dissídios individuais... entre trabalhadores e empregadores, abrangidos os entes de direito público externo..."*. A Emenda Constitucional n. 45/2004 deu nova redação ao art. 114. Porém, foi nela repetido o comando de que "compete à Justiça do Trabalho processar e julgar: I) as ações oriundas da relação de trabalho, abrangidos os entes de direito público externo...".

As breves considerações que acabamos de fazer acerca da imunidade de jurisdição do agente diplomático acreditado pelo Brasil foram motivadas pela leitura que fizemos do acórdão do Supremo Tribunal Federal proferido no julgamento do Recurso Extraordinário n. 222.368-PE (*in Informativo STF* n. 259, de 13.3.02, p. 3) interposto por representante de País do Oriente contra decisão do Tribunal Superior do Trabalho que decidiu pela procedência da reclamação trabalhista articulada por empregado brasileiro.

A ementa do aresto do Tribunal do Trabalho é a seguinte:

"*Estado estrangeiro. Imunidade de jurisdição. Ainda que se reconheça que o art. 114, caput, da Constituição da República, encerra, apenas, uma regra de competência quanto aos entes de Direito Público Externo, por não se poder admitir que o legislador constituinte dispusesse sobre a imunidade de jurisdição, todavia, as Convenções de Viena não asseguram essa imunidade, que se assentava no Direito das Gentes, de observância uniforme no plano internacional. Entretanto, a comunidade internacional, com a quebra do princípio por alguns países, não mais observa essa diretriz, quando o ente de Direito Público externo nivela-se ao particular, em atos de negócio ou de gestão. A imunidade persiste, pois, em se tratando de atos de império.*"

Essa decisão da Corte Trabalhista foi ratificada pelo Supremo Tribunal Federal nos seguintes termos:

"*Imunidade de jurisdição. Reclamação trabalhista. Litígio entre estado estrangeiro e empregado brasileiro. Evolução do tema na doutrina, na legislação comparada e na jurisprudência do Supremo Tribunal Federal: da imunidade jurisdicional absoluta à imunidade jurisdicional meramente relativa. Recurso extraordinário não conhecido. O estado estrangeiro não dispõe de imunidade de jurisdição perante órgãos do Poder Judiciário brasileiro, quando se tratar de causa de natureza trabalhista. Doutrina. Precedentes do STF: RTJ 133/159 e RTJ 161/643/644. Privilégios diplomáticos não podem ser invocados, em processos trabalhistas, para coonestar o enriquecimento sem causa de Estados estrangeiros, em INJUSTO detrimento de trabalhadores residentes em território brasileiro, sob pena de essa prática consagrar inaceitável desvio ético-jurídico, incompatível com o princípio da boa-fé e com os grandes postulados do direito internacional.*"

A reclamante era a lavadeira do Consulado e fora dispensada sem motivo justo.

O Supremo Tribunal Federal manifestou-se, nesse caso, apenas, sobre a competência da Justiça do Trabalho para conhecer e julgar processo ainda na fase de conhecimento.

Essa a razão por que seu pronunciamento se limitou à imunidade de jurisdição, deixando de lado a questão da execução da eventual sentença condenatória.

Ninguém discute que os bens utilizados pela missão diplomática para cumprimento de suas finalidades no território nacional são impenhoráveis.

Contudo, há decisões — com o respaldo da melhor doutrina, reconhecendo que podem ser penhorados determinados bens considerados desnecessários aos fins da missão diplomática.

Preleciona *Francisco Rezek* (in "Direito Internacional Público", da 7ª ed., Saraiva, p. 176/177) mencionado pelo douto ministro Celso de Mello relator do processo em tela;

"*A execução forçada da eventual sentença condenatória, entretanto, só é possível na medida em que o Estado estrangeiro tenha, no âmbito espacial de nossa jurisdição, bens estranhos à sua própria representação diplomática ou consular — visto que estes se encontram protegidos contra a penhora ou medida congênere pela inviolabilidade que lhes asseguram as Convenções de Viena de 1961 e 1963, estas seguramente não derrogadas por qualquer norma ulterior.*"

Concluindo: não é invocável a imunidade de jurisdição por agente diplomático estrangeiro quando o reclamante, no litígio de natureza trabalhista, praticar apenas atos de gestão, de caráter administrativo. Deve, outrossim, ser brasileiro ou residente em território nacional. Esta conclusão, atualmente, encontra plena guarida pela nova redação do art. 114, I, da Constituição, emprestada pela Emenda Constitucional n. 45/2004.

A execução de sentença condenatória, *in casu*, pode ser garantida por bens da missão diplomática que sejam estranhos aos seus fins específicos.

137.16. Atleta Profissional

Estabelece o art. 217, § 1º, da Constituição, que o "Poder Judiciário só admitirá ações relativas à disciplina e às competições desportivas após esgotarem-se as instâncias da justiça desportiva, regulada em lei". Já o § 2º, desse mesmo dispositivo constitucional, assegura que a justiça desportiva terá o prazo máximo de sessenta dias, contados da instauração do processo, para proferir decisão final.

Diante desses dispositivos legais, podemos dizer que o art. 29, da Lei n. 6.354/1976 foi recepcionado pela nova ordem constitucional. Esse dispositivo legal dizia que "*somente serão admitidas reclamações à Justiça do Trabalho depois de esgotadas as instâncias da Justiça Desportiva, a que se refere o item III, do art. 42, da Lei n. 6.251, de 8 de outubro de 1975, que proferirá decisão final no prazo máximo de 60 dias contados da instauração do processo*".

Além disso, esses dois parágrafos do art. 217 nos autorizam a concluir que, tratando-se de salários, indenizações, FGTS, o atleta profissional poderá postular diretamente na Justiça do Trabalho, pois existe apenas restrição quanto às matérias relativas à disciplina e às competições desportivas. Poderá postular também diretamente na Justiça do Trabalho quando a Justiça Desportiva não decidir a questão dentro do prazo máximo de 60 dias. Essa conclusão encontra escora, também, no parágrafo único do art. 28, da Lei n. 6.354/76.

137.17. Servidores de Cartórios Extrajudiciais

O art. 236, da Constituição estatui que os serviços notariais e de registro são exercidos em caráter privado, por delegação do Poder Público. Essa norma é autoaplicável precisamente no ponto em que esclarece ser de natureza privada as atividades dos serviços notariais e de registro, o que implica dizer que seus trabalhadores são regidos pela CLT.

São exemplos de cartórios extrajudiciais os de registro de imóveis, de notas, títulos, protestos, de registro de pessoas físicas e jurídicas etc. A Lei n. 8.935, de 18.11.1994, versando sobre os cartórios, complementou o citado art. 236, da Constituição.

Assim, é da competência da Justiça do Trabalho os conflitos entre tais trabalhadores e o titular do cartório. Por terem natureza privada esses serviços notariais e de registro, eles são regidos pela CLT, sendo que os litígios daí decorrentes são de competência da Justiça do Trabalho, conforme o art. 114, IX, da Constituição. Nesse sentido, temos o art. 20, da citada Lei n. 8.935/94, que esclarece serem os prepostos dos cartórios, como escreventes e outros, empregados regidos pela legislação do trabalho.

Destaque-se que o Supremo Tribunal Federal já assentou jurisprudência no sentido de que é o titular do cartório quem paga a remuneração de seus funcionários. Estes não são remunerados pelos cofres públicos. A legislação aplicável é, portanto, a trabalhista. A intervenção da Corregedoria da Justiça Comum é apenas de natureza fiscalizadora e disciplinar sobre a figura do titular do cartório e não sobre os empregados deste. Como conclusão dessa jurisprudência, é competente a Justiça do Trabalho e não a Justiça Comum para resolver a pendência entre o cartório e seu funcionário. Eis como está vazada a ementa dessa decisão:

> *Conflito de Jurisdição. Competência. Reclamação trabalhista movida por empregado de ofício extrajudicial, não oficializado, do Distrito Federal contra o respectivo titular. Lei n. 6.750/1979 (Lei de Organização Judiciária do Distrito Federal e Territórios), arts. 81 e 82. A remuneração dos empregados das serventias não-oficializadas do Distrito Federal deve ser paga pelos titulares, únicos responsáveis pelas obrigações trabalhistas. Os direitos dos empregados não-remunerados pelos cofres públicos, vinculados ao titular da serventia, são os previstos na legislação do trabalho. A intervenção da Corregedoria-Geral da Justiça do Distrito Federal, nos referidos contratos de trabalho (Lei n. 6.750/1979, art. 81, § 3º), e meramente de natureza fiscalizadora e disciplinar. Constituição, arts. 114 e 236. Competência da Justiça do Trabalho e não da Justiça Comum do Distrito Federal. Conflito de Jurisdição conhecido, declarando-se, no caso, a competência do Tribunal Superior do Trabalho. STF, Pleno, CJ 6964/ DF, Rel. Ministro Néri da Silveira, DJ 10.4.92.*

Seguindo esse mesmo diapasão do STF, o TST já decidiu que o regime adotado pelos cartórios extrajudiciais para a contratação de auxiliares e escreventes, mesmo antes da Lei n. 8.935/94, era o celetista. Isso porque o art. 236 da Constituição da República de 1988 encerra norma autoaplicável, que dispensa, pois, regulamentação por lei ordinária — dispõe em seu *caput*, que "os serviços notariais e de registro são exercidos em caráter privado, por delegação do Poder Público". A expressão caráter privado revela nitidamente a exclusão do Estado como empregador. O titular do cartório, no exercício de delegação estatal, contrata, assalaria e dirige a prestação laboral, equiparando-se ao empregador comum, ainda mais porque aufere renda decorrente da exploração do cartório. Assim, é competente esta Justiça do Trabalho para conhecer e julgar reclamação ajuizada por empregado de cartórios extrajudiciais, pois a relação jurídica existente entre as partes tem a natureza mencionada no art. 114 da Constituição da República, ou seja, foi estabelecida entre trabalhador e empregador (TST-RR-378.565/1997.3, Rel. Min. Maria Cristina Irigoyen Peduzzi, 3ª Turma, DJ de 16.11.01).

137.18. Execução das Contribuições Previdenciárias

Estabelece o art. 114, VIII, da Constituição, que compete à Justiça do trabalho promover a execução, de ofício, das contribuições sociais previstas no art. 195, I, "a" e II, e seus acréscimos legais, decorrentes das sentenças que proferir. Da leitura desse dispositivo constitucional, infere-se que em qualquer tipo de ação, condenatória ou, então, declaratória por reconhecimento de vínculo de emprego, ela seria competente para promover *ex officio* a cobrança das contribuições previdenciárias.

Nesse sentido esclareceu o Decreto n. 3.048/99, que regulamentou a lei previdenciária, que, "se da decisão resultar reconhecimento de vínculo empregatício, deverão ser exigidas as contribuições, tanto do empregador como do reclamante, para todo o período reconhecido, ainda que o pagamento das remunerações a ele correspondentes não tenha sido reclamado na ação".

Apesar da clareza desse dispositivo constitucional no sentido de que a execução de ofício das contribuições sociais em foco é da competência da Justiça do Trabalho relativamente a qualquer tipo de sentença que proferir, condenatória ou declaratória de vínculo de emprego, o TST entendeu que ficava fora de sua competência as sentenças declaratórias de vínculo de emprego, como se infere da leitura de sua Súmula n. 368:

> *"Descontos Previdenciários e Fiscais. Competência. Responsabilidade pelo Pagamento. Forma de Cálculo. I — A Justiça do Trabalho é competente para determinar o recolhimento das contribuições fiscais. A competência da Justiça do Trabalho, quanto à execução das contribuições previdenciárias, limita-se às sentenças condenatórias em pecúnia que proferir e aos valores, objeto de acordo homologado, que integrem o salário de contribuição. II. É do empregador a responsabilidade pelo recolhimento das contribuições previdenciárias e fiscais, resultante de crédito do empregado oriundo de condenação judicial, devendo ser calculadas, em relação à incidência dos descontos fiscais, mês a mês, nos termos do art. 12-A da Lei n. 7.713, de 22.12.1988, com a redação dada pela Lei n. 12.350/2010. III. Em se tratando de descontos previdenciários, o critério de apuração encontra-se*

disciplinado no art. 276, § 4º, do Decreto n. 3.048/1999 que regulamentou a Lei n. 8.212/1991 e determina que a contribuição do empregado, no caso de ações trabalhistas, seja calculada mês a mês, aplicando-se as alíquotas previstas no art. 198, observado o limite máximo do salário de contribuição. (NR 2012).

138. Prevenção e Solução Extrajudicial de Conflitos do Trabalho

Matéria explorada, há algum tempo, por todos os estudiosos da temática trabalhista é a da morosidade da Justiça do Trabalho, fruto exclusivo — no dizer de alguns — do número sempre crescente de ações e da impossibilidade da União de aumentar proporcionalmente os quadros da magistratura do trabalho.

Nas Varas do Trabalho não são poupados esforços para que as partes componham, prematuramente, os interesses em conflito, e alguns obstáculos se têm erguido na via recursal para desafogar um pouco os Tribunais Superior e Regionais do Trabalho.

Sem embargo do emprego desses recursos, a avalanche de ações engrossa a cada mês.

Relanceando o olhar sobre a experiência estrangeira, verificamos que o fenômeno do congestionamento da Justiça do Trabalho se apresenta em muitos países, notadamente naqueles em que a indústria e a agricultura alcançaram bom grau de desenvolvimento.

Em todos esses povos, no devido tempo, foram usados os mesmos meios que ainda empregamos por aqui, mas quase todos eles descobriram que o meio mais eficaz é o da prevenção e solução extrajudicial dos conflitos individuais e coletivos do trabalho.

Essa fórmula se realiza de várias maneiras. Vejamos as principais.

A) Constituição, no interior das empresas, de comissões mistas (com representantes dos empregados e do empregador) tem a incumbência de apreciar as razões da dispensa ou da punição de empregados.

O pronunciamento desse organismo, desprovido de força decisória, desestimula a propositura de reclamações e chega a modificar o comportamento do empresário.

A Lei n. 9.958, de 12 de janeiro de 2000, autorizou a constituição de Comissões de Conciliação Prévia nas empresas e nos sindicatos. Discorremos sobre esses organismos no item 171.2.

B) Reza o inciso V do art. 613 da CLT: *"As Convenções e os Acordos deverão conter obrigatoriamente: I — omissis; V — normas para a conciliação das divergências surgidas entre os convenentes por motivos de aplicação de seus dispositivos".*

Como se vê, o dispositivo tem como meta a prevenção de divergências vinculadas ao texto do pacto coletivo.

Simples alteração desse texto dar-lhe-ia maior eficácia no esforço de prevenir conflitos trabalhistas: "normas para a conciliação das divergências motivadas pela aplicação da lei trabalhista ou das cláusulas do pacto coletivo".

Acreditamos, porém, que as partes convenentes não estão impedidas, em falta da lei, de acordar norma vazada nos termos indicados. Entretanto, é fora de dúvida que o mais desejável é modificar-se o inciso V do art. 613 da CLT por meio de uma lei, porque, dessa maneira, ninguém hesitará em adotar a proposta.

A solução da controvérsia, aprovada pela comissão, se acolhida pelos interessados, produzirá todos os efeitos legais.

Os empregados integrantes da Comissão terão, também, o emprego protegido a exemplo do que se propõe na alínea precedente.

C) Desmembramento das Varas do Trabalho em Comissões paritárias de Conciliação e Juízos singulares de instrução e julgamento.

Trata-se de ideia lançada, há alguns anos, por *Edy de Campos Silveira* (*in* Revista do Direito do Trabalho, ns. 30 e 31, 1891, p. 55 a 101) e que até hoje não sensibilizou o poder público.

A materialização dessa proposta não exclui as das alíneas anteriores.

D) Intervenção do Ministério Público do Trabalho na prevenção e solução de dissídios individuais do trabalho, como aliás está previsto na Lei Complementar n. 75, de 20 de maio de 1993.

E) A Lei n. 9.307, de 23 de setembro de 1996, regula o instituto da arbitragem de que poderão valer-se as pessoas capazes para dirimir litígios relativos a direitos patrimoniais disponíveis.

A jurisprudência e a doutrina ainda se mostram vacilantes no emprego desse instituto na solução de conflitos individuais do trabalho.

Quanto a nós, esposamos a tese de que a lei acima indicada é aplicável no âmbito das relações de trabalho subordinado.

139. *Competência* Ex Ratione Loci

Como determina o art. 651 da CLT, o critério para a fixação da competência da Justiça do Trabalho em razão do lugar é o da localidade onde o empregado — como Reclamante ou Reclamado — presta serviços ao empregador, embora sua contratação haja ocorrido em outro local ou mesmo no estrangeiro.

Duas são as exceções que a Consolidação abre a essa regra: a primeira refere-se ao caso do empregador que realiza atividades em lugar distinto do da celebração do contrato. *In casu*, é lícito ao empregado ajuizar sua reclamatória no local da prestação do serviço ou no da celebração do contrato. Trata-se de opção a ser livremente exercida pelo assalariado. A segunda exceção é relativa ao empregado agente ou viajante comercial subordinado à agência ou filial de sua empregadora. Nesse caso, é competente a Vara do Trabalho dessa localidade. E, na falta de subordinação a essa agência ou filial, será competente a Vara da localização em que o empregado tenha domicílio ou a localidade mais próxima, como se infere da leitura do § 1º, do art. 651, da CLT.

Prorroga-se a competência em razão do lugar quando a parte não arguir a exceção no momento processual apropriado, isto é, antes da defesa do mérito.

Há quem se reporte ao § 1º do art. 795 da CLT para opor-se àquela prorrogação de competência.

O argumento, por sua inconsistência, não é aceito, porque se tem entendido que aquele dispositivo — embora de forma imperfeita — faz alusão à incompetência em razão da matéria.

Cumpre-nos advertir que o inciso II do art. 88 do CPC de 1973 (bem posterior à CLT de 1943) também se harmoniza com o prescrito no art. 651, há pouco citado. Nele se informa ser competente a autoridade judiciária brasileira "quando no Brasil tiver de ser cumprida a obrigação".

É irrelevante a celebração do contrato no estrangeiro se a obrigação dele decorrente tiver de ser cumprida no território nacional.

Consoante o art. 90 do CPC, ação intentada perante tribunal estrangeiro não induz litispendência nem obsta a que a autoridade judiciária brasileira conheça da mesma causa e das que lhe são conexas.

Exemplificando: empregado de uma multinacional ajuíza ação trabalhista contra ela em seu País de origem e, logo depois, é transferido para o Brasil. Nada impede que em território brasileiro proponha ação contra a empregadora, pois o referido dispositivo do CPC declara, de modo expresso, que no caso não se configura a litispendência.

Em resumo, o art. 651 da CLT dá o fundamento da competência *ex ratione loci* da Justiça do Trabalho.

A Lei n. 11.280/2006 (DOU 17.2.2006) acrescentou o parágrafo único ao art. 112, do CPC, e que cuida da exceção relativa e a nulidade de cláusula de foro de eleição: "Art. 112. Argui-se, por meio de exceção, a incompetência relativa. Parágrafo único. A nulidade da cláusula de eleição de foro, em contrato de adesão, pode ser declarada de ofício pelo juiz, que declinará de competência para o juízo de domicílio do réu".

Esse parágrafo único não tem aplicabilidade no processo trabalhista.

Ora, apesar de não haver vedação expressa na CLT, a eleição de foro revela-se incompatível com o processo trabalhista, posto que a orientação é facilitar o acesso do trabalhador à Justiça do Trabalho, e não restringi-la. Assim, podemos dizer que não se admite, conforme o art. 651, da CLT, o foro contratual ou de eleição. É ele, porém, legítimo, quando apenas o empregado pode exercer a opção entre o foro da prestação de serviços e um outro que lhe for mais conveniente. Aí, a regalia legal não é limitada, mas, sim, aumentada.

140. Empregado Brasileiro no Estrangeiro

Empresa nacional costuma contratar empregado aqui residente para prestar serviços em uma filial ou agência no estrangeiro.

O § 2º do art. 651 da CLT faz referência expressa ao trabalhador brasileiro para admitir que, na situação indicada, submeta o eventual litígio com seu empregador a uma Vara do Trabalho, desde que não haja convenção internacional dispondo em contrário.

Escusado dizer que essa convenção precisará ser ratificada pelo Brasil.

À luz do princípio da igualdade de brasileiros e estrangeiros domiciliados no País, insculpido no art. 5º da Constituição, entendemos que a faculdade encerrada no § 2º do art. 651 da CLT se estende ao estrangeiro domiciliado regularmente em nosso País.

141. Empresas com Agências ou Filiais em Outros Estados ou Cidades

Consoante o § 3º do art. 651 da CLT, em se tratando de empregador que promova atividades fora do lugar do contrato de trabalho, é assegurado ao empregado apresentar reclamação no foro da celebração do contrato ou no da prestação dos respectivos serviços.

Decorre dessa norma consolidada que o empregado tem o direito de optar entre um ou outro foro.

No exercício dessa faculdade deve o empregado verificar, desde logo, onde o seu empregador possui mais bens visando ao andamento mais rápido do processo de execução da sentença mediante uma fácil penhora dos pertences da empresa.

CAPÍTULO XV
Das Modificações da Competência

142. Prorrogação da Competência

Por ser relativa, é prorrogável a competência territorial se não for levantada a exceção de incompetência.

Para declarar-se incompetente *ex ratione loci*, tem a Vara do Trabalho de ser provocada pela parte.

No entender da doutrina dominante, é recusado ao Juiz investido da jurisdição trabalhista o direito de declarar-se incompetente *ex officio* no caso de incompetência relativa, isso porque o parágrafo único do art. 112, do CPC, que cuida do foro de eleição em contrato de adesão, não é aplicável ao processo do trabalho em virtude de inexistir a possibilidade de foro de eleição.

De fato, a Lei n. 11.280/2006 (DOU 17.2.2006) acrescentou o parágrafo único ao art. 112, do CPC, e que cuida da exceção relativa e a nulidade de cláusula de foro de eleição: "Art. 112. Argui-se, por meio de exceção, a incompetência relativa. Parágrafo único. A nulidade da cláusula de eleição de foro, em contrato de adesão, pode ser declarada de ofício pelo juiz, que declinará de competência para o juízo de domicílio do réu".

Ora, apesar de não haver vedação expressa na CLT, a eleição de foro releva-se incompatível com o processo trabalhista, posto que a orientação é facilitar o acesso do trabalhador à Justiça do Trabalho, e não restringi-la. Assim, podemos dizer que não se admite, conforme o art. 651, da CLT, o foro contratual ou de eleição. É ele, porém, legítimo, quando apenas o empregado pode exercer a opção entre o foro da prestação de serviços e um outro que lhe for mais conveniente. Aí, a regalia legal não é limitada, mas, sim, aumentada.

É que, como já foi dito, trata-se de incompetência relativa.

Aliás, o CPC, no art. 114, determina a prorrogação da competência se dela o juiz não declinar de ofício em caso de foro de eleição (que inexiste no processo do trabalho) ou o réu (ou o reclamado no processo trabalhista) não opuser exceção declinatória nos casos e prazos legais

A CLT deixou de lado a boa doutrina e a posição do direito processual comum estatuindo, no § 1º do art. 795, que deverá ser declarada *ex officio* a nulidade fundada em incompetência de foro, hipótese em que só os atos decisórios serão anulados, preservando-se a validade dos demais atos processuais. Aqui entendemos que se trata de incompetência absoluta, derivada da aplicação do art. 114, da Constituição Federal.

É certo que o art. 799, também da CLT, deixa transparecer que a parte poderá arguir a exceção de incompetência. Senão, vejamos.

"Nas causas da jurisdição da Justiça do Trabalho, somente podem ser opostas, com suspensão do feito, as exceções de suspeição ou de incompetência".

É claro que cabe à parte arguir a exceção de incompetência e, por via de consequência, é com esse sentido que se interpreta o dispositivo acima transcrito.

Por oportuno, neste trecho, cabe-nos frisar que os limites da jurisdição não são imutáveis.

Há casos em que a competência de um Juiz ou de uma Vara do Trabalho se amplia além das fronteiras que lhe traçou a Lei.

Para o bom entendimento desse ponto, é mister distinguir a competência absoluta da relativa. Esta tem de ser arguida no prazo de 15 dias a contar do fato que ocasionou a incompetência, diz o CPC no art. 305. Não oposta a exceção, prorroga-se a competência.

Consoante o art. 113 do mesmo Código, declara-se de ofício a incompetência absoluta e pode a parte alegá-la em qualquer tempo e grau de jurisdição independentemente de exceção.

Do dito acima, deduz-se que a incompetência relativa é prorrogável, pois a ausência de exceção no prazo legal torna competente o juiz incompetente.

A incompetência absoluta é irremediável e, segundo o inciso II do art. 485 do CPC, sentença de mérito transitada em julgado é rescindível quando proferida por juiz absolutamente incompetente.

Incompetência absoluta o é em razão da matéria ou da hierarquia (espécie da incompetência funcional).

143. A Competência e a Conexão de Causas

Duas ou mais ações são conexas quando lhes é comum o objeto ou a causa de pedir.

O princípio da conexão procura evitar sentenças contraditórias sobre a mesma matéria. É esse o *punctum saliens* do problema.

Duas ou mais ações se relacionam entre si de tal maneira que se impõe seu conhecimento e julgamento por um mesmo Juiz ou Vara do Trabalho.

Já se tornou um lugar-comum dizer-se que a conexão de causas é um dos pontos mais tormentosos da processualística.

A doutrina de *Pescatore*, velha de mais de cem anos, ainda é a mais aceita, embora sofra oposição tenaz por parte de muitos estudiosos.

Lembra ele que as ações têm três elementos — *personae, res* e *causa petendi* —, e são elas análogas ou conexas quando tiverem dois desses elementos. Se-lo-ão, também, se tiverem em comum objeto ou causa de pedir. Aliás, é isso que diz o CPC no art. 103: *"Reputam-se conexas duas ou mais ações quando lhes for comum o objeto ou a causa de pedir"*.

Se uma ação for apresentada à Justiça do Trabalho e outra, que lhe é conexa, for submetida à Justiça Federal, é esta a competente devido ao privilégio da parte. Se as ações conexas correrem em separado perante Juízes com a mesma competência territorial, considera-se prevento aquele que despachou em primeiro lugar (art. 106 do CPC).

Na Justiça do Trabalho, essa prova é feita simplesmente com o protocolo de apresentação da reclamatória.

A Vara do Trabalho prevanta, com apoio no art. 105 do CPC, cientificada da existência de reclamações conexas, pode, de ofício ou a requerimento de qualquer das partes, ordenar a reunião das ações propostas em separado, a fim de que sejam decididas simultaneamente.

Ainda na hipótese de as ações conexas correrem em Varas com diferente competência territorial e a teor do disposto nos arts. 219 e 263 do CPC, prorroga-se a competência da Vara do Trabalho cuja jurisdição estiver prevanta.

144. Continência e Competência

O conceito de continência é dado pelo art. 104 do CPC: "Dá-se a continência entre duas ou mais ações sempre que há identidade quanto às partes e à causa de pedir, mas o objeto de uma, por ser mais amplo, abrange o das outras".

Como vimos, a simples existência comum de um dos três elementos da ação configura a conexão; para a continência são exigidos dois desses elementos.

Não vislumbramos qualquer valor prático na figura da continência de causas. Onde ela existir, existe a conexão. Logo, bastaria o Código manter a conexão.

145. Prorrogação Legal da Competência

Prorrogação legal da competência é aquela que deriva de disposição expressa da Lei.

Os casos mais comuns de prorrogação da competência são os seguintes:

a) De conformidade com o disposto no art. 108 do CPC, "a ação acessória será proposta perante o Juiz competente para a ação principal".

É a consagração legal do princípio *acessorium sequitur principale*.

A medida cautelar preparatória torna prevento o Juízo para a ação principal.

Suscitado incidente de falsidade num processo em curso, é competente para julgá-lo a Vara do Trabalho em que tramita o processo principal.

O mesmo dizemos em relação à ação de cobrança de honorários de advogado ou de perito.

b) A Vara do Trabalho da causa principal é também competente para a ação declaratória incidente e para a reconvenção (v. art. 109 do CPC).

c) O art. 800 do CPC fala-nos de outro caso de prorrogação legal: as medidas cautelares serão requeridas ao Juiz da causa; e, quando preparatórias, ao juiz competente para conhecer da ação principal; interposto o recurso, a medida cautelar será requerida diretamente ao tribunal.

d) Rezam os incisos I a III do art. 475-P do CPC que a execução, fundada em título judicial, processa-se perante I) os tribunais, nas causas de sua competência originária; II) o Juízo que decidiu a causa no primeiro grau de jurisdição (Vara do Trabalho); ou III) o juízo cível competente, quando se tratar de sentença penal condenatória, de sentença arbitral ou de sentença estrangeira.

No caso do inciso II do *caput* deste artigo, o exequente poderá optar pelo juízo do local onde se encontram bens sujeitos à expropriação ou pelo do atual domicílio do executado, casos em que a remessa dos autos do processo será solicitada ao juízo de origem.

As sentenças normativas proferidas em dissídios coletivos de competência originária dos Tribunais do Trabalho são executadas (ação de cumprimento prevista no art. 872 da CLT) nas Varas do Trabalho.

e) Caso de prorrogação legal de competência é informado pelo art. 46 do CPC: litisconsórcio.

É ele definido no art. 46 do CPC: duas ou mais pessoas podem litigar no mesmo processo, em conjunto, ativa ou passivamente, quando: I — entre elas houver comunhão de interesses ou de obrigações relativamente à lide; II — os direitos ou as obrigações derivarem do mesmo fundamento de fato ou de direito; III — entre as causas houver conexão pelo objeto ou causa de pedir; IV — ocorrer afinidade por um ponto comum de fato ou de direito.

f) Uma outra hipótese de prorrogação de competência: as causas propostas perante outros Juízes, se a União nelas intervier como assistente ou opoente, passarão a ser da competência do respectivo juiz federal, desde que não tenham sido julgadas em primeira instância. Resta a hipótese da prorrogação voluntária tácita da competência de que trata o art. 114 do CPC: *"Prorrogar-se-á a competência se dela o juiz não declinar na forma do parágrafo único do art. 112 desta Lei ou o réu não opuser exceção declinatória nos casos e prazos legais. Temos, no caso, a incompetência relativa, referente à competência territorial ou de foro".*

Se o Reclamado, na sua defesa em audiência, não opuser exceção declinatória de foro ou de juízo, fica precluso seu direito de arguir a incompetência posteriormente.

Tratamos desse assunto no item 142, em que pomos em relevo o disposto no § 1º do art. 795 da CLT.

146. Da Competência Funcional

Os critérios objetivo e territorial indicam a competência da Vara do Trabalho para conhecer e decidir um dissídio individual.

Encerrada a instrução e julgado o processo, é ele transferido para a segunda instância (os Tribunais Regionais do Trabalho), de onde, por meio de recursos apropriados, pode ir ao Tribunal Superior do Trabalho e mesmo ao Supremo Tribunal Federal no caso de violação de norma constitucional.

O critério objetivo determina as funções dos julgadores em dois sentidos: no horizontal e no vertical. No primeiro caso, temos o Juiz do Trabalho que é substituído por outro, por motivo de doença, férias, licença e; no vertical, definem-se as funções da Vara do Trabalho e dos tribunais superiores.

Nos vários momentos processuais, diferenciam-se as competências dos julgadores.

Regem a competência das Varas do Trabalho e dos Tribunais do Trabalho as normas da Constituição e da Consolidação das Leis do Trabalho, bem como as da sua legislação extravagante. No caso especial do Juiz comum, investido da jurisdição trabalhista, terá ele de atender às disposições da organização judiciária do Estado que não conflitem com as da legislação trabalhista.

147. Competência das Varas do Trabalho

Tais órgãos se encontram no primeiro grau da jurisdição do trabalho (v. art. 111 da CF).

Reza o art. 650 da CLT que o território da Comarca corresponde à jurisdição da Vara do Trabalho. Essa é a regra. Contudo, não há óbice constitucional à ampliação ou redução desse território, por lei.

É dado à lei federal, portanto, incluir na área de jurisdição de uma Vara mais de uma Comarca.

Do que vimos de dizer se infere que a lei estadual de organização judiciária nenhum reflexo tem na competência de uma Vara do Trabalho, competência que é definida no art. 652 da CLT.

Esse dispositivo destaca aspectos particulares do contrato de trabalho para delimitar a competência da Vara do Trabalho. Dessarte, se declarasse, apenas, ser a Vara do Trabalho competente para julgar os dissídios concernentes aos contratos individual do trabalho, do avulso e da pequena empreitada, seria dispensável tudo o mais que se contém nesse dispositivo.

De qualquer modo, temos de focalizar os elementos encerrados no sobredito dispositivo da CLT.

Declara, de primeiro, ser a Vara do Trabalho competente para conciliar e julgar os dissídios em que se pretenda o reconhecimento da estabilidade do empregado.

À primeira vista, esse preceito perdeu utilidade com o advento da Constituição Federal de 1988, porque esta, no art. 7º, substituiu a estabilidade no emprego por uma indenização compensatória.

Mas, a rigor, não foi isso que aconteceu porque a própria Constituição criou três espécies de estabilidade no emprego: a) do dirigente sindical e seu suplente; b) da mulher gestante; e c) do membro da Comissão Interna de Prevenção de Acidentes — CIPA.

De outra parte, durante alguns anos ainda haverá muitos trabalhadores com direito à estabilidade decenal, adquirida antes da promulgação da Carta de 1988.

Essa circunstância nos conduz à certeza de que a referida norma da CLT conservou sua eficácia em relação às apontadas hipóteses legais.

Incluem-se na competência das Varas do Trabalho os dissídios concernentes à remuneração, férias e indenizações por motivo de rescisão do contrato individual de trabalho.

Desnecessário dizer que, no caso, trata-se de dissolução do contrato de trabalho por iniciativa do empregador e sem motivo justificado.

É certo, porém, que, mesmo na hipótese de a iniciativa da extinção do contrato caber ao empregado, tem ele direito à indenização de férias vencidas não gozadas, às férias e ao 13º salário.

Cabe à Vara do Trabalho conhecer e julgar os dissídios resultantes de contratos de empreitada em que o empreiteiro seja operário ou artífice.

Antes da promulgação da Carta de 1988, compreendia-se a discussão acerca da constitucionalidade dessa norma consolidada. Muitos diziam ser assunto constitucional e não de lei ordinária a ampliação da competência de órgão jurisdicional.

A controvérsia não cresceu a ponto de provocar a intervenção do Supremo Tribunal Federal.

Com a nova Constituição, a polêmica perdeu sua razão de ser. Deu competência à Justiça do Trabalho para decidir dissídios individuais e coletivos entre trabalhadores e empregadores e "outras controvérsias decorrentes da relação de trabalho".

É evidente que o legislador constituinte fez uma perfeita distinção entre relação de emprego e relação de trabalho. Esta é o gênero e, aquela, uma de suas espécies.

Por via de consequência, entendemos que a relação de trabalho entre o pequeno empreiteiro e o tomador de seus serviços é susceptível de originar conflitos de interesses que cabe à Justiça do Trabalho dirimir.

É silenciosa a CLT quanto à competência da Vara do Trabalho recém-instalada para prosseguir na instrução ou para executar sentenças terminativas já proferidas pelos Juízes comuns com investidura trabalhista.

À espécie se aplica o art. 87 do CPC: "Determina-se a competência no momento em que a ação é proposta. São irrelevantes as modificações do estado de fato ou de direito ocorridas posteriormente, salvo quando suprimirem o órgão judiciário ou alterarem a competência em razão da matéria ou da hierarquia".

A *perpetuatio jurisdictionis* de que trata o art. 87 do CPC não abriga regra inflexível, pois ela mesma ressalva os casos de supressão do órgão judiciário ou de alteração de sua competência em razão da matéria ou da hierarquia.

Acerca dessa matéria, emitiu o STJ a Súmula n. 10:

"Instalada a Vara do Trabalho, cessa a competência do Juiz de Direito em matéria trabalhista, inclusive para a execução das sentenças por ele proferidas".

Publicado o ato instituidor da nova Vara do Trabalho, com jurisdição na comarca em que atua o Juiz de Direito, cessa no mesmo instante a competência deste último para prosseguir nos feitos trabalhistas que presidia.

148. Dissídios entre Avulsos e Usuários de seus Serviços

Compete à Vara do Trabalho conhecer e julgar os dissídios entre os avulsos e os usuários de seus serviços.

Era de duvidosa constitucionalidade a Lei n. 7.494, de 17 de junho de 1986, que mandou incluir na órbita competencial da Justiça do Trabalho tais dissídios.

Com a superveniência da Constituição de 1988, espancaram-se quaisquer dúvidas a respeito, *ex vi* do prescrito no inciso XXXIV do art. 7º ("igualdade de direitos entre o trabalhador com vínculo empregatício permanente e o trabalhador avulso").

149. Outros Casos de Competência da Vara do Trabalho

149.1. Indenizações, Horas Extras, Adicionais etc.

Consoante o inciso IV da alínea *a* do art. 652 da CLT, é ainda competente à Vara do Trabalho para conhecer e julgar os demais dissídios concernentes ao contrato individual de trabalho.

Assim, divergências quanto a gratificações, horas suplementares, higiene e segurança do trabalho etc., por resultarem do contrato de trabalho são abrangidas pela competência da Vara do Trabalho.

149.2. Estabilidade Provisória e Inquérito para Apuração de Falta Grave

Ao tempo em que o nosso sistema legal previa a estabilidade decenal no emprego, dispunha ele que o empregado estabilitário só era demissível por falta grave apurada em inquérito disciplinado pelos arts. 853, 854 e 855 da CLT.

Entretanto, a jurisprudência se tem mostrado vacilante na incidência desses dispositivos nos casos de estabilidade provisória mantidos pela Constituição, no art. 10 de suas Disposições Transitórias (dirigente sindical, empregada gestante e membro da CIPA).

Dado que o art. 853 da CLT reza que "para a instauração do inquérito para apuração de falta grave contra empregado garantido com estabilidade" é-nos lícito concluir que é ele aplicável aos casos já indicados por se referirem a empregos garantidos pela estabilidade.

A nosso ver, o inciso VIII do art. 8º da Constituição Federal e o § 3º do art. 543 da CLT exigem inquérito para apuração de falta grave apenas para o caso de empregado dirigente sindical.

Rareiam os casos de empregados não optantes do Fundo de Garantia do Tempo de Serviço — FGTS — que contavam mais de 10 anos de serviço antes da promulgação da Carta em 5 de outubro de 1988, casos em que a estabilidade continua garantida pelo inquérito em tela.

149.3. Vara do Trabalho e os Embargos

Era a Vara do Trabalho competente para apreciar embargos opostos às suas próprias decisões, nos casos que, durante muito tempo, foram de sua alçada (de valor não superior a dois salários mínimos).

A Lei n. 5.442, de 24 de maio de 1968, e a Lei n. 5.584, de 26 de junho de 1970, puseram fim a esse meio de impugnação de sentença nos casos de alçada.

A Lei n. 9.957, de 12.1.2000 acrescentou, ao art. 896 da CLT, o § 6º para dispor que *"nas causas sujeitas ao procedimento sumaríssimo somente será admitido recurso de revista por contrariedade à súmula da jurisprudência do Tribunal Superior do Trabalho e violação direta da Constituição da República"*. Se a contrariedade for à orientação jurisprudencial do TST, sua Súmula n. 442 fixou o entendimento de que descabe recurso de revista na hipótese.

Ver itens 246 e 272 sobre procedimento sumaríssimo e o recurso de revista neste.

149.4. Empregador que Exerce Atividades Fora do Local da Celebração do Contrato de Trabalho

Consoante o art. 651 da CLT, em se tratando de empregador que promova realização de atividades fora do lugar do contrato de trabalho, é assegurado ao empregado apresentar reclamação no foro da celebração do contrato ou da prestação dos respectivos serviços. Na hipótese, para apresentar reclamatória contra seu empregador, tem o empregado a faculdade legal de escolher o foro da celebração do contrato ou o da prestação de serviços.

149.5. Empresa Nacional com Filiais no Estrangeiro

O § 2º do art. 651 da CLT estatui que a competência das Varas do Trabalho estende-se aos dissídios ocorridos em agência ou filial no estrangeiro, desde que o empregado seja brasileiro e não haja convenção internacional dispondo em contrário.

Deflui dessa norma consolidada que se trata de empresa sediada em nosso País e que tenha agências ou filiais no estrangeiro.

É o empregado brasileiro favorecido por essa disposição que o coloca sob a tutela da Justiça do Trabalho nacional. Mas, à vista do preceituado no *caput* do art. 5º da Constituição Federal, é inquestionável que, no caso, é também favorecido o estrangeiro que tenha residência fixa em nosso País.

No caso de empresa com sede fora do Brasil, há que se aplicar o art. 9º da Lei de Introdução às Normas do Direito Brasileiro:

"Para qualificar e reger obrigações, aplicar-se-á a lei do País em que se constituírem. § 1º Destinando-se a obrigação a ser executada no Brasil e dependendo de forma especial, será esta observada, admitidas as peculiaridades da lei estrangeira, quanto aos requisitos extrínsecos do ato. § 2º A obrigação resultante do contrato reputa-se constituída no lugar em que residir o proponente".

Todavia, dispõe o mesmo diploma legal, em seu art. 12: "É competente a autoridade judiciária brasileira, quando for o réu domiciliado no Brasil ou aqui tiver de ser cumprida a obrigação".

150. *Da Competência dos Tribunais Regionais do Trabalho*

Para o efeito da jurisdição dos Tribunais Regionais do Trabalho, é o País dividido em regiões.

Por ocasião da instalação da Justiça do Trabalho há mais de quarenta anos, era o Brasil dividido em oito regiões.

Posteriormente, devido ao desenvolvimento social e econômico do País e, também, em virtude das exigências políticos-eleitorais, aquele número já chegou a 24.

A competência dos Tribunais Regionais, quanto aos dissídios individuais, é estabelecida segundo o disposto no art. 651 da CLT, isto é, determina-a a localidade onde o empregado presta serviços ao empregador, embora contratado noutro local ou no estrangeiro.

Quanto aos dissídios coletivos, a competência resulta do local em que se manifestarem.

É da competência originária dos Tribunais Regionais em sua composição plenária julgar os dissídios coletivos, exceto aqueles que, por envolverem trabalhadores espalhados por vários Estados, competem ao Tribunal Superior do Trabalho.

Cabe, originariamente, aos Regionais, consoante o disposto no art. 678 da CLT: a) a revisão de suas decisões normativas; b) a extensão das decisões proferidas em dissídios coletivos (*Nossa nota*: essas duas hipóteses previstas nas letras "a" e "b" só serão permitidas desde que a instauração da instância do dissídio coletivo tenha se dado de comum acordo entre as partes litigantes, conforme o disposto no art. 114, § 2º, da Constituição, com redação dada pela Emenda Constitucional n. 45/2004); c) os mandados de segurança contra atos das Varas do Trabalho; d) as impugnações à investidura de Juízes do Trabalho; e) as ações rescisórias das decisões das Varas do Trabalho, dos Juízes de direito investidos na jurisdição trabalhista, das Turmas e de seus próprios acórdãos; f) quando dividido em turmas, os conflitos de jurisdição entre as suas turmas, os Juízes de direito investidos na jurisdição trabalhista, as Varas do Trabalho ou entre aqueles e estas; g) julgar, em única ou última instância, os processos e os recursos de natureza administrativa atinentes aos seus serviços auxiliares e respectivos servidores bem como as reclamações contra atos administrativos de seu presidente ou de qualquer de seus membros, assim como dos Juízes de primeira instância e de seus funcionários; h) julgar os recursos ordinários interpostos contra sentenças prolatadas pelas Varas do Trabalho; i) julgar os agravos de petição e de instrumento, estes opostos contra decisões denegatórias de recursos de sua alçada; j) impor multas e demais penalidades relativas a atos de sua competência jurisdicional e julgar os recursos interpostos das decisões das Varas e dos Juízos que as impuserem.

Fala a CLT em conflitos de jurisdição, quando o certo seria dizer conflitos de competência. Aliás o CPC de 1973 usa desta última expressão.

Os recursos perante Tribunais Regionais compostos de Turmas, como os de São Paulo, Rio de Janeiro e outros, são de competência destas últimas, bem como os agravos de petição e de instrumento. Tais decisões não comportam recursos para o Pleno do mesmo Tribunal.

Consoante o art. 680 da CLT compete, ainda, aos Tribunais Regionais: a) determinar às Varas do Trabalho e aos Juízes de direito a realização dos atos processuais e diligências necessárias ao julgamento dos feitos sob sua apreciação; b) fiscalizar o cumprimento de suas próprias decisões; c) declarar a nulidade dos atos praticados com infração de suas decisões; d) julgar as exceções de incompetência que lhe forem opostas; e) julgar as suspeições arguidas contra seus membros; f) requisitar às autoridades competentes as diligências necessárias ao esclarecimento dos feitos sob sua apreciação, representando contra aquelas que não atenderem tais requisições; g) exercer, em geral, no interesse da Justiça do Trabalho, as demais atribuições que decorram de sua jurisdição.

Têm o TST e o TRT se considerados competentes originariamente para o exame da ação anulatória de pacto coletivo, fazendo a aplicação analógica do disposto no art. 678, I, "a", c/c o art. 702, I, "b", ambos da CLT.

Nesse sentido, é o entendimento agasalhado na sua Orientação Jurisprudencial n. 129, da SBDI-2: "*Em se tratando de ação anulatória, a competência originária se dá no mesmo juízo em que praticado o ato supostamente eivado de vício*".

Conforme esse posicionamento, o TST já decidiu nos seguintes termos:

"*Recurso de Revista. Ação anulatória de Acordo Coletivo de Trabalho. Competência originária do Tribunal Regional do Trabalho. A controvérsia relativa à competência hierárquica ou funcional para apreciação e julgamento da ação anulatória de acordo coletivo ou convenção coletiva encontra-se pacificada, no âmbito desta Corte, no sentido de que o conhecimento e julgamento dessa ação compete originariamente aos Tribunais Regionais do Trabalho, por aplicação analógica do art. 678, I, 'a', da CLT, ou ao Tribunal Superior do Trabalho, art. 702, I, 'b', da CLT, conforme a base territorial dos sindicatos convenentes e a abrangência do instrumento coletivo objeto de impugnação estejam limitados, ou não, à jurisdição do Tribunal Regional. Tal entendimento encontra-se perfilhado na OJ-SBDI-II n. 129, que prevê que, em se tratando de ação anulatória, a competência originária se dá no mesmo juízo em que praticado o ato supostamente eivado de vício. Precedentes. Recurso de Revista conhecido e provido* (TST; RR 20701/2003-902-02-00.1; Terceira Turma; Rel. Min. Carlos Alberto Reis de Paula; DJU 27.2.09)

151. Da Competência do Tribunal Superior do Trabalho

Reformulado pela Lei n. 7.701, de 21 de dezembro de 1988, o Tribunal Superior do Trabalho divide-se em turmas e seções, cuja organização é bem estudada no item 170.

Esse Tribunal foi criado pela Constituição Federal de 1946, a qual, também, integrou a Justiça do Trabalho no Poder Judiciário, desligando-a completamente do Executivo, ou melhor do Ministério do Trabalho.

A Constituição de 1988 dizia, em sua redação primitiva, ser o Tribunal Superior do Trabalho — TST — composto de 27 ministros, dos quais dezessete togados e dez classistas (cinco empregados e cinco empregadores).

A EC n. 24/99 extinguiu a representação classista na Justiça do Trabalho. Lamentavelmente, não se conservou o número de 27 ministros, todos togados, o que aumentou a carga de trabalho de cada um deles, eis que os dez ministros classistas atuavam nos processos em trânsito pelo TST. Esse erro foi corrigido com a Emenda Constitucional n. 45/2004, que fixou, novamente, sua composição em 27 ministros, conforme nova redação que ela deu ao art. 111-A da Constituição

Por derradeiro, lembramos que a estrutura do TST dada pela Lei n. 7.701, aperfeiçoou-se ao tempo em que ele contava com 27 membros e, de conseguinte, era-lhe permitido criar, em consonância com o prescrito no inciso XI do art. 93 da

Carta Magna, Órgão Especial, com o mínimo de onze e o máximo de vinte e cinco membros para o exercício das atribuições administrativas e jurisdicionais da competência do tribunal pleno. Não se pode dizer que, no ponto acima indicado, a Lei n. 7.701/88 conflitou com o referido dispositivo constitucional.

Compete ao Tribunal Superior do Trabalho processar, conciliar e julgar, na forma da lei, em grau originário ou recursal ordinário ou extraordinário, as demandas individuais e os dissídios coletivos que excedam a jurisdição dos Tribunais Regionais, os conflitos de direito sindical, assim como outras controvérsias decorrentes de relação de trabalho, e os litígios relativos ao cumprimento de suas próprias decisões, de laudos arbitrais e de convenções e acordos coletivos.

São órgãos do TST: I — Tribunal Pleno; II — Órgão Especial; III — Seção Especializada em Dissídios Coletivos; IV — Seção Especializada em Dissídios Individuais, dividida em duas subseções; e V — Turmas.

São órgãos que funcionam junto ao Tribunal Superior do Trabalho: I — Escola Nacional de Formação e Aperfeiçoamento de Magistrados do Trabalho — ENAMAT; e II — Conselho Superior da Justiça do Trabalho — CSJT.

151.1. Da Competência do Tribunal Pleno do TST

O Tribunal Pleno é constituído pelos Ministros da Corte, sendo exigida a presença de, no mínimo, 14 Ministros.

Com o novo Regimento Interno do TST, aprovado e publicado em maio de 2008, as competências anteriormente atribuídas ao Tribunal Pleno foram distribuídas entre este e o Órgão Especial ora criado.

Assim permaneceu na competência do Tribunal Pleno: eleger e dar posse aos Membros eleitos para os cargos de Direção, aos Ministros nomeados para o Tribunal, aos Membros do Conselho Consultivo da Escola Nacional de Formação e Aperfeiçoamento de Magistrados do Trabalho; eleger os Membros do Conselho Superior da Justiça do Trabalho — CSJT e do Conselho Nacional de Justiça; escolher os integrantes das listas para preenchimento das vagas de Ministro do Tribunal; determinar a disponibilidade ou a aposentadoria de Ministro do Tribunal; opinar sobre propostas de alterações da legislação trabalhista, inclusive processual; aprovar, modificar ou revogar, em caráter de urgência e com preferência na pauta, Súmula da Jurisprudência predominante em Dissídios Individuais e os Precedentes Normativos da Seção Especializada em Dissídios Coletivos; aprovar, modificar ou revogar, em caráter de urgência e com preferência na pauta, Súmula da Jurisprudência predominante em Dissídios Individuais e os Precedentes Normativos da Seção Especializada em Dissídios Coletivos; julgar os Incidentes de Uniformização de Jurisprudência; decidir sobre a declaração de inconstitucionalidade de lei ou ato normativo do Poder Público, quando aprovada a arguição pelas Seções Especializadas ou Turmas; e aprovar e emendar o Regimento Interno do Tribunal Superior do Trabalho.

Consoante o art. 4º da Lei n. 7.701, de 21.12.1988, compete ao Pleno do Tribunal Superior do Trabalho declarar a inconstitucionalidade ou não de uma lei ou de ato normativo do Poder Público. Assim, se houve a discussão da norma estar viciada pela inconstitucionalidade em um processo julgado por uma turma ou seção do TST, deverá o julgamento ser suspenso e remetido para o Pleno, obedecendo-se, assim, a denominada "cláusula de plenário".

O STF editou a Súmula Vinculante n. 10, onde ficou confirmada essa competência apenas do Pleno do TST. Assim, jamais a composição fracionária desse Tribunal poderá examinar essa matéria.

Fazendo aplicação dessa Súmula em caso relativo à terceirização de serviços, a 7ª Turma do TST julgou a alegação da inconstitucionalidade do item IV, da Súmula n. 331, desse Tribunal, que está vazada nos seguintes termos: *"O inadimplemento das obrigações trabalhistas, por parte do empregador, implica a responsabilidade subsidiária do tomador dos serviços, quanto àquelas obrigações, inclusive quanto aos órgãos da administração direta, as autarquias, das fundações públicas, das empresas públicas e das sociedades de economia mista, desde que hajam participado da relação processual e constem também do título executivo judicial (art. 71, da Lei n. 8.666, de 21.12.1993)".*

Essa 7ª Turma sustentou que, como a Súmula n. 331 foi aprovada pelo próprio Pleno do TST, descabia a remessa dos autos para ele examinar a alegação de inconstitucionalidade desse item IV, da Súmula n. 331 (Processo n. ED-AIRR 1007/2006-047-02-40.0). Concordamos com esse julgamento.

152. Da Competência do Órgão Especial do TST

O Órgão Especial é integrado pelo Presidente e pelo Vice-Presidente do Tribunal, pelo Corregedor-Geral da Justiça do Trabalho, pelos sete Ministros mais antigos, incluindo os membros da direção, e por sete Ministros eleitos pelo Tribunal Pleno, exigindo-se, para seu funcionamento *quorum* mínimo de 8 Ministros.

Compete ao Órgão Especial:

I — em matéria judiciária:

a) processar e julgar as reclamações destinadas à preservação da competência dos órgãos do Tribunal; b) julgar mandado de segurança impetrado contra atos do Presidente ou de qualquer Ministro do Tribunal, ressalvada a competência das Seções Especializadas; c) julgar os recursos interpostos contra decisões dos Tribunais Regionais do Trabalho em mandado de segurança de interesse de Juízes e servidores da Justiça do Trabalho; d) julgar os recursos interpostos contra decisão em matéria de concurso para a Magistratura do Trabalho; e) julgar os recursos ordinários em agravos regimentais interpostos contra decisões proferidas em reclamações correicionais ou em pedidos de providências que envolvam impugnações de cálculos de precatórios; f) julgar os recursos ordinários interpostos contra agravo regimental e mandado de segurança em que tenha sido apreciado despacho de Presidente de Tribunal Regional em precatório; g) julgar os agravos regimentais interpostos contra decisões proferidas pelo Corregedor-Geral da Justiça do Trabalho; e h) deliberar sobre as demais matérias jurisdicionais não incluídas na competência dos outros Órgãos do Tribunal.

II — em matéria administrativa:

a) proceder à abertura e ao encerramento do semestre judiciário; b) eleger os membros do Conselho da Ordem do Mérito Judiciário do Trabalho e os das Comissões previstas neste Regimento; c) aprovar e emendar o Regulamento Geral da Secretaria do Tribunal Superior do Trabalho, o Regimento da Corregedoria-Geral da Justiça do Trabalho, o Regulamento da Ordem do Mérito Judiciário do Trabalho, os Estatutos da Escola Nacional de Formação e Aperfeiçoamento de Magistrados do Trabalho — ENAMAT e o Regimento Interno do Conselho Superior da Justiça do Trabalho — CSJT; d) propor ao Poder Legislativo, após a deliberação do Conselho Superior da Justiça do Trabalho, a criação, extinção ou modificação de Tribunais Regionais do Trabalho e Varas do Trabalho, assim como a alteração de jurisdição e de sede destes; e) propor ao Poder Legislativo a criação, extinção e transformação de cargos e funções públicas e a fixação dos respectivos vencimentos ou gratificações; f) escolher, mediante escrutínio secreto e pelo voto da maioria absoluta dos seus membros, Juízes de Tribunal Regional do Trabalho para substituir temporariamente Ministro do Tribunal Superior do Trabalho; g) aprovar a lista dos admitidos na Ordem do Mérito Judiciário do Trabalho; h) aprovar a lotação das funções comissionadas do Quadro de Pessoal do Tribunal; i) conceder licença, férias e outros afastamentos aos membros do Tribunal; j) fixar e rever as diárias e as ajudas de custo do Presidente, dos Ministros e servidores do Tribunal; l) designar as comissões temporárias para exame e elaboração de estudo sobre matéria relevante, respeitada a competência das comissões permanentes; m) aprovar as instruções de concurso para provimento dos cargos de Juiz do Trabalho Substituto; n) aprovar as instruções dos concursos para provimento dos cargos do Quadro de Pessoal do Tribunal e homologar seu resultado final; o) nomear, promover e demitir servidores do Quadro de Pessoal do Tribunal; p) julgar os recursos de decisões ou atos do Presidente do Tribunal em matéria administrativa; q) julgar os recursos interpostos contra decisões dos Tribunais Regionais do Trabalho em processo administrativo disciplinar envolvendo magistrado, estritamente para controle da legalidade; e r) examinar as matérias encaminhadas pelo Conselho Superior da Justiça do Trabalho.

Cabe, ainda, nos processos de sua competência:

I — julgar: a) os embargos de declaração opostos às suas decisões; b) as ações cautelares incidentais e preparatórias e as demais arguições; c) os incidentes que lhes forem submetidos; e d) a restauração de autos perdidos, em se tratando de processo de sua competência.

II — homologar os pedidos de desistência dos recursos, decidir sobre pedido de desistência de ação quanto aos processos incluídos em pauta para julgamento e homologar os acordos em processos de competência originária do Tribunal; e

III — representar à autoridade competente, quando, em autos ou documentos de que conhecer, houver indício de crime de ação pública.

153. *Da Competência da Seção Especializada em Dissídios Coletivos do TST*

Integram a Seção Especializada em Dissídios Coletivos (SDC) o Presidente e o Vice-Presidente do Tribunal, o Corregedor-Geral da Justiça do Trabalho e mais seis Ministros. O *quorum* exigido para funcionamento é de 5 Ministros.

À Seção Especializada em Dissídios Coletivos compete:

I — originariamente:

a) julgar os dissídios coletivos de natureza econômica e jurídica, de sua competência ou rever suas próprias sentenças normativas, nos casos previstos em lei; b) homologar as conciliações celebradas nos dissídios coletivos; c) julgar as ações anulatórias de acordos e convenções coletivas; d) julgar as ações rescisórias propostas contra suas sentenças normativas; e) julgar os agravos regimentais contra despachos ou decisões não definitivas, proferidos pelo Presidente do Tribunal ou por qualquer dos Ministros integrantes da Seção Especializada em Dissídios Coletivos; f) julgar os conflitos de competência entre Tribunais Regionais do Trabalho em processos de dissídio coletivo; g) processar e julgar as medidas cautelares incidentais nos processos de dissídio coletivo; e h) processar e julgar as ações em matéria de greve, quando o conflito exceder a jurisdição de Tribunal Regional do Trabalho.

II — em última instância, julgar:

a) os recursos ordinários interpostos contra as decisões proferidas pelos Tribunais Regionais do Trabalho em dissídios coletivos de natureza econômica ou jurídica; b) os recursos ordinários interpostos contra decisões proferidas pelos Tribunais Regionais do Trabalho em ações rescisórias e mandados de segurança pertinentes a dissídios coletivos e a direito sindical e em ações anulatórias de acordos e convenções coletivas; c) os embargos infringentes interpostos contra decisão não unânime proferida em processo de dissídio coletivo de sua competência originária, salvo se a decisão embargada estiver em consonância com precedente normativo do Tribunal Superior do Trabalho ou com Súmula de sua jurisprudência predominante; e d) os agravos de instrumento interpostos contra despacho denegatório de recurso ordinário nos processos de sua competência.

Cabe, ainda, nos processos de sua competência: I — julgar: a) os embargos de declaração opostos às suas decisões; b) as ações cautelares incidentais e preparatórias e as demais arguições; c) os incidentes que lhes forem submetidos; e d) a restauração de autos perdidos, em se tratando de processo de sua competência. II — homologar os pedidos de desistência dos recursos, decidir sobre pedido de desistência de ação quanto aos processos incluídos em pauta para julgamento e homologar os acordos em processos de competência originária do Tribunal; e III — representar à autoridade competente, quando, em autos ou documentos de que conhecer, houver indício de crime de ação pública.

154. Da Competência da Seção Especializada em Dissídios Individuais do TST

A Seção Especializada em Dissídios Individuais é composta de vinte e um Ministros e funciona em composição plena ou dividida em duas subseções para julgamento dos processos de sua competência. O *quorum* para o funcionamento da Seção de Dissídios Individuais Plena é de 11 Ministros. As deliberações só poderão ocorrer pelo voto da maioria absoluta dos integrantes da Seção.

A Subseção I Especializada é constituída de 14 Ministros, requerendo um *quorum* de 11 Ministros, enquanto que a Subseção II é composta de 10 Ministros, com *quorum* de 6 Ministros.

O Presidente, o Vice-Presidente do Tribunal e o Corregedor-Geral da Justiça do Trabalho integram tanto a Seção Plena, como as duas Subseções.

Incumbe à Seção Plena:

a) julgar, em caráter de urgência e com preferência na pauta, os processos nos quais tenha sido estabelecida, na votação, divergência entre as Subseções I e II da Seção Especializada em Dissídios Individuais, quanto à aplicação de dispositivo de lei federal ou da Constituição da República.

Incumbe à Subseção I o seguinte:

a) julgar os embargos interpostos contra decisões divergentes das Turmas, ou destas que divirjam de decisão da Seção de Dissídios Individuais, de Orientação Jurisprudencial ou de Súmula; e b) julgar os agravos e os agravos regimentais interpostos contra despacho exarado em processos de sua competência.

À Subseção II cabe:

a) originariamente:

1. julgar as ações rescisórias propostas contra suas decisões, as da Subseção I e as das Turmas do Tribunal; 2. julgar os mandados de segurança contra os atos praticados pelo Presidente do Tribunal ou por qualquer dos Ministros integrantes da Seção Especializada em Dissídios Individuais, nos processos de sua competência; 3. julgar as ações cautelares; e 4. julgar os *habeas corpus*.

b) em única instância:

1. julgar os agravos e os agravos regimentais interpostos contra despacho exarado em processos de sua competência; e 2. julgar os conflitos de competência entre Tribunais Regionais e os que envolvam Juízes de Direito investidos da jurisdição trabalhista e Varas do Trabalho em processos de dissídios individuais;

c) em última instância:

1. julgar os recursos ordinários interpostos contra decisões dos Tribunais Regionais em processos de dissídio individual de sua competência originária; e 2. julgar os agravos de instrumento interpostos contra despacho denegatório de recurso ordinário em processos de sua competência.

Cabe, ainda, nos processos de sua competência: I — julgar: a) os embargos de declaração opostos às suas decisões; b) as ações cautelares incidentais e preparatórias e as demais arguições; c) os incidentes que lhes forem submetidos; e d) a restauração de autos perdidos, em se tratando de processo de sua competência. II — homologar os pedidos de desistência dos recursos, decidir sobre pedido de desistência de ação quanto aos processos incluídos em pauta para julgamento e homologar os acordos em processos de competência originária do Tribunal; e III — representar à autoridade competente, quando, em autos ou documentos de que conhecer, houver indício de crime de ação pública.

155. Da Competência das Turmas do TST

Cada Turma é constituída por 3 (três) Ministros, sendo presidida pelo Ministro mais antigo do Colegiado. Para o julgamento nas Turmas é necessária a presença de 3 Magistrados.

Compete a cada uma das Turmas julgar: I — os recursos de revista interpostos contra decisão dos Tribunais Regionais do Trabalho nos casos previstos em lei; II — os agravos de instrumento dos despachos de Presidente de Tribunal Regional que denegarem seguimento a recurso de revista; e III — os agravos e os agravos regimentais interpostos contra despacho exarado em processos de sua competência; e IV — os recursos ordinários em ação cautelar, quando a competência para julgamento do recurso do processo principal for atribuída à Turma.

Cabe, ainda, nos processos de sua competência:

I — julgar: a) os embargos de declaração opostos às suas decisões; b) as ações cautelares incidentais e preparatórias e as demais arguições; c) os incidentes que lhes forem submetidos; e d) a restauração de autos perdidos, em se tratando de processo de sua competência;

II — homologar os pedidos de desistência dos recursos, decidir sobre pedido de desistência de ação quanto aos processos incluídos em pauta para julgamento e homologar os acordos em processos de competência originária do Tribunal e;

III — representar à autoridade competente, quando, em autos ou documentos de que conhecer, houver indício de crime de ação pública.

CAPÍTULO XVI

Da Estrutura e Dinâmica da Justiça do Trabalho

156. História e Organização da Justiça do Trabalho

Já se tornou um lugar comum dizer que, antes da Revolução Industrial, as condições sociais e econômicas, em todos os países, não justificavam a criação de normas processuais especiais para solucionar conflitos de interesses entre aqueles que viviam do seu trabalho e os que dele se utilizavam para fins econômicos.

O emprego do vapor e o surgimento de máquinas que substituíam, em boa parte, o trabalho humano inauguraram a produção de bens em grande escala e contribuíram para que se realizasse profunda transformação nas estruturas sociais.

A par disso, os choques de interesses entre os assalariados e os donos dos novos meios de produção tornaram-se muito numerosos e, frequentemente, marcados de inusitada violência.

A pouco e pouco, o Estado foi abandonando sua posição de simples espectador desses conflitos, e neles passou a interferir.

Na atualidade, todas as nações do globo, de um modo ou de outro, intervêm em tais litígios. A diferença reside no grau de intervencionismo.

Algumas nações, e entre elas o Brasil, possuem Justiça Especial, que é a do Trabalho.

O Estado de São Paulo foi pioneiro na instituição de órgão especial para conhecer os litígios de caráter trabalhista. Criou, em 1922, o primeiro órgão especializado em dar solução a conflitos do trabalho. Era o Tribunal Rural, presidido por um Juiz togado e integrado por representantes de patrões e trabalhadores. Por sua composição paritária, esse Tribunal é, a rigor, o antepassado mais próximo das Varas do Trabalho de hoje.

As divergências oriundas do contrato de trabalho continuaram a ser dirimidas pela Justiça Comum. No Império (leis de setembro de 1830, de 11.10.37, Regulamento n. 737, de novembro de 1850, e Decreto n. 2.827, de março de 1879), adotou-se o rito sumário ou sumaríssimo para os questionados litígios.

Essa circunstância denota que, já então, tinha o Poder Público cuidados especiais com aqueles que, nas cidades ou nos campos, dedicavam-se ao trabalho remunerado.

De modo geral, então, eram os conflitos do trabalho regulados por disposições legais civis ou comerciais.

As Juntas de Conciliação e Julgamento, instituídas pelo Decreto n. 22.132, de 25 de novembro de 1932, tinham competência para julgar dissídios individuais do trabalho, ao passo que os dissídios coletivos eram confiados às Comissões Mistas de Conciliação, criadas pelo Decreto n. 21.396, de 12 de maio de 1932. Esses órgãos não integravam o Poder Judiciário, e, por isso, tinha o Ministro do Trabalho o poder de modificar as decisões das Juntas de Conciliação.

Quanto às Comissões Mistas, sua autonomia também era assaz restrita. Frustrada a tentativa de conciliação, e em havendo recusa de as partes aceitarem o juízo arbitral, subia o processo para o Ministério do Trabalho, cujo titular tinha o poder de constituir uma comissão especial para dar solução ao litígio por meio de um laudo.

O Decreto-lei n. 39, de 3 de dezembro de 1939, veio a estabelecer que os decisórios das Juntas e das Comissões seriam executados perante a Justiça comum, sendo vedado ao Juiz alterar os julgados.

A 1º de maio de 1941, pelo Decreto n. 1.237, regulamentado pelo de n. 6.596, de 12 de dezembro de 1941, a Justiça do Trabalho, finalmente, ganhou autonomia. Foi dotada de poderes próprios (*notio* e *imperium*), mas seus Juízes não foram contemplados com as garantias inerentes à magistratura, o que só veio a ocorrer com a edição do Decreto n. 9.797, de 9 de setembro de 1946. Logo depois, a Constituição Federal, de setembro de 1946, declarou a Justiça do Trabalho parte integrante do Poder Judiciário. E assim se mantém até hoje.

Como informado anteriormente, a Emenda Constitucional n. 24/99 pôs fim à representação classista na Justiça do Trabalho e as Juntas de Conciliação e Julgamento passaram a denominar-se Varas do Trabalho.

À semelhança do que ocorre com a Justiça Comum, os órgãos judiciais trabalhistas se espalham pelo nosso imenso território, tendo cada um deles competência para exercer a jurisdição em determinado espaço.

Assim, de ordinário, a Vara do Trabalho atua num espaço correspondente à comarca, embora haja casos em que ela abrange vários municípios com mais de uma comarca.

A vastidão do território do País e sua população distribuída entre mais de 5 mil municípios obrigam o Poder Público a criar numerosos órgãos judiciais. É bem de ver que as Varas do Trabalho são em maior número nos Estados ou Regiões em que a população ativa é maior.

A Justiça do Trabalho tem estrutura que, como ocorre com a Justiça Comum, divide-se em planos superpostos: Varas do Trabalho, Tribunais Regionais e Tribunal Superior do Trabalho.

157. Representação Paritária

A representação paritária de empregados e de patrões era feita por meio de seus delegados — juízes leigos — nos diversos graus da Justiça do Trabalho, isto é, nas Juntas, nos Tribunais Regionais e no Tribunal Superior do Trabalho.

Tais juízes leigos só na primeira instância, portanto nas Juntas, tinham denominação especial: vogais.

Costuma-se dizer que a representação paritária nasceu praticamente com a Justiça do Trabalho.

O fato mais remoto é a criação por Napoleão, em 1806, dos *Conseils de prud'hommes*.

Então, afirmava-se que a estrutura desse órgão judicante era justificada pela contribuição que representantes de trabalhadores e de patrões podiam dar aos magistrados sob a forma de conhecimentos técnicos especializados.

Ninguém, na época (há cerca de dois séculos), fez qualquer objeção à decisão de Napoleão.

A economia, por toda a parte, não apresentava as dimensões que tem hoje nem a complexidade cuja decifração reclama conhecimentos científicos e técnicos os mais variados.

Hoje, o pressuposto da validade de um *Conseil de prud'hommes* é bem discutível.

Um vogal trabalhista, oriundo do setor têxtil, pouco ou nenhum esclarecimento poderia oferecer quando se discutia algo vinculado à siderurgia ou à indústria química.

Talvez pudéssemos adaptar ao nosso sistema legal a experiência alemã: um grupo de assessores indicados pelos sindicatos de empregados e de patrões dando assistência aos juízes togados.

A Emenda Constitucional n. 34, de 1999, eliminou a presença dos julgadores classistas em todos os patamares da Justiça do Trabalho. A nosso sentir, dever-se-ia aproveitar a experiência alemã na instância primária.

Acerca dos órgãos colegiados da Justiça, queremos oferecer ao leitor breve notícia histórica para realçar que, desde os tempos mais remotos, o homem vê com reserva o juízo singular ou monocrático.

Já se tornou um lugar comum dizer que a função de julgar nasceu com a própria sociedade. Mesmo nos grupos humanos mais primitivos, sempre surgiram choques de paixões e de interesses que eram apreciados e dirimidos por um terceiro.

Desde a remota antiguidade, os povos sempre evitaram — com algumas exceções, é claro — o julgamento singular.

Exemplificando: o *sanédrio*, instituído por Moisés, integrado de *sofetins* (os juízes) e os *soterins* (executores das suas sentenças); o Tribunal de Brama das quatro faces, previsto no Código de Manu; na Grécia antiga, o *dicastério*, com 200 *dicastas* (o mesmo que julgou Sócrates, na velha Roma, o magistrado solenizava o julgamento, mas este era feito por pessoa da confiança das partes (o *judex* ou *arbiter*) que atuava como juiz singular ou coletivamente; no feudalismo, a justiça era distribuída por conselhos em que as provas eram feitas por meio dos Juízos de Deus e das ordálias.

O retrospecto que acabamos de fazer serve apenas para demonstrar que os homens sempre encararam com desconfiança os julgamentos feitos por um único juiz.

158. Espaço Territorial e Justiça do Trabalho

Não são os órgãos de primeiro grau da Justiça do Trabalho divididos em entrâncias.

As Varas do Trabalho da Capital ou do Interior do Estado têm a mesma competência para julgar quaisquer feitos trabalhistas, como também seus integrantes não são remunerados diferentemente.

Assim, o Juiz de Vara do Trabalho do Rio de Janeiro ou de São Paulo percebem os mesmos vencimentos do seu colega de Teresina ou de qualquer cidade do interior do Amazonas ou Pará.

É fora de dúvida que, nas grandes capitais do País, não só é maior o volume de ações como, também, são diferentes as quotidianas exigências de vida desses magistrados.

Há Varas do Trabalho da capital paulista que julgam, cada uma delas, mais de quatro mil feitos por ano, cifra mais elevada que a de alguns Estados da federação.

Nossas considerações levam qualquer um a pensar na conveniência de a remuneração dos Juízes togados da Justiça do Trabalho obedecer a uma tabela em que sejam levados em conta a massa de trabalho e o custo de vida imperante na comarca ou região em que exerçam seu ofício.

É bem de ver que nossa posição não exprime qualquer tratamento discriminatório em dano das regiões menos desenvolvidas do País. Nosso pensamento reflete, tão somente, uma realidade que pede soluções mais justas para a questão do estipêndio a que têm direito determinados Juízes trabalhistas.

159. Composição e Funcionamento das Varas do Trabalho. Garantias do Juiz

É titular da Vara do Trabalho um magistrado, necessariamente bacharel em direito.

O início de sua carreira é como juiz substituto, mediante concurso público de provas e títulos perante mesa examinadora de que participa a Ordem dos Advogados do Brasil.

É o juiz uma das figuras do processo. Por sinal a mais importante, por estar dotada de *poderes*, que são *jurisdicionais* e *de polícia*. Os primeiros dizem respeito ao regular desenvolvimento do processo; os segundos são exercidos para assegurar a boa ordem dos trabalhos forenses e se lastreiam nos arts. 15, 125, III, 445 e 446 do CPC.

No exercício do *poder de polícia*, há-de o juiz conduzir-se com serenidade e prudência. Qualquer excesso no desempenho dessa função o expõe às sanções previstas na Lei n. 4.898, de 9 de dezembro de 1965, que regula o direito de representação e o processo de responsabilidade administrativa, civil e penal, nos casos de abuso de autoridade (*Gilberto* e *Wladimir Passos de Freitas*, "Abuso de Autoridade", Rev. dos Tribunais, 1979, p. 9 e ss.)

Tema polêmico é relativo à existência do poder discricionário do juiz (*Luigi Montesano*, "La Tutela Giurisdizionale dei Diritti", vol. IV, UTET, 1989, p. 3).

O poder discricionário nos veio da atividade da administração pública, isto é, "a margem de liberdade outorgada pela lei ao administrador para que exercite o dever de integrar-lhe, *in concreto*, o conteúdo rarefeito mediante um critério subjetivo próprio, com vistas a satisfazer a finalidade insculpida no preceito normativo" (*Marcus Vinicius de Abreu Sampaio*, "O Poder Geral de Cautela do Juiz", Rev. dos Tribunais, 1993, p. 101).

É inquestionável que, na aplicação da vontade concreta da lei, o juiz — com frequência — tem o poder discricionário de escolher esta ou aquela solução para o litígio, máxime quando se defrontar com norma genérica, desprovida de parâmetros objetivos que deva respeitar.

O Juiz do Trabalho, que preside obrigatoriamente os trabalhos da Vara do Trabalho, tem todas as garantias inscritas na Lei Orgânica da Magistratura (Lei Complementar n. 35, de 14.3.1979) e que não conflitem com o conteúdo dos arts. 93, 94 e 95 da Constituição Federal.

Abrimos, aqui, um parêntese, para focalizar o art. 113 da Constituição da República — *verbis*: "A lei disporá sobre a constituição, jurisdição, competência, garantias e condições de exercício dos órgãos da Justiça do Trabalho". (Redação dada pela Emenda Constitucional n. 24, de 9.12.1999).

Fazendo alusão às *garantias* do juiz do trabalho, o dispositivo se esquece de que tanto os integrantes da magistratura comum como os da especializada fazem *jus* às mesmas garantias. Nem poderia ser de outra forma, à luz das normas constitucionais pertinentes à matéria.

Dentre essas garantias e por seu especial significado destacamos as seguintes:

a) vitaliciedade, que, no primeiro grau, só será adquirida após dois anos de efetivo exercício; antes de escoado esse prazo, o juiz só perderá o cargo por proposta de dois terços do tribunal a que estiver vinculado;

b) já vitalício, o juiz só perderá o cargo por sentença transitada em julgado;

c) inamovibilidade, salvo por motivo de interesse público em decisão por voto de dois terços do Tribunal Regional do Trabalho, assegurando-se ao interessado ampla defesa;

d) o acesso aos tribunais de segundo grau far-se-á por antiguidade e merecimento, alternadamente, apurados na última entrância;

e) promoção obrigatória do Juiz que figurou, por três vezes consecutivas a ou cinco alternadas, em lista de merecimento;

f) a promoção por merecimento pressupõe dois anos de exercício na Vara do Trabalho e integrar o Juiz a primeira quinta parte da lista de antiguidade, salvo se não houver quem aceite o lugar vago;

g) os vencimentos dos magistrados serão fixados com diferença não superior a dez por cento de uma para outra das categorias da carreira, não podendo, a título nenhum, exceder os dos Ministros do Supremo Tribunal Federal;

h) as decisões administrativas dos tribunais serão motivadas, sendo as disciplinares tomadas pelo voto da maioria absoluta de seus membros;

i) irredutibilidade de vencimentos, respeitado o disposto nos arts. 37, XI; 150, II; 153, III, e 153 § 2º, I, da Constituição Federal.

Observamos, há pouco, que o juiz já tornado vitalício só será afastado do cargo por sentença transitada em julgado.

O art. 27 da LOMAN (Lei Orgânica da Magistratura Nacional) cuida do procedimento para a decretação da perda do cargo do magistrado protegido pela vitaliciedade.

A peça inicial será a determinação, de ofício, do Tribunal a que estiver subordinado o juiz ou a representação fundamentada do Poder Executivo ou Legislativo, do Ministério Público ou do Conselho Federal ou Seccional da Ordem dos Advogados do Brasil.

A instauração do processo será precedida da defesa prévia do magistrado, no prazo de 15 dias, contado da entrega da cópia do teor da acusação e das provas existentes, remetida pelo Presidente do Tribunal mediante ofício nas quarenta e oito horas imediatamente seguintes à formulação da acusação.

Haja, ou não, defesa prévia do magistrado, vencido o prazo de 15 dias, é o Tribunal convocado para, em sessão secreta, decidir sobre a instauração do processo e, em sendo ela ordenada, no mesmo dia será o feito distribuído ao relator. Instaurado o processo, é dado ao Tribunal afastar preventivamente, ou não, o magistrado do seu cargo.

As provas requeridas ou deferidas pelo Relator serão produzidas no prazo de vinte dias, com a participação do Ministério Público e do magistrado acusado ou do seu procurador.

Encerrada a instrução, o Ministério Público e o interessado terão, sucessivamente, vistas dos autos por 10 dias para razões.

O julgamento será feito em sessão secreta e da decisão só se publicará a conclusão.

As disposições da LOMAN, que acabamos de condensar, não se atritam com a Constituição de 1988, e, por isso, foram por ela recebidas.

A única ressalva pertine ao *quorum* para julgamento do processo. Anteriormente era de 2/3 e, agora, maioria absoluta dos membros do Tribunal competente.

Estatui o parágrafo único do art. 95 da Constituição Federal ser vedado aos juízes: *"I — exercer, ainda que em disponibilidade, outro cargo ou função, salvo uma de magistério; II — receber, a qualquer título ou pretexto, custas ou participação em processo; III — dedicar-se à atividade político-partidária; IV — receber, a qualquer título ou pretexto, auxílios ou contribuições de pessoas físicas, entidades públicas ou privadas, ressalvadas as exceções previstas em lei; V — exercer a advocacia no juízo ou tribunal do qual se afastou, antes de decorridos três anos do afastamento do cargo por aposentadoria ou exoneração.*

Dispõe o art. 36 da Lei Orgânica da Magistratura Nacional ser vedado ao magistrado: *"I — exercer o comércio ou participar de sociedade comercial, inclusive de economia mista, exceto como acionista ou quotista; II — exercer cargo de direção ou técnico de sociedade civil, associação ou fundação, de qualquer natureza ou finalidade, salvo de associação de classe e sem remuneração; III — manifestar, por qualquer meio de comunicação, opinião sobre processo pendente de julgamento, votos ou sentenças de outrem, ou juízo depreciativo sobre despachos, votos ou sentenças de órgãos judiciais, ressalvada a crítica nos autos e em obras técnicas ou no exercício da magistratura".*

Durante largo período, no campo da doutrina lavrou a controvérsia sobre o *princípio da identidade física do Juiz do Trabalho*. O Tribunal Superior do Trabalho definiu-se a respeito do assunto por meio da Súmula n. 136 em atenção da existência, à época da sua edição, da representação classista: *"Não se aplica às Varas do Trabalho o princípio da identidade física do Juiz".*

Nesse mesmo sentido, o STF editou sua Súmula n. 222, confirmando o pensamento de que *"o princípio da identidade física do juiz não é aplicável às Juntas de Conciliação e Julgamento (hoje Varas de Trabalho), da Justiça do Trabalho".*

Com a extinção da representação classista na Justiça do Trabalho pela Emenda Constitucional n. 24/99, entendemos que deve ser aplicado o princípio da identidade física do juiz nos termos do art. 132, do CPC, que está assim redigido: *"O juiz, titular ou substituto, que concluir a audiência julgará a lide, salvo se estiver convocado, licenciado, afastado por qualquer motivo, promovido ou aposentado, casos em que passará os autos ao seu sucessor. Parágrafo único. Em qualquer hipótese, o juiz que proferir a sentença, se entender necessário, poderá mandar repetir as provas já produzidas".*

Em 2012, o TST procedeu bem ao cancelar sua Súmula n. 136. Com o cancelamento dessa súmula, houve a consagração do princípio da identidade física na Justiça do Trabalho, o que será benéfico para ela e para seus jurisdicionados.

Espera-se que o STF trilhe por esse mesmo caminho e promova o cancelamento da sua Súmula n. 222, citada acima.

A oralidade no processo é informada por princípios que *Chiovenda* — na dicção de *Agrícola Barbi* ("Comentários ao CPC", 10ª ed., I tomo, Forense, 1998, p. 402) — entende serem os seguintes:

"a) prevalência da palavra falada sobre a escrita;

b) imediação entre o juiz e as pessoas, cujas declarações ele deva apreciar;

c) identidade da pessoa física do juiz, isto é, o juiz que colher a prova é que deve julgar a causa;

d) concentração dos trabalhos de colheita da prova, discussão da causa e seu julgamento, ou em poucas audiências próximas no tempo, para que as impressões do julgador se mantenham frescas;

e) inapelabilidade das interlocutórias para não suspender o curso da causa."

O mestre italiano e outros que professavam as mesmas ideias sobre o tema entendiam que a identidade física era justificada pela necessidade de as impressões do juiz, acerca da prova produzida segundo o princípio da concentração, estivessem bem vivas na lembrança quando da prolação da sentença.

Embora se reconheça a intensa oralidade do processo do trabalho, na doutrina e na jurisprudência prosperou, antes da Emenda Constitucional n. 24, de 1999, que extinguiu o vogalato, o argumento de que a composição colegiada dos órgãos do primeiro grau da Justiça do Trabalho — as antigas Juntas de Conciliação e Julgamento — inviabilizava a aplicação do princípio da identidade física do juiz.

Francisco Antonio de Oliveira ("Comentários aos Enunciados do TST", 4. ed., Rev. dos Tr., 1997, p. 339) depois de prelecionar que "o que pesou para que se concluísse pela exclusão desse princípio (da identidade física) no processo do trabalho foi justamente a sua composição colegiada no primeiro grau", recorda dois acórdãos do Supremo Tribunal Federal fulcrados nesse entendimento:

"A identidade física do juiz de que trata o artigo 120 do Código de Processo Civil (do CPC de 1939) não se aplica, realmente, de modo absoluto na Justiça do Trabalho, por se tratar de órgão colegiado. Rec. Ext. 26.625, 1ª Turma.

"A Consolidação das Leis do Trabalho não cuida da identidade física do juiz, não podendo esta ser exigida na composição das Juntas de Conciliação e Julgamento. Rec. Ext. 41.715".

Mas, com a extinção do vogalato na Justiça do Trabalho desapareceu o argumento que servia de alicerce à opinião contrária à aplicação do princípio da identidade física do Juiz no processo do trabalho. Esse mesmo mestre patrício, *Francisco Antonio de Oliveira*, na 6ª edição de seu livro "Comentários às Súmulas do TST", reconhece que, com a extinção do vogalato, merece ser repensada a Súmula n. 136 do TST. Não há como negar, que, desde a Emenda Constitucional n. 24/99, incidem no processo do trabalho as disposições do CPC/73 atinentes à identidade física do juiz, o que convida o STF e o TST a mudarem sua jurisprudência sumulada acerca da matéria.

Competem privativamente ao titular da Vara do Trabalho as seguintes atribuições (art. 659 da CLT):

a) presidir as audiências das Varas do Trabalho; b) executar suas próprias decisões, as proferidas pelas Varas do Trabalho e aquelas cuja execução lhe for deprecada; c) dar posse aos vogais nomeados para a Vara, ao secretário e demais funcionários da Vara; d) despachar os recursos interpostos pelas partes, fundamentando a decisão recorrida antes da remessa ao Tribunal Regional; e) conceder medida liminar, até decisão final do processo, em duas hipóteses: I — a de tornar sem efeito transferência regulada pelos parágrafos do art. 269 da Consolidação; II — e a de reintegrar no emprego dirigente sindical, suspenso ou dispensado pelo empregador.

Sobre reintegração de dirigente sindical, ver, ainda, item 179.3.

A letra *d* refere-se à fundamentação da sentença proferida quando do encaminhamento do recurso interposto. À vista do disposto no art. 832 da CLT já é a Vara do Trabalho obrigada a apresentar os fundamentos da decisão. Não vemos qualquer conveniência, quando do encaminhamento do recurso, na reprodução de tudo aquilo que já se disse na própria sentença.

Quanto à letra *e*, sabe-se que, na jurisprudência, ganhou corpo a ideia de que a concessão de medida liminar pela Vara do Trabalho fique restrita a hipóteses agasalhadas no preceito. Fora daí, os poucos casos de medida liminar deferidos pelas Varas não obtiveram a ratificação dos Tribunais. Estamos na persuasão de que se estende à instância primária da Justiça do Trabalho (Varas do Trabalho) o que se contém no art. 798 do CPC: além dos procedimentos cautelares específicos poderá o Juiz determinar as medidas provisórias que julgar adequadas quando houver fundado receio de que uma parte, antes do julgamento da lide, cause ao direito da outra lesão grave e de difícil reparação.

Desde que o deferimento da medida cautelar inominada não importe em prejulgamento da lide nem em ofensa ao princípio do duplo grau de jurisdição, parece-nos legítima decisão que defira tal medida.

Transcrevemos, acima, parte do art. 659 consolidado, deixando de lado o que nos pareceu irrelevante para este item.

Giuliani-Picardi (*in* "La Responsabilità del Giudice", Giuffrè, 1995, p. 3) discorrendo sobre a responsabilidade do juiz na filosofia aristotélica, afirmam que tal responsabilidade representava "o fundamento da democracia grega e do direito grego".

A relevância do tema fez *Pontes de Miranda* ("Comentários ao CPC", 3. ed., tomo II, Forense, 1995, p. 415) dizer que a responsabilidade civil do juiz é "assunto extremamente delicado" e "dele evitou tratar o Código Civil de 1916, sem que tal omissão de princípio geral (regras jurídicas especiais, o Código Civil as tem) importasse a irresponsabilidade civil do juiz". Em nosso sistema legal, a primeira norma fixando a responsabilidade do Estado por ato de seu agente foi inserida no art. 15, Código Civil de 1916:

"As pessoas jurídicas de direito público são civilmente responsáveis por atos dos seus representantes que, nessa qualidade, causem danos a terceiros, procedendo de modo contrário ao direito ou faltando ao dever prescrito por lei, salvo o direito regressivo contra os causadores do dano".

Releva notar que tal norma não se casava com a Constituição então vigente, de 1891, cujo art. 82 rezava: *"Os funcionários públicos são estritamente responsáveis pelos abusos e omissões em que incorrerem no exercício de seus cargos assim como pela indulgência ou negligência em não responsabilizarem efetivamente aos seus subalternos".*

No plano constitucional, foi a Carta de 1946 a primeira a consignar a responsabilidade objetiva do Estado por atos judiciais.

A Constituição vigente, de 1988, deu guarida, também, a esse princípio, em dois dispositivos: inciso LXXV do art. 5º: "o Estado indenizará o condenado por ato judiciário, assim como o que ficar preso além do tempo fixado na sentença" e, no

§ 6º do art. 37: *"As pessoas jurídicas de direito público e as de direito privado prestadoras de serviços públicos responderão pelos danos que seus agentes, nessa qualidade, causarem a terceiros, assegurado o direito de regresso contra o responsável nos casos de dolo ou culpa".*

É o juiz um servidor público e, por via de consequência, é alcançado pelo disposto no sobredito parágrafo do art. 37, o que equivale dizer que o Estado responde pelo ressarcimento dos danos que o ato de autoria de um magistrado possa causar a alguém.

Com fulcro nesse dispositivo constitucional, o legislador ordinário fez consignar no art. 43 do Código Civil de 2002 essa norma da responsabilidade civil do Estado, e vazada nos seguintes termos: *"As pessoas jurídicas de direito público interno são civilmente responsáveis por atos dos seus agentes, que nessa qualidade causem danos a terceiros, ressalvado o direito regressivo contra os causadores do dano, se houver, por parte destes, por culpa ou dolo".*

Do cotejo dessa norma do Código Civil com o citado art. 37 da Constituição, observa-se que daquela primeira não consta nenhuma referência às pessoas jurídicas de direito privado, prestadoras de serviços públicos. Todavia, isto não significa que elas estão isentas de responsabilidade, posto que, havendo um dano a terceiros, por dolo ou culpa, estas serão responsabilizadas com base no art. 186 e 187 combinados com os arts. 403 e 931 e seguintes, daquele diploma legal, conforme o caso.

De todo o exposto, observa-se que o juiz, no exercício de suas funções, pratica atos administrativos e judiciais.

Ninguém duvida que o Estado tem de responder pelos danos que o ato administrativo do Juiz tiver ocasionado.

Na hipótese da função jurisdicional propriamente dita, impende considerar se o dano resultou do exercício regular da função "ou se o juiz exorbitou dela". Salientemos, desde logo, que a problemática da responsabilidade civil se apresenta com perfil e colorido diferentes quando se trata de dano danoso derivado da atividade judicante, pois, assenta em princípios informadores que não se assemelham àqueles invocados na esfera administrativa do Estado.

Ao lavrar a sentença que põe fim ao processo, o juiz pode cometer erros, eis que, como qualquer outro ser humano, é ele também falível.

Todavia, o prejudicado por esse erro tem à sua disposição recursos susceptíveis de corrigir o engano ou o erro cometido.

Se a despeito de apelo a todos os meios legais a sentença acaba fazendo coisa julgada, diz *Philippe Ardant* ("La responsabilité de l'Etat du fait de la fonction jurisdictionelle", p. 183, *apud Caio Mario* na obra indicada): *"mais vale uma injustiça do que a subversão da própria justiça".*

É manifesta a invalidade dessa argumentação. Conduz à preservação da iniquidade, da culpa ou do dolo subjacentes a uma decisão judicial que não realize a justiça.

Dir-se-á que a ação rescisória é um dos meios eficazes que o prejudicado pode utilizar para desconstituir a *res iudicata*. De fato, trata-se de remédio que leva àquele resultado, mas, é certo também que, enquanto a rescisória chega a seu termo, sérios danos podem ser sofridos pela parte, danos que cabe ao Estado ressarcir.

No item 136.1, em que discorremos sobre a responsabilidade civil do Estado por atos de um juiz do trabalho, assinalamos que o § 6º do art. 37 da Constituição da República tem campo de incidência bem maior que o do art. 133 do CPC. No primeiro, é dito ser responsabilidade do Estado por todo e qualquer ato de um de seus agentes que ocasione danos a terceiros; o segundo, oferece-nos a lista de situações danosas.

Num esforço de conciliação dos dois preceitos, diríamos que a norma processual não é taxativa, mas exemplificativa.

Ver item 136.1, em que fazemos a análise da responsabilidade civil do Estado por ato judicial.

Como fecho a este item, transcrevemos as seguintes palavras de *Nicola Italia* (tradução de *Vicente Ráo*, in "Deontologia do Magistrado, do Promotor de Justiça e do Advogado", Forense, 1992, p. 4):

"Não sei conceber nada mais alto, nem mais solene, nem mais terrível do que a missão do juiz. Descobrir a verdade entre as mentiras que o envolvem e as astúcias que o insidiam, resistir às paixões que o cercam, ser justo sem indulgência nem rigor, conhecer o coração humano com as suas fraquezas e nas suas imperfeições, não obedecer aos ódios e não deixar-se arrastar pelas querenças, manter-se impassível ante os contrastes e o choque da vida, traçar os limites do justo com mão segura e com olhar esperto, ser intérprete não da palavra mas do espírito informador e vivificador da lei, dispor da honra, dos haveres, do futuro, da própria vida de seus semelhantes. Tal o seu complexo de deveres altos e solenes que da alma arrancam este grito: que funções sublimes!"

160. A Magistratura e o Sindicalismo. Direito de Greve

A visão retrospectiva do nosso direito constitucional revela que, desde 1824 até 5 de outubro de 1988, sempre houve uma constante: *proibição do sindicato de qualquer classe de servidor público*.

A Carta vigente, no inciso VI do art. 37, garante "ao servidor público civil o direito à livre associação sindical" e, no § 5º do art. 42, encontramos a única restrição àquele direito: ao militar são proibidas a sindicalização e a greve.

O direito de greve, para ser exercido regularmente na administração pública, depende de lei ordinária específica (art. 37, inciso VII), mas a verdade é que, até agora, ninguém perdeu tempo em viabilizar o preceito. Os servidores públicos, por seu turno, vêm ignorando esse condicionamento do direito de greve e o vêm exercendo sem qualquer constrangimento.

Por não ter sido elaborada essa lei ordinária, o Supremo Tribunal Federal no julgamento dos Mandados de Injunção (MIs) ns. 670, 708 e 712, decidiu, no ano de 2007, declarar a omissão do Poder Legislativo quanto a seu dever constitucional em editar a lei que regulamente o exercício do direito de greve no setor público, e, que, por essa razão, deve ser aplicada a esse setor, no que couber, a lei de greve vigente para o setor privado, qual seja, a Lei n. 7.783/89. No voto condutor do Ministro Celso de Mello, foram assentadas estas palavras: *"não mais se pode tolerar, sob pena de fraudar-se a vontade da Constituição, esse estado de continuada, inaceitável, irrazoável e abusiva inércia do Congresso Nacional, cuja omissão, além de lesiva ao direito dos servidores públicos civis — a quem se vem negando, arbitrariamente, o exercício do direito de greve, já assegurado pelo texto constitucional —, traduz um incompreensível sentimento de desapreço pela autoridade, pelo valor e pelo alto significado de que se reveste a Constituição da República".*

Nesse julgamento, foi assentada a ideia de que todo e qualquer serviço público é essencial para a sociedade, devendo assim ser considerado ao se aplicar a referida Lei de Greve do setor privado, enquanto não for elaborada a lei de greve para o setor público.

Ao tratar do direito de greve do servidor público, o Pleno do STF assentou o entendimento de que certas atividades de que dependam a manutenção da ordem pública, como a segurança pública, a administração da Justiça, a administração tributária e a saúde pública, estão impedidas de realização da greve, como se lê da seguinte ementa lavrada na Reclamação n. 6.568, *verbis*:

"1. O Supremo Tribunal Federal, ao julgar o MI n. 712, afirmou entendimento no sentido de que a Lei n. 7.783/89, que dispõe sobre o exercício do direito de greve dos trabalhadores em geral, é ato normativo de início inaplicável aos servidores públicos civis, mas cabe ao Poder Judiciário dar concreção ao artigo 37, inciso VII, da Constituição do Brasil, suprindo omissões do Poder Legislativo. 2. Servidores públicos que exercem atividades relacionadas à manutenção da ordem pública e à segurança pública, à administração da Justiça — aí os integrados nas chamadas carreiras de Estado, que exercem atividades indelegáveis, inclusive as de exação tributária — e à saúde pública. A conservação do bem comum exige que certas categorias de servidores públicos sejam privadas do exercício do direito de greve. Defesa dessa conservação e efetiva proteção de outros direitos igualmente salvaguardados pela Constituição do Brasil. 3. Doutrina do duplo efeito, segundo Tomás de Aquino, na Suma Teológica (II Seção da II Parte, Questão 64, Artigo 7). Não há dúvida quanto a serem, os servidores públicos, titulares do direito de greve. Porém, tal e qual é lícito matar a outrem em vista do bem comum, não será ilícita a recusa do direito de greve a tais e quais servidores públicos em benefício do bem comum. Não há mesmo dúvida quanto a serem eles titulares do direito de greve. A Constituição é, contudo, uma totalidade. Não um conjunto de enunciados que se possa ler palavra por palavra, em experiência de leitura bem comportada ou esteticamente ordenada. Dela são extraídos, pelo intérprete, sentidos normativos, outras coisas que não somente textos. A força normativa da Constituição é desprendida da totalidade, totalidade normativa, que a Constituição é. Os servidores públicos são, seguramente, titulares do direito de greve. Essa é a regra. Ocorre, contudo, que entre os serviços públicos há alguns que a coesão social impõe sejam prestados plenamente, em sua totalidade. Atividades das quais dependam a manutenção da ordem pública e a segurança pública, a administração da Justiça — onde as carreiras de Estado, cujos membros exercem atividades indelegáveis, inclusive as de exação tributária — e a saúde pública não estão inseridos no elenco dos servidores alcançados por esse direito. Serviços públicos desenvolvidos por grupos armados: as atividades desenvolvidas pela polícia civil são análogas, para esse efeito, as dos militares, em relação aos quais a Constituição expressamente proíbe a greve [art. 142, § 3º, IV]. 4. No julgamento da ADI 3.395, o Supremo Tribunal Federal, dando interpretação conforme ao artigo 114, inciso I, da Constituição do Brasil, na redação a ele conferida pela EC 45/04, afastou a competência da Justiça do Trabalho para dirimir os conflitos decorrentes das relações travadas entre servidores públicos e entes da Administração à qual estão vinculados. Pedido julgado procedente" (Ministro Relator Eros Grau, julgado em 21.5.2009, DJe de 25.9.09).

No que tange à sindicalização, também pensamos que a matéria na esfera administrativa reclama uma lei. Mas os sindicatos de servidores públicos proliferam por todo o território nacional, inclusive de membros da magistratura.

No direito comparado, identificamos países que admitem o sindicato de juízes, como a França, Bélgica, Espanha, Portugal e Itália; noutros países — que parecem compor a maioria — inadmite-se tal espécie de sindicato (*Alessandro Pizzorusso*, "Associationnisme des Magistrats et Modéles Européens de Systémes Judiciaires", *in* "La Formation des Magistrats et le Role des Syndicats et des Associations Professionnelles", Cedam, 1992, p. 29)

161. Critério Legal para Criação de Varas do Trabalho

Dispõe a Lei n. 6.947, de 17 de setembro de 1981, que a criação de Varas do Trabalho está condicionada à existência, na base territorial prevista para sua jurisdição, de mais de 24 mil empregados ou ao ajuizamento de média, igual ou superior, no último triênio, a mil e quinhentas reclamações por ano.

A jurisdição de uma Vara do Trabalho só se estende a municípios situados num raio máximo de 100 quilômetros e desde que existam meios de acesso regulares.

A sobredita lei prevê Varas do Trabalho itinerantes em jurisdição de grandes áreas a percorrer.

O legislador, nesse ponto, não se deu conta de que a materialização daquela providência exige prévias alterações processuais.

A Emenda Constitucional n. 45/2004 elevou ao plano constitucional essa questão de justiça itinerante ao acrescentar ao art. 115, da Constituição, o § 1º, *verbis*: "Os Tribunais Regionais do Trabalho instalarão a justiça itinerante, com a realização de audiências e demais funções de atividade jurisdicional, nos limites territoriais da respectiva jurisdição, servindo-se de equipamentos públicos e comunitários".

162. Do Juiz Substituto

O juiz do trabalho substituto submete-se a concurso para ingressar na magistratura.

Estabelece o art. 656 da CLT que o Juiz do Trabalho substituto, sempre que não estiver substituindo o Juiz titular, poderá ser designado para atuar nas Varas do Trabalho.

Em casos de impedimento do juiz titular ou para auxiliá-lo quando necessário, é convocado o juiz substituto.

Nas áreas de grande concentração industrial ou de maior desenvolvimento econômico, é intenso o movimento das Varas do Trabalho. Aí, é muito importante o papel do Juiz Substituto.

163. Dos Juízos de Direito. Organização e Funcionamento

De conformidade com o prescrito no art. 112 da Constituição Federal, cabe à lei instituir as Varas do Trabalho e, nas comarcas onde não forem instituídas, atribui-se sua jurisdição aos Juízes de Direito.

Dessarte, foi recebida pela nova ordem constitucional a regra encerrada no art. 668 da CLT: nas localidades não compreendidas na jurisdição das Varas do Trabalho, os Juízes de Direito são órgãos de administração da Justiça do Trabalho, com a jurisdição que lhes for determinada pela lei de organização judiciária local.

Dizer que os Juízes de Direito, por não possuírem conhecimentos especializados em direito do trabalho, não dão ao processo trabalhista a celeridade que ele deveria ter é insinuar que o Poder Público deve constituir Varas do Trabalho na imensa maioria dos municípios brasileiros onde sempre se desenvolvem atividades econômicas — em maior ou menor escala —, que vêm a ser o substrato dos litígios entre patrões e empregados.

De outra parte, esse mesmo argumento poderia ser utilizado contra a constituição dos tribunais superiores da justiça comum, cujos membros são convocados para dirimir questões vinculadas aos mais variados ramos do direito.

Tão cedo as disponibilidades financeiras do Tesouro Nacional não atingirão nível que permita a criação de milhares de Varas do Trabalho.

Se na localidade houver mais de um Juiz de Direito, a competência para os feitos trabalhistas entre os Juízes do Cível será por distribuição ou pela divisão judiciária local, como a respeito dispuser a lei de organização respectiva (v. art. 669, § 1º, da CLT).

164. O Juiz do Trabalho e a Equidade

O Juiz do Trabalho em nada se distingue do Juiz Comum.

Deve ter as mesmas virtudes e está sujeito às mesmas imperfeições.

As dificuldades com que se defronta, no julgar um caso concreto, também são as mesmas.

Nem sempre o direito material reflete, com fidelidade, os matizes e o perfil de dada situação de conflito, cabendo ao juiz levar a cabo um delicado processo de adaptação da hipótese legal à realidade (v. *Mônica Sette Lopes*, "A Equidade e os Poderes do Juiz", Del Rey, Belo Horizonte, 1993, p. 65 e ss.).

Entregue a esse mister, aplica o princípio da equidade, isto é, a justiça do caso concreto. Não deve, porém perder de vista a necessidade de segurança jurídica, derivada da certeza que todo cidadão tem de que o ordenamento jurídico, em seus princípios basilares, sempre será respeitado.

Nosso CPC, no art. 127, estatui que o juiz só decidirá por equidade nos casos previstos em lei.

Um desses casos era previsto no art. 1.109, do CPC, que permitia ao juiz decidir sem obediência à legalidade estrita. Esse artigo foi revogado pela Lei de Arbitragem n. 9.307/1998. Embora não seja regra diretamente ao juiz togado, essa lei autoriza as partes a fixarem, na convenção de arbitragem a possibilidade de o árbitro decidir por equidade. Caso o árbitro julgue por equidade sem que haja expressa autorização das partes na convenção de arbitragem, a decisão é nula (art. 26, II e art. 32, III e IV).

Outro caso de julgamento por equidade é aquele previsto nos juizados especiais cíveis (Lei n. 9.099/1995, art. 6º). A própria CLT prevê no seu art. 8º o uso pela Justiça do Trabalho da equidade quando houver lacuna legal ou contratual. Além desses, podemos encontrar no Código Tributário Nacional, art. 108 IV e art. 172, IV, a hipótese do juiz decidir lides tributárias por equidade. Também o Código de Defesa do Consumidor admite a decisão dos litígios de consumo com esteio na equidade.

Não é fácil definir a equidade.

Embora muito velha, apreciamos de modo particular a definição de *Aristóteles*: "Ser equitativo é ser indulgente com as fraquezas humanas; é considerar não a lei, mas o legislador; não a letra da lei, mas o espírito daquele que a fez; não a ação, mas a intenção; não a parte, mas o todo; não o que é atualmente o acusado, mas o que ele foi sempre, ou a maior parte do tempo" ("Rhétorique", Liv. I, *apud Eduardo Espínola Filho*, in "Repertório Enciclopédico do Direito Brasileiro", vol. 20, p. 204).

Decidindo por equidade, não está o Juiz criando o direito, pois não é seu intento generalizar a norma que idealizou para o caso concreto a fim de atender às suas características particulares. A esse respeito, é precioso o magistério de *Castán Tobeñas* ("Teoría de la Aplicación e Investigación del Derecho Privado Positivo", Madrid: Reus, 1947, p. 195) "... *a equidade é um procedimento de elaboração jurídica, que serve não para formular normas novas, senão para aplicar devidamente as normas existentes ao caso concreto de que se trate*".

Pela equidade, ajusta-se um dispositivo legal a uma situação concreta. Tem-se, assim, um processo de integração de lacunas da lei.

Decidir por equidade é suprir imperfeição da lei ou torná-la mais branda e, assim, amoldá-la à realidade polimorfa.

Recorrendo outra vez a *Aristóteles*, dizemos que, pela equidade, há a mitigação da lei escrita por circunstâncias que ocorrem em relação às pessoas, às cousas, ao lugar ou aos tempos.

Estamos com *Santo Tomás* quando diz que a equidade é melhor que certa justiça ("Summa Theologica", 11ª IIae, Quest CXX, trad. de *Alexandre Correia*).

A CLT trata da equidade de forma diferente do CPC.

A rigor, abraça critério negativo. No art. 8º admite decisão judicial por equidade "na falta de disposições legais ou contratuais".

Há uma diferença sutil no posicionamento de ambos os diplomas legais no que tange à equidade na prática de atos sentenciais. *Na CLT é ela admitida na ausência de normas legais ou contratuais; no CPC, só nos casos em que a lei o permitir*.

165. Organização e Funcionamento dos Tribunais Regionais do Trabalho

Prescrevia o art. 112 da Constituição Federal que em cada Estado haveria, pelo menos, um Tribunal Regional do Trabalho. Essa possibilidade de criação de mais de um Tribunal Regional foi eliminada por força da Emenda Constitucional n. 45/2004, que deu nova redação a esse dispositivo.

Andou bem o legislador ao extinguir a possibilidade de criação de mais de um Tribunal Regional em cada unidade federativa, como aconteceu com o Estado de São Paulo. Isso porque, se o movimento judicial cresce em demasia num Estado da Federação, entendeu o legislador que a solução não é a de aumentar o número de Tribunais, mas aumentar o de membros destes onde for julgado necessário, permitindo, inclusive, que eles funcionem descentralizadamente (art. 115, § 2º, CF).

Essa mesma Emenda deu ao art. 115, da Constituição, nova redação onde ficou assentado que os Tribunais Regionais do Trabalho compõem-se de, no mínimo, sete juízes, recrutados, quando possível, na respectiva região, e nomeados pelo Presidente da República dentre brasileiros com mais de trinta e menos de sessenta e cinco anos: I — um quinto dentre advogados com mais de dez anos de efetiva atividade profissional e membros do Ministério Público do Trabalho com mais de dez anos de efetivo exercício, observado o disposto no art. 94; II — os demais, mediante promoção de juízes do trabalho por antiguidade e merecimento, alternadamente".

Os Tribunais Regionais do Trabalho poderão funcionar descentralizadamente, constituindo Câmaras regionais, a fim de assegurar o pleno acesso do jurisdicionado à justiça em todas as fases do processo (art. 115, § 2º, da Constituição).

As regras do funcionamento dos Tribunais Regionais estão condensadas no art. 672 da CLT.

Em sua composição plena, os Tribunais Regionais deliberarão com a presença, além do seu Presidente, de metade mais um do número de seus Juízes, figurando entre eles, no mínimo, um representante dos empregados e outro dos empregadores.

Quanto às Turmas, para deliberar, devem estar presentes, pelo menos, três Juízes, entre eles os dois classistas. Para a formação desse *quorum*, é permitido convocar Juízes de outra turma, da classe a que pertencer o ausente ou o impedido.

Na hipótese de declaração de inconstitucionalidade de lei ou ato do Poder Público, a decisão deverá ser tomada pela maioria absoluta de seus membros, como o preceitua o art. 97 da Constituição Federal.

Fiéis à exegese do art. 480 e ss. do CPC, entendemos que, arguida a inconstitucionalidade de lei, cumpre ao relator submeter a questão à respectiva Turma.

Acolhida a inconstitucionalidade, lavrar-se-á acórdão dirimindo a prejudicial para que ela seja levada ao Tribunal Pleno, onde o relator seria o mesmo Juiz. Encerrado o julgamento plenário, devem os autos voltar à origem (a turma) para apreciar e decidir os demais aspectos da lide.

Nas sessões administrativas, o Presidente votará como os demais Juízes, cabendo-lhe, ainda, o voto de qualidade.

Na ocorrência de um empate em julgamento de recursos contra decisão ou despacho do Presidente, do Vice-Presidente ou do Relator, prevalecerá a decisão ou despacho recorrido.

Consoante o art. 673 da CLT, a ordem das sessões dos Tribunais Regionais será estabelecida no respectivo regimento interno.

Cediço no direito constitucional moderno dizer que o princípio da tripartição dos poderes não pode ser observado com todo o rigor, pois há entre eles certa interligação.

É o que acontece, por exemplo, no poder constitucionalmente recebido pelos Tribunais brasileiros de elaborar seus próprios regimentos, o que, de certo modo, significa legislar.

No exercício dessa faculdade, é inquestionável que o Tribunal não pode contrariar a lei preexistente.

Compete privativamente ao Presidente do Tribunal Regional as seguintes atribuições: a) presidir as sessões do Tribunal e as audiências de conciliação dos dissídios coletivos; b) executar suas próprias decisões e as proferidas pelo Tribunal; c) convocar suplentes dos vogais do Tribunal, nos impedimentos destes; d) despachar os recursos interpostos pelas partes; e) requisitar às autoridades competentes, nos casos de dissídio coletivo, a força necessária sempre que houver ameaça de perturbação da ordem; f) exercer correição, pelo menos uma vez por ano, sobre a Vara ou parcialmente, sempre que se fizer necessário e solicitá-la, quando julgar conveniente, ao Presidente do Tribunal de Justiça, relativamente aos Juízes de Direito investidos na administração da Justiça do Trabalho (no item 281 cuidamos dos aspectos inconstitucionais da correição ou reclamação correicional, como sustentado por certos autores); g) designar, dentre os funcionários do Tribunal e da Vara existente na mesma localidade, aquele que deve exercer a função de distribuidor.

Estatui o art. 93 da Constituição Federal, conforme redação dada pela Emenda Constitucional n. 45/2004, que lei complementar, de iniciativa do Supremo Tribunal Federal, disporá sobre o Estatuto da Magistratura, observados os seguintes princípios: I — ingresso na carreira, cujo cargo inicial será o de juiz substituto, mediante concurso público de provas e títulos com a participação da Ordem dos Advogados do Brasil em todas as fases, exigindo-se do bacharel em direito, no mínimo, três anos de atividade jurídica e obedecendo-se, nas nomeações, à ordem de classificação; II — promoção de entrância para entrância, alternadamente, por antiguidade e merecimento, atendidas as seguintes normas: a) é obrigatória a nomeação do juiz que figure por três vezes consecutivas ou cinco alternadas em lista de merecimento; b) a promoção por merecimento pressupõe dois anos de exercício na respectiva entrância e integrar o juiz a primeira quinta parte da lista de antiguidade desta, salvo se não houver, com tais requisitos, quem aceite o lugar vago; c) aferição do merecimento conforme o desempenho e pelos critérios objetivos de produtividade e presteza no exercício da jurisdição e pela frequência e aproveitamento em cursos oficiais ou reconhecidos de aperfeiçoamento; d) na apuração da antiguidade, o tribunal somente poderá recusar o juiz mais antigo pelo voto de dois terços de seus membros, conforme procedimento próprio, e assegurada ampla defesa, repetindo-se a votação até fixar-se a indicação; e) não será promovido o juiz que, injustificadamente, retiver autos em seu poder além do prazo legal, não podendo devolvê-lo ao cartório sem o devido despacho ou decisão; III — o acesso aos tribunais de segundo grau far-se-á por antiguidade e merecimento, alternadamente, apurados na última ou única entrância; IV — previsão de cursos oficiais de preparação, aperfeiçoamento e promoção de magistrados, constituindo etapa obrigatória do processo de vitaliciamento a participação em curso oficial ou reconhecido por escola nacional de formação e aperfeiçoamento de magistrados; V — ... (*omissis*); VI — (*omissis*); VII — o juiz titular residirá na respectiva comarca, salvo autorização do tribunal; VIII — o ato de remoção, disponibilidade e aposentadoria do magistrado, por interesse público, fundar-se-á em decisão por voto da maioria absoluta do respectivo tribunal ou do Conselho Nacional de Justiça, assegurada ampla defesa; VIII-A — a remoção a pedido ou a permuta de magistrados de comarca de igual entrância atenderá, no que couber, ao disposto nas alíneas *a,b,c* e *e* do inciso II; IX — Todos os julgamentos dos órgãos do Poder Judiciário serão públicos, e fundamentadas todas as decisões, sob pena de nulidade, podendo a lei limitar a presença, em determinados atos, às próprias partes e a seus advogados, ou somente a estes, em casos nos quais a preservação do direito à intimidade do interessado no sigilo não prejudique o interesse público à informação; X — as decisões administrativas dos tribunais serão motivadas e em sessão pública, sendo as disciplinares tomadas pelo voto da maioria absoluta de seus membros; XI — nos tribunais com número superior a vinte e cinco julgadores, poderá ser constituído órgão especial, com o mínimo de onze e o máximo de vinte e cinco membros, para o exercício das atribuições administrativas e jurisdicionais delegadas da competência do tribunal pleno, provendo-se a metade das vagas por antiguidade e a outra metade por eleição pelo tribunal pleno; XII — a atividade jurisdicional será ininterrupta, sendo vedado férias coletivas nos juízos e tribunais de segundo grau, funcionando, nos dias em que não houver expediente forense normal, juízes em plantão permanente; XIII — o número de juízes na unidade jurisdicional será proporcional à efetiva demanda judicial e à respectiva população; XIV — os servidores receberão delegação para a prática de atos de administração e atos de mero expediente sem caráter decisório; XV — a distribuição de processos será imediata, em todos os graus de jurisdição.

Os arts. 80 e seguintes da Lei Complementar n. 75, de 14 de março de 1979 (Lei Orgânica da Magistratura Nacional — LOMAN), regulam a promoção dos juízes, e que precisa estar de conformidade com a nova redação do art. 93, II, e respectivas alíneas, da Constituição Federal, com redação dada pela Emenda Constitucional n. 45/2004.

De conformidade com o disposto no art. 671 da CLT, "para os trabalhos dos Tribunais Regionais existe a mesma incompatibilidade prevista no art. 648, sendo idêntica a forma de sua resolução".

O art. 671, da CLT, foi revogado pelo art. 128 da Lei Orgânica da Magistratura Nacional. Aí ficou estatuído que, nos tribunais, não podem ter assento na mesma Turma, Câmara ou Seção, cônjuges e parentes, consanguíneos ou afins em linha reta ou colateral, até o terceiro grau civil.

Já nas sessões do Tribunal Pleno ou órgão que o substitua, onde existir, o primeiro dos membros mutuamente impedido, que votar, excluirá a participação do outro no julgamento.

O Conselho Superior da Justiça do Trabalho editou a Resolução n. 104/2012 (DJe de 28.5.12) em que uniformiza os vocábulos de tratamento dispensados aos magistrados de 1ª e 2ª instância no âmbito da Justiça do Trabalho. Assim, os juízes da 2ª instância passam a ser denominados com o título de "Desembargador do Trabalho". Já os da 1ª instância usarão os vocábulos de tratamento de "Juiz do Trabalho Substituto" e "Juiz Titular de Vara do Trabalho".

166. Da Correição

O atual Regimento Interno do Tribunal Superior do Trabalho, dispõe que a competência do Corregedor-Geral será definida no Regimento Interno da Corregedoria-Geral da Justiça do Trabalho, cabendo de suas decisões agravo regimental para o Órgão Especial.

Segundo este Regimento incumbe ao Corregedor-Geral exercer funções de inspeção permanente ou periódica, ordinária ou extraordinária, geral ou parcial sobre os serviços judiciários de segundo grau da Justiça do Trabalho; decidir reclamações contra atos atentatórios à boa ordem processual, praticados pelo Tribunais Regionais, seus Presidentes e Juízes, quando inexistir recurso específico; expedir provimentos para disciplinar os procedimentos a serem adotados pelos órgãos da Justiça do Trabalho e consolidar as respectivas normas.

É, praticamente, uma reprodução do que se contém no art. 709 da CLT.

No item 281 cuidamos dos aspectos inconstitucionais da correição ou reclamação correicional, como sustentado por certos autores.

Do texto legal e regimental deflui que só se admite a correição contra vícios de atividade (expressão chiovendiana) ou *errores in procedendo* e nunca contra vícios de juízo ou *errores in iudicando*.

A correição se inclui na competência do Presidente do Tribunal Regional (art. 682, XI, da CLT). Todavia, essa atividade, em certos tribunais regionais, é exercida por um dos seus juízes por eles eleito, como ocorre no TRT da 2ª Região.

A natureza jurídica do instituto ainda é controvertida.

Para uns, é genuíno recurso; para outros, é algo que se assemelha, apenas, a recurso, mas não passa de expressão do exercício do direito de petição, assegurado pelo inciso XXXIV do art. 5º da Constituição Federal.

Como se vê, na doutrina, não é matéria pacífica.

Não nos parece que a correição seja um recurso, pois nela não se discute ou impugna uma sentença que precise ser revista na instância superior. Tem por objeto a conduta do Juiz no processo, sob o prisma técnico é bem de ver.

Na lista dos recursos existente na lei processual ou na CLT, a correição não aparece como recurso; logo, não o é.

Admitimos, porém, ser um remédio processual usado contra certos atos do juiz que são irrecorríveis.

Nos Regimentos Internos dos Tribunais Regionais há disposições sobre correição parcial e todas elas, em sua essência, não diferem entre si. Só pode ser oferecida contra vícios de atividade (denominação chiovendiana) ou *errores in procedendo*; não é ela articulada contra os vícios de Juízo (*errores in iudicando*).

O cabimento da correição parcial é reservado aos atos do Juiz e não aos dos Tribunais.

Em nenhum caso a correição é recebida como meio preventivo; tem, sempre, como objeto um erro já verificado nos autos.

As corregedorias regionais não recebem reclamações contra decisões definitivas das Varas ou dos Juízes de Direito com jurisdição trabalhista, inclusive aquelas que forem proferidas nos processos de execução, porque são impugnáveis por outras vias previstas na lei.

O pedido de correição, depois de pagos os emolumentos devidos, é recebido pela Presidência do Tribunal que manda ouvir o Juiz no quinquídio mencionado no art. 185 do CPC.

É certo que, a respeito, há provimento do Tribunal Superior do Trabalho estabelecendo o prazo de 10 dias, prorrogável por mais cinco, a Juízo do Corregedor.

No item 281 retomamos o tema.

167. TRTs Divididos em Turmas

Nos termos da Lei n. 7.701, de 21 de dezembro de 1988, há Tribunais Regionais que funcionam divididos em Grupos de Turmas, cabendo ao respectivo Regimento indicar a especialização de cada Grupo.

Em se tratando do Grupo Normativo, responsável pelo julgamento dos dissídios coletivos de natureza econômica ou jurídica, de suas decisões caberá recurso ordinário para o Tribunal Superior do Trabalho.

168. Localização dos TRTs

Durante muito tempo, observou-se a regra de criar-se um Tribunal Regional do Trabalho em cada Estado.

Ainda no regime constitucional anterior, foi possível dotar o Estado de São Paulo de dois Tribunais Regionais, com sede em São Paulo e em Campinas, porque o § 2º do art. 141 da EC n. 1, de 1969, dizia: "A lei fixará o número dos Tribunais Regionais do Trabalho e respectivas sedes...", o que autorizava o legislador infraconstitucional a criar quantos Tribunais Regionais quisesse.

A atual Constituição, de 1988, dispõe que *"haverá pelo menos um Tribunal Regional do Trabalho em cada Estado e no Distrito Federal..."*.

Manteve-se, portanto, a faculdade de o legislador ordinário criar mais de um Tribunal Regional do Trabalho em cada Estado.

Quando da vigência dessa regra, já dizíamos que era de se temer que as injunções político-partidárias levassem o legislador a criar mais Tribunais do que o necessário. Talvez cioso desse risco, o legislador editou a Emenda Constitucional n. 45/2004, em que foi proibida a criação de mais de um tribunal por Estado. Todavia, essa emenda acrescentou o § 2º, ao art. 115, autorizando para que um Tribunal Regional do Trabalho funcione descentralizadamente, constituindo Câmaras regionais, a fim de assegurar o pleno acesso do jurisdicionado à justiça em todas as fases do processo.

169. Jurisprudência Predominante dos TRTs

A Lei n. 7.701, de 21 de dezembro de 1988, em seu artigo 14, autoriza os Tribunais Regionais do Trabalho a elaborar a súmula da sua jurisprudência predominante.

Verbetes que tais servem, sobretudo, para orientar as partes sobre o pensamento dominante na Corte Regional sobre este ou aquele tema.

Ocioso dizer que tal súmula regional não deve contrariar Súmulas do Tribunal Superior do Trabalho e, se tal acontecer, estas últimas — como evidente — preferem sobre aquelas.

De conseguinte, a súmula de um Regional não pode servir de motivo ao trancamento de recurso à instância superior fundado em Súmula do Tribunal Superior do Trabalho.

170. Da Organização e Funcionamento do Tribunal Superior do Trabalho

É o Tribunal Superior do Trabalho a cúpula da Justiça do Trabalho, a qual, como salientamos anteriormente, foi integrada no Poder Judiciário pela Constituição Federal de 1946.

A Lei n. 7.701, de 21.12.1988, dividiu esse Tribunal em Turmas e Seções especializadas em dissídios individuais e coletivos do trabalho, sendo cada uma delas com atribuições jurisdicionais da competência do Tribunal Pleno.

O funcionamento de seus diversos órgãos — Tribunal Pleno, Órgão Especial, Seção Especializada em Dissídios Individuais, dividida em duas subseções, Seção Especializada em Dissídios Coletivos e Turmas — é disciplinado pelo seu Regimento Interno. O Tribunal Pleno é constituído pelos Ministros da Corte, sendo exigida a presença de no mínimo quatorze Ministros para o seu funcionamento. O Órgão Especial é composto dos sete Ministros mais antigos, incluindo os membros da Direção, e por sete Ministros eleitos pelo Tribunal Pleno. Os Ministros do Órgão Especial poderão compor outras Seções do TST. A Seção Especializada em Dissídios Coletivos é integrada pelo Presidente, Vice-Presidente e pelo Corregedor-Geral e mais 6 Ministros. A Seção Especializada em Dissídios Individuais tem sua composição plena composta pelo Presidente, Vice-Presidente e Corregedor-Geral e mais 18 Ministros, podendo funcionar em composição plena ou dividida em duas subseções. Já as turmas são compostas por três Ministros.

Sobre a competência desse Tribunal, o § 1º, do art. 111-A, da Constituição, esclareceu que a lei disporá expressamente acerca dela.

Na forma do art. 111-A, da Constituição, com redação dada pela Emenda Constitucional n. 45/2004, *"o Tribunal Superior do trabalho compor-se-á de vinte e sete ministros, escolhidos dentre brasileiros com mais de trinta e cinco anos e menos de sessenta e cinco anos, nomeados pelo Presidente da República após aprovação pela maioria absoluta do Senado Federal, sendo: I — um quinto dentre advogados com mais de dez anos de efetiva atividade profissional e membros do Ministério Público do Trabalho com mais de dez anos de efetivo exercício, observado o disposto no art. 94, da Constituição; II — os demais juízes dos Tribunais Regionais do trabalho, oriundos da magistratura da carreira, indicados pelo próprio Tribunal Superior".*

Os advogados e os membros do Ministério Público devem ter, no mínimo, dez anos de exercício funcional ou da profissão.

A nosso ver, a exigência, contida na alínea *a* e no § 3º do art. 693 da CLT, de que só brasileiros natos poderão ser juízes togados ou classistas, fere a Constituição. Nesta — art. 111-A — é declarado que tais Ministros deverão ser brasileiros, isto é, os natos e os naturalizados.

Dispõe o art. 696 da CLT que importa em renúncia o não-comparecimento do membro do Tribunal, sem motivo justificado, a mais de três sessões consecutivas.

Estamos em que a norma se aplicava somente aos Ministros classistas, uma vez que os Ministros togados e vitalícios, na espécie, estão sujeitos às normas da Lei Orgânica da Magistratura. Ademais disso, há o art. 93 da Lei Fundamental, que impede a aplicação da sobredita norma consolidada aos Juízes togados e vitalícios. Com a extinção da representação classista na Justiça do Trabalho, esse art. 696, da CLT, perdeu sua eficácia.

Em caso de licença superior a 30 dias ou de vacância, enquanto não for preenchido o cargo, os Ministros do Tribunal serão substituídos mediante convocação de Juízes, de igual categoria (togado ou classista) de qualquer dos Tribunais Regionais do Trabalho, na forma do regimento do Tribunal Superior do Trabalho. É o que se diz, também, no art. 697 da CLT, com a redação dada pela Lei n. 6.289, de 11 de dezembro de 1975.

Dispõe a Lei Orgânica da Magistratura Nacional que essa convocação, por sorteio público, só se fará quando for preciso formar o *quorum* legal.

Segundo Regimento Interno do TST, aprovado pela Resolução Administrativa n. 1.295/2008 (*in* DJU de 9.5.08), o presidente, o vice-presidente e o corregedor-geral serão eleitos por dois anos, em escrutínio secreto, e pelo voto da maioria absoluta, em sessão extraordinária do Tribunal Pleno, a realizar-se nos sessenta dias antecedentes ao término dos mandatos anteriores, vedada a reeleição. Concorrem nessa eleição os Ministros mais antigos da Corte, em número correspondente ao dos cargos de direção, proibida a reeleição. Essa norma regimental não afronta os arts. 94 e 102 da Lei Orgânica da Magistratura Nacional.

O Ministro que houver exercido quaisquer cargos de direção por quatro anos, ou o de Presidente, não mais figurará entre os elegíveis, até que se esgotem todos os nomes na ordem de antiguidade

Da leitura do art. 707, da CLT, constata-se que compete ao Presidente do Tribunal, principalmente: a) presidir as sessões do Tribunal, fixando os dias para a realização das sessões ordinárias e convocando as extraordinárias; b) fazer cumprir as decisões originárias do Tribunal, determinando aos Tribunais Regionais e aos demais órgãos da Justiça do Trabalho a realização dos atos processuais e das diligências necessárias; c) submeter ao Tribunal os processos em que tenha de deliberar e designar, na forma do regimento interno, os respectivos relatores; d) despachar os recursos interpostos pelas partes e os demais papéis em que deva deliberar.

Segundo o Regimento Interno, tem ele inúmeras outras atribuições, a maioria de natureza administrativa, a par de outras de natureza processual, como as seguintes:

a) determinar a distribuição dos processos, segundo as regras regimentais e resoluções administrativas, aos Ministros do Tribunal, e dirimir as controvérsias referentes à distribuição;

b) despachar as desistências dos recursos e das ações, quando se referirem a processo pendente de distribuição na Corte, bem como os demais incidentes processuais suscitados;

c) designar as sessões ordinárias e extraordinárias do Tribunal Pleno, do Órgão Especial e das Seções Especializadas, podendo convocar, durante as férias coletivas, com antecedência de quarenta e oito horas, sessões extraordinárias para julgamento de ações de dissídio coletivo, mandado de segurança e ação declaratória alusiva a greve ou a situação de relevante interesse público que requeiram apreciação urgente;

d) dirigir os trabalhos do Tribunal e presidir as sessões do Tribunal Pleno, do Órgão Especial e das Seções Especializadas;

e) decidir os efeitos suspensivos, os pedidos de suspensão de segurança e de suspensão de decisão proferida em ação cautelar inominada e em tutela antecipada, assim como despachar os documentos e os expedientes que lhe sejam submetidos, inclusive as cartas previstas em lei;

f) decidir, durante as férias e feriados, os pedidos de liminar em mandado de segurança, em ação cautelar e sobre outras medidas que reclamem urgência.

g) excepcionalmente, convocar audiência pública, de ofício ou a requerimento de cada uma das Seções Especializadas ou de suas Subseções, pela maioria de seus integrantes, para ouvir o depoimento de pessoas com experiência e autoridade em determinada matéria, sempre que entender necessário o esclarecimento de questões ou circunstâncias de fato, subjacentes a dissídio de grande repercussão social ou econômica, pendente de julgamento no âmbito do Tribunal.

h) decidir, de forma irrecorrível, sobre a manifestação de terceiros, subscrita por procurador habilitado, em audiências públicas.

O titular da vice-presidência do Tribunal, de conformidade com o Regimento Interno, participa das sessões dos órgãos judicantes do Tribunal, exceto de Turma, mas fica excluído da distribuição dos feitos.

São de competência do Vice-presidente, além da substituição do Presidente e do Corregedor-Geral nas férias, ausências e impedimentos, compor, como Conselheiro, a Comissão de Jurisprudência e de Precedentes Normativos, cabendo-lhe propor a elaboração, o cancelamento ou a reforma de Súmulas ou de Orientações Jurisprudenciais da Seção de Dissídios Individuais ou dos Precedentes da Seção de Dissídios Coletivos, bem como propor orientação jurisprudencial administrativa do Órgão Especial; designar e presidir audiências de conciliação e instrução de dissídio coletivo de competência originária do Tribunal; exercer o juízo de admissibilidade dos recursos extraordinários; examinar os incidentes surgidos após a interposição de recurso extraordinário; e apreciar ação cautelar incidental a recurso extraordinário.

Informa o art. 709 da CLT que compete ao Corregedor, eleito dentre os Ministros togados do Tribunal Superior do Trabalho: a) exercer funções de inspeção e correição permanente com relação aos Tribunais Regionais e seus presidentes (v. item 281 onde cuidamos dos aspectos inconstitucionais da correição ou reclamação correicional, como sustentado por certos autores); b) decidir reclamações contra atos atentatórios da boa ordem processual praticados pelos Tribunais Regionais e seus presidentes, quando inexistir recurso específico.

É esse dispositivo legal regulamentado no art. 6º do Regimento Interno da Corregedoria-Geral da Justiça do Trabalho. Aí são elencadas as atribuições do Corregedor-Geral da Justiça do Trabalho, merecendo destaque as seguintes:

a) exercer funções de inspeção permanente ou periódica, ordinária ou extraordinária, geral ou parcial sobre os serviços judiciários de segundo grau da Justiça do Trabalho; b) decidir Correições Parciais contra atos atentatórios à boa ordem processual, praticados pelos Tribunais Regionais, seus Presidentes e Juízes, quando inexistir recurso processual específico; c) elaborar o Regimento Interno da Corregedoria-Geral e modificá-lo, submetendo-o à aprovação do órgão competente do Tribunal Superior do Trabalho; d) exercer vigilância sobre o funcionamento dos Serviços Judiciários quanto à omissão de deveres e à prática de abusos; d) relatar aos órgãos competentes do Tribunal, submetendo à sua apreciação, se for o caso, fatos que se mostrem relevantes na administração da Justiça do Trabalho; e) conhecer das representações relativas ao serviço judiciário, determinando ou promovendo as diligências que se fizerem necessárias ou encaminhando-as ao Procurador-Geral do Trabalho e ao Presidente da Ordem dos Advogados, quando for o caso; f) expedir recomendações aos Tribunais Regionais do Trabalho, referentes à regularidade dos serviços judiciários, inclusive sobre o serviço de plantão nos foros e a designação de Juízes para o seu atendimento nos feriados forenses; g) instruir, se for o caso, os Pedidos de Intervenção Federal e encaminhá-los ao Supremo Tribunal Federal; h) supervisionar a aplicação do sistema BACEN JUD no âmbito da Justiça do Trabalho, inclusive deferir o cadastramento ou o descadastramento de conta única indicada para bloqueio;

Admite-se a correição, apenas, contra vícios de atividade (expressão chiovendiana) ou *errores in procedendo* e nunca contra vícios de juízo ou *errores in iudicando*.

Polarizaram-se as opiniões sobre a natureza jurídica da correição. Uns sustentam ser ela um recurso; outros — como nós — entendem ser um remédio processual usado contra atos do juiz prejudiciais à parte e para os quais a lei não prevê recurso específico. No item 281 cuidamos dos aspectos inconstitucionais da correição ou reclamação correicional, como sustentado por certos autores.

Quanto às impugnações das decisões do Corregedor, é fora de dúvida que se há de utilizar o agravo regimental para o Órgão Especial do TST (art. 709, § 1º, da CLT c/c com o Regimento Interno do TST). O prazo será de oito dias a partir da publicação da decisão ou do conhecimento pelo interessado, se anterior à publicação.

Conforme previsão legal, situa-se a Corregedoria Geral na primeira instância, por lhe competir originariamente julgar a respectiva ação. A segunda instância, provocada pelo agravo regimental, é o Órgão Especial do TST. O Corregedor não integra as Turmas do Tribunal, mas participa, com voto, das sessões do Tribunal Pleno, quando não se encontrar em correição ou em férias, embora não relate nem revise processos, cabendo-lhe, outrossim, votar em incidente de inconstitucionalidade, nos processos administrativos e nos feitos a que estiver vinculado por visto anterior à sua posse na Corregedoria Geral.

As atividades do Corregedor do Tribunal Superior do Trabalho não afrontam a autonomia dos Tribunais Regionais, desde que não invadam as atividades jurisdicionais propriamente ditas.

A nosso ver, não está configurada essa incompatibilidade com o art. 113 da Constituição Federal. Diz-se, nesse dispositivo, que a lei disporá sobre a constituição, investidura, jurisdição, garantias e condições do exercício dos órgãos da Justiça do Trabalho, assegurada a paridade de representação entre trabalhadores e empregadores. É bem de ver que as disposições da CLT sobre a Corregedoria da Justiça do Trabalho se harmonizam com aquele preceito constitucional.

Foi importantíssima a criação da Escola Nacional de Formação e Aperfeiçoamento de Magistrados do Trabalho para funcionar junto ao Tribunal Superior do Trabalho pela Emenda Constitucional n. 45/2004 (art. 111-A, § 2º, I, da Constituição). Na forma desse dispositivo, cabe-lhe, dentre outras funções, regulamentar os cursos oficiais para o ingresso e promoção na carreira.

Além disso, a Emenda Constitucional n. 45 criou o Conselho Superior da Justiça do Trabalho para funcionar junto ao TST, cabendo-lhe exercer, na forma da lei, a supervisão administrativa, orçamentária, financeira e patrimonial da Justiça do Trabalho de primeiro e segundo graus, como órgão central do sistema, cujas decisões terão efeito vinculante (art. 111-A, § 2º, II, da Constituição).

CAPÍTULO XVII

Do Ministério Público do Trabalho, da Arbitragem e das Comissões de Conciliação Prévia

171. Do Ministério Público e sua obrigação de defender direitos pessoais à defesa de direitos impessoais

Não há consenso entre os historiadores sobre o local e o momento em que o Ministério Público surgiu.

Há vagos informes sobre essa instituição no antigo Egito, há cerca de quatro mil anos, onde um funcionário real, o Magiai, era a língua e os olhos do rei ("Ministério Público na Constituição de 1988", de *Hugo Nigro Mazzilli*, Saraiva, 1989, p. 2).

Figura semelhante é encontrada na Grécia — os éforos ou *thesmothetis*; em Roma — *defensor civitatis, procuradores caesaris* ("Il Publico Ministerio nel Processo", *Mario Vellani*, vol. 1, p. 11).

Há quem vislumbre traços do Ministério Público entre os germanos; no direito canônico; em Portugal, o Procurador da Coroa, no reinado de Afonso III em 1289, no qual apareceram as Ordenações Afonsinas.

Um outro mergulho na história revela que o Ministério Público, nas suas origens, tinha a obrigação de defender os interesses particulares ou pessoais do rei e, posteriormente, os interesses do Governo.

Preocupados com seu fortalecimento, os monarcas procuraram intervir nos Tribunais dos Senhores Feudais. Foi com o Rei Felipe, o Belo, que houve a edição da célebre *Ordonnance,* de 25 de março de 1303 (1302, segundo *Amaral Santos*, "Primeiras Linhas de Direito Processual Civil", p. 109. Esse documento, por fazer alusão aos *gens du roi* e apontado por todos como a certidão de nascimento do Ministério Público.

Assim, *les gens du roi* surgiram para atender ao desejo do monarca de intervir nos tribunais feudais para enfraquecê-los e permitir que a Coroa monopolizasse a distribuição da Justiça. A par disso, tinham a incumbência de defender os direitos da Coroa e seus interesses pessoais.

Com a Revolução Francesa, em 1789, iniciou-se outra etapa para o Ministério Público. Passou a ser o elo de ligação entre o Poder Executivo e o Poder Judiciário. Não mais representava os interesses do Rei junto aos juízes, mas, sim, os interesses do Governo. Não houve, portanto, mudança alguma. Em lugar dos interesses do Rei, continuou ele a defender os interesses do Governo, isto é, da administração, como entidade individualizada.

Com a explosão dos editais do liberalismo, profunda reforma administrativa sofreu o Estado. Por força desse ideário que gerou o *État-Gendarme*, o Ministério Público permaneceu com aquelas atribuições próprias de sua origem: perseguição criminal e defesa dos interesses concretos do próprio Governo.

Dentro dessa perspectiva histórica, em que os países tinham suas Instituições moldadas pelos princípios clássicos do liberalismo, o Ministério Público pouco avançou. Continuava a ser titular da ação penal pública e, fora dessa órbita, procura intervir em ações civis em que havia o debate de interesses do Governo e do próprio governante, e não do Estado e da Sociedade.

171.1. Evolução Histórica do Ministério Público: Da Justiça nas Sociedades Primitivas à Sociedade Moderna e o Ministério Público

Do exame das sociedades primitivas, constata-se que os poderes eram centralizados em uma única pessoa e as próprias funções públicas, e as atividades particulares, não se distribuíam de forma harmônica. Nesse tipo de sociedade, todas as necessidades sociais ou individuais são satisfeitas pelo Soberano: tudo é resolvido do alto do seu trono.

Então, indaga-se: quando começou a separação dos poderes no Estado e de suas funções?

Iniciou-se com o atendimento das justas reivindicações liberais, sendo a separação dos poderes uma conquista de ordem política. É certo, porém, que, em épocas mais recuadas, há sinais do esforço para se dividir o Poder, mas, foi o liberalismo que universalizou a tripartição do poder.

Não é sem razão que na sociedade moderna, o Ministério Público é erigido em Órgão do próprio Estado, e que viceja no regime democrático, no Estado de Direito moderno.

Sobre essa separação dos poderes, *Paulo Salvador Frontini*, ex-Procurador Geral da Justiça do Estado de São Paulo, diz com sua peculiar precisão:

"Foi nesse momento, também, que os cidadãos, escarmentados da prepotência do Estado absoluto, sujeitando todos os súditos aos caprichos do monarca (L'État c'est moi...), impuseram o princípio de separação dos poderes, inspirado na célebre fórmula de Montesquieu. Instituía-se o sistema de freios e contrapesos: quem julga, não administra, nem legisla: e como quem julga, manifesta-se por último, não pode julgar de ofício; há de ser provocado pelo interessado. Aqui estão as raízes do Ministério Público. O Ministério Público é filho da democracia clássica e do Estado de Direito" (apud "Ministério Público, Estado e Constituição", Revista JUSTITIA, vol. 90, p. 251).

Assim, os poderes e suas funções numa Sociedade foram distribuídos por diversas razões; às vezes, por mera questão prática: economia, eficiência, acerto e oportunidade das deliberações. Porém, outras vezes o fato ocorreu por força das reivindicações políticas, para melhor garantia da liberdade.

No que tange à realização da Justiça, observa-se que, em certo momento histórico, o juiz estava investido de poderes relativos à prática de atos de decisão (julgamento), de instrução processual e de documentação, *além dos poderes acusatórios*. Vigia o denominado *sistema inquisitorial*. A ação do juiz nesse sistema era realmente independente e desvinculada de qualquer outro órgão. Havia a plena concentração de funções processuais no próprio órgão judicante.

Esse sistema inquisitorial (quem acusa, julga ou, então, *in iudex procedat ex officio*) sempre foi encarado com desconfiança. A liberdade de uma pessoa ou certos outros relevantes interesses seus ou da sociedade ficavam à mercê de um único homem, que dava início à ação judicial, produzia as provas e julgava, condenando ou absolvendo.

Por força daquelas reivindicações liberais, aquele comando unitário do Juiz na ação foi cindido, surgindo, daí, *o sistema acusatório*. Com ele, foi reservada ao Ministério Público a obrigação ora de acusação perante o Juiz, ora de defesa de certos interesses marcadamente públicos e indisponíveis, sob pena de evidentes prejuízos para a Sociedade.

O que seja e qual a extensão do interesse público e indisponível, que determina a atuação do Ministério Público, iremos tratar dessa questão a seguir.

Neste momento, deve-se sobrelevar que, afastado o sistema inquisitorial (*in iudex procedat ex officio*), foi erigido o sistema acusatório ou contraditório no processo, cuja regra basilar é *ne procedat iudex ex officio*.

Acerca da conveniência de o juiz ser despojado dos poderes inquisitoriais no processo, o saudoso Ministro *José Geraldo Rodrigues de Alckmin*, do Supremo Tribunal Federal, em brilhante conferência feita em 1973, por ocasião do II Congresso Nacional do Ministério Público, dissertou sobre o assunto nos seguintes termos:

"Bem sabeis que, na forma de Governo que nos rege, a dois poderes se atribui a chamada realização do direito: ao Executivo e ao Judiciário. Ora, a distinção entre a atividade jurisdicional e administrativa afasta positivamente a hipótese de as atividades concernentes à defesa da ordem jurídica, através da investigação e da promoção de medidas tendentes à persecução criminal, possam enquadrar-se no conceito de jurisdição. Nem seria conveniente, a desconfiança — creio que justificável — com que se encara o princípio inquisitivo. E a desconfiança — permito-me dizê-lo — não se prende somente ao ne procedat iudex ex officio. Não é tão só a iniciativa do procedimento penal, de ofício, que pode marear a segurança da imparcial serenidade com que as causas devem ser decididas. A ampla liberdade investigatória conduz, igualmente, aos preconceitos e à possível quebra do equilíbrio na apreciação das razões expostas no contraditório. Ainda há pouco reproduzíamos o pensamento de Carnelutti sobre o destacar-se o Ministério Público do Juiz. Se a este se confiasse a função de investigar, também estaria comprometida, pela possibilidade de preconceitos resultantes da investigação, a sua imparcialidade. Nem se diga que, hoje, os juízes dispõem de poderes instrutórios. Eles lhes são limitados ou restritos a elementos constantes nos autos" (apud Revista JUSTITIA, vol. 80, p. 22 e ss.).

Portanto, e como decorrência do salutar sistema do contraditório processual, imperante nos regimes jurídicos das sociedades democráticas contemporâneas, o Juiz deve permanecer inerte até ser provocado por um dos litigantes, com a propositura da ação, mantendo-se, contudo, numa posição "super partes" a fim de resolver a lide com justiça e imparcialidade.

171.2. Evolução Histórica do Ministério Público no Brasil

No Brasil, o Ministério Público teve uma história marcada por um colorido próximo da de outros países.

No período colonial, houve a regulamentação dos Tribunais da Relação da Bahia, em 9 de janeiro de 1609, que era composto de desembargadores, um Procurador de Feitos da Coroa e da Fazenda, e um Promotor de Justiça. Tinha o órgão a atribuição de "conversar as terras do Brasil e dar ordem à sua população, visando à exaltação da fé e o proveito do rei..." (cf. o Regimento de 17.12.1548, que criou o Governo Geral). Esse Tribunal tinha que aplicar as Ordenações Filipinas.

Com nossa Independência, foi editada a Constituição Imperial, de 1824, marcadamente liberal. Elaborou-se, então, o Código de Processo Criminal, discriminando com alguma precisão a atuação do Ministério Público. O papel da Instituição, porém, no campo do processo civil ficou contido em referências legais esparsas.

Durante o Império, os Promotores eram nomeados pelo Imperador do município da Corte e, pelos presidentes, nas províncias, sendo eles, contudo demissíveis *ad nutum* (Lei n. 261, de 2.12.1841 e seu Regulamento, Decreto n. 120, de 1841).

Com a Proclamação da República, em 1889, o paulista Manuel Ferraz de Campos Sales assumiu a Pasta da Justiça do Governo Provisório. Sua sólida cultura jurídica, aliada ao desassombro próprio de um bandeirante, levaram-no a introduzir, na lei brasileira, o Ministério Público com nova roupagem, como se observa do Decreto n. 848, de 11.10.1890. Dizia *Campos Sales*, já naquela época, que o Ministério Público é uma instituição necessária em toda a organização democrática e imposta pelas normas de justiça.

A Constituição de 1891, estabeleceu a nomeação do Procurador Geral da República pelo Presidente da República, dentre os Ministros do Supremo Tribunal Federal. Posteriormente, as garantias reconhecidas ao Ministério Público pelo decreto de lavra de *Campos Sales* foram subtraídas.

Com a Constituição de 1934, houve a revitalização do Ministério Público. Além de apontá-lo como órgão formalmente constitucional, concedeu estabilidade aos Promotores mediante concurso para ingresso na carreira. Aboliu o critério de escolha do Procurador Geral da República dentre os Ministros do Supremo Tribunal Federal.

A Carta de 1937, nem ao menos mencionou a existência do Ministério Público. Apenas fez consignar a forma de investidura do Procurador Geral da República.

Em 1946, o Ministério Público foi tratado pela Constituição em título próprio, que regulava a carreira, o concurso pública e a estabilidade.

A Constituição de 1967 provocou o deslocamento da Instituição para o capítulo do Poder Judiciário, mantida a exigência do concurso de ingresso, fixada na Emenda Constitucional n. 1/69, que, mais uma vez, mudou sua localização no quadro constitucional, levando-a para o capítulo do Poder Executivo.

Observa-se que a trajetória evolutiva do Ministério Público está marcada por avanços e retrocessos. O legislador constituinte de 1988, debruçado sobre árdua tarefa de elaborar a atual Constituição, considerou, corretamente, o Ministério Público como um órgão necessário para a Sociedade e para a Justiça, dando-lhe um tratamento adequado e moderno. Isso porque, sendo ele o guardião da própria Constituição, incumbido de defender a ordem jurídica e os interesses sociais indisponíveis, e considerado como permanente, essencial e necessário à prestação jurisdicional, tiveram os constituintes o elevado descortino de fazer constar do texto constitucional os princípios fundamentais do Órgão, suas atribuições essenciais e as garantias asseguradas a ele e a seus agentes (cf. arts. 127 e ss. da CF/88).

171.3. Do Ministério Público do Trabalho: Evolução Histórica no Brasil

Sob a égide da Constituição de 1937, foi editado o Decreto-lei n. 1.346, de 15.6.1939, alterado pelo de n. 2.852, de 10.12.1940, que, reorganizando o Conselho Nacional do Trabalho, deu surgimento ao Ministério Público do Trabalho, subordinado ao antigo Ministério do Trabalho, Indústria e Comércio.

Sobre esse regramento legal, o Ministério Público do Trabalho teve seu direcionamento divorciado dos princípios básicos da Instituição anteriormente expostos. Da leitura do art. 14 do diploma legal em foco, observa-se que:

"*A Procuradoria do Trabalho será composta:*

a) da Procuradoria Geral, funcionando junto ao Conselho Nacional do Trabalho, e, ainda, como órgão de coordenação entre a Justiça do Trabalho e o Ministério do Trabalho, Indústria e Comércio;

b) da Procuradoria Regional, junto aos Conselhos Nacionais, e com idênticas funções de coordenação entre eles e as autoridades locais do Ministério".

Em sua origem, o Ministério Público do Trabalho era mero órgão de coordenação entre o Ministério Trabalho e os Conselhos do Trabalho.

Nesse período, o Ministério do Trabalho tinha, inclusive, o poder de reformar as decisões proferidas em dissídios individuais. Já nos dissídios coletivos, se as partes não aceitassem o juízo arbitral, a questão era submetida ao Ministério do Trabalho, cujo titular tinha o poder de constituir uma comissão especial para impor uma solução, por meio de um laudo, aos conflitos de interesses entre empregados e empregadores.

Em 1940, a Justiça do Trabalho ganhou autonomia. Porém, só em 18 de setembro de 1946, quando foi editada a Constituição Federal, é que ela passou a integrar o Poder Judiciário, e seus integrantes a revestidos das garantias inerentes à magistratura.

Apesar da profunda modificação na estrutura jurídica do País decorrente da Constituição de 1946, o Ministério Público do Trabalho permaneceu, contraditoriamente, com as mesmas atribuições inspiradas pela Constituição outorgada de 1937! A Consolidação das Leis do Trabalho, de 1943, limitou-se a repetir monotonamente as atribuições e estrutura do órgão, nada lhe acrescentando. Passados mais de quarenta anos, a Instituição encontrava-se na mesma situação de origem, quando foi editada a Constituição de 1988, que lhe outorgou nova roupagem, mas que não foi integralmente aproveitada pela Lei Complementar n. 75, como se observa dos termos do seu art. 83 e ss.

Em 1951, editou-se a Lei n. 1.341 para disciplinar a estrutura e funcionamento do Ministério Público da União, nada dispondo, porém, para afastar o Ministério Público do Trabalho do seu imobilismo (cf. arts. 65 *usque* 67).

Único fato digno de nota ocorreu com o Ministério Público do Trabalho em 1967, com o Decreto-lei n. 200, que implantou a reforma da administração pública, e deslocou-o da órbita administrativa do Ministério do Trabalho para a do Ministério da Justiça, onde permaneceu até a Constituição de 1988.

De registrar-se que a CLT, em sua redação primitiva (1943) e até o advento da Lei Complementar n. 75/93, jamais se mostrou pródiga em regras sobre as ações e atribuições do Ministério Público do Trabalho. Bem modesto era o seu papel. Esfumaçava-se num inexpressivo punhado de disposições dispersas e ambíguas.

Negou-se-lhe o papel de parte ou fiscal da lei em numerosos feitos como aqueles relativos ao trabalho do menor e da mulher, da insalubridade, da periculosidade e em muitos em que se evidenciava o interesse público.

A CLT reservou-lhe insignificante participação na fase recursal dos processos.

Reconstituindo o caminho percorrido pelo Ministério Público (MP) no plano constitucional, certifica-se o leitor, sem esforço, da procedência do que acabamos de dizer sobre a vinculação do fortalecimento do MP ao desenvolvimento social.

É o MP, agora, classificado como instituição permanente e cujos princípios são: a unidade, a indivisibilidade e a independência funcional. Cabe-lhe, ainda, elaborar sua proposta orçamentária dentro dos limites fixados na lei de diretrizes orçamentárias.

Com tais característicos, é o MP, de fato, o quarto Poder da República.

Preceitua o art. 126 da Constituição Federal que o Ministério Púbico do Trabalho integra o Ministério Público da União. Este tem como chefe o Procurador-Geral da República, nomeado pelo Presidente da República, dentre integrantes da carreira, maiores de 35 anos de idade, após a aprovação de seu nome pela maioria absoluta dos membros do Senado Federal, para mandato de dois anos, permitida a recondução.

Não está o MP subordinado ao Executivo nem ao Judiciário.

171.4. Aspectos Gerais do Ministério Público Atual e seus Reflexos na Estruturação Institucional do Ministério Público do Trabalho

Como foi já destacado, o Estado-gendarme passou a ceder sua posição para o surgimento do Estado do Bem-Estar Social ("*Welfare State*"). Os princípios do liberalismo selvagem, em que se assentava, mostrava as consequências maléficas para o todo social. Não mais se aceitava — como ainda hoje não se aceita — que sob o pretexto do uso de sua ampla e irrestrita liberdade, o homem viesse a causar danos a outros homens mais frágeis, mais débeis por suas condições sociais e econômicas, e, com isso, causar repercussões, evidentemente, negativas na própria estrutura e equilíbrio da Sociedade.

Assim, o Estado moderno, atento à questão social, tem por objetivo reforçar as defesas do essencial para que haja o perfeito desenvolvimento da dignidade do ser humano. Inegavelmente, precisam ser contidas essas forças terrivelmente poderosas que surgiram no mundo moderno, sob pena de o homem ser sua natureza divina violentada e aniquilada.

Como resultado dessa mudança na estrutura política do Estado (do "État-Gendarme" para o "Welfare State"), o Ministério Público passou a sofrer profundas modificações em todos os quadrantes do mundo.

Sob o influxo dessa mudança política, de simples defensor dos interesses particulares ou pessoais do Rei ou do Governo, em sua origem, o Ministério Público passa a ser considerado um órgão do próprio Estado (e não do Governo), e com a atribuição de tutelar os interesses impessoais ou públicos. É considerado a personificação da própria sociedade na defesa dos seus interesses junto ao Poder Judiciário.

Nesse passo, impõe-se fazer a distinção entre interesse particular e o interesse público e indisponível.

O *interesse particular* é o interesse individualizado, direto, imediato da própria pessoa. É o interesse próprio, que afeta diretamente a pessoa e seu patrimônio. Opõe-se, assim, ao interesse alheio, que é de outrem que não lhe é próprio.

Já o *interesse público* é o que se assenta em fato ou direito de proveito coletivo ou geral. Está, pois adstrito a todos os fatos e a todas as coisas que se entendem de benefício comum ou para proveito geral, ou que se imponham por uma necessidade de ordem coletiva. Além disso, é o interesse que não pode ser disposto pelos particulares, sob pena de acarretar prejuízo não somente a eles, mas, também, à Sociedade.

Atente-se para o fato de que, quando o interesse é regulado por uma regra jurídica dispositiva, afirma-se que se trata de um interesse disponível, posto que submetido à vontade da pessoa, que dele pode livremente dispor. É o interesse particular.

Entretanto, quando o interesse é regulado por uma norma cogente, imperativa ou de ordem pública, como é o caso da maioria das regras do Direito do Trabalho, *vê-se que o interesse é indisponível*.

O Ministério Público tem, portanto, como pressuposto de sua atuação, a existência de um interesse público. E, os casos de interesse público vão aumentando na mesma proporção das necessidades de uma Sociedade, como decorrência da defesa da figura do Homem, que se projeta sobre todas as coisas, por ser a sua medida.

Delimitando o sentido de interesse público, que determina a atuação do Ministério Público, infere-se que ele, sendo a personificação da Sociedade, é uma consequência inevitável do regime democrático e do Estado de Direito. Surge como um órgão do próprio Estado para a defesa e tutela do interesse público e da ordem jurídica junto ao Poder Judiciário.

Mas, insista-se, qual é a função do Ministério Público no Estado de Direito?

Ora, a sociedade cria determinados bens, que são necessários à sobrevivência física, intelectual e moral dos indivíduos particularmente considerados. Mas na sobrevivência dos indivíduos está a sobrevivência da própria sociedade. Assim, certos bens indispensáveis à existência do homem e da sociedade, como a vida, o trabalho, o patrimônio, etc. são elevados à categoria de bens jurídicos, e que merecem ser devida e energicamente preservados e protegidos.

A atuação firme e eficiente do Ministério Público na defesa do interesses maiores da Sociedade junto ao Poder Judiciário, tendo em vista o desenvolvimento do Bem Comum, é uma consequência da democracia e do Estado de Direito.

Como bem observa *Benedicto de Campos*, nos estados totalitários é o Ministério Público um simples apêndice do Poder Executivo. Arremata, dizendo que "neste tipo de Estado, o Ministério Público é mero executor de ordens dos donos da situação, posição aliás idêntica a de todos os demais órgãos, inclusive o Judiciário. Aliás, muito bem disse *Mário Moura*, que o clima do Ministério Público, sua altitude melhor, é a do regime democrático, onde há respeito pelas liberdades, onde há submissão à lei" ("Ministério Público e o Novo CPC", Revista dos Tribunais, 1976, p. 26).

Em face dessas citações, observa-se a atualidade dos pensamentos e atos de Campos Sales, no início da República, ao asseverar que o Ministério Público é uma organização necessária à própria democracia.

Esses princípios norteadores da atuação do Ministério Público, em virtude do denominado interesse público e indisponível, encontraram ressonância no direito de diversos países.

Na Itália, dispõe o art. 70 da lei processual italiana que o Ministério Público ... *può infine intervenire in ogni altra causa in cui ravvisa um publico interesse*.

Afirmam alguns que esse dispositivo influenciou nosso legislador ordinário ao elaborar o art. 82, III, do Código de Processo Civil: *"Art. 82 — Compete ao Ministério Público intervir: ... (omissis); III — nas ações que envolvam litígios coletivos pela posse da terra rural e nas demais causas em que há interesse público evidenciado pela natureza da lide ou qualidade da parte".*

Na lei italiana temos, ainda, o Ministério Público funcionando como titular da ação (art. 69 da lei processual), em moldes próximos do que ocorre no Brasil (art. 81, do CPC: "O Ministério Público exercerá o direito de ação nos casos previstos em lei, cabendo-lhe, no processo, os mesmos poderes e ônus que às partes").

Já na França, e apoiando-nos em *Jean Vincent*, constata-se que, apesar da principal função do Ministério Público estar na área criminal, existe um forte esforço legislativo para ampliar sua área de atuação no processo civil, quando existe a necessidade da defesa do interesse público ou da "ordem pública". Esse autor gaulês anota, inclusive, que a atuação do órgão foi ampliada a partir da Lei de 10.7.1970, que lhe renovou a merecida projeção. Aliás, o Código de Processo Civil francês, que sofreu alteração através do Decreto n. 72.684, de 20.7.1972, fez consignar a faculdade ao Ministério Público de pedir vista de qualquer outra causa, além daquelas elencadas, na qual ele repute que deva intervir.

Atento às necessidades da Sociedade, o legislador constituinte de 1988 deu guarida aos princípios norteadores do Ministério Público, que passou a ser disciplinado nos arts. 127 a 129, da Constituição Federal, dispositivos esses que foram dinamizados pela Lei Complementar n. 75, de 20.5.1993, que será a seguir examinada.

Eis o art. 127, da CF: *"O Ministério Público é instituição permanente, essencial à função jurisdicional do Estado, incumbindo-lhe a defesa da ordem jurídica, do regime democrático e dos interesses sociais e individuais indisponíveis".*

São princípios institucionais do Ministério Público a unidade, a indivisibilidade e a independência funcional, sendo-lhe assegurada a autonomia funcional e administrativa.

Já as funções institucionais do Ministério Público são elencadas no art. 129 da atual *Lex Legum*, sobressaindo-se a titularidade privativa da ação penal pública, na forma da lei, e promover o inquérito civil e ação civil pública, para a proteção do patrimônio público e social, do meio ambiente e de outros interesses difusos e coletivos.

A Lei n. 7.347, de 24.7.1985, disciplina a ação civil pública de responsabilidade por danos causados ao meio ambiente, ao consumidor, a bens e direitos de valor artístico, estético, histórico, turístico e paisagístico.

Registre-se que o Conselho Superior do Ministério Público editou a Resolução n. 24, de 27 de maio de 1997, disciplinando a instauração e autuação de inquéritos civis públicos e procedimentos investigatórios no âmbito da Instituição, resolução esta que não mais vigora. O Procurador-Geral do Trabalho editou a Recomendação n. 01 de 18.10.1999, para suprir a lacuna existente com a revogação dessa resolução. Claro está, que essa Recomendação não tem caráter normativo ou vinculativo, posto que essa é uma incumbência exclusiva do Conselho Superior.

A Emenda Constitucional n. 45/2004 criou no seio do Ministério Público o Conselho Nacional do Ministério Público. Na forma dessa Emenda, o Ministério Público da União, dos Estados e do Distrito Federal tem um único Conselho Nacional, presidido pelo Procurador-Geral da República, conforme o art. 130-A, da Constituição Federal, com redação dada pela Emenda Constitucional n. 45, de 2004. Ele é composto por 14 membros nomeados pelo Presidente da República, depois de aprovada a escolha pela maioria absoluta do Senado Federal, para um mandato de dois anos, admitida uma recondução, sendo: a) o Procurador-Geral da República; b) quatro membros do Ministério Público da União, assegurada a representação de cada uma de suas carreiras; c) três membros do Ministério Público dos Estados; d) dois juízes, indicados um pelo Supremo Tribunal Federal e outro pelo Superior Tribunal de Justiça; e) dois advogados, indicados pelo Conselho Federal da Ordem dos Advogados do Brasil; f) dois cidadãos de notável saber jurídico e reputação ilibada, indicados um pela Câmara dos Deputados e outro pelo Senado Federal.

Esclarece esse dispositivo que os membros do Conselho oriundos do Ministério Público serão indicados pelos respectivos Ministérios Públicos, na forma da lei.

Observa-se que compete ao Conselho Nacional do Ministério Público o controle da atuação administrativa e financeira do Ministério Público e do cumprimento dos deveres funcionais de seus membros, ficando-lhe vedada qualquer interferência na sua autonomia funcional. Ao contrário, o inciso I, do art. 130-A, diz, expressamente, que lhe incumbe zelar pela autonomia funcional.

Incumbe-lhe, ainda: a) zelar pela autonomia administrativa do Ministério Público, podendo expedir atos regulamentares, no âmbito de sua competência, ou recomendar providências; b) zelar pela observância do art. 37 e apreciar, de ofício ou mediante provocação, a legalidade dos atos administrativos praticados por membros ou órgãos do Ministério Público da União e dos Estados, podendo desconstituí-los, revê-los ou fixar prazo para que se adotem as providências necessárias ao exato cumprimento da lei, sem prejuízo da competência dos Tribunais de Contas; c) receber e conhecer das reclamações contra membros ou órgãos do Ministério Público da União ou dos Estados, inclusive contra seus serviços auxiliares, sem prejuízo da competência disciplinar e correicional da instituição, podendo avocar processos disciplinares em curso, determinar a remoção, a disponibilidade ou a aposentadoria com subsídios ou proventos proporcionais ao tempo de serviço e aplicar outras sanções administrativas, assegurada ampla defesa; d) rever, de ofício ou mediante provocação, os processos disciplinares de membros do Ministério Público da União ou dos Estados julgados há menos de um ano; e) elaborar relatório anual, propondo as providências que julgar necessárias sobre a situação do Ministério Público no País e as atividades do Conselho, o qual deve integrar a mensagem prevista no art. 84, XI.

O Conselho escolherá, em votação secreta, um Corregedor nacional, dentre os membros do Ministério Público que o integram, vedada a recondução. Compete ao Corregedor nacional, além das atribuições que lhe forem conferidas pela lei, as seguintes: a) receber reclamações e denúncias, de qualquer interessado, relativas aos membros do Ministério Público e dos seus serviços auxiliares; b) exercer funções executivas do Conselho, de inspeção e correição geral; c) requisitar e designar membros do Ministério Público, delegando-lhes atribuições, e requisitar servidores de órgãos do Ministério Público.

O Presidente do Conselho Federal da Ordem dos Advogados do Brasil oficiará junto ao Conselho.

Por fim, o art. 130-A, § 5º, estabelece que Leis da União e dos Estados criarão ouvidorias do Ministério Público, competentes para receber reclamações e denúncias de qualquer interessado contra membros ou órgãos do Ministério Público, inclusive contra seus serviços auxiliares, representando diretamente ao Conselho Nacional do Ministério Público.

Contra as decisões do Conselho Nacional de Justiça e contra as do Conselho Nacional do Ministério Público, podem ser interpostas ações, que serão julgadas, originariamente, pelo Supremo Tribunal Federal, conforme, art. 102, inciso I, letra r, da Constituição Federal, com redação dada pela Emenda Constitucional n. 45/04.

Na forma do art. 52, II, da Constituição Federal, com a redação dada pela Emenda Constitucional n. 45, compete privativamente ao Senado Federal processar e julgar os Ministros do Supremo Tribunal Federal, os membros do Conselho Nacional de Justiça e do Conselho Nacional do Ministério Público, o Procurador-Geral da República e o Advogado-Geral da União nos crimes de responsabilidade.

171.4.1. Lei Complementar n. 75/93

Essa lei complementar incumbe o MP da defesa da ordem jurídica, do regime democrático, dos interesses sociais e dos interesses individuais indisponíveis, repetindo, assim, o comando insculpido no art. 127 da Constituição: "O Ministério Público é instituição permanente, essencial à função jurisdicional do Estado, incumbindo-lhe a defesa da ordem jurídica, do regime democrático e dos interesses sociais e individuais indisponíveis". Os princípios institucionais do Ministério Público são os seguintes: unidade, indivisibilidade e independência funcional.

Cabe ao Ministério Público do Trabalho a missão de zelar pelo segmento do ordenamento jurídico em que se encontram as leis trabalhistas.

a) Vitaliciedade e a inamovibilidade dentro do Ministério Público do Trabalho

Gozam os membros do MPT (como os demais membros do MP da União) das seguintes garantias: vitaliciedade, após dois anos de efetivo exercício, não podendo perder o cargo senão por sentença judicial transitada em julgado; inamovibilidade, salvo por motivo de interesse público, mediante decisão do Conselho Superior, por voto da maioria absoluta de seus membros, assegurada ampla defesa, conforme Emenda Constitucional n. 45, de 2004.

Garantias que tais tornam o MPT imune a qualquer injunção política.

A exceção que a Lei Complementar abre ao princípio da inamovibilidade e consistente na existência de motivo de interesse público, limita o poder do Conselho Superior de remanejar os membros do MPT. Há que existir o interesse público, devidamente comprovado, para que a transferência do Procurador possa se revestir de legitimidade.

b) Garantias, prerrogativas e vedações do MPT

Os membros do Ministério Público da União gozam das seguintes garantias: I — vitaliciedade, após dois anos de efetivo exercício, não podendo perder o cargo senão por sentença judicial transitada em julgado; II — inamovibilidade, salvo por motivo de interesse público, mediante decisão do Conselho Superior, por voto de dois terços de seus membros, assegurada ampla defesa

O inciso II perdeu eficácia em virtude da nova redação do art. 128, § 5º, I, *b*, da Constituição Federal, dada pela Emenda Constitucional n. 45, de 2004, *verbis*: "b) inamovibilidade, salvo por motivo de interesse público, mediante decisão do órgão colegiado competente do Ministério Público, pelo voto da maioria absoluta de seus membros, assegurada ampla defesa".

São prerrogativas do MPT de natureza institucionais: sentar-se no mesmo plano e imediatamente à direita dos juízes singulares ou presidentes de órgão judiciário perante os quais oficie; usar vestes talares; ter ingresso e trânsito livre, em razão de serviço, em qualquer recinto público ou privado, respeitada a garantia constitucional de inviolabilidade do domicílio; prioridade em qualquer serviço de transporte ou comunicação, público ou privado, no território nacional, quando em serviço de caráter urgente; o porte de arma independentemente de autorização, carteira de identidade especial.

Já as de natureza processuais são: do membro do MPT, que oficie perante tribunais, ser processado e julgado, nos crimes comuns e de responsabilidade, pelo Superior Tribunal de Justiça e pelo Tribunal Regional Federal se oficiar perante juízos de primeira instância; ser preso ou detido somente por ordem escrita do tribunal competente ou em razão de flagrante de crime inafiançável, caso em que a autoridade fará imediata comunicação àquele tribunal e ao Procurador-Geral da República, sob pena de responsabilidade; ser recolhido à prisão especial ou à sala especial do Estado Maior, com direito à privacidade e à disposição do tribunal competente para o julgamento; não ser indiciado em inquérito policial; ser ouvido, como testemunha, em dia, hora e local previamente ajustados com o magistrado e a autoridade competente; receber intimação pessoalmente nos autos em qualquer processo e grau de jurisdição nos feitos em que tiver de oficiar. Os órgãos do MP terão presença e palavra asseguradas em todas as sessões dos colegiados em que oficiem.

Tem o MPT legitimidade para propor a anulação de cláusulas de acordo ou convenção coletiva de trabalho que ofendam o interesse público ou direitos indisponíveis dos trabalhadores (art. 83 da LC n. 75/93).

As garantias e prerrogativas dos membros do Ministério Público da União são inerentes ao exercício de suas funções e irrenunciáveis.

Na forma da Emenda Constitucional n. 45, de 2004, que deu nova redação ao art. 128, § 5º, II, da Constituição Federal, os membros do Ministério Público do Trabalho têm as seguintes vedações: a) receber, a qualquer título e sob qualquer pretexto, honorários, percentagens ou custas processuais; b) exercer a advocacia; c) participar de sociedade comercial, na forma da lei; d) exercer, ainda que em disponibilidade, qualquer outra função pública, salvo uma de magistério; e) exercer atividade político-partidária; f) receber, a qualquer título ou pretexto, auxílios ou contribuições de pessoas físicas, entidades públicas ou privadas, ressalvadas as exceções previstas em lei.

A Lei n. 8.730, de 11.11.1993, obriga os membros do Ministério Público da União a declarar seus bens e fontes de receita quando da entrada em exercício e no término da gestão. O Tribunal de Contas da União recebe cópia dessa declaração. Sobre o assunto, merece ser examinado o Decreto n. 978, de 10.11.1993.

c) Estrutura do Ministério Púbico da União

Ele compreende: o Ministério Público Federal; o Ministério Público do Trabalho; o Ministério Público Militar e o Ministério Público do Distrito Federal e Territórios.

É o chefe do MP o Procurador-Geral da República, nomeado pelo Presidente da República dentre integrantes da carreira, maiores de trinta e cinco anos, após a aprovação de seu nome pela maioria absoluta do Senado Federal, para mandato de dois anos, permitida a recondução, precedida de nova decisão do Senado Federal.

Já a estrutura do Ministério Público do Trabalho (MPT) compreende os seguintes órgãos: Procurador-Geral do Trabalho; Colégio de Procuradores do Trabalho; Conselho Superior do Ministério Público do Trabalho; Câmara de Coordenação e Revisão do Ministério Público do Trabalho; Corregedoria do Ministério Público do Trabalho; Subprocuradores-Gerais do Trabalho; Procuradores Regionais do Trabalho; Procuradores do Trabalho.

A carreira do MPT é constituída dos cargos de Procuradores do Trabalho, Procuradores Regionais do Trabalho e Subprocuradores-Gerais do Trabalho. O cargo inicial é de Procurador e do último nível o Subprocurador-Geral do Trabalho.

É o Procurador-Geral do Trabalho o chefe do MPT. É nomeado pelo Procurador-Geral da República, dentre integrantes da instituição, com mais de 35 anos de idade e de cinco de carreira, integrante da lista tríplice escolhida mediante lista plurinominal, facultativo e secreto, pelo Colégio de Procuradores para um mandato de dois anos, permitida uma recondução.

Admite-se a exoneração do Procurador-Geral do MPT antes do término do seu mandato se proposta ao Procurador-Geral da República pelo Conselho Superior do MPT, mediante deliberação obtida com base em voto secreto de dois terços de seus integrantes. O *quorum* para validade da deliberação é dois terços, o que importa dizer que a medida pode ser aprovada por menos desse total.

É vedado ao Procurador-Geral da República tomar a iniciativa da exoneração prematura do Procurador-Geral do Trabalho. Tal ato cabe ao Conselho Superior do MPT.

d) Competência do Ministério Público do Trabalho (MPT)

Primeiramente, destaque-se que a Emenda Constitucional n. 45, de 2004, além de esclarecer que o disposto no art. 93 e no art. 95, parágrafo único, V, da Constituição Federal, é aplicável aos membros do Ministério Público, deixou assente no art.

129, § 2º, desse diploma legal, que suas funções só podem ser exercidas por integrantes da carreira, que deverão residir na comarca da respectiva lotação, salvo autorização do chefe da instituição.

Essa mesma Emenda observou que o ingresso na carreira do Ministério Público far-se-á mediante concurso público de provas e títulos, assegurada a participação da Ordem dos Advogados do Brasil em sua realização, exigindo-se do bacharel em direito, no mínimo, três anos de atividade jurídica e observando-se, nas nomeações, a ordem de classificação.

Por fim, a Emenda n. 45 determinou no art. 129, § 5º, da CF/88, que a distribuição de processos no Ministério Público será imediata.

Dito isso, observa-se que reza o art. 83 da Lei Complementar que compete ao MPT o exercício das seguintes atribuições junto aos órgãos da Justiça do Trabalho:

I — promover as ações que lhe sejam atribuídas pela Constituição Federal e pelas leis trabalhistas

Observa-se que a Constituição, no inciso IX do art. 129, autoriza o MPT a ter outras funções institucionais, além daquelas que enumera, desde que compatíveis com a sua finalidade fundamental: defesa da ordem jurídica, do regime democrático e dos interesses sociais e individuais e indisponíveis.

O mesmo inciso IX veda ao MPT a representação judicial e a consultoria jurídica de entidades públicas.

Decorre dessa norma constitucional que a lei ordinária poderá conferir ao MPT outras atribuições além daquelas expressamente mencionadas na Constituição Federal, desde que harmônicas com a sua finalidade fundamental

Sobre a incapacidade recursal do Ministério Público do Trabalho, o TST editou a Orientação Jurisprudencial n. 237, SDI-1, na hipótese de defesa de interesse patrimonial privado, inclusive de empresas públicas e sociedade de economia mista, *verbis*: "*Ministério Público do Trabalho. Ilegitimidade para recorrer.* O Ministério Público não tem legitimidade para recorrer na defesa de interesse patrimonial privado, inclusive de empresas públicas e sociedades de economia mista".

II — manifestar-se em qualquer fase do processo trabalhista, acolhendo solicitação do juiz ou por sua iniciativa, quando entender existente interesse público que justifique a intervenção.

Por ausência de lei, inúmeras incertezas ocorrem na identificação do papel do Ministério Público como titular da ação, ou como, *custos legis*. Como demonstração disso, o próprio TST reconheceu na Orientação Jurisprudencial n. 350, SDI-1, que descabe ao Parquet invocar em Parecer, como *custus legis*, a nulidade de contrato de trabalho não suscitado pelo ente público no momento da apresentação da contestação, *verbis*: "**Ministério Público do Trabalho. Nulidade do contrato de trabalho não suscitada pelo ente público no momento da defesa. Arguição em parecer. Possibilidade.** O Ministério Público do Trabalho pode arguir, em parecer, na primeira vez que tenha de se manifestar no processo, a nulidade do contrato de trabalho em favor de ente público, ainda que a parte não a tenha suscitado, a qual será apreciada, sendo vedada, no entanto, qualquer dilação probatória.

Dá a Lei Complementar n. 75 ao MPT a extraordinária faculdade de manifestar-se em qualquer fase do processo trabalhista, individual ou coletivo, seja de conhecimento ou de execução, *quando julgar presente um interesse público que precise ser resguardado*.

Entendemos por interesse público aquele que, fundado no direito, tem por objeto uma necessidade coletiva.

Em qualquer fase do processo, é legítima a intervenção do MPT se invocar o interesse público. Entretanto, cabe ao Juiz declarar, em definitivo, se existe, ou não, esse interesse público.

Para se evitar essas desagradáveis incertezas, que geram, por certo, atrasos na prestação jurisdicional por se abrir campo a recursos pelo *parquet* caso ele não concorde com a decisão do juiz acerca da inexistência do interesse público, somos de pensamento de que o legislador ordinário aponte em lei própria quais as situações concretas passíveis da atuação do Ministério Público do Trabalho como *custos legis* (cf., exemplificativamente, o art. 82 do CPC).

Ampliando, assim, as modestas atribuições perante, inclusive, a 1ª Instância da Justiça do Trabalho, essa mesma lei poderia prever, inclusive, os casos concretos de atuação do Ministério Público do Trabalho como titular da ação, conforme dispõe expressamente o artigo 81, do CPC, *verbis*: "O Ministério Público exercerá o direito de ação nos casos previstos em lei, cabendo-lhe, no processo, os mesmos poderes e ônus que às partes"

Essas incertezas da atuação da competência do Ministério Público do Trabalho, inclusive, foram constatadas com o ajuizamento descabido por ele de duas *Reclamações* perante o STF. Ao julgá-las, a composição plenária desse Tribunal afastou, por maioria, a pretensão apresentada pelo Ministério Público do Trabalho no sentido de participar como parte interessada. Essa decisão reconheceu a legitimidade para atuação dos diversos ramos do Ministério Público da União junto a ele como sendo de exclusiva competência do Procurador-Geral da República, mesmo que o Ministério Público do Trabalho atue apenas na condição de agravante, como se lê do decidido nos agravos regimentais por ele interpostos nas Reclamações (Rcl) n. 6.239 e 7.318, julgados em maio de 2012.

III — promover a ação civil pública no âmbito da Justiça do Trabalho, para defesa de interesses coletivos, quando desrespeitados os direitos sociais constitucionalmente garantidos.

Não se há de confundir o *interesse coletivo com o difuso*. O primeiro é comum a determinada categoria de pessoas, ligadas entre si por uma relação-base; o segundo, o difuso, não se apoia nessa relação-base mas em uma realidade fática, contingente e mutável.

Em havendo o interesse coletivo a ser defendido porque ocorreu violação de direitos sociais constitucionalmente garantidos, compete ao MPT promover a ação civil pública.

Esta ação, com certeza, é aquela regulada pela Lei n. 7.347, de 24 de julho de 1985, e objetiva o ressarcimento de danos causados "a qualquer outro interesse difuso ou coletivo" (v. inciso IV do art. 1º daquela lei).

Não hesitamos em afirmar que o MPT está autorizado a propor tal espécie de ação contra um grupo de empresas que, adotando um mesmo processo de produção em que as condições de segurança ou de higiene do trabalho põem em risco a vida ou a saúde de seus trabalhadores.

No exemplo, a competência é da Vara do Trabalho. Comprovadas as condições de insalubridade ou de periculosidade do ambiente de trabalho, aquele grupo de empresas terá de pagar a seus empregados o respectivo adicional, sem embargo das medidas administrativas a cargo do órgão competente do Ministério do Trabalho para adoção dos meios individuais ou coletivos de proteção da saúde ocupacional.Por derradeiro, lembramos que os direitos sociais estão garantidos nos arts. 6º a 11 da Constituição Federal.

Tendo em vista a extensão do dano causado ou a ser reparado no bojo de uma ação civil pública, o TST editou a Orientação Jurisprudencial n. 130, SDI-2, acerca da competência territorial, aplicando o art. 2º, da Lei n. 7.347/85 em cotejo com o art. 93, do Código de Defesa do Consumidor, *verbis*: "*Ação Civil Pública. Competência. Local do dano. Lei n. 7.347/1985, art. 2º. Código de Defesa do Consumidor, art. 93. "I — A competência para a Ação Civil Pública fixa-se pela extensão do dano. II — Em caso de dano de abrangência regional, que atinja cidades sujeitas à jurisdição de mais de uma Vara do Trabalho, a competência será de qualquer das Varas das localidades atingidas, ainda que vinculadas a Tribunais Regionais do Trabalho distintos. III — Em caso de dano de abrangência suprarregional ou nacional, há competência concorrente para a Ação Civil Pública das Varas do Trabalho das sedes dos Tribunais Regionais do Trabalho. IV — Estará prevento o juízo a que a primeira ação houver sido distribuída*".

IV — propor as ações cabíveis para declaração de nulidade de cláusula de contrato, acordo coletivo ou convenção coletiva que viole as liberdades individuais ou coletivas ou os direitos individuais indisponíveis dos trabalhadores.

No contrato individual de trabalho, acordo ou convenção coletiva de trabalho pode haver cláusulas que firam as liberdades individuais ou coletivas e os direitos individuais indisponíveis dos trabalhadores.

Enquadram-se nessa hipótese legal contrato individual ou pacto coletivo estabelecendo que a remuneração mínima será inferior ao salário mínimo legal, que as férias serão de apenas 20 dias corridos e que os trabalhadores se comprometem a não se filiar a um sindicato.

Diante de tais fatos, está o MPT autorizado a propor ação de nulidade das referidas cláusulas perante a Vara do Trabalho ou o Tribunal do Trabalho, conforme o caso.

V — propor as ações necessárias à defesa dos direitos e interesses dos menores, incapazes e índios, decorrentes das relações de trabalho.

É dado ao MPT propor ações para a defesa dos interesses e direitos dos menores, incapazes e índios, desde que derivem das relações de trabalho.

Parece-nos certo que essa norma não exclui o poder dos representantes legais dos menores e incapazes de ajuizar tais ações.

Se inertes esses representantes, deve o MPT agir nos termos do inciso aqui sob comento.

VI — recorrer das decisões da Justiça do Trabalho, quando entender necessário, tanto no processo em que for parte, como naqueles em que oficiar como fiscal da lei, bem como pedir revisão dos Enunciados da Súmula de Jurisprudência do Tribunal Superior do Trabalho

É a regra que deu maior amplitude à ação do MPT.

Como parte ou fiscal da lei, o MPT está autorizado a intervir em qualquer processo para recorrer das decisões das Varas do Trabalho ou dos Tribunais. Recebeu, outrossim, permissão para pedir a revisão de súmula da jurisprudência do Tribunal Superior do Trabalho.

VII — funcionar nas sessões dos Tribunais Trabalhistas, manifestando-se verbalmente sobre a matéria em debate, sempre que entender necessário, sendo-lhe assegurado o direito de vista dos processos em julgamento, podendo solicitar as requisições e diligências que julgar convenientes

O MPT funciona nas sessões dos Tribunais do Trabalho para julgamento de processos individuais ou coletivos do trabalho.

Quando entender necessário, é-lhe lícito manifestar-se verbalmente sobre a matéria em debate, pedir vista dos processos em julgamento e solicitar as requisições e diligências que julgar convenientes.

Cabe ao Tribunal deferir, ou não, o requerimento de diligências pelo MPT. O despacho indeferitório é susceptível de ataque por meio de recurso.

VIII — instaurar instância em caso de greve, quando a defesa da ordem jurídica ou o interesse público assim o exigir

Consoante o art. 856 da CLT, a instância do dissídio coletivo é instaurada de várias maneiras e uma delas cabia ao MPT sempre que houvesse suspensão do trabalho.

Em nosso entendimento, essa regra consolidada foi recebida pela Constituição Federal de 1988, porque o § 2º do seu art. 114 se cinge a dizer que os sindicatos têm a faculdade, não a prerrogativa, de ajuizar dissídio coletivo, e, mesmo assim, de comum acordo entre eles (nova redação desse § 2º, pela Emenda Constitucional n. 45/2004).

Dessarte, a nova Carta manteve, na sua integridade, o disposto no supracitado artigo da CLT. Destaque-se que a Emenda Constitucional n. 45/2004, deu nova redação ao § 3º, do art. 114, da Constituição, onde ficou esclarecido que, "em caso de greve em atividade essencial, com possibilidade de lesão do interesse público, o Ministério Público do Trabalho poderá ajuizar dissídio coletivo, competindo à Justiça do Trabalho decidir o conflito".

A Lei de Greve (Lei n. 7.783, de 28.6.1989), em seu art. 8º, prescreve que "a Justiça do Trabalho, por iniciativa de qualquer das partes ou do Ministério Público do Trabalho, decidirá sobre a procedência, total ou parcial, ou improcedência das reivindicações, cumprindo ao Tribunal publicar, de imediato, o competente acórdão".

Esse dispositivo deu maior dimensão à faculdade de o MPT tomar a iniciativa de propor o dissídio coletivo, pois não condicionou seu exercício à prévia cessação coletiva do trabalho. Afora isso, não suprimiu a faculdade de a Presidência do Tribunal instaurar a instância do dissídio coletivo.

Era esse o quadro legal quando da sanção da Lei Complementar n. 75.

No inciso em exame (o VIII do art. 83) é dito que o MPT tem legitimidade para instaurar a instância do dissídio coletivo em caso de greve, mas apenas se a defesa da ordem jurídica ou o interesse público o exigirem, e na forma do § 3º, do art. 114, da Constituição, essa greve deve ser em atividade essencial, como indicada na Lei de Greve.

Contrario sensu, não havendo qualquer ameaça à ordem jurídica e inexistindo interesse público a defender, está o MPT impedido de propor a questionada ação coletiva.

Em nosso entendimento, esse inciso VIII do art. 83 da Lei do MP reduziu o alcance da regra agasalhada no art. 8º da Lei de Greve, ao condicionar o pedido de instauração da instância do dissídio coletivo à existência dos pressupostos já indicados.

Repetimos: nos dias que correm, o MPT só poderá instaurar o dissídio coletivo para defender a ordem jurídica ou quando o interesse público o exigir.

Se a greve é deflagrada em desobediência às prescrições específicas da Lei n. 7.783, configura-se um arranhão na ordem jurídica e, de consequência, será legítima a iniciativa do MPT de propor o dissídio coletivo, mas desde que seja em uma atividade essencial ao bem-estar ou à vida da coletividade. Aí nasce o interesse público, que também legitima a mencionada iniciativa do MPT.

IX — promover ou participar da instrução e conciliação em dissídios decorrentes da paralisação de serviços de qualquer natureza

Há décadas que as Delegacias Regionais do Trabalho tinham o encargo de tentar a conciliação dos implicados num conflito coletivo de trabalho.

Agora, nos termos do inciso em tela, tem o MPT a atribuição de promover a conciliação em dissídios decorrentes da paralisação de serviços de qualquer natureza.

Se tiver êxito nessa empreitada, terá de dar ao acordo a forma de um pacto coletivo, pois a conciliação se consumou fora dos Tribunais.

Tratando-se de greve deflagrada manifestamente ilegal ou que ameace de sério dano toda a coletividade, o MPT, em face do malogro da negociação coletiva, requererá instauração da instância do dissídio coletivo.

Diz, ainda, o inciso em tela que o MPT pode participar da instrução do processo coletivo. Para fazê-lo, acompanhará a execução dos respectivos atos processuais e requererá as diligências que julgar necessárias.

X — promover mandado de injunção quando a competência for da Justiça do Trabalho

Defere a Lei competência ao MPT para promover mandado de injunção quando couber à Justiça do Trabalho julgá-lo.

Noutro ponto desta obra já confessamos que não temos conhecimento de fato que possa motivar a impetração de um mandado de injunção na Justiça do Trabalho.

O próprio Regimento Interno do TST não faz alusão a esse mandado.

XI — atuar com árbitro, se assim for solicitado pelas partes, nos dissídios de competência da Justiça do Trabalho

Autoriza o MPT a atuar como árbitro, quando pedido pelas partes, em dissídios individuais ou coletivos do trabalho.

Em face do silêncio da lei quanto à constituição do juízo arbitral e dos seus efeitos jurídicos, a hipótese do inciso em estudo era, ainda há pouco tempo, disciplinada pelos arts. 1.037 a 1.048 do Código Civil e pelos arts. 101 e 1.072 a 1.102 do CPC.

Com a superveniência da Lei n. 9.307, de 23 de setembro de 1996, foram aqueles dispositivos derrogados. Esse diploma legal dispõe sobre o instituto da arbitragem.

Discute-se, em doutrina, se a Lei n. 9.307 é, ou não, aplicável ao processo trabalhista. No item 171.1, sustentamos a tese de que a nova Lei de Arbitragem é perfeitamente aplicável aos dissídios individuais e coletivos do trabalho.

A bem da verdade, sublinhamos que, até o fechamento desta edição, não tivemos conhecimento de um único caso de dissídio individual ou coletivo de trabalho solucionado pela via arbitral.

Tratando-se de dissídio coletivo de natureza econômica, a decisão arbitral poderá submeter-se às disposições da Lei n. 9.307 ou, o que será mais conveniente, ganhar a forma de um acordo ou convenção coletiva de trabalho.

XII — requerer as diligências que julgar convenientes para o correto andamento dos processos e para a melhor solução das lides trabalhistas

O inciso repete mais ou menos o que se contém nos incisos anteriores.

Diz que o MPT poderá requerer as diligências — como parte ou como fiscal da lei — que julgar convenientes à dilucidação do litígio.

Tememos que, no futuro, a exagerada ingerência do MPT nos processos individuais e coletivos venha a afetar a desejada celeridade que todos eles devem ter.

XIII — intervir obrigatoriamente em todos os feitos no segundo e terceiro graus de jurisdição da Justiça do Trabalho, quando a parte for pessoa jurídica de direito público, Estado estrangeiro ou organismo internacional

Manda o inciso que o MPT intervenha obrigatoriamente em todos os feitos, no segundo e no terceiro graus de jurisdição da Justiça do Trabalho, quando a parte for pessoa jurídica de direito público, Estado estrangeiro ou organismo internacional.

No primeiro grau, tem o MPT a liberdade de atuar como constatado no exame dos incisos anteriores.

Incumbe, ainda, ao MPT, consoante o disposto no art. 84:

I — integrar os órgãos colegiados previstos no § 1º do art. 6º que lhe sejam pertinentes (a participação do MPT, com instituição observadora, na forma e nas condições estabelecidas em ato do Procurador-Geral da República, em qualquer órgão de administração pública direta, indireta ou fundacional da União, que tenha atribuições correlatas às funções da instituição).

Manda o MPT integrar os órgãos colegiados do Ministério Público da União e, como instituição observadora, em qualquer órgão da administração pública que desenvolva atividades que guardem correlação com as funções do Ministério Público.

Está implícito nessa norma que a presença do MPT nos referidos órgãos tem como pré-requisito a existência de qualquer interesse coletivo ou direito individual indisponível.

II — instaurar inquérito civil e outros procedimentos administrativos, sempre que cabíveis, para assegurar a observância dos direitos sociais dos trabalhadores.

Quando e onde algum dos direitos sociais dos trabalhadores não for cumprido, cumpre ao MPT instaurar inquérito civil e outros procedimentos administrativos para restabelecer a ordem jurídica.

Esse inquérito é disciplinado pelo § 1º do art. 8º da Lei n. 7.347, de 24.7.1985:

"O Ministério Público poderá instaurar, sob sua presidência, inquérito civil, ou requisitar, de qualquer organismo público ou particular, certidões, informações, exames ou perícias, no prazo que assinalar, o qual não poderá ser inferior a dez dias úteis".

Concluindo que está ameaçado qualquer direito social dos trabalhadores, o MPT cuidará da propositura da ação civil pública.

Nesse ponto, merece registro que o Conselho Superior do Ministério Público editou a Resolução n. 24, de 27 de maio de 1997, disciplinando a instauração e autuação de inquéritos civis públicos e procedimentos investigatórios no âmbito da Instituição. Esta Resolução não mais vigora. O Procurador-Geral do Trabalho editou a Recomendação n. 01 de 18.10.1999, para suprir a lacuna existente com a revogação dessa resolução. Claro está, que essa Recomendação não tem caráter normativo ou vinculativo, posto que essa é uma incumbência exclusiva do Conselho Superior.

III — requisitar à autoridade administrativa federal competente, dos órgãos de proteção ao trabalho, a instauração de procedimentos administrativos, podendo acompanhá-los e produzir provas.

Este inciso confere ao MPT o poder de requisitar dos órgãos de proteção ao trabalho a instauração de procedimentos administrativos para apuração de fatos que se relacionem com a relação de trabalho, como por exemplo: a) o trabalho do menor sob condições vedadas por lei; b) ambiente de trabalho em que o trabalhador está permanentemente na iminência de sofrer um acidente; c) condições de trabalho impróprias para a mulher.

Desnecessário dizer que outros exemplos poderíamos arrolar capazes de justificar a intervenção, na esfera administrativa, do MPT, mas não o fazemos porque aqueles já indicados esclarecem satisfatoriamente a norma sob exame.

A lei autoriza o MPT a acompanhar os citados procedimentos administrativos e a produzir provas.

IV — ser cientificado pessoalmente das decisões proferidas pela Justiça do Trabalho, nas causas em que o órgão tenha intervindo ou emitido parecer escrito.

Ficam os Juízes dos três graus da jurisdição do trabalho obrigados a dar ciência ao MPT das decisões em que tenham intervindo ou emitido parecer escrito.

Semelhante exigência coloca o MPT em condições de utilizar, ou não, a faculdade de interpor o recurso que julgue adequado.

V — *exercer outras atribuições que lhe forem conferidas por lei desde que compatíveis com sua finalidade.*

Tanto a Constituição como a Lei Complementar n. 75 não impedem que a lei ordinária crie para o MPT outras atribuições, desde que elas sejam compatíveis com as finalidades fundamentais da instituição.

O texto da Lei Complementar, que vimos de transcrever, dá-nos a exata medida do novo papel do MPT na esfera processual como, também, no tocante à proteção dos direitos individuais e coletivos do trabalhador. Anteriormente, suas funções eram muito limitadas. Atuava principalmente nos segundo e terceiro graus de jurisdição dos Tribunais do Trabalho e, à guisa de exceção, no primeiro grau quando havia interesse de menores e incapazes.

A Lei Complementar em tela abriu espaço para o MPT também nas reclamatórias individuais ou plúrimas, desde que haja solicitação da Vara do Trabalho ou por iniciativa do procurador do trabalho se entender que, há no feito, interesse público.

Se é a Vara do Trabalho que solicita o pronunciamento do MPT, cabe a este dá-lo. Se, porém, o MPT, para justificar sua intervenção no feito, alegar a existência de interesse público, tem a jurisprudência dos tribunais da justiça comum entendido ser o Juiz competente para declarar a procedência, ou não, daquela alegação.

Na Justiça Comum, onde há uma comarca sempre há um representante do Ministério Público, a fim de que este possa desempenhar cabalmente as atribuições que lhe conferem a Constituição e o Código de Processo Civil. Atualmente, o MPT só está organizado junto aos Tribunais Superior e Regionais do Trabalho. A fim de que a Lei Complementar em estudo seja cumprida, terá o Executivo de promover a admissão de algumas centenas de Procuradores do Trabalho. Isso inocorrendo, que se promova alteração legislativa que permita que o MPT seja substituído pelo Ministério Público Estadual nas Varas do Trabalho.

De qualquer modo, essas dificuldades de ordem organizacional e financeira não servem para fundamentar a condenação do regramento legal que reestruturou o MPT e lhe conferiu atribuições mais consentâneas com a relevância da problemática trabalhista dos nossos dias.

É o MPT parte nos processos de sua iniciativa "para declaração de nulidade de cláusula do contrato, acordo coletivo ou convenção coletiva" contrária às liberdades individuais ou coletivas ou os direitos individuais indisponíveis dos trabalhadores.

Temos como certo que o legislador pensou, também, nos contratos individuais do trabalho ao se referir, simplesmente, aos "contratos".

O pressuposto da legitimação processual do MPT, *in casu*, é a ofensa às liberdades individuais e coletivas aos direitos individuais indisponíveis dos trabalhadores.

O inciso VIII, por via oblíqua, modificou a disposição da CLT que autoriza o MPT (art. 856) a requerer a instauração da instância do dissídio coletivo quando ocorrer a paralisação do trabalho. Ocorrida esta, é legítima a conduta do MPT.

A Lei Complementar reportando-se à hipótese (inciso VIII) deixa claro que o MPT só deve agir para defender a ordem jurídica ou o interesse público. Entendemos que uma greve que é deflagrada em obediência à legislação específica, impede a interferência do MPT porque, aí, a ordem jurídica está preservada. Todavia, se essa mesma greve puser em risco o bem-estar da coletividade (interesse público) tem o MPT de tomar a iniciativa de propor a instauração da instância.

Ganhou maior relevo a figura do MPT nos conflitos coletivos do trabalho. Em consonância com o inciso IX acima transcrito, tem ele competência para promover a conciliação das partes envolvidas num dissídio coletivo (de natureza econômica, é evidente) ou, pelo inciso XI, atuar como árbitro se os interessados lhe dirigirem pedido nesse sentido.

Lamentavelmente, a Lei Complementar é silente quanto aos aspectos formais do laudo arbitral emitido pelo MPT. Inobstante essa lacuna, parece-nos possível a aplicação subsidiária das normas pertinentes do Código de Processo Civil que forem compatíveis com o regramento geral da CLT. Dessarte, a homologação do laudo caberá ao Tribunal Regional do Trabalho ou mesmo ao Tribunal Superior do Trabalho, conforme as dimensões do conflito.

O MPT oficia obrigatoriamente, como fiscal da Lei, nos processos de dissídio coletivo.

e) Órgãos do Ministério Público do Trabalho

Reza o art. 85 da Lei Complementar sob análise:

"*São órgãos do Ministério Público do Trabalho: I — o Procurador-Geral do Trabalho; II — o Colégio de Procuradores do Trabalho; III — o Conselho Superior do Ministério Público do Trabalho; IV — a Câmara de Coordenação e Revisão do Ministério Público do Trabalho; V — a Corregedoria do Ministério Público do Trabalho; VI — os Subprocuradores-Gerais do Trabalho; VII — as Procuradorias Regionais do Trabalho; VIII — os Procuradores do Trabalho.*"

Releva notar que o Decreto n. 88.077, de 1º de fevereiro de 1983, já criara os seguintes órgãos do MPT: Conselho Superior do MPT; a Corregedoria Geral do MPT e Colégio de Procuradores do Trabalho.

A carreira do MPT é constituída dos cargos de Subprocuradores-gerais do Trabalho, Procurador Regional do Trabalho e Procurador do Trabalho. O cargo inicial é de Procurador do Trabalho e, o do último nível, o de Subprocurador-Geral do Trabalho (art. 86).

Cabe ao Procurador-Geral designar o Procurador Regional e não se esclarece se é em comissão ou se o designado se torna titular efetivo do cargo. À vista do preceituado no art. 86, reveste-se de efetividade essa resignação eis que o cargo em questão integra a carreira do Procurador (v. inciso VII do art. 91).

É o Procurador-Geral do Trabalho o chefe do Ministério Público do Trabalho. Ele é disciplinado pelos arts. 87 a 92, da Lei Complementar n. 75 sob análise.

Ele será nomeado pelo Procurador-Geral da República, dentre integrantes da instituição, com mais de 35 anos de idade e de cinco anos de carreira e que figurem em lista tríplice escolhida mediante voto plurinominal, facultativo e secreto, pelo Colégio de Procuradores para um mandato de dois anos, permitida uma recondução, observado o mesmo processo. Caso não haja número suficiente de candidatos com mais de cinco anos de carreira, poderá concorrer à lista tríplice quem contar mais de dois anos de carreira.

Já se observa, neste passo, que a unicidade do Ministério Público reside principalmente no comando único centrado na Procuradoria-Geral da República.

Dentre as atribuições do Procurador-Geral do Trabalho podemos destacar as seguintes: integrar, como membro nato, e presidir o Colégio de Procuradores do Trabalho, o Conselho Superior do Ministério Público do Trabalho e a Comissão de Concursos; nomear o Corregedor-Geral do Ministério Público do Trabalho; designar o chefe da Procuradoria Regional dentre os Procuradores Regionais do Trabalho lotados na respectiva Procuradoria Regional; decidir, em grau de recurso, os conflitos de atribuição entre os órgãos do Ministério Público do Trabalho; determinar a abertura da correição, sindicância ou inquérito administrativo; decidir processo disciplinar contra membro da carreira ou servidor dos serviços auxiliares, aplicando as sanções que sejam da sua competência; autorizar o afastamento de membros do Ministério Público do Trabalho, nos casos previstos em lei; designar membro do Ministério Público do Trabalho para: a) funcionar nos órgãos em que a participação da Instituição seja legalmente prevista, ouvido o Conselho Superior; b) integrar comissões técnicas ou científicas, relacionadas às funções da instituição, ouvido o Conselho Superior; c) assegurar a continuidade dos serviços, em casos de vacância, afastamento temporário, ausência, impedimento ou suspeição do titular, na inexistência ou falta do substituto designado; propor ao Procurador-Geral da República, ouvido o Conselho Superior, a criação e extinção de cargos da carreira e dos ofícios em que devam ser exercidas suas funções; coordenar as atividades do Ministério Público do Trabalho; exercer outras atribuições previstas em lei.

Já o Colégio de Procuradores do Trabalho (regrado pelos arts. 93 a 95), é presidido pelo Procurador-Geral do Trabalho e integrado por todos os membros da carreira em atividade no Ministério Público do Trabalho, e tem dentre suas funções, a de preparar, mediante voto secreto e facultativo, a lista tríplice para a escolha do Procurador-Geral do Trabalho, as listas sêxtuplas dos que devem compor os Tribunais Superior e Regionais do Trabalho. Dado que os votantes estão dispersos por todo o território nacional, a votação provavelmente será por correspondência ou será autorizada a instalação de urnas nas procuradorias regionais espalhadas pelo País.

O Conselho Superior do Ministério Público do Trabalho (regrado pelos arts. 96 a 98), é presidido pelo Procurador-Geral do Trabalho, e tem a seguinte composição: o Procurador-Geral do Trabalho e o Vice-Procurador-Geral do Trabalho, que o integram como membros natos; quatro Subprocuradores-Gerais do Trabalho, eleitos para um mandato de dois anos pelo Colégio de Procuradores do Trabalho, mediante voto plurinominal, facultativo e secreto, permitida uma reeleição; e quatro Subprocuradores-Gerais do Trabalho, eleitos para um mandato de dois anos, por seus pares, mediante voto plurinominal, facultativo e secreto, permitida uma reeleição.

Temos, como razoável, que as Procuradorias Regionais deveriam ter um ou dois representantes no Conselho Superior.

As deliberações do Conselho Superior serão tomadas por maioria de votos, presente a maioria absoluta de seus membros, e serão publicadas no Diário da Justiça, exceto quando o Regimento Interno determinar o sigilo.

Compete ao Conselho Superior do Ministério Público do Trabalho:

I — exercer o poder normativo no âmbito do Ministério Público do Trabalho, observados os princípios desta lei complementar, especialmente para elaborar e aprovar: a) o seu Regimento Interno, o do Código dos Procuradores e o da Câmara de Coordenação e Revisão do Ministério Público do Trabalho; b) as normas e as instruções para o concurso de ingresso na carreira; c) as normas para as designações para os diferentes ofícios do Ministério Público do Trabalho; d) os critérios para a distribuição de procedimentos administrativos e quaisquer outros feitos no Ministério Público do Trabalho; e) os critérios de promoção por merecimento na carreira; f) o procedimento para avaliar o cumprimento das condições do estágio probatório. II — indicar os integrantes da Câmara de Coordenação e Revisão do Ministério Público do Trabalho; III — propor a exoneração do Procurador-geral do Trabalho; IV — destituir, por iniciativa do Procurador-Geral do Trabalho e pelo voto de dois terços de seus membros, antes do término do mandato, o Corregedor-Geral; V — elaborar a lista tríplice destinada a promoção por merecimento; VI — elaborar a lista tríplice para Corregedor-Geral do Ministério Público do Trabalho; VII — aprovar a lista de antiguidade do Ministério Público do Trabalho e decidir sobre as reclamações a ela concernentes; VIII — indicar o membro do Ministério Público do Trabalho para promoção por antiguidade, observado o disposto no art. 93, II, alínea "d", da Constituição Federal; IX — opinar sobre a designação do membro do Ministério Público do Trabalho para: a) funcionar nos órgãos em que a participação da Instituição seja legalmente prevista; b) integrar comissões técnicas ou científicas relacionadas às funções da Instituição; X — opinar sobre o afastamento temporário do membro do Ministério Público do Trabalho; XI — autorizar a designação, em caráter excepcional, de membros do Ministério Público do Trabalho, para exercício de atribuições processuais perante juízes, tribunais ou ofícios diferentes dos estabelecidos para cada categoria; XII — determinar a realização de correições e sindicâncias e apreciar os relatórios correspondentes; XIII — determinar a instauração de processos administrativos em que o acusado seja membro do Ministério Público do Trabalho, apreciar seus relatórios e propor as medidas cabíveis; XIV — determinar o afastamento do exercício de suas funções, de membro do Ministério Público do Trabalho, indicado ou acusado em processo disciplinar e o seu retorno; XV — designar a comissão de processo administrativo em que o acusado seja membro do Ministério Público do Trabalho; XVI — decidir sobre o cumprimento do estágio probatório por membro do Ministério Público do Trabalho, encaminhando cópia da decisão ao Procurador-Geral do Trabalho, quando for o caso, para ser efetivada sua exoneração; XVII — decidir sobre remoção e disponibilidade de membro do Ministério Público do Trabalho, por interesse público; XVIII — autorizar pela maioria absoluta de seus membros que o Procurador-Geral da República ajuíze ação de perda de cargo contra membro vitalício do Ministério Público do Trabalho; XIX — opinar sobre os pedidos de reversão de membro da carreira; XX — aprovar a proposta de lei para o aumento do número de cargos da carreira e dos ofícios; XXI — deliberar sobre a realização de concurso para o ingresso na carreira, designar os membros da Comissão de Concurso e opinar sobre a homologação dos resultados; XXII — aprovar a proposta orçamentária que integrará o projeto de orçamento do Ministério Público da União; XXIII — exercer outras funções atribuídas em lei.

Como se pode observar, são eminentemente administrativas as atribuições do Conselho Superior do Ministério Público do Trabalho.

No desempenho de suas funções nesse Conselho, tanto o Procurador-Geral como os demais membros podem ser alvo de arguições de impedimentos ou suspeições, nos termos do Código de Processo Civil, *ex vi* do disposto nos seus arts. 134 a 138.

Um reparo ao inciso XIV, que outorga ao Conselho o poder de afastar, do exercício de suas funções, membro do Ministério Público do Trabalho, indiciado ou acusado em processo disciplinar. Nada diz a lei sobre a remuneração do afastado. Temos como certo que, em sendo de caráter preventivo a medida, faz jus aos vencimentos. De outra parte, a sanção em foco há-se resultar de plena comprovação das circunstâncias ou fatos que a recomendam — sempre precedida, como é óbvio, da mais ampla defesa.

No inciso XVIII, se emprega o verbo "determinar" quando, a rigor, deveria ser um outro, "propor" e isto por dois motivos: primeiro, porque o Procurador-Geral da República é o chefe do Ministério Público da União e, em razão dessa posição, não fica bem dizer-se que ele poderá receber determinações de órgãos hierarquicamente inferiores; segundo, porque existe a possibilidade de o Procurador-Geral da República, desejar a revisão do pedido em virtude de suas imperfeições.

A Câmara de Coordenação e Revisão do Ministério Público do Trabalho, que é tratada nos arts. 99 a 103 da Lei Complementar n. 75, é um órgão de coordenação e de revisão do exercício funcional da Instituição, e está composta por três membros do Ministério Público do Trabalho, sendo um indicado pelo Procurador-Geral do Trabalho e dois pelo Conselho Superior do Ministério Público do Trabalho, juntamente com seus suplentes, para um mandato de dois anos, sempre que possível, dentre integrantes do último grau da carreira.

Compete à Câmara de Coordenação e Revisão do Ministério Público do Trabalho, de acordo com o art. 103: I — promover a integração e a coordenação dos órgãos institucionais do Ministério Público do Trabalho, observado o princípio da independência funcional; II — manter intercâmbio com órgãos ou entidades que atuem em áreas afins; III — encaminhar informações técnico-jurídicas aos órgãos institucionais do Ministério Público do Trabalho; IV — resolver sobre a distribuição especial de feitos e procedimentos quando a matéria, por sua natureza ou relevância assim o exigir; V — resolver sobre a distribuição especial de feitos que, por sua contínua reiteração, devam receber tratamento uniforme; VI — decidir em conflitos de atribuição entre os órgãos do Ministério Público do Trabalho.

Esta Câmara tem relevantes atribuições. Cabe-lhe, em última análise, diligenciar para que, sem sacrifício da independência funcional, todos os membros do Ministério Público do Trabalho uniformizem seu pensamento sobre a matéria que a Constituição lhes confia.

O disposto no inciso V do art. 103 está voltado para as instâncias superiores da Justiça do Trabalho. Nelas é que haverá a possibilidade de selecionar os casos que, por sua reiteração, devam receber pronunciamento uniforme do Procurador. É inquestionável que, no primeiro grau, onde se encontram os Juízos de Direito ou as Varas do Trabalho, existe a impossibilidade de proceder-se a tal seleção.

É a Corregedoria do MPT o órgão incumbido da fiscalização das atividades funcionais da Instituição. Ela é regrada pelos arts. 104 e ss. da Lei Complementar n. 75.

Pode realizar, de ofício, exponte sua, correições e sindicâncias ou a pedido do Procurador-Geral.

O inquérito que promover será o prelúdio do processo administrativo a cargo do Conselho Superior.

É cercado de garantias especiais o cargo de Corregedor. Embora nomeado pelo Procurador-Geral, deverá figurar em lista tríplice constituída pelo Conselho Superior.

Sua destituição antes do término do mandato de dois anos, há de ser por iniciativa do Procurador-Geral mas decretada pelo Conselho Superior pelo voto de dois terços dos seus membros.

Os Subprocuradores-Gerais do Trabalho, segundo a Lei Complementar n. 75, terão de atuar junto a um único órgão jurisdicional: o Tribunal Superior do Trabalho.

Todavia, o parágrafo único do art. 107 confere ao Conselho Superior o poder de autorizar seu ofício junto a órgão jurisdicional diferente. Sem embargo da obscuridade do texto, não hesitamos em afirmar que essa designação de caráter excepcional terá sempre caráter transitório. Pensar-se diferente é entender que o Conselho Superior pode suprimir uma prerrogativa criada por Lei em favor desse membro do MPT.

Cabe aos Subprocuradores-Gerais do Trabalho, privativamente, o exercício das funções de Corregedor-Geral do Ministério Público do Trabalho e de Coordenador da Câmara de Coordenação e Revisão do Ministério Público do Trabalho.

Os Procuradores Regionais serão designados para oficiar junto aos Tribunais Regionais do Trabalho.

É silente a lei quanto à hipótese de afastamento temporário do Procurador Regional e sua substituição. Manda o bom-senso que seja ele substituído por um dos Procuradores do Trabalho lotados no local.

Quanto às atribuições do Procurador Regional, são aquelas que lhe forem cabíveis e relacionadas no art. 83 da Lei sob análise. Os Procuradores do Trabalho são os que ocupam o cargo inicial da carreira. São tratados nos arts. 112 e 113 da Lei Complementar n. 75. Deduz-se do conteúdo dos dois artigos que os Procuradores do Trabalho atuarão nas Procuradorias Regionais e nos litígios trabalhistas que envolvam interesses de menores e de incapazes.

Entretanto, no art. 83 é definida a competência do Ministério Público do Trabalho em termos que não deixam margem a qualquer dúvida: os Procuradores do Trabalho poderão ser partes ou fiscais da lei em processos na instância primária, como por exemplo: promover a ação civil pública no âmbito da Justiça do Trabalho, para defesa de interesses coletivos, quando desrespeitados os direitos sociais constitucionalmente garantidos; propor as ações cabíveis para declaração de nulidade de contrato.

O número de Procuradores do Trabalho em cada Procuradoria Regional será fixado em regulamento.

É o que diz o parágrafo único do art. 112 da Lei Complementar n. 75: "A designação do Procurador do Trabalho para oficiar em órgãos jurisdicionais diferentes dos previstos para a categoria dependerá de autorização do Conselho Superior (do MPT)".

No *caput* do art. 112 é estabelecido que os Procuradores do Trabalho serão designados para oficiar junto aos Tribunais Regionais do Trabalho e, na forma das leis processuais, nos litígios trabalhistas que envolvam, especialmente, interesses de menores e incapazes.

Os arts. 17 e 18 da Lei Complementar enunciam as prerrogativas institucionais e processuais dos membros do Ministério Público da União, do qual faz parte o MPT.

Colocadas todas essas questões em exame, não titubeamos em dizer que se impõe haver a elaboração de lei ordinária para espancar as dúvidas acerca da titularidade de ações por parte do Ministério Público do Trabalho. Quando dos debates constituintes de 1988, deixamos registrado que a ação civil pública não se confunde com a ação trabalhista. Ponderávamos nessa oportunidade que aquela está calcada, preponderantemente, na noção dos denominados interesses difusos, coletivos e homogêneos.

Naquele momento, sustentamos que inexistia lei que outorgasse a titularidade de ações judiciais consentâneas com a realidade socioeconômica do país. Para a atuação do Ministério Público do Trabalho na 1ª instância, poderia o legislador ordinário pensar, exemplificativamente, nos seguintes casos:

1) quando estão em discussão os interesses de pessoas representadas por tutores e curadores;

2) nas causas de interesse dos incapazes em geral, inclusive trabalhadores menores de 18 anos;

3) nas causas em que o trabalhador maior discute um direito adquirido na sua menoridade;

4) nas causas em que se discute o trabalho escravo;

5) nas causas em que o empregado é analfabeto;

6) nas ações em que se discute a existência da insalubridade ou periculosidade;

7) nas ações em que postula o cumprimento de uma sentença normativa ou pacto coletivo;

8) nos casos para impedir fraude às execuções trabalhistas por meio de dilapidação do patrimônio da empresa;

9) nas ações em que se postulam as diferenças de salário mínimo;

10) nas ações que se pede a apuração de ato de improbidade, embriaguez e uso de tóxicos;

11) nos casos que se argui inconstitucionalidade de lei ou ato do poder público, impedimento ou suspeição de juiz ou conflito de competência;

12) etc.

Levando o Ministério Público do Trabalho devidamente instrumentalizado legal e administrativamente para funcionar perante a 1ª instância, estar-se-á proporcionando aos trabalhadores uma efetiva proteção, ou melhor, dando à legislação trabalhista maior eficácia, maior alcance social. A despesa não é das mais expressivas e o resultado social dos maiores, mormente quando se pensa que gira em torno de 10% o índice de sindicalização dos trabalhadores urbanos, 5% dos trabalhadores rurais paulistas e 2,8% dos trabalhadores rurais no norte e nordeste do País, estando o restante marginalizados.

Nesse passo, vale enfatizar a seguinte contradição quando se cria uma Vara do Trabalho para substituir a Justiça Comum.

Quando a Justiça Comum estadual está investida da jurisdição trabalhista em virtude de inexistir na localidade uma Vara do Trabalho, ela é perfeita por funcionar junto dela o Ministério Público Estadual, com amplos poderes.

Porém, quando se cria uma Vara do Trabalho na localidade, com o objetivo de aperfeiçoar a própria Justiça do Trabalho, a assistência aos interesses violados dos trabalhadores não é mais realizada cabalmente pelo Ministério Público, ficando a Justiça despida de harmonia em seu funcionamento. E isso por ausência de mera lei ordinária.

Numa primeira etapa de organização do Ministério Público do Trabalho junto à primeira instância com a contratação dos denominados Promotores do Trabalho, poderá ser outorgado ao Ministério Público estadual o exercício de suas atribuições, como já ocorre com o Ministério Público Federal. Poderá estar vazada a lei, que regulamente a matéria nos seguintes termos:

"Nas localidades em que não houver representante do Ministério Público do Trabalho ou onde estiver ele impedido por qualquer motivo, suas funções serão transferidas para o Ministério Público Estadual".

Ora, o desenvolvimento acelerado, galopante das atividades econômicas do Brasil trouxe, em sua esteira, extensa gama de novos riscos para saúde ou mesmo para a vida do trabalhador. Bem sabemos que o fenômeno é verificável em qualquer País, que, como o nosso, sai do estágio agropecuário para adentrar, abruptamente, o da industrialização, sem preparar os necessários quadros de pessoal para sustentar, em boas bases humanas, o processo de transformação.

Todavia, é essa a realidade fática: geral desconhecimento das técnicas mais elementares objetivando a defesa da saúde ocupacional.

Em razão desse fato, temos assistido, com muita tristeza, menores e mulheres trabalhando sob condições as mais agressivas e não é dado movimentar, cabalmente, o Ministério Público do Trabalho para defendê-los, pelo menos, perante o Poder Judiciário, por estar ele desprovido de lei que lhe dê todo o instrumental, inclusive administrativo, para agir.

Invariavelmente, no caso dos trabalhadores que trabalham em atividade insalubre, a reclamação trabalhista envolve somente a postulação do adicional de insalubridade. Não existe a postulação da eliminação ou neutralização do agente agressivo. A fiscalização do trabalho, por sua vez, constatando alguma infringência à CLT, impõe ao empregador faltoso multas em valor pecuniário, que é irrisório legalmente. Contudo essas medidas não eliminam os agentes nocivos à saúde dos trabalhadores.

Ora, se não houver a instrumentalização do Ministério Público do Trabalho para agir judicialmente para compelir o empregador a adotar medidas de proteção à vida dos trabalhadores — mulheres, homens e menores —, continuaremos a ostentar o título como o vulgo aponta de "campeões do acidente do trabalho no mundo". Destaque-se que gastamos cerca de 14% do Produto Nacional Bruto em acidente do trabalho. Sem margem de erro, caso o Ministério Público do Trabalho estivesse devidamente instrumentalizado, como acima apontado, haveria a diminuição do índice de acidentes do trabalho, com economia para os cofres previdenciários e acarretando maior rendimento do nosso Produto Bruto e diminuição apreciável do preço de nossos bens exportados, o que facilitaria a competitividade internacional.

Poder-se-á alegar que, quando o empregador lesa a integridade física do trabalhador ou causa sua morte, existe a perseguição e punição criminais. Ora, a punição criminal, apenas, não resolve o problema dos outros trabalhadores. Continuarão eles expostos aos agentes agressivos à saúde e que estejam presentes no local de suas funções. Viola sua natureza humana quando se pretende proteger o trabalhador após a morte de muitos outros. Há necessidade de mecanismos de toda ordem, inclusive de estruturação administrativa do Ministério Público do Trabalho, de prevenção do acidente do trabalho e que devem ser concedidos a este.

Este feixe de situações individuais forma ponderável parcela da sociedade. Incapaz de identificar as verdadeiras causas de sua adversidade, esses grupos humanos se convertem em terra fértil para a proliferação de pensamento contrários ao Estado de Direito.

Lembramo-nos do lapidar ensinamento de *Lacordaire* de que "a liberdade somente é possível no País onde o direito paire acima das paixões".

Ora, um dos instrumentos que o Estado Democrático tem para que haja a defesa do Direito perante o Poder Judiciário acima das paixões é, sem dúvida, o Ministério Público. Impedindo-se ou se dificultando seu regular funcionamento, o Ministério Público do Trabalho jamais será um empecilho para aqueles que detestam a liberdade vivida sob o manto do direito e da justiça.

171.5. O Ministério Público do Trabalho e a Titularidade Exclusiva da Ação Anulatória de Cláusula em Pacto Coletivo de Trabalho

O Diário da Justiça da União, em sua edição de 22 de novembro de 2002 (p. 550/1) veicula a seguinte ementa de acórdão prolatado pela Seção de Dissídios Coletivos do TST no ROAR (Recurso ordinário em ação anulatória) 803.982/2001.0 — *verbis*:

"Ilegitimidade ativa ad causam arguida de ofício. O art. 83, inciso IV, da Lei Complementar n. 75/93 prevê a possibilidade de o Ministério Público junto aos órgãos da Justiça do Trabalho propor ação anulatória de cláusula de contrato, acordo coletivo ou convenção coletiva que viole as liberdades individuais ou coletivas ou os direitos individuais indisponíveis dos trabalhadores. Da dicção do citado preceito a competência para propor a ação anulatória restringe ao Ministério Público do Trabalho até porque não há nenhum dispositivo de lei a legitimar pessoa diversa. Extinção do processo sem julgamento do mérito, na forma do disposto no inciso VI, do art. 267 do CPC, ante a ausência de uma das condições da ação, atinente à legitimidade ativa ad causam."

JAS ajuizou ação anulatória contra a empresa "X" Ltda. e o Sindicato dos Operadores Portuários do Estado "X" objetivando a declaração de nulidade da cláusula 7ª do Acordo Coletivo n. 98/99 celebrado com a ré e da cláusula 8ª, § 1º, da Convenção Coletiva firmada com o Réu. Pugnou ainda pela antecipação da tutela.

Indeferiu-se o pedido de antecipação da tutela.

A Corte Regional julgou improcedente o pedido.

No TST prevaleceu o entendimento de que a ação anulatória não é de ser admitida se proposta por pessoa física.

No corpo do acórdão, faz-se alusão às seguintes palavras do Ministro Relator:

"Se o acordo é extrajudicial, o meio processual para a defesa da ordem jurídica lesada é a ação anulatória prevista no art. 83, IV, da Lei Complementar n. 75/93 para ser exercida pelo Ministério Público na defesa das liberdades individuais ou coletivas ou dos direitos indisponíveis dos trabalhadores."

A precitada Lei Complementar n. 75/93, no inciso IV do seu art. 83, não diz, às expressas, *in casu*, ser de competência exclusiva do Ministério Público a propositura de uma ação anulatória de instrumento coletivo. Limita-se a dizer que o Ministério Público tem *legitimatio ad causam* ativa para ajuizar ação anulatória contra pacto coletivo.

É de toda a evidência que um dos sujeitos da relação coletiva contestada tem legitimidade para propor a ação anulatória do Acordo ou da Convenção Coletiva. Não temos conhecimento de caso semelhante, mas é real sua possibilidade.

Pessoa que não está familiarizada com a problemática processual pode ser assaltada pela seguinte dúvida: se um trabalhador é prejudicado por um acordo extrajudicial, tem, obrigatoriamente, de levar seu pleito ao Ministério Público?

Aqui, também, é negativa a resposta.

Para bem dilucidar este ponto, recordamos as palavras do saudoso *Ministro José Luiz Vasconcelos* em acórdão, de que foi relator, proferido no julgamento da AA 606.562/99, *in* DJU de 15.12.2000 — *ad litteram*:

"A figura da ação anulatória de cláusula de contrato, acordo coletivo ou convenção coletiva que viole as liberdades individuais ou ainda os direitos individuais indisponíveis dos trabalhadores surgiu no ordenamento jurídico com o advento da Lei Complementar n. 75/93, que em seu art. 83, inciso IV, atribuiu a competência para a propositura unicamente ao Ministério Público do Trabalho, justificando-se esta limitação ante a destinação constitucional atribuída ao Parquet e à possibilidade que têm os destinatários da norma de impugná-la pela via do dissídio individual (reclamação trabalhista, individual ou plúrima, proposta diretamente pelo trabalhador ou pelo seu sindicato de classe, como substituto processual), quando sua aplicação atingir diretamente seus diretos (art. 1º da Lei n. 8.984/95)" (TST-AA-606.562/99, publicado no DJ de 15.12.2000).

A orientação dada pelo saudoso *Ministro José Luiz Vasconcellos* não podia ser melhor.

Embora reconhecendo a impossibilidade de uma pessoa física (ou várias delas em litisconsórcio ativo) ser o titular uma ação anulatória de um Acordo ou de uma Convenção Coletiva, aquele magistrado sustentou, com toda a propriedade, que poderia defender seu direito — se lesado por uma cláusula de pacto coletivo — por uma ação individual.

Afina-se essa diretriz com o princípio hospedado no inciso XXXV do art. 5º da Constituição Federal ("a lei não excluirá da apreciação do poder Judiciário lesão ou ameaça a direito").

Quanto à competência para o julgamento da ação anulatória, o TST fixou a Orientação Jurisprudencial n. 129, da SDI-2, que diz: *"Ação anulatória. Competência originária* — Em se tratando de ação anulatória, a competência originária se dá no mesmo juízo em que praticado o ato supostamente eivado de vício."

171.6. Do Ministério Público do Trabalho e os Interesses e Direitos Individuais Homogêneos

A) *A Constituição Federal e o MPT*

Uma das boas coisas (não muitas, mas as há) introduzidas em nosso ordenamento jurídico pela Constituição Federal de 1988 foi o fortalecimento do Ministério Público perante o Estado e a sociedade.

Perfilâmo-nos entre aqueles que, hoje, consideram o *parquet* o quarto poder da República, porque seus princípios institucionais passaram a ser "a unidade, a indivisibilidade e independência funcional" (§ 1º do art. 127 da CF).

Essa inovação constitucional beneficiou a ordem jurídica e deu maior efetividade à defesa dos direitos fundamentais do cidadão.

Admiráveis os serviços que o Ministério Público vem prestando à coletividade como *"instituição permanente, essencial à função jurisdicional do Estado, incumbindo-lhe a defesa da ordem jurídica, do regime democrático e dos interesses sociais e individuais indisponíveis"* (*ex vi* do *caput* do art. 127 da CF).

Com estribo na Constituição de 1988, a Lei Complementar n. 75, de 20 de maio de 1993, em seu art. 83, estabelece competência do MPT junto aos órgãos da Justiça do Trabalho.

Nesse particular, forçoso reconhecer que o legislador não foi muito feliz. Não explicitou as atribuições do MPT com a mesma clareza e objetividade que usou no art. 81 do Código de Processo Civil ao definir o papel do Ministério Público Estadual no processo.

Deixou à margem as ações trabalhistas que tivessem por objeto o trabalho do menor e da mulher e as questões vinculadas à saúde ocupacional.

Em tais ações — a nosso ver — deve ser obrigatório o *custos legis*.

B) *O MPT e a CLT*

No tangente ao Ministério Público do Trabalho — MPT, não negamos que ele, graças à nova ordem constitucional e à Lei Complementar n. 75/93, viu alargados os horizontes de suas atividades.

Anteriormente, a Carta de 1967, Emenda n. 1/69 e a Consolidação das Leis do Trabalho — CLT, lhe fixavam atribuições assaz modestas e que se reduziam, a rigor, às manifestações nos processos em julgamento nos tribunais.

A CLT estatuía, nas alíneas *f* e *g* do art. 750, que incumbia ao Procurador do Trabalho "funcionar em juízo, na sede do respectivo tribunal" e "exarar o seu ciente nos acórdãos do tribunal". Como se vê, exigia-se muito pouco do MPT.

C) *O MPT e o Processo do Trabalho*

Dir-se-á que, consoante o inciso II do precitado art. 83 da Lei Complementar n. 75, deve ele manifestar-se "em qualquer fase do processo trabalhista, acolhendo solicitação do Juiz ou por sua iniciativa, quando entender existente interesse público que justifique a intervenção."

Na prática, é inócua essa disposição legal.

Raramente o juiz solicita o pronunciamento do Ministério Público nas ações tramitando no primeiro grau. De outra parte, o Ministério Público não toma a iniciativa de falar numa ação invocando existência de interesse público porque não é informado sobre o ajuizamento de tais feitos.

Voltamos em insistir na conveniência de acrescentar-se inciso ao questionado art. 83 estabelecendo a obrigatoriedade da presença do MPT nas ações já indicadas.

D) *O MPT, Ação Civil Pública e Direito Coletivo*

Com estas considerações preliminares queremos deixar bem claro que, sem embargo do reconhecimento público que fazemos da importância do papel do MPT no mundo do trabalho, não podemos furtar-nos à crítica da interpretação emprestada ao inciso III do multicitado art. 83, da Lei Complementar n. 75/93 — *verbis*:

"*promover a ação civil pública no âmbito da Justiça do Trabalho, para defesa de interesses coletivos, quando desrespeitados os direitos sociais constitucionalmente garantidos.*"

Consabido que foi a Lei Complementar n. 41/81 (Lei Orgânica Nacional do Ministério Público) a primeira, em nosso sistema legal, a mencionar a ação civil pública, dando-lhe, porém, alcance assaz limitado. A Lei n. 7.347/85 dilatou-lhe sobremaneira o campo de atuação e a Constituição Federal de 1988 tornou-a sólido meio de defesa dos interesses da coletividade dos consumidores.

Pacificou-se, na doutrina e na jurisprudência, o entendimento de que o MPT tem legitimidade para propor ação civil pública perante a Justiça do Trabalho, desde que seja em defesa de interesses coletivos vinculados a direitos sociais insculpidos na Constituição Federal.

A controvérsia gira em torno do conceito de interesse ou direito coletivo, que deixaria de existir se o legislador ordinário apontasse as situações concretas em que o Ministério Público do Trabalho pode atuar como *custos legis* (ou fiscal da lei) e como titular da ação, respeitando-se, assim, os exatos termos do art. 81, do CPC, como já apontado anteriormente.

Como a Lei Complementar n. 75/93 silencia quanto ao estabelecimento de uma noção de interesse, tem-se de recorrer ao inciso II do art. 81 da Lei n. 8.078, de 11 de setembro de 1990 (Código de Defesa do Consumidor) — *verbis*:

"*interesses ou direitos coletivos, assim entendidos para efeitos deste Código, os transindividuais de natureza indivisível de que seja titular grupo, categoria ou classe de pessoas ligadas entre si ou com a parte contrária por uma relação jurídica base;*"

Vejamos como alguns autores interpretam esse dispositivo do Código do Consumidor:

Hugo Nigro Mazzilli (in "A defesa dos interesses difusos em juízo", 11ª ed., Saraiva, 1999, p. 339) preleciona que "interesses coletivos reúnem um conjunto determinável de pessoas (grupo, categoria ou classe), ligadas de forma indivisível pela mesma relação jurídica, com os integrantes de um consórcio, em matéria relativa, p. ex., à validade ou invalidade da relação jurídica que os une (a ilegalidade de um aumento é compartilhado por todos os consorciados, em igual medida, não podendo ser quantificado na proporção de cada um deles".

Kazuo Watanabe — um dos autores do anteprojeto do Código de Defesa do Consumidor (in "Código Brasileiro de Defesa do Consumidor", 1ª ed., comentado pelos autores do anteprojeto, Forense, 1991, p. 509/510) diz que "os interesses ou direitos coletivos foram conceituados como os transindividuais de natureza indivisível de que seja titular grupo, categoria ou classe de pessoa ligadas entre si ou com a parte contrária por uma relação jurídica (art. 81, parágrafo único, n. II). Com o uso da expressão transindividuais de natureza indivisível se descartou, antes de mais nada, a ideia de interesses individuais agrupados ou feixe de interesses individuais da totalidade dos membros de uma entidade ou de parte deles".

Esse autor assevera que o traço diferenciador dos interesses difusos e coletivos é que estes são determináveis e, aqueles, não. Essa determinabilidade das pessoas titulares de interesses ou direitos coletivos, obtém-se por meio de relação jurídica base que as une (membros de uma associação de classe, ou acionistas de uma mesma sociedade ou por meio do "vínculo jurídico que as liga à parte contrária" (contribuintes de um mesmo tributo, prestamistas de um mesmo sistema habitacional ou contratantes de um segurador com um mesmo tipo de seguro, estudantes de uma mesma escola etc.).

Percebe-se, nitidamente, na maioria das ações públicas propostas pelo MPT que, entre os trabalhadores e seu empregador ou empregadores, não há uma mesma relação jurídica que seja indivisível.

Watanabe, depois de frisar que a natureza indivisível dos interesses ou direitos coletivos ensejará não raro a proteção de pessoas não pertencentes às associações autoras de ações coletivas, lembra que "não foi por outra razão que o inciso II do art. 103 (do Código do Consumidor) estabeleceu que a sentença proferida nessas ações coletivas fará coisa julgada ultra partes limitadamente ao grupo, categoria ou classe" (obra citada, p. 511).

Neste passo, ressalvamos que tendo a ação civil pública, por objeto, relação jurídica subtraída à regência do Código do Consumidor, a sentença prolatada nessa ação "fará coisa julgada *erga omnes*, nos limites da competência territorial do órgão prolator..." (art. 16 da Lei n. 7.347, de 24.7.1985, com redação dada pela Lei n. 9.494, de 10.9.1997).

Ada Pellegrini Grinover (*in* "Novas tendências do direito processual", p. 149) discorrendo sobre interesses e direitos coletivos ensina que "a sociedade mercantil, o condomínio, a família, os entes profissionais, o próprio sindicato, dão margem a que surjam interesses comuns, nascidos em função de uma relação-base que une os membros das respectivas comunidades e que, não se confundindo com os interesses estritamente individuais de cada sujeito, permite sua identificação".

Consoante o magistério de *Ibraim Rocha* (*in* "Ação civil pública e o processo do trabalho", 2. ed., LTr, p. 36/7) — que não se afasta da corrente doutrinária dominante — são notas fundamentais dos interesses coletivos:

"I — Organização Mínima — essa espécie de interesse exige um mínimo organizativo, pois lhe é essencial um mínimo de coesão e identificação.

II — Afetação a Grupos Determinados ou Determináveis — esses grupos serão os portadores dos interesses.

III — Vínculo jurídico básico — esse é o vínculo comum a todos os participantes do grupo que lhes confere situação jurídica diferenciada. Como o interesse coletivo pressupõe um ente organizado que a retenha e aglutine, os sindicatos surgem naturalmente, no campo das relações do trabalho, como o grupo social suficientemente forte e definido para captar aquele interesse e protegê-lo."

Essas palavras de *Ibraim Rocha* — jurista de boa cepa e membro do MPT — nos induzem a pensar que o susocitado inciso III, do art. 83 da Lei Complementar n. 75/95, conflita com o inciso III, do art. 8º da Lei Fundamental — *verbis*:

"ao sindicato cabe a defesa dos direitos e interesses coletivos ou individuais da categoria, inclusive em questões judiciais ou administrativas."

Poder-se-á dizer que a imperatividade da norma não autoriza o legislador infraconstitucional a promover a partilha daquela prerrogativa dos sindicatos com o Ministério Público do Trabalho. Pragmaticamente, entendemos que a referida Lei Complementar deveria assentar que, em sendo omisso o sindicato, o MPT assumiria o seu papel.

Todos os intérpretes acima citados, na sua unanimidade, afirmam que o direito coletivo, sobre ser transindividual, é indivisível.

Indivisível é a coisa que se não pode partir sem alteração na sua substância (inciso I do art. 52 do Código Civil, sem correspondente no novo Código Civil).

O Código Civil de 1916 era silente quanto à indivisibilidade de uma obrigação, o que não acontece com o novo Código de 2002, que dispõe no art. 258 — *ad litteram*:

"A obrigação é indivisível quando a prestação tem por objeto uma coisa ou um ato não suscetíveis de divisão, por sua natureza, por motivo de ordem econômica, ou dada a razão determinante do negócio jurídico".

Todavia, o Código de 2002 silencia quanto à ficção jurídica, derivante da conversão de obrigação divisível em indivisível por força de lei; no art. 88, prevê apenas a possibilidade de a lei tornar indivisível o bem que for divisível. O Código Civil de 1916 admitia essa possibilidade no inciso II do art. 53.

De qualquer modo, um dos traços identificadores do interesse ou do direito coletivo é a sua indivisibilidade e isto porque o art. 81 do Código do Consumidor o estabelece.

Sobre o atributo da indivisibilidade do direito coletivo escreveu *José Carlos Barbosa Moreira* (*in* RF, 276:1 — *apud Rodolfo Camargo Mancuso*, "Comentários ao Código de Defesa do Consumidor", Saraiva, 1991, p. 276) cuidar-se de uma "espécie de comunhão, tipificada pelo fato de que a satisfação de um só, implica, por força, a satisfação de todos, assim como a lesão de um só constitui *ipso facto*, lesão da inteira coletividade."

Do exposto nas linhas precedentes, deflui que a lei não autoriza o MPT a propor ações civis públicas em defesa de interesses ou direitos individuais homogêneos, os quais, como sua própria denominação insinua, são direitos cujos titulares são conhecidos e bem determinados que podem defendê-los isoladamente, em reclamações plúrimas ou, até, por intermédio de seus sindicatos.

Não é por outra razão que o legislador: a) reservou um inciso do art. 81 para os direitos individuais homogêneos para realçar a diferença entre ele e os outros dois: direitos difusos e direitos coletivos; b) explicita melhor o conceito de direito homogêneo de origem comum no art. 94 do Capítulo II (Das ações coletivas para a defesa de interesses individuais homogêneos) do Código do Consumidor — verbis:

"Proposta a ação, será publicado edital no órgão oficial, a fim de os interessados possam intervir no processo como litisconsortes, sem prejuízo de ampla divulgação pelos meios de comunicação social por parte dos órgãos de defesa do consumidor."

Neste trecho, recordamos as seguintes palavras de Celso Ribeiro Bastos (apud Carlos Henrique Bezerra Leite, in "Ministério Público do Trabalho", 2. ed., LTr, 2002, p. 150:

"Os interesses coletivos dizem respeito ao homem socialmente vinculado e não ao homem isoladamente considerado. Colhem, pois, o homem não como simples pessoa física tomada à parte, mas sim como membro de grupos autônomos e juridicamente definidos, tais como o associado de um sindicato, o membro de uma família, o profissional vinculado a uma corporação, o acionista de uma grande sociedade anônima, o condômino de um edifício de apartamentos".

Tal ensinamento do conhecido constitucionalista deixa bem patente que uma única relação jurídica-base une os membros do apontado grupo, o que gera a indivisibilidade do seu direito.

E) O TST, o MPT e o Direito Individual Homogêneo

Tese da ilegitimidade do MPT para ajuizar ação civil pública tendo por objeto interesse ou direito individual homogêneo foi proclamada, também, pela SDI1, do Tribunal Superior do Trabalho no julgamento dos E-RR 596.135/1999.0 (in DJU de 25.10.2002, p. 433) assim ementado:

"Ação civil pública. Interesses individuais homogêneos. Ministério Público do Trabalho. Ilegitimidade. Conquanto irrefutável o cabimento de ação civil pública na Justiça do Trabalho, trata-se de instituto concebido eminentemente para a tutela de interesses coletivos e difusos, quando desrespeitados os direitos sociais constitucionalmente garantidos. Ao órgão do Ministério Público do Trabalho não é dado manejá-la em defesa de interesses individuais homogêneos, cuja metaindividualidade exsurge apenas na forma empregada para a defesa em juízo. Embora de origem comum, trata-se de direitos materialmente divisíveis, razão pela qual a reparação decorrente da lesão sofrida pelo titular do direito subjetivo é sempre apurável individualmente. Exegese que se extrai da análise conjunta dos arts. 129, inciso III, da Constituição da República de 1988 c/c 83 da Lei Complementar n. 75/93. Embargos (opostos pelo Ministério Público do Trabalho) de que não se conhece".

Como no caso não se debateu questão constitucional, ficou fechada a via de acesso ao Supremo Tribunal Federal.

Em verdade, o art. 83 da Lei Complementar n. 75/93, ao discriminar as atribuições do MPT não faz alusão aos interesses e direitos individuais homogêneos, homogêneos por terem origem comum.

Incorre em equívoco imperdoável quem se reporta ao art. 129 da Constituição da República e ao art. 84 da multicitada Lei Complementar para sustentar que o MPT está credenciado, por lei, a defender perante a Justiça do Trabalho interesses ou direitos difusos, coletivos e individuais homogêneos.

No susocitado dispositivo constitucional, faz-se referência ao Ministério Público da União, como um todo, e do qual o Ministério Público do Trabalho é um dos ramos.

A Lei Complementar n. 75 baliza o campo de atuação de cada um dos braços do Ministério Público da União, deixando ao Ministério Público do Trabalho os encargos descritos e relacionados no supracitado art. 83.

Lamentavelmente, o art. 84 não dá respaldo à invasão, pelo MPT, das áreas privativas do Sindicato e dos órgãos fiscalizadores dos Ministérios do Trabalho e da Previdência Social. Nesse dispositivo, fala-se do exercício das funções institucionais previstas nos Capítulos I, II, III e IV do Título I, mas "no âmbito de suas atribuições", as quais, como observado anteriormente, são definidas no citado art. 83. Neste, é dito que compete ao MPT defender, por meio de ação civil pública, interesses coletivos, quando desrespeitados os direitos sociais constitucionalmente garantidos.

Daí a imperiosa necessidade de que o legislador venha elaborar uma lei que aponte com clareza as situações concretas de *custos legis* e de titularidade da ação judicial em que o Ministério Público do Trabalho venha atuar.

171.7. Da Arbitragem: Conceito. Arbitrador e árbitro. Natureza jurídica do instituto. Antecedentes legislativos. Juízo arbitral e acesso à Justiça. Campo de aplicação da nova lei. Lei, equidade e juízo arbitral. Convenção de arbitragem e seus efeitos. Resistência à instituição da arbitragem. Dos árbitros. Procedimento arbitral. Sentença arbitral. Sentença arbitral estrangeira. Alterações na legislação vigente

Era o instituto da arbitragem disciplinado pelos arts. 1.037 a 1.048 do Código Civil, de 1916, e pelos arts. 101 e 1.072 a 1.102 do Código de Processo Civil.

Como processo de solução extrajudicial de conflitos de interesses, os litigantes raramente o utilizavam devido às respectivas e desencorajadoras exigências legais.

Por esse motivo, elaborou-se a Lei n. 9.307, de 23 de setembro de 1996, dando ao instituto da arbitragem nova estrutura de molde a propiciar a consecução de sua finalidade, revogando os citados dispositivos legais do Código Civil e do Código de Processo Civil. É dito no art. 1º dessa lei que "as pessoas capazes de contratar poderão valer-se da arbitragem para dirimir litígios relativos a direitos patrimoniais disponíveis". Já seu art. 2º esclarece que, a critério das partes contratantes, a arbitragem poderá ser de direito ou de equidade, ficando-lhes, ainda, facultado o direito de escolher, livremente, as regras de direito que serão aplicadas na arbitragem, desde que não haja violação aos bons costumes e à ordem pública.

Poderão, também, as partes convencionar que a arbitragem se realize com base nos princípios gerais de direito, nos usos e costumes e nas regras internacionais de comércio. Já o Código Civil de 2002, em harmonia com a citada lei especial de 1996, cuidando das várias espécies de contrato, dentre eles o compromisso, estabeleceu o seguinte nos arts. 851 a 853:

"Art. 851. É admitido compromisso, judicial ou extrajudicial, para resolver litígios entre pessoas que podem contratar";

"Art. 852. É vedado compromisso para solução de estado, de direito pessoal de família e de outras que não tenham caráter estritamente patrimonial";

"Art. 853. Admite-se nos contratos a cláusula compromissória, para resolver divergências mediante juízo arbitral, na forma estabelecida em lei especial".

Assim, essas normas legais se propõem a dirimir litígios relativos a direitos patrimoniais, ficando à margem, obviamente, as questões de estado, de direito pessoal de família e *"de outras que não tenham caráter estritamente patrimonial"* (parte final do art. 852 citado). Esse artigo do novo Código Civil cuida, com precisão, do novo âmbito da arbitragem.

No magistério de *Hamilton de Moraes E. Barros* ("Comentários ao Código de Processo Civil", 4. ed., IX vol., Forense, 1993, p. 289) é "o juízo arbitral o negócio jurídico processual tendente à declaração e ao acertamento das relações entre as partes, mediante poderes para tal fim conferidos a um terceiro, o árbitro, de confiança comum dos contendores".

É, portanto, a arbitragem o instituto jurídico fundado no acordo de vontades das partes de um litígio, as quais, por não desejarem submetê-lo à apreciação do Poder Judiciário, designam um ou mais árbitros e, assim, constituem o juízo arbitral para solucionar o conflito de interesses em que lhes é permitido transigir.

Nesse conceito está embutido o entendimento de que só os direitos disponíveis de caráter estritamente patrimonial são susceptíveis de ser confiados à arbitragem. Isso significa que o instituto da arbitragem é inaplicável aos direitos de estado, de direito pessoal de família, que têm, por isso, a natureza de direitos indisponíveis. Isto é, não é aplicável essa lei àqueles direitos cujo titular não exerce sobre eles o poder de disposição, porque nascem, vivem e morrem independentemente da vontade de seus titulares.

É da essência desse instituto a obrigação de as partes respeitarem a decisão do juízo arbitral, a menos que este tenha ficado aquém ou ido além do estabelecido pelos interessados.

Pacificou-se entre os estudiosos da matéria que, nas formas embrionárias ou primitivas da sociedade humana, a arbitragem constituiu um passo à frente no esforço de substituir pelo poder jurisdicional do Estado a autodefesa do direito fundada na força. É mesmo um lugar-comum dizer que a arbitragem serviu de inspiração à justiça estatal e não esta àquela.

É que a arbitragem surgiu e foi aplicada muito antes da jurisdição estatal. Chega-se a lembrar que, na mitologia grega, o adivinho Tirésias decidiu a favor de Júpiter a controvérsia com a deusa Juno, em que esta afirmava caber ao homem maior prazer no amor.

De todo em todo, inadmissível a alegação de que o juízo arbitral facultativo vulnera o inciso XXXV do art. 5º da Constituição Federal de 1988, que cuida do direito ao acesso ao Poder Judiciário, verbis: "a lei não excluirá da apreciação do Poder Judiciário, lesão ou ameaça a direito".

No caso, não estão os interessados impedidos de bater às portas do Judiciário para clarear suas divergências.

Todas as Constituições brasileiras, inclusive a de 1988, não proibiram, de modo expresso, a arbitragem facultativa e deixaram o campo livre para o legislador ordinário regular esse meio extrajudicial de solução de conflitos.

A propósito da Carta Magna vigente, mais uma observação. No art. 114, ao demarcar a competência da Justiça do Trabalho, refere-se aos dissídios coletivos, e, nos §§ 1º e 2º, diz: "§ 1º Frustrada a negociação, as partes poderão eleger árbitros"; "§ 2º Recusando-se qualquer das partes à negociação coletiva ou à arbitragem, é facultado às mesmas, de comum acordo, ajuizar dissídio coletivo de natureza econômica, podendo a Justiça do Trabalho decidir o conflito, respeitadas as disposições mínimas legais de proteção ao trabalho, bem como as convencionadas anteriormente" (nota: redação dada pela Emenda Constitucional n. 45, de 2004).

O preceito não se refere à solução, pela arbitragem, dos dissídios individuais do trabalho.

A nosso ver, isso não constitui óbice à incidência da nova Lei da Arbitragem aos conflitos individuais do trabalho, como também não o é quanto aos litígios confiados à Justiça comum. Em abono desse entendimento, temos a Lei n. 10.101, de 19.12.2000, que veio regular a participação dos empregados nos lucros das empresas. O § 4º do seu art. 4º reza: *"O laudo arbitral terá força normativa, independentemente de homologação judicial".*

Até agora, ninguém declarou ter essa lei o vício da inconstitucionalidade.

Ainda em favor do entendimento favorável à aplicação da Lei da Arbitragem aos conflitos individuais do trabalho, temos o art. 769 da CLT, verbis: *"Nos casos omissos, o direito processual comum será fonte subsidiária do direito processual do trabalho, exceto naquilo em que for incompatível com as normas deste título (o X do processo judiciário do trabalho)".*

Que a nova Lei da Arbitragem é de índole processual e que integra o arsenal do processo comum nenhuma dúvida pode subsistir.

Há, ainda, um fato que milita a favor do uso da arbitragem nas relações de trabalho.

Em tempo de estabilização da moeda, muitos empregadores não se apressam em solucionar, amigavelmente, suas divergências com os empregados. Obrigam o assalariado a levar o litígio ao Judiciário, porque a decisão deste só se torna irrecorrível depois de decorridos 3, 4, 5 ou mais anos. E as sanções moratórias não incentivam acertos extrajudiciais, uma vez que os correspondentes juros anuais não excedem aos 12%, taxa bem inferior àquela que é cobrada pelos estabelecimentos bancários. Este o motivo por que, com o domínio da inflação, muitos empregadores não têm pressa em resolver seus desentendimentos com os empregados por meio da arbitragem.

Arbitrador e Árbitro

Não se há de confundir arbitrador com árbitro.

Arbitrador — do latim *arbitrator* — é aquele que estima ou avalia o preço de alguma coisa. Essa figura aparecia, ainda, nos arts. 80, 95, 107, 111 e 772 do Código Comercial de 1850 ("Enciclopédia Saraiva do Direito", vol. 7º, p. 346).

De conseguinte, o *arbitrator* — o *amicabilis compositor* — não tem a função de declarar o direito nem a de Juiz; sua missão é a de completar uma relação jurídica, como por exemplo indicar o preço de um bem ou avaliar a parte do sócio que se retira da sociedade. Em suma, cabe ao arbitrador o papel de definir, apenas, um elemento da relação jurídica (preço, qualidade etc.).

Já o árbitro tem o poder de conhecer o litígio como se fora um juiz, sem estar submetido aos procedimentos da lei processual.

Calamandrei (in "Instituciones de Derecho Procesal Civil", EJEA, 1962, tomo II, p. 274) preleciona:

"Entre os auxiliares da justiça, creio que se pode colocar, logicamente, também, o árbitro, por mais que a lei discipline a arbitragem como instituto autônomo e esta colocação não seja comum na doutrina".

Não há quem discrepe do insigne mestre italiano. Se o árbitro tem por missão distribuir Justiça, é, em verdade, um de seus auxiliares.

Natureza Jurídica do Instituto

Chiovenda qualifica o juízo arbitral de contrato processual ("Instituições de Direito Processual", vol. I, Saraiva, 1965, p. 75 e ss.) por derivar de um compromisso (portanto um contrato), ou seja, acordo das partes para entregar a um ou mais árbitros o deslinde da controvérsia.

Essa teoria contratual deu origem à teoria da arbitragem como transação antecipada, tendo *Rocco* como paladino ("La Sentencia Civil", México, 1944, p. 73 a 75).

Carnelutti ("Estudios de Derecho Procesal", EJEA, 1952, tomo II, p. 509 e ss.) enfraqueceu sensivelmente essa doutrina com a crítica de que, na transação, as próprias partes harmonizam seus interesses, ao passo que pelo compromisso fica um terceiro — o árbitro — incumbido da solução da controvérsia.

O ínclito jurista italiano sustenta que há diferença entre o contrato e a cláusula compromissória (ou compromisso que dá nascimento ao instituto da arbitragem).

De fato, pelo contrato, é dado às partes compor seus interesses em conflito, ao passo que, pela cláusula compromissória, as partes apenas acordam designar um terceiro para dirimir a controvérsia.

O pensamento carneluttiano está condensado no seguinte trecho da obra citada (p. 557):

"Por isso, a cláusula, como o compromisso, não é um contrato, mas um acordo; em outros termos, integra a conhecida figura do ato complexo que não compõe interesses opostos, senão que desenvolve interesses paralelos".

Na dicção de *Serra Domingues* ("Estudios de Derecho Procesal", Ariel, 1969, Barcelona, p. 576 e ss.) temos, ainda, as teorias inter-médias e as jurisdicionais.

Não nos anima o propósito de analisar, aqui, todas essas teorias. Contentamo-nos em dizer que o entendimento de *Carnelutti* se nos afigura o que está em melhor adequação ao perfil e às características do instituto em tela.

Antecedentes Legislativos

Nosso vetusto Código Comercial, de 1850, em seu texto original, previa o juízo arbitral necessário ou obrigatório, no art. 20, mas a Lei n. 1.350, de 13 de dezembro de 1866, derrogou esse dispositivo.

É certo, porém, que se manteve o art. 194 desse Código — verbis:

"O preço de venda pode ser incerto e deixado na estimação de terceiro; se este não puder ou não quiser fazer a estimação, será o preço determinado por arbitradores".

Está, aí, recortada a figura do arbitrador, que não tenta compor interesses em conflito; cinge-se a dizer qual o valor do bem.

A essa mesma figura fazem, ainda, alusão os arts. 80, 95, 102, 111 e 172 do mesmo Código Comercial.

Muitos anos após a vigência do Código Comercial, sobreveio o Código Civil (Lei n. 3.071, de 1º.1.1916), cujos arts. 1.037 a 1.048 eram dedicados à arbitragem facultativa. Sobre esse tema, há, ainda, os arts. 1.072 a 1.102 do Código de Processo Civil.

Todos esses dispositivos foram derrogados, expressamente, pela nova Lei da Arbitragem.

Juízo Arbitral e Acesso à Justiça

De todo em todo, inadmissível a alegação de que o juízo arbitral facultativo vulnera o inciso XXXV do art. 5º da Constituição Federal de 1988, que cuida do direito ao acesso ao Poder Judiciário: *"a lei não excluirá da apreciação do Poder Judiciário, lesão ou ameaça a direito"*.

No caso, não estão os interessados impedidos de bater às portas do Judiciário para clarear suas divergências.

Todas as Constituições brasileiras, inclusive a de 1988, não proibiram, de modo expresso, a arbitragem facultativa e deixaram o campo livre para o legislador ordinário regular esse meio extrajudicial de solução de conflitos.

A propósito da Carta Magna vigente, mais uma observação.

No art. 114, ao demarcar a competência da Justiça do Trabalho, refere-se aos dissídios coletivos, e, nos §§ 1º e 2º, diz:

"§ 1º Frustrada a negociação, as partes poderão eleger árbitros".

"§ 2º Recusando-se qualquer das partes à negociação ou à arbitragem, é facultado às mesmas, de comum acordo, ajuizar dissídio coletivo de natureza econômica, podendo a Justiça do Trabalho decidir o conflito, respeitadas as disposições mínimas legais de proteção ao trabalho, bem como as convencionadas anteriormente".

O preceito não se refere à solução, pela arbitragem, dos dissídios individuais do trabalho.

A nosso ver, isso não constitui óbice à incidência da nova Lei da Arbitragem aos conflitos individuais do trabalho, como também não o é quanto aos litígios confiados à Justiça comum.

Em abono desse entendimento, temos a Lei n. 10.101, de 19.12.2000, que veio regular a participação dos empregados nos lucros das empresas. O § 4º do seu art. 4º reza:

"O laudo arbitral terá força normativa, independentemente de homologação judicial".

Até agora, ninguém declarou ter essa lei o vício da inconstitucionalidade.

Ainda em favor do entendimento favorável à aplicação da Lei da Arbitragem aos conflitos individuais do trabalho, temos o art. 769 da CLT — *verbis*:

"Nos casos omissos, o direito processual comum será fonte subsidiária do direito processual do trabalho, exceto naquilo em que for incompatível com as normas deste título (o X do processo judiciário do trabalho)".

Que a nova Lei da Arbitragem é de índole processual e que integra o arsenal do processo comum nenhuma dúvida pode subsistir.

Há, ainda, um fato que milita a favor do uso da arbitragem nas relações de trabalho.

Em tempo de estabilização da moeda, muitos empregadores não se apressam em solucionar, amigavelmente, suas divergências com os empregados. Obrigam o assalariado a levar o litígio ao Judiciário, porque a decisão deste só se torna irrecorrível depois de decorridos 3, 4, 5 ou mais anos. E as sanções moratórias não incentivam acertos extrajudiciais, uma vez que os correspondentes juros anuais não excedem aos 12%, taxa bem inferior àquela que, no ano da graça de 1998, é cobrada pelos estabelecimentos bancários. Este o motivo por que, com o domínio da inflação, muitos empregadores não têm pressa em resolver seus desentendimentos com os empregados por meio da arbitragem.

Campo de Aplicação da Nova Lei de Arbitragem

Consoante o art. 1º da nova Lei da Arbitragem — LAr — só as pessoas capazes poderão utilizar-se do instituto para compor seus interesses em choque.

Parece-nos incontroverso que "pessoas", no texto legal, abrange tanto as pessoas físicas como as jurídicas.

Quanto aos direitos patrimoniais, são aqueles susceptíveis de apreciação econômica e protegidos pela Consolidação das Leis do Trabalho, bem como pelos Códigos Civil e Comercial.

É fora de dúvida que, no âmbito trabalhista, há direitos patrimoniais disponíveis que podem ser objeto de arbitragem.

Preceitua o art. 31 da LAr que "a sentença arbitral produz, entre as partes e seus sucessores, os mesmos efeitos da sentença proferida pelos órgãos do Poder Judiciário e, sendo condenatória, constitui título executivo".

É um novo título executivo judicial que o art. 876 da CLT não menciona, expressamente, pois, apenas alude às decisões passadas em julgado ou das quais não tenha havido recurso com efeito suspensivo, os termos do ajuste de conduta firmados perante o Ministério Público do Trabalho e os termos de conciliação firmados perante as Comissões de Conciliação Prévia.

Mas tal omissão não é um óbice ao uso da arbitragem nos dissídios trabalhistas.

Não são poucos os institutos da lei processual comum que, com o passar do tempo, foram absorvidos pelas normas processuais da CLT. Em menor escala, a recíproca, também é verdadeira. O recurso adesivo é um desses casos de transplante.

À vista desse antecedente, parece-nos razoável dar-se maior elasticidade ao vocábulo "acordos" que figura no art. 876 da CLT para apreender a decisão arbitral e, assim, equipará-la a título executivo extrajudicial na Justiça do Trabalho.

Aqueles que se opõem à aplicação da Lei da Arbitragem aos conflitos individuais do trabalho formam corrente de opinião das mais expressivas nos meios jurídicos.

Coqueijo Costa ("Direito Processual do Trabalho", 2. ed., Forense, 1984, p. 308) e *Campos Batalha* ("Tratado Judiciário do Trabalho", 3. ed., LTr, vol. II, p. 334 e ss.), figuras mais destacadas dessa linha de pensamento sustentavam que a Justiça do Trabalho era paritária, critério organizacional desconhecido na arbitragem. Com a extinção dos vogais, como determinado pela norma constitucional, este argumento não encontra sustentação alguma.

Outros oponentes à extensão da arbitragem aos dissídios individuais do trabalho se servem de argumentação diferente.

Confessamos que a Justiça do Trabalho vem, sistematicamente, se pronunciando contra o uso da Lei da Arbitragem nos dissídios individuais do trabalho.

Entendem seus seguidores que se impõe alteração do texto da LAr para que, de modo expresso, se declare sua incidência nos dissídios individuais do trabalho, uma vez que são irrenunciáveis os direitos do trabalhador. Optativamente, mencionam a necessidade de modificar-se o art. 876 da CLT para considerar-se a sentença arbitral título executivo judicial no foro trabalhista. É flagrante a desvalia do argumento.

Há consenso, na doutrina, de que o princípio da irrenunciabilidade há que ser observado na elaboração e na execução de um contrato individual do trabalho. Visa, primordialmente, proteger o trabalhador no relacionamento com seu empregador.

Não é esse princípio exigível na conciliação em juízo quando as partes — trabalhador e patrão — se fazem concessões recíprocas. Aí, os direitos do trabalhador já se integraram em seu patrimônio, podendo dispor livremente deles.

De outro lado, no dizer de *Carnelutti*, a arbitragem é um "equivalente judicial" e contra ele também não prevalece o princípio da irrenunciabilidade de direitos trabalhistas.

Resta o argumento de que a CLT não faz qualquer referência à arbitragem, e, por isso, lei de ordem geral e as normas do Código Civil (arts. 851 a 853), como o são as que regulam o campo de aplicação do instituto, não podem ser transportadas para a esfera trabalhista. Temos entendido que a omissão do Estatuto Obreiro não significa vedação ao aproveitamento subsidiário de normas de direito comum, desde que elas não afrontem os princípios basilares e informadores da legislação trabalhista e, em particular, os do processo do trabalho. Assim tem decidido o Tribunal Superior do Trabalho. E mais. O próprio art. 852 do Código Civil só proíbe a arbitragem em questões de estado, de direito pessoal de família e de "outras que não tenham caráter estritamente patrimonial", dispositivo esse que é posterior ao do art. 1º da Lei de Arbitragem de 1996. De lembrar-se, ainda, que o Tribunal Superior do Trabalho aceitou o recurso adesivo, embora o Estatuto Obreiro a ele não se refira.

É certo, outrossim, que a ação monitória, regulada nos arts. 1.102a até 1.102c do CPC, com redação dada pelas Leis n. 9.079, de 14.7.1995 e n. 11.232, de 20.10.2005, não é mencionada na CLT, e, no entanto, a doutrina, unissonamente, vem admitindo-a na Justiça do Trabalho (v. "Alterações no CPC e suas Repercussões no Processo do Trabalho", de *Manoel Antonio Teixeira Filho*, 3. ed., LTr, 1996, p. 180 e ss., 1996). Há, ainda, a reconvenção admitida na Justiça do Trabalho e à qual a CLT não faz menção. Em razão desses antecedentes, acreditamos que a Justiça do Trabalho venha a aceitar a arbitragem na solução dos dissídios individuais.

A Lei n. 9.307, de 23.9.1996, incluiu a sentença arbitral entre os títulos executivos extrajudiciais (inciso III do art. 584 do CPC). Em 2001, pela Lei n. 10.358, ela passou a ser indicada em um inciso próprio, o inciso VI. O mesmo ocorre com a nova redação do art. 475-N, onde a sentença arbitral é citada especificamente no inciso IV.

Lei, Equidade e Juízo Arbitral

A critério das partes, a arbitragem pode ser de direito ou por equidade.

Contrario sensu, é nula a sentença arbitral que decidir por equidade sem a prévia anuência das partes.

Mesmo autorizado a decidir por equidade, é defeso ao árbitro sentenciar contra a lei.

A equidade busca suprir imperfeição da lei ou criteriosamente abrandar seu rigor.

Não é sem razão que o célebre Juiz Magnaud tinha como divisa "As leis devem ser interpretadas com equidade, bom-senso e sem rotina".

O direito anterior — art. 1.078, inciso IV, do CPC — já autorizava o árbitro a julgar por equidade, mas com prévio consentimento das partes.

Aqui evocamos o magistério de *Pontes de Miranda* ("Comentários ao Código de Processo Civil", tomo XV, Forense, 1977, p. 282):

"Para que se peça solução à equidade, é preciso que a regra jurídica que, no caso incide, não afaste qualquer temperamento do seu rigor, isto é, que não haja ofensa da lei".

Inobstante, *ex vi* do disposto nos arts. 447, 448 e 449 do CPC, está o árbitro autorizado a buscar soluções que conciliem as partes.

Os §§ 1º e 2º do art. 2º da LAr permitem que as partes escolham livremente as regras de direito que serão aplicadas na arbitragem, desde que não haja violação aos bons costumes e à ordem pública.

A mesma faculdade abrange a hipótese de as partes convencionarem que a arbitragem se realize com base nos princípios gerais do direito, nos usos e costumes e nas regras internacionais do comércio.

Convenção de Arbitragem e seus Efeitos

A decisão das partes de buscar, pelo juízo arbitral, a solução de seu litígio é corporificada na convenção de arbitragem, isto é, na cláusula compromissória e no compromisso arbitral.

A primeira — a cláusula compromissória — é estipulada por escrito, sendo facultado às partes inseri-la no próprio contrato. Por essa cláusula, comprometem-se a submeter ao juízo arbitral eventual litígio derivado da execução de um contrato.

Em se tratando de contrato de adesão, essa cláusula só é eficaz se a iniciativa de instituir a arbitragem couber ao aderente ou se este concordar expressamente com a sua instituição, "desde que por escrito em documento anexo ou em negrito, com a assinatura ou visto especialmente para essa cláusula" (art. 4º, § 2º).

É autônoma a cláusula compromissória em relação ao contrato; a nulidade deste não implica, necessariamente, a nulidade daquela.

O compromisso arbitral — convenção pela qual as partes submetem o litígio à arbitragem de uma ou mais pessoas — pode ser judicial ou extrajudicial. O primeiro é celebrado por termo nos autos do processo, perante o juiz ou tribunal; compromisso extrajudicial é celebrado por escrito particular, assinado por duas testemunhas ou por instrumento público.

Resistência à Instituição da Arbitragem

O art. 7º da LAr e seus sete parágrafos têm por objeto a desinteligência entre as partes quanto à instituição da arbitragem.

Manifestado o conflito e havendo a cláusula compromissória, há a hipótese de uma das partes resistir à instituição da arbitragem.

Aí, *"poderá a parte interessada requerer a citação da outra para comparecer em juízo a fim de lavrar-se o compromisso, designando o juiz audiência especial para tal fim"* (*caput* do art. 7º da LAr).

O pedido do autor deve estar instruído com o documento que contém a cláusula compromissória.

Se as partes não chegarem a um acordo quanto ao conteúdo do compromisso, cabe ao Juiz decidir a respeito, inclusive designando o árbitro.

A questão aqui colocada dá origem a dois problemas.

O primeiro se prende à possibilidade, ou não, de uma parte desistir da cláusula compromissória ou da instituição da arbitragem.

Consoante o art. 7º da LAr, parece que o interessado está impedido de ter esse procedimento, tanto que a lei autoriza o Juiz, *in casu*, a definir o conteúdo do compromisso sem embargo da resistência da parte.

Todavia, é nosso entendimento que a desistência em causa é admitida por se tratar, na lição de *Hamilton de Moraes E. Barros*, de um negócio jurídico. É claro que a outra parte deve postular, em juízo, o ressarcimento dos danos que vier a sofrer.

Não se equipara o descumprimento do compromisso arbitral ao processo regulado pelo CPC, em que a parte, depois de estabelecida a relação processual, só pode desistir mediante o assentimento da outra parte. No CPC, só antes da citação do réu é que se permite modificar a petição inicial da ação ou desistir desta.

O segundo problema é o da conciliação, ou não, do art. 7º da LAr com o princípio constitucional instalado no inciso XXXV do art. 5º, da Lei Maior:

"a lei não excluirá da apreciação do Poder Judiciário lesão ou ameaça a direito".

Se a parte desistiu do intento de levar o litígio à arbitragem e a lei quer obrigá-lo a isso, estamos que aquela norma constitucional é vulnerada. De fato, se está em jogo direito disponível da parte, só a ela cabe à decisão de recorrer ao Judiciário, pois, naquela disposição constitucional, está implícita a faculdade de o titular do direito lesado ou ameaçado socorrer-se da atividade jurisdicional do Estado.

Dos Árbitros

Pode ser árbitro toda pessoa capaz e que tenha confiança das partes.

Permite a lei a nomeação de mais de um árbitro, mas sempre em número ímpar, para evitar o empate, que imobilizaria o instituto.

Prevê a lei que as partes de comum acordo escolham os árbitros ou adotem "as regras de um órgão arbitral institucional ou entidade especializada" (art. 13, § 3º).

Entidades sindicais de empregados e de patrões têm, portanto, a faculdade de criar, por meio de um pacto coletivo, esse órgão arbitral. Na celebração do contrato de trabalho, patrão e empregado aprovarão, ou não, cláusula compromissória prevendo o uso daquele órgão arbitral no caso de uma desinteligência entre eles.

Em havendo vários árbitros, cabe a estes escolher o presidente para dirigir os trabalhos. No caso de falta de consenso, a presidência será confiada ao mais idoso dos árbitros.

Não tem o árbitro poderes para decidir sobre questões incidentais.

Escapa-lhe competência, por exemplo, para: a) ordenar medidas coercitivas; b) apreciar prejudiciais de mérito como a prescrição ou direito indisponível; c) deferir medida cautelar.

Na hipótese, tem o árbitro legitimidade para recorrer ao juiz competente para conhecer a causa.

Procedimento Arbitral

Aceita a nomeação pelo árbitro, fica instituída a arbitragem, que obedecerá ao procedimento estabelecido pelas partes na respectiva convenção, e, em caso de omissão nesse particular, cabe ao árbitro ou tribunal fixar as normas procedimentais.

Todavia, nesse procedimento, serão respeitados os princípios do contraditório, da igualdade das partes, da imparcialidade do árbitro e de seu livre convencimento.

Sentença Arbitral

Terá a sentença de ser lavrada por escrito dentro do prazo estipulado no compromisso. Inexistindo essa disposição compromissória, diz o art. 23 que o prazo será de seis meses, contado da instituição da arbitragem, isto é, do momento em que o árbitro aceitou sua nomeação.

Os requisitos da sentença são:

a) o relatório, que conterá os nomes das partes e o resumo do litígio;

b) os fundamentos da decisão, onde serão analisadas as questões de fato e de direito, mencionando-se expressamente se os árbitros julgarão por equidade;

c) data e lugar em que a sentença foi proferida.

Têm as partes cinco dias, a contar do recebimento da notificação ou da ciência pessoal da sentença arbitral, para solicitar a correção de erro material ou de esclarecer alguma obscuridade, dúvida ou contradição na sentença arbitral.

Em consonância com o disposto no art. 31 da LAr, acima transcrito, a sentença arbitral produz os mesmos efeitos da sentença proferida pelos órgãos do Poder Judiciário, e, sendo condenatória, é considerada título executivo, prescindindo-se da homologação judicial.

Descumprida a decisão do árbitro dentro do prazo por ele fixado, a parte vencedora irá à Vara do Trabalho requerer sua execução, a qual obedecerá às normas da CLT, complementadas pelas da Lei de Execução Fiscal (Lei n. 6.830, de 22.9.1980).

Sentença Arbitral Estrangeira

Sentença arbitral proferida no estrangeiro é reconhecida e executada no território nacional, mas de conformidade com as prescrições dos tratados internacionais, com eficácia no ordenamento interno e, na sua ausência, estritamente de acordo com os termos da LAr.

Antes, essa sentença arbitral estrangeira deve ser homologada pelo Superior Tribunal de Justiça (letra *i* do inciso I, do art. 105, da Constituição Federal, conforme Emenda Constitucional n. 45/2004). Anteriormente à alteração constitucional, a competência era do Supremo Tribunal Federal. À homologação e à execução da sentença em tela aplica-se o disposto nos arts. 483 e 484 do CPC. Assim, a execução dessa sentença será por carta de sentença extraída dos autos da homologação e seguirá as regras estabelecidas na LAr para a execução da sentença arbitral aqui emitida.

A denegação, por vícios formais, da homologação para reconhecimento ou execução de sentença arbitral estrangeira não obsta a que a parte interessada renove o pedido, uma vez eliminados os defeitos denunciados.

Ressaltamos, neste passo, que a arbitragem comercial internacional segue as regras estabelecidas no Protocolo de Genebra, de 24 de setembro de 1923, que se integrou no nosso sistema legal pelo Decreto n. 21.187, de 23 de março de 1932.

Alterações na Legislação Vigente

A Lei de Arbitragem (LAr) alterou o inciso VII do art. 267, o inciso IX do art. 301 e o inciso III do art. 584 — todos do CPC. Este art. 584 foi novamente alterado por outras leis posteriores, e, agora foi revogado pela Lei n. 11.232, de 2005, que alterou substancialmente o processo de execução, transferindo-o para a fase de conhecimento. O seu comando foi repetido no novo art. 475-N: *"São títulos executivos judiciais: I a V ... (omissis); VI — a sentença arbitral"*. Acrescentou o inciso VI ao art. 520, do CPC: *"A apelação será recebida em seu efeito devolutivo e suspensivo. Será, no entanto, recebida só no efeito devolutivo, quando interposta de sentença que: VI julgar procedente o pedido de instituição de arbitragem"*.

Revogou, expressamente, os arts. 1.037 a 1.048 do Código Civil e os arts. 101 e 1.072 a 1.102 do Código de Processo Civil.

171.8. Sentença Arbitral Estrangeira

A) Nova Convenção Internacional

O Decreto n. 4.311, de 23 de julho de 2002, promulga a Convenção sobre o Reconhecimento e a Execução de Sentenças Arbitrais Estrangeiras, concluída em Nova York, em 10 de junho de 1958.

Dispõe seu art. 3º que "cada Estado signatário reconhecerá as sentenças como obrigatórias e as executará em conformidade com as regras de procedimento do território no qual a sentença é invocada de acordo com as condições estabelecidas nos artigos que se seguem. Para fins de conhecimento ou de execução de sentenças arbitrais às quais a presente Convenção se aplica, não serão impostas condições substancialmente mais onerosas ou taxas ou cobranças mais altas do que as impostas para o reconhecimento ou a execução de sentenças arbitrais domésticas."

Nos demais dispositivos da Convenção é estabelecido, em resumo, o seguinte:

A parte que solicitar o reconhecimento da sentença arbitral deverá fornecer:

a) a sentença original devidamente autenticada ou uma cópia da mesma devidamente certificada;

b) o acordo original a que se refere o art. 2º (cláusula compromissória) ou uma cópia do mesmo devidamente autenticada.

No art. 5º é admitido indeferimento do pedido de execução de uma sentença arbitral estrangeira se a parte insurgente provar a existência de uma das situações a seguir descritas:

"a) as partes do acordo a que se refere o art. 2º (compromisso de submeter à arbitragem todas divergências) estavam em conformidade com a lei a elas aplicável, de algum modo incapacitadas, ou que tal acordo não é válido nos termos da lei à qual as partes o submeteram ou, na ausência de indicação sobre a matéria nos termos da lei do País onde a sentença foi proferida;"

b) a parte contra a qual sentença é invocada não recebeu notificação apropriada acerca da designação do árbitro ou do processo de arbitragem ou lhe foi impossível, por outras razões, apresentar seus argumentos; ou

c) a sentença se refere a uma divergência que não está prevista ou que não se enquadra nos termos da cláusula de submissão à arbitragem, ou contém decisões acerca de matérias que transcendem o alcance da cláusula de submissão, contanto que, se as decisões sobre as matérias suscetíveis de arbitragem puderem ser separadas daquelas não susceptíveis, a parte da sentença que contém decisões sobre matérias suscetíveis de arbitragem possa ser reconhecida e executada; ou

d) a composição da autoridade arbitral ou o procedimento arbitral não se deu em conformidade com o acordado pelas partes ou, na ausência de tal acordo, não se deu em conformidade com a lei do País em que a arbitragem ocorreu ou

e) a sentença ainda não se tornou obrigatória para as partes ou foi anulada ou suspensa por autoridade competente do País em que, ou conforme a lei do qual, a sentença tenha sido proferida".

O reconhecimento e a execução da sentença arbitral poderão ser recusados pela autoridade competente do País (no caso o Brasil) se verificar que:

"a) segundo a lei daquele País, o objeto da divergência não é passível de solução mediante arbitragem; ou

b) o reconhecimento ou a execução da sentença será contrário à ordem pública daquele País".

Todos os signatários da supracitada Convenção ficam desobrigados do cumprimento do Protocolo de Genebra sobre Cláusulas de Arbitragem de 1923 e da Convenção de Genebra sobre a Execução de Sentenças Arbitrais Estrangeiras.

A bem da verdade, o Brasil ratificou o Protocolo de Genebra de 1923 em 1932, mas com a ressalva de que só se aplicava a assuntos comerciais.

O Tratado de Genebra sobre a execução de sentenças arbitrais de 1927 foi submetido ao Congresso Nacional em dezembro de 1929, mas, a dissolução deste em 1930 deixou a matéria em suspenso até hoje.

Jorge Samtlebem (na obra coletiva "Arbitragem, lei brasileira e praxe internacional", 2. ed., LTr, 1999, p. 37) revela:

"O Brasil até hoje ainda não aderiu ao Tratado da ONU sobre a homologação e execução de sentenças arbitrais de 1958, tampouco ao Tratado europeu sobre jurisdição comercial internacional de 1961. O Brasil também não participa do Tratado do Banco Mundial para dirimir conflitos de investimentos assinado em 1965."

B) Notícia Histórica

Na sociedade mais primitiva, a justiça era feita pela via direta. O mais forte, com certeza, tinha sempre razão.

O estágio seguinte foi o da escolha de um terceiro — da confiança de ambos os litigantes — para pôr fim à contenda.

Temos aí o embrião da arbitragem, a qual, com toda a certeza, se manifestou muito antes da jurisdição estatal.

Há a crença de que a lei de talião — "olho por olho, dente por dente" — se originou de uma decisão arbitral.

Quanto a nós, estamos mais inclinados a acreditar que, em épocas primevas, aquela norma punitiva brotou da própria consciência coletiva: a morte punia-se com a morte; a mutilação com outra mutilação; o furto com a devolução do bem subtraído e com o castigo corporal (ainda hoje, certos povos orientais impõem, ao ladrão, a perda de u'a mão e, na reincidência, a outra).

Referindo-se a essa época tão primitiva da história do homem, em que as medidas punitivas atendiam a "um critério, que podemos chamar matemático, de igualdade ou de proporção" diz Del Vecchio (*in* "A Justiça", Saraiva, 1960, p. 85):

"O exemplo típico das primitivas formulações em tal matéria é-nos fornecido pelas famosas máximas bíblicas: Quem tiver ferido e matado alguma pessoa, seja condenado à morte. Quem tiver ferido algum animal, pague-o, isto é, dê animal por animal. Quem tiver feito alguma lesão corporal a seu próximo, faça-se-lhe o mesmo que ele fez a outrem: fratura por fratura, olho por olho, dente por dente; seja obrigado a sofrer o mal que houver causado a outrem".

Castigos tão violentos foram substituídos, com o perpassar do tempo, pela mediação de um terceiro (geralmente, um ancião) que sugeria soluções menos sangrentas ou dolorosas.

Temos aí a semente da qual germinou a arbitragem.

O Código de Hamurabi, cerca de 1.830 a.C., continha várias disposições relativas à composição de conflitos obtida por meio de pessoas escolhidas para atuar como juízes.

Na Grécia era a arbitragem praticada em tempos muito recuados, como o atestam as alusões mitológicas ao instituto.

É certo que o Tratado de Nicias, celebrado em 445 a.C., para encerrar um conflito entre Atenas e Esparta, estabelecia que, doravante, eventuais desentendimentos teriam de ser submetidos à arbitragem.

Na velha Roma, tinham as partes a faculdade de deixar de lado a justiça estatal e preferir o *iudicium privatum* ou seja uma relação de cidadãos de reconhecida idoneidade e, dentre eles, as partes indicavam alguém para servir de árbitro do litígio.

A sentença arbitral não era executável coercitivamente, mas, era costume inserir-se, no contrato, cláusula obrigando as partes a recorrer à arbitragem no caso de conflito provocado pela interpretação da avença. Quem descumprisse tal cláusula, ficava sujeito a pena pecuniária ou a outra de natureza diferente.

Depois de algum tempo, a *actio in factum* autorizava o juiz a obrigar a parte, que não queria cumprir o *compromissum*, a aceitar a solução arbitral.

Em nosso País, o sistema legal dos tempos coloniais era estruturado pelas Ordenações do Reino, as quais haviam sofrido forte influência do direito romano.

Todavia, foi com o Regulamento n. 737 (artigos 411 a 475) que começou o disciplinamento jurídico da arbitragem. A esta, eram obrigatoriamente submetidos certos litígios oriundos da execução de contratos mercantis.

Na mesma ocasião, surgiu o Código Comercial de 1850, cujo art. 245 — já derrogado — assentava que "todas as questões que resultarem de contratos de locação mercantil serão decididas em juízo arbitral."

Em 1866, a Lei n. 1.350 "revogou o juízo arbitral compulsório e vários artigos do Código Comercial tiveram sua vigência suspensa. Poucos meses depois, em 26 de junho de 1867, sempre por influência das relações de comércio marítimo, tornava--se a falar em justiça arbitral através do Decreto n. 3.900 que surgiu para regulamentar e disciplinar a lei que havia extinto o juízo arbitral obrigatório." (*Paulo Cesar Moreira Teixeira* e outro, *in* "A nova arbitragem", Síntese, 1997, p. 9).

A Constituição de 1824 dispunha, em seu art. 160, que os dissídios civis poderiam ser solucionados por árbitros designados pelas litigantes.

A Constituição de 1934, na alínea *c*, do inciso XIX, do art. 5º, declarava ser a arbitragem comercial um dos objetos da legislação federal.

Como a Constituição de 1988, no inciso XXXV do art. 5º estipula que "a lei não excluirá da apreciação do Poder Judiciário lesão ou ameaça a direito", alguns estudiosos concluíram que a norma vedava a instituição da arbitragem em nosso País.

A nosso sentir, tal não ocorre. A arbitragem é facultativa; cabe às partes elegê-la, ou não, como procedimento destinado a pôr termo a um choque de interesses.

O Código Civil de 1916, nos arts. 1.037 a 1.048, ocupava-se do juízo arbitral. Esses dispositivos foram revogados pela Lei n. 9.307, de 23 de setembro de 1996 (Nova Lei de Arbitragem).

O novo Código Civil, que entrou em vigor a 11 de janeiro de 2003, nos arts. 851, 852 e 853, refere-se ao compromisso "judicial ou extrajudicial, para resolver litígios entre pessoas que podem contratar."

Nossa lei processual, tanto a de 1939 (arts. 1.031 a 1.046) como a de 1973 (arts. 1.072 a 1.102), também regulavam o assunto. As disposições desta última lei processual, a de 1973, foram expressamente revogadas pela supracitada Lei n. 9.307/96.

C) A Convenção Internacional e a Constituição

A Constituição Federal de 1988 não deixa margem a qualquer dúvida a propósito da sua intangibilidade por pactos internacionais.

Passando em revista o que há sobre a questão no direito comparado, verifica-se haver países que sobrepõem, ao texto constitucional, os tratados internacionais.

É certo, porém, que a nossa Lei Maior preceitua, no § 2º, do seu art. 5º, que "os direitos e garantias expressos nesta Constituição não excluem outros decorrentes do regime e dos princípios por ela adotados, ou dos tratados internacionais em que a República Federativa do Brasil seja parte."

Deriva dessa norma constitucional que um tratado internacional pode acrescentar um direito ou uma garantia àqueles já previstos pela Carta Magna. Mas não autoriza a supressão de um direito ou de uma garantia que já contam com a chancela constitucional.

Consoante a alínea *h*, do inciso I, do art. 102 da Constituição Federal cabe ao Supremo Tribunal Federal processar e julgar originariamente "a homologação das sentenças estrangeiras e a concessão do *exequatur* às cartas rogatórias que podem ser conferidas pelo regimento interno a seu presidente".

A Convenção em tela não abriga norma que dispense a homologação da sentença arbitral pela Corte Suprema. Ao revés, seu art. 3º estabelece, às expressas, que a execução de tal sentença deverá obedecer as regras de procedimento do local em que for exigida.

D) A Convenção Internacional e a Lei de Arbitragem

A Lei n. 9.307, de 23 de setembro de 1996, dispõe, em seu art. 1º, que "as pessoas capazes de contratar poderão valer-se da arbitragem para dirimir litígios relativos a direitos patrimoniais disponíveis."

Contrario sensu, não se tratando de direito disponível, inadmite-se o instituto da arbitragem.

Com estribo nessa norma, é-nos lícito afirmar que sentença arbitral estrangeira versando direito que não seja disponível, não será homologada e executada em nosso País.

No art. 3º, da Convenção, é estabelecido que "o tribunal de um Estado signatário, quando de posse de ação sobre matéria com relação à qual as partes tenham estabelecido acordo nos termos do presente artigo, a pedido de uma delas, encaminhará as partes à arbitragem, a menos que constate que tal acordo é nulo e sem efeito, inoperante ou inexequível".

O art. 7º da Lei n. 9.307/96 dispõe sobre o assunto nos seguintes termos:

Existindo cláusula compromissória e havendo resistência quanto à instituição da arbitragem, poderá a parte interessada requerer a citação da outra parte para comparecer em juízo a fim de lavrar-se o compromisso, designando o juiz audiência especial para tal fim.

§ 1º O autor indicará, com precisão, o objeto da arbitragem, instruindo o pedido com o documento que contiver a cláusula compromissória.

§ 2º Comparecendo as partes à audiência, o juiz tentará, previamente, a conciliação acerca do litígio. Não obtendo sucesso, tentará o juiz conduzir as partes à celebração, de comum acordo, do compromisso arbitral.

§ 3º Não concordando as partes sobre os termos do compromisso decidirá o juiz, após ouvir o réu, sobre seu conteúdo, na própria audiência ou no prazo de dez dias, respeitadas as disposições da cláusula compromissória e atendendo ao disposto nos arts. 10 e 21, § 2º desta Lei.

§ 4º Se a cláusula compromissória nada dispuser sobre a nomeação de árbitros, caberá ao Juiz, ouvidas as partes, estatuir a respeito, podendo nomear árbitro único para a solução do litígio."

Como se vê, no direito pátrio, a cláusula compromissória — a despeito da oposição de uma das partes — é preservada pelo juiz. Por outras palavras, *in casu*, é mantida a jurisdição privada que as partes haviam escolhido para dirimir o litígio.

É fora de dúvida que, no caso em exame, cabe ao autor provar a mora da outra parte.

Inexistindo essa cláusula e estando em curso a ação, permite a lei que as partes instituam a cláusula compromissória judicial.

O art. 34 *usque* 41 desse diploma legal, combinados com os arts. 483 e 484 do CPC, têm por objeto o reconhecimento e execução de sentenças arbitrais estrangeiras.

Tal procedimento depende de homologação da sentença arbitral pelo Supremo Tribunal Federal.

Informa o art. 38 da Lei de Arbitragem que somente será negada a homologação para o reconhecimento ou execução de sentença arbitral estrangeira, quando o réu demonstrar que:

"*I — as partes na convenção de arbitragem eram incapazes;*

II — a convenção de arbitragem não era válida segundo a lei à qual as partes a submeteram ou, na falta de indicação, em virtude da lei do País onde a sentença arbitral foi proferida;

III — não foi notificado da designação do árbitro ou do procedimento de arbitragem ou tenha sido violado o princípio do contraditório, impossibilitando ampla defesa;

IV — a sentença arbitral for proferida fora dos limites da convenção de arbitragem e não foi possível separar a parte excedente daquela submetida à arbitragem;

V — a instituição da arbitragem não está de acordo com o compromisso arbitral ou cláusula compromissória;

VI — a sentença arbitral não se tenha ainda tornado obrigatória para as partes, tenha sido anulada ou, ainda, tenha sido suspensa por órgão judicial do País onde a sentença arbitral for prolatada."

Acrescenta-se, no art. 39, que também será denegada a homologação da sentença arbitral estrangeira se o Supremo Tribunal Federal constatar que:

"I — segundo a lei brasileira, o objeto do litígio não é suscetível de ser resolvido por arbitragem;

II — a decisão ofende a ordem pública nacional."

A denegação da homologação não obsta que a parte interessada renove o pedido uma vez sanados os vícios apresentados.

Comparando-se os dispositivos da Lei n. 9.307/96 com o art. 5º da Convenção Internacional e transcrito no item 1, conclui-se, sem esforço que eles não se atritam, mas, se completam.

171.9. Das Comissões de Conciliação Prévia

Foi sancionada, a 12 de janeiro de 2000, a Lei n. 9.958, que altera e acrescenta artigos à CLT (arts. 625-A, *usque* 625-H), a qual se originou de Anteprojeto elaborado pelo Tribunal Superior do Trabalho.

Dispõe sobre a criação facultativa das Comissões de Conciliação Prévia e permite a execução de título executivo extrajudicial na Justiça do Trabalho (arts. 876, *caput* e 877-A).

Inclui-se o novo diploma legal, no esforço de modernização do nosso Direito do Trabalho e, ao mesmo passo, constitui-se em louvável tentativa de descongestionamento dos vários órgãos da Justiça do Trabalho.

Informa *Arnaldo Lopes Süssekind* (in "Suplemento Trabalhista", LTr, n. 067/01) que o sistema de prévia conciliação dos conflitos individuais do trabalho adotado em nosso País, em sua essência, não difere muito daquele implantado na Alemanha, Dinamarca, Grã-Bretanha, Suécia, Venezuela e países da Europa Oriental. Acrescenta esse jurista patrício que *"em diversos países, como hoje ocorre no Brasil, o funcionamento de órgãos privados não exclui a obrigação dos tribunais de tentarem a conciliação dos litígios que lhes forem submetidos para julgamento".*

Comissão do latim *comissio,* de *comittere,* é vocábulo usado, no plano jurídico, com várias acepções.

No Direito Administrativo designa o exercício de cargo temporariamente; em vários segmentos do ordenamento jurídico, é o termo usado para indicar um grupo de pessoas formado com o fim de realizar determinado projeto ou desempenhar funções especiais; no Direito Comercial, corresponde a uma parcela do produto de uma operação, à guisa de remuneração ou qualificar um contrato em que o comissário recebe poderes especiais do comitente para atuar em seu nome.

Na lei sob comento, "comissão" refere-se a um grupo de pessoas, representando paritariamente os empregadores e os empregados.

Não se vislumbre nesse novo instituto qualquer semelhança com a arbitragem. A Comissão de Conciliação não impõe aos litigantes uma solução, como acontece no juízo arbitral, mas, simplesmente, formula proposta de conciliação que culmina, ou não, numa transação caracterizada por concessões recíprocas.

Conciliação provém do latim *conciliatio,* de *conciliare:* harmonizar, compor, ajustar.

Na Justiça do Trabalho, define-se a conciliação como o ato pelo qual o Juiz oferece às partes as bases para composição dos seus interesses em conflito.

Em nosso sistema legal, prospera o critério de situar-se a conciliação no âmbito do Direito Processual e, a transação, no Direito material. É certo, porém, que na sua essência, ambos os institutos não se distinguem e ambos resultam de um acordo de vontades.

Tem a Comissão de Conciliação Prévia a atribuição de tentar conciliar os conflitos individuais do trabalho.

As Comissões de Conciliação Prévia — CCP — são de três tipos:

a) de empresa;

b) de várias empresas do mesmo ramo econômico; ou

c) de ramos econômicos diferentes ou núcleo intersindical.

Qualquer uma dessas Comissões deve, sempre, ter composição paritária.

O sindicato de empregados sempre participa do processo elaborativo de uma CCP, variando, apenas, o grau dessa participação. Na CCP de empresa, limita-se a supervisionar a eleição, por escrutínio secreto, dos representantes dos trabalhadores; nas duas outras espécies de CCP, é o sujeito do acordo ou da convenção coletiva que as organiza. Os representantes dos empregados, bem como seus suplentes, em qualquer CCP, são contemplados com a estabilidade provisória no emprego, até um ano após a término de seu mandato que é de igual prazo. De conseguinte, só se admite sua dispensa no caso de falta grave.

A CCP, no âmbito da empresa, é composta de, no mínimo, dois membros e, no máximo de dez membros. A metade destes é indicada pelo empregador e, a outra metade, eleita pelos empregados, em escrutínio secreto fiscalizado pelo sindicato representativo da categoria profissional. Ocioso dizer que uma CCP, seja lá de que espécie for, só se institui se os interessados o desejarem e nunca por decisão unilateral do empregador ou dos empregados. O número de suplentes é igual ao dos titulares. Os representantes dos empregados só suspendem suas atividades quando convocados para exercer seu papel de conciliador, computando-se como tempo de serviço aquele despendido nessa função.

A CCP instituída no âmbito do Sindicato terá sua constituição e normas de funcionamento definidas em Convenção Coletiva ou acordo coletivo. Quando seu campo de atuação equivale ao da base do sindicato profissional, o instrumento será uma Convenção Coletiva de Trabalho; quando alcançar várias empresas, será o acordo coletivo de trabalho.

Estamos em que o procedimento conciliatório deve ser desenvolvido perante a CCP organizada pelo Sindicato que efetivamente represente o trabalhador envolvido no litígio. Se outra for a entidade sindical, a certidão comprobatória da conciliação não valerá como título executivo extrajudicial. Servirá, porém, a nosso ver, como documento susceptível de dar fundamento a uma ação monitória.

Prevê a lei a formação de Núcleos Intersindicais de Conciliação, que devem respeitar a composição paritária e a negociação coletiva. Na localidade em que funcionarem as várias espécies de CCP, tem o Reclamante a faculdade de optar por uma delas.

Dispõe o art. 625-D, da CLT, que "qualquer demanda de natureza trabalhista será submetida à Comissão de Conciliação Prévia, na localidade da prestação de serviços, houver sido instituída a Comissão no âmbito da empresa ou do sindicato da categoria". Esta norma consolidada foi duramente atacada por alguns estudiosos da matéria, por entenderem que tem a mácula da inconstitucionalidade. Sustentam que, obrigando as partes a submeterem, previamente, o litígio a uma CCP, é afrontado o princípio constitucional que assegura o livre acesso à Justiça. Dissentimos dessa opinião. Os litigantes não estão impedidos de levar à Justiça o conflito que os envolve; devem, apenas, tentar uma composição perante a CCP. Improcede, outrossim, a crítica à expressão "qualquer demanda de natureza trabalhista". Não é genérica de molde a abranger o dissídio coletivo, porque no art. 625-A, da CLT, se declara que sua finalidade é a de, apenas, tentar a conciliação dos conflitos individuais do trabalho.

Deriva do art. 625-D nova condição de ação. O Reclamante, na petição inicial, deverá provar que passou pela CCP ou informar que, no local, não há uma CCP.

A reclamação é apresentada à CCP por escrito ou reduzida a termo por qualquer um dos seus membros. Frustrada a tentativa de conciliação, recebem os interessados certidão que a comprova. Aceita a conciliação, lavra-se termo assinado pelas partes e por todos os membros da CCP, fornecendo-se cópia aos interessados. Esse termo de conciliação é um título extrajudicial que pode ser executado na Justiça do Trabalho, como o prescreve o artigo 876 da CLT.

A competência para executar o título extrajudicial é do juiz que seria competente para o processo de conhecimento relativo à matéria (art. 877-A da CLT). Não vemos óbice legal à inserção, no termo de conciliação, de cláusula penal em caso de inadimplemento do avençado.

A força liberatória do termo de conciliação é geral, "exceto quanto às parcelas expressamente ressalvadas" (parágrafo único do art. 625-E).

São exigíveis as contribuições previdenciárias e o imposto de renda relacionados com verbas que integrem o salário de contribuição ou que se constituam em rendimento tributável.

Por derradeiro, a prescrição se suspende quando da provocação da CCP, recomeçando a fluir da data da frustração da tentativa de conciliação, ou do vencimento do prazo a que se refere o art. 625-F, que é de dez dias para realização da sessão de tentativa de conciliação.

171.10. O Ministério do Trabalho e Emprego e as Comissões de Conciliação Prévia — CCP

A) Portaria do MTE

O Ministro do Trabalho baixou a Portaria n. 329, de 14 de agosto de 2002 (republicada no DOU de 20.8.2002, p. 48) estabelecendo *"procedimentos para a instalação e funcionamento das Comissões de Conciliação Prévia e Núcleos Intersindicais de Conciliação Trabalhista"*.

B) Conceito de Decreto, Portaria e Instruções

Antes de fazer breves comentários a esse relevante ato administrativo, queremos abordar questão de ordem constitucional que nem sempre é focalizada nos escritos especializados.

Trata-se do seguinte:

O art. 84 da Constituição Federal diz, no inciso IV, que compete privativamente ao Presidente da República *"sancionar, promulgar e fazer publicar as leis, bem como expedir decretos e regulamentos para sua fiel execução"*.

No entanto, a mesma Constituição, no inciso II, do art. 87, estabelece que compete ao Ministro de Estado "expedir instruções para a execução das leis, decretos e regulamentos".

A propósito da execução de uma lei, a "Carta Magna" não é clara no definir até onde vai a competência do Presidente da República e a do Ministro do Estado.

A leitor desinformado, trata-se efetivamente de questão um tanto obscura. Obtém-se seu deslinde com a averiguação do que vem a ser decreto e uma instrução.

No magistério de *Cretella Júnior* ("Comentários à Constituição 1988", 1. ed., Forense, 1991, V vol., p. 2899) *"os decretos executivos são as fórmulas gerais dos atos governamentais e administrativos do Presidente da República... e têm por objeto: a) pôr em execução uma disposição legal; b) estabelecer medidas gerais para cumprimento da lei"*.

Lopes Meirelles, depois de observar que a administração pública realiza sua função executiva por meio de atos jurídicos chamados de atos administrativos. Têm estes várias espécies, figurando entre elas decreto e a instrução.

Sobre o decreto regulamentar ou de execução, preleciona o saudoso administrativista:

"É o que visa a explicar a lei e facilitar sua execução, aclarando seus mandamentos e orientando sua aplicação. Tal decreto, comumente, aprova, em texto à parte, o regulamento a que se refere".

Os regulamentos — acrescenta Meirelles — *"são atos administrativos postos em vigência por decreto, para especificar os mandamentos da lei ou prover situações ainda não disciplinadas por lei. Desta conceituação ressaltam os caracteres marcantes do regulamento: ato administrativo (e não legislativo); ato explicativo ou supletivo da lei; ato hierarquicamente inferior à lei; ato de eficácia externa".* ("Direito administrativo brasileiro", 30. ed., Malheiros, 1995, p. 163).

Ousamos divergir do eminente mestre, apenas, no ponto em que declara ser também finalidade do regulamento prover situações não disciplinadas por lei. A nosso sentir, é o mesmo que atribuir ao Executivo o poder de legislar.

Ensina ainda *Meirelles* que atos administrativos ordinatórios *"são os que visam a disciplinar o funcionamento da administração e a conduta funcional de seus agentes"* e inclui, entre esses atos, as Instruções e as Portarias.

Define as Instruções *"como ordens escritas e gerais a respeito do modo e forma de execução de determinado serviço público, expedidas pelo superior hierárquico com o escopo de orientar os subalternos no desempenho das atribuições que lhe estão afetas e assegurar a unidade de ação no organismo administrativo".*

Recordamos, neste passo, que a Constituição Federal, ao falar da competência do Ministro de Estado, refere-se a "instruções".

As Portarias são definidas por Meirelles como "atos administrativos internos pelos quais os chefes de órgãos, repartições ou serviços expedem determinações gerais ou especiais a seus subordinados, ou designam servidores para funções e cargos secundários" (*Meirelles*, obra citada, p. 167).

C) Finalidade da CCP

Como ficará bem patente logo mais adiante, a Portaria em tela tem muito de decreto regulamentar.

Dispõe seu art. 1º:

"A Comissão de Conciliação Prévia instituída no âmbito do sindicato terá sua constituição e funcionamento definidos em convenção ou acordo coletivo do trabalho.

Parágrafo único. A Comissão conciliará exclusivamente conflitos que envolvam trabalhadores pertencentes à categoria profissional e à base territorial das entidades sindicais que as tiverem instituído.

O dispositivo — fundado no art. 625-C da CLT — refere-se às Comissões organizadas no sindicato. Só estas é que devem ter sua estrutura e dinâmica traçadas por convenção ou acordo coletivo de trabalho.

As Comissões formadas no interior de uma empresa dependem exclusivamente de um ato de vontade do empresário e seus empregados. No caso, cabe ao sindicato, a que estiverem filiados os empregados da empresa, supervisionar o pleito em que serão escolhidos os seus representantes na Comissão.

A Comissão formada no âmbito sindical só está autorizada a intervir nos conflitos trabalhistas de que participem membros da categoria representada pelo sindicato. Não terão eficácia e, portanto, não produzirão efeitos jurídicos, as decisões da Comissão que interessem a trabalhadores de categorias diferentes daquela representada pelo sindicato.

D) CCP de Empresa

O art. 2º cuida da Comissão nascida no interior de uma empresa. Salienta que a eleição dos representantes dos empregados será fiscalizada pelo respectivo sindicato profissional.

E) CCP e Rescisão Contratual

O art. 3º, por sua importância, merece ser reproduzido:

"A instalação da sessão de conciliação pressupõe a existência de conflito trabalhista, não se admitindo a utilização da Comissão de Conciliação Prévia como órgão de assistência e homologação de rescisão contratual.

Parágrafo único. A competência para prestar assistência ao trabalhador na rescisão contratual é do sindicato da categoria e da autoridade do Ministério do Trabalho e Emprego, nos termos do art. 477 da CLT".

É irretocável esse dispositivo.

A Comissão tem por finalidade solucionar, fora dos tribunais, dissídios individuais do trabalho.

A assistência ao trabalhador, na rescisão do seu contrato de trabalho, não pode ser dispensada por aquele organismo.

Reza o § 1º do art. 477 da Consolidação das Leis do Trabalho que "o pedido de demissão ou recibo de quitação de rescisão do contrato de trabalho, firmado por empregado com mais de 1 (um) ano de serviço, só será válido quando feito com a assistência do respectivo sindicato ou perante a autoridade do Ministério do Trabalho."

Como se vê, é atribuição privativa do sindicato profissional ou de delegado do referido Ministério dar assistência ao empregado quando da extinção do seu contrato de trabalho.

O exercício indevido desse mister pela Comissão invalida o questionado ato.

F) CCP e Processo do Trabalho

O art. 4º declara ser obrigatória a submissão da demanda de natureza trabalhista à Comissão de Conciliação Prévia quando esta existir na empresa ou no sindicato da categoria na localidade da prestação de serviços.

A boa doutrina, de há muito, encampou essa tese. Antes de o ajuizamento da reclamatória, é a parte obrigada apresentá-la à Comissão da empresa ou do sindicato.

É por essa razão que o Reclamante, na petição inicial da ação, deve consignar que não existe uma das duas sobreditas Comissões ou que se frustrou a tentativa de prévia conciliação.

G) CCP e a SRTE (antiga DRT)

Quer o art. 5º que se comunique, à Superintendência Regional do Trabalho e Emprego — SRTE (antiga Delegacia Regional do Trabalho — DRT), a constituição da Comissão.

Tal exigência não está prevista na Lei, mas é ela compreensível e mesmo aceitável para atender a fins estatísticos e de fiscalização do trabalho.

H) Guarda dos Documentos da CCP

Consoante os arts. 6º e 7º cabe à Comissão deliberar sobre a produção e guarda dos documentos relativos aos procedimentos de tentativa e de conciliação prévia trabalhista, sendo-lhe vedado utilizar, nesses mesmos documentos, símbolos oficiais.

A sessão da Comissão só instala se presentes, em igual número, os delegados dos empregados e da empresa. Não havendo paridade entre esses membros da Comissão, a sessão está impedida de funcionar.

I) Custeio da CCP

Dispõe o art. 10 — *verbis*:

"*A forma de custeio da Comissão será regulada no ato de sua instituição, em função da previsão de custos, observados os princípios da razoabilidade e da gratuidade ao trabalhador.*

§ 1º A Comissão não pode constituir fonte de renda para as entidades sindicais.

§ 2º Não serão adotados, para o custeio das Comissões, os seguintes critérios:

I — cobrança do trabalhador de qualquer pagamento pelo serviço prestado;

II — cobrança de remuneração vinculado ao resultado positivo da conciliação;

III — cobrança de remuneração em percentual do valor pleiteado ou do valor conciliado.

§ 3º Os membros da Comissão não podem perceber qualquer remuneração ou gratificação com base nos acordos firmados.

§ 4º O custeio da Comissão de empresa ou empresas é de exclusiva responsabilidade dessas."

A Lei n. 9.958, de 12 de janeiro de 2000, que instituiu as Comissões de Conciliação Prévia e que enriqueceu a CLT dos arts. 625-A a 625-H, é omissa no tocante à questão das despesas com o funcionamento daqueles organismos. Dessarte, cabe aos próprios interessados decidir sobre a lacuna.

A Portaria tenta preencher o claro deixado pelo supracitado diploma legal.

Em se tratando de Comissão de empresa afirma que todo o custeio do seu funcionamento há-de correr por conta do empregador.

Proíbe os membros da Comissão de receber remuneração ou gratificação baseada no valor dos acordos firmados.

Que o Sindicato profissional não deve transformar a Comissão em fonte de receita, estamos de pleno acordo com essa restrição estabelecida pela Portaria. As entidades sindicais já são contempladas com a contribuição sindical para prestar serviços aos membros das categorias profissionais que elas representam.

É certo que os membros da Comissão não sofrem perda salarial relativa ao tempo em que estiverem nela atuando. Essa regalia favorece apenas os representantes dos empregados na Comissão de empresa (v. § 2º do art. 625-B da CLT).

J) CCP Sindical

Silencia a lei quanto aos representantes dos empregados na Comissão sindical ou intersindical.

O respectivo pacto coletivo (convenção ou acordo coletivo) poderá dispor a respeito.

K) CCP e Transação

O art. 11 repete que a conciliação promovida pela Comissão deve limitar-se a *direitos ou parcelas salariais controversos*. No seu parágrafo único adverte as partes de que não podem ser objeto de transação o percentual referente à contribuição da empresa ao FGTS e a indenização de 40% sobre os depósitos feitos durante a vigência do contrato de trabalho.

Concordamos, parcialmente, com este artigo. Descabe a transação relativamente aos depósitos do FGTS em decorrência do interesse público daí decorrente. Contudo, quanto à indenização de 40%, e havendo controvérsia acerca da dispensa ou não do empregado, claro está que as partes poderão estabelecer, por exemplo, que tal indenização seja fixada na base de 20% para por um fim ao conflito de interesses.

L) Comparecimento à Sessão da CCP

O art. 13 recomenda à Comissão que o convite de comparecimento à sessão de conciliação deve ser instruída com a cópia da reclamação. A medida é salutar e razoável, pois vai permitir ao demandado que se prepara devidamente para participar da sessão da Comissão.

Já o art. 13 exige que, no supracitado convite e na abertura dos trabalhos da sessão, as partes devem ser informadas de que: a) a Comissão é de natureza privada e não faz parte do Poder Judiciário; b) o serviço é gratuito para o trabalhador; c) a tentativa de conciliação é obrigatória, mas o acordo é facultativo; d) o não comparecimento do representante da empresa ou a falta de acordo implicam tão somente a frustração da tentativa de conciliação e viabiliza o acesso à Justiça do Trabalho; e) as partes podem ser acompanhadas de pessoa de sua confiança; f) o acordo firmado possui eficácia liberatória geral, exceto quanto as parcelas expressamente ressalvadas; g) podem ser feitas ressalvas no termo de conciliação de modo a garantir direitos que não tenham sido objeto do acordo; h) o termo do acordo constitui título executivo extrajudicial sujeito, no caso de descumprimento, à execução na Justiça do Trabalho; i) as partes podem ser atendidas em separado pelos respectivos membros representantes para esclarecimento necessários, assegurando-se a transparência do processo de conciliação.

Algumas das alíneas supra são passíveis de crítica.

Na alínea *d* não se declarou que a ausência do reclamante ou querelante acarreta o malogro da tentativa de conciliação.

Na *e*, poder-se-ia frisar que a pessoa de confiança pode ser, ou não, um advogado.

Na *i*, não nos parece razoável que o preposto do empregador se reúna em separado com os representantes da empresa e, o queixoso, com os representantes dos empregados.

Essa providência não ajuda o deslinde do litígio. Ao revés, deve agravá-lo devido ao clima de desconfiança que envolverá a Comissão.

M) Núcleo Intersindical

Por derradeiro, o art. 16 estatui que as instruções constantes da Portaria se aplicam aos Núcleos Intersindicais de Conciliação Prévia.

Encerrando este breve exame da Portaria com que o Ministro do Trabalho procurou, bravamente, suprir as lacunas da lei criadora das Comissões de Conciliação Prévia, permitimo-nos ponderar que teria sido melhor se as questões do custeio tivessem sido apenas lembradas, com a sugestão de que sua solução se desse pelos próprios interessados, quer na empresa, quer no Sindicato.

171.11. Ação Civil Pública. A Terceirização e o Ministério Público do Trabalho. Estudo de um caso

Uma empresa terceirizou atividades desvinculadas de sua atividade-fim. O Ministério Público do Trabalho, cedendo a instâncias de dirigentes sindicais operários, ajuizou Ação Civil Pública, com pedido de antecipação da tutela, para obter a declaração da ilegalidade da sobredita terceirização.

Na petição inicial desse processo, diz-se, em síntese, o seguinte:

a) não são atividades-meio aquelas respeitantes à manutenção, engenharia industrial, laboratório e expedição de produtos, por serem indispensáveis à atividade-fim da empresa; b) a terceirização "compromete a qualidade dos serviços, pondo em risco a segurança dos trabalhadores e do meio ambiente", porque os "terceirizados" são trabalhadores despreparados para a função, havendo danos ao meio ambiente e à saúde dos trabalhadores e da coletividade; c) a terceirização de atividade-fim reduz o custo da mão de obra, o que caracteriza a concorrência desleal às empresas que não se utilizam do mesmo expediente; d) a questionada terceirização ocorreu fraudulentamente porque os empregados foram despedidos e recontratados pelas prestadoras de serviços; e) "A par da prestação de serviços subordinados, denota-se pessoalidade na relação jurídica que ora se discute. Este aspecto é comprovado pela contratação de um mesmo trabalhador por intermédio de várias empresas prestadoras de serviços durante vários anos. Em alguns casos, os serviços são realizados através de empresas fornecedoras de mão de obra há mais de vinte anos. Destarte é inafastável a fraude na terceirização"; f) no ordenamento jurídico pátrio não é permitida a locação ou a intermediação de mão de obra exceto nos casos previstos na Lei n. 6.019/74 e na Lei n. 7.102/83 (v. Súmulas n. 256 e 331 do TST); g) o desvirtuamento da transferência de atividades implica nulidade do ato, *ex vi* do preceituado no art. 9º da CLT, reconhecendo-se o liame de emprego com o tomador de serviços; h) "a prática implementada pela Requerida ofende de forma direta a dignidade humana, o valor social do trabalho (art. 1º, incisos III e IV, da Carta Magna, fundamentos da República Federativa do Brasil e o princípio da isonomia (art. 5º da Constituição Federal de 1988), pois, impõe aos trabalhadores a aceitação de condição danosa aos direitos mínimos e diversa daquelas oferecidas a seus empregados"; i) negando aos terceirizados a condição de seus empregados, a Empresa em foco priva-os "de direitos próprios da categoria profissional dos petroquímicos", devendo, por isso, ser condenada a pagar ao Fundo de Amparo ao Trabalho — FAT, a indenização de R$ 50.000,00, nos termos dos arts. 1º, 3º e 13 da Lei n. 7.347/85; j) o art. 127 da Constituição Federal dá ao Ministério Público — MP — a incumbência de defender a ordem jurídica, o regime democrático e os interesses sociais e individuais indisponíveis e o inciso III do art. 129 aduz que é sua função jurisdicional promover o inquérito civil público e a ação civil pública "para a proteção do patrimônio público e social, do meio ambiente e de outros interesses difusos e coletivos"; k) a Lei Complementar

n. 75/93 (LOMPU), no inciso III do art. 83, confere ao MPT competência para "promover a ação civil pública no âmbito da Justiça do Trabalho, para defesa de interesses coletivos, quando desrespeitados os direitos sociais constitucionalmente garantidos"; l) impõe-se a antecipação da tutela, prevista no art. 273 do CPC, porque está provada a terceirização de atividade-fim da Empresa terceirizante e ser "fato notório que inúmeras empresas chamadas de empreiteiras de mão de obra são inidôneas economicamente"; m) "a terceirização implica em redução de pessoal e alteração da qualidade dos serviços, o que expõe os trabalhadores a prejuízos irrecuperáveis, tais como, por exemplo, acidentes do trabalho"; n) pede o MPT que, de imediato, a Empresa terceirizante seja proibida de terceirizar atividades ligadas a sua atividade-fim e, por isso mesmo, seja obrigada a admitir trabalhadores, mediante relação de emprego, para os serviços de manutenção, engenharia industrial, laboratório, armazenagem e expedição de produtos.

A Empresa terceirizante depara-se, portanto, com as seguintes indagações:

a) O Ministério Público do Trabalho tem legitimidade para figurar no polo processual ativo da ação intentada?

b) A prestação de serviços contratados coloca em risco a saúde e a segurança dos trabalhadores envolvidos e da coletividade local?

c) A prestação de serviços ajustada com várias empresas, é ilegal? Pode ser caracterizada como fraude perpetrada pela Empresa terceirizante com o intuito manifesto de lesar os trabalhadores e prestadores de serviços?

Expressamos nosso pensamento sobre a controvérsia nos itens a seguir elencados.

171.11.1. A globalização e a empresa nacional

O desenvolvimento social e econômico do nosso País ganhou ritmo acelerado desde a década de 90 do século passado.

Desde então, engendraram-se novas relações intersubjetivas que escapam à previsão do atual ordenamento jurídico ou que exigem profundas alterações de numerosas normas legais. Infelizmente, o Congresso Nacional não consegue desvencilhar-se da teia de multifários interesses de caráter regional — e não raro, paroquial — a fim de, com a celeridade que a magnitude do problema reclama, pôr o sistema legal vigorante no País em perfeita adequação aos novos tempos.

O fato que repercutiu, profunda e extensamente, na esfera trabalhista foi a abertura do nosso mercado interno ao comércio internacional. O empresário patrício que, durante longos anos fora protegido por instransponível barreira erguida pelo imposto de importação, viu-se, abruptamente, exposto à concorrência internacional. A partir daí, o empresariado teve de fazer face à nova problemática econômica e financeira.

Passou a dedicar o melhor de sua atenção ao custo e à qualidade do produto ou do serviço para não perder competitividade no novo cenário econômico e, assim, sobreviver.

Nosso legislador constituinte preparou as bases das mudanças que a globalização iria introduzir no ordenamento jurídico do País, ao inserir, no art. 1º da Constituição Federal, o inciso IV, verbis: "A República Federativa do Brasil, formada pela união indissolúvel dos Estados e Municípios e do Distrito Federal, constitui-se em Estado Democrático de Direito e tem como fundamentos: I — omissis; IV — os valores sociais do trabalho e a livre-iniciativa." ...

O preceito põe de manifesto o equívoco em que incorreu o MPT, ao asseverar que a Carta Magna proclamara o "primado do trabalho" no art. 193 e, por via de consequência, os interesses do trabalhador sempre se sobrepõem aos da própria empresa. Naquele dispositivo da *Lex Fundamentalis* se prioriza, efetivamente, o trabalho, mas, apenas, na ordem social e objetivando o bem-estar e a justiça sociais.

No contexto maior, isto é, na comunidade nacional em seus múltiplos aspectos — inclusive o social — há que se respeitar o princípio fundamental que manda pôr em equilíbrio o trabalho e a livre-iniciativa.

A tutela do trabalho subordinado não pode ser levada ao extremo de dificultar ou anular a livre-iniciativa do empresário, embora a recíproca também seja verdadeira.

Consoante o art. 170 da Constituição, a ordem econômica funda-se na valorização do trabalho humano e na livre-iniciativa mediante a observância de vários princípios como os da função social da propriedade e da livre concorrência.

Em suma, na dicção do legislador constituinte, a valorização do trabalho humano não há de acarretar a eliminação da livre-iniciativa.

171.11.2. O Ministério Público e a Constituição

O Ministério Público recebeu da Constituição Federal, no art. 127, a incumbência de defender "*a ordem jurídica, o regime democrático e os interesses sociais e individuais indisponíveis*".

Intérprete desse dispositivo que empregue, tão somente, o método gramatical, será levado à inaceitável conclusão de que o Ministério Público é o substituto processual dos titulares de todos os interesses e direitos sociais e individuais indisponíveis.

É evidente que na exegese do texto constitucional, a exemplo do que se faz com a lei ordinária, o operador do direito deve servir-se de outros métodos de interpretação, tais como o histórico, o lógico, o sistemático e o teleológico.

Nesse labor, é defeso ao intérprete atribuir a uma norma constitucional significado que contradiz o de uma outra norma.

No caso vertente, é inadmissível que o precitado art. 127 da Constituição sirva de base à tese esposada pelo Ministério Público de que lhe cabe, com exclusividade ou preferentemente, a defesa dos interesses sociais e individuais indisponíveis. Tal posicionamento leva a resultado que reputamos absurdo: a presumida prerrogativa do Ministério Público se sobrepõe ao direito do titular daqueles interesses, de decidir se deve, ou não, exercer seu direito fundamental de acesso à Justiça.

Reputados constitucionalistas, como *Otto Bachof* (Normas constitucionais inconstitucionais?, Coimbra, 1977, p. 38 e ss.) e *Gomes Canotilho* ("Direito Constitucional", 5. ed., Almedina, 1991, p. 71/3) referem-se à hierarquia das disposições constitucionais, cujo grau mais elevado é reservado às disposições concernentes à estrutura do Estado e aos direitos fundamentais do cidadão. Nessa ótica, as prerrogativas e atribuições do Ministério Público situam-se em plano bem inferior ao dos direitos fundamentais do cidadão agasalhados em cláusulas pétreas.

Ambas as teorias — da interpretação do texto constitucional e da hierarquia das regras constitucionais — conduzem à mesma certeza: o exercício de um direito fundamental do cidadão — o do acesso à Justiça — não depende de ato de iniciativa do Ministério Público.

Não é por outra razão que o legislador infraconstitucional abordou o assunto sem perder de vista a primazia dos direitos fundamentais do cidadão.

A Lei Complementar n. 75, de 20 de maio de 1993, no art. 83, apresenta o elenco das atribuições do MPT e, assim, demarca com louvável precisão o seu campo de atuação.

Tem íntima conexão com os fins desta nota, o inciso III do precitado art. 83: *"promover a ação civil pública, no âmbito da Justiça do Trabalho, para defesa de interesses coletivos, quando desrespeitados os direitos sociais constitucionalmente garantidos."* ...

Deflui desse preceito legal que o MPT está autorizado a defender, por meio de ação civil pública, apenas interesses e direitos coletivos.

Incorre em erro quem, com estribo no art. 84, estende ao MPT o preceituado na alínea *d* do inciso VII, do art. 6º da LC n. 75, *ad litteram*: *"Compete ao Ministério Público da União: I — omissis; VII — promover o inquérito civil e a ação civil pública para: a) ...; d) outros interesses individuais indisponíveis, homogêneos, sociais, difusos e coletivos."*

O art. 84, no *caput*, estabelece que cabe ao MPT exercer, no âmbito de suas atribuições, as funções institucionais previstas nos Capítulos I, II, III e IV do susocitado. É evidente que o alcance dessa norma se restringe às funções institucionais compatíveis com fins próprios e especiais do MPT. A prova disso é que, no art. 83 — com elenco das atribuições do MPT — se declara competir a este propor ação civil pública tão somente para defender interesses e direitos coletivos, desprezando os interesses individuais indisponíveis, sociais e difusos.

Por oportuno, lembramos que o art. 15, da LC n. 75/93, dispõe com clareza solar: *"É vedado aos órgãos de defesa dos direitos constitucionais do cidadão promover em juízo a defesa de direitos individuais lesados"*.

O MPT desatendeu a vedação contida no dispositivo acima transcrito ao ajuizar ação civil pública visando direitos individuais de um grupo de trabalhadores que supõe terem sido violados pela Empresa terceirizante.

De frisar-se, ainda, que a Medida Provisória n. 2.180-35, de 24.8.2001, acrescentou ao art. 1º da Lei n. 7.347/85, o parágrafo único vazado nos seguintes termos: *"Não será cabível ação civil pública para veicular pretensões que envolvam tributos, contribuições previdenciárias, o FGTS ou outros fundos de natureza institucional, cujos beneficiários podem ser individualmente determinados"*.

É fora de dúvida que os trabalhadores envolvidos na terceirização da fábrica da Empresa terceirizante são determináveis individualmente. Seus interesses e direitos são homogêneos por decorrerem de origem comum (inciso III do parágrafo único do art. 81 do Código de Defesa do Consumidor).

171.11.3. Fundamentos da Ação Civil Pública

O MPT dá, como fundamento à ação que propôs contra a Empresa terceirizante, os arts. 127, 129, III da CF/88; arts. 83, III, 84 c/c. 6º, VIII, alínea *d* da Lei Complementar n. 75/93.

Sobre o art. 127 da CF/88 já falamos o suficiente, no item precedente.

Acerca do inciso III, do art. 129, também da CF, que diz ser uma das funções jurisdicionais do Ministério Público a promoção do *"inquérito civil e da ação civil pública, para a proteção do patrimônio público e social, do meio ambiente e de outros interesses difusos e coletivos"*, cumpre-nos, apenas, neste passo, salientar que cada um dos vários braços do Ministério Público da União não está autorizado a realizar todos os atos que dão efetividade àquela regra constitucional; cabe a cada um deles desempenhar, apenas, algumas das funções agrupadas no supracitado dispositivo constitucional. É o que recomenda o mais elementar critério de divisão do trabalho.

Vejamos como a LC n. 75/93 divide, entre os ramos do Ministério Público da União, os encargos a este atribuídos pela Constituição Federal.

A) Consoante o art. 37, II, da LC n. 75/93, o Ministério Público Federal exerce suas funções "nas causas de competência de quaisquer juízes e tribunais, para defesa de direitos e interesses dos índios e das populações indígenas, do meio ambiente, de bens e direitos de valor artístico, estético, histórico, turístico e paisagístico, integrantes do patrimônio nacional".

São funções institucionais do Ministério Público Federal as previstas nos Capítulos I, II, III e IV do Título I (A definição, dos princípios e das funções institucionais; Dos instrumentos de atuação; Do controle externo de atividade policial em Defesa dos Direitos Constitucionais).

O art. 39 dá maior dimensão à competência do Ministério Público Federal. Incumbe-o, também, da "defesa dos direitos constitucionais do cidadão, sempre que se cuidar de garantir-lhes o respeito pelos Poderes Públicos Federais".

B) De conformidade com o art. 83, III, da LC n. 75, compete ao Ministério Público do Trabalho *"promover a ação civil pública no âmbito da Justiça do Trabalho, para defesa de interesses coletivos, quando desrespeitados os direitos sociais constitucionalmente garantidos"*.

Está acima e fora de qualquer discussão que a coexistência harmoniosa desses ramos do Ministério Público da União depende da nítida fixação da órbita de competência de cada um deles. Foi exatamente isto que a LC n. 75/93 fez, no art. 83, em relação ao MPT.

Esta norma específica do MPT, em relação à ação civil pública para defesa de interesses coletivos articulados com os direitos sociais elencados no art. 7º da CF, se sobrepõe à regra geral hospedada na alínea *d*, do inciso VII, do art. 6º sempre da LC n. 75, a qual autoriza o Ministério Público a realizar inquérito civil e propor ação civil pública para proteção "de outros interesses individuais indisponíveis, homogêneos, sociais, difusos e coletivos".

Na divisão de trabalho entre os vários ramos do Ministério Público da União, coube ao MPT promover, apenas, ação civil pública quando em jogo interesses coletivos acoplados a direitos sociais constitucionalmente garantidos, ficando à margem de sua órbita competencial os interesses difusos e homogêneos.

Equivoca-se, portanto, o MPT ao dar, como um dos fundamentos da citada ação civil pública, a letra *d*, do inciso VII, do art. 6º da LC n. 75.

Os Capítulos I, II, III e IV, do Título I da LC n. 75 reúnem todas as atribuições do Ministério Público da União e, nos segmentos posteriores, informa-se o que compete a cada uma de suas partes, mencionadas no art. 24. De observar-se que tais Capítulos também se aplicam ao Ministério Público Federal. Num e noutro caso, aplicam-se tão somente as normas e princípios gerais dos sobreditos capítulos da LC n. 75 que forem compatíveis com o regramento peculiar dos referidos ramos do Ministério Público da União.

171.11.4. *Interesses e Direitos Difusos, Coletivos e Individuais Homogêneos*

Embora, no item anterior, tenhamos deixado bem patente que o MPT não tem competência legal para defender interesses difusos e homogêneos individuais, vamos, em termos sumários, discorrer sobre a conceituação de cada um deles.

Tanto a LC n. 75/93 como a Lei n. 7.347/85 — reguladora da ação civil pública — não dizem uma palavra sobre o que vêm a ser interesses difusos, coletivos e homogêneos.

Recorremos, portanto, à Lei n. 8.078, de 11 de setembro de 1990 (Código de Defesa do Consumidor), para suprir a deficiência daqueles diplomas legais.

Lê-se, no parágrafo único do art. 81 daquele diploma legal:

"I — interesses ou direitos difusos, assim entendidos, para efeitos deste Código, os transindividuais, de natureza indivisível, de que sejam titulares pessoas indeterminadas e ligadas por circunstâncias de fato;

II — interesses ou direitos coletivos, assim entendidos, para efeitos deste Código, os transindividuais de natureza indivisível de que seja titular, grupo, categoria ou classe de pessoas ligadas entre si ou com a parte contrária por uma relação jurídica base;

III — interesses ou direitos individuais homogêneos, assim entendidos os decorrentes de origem comum."

O cotejo dos conceitos de interesses difusos e coletivos dá realce a uma característica que lhes é comum: seus direitos e interesses são transindividuais e indivisíveis.

Distinguem-se num único ponto: os titulares de direitos e interesses difusos são indeterminados, ao passo que os de interesses e direitos coletivos podem ser determinados.

Na esfera trabalhista, a LC n. 75 reconhece a inexistência de situação geradora de interesses e direitos difusos.

Alude, às expressas, só a interesses e direitos coletivos.

Já fizemos o enfoque do inciso III do art. 83, da LC n. 75/93, para sublinhar que o MPT só tem legitimidade ativa para propor ação civil pública *"para defesa de interesses coletivos, quando desrespeitados os direitos sociais constitucionalmente garantidos"*.

Ainda que se admita que os trabalhadores terceirizados compõem uma coletividade, é imprescindível que, na espécie, o MPT prove estar a terceirização em conflito com um direito social inscrito na *Lex Legum*.

Do exposto, conclui-se que toda a legislação destinada a regular os arts. 127 *usque* 130 da Carta Magna destaca o cuidado de o legislador de não considerar o Ministério Público do Trabalho o único defensor das garantias fundamentais e dos direitos do trabalhador. Se outra fosse a posição do legislador, teríamos instalado, no País, detestável paternalismo do *Parquet* e, na sua esteira, a degradação da personalidade do trabalhador e a anulação do papel das entidades sindicais como clássicas defensoras dos assalariados.

É oportuno sublinhar que, na controvertida ação civil pública, pretende o Ministério Público do Trabalho defender os supostos interesses individuais homogêneos dos trabalhadores "terceirizados".

Maria Antonieta Zanardo Donato (in "Proteção do Consumidor", Revista dos Tribunais, 1994, p. 178), discorrendo sobre esse aspecto da questão, lembra que vários juristas de renome se insurgem contra o preceituado no art. 117 do Código de Defesa do Consumidor, por conflitar com a Constituição Federal.

Diz aquela autora que *Hugo Nigro Mazzili* — por exemplo — (obra citada, p. 177) suscita sérias dúvidas sobre a legitimação do *Parquet* para agir na tutela de direitos individuais homogêneos ao dizer que:

"Não se pode recusar que o Ministério Público está legitimado à defesa de qualquer interesse transindividual indivisível; contudo, parece-nos que, por sua vocação constitucional, não está o Ministério Público legitimado à defesa em juízo de interesses de pequenos grupos determinados de consumidores, atingidos por danos variáveis e individualmente divisíveis."

Com essas palavras, *Mazzili* retrata, à perfeição, os interesses e os direitos divisíveis e homogêneos dos terceirizados da Empresa terceirizante.

Zanardo Donato (obra citada, p. 178) evoca, ainda, o magistério de *Miguel Reale* expresso em parecer:

"O que, porém, não tem cabimento é a extensão da ação civil pública à proteção de direitos individuais homogêneos, assim entendidos os de origem comum. Além de não se entender bem o que venha a ser origem comum, não há dúvida que, em se tratando de direitos individuais não assiste ao Ministério Público competência para substituir os indivíduos na defesa de seus direitos, numa totalização da ação pública incompatível com o princípio da autonomia individual".

Do exposto até aqui, é inexorável a conclusão de que o Ministério Público do Trabalho só tem competência para propor ação civil pública em defesa de interesses e direitos coletivos que digam respeito ao bem-estar de toda a comunidade, o que não é o caso de "terceirizados" de uma Empresa.

171.11.5. Terceirização de atividades da empresa

A economia de mercado submete as empresas à esgotante e permanente concorrência tanto no mercado interno como no externo.

O êxito do empreendimento depende da capacidade de seus administradores de produzir bens ou serviços de boa qualidade e ao menor preço.

Na perseguição de tais objetivos, o empresário tem o direito, constitucionalmente respaldado (inciso IV do art. 1º da CF/88), de recorrer a todos os meios e processos permitidos em lei para impedir o soçobro de sua organização.

A descentralização de atividades ganhou a forma de terceirização definida como a transferência, para terceiros, de serviços da própria empresa. Conta *Wilson Alves Polonio* ("Terceirização — aspectos legais, trabalhistas e tributários", Atlas, 2000, p. 97) que esse processo se manifestou, no início do século XIX, notadamente na economia francesa. Um outro autor — *Sérgio Pinto Martins* ("A terceirização e o direito do trabalho", 4. ed., Atlas, 2000, p. 16) revela que a terceirização foi introduzida em nosso País por empresas multinacionais, na década de 50 do século passado.

João de Lima Teixeira Filho (in "Instituições de Direito do Trabalho", 19. ed., vol. I, LTr, 2000, p. 280), discorrendo sobre terceirização, pondera: "Contratos regidos pela legislação civil, como os de empreitada e o de prestação de serviços *lato sensu*, por si só, não se comisturam com o contrato de trabalho nem invadem o campo de atuação do Direito do Trabalho, apesar da existência — sob o enfoque tipicamente trabalhista — de uma terceira pessoa entre quem contrata a prestação de serviços e quem a executa. Mas, ao Direito do Trabalho interessa o modo pelo qual a obrigação avençada é satisfeita".

Por outras palavras, a terceirização se reveste de ilicitude quando utilizada para prejudicar os trabalhadores.

O fato de algumas das atividades terceirizadas, devido à sua própria natureza e do seu imbricamento com aquelas exercidas pela Empresa terceirizante, obedecerem todas elas a um mesmo horário, por uma exigência de ordem fática, não permite vislumbrar a subordinação que caracteriza o vínculo empregatício.

É certo, outrossim, que inexiste norma legal que proíba a prática de a empresa entregar, a terceiros, a realização de uma atividade-meio.

A viga mestra da argumentação desenvolvida pelo Ministério Público do Trabalho é a Súmula n. 331 do E. Tribunal Superior do Trabalho, cujos incisos III e IV transcrevemos a seguir, *verbis*:

"III — Não forma vínculo de emprego com o tomador a contratação de serviços de vigilância (Lei n. 7.102, de 20.6.1983) de conservação e limpeza, bem como a de serviços especializados ligados à atividade-meio do tomador, desde que inexistente a pessoalidade e a subordinação direta.

IV — *O inadimplemento das obrigações trabalhistas por parte do empregador, implica na responsabilidade subsidiária do tomador dos serviços, quanto àquelas obrigações, inclusive quanto aos órgãos da administração direta, das autarquias, das fundações públicas, das empresas públicas e das sociedades de economia mista, desde que hajam participado da relação processual e constem também do título executivo judicial (art. 71 da Lei n. 8.666/93)".*

O verbete aceita, apenas, a terceirização da atividade-meio.

Mais uma vez frisamos que, em nosso ordenamento jurídico, não há norma legal proibindo a terceirização de quaisquer atividades da empresa. Com o intuito de preencher o vazio da lei, a Justiça do Trabalho aprovou a sobredita Súmula dirigida, particularmente, àqueles que usam a terceirização para prejudicar os trabalhadores, fraudando a normação legal que os protege.

As empresas prestadoras de serviços contratadas pela Empresa terceirizante devem cumprir rigorosamente a legislação trabalhista. À míngua de disposição legal, não se pode obrigar uma Empresa desistir da terceirização sob pena de desrespeitar-se frontalmente o inciso II do art. 5º da Constituição da República (*"ninguém será obrigado a fazer ou deixar de fazer alguma coisa senão em virtude de lei"*).

Aninha-se nesse dispositivo o princípio da legalidade, de extremo significado na proteção do cidadão e da empresa privada contra desmandos do Poder Público; é esse princípio a linha divisória entre o Estado de Direito e o Autoritarismo sem freio.

Não é por outras razões que *Celso Ribeiro Bastos* ("Comentários à Constituição do Brasil", Saraiva, 1989, 2. vol., p. 23) preleciona: *"Com o primado da lei cessa o privilégio da vontade caprichosa do detentor do poder em benefício da lei que se presume ser a expressão da vontade coletiva"*.

Acrescenta, logo em seguida, que o Executivo e o Judiciário "não podem, contudo, impor ao indivíduo deveres ou obrigações ex novo, é dizer, calcados na sua exclusiva autoridade".

Por derradeiro, reafirmamos que o nosso sistema legal não abriga um único dispositivo vedando a terceirização de atividades da empresa. Dessarte, a Súmula n. 331 do E. Tribunal Superior do Trabalho só é invocável, legitimamente, na hipótese de aquele processo de descentralização ser usado, exclusivamente, para mascarar ofensas ao regramento legal que tutela o trabalho assalariado.

Mais uma vez: a Empresa terceirizante, contratando a prestação de serviços com empresas idôneas em nada prejudica os empregados. Ademais, é inquestionável que se embaraça a expansão da nossa economia criando-se para as empresas nacionais obstáculos e dificuldades que o concorrente estrangeiro desconhece. Este, por exemplo, usa a terceirização sem nenhuma restrição.

É, de todo em todo, inconsistente a alegação de que a Empresa é uma concorrente desleal porque seus competidores não recorrem à terceirização. É improvável que só uma Empresa terceirize algumas de suas atividades. As empresas concorrentes também não estão impedidas de usar tal processo de gestão descentralizadora.

171.11.6. Legitimatio ad causam e interesse de agir

Informa-se, na peça exordial da ação civil pública intentada pelo MPT, que ele realizou diligência *in loco* para averiguar na fonte a ocorrência das lesões a direitos difusos e coletivos", quais sejam, "a terceirização ilegal de atividades, permanência de empregados com aposentadoria especial em áreas de risco e demissões arbitrárias intentadas pela ora Ré".

Com os depoimentos colhidos, o MPT constatou que as atividades terceirizadas estavam inseridas nos fins sociais da empresa e a terceirização comprometia a qualidade dos serviços, pondo em risco a segurança dos trabalhadores e do meio ambiente.

Ora, qualquer atividade-meio da empresa é sempre útil e até indispensável à atividade-fim, mas, a rigor, aquela não se confunde com esta. De fato, só para exemplificar, a limpeza de u'a máquina é imprescindível à normalidade da produção, mas nem por isso deixa de ser uma atividade-meio.

Isto demonstra quão inconsistente é o argumento do MPT para justificar o uso da ação civil pública.

Reporta-se, ainda, o MPT à presumida ação deletéria da Empresa terceirizante quanto ao meio ambiente, o que agride direitos e interesses difusos. É certo, outrossim, que a defesa de tais direitos e interesses transcendem à competência do MPT porque ela cabe ao Ministério Público Estadual ou Federal.

Não efetuou a Empresa terceirizante demissões arbitrárias nem conservou em serviço empregados beneficiados pela aposentadoria especial. Todavia, de realçar-se que se trata de lesões a direitos individuais e a tentativa do MPT de defendê-los em juízo equivale a uma afronta ao disposto no art. 15 da LC n. 75/93.

Do que acabamos de expor, tira-se a ilação de que o MPT, na multicitada ação, não se empenha em defender interesses e direitos coletivos, mas os presumidos interesses individuais de uns tantos trabalhadores.

De conseguinte, não tem o MPT legitimidade para agir (*legitimatio ad causam*) por não estar em pauta um direito coletivo. Em suma, a qualidade para agir configura-se quando o autor coincide com aquele a quem a lei confere certo direito.

É a legitimidade de agir uma condição de ação. Sua falta acarreta a carência da ação.

Como corolário do que vimos de expor, conclui-se que inexiste, também, o pressuposto processual do conflito real de interesses.

O Tribunal de Justiça de Minas Gerais, chamado a se manifestar sobre o aspecto acima focalizado, lavrou acórdão assim ementado: "Ação civil pública. Ministério Público. Interposição visando amparar direitos individuais disponíveis de determinado grupo de pessoas. Ilegitimidade *ad causam* se o fato embasador da demanda não constitui direito difuso ou coletivo. Inteligência da Lei n. 7.347/85, do art. 129, III, da CF e do art. 81, I e II, da Lei n. 8.078/90. TMG, 1ª Câmara, Ap. 135.747, *in* DOMG de 12.10.99.

171.11.7. Do direito lesado

Sustenta o MPT, com estribo nos itens I e II da Súmula n. 331, que o ordenamento jurídico pátrio não permite a locação ou intermediação da mão de obra por interposta empresa.

É bem de ver que, na terceirização, não se fazem presentes tais modalidades de aproveitamento da mão de obra. Trata-se, isto sim, de avença entre duas pessoas jurídicas: uma delas, por contar com contingente de trabalhadores especializados no exercício de certas atividades (manutenção de equipamento, expedição, pesquisa tecnológica etc.) se obriga a prestar tais serviços a outra. Os empregados incumbidos da realização desses serviços têm todos os seus direitos trabalhistas e previdenciários devidamente protegidos. Não há, de conseguinte, nenhuma lesão aos direitos desses assalariados.

Desenhar-se-ia a fraude à lei se a terceirização tivesse, apenas, por finalidade impedir que a legislação trabalhista alcançasse seus fins sociais.

É inconteste, também, que consoante as disposições legais atinentes à responsabilidade civil, a inadimplência das obrigações trabalhistas pela empresa prestadora pode originar a responsabilidade solidária do tomador desses serviços, em virtude da sua *culpa in eligendo*.

171.11.8. Indenização por violação da ordem jurídica

Com fulcro nos arts. 1º, 3º e 13 da Lei n. 7.347/85, o MPT pede a condenação da Empresa terceirizante a pagar indenização ao Fundo de Amparo ao Trabalhador — FAT — criado pela Lei n. 7.998, de 11.1.1990, *"para recomposição das lesões perpetradas à ordem jurídica e aos direitos dos trabalhadores"*.

É claro que essa reparação pecuniária diz respeito a uma obrigação de fazer ou não fazer, como revela o art. 11 da Lei n. 7.347/85: *"Na ação (civil pública) que tenha por objeto o cumprimento de obrigação de fazer ou não fazer, o juiz determinará o cumprimento da prestação da atividade devida ou a cessação da atividade nociva, sob pena de execução específica, ou de cominação de multa diária, se esta for suficiente ou compatível, independentemente de requerimento do autor"*.

A Empresa terceirizante não é inadimplente no tangente a uma obrigação de fazer ou não fazer.

Não assumiu o compromisso com ninguém de se abster de ato capitulado como nocivo a um interesse coletivo; limitou-se a exercer, como ainda exerce, atividade que a lei não proíbe.

O MPT pede a condenação em dinheiro da Empresa terceirizante e, também, a de que deixe de terceirizar algumas de suas atividades, para confiá-las exclusivamente àqueles que admitir como seus empregados.

Há a impossibilidade jurídica de esse pedido ser acolhido pela Justiça.

De conformidade com o art. 3º da Lei n. 7.347/85, o autor — numa ação civil pública — deve optar pela condenação em dinheiro ou pelo cumprimento da obrigação de fazer ou não fazer.

Um pedido exclui o outro.

171.11.9. Da Antecipação da Tutela

Neste passo, cuidaremos da tutela antecipada na ação civil pública, a qual, em tese é nela admissível, tendo em vista o disposto no art. 273, do CPC c/c. o art. 21, da Lei n. 7.347/85. Vem a ser uma das três modalidades de provimento antecipatório, sendo que as outras duas são as medidas cautelar e liminar.

A tutela antecipada, *in casu*, para ser concedida, é necessário que prova inequívoca torne verossímil a alegação do MPT e haja fundado receio de dano irreparável ou de difícil reparação.

Segundo o magistério de *Teori Albino Zavascki* (in "Antecipação da tutela", 2. ed., Saraiva, 1999, p. 27) *"a primeira nota característica dessa espécie de tutela jurisdicional (tutela antecipada e provisória) está na circunstância de fato que lhe serve de pressuposto: ela supõe a existência de uma situação de risco ou de embaraço a efetividade da jurisdição, a saber: risco de dano ao direito, risco de ineficácia da execução, obstáculos que o réu maliciosamente põe ao andamento normal do processo e assim por diante"*.

No processo civil, a decisão sobre a tutela antecipada é hostilizável por meio de agravo de instrumento retido, *"salvo quando se tratar de decisão suscetível de causar à parte lesão grave e de difícil reparação, bem como nos casos de inadmissão da apelação e nos relativos aos efeitos em que a apelação é recebida, quando será admitida a sua interposição por instrumento"*, conforme a nova redação do art. 522, do CPC, dada pela Lei n. 11.187/2005.

A ação civil pública, ajuizada perante a Justiça do Trabalho, "submete-se a procedimento de reclamatória trabalhista, com designação de audiência de conciliação e instrução e posterior apreciação" pelo Juiz do Trabalho (*Ives Gandra Martins Filho*, "Processo Coletivo do Trabalho", 2. ed., LTr, 1996, p. 222). Decorrentemente e na espécie, é inaplicável o agravo de instrumento.

Tendo em vista a extensão do dano causado ou a ser reparado no bojo de uma ação civil pública, o TST editou a Orientação Jurisprudencial n. 130, SDI-II, acerca da competência territorial, aplicando analogicamente o Código de Defesa do Consumidor, verbis: *"Ação Civil Pública. Competência. Local do dano. Lei n. 7.347/85, art. 2º. Código de Defesa do Consumidor, art. 93. I — A competência para a Ação Civil Pública fixa-se pela extensão do dano. II — Em caso de dano de abrangência regional, que atinja cidades sujeitas à jurisdição de mais de uma Vara do Trabalho, a competência será de qualquer das varas das localidades atingidas, ainda que vinculadas a Tribunais Regionais do Trabalho distintos. III — Em caso de dano de abrangência suprarregional ou nacional, há competência concorrente para a Ação Civil Pública das varas do trabalho das sedes dos Tribunais Regionais do Trabalho. IV — Estará prevento o juízo a que a primeira ação houver sido distribuída".*

171.11.10. Conclusões

As questões do caso presente merecem ser respondidas da seguinte forma:

A) É carecedor de ação o Ministério Público do Trabalho, na ação civil pública intentada, quando não objetiva a defesa de interesses e direitos coletivos, mas, sim, interesses e direitos individuais homogêneos.

B) O fato de uma atividade-meio da empresa ser útil e até indispensável à atividade-fim, a rigor, não pode ser confundida com esta. Por exemplo, os serviços terceirizados de manutenção, engenharia industrial, laboratório, armazenagem e expedição do produto não se vinculam à atividade-fim da própria empresa em foco.

C) O Ministério Público do Trabalho não pode simplesmente alegar que a terceirização das susocitadas atividades põem em risco a saúde e segurança dos trabalhadores e dos membros da coletividade local. Tem que apresentar prova convincente disso.

D) Inexiste lei, em nosso ordenamento jurídico, que proíba a terceirização. O que se deve averiguar, em cada caso concreto, é se esse processo de gestão é empregado em fraude à lei ou numa simulação para causar prejuízos aos trabalhadores.

171.12. Ação Civil Pública. Aplicação da Lei de Licitações pelo Ministério Público do Trabalho e a Terceirização de Serviços pela Administração Pública

Estabelece o art. 71, § 1º, da Lei de Licitações o seguinte: *"O contratado é responsável pelos encargos trabalhistas, previdenciários, fiscais e comerciais resultantes da execução do contrato. § 1º A inadimplência do contratado com referência aos encargos trabalhistas, fiscais e comerciais não transfere à Administração Pública a responsabilidade por seu pagamento, nem poderá onerar o objeto do contrato ou restringir a regularização e o uso das obras e edificações, inclusive perante o Registro de Imóveis".*

Essa regra é aplicável à administração pública, direta e indireta, como um todo, inclusive às empresas públicas e sociedades de economia mista, tendo em vista que o art. 173 da Constituição Federal ainda não foi devidamente regulamentado.

De fato, a Lei n. 8.666/93 (Lei das Licitações), em seu art. 71, § 1º, repetiu norma constante do Decreto-lei n. 2.300, excluindo, taxativamente, a responsabilidade do Poder Público quanto à possível inadimplência do contrato pelos encargos trabalhistas, previdenciários, fiscais e comerciais resultantes da execução do contrato.

Todavia, a Lei n. 9.032/95, que deu nova redação ao § 2º, do art. 71, da Lei das Licitações, reconhece que há solidariedade do Poder Público quanto aos encargos previdenciários, verbis: *"§ 1º — A inadimplência do contratado, com referência aos encargos trabalhistas, fiscais e comerciais não transfere à Administração Pública a responsabilidade por seu pagamento, nem poderá onerar o objeto do contrato ou restringir a regularização e o uso das obras e edificações, inclusive perante o Registro de Imóveis"; "§ 2º — A Administração Pública responde solidariamente com o contratado pelos encargos previdenciários resultantes da execução do contrato, nos termos do art. 31 da Lei n. 8.212, de 24 de julho de 1991".*

É importante lembrar que o Direito Administrativo é informado pelo princípio da legalidade e, nos termos da lei, não pode a Administração Pública, direta ou indireta, suportar ônus quando a norma específica de licitações a exime de responsabilidade. O fim do ato administrativo é, sempre, o interesse público, o qual se sobrepõe ao interesse particular.

Assim, descabe ao Ministério Público do Trabalho exigir de uma sociedade de economia mista que esta venha cumprir as obrigações trabalhistas descumpridas (v. g. pagamento de salários, compra de EPIs, horas extras, adicional de periculosidade, férias etc.) pela empresa terceirizada pelo rito da Lei de Licitações. Essa norma é imperativa e não pode ser afastada simplesmente pelo *Parquet*, e, se afastada, criará ele para a Administração Pública despesas vultosas com essa transferência de responsabilidade indevida e ilegal de uma empresa privada para ela, Administração Pública.

Claro está que, no caso em foco, tem que haver o respeito ao princípio da legalidade, como inscrito no art. 5º, II, da CF.

Ora, o princípio de que ninguém é obrigado a fazer ou deixar de fazer algo senão em virtude de lei surge como um dos vigamentos mestres do ordenamento jurídico pátrio.

O princípio da legalidade protege o particular contra os desmandos possíveis do Poder Executivo ou do próprio Poder Judiciário. Com esse princípio, instaura-se uma mecânica entre os Poderes do Estado, da qual resulta ser lícito, apenas, a um deles, qual seja, o Poder Legislativo, criar obrigações aos particulares.

Enfrentando essa questão de que somente cabe ao Poder Legislativo criar obrigações ao particular, *Celso Ribeiro Bastos* diz com propriedade que os demais Poderes atuam suas competências dentro dos exatos parâmetros fixados pela lei. Arremata ele, dizendo que *"a obediência suprema dos particulares, pois, é para com o Legislativo. Os outros, o Executivo e o Judiciário, só compelem na medida em que atuam a vontade da lei. Não podem, contudo, impor ao indivíduo deveres ou obrigações ex novo, é dizer, calcados na sua exclusiva autoridade"* (s/ob. "Comentários à Constituição do Brasil", vol. 2º, p. 23).

171.13. Ação Civil Pública e necessidade de publicação de edital

Para a formação e desenvolvimento válidos da relação processual da Ação Civil Pública ajuizada pelo Ministério Público, impõe-se a publicação de edital para chamar à lide os interessados, conforme se depreende da leitura do art. 21, da Lei n. 7.347/85 (LACP), que remete seu comando ao contido no art. 94, do Código de Defesa do Consumidor, dispositivo legal esse vazado nos seguintes termos: "Art. 94. Proposta a ação, será publicado edital no órgão oficial, a fim de que os interessados possam intervir no processo como litisconsortes, sem prejuízo de ampla divulgação pelos meios de comunicação social por parte dos órgãos de defesa do consumidor".

Nos comentários desse dispositivo legal do Código de Defesa do Consumidor, *in* "Código de Defesa do Consumidor" de *Eduardo Gabriel Saad* e outros, aponta-se ser necessário para esse tipo de ação a publicação do edital, *verbis*:

"Temos como certo que o dispositivo sob comentário vincula-se à defesa de interesses ou direitos coletivos e de interesses ou direitos individuais homogêneos, assim entendidos os decorrentes de origem comum".

"Logo iremos, com mais vagar, entregar-nos à análise do alcance e efeitos das sentenças prolatadas naquelas ações coletivas. É suficiente, neste passo, salientar que o julgado terá eficácia secundum eventus litis e in utilibus quando se tratar de direitos individuais homogêneos".

E arremata ele o raciocínio com o seguinte:

"Quer o dispositivo, em exame neste tópico, que, ajuizada a ação, publique-se o edital a fim de que quaisquer interessados saibam da sua existência e venham a intervir no processo como litisconsortes. Recomenda, outrossim, aos órgãos de defesa do consumidor — públicos e privados — que promovam ampla divulgação dessa medida judicial pelos meios de divulgação social" (s/ob. "Comentários ao Código de Defesa do Consumidor", 5. ed., 2002, LTr, p. 692).

Theotonio Negrão anota no item 2 ao art. 94 do Código de Defesa do Consumidor que *"o prazo do edital, para que se considere perfeita a citação dos interessados, deve variar de 20 dias, no mínimo, e 60, no máximo, contados da publicação pela imprensa, CPC, 232, IV"*.

Inocorrendo a publicação do edital, não se formou adequadamente a relação processual. Com isso, o princípio do devido processo legal, como inscrito no art. 5º, LVI, da CF, será violado.

Estando a relação processual incompleta *ex raice* por não ter ocorrido o chamamento judicial dos referidos litisconsortes por meio de edital, claro está que será prolatada uma decisão judicial que causará severo dano ao patrimônio e aos bens da empresa, com afronta do art. 5º, LIV e LV, da Constituição Federal.

Sobre esse mandamento constitucional ("ninguém será privado da liberdade ou de seus bens sem o devido processo legal"), o sempre citado *Celso Ribeiro Bastos* disserta com precisão o quanto segue:

"Embora o bem capital do homem continue a ser a liberdade, ninguém pode ignorar a importância representada pelo patrimônio na vida pessoal e familiar de cada um. Portanto, embora por vezes se faça presente que o Estado destitua alguém do domínio de determinado bem, é necessário que esta medida de extrema gravidade se processe com as garantias próprias do "devido processo legal".

Não importa o título a que esteja ocorrendo este perdimento. Ele pode sem dúvida dar-se pela prática de ilícitos administrativos ou sem qualquer fundamentação na ilicitude, como é caso da desapropriação. O dispositivo em questão igual portanto estas hipóteses, dando a elas iguais direitos." (s/ob. "Comentários à Constituição do Brasil", 2. vol., Saraiva, pp. 263/264)

Apoiando-se em *Ada Pellegrini Grinover, Celso Bastos* arremata:

"Desse modo, as garantias constitucionais do devido processo legal convertem-se, de garantias exclusivas das partes, em garantias da jurisdição e transformam o procedimento em um processo jurisdicional de estrutura cooperatória, em que a garantia de imparcialidade da jurisdição brota da colaboração entre partes e juiz. A participação dos sujeitos no processo não possibilita apenas a cada qual aumentar a possibilidade de obter uma decisão favorável, mas significa cooperação no exercício da jurisdição. Para cima e para além das intenções egoísticas das partes, a estrutura dialética do processo existe para reverter em benefício da boa qualidade da prestação jurisdicional e da perfeita aderência da sentença à situação de direito material subjacente" (apud s/ob. "Processo Constitucional em Marcha", p. 8, item 2).

Já o princípio do contraditório inscrito no art. 5º, LV, da Constituição Federal, seria violentado, também, posto que os assistentes litisconsorciais não participaram da lide como previsto em lei processual, subtraindo-lhes o direito de defesa e de ataque, conforme a ótica que eles fossem adotar naquela Ação Civil Pública.

Observe-se que sempre deverá haver um permanente esforço no sentido de se superar as desigualdades formais em sacrifício de uma igualdade real.

Assim, não havendo o chamamento à lide dos interessados com a publicação de edital e inexistindo qualquer tipo de divulgação por meio dos mecanismos de comunicação social, a Ação Civil Pública nascerá com uma nulidade absoluta por afronta do suso dispositivo legal garantidor do contraditório.

171.14. Carência de Ação do Ministério Público do Trabalho relativamente à Ação Civil Pública. Estudo de caso

O Ministério Público do Trabalho ajuizou a Ação Civil Pública com fulcro no art. 1º, IV, da Lei n. 7.347/85, verbis: "Art. 1º Regem-se pelas disposições desta lei, sem prejuízo da ação popular, as ações de responsabilidade por danos morais e patrimoniais causados: ...IV — a bens e direitos de valor artístico, estético, histórico, turístico e paisagístico. ".

Essa norma foi recepcionada pelo art. 129, III, da Constituição Federal, posto que aí ficou estabelecido ser uma função institucional do Ministério Público a promoção da ação civil pública para a proteção de interesse difuso e coletivo, verbis: "Art. 129. São funções institucionais do Ministério Público: (omissis); III — promover o inquérito civil e a ação civil pública, para a proteção do patrimônio público e social, do meio ambiente e de outros interesses difusos e coletivos".

Por não ser autoaplicável essa norma constitucional, o legislador editou a Lei Complementar n. 75/93, sendo certo que no capítulo do Ministério Público do Trabalho, ficou assentado no art. 83, III, que este seria o titular da ação civil pública não para tutelar interesses difusos, mas, exclusivamente, tutelar interesses coletivos, verbis: "Art. 83. Compete ao Ministério Público do Trabalho o exercício das seguintes atribuições junto aos órgãos da Justiça do Trabalho: (omissis); III — promover a ação civil pública no âmbito da Justiça do Trabalho, para a defesa de interesses coletivos, quando desrespeitados os direitos sociais constitucionalmente garantidos."

E quais são os interesses defendidos pelo Ministério Público do Trabalho nessa ação?

Ele mesmo esclarece que os interesses eram individuais homogêneos, já que os trabalhadores das empreiteiras da empresa-ré deviam receber os mesmos EPIs dos empregados desta última, além de terem eles local digno para tomar suas refeições.

Se tais interesses são individuais homogêneos, descabe ao Ministério Público do Trabalho promover sua tutela judicial.

Atento ao fato de que o Ministério Público não pode, por força de norma constitucional, tutelar interesses individuais, homogêneos ou não, o próprio legislador ordinário fez constar da multicitada Lei Complementar n. 75/93 essa vedação, como se infere da leitura de seu art. 15, verbis: "Art. 15 — É vedado aos órgãos de defesa dos direitos constitucionais do cidadão promover em juízo a defesa de direitos individuais lesados".

Mas qual é o conceito de interesse individual homogêneo e o de interesse coletivo?

Como já dissemos anteriormente, tanto a Lei Complementar n. 75/93 como a Lei n. 7.347/85 não dizem uma única palavra sobre o que vêm a ser interesse coletivo e interesse individual homogêneo.

Para tanto, o intérprete deve se socorrer do art. 81, parágrafo único, II e III, da Lei n. 8.078/90 (Código de Defesa do Consumidor), para suprir a deficiência daqueles diplomas legais.

Assim, lê-se desse parágrafo único, do art. 81, o seguinte:

"II — interesses ou direitos coletivos, assim entendidos, para efeitos deste Código, os transindividuais de natureza indivisível de que seja titular, grupo, categoria ou classe de pessoas ligadas entre si ou com a parte contrária por uma relação jurídica base";

"III — interesses ou direitos individuais homogêneos, assim entendidos os decorrentes de origem comum."

Hugo Nigro Mazzili, com sua peculiar precisão, analisa esses conceitos, dando exemplos desses tipos de interesses: individual, individual homogêneo e coletivo sob a ótica do Código de Defesa do Consumidor. E, como são bons exemplos, merecem eles ser citados, pois elucidam melhormente os pensamentos aplicáveis no Direito do Trabalho. Assim, diz esse renomado doutrinador e integrante do Ministério Público paulista:

"Em síntese, se dentre uma série de bens de consumo, vendidos ao usuário final, um deles foi produzido com defeito, o lesado tem interesse individual na indenização cabível."

"Já os interesses são individuais homogêneos, a ligar inúmeros consumidores, quando toda a série de um produto saia da fábrica com o mesmo defeito."

"Por sua vez, quando se reconheça a ilegalidade de um aumento nas prestações de um consórcio, temos interesses coletivos (indivisíveis)." (s/ob. "A Defesa dos Interesses Difusos em Juízo", 11. ed., Saraiva, p. 43)

É bastante visual o seguinte quadro apresentado por esse eminente doutrinador pátrio:

Assim, os interesses defendidos pelo Ministério Público do Trabalho eram individuais homogêneos, pois eles eram absolutamente divisíveis e decorrentes de uma mesma situação de fato. Não eram eles (fornecimento de EPI e mesmo local para refeição) interesses coletivos, posto que a pretensão era divisível e oriunda não de uma relação jurídica, mas, sim, de uma situação de fato.

Bem se sabe que, criado pela Lei da Ação Civil Pública e consagrado na Constituição, o Inquérito Civil é uma investigação administrativa, isto é, procedimento investigatório contraditório, a cargo do Ministério Público, destinado a colher elementos de convicção para eventual propositura de ação civil pública, no dizer sempre lúcido de *Nigro Mazzilli*. Arremata ele que, por meio do Inquérito Civil, são promovidas diligências, requisições de documentos, informações, exames e perícias, expedir notificações, tomar depoimentos, proceder a vistorias e inspeções (cf. s/ob. "A Defesa dos Interesses Difusos em Juízo", Saraiva, 1999, p. 227). Tem ele, portanto, uma natureza visivelmente inquisitorial, característica própria do inquérito policial.

Compreende-se, portanto, que, ajuizada a ação civil pública, deve o Ministério Público do Trabalho produzir a prova cabal de suas alegações perante o Juiz Natural, posto que aquele material colhido no Inquérito Civil não pode ficar fora do crivo do contraditório. E mesmo que fique submetido ao contraditório, deve essa prova ser repetida em Juízo para que seja respeitado o princípio constitucional do devido processo legal e do contraditório (art. 5º, LV, da CF), exigência essa que é reconhecida, também, pela doutrina predominante.

Para bem demonstrar a impossibilidade jurídica do Ministério Público do Trabalho defender em nome próprio interesses individuais homogêneos, merecem ser transcritas as preciosas palavras do eminente Ministro *Vantuil Abdalla*, que, citando, o brilhante ensinamento da douta Procuradora Geral da Justiça do Trabalho (2004), Sandra Lia Simon e o do Procurador do Trabalho, José Purvin de Figueiredo, assim decidiu, *verbis*:

"*A Lei Complementar n. 75, de 20.5.93, veio atribuir ao Ministério Público a competência para promover ação civil pública para a proteção de interesses individuais, indisponíveis, homogêneos, sociais, difusos e coletivos (art. 6º, alínea d)*".

"*No entanto, especificamente quanto ao Ministério Público do Trabalho, estabelece o art. 83 e seu inciso III, desta Lei que compete a este órgão "promover a ação civil pública no âmbito da Justiça do Trabalho, para defesa de interesses coletivos, quando desrespeitados os direitos sociais, constitucionalmente garantidos*".

"*Assim, não há previsão legal expressa atribuindo legitimidade ao Ministério Público do Trabalho, para promover ação civil pública na Justiça do Trabalho, para defesa de direitos individuais homogêneos. Como escreve o Ministro João Oreste Dalazen, poder-se-ia admitir a ação civil pública na Justiça do Trabalho, para a proteção de direitos difusos, por conjugação do art. 129, III, da Constituição Federal com o art. 83, III, da Lei Complementar n. 75/93, mas não para direitos individuais homogêneos (Revista do TST, v. 63, 1994), até porque como admitem os procuradores Sandra Lia Simon e Guilherme José Purvin de Figueiredo, "na realidade torna-se bastante difícil detectar características de metaindividualidade no direito material tutelar do trabalho" (Gênesis, maio/1996). A defesa de interesses ou direitos individuais homogêneos, assim entendidos os decorrentes de origem comum, que o art. 81 e seu parágrafo único do Código do Consumidor (Lei n. 8.078/90) atribui ao Ministério Público, e não especificamente ao Ministério Público do Trabalho*".

"*Na presente ação civil pública, não se objetiva a proteção de um bem não individualizável ou não divisível, aliás, sequer indisponível, mas, ao contrário, interesse de um grupo de pessoas, sujeitos passivos de uma despedida no emprego, e, por isso mesmo, ela só poderia ser promovida por eles próprios ou até pelo sindicato da categoria representando-os num dissídio individual plúrimo*" (RR n. 596.135, 1999, DJU de 16.3.01).

Esse v. acórdão foi confirmado em sede de Embargos de Recurso de Revista n. 596.135-1999, publicado no DJ de 25.10.02, como se infere da leitura da seguinte passagem do anexo v. acórdão, *verbis*:

"*Ora no caso presente, a questão envolve direitos individuais, na medida em que se verificou despedimento em razão de movimento paredista. Se é assim, tocaria a cada interessado, que entender ter direito, acionar, sponte sua, o Judiciário Trabalhista. A atuação do Ministério Público do Trabalho, in casu, acha-se limitada. Não se trata de defender interesses coletivos, porque esse alcance o fato gerador desta ação civil pública no âmbito trabalhista é mais amplo, no sentido de categoria, e não de um grupo certo e determinado de empregados, ou ex-empregados, de uma dada empresa*".

Não se pretenda, de igual sorte, confundir o Ministério Público da União (gênero) com o Ministério Público do Trabalho (espécie), no que tange à competência. A Lei Complementar n. 75/93, em que pese não raro ser desfavorecida de melhor técnica legislativa, dotou o Ministério Público da União (gênero) de um admirável elenco de competências. Fê-lo acertadamente. Mas, no que se refere ao Ministério Público do Trabalho (espécie), especificou e explicitou claramente sua abrangência e, por corolário, restringiu sua atuação.

Logo, incabível pela via judicial estender-lhe a abrangência, uma vez que não o fez o legislador infraconstitucional. Os interesses individuais homogêneos não estão inscritos na previsão legal restritiva do art. 83, inciso III, da LC n. 75/93. De igual sorte, quando trata dos interesses individuais indisponíveis, limitou o papel protetor do Ministério Público do Trabalho às nulidades de cláusulas de norma coletiva autonomamente criadas (art. 83, IV); quando quis ser mais específica, e tratou isoladamente de determinados sujeitos, fê-lo de modo também restritivo: menores, incapazes e índios (art. 83, V).

Na esteira desse raciocínio, ensina o Ministro *Ives Gandra da Silva Martins Filho*, do TST, que a importância da diferenciação está no fato de que a Constituição Federal somente previu a ação civil pública para a defesa de interesses difusos e coletivos (CF, art. 129, III). A figura dos interesses individuais homogêneos é introdução do Código de Defesa do Consumidor. E para sua defesa instituiu a ação civil coletiva (CDC, art. 92), distinta da ação civil pública e exercitável também pelo Ministério Público. Assim, na ACP há defesa de direitos coletivos e na ACC defesa coletiva de direitos individuais. Nesse sentido, seria imprópria a utilização da ação civil pública para a defesa de interesses individuais homogêneos (*in* "Ação Civil Pública Trabalhista", Recife: Nossa Livraria, 1997, pp. 23/24). Divergência doutrinária existe, é certo, representada, v. g., pelo

Procurador *Carlos Alberto Bezerra Leite* (*in* "Ação Civil Pública". São Paulo: LTr, 2001, pp. 193 *passim*). No entanto, penso que, inequivocamente, não há falar em ampliar a legitimidade do Ministério Público do Trabalho porque, como doutrina o douto Min. *João Oreste Dalazen* não se vislumbra cabível a ação civil pública trabalhista para defender interesses individuais homogêneos, assim entendidos os de origem comum (CDC, art. 81, III) (*in* "Revista do Tribunal Superior do Trabalho", São Paulo (63): 101, 1994), que, adiante, ensina: *"A ação civil pública não constitui panaceia para o Ministério Público do Trabalho corrigir, ou coibir todos os males que seguramente acometem as categorias profissionais, ou grupos de empregados no Brasil. Embora seja o guardião da ordem jurídico-trabalhista em geral, há outros mecanismos por que pode e deve defendê-la de eventuais lesões, seja intervindo como fiscal da lei, seja propondo outras ações para as quais está legalmente legitimado (in artigo cit., p. 102)".*

Nesse mesmo diapasão, acrescenta o Egrégio Tribunal Regional do Trabalho, da 1ª Região, em v. acórdão de lavra da MMª Juíza *Maria de Lourdes D'Arrochella Lima Sallaberry*, que:

"Ação civil pública. Competência do Ministério Público do Trabalho. Em sede trabalhista, a defesa dos direitos individuais homogêneos só pode ser feita por sindicato representativo da categoria profissional, e não concorrentemente com o Ministério Público do Trabalho, limitado este que está constitucional e legalmente, para a defesa dos direitos difusos e coletivos (inciso III, do art. 129, da CF, inciso IV do art. 11 da Lei n. 7.347/85 e art. 83, III, da Lei Complementar n. 75/93). Recorrente: Ministério Público do Trabalho. Recorrido: GAP — Grupo de Apoio Pedagógico Ltda. BJ jan./fev. 2004, RO 20003-00, julgado em 5.11.03, por unanimidade, publicação DOPRJ de 13.1.04, p. III, S. II, Federal, 8ª Turma).

O Egrégio Tribunal Regional do Trabalho de São Paulo, em v. acórdão de lavra do eminente Juiz *Renato Mehanna Khamis* diz:

"Todavia, no caso em análise, as empresas denominadas prestadoras de serviços, que não se confundem com as fornecedoras de trabalho temporário (Lei n. 6.019/74), desenvolvem atividades lícitas, já que inexiste no ordenamento jurídico nacional óbice legal ao respectivo funcionamento".

"Dentro deste contexto, depreende-se que o vínculo de emprego entre as prestadoras e seus empregados não se comunica com a tomadora de serviços, que tão somente realiza contrato de natureza civil com a prestadora, nos parâmetros legais. A existência do liame empregatício entre a empresa prestadora e o obreiro por ela contratado afasta, por completo, a responsabilidade da empresa tomadora, inclusive subsidiariamente".

"Conforme bem observou a r. decisão de 1º Grau, a tese de que seus ditames sejam contrários ao princípio maior de igualdade, inclusive em prejuízo à tutela protecionista do empregado, constitucional e ordinariamente disciplinada, consoante assegura o art. 9º da CLT, não pode ser acolhida, eis que não se encontra patente a intenção de desvirtuar, impedir ou fraudar a aplicação dos preceitos contidos no diploma consolidado".

"Demais disso, os pedidos articulados na inicial buscam benefício particular e exclusivo de alguns trabalhadores. Há, portanto, interesse individual, amparado por direito específico à espécie, a ser exercido diretamente pelo interessado, mediante a observância do devido processo legal e a ampla produção de provas relativas ao caso em concreto e particular, levado à apreciação do Poder Judiciário para aplicação do direito invocado" (cf. Recurso Ordinário — TRT/SP 15.394/96-9; Recorrente: Ministério Público do Trabalho da 2ª Região; Recorrido: Cia. Siderúrgica Paulista — COSIPA).

Assim, por serem interesses individuais homogêneos (de um determinado grupo de trabalhadores) e, por serem interesses individuais, eles são, evidentemente, divisíveis, e com uma origem em u'a mesma situação de fato, o Ministério Público do Trabalho será, em nosso entender, parte ativa ilegítima, estando caracterizada sua carência de ação.

CAPÍTULO XVIII
Princípio e Fim do Processo de Conhecimento

172. Da Formação, da Suspensão e da Extinção do Processo

Em sentido etimológico, processo significa caminhar, seguir rumo a determinada meta.

Denomina-se processo a atividade que concretiza a função jurisdicional.

Para propor ou contestar ação é necessário ter interesse e legitimidade — informa o art. 3º do CPC.

Há que se satisfazer ambos os requisitos para obter a prestação jurisdicional, uma vez que um e outro são indissociáveis. Não basta ter interesse ou legitimidade. É indispensável que a parte tenha a ambos.

Pelo interesse, o Reclamante visa a alguma coisa, condição subjetiva que o leva a juízo para ver seu intento realizado. Nasce daí o objeto da ação.

A legitimidade se apresenta com duas projeções: *legitimatio ad causam* que diz respeito à qualidade do Reclamante ou do Reclamado como titular de um direito ante a parte adversa, o qual é aceito ou recusado (*meritum causae*); *legitimatio ad processum* é uma condição objetiva por referir-se a aspectos intrínsecos da legitimação para o processo ou às condições da ação; capacidade das partes, representação, licitude do objeto, possibilidade jurídica.

Não se ocupa a CLT da matéria indicada no título deste item. Em razão dessa circunstância, analisaremos, a seguir, os correspondentes artigos do Código de Processo Civil que, por subsidiariedade, aplicam-se ao processo trabalhista.

173. Formação do Processo

Para se formar, o processo depende da iniciativa da parte e desenvolve-se, depois, por impulso oficial.

O Reclamante leva à Vara do Trabalho, mediante petição escrita ou verbalmente, pretensão controvertida ou que julga ser controvertida.

O pedido, antes, passa pela distribuição onde houver mais de uma Vara.

Aí, se estabelece uma relação processual com dois polos apenas: o Juiz e o Reclamante.

Com arrimo no art. 295 do CPC, é dado ao Juiz indeferir, desde logo, o pedido quando: a) for inepto; b) a parte for manifestamente ilegítima; c) o autor carecer de interesse processual; d) o juiz verificar, de pronto, a decadência ou a prescrição. Quando se tratava de direitos patrimoniais, o juiz não podia conhecer da prescrição de ofício, como se lia do art. 219, § 5º, do CPC. Porém, esse dispositivo foi alterado pela Lei n. 11.280/2006, onde ficou esclarecido que o juiz pronunciará, de ofício, a prescrição, não fazendo mais distinção se o direito é patrimonial ou não, disponível ou não; e) o tipo de procedimento, escolhido pelo autor, não corresponder à natureza da causa, ou ao valor da ação; caso em que só não será indeferida, se puder adaptar-se ao tipo de procedimento legal; f) não suprida a omissão do endereço para recebimento de intimações ou dos requisitos exigidos para a petição inicial constantes dos arts. 282 e 283 do CPC.

É inepta a petição inicial quando: a) não tiver pedido ou causa de pedir; b) da narração dos fatos não decorrer logicamente a conclusão; c) o pedido for juridicamente impossível; e d) contiver pedidos incompatíveis entre si.

A petição inicial poderá ser indeferida na hipótese de instrução obrigatória deficiente, mas desde que a parte seja notificada para suprir a irregularidade. Nesse sentido, o TST editou a Súmula n. 263, *verbis*: "*Petição inicial. Indeferimento. Instrução obrigatória deficiente — Salvo nas hipóteses do art. 295 do CPC, o indeferimento da petição inicial, por encontrar-se desacompanhada de documento indispensável à propositura da ação ou não preencher outro requisito legal, somente é cabível se, após intimada para suprir a irregularidade em 10 (dez) dias, a parte não o fizer*".

É recorrível a sentença do indeferimento da petição inicial, sendo facultado ao juiz reformar a sua decisão no prazo de 48 horas. Não sendo reformada a decisão, os autos deverão ser encaminhados imediatamente ao tribunal competente (art. 296 do CPC).

Tal notificação é válida para os termos ulteriores do processo. Assim, se provido o recurso do Reclamante, cabe ao Reclamado comparecer à audiência para defender-se nos termos da Lei.

Efetivada a notificação do Reclamado, temos a trilateralidade da relação: Juiz, Reclamante e Reclamado.

Considera-se proposta a ação no ato da entrega da petição inicial no distribuidor ou no cartório da Vara, se única na localidade.

Feita a notificação, é defeso ao Reclamante modificar o pedido ou a causa de pedir. É o que se contém no art. 264 do CPC.

Mas a doutrina e remansosa jurisprudência têm admitido a correção pelo Reclamante, mesmo após a notificação, de erros ou equívocos, desde que não altere o pedido ou a causa de pedir.

O art. 264 do CPC prevê a hipótese de alterar-se o pedido ou a causa de pedir depois de consumada a notificação se houver consentimento do Reclamado.

De observar-se, ainda, que depois da notificação do Reclamado não permite a lei que haja qualquer modificação no tocante às partes, salvo as substituições previstas em lei.

Assim, a regra é o processo chegar a seu termo final como se encontrava de início.

De ordinário, o encerramento do processo de conhecimento é dado pela sentença de mérito, que aceita ou rejeita o pedido do Reclamante, julgando procedente ou improcedente a reclamatória. Só com o trânsito em julgado da sentença é que o processo acaba definitivamente.

Cuidando da alegação de insalubridade por agente diverso do apontado na petição inicial como causa de pedir, o TST editou a Súmula n. 293, onde ficou assentado o seguinte: *"Adicional de insalubridade. Causa de pedir. Agente nocivo diverso do apontado na inicial* — A verificação mediante perícia de prestação de serviços em condições nocivas, considerado agente insalubre diverso do apontado na inicial, não prejudica o pedido de adicional de insalubridade".

174. Da Suspensão do Processo

Iniciado o processo — que é uno e contínuo —, só se interrompe numa das hipóteses aninhadas no art. 265 do CPC. Seu elenco é taxativo (*numerus clausus*) e, por isso, é vedada sua ampliação.

Durante o período da suspensão, não permite a lei que se pratique qualquer ato processual, podendo, porém, o Juiz realizar atos urgentes a fim de evitar dano irreparável.

Algumas causas de suspensão do processo produzem automaticamente efeitos, enquanto outras dependem de autorização do Juiz.

Vejamos as causas do primeiro grupo.

Tem efeitos *ex tunc* a suspensão processual decretada pelo juiz devido à morte ou perda de capacidade processual de qualquer das partes, de seu representante legal ou de seu procurador.

Realizada a audiência sem a presença do advogado da parte e constatado que a morte desse profissional ocorrera antes da prática daquele ato, é nula essa audiência. Será repetida depois da constituição de novo advogado.

Não se diga, em oposição ao que acabamos de dizer, que, no foro trabalhista, não é obrigatório o acompanhamento das partes por advogado. A isso respondemos que, no caso, trata-se de mera faculdade; se a parte não quis exercê-la e preferiu pedir a ajuda de um advogado, configura-se situação disciplinada pelo art. 265 do CPC. Na hipótese aqui focalizada, a suspensão do processo é por vinte dias.

A morte da parte também suspende o processo.

A extinção da pessoa jurídica equipara-se à morte da pessoa física se houver sucessão universal.

Têm caráter suspensivo as exceções de incompetência e de suspeição. As demais exceções, no processo trabalhista, são matéria de defesa.

175. Casos de Suspensão que Dependem de Autorização do Juiz

Por convenção das partes, pode ser suspenso o processo, desde que o Juiz reconheça a existência de motivos justificadores da medida. Na hipótese, a paralisação do processo não pode exceder a 6 meses. Contudo, se posteriormente motivos diversos justificarem novo pedido, é de ser ele acolhido pelo Juiz.

Outro caso de suspensão é o da sentença de mérito depender do julgamento de outra causa ou da declaração da existência ou inexistência da relação jurídica que constitua o objeto principal de outro processo pendente. O mesmo dizemos quando a sentença de mérito tiver como condicionante determinado fato que ainda não se verificou ou certa prova requisitada a outro juízo.

Reza o art. 110 do CPC:

"Se o conhecimento da lide depender necessariamente da verificação da existência de fato delituoso, pode o juiz sobrestar o andamento do processo, até que se pronuncie a justiça criminal", mas — diz o parágrafo único desse mesmo dispositivo — *"se a ação penal não for exercida dentro do prazo de 30 dias, contados da intimação do despacho de sobrestamento, cessará o efeito deste,"* decidindo o juiz trabalhista a questão prejudicial.

É claro que, no exercício da faculdade de suspender o feito, deve a Vara do Trabalho levar em consideração as características da falta imputada ao empregado.

A força maior, reconhecida pelo Juiz, suspende o processo. O CPC não conceitua essa causa suspensiva do processo. Para nós, podem ser classificados como de força maior os casos fortuitos, o justo impedimento ou obstáculo judicial.

Cabe ao Juiz decidir a respeito da legitimidade do motivo invocado para a suspensão do processo.

É silente o CPC quanto ao prazo da suspensão processual nessa hipótese. Entendemos que não deva ir além de seis meses.

A suspensão do processo, em qualquer das hipóteses aventadas, suspende os prazos em curso, que continuarão pelo tempo restante, finda a suspensão.

176. Da Extinção do Processo

Já foi assinalado que o processo se extingue normalmente com a sentença de mérito tornada irrecorrível.

Há casos, porém, de extinção sem julgamento do mérito.

Vejamos que casos são esses e indicados no art. 267 do CPC.

a) Indeferimento da petição inicial pelas razões já apontadas. Aí, não se trata exatamente de extinção do processo, porque este ainda não se formou.

b) Paralisação do processo por mais de um ano por negligência das partes.

É certo que o desenvolvimento do processo depende, em boa medida, do impulso oficial, mas este não prescinde da colaboração das partes.

Antes da decretação da medida, deve o Juiz intimar pessoalmente a parte para dar prosseguimento ao feito no prazo de 48 horas. Se a lacuna não for suprida nesse prazo, cabe ao Juiz extinguir o processo.

A extinção do processo pode ser requerida pelo Ministério Público como fiscal da lei.

c) Abandono da causa por mais de trinta dias e não promover os atos e diligências que lhe competir.

É a inércia do autor.

Na hipótese, a extinção do processo pode ser decretada de ofício, a requerimento da outra parte ou do Ministério Público, conforme o caso.

d) Ausência de pressupostos de constituição e de desenvolvimento válido e regular do processo. É nulo o processo na falta de qualquer dos pressupostos processuais de constituição e de desenvolvimento.

A falta de pressupostos de constituição autoriza o indeferimento da petição inicial, que, como dissemos, não se confunde com a extinção do processo.

Quanto aos pressupostos do desenvolvimento processual, são eles apreciados, a final, no processo trabalhista, a teor do art. 799 da CLT.

Essa norma consolidada proclama a inaplicabilidade ao processo trabalhista do inciso V do art. 267 do CPC (perempção, litispendência e coisa julgada), uma vez que não são exceções suspensivas do exame do mérito.

e) Arquivamento da reclamação por ausência do reclamante à audiência.

f) Arquivamento do inquérito se a empresa requerente não pagar as custas no prazo de 30 dias, depois de regularmente intimada para isso.

Faz o CPC alusão à convenção de arbitragem e à desistência da ação como causas extintivas do processo.

Quanto ao primeiro instituto, a CLT ignora-o, e a desistência da ação, com a anuência do Reclamado, não significa propriamente um caso de extinção do processo.

g) Acolhimento pelo Juiz da alegação de perempção, litispendência ou coisa julgada.

Em havendo a extinção do processo sem julgamento do mérito, é dado ao Reclamante intentar nova ação. Todavia, a petição inicial não poderá ser despachada sem a prova do pagamento dos ônus declarados na sentença de extinção do processo.

Extingue-se o processo com julgamento do mérito quando houver o acolhimento ou rejeição do pedido do Reclamante; quando o Reclamado reconhecer a procedência do pedido; quando as partes transigirem; quando o Juiz pronunciar a decadência ou a prescrição e quando o Reclamante renunciar à ação.

Mais uma palavra sobre o acordo entre as partes.

Em fase recursal, cabe ao juiz relator decidir sobre pedidos de homologação de acordos — no TRT ou no TST —, ainda que o processo esteja na mesa para julgamento.

A Lei n. 10.352, de 26 de dezembro de 2001, deu ao art. 515 do CPC mais um parágrafo, o 3º: *"Nos casos de extinção do processo sem julgamento do mérito (art. 267) o Tribunal pode julgar desde logo a lide, se a causa versar questão exclusivamente de direito e estiver em condições de imediato julgamento".*

Além disso, e com fulcro no § 4º, do art. 515, do CPC, que foi acrescentado pela Lei n.11.276/2006, *"constatando a ocorrência de nulidade sanável, o tribunal poderá determinar a realização ou renovação do ato processual, intimadas as partes; cumprida a diligência, sempre que possível prosseguirá com o julgamento da apelação"*.

Nos casos mencionados nesse dispositivo, a jurisprudência, anteriormente, tendia a devolver os autos à instância inferior para que prosseguisse na regular formação do processo.

O novo texto, a nosso ver, é incensurável.

Tratando-se, apenas, de matéria de direito, na instância primária as partes tiveram a oportunidade de externar sua opinião sobre ela.

O Juiz, por seu turno, invocou o art. 267 do CPC para extinguir o processo, sem apreciação do mérito.

Assim equacionada a questão, é fora de dúvida que nenhum princípio fundamental do processo é violado se o Tribunal apreciar o mérito, desde que presente os pré-requisitos indicados no § 3º do art. 515 do CPC. O novo preceito é aplicável ao processo do trabalho por conciliar-se com os seus princípios informadores.

CAPÍTULO XIX
Procedimento do Dissídio Individual do Trabalho

177. Procedimento do Dissídio Individual

Em páginas anteriores, fizemos a distinção entre processo e procedimento. Rememoremos, ainda que brevemente, seus conceitos.

Para exercer sua função jurisdicional, serve-se o Estado do processo, o qual é, de fato, o instrumento da jurisdição.

No dizer de *Amaral Santos*, procedimento é o modo e a forma por que se movem os atos no processo.

Mascaro Nascimento diz a mesma coisa, de maneira mais extensa: *"O processo nem sempre se desenvolve do mesmo modo porque a sequência de atos que o constitui apresenta-se em diferentes combinações caracterizadas por aspectos próprios. A esse complexo de atos exteriores do processo dá-se o nome de procedimento, que é o movimento combinado dos atos processuais segundo os modelos da lei"* (*"Curso de Direito Processual do Trabalho"*, 12. ed., Saraiva, 1990, p. 175).

Em suma, podemos entender o procedimento como a forma de apresentar-se a série de atos processuais em ordem sequencial com vistas à prestação final da tutela jurisdicional.

Três são as suas fases: postulatória, probatória e decisória.

Interligam-se logicamente: na primeira, o Reclamante diz o que quer e quais seus fundamentos jurídicos; na segunda, Reclamante e Reclamado produzem toda sorte de provas para convencer o Juiz da veracidade das suas alegações ou pretensões e, finalmente, vem o pronunciamento do Juiz.

Como logo mais se irá constatar, são bem diferentes os procedimentos dos dissídios individual e coletivo.

Vejamos, em primeiro lugar, o procedimento do dissídio individual.

O início desse procedimento se faz por meio de um termo de reclamação ou de uma petição inicial.

178. Do Termo de Reclamação

Há quem sustente que a tendência mais moderna do direito do trabalho orienta-se no sentido de excluir o advogado das ações trabalhistas. Cita-se, como ilustrativo desse fenômeno, a legislação de 1993 da Tchecoslováquia, que não permite às partes contratar advogados em processos trabalhistas cujo valor esteja aquém do limite estabelecido em lei. Agregam o caso da Alemanha de Hitler, onde os profissionais do direito só funcionavam na segunda instância.

Os exemplos dados existiram há cerca de meio século.

Nos tempos que correm, a relação do Capital com o Trabalho ganhou mais complexidade, o que torna imprescindível terem as partes a assistência de advogados.

Não aceitamos o que se diz comumente de que o processo do trabalho, em nosso País, singulariza-se por sua simplicidade e, em razão dessa circunstância, pode ser acompanhado por quem for jejuno de conhecimentos jurídicos.

A realidade é bem diferente.

A par do baixo nível de escolaridade da maioria dos trabalhadores patrícios, é inegável que o processo do trabalho se rege por princípios e normas que exigem uma formação universitária especializada.

Dever-se-ia seguir outra diretriz. Quem não dispusesse de recursos financeiros para contratar um advogado ou não contasse com a possibilidade de ser assistido por um sindicato, a defesa do seu direito seria incumbência de órgão criado pelo Poder Público para esse fim.

Mas, *legem habemus*.

O pedido inicial pode ser verbal. É o que diz a CLT no art. 791.

É apresentado na secretaria da Vara do Trabalho onde houver apenas uma. Existindo várias Varas, tem a reclamação de ser apresentada no setor de distribuição, cujo titular entregará ao interessado um recibo, do qual constarão, essencialmente, o nome do reclamante e do reclamado, a data da distribuição, o objeto da reclamação e a Vara ou Juízo a que coube a distribuição.

Distribuída a reclamação, o reclamante deverá, salvo motivo de força maior, apresentar-se, no prazo de cinco dias, ao cartório ou à secretaria para reduzi-la a termo, sob pena de perda, pelo prazo de seis meses, do direito de reclamar perante a Justiça do Trabalho.

É padronizado o Termo de Reclamação. Deve mencionar a Vara a que é dirigida. Depois da qualificação do Reclamante e do Reclamado, relata-se o fato desencadeador da lide e faz-se o pedido. Esse termo tem de ser lavrado em duas vias (art. 840 da CLT) e assinado pelo Reclamante.

179. Da Petição Inicial

Reclamante, no processo trabalhista, é aquele que vem a Juízo postular o reconhecimento do seu direito e, Reclamado, aquele a quem é pedido ou contra quem é invocado o direito.

É pela reclamação verbal ou por meio de petição que o Reclamante reivindica o que julga ser seu direito.

O dissídio individual começa por uma petição ou por um termo de reclamação, que são documentos escritos.

A petição inicial se constitui no primeiro ato processual, do qual derivam todos os outros.

É, ainda, a expressão da iniciativa do Reclamante (o Autor) para que o aparelho judiciário se movimente. Este, como dissemos noutra passagem do livro, permanece inerte se não houver a provocação da parte.

Enfim, é a petição inicial a manifestação concreta do desejo do Reclamante de invocar a tutela jurisdicional.

A petição inicial e a sentença são os pontos extremos da ação. A primeira delimita as fronteiras do campo de atuação da Vara do Trabalho. Está ela impedida de dar o que não foi pedido ou de recusar o que também não se lhe pediu.

Pode a petição ser manuscrita, datilografada ou impressa, assinada pelo procurador da parte ou por esta quando desacompanhada de advogado.

São seus requisitos:

A) Indicar a Vara do Trabalho a que é dirigida, cabendo ao Distribuidor fazê-lo onde houver mais de um desses órgãos, hipótese em que o interessado deverá deixar espaço em branco para a indicação do órgão competente.

B) Têm de ser individualizados o Reclamante e a Reclamada mediante a indicação de seus nomes e prenomes, estado civil, profissão, domicílio e residência, com o respectivo CEP, nome da mãe, número da Carteira Profissional, da Identidade, CPF e do PIS/PASEP. Deve ser indicado o CNPJ ou CEI da reclamada.

Faz-se menção da residência do Reclamante para definir a competência da Vara do Trabalho.

Quando o Reclamante é representado por advogado, este informará o número de sua inscrição na Ordem dos Advogados do Brasil e seu endereço para recebimento de comunicações da Vara do Trabalho.

Se o Reclamante residir em local distante, deve-se esclarecer, na petição inicial, se ali há ou não distribuição de correspondência.

Quase sempre o Reclamado é uma empresa. Deve-se indicar a firma ou razão social e onde está estabelecida.

Quando se tratar de massa falida, far-se-á menção do seu administrador judicial (denominação atual do ex-síndico).

Sendo o Reclamado pessoa física, sua individualização será feita como a do Reclamante.

C) Requisito respeitante ao mérito da causa é o da indicação dos fatos e, quando possível, os fundamentos jurídicos da pretensão (*causa petendi*) seguidos do pedido que é o objeto da ação.

Não exige a CLT, no art. 840, a fundamentação jurídica do pedido.

Na maioria dos casos, o pedido abrange várias verbas, como diferenças salariais, 13º salários, remuneração dos domingos e feriados, horas extraordinárias etc.

É de grande relevância o requisito da exata definição do pedido, pois, quando desatendido, faz desenhar a inépcia.

A praxe, é o Juiz do Trabalho tomar conhecimento da inicial no dia da audiência, mas não existe qualquer impedimento legal para que o faça anteriormente.

À vista do disposto no art. 295 do CPC, a petição inicial será indeferida quando: a) for inepta; b) a parte for manifestamente ilegítima; c) o autor carecer de interesse processual; d) o juiz verificar desde logo a decadência ou a prescrição; e) o tipo de procedimento, escolhido pelo autor, não corresponder à natureza da causa, ou ao valor da ação; caso em que só não será indeferida, se puder adaptar-se ao tipo de procedimento legal; f) não suprida a omissão do endereço para recebimento de intimações ou dos requisitos exigidos para a petição inicial constantes dos arts. 282 e 283 do CPC. Configura-se a inépcia da petição quando: lhe faltar pedido ou causa de pedir; da narração dos fatos não decorrer logicamente a conclusão; o pedido for juridicamente impossível; contiver pedidos incompatíveis entre si.

Antes do indeferimento da petição, cabe ao Juiz verificar se suas deficiências são sanáveis, hipótese em que, estribado no art. 284 do CPC, determinará ao Reclamante que emende esse documento ou o complete no prazo de 10 dias. Vencido esse prazo sem que a parte cumpra o despacho do Juiz, será declarada a inépcia da petição. Nesse sentido, o TST editou a Súmula n. 263, *verbis*: *"Petição inicial. Indeferimento. Instrução obrigatória deficiente — Salvo nas hipóteses do art. 295 do CPC, o indeferimento da petição inicial, por encontrar-se desacompanhada de documento indispensável à propositura da ação ou não preencher outro requisito legal, somente é cabível se, após intimada para suprir a irregularidade em 10 (dez) dias, a parte não o fizer"*.

Resumindo, para a caracterização da inépcia da inicial, é preciso que a exposição dos fatos seja incoerente e que não haja lógica no pedido. Só se decreta a inépcia do pedido se o vício indicado persistir após notificação do Reclamante para eliminá-lo.

Por oportuno, salientamos que o art. 295 está em desacordo com o art. 284 também do CPC. O primeiro manda indeferir a petição classificada como inepta e o segundo, determina a correção da petição inicial. Este último deve prevalecer, porque permite melhor aproveitamento dos atos já praticados.

Em suma, na hipótese, cabe à Vara do Trabalho dar à parte o prazo de 10 dias para sanar as deficiências da petição.

A bem da verdade, a prática processual no foro trabalhista não registra muitos casos de aplicação do supracitado art. 295 do CPC. De qualquer modo, o indeferimento da petição inicial enseja a interposição de recurso ordinário para a instância superior.

A sentença, embora não tenha apreciado o mérito, é terminativa do feito, o que justifica o apelo ao segundo grau de jurisdição — Tribunal Regional do Trabalho. Assim se tem procedido de há muito na Justiça do Trabalho.

Todavia, com a alteração feita no art. 296 do CPC e em sede de recurso ordinário, tem o Juiz a possibilidade de, num prazo de 48 horas, rever sua decisão, o que só se admitia no caso de interposição de agravo de instrumento.

Por tratar-se de sentença (§ 1º do art. 162 do CPC), sua revisão — na hipótese — se inclui na competência da Vara do Trabalho.

Se a retratação consumar-se depois de vencido o prazo de 48 horas, não é ela nula, pois pode a Vara do Trabalho alegar que o fato ocorreu devido ao número excessivo de processos a seu cargo.

No caso sob estudo, o Reclamado não é chamado a falar sobre o recurso do Reclamante, porque ainda não fora citado, e, por isso, não se constituíra a relação processual, o que significa dizer que ele não adquirira a condição de parte no processo. Em abono desse entendimento, temos o parágrafo único do art. 296 já citado, dispondo que, caso o Juiz não reforme sua decisão, os "autos serão imediatamente encaminhados ao Tribunal competente". O advérbio de modo — "imediatamente" — deixa bem claro que o legislador quer que os autos sejam, incontinenti, levados à instância mais elevada, sem qualquer outra formalidade.

Como sabido, os efeitos, previstos no art. 219 do CPC, só se produzem depois de efetivar-se a citação do Reclamado. Assim as alienações feitas por ele, quando ainda pendente o recurso (contra indeferimento de petição inicial) de que dá notícia o art. 296 do CPC, não serão consideradas em fraude à execução, *"ainda que venham reduzi-lo à insolvência"*, afirma *Clito Fornaciari Júnior* (*in* "Reforma Processual Civil", Saraiva, p. 63).

A assertiva respalda-se no inciso II do art. 593 do CPC.

Diz-se nesse dispositivo que se considera fraude à execução a alienação ou oneração de bens realizadas ao tempo em que já corria contra o Reclamado demanda susceptível de levá-lo à insolvência.

Como ainda não se promovera, no caso vertente, a citação (ou notificação) do Reclamado, não se pode qualificar em fraude de execução a prática dos atos acima referidos.

O advogado — que vai patrocinar a causa — deve munir-se da maior paciência para ouvir o cliente e extrair dele o máximo de informações sobre os fatos que tenham conexão com o litígio.

Desse modo, ficará apto a montar a petição inicial, cujo ponto nuclear é precisamente a exposição cuidadosa e lógica dos fatos que serão apreciados pelo Juiz.

Em doutrina, ratificada pela jurisprudência remansosa dos tribunais, sempre se entendeu que o pedido é modificável antes da notificação do Reclamado.

Agora, a Lei n. 8.718, de 14 de outubro de 1993, deu nova redação ao art. 294 do CPC — aplicável ao processo trabalhista — para dispor que, *"antes da citação, o Autor poderá aditar o pedido, correndo à sua conta as custas acrescidas em razão dessa iniciativa"*. É a lei perfilhando o que, anteriormente, já fora consagrado pela doutrina e pela jurisprudência.

Assim, efetuada a notificação do Reclamado e em havendo omissão do pedido do Reclamante, a este só será lícito supri-la por meio de nova ação.

Com todo acerto adverte *Rodrigues Pinto* ("Processo Trabalhista de Conhecimento", 2. ed., LTr, 1993, p. 238) que *"a ideia fundamental do processo, a respeito das postulações das partes (inicial e defesa) é a de inalterabilidade, por se destinarem a fixar os limites da lide e, portanto, da solução do dissídio"*.

Em se tratando de erro manifesto e material, admite-se a correção em qualquer momento processual, como por exemplo a identificação defeituosa do reclamante ou erro na soma das verbas pedidas.

Alteração do pedido ou até sua substituição por outro é viável antes da notificação do Reclamado e independentemente da anuência deste.

É o que diz o art. 264 do CPC.

Nenhuma crítica se faz a esse dispositivo porque, antes da notificação do reclamado, não se forma a relação processual. Constituída esta — aí sim — é defeso ao Reclamante modificar o pedido.

Correm à conta do Reclamante as custas acrescidas em razão da sua iniciativa de aditar seu pedido. É o que prescreve o art. 294 do CPC — aplicável ao processo trabalhista —, mercê da alteração feita pela Lei n. 8.718, de 14 de outubro de 1993.

Interpreta-se restritivamente o pedido. Todavia, embora nele não se faça alusão a juros moratórios e a correção monetária, estão esses itens implícitos no pedido, por determinação legal. Nas decisões da Justiça do Trabalho, exige a Lei n. 8.177/91 que a condenação inclua, em qualquer hipótese, a correção monetária e consoante o art. 293 do CPC, os juros moratórios.

Exige a Lei (art. 293 do CPC) que o Juiz interprete restritivamente os pedidos do Reclamante, o que importa dizer que lhe é vedado deferir o que o Reclamante não houver postulado.

O referido dispositivo fala em interpretação do pedido, mas, obviamente, isto só deve ocorrer quando ele for vazado em termos pouco claros.

Numa palavra: o pedido do reclamante limita objetivamente a decisão da Vara do Trabalho.

Consoante o art. 286 do CPC o pedido deve ser certo ou determinado, admitindo-se também o genérico. É determinado quando é possível fixar-se sua quantidade e qualidade; genérico quando a quantidade só se estabelecerá no curso do processo ou na liquidação da sentença.

Entretanto, é conveniente que, na medida do possível, o pedido seja sempre determinado ou líquido, porque, aí, o parágrafo único do art. 459 do CPC veda ao Juiz a prolação de sentença ilíquida, o que sem dúvida alguma contribui para a rapidez dos trâmites da execução de sentença.

Não torna inócua essa regra processual o fato de, no processo trabalhista, ter-se sempre de calcular os juros legais e a correção monetária. É que, *in casu*, em sendo líquido o pedido, e, havendo seu reconhecimento na sentença, não se precisará realizar diligências, na execução, para determinar-se o valor ou os vários valores do pedido se cumulativo.

Reza o art. 289 do CPC ser lícito *"formular mais de um pedido em ordem sucessiva, a fim de que o Juiz conheça do posterior, em não podendo acolher o anterior"*.

A realidade fática do mundo do trabalho assalariado não apresenta muitas situações concretas nas quais possa incidir o sobredito dispositivo do CPC. Sem embargo dessa circunstância, entendemos que a norma não é incompatível com o processo do trabalho (v. *Francisco Antonio de Oliveira*, "O Processo na Justiça do Trabalho", Rev. dos Tribunais, 1991, p. 265; *Vicente Greco Filho*, "Direito Processual Civil Brasileiro", Saraiva, 1984, 2º vol., p. 100). Diz, com toda propriedade *Wagner Giglio* ("Direito Processual do Trabalho", 7. ed., LTr, 1993, p. 202) que *"o caráter imperativo da quase totalidade das normas trabalhistas deixa pouca margem a disposições de vontade das partes. No que tange às sanções pelo descumprimento de obrigações legais, são elas fixadas à forfait"*.

Da imperatividade desse regramento trabalhista resulta que o disposto no art. 287 do CPC (cominação de pena pecuniária ao Reclamado inadimplente em relação às obrigações de dar ou fazer) não se aplica ao processo trabalhista. Tais casos são apenas objeto de pesadas multas previstas na legislação trabalhista.

Exemplos de obrigações de fazer: a) reintegração do empregado estável; b) sua promoção por força de regulamento interno da empresa; c) sustação da sua transferência para outro local de trabalho que motive mudança de domicílio.

Neste passo, recordamos o conteúdo do art. 729 da CLT: "O empregador que deixar de cumprir decisão passada em julgado sobre readmissão ou reintegração de empregado, além do pagamento dos salários deste, incorrerá na multa de 1/50 a 1/10 do salário mínimo por dia, até que seja cumprida a decisão".

Por fim, na petição inicial poderá o Reclamante requerer a aplicação de preceito cominatória, conforme se depreende da leitura do art. 287, do CPC, com a redação nova dada pela Lei n. 10.444/2002, *verbis*: *"Se o autor pedir que seja imposta ao réu a abstenção da prática de algum ato, tolerar alguma atividade, prestar ato ou entregar coisa, poderá requerer cominação de pena pecuniária para o caso de descumprimento da sentença ou da decisão antecipatória de tutela (arts. 461, § 4º, e 461-A, do CPC)"*.

Esses 461, § 4º e 461-A, do CPC, que cuidam da tutela antecipada de obrigação de fazer e de não fazer e da tutela específica de entrega de coisa, serão estudados a seguir.

Contudo, neste ponto, merece ser sobrelevado que o autor poderá requerer a aplicação de preceito cominatório ao réu, desde que não se refira a obrigação de dar, posto que se for esse tipo de obrigação o Supremo Tribunal Federal entende descaber tal tipo de requerimento, como se infere da leitura de sua Súmula n. 500: "Não cabe a ação cominatória para compelir-se o réu a cumprir obrigação de dar".

Cotejando-se o art. 287 com o art. 461, § 4º e 5º, ambos do CPC, observa-se que a aplicação de multa poderá ser fixada e aplicada pelo Juiz, independentemente de requerimento da parte no caso de ação que tenha por objeto o cumprimento de obrigação de fazer ou não fazer.

179.1. Antecipação da Tutela de Mérito no Processo do Trabalho

Dentre as mudanças por que passou o CPC de 1994 a esta parte, não hesitamos em dizer que a mais relevante e a mais inovadora foi a introdução, em nosso sistema legal, da antecipação da tutela no processo de conhecimento.

Trata-se de liminar satisfativa em processo de conhecimento, desde que preenchidos os requisitos elencados no art. 273 do CPC com redação dada pela Lei n. 8.952, de 13 de dezembro de 1994.

A ausência, em nosso sistema legal, da tutela antecipada estava, de alguma maneira, induzindo o Judiciário a popularizar as medidas cautelares satisfativas.

Com a razão *Luiz Guilherme Marinoni* (in "A Antecipação da Tutela na Reforma do Processo Civil", 2. ed., Malheiros, 1996, p. 15) quando assevera que a *"técnica antecipatória, é bom que se diga, é uma técnica de distribuição do ônus do tempo do processo"*.

A antecipação certamente diminuirá uma das vantagens adicionais do réu contra o autor, que não pode suportar, sem grave prejuízo, a lentidão da Justiça".

Essa vantagem adicional do réu (ou do Reclamado) na Justiça do Trabalho tem maior dimensão devido à peculiar fragilidade econômica do Reclamante (o empregado).

Bem diferenciados os traços característicos das medidas cautelares e tutela antecipada. As primeiras destinam-se a assegurar a eficácia do provimento final, ao passo que a segunda — tutela antecipada — torna efetiva, de imediato, a eficácia da própria pretensão deduzida em juízo.

Outro marco distintivo dos dois institutos é o fato de a cautelar ser objeto de uma ação em separado, enquanto, no seio desta, aprecia-se a tutela antecipada, que poderá ser total ou parcial.

O tema aqui posto em debate, também não se confunde com o julgamento antecipado da lide (art. 330 do CPC) porque este julga o mérito da causa, de modo definitivo, acarretando a extinção do processo; a tutela antecipada nem sequer interrompe o processo.

Não diz a lei que, pela natureza do direito, limita-se a antecipação da tutela. Logo, é força concluir que tanto o direito disponível como o indisponível pode ser objeto do pedido antecipatório.

Temos como certo que a antecipação da tutela se concilia com os princípios gerais regedores do processo do trabalho e, por isso, a ele se aplica.

Induvidosa a admissibilidade da tutela antecipatória em toda ação de conhecimento, seja ela declaratória, constitutiva (positiva ou negativa), condenatória, mandamental e outras.

Fora do campo das disposições do CPC, há leis extravagantes prevendo liminares que se concedem *inaudita altera pars*, com natureza antecipatória.

A essas leis faz menção *Humberto Theodoro Júnior* (in "Inovações no Código de Processo Civil", 6. ed., Forense, 1996, p. 12): ação popular, ações locatícias, ação civil pública, ação declaratória direta de inconstitucionalidade etc.

179.2. Da Ação Rescisória e a Tutela Antecipada

É autônoma e impugnativa a ação rescisória e, frente ao juízo rescindendo, é de natureza constitutiva negativa, dando origem a uma relação processual distinta daquela em que se proferiu a sentença que se pretende desconstituir.

Tem essa ação, por finalidade, atingir estado jurídico já escudado na coisa julgada; nela, o autor pretende anular ou só modificar a sentença, substituindo-a por outra.

Não se defere a tutela antecipada na ação rescisória, porque neste inexistem os requisitos que legitimam tal providência.

No processo de conhecimento, o Reclamante teve todas as oportunidades para provar a procedência de suas alegações, o que exclui a possibilidade de, na rescisória, dar-se a tutela antecipada devido aos motivos relacionados no art. 273 do CPC inicialmente transcrito.

Nesse sentido, o TST editou a Súmula n. 405, reconhecendo a não admissão da tutela antecipada em sede de ação rescisória, *verbis*: *"Ação Rescisória. Liminar, Antecipação de Tutela. I) Em face do que dispõe a MP n. 1.984-22/00 e reedições e o art. 273, § 7º, do CPC, é cabível o pedido liminar formulado na petição inicial de ação rescisória ou na fase recursal, visando a suspender a execução da decisão rescindenda. II — O pedido de antecipação de tutela, formulado nas mesmas condições, será recebido como medida acautelatória em ação rescisória, por não se admitir tutela antecipada em sede de ação rescisória".*

179.3. Tutela Antecipada e a CLT

Revelam os repertórios de jurisprudência que a Justiça do Trabalho vem rejeitando, sistematicamente, as cautelares inominadas de caráter satisfativo, objetivando a recondução, ao serviço, de empregados despedidos, embora detentores de estabilidade provisória, como a empregada gestante e os representantes dos empregados nas CIPAs (art. 10 do Ato das Disposições Constitucionais Transitórias).

Nenhuma censura se lhe faz, por isso. Conta com o amparo da boa doutrina e da própria lei.

Antes de o nosso ordenamento jurídico ser enriquecido pelo instituto da antecipação da tutela de mérito, sabemos todos que, em casos excepcionais, os Tribunais já davam caráter satisfativo a cautelares inominadas. Mas é fora de dúvida que os casos supracitados envolvendo empregados protegidos pela estabilidade provisória não podiam ser alvo de tais medidas cautelares, por importar, inegavelmente, em casos de prejulgamento.

Nas hipóteses dos exemplos referidos acima, em que a Justiça considera inaplicável a cautelar satisfativa, é viável a antecipação da tutela de mérito?

Sim, respondemos nós, neles incide a antecipação da tutela nos casos *supra*, desde que a prova contida na petição inicial seja inequívoca e de molde a convencer o juiz da veracidade da alegação do Reclamante. Além disso, deve provar, à saciedade, que inexiste o risco de irreversibilidade do respectivo provimento (§ 2º do art. 273 do CPC).

O inciso X do art. 659 da CLT autoriza o juiz do trabalho a conceder medida liminar, até decisão final do processo, em reclamações trabalhistas que visem reintegrar no emprego dirigente sindical afastado, suspenso ou dispensado pelo empregador.

Outra hipótese de concessão de liminar até decisão final do processo, é aquela prevista no art. 659, IX, da CLT, isto é, liminar que vise tornar sem efeito a transferência de empregado disciplinada pelos parágrafos do art. 469, da CLT.

Ocioso frisar que, no caso, tem o magistrado de sopesar as provas desde logo produzidas sobre a ilicitude do ato do empregador.

Contra essa decisão de reintegração protegido por estabilidade provisória decorrente de lei ou norma coletiva, o TST tem entendido que descabe a impetração do mandado de segurança, como se infere da leitura de sua Orientação Jurisprudencial n. 64, SDI-2, *verbis*: *"Mandado de Segurança. Reintegração liminarmente concedida. Não fere direito líquido e certo a concessão de tutela antecipada para reintegração de empregado protegido por estabilidade provisória decorrente de lei ou norma coletiva"*.

Nessa mesma esteira, o TST editou a Súmula n. 414, vazada nos seguintes termos: *"Mandado de Segurança. Antecipação de tutela (ou liminar). Concedida antes ou na sentença. I — A antecipação da tutela concedida na sentença não comporta impugnação pela via do mandado de segurança, por ser impugnável mediante recurso ordinário. A ação cautelar é o meio próprio para se obter efeito suspensivo a recurso. II — No caso da tutela antecipada (ou liminar) ser concedida antes da sentença, cabe a impetração do mandado de segurança, em face da inexistência de recurso próprio. III — A superveniência da sentença, nos autos originários, faz perder o objeto do mandado de segurança que impugnava a concessão da tutela antecipada (ou liminar)"*.

179.4. Tutela Antecipada e o art. 273 do CPC

Ocupa-se o art. 273 do CPC de modalidade de antecipação de tutela, cujo texto é o seguinte:

"Art. 273. O juiz poderá, a requerimento da parte, antecipar, total ou parcialmente, os efeitos da tutela pretendida no pedido inicial, desde que, existindo prova inequívoca, se convença da verossimilhança da alegação e:

I — haja fundado receio de dano irreparável ou de difícil reparação, ou

II — fique caracterizado o abuso de direito de defesa ou manifesto propósito protelatório do réu.

§ 1º Na decisão que antecipar a tutela, o juiz indicará, de modo claro e preciso, as razões de seu convencimento.

§ 2º Não se concederá a antecipação da tutela quando houver perigo de irreversibilidade do provimento antecipado.

§ 3º A efetivação da tutela antecipada observará, no que couber e conforme sua natureza, as normas previstas nos arts. 588, 461, §§ 4º e 5º, e 461-A.

(Nota do autor: o art. 588 foi transferido para a fase de conhecimento, sendo colocado no art. 475-O, do CPC, por força da Lei n. 11.232/2005).

§ 4º A tutela antecipada poderá ser revogada ou modificada a qualquer tempo, em decisão fundamentada.

§ 5º Concedida ou não a antecipação da tutela, prosseguirá o processo até final julgamento.

§ 6º A tutela antecipada também poderá ser concedida quando um ou mais dos pedidos cumulados, ou parcela deles, mostrar-se incontroverso.

§ 7º Se o autor, a título de antecipação de tutela, requerer providência de natureza cautelar, poderá o juiz, quando presentes os respectivos pressupostos, deferir a medida cautelar em caráter incidental do processo ajuizado".

À vista do conteúdo do *caput* do artigo que vimos de transcrever, a tutela antecipada só se concede a pedido do Autor (ou do Reclamante, no processo do trabalho); não é ato processual que o Juiz possa praticar de ofício ou em que lhe cabe a iniciativa.

Para deferir a tutela, não basta o Juiz se convencer da verossimilhança da alegação do requerente. É mister que seja real o temor de dano irreparável ou de difícil reparação e, ainda, que se comprove o abuso do direito de defesa.

O abuso de direito ou o intento procrastinatório do Réu ou Reclamado legitimam a concessão da tutela antecipatória.

Em momentos processuais diferentes, é deferível a tutela antecipatória: a) no início do processo, com a petição inicial agasalhando provas verossímeis do alegado pelo Autor combinadas com o receio de dano irreparável ou de difícil reparação; b) em qualquer momento processual, quando se prove abuso do direito de defesa ou propósito protelatório do Réu.

De conseguinte, a hipótese de receio de dano irreparável ou de difícil reparação é demonstrável já na petição inicial; a segunda (abuso de direito da defesa ou intuito procrastinatório) só é verificável no curso do processo.

Verossímil é o fato que tiver a aparência de verdade que demanda proteção imediata porque presentes o *fumus boni juris* e o *periculum in mora*.

Prova inequívoca é aquela que resiste a dúvida razoável e que serve de base à verossimilhança das alegações do reclamante.

Defesa, na dicção de *Frederico Marques* ("Manual de Direito Processual Civil", 1º vol., 2. ed., Saraiva, 1974, p. 164) é "o direito que tem o Réu de opor-se ao pedido de tutela jurisdicional do Autor, no processo para esse fim instaurado".

Portanto, abuso do direito de defesa é exercer esse direito de modo irregular a fim de impedir ou retardar os trâmites processuais, o que equivale a uma afronta à Justiça.

Remontando às fontes mais remotas do direito, verifica-se que, antes da teoria do abuso no exercício do direito, já se conhecia e punia o abuso no processo civil (*José Olímpio de Castro Filho*, "Abuso do Direito no Processo Civil", 2. ed., Forense, 1960, p. 41 e ss.).

No direito românico, era o instituto desconhecido no período das *legis actiones*, mas o autor temerário passou a ser punido no período formulário, no *iudicium calumniae*.

José Olímpio, na obra citada, adverte, com toda propriedade, que as noções de abuso, dolo, fraude, culpa são invocadas no processo civil para compor a figura da lide temerária e para impedir que "o processo, instrumento para a realização do direito, se constituísse em elemento para prejudicar a outrem (teoria subjetivista) ou em elemento para o exercício do direito em desacordo com a sua finalidade social (teoria objetivista).

No abuso de direito de defesa, sofrem seus efeitos a outra parte e terceiros, mas, também, o próprio Estado, através dos órgãos jurisdicionais.

Já *Mortara* ("Commentario del Codice e delle Leggi di Procedura Civile", vol. 4, 3. ed., Francesco Vallardi, 1905, p. 143) chamava a atenção para o fato de que o abuso do direito de defesa, muitas vezes, tem como agente o advogado, que representa a parte no processo.

Essa circunstância é lembrada por alguns autores para provar a inocuidade da teoria do abuso de direito no processo.

Quanto a nós, pensamos que, sem embargo da participação do advogado na prática de atos condenáveis no processo, nem por isso se há de negar a teoria do abuso do direito no processo civil.

Ademais disso, pode-se perquirir onde começa a responsabilidade do profissional pelo abuso ou a da própria parte.

O dificultoso definir da responsabilidade pelo abuso não autoriza ninguém a negar a teoria do abuso do direito de defesa.

A prova inequívoca produzida pelo Reclamante e o exercício lesivo do direito de defesa, além de justificar a concessão da tutela antecipada, dão origem à responsabilidade do Reclamado pelos danos que causar.

Os arts. 16, 17 e 18 do CPC são os supedâneos da decisão da Vara do Trabalho, de ofício ou a requerimento da parte, de condenar o Reclamado a indenizar o Reclamante dos prejuízos sofridos, mais os honorários advocatícios (se houver assistência judiciária nos termos da Lei n. 5.584/70) e as despesas efetuadas.

Nos sobreditos dispositivos da Lei processual, são catalogadas as várias espécies de abuso do direito de defesa: quando esse direito é exercido contra texto expresso da lei ou fato incontroverso; alterar a verdade dos fatos; opor resistência injustificada ao andamento do processo; proceder de modo temerário em qualquer incidente ou ato do processo; provocar incidentes manifestamente infundados.

O valor da indenização é fixado desde logo pela Vara do Trabalho em quantia que não exceda a vinte por cento do valor da causa ou liquidado por arbitramento, quando o dano for de valor superior àquele percentual.

179.5. Do Pedido da Tutela Antecipada

Tem o Juiz da Vara do Trabalho competência para conhecer e julgar o pedido de antecipação da tutela na reclamatória.

Faz-se o requerimento da tutela antecipatória na petição inicial, nas hipóteses de fundado receio de dano irreparável ou de difícil reparação.

Noutra fase do processo, obviamente, faz-se o pedido antecipatório depois de caracterizado o abuso de direito da defesa ou manifesto propósito protelatório do Reclamado.

A fim de resguardar-se o princípio do devido processo legal (*due process law*), agasalhado nos incisos LIV e LV do art. 5º da Constituição Federal, o deferimento da antecipação da tutela deve, obrigatoriamente, fundar-se nos fatos e circunstâncias mencionadas no art. 273 do CPC. A respectiva decisão indicará, com nitidez, as razões do convencimento da Vara do Trabalho.

Desatendida essa exigência, é anulável a decisão por meio de mandado de segurança, uma vez que, para a hipótese, no processo do trabalho, inexiste outro remédio processual.

De regra, só o Reclamante é o beneficiário da antecipação da tutela, mas podem sê-lo todos aqueles que deduzirem pretensão em juízo, como ocorre com o denunciado, na denunciação da lide, o oponente, na oposição; ao autor na declaratória incidental (CPC, arts. 5º e 325).

O Reclamado, quando reconvém, é autor na ação de reconvenção, de modo que pode pleitear a antecipação dos efeitos da tutela na petição inicial (v. Nelson e Rosa Maria Nery, "Código de Processo Civil Comentado", 2ª. ed., Rev. dos Tribunais, 1996, p. 690). Em nenhum caso, porém, se defere a antecipação da tutela se, do seu provimento, houver o risco da irreversibilidade.

Limites objetivos da concessão da tutela antecipada são aqueles que defluem dos arts. 128 e 460 do CPC: a) o juiz decidirá a lide nos limites em que foi proposta; b) é defeso ao Juiz proferir sentença, a favor do autor, de natureza diversa da pedida.

Dado que é interlocutória a decisão que concede a tutela antecipatória (§ 2º do art. 162 do CPC), no processo civil, é ela impugnável por meio de agravo de instrumento, ao passo que, no processo do trabalho, o é por meio do mandado de segurança, como adiantamos acima, se concedida antes da sentença.

Se concedida a antecipação da tutela na própria sentença, descabe a impetração do mandado de segurança, mas, sim, a medida cautelar para se obter efeito suspensivo ao cabível recurso ordinário Ocorrendo a superveniência da sentença nos autos originários, existirá a perda do objeto do mandado de segurança que impugnava a concessão da tutela antecipada.

Nesse sentido, é o que dispõe, a Súmula n. 414, do TST, *verbis:* "**Mandado de Segurança, Antecipação de Tutela (ou Liminar). Concedida antes ou na Sentença:** "I — A antecipação da tutela concedida na sentença não comporta impugnação pela via do mandado de segurança, por ser impugnável mediante recurso ordinário. A ação cautelar é o meio próprio para se obter efeito suspensivo a recurso. II — No caso da tutela antecipada (ou liminar) ser concedida antes da sentença, cabe a impetração do mandado de segurança, em face da inexistência de recurso próprio. III — A superveniência da sentença nos autos originários, faz perder o objeto do mandado de segurança que impugnava a concessão da tutela antecipada (ou liminar)".

É revogável ou modificável, a qualquer tempo, a tutela antecipada por meio de decisão fundamentada.

179.6. Execução Provisória da Decisão Concessiva da Tutela Antecipada

Estabelece o § 3º do art. 273, do CPC, que a efetivação da tutela antecipada observará, no que couber e conforme sua natureza, as normas previstas nos seus arts. 588, 461, §§ 4º e 5º e 461-A. O art. 588 foi revogado pela Lei n. 11.232/2005, que transferiu para a fase de conhecimento o comando nele albergado, como se infere da leitura do novo art. 475-O. Do exame do art. 475-O, do CPC, observa-se que a efetivação da tutela provisória far-se-á pelo sistema da *execução provisória de sentença*, levando-se em conta as seguintes regras:

a) corre por iniciativa, conta e responsabilidade do exequente, que se obriga, se a sentença for reformada, a reparar os danos que o executado haja sofrido;

b) fica sem efeito, sobrevindo acórdão que modifique ou anule a sentença objeto da execução, restituindo-se as partes ao estado anterior e liquidados eventuais prejuízos nos mesmos autos, por arbitramento;

c) o levantamento de depósito em dinheiro, e a prática de atos que importem alienação de propriedade ou dos quais possa resultar grave dano ao executado dependem de caução suficiente e idônea, arbitrada de plano pelo juiz e prestada nos próprios autos;

Estabelece, ainda, o § 2º, desse art. 475-O, do CPC, que o juiz poderá dispensar a caução: a) nos casos de crédito de natureza alimentar ou decorrente de ato ilícito, até o limite de sessenta vezes o salário mínimo, quando o exequente demonstrar situação de necessidade; b) nos casos de execução provisória em que penda agravo ao Supremo Tribunal Federal ou ao Superior Tribunal de Justiça (art. 544), salvo quando da dispensa possa manifestamente resultar risco de grave dano, de difícil ou incerta reparação". Todavia, entendemos que essas duas hipóteses de dispensa de caução não se aplicam ao processo do trabalho, eis que a CLT tem regra própria que determina que a execução provisória somente irá até a penhora, o que impede o levantamento de valores depositados, sob pena de haver contrariedade aos princípios da legalidade e do devido processo legal (art. 5º, II e LIV, CF). Nesse sentido, ver decisão do TST de lavra do Ministro Alberto Luiz Bresciani de Fontan Pereira, Processo RR/45000-212008.5.03.006, DEJT 6.5.10.

Sublinhe-se que, conforme o § 3º, do art. 475-O, do CPC que, "ao requerer a execução provisória, o exequente instruirá a petição com cópias autenticas das seguintes peças do processo, podendo o advogado declarar sua autenticidade, sob sua responsabilidade pessoal:

I — sentença ou acórdão exequendo;

II — certidão de interposição do recurso não dotado de efeito suspensivo;

III — procurações outorgadas pelas partes;

IV — decisão de habilitação, se for o caso;

V — facultativamente, outras peças processuais que o exequente considere necessárias".

Alguns doutrinadores entendem que seja no levantamento de depósito em dinheiro, seja na alienação de domínio deverá o juiz exigir caução, real ou fidejussória, idônea. Estando caracterizado o estado de necessidade do requerente da tutela antecipada e sendo o crédito de até 60 vezes o salário mínimo, haveria a dispensa da caução.

Todavia, estabelece a parte final do art. 899, da CLT, norma que impede a aplicação plena desse dispositivo processual, posto que aí é assentado que a execução provisória somente poderá ir até a penhora, norma essa que inexiste no processo civil: "Os recursos serão interpostos por simples petição e terão efeito meramente devolutivo, salvo as exceções previstas neste Título, *permitida a execução provisória até a penhora"*.

Para que haja a aplicação plena desse dispositivo processual comum ao processo do trabalho, impõe-se, com urgência, que a parte final desse art. 899 da CLT seja alterada, consignando-se aí o esclarecimento de que a execução provisória irá até a penhora, *com exceção da tutela antecipada prevista no art. 273, do CPC*. Lembre-se, mais uma vez, que, existindo norma especial na CLT, não pode a norma geral do processo comum ser aplicada ao processo trabalhista.

De qualquer forma, merece ser dito que estado de necessidade não se confunde com a declaração de pobreza, como disciplinada pela Lei n. 7.115/83. Deverá o requerente da tutela antecipada, na hipótese de pretender lançar mão da faculdade inscrita no § 2º, do art. 475-O, do CPC, demonstrar, à saciedade, que se encontra em efetivo estado de necessidade.

Esse estado de necessidade tem elementos comuns com o denominado *estado de perigo,* disciplinado pelo art. 156 do Código Civil de 2002: "Configura-se o estado de perigo quando alguém, premido da necessidade de salvar-se, ou a pessoa de sua família, de grave dano conhecido pela outra parte, assume obrigação excessivamente onerosa. Parágrafo único. Tratando-se de pessoa não pertencente à família do declarante, o juiz decidirá segundo as circunstâncias".

Esse estado de necessidade muito se aproxima, também, do estado de necessidade do direito penal, porque em ambos o legislador salvaguarda o indivíduo que, entre dois bens jurídicos, opta por um deles em detrimento do outro, tendo razões jurídicas bastantes a justificarem a medida.

Dissertando acerca do § 2º do art. 588, do CPC (hoje art. 475-O, Lei n. 11.232/2005), alerta *Manoel Antonio Teixeira Filho,* com sua costumeira precisão, que, em virtude da precariedade da tutela antecipada, visto que pode ser modificada ou revogada a qualquer tempo, consoante o art. 273, § 4º, desse diploma legal, fica evidente o risco de autorizar-se a liberação de dinheiro depositado, sem prestação de caução. E arremata ele com as seguintes palavras:

"Não é diferente o nosso entendimento, com vistas ao processo do trabalho. Ou seja, também aqui, por mais forte razão, não cabe (CPC, art. 273, § 3º), na efetivação do ato antecipador dos efeitos da tutela, a incidência do disposto no art. 588, § 2º, do CPC. Conquanto o fundamento desta nossa opinião já tenha sido exposto no parágrafo anterior, a relevância do tema sugere que o repisemos, particularizando-o. Na execução provisória, a possibilidade de liberação de valores depositados, sem que o interessado preste caução, está expressamente prevista, embora em caráter excepcional, no § 2º, do art. 588, do CPC. Imaginar-se que esta norma possa incidir, sem maiores problemas, na efetivação do ato antecipador dos efeitos da tutela, significa desconhecer os graves riscos dessa liberação, dada a já destacada precariedade do mencionado ato" ("Novas Alterações do CPC e suas Implicações no Processo do Trabalho (Lei n. 10.444/2002)", in Suplemento Trabalhista n. 087/02, p. 389).

E para ilustrar esse pensamento, aí são arrolados os seguintes exemplos para demonstrar a gravidade dos riscos em torno da concessão da tutela antecipada para o levantamento de dinheiro sem a devida caução:

a) após autorizar a liberação de certa quantia depositada, sem exigir do autor a prestação de caução, o juiz, ouvindo o réu, se convence de que inexistia a prova inequívoca, a que alude o art. 273, *caput,* do CPC, e, em razão disso, revoga o ato antecipador da tutela;

b) o autor deixa de comparecer à audiência inicial, fazendo com que o processo seja extinto sem exame do mérito (CLT, art. 844, *caput,* primeira parte). A este respeito, cumpre lembrar a regra do art. 273, § 5º, do CPC, segundo a qual a concessão da tutela — como é óbvio — não implica o fim do processo, motivo porque o autor deveria comparecer à audiência;

c) ao emitir a sentença de mérito, o juiz rejeita os pedidos formulados na inicial, por entender que o autor não possuía os direitos alegados e que motivaram a antecipação dos efeitos da tutela.

Inobstante, sendo um procedimento cautelar a efetivação provisória da antecipação da tutela, a ele se aplica o art. 811 do CPC: "Sem prejuízo do disposto no art. 16, o requerente do procedimento cautelar responde ao requerido pelo prejuízo que lhe causar a execução da medida".

Sobre o assunto preleciona *Nelson Nery Júnior* (in "CPC Comentado", 2. ed., Rev. dos Tribunais, 1996, p. 1140) que "a responsabilidade pela execução dessa medida é objetiva (art. 811), sujeita o beneficiário da medida liminar a ressarcir, independentemente de culpa, as perdas e danos daquele contra quem a ordem foi pedida e expedida".

Acertadamente, diz *Manoel Antonio Teixeira Filho* ("Execução no Processo do Trabalho", 6. ed., LTr, 1998, p. 198) que a execução da decisão antecipatória da tutela é menos que provisória, é precária, "dado que poderá ser revogada: a) pelo juízo que a proferiu, mediante outra decisão; b) pelo mesmo juízo, na oportunidade do proferimento da sentença de mérito; c) pelo tribunal, via mandado de segurança impetrado pelo réu".

No tangente à hipótese da alínea *c,* do trecho acima transcrito, é impetrável o mandado de segurança se o juiz antecipar, total ou parcialmente, os efeitos da tutela pretendida no pedido inicial: a) se não for produzida prova inequívoca que leve à verossimilhança da alegação; b) se inexistir possibilidade de dano irreparável ou de difícil reparação; c) se não se configurar o abuso do direito de defesa ou manifesto propósito protelatório do reclamado; d) se haver perigo de irreversibilidade do provimento antecipado.

A utilização da ação de segurança é justificável com a circunstância de que inexiste, no arsenal processual, outra providência que, de imediato, neutralize os efeitos de uma penhora realizada na execução provisória da antecipação da tutela.

Esta modalidade de execução provisória não atendeu ao princípio, já tradicional em nossa processualística, de que a execução provisória é cabível quando houver sentença condenatória impugnada por recurso recebido em efeito devolutivo.

Se a decisão provisoriamente executada for modificada ou anulada em parte, somente nessa parte ficará sem efeito a execução.

O § 3º do art. 461 do CPC tem por objeto outra modalidade de antecipação da tutela nas obrigações de fazer e não fazer, mas com pressupostos diferentes.

No item 288 examinamos, detidamente, a execução provisória de sentença condenatória e fazemos considerações que se ajustam aos vários aspectos da execução "precária" (na dicção de *Manoel Antônio Teixeira Filho*) da decisão que antecipa efeitos da sentença de mérito.

179.7. Tutela Antecipada e Obrigações de Fazer e Não Fazer

Redigido de acordo com a Lei n. 8.952, de 13 de dezembro de 1994, o art. 461 do CPC ocupa-se da ação que vise ao cumprimento da obrigação de fazer ou não fazer.

No art. 273, como também no art. 461, está o Juiz autorizado a conceder, antecipadamente, o provisionamento jurisdicional, mas, como assinalamos, há pouco, seus requisitos e efeitos não são semelhantes.

Em ambas as hipóteses legais, é imprescindível que o autor solicite a medida.

Já vimos, no subitem 179.2, quais os pré-requisitos da antecipação na hipótese prevista no art. 273. Aqui, cuidaremos daqueles que o art. 461 prescreve na ação contra a inadimplência de obrigações de fazer ou de não fazer.

Antes de analisar esse aspecto da matéria, cumpre-nos transcrever o art. 461:

"Na ação que tenha por objeto o cumprimento de obrigação de fazer ou não fazer, o juiz concederá a tutela específica da obrigação ou, se procedente o pedido, determinará providências que assegurem o resultado prático equivalente ao do adimplemento.

§ 1º A obrigação somente se converterá em perdas e danos se o autor o requerer ou se impossível a tutela específica ou a obtenção do resultado prático correspondente.

§ 2º A indenização por perdas e danos dar-se-á sem prejuízo da multa (art. 287).

§ 3º Sendo relevante o fundamento da demanda e havendo justificado receio da ineficácia do provimento final, é lícito ao juiz conceder liminarmente ou mediante justificação prévia, citado o réu. A medida liminar poderá ser revogada ou modificada a qualquer tempo, em decisão fundamentada.

§ 4º O juiz poderá, na hipótese do parágrafo anterior ou na sentença, impor multa diária ao réu, independentemente de pedido do autor, se for suficiente ou compatível com a obrigação fixando-lhe prazo razoável para o cumprimento do preceito.

§ 5º Para a efetivação da tutela específica ou a obtenção do resultado prático equivalente, poderá o juiz, de ofício ou a requerimento, determinar as medidas necessárias, tais como a imposição de multa por tempo de atraso, busca e apreensão, remoção de pessoas e coisas, desfazimento de obras e impedimento de atividade nociva, se necessário com requisição de força policial (Redação dada pela Lei n. 10.444/2002);

§ 6º O juiz poderá, de ofício, modificar o valor ou a periodicidade da multa, caso verifique que se tornou insuficiente ou excessiva" (acrescentado pela Lei n. 10.444/02)".

O texto supra é reprodução fiel do art. 84 do Código de Defesa do Consumidor (Lei n. 8.078, de 11.9.90), com exclusão do § 6º. É silente esse art. 461 quanto à possibilidade de deferir-se a tutela antecipada em caso de exercício abusivo do direito de defesa ou de intuito protelatório do Réu. Inobstante, estamos que essa omissão não impede a concessão da liminar satisfativa, pois tal conduta do Réu também é susceptível de levar à ineficácia do provimento jurisdicional.

O artigo em tela é aplicável ao processo do trabalho, como, por exemplo, nos casos de: a) entrega da guia liberatória dos valores do Fundo de Garantia do Tempo de Serviço; b) reintegração, por ordem judicial de dirigente sindical dispensado sem motivo justo etc.

Lembre-se que, na forma do § 5º, do art. 461, do CPC, o juiz pode *ex officio* ou a requerimento do autor ordenar medidas que preservem a eficácia da tutela deferida, tais como: multa por atraso, busca e apreensão, remoção de pessoas e coisas, desfazimento de obras e impedimento de atividade nociva. Esta última disposição — atinente à atividade nociva — talvez seja lembrada em caso periculosidade e de insalubridade em que haja iminência de acidente que ponha em risco a vida e a integridade física do trabalhador.

Observe-se que não é exaustiva essa relação de medidas prevista nesse § 5º. É exemplificativa. Outras poderão ser ordenadas pelo Juiz se julgar necessário à real efetivação da tutela antecipada.

179.8. Obrigações de Fazer e de Não Fazer

A fim de facilitar a compreensão do nosso pensamento sobre algumas das facetas controvertidas do instituto agasalhado no art. 461 do CPC, julgamos de bom alvitre, antes de mais nada, falar sobre as obrigações ainda que de modo esquemático.

Na dicção de *Dernburg*, *"obrigações são relações jurídicas consistentes no dever de prestação, tendo valor patrimonial, do devedor ao credor"* ("Diritti delle Obbligazioni", § 1º).

Dentre as inúmeras definições conhecidas, talvez a de *Dernburg* seja mais concisa.

Serpa Lopes, no seu clássico "Curso de Direito Civil" (vol. II, 2. ed., Freitas Bastos, 1957, p. 12), embora considere como o melhor o conceito de obrigação formulado por *Dernburg*, adverte que há obrigações de conteúdo simplesmente moral.

Acompanhamos *Serpa Lopes* no entendimento de que há danos de ordem moral, derivados da correspondente obrigação, sem qualquer conteúdo patrimonial, mas que, ainda assim, são ressarcíveis.

Sobrevive a corrente doutrinária, com esporádica repercussão nos Tribunais, de que são indenizáveis, apenas, os danos de ordem moral com efeitos econômicos. Sob o prisma dessa linha doutrinária, é incensurável a definição de *Dernburg*.

Correndo o risco de sermos acusados de xenofobia, damos preferência à definição de obrigação de *Clóvis Beviláqua*: *"É a relação transitória de direito, que nos constrange a dar, fazer ou não fazer alguma coisa economicamente apreciável, em proveito de alguém que, por ato nosso ou de alguém conosco juridicamente relacionado, ou em virtude de lei, adquiriu o direito de exigir de nós essa ação ou omissão".*

O conteúdo da obrigação é um *dare, facere* ou *non facere*.

Deixemos de lado as obrigações de dar (art. 273, CPC) porque a ela não faz alusão o art. 461, aqui sob comento. Com a edição da Lei n. 10.444/2002, foi acrescido o art. 461-A, no CPC, que passou a cuidar da entrega de coisa.

Na obrigação de fazer, o objeto da prestação é um ato do devedor, como trabalho manual ou intelectual ou qualquer outro de interesse do credor.

A obrigação de não fazer corresponde à abstenção da prática de certos atos a que se comprometeu o devedor.

Não é o credor obrigado a aceitar de terceiro a obrigação derivante da obrigação de fazer, se estipulado que o devedor a faria pessoalmente.

Consoante o art. 882 do Código Civil, de 1916, "extingue-se a obrigação de não fazer, desde que, sem culpa do devedor, se lhe torne impossível abster-se do fato que se obrigou a não praticar".

Quando da vigência desse Código de 1916, sustentamos que, a nosso ver, fora esse dispositivo derrogado pelo art. 461 do CPC. Neste, se declara que a obrigação só se converte em perdas e danos, sem prévia aquiescência do Reclamante, se impossível a tutela específica ou a obtenção do resultado prático correspondente. Sublinhávamos, inclusive, que, de conformidade com esse dispositivo, a conversão da obrigação em perdas e danos se realizava ainda que o devedor não tivesse culpa.

Dizíamos, então, que não causava espécie a circunstância de o CPC hospedar normas de direito adjetivo e de direito material, como acontece no caso presente, no tangente às obrigações de fazer ou de não fazer, e isso porque, em contrapartida, havia no Código Civil, de 1916, os arts. 136, 178 e 366 (atualmente no Código Civil de 2002, respectivamente, arts. 212, 206 e 1.616), e outros de caráter nitidamente processual. Certas questões jurídicas, por sua natureza, exigiam, como até hoje exigem, um disciplinamento em que se mesclam regras processuais e de direito positivo.

E arrematávamos que não surpreendia (como hoje também não surpreende) o fato de um artigo da lei processual derrogar preceito do Código Civil, e vice-versa.

Como demonstração disso, mais uma vez se verifica que, com a edição do Código Civil de 2002, aquela regra do art. 882, do Código Civil de 1916, foi revigorada no seu art. 250 com uma redação semelhante: *"extingue-se a obrigação de não fazer, desde que, sem culpa do devedor, se lhe torne impossível abster-se do ato, que se obrigou a não praticar"*.

Temos aqui um exemplo claro da revogação de um artigo do Código de Processo Civil por uma norma do Código Civil.

179.9. Do Pedido da Tutela Antecipada no art. 461 do CPC

Depreende-se do § 3º do art. 461, em foco, que na ação de cumprimento de obrigação de fazer ou não fazer "é lícito ao juiz conceder a tutela liminarmente ou mediante justificação prévia, citado o réu".

No que se refere à iniciativa dessa medida liminar, parece, à primeira vista, que o dispositivo também a atribui ao juiz. Mas, depois de exame mais atento da norma, chega-se à conclusão diferente.

Quando o artigo em tela declara ser lícito à Vara do Trabalho "conceder" a tutela antecipada, deixa entrever claramente que alguém (o Reclamante) lha solicitou e ela a deferiu ou concedeu. Na linguagem comum, o verbo "conceder" tem duplo significado: 1º concordar, convir, anuir em: o juiz concedeu em que se retirasse a queixa; 2º dar, outorgar, como em Cristo quando concedeu a Pedro o poder de governar a sua Igreja.

Em favor do nosso entendimento de que o legislador empregou "conceder" no sentido de anuir, concordar, temos a parte final do supracitado § 3º: *"... ou mediante justificação prévia, citado o réu..."*. Ora, se a medida fosse decretável de ofício, não haveria necessidade de o próprio juiz justificar sua intenção de antecipar o provimento.

Se o Juiz achar que o pedido de antecipação está bem fundamentado, defere-o liminarmente, *inaudita altera pars*; se a postulação não se alicerçar em provas inequívocas, o juiz ordenará a justificação com citação do Réu ou do Reclamado.

O procedimento da justificação é o prescrito no art. 804 do CPC, com exclusão do inciso II do seu parágrafo único, por não adaptar-se à hipótese do § 3º do art. 461 do CPC. Deixamos de lado a justificação, regulada nos art. 861 a 866 do CPC, por se tratar de medida preparatória de ação, o que não ocorre no caso em debate.

Não negamos que a controvérsia resulta da ambiguidade do artigo em questão, mas nossa opinião está em perfeita sintonia com os princípios gerais do direito processual, notadamente com aqueles atinentes aos poderes e deveres do Juiz no processo.

Isto posto, resta-nos dizer que o pedido de antecipação, na hipótese do art. 461 do CPC, é de iniciativa do Reclamante.

Os pressupostos legitimadores da concessão da tutela antecipada são: a) relevância do fundamento da demanda; b) justificado receio de ineficácia do provimento final.

Para a validade da decisão deferitória da antecipação, não é suficiente provar-se a existência de apenas um daqueles pressupostos; é mister provar-se a materialidade dos dois.

Concedida liminarmente, é a medida susceptível de revogação ou modificação, a qualquer tempo, em decisão fundamentada.

Se a nova decisão não revelar os fatos e circunstâncias que a motivaram, é ela impugnável por agravo no processo comum e, por mandado de segurança, no processo trabalhista, uma vez que nesta não há outro remédio processual.

Ocioso dizer que é incabível, na ação cautelar, a antecipação da tutela, já que a liminar prevista no art. 804 do CPC tem o mesmo efeito.

Por força da Lei n. 10.444/2002, foi introduzido o art. 461-A, no CPC, que cuida da denominada tutela específica antecipada que tenha por objeto a entrega de coisa. Nessa hipótese, o juiz ao concedê-la, fixará o prazo para o cumprimento da obrigação. E, tratando-se de entrega de coisa determinada pelo gênero e quantidade, o credor a individualizará na petição inicial, se lhe couber a escolha. Caberá ao devedor escolher. Este a entregará individualizada, no prazo fixado pelo juiz.

Não cumprida a obrigação no prazo estabelecido, o Juiz expedirá em favor do credor mandado de busca e apreensão ou de imissão na posse conforme se tratar de coisa móvel ou imóvel.

179.10. Da Multa Diária

Independentemente de pedido do Reclamante, na antecipação da tutela ou na sentença, tem a Vara do Trabalho o poder legal de impor multa diária ao Reclamado, que seja suficiente ou compatível com a obrigação.

Tal sanção se torna exigível somente após a expiração de prazo razoável para cumprimento do preceito.

De conformidade com o disposto no art. 287 do CPC, no caso da ação a que se refere o art. 461, deve constar da petição a cominação da pena pecuniária para o caso de descumprimento da sentença ou da decisão antecipatória da tutela. Se essa cominação desatender ao disposto no art. 412 do Código Civil de 2002 ("O valor da cominação imposta na cláusula penal não pode exceder o da obrigação principal"), temos como certo caber ao Juiz o poder de modificar a multa moratória reivindicada pelo Reclamante.

Sobre essa matéria, o TST editou a Orientação Jurisprudencial n. 54, SDI-1, *verbis*: "*Multa. Cláusula penal. Valor superior ao principal. O valor da multa estipulada em cláusula penal, ainda que diária, não poderá ser superior à obrigação principal corrigida, em virtude da aplicação do art. 412 do Código Civil de 2002 (art. 920 do Código Civil de 1916)*".

Tendo em vista a nova redação do art. 287, dada pela Lei n. 10.444/02, não é mais silente o CPC quanto à prévia estipulação, pelo Reclamante, da multa moratória, no pedido da antecipação da tutela. Isto é, poderá ele requerer na petição inicial a aplicação de preceito cominatório, mas desde que não se refira a obrigação de dar, já que tal cominação é vedada para tal tipo de obrigação, conforme a Súmula n. 500, do Supremo Tribunal Federal: "Não cabe a ação cominatória para compelir-se o réu a cumprir obrigação de dar".

Numa palavra: o Reclamante, no pedido de antecipação do provimento jurisdicional, pode cominar a multa moratória em caso de inadimplência da obrigação pelo Reclamado.

Compete à Vara do Trabalho fixar o prazo razoável para o cumprimento da obrigação.

A teor do § 4º do art. 461 do CPC, se a parte não postular multa na petição inicial, tem o Juiz a faculdade legal de fixá-la.

Já o § 6º, do art. 461, do CPC, autoriza o juiz a aumentar ou a reduzir as *astreintes* se verificar serem elas insuficientes ou excessivas.

179.11. Das Perdas e Danos

Por ser condenatória a ação referida no art. 461, do CPC, é ela, por isso mesmo, de conhecimento.

Na forma desse dispositivo legal, tem o devedor de cumprir a obrigação específica constante do comando judicial. A obrigação só se resolve em perdas e danos em três hipóteses: a) se o credor o permitir ou pedir; b) se impossível a tutela específica e c) se inatingível o resultado prático correspondente, como se infere da leitura dos seus §§ 1º e 2º.

Na primeira hipótese, a questionada conversão depende, privativamente, de pedido do Reclamante; nas duas últimas, será de ofício ou a pedido de uma das partes.

Na ocorrência da indenização por perdas e danos, mantém-se a multa que, nos termos do art. 287 do CPC, é requerida pelo Reclamante na petição inicial, caso haja descumprimento da sentença, dispositivo legal esse que recebeu nova redação com a Lei n. 10.444/02, *verbis*: "Se o autor pedir que seja imposta ao réu a abstenção da prática de algum ato, tolerar alguma atividade, prestar ato ou entregar coisa, poderá requerer cominação de pena pecuniária para o caso de descumprimento da sentença ou da decisão antecipatória de tutela (arts. 461, § 4º, e 461-A)".

O inadimplemento da readmissão ou reintegração do empregado, ordenadas por sentença passada em julgado, acarreta a multa prevista no art. 729 da CLT, de 1/5 do valor do salário mínimo por dia, até que seja cumprida a decisão.

A teor do § 6º, do art. 461, do CPC, ou de ofício, modifica-se, para mais ou para menos, o valor da multa diária estabelecida na sentença de mérito, se o Juiz, na execução, convencer-se de ser ela excessiva ou insuficiente para assegurar a efetivação do provimento.

In casu, não se vulnera a coisa julgada, porque se está aplicando a cláusula *rebus sic stantibus*: após a prolação da sentença, operou-se mudança na situação de fato.

Se deferida a antecipação do provimento e, depois, a sentença for desfavorável ao Reclamante, será ele obrigado a indenizar o Réu pelos danos resultantes do cumprimento da medida liminar.

179.12. Medidas para Efetivação da Tutela Específica

Como vimos, a tutela específica é dada por dois modos: transitoriamente, pela antecipação do provimento; em caráter definitivo, pela prolação da sentença que põe fim ao processo de conhecimento.

Reza o § 5º do art. 461 que, para efetivação da tutela específica ou para obtenção de resultado prático equivalente, o Juiz, de ofício ou a requerimento do Reclamante, pode determinar providências que julgue necessárias à consecução daqueles fins, tais como imposição de multa por tempo de atraso, busca e apreensão, remoção de pessoas e coisas, desfazimento de obras, impedimento de atividade nociva, além da requisição da força policial.

179.13. A Tutela Antecipada e o Poder Público

Em verdade, inexiste preceito legal vedando a concessão da tutela antecipada contra o Poder Público.

Pode ser deferida pelo Juiz a antecipação jurisdicional dos efeitos da tutela contra a Fazenda Pública, depois de atendidos os pressupostos previstos no art. 273, I e II do CPC (com redação dada pela Lei n. 8.952/94) e respeitadas as restrições fulcradas na Lei n. 9.494, de 10 de setembro de 1997 (modificada pela Medida Provisória n. 1.984).

As restrições à concessão da tutela antecipada contra órgãos e entidades do Poder Público são as seguintes:

a) reclassificação ou equiparação de servidores públicos ou a concessão ou extensão de vantagens ou adição de vencimento (arts. 5º e 7º da Lei n. 4.348, de 26.6.64);

b) pagamento de vencimentos e vantagens pecuniárias a servidor público federal, da administração direta ou autárquica, e a servidor público estadual e municipal (art. 1º, § 4º da Lei n. 5.021, de 9.6.66) e

c) arts. 1º, 3º e 4º da Lei n. 8.437, de 30 de junho de 1992 que impedem "a concessão de medida liminar contra atos do Poder Público, no procedimento cautelar ou em quaisquer outras ações de natureza cautelar ou preventiva, toda vez que providência semelhante não puder ser concedida em ações de mandado de segurança, em virtude de vedação legal". (art. 1º da Lei n. 8.437).

Na Reclamação n. 1.967-5, formulada perante o Supremo Tribunal Federal (*in* DJU de 14.11.2001, p. 8), alega-se que um juiz desrespeitou decisão da Corte Suprema com efeito vinculante (art. 102, § 2º da CF).

Da decisão do Ministro Relator, retiramos o seguinte trecho:

"O caso versado nos presentes autos, contudo, parece revelar situação que, precisamente, por se enquadrar em hipótese elencada no art. 1º da Lei n. 9.494/97, autorizaria a via processual da reclamação".

Com efeito, a decisão ora reclamada, fundamentando-se nos princípios da isonomia e da irredutibilidade de vencimentos concedeu aos ora interessados (que são servidores públicos municipais, exercentes do cargo de Médicos) o direito a imediata majoração e percepção de valores remuneratórios, em igualdade de condições com outros médicos, apontados como referência paradigmática em matéria salarial, ordenando, à parte ora reclamante, a implantação, em folha de pagamento, de tais rendimentos com o objetivo de garantir aos referidos agentes públicos, o pronto acesso a tal reajuste salarial (fls. 18/20).

Vê-se, pois, que a situação ora exposta parece conduzir ao cabimento, na espécie destes autos, da utilização do instrumento constitucional da reclamação, ante a aparente ofensa ao efeito vinculante de que se acha impregnada a decisão plenária desta Corte proferida no julgamento da ADC/MC 4-DF.

Tenho enfatizado (PET n. 1.408-RS) que o eventual descumprimento, por juízes ou Tribunais, de decisão emanada do Supremo Tribunal Federal, especialmente quando proferida com efeito vinculante, ainda que em sede de medida cautelar, torna legítima a utilização do instrumento constitucional da reclamação".

180. Quem pode ser reclamante

Todo aquele que já tiver completado 18 anos tem o direito de postular em juízo.

É o que prescreve o art. 792 da CLT:

"Os maiores de 18 e menores de 21 anos e as mulheres casadas poderão pleitear perante a Justiça do Trabalho sem a assistência de seus pais, tutores ou maridos".

A capacidade processual (*legitimatio ad processum*) na Justiça do Trabalho tem-na quem tiver completado os 18 anos de idade.

Os menores de 18 anos terão de ser representados ou assistidos pelos pais ou tutor, conforme a idade que eles tenham.

De fato, existe uma diferença entre a assistência e a representação dos menores. Na forma do art. 1.634, V, do Código Civil de 2002, compete aos pais, quanto à pessoa dos filhos menores, representá-los, até os dezesseis anos, nos atos da vida civil, e assisti-los, após essa idade nos atos em que forem partes, suprindo-lhes o consentimento.

Na ausência dos pais, tutores ou representantes legais desse menor, é prática comum no foro trabalhista que, com fulcro no art. 793, *in fine*, da CLT, ser-lhe-á nomeado curador à lide pela Vara do Trabalho ou Juiz de Direito com investidura trabalhista.

A mulher casada está expressamente autorizada pelo sobredito art. 792 do Estatuto Obreiro de estar em juízo, sem a anuência do marido, para reclamar contra seu empregador.

Consoante o art. 3º do Código Civil de 2002, são absolutamente incapazes os menores de 16 anos e os que, por enfermidade ou deficiência mental, não tiverem o necessário discernimento para prática desses atos e os que, mesmo por causa transitória, não puderem exprimir sua vontade.

Terão de ser representados ou assistidos em juízo pelas pessoas que indicamos, há pouco, para os menores de 18 anos.

É, hoje, viável o adestramento de surdos-mudos para a prática de certas operações nos estabelecimentos industriais ou comerciais. Se eles puderem manifestar sua vontade, não serão incapazes.

Os atos praticados pelos absolutamente incapazes são nulos de pleno direito, como por exemplo a quitação de verbas rescisórias firmada por menor de 18 anos.

A sentença da interdição do louco, sobre ser constitutiva, opera efeitos *ex tunc*, o que autoriza a proclamar a nulidade de atos que haja praticado desde que adquiriu a doença.

Eventualmente, serve o regramento legal sobre incapacidade processual, também, para os empregadores.

180.1. Da Representação do Espólio no Processo do Trabalho

Se o trabalhador, como reclamante, vem a falecer no curso da ação ou se isso acontece quando já era titular de certos direitos expressos pecuniariamente, manifesta-se a questão da sua representação em juízo.

É claro que, em ambas as hipóteses, os direitos do *de cujus*, por serem transmissíveis, passam para seus herdeiros. E estes são representados pelo inventariante.

O que a final for recebido no foro trabalhista deve ser levado ao juízo do inventário a fim de proceder-se à partilha.

Já se pacificou, na doutrina e na jurisprudência, que se impõe a abertura do inventário positivo (com bens) ou mesmo negativo (sem bens). Assim, em qualquer caso, é mister a nomeação do inventariante apto a estar na Justiça do Trabalho para defender os interesses do falecido e para receber o que lhe era devido.

Do exposto se conclui que, nas hipóteses inicialmente aventadas, é obrigatória a presença do inventariante no processo do trabalho quando ocorre a morte do reclamante.

180.2. Quem Pode Ser Reclamado

Desnecessário dizer que, no polo passivo da relação jurídico-processual, figura, de costume, o empregador, definido, no *caput* do art. 2º da CLT, como "a empresa individual ou coletiva que, assumindo os riscos da atividade econômica, admite, assalaria e dirige a prestação pessoal de serviços".

Está bem claro nesse dispositivo que o empregador tanto pode ser uma pessoa física como jurídica.

O § 1º do mesmo art. 2º já citado agasalha uma ficção jurídica: equipara a empregador — mas só para efeitos da relação de emprego — os profissionais liberais, instituições de beneficência, as associações recreativas ou outras instituições sem fins lucrativos, que admitirem trabalhadores como empregados.

Ressalta desse dispositivo que a tais pessoas, sem atividades com fito de lucro, só se aplicam as disposições do direito individual do trabalho. Tem a Justiça do Trabalho outro pensar. Vem, há tempos, aceitando as referidas pessoas jurídicas como partes nas relações coletivas de trabalho.

Escusado dizer que o exercício de atividades que não tenham caráter econômico — *in casu* — não impede que as referidas pessoas físicas ou jurídicas apareçam como Reclamadas num processo do trabalho.

Reza o § 2º do art. 2º da CLT:

"Sempre que uma ou mais empresas, tendo, embora, cada uma delas, personalidade jurídica própria, estiverem sob a direção, controle ou administração de outra, constituindo grupo industrial, comercial ou de qualquer outra atividade econômica, serão, para todos os efeitos da relação de emprego, solidariamente responsáveis a empresa principal cada uma das subordinadas".

Se o empregado reclamar contra uma das empresas do grupo econômico, é conveniente requerer a notificação de todas aquelas que o compõem, pois, caso a Reclamada propriamente dita não conte com meios e recursos que assegurem o fiel cumprimento da sentença, as outras empresas serão chamadas a responder pelo débito. Em doutrina, há consenso no sentido de, na execução, ser inviável a citação das empresas do grupo que não participaram do processo na fase de conhecimento. Todavia, o TST revogou a Súmula n. 205, demonstrando a possibilidade de empresa do mesmo grupo econômico ser chamada para integrar a lide em execução de sentença. Essa Súmula estava vazada nos seguintes termos:

"O responsável solidário, integrante do grupo econômico, que não participou da relação processual como reclamado e que, portanto, não consta no título executivo judicial como devedor, não pode ser sujeito passivo na execução".

Nesse sentido, ver nosso comentário no item 57.

180.3. Quem pode ser Reclamado. Grupo Econômico e suas Características

Consoante o disposto no § 2º do art. 2º da CLT, forma-se o grupo econômico quando várias empresas, embora com personalidade jurídica própria, estiverem sob a direção, controle ou administração de outra, a empresa líder. Na hipótese e para os efeitos da relação de emprego, que venha a ser discutida em juízo, são solidariamente responsáveis a empresa principal e cada uma das subordinadas.

Independentemente das sociedades comerciais, industriais ou financeiras: **a)** organizarem-se à luz das prescrições do direito comum como bem entenderem; **b)** usarem de todo e qualquer artifício para ocultar ou dissimular o liame que as liga e consistente no controle exercido por uma delas ou apenas por uma pessoa física, com interesses predominantes no conjunto dessas empresas — ao juiz sempre restará o poder legal de proclamar a solidariedade passiva entre todas elas em face do crédito do empregado.

Como se vê, a personalidade jurídica de cada empresa, perfeitamente recortada ante o Direito, não se constitui em empecilho à ação da Justiça do Trabalho para salvaguardar os direitos do empregado. O dispositivo consolidado já citado passa por cima de quaisquer questões jurídico-formais para declarar que tais sociedades compõem um único grupo, o que resulta num único empregador para os efeitos da relação de emprego.

De reconhecer-se o pioneirismo da CLT na introdução, em nosso sistema legal, da teoria da desconsideração da personalidade jurídica (*disregard doctrine*).Deflui do supradito dispositivo da CLT que o grupo de sociedades (ou de empresas) deve ter natureza econômica e que as empresas dele integrantes se subordinam a uma delas, também chamada de empresa-mãe.

Verdade cediça é dizer-se que o grupo econômico — como definido na CLT — é uma forma de concentração empresarial. Mas, não a única.

O *"trust"*, por exemplo, surgido nos Estados Unidos em fins do século XIX, era o agrupamento de empresas petrolíferas com vistas à concorrência internacional. Havia, porém, a preservação da personalidade jurídica de cada uma das empresas integrantes do *"trust"*. Os autores, de modo geral, não veem no *"trust"* um grupo empresário como descrito na CLT.

O cartel designa união de empresas concorrentes para dominar ou regular certo mercado consumidor. Embora condenado pela legislação pátria, o cartel não se equipara ao grupo econômico de que fala a CLT.

A *"holding company"* é classificada como grupo econômico quando uma delas controla efetivamente as demais, seja seu intuito monopolista, ou não.

O consórcio é a reunião ocasional de algumas empresas para a realização de um programa ou de empreendimento econômico. Em consonância com o preceituado no art. 278 da Lei da Sociedade por Ações (Lei n. 6.404/76), o consórcio não tem personalidade jurídica e as *"empresas consorciadas somente se obrigam nas condições previstas no respectivo contrato, respondendo cada uma por suas obrigações, sem presunção de solidariedade".*

A multinacional — como denunciado pela própria denominação — é um grupo de empresas atuando no mercado internacional, ou melhor, embora atuando em países diferentes, obedecem ao mesmo comando. É, em tese, um grupo econômico como desenhado no art. 2º, § 2º, da CLT. Essa constatação é de pouca utilidade na configuração da solidariedade passiva numa reclamatória trabalhista.

Há, ainda, outras modalidades de concentração empresarial, como a *"joint ventures"*, conglomerado, *"trade association"*, em que se vislumbram os traços identificadores do grupo econômico.

Sublinhe-se que o Código Civil, em seu art. 1.089, assinala que a sociedade anônima ou por ações rege-se por lei especial, aplicando-se-lhe, nos casos omissos, as disposições nele inscritas. A Lei n. 6.404, de 15 de dezembro de 1976, dispõe sobre as sociedades por ações e prevê várias modalidades de união de sociedades. Este ponto merece algumas considerações, pois pode ter grande relevância na discussão sobre a existência, ou não, de um grupo econômico — industrial ou comercial.

A incorporação, cisão e fusão de sociedades são meras alterações da estrutura jurídica da empresa, que não têm o condão de causar prejuízo algum aos direitos dos trabalhadores, conforme a regra inscrita no art. 10 c/c art. 448, ambos da CLT.

A cisão — "operação pela qual a companhia transfere parcelas do seu patrimônio para uma ou mais sociedades, constituídas para esse fim ou já existentes, extinguindo-se a companhia cindida, se houver versão de todo o seu patrimônio ou dividindo-se o seu capital, se parcial a versão" (art. 229, da Lei das Sociedades Anônimas) — pode gerar um grupo econômico como é ele conceituado na CLT. Se a sociedade cindida, mercê da transferência de parte do seu patrimônio, ficar com o controle das novas empresas, não resta dúvida que teremos aí um grupo industrial ligado pela solidariedade passiva numa eventual reclamação de empregados de uma delas.

Informa o art. 243, da lei em tela, que "são coligadas as sociedades nas quais a investidora tenha influência significativa". De acordo com os §§ 4º e 5º desse artigo considera-se que há influência significativa quando a investidora detém ou exerce o poder de participar nas decisões das políticas financeira ou operacional da investida, sem controlá-la, e entende-se como presumida influência significativa quando a investidora for titular de 20% (vinte por cento) ou mais do capital votante da investida, sem controlá-la.

Logo, não se há de falar em grupo econômico solidariamente responsável pela dívida trabalhista de um dos seus integrantes, se não houver a demonstração dessa influência significativa prevista nesse dispositivo legal.

O § 2º, do mesmo art. 243, reza, verbis: "Considera-se controlada a sociedade na qual a controladora, diretamente ou através de outras controladas, é titular de direitos de sócio que lhe assegurem, de modo permanente, preponderância nas deliberações sociais e o poder de eleger a maioria dos administradores".

Neste caso, temos, indubitavelmente, o grupo econômico de que trata o § 2º, do artigo em epígrafe. Em reforço desse ponto de vista, temos ainda o art. 265, da mesma Lei das S/A: "A sociedade controladora e suas controladas podem constituir, nos termos deste Capítulo, grupo de sociedades, mediante convenção pela qual se obriguem a combinar recursos ou esforços para a realização dos respectivos objetos ou a participar de atividades e empreendimentos comuns".

Como já dito anteriormente, o consórcio — constituído de sociedades sob o mesmo controle ou não — tem por objetivo a execução de determinado empreendimento (art. 278, da Lei das S/A.) Não tem personalidade jurídica. As empresas consorciadas somente se obrigam, nas condições previstas no respectivo contrato, respondendo cada uma por suas obrigações, sem presunção de solidariedade (§1º do art. 278 da Lei das S/A.). É evidente que o consórcio implica a solidariedade de que trata o § 2º, do art. 2º da CLT, quando as empresas forem controladas por uma outra.

O Código Civil de 2002, em seus artigos 1.097 "usque" 1.100, ao estabelecer o disciplinamento das sociedades coligadas em geral, assentou apreciável regramento para o Direito do Trabalho quanto ao controle, filiação ou participação de uma sociedade em outra, tendo em vista o disposto no art. 2º em seu § 2º.

As sociedades coligadas são classificadas em (a) sociedade controlada, assim entendida como aquela na qual a maioria de seu capital esteja sob domínio de outra ou cujo controle esteja em poder de outra, mediante ações ou quotas possuídas por sociedades ou sociedades por estas já controladas; (b) sociedade filiada ou coligada é aquela que participa de outra sociedade com 10% ou mais, do capital da outra, sem controlá-la e (c) sociedade de simples participação como sendo aquela que participa no capital de outra sociedade em menos de 10% do capital com direito a voto.

Tendo em mãos estas regras, pode-se estabelecer a ligação entre as sociedades, de modo a se revelar a certeza ou não da formação do grupo econômico, inclusive para efeitos trabalhistas.

180.4. Responsabilidade Solidária Ativa (Empregador Único) e Responsabilidade Solidária Passiva das Empresas Integrantes de um Grupo Econômico

De forma genérica, podemos sustentar que a lei e boa parte da doutrina são no sentido de que existe, apenas, a solidariedade passiva do grupo de empresas.

Vejamos, aqui, o que se contém na responsabilidade solidária ativa, ou empregador único, e na responsabilidade solidária passiva das empresas integrantes de um grupo econômico.

Bem se sabe que é intensa a polêmica, ainda nos dias que fluem, a respeito da extensão da solidariedade existente no grupo econômico de empresas, assim delineado pelo § 2º, do art. 2º, da CLT.

Indaga-se: *essa solidariedade apontada nesse dispositivo consolidado abrange as duas espécies previstas no art. 264, do Código Civil, isto é, engloba a solidariedade ativa e a solidariedade passiva?* Eis como está vazado esse dispositivo legal: "Art. 264 — Há solidariedade, quando na mesma obrigação concorre mais de um credor, ou mais de um devedor, cada um com direito, ou obrigado, à dívida toda".

Também se sabe que a solidariedade — ativa ou passiva — não se presume, eis que ela resulta da lei ou da vontade das partes, *ex vi* do disposto no art. 265, do Código Civil. Quer dizer, a obrigação solidária — ativa ou passiva — é aquela na qual, sendo plural a composição do polo credor ou do polo devedor, cada um de seus membros tem direito ao todo como se fosse o único credor, ou deve o todo, como se fosse o único e exclusivo devedor.

As características básicas da obrigação solidária — ativa ou passiva — são as seguintes: *a)* pluralidade subjetiva (de credores, de devedores, ou de uns e outros simultaneamente); *b)* unidade objetiva, ou seja unidade de prestação, consistente na circunstância de que cada devedor responde pela totalidade da prestação e cada credor tem direito ao crédito em seu todo, ficando, contudo, obrigado a partilhar com os consortes na proporção das quotas individuais.

Trasladando essas noções para a relação de emprego existente com um grupo econômico sob a ótica do Direito do Trabalho, é forçoso se concluir que a solidariedade passiva ocorre no caso de empresas agrupadas pelos débitos constituídos pelo empregador frente a um seu empregado. Quer dizer, temos uma pluralidade subjetiva de empresas agrupadas e que está obrigada à dívida toda.

É ponto pacífico entre os doutrinadores pátrios e a boa jurisprudência trabalhista que existe a solidariedade passiva do grupo econômico dentro do Direito do Trabalho. Todavia, as divergências surgem quando se discute se a Consolidação das Leis do Trabalho teria adotado, também, a **solidariedade ativa** do grupo econômico de empresas relativamente a um dos empregados contratados por uma delas.

Os que sustentam que existe a solidariedade ativa do grupo econômico trabalhista se prendem ao fato de as empresas estarem agrupadas frente a um dos seus empregados pelas obrigações assumidas por uma delas em um contrato de emprego regido pela CLT. Assim, se o empregado é considerado devedor em face das empresas agrupadas, notadamente devedor da obrigação de prestar serviços a todo o grupo, deve, também, ser considerado credor de todas elas. Assim, por força do art. 267, do Código Civil, que trata da solidariedade ativa, "cada um dos credores solidários tem direito a exigir do devedor o cumprimento da prestação por inteiro".

Amauri Mascaro Nascimento sustenta que inexiste a solidariedade ativa do grupo econômico trabalhista por ausência de lei, posto que o parágrafo único do art. 1º, da Lei n. 435, de 17 de maio de 1937, foi revogado, quando da edição da Consolidação das Leis do Trabalho. Estava vazado esse dispositivo revogado nos seguintes termos: *"Art. 1º — Sempre que uma ou mais empresas, tendo, embora, cada uma delas personalidade jurídica própria, estiverem sob a direção, controle, ou administração de outra, constituindo grupo industrial ou comercial, para efeitos da legislação trabalhista serão solidariamente responsáveis a empresa principal e cada uma das subordinadas. "Parágrafo único — Essa solidariedade não se dará entre as empresas subordinadas, nem diretamente, nem, por intermédio da empresa principal, a não ser para o fim único de se considerarem todas como um mesmo empregador."*

Essa norma contida no parágrafo único do art. 1º, dessa Lei de 1937, não foi repetida quando, seis anos mais tarde, foi editada a Consolidação das Leis Trabalhistas, como se pode ler do seu art. 2º, § 2º. De fato, da comparação da redação desses dois textos legais, observa-se que houve a supressão da expressão "mesmo empregador", indicativa da solidariedade ativa, no sentido de serem consideradas as empresas como empregadoras únicas (conf. s/ob. "Curso de Direito do Trabalho", 21. ed., 2006, LTr, p. 656/657, e s/outra ob. "Iniciação ao Direito do Trabalho", 32. ed., 2006, LTr, p. 141).

João Antônio G. Pereira Leite comunga da mesma opinião ao sustentar que "... aos empregadores não assiste solidariedade ativa", arrematando que inexiste lei nesse sentido. E, como a solidariedade não se presume, mas decorre de texto expresso de lei ou do contrato, não se pode aplicar a solidariedade ativa ao grupo econômico (conf. Revista LTr, SP, vol. 42, abr. 1978, p. 445, seu artigo "Grupo Econômico, Solidariedade e Contrato de Trabalho).

Pedro Paulo Teixeira Manus é enfático ao sustentar que não há solidariedade ativa, no sentido de as demais empresas poderem exigir do empregado de uma delas a prestação de serviços às demais (conf. s/ob "Direito do Trabalho, 6. ed., Atlas, SP, 2001, p. 87).

Arion Sayão Romita deixa entrever que o art. 2º, § 2º, da CLT, trata, apenas, da solidariedade passiva e não da solidariedade ativa (em seu parecer "Equiparação Salarial entre empregados de empresas que constituem grupo econômico", publicado na Revista Genesis, volume 10, n. 57, 1997, p. 328-29).

Variando nos fundamentos de suas conclusões, sustentam, ainda, a existência apenas da solidariedade passiva do grupo econômico no âmbito do Direito do Trabalho doutrinadores de escol como *A. F. Cesarino Jr., Cássio de Mesquita Barros, Orlando Gomes, Antonio Lamarca, Isis de Almeida, Luiz Roberto Rezende Puech* e outros doutrinadores de igual calibre.

Em oposição a estes, sustentam que a solidariedade do grupo econômico inscrita no § 2º, do art. 2º, da CLT, é bifronte, isto é, ativa e passiva, doutrinadores do porte de *Octavio Bueno Magano, José Martins Catharino, Alice Monteiro de Barros* (ao sustentar a validade da equiparação salarial entre trabalhadores de empresas integrantes do mesmo grupo econômico), ao que parece, *Maurício Godinho Delgado* (s/ob "Introdução ao Direito do Trabalho", 2. ed., LTr, SP, 1997, p. 341/343, e mais s/ outra ob "Curso de Direito do Trabalho", 7 ed., LTr, p. 405/406, devendo ser registrado que suas decisões como magistrado são no sentido exato da existência da solidariedade ativa e passiva), *Délio Maranhão, Arnaldo Süssekind* (seu estudo "Grupo Empregador", LTr, 1988, vol. 6, p. 12/14), *Evaristo de Moraes Filho* (s/ob "Introdução ao Direito do Trabalho", LTr, SP 1986, p. 226); *Christovão Piragibe Tostes Malta* (s/ob "Comentários à CLT", 6. ed., LTr, 1993, p. 20).

Do cotejo das argumentações utilizadas por boa parte da doutrina para justificar a existência da solidariedade ativa e passiva, isto é, solidariedade bifronte, observa-se que elas esposam a figura do grupo econômico trabalhista como empregador único. Por ser único o empregador, sustentam esses doutrinadores que o empregado fica vinculado perante ele.

Sublinhando as consequências do surgimento do empregador único do grupo econômico, *Evaristo de Moraes Filho* diz o seguinte: "Uma vez caracterizado inequivocamente o grupo consorcial, como empregador único para todos os efeitos trabalhistas, a solidariedade é não somente passiva como também ativa. As diversas empresas como que passam a ser meros departamentos do conjunto, dentro do qual circulam livremente os empregados, com todos os direitos adquiridos como se fora igualmente um só contrato de trabalho. Cabe-lhes, neste sentido, cumprir as ordens lícitas, legais e contratuais do próprio grupo (empregador único) desde que emanadas de fonte legítima" (conf. s/ob cit., LTr, p. 226).

Com o que dissemos até agora, observa-se, sem esforço algum, que continua acesa, fortemente, a discussão da existência ou não da solidariedade ativa do grupo econômico em virtude de ser ele considerado empregador único.

Nossa posição é pela inexistência do empregador único e a consequente inexistência da solidariedade ativa do grupo econômico. De fato, além dos argumentos expostos por *Mascaro Nascimento* para justificar a inexistência da solidariedade ativa (empregador único) do grupo econômico em virtude de ausência de dispositivo legal para tanto, *sustentamos que a empresa não pode ser objeto e sujeito de direitos e obrigações dentro da relação jurídica. Com isso, afastamos a existência do empregador único do grupo econômico.*

Ora, consoante o caput do art. 2º, do Estatuto Obreiro, é empregador *"a empresa, individual ou coletiva, que assumindo os riscos da atividade econômica, admite, assalaria e dirige a prestação pessoal de serviços"*. Muitos estudiosos se apressaram a criticar, acremente, esse dispositivo alegando que empresa não pode ser sujeito de direitos e obrigações, mas apenas seu objeto.

Mais estapafúrdia é a ideia de que ela é, a um só tempo, objeto e sujeito de uma mesma relação jurídica ou negócio jurídico.

Abraçam esses críticos a concepção da empresa como uma realidade socioeconômica, uma atividade organizada em que elementos humanos (chefes, técnicos e subordinados), materiais (construções, equipamentos, máquinas, matérias primas etc.) e capital se combinam harmoniosamente para que haja a produção de bens ou de serviços.

Parece-nos, porém, que os autores da Consolidação das Leis do Trabalho — como bons conhecedores das ideias mais avançadas do tempo, isto é, da década de 40 do século passado — intentaram dizer que os contratos de trabalho celebrados permaneciam vinculados e garantidos pela empresa, embora se efetuassem mudanças na sua direção ou se transferisse a outrem sua propriedade. Nessa época, quando da vigência da CLT, ao calor dos debates sobre a natureza jurídica da empresa, as discussões doutrinárias giravam em torno da teoria da empresa como instituição (liderada por *Hauriou*); da ideia de ser a empresa mero instrumento, nas mãos do seu dono, para obtenção de lucros; da crença de que a empresa merecia toda a atenção do poder público porque, além dos trabalhadores e do empregador, a empresa, de certo modo, satisfazia algumas das necessidades da comunidade.

Nesse tumulto de ideias, os organizadores da CLT adotaram o susocitado conceito de empregador e com o admirável propósito de amparar o assalariado contra eventuais modificações na estrutura jurídica da empresa, elaboraram os arts. 10 e 448, verbis: *"Art. 10 — Qualquer alteração na estrutura jurídica da empresa não afetará os direitos adquiridos por seus empregados"*; *"Art. 448 — A mudança na propriedade ou na estrutura jurídica da empresa não afetará os contratos de trabalho dos respectivos empregados"*.

Visão abrangente dessas disposições consolidadas nos permitem crer que seus autores bem sabiam que a empresa não é sujeito, mas objeto de direito, mas, assim mesmo, se abalançaram a dar ao art. 2º o texto, que até hoje suscita dúvidas e discussões, para reforçar a defesa do contrato de trabalho contra artificiosas alterações na estrutura ou no comando da empresa. O que asseveramos sobre os que trabalharam na elaboração da CLT se alicerça na magnífica formação jurídica e humanista de cada um deles — de todos nós conhecidos.

Nessa ordem de ideias, temos de concluir, sem esforço, que, ante um grupo econômico, como definido no § 2º, do art. 2º da CLT, não estamos em presença de um único empregador, mas de tantos empregadores quantos forem as empresas agrupadas em torno da empresa-mãe, isto é, da controladora do grupo. *Como corolário desse entendimento, embora o empregador tenha mais de um estabelecimento na mesma localidade, a isonomia é reivindicável, apenas, em cada uma delas e não relativamente a todo o grupo de empresas. Só assim se atenderá às particularidades distintivas de cada estabelecimento.*

Decorre do mencionado § 2º, do art. 2º consolidado, apenas a solidariedade passiva entre as empresas integrantes do grupo econômico. Se a empresa empregadora não dispuser de bens que assegurem o integral cumprimento da sentença condenatória, as demais integrantes do grupo serão chamadas para que isto se concretize.

Equacionando-se desse modo o problema, chega-se à conclusão de que a isonomia só é exigível em cada empresa do grupo econômico. Semelhante entendimento reflete melhor a realidade empresarial. Cada integrante do grupo econômico tem características inconfundíveis no tangente ao processo de produção, idade do equipamento, rentabilidade do empreendimento etc. Tudo isso serve de moldura a uma política salarial que não pode ser estendida, por igual, a todo o grupo econômico.

Numa palavra: o grupo econômico não vem a ser um único empregador, mas cada uma de suas empresas se conceitua como empregador; logo, a isonomia não é exigível relativamente a todas as empresas integrantes do grupo. Cada empresa será considerada empregadora *"de per si"*. Não hesitamos em dizer que tal assertiva está em perfeita sintonia com os princípios que inspiraram os arts. 10 e 448 do Estatuto Obreiro.

Mas, poder-se-á objetar que a jurisprudência do TST, cristalizada na Súmula n. 129, faz-nos acreditar que, nessa Corte, prevalece a tese de que um Grupo Econômico equivale a um único empregador. Diz-se nesse verbete: "A prestação de serviços a mais de uma empresa do mesmo grupo econômico, durante a mesma jornada de trabalho, não caracteriza a coexistência de mais de um contrato de trabalho, salvo ajuste em contrário".

Por outras palavras, se o contrato de trabalho for omisso sobre essa dupla ou múltipla prestação de serviços dentro do mesmo Grupo Econômico, o contrato será um só e, corolariamente, haverá um único empregador. Claro está que esse ajuste em contrário, como apontado na referida Súmula, poderá ser feito por escrito, verbal ou tacitamente.

Tal Súmula contraria tudo que dissemos a respeito da vinculação do empregado a uma única empresa do conglomerado, como fundamento do princípio da isonomia geral entre todos os trabalhadores do mesmo grupo econômico e da isonomia salarial, em espécie, quanto a um outro trabalhador de outra empresa desse mesmo grupo. *Venia permissa*, não nos parece das melhores a solução que o Tribunal Superior do Trabalho dá ao problema nessa Súmula n. 129.

Pela supracitada súmula, é o empregador autorizado a alterar, unilateralmente, o contrato de trabalho obrigando o empregado a trabalhar para várias empresas, quando a obrigação derivante do contrato laboral era a de prestar serviços a uma única empresa. Ainda segundo a questionada Súmula, está implícito no contrato de trabalho que o empregado se obriga a trabalhar, na mesma jornada normal de trabalho, para todas as empresas do Grupo Econômico, o que não se coaduna com os princípios basilares do direito obrigacional.

Parece-nos irrefutável que o posicionamento do Tribunal Superior do Trabalho vem sufragar a tese de o Grupo Econômico ser, de fato, um único empregador, o que abre campo às equiparações salariais e de outros direitos, apesar de o empregado e paradigma estarem engajados em empresas distintas do Grupo. Com fincas em nosso raciocínio, o correto — a nosso sentir — é dizer-se que não haverá coexistência de vários contratos se o empregado tiver aceito, inicialmente, cláusula pela qual se compromete a trabalhar, na mesma jornada de trabalho, em várias empresas integrantes de um Grupo Econômico.

É tempo de a mais alta Corte da Justiça do Trabalho rever a precitada súmula para admitir que o empregado só deve trabalhar em diferentes empresas do Grupo Econômico se para isto se obrigou no contrato de trabalho.

Repita-se que essa súmula está a impregnar boa parte da doutrina pátria no que tange à figura do empregador único e suas repercussões jurídicas, provocando, inclusive, maiores discussões doutrinárias díspares e não harmoniosas. A impregnação desse entendimento sumular ocorre, inclusive, na esfera administrativa do Ministério do Trabalho e Emprego, que, por sua vez e nesse mesmo diapasão da existência de empregador único do grupo econômico, editou o Precedente Administrativo n. 59, que está vazado nos seguintes termos, verbis: "*Registro. Contrato de Trabalho. Grupo Econômico. O trabalho prestado pelo empregado a várias empresas do mesmo grupo econômico configura apenas um contrato de trabalho, sendo desnecessário o registro do empregado em cada uma das empresas. Autuação improcedente. Referência Normativa: art. 2º, § 2º e art. 41 ambos da CLT*".

180.5. Solidariedade ativa e passiva do Grupo de Empresas. Suas correntes jurisprudenciais

A lei e boa parte da doutrina são no sentido de que existe, apenas, a solidariedade passiva do grupo de empresas.

Contudo, a jurisprudência da Justiça do Trabalho se inclina, por vezes, ao reconhecimento da solidariedade ativa do grupo de empresas.

Relacionamos, agora, estas *decisões que não reconhecem a solidariedade ativa por considerar que o grupo econômico não é um empregador único, mas, sim, integrado por diversas empresas*: Processos TST E-RR 204300-15.2006.5.15.0116, SDI-1, Rel. Min. Aloysio Corrêa da Veiga, DEJT 15.03.13; TRT 2ª R., RO 0000898-96-2010.5.02.0255, 18ª Turma, Relª Desª Fed. Regina Maria Vasconcelos Dubugras, DJESP 11.01.12; TRT 15ª R. RO 0117300-30.2008.5.15.0108, 4ª Turma, Relª Desª Eliana dos Santos Alves Nogueira, DEJT 11.05.12; TST-RR-1.699/2004-121-05-00.9, 4ª T., Rel. Min. Antonio José de Barros Levenhagen, DJU 7.12.06; TST-RR-532.432/99.7, 1ª T., Rel. Min. Aloysio Silva Corrêa da Veiga, DJU 14.2.03; TRT 17ª R., RO 1821.2002.1.17.0.7; Relª Juíza Wanda Lúcia Costa Leite França Decuzzi, DOES 31.3.04; TRT 1ª R., RO 09693-81, 4ª T., Rel. Juiz Fernando Tasso Fragoso Pires, DORJ 6.10.82; TRT 1ª R., RO 09894-86, 1ª Turma, Rel. Juiz Milton Lopes, DORJ 23.3.87); TST, 3ª. Turma, Rel. Ministro Guimarães Falcão, RR 4.136/1985, TST; RR 15.370/2003-003-09-00.2; 6ª T, Rel. Min. Aloysio Corrêa da Veiga, DJU 24.8.07; TST, RR 1.691/2004-121-05-00.2, 5ª T., Rel. Min. João Batista Brito Pereira, DJU 21.9.07,; TST, E-RR 477.485/1998.6, SBDI-1, Rel. Min. Aloysio Corrêa da Veiga, DJU 18.5.07); TRT 1ª. R., RO 13.402/96, Relatora Juíza Dóris Castro Neves, DJ-RJ II 23.9.98,

Já estas outras *decisões da Justiça do Trabalho são no sentido de reconhecer a solidariedade ativa do grupo econômico, considerando-o como empregador único*: Processos TST, RR 30-24.2010.5.02.0254, 3ª Turma, Rel. Min. Mauricio Godinho Delgado, DEJT 19.10.12; TRT 3ª R., RO 52200-15.2009.5.03.0016, Rel. Des. Fernando Luiz G. Rios Neto, DEJT 04.05.12; TRT 18ª R., RO 721-76.2012.5.18.0010, 3ª Turma, Relª Desª Elza Cândida da Silveira, DEJT 11.12.12; TRT 15ª Reg., RO 0922-2005-043-15-00-6, 4ª C,. Rel. Juíza Maria Inês Correa de Cerqueira Cesar Targa, DJSP 24.11.06; TRT 3ª Reg. RO 00879-2004-112-03-00-3, 8ª T, Rel. Juiz José Miguel de Campos, DJMG 7.5.05; TST, AIRR e RR — 74662/2003-900-02-00, 4ª T., Rel. Min. Barros Levenhagen, DJ 20.8.04; TST-SBDI1, ERR-808097/2001, Rel. Ministro João Oreste Dalazen, DJ 5.12.03; TRT 9ª R.; Proc. 16168-2004-003-09-00-9; 2ª T.; Rel. Des. Eduardo Milleo Baracat, DJPR 15.4.08; TRT 3ª R.; RO 01149-2006-025-03-

00-0; 1ª Turma; Rel. Juiz Maurício José Godinho Delgado, DJMG 20.7.07; TRT 4ª R.; RO 00958-2004-122-04-00-6; 2ª Turma, Relª Juíza Conv. Carmen Izabel Centena Gonzalez, DOERS 18.12.07; TRT 2ª R.; RO 02272; 3ª Turma; Rel. Juiz Eduardo de Azevedo Silva, DOESP 17.1.06); TRT 2ª R., APet 01303; 10a T., Relª Juíza Rilma Aparecida Hemetério, DOESP 12.4.05; TRT 3ª R., RO 00873-2005-025-03-00-5, 1ª Turma, Rel. Juiz Maurício José Godinho Delgado, DJMG 16.12.05; TRT 10ª R., RO 01253-2004-020-10-00-2, 2ª Turma, Rel. Juiz Brasilino Santos Ramos, DJU 31.8.05, TRT 3ª R., RO 01750-2003-111-03-00-5; 1ª Turma; Rel. Juiz Maurício José Godinho Delgado, DJMG 26.3.04; TRT 2ª R., RO 20000434277, 3ª Turma, Rel. Juiz Sérgio Pinto Martins, DOESP 14.8.01; TRT 4ª R.; RO 01387.922/95-5, 1ª Turma, Rel. Juiz Joni Alberto Matte, DOERS 13.9.99; TRT 4ª R., RO 00553.010/95-6, 3ª Turma, Relª Juíza Maria Inês Cunha Dornelles, DOERS 19.7.99; TRT 4ª R.; RO 95.004292-7, 2ª Turma, Rel. Juiz Paulo Caruso, DOERS 20.5.96; TST, RR 936/2002-037-01-00.1; 5ª Turma; Relª Min. Kátia Magalhães Arruda, DJU 29.8.08; TST, RR 114/2006-107-03-00.0; 4ª Turma; Rel. Min. Antônio José de Barros Levenhagen, DJU 28.9.07; TRT 10ª R., RO 00742-2006-006-10-00-2, 2ª Turma, Relª Juíza Maria Piedade Bueno Teixeira; DJU 26.10.07.

Da leitura dessas decisões, observa-se que a jurisprudência ainda se encontra dividida: ora entende que existe empregador único do grupo econômico; ora entende que inexiste essa figura, não se podendo se cogitar da solidariedade ativa do grupo econômico, mas, sim, da responsabilidade passiva tão somente.

181. A Petição Inicial e as Provas

Quando a reclamação for apresentada por escrito, deverá ser acompanhada de todos os documentos em que se fundar ou susceptíveis de provar a veracidade de todas as alegações feitas (art. 787 da CLT).

Dentre esses documentos deve estar a procuração outorgada a advogado (se houver) e, no caso de representação, os documentos que a legitimam: a certidão de nascimento do empregado menor representado por seu progenitor.

A circunstância de a petição inicial não vir acompanhada dos documentos indispensáveis não deve acarretar o seu indeferimento. Cabe ao magistrado, com fulcro no art. 284 do CPC, permitir o suprimento da lacuna no prazo que estabelecer.

As demais provas — testemunhal e pericial — serão apresentadas na audiência.

O princípio da concentração da prova na audiência dispensa a indicação, na petição inicial, da prova que se pretende produzir.

Nos termos da Súmula n. 74 do TST (I — "Aplica-se a confissão à parte que, expressamente intimada com aquela cominação, não comparecer à audiência em prosseguimento, na qual deveria depor"), quando necessário à elucidação do fato litigioso, deve-se pedir a intimação pessoal do Reclamado para prestar depoimento sob pena de confissão. Omitida essa circunstância, a ausência do Reclamado não será punida com a pena de confissão.

Essa mesma Súmula n. 74, do TST, no item II, esclarece que "a prova pré-constituída nos autos pode ser levada em conta para confronto com a confissão ficta (art. 400, I, CPC), não implicando cerceamento de defesa o indeferimento de provas posteriores".

Comentando o item II, dessa Súmula n. 74, *Francisco Antonio de Oliveira* lhe faz substanciosa crítica, afirmando que ela está elevando a confissão ficta à condição de confissão real. Sustenta ele que é *confissão real* aquela constante no art. 400, I (fatos já provados por documento ou confissão da parte) e o art. 334, II ("não dependem de prova os fatos afirmados por uma parte e confessados pela parte contrária"). Esclarece ele, inclusive, que até mesmo a confissão real, com valor probatório absoluto, pode ser afastada se foi fruto de vício de consentimento. Assim, arremata ele com uma indagação: *"o que dizer, então, da confissão ficta que tem valor probandi relativo?"*

E diz ele:

"O entendimento ora esposado (pela Súmula, esclareça-se) transforma a confissão ficta em "confissão real" que não está autorizado pela lei. Onde a lei não restringe, defeso ao intérprete fazê-lo; tem a parte relativamente confessa o direito de ouvir, inclusive, depoimento da parte adversa, que poderá confessar o fato de forma real (confissão real) e desprestigiar a ficta confessio (de valor relativo); deve-se dar ênfase à busca da verdade real".

"A busca da celeridade deve conviver em harmonia com o devido processo legal".

"Jurisprudência — "(....) O silêncio do autor sobre os fatos não contestados — art. 334,II, CPC — não impede ao juiz dar-se por insatisfeito com a prova e rejeitar a pretensão, pois o CPC também acolhe o princípio do livre convencimento — art. 131" (Ac. Un. da 4ª T. do STJ, 28.11.1994, RESP 45.693-2/SP, rel. Min. Ruy Rosado de Aguiar, RSTJ 78/296)".

Registre-se que, mesmo ocorrendo a aplicação da pena de confissão a uma das partes, o juiz não está impedido de exercer seu poder e dever de conduzir o processo na busca da verdade. Nesse sentido, leia-se o item III, da Súmula n. 74, do TST: *"III — A vedação à produção de prova posterior pela parte confessa somente a ela se aplica, não afetando o exercício, pelo magistrado, do poder/dever de conduzir o processo".*

A confissão, de que falam os arts. 334 e 400, I, do CPC, diz respeito à confissão real. O juiz somente não incorrerá em cerceamento de defesa se a dispensa da produção de outras provas era para confrontar prova documental preconstituída. De resto, ao julgador cabe o "livre convencimento" (art. 131 do CPC) em sede de confissão relativa" (cf. s/ob "Comentários às Súmulas do TST, 6. ed., Revista dos Tribunais, 2005, p. 216).

Dá margem a dúvidas o art. 397 do CPC: "É lícito às partes, em qualquer tempo, juntar aos autos documentos novos, quando destinados a fazer prova de fatos ocorridos depois dos articulados ou para contrapô-los aos que foram produzidos nos autos."

Instruída a petição inicial com os documentos que deem embasamento ao pedido ou apresentada a defesa com essa mesma característica, é lícito às partes, posteriormente, requererem a juntada de novos documentos em duas hipóteses: fatos novos depois dos articulados e contraposição aos documentos produzidos pelo Reclamado.

Entendemos que, afora essas duas situações previstas em lei, é lícito à parte requerer a juntada de novos documentos em qualquer outro momento processual desde que a parte contrária a isso não se oponha e "inexistentes o espírito de ocultação premeditada e o propósito de surpreender o juízo" (v. RSTJ 14/359).

182. Do Valor da Causa

Há que se informar o valor da causa, para definir-se o procedimento a seguir, se o ordinário ou o sumário, ou, então, sumaríssimo. Adota-se o rito sumário quando o valor for inferior a dois salários mínimos. Já o rito sumaríssimo é adotado quando o valor for de até 40 salários mínimos, conforme o art. 852-A, da CLT.

Dispõe o art. 2º da Lei n. 5.584, de 26 de junho de 1970, que, nos dissídios individuais, proposta a conciliação e não havendo acordo, o Juiz do Trabalho ou o Juiz investido na jurisdição trabalhista, antes de passar à instrução da causa, fixar-lhe-á o valor para a determinação da alçada, se este for indeterminado no pedido.

Nas razões finais, qualquer das partes poderá impugnar o valor fixado pelo Juiz. Se este o mantiver, cabe ao interessado formular o pedido de revisão, em 48 horas, dirigido ao presidente do Tribunal Regional.

Não terá efeito suspensivo o pedido de revisão. Instruído com petição inicial e com cópia por certidão da ata da audiência, será julgado em 48 horas, a partir do recebimento do pedido pelo Presidente do Tribunal.

Cabe ao Juiz socorrer-se subsidiariamente dos arts. 258 e 260 do CPC, quando se pedirem prestações vencidas e vincendas. Aí, em se tratando de prestações vencidas e vincendas, tomar-se-á em consideração o valor de umas e outras.

O valor das prestações vincendas será igual a uma prestação anual se a obrigação for por tempo indeterminado; se por tempo inferior a um ano, será igual à soma das prestações.

Se o pedido não for de quantia certa em dinheiro, o juiz fixar-lhe-á o valor, para efeito de pagamento de custas. Havendo pedidos alternativos (por exemplo, reintegração no emprego ou indenização pela dispensa imotivada) a estimação do valor da causa tem por base o pedido de maior valor. Se vários empregados reclamam contra o mesmo empregador, as custas serão calculadas sobre o valor total das condenações.

De passagem, frisemos que nos processos de jurisdição voluntária não são cobradas custas.

Recebida a petição inicial, faz-se a notificação do Reclamado, com indicação do dia da audiência em que deverá apresentar sua defesa. Na oportunidade, deve receber cópia da petição. Se nesta se faz remissão aos documentos juntados, tem o interessado de ir à secretaria da Vara para conhecê-los e ficar em condições de defender-se adequadamente.

Contrariando o pensamento de alguns estudiosos, pensamos que essa notificação não é automática; depende de um despacho do Juiz.

Já se registrou anteriormente que a petição inicial pode ser modificada, por iniciativa do Reclamante, antes da notificação do Reclamado. Verificado esse ato processual, o aditamento só se admite se o Reclamado der seu consentimento. É que aí já se completou a relação processual, cuja integridade tem de ser respeitada pelas partes.

183. Da Notificação (Citação)

No processo civil, para comunicar às partes os atos processuais, há apenas dois meios: a citação, que vem a ser o ato pelo qual o Juiz chama o Réu para defender-se, e a intimação, que é o ato pelo qual se dá ciência a alguém dos atos e termos do processo, para que faça ou deixe de fazer alguma coisa (art. 234 do CPC).

No processo trabalhista, a notificação corresponde à citação e a intimação nele aparece com o mesmo significado.

No processo de execução (art. 880 da CLT) é que se menciona o mandado de citação e não o de notificação.

Mais uma vez, julgamos ser conveniente unificar a terminologia dos processos civil e trabalhista.

Reza o art. 841 da CLT que, *"recebida e protocolada a reclamação, o escrivão ou secretário, dentro de 48 horas, remeterá a segunda via da petição, ou do termo (caso de reclamação verbal), ao reclamado, notificando-o ao mesmo tempo para comparecer à audiência de julgamento, que será a primeira desimpedida, depois de cinco dias".*

O inciso I do art. 217 do CPC/73 vedava citação do funcionário público na repartição em que trabalhasse.

Foi a norma eliminada pela Lei n. 8.952/94. De consequência, a notificação do servidor público por via postal pode efetivar-se na repartição em que estiver lotado.

Durante muito tempo a norma acima foi alvo de severas críticas, sobretudo porque numerosos processos eram anulados por defeito na notificação pela via postal.

O TST editou a Súmula n. 16 — *verbis*:

"Presume-se recebida a notificação 48 (quarenta e oito) horas depois de sua postagem. O seu não recebimento ou a entrega após o decurso desse prazo constitui ônus de prova do destinatário".

No presente, a Empresa de Correios e Telégrafos se vem mostrando muito eficiente e rareiam os casos de anulação de processo por defeito de notificação pela via postal.

Contrariando a referida Súmula n. 16 do TST, há o art. 241, I, do CPC, com texto dado pela Lei n. 8.710, de 24 de setembro de 1993, dispondo que o prazo se inicia na data da juntada aos autos do aviso de recebimento (AR). Assim, a audiência de conciliação e julgamento só poderá ser designada após juntada do AR aos autos. Esse fato torna incensurável — se o Reclamado não comparecer à audiência em que deve defender-se — a sanção prevista no art. 844 da CLT: o não-comparecimento do Reclamado importa revelia, além de confissão, quanto à matéria de fato.

É fora de dúvida que o inciso I do art. 241 do CPC tem aplicação subsidiária no processo trabalhista.

Lembramos, aqui, que também o CPC, no art. 221, admite a citação por via postal. O art. 223 do CPC, em seu parágrafo único, determina que a carta será registrada, exigindo o carteiro do citando que assine o recibo. Se o réu for pessoa jurídica, será válida a entrega a pessoa com poderes de gerência ou de administração.

Inobstante, continua-se a obedecer, na Justiça do Trabalho, a Súmula n. 16 há pouco citada.

São sobremodo desagradáveis as dessemelhanças terminológicas entre o processo do trabalho e o processo comum.

Bem sabemos que esse fato teve como causa a criação dos órgãos da Justiça do Trabalho, na década de 40, como um simples braço do Poder Executivo. Os autores da CLT, então, não se animaram a utilizar o vocabulário do CPC de 1939, vigente à época.

Contudo, transcorrido mais de meio século de vigência da CLT, é tempo mais que suficiente para promover-se a unificação da terminologia no direito processual.

Fato muito comum na Justiça do Trabalho é o Correio devolver a notificação, com o aviso de que não encontrou o Reclamado, fora do prazo previsto no art. 774 da CLT — 48 horas. Quando esse fato se verifica, a audiência já se realizou e o Reclamado foi condenado à revelia, devido ao seu não-comparecimento.

Intimação, pelo Correio, de prolação de sentença, estima-se ter sido feita após 48 horas da sua postagem. Por outras palavras, o prazo recursal tem início 48 horas após a data inscrita no carimbo aposto no documento, como entende a Súmula n. 16 do TST.

Registre-se, de passagem, que esse prazo recursal tem, como termo inicial, a própria audiência em que se profere a sentença — se as partes, na intimação, foram advertidas de que isso iria acontecer.

Fato frequente é, no encerramento da instrução, o Juiz do Trabalho comunicar aos presentes que em determinado dia e hora irá ler, em audiência, a sentença. Atente-se que o TST editou a Súmula n. 197 sobre essa matéria.

Em doutrina, ratificada pela remansosa jurisprudência dos tribunais do trabalho, sempre se entendeu que o pedido é modificável antes da notificação do reclamado.

É aplicável ao processo do trabalho o art. 230 do CPC (com redação dada pela Lei n. 8.710, de 24.9.93): nas comarcas contíguas, de fácil comunicação e nas que se situem nas mesma região metropolitana, o oficial de justiça poderá efetuar citações ou intimações em qualquer delas.

Deflui dessa disposição legal que o oficial de justiça teve sua atividade aumentada, em duas direções: a) na comarca contígua, de fácil comunicação e b) em qualquer das comarcas inseridas na região metropolitana, a que faz menção o § 3º do art. 25 da Constituição da República: os Estados poderão, mediante lei complementar, instituir regiões metropolitanas, aglomerações urbanas e microrregiões, constituídas por agrupamentos de municípios limítrofes, para integrar a organização, o planejamento e a execução de funções públicas de interesse comum.

A Lei Complementar n. 73, de 10.2.93, criou a Advocacia Geral da União com a atribuição de representar, a esta última, judicial e extrajudicialmente.

O novo órgão compreende a Procuradoria-Geral da União e a da Fazenda Nacional.

A Procuradoria-Geral da União fica subordinada ao Advogado-Geral da União. Este é de livre nomeação do Presidente da República.

Consoante o art. 35 da supracitada Lei Complementar, a União é citada nas causas em que seja interessada, na condição de autora, ré, assistente, oponente, recorrente ou recorrida na pessoa: do Advogado-Geral da União, nas hipóteses de competência do Supremo Tribunal Federal; do Procurador-Geral da União, nas hipóteses de competência dos Tribunais Superiores; do Procurador Regional da União, na competência dos demais tribunais; do Procurador-Chefe ou do Procurador Seccional, nas hipóteses de competência dos juízos de primeiro grau.

A Lei Complementar n. 73, de 10.2.93 e a Lei n. 9.028, de 12.4.95, dispõem sobre o exercício das atribuições institucionais da Advocacia Geral da União, em caráter emergencial e provisório sendo que o art. 5º, do segundo diploma legal, despertou nossa atenção por seus termos singulares: *"Nas audiências de reclamações trabalhistas em que a União seja parte, será obrigatório o comparecimento de preposto que tenha completo conhecimento do fato objeto da reclamação, o qual, na ausência do representante judicial da União, entregará a contestação subscrita pelo mesmo".*

184. Efeitos da Notificação

Situa-se a notificação no momento inicial do processo.

Em face do silêncio sobre os efeitos da notificação, recorremos ao art. 219 do CPC para clarear o assunto. Diz ele que a notificação válida torna prevento o Juízo; induz a litispendência e faz a coisa litigiosa; ainda que ordenada por juiz incompetente, constitui em mora o devedor e interrompe a prescrição.

Produzem-se esses efeitos, no âmbito trabalhista, com a simples apresentação da reclamatória na Vara do Trabalho ou no Juízo de Direito (art. 841 da CLT). A notificação, que se segue automaticamente à reclamação, independe, por isso mesmo, de qualquer ato de iniciativa do Reclamante.

No mesmo instante, interrompe-se a prescrição. Isso acontece mesmo que o juiz seja incompetente. O efeito fica mantido ainda que os autos sejam transferidos para outra Vara.

Falemos um pouco mais dos efeitos da notificação válida.

A) Juízo prevento

Prevenção do juízo é definir, perante várias Varas igualmente competentes, a competência de uma delas para a causa principal, bem como as que lhe sejam acessórias, continentes ou conexas ou consequentes.

B) Litispendência

É repetir, posteriormente, a mesma ação contra o mesmo Reclamado e com os mesmos objeto e causa de pedir.

C) Coisa litigiosa

É o objeto da ação.

No foro trabalhista, encontramos exemplo no litígio com o empregador acerca da descoberta ou invenção do empregado mediante o emprego de recursos materiais e técnicos da empresa.

D) Interrupção da prescrição

Sustando o curso do prazo prescricional, a reclamação evita que se extinga o direito de ação do Reclamante.

No caso de arquivamento da reclamatória, passa a fluir o prazo.

E) Notificação por Vara do Trabalho incompetente

Tal notificação interrompe a prescrição.

É mantida a interrupção mesmo depois da remessa dos autos à Vara ou Juízo competente.

Consumada a notificação nos termos da Lei, fica o Reclamante impedido de desistir da ação sem a anuência do Reclamado. Se, porém, da desistência não resultar qualquer prejuízo para o Reclamado, sua recusa não deve ser conhecida pelo juiz e isso sobretudo no caso de o Reclamante reconhecer que não existe o direito ao que postulou na petição inicial.

185. Formas de Notificação

Afora a citação pela via postal, temos ainda:

a) Citação por mandado — utilizada quando o Reclamado reside ou está estabelecido em local a que não vai a distribuição postal da correspondência. No caso, a notificação é feita por diligência a cargo do Oficial de Justiça.

Se o destinatário se recusa a receber a notificação postal depois de inteirar-se dos seus termos, dever-se-á reconhecer a sua efetivação com a informação do agente postal. Divergindo de alguns autores, entendemos que também se aperfeiçoa a notificação quando o destinatário se recusa simplesmente a receber a notificação, sem inteirar-se do seu conteúdo, mas sabendo que se trata de seu chamamento a Juízo.

Note-se que o carteiro serve a uma empresa pública com o monopólio postal da União. Tem fé pública sua informação (Hely L. Meirelles, "Direito Administrativo", 14ª ed., Rev. dos Tribunais, 1989, p. 326/7).

b) Notificação por hora certa. Inexiste essa modalidade de notificação na lei trabalhista, mas é perfeitamente aplicável no processo trabalhista, é regulada pelos arts. 227, 228 e 229 do CPC. Tal espécie de notificação é empregada pelo Oficial de Justiça independentemente de despacho do Juiz se houver suspeita de que o Reclamado se oculta para não ser encontrado.

Não desconhecemos que a CLT, no art. 841, § 1º, informa que, no caso de o Reclamado criar embaraços ao recebimento da notificação, esta será feita por edital.

Trata-se de simples claro no texto consolidado que não impossibilita outras formas de chamamento a juízo do Reclamado e que constam do CPC, as quais não são tão dispendiosas como a da notificação por edital.

c) Notificação por edital. Em consonância com o preceituado no § 1º do art. 841 da CLT, faz-se a notificação de Reclamado que não for encontrado ou que se encontre em local incerto e não sabido, por meio de edital, inserto no jornal oficial ou no que publicar o expediente forense, ou na falta, afixado na sede da Vara ou do Juízo.

d) Localização do Reclamado fora da jurisdição da Vara. Encontrando-se o Reclamado em localidade fora da jurisdição da Vara, sua notificação é feita por precatória e, se estiver no estrangeiro, por meio de carta rogatória.

Reza o Decreto-lei n. 779, de 21 de agosto de 1969, que a União Federal, os Estados, os Municípios, Distrito Federal, Autarquias ou Fundações de Direito Público terão o quádruplo do prazo de cinco dias previsto no art. 841 da CLT. Essa norma consolidada informa que a audiência só poderá ser marcada após cinco dias do recebimento da notificação pelo demandado. Assim, aquelas pessoas jurídicas do direito público interno terão, no mínimo, 20 dias para preparar sua defesa.

186. Da Audiência

Audiência — do latim *audientia* — é, no dizer de *Eliézer Rosa*, "ato processual público, solene, substancial do processo, presidido pelo Juiz, onde se instrui, discute e decide a causa".

Com o advento do Código de Processo Civil de 1973, a audiência deixou de ser ato substancial ao processo, imprescindível ao julgamento do mérito, tanto que ele prevê o julgamento antecipado da lide, com exclusão da audiência.

Contudo, podemos afirmar que, no sistema oral, a audiência é ato processual de suma relevância nos procedimentos em que é ela exigível.

É a audiência o ponto alto do processo, quando: o Juiz entra em contato com as partes, ouvindo-as e interrogando-as; aprecia os meios de prova oferecidos pelo Reclamante e pelo Reclamado e, finalmente, decide proferindo a sentença.

Na dinâmica e na estrutura da audiência está presente, dominante, o princípio da concentração da causa. Atividades que tais têm de realizar-se numa única reunião ou, quando isso for impossível, noutras reuniões realizadas com a maior brevidade.

Preside, ainda, a audiência o princípio da imediatidade, porque nela há o contato físico do juiz com as partes, os advogados, testemunhas e peritos para ouvi-los e, assim, obter os elementos que possam convencê-lo da procedência, ou não, do pedido do Reclamante.

É a oralidade outra das características do processo trabalhista.

Orais são os depoimentos das partes e das testemunhas, bem como as informações e esclarecimentos suplementares dos peritos.

A norma é a audiência realizar-se na sede da Vara do Trabalho, mas, a teor do art. 813 da CLT, poderá efetuar-se noutro local, em casos especiais, mediante edital afixado na sede do Juízo ou do Tribunal, com a antecedência mínima de 24 horas. Os casos especiais para essa providência são aqueles enunciados no art. 176 do CPC: em razão de deferência, de interesse da justiça, ou de obstáculo arguido pelo interessado e acolhido pelo Juiz.

Em grandes cidades como Rio de Janeiro, São Paulo, Recife, Salvador e outras, a comunicação de transferência do local da audiência por meio de edital colocado à porta da Vara do Trabalho ou do Tribunal, mesmo com antecedência mínima de 24 horas, não produzirá qualquer efeito prático, pois as partes e seus advogados dificilmente passarão por esse local para se cientificarem do conteúdo do referido edital. Estamos que as Varas e os Tribunais, no caso em exame, utilizarão, com certeza, outros meios de comunicação.

Além do Juiz da Vara do Trabalho, a quem cabe abrir os trabalhos da audiência, devem estar presentes o secretário ou diretor de secretaria para fazer a chamada das partes.

A presença do Reclamante e do Reclamado na abertura da audiência é indispensável, a fim de que se tente sua conciliação. Depois de prestarem depoimento — se isso for requerido — a ação tem continuidade só com os respectivos advogados que houverem contratado.

Nos grandes centros urbanos, onde é grande o número de reclamatórias, esse pregão é frequentemente feito por outro funcionário.

Se, até quinze minutos após a hora marcada para a audiência, não comparecer o Juiz do Trabalho ou o Juiz de Direito, os presentes poderão retirar-se, devendo o acontecido ser anotado no livro de registro de audiências. É nesse livro, também, que se fará o registro dos processos apreciados e a respectiva solução, bem como quaisquer outras ocorrências.

Autoriza a CLT (art. 817, parágrafo único) o fornecimento de certidões de qualquer registro de audiência.

A audiência dos órgãos da Justiça do Trabalho são públicas e realizam-se em dias úteis previamente fixados entre 8 e 18 horas, não podendo ultrapassar cinco horas seguidas, salvo quando houver matéria urgente (art. 813 da CLT). Há quem entenda haver conflito entre essa disposição consolidada e o art. 770 também da CLT.

A nosso ver inexiste qualquer divergência entre ambas as normas.

No art. 770 abriga-se uma regra geral: os atos processuais, em geral, realizar-se-ão nos dias úteis, das 6 às 20 horas; no art. 813, faz-se referência especial às audiências, o que, em verdade, constitui uma exceção à regra geral.

É a audiência um ato público, mas o art. 816 da CLT autoriza o Juiz a ordenar a retirada do recinto de qualquer pessoa que se comporte de modo inconveniente e perturbe o desenrolar dos trabalhos.

Quando no Brasil ainda vigiam as Ordenações, era a audiência apenas a sessão em que o juiz ouvia as partes, por si ou seus advogados e procuradores, deferia pronta solução e publicava suas sentenças, interlocutórias ou definitivas. Era, enfim, o tempo em que o juiz ficava à disposição das partes, dos peritos e de quaisquer interessados (*Souza Pinto*, "Primeiras Linhas", 1850, tomo 1., p. 237 — *apud Athos Gusmão Carneiro*, "Audiência de Instrução e Julgamento", 3. ed., Forense, 1989, p. 3).

Foi a partir do CPC de 1939 que a audiência passou a ser um ato processual.

186.1. Identidade Física do Juiz

Trata-se do princípio que garante ao juiz a possibilidade de julgar a causa depois de haver iniciado a instrução oral.

De conseguinte, é um princípio em íntima conexão com o princípio da oralidade.

Em verdade, a predominância da oralidade na fase probatória deixa, no Juiz, impressões que exercem influência na sua decisão final.

O princípio da identidade física, em nossa processualística, é submetido, de longa data, a um processo de lento definhamento.

No CPC/39, seu art. 120 dispunha que o juiz teria de concluir o julgamento dos processos se houvesse iniciado, em audiência, a instrução, mesmo nos casos de transferência, promoção e aposentadoria. Essa norma se aplicava ao juiz-substituto.

Iniciada a instrução e vindo o juiz a falecer ou ficar, por enfermidade que o acomete, incapacitado para o exercício da função, tinha o substituto de "repetir as provas produzidas oralmente, quando necessário".

Desse modo, só a morte ou doença incapacitante poderiam afastar o Juiz do processo.

O princípio em tela, encerrado no art. 132 do CPC (com redação dada pela Lei n. 8.637, de 31.3.93), passou por profunda transformação: o juiz — na hipótese indicada — não julgará a lide se for convocado para outra função, licenciado, afastado por qualquer motivo, promovido ou aposentado, e transferirá os autos ao seu sucessor. A este é facultado mandar repetir as provas já produzidas.

Agora, são tão variadas as exceções ao princípio em foco que é forçoso se reconhecer que ele desapareceu do nosso direito processual.

O princípio citado tem íntima conexão com o princípio da oralidade. Em verdade, a predominância da oralidade na fase probatória deixa, no juiz, impressões que exercem influência na sua decisão final. Por construção pretoriana (Súmula n. 136 do TST, de 1964, que foi cancelada em 2012 em boa hora), o princípio da identidade física do juiz não era respeitado no processo do trabalho à vista da peculiaridade da Justiça do Trabalho de ter como órgão da instância primária — as extintas Juntas de Conciliação — um colegiado de composição paritária. Com a extinção do vogalato na Justiça do Trabalho (EC n. 24/99), desapareceu o argumento usado para negar a aplicabilidade do princípio da identidade física do juiz no processo do trabalho. Procedeu bem o TST ao cancelar a Súmula n. 136 na sua revisão geral de Súmulas de 2012. Com o cancelamento dessa súmula, houve a consagração do princípio da identidade física do juiz na Justiça do Trabalho, o que será benéfico para ela e para seus jurisdicionados.

187. *Comparecimento das Partes à Audiência*

Em tom imperativo, dispõe o art. 843 da CLT que as partes (o Reclamante e o Reclamado) deverão estar presentes na audiência, independentemente do comparecimento de seus representantes, salvo nos casos de reclamações plúrimas ou ações de cumprimento, quando os empregados poderão fazer-se representar pelo sindicato a que estiverem filiados.

De deplorar-se o fato de a jurisprudência não haver emprestado ao preceito colorido mais moderno. Para isso, bastaria concordar com a substituição das partes por procuradores com poderes especiais de transigir, acordar ou desistir.

Estabelece a Súmula n. 155, do TST, que "as horas em que o empregado falta ao serviço para comparecimento necessário, como parte, à Justiça do Trabalho não serão descontadas de seus salários".

188. *Preposto do Empregador*

Quanto ao empregador, é-lhe facultado fazer-se substituir pelo gerente ou qualquer outro preposto que tenha conhecimento do fato e cujas declarações obrigarão o preponente.

"Qualquer outro preposto" — expressão que aparece no § 1º do art. 843 da CLT — deu origem à polêmica que, no plano doutrinário e mesmo jurisprudencial, ainda não chegou a seu termo.

Reconhecemos que a jurisprudência se vem inclinando a favor do entendimento de que o preposto deve ser sempre empregado do Reclamado. Amostra dessa tendência é o acórdão da SDI do TST proferido nos E-RR 5.190/84, *in* DJU de 6.4.90, p. 2.695, cuja ementa é a seguinte:

"Preposto deve ser empregado da empresa reclamada e à qual lhe coube representar no Juízo trabalhista. Inaceitável, diante dos termos do art. 843, § 1º, da CLT, que essa alegação seja deferida a qualquer outra pessoa não vinculada à empresa pelos laços ou contrato de trabalho".

Essa questão foi pacificada pela Súmula n. 377, do TST, que teve a redação alterada em virtude da Lei Complementar n. 123 que cuida da figura do preposto de micro e pequeno empresário: *"Preposto. Exigência da Condição de Empregado. Exceto quanto à reclamação de empregado doméstico, ou contra micro ou pequeno empresário, o preposto deve ser necessariamente empregado do reclamado. Inteligência do art. 843, § 1º, da CLT e do art. 54 da Lei Complementar n. 123, de 14 de dezembro de 2006"*.

Os tribunais deveriam orientar-se no sentido da aceitação de qualquer preposto — empregado ou não da reclamada — que tenha conhecimento do fato e cujo mandato o autoriza a fazer quaisquer declarações que obriguem o preponente.

Se o preposto, *in casu*, não desejar esclarecer fatos ligados à reclamação ou confessar que os desconhece, é dado ao Juiz aplicar, por analogia, o disposto no art. 345 do CPC: quando a parte, sem motivo justificado, deixar de responder ao que lhe for perguntado, o juiz, apreciando as demais circunstâncias e elementos de prova, declarará na sentença se houve recusa de depor. Nessa ocasião, com arrimo no § 2º do art. 343 do CPC, aplicará a pena de confissão. É esta aplicável quando o Reclamado responde com evasivas.

4.3) Preposto de empresa integrante de Grupo Econômico: Na forma do art. 2º, § 2º da CLT, o empregador é o grupo econômico. Assim, recomenda-se que o preposto seja empregado da Reclamada principal do mesmo grupo econômico. Se nessa mesma ação estiverem presentes outras Reclamadas, como empresas integrantes desse mesmo grupo, esse preposto poderá representá-las também. Não concordamos com a corrente jurisprudencial que entende que, no caso de diversas reclamadas integrantes do mesmo grupo econômico, cada uma delas deverá ter seu preposto. Esse entendimento, além de se atritar com a noção traçada pelo § 2º, do art. 2º, da CLT, impõe às referidas empresas um ônus excessivo processual, pois serão tantos prepostos-empregados afastados do trabalho para atender o chamamento judicial. Basta, na verdade, um preposto de uma das empresas reclamadas para representar em juízo as demais empresas integrantes desse grupo, bastando que ele tenha efetivo conhecimento dos fatos a serem debatidos e julgados nessa ação judicial.

No item 221, analisamos outros aspectos da preposição na Justiça do Trabalho.

189. *Ausência do Reclamante e do Reclamado à Audiência*

No processo de trabalho tem particular importância o comparecimento das partes à audiência, embora ausentes seus representantes (advogados ou sindicato).

O § 2º do art. 843 da CLT dispõe que se, por doença ou outro motivo justificado, o Reclamante não puder comparecer à audiência, é possível ser ele representado por outro empregado da mesma profissão ou pelo Sindicato que representa sua categoria profissional. O representante, no caso, terá todos os poderes conferidos por lei ao representado.

Assegurada a presença do Reclamante e do Reclamado, depois da defesa oral deste último ou da apresentação escrita de sua defesa, tenta o Juiz do Trabalho a conciliação.

O não-comparecimento do Reclamante acarreta o arquivamento do processo, o que equivale à sua extinção.

A respectiva sentença, lavrada pelo Juiz da Vara do Trabalho, enseja recurso para a instância superior e produz dois efeitos: processual e econômico.

Se o reclamante causar dois arquivamentos, ficará impedido de propor nova ação durante seis meses a contar do último deles e terá, em ambos os casos, de efetuar o pagamento das custas do processo.

É inegável que a suspensão do direito de recorrer ao Judiciário durante seis meses não se harmoniza com o princípio constitucional que assegura ao cidadão o direito de recorrer ao Judiciário toda vez que seu direito sofrer lesão. A eficácia dessa norma não está sujeita a qualquer condicionante.

Motivo impeditivo do comparecimento do Reclamante deve ser transmitido à Vara do Trabalho em tempo hábil, pelo menos até o instante da abertura dos trabalhos da audiência.

Se a própria natureza do fato que impossibilitou o Reclamante de comparecer à audiência na hora aprazada explica a razão por que não se fez a mencionada comunicação com oportunidade (acidente no trajeto da empresa à sede da Vara do Trabalho, por exemplo), estamos que o assunto possa ser examinado por meio de recurso próprio.

Quanto à ausência do Reclamado na audiência inaugural, ela acarreta a revelia, e, se ocorrer na sessão em que deverá depor, ser-lhe-á aplicada a pena de confissão.

O TST editou a Súmula n. 122, que trata da ilisão da revelia: *"Revelia. Atestado médico.* A reclamada, ausente à audiência em que deveria apresentar defesa, é revel, ainda que presente seu advogado munido de procuração, podendo ser ilidida a revelia mediante a apresentação de atestado médico, que deverá declarar, expressamente, a impossibilidade de locomoção do empregador ou do seu preposto no dia da audiência".

Relativamente ao atraso do comparecimento da parte à audiência, o TST fixou seu entendimento na Orientação Jurisprudencial n. 245, SDI-1, verbis: "Revelia. Atraso. Audiência. Inexiste previsão legal tolerando atraso no horário de comparecimento da parte na audiência".

190. Da Pena de Confissão

Aplica-se a pena de confissão à parte — Reclamante ou Reclamado — que, intimada para depor, deixa de comparecer ou, comparecendo, recusa-se a depor.

Já a revelia se caracteriza quando o Reclamado não vem a juízo, depois de regularmente notificado, para defender-se.

A Súmula n. 9 do TST ("a ausência do reclamante, quando adiada a instrução após contestada a ação em audiência não importa arquivamento do processo") tem como supedâneo o princípio de que, após a definitiva estruturação da relação processual, mediante a contestação do Reclamado, adquire este o impostergável direito ao julgamento do mérito.

A ausência do Reclamante à audiência em continuação, na qual deve dar seu depoimento pessoal, tem como efeito a pena de confissão se da intimação tiver constado essa cominação.

Há quem alegue o fato de a CLT não fazer previsão da pena de confissão ao Reclamante na hipótese aventada e, por isso, não se lhe aplica o que a respeito dispõe o CPC (arts. 342 a 347). Improcede o argumento.

O princípio da isonomia, no processo, exige igualdade de tratamento às partes. Se o Reclamado é punido com a pena de confissão por ter faltado à audiência, o mesmo fato, se imputado ao Reclamante, deve ter a mesma consequência.

O tratamento diferenciado às partes ofende o princípio da isonomia inscrito no art. 5º da Constituição Federal. Dessarte, insistimos em dizer que os arts. 342 a 347 do CPC são aplicáveis ao processo trabalhista, os quais, em síntese, dizem o seguinte:

a) a parte intimada para depor, caso não compareça, ou, comparecendo, se recuse a depor, presumir-se-ão confessados os fatos alegados contra ela, sendo-lhe aplicada a pena de confissão;

b) a parte será interrogada na forma prescrita para a inquirição das testemunhas, sendo defeso a quem ainda não depôs assistir ao interrogatório da outra parte;

c) tem a parte de responder às perguntas que lhe forem dirigidas, sendo-lhe proibido ler o que escrevera anteriormente;

d) não é a parte obrigada a depor sobre fatos criminosos ou torpes que lhe forem imputados ou a cujo respeito, por estado ou profissão, deva guardar sigilo.

A Súmula n. 9 do TST, já citada, tem como supedâneo o princípio de que, após a definitiva estruturação da relação processual mediante a contestação do reclamado, adquire este o impostergável direito ao julgamento do mérito.

Quando a ausência injustificada for do Reclamado importa revelia, além da pena de confissão (contumácia, ausência de defesa). A Súmula n. 74 do TST estabelece:

"I — Aplica-se a confissão à parte que, expressamente intimada com aquela cominação, não comparecer à audiência em prosseguimento, na qual deveria depor. II — A prova pré-constituída nos autos pode ser levada em conta para confronto com a confissão ficta (art. 400, I, CPC), não implicando cerceamento de defesa o indeferimento de provas posteriores.

III- A vedação à produção de prova posterior pela parte confessa somente a ela se aplica, não afetando o exercício, pelo magistrado, do poder/dever de conduzir o processo.

Essa linha jurisprudencial é dirigida tanto ao Reclamante como ao Reclamado.

A pena de confissão ao Reclamado a que se refere o art. 844 da CLT abrange, tão somente, a matéria de fato. De conseguinte, se o pedido estiver manifestamente desamparado pela Lei, é vedado ao Juiz sentenciar a favor do reclamante.

Um exemplo para ilustrar nossa observação: o Reclamante postula o pagamento de férias de sessenta dias por ter sido despedido imotivadamente depois de um ano de serviço. Ainda que o fato seja verdadeiro em parte, isto é, o Reclamante não gozou férias depois de completado um ano de serviço, a lei só assegura 30 dias de repouso anual ao empregado.

Outra hipótese suscetível de abrandar o princípio da *confessio ficta*, em caso de revelia, é o pedido do autor traduzir, em número, o que o bom senso ou a lógica repelem.

É o caso da alegação de 12 horas extras diariamente durante muitos anos. O trabalho extraordinário pode ser verdadeiro, mas sua extensão e duração não se coadunam com as condições de trabalho nem com a maior resistência física conhecida.

Registre-se que, mesmo ocorrendo a aplicação da pena de confissão a uma das partes, o juiz não está impedido de exercer seu poder e dever de conduzir o processo na busca da verdade. Nesse sentido, leia-se o item III, da Súmula n. 74, do TST: *"III — A vedação à produção de prova posterior pela parte confessa somente a ela se aplica, não afetando o exercício, pelo magistrado, do poder/dever de conduzir o processo".*

191. Pena de Confissão e Perícia

Voltamos, neste item, a focalizar um aspecto da pena de confissão.

Se imposta ao Reclamado essa pena, em processo que tenha por objeto pedido de adicional de insalubridade ou periculosidade, não deve levar o magistrado a prescindir do laudo pericial. Sem este, é impossível afirmar-se ser o ambiente de trabalho do empregado, insalubre ou perigoso.

Em abono da nossa posição milita o § 2º do art. 195 da CLT: *"Arguida em Juízo insalubridade ou periculosidade, seja por empregado, seja por sindicato em favor de grupo de associados, o juiz designará perito habilitado na forma deste artigo e, onde não houver, requisitará perícia ao órgão competente do Ministério do Trabalho".*

Esse dispositivo consolidado deixa claro que a perícia é um complemento automático da arguição da insalubridade ou da periculosidade, não dependendo da iniciativa das partes, mas do Juiz.

192. Da confissão

A confissão (*probatio probatissima*) é o ato pelo qual uma pessoa capaz afirma livremente ser verdadeiro o fato que contraria seus interesses e revelado pela outra parte no processo.

O art. 348 do CPC diz;

"Há confissão, quando a parte admite a verdade de um fato, contrário ao seu interesse e favorável ao adversário."

Lessona, ao conceituar a confissão, adverte que ela pode ser parcial: "É a declaração judicial ou extrajudicial (espontânea ou provocada pelo interrogatório da parte contrária ou pelo juiz diretamente) mediante a qual uma parte, capaz de obrigar-se e com o ânimo de subministrar uma prova ao adversário, em prejuízo próprio, reconhece total ou parcialmente a verdade de uma obrigação ou de um fato que se refira a ela e é suscetível de efeitos jurídicos".

É claro que, aqui, referimo-nos à confissão judicial, pois há a confissão extrajudicial, que se formaliza fora do juízo, verbalmente ou por escrito particular ou público assinado pelo confitente.

Só os fatos são o objeto da confissão.

De nenhum valor a confissão de que determinada norma legal se aplica ao fato situado na raiz do litígio.

A confissão judicial é feita diante do Juiz do Trabalho e reduzida a termo nos autos do processo.

É a rainha das provas (*regina delle prove*, no dizer de *Giorgi*).

É a confissão judicial espontânea ou provocada.

Espontânea quando a parte a faz mediante requerimento seguido da lavratura de um termo nos autos; provocada quando constar do depoimento pessoal prestado pela parte.

A confissão espontânea é factível pela própria parte — como dissemos há pouco — ou por mandatário.

No caso de litisconsórcio, a confissão judicial faz prova contra o confitente e não contra os demais litisconsortes.

A confissão, quando emanar de erro, dolo ou coação, é revogável. Segundo o disposto no art. 352 do CPC, sê-lo-á por ação anulatória, se pendente o processo em que foi feita; por ação rescisória, depois de transitada em julgado a sentença, da qual a confissão se constituiu o único fundamento.

Pensamos, porém, que, estando em curso o processo, é lícito ao confitente revogar o que dissera apontando as razões de seu erro. As provas sobre seu equívoco devem ser robustas. Tal procedimento atende plenamente ao princípio da economia processual.

Na hipótese, caso o confitente venha a falecer depois de iniciada a ação, esta prossegue com seus herdeiros (parágrafo único do art. 352 do CPC).

Só o confitente tem a faculdade de arguir o vício da sua confissão, uma vez que ninguém mais teria condições para fazê-lo. Corolariamente, só a ele cabe propor a ação anulatória ou rescisória, conforme o caso.

Importante regra se abriga no art. 354 do CPC, aplicável ao processo trabalhista: é a confissão, de regra, indivisível, não podendo a parte que a quiser invocar como prova aceitá-la no tópico que a beneficiar e rejeitá-la no que lhe for desfavorável. Cindir-se-á, todavia, quando o confitente lhe aduzir fatos novos, suscetíveis de constituir fundamento de defesa de direito material ou de reconvenção.

O § 1º do art. 843 da CLT estabelece que as declarações do preposto obrigam o empregador.

Contudo, com a vigência do novo Código Civil, devemos ter a devida cautela na aplicação desse dispositivo legal, como apontamos no item 229.1.2. deste livro ao tratarmos da confissão ineficaz. Estando o preposto munido de uma carta de preposição estabelecendo os limites do seu depoimento, claro está que seria de nenhuma valia se ele depor sobre outros fatos.

Essa afirmação nossa deriva da aplicação do art. 213, do Código Civil de 2002 (*"Não tem eficácia a confissão se provém de quem não é capaz de dispor do direito a que se referem os fatos confessados. Parágrafo único. Se feita a confissão por um represen-*

tante, somente é eficaz nos limites em que este pode vincular o representado") combinado com os exatos termos parágrafo único do art. 349, do CPC, *verbis*: *"A confissão espontânea pode ser feita pela própria parte, ou por mandatário com poderes especiais"*.

Não cogita esse dispositivo da legitimidade do confitente para confessar.

Atente-se que esses dois artigos citados encontram eco no exemplo agasalhado no art. 2.731 do Código Civil italiano — *verbis*:

"A confissão só é eficaz se provier de pessoa capaz de dispor do direito ao qual os fatos contestados se referem. Quando feita por um representante, é eficaz somente nos limites e pelos modos em que este vincula o representado."

Essa interpretação ganha fôlego mormente quando nós volvemos nossos olhos aos inúmeros casos em que sociedades de economia mista são punidas por declarações graciosas dos seus prepostos, criando obrigações que jamais existiram para elas.

Com relação aos representantes de pessoa jurídica de direito público, prevalece na doutrina o entendimento de que ele jamais poderá confessar. Essa ilação deriva da norma que veda ao representante dispor do patrimônio público.

193. Exibição de Documento ou Coisa

A exibição de documento ou coisa requerida na pendência da lide nada tem que ver com a ação cautelar prevista nos arts. 844 e 845 do CPC.

O tema que dá título a este item prende-se à medida que se requer na pendência da lide, isto é, nos próprios autos da ação.

Trata-se de providência que o interessado requer ao juiz a fim de ordenar, à outra parte, a exibição de documento ou coisa, que se achem em seu poder, e que são indispensáveis à prova de todo o alegado.

É permitido ao juiz determinar *ex officio* essa exibição, como se depreende do disposto no art. 355 do CPC.

Do que dissemos até aqui, conclui-se que a exibição tem como pressupostos: a coisa ou o documento são necessários para fazer prova no processo em curso; existência da coisa ou do documento em poder da parte e, finalmente, a ordem judicial para que se faça a exibição.

O pedido formulado pela parte — reza o art. 356 do CPC — deve conter: a) a individuação tão completa quanto possível do documento ou da coisa; b) a finalidade da prova, indicando os fatos que se relacionam com o documento ou a coisa; c) as circunstâncias em que se funda o requerente para afirmar que o documento ou a coisa existe e se acha em poder da parte contrária.

Vagas informações sobre o documento ou coisa não devem servir de lastro a uma decisão do juiz favorável ao pedido do interessado. Proceder de modo diferente é pretender o absurdo de compelir a parte a descobrir o documento ou a coisa que consulta aos interesses de seu adversário. De conseguinte, já no pedido, tem o requerente de fornecer dados e informações que sejam fortes indícios da sua existência em poder da outra parte.

É mister, outrossim, a prévia demonstração do liame entre o documento ou a coisa e o *thema probandum*.

Em suma, é do requerente o ônus da prova da posse, pela parte contrária, do documento ou da coisa. É o que se infere do art. 357 do CPC:

"O requerido dará a sua resposta nos cinco dias subsequentes à sua intimação. Se afirmar que não possui o documento ou a coisa, o juiz permitirá que o requerente prove, por qualquer meio, que a declaração não corresponde à verdade".

Se, porém o requerido declarar que não sabe onde o documento ou a coisa se encontra ou que está em poder de outra pessoa, cabe a ele fazer essa prova.

Pronunciando-se sobre o pedido de exibição, o juiz admitirá como verdadeiros os fatos que por meio do documento ou coisa a parte pretendia provar: a) se o requerido não fizer a exibição nem fizer qualquer declaração no prazo legal (cinco dias); b) se a recusa for havida como ilegítima (v. art. 359 do CPC).

Se o documento ou coisa estiver em poder de terceiro, será ele citado para responder em 10 dias (art. 360 do CPC).

Em face da declaração do terceiro de que não está obrigado a exibir o documento ou a coisa ou negar a sua posse, o Juiz, para resolver esse incidente processual sumário, designará audiência especial para tomar-lhe o depoimento, bem como das partes, e se necessário de testemunhas, para em seguida proferir sentença (art. 361 do CPC).

Se o terceiro sem justo motivo não fizer a exibição do documento ou coisa, o juiz lhe ordenará que faça o depósito em cartório ou noutro lugar designado, no prazo de cinco dias; descumprida essa ordem, expedir-se-á mandado de apreensão, requisitando, se necessário, força policial, tudo sem prejuízo da responsabilidade por crime de responsabilidade (art. 362 do CPC).

Se a conduta do terceiro causar prejuízos ao requerente, este, em ação própria, buscará haver ressarcimento. Não seria admissível outra solução, pois, aí, o terceiro teria de ser julgado em processo de que não era, efetivamente, parte.

194. Representação do Reclamante por outro Empregado

Consoante o § 2º do art. 843 da CLT, "se por doença ou qualquer outro motivo poderoso, devidamente comprovado, não for possível ao empregado comparecer pessoalmente, poderá fazer-se representar por outro empregado que pertença à mesma profissão ou pelo seu sindicato".

A legitimidade da representação do empregado por outro resulta da prova da doença ou do motivo poderoso que o impediram de comparecer à audiência e, também, da circunstância de o representante pertencer à mesma profissão, não sendo preciso que ele sirva à mesma empresa do Reclamado.

Se o sindicato for o representante do empregado, além de satisfazer os requisitos acima indicados, terá que provar ser o do empregado.

Silenciosa é a CLT, no § 2º do art. 843, se o empregado deva ser associado ou não do sindicato.

Tendemos a reconhecer que ele deve ser sócio do sindicato, senão o legislador teria dito que, no caso, o empregado deveria pertencer à categoria representada pelo sindicato. Na mesma hipótese, o sindicato, para estar em Juízo, deve munir-se de instrumento procuratório.

195. Revelia e Reclamação Plúrima

Resta o caso de revelia, que não se faz acompanhar da pena de confissão.

Trata-se da situação prevista no inciso I do art. 320 do CPC, extensível ao processo do trabalho: a revelia não leva à confissão ficta quando houver pluralidade de reclamados e um deles comparecer à audiência inaugural e defender-se adequadamente.

É certo que a norma processual citada não esclarece de que espécie é o litisconsórcio, se necessário ou facultativo.

O pensamento dominante é que a hipótese do art. 320, I, do CPC só se refere ao litisconsórcio passivo necessário.

Aplica-se ao processo cautelar o disposto no art. 319 do CPC, mas restrito apenas aos fatos mencionados no procedimento cautelar.

No processo de execução não se há de falar em revelia se o executado, citado para pagar o devido ao Reclamante, mantiver-se inerte e, também, não opuser embargos à execução.

196. Da Revelia

Já se registrou que a ausência injustificada do Reclamado à audiência importa em pena de confissão e revelia.

Da primeira já falamos e, agora, é da segunda.

A revelia ou a contumácia do Reclamado não é uma rebelião ao poder do Juiz.

Discute-se, na doutrina, se são sinônimas, ou não, essas palavras. Uma corrente afirma que se distinguem entre si e, a outra, que se equivalem.

Quanto a nós, entendemos que a relação entre contumácia e revelia é a de gênero e espécie.

Contumácia é a decisão obstinada do Réu de não praticar qualquer ato processual, ao passo que revelia é a desobediência ao mandado expedido pelo juiz para vir defender-se, em dia e hora prefixados.

Para *Carnelutti* e para *Rosemberg*, é a contumácia um perigo para o correto desenvolvimento do processo, cuja essência reside numa comunidade de trabalho de juízes e partes, cabendo às últimas facilitar aos primeiros a descoberta da verdade para que seja alcançada tutela jurisdicional de conformidade com os cânones da justiça.

No direito romano, a revelia evoluiu da primeira fase — quando a ausência do réu não admitia a instauração da relação jurídica processual — para a segunda, em que o desatendimento do chamado do juiz para defender-se acarretava consequências processuais.

Nas Ordenações Afonsinas, de 1446, o não comparecimento do réu ou de seu procurador acarretava sua condenação, devendo o autor provar suas alegações. Já nas Ordenações Manoelinas, de 1514, a ausência do réu não obstava o prosseguimento do feito, sendo, porém, vedado ao Autor imitir-se na posse de seus bens, tanto nas ações pessoais como nas reais.

No Regulamento n. 737, de 23.11.1850, o não comparecimento do réu à primeira audiência, o processo seguia em frente, sendo-lhe, todavia, permitido nele ingressar, mas recebendo-o no pé em que se achasse.

No sistema do CPC, revel é quem não contesta a ação no prazo legal. É também, revel a pessoa jurídica que, na audiência, faz-se representar por um sócio que teima em falar individualmente.

De tudo que informamos nas linhas precedentes, deduz-se que, no processo do trabalho, o não comparecimento do Reclamado à audiência também significa que ele não quis defender-se, pois é nesse momento processual que deve contestar o pedido do Reclamante.

Efeito da revelia é o prosseguimento do processo independentemente da intimação do Reclamado dos atos processuais posteriores (CPC, art. 322). Todavia, preso como está à relação processual, é lícito ao Reclamado-revel intervir no processo em qualquer fase (de conhecimento, de execução ou recursal), recebendo-o no estado em que se encontrar (parágrafo único do art. 322 do CPC, "O revel poderá intervir no processo em qualquer fase, recebendo-o no estado em que se encontrar").

Do exposto até aqui, resulta que a revelia se traduz na ausência de prequestionamento, em sede recursal, de matéria que, por uma ficção jurídica, foi reconhecida como verdadeira.

Dentre todos os efeitos da revelia, projeta-se, em primeiro lugar, o de reputar verdadeiros os fatos afirmados pelo Reclamante: "art. 319 do CPC: *Se o réu não contestar a ação, reputar-se-ão verdadeiros os fatos afirmados pelo autor*".

De examinar-se a natureza jurídica desse efeito: é uma presunção legal absoluta (*juris et de jure*)?; é relativa essa presunção legal (*juris tantum*)?

Autores de nomeada se dividem na defesa de ambas as posições.

Ousamos dizer que se trata de presunção *juris tantum*.

Já o art. 320 do CPC abre exceções ao princípio encerrado no art. 319 ao estatuir:

"A revelia não induz, contudo, o efeito mencionado no artigo antecedente: I — se, havendo pluralidade de réus, algum deles contestar a ação; II — se o litígio versar sobre direitos indisponíveis; III — se a petição não estiver acompanhada do instrumento público, que a lei considere indispensável à prova do ato".

Resta, em favor da nossa posição, o art. 131 também do CPC, que autoriza o juiz a apreciar livremente a prova, atendendo aos fatos e circunstâncias constantes dos autos, ainda que não alegados pelas partes, devendo indicar na sentença os motivos que lhe formaram o convencimento.

Percebe-se, na jurisprudência dos nossos tribunais, acentuada tendência favorável à conceituação da revelia como presunção *juris tantum*.

Senão, vejamos.

"A presunção da veracidade dos fatos alegados pelo autor em face da revelia do réu é relativa, podendo ceder a outras circunstâncias constantes dos autos, de acordo com o princípio do livre convencimento do juiz" (RSTJ 20/252).

"Não é o bastante a revelia do réu a propiciar o julgamento antecipado da lide, se a solução da demanda depende ainda de outras provas requeridas pelo autor. Cerceamento caracterizado" (STJ, 4ª T., REsp n. 5.388 in DJU de 20.5.91).

"A presunção é relativa e não absoluta" (RTJ 115/1227).

"O juiz pode, inclusive, considerar não provados fatos incontestados nos autos e julgar o autor carecedor de ação" (RT 493/162).

"Pode o juiz determinar, de ofício, a produção de provas" (RJTJESP 40/160, 91/280; RJTAMG 18/179).

Por oportuno, recordemos que o art. 52 do CPC estabelece que o assistente atuará como auxiliar da parte principal, exercerá os mesmos poderes e sujeitar-se-á aos mesmos ônus processuais do assistido.

Sendo revel o assistido, o assistente será considerado seu gestor de negócios, para defender seus interesses no processo. Entretanto, na hipótese, é mister que o assistente compareça na audiência e, tempestivamente, apresente a defesa do revel, do Reclamado que deixou de comparecer na hora aprazada.

Trata-se da assistência simples, pois o assistente, nos termos do art. 54 do CPC, converte-se em litisconsorte toda vez que a sentença houver de influir na relação jurídica entre ele o adversário do assistido.

Configura-se, ainda, a revelia quando a parte não comparece à audiência para contestar a ação, mas presente seu advogado munido da defesa.

O TST posicionou-se ante a questão por meio da Súmula n 122:

"Revelia. Atestado Médico. *A reclamada, ausente à audiência em que deveria apresentar defesa, é revel, ainda que presente seu advogado munido de procuração, podendo ser ilidida a revelia mediante a apresentação de atestado médico, que deverá declarar, expressamente, a impossibilidade de locomoção do empregador ou do seu preposto no dia da audiência.*

Essa Súmula merece crítica.

Considerando como inexistente a contestação apresentada por advogado do Reclamado que não compareceu à audiência, gerando a revelia, a Súmula viola o art. 133 ("O advogado é indispensável à administração da justiça, sendo inviolável por seus atos e manifestações no exercício da profissão, nos limites da lei") e o art. 5º, XIII ("é livre o exercício de qualquer trabalho, ofício ou profissão, atendidas as qualificações profissionais que a lei estabelecer"), ambos da Constituição Federal.

Além disso, não levando em consideração a contestação apresentada pelo Reclamado ausente à audiência, essa súmula violenta, por restringir a profissão do advogado, prerrogativas profissionais inscritas no Estatuto da Advocacia, quais sejam as albergadas no art. 1º, inciso I ("São atividades privativas de advocacia: I) a postulação a qualquer órgão do Poder Judiciário) e no art. 7º, inciso I ("São direitos do advogado: I) exercer, com liberdade, a profissão em todo o território nacional").

Repita-se que bem se sabe que *revelia* é ausência de contestação, e que ela não se confunde com os efeitos da *pena de confissão*.

Quando o advogado comparece à audiência para apresentar a contestação de seu cliente, apesar do preposto deste não comparecer, jamais poderá se cogitar de revelia. Pode-se pensar em se aplicar a pena de confissão. Jamais poderá a parte ser considerada revel.

Quando foi redigido em 1943, esse art. 840, da CLT, ao falar em revelia e confissão, quando a parte não comparece à audiência, estava ele dentro daquele pensamento maior de que na Justiça do Trabalho as partes podem comparecer pessoalmente, sem a assistência.

Hoje, até mesmo no plano constitucional, se a parte reclamada não comparece por si ou por seu preposto, mas seu advogado lá comparece e apresenta a contestação, é curial que não se pode pensar em revelia. Pode-se aplicar a pena de confissão. A revelia, contudo, não fica caracterizada nessa hipótese de advogado regularmente constituído pelo reclamado que comparece à audiência e apresenta a contestação em nome deste.

Esclarece o TST em sua Súmula n. 398 que em sede de ação rescisória a revelia não gera a aplicação da pena de confissão: *"Ação rescisória. Ausência de defesa. Inaplicáveis os efeitos da revelia.* Na ação rescisória, o que se ataca na ação é a sentença, ato oficial do Estado, acobertado pelo manto da coisa julgada. Assim sendo, e considerando que a coisa julgada envolve questão de ordem pública, a revelia não produz confissão na ação rescisória".

Assim, em sede de ação rescisória, a regra geral contida no art. 319, do CPC, acerca da pena de confissão não é aplicável em virtude da coisa julgada ser de natureza de ordem pública ("Se o réu não contestar a ação, reputar-se-ão verdadeiros os fatos afirmados pelo autor"). Na *ficta confessio* existe a confissão de matéria de fato e jamais de matéria de direito, notadamente de ordem pública, como é a coisa julgada.

Relativamente ao atraso do comparecimento da parte à audiência, o TST fixou seu entendimento na Orientação Jurisprudencial n. 245, SDI-1, *verbis*: "*Revelia. Atraso. Audiência.* Inexiste previsão legal tolerando atraso no horário de comparecimento da parte na audiência".

197. Resposta ou Defesa do Reclamado. Exceções

Ao direito de ação que a lei assegura ao Reclamante, contrapõe-se o direito de defesa do Reclamado, que é, também, um direito público subjetivo.

À semelhança do que se oferece ao Reclamante, tem o Reclamado, por igual, o direito de exigir do Estado a prestação jurisdicional capaz de compor os interesses em conflito.

É o direito de defesa um direito autônomo, independente do direito material. Embora este não exista, como o proclama a sentença condenatória, ainda assim permanece o direito de defesa.

Se, na ação, o Reclamante tem uma pretensão e formula um pedido, na defesa não há qualquer pretensão, mas apenas resistência precisamente à pretensão e ao pedido do Reclamante. Enfim, é o direito de defesa uma das projeções da liberdade jurídica e elevado à garantia constitucional no art. 5º, LIV e LV, da nossa Lei Fundamental (*"LIV — ninguém será privado da liberdade ou de seus bens sem o devido processo legal"* e *"LV — aos litigantes, em processo judicial ou administrativo, e aos acusados em geral são assegurados o contraditório e ampla defesa, com os meios e recursos a ela inerentes"*).

Ligado ao processo pela notificação feita regularmente, tem o Reclamado de defender-se contra o processo e, no mesmo passo, contra o mérito.

Faz-se de dois modos a defesa contra o processo: a direta e a indireta. Aquela se alicerça na ausência de pressupostos processuais, subjetivos ou objetivos, como a falta de capacidade processual do Reclamado ou do Reclamante, inexistência de instrumento procuratório ao advogado ou falta de condições de ação como a impossibilidade jurídica do pedido, não ser o Reclamado o sujeito da obrigação etc.

É indireta a defesa feita por meio de exceções processuais e, de mérito, consistente em alegações que possam impedir provimento favorável ao Reclamado.

Classificam-se as exceções em peremptórias e dilatórias. As primeiras têm em mira a extinção do processo (exceção de coisa julgada, por exemplo); as últimas, as dilatórias, limitam-se a retardar o curso do processo, mas não o extinguem.

Nos termos do art. 799 da CLT, só suspendem o feito as exceções de suspeição e de incompetência; as demais exceções são matéria de defesa.

Segundo o art. 304 do CPC, é lícito a qualquer das partes arguir, por meio de exceção, a incompetência relativa (art. 112), o impedimento (art. 134) ou a suspeição (art. 135). Em sequência harmoniosa a esse comando, estabelece o art. 305 do Código que esse direito de levantar qualquer uma dessas espécies de exceção pode ser exercido em qualquer tempo, ou grau de jurisdição, cabendo à parte oferecê-la, no prazo de 15 (quinze) dias, contado do fato que ocasionou a incompetência, o impedimento ou a suspeição.

Recebeu o art. 305, do CPC, um parágrafo único (Lei n. 11.280/06), que favorece a tramitação do processo. De fato, aí foi consignado que, *"na exceção de incompetência relativa, a petição pode ser protocolizada no juízo de domicílio do réu, com requerimento de sua imediata remessa ao juízo que determinou a citação"*. Essa norma é aplicável ao processo do trabalho

É silente a CLT a respeito desse ponto.

A praxe é apresentar as exceções de suspeição e de incompetência relativa quando da contestação, da resposta ao pedido do Reclamante.

Tratando-se, porém, de incompetência absoluta *ex ratione personae*, não há necessidade de invocá-la por meio de exceção. Pode ela ser tratada no corpo da contestação, devendo, inclusive, o juiz conhecê-la de ofício. Não se prorroga a competência da Justiça do Trabalho se ultrapassado o momento para a arguição da incompetência absoluta, tanto que é ela declarável *ex officio*.

Exceção, na teoria do processo, tem amplo significado: é o poder jurídico do Reclamado para defender-se na ação que contra ele propôs o Reclamante. Vincula-se ao *due process of law* e ao princípio do contraditório.

A defesa contra o mérito (*meritum causae*) é opor-se à substância do pedido do Reclamante e, assim, anular a pretensão do autor por meio de sentença que não atenda ao pedido.

É direta a defesa dirigida contra o pedido, em seus aspectos fáticos e jurídicos. Formaliza-se por meio da rejeição do que o Reclamante afirma ou relata; da negação dos efeitos jurídicos atribuídos a esses mesmos fatos.

Indireta é a defesa contra o mérito quando, não obstante a veracidade dos fatos informados pelo Reclamante, o Reclamado revela outros que impedem, extinguem ou obstam os seus efeitos. Exemplos: fatos que se opõem àqueles relatados pelo Reclamante; existiu a obrigação, mas prova que a liquidou (férias não gozadas mas devidamente indenizadas, v. g.); reconhecimento da obrigação, mas arguição da prescrição, equivalente ao que se convencionou chamar de exceção substancial.

Em nenhum caso é admitida defesa pela negação geral. Erro dos mais perigosos, com efeitos negativos dos mais sérios, comete o Reclamado (ou seu patrono) ao limitar-se a dizer, em termos bem genéricos, que são inverídicos os fatos alegados pelo Reclamante e desfundamentado seu pedido.

A contestação do Reclamado há-de obedecer, sob pena de revelia (*confessio ficta*), ao preceituado no art. 300 do CPC:

"Compete ao Réu alegar, na contestação, toda a matéria de defesa, expondo as razões de fato e de direito, com que impugna o pedido do autor e especificando as provas que pretende produzir".

E, antes de discutir o mérito — pedido do Reclamante —, compete, ainda, ao Reclamado alegar: inexistência ou nulidade da citação; incompetência absoluta; inépcia da petição inicial; perempção; litispendência; coisa julgada; conexão; incapacidade da parte, defeito de representação ou falta de autorização; convenção de arbitragem; carência de ação; falta de caução ou de outra prestação, que a lei exige como preliminar.

Já foi dito que se verifica a litispendência quando se reproduz ação anteriormente ajuizada. Prova-se a exceção com certidão expedida pela Vara do Trabalho em que se encontre a primitiva reclamação.

Há coisa julgada quando se repete ação que já foi decidida por sentença, de que não caiba recurso.

É idêntica uma ação à outra quando tem as mesmas partes, a mesma causa de pedir e o mesmo pedido.

Instalada a audiência, reza o art. 846 da CLT que se fará leitura da reclamação ou dispensada por ambas as partes, uma vez que o Reclamante já a conhece, bem como o Reclamado por ter recebido, anteriormente, sua cópia.

Em seguida, tem o Reclamado vinte minutos para defender-se oralmente ou, o que já se tornou praxe consagrada, apresentar sua defesa escrita.

Deveria a Lei estabelecer que a defesa fosse, sempre, apresentada por escrito, o que consulta melhor ao princípio da celeridade processual e propicia ao magistrado um exame mais demorado das linhas da defesa do Reclamado e a detida avaliação das provas indicadas.

Se apresentada a exceção de suspeição, o Juiz ou o Tribunal designará audiência no prazo de 48 horas, para instrução e julgamento, quando, segundo o prescrito no art. 801 da CLT, o Juiz, é obrigado a dar-se por suspeito ou pode ser recusado por algum dos seguintes motivos em relação às partes: inimizade pessoal; amizade íntima; parentesco por consanguinidade ou afinidade até o terceiro grau civil e interesse particular na causa.

Não consideramos exaustivo o elenco dos motivos causadores da suspeição abrigado no art. 801 da CLT. Em razão disso, pensamos que se ajustam ao processo trabalhista os demais casos de suspeição reunidos nos arts. 134 a 137 do CPC, os quais são os seguintes: a) ser parte do processo; b) interveio como mandatário da parte ou prestou depoimento como testemunha; c) conheceu o processo em primeiro grau de jurisdição, proferindo sentença ou decisão; d) está postulando, como advogado da parte, seu cônjuge ou qualquer parente seu, consanguíneo ou afim, em linha reta ou na linha colateral até o segundo grau; e) quando cônjuge, parente, consanguíneo ou afim, de alguma das partes, em linha reta ou, na colateral, até o terceiro grau; f) quando for membro da direção ou administração de pessoa jurídica, parte na causa; g) amigo íntimo ou inimigo capital de qualquer das partes; h) quando alguma das partes for credora ou devedora do Juiz, de seu cônjuge ou de parentes destes, em linha reta ou na colateral até o terceiro grau; i) se herdeiro presuntivo, donatário ou empregador de alguma das partes; j) quando, antes ou depois de iniciado o processo, receber dádivas, aconselhar alguma das partes acerca do objeto da causa ou subministrar meios para atender às despesas do litígio; k) se interessado no julgamento da causa em favor de uma das partes.

É facultado ao Juiz declarar-se suspeito por motivo íntimo, que não precisa revelar, como é óbvio.

Se o recusante — reza o parágrafo único do mesmo art. 801 — praticar algum ato pelo qual haja consentido na pessoa do juiz, estará impedido de, depois, arguir a exceção, a menos que ocorra novo motivo.

Declarada a suspeição *ex officio*, promove-se a imediata substituição do Juiz.

No caso de arguição, pela parte, da exceção de suspeição, será ela apreciada pela Vara do Trabalho ou, conforme o caso, pelo Tribunal. Se recusada a suspeição, o processo prossegue normalmente, sendo incabível recurso contra essa decisão.

O interessado, porém, poderá renovar a exceção em grau de recurso.

Quando se tratar de Juiz de Direito, será observado o mesmo rito, mas, em caso de substituição decorrente do reconhecimento da suspeição, ter-se-á de respeitar a organização judiciária do respectivo Estado.

Sustentar que o art. 801 da CLT regula, completa e exaustivamente, os casos de suspeição é admitir que esta inexiste, por exemplo, se o advogado de uma das partes é cônjuge do Juiz; se o Juiz foi advogado da parte em instância inferior e daí por diante, nos termos dos arts. 134 a 137 do CPC.

Quanto à exceção de incompetência, se apresentada, abrir-se-á vista dos autos ao exceto, por 24 horas improrrogáveis, devendo a decisão ser proferida na primeira sessão que se seguir.

Lembra *Emílio Gonçalves* ("Exceção, Contestação e Reconvenção no Processo Trabalhista", LTr, 1993, p. 32) que o excepto (o Reclamante) tem a faculdade abrir mão do prazo de 24 horas para impugnar por escrito a exceção oposta pelo excipiente (o Reclamado) e fazê-lo oralmente, na própria audiência.

A exceção em razão do lugar não é terminativa do feito. O juiz determinará a remessa dos autos à Vara do Trabalho competente. Nessa hipótese, só os atos decisórios serão nulos, aproveitando-se os demais atos processuais, o que condiz com o princípio da economia processual.

Da correspondente decisão não cabe recurso.

Se a exceção de incompetência absoluta é em razão da matéria (*ratione materiae*) e se for ela reconhecida pela Vara do Trabalho ou pelo Tribunal, é recorrível essa decisão porque terminativa perante a Justiça do Trabalho

Na defesa ou contestação, o Reclamado tem de analisar ponto por ponto do pedido do Reclamante e defender-se direta ou indiretamente contra o processo e contra o mérito.

Essa defesa tem de ser acompanhada de prova documental. Em outro momento processual, será ela admitida se ficar provado que o Reclamado, anteriormente, dela não tinha conhecimento.

Não basta o Reclamado dizer, simplesmente, que nega o postulado pelo Reclamante, o que equivale à negação geral, a qual é o mesmo que não se defender e dar como verídico o alegado no pedido inicial. Deve atender ao prescrito no art. 300 do CPC, aplicável subsidiariamente ao processo trabalhista.

Sua defesa, como observamos inicialmente, é contra o processo e contra o mérito.

Dispõe o art. 799 da CLT que, nas causas trabalhistas, somente são oponíveis, com suspensão do feito, as exceções de suspeição ou incompetência. Só estas são apreciadas antes do mérito; as demais serão examinadas junto com o mérito.

198. *Da Reconvenção*

Reconvenção (*reconventio*) designa o pedido que, com a contestação, o Reclamado apresenta contra o Reclamante, na mesma Vara do Trabalho e no mesmo processo.

Conveniente frisar que o momento oportuno para a reconvenção é o da defesa, na audiência de instrução.

É um caso especial de cumulação de ações (*simultaneus processus*).

A teor do art. 315 do CPC, tem a reconvenção de ser conexa com a ação principal ou com o fundamento da defesa.

Em vez de reconvir, permite a Lei que o Reclamado ofereça ação autônoma contra o Reclamante, mas, em havendo conexão entre as duas, serão as ações julgadas pela mesma Vara do Trabalho.

É vedado ao Reclamado, em seu próprio nome, reconvir ao Reclamante quando este demandar em nome de outrem, como pode ocorrer no caso de substituição processual do empregado por seu sindicato.

Em doutrina e jurisprudência se tem entendido que a reconvenção é inadmissível: a) no processo de execução; b) no processo cautelar; c) na liquidação da sentença.

Esse impedimento deriva da exigência contida no art. 297 do CPC de que a reconvenção tem de ser arguida na contestação. Ultrapassado esse momento processual, cabe ao Reclamado propor ação autônoma.

É aceita a reconvenção na ação declaratória (v. Súmula n. 258 do STF).

Em suma, desde que o Reclamado tenha ação que, julgada, altera ou anula o resultado da ação proposta pelo Reclamante, cabe a Reconvenção.

No plano doutrinário, ainda se discute a admissibilidade da reconvenção no processo do trabalho. Mas a tese de que essa ação pode ser proposta no foro trabalhista é esposada pela maioria dos autores.

Em sede da jurisprudência, atualmente, não têm merecido acolhida os seguintes argumentos dos opositores do cabimento da reconvenção no processo trabalhista, ou seja: a) o legislador não se referiu à reconvenção na CLT porque não quis, logo há-de se respeitar sua vontade; b) a retenção e a compensação, mencionadas no art. 767 da CLT, provam a inutilidade da reconvenção no processo trabalhista; c) o CPC é de aplicação subsidiária ao processo trabalhista e ele veda a reconvenção nas ações de alimentos, o que se aplica no âmbito trabalhista devido ao caráter alimentar do salário.

Se aceito o argumento de que a reconvenção é incabível no processo trabalhista porque a ela não se reporta a CLT, é o mesmo que tornar inócuo o preceito, também consolidado, de que o CPC se aplica subsidiariamente ao processo trabalhista, desde que não haja incompatibilidade entre um e outro.

De fato, a aplicação subsidiária da lei processual comum se efetiva sempre que a CLT seja omissa acerca de determinado instituto.

Logo, é de se desprezar o argumento de que a reconvenção não é utilizável no processo trabalhista porque a CLT é silente sobre ela.

Quanto ao segundo argumento, observemos, de início, que retenção e compensação — como assinalamos no item seguinte — são institutos de direito material e não de direito processual.

Não servem, portanto, para justificar a inaplicabilidade da reconvenção no processo trabalhista.

O terceiro e último argumento é o mais frágil dos três.

De fato, o CPC proíbe a reconvenção na ação de alimentos, mas essa norma, ou melhor, essa restrição, não se estende ao processo do trabalho porque neste nem sempre se discute matéria salarial, a qual, como já confessamos, é de natureza alimentar. Exemplifiquemos nossa tese com reclamações do empregado protestando contra: o descumprimento de um regulamento de empresa quanto às promoções; o não pagamento de verbas rescisórias; o desconto indevido no salário; a dispensa imotivada, sem inquérito judicial, do estabilitário etc.

199. Da Compensação e da Retenção

A compensação distingue-se da reconvenção, já que aquela, por ser um direito material, deve ser alegada em contestação, enquanto esta última, por ser um direito processual, deve ser alegada em ação própria dentro daquela anterior ação.

Na Justiça do Trabalho, a compensação e a reconvenção serão admissíveis desde que se trate de dívidas de natureza trabalhista. Nesse sentido, o TST editou sua Súmula n. 18: *"A compensação, na Justiça do Trabalho, está restrita a dívidas de natureza trabalhista"*.

O limite para a realização da compensação, previsto no § 5º do art. 477, da CLT, é de direito material. Não se trata de norma processual. Assim, em juízo, poderá o empregador requerer a compensação em valor superior a esse limite.

O momento correto para se alegar a compensação é na contestação, conforme a Súmula n. 48 do TST (*"A compensação só poderá ser arguida com a contestação"*). Dispõe o art. 767 da CLT que *"a compensação ou retenção só poderá ser arguida como matéria de defesa"*. Assim, se o Reclamado, na contestação, não pedir a compensação do seu crédito, ficará impedido de fazê-lo noutro momento processual.

Nada obsta que o empregador, em ação autônoma, procure receber o que lhe for devido, ou, então, em reconvenção.

Entende-se por reconvenção (*reconventio*) o pedido, já em forma de petição inicial, que o réu apresenta na mesma oportunidade da apresentação de sua contestação perante a mesma Vara do Trabalho e no mesmo processo. Trata-se de uma ação dentro de uma outra ação. Conveniente frisar que o momento oportuno para a apresentação da reconvenção é o da juntada da defesa, na audiência inicial ou UNA.

Com a razão *Wagner Giglio* ("Direito Processual do Trabalho", 7. ed., 1993, p. 225) quando adverte que *"a Consolidação não veda expressamente a reconvenção, nem regula totalmente o assunto, pois o art. 767, que considera a compensação e a retenção matérias de defesa, trata de institutos de direito material completamente diversos: reconvenção é questão de direito processual, ação do réu contra o autor, no bojo dos mesmos autos. Assim sendo, a CLT não suprime a invocação subsidiária do direito processual comum"*.

De fato, consoante o art. 368 do Código Civil, a compensação pode ser assim entendida: *"Se duas pessoas forem ao mesmo tempo, credor e devedor uma da outra, as duas obrigações extinguem-se, até onde se compensarem"*.

É muito comum, na Vara do Trabalho, o empregador pedir compensação de importância correspondente aos adiantamentos feitos ao empregado sob a forma de vales. Se o empregado negar a autenticidade da assinatura aposta no documento e não for requerida perícia, terá o juiz de rejeitar essa prova do crédito do empregador.

Pela retenção, o credor quer garantir-se do pagamento de seu crédito ou do cumprimento de uma obrigação.

Em alguns casos, tem o empregador o direito de reter o salário — ou parte dele — como no caso de o empregado que se desliga da empresa sem dar aviso prévio.

É o **direito de retenção** regulado pelo Código Civil nas suas diversas projeções no direito das coisas ou das obrigações.

O TST reconhece, na Orientação Jurisprudencial n. 356, SDI-1, uma restrição à compensação dos créditos trabalhistas judiciais com os valores que o trabalhador tenha recebido em virtude de adesão à "Programa de Incentivo à Demissão Voluntária — PDV" celebrado com o seu empregador, *verbis*: "**Programa de incentivo à demissão voluntária (PDV). Créditos trabalhistas reconhecidos em juízo. Compensação. Impossibilidade.** *Os créditos tipicamente trabalhistas reconhecidos em juízo não são suscetíveis de compensação com a indenização paga em decorrência de adesão do trabalhador a Programa de Incentivo à Demissão Voluntária (PDV)"*.

200. Do Procedimento da Reconvenção. Da compensação e da retenção

Essas breves considerações em torno dos institutos da *compensação* e da *retenção* visaram a demonstrar o acerto da conclusão a que chegou *Wagner Giglio*.

Os dois institutos se situam no direito material e, a reconvenção, no direito processual. Não é a assertiva invalidada pela circunstância de esses institutos darem causa a ações autônomas.

Tem a reconvenção maior alcance que a compensação. Faz a defesa de qualquer direito, desde que o pedido originário e o reconvencional sejam conexos.

Não diz o CPC que a reconvenção deva ter por objeto a mesma relação jurídica apreciada na ação principal. Basta que ambas as ações — a *conventio* e a *reconventio* sejam conexas ou que a reconvenção tenha conexão com o fundamento da defesa.

O prosseguimento da reconvenção não é influenciado pela extinção do processo principal devido à desistência do Reclamante ou a uma das causas previstas em lei.

De conformidade com o prescrito no art. 318 do CPC, a ação e a reconvenção devem ser julgadas na mesma sentença.

Preleciona *Alberto dos Reis* ("Código de Processo Civil Anotado", vol. III, Coimbra, 1950, p. 151/2): *"A reconvenção, posto que corresponda a uma ação do réu contra o autor, que se cruza com a deste contra aquele, não tem processo próprio e independente do da ação principal; incorpora-se no processo desta".*

O novo processo civil italiano (art. 157) tem a mesma posição diante do problema.

De conseguinte, temos de concluir que as disposições do CPC nacional não divergem daquelas contidas nos Códigos Processuais de Portugal, da Itália e de outros países.

Neste passo, cumpre-nos frisar que a reconvenção, como regulada no CPC, submete-se aos princípios básicos do processo trabalhista. Assim, a reconvenção, apresentada em peça autônoma, será oferecida em audiência.

Há decisórios concluindo que a reconvenção, feita na contestação, não constitui nulidade, mas simples irregularidade.

Ademais disso, entendemos que o Reclamante, para manifestar-se sobre a reconvenção, não deve ter o prazo de 15 dias como previsto no CPC, mas aquele que o Juiz do Trabalho lhe fixar.

Dando prazo ao reconvindo para manifestar-se, a Vara do Trabalho ao mesmo passo, suspende a audiência e designa nova data para seu prosseguimento.

Estamos que o reconvinte deva apresentar seu pedido com uma cópia, como se faz nas reclamatórias escritas.

É certo que a CLT é omissa sobre esse ponto, mas é indubitável que essa exigência acelera o ritmo do processo.

Não nos detemos aqui para focalizar a estéril controvérsia se o reconvindo (o Reclamante no processo) deva ser intimado ou notificado.

Presente obrigatoriamente à audiência, será pessoalmente informado sobre a reconvenção. Se não comparecer à audiência, arquiva-se sua reclamação.

Nessa hipótese, bem como na de desistência da ação pelo Reclamante, não impede o prosseguimento da ação reconvencional.

Se inepta a petição do reconvinte, é ela passível de indeferimento *in limine*. Como genuína petição inicial, precisa observar o que a respeito do pedido vestibular dispõem os arts. 282 e 283 do CPC.

Se o reconvindo (o Reclamante no processo principal) deixa de contestar a reconvenção, torna-se revel em relação ao pedido reconvencional.

A instrução processual da reconvenção submete-se às mesmas normas do processo principal.

Assim, cabe ao reconvinte o ônus da prova dos fatos que constituem seu direito, como preleciona *Chiovenda* ("Principii di Diritto Processuale Civile", 3. ed., Editrice Jovene, 1965, p. 1.149): *"Da unidade da relação processual deriva que a instrução de uma demanda pode ser utilizada pela outra".*

Diz o art. 318 do CPC que a ação e a reconvenção serão julgadas na mesma sentença.

É válido esse comando quanto ao aspecto formal da sentença. Na sua essência, porém, têm-se duas sentenças numa só, uma vez que os pedidos são distintos na ação principal e na reconvenção.

É fora de dúvida que o vencido, na ação principal ou na reconvenção, pode interpor recursos para a instância superior.

Mais uma vez lembramos ser incabível a reconvenção na execução.

Se o Reclamado, no momento processual adequado, não apresentou reconvenção (formulação da defesa no processo de conhecimento), ficou precluso seu direito de reconvir, embora — como óbvio — persista seu direito de propor ação autônoma.

201. Da Conciliação

Conciliação, no processo trabalhista, é o ato pelo qual o juiz oferece ao Reclamante e ao Reclamado as bases para composição dos seus interesses em conflito.

Em dois momentos processuais o Juiz do Trabalho é obrigado a tentar a conciliação: na instalação da audiência, após a leitura da defesa do Reclamado, e no fim da instrução, antes do julgamento. É o que estabelecem os arts. 846 e 850 da CLT.

É certo que não raro as próprias partes se antecipam ao magistrado na iniciativa de compor os interesses em conflito. Mas, repetimos, é a conciliação uma figura processual nos termos da CLT, que não se confunde com a transação — instituto do direito material.

Mesmo ao tempo do Estado Novo (1937-45), jamais se determinou que a tentativa obrigatória da conciliação se empreendesse antes de levar o litígio à Justiça. Isso aconteceu na Itália, na época apontada (*Giuseppe Tarzia*, "Manuale del Processo del Lavoro", 2. ed., Giuffrè, 1980, p. 15 e ss.).

Embora a CLT não explicitasse a exigência de homologar-se, por sentença, a conciliação no processo trabalhista, de velha data era ela proferida pelos Juízes do Trabalho. Na espécie, observava-se o preceituado no art. 769, também do Estatuto Obreiro, que legitima a subsidiariedade da lei processual civil.

De fato, o art. 331 do CPC estatui, em seu § 1º, que, *"obtida a conciliação, será reduzida a termo e homologada por sentença"*.

Escusado dizer que só depois a prolação da sentença homologatória é que a conciliação ganhará eficácia e produzirá todos os efeitos jurídicos. Por outras palavras, converte-se o termo da conciliação em título executivo judicial só depois de homologado, por sentença.

A conciliação "é o método pelo qual se reúnem as partes encaminhando-as para que elas mesmas, com ou sem ajuda de um terceiro imparcial, encontrem a solução do conflito" (*Ernesto Krotoschin*, apud *Wagner Giglio*, "A Conciliação nos Dissídios Individuais do Trabalho", 1982, p. 69).

Abriga o art. 846 da CLT a exigência de que, na audiência de instrução e julgamento, deverão estar presentes o Reclamante e o Reclamado, independentemente do comparecimento de seus representantes, salvo nos casos de reclamatórias plúrimas ou ações de cumprimento, quando os empregados poderão fazer-se representar pelo sindicato de sua categoria.

A primeira parte dessa exigência — comparecimento obrigatório das partes — é, a nosso ver, um arcaísmo processual.

A jurisprudência caudalosa e uniforme dos tribunais do trabalho afina pelo mesmo diapasão.

Nossos julgadores poderiam suavizar a norma em foco, permitindo que procuradores com poderes especiais de transigir, acordar e desistir substituíssem o empregado e o patrão no sobredito ato processual.

Seus efeitos têm dúplice natureza. Substanciais entre as partes; processuais entre as partes e o órgão da Justiça do Trabalho.

Os antecedentes mais remotos e conhecidos da conciliação são encontrados na Lei das XII Tábuas romana, nos "mandaderos de paz del Fuero Juzgo", nas Ordenanças de Bilbao, na Instrução de Corregedores de Carlos III (15.5.1788) e nas Ordenanças de Matrículas de Carlos IV.

Menendez Pidal, prosseguindo no traçado da linha evolutiva do instituto dentro do direito espanhol, acrescenta que a "conciliação do tipo francês, inspirada no sistema holandês, passou à Constituição Política de 1812 e de aí ao Decreto de Cortes de 13 de maio de 1821, transformando a *Ley de Enjuiciamento Civil*, de 5 de outubro de 1855, esta instituição em ato de conciliação com perfis modernos, passando finalmente à *Ley Processual de 1881*" ("Derecho Procesal Social", p. 238).

No direito pátrio, ainda na época das Ordenações do Reino, a conciliação integrava obrigatoriamente o processo.

A Constituição Imperial de 1824, em seu art. 161, estabelecia que nenhum processo podia ter início sem que se intentasse a reconciliação dos litigantes.

O Regulamento n. 737, de 25 de novembro de 1850, embora admitisse algumas exceções, também deu guarida àquele preceito.

Por essa breve sinopse histórica da conciliação, verifica-se que ela não é formalidade nova no processo.

Os arts. 447 a 449 do CPC também tornam obrigatória a tentativa de conciliação nos litígios sobre direitos de família e patrimoniais.

A exemplo da CLT, o CPC informa que o termo de conciliação assinado pelas partes e homologado pelo juiz terá valor de sentença.

Há decisórios declarando que, com a assinatura do termo de acordo pelas partes e independentemente de homologação judicial, torna-se irretratável (v. RT 497/87 e RJTJESP 45/64).

Aliás, essa diretriz jurisprudencial se lastreia no art. 158 do CPC: "Os atos das partes, consistentes em declarações unilaterais ou bilaterais, produzem imediatamente a constituição, a modificação ou a extinção de direitos processuais".

Há quem veja na obrigatoriedade da conciliação no processo trabalhista o traço que a distingue da transação, prevista no art. 840 do Código Civil.

Admitimos a existência desse traço distintivo, mas, indo na esteira de *Couture*, assinalamos que a conciliação pode assumir uma das três formas seguintes: a) renúncia da pretensão; b) reconhecimento da pretensão; e c) a transação.

Como se vê, a conciliação se reveste de mais duas formas além da transação, circunstância que bem caracteriza a diferença entre os dois institutos.

Há um ponto afim entre ambos: só se aperfeiçoam com um acordo de vontades. Todavia, na conciliação trabalhista como no processo comum (art. 448 do CPC) a iniciativa da composição de interesses também é do Juiz.

Depois de ouvido o Reclamante sobre a defesa do Reclamado e, eventualmente, sobre a reconvenção, tentar-se-á a conciliação.

É o Juiz do Trabalho ou o de Direito que, terminada a defesa, propõe a conciliação (art. 847 da CLT).

Essa tentativa de conciliação é obrigatória no processo trabalhista (art. 764 da CLT), e sua supressão acarreta a nulidade de todos os atos processuais posteriores.

Em dois momentos processuais é obrigatória a tentativa de conciliação: após a leitura da defesa do Reclamado e antes da prolação da sentença (art. 831 da CLT).

Por oportuno, lembramos que a CLT autoriza as partes a celebrar acordo que ponha termo ao processo, ainda mesmo depois de encerrado o juízo conciliatório (art. 764 da CLT).

Por outras palavras, é lícito às partes entrar em acordo em qualquer fase do processo, inclusive na recursal, isto é, *post rem judicatam como dizia Ulpiano*, porque ainda aí há *res dubia*, uma vez que existe a possibilidade de a sentença ser reformada na instância superior.

Pensamos que a autocomposição de interesses é viável mesmo após o trânsito em julgado da sentença a fim de se evitarem as dificuldades peculiares ao processo de execução.

No magistério de *João Monteiro*, apoiado em *Paulo*, na hipótese, não há acordo mas doação do credor ao devedor ("Teoria do Processo Civil", 2º vol., 6. ed., p. 772 e 773).

De qualquer forma, não se pode recusar ao vencedor o direito de se compor com o vencido em qualquer fase do processo.

Opomo-nos ao entendimento de *Stafforini* ("Derecho Procesal del Trabajo", p. 391) de que os direitos dos trabalhadores, por resultarem de normas de ordem pública, são irrenunciáveis, total ou parcialmente.

Em nosso direito positivo, faz-se semelhante alegação para proteger o empregado contra atos arbitrários do empregador, e, por via de consequência, reveste-se de legitimidade acordo homologado pelo Juiz que abranja qualquer espécie de direito trabalhista.

"Conciliação" vem do latim *conciliare* — acerto de ânimos em choque.

Discute-se, de há muito, sobre a natureza jurídica da conciliação.

Para nós, é um negócio jurídico com dois efeitos: substancial — entre as partes; processual — entre as partes e o órgão da Justiça do Trabalho.

Negócio jurídico, pois se trata de ato jurídico que se aperfeiçoa por atos de vontade dos seus sujeitos.

No dizer de *Carnelutti* ("Teoría General del Derecho", p. 75 *usque* 84, 2. ed., Madrid: Revista de Derecho Privado) a conciliação é equivalente a um ato jurisdicional. O eminente mestre peninsular refere-se, com exclusividade, à composição de interesses concluída no curso do processo.

Acordo, nos autos da reclamação, depois de homologado pelo Juiz, torna-se lei entre partes; é uma sentença irrecorrível e só passível de anulação mediante ação rescisória (v. Súmula n. 259 do TST).

Essa Súmula se refere ao art. 831 da CLT — *verbis*:

"A decisão será proferida depois de rejeitada pelas partes a proposta de conciliação. Parágrafo único. No caso de conciliação, o termo que for lavrado valerá como decisão irrecorrível".

À evidência, esse dispositivo consolidado diz respeito à conciliação que se materializa após a instrução do processo.

Há autores que divergem da nossa posição, que, como demonstrado acima, afina-se com a jurisprudência sumulada do TST.

Sustentam que o termo de conciliação, em si, é um negócio jurídico e não é uma sentença. Esta, no caso, não aprecia o mérito; homologa apenas a transação que levou à conciliação. Menciona-se até um decisório do Supremo Tribunal Federal (RT 605/211) que inadmitiu ação para desconstituição da sentença homologatória do acordo. Concluem que a ação, na hipótese, há-de ser anulatória e não rescisória.

Se, como vimos, é irrecorrível a sentença homologatória do acordo entre as partes, temos como certo que sua desconstituição se há de fazer por meio de ação rescisória.

De notar-se que nosso posicionamento encontra lastro no inciso VIII do art. 485 do CPC: *"A sentença de mérito transitada em julgado pode ser rescindida quando: I — omissis; VIII — houver fundamento para invalidar confissão, desistência ou transação, em que se baseou a sentença".*

É passível de correição juiz que se recusa a homologar acordo que não desrespeite norma de ordem pública nem seja ostensivamente lesivo aos interesses do empregado. No item 281 cuidamos dos aspectos inconstitucionais da correição ou reclamação correicional, como sustentado por certos autores.

De conformidade com a Lei n. 9.469, de 10 de julho de 1997, art. 1º, o Advogado-Geral da União e os dirigentes máximos das autarquias, das fundações e das empresas públicas federais poderão autorizar a realização de acordos ou transações, em juízo, para terminar o litígio, nas causas de valor até R$50.000,00 (cinquenta mil reais), a não propositura de ações e a não interposição de recursos, assim como requerimento de extinção das ações em curso ou de desistência dos respectivos recursos judiciais, para cobrança de créditos, atualizados, de valor igual ou inferior a R$1.000,00 (mil reais), em que interessadas essas entidades na qualidade de autoras, rés, assistentes ou oponentes, nas condições aqui estabelecidas. Quando a causa envolver valores superiores ao limite fixado no *caput* do art. 1º, o acordo ou a transação, sob pena de nulidade, dependerá de prévia e expressa autorização do Ministro de Estado ou do titular da Secretaria da Presidência da República a cuja área de competência estiver afeto o assunto, no caso da União, ou da autoridade máxima da autarquia, da fundação ou da empresa pública.

O direito processual do trabalho da Colômbia (Decreto-lei n. 2.158, de 24.6.48, nos arts. 19, 20 e 21) disciplina a conciliação com normação mais flexível que a nossa.

Admite a conciliação a qualquer tempo, antes ou depois de ajuizar-se a demanda.

A conciliação *antes del juicio* efetua-se quando a parte interessada solicita verbalmente ao juiz ou ao Inspetor do Trabalho para que convoque o outro interessado para assentar as bases da composição.

Aperfeiçoado acordo amigável, lavrar-se-á ata (art. 78), que terá força de coisa julgada.

Sendo parcial o acordo, resta à parte o direito de ajuizar ação para postular o restante da sua pretensão. Claro está que, por força do art. 831, da CLT, o acordo devidamente homologado valerá como decisão irrecorrível, salvo para a Previdência Social, quanto às contribuições que lhe forem devidas.

O § 3º, do art. 832, da CLT, exige que as sentenças condenatórias ou homologatórias de acordo devem fazer a qualificação legal de cada verba, inclusive o que cabe a cada parte recolher à Previdência Social. Bem definida a responsabilidade do empregador pelo não-pagamento das contribuições nas datas prefixadas em lei, temos para nós que a ele cabe o encargo de pagar a contribuição patronal, os juros moratórios e a multa prevista em lei, ficando o empregado obrigado a efetuar sua própria contribuição, despida de consectários legais.

Além disso, e na forma do § 4º, desse art. 832, a União será intimada das decisões homologatórias de acordos que contenham parcela indenizatória, na forma do art. 20 da Lei n. 11.033, de 21 de dezembro de 2004, facultada a interposição de recurso relativo aos tributos que lhe forem devidos. Se da decisão homologatória constar apenas parcelas salariais, torna-se desnecessária a intimação da União. De qualquer forma, intimada da sentença, a União poderá interpor recurso relativo à discriminação de que trata o § 3º deste artigo. O recurso cabível será o recurso ordinário, na hipótese do processo estar na fase de conhecimento.

Já o § 6º esclarece que o acordo celebrado após o trânsito em julgado da sentença ou após a elaboração dos cálculos de liquidação de sentença não prejudicará os créditos da União. Nesse caso de acordo celebrado em fase de execução, o recurso cabível será o agravo de petição. Contra o acórdão proferido no agravo de petição sobre contribuição previdenciária, caberá somente o recurso de revista, se houver alegação de violação direta e literal da Constituição, como se infere da leitura do art. 896, § 2º, da CLT. Se a matéria envolver violação apenas de lei federal ou divergência jurisprudencial, a União não poderá interpor recurso de revista.

O acordo judicial homologado só faz coisa julgada formal entre as partes. Daí a possibilidade, prevista no parágrafo do artigo sob comento, de a União impugnar esse acordo na parte relativa às contribuições previdenciárias dele decorrentes. Rejeitado seu dissentimento, a União poderá, depois, recorrer, com observância do disposto no § 8º do art. 897, se as partes também não se opuserem à decisão homologatória da conta de liquidação.

Resta a hipótese de aquela autarquia usar a faculdade contida no § 2º, do art. 276 do Decreto n. 3.048/99 (Regulamento da Previdência Social): nos acordos homologados em que não figurarem, discriminadamente, as parcelas legais de incidência da contribuição previdenciária, esta incidirá sobre o valor total do acordo homologado.

Torna-se imodificável a sentença se a União não oferecer recurso.

Por fim, o § 7º estabelece que o Ministro de Estado da Fazenda poderá, mediante ato fundamentado, dispensar a manifestação da União nas decisões homologatórias de acordos em que o montante da parcela indenizatória envolvida ocasionar perda de escala decorrente da atuação do órgão jurídico.

CAPÍTULO XX

Da Prova e Seus Princípios

202. Da Prova

Abrimos este capítulo com as seguintes palavras de *Clovis Beviláqua*:

"A forma é o conjunto de solenidades que se devem observar para que a declaração da vontade tenha eficácia jurídica."

Todavia, o velho Código Civil já assinalava que *"a validade das declarações de vontade não dependerá de forma especial, senão quando a lei expressamente a exigir"*. (este dispositivo é reproduzido fielmente no art. 107 do novo Código Civil).

De ambos os preceitos deflui que desprovida de forma, livre ou especial, a vontade exteriorizada não ganha corpo e, por isso, permanece ignorada.

Ligam-se intimamente a forma do negócio jurídico e a sua prova, embora sejam inconfundíveis.

Enquanto a forma tem por finalidade dar eficácia ao negócio jurídico, *a prova demonstra sua existência*.

Quanto à prova, preleciona, ainda, *Santoro-Passarelli* (in "Teoria Geral do Direito Civil", Coimbra: Atlântida, 1967, p. 250): *"Prova é a representação ou o indício dum fato, positivo ou negativo. Onde existe a representação do fato, como no documento ou testemunho, fala-se de prova histórica; onde existe um indício do fato, isto é, quando este se infere de ou vários outros fatos, como na presunção; indício de prova, fala-se de prova crítica"*.

Dito isso, observa-se que é a palavra "prova" usada nas mais variadas acepções.

A confirmação, pela experiência ou ensaio de laboratório, de um dado fenômeno físico ou químico também se chama prova.

No direito processual, tem o vocábulo dois significados: a) designa a atividade desenvolvida pela parte para demonstrar a existência do seu direito, ou para negá-la; b) é o meio de que a parte se serve para confirmar a existência ou não de um direito.

No primeiro sentido, é a produção da prova pela parte (autor ou réu); no segundo, é indicado o meio utilizado.

Já se tornou um lugar-comum dizer que o papel do Juiz, na colheita e avaliação das provas, é muito parecido com o do historiador.

Todavia, a conduta do historiador concerne à verdade dos fatos; a do Juiz relaciona-se com a conservação de certa ordem, de um ordenamento existente e considerado válido ("Las Pruebas Civiles", *Michele Spinelli*, Europa-América, Buenos Aires, 1973, p. 6).

O primeiro, o historiador, quer averiguar a data de um acontecimento e o lugar onde ele ocorreu e se desenvolveu; o Juiz não só quer verificar a data do episódio que interessa ao deslinde do litígio, mas também descobrir a lei aplicável ao fato e definir a competência. É isso que diz, em síntese, *Michele Spinelli*.

Quanto a nós, entendemos que as atividades investigatórias do historiador e do Juiz, em sua essência, não se distinguem: a descoberta da verdade dos fatos.

As ilações atinentes ao enquadramento legal e à competência são peculiares ao processo judicial.

Manresa, escrevendo a introdução à "Teoria Geral da Prova em Direito Civil", de *Lessona* (Instituto Editorial Réus, Madrid, 1957), diz: *"Com sintética frase, o sábio autor das Partidas definiu a prova como a averiguação feita em Juízo em razão de alguma coisa duvidosa"*.

E, recordando o magistério de *Ricci*, diz que o objeto desse elemento processual — a prova — é produzir na consciência o estado de certeza. E, acrescentamos nós, determina o pleno convencimento da existência de uma coisa ou de um fato.

É, mais ou menos, o que assevera também *Lessona* ("Tratado", 1º tomo, p. 3):

"... nas controvérsias civis é mister provar os fatos alegados ante o Juiz. Provar, nesse sentido, significa fazer conhecidos pelo Juízo fatos controvertidos e duvidosos e dar-lhe a certeza do seu modo preciso de ser".

Contrario sensu, se as partes não provam o que alegam, a ação perde a sua verdadeira finalidade de ser o instrumento da justiça, uma vez que o Juiz fica impossibilitado de aplicar a lei ao caso concreto.

Para *Dellepiane* ("Nueva Teoría de la Prova", 8ª ed., Bogotá: Temis Libreria, 1981, p. 8), "a prova — certeza — resulta da confirmação ou acordo entre as coisas ou operações confrontadas; ao contrário, a infirmação, invalidade ou desacordo entre as mesmas, é indício de erro ou ineficácia, segundo o caso".

O posicionamento de *Dellepiane* revela que o Reclamante tende, primacialmente, a produzir provas que demonstrem a veracidade do que alegou na petição inicial; o Reclamado procura provar a inverossimilhança do que informou o Reclamante e, também, a veracidade do que ele próprio afirma.

A prática dos atos de prova é feita na fase de instrução do processo, na qual se faz a reconstrução e o retrospecto dos episódios e circunstâncias que originaram o conflito de interesses.

"A instrução — no magistério de *Garsonnet et Bru* — ('Procédure', II, 330), *é a parte do processo que começa com o ato introdutivo da demanda e, por atos sucessivos, conduz o litígio até o momento em que possa receber a solução que comporta."*

No processo trabalhista, essa fase tem início com o recebimento, pelo Juiz da petição inicial.

O objeto da prova (*thema probandum*) são os fatos cuja autenticidade tem de ser demonstrada para que o Juiz forme sua convicção.

Reza o art. 787 da CLT que *"a reclamação escrita deverá ser formulada em duas vias e desde logo acompanhada dos documentos em que se fundar"*.

Em sua defesa, o Reclamado também deve produzir os documentos com que pretende provar a veracidade de suas alegações.

Por analogia, aplica-se subsidiariamente ao processo trabalhista o art. 396 do CPC — *verbis*:

"Compete à parte instruir a petição inicial (art. 283) ou a resposta (art. 297) com os documentos destinados a provar-lhe as alegações".

Entretanto, com fundamento no art. 397 também do CPC, "é lícito às partes, em qualquer tempo, juntar aos autos documentos novos, quando destinados a fazer prova de fatos ocorridos depois dos articulados, ou para contrapô-los aos que foram produzidos nos autos".

Como se vê, duas são as hipóteses legais de exibição de documentos depois da petição inicial ou da contestação: fatos novos ocorridos depois do ajuizamento da ação ou oposição ao alegado pela parte contrária.

Não deve o Juiz negar a juntada aos autos de documento que a parte só conseguiu obter depois de ultrapassado o momento processual adequado.

De tudo que dissemos há pouco, infere-se que o procedimento probatório projeta-se em três momentos: a) requerimento da prova pela parte; b) seu deferimento pelo Juiz; c) produção da prova.

Se, para o deslinde do litígio *sub judice*, houver necessidade de elementos probantes existentes em País situado numa das três Américas, é dado à parte, ou mesmo ao Juiz, recorrer à Convenção Interamericana sobre Prova e Informação acerca do Direito Estrangeiro, concluída em Montevidéu a 8 de maio de 1979 e promulgada no Brasil pelo Decreto n. 1.925, de 10 de junho de 1996.

Meios idôneos de prova para os efeitos da Convenção são: a) a prova documental, consistente em cópias autenticadas de textos legais com indicação de sua vigência; b) prova pericial, consistente em pareceres de advogados ou de técnicos na matéria; c) informações do Estado requerido sobre o texto, vigência, sentido e alcance legal do seu direito acerca de aspectos determinados.

Os membros do Poder Judiciário poderão solicitar as informações mencionadas na alínea "c" por intermédio de uma Autoridade Central, que cabe ao Governo Brasileiro indicar à Secretaria Geral da Organização dos Estados Americanos.

Nenhuma disposição dessa Convenção altera qualquer preceito da nossa legislação processual.

À medida que crescem os negócios no âmbito do MERCOSUL, tudo faz crer que o disposto nessa Convenção sobre Prova será frequentemente invocado para subsidiar o deslinde de litígios muito comuns nas transações internacionais.

203. *Natureza do Instituto da Prova*

Discute-se, em doutrina, a natureza do instituto da prova.

Lessona, *Chiovenda*, *Prieto-Castro*, *Guasp* e *Vichinski* defendem sua natureza processualista.

Rosemberg, *Nikisch*, *Castro Mendes* e outros preferem adotar posição oposta, isto é, afirmam ser o instituto de direito material.

Afirma-se ter o Código de Processo Civil chamado a si a regulamentação geral do instituto, fazendo tábula rasa de tudo que a respeito se dispõe no direito material.

Em decorrência dessa opinião, e quando da vigência do Código Civil de 1916, sustentava-se que seus arts. 129 *usque* 144 (atualmente arts. 107 *usque* 109 e 212 *usque* 232 do Código Civil de 2002) teriam cedido seu lugar ao que se dispõe no CPC — arts. 130 e 332 a 443.

Em primeiro lugar, cabe-nos frisar que o Direito Processual, mais do que qualquer outro ramo do direito, estuda sistemática e profundamente o instituto da prova para fixar suas finalidades, sua forma e seus fins.

Inobstante, nossa posição diante da matéria não é radical. Adotamos uma posição eclética ou intermediária.

No momento da formação de um ato jurídico, criam as partes certas provas (que qualificamos de pré-constituídas) tendentes a resguardar os direitos derivados desse mesmo ato e dissipam dúvidas no espírito de terceiros quanto à sua autenticidade, e isso antes de qualquer apreciação judicial.

É ela útil num eventual litígio submetido à Justiça.

Tais considerações nos fazem concluir que o instituto da prova interessa, a um só tempo, ao Direito Material e ao Direito Processual.

Não aceitávamos já naquela época da vigência do Código Civil de 1916, a assertiva de que o Código de Processo Civil de 1973 teria revogado suas disposições pertinentes à prova dos atos jurídicos.

Coerentemente, dizíamos na companhia de *Clóvis Beviláqua* que, no Direito Material, "a prova é o conjunto dos meios empregados para demonstrar, legalmente, a existência de um ato jurídico" e, no tangente ao direito processual, dizemos que a prova tem por finalidade formar a convicção do Juiz sobre a verdade dos fatos alegados pelas partes.

Nesses dois conceitos vislumbramos o traço que diferencia a prova nos dois aludidos ramos do direito: no Direito Material ela visa a demonstrar a existência de um ato jurídico, e, no Direito Processual, a buscar o convencimento do Magistrado a propósito da veracidade das alegações das partes.

No momento da formação de um ato jurídico, criam as partes várias provas (que qualificamos de pré-constituídas) tendentes a resguardar os direitos derivados desse mesmo ato e dissipam dúvidas no espírito de terceiros quanto à sua autenticidade e isso antes de qualquer apreciação judicial.

Repetimos: se a prova, no direito positivada, tem por fim demonstrar a existência real de um negócio jurídico, já objetiva ela no processo formar a convicção do juiz sobre a verdade dos fatos alegados pelas partes.

Anteriormente ao atual Código Civil de 2002, os defensores da tese de que a prova é de índole processual, afirmavam que o Código de Processo Civil de 1973, por ser lei posterior derrogara todas as disposições do Código Civil de 1916 sobre a prova dos atos jurídicos.

Esse argumento se esvaziou de verossimilhança, com o advento do novo Código Civil.

Para espancar qualquer dúvida do espírito do leitor, sublinhamos que a prova regulada no Código Civil não se confunde com a do Código de Processo Civil. Uma e outra têm objetivos distintos.

Neste passo, julgamos oportuno, aqui, relembrar a mudança operada no pensamento de *Carnelutti* acerca da prova (v. apêndice escrito, por *Giacomo P. Augenti*, à "La Prueba Civil", de *F. Carnelutti*, Buenos Aires: Depalma, 1979, p. 213).

De início, o eminente mestre italiano entendia que a prova só interessava à teoria do processo.

A partir do 6º volume de suas "Lezioni di Diritto Processuale Civile" (Cedam, 1933, p. 385 do II tomo) até a sua "Teoria Generale del Diritto" (1946, p. 332 e ss.) o pensamento de *Carnelutti* evoluiu até concluir que das provas tem necessidade normalmente o Juiz, mas delas também podem ter necessidade as partes.

Assim, meio a contragosto, observa-se que *Carnelutti* acabou por reconhecer que a prova era um instituto ambivalente: tanto servia ao processo como à comprovação de atos jurídicos praticados pelas partes.

204. O Juiz e a Prova

A CLT, nos arts. 818 a 830, ocupa-se das provas.

Tal regramento não cobre todos os aspectos do instituto, e, devido a essa circunstância, as disposições correspondentes do Código de Processo Civil complementam fartamente o disciplinamento consolidado.

Como depois se irá ver, o vazio da CLT não se refere à substância, mas a raros casos de utilização dos meios de prova.

Depois de feita a defesa do Reclamado e rejeitada a proposta de conciliação, começa a fase probatória do processo, em que têm parte ativa tanto o Juiz como as partes.

O § 2º do art. 331 do CPC (com redação dada pela Lei n. 8.952/94) estabelece que "se, por qualquer motivo, não for obtida a conciliação, o Juiz fixará os pontos controvertidos, decidirá as questões processuais pendentes e determinará as provas a serem produzidas, designando audiência de instrução e julgamento, se necessário".

Não seguimos o pensar de alguns doutrinadores de que o dispositivo *supra* derrogou o art. 451 também do CPC: "*Ao iniciar a instrução, o juiz, ouvidas as partes, fixará os pontos controvertidos sobre que incidirá a prova*".

Ao revés, entendemos que ambos os dispositivos se completam.

Frustrada a conciliação na audiência inaugural, o juiz ouvirá as partes e, depois, informar-lhes-á quais os pontos do litígio que carecem ser provados. No início da instrução é que o Juiz indicará os pontos controvertidos e quais as provas que devem ser produzidas.

É lícito ao Juiz, posteriormente, indeferir as provas que não havia previsto.

Perfilhamos, porém, a crítica ao legislador por sua prolixidade ao tratar da matéria.

A aplicação do § 2º do art. 331 do CPC, ao processo trabalhista é, de todo modo, recomendável, fixando-se, assim, os pontos controvertidos que precisam ser provados. Torna o processo mais célere e evita questões sobre prova que retardam sua marcha. No uso dessa faculdade legal, tem o juiz de conduzir-se com prudência a fim de tornar infundada a alegação de cerceamento de defesa.

À vista do disposto no art. 848 da CLT, é facultado ao Juiz do Trabalho, *ex officio*, interrogar o Reclamante e o Reclamado.

Aí, o Juiz assume o papel de pesquisador ou de historiador ao provocar declarações das partes que lhe permitam reconstituir todos os fatos ligados ao núcleo do litígio.

Aplica-se ao processo trabalhista a regra encerrada no art. 130 do CPC: cabe ao Juiz, de ofício ou a requerimento das partes, determinar as provas necessárias à instrução do processo, indeferindo as diligências inúteis ou meramente protelatórias.

Procede dessa maneira no desempenho da função de dirigir o processo nos termos do art. 125, *caput*, do CPC.

É certo, porém, que essa atribuição do Juiz não exclui a necessidade de as partes provarem o que alegaram no pedido inicial ou na defesa.

Não é só as partes que têm interesse na produção de provas no processo, mas também o Estado, por intermédio do Juiz, pois a ele cumpre preservar a paz social.

O Juiz avaliará o valor das provas solicitadas e indeferirá aquelas que não contribuírem para o esclarecimento de qualquer ponto do litígio. Se equivocar-se no despacho indeferitório do pedido formulado, estará proporcionando à parte elementos configuradores do cerceio de defesa.

Tem o Juiz, consoante o art. 131 do CPC, o poder de apreciação da prova com liberdade só limitada pelo que existe no bojo dos autos. É isso reflexo da teoria objetiva da prova, que o nosso CPC consagrou.

Agora, o Juiz não permanece inerte diante dos esforços das partes na produção de provas.

O Código de Processo Civil de 1973 abriu campo para múltiplas atividades do Juiz, facultando-lhe, até, tomar providências úteis ao aclaramento da divergência trazida aos autos, e o autoriza a rejeitar pedidos de provas que considere desnecessárias aos objetivos do processo.

De tudo que dissemos acima se infere ser lícito ao Juiz apreciar livremente a prova. Não está preso a parâmetros ou critérios prefixados pela Lei.

Entretanto, em nenhum caso essa liberdade de apreciação da prova significa que o Juiz poderá desatender os princípios da lógica. Há que se orientar pelo disposto no art. 131 do CPC:

"O Juiz apreciará livremente a prova, atendendo aos fatos e circunstâncias constantes dos autos, ainda que não alegados pelas partes; mas deverá indicar, na sentença, os motivos que lhe formaram o convencimento".

Eis, aí, um dos cânones do nosso direito processual. É o Juiz obrigado a desfilar, na sentença, os fatos e circunstâncias que o levaram à certeza de que o direito está com o Reclamante ou com o Reclamado.

Para a avaliação das provas, há vários métodos e critérios que se agrupam em três sistemas: positivo ou legal; da livre convicção; da convicção racional (*Modestino Martins Netto*, "Estrutura do Direito Processual do Trabalho", tomo 2, Trabalhistas, p. 588).

De certo modo, esses três sistemas correspondem a fases da evolução do direito processual.

O sistema positivo originou-se das ordálias ou juízos de Deus, em que o indivíduo provava sua inocência resistindo aos castigos mais dolorosos e cruéis. Acreditava-se que o inocente tinha maior resistência à dor que o culpado.

Com o passar do tempo, esse método desembocou no sistema positivo, em que as provas eram tarifadas com valor bem definido na Lei. Dessarte, ficavam os juízes impossibilitados de avaliar livremente as provas produzidas.

No processo romano, estruturou-se o sistema da livre convicção.

Atribuía aos juízes a faculdade de avaliar as provas como bem entendessem e, decorrentemente, não precisavam justificar suas sentenças. Era alguém condenado e ficava o magistrado dispensado de dizer por que motivo o processo lhe era desfavorável.

Na época atual, prevaleceu o sistema da convicção racional, que, embora contendo alguns vestígios dos sistemas anteriores, caracteriza-se pela liberdade de o Juiz examinar a prova colhida, mas ficando obrigado a explicar na sentença por que razão desprezou uma prova e acolheu outra.

204.1. Impulso Processual da Prova. Possibilidade de Indeferimento pelo Juiz de Oitiva de Testemunha

O impulso inicial do processo é dado pela parte, que apresenta uma pretensão resistida pelo reclamado. Depois disso, ambas as partes não ficam inertes, pois lhes compete requerer tudo o que julgarem necessário em defesa de suas alegações. Contudo, a figura do juiz, no processo, não tem a passividade que alguém possa imaginar, isto é, que só se movimenta, ou se manifesta, quando provocado pela parte. Dá-lhe a lei a faculdade de tomar a iniciativa, no sentido de determinar diligências ou de produzir provas que considerar indispensáveis ao aparecimento da verdade. O que se contém no art. 765,da CLT (*Os juízos e Tribunais do Trabalho terão ampla liberdade na direção do processo e velarão pelo andamento rápido das causas, podendo determinar qualquer diligência necessária ao esclarecimento delas*) já existia, também, no CPC de 1939 e reaparece, atualmente, no art. 130, do CPC em vigor: "Caberá ao juiz, de ofício ou a requerimento da parte, determinar as provas necessárias à instrução do processo, indeferindo as diligências inúteis ou meramente protelatórias".

Para estimular ainda mais o juiz a imprimir celeridade com segurança jurídica na prestação jurisdicional, o art. 131, do CPC estabelece o direito e obrigação dele apreciar "livremente a prova, atendendo aos fatos e circunstâncias constantes dos autos, ainda que não alegados pelas partes; mas deverá indicar, na sentença, os motivos que lhe formaram o convencimento". Com isso, fica assentado que a livre apreciação da prova, desde que a decisão seja fundamentada, considerada a lei e os elementos existentes nos autos, é um dos cânones do nosso sistema processual constitucional e infraconstitucional.

Além disso, o art. 400, I, do CPC, dá o devido respaldo legal para o juiz indeferir a oitiva de testemunha, tendo em vista sua obrigação de se imprimir celeridade processual, na hipótese de fatos já provados por documento ou confissão da parte, verbis: *"Art. 400 — A prova testemunhal é sempre admissível, não dispondo a lei de modo diverso. O juiz indeferirá a inquirição de testemunhas sobre fatos: I — já provados por documento ou confissão da parte"*. Não ocorrerá, portanto, cerceamento de defesa nesta situação.

Portanto, nesse caso de indeferimento de oitiva de testemunha, não há que se cogitar de violação do art. 5º, LV, da Constituição (*"LV — aos litigantes, em processo judicial ou administrativo, e aos acusados em geral são assegurados o contraditório e ampla defesa, com os meios e recursos a ela inerentes"*), quando o conjunto probatório dos autos está suficientemente provado, conforme o convencimento do juiz. Isso porque, como já destacado, o art. 130, do CPC, lhe dá poderes para determinar as provas necessárias e indeferir as inúteis. Acrescente-se a isso a regra contida no art. 131, desse mesmo diploma, que preconiza que o juiz deverá apreciar livremente a prova constante dos autos, respeitando-se os fatos e circunstâncias dele constantes e indicando as razões de seu convencimento. Daí entendermos que a dispensa da oitiva de testemunha não configura cerceamento de defesa em virtude da teoria da persuasão racional albergada nesse dispositivo legal, e de ampla liberdade na direção do processo de que está investido o magistrado trabalho, consoante o disposto no art. 765, da CLT.

Nesse sentido de nosso pensamento, temos a seguinte decisão do TST: "**Agravo de instrumento em recurso de revista. Cerceamento de defesa. Indeferimento de prova testemunhal.** O indeferimento de produção de prova testemunhal, considerada repetitiva e desnecessária, não configura cerceamento de defesa, mormente se considerarmos que ao juiz incumbe a direção do processo e, principalmente, das provas a serem produzidas pelas partes. Agravo de instrumento desprovido. (TST; AIRR 630/2007-432-02-40.0; 1ª T.; Rel. Min. Vieira de Mello Filho; DJU 20.2.09).

Contrariando tal decisão, a 2ª Turma do TST, assentou entendimento diverso nos autos do RR 73.165/2003-900-02.00.4, sob o fundamento de que o art. 821, da CLT, garante à parte a oitiva de três testemunhas. E, se o juiz dispensa uma delas, segundo ela, houve cerceamento de defesa com violação do devido processo legal. Assim decidindo, a 2ª Turma do TST passou ao largo dos poderes concedidos ao juiz pelo art. 765, da CLT c/c os arts. 130, 131 e 400, todos do CPC, fazendo com que seja retardada a prestação jurisdicional. De fato, se uma das três testemunhas da parte confessa o fato gerador do direito da parte contrária, qual é a utilidade de se ouvir o restante delas? Mesmo que essa outra testemunha contrarie o testemunho da testemunha anterior, estar-se-á instalado uma grave situação processual com repercussões inclusive na área criminal para elas em virtude de um falso testemunho, o que retardará a tramitação do processo ainda mais.

Por essa razão, concordamos com o pensamento de Manoel Antonio Teixeira Filho acerca do disposto no art. 821, da CLT, quando diz que "é importante, ressaltar, neste momento, que a lei não concede às partes, como em regra se tem suposto, nenhum direito de verem inquiridas as três testemunhas, ou duas, que, acaso, tenham apontadas. Basta verificar que, no tocante ao procedimento ordinário, o art. 821, da CLT fala, claramente em indicar (no máximo) três testemunhas; ora, os léxicos ensinam que indicar significa apontar, indigitar, revelar, mostrar. Deste modo, o direito que da lei para elas se atribui é tão somente o de apontar aquele número-limite de testemunhas, cabendo ao juiz, entretanto, decidir pela inquirição de todas, ou de parte delas, conforme entenda conveniente ou necessário à instrução processual. O mesmo se afirme com relação ao procedimento sumaríssimo, porquanto o art. 852-H, § 2º, da CLT, é incisivo ao aludir ao número máximo de duas testemunhas, para cada litigante" (conf. s/ob "Curso de Direito Processual do Trabalho", vol. II, pg. 1.121/1.122, LTr Ed., 2009).

O juiz que indefere uma diligência requerida pela parte não está impedido de, posteriormente, em face de novas provas, entender de mandar realizá-la, pois, na hipótese, não ocorre a preclusão.

205. Das Presunções

Muitas são as teorias sobre a natureza jurídica da presunção: a clássica vê a presunção como substitutivo da prova; a teoria da maior ou menor facilidade na conclusão, do fundamento, do efeito probatório, da inversão do ônus da prova (*Sergio Carlos Covello*, "A Presunção em Matéria Civil", Saraiva, 1983, p. 35 e ss.).

Esse autor se define pela teoria clássica, na qual se destaca *Pothier*:

"A presunção difere da prova propriamente dita; esta faz fé diretamente, e por si mesma, de uma cousa; a presunção faz fé por uma consequência tirada de outra cousa".

Para chegar à verdade dos fatos, a prova trilha o caminho direto com o concurso dos sentidos e o indireto mediante a reflexão. O primeiro é o da prova e, o segundo, o da presunção, que se divide em legal e comum.

O CPC não considera as presunções como meios de prova, mas um método de raciocínio.

O Juiz forma sua convicção com fundamento na prova dos fatos. É a prova direta.

Quando, porém, ele parte de um fato conhecido para chegar a um outro ignorado, temos a presunção.

É a parte intimada a comparecer em Juízo para depor, sob pena de serem presumidos verdadeiros os fatos que lhe são imputados. É uma prova indireta.

Em suma, presunção é a conclusão que o Juiz tira de fatos acessórios ou conhecidos para sustentar a existência ou verdade do fato principal que deseja provar.

É a presunção: a) comum ou judicial (*de hominis*) a não constante da lei e deduzida livremente de fato da mesma espécie de outros que geralmente ocorrem e que servem para formar o juízo do magistrado; b) legal ou absoluta (*jure et de jure*) quando a lei declara verdadeiro um fato e não admite prova em contrário; c) relativa (*juris tantum*) a que, embora aceita como verdadeira pela lei, pode ser elidida por provas que a eliminem; d) de fato (*praesumptio facti*) é aquela que, sozinha, não leva à prova necessária; e) simples, a que o Juiz deduz, em acatamento às regras de direito e segundo certas circunstâncias.

Sobre a presunção *jure et de jure*, reza o inciso IV do art. 334 do CPC que não depende de prova fato em cujo favor milita presunção legal de existência ou de veracidade.

Acerca da presunção *juris tantum*, dá-nos o CPC um exemplo em seu art. 302: presumem-se verdadeiros os fatos relatados na petição e não impugnados pelo Reclamado em sua defesa, salvo: a) se não for admissível, a seu respeito, a confissão; b) se a petição inicial não estiver acompanhada de instrumento público que a lei considerar da substância do ato; c) se estiverem em contradição com a defesa, considerada em seu conjunto.

A Súmula n. 12, do TST, indica uma outra situação de presunção quanto às anotações da carteira profissional: *"As anotações apostas pelo empregador na carteira profissional do empregado não geram presunção juris et de jure, mas apenas juris tantum".*

206. Ônus da Prova

Dispõe o art. 818 da CLT que a prova das alegações incumbe à parte que as faz; cabe ao Reclamante, de ordinário, a prova do fato constitutivo do seu direito e, ao Reclamado, a prova do fato impeditivo, extintivo ou modificativo desse fato constitutivo.

É essa norma complementada pelo art. 333 do CPC — *verbis: "O ônus da prova incumbe: a) ao autor quanto ao fato constitutivo do seu direito; b) ao réu, quanto à existência de fato impeditivo, modificativo ou extintivo do direito do autor. Parágrafo único. É nula convenção que distribui de maneira diversa o ônus da prova quando: I — recair sobre direito indisponível da parte; II — tornar excessivamente difícil a uma parte o exercício do direito".*

O parágrafo único desse dispositivo, por admitir a inversão do ônus da prova por via convencional, desde que se trate de direito disponível ou que não torne excessivamente difícil a uma parte o exercício do seu direito, não é aplicável ao processo trabalhista. Não atende à finalidade primordial do direito do trabalho, que é a de proteger o trabalhador contra os abusos do mais forte economicamente — o empregador.

Ambas as disposições que acabamos de mencionar prendem-se a um princípio secular: *onus probandi est qui dixit*, presente em qualquer regime de provas processuais.

Fato constitutivo é aquele que, depois de suficientemente provado, provoca a consequência jurídica procurada pelo Reclamante.

O que se alega na petição inicial é formado de fatos ou acontecimentos que devem corresponder (segundo pensamento do Reclamante) à hipótese abstratamente colocada na lei.

Frustrar-se-á a intenção do Reclamante se o fato constitutivo do seu direito não se provar adequadamente.

Cabe, por seu turno, ao Reclamado reunir provas de fato impeditivo, modificativo ou extintivo do direito pretendido pelo autor.

Se a prova for insuficiente ou precária, o Reclamado será o vencido no feito.

Pelo ângulo de visão do Juiz, o ônus da prova é irrelevante. Aprecia, em sua globalidade, a prova produzida sem cogitar da identificação de quem a produziu.

Tanto na CLT como no CPC, o que se inseriu, no tocante à prova, foi um critério para divisão de encargos entre Reclamante e Reclamado. Semelhante critério invalida qualquer convenção que incida sobre direito indisponível ou que dificulte sobremaneira o exercício de um direito.

Para *Kisch* ("Elementos de Derecho Procesal Civil", p. 295, 1940), ônus da prova é a necessidade de provar para vencer. Desnecessário dizer que o *onus probandi* é um dos problemas fundamentais do processo.

O art. 333 do CPC, combinado com os arts. 319 e 326, reúne os princípios do ônus da prova. Se o Reclamado não contestar a ação, reputar-se-ão verdadeiros os fatos afirmados pelo Reclamante. Configura-se, aí, a revelia, a qual não se confunde com a pena de confissão, que é a sanção que sofre aquele que, intimado para depor, não comparece ou, comparecendo, recusa-se a depor. Fica o Reclamante, no caso, dispensado do ônus de provar o que alegou.

Se o Reclamado (art. 326 do CPC), reconhecendo fato em que se fundou a ação, outro lhe opuser impeditivo, modificativo ou extintivo do direito do Reclamante, este será ouvido em 10 dias, sendo-lhe facultado produzir prova documental.

É nula a sentença que negar ao Reclamante a oportunidade de pronunciar-se sobre o alegado pelo Reclamado.

Observe-se que a distribuição do encargo de provar atende a um critério casuístico, correlacionado com a natureza do fato alegado.

Deve o Reclamante provar a existência do fato constitutivo do seu direito. E constitutivo é o fato que produziu os efeitos jurídicos procurados pela parte.

Se o Reclamado conhece fato capaz de impedir, modificar ou extinguir o direito invocado pelo Reclamante, toca-lhe fazer a necessária prova. Não basta o Reclamado negar o alegado por seu oponente. Cabe-lhe provar qualquer fato capaz de destruir, modificar ou impedir as alegações feitas pela parte adversa. *Verbi gratia*, é a prescrição um fato extintivo de direitos e, por isso, é o Reclamado que há de prová-la.

Fato impeditivo é a alteração de um contrato de trabalho por quem não tinha poderes para fazê-lo tendo o empregado ciência da circunstância.

Modificativo é o fato capaz de alterar a pretensão do reclamante, como ocorre no pedido de pagamento integral de férias se ficar provado que, no período de aquisição desse direito, o empregado — devido a faltas injustificadas — fez jus a, apenas, 15 dias de repouso.

Extintivo é o fato que ocasiona a extinção da relação jurídica em que se alicerça o litígio.

Acerca do fato superveniente à propositura da ação, o TST esclareceu em sua Súmula n. 394 que ele pode ser aplicável de ofícios aos processos em curso em qualquer instância trabalhista, *verbis*: *"Art. 462 do CPC. Fato superveniente — O art. 462 do CPC, que admite a invocação de fato constitutivo, modificativo ou extintivo do direito, superveniente à propositura da ação, é aplicável de ofício aos processos em curso em qualquer instância trabalhista".*

Vejamos alguns decisórios relacionados com situações concretas em que incide o princípio do ônus da prova.

a) A todo trabalho de igual valor corresponde salário igual. Sobre esse caso, baixou o TST a Súmula n. 68, atualmente incorporada na Súmula n. 6, em seu item VIII: *"É do empregador o ônus da prova do fato impeditivo, modificativo ou extintivo da equiparação salarial".*

Na espécie, é dever do empregado demonstrar que suas funções não são diferentes das do paradigma. Aí nasce o encargo do empregador de apresentar fato que impeça, modifique ou extinga o alegado direito do empregado.

b) Súmula n. 212 do TST — *"Despedimento. Ônus da prova. O ônus de provar o término do contrato de trabalho, quando negados a prestação de serviços e o despedimento, é do empregador, pois o princípio da continuidade da relação de emprego constitui presunção favorável ao empregado".*

Provada a existência do contrato de trabalho e alegado pelo empregado o despedimento, cabe ao empregador o ônus de provar que não teve a iniciativa de extinguir a relação empregatícia.

Se afirmar que o trabalho não era subordinado mas autônomo, o empregador atrai para si o encargo de provar tal fato. Trata-se, na espécie, de fato extintivo da pretensão do Reclamante.

c) Se o Reclamado nega a prestação de qualquer espécie de trabalho, fato constitutivo básico da relação de emprego, ao Reclamante cabe prová-la. Isto feito, o ônus da prova retorna ao empregador para demonstrar a existência de fato impeditivo da formação do vínculo empregatício (TRT, 10ª Reg., 1ª T., RO 2.535/85, *in* DJU de 18.8.86, p. 14.128).

d) O TST, pela SDI (Seção de Dissídios Individuais), entendeu que se o empregador, em defesa, nega a prestação do trabalho extraordinário, atrai para si o ônus da prova (E-RR 5.706/88, *in* DJU desde 19.10.90, p. 11.554). A ementa do acórdão talvez tenha o vício da imperfeição, causado por sua natural concisão.

De feito, se o empregado afirma que trabalhou horas extras, compete-lhe provar esse fato constitutivo do seu direito de receber o plus salarial previsto em lei.

Se o empregador, ainda na hipótese, não contesta esse ponto do pedido, é dado ao Juiz, com o respaldo no entendimento do TST, deduzir que o Reclamado reconheceu sua procedência. Mas, no dizer da ementa mencionada, se o empregador negar a prestação de trabalho extraordinário, e terá de prová-lo.

e) Na prática de ato ilícito, susceptível de determinar a dispensa do empregado sem pagamento da indenização prevista em lei, o ônus da prova é do empregador.

É esse o entendimento correto do TRT da 10ª Região, por sua 1ª Turma, no julgamento do RO n. 2.680/85, in DJU de 16.10.86.

206.1. Inversão do Ônus da Prova

Ninguém discute ser o *"onus probandi"* um dos problemas fundamentais do processo comum ou do trabalho. E, por ônus da prova, se entende a necessidade imperiosa de a parte provar o fato que leva ao reconhecimento de seu direito.

Esse ônus é dividido *por Emilio Betti* em ônus da ação e ônus da exceção. O pensamento desse jurista foi sintetizado por *Carnelutti* sem sacrifício da sua clareza (in "Sistema", 1º vol, item 162): *"Quem expõe uma pretensão em juízo deve provar os fatos que a sustentam; quem expõe uma exceção deve, por seu lado, provar os fatos dos quais resulta; em outros termos — quem aciona deve provar o fato ou os fatos constitutivos e quem excetua o fato ou os fatos extintivos, ou a condição ou condições impeditivas ou modificativas."* (apud Moacyr Amaral Santos, Comentários ao CPC, vol. IV, Forense, 1ª edição, 1974, p. 34).

É silente a Consolidação das Leis do Trabalho sobre o critério da distribuição do ônus da prova. Limita-se a dizer, no artigo 818 que "a prova das alegações incumbe à parte que as fizer." Afina-se a norma com as Institutas de Justiniano — Digesto XXII, 3,2: "a prova é ônus de quem afirma e não de quem nega a existência de um fato."

Se a alegação é feita pelo reclamante, cabe a ele produzir a prova de sua existência ou de sua verossimilhança; se do reclamado, em sua defesa, para ele é transferido esse ônus.

A complexa problemática, que envolve a produção da prova, pedia critério mais objetivo de distribuição do ônus da prova. Por isso, graças à regra da subsidiariedade do processo civil ante o processo do trabalho, o já citado artigo 818 da Consolidação, completa-se com o preceituado no artigo 333 do Código de Processo Civil: " O ônus da prova incumbe: a) ao Autor quanto ao fato constitutivo do seu direito; b) ao Réu quanto à existência de fato impeditivo, modificativo ou extintivo do direito do autor. Parágrafo único — É nula a convenção que distribui de maneira diversa o ônus da prova quando: I — recair sobre direito indisponível da parte; II — tornar excessivamente difícil a uma parte o exercício do direito".

Frisemos, mais vez, que o parágrafo único do art. 333 do CPC, por admitir inversão convencional do ônus da prova, é inaplicável ao processo do trabalho, por desatender aos seus princípios fundamentais.

Quanto ao *"caput"* desse art. 333 do CPC, não hesitamos em afirmar que ele completa o disposto no art. 818 da CLT.

Tratando-se de fato constitutivo de direito, sua prova é exigida do reclamante. E por fato constitutivo se entende aquele que produziu os efeitos jurídicos procurados pelo reclamante.

É do reclamado o ônus de provar fato impeditivo, modificativo ou extintivo do direito pretendido pelo reclamante. Fato impeditivo é aquele que inviabiliza o pedido do reclamante, como, por exemplo, a prova de que inexistia o vínculo empregatício. Fato modificativo é aquele que altera o perfil da pretensão do reclamante ou lhe reduz a dimensão, como, por exemplo, a prova de pagamento de algumas das verbas postuladas em juízo. Fato extintivo é aquele que retira toda eficácia jurídica do fato alegado pelo reclamante, como, por exemplo, a prova do integral pagamento da verba reivindicada no processo ou a prescrição do direito de ação.

Do que falamos, até aqui, sobre o *"onus probandi"*, deduz-se que a distribuição do encargo de provar atende a um critério casuístico, correlacionado com a natureza do fato alegado.

A doutrina mais moderna vem salientando que o autor, muitas vezes, não tem acesso a elementos e informações essenciais à demonstração dos fatos a que se vinculam seus direitos. Tal entendimento conduziu à inversão do ônus da prova e deu origem à regra do inciso VIII, do art. 6º, do Código de Defesa do Consumidor que inclui, entre os direitos básicos do consumidor, *"a facilitação da defesa de seus direitos, inclusive com a inversão do ônus da prova, a seu favor, no processo civil, quando, a critério do juiz, for verossímil a alegação ou quando for ele hipossuficiente, segundo as regras ordinárias de experiências"*.

Sobre essa regra legal já escrevemos o seguinte: *"O inciso VIII, do artigo 6º que vimos analisando, só admite a inversão do ônus da prova quando for verossímil o alegado pelo consumidor ou quando este for hipossuficiente". ... "Se, de um lado, todos reconhecem que o consumidor, em face de uma situação litigiosa, se acha inferiorizado diante do fornecedor, de outro, tem-se de aceitar a inversão do ônus da prova como um meio de pôr em equilíbrio a posição das partes no conflito"*. (Comentários ao Código de Defesa do Consumidor, Ed. LTr, 6ª edição, p. 221/222).

A linha doutrinária, a que nos referimos há pouco, inspirou, também, os artigos 355 e 356 do CPC, que autorizam o Juiz a ordenar à parte que exiba documento ou coisa que se ache em seu poder.

Nos processos civil e do trabalho não há disposição que, de modo tão ostensivo como o faz o Código do Consumidor em seu art. 6º, autorize a inversão do ônus da prova.

Como não se pode determinar, previamente, a natureza e o número de todos os fatos susceptíveis de gerar direitos e obrigações, cabe, à doutrina e à jurisprudência, preencher os inevitáveis claros da lei no tocante ao critério de distribuição do ônus da prova.

207. Licitude dos Meios de Prova

Nos termos do inciso LVI do art. 5º da Constituição Federal, *"são inadmissíveis, no processo, as provas obtidas por meio ilícitos"*.

Está em harmonia com essa norma o art. 332 do CPC: *"Todos os meios legais, bem como os moralmente legítimos, ainda que não especificados neste Código, são hábeis para provar a verdade dos fatos, em que se funda a ação ou a defesa".*

Não hesitamos em afirmar que a supracitada norma do CPC se aplica ao processo trabalhista.

Uma prova, para ser legal, não pode ser obtida por meio ilícito, diz a Constituição. E o art. 332 do CPC aduz que esse meio também precisa ser moral. Não há conflito entre as duas normas. Desde tempos imemoriais se entende que todo direito se inclui na moral.

A prova emprestada, oriunda de outro processo, só se torna válida se admitido o contraditório. É permitido ao Juiz incorporá-la ao conjunto de provas, mas, no caso, terá sempre de ouvir a parte interessada.

208. Da Isonomia na Produção da Prova

Temos, no princípio da isonomia da produção das provas, uma projeção do princípio da igualdade das partes no processo.

Tanto o Reclamante como o Reclamado devem ter iguais oportunidades, no processo, para realizar as provas de suas alegações.

A ofensa a esse princípio acarreta a caracterização do cerceamento de defesa ou provoca a restrição ao direito do Reclamante de provar a veracidade do que afirmou no pedido inicial.

209. Da Oportunidade da Prova

Têm as partes de realizar a prova no momento processual adequado.

Se não o fizerem, ficará precluso esse seu direito.

Como exceção a essa regra, admite-se que a produção da prova seja extemporânea se demonstrado ficar a impossibilidade de produzi-la em momento anterior ou porque não tinha a parte conhecimento desse meio de prova.

É sabido que, por vários motivos, surge a necessidade de produzir-se a prova fora do momento processual próprio.

Na hipótese, a prova se produz *ad perpetuam rei memoriam* isto é, antes da abertura do processo. Os casos configuradores dessa hipótese mais comuns na Justiça do Trabalho são os seguintes: a) a testemunha que pode revelar fatos essenciais à elucidação do litígio tem idade muito avançada, está muito doente ou está prestes a realizar longa viagem para o exterior; b) está prestes a ser desativada indústria em que o trabalho é prestado sob condições insalubres ou perigosas.

No item 223 retomamos essa questão da produção antecipada da prova.

210. Espécies de Provas

A Seção IX do Capítulo II do Título X da CLT não apresenta elenco taxativo das espécies de provas admitidas no processo trabalhista (depoimento das partes e testemunhas, documentos, perícias).

Sempre há a possibilidade de o fato em debate ser provado de forma ignorada expressamente pela Lei. Não é por outro motivo que o art. 332 do CPC diz que todos os meios legais, bem como os moralmente legítimos, ainda que não sejam neles especificados, são hábeis para provar a verdade dos fatos, em que se funda a ação ou a defesa.

O que importa é que o meio de prova não afronte a Lei nem seja moralmente ilegítimo.

Mercê do desenvolvimento acelerado da tecnologia, surgem, todos os dias, novos meios e processos de provar a verdade dos fatos.

Seria distanciar-se dessa realidade estabelecer que os meios de prova, no Direito Processual, devam ser aqueles expressamente citados na lei.

Ao admitir qualquer qualidade de prova, repetimos, a lei impõe drástica restrição àquela vedada por lei ou àquela moralmente ilegítima.

Na valoração das provas, inexistindo norma jurídica particular, é dado ao Juiz aplicar as regras da experiência comum administradas pela observação do que ordinariamente acontece e ainda as regras de experiência técnica, ressalvado, quanto a esta, o exame pericial.

É o que dispõe o art. 335 do CPC, perfeitamente aplicável ao processo trabalhista, pois não contraria qualquer dos seus princípios ou características peculiares.

De certa maneira, é uma exceção à regra *quod non est in actis non est in mundo*.

O dispositivo consagra a teoria das máximas gerais de experiência, as quais produzem presunções decorrentes do que acontece comumente.

Como se vê, no silêncio da Lei, a máxima semelha fonte formal do direito.

211. Fatos Notórios

A regra, como assinalamos noutro ponto deste capítulo, é ter de provar as alegações feitas.

Mas, segundo a lei, há alguns fatos que dispensam a prova. São eles mencionados no art. 334 do CPC: *"Não dependem de prova os fatos: I — notórios; II — afirmados por uma parte e confessados pela parte contrária; III — admitido no processo como incontroversos; IV — em cujo favor milita presunção legal de existência ou de veracidade".*

Fato notório — *notorium non eget probatione* — é aquele que tem caráter geral, que é do conhecimento de todos.

Se se tratar de algo que só um círculo fechado de pessoas conhece, não se pode classificar, a rigor, como de fato notório.

As controvérsias em torno do tema permanecem bem vivas e acaloradas, por não ser clara sua conceituação.

Do que acabamos de dizer, infere-se que um fato notório não exige qualquer prova e, se o exigir, deixa de ser notório.

Frederico Marques ("Manual de Direito Processual Civil", II tomo, Bookseller, 1997, p. 209), com rara felicidade, declara que *"fato notório é o constituído por verdades geralmente reconhecidas por se referir a uma situação territorial ou geográfica, ou a acontecimento histórico urbe et orbi admitido e ainda por tratar-se de fatos axiomáticos, evidentes e indiscutíveis, é, em suma, o fato insuscetível de ser negada sua existência".* Lembra o saudoso mestre patrício que a notoriedade de um fato pode exigir prova quando a notoriedade vem exigida em Lei, como elemento determinante do direito.

Trata-se indulgentemente de uma exceção à regra de que o notório não precisa ser provado.

Admitindo a notoriedade de um fato, está o Juiz indeferindo qualquer pedido para prová-lo. Entretanto, é dado à parte a quem prejudica o fato notório fazer a contraprova e assim demonstrar que ele inexiste ou que não é verossímil.

Fato incontroverso é aquele alegado por uma parte e não impugnado pela outra.

Sendo revel o Reclamado, reputam-se verdadeiros os fatos narrados pelo Reclamante, como também o serão quando o Reclamado não os negar ou refutar na contestação.

Numa palavra, o fato é incontroverso quando: a parte contrária o aceita; a parte sobre ela não se pronuncia na contestação; sua existência é consequência de u'a manifestação da parte contrária; o é por sua própria natureza.

A presunção legal de existência de um fato deriva da apresentação de instrumento ou documento com força probante.

212. Prova de Normas Jurídicas

Jura novit curia é antiga máxima que diz estar o juiz obrigado a conhecer o direito positivo nacional.

Decorrentemente, estabelece o art. 337 do CPC: *"A parte que alegar direito municipal, estadual, estrangeiro ou consuetudinário, provar-lhe-á o teor e a vigência, se assim o determinar o Juiz".*

Ocioso dizer que a norma incide no processo trabalhista.

Dela deflui a obrigação, quanto ao teor e à vigência da norma indicada pela parte, quando o Juiz o exigir.

Admitiu o legislador a possibilidade de o Juiz conhecer o direito material invocado pela parte.

De notar-se que, no âmbito do direito material, há norma semelhante à do art. 337 do CPC. Encontramo-la no art. 14 da Lei de Introdução às Normas do Direito Brasileiro:

"Não conhecendo a lei estrangeira, poderá o Juiz exigir de quem a invoca, prova do texto e da vigência".

Em se tratando de direito estrangeiro, é imprescindível a autenticação diplomática, mas isso na hipótese de o Juiz informar que não o conhece.

As Convenções da Organização Internacional do Trabalho — OIT — ratificadas pelo Brasil incorporaram-se ao direito nacional e, por isso, é o Juiz obrigado a conhecê-las. O mesmo dizemos no que tange a tratados internacionais a que o nosso País haja aderido.

Acentua-se a tendência para a universalização e homogeneização da legislação do trabalho; é a internacionalização do direito do trabalho. A Organização Internacional do Trabalho — OIT — tem papel marcante nesse fenômeno.

É o fenômeno fruto da disseminação, em larga escala, dos progressos tecnológicos que produzem condições de trabalho muito semelhantes em todos os países.

Com referência ao direito consuetudinário, se não for notório, terá de ser atestado por autoridade da localidade ou região onde o costume é direito.

A coisa julgada tem de ser provada mediante a juntada aos autos de certidões que a comprovem. Não é lícito esperar que o Juiz tenha ciência de todas as sentenças proferidas no território nacional ou na sua comarca e que se tornaram irrecorríveis. Cabe à parte provar o fato.

Não são poucos os pactos coletivos (acordos e convenções coletivas de trabalho) que motivam dissídios individuais. É dever da parte interessada trazer aos autos cópia autenticada desse instrumento.

Regulamento interno de uma empresa é provado mediante apresentação de documento idôneo que o reproduza fielmente.

213. Classificação das Provas

O correto seria dizermos "classificações possíveis das provas", pois cada autor adota uma, segundo o seu ponto de vista.

O exame de todas as classificações conhecidas daria a esse ponto dimensões que o plano da obra não admite.

Sem ceder à tentação de examinar cada uma das diversas classificações da prova, manifestamos desde logo nossa preferência por aquela adotada por *Framarino Malatesta* (apud "Prova Judiciária no Cível e Comercial", de *Amaral Santos*, 3. ed., vol. I, Max Limonad, p. 71) e que se traduz nos seguintes critérios:

"1º — *quanto ao sujeito, a prova se divide em pessoal e real; 2º — quanto ao objeto, em diretas, que também podem ser denominadas históricas e indiretas, ou ainda críticas; 3º — quanto à forma, em literais, testemunhais e materiais, as quais, por sua vez, se subdividem em preconstituídas e casuais*".

Sujeito da prova: a) tanto pode ser a pessoa ou coisa que dão origem à prova; b) a pessoa que afirma existir ou inexistir o fato que se pretende provar.

Objeto da prova é o fato sobre o qual versa a ação e que se deseja provar.

Forma da prova é a modalidade ou a maneira como é ela apresentada ao Juiz, "pela qual se constitui ou produz".

A prova, quanto ao objeto, é classificada como direta ou indireta; quanto ao sujeito, como pessoal ou real; quanto à forma, em testemunhal, documental e material.

É direta a prova quando se constitui no mesmo fato probando ou a ele vinculada; se diz respeito a um outro fato, mas que, mediante operação mental, leva ao fato probando, é indireta.

São, ainda, consideradas provas indiretas as presunções e os indícios.

É o fato o sujeito da prova quando a certeza de sua existência resulta dos vestígios reais ou morais que houver deixado.

As provas pessoais derivam do testemunho ou de um documento.

As provas reais são aquelas ao alcance dos sentidos e que são exibidas ao Juiz.

A classificação que *Bentham* faz ("Tratado de las Pruebas Judiciales", Buenos Aires: Ediciones Jurídicas, 1971, 1º tomo, p. 29 e ss.), embora datada de 1823 conserva seu frescor e originalidade.

Depois de advertir que a prova não é dotada de força capaz de levar ao convencimento, mas apenas um meio *"que se utiliza para estabelecer a verdade de um fato, meio que pode ser bom ou mau, completo ou incompleto"*, informa que os meios probatórios se diferenciam uns dos outros e, por isso, propõe as seguintes divisões:

1ª) Com vistas à fonte das provas, se das pessoas ou das coisas, temos a prova pessoal ou prova real.

2ª) Provas diretas, indiretas e circunstanciais.

3ª) Segundo a disposição do depoente, há o testemunho pessoal voluntário e há o testemunho pessoal involuntário.

4ª) A prova é produzida no curso do processo ou existia antes deste, sem a intenção de ser-lhe útil. Nesta última hipótese, trata-se de documento.

5ª) Provas por escritos casuais e provas por escritos pré-constituídos.

6ª) Testemunho feito em outro processo ou declarações ante autoridade judiciária diferente são as provas emprestadas.

7ª) Testemunho original e não original.

O primeiro é o de uma pessoa que assistiu ao fato com que a ação se relaciona; não original é o de uma pessoa que declara ter ouvido algo de uma outra que presenciou o fato probando.

8ª) Testemunho perfeito e testemunho imperfeito.

Testemunho perfeito não é, em verdade, desprovido de qualquer imperfeição, pois os sentidos podem falhar na captação das características de um fato, mas, no seu conjunto, encontra-se em sintonia com tudo o mais que há no processo.

Imperfeito o testemunho quando a pessoa não está verdadeiramente empenhada em provar a verdade dos fatos.

Induvidoso o maior valor da classificação de *Malatesta*, mas em *Bentham* há pontos relativos à prova que continuam a merecer toda a admiração.

214. A Prova e a CLT

As provas admitidas pela CLT são as seguintes: a) depoimento pessoal da parte; b) testemunhas; c) documentos; d) perícias; e e) inspeção judicial, prevista nos arts. 440 a 443 do CPC.

Já frisamos que, não havendo acordo entre as partes porque rejeitaram a proposta conciliatória do Juiz do trabalho, o processo entra na fase probatória.

Nessa oportunidade, com arrimo no art. 848 da CLT, é facultado ao Juiz, *ex officio*, interrogar as partes ou fazê-lo a pedido de um dos vogais.

Terminado o interrogatório das partes, é-lhes permitido retirar-se do recinto se tiverem representantes nos autos. Em caso negativo, deverão permanecer na audiência, sob pena de sofrerem as sanções previstas na CLT.

214.1. Da Prova Ilícita

Reza o inciso LVI, do art. 5º da Constituição Federal: "Todos são iguais perante a lei, sem distinção de qualquer natureza, garantindo-se aos brasileiros em geral e aos estrangeiros residentes no País a inviolabilidade do direito à vida, à liberdade, à igualdade, à segurança e à propriedade, nos termos seguintes: I — *omissis*; LVI — são inadmissíveis, no processo, as provas obtidas por meios ilícitos".

De observar-se, desde logo, que o preceito abarca todo e qualquer processo, seja ele administrativo ou judicial, trabalhista ou criminal.

O precitado dispositivo constitucional não distingue esta ou aquela classe de processo.

É da tradição do nosso direito o admitir, apenas, meios idôneos de prova por serem permitidos pela lei ou pela moral.

O Código de Processo Civil de 1939 falava em provas previstas em lei, ao passo que o de 1973, no art. 332 dá maior elasticidade ao critério legitimador da prova ao dizer — *verbis*: "Todos os meios legais, bem como os moralmente legítimos, ainda que não especificados neste Código, são hábeis para provar a verdade dos fatos, em que se funda a ação ou a defesa".

A lei processual vigente previu, não apenas os meios legais de provas, mas também aqueles aceitos pela moral.

É indubitável que esse preceito conservou sua eficácia com a superveniência da Constituição Federal de 5 de outubro de 1988. Nesta se afirma que as provas obtidas por meios ilícitos são inacolhíveis no processo, quer porque a lei os desautoriza, quer porque a moral os condena.

Dentre os juristas que se propuseram a interpretar o susocitado inciso LVI do art. 5º da Lei Fundamental, temos para nós que *Celso Ribeiro Bastos* (*in* "Comentários à Constituição do Brasil", Saraiva, 1989, p. 272 a 277) foi quem se mostrou mais original.

Em síntese, esse renomado constitucionalista diz o seguinte:

"Seria mais prudente que o nosso sistema legal não elevasse o tema ao nível constitucional, deixando, para o legislador ordinário e para a jurisprudência, o encargo de elencar as hipóteses de prova obtida por meios ilícitos. Dessarte, entende que cabe à lei infraconstitucional dizer quais sãos os meios de prova lícitos e ilícitos."

Inclina-se, ainda, a favor da interpretação desse dispositivo constitucional com abrandamentos.

Duas são as modalidades de obtenção ilícita de prova: a) uso de processo não autorizado por lei, ou seja ilicitude intrínseca, como por exemplo a gravação de conversa telefônica sem permissão do outro interlocutor e, com maior razão, sem o consentimento de ambos; b) prova obtida com assentimento da lei processual, ou ilicitude extrínseca, mas com ofensa a um direito individual, como, por exemplo, a gravação de uma conversa por telefone nos termos do art. 383 do CPC, mas vulneradora do inciso XII, do art. 5º da Constituição — *verbis*: *"É inviolável o sigilo da correspondência e das comunicações telefônicas, salvo, no último caso, por ordem judicial, nas hipóteses e na forma que a lei estabelecer para fins de investigação criminal ou instrução processual penal"* (art. 150, §§ 1º a 5º do Código Penal; art. 301 do Código de Processo Penal).

Acertadamente, salienta *Bastos* que, como a Constituição não discrimina, é dado ao intérprete concluir que a citada norma abrange tanto os casos de ilegalidade extrínseca como os de ilegalidade intrínseca.

Bastos encerra sua exposição sobre o assunto enunciando "algumas regras de imposição obrigatória em função das premissas já lançadas."

Registramos, apenas, a primeira delas por dois motivos: a) porque tem conexão com o tema deste item e b) porque sugere a acolhida de prova obtida irregularmente ser indispensável à defesa de um direito constitucional *"mais encarecido e valorizado pela Lei Maior do que aquele cuja violação se deu"*.

Mesmo o mais rápido manuseio de anais da jurisprudência trabalhista, revela ser frequente o fato do empregado, num processo do trabalho, trazer à colação xerocópias de documentos, do arquivo da empresa, confirmadores da relação de emprego, xerocópias extraídas sem autorização do empregador.

O raciocínio desenvolvido por *Celso Ribeiro Bastos* pode levar-nos à conclusão de que o ato de copiar, sem permissão, os aludidos documentos, não é tão encarecido nem tão valorizado quanto os incisos I, III, VIII, XI, XII e XV do art. 7º da Constituição Federal, bem como as demais disposições referentes à Previdência Social, relacionados com os vários aspectos da relação empregatícia.

Não é incomum, também, o empregado dar, como base probatória à pretensão deduzida na petição inicial, documentos surrupiados do arquivo da empresa.

Sem embargo da originalidade e do brilhantismo com que essa teoria é sustentada, vemos, com certa reserva um dos seus aspectos. É aquele que insinua a possibilidade de um ato ilícito ou imoral revestir-se de licitude ou de legitimidade e produzir efeitos jurídicos se o fim visado é o de resguardar ou de proteger um direito de consagração constitucional.

Reconhecemos, porém, ser ainda polêmica a matéria aqui colocada.

É indubitável que a doutrina e a jurisprudência têm muito que fazer para espancar as dúvidas que cercam a questão da prova obtida por meios ilícitos.

Todavia, será estreita a margem de erro do magistrado que, em face de cada caso concreto e da norma específica que tutela o direito do trabalhador, não perder de vista o preceituado no inciso LVI, do art. 5º, da Constituição Federal, combinado com os arts. 332 e 383 do Código de Processo Civil.

E mais.

Informa *Joan Picó I Junoy* (in "Derecho de la prueba en el proceso civil", Madrid: Bosch, 1996, p. 283) que o art. 549 da Ley de Enjuiciamento Civil, de 1974, tem a seguinte redação:

"O tribunal não admitirá os meios que se hajam obtido pela parte que os ofereça ou por terceiros empregando procedimentos que a juízo do mesmo se devam considerar reprovável segundo a moral ou atentatórios contra a dignidade da pessoa."

Boa parte da doutrina espanhola, desde uma ampla perspectiva, entende por prova ilícita aquela contrária à constituição, à lei, à moral, aos bons costumes ou às disposições de caráter geral.

Manoel Antônio Teixeira Filho (in "A prova no processo do trabalho", 7. ed., LTr, 1997, p. 87) em lição, que abraçamos, diz, a propósito dos meios de prova moralmente legítimos, que essa questão *"é muito mais complexa do que se possa conceber, a partir do fato de inexistirem critérios objetivos para se determinar a moralidade ou imoralidade do meio ou instrumento de que se valeu a parte para produzir a prova pretendida".*

Tal observação se concilia com o conceito de moral (do latim *mores*, costumes), o mesmo que ética: "a ciência das leis ideais que dirigem as ações humanas e a arte de as aplicar corretamente às diversas situações da vida." (*C. Lahr*, "Manual de Filosofia", Lisboa, 1945, p. 455/456).

É evidente o subjetivismo dos critérios selecionadores dos costumes ou leis ideais que devem nortear a conduta humana em sociedade, o que dá força ao magistério de *Teixeira Filho*.

A licitude da prova é uma das projeções do *due process law*.

É o que preleciona o Ministro do Supremo Tribunal Federal *Celso de Mello* ao emitir seu voto de relator no julgamento do RE 251.445 (in *Informativo STF* n. 197, de 16.8.2000):

"A cláusula constitucional do due process law *— que se destina a garantir a pessoa do acusado contra ações eventualmente abusivas do Poder Público — tem, no dogma da inadmissibilidade das provas ilícitas, uma de suas projeções concretizadoras mais expressivas, na medida em que réu tem o impostergável direito de não ser denunciado, de não ser julgado e de não ser condenado com apoio em elementos instrutórios obtidos ou produzidos de forma incompatível com os limites impostos, pelo ordenamento jurídico, ao poder persecutório e ao poder investigatório do Estado."*

Tais palavras se prendem a uma ação penal, mas temos como certo que elas têm sentido genérico, pois, é inadmissível que um processo comum ou trabalhista provas obtidas com ilicitude. A Justiça não pode nem deve acumpliciar-se com o ilícito para aplicar a lei a um caso concreto.

A Consolidação das Leis do Trabalho, nos arts. 818 a 830 dedicados à prova, é silente no tocante ao dever de a parte produzir prova de origem lícita. Daí a conclusão de que tanto o art. 332 do Código Processo Civil como o inciso LVI do art. 5º da Constituição Federal se aplicam ao processo do trabalho.

Dessarte, no foro trabalhista, se o empregador ou o empregado utilizam de documentos que pertencem à parte adversa, é um meio inidôneo de prova destinado a formar o juízo do julgador.

Demonstrando o interessado que a prova foi obtida por meio ilícito, cabe ao Juiz desentranhar dos autos o documento, a fotografia ou a gravação de conversas telefônicas.

No processo do trabalho, não é fato raro o empregado retirar dos arquivos da empresa documentos comprobatórios da lesão aos seus direitos trabalhistas. Configura-se, na hipótese, meio ilícito de produzir prova.

A observância fiel do disposto na Constituição e no art. 332 do CPC, de regra, não coloca o empregado em situação de inferioridade no que tange à prova de sua pretensão. Assiste-lhe o direito de requerer ao Juiz que determine, ao empregador, a exibição em juízo o documento ou qualquer outra classe de prova que interesse ao deslinde do litígio.

Para remate desta nota, recorremos, outra vez, ao voto do Ministro *Celso de Mello*:

"A prova ilícita é inidônea. Mais do que isso, prova ilícita é prova imprestável. Não se reveste, por essa explícita razão, de qualquer aptidão jurídico-material. Prova ilícita, qualificando-se como providência instrutória repelida pelo ordenamento constitucional, apresenta-se destituída de qualquer grau, por mínimo que seja, de eficácia jurídica".

215. Do Depoimento Pessoal

É a declaração feita pela parte — Reclamante ou Reclamado — sobre os fatos relacionados com o litígio que deu origem ao processo.

O comparecimento das partes à primeira audiência do processo trabalhista é obrigatório. Só assim será possível tentar a conciliação. Malograda essa tentativa, o Juiz inquirirá as partes e as testemunhas.

É isso que decorre do art. 820 da CLT.

Já se tornou praxe no foro trabalhista condicionar a pena de confissão ao prévio pedido dessa cominação pelo Reclamante quando da intimação do Reclamado para depor na audiência inaugural ou em continuação. Esse pré-requisito da aplicação da pena de confissão não está previsto de modo expresso na lei.

Em favor do nosso pensamento, lembramos o § 1º do art. 343 do CPC: *"A parte será intimada pessoalmente, constando do mandado que se presumirão confessados os fatos contra ele alegados, caso não compareça, ou, comparecendo, se recuse a depor".*

Entretanto, será conveniente, na maioria das vezes, o Reclamante, na petição inicial, pedir o depoimento do Reclamado sob pena de confissão.

Há duas Súmulas do TST que se prendem ao assunto deste item.

Súmula n. 69 — Rescisão do contrato. A partir da Lei n. 10.272, de 5.9.2001, havendo rescisão do contrato de trabalho e sendo revel e confesso quanto à matéria de fato, deve ser o empregador condenado ao pagamento das verbas rescisórias, não quitadas na primeira audiência, com acréscimo de 50% (cinquenta por cento).

A segunda Súmula tem o n. 74: *"Confissão. I — Aplica-se a confissão à parte que, expressamente intimada com aquela cominação, não comparecer à audiência em prosseguimento, na qual deveria depor; II — A prova pré-constituída nos autos pode ser levada em conta para confronto com a confissão ficta (art. 400, I, CPC), não implicando cerceamento de defesa o indeferimento de provas posteriores. III — A vedação à produção de prova posterior pela parte confessa somente a ela se aplica, não afetando o exercício, pelo magistrado, do poder/dever de conduzir o processo".*

A Súmula supracitada prende-se ao caso do empregador que comparece à audiência de conciliação e que, depois, na audiência em continuação, deixa de comparecer apesar de intimado com a advertência de que sua ausência injustificada acarretará a pena de confissão.

Observe-se que a Súmula *supra* não faz depender a pena de confissão de um requerimento do Reclamante. Mas voltamos a dizer que, pragmaticamente e para evitar incidentes procrastinatórios, sugerimos ao Reclamante que, ao pedir o depoimento pessoal do Reclamado, seja ele avisado de que seu não comparecimento será punido com pena de confissão.

Ainda sobre o depoimento pessoal do Reclamante ou do Reclamado sabemos que já tem acontecido de o Juiz indeferir a formulação de perguntas pelo advogado à parte (por intermédio do Juiz) cujos interesses defende no processo.

Não há — na CLT e no CPC — norma vedando a participação do advogado na inquirição do seu cliente.

Por outro lado, não há negar que o advogado, por conhecer todos os aspectos do litígio, poderá com suas perguntas levar a parte a esclarecer melhor pontos obscuros do litígio.

Sob o prisma psicológico, é sabido que a parte, quase sempre, fica submetida a grande tensão nervosa, que não lhe permite raciocinar com normalidade nem servir-se adequadamente de fatos guardados em sua memória. Ademais disso, não nos esqueçamos de que "o advogado é indispensável à administração da justiça" (art. 133 da Constituição Federal).

Cabe ao Juiz tomar o depoimento pessoal da parte, sendo permitidas perguntas da parte contrária.

Já sublinhamos anteriormente ser facultado ao Juiz, a qualquer tempo antes do término da instrução, reinquirir as partes de ofício, a pedido de uma delas (art. 820 da CLT).

A regra geral, encerrada no art. 344 do CPC, de ser defeso a quem ainda não depôs assistir ao interrogatório da outra parte, tem de adaptar-se ao processo trabalhista quando a parte exerce o *jus postulandi*.

Na hipótese, é indubitável que a parte pode e deve permanecer no recinto para ouvir o interrogatório do adversário a fim de exercer o direito de, por intermédio do Juiz, dirigir-lhe perguntas.

Quando, porém, a parte se faz acompanhar de advogado, cumprir-se-á o disposto no referido art. 344 do CPC.

É facultado ao depoente consultar "notas breves, desde que objetivem completar esclarecimentos".

Não é a parte obrigada a depor sobre fatos criminosos ou torpes que lhe forem imputados ou a cujo respeito, por estado ou profissão, deva guardar sigilo (art. 347 do CPC). Dois exemplos: furto de mercadorias ou assédio sexual de uma colega de trabalho; médico que consultou empregada sobre gravidez inexistente.

Estamos em que sintoniza com os princípios gerais e com as características do processo trabalhista o disposto no art. 345 do CPC:

"Quando a parte, sem motivo justificado, deixar de responder ao que lhe for perguntado, ou empregar evasivas, o Juiz, apreciando as demais circunstâncias e elementos de prova, declarará, na sentença, que houve recusa de depor".

Isso equivale à pena de confesso, só aplicável na prolação da sentença quando o Juiz, depois de avaliar toda a prova produzida, persuadir-se de que a parte não quis, efetivamente, responder ao que lhe fora perguntado.

De notar-se, porém, que a norma sofre as restrições derivadas do que se contém no art. 347 (fatos criminosos ou torpes e sigilo profissional).

Intimado para prestar depoimento pessoal, após a tentativa de conciliação, se o Reclamante não comparecer e não apresentar justificativa aceitável, ser-lhe-á aplicada a pena de confissão.

A Súmula n. 9 do TST — "a ausência do Reclamante, quando adiada a instrução após contestada a ação em audiência, não importa arquivamento do processo" — tem como supedâneo o princípio de que, após a definitiva estruturação da relação processual, mediante a contestação do Reclamado, adquire este irrecusável direito ao julgamento do mérito ou à prestação jurisdicional.

A ausência do Reclamante à audiência em continuação, na qual deve dar seu depoimento pessoal, tem como efeito a pena de confissão.

Há quem alegue o fato de que, na hipótese em tela, a CLT não faz previsão da pena de confissão ao Reclamante e, por isso, não se lhe aplica o que a respeito dispõe o CPC, no § 1º do art. 343: *"A parte será intimada pessoalmente (para prestar depoimento pessoal) constando do mandado que se presumirão confessados os fatos contra ela alegados, caso não compareça ou comparecendo se recuse a depor"*.

É gritantemente frágil esse argumento.

A CLT não previu, de maneira expressa, a hipótese do não comparecimento do Reclamante à audiência em continuação em que deve prestar depoimento pessoal.

Dessarte, não vemos como negar a aplicabilidade das regras correspondentes ao CPC.

De notar-se, ainda, que posição contrária à nossa afronta o princípio da igualdade das partes no processo, pois a negligência do Reclamante no trato de seus interesses ficaria sem sanção e deixaria a outra parte em posição desconfortável dentro do processo.

Consoante o art. 342 do CPC, é lícito ao Juiz determinar, em qualquer estado do processo, o comparecimento pessoal das partes a fim de interrogá-las sobre os fatos da causa.

Qualquer estado do processo significa antes do encerramento da instrução e prolação da sentença.

É conveniente que o Juiz, no despacho que determinar o comparecimento da ou das partes, relacione os fatos sobre os quais pretende inquiri-las e acerca dos quais tem dúvida ou curiosidade.

O não comparecimento injustificado pode acarretar a pena de confissão, relativamente àqueles fatos.

216. *Espécies de Confissão*

A confissão é uma declaração.

Qualquer das partes pode fazê-la reconhecendo, total ou parcialmente, a verdade de fatos que lhe são prejudiciais e que favorecem a outra parte.

No art. 348 do CPC é dito que *"há confissão, quando a parte admite a verdade de um fato, contrário ao seu interesse e favorável ao adversário"*.

A confissão é judicial e extrajudicial.

Judicial quando feita em Juízo.

É ela espontânea ou provocada.

Quando, sem qualquer provocação, a parte toma a iniciativa de reconhecer a verdade do fato probando, é a confissão espontânea. Admite a lei a confissão espontânea através de mandatário com poderes especiais (parágrafo único do art. 349 do CPC).

Toma-se a confissão espontânea por meio de termo lavrado nos autos.

Ponto pacífico na doutrina é reconhecer-se a indivisibilidade da confissão. Daí a ilação de que a parte favorecida pela confissão não pode extrair desta apenas o que lhe convém. Assim, a confissão terá de ser apreciada como um todo no julgamento da ação. O CPC, na parte final do art. 354, abre uma exceção a essa regra dizendo textualmente: *"Cindir-se-á (a confissão), todavia, quando o confitente lhe aduzir fatos novos, suscetíveis de constituir fundamento de defesa de direito material ou de reconvenção"*.

A confissão provocada constará do depoimento pessoal da parte, mas só fará prova contra o confitente, não prejudicando eventuais litisconsortes — ativos ou passivos, como dispõe o art. 350 do CPC.

De frisar, por oportuno, que fatos relativos a direitos indisponíveis não podem ser confessados, ou melhor, a confissão não terá validade nesse ponto.

E direitos indisponíveis são considerados aqueles sobre os quais está a parte impedida de transigir.

Erro, dolo ou coação podem ser a causa de uma confissão. No caso, é ela revogável por meio de ação anulatória, se ainda pendente o processo em que foi feita ou por meio de ação rescisória, depois de transitada em julgado a sentença da qual a confissão foi o único fundamento.

Só o confitente pode propor uma dessas ações anulatória ou rescisória. E, no caso de seu falecimento, seus herdeiros estão autorizados, por lei, a dar prosseguimento ao feito (art. 352 do CPC).

O CPC — art. 353 — admite a prova extrajudicial feita por escrito à parte ou a quem a represente.

Tem a mesma eficácia probatória da prova judicial. Se feita a terceiro, será livremente apreciada pela Vara do Trabalho. Aí, trata-se de prova subsidiária, cujo valor depende de seu confronto com as demais provas produzidas nos autos.

217. Do Testemunho

Estatui o art. 819 da CLT que "o depoimento das partes e testemunhas que não souberem falar a língua nacional, será feito por intermédio de intérprete nomeado pelo Juiz".

Os artigos subsequentes até o 825 não fazem menção ao processo a ser usado na tomada desses depoimentos.

Por essa razão, aplica-se ao processo do trabalho o que a respeito constar da lei processual civil, em obediência ao princípio da subsidiariedade.

Rezava o art. 417 do CPC, em sua redação original: *"o depoimento (da testemunha) depois de datilografado, será assinado pelo Juiz, pelas testemunhas e pelas partes"*.

A Lei n. 8.952/94 deu nova redação ao dispositivo para assentar que "o depoimento, datilografado ou registrado por taquigrafia, estenotipia ou outro método idôneo de documentação, será assinado pelo Juiz, pelo depoente e pelos procuradores, facultando-se às partes a sua gravação. Parágrafo único. O depoimento será passado para a versão datilográfica quando houver recurso da sentença, ou noutros casos, quando o Juiz o determinar de ofício ou a requerimento das partes".

Vislumbra-se, no novo texto, o esforço do legislador em abrir o campo processual ao emprego dos avanços da tecnologia, notadamente, eletrônica.

Na hipótese do artigo supracitado, não foi ele muito feliz. Senão, vejamos.

Se o depoente, ou seu procurador, não for versado em taquigrafia ou estenotipia, não terá condições de assinar o depoimento.

Como o dispositivo acima referido alude a "a outro método idôneo de documentação", é lícito ao juiz gravar eletronicamente o depoimento. Também, no caso, como se fará a assinatura do depoimento?

É facultado às partes fazer a gravação do depoimento das testemunhas, tendo ficado à margem o do Reclamante e do Reclamado, uma vez que o art. 417 está inserido no Capítulo VI do Título VI do CPC.

Como o servidor incumbido da tomada do depoimento da testemunha pode equivocar-se ao redigir o que lhe foi ditado pelo Juiz, tem a parte, ou seu procurador, de verificar a exatidão do texto mediante o confronto com a gravação. É claro que essa providência tornará mais demorada a audiência; não deve, porém, o Juiz impedi-la.

Interpretação literal e desatenta do parágrafo único do art. 417, já transcrito pode levar alguém a acreditar que a versão datilográfica do depoimento taquigrafado ou estenotipado só se fará depois da interposição do recurso.

Assim aplicada a norma, ficaria, muitas vezes, a parte impossibilitada de bem fundamentar seu recurso, com a invocação do depoimento das testemunhas, por desconhecer a taquigrafia ou estenotipia.

Para contornar essa dificuldade, seria prudente o Juiz que, no encerramento da instrução, determinasse, de ofício, a versão datilográfica dos depoimentos.

Essa providência pode ser requerida pela parte no mesmo momento processual.

Se tal versão datilográfica não se realizou nos sobreditos momentos e a parte desejar recorrer, deve, dentro do prazo recursal, requerer ao Juiz que ordene a questionada providência e lhe devolva, depois, aquele prazo.

Testemunho é um dos meios de prova.

Só pode fazê-lo pessoa capaz e que não tenha qualquer interesse no desfecho do litígio. Por outras palavras, não podem ser testemunhas os incapazes, impedidos e suspeitos.

Consiste ele no relato, em audiência, que a testemunha faz do que sabe acerca dos fatos que se prendem à lide.

Cada parte no processo trabalhista pode apresentar três testemunhas, exceção feita dos casos de inquérito para apuração de falta grave imputada a estabilitário, caso em que esse número se eleva para seis.

Quando, porém, se tratar de litisconsórcio ativo ou passivo cabe ao Juiz decidir se o número de testemunhas deve ser aumentado se o número e a variedade de fatos vinculados à ação justificarem a medida.

Uma única testemunha, divorciada das demais provas ou sem qualquer outro elemento probatório, não serve para o magistrado formar seu juízo sobre a lide.

De pouco valor a testemunha *ex credulitate*, isto é, a testemunha de ouvir dizer.

O que merece atenção do julgador é a testemunha *ex scientia*, aquela que efetivamente presenciou os fatos ligados ao objeto da ação.

A testemunha em seu depoimento há de se conduzir com isenção de ânimo e, portanto, não deve agir de má-fé, ocultando a verdade dos fatos.

Acontece, porém, e com frequência, que testemunhas de um mesmo fato o descrevam de modo diferente e cheguem a conclusões também distintas.

O fenômeno é explicável sob o prisma psicológico.

As pessoas não são dotadas da mesma capacidade de análise ou de observação; seu raciocínio é falho, e, consequentemente, suas conclusões são colidentes.

Atento a essa problemática, terá o Juiz de avaliar o valor de um testemunho em cotejo com as demais provas. Só assim terá condições de identificar a testemunha que se comporta, na audiência, com boa ou má-fé; de perceber se as deficiências do testemunho derivam de causas psicológicas ou não.

De qualquer modo, é incontestável ser a prova testemunhal de extraordinária importância para o deslinde dos fatos motivadores do litígio.

Se a testemunha falta ao serviço para comparecer à audiência, não sofre qualquer desconto salarial. Trata-se, na espécie, de falta justificada pelo art. 822 da CLT.

Sendo funcionário civil ou militar, e se tiver de depor em hora de expediente na respectiva repartição, a testemunha será requisitada ao chefe da repartição, *ex vi* do disposto no art. 823 da CLT.

As testemunhas compareçam à audiência independentemente de intimação, se na petição inicial assim se declarar.

Não se observa, no processo trabalhista, a regra contida no art. 407 do CPC: "Incumbe à parte, no prazo que o juiz fixará ao designar a data da audiência, depositar em cartório o rol de testemunhas, precisando-lhes o nome, profissão, e residência e o local de trabalho; omitindo-se o juiz, o rol será apresentado até 10 (dez) dias antes da audiência".

No processo do trabalho, a parte comparece à audiência de instrução e julgamento já acompanhada de suas testemunhas.

Não atendendo ao pedido da parte, a testemunha será intimada pela Vara do Trabalho, ficando sujeita à condução coercitiva, caso sem motivo justificado não atenda à intimação.

Ademais disso, está sujeita à penalidade prevista no art. 730: multa de um a dez valores de referência regionais.

O empregador que dispensar empregado por haver prestado depoimento como testemunha, além do pagamento das verbas rescisórias indicadas na lei no caso de despedida imotivada, terá de suportar multa de dez a cem valores de referência (art. 729, § 2º, da CLT).

Em se tratando de litisconsórcio ou de cumulação de processos, entendemos que, se for o mesmo caso a ser provado, admita-se o máximo de testemunhas — três; se, porém, os fatos forem diversos, para cada um deles se fará a indicação de três testemunhas.

Indeferimento, pelo Juiz, de pedido dessa natureza das partes constituirá cerceio à defesa.

Se os fatos a serem provados testemunhalmente forem diferentes — no litisconsórcio ou na cumulação de ações —, como poderão as partes demonstrar a veracidade de suas alegações se o Juiz admitir a inquirição de apenas três testemunhas?

Nossa posição está em sintonia com as disposições do CPC e da CLT sobre a prova testemunhal.

218. Admissibilidade e Valor da Prova Testemunhal

Não é exigível nem necessária a prova testemunhal em todo e qualquer processo.

É lícito ao juiz indeferi-la quando, nos autos do processo, os fatos já resultaram provados por documento ou confissão da parte ou quando só por documento ou exame pericial puderem ser provados (art. 400 do CPC).

Ocioso dizer que o indeferimento imotivado da produção de prova testemunhal caracteriza cerceamento da defesa e acarreta nulidade do processo.

O limite à prova oral, nos termos colocados pelo referido art. 400 do CPC, suscita dúvida quando referente a fato provado só por documento.

É a norma encerrada no art. 401 do CPC conciliável com os princípios e características do processo trabalhista?

Informa esse dispositivo que a prova exclusivamente testemunhal só se admite nos contratos cujo valor não exceda o décuplo do maior salário mínimo vigente no País, ao tempo em que foram celebrados.

Assim, em muitos casos de prestação de serviços sem anotação da Carteira de Trabalho ou sem qualquer registro documental, ficaria o empregado impossibilitado de reivindicar, em Juízo, as vantagens que a lei lhe assegura.

Temos como certo que o art. 401, no ponto relacionado com a prova oral de um contrato, não se harmoniza com os fundamentos do direito do trabalho nem com o processo que o torna efetivo.

Por equidade e coerente com o princípio da isonomia, há que se admitir a prova testemunhal de pagamentos feitos pelo empregador em que não se exigiu o respectivo recibo do empregado.

Em nosso entender, aplica-se ao processo trabalhista o art. 402 do CPC: qualquer que seja o valor do contrato, é admissível a prova testemunhal quando houver começo de prova por escrito, reputando-se tal o documento emanado da parte contra quem se pretende utilizar o documento como prova.

Essa norma processual, foi repetida no parágrafo único do art. 227 do Código Civil de 2002: "qualquer que seja o valor do negócio jurídico, a prova testemunhal é admissível como subsidiária ou complementar da prova por escrito".

Atente-se para o fato de que, "salvo os casos expressos, a prova exclusivamente testemunhal só se admite nos negócios jurídicos cujo valor não ultrapasse o décuplo do salário mínimo vigente no País ao tempo em que foram celebrados", consoante o disposto no *caput* do art. 227, do Código Civil de 2002.

Em face do conteúdo do art. 456, da CLT, a regra do art. 227, do Código Civil, não é aplicável aos contratos de trabalho.

Caso a testemunha tenha que ser ouvida por carta precatória, recomenda-se que tal requerimento seja feito antes da realização da audiência de instrução, evitando-se, assim, que haja a alegação de estar havendo alguma manobra protelatória para impedir a celeridade da instrução processual. Assim, poderá o juiz lançar mão dos poderes previstos no art. 765, da CLT, para indeferir o requerimento de oitiva da testemunha por carta precatória que tenha sido realizado fora do momento oportuno, isto é, antes da realização da audiência e não no próprio dia de sua realização. Na forma desse dispositivo consolidado, o juiz possui ampla liberdade na condução do processo e tem o dever de zelar pela rápida solução do litígio, incumbindo, assim, à parte interessada nessa prova diligenciar para que o requerimento de oitiva de testemunha por carta precatória seja apreciado antes da audiência. Ver nesse sentido os seguintes acórdãos do TST: RR 434/2002-016-15-00.3; 5ª. T.; Relª Minª Kátia Magalhães Arruda; DEJT 28/05/2010; RR 240/2004-061-24-00.5; 6ª T.; Rel. Min. Augusto César Leite de Carvalho; DEJT 12.03.2010; AIRR 227/2005-005-04-40.2; 1ª. T; Rel. Min. Vieira de Mello Filho; DJU 16/05/2008.

219. Quem Pode Ser Testemunha

Já observamos que só pode prestar testemunho quem for juridicamente capaz.

Vejamos quem não pode ser testemunha em processo trabalhista.

Sendo a CLT omissa a respeito do tema, socorremo-nos do CPC e do próprio Código Civil de 2002, art. 228. Na forma desse dispositivo legal, não podem ser admitidos como testemunhas: a) os menores de dezesseis anos; b) os que, por enfermidade ou retardamento mental, não tiverem discernimento para a prática dos atos da vida civil; c) os cegos e surdos, quando a ciência do fato que se quer provar dependa dos sentidos que lhes faltam; d) o interessado no litígio, o amigo íntimo ou o inimigo capital das partes; e) os cônjuges, os ascendentes, os descendentes e os colaterais, até o terceiro grau de alguma das partes, por consanguinidade ou afinidade.

Ao contrário do Código Civil de 1916, o de 2002 permite que essas pessoas podem ser admitidas pelo juiz como testemunhas quando é para se provar fatos que só elas conheçam, como se infere da leitura do parágrafo único do art. 228. Essa norma tem simetria com aquela regra inserta no art. 405, § 4º, do CPC, como será a seguir examinado.

Assim, as pessoas incapazes, impedidas ou suspeitas não são admitidas como testemunhas.

Como se vê, enquanto persistirem as determinantes da incapacidade, está a testemunha impossibilitada de depor, porque nele estão ausentes as manifestações volitivas e de percepção.

Em casos isolados, se provado que a causa incapacitante deixara de existir no momento da ocorrência que interessa à Justiça esclarecer, deve-se aceitar o testemunho.

Quem era menor de 16 anos ao testemunhar o fato probante e já completara essa idade quando chamado a depor deixou de ser incapaz. Na hipótese, a inquirição deve ser feita com cautela, pois sempre existe a presunção de que o menor não reunia condições psíquicas para bem interpretar o que presenciara.

Há juristas de boa cepa que afirmam estar o menor de 16 anos completos impedido de testemunhar porque são criminalmente inimputáveis se fizerem afirmação falsa ou deliberadamente ocultarem a verdade (art. 342 do Código Penal).

Não aceitamos essa tese.

Com 16 anos completos, o menor está em condições psicossomáticas de prestar depoimento de grande valor para a elucidação do litígio. A impunidade do falso testemunho não invalida o que acabamos de afirmar sobre o valor do depoimento do menor.

São impedidos: o cônjuge, bem como o ascendente e o descendente em qualquer grau, ou colateral, em terceiro grau, de alguma das partes, por consanguinidade ou afinidade, salvo se o exigir o interesse público; o que é parte na causa; o que intervém em nome de uma parte, como o tutor, na causa do menor, o representante legal da pessoa jurídica, o Juiz, o advogado e outros que assistam ou tenham assistido às partes.

Podem os primos depor como testemunhas?

Ora, estabelece o art. 1.594, do Código Civil: *"Contam-se, na linha reta, os graus de parentesco pelo número de gerações, e, na colateral, também pelo número delas, subindo de um dos parentes ao ascendente comum, e descendo até encontrar o outro parente"*. Assim, eles são considerados parentes em quarto grau. Podem, portanto, depor como testemunhas.

São suspeitos: o condenado por crime de falso testemunho, havendo transitado em julgado a sentença; o que, por seus costumes, não for digno de fé; o inimigo capital da parte ou o seu amigo íntimo; o que tiver interesse no litígio.

Fato frequente na Justiça do Trabalho é a parte num processo ser arrolada como testemunha em outro processo tendo como parte seu colega de trabalho, estando um e outro interessados em obter do empregador a mesma reivindicação.

Nos termos do art. 405, § 3º, inciso IV, do CPC essa testemunha é suspeita porque, em verdade, tem interesse no litígio.

Mas, no caso, sendo estritamente necessário, o juiz ouvirá testemunhas impedidas ou suspeitas e os seus depoimentos serão prestados independentemente de compromisso e o juiz lhes atribuirá o valor que possam merecer.

Essa faculdade deferida ao Juiz é de ser exercitada quando há fortes indícios de que procede o alegado pela parte.

Parece-nos indisputável que a sentença não deve fundar-se, exclusivamente, em prova produzida por testemunhas impedidas ou suspeitas. O Juiz, no caso, estaria emprestando à regra de exceção, contida no § 4º do art. 405 do CPC, um alcance que o legislador de modo algum pretendeu atribuir-lhe.

Comparecendo para depor, a testemunha presta o compromisso de só dizer a verdade e é advertida de que, mentindo, será acusada de falso testemunho. Isso, porém, sofre restrições, como o diz o art. 406 do CPC: a testemunha não é obrigada a depor de fatos: que lhe acarretem grave dano, bem como ao seu cônjuge e aos seus parentes consanguíneos ou afins, em linha reta, ou na colateral em segundo grau; a cujo respeito, por estado ou profissão, deva guardar sigilo.

Por sua clareza, a primeira parte do dispositivo não exige comentários adicionais: parente, em qualquer dos graus indicados, não pode depor para prejudicar um outro. Aduz que a testemunha não pode ser obrigada a depor sobre fato que a prejudique.

Com o Código Civil de 2002, observa-se que o art. 229 prevê todas essas hipóteses da lei processual, acrescentado-lhe mais algumas outras situações, *verbis*: "Ninguém pode ser obrigado a depor sobre fato: I — *a cujo respeito, por estado ou profissão, deva guardar segredo; II — a que possa responder sem desonra própria, de seu cônjuge, parente em grau sucessivo, ou amigo íntimo; III — que o exponha, ou às pessoas referidas no inciso antecedente, a perigo de vida, de demanda, ou de dano patrimonial imediato*".

Encontram-se no inciso I desse artigo o advogado, o médico e o padre.

Inteirado de fatos que o cliente confidenciou, está o advogado impedido de depor. Todavia, se outros fatos conheceu sem ser por intermédio do cliente, fica o advogado obrigado a depor e a responder às perguntas que lhe formular o Juiz sobre eles.

O Código Comercial, no art. 56, impõe aos corretores o dever de "guardar inteiro segredo nas negociações de que se encarregarem". Exemplificando, num caso de arresto de bens do devedor, a conveniência de provar-se que ele já iniciou negociações para a venda de seus bens. Nesse caso concreto, o corretor que estiver intermediando a venda está protegido pelo art. 56 do Código Comercial.

O Estatuto da Ordem dos Advogados do Brasil, Lei n. 8.906, de 1994, dispõe que o advogado tem o dever de guardar segredo profissional.

Oportuno ressaltar, neste passo, que o art. 154 do Código Penal declara ser crime contra a inviolabilidade dos segredos "*revelar alguém, sem justa causa, segredo de que tem ciência em razão de função, ministério, ofício ou profissão, e cuja revelação possa causar dano a alguém*".

Há ainda o segredo da confissão, que o padre tem de respeitar.

É silente a CLT quanto ao procedimento da contradita, pela parte, de testemunha, arguindo-lhe a incapacidade, o impedimento ou a suspeição.

Aplica-se a essa situação o art. 414, § 1º, do CPC.

Ante a negativa da testemunha, cabe à parte provar por meio de documentos ou testemunhas a arguição. Tais provas se fazem de imediato, ou em outra audiência por requerimento do interessado. Esta é a hipótese mais comum, uma vez que a parte arguente desconhecia as testemunhas arroladas por seu adversário.

Cuida a Súmula n. 357 do TST da testemunha que tem ação contra a mesma reclamada. Aí é dito que "*não torna suspeita a testemunha o simples fato de estar litigando ou de ter litigado contra o mesmo empregador*".

220. Prova Documental

Documento é a coisa que tem a capacidade de fazer conhecer, de modo permanente, outra coisa.

É, portanto, um dos meios de que se serve a parte para demonstrar a veracidade do que alegou no processo e, assim, formar a convicção do Juiz.

É pré-constituída a prova utilizável num futuro processo, como acontece, frequentemente, com as anotações da carteira profissional, recibos de salários etc.

Casual é a prova formada para um outro fim, mas que se emprega na dilucidação de um litígio, *verbis gratia*: regulamento da empresa, comunicações escritas do empregador etc.

O documento reproduz ou representa tanto os fatos como as ideias.

Chama-se autor do documento aquele a quem se atribui a sua paternidade. Forma-o para uso próprio ou se serve de outrem para formá-lo.

Sob o prisma da autoria, o documento é público ou privado.

Público é aquele constituído por quem ocupa cargo público e tem a função de formar o documento.

É autor do documento particular quem "o fez e assinou; aquele, por conta de quem foi feito, estando assinado; aquele que mandando compô-lo não o firmou porque, conforme a experiência comum, não se costuma assinar, como os livros comerciais e assentos domésticos" (Código de Processo Civil, art. 371).

O documento resulta de uma atividade humana, pois sem esta não existiria.

Vários são os meios de formação de um documento, e, por isso, já se assentou que se dividem em: a) escritos que são a prova literal; b) gráficos, porque não representam a coisa pela escrita, mas por intermédio de plantas, desenhos, pinturas etc.; c) diretos, que reproduzem diretamente a coisa, ou seja a fotografia, fonografia, televisão, cinematografia.

A maioria dos documentos escritos leva a assinatura do autor. A autenticidade de outros se prova pela perícia grafológica.

É autêntico o documento em que se apõe a assinatura na presença de tabelião que a reconhece (art. 369 do CPC).

Não é suficiente o reconhecimento da firma por confronto com outra assinatura arquivada nas notas do tabelião.

Aí só se comprova a autenticidade da assinatura. Quando, porém, o documento é firmado pelo interessado perante o tabelião, comprova-se a autenticidade do documento.

A data de um documento particular não é válida em relação a terceiro. Vale a data em que o documento foi levado ao registro público. É o que dispõem os arts. 221 e 288 do Código Civil.

Por oportuno, lembramos o disposto no art. 830 da CLT: "*O documento em cópia oferecido para prova poderá ser declarado autêntico pelo próprio advogado, sob sua responsabilidade pessoal. Parágrafo único. Impugnada a autenticidade da cópia, a parte que a produziu será intimada para apresentar cópias devidamente autenticadas ou o original, cabendo ao serventuário competente proceder à conferência e certificar a conformidade entre esses documentos*". (Lei n. 11.925, de 17.4.2009)

Esse dispositivo encontra uma certa similitude no inciso IV, do art. 365, do CPC, com redação dada pela Lei n. 11.382, de 6.12.2006. Assim, os advogados podem declarar que os documentos apresentados ao juízo são cópias fiéis e autênticas dos originais.

O art. 42 da Consolidação dos Provimentos da Corregedoria-Geral da Justiça do Trabalho determina a desnecessidade de rubrica em cópias reprográficas, xerográficas e similares autenticadas por chancela mecânica emitidas por servidor da Justiça do Trabalho.

Juntado aos autos o documento que prova contra uma das partes, cabe a esta aceitar ou não sua autenticidade.

Se quiser impugná-la, deve fazê-lo no prazo estabelecido pelo Juiz. Se este, no respectivo despacho, silenciar sobre o prazo, entende-se que ele será de cinco dias (art. 185 do CPC).

Sobre a autenticação de documento dentro de uma ação de cumprimento de pacto coletivo ou de sentença normativa, o TST editou a Orientação Jurisprudencial n. 36, SDI-1, *verbis*: "*Instrumento normativo. Cópia não autenticada. Documento comum às partes. Validade O instrumento normativo em cópia não autenticada possui valor probante, desde que não haja impugnação ao seu conteúdo, eis que se trata de documento comum às partes*".

No que tange à autenticação de documento pela pessoa jurídica de direito público, o TST editou a Orientação Jurisprudencial n. 134, *verbis*: "*Autenticação. Pessoa jurídica de direito público. Dispensada. Medida Provisória n. 1.360, de 12.03.1996. São válidos os documentos apresentados, por pessoa jurídica de direito público, em fotocópia não autenticada, posteriormente à edição da Medida Provisória n. 1.360/96 e suas reedições*".

Cessa a eficácia da admissão expressa ou tácita da autenticidade do documento, se o documento foi obtido por erro, dolo ou coação (art. 372 do CPC).

Tanto na Constituição da República (art. 5º, inciso LVI) como no CPC, não se aceita prova obtida por meios ilícitos.

É indivisível o documento particular admitido expressa ou tacitamente. É defeso à parte por ele favorecida aceitar os fatos que lhe parecerem úteis à tese que defende e repudiar os que não o são.

Já fizemos o enfoque de que a falsidade de um documento pode ser intelectual ou material. Numa ou noutra hipótese é eficaz a medida incidental de falsidade, na forma do art. 372, do CPC, pois compete à parte, contra quem foi produzido documento particular, alegar na forma do art. 390, se lhe admite ou não a autenticidade da assinatura e a veracidade do contexto, presumindo-se, com o silêncio, que o tem por verdadeiro. Cessa, todavia a eficácia da admissão expressa ou tácita, se o documento houver sido obtido por erro, dolo ou coação.

Lembre-se que o incidente de falsidade tem lugar em qualquer tempo e grau de jurisdição, incumbindo à parte, contra quem foi produzido o documento, suscitá-lo na contestação ou no prazo de 10 (dez) dias, contados da intimação da sua juntada aos autos, tudo na forma do art. 390 do CPC.

Instrumento e documento não se confundem, mas são espécies de documentos escritos.

Nos arts. 221, 217 e 218 do Código Civil de 2002 é declarado que o instrumento é um documento feito com a finalidade de, no futuro, servir de prova do ato que representa. É a prova pré-constituída de um ato.

Na sua formação há que se obedecer às prescrições da lei para que sua validade não seja contestada.

Exemplo: o terceiro que, num processo de execução, quer provar que o imóvel penhorado lhe pertence, deve exibir a escritura pública de compra e venda.

Temos aí um instrumento público.

De conseguinte, quando a lei exigir como da substância do ato o instrumento público, nenhuma outra prova, por mais especial que seja, poderá suprir-lhe a falta (art. 366 do CPC). Já o art. 109 do Código Civil de 2002 esclarece que, *"no negócio jurídico celebrado com a cláusula de não valer sem instrumento público, este é da substância do ato"*. Do cotejo dessas duas normas, constata-se que, exigindo a lei alguma formalidade, esta deverá ser respeitada pelas partes contratantes. No entanto, inexistindo exigência legal para uma formalidade, esta poderá ser pactuada em qualquer negócio jurídico entre as partes.

O Decreto-lei n. 779, de 21.8.1969, declara que se presume autêntico recibo firmado por entidade pública, não se exigindo sua homologação.

O documento feito por oficial público incompetente ou sem a observância das formalidades legais, sendo subscrito pelas partes, tem a mesma eficácia probatória do documento particular (art. 367 do CPC).

A competência de um oficial público é definida pela lei de organização judiciária local.

Presumem-se verdadeiras, em relação ao signatário, as declarações constantes de documento particular, escrito e assinado, ou somente assinado.

Quando informa ter ciência de determinado fato, o documento apenas prova a declaração e não o fato. Cabe ao autor o ônus de provar a veracidade do fato (art. 368 do CPC).

Quem afirma deve provar — é a velha regra.

No CPC de 1939, os documentos domésticos não passavam de meros indícios. O atual CPC deu-lhes a categoria de prova.

O Juiz apreciará livremente a fé que deva merecer o documento, quando em ponto substancial e sem ressalva, contiver entrelinha, emenda, borrão ou cancelamento (art. 386 do CPC).

É fora de dúvida que essa regra só se aplica ao documento que apresente as apontadas deficiências ou irregularidades.

Há também os instrumentos privados, como o são a letra de câmbio, a fatura com recibo da mercadoria, a procuração particular etc.

Reza o art. 374 do CPC — *verbis*: *"O telegrama, o radiograma ou qualquer outro meio de transmissão tem a mesma força probatória do documento particular, se o original constante da estação expedidora foi assinado pelo remetente. A firma do remetente poderá ser reconhecida pelo tabelião, declarando-se essa circunstância no original depositado na estação expedidora"*.

Como se observa do texto transcrito, o documento transmitido não precisa, obrigatoriamente, ostentar a firma reconhecida do remetente pelo tabelião.

A outra parte, na hipótese, terá o ensejo de suscitar a dúvida de autenticidade do documento.

221. Do Preposto

Preposto é quem, devidamente credenciado, representa o empregador na audiência.

Em doutrina, já se assentou que a preposição tem um pouco de locação de serviços e de representação.

Waldemar Ferreira (in "Contrato de Preposição Mercantil", Rev. da Fac. de Dir. de São Paulo, vol. XXIX, p. 401/2) retrata a figura do preposto como alguém contratado para desempenhar funções na conformidade das ordens recebidas *"para o bom andamento e desenvolvimento dos negócios, funções estas consistentes na representação do contratante (ou preponente) em atos e contratos"*.

Desnecessário frisar que o preposto, relacionando-se com terceiros, obriga o preponente.

O mestre paulista reporta-se ao art. 75 do Código Comercial, que declara os preponentes responsáveis "pelos atos dos feitores, guarda-livros, caixeiros e outros quaisquer prepostos, praticados dentro de suas casas comerciais, que forem relativos ao giro das mesmas casas, ainda mesmo que se não achem autorizados por escrito".

Do dito por *Waldemar Ferreira*, conclui-se que ele, acertadamente, refere-se a dois casos de preposição: no primeiro, é alguém contratado especialmente para atuar como representante do preponente, sendo este obrigado por atos que ele vier a praticar no exercício da preposição; no segundo caso, há uma espécie de preposição genérica ou difusa derivada da simples condição de empregado da empresa.

É certo, porém, que em ambas as hipóteses há um vínculo de subordinação entre o preposto e o preponente.

Carvalho de Mendonça ("Tratado de Direito Comercial Brasileiro", 3. ed., 1937, vol. II, p. 434) diz, categoricamente: "Para o expediente do negócio ou da casa comercial, o comerciante não pode prescindir de auxiliares dependentes, sob as suas ordens e direção. Tais auxiliares denominam-se prepostos comerciais ou empregados no comércio".

Foi essa corrente de pensamento que veio a prevalecer na Justiça do Trabalho: o preposto deve ser sempre empregado do empregador, como se infere da leitura da Súmula n. 377, do TST: *"Preposto. Exigência da Condição de Empregado. Exceto quanto à reclamação de empregado doméstico, ou contra micro ou pequeno empresário, o preposto deve ser necessariamente empregado do reclamado. Inteligência do art. 843, § 1º, da CLT e do art. 54 da Lei Complementar n. 123, de 14 de dezembro de 2006".*

As diversas interpretações dadas ao § 1º do art. 843 da CLT ("É facultado ao empregador fazer-se substituir pelo gerente, ou qualquer outro preposto que tenha conhecimento do fato e cujas declarações obrigarão o preponente") tiveram como causa a obscuridade do texto desse dispositivo.

Mencionando o gerente, deixou claro que o preposto é um empregado, embora de confiança. Mas, ao estabelecer que "qualquer outro preposto" poderá representar em Juízo o empregador, deixou no ar a interrogação: terá de ser empregado esse outro qualquer preposto?

Chegou-se a dizer que o preposto, empregado ou não, deve, apenas, revelar o conhecimento dos fatos ligados à lide.

Fato corriqueiro, por exemplo, é um contador trabalhar para várias empresas e, devido a essa circunstância, inteirar-se do ocorrido em uma delas e objeto da reclamatória.

Em oposição a esse argumento, veio a advertência de que essa abertura exegética daria nascimento ao "preposto profissional".

Estamos em que o legislador, no precitado parágrafo do art. 843 consolidado, quis referir-se, com a sua infeliz redação, a qualquer outro empregado da empresa que, consoante o art. 75 do Código Comercial, está habilitado a atuar como preposto na realização de algumas atividades jurídicas.

Contudo, o texto em questão, por sua ambiguidade, não nos autoriza a considerar estapafúrdia a interpretação tendente a admitir, como preposto, quem não seja empregado, mas que é conhecedor do assunto debatido no processo e está autorizado a fazer declarações que obrigam o preponente.

Hodiernamente, o Código Civil de 2002 não trouxe qualquer elemento para pacificar essa questão, como se observa da leitura dos arts. 1.169, 1.170 e 1.171.

Na forma desses artigos, o preposto não pode, sem autorização escrita, fazer-se substituir no desempenho da preposição, sob pena de responder pessoalmente pelos atos do substituto e pelas obrigações por ele contraídas. Desse modo, diante dessa regra, deve-se exigir do preposto judicial a autorização por escrito do preponente para fazer substituir-se no desempenho da preposição (cf. os arts. 115 a 120 do Código Civil de 2002).

Caracterizada a preposição irregular, responderá o preposto pessoalmente pelos atos do substituto e pelas obrigações por ele contraídas.

Além disso, e com base no art. 1.170, do Código Civil, o preposto, salvo autorização expressa, não pode negociar por conta própria ou de terceiro, nem participar, embora indiretamente, de operação do mesmo gênero da que lhe foi cometida sob pena de responder por perdas e danos e de serem retidos pelo preponente os lucros da operação.

Já o art. 1.171, do Código Civil, esclarece que se considera perfeita a entrega de papéis, bens ou valores ao preposto, encarregado pelo preponente, se os recebeu sem protesto, salvo nos casos em que haja prazo para reclamação.

Por sua vez, o art. 1.172 e seguintes do Código Civil de 2002 trata da figura do gerente como preposto. Assim, considera-se gerente o preposto permanente no exercício da empresa, na sede desta, ou em sucursal, filial ou agência. E, quando a lei não exigir poderes especiais, considera-se o gerente autorizado a praticar todos os atos necessários ao exercício dos poderes que lhe foram outorgados.

Estabelece o art. 1.176, do Código Civil que o gerente pode estar em juízo em nome do preponente, pelas obrigações resultantes do exercício da sua função.

Ao contrário do Código Civil anterior, o Código de 2002 cuida da figura contabilista como preposto.

Assim, os assentos lançados nos livros ou fichas do preponente, por qualquer dos prepostos encarregados de sua escrituração contábil, produzem, salvo se houver procedido de má-fé, os mesmos efeitos como se o fossem por aquele. E no exercício de suas funções, tais prepostos são pessoalmente responsáveis, perante os preponentes, pelos atos culposos; e, perante terceiros, solidariamente com o preponente, pelos atos dolosos.

Já o art. 1.178 assenta a regra de que os preponentes são responsáveis pelos atos de quaisquer prepostos contabilistas, ou não, praticados nos seus estabelecimentos e relativos à atividade da empresa, ainda que não autorizados por escrito. Quando, porém, tais atos forem praticados fora do estabelecimento, somente obrigarão o preponente nos limites dos poderes conferidos por escrito, cujo instrumento pode ser suprido pela certidão ou cópia autêntica do seu teor.

Daí ser importantíssimo que haja a exibição da preposição em juízo, para se verificar quais os poderes que foram outorgados ao preposto.

Se o preposto estiver munido com uma preposição ampla e genérica, entende-se que lhe foram outorgados os poderes necessários para a prática de todo e qualquer ato em juízo.

Agora, passemos em revista alguns casos concretos relacionados com a preposição.

A) Carta de Preposição

A carta de preposição dirigida ao Juiz da Vara do Trabalho deve ser assinada pelo empregador e, se pessoa jurídica, por aquele que estiver credenciado a praticar tal ato.

Não exige a Lei que seja reconhecida, por tabelião, a assinatura do emitente dessa carta. Em havendo alguma dúvida sobre sua autenticidade, é dado ao Juiz exigir esse reconhecimento.

Quem comparece à audiência e se declara preposto do empregador sem estar munido da respectiva carta, não elide a revelia e a pena de confissão.

Tem esse documento uma dupla finalidade: provar que seu portador é, realmente, um preposto e que o empregador teve, realmente, o propósito de designar um preposto.

B) Conhecimento dos Fatos

Já salientamos exigir a lei que o preposto tenha conhecimento do fato que deu origem ao processo.

Não quer isso significar que só tem conhecimento de um fato quem o assistiu. Há, também, conhecimento quando a pessoa se inteira do fato por outro meio. Se o preposto ouviu o empregador dizer como se passou o acontecimento protagonizado pelo empregado-reclamante, não se há de negar que ele tomou conhecimento do ocorrido.

O conhecimento tanto pode ser sensível como intelectual. É sensível quando o preposto viu o fato ou dele veio a saber por intermédio de terceiros; é intelectual quando as sensações ou imagens conduzem à ideia ou conceito, e daí a ligação desta com outras, até chegar-se ao juízo e raciocínio. Assim, figurativamente, o preposto foi informado de que o reclamante chegava todos os dias ao serviço às 8 horas, e, como sabia que o início do serviço era às 7:30 horas, extraiu as seguintes conclusões: desconto salarial; penalidade de suspensão; configuração da desídia e dispensa. O preposto, na hipótese, não via o empregado chegar à empresa fora de hora, mas sabia qual a hora regulamentar e, por isso, extraía outras ilações.

Temos como certo que tanto o conhecimento sensível como o intelectual fazem o preposto atender ao preceituado no parágrafo único do art. 843 da CLT.

Insistimos em dizer que a Lei não exige que o preposto tenha assistido aos fatos discutidos no processo; basta ter conhecimento deles e estar apto a dar informações sobre o que for considerado indispensável ao deslinde do litígio.

Se o preposto negar-se a responder às perguntas que, em audiência, lhe forem dirigidas; se responder com evasivas, seu procedimento é punível com pena de confissão.

C) Advogado-empregado da Empresa pode ser seu Preposto?

A dúvida provém do seu duplo papel de preposto e de advogado incumbido da defesa da empresa em juízo.

Somos pela impossibilidade de o advogado ter, no processo, essa dupla função. Sua participação no interrogatório da outra parte ou das testemunhas é inconciliável com a situação de preposto. Aliás o Código de Ética da OAB proíbe essa dupla função do advogado.

D) Quem comparece à Audiência e se declara Preposto do Empregador sem estar munido da respectiva Carta de Credenciamento não elide a Revelia e a Pena de Confissão.

E) Não Responder às Perguntas em Audiência

Se o preposto negar-se a responder às perguntas que, em audiência, lhe forem dirigidas ou responder com evasivas, seu procedimento é punível com pena de confissão.

F) Mandato *Apud Acta*

Considera-se inexistente o mandato *apud acta* outorgado a advogado pelo preposto.

Não se inclui entre os poderes do instituto da preposição o de conferir mandato de qualquer espécie. Só a parte (no caso, o empregador) é que está, legalmente, autorizado a conferir mandato a advogado seja ele *apud acta* ou por instrumento público ou particular.

G) É Vedado ao Preposto — Desassistido de Advogado — Interpor Recurso para a Instância Superior

Costuma-se usar como argumento contra esse entendimento o prescrito no art. 791 da CLT, que autoriza, tão somente, a parte a acompanhar o feito até o final, sendo intransferível essa faculdade legal.

O certo é que a parte, desprovida de conhecimentos jurídicos, não está em condições de impugnar sentença ou acórdão por meio de recurso.

H) Firma individual, de pequeno porte, pode fazer-se representar, em audiência, por empregado portador de carta de preposição.

De fato, inexiste qualquer óbice legal a esse tipo de preposição numa microempresa.

I) Preposto de Microempresa

O empregador de microempresa e de empresa de pequeno porte podem fazer-se substituir perante a Justiça do Trabalho por terceiros que conheçam dos fatos, ainda que não possuam vínculo trabalhista ou societário, conforme está previsto no art. 54, da Lei Complementar n. 123, de 14.12.2006, *conhecida como Estatuto da Micro e Pequena Empresa* (DOU 15.12.2006). Na forma desse dispositivo legal, não precisa ser empregado o preposto de micro e de pequena empresa. *Tendo em vista o disposto nesse artigo, o TST alterou a redação de sua Súmula n. 377 prevendo essa hipótese*, verbis: "Preposto. Exigência da condição de empregado. Exceto quanto à reclamação de empregado doméstico, ou contra micro ou pequeno empresário, o preposto deve ser necessariamente empregado do reclamado. Inteligência do art. 843, § 1º, da CLT e do art. 54 da Lei Complementar n. 123, de 14 de dezembro de 2006".

J) Grupo Econômico

Na forma do art. 2º, § 2º da CLT, o empregador é o grupo econômico. Assim, recomenda-se que o preposto seja empregado da Reclamada principal do mesmo grupo econômico. Se nessa mesma ação estiverem presentes outras Reclamadas, como empresas integrantes desse mesmo grupo, esse preposto poderá representá-las também. Não concordamos com a corrente jurisprudencial que entende que, no caso de diversas reclamadas integrantes do mesmo grupo econômico, cada uma delas deverá ter seu preposto. Esse entendimento, além de se atritar com a noção traçada pelo § 2º, do art. 2º, da CLT, impõe às referidas empresas um ônus excessivo processual, pois serão tantos prepostos-empregados afastados do trabalho para atender o chamamento judicial. Basta, na verdade, um preposto de uma das empresas reclamadas para representar em juízo as demais empresas integrantes desse grupo, bastando que ele tenha efetivo conhecimento dos fatos a serem debatidos e julgados nessa ação judicial.

221.1. Testemunho do Preposto

Não se deve interpretar o disposto no inciso III do § 2º do art. 405 do CPC de molde a concluir que o preposto estará sempre impossibilitado de figurar como testemunha do empregador num processo.

Ocorre com frequência, no Juízo trabalhista, ter uma empresa vários prepostos porque cada um deles, devido às suas funções, conhece melhor os fatos controvertidos. O preposto num processo não está impedido nem é suspeito como testemunha num outro processo em que a preposição se confiou a empregado diferente.

A restrição contida no sobredito preceito da lei processual comum diz respeito, unicamente, ao processo em que atuou o preposto, no qual lhe é vedado ser também inquirido como testemunha.

221.2. Preposto não empregado de empregador rural

Fornece o art. 3º, do Estatuto do Trabalhador Rural (Lei n. 5.889, de 8.6.1973) o conceito de empregador rural em que fica esclarecido que este irá explorar uma atividade agroeconômica, diretamente, ou através de prepostos e com auxílio de empregados, *verbis*: "Considera-se empregador rural, para os efeitos desta Lei, a pessoa física ou jurídica, proprietária ou não, que explore atividade agroeconômica, em caráter permanente ou temporário, diretamente ou através de prepostos e com auxílio de empregados".

Não estabelece a lei, nesse caso, que o preposto rural terá que ser empregado. Ao contrário, ela esclarece que o empregador rural irá explorar essa atividade econômica com o auxílio de empregados e através de prepostos, não fazendo distinção relativamente a estes últimos no sentido de serem empregados ou não. Claro está que, caso a lei exigisse que fosse o preposto rural um empregado, assim teria ela estabelecido. Não iria utilizar da expressão "através de prepostos e com auxílio de empregados". Bem se sabe que a lei não contém palavras inúteis, devendo aqui ser aplicada a velha regra de hermenêutica de que "onde a lei não distingue, descabe ao intérprete distinguir".

A jurisprudência tem se inclinado para se aceitar o preposto não empregado quando o empregador rural for pessoa natural. A leitura das seguintes ementas são expressivas dessa tendência:

Empregador rural pessoa física. Preposto não necessariamente empregado. É de se ponderar que o entendimento consubstanciado na Súmula n. 377/TST, quando exclui o empregador doméstico da obrigação de credenciar necessariamente um empregado para representá-lo em juízo, o faz tendo em vista a particularidade da relação jurídica que se trava entre as partes, a qual entendo estar presente também no caso dos autos, em que o reclamado é pessoa física e mantinha com o reclamante, ainda que informalmente, contrato de parceria rural. Não se pode exigir do empregador rural, que normalmente exerce a atividade por si próprio, que tenha empregado administrador para que sirva como preposto perante a Justiça do Trabalho, mormente porque o ônus da ausência de ciência acerca dos fatos é seu, nos termos do art. 843, § 1º, da CLT. Ademais, a presunção que emana da revelia e/ou da confissão ficta é sempre relativa, e tendo o feito sido instruído inclusive com colheita de depoimentos testemunhais, não há como o juiz fechar os olhos para esta realidade e decidir única e exclusivamente com base na solução artificial que a lei atribui ao réu que não responde à demanda (este que, definitivamente, não é o caso dos autos). A busca da verdade real é a tônica da processualística moderna, que considera o processo como meio para que se atinja a composição da lide com base no direito material, e não como fim em si mesmo. TRT 3ª Reg. RO 00232-2004-129-03-00-3. Relª Juíza Maria Cristina Diniz Caixeta. DJMG 13.8.05.

Preposto. Não empregado. Reclamada proprietária rural. Analisando o artigo 843 da CLT, não se extrai a obrigatoriedade de o preposto ser empregado da reclamada, sobretudo quando se trata de propriedade rural. O aludido dispositivo somente preco-

niza que o empregador poderá se fazer substituir pelo gerente ou qualquer preposto que tenha conhecimento dos fatos e cujas declarações obrigarão o proponente. TRT 3ª Região, 6ª Turma, Processo 00524-2002-046-03-00-1 RO, Relatora Juíza Lucilde D'Ajuda L. de Almeida, DJ 22.5.03.

Preposto que é procurador e administrador da reclamada. Comparecimento à audiência. Legitimidade. Revelia afastada. Não obstante tenha a doutrina e a jurisprudência perfilhado o entendimento acerca da necessidade do preposto ser empregado da reclamada, a verdade é que existem situações que comportam exceções, mesmo porque, o disposto no § 1º do art. 843 da CLT, não exige que o preposto seja empregado da reclamada, facultando a indicação daquele "que tenha conhecimento do fato, e cujas declarações obrigarão o proponente". No caso dos autos, embora não haja prova cabal de que o preposto fosse empregado da reclamada, ele era seu procurador e administrador. Basta uma leitura do instrumento de procuração pública dos autos para se constatar que foi nomeado procurador do representante da reclamada tendo-lhe sido conferidos os mais amplos poderes para representá-la em juízo ou fora dele, podendo inclusive admitir e demitir funcionários, assinar contratos de trabalho e carteira de trabalho; receber tudo o que for devido à outorgante; pagar o que deve, passar recibos, dar e aceitar quitações; assumir compromissos e obrigações; nomear prepostos; representar a outorgante perante a Justiça do Trabalho, em todas as suas instâncias, dentre outros poderes. Afigura-se, pois, incabível a declaração de revelia e confissão ficta decretadas na origem, sob argumento de que o preposto não é empregado da empresa, mormente considerando que a audiência inicial e instrutória transcorreu normalmente, com dispensa do depoimento do representante da reclamada, vista ao reclamante da defesa e documentos, tendo sido encerrada com razões finais remissivas, sem qualquer protesto por parte do autor quanto à regularidade da representação da empresa. Recurso provido. TRT 15ª Região, 3ª Turma, Relator Juiz Lorival Ferreira dos Santos, RO 00019-2005-086-15-00-3, DJ 23.9.05.

Confissão ficta. Preposto. O preposto não tem que ostentar necessariamente a qualidade de empregado, até porque a lei não o exige expressamente (CLT, art. 843, §1º). A exigência legal é tão somente de que tenha conhecimento dos fatos. Por isso, o empregador pode credenciar qualquer pessoa, inclusive autônoma (contador), como preposta, pois exclusivamente dele o risco de ser havido como confesso, caso essa pessoa declare desconhecer os fatos relevantes e controvertidos da causa. Recurso conhecido e não provido. TST, 1ª Turma, relator Ministro João Orestes Dalazen, RR-207.117/95.3, DJ 8.8.97.

221.3. Preposto não Empregado de Micro ou Pequena Empresa

O empregador de microempresa e de empresa de pequeno porte pode fazer-se substituir perante a Justiça do Trabalho por terceiros que conheçam dos fatos, ainda que não possuam vínculo trabalhista ou societário, conforme está previsto no art. 54, da Lei Complementar n. 123, de 14.12.2006, conhecida como Estatuto da Micro e Pequena Empresa (DOU 15.12.2006). Na forma desse dispositivo legal, não precisa ser empregado o preposto de micro e de pequena empresa.

Tendo em vista o disposto nesse artigo, o TST alterou a redação de sua Súmula n. 377 prevendo essa hipótese, *verbis*: *"Preposto. Exigência da condição de empregado. Exceto quanto à reclamação de empregado doméstico, ou contra micro ou pequeno empresário, o preposto deve ser necessariamente empregado do reclamado. Inteligência do art. 843, § 1º, da CLT e do art. 54 da Lei Complementar n. 123, de 14 de dezembro de 2006".*

222. Inquirição de Testemunhas

Faz o Juiz a inquirição das testemunhas oferecidas pelo Reclamante e pelo Reclamado depois que estes foram ouvidos. Toma o depoimento, em primeiro lugar, das testemunhas do Reclamante e, depois, do Reclamado.

Quem toma o depoimento da testemunha é o Juiz e é por seu intermédio que as partes ou seus advogados poderão dirigir-lhe quaisquer perguntas.

Cumpre ao Juiz providenciar para que o depoimento de uma testemunha não seja ouvido por outra.

Informa o art. 828 da CLT que toda testemunha, antes de prestar o compromisso legal de só falar a verdade, seja qualificada, indicando o nome, nacionalidade, profissão, idade, residência e, quando empregada, o tempo de serviço prestado ao empregador, ficando sujeita, em caso de falsidade, às leis penais.

Prestam seu depoimento onde residem ou onde desempenham suas funções as pessoas mencionadas no art. 411 do CPC, tais como Presidente e Vice-Presidente da República; Presidentes do Senado e da Câmara de Deputados; Ministros de Estado; Ministros do Supremo Tribunal Federal, do Superior Tribunal de Justiça, do Superior Tribunal Militar, Tribunal Superior do Trabalho e Tribunal de Contas da União; Procurador-Geral da República; Senadores e Deputados Federais; Governadores dos Estados, Territórios e do Distrito Federal; Deputados Estaduais; Desembargadores dos Tribunais de Justiça, Juízes dos Tribunais de Alçada, Tribunais Regionais do Trabalho e dos Tribunais Eleitorais, Conselheiros dos Tribunais de Contas dos Estados e do Distrito Federal e embaixador de País que, por lei ou tratado, concede idêntica prerrogativa ao agente diplomático do Brasil.

A nova redação do art. 411 corrigiu uma distorção existente ao prever que os Ministros do Superior Tribunal de Justiça poderão prestar seu depoimento em sua própria residência ou onde exercerem sua função. No entanto, continua ele sem fazer menção aos desembargadores dos Tribunais Regionais Federais, que foram criados com a Constituição/88, portanto, após a vigência do CPC, que cuidava do Tribunal Federal de Recurso. Perdeu-se a oportunidade de se corrigir tal omissão ao não abarcar os magistrados desses Tribunais Federais.

O Juiz solicitará à autoridade que designe dia, hora e local a fim de ser inquirida, remetendo-lhe previamente cópia da petição inicial ou da defesa oferecida pela parte que a arrolou como testemunha (parágrafo único do art. 411 do CPC).

Os depoimentos das testemunhas serão resumidos, por ocasião da audiência, pelo Chefe da Secretaria da Vara do Trabalho ou funcionário para esse fim designado, devendo a súmula ser assinada pelo Juiz, vogais, pelas partes e seus advogados (art. 828, parágrafo único, da CLT).

Caso o Juiz venha a indeferir pergunta dirigida à testemunha pela parte ou seu advogado e se a parte o requerer, a pergunta terá de ser obrigatoriamente transcrita no termo do depoimento.

É o que exige o § 2º do art. 416 do CPC, aplicável ao processo do trabalho.

Com esse proceder, fica a parte apta a arguir, depois, cerceamento de defesa.

222.1. Testemunha que se recusa a depor: prisão ou multa?

Certos juízes ordenavam à Polícia Federal que providenciassem a detenção e prisão de testemunhas, pelo prazo de 24 horas, que, depois de regularmente intimadas, se recusassem, sem motivo justificado, a comparecer em Juízo para depor.

A Polícia Federal levou o fato ao conhecimento do Corregedor Geral da Justiça do Trabalho (*in* DJU 19.2.1998, p. 54) e, com louvável subtileza, informou que não dispunha de recursos nem de instalações adequadas para dar fiel cumprimento àquelas determinações judiciais.

O titular da Corregedoria Geral da Justiça do Trabalho, de imediato, considerou ilegal a prisão de testemunhas e encareceu à Presidência do Tribunal Regional do Trabalho a necessidade de verificar se os fatos acima narrados se registram habitualmente no âmbito da indigitada Região, "tomando enérgicas providências no sentido de que não se repitam, causando graves constrangimentos à Justiça do Trabalho".

Nenhuma censura se pode fazer à decisão da Corregedoria Geral da Justiça do Trabalho.

A Consolidação das Leis do Trabalho — CLT — disciplina a matéria em dois dispositivos.

No art. 730, estabelece: *"Aqueles que se recusarem a depor como testemunhas, sem motivo justificado, incorrerão em multa de um a dez valores de referência"*.

No art. 825, diz que *"as testemunhas comparecerão à audiência independentemente de notificação (o correto seria dizer-se 'intimação'). Parágrafo único. As que não comparecerem serão intimadas, ex officio, ou a requerimento da parte ficando sujeitas à condução coercitiva, além das penalidades do art. 730, caso, sem motivo justificado, não atendam à intimação"*.

Com estribo nesses dispositivos consolidados, o juiz do trabalho pode, no máximo, impor multa e ordenar a condução coercitiva da testemunha que, sem motivo justificado, desatende a intimação para depor em determinado processo.

Não resta dúvida que o ato faltoso da testemunha cria sérias dificuldades à elucidação do fato litigioso, mas, a lei trabalhista não pune, com prisão, esse procedimento da testemunha.

O Código de Processo Penal, no art. 219, não prevê a prisão da testemunha nas condições reveladas pela Corregedoria da Justiça do Trabalho.

Diz-se, nesse artigo, que *"o juiz poderá aplicar à testemunha faltosa a multa prevista no art. 453 (de cinco a cinquenta centavos...), sem prejuízo do processo penal por crime de desobediência e condená-la ao pagamento das custas de diligência"*.

Escusado dizer que esta norma do processo penal não é extensível ao processo do trabalho, porque a CLT contém disposições específicas que não preveem a imputação do crime de desobediência à testemunha faltosa e muito menos a detenção e prisão da testemunha faltosa.

223. Produção Antecipada da Prova

Consoante o art. 846 do CPC, incidente no processo trabalhista, a produção antecipada de prova consiste em interrogatório da parte, inquirição de testemunha e exame pericial.

Far-se-á, *in casu*, o interrogatório da parte ou a inquirição de testemunhas antes da propositura da ação ou na pendência desta, mas antes da audiência de instrução.

Duas são as hipóteses que justificam a produção antecipada da prova: necessidade de a parte ou a testemunha terem de ausentar-se e se, por motivo de idade ou de moléstia grave, houver justo receio de que, ao tempo da prova, já não exista ou esteja impossibilitado de depor.

Tomado o depoimento ou feito o exame pericial, os correspondentes autos permanecerão em cartório, sendo lícito aos interessados requerer as certidões que quiserem (art. 851 do CPC).

Trata-se de procedimento cautelar largamente usado no processo trabalhista.

Tem por finalidade preservar *ad perpetuam*, esta ou aquela prova que, talvez, não possa ser produzida durante o curso da ação, devido ao risco da situação de fato modificar-se ou de perecer a coisa ou a pessoa.

Não existindo nenhum desses riscos, o juiz indeferirá a medida.

O Juiz não entra no mérito da prova nem se manifesta sobre o seu valor; limita-se a homologar, por sentença, a prova produzida por antecipação.

É evidente que o Juiz faz a aferição da prova, depois de encerrada a fase instrutória do processo, para convencer-se da procedência, ou não, do pedido do Reclamante.

Parece-nos que, no caso de indeferir o pedido de produção antecipada da prova, há-de o Juiz do Trabalho conduzir-se com prudência, pois, se mais tarde ficar provado que o requerente da medida veio a sofrer prejuízo devido à impossibilidade de fazer-se a prova no curso da ação, haverá elementos para uma ação de perdas e danos contra a União. É claro que essa possibilidade vem a ser um tanto remota, mas nós a aceitamos.

Somos inclinados a aceitar a opinião, ainda sujeita a debate, de que a produção antecipada de prova admite a denunciação da lide e a nomeação à autoria. Desse modo, damos ensejo aos interessados para discutir todos os aspectos do litígio.

224. *Do Incidente de Falsidade*

Dispõe o art. 390 do CPC que o incidente de falsidade tem lugar em qualquer tempo e grau de jurisdição, incumbindo à parte contra quem foi produzido o documento suscitá-lo na contestação ou no prazo de dez dias, contados da intimação da sua juntada aos autos.

Tal incidente é um meio de obter declaração judicial de autenticidade ou falsidade de documento levado ao processo.

É ele tratado no mesmo processo e, se já encerrada a instrução, em apenso.

A lei processual anterior previa o debate sobre a admissibilidade, ou não, do incidente versando a falsidade intelectual.

Para alguns, subsiste a dúvida quanto ao verdadeiro alcance da norma encerrada no art. 390 do CPC.

Processualistas de nomeada, como o saudoso *Frederico Marques* ("Manual de Direito Processual Civil", 1. ed. atualizada, 1997, Bookseller, III tomo, p. 100 e segs.), ponderam que o conceito de falsidade compreende "toda a alteração da verdade" (*Buzaid*, "Ação Declaratória no Direito Brasileiro", Saraiva, 1943, p. 120) e refere-se à falsidade documental, tanto no seu elemento intrínseco (conteúdo) como no extrínseco (forma).

Adiantam que os vícios de vontade (coação, dolo, erro) são estranhos ao problema da prova. Só os vícios instrumentais do documento é que podem servir de fundamento ao incidente de falsidade.

A despeito do brilho da argumentação, acreditamos que o precitado art. 390 do CPC autoriza a suscitação do incidente de falsidade tanto nos casos de falsidade ideológica como material.

Essa norma não faz distinção entre uma e outra causa do incidente e, por isso, não vemos como o intérprete há-de distinguir.

A nosso ver, o CPC de 73 pôs termo à controvérsia.

Arguida a falsidade de um documento, fica suspenso o processo, como o determina o art. 394 do CPC: "*Logo que for suscitado o incidente de falsidade, o juiz suspenderá o processo principal*".

Não é automática essa suspensão; é mister um despacho do juiz ou provocação da parte.

Não se procederá a exame pericial se a parte que o produziu concordar em retirá-lo do processo e a parte contrária não se opuser ao desentranhamento (art. 392, parágrafo único, do CPC).

Contrario sensu, em havendo oposição ao desentranhamento, terá o Juiz de ordenar a perícia, uma vez que há presunção de que o documento é importante para o julgamento da causa.

Tratando-se de documento oferecido antes do fim da instrução, a parte — chamada a pronunciar-se sobre ele — o arguira de falso em petição dirigida ao Juiz da Vara do Trabalho ou ao Relator no Tribunal.

É preclusivo o prazo que tem a parte contra quem foi produzido o documento para arguir sua falsidade. É de dez dias esse prazo, contados da intimação da sua juntada aos autos. O Reclamado deve fazê-lo na contestação quando da audiência de conciliação, se o documento integrar a petição inicial.

É certo, porém, que a inércia do interessado não emprestará autenticidade ao documento, pois, no curso do processo, sempre terá a possibilidade de demonstrar sua falsidade. O que preclui é a faculdade de demonstrar o *falsum* mediante o incidente em tela.

Convém ressaltar que é dado ao Juiz repelir *in limine* a arguição de falsidade se o documento em nada influir no julgamento da causa. Nesse caso, a arguição tem fins protelatórios.

Julgada definitivamente a causa, não mais se pode processar o incidente de falsidade.

Resta ao interessado a ação rescisória.

A falsidade documental não deve ser efeito da revelia. O silêncio da parte na resposta ao incidente da falsidade não induz a autenticidade do documento. Exige-se, sempre, no caso, a perícia, pois o simples fato do deferimento da medida indica que o Juiz está certo de que o documento é peça essencial na formação do seu convencimento.

A sentença terá de declarar a falsidade ou autenticidade do documento (art. 395 do CPC).

Em atenção às peculiaridades do processo trabalhista, o interessado só poderá impugnar essa sentença por ocasião do recurso à instância superior.

É vacilante a jurisprudência quanto à aceitação do incidente em mandado de segurança.

Se o documento é indispensável ao aviamento da segurança, não se há de recusar o processamento do incidente.

225. O Prazo e a Produção da Prova Documental

Há normas que regulam o modo de inserção de documentos no processo.

A principal delas é a de que a petição inicial deve vir instruída com os documentos que comprovam a veracidade das alegações feitas pela parte.

É evidente que esses documentos devem ser anteriores à propositura da ação, salvo se por motivo de força maior ou por justo impedimento não foi possível instruir com eles a petição inicial.

O fato mais comum é o de documento arquivado em repartição pública que demora em fornecer certidão. O perigo da decadência ou da prescrição justificam, nos casos apontados, petição desprovida desses documentos.

O princípio da lealdade obriga o Reclamante a produzir, na petição inicial, toda a prova documental em favor de suas alegações. Assim, seu adversário terá condições de defender-se de modo adequado.

O Reclamado, por sua vez, também deve fazer sua defesa com toda a documentação de que dispuser a fim de anular ou contestar a que foi produzida pelo Reclamante.

Como já registrado, o Reclamante sempre tem de falar sobre a prova indicada pelo Reclamado em sua defesa, o que se afina com o princípio do contraditório.

Todavia, é lícito às partes, em qualquer tempo, juntar aos autos documentos novos, quando destinados a fazer prova de fatos ocorridos depois dos articulados ou para contrapô-los aos que foram produzidos nos autos.

A juntada extemporânea de documentos aos autos obriga o Juiz a ouvir a outra parte sobre eles, no prazo de cinco dias.

Por derradeiro, de lembrar-se a Súmula n. 8 do TST: *"A juntada de documentos na fase recursal só se justifica quando provado o justo impedimento para sua oportuna apresentação ou se referir a fato posterior à sentença"*.

Carnelutti ("Sistema del Diritto Processuale Civile", 1º vol., n. 209, Padova: Cedam, 1936) diz com acerto que a perícia objetiva a "percepção técnica", isto é, só os técnicos estão credenciados a perceber, de modo satisfatório, fatos que, por sua natureza, requerem do observador conhecimentos especializados.

Tal conclusão tem como premissa a impossibilidade de o magistrado possuir conhecimentos enciclopédicos que lhe permitam interpretar e analisar todos os fatos vinculados à lide sob julgamento.

Daí a necessidade de realizar-se a perícia, que a rigor, é um meio de prova.

Apresentado o laudo, não é o juiz obrigado a formar sua convicção baseado nas conclusões a que tiver chegado o perito.

É o que diz, com propriedade, o art. 436 do CPC: *"O juiz não está adstrito ao laudo pericial, podendo formar a sua convicção com outros elementos ou fatos provados nos autos"*.

Associa-se essa norma a uma outra, agasalhada no art. 131, também, do CPC: "O juiz apreciará, livremente, a prova, atendendo aos fatos e às circunstâncias constantes dos autos".

No mesmo passo que a lei contempla o juiz com a liberdade de avaliar a prova produzida (inclusive a pericial), exige que ele se atenha aos fatos e circunstâncias informados pelos atos.

Em suma, as conclusões técnicas do perito não têm efeito vinculativo na decisão final do Juiz: a opinião daquele não substitui, imperativamente, a deste último.

Desde *Mortara*, passando por *Chiovenda* e chegando a *Lessona* (*Mortara*, "Comentario", 3. vol., n. 328; *Chiovenda*, "Principii", § 84; *Lessona*, "Trattato", 4. vol., p. 409), está assentado ser lícito ao Juiz rejeitar as conclusões técnicas do perito, mas, na hipótese, cabe-lhe apresentar as razões de tal decisão.

À luz das considerações que vimos de fazer a propósito da liberdade que tem o Juiz para avaliar a prova pericial, afirmamos: a) é admissível a escolha, por ele, do laudo ofertado pelo assistente técnico; b) autoriza-o a lei a ordenar nova perícia.

226. Da Prova Pericial

Trata-se de atividade processual desenvolvida por técnico especialmente designado pelo Juiz para a demonstração de fatos vinculados ao cerne do litígio.

O exame pericial, como meio de prova, é de duas espécies: de informação e de verificação.

Na primeira, recebe o Juiz os esclarecimentos de que necessita para julgar; na segunda — de verificação — tem por finalidade registrar acontecimentos e circunstâncias, bem como a de fornecer informações, situações, documentos e coisas.

Diz o art. 420 do CPC que a prova pericial consiste em exame, vistoria ou avaliação.

No exame, é determinada uma situação; a vistoria serve para fixar, num dado momento, o estado de coisa móvel ou imóvel; a avaliação estabelece o valor de um bem material, moral ou intelectual.

O supradito artigo da lei processual autoriza o Juiz a indeferir a prova pericial em três hipóteses: a prova do fato não depende do conhecimento especial de técnico; desnecessário em vista de outras provas produzidas e quando a verificação for impraticável.

É o Juiz quem nomeia o perito.

Cabe-lhe escolher profissional regularmente habilitado a fazer pesquisa de utilidade ao deslinde do litígio.

De conformidade com o disposto nos §§ 1º e 2º do art. 145 do CPC, com redação dada pela Lei n. 7.270, de 10 de dezembro de 1984, os peritos devem ser escolhidos entre profissionais de nível universitário, devidamente inscritos no órgão de classe competente.

Reza o art. 147 do CPC: "O perito que, por dolo ou culpa, prestar informações inverídicas responderá pelos prejuízos que causar à parte, ficará inabilitado por dois anos a funcionar em outras perícias e incorrerá na sanção que a lei penal estabelecer".

Não se define a responsabilidade do perito em processo autônomo. Nos próprios autos da causa, depois de permitir-se ampla defesa ao perito, é ele punido nos termos do art. 147 acima citado.

Se a parte prejudicada por culpa ou dolo do perito decidir, pela via judicial, cobrar do perito o ressarcimento do prejuízo sofrido, parece-nos que a União também deve ser citada, pois tudo resultou de erro *in eligendo* ou *in vigilando* do Juiz do Trabalho.

Nas perícias para estabelecimento do grau de insalubridade, é indispensável que o perito escolhido seja da área de saúde ocupacional (engenheiro de segurança ou médico do trabalho) e esteja regularmente inscrito no seu conselho respectivo ou na Secretaria de Segurança e Saúde do Trabalho do Ministério do Trabalho; se a perícia for contábil o perito tem de ser bacharel em ciências contábeis ou contador (exigência da lei específica da profissão contábil exclui o técnico em contabilidade, de nível médio).

Sobre essa matéria, o TST editou a Orientação Jurisprudencial n. 165, SDI-1, *verbis*: "*Perícia. Engenheiro ou médico. Adicional de insalubridade e periculosidade. Válido. Art. 195 da CLT. O art. 195 da CLT não faz qualquer distinção entre o médico e o engenheiro para efeito de caracterização e classificação da insalubridade e periculosidade, bastando para a elaboração do laudo seja o profissional devidamente qualificado*".

Têm as partes o prazo de cinco dias, contados da data da intimação do despacho de nomeação do perito, para indicar assistente técnico e apresentar quesitos. Compete ao Juiz indeferir quesitos impertinentes e formular os que entender necessários ao esclarecimento da causa.

É prudente fundamentar-se o despacho indeferitório de uma perícia a fim de tornar remota a possibilidade da arguição do cerceamento de defesa.

É previsível a inabilidade das partes em articular os quesitos, e, em razão dessa circunstância, autoriza a Lei a formulação de quesitos pelo Juiz.

Não veda a Lei a apresentação, pelas partes, de quesitos suplementares àqueles oferecidos pelo Juiz.

Havendo pluralidade de autores ou de réus (Reclamantes e Reclamados) é lícito a cada parte indicar assistente técnico, nos termos do § 1º do art. 421 do CPC.

O CPC de 1973 seguiu na esteira da Lei n. 5.584, de 26 de junho de 1970. Optou pela escolha de um único perito — o do juiz —, cabendo às partes indicar assistentes técnicos.

O processo anterior era inutilmente dispendioso e procrastinador. Embora cada parte pudesse designar seu perito, a verdade é que o Juiz, de regra, acolhia as conclusões daquele que designara.

Em obediência ao prescrito no art. 422 do CPC, com texto dado pela Lei n. 8.455, há pouco citada, o perito cumprirá escrupulosamente o encargo recebido, independentemente do termo de compromisso.

Consoante o art. 146 do CPC e seu parágrafo único (redação dada pela Lei n. 8.455), é dado ao perito do Juiz escusar-se do encargo alegando motivo legítimo, mas terá de fazê-lo nos cinco dias contados da intimação ou impedimento superveniente.

Os assistentes técnicos são de confiança da parte e, portanto, não sujeitos a impedimentos ou suspeição.

Neste passo, cumpre-nos advertir o leitor de que a Lei n. 8.455, de 24.8.1992, deu nova redação ao § 2º do art. 421 do CPC para dispor que, quando a natureza do fato o permitir, a perícia poderá consistir apenas na inquirição dos peritos e dos assistentes pelo Juiz, por ocasião da audiência de instrução e julgamento, a respeito das coisas que houverem informalmente examinado ou avaliado. Dessarte, está o Juiz autorizado a dispensar a apresentação do laudo ou pareceres escritos.

O perito é substituído nas seguintes hipóteses: a) quando não tiver os conhecimentos especializados para o bom desempenho da prova pericial; e b) quando, sem motivo legítimo, deixar de cumprir o encargo no prazo que lhe foi assinado. Nesta última hipótese, cabe ao Juiz comunicar à respectiva corporação profissional a negligência do perito e impor-lhe multa fundada no valor da causa e possível prejuízo decorrente do atraso no processo.

O art. 432 do CPC autoriza o Juiz a prorrogar, uma única vez e a seu prudente arbítrio, o prazo concedido ao perito para realizar a perícia. O ou os assistentes técnicos, segundo praxe de há muito respeitada, realizam com o perito o exame da coisa ou do local.

É certo, porém, que a Lei é silente a respeito.

O art. 433 do CPC reza que os assistentes técnicos, nomeados pelas partes, apresentarão seus pareceres no prazo comum de dez dias após a entrega do laudo do perito designado pelo Juiz. Dessarte, têm os assistentes prazo razoável para estudar as conclusões do perito. Mas isso ocorre na Justiça comum, porque na Justiça do Trabalho há-de se cumprir o prescrito no parágrafo único do art. 3º da Lei n. 5.584, de 26 de junho de 1970 — *verbis*: *"Permitir-se-á, a cada parte, a indicação de um assistente, cujo laudo terá de ser apresentado no mesmo prazo assinado para o perito sob pena de ser desentranhado dos autos"*.

De assinalar-se que a Lei n. 5.584 é lei trabalhista extravagante, sendo-lhe apenas subsidiária a lei processual comum. Por outras palavras, a regulamentação de determinado tema pela Lei n. 5.584 prevalece sobre o que a respeito dispuser o CPC.

Enquanto durar a diligência, é lícito às partes apresentar quesitos suplementares.

Da juntada dos quesitos aos autos, dará o escrivão ciência à parte contrária (art. 425 do CPC).

O Código de Processo Civil de 1939, a propósito do momento da admissibilidade dos quesitos suplementares, dizia que o era até a "realização da diligência".

A expressão provocou intermináveis discussões.

O texto em vigor é solarmente claro: a apresentação dos quesitos suplementares é aceita enquanto se realiza a diligência.

Quem não apresentou quesitos no quinquídio já mencionado está impedido de formular os complementares, uma vez que não podem completar o que não existe.

De ressaltar que os quesitos complementares não devem trazer à baila matéria nova ou tentar alargar o campo da perícia. Devem cingir-se à explicitação dos quesitos já formulados.

A teor do art. 427 do CPC (redação também dada pela Lei n. 8.455) dispensa o Juiz prova pericial quando as partes, na inicial e na contestação, apresentarem sobre as questões de fato pareceres técnicos ou documentos elucidativos que considere suficientes ao aclaramento do litígio.

Quando a perícia tiver de ser feita por carta precatória ou ordem, a nomeação do perito e dos assistentes é feita pelo juízo deprecado. Tratando-se de faculdade, o art. 428 do CPC não exclui a possibilidade de essa nomeação ser feita pelo juízo deprecante.

Para levar a bom termo a tarefa que lhes cometeu o juiz, o perito e os assistentes estão autorizados por Lei (art. 429 do CPC) a utilizar-se de todos os meios necessários, ouvindo testemunhas, obtendo informações, solicitando documentos que estejam em poder de parte ou em repartições públicas, bem como instruir o laudo com plantas, desenhos, fotografias e outras quaisquer peças.

Os depoimentos de testemunhas colhidos pelo perito ou pelos assistentes terão de ser reproduzidos em juízo, com obediência às disposições processuais pertinentes. Só assim tais depoimentos terão valor probante.

Quando o documento comprovadamente em poder da parte não for apresentado ao perito ou ao assistente, deve o fato ser comunicado ao Juiz para que, com estribo no art. 359 do CPC, admita como verdadeiros os fatos que por meio do documento ou da coisa a parte pretenda provar.

Exemplificando: o perito pede a folha de pagamento de determinado período para constatar diferenças de remuneração entre exercentes das mesmas funções na empresa e com igual tempo de serviço. A empresa oculta o documento. Abre-se a possibilidade de aplicação da sanção ínsita no art. 359 do CPC.

Tendo a Lei n. 8.455 derrogado o art. 430 do CPC, têm os peritos e assistentes de apresentar seus laudos em separado.

Intimadas as partes a falar sobre o laudo e se o Juiz não lhes fixar prazo para isso (art. 185 do CPC), será ele de cinco dias.

Informar que se pronunciará sobre o laudo em razões finais é incorrer em preclusão.

Desde que intimados cinco dias antes da audiência, o peritos e os assistentes a ela comparecerão em acatamento ao que foi requerido pela parte ao Juiz a fim de solicitar-lhes esclarecimentos que supram eventuais deficiências dos laudos.

A teor do art. 435 do CPC, tem a parte de instruir seu pedido com as perguntas, sob a forma de quesitos, que serão levados ao perito e aos assistentes, os quais terão o referido quinquídio para bem desempenhar sua função na audiência.

Não é o juiz um escravo do laudo pericial. Permite-lhe a lei formar sua convicção com outros elementos ou fatos provados nos autos.

Há, ainda, a hipótese prevista no art. 437 do CPC de o Juiz determinar, de ofício ou a pedido da parte, a realização de nova perícia e isso quando a matéria controvertida nos autos não lhe parecer suficientemente esclarecida.

Nesse caso, exige a lei que a segunda perícia tenha por objeto os mesmos fatos de que se ocupou a primeira, pois se destina a corrigir eventual omissão ou inexatidão dos resultados a que chegou esta última.

A segunda perícia não substitui a primeira. Serve para o Juiz comparar uma com a outra e, livremente, aquilatar do valor de uma e de outra.

A realização de uma perícia *ad perpetuam* não impede o deferimento de nova perícia no curso da ação, mas esta tem de limitar-se à prova de fato complementar ou superveniente indispensável à formação da convicção do Juiz. É mister, na hipótese, que se comprove a complementaridade da segunda perícia.

Entendemos que os honorários periciais, por decorrerem, também, de uma decisão judicial, devem ser reajustados utilizando-se dos mesmos índices dos débitos trabalhistas.

A Lei n. 8.952/94 acrescentou ao art. 33 do CPC um parágrafo estatuindo que os honorários periciais, quando pagos adiantadamente, seriam depositados, à ordem do Juízo, em estabelecimento bancário e corrigidos monetariamente.

No item 96, damos maior desenvolvimento a este ponto.

Por derradeiro, de observar-se que o contido no art. 165 do CPC é aplicável ao processo trabalhista, o que importa dizer que o despacho do Juiz sobre honorários periciais tem de ser fundamentado. Não se há de cogitar da nulidade desse despacho se ofensivo ao referido art. 165 do CPC: o Tribunal, *in casu*, deve converter o julgamento em diligência para que o Juiz fundamente a sua decisão acerca desses honorários.

No que tange aos honorários do assistente, frisamos que inexiste incompatibilidade entre os arts. 20 e 33 do CPC e a sistemática da CLT. Desse modo, sucumbente o Reclamante, na parte alusiva à perícia, cabe-lhe a responsabilidade pelos honorários do assistente técnico do Reclamado.

Opor-se a esse entendimento é aceitar que a parte vencedora, para defender-se eficazmente em juízo, tem de desfalcar seu patrimônio.

Contudo, o TST adotou posição contrária ao editar a Súmula n. 341, vazada nos seguintes termos: "A indicação do perito assistente é faculdade da parte, a qual deve responder pelos respectivos honorários, ainda que vencedora no objeto da perícia".

Há decisórios do TST (Pleno, MS-RO 789/84, julgado em 23.5.85, *in Rev. LTr* 50/3-301, de março de 1986; RO-MS 15/87 *in* DJU de 1º.9.89, p. 13.951) proclamando a legitimidade da presença do empregado nas dependências da empresa, durante a realização da perícia. Sensível a essa questão, o legislador fez inserir o seguinte comando no art. 431-A, do CPC: "As partes terão ciência da data e local designados pelo juiz ou indicados pelo perito para ter início a produção da prova".

A participação do empregado nos trabalhos periciais deve ser requerida, justificadamente, ao Juiz.

Finalmente, deve-se requerer a perícia na petição inicial ou na contestação.

É admitido, porém, fazer tal requerimento noutro momento processual se o interesse da causa o exigir.

Não é raro uma das partes — ao conhecer a argumentação esgrimida pelo adversário — convencer-se de que há necessidade de uma perícia, necessidade inexistente por ocasião da entrega da petição inicial.

Há, ainda, a hipótese de as testemunhas darem informações que despertam a exigência da prova pericial.

Como se vê, a regra é pedir a perícia no primeiro momento em que as partes ingressam no processo, mas, justificadamente, é admitido seu deferimento noutro momento processual.

227. Exame de Livros Mercantis

O exame dos livros contábeis de uma empresa é imprescindível na solução de determinados litígios.

Suas peculiaridades e sua relevância nos levaram a dedicar-lhe este item.

São incontáveis as situações litigiosas em que se impõe a realização desse exame: participação nos lucros; pagamento de comissões, horas extras, gratificações etc.

É o empresário, por força de lei, obrigado a manter um sistema de contabilidade, mecanizado ou não, com base na escrituração uniforme de seus livros, em correspondência com a documentação respectiva. Essa escrituração é disciplinada pelos artigos 1.179 *usque* 1.195, do Código Civil de 2002.

O pequeno empresário é dispensado das exigências relativas à manutenção de uma sistema de contabilidade (art. 1.179, § 2º, do CC/02).

Tem o empresário, pequeno ou grande, a faculdade de escolher os tipos de livros contábeis que pretende usar. O valor probante desses livros é estabelecido por disposições do Código Civil de 2002 e do CPC.

Diz o art. 378 do CPC que os registros dos livros comerciais provam contra o seu autor, ou seja, o comerciante. Este, porém, por todos os meios permitidos em direito, pode provar que os lançamentos não correspondem à verdade dos fatos. É evidente que esses mesmos livros, quando satisfazem os requisitos legais, provam também a favor do seu autor. Esses requisitos são: encadernação, numeração das folhas, termos de abertura e encerramento e outros.

Lembre-se que o art. 376, do CPC, estabelece que *"as cartas, bem como os registros domésticos, provam contra quem os escreveu quando: I — enunciam o recebimento de um crédito; II — contêm anotação, que visa a suprir a falta de título em favor de quem é apontado como credor; III — expressam conhecimento de fatos para os quais não se exija determinada prova"*.

Informa o art. 380 do CPC ser indivisível a escrituração contábil. Se, dos fatos nela anotados, uns são favoráveis ao interesse do seu autor (o empresário) e outros lhe são contrários, ambos serão considerados em conjunto como unidade.

Não seria lógico nem justo que o interessado tirasse da escrituração apenas o que lhe é vantajoso, deixando à margem o que lhe é prejudicial.

O art. 382 do CPC autoriza o Juiz a ordenar à parte a exibição parcial dos livros e documentos, para extrair deles a suma que interessar ao litígio, bem como reproduções autenticadas. É isso que acontece com mais frequência no foro trabalhista: a exibição parcial da escrituração contábil da empresa.

Entretanto, quando se trata de reclamação versando participação nos lucros, temos como irrecusável a apresentação da escrituração por inteiro.

Diz-se que a hipótese não foi prevista no CPC e, por isso, não é lícito ao Juiz ordenar tal providência.

Semelhante posição quer colocar o interesse individual do comerciante acima do interesse maior que é o da distribuição da justiça, a tutela jurisdicional. Se não for dado ao Juiz conhecer a escrituração por inteiro, como terá a certeza de que é exata a quota dos lucros atribuída ao empregado?

Tais dúvidas se dissipam quando da realização de uma perícia contábil.

Com essa mesma argumentação, repelimos a aplicação do art. 1.190, do Código Civil de 2002 no presente caso, *verbis:* "*O juiz só poderá autorizar a exibição integral dos livros e papéis de escrituração quando necessária para resolver questões relativas a sucessão, comunhão ou sociedade, administração ou gestão à conta de outrem, ou em caso de falência*".

Determinando o juiz o exame dos livros, não se deve esquecer da regra inscrita no § 1º desse art. 1.190 do Código Civil: "*O juiz ou tribunal que conhecer de medida cautelar ou de ação pode, a requerimento ou de ofício, ordenar que os livros de qualquer das partes, ou de ambas, sejam examinados na presença do empresário ou da sociedade empresário a que pertencerem, ou de pessoas por estes nomeadas, para deles se extrair o que interessar à questão*".

No caso dos livros em outra jurisdição, nela se fará o exame, perante o respectivo juiz, conforme o § 2º desse mesmo art. 1.190.

O *expert* nomeado pelo Juiz terá acesso a todos os registros contábeis da empresa, sob pena de serem reputados como verdadeiros os fatos que, por meio da perícia, se pretende provar (art. 359 do CPC).

Lembre-se, por fim, que o empresário e a sociedade empresária são obrigados a conservar em boa guarda toda a escrituração, correspondência e mais papéis concernentes à sua atividade, *enquanto não ocorrer prescrição ou decadência no tocante aos atos neles consignados,* conforme regra agasalhada no art. 1.194, do Código Civil de 2002. Esse dispositivo é correspondente ao art. 10, 3, do Código Comercial de 1850.

Se não houver a guarda dos documentos na forma apontada, por exemplo, durante o lapso de tempo da prescrição dos depósitos fundiários, a alegação do trabalhador de que seu empregador realizou depósitos a menor relativamente à remuneração paga será considerada verídica pelo juiz.

228. Da Inspeção Judicial

Trata-se de diligência de índole processual, realizável pelo Juiz de ofício ou a requerimento da parte, em qualquer fase do processo, objetivando melhor esclarecimento do fato que interesse ao julgamento da causa.

A inspeção abrange tanto pessoas como coisas.

O atual Código de Processo Civil deu disciplinamento legal ao instituto. Anteriormente, o instituto existia, mas por iniciativa de Juízes zelosos empenhados no correto julgamento dos feitos entregues à sua supervisão.

Acredita-se que os arts. 440 a 443 do CPC tiveram como molde o art. 612 do Código de Processo Civil português.

A expressão usada pelo art. 440 do CPC "em qualquer fase do processo" significa, indubitavelmente, que, mesmo em segundo grau de jurisdição, é admitida a inspeção judicial.

Se um Tribunal Regional do Trabalho é competente para rever as questões de fato e de direito ventiladas na primeira instância, não se lhe pode recusar o direito de, por intermédio da inspeção em tela, inteirar-se de fatos e circunstâncias susceptíveis de formar seu convencimento do direito de uma ou de outra parte.

Neste passo, evocamos o art. 765 da CLT (*"Os Juízes e Tribunais do Trabalho terão ampla liberdade na direção do processo e velarão pelo andamento rápido das causas, podendo determinar qualquer diligência necessária ao esclarecimento delas"*) para frisar que a inspeção judicial se inclui entre aquelas diligências que o Juiz e os Tribunais Regionais do Trabalho estão autorizados a determinar, desde que úteis ao aclaramento do litígio.

Não é a inspeção mencionada na CLT e, por isso, obedecerá às correspondentes prescrições do CPC que não contrariarem as características do processo trabalhista.

O art. 442 do CPC é taxativo ao dizer que o juiz irá ao local onde se encontre a pessoa ou coisa: a) quando julgar necessário para a melhor verificação ou interpretação dos fatos que deva observar; b) quando a coisa não puder ser apresentada em Juízo sem consideráveis despesas ou graves dificuldades; c) quando determinar a reconstituição dos fatos.

Indeferindo pedido de inspeção dirigido pela parte, é desejável que o Juiz explicite as razões de sua decisão a fim de tornar improvável o risco da alegação de cerceamento de defesa.

De modo expresso, o parágrafo único do art. 442 do CPC estatui que as partes têm o direito a assistir à inspeção, prestando esclarecimentos e fazendo observações que reputem de interesse para a causa. Esse direito não é apenas do Reclamante, mas também do Reclamado. Assim, cabe ao Juiz dar ciência, por intimação, às partes da realização da diligência e informando dia, hora e local em que se efetivará.

No encerramento da inspeção, lavrar-se-á auto circunstanciado no próprio local em que se realizou, mencionando tudo que considerar útil ao julgamento da causa.

Permite a Lei ser o auto instruído com desenho, gráfico ou fotografia (parágrafo único do art. 443 do CPC, com redação dada pela Lei n. 5.925, de 1º.10.73).

O art. 441 do CPC possibilita o acompanhamento da diligência por "um ou mais peritos".

É certo que a Lei n. 8.455, de 24.8.1992, introduziu substanciais modificações nos preceitos pertinentes à perícia e, em todas elas, fala em perito no singular. Por outras palavras, o juiz nomeia um só perito.

Aqui, cumpre-nos salientar que há casos com aspectos diversos cujo exame exija conhecimentos técnicos ou científicos de mais de um perito. Na hipótese, não padece dúvida de que o Juiz tem o poder de nomear um perito para cada área que exija conhecimentos específicos. Exemplo: reclamação tendo por objeto diferenças não pagas de comissões e adicional de insalubridade. Quanto ao primeiro ponto — diferenças nas comissões — o perito há-de ser um contabilista e, quanto ao segundo — constatação da insalubridade —, um médico do trabalho ou engenheiro de segurança.

Sensível a essa questão de perícia complexa que envolva diversas áreas de conhecimento, o legislador introduziu o art. 431-B, no CPC, *verbis*: *"Tratando-se de perícia complexa, que abranja mais de uma área de conhecimento especializado, o juiz poderá nomear mais de um perito e a parte indicar mais de um assistente técnico".*

Essas considerações servem para dar sustentação à conclusão de que a lei permite ao Juiz nomear mais de um perito na diligência apreciada neste item, desde que presentes os pressupostos indicados no exemplo supra.

229. Da Prova Emprestada

Emprestada é a prova que provém de outro processo.

Está assente na doutrina que a prova feita num processo, para ser usada legitimamente num outro, é mister que tenha sido produzida entre as mesmas partes ou entre partes diversas desde que a questão ou fato controvertidos sejam idênticos. É indispensável, outrossim, que na produção dessa prova tenha sido respeitada a lei, notadamente o princípio do contraditório.

Outra hipótese de prova emprestada é a da prova saída dos autos de processo criminal, cuja valoração depende da sua maior ou menor sintonia com as demais reunidas no processo do trabalho. Mas tem importância destacada a confissão feita no processo criminal que se harmonize com as provas carreadas aos autos do processo trabalhista.

Na apreciação da prova emprestada, o Juiz há-de agir com cautela. Aceitando-a para formar seu convencimento, tem de examiná-la no conjunto das provas produzidas.

É muito comum dois ou mais trabalhadores da mesma empresa proporem ações diversas em Varas do Trabalho diferentes para reivindicar do empregador o adicional de insalubridade.

Numa dessas ações é realizada, em primeiro lugar, a perícia.

Cópia por certidão do respectivo laudo constituirá prova emprestada de boa qualidade, se o empregador, depois de formular seus quesitos, teve oportunidade de falar sobre as conclusões do perito.

Tal laudo não deixa de ser prova emprestada de boa qualidade, sobretudo se o empregador, na outra ação, não se opôs a ela.

229.1. A Prova no Código Civil de 1916 e no de 2002

No antigo Código, todo o seu Capítulo IV, do Título I, do Livro III, se intitulava "Da forma dos atos jurídicos e da sua prova" (arts. 129 *usque* 144).

Quase todos eles foram mantidos pelo novo Código Civil, com ligeiras alterações redacionais.

Assim, o mais destacado deles — o de n. 136 — no novo Código teve seu número modificado para 212 e seu texto é, atualmente, o seguinte:

"Salvo o negócio a que se impõe forma especial, o fato jurídico pode ser provado mediante:

I — confissão;

II — documento;

III — testemunha;

IV — presunção;

V — perícia".

A única diferença entre os dois textos está no inciso V. O mais antigo, falava em "exames e vistorias", enquanto o mais novo, em "perícia", a qual, na terminologia processual, compreende exame, vistoria e avaliação.

Sob esse prisma — de redação — temos de reconhecer que o novo Código, no inciso V do art. 212, se mostra mais explícito que o antigo.

Vai o leitor entender que não nos é dado, no estreito espaço deste livro, comentar cada um dos novos preceitos legais pertinentes ao instituto da prova.

Vamos, a seguir, dar realce tão somente às regras inovadoras do novo Código Civil e que repercutem no Direito do Trabalho positivado e processual.

229.1.1. Da Confissão Ineficaz

Reza o art. 213 do Código Civil de 2002 — CC/02 — *ad litteram*:

"Não tem eficácia a confissão se provém de quem não é capaz de dispor do direito a que se referem os fatos confessados.

Parágrafo único. Se feita a confissão por um representante, somente é eficaz nos limites em que este pode vincular o representado."

Já dizia *Paula Batista* que a confissão é o ato pelo qual uma das partes afirma o que a outra alega.

É a *probatio probantissima* e pode ser judicial ou extrajudicial.

A primeira, nos termos do art. 349 do CPC "pode ser espontânea ou provocada".

A confissão espontânea, quando requerida pela parte, faz o juiz determinar a lavratura do respectivo termo nos autos; a confissão provocada constará do depoimento pessoal prestado pela parte.

Lê-se, no parágrafo do sobredito dispositivo da lei processual, que "a confissão espontânea pode ser feita pela própria parte *ou por mandatário com poderes especiais."*

Passemos à confissão extrajudicial, disciplinada pelo CC/02 e que, aqui, nos interessa de modo particular.

Quando é ela feita por escrito, ela equivale, em valor probante, a que é feita em juízo.

Como constitui uma declaração de vontade, a confissão extrajudicial é anulável por outras razões que o CC/02 menciona para invalidar um ato jurídico. Dessarte, estamos admitindo que a confissão é anulável, não apenas com a alegação de erro de fato ou de coação, como estatui o CC/02, mas também pelo dolo, estado de perigo e fraude contra credores.

Caio Mário da Silva Pereira (in "Instituições de Direito Civil", 12. ed., Forense, 1990, tomo I, p. 422) inclui os outros vícios de consentimento para anular uma confissão:

"A confissão extrajudicial, se reduzida a escrito, tem o mesmo valor probante da que se faz em juízo, mas é atacável com fundamento nos mesmos motivos que conduzem à ineficácia dos atos jurídicos, pois que na sua exteriorização e nos seus elementos se equipara à declaração de vontade."

Percebe o leitor que nossa opinião, sobre o assunto, harmoniza-se com a do renomado jurista.

Estamos em que o *caput* do art. 213, acima transcrito, é de clareza solar: se o confitente não é o titular do direito a que se reporta o fato confessado — de nenhum valor sua confissão.

O art. 116, do CC/02, também cuida do assunto, ainda que em sentido positivo, ao asseverar que *"a manifestação de vontade pelo representante, nos limites de seus poderes, produz efeitos em relação ao representado".*

Contrario sensu, é anulável ato praticado pelo gerente de uma empresa que exceda aos poderes de seu mandato ou representação.

Ainda, na esfera do trabalho subordinado, é impugnável a confissão feita por um preposto com contrariedade aos limites dos poderes outorgados pelo empregador. Exemplo: se, na carta de preposição ou no instrumento do mandato, é consignado que deve negar a insalubridade do local de trabalho. Outro exemplo: se da carta de preposição constar que ele deverá negar a prestação de horas extraordinárias e ele as confessa em depoimento na Justiça do Trabalho, deve o defensor da empresa, de imediato, apresentar seu protesto.

Como se vê, com alguma cautela, é aplicável, às relações de trabalho, o que se contém no art. 213 do CC/02, em cotejo com o que dispõe o § 1º, do art. 843, da CLT, *verbis*: *"É facultado ao empregador fazer-se substituir pelo gerente, ou qualquer outro preposto que tenha conhecimento do fato, e cujas declarações obrigarão o preponente"*.

Sobre esta matéria, ler o item 192 deste livro.

229.1.2. Da Confissão Anulável

Dispõe o art. 214 do CC/02 — *verbis*:

"A confissão é irrevogável, mas pode ser anulada se decorreu de erro de fato ou de coação".

Já frisamos que a confissão, por ser uma declaração de vontade, é anulável com a invocação, não só do erro de fato e da coação, mas também pelo dolo.

Algumas palavras sobre erro de fato.

Se não nos trai a memória, foi *Saleilles* quem declarou que o erro corresponde à discordância entre a vontade interna e a vontade declarada. Posteriormente, os autores em geral não discreparam desse entendimento.

Os arts. 138 a 144 do CC/02 são dedicados ao erro ou ignorância.

Deve o erro de fato corresponder ao erro substancial que o CC/02, no art. 139, define nos seguintes termos:

"O erro é substancial quando:

I — interessa à natureza do negócio, ao objeto principal da declaração ou a alguma das qualidades a ele essenciais;

II — concerne à identidade ou à qualidade essencial da pessoa a quem se refira a declaração de vontade, desde que tenha influído nesta de modo relevante;

III — sendo de direito e não implicando recusa à aplicação da lei, for o motivo único ou principal do negócio jurídico."

O erro de fato, mencionado no art. 214 acima copiado, equivale efetivamente ao erro substancial definido no supracitado art. 139 do CC/02.

É este, também, o pensamento de *De Plácido e Silva*, ao sustentar que têm igual sentido as expressões erro substancial e erro de fato ("Vocabulário Jurídico", 11. ed., Forense, 1991, II tomo, p. 184/5).

Informa que o erro de fato consiste "em se ter uma falsa ideia sobre o exato sentido das coisas, crendo-se uma realidade que não é verdadeira."

Será erro de fato se o empregador declarar, em juízo ou fora dele, que o trabalhador "X" exerce seu ofício em setor insalubre da empresa, quando em verdade ele desenvolve atividades noutra área do estabelecimento.

Assinala *Serpa Lopes* (in "Curso de Direito Civil", 3. ed., Freitas Bastos, 1960, I tomo, p. 430) que os juristas divergem a respeito do que se deve entender por erro substancial.

Para *Savigny* e *Duranton*, o erro se deve basear num critério objetivo, isto, substância é a matéria de que se a coisa se encontra formada; para *Huc*, substância é o mesmo que as qualidades com as quais as coisas se apresentam e são identificadas.

Nessa ótica, podemos dizer que a posição de *Huc* é a que mais se identifica com a problemática trabalhista.

Fazemos breve pausa neste trecho, para destacar que a questão da confissão tanto pode interessar concretamente ao trabalhador como ao empregador.

Outro elemento que torna anulável o ato jurídico é a coação, que o CC/02, assim conceitua no art. 151:

"A coação, para viciar a declaração de vontade, há de ser tal que incuta ao paciente fundado temor de dano iminente e considerável à sua pessoa, à sua família, ou aos seus bens."

Aduz-se, em seu parágrafo único:

"Se disser respeito a pessoa não pertencente à família do paciente, juiz, com base nas circunstâncias, decidirá se houve coação".

O novo texto, comparado com o antigo, dele difere no ponto em que declara que o "fundado temor" há de ser iminente.

Os estudiosos, unissonamente, sustentam que a vontade geradora do negócio deve manifestar-se, não apenas livremente, mas também conscientemente.

Ensina *Silvio Rodrigues* (in "Dos vícios do consentimento", Saraiva, 1979, p. 225) que *"se a declaração da vontade não surgiu livremente, tendo, ao contrário, sendo imposta à vítima por ameaça do outro contratante ou de terceiros, permite a lei que o prejudicado promova o desfazimento da ameaça, provando aquela circunstância. No caso, a anulabilidade se funda na existência de coação"*.

O CC/02 no tangente à conceituação da coação inovou, no parágrafo único do art. 151, ao admitir a configuração da coação quando exercida sobre pessoa "não pertencente à família do paciente", hipótese em que cabe ao Juiz decidir se o negócio jurídico ostenta aquele vício.

Escusado dizer que a coação pode viciar várias atos jurídicos na esfera do direito do trabalho, embora isto não seja frequente.

229.1.3. Telegrama como Prova

Dispõe o CPC, nos arts. 374 e 375, que o telegrama, o radiograma ou qualquer outro meio de transmissão tem a mesma força probatória do documento particular, se o original constante da estação expedidora foi assinado pelo remetente. A firma deste pode ser reconhecida por tabelião, desde que tal circunstância se declare no original depositado na estação expedidora. Há a presunção de que o telegrama ou radiograma está conforme com o original, provando a data de sua expedição e do recebimento pelo destinatário.

Sem embargo da omissão do CPC, tem-se admitido como meio de prova, no processo, fax e telex.

O CC/02, no art. 222, só se refere ao telegrama como meio de prova de um ato jurídico:

"O telegrama, quando lhe for contestada a autenticidade, faz prova mediante conferência com o original assinado".

Inquestionavelmente, o CPC tratou o susocitado meio de prova com mais proficiência que o CC/02.

No campo trabalhista, são incontáveis os atos jurídicos que se provam por meio de telegrama. Exemplos: a) a matriz informa à filial que os salários de seus empregados foram majorados tantos por cento a partir de determinada data; b) a empresa dá ciência a caixeiro viajante uma alteração na sua comissão.

229.1.4. Cópia Fotográfica de Documento

Estabelece o art. 223 do CC/02 — *verbis*:

"A cópia fotográfica de documento, conferida por tabelião de notas, valerá como prova de declaração de vontade, mas, impugnada sua autenticidade, deverá ser exibido o original.

Parágrafo único. A prova não supre a ausência do título de crédito, ou do original, nos casos em que a lei ou as circunstâncias condicionarem o exercício do direito à sua exibição."

Os arts. 384 e 385 do CPC também se ocupam dessa espécie de prova documental, quando carreada, como óbvio, aos autos do processo.

Distingue-se do CC/02, no tocante à impugnação da autenticidade da reprodução do documento: em lugar de obrigar o interessado a exibir original, assenta que compete ao Juiz ordenar o exame pericial. Nesse particular, o CC/02 é mais objetivo, uma vez que manda ao portador da cópia fotográfica do documento que exiba o original.

Despiciendo esclarecer por que motivo, em se tratando de título de crédito, não basta apresentar sua cópia fotográfica. Se a lei, surpreendentemente previsse ação executiva fundada em cópia de uma cártula, haveria o perigo de o original surgir posteriormente em mãos de terceiros, provocando toda a sorte de dissabores aos interessados.

Se o empregado apresentar cópia fotográfica, conferida por tabelião, de carta do empregador assegurando-lhe certas vantagens ou garantias, é fora de dúvida que temos, aí, a comprovação de uma declaração de vontade. Se — como destacado acima, a empresa puser em dúvida a autenticidade do documento, tem o empregado de apresentar o original.

229.1.5. Registros Fotográficos e Outros

Outra novidade do CC/02 reside no art. 225 — *verbis:*

"As reproduções fotográficas, cinematográficas, os registros fotográficos e, em geral, quaisquer outras reproduções mecânicas ou eletrônicas de fatos ou de coisas fazem prova plena destes, se a parte contra quem forem exibidos, não lhes impugnar a exatidão."

No velho Código Civil inexistia tal tipo de prova.

Reproduções que tais podem provar relações de trabalho, inclusive aquelas com repercussão na área previdenciária.

Temos como incontrastável que a simples impugnação não basta para anular a prova produzida por fotografias, filmes e outros processos de reprodução.

In casu, o impugnante deve, também, pedir exame pericial que demonstre a autenticidade, ou não, das questionadas reproduções.

229.1.6. Dos Livros e Fichas Mercantis

Tem o art. 226 do CC/02 a seguinte redação:

"Os livros e fichas dos empresários e sociedades provam contra as pessoas a que pertencem, e, em seu favor, quando escrituradas sem vício extrínseco ou intrínseco, forem confirmados por outros subsídios.

Parágrafo único. A prova resultante dos livros e fichas não é bastante nos casos em que a lei exige escritura pública, ou escrito particular revestido de requisitos especiais, e pode ser ilidida pela comprovação da falsidade ou inexatidão dos lançamentos."

Trata-se de prova documental que, anteriormente, não era desconhecida ou inaproveitada no processo do trabalho.

Subsidiariamente, era e ainda é comum, no foro trabalhista, invocar-se os arts. 378 a 382, para provar-se o alegado por uma das partes.

É certo, outrossim, que a parte derrogada do vetusto Código Comercial, nos arts. 77 e 122, fazia referência expressa a essa espécie de prova documental.

O dispositivo do CC/02, transcrito na abertura de item, faz uma ressalva quanto ao valor probante dos livros e fichas dos empresários e sociedades: devem ser confirmados por outros subsídios.

Que subsídios são esses?

Colocamos em primeiro lugar os documentos que deram embasamento ao registro contábil e, depois, outros elementos informativos que reforcem a autenticidade dos que se contém nos livros mercantis.

229.1.7. Da Prova Testemunhal

Relaciona o art. 228 do CC/02 aqueles que não podem ser admitidos como testemunhas instrumentárias de atos jurídicos.

Seu parágrafo único (sem correspondente no velho Código Civil) reza:

"Para a prova dos fatos que só elas conheçam, pode o juiz admitir o depoimento das pessoas que se refere este artigo."

É curial que, dentre as condições de admissibilidade da prova testemunhal, estão a capacidade de testemunhar (condição que exclui todos aqueles a que faz remissão o art. 228 do CC/02, tais como os menores de dezesseis anos, aqueles que não tiverem discernimento para a prática dos atos da vida civil etc.), a idoneidade da testemunha e, no magistério de *Pontes de Miranda* (in "Tratado de Direito Privado", 3. ed., Borsoi, 1970, III tomo, p. 418):

"Testemunhas são as pessoas estranhas ao negócio jurídico, ou, em geral, aos fatos jurídicos, que depõem (= prestam testemunho) sobre percepções próprias, concretas, quanto a fatos ou circunstâncias que ocorreram. Rigorosamente, quem quer que percebeu algo pode testemunhar; porém o direito, atento aos interesses dos figurantes, teve de distinguir aqueles (inclusive representantes legais) e o alter, que todos depõem sobre suas percepções."

O parágrafo único do art. 228 do CC/02 constitui uma novidade no âmbito do direito civil patrício.

O mesmo não dizemos quanto ao processo civil, cujo Código, no art. 405, § 4º, prevê a mesma hipótese de aproveitamento da testemunha impedida:

"Sendo estritamente necessário, o juiz ouvirá testemunhas impedidas ou suspeitas; mas os seus depoimentos, serão prestados independentemente de compromisso (art. 415) e o juiz lhe atribuirá o valor que possam merecer."

É indubitável que tal classe de prova testemunhal não pode nem deve, sozinha, formar a convicção do juiz sobre a veracidade do que se alega nos autos. Poder-se-á chegar a tal resultado, mas com outra prova que complemente ou confirme o depoimento de pessoa legalmente proibida de fazê-lo.

O parágrafo do art. 228, do CC/02, é de natureza nitidamente processual, pois, ninguém, na conclusão de um negócio jurídico, irá recorrer a uma testemunha impedida.

É esse preceito, bem como o § 4º do art. 405 do CPC, de aplicação subsidiária ao processo do trabalho.

229.1.8. Quem Não Pode Depor

O art. 228 do CC/02 repete, em parte, o que se diz no art. 144 do velho Código Civil.

Acrescenta o seguinte:

"Ninguém pode ser obrigado a depor:

I — omissis (texto igual ao do caput do art. 144 do velho Código);

II — a que não possa responder sem desonra própria ou de seu cônjuge, parente em grau sucessível ou amigo íntimo;

III — que o exponha, ou às pessoas referidas no inciso antecedente, a perigo de vida, de demanda ou de dano patrimonial imediato."

O CPC, no art. 406, ocupa-se, parcialmente, da matéria. Limita-se a dizer que a testemunha não é obrigada a depor de fatos: a) a cujo respeito, por estado ou profissão (v.g. sacerdote, advogado, etc.) deva guardar sigilo; b) que lhe acarretem grave dano, bem como ao seu cônjuge e aos seus parentes consanguíneos ou afins em linha reta, ou na colateral em segundo grau.

No CPC, o art. 347 dispõe não ser obrigada a parte a depor de fatos criminosos ou torpes que lhe foram imputados ou a cujo respeito, por estado ou profissão, deva guardar sigilo.

O novo preceito do CC/02 inclui, no rol das justificativas de o testemunho não se efetivar:

a) os amigos íntimos;

b) exposição, das pessoas mencionadas no dispositivo em tela, a perigo de vida, de demanda ou de dano patrimonial imediato.

Que se trata de norma processual, está acima e fora de discussão.

É certo, porém, que deu maior amplitude à correspondente norma do CPC.

As prescrições em foco aplicam-se subsidiariamente ao processo do trabalho, mas, cabe ao intérprete ou aplicador, ter em mente o que preceitua o art. 2.043 do CC/02: *"Até que por outra forma se disciplinem, continuam em vigor as disposições de natureza processual... cujos preceitos de natureza civil hajam sido incorporados a este Código"*.

Se este era o pensamento do legislador ao elaborar o CC/02 ficamos a pensar: por que motivo, então, repetitivamente, colocou em lei substancial normas processuais?

Devem ser cumpridas no processo do trabalho, por subsidiariedade, as normas processuais do CC/02 que disciplinaram, diferentemente, a mesma matéria debatida no CPC?

Nossa resposta é afirmativa, eis que, de qualquer maneira, a lei mais nova derroga a antiga, notadamente, quando o faz de molde a tornar incompatíveis uma e outra.

229.1.9. Presunções e a Prova Testemunhal

Reza o art. 230 do CC/02 — sem correspondente no velho CC/16:

"As presunções, que não as legais, não se admitem nos casos em que a lei exclui a prova testemunhal".

No art. 12 do CC/02, a presunção é um dos meios de prova dos atos jurídicos, desde que a lei a estes não imponha forma especial. Como assinalado anteriormente, o velho Código Civil, no art. 136, também dispunha ser a presunção elemento probatório dos atos jurídicos.

Vejamos, de primeiro, que é presunção legal — *praesumptio iuris et de iure*.

É aquela que inadmite prova em contrário, e à qual já fazia menção o Regulamento n. 737, de 25 de novembro de 1850.

É, portanto, a presunção *iuris et de iure*, uma presunção absoluta.

Na dicção de *Pontes de Miranda* (obra citada, e tomo, p. 446) essa presunção *"ao ser legislativamente elaborada, exauriu todo o elemento probatório"*.

No CC/02, segundo o supracitado artigo 230, as presunções relativas, as não-legais, *iuris tantum*, não são admitidas nos negócios jurídicos em que seja excluída a prova testemunhal, isto é, aqueles negócios que, em consonância com o art. 227, ultrapassam "o décuplo do maior salário mínimo vigente no País ao tempo em que foram celebrados".

Em doutrina, menciona-se uma terceira classe de presunções, as intermédias, por se situarem entre as absolutas e as relativas. A nosso ver, trata-se de matéria que não interessa ao direito do trabalho.

Parece-nos que a norma sob comento seja aplicável ao processo do trabalho se nele questionar-se negócio jurídico de valor superior àquele já mencionado.

229.2. A Prova e os Tribunais

229.2.1. Súmulas do Supremo Tribunal Federal e a prova

Súmula Vinculante n. 14 — É direito do defensor, no interesse do representado, ter acesso amplo aos elementos de prova que, já documentados em procedimento investigatório realizado por órgão com competência de polícia judiciária, digam respeito ao exercício do direito de defesa.

Súmula n. 231. O revel, em processo civil, pode produzir provas, desde que compareça em tempo oportuno.

Súmula n. 259 — Para produzir efeito em juízo não é necessária a inscrição, no registro público, de documentos de procedência estrangeira, autenticados por via consular.

Súmula n. 279. Para simples reexame de prova não cabe recurso extraordinário.

Súmula n. 290. Nos embargos da Lei n. 623, de 19.2.1949, a prova de divergência far-se-á por certidão, ou mediante indicação do "Diário da Justiça" ou de repertório de jurisprudência autorizado, que a tenha publicado, com a transcrição do trecho que configure a divergência, mencionadas as circunstâncias que identifiquem ou assemelhem os casos confrontados.

Súmula n. 291. No recurso extraordinário pela letra *d* do art. 101, n. III, da Constituição, a prova do dissídio jurisprudencial far-se-á por certidão, ou mediante indicação do "Diário da Justiça" ou de repertório de jurisprudência autorizado, com a transcrição do trecho que configure a divergência, mencionadas as circunstâncias que identifiquem ou assemelhem os casos confrontados.

Súmula n. 313. Provada a identidade entre o trabalho diurno e o noturno, e devido o adicional, quanto a este, sem a limitação do art. 73, § 3º, da CLT, independentemente da natureza da atividade do empregador.

229.2.2. Súmula do extinto Tribunal Federal de Recursos e a prova

Súmula n. 262. Juiz que não colheu prova em audiência — Não se vincula ao processo o juiz que não colheu prova em audiência.

229.2.3. *Súmulas do Tribunal Superior do Trabalho e a prova*

Súmula n. 6. Equiparação salarial. Art. 461 da CLT — ..... VI — Presentes os pressupostos do art. 461 da CLT, é irrelevante a circunstância de que o desnível salarial tenha origem em decisão judicial que beneficiou o paradigma, exceto se decorrente de vantagem pessoal, de tese jurídica superada pela jurisprudência de Corte Superior ou, na hipótese de equiparação salarial em cadeia, suscitada em defesa, se o empregador produzir prova do alegado fato modificativo, impeditivo ou extintivo do direito à equiparação salarial em relação ao paradigma remoto. ... VIII — É do empregador o ônus da prova do fato impeditivo, modificativo ou extintivo da equiparação salarial.

Súmula n. 16. Notificação. Presume-se recebida a notificação 48 (quarenta e oito) horas depois de sua postagem. O seu não recebimento ou a entrega após o decurso desse prazo constitui ônus de prova do destinatário.

Súmula n. 74. Confissão. I — Aplica-se a confissão à parte que, expressamente intimada com aquela cominação, não comparecer à audiência em prosseguimento, na qual deveria depor. II — A prova pré-constituída nos autos pode ser levada em conta para confronto com a confissão ficta (art. 400, I, CPC), não implicando cerceamento de defesa o indeferimento de provas posteriores. III- A vedação à produção de prova posterior pela parte confessa somente a ela se aplica, não afetando o exercício, pelo magistrado, do poder/dever de conduzir o processo.

Súmula n. 96. Marítimo. *A permanência do tripulante a bordo do navio, no período de repouso, além da jornada, não importa presunção de que esteja à disposição do empregador ou em regime de prorrogação de horário, circunstâncias que devem resultar provadas, dada a natureza do serviço.*

Súmula n. 102. Bancário. Cargo de confiança. I — A configuração, ou não, do exercício da função de confiança a que se refere o art. 224, § 2º, da CLT, dependente da prova das reais atribuições do empregado, é insuscetível de exame mediante recurso de revista ou de embargos. ...

Súmula n. 126. Recurso. Cabimento. Incabível o recurso de revista ou de embargos (arts. 896 e 894, *b*, da CLT) para reexame de fatos e provas.

Súmula n. 212. Despedimento. Ônus da prova. O ônus de provar o término do contrato de trabalho, quando negados a prestação de serviço e o despedimento, é do empregador, pois o princípio da continuidade da relação de emprego constitui presunção favorável ao empregado.

Súmula n. 217. Depósito recursal. *Credenciamento bancário. Prova dispensável* — O credenciamento dos bancos para o fim de recebimento do depósito recursal é fato notório, independendo da prova.

Súmula n. 219. I. Honorários advocatícios. Hipótese de cabimento. Na Justiça do Trabalho, a condenação ao pagamento de honorários advocatícios, nunca superiores a 15% (quinze por cento), não decorre pura e simplesmente da sucumbência, devendo a parte estar assistida por sindicato da categoria profissional e comprovar a percepção de salário inferior ao dobro do salário mínimo ou encontrar-se em situação econômica que não lhe permita demandar sem prejuízo do próprio sustento ou da respectiva família.

Súmula n. 245. Depósito recursal. Prazo. O depósito recursal deve ser feito e comprovado no prazo alusivo ao recurso. A interposição antecipada deste não prejudica a dilação legal.

Súmula n. 254. Salário-família. Termo inicial da obrigação. O termo inicial do direito ao salário-família coincide com a prova da filiação. Se feita em juízo, corresponde à data de ajuizamento do pedido, salvo se comprovado que anteriormente o empregador se recusara a receber a respectiva certidão.

Súmula n. 276. Aviso prévio. Renúncia pelo empregado. O direito ao aviso prévio é irrenunciável pelo empregado. O pedido de dispensa de cumprimento não exime o empregador de pagar o respectivo valor, salvo comprovação de haver o prestador dos serviços obtido novo emprego.

Súmula n. 299. Ação rescisória. Decisão rescindenda. Trânsito em julgado. Comprovação. Efeitos. I — É indispensável ao processamento da ação rescisória a prova do trânsito em julgado da decisão rescindenda. II — Verificando o relator que a parte interessada não juntou à inicial o documento comprobatório, abrirá prazo de 10 (dez) dias para que o faça, sob pena de indeferimento. III — A comprovação do trânsito em julgado da decisão rescindenda é pressuposto processual indispensável ao tempo do ajuizamento da ação rescisória. Eventual trânsito em julgado posterior ao ajuizamento da ação rescisória não reabilita a ação proposta, na medida em que o ordenamento jurídico não contempla a ação rescisória preventiva. IV — O pretenso vício de intimação, posterior à decisão que se pretende rescindir, se efetivamente ocorrido, não permite a formação da coisa julgada material. Assim, a ação rescisória deve ser julgada extinta, sem julgamento do mérito, por carência de ação, por inexistir decisão transitada em julgado a ser rescindida.

Súmula n. 301. Auxiliar de laboratório. Ausência de diploma. Efeitos. *O fato de o empregado não possuir diploma de profissionalização de auxiliar de laboratório não afasta a observância das normas da Lei n. 3.999, de 15.12.1961, uma vez comprovada a prestação de serviços na atividade.*

Súmula n. 337. Comprovação de divergência jurisprudencial. Recursos de revista e de embargos. I — Para comprovação da divergência justificadora do recurso, é necessário que o recorrente: a) Junte certidão ou cópia autenticada do acórdão paradigma ou cite a fonte oficial ou o repositório autorizado em que foi publicado; e b) Transcreva, nas razões recursais, as ementas e/ou trechos dos acórdãos trazidos à configuração do dissídio, demonstrando o conflito de teses que justifique o conhecimento do recurso, ainda que os acórdãos já se encontrem nos autos ou venham a ser juntados com o recurso. II — A concessão de registro de publicação como repositório autorizado de jurisprudência do TST torna válidas todas as suas edições anteriores. III — A mera indicação da data de publicação, em fonte oficial, de aresto paradigma é inválida para comprovação de divergência jurisprudencial, nos termos do item I, "a", desta súmula, quando a parte pretende demonstrar o conflito de teses mediante a transcrição de trechos que integram a fundamentação do acórdão divergente, uma vez que só se publicam o dispositivo e a ementa dos acórdãos. IV — É válida para a comprovação da divergência jurisprudencial justificadora do recurso a indicação de aresto extraído de repositório oficial na internet, desde que o recorrente: a) transcreva o trecho divergente; b) aponte o sítio de onde foi extraído; e c) decline o número do processo, o órgão prolator do acórdão e a data da respectiva publicação no Diário Eletrônico da Justiça do Trabalho.

Súmula n. 338. Jornada de trabalho. Registro. Ônus da prova. I. É ônus do empregador que conta com mais de 10 (dez) empregados o registro da jornada de trabalho na forma do art. 74, § 2º, da CLT. A não apresentação injustificada dos controles de frequência gera presunção relativa de veracidade da jornada de trabalho, a qual pode ser elidida por prova em contrário. II. A presunção de veracidade da jornada de trabalho, ainda que prevista em instrumento normativo, pode ser elidida por prova em contrário. III — Os cartões de ponto que demonstram horários de entrada e saída uniformes são inválidos como meio de prova, invertendo-se o ônus da prova, relativo às horas extras, que passa a ser do empregador, prevalecendo a jornada da inicial se dele não se desincumbir.

Súmula n. 385. Feriado local. Ausência de expediente forense. Prazo recursal. Prorrogação. Comprovação. Necessidade. Ato administrativo do juízo a quo. I — Incumbe à parte o ônus de provar, quando da interposição do recurso, a existência de feriado local que autorize a prorrogação do prazo recursal. II — Na hipótese de feriado forense, incumbirá à autoridade que proferir a decisão de admissibilidade certificar o expediente nos autos. III — Na hipótese do inciso II, admite-se a reconsideração da análise da tempestividade do recurso, mediante prova documental superveniente, em Agravo Regimental, Agravo de Instrumento ou Embargos de Declaração. (NR 2012)

Súmula n. 403. Ação rescisória. Dolo da parte vencedora em detrimento da vencida. Art. 485, III, do CPC. I. Não caracteriza dolo processual, previsto no art. 485, III, do CPC, o simples fato de a parte vencedora haver silenciado a respeito de fatos contrários a ela, porque o procedimento, por si só, não constitui ardil do qual resulte cerceamento de defesa e, em consequência, desvie o juiz de uma sentença não condizente com a verdade. II. Se a decisão rescindenda é homologatória de acordo, não há parte vencedora ou vencida, razão pela qual não é possível a sua desconstituição calcada no inciso III do art. 485 do CPC (dolo da parte vencedora em detrimento da vencida), pois constitui fundamento de rescindibilidade que supõe solução jurisdicional para a lide.

Súmula n. 410. Ação rescisória. Reexame de fatos e provas. Inviabilidade. A ação rescisória calcada em violação de lei não admite reexame de fatos e provas do processo que originou a decisão rescindenda.

Súmula n. 415. Mandado de segurança. Art. 284 do CPC. Aplicabilidade. Exigindo o mandado de segurança prova documental pré-constituída, inaplicável se torna o art. 284 do CPC quando verificada, na petição inicial do *mandamus*, a ausência de documento indispensável ou de sua autenticação.

Súmula n. 424. Recurso administrativo. Pressuposto de admissibilidade. Depósito prévio da multa administrativa. Não recepção pela Constituição Federal do § 1º do art. 636 da CLT. O § 1º do art. 636 da CLT, que estabelece a exigência de prova do depósito prévio do valor da multa cominada em razão de autuação administrativa como pressuposto de admissibilidade de recurso administrativo, não foi recepcionado pela Constituição Federal de 1988, ante a sua incompatibilidade com o inciso LV do art. 5º.

Súmula n. 436. Representação processual. Procurador da União, Estados, Municípios e Distrito Federal, suas autarquias e fundações públicas. Juntada de instrumento de mandato. I — A União, Estados, Municípios e Distrito Federal, suas autarquias e fundações públicas, quando representadas em juízo, ativa e passivamente, por seus procuradores, estão dispensadas da juntada de instrumento de mandato e de comprovação do ato de nomeação. II — Para os efeitos do item anterior, é essencial que o signatário ao menos declare-se exercente do cargo de procurador, não bastando a indicação do número de inscrição na Ordem dos Advogados do Brasil.

229.2.4. *Orientação Jurisprudencial SDI-1, do Tribunal Superior do Trabalho e a prova*

Orientação Jurisprudencial n. 33. Deserção. Custas. Carimbo do banco. Validade. O carimbo do banco recebedor na guia de comprovação do recolhimento das custas supre a ausência de autenticação mecânica.

Orientação Jurisprudencial n. 36. Documento comum às partes (instrumento normativo ou sentença normativa), cujo conteúdo não é impugnado. Validade. O instrumento normativo em cópia não autenticada possui valor probante, desde que não haja impugnação ao seu conteúdo, eis que se trata de documento comum às partes.

Orientação Jurisprudencial n. 91. Anistia. Art. 8º, § 1º, ADCT. Efeitos financeiros. ROAR 105608/94, SDI-Plena. Em 19.5.97, a SDI-Plena decidiu, pelo voto prevalente do Exmo. Sr. Presidente, que os efeitos financeiros da readmissão do empregado anistiado serão contados a partir do momento em que este manifestou o desejo de retornar ao trabalho e, na ausência de prova, da data do ajuizamento da ação.

Orientação Jurisprudencial n. 91. Anistia. Art. 8º, § 1º, ADCT. Efeitos financeiros. ECT. ROAR 105608/1994, SDI-Plena. Em 19.05.1997, a SDI-Plena decidiu, pelo voto prevalente do Exmo. Sr. Presidente, que os efeitos financeiros da readmissão do empregado anistiado serão contados a partir do momento em que este manifestou o desejo de retornar ao trabalho e, na ausência de prova, da data do ajuizamento da ação.

Orientação Jurisprudencial n. 147. Lei estadual, norma coletiva ou norma regulamentar. Conhecimento indevido do recurso de revista por divergência jurisprudencial. I — É inadmissível o recurso de revista fundado tão somente em divergência jurisprudencial, se a parte não comprovar que a lei estadual, a norma coletiva ou o regulamento da empresa extrapolam o âmbito do TRT prolator da decisão recorrida. II — É imprescindível a arguição de afronta ao art. 896 da CLT para o conhecimento de embargos interpostos em face de acórdão de Turma que conhece indevidamente de recurso de revista, por divergência jurisprudencial, quanto a tema regulado por lei estadual, norma coletiva ou norma regulamentar de âmbito restrito ao Regional prolator da decisão.

Orientação Jurisprudencial n. 158. Custas. Comprovação de recolhimento. DARF eletrônico. Validade. O denominado "DARF Eletrônico" é válido para comprovar o recolhimento de custas por entidades da administração pública federal, emitido conforme a IN SRF n. 162, de 4.11.88.

Orientação Jurisprudencial n. 217. Agravo de instrumento. Traslado. Lei n. 9.756/1998. Guias de custas e de depósito recursal. Para a formação do agravo de instrumento, não é necessária a juntada de comprovantes de recolhimento de custas e de depósito recursal relativamente ao recurso ordinário, desde que não seja objeto de controvérsia no recurso de revista a validade daqueles recolhimentos.

Orientação Jurisprudencial n.233. Horas extras. Comprovação de parte do período alegado. A decisão que defere horas extras com base em prova oral ou documental não ficará limitada ao tempo por ela abrangido, desde que o julgador fique convencido de que o procedimento questionado superou aquele período.

Orientação Jurisprudencial n. 264. Depósito recursal. PIS/PASEP. Ausência de indicação na guia de depósito recursal. Validade. Não é essencial para a validade da comprovação do depósito recursal a indicação do número do PIS/PASEP na guia respectiva.

Orientação Jurisprudencial n. 278. Adicional de insalubridade. Perícia. Local de trabalho desativado. A realização de perícia é obrigatória para a verificação de insalubridade. Quando não for possível sua realização, como em caso de fechamento da empresa, poderá o julgador utilizar-se de outros meios de prova.

Orientação Jurisprudencial n. 304. Honorários advocatícios. Assistência judiciária. Declaração de pobreza. Comprovação. Atendidos os requisitos da Lei n. 5.584/1970 (art. 14, § 2º), para a concessão da assistência judiciária, basta a simples afirmação do declarante ou de seu advogado, na petição inicial, para se considerar configurada a sua situação econômica (art. 4º, § 1º, da Lei n. 7.510/1986, que deu nova redação à Lei n. 1.060/1950).

Orientação Jurisprudencial n. 406. Adicional de periculosidade. Pagamento espontâneo. Caracterização de fato incontroverso. Desnecessária a perícia de que trata o art. 195 da CLT. O pagamento de adicional de periculosidade efetuado por mera liberalidade da empresa, ainda que de forma proporcional ao tempo de exposição ao risco ou em percentual inferior ao máximo legalmente previsto, dispensa a realização da prova técnica exigida pelo art. 195 da CLT, pois torna incontroversa a existência do trabalho em condições perigosas.

Orientação Jurisprudencial n. 415. Horas extras. Reconhecimento em juízo. Critério de dedução/abatimento dos valores comprovadamente pagos no curso do contrato de trabalho. A dedução das horas extras comprovadamente pagas daquelas reconhecidas em juízo não pode ser limitada ao mês de apuração, devendo ser integral e aferida pelo total das horas extraordinárias quitadas durante o período imprescrito do contrato de trabalho.

229.2.5. *Orientação Jurisprudencial da Seção de Dissídio Individual (SDI-1), do Tribunal Superior do Trabalho (Transitória) e a prova*

Orientação Jurisprudencial n. 17. Agravo de instrumento interposto na vigência da Lei n. 9.756/1998. Embargos declaratórios — Para comprovar a tempestividade do recurso de revista, basta a juntada da certidão de publicação do acórdão dos embargos declaratórios opostos perante o Regional, se conhecidos.

229.2.6. *Orientação Jurisprudencial da Seção de Dissídio Individual (SDI-2), do Tribunal Superior do Trabalho e a prova*

Orientação Jurisprudencial n. 76. Ação rescisória. Ação cautelar para suspender execução. Juntada de documento indispensável. Possibilidade de êxito na rescisão do julgado. É indispensável a instrução da ação cautelar com as provas documentais necessárias à aferição da plausibilidade de êxito na rescisão do julgado. Assim sendo, devem vir junto com a inicial da cautelar as cópias da petição inicial da ação rescisória principal, da decisão rescindenda, da certidão do trânsito em julgado da decisão rescindenda e informação do andamento atualizado da execução.

Orientação Jurisprudencial n. 135. Ação rescisória. Erro de fato. Caracterização. A caracterização do erro de fato como causa de rescindibilidade de decisão judicial transitada em julgado supõe a afirmação categórica e indiscutida de um fato, na decisão rescindenda, que não corresponde à realidade dos autos. O fato afirmado pelo julgador, que pode ensejar ação rescisória calcada no inciso IX do art. 485 do CPC, é apenas aquele que se coloca como premissa fática indiscutida de um silogismo argumentativo, não aquele que se apresenta ao final desse mesmo silogismo, como conclusão decorrente das premissas que especificaram as provas oferecidas, para se concluir pela existência do fato. Esta última hipótese é afastada pelo § 2º do art. 485 do CPC, ao exigir que não tenha havido controvérsia sobre o fato e pronunciamento judicial esmiuçando as provas.

Orientação Jurisprudencial n. 147. Custas. Mandado de segurança. Recurso ordinário. Exigência do pagamento. É responsabilidade da parte, para interpor recurso ordinário em mandado de segurança, a comprovação do recolhimento das custas processuais no prazo recursal, sob pena de deserção.

229.2.7. *Orientação Jurisprudencial da Seção de Dissídios Coletivos (SDC), do Tribunal Superior do Trabalho e a prova*

Orientação Jurisprudencial n. 15. Sindicato. Legitimidade ad processum. *Imprescindibilidade do registro no Ministério do Trabalho.* A comprovação da legitimidade *ad processum* da entidade sindical se faz por seu registro no órgão competente do Ministério do Trabalho, mesmo após a promulgação da Constituição Federal de 1988.

CAPÍTULO XXI
Fase Decisória do Dissídio Individual

230. Fase Final ou Decisória dos Dissídios Individuais

Encerrada a fase probatória do processo em que as partes tiveram toda a liberdade para trazer aos autos elementos e informações em prol do que julgam ser de seu direito, tem início a fase decisória com a audiência de julgamento.

São os trâmites finais do processo.

Consoante o art. 850 da CLT, as partes intimadas para comparecer à audiência têm dez minutos para apresentar, oralmente, suas razões finais.

A praxe geralmente adotada e aceita, tanto pelos Juízes como pelos advogados, é a apresentação, por escrito, das razões finais alguns dias antes da data prefixada para a audiência. Desse modo, terá o Juiz oportunidade de conhecer, com mais vagar, as razões finais de cada uma das partes, o que lhe será extremamente útil na formação de sua opinião sobre o litígio e suas causas. Ademais disso, de lembrar-se o § 3º do art. 454 do CPC: *"Quando a causa apresentar questões complexas de fato ou de direito, o debate oral poderá ser substituído por memoriais, caso em que o juiz designará dia e hora para o seu oferecimento"*.

No processo trabalhista, não se cumpre à risca esse dispositivo. Admite-se, apenas, o oferecimento de razões finais por escrito alguns dias antes da data indicada para a instalação da audiência de julgamento.

De registrar-se que as partes não são obrigadas a apresentar razões finais. A omissão nesse particular não acarreta qualquer prejuízo à parte. Perde, tão somente, a ocasião de, mais uma vez, expor à Vara do Trabalho os argumentos de que se serviu para demonstrar a procedência do seu pedido ou da sua defesa e, também de avaliar, em termos globais, toda a prova produzida no curso da instrução do processo.

Ante requerimento da parte para juntada, por linha, aos autos do processo de um memorial, não é o magistrado obrigado a fazê-lo se, nos termos do supracitado dispositivo do CPC, não autorizou a substituição do debate oral por memoriais.

Como vimos há pouco, a norma do CPC aplicável ao processo trabalhista estatui que o juiz pode, ou não, autorizar a substituição do debate oral por memoriais. Trata-se de mera faculdade que a lei lhe confere.

Se deferida essa substituição, o memorial passa a fazer parte integrante do processo.

Sobre este ponto, divergente o pensar do TST, como se infere da seguinte ementa (*in* DJU de 20.3.96, p. 7.977):

"Os memoriais, por não constituírem peça essencial à defesa, mas, apenas um subsídio apresentado aos magistrados que não sejam o relator ou revisor da lide, que compõe o colegiado do tribunal, não são objeto de disciplina processual, no tocante a sua juntada aos autos, não consubstanciando, assim, peças a serem juntadas".

Enfatizando: o prescrito no art. 454 do CPC incide na fase instrutória do processo e, portanto, na primeira instância. Neste particular, é incensurável a decisão do TST. Todavia, como demonstrado há pouco, o memorial deixa de ser simples subsídio ao aclaramento do litígio se foi autorizada a apresentação de memoriais em lugar de debate oral. No caso, o memorial é, em verdade, uma peça processual.

Oferecidas as razões finais em audiência ou por meio de memorial, renova-se a proposta de conciliação, e, em sendo ela aceita pelas partes, o respectivo termo é irrecorrível.

Em dois momentos do processo trabalhista é obrigatória a tentativa de conciliação: logo depois da contestação e no final da instrução, antes do julgamento da reclamação.

Inobstante, o § 1º do art. 764 da CLT autoriza o juiz a envidar esforços para que, em qualquer ponto do processo, se dê solução conciliatória ao conflito.

Na conciliação perante a Vara do Trabalho é lícito ao trabalhador fazer concessões que importem renúncia parcial e mesmo total a algum de seus direitos. Presume-se, no caso, que em juízo inexiste a possibilidade de o empregado curvar-se ao maior poder econômico do patrão.

A conciliação põe fim ao processo.

Já se advertiu que o respectivo termo não é passível de recurso; aqui observamos que esse termo equivale a um título executório. Se, em virtude de erro ou dolo, o empregado ou o empregador concordar com uma proposta conciliatória, a sentença que a tiver homologado só poderá ser desconstituída por meio de uma ação rescisória.

Neste ponto, é oportuno lembrar que, consoante o § 2º do art. 2º da Lei n. 5.584, de 25 de junho de 1970, é facultado a qualquer das partes impugnar o valor fixado para a causa, e, caso o Juiz o mantenha, autoriza-o a lei a pedir revisão dessa decisão, no prazo de 48 horas, ao presidente do Tribunal, *verbis*:

"Art. 2º Nos dissídios individuais, proposta a conciliação, e não havendo acordo, o Presidente, da Junta ou o Juiz, antes de passar à instrução da causa, fixar-lhe-á o valor para a determinação da alçada, se este for indeterminado no pedido.

§ 1º — Em audiência, ao aduzir razões finais, poderá qualquer das partes, impugnar o valor fixado e, se o Juiz o mantiver, pedir revisão da decisão, no prazo de 48 (quarenta e oito) horas, ao Presidente do Tribunal Regional.

§ 2º — O pedido de revisão, que não terá efeito suspensivo deverá ser instruído com a petição inicial e a Ata da Audiência, em cópia autenticada pela Secretaria da Junta, e será julgado em 48 (quarenta e oito) horas, a partir do seu recebimento pelo Presidente do Tribunal Regional".

Rejeitada pelas partes a conciliação, tem início o julgamento propriamente dito.

Os trâmites de instrução e julgamento da reclamação serão resumidos em ata, da qual constará a decisão, na íntegra. É o que prescreve o art. 851 da CLT: os trâmites de instrução e julgamento da reclamação serão resumidos em ata, de que constará, na íntegra, a decisão.

Desse texto se deduz que, quando a sentença é lida e publicada na audiência para a qual foram intimadas as partes para dela tomarem ciência, é irrecusável que, a partir daí, começa a fluir o prazo para recurso.

O TST editou a Súmula n. 30 que trata da intimação da sentença, *verbis*: *"Quando não juntada a ata ao processo em 48 horas, contadas da audiência de julgamento (art. 851, § 2º, da CLT), o prazo para recurso será contado da data em que a parte receber a intimação da sentença".*

Sem razão aqueles que atacam essa Súmula por entenderem que reduz o prazo recursal conferido às partes, uma vez que considera o termo inicial desse prazo a audiência de julgamento, ainda que a ata seja juntada aos autos dentro do prazo de 48 horas.

Na hipótese, está implícito que as partes tomaram conhecimento da integralidade da sentença e, consequentemente, ficaram em condições de reunir os elementos imprescindíveis à fundamentação do recurso à instância superior.

Não aceita controvérsia, por sua clareza, o art. 834 da CLT: a publicação das decisões e sua notificação aos litigantes, ou a seus patronos, consideram-se realizadas nas próprias audiências em que forem elas proferidas.

Parece-nos que as partes presentes à audiência de julgamento não são obrigadas a assiná-la, pois a validade do ato não depende disso. A assinatura do Juiz, vogais e escrivão é suficiente. Todavia, a praxe orienta-se no sentido de serem colhidas todas essas assinaturas, inclusive as das partes e seus advogados, para bem provado ficar nos autos que compareceram e tomaram ciência dos termos da decisão.

Sendo revel o Reclamado, far-se-á sua notificação pela forma estabelecida no § 1º do art. 841 da CLT, isto é, por registro postal com franquia ou por edital inserto em jornal oficial ou, na falta deste, afixada na sede da Vara do Trabalho.

Como salientado anteriormente, é uma a audiência na Justiça do Trabalho. Não sendo possível concluí-la num mesmo dia, terá ela prosseguimento em data posterior.

A revelia se configura quando o Reclamado deixa de comparecer à audiência em que deverá depor e não na audiência em que se irá prolatar a sentença. Daí a ilação de que não produz revelia a ausência do Reclamado na audiência em que se proferiu sentença.

O TST editou a Súmula n. 197, que cuida do prazo recursal na hipótese da parte que não comparecer à audiência, *verbis*: *"Prazo — O prazo para recurso da parte que, intimada, não comparecer à audiência em prosseguimento para a prolação da sentença conta-se de sua publicação".*

230.1. Ação Repetitiva ou Julgamento de Plano na Justiça do Trabalho

A Lei n. 11.277, de 7.2.2006 (DOU 8.2.2006) introduziu no CPC o art. 285-A, *verbis*: *"Quando a matéria controvertida for unicamente de direito e no juízo já houver sido proferida sentença de total improcedência em outros casos idênticos, poderá ser dispensada a citação e proferida sentença, reproduzindo-se o teor da anteriormente prolatada. § 1º — Se o autor apelar, é facultado ao juiz decidir, no prazo de 5 (cinco) dias, não manter a sentença e determinar o prosseguimento da ação. § 2º — Caso seja mantida a sentença, será ordenada a citação do réu para responder ao recurso".*

Trata-se de expressa permissão legal para que o juiz de primeiro grau profira sentença de improcedência liminar, sem a oitiva do polo adverso, baseado unicamente em precedentes de sua própria lavra ou de outro magistrado que atue, ou tenha atuado, no mesmo juízo, ou seja, na mesma Vara Judiciária da Comarca, especializada ou residual, de forma permanente ou transitória. A doutrina tem dado o nome a essa situação como de "julgamento de plano", de "improcedência *prima facie*", "sentença proferida *inaudita altera parte*", "ação repetitiva".

Contra essa Lei, o Conselho Federal da OAB entrou com uma ADIn n. 3.695-5, tendo sido aceito o Instituto Brasileiro de Direito Processual como *amicus curiae*. Essa ação foi apresentada sob a alegação de ofensa dos seguintes princípios constucionais: isonomia (art. 5º, *caput*, da CF); segurança jurídica (art. 5º, *caput*, da CF); direito de ação (art. 5º, XXXV, da CF), devido processo legal (art. 5º, LIV, da CF) e contraditório (art. 5º, LV, da CF). A Procuradoria Geral da República exarou seu respectivo parecer no sentido de rejeitar todas as alegações do autor, concluindo pela improcedência, com o que nós concordamos: essa lei é constitucional. Essa ação se encontra, ainda, para julgamento no STF.

Apesar de termos a convicção de que essa lei é constitucional, somos de pensamento de que ela não é aplicável ao processo do trabalho, posto que a CLT sempre exige a notificação (citação) da parte contrária e porque o juiz sempre fica obrigado a propor a conciliação aos litigantes, conforme o disposto no art. 764, § 1º e nos arts. 846 e 850, todos desse estatuto. Registre-se, ainda, que seu art. 860 determina que haja a designação de audiência de conciliação e julgamento quando se tratar de dissídio coletivo.

Alguns sustentam que o art. 285-A, do CPC, é aplicável ao processo do trabalho. Contudo, entendemos que ele causa prejuízo ao trabalhador em virtude de lhe retirar a oportunidade da realização de conciliação com seu empregador. Só essa possibilidade da realização da conciliação, afasta a aplicabilidade desse dispositivo processual civil ao processo do trabalho. No caso presente, não há que se cogitar de sua aplicação sob o fundamento de que o juiz do trabalho tem que velar pela não realização de uma atividade jurisdicional inútil.

O art. 769, da CLT cuida da aplicação subsidiária da norma processual civil ao processo do trabalho nos seguintes termos: *"Nos casos omissos, o direito processual comum será fonte subsidiária do direito processual do trabalho, exceto naquilo em que for incompatível com as normas deste Título"*. No caso presente, esse julgamento de mérito açodado pela improcedência da ação não é benéfico ao trabalhador. Quando se cogitar da aplicação subsidiária do CPC, é mister sempre ter presentes o espírito que anima toda a legislação trabalhista e as peculiaridades do processo laboral. Quando e onde se verificar o choque entre as prescrições do processo civil e aqueles dois aspectos da nossa matéria processual trabalhista, cessa a subsidiariedade de que trata o citado art. 769, da CLT. A prevalência da norma trabalhista sobre a norma adjetiva comum pressupõe que a primeira é mais favorável ao trabalhador.

Bem se sabe que o CPC trata a conciliação como sendo atividade obrigatória do juiz nos arts. 447 a 449, quando o litígio versar sobre direito de família e direitos patrimoniais. Com esse art. 285-A, do CPC, abre-se uma exceção à regra impositiva para a tentativa de conciliação no processo comum nessas duas hipóteses. Contudo, essa exceção não é aplicável ao processo do trabalho em virtude de constar expressamente da CLT essa obrigação do juiz promover a conciliação, como se lê do seu art. 764: *"Os dissídios individuais ou coletivos submetidos à apreciação da Justiça do Trabalho serão sempre sujeitos à conciliação. § 1º — Para os efeitos deste artigo, os juízes e Tribunais do Trabalho empregarão sempre os seus bons ofícios e persuasão no sentido de uma solução conciliatória dos conflitos"*.

Essa obrigação do juiz do trabalho em promover a conciliação é repetida no art. 846 e 850, ambos da CLT: *"Art. 846 — Aberta a audiência, o juiz proporá a conciliação"* e *"Art. 850 — Terminada a instrução, poderão as partes aduzir razões finais, em prazo não excedente de dez minutos para cada uma. Em seguida, o juiz renovará a proposta de conciliação, e não se realizando esta, será proferida a decisão"*.

De lege ferenda, registre-se que, caso se entenda necessária a utilização no processo do trabalho da regra inscrita no art. 285-A, do CPC, em análise, torna-se necessária sua inserção, expressamente, como um dos parágrafos do art. 764, da CLT. Esse novo comando legal terá que dizer, claramente, que deixará de existir a conciliação das partes como uma atividade obrigatória do juiz do trabalho na hipótese de ações repetitivas de mérito, que tenham sido julgadas improcedentes anteriormente pelo mesmo juízo.

E mais. Caso se pretenda imprimir maior celeridade processual, tão ansiada por todos os jurisdicionados, seria de bom alvitre que o magistrado trabalhista lance mão da regra albergada no art. 105, do CPC, reconhecendo a conexão entre ações: *"Art. 105 — Havendo conexão ou continência, o juiz, de ofício ou a requerimento de qualquer das partes pode ordenar a reunião de ações propostas em separado, a fim de que sejam decididas simultaneamente"*.

O conceito de conexão é ofertado pelo art. 103, do CPC, em que é dito ficar caracterizada a conexão entre duas ou mais ações, quando lhes for comum o objeto ou a causa de pedir. Não há necessidade de que haja, nesta hipótese, identidade de partes. Além desse requisito para a caracterização da conexão, impõe-se que essas ações tenham o mesmo rito processual e que estejam na mesma fase processual. Se uma delas estiver com a instrução probatória encerrada, vg, claro está que não se pode aplicar a conexão.

Sublinhe-se que, por força do art. 106, do CPC, a reunião das ações sob o critério da conexão tanto pode se dar se ambas estiverem sob a direção do mesmo juiz, quanto de juízes diversos. Neste último caso, a parte requer ou o juiz, que despachou em primeiro lugar, de ofício, avoca o outro processo. Ou, então, o outro juiz desafora o processo que tramita perante si para outro juiz, que despachou a ação em primeiro lugar. Nesse sentido, eis art. 106, do CPC: *"Correndo em separado ações conexas perante juízes que têm a mesma competência territorial, considera-se prevento aquele que despachou em primeiro lugar"*.

Para se imprimir maior celeridade sem causar prejuízos processuais às partes, além da aplicação da conexão, impõe-se que seja também aplicado o art. 28 e seu parágrafo único, da Lei de Execução Fiscal n. 6.830, de 22.9.1980, que é aplicável subsidiariamente ao processo de execução trabalhista, por força do art. 889, da CLT. Aqueles que querem dar à norma processual plena efetividade como dizem, devem ter em mente essa saudável regra, que é, lamentavelmente, muito pouco usada: *"Art. 28 — O Juiz, a requerimento das partes, poderá por conveniência da unidade da garantia da execução, ordenar a reunião de processos contra o mesmo devedor. Parágrafo único — Na hipótese deste artigo, os processos serão redistribuídos ao Juízo de primeira distribuição".*

Sobre a evolução histórica da conciliação, suas espécies e o momento de sua realização, ver a nota 201.

231. Audiência de Instrução e Julgamento

Reza o art. 849 da CLT que a audiência de julgamento será contínua; mas se não for possível, por motivo de força maior, concluí-la no mesmo dia, o juiz marcará a sua continuação para a primeira data desimpedida, independentemente de nova intimação.

Eis aí a prova insofismável do respeito da CLT pelo princípio da concentração processual, que vem na esteira do princípio da oralidade. Objetiva a preservação da memória do julgador em relação aos fatos e incidentes apreciados nos autos, permitindo-lhe decidir com mais segurança, sem fugir à verdade fática.

É certo ser desejável, no processo comum, que se tenha em mira o mesmo fim. Contudo, no processo trabalhista tem ele uma dimensão social que ninguém ousa desprezar.

Tem a audiência de ser cumprida integralmente no mesmo dia — é o que diz a lei. Mas, com frequência, não é isso possível.

A pauta sobrecarregada, inquirição demorada das partes e das testemunhas, realização de perícias, são os motivos mais comuns que acarretam o prosseguimento da audiência num outro dia. Quando isso ocorre, não se faz mister nova intimação porque a data de prosseguimento do ato é anunciada na audiência, com o conhecimento de todos os presentes. Todavia, se a data para o prosseguimento da audiência for estabelecida em momento em que as partes e testemunhas não se achavam presentes, então, torna-se obrigatória nova intimação.

Cabe induvidosamente ao Juiz a tarefa de redigir a sentença. Tem ele conhecimentos especializados de que, de ordinário, não são providos os vogais classistas. Estamos que essa observação se alicerça na alínea *d* do art. 658 da CLT.

232. Da Sentença

Exaurida a fase de instrução, abre-se a fase final do processo, a fase decisória (*Sergio La China*, "Diritto Processuale Civile": la novella del 1990, Giuffrè, 1991, p. 55).

A decisão, no processo do trabalho, é proferida depois de rejeitada pelas partes a proposta de conciliação formulada pelo Juiz, logo depois de encerrada a instrução. É ela a segunda, pois a primeira proposta conciliatória se fez no início do processo.

Mais uma vez sublinhamos que, no caso de conciliação, o termo que for lavrado valerá como decisão irrecorrível.

Informa a Súmula n. 259 do TST que só por ação rescisória é atacável o termo de conciliação previsto no parágrafo único do art. 831 da CLT.

Preleciona *Hernando Devis Echandia* que *"a sentença é o ato pelo qual o Juiz cumpre a obrigação jurisdicional derivada da ação e do direito de contradição, de resolver sobre as pretensões do demandante e as exceções de mérito ou fundo do demandado"* ("Compendio de Derecho Procesal", 7. ed., tomo I, Bogotá: ABC, 1979, p. 413).

A sentença converte a vontade abstrata do legislador, encerrada na lei, em vontade concreta. É esse o comando qualificador da sentença. Uma outra função se pode atribuir à sentença: a da criadora do direito.

A lei não apreende toda a realidade fática que se propõe a disciplinar.

É, por isso, muitas vezes lacunosa.

Por essa razão, o CPC, no art. 127, autoriza o Juiz a decidir por equidade nos casos previstos em lei e, no art. 126, afirma que ele não pode eximir-se de sentenciar ou despachar alegando lacuna ou obscuridade da lei.

No julgamento da lide, cabe-lhe aplicar as normas legais; não as havendo, recorrerá à analogia, aos costumes e aos princípios gerais do direito.

É, mais ou menos, o que a CLT, muito antes do CPC de 1973, disse no art. 8º: a Justiça do Trabalho, na falta de disposições legais ou contratuais, decidirá, conforme o caso, pela jurisprudência, por analogia, por equidade e outros princípios e normas gerais de direito, principalmente do direito do trabalho, e ainda de acordo com os usos e costumes, o direito comparado, mas sempre de maneira que nenhum interesse de classe ou particular prevaleça sobre o interesse público.

Não é de hoje que se discute se a sentença é um juízo lógico ou um ato de vontade.

Colocamo-nos ao lado de quem afirma que as duas teses contemplam aspectos diversos da sentença e, por isso, elas não se excluem, mas se completam

(*Chiovenda, Calamandrei, Redenti, Michele* e outros).

Para *Recaséns Siches* ("Introducción al Estudio del Derecho", 7. ed., Porrúa, 1985, p. 199 e ss.) é erro considerar a sentença como um silogismo.

Dizer que ela corresponde à conclusão extraída de duas premissas — a maior é a norma jurídica e, a menor, a *quaestio facti* — é ignorar a imensa dificuldade de fixar, corretamente, as duas premissas.

Muitas vezes, há um cipoal de regras legais em que parece enquadrar-se o fato *sub judice*. Na seleção da ou das regras que incidirão sobre o caso concreto, tem o Juiz de realizar complexa operação mental, sem contar com qualquer ajuda da lógica formal.

O renomado jurisfilósofo acrescenta textualmente: *"Do ponto de vista psicológico, a sentença é uma intuição intelectiva que entranha vários juízos valorativos. Do ponto de vista objetivo, a sentença é um complexo ideal, muito complicado, mas com uma estrutura unitária de sentido".*

As considerações de *Recaséns Siches* servem, apenas, para pôr em relevo o trabalho extenuante do Juiz de aplicar a vontade abstrata da lei ao caso concreto.

Reafirmamos que as duas concepções de sentença não se excluem, mas se completam. Como juízo lógico e como ato de vontade, a sentença reflete melhor a realidade polimorfa de valoração jurídica.

Em síntese, a sentença é, em verdade, a etapa final de um processo de interpretação de fatos e aplicação do direito, sendo — a um só tempo — juízo lógico e expressão de vontade, sem olvido de inumeráveis juízos críticos que comprovam sua complexidade.

São de três classes os atos decisórios do juiz: despachos, decisões interlocutórias e sentenças.

Em consonância com o disposto no art. 162 do CPC, sentença é o ato do juiz que implica algumas das situações previstas nos arts. 267 e 269 do mesmo código. O art. 267 explicita as condições de extinção do processo sem resolução do mérito, enquanto o art. 269 apresenta-as com resolução de mérito.

É o ato final do juiz "recebendo ou rejeitando a demanda" (*Chiovenda*, "Instituições", vol. II, p. 158) ou se abstendo de decidir o mérito da causa, que não só põe fim ao processo como lhe tranca a jurisdição (*Sahione Fadel*, "CPC Comentado", tomo I, 4. ed., p. 305).

Sentenças terminativas encerram o processo mas sem entrar no mérito, como ocorre nas hipóteses: de procedência da exceção da coisa julgada; que absolve o reclamado da instância; que declara a inexistência de pressuposto processual ou condição de ação; que afirma existir o impedimento processual ou pressuposto negativo do litígio; que homologa a desistência da ação (art. 267 e seus incisos do CPC).

Sentenças definitivas ou de mérito ou de fundo também põem fim ao processo, mas decidem o mérito da causa — total ou parcialmente; pronunciam a decadência ou a prescrição (art. 269, inciso IV, do CPC) e homologam ato que encerra o processo (art. 269, incisos II, III e V, do CPC).

Elas resolvem a lide. Compõem o conflito entre o pedido do Reclamante e a defesa do Reclamado.

Qualquer dessas sentenças significa que o Juiz prestou a tutela jurisdicional e são impugnáveis por meio de recurso ordinário ao Tribunal Regional do Trabalho.

Refletindo a natureza da ação sob julgamento, a sentença é condenatória, declaratória ou constitutiva.

Na sentença condenatória, se desobedecido seu comando, converte-se ela em título judicial a fim de ser executada; a sentença declaratória dissipa dúvida suscitada pelo autor quanto à existência ou não de uma relação jurídica e, ainda, quanto à falsidade ou autenticidade de um documento (art. 4º do CPC); na constitutiva, seus efeitos se resumem na extinção, criação ou modificação de uma situação jurídica.

Decisão interlocutória é o ato pelo qual o Juiz, no curso do processo, resolve questão incidente (§ 2º do art. 162 do CPC) como, por exemplo, aquela que não acolhe a exceção de coisa julgada ou a litispendência, as arguições de ilegitimidade de parte.

O mesmo art. 162 do CPC dispõe que despachos são todos os demais atos do juiz praticados no processo de ofício ou a requerimento da parte, a cujo respeito a lei não estabeleça outra forma.

A sentença, se for condenatória, especifica com clareza as condições para o seu cumprimento. O prazo deste, de ordinário, coincide com o prazo de recurso.

Deve a condenação, sempre, declarar que a parte vencida responde pelas custas.

A omissão da sentença, a propósito dessa exigência legal, enseja a oposição de embargos declaratórios. Reveste-se de licitude o pedido alternativo quando, pela natureza da obrigação, há condições para o Reclamado cumprir a obrigação de mais de um modo.

E, em sendo alternativo o pedido, terá a sentença de ser alternativa.

Há quem se apoie no art. 288, parágrafo único, do CPC para concluir ser lícito ao Juiz decidir alternativamente, ainda que a parte não o tenha requerido.

Aquele dispositivo garante ao devedor o direito de escolha da forma de execução, quando a lei ou o contrato lhe asseguram tal direito.

É bem de ver que o preceito em tela não estende tal faculdade ao Juiz. Este tem de ser autorizado, expressamente, pela Lei a decidir alternativamente. É o caso, por exemplo, da reintegração ou não do empregado estável se o inquérito, para apuração da falta que se lhe atribuiu, for julgado improcedente.

É vedado ao Juiz proferir sentença ilíquida (art. 459 do CPC) quando o autor tiver formulado pedido certo.

Se a própria parte, conhecendo melhor que ninguém seus próprios interesses, pede algo definido e bem determinado, não é dado ao Juiz modificar o pedido.

Assegura o CPC ao Reclamante o pedido genérico (art. 286 do CPC), e, se ele não o articula e determina com exatidão o que pretende, é inadmissível que o Juiz decida de forma diferente. Esse dispositivo da lei processual, no inciso II, deixa bem claro que, dentre as hipóteses justificadoras do pedido genérico, figura a da impossibilidade de determinar-se, de modo definitivo, as consequências do ato ou do fato ilícito.

Não pode a sentença ser *ultra*, *extra* ou *citra petita*.

Fora do pedido — *extra*; além — *ultra*; aquém — *citra*.

Nossa assertiva é simples aplicação art. 460 do CPC — incidente também no processo trabalhista: *"É defeso ao Juiz proferir sentença a favor do autor, de natureza diversa da pedida, bem como condenar o réu em quantidade superior ou em objeto diverso do que lhe foi demandado".*

A sentença tem de ater-se às dimensões e à natureza do pedido.

Terá de ser cumprida a sentença que deu mais ou menos do que pediu o Reclamante se não for impugnada *opportuno tempore*.

232.1. Sentença *ultra petita* e Nulidade de demissão

No dia 4 de setembro de 2001, a Subseção Dois Especializada em Dissídios Individuais — SBDI2 — do Tribunal Superior do Trabalho julgou o recurso ordinário em ação rescisória de n. 465.808/1998 e negou-lhe provimento porque:

O pedido de salários vencidos é decorrente do pedido de reintegração por nulidade do ato de despedida. Assim, a ação declaratória de nulidade do ato de despedida ao deferir o pedido de reintegração e dos salários vencidos desde a época da despedida nula, não se apresenta extra ou ultra petita, ainda que o pedido de salários não tenha constado expressamente na inicial." (in Boletim de Decisões do TST n. 11, de 31.10.2001).

Infere-se do texto divulgado que a ação não é, APENAS, declaratória, mas também e sobretudo condenatória. A empresa reclamada — depois de proclamada a nulidade do ato rescisório do contrato de trabalho do empregado — foi condenada a reintegrá-lo, isto é, a prestar uma obrigação de fazer.

O que despertou nossa atenção foi a circunstância de o julgador ter suprido deficiências na postulação do Autor ou Reclamante mediante ilações decorrentes da pretensão deduzida em juízo.

De fato, o Reclamante ao reivindicar sua reintegração no emprego, esqueceu-se de pedir o pagamento dos salários relativos ao período em que estivera afastado.

A Turma do Tribunal Superior do Trabalho entendeu que, sem embargo dessa omissão, eram exigíveis os salários pois, estes vinham, obrigatoriamente, na esteira do retorno do empregado ao serviço.

À primeira vista, houve ofensa ao velho princípio do *judex secundum allegata partium judicare debet*, subjacente no art. 128 do CPC — *verbis*:

"O juiz decidirá a lide nos limites em que foi proposta, sendo-lhe defeso conhecer de questões, não suscitadas, a cujo respeito a lei exige a iniciativa da parte."

Escusado dizer que tal norma é aplicável nos tribunais, como decorre do acórdão prolatado pela 4ª Turma do Superior Tribunal de Justiça no Recurso Especial n. 12.093 (*in* DJU 16.11.92, p. 21.144).

O precitado art. 128 ganha maior força e ênfase com o art. 460 também do CPC:

"É defeso ao Juiz proferir sentença a favor do autor, de natureza diversa da pedida, bem como condenar o réu em quantidade superior ou em objeto diverso do que lhe foi demandado."

Antigo acórdão da 2ª Turma do Supremo Tribunal Federal relativo ao Recurso Extraordinário n. 100.894-6 (*in* DJU 10.2.84, p. 1.019) dá temperamento à vedação da sentença ultra petita assentando que "não há vício da sentença quando a decisão proferida corresponde a um *minus* em relação a ambas as pretensões em conflito (RTJ 86/367) nem se julgada procedente em parte a ação porque no pedido mais abrangente se inclui o de menor abrangência."

No caso submetido ao Tribunal Superior do Trabalho, a parte mais substancial do pedido do Reclamante era a anulação da dispensa deste e sua consequente volta ao serviço.

A decisão turmária do TST concluiu que a remuneração do tempo em que o empregado esteve afastado de suas funções era simples decorrência do desfazimento do ato rescisório do contrato de trabalho.

Lembra *Agrícola Barbi* (in "Comentários ao Código de Processo Civil", 10. ed., vol. I, Forense, 1998, p. 392) que Liebman, fazendo severa crítica ao conceito de lide formulado por *Carnelutti*, por ser mais sociológico que jurídico, "aceitou-o, porém, em parte, dando relevo ao pedido das partes, notadamente o do autor, que ele considera como o objeto do processo. Acentuou, mais, que o pedido do autor e a contestação do réu constituem dois pedidos em conflito, cabendo ao juiz decidir qual deles é conforme ao direito. O conflito de pedidos entre os litigantes constitui o elemento formal do processo, enquanto o conflito de interesses, na medida em que foi deduzido em juízo, vem a ser o seu substrato material".

Em suma, esse conflito de interesses representa a lide ou o mérito da causa. Os limites desse choque de interesses, como oferecidos em juízo, demarcam o campo de atividade do juiz. Se a atuação deste desrespeitar tais limites, estará julgando além do pedido das partes

Acrescenta *Barbi*:

"Esse brocardo (ne eat judex ultra petita partium) *se aplica com maior rigor quando se tratar dos limites postos pelo pedido do autor, os quais nunca podem ser ultrapassados".*

Pontes de Miranda, por seu turno, também se manifesta sobre a matéria com o mesmo rigor de *Barbi*:

"O pedido atua pelo que ele estabelece. Não precisa de aceitação do juiz, nem, tampouco, de aceitação da parte contrária. E é ele que marca a largura de faixa em que se estende a relação jurídica processual, até que se profira a sentença, nem além nem fora, nem aquém dessas linhas que o petitum traçou."

Venia permissa, não nos parece que, no caso vertente, a remuneração do tempo de afastamento do serviço é simples decorrência da anulação da despedida do empregado.

O Reclamante não solicitou essa verba porque não quis.

É de toda a evidência que, devido a ilícito trabalhista perpetrado pelo empregador e reconhecido pela Justiça, o empregado esteve afastado do serviço por determinado período, sem perceber salários. Contudo, não se precisa ter sofisticados conhecimentos jurídicos para se chegar a conclusão de que o empregado fazia jus à remuneração relativa ao tempo de afastamento do emprego.

Filiando-nos à corrente doutrinária liderada por *Pontes de Miranda*, *Barbi* e outros juristas de igual porte, ousamos aduzir que, no presente caso de sentença *ultra petita*, a questão salarial não foi suscitada na fase de conhecimento do processo. Dessarte, sobre ela não se manifestou a Reclamada e, corolariamente, isto configura cerceio do direito de defesa.

233. Requisitos da Sentença

Reza o art. 832 da CLT que da decisão deverão constar o nome das partes, o resumo do pedido e da defesa, a apreciação das provas, os fundamentos da decisão e a respectiva conclusão.

Resulta desse dispositivo consolidado que a sentença se divide em três partes: relatório, fundamentação e conclusão.

Tal estrutura, como é óbvio, é a da sentença definitiva ou de mérito.

No relatório aparecem o nome das partes, o resumo do pedido e da defesa e a indicação das provas produzidas nos autos; a fundamentação consiste na análise crítica das provas carreadas aos autos, na apresentação das razões que induziram o julgador a acolher ou rejeitar as alegações das partes e a referência ao direito em que se enquadra o caso *sub judice*; conclusão é a parte dispositiva da sentença e, se for condenatória, especifica com clareza as condições para o cumprimento do julgado.

Como vimos, o relatório é a primeira parte da sentença, em que o juiz, com linguagem clara e precisa, descreve os fatos e atos processuais; faz referência aos incidentes relevantes ocorridos no curso da instrução e resume o pedido do Reclamante e a defesa do Reclamado, dando destaque aos pontos principais de um e de outra.

Embora omissos o CPC e a CLT quanto ao preâmbulo da sentença, ele existe e, atualmente, ficou reduzido a esta expressão: "vistos estes autos".

O segundo requisito da sentença, quiçá o mais importante dos três, é a sua fundamentação.

Fragmenta-se em três partes: análise da prova encerrada nos autos; razões que levaram o julgador a aceitar ou repelir as alegações das partes e enquadramento legal do fato litigioso.

A CLT e o CPC não nos apresentam, de modo sistemático, as regras orientadoras da avaliação das provas pelo Juiz.

Como adverte *Chiovenda* (apud Fairen Guillen, "Doctrina General del Derecho Procesal". Barcelona: Bosch, 1990, p. 450 e ss.), "o legislador substitui ao Juiz", o que importa dizer que o legislador atribui a cada meio de prova um valor determinado, e, aí, cabe ao juiz aplicar aquilo que a lei lhe diz para cada caso.

A prova legal é aquela produzida por documentos emitidos por servidores estatais que fazem fé pública, como, por exemplo, certidões de atos processuais, cópias autenticadas de sentenças, escrituras públicas e outros documentos.

Contra essa espécie de prova, o depoimento de testemunhas é de pouco valor, a menos que sirva para confirmar o conteúdo do documento ou para arguir ou fornecer indícios de sua falsidade.

Antes da prova legal dos documentos públicos, o art. 212 do Código Civil de 2002 coloca a confissão. Depois desta, como meios de prova dos negócios jurídicos, aos quais não se impõe forma especial, vêm os documentos, as testemunhas, a presunção e a perícia.

Na avaliação da prova produzida nos autos, é bem de ver que o Juiz não se atém, com rigor, em matéria de prova, a uma ordem hierárquica imutável.

As características de cada litígio orientam o Julgador sobre a análise da prova por ângulos diferentes, dando maior peso a esta ou aquela prova ou invertendo a ordem sugerida pelo art. 212 do Código Civil de 2002.

Agiu com acerto o legislador ao evitar a elaboração de um sistema de avaliação das provas, uma vez que se trata de questão de difícil solução devido aos infinitos matizes e perfis das situações de conflito submetidas à Justiça. Afigura-se-nos, ainda, inviável o estabelecimento *a priori* de um sistema definitivo de provas.

No item 213 (Classificação das provas) fazemos considerações que ajudam a aclarar melhor o tema aqui posto em discussão.

Mas, de modo geral, o documento público coloca-se acima do documento particular; ao depoimento de uma testemunha não se há de atribuir valor probante maior que o da confissão ou do documento público ou particular e assim por diante.

Avaliada lucidamente a prova feita pelas partes, fica o Juiz apto a identificar as alegações das partes que merecem acolhimento e aquelas que devam ser rejeitadas.

Feita essa operação, cabe ao Julgador afirmar a vontade concreta da lei na parte dispositiva da sentença, na sua conclusão, "isto é aquilo que o juiz afirma ser a vontade da lei" (*Chiovenda*, "Instituições", vol. 1º, p. 340/1).

Esses requisitos formais da sentença são exigências de ordem pública e seu descumprimento acarreta a nulidade absoluta do ato jurisdicional.

Em doutrina, ainda se discute se a imperfeita ou deficiente fundamentação de uma sentença justifica recurso para instância mais elevada.

Ganha corpo, sobretudo nos Tribunais, a ideia da admissibilidade do recurso, nesta hipótese.

É este, também, o nosso pensamento.

Se o magistrado se equivoca no exame ou na avaliação das provas produzidas e, por isso, é levado a um errôneo enquadramento legal do litígio, a parte prejudicada tem o indiscutível direito de atacar tal sentença por meio do recurso adequado.

234. Sentença Nula

Sentença sem fundamentação é absolutamente nula, ainda que as razões de decidir venham a ser juntadas aos autos no prazo de 48 horas.

O que prevê o § 2º do art. 851 da CLT é a juntada, nesse prazo, da ata da audiência em que se publicou a decisão, não os seus respectivos fundamentos.

A publicação é feita em audiência. De conseguinte, ficam ofendidos os arts. 834 e 852 da CLT se as razões de decidir forem acostadas depois da audiência. Afora isso, de considerar que, consoante o inciso IX do art. 93 da Constituição, sentença desprovida de razões não existe.

Sabe-se que o acúmulo de serviço na Justiça do Trabalho obriga o juiz a ser conciso ao máximo, mas isso não dá legitimidade à ausência de um dos elementos estruturais da sentença. Se isso fosse admitido, a sentença não traduziria a certeza do julgado.

Como fecho a este tópico, ressaltamos ser nula a sentença que condiciona a existência de direito à apuração em liquidação. Essa forma de decidir contraria o fim último do processo de conhecimento, que é o de elucidar todos os aspectos do litígio, reconhecendo o direito de cada um.

À execução cabe cumprir exatamente o que se contém na sentença.

A estrutura da sentença terminativa não é dotada da solenidade que a lei confere à sentença de mérito.

Ordena, apenas, o art. 459, *in fine*, do CPC, que, "*nos casos de extinção do processo sem julgamento do mérito, o Juiz decidirá de forma concisa*". Nada mais que breve relatório, seguido da fundamentação da causa que embasa a extinção do processo, e o dispositivo se esgota na declaração e na condenação do vencido nas despesas processuais (art. 20 do CPC).

235. Sentença Terminativa sem Julgamento de Mérito

No CPC de 1939, havia uma desagradável incerteza quanto ao recurso cabível de sentenças que, sem julgarem o mérito, punham fim ao processo: se cabível a apelação ou o agravo de petição.

O novo CPC liquidou a controvérsia ao dispor que da sentença terminativa do feito, com julgamento ou não do mérito, admite apenas só um recurso: o da apelação (art. 513 do CPC). Essa Consolidação, já em 1943, no art. 799, § 2º, estabeleceu:

"Das decisões sobre exceções de suspeição e incompetência, salvo, quanto a estas, se terminativas do feito, não caberá recurso, podendo, no entanto, as partes alegá-las novamente no recurso que couber da decisão final".

Verifica-se, portanto, que na esfera trabalhista, muito antes do CPC de 1973, em sendo terminativa a decisão sem apreciação do mérito, era cabível o recurso ordinário.

236. Clareza da Sentença

Deve a sentença — definitiva ou terminativa — ser precisa e clara.

Sentença precisa é aquela em que o Juiz, sem nenhum traço de insegurança, transmite a certeza de que chegou a uma conclusão segura e justa depois de bem avaliar as provas reunidas nos autos.

Não se admite que a sentença, como ato processual, agasalhe expressões reveladoras de incerteza quanto ao direito das partes.

Vazada em termos claros, de fácil e imediata percepção pelas partes e seus advogados, a sentença livra-se do perigo de ser objeto de embargos de declaração que forcem o Juiz a clarear obscuridades ou a manifestar-se sobre pontos do litígio de que se omitiu.

237. Sentença — Ato Público

É a sentença ato público. Nesse sentido, leia-se o art. 93, IX, da Constituição Federal, em que fica esclarecido que todos os julgamentos dos órgãos do Poder Judiciário serão públicos.

Depois de proferida em audiência ou publicada, torna-se imutável, mas, existindo na decisão evidentes erros ou enganos de escrita, de datilografia ou de cálculo, são eles corrigíveis, antes da execução, *ex officio* ou a requerimento dos interessados ou da Procuradoria da Justiça do Trabalho (v. art. 833 da CLT).

238. Obscuridade ou Contradição da Sentença

Enquanto, para os embargos de declaração destinados a eliminar obscuridades, contradição ou omissão da sentença, o prazo, na primeira instância, é de cinco dias (art. 535 do CPC), a correção de erros ou enganos evidentes faz-se a qualquer tempo antes da execução. Estando esta em curso, o remédio é a propositura de ação rescisória. O art. 897-A da CLT admite, às expressas, o efeito modificativo dos embargos declaratórios.

239. Publicação da Sentença

As sentenças de mérito na reclamatória trabalhista é publicada em audiência na presença das partes previamente cientificadas ou por meio de intimação.

As sentenças proferidas em processos especiais ou cautelares não são pronunciadas em audiência, e só se considerarão publicadas desde a intimação das partes.

Na publicação da sentença, deve ser declarado o nome do advogado do Reclamado vencido (ou do Reclamante vencido). Essa omissão leva o advogado a não recorrer, com evidente prejuízo para seu cliente. Na ocorrência dessa omissão, e com fundamento nos arts. 236, § 1º, e 247 do CPC, deve o Juiz ordenar a republicação da sentença e abrir prazo para recurso. É óbvio que essas observações são válidas apenas no caso de sentenças não publicadas em audiência.

Sendo a parte intimada para comparecer à audiência em que se publica a sentença, o prazo recursal ou para embargos declaratórios tem início naquele momento.

Diz-se ser procedente a sentença quando o pedido do Reclamante for reconhecido; improcedente se o pedido é rejeitado; procedente em parte, quando o Reclamante é parcialmente atendido; é de carência de ação a sentença que recusa ao Reclamante o direito de ação, como acontece ao médico que, exercendo com autonomia seu ofício, pretende cobrar honorários na Justiça do Trabalho.

240. Efeitos da Sentença

Já foi dito que a sentença manifesta a vontade concreta da lei.

Declara o direito e põe termo ao litígio.

A sentença condenatória, além de declarar o direito, concede ao vencedor o direito de executar a decisão; a declaratória objetiva mera declaração da existência, ou não, de uma relação jurídica ou a autenticidade, ou não, de um documento; a constitutiva modifica, cria ou extingue uma situação jurídica.

A enumeração dos efeitos das três espécies de sentenças que acabamos de fazer demonstra que elas sempre declaram o direito aplicável a um caso concreto.

Detenhamo-nos um pouco mais no exame dos efeitos de uma dessas sentenças: a condenatória.

É o que fazemos no item seguinte.

241. Da Sentença Condenatória

Como as demais sentenças, a condenatória leva consigo a declaração de um direito, mas acrescida de uma sanção.

Caso o devedor (o Reclamado) se recuse a cumprir voluntariamente o disposto na sentença, resta à parte vitoriosa (o Reclamante) propor a ação de execução para movimentar o poder estatal no sentido do fiel cumprimento do disposto na sentença condenatória.

Assim, a sentença condenatória dá ao vencedor um título executivo, de índole judicial. Seu efeito é *ex tunc*, por retroagir à data da propositura da ação, o que importa dizer que retroage à data da notificação do Reclamado (art. 219 do CPC).

Nas ações coletivas, esse princípio sofre abrandamento, como se irá ver em local apropriado desta obra.

O CPC de 1973, embora tenha dado especial atenção aos atos fraudatórios da execução, no seu art. 466, instituiu a hipoteca judiciária nos seguintes termos: "A sentença que condenar o réu no pagamento de uma prestação consistente em dinheiro ou coisa, valerá como título constitutivo de hipoteca judiciária, cuja inscrição será ordenada pelo Juiz na forma prescrita na Lei de Registros Públicos. Parágrafo único. A sentença condenatória produz a hipoteca judiciária: I — embora a condenação seja genérica; II — pendente arresto de bens do devedor; III — ainda quando o credor possa promover a execução provisória da sentença".

A CLT não hospeda norma semelhante à do art. 466 do CPC.

É aplicável ao processo trabalhista a norma encerrada no art. 466 do CPC?

Sim — respondemos nós —, mediante ligeira adaptação às características da sistemática da CLT.

A teor do preceituado no CPC, tem a jurisprudência entendido que a hipoteca judiciária é consequência imediata da sentença, pouco importando a pendência ou não de recurso contra esta (v. RT 596/99; RJTJESP 93/239, 127/239, *in* "CPC" de *Theotonio Negrão*, 24. ed., 1993, p. 315).

Depois de esclarecer que a hipoteca judicial é efeito secundário e imediato da sentença que visa a resguardar o interessado de eventual e futura fraude, *Nelson Nery Jr.* afirma que, para ter eficácia contra terceiro, exige ela inscrição e especialização, considerando-se em fraude de execução toda e qualquer transação que lhe seja posterior (cf. s/ob "CPC Comentado", 9. ed., 2006, p. 591).

Esse mesmo autor destaca que o efeito da condenação a que alude esse art. 466, do CPC, não se suspende com o advento de recurso (RT 511/125).

O inciso I do parágrafo único do art. 466, do CPC, estabelece que a sentença condenatória produz a hipoteca judiciária embora a condenação seja genérica. Essa hipótese, no âmbito trabalhista, não existe.

De notar-se que a providência da inscrição no Registro Público não depende de requerimento da parte vencedora, por tratar-se de dever imposto pela Lei ao Juiz. O tom imperativo do preceito espanca qualquer dúvida a respeito.

Venia permissa, parece-nos que o art. 466 do CPC há de provocar a hipoteca em foco quando a sentença tiver passado em julgado. Antes disso, a hipoteca judiciária é capaz de provocar sérios danos à vida da empresa e, no caso de reforma da sentença na instância superior, a União corre o risco de ressarci-los.

A regra é a sentença não incluir honorários advocatícios na condenação.

Como as partes podem comparecer em juízo desacompanhadas de advogado, os honorários dos advogados terão de ser suportados por elas, ressalvado apenas o caso de substituição processual do empregado que perceba salário inferior ao dobro da remuneração mínima.

A Súmula n. 219 do TST, ocupa-se desse ponto:

"N. 219 — Honorários advocatícios. Hipótese de cabimento.

I — *Na Justiça do Trabalho, a condenação ao pagamento de honorários advocatícios, nunca superiores a 15% (quinze por cento), não decorre pura e simplesmente da sucumbência, devendo a parte estar assistida por sindicato da categoria profissional e comprovar a percepção de salário inferior ao dobro do salário mínimo ou encontrar-se em situação econômica que não lhe permita demandar sem prejuízo do próprio sustento ou da respectiva família. II — É cabível a condenação ao pagamento de honorários advocatícios em ação rescisória no processo trabalhista. III — São devidos os honorários advocatícios nas causas em que o ente sindical figure como substituto processual e nas lides que não derivem da relação de emprego.*

Como fecho a este item, lembramos o caso da retenção do imposto de renda nos pagamentos determinados em sentenças proferidas por órgãos da Justiça do Trabalho.

Consoante a Lei n. 8.218/91, modificada pela Lei n. 8.541, de 23 de dezembro de 1992, o rendimento pago em cumprimento de decisão judicial é feito já com o desconto do imposto de renda. Por outras palavras, cabe à empresa efetuar essa retenção e, depois, entregar ao empregado o respectivo comprovante.

Ainda que se trate de pagamento de rendimento de meses anteriores, a retenção obedecerá à tabela vigente no mês em que esse ato se praticar.

Excluem-se da base de cálculo do desconto em apreço, conforme decisão do Ministro Luiz Fux, do STJ, nos Embargos de Divergência em Recurso Especial n. 515.148/RS, publicado no DJ 20.2.06, que fez uma compilação do entendimento do STJ sobre as parcelas em que deve ou não incidir imposto de renda, as seguintes: *a) o abono de parcela de férias não gozadas (art. 143 da CLT), mercê da inexistência de previsão legal, na forma da aplicação analógica da Súmula n. 125/STJ, verbis: "O pagamento de férias não gozadas por necessidade do serviço não está sujeito a incidência do Imposto de Renda", e da Súmula n. 136/STJ, verbis: "O pagamento de licença-prêmio não gozada por necessidade do serviço não está sujeito ao Imposto de Renda"; b) as férias não gozadas, indenizadas na vigência do contrato de trabalho, bem como as licenças-prêmio convertidas em pecúnia, sendo prescindível se ocorreram ou não por necessidade do serviço, nos termos da Súmula n. 125/STJ; c) as férias não gozadas, licenças-prêmio convertidas em pecúnia, irrelevante se decorreram ou não por necessidade do serviço, férias proporcionais, respectivos adicionais de 1/3 sobre as férias, gratificação de Plano de Demissão Voluntária (PDV), todos percebidos por ocasião da extinção do contrato de trabalho, por força da previsão isencional encartada no art. 6º, V, da Lei n. 7.713/88 e no art. 39, XX, do RIR (aprovado pelo Decreto n. 3.000/99) c/c. art. 146, caput, da CLT.*

Haverá, no entanto, incidência da referida exação, em face de sua natureza salarial sobre: a) o adicional de 1/3 sobre férias gozadas; b) o adicional noturno; c) a complementação temporária de proventos; d) o décimo terceiro salário; e) a gratificação de produtividade; f) a gratificação por liberalidade da empresa, paga por ocasião da extinção do contrato de trabalho; g) horas extras; h) o décimo terceiro salário, ainda que decorrente da rescisão do contrato de trabalho, ante sua natureza salarial (art. 26 da Lei n. 7.713/88 e art. 16 da Lei n. 8.134/90).

Compete, ainda, ao Reclamado descontar a parcela previdenciária, como o dizem as Leis ns. 8.212 e 8.213, de julho de 1991, modificadas pela Lei n. 8.620/93.

Tem o Reclamado de, depois, comprovar perante a Vara do Trabalho o recolhimento do devido à Receita Federal e ao INSS.

242. Da Sentença Constitutiva

Proferidas em ações constitutivas, as sentenças têm três efeitos: criação, modificação ou extinção de uma relação jurídica.

Reconhecendo a existência de situação jurídica preexistente, proclamam a existência de uma outra diferente, a modificação da anterior ou extinguir a antecedente. É esse o efeito constitutivo da sentença.

De regra, o efeito da sentença constitutiva é *ex nunc* — para o futuro. Contudo, há casos especiais em que ela é dotada de efeito *ex tunc*, por retroagir a determinada data.

Assim, para exemplificar, terá ela efeito *ex tunc* se, numa reclamatória sobre a existência da relação de emprego, for esta confirmada. Aí, ela retroage à data em que teve início a prestação de serviços.

243. Da Sentença Declaratória

A ação declaratória é também admitida na Justiça do Trabalho e rege-se pelas prescrições do CPC, cujo art. 4º reza — *in verbis*:

"O interesse do autor pode limitar-se à declaração: da existência ou da inexistência de relação jurídica; da autenticidade ou falsidade de documento. Parágrafo único. É admissível a ação declaratória ainda que tenha ocorrido a violação do direito".

Essa ação envolve a necessidade, demonstrada de modo concreto, de eliminar ou resolver a incerteza do direito ou da relação jurídica. Seu conteúdo é o acertamento, pelo juiz, de uma relação jurídica.

Já se percebeu que a declaratória é negativa ou positiva. Na primeira hipótese, objetiva a declaração da inexistência de um direito ou de uma relação jurídica; a positiva, quer o reconhecimento da existência desse direito ou dessa relação.

Admite-se a reconvenção em ação declaratória (v. Súmula n. 258 do STF: "É admissível reconvenção em ação declaratória").

De feito, se é facultado à outra parte provar a titularidade de um direito, há que se aceitar a reconvenção visando a sua anulação ou a redução do seu alcance. Se as partes já transigiram sobre a relação jurídica que é objeto da declaratória ou se já prescreveu a correspondente ação condenatória, não cabe ação declaratória.

Em hipóteses que tais cessa o interesse de agir na ação declaratória.

A regra é não admitir medida cautelar numa declaratória. Todavia, a doutrina e a jurisprudência reconhecem a sua legitimidade se a mudança da situação de fato for susceptível de pôr em risco a utilidade prática da ação declaratória.

É inquestionável que a ação declaratória perderia qualquer utilidade para o autor se diante de uma nova realidade fática tivesse de permanecer inerte, de braços cruzados.

Incabível a ação declaratória visando à interpretação do direito em tese. O mesmo dizemos a propósito de situação que não seja atual.

O efeito da sentença declaratória é *ex tunc*. Retroopera à data em que se verificou a situação jurídica objeto da ação.

244. Embargos de Declaração

Publicada a sentença de mérito, o juiz encerra o ofício jurisdicional e só pode alterá-la em duas hipóteses: para lhe corrigir, de ofício ou a requerimento da parte, inexatidões materiais ou lhe retificar erros de cálculo; por meio de embargos de declaração. Na vigência do CPC de 1939, os embargos de declaração só eram admissíveis quando a sentença ou o acórdão fossem obscuros, contraditórios ou omissos; adotava-se um único regramento para todas as instâncias.

O CPC de 1973 incluiu a dúvida entre as causas motivadoras dos embargos declaratórios e criou dois critérios: um para a instância primária e, outro, para os Tribunais.

A Lei n. 8.950, de 1994, derrogou os arts. 464 e 465 do CPC e unificou, nos arts. 535 a 538, o disciplinamento dos embargos declaratórios em todas as instâncias e suprimiu a dúvida como uma das suas causas ensejadoras, permanecendo, apenas, a omissão, obscuridade e contradição.

No tangente às inexatidões materiais ou aos erros de cálculo, corrigíveis pelo juiz, de ofício ou a requerimento da parte, há, na CLT, norma específica, agasalhada no art. 833.

Essa correção é realizável a qualquer tempo, antes da execução.

Ambos os dispositivos disciplinam situações jurídicas distintas: a primeira é regida pelo art. 833 da CLT: "Existindo na decisão evidentes erros ou enganos de escrita, de datilografia ou de cálculo, poderão os mesmos, antes da execução, ser corrigidos *ex officio* ou a requerimentos dos interessados ou da Procuradoria da Justiça do Trabalho".

Estão acordes a jurisprudência e a doutrina no sentido de que, no processo comum, o erro de cálculo é corrigível a qualquer tempo, mesmo que a sentença haja transitado em julgado (RTJ 73/946; *idem* 74/510; RTJESP 89/72).

Por oportuno, ressaltemos que o erro de cálculo se restringe ao erro matemático, como a inclusão de parcela indevida ou a exclusão de verba devida.

Denegado pelo Juiz o pedido de correção de erro de cálculo, é lícito à parte renová-lo no recurso ordinário.

O erro material de acórdão é corrigível de ofício ou a pedido da parte pelo Relator.

Não se há de considerar erro material ou de cálculo o critério adotado para se chegar a um resultado.

Felizmente, o Código de Hamurabi faz parte da história do direito, é coisa do passado deste. Era muito rigoroso com os magistrados que erravam na redação das sentenças, como se depreende do § 5º do seu capítulo intitulado "encantamentos, juízos de Deus, falso testemunho, prevaricação de juízes":

"Se um juiz conduz um processo e emite uma decisão e redige por escritura a sentença; se mais tarde o seu processo se demonstra errado e aquele juiz no processo que ele conduziu é convencido de ser a causa do erro, ele então deverá pagar doze vezes a pena que naquele processo estava estabelecida e se deverá publicamente expulsá-lo do seu cargo de juiz, nem poderá ele voltar para sentar novamente como juiz em processo algum" ("Brocardos Jurídicos", *Amilcare Carletti*, tomo III, LEUD, 1986, p. 162).

Ressalte-se que os embargos de declaração podem ser opostos às sentenças em todos os graus de jurisdição.

Durante largo período, a doutrina e a jurisprudência admitiam, no processo do trabalho, os embargos de declaração mediante a aplicação subsidiária das respectivas disposições do Código de Processo Civil.

A Lei n. 9.957, de 12 de janeiro de 2000, veio a acrescentar à CLT o art. 897-A com a seguinte redação:

"Art. 897-A — Caberão embargos de declaração de sentença ou acórdão, no prazo de cinco dias, devendo seu julgamento ocorrer na primeira audiência ou sessão subsequente à sua apresentação, registrada na certidão, admitido efeito modificativo nos casos de omissão e contradição no julgado e manifesto equívoco no exame dos pressupostos extrínsecos do recurso".

O efeito modificativo da sentença ou acórdão tem agora previsão legal. Anteriormente, esse efeito resultava de construção pretoriana, como o prova a Súmula n. 278 do TST, de data muito anterior à edição do sobredito diploma legal — *verbis*: "A natureza da omissão suprida pelo julgamento de embargos declaratórios pode ocasionar efeito modificativo no julgado".

Possuindo efeito modificativo os embargos declaratórios, deverá ser concedida vista à parte contrária, conforme entendimento do TST em sua Orientação Jurisprudencial n. 142, SBDI-1. De fato, esse item I, dessa OJ esclarece que é passível de nulidade a decisão do Tribunal que acolhe embargos de declaração com efeito modificativo sem que seja concedida oportunidade de manifestação prévia à parte contrária. Já o item II dessa mesma OJ assentou o entendimento de que, em decorrência do efeito devolutivo amplo conferido ao recurso ordinário, o item I não se aplica às hipóteses em que não se concede na 1ª instância vista à parte contrária para se manifestar sobre os embargos de declaração opostos contra sentença.

O Ato SETPOEDC.GP n. 310/2009 (DJeletrônico do TST de 20.5.09) autoriza o Presidente do TST a decidir, monocraticamente, os agravos de instrumento em recurso de revista e os recursos de revista pendentes de distribuição que não preencham os pressupostos extrínsecos de admissibilidade.

O art. 3º desse mesmo Ato estabelece que os Embargos de Declaração perante o TST serão julgados pelo seu Presidente. Caso o embargante postule efeito modificativo nesses embargos de declaração, eles serão convertidos em agravo regimental, em face dos princípios da fungibilidade e celeridade processual, e distribuído para a Turma que tenha proferido o acórdão embargado.

Quanto ao prazo dobrado dos embargos declaratórios opostos por pessoa jurídica de direito público, esclarece o TST em sua Orientação Jurisprudencial n. 192, SDI-1, o seguinte: *"Embargos declaratórios. Prazo em dobro. Pessoa jurídica de direito público. Decreto-lei n. 779/69. É em dobro o prazo para a interposição de embargos declaratórios por Pessoa Jurídica de Direito Público".*

O TST editou a Súmula n. 421 que trata da oposição de embargos declaratórios contra decisão monocrática fundamentada no art. 557, do CPC, *verbis:* "*Embargos declaratórios contra decisão monocrática do relator calcada no art. 557 do CPC. Cabimento. I — Tendo a decisão monocrática de provimento ou denegação de recurso, prevista no art. 557 do CPC, conteúdo decisório definitivo e conclusivo da lide, comporta ser esclarecida pela via dos embargos de declaração, em decisão aclaratória, também monocrática, quando se pretende tão somente suprir omissão e não, modificação do julgado. II — Postulando o embargante efeito modificativo, os embargos declaratórios deverão ser submetidos ao pronunciamento do Colegiado, convertidos em agravo, em face dos princípios da fungibilidade e celeridade processual".*

Dispõe o art. 557, do CPC: "*O relator negará seguimento a recurso manifestamente inadmissível, improcedente, prejudicado ou em confronto com súmula ou com jurisprudência dominante do respectivo tribunal, do Supremo Tribunal Federal, ou de Tribunal Superior. § 1º A. Se a decisão recorrida estiver em manifesto confronto com súmula ou com jurisprudência dominante do Supremo Tribunal Federal, ou de Tribunal Superior o relator poderá dar provimento ao recurso. § 1º Da decisão caberá agravo, no prazo de 5 (cinco) dias, ao órgão competente para o julgamento do recurso, e, se não houver retratação, o relator apresentará o processo em mesa, proferindo voto; provido o agravo, o recurso terá seguimento. § 2º Quando manifestamente inadmissível ou infundado o agravo, o tribunal condenará o agravante a pagar ao agravado multa entre 1% (um por cento) e 10% (dez por cento) do valor corrigido da causa, ficando a interposição de qualquer outro recurso condicionada ao depósito do respectivo valor".*

Rejeitados os embargos, não veda a lei a repetição do pedido no recurso cabível.

Por força do preceituado no art. 538, do CPC, aplicável ao processo do trabalho, os embargos declaratórios interrompem o prazo para a interposição de outros recursos, por qualquer das partes. Quer dizer, com a interrupção, o prazo recomeça a correr por inteiro, a partir da notificação da sentença ou do acórdão dos embargos de declaração.

Mesmo sendo os embargos de declaração considerados protelatórios ou, então, não sendo eles conhecidos, sempre existirá a interrupção do prazo recursal. Contudo, se eles forem julgados intempestivos, não haverá a interrupção do prazo recursal. Nesse sentido, *Sérgio Bermudes* esclarece ao atualizar os comentários de *Pontes de Miranda* ao art. 538, do CPC: "*O prazo recomeça a correr, todo ele, depois de intimado o recorrente da decisão dos embargos, que sempre acarretam o efeito interruptivo, salvo quando intempestivos porque, nesse caso, ocorreu preclusão do direito de embargar e os embargos não produziram qualquer efeito*" (conf. "Comentários ao Código de Processo Civil", de Pontes de Miranda, p. 342, tomo VII, ed. Forense, 3. ed., 1999).

Como decorrência do parágrafo único do art. 538 do CPC, se considerados os embargos manifestamente protelatórios, o juiz ou o tribunal, declarando que o são, condenará o embargante a pagar ao embargado multa não excedente de 1% (um por cento) sobre o valor da causa. Na reiteração de embargos protelatórios, a multa é elevada a até 10% (dez por cento), ficando condicionada a interposição de qualquer outro recurso ao depósito do valor respectivo.

Vejamos os pressupostos de admissibilidade dos embargos de declaração.

O primeiro deles é a *omissão*, que se configura quando a sentença ou o acórdão se abstêm de apreciar um ponto do pedido do Reclamante ou alegação do Reclamado. No caso, a inércia da parte cria-lhe a impossibilidade de submeter a questão controvertida à instância superior.

A inércia da parte que deixou de opor embargos de declaração, fecha-lhe as portas da instância superior para rediscutir a matéria. Na espécie, não houve prequestionamento.

Em se tratando de sentença omissa e rejeitados os respectivos embargos, a instância superior — mercê do recurso interposto — está autorizada por lei a rever o assunto. Se reconhecer a omissão, parece-nos que os autos devam retornar à origem para que não haja supressão de instância.

Há pronunciamentos dos Tribunais sustentando que podem decidir, de imediato, sobre o ponto omisso porque a instância primária negou sua existência e, de conseguinte, entrou no mérito.

Data venia, não é de se aceitar essa opinião.

Se o próprio Tribunal afirma que a sentença não se manifestou sobre determinado ponto do pedido, está implicitamente exigindo da instância inferior que fale a respeito dele. Se não o fizer, estará suprimindo uma instância.

Em qualquer instância, os embargos serão opostos, no prazo de cinco dias, em petição dirigida ao Juiz ou ao Relator, com indicação do ponto obscuro, contraditório ou omisso, não estando sujeitos a preparo (art. 536 do CPC, com texto dado pela Lei n. 8.950, de 1994).

No regime anterior, os prazos eram diferentes nas Varas e nos Tribunais do Trabalho. Mercê da inovação trazida pelo sobredito diploma legal, agora, o prazo é um só para qualquer instância.

O segundo pressuposto dos embargos de declaração é a *contradição*, do latim *contradictionem*.

Significa incoerência entre afirmação ou afirmações atuais e anteriores, entre palavras e ações. É contraditória uma sentença quando — por exemplo — na fundamentação se demonstra a inexistência da relação empregatícia e, na parte dispositiva, condena-se a Reclamada a pagar indenização ao empregado.

O terceiro pressuposto dos embargos de declaração é a *obscuridade*.

Obscuridade tem origem no latim *obscuritas*, de *obscurus* (escuro, oculto, encoberto). Literalmente, entende-se a qualidade ou caráter de tudo que é escuro, está oculto ou *não é claro*.

A obscuridade é na técnica da linguagem jurídica *a falta de clareza de qualquer decisão judicial, que deva ser entendida para ser cumprida no futuro*. Ela é a confusão, a dúvida, geradas pela deficiente redação do texto, pela má redação ou por qualquer outro defeito ocorrido na manifestação escrita do comando judicial.

Claro está que ela não se identifica com a omissão. Neste caso de omissão, podemos dizer que inexiste comando judicial para ser cumprido. Já na obscuridade, o comando judicial existe, mas é deficiente, é escuro, é duvidoso, não está claro nem preciso. E, por essa razão, tal decisão obscura é passível de ser reexaminada em embargos de declaração.

245. Coisa Julgada

Denomina-se coisa julgada material — diz o art. 467 do CPC — a eficácia que torna imutável e indiscutível a sentença, não mais sujeita a recurso ordinário ou extraordinário. Seus limites subjetivos e objetivos balizam o que se debateu e se decidiu no processo pelas partes nele envolvidas.

Coisa julgada material não admite discutir-se, noutro processo, o que já foi decidido naquele em que a sentença foi proferida.

Assim, o decidido em sentença tornada irrecorrível não é apreciável, novamente, por outro Juiz ou Tribunal.

Consoante o art. 472 do CPC, a sentença faz coisa julgada às partes entre as quais é dada, não beneficiando nem prejudicando terceiros.

Deixando à margem a controvertida questão do juiz legislador, cabe-nos, neste ponto, assinalar que a coisa julgada material não é constitutiva de novo direito; impede, apenas, que outro Juiz ou Tribunal possam conhecer e julgar o que já se decidiu e se transformou em *res iudicata*.

Lei posterior não pode atingir a coisa julgada material.

É o que deflui do inciso XXXVI do art. 5º da Constituição Federal: *"a lei não prejudicará o direito adquirido, o ato jurídico perfeito e a coisa julgada"*. Com rara felicidade, diz *Sahione Fadel*: *"A coisa julgada, portanto, não é efeito da sentença, mas, isso sim, a imutabilidade dela, ou melhor, a autoridade que emerge dessa imutabilidade. Esse, o seu conceito verdadeiro"* ("CPC Comentado", 4. ed., tomo II, Forense, 1982, p. 38).

Como se vê, há o direito público subjetivo à preservação da imutabilidade dos efeitos de uma sentença contra a qual não é oponível nenhum recurso.

O art. 468 do CPC define os limites da coisa julgada material nestes termos: "A sentença que julgar total ou parcialmente a lide, tem força de lei nos limites da lide e das questões decididas".

Tal preceito, como evidente, supõe decisão de mérito.

A situação litigiosa e as questões a ela vinculadas são os limites objetivos da coisa julgada.

O pedido e a *causa petendi*, como dito anteriormente, são os elementos individualizadores da lide.

As questões a que faz alusão o supracitado art. 468 são aquelas referidas no art. 474 do CP, quais sejam, as alegações e defesas que a parte poderia opor ao acolhimento assim como a rejeição do pedido.

É comum no foro trabalhista (como também na justiça comum) a sentença omitir-se na apreciação de ponto inscrito no pedido do Reclamante e este permanecer inerte, deixando de opor embargos declaratórios. A coisa julgada não se formou sobre esse ponto, o que autoriza o Reclamante a propor nova reclamatória para obter a prestação jurisdicional correspondente.

De conformidade com o disposto no art. 469 do CPC não fazem coisa julgada: a) os motivos ainda que importantes para determinar o alcance da parte dispositiva da sentença; b) a verdade dos fatos, estabelecida como fundamento da sentença; c) a apreciação da questão prejudicial, decidida incidentemente no processo.

A coisa julgada incide, também, sobre o fato constitutivo do pedido, não se restringindo, de conseguinte, à parte dispositiva da sentença ou acórdão. Exemplificando: se num processo ficou provado que o empregado não realizou trabalho extraordinário, é-lhe vedado, em processo diferente, pedir a remuneração de horas extraordinárias.

O art. 469 do CPC deixa claro que a questão prejudicial, decidida incidentemente no processo, não faz coisa julgada, ou melhor, não se inclui nos limites objetivos da coisa julgada, a menos que seja objeto de ação declaratória incidental. Entretanto, como o admite o art. 470 também do CPC, fará coisa julgada se a parte o requerer, for o juiz competente em razão da matéria e constituir pressuposto necessário para o julgamento da lide.

De lembrar-se que questão prejudicial é "aquela cuja solução é necessária para se decidir uma outra" (*José Alberto dos Reis*, "Comentário ao Código de Processo Civil", vol. I, p. 286).

É, enfim, toda questão cujo exame precede o da matéria principal e, se resolvida favoravelmente ao requerente, impossibilita a apreciação do mérito. É um antecedente lógico da decisão final e que pode ser objeto de ação autônoma (v., ainda, *Chiovenda*, "Instituições de Direito Processual Civil", 2. ed., 1965, vol. I, § 16; *José Carlos Barbosa Moreira*, "Questões Prejudiciais e Coisa Julgada", 1967).

Por oportuno, queremos frisar que prejudicial não se confunde com preliminar. Não há sinonímia entre esses vocábulos. A prejudicial diz respeito ao mérito e, a preliminar, ao processo.

A declaração incidente pelo Reclamado (art. 325 do CPC) por motivo preexistente à sua notificação deve ser processada como reconvenção por ocasião da apresentação de sua defesa em audiência.

A teor do art. 325 do CPC, aplicável ao processo do trabalho, contestando o Reclamado o direito que constitui fundamento do pedido, o autor poderá requerer que sobre ele profira o juiz sentença incidente, se da declaração da existência ou da inexistência do direito depender, no todo ou em parte, o julgamento da lide.

Resumindo, a declaração incidental cabe ao Reclamante (art. 325 do CPC); ao Reclamado, a reconvenção.

Exemplo: pede o Reclamante a anotação de sua Carteira Profissional e o Reclamado nega o vínculo empregatício (questão prejudicial).

No caso, a sentença final não fará coisa julgada quanto à relação de emprego, o que permite ao Reclamante propor nova ação.

Coisa julgada formal significa que, no mesmo processo, é defeso discutir o que já se decidiu.

Está bem assente na doutrina que a coisa julgada traduz a qualidade dos efeitos do julgamento final do litígio. O que era *res iudicanda* converte-se em *res iudicata* e, aí, consoante o disposto no art. 468 do CPC "a sentença, que julgar a lide, tem força de lei nos limites da lide das questões decididas".

A segurança nas relações que os homens travam em sociedade e o eficaz resguardo dos bens e interesses de cada pessoa exigem que os efeitos da sentença se tornem irrevogáveis (*res iudicata*). Aqui, fica bem patente que a coisa julgada não é efeito da sentença, mas qualidade dos seus efeitos.

Reza o art. 472 do CPC que a sentença faz coisa julgada às partes entre as quais é dada, não beneficiando nem prejudicando terceiros.

Não se há de inferir que a sentença irrecorrível não produz efeitos em relação a terceiros. Tem ela, também, efeitos *erga omnes*.

Mas o terceiro pode atacar a sentença passada em julgado se, para tanto, tiver legítimo interesse.

Fica o Juiz impedido de entrar no mérito do litígio se lhe for oposta a exceção de coisa julgada. O acolhimento desta inviabiliza a proposição de nova ação. De ordinário, o Reclamado invoca a existência da *res iudicata* na contestação, mas nada impede que o Juiz ou Tribunal a conheça em qualquer estado do processo, instância ou grau de jurisdição.

Inexiste, para a coisa julgada, a preclusão.

Essa exceção cabe tanto ao Reclamante como ao Reclamado, como simples decorrência do princípio de que a coisa julgada é lei entre as partes do processo em que ela se formou.

Não é revestida de imutabilidade a confissão. Seus efeitos ficam limitados ao processo em que ela se verificou. De passagem frisemos que a coisa julgada formal pode resultar da confissão real ou da ficta.

O TST editou a Orientação Jurisprudencial n. 262, SDI-1, que trata da limitação da data-base da categoria em fase de execução, esclarecendo que não ofende a coisa julgada, *verbis*: "*Coisa julgada. Planos econômicos. Limitação à data-base na fase de execução. Não ofende a coisa julgada a limitação à data-base da categoria, na fase executória, da condenação ao pagamento de diferenças salariais decorrentes de planos econômicos, quando a decisão exequenda silenciar sobre a limitação, uma vez que a limitação decorre de norma cogente. Apenas quando a sentença exequenda houver expressamente afastado a limitação à data-base é que poderá ocorrer ofensa à coisa julgada*".

245.1. Relação Jurídica Continuativa e a Insalubridade

Consoante o art. 471, I, do CPC, nenhum juiz decidirá novamente as questões decididas, relativas à mesma lide, salvo se, tratando-se de relação jurídica continuativa, sobreveio modificação, no estado de fato ou de direito, caso em que poderá a parte pedir a revisão do que foi estatuído na sentença.

Dessarte, a sentença não põe fim à relação jurídica continuativa; preserva-a e ela continua a existir no mundo fático e no universo jurídico.

Num caso concreto, a sentença considera os pressupostos do tempo de sua prolação, o que enseja, ou melhor, admite a variação dos elementos constitutivos.

Embora no plano doutrinário haja quem dê a denominação de determinativa à sentença que tem por objeto uma relação jurídica continuativa, acompanhamos *Moacyr Amaral Santos* ("Comentários ao Código de Processo Civil", tomo IV, 1. ed., Forense, p. 483) no entendimento de ser mais adequado qualificar-se tal sentença de dispositiva.

Há um pronunciamento do Supremo Tribunal Federal, por sua 2ª Turma, sobre o tema aqui sob exame, que, de fato, sintetiza de modo admirável o que há de melhor na doutrina dominante.

Trata-se do Agravo Regimental em Agravo de Instrumento n. 178.651-9 (*in* DJU 30.5.97), e o respectivo acórdão está assim ementado:

"Encerrando o título executivo judicial o direito dos autores ao adicional de insalubridade, considerado o vínculo empregatício e, portanto, a relação jurídica de caráter permanente, forçoso é reconhecer que encerra a obrigação de pagamento das prestações vencidas e vincendas. O fato de não se haver consignado a obrigatoriedade da inclusão da parcela em folha não afasta o direito às prestações que se venceram após a sentença. Possível modificação do quadro somente é viável na ação revisional do art. 471 do CPC".

Infere-se desse decisório que o trabalhador, ao postular judicialmente o adicional de insalubridade, deve incluir, no petitório, as prestações vencidas durante o período em que esteve exposto aos agentes agressivos.

Evidente que a teoria da imprevisão informou a redação do supracitado art. 471 do CPC: a situação de fato, ao longo tempo, modificou-se dando novo sentido às obrigações dela derivantes.

Do dito até aqui, conclui-se que é mantida, na sua integralidade, a coisa julgada enquanto for insalubre o local da prestação de serviços.

Erra o empresário que, logo após o saneamento do ambiente de trabalho, suspende o pagamento do adicional de insalubridade que vinha pagando a seus empregados por determinação judicial.

Na hipótese, a licitude da interrupção desse pagamento fica na dependência de revisão da sentença que condenara o empresário a pagar o sobredito adicional.

Parece-nos certo, *in casu*, ser admissível o requerimento da antecipação dos efeitos da tutela, com apoio no art. 273 do CPC, desde que se faça prova inequívoca de que, realmente, modificaram-se as condições do trabalho insalubre. Para isso, nada melhor que um laudo elaborado por médico do trabalho ou engenheiro de segurança devidamente credenciado por lei para realizar tal exame.

Tal laudo, a nosso ver, serve para fundamentar o pedido de antecipação da tutela, pois o Juiz sempre terá de determinar o exame do local de trabalho por perito que designar.

A conduta por nós sugerida é justificável, uma vez que há fundado receio de dano irreparável ou de difícil reparação se continuar pagando o adicional aos empregados depois de saneado o ambiente de trabalho.

Não se faz mister, portanto, que o empresário fique aguardando o julgamento da ação revisional.

245.2. Ação Rescisória e o Ministério Público

A coisa julgada, até dois anos após a sua formação, está sujeita ao ataque de uma ação rescisória. Aquele prazo se conta do dia do trânsito em julgado da sentença.

Transcorrido o prazo de dois anos, forma-se coisa soberanamente julgada, inatingível por nulidade ou recurso de qualquer espécie.

O art. 487, inciso III, letra *b*, do CPC, dá legitimidade ao Ministério Público para propor ação rescisória objetivando a anulação da *res iudicata*, se efeito da colusão das partes, a fim de fraudar a lei. Tem essa faculdade o respaldo do art. 129 do CPC: "Convencendo-se pelas circunstâncias da causa, de que autor e réu se serviram do processo para praticar ato simulado ou conseguir fim proibido por lei, o juiz proferirá sentença que obste aos objetivos das partes".

Têm-se registrado casos, na Justiça do Trabalho, em que patrão e empregado entram em conluio numa ação a fim de obter a liberação de fundos existentes na conta vinculada do FGTS.

Julgamos oportuno recordar, neste trecho, que o parágrafo único do art. 8º da Consolidação das Leis do Trabalho dispõe ser o direito comum fonte subsidiária do direito do trabalho, naquilo em que não for incompatível com os princípios fundamentais deste.

Com arrimo nesse preceito, entendemos que a responsabilidade trabalhista é independente da criminal, mas é vedado discutir, no processo trabalhista, a existência de um fato ou a sua autoria, quando essas questões já tiverem sido decididas no processo criminal. Nossa opinião encontra apoio no art. 935 do Código Civil de 2002.

Ainda pendente o processo criminal, isto é, ainda não transitada em julgado a sentença no processo-crime, não obstaculiza a CLT o julgamento do processo trabalhista ventilando fatos relacionados com o delito. É prudente, porém, a Vara do Trabalho suspender o processo até que a sentença final seja proferida no juízo criminal.

Estamos com *Giglio* ("Direito Processual do Trabalho", 7. ed. LTr, 1993, p. 307) quando considera conveniente o sobrestamento do processo, pela Vara do Trabalho, só após a produção de todas as provas a fim de evitar a ação corrosiva do tempo sobre elas. De feito, isso ocorre em relação notadamente à prova testemunhal.

Ainda a propósito da interação do processo-crime e do processo trabalhista, cabe-nos lembrar que, na hipótese de, no primeiro, ocorrer a absolvição do réu por inexistência ou deficiência de provas, é perfeitamente possível que, no âmbito trabalhista, a prova produzida seja suficiente para a configuração de uma infringência à CLT.

245.3. Erros ou Enganos da Sentença e a Coisa Julgada

A sentença a que nos referimos neste item é a definitiva, isto é, a sentença final de mérito, que põe fim ao processo.

É a que satisfaz a obrigação jurisdicional do Estado.

De regra, com ela termina a função do Juiz. Tem força de lei nos limites da lide e das questões decididas.

Não é, propriamente, um silogismo em que a premissa maior é a regra abstrata de direito, supostamente aplicável ao caso concreto; premissa menor refere-se aos fatos postos em juízo e a conclusão a que chega o juiz.

Dizemos não ser a sentença propriamente um silogismo porque, não raro o juiz só chega a uma conclusão depois de servir-se de vários silogismos, como — por exemplo — ocorre na hipótese de ser lacunosa a lei e ter o juiz de recorrer à analogia.

De conseguinte, é a sentença o fruto de um trabalho lógico do juiz ou, como quer *Couture* "um ato lógico resultante da crítica que o juiz faz dos fatos e do direito, para chegar a uma conclusão" (*apud Moacyr Amaral Santos*, "Comentários ao CPC", 1. ed., IV vol., Forense, 1976, p. 424).

Adianta, ainda, o saudoso mestre do processo, que para *Chiovenda, Carnelutti, Liebman, Calamandrei* e *Micheli* a sentença, além de ser um ato lógico, é, também, um ato de vontade, por ser a afirmação da vontade da lei aplicada ao caso concreto.

A) A CLT e a Sentença Errada

Dispõe o art. 833, da Consolidação das Leis do Trabalho — CLT — *verbis*: *"Existindo na decisão evidentes erros ou enganos de escrita, de datilografia ou de cálculo, poderão os mesmos, antes da execução, ser corrigidos, ex officio ou a requerimento dos interessados ou da Procuradoria da Justiça do Trabalho".*

Nesse texto legal, o legislador não atendeu, com exatidão, à realidade processual.

Erros materiais ou enganos aritméticos podem ocorrer antes da fase executória mas identificados no curso desta. Não há que se falar em correção de tais lapsos apenas antes do processo de execução. Todavia, está implícito no dispositivo consolidado que a correção de inexatidões de uma sentença é factível mesmo o seu trânsito em julgado, eis que ela é executável depois de adquirir a autoridade de coisa julgada.

O CPC, em seu art. 463, incorre em equívoco diferente.

Senão, vejamos:

"Publicada a sentença, o juiz só poderá alterá-la:

I — para lhe corrigir, de ofício ou a requerimento da parte, inexatidões materiais ou lhe retificar erros de cálculo;

II — por meio de embargos de declaração."

Interpretação literal do dispositivo da lei processual comum, pode levar-nos à conclusão de que a correção da sentença só é viável na primeira instância, pois, neles só se faz referência ao juiz e não ao Tribunal. Foi uma pena que o legislador ordinário ao alterar a redação do art. 463, do CPC, em 2005, não aproveitou a oportunidade de outorgar aos tribunais essa possibilidade de correção de ofício de suas decisões.

Inobstante, a doutrina e a jurisprudência deram maior elastério ao preceito para admitir a questionada correção a qualquer tempo e em qualquer instância.

No Estatuto Obreiro, porém, e como assinalamos há pouco, o legislador deixa entrever a possibilidade de dar-se, à norma agasalhada no art. 833, maior alcance. De fato, diz-se nessa disposição consolidada que a sentença é corrigível antes da execução, o que permite a presunção de que o é depois de transitada em julgado, o que importa dizer depois de transitar — na maioria dos casos — pelas instâncias superiores da Justiça.

Nessa perspectiva, é inelutável a extensão do art. 833 às sentenças normativas proferidas nos processos de dissídio coletivo, pois, estas também são passíveis de erros ou enganos.

B) Publicidade da Sentença

Inspira-se o art. 833 da CLT, bem como o art. 463 do CPC, no princípio da invariabilidade da sentença após sua publicação.

Aí, torna-se ela irretratável.

Depois de o Juiz publicar a sentença em audiência ou de intimar as partes sobre sua prolação, é-lhe vedado introduzir qualquer mudança em seu pronunciamento.

Este princípio não é novo na processualística.

Já as Ordenações, Livro 3º, Título 66, § 6º, dispunham:

"Depois que o julgador der a sentença definitiva em algum feito, e a publicar, ou der ao Escrivão ou Tabelião para lhe pôr termo de publicação, não tem mais o poder de a revogar; dando outra contrária pelos mesmos autos".

O juiz difundindo publicamente a sentença, dá-lhe ciência geral, deixando de ser o que era do seu conhecimento e convencimento exclusivos, o que elaborara por meio de raciocínio lógico. Numa palavra, a sentença sai da intimidade do julgador e torna-se pública.

Exteriorizando seu pensamento pela publicidade, o juiz dá origem ao pressuposto do princípio da invariabilidade da sentença que propicia a segurança das partes e ao qual a lei abriu duas exceções: a) erros ou enganos de escrita ou de datilografia; b) erros de cálculo.

Deferindo semelhante correção, não está o Juiz, ou o Tribunal, ofendendo a coisa julgada formal, entendida esta como a impossibilidade de impugnar-se uma sentença pela via recursal ou como preclusão de quaisquer impugnações.

Inexiste tal agressão à coisa julgada formal porque o requerimento de correção não tem a menor afinidade ou semelhança com um recurso.

O ponto da sentença ou do acórdão viciado pelo erro, a nosso sentir, não pode adquirir a autoridade de coisa julgada.

É incontrastável o direito de o Juiz de primeira instância expurgar de inexatidões materiais sentença que haja lavrado, mas esse direito que lhe confere a lei não o autoriza a modificar o *decisum*.

Esse mesmo direito é deferido aos Relator nas instâncias superiores, mas com idêntica restrição.

Desnecessário frisar que o juiz (ou a Junta de Conciliação e Julgamento) está impedido de corrigir acórdão de erros ou enganos de qualquer natureza. Isto compete ao Tribunal prolator do acórdão.

Alguns autores afirmam que o Tribunal, por seu turno, não pode expungir, a sentença de primeiro grau, de eventuais incorreções materiais (*Pontes de Miranda*, "Comentários ao CPC". Forense, 1974, tomo V, p. 103).

Não aceitamos esse entendimento.

Se o Tribunal, no julgamento de recurso, ordinário ou não, está autorizado por lei a alterar até o "decisum" do pronunciamento da instância inferior, temos como certo que, nesse poder maior, se inclui o poder menor de determinar correções de erros materiais.

C) Dos Erros ou Enganos da Sentença

Preleciona *Lopes da Costa* (in "Direito Processual Brasileiro", 2. ed., vol. III, p. 312, Forense, 1959):

"Para que a correção seja admissível é preciso que, aparentemente, evidentemente, primo ictu oculi, se verifique a contradição entre o que o juiz quis dizer e o que realmente disse. São correções materiais. Não do pensamento, mas de sua manifestação exterior. Não do juízo, mas da palavra".

Esta posição doutrinária é também acolhida pela jurisprudência — ad exemplum:

"Erro material é aquele perceptível primo ictu oculi e sem maior exame a traduzir desacordo entre a vontade do juiz e a expressa na sentença." (STJ, 2ª Turma, REsp. 15.649-0, in DJU de 6.12.93, p. 26.653).

"Para que se configure o erro material, não basta a simples inexatidão; impõe-se que dele resulte, inequivocamente, efetiva contradição com o conteúdo do ato judicial". TFR 5ª Turma, Ag. 53.892 (in DJU 15.5.89, p. 7.955).

Em havendo na sentença, ou acórdão, obscuridade ou contradição ou omitido ponto sobre o qual deveria manifestar-se o juiz ou tribunal, não se estará em presença de erro ou engano, porque na espécie se trata de incorreção de juízo ou de pensamento.

Dessarte, incorreção que tal só pode ser objeto dos embargos de declaração.

Vejamos os erros e enganos mais comuns das sentenças ou acórdãos.

I — No litisconsórcio facultativo, é lícito à parte desistir da ação.

Haverá erro material se a sentença incluir aquele que, voluntariamente, se desligou do processo.

Sobre o assunto temos o seguinte acórdão:

"Constitui erro material a inclusão no acórdão do nome de parte que dele não deveria constar. E não deve ser incluído, no acórdão, litisconsorte que manifestou, oportuna e legitimamente, a desistência da ação de segurança ainda que por omissão do Juiz ou do Relator, não se tenha homologado o pedido. O erro material do acórdão, nesta hipótese, não transita em julgado e pode ser corrigido a qualquer tempo, por não ser razoável estenderem-se os efeitos da coisa julgada a quem, exercendo um direito, se excluíra da relação processual. STJ, 3ª Seção, requerimento no MS n. 2.008-DF. J. corrigiram o equívoco (in DJU de 18.3.96, p. 7.505).

Incensurável o aresto ao classificar, como erro material, a conservação da parte no processo que dele se desligara em tempo hábil, embora essa desistência não contasse com a homologação do Juiz ou Relator. O interessado, no caso, exerceu um direito cuja eficácia independe de pronunciamento judicial.

II — "Constitui mera inexatidão material, corrigível de ofício a determinação, na sentença, de remessa dos autos ao Tribunal, para exame necessário, quando este não é cabível." (RTFR 105/10)

In casu, o Presidente do Tribunal ou o Relator, com simples despacho, *ex officio* ou a pedido do interessado, ordena a volta dos autos à origem com a informação de que, na hipótese, é incabível o reexame necessário da sentença da primeira instância.

III — "Erro de cálculo é o erro aritmético, como é a inclusão de parcela indevida ou a exclusão por omissão ou equívoco de parcela devida" RTJ 74/510.

IV — "Não se configura erro de cálculo se o pretendido equívoco, para ser corrigido, demandaria reexame de documentos e seu cotejo com a perícia." STJ, 3ª Turma, Ag. 23.874 — 4, *in* DJU de 26.10.92.

V — "O erro aritmético é corrigível a qualquer tempo; já os elementos de cálculo, os critérios do cálculo, ficam cobertos pela autoridade da coisa julgada." RSTJ 7/349 e STJ *in* RT 655/198.

VI — "Cálculos do contador. Contagem de correção monetária em desacordo com o comando da sentença. Homologação. Retificação posterior. Possibilidade. Erro material configurado. A contagem de correção monetária, em desacordo com o termo inicial fixado na sentença proferida em processo de conhecimento, configura erro material passível de correção posterior, não obstante homologação precedente." 1º TAC, 8ª Câmara, Ag. de inst. n. 725.752-9, São Paulo, julgado em 9.4.97 (*in* Bol. AASP n. 2.058, de 8 a 14.6.98, p. 125).

VII — "A não inclusão de parcela correspondente a juros expressamente consignados na parte dispositiva da sentença condenatória autoriza sua reclamação a qualquer tempo. O erro de conta, imputado ao contador não passa em julgado, desde que sobre o mesmo não tenha havido discussão e decisão." STJ, 4ª Turma, REsp 10.659, *in* DJU de 1º.6.92.

Além desses erros e enganos registrados nos anais da jurisprudência, podemos alinhar alguns outros:

a) erro palmar, flagrante, consubstanciado na divergência entre a fundamentação e a conclusão da sentença;

b) fixação da responsabilidade da parte "A" na fundamentação e, na conclusão, atribuí-la à parte "B";

c) erros ortográficos ou sintáticos susceptíveis de mudar o sentido de parte substancial da sentença ou acórdão;

d) erros de cálculo (adição, subtração ou outra operação aritmética).

A propósito dos erros de cálculo na liquidação da sentença — mais uma palavra.

Se o Exequente oferece esses cálculos e sobre eles se manifesta favoravelmente o Executado, fica este — a nosso ver — impossibilitado de, com fulcro no art. 833 da CLT ou 463 do CPC, requerer a correção de erro que, depois, vier a averiguar.

Esta vedação decorre da circunstância de ter havido debate sobre o assunto e também porque, à luz do § 2º do art. 879 da CLT, precluiu o direito do Executado de reabrir a discussão sobre a matéria nos embargos à execução.

A situação, assim desenhada, só é passível de modificação por meio de ação rescisória.

É este, também, o pensar de uma turma do Superior Tribunal de Justiça:

"Efetuado o cálculo, sem impugnação das partes, conquanto convocadas, nem oferecimento do oportuno recurso pelo interessado, não se pode pleitear após, quando era anteriormente pleiteável, índice diverso para correção monetária, caso em que se opera a preclusão mesmo se cuidando de correção. STJ, 3ª Turma, REsp 45.387-9, in RSTJ 68/344".

Repetimos que todas as nossas considerações acerca dos erros e enganos de redação ou de cálculo da sentença se ajustam, obviamente, às sentenças normativas proferidas nos processos de dissídio coletivo.

É, portanto, corrigível sentença normativa que, na sua fundamentação, admite aumento salarial de 4% por motivo de melhoria da produtividade e, no dispositivo, se refira a percentual diferente, como 14%.

D) Pedido de Correção da Sentença e o Prazo Recursal

Demonstrado está que se pacificou, na doutrina e na jurisprudência, a possibilidade de o Juiz ou o Tribunal corrigirem erros materiais ou de cálculo das sentenças ou de acórdãos.

É, outrossim, incontroverso que o pedido de correção em nada se assemelha a recurso, pois, enquanto o objetivo deste é o de modificar sobretudo a fundamentação e o dispositivo, aquele se limita a reivindicar o expurgo de erro *primo ictu oculi*, o que não importa em qualquer mudança de conteúdo da sentença.

Nesta passagem de nossa exposição, colocamos a questão da interrupção, ou não, do prazo recursal pelo requerimento de correção da sentença.

A Lei, neste particular, é omissa, ou, pelo menos, não cuida do assunto de modo expresso.

Na dicção de *Theotônio Negrão* ("Código de Processo Civil", 29. ed., Saraiva, 1998, p. 359) se os autos estão em mãos do Juiz *"para apreciar o pedido de correção, o prazo se suspendeu, ao menos para a parte contrária (v. arts. 180 e 265 do CPC). Tal pedido tem o efeito prático de verdadeiros embargos de declaração, sendo justo, portanto, até mesmo que, mais que suspenso, o prazo seja interrompido (v. art. 538 do CPC), recomeçando a correr por inteiro".*

A ponderação de *Theotônio Negrão* não deixa de ser lógica. Em verdade, o requerimento em tela cria para a outra parte um obstáculo insuperável à interposição de um recurso, qual seja, a impossibilidade de compulsar os autos por se encontrarem em poder do Juiz.

Dentre os dispositivos da lei processual lembrados por Theotônio para dar força a sua opinião, estamos em que é compatível com a divergência em debate apenas o de n. 180 do CPC: "Suspende-se também o curso do prazo por obstáculo criado pela parte ou ocorrendo qualquer das hipóteses do art. 265, I e III, casos em que o prazo será restituído por tempo igual ao que faltava para a sua complementação".

Em favor dessa posição doutrinária, trazemos à colação acórdão do Supremo Tribunal Federal assim ementado: "No caso do n. I, do art. 463 do CPC, nada impede que a correção seja feita através de embargos de declaração, se assim for pedido pela parte interessada. RTJ 105/1.047".

No mesmo sentido há acórdão da 2ª Turma, do Superior Tribunal de Justiça no julgamento do REsp. 2.874, *in* DJU de 10.9.90.

É evidente que a hipótese do inciso I, do artigo 463 do CPC, não pode ser objeto dos embargos de declaração, mas aqueles Tribunais superiores consideraram problema de somenos importância o uso inadequado do remédio processual para correção de inexatidões de uma sentença ou acórdão. Procederam à correção solicitada por reputarem simples requerimento os embargos de declaração apresentados.

E) Coisa Julgada e Correção da Sentença

Depois de passar em revista o que disseram sobre o tema nossos melhores processualistas — *Frederico Marques, Lopes da Costa, Campos Batalha, Manoel Antonio Teixeira Filho* e outros — concluímos que prevalece, em doutrina, o entendimento de que mesmo a sentença passada em julgado é corrigível se o erro for, de fato, *primo ictu oculi* e que não se prenda ao *decisum*.

O que está errado, não faz coisa julgada:

"*Não cabe rescisória para corrigir erro material de sentença ou acórdão, porque o erro não transita em julgado. STJ-Bol. AASP 1.657/226; RT 727/156.*"

"*A doutrina e a jurisprudência afirmam entendimento no sentido de, constatado erro de cálculo, admitir-se seja a sentença corrigida, de ofício ou a requerimento da parte, ainda que haja ela transitado em julgado.*" RSTJ 40/497 e 88/224; RT 690/171.

Estamos persuadidos de que, também, nos Tribunais, predomina o pensamento doutrinário a propósito da possibilidade de corrigir-se sentença que já se tenha tornado irrecorrível.

CAPÍTULO XXII
Do Procedimento Sumaríssimo e Ação de Alçada

246. Procedimento Sumaríssimo

Para dar maior celeridade aos processos de pouca expressão econômica, a Lei n. 5.584, de 26 de junho de 1970, introduziu, no âmbito da Justiça do Trabalho, o *procedimento sumário* e considerou da alçada exclusiva das Varas do Trabalho (sucessoras das antigas Juntas de Conciliação e Julgamento) os dissídios individuais de trabalho, cujo valor não excedesse a dois salários mínimos.

Domingos Sávio ("Procedimento Sumaríssimo", José Bushasky, 1977), condensando o magistério de autores clássicos como *Pereira e Souza, Paula Baptista,*

Almeida Júnior e *Aureliano de Gusmão*, oferece-nos irretocável conceito de procedimento sumário:

"É aquele em que a lei, respeitada a ordem natural, simplifica os atos, encurta os prazos e dispensa certas formalidades, dando--lhes assim u'a marcha mais leve e expedita, onde só se observam os atos substanciais, rejeitadas as solenidades que, pela urgência da realização do direito, ou pela modificação do pedido e simplicidade do litígio, nada mais exigem do que a exposição da pretensão do autor, defesa do réu, instrução ou prova e julgamento".

A Lei n. 9.957, de 13 de janeiro de 2000, fixou novo valor da alçada para o procedimento sumaríssimo: quarenta vezes o salário mínimo vigente na data do ajuizamento da reclamação. O art. 852-A, que acrescentou à CLT, diz, em tom imperativo, sujeitarem-se ao procedimento sumaríssimo todas as reclamações, cujo valor não exceda o sobredito limite. Não cabe, portanto, à parte eleger o procedimento sumaríssimo, por um ato de sua estrita vontade; é ele obrigatório desde que se comprove a alçada.

Fazemos, aqui, breve pausa, para sublinhar que a sobredita Lei n. 9.957/2000 não revogou, expressa e totalmente, a Lei n. 5.584/1970, considerando-se, apenas, derrogadas as disposições desta última que conflitarem com as da primeira. A nosso sentir, vigoram, ainda: arts. 2º e seus §§ 1º, 2º e 3º; 3º; 4º; 5º; 7º e 14 a 20 (assistência judiciária). Tais dispositivos serão analisados em outras passagens deste livro.

Estão excluídas do procedimento sumaríssimo as demandas que tenham, como parte, a Administração Pública direta, autárquica e fundacional, mas não o estão as empresas públicas, as sociedades de economia mista e as concessionárias de serviços públicos.

O litisconsórcio ativo e passivo é admitido na causa sujeita ao procedimento sumaríssimo.

Embora se saiba que os autores do projeto, depois convertido na Lei n. 9.957/00, se inspiraram no art. 10 da Lei n. 9.099/95 para negar qualquer tipo de intervenção de terceiros (oposição, nomeação à autoria, denunciação da lide, chamamento ao processo), o certo é que essa Lei n. 9.957/00 é omissa sobre esse ponto. A lacuna — que é também da CLT — se preenche subsidiariamente com as normas do CPC que autorizam tal assistência.

Temos como certo, na espécie, serem cabíveis embargos à execução por terceiro prejudicado.

Reconhecendo o cabimento da denunciação da lide dentro do processo do trabalho, mesmo sob o rito sumaríssimo, o TST cancelou a Orientação Jurisprudencial n. 227, da SDI-1.

Em suma, não são as intervenções de terceiros incompatíveis com as características do procedimento sumaríssimo. Não só previnem novos feitos como dão mais segurança à prestação jurisdicional.

No procedimento sumaríssimo não se admite a reconvenção em peça autônoma, mas, apenas, nos termos do art. 31, Lei n. 9.099/95: *"Não se admitirá a reconvenção. É lícito ao réu, na contestação, formular pedido em seu favor, nos limites do art. 3º desta lei, desde que fundados nos mesmos fatos que constituem objeto da controvérsia".*

A lei não impõe restrição à assistência e à citação de litisconsortes necessários.

Parece-nos certo, também, que a revelia pode ocorrer no procedimento sumaríssimo, como acontece no procedimento ordinário. Aplica-se, à hipótese, o artigo 844 da CLT.

São rescindíveis as sentenças proferidas nas ações de alçada.

Consoante o art. 852-B, da CLT, nas reclamações submetidas ao procedimento sumaríssimo:

a) o pedido deve ser certo ou determinado e indicar o valor correspondente;

b) não se faz citação por edital, cabendo ao Reclamante a correta indicação do nome e endereço do Reclamado;

c) a apreciação da reclamação deverá ocorrer no prazo máximo de 15 dias do seu ajuizamento, podendo constar da pauta especial, se necessário, de acordo com o movimento judiciário da Vara do Trabalho. Desatendido o disposto nas alíneas *a* e *b*, será arquivada a Reclamação e condenado o Reclamante ao pagamento de custas sobre o valor da causa.

Pedido certo e determinado, como objeto da ação, é imprescindível à boa defesa do Reclamado. Exigir, porém, do Reclamante que fixe o valor do seu pedido, é colocá-lo em situação pouco confortável no processo, uma vez que nem sempre lhe será possível reunir na petição inicial elementos que, a rigor, vão tornar líquida sua pretensão.

No uso da sanção prevista no § 1º do art. 852-B da CLT, deve o juiz agir com cautela, pois, em muitos casos não é possível indicar o valor do pedido.

Há, ainda, a hipótese de o *jus postulandi* ser exercido pela parte que não conhece a técnica sofisticada de calcular o valor do que pretende em juízo.

Em suma, é conveniente que o Juiz, no caso de omissão de uma das exigências retroenumeradas, dê prazo ao interessado para suprir a lacuna. Por oportuno, salientamos que, na hipótese de o Reclamante não poder satisfazer as exigências do procedimento sumaríssimo, não está ele impedido de socorrer-se do procedimento ordinário, ainda mesmo que o valor da causa seja o da alçada, como o autoriza o inciso XXXV do art. 5º da Constituição Federal: *"a lei não excluirá da apreciação do Poder Judiciário lesão ou ameaça a direito"*.

Reza o art. 852-C da CLT que as demandas sujeitas ao rito sumaríssimo sejam instruídas e julgadas em audiência única sob a direção do juiz ou substituto que poderá ser convocado para atuar simultaneamente com o titular. A audiência única não é novidade na processualística do trabalho. Corresponde à "audiência contínua" prevista, há mais de meio século, na CLT. Na audiência única do procedimento sumaríssimo, o Reclamado contesta o pedido; faz-se a instrução; tenta-se a conciliação; formulam-se as razões finais; renova-se a tentativa de conciliação e prolata-se a sentença.

O crônico congestionamento dos vários órgãos da Justiça do Trabalho nos faz prever a impossibilidade de cumprir-se, integralmente, o que se consigna no art. 852-C.

O art. 852-D estabelece que o juiz dirigirá o processo com "liberdade para determinar as provas a serem produzidas, considerando o ônus probatório de cada litigante, podendo limitar ou excluir as que considerar excessivas, impertinentes ou protelatórias, bem como para apreciá-las e dar especial valor às regras de experiência comum ou técnica".

O art. 765 da CLT já assegura essa liberdade do magistrado em conduzir o processo. Tratando-se de norma programática, alcança, também, o procedimento sumaríssimo, o que nos permite dizer que o referido art. 852-D não precisava ser acrescentado ao texto consolidado.

De conformidade com o preceituado no art. 852-E, deve o juiz, em qualquer fase da audiência, buscar uma solução conciliatória para o litígio.

O art. 852-F exalta o princípio da oralidade. Quer que a ata da audiência registre resumidamente os atos essenciais, as afirmações fundamentais das partes e as informações úteis à solução da causa trazidas pela prova testemunhal. Inobstante, a defesa escrita do Reclamado não vem a ser uma nulidade processual. A teor dos arts. 154 e 244 do CPC, aplicáveis ao processo do trabalho, os atos e termos processuais só terão forma determinada quando a lei o exigir expressamente. Mesmo nesse caso, convalida-se o ato praticado se a exigência de uma forma é desacompanhada de cominação de nulidade.

Em boa hora, o legislador ordinário autorizou o Poder Judiciário de lançar mão dos recursos modernos de informática para se imprimir maior celeridade processual. Assim, ele deu um parágrafo único ao art. 154, do CPC, cujo inteiro teor entendemos que é plenamente aplicável ao processo trabalhista, inclusive ao sumário, *verbis*: "Os tribunais, no âmbito da respectiva jurisdição, poderão disciplinar a prática e a comunicação oficial dos atos processuais por meios eletrônicos, atendidos os requisitos de autenticidade, integridade, validade jurídica e interoperabilidade da Infraestrutura de Chaves Públicas Brasileira — ICP — Brasil" (redação dada pela Lei n. 11.280, de 2006).

Dispõe o art. 852-G que serão decididos, de plano, todos os incidentes e exceções que possam interferir no prosseguimento da audiência e do processo; as demais questões serão apreciadas na sentença. Trata-se de norma de difícil execução. Com assento no art. 802 da CLT, o excipiente e o exceto podem produzir provas. Para decidir de plano, o juiz terá de violar a regra que autoriza as partes a produzir provas.

Estatui o art. 852-H que:

§ 1º todas as provas serão produzidas na audiência de instrução e julgamento, ainda que não requeridas previamente;

§ 2º sobre os documentos apresentados por uma das partes, manifestar-se-á imediatamente a parte contrária, sem interrupção da audiência, salvo absoluta impossibilidade a critério do juiz;

§ 3º as testemunhas até o máximo de duas para cada parte, comparecerão à audiência de instrução e julgamento independentemente de intimação;

§ 4º só será deferida intimação de testemunha que, comprovadamente, convidada deixar de comparecer (não comparecendo a testemunha intimada, o juiz poderá determinar sua imediata condução coercitiva);

§ 5º somente quando a prova do fato o exigir, ou for legalmente imposta, será deferida prova técnica, incumbindo ao juiz, desde logo, fixar o prazo, o objeto da perícia e nomear perito;

§ 6º as partes serão intimadas a manifestar-se sobre o laudo, no prazo comum de cinco dias;

§ 7º interrompida a audiência, o seu prosseguimento e a solução do processo dar-se-ão no prazo máximo de trinta dias, salvo motivo relevante justificado nos autos pelo juiz da causa.

A concentração das provas na audiência de instrução e julgamento não se trata de algo novo no processo do trabalho. É o que se faz, de há muito, a teor das prescrições dos arts. 825, 848 e 849 da CLT.

Desde sempre, o processo trabalhista respeita o princípio do contraditório e, consequentemente, não era preciso consignar-se na lei que os documentos apresentados por uma das partes teriam de ser examinados pela outra.

Sobre o pronunciamento da parte, faz a lei exigência irreal. Quer que o exame do documento apresentado seja examinado na própria audiência. Convenhamos que uma sala de audiências não é lugar adequado ao exame cuidadoso de um documento. Fica ao alvedrio do Juiz fixar prazo para esse exame.

A sentença — diz o art. 852-I — mencionará os elementos de convicção do juízo, com resumo dos fatos relevantes ocorridos em audiência, dispensado o relatório.

Terá o juiz de dizer como formou sua convicção. Assim, deverá apresentar a fundamentação jurídica da sua decisão. Estabelecem os dois parágrafos desse dispositivo: a) em cada caso, o juiz decidirá da maneira que reputar mais justa e equânime, atendendo aos fins sociais da lei e as exigências do bem comum; b) as partes serão intimadas da sentença na própria audiência em que prolatada.

Com arrimo no art. 5º da Lei de Introdução às Normas do Direito Brasileiro e no art. 127 do CPC, o legislador montou o art. 852-I. Equânime é sinônimo de equidade, o *jus equum* dos romanos. Modernamente, prevalece o entendimento de que o julgamento por equidade nunca deve ser tolerado, se houver norma legal para o caso concreto. O § 2º do artigo em tela, declara que as partes serão intimadas da sentença na audiência que o juiz a proferir. De conseguinte, o prazo recursal começa a fluir nessa mesma data. A Lei n. 9.957/2000, alterando o texto dos arts. 895 e 896 da CLT, dispõe que, no procedimento sumaríssimo, são admitidos os recursos ordinário e de revista. Embora não aluda, expressamente, aos embargos e recurso extraordinário, podem eles ser interpostos se devidamente fundamentados.

Registre-se que, na forma do § 6º do art. 896 da CLT, só cabe o recurso de revista em procedimento sumaríssimo quando a decisão contrariar súmula do TST ou violar diretamente a Constituição. E mais, na forma da Súmula n. 442, descabe Recurso de Revista nessa modalidade de procedimento quando a decisão contrariar mera orientação jurisprudencial.

É omissa a Lei n. 9.957/2000 sobre a rescindibilidade das sentenças proferidas em ações sujeitas ao rito sumaríssimo.

Inobstante, não hesitamos em afirmar serem elas rescindíveis. Devido ao silêncio daquele diploma legal sobre a questão e devido à circunstância de que ela inseriu na CLT os artigos relativos ao rito sumaríssimo, é-nos permitido concluir que a este último se aplica o art. 836 da CLT que tem por objeto a ação rescisória na Justiça do Trabalho.

247. Reconvenção e Ações de Procedimento Sumaríssimo

Em sua primitiva redação, o § 2º do art. 315 do CPC não admitia a reconvenção nas causas de procedimento sumaríssimo.

A Lei n. 9.245, de 26 de dezembro de 1995, derrogou esse dispositivo.

A partir daí, passou-se a discutir se a reconvenção era, ou não, admitida nas ações de rito sumário.

Uns sustentavam que o § 1º do art. 278 tomara o lugar da reconvenção, ao permitir que o réu, na contestação, formulasse pedido, em seu favor, desde que fundado nos mesmos fatos referidos na inicial.

Outros, porém, como *Clito Fornaciari* ("A Reforma Processual Civil". Saraiva, 1996, p. 64) defendiam a tese de que *"a chamada ação contrária longe está de esgotar o tema da reconvenção. Cuida-se de pedido formulado na própria contestação, limitado, outrossim, aos fatos expostos pelo autor"*.

O art. 31 da Lei n. 9.099, de 26 de setembro de 1995 — que instituiu os juizados especiais —, fortaleceu a primeira corrente de opinião — *verbis*:

"Não se admitirá a reconvenção. É lícito ao réu, na contestação, formular pedido em seu favor, nos limites do art. 3º desta Lei, desde que fundado nos mesmos fatos que constituem objeto da controvérsia. Parágrafo único. O autor poderá responder ao pedido do réu na própria audiência ou requerer a designação de nova data, que será desde logo fixada, cientes todos os presentes".

É flagrante a semelhança dessa norma com aquela outra abrigada no § 1º do art. 278 do CPC.

Em favor desse entendimento — que é também o nosso — milita o argumento de que o § 1º do art. 278 contribui para a aceleração do processo.

Devido a esse argumento, pensamos, no mesmo passo, que ao rito sumário repugna a declaratória incidental.

Parece-nos certo que a regra do art. 317 do CPC se aplica ao processo trabalhista: a desistência da ação ou a existência de qualquer causa que a extinga não obsta ao prosseguimento da reconvenção.

É fora de dúvida que se julgarão na mesma sentença a ação e o pedido do reclamado.

É errôneo se dizer processo sumaríssimo.

É o procedimento que, na hipótese, submete-se a certa forma ou rito. Aí, os atos processuais são coordenados em rito diferente.

Poder-se-ia dizer processo sumário quando o rito especial afeta a própria *cognitio*. Mas não é isso que acontece no CPC, em que o procedimento sumaríssimo se consubstancia, em verdade, na concentração da prova em audiência e na brevidade dos prazos processuais.

Duas são as principais características da ação trabalhista submetida ao rito sumaríssimo:

a) na ata da audiência serão registrados resumidamente os atos essenciais, as afirmações fundamentais das partes e as informações úteis à solução da causa trazidas pela prova testemunhal;

b) decidem-se de plano todos os incidentes e exceções (art. 852-F da CLT).

É evidente que os procedimentos na Justiça do Trabalho e no CPC são diferentes, mas ambos não alcançam a *cognitio*.

Como observado acima, a reconvenção na alçada trabalhista — à míngua de normas específicas na CLT e na Lei n. 5.584/70 — deve obedecer ao disposto, preferencialmente, no art. 31 da Lei n. 9.099/95, cuja transcrição oferecemos, há pouco, ao leitor. Na ação de alçada trabalhista sobressaem, soberanos, os princípios da economia e celeridade processuais, uma vez que na lide se discute matéria de índole alimentar, como o são os salários.

Reconvenção *sui generis* é a arguida pelo Reclamado com arrimo no precitado § 1º do art. 278 do CPC. Aí, tem o Reclamante de ser intimado a contestar o pedido do Reclamado.

É vedado o exercício da faculdade contida no sobredito dispositivo do CPC quando o sindicato profissional figurar como substituto processual. Semelhante restrição deriva da regra do parágrafo único do art. 315 do CPC: não pode o réu (reclamado, no processo trabalhista), em seu próprio nome, reconvir ao autor (reclamante) quando este demandar em nome de outrem.

O procedimento sumário na Justiça do Trabalho é obrigatório se o pedido do Reclamante não exceder a dois salários mínimos. Ele não tem o direito de opção nesses casos de processos de alçada. O mesmo ocorre no procedimento sumaríssimo, que fica restrito às ações com valor de até 40 salários mínimos.

Nos Juizados Especiais Cíveis (Lei n. 9.099/95), de conformidade com o preceituado no § 3º do art. 3º, é dado ao Autor optar pelo regime previsto nesse diploma legal ou por aquele outro derivante do CPC.

248. Litisconsórcio e Ação de Rito Sumaríssimo

É fora de dúvida que o litisconsórcio ativo, passivo ou misto, originário ou superveniente, simples ou unitário, facultativo ou necessário não é incompatível com o procedimento sumaríssimo.

Em se tratando de litisconsórcio necessário, é obrigatória, sob pena de nulidade, a notificação de todos aqueles que integram a mesma relação jurídico-material.

No litisconsórcio facultativo é dado ao Juiz limitar o número de compartes.

No caso de litisconsórcio ativo, o critério para o valor da causa é-nos dado pelo CPC nos arts. 258 e seguintes: fixa-se o valor da causa mediante a divisão do valor global pelo número de litisconsortes.

248.1. Medidas Processuais não Admitidas no Procedimento Sumaríssimo: ação declaratória incidental e a intervenção de terceiro

A Lei n. 10.444/2002 deu nova redação ao art. 280 do CPC, *verbis*: "No procedimento sumário não são admissíveis a ação declaratória incidental e a intervenção de terceiros, salvo a assistência, o recurso de terceiro prejudicado e a intervenção fundada em contrato de seguro".

Excluindo-se a intervenção fundada em contrato de seguro, todas as demais hipóteses previstas nesse artigo são aplicáveis ao procedimento sumaríssimo trabalhista, posto que esse dispositivo encontra-se em harmonia com o espírito e a letra da CLT nesse passo.

Assim, não é admissível no procedimento sumaríssimo trabalhista (a) a ação declaratória incidental (art. 5º, do CPC) e a intervenção de terceiros.

A ação declaratória incidental é disciplinada pelo art. 5º e 325, ambos do CPC. O réu ou reclamado não podem ajuizá-la no procedimento sumaríssimo trabalhista. Todavia, a questão prejudicial de que dependa o julgamento do mérito poderá ser arguida por este na contestação, mas sua resolução pelo juiz não terá força de coisa julgada material, *ex vi* do disposto no art. 469, III, do CPC, como bem apontam

Nelson Nery Jr. e *Rosa Maria Nery* em sua obra "Código de Processo Civil Comentado", 6. ed., p. 635. A intervenção de terceiros é vedada no procedimento sumaríssimo trabalhista. Assim, a denunciação da lide é, ao lado do chamamento ao processo, da oposição e da nomeação à autoria, espécie de intervenção de terceiros. A utilização de todas elas está vedada nesse tipo de procedimento, exceto a assistência, regrada pelo art. 50 e seguintes do CPC, e o recurso de terceiro prejudicado, disciplinado pelo art. 499 desse mesmo Código.

Bem se sabe que a nomeação à autoria é um mecanismo destinado à correção da ilegitimidade passiva de parte, e não propriamente figura de intervenção de terceiro *stricto sensu*. Essa nomeação à autoria não pode ser utilizada no procedimento sumaríssimo, cabendo ao reclamado alegar, apenas, ser parte ilegítima. Fica este vedado nomear à autoria a parte passiva verdadeira. Claro está que a consequência para o reclamante, se procedente a alegação do reclamado nesse sentido, será a de ter contra si o decreto de carência de ação, conforme art. 267, VI, do CPC.

Lembre-se que a assistência e o recurso de terceiro prejudicado são admissíveis no procedimento sumaríssimo. Assim, são cabíveis tanto a assistência simples (art. 50, do CPC) quanto a assistência litisconsorcial (art. 54, do CPC).

CAPÍTULO XXIII
Inquérito para Apuração de Falta Grave

249. Inquérito para Apuração de Falta Grave

À ação proposta pelo empregador para provar a prática de ato culposo por empregado estabilitário dá-se a denominação de "inquérito para apuração de falta grave".

Diz o art. 853 da CLT:

"Para a instauração de inquérito para apuração de falta grave contra empregado garantido com estabilidade, o empregador apresentará reclamação por escrito à Vara do Trabalho ou Juízo de Direito, dentro de 30 dias, contados da data da suspensão do empregado".

Anote-se, desde logo, que o dispositivo não restringe sua eficácia aos casos de estabilidade decenal.

Fala, em termos amplos, em estabilidade, apenas.

Daí a inferência de ser o preceito aplicável a qualquer caso de estabilidade, inclusive os casos de estabilidade provisória.

Todavia, quando a garantia do emprego é por prazo relativamente curto (um ano — para o cipeiro; até 5 meses após parto à empregada) é atuar sem senso prático postular na Justiça a reintegração do empregado, uma vez que, com toda a certeza, o prazo de garantia do emprego já terá sido vencido há muito tempo quando a sentença passar em julgado.

Não se ignora que a Constituição Federal de 1988, no art. 7º, pôs fim à estabilidade no emprego depois de dez anos de serviços prestados à mesma empresa. Entretanto, ainda há no País muitos empregados que já haviam adquirido tal espécie de estabilidade quando da superveniência da nova Carta Constitucional e esta, como óbvio, respeitou o direito por eles adquirido. Essa observação tem por fim demonstrar que o art. 853 da CLT ainda protege muitos estabilitários ao estilo clássico do nosso direito do trabalho.

Deu-se à ação a denominação que lhe empresta o art. 853 da CLT ao tempo em que a Justiça do Trabalho ainda não se institucionalizara como parte integrante do Poder Judiciário; era, então, modesto braço do Poder Executivo.

Com a institucionalização da Justiça do Trabalho, pensou-se em dar a essa ação a designação de "inquérito judicial", mas a ideia logo foi desprezada porque essa denominação pertencia ao inquérito previsto na antiga Lei de Falências de 1945.

Acabou prevalecendo a denominação primitiva, que permanece até os dias de hoje.

O inquérito para apuração de falta grave só se diferencia do dissídio individual comum em dois pontos: a) a peça inicial do processo tem de ser, sempre, escrita, não se admitindo reclamação verbal; b) o prazo para a propositura do inquérito é de trinta dias a contar da data da suspensão do empregado.

Não é esse prazo cominatório nem gerador de prescrição.

É preclusivo.

Após seu transcurso, verifica-se a decadência do direito do empregador de requerer o inquérito para apuração da falta grave que determinou a suspensão do empregado.

Inteirando-se da gravidade da falta praticada pelo empregado, exterioriza o empregador seu desejo de promover a rescisão contratual, afastando-o preliminarmente do emprego.

Escoado o prazo de 30 dias, e não tomando o empregador as providências necessárias para que se instaure o respectivo inquérito, está de forma tácita reconhecendo que o deslize atribuído ao empregado não é daqueles que tornam impossível o prosseguimento da relação de emprego.

Ocorrendo abandono de emprego pelo empregado revestido de estabilidade, o prazo decadencial de trinta dias para o ajuizamento do inquérito passa a fluir do momento em que aquele pretendeu retornar ao trabalho, como se infere da leitura da Súmula n. 62, do TST: "O prazo de decadência do direito do empregador de ajuizar inquérito em face do empregado que incorre em abandono de emprego é contado a partir do momento em que o empregado pretendeu seu retorno ao serviço".

Dentro dessa linha de raciocínio, entendemos, ainda, que o inquérito deve ser, sempre, precedido da suspensão do empregado. Em verdade, se o empregado é acusado de uma falta que, por sua natureza, é susceptível de provocar a dissolução do contrato de trabalho, presume-se que, em razão desse mesmo fato, não pode ele continuar trabalhando.

Se a empresa ajuíza a reclamação para instauração do inquérito em debate, sem afastar preventivamente o empregado do serviço, então é de se acreditar que a falta a este imputada não é muito grave.

O inquérito em exame obedece ao mesmo rito de uma reclamação comum: audiência de instrução e julgamento; proposta de conciliação, comparecimento e depoimento das partes e testemunhas, prova, alegações finais, nova proposta de conciliação e sentença etc.

O art. 855 da CLT, um tanto confuso, deixa perceber que, improvada a falta grave imputada ao empregado, terá este direito aos salários desde a data em que foi afastado do serviço, com os enriquecimentos decorrentes dos reajustes coletivos e juros moratórios verificados no período de afastamento.

As férias vencidas no transcurso de todo o tempo de duração do processo terão de ser pagas em dobro. Assim pensamos porque o empregado foi impedido de ter o descanso anual devido a um ato classificado de arbitrário na sentença.

Conforme o art. 789, § 1º, da CLT, as custas, no caso de inquérito, serão pagas pelo vencido, após o trânsito em julgado da decisão. E, no caso de recurso, as custas serão pagas e comprovado o recolhimento dentro do prazo recursal.

A teor do preceituado no inciso VIII do art. 8º da Constituição Federal e no § 3º do art. 543 da CLT, a dispensa de dirigente sindical-empregado, ao qual se impute falta grave, deve ser precedida do inquérito delineado nas linhas antecedentes.

O inciso X do art. 659 do Estatuto Obreiro autoriza o Juiz a conceder medida liminar, até decisão final do processo, em reclamações trabalhistas que visem reintegrar no emprego dirigente sindical afastado, suspenso ou dispensado pelo empregador.

O STF tem as Súmulas ns. 197 e 403 acerca do inquérito judicial trabalhista e que estão vazadas nos seguintes termos, respectivamente, *verbis*: *"O empregado com representação sindical só pode ser despedido mediante inquérito em que se apure falta grave"* e *"É de decadência o prazo de trinta dias para a instauração de inquérito judicial, a contar da suspensão, por falta grave, de empregado estável"*.

CAPÍTULO XXIV

Greve e Dissídio Coletivo do Trabalho

250. Dissídios Coletivos

Nascido das entranhas da revolução industrial, o modelo de organização social dos nossos dias se caracteriza pelas incessantes e intermináveis divergências entre o capital e o trabalho.

O empresário, como detentor do capital, tem por objetivo o lucro e para isso ele expõe seu patrimônio a toda sorte de riscos e imprevistos onde impera a economia de mercado, inspirada por princípios do neoliberalismo.

Quando o consumo se retrai, é o empregador constrangido a reduzir suas despesas, inclusive aquelas que faz com o pessoal empregado.

Os trabalhadores, por seu turno e nesse mesmo regime econômico, porfiam em obter o maior salário possível.

Objetivos tão diferentes originam divergências que, não raro, vão desaguar em greves causadoras de prejuízos de vulto aos que nelas se envolvem e, também, o que é pior, a toda a sociedade.

Os conflitos coletivos do trabalho podem ser solucionados de três modos: *a autodefesa, a autocomposição e a heterocomposição*.

O primeiro modelo de *autodefesa* consiste na decisão de as partes resolverem a divergência mediante a greve ou o *lockout*.

O segundo modelo é o da *autocomposição*, em que as partes, depois de negociarem as bases da conciliação, celebram uma Convenção ou Acordo Coletivo do Trabalho.

O terceiro modelo — o da *heterocomposição* — desdobra-se em três: a) a *mediação* em que alguém se coloca entre as partes e oferece-lhes sugestões que possam levar a um entendimento final; b) a *arbitragem* em que os litigantes, espontaneamente, designam alguém de sua confiança para solucionar o litígio, mediante o prévio compromisso de se submeterem ao laudo que, a final, lhes for apresentado; c) a *solução compulsória* da controvérsia por meio de arbitragem ou decisão judicial.

A legislação vigente não impede a utilização de qualquer dos modelos acima apontados para pôr termo a uma controvérsia coletiva.

As linhas básicas da nossa política salarial são encontradas na Lei n. 8.880, de 27 de maio de 1994 e na Lei n. 10.192, de 14.2.2001.

O primeiro desses diplomas legais conservou, expressamente, o art. 1º da Lei n. 8.542, de 23 de dezembro de 1992, cujo *caput* está vazado nos seguintes termos: *"A política nacional de salários, respeitado o princípio da irredutibilidade, tem por fundamento a livre negociação e reger-se-á pelas normas estabelecidas nesta Lei"* (Os dois parágrafos desse dispositivo foram derrogados pela Medida Provisória n. 1.620, reeditada desde 1994, que foi convertida na Lei n. 10.192, de 14.2.2001).

Decorre da norma acima transcrita que os salários devem ser livremente negociados pelas partes. Assim deve ser porque só elas sabem até onde pode ir a empresa sem sacrificar sua estabilidade econômico-financeira.

Sem embargo desse preceito legal, nosso ordenamento jurídico outorgou à Justiça do Trabalho o poder de compor o conflito coletivo de trabalho, porém, nos exatos termos do art. 114, §§ 1º e 2º, da Constituição, com redação dada pela Emenda Constitucional n. 45/2004: "§ *1º Frustrada a negociação coletiva, as partes poderão eleger árbitros*"; e § *2º Recusando-se qualquer das partes à negociação coletiva ou à arbitragem, é facultado às mesmas, de comum acordo, ajuizar dissídio coletivo de natureza econômica, podendo a Justiça do Trabalho decidir o conflito, respeitadas as disposições mínimas legais de proteção ao trabalho, bem como as convencionadas anteriormente"*. Como iremos dissertar mais à frente, antes mesmo da Emenda Constitucional n. 45/2004, era discutível o denominado poder normativo. Com a Emenda ficou esclarecido que a Justiça do Trabalho irá decidir o conflito, mas "respeitadas as disposições mínimas legais de proteção ao trabalho, bem como as convencionadas anteriormente". Noutros países, o impasse nas negociações em torno do salário — de regra — dá lugar à paralisação coletiva do trabalho. Aqui, têm os trabalhadores o duplo direito de entrar em greve e de suscitar, perante a Justiça do Trabalho, a instância do processo de dissídio coletivo.

Em nosso direito coletivo do trabalho, perduram duas excrescências: o regime do sindicato único e o poder normativo da Justiça do Trabalho, agora bem restringido, pela Emenda Constitucional n. 45/2004, para não se dizer que ele é inexistente. O primeiro é inconciliável com as nossas estruturas democráticas que tem, como um dos seus pilares de sustentação, o princípio da livre associação. O segundo — pretenso poder normativo da Justiça do Trabalho — não condiz com as características da economia de mercado imperante em nosso País.

A vida de uma empresa engastada nesse tipo de economia está, permanentemente, exposta a fatores imprevisíveis que repercutem no custo dos produtos e no poder de consumo da população. Diante de tais fatores, que escapam à capacidade de previsão do empresário e dos trabalhadores, é inconcebível que se imponham à empresa gastos com a mão de obra ordenados por sentenças normativas que não levam em conta todos os dados que ordenam as atividades econômicas.

A compreensível ânsia por melhores remunerações, não justifica o naufrágio de um empreendimento econômico que empobrece a comunidade e traz na sua esteira o desemprego.

Do regramento legal pertinente aos conflitos coletivos do trabalho resulta, com clareza, que só se admite a instauração de um processo de dissídio coletivo depois do malogro de uma negociação, e desde que haja concordância mútua entre as partes litigantes. Sem a prova desse fato, os Tribunais do Trabalho timbram em não entrar no mérito de tais ações coletivas.

No tangente à intocabilidade do salário, a Constituição Federal, no inciso VI do art. 7º (irredutibilidade do salário, salvo o disposto em convenção ou acordo coletivo), deu-lhe razoável elasticidade. Por meio de um pacto coletivo, é dado às partes reduzir o salário para fazer face a uma conjuntura em que a empresa tem de diminuir seus gastos.

O Tribunal Superior do Trabalho vem, sistematicamente, declarando carecedor dessa ação o sindicato profissional que não fizer a prova de prévia negociação de um acordo. Escusado dizer que essa prova se faz, sobretudo, mediante ata de reunião assinada pelas partes. Hoje, além desse requisito, a Emenda Constitucional citada exige que haja o comum acordo entre as partes litigantes para que se faça o ajuizamento do dissídio coletivo.

É válida a prova de que a outra parte negou qualquer negociação ou mediação.

Quando do ajuizamento da ação em apreço, têm as partes (o Suscitante na instauração da instância e o Suscitado, na sua defesa) de apresentar, fundamentadamente, suas propostas finais, que serão objeto de conciliação ou deliberação do Tribunal, na sentença normativa.

É também obrigatória a tentativa de conciliação no dissídio coletivo e, nessa oportunidade, o Presidente do Tribunal está impedido de elaborar propostas, com a finalidade de pôr termo ao conflito, que não considerem aquelas propostas finais das partes.

O § 1º do art. 12 da Lei n. 10.192, de 14.2.2001, é sobremodo importante para o tema aqui sob estudo. Seu texto é o seguinte: *"A decisão que puser fim ao dissídio será fundamentada, sob pena de nulidade, deverá traduzir, em seu conjunto, a justa composição do conflito de interesse das partes e guardar adequação com o interesse da coletividade".*

É claro que essa decisão deverá ficar restrita às disposições mínimas legais de proteção ao trabalho, bem como as convencionadas anteriormente. Quer dizer, não pode criar uma obrigação às partes que não esteja prevista já em lei ou inscrita numa convenção ou acordo coletivos de trabalho (art. 114, § 2º, da Constituição).

A fundamentação da sentença normativa já era uma exigência constitucional (*"todos os julgamentos dos órgãos do Poder Judiciário serão públicos, e fundamentadas todas as decisões, sob pena de nulidade, podendo a lei limitar a presença, em determinados atos, às próprias partes e a seus advogados ou somente a estes, em casos nos quais a preservação do direito à intimidade do interessado no sigilo não prejudique o interesse público à informação"*, inciso IX do art. 93 da CF de 1988, com redação dada pela Emenda Constitucional n. 45/2004).

Fundamentar uma sentença é analisar as questões de fato e de direito (art. 458, II, do CPC). É requisito essencial da sentença que dimana do Código de Processo Civil aplicável, de há muito, ao processo do trabalho, seja ele individual ou coletivo.

A norma encerrada no § 1º do art. 12 da Lei n. 10.192/2001 tem o pecado de ser um tanto vaga. De fato, ao dizer que a sentença normativa deve conduzir a uma *"justa composição do conflito de interesses das partes"*, coloca o seu aplicador, ou intérprete, diante de uma dificuldade, qual seja, a de escolher uma das numerosas definições do que seja o justo, na espécie.

Mais inseguro fica o aplicador dessa disposição ao averiguar, num processo de dissídio coletivo, o que vem a ser "o interesse da coletividade", pois só assim estará apto a pô-lo em adequação à composição dos interesses conflitantes de patrões e empregados.

Mas que é, precisamente, *interesse da coletividade?*

Responder à indagação dizendo que se trata de interesse de todos os membros da sociedade não nos ajuda em nada, uma vez que tal interesse varia, no curso do tempo, em cada lugar do território nacional.

O certo é que a capacidade de as empresas atenderem as reivindicações dos seus trabalhadores é fortemente condicionada pelo encarniçamento da concorrência resultante da abertura dos nossos portos e da globalização da economia.

Nesse mecanismo de atualização salarial, estão em jogo o emprego dos trabalhadores e a sobrevivência das empresas.

Nas revisões salariais por ocasião da data-base, o que acontece anualmente, são dedutíveis as antecipações concedidas no período anterior (§ 1º do art. 13 da Lei n. 10.192, de 14.2.2001).

Não se consideram antecipações salariais aqueles aumentos derivados de promoção ou da mudança de condição de aprendiz.

Se o Tribunal do Trabalho conceder aumento salarial a título de produtividade, tem de revelar os indicadores objetivos de que se socorreu (§ 2º do art. 13 da Lei n. 10.192, de 14.2.2001).

A norma não esclarece de que produtividade se trata, *se do trabalho, se do equipamento, se da matéria-prima.*

Acreditamos que o preceito se reporte à produtividade do trabalho.

No caso de dissídio coletivo proposto contra uma única empresa, não será difícil cumprir essa disposição legal. Se fizermos rápido estudo da sua produção no período e compará-la com o anterior, teremos o índice revelador da produtividade na data-base. É claro que essa constatação terá validade se, no mesmo lapso de tempo, não houve qualquer alteração — para melhor, é bem entendido — na maquinaria da empresa.

O caso muda de figura se o processo de dissídio coletivo implicar toda uma categoria econômica.

Nesse universo empresarial, encontraremos, com certeza, estabelecimentos com elevado índice de produtividade e, outros, sem qualquer progresso nesse particular.

A nosso ver, não será justo fixar-se um índice de produtividade para o segmento econômico como um todo e aplicá-lo na sentença normativa.

Universalizou-se a prática de sujeitar-se a um disciplinamento legal a solução dos conflitos coletivos de trabalho.

No âmbito do direito comparado, são notadas diferenças entre um e outro sistemas legais, que refletem maior ou menor grau de ingerência estatal nas relações coletivas de trabalho, mas o traço comum a todos eles é o disciplinamento dessas controvérsias de índole coletiva.

Há profundas diferenças entre o dissídio individual e o coletivo. No primeiro está em jogo o interesse bem definido de um ou vários trabalhadores; no dissídio coletivo há o interesse abstrato de toda uma categoria ou de um grupo de empresas.

Difundiu-se o uso da expressão "dissídio coletivo" para designar a ação coletiva. Esta tem como finalidade a solução do dissídio coletivo, isto é, o conflito entre uma categoria profissional e/ou os seus empregadores.

Manifestado o dissídio coletivo, propõe-se a ação coletiva perante o Tribunal do Trabalho.

Isis de Almeida declara que "o dissídio coletivo não é, na realidade, uma ação coletiva, mas, sim, a causa desta" ("Manual de Direito Processual do Trabalho", LTr, 1985, 1º vol., p. 201). E com o que estamos de pleno acordo.

No dissídio individual, o contraditório se desenvolve entre um empregado e um patrão. Não se desnatura o dissídio individual com a reclamação plúrima (litisconsórcio ativo) contra o mesmo empregador.

No processo de dissídio coletivo o contraditório não é concretizado diretamente por todos os trabalhadores e uma ou mais empresas. Os sujeitos dessa relação processual são os sindicatos, salvo algumas exceções.

Outra diferença também relevante reside na qualidade da sentença.

Quando prolatada em dissídio coletivo, tem vigência por tempo determinado, ao passo que, no dissídio individual, a sentença fazendo coisa julgada reveste-se de imutabilidade e de perenidade. A sentença tornada irrecorrível no dissídio individual é lei para as partes; a sentença normativa proferida em processo coletivo obriga, até, as empresas e os trabalhadores que, posteriormente, ingressarem no grupo profissional ou econômico envolvido no processo.

Carnelutti, na 4. ed. das suas "Instituições do Processo Civil" (Ed. Europa-América, 1959, p. 42/3), ao referir-se à abolição das ações coletivas depois da queda de Mussolini, mal esconde sua frustração ao dizer o seguinte:

"Depois da última guerra, havendo caído o ordenamento corporativo, primeiro por providências dos exércitos de ocupação e depois pelo Decreto de 23 de novembro de 1944, n. 369, que suprimiu as associações profissionais que constituíam o eixo desse ordenamento, a relevância da litis coletiva, por agora, desapareceu; mas não é improvável e temos de augurar que recupere vigor em virtude das leis previstas no art. 40 da Constituição".

Estamos na crença de que, na hora presente, em que a economia de mercado fundada no neoliberalismo se difunde por todos os pontos do globo, *Carnelutti* dificilmente se expressaria como o fez na década de 50.

251. A Greve e o Ministério Público

Em nosso País, durante largo período eram as greves proibidas.

A lei da época submetia os conflitos, exclusivamente, à arbitragem compulsória da Justiça do Trabalho.

À medida que crescia a população economicamente ativa nacional como efeito da expansão da nossa economia, essa legislação foi se abrandando a partir da década de 1960.

Com o advento da Constituição Federal, promulgada a 5 de outubro de 1988, reconheceu-se o direito de greve em termos muito amplos no seu art. 8º — *verbis*: "É assegurado o direito de greve, competindo aos trabalhadores decidir sobre a oportunidade de exercê-lo e sobre os interesses que devam por meio dele defender. § 1º A lei definirá os serviços ou atividades essenciais e disporá sobre o atendimento das necessidades inadiáveis da comunidade. § 2º Os abusos cometidos sujeitam os responsáveis às penas da lei".

Como inciso II, do art. 114 da Lei Maior atribuiu aos Tribunais do Trabalho competência para processar e julgar "as ações que envolvam exercício do direito de greve", conclui-se, portanto, que se manteve a coexistência da solução judicial dos conflitos coletivos com aquela que se obtém pela força e que é a greve.

No tratamento dessa questão do direito de greve, o legislador constituinte se houve com incrível incoerência.

No artigo, cuja cópia demos há pouco, a greve deixou de ser um ilícito penal e foi elevada à categoria de prerrogativa constitucional do trabalhador. Entretanto, no art. 114 da *Lex Legum*, é o direito de greve mortalmente golpeado. Nele se confere à Justiça do Trabalho competência para processar e julgar os dissídios coletivos entre trabalhadores e empregadores bem como os litígios que tenham origem nas suas próprias sentenças coletivas. É certo que essa mutilação foi amenizada com a nova redação dada pela Emenda Constitucional ao § 2º, do art. 114, da Constituição, ao deixar assentado que o dissídio coletivo de natureza econômica somente poderá ocorrer desde que haja o comum acordo entre as partes litigantes.

A greve tem de cessar tão logo o Tribunal do Trabalho se pronuncie sobre as pretensões dos trabalhadores.

Está implícito no art. 114, I, que há litígios de dupla natureza: jurídica e econômica.

Acrescenta-se, no § 2º do mesmo art. 114, que, recusando-se qualquer das partes à negociação ou à arbitragem, é facultado aos respectivos sindicatos ajuizar dissídio coletivo, desde que haja concordância da parte contrária, podendo a Justiça do Trabalho estabelecer normas e condições convencionais e legais mínimas de proteção ao trabalho.

Os empregados ou os empresários, por seus respectivos sindicatos, não são obrigados a submeter sua divergência ao Tribunal do Trabalho; é-lhes facultado, apenas, tomar essa iniciativa.

Outra ilação que se extrai dessa norma constitucional é a de que cabe ao sindicato o papel de sujeito de uma relação coletiva de trabalho, competindo-lhe, assim, levar o conflito coletivo ao Tribunal.

Essa prerrogativa é tanto do sindicato de empregados como de patrões, prerrogativa essa que deve ser exercida de comum acordo entre eles. Se o primeiro não quiser levar a controvérsia à Justiça do Trabalho, o sindicato patronal não poderá fazê-lo.

Sobre essa questão do ajuizamento do dissídio coletivo de natureza econômica ficar condicionado à vontade comum das litigantes, exigência essa que foi introduzida pela Emenda Constitucional n. 45/2004, no § 2º, do art. 114, da Constituição, desenvolvemos seu estudo no item 122.12.

E se ambos os sindicatos ficarem de costas voltadas para a Justiça, o art. 856 da CLT defere ao Presidente do Tribunal a iniciativa de instaurar a instância, na ocorrência de cessação coletiva de trabalho.

Está implícito nessa disposição consolidada que a iniciativa da referida autoridade judiciária fica na dependência da legalidade do movimento grevista, isto é, se lícitos os seus fins e se, na sua deflagração, foi respeitado o regramento legal pertinente, como a realização de assembleia geral dos interessados e a prévia negociação coletiva (art. 3º da Lei n. 7.783/89).

Atribuía, também, essa faculdade ao Ministério Público do Trabalho, mas desde que ocorresse suspensão coletiva do trabalho.

A Lei Complementar n. 75, de 20 de maio de 1993, veio alterar, de modo sensível, essa atribuição do Ministério Público do Trabalho, ao dispor no inciso VIII do art. 83 que ele está autorizado a instaurar a instância em caso de greve *"quando a defesa da ordem jurídica ou o interesse público assim o exigir"*.

Seguindo essa mesma trilha, a Emenda Constitucional n. 45/2004, deu nova redação ao art. 114, § 3º, da Constituição, onde ficou esclarecido que a titularidade da ação do dissídio coletivo de greve é do Ministério Público desde que a paralisação ocorra em atividade essencial. Sobre essa questão, ler nosso item 122.1.

Esse texto legal comporta várias interpretações e, com certeza, a Justiça vai levar algum tempo para definir-lhe o significado e o alcance.

A greve, em si mesma, é uma agressão à ordem jurídica, pois, como meio de força, pretende alterar condições de trabalho contratualmente ajustadas. Entretanto, esse raciocínio é despojado de sua força, primeiro porque o direito de greve conta com garantia constitucional e, segundo, porque existe a possibilidade do risco de inflação em patamares que corroem o poder aquisitivo do salário.

A cessação coletiva do trabalho para atualizar o valor nominal do salário em tal conjuntura se justifica pela teoria da imprevisão ou *rebus sic stantibus*.

Bem sabemos que a greve, como meio de ação direta, terá de ser tolerada pela sociedade e pelo Estado enquanto o sistema legal não atinge grau mais elevado de perfeição que lhe permita dirimir todo e qualquer litígio coletivo de trabalho. A nosso ver, a greve será ofensiva à ordem jurídica quando deflagrada com desrespeito à legislação pertinente.

Constatado, por exemplo, que a greve teve início antes de quaisquer negociações para resolver suasoriamente o conflito, será ela ilegal e justificará a intervenção do *parquet*.

Quanto ao interesse público justificador dessa iniciativa do Ministério Público, acreditamos que a controvérsia que possa suscitar não será tão acentuada.

Se a paralisação do trabalho, num dado setor de atividades essenciais, puser em risco o bem-estar de toda a coletividade, pode e deve agir o Ministério Público no sentido de levar o conflito à arbitragem compulsória do Tribunal do Trabalho.

Entendemos que essa autoridade judiciária conservou essa faculdade de instaurar o dissídio coletivo de greve, sem embargo do advento da Constituição de 1988 e da legislação extravagante posterior.

A norma constitucional encerrada no art. 114 admite a arbitragem, hoje regulada pela Lei n. 9.307, de 23 de setembro de 1996, na qual não se faz menção expressa aos dissídios individuais e coletivos do trabalho. Temos sustentado, em várias oportunidades, que esse diploma legal é utilizável na solução de dissídios trabalhistas, sejam eles individuais ou coletivos. A maioria, porém, diverge da nossa opinião, por entender que se faz mister uma lei especial.

Neste passo, queremos salientar que a citada Lei Complementar n. 75 — que reestruturou o Ministério Público — confere a este competência para atuar como árbitro, se assim for solicitado pelas partes, nos dissídios de competência da Justiça do Trabalho (art. 83, inciso XI). Observe-se que essa norma legal não distingue o dissídio coletivo do individual. Dessarte, está o Ministério Público do Trabalho credenciado a atuar como árbitro tanto no conflito individual como no coletivo.

Por oportuno, lembramos, outrossim, que o Ministério Público estava legitimado a promover ou participar da instrução e conciliação em dissídios decorrentes da paralisação de serviços de qualquer natureza, essenciais ou não à sociedade (inciso IX do art. 83 da Lei Complementar n. 75). Contudo, como já apontamos linhas atrás, essa titularidade dessa ação ficou restringida à greve em atividade essencial, com o art. 114, § 3º, da Constituição.

Prosseguindo nessa breve análise do conflito coletivo do trabalho no plano constitucional, cumpre-nos destacar que o § 1º do citado art. 114 da nossa Lei Fundamental exige que a negociação sempre seja tentada antes do ajuizamento da ação coletiva, com fins econômicos ou jurídicos.

Infelizmente, a obscuridade do texto do dispositivo constitucional em foco tem ensejado as mais variadas interpretações tendo por objeto os limites do poder normativo da Justiça do Trabalho.

Aqui, um parêntese: em todo o mundo, só o Brasil e mais um ou dois países sujeitavam os dissídios coletivos a uma forçada solução jurisdicional. Essa situação foi alterada pela Emenda Constitucional n. 45/2004, que exigiu o comum acordo das partes litigantes para o ajuizamento do dissídio coletivo.

Alguns exegetas chegavam a sustentar que os Tribunais do Trabalho estavam autorizados pela Lei Maior, no julgamento de um dissídio coletivo, a ir além da lei, sendo-lhes defeso, apenas, ficar aquém da normatividade legal.

Semelhante posição dava e dá dimensões tão amplas ao poder da Justiça do Trabalho de fixar novas condições de trabalho que ela, a rigor, acaba por tomar o lugar do Poder Legislativo. Sobre esse assunto, merece ser lido o que escrevemos no item 122.12.

Como dissertamos no referido item, no regime constitucional anterior a de 1988, era estabelecido, insofismavelmente, que cabia à lei ordinária indicar as hipóteses em que era permitido ao Tribunal do Trabalho fixar novas condições de trabalho. A Carta de 1988 não acolheu essa norma de inegável bom senso.

Outra corrente de opinião entendia e ainda agora entende, mesmo após a Emenda Constitucional n. 45/2004, que a Justiça do Trabalho está impedida de ir além do regramento legal que tutela o trabalho subordinado e assalariado.

Os seguidores dessa posição argumentam que o art. 114 da Lei Fundamental há-de ser examinado em conjunto com as demais disposições constitucionais, como, por exemplo, o art. 2º ("*São poderes da União, independentes e harmônicos entre si, o Legislativo, o Executivo e o Judiciário*") e inciso IX do art. 93 ("*Todos os julgamentos do Poder Judiciário serão públicos e fundamentadas todas as decisões sob pena de nulidade....*").

Essa tese tende a prevalecer no Supremo Tribunal Federal: *é defeso ao poder normativo da Justiça do Trabalho ir além dos limites da lei, criando novos direitos e obrigações*.

Como já repetimos por diversas vezes, os conflitos coletivos de natureza econômica somente podem ser solucionados com mais segurança pelos próprios interessados, isto é, os trabalhadores e empregadores. Só eles — e não os Juízes — sabem, com exatidão, os ônus que a empresa e os trabalhadores estão em condições de suportar.

Neste trecho, por oportuno, queremos mencionar a lei alemã sobre a criação de órgãos de arbitragem e seu respectivo processo, de 29.11.1990, que para descongestionar os órgãos competentes da Justiça autorizou a criação de tribunais de arbitragem compostos de um representante dos empregados (indicado pelo conselho de empresa) e outro do empregador, por ele mesmo indicado, cabendo a ambos a designação do presidente, que pode ser estranho à empresa.

A decisão é tomada por maioria de votos (v. a obra coletiva "Garantias do Cidadão na Justiça", estudo de *Antônio Álvares da Silva*, Saraiva, 1993, p. 276).

Sentença normativa, obrigando todas as empresas de um mesmo ramo econômico em determinado território, não leva em conta o tamanho da empresa, seu grau de automação, o peso da remuneração da mão de obra no custo do produto, a idade do seu equipamento etc.

São características que variam intensamente de uma para outra empresa, o que, como evidente, sugere uma legislação flexível. Verdade seja dita, dessa qualidade ainda é desprovida a legislação vigente em nosso País.

Desnecessário frisar que urge completa reformulação de todo o nosso direito coletivo de trabalho, (sindicato, pactos coletivos, competência da Justiça do Trabalho), só viável após a revisão de vários dispositivos da Constituição Federal.

252. *Negociação Coletiva*

Trata-se de processo de discussão em que patrões e empregados analisam suas divergências e buscam, para elas, solução que lhes pareça satisfatória.

Malograda a negociação coletiva, deve o sindicato armar-se de prova de que ela existiu realmente para optar por um desses dois caminhos: greve ou propositura da ação coletiva.

É bem de ver que tais deliberações devem ser tomadas em assembleia do sindicato representativo dos empregados.

As formalidades de convocação e o *quorum* para a validade da assembleia devem estar previstos no estatuto da entidade sindical (art. 4º, § 1º, da Lei n. 7.783, de 28.6.1989).

Se a escolha recair na greve, estará cumprido o disposto no art. 3º da Lei n. 7.783: *frustrada a negociação coletiva ou verificada a impossibilidade de recurso à via arbitral, é facultada a cessação coletiva de trabalho.*

Sem embargo da deflagração da greve, o sindicato profissional ou o sindicato patronal não estão impedidos de levar o conflito ao Tribunal do Trabalho, cujo pronunciamento deve pôr fim ao movimento paredista.

Iterativa jurisprudência do Tribunal Superior do Trabalho é no sentido de declarar a nulidade de processo de dissídio coletivo em que não se fez a prova de que, antes da propositura da ação, realizou-se a negociação coletiva. Não vemos razão para que essa jurisprudência seja alterada mesmo com a exigência de que haja o comum acordo das partes para o ajuizamento do dissídio coletivo, como previsto pela Emenda Constitucional n. 45/2004.

Na forma dessa jurisprudência, nenhuma ação de dissídio coletivo de natureza econômica será admitida sem antes se esgotarem as medidas relativas à formalização da Convenção ou Acordo Coletivo, nos termos dos arts. 114, § 2º, da Constituição da República e 616, § 4º, da CLT, sob pena de indeferimento da representação inicial de comum acordo entre as partes litigantes ou de extinção do processo ao final, sem julgamento do mérito. As partes que não conseguirem efetivar a negociação coletiva direta entre si poderão solicitar a mediação do órgão local ou regional do Ministério do Trabalho e Emprego, devendo deste obter uma ata do ocorrido. Após a manifestação do suscitado, as partes esclarecerão os pontos em relação aos quais houve conciliação e as matérias litigiosas, requerendo, de comum acordo, a instauração da instância de dissídio coletivo de natureza econômica.

Essa linha jurisprudencial se alicerça em dois dispositivos legais:

a) art. 616, § 4º, da CLT: "Nenhum processo de dissídio coletivo de natureza econômica será admitido sem antes se esgotarem as medidas relativas à formalização da Convenção ou Acordo correspondente";

b) art. 3º da Lei n. 7.783, de 28 de junho de 1989: "Frustrada a negociação ou verificada a impossibilidade de recurso pela via arbitral, é facultada a cessação coletiva do trabalho".

Ver, também, item 54 e subitens, sobre substituição processual na ação de dissídio coletivo e na greve (item 122.1).

253. *Instauração da Instância do Dissídio Coletivo*

De regra, as partes de um processo de dissídio coletivo são, de um lado, os sindicatos que representam os trabalhadores e, de outro, os empregadores envolvidos no conflito, ressalvadas as exceções previstas em lei que admitem o envolvimento direto de uma só empresa no litígio ou a representação dos empregados por uma comissão onde inexistir sindicato.

Devem cumprir o disposto no § 4º do art. 616 da CLT, no art. 3º da Lei n. 7.783, de 28 de junho de 1989 e a nova redação do art. 114, § 2º, da Constituição, com redação da Emenda Constitucional n. 45/2004, que exige o comum acordo entre as partes litigantes para a instauração da instância do dissídio coletivo de natureza econômica.

Por outras palavras, ao ajuizarem o dissídio coletivo, têm as partes de provar que houve a tentativa de conciliação e o seu malogro.

Em iniciativa que não prima pela lógica, o Legislativo Federal, por meio da Lei n. 7.316, de 28 de maio de 1985, conferiu aos sindicatos de profissionais liberais o mesmo poder de representação atribuído aos sindicatos de categorias diferenciadas.

O sindicato de profissionais liberais congrega pessoas que exercem atividades sem vínculo empregatício, isto é, com independência. Se não são empregados, como o são os integrantes das categorias diferenciadas, como podem figurar no polo ativo de uma relação processual coletiva?

É evidente a incongruência dessa norma legal.

A iniciativa de levar a Juízo uma controvérsia coletiva cabe tanto ao sindicato de empregados como ao de patrões.

Instaura-se a instância do dissídio coletivo mediante representação escrita subscrita pelas partes litigantes ao Presidente do Tribunal Regional do Trabalho em cuja jurisdição surgiu o conflito coletivo. Quando este cobrir área que exceda aquela da jurisdição de um Regional, a competência para julgamento do dissídio é transferida para o Tribunal Superior do Trabalho.

Insistimos em dizer que a lei — art. 857 da CLT — declara ser prerrogativa dos sindicatos a propositura de uma ação coletiva de trabalho, mas, em falta deles, poderá a instauração ser feita pelas Federações correspondentes e, inexistindo estas, pelas respectivas confederações, no âmbito de sua representação.

Para instauração de comum acordo das partes litigantes da instância judicial coletiva, o pedido deverá conter: a) a designação e qualificação da ou das entidades suscitante e suscitada, sindicais ou empregadores; b) a indicação da delimitação territorial de representação das entidades sindicais, bem assim das categorias profissionais e econômicas envolvidas no dissídio coletivo e, ainda, do *quorum* estatutário para deliberação da assembleia; c) exposição das causas motivadoras do conflito coletivo ou da greve, se houver, e indicação das pretensões coletivas, aprovadas em assembleia da categoria profissional, quando for parte entidade sindical de trabalhadores de primeiro grau, ou pelo Conselho de Representantes quando for suscitante entidade sindical de segundo grau ou de grau superior; d) comprovação de tentativa de negociação ou das negociações realizadas e indicação das causas que impossibilitam o êxito da composição direta do conflito coletivo; e) a apresentação, em forma clausulada, de cada um dos pedidos, acompanhados de uma síntese dos fundamentos e justificá-los; f) data e assinatura do representante da entidade suscitante.

A representação ou petição inicial deverá estar acompanhada dos seguintes documentos:

a) correspondência, registros e atas alusivas à negociação coletiva ou realizada diretamente ou mediante a intermediação do órgão competente do Ministério do Trabalho;

b) cópia autenticada da sentença normativa anterior, do instrumento normativo do acordo ou convenção coletiva, ou, ainda, do laudo arbitral, acaso existente;

c) cópia autenticada da ata da assembleia da categoria que aprovou as reivindicações e concedeu poderes para a negociação coletiva e para o acordo judicial, ou, ainda, de aprovação das cláusulas e condições acordadas, observado o *quorum* legal;

d) cópia autenticada do livro ou das listas de presença dos associados participantes da assembleia deliberativa, ou outros documentos hábeis à comprovação de sua representatividade.

Estatui o art. 859 da CLT (com redação dada pelo Decreto-lei n. 7.321, de 14.2.1945):

"A representação dos sindicatos para instauração da instância (do processo de dissídio coletivo) fica subordinada à aprovação da assembleia da qual participem interessados na solução do dissídio coletivo, em primeira convocação, por 2/3 (dois terços) dos mesmos ou, em segunda convocação, por 2/3 (dois terços) dos presentes".

Não resta dúvida de que o legislador, na elaboração dessa norma consolidada, foi de uma ingenuidade que faz chegar às lágrimas.

Mediante ardis muito conhecidos, ainda há líderes profissionais apegados à ideia de que os sindicatos são instrumentos de revolução ou de conquista do poder político. Não alcançam, sistemática e deliberadamente, o *quorum* em primeira convocação e, em segunda, aprovam pauta irreal de reivindicações que, recusada pelos empregador, torna legítima a cessação coletiva de trabalho porque a aprovaram uma ou duas dezenas de associados, quando a categoria profissional conta com dezenas de milhares de membros.

Mas, *legem habemus.*

Contra essa disposição legal, insurgiu-se a Seção Normativa do TST ao julgar o Recurso Ordinário n. 208.604, *in* DJU 3.5.96, p.14.175, apresentado em processo de dissídio coletivo. O respectivo acórdão tem ementa assim redigida:

"O número ínfimo de empregados participantes da assembleia geral em face da quantidade de entidades sindicais econômicas suscitadas não confere representatividade ao sindicato suscitante para propositura de dissídio coletivo. Processo extinto, sem julgamento do mérito, a teor do inciso IV, do art. 267, do Código de Processo Civil, combinado com a Instrução Normativa n. 4/93 do Tribunal Superior do Trabalho".

À espécie, é duvidosa a incidência do sobredito preceito do CPC.

O supramencionado art. 859, da CLT data de mais de meio século, mas, ao nascer, já contrariava o bom senso por mostrar-se extremamente vulnerável às arremetidas dos que se servem, para fins escusos, dos litígios coletivos de trabalho.

O Tribunal Superior do Trabalho, por sua Seção Especializada de Dissídios Coletivos, vem extinguindo processos de dissídio coletivo, cuja pauta de reivindicações foi elaborada pela diretoria do sindicato de trabalhadores (RO 189.020/95.8, *in* DJU 14.3.97, p. 7.171).

A titularidade do direito de articular reivindicações ao empresariado cabe à categoria profissional e não aos dirigentes da entidade sindical que a representa. É o que resulta do preceituado no art. 4º da Lei n. 7.783, de 28 de junho de 1989:

"Caberá à entidade sindical correspondente convocar, na forma do seu estatuto, assembleia geral que definirá as reivindicações da categoria e deliberará sobre a paralisação coletiva da prestação de serviços".

O exposto nas linhas antecedentes funda-se na legislação vigente, sendo certo que tudo isso era cristalizado na Instrução Normativa n. 4, de 4 de junho de 1993, do TST, que entendeu cancelá-la. Essa Instrução Normativa foi revogada pela Resolução n. 116/2003, publicada no DJU de 26.3.2003 e disciplinava o procedimento de dissídio coletivo de natureza econômica no âmbito da Justiça do Trabalho. Suas diretrizes por estarem agasalhadas na legislação vigente, claro está que continuarão a ser respeitadas. Em virtude disso e para fins didáticos, remetemos o leitor para sua leitura e estudo.

Para o bom entendimento dessa Instrução Normativa n. 4/1993, que foi revogada, devemos tecer em seguida breves considerações.

Diz ela que deve ser informada qual a base territorial das entidades sindicais envolvidas no dissídio coletivo. Assim é orientado para que haja a demonstração de que as partes são legítimas dentro do processo. De feito, se o sindicato de trabalhadores é de âmbito municipal, não pode litigar com todas as empresas de um Estado representadas por um único sindicato.

Outro exemplo: isso também ocorrerá se esse mesmo sindicato municipal pretender envolver, num dissídio coletivo, empresa situada fora de sua base territorial.

Autoriza a lei que uma Federação represente, num dissídio coletivo, trabalhadores inorganizados em sindicato.

O lógico seria a direção da Federação reunir os trabalhadores em assembleia para decidir sobre suas reivindicações e a maneira de obtê-las. Erra aquele que sustenta que a assembleia será apenas do Conselho de Representantes da entidade de segundo grau ou de grau superior e não dos trabalhadores.

Já ficou registrado que a lei exige prévia tentativa de conciliação antes do ajuizamento do dissídio coletivo. Por isso, devem as partes juntar à petição inaugural prova da realização de uma negociação entre elas e informar a causa do seu malogro.

Além disso, nos termos do art. 859 da CLT, a representação dos sindicatos para instauração da instância fica subordinada à aprovação de assembleia, da qual participem os associados interessados na solução do dissídio coletivo, em primeira convocação, por 2/3 destes ou, em segunda convocação, por 2/3 dos presentes.

Decorrentemente, quando se tratar de dissídio coletivo envolvendo uma única empresa, da assembleia devem participar apenas os que nela trabalham. Há, nesse sentido, acórdão da SDC do TST, no RO-DC 35.139/91.8, in DJU 6.11.92, p. 20.206.

Igual procedimento se há de observar em se tratando de apenas algumas empresas de uma categoria econômica.

Na petição, as reivindicações não devem ser apresentadas de modo esparso e assistemático. Exige-se que elas sejam reunidas na petição de forma ordenada ou de cláusulas, e que estejam devidamente fundamentadas. Essa petição deve estar acompanhada dos documentos que comprovem o prévio cumprimento das exigências que emprestam legitimidade a uma greve ou à propositura do dissídio coletivo.

O Regimento do TST deixa transparecer que a negociação só se faz diretamente — sindicato ou sindicato e empresa — ou por intermédio do órgão correspondente do Ministério do Trabalho.

Parece-nos que a Lei Complementar n. 75, de 20.5.1993, no inciso IX do art. 83, dá também ao Ministério Público do Trabalho a atribuição de promover a conciliação em dissídios decorrentes da paralisação de serviços.

A lei não previu a interferência do Ministério Público do Trabalho na negociação antes do abandono coletivo do trabalho.

Recordamos o que dissemos há pouco: o Ministério Público atuará como árbitro, se assim for solicitado pelas partes, nos dissídios de competência da Justiça do Trabalho, sejam eles individuais ou coletivos.

A petição inicial do dissídio coletivo é dirigida ao Presidente do Tribunal, ao qual cabe verificar se ela está regularmente elaborada e instruída. Se apresentar irregularidades capazes de dificultar sua apreciação, dará às partes prazo máximo de 10 dias para saná-las. Não cumprida a diligência determinada para suprir deficiências do pedido, extingue-se o processo, mediante o indeferimento da petição. Ocioso dizer que, no caso, nada impede a renovação do pedido após o decurso daquele prazo.

Há perda da data-base quando o sindicato propõe dissídio coletivo depois do vencimento da sentença normativa ou pacto coletivo anteriores (art. 616, § 3º e letra *a* do art. 867 da CLT).

Estando conforme a representação, será designada audiência de conciliação e instrução a ser realizada com a maior brevidade possível.

É a audiência presidida pelo Presidente do Tribunal, ou, por delegação, pelo vice-presidente ou por juiz togado da Seção de Dissídios Coletivos, se houver no Tribunal.

Na audiência designada, é facultado ao empregador fazer-se representar pelo gerente ou qualquer outro preposto que tenha conhecimento do dissídio e por cujas declarações fique responsável.

A defesa do suscitado (sindicato de patrões ou o empresário) será apresentada na audiência designada, acompanhada de proposta de conciliação da lide, ilustrada com informações técnicas, do mercado de consumo e da situação econômica-financeira da empresa ou do respectivo setor de atividades.

Havendo acordo entre as partes, o Presidente o submeterá à homologação do Tribunal na primeira sessão.

Os trabalhos da audiência de conciliação e de instrução serão registrados em ata.

Depois de convencer-se de que as partes não chegarão a um acordo, o juiz presidente da audiência apresentará a solução que julgar adequada. Frustrada, também, essa tentativa de conciliação, tem início a instrução do processo.

O parecer do Ministério Público pode ser dado oralmente quando houver composição amigável do conflito ou após o término da instrução.

Se os autos do processo de dissídio coletivo trouxerem a notícia de que a greve foi deflagrada em atividades essenciais, é lícito ao Presidente do Tribunal expedir ato sobre o atendimento das necessidades inadiáveis da coletividade. Estamos em que essa faculdade tanto pode ser exercida pelo presidente do Tribunal Superior do Trabalho como pelo do Regional — conforme o caso.

A lei é omissa sobre o processo a ser adotado a fim de selecionar os trabalhadores que devam atender às necessidades essenciais da população. O sindicato não tem condições de separar um terço dos grevistas e obrigá-los a trabalhar. Na hipótese, deve o Tribunal solicitar à empresa que forneça a relação dos trabalhadores que devam sustentar as atividades essenciais ao bem-estar da população e convocá-los mediante editais nos jornais diários de grande circulação e nas emissoras de televisão.

Na ocorrência de greve em atividade essencial ou não que persiste ao longo do processo de dissídio coletivo, cumpre ao Tribunal manifestar-se sobre sua legalidade, suas consequências e seus reflexos nos contratos individuais de trabalho.

De tudo que expusemos até aqui, conclui-se, em apertada síntese, que o processo de dissídio coletivo é ajuizável: a) de comum acordo pelo sindicato de empregados ou patronal; b) na ausência destes, pela correspondente Federação; c) na falta desta, pela Confederação; d) pela presidência do Tribunal do Trabalho competente para julgar o feito; e) pelo Ministério Público do Trabalho, em casos especiais e em casos de paralisação dos trabalhos de atividades essenciais à sociedade.

Respeitadas as peculiaridades de cada caso, essas mesmas pessoas jurídicas também podem ser suscitadas num processo de dissídio coletivo.

Exemplos:

a) Malogra a negociação coletiva de um empresário com seus empregados inorganizados em sindicato. A Federação representativa não se dispõe a suscitar o dissídio. A empresa pode fazê-lo apesar de não ser uma daquelas que desenvolve uma atividade essencial à sociedade, como demonstrado no item 122.1.

b) A greve envolve todas as empresas integrantes de uma categoria econômica e o sindicato de empregados não quer levar o conflito à Justiça. Aí, o sindicato patronal pode fazê-lo como suscitante, ficando o de empregados como suscitado.

c) A negociação chega a um impasse e é deflagrada a greve. O sindicato de empregados instaura a instância do dissídio coletivo. É ele o suscitante.

Ocorrendo a greve mesmo em atividade não essencial, pode ser ajuizado o dissídio coletivo (item 122.1).

Há uma nova espécie de representação dos trabalhadores quando se tratar de greve.

Em consonância com o disposto no § 2º do art. 4º da Lei de Greve (Lei n. 7.783, de 28.6.1989), inexistindo sindicato que represente os trabalhadores, é-lhes facultado organizar uma "comissão de negociação", incumbida da realização de uma assembleia para definir as reivindicações da categoria ou do grupo e deliberar sobre a paralisação coletiva do trabalho.

Nesse dispositivo legal, é utilizada a expressão "entidade sindical", que, de ordinário, tanto significa um sindicato ou uma Federação ou Confederação. Entretanto, do conjunto do artigo se depreende que a expressão nele é usada para indicar um sindicato.

Na hipótese de a Comissão concluir um Acordo Coletivo com os empregadores e em face do vazio legal, tem ela a faculdade de celebrá-lo. Em se tratando, porém, de uma Convenção Coletiva, deve ser convocada a respectiva Federação (ou Confederação, conforme o caso) para firmar o respectivo instrumento, à vista do disposto no § 2º do art. 611 da CLT, cuja inteligência damos no item 54.4.

E se, na assembleia dos trabalhadores inorganizados em sindicato, ficar decidido que, no malogro da negociação coletiva, deva-se recorrer à Justiça do Trabalho, a legitimidade *ad causam*, para requerer a instauração da instância do processo de dissídio coletivo é da Comissão eleita pelos trabalhadores, *ex vi* do art. 5º da Lei n. 7.893. Esse dispositivo outorga à Comissão a faculdade de representar os trabalhadores na Justiça do Trabalho. Nada impede que a respectiva Federação ingresse na ação coletiva como assistente.

Diz o art. 864 da CLT que não havendo acordo, ou não comparecendo ambas as partes ou uma delas, o Presidente do Tribunal do Trabalho submeterá o processo a julgamento, mas isso depois de realizadas as diligências que julgar necessárias e ouvida a Procuradoria.

A revelia ou a *confessio ficta* não são aplicáveis ao processo de dissídio coletivo, tanto que ambas as hipóteses citadas no art. 864 só sugerem o prosseguimento da instrução.

Resta o caso em que se controverte a legitimidade da representação de uma categoria profissional em ação coletiva.

Durante algum tempo, o Ministério do Trabalho, obstinadamente, recusou-se a fazer o registro das novas entidades sindicais.

Depois de o Supremo Tribunal Federal haver decidido que se verificara a recepção, pela Carta Constitucional de 1988, das disposições da CLT concernentes à criação e registro dos novos organismos sindicais, é que aquele Ministério retomou seu velho encargo de efetuar o registro das organizações sindicais.

Atualmente, perdeu expressão a controvérsia a propósito da legitimidade de representação numa ação coletiva de trabalho.

Cabe ao órgão judicante exigir, das entidades sindicais em conflito, prova de sua existência jurídica. Mantém-se no processo a que provar maior antiguidade.

Ganha complexidade o caso em que um sindicato eclético (por reunir várias categorias afins) é parte numa ação coletiva, na qual intervém o sindicato específico de uma das categorias, nascido de desmembramento reconhecido pelo Ministério do Trabalho.

Se a separação da categoria consumar-se antes da instauração da instância do dissídio coletivo, configura-se a ilegitimidade *ad causam* do sindicato eclético.

Questões atinentes à representatividade sindical se incluem na competência da Justiça Comum. Quando, porém, no curso de um processo coletivo, se manifesta um desses litígios, a decisão da Justiça do Trabalho terá seus efeitos restritos ao âmbito processual trabalhista. Nesse sentido, temos o art. 114, III, da Constituição, com redação dada pela Emenda Constitucional n. 45: "Art. 114. Compete à Justiça do Trabalho processar e julgar: III — as ações sobre representação sindical, entre sindicatos, entre sindicatos e trabalhadores, e entre sindicatos e empregadores".

254. Dissídio Coletivo de Natureza Econômica

No dissídio individual e mesmo na reclamação plúrima, as partes e seus interesses são bem identificados.

No dissídio coletivo, o interesse é abstrato e as partes envolvidas no litígio não são limitadas; a respectiva sentença produz efeitos que atingem aos que, no momento, sejam empregados das empresas, como também os que vierem a ser admitidos depois, mas durante o prazo de vigência da mesma sentença.

O dissídio coletivo de natureza econômica se reconhece pela natureza do pedido de novas normas e condições de trabalho, dentre as quais se projeta a que diz respeito à remuneração do trabalho.

Quando se implantou no País a solução compulsória dos conflitos coletivos de trabalho pela via judicial, não teve o legislador a preocupação de estabelecer os parâmetros para o exercício do poder normativo da Justiça do Trabalho.

Não se incluiu na lei pertinente o critério para a atualização do valor real do salário.

No art. 766, a CLT limita-se a dizer que, nos dissídios sobre estipulação de salários, estabelecer-se-ão condições que assegurem justo salário aos trabalhadores e, no mesmo passo, permitam justa retribuição às empresas interessadas.

Trata-se, incontestavelmente, de norma programática.

Em doutrina, apesar dos debates que se desenrolam há mais de um século, ainda não se chegou a um consenso sobre o que vem a ser salário justo ou justa retribuição do capital. Essa regra consolidada não ajudou, de modo eficiente, os aplicadores da lei.

Os Juízes do Trabalho, guiados por exemplar bom senso, usavam da prerrogativa legal.

Requisitavam os índices oficiais de custo de vida para neles se apoiarem na determinação de reajustes salariais.

Como consequência desse processo e devido às dimensões continentais do País, o critério era empregado com algumas distorções em várias de suas regiões.

O aspecto negativo desse comportamento jurisprudencial — derivado das normas legais vigentes — consistia na imposição dos mesmos ônus a todas as empresas, independentemente de suas dimensões ou do seu grau de mecanização ou automação. Esse aspecto negativo permanece até os dias que correm, mas, agora minimizado com a nova redação do art. 114, § 2º, da Constituição de 1988.

Depois da Revolução de março de 1964, instituiu-se o regime das fórmulas matemáticas.

Tinham os Tribunais do Trabalho de respeitar a fórmula contida na Lei n. 4.725, de 13.7.1965, qual seja, a de que as sentenças, nos processos de dissídio coletivo, deveriam tomar por base o índice resultante da reconstituição do salário real médio da categoria nos últimos 24 meses. Um ano após, baixou-se o Decreto-lei n. 15, de 29.7.1966, modificado pelo Decreto-lei n. 17, de 22.8.1966, autorizando o Poder Executivo a publicar mensalmente os índices para reconstituição do salário real médio, e isso para uniformizar os reajustes salariais em todo o território nacional.

Depois dessa data, o Legislativo não mais abandonou o processo de estabelecer parâmetros ao poder normativo da Justiça do Trabalho no tangente à atualização dos níveis salariais por meio de leis e decretos-leis que relacionamos um pouco mais adiante.

Diante da impossibilidade de controlar os preços dos produtos dentro do processo inflacionário de há muito instalado no País, nossos governantes se esmeravam em conter os salários e, corolariamente, o consumo e os preços. Com infinito pesar, constatamos que o Poder Público, ao mesmo passo, não se animou a adotar outras providências talvez mais eficazes no domínio da espiral inflacionária, como por exemplo a contenção dos gastos públicos para pô-los em equilíbrio com a receita.

Depois de vários decepcionantes planos econômicos a partir de 1989, só nos começos de 1994 é que se delineou um deles, batizado de "Real", cujos resultados positivos foram mais duradouros, destacando-se dentre esses resultados a redução da taxa inflacionária em nível de países de primeiro mundo: menos de 5% ao ano.

Os aumentos salariais previstos por uma sentença normativa são extensivos a todos os empregados da empresa ou a todos os membros de uma categoria profissional, sejam eles associados ou não do sindicato suscitante.

Não hesitamos em afirmar que se aplica ao processo coletivo do trabalho o disposto no art. 56 do CPC sobre a intervenção de terceiros.

É legítima a oposição de uma empresa ou de um trabalhador a um pacto coletivo ou sentença normativa que sejam lesivas a seus interesses. No processo judicial de dissídio coletivo poderá intervir como terceiro. Em se tratando de pacto coletivo, atacá-lo por meio de ação anulatória.

Quanto à competência para o julgamento da ação anulatória, o TST fixou a Orientação Jurisprudencial n. 129, da SDI-2, que diz: "*Ação anulatória. Competência originária* — Em se tratando de ação anulatória, a competência originária se dá no mesmo juízo em que praticado o ato supostamente eivado de vício."

255. Dissídio Coletivo de Natureza Jurídica

O regime constitucional e a legislação ordinária anteriores a 5 de outubro de 1988 eram omissos no tocante ao dissídio de natureza jurídica.

Era ele, a rigor, admitido como efeito da corrente doutrinária dominante e da jurisprudência dos Tribunais do Trabalho.

A Constituição vigente, no art. 114, incluiu na competência da Justiça do Trabalho processar e julgar "os litígios que tenham origem no cumprimento de suas próprias sentenças, inclusive coletivas". Essa expressão deixou de existir com a Emenda Constitucional n. 45/2004. Porém, isso não significa que foi afastada a possibilidade dela esclarecer suas próprias decisões.

Cremos que a Justiça Laboral está credenciada pela Lei Básica a julgar feitos provocados pelo descumprimento das sentenças normativas ou aqueles que tenham por finalidade aclarar essas mesmas sentenças. No primeiro caso, a competência é da Vara do Trabalho e, no segundo, do Tribunal Regional ou Superior do Trabalho, conforme as dimensões do conflito.

Como salientamos não faz muito, a CLT e legislação extravagante eram silentes quanto ao dissídio coletivo de natureza jurídica, até que, a 21 de dezembro de 1988, sobreveio a Lei n. 7.701. Na letra *a*, do inciso II do seu art. 2º, é estatuído que compete ao Tribunal Superior do Trabalho julgar, em última instância, "*os recursos ordinários interpostos contra as decisões proferidas pelos Tribunais Regionais do Trabalho em dissídios coletivos de natureza econômica ou jurídica*".

Estamos que essa norma legal tem chancela da Lei Fundamental, *ex vi* do disposto no seu art. 114: "Compete à Justiça do Trabalho processar e julgar: IX — outras controvérsias decorrentes da relação de trabalho, na forma da lei". É essa lei n. 7.701/1988 que dá escora à competência da Justiça do Trabalho para julgar os dissídios coletivos de natureza jurídica.

Acreditamos que, no atual regime constitucional, sejam estéreis as discussões sobre a admissibilidade, ou não, dos dissídios coletivos de natureza jurídica.

Alguns autores entendem ser dissídio de natureza jurídica aquele em que se busca o cumprimento de uma sentença normativa (parágrafo único do art. 872 da CLT).

É manifesto o equívoco.

A ação de cumprimento é, sem dúvida alguma, uma reclamação plúrima, em que alguns trabalhadores, perfeitamente identificados, postulam direitos decorrentes da sentença normativa. De conseguinte, a competência para conhecer e julgar tais conflitos é da Vara do Trabalho.

A nosso ver, o dissídio de natureza jurídica objetiva o aclaramento de pontos obscuros, ou sujeitos a controvérsias, da sentença normativa prolatada em processo de dissídio coletivo de natureza econômica. Assim conceituado, tal dissídio tem grande semelhança com uma ação declaratória.

Descabe o dissídio de natureza jurídica quando ele é dirigido para obter da Justiça do Trabalho uma *interpretação de norma de caráter genérico de uma categoria econômica ou profissional*. Contudo, é viável essa modalidade de dissídio coletivo quando se pretender obter do Tribunal do Trabalho *a interpretação de normas de disposições legais particulares de uma categoria profissional ou econômica*, como se lê do inciso II, do art. 220, do Regimento Interno do TST (art. 220 — Os dissídios coletivos podem ser: I — de natureza econômica, para a instituição de normas e condições de trabalho; II — *de natureza jurídica, para interpretação de cláusulas de sentenças normativas, de instrumentos de negociação coletiva, acordos e convenções coletivas, de disposições legais particulares de categoria profissional ou econômica e de atos normativos*).

E mais. Para confirmar a existência do dissídio coletivo de natureza jurídica, observa-se que a Seção de Dissídios Coletivos do TST editou a sua Orientação Jurisprudencial n. 7, SDC, vazada nos seguintes termos: "**Dissídio Coletivo. Natureza jurídica. Interpretação de norma de caráter genérico. Inviabilidade.** Não se presta o dissídio coletivo de natureza jurídica à interpretação de normas de caráter genérico, a teor do disposto no art. 313, do RITST".

Quer dizer, na forma dessa Orientação Jurisprudencial, é viável essa modalidade de dissídio coletivo quando se pretender obter do Tribunal do Trabalho a interpretação de disposições legais particulares de uma categoria profissional ou econômica, como se lê, do referido inciso II, do art. 220, do Regimento Interno do TST. E não será viável o dissídio coletivo de natureza jurídica quando se pretender obter a "interpretação de normas de caráter genérico", isto é, normas que interessam a todas as categoriais profissionais ou econômicas,

Temos como certo que, na instauração da instância do dissídio coletivo de natureza jurídica, não se faz mister prévia negociação.

Se existe obscuridade na sentença normativa e se suscita dúvidas e incertezas entre os que devem cumpri-la, será pura perda de tempo promover reunião de conciliação como antecipatória do ajuizamento do dissídio. Não é sem razão que se afirma ter o dissídio de natureza jurídica o perfil de uma *ação declaratória*.

Contudo, a Seção Especializada em Dissídios Coletivos do Tribunal Superior do Trabalho, julgando o Processo n. 316.836/96.3 (*in* DJU de 20.6.97, p. 28.729), decidiu que "o fato de se tratar de dissídio coletivo de natureza jurídica não afasta a necessidade da negociação antecedente, pois, o art. 114, § 2º, da Constituição Federal, ao exigir a negociação coletiva, não faz qualquer distinção quanto à natureza desta".

É ponto pacífico, mesmo em doutrina, que, nos dissídios coletivos de natureza jurídica, é imprescindível que os associados, em assembleia geral extraordinária, autorizem o sindicato a propor a ação coletiva em causa. A qualquer uma das partes do dissídio de natureza econômica é dado suscitar o dissídio de índole jurídica. Acreditamos, outrossim, que, nessa hipótese, é também parte legítima uma única empresa incluída no campo de incidência das disposições da sentença normativa que se pretende esclarecer.

Essa empresa, em dissídio que teve como parte sindicatos de empregados e de patrões, é em verdade um terceiro interessado, condição que a habilita a provocar o Tribunal do Trabalho para lançar luz sobre cláusula ou cláusulas de uma sentença normativa cujo cumprimento é dificultado pelo vício da obscuridade.

Temos como certo que a sentença em dissídio coletivo de natureza jurídica é retro-operante. Volta atrás no tempo, até a data em que se manifestou o desentendimento entre as partes, para declarar a existência, ou não, do direito do trabalhador ou da empresa.

Entendemos, também, que, para o ajuizamento do dissídio coletivo de natureza jurídica, não há a necessidade de que haja o comum acordo entre as partes, como fala o art. 114, § 2º, da Constituição. A regra albergada nesse dispositivo constitucional de que haja o "comum acordo" entre as partes é uma exigência feita para o ajuizamento do dissídio coletivo de natureza econômica.

256. Sentença Normativa

Chama-se sentença normativa aquela que põe fim a um processo de dissídio coletivo.

É correta essa denominação.

Reflete sua finalidade, consistente na fixação de novas normas e condições de trabalho.

Tem essa sentença espírito de lei e corpo de sentença — como prelecionou magistralmente *Carnelutti*.

Em verdade, ela se propõe a estabelecer, a um número indeterminado de pessoas, direitos e obrigações no âmbito do trabalho, como se fora uma lei.

De que espécie é essa sentença?

Não há consenso entre os estudiosos acerca desse ponto.

A maioria — e nós também — entende que a característica tipificadora dessa sentença é a normatividade.

Essa sentença é constitutiva porque cria novas condições de trabalho. Lembre-se que, por força do art. 114, § 2º, da Constituição, deve-se respeitar as condições mínimas legais de proteção ao trabalho, bem como as convencionadas anteriormente.

De certo modo, a sentença normativa é também declaratória, como acontece com as demais sentenças.

O Tribunal do Trabalho está autorizado a decidir por equidade, num processo de dissídio coletivo, pelo art. 766 da CLT: "Nos dissídios sobre estipulação de salários, serão estabelecidas condições que, assegurando justo salário aos trabalhadores, permitam também justa retribuição às empresas interessadas".

Quando um sistema legal autoriza a Justiça a decidir por equidade num conflito coletivo de trabalho, está ao mesmo tempo reconhecendo ser impossível ao legislador editar normas que deem solução satisfatória às controvérsias coletivas. Entretanto, o magistrado deve exercer essa faculdade extraordinária de molde a pôr em perfeito equilíbrio as pretensões dos trabalhadores e a sobrevivência da empresa.

Como salientamos noutra parte deste livro, cada empresa enseja a formação de relações jurídicas entre o patrão e seus empregados com características peculiares, que não se confundem com aquelas outras constituídas noutras empresas.

Nem a lei e nem as decisões normativas da Justiça laboral são capazes de dar às divergências coletivas soluções de melhor qualidade que aquelas obtidas mediante negociações diretas entre os interessados.

Já enfocamos anteriormente os limites que, em nosso entendimento, tem o poder normativo da Justiça do Trabalho, e que será desenvolvido a seguir mais detalhadamente no item 262.

Lembramo-nos, neste passo, do argumento, tão do gosto daqueles que sustentam ser irrestrito esse poder, de que na atualidade ninguém mais leva a sério a rigorosa tripartição do poder no Estado Moderno.

Recordam que cada Poder tem sempre alguma atribuição que é privativa de outro.

Não negamos a existência do fato, mas cumpre-nos frisar que tais exceções não chegam a ferir o núcleo das prerrogativas de cada poder, como acontecerá se aceitarmos o poder normativo da Justiça do Trabalho sem quaisquer limites, pois, aí, haverá pura e simplesmente a substituição do Legislativo pelo Judiciário laboral, no tangente ao disciplinamento das relações de trabalho.

Examinemos, agora, a questão da extensão ou não das decisões de um Tribunal do Trabalho.

Da análise do art. 868 e do art. 869, ambos da CLT, observa-se que o legislador procurou disciplinar a extensão em duas hipótese: (a) em relação a todos os empregados da mesma profissão dos dissidentes da empresa (art. 868, da CLT); (b) em relação a toda a categoria profissional, conforme art. 969, da CLT.

Estabelece o art. 868, da CLT que, em caso de dissídio coletivo que tenha por motivo novas condições de trabalho e no qual figure como parte apenas uma fração de empregados de uma empresa, poderá o Tribunal competente, na própria decisão, estender tais condições de trabalho, se julgar justo e conveniente, aos demais empregados da empresa que forem da mesma profissão dos dissidentes. Já o art. 869, da CLT, estabelece que a decisão sobre novas condições de trabalho poderá ser estendida a todos os empregados da mesma categoria profissional compreendida na jurisdição do Tribunal.

Entendemos, contudo, que essas duas normas, não são mais válidas em virtude de, por força da nova redação do art. 114, § 2º, da Constituição, não poder haver a extensão pela Justiça do Trabalho de uma norma coletiva a outras pessoas. Nessa norma constitucional, existe a expressa previsão de que o dissídio coletivo de natureza econômica somente poderá ser ajuizado de **comum acordo** entre as partes, o que implica dizer que esses dispositivos da CLT estão revogados.

São amparados pela sentença normativa todos os trabalhadores da ou das empresas envolvidas no litígio, bem como aqueles que forem admitidos na sua vigência. Seu efeito, de conseguinte, é *erga omnes* na base territorial do sindicato que houver suscitado o dissídio coletivo.

Os efeitos de uma sentença normativa têm duração predeterminada. O prazo de vigência de quatro anos está previsto no parágrafo único do art. 868, da CLT. Normalmente, os Tribunais do Trabalho lhe fixam prazo de vigência de um ano.

Vencido o prazo de vigência de uma sentença normativa, cessam todos os seus efeitos? Passa-se uma esponja sobre todas as vantagens que concedeu aos trabalhadores?

A doutrina nacional e estrangeira ainda não se pacificou a respeito. Inexiste consenso sobre esse ponto.

Aqueles que defendem a perenidade dessas normas nos ajustes individuais afirmam que se fortaleceu sua posição com o advento da Constituição Federal porque esta, no § 2º do art. 114 prescreveu: *"Recusando-se qualquer das partes à negociação ou arbitragem, é facultado às mesmas, de comum acordo, ajuizar dissídio coletivo de natureza econômica, podendo a Justiça do Trabalho estabelecer normas e condições, respeitadas as disposições mínimas legais de proteção ao trabalho, bem como as convencionadas anteriormente".*

Entendem que o constituinte perfilhou a tese da sobrevivência, nos contratos individuais, das cláusulas de convenções extintas, porque no supracitado dispositivo se diz que a Justiça terá de respeitar as normas convencionais.

A bem da verdade, o texto em foco admite outra interpretação, qual seja, a de que a Justiça terá de respeitar as convenções em vigor.

Somos contrários à questionada perenidade das cláusulas convencionais por dois motivos: a) torna-se estímulo à recusa patronal de celebrar pactos coletivos por verem que, no futuro, não terão condições de suportar encargos hoje acordados; b) a perpetuação dos pactos coletivos, através dos contratos individuais, acaba estreitando em demasia, com o correr do tempo, o campo de ação dos sindicatos.

Contudo, na Justiça do Trabalho prevaleceu o entendimento de que as cláusulas normativas dos acordos coletivos ou convenções coletivas de trabalho integram os contratos individuais de trabalho e somente poderão ser modificadas ou suprimidas mediante negociação coletiva de trabalho, como se lê da Súmula n. 277, do TST, *verbis: "Convenção coletiva de trabalho ou acordo coletivo de trabalho. Eficácia. Ultratividade. As cláusulas normativas dos acordos coletivos ou convenções coletivas integram os contratos individuais de trabalho e somente poderão ser modificadas ou suprimidas mediante negociação coletiva de trabalho"* (NR 2012).

Tendo em vista que a parte final dessa súmula diz que essas cláusulas incorporadas aos contratos individuais de trabalho poderão ser modificadas ou suprimidas mediante negociação coletiva de trabalho, sugerimos, então, que haja a inserção nesses pactos coletivos de uma cláusula vazada nos seguintes termos: "Na forma do art. 7º, XXVI, da Constituição Federal, todas as cláusulas previstas nos anteriores acordos coletivos de trabalho e convenções coletivas de trabalho existentes entre as partes ora acordantes são substituídas pelas presentes cláusulas deste instrumento coletivo em virtude da plena negociação delas o que resulta no estabelecimento de novas condições de trabalho aqui ajustadas por mútuo consenso".

Com esse tipo de cláusula, minimizam-se os riscos e problemas, por exemplo, da administração, dentro de uma mesma empresa, de cláusulas normativas de diversos pactos coletivos entre empregados que tenham tempo de serviço desigual entre si. Isso porque, na forma dessa Súmula, se não houver expressa negociação a respeito, um empregado pode ter direito a certas cláusulas enquanto que outros empregados, que foram admitidos posteriormente à celebração dos referidos pactos coletivos, não terão esses mesmos direitos em virtude dos pactos coletivos assinados na vigência do seu contrato de trabalho nada preverem nesse sentido.

Frise-se que, se ocorrer a integração, pura e simples, dessas cláusulas normativas aos contratos individuais de trabalho, mesmo após a extinção do prazo da vigência do pacto coletivo, como apontado por esse entendimento sumular do TST, haverá, por certo, um verdadeiro caos na administração da política salarial e de recursos humanos de uma empresa. Explica-se: é compreensível que numa empresa existam empregados com tempo desigual de serviço, e, por essa razão, ficaram submetidos a regramentos coletivos com conteúdo também dispares no transcorrer dos anos. Nessa situação, existirá um empregado com menos direitos do que um outro empregado contratado tempos após os instrumentos coletivos de trabalho que teriam assegurado a este direitos não previstos nos pactos coletivos que se seguiram.

Assim, poderão surgir dentro de uma empresa inúmeras discussões acerca da alegação de que o princípio da isonomia deve ser respeitado no tratamento a ser dado por ela a todos seus empregados.

Augura-se que essa Súmula n. 277 seja revista, especialmente porque ela foi editada pelo Pleno do TST sem a indicação dos precedentes judiciais em que se fulcrou para editá-la (cf. Resolução n. 185, do TST, de 14.9.12, DJe 25, 26 e 27.9.12). Pensamos que, sem a indicação desses precedentes, existe a violação do art. 165, do Regimento Interno desse tribunal. Ora, uma súmula de jurisprudência é a cristalização da jurisprudência sobre um determinado tema. Caso uma súmula seja editada sem a indicação dos precedentes que lhe deram origem, mesmo que se lance mão do argumento de ter o TST reservado para si o direito de elaborá-la por existir "interesse público", haverá a invasão das atribuições reservadas pela Constituição ao Poder Legislativo.

Registre-se que, em se tratando de majoração salarial, existe essa integração ao contrato de trabalho (ultratividade), uma vez que, em verdade, o Tribunal, na hipótese, nada mais faz do que devolver à remuneração o poder aquisitivo subtraído pela inflação.

É o valor nominal do salário que se modifica, mas seu poder de troca permanece estável, desde que não se configure situação em que se aplique a regra do inciso VI do art. 7º da Constituição Federal: *"irredutibilidade do salário, salvo o disposto em convenção ou acordo coletivo"*.

Sabemos que há autores que pregam solução intermediária para a intocabilidade das vantagens dadas aos trabalhadores pela sentença normativa. Sustentam que cabe a esta declarar se suas disposições terão ou não sobrevida.

Ora, a fórmula é, de todo em todo, inaceitável.

A sentença normativa entra em vigor: a) na data de sua publicação quando ajuizado o dissídio depois da data-base da categoria profissional ou dos empregados da empresa, conforme as dimensões do conflito coletivo de trabalho; b) a partir do dia imediato ao final da vigência do acordo, convenção ou sentença normativa, quando ajuizado o dissídio antes do prazo do art. 612, § 3º, da CLT (sessenta dias anteriores ao termo final de cada um deles). Nesta última hipótese, opera-se mudança na data-base.

Trabalhadores e empregador ou empregadores que foram partes num processo de dissídio coletivo ficam normalmente jungidos à respectiva sentença normativa.

Como sabido, não tem a sentença normativa todos os atributos daquela que faz coisa julgada.

E ela modificável pelos próprios interessados por meio de um acordo coletivo de trabalho, ainda que firmado na vigência da sentença normativa.

No TST tal entendimento teve acolhida, como se infere da decisão de sua 3ª Turma, no julgamento do Recurso de Revista de n. 60.171 (*in* DJU de 23.3.94, p. 25.502):

"O acordo coletivo de trabalho pode rever cláusulas constantes em sentença normativa, mesmo que firmado durante a vigência desta".

De fato, sendo as partes de um acordo coletivo as mesmas de uma ação coletiva, podem, eventualmente, alterar cláusula de sentença normativa. Esta, em verdade, ocupa o espaço reservado ao pacto coletivo quando as partes não se autocompõem. Nada mais razoável, portanto, que essas mesmas partes, num acordo coletivo de trabalho, resolvam, posteriormente, dar novo conteúdo a uma cláusula da sentença normativa.

Em doutrina e na jurisprudência, não é objeto de discussões ou dúvidas a questão da prescrição de direitos patrimoniais derivados de uma sentença normativa.

Ganha plena eficácia a sentença normativa na data de sua publicação, pois, a partir desse momento, são os empregadores obrigados a pagar a seus empregados o aumento salarial decretado pela Justiça do Trabalho no processo de dissídio coletivo.

Daí a crença de alguns de que o prazo prescricional começa a fluir na data da publicação desse sentença.

Mas, a Justiça do Trabalho, pela Súmula n. 350, consagrou a tese de que o precitado prazo tem início quando do trânsito em julgado da sentença normativa. No item seguinte — o 257 — analisamos estes ponto com mais amplitude.

É bem de ver que, nas ações coletivas do trabalho, as custas devam ser calculadas consoante o mesmo critério legal dos dissídios individuais.

Há, porém, decisórios que se afastam dessa diretriz legal.

A Seção de Dissídios Coletivos do TST, julgando o Recurso Ordinário n. 202.271/95.2 (*in* DJU de 24.5.96, p. 17.576) proferiu acórdão assim ementado:

"Inversão do ônus das custas processuais. Nos dissídios coletivos de natureza econômica, o estabelecimento de pelo menos uma das normas ou condições de trabalho reivindicadas pela categoria profissional torna sucumbente o empregador pelo valor integral das custas processuais".

Percebe-se, claramente, nesse litígio, a condenação parcial de que trata o art. 21 do CPC, aplicável ao processo trabalhista: *"Se cada litigante for em parte vencedor e vencido, serão recíproca e proporcionalmente distribuídos e compensados entre eles os honorários e as despesas".*

Preleciona *Pontes de Miranda* (in "Comentários ao CPC", 3. ed. atualizada por *Sérgio Bermudes*, 1995, Forense, p. 399) que "na sentença pode o juiz fixar o que deve cada parte e, se entender que convém fazê-lo, referir-se à compensação e calculá-la".

É fora de dúvida que o susocitado aresto está em discrepância não só com o texto legal, mas, também, com a boa doutrina.

257. Ação de Cumprimento de Sentença Normativa

Como assinalamos noutro ponto da obra, a sentença normativa entra em vigor no dia da sua publicação, antes mesmo do trânsito em julgado. Nesse sentido, o TST se posicionou ao editar sua Súmula n. 246, *verbis:* "É dispensável o trânsito em julgado da sentença normativa para propositura da ação de cumprimento".

Provido o recurso pelo litigante irresignado, o trabalhador não terá de devolver o que houver recebido a mais.

É o que se depreende do art. 867 da CLT.

Mais uma vez frisamos que esse dispositivo consolidado é inconciliável com o princípio do duplo grau de jurisdição.

Cabe-nos, porém, pôr em foco, aqui, a ação de cumprimento de sentença normativa quando os empregadores deixam de satisfazer o pagamento dos salários com a majoração por ela decretado.

Essa ação é objeto do art. 872 da CLT.

Desde já, advertimos que o empregado isoladamente não está impedido por lei de ir a Juízo reivindicar a vantagem pecuniária prevista numa sentença normativa e recusada pelo empregador.

Informa o parágrafo único do referido art. 872 que, "quando os empregadores deixarem de satisfazer o pagamento de salários, na conformidade da decisão proferida (no processo de dissídio coletivo), poderão os empregados ou seus sindicatos, independente de outorga de poderes de seus associados, juntando certidão de tal decisão, apresentar reclamação à Vara do Trabalho ou Juízo competente, observado o processo previsto no Capítulo II deste Título, sendo vedado, porém, questionar sobre a matéria de fato e de direito já apreciada na decisão".

A sentença normativa, na hipótese, não é um título executivo judicial, a que faz menção o art. 475-N do CPC. *Wagner Giglio* esclarece que *"o conteúdo da decisão normativa não é executado, mas cumprido, da mesma forma pela qual são cumpridas outras normas jurídicas: espontânea ou coercitivamente, através de ações judiciais de processos individuais"* (cf. s/ob "Direito Processual do Trabalho", 13. ed., Saraiva, 2003, p. 402).

Apesar da clareza do parágrafo único do art. 872, da CLT, o TST editou a Orientação Jurisprudencial n. 188, SDI-1, que se nega, contudo, validade ao comando aí albergado, restringindo, inclusive, o exercício da ação individual, como se infere da leitura do seu teor, *verbis: "Decisão normativa que defere direitos. Falta de interesse de agir para ação individual.* Falta interesse de agir para a ação individual, singular ou plúrima, quando o direito já foi reconhecido através de decisão normativa, cabendo, no caso, ação de cumprimento".

Tem o processo coletivo do trabalho uma particularidade: sua sentença normativa não se executa no Tribunal que a proferiu.

A ação de cumprimento divide-se em duas fases: de conhecimento e de execução. É, de conseguinte, uma ação condenatória.

Na ação de cumprimento, é mister a identificação de cada um dos autores.

A citada norma consolidada confirma o que dissemos há pouco: para obrigar o empregador a cumprir cláusula de sentença normativa de índole salarial, o empregado age sozinho ou através do sindicato.

Para atuar, na espécie, em nome de todos os interessados, o sindicato o faz como substituto processual. Por isso mesmo, não precisa de mandato outorgado pelos empregados que sejam seus associados.

Percebe-se, neste passo, que a substituição processual fica restrita aos associados do sindicatos. Os empregados que não o forem terão de propor ações individuais ou plúrimas.

O órgão competente para conhecer e julgar uma ação de cumprimento é a Vara do Trabalho. Tem-se, assim, uma exceção a antigo princípio processual de que o Juízo competente para a execução é aquele que sentenciou o feito.

É de se prever a revelia do empregador numa ação de cumprimento.

Não se apresentando em Juízo para defender-se, reputar-se-ão verdadeiros os fatos afirmados pelo Autor (art. 319 do CPC).

É inquestionável que esses fatos só se relacionarão com o pagamento de salários nas bases ordenadas pela sentença normativa. Mas, em qualquer fase do processo, é dado ao revel provar que pagou o determinado pela sentença normativa e, como é óbvio, fica o juiz impedido de obrigá-lo a pagar outra vez o que já pagara aos empregados.

A insuficiência econômico-financeira da empresa para suportar a decretada majoração salarial é arguível no processo de dissídio coletivo ou na ação de cumprimento.

Tanto na ação coletiva de cumprimento do julgado como na individual é perfeitamente legítimo o empregador demonstrar que sua atividade econômica não corresponde à atividade profissional representada pelo sindicato de empregados.

Estamos que, na ação de cumprimento, é vedado ao empresário defender-se alegando nulidade da sentença normativa. A desconstituição desta faz-se por ação rescisória.

Pode ser objeto de uma ação de cumprimento convenção coletiva cujas cláusulas o empresariado desrespeita?

A resposta tem de ser negativa.

No art. 872 se faz referência apenas aos acordos judiciais e às sentenças normativas. Deixou de lado os pactos coletivos.

A Lei n. 8.984, de 7 de fevereiro de 1995, dispõe em seu art. 1º que *"compete à Justiça do Trabalho conciliar e julgar os dissídios que tenham origem no cumprimento de Convenções Coletivas de Trabalho ou Acordos Coletivos de Trabalho, mesmo quando ocorram entre sindicatos ou entre sindicato de trabalhadores e empregador"*.

Esse diploma legal conta, atualmente, com o amparo da Constituição Federal após a edição da Emenda Constitucional n. 45, que deu nova redação ao art. 114, ampliando, consideravelmente, a competência da Justiça do Trabalho para casos que tais.

Há sobre o assunto a Súmula n. 286 do TST: *"A legitimidade do sindicato para propor ação de cumprimento estende-se também à observância de acordo ou de convenção coletivos"*.

Sabe-se que há uma corrente favorável à representação dos trabalhadores, numa ação de cumprimento, por uma associação profissional ou sociedade civil.

Assenta-se essa posição no art. 5º, XXI, e no art. 8º da Constituição Federal.

Perdeu qualquer significado esse entendimento. Depois da vigência da Constituição Federal de 1988, os sindicatos se organizam sem passar pela fase preliminar representada pela associação profissional.

De outra parte, o pronunciamento da Justiça do Trabalho num conflito coletivo pressupõe o reconhecimento da legitimidade da entidade suscitante do dissídio — que é sempre um órgão sindical.

Não é de se incrementar a aplicação indiscriminada do inciso XXI do art. 5º da Lei Maior nas lides trabalhistas, uma vez que está em jogo um problema de substituição processual que, de regra, resolve-se mediante disposição expressa da lei.

Ademais disso, há norma constitucional — inciso III, do art. 8º — outorgando ao sindicato, com exclusividade, o direito de defender, administrativa e judicialmente, aqueles que representa.

No que tange à associação profissional, reconhecemos que o art. 8º da Lei Maior não foi feliz ao dizer, no seu *caput*, que *"é livre a associação profissional ou sindical"*.

Em seus oito incisos e um parágrafo o dispositivo não mais se reporta à associação profissional; cuida, apenas, do sindicato.

Por esse motivo, sustentamos que, no art. 8º, associação profissional é sinônimo de sindicato.

Discrepar do nosso ponto de vista é cair em paradoxo incontornável. Senão, vejamos.

Uma associação profissional só representa os seus associados e não a totalidade dos membros de uma categoria profissional ou econômica. É o que diz a CLT.

Como, então, poderá essa associação ter legitimidade para propor ação de cumprimento de sentença normativa que beneficia todos os empregados da empresa ou de uma categoria profissional, sendo eles seus associados ou não?

É evidente que, no caso, existe insuperável impossibilidade jurídica.

Quanto à sociedade civil, reza, de fato, o inciso XXI do art. 5º que as *"entidades associativas, quando expressamente autorizadas, têm legitimidade para representar seus filiados judicial ou extrajudicialmente"*.

Parece-nos certo que essa norma diz respeito tão somente às sociedades civis organizadas para defender interesses específicos de pessoas que não têm a condição de trabalhadores. Uma sociedade civil de consumidores, com apoio nesse inciso constitucional, está credenciada a defender seus associados num litígio com comerciantes ou fabricantes do produto.

Mas, em relação aos trabalhadores, existe o citado art. 8º, que, no inciso III, declara imperativamente que "ao sindicato cabe a defesa dos direitos e interesses coletivos e individuais da categoria, inclusive em questões judiciais ou administrativas".

A teor dessa norma constitucional só nos resta concluir que é vedado à lei ordinária dividir a representação e defesa dos trabalhadores entre o sindicato e uma sociedade civil.

Hugo Gueiros Bernardes, em brilhante ensaio escrito para os estudos em memória de *Coqueijo Costa*, LTr, 1989, p. 434 e ss., defende posição diferente.

É controvertida, no plano doutrinário, a questão da prescrição da ação de cumprimento da sentença normativa.

Uns afirmam que o respectivo prazo se inicia na data da publicação do respectivo acórdão porque é nessa data, *ex vi* do assentado no parágrafo único do art. 867 da CLT, que é exequível a sentença normativa. Outros sustentam que o prazo prescricional tem início na data do trânsito em julgado da questionada sentença.

O Tribunal Superior do Trabalho, pela Súmula n. 350 externou seu pensamento sobre o tema nestes termos: "O prazo de prescrição com relação à ação de cumprimento de decisão normativa flui apenas a partir da data de seu trânsito em julgado".

Antes da irrecorribilidade da sentença, é ela passível de modificações no julgamento dos recursos cabíveis. Essa posição se harmoniza com os cânones da tradição do nosso direito processual. De outra parte, oferece maior proteção ao assalariado (cinco anos na vigência do contrato de trabalho e até dois anos após a sua extinção) cujo empregador se recusa a cumprir a sentença normativa em processo de dissídio coletivo de natureza econômica.

O TST editou a Súmula n. 397 que cuida do descabimento da ação rescisória no caso de ação de cumprimento que ofende a coisa julgada emanada de sentença normativa modificada em grau de recurso. Nessa súmula ficou assentado que caberá ou a exceção de pré-executividade ou, então, o mandado de segurança, e não a ação rescisória, *verbis*: *"Ação rescisória. Art. 485, IV, do CPC. Ação de cumprimento. Ofensa à coisa julgada emanada de sentença normativa modificada em grau de recurso. Inviabilidade. Cabimento de mandado de segurança. Não procede ação rescisória calcada em ofensa à coisa julgada perpetrada por decisão proferida em ação de cumprimento, em face de a sentença normativa, na qual se louvava, ter sido modificada em grau de recurso, porque em dissídio coletivo somente se consubstancia coisa julgada formal. Assim, os meios processuais aptos a atacarem a execução da cláusula reformada são a exceção de pré-executividade e o mandado de segurança, no caso de descumprimento do art. 572 do CPC".*

Em harmonia com essa sua Súmula n. 397, o TST cristalizou o seguinte entendimento na Orientação Jurisprudencial n. 277, SDI-1, *verbis*: *"Ação de cumprimento fundada em decisão normativa que sofreu posterior reforma, quando já transitada em julgado a sentença condenatória. Coisa julgada. Não configuração. A coisa julgada produzida na ação de cumprimento é atípica, pois dependente de condição resolutiva, ou seja, da não modificação da decisão normativa por eventual recurso. Assim, modificada a sentença normativa pelo TST, com a consequente extinção do processo, sem julgamento do mérito, deve-se extinguir a execução em andamento, uma vez que a norma sobre a qual se apoiava o título exequendo deixou de existir no mundo jurídico".*

Estabelece a Orientação Jurisprudencial n. 188, SDI-1, o seguinte: *"Decisão normativa que defere direitos. Falta de interesse de agir para ação individual. Falta interesse de agir para a ação individual, singular ou plúrima, quando o direito já foi reconhecido através de decisão normativa, cabendo, no caso, ação de cumprimento.* Nota: (este verbete contraria o parágrafo único do art. 872 da CLT).

257.1. Extensão das Decisões Normativas

A CLT trata do instituto da extensão da sentença normativa em seus arts. 868 a 871. Ei-los:

"Art. 868. Em caso de dissídio coletivo que tenha por motivo novas condições de trabalho, e no qual figure como parte apenas uma fração de empregados de uma empresa, poderá o tribunal competente, na própria decisão, estender tais condições de trabalho, se julgar justo e conveniente, aos demais empregados da empresa que forem da mesma profissão dos dissidentes.

Parágrafo único. O Tribunal fixará a data em que a decisão deve entrar em execução, bem como o prazo de sua vigência, o qual não poderá ser superior a quatro anos";

"Art. 869. A decisão sobre novas condições de trabalho poderá também ser estendida a todos os empregados da mesma categoria profissional compreendida na jurisdição do Tribunal: a) por solicitação de um ou mais empregadores, ou de qualquer sindicato destes; b) por solicitação de um ou mais sindicatos de empregados; c) ex officio, pelo Tribunal que houver proferido a decisão; d) por solicitação da Procuradoria da Justiça do Trabalho";

"Art. 870. Para que a decisão possa ser estendida, na forma do artigo anterior, torna-se preciso que três quartos dos empregadores e três quartos dos empregados, ou os respectivos sindicatos, concordem com a extensão da decisão.

§ 1º O tribunal competente marcará prazo, não inferior a trinta nem superior a sessenta dias, a fim de que se manifestem os interessados.

§ 2º Ouvidos os interessados e a Procuradoria da Justiça do Trabalho, será o processo submetido ao julgamento do Tribunal" e

"Art. 871. Sempre que o Tribunal estender a decisão, marcará a data em que a extensão deva entrar em vigor".

Do cotejo desses artigos com a alteração introduzida pela Emenda Constitucional n. 45/2004, no § 2º, do art. 114, da Constituição, no sentido de que a instauração de um dissídio coletivo de natureza econômica somente poderá ocorrer se houver *o comum acordo entre as partes*, constata-se que esses dispositivos se tornaram incompatíveis com o novo sistema.

Assim, inexistindo o comum acordo para a instauração do dissídio coletivo de natureza econômica, claro está que jamais um tribunal poderá examinar a pretensão colocada a seu exame, o que provocaria a imposição de uma extensão de sentença normativa. Essa imposição de sentença normativa a outras pessoas como está albergada nesses dispositivos do estatuto obreiro é incompatível com o novo sistema de condicionar a instauração da instância de um dissídio coletivo ao comum acordo das partes.

Por essa razão, entendemos que esses quatro dispositivos ora analisados não foram recepcionados pela nova redação do art. 114, § 2º, da Constituição, notadamente no que se refere ao poder do Tribunal do Trabalho estender *ex officio* os efeitos de uma sentença normativa a outras categorias de trabalhadores

Os que comungam com a manutenção desse instituto de extensão de sentença normativa sustentam que são duas as únicas hipóteses de admissibilidade da extensão dos efeitos da sentença normativa, após a instauração da instância do processo de dissídio coletivo objetivando novas condições de trabalho:

a) quando envolver parte dos empregados de uma empresa (art. 868); e

b) quando envolver parte dos membros da categoria profissional compreendida na jurisdição do Tribunal (art. 869).

Argumentam que, na primeira hipótese — "a" — poderá o Tribunal, na própria sentença, e se achar justo e conveniente, estender as novas condições de trabalho aos demais empregados que pertencerem à mesma profissão dos que participam ou são representados na ação coletiva. Mas desde que a instância tenha sido instaurada de comum acordo entre as partes litigantes

Percebe-se, no caso, uma exceção ao velho princípio processual de que o juiz só presta tutela jurisdicional à parte ou ao interessado que a requerer (art. 2º do CPC). Seria uma característica distintiva do nosso processo de dissídio coletivo, mas que não se coaduna com a noção de existir comum acordo para que a relação processual coletiva e de natureza econômica se aperfeiçoe.

A extensão da sentença normativa vai favorecer empregados que não eram partes ou estavam representados pelo sindicato na ação em tela, situação essa que é incompatível, como já dito, com o requisito de que haja o comum acordo das partes para a instauração do dissídio coletivo de natureza econômica.

Essa extensão, de iniciativa do Tribunal prolator da sentença, tem como pressuposto a comprovação de que a providência é justa e conveniente, mas que colide com o fato da existência do comum acordo para a instauração da instância do dissídio.

Reconhecemos que os artigos que disciplinavam a extensão das decisões normativas não se salientavam pela clareza. Mesmo assim, porém, deduz-se deles que a extensão era, a rigor, um ponto da sentença normativa que punha fim ao processo de dissídio coletivo de trabalho.

Não obstante os termos do ora vigente § 2º, do art. 114, da Constituição, o TST mantém, ainda, válida a Orientação Jurisprudencial n. 2 da sua Seção de Dissídios Coletivos (SDC) no sentido de que *"inexiste a possibilidade de se aplicar as condições ajustadas em um acordo homologado nos autos de um dissídio coletivo às partes que não o subscreveram, exceto se observado o procedimento previsto no art. 868 e ss. da CLT"*.

258. Revisão de Sentença Normativa

Os arts. 873, 874 e 875 da CLT autorizam a revisão de uma sentença normativa.

Diz-se no art. 873 o seguinte — *verbis*:

"Decorrido mais de um ano de sua vigência, caberá revisão das decisões que fixarem condições de trabalho, quando se modificarem as circunstâncias que as ditaram de modo que tais condições se hajam tornado injustas ou inaplicáveis".

Deflui dessa norma que ação coletiva de revisão só é proponível nos dissídios de natureza econômica, uma vez que só eles podem estabelecer novas condições de trabalho.

Evidente que essa norma se calcou na cláusula *rebus sic stantibus*. O ajustado há um ano o foi sob condições e em circunstâncias que posteriormente se modificaram, o que pode impor exorbitante prejuízo a um dos litigantes.

Em tempos de inflação alta, tem a Justiça do Trabalho fixado o período de vigência de uma sentença normativa nunca superior a um ano. É o que se faz, desde a década de 60, em nosso País. Dominado o flagelo da inflação e estabilizados os preços dos bens de primeira necessidade, é possível que se volte a usar de um período de vigência maior. Note-se que a CLT estabelece como prazo mínimo de doze meses a vigência de uma sentença normativa. Não existe na CLT um prazo máximo. Por não conter na CLT um prazo máximo, alguns sustentavam que ele poderia ser de um a quatro anos, lançando mão, assim, da regra contida no seu art. 868, que cuidava do instituto da extensão de uma sentença normativa a outras pessoas estranhas à relação processual coletiva. Todavia, esse dispositivo legal foi revogado pela Emenda Constitucional n. 45 ao dar nova redação ao art. 114, § 2º, da Constituição, que condiciona a instauração de um dissídio coletivo de natureza econômica ao comum acordo entre as partes.

Diante disso, sustentamos que nada impede que uma sentença normativa tenha a vigência superior a um ou mais anos, não havendo, assim, a limitação de 4 anos indicada no revogado art. 868, da CLT.

Neutralizada a inflação e os preços das mercadorias, augura-se que o processo de revisão dessa sentença normativa talvez volte a ter utilidade nas relações coletivas de trabalho.

Sem nos entregar ao exercício de futurologia, consideramos pouco provável, em qualquer hipótese, a retomada do uso do processo de revisão.

Não poucas lideranças sindicais, com o intuito de preservar sua posição de prestígio no seio da classe, têm particular interesse em, anualmente, colocar-se no centro das negociações com o patronato de um novo pacto coletivo com condições de trabalho mais atraentes.

Consoante o art. 874 da CLT era a revisão promovida *ex officio* pelo Tribunal prolator da sentença normativa, pela Procuradoria do Trabalho, pelas entidades sindicais de empregados ou de empregadores. Entendemos que esse dispositivo é incompatível com a nova redação dada pela Emenda Constitucional n. 45/2004 ao art. 114, § 2º, da Constituição, que passou a ser exigido o comum acordo das partes para que haja a propositura de um dissídio coletivo de natureza econômica.

Nesse mesmo sentido, *Carlos E. Bezerra Leite* sustenta que esse art. 874 da CLT encontra-se revogado pela Emenda Constitucional n. 45/2004 (cf. s/ob "Curso de Direito Processual do Trabalho", 4. ed., LTr, p. 959).

259. Recursos no Processo de Dissídio Coletivo

259.1. Do Recurso Ordinário no Dissídio Coletivo

Dois são os recursos oponíveis num processo de dissídio coletivo: o recurso ordinário e os embargos infringentes.

O *recurso ordinário*, dirigido ao Tribunal Superior do Trabalho, é oponível contra sentenças normativas proferidas pelos Tribunais Regionais do Trabalho nos supracitados processos dentro do prazo de oito dias. Registre-se que o *caput* do art. 867 foi derrogado pelo § 4º, do art. 7º da Lei n. 7.701, de 21.12.1988, *verbis*: *"Publicado o acórdão, quando as partes serão consideradas intimadas, seguir-se-á o procedimento recursal como previsto em lei, com a intimação pessoal do Ministério Público, por qualquer dos seus procuradores".*

Por seu turno, reza o § 6º do art. 7º da Lei n. 7.701/89, que a sentença normativa poderá ser objeto de ação de cumprimento a partir do 20º dia subsequente ao do julgamento, fundada no acórdão ou na certidão de julgamento. Tem o Juiz Relator 10 dias para redigir o acórdão. A publicação da sentença normativa deverá ocorrer no prazo de 20 dias. Contudo esse prazo foi reduzido com a Lei n. 10.192, de 14.2.2001, que em seu art. 12, § 2º determina a publicação do acórdão no prazo de 15 dias da decisão do Tribunal. Decorrentemente, ficou reduzido, também, o prazo para a execução da sentença normativa.

É o Tribunal Superior do Trabalho competente para conhecer e julgar, originariamente, os conflitos coletivos de trabalho ocorridos em espaço territorial que exceda o de um Tribunal Regional do Trabalho. Contra decisões prolatadas em tais processos, admitem-se os *embargos infringentes*, salvo se a decisão estiver em consonância com precedente jurisprudencial da Corte Superior ou da sua súmula de jurisprudência predominante (v. alínea *c* do art. 2º da Lei n. 7.701, de 21.12.88).

Escusado ressaltar, neste passo, que tendo sido prequestionada matéria constitucional, é cabível o recurso extraordinário.

É tradição, no nosso processo coletivo do trabalho, a devolutividade dos recursos que nele se interpõe.

Como corolário dessa velha linha da nossa legislação, a sentença normativa é exequível logo após sua publicação. No caso, a execução não é provisória como acontece no processo comum. Logo mais adiante analisaremos com mais vagar esse ponto.

Ao longo do tempo, a recorribilidade das sentenças normativas vem passando por vicissitudes explicáveis pelas mudanças operadas na economia do País.

Se estável a moeda, tinha o recurso efeito suspensivo; se existente a inflação que corrói a moeda, diminuindo-lhe o poder aquisitivo, a pressão se fazia no sentido de dar-se eficácia imediata à sentença normativa, a fim de que os salários já defasados tivessem seu valor corrigido, de imediato.

Só assim se torna compreensível a inserção, pelo Decreto-lei n. 424, de 24 de janeiro de 1969, de parágrafo único — no art. 867 da Consolidação das Leis do Trabalho:

"A sentença normativa vigorará:

a) a partir da data de sua publicação, quando ajuizado o dissídio após o prazo do art. 616, § 3º, ou, quando não existir acordo, convenção ou sentença normativa em vigor, na data do ajuizamento;

b) a partir do dia imediato ao termo final da vigência do acordo, convenção ou sentença normativa, quando ajuizado o dissídio no prazo do art. 616, § 3º".

A fim de evitar o risco de o trabalhador ter de devolver o que recebera a mais, já em data anterior à vigência do referido Decreto-lei n. 424, dispunha o § 3º do art. 6º da Lei n. 4.725, de 13 de julho de 1965 — *verbis*:

"O provimento do recurso não importará na restituição dos salários ou vantagens pagos, em execução do julgado".

Do exposto se infere que a sentença normativa, antes do seu trânsito em julgado, ganhava, como ainda ganha, força executiva.

Escusado dizer que essa disposição legal ofende o princípio do duplo grau de jurisdição.

Tal posição teórica perde toda a sua força diante do argumento de que o trabalhador, em tempos de inflação alta e crescente, não pode ficar com o salário congelado durante um ou dois anos, à espera do julgamento, pelo Tribunal Superior do Trabalho, do julgamento do recurso ordinário.

A mesma Lei n. 4.725, no § 1º do seu art. 6º, assentava competir ao presidente do Tribunal Superior do Trabalho a concessão de efeito suspensivo, a pedido do recorrente em petição fundamentada. Do despacho deferitório, era cabível o agravo para o Pleno do Tribunal, no prazo de cinco dias.

A Lei n. 7.701, há pouco citada, atribuiu ao Presidente do TST a faculdade de conceder efeito suspensivo ao recurso ordinário no processo de dissídio coletivo (§ 6º do art. 7º).

A Lei n. 7.788/89 retirou dessa autoridade judiciária tal prerrogativa. Esse diploma legal, por seu turno, foi revogado pela Lei n. 8.030/90, mas se manteve silente quanto aos efeitos do recurso no processo em tela.

A partir daí, os interessados na suspensão, total ou parcial, de uma sentença normativa se utilizaram da *medida cautelar inominada* (art. 798 do Código de Processo Civil) e, por via de consequência, eram obrigados a provar a existência dos pressupostos da cautelar: o *fumus boni juris* e o *periculum in mora*.

Em seguida, editou-se a Medida Provisória n. 2.074-72 (convertida na Lei n. 10.192, de 14.2.2001), estatuindo, no art. 14: "O recurso interposto de decisão normativa da Justiça do Trabalho terá efeito suspensivo, na medida e extensão conferidas em despacho do Presidente do Tribunal Superior do Trabalho".

Não impôs qualquer condicionamento a essa decisão do chefe da mais alta Corte da Justiça do Trabalho. Por outras palavras, ao conceder o efeito suspensivo ao recurso, não se faz mister a comprovação dos pressupostos da cautelar inominada. Atende, apenas, às limitações da jurisprudência do próprio Tribunal e às disposições mínimas da lei tuteladora do trabalho subordinado.

À evidência, não mais se trata, na espécie, de u'a ação cautelar, embora guarde com ela certa afinidade e semelhança.

Cabe à parte, interessada na suspensão, total ou em parte, da sentença normativa, provar que já aviou o recurso ordinário e que o decisório impugnado vulnera norma legal e/ou desatende à jurisprudência sedimentada do Tribunal Superior do Trabalho.

A faculdade atribuída por lei ao presidente do TST é exercitável, também, nos dissídios de competência originária do TST.

Impugna-se, por meio de agravo regimental, o despacho concessivo de efeito suspensivo ao recurso ordinário no processo de dissídio coletivo, *ex vi* dos arts. 235 e seguintes do Regimento Interno do Tribunal Superior do Trabalho.

O presidente do Tribunal Superior do Trabalho poderá reconsiderar seu despacho ao receber o agravo regimental ou confirmá-lo, caso em que submeterá ao colegiado competente aquele recurso.

Ocorrendo a cassação do efeito suspensivo do recurso interposto contra sentença normativa, seu efeito retroage à data do despacho que o deferiu. Nesse sentido, o TST editou sua Súmula n. 279, *verbis*: "*Recurso contra sentença normativa. Efeito suspensivo. Cassação — A cassação de efeito suspensivo concedido a recurso interposto de sentença normativa retroage à data do despacho que o deferiu*".

No dissídio coletivo subsequente àquele em que o empregador levou a melhor no recurso interposto, nada impede que, na eventualidade da concessão de novo aumento geral de salários, a respectiva sentença normativa atenda ao pedido da parte interessada, autorizando a compensação do *quantum* recebido a mais pelos trabalhadores no dissídio anterior.

Opor-se a esse entendimento é consagrar modalidade de enriquecimento ilícito.

Tendo em vista o disposto no art. 14, da Lei n. 10.192/2001, que prevê a concessão de efeito suspensivo pelo Presidente do TST a recurso ordinário interposto contra acórdão proferido em dissídio coletivo de natureza econômica, foi por esse tribunal editada a Instrução Normativa n. 24, aprovada pela Resolução n. 120, de 2.10.2003. Assim, em atenção ao princípio da instrumentalidade do processo e à característica marcante da conciliação no processo trabalhista, aí foi esclarecido que esse pedido de efeito suspensivo no tribunal terá a seguinte tramitação interna:

a) Ao Presidente do TST é facultada a designação de audiência de conciliação relativamente a pedido de concessão de efeito suspensivo a recurso ordinário interposto contra decisão normativa da Justiça do Trabalho;

b) Poderá o Presidente do TST, antes de designar audiência prévia de conciliação, conceder ao requerido o prazo de 5 (cinco) dias, para, querendo, manifestar-se sobre o pedido de efeito suspensivo;

c) O Ministério Público do Trabalho, por intermédio da Procuradoria-Geral do Trabalho, será comunicado do dia, hora e local da realização da audiência, enquanto as partes serão notificadas;

d) Havendo transação nessa audiência, as condições respectivas constarão de ata, facultando-se ao Ministério Público do Trabalho emitir parecer oral, sendo, em seguida, sorteado Relator, que submeterá o acordo à apreciação da Seção Especializada em Dissídios Coletivos, na primeira sessão ordinária subsequente ou em sessão extraordinária designada para esse fim;

e) O Presidente do TST poderá submeter o pedido de efeito suspensivo à apreciação da Seção Especializada em Dissídios Coletivos, desde que repute a matéria como de alta relevância.

259.2. Da Assistência no Processo de Dissídio Coletivo

Temos como certo que o terceiro com interesse jurídico em que a sentença normativa seja favorável a uma das partes pode intervir no processo coletivo do trabalho como assistente (art. 50 do CPC).

Em razão dessa constatação, é lícito a uma empresa (ou mesmo um trabalhador) intervir no processo.

Inexistindo impugnação ao pedido dentro de cinco dias, será ele deferido. Se qualquer das partes alegar que falece interesse jurídico ao requerente da assistência, será desentranhada a petição, bem como a impugnação, a fim de que o juiz presidente do Tribunal decida, em cinco dias, o incidente (v. art. 51 do CPC).

A assistência, na ação coletiva de trabalho, obedecerá às prescrições pertinentes do Código de Processo Civil (arts. 50 *usque* 55).

259.3. Dos Embargos Infringentes no Processo de Dissídio Coletivo

Há dissídios coletivos que se incluem na competência originária do Tribunal Superior do Trabalho.

São aqueles em que as categorias envolvidas no conflito se espalham por área territorial compreendendo a jurisdição de mais de um Tribunal Regional do Trabalho.

Prevê a lei a interposição de embargos infringentes quando a decisão, no caso, não for por unanimidade.

Contrario sensu, se unânime a decisão, deixa ela de ser embargável.

Em nosso entendimento, há na hipótese uma ofensa ao princípio do duplo grau de jurisdição.

Não se alegue, em oposição ao nosso entendimento, o inciso I do art. 102 da Constituição da República, em que são indicados os casos de competência originária do Supremo Tribunal Federal e nos quais, como óbvio, não ocorre a revisão do aresto por meio de recurso.

Aí, trata-se de exceção que a Constituição abre ao questionado princípio, mas restringindo-a aos casos que enumera. Não se admite, *in casu*, interpretação extensiva.

259.4. Depósito Recursal e Dissídio Coletivo

Noutra passagem desta obra, sustentamos a inconstitucionalidade do depósito recursal.

Aqui nos limitamos a dar resposta à indagação: *é exigível tal depósito quando se interpõe recurso numa ação coletiva?*

De conformidade com o entendimento do Tribunal Superior do Trabalho, tem esse depósito por finalidade garantir a execução de uma sentença condenatória.

Ora, a sentença que se profere num processo de dissídio coletivo é de natureza constitutivo-declaratória, portanto de natureza diversa daquela há pouco referida.

Semelhante constatação conduz à conclusão da inaplicabilidade ao processo de dissídio coletivo do disposto no art. 899 da CLT, sobre depósito recursal.

260. *Política Salarial e Dissídio Coletivo*

Durante muitos anos, a Justiça do Trabalho — no julgamento dos dissídios coletivos de natureza econômica — recorreu a órgãos oficiais ou privados para apurar o índice da elevação do custo de vida.

De posse desse dado, ordenava um aumento salarial em proporção igual ao índice em questão.

À medida que a inflação foi-se agravando, cresceu o clamor na classe operária por um ajuste salarial em prazo mais curto que o anual. Na prática, muitas empresas se anteciparam a uma determinação legal.

A partir da revolução de 31 de março de 1964, por meio de decretos-leis ou de leis regularmente aprovadas pelo Congresso Nacional, contemplou-se o Poder Executivo com autorização para informar as taxas de inflação, as quais serviriam de base aos aumentos salariais ordenados pela Justiça do Trabalho.

Vamos, a seguir, indicar os principais atos legislativos que estruturaram a política salarial do País nos últimos tempos.

Antes, porém, desejamos deixar bem claro que não estamos de acordo com a intervenção oficial nessa questão. O Poder Público deveria cingir-se a regular o salário mínimo e assim mesmo em bases diferentes das atuais, que levam à remuneração mínima uniforme em todo o País.

Semelhante orientação, sem dúvida estapafúrdia, só beneficia as unidades federativas economicamente mais desenvolvidas na competição com aquelas outras que ainda não atingiram o mesmo grau de desenvolvimento.

A questão salarial deve ser discutida diretamente pelos empregadores com os seus empregados, com a supervisão dos sindicatos profissionais.

Eles têm condições de solucionar o problema com mais objetividade que um Tribunal do Trabalho, por contarem com elementos informativos e conhecimento de peculiaridades da empresa que, de ordinário, não são canalizados ao processo de dissídio coletivo.

Vejamos os diplomas legais mais expressivos com que se vem realizando a política salarial, ao longo dos anos.

A) O Decreto-lei n. 15, de 29 de julho de 1966, modificado pelo Decreto-lei n. 17, de 22 de agosto de 1966, instituiu a fórmula a que a Justiça do Trabalho teria de se ater ao julgar um dissídio coletivo de natureza econômica.

Esses dois decretos-leis passaram por profunda reforma com o advento da Lei n. 6.147, de 29 de novembro de 1974, e notadamente no ponto relativo à fórmula do aumento salarial.

B) A Lei n. 6.708, de 30 de outubro de 1979, veio estabelecer que o valor monetário dos salários teria de ser corrigido semestralmente.

Estabeleceu os degraus salariais com aumentos diferenciados.

Cabia ao Poder Executivo fixar o Índice Nacional de Preços ao Consumidor — INPC — para servir de base às decisões da Justiça do Trabalho.

C) Em rápida sucessão, o Decreto-lei n. 2.065, Lei n. 7.238, de 29 de outubro de 1984, revogando dispositivos do Decreto-lei n. 2.065 e estabelecendo a correção automática dos salários pelo INPC. Decreto-lei n. 2.284, de 10 de março de 1986, Decreto-lei n. 2.335, de 12 de junho de 1987, e Lei n. 7.730, de 31 de janeiro de 1989.

Essas rápidas mudanças da política salarial tiveram como causa o aceleramento do processo inflacionário.

A constante em todos esses diplomas legais foi a crença de que o salários não podiam subir com a mesma velocidade da inflação. Assim, reduzia-se a capacidade aquisitiva do salário.

A despeito dessa medida, a inflação não diminuiu seu ritmo.

D) Lei n. 7.777, de 19 de junho de 1989, dispondo sobre o ajustamento do Programa de Estabilização Econômica.

E) Lei n. 7.788, de 3 de julho de 1989, dispondo sobre a política salarial e dando-lhe novas bases.

F) Lei n. 8.030, de 12 de abril de 1990, instituindo sistemática diferente para reajuste de preços e salários e revogando a Lei n. 7.788.

G) Lei n. 8.073, de 30 de julho de 1990, estruturando nova política salarial, mas teve todos os seus artigos, menos um, vetados pela Presidência da República. O dispositivo remanescente dizia ser o sindicato o substituto processual do trabalhador e da categoria profissional. A Súmula n. 310 do TST pôs termo à controvérsia sobre o verdadeiro alcance dessa norma legal.

Estava essa Súmula em perfeita sintonia com a doutrina majoritária acerca da matéria, pois ela enfocava, com precisão, as diversas situações que o legislador ordinário outorgava a condição de substituto processual ao sindicato. Contudo, entendeu o TST revogá-la em outubro de 2003 (Res. n. 119/2003, DJU de 1º.10.2003), sinalizando, com isso, que passaria a entender que o inciso III, do art. 8º da Constituição prevê a substituição processual da entidade sindical como sendo ampla e ilimitada.

Por sua vez, em 2006, o Supremo Tribunal Federal entendeu que o sindicato tem a ampla capacidade processual para a defesa de qualquer tipo de interesse de seus representados seja na fase de conhecimento, seja na fase de cumprimento da sentença exequenda (RE 213.111; 210.029; 193.503; 193.579; 208.983; 211.152; 214.830; 211.874 e 214.668).

Merece leitura o item 54.4. deste livro acerca do tema substituição processual por parte do sindicato.

Para não deixar o País sem política salarial, o Executivo editou seguidas Medidas Provisórias ns. 193, 199, 211, 219, 234, 256, 273 e 292, respectivamente de 25.6.1990, 26.7.1990, 24.8.1990, 4.9.1990, 29.10.1990, 28.11.1990 e 3.1.1991.

A Medida Provisória n. 295 converteu-se na Lei n. 8.178, de 1º de março de 1991.

H) Lei n. 8.177, de 1º de março de 1991, estabelecendo regras para a desindexação da economia e revogando expressamente o Decreto-lei n. 75, de 23 de novembro de 1966.

I) Lei n. 8.178, de 1º de março de 1991, estabelecendo regras para preços e salários, vedou aumentos salariais durante certo período (1º de março a 31 de agosto de 1991) e criou, em compensação, alguns abonos.

J) Lei n. 8.222, de 5 de setembro de 1991, criando nova política salarial e agrupando as categorias profissionais em quatro datas-base. Assegurou aos trabalhadores, a cada dois meses, um aumento automático de salários até três salários mínimos, à guisa de antecipação. Quadrimestralmente, fazia-se o reajuste integral dessa faixa salarial com fundamento na variação do INPC no quadrimestre anterior, absorvida a majoração bimestral já feita.

K) Lei n. 8.419, de 7 de maio de 1992, com nova política salarial e revogando a Lei n. 8.222. Criou o Fundo de Atualização Salarial — FAS — para a correção quadrimestral da faixa salarial igual a três salários mínimos.

L) A Lei n. 8.542, de 23 de dezembro de 1991, veio revogar a Lei n. 8.419. Manteve a divisão das categorias em quatro datas-base.

Essa lei sofreu alterações pela Lei n. 8.700, de 27 de agosto de 1993.

M) A Lei n. 8.880, de 27 de maio de 1994, dispondo sobre o programa de estabilização econômica e instituindo a nova moeda — o Real.

N) Lei n. 10.192, de 14.2.01, com disposições sobre medidas complementares ao Plano Real e sobre a faculdade de o Presidente do Tribunal Superior do Trabalho conceder efeito suspensivo, no todo ou em parte, a recurso ordinário interposto em processo de dissídio coletivo.

Tudo está a indicar que ainda durante algum tempo a política salarial passará por seguidas modificações até o dia (sabe Deus quando) em que a inflação deixar de existir, definitivamente, como tormento dos assalariados.

Essas rápidas e sucessivas mudanças da política salarial deram origem a sérios problemas de conflitos de normas legais no tempo e o TST se viu na contingência de aprovar várias Súmulas.

Ei-las:

Súmula n. 315 — IPC de março/90. Lei n. 8.030/90 (Plano Collor). Inexistência de direito adquirido. A partir da vigência da Medida Provisória n. 154/90, convertida na Lei n. 8.030/90, não se aplica o IPC, de março de 1990, de 84,32%

para a correção dos salários, porque o direito ainda não se havia incorporado ao patrimônio jurídico dos trabalhadores, inexistindo ofensa ao inciso XXXVI do art. 5º da CF/88.

Súmula n. 319 — *Reajustes salariais ("gatilhos"). Aplicação aos servidores públicos contratados sob a égide da legislação trabalhista.* Aplicam-se aos servidores públicos, contratados sob o regime da CLT, os reajustes decorrentes da correção automática dos salários pelo mecanismo denominado gatilho, de que tratam os Decretos-leis ns. 2.284/86 e 2.302/86.

Súmula n. 322 — *Diferenças salariais. Planos econômicos. Limite.* Os reajustes salariais decorrentes dos chamados "gatilhos" e URPs, previstos legalmente como antecipação, são devidos tão somente até a data-base de cada categoria.

Súmula n. 375 — *Reajustes salariais previstos em norma coletiva. Prevalência da legislação de política salarial.* Os reajustes salariais previstos em norma coletiva de trabalho não prevalecem frente à legislação superveniente de política salarial.

261. Orientações Jurisprudenciais da Seção de Dissídios Coletivos (SDC), e Precedentes Normativos do TST

261.1. Orientações Jurisprudenciais da SDC do TST

A seguir elencamos todas as orientações jurisprudenciais da SDC do TST em vigência.

Orientação Jurisprudencial n. 2. Acordo homologado. Extensão a partes não subscreventes. Inviabilidade. É inviável aplicar condições constantes de acordo homologado nos autos de dissídio coletivo, extensivamente, às partes que não o subscreveram, exceto se observado o procedimento previsto no art. 868 e seguintes, da CLT.

Orientação Jurisprudencial n. 3. Arresto. Apreensão. Depósito. Pretensões insuscetíveis de dedução em sede coletiva. São incompatíveis com a natureza e finalidade do dissídio coletivo as pretensões de provimento judicial de arresto, apreensão ou depósito.

Orientação Jurisprudencial n. 5. Dissídio coletivo contra pessoa jurídica de direito público. Impossibilidade jurídica. Aos servidores públicos não foi assegurado o direito ao reconhecimento de acordos e convenções coletivas de trabalho, pelo que, por conseguinte, também não lhes é facultada a via do dissídio coletivo, à falta de previsão legal.

Orientação Jurisprudencial n. 7. Dissídio coletivo. Natureza jurídica. Interpretação de norma de caráter genérico. Inviabilidade. Não se presta o dissídio coletivo de natureza jurídica à interpretação de normas de caráter genérico, a teor do disposto no art. 313 do RITST.

Orientação Jurisprudencial n. 8. Dissídio coletivo. Pauta reivindicatória não registrada em ata. Causa de extinção. A ata da assembleia de trabalhadores que legitima a atuação da entidade sindical respectiva em favor, de seus interesses deve registrar, obrigatoriamente, a pauta reivindicatória, produto da vontade expressa da categoria.

Orientação Jurisprudencial n. 9. Enquadramento sindical. Incompetência material da Justiça do Trabalho. O dissídio coletivo não é meio próprio para o Sindicato vir a obter o reconhecimento de que a categoria que representa é diferenciada, pois esta matéria — enquadramento sindical — envolve a interpretação de norma genérica, notadamente do art. 577 da CLT.

Orientação Jurisprudencial n. 10. Greve abusiva não gera efeitos. É incompatível com a declaração de abusividade de movimento grevista o estabelecimento de quaisquer vantagens ou garantias a seus partícipes, que assumiram os riscos inerentes à utilização do instrumento de pressão máximo.

Orientação Jurisprudencial n. 11. Greve. Imprescindibilidade de tentativa direta e pacífica da solução do conflito. Etapa negocial prévia. É abusiva a greve levada a efeito sem que as partes hajam tentado, direta e pacificamente, solucionar o conflito que lhe constitui o objeto.

Orientação Jurisprudencial n. 15. Sindicato. Legitimidade ad processam. Imprescindibilidade do registro no Ministério do Trabalho. A comprovação da legitimidade *ad processam* da entidade sindical se faz por seu registro no órgão competente do ministério do trabalho, mesmo após a promulgação da Constituição Federal de 1988.

Orientação Jurisprudencial n.16. Taxa de homologação de rescisão contratual. Ilegalidade. É contrária ao espírito da lei (art. 477, § 7º, da CLT) e da função precípua do sindicato a cláusula coletiva que estabelece taxa para homologação de rescisão contratual.

Orientação Jurisprudencial n. 17. Contribuições para entidades sindicais. Inconstitucionalidade de sua extensão a não associados. As cláusulas coletivas que estabeleçam contribuição em favor de entidade sindical, a qualquer título, obrigando trabalhadores não sindicalizados, são ofensivas ao direito de livre associação e sindicalização, constitucionalmente assegurado, e, portanto, nulas, sendo passíveis de devolução, por via própria, os respectivos valores eventualmente descontados.

Orientação Jurisprudencial n. 18. Descontos autorizados no salário pelo trabalhador. Limitação máxima de 70% do salário-base. Os descontos efetuados com base em cláusula de acordo firmado entre as partes não podem ser superiores a 70% do salário-base percebido pelo empregado, pois deve-se assegurar um mínimo de salário em espécie ao trabalhador.

Orientação Jurisprudencial n. 19. Dissídio coletivo contra empresa. Legitimação da entidade sindical. Autorização dos trabalhadores diretamente envolvidos no conflito. A legitimidade da entidade sindical para a instauração da instância contra determinada empresa está condicionada à prévia autorização dos trabalhadores da suscitada diretamente envolvidos no conflito.

Orientação Jurisprudencial n. 20. Empregados sindicalizados. Admissão preferencial. Condição violadora do art. 8º, V, DA CF/88. Viola o art. 8º, V, da CF/1988 cláusula de instrumento normativo que estabelece a preferência, na contratação de mão de obra, do trabalhador sindicalizado sobre os demais.

Orientação Jurisprudencial n. 22. Legitimidade ad causam do sindicato. Correspondência entre as atividades exercidas pelos setores profissional e econômico envolvidos no conflito. Necessidade. É necessária a correspondência entre as atividades exercidas pelos setores profissional e econômico, a fim de legitimar os envolvidos no conflito a ser solucionado pela via do dissídio coletivo.

Orientação Jurisprudencial n. 23. Legitimidade ad causam. Sindicato representativo de segmento profissional ou patronal. Impossibilidade. A representação sindical abrange toda a categoria, não comportando separação fundada na maior ou menor dimensão de cada ramo ou empresa.

Orientação Jurisprudencial n. 25. Salário normativo. Contrato de experiência. Limitação. Tempo de serviço. Possibilidade. Não fere o princípio da isonomia salarial (art. 7º, XXX, da CF/88) a previsão de salário normativo tendo em vista o fator tempo de serviço.

Orientação Jurisprudencial n. 26. Salário normativo. Menor empregado. Art. 7º, XXX, da CF/88. Violação. Os empregados menores não podem ser discriminados em cláusula que fixa salário mínimo profissional para a categoria.

Orientação Jurisprudencial n. 27. Custas. Ausência de intimação. Deserção. Caracterização. A deserção se impõe mesmo não tendo havido intimação, pois incumbe à parte, na defesa do próprio interesse, obter os cálculos necessários para efetivar o preparo.

Orientação Jurisprudencial n. 28. Edital de convocação da AGT. Publicação. Base territorial. Validade. O edital de convocação para a AGT deve ser publicado em jornal que circule em cada um dos municípios componentes da base territorial.

Orientação Jurisprudencial n. 29. Edital de convocação e ata da assembleia geral. Requisitos essenciais para instauração de dissídio coletivo. O edital de convocação da categoria e a respectiva ata da AGT constituem peças essenciais à instauração do processo de dissídio coletivo.

Orientação Jurisprudencial n. 30. Estabilidade da gestante. Renúncia ou transação de direitos constitucionais. Impossibilidade. Nos termos do art. 10, II, b, do ADCT, a proteção à maternidade foi erigida à hierarquia constitucional, pois retirou do âmbito do direito potestativo do empregador a possibilidade de despedir arbitrariamente a empregada em estado gravídico. Portanto, a teor do artigo 9º, da CLT, torna-se nula de pleno direito a cláusula que estabelece a possibilidade de renúncia ou transação, pela gestante, das garantias referentes à manutenção do emprego e salário.

Orientação Jurisprudencial n. 31. Estabilidade do acidentado. Acordo homologado. Prevalência. Impossibilidade. Violação do art. 118, Lei n. 8.213/91. Não é possível a prevalência de acordo sobre legislação vigente, quando ele é menos benefício do que a própria lei, porquanto o caráter imperativo dessa última restringe o campo de atuação da vontade das partes.

Orientação Jurisprudencial n. 32. Reivindicações da categoria. Fundamentação das cláusulas. Necessidade. Aplicação do PN n. 37 do TST. É pressuposto indispensável à constituição válida e regular da ação coletiva a apresentação em forma clausulada e fundamentada das reivindicações da categoria, conforme orientação do item VI, letra e, da IN n. 04/93.

Orientação Jurisprudencial n. 34. Acordo extrajudicial. Homologação. Justiça do Trabalho. Prescindibilidade. É desnecessária a homologação, por tribunal trabalhista, do acordo extrajudicialmente celebrado, sendo suficiente, para que surta efeitos, sua formalização perante o Ministério do Trabalho (art. 614 da CLT e art. 7º, inciso XXXV, da Constituição Federal).

Orientação Jurisprudencial n. 35. Edital de convocação da AGT. Disposição estatutária específica. Prazo mínimo entre a publicação e a realização da assembleia. Observância obrigatória. Se os estatutos da entidade sindical contam com norma específica que estabeleça prazo mínimo entre a data de publicação do edital convocatório e a realização da assembleia correspondente, então a validade desta última depende da observância desse interregno.

Orientação Jurisprudencial n. 36. Empregados de empresa de processamento de dados. Reconhecimento como categoria diferenciada. Impossibilidade. É por lei e não por decisão judicial, que as categorias diferenciadas são reconhecidas como tais. De outra parte, no que tange aos profissionais da informática, o trabalho que desempenham sofre alterações, de acordo com a atividade econômica exercida pelo empregador.

Orientação Jurisprudencial n. 38. Greve. Serviços essenciais. Garantia das necessidades inadiáveis da população usuária. Fator determinante da qualificação jurídica do movimento. É abusiva a greve que se realiza em setores que a lei define como sendo essenciais à comunidade, se não é assegurado o atendimento básico das necessidades inadiáveis dos usuários do serviço, na forma prevista na Lei n. 7.783/89.

261.2. Precedentes Normativos

Com fundamento na alínea c do inciso II do art. 2º da Lei n. 7.701, de 21 de dezembro de 1988, o TST, pela Resolução n. 37/92, (in DJU de 8.9.92, p. 14.415), aprovou os 119 precedentes normativos da jurisprudência iterativa da Seção de Dissídios Coletivos — SDI.

Não é nosso intento examinar cada um desses precedentes, pois se o fizéssemos estaríamos ultrapassando os limites que traçamos a esta obra.

Todavia, apresentamos a seguir todos os precedentes em vigor, já que eles revelam as tendências do Tribunal Superior do Trabalho no enfrentamento dos conflitos coletivos de trabalho.

05 — *Anotação de comissões* (Positivo). O empregador é obrigado a anotar, na CTPS, o percentual das comissões a que faz jus o empregado.

É silente a Lei quanto a essa exigência de construção pretoriana.

A anotação, na Carteira de Trabalho, do percentual das comissões ajustado pelas partes previne conflitos desagradáveis e protege o empregado contra eventuais atos arbitrários do empregador consistentes em mudanças unilaterais do que inicialmente se pactuara.

Em falta dessa anotação, não é difícil reconstituir-se o percentual mediante exibição de correspondência travada entre as partes ou pelo exame pericial dos lançamentos contábeis na escrituração da empresa.

06 — *Garantia de salário no período de amamentação* (Positivo) — É garantido às mulheres, no período de amamentação, o recebimento do salário, sem prestação de serviços, quando o empregador não cumprir as determinações dos §§ 1º e 2º do art. 389 da CLT.

Não seria razoável que a empregada deixasse de amamentar seu filho porque seu empregador desrespeitou a lei relativa a locais para guarda de crianças na fase de amamentação.

08 — *Atestados de afastamento e salários* (Positivo) — O empregador é obrigado a fornecer atestados de afastamento e salários ao empregado demitido.

A CLT não permite que o empregador, anote na Carteira Profissional, o motivo da dispensa do empregado, sobretudo se for desabonador de sua conduta. A vedação se estende ao atestado mencionado no Precedente supra.

10 — *Banco do Brasil como parte em dissídio coletivo no TRT* (Positivo) — Os Tribunais Regionais do Trabalho são incompetentes para processar e julgar Dissídios Coletivos em que sejam partes o Banco do Brasil S.A. e entidades sindicais dos bancários. (nova redação 1998)

Esse precedente normativo informa ser da competência originária do Tribunal Superior do Trabalho conhecer e julgar dissídio coletivo que tenha como parte o Banco do Brasil.

14 — *Desconto no salário* (Positivo) — Proíbe-se o desconto no salário do empregado dos valores de cheques não compensados ou sem fundos, salvo se não cumprir as resoluções da empresa. Com fulcro no princípio da inalterabilidade salarial, o precedente estabelece ser vedado, em processo de dissídio coletivo, autorizar-se o desconto, no salário do empregado, dos valores de cheques não compensados ou desprovidos de fundos. Todavia, se o fato resultou da inobservância das cautelas recomendadas pelo empregador, é lícito o supracitado desconto.

15 — *Comissão sobre cobrança* (Positivo) — Se não obrigado por contrato a efetuar cobranças, o vendedor receberá comissões por esse serviço, respeitadas as taxas em vigor para os demais cobradores.

Se o empregado, além de bem desempenhar as funções para que fora contratado, ainda tiver de efetuar cobranças, está acima de qualquer discussão seu direito às comissões que a empresa costuma conceder àqueles que têm esse mister.

De notar-se, outrossim, que a hipótese aqui colocada configura a situação focalizada pela alínea *a* do art. 483 da CLT.

20 — *Empregado rural — Contrato escrito* (Positivo) — Sendo celebrado contrato por tarefa, parceria ou meação, por escrito, obriga-se o empregador a fornecer uma via deste ao empregado, devidamente datada e assinada pelas partes.

22 — *Creche* (Positivo) — Determina-se a instalação de local destinado à guarda de crianças em idade de amamentação, quando existentes na empresa mais de 30 (trinta) mulheres maiores de 16 (dezesseis) anos, facultado o convênio com creches.

Respalda-se o precedente normativo no art. 400 da CLT.

Ato emanado do Ministério do Trabalho e Emprego já admite o cumprimento do preceituado naquele dispositivo consolidado por meio de convênios da empresa com o mantenedor do berçário.

24 — *Dispensa do aviso prévio* (Positivo) — O empregado despedido fica dispensado do cumprimento do aviso prévio quando comprovar a obtenção de novo emprego, desonerando a empresa do pagamento dos dias não trabalhados.

No caso desse Precedente, é conveniente a empresa exigir do empregado a prova de que obteve novo emprego. Sem essa prova, fica sempre exposta a uma ação temerária.

Não se previu a hipótese do empregado que toma a iniciativa de desligar-se da empresa para começar a trabalhar, imediatamente, numa outra.

29 — *Greve — Competência dos Tribunais para declará-la abusiva* (Positivo) — Compete aos Tribunais do Trabalho decidir sobre o abuso do direito de greve.

Se suscitado o processo de dissídio coletivo estando em greve a categoria profissional envolvida no conflito coletivo do trabalho, cabe ao Tribunal Regional do Trabalho declarar a licitude ou ilicitude do comportamento dos trabalhadores.

Provado que houve desrespeito às prescrições da Lei de Greve (Lei n. 7.783, de 28.6.1989), a Corte Regional decidirá a respeito das respectivas penalidades e seus reflexos no processo coletivo de trabalho.

31 — Professor ("Janelas") (Positivo) — Os tempos vagos ("janelas") em que o professor ficar à disposição do curso serão remunerados como aula, no limite de 1 (uma) hora diária por unidade.

32 — Jornada do estudante (Positivo) — Proíbe-se a prorrogação da jornada de trabalho do empregado-estudante, ressalvadas as hipóteses dos arts. 59 e 61 da CLT.

34 — Empregado rural — Moradia (Positivo) — Ao empregado que residir no local de trabalho fica assegurada a moradia em condições de habitabilidade, conforme exigências da autoridade local.

37 — Dissídio coletivo — Fundamentação de cláusulas — Necessidade (Positivo) — Nos processos de dissídio coletivo só serão julgadas as cláusulas fundamentadas na representação, em caso de ação originária, ou no recurso.

Exige esse Precedente que o suscitante do dissídio coletivo, na representação inicial, diga por que motivo reivindica isto ou aquilo.

Quer, enfim, que ele fundamente adequadamente seu pedido. Descumprida essa exigência, o Tribunal não julgará as respectivas cláusulas.

41 — Relação nominal de empregados (Positivo) — As empresas encaminharão à entidade profissional cópia das Guias de Contribuição Sindical e Assistencial, com a relação nominal dos respectivos salários, no prazo máximo de 30 (trinta) dias após o desconto.

Consoante disposição expressa da Constituição Federal (art. 8º) e da Consolidação das Leis do Trabalho, os trabalhadores contribuem obrigatoriamente para as entidades sindicais.

A relação, indicada no Precedente em foco, serve para o Sindicato profissional verificar se os descontos legais foram efetuados corretamente. É verdade que a lei não obriga a empresa a fornecer ao sindicato a sobredita relação. Mas, é ela o meio mais seguro e rápido de avaliar-se a exatidão do valor dos descontos já referidos.

42 — Seguro obrigatório (Positivo) — Institui-se a obrigação do seguro, por acidente ou morte, para empregados que transportem valores ou exerçam as atividades de vigia ou vigilante.

Trata-se de seguro privado, complementar ao de acidente do trabalho, ainda a cargo do Instituto Nacional do Seguro Social.

47 — Dispensa de empregado (Positivo) — O empregado despedido será informado, por escrito, dos motivos da dispensa.

É silente a lei trabalhista sobre essa informação.

No seu afã em reforçar o escudo legal que protege a relação empregatícia, a Justiça do Trabalho, por meio de uma sentença normativa, cria situação desfavorável ao trabalhador.

O novo empregador, com certeza, sempre pedirá ao empregado a declaração sobre os motivos que determinaram a dispensa no emprego anterior.

A rigor, essa linha jurisprudencial contraria o pensamento do legislador ao assentar, na CLT, ser vedado ao empresário fazer, na Carteira Profissional, anotações desabonadoras ao empregado.

50 — Empregado rural — Defensivos agrícolas (Positivo) — O empregador rural é obrigado a possuir o receituário agronômico de defensivos agrícolas e a observar as medidas de prevenção nele contidas.

52 — Recebimento do PIS (Positivo) — Garante-se ao empregado o recebimento do salário do dia em que tiver de se afastar para recebimento do PIS.

Trata-se de garantia que a lei não previu.

Segundo o Precedente, a sentença normativa, porém, pode assegurar ao trabalhador esse benefício — o de não trabalhar sem perda de salário, quando tiver de proceder ao levantamento do valor do PIS.

Ainda não se leva muito a sério, entre nós, o princípio constitucional de que ninguém é obrigado a fazer ou deixar de fazer alguma coisa senão em virtude de lei (inciso II do art. 5º da CF).

O legislador passou ao largo do problema quando instituiu o PIS. Deveria tê-lo feito, porque se medem em dezenas de milhões de reais o prejuízo da economia nacional por dia que os trabalhadores faltam ao serviço.

53 — Empregado rural — Rescisão do contrato de trabalho do chefe de família (Positivo) — A rescisão do contrato de trabalho rural, sem justa causa, do chefe da unidade familiar, é extensiva à esposa, às filhas solteiras e aos filhos até 20 (vinte) anos de idade, que exerçam atividades na propriedade, mediante opção destes.

55 — Jornalista — Contrato de trabalho (Positivo) — O empregador é obrigado a mencionar no contrato de trabalho o órgão de imprensa no qual o jornalista vai trabalhar.

Trata-se de Precedente que procura proteger o jornalista contra empresa proprietária de vários jornais.

56 — Constitucionalidade (Positivo) — São constitucionais os Decretos-leis ns. 2.012/83, 2.024/83 e 2.045/83.

58 — Salário — Pagamento ao analfabeto (Positivo) — O pagamento de salário ao empregado analfabeto deverá ser efetuado na presença de (duas) testemunhas.

59 — Empregado rural — Aferição das balanças (Positivo) — O instrumento de peso e medida, utilizado pelos empregadores para aferição das tarefas no regime de produção, deverá ser conferido pelo INPM.

60 — Empregado rural — Latão de café (Positivo) — O latão de café terá capacidade de 60 (sessenta) litros e será padronizado de acordo com as normas do INPM.

61 — Cobrança de títulos (Positivo) — Salvo disposição contratual, é vedado ao empregador responsabilizar o empregado pelo inadimplemento do cliente, até mesmo quanto a títulos.

62 — Empregado rural — Conservação das casas (Positivo) — Os empregadores são responsáveis pelos reparos nas residências que cedam aos empregados rurais, desde que os danos não decorram de culpa destes.

63 — Empregado rural — Ficha de controle da produção (Positivo) — Quando da colheita, o café será entregue na lavoura ou no monte fornecendo-se ao trabalhador uma ficha com o valor da respectiva produção.

64 — Empregado rural — Horário e local de condução (Positivo) — Fornecendo o empregador condução para o trabalho, informará ele aos empregados, previamente, os locais e horários do transporte.

65 — Empregado rural — Pagamento de salário (Positivo) — O pagamento do salário será efetuado em moeda corrente e no horário de serviço, para isso é permitido o seu prolongamento até duas horas após o término da jornada de trabalho.

66 — Garrafas "Bicadas" (Positivo) — Constituem ônus do empregador aceitar a devolução de garrafas "bicadas" e o extravio de engradados, salvo se não cumpridas as disposições contratuais pelo empregado.

67 — Remuneração por produção (Positivo) — Quando o serviço for contratado por produção, a remuneração não poderá ser inferior à diária correspondente ao salário normativo.

A CLT e a Constituição asseguram ao trabalhador a remuneração mínima. Daí a conclusão de que, seja lá qual for a espécie do contrato e a modalidade de remuneração, o empregado não pode perceber menos que o salário mínimo.

Por salário normativo se entende o mesmo salário mínimo corrigido monetariamente até a data-base.

O Precedente tem caráter inovador, mas não chega a agredir a Lei. Adapta a norma legal a uma época fortemente inflacionária.

68 — Empregado rural — Faltas ao serviço — Compras (Positivo) — Autoriza-se o chefe de família, se empregado rural, a faltar ao serviço um dia por mês ou meio dia por quinzena, para efetuar compras, sem remuneração ou mediante compensação de horário, mas sem prejuízo do repouso remunerado, desde que não tenha falta injustificada durante o mês.

69 — Empregado rural — Pagamento de dia não trabalhado (Positivo) — O empregado rural fará jus ao salário do dia, quando comparecer ao local de prestação de serviço ou ponto de embarque, se fornecida condução pelo empregador, e não puder trabalhar em consequência de chuva ou de outro motivo alheio à sua vontade.

70 — Licença para estudante (Positivo) — Concede-se licença não remunerada nos dias de prova ao empregado-estudante, desde que avisado o patrão com 72 (setenta e duas) horas de antecedência e mediante comprovação.

71 — Empregado rural — Transporte — Condições de segurança (Positivo) — Quando fornecidos pelo empregador, os veículos destinados a transportar trabalhadores rurais deverão satisfazer as condições de segurança e comodidade, sendo proibido o carregamento de ferramentas soltas junto às pessoas conduzidas.

72 — Multa — Atraso no pagamento de salário (Positivo) — Estabelece-se multa de 10% (dez por cento) sobre o saldo salarial, na hipótese de atraso no pagamento de salário até 20 (vinte) dias, e de 5% (cinco por cento) por dia no período subsequente.

73 — Multa — Obrigação de fazer (Positivo) — Impõe-se multa, por descumprimento das obrigações de fazer, no valor equivalente a 10% (dez por cento) do salário básico, em favor do empregado prejudicado.

77 — Empregado transferido — Garantia de emprego (Positivo) — Assegura-se ao empregado transferido, na forma do art. 469 da CLT, a garantia de emprego por 1 (um) ano após a data da transferência.

78 — Professor — Redução salarial não configurada (Negativo) — Não configura redução salarial ilegal a diminuição de carga horária motivada por inevitável supressão de aulas eventuais ou de turmas.

79 — Trabalhador temporário — Descanso semanal (Positivo) — Concede-se ao trabalhador temporário o acréscimo de 1/6 (um sexto) ao seu salário diário, correspondente ao descanso semanal remunerado, por aplicação analógica do art. 3º da Lei n. 605/49.

80 — Serviço militar — Garantia de emprego ao alistando (Positivo) — Garante-se o emprego do alistando, desde a data da incorporação no serviço militar até 30 (trinta) dias após a baixa.

81 — Atestados médicos e odontológicos (Positivo) — Assegura-se eficácia aos atestados médicos e odontológicos fornecidos por profissionais do sindicato dos trabalhadores, para o fim de abono de faltas ao serviço, desde que existente convênio do sindicato com a Previdência Social, salvo se o empregador possuir serviço próprio ou conveniado.

82 — Dissídio coletivo — Garantia de salários e consectários (Positivo) — Defere-se a garantia de salários e consectários ao empregado despedido sem justa causa desde a data do julgamento do dissídio coletivo até 90 (noventa) dias após a publicação do acórdão, limitado o período total a 120 (cento e vinte) dias.

83 — Dirigentes sindicais — Frequência livre (Positivo) — Assegura-se a frequência livre dos dirigentes sindicais para participarem de assembleias e reuniões sindicais devidamente convocadas e comprovadas, sem ônus para o empregador. (NR 2004)

84 — Seguro de vida — Assalto (Positivo) — Institui-se a obrigação do seguro de vida, em favor do empregado e seus dependentes previdenciários, para garantir a indenização nos casos de morte ou invalidez permanente, decorrentes de assalto, consumado ou não, desde que o empregado se encontre no exercício das suas funções.

85 — Garantia de emprego — Aposentadoria voluntária (Positivo) — Defere-se a garantia de emprego, durante os 12 (doze) meses que antecedem a data em que o empregado adquire direito à aposentadoria voluntária, desde que trabalhe na empresa há pelo menos 5 (cinco) anos. Adquirido o direito, extingue-se a garantia.

Sensibiliza a qualquer um essa linha jurisprudencial da SDC do TST.

Mas o direito positivo fixa fronteiras que precisam ser respeitadas.

Trata-se de garantia que a lei não previu e que, em última análise, é uma exceção à regra contida no inciso I do art. 7º da Constituição da República, exceção vedada tanto ao legislador ordinário como ao Tribunal do Trabalho.

É certo, outrossim, que o Precedente em tela pode ensejar interpretações controvertidas.

O que se entende por aposentadoria voluntária, quando ela é por tempo de serviço? Aos trinta ou aos trinta e cinco anos em se tratando de segurado do sexo masculino?

Estamos que deve ser aposentadoria aos 35 anos de serviço.

86 — Representante dos trabalhadores — Estabilidade no Emprego (Positivo) — Nas empresas com mais de 200 (duzentos) empregados é assegurada a eleição direta de um representante, com as garantias do art. 543 e seus parágrafos, da CLT.

O TST, por sua SDC, apressou-se a regulamentar, embora parcialmente, o art. 11 da Constituição Federal. Saiu na frente do legislador.

Trata-se de norma constitucional que não é autoaplicável, *self executing*.

É mister dizer, por lei ordinária, quais as atribuições do representante dos empregados, forma de eleição, se por escrutínio secreto ou não, inscrição de candidatos, local do pleito, duração do mandato etc.

O TST, dando interpretação por demais elástica ao art. 543 e seus parágrafos da CLT, classificou esse representante dos empregados como o representante profissional que goza de estabilidade provisória.

No entanto, esse representante dos empregados não tem qualquer vinculação com o respectivo sindicato.

É de se lastimar a inércia do Congresso Nacional diante do disposto no art. 11 da Lei Fundamental.

87 — Trabalho em domingos e feriados — Pagamento dos salários (Positivo) — É devida a remuneração em dobro do trabalho em domingos e feriados não compensados, sem prejuízo do pagamento do repouso remunerado, desde que, para este, não seja estabelecido outro dia pelo empregador.

89 — Reembolso de despesas (Positivo) — Defere-se o reembolso das despesas de alimentação e pernoite a motorista e ajudante, quando executarem tarefas a mais de 100 (cem) km da empresa.

91 — Acesso de dirigente sindical à empresa (Positivo) — Assegura-se o acesso dos dirigentes sindicais às empresas, nos intervalos destinados à alimentação e descanso, para desempenho de suas funções, vedada a divulgação de matéria político-partidária ou ofensiva.

Qualquer restrição ao direito de propriedade e inspirada pelo bem comum tem de ser prevista na Constituição Federal.

Em nosso entendimento, o Precedente sob análise não se afina com as normas constitucionais resguardadoras do direito de propriedade.

A matéria deve ser apreciada pelos trabalhadores e seus patrões num pacto coletivo.

92 — Garantia de repouso remunerado — Ingresso com atraso (Positivo) — Assegura-se o repouso remunerado ao empregado que chegar atrasado, quando permitido seu ingresso pelo empregador, compensado o atraso no final da jornada de trabalho ou da semana.

93 — Comprovante de pagamento (Positivo) — O pagamento do salário será feito mediante recibo, fornecendo-se cópia ao empregado, com a identificação da empresa, e do qual constarão a remuneração, com a discriminação das parcelas, a quantia líquida paga, os dias trabalhados ou o total da produção, as horas extras e os descontos efetuados, inclusive para a Previdência Social, e o valor correspondente ao FGTS.

É a CLT omissa a respeito do conteúdo dos recibos de pagamento do salário.

Em processo de dissídio coletivo, o suscitante poderá reivindicar o recibo com as características indicadas no Precedente acima transcrito, com entrega de uma cópia ao empregado.

Esse documento terá dupla finalidade. O empregado fica sabendo exatamente o que está recebendo e o empregador fica com uma cópia, devidamente assinada, que o protegerá contra ações infundadas ou temerárias.

95 — Abono de falta para levar filho ao médico (Positivo) — Assegura-se o direito à ausência remunerada de 1 (um) dia por semestre ao empregado, para levar ao médico filho menor ou dependente previdenciário de até 6 (seis) anos de idade, mediante comprovação no prazo de 48 (quarenta e oito) horas.

O Precedente tem, como singular pressuposto, o fato de que a enfermidade do filho ou dependente do empregado só os acomete a cada seis meses. Com certeza, contrapõe-se a essa alegação a necessidade de evitar-se o abuso por parte do beneficiário da medida.

De qualquer modo, a lei é omissa no tocante a tal vantagem deferida ao trabalhador pelo Precedente. Cabe ao Poder Público organizar-se de molde a permitir que o empregado possa solicitar assistência médica a seus dependentes fora do horário de trabalho.

Os administradores da coisa pública sempre buscam a solução mais fácil, qual seja a de transferir o ônus para a empresa. Não atentam para o fato de que a livre concorrência, no mercado internacional, tem regras que precisam ser observadas. O País que as ignora, acaba criando novos sacrifícios para sua população. Os encargos que homeopaticamente são criados para as empresas, repercutem inevitavelmente no conjunto da economia da nação.

97 — Proibição de estorno de comissões (Positivo) — Ressalvada a hipótese prevista no art. 7º da Lei n. 3.207/57, fica vedado às empresas o desconto ou estorno das comissões do empregado, incidentes sobre mercadorias devolvidas pelo cliente, após a efetivação de venda.

98 — Retenção da CTPS — Indenização (Positivo) — Será devida ao empregado a indenização correspondente a 1 (um) dia de salário, por dia de atraso, pela retenção de sua carteira profissional após o prazo de 48 (quarenta e oito) horas.

100 — Férias — Início do período de gozo (Positivo) — O início das férias, coletivas ou individuais, não poderá coincidir com sábado, domingo, feriado ou dia de compensação de repouso semanal.

102 — Assistência jurídica aos vigias (Positivo) — A empresa prestará assistência jurídica a seu empregado que no exercício de função de vigia praticar ato que o leve a responder à ação penal.

103 — Gratificação de caixa (Positivo) — Concede-se ao empregado que exercer permanentemente a função de caixa a gratificação de 10% (dez por cento) sobre seu salário, excluídos do cálculo adicionais, acréscimos e vantagens pessoais.

104 — Quadro de avisos (Positivo) — Defere-se a afixação, na empresa, de quadro de avisos do Sindicato, para comunicados de interesse dos empregados, vedados os de conteúdo político-partidário ou ofensivo.

É difícil um empregador negar autorização à afixação dos tais avisos sindicais.

Mas continuamos a dizer que a Lei e a Justiça só poderão reduzir o exercício do direito de propriedade na medida inscrita na Constituição.

105 — Anotação na carteira profissional (Positivo) — As empresas ficam obrigadas a anotar na Carteira de Trabalho a função efetivamente exercida pelo empregado, observada a Classificação Brasileira de Ocupações (CBO).

106 — Empregado rural — Atividade insalubre — Fornecimento de leite (Positivo) — Os empregadores que se dedicarem à pecuária leiteira fornecerão, diariamente, 1 (um) litro de leite aos trabalhadores que exerçam atividades insalubres.

107 — Empregado rural — Caixa de medicamentos (Positivo) — Nos locais de trabalho no campo serão mantidos pelo empregador medicamentos e materiais de primeiros socorros.

108 — Empregado rural — Abrigos no Local de Trabalho (Positivo) — Os empregadores rurais ficam obrigados a construir abrigos rústicos, nos locais de trabalho, para proteção de seus empregados.

109 — Desconto — Moradia (Positivo) — Autoriza-se o desconto da moradia fornecida ao empregado somente quando o imóvel tiver o "habite-se" concedido pela autoridade competente.

110 — Empregado rural — Ferramentas — Fornecimento pelo empregador (Positivo) — Serão fornecidas gratuitamente, pelo empregador, as ferramentas necessárias à execução do trabalho.

111 — Relação de empregados (Positivo) — Obriga-se a empresa a remeter ao sindicato profissional, uma vez por ano, a relação dos empregados pertencentes à categoria.

Não há dispositivo legal que dê respaldo a esse Precedente Normativo.

112 — Jornalista — Seguro de vida (Positivo) — Institui-se a obrigação do seguro de vida em favor de jornalista designado para prestar serviço em área de risco.

113 — Transporte de acidentados, doentes e parturientes (Positivo) — Obriga-se o empregador a transportar o empregado, com urgência, para local apropriado, em caso de acidente, mal súbito ou parto, desde que ocorram no horário de trabalho ou em consequência deste.

115 — Uniformes (Positivo) — Determina-se o fornecimento gratuito de uniformes, desde que exigido seu uso pelo empregador

116 — Férias — Cancelamento ou adiantamento (Positivo) — Comunicado ao empregado o período do gozo de férias individuais ou coletivas, o empregador somente poderá cancelar ou modificar o início previsto se ocorrer necessidade imperiosa e, ainda assim, mediante o ressarcimento, ao empregado, dos prejuízos financeiros por este comprovados.

117 — Pagamento do salário com cheque (Positivo) — Se o pagamento do salário for feito em cheque, a empresa dará ao trabalhador o tempo necessário para descontá-lo, no mesmo dia.

118 — Quebra de material (Positivo) — Não se permite o desconto salarial por quebra de material, salvo nas hipóteses de dolo ou recusa de apresentação dos objetos danificados, ou ainda, havendo previsão contratual, de culpa comprovada do empregado.

119 — Contribuições sindicais. Inobservância de preceitos constitucionais — A Constituição da República, em seus arts. 5º, XX e 8º, V assegura o direito de livre associação e sindicalização. É ofensiva a essa modalidade de liberdade cláusula constante de acordo, convenção coletiva ou sentença normativa estabelecendo contribuição em favor de entidade sindical a título de taxa para custeio do sistema confederativo, assistencial, revigoramento ou fortalecimento sindical e outras da mesma espécie, obrigando trabalhadores não sindicalizados. Sendo nulas as estipulações que inobservem tal restrição, tornam-se passíveis de devolução os valores irregularmente descontados. (nova redação 1998)

120 — Sentença normativa. Duração. Possibilidade e limites. A sentença normativa vigora, desde seu termo inicial até que sentença normativa, convenção coletiva de trabalho ou acordo coletivo de trabalho superveniente produza sua revogação, expressa ou tácita, respeitado, porém, o prazo máximo legal de quatro anos de vigência. (2011)

262. Poder Normativo da Justiça do Trabalho

Com a Emenda Constitucional n. 45/2004, o § 2º do art. 114 da Constituição Federal estabeleceu que, *"recusando-se qualquer das partes à negociação ou à arbitragem, é facultado às mesmas (partes, esclarecemos nós), de comum acordo, ajuizar dissídio coletivo de natureza econômica, podendo a Justiça do Trabalho decidir o conflito, respeitadas as disposições convencionais e legais mínimas de proteção ao trabalho".*

A partir dessa Emenda Constitucional, passou-se a exigir o *comum acordo* das partes para a instauração da instância de um dissídio coletivo de natureza econômica. Sobre essa nova exigência constitucional, já dissertamos no item 122.12.

Continuando o exame desse § 2º, podemos dizer que a regra aí agasalhada — com redação um tanto infeliz — permite duas interpretações. Uma leva à conclusão de que o Tribunal do Trabalho, respeitando as disposições convencionais e legais mínimas de proteção ao trabalho, está habilitado a estabelecer normas e condições de trabalho ignoradas por esse regramento legal e que podem, até, ultrapassá-lo. A outra sustenta que o Tribunal do Trabalho, no julgamento de uma ação coletiva, sempre terá de situar-se dentro dos limites traçados pelas normas convencionais e legais.

Adotamos esta última interpretação.

A primeira quer analisar o supracitado dispositivo inteiramente desgarrado do contexto em que se integra. Por essa razão, acredita que o Tribunal do Trabalho está autorizado a estabelecer normas e condições de trabalho que excedam os limites resultantes das normas convencionais ou legais.

Afirmar tal coisa é o mesmo que dizer que a Justiça do Trabalho está investida do poder constitucional de legislar. Ora, tal assertiva não se casa com o princípio basilar da nossa organização política agasalhado no art. 2º da Constituição da República: "São Poderes da União, independentes e harmônicos entre si, o Legislativo, o Executivo e o Judiciário".

Eis uma norma que os constitucionalistas univocamente qualificam de pétrea. Não é ela, por via de consequência, susceptível de mudança por meio de emenda ou revisão.

Bem sabemos que, no plano teórico, não são poucos aqueles que denunciam o desgaste do princípio da tripartição dos Poderes. Chegam a dizer que cada um deles pratica atos privativos dos demais. O Judiciário realiza alguns atos administrativos; o Legislativo se investe, em alguns casos, no papel de julgador; o Executivo emite normas com todas as características de lei saída do Congresso.

Sim, sabemos que ocorrem tal fatos. Mas são eles exceções à regra básica e admitidas para fazer face a pequenas exigências de uma realidade fática. Inobstante, o princípio da tripartição dos Poderes, na sua essência, mantém-se intacto.

Nessa mirada, conclui-se facilmente que o já citado art. 2º (garantidor da tripartição de Poderes) não pode ser desrespeitado por uma outra norma que, na hierarquia constitucional, lhe é inferior, qual seja, o § 2º do art. 114.

Se o constituinte de 1988 tivesse seguido o exemplo da Emenda n. 1, de 1969, não teria aberto campo para uma controvérsia que se espraiou por todos os círculos jurídicos.

No regime constitucional anterior, no § 1º do art. 142 dizia-se que "a lei especificará as hipóteses em que as decisões, nos dissídios coletivos, poderão estabelecer normas e condições de trabalho". Deixava o preceito bem patente que a Justiça do Trabalho teria de ater-se às hipóteses que a Lei lhe apontasse, sendo-lhe vedado extrapolar dos limites que traçasse.

Ao tempo em que a nossa legislação trabalhista aceitava, passivamente, a influência do ordenamento jurídico idealizado por Mussolini, na Itália, era o Brasil um país de incipiente economia e com empresas, na sua imensa maioria, de pequenas proporções.

Nesse mais de meio século de vigência da CLT, nossa economia se expandiu enormemente dando nascimento a incontáveis relações de trabalho que, de empresa para empresa, de região geoeconômica para outra, apresentam-se com diferenciais que a lei substantiva não pode prever em toda a totalidade.

Em verdade, qualquer um percebe, nos dias que correm, o atrito entre a legislação trabalhista e a nova realidade socioeconômica.

Não é por outra razão que a Justiça do Trabalho cede à tentação, por assim dizer irresistível, de ir realizando o que o legislador está demorando a fazer, isto é, dar ao nosso sistema legal conteúdo e perfil que reflitam, com maior fidelidade, a problemática da hora presente.

No exercício do poder normativo, a Justiça do Trabalho profere sentenças envolvendo, muitas vezes, todas as empresas de certo ramo econômico numa cidade ou num Estado.

Impõe as mesmas condições às micro e às grandes empresas, às que estão automatizadas e às que ainda empregam grande contingente de mão de obra, às que são prósperas e às que se debatem num mar de dificuldades.

A rigidez de toda essa normação coloca muitas empresas na situação em que o cerramento de suas portas seja a única saída para a crise em que é lançada.

Nesse panorama, é mister abrir campo às negociações diretas entre patrões e empregados para discutir fórmulas que superem suas divergências. E só eles — e não os juízes — sabem ao certo até que ponto a empresa pode fazer concessões sem ameaçar sua sobrevivência.

Só assim os empregados ficam em condições de evitar, em muitos casos, o mal maior representado pelo desemprego.

É muito forte a presença do Estado brasileiro nas relações de trabalho. É tempo de fazê-lo recuar para que possamos, efetivamente, modernizar a legislação trabalhista.

É uma insensatez, que já dura muito tempo, impor regramento uniforme a situações que, no sul, no sudeste, no centro, no norte e nordeste do Brasil, apresentam traços muito diferentes.

Lamarca ("O Livro da Competência", Rev. dos Tribunais, 1979, p. 221) diz que "o poder normativo da Justiça do Trabalho se limita, na prática, à cláusula salarial (e nada mais); e mesmo assim, homologando, com esse poder normativo, índices de aumento impostos por decreto mensal do Poder Executivo da União".

Foram essas palavras escritas ao tempo em que havia, no País, um Governo Militar nascido da Revolução de 1964, com um comportamento inibidor dos demais Poderes da República.

Hoje, o poder normativo da Justiça do Trabalho vai muito além da cláusula salarial. Regula numerosos aspectos da prestação de serviços e, com indiscutível audácia, substitui o legislador que não se revela muito presto no desempenho das suas funções.

Depois de longos anos de incerteza quanto ao real significado do conteúdo do art. 114 da Lei Maior, o Supremo Tribunal Federal, por sua 1ª Turma, no julgamento, a 24 de setembro de 1996, do Recurso Extraordinário n. 197.911-9 PE (*in Rev. LTr* 60-10/1.304), "*reconheceu que, se por um lado, o poder normativo da Justiça do Trabalho opera no branco da lei, ou seja, é normativo estabelecendo condições de trabalho que inovam no mundo jurídico, por outro, deixou assente que as cláusulas instituídas em sentença normativa não podem sobrepor-se ou contrariar a legislação em vigor, sendo defeso à Justiça laboral estabelecer normas ou condições vedadas pela Constituição ou dispor sobre matéria cuja disciplina seja reservada ao domínio da lei formal*".

Devido a esse decisório da Suprema Corte, eliminaram-se de uma sentença normativa as cláusulas que criavam: "a) piso salarial equivalente ao salário mínimo acrescido de 20%, por violar o inciso IV do art. 7º da CF; b) garantia do emprego por 90 dias, por vulnerar os incisos I e III do art. 7º da CF, uma vez que a estabilidade no emprego, para os trabalhadores urbanos e rurais, estaria restrita, desde a entrada em vigor da Carta de 1988, às hipóteses previstas no art. 10, II, do ADCT; c) aviso prévio de 90 dias aos empregados demitidos sem justa causa, porque o inciso XII, do art. 7º da CF está sob reserva de lei formal, sendo vedado à Justiça do Trabalho regular a matéria; d) antecipação do 13º salário, por sobrepor-se à previsão da Lei n. 4.749/65" (trecho do voto condutor da supracitada decisão).

Não perdendo de vista essa decisão, o TST mantém a Súmula n. 190, onde reconhece que ele não pode julgar ou homologar condição de trabalho reputada inconstitucional iterativamente pelo STF, *verbis*: "*Poder normativo do TST. Condições de trabalho. Inconstitucionalidade. Decisões contrárias ao STF — Ao julgar ou homologar ação coletiva ou acordo nela havido, o Tribunal Superior do Trabalho exerce o poder normativo constitucional, não podendo criar ou homologar condições de trabalho que o Supremo Tribunal Federal julgue iterativamente inconstitucionais*".

Ao fim e ao cabo das considerações *supra*, confessamos que a extinção do poder normativo da Justiça do Trabalho, no que tange aos conflitos coletivos de natureza econômica, deve ser precedida de ampla reforma do nosso direito coletivo do trabalho.

Na oportunidade, a lei deve ser flexível de molde a permitir que seu cumprimento se faça gradativamente a fim de permitir que as desigualdades regionais sejam anuladas mediante processos específicos.

Antônio Álvares da Silva, professor mineiro, defende também a extinção do poder normativo e até com certo radicalismo, enquanto *Lopes de Andrade* ("Dissídio Coletivo", LTr, 1993, p. 12) posiciona-se em sentido oposto "porque as relações de trabalho serão sempre desiguais (capital/trabalho). A coação econômica subjacente está presente nessas relações, qualquer que seja a estrutura socioeconômica do país — ideologia à parte".

Com tais palavras, o referido autor deixa transparecer que se faz mister a preservação do poder normativo da Justiça do Trabalho a fim de que seja anulada a "coação econômica subjacente" nas relações entre o capital e o trabalho.

A despeito do peso desses argumentos, continuamos a pensar, convictamente, que a melhor solução para os conflitos coletivos de natureza econômica é aquela aprovada pelos próprios interessados.

Na atualidade, o sindicato de trabalhadores e suas centrais sindicais, como grupos de pressão, reduzem a zero a temida "coação econômica".

Insistimos em dizer que a elaboração de um novo direito coletivo do trabalho para o nosso país não deve ignorar as profundas diferenças sociais e econômicas entre o norte, nordeste, centro, sudeste e sul. Cada uma dessas regiões apresenta perfil socioeconômico tão diferente das demais que é imperioso um sistema legal extremamente flexível.

262.1. A Ação Coletiva e o Exercício Irregular do Direito de Greve

A) Introdução

Manuseando vários repositórios de jurisprudência dos nossos Tribunais do Trabalho, chamou-nos a atenção dois fatos.

O primeiro refere-se à deflagração de movimentos grevistas com a inobservância do regramento legal pertinente. O sindicato de empregados ajuíza ação coletiva para dirimir o conflito coletivo de trabalho. Os empregadores alegam, em preliminar, a abusividade da greve.

O segundo fato é o sindicato de empregadores, no caso de uma greve qualificada de selvagem, tomar a iniciativa do ajuizamento da ação coletiva (processo de dissídio coletivo) para obter a declaração da abusividade da greve.

Reconhecemos que a jurisprudência, sobre as duas situações acima desenhadas, não prima pela uniformidade. Aqui, é afirmado que tal ação coletiva não é meio adequado para obter-se pronunciamento judicial sobre a greve que desatendeu às pertinentes normas legais; acolá, tal circunstância não impediu que o Tribunal entrasse no mérito para rever as condições de trabalho causadoras do litígio.

Nessa perspectiva e neste local, propomo-nos a analisar os vários aspectos da questão com o propósito de transmitir ao leitor nosso pensamento sobre duas indagações emergentes de tais fatos e circunstâncias:

a) está o Tribunal do Trabalho impedido de conhecer ação coletiva ajuizada no curso de um movimento paredista desencadeado ao arrepio das prescrições da lei específica?

b) é tal ação coletiva meio próprio para obter do Tribunal a declaração de abusividade da greve?

Vejamos, preliminarmente e em largos traços, o que é a greve.

B) Conceito de Greve

É a greve um fato social e, não raro, político.

Costumeiramente, é ela conceituada como a paralisação coletiva e temporária do trabalho para constranger o empregador a satisfazer as reivindicações, de índole profissional, de seus empregados.

No processo evolutivo do direito, é paradoxal a posição dos conflitos coletivos de trabalho. Enquanto a lei do mais forte ou o princípio da justiça pelas próprias mãos, no fluir dos anos, foi cedendo lugar e espaço ao princípio de que cabe à Justiça estatal resolver todas as controvérsias e desinteligências entre os indivíduos, preservou-se, sem embargo do desfilar de anos, a regra jurídica de a coletividade operária servir-se da greve — forma mais primitiva da justiça, isto é, a que se realiza por meio da força (*Hélène Sinay*, "La Gréve", Dalloz, 6º tomo do Traité de droit du travail, 1966, p. 1)

Diante da impossibilidade de regular, de forma justa e aceitável, os conflitos coletivos de trabalho, viu-se o Estado na contingência de inclinar-se diante da realidade: os trabalhadores cruzam os braços e recusam-se a cumprir integralmente os contratos que celebraram com seus empregadores.

Na dicção de cultor do direito clássico, nutrido por princípios genuinamente liberais, trata-se, a rigor, de modalidade ilegal de alteração contratual.

Outros, porém, cujo pensamento já se situam nos tempos do globalismo, afirmarão que, a lacunosidade do direito material, ante os fatos coletivos do trabalho, transforma greve no único meio à disposição dos assalariados para conquistar melhor padrão de vida.

Nessa ótica, alguns poderão até acrescentar que, à luz da teoria da imprevisão, muitas cessações coletivas de trabalho ganham legitimidade. Assim, se o custo de vida se elevou, consideravelmente, reduzindo o poder aquisitivo do salário, operou-se substancial mudança nas condições existentes ao tempo em que se formou o contrato. Então, o empregado aceitou o salário "x" porque o considerava capaz de atender às suas necessidades e às de seu grupo familiar. Se o custeio dessas mesmas necessidades, no decorrer do tempo, demanda soma de dinheiro maior que a do salário ajustado, aflora a cláusula *rebus sic stantibus*, definida por *Capitant*, no seu famoso "Vocabulaire Juridique" (Paris, 1938) como *la clause reputée sous-entendue dans les traités permanents et d'aprés laquelle une convention ne reste en vigueur qu'autant que l'etat de choses existant au moment où elle a eté passée n'a pas subi de modifications essentielles* ou, em vernáculo, "é a cláusula subentendida nos tratados permanentes e segundo a qual uma convenção só vigora enquanto o estado de coisas, existente no momento em que se constituiu, não sofre modificações essenciais."

Já *Sêneca*, no "De beneficis", condicionava à obrigação à permanência das coisas no estado em que se deu a promessa: *omnia esse debent eadem, quae fuerunt quum promitterem, ut promittentis fidem teneas.* (*apud Othon Sidou*, "A revisão judicial dos contratos e outras figuras jurídicas", Forense, 1978, p. 3). Por outras palavras, não é a vontade que adere perenemente ao contrato a que deu nascimento, mas a situação existente ao tempo em que ele se constituiu.

A teoria da imprevisão é forte elemento de convicção para justificar a eclosão de movimentos grevistas enquanto perdura a inflação que acarreta sensíveis variações no preço das utilidades. Perde ela, porém, toda a sua força no instante em que os preços se estabilizam.

Aí, a greve surge como instrumento do anseio da classe operária de melhorar suas condições de vida mediante majorações salariais reivindicadas de empresários que se encontrem em condições de concretizá-las.

Em contrapartida e nessa linha de raciocínio, é válido o argumento de que, num momento de crise, com forte retração do mercado consumidor, os empregados têm de aceitar a redução de suas remunerações, a fim de conservar o emprego.

Nosso Código Civil não faz referência expressa à cláusula *rebus sic stantibus* mas, também, não proíbe.

De modo singelo, pode-se dizer que a greve é o meio de que se servem os trabalhadores: a) em tempos de inflação alta, para recompor o poder aquisitivo de seus salários; b) para melhorar suas condições de vida, quando estáveis os preços dos bens e das utilidades; c) para defender seus salários contra a tentativa patronal de reduzi-los em época de crise; d) para modificar qualquer ato injusto do empregador.

Admitimos outras causas, mesmo de caráter profissional ou econômico, susceptíveis de provocar a cessação das atividades de uma ou mais empresas.

Todavia, deixamos de lado as greves classificadas como políticas ou revolucionárias. Não passam, em verdade, de manobras objetivando a conquista do poder. Tais acontecimentos políticos não são objeto da nossa pesquisa.

C) A Greve e o Sistema Legal Pátrio

Reza o art. 9º da Constituição Federal:

"É assegurado o direito de greve, competindo aos trabalhadores decidir sobre a oportunidade de exercê-lo e sobre os interesses que devam por meio dele defender.

§ 1º A lei definirá os serviços ou atividades essenciais e disporá sobre o atendimento das necessidades inadiáveis da comunidade.

§ 2º Os abusos cometidos sujeitam os responsáveis às penas da Lei."

Logo após a promulgação da Carta Política de 1988, alguns intérpretes se apegaram, apenas, ao *caput* do sobredito dispositivo para concluir: 1º que as greves, sem objetivos profissionais, eram autorizadas pela Constituição; 2º que cabia aos próprios trabalhadores tomar decisões relacionadas com o abandono coletivo do trabalho, deixando de lado o sindicato que os representa.

Tais intérpretes cometeram grave deslize. Limitaram seu trabalho hermenêutico ao *caput* do referido art. 9º, desprezando seus parágrafos e outras normas constitucionais que guardam conexão com a matéria.

Dessarte, não se aperceberam que o parágrafo primeiro do mesmo artigo, com alusão às atividades essenciais, deixou claro que as demais atividades — sobre as quais se exerce o direito de greve — sobre serem não essenciais, denotam sua índole profissional.

De outra parte, não deram tento ao art. 8º, também do Texto Maior, cujos incisos III e VI asseguram, pela via oblíqua, a ingerência do sindicato de trabalhadores nas greves, ao dispor: *"III — ao sindicato cabe a defesa dos direitos e interesses coletivos ou individuais da categoria, inclusive em questões judiciais ou administrativas"*, e *"VI — é obrigatória a participação dos sindicatos nas negociações coletivas de trabalho"*.

Decorre dessas disposições que, mesmo na hipótese de a greve ter sido iniciada sem a assistência do respectivo sindicato, estão os trabalhadores impedidos de encetar negociações coletivas com seu ou seus empregadores.

De conseguinte, a ausência daquela entidade profissional impossibilitará a obtenção de resultados práticos por intermédio de uma paralisação coletiva de trabalho, eis que aos trabalhadores é vedado celebrar pactos coletivos ou ajuizar ações coletivas, ressalvadas as raríssimas exceções que, mais adiante, iremos indicar.

De tudo isso resulta que a greve, na imensa maioria dos casos, tem de ser comandada por um sindicato, a menos que este não exista e, aí, nos termos do § 4º, da Lei de Greve (Lei n. 7.783, 28.6.89), *"a assembleia geral dos trabalhadores interessados deliberará para os fins previstos no caput, constituindo comissão de negociação"*, sendo certo que esses fins são os seguintes: convocação da assembleia geral para definir as reivindicações dos trabalhadores e deliberação sobre a cessação coletiva do trabalho.

No art. 5º — ainda da Lei de Greve — é acrescentado que dita Comissão *"representará os interesses dos trabalhadores nas negociações ou na Justiça do Trabalho".*

Visão abrangente do conteúdo da Lei de Greve nos permite inferir que, na inexistência de sindicato, a questionada Comissão pode negociar um pacto coletivo de trabalho e tem legitimidade para ajuizar uma ação coletiva perante o Tribunal do Trabalho competente. Isto nos leva, também, a concluir que o art. 857 da CLT não se aplica à situação aqui focalizada. Como sabido, esse dispositivo consolidado dava à Federação ou à Confederação de trabalhadores, conforme a hipótese, o papel de substituto processual dos trabalhadores inorganizados em sindicato para instaurar a instância de processo de dissídio coletivo.

Não deixa de ser útil, à elucidação desse aspecto da greve dos trabalhadores inorganizados em sindicato, relembrar que o art. 9º da Lei de Greve autoriza a referida Comissão de Negociação firmar acordo com a entidade patronal ou diretamente com o empregador para manter em atividade equipes de empregados com o propósito de assegurar os serviços cuja paralisação resulte em prejuízo irreparável, pela deterioração irreversível de bens, máquinas e equipamentos, bem como a manutenção daqueles essenciais à retomada das atividades da empresa quando da cessação do movimento paredista.

D) Abuso do Direito de Greve

Dispõe o artigo 14, da Lei n. 7.783, *verbis*:

"Constitui abuso do direito de greve a inobservância das normas contidas na presente lei, bem como a manutenção da paralisação após a celebração de acordo, convenção ou decisão da Justiça do Trabalho.

Parágrafo único. Na vigência de acordo, convenção ou sentença normativa não constitui abuso do direito de greve a paralisação que:

I — tenha por objetivo exigir o cumprimento da cláusula ou condição;

II — seja motivada pela superveniência de fato novo ou acontecimento imprevisto, que modifique substancialmente a relação de trabalho."

Nosso país, no após guerra, não titubeou um instante em regulamentar o exercício do direito de greve (Dec.-lei n. 9.070/46). Neste particular, não seguiu o exemplo da Itália, cuja Constituição de 1948, dispõe que o exercício do direito de greve deve ser exercido nos limites da lei que o regulamentar ("Il diritto di sciopero si esercita nell'ambito delle leggi che lo regolano"), mas tal regulamentação só se tornou realidade em 1990, a 12 de junho, pela Lei n. 146.

A propósito da sujeição do direito de greve ao interesse maior de toda a coletividade, escreveu *Alice Monteiro de Barros* (in "Curso de direito coletivo do trabalho", obra coletiva, LTr, 1998, p. 466) estas palavras lapidares: "Ademais, reconhecido que a greve não é um direito absoluto, no seu exercício deverá haver restrições, mesmo porque todo direito nasce com um limite, não sendo expressão de liberdade plena."

É claro que, em havendo regulamentação legal da greve, vem, na sua esteira, o ato ilícito — que é a essência do abuso do direito — ato que não se equipara *"ao exercício regular de um direito reconhecido"* (inciso I, do art. 160 do Código Civil). *Contrario sensu*, é ilícito o exercício irregular de um direito. Decorre dessa constatação que, consoante o sistema legal brasileiro, o abuso do direito é ato ilícito. Deixamos de lado as teorias que intentam conceituar o que vem a ser o abuso do direito, tais como as teorias subjetivas, objetivas e ecléticas. Para o modesto fim desta nota, basta dizer que "é ilegítimo o exercício de um direito, quando o titular exceda manifestamente os limites impostos pela boa-fé, pelos bons costumes ou pelo fim social ou econômico desse direito" (art. 334 do Código Civil Português).

É o abuso do direito uma das várias modalidades do ato ilícito. Ele se configura quando o ato é praticado, aparentemente, de conformidade com os cânones legais, mas com a intenção de prejudicar alguém.

Dessarte, traduz-se o abuso do direito num ato cuja ilegitimidade decorre do excesso no exercício de um direito subjetivo. Este tem os limites impostos pela boa-fé, pelos bons costumes ou pelo seu próprio fim social ou econômico.

Infere-se desse conceito de ato abusivo que seu autor ou responsável é obrigado por lei a reparar os danos causados a outrem (art. 15 da Lei n. 7.783/89; art. 159, combinado com os arts. 1.518 a 1.532 e 1.537 a 1.553, todos do Código Civil).

De todo o exposto se deduz que greve abusiva é aquela que implica no exercício irregular do direito de greve previsto no art. 9º da Lei Fundamental e na sobredita Lei n. 7.783/89.

Em nosso tempo, não há quem defenda a tese do direito subjetivo absoluto proclamada pela dogmática jurídica. A par desse entendimento há uma realidade: inexiste direito positivo que origine direito subjetivo absoluto ou faculdade de agir sem qualquer limite.

Com *Baptista Martins* ("O abuso do direito e o ato ilícito", 3. ed., Forense, 1997, p. 177) dizemos que *"a teoria do abuso do direito é hoje indestronável. Nascida de imperiosas necessidades econômicas, ela constitui, como a teoria do risco e a da instituição, um dos meios mais adequados à socialização do direito".*

Assinalamos, de passagem, o equívoco dos que atribuem à teoria do abuso do direito origens remotas, como a do direito romano. Em verdade, ela é sobretudo fruto da reação à mentalidade individualista do século XIX (*Virgílio Giorgianni*. "L'abuso dell diritto ella teoria della norma giuridica", Milano, 1963, p. 59).

Passemos em revista as situações concretas que correspondem às hipóteses previstas na Lei n. 7.783 e que caracterizam a greve ilegítima ou abusiva.

I — Compete à assembleia geral do sindicato de trabalhadores: a) definir as reivindicações da categoria e b) deliberar sobre a paralisação coletiva da prestação de serviços (art. 4º).

É vedado, portanto, à diretoria da entidade profissional reivindicar o que quer que seja, de caráter coletivo, sem prévia consulta e aprovação da categoria representada.

Esta exigência é feita, também, ao sindicato patronal (assembleia geral da categoria) quando tiver de contrapor algo ao que lhe for pedido pelo sindicato de empregados.

De outra parte, a cessação coletiva de trabalho ou a sua suspensão tem de ser decididas pelos empregados em assembleia geral.

II — Cabe ao estatuto do sindicato estabelecer a) as formalidades de convocação da assembleia geral extraordinária e b) o *quorum* para a deliberação, tanto da deflagração quanto da cessação da greve (§ 1º do art. 4º).

O desrespeito a essa disposição é susceptível de gerar a ilegitimidade da paralisação do trabalho.

Por oportuno, é aplicável ao caso o art. 524 da CLT, alínea *a*, na parte relativa ao voto secreto nas assembleias destinadas a decidir sobre a greve e suas pretensões. Porém, o quórum e as formalidades da convocação devem obedecer às prescrições estatutárias.

III — É obrigatória a prévia negociação de um acordo com o empregador ou com o sindicato patronal.

O local das reuniões é de livre escolha dos interessados, mas é imprescindível a elaboração de atas e de outros documentos que comprovem a tentativa de composição dos interesses em choque antes do movimento paredista.

Tais documentos devem instruir o pedido de instauração da instância do processo de dissídio coletivo.

IV — A greve em atividades ou serviços essenciais só pode ser iniciada depois de vencido o prazo de 72 horas que obrigatoriamente deve ser dado aos empregadores e aos usuários desses mesmos serviços (art. 13).

A inobservância dessa norma legal expõe os grevistas ao grave risco de perder o emprego e autoriza o Poder Público a propor ação civil pública para ressarcimento do dano ao interesse difuso da população na atividade ou serviço essencial afetados pela greve.

A nosso sentir, a propositura da ação civil pública não inviabiliza, paralelamente, a ação judicial das empresas para obter, do sindicato responsável, a reparação dos prejuízos causados pela greve.

V — Consoante o disposto no art. 2º, da Lei de Greve, a suspensão coletiva e temporária da prestação de serviços há de ser pacífica.

Se não o for, isto é, se o sindicato e seus filiados praticarem atos de violência contra as pessoas e bens do empregador ou de terceiros, torna-se irregular o exercício do direito de greve.

Como fecho a este item, cabe-nos ressaltar que as hipóteses acima arroladas não são excludentes de outras que, embora não sejam expressamente mencionadas na Lei n. 7.863, contrariam seu espírito e seus fins sociais.

Assim, é ilegítima a paralisação do trabalho na vigência de um pacto coletivo ou de uma sentença normativa.

Por fidelidade à terminologia jurídica e à nossa posição doutrinária, parece-nos inadequada a expressão usada no art. 14 da Lei de Greve — *verbis*: "Constitui abuso do direito de greve a inobservância das normas contidas na presente Lei..."

De regra, a cessação coletiva e temporária do trabalho é planejada, não com o intuito aberto de causar dano ao empregador, mas, sim, com o de levá-lo a concordar com as reivindicações dos grevistas.

Não temos conhecimento de greve realizada com toda a aparência de legalidade mas com o único propósito de prejudicar ao patronato.

De conseguinte, as hipóteses de "greve abusiva" elencadas na Lei n. 7.783/89 são, em verdade, hipóteses de "greve ilegal".

Podemos admitir a existência de greves promovidas sob o signo de abuso do direito, mas delas não temos conhecimento.

O TST fixou a competência da Justiça do Trabalho para declarar a abusividade, ou não, da greve, conforme se lê de sua Súmula n. 189, *verbis*: "*Greve. Competência da Justiça do Trabalho. Abusividade.* A Justiça do Trabalho é competente para declarar a abusividade, ou não, da greve".

E) A Greve e a Ação Coletiva

Com a razão *Isis de Almeida*, no seu magnífico "Manual de Direito Processual do Trabalho" (9. ed., LTr, 1998, 1º volume, p. 365), quando adverte que se costuma "chamar a ação coletiva de dissídio coletivo e assim o faz a própria CLT (art. 857). Na verdade, o dissídio dá origem à ação; esta é que corporifica a pretensão.

De fato, dissídio coletivo designa o próprio choque de interesses entre um grupo profissional e seu ou seus empregadores. Esta controvérsia coletiva é que enseja a propositura de uma ação coletiva para obter, ou não, da Justiça do Trabalho, novas condições de trabalho.

Tal ação pode ser proposta pelos sindicatos envolvidos no conflito coletivo ou pela empresa se, malogradas as negociações coletivas objetivando um acordo.

Não impede a lei que o sindicato patronal ou, conforme o caso, uma empresa isoladamente tome essa iniciativa. Se isto ocorre no curso de uma greve desencadeada com a inobservância das normas específicas da multicitada Lei n. 7.783, temos como certo que o empregador ou seu sindicato devem ajuizar, perante o Tribunal Regional, uma ação de dissídio coletivo de natureza jurídica para que seja declarada a ilegalidade da greve.

É claro que tal ação não impossibilita a ação de dissídio coletivo de natureza econômica tendo como requerente ou suscitante o sindicato de empregados, eis que não se caracteriza a litispendência, porque diferentes o objeto e a causa de pedir.

Nos repertórios de jurisprudência trabalhista são encontrados julgados do Tribunal Superior do Trabalho, sobretudo de data recente, dando realce ao equívoco de se requerer a instância de ação de dissídio coletivo de natureza econômica para se obter a declaração da ilegalidade de uma greve.

Sabe-se que, em alguns casos, citado o sindicato de empregados, ele não só se defende como, também, apresenta seu rol de reivindicações de índole econômica. E o Tribunal chancela a conversão do dissídio de natureza jurídica num outro de natureza econômica e profere a sentença normativa.

Há quem justifique tal proceder do Tribunal com a alegação de que, na espécie, se trata de reconvenção. Tal entendimento se inspira no art. 315 do CPC: "O réu pode reconvir ao autor no mesmo processo, toda vez que a reconvenção seja conexa com a ação principal ou com o fundamento da defesa."

Para que haja conexão entre duas causas é imprescindível que lhes seja comum o objeto ou a causa de pedir (art. 103 do CPC).

É bem de ver que inexiste conexão entre as ações de dissídio coletivo de natureza jurídica e de natureza econômica. Não se diga, outrossim, que na espécie, há identidade de título, isto é, o mesmo fato do qual derivam as consequências jurídicas pretendidas: numa ação — o fato básico é a greve manifestada com desrespeito à lei e, noutra, mudança de condições do trabalho.

Entretanto, ao calor dos conflitos coletivos de trabalho, não é fácil apelar ao rigorismo frio da lei...

É inegável a licitude do pedido de instância do dissídio coletivo pela Presidência do Tribunal ou pelo Ministério Público do Trabalho — nos casos previstos em lei — bem como a da arguição, pelo sindicato patronal, da ilegalidade da greve.

Outra hipótese é a do sindicato de empregados que, no transcorrer de uma greve em desobediência às regras da Lei n. 7.783/89 e ante o cansaço dos trabalhadores, se apressa em propor ação de dissídio coletivo de natureza econômica.

Também aqui é dado ao sindicato patronal denunciar a inobservância das disposições específicas da Lei de Greve e, talvez, do regramento legal da CLT sobre as referidas ações coletivas.

Retornando ao início deste item, dizemos que inexiste óbice legal ao pronunciamento do Tribunal Regional do Trabalho numa ação de dissídio coletivo de natureza econômica proposta, no desenrolar de uma greve, pela Presidência do Tribunal ou pelo Ministério Público. Se arguida a ilegalidade do movimento paredista pelo suscitado — o sindicato patronal — o Tribunal declara-o legítimo, ou não, e enuncia suas consequências jurídicas. Em seguida, manifesta-se sobre as reivindicações dos trabalhadores.

Quanto ao meio processual adequado para o sindicato patronal conseguir declaração judicial de ilegalidade da greve, já sublinhamos que é a ação coletiva de natureza jurídica.

Sobre a greve em atividade essencial e não essencial, a questão de ocupação da empresa e as ações possessórias, remetemos o leitor ao item 122.4.

262.2. Greve do Servidor Público e do Militar

Consoante o disposto no inciso VII do art. 37, "o direito de greve (do servidor público) será exercido nos termos e nos limites definidos em lei específica" (redação dada pela EC n. 19/98). Ultrapassando os limites desse dispositivo constitucional, o art. 16, da Lei de Greve n. 7.783/89, aplicável ao setor privado, estabeleceu que a regulamentação teria que ser feita por lei complementar, exigência essa bastante discutível: "Art. 16. Para os fins previstos no art. 37, inciso VII, da Constituição, lei complementar definirá os termos e os limites em que o direito de greve poderá ser exercido". Até o presente momento, lei complementar ou lei ordinária regulamentadora da greve no serviço público não foi elaborada pelo Poder Legislativo.

Pela primeira vez, na história do nosso direito, é o funcionário público autorizado a promover uma greve. Permanece, contudo, a proibição de greve para o militar e, inclusive, a proibição de sua sindicalização, conforme art. 142, § 3º, IV, da Constituição/88. Por força do art. 42 e seu § 1º, da Constituição, essas duas proibições de greve e sindicalização dos militares são aplicáveis aos policiais militares e Corpo de Bombeiros Militares dos Estados, do Distrito Federal e dos Territórios, por serem instituições organizadas com base na hierarquia e disciplina.

Essa vedação à greve dos militares, dos policiais militares e do Corpo de Bombeiros é aplicável aos policiais civis dos Estados, como tem entendido o STF, com fulcro nestes dois argumentos: **a)** o direito à greve dos servidores públicos não é absoluto. Ele não vale no caso de policiais civis, que são incumbidos de zelar por valores incontornáveis da subsistência de um Estado: segurança pública e incolumidade das pessoas e dos bens; **b)** nos serviços públicos desenvolvidos por grupos armados como a polícia civil, as atividades realizadas por seus agentes são análogas às dos militares, em relação às quais a Constituição proíbe expressamente a greve (art. 142, § 3º, IV, CF).

Nesse sentido, leia-se esta ementa de lavra do Ministro Eros Grau, do STF:

"..... 1. O Supremo Tribunal Federal, ao julgar o MI n. 712, afirmou entendimento no sentido de que a Lei n. 7.783/89, que dispõe sobre o exercício do direito de greve dos trabalhadores em geral, é ato normativo de início inaplicável aos servidores públicos civis, mas ao poder judiciário dar concreção ao art. 37, inciso VII, da Constituição do Brasil, suprindo omissões do poder legislativo. 2. Servidores públicos que exercem atividades relacionadas à manutenção da ordem pública e à segurança pública, à administração da justiça — aí os integrados nas chamadas carreiras de estado, que exercem atividades indelegáveis, inclusive as de exação tributária — e à saúde pública. A conservação do bem comum exige que certas categorias de servidores públicos sejam privadas do exercício do direito de greve. Defesa dessa conservação e efetiva proteção de outros direitos igualmente salvaguardados pela Constituição do Brasil. 3. Doutrina do duplo efeito, segundo Tomás de Aquino, na Suma Teológica (II seção da II parte, questão 64, art. 7). Não há dúvida quanto a serem, os servidores públicos, titulares do direito de greve. Porém, tal e qual é lícito matar a outrem em vista do bem comum, não será ilícita a recusa do direito de greve a tais e quais servidores públicos em benefício do bem comum. Não há mesmo dúvida quanto a serem eles titulares do direito de greve. A Constituição é, contudo, uma totalidade. Não um conjunto de enunciados que se possa ler palavra por palavra, em experiência de leitura bem comportada ou esteticamente ordenada. Dela são extraídos, pelo intérprete, sentidos normativos, outras coisas que não somente textos. A força normativa da Constituição é desprendida da totalidade, totalidade normativa, que a Constituição é. Os servidores públicos são, seguramente, titulares do direito de greve. Essa é a regra. Ocorre, contudo, que entre os serviços públicos há alguns que a coesão social impõe sejam prestados plenamente, em sua totalidade. Atividades das quais dependam a manutenção da ordem pública e a segurança pública, a administração da justiça — onde as carreiras de estado, cujos membros exercem atividades indelegáveis, inclusive as de exação tributária — e a saúde pública não estão inseridos no elenco dos servidores alcançados por esse direito. Serviços públicos desenvolvidos por grupos armados: As atividades desenvolvidas pela polícia civil são análogas, para esse efeito, às dos militares, em relação aos quais a constituição expressamente proíbe a greve [art. 142, § 3º, IV] ..." . (STF; Rcl 6.568-5; SP; Tribunal Pleno; Rel. Min. Eros Grau; Julg. 21.5.2009; DJe 25.9.09; p. 35).

No direito comparado, prevalece a tese da proibição generalizada da greve do servidor público. Contudo, em muitos países, existe a proibição taxativa de greve de várias categorias de servidores públicos, como os do Ministério Público, Poder Judiciário, Polícia etc..

Nosso País não se serviu da experiência internacional e preferiu trilhar o caminho oposto de garantir esse direito de greve a todos os servidores públicos, sem exceção, restringindo-o, apenas, para os militares, policiais civis, policiais militares e Corpo de Bombeiros. O futuro dirá se a escolha foi acertada dessa generalização desse direito. Enquanto a lei regulamentadora dessa matéria não for elaborada, em âmbito federal, estadual e municipal, deverá ser utilizada a Lei de Greve que é aplicável à iniciativa privada, conforme entendimento atual do STF.

O que nos parece indiscutível, neste momento, é que o legítimo exercício do direito de greve pelo servidor público deve aguardar a edição de uma lei ordinária específica, que venha estabelecer os termos em que esse exercício será admitido e quais os limites que lhe pretende fixar.

Não estará o legislador ofendendo a disposição constitucional sob exame se: a) obrigar os interessados a dar ciência prévia de suas reivindicações ao Poder Público; b) prever que a decisão que seja tomada em assembleia geral por escrutínio secreto e com um quórum mais elevado do que para o setor privado, posto que todo o serviço público é essencial para a sociedade; c) declarar ilegal a greve que desatender a tais exigências ou que desobedecer a uma decisão judicial; d) prever o desconto dos dias parados, na hipótese da greve ser considerada abusiva ou ilegal.

Estava prevalecendo no Supremo Tribunal Federal a tese de que, enquanto não fosse regulamentado o dispositivo constitucional que assegura ao funcionário público o direito de greve, seria ilegal o exercício deste. Entendia ele que esse dispositivo constitucional é de eficácia contida. Contudo, no ano de 2007, houve uma guinada jurisprudencial, quando do julgamento dos Mandados de Injunção (MIs) ns. 670, 708 e 712, essa Corte Suprema decidiu declarar a omissão do Poder Legislativo quanto a seu dever constitucional em editar a lei que regulamentasse o exercício do direito de greve no setor público, e, que, por essa razão, deveria ser aplicada a esse setor, no que couber, a lei de greve vigente para o setor privado, qual seja, a Lei n. 7.783/89. No voto condutor do Ministro Celso de Mello, foram assentadas estas palavras: "não mais se pode tolerar, sob pena de fraudar-se a vontade da Constituição, esse estado de continuada, inaceitável, irrazoável e abusiva inércia do Congresso Nacional, cuja omissão, além de lesiva ao direito dos servidores públicos civis — a quem se vem negando, arbitrariamente, o exercício do direito de greve, já assegurado pelo texto constitucional —, traduz um incompreensível sentimento de desapreço pela autoridade, pelo valor e pelo alto significado de que se reveste a Constituição da República".

Nesse julgamento, foi assentada a ideia de que todo e qualquer serviço público é essencial para a sociedade, devendo assim ser tratada ao se aplicar a referida Lei de Greve do setor privado, enquanto não for elaborada a lei de greve para o setor público.

Assim, e por ser o serviço público essencial à sociedade, podemos dizer que, da leitura da Lei de Greve do setor privado, os funcionários públicos deverão atender, pelos menos, as seguintes regras:

a) o Poder Público deverá ser notificado com antecedência mínima de 72 horas; **b)** o sindicato deve convocar assembleia para definir as reivindicações da greve, incumbindo-lhes a decisão sobre a oportunidade da deflagração da greve; **c)** as manifestações dos grevistas não poderão impedir o acesso ao trabalho; **d)** o Poder Público fica proibido de adotar meios para constranger o servidor grevista; **e)** fica proibida a rescisão do contrato, no caso da greve ser legal; **f)** durante a greve é obrigatória a prestação de serviços considerados essenciais à população. Nesse caso, existe a praxe de se exigir dos grevistas que, pelo menos, 30% dos serviços deverão ser mantidos em funcionamento; **g)** não havendo acordo, existe a possibilidade de haver a contratação de pessoas de forma temporária para atender os serviços inadiáveis e essenciais à sociedade; **h)** é considerada greve abusiva do serviço público quando houver a falta de cumprimento da lei, sendo certo que a greve ou sua continuação, após acordo ou decisão da Justiça, implicará, também, em abusividade da greve; **i)** no caso da greve de servidor público municipal ou estadual, o dissídio coletivo de greve deverá ser ajuizado nos termos da CLT, mas perante o Tribunal de Justiça, com recurso ao Superior Tribunal de Justiça; **j)** no caso da greve de servidor público federal, esse dissídio coletivo de greve será ajuizado perante o Tribunal Regional Federal, cabendo recurso ordinário para o Superior Tribunal de Justiça; **l)** deverão ser descontados os dias paralisados pela greve ilegal ou abusiva; **m)** o Ministério Público estadual ou federal poderá ajuizar o dissídio coletivo de greve perante o Tribunal competente, conforme o caso de ser a greve de um servidor público estadual e municipal, no primeiro caso, e, no segundo caso, a greve ser de serviço público federal; **n)** frustrada a negociação coletiva, as partes poderão eleger árbitros; **o)** descabe a greve por motivos estranhos às relações entre servidores e Poder Público, isto é, descabe a greve por motivos políticos ou ideológicos; **p)** inexistindo entidade sindical de servidores públicos, ficam autorizados os grevistas a constituir uma comissão de negociação com as mesmas atribuições de uma entidade sindical. Terá ela, assim, o poder de representação dos servidores públicos grevistas; **q)** é lícito ao Tribunal competente, com apoio no art. 12, da Lei n. 7.783/89, determinar a prestação de serviços indispensáveis ao atendimento das necessidades inadiáveis da população; **r)** a desobediência a essa ordem judicial autoriza o Poder Público respectivo contratar os servidores que julgar necessários, ficando o sindicato coordenador da cessação coletiva responsável pelos danos sofridos pela sociedade ou por qualquer usuário de seus serviços ou produtos.

Por fim, essa guinada jurisprudencial da STF no que tange aos limites do Mandado de Injunção, bem é demonstrada pelas palavras do Ministro Marco Aurélio proferidas nos seus votos constantes dos já citados processos (MIs) de n. 670, 702 e 712: *"É tempo de se refletir sobre a timidez inicial do Supremo quanto ao alcance do mandado de injunção, ao excesso de zelo, tendo em vista a separação e harmonia entre os Poderes. É tempo de se perceber a frustração gerada pela postura inicial, transformando o mandado de injunção em ação simplesmente declaratória do ato omissivo, resultando em algo que não interessa, em si, no tocante à prestação jurisdicional". "Busca-se o Judiciário na crença de lograr a supremacia da Lei Fundamental, a prestação jurisdicional que afaste as nefastas consequências da inércia do legislador"*, conclui esse Ministro.

Pela Instrução Normativa n. 1, de 19.7.1996 (in DOU 23.7.1996), o Advogado-Geral da União, com apoio no art. 42, incisos I e XIII, da Lei Complementar n. 73, de 10.2.1993, no parágrafo único do art. 32 do Dec. n. 1.480, de 3.5.1995, estabeleceu que, nos casos em que a União, autarquia ou fundação pública forem citadas em causa cujo objeto seja a indenização por interrupção da prestação de serviços a cargo da administração pública federal, será obrigatória a denunciação à lide dos servidores que tiverem concorrido para o evento.

Essa diretriz administrativa se funda, também, nos arts. 121 e 122, §§ 1º, 2º e 3º da Lei n. 8.112, de 11.12.1990.

262.3. Outros aspectos da Greve de Servidor Público

Apesar de inexistir lei disciplinando esse direito, observa-se que o servidor público deflagra a greve invocando o inciso X, do art. 37 da Lei Maior para justificar sua decisão: "a remuneração dos servidores públicos e o *subsídio* de que trata o § 4º, do art. 39 somente poderão ser fixados ou alterados por lei específica, observada a iniciativa privativa em cada caso, assegurada revisão geral anual, sempre na mesma data e sem distinção de índices".

Já o Poder Público, para dar legitimidade à sua decisão de não modificar a escala de vencimentos do funcionalismo, socorre-se do *caput* do art. 169 também da Constituição Federal: *"A despesa com pessoal ativo e inativo da União, dos Estados, do Distrito Federal e dos Municípios não poderá exceder os limites estabelecidos em lei complementar"*.

Sobre o assunto, foram editadas duas Leis Complementares, de ns. 82/95 e 101/00.

Por inexistir lei disciplinadora do exercício do direito à greve do servidor público, como sempre entendia o Supremo Tribunal Federal, não tinha o grevista o direito à remuneração dos dias parados, como corolário das argumentações articuladas pelo Poder Público. Com a apontada guinada jurisprudencial dessa Alta Corte, como destacado no item anterior, haverá o desconto dos dias parados na hipótese da greve ser ilegal ou abusiva. Na hipótese em contrário, claro está que o Poder Público não poderá realizar qualquer desconto pelos dias de greve lícita.

Como já dito, constata-se, assim, que é excessiva a demora do Poder Legislativo em disciplinar, de outubro/88 até a presente data, fatos jurídicos da relevância subjacentes ao movimento grevista do servidor público. Há muitos anos está em vigor a Carta Constitucional e, nesse lapso de tempo, não se regulamentou o sobredito inciso VII do art. 37, o que obrigou o STF a decidir que a Lei de Greve do setor privado é aplicável à greve do setor público, enquanto não for elaborada a sobredita lei.

Quando de uma intensa e demorada greve de alguns serviços públicos no ano de 2001, o Presidente da República baixou a Medida Provisória n. 10, de 13 de novembro de 2001 (in DOU de 14.11.01) introduzindo algumas modificações na Lei n. 8.745, de 9 de dezembro de 1993. Esse diploma legal veio regulamentar o inciso IX do art. 37 da Constituição da República (*"a lei estabelecerá os casos de contratação por tempo determinado para atender a necessidade temporária de excepcional interesse público"*).

Todavia, essa Medida Provisória n. 10/01 foi rejeitada pela Câmara dos Deputados pelo Ato n. 7, de 7.3.2002 (DOU de 8.3.2002), subscrito pelo seu então presidente, Deputado Aécio Neves. Apesar dessa Medida ter sido rejeitada, entendemos que, como o STF decidiu que a Lei de Greve do setor privado é aplicável ao setor público, existe a possibilidade de se aplicar o art. 11 dessa lei. Isto é, no caso de greve do servidor público, o Poder Público competente e os sindicatos dos servidores ficam obrigados, de comum acordo, a garantir, durante a greve, a prestação dos serviços indispensáveis ao atendimento das necessidades inadiáveis da sociedade. Assim, pelo menos, são consideradas necessidades inadiáveis aquelas que, não atendidas, colocam em perigo iminente a sobrevivência, a saúde, a segurança da população e a ordem pública.

Se esse artigo for desrespeitado, o Poder Público assegurará a prestação dos serviços indispensáveis, como aponta o art. 12, dessa mesma Lei de Greve do setor privado. Como irá ele garantir a satisfação da necessidade inadiável da população, não esclarece a lei. Requisição de pessoal nos termos da Constituição? Usar de seu próprio pessoal ou contratar a mão de obra necessária? Entendemos que o Poder Público pode adotar qualquer medida para preservar os interesses maiores da sociedade, consoante os exatos termos do conteúdo do que seja o bem-comum.

Não ignoramos que o Poder Público vem envidando toda a sorte de esforços para sanear as finanças públicas e impedir o retorno da inflação que mais infelicita as classes sociais menos favorecidas.

Sem embargo desse saudável programa econômico, acreditamos que seria possível, anualmente, dar-se à totalidade do funcionalismo aumento de vencimentos consoante índice igual para todos, por mais modesto que ele seja, devido ao teto fixado em lei e com estribo no art. 169 da Constituição Federal.

Em conclusão: nosso legislador constituinte assegurou ao servidor público o direito de greve, mas em dimensão que a maioria dos países não aceita. Essa amplitude provoca o surgimento de uma situação delicada em virtude de inexistir norma legal disciplinando a contratação temporária pelo Poder Público, para atender as necessidades prementes da sociedade em caso de paralisação dos serviços públicos dessa forma apontada pela jurisprudência como "selvagem".

No Brasil, todos os servidores públicos do Executivo, do Judiciário e do Legislativo estão autorizados, pela Constituição a exercer o direito de greve, excluídos apenas os militares, e as pessoas e eles equiparadas, ex vi do preceituado no inciso IV do § 3º do art. 142 c/c art. 42, § 1º, ambos da Constituição da República: "ao militar são proibidas a sindicalização e a greve".

Ao tratar do direito de greve do servidor público, o Pleno do STF assentou o entendimento de que certas atividades de que dependam a manutenção da ordem pública, como a segurança pública, a administração da Justiça, a administração tributária e a saúde pública estão impedidas de realização da greve, como se lê da ementa lavrada na Reclamação n. 6.568, já trasncrita no item anterior.

CAPÍTULO XXV
Recursos no Processo Individual do Trabalho

263. Recursos no Processo Individual do Trabalho

Recurso vem do latim *recursus*, que encerra a ideia de voltar atrás, de retornar, de cobrir, novamente, o mesmo caminho.

Tanto o CPC como a CLT se abstêm de definir "recurso".

Com invejável mestria, preleciona *Barbosa Moreira* (*in* "Comentários ao CPC", volume V, 6. ed., Forense, 1993, p. 207) que as várias figuras reunidas, no Código de Processo Civil, sob o *nomen juris* de recurso apresentam um traço comum: seu uso não provoca a instauração de novo processo, uma vez que é extensão do processo em curso.

O mestre patrício conceitua o recurso *"como o remédio voluntário idôneo a ensejar a reforma, a invalidação, o esclarecimento ou a integração da decisão judicial que se impugna dentro do mesmo processo"*.

Prieto-Castro ("Tratado de Derecho Procesal Civil", Pamplona: Arazandi, 1982, II tomo, p. 395) considera como recursos *"os meios de impugnação que perseguem um novo exame, de assunto já decidido, por um organismo judicial de categoria superior ao que ditou a resolução que se impugna"*.

Temos como mais precisa a conceituação abraçada por *Barbosa Moreira*, por prever, com firmeza, os casos de recurso objetivando o esclarecimento e a integração da decisão judicial.

Temos, assim, o princípio do duplo grau de jurisdição, que, por seu turno, é um atributo do devido processo legal.

A legitimidade para recorrer reside na titularidade de uma situação processual da parte, do Ministério Público e de um terceiro.

Contém-se, no direito à jurisdição, o direito ou o poder de recorrer, *"ou seja, de invocar determinada prestação jurisdicional, contemplativa de pretensão deduzida pelo interessado"* (*Rogério Lauria Tucci*, "Recurso — Direito Processual Civil", *in* Enciclopédia Saraiva, vol. 63, p. 428 e ss.).

O juiz não deixa de ser uma pessoa humana sujeita a erros ou enganos.

D'outra parte, é de se crer que dificilmente um grupo de julgadores reunidos num Tribunal incorra no mesmo erro ou engano. Para proteger as partes e terceiros contra o risco de sentenças viciadas ou erradas, assegura a lei, por meio do recurso, o reexame do processo (*Jean Vincent-Serge Guinchard*, "Procédure Civile", 22. ed., Dalloz, 1991, p. 574 e todos os processualistas, sem exceção).

J. M. *Othon Sidou*, em "Os Recursos Processuais na História do Direito" (2. ed., Forense, 1978), reconstitui com rara felicidade o passado dos recursos nas ações judiciais.

Civilizações pré-romanas, em seus velhos corpos de leis, não previam sentença irreversível.

Na Babilônia, o Código de Hamurabi (2123-2080 a.C.) admitia a revisão da sentença se o juiz reconhecesse seu erro na elaboração do respectivo texto.

O Código de Manu, na disposição 97, autorizava a revisão do processo em que se prestasse falso testemunho.

Os hebreus, por meio de recursos, levavam a reexame sentenças do "Din Mammona" (tribunal dos três) ao "Din Mirphat" (tribunal dos vinte e três).

Na Pérsia (séculos VI a III a.C.) as sentenças de juízes vitalícios eram passíveis de apelação ao monarca.

Havia, no Egito de 1600 a.C., uma hierarquia judicial, o que permite ao historiador concluir que as sentenças de um juízo inferior podiam ser submetidas a uma instância mais elevada.

No Islã, o ápice da hierarquia judicial cabia ao califa, e os juízes inferiores — os cadi — é que proferiam as sentenças reformáveis pelo primeiro. Segundo a tradição, Maomé dissera que, de cada três juízes, dois irão ter "ágehenna" (inferno) e só o terceiro se salvará.

Os gregos tiveram o direito processual mais aprimorado da antiguidade, que previa a apelação de sentença "que violasse as formas legais, como também contra as decisões injustas".

Em Roma, a Lei das XII Tábuas do ano 452 a.C., previa a admissibilidade de recursos contra as sentenças. Esse procedimento de revisão das sentenças evoluiu da *provocatio ad populum* à *appellatio* sob Augusto.

São eles atos processuais. De regra, objetivam o reexame, total ou parcial, do pronunciamento do primeiro grau de jurisdição.

No plano doutrinário, formaram-se várias correntes sobre a natureza jurídica do recurso.

Para *Betti* ("Diritto Processuale Civile Italiano, p. 638") e *Guasp* ("Derecho Procesal Civil", Madrid, 3. ed., p. 730 e segs.) tem o recurso natureza constitutiva e é uma ação distinta daquela a que se vincula. Dois são os argumentos-força dessa linha doutrinária:

a) a ação originária se prende a fato ocorrido fora dos autos, enquanto o recurso é motivado por fato que tem como local o próprio processo;

b) além das pessoas legitimadas para a causa (*legitimatio ad causam*), restam aquelas que dela podem participar, em alguns casos, como o representante do Ministério Público e o terceiro com interesse na decisão final.

A corrente que vem prevalecendo na doutrina é a que considera o poder de recorrer como um aspecto do direito de ação.

Graças à bilateralidade do direito de ação, tem também o réu o poder de recorrer.

Na hipótese, a presença de terceiros, no processo, resulta de forma abreviada do direito de ação, ensina *Pontes de Miranda* (*in* "Comentários ao CPC", tomo VII, Forense, 1975, p. 117); e aduz: "O que por vezes acontece é que o recorrente, terceiro, também poderia propor ação e prefere o recurso; mas, aí, apenas ocorre coincidência de duas legitimações ativas".

Assim, no magistério desse insigne processualista, o terceiro preferiu usar, pelo recurso, seu direito de ação de maneira mais resumida.

Em suma, o direito de recorrer não se confunde com o *ius actionis*, nem a ele se equipara. É um direito processual subjetivo e, assim, simples projeção dos direitos ou poderes do autor e do réu, respectivamente titulares dos direitos de ação e de defesa.

Filiamo-nos a esta última corrente. O recurso é medida prevista em lei para provocar o reexame ou integração de uma sentença. É, em suma, "procedimento em continuação, já que se verifica dentro do mesmo processo" (*Nelson Nery Júnior*, "Princípios Fundamentais — Teoria Geral dos Recursos", 2. ed., Rev. dos Tribunais, 1993, p. 73).

O TST editou a Orientação Jurisprudencial n. 120, SDI-1, que trata da assinatura nas razões recursais, *verbis*: "Recurso. *Assinatura da petição ou das razões recursais. Validade.* O recurso sem assinatura será tido por inexistente. Será considerado válido o apelo assinado, ao menos, na petição de apresentação ou nas razões recursais".

263.1. Princípio do Duplo Grau de Jurisdição

O recurso, ou melhor, o direito de recorrer, tem correlação com o princípio do duplo grau de jurisdição: este se realiza por intermédio daquele.

O inciso LV do art. 7º da Constituição da República (*"aos litigantes, em processo judicial ou administrativo e aos acusados em geral, são assegurados o contraditório e ampla defesa, com os meios e recursos a ela inerentes"*) dá guarida a três princípios de índole processual: o contraditório, a ampla defesa e o duplo grau de jurisdição.

Temos, aí, a base constitucional do duplo grau de jurisdição, que dá ao cidadão o direito de ver o litígio examinado pelos planos superiores da hierarquia jurisdicional: Vara do Trabalho, Tribunal Regional do Trabalho, Tribunal Superior do Trabalho e, extraordinariamente, o Supremo Tribunal Federal.

Em doutrina, ainda se discute qual a exata abrangência do princípio do duplo grau de jurisdição.

Várias hipóteses alimentam essa controvérsia.

Vejamos as duas que reputamos mais expressivas: a) o juízo *a quo* deixa de examinar alguns pontos ou aspectos do litígio; b) a Vara do Trabalho acolheu a arguição da prescrição e encerrou o processo sem apreciar o *meritum causae*.

Deve o Tribunal Regional, em ambas as hipóteses, pronunciar-se sobre os pontos de litígio que o primeiro grau deixou à margem?

A nosso ver, a resposta à indagação tem de ser negativa.

Compete ao primeiro grau analisar o mérito por todos os ângulos e, se não o fez de modo amplo e satisfatório, a ele devem retornar os autos — nos casos citados — para que complete a sentença. É intuitivo que haverá supressão de um grau de jurisdição se o juízo da apelação substituir a Vara do Trabalho na decisão sobre todo o mérito da causa.

Não é de hoje que o duplo grau de jurisdição é alvo de críticas.

Costuma-se dizer que, se os Juízes das instâncias superiores estão mais bem preparados que o julgador primário, o mais apropriado é confiar-lhes, de início, o exame do litígio.

A isso contrapomos: a) a instância superior já recebe o processo com toda a prova produzida e com as manifestações das partes e do Juiz, o que lhe permitirá cuidar do assunto com mais tranquilidade e mais segurança; b) o duplo grau de jurisdição responde a um anseio, de ordem psicológica, de certeza de um julgamento justo.

Inquestionavelmente, os recursos acarretam certa demora na solução definitiva dos litígios, mas a segurança da justiça, mediante o duplo grau de jurisdição, compensa largamente essa desvantagem.

Ademais, como é facilmente explicável pela psicologia, o vencido raramente se conforma com a sentença que lhe foi desfavorável e sente irresistível necessidade de levar o processo a uma instância superior, embora, em alguns casos, isso reflita, apenas, a vaidade do advogado empenhado em demonstrar que é mais capaz que seu opositor no caso.

Como sublinhamos há pouco, o direito subjetivo de recorrer é uma projeção dos direitos, faculdades ou poderes de que é dotado o Reclamante como titular do direito de ação ou o Reclamado como titular do direito de defesa que conta com a tutela constitucional.

Seja lá qual for o recurso, tem ele, como requisito fundamental, a sentença: a) que recusou ao Reclamante, total ou parcialmente, o que pretendeu no processo; b) que rejeitou a defesa do Reclamado, obrigando-o a dar ao Reclamante aquilo a que julgara não ter ele direito.

É óbvio que, inexistindo, *in casu*, qualquer prejuízo para a parte, fecha-se-lhe a via recursal.

De fato, se da sentença não proveio à parte qualquer dano, por que deve ela recorrer? Por outras palavras, tentar modificar a sentença para quê e por quê?

Enfatizando: o interesse processual de recorrer é da parte que sofreu prejuízo decorrente da sentença ou, o que vem dar no mesmo, o legitimado para recorrer é a parte vencida, aquela que viu sua pretensão contrariada pela sentença.

Os *fundamentos jurídicos do duplo grau de jurisdição sintetizamos nesses termos*: a) é revisível o erro judiciário por defeituosa avaliação das provas ou por ignorância e até por má-fé, o que é muito raro; b) dá mais tranquilidade à parte vencida a certeza de que a causa é reexaminável por um grupo de juízes mais experientes; c) a necessidade de uniformização da jurisprudência mercê da hierarquia mais elevada dos órgãos incumbidos da revisão das sentenças.

Aplica-se ao processo do trabalho o art. 475 do CPC (com redação dada pela Lei n. 10.352, de 26.12.2001, com vigência a partir de 27.3.2002) que assegura o duplo grau de jurisdição obrigatório à sentença proferida contra a União, o Estado, o Distrito Federal, o Município e as respectivas autarquias e fundações de direito público e àquela que julgar procedentes, no todo ou em parte, os embargos à execução da dívida ativa da Fazenda Pública. Nesses casos tem o Juiz de ordenar a remessa dos autos ao Tribunal, haja ou não apelação e, não o fazendo, deverá o presidente do Tribunal avocá-los. Não se aplica o supracitado artigo do CPC em duas hipóteses: *a*) a condenação ou o direito controvertido, de valor certo não excedente a sessenta salários mínimos, bem como na procedência dos embargos do devedor na execução de dívida ativa do mesmo valor; *b*) sentença fundamentada em jurisprudência do plenário do Supremo Tribunal Federal ou em súmula deste tribunal ou do tribunal superior competente.

De certo modo, o preceituado dispositivo processual dá efeito vinculante às decisões do plenário da Corte Suprema.

De outra parte, terá seu seguimento trancado o recurso extraordinário interposto contra sentença fundada em Súmula do Tribunal Superior do Trabalho.

263.2. Princípios do Sistema Legal de Recursos

Neste ponto, vamos relacionar e analisar os princípios que informam o sistema legal de recursos estruturado pela CLT e pelo CPC.

Ei-los:

I) *Da unirrecorribilidade*. Em nosso sistema processual, cada recurso tem uma destinação bem determinada. Tem de ser utilizado, exclusivamente, na impugnação de um ato jurisdicional e não na de qualquer um. Por outras palavras, a CLT e, também, o CPC não preveem mais de um recurso para a mesma hipótese inscrita na Lei.

Os arts. 893 *usque* 901 da CLT estabelecem, com clareza, os fins de cada recurso.

Teixeira Filho (in "Sistema dos Recursos Trabalhistas", 3. ed., LTr, 1989, p. 87) lembra, com propriedade "a discussão doutrinária e jurisprudencial (que ainda subsiste) quanto a ser cabível recurso ordinário ou agravo de petição da decisão do juiz proferida em embargos de terceiro tem levado a admitir-se ora aquele, ora este recurso; isto não representa, contudo, uma exceção ao princípio da unirecorribilidade...".

Nessa controvérsia, tomamos a posição a favor da interponibilidade do recurso ordinário, uma vez que o terceiro não é parte no processo de execução e, por isso, é-lhe vedado o uso do agravo de petição para insurgir-se contra a decisão que julgou os embargos.

Como salientamos no item 326 deste livro, milita a favor do nosso posicionamento a circunstância de que os embargos são uma ação autônoma.

II) *Da variabilidade*. O art. 809 do CPC de 1939 autorizava, expressamente, a parte a trocar um recurso por outro, desde que isso ocorresse dentro do prazo legal.

O CPC de 1973 é omisso sobre este ponto, o que levou alguns estudiosos a concluir que se eliminara o princípio da variabilidade.

A despeito de igual silêncio da CLT, atende melhor às peculiaridades do processo trabalhista admitir a mudança do recurso dentro do prazo legal de sua interposição.

III) Da fungibilidade. Trata-se da possibilidade de o juízo de admissibilidade e de o Tribunal *ad quem* receberem recurso erradamente oferecido em lugar de outro indicado pela lei processual.

Aconteceu com esse princípio o mesmo que se verificara com o da variabilidade.

O CPC de 39 admitia um recurso por outro desde que não se tratasse de erro grosseiro ou de má-fé.

O CPC de 73 e a CLT não cuidam, de modo expresso, dessa hipótese.

Na atualidade, tendo como ponto de partida de sua lucubração o art. 244 do CPC, a doutrina e a jurisprudência, univocamente, aceitam, como bom, recurso interposto erradamente, desde que presentes: a) dúvida plausível sobre qual recurso a ser oferecido; b) ausência de erro grosseiro, que se desenha quando o recurso interposto não é aquele expressamente previsto na lei; c) o recurso erroneamente interposto tenha obedecido ao prazo legal previsto para o recurso em que aquele pretende transformar-se.

Esse entendimento não só se harmoniza com as singularidades do processo trabalhista como também encontra assento nos seguintes artigos do CPC:

"*Art. 154: "Os atos e termos processuais não dependem de forma determinada senão quando a lei expressamente a exigir, reputando-se válidos os que, realizados de outro modo, lhe preencham a finalidade essencial".*

"*Art. 244: "Quando a lei prescrever determinada forma, sem cominação de nulidade, o juiz considerará válido o ato se, realizado de outro modo, lhe alcançar a finalidade".*

"*Art. 250: O erro de forma do processo acarreta unicamente a anulação dos atos que não possam ser aproveitados, devendo praticar-se os que forem necessários, a fim de se observarem, quanto possível, as prescrições legais".*

Fazendo a aplicação do princípio da fungibilidade recursal, o TST editou o item II, da Súmula n. 421, além das Orientações Jurisprudenciais ns. 69 e 152, ambas de sua SBDI-2, *verbis:*

"*Súmula n. 421, II: Postulando o embargante efeito modificativo, os embargos declaratórios deverão ser submetidos ao pronunciamento do Colegiado, convertidos em agravo, em face dos princípios da fungibilidade e celeridade processual";*

"*Orientação Jurisprudencial n. 69, SBDI-2: Fungibilidade recursal. Indeferimento liminar de ação rescisória ou mandado de segurança. Recurso para o TST. Recebimento como agravo regimental e devolução dos autos ao TRT — Recurso ordinário interposto contra despacho monocrático indeferitório da petição inicial de ação rescisória ou de mandado de segurança pode pelo princípio da fungibilidade recursal, ser recebido como agravo regimental. Hipótese de não conhecimento do recurso pelo TST e devolução dos autos ao TRT, para que aprecie o apelo como agravo regimental";*

"*Orientação Jurisprudencial n. 152, SBDI-2: Ação rescisória e mandado de segurança. Recurso de revista de acórdão regional que julga ação rescisória ou mandado de segurança. Princípio da fungibilidade. Inaplicabilidade. Erro grosseiro na interposição do recurso. A interposição de recurso de revista de decisão definitiva de Tribunal Regional do Trabalho em ação rescisória ou em mandado de segurança, com fundamento em violação legal e divergência jurisprudencial e remissão expressa ao art. 896 da CLT, configura erro grosseiro, insuscetível de autorizar o seu recebimento como recurso ordinário, em face do disposto no art. 895, "b", da CLT."*

IV) Irrecorribilidade das decisões interlocutórias. Este princípio está intimamente ligado a um outro, o da concentração da causa, objetivando a aceleração do ritmo do processo, com vistas à decisão de mérito.

Sobre esse assunto, há o § 1º do art. 893 da CLT:

"*Os incidentes do processo serão resolvidos pelo próprio Juízo ou Tribunal, admitindo-se a apreciação do merecimento das decisões interlocutórias somente em recurso da decisão definitiva".*

E que é decisão interlocutória?

A resposta nos é dada pelo art. 162, § 2º do CPC: "*Decisão interlocutória é o ato pelo qual o juiz, no curso do processo, resolve questão incidente".*

263.3. Questões Recursais e o Litisconsórcio

No item 57, discorremos sobre o litisconsórcio facultativo, dando realce à aplicabilidade, ao processo trabalhista, do parágrafo único do art. 46 do CPC (introduzido pela Lei n. 8.952/94), que faculta ao Juiz reduzir o número de litigantes quando houver risco de retardar a prestação jurisdicional ou de ameaçar o amplo exercício do direito de defesa.

Aqui iremos focalizar questões recursais vinculadas ao litisconsórcio.

Durante muito tempo, foi alvo de acesas controvérsias doutrinárias o recurso em caso de litisconsórcio.

O art. 509 do CPC pôs termo a essa discussão ou dúvida — *in verbis:* "O recurso interposto por um dos litisconsortes a todos aproveita, salvo se distintos ou opostos os seus interesses".

Em se tratando de reclamação — por exemplo — em que os trabalhadores de u'a mesma seção da empresa postulam o adicional de insalubridade média e se apenas um deles recorre da sentença, a todos aproveita esse recurso porque seus interesses são coincidentes.

Quando não logre êxito recurso interposto por litisconsorte, esse fato não priva os demais de provocar o reexame da matéria na instância superior. Assim deve ser porque estes últimos não tiveram seu direito de recorrer precluído.

No processo comum, não é frequente o litisconsórcio facultativo unitário, isto é, aquele em que a sentença há-de ser igual para todos os litisconsortes. Já no processo trabalhista, tal espécie de litisconsórcio é muito comum. Exemplo: postulação do adicional de insalubridade para os trabalhadores do mesmo setor de uma empresa. Todos eles, como titulares do mesmo direito, sofreram idêntica lesão.

A jurisprudência já estabeleceu que a extensão, aos demais compartes, do recurso interposto por um deles fica restrito ao litisconsórcio unitário (v. RE 149.787, julgado a 3.3.95 pela 1ª Turma do STF).

O mesmo dizemos no tangente às ações cautelares, onde o agravo interposto por um dos requeridos a todos aproveita (*in* RSTJ 40/367).

263.4. Efeitos do Recurso

Cabe ao juízo de ADMISSIBILIDADE declarar com que efeito recebe o recurso, ou seja, se com efeito suspensivo ou devolutivo.

Se *suspensivo* esse efeito, a sentença impugnada perde eficácia de imediato, impossibilitando a execução provisória ou até a liquidação da sentença. Esse mesmo recurso, nas ações declaratória e constitutiva, adia a validade do título encerrado na sentença.

O *efeito devolutivo* submete à instância superior o reexame da matéria apreciada pelo órgão primário, mas dentro dos limites do próprio recurso — *tantum devolutum quantum appellatum*. De feito, passa em julgado a parte da sentença que não for impugnada no recurso.

Quando recebido com efeito devolutivo o recurso interposto, fica o Reclamante autorizado a promover a liquidação da sentença e a iniciar a execução provisória até a penhora.

A regra, no processo trabalhista (v. art. 899, *caput* da CLT), é ter o recurso efeito devolutivo, isto é, aquele que devolve ao tribunal *ad quem* o exame de toda a matéria discutida nos autos, mas não impede a execução provisória da sentença até a penhora; suspensivo é aquele que retira a eficácia da sentença até a decisão final e irrecorrível da instância superior.

O já citado artigo consolidado 899 admite as seguintes exceções à regra de que, no processo do trabalho, o recurso é recebido com efeito devolutivo: a) agravo de instrumento, a teor do disposto no inciso III do art. 527 do CPC ("Recebido o agravo de instrumento no tribunal, e distribuído incontinenti, o relator: I e II... (*omissis*); III — poderá atribuir efeito suspensivo ao recurso (art. 558), ou deferir, em antecipação de tutela, total ou parcialmente, a pretensão recursal, comunicando ao juiz sua decisão"); b) agravo de petição, uma vez que o § 1º do art. 897 da CLT (com redação dada pela Lei n. 8.432, de 11.6.1992), autoriza a execução definitiva das quantias incontroversas e, *contrario sensu*, há-de ser provisória a execução das quantias controversas.

Lembre-se que, por força do art. 896, § 1º, da CLT, o Recurso de Revista terá sempre efeito devolutivo, descabendo haver no juízo de admissibilidade qualquer deliberação em contrário.

De conformidade com o disposto no art. 560 do CPC, qualquer questão preliminar suscitada no julgamento será decidida antes do mérito, deste não se conhecendo se incompatível com a decisão daquela.

O Tribunal conhecendo o recurso, por preencher os pressupostos subjetivos e objetivos (admissibilidade do recurso), julga a preliminar incompatível com a matéria de mérito, o que leva à preservação da inalterabilidade da sentença; conhecendo do recurso e seu objeto, o acórdão do Tribunal *ad quem* substitui o ato decisório da Vara do Trabalho, nos termos do art. 512 do CPC: "O julgamento proferido pelo tribunal substituirá a sentença ou a decisão recorrida no que tiver sido objeto de recurso".

Dando provimento ao recurso, o Tribunal pode modificar parcialmente a sentença ou substituí-la no seu todo, como o diz o art. 505 do CPC: *"A sentença pode ser impugnada no todo ou em parte"*.

Novo decisório também ocorre quando o Tribunal ratifica, plenamente, a sentença impugnada; esta é substituída pelo que resultou do julgamento do recurso.

Reza o art. 52 do CPC que está legitimado a recorrer o assistente, uma vez que é possuidor *dos "mesmos poderes e sujeitar-se-á aos mesmos ônus processuais que o assistido"*. De observar-se que, segundo o parágrafo único desse mesmo artigo do CPC, não perde o assistente a legitimação recursal se o assistido se tornar revel.

No dizer de *Amaral Santos* ("Primeiras Linhas de Direito Processual Civil", 8. ed., 3º vol., Saraiva, 1985, p. 103), a fonte legal do recurso revela ser ele ordinário ou extraordinário. Ordinários são aqueles indicados no CPC (ou na CLT, também); extraordinários aqueles que têm como fonte a Constituição Federal (inciso III do art. 102).

263.5. Recurso Ordinário no Processo do Trabalho

Recurso ordinário, no processo trabalhista, equivale à apelação no processo comum. É admitido das decisões definitivas ou terminativas das Varas e dos Tribunais Regionais em processos de sua competência originária (julgamento de dissídios coletivos, por exemplo).

O prazo para a interposição do recurso é de oito dias, a contar da data da publicação do acórdão ou da sentença. A lesividade é requisito primordial do direito de recorrer ou sucumbência. Só pode recorrer quem se sente prejudicado pela sentença. A tempestividade é outro requisito objetivo do recurso. Será ele tempestivo quando interposto dentro do prazo legal, que é de oito dias no processo do trabalho. Outro requisito ou pressuposto objetivo do recurso é o seu preparo e que consiste no pagamento das custas estabelecidas em sentença dentro do prazo recursal. Dentro desse mesmo prazo recursal, deverá a parte fazer a comprovação perante o juízo desse pagamento das custas, conforme o disposto no art. 789, § 1º, da CLT.

Além disso, se houver condenação, a parte deverá realizar o depósito recursal na forma do art. 899, § 1º, da CLT.

No processo trabalhista, o recurso ordinário devolve ao Tribunal Regional o exame da matéria litigiosa.

Acolhendo tal recurso, o Tribunal *ad quem* levará em conta o disposto nos §§ 1º e 2º do art. 515 do CPC: *"Serão, porém, objeto de apreciação e julgamento pelo tribunal todas as questões suscitadas e discutidas no processo, ainda que a sentença não as tenha julgado por inteiro"* e *"Quando o pedido ou a defesa tiver mais de um fundamento e o juiz acolher apenas um deles, a apelação devolverá ao Tribunal o conhecimento dos demais".*

No § 1º, permite-se ao Tribunal examinar questões que, embora ventiladas no primeiro grau, a sentença não as julgou integralmente. Decorrentemente, se as questões não foram sequer lembradas na sentença, está o Tribunal impedido de apreciá-las.

É por essa razão que o Supremo Tribunal Federal, por sua 2ª Turma, julgando o RE 94.324 (*in* RTJ 104/298), proferiu acórdão assim ementado:

"Decisão que afasta preliminar acolhida na sentença e julga o mérito, suprimindo o duplo grau de jurisdição, nega vigência ao § 1º, do art. 515 do CPC".

No § 2º, está prevista a hipótese de o Juiz ter acolhido um dos fundamentos do pedido ou da defesa. Aí, não se há-de cogitar da *reformatio in peius* se o recurso devolver ao Tribunal o conhecimento dos demais.

O art. 515, do CPC, recebeu o § 4º, pela Lei n. 11.276/2006, que estabelece que, constatando a ocorrência de nulidade sanável, o tribunal poderá determinar a realização ou renovação do ato processual, intimadas as partes; cumprida a diligência sempre que possível prosseguirá o julgamento do recurso.

263.6. Procedimento. Prazo Recursal

Como adiantamos no item 85, prazo é o lapso de tempo que o Juiz ou a parte tem para praticar ato de sua responsabilidade. Tem ele o termo inicial — *dies a quo* e o termo final — *dies ad quem*. Entre esses dois termos está o espaço de tempo chamado prazo.

O prazo recursal no processo do trabalho é de oito dias (v. arts. 895, 896 e 897 da CLT) e obedece às regras gerais dos prazos: a) exclusão do dia do começo e inclusão do dia do vencimento; b) se o prazo tem início num sábado ou em data em que não haja serviço forense, é ele transferido para o primeiro dia útil; c) se a data do vencimento incide num feriado, sábado ou domingo, é o prazo prorrogado para a segunda-feira ou primeiro dia útil.

Os feriados e domingos incluídos no prazo são computados na sua contagem. A Súmula n. 385, do TST, trata da comprovação do feriado local para a contagem do prazo. Assim, essa súmula estabelece três regras nesse sentido: a) Incumbe à parte o ônus de provar, quando da interposição do recurso, a existência de feriado local que autorize a prorrogação do prazo recursal; b) Na hipótese de feriado forense, incumbirá à autoridade que proferir a decisão de admissibilidade certificar o expediente nos autos; c) Na hipótese da letra anterior, admite-se a reconsideração da análise da tempestividade do recurso, mediante prova documental superveniente, em Agravo Regimental, Agravo de Instrumento ou Embargos de Declaração.

Está acima de qualquer discussão ser peremptório o prazo recursal, como diz o art. 182 (primeira parte) do CPC. Dessarte, é defeso às partes a redução, prorrogação e devolução ou suspensão do prazo recursal.

Bem assentado na Lei e na doutrina que a convenção das partes para a suspensão do processo se restringe apenas aos atos dilatórios, ficando de fora dessa faculdade legal os prazos peremptórios.

A eficácia daquela convenção depende da existência de motivo legítimo e, também, do fato de não haver, ainda, transcorrido o prazo.

A morte ou a perda da capacidade processual de qualquer das partes, de seu representante legal ou de seu procurador e a exceção de incompetência da Vara do Trabalho ou do Tribunal, bem como de suspeição por impedimento do Juiz, suspende o processo, e o prazo será restituído por tempo igual ao que faltava para a sua complementação (art. 180 do CPC).

Decorrido o prazo recursal, abrir-se-á novo prazo à parte se provar que não o fez em tempo hábil por justa causa.

Segundo o art. 183 do CPC, reputa-se justa causa o evento imprevisto, alheio à vontade da parte e que a impediu de praticar o ato por si ou por mandatário. Verificada a justa causa, o Juiz permitirá à parte a prática do ato.

Desnecessário frisar que a falta de preparo do recurso acarreta sua deserção.

Se o recorrente provar justo impedimento, tem o juiz de relevar a pena de deserção, fixando-lhe novo prazo para efetuar o preparo (art. 519 do CPC, com texto dado pela Lei n. 8.950, de 1994).

É irrecorrível a sentença que reconhece o impedimento alegado pelo interessado. É certo, ainda, que cabe ao Tribunal apreciar a legitimidade de tal decisão.

Justo impedimento, no caso, é qualquer acontecimento que, devido à sua natureza, não pode ser evitado ou dominado pelo recorrente.

Se o Juiz, sem embargo da prova feita de que o recorrente estava realmente impossibilitado de realizar o preparo do recurso, não lhe assinar novo prazo para praticar o ato em tela, resta-lhe interpor agravo de instrumento.

Embora — a nosso ver — seja líquido e certo o direito de o recorrente ver relevada a pena de deserção, na hipótese, é apenas cabível o agravo de instrumento, uma vez que inexiste perigo de lesão grave ao direito ou patrimônio do recorrente.

A regra dos prazos peremptórios não é rígida.

O mesmo art. 182 do CPC, há pouco citado, autoriza o Juiz, nas comarcas onde for difícil o transporte, a prorrogar quaisquer prazos (peremptórios ou não), mas nunca por mais de sessenta dias. Em caso de calamidade pública, esse limite pode ser excedido.

Mesmo sem expressa previsão legal, mas com supedâneo nos arts. 374 e 375, do CPC, vinha-se admitindo a transmissão, por fax, de atos processuais que exigissem petição escrita. A prática era mais comum na interposição de recursos por partes residentes em cidades muitos distantes do Tribunal *a quo*.

Essa situação foi corrigida com o advento da Lei n. 9.800, de 26.5.1999. Estabeleceu, em seu art. 1º, ser *"permitida às partes a utilização do sistema de transmissão de dados e imagens tipo fac-símile ou outro similar, para a prática de atos processuais que dependam de petição escrita".*

A transmissão será feita no decorrer do prazo fixado em lei, mas os originais devem ser entregues em juízo, necessariamente, até cinco dias após o seu término. Inocorrendo concordância entre o original transmitido por fac-símile e o original entregue em juízo, será a parte considerada litigante de má-fé.

O TST disciplinou na Súmula n. 387 a interposição de recurso via fac-símile, *verbis*: *"Recurso. Fac-símile. Lei n. 9.800/1999. I — A Lei n. 9.800/1999 é aplicável somente a recursos interpostos após o início de sua vigência. II — A contagem do quinquídio para apresentação dos originais de recurso interposto por intermédio de fac-símile começa a fluir do dia subsequente ao término do prazo recursal, nos termos do art. 2º da Lei n. 9.800/1999, e não do dia seguinte à interposição do recurso, se esta se deu antes do termo final do prazo. III — Não se tratando a juntada dos originais de ato que dependa de notificação, pois a parte, ao interpor o recurso, já tem ciência de seu ônus processual, não se aplica a regra do art. 184 do CPC quanto ao dies a quo, podendo coincidir com sábado, domingo ou feriado. IV) A autorização para utilização do fac-símile, constante do art. 1º da Lei n. 9.800/1999, somente alcança as hipóteses em que o documento é dirigido diretamente ao órgão jurisdicional, não se aplicando à transmissão ocorrida entre particulares".*

Como remate a este item, lembramos o caso de erro material nas razões de um recurso, como por exemplo o vencido, no início, defender a modificação do aresto e, depois, declarar que ele deve ser mantido.

É evidente que se trata de erro material.

Fundado no princípio da economia processual e, por analogia, no art. 284 do CPC, o Juiz Relator deve dar prazo ao interessado para emendar o recurso.

Caso curioso ocorreu numa das Turmas do TST.

Nos dois graus ordinários de jurisdição, um processo foi extinto porque não se reconheceu a legitimidade de um sindicato profissional substituir um número determinado de empregados.

No recurso de revista, o vencido atacou o acórdão regional e, na parte final das suas razões, pediu sua confirmação pela Turma do Tribunal.

Era manifesto o erro material.

Mas, louvando-se nesse erro, a Turma do TST confirmou o acórdão. Embargos obstados; agravo regimental rejeitado e, finalmente, interposição do recurso extraordinário.

A Presidência do TST recebeu o recurso extremo e deu-lhe seguimento (v. despacho *in* DJU de 27.7.93, p. 13.913).

A Lei n. 9.957, de 12.1.2000, acrescentou ao art. 895 da CLT os seguintes parágrafos:

"1º Nas reclamações sujeitas ao procedimento sumaríssimo, o recurso ordinário: I — (vetado); II — será imediatamente distribuído, uma vez recebido no Tribunal, devendo o Relator liberá-lo no prazo máximo de dez dias, e a Secretaria do Tribunal ou Turma colocá-lo imediatamente em pauta, para julgamento sem revisor; III — terá parecer oral do representante do Ministério Público presente à sessão de julgamento, se este entender necessário o parecer com registro na certidão; IV — terá acórdão consistente unicamente na certidão de julgamento, com a indicação suficiente do processo e parte dispositiva, e das razões de decidir do voto prevalente. Se a sentença for confirmada pelos próprios fundamentos, a certidão de julgamento, registrando tal circunstância, servirá de acórdão. 2º — Os Tribunais Regionais, divididos em Turmas, poderão designar Turma para o julgamento dos recursos ordinários interpostos das sentenças prolatadas nas demandas sujeitas ao procedimento sumaríssimo."

Depreende-se do disposto nos parágrafos do art. 895 da CLT, acima transcritos, que o procedimento sumaríssimo não veda a interposição dos recursos ordinário e de revista. E, embora não o digam expressamente, deixam aberto o campo para os embargos e até para o recurso extremo ao Supremo Tribunal Federal, desde que presentes os pressupostos peculiares a ambos os recursos.

Registre-se que, na forma do § 6º do art. 896 da CLT, só cabe o recurso de revista em procedimento sumaríssimo quando a decisão contrariar súmula do TST ou violar diretamente a Constituição. E mais, na forma da Súmula n. 442 do TST descabe Recurso de Revista nessa modalidade de procedimento quando a decisão contrariar mera orientação jurisprudencial.

E mais.

É corriqueiro, no âmbito processual, que o prazo para aviamento de um recurso começa a fluir na data da publicação do dispositivo do acórdão em órgão oficial. O inciso III do art. 506 do CPC dá agasalho a essa regra. Decorre do preceito que a intempestividade do recurso resulta da sua interposição após o vencimento do prazo legal.

Têm, ainda, a doutrina e a jurisprudência entendido que, na espécie, também é intempestivo o recurso se interposto prematuramente, isto é, após o julgamento, mas antes da publicação do acórdão.

É o que se depreende do art. 506 do CPC: *"O prazo para a interposição do recurso, aplicável em todos os casos o disposto no art. 184 e seus parágrafos, contar-se-á da data: I — da leitura da sentença em audiência; II — da intimação às partes, quando a sentença não for proferida em audiência; III — da publicação do dispositivo do acórdão no órgão oficial".*

O dispositivo supra completa-se com o art. 242 do CPC, *verbis:"Art. 242. O prazo para a interposição de recurso conta-se da data, em que os advogados são intimados da decisão, da sentença ou do acórdão. § 1º. Reputam-se intimados na audiência, quando nesta é publicada a decisão ou a sentença".* Esses artigos 242 e 506, que vimos de citar, também se aplicam ao processo do trabalho.

Entendemos, contudo, que a entrega de um recurso antes da publicação não traz qualquer prejuízo à outra parte. Ademais, observamos que os autores — de modo geral — ao analisar a questão dos prazos, não fazem menção ao recurso apresentado prematuramente.

Passando ao largo do fato de que a interposição prematura de um recurso não causa prejuízo algum à outra parte, o próprio TST converteu em 2012 a Orientação Jurisprudencial n. 357, da SDI-1 na Súmula n. 434, no seguinte sentido: **Recurso. interposição antes da publicação do acórdão impugnado. Extemporaneidade.** I) É extemporâneo recurso interposto antes de publicado o acórdão impugnado. II) A interrupção do prazo recursal em razão da interposição de embargos de declaração pela parte adversa não acarreta qualquer prejuízo àquele que apresentou seu recurso tempestivamente.

263.7. Juntada de Documentos na Fase Recursal

É silente a CLT quanto à possibilidade de a parte, a qualquer tempo, juntar documentos ao processo.

O CPC de 1939, no art. 223, previa a hipótese.

Em termos idênticos, o CPC de 1973, no art. 397, cuidou da questão — *verbis*:

"É lícito às partes, em qualquer tempo, juntar aos autos documentos novos, quando destinados a fazer prova de fatos ocorridos depois dos articulados, ou para contrapô-los aos que foram produzidos nos autos".

Por oportuno, advertimos que, a nosso ver, só os documentos tidos como pressupostos da causa devem instruir a inicial ou integrar a defesa. Outros documentos podem ser apresentados, nas demais fases do processo, inclusive na recursal.

Para a exata compreensão do sobredito dispositivo da lei processual comum, cabe-nos examinar a expressão "documentos novos" que dele consta.

Nas provectas Ordenações, Livro 3º, Título 87, § 2º, eram esses documentos definidos como aqueles achados depois da lavratura da sentença.

Durante largo período, entendeu-se, com sério prejuízo para valiosas ações, não ser documento novo uma certidão de notas de um tabelião.

A pouco e pouco, a doutrina foi dando maior polimento e maior elasticidade ao antigo conceito de "documentos novos". Na categoria destes, incluíram-se aqueles que existiam antes da sentença, mas ignorados pela parte.

O Tribunal Superior do Trabalho filiou-se a essa linha doutrinária e editou a Súmula n. 8 — *verbis*:

"Juntada de documento. A juntada de documento na fase recursal só se justifica quando provado o justo impedimento para a sua oportuna apresentação ou se referir a fato posterior à sentença".

Na tramitação do processo, podem acontecer fatos que guardem intimidade com o objeto do litígio e susceptíveis de modificá-los ou, até, de extingui-los.

Com estribo no já citado art. 397 do CPC, é permitido à parte interessada provar, a qualquer tempo, tais acontecimentos mediante a apresentação de documentos.

Supérfluo dizer que a outra parte terá de ser ouvida sobre esses documentos novos, sendo-lhe admitido opor, a estes últimos, outros que possam anulá-los.

No juízo de admissibilidade do recurso, não cabe autorizar, ou não, a juntada do documento. Compete-lhe, apenas, verificar a tempestividade do recurso, o pagamento de custas, o depósito recursal (quando exigível) e a adequação do recurso formalizado.

A decisão sobre a juntada do documento na fase recursal cabe ao Relator. O juízo *a quo* deve limitar-se a alertar o juízo *ad quem* sobre a juntada dos documentos pelo recorrente ou pelo recorrido. Não há qualquer impedimento legal a que se manifeste sobre o pedido dessa juntada.

Vejamos, em apertada síntese, as disposições que regulam a conduta do advogado na defesa das razões do Recorrente ou do Recorrido.

Durante algum tempo (sobretudo depois de proclamada a inconstitucionalidade da Lei Castilho Cabral, de n. 2.970, de 24.11.1956) entendeu-se que cabia exclusivamente aos Tribunais regular quanto ao momento e à oportunidade da sustentação oral no julgamento de um recurso.

O CPC, no art. 554, veio dispor que, na sessão de julgamento, depois de feita a exposição da causa pelo relator, o presidente, se o recurso não fosse embargos declaratórios ou de agravo de instrumento, daria a palavra, sucessivamente, ao recorrente e ao recorrido, pelo prazo improrrogável de 15 minutos para cada um a fim de sustentarem as razões do recurso.

Desta feita, a Suprema Corte não veio à liça para afirmar que se tratava de matéria *interna corporis* como fizera para impugnar a Lei Castilho Cabral.

A Constituição de 1988, na alínea "*a*", do inciso I do art. 96, diz imperativamente: "*Compete privativamente aos Tribunais eleger seus órgãos diretivos e elaborar seus regimentos internos, com observância das normas de processo e das garantias processuais da parte, dispondo sobre a competência e o funcionamento dos respectivos órgãos jurisdicionais e administrativos*".

Consagrou, indisputavelmente, a tese de que o regimento interno de qualquer tribunal há de ajustar-se à lei processual.

A Lei n. 8.906, de 4 de julho de 1994, que baixou o novo Estatuto da Ordem dos Advogados — OAB —, cuida do tema aqui em exame nos incisos IX e X do art. 7º, cujo texto é o seguinte:

"*São direitos dos advogados:*

I — omissis;

IX — *sustentar, oralmente as razões de qualquer recurso ou processo, nas sessões de julgamento, após o voto do relator, em instância judicial ou administrativa, pelo prazo de 15 minutos, salvo se prazo maior for concedido;* (O Supremo Tribunal Federal, na ADIn n. 1.127, de 1994, julgou em 17.5.2006, esse inciso IX inconstitucional).

X — *usar da palavra, pela ordem, em qualquer juízo ou tribunal, mediante intervenção sumária, para esclarecer equívoco ou dúvida surgida em relação a fatos, documentos ou afirmações que influam no julgamento, bem como para replicar acusações ou censura que lhe forem feitas*".

264. Juízo de Admissibilidade

Toda postulação recursal é submetida a dois exames e em momentos diversos.

A primeira operação consiste na verificação do cumprimento de todas as condições legais para que o recurso seja encaminhado. Esse momento processual denomina-se juízo de admissibilidade *a quo*.

A operação seguinte consuma-se no órgão que tem competência para conhecer e julgar o recurso.

É o juízo de admissibilidade *ad quem*.

Sobre o assunto *Barbosa Moreira* escreveu estas palavras lapidares (*in* "Comentários ao CPC", vol. 5º, 6. ed., Forense, 1993, p. 231/232): "*Chama-se juízo de admissibilidade àquele em que se declara a presença ou ausência de semelhantes requisitos (requisitos indispensáveis à legitimidade do recurso); juízo de mérito àquele em que se apura a existência ou inexistência de fundamento para o que se postula, tirando-se daí as consequências cabíveis, isto é, acolhendo-se ou rejeitando-se a postulação. No primeiro, julga-se esta admissível ou inadmissível; no segundo, procedente ou improcedente*".

O juízo de mérito vem sempre depois do de admissibilidade. Se neste se declara que o recurso não satisfez os requisitos legais para que seja encaminhado à instância superior, fecha-se o juízo de mérito.

É certo que existe o agravo de instrumento para submeter o despacho denegatório do recurso a exame de órgão jurisdicional mais elevado. Exemplo: o presidente do Tribunal Regional nega seguimento ao recurso de revista porque o acórdão regional está conforme Súmula do TST.

O recorrente, no caso, pode apresentar agravo de instrumento em que se cinge a examinar as razões em que se fundou o despacho denegatório.

Com a apresentação do agravo de instrumento, é o juízo da admissibilidade a levá-lo à instância superior.

265. Pressupostos dos Recursos: Subjetivos e Objetivos

São subjetivos e objetivos os pressupostos ou condições de admissibilidade do recurso. Os primeiros, os subjetivos, dizem respeito à capacidade da pessoa que interpôs o recurso ou o recorrente.

Vejamos as várias pessoas que têm essa **capacidade subjetiva**:

I — A parte legítima de um processo cuja sentença terminativa lhe foi desfavorável, total ou parcialmente;

II — O terceiro interessado se demonstrar o nexo de interdependência entre o seu interesse de intervir e a relação jurídica submetida à apreciação judicial.

III — O presidente do Tribunal e o Ministério Público do Trabalho, das sentenças proferidas em revisão de sentença normativa (art. 898, desta Consolidação).

IV — A Procuradoria da Justiça do Trabalho e os representantes legais dos menores, nas hipóteses previstas no art. 793, da Consolidação.

V — O juiz ex officio: quando as sentenças forem desfavoráveis à União e autarquias federais nas reclamações trabalhistas de valor superior a 100 Obrigações Reajustáveis do Tesouro Nacional (art. $2^º$, da Lei n. 6.825, de 22 de setembro de 1980); quando, em ações de qualquer valor, a sentença for desfavorável total ou parcialmente aos Estados, Territórios, Municípios, autarquias ou fundações de Direito Público estaduais ou municipais, que não explorem atividades econômicas (art. $1^º$, do Decreto-lei n. 779, de 21.8.1969).

Note-se que o CPC, no seu art. 475, inciso I, dispõe estar sujeita ao duplo grau de jurisdição, não produzindo efeito senão depois de confirmada pelo tribunal, a sentença proferida contra a União, o Estado, o Distrito Federal, o Município, e as respectivas autarquias e fundações de direito público. Esta nova redação do art. 475, dada pela Lei n. 10.352, de 26.12.2001, tornou o texto tão abrangente quanto o já referido art. $1^º$ do Decreto-lei n. 779, pois incluiu as autarquias e fundações de direito público estaduais ou municipais, que no texto original do CPC de 1973 estavam excluídas.

Apontamos acima que tem capacidade recursal a parte legítima cuja sentença terminativa lhe foi desfavorável, total ou parcialmente. Por outras palavras é a parte que sofreu algum prejuízo derivado da sentença.

Exerce esse direito, também, por intermédio de advogado regularmente constituído.

Tornou-se incontroversa a exigência de mandato para a admissibilidade de recurso oferecido por advogado. Se o profissional acompanhou a parte no processo de conhecimento, fazendo-se constar da ata da audiência ser ele seu patrono, fica configurada a procuração *apud acta*.

De notar-se que a Lei n. 8.906, de 24 de julho de 1994 (novo Estatuto da Advocacia e da OAB), reza, no art. $5^º$, que o advogado postula, em juízo ou fora dele, fazendo prova do mandato.

Esse preceito é inaplicável ao processo trabalhista, segundo copiosa jurisprudência do TST.

Estatui o *caput*, do art. 791 da CLT que os empregados e empregadores poderão reclamar, pessoalmente, perante a Justiça do Trabalho e acompanhar as suas reclamações até o final.

No *jus postulandi* das partes, inclui-se o direito de recorrer.

Sem embargo da obscuridade da expressão "...*acompanhar as reclamações até o final*" contida no susocitado art. 791 da CLT, tem-se entendido que ela abrange, também, o direito de recorrer.

Não é por outro motivo que o art. 899, também da CLT, fala que os recursos serão interpostos por simples petição. Dessarte, se oferecido pelo próprio interessado, o recurso limita-se a apontar o ponto da sentença de que discorda, sem precisar dar os fundamentos jurídicos de seu dissentimento. Vai caber ao Tribunal *ad quem* averiguar os supedâneos legais da discordância do recorrente.

Houve tempo em que, na espécie, acreditávamos estar o *jus postulandi* restrito ao processo de conhecimento. Mudamos de pensar depois de meditar sobre o verdadeiro alcance do art. 899, há pouco citado.

É lamentável que o legislador tenha levado tão longe esse direito das partes do processo trabalhista de reivindicar em juízo o que julgam lhes ser devido.

Num recurso, é imprescindível que o recorrente revele os fundamentos jurídicos de sua discordância com a sentença que não lhe foi favorável. Se não o fizer, terão os julgadores da instância superior — já sobrecarregados de trabalho — de pesquisar, preliminarmente, o suporte legal do apelo.

Afora isso, é incontroverso que, num recurso, tem a parte de possuir certos conhecimentos especializados de que, de modo geral, não é possuidor a parte, na hipótese em debate.

Mas, legem habemus.

O TST, em 2010, editou a Súmula n. 425 que restringe o *jus postulandi*, como se lê de sua ementa: "*Jus postulandi* na Justiça do Trabalho. Alcance. O *jus postulandi* das partes, estabelecido no art. 791 da CLT, limita-se às Varas do Trabalho e aos Tribunais Regionais do Trabalho, não alcançando a ação rescisória, a ação cautelar, o mandado de segurança e os recursos de competência do Tribunal Superior do Trabalho.

A Súmula n. 164 do TST reflete, fielmente, o pensamento do legislador no art. 37, parágrafo único, do CPC: "O não cumprimento das determinações dos §§ 1º e 2º do art. 5º da Lei n. 8.906, de 4.7.1994 e do art. 37, parágrafo único, do Código de Processo Civil, importa no não conhecimento de recurso, por inexistente, exceto na hipótese de mandato tácito".

Reconhece o TST ser inválido o substabelecimento de mandato tácito, como se infere da leitura de sua Orientação Jurisprudencial n. 200, SDI-1, *verbis*: "*Mandato tácito. Substabelecimento inválido. É inválido o substabelecimento de advogado investido de mandato tácito*".

Em consonância com o art. 38 do CPC (texto dado pela Lei n. 8.952/94) é dispensável o reconhecimento da firma do outorgante na procuração geral para o foro. Em razão desse fato, perdeu eficácia a Súmula n. 270, cancelada pelo TST em 1995, que declarava ser irregular a representação processual se a procuração não tivesse reconhecida a firma do mandante.

É também requisito de natureza subjetiva para admissibilidade recursal a competência do órgão jurisdicional em razão do lugar, da matéria, da pessoa e funcional.

Pressupostos objetivos são de ordem procedimental.

São eles:

a) permissibilidade legal, isto é, que o recurso seja previsto em lei para a situação submetida a julgamento;

b) singularidade do recurso, isto é, a sentença ou o acórdão só podem ser atacados por um único recurso, que vem a ser o princípio da unirrecorribilidade do recurso;

c) observância do prazo, que é de oito dias para o recurso, o qual se conta da audiência em que se publicou a sentença, da intimação da parte quando proferida fora da audiência ou da publicação da súmula do acórdão em órgão oficial;

d) depósito prévio para garantia do Juízo (art. 899, §§ 1º e 2º, da CLT);

e) pagamento e comprovação do recolhimento das custas processuais dentro do prazo recursal (§ 1º, do art. 789 da CLT).

É lícito ao recorrente, a qualquer tempo, desistir do recurso, sem que, para tanto, necessite da prévia anuência do recorrido ou mesmo dos litisconsortes (art. 501 do CPC).

É dado, também, à parte renunciar ao direito de recorrer e independentemente da aceitação do outro litigante (arts. 502 e 503 do CPC).

Na renúncia não se chega a interpor o recurso porque a parte deixa esgotar-se — *in albis* — o prazo recursal ou porque fez uma declaração de que não pretende recorrer e, finalmente, porque pratica ato que não deixa margem a qualquer dúvida quanto à sua disposição de aceitar integralmente a sentença.

Na desistência, chega a haver interposição de recurso; na renúncia, não.

Pela via recursal, a sentença é impugnável no todo ou em parte (art. 505 do CPC).

O novo CPC não reproduziu (no que fez muito bem) o que constava do art. 811 do CPC de 1939: haveria presunção de impugnação total da sentença quando a parte não especificasse o ponto de que estava recorrendo.

Agora, as partes da sentença que não forem, às claras, atacadas pelo recurso formarão coisa julgada.

Não contém a CLT regras específicas para a contagem do prazo destinado aos recursos.

Por isso, temos de socorrer-nos do art. 506 e do art. 242, ambos do CPC atual, que, nesse particular, é mais minucioso e mais seguro que o estatuído pelo Código de 1939.

Alinha três hipóteses de início de contagem do prazo: a) da leitura da sentença em audiência; b) da intimação às partes, quando a sentença não for proferida em audiência; e c) da publicação do dispositivo do acórdão no órgão oficial.

Se as partes forem intimadas para a audiência em que se fará a leitura da sentença, é a partir daí que se conta o prazo recursal, sendo indiferente que as partes estejam presentes ou não. O que importa é que sejam intimadas, adequadamente, para o ato.

A Justiça do Trabalho tem entendido que a comprovação da tempestividade de um recurso deve ser feita até a data de seu protocolo. Contudo, o STF entende de forma contrária, como se infere do julgamento do Agravo Regimental no Recurso Extraordinário n. 626.358 (DJe de 30.3.12), concluindo que a tempestividade pode ser demonstrada após o protocolo do recurso. Seguindo essa esteira do STF, o STJ também tem decidido que essa comprovação da tempestividade pode ser feita mesmo após seu protocolo. Documentos que comprovem a ocorrência de feriados ou dias sem expediente forense no tribunal de 2ª instância, com finalidade de afastar preliminar de intempestividade, podem ser apresentados posteriormente à interposição do recurso, como se lê do acórdão proferido pelo STJ no Agravo 1368507, julgado em 12.4.12.

Existindo feriado local quando da contagem do prazo, o TST, após a decisão do STF, decidiu em setembro de 2012 revisar sua Súmula n. 385, que ficou vazada nos seguintes termos:

"**Feriado local. Ausência de expediente forense. Prazo recursal. Prorrogação. Comprovação. Necessidade. Ato administrativo do juízo "a quo".** I — Incumbe à parte o ônus de provar, quando da interposição do recurso, a existência de feriado local que autorize a prorrogação do prazo recursal. II — Na hipótese de feriado forense, incumbirá à autoridade que proferir a decisão de admissibilidade certificar o expediente nos autos. III — Na hipótese do inciso II, admite-se a reconsideração da análise da tempestividade do recurso, mediante prova documental superveniente, em Agravo Regimental, Agravo de Instrumento ou Embargos de Declaração".

Sobre a questão da interposição do recurso de forma prematura, merecem ser lidos os itens 263.6 e 280.1. Diz-se prematura a interposição do recurso quando desatende às prescrições da CLT e, subsidiariamente, do art. 506 do CPC, ou seja, antes da leitura da sentença em audiência ou da intimação das partes, quando a sentença não for proferida em audiência, ou da publicação do dispositivo do acórdão em órgão oficial.

Informa o art. 507 do CPC que se, durante o prazo para a interposição do recurso sobrevier o falecimento da parte ou de seu advogado, ou ocorrer motivo de força maior que suspenda o curso do processo, será tal prazo restituído em proveito da parte, do herdeiro ou do sucessor, contra quem começará a correr novamente depois da intimação.

Um dos eventos, mencionados no dispositivo apontado, para acarretar a sustação do processo tem de ocorrer durante o prazo. É mister a habilitação do herdeiro ou do sucessor para que recomece o prazo.

O prazo restituído, depois da intimação, é por inteiro.

Lê-se no dispositivo mencionado que o prazo começará a correr novamente, o que significa dizer que começará outra vez.

O art. 509 do CPC tem por objeto o litisconsórcio unitário, hipótese em que a relação jurídica tem de ser apreciada uniformemente.

Quando um litisconsorte interpõe recurso, todos os outros são beneficiados, salvo na hipótese de seus interesses serem diferenciados.

Em se tratando de solidariedade passiva, o recurso interposto por um devedor aproveitará aos demais, quando as defesas opostas ao credor lhes forem comuns. Isso se verifica, de preferência, nos casos de reclamatórias de empregado contra grupo econômico.

O julgamento do segundo grau só substitui a sentença ou a decisão recorrida no que tiver sido objeto de recurso (art. 512 do CPC).

O que não consta do recurso é *res judicata*, sendo vedado ao Tribunal reexaminá-lo. De fato, se a parte, nas razões do recurso, não impugnou certos pontos da sentença, é porque os aceitou.

O citado preceito do nosso CPC é calcado no art. 350 do CPC italiano.

Por derradeiro, o acórdão não revoga a sentença, mas a substitui por anulação ou ratificação.

A regra, no processo trabalhista, afirma a irrecorribilidade das decisões interlocutórias, que não apreciam o mérito e não são terminativas do feito.

É o que está inscrito no § 1º do art. 893 da CLT.

Todavia, duas exceções existem para essa norma consolidada.

A primeira é encontrada na Lei n. 5.584, de 26 de junho de 1970, §§ 1º e 2º do art. 2º, que autoriza qualquer das partes, ao aduzir as razões finais, a impugnar o valor da causa determinado pelo juiz, para efeito de fixação da alçada. Com esse fim pede a revisão do valor da causa à Presidência do Tribunal por meio de petição instruída com a petição inicial e a ata da audiência. O prazo é de 48 horas a partir da audiência em que se impugnou o valor para fixação da alçada e na qual o juiz o manteve.

Esse pedido de revisão não tem efeito suspensivo. Nos casos de alçada já julgados pela Vara do Trabalho, se a Presidência do Tribunal modificar a decisão quanto ao valor da causa, submetendo ao duplo grau de jurisdição, o Juiz da Vara do Trabalho têm de abrir prazo para o recurso.

A segunda exceção está encerrada na Lei n. 1.060, de 5 de fevereiro de 1950, arts. 2º e 17, referentes ao pedido de assistência judiciária. O despacho indeferitório pode ser objeto do recurso ao Tribunal Regional do Trabalho.

O art. 244 do CPC, aplicável ao processo trabalhista, admite a variabilidade dos recursos, desde que ele se concretize no curso do respectivo prazo.

De feito, se a lei não prescrever determinada forma, com cominação de nulidade, é permitido ao Juiz considerar válido o ato "se, realizado de outro modo, lhe alcançar a finalidade".

A fungibilidade é aceita em se tratando de erro sanável, isto é, aquele que não compromete o sistema recursal.

O problema da *reformatio in pejus*, na Justiça do Trabalho, tem solução já consagrada pela jurisprudência e consistente no não agravamento da situação do recorrente, pelo Tribunal *ad quem*, se a parte adversa não recorreu.

A uniformização da jurisprudência trabalhista era feita por intermédio de prejulgados, admitidos pelo art. 902 da CLT com força vinculativa, e, por isso, acabaram sendo declarados, pelo Supremo Tribunal Federal, como contrários à Constituição, tal era a sua semelhança com a Lei. Seguindo o exemplo da mais alta Corte de Justiça, o TST passou a editar as suas súmulas.

O art. 14 da Lei n. 7.701, de 21.12.1988, obriga os Tribunais Regionais do Trabalho a incluir, em seu Regimento interno, norma dispondo sobre a súmula da sua jurisprudência predominante e sobre o incidente de uniformização abrangendo leis estaduais e normas coletivas.

265.1. Pressuposto Objetivo do Recurso — Das Custas

Como já apontado, as custas constituem um dos pressupostos objetivos de um recurso.

Elas se incluem dentro das despesas processuais, que são todos os gastos feitos no curso do processo até final, ao lado dos honorários advocatícios (quando houver no foro trabalhista), postagem das intimações e notificações etc.

As custas têm significado mais restrito. Referem-se, apenas, às despesas previstas na CLT, art. 789, atinentes à formação, desenvolvimento e encerramento do processo.

Emolumentos dizem respeito a gastos estranhos à instância, como, por exemplo, o traslado de documentos no agravo de instrumento, carta de sentença etc. (art. 789-A e art. 789-B, ambos da CLT).

A rigor, a prestação jurisdicional deveria ser gratuita, uma vez que é dever do Estado administrar a Justiça. Era assim que se fazia na velha Roma, no período das *legis actiones*; no período clássico, o quadro modificou-se.

É certo, porém, que as instalações dos órgãos do Judiciário, vencimentos dos magistrados e auxiliares da Justiça, custeio da infraestrutura acarretam despesas vultosas para o Poder Público. Por isso, é compreensível que as partes tenham de arcar com as despesas exclusivamente processuais.

Tal fonte de receita, como é óbvio, não dá total cobertura a esses gastos, mas os torna suportáveis pelo Estado.

A CLT, à semelhança do que estabelece o CPC, condena o vencido ao pagamento das despesas processuais, excluídos os honorários advocatícios por prevalecer, na jurisprudência, o entendimento de que a parte não é obrigada a contratar advogados, e, se o fizer, a correspondente despesa correrá por sua conta.

Nos casos de assistência judiciária prestada pelo Sindicato e a que alude a Lei n. 5.584, de 26 de junho de 1970, o vencido pagará honorários de advogado, devendo o Juiz observar o disposto no § 3º do art. 20 do CPC: os honorários serão fixados entre o mínimo de dez por cento e o máximo de vinte por cento sobre o valor da condenação. Atente-se para a base de cálculo dessa despesa processual: é o valor da condenação e não o valor dado à causa. O TST, na Súmula n. 219, fixa em 15% o máximo de honorários, o que contraria a referida disposição do CPC, de aplicação subsidiária ao processo trabalhista.

Na fixação dos honorários advocatícios deve o juiz levar em conta: a) o grau de zelo do profissional; b) o lugar da prestação do serviço e c) a natureza e importância da causa e o tempo exigido para o seu serviço. Todavia, na Justiça do Trabalho, veio a prevalecer o entendimento de que está mantido o *jus postulandi* do trabalhador e do empregador.

Mais uma vez advertimos que a Lei n. 8.096/94 (Estatuto da Advocacia) exige, sempre, a presença do advogado em processos de qualquer natureza.

Como observado anteriormente, nos Tribunais do Trabalho prevaleceu a tese oposta, isto é, de que as partes de um processo do trabalho podem estar em juízo desacompanhadas de advogado.

O TST editou a Súmula n. 36 no sentido de que as custas nas ações plúrimas incidem sobre o respectivo valor global. Já a Súmula n. 53 do TST esclarece que *"o prazo para pagamento das custas, no caso de recurso, é contado da intimação do cálculo"*.

As sociedades de economia mista não estão dispensadas do pagamento das custas, conforme jurisprudência cristalizada na Súmula n. 170, do TST, *verbis*: *"Sociedade de economia mista. Custas — Os privilégios e isenções no foro da Justiça do Trabalho não abrangem as sociedades de economia mista, ainda que gozassem desses benefícios anteriormente ao Decreto-lei n. 779, de 21.8.1969"*.

Havendo acréscimo de condenação em via recursal, as custas deverão ser calculadas e pagas na forma da Orientação Jurisprudencial n. 104, SDI-1, do TST, *verbis*: *"Custas. Condenação acrescida. Inexistência de deserção quando as custas não são expressamente calculadas e não há intimação da parte para o preparo do recurso, devendo, então, ser as custas pagas ao final. Não caracteriza deserção a hipótese em que, acrescido o valor da condenação, não houve fixação ou cálculo do valor devido a título de custas e tampouco intimação da parte para o preparo do recurso, devendo, pois, as custas serem pagas ao final"*.

O TST editou a Orientação Jurisprudencial n. 186, SDI-1, que trata das custas no caso de inversão do ônus da sucumbência, *verbis*: *"Custas. Inversão do ônus da sucumbência. Deserção. Não ocorrência. No caso de inversão do ônus da sucumbência em segundo grau, sem acréscimo ou atualização do valor das custas e se estas já foram devidamente recolhidas, descabe um novo pagamento pela parte vencida, ao recorrer. Deverá ao final, se sucumbente, ressarcir a quantia"*.

O TST fixou o entendimento de que o requerimento de isenção de despesas processuais deve ser feito a qualquer tempo ou grau de jurisdição, mas dentro do prazo recursal, com se vê da leitura de sua Orientação Jurisprudencial n. 269, SDI-1, *verbis*: *"Justiça gratuita. Requerimento de isenção de despesas processuais. Momento oportuno. O benefício da justiça gratuita pode ser requerido em qualquer tempo ou grau de jurisdição, desde que, na fase recursal, seja o requerimento formulado no prazo alusivo ao recurso"*.

265.1.1. Natureza Jurídica das Custas

A Lei n. 10.537, de 27 de agosto de 2002 (*in DOU* 28.8.2002, p. 2/3) modificou os arts. 789 e 790 e acrescentou os arts. 789-A, 790-A e 790-B, todos da Consolidação das Leis do Trabalho — CLT.

E a Seção III, do Capítulo I, do Título X, ganhou nova denominação: "Custas e emolumentos".

De modo geral, aumentou-se o valor das custas, estas passaram a ser exigíveis no processo de execução e elaborou-se tabela dos emolumentos.

Houve, no passado, tentativa por parte do Tribunal Superior do Trabalho para cobrar das partes as custas no processo de execução. O Supremo Tribunal Federal, reafirmando o caráter tributário das custas, frustrou aquela tentativa por entender que custas só se estabelecem ou se modificam por meio de lei.

Por oportuno, recordamos que custas são espécie do gênero despesas processuais.

Estamos em que deveriam ser chamadas de "taxas processuais" ou "taxas judiciárias" porque, na espécie, o Estado presta um serviço ao jurisdicionado e seu pagamento é qualificado de custas.

Os precitados dispositivos da CLT davam, como base de cálculo das custas, o salário mínimo, o que suscitou discussões sobre sua constitucionalidade, à vista do que preceitua o inciso IV do art. 7º da Constituição Federal: *"... sendo vedada sua vinculação (do salário mínimo para qualquer fim)"*.

O novo diploma legal contornou esse obstáculo, não fazendo referência à remuneração mínima no cálculo das custas e emolumentos.

265.1.2. Custas, Processo e Procedimento

O *caput* do art. 789 passou a ter a seguinte redação:

"Nos dissídios individuais e nos dissídios coletivos do trabalho, nas ações e procedimentos de competência da Justiça do Trabalho, bem como nas demandas propostas perante a Justiça Estadual, no exercício da jurisdição trabalhista, as custas relativas ao processo de conhecimento incidirão à base de 2% (dois por cento), observado o mínimo de R$ 10,64 (dez reais e sessenta e quatro centavos) e serão calculadas:

I — quando houver acordo ou condenação, sobre o respectivo valor;

II — quando houver extinção do processo, sem julgamento do mérito, ou julgado totalmente improcedente e pedido, sobre o valor da causa;

III — no caso de procedência do pedido formulado em ação declaratória e em ação constitutiva, sobre o valor da causa;

IV — quando o valor for indeterminado, sobre o que o juiz fixar".

Tem, o artigo em foco, quatro parágrafos. Estatuem o seguinte:

a) as custas serão pagas pelo vencido, após o trânsito em julgado da decisão e, no caso de recurso, as custas serão pagas e a comprovação do seu recolhimento tem de ser feita no prazo recursal (oito dias);

b) sendo ilíquida a condenação, cabe ao juiz arbitrar o valor das custas e fixar-lhes o montante;

c) no acordo, se as partes não convencionarem outro critério, o pagamento das custas caberá em partes iguais aos litigantes;

d) nos dissídios coletivos, os vencidos responderão solidariamente pelas custas, calculadas sobre o valor arbitrado na decisão ou pelo Presidente do Tribunal.

As custas serão pagas pelo vencido, a final.

Em caso de recurso, a comprovação do pagamento das custas se fazia até cinco dias após a sua interposição, conforme a redação anterior do art. 789; agora essa prova há-de ser feita dentro do prazo recursal. Interessante notar que o STJ fixou em sua Súmula n. 484 um entendimento mais elástico e benéfico às partes litigantes no sentido de se admitir o preparo após o fechamento dos bancos, *verbis*: *"Admite-se que o preparo seja efetuado no primeiro dia útil subsequente, quando a interposição do recurso ocorrer após o encerramento do expediente bancário".*

Não faz o novo dispositivo alusão ao inquérito para apuração de falta grave. A omissão, a rigor, não existe, porque tal inquérito se inclui no rol dos dissídios individuais mencionado no *caput*.

O novo diploma legal silencia sobre o critério a ser adotado no cálculo das custas no dissídio coletivo em que algumas das reivindicações dos empregados são acolhidas pelos julgadores e outras não.

Em relação ao processo de dissídio coletivo, tem entendido a Justiça do Trabalho que, basta o reconhecimento, pelo Tribunal, de uma única exigência dos empregados, para que se considere vencido o empregador (ou seu sindicato).

A nosso ver, dever-se-ia, *in casu*, dividir o ônus entre as partes segundo a proporção do atendimento e da rejeição dos vários pontos do pedido dos assalariados. Escusado dizer que, o deferimento de toda a pretensão dos empregados ou a sua rejeição traria para o vencido a responsabilidade total pelas custas.

Estamos em que, no caso, se poderia aplicar, em parte, a regra encerrada no art. 21 do CPC: *"Se cada litigante for em parte vencedor e vencido, serão recíproca e proporcionalmente distribuídos e compensados entre eles os honorários e as despesas. Parágrafo único. Se um litigante decair de parte mínima do pedido, o outro responderá por inteiro, pelas despesas e honorários".*

Dizemos que a aplicação do supradito dispositivo da lei processual comum seria parcial porque, na Justiça do Trabalho, não se computam, nas despesas processuais, os honorários advocatícios.

Comparando-se a tabela de custas contida no artigo 789 acima transcrito com a tabela em vigor na Justiça Federal (Portaria n. 1, de 30.5.2000, da Coordenadoria Geral da Justiça Federal), verifica-se ser bem mais pesado esse encargo na Justiça do Trabalho.

Basta ver que, nas ações cíveis em geral, as custas devidas à União são da ordem de 1% (um por cento) do valor da causa, enquanto na Justiça do Trabalho são de 2% (dois por cento) sobre o valor da condenação; nas causas de valor inestimável e cumprimento de cartas rogatórias — R$ 10,64 (dez reais e sessenta e quatro centavos) enquanto, na Justiça do Trabalho, será de 2% sobre o valor que o juiz determinar.

E mais. Na Justiça Federal há um teto máximo, o que não ocorre na Justiça do Trabalho.

265.1.3. Custas e Instruções do TST

Reza o novo art. 790 — verbis: *"Nas Varas de Trabalho, nos Juízos de Direito, nos Tribunais e no Tribunal Superior do Trabalho, a forma de pagamento das custas e emolumentos obedecerá às instruções que serão expedidas pelo Tribunal Superior do Trabalho".*

Por ser matéria *interna corporis*, compete, indiscutivelmente, ao Tribunal Superior do Trabalho disciplinar.

Sem embargo do disposto no § 2º, do art. 790, da CLT, a praxe era o juiz, na sentença, limitar-se a dizer custas ex lege. Tanto isto é certo, que o Tribunal Superior do Trabalho precisou editar a Súmula n. 53, dispondo que o prazo para pagamento das custas é a partir da data da intimação. É claro que esse costume retardava a marcha do processo.

Por isso, o Provimento n. 6/75, de 25 de junho de 1975, da Corregedoria-Geral da Justiça do Trabalho, recomendava aos Tribunais Regionais e às Varas que, nas decisões, fossem consignadas as custas, com a indicação de seu valor certo. Quer isto significar que, antes da lavratura da sentença, era necessário fazer o cálculo das custas.

Este Provimento foi revogado pela Consolidação dos Provimentos da Corregedoria-Geral da Justiça do Trabalho, que estabelece em seu art. 58, verbis: *Constará das decisões proferidas pelo Judiciário do Trabalho de primeiro e segundo graus de jurisdição, nos dissídios individuais, o valor das custas processuais, a ser calculado, no caso de improcedência da reclamação, sobre o valor dado à causa, e, no caso de procedência sobre o valor arbitrado à condenação, a cargo do reclamante ou do reclamado, dependendo de quem tenha sucumbido na ação. § 1º. A isenção quanto ao pagamento de custas, não exime o magistrado de fixar na decisão o respectivo valor".*

Nos acordos, as custas serão rateadas proporcionalmente entre as partes, se de outra forma não for convencionado. Já nos dissídios coletivos, as partes vencidas responderão solidariamente pelo pagamento das custas.

265.1.4. Do Benefício da Justiça Gratuita

Consoante o § 1º, do atual art. 790, da CLT, se o empregado não obteve o benefício da justiça gratuita ou isenção de custas, o sindicato que intervir no processo responderá solidariamente pelo pagamento das custas devidas.

O texto revogado já previa essa hipótese.

Estabelece o ora vigente § 3º:

"É facultado aos juízes, órgãos julgadores e presidentes dos tribunais do trabalho de qualquer instância conceder, a requerimento ou de ofício, o benefício da justiça gratuita, inclusive quanto a traslados e instrumentos, àqueles que perceberem salário igual ou inferior ao dobro do mínimo legal, ou declararem, sob as penas da lei, que não estão em condições de pagar as custas do processo sem prejuízo do sustento próprio ou de sua família".

O texto revogado, no § 3º do mesmo art. 790, também falava em faculdade do juiz em conceder o benefício da justiça gratuita.

Ontem, como hoje, o magistrado deferirá o pedido de justiça gratuita se quiser, ainda que o interessado prove perceber salário inferior ou igual a dois salários mínimos ou que, embora tenha salário superior àquele teto, não esteja em condições de pagar as custas do processo sem prejuízo do sustento próprio ou de sua família.

A teor do inciso LXXIV do art. 5º da Lei Fundamental (*"o Estado prestará assistência jurídica integral e gratuita aos que comprovarem insuficiência de recursos"*) não se trata de uma faculdade do magistrado, mas um dever, se comprovada a condição de necessitado do autor ou do réu.

É, portanto, dever do Estado prestar tal assistência a quem provar não possuir recursos para suportar as despesas processuais. A Lei n. 1.060/50 regulamenta esse norma constitucional.

É certo que justiça gratuita não se confunde com assistência judiciária.

Ambas se voltam para realidades distintas.

A primeira é um benefício outorgado ao particular, isentando-o do pagamento de todas as despesas judiciais; a segunda — a assistência judiciária — de certo modo, implica na concretização da primeira porque consiste na defesa graciosa do interesse do necessitado por um advogado do Estado.

Sobre o tema, informa *Artemio Zanon* ("Assistência judiciária gratuita", Saraiva, 1985, p. 14):

"*Roberto Rosas, advogado e professor da Universidade de Brasília, no artigo "Processo Civil e justiça social" (RT 564:9/25) assenta: Há distinção entre assistência judiciária e justiça gratuita. A assistência judiciária é ordenamento estatal, com indicação de defensor (Pontes de Miranda, "Comentários à Constituição de 1967 com a Emenda n. 1 de 1969", p. 642). A gratuidade da justiça decorre de estado social. Surgiu com a Revolução Francesa...*".

Lembramos, neste passo, que a assistência judiciária, no processo do trabalho, é regulada pela Lei n. 5.584/1970. Diz seu art. 14 — *verbis*: "*A assistência judiciária a que se refere a Lei n. 1.060, de 5 de fevereiro de 1950, será prestada pelo sindicato profissional a que pertencer o trabalhador*".

O art. 790, da CLT, com a nova roupagem, não altera o papel do sindicato na prestação da assistência judiciária.

O legislador, no tocante ao benefício da justiça gratuita, insiste no erro de considerar faculdade do juiz deferi-lo ou não. Entendemos que, provado ser a parte um necessitado, deve o juiz outorgar-lhe o benefício da justiça gratuita.

À semelhança do que estabeleceu a Constituição, no precitado inciso LXXIV do art. 5º, com referência ao dever do Estado de prestar assistência judiciária aos necessitados, caberia à lei ordinária dizer, às expressas, que o juiz é obrigado a conceder o benefício da gratuita a quem não tiver recursos para atender às despesas processuais.

Mas, *legem habemus*.

O TST fixou o entendimento de que o requerimento de isenção de despesas processuais deve ser feito a qualquer tempo ou grau de jurisdição, mas dentro do prazo recursal, como se vê da leitura de sua Orientação Jurisprudencial n. 269, SDI-1, *verbis*: "*Justiça gratuita. Requerimento de isenção de despesas processuais. Momento oportuno. O benefício da justiça gratuita pode ser requerido em qualquer tempo ou grau de jurisdição, desde que, na fase recursal, seja o requerimento formulado no prazo alusivo ao recurso*".

As despesas cartoriais referentes ao registro da carta de adjudicação deferida ao exequente não são despesas processuais e nem são custas. Logo, tais despesas cartoriais não estão incluídas no rol da isenção abrangida pela assistência judiciária, disciplinada pelo art. 3º, II, da Lei n. 1.060/50. Sobreleva dizer que o juiz não tem competência para determinar que o cartório de imóveis realize gratuitamente esses registros de carta de adjudicação.

265.1.4.1. Justiça Gratuita e Sindicato

a) Exame de uma questão

A Seção Especializada em Dissídio Coletivo do Tribunal Superior do Trabalho, no julgamento do ROAC 14.920/2002-900-02-00.8 (*in DJU* de 11.10.2002, p. 500), proferiu acórdão cuja ementa tem o seguinte texto:

"*Custas Processuais. Sindicato. Isenção. Impossibilidade. Inteligência da Lei n. 1.060/50.*

A Lei n. 1.060/50 ao prever o benefício da assistência judiciária gratuita, que compreende a isenção do pagamento de custas, não contempla a pessoa jurídica como sua destinatária, mas sim a pessoa física. O próprio sentido teleológico da norma (art. 2º) não deixa dúvida de que seu beneficiário é a pessoa humana necessitada, ou seja, aquela que se encontra em situação econômica que não lhe permite demandar sem prejuízo próprio e sustento de seus familiares. Recurso ordinário não conhecido."

No caso, o recorrente que viu seu apelo rejeitado era o Sindicato dos Estivadores de Santos.

b) Que é Justiça Gratuita

Cabe-nos, de primeiro, estabelecer que, no plano doutrinário, é usual enunciar a diferença entre justiça gratuita e assistência judiciária, porque, por designarem realidades distintas, ambos os institutos não se confundem.

Diz-se que o benefício da justiça gratuita consiste na isenção do pagamento de todas as despesas processuais; a assistência judiciária, por seu turno, importa na concretização da primeira porque vem a ser a defesa graciosa do interesse do necessitado por um advogado do Estado ou por qualquer um outro da área privada que se disponha a atuar sem cobrança de honorários.

Pontes de Miranda (*in* "Comentários à Constituição de 1967 com Emenda n. 1 de 1969", 2. ed., Rev. dos Tribunais, 1971, tomo V, p. 642) discorrendo sobre esse aspecto da questão, preleciona:

"*Assistência judiciária e benefício da justiça gratuita não são a mesma coisa. O benefício da justiça gratuita é direito à dispensa provisória de despesas, exercível em relação jurídica processual, perante o juiz que promete a prestação jurisdicional. É instituto de direito pré-processual. A assistência judiciária é a organização estatal, ou paraestatal, que tem por fim, ao lado da dispensa provisória das despesas, a indicação de advogado. É instituto de direito administrativo. Para o deferimento ou indeferimento do benefício da justiça gratuita é competente o juiz da própria causa*".

Fazemos companhia ao inolvidável jurista no tangente à distinção de assistência judiciária e justiça gratuita.

Dele discordamos num único ponto: a assistência judiciária não é necessariamente oficial ou paraestatal, porque o é também aquela exercida por entidade privada, sem qualquer vinculação com o poder público.

Hélio Tornaghi (*in* "Comentários ao Código de Processo Civil", 1. ed., Revista dos Tribunais, 1974, p. 160/1) mostra-se amargamente pessimista quanto à eficácia do benefício da justiça gratuita:

"Um dos grandes dramas com que se defronta o legislador para tornar realidade as garantias dadas em lei de maneira abstrata é o da efetiva participação do pobre no processo. O princípio da igualdade das partes torna-se proclamação balofa se uma delas tem os meios financeiros de enfrentar a outra. Não adianta fechar os olhos; não há paridade e, ao contrário, existe impressionante desnível entre a parte que se faz representar por advogados competentes e caros e a que tem por mandatário um procurador bisonho; entre a que pode pagar perícias custosas e a que não pode arcar com o ônus de perícia alguma; em uma palavra: entre o rico e o pobre".

Em parte, damos razão ao abalizado jurista.

De modo geral, o pobre, num processo, coloca-se em desvantagem diante de um adversário de largas posses.

Todavia, nem sempre o advogado caro é mais ilustrado e mais competente que o advogado modesto, do ponto de vista material.

c) Justiça Gratuita e o Processo Civil

No âmbito do processo civil, é a matéria regulada pela Lei n. 1.060, de 5 de fevereiro de 1950, a qual se afasta do pensamento dominante na doutrina ao estabelecer, no art. 1º, que os poderes públicos federal e estadual, independentemente da colaboração que possam receber dos municípios e da Ordem dos Advogados do Brasil — OAB — *"concederão assistência judiciária aos necessitados, nos termos desta lei".*

No art. 3º são enumeradas as isenções (taxas judiciárias, emolumentos e custas, publicação, honorários de advogado e peritos).

Do exame conjunto dos dois dispositivos — 1º e 3º — conclui-se que a assistência judiciária compreende a isenção do pagamento das despesas acima indicadas, inclusive os honorários dos advogados da parte vitoriosa.

Como apoio no texto do citado diploma legal, como qualificar-se, então, o patrocínio gratuito da causa do necessitado dado por advogado de um órgão oficial ou daquele que não tem essa condição?

Observamos, há pouco, que a Lei n. 1.060/50 considera assistência judiciária a isenção do pagamento das despesas processuais, mas não diz como chamar-se o patrocínio gratuito.

Temos de confessar que os doutrinadores vencem o legislador nessa controvérsia.

Em verdade, a expressão "assistência judiciária", sob o prisma da semântica, exprime o ato de ajudar alguém num órgão do Judiciário e, como óbvio, essa ajuda só pode ser prestada por um advogado. A justiça gratuita indica a prestação de serviços pelo Judiciário sem cobrança de custas e emolumentos.

No acórdão, cuja ementa demos acima, fala-se em "assistência judiciária gratuita".

Há algo de redundante na expressão.

No dizer dos dicionaristas, a assistência encerra a ideia de ajuda, auxílio, socorro que se dá a alguém sem esperar retribuição.

É certo, porém, que a *Lex Legum*, no inciso LXXIV do art. 5º, também emprega o qualificativo "gratuita" ao lado da "assistência jurídica".

No aresto que nos impeliu a redigir esta nota, sustenta-se que a interpretação teleológica do art. 2º, da Lei n. 1.060/50, exclui a possibilidade de propiciar-se à pessoa jurídica a assistência judiciária.

De fato, lê-se nesse dispositivo que *"gozarão dos benefícios desta Lei os nacionais ou estrangeiros residentes no País que necessitarem recorrer à Justiça penal, civil, militar ou do trabalho".*

O parágrafo único, desse mesmo art. 2º, estatui que se considera *"necessitado, para os fins legais, todo aquele cuja situação econômica não lhe permita pagar as custas do processo e os honorários de advogado sem prejuízo do sustento próprio ou da família".*

No direito comparado, a concessão da justiça gratuita obedece aos mais variados parâmetros.

No direito processual espanhol, por exemplo, diz *Francisco Ramos Mendéz* ("Derecho procesal civil", Barcelona: Libreria Bosch, 1980, p. 652/4) que há *"dois tipos de pressupostos: uns, consistem em módulos econômicos máximos que determinam o direito ao benefício. A sua vez, estes estão divididos em duas escalas que determinam a concessão do benefício inteiro ou meio de pobreza, isto é, a isenção da totalidade dos gastos ou só 50%. Junto a isto se introduzem fatores corretores baseados em sinais externos ou a situação pessoal do litigante. Só poderão ser declarados pobres: 1º os que vivem de jornal (salário-dia ou diarista) ou salário eventual; 2º os que vivem de um salário permanente ou de um soldo, qualquer que seja sua procedência, que não exceda o "jornal" do trabalhador braçal na localidade em que tenha residência habitual aquele que solicita a defesa por ser pobre. Aqueles que tenham soldo ou salário que seja superior ao dobro do jornal de um trabalhador braçal, mas que não passe do triplo, terão direito à bonificação de 50% em todos os conceitos a que se refere o art. 41 da " Ley de enjuiciamiento civil".*

O citado catedrático de direito processual arrola mais três casos em que se admite o benefício da justiça gratuita:

a) os que vivem só de rendas, do cultivo da terra ou de criação de gado cujo rendimento não exceda ao dobro do salário dia do trabalhador braçal;

b) o microempresário pagará apenas metade das despesas processuais;

c) aqueles que tiverem seus bens penhorados.

O cotejo do regramento espanhol referente à justiça gratuita com o do nosso País, deixa claro que o nosso legislador foi mais liberal e generoso.

d) Constituição e Justiça Gratuita

O entendimento sufragado pela Seção Normativa do TST seria irrepreensível ao tempo em que vigia a Constituição da República de 1946, cujo art. 141 não se referia à assistência judiciária.

Todavia, com o advento da *Charta* de 1988, o inciso LXXIV do seu art. 5º ("o Estado prestará assistência jurídica integral e gratuita aos que comprovarem insuficiência de recursos") aquele dispositivo da Lei n. 1.060 ganhou maior dimensão, para abranger, de igual modo, a pessoa jurídica.

Como a regra constitucional, para o efeito da assistência judiciária, tinha como destinatário tanto a pessoa física como jurídica, com a vigência da Constituição da República de 1988, portanto, a partir de 5 de outubro daquele ano, a assistência judiciária pode ser solicitada, também, pela pessoa jurídica que prove não dispor de meios financeiros para atender às despesas processuais.

e) Os Tribunais e a Justiça Gratuita

Essa posição exegética ante o sobredito preceito constitucional tem contado, atualmente, com a ratificação da jurisprudência majoritária.

Vejamos alguns desses pronunciamentos judiciais:

"Pessoa jurídica pode ser beneficiária da justiça gratuita, ainda que tenha finalidade lucrativa: RSTJ 98/239, 102/493 — maioria; RT 787/359, RF 343/364, JTJ 204/199 (entendeu possível a concessão do benefício a pessoa jurídica, mas indeferiu porque não havia prova da necessidade)" RJTJERGS 179/265.

No mesmo sentido, tratando-se de microempresa: RSTJ 103/292.

Ainda no mesmo sentido, casos de entidades beneficentes sem fins lucrativos: STJ-5ª Turma REsp 132.495-SP, *in* DJU de 25.2.1998, p. 100; STJ 3ª Turma, REsp 135.181 *in* DJU de 29.3.1999, p. 162 — deram provimento; STJ 1ª Turma, REsp 111.423. DJU de 26.4.1999, p. 47 negaram provimento."

O Tribunal de Justiça de São Paulo decidiu (RT 792/267):

"Justiça gratuita. Concessão do benefício à microempresa. Admissibilidade se comprovada a dificuldade em suportar as despesas do processo. Decisão que beneficia concretamente a pessoa natural que a integra".

O Tribunal de Justiça do Paraná, manifestando-se sobre um caso de justiça gratuita, assim decidiu (*in* RT 787/235):

"Justiça gratuita. Pessoa jurídica. Ente coletivo que, por encontrar-se em situação econômica difícil não pode arcar com as despesas processuais. Admissibilidade da concessão do benefício. Interpretação do art. 2º, par. ún. da Lei n. 1.060/50".

f) Livre acesso à Justiça

Certa feita escrevemos o seguinte sobre justiça gratuita:

"A gratuidade da justiça está articulada com o dever de o Estado assegurar a todos igual acesso à Justiça, o qual, para Mauro Cappelletti (apud Ada P. Grinover, 'Novas tendências do direito processual', Forense, 1990, p. 241) é o mais importante dos direitos, na medida em que dele depende a viabilização dos demais direitos."

E essa garantia é dada tanto àqueles que contam com fartos recursos financeiros, como àqueles que não dispõem de prover à própria subsistência.

Na ótica do inciso LXXIV do art. 5º da Lei Fundamental o livre acesso à Justiça é assegurado às pessoas físicas e jurídicas, não sendo permitido ao intérprete discriminar em danos destas últimas porque aquela norma da Lei Maior não o fez.

De outra parte, o precitado inciso é *self executing*, bastante em si mesmo, que prescinde de regulamentação por lei ordinária.

Depois destas breves considerações, a propósito da gratuidade de justiça associada ao princípio fundamental do livre acesso à Justiça só nos resta concluir que o sobredito acórdão da SDC do Tribunal Superior do Trabalho não guarda pertinência com o referido dispositivo constitucional, nem com a boa doutrina sobre o sentido e alcance do princípio do livre acesso à Justiça.

Restringir-se a gratuidade da Justiça às pessoas físicas, é negar o acesso à Justiça das pessoas jurídicas, com ou sem fins lucrativos, que não possuam meios financeiros para cobrir as despesas processuais.

Hílare a ideia de conceber-se uma pessoa jurídica sempre associada à riqueza, à fartura de recursos.

Os repertórios de jurisprudência aí estão, na sua frieza, a desmentir essa imagem de pessoa jurídica, com os incontáveis registros de falência de empresas com fins econômicos e a insolvência de entidades sem fins lucrativos.

g) Justiça Gratuita e o Processo do Trabalho

A matéria, aqui em debate, quando incidente no processo do trabalho, tem ela disciplinamento próprio, aparecendo a Lei n. 1.060/50 como de aplicação subsidiária.

A Lei n. 5.584, de 26 de junho de 1970, dispõe sobre a assistência judiciária na Justiça do Trabalho.

Reza seu art. 14 — *verbis*:

"Na Justiça do Trabalho, a assistência judiciária a que se refere a Lei n. 1.060, de 5 de fevereiro de 1950, será prestada pelo Sindicato a que pertencer o trabalhador.

§ 1º A assistência é devida a todo aquele que perceber salário igual ou inferior ao dobro do mínimo legal, ficando assegurado igual benefício ao trabalhador de maior salário, uma vez provado que sua situação econômica não lhe permite demandar, sem prejuízo do sustento próprio ou da família".

A Lei n. 10.288, de 20 de setembro de 2001, acrescentando, ao art. 789 da CLT, o § 10, assentou que o pré-requisito para a concessão da justiça gratuita seria a remuneração igual ou inferior a 5 salários mínimos. Todavia, essa matéria passou a ser regrada pela nova redação do art. 790, § 3º, CLT, dada pela Lei n. 10.537/2002, onde ficou condicionada a concessão da justiça gratuita àqueles que perceberem salário igual ou inferior ao dobro do mínimo legal, ou declararem, sob as penas da lei, que não estão em condições de pagar as custas do processo sem prejuízo do sustento próprio ou de sua família.

Ao tempo da edição da Lei n. 5.584/70, vigia a EC n. 1, de 17 de outubro de 1969, cujo art. 153, no § 32, assegurava *"assistência judiciária aos necessitados, na forma da lei".*

Esse preceito constitucional, também, aludia aos necessitados de modo geral, isto é, às pessoas físicas e jurídicas. Deixou, porém, ao legislador ordinário o encargo de regular a matéria.

A Lei n. 5.584/70, como evidente, só se ocupa do *favor pietatis* a ser deferido ao trabalhador com representação sindical, deixando à margem aqueles que não contam tal espécie de representação e as empresas.

É fora de dúvida que a Lei n. 5.584 não desrespeitou ao supracitado parágrafo do art. 123 da Carta de 1969, o qual não impunha ao legislador infraconstitucional o dever de disciplinar toda a matéria.

Decorre dessa constatação a subsidiariedade da Lei n. 1.060 na aplicação da Lei n. 5.584/70 aos pedidos de justiça gratuita de trabalhadores com representação sindical e a sua incidência total nas situações envolvendo trabalhadores sem representação sindical ou pessoas jurídicas com ou sem fins lucrativos.

O organismo sindical, como entidade que não exerce atividade econômica, está indubitavelmente submetido ao regramento da Lei n. 1.060/50.

Se, para defender interesse coletivo da categoria que representa ou para atuar como substituto processual de seus representados, o sindicato tiver de sacrificar os fins para que foi criado a fim de atender às despesas processuais — estamos convencidos de que, aí, ele se encontra em situação que o autoriza a pedir justiça gratuita.

Entendimento discrepante é defender o inaceitável, na perspectiva constitucional: *à pessoa jurídica (inclusive o sindicato), que não dispuser de recursos suficientes para financiar uma ação judicial, é negado o acesso à Justiça.*

O benefício da justiça gratuita pode ser requerido em qualquer tempo ou grau de jurisdição, desde que, na fase recursal, seja o requerimento formulado no prazo alusivo ao recurso. Nesse sentido, aplica-se a Orientação Jurisprudencial n. 269, da SBDI-1, do TST.

O STJ editou a Súmula n. 481 em que houve o reconhecimento da concessão da justiça gratuita para uma pessoa jurídica, desde que demonstre sua impossibilidade de arcar com as despesas processuais: *"Faz jus ao benefício da justiça gratuita a pessoa jurídica com ou sem fins lucrativos que demonstrar sua impossibilidade de arcar com os encargos processuais".*

A Justiça do Trabalho não pacificou essa questão de concessão da justiça gratuita para uma pessoa jurídica. Encontramos algumas decisões esparsas em que é dito ser possível essa concessão desde que ela prove cabalmente a impossibilidade de arcar com as despesas processuais, como se lê da seguinte ementa do TST: "**Agravo de Instrumento em Recurso Ordinário. Deserção do Recurso Ordinário em Ação Rescisória. Benefícios da Justiça Gratuita. Pessoa Jurídica.** À pessoa jurídica, é, em princípio inaplicável o benefício da justiça como regra gratuita, previsto na Lei n. 1.060/50, regido, no âmbito desta Justiça Especializada, pelo disposto no artigo 14, da Lei n. 5.584/70, dirigido ao hipossuficiente, que não tem condições de arcar com os custos de movimentação do processo, sem prejuízo do sustento próprio e de sua família. E, muito embora, nos deparemos com algumas decisões admitindo a possibilidade de deferimento de assistência judiciária a pessoa jurídica, para tanto se exige a demonstração cabal da impossibilidade da empresa arcar com as despesas do processo, o que inocorreu na hipótese. Agravo de instrumento não provido. (TST; AIRO 1.921/2004-000-15-41.7; Segunda Subseção de Dissídios Individuais; Rel. Min. Renato de Lacerda Paiva; DJU 19.10.07)

265.1.4.2. Honorários Periciais e Justiça Gratuita

Tem o art. 790-B o seguinte texto: *"A responsabilidade pelo pagamento dos honorários periciais é da parte sucumbente na pretensão objeto da perícia, salvo se beneficiária da justiça gratuita".*

Alguns órgãos da Justiça do Trabalho se pronunciavam no sentido de negar a inclusão dos honorários periciais no benefício da assistência judiciária. Como amostra dessa linha jurisprudencial, mencionamos os seguintes acórdãos:

a) TRT 3ª Região, 4ª Turma, RO 2063/99 *in DJMG* de 16.10.1999: "Diante dos termos do Enunciado n. 236 do TST, temos que nesta Justiça especializada os honorários periciais não se inserem entre os benefícios da assistência judiciária, mormente em sendo despesas processuais, que devem ser suportadas por quem lhes deu azo, sob pena, inclusive, de desestimular-se os auxiliares do juízo." (Obs.: esta Súmula n. 236 foi cancelada em 21.11. 2003, mas o exemplo dado é válido).

b) TRT 15ª Região, 1ª Turma, RO 034862/97.2, *in DJSP* de 27.4.1999, p. 57: Assistência judiciária gratuita. Honorários periciais. No processo trabalhista, a assistência judiciária gratuita não compreende a isenção dos honorários periciais, porquanto eles envolvem encargos decorrentes de serviços prestados por terceiro, não agente do Estado. É o caso do perito que atua como auxiliar do juízo, nas hipóteses de perícias técnicas ou contábeis. Por isso, a parte que der causa a tais encargos para ver a sua pretensão apreciada em juízo, deve com elas arcar integralmente. Permitir o contrário é deixar o terceiro à mercê de sua própria sorte e, no mais inviabilizar a realização das provas periciais".

Tais julgados malferiam o inciso V do art. 3º da Lei n. 1.060, de 5 de fevereiro de 1950, porque esse dispositivo legal, às claras, afirma que a assistência judiciária abrange a isenção dos honorários periciais.

É certo, porém, que, em se tratando de assistência judiciária, a Lei n. 1.060, no § 2º do seu art. 11, ressalva, ao perito, o direito de, decorridos cinco anos e já não mais gozando o vencido da condição legal de necessitado, cobrar seus honorários.

Por oportuno, lembramos que, na parte inicial deste item, alertamos o leitor para o fato de que assistência judiciária gratuita e benefício da justiça gratuita são institutos que se referem a situações distintas.

O novo art. 790-B, introduzido pela Lei n. 10.537/2002, espanca toda e qualquer dúvida sobre o alcance do benefício da justiça gratuita: ela compreende o não pagamento dos honorários periciais.

Em se tratando, porém, de pedido de isenção, em que o empregado prova reunir todos os pressupostos legais para a efetivação do benefício, deixa de ser uma faculdade para ser um dever do Juiz.

É o que deflui dos arts. 14 e seguintes da Lei n. 5.584, de 26 de junho de 1970.

Não é de se acolher o argumento de que se deve negar o pedido de justiça gratuita só pelo fato de o empregado apresentar-se em juízo acompanhado de advogado.

A respectiva normação legal não previu essa hipótese como inibidora da aquisição do referido benefício processual.

Ademais disso, mais débil se torna esse argumento se o contrato dos serviços do advogado contiver cláusula estabelecendo que a remuneração deste último equivalerá a um percentual do que o empregado vier a receber a final, se vencedor da causa.

O Conselho Superior da Justiça do Trabalho editou a Resolução CSJT n. 35, de 23.3.07 (DJU 19.4.07), regulando, no âmbito da Justiça do Trabalho, a responsabilidade pelo pagamento e antecipação de honorários periciais, no caso de concessão à parte do benefício de justiça gratuita. Veio em boa hora essa deliberação normativa, corrigindo-se, assim, inúmeras distorções que estavam ocorrendo pelo fato de um perito nada receber pelo trabalho realizado dentro de um processo em que o litigante passou a gozar desse benefício.

Essa Resolução foi editada em virtude do princípio constitucional de acesso dos cidadãos ao Poder Judiciário e o dever do Estado de prestar assistência judiciária integral e gratuita às pessoas carentes, conforme disposto nos incisos XXXV, LV e LXIV do artigo 5º da Constituição Federal. Claro está que sua edição foi uma demonstração de perfeita sensibilidade ao fato de que, com a ampliação da competência material da Justiça do Trabalho, determinada pela Emenda Constitucional n. 45/2004, muitas questões iriam surgir que exigiam a necessidade de prova pericial, principalmente nos casos em que existe a discussão de indenização por dano moral, dano material, doença profissional, acidente de trabalho, insalubridade ou periculosidade.

Houve aí o esclarecimento que os Tribunais Regionais do Trabalho deverão destinar recursos orçamentários para o pagamento de honorários periciais, sempre que à parte sucumbente na pretensão for concedido o benefício da justiça gratuita. Além disso, essa Resolução cuidou em dizer que a responsabilidade da União pelo pagamento de honorários periciais, em caso de concessão desse benefício, está condicionada ao atendimento simultâneo dos seguintes requisitos: a) fixação judicial de honorários periciais; b) sucumbência da parte na pretensão objeto da perícia e c) trânsito em julgado da decisão.

Além disso, houve a previsão de que poderá haver a concessão da justiça gratuita a empregador, pessoa física, e que dependerá da comprovação de situação de carência que inviabilize a assunção dos ônus decorrentes da demanda judicial.

Foi disciplinado nessa Resolução n. 35/07, do CSJT, mais os seguintes temas: a) o pagamento dos honorários poderá ser antecipado, para despesas iniciais, em valor máximo equivalente a R$ 350,00 (trezentos e cinquenta reais), efetuando-se o pagamento do saldo remanescente após o trânsito em julgado da decisão, se a parte for beneficiária de justiça gratuita; b) em caso de concessão do benefício da justiça gratuita, o valor dos honorários periciais, observado o limite de R$ 1.000,00 (um mil reais), será fixado pelo juiz, atendidos: I — a complexidade da matéria; II — o grau de zelo profissional; III — o lugar e o tempo exigidos para a prestação do serviço; IV — as peculiaridades regionais.

Houve a previsão nessa Resolução que a fixação dos honorários periciais em valor maior do que o limite estabelecido deverá ser devidamente fundamentada pelo Juiz. Desde que haja disponibilidade orçamentária, poderão esses valores ser reajustados anualmente no mês de janeiro, por ato normativo do Presidente do Tribunal, com base na variação do IPCA-E do ano anterior ou outro índice que o substitua.

O pagamento dos honorários periciais efetuar-se-á mediante determinação do presidente do Tribunal, após requisição expedida pelo Juiz do feito, observando-se, rigorosamente, a ordem cronológica de apresentação das requisições e as deduções das cotas previdenciárias e fiscais, sendo o valor líquido depositado em conta bancária indicada pelo perito. O valor dos honorários será atualizado pelo IPCA-E ou outro índice que o substitua, a partir da data do arbitramento até o seu efetivo pagamento.

As requisições feitas pelo Juiz deverão indicar, obrigatoriamente: o número do processo, o nome das partes e respectivos CPF ou CNPJ; o valor dos honorários, especificando se de adiantamento ou se finais; o número da conta bancária para crédito; natureza e característica da perícia; declaração expressa de reconhecimento, pelo Juiz, do direito à justiça gratuita; certidão do trânsito em julgado e da sucumbência na perícia, se for o caso; endereço, telefone e inscrição no INSS do perito.

Por fim, essa Resolução fixou, ainda, as seguintes saudáveis diretrizes: a) Os Tribunais Regionais do Trabalho poderão manter sistema de credenciamento de peritos, para fins de designação, preferencialmente, de profissionais inscritos nos órgãos de classe competentes e que comprovem sua especialidade na matéria sobre a qual deverão opinar, a ser atestada por meio de certidão do órgão profissional a que estiverem vinculados; b) As Presidências de Tribunais Regionais do Trabalho ficam autorizadas a celebrar convênios com instituições com notória experiência em avaliação e consultoria nas áreas de Meio Ambiente, Promoção da Saúde, Segurança e Higiene do Trabalho, e outras, capazes de realizar as perícias requeridas pelos Juízes; c) O pagamento dos honorários está condicionado à disponibilidade orçamentária, transferindo-se para o exercício financeiro subsequente as requisições não atendidas; d) Nas ações contendo pedido de adicional de insalubridade, de periculosidade, de indenização por acidente do trabalho ou qualquer outro atinente à segurança e saúde do trabalhador, o Juiz poderá determinar a notificação da empresa reclamada para trazer aos autos cópias dos LTCAT (Laudo Técnico de Condições Ambientais de Trabalho), PCMSO (Programa de Controle Médico de Saúde Ocupacional) e PPRA (Programa de Prevenção de Riscos Ambientais), e de laudo pericial da atividade ou local de trabalho, passível de utilização como prova emprestada, referentes ao período em que o reclamante prestou serviços na empresa.

265.1.5. Custas no Processo de Execução

Reza o art. 789-A — *verbis*:

"No processo de execução são devidas custas, sempre de responsabilidade do executado e pagas ao final, de conformidade com a seguinte tabela:

I — autos de arrematação, de adjudicação e de remição: 5% (cinco por cento) sobre o respectivo valor, até o máximo de R$ 1.915,38 (um mil novecentos e quinze reais e trinta e oito centavos); II — atos dos oficiais de justiça, por diligência certificada: a) em zona urbana: R$ 11,06 (onze reais e seis centavos); b) em zona rural: R$ 22,13 (vinte e dois reais e treze centavos); III — agravo de instrumento: R$ 44,26 (quarenta e quatro reais e vinte e seis centavos); IV — agravo de petição: R$ 44,26 (quarenta e quatro reais e vinte e seis centavos); V — embargos à execução, embargos de terceiro e embargos à arrematação: R$ 44,26 (quarenta e quatro reais e vinte e seis centavos); VI — recurso de revista: R$ 55,35 (cinquenta e cinco reais e trinta e cinco centavos); VII — impugnação à sentença de liquidação: R$ 55,35 (cinquenta e cinco reais e trinta e cinco centavos); VIII — despesa de armazenagem em depósito judicial por dia 0,1% (um décimo por cento) do valor da avaliação; IX — cálculos de liquidação realizados pelo contador do juízo — sobre o valor liquidado: 0,5 (cinco décimos por cento) até o limite de R$ 638,46 (seiscentos e trinta e oito reais e quarenta e seis centavos)".

No artigo 789-A, equivocadamente, rotulam-se como custas as diligências urbanas e rurais dos oficiais de justiça, quando o certo seria classificá-las como despesas processuais.

Outra observação que fazemos diz respeito ao errôneo enquadramento de alguns recursos no processo de execução.

Esse dispositivo que, no *caput*, informa que seu objeto são as custas no processo de execução, menciona o agravo de instrumento e o recurso de revista, como se esses recursos fossem admitidos apenas na fase executória do processo. Poder-se-á concluir que, na sucumbência, não se incluirão custas relativas a tais recursos quando interpostos no processo de conhecimento.

As custas no processo de execução serão pagas no final, conforme o *caput* do art. 789-A, da CLT. Assim, as custas não são pagas previamente à apresentação dos embargos de execução, por exemplo. A sentença que venha julgá-los, deverá estabelecer seu pagamento.

265.1.6. Do Recurso de Revista. Custas

Uma palavra sobre o recurso de revista.

Quando o juízo de admissibilidade não o recebe e tranca seu seguimento, o interessado oferta o agravo de instrumento. Se este — na instância superior — também não é acolhido, as custas referentes ao recurso de revista (já recolhidas) deveriam ser devolvidas ou, pelo menos, ser compensadas quando o vencido (e recorrente), a final, tivesse de pagar todas as despesas processuais. A lei passa ao largo dessa questão.

265.1.7. Isenção do Pagamento de Custas

O art. 790-A tem o seguinte texto:

"São isentos do pagamento de custas, além dos beneficiários da justiça gratuita:

I — a União, os Estados, o Distrito Federal, os Municípios e respectivas autarquias e fundações públicas federais, estaduais ou municipais que não explorem atividade econômica; II — o Ministério Público do Trabalho.

Parágrafo único. A isenção prevista neste artigo não alcança as entidades fiscalizadoras do exercício profissional, nem exime as pessoas jurídicas referidas no inciso I da obrigação de reembolsar as despesas judiciais realizadas pela parte vencedora."

Neste artigo, o legislador faz perfeita distinção entre custas e despesas judiciais.

A isenção só alcança as custas, ficando as entidades de direito público interno, quando condenadas, obrigadas a reembolsar as partes vencedoras das despesas judiciais que tiverem realizado.

Note-se, outrossim, que a nova lei não concede o benefício da isenção do pagamento de custas:

a) às empresas públicas e as sociedades de economia mista, o que está de conformidade com o prescrito no art. 173, § 1º, inciso II, da Constituição Federal;

b) às entidades fiscalizadoras do exercício profissional e

c) às autarquias e fundações públicas que exerçam atividades econômicas.

Parece-nos duvidosa a constitucionalidade do parágrafo único do art. 790-A, na parte relativa às entidades fiscalizadoras do exercício profissional. São, efetivamente, autarquias e não desenvolvem atividade econômica.

Já dispunha o Decreto-lei n. 779/69 que a União Federal não pagaria as custas para recorrer, sendo certo que os Estados, Distrito Federal e os Municípios só o fariam ao final. Essa matéria é regulamentada atualmente pela nova redação do art. 790-A, da CLT, *verbis*: *"São isentos do pagamento de custas, além dos beneficiários de justiça gratuita: I — a União, os Estados, o Distrito Federal, os Municípios e respectivas autarquias e fundações públicas federais, estaduais ou municipais que não explorem atividade econômica; II — o Ministério Público do Trabalho. Parágrafo único. A isenção prevista neste artigo não alcança as entidades fiscalizadoras do exercício profissional, nem exime as pessoas jurídicas referidas no inciso I da obrigação de reembolsar as despesas judiciais realizadas pela parte vencedora"*.

Com base nesse Decreto-lei n. 779/69, as mencionadas pessoas jurídicas de direito público interno também estão desobrigadas de realizar o *depósito recursal*, posto que ele tem a natureza própria de garantia de execução futura. Estão elas dispensadas dessa garantia de instância (cf. art. 1º; ler o item 270 deste livro).

Fixadas as custas na sentença passada em julgado, não se admite o pagamento de diferenças no processo de execução.

A teor do inciso II do parágrafo único do art. 95 da Constituição Federal, é vedado aos juízes receber, a qualquer título, custas ou participação em processo.

O Pleno do Supremo Tribunal Federal, ao julgar o Recurso Extraordinário n. 116.208-2, em 20.4.1990 (*in Rev. LTr* 54-7/870), decidiu que custas e emolumentos têm natureza de taxas e, por via de consequência, só podem ser fixadas por lei.

Tem, portanto, a mácula da inconstitucionalidade a alínea *e*, do art. 4º da Lei n. 7.701, de 21.12.1988, que autoriza o Pleno do Tribunal Superior do Trabalho a *"aprovar as tabelas de custas e emolumentos nos termos da lei"*.

Julgada parcialmente procedente a reclamação, o vencido pagará custas não sobre o valor do pedido, mas sobre o da condenação.

Nos casos de litisconsórcio passivo em processo trabalhista iniciado sob a égide da Lei n. 5.584 (assistência judiciária), os vencidos responderão pelos honorários em proporção (art. 23 do CPC).

Estabelece a Súmula n. 86 do TST que estão isentas do pagamento de custas as massas falidas. Não se estende o benefício às empresas em processo de liquidação extrajudicial.

Estamos com *Pontes de Miranda* quando sustenta que multas são penalidades e não despesas processuais. São sanções impostas à parte que utiliza meios ilícitos para prejudicar o adversário ou para impedir que o processo atinja sua finalidade.

Reza o art. 35 do CPC: *"As sanções impostas às partes em consequência de má-fé serão contadas como custas e reverterão em benefício da parte contrária; as impostas aos serventuários pertencerão ao Estado"*.

Note-se que o dispositivo fala que as multas serão calculadas como custas, mas não diz que a elas se equiparam.

Adverte a Súmula n. 25 do TST que *"a parte vencedora na primeira instância, se vencida na segunda, está obrigada, independentemente de intimação, a pagar as custas fixadas na sentença originária das quais ficará isenta a parte então vencida"*.

O TST editou a Orientação Jurisprudencial n. 158, SDI-1, sobre a comprovação de recolhimento das custas pela entidade da administração pública federal, *verbis*: *"Custas. Comprovação de recolhimento. DARF eletrônico. Validade. O denominado "DARF Eletrônico" é válido para comprovar o recolhimento de custas por entidades da administração pública federal, emitido conforme a IN SRF n. 162, de 4.11.1988"*.

Revelam os repertórios de jurisprudência que, frequentemente, as partes do processo cometem equívocos no pagamento das custas.

A causa mais comum desses transtornos é a omissão, na sentença, do valor da condenação ou, nos acórdãos dos Tribunais do Trabalho, o silêncio sobre o acréscimo da condenação.

Por esse motivo, o Órgão Especial do Tribunal Superior do Trabalho aprovou, a 24 de setembro de 2002 (in DJU 27.9.02), a Instrução Normativa n. 20, uniformizando os procedimentos para o recolhimento das custas processuais. Eis algumas orientações constantes dessa Instrução: a) as custas serão satisfeitas pelo vencido; b) no processo de execução as custas não serão exigidas por ocasião do recurso, sendo suportadas pelo executado apenas ao final; c) nos dissídios coletivos não é permitido o rateio das custas, verbis: "IX — Nos dissídios coletivos, as partes vencidas responderão solidariamente pelo pagamento das custas, não sendo permitido o rateio, devendo o pagamento ser feito no valor integral das custas (Provimento n. 2/87 da Corregedoria-Geral da Justiça do Trabalho)".

O Ato Conjunto n. 21/2010 — TST.CSJT.GP.SG dispõe sobre os procedimentos para o recolhimento de custas e emolumentos devidos à União no âmbito da Justiça do Trabalho (DJTe de 9.12.10), que deverá ser realizado, exclusivamente, mediante a Guia de Recolhimento da União — GRU Judicial, sendo ônus da parte interessada efetuar seu correto preenchimento.

Desde há muito tempo que, das decisões proferidas pela Justiça do Trabalho, inclusive das decisões monocráticas dos Presidentes e dos Relatores, deverá constar, quando couber, o valor atribuído à causa, à condenação ou ao acréscimo da condenação, e o consequente valor das custas, com efeito de intimação do litigante sucumbente indicado, para fins de recolhimento no prazo legal, quando exigível, das custas processuais no importe fixado.

Dessarte, de todas as decisões, portanto, deverá constar o *quantum* das custas que a parte vencida terá de recolher dentro do prazo legal. Havendo acréscimo de condenação em via recursal, as custas deverão ser calculadas e pagas na forma da Orientação Jurisprudencial n. 104, SDI-1, do TST, *verbis*: "***Custas. Condenação acrescida. Inexistência de deserção quando as custas não são expressamente calculadas e não há intimação da parte para o preparo do recurso, devendo, então, ser as custas pagas ao final***". *Não caracteriza deserção a hipótese em que, acrescido o valor da condenação, não houve fixação ou cálculo do valor devido a título de custas e tampouco intimação da parte para o preparo do recurso, devendo, pois, as custas serem pagas ao final*.

Temos como polêmico o acórdão da Seção de Dissídios Coletivos do TST, proferido no julgamento do Recurso Ordinário n. 202.271/95.2, interposto em processo de dissídio coletivo e cuja ementa é a seguinte:

"Inversão do ônus das custas processuais. Nos dissídios coletivos de natureza econômica, o estabelecimento de pelo menos uma das normas ou condições de trabalho reivindicadas pela categoria profissional, torna sucumbente o empregador pelo valor integral das custas processuais" (in DJU 24.5.96, p. 17.576).

Deu origem a esse dissídio coletivo o pedido de uma empresa, ao Tribunal Regional do Trabalho, da declaração da abusividade da greve decretada por um sindicato profissional.

Embora proclamando a ilicitude da greve, o Tribunal ordenou o pagamento dos salários relativos aos dias parados e deferiu as reivindicações dos trabalhadores, desrespeitando disposições de convenção coletiva de trabalho ainda em vigor.

É a CLT omissa em relação ao ponto nuclear do conflito coletivo: julgamento *extra petita*, numa ação coletiva, deferindo pretensão não constante da representação inaugural do processo de dissídio coletivo.

Tal preliminar foi rejeitada pelo supradito órgão do TST.

Mas consideramos plausível a tese de que é aplicável ao caso em tela o art. 128 do CPC: *"O juiz decidirá a lide nos limites em que foi proposta, sendo-lhe defeso conhecer de questões não suscitadas, a cujo respeito a lei exige a iniciativa da parte"*.

Em favor da nossa opinião, temos um acórdão da 2ª Turma do Supremo Tribunal Federal no julgamento do Recurso Extraordinário n. 99.654, *in* DJU de 1º.7.83, assim ementado:

"Este artigo (o 128 do CPC) também se aplica aos Tribunais".

No mesmo sentido o REsp n. 12.093, julgado pela 4ª Turma do Superior Tribunal de Justiça (in DJU de 16.11.92, p. 21.144).

O TST, por sua Seção de Dissídios Coletivos, negou o pagamento dos dias de greve e as reivindicações dos trabalhadores por não terem sido previamente decididas em assembleia geral do respectivo sindicato.

Não deu, porém, acolhimento à preliminar de que o julgamento regional fora *extra petita*, e, só por isso, concluiu que o suscitante (a empresa) era a parte vencida, cabendo-lhe suportar o ônus do pagamento das custas.

É estranhável essa decisão, pois o sindicato de trabalhadores fora vencido em toda a matéria do mérito. E, a nosso ver, uma preliminar não se equipara a uma reivindicação de trabalhadores em dissídio de natureza econômica.

Se o TST aplicasse o art. 21 do CPC, o aresto em apreço não causaria tanta perplexidade.

Dispõe esse dispositivo da lei processual que, *"se cada litigante for em parte vencedor e vencido, serão recíproca e proporcionalmente distribuídos e compensados entre eles os honorários e as despesas"*, e, consoante o parágrafo único desse artigo, *"se um litigante decair de parte mínima do pedido, o outro responderá, por inteiro, pelas despesas e honorários"*.

Parafraseando *Celso Agrícola Barbi* (*in* "Comentários ao CPC", I vol., I tomo, Forense, 1. edição, 1975, p. 202/3), diremos que o Suscitante (a empresa), por perder apenas parte mínima do seu pedido, não será condenado a despesas judiciais por essa parte, ficando todos os gastos por conta da parte contrária (o sindicato de empregados). O documento comprobatório do pagamento deve ser autenticado sob pena de deserção do recurso.

Consoante o § 1º, do art. 789, da CLT, as custas serão pagas pelo vencido, após o trânsito em julgado da decisão. No caso de recurso, elas deverão ser pagas e comprovado seu recolhimento dentro do prazo recursal.

Sobre as custas, e tendo em vista a ampliação da competência da Justiça do Trabalho por força da Emenda Constitucional n. 45/2004, que deu nova redação ao art. 114, da Constituição, o TST editou também a Instrução Normativa n. 27, de 16.2.2005 (DJU 5.7.05). Aí ficou consignado no seu art. 3º, que, para outras questões além da relação de emprego, aplicam-se quanto às custas as disposições da CLT.

Ficou, também, aí esclarecido que as custas serão pagas pelo vencido, após o trânsito em julgado da decisão e que nas hipóteses de interposição de recurso, as custas deverão ser pagas e comprovado seu recolhimento no prazo recursal. Essa Instrução Normativa esclarece, outrossim, que, salvo nas lides decorrentes da relação de emprego, é aplicável o princípio da sucumbência recíproca, relativamente às custas.

265.2. Pressuposto Objetivo do Recurso: Custas e sua Jurisprudência

Compulsando a jurisprudência de Tribunais Superiores acerca de custas, devem ser citadas as seguintes Súmulas e Orientações Jurisprudenciais:

Súmula n. 223, do STF — Concedida isenção de custas ao empregado, por elas não responde o sindicato que o representa em juízo.

Súmula n. 667, do STF — Viola a garantia constitucional de acesso à jurisdição a taxa judiciária calculada sem limite sobre o valor da causa.

Súmula n. 484, do STJ — Admite-se que o preparo seja efetuado no primeiro dia útil subsequente, quando a interposição do recurso ocorrer após o encerramento do expediente bancário. (2012)

Súmula n. 25, do TST — Custas. A parte vencedora na primeira instância, se vencida na segunda, está obrigada, independentemente de intimação, a pagar as custas fixadas na sentença originária, das quais ficara isenta a parte então vencida.

Súmula n. 36, do TST — Custas. Nas ações plúrimas, as custas incidem sobre o respectivo valor global.

Súmula n. 53, do TST — Custas. O prazo para pagamento das custas, no caso de recurso, é contado da intimação do cálculo.

Súmula n. 86, do TST — Deserção. Massa falida. **Empresa em liquidação extrajudicial.** Não ocorre deserção de recurso da massa falida por falta de pagamento de custas ou de depósito do valor da condenação. Esse privilégio, todavia, não se aplica à empresa em liquidação extrajudicial.

Súmula n. 128, do TST — Depósito recursal. I — É ônus da parte recorrente efetuar o depósito legal, integralmente, em relação a cada novo recurso interposto, sob pena de deserção. Atingido o valor da condenação, nenhum depósito mais é exigido para qualquer recurso. II — Garantido o juízo, na fase executória, a exigência de depósito para recorrer de qualquer decisão viola os incisos II e LV do art. 5º da CF/1988. Havendo, porém, elevação do valor do débito, exige-se a complementação da garantia do juízo. III — Havendo condenação solidária de duas ou mais empresas, o depósito recursal efetuado por uma delas aproveita as demais, quando a empresa que efetuou o depósito não pleiteia sua exclusão da lide.

Súmula n. 170, do TST — Sociedade de economia mista. Custas. Os privilégios e isenções no foro da Justiça do Trabalho não abrangem as sociedades de economia mista, ainda que gozassem desses benefícios anteriormente ao Decreto-lei n. 779, de 21.8.1969.

Súmula n. 217, do TST — Depósito recursal. Credenciamento bancário. Prova dispensável. O credenciamento dos bancos para o fim de recebimento do depósito recursal é fato notório, independendo da prova.

Súmula n. 245, do TST — Depósito recursal. Prazo. O depósito recursal deve ser feito e comprovado no prazo alusivo ao recurso. A interposição antecipada deste não prejudica a dilação legal.

Súmula n. 356, do TST — Alçada recursal. Vinculação ao salário mínimo. O art. 2º, § 4º, da Lei n. 5.584, de 26.06.1970, foi recepcionado pela CF/1988, sendo lícita a fixação do valor da alçada com base no salário mínimo.

Súmula n. 365, do TST — Alçada. Ação rescisória e mandado de segurança. Não se aplica a alçada em ação rescisória e em mandado de segurança.

Súmula n. 426, do TST — Depósito recursal. Utilização da guia GFIP. Obrigatoriedade. Nos dissídios individuais o depósito recursal será efetivado mediante a utilização da Guia de Recolhimento do FGTS e Informações à Previdência Social — GFIP, nos termos dos §§ 4º e 5º do art. 899 da CLT, admitido o depósito judicial, realizado na sede do juízo e à disposição deste, na hipótese de relação de trabalho não submetida ao regime do FGTS.

Orientação Jurisprudencial n. 13, da SDI-1 do TST — APPA. Dec.-lei n. 779/69. Depósito recursal e custas. Não isenção. A Administração dos Portos de Paranaguá e Antonina — APPA, vinculada à Administração Pública indireta, não é isenta do recolhimento do depósito recursal e do pagamento das custas processuais por não ser beneficiária dos privilégios previstos no Decreto-Lei n. 779, de 21.08.1969, ante o fato de explorar atividade econômica com fins lucrativos, o que descaracteriza sua natureza jurídica, igualando-a às empresas privadas.

Orientação Jurisprudencial n. 33, da SDI-1 do TST — Deserção. Custas. Carimbo do banco. Validade. O carimbo do banco recebedor na guia de comprovação do recolhimento das custas supre a ausência de autenticação mecânica.

Orientação Jurisprudencial n. 104, da SDI-1 do TST — Custas. Condenação acrescida. Inexistência de deserção quando não expressamente calculadas, e não intimada a parte, devendo, então, serem as custas pagas ao final. Não caracteriza deserção a hipótese em que, acrescido o valor da condenação, não houve fixação ou cálculo do valor devido a título de custas e tampouco intimação da parte para o preparo do recurso, devendo, pois, as custas ser pagas ao final.

Orientação Jurisprudencial n. 140, da SDI-1 do TST — Depósito recursal e custas. Diferença ínfima. Deserção. Ocorrência. Ocorre deserção do recurso pelo recolhimento insuficiente das custas e do depósito recursal, ainda que a diferença em relação ao "*quantum*" devido seja ínfima, referente a centavos.

Orientação Jurisprudencial n. 158, da SDI-1 do TST — Custas. Comprovação de recolhimento. DARF eletrônico. Validade. O denominado "DARF Eletrônico" é válido para comprovar o recolhimento de custas por entidades da administração pública federal, emitido conforme a IN SRF n. 162, de 4.11.88.

Orientação Jurisprudencial n. 186, da SDI-1 do TST — Custas. Inversão do ônus da sucumbência. Deserção. Não-ocorrência. No caso de inversão do ônus da sucumbência em segundo grau, sem acréscimo ou atualização do valor das custas e se estas já foram devidamente recolhidas, descabe um novo pagamento pela parte vencida, ao recorrer. Deverá ao final, se sucumbente, ressarcir a quantia.

Orientação Jurisprudencial n. 217, da SDI-1 do TST — Agravo de instrumento. Traslado. Lei n. 9.756/98. Guias de custas e de depósito recursal. Para a formação do Agravo de Instrumento, não é necessário a juntada de comprovantes de recolhimento de custas e de depósito recursal relativamente ao Recurso Ordinário, desde que não seja objeto de controvérsia no Recurso de Revista a validade daqueles recolhimentos.

Orientação Jurisprudencial n. 247, da SDI-1 do TST — Servidor público. Celetista concursado. Despedida imotivada. Empresa pública ou sociedade de economia mista. Possibilidade. I — A despedida de empregados de empresa pública e de sociedade de economia mista, mesmo admitidos por concurso público, independe de ato motivado para sua validade; II — A validade do ato de despedida do empregado da Empresa Brasileira de Correios e Telégrafos (ECT) está condicionada à motivação, por gozar a empresa do mesmo tratamento destinado à Fazenda Pública em relação à imunidade tributária e à execução por precatório, além das prerrogativas de foro, prazos e custas processuais.

Orientação Jurisprudencial n. 264, da SDI-1 do TST — Depósito recursal. PIS/PASEP. Ausência de indicação na guia de depósito recursal. Validade. Não é essencial para a validade da comprovação do depósito recursal a indicação do número do PIS/PASEP na guia respectiva.

Orientação Jurisprudencial n. 269, da SDI-1 do TST — Justiça gratuita. Requerimento de isenção de despesas processuais. Momento oportuno. O benefício da justiça gratuita pode ser requerido em qualquer tempo ou grau de jurisdição, desde que, na fase recursal, seja o requerimento formulado no prazo alusivo ao recurso.

Orientação Jurisprudencial n. 283, da SDI-1 do TST — Agravo de instrumento. Peças essenciais. Traslado realizado pelo agravado. Validade. É válido o traslado de peças essenciais efetuado pelo agravado, pois a regular formação do agravo incumbe às partes e não somente ao agravante.

Orientação Jurisprudencial n. 284, da SDI-1 do TST — Agravo de instrumento. Traslado. Ausência de certidão de publicação. Etiqueta adesiva imprestável para aferição da tempestividade. A etiqueta adesiva na qual consta a expressão "no prazo" não se presta à aferição de tempestividade do recurso, pois sua finalidade é tão somente servir de controle processual interno do TRT e sequer contém a assinatura do funcionário responsável por sua elaboração.

Orientação Jurisprudencial n. 285, da SDI-1 do TST — Agravo de instrumento. Traslado. Carimbo do protocolo do recurso ilegível. Inservível. O carimbo do protocolo da petição recursal constitui elemento indispensável para aferição da tempestividade do apelo, razão pela qual deverá estar legível, pois um dado ilegível é o mesmo que a inexistência do dado.

Orientação Jurisprudencial n. 286, da SDI-1 do TST — Agravo de instrumento. Traslado. Mandato tácito. Ata de audiência. Configuração. I — A juntada da ata de audiência, em que consignada a presença do advogado, desde que não estivesse atuando com mandato expresso, torna dispensável a procuração deste, porque demonstrada a existência de mandato tácito. II — Configurada a existência de mandato tácito fica suprida a irregularidade detectada no mandato expresso.

Orientação Jurisprudencial n. 287, da SDI-1 do TST — Autenticação. Documentos distintos. Despacho denegatório do recurso de revista e certidão de publicação. Distintos os documentos contidos no verso e anverso, é necessária a autenticação de ambos os lados da cópia.

Orientação Jurisprudencial n. 318, da SDI-1 do TST — Representação irregular. Autarquia. Os Estados e os Municípios não têm legitimidade para recorrer em nome das autarquias detentoras de personalidade jurídica própria, devendo ser representadas pelos procuradores que fazem parte de seus quadros ou por advogados constituídos.

Orientação Jurisprudencial n. 319, da SDI-1 do TST — Representação regular. Estagiário. Habilitação posterior. Válidos são os atos praticados por estagiário se, entre o substabelecimento e a interposição do recurso, sobreveio a habilitação, do então estagiário, para atuar como advogado.

Orientação Jurisprudencial n. 331, da SDI-1 do TST — Justiça gratuita. Declaração de insuficiência econômica. Mandato. Poderes específicos desnecessários. Desnecessária a outorga de poderes especiais ao patrono da causa para firmar declaração de insuficiência econômica, destinada à concessão dos benefícios da justiça gratuita.

Orientação Jurisprudencial n. 349, da SDI-1 do TST — Mandato. Juntada de nova procuração. Ausência de ressalva. Efeitos. A juntada de nova procuração aos autos, sem ressalva de poderes conferidos ao antigo patrono, implica revogação tácita do mandato anterior.

Orientação Jurisprudencial n. 371, da SDI-1 do TST — Irregularidade de representação. Substabelecimento não datado. Inaplicabilidade do art. 654, § 1º, do Código Civil. Não caracteriza a irregularidade de representação a ausência da data da outorga de poderes, pois, no mandato judicial, ao contrário do mandato civil, não é condição de validade do negócio jurídico. Assim, a data a ser considerada é aquela em que o instrumento for juntado aos autos, conforme preceitua o art. 370, IV, do CPC. Inaplicável o art. 654, § 1º, do Código Civil.

Orientação Jurisprudencial n. 373, da SDI-1 do TST — Representação. Pessoa jurídica. Procuração. Invalidade. Identificação do outorgante e de seu representante. É inválido o instrumento de mandato firmado em nome de pessoa jurídica que não contenha, pelo menos, o nome da entidade outorgante e do signatário da procuração, pois estes dados constituem elementos que os individualizam.

Orientação Jurisprudencial n. 374, da SDI-1 do TST — Agravo de instrumento. Representação processual. Regularidade. Procuração ou substabelecimento com cláusula limitativa de poderes ao âmbito do Tribunal Regional do Trabalho. É regular a representação processual do subscritor do agravo de instrumento ou do recurso de revista que detém mandato com poderes de representação limitados ao âmbito do Tribunal Regional do Trabalho, pois, embora a apreciação desse recurso seja realizada pelo Tribunal Superior do Trabalho, a sua interposição é ato praticado perante o Tribunal Regional do Trabalho, circunstância que legitima a atuação do advogado no feito.

Orientação Jurisprudencial n. 53, da SDI-1 (transitória) do TST — Custas. Embargos de terceiro. Interpostos anteriormente à Lei n. 10.537/2002. Inexigência de recolhimento para a interposição de agravo de petição. Tratando-se de embargos de terceiro, incidentes em execução, ajuizados anteriormente à Lei n. 10.537/2002, incabível a exigência do recolhimento de custas para a interposição de agravo de petição por falta de previsão legal.

Orientação Jurisprudencial n. 88, da SDI-2 do TST — Mandado de segurança. Valor da causa. Custas processuais. Cabimento. Incabível impetração de mandado de segurança contra ato judicial que, de ofício, arbitrou novo valor à causa, acarretando a majoração das custas processuais, uma vez que cabia à parte, após recolher as custas, calculadas com base no valor dado à causa na inicial, interpor recurso ordinário e, posteriormente, agravo de instrumento, no caso de o recurso ser considerado deserto.

Orientação Jurisprudencial n. 148, da SDI-2 do TST — Custas. Mandado de segurança. Recurso ordinário. Exigência do pagamento. É responsabilidade da parte, para interpor recurso ordinário em mandado de segurança, a comprovação do recolhimento das custas processuais no prazo recursal, sob pena de deserção.

Orientação Jurisprudencial n. 151, da SDI-2 do TST — Ação rescisória e mandado de segurança. Irregularidade de representação processual verificada na fase recursal. Procuração outorgada com poderes específicos para ajuizamento de reclamação trabalhista. Vício processual insanável. A procuração outorgada com poderes específicos para ajuizamento de reclamação trabalhista não autoriza a propositura de ação rescisória e mandado de segurança, bem como não se admite sua regularização quando verificado o defeito de representação processual na fase recursal, nos termos da Súmula n. 383, item II, do TST.

Orientação Jurisprudencial n. 27, da SDC do TST — Custas. Ausência de intimação. Deserção. Caracterização. A deserção se impõe mesmo não tendo havido intimação, pois incumbe à parte, na defesa do próprio interesse, obter os cálculos necessários para efetivar o preparo.

266. Terceiro e o Recurso

De conformidade com o disposto no art. 499 do CPC, o recurso pode ser interposto por terceiro prejudicado que "consiga demonstrar o nexo de interdependência entre o seu interesse de intervir e a relação jurídica submetida à apreciação judicial".

Se algum interesse jurídico ligado à reclamação foi afetado pela sentença, ter-se-á configurado o prejuízo de terceiro. Portanto, não é qualquer interesse que justifica a intervenção de um terceiro no processo, em grau de recurso.

É mister a prova da condição de terceiro, em relação às partes — Reclamante e Reclamado —, como também do prejuízo advindo da sentença.

Exclui-se, outrossim, a possibilidade de o terceiro recorrer se o seu interesse não for juridicamente tutelado.

O recurso de terceiro há-de ser interposto no mesmo prazo concedido pela lei às partes.

267. Recurso Adesivo

Nosso velho Código de Processo Civil de 1939 desconhecia o recurso adesivo, isto é, aquele que adere ao recurso principal e lhe fica subordinado.

O CPC em vigor, de 1973, foi buscá-lo na ZPO alemã, §§ 521 a 523 e 566; no direito italiano — *impugnazione incidentale*; na França *appel incident*; e, em Portugal, *recurso subordinado*.

Há quem afirme a impropriedade dessa denominação, estribando-se no direito canônico, que usa a palavra *adhaerere* para indicar a intervenção em apoio do apelante.

Outros, como *Luis Antonio de Andrade*, verberam esse *nomen juris* porque a parte não adere à impugnação do adversário; ao contrário, contrapõe-se a ela.

De qualquer modo, está consagrada entre nós a expressão "recurso adesivo", que tem como pressuposto a sucumbência recíproca.

Quem defende o recurso adesivo costuma alegar, fazendo coro com *Sahione Fadel* e aquele preclaro processualista, que na sistemática anterior à do Código vigente, na hipótese do sucumbimento recíproco, autor e réu, para insistir na pretensão deduzida em juízo, tinham de interpor o apelo cabível no prazo recursal comum e daí *"advinha enorme sobrecarga dos trabalhos judiciários, frequentemente desnecessário e supérfluo mercê da apresentação de recursos cabíveis, mas manifestamente improcedentes"* (Fadel, "Código de Processo Civil Comentado", 2. ed., Forense, 1982, II tomo, p. 144 e ss.).

Enfim, o recurso adesivo proporciona à parte que se conformara com a sucumbência parcial a oportunidade de recorrer dentro do prazo contado da publicação do despacho que admitiu o apelo da parte adversa (inciso I do art. 500 do CPC). Esse prazo, no processo trabalhista, é de oito dias.

A teor do inciso II do art. 500 do CPC, que governa a aplicabilidade do recurso adesivo ao processo trabalhista, é ele interponível nos casos de recurso ordinário, de revista, de embargos, agravo de petição e extraordinário.

É certo, ainda, que o *caput* do art. 500 do CPC só admite recurso adesivo pelo autor e réu quando vencidos, e não pelo terceiro e o Ministério Público, como fiscal da Lei.

Prevalecia, de há muito, a tese da inaplicabilidade do recurso adesivo ao processo trabalhista, a ponto de o Tribunal Superior do Trabalho, pela Resolução n. 6, de 16.12.1976, aprovar a Súmula n. 175, *verbis*:

"O recurso adesivo, previsto no art. 500 do Código de Processo Civil é incompatível com o processo do trabalho".

Então, era irrefutável o argumento de que o princípio da subsidiariedade do CPC (art. 769 da CLT) não podia levar à ampliação do elenco de recursos encerrado no art. 893 da CLT, por ser ele taxativo e não exemplificativo.

Decorridos 9 anos, o mesmo TST imprime orientação completamente diferente sobre o assunto e aprova a Súmula n. 196:

"O recurso adesivo é compatível com o processo de trabalho, onde cabe, no prazo de 8 dias, no recurso ordinário, na revista, nos embargos para o Pleno e no agravo de petição".

Essa Súmula foi revisada, em 1988, pela Súmula n. 283, vazada com a seguinte redação, *verbis*: *"Recurso adesivo. Pertinência no processo do trabalho. Correlação de matérias — O recurso adesivo é compatível com o processo do trabalho e cabe, no prazo de 8 (oito) dias, nas hipóteses de interposição de recurso ordinário, de agravo de petição, de revista e de embargos, sendo desnecessário que a matéria nele veiculada esteja relacionada com a do recurso interposto pela parte contrária".*

Na revisão geral das Súmulas, em 2003, as Súmulas ns. 175 e 196 foram canceladas, eis que já estavam revistas pela Súmula n. 283, em pleno vigor.

No que nos toca, parece-nos inquestionável ser, de fato, o recurso adesivo um recurso cabível na Justiça do Trabalho.

Basta atentar para o conteúdo do art. 500 do CPC para verificar-se que outra não pode ser a conclusão.

Nesse preceito é dito que o recurso adesivo há-de atender a todas as exigências legais atinentes aos recursos reunidos no art. 496 do CPC. Já neste ponto fica bem claro ser um recurso o recurso adesivo, uma vez que tem de satisfazer todas as exigências que a lei prescreve para os recursos em geral.

Há, porém, um outro aspecto que revela, insofismavelmente, a natureza de recurso do instituto que vimos analisando.

O adesivo, como o recurso comum, tem por finalidade principal levar à instância superior matéria discutida e apreciada no juízo primário ou inferior àquela.

No processo civil, o recurso adesivo fica restrito à apelação, aos embargos infringentes, ao recurso extraordinário e ao recurso especial; na Justiça do Trabalho, por força da nova Súmula, é ele cabível nos recursos ordinário, de agravo de petição, de revista e embargos.

No processo do trabalho, há certa semelhança entre o recurso ordinário e os embargos para o Pleno, com a apelação e os embargos infringentes do processo comum.

Mas é de se indagar as razões por que o TST: a) não inclui o recurso extraordinário no rol daqueles que comportam o apelo adesivo; e b) quer aceitá-lo no agravo de petição.

Temos como irrefutável o direito da parte de recorrer adesivamente no caso do apelo extraordinário ao Supremo Tribunal Federal. No caso, seu direito se funda no inciso II do art. 500 do CPC. Como o CPC não incluiu entre os casos que admitem o recurso adesivo o agravo de petição, o TST não podia fazê-lo pela Súmula n. 196, revisada pela Súmula n. 283.

Inobstante, parece-nos conveniente recordar, neste passo, as regras da admissibilidade do recurso adesivo.

A condição *sine qua non* é a sentença ser desfavorável a ambos os litigantes, isto é, que haja sucumbência recíproca. E essa sentença sempre há-de ser aquela que põe termo ao processo ou acórdão de instância mais elevada que a reformou.

O prazo de oito dias, fixado na referida Súmula, é contado a partir da publicação do despacho que recebeu o recurso principal.

Não será conhecido se houver desistência do recurso principal ou se for declarado inadmissível ou deserto (inciso III do art. 500 do CPC).

Aplicam-se ao recurso adesivo as mesmas regras do recurso independente, no que tange às condições de admissibilidade, preparo e julgamento no Tribunal de instância superior.

É silente o CPC sobre a necessidade, ou não, de o recurso adesivo ser contra-arrazoado. Somos pela afirmativa em obediência ao princípio do contraditório. *In casu*, fiel ao princípio de paridade de tratamento das partes, o prazo também há-de ser de oito dias.

Incumbe ao juízo de admissibilidade verificar se foram satisfeitos os requisitos referentes ao prazo recursal, ao pagamento das custas, até 5 dias após a apresentação do recurso e a realização do depósito garantidor da instância, isto se o recorrente for o empregador.

Se o Ministério Público atua no processo como parte, pode recorrer adesivamente; como fiscal da lei, não.

Se a sentença julgar improcedentes a ação e a reconvenção, é cabível o recurso por via adesiva.

Não veda a lei a interposição antecipada do recurso adesivo, devendo ser expressa a manifestação do recorrente de que deve ser aceito só na hipótese de a outra parte apresentar recurso independente. Sem essa manifestação, será o recurso havido como principal.

Para a mesma parte, o prazo para o recurso principal e para o adesivo corre simultaneamente.

268. *Espécies de Recursos*

Reza o art. 893 da CLT que: a) das decisões, são admissíveis os seguintes recursos: I — embargos; II — recurso ordinário; III — recurso de revista; IV — agravo; b) a impugnação das decisões interlocutórias ter-se-á de fazer, somente, em recurso da decisão definitiva; c) que a interposição de recurso para o Supremo Tribunal Federal não prejudicará a execução do julgado.

No processo individual do trabalho, a ordem sequencial dos recursos é a seguinte: recurso ordinário; recurso de revista; embargos e, em havendo matéria constitucional prequestionada, recurso extraordinário. Há ainda o agravo de instrumento, de que se serve a parte para levar a outro grau de jurisdição o recurso cujo seguimento foi recusado no juízo de admissibilidade e o agravo regimental utilizável no TST. No caso do Presidente do TST negar seguimento ao recurso extraordinário, a parte pode interpor agravo para o STF nos próprios autos do processo principal, conforme o art. 544, do CPC, com nova redação dada pela Lei n. 12.322, de 9.9.2010. Não se forma neste tipo de recurso, portanto, o denominado instrumento com cópias.

No processo de execução, o recurso específico é o agravo de petição, admitindo-se o recurso de revista quando houver a arguição de matéria constitucional.

A regra, no processo trabalhista, é o recurso ter efeito devolutivo, o que possibilita a execução provisória da sentença (*caput* do art. 899 da CLT).

269. *Recurso Ordinário*

É o meio recursal à disposição da parte que queira atacar a sentença da Vara do Trabalho que pôs termo a um dissídio individual, com julgamento do mérito ou ordenando a extinção do processo sem esse julgamento.

Tem o poder de submeter à instância superior — Tribunal Regional do Trabalho — toda a lide. Devolve ao Tribunal o conhecimento de toda a matéria impugnada.

Recurso ordinário, no processo individual trabalhista, equivale à apelação no processo comum.

Pelo recurso ordinário, procura-se evidenciar vícios de juízo (*errores in judicando*) ou vícios de atividade (*errores in procedendo*). Só no caso de vício de juízo é que o Tribunal pode substituir a sentença de primeiro grau por outra.

Em se tratando de *errores in procedendo*, é a sentença anulada e os autos retornam à instância inferior para que repita, desde determinada fase do processo, todos os atos praticados e que foram impugnados.

Não impede a Lei que o recorrente invoque, cumulativamente, *errores in judicando* e *errores in procedendo*.

A regra geral é o tribunal *ad quem* apreciar apenas a matéria impugnada no recurso.

É o que se encerra no *caput* do art. 515 do CPC, extensível ao processo trabalhista. O § 1º desse dispositivo acrescenta que "serão objeto de apreciação e julgamento pelo Tribunal todas as questões suscitadas e discutidas no processo, ainda que a sentença não tenha julgado por inteiro". Sobre essa questão, o TST editou sua Súmula n. 393, que cuida do efeito devolutivo em profundidade do recurso ordinário, *verbis*: "*Recurso ordinário. Efeito devolutivo em profundidade. Art. 515, § 1º, do CPC — O efeito devolutivo em profundidade do recurso ordinário, que se extrai do § 1º do art. 515 do CPC, transfere ao Tribunal a apreciação dos fundamentos da inicial ou da defesa, não examinados pela sentença, ainda que não renovados em contrarrazões. Não se aplica, todavia, ao caso de pedido não apreciado na sentença, salvo a hipótese contida no § 3º do art. 515 do CPC*".

Comentando essa Súmula n. 393, do TST, *Francisco Antonio de Oliveira* sustenta, com precisão, que, "*se a defesa apresentar os argumentos A,B,C e D, o juiz primário poderá adotar apenas um dos fundamentos como razão de decidir, mas a interposição de recurso devolverá ao Tribunal ad quem a possibilidade de apreciação de todos os demais argumentos, já agora em sede de obrigatoriedade, posto que o Regional não poderá conformar-se com a apreciação de um único ou de alguns daqueles fundamentos. E esse procedimento não desaguará no vício da supressão de instância. Di-lo expressamente o § 2º, do art. 515, do CPC. Defeso, todavia, ao Regional apreciar pedido (do autor ou do réu em reconvenção) que não fora enfrentado em primeiro grau. Aí sim, haveria configuração do vício da decisão citra petita*".

Arremata esse eminente processualista que se "*pode dizer que o recurso da parte limitaria a discussão na horizontalidade, não na verticalidade. O efeito devolutivo está atrelado ao princípio dispositivo, pois sem recurso não haverá devolutividade, e, em havendo recurso, é o recorrente quem fixará os limites da discussão, a análise da profundidade ou verticalidade estará ligada ao efeito traslativo do recurso. E, por força deste efeito, poderá haver a reformatio in pejus, desde que se cuide de tema de ordem pública, v.g., o autor vencedor em primeiro grau pode ser carecedor de ação no Regional, posto que verificação das condições da ação deve ser buscada de ofício pelo julgador (art. 267, § 3º, CPC)*" (cf. s/ob "Comentários às Súmulas do TST", 6. ed., p. 916).

Tratando da pretensão inicial e sua contestação articuladas com mais de um fundamento, dissertam *Nelson Nery* e outra o seguinte: "*Quando a pretensão é deduzida com dois ou mais fundamentos, ou, ainda, a defesa é realizada também com base em mais de um fundamento, ainda que o juiz tenha acolhido ou examinado apenas um deles, os demais fundamentos podem ser apreciados pelo tribunal, no julgamento da apelação. Por exemplo: o réu alega pagamento e prescrição da dívida, ou seja, duas causas de extinção da obrigação; o juiz entende ter havido prescrição e nem examina a questão do pagamento; havendo apelação o tribunal pode decidir sobre a existência ou não do pagamento*" (cf. s/ob "CPC Comentado", 9. ed., nota 6, art. 515, 2006, p. 742).

É evidente que o Tribunal só apreciará todas as questões debatidas no processo e esquecidas pela sentença, quando o recurso a elas se reportar, salvo aquelas que, por sua natureza não sejam de ordem pública, tornaram-se preclusas porque a parte não as arguiu quando tiveram de falar no processo.

Oportuno salientar, neste passo, que, em face de nulidade insanável, o Tribunal deve sobre ela manifestar-se, ainda que as partes hajam silenciado a respeito.

Motivos de ordem pública justificam o ato do Tribunal.

O § 2º do art. 515 do CPC, já citado, alude ao caso de pedido ou defesa que tiveram mais de um fundamento e a sentença só apreciou um deles.

O recurso devolve ao Tribunal o conhecimento de todos os outros fundamentos.

A Lei n. 11.276/2006, acrescentou ao art. 515, do CPC, um § 4º, que autoriza o tribunal, constando a ocorrência de nulidade sanável, determinar a realização ou renovação do ato processual, intimadas as partes; cumprida a diligência, sempre que possível prosseguirá o julgamento da apelação (no processo do trabalho, diga-se recurso ordinário).

Tem relevância o conteúdo do art. 517 do CPC: as questões de fato, não propostas no juízo inferior, poderão ser suscitadas na apelação (leia-se recurso ordinário no processo trabalhista) se a parte provar que deixou de fazê-lo por motivo de força maior.

Para *Pontes de Miranda* ("Comentários ao CPC", tomo XI, p. 162) as questões de fato a que alude o art. 517 "*são fatos acontecidos depois do encerramento do debate oral ou depois da preclusão para se proferir sentença fora da audiência. Tais fatos novos podem ser provados na segunda instância*".

Informa o art. 397 do CPC ser lícito às partes, em qualquer tempo, juntar aos autos documentos novos, quando destinados a fazer prova de fatos ocorridos depois dos articulados ou para contrapô-los aos que foram produzidos nos autos. Diz a norma que a juntada de documentos novos é admitida a qualquer tempo, o que importa dizer que, também, em grau de recurso. *In casu*, é indispensável que a parte demonstre que a nova prova se prende a fatos ocorridos depois dos articulados.

Nos casos de extinções do processo sem julgamento de mérito na forma do § 3º, do art. 515, do CPC, o Tribunal poderá julgar de imediato a lide, desde que a coisa verse sobre matéria exclusivamente de direito e esteja em condições de julgamento.

Na hipótese que aqui examinamos, a outra parte deve ser intimada para pronunciar-se sobre os novos documentos, sob pena de nulidade do acórdão.

Mais uma vez observamos que a parte vencida não é obrigada a recorrer; é isso mera faculdade que ela exerce ou não.

Escusado dizer que a sentença passará em julgado se o vencido não atacar a sentença da Vara do Trabalho com o recurso ordinário. Esse ataque pode abranger a sentença como um todo ou parte dela.

A parte da sentença que não for impugnada pelo recurso forma coisa julgada.

Como qualquer outro recurso, o ordinário há-de atender aos pressupostos subjetivos e objetivos.

Três são os pressupostos objetivos do recurso ordinário: a) a lesividade, porque, sem ser a parte prejudicada pela sentença, não há razão que justifique o apelo; b) a tempestividade, isto é, a interposição do recurso dentro do prazo previsto em lei para fazê-lo, ou seja, oito dias contados da leitura da sentença em audiência para a qual foram intimadas as partes ou da intimação para conhecer os termos da que se proferir fora da audiência, sendo certo que o recorrido terá o mesmo prazo para contrapor suas razões; c) o preparo do recurso, consistente no pagamento das custas (art. 789, § 1º, da CLT) e no depósito recursal previsto no art. 899 da CLT.

Consoante o art. 789 da CLT, § 1º, o pagamento das custas, bem como a comprovação do seu recolhimento, deve ser feito dentro do prazo recursal.

A Consolidação dos Provimentos da Corregedoria Geral da Justiça do Trabalho deixou assente o esclarecimento de que a decisão nos dissídios individuais e nos dissídios coletivos do trabalho deverá sempre conter a indicação do total das custas a serem pagas pela parte vencida (arts. 56 e 58). Não existe na Justiça do Trabalho o pagamento proporcional de custas, quando as partes forem reciprocamente vencidas. Além disso, mesmo havendo isenção de custas esse ato da Corregedoria esclarece que seu valor deve ser fixado na decisão. Por fim, é dito nessa Consolidação dos provimentos que na hipótese de acordo, o pagamento das custas caberá em partes iguais aos litigantes se de outra forma não for convencionado.

O depósito recursal tem o seu valor revisto anualmente pelo TST, geralmente por meio de Instrução Normativa editada em cada mês de julho, para vigorar a partir do dia 1º de agosto de cada ano.

Mais uma vez assinalamos que o depósito há-de ser efetuado dentro do prazo recursal de oito dias. Interessante notar que o STJ fixou em sua Súmula n. 484 um entendimento mais elástico e benéfico às partes litigantes no sentido de se admitir o preparo após o fechamento dos bancos, *verbis: "Admite-se que o preparo seja efetuado no primeiro dia útil subsequente, quando a interposição do recurso ocorrer após o encerramento do expediente bancário"*. Esse entendimento jurisprudencial poderia ser seguido pela Justiça do Trabalho.

Descumpridos os pressupostos objetivos, cabe ao juízo de admissibilidade — Juízo do Trabalho — declarar a deserção do recurso, hipótese em que é cabível o agravo de instrumento. Ademais disso, permite o art. 519, § 1º, ao Juiz relevar a pena de deserção na ocorrência de justo impedimento, hipótese em que restituirá ao recorrente o prazo para efetuar o preparo. A respectiva sentença que qualificamos de relevatória é irrecorrível, mas é facultado ao Tribunal apreciar sua legitimidade.

Pressuposto subjetivo é aquele que diz respeito à pessoa do vencido. Se um terceiro for prejudicado pela sentença, é-lhe também atribuída a faculdade de interpor recurso, *ex vi* do disposto no art. 499 do CPC: "O recurso pode ser interposto pela parte vencida, pelo terceiro prejudicado e pelo Ministério Público".

Essa norma processual, inequivocamente, dá legitimidade ao recurso de terceiro que haja, ou não, participado do processo de conhecimento. O preceito é incensurável, pois não é fato raro a lesão ao direito de terceiro configurar-se após a prolação da sentença.

Para isso, é mister provar a condição de terceiro em relação às partes e o nexo de interdependência entre o seu interesse e o objeto do processo. Enfim, é imprescindível que o terceiro demonstre o prejuízo que a sentença lhe causou.

É inaceitável o recurso de terceiro motivado apenas pelo desejo de provar que a sentença é injusta. Não havendo interesse juridicamente tutelado, inadmite-se o recurso de terceiro, o qual tem de ser interposto no mesmo prazo que a lei fixa para as partes.

Há uma súmula do Supremo Tribunal Federal que nos parece interessante porque se ajusta a eventuais situações no foro trabalhista.

É a de n. 428: "Não fica prejudicada a apelação (leia-se, no processo trabalhista, recurso ordinário) entregue em cartório no prazo legal, embora despachada tardiamente".

O recurso ordinário em processo de dissídio coletivo é dirigido ao Tribunal Superior do Trabalho, e noutro ponto desta obra será ele estudado.

Em consonância com o disposto no art. 899 da CLT, os recursos, de regra, terão efeito devolutivo, ressalvadas as exceções previstas no Título X consolidado.

Dessarte, é defeso ao Juiz dar ao recurso efeito suspensivo em hipótese não prevista em lei.

Mercê das ponderações do recorrido em suas contrarrazões, está o Juiz autorizado a rever os pressupostos de admissibilidade e reformar o despacho anterior propício ao seguimento do recurso. Esse entendimento se fulcra no § 2º do art. 518, do CPC, aplicável ao processo do trabalho.

Esse art. 518, do CPC, recebeu o § 1º pela Lei n. 11.276/2006, em que ficou esclarecido que a apelação não será admitida quando a sentença estiver em conformidade com Súmula do STJ ou do STF. Entendemos que esse dispositivo legal é aplicável ao processo do trabalho no que tange ao recurso ordinário. Lembre-se que a CLT, art. 896, § 5º, já permite ao relator negar seguimento aos recursos de Revista, de Embargos e de Agravo de Instrumento, quando a decisão recorrida estiver em consonância com súmula do TST.

Assim, no processo do trabalho a regra será aplicável em relação ao recurso ordinário, nos casos em que a sentença impugnada estiver em consonância com súmula do TST ou do STF. Esse, também, é o pensamento de *Manoel Antonio Teixeira Filho* em seu artigo "As novas leis alterantes do processo civil e sua repercussão no processo do trabalho", *in Revista LTr 70-03/296*.

Da decisão denegatória da admissibilidade de recurso caberá agravo de instrumento, conforme art. 897, *b*, da CLT.

269.1. Questões Anteriores à Sentença

A Lei n. 8.950/94 deu ao art. 516 do CPC a seguinte redação: "Ficam também submetidas ao tribunal as questões anteriores à sentença, ainda não decididas".

Por ser obscuro, ou melhor, impreciso, o dispositivo com a nova roupagem vai admitir, com certeza, várias interpretações.

Assim é porque faz ele alusão, genericamente, a questões manifestadas com anterioridade no processo e que não foram decididas no devido tempo.

Como sabido, no direito processual, há questões: a) de fato, relativas a algo ocorrido no mundo envolvendo as partes e sobre o qual se discute a incidência, ou não, de uma norma jurídica; b) de direito, envolvendo discussão sobre a aplicabilidade, ou não, ao objeto do litígio, de uma ou mais normas jurídicas, bem como sobre as consequências; c) prejudicial — "aquilo que deve ser decidido previamente ou com anterioridade à sentença principal, em razão de constituir fato ou fundamento determinante desta" (*Couture*, "Vocabulário Jurídico", 5ª reimpressão, 1993, Depalma, p. 471); d) preliminar que se suscita antes de entrar no mérito da causa, como, por exemplo, inexistência ou nulidade da citação, incompetência absoluta, perempção etc.; e) preclusas, levantadas pelas partes e que, já decididas, não foram objeto de recurso.

A norma em tela abarca todas essas questões.

A redação primitiva do art. 516, do CPC, sob exame, era a seguinte:

"Ficam também submetidas ao tribunal as questões anteriores à sentença final, salvo as impugnáveis por agravo de instrumento".

O legislador da época foi duramente criticado por empregar "questões" em lugar de "decisões", uma vez que só estas são impugnáveis por meio de agravo de instrumento.

Consigna-se, no § 1º do art. 515, do CPC, que: serão, porém, objeto de apreciação e julgamento pelo Tribunal todas as questões suscitadas e discutidas no processo, ainda que a sentença não as tenha julgado por inteiro".

Como salientamos há pouco, o art. 516 — com seu novo texto — deu maior amplitude ao poder do Tribunal de julgar as questões anteriores à sentença ao autorizá-lo a apreciar não apenas as questões não decididas por inteiro, mas também aquelas que não o foram na sua inteireza.

De regra, é na contestação que o Réu (ou o Reclamado, no processo do trabalho) se opõe ao pedido do Autor e, assim, levanta questões ou pontos controvertidos sobre os quais o juízo de primeiro grau não se pronunciou. Pelo recurso ordinário, tais questões não decididas são transportadas para a instância superior, que as examinará de ofício ou a pedido da parte interessada. O respectivo acórdão, ao modificar a sentença da instância primária, não será viciosa se acolher questão discutida nos autos, mas não decidida.

De ordinário, no processo do trabalho, a parte protesta, sob pena de preclusão, contra qualquer incidente, assim que for chamada a falar nos autos.

Temos como certo que o silêncio da Vara do Trabalho diante de questão levantada pelo Reclamado não inviabiliza seu exame pelo Tribunal, a teor do preceituado no art. 516 do CPC.

Afirma *Clito Fornaciari Júnior* (in "A Reforma Processual Civil", Saraiva, 1996, p. 98) que, nessa hipótese, não se vislumbra *"qualquer afronta ao princípio do duplo grau de jurisdição, uma vez que este deve ser entendido dentro das regras do processo".*

Em verdade, a regra encerrada no art. 516 do CPC não permite ao Tribunal julgar o ponto do mérito que a instância inferior deixou de decidir, porque, se o fizesse, ofenderia o princípio do duplo grau de jurisdição.

O conhecido praxista, há pouco citado, afirma que "nenhum princípio constitucional garante, expressamente, o direito ao duplo grau, nem este pode ser extraído do fato de a nossa justiça estar estruturada com órgãos superiores e inferiores".

Venia permissa, divergimos desse entendimento.

É certo que a Lei Maior não faz alusão expressa ao princípio do duplo grau de jurisdição.

Contudo, é incontestável que ele deflui não apenas da organização escalonada do Poder Judiciário, mas também do inciso LV do art. 5º da Constituição da República ("aos litigantes, em processo judicial ou administrativo, e aos acusados em geral, são assegurados o contraditório e ampla defesa, com os meios e recursos a ela inerentes") e das tradições mais recuadas da processualística.

De outra parte, trata-se de princípio respeitado por todas as nações do globo, organizadas como Estados de Direito.

No processo trabalhista, o agravo de instrumento tem como único fim a liberação do recurso ordinário que ficou retido no juízo de admissibilidade.

Em razão dessa limitada utilidade do agravo de instrumento, no processo do trabalho, como já salientamos, fica a parte obrigada, na primeira oportunidade em que falar nos autos, a protestar — sob pena de preclusão — contra ato do Juiz que lhe pareça ter o vício da ilegalidade.

Pensa *Barbosa Moreira* (in "Comentários ao CPC", 6ª ed., Forense, 1993, p. 400/1) que o artigo sob comento *"quis designar as questões incidentes surgidas no curso do processo"*.

Clito Fornaciari (obra citada, p. 97) aborda esse aspecto da matéria com mais segurança ao dizer que *"questões são pontos controvertidos; a controvérsia normalmente surge com a contestação, momento em que se concentra toda a defesa do réu e onde, assim, os pontos impugnados tornam-se questões"*.

Estamos que o art. 516 do CPC autoriza o Tribunal a apreciar questões provadas e ainda não julgadas, independentemente da parte interessada.

Se, no processo de trabalho, qualquer incidente é passível de protesto, sob pena de preclusão, concluímos que o art. 516 do CPC é aplicável a raros casos no processo do trabalho, como, por exemplo, a exceção de coisa julgada ou *ratione materiae* que a instância primária, estranhamente, não examinou.

270. Procedimento do Recurso Ordinário e Depósito Recursal

Diz o art. 899 da CLT que os recursos serão interpostos por simples petição.

Não perfilhamos o entendimento de que a expressão "simples petição" significa que a parte interessada deva limitar-se a pedir por escrito, à instância superior, que reexamine a matéria decidida, sem precisar estender-se sobre os fundamentos da sua pretensão.

Ora, pretensão expressa de modo tão lacônico impediria o Juiz ou o Tribunal de conhecer os pontos da sentença ou do acórdão que contrariaram os interesses do recorrente. Acresça-se que a parte tem o dever de demonstrar o prejuízo causado pela sentença.

De consequência, é imprescindível que o recorrente obedeça às prescrições do art. 514 do CPC: a) identificação da autoridade judiciária a quem se vai dirigir o apelo; b) nomes das partes; c) os fundamentos de fato e de direito; d) pedido de nova decisão.

É certo, porém, que nem sempre o TST abraça a tese que defendemos, como se verifica da ementa do seguinte acórdão da SDI nos E-RR-5259/89, *in* DJU de 10.4.92:

"Recurso ordinário. Admissibilidade. No processo trabalhista, o recurso pode ser interposto por simples petição, sendo dispensável a existência de razões que fundamentam o inconformismo (art. 899 da CLT), à exceção da instância extraordinária pois, nesta, há teses a serem confrontadas ou demonstrada violação de norma". Como salientado, anteriormente, a CLT, no art. 899, dispensa a fundamentação do recurso. Neste particular, mostra coerência com a norma assecuratória do jus postulandi, que autoriza o uso da via recursal pelas próprias partes e estas, nem sempre são dotadas dos necessários conhecimentos jurídicos para cumprir, fielmente, o que se prescreve no art. 514, do CPC, há pouco citado.

Em havendo trancamento do recurso ordinário, cabe à parte interessada oferecer agravo de instrumento que logo mais será analisado.

Se o recurso deve compor, ou não, uma única petição ou se as razões do recurso devem ser contidas em parte separada do pedido de seguimento do recurso, são aspectos formais que não autorizam o trancamento da via recursal, uma vez que a lei é silente quanto a esses mesmos aspectos.

Inclinam-se, indulgentemente, os tribunais a classificar como mera irregularidade a falta de assinatura do advogado nas razões recursais embora o tenha feito na petição de interposição do recurso; também é assim considerada a falta de assinatura na petição de encaminhamento do recurso e a sua existência nas razões. Essa diretriz jurisprudencial encontra alicerce no art. 284 do CPC.

Consoante o art. 789 da CLT, § 1º, o pagamento das custas, bem como a comprovação do seu recolhimento, devem ser feitos dentro do prazo recursal. Não efetuado esse recolhimento ou não efetuada a sua comprovação no prazo já citado, será considerado deserto o recurso.

O Decreto-lei n. 779, de 21 de agosto de 1969 disciplina a questão do depósito recursal das pessoas jurídicas de direito público interno. Assim, dispõe ele, no art. 1º, que *"nos processos perante a Justiça do Trabalho constituem privilégio da União, dos Estados, do Distrito Federal, dos Municípios e das autarquias ou fundações de direito público federais, estaduais ou municipais que não explorem atividade econômica: I — omissis; IV — a dispensa de depósitos para interposição de recurso"*.

Relativamente às custas, estão elas isentas, por força do art. 790-A, da CLT, bem como o próprio Ministério Público do Trabalho.

Reza o § 1º do art. 511 do CPC que o Ministério Público, a União, os Estados e Municípios e respectivas autarquias, bem como aqueles que gozam isenção legal, estão dispensados do preparo de recursos que interpuserem.

O art. 899 da CLT, com as alterações introduzidas pela Lei n. 8.542, de 23.12.1992, informa quais os pré-requisitos do processamento de um recurso. Vejamos, a seguir, cada um deles.

A) O depósito recursal é fixado por ato da Presidência do TST, e reajustado anualmente conforme a variação acumulada do INPC do IBGE, no período de julho de um ano a junho do ano seguinte, para vigorar, geralmente, no primeiro dia útil de agosto de cada ano. Os valores de depósito recursal para a interposição de recurso de revista, embargos infringentes, recurso extraordinário e recurso em ação rescisória equivalem ao dobro do valor do depósito para recurso ordinário.

Ressalte-se que, na forma da Súmula n. 128, do TST, *"I — É ônus da parte recorrente efetuar o depósito legal, integralmente, em relação a cada novo recurso interposto, sob pena de deserção. Atingido o valor da condenação, nenhum depósito mais é exigido para qualquer recurso. II — Garantido o juízo, na fase executória, a exigência de depósito para recorrer de qualquer decisão viola os incisos II e LV do art. 5º da CF/1988. Havendo, porém, elevação do valor do débito, exige-se a complementação da garantia do juízo. III — Havendo condenação solidária de duas ou mais empresas, o depósito recursal efetuado por uma delas aproveita as demais, quando a empresa que efetuou o depósito não pleiteia sua exclusão da lide".*

Inexistindo condenação em pecúnia, não há que se falar em depósito recursal, como se infere da leitura da Súmula n. 161, do TST, verbis: *"Depósito. Condenação a pagamento em pecúnia — Se não há condenação a pagamento em pecúnia, descabe o depósito de que tratam os §§ 1º e 2º do art. 899 da CLT".*

Cuida a Súmula n. 217, do TST, do depósito recursal em banco credenciado, ficando aí esclarecido o seguinte: *"Depósito recursal. Credenciamento bancário. Prova dispensável — O credenciamento dos bancos para o fim de recebimento do depósito recursal é fato notório, independendo da prova".*

É útil recordar que, conforme a Súmula n. 185 do Superior Tribunal de Justiça, "nos depósitos judiciais, não incide o imposto sobre operações financeiras".

O TST reconheceu em sua Orientação Jurisprudencial n. 264, SDI-1, que "não é essencial para a validade da comprovação do depósito recursal a indicação do número do PIS/PASEP na guia respectiva".

B) A exigência do depósito aplica-se igualmente aos embargos à execução e a qualquer outro recurso subsequente do devedor.

O § 6º do art. 899 em foco foi, na sua essência, preservado pela Lei n. 8.542: o depósito para fins de recurso será limitado aos valores relacionados acima, ainda que o valor da condenação os ultrapasse.

O § 7º, desse mesmo artigo, estabelece que, no ato de interposição do agravo de instrumento, o depósito recursal corresponderá a 50% do valor do depósito do recurso que se pretende destrancar.

O art. 899 da CLT, em sua redação original, quando vigia a Constituição outorgada de 1937, dizia, em seu *caput*, terem efeito devolutivo os recursos interpostos, salvo as exceções previstas no Título X do Estatuto Obreiro. Seu parágrafo único dispunha ser pré-requisito do recurso, nas reclamações sobre férias, salários ou contrato individual de valor até CR$ 5,00 (cinco cruzeiros reais), a prova de depósito da importância da condenação.

Tal dispositivo passou por várias mudanças que lhe deram maior abrangência e foram elevando o valor do depósito em questão até a edição da Lei n. 8.177, de 4.3.1991, cujo art. 40, em síntese, dizia o seguinte: o depósito recursal na interposição do recurso ordinário será de CR$ 420,00 e CR$ 840,00 no recurso de revista, nos embargos infringentes e recurso extraordinário, sendo devido a cada recurso apresentado no curso do processo e, na ação rescisória, independentemente do valor da condenação, exigia depósito de CR$ 840,00 em qualquer espécie de recurso. Cabia, também, ao Tribunal Superior do Trabalho atualizar, periodicamente, os apontados valores.

Ao redigir o referido dispositivo da Lei n. 8.177, o legislador não foi feliz.

Dilatando o campo de incidência do depósito, fez com que ele se assemelhasse a uma taxa.

Antecipando-se às controvérsias que o assunto iria, com certeza, suscitar, o TST baixou a Instrução Normativa n. 2, de 30.4.1991, em que afirmava não ser o debatido depósito uma taxa para recurso e que ele pressupunha condenação em valor líquido ou arbitrado.

Por sua relevância na elucidação do tema, transcrevemos a seguir o inciso II desse documento:

"Em se tratando de condenação de valor inferior aos referidos no art. 40 da Lei n. 8.177/91, o depósito recursal ficará limitado àquele valor; se o valor da condenação for superior, o depósito ou sua complementação, na hipótese de sucessão de recursos será de Cr$ 420.000,00 no caso de recurso ordinário, de CR$ 840.000,00 em cada novo recurso interposto no andamento do processo, limitada sempre sua exigibilidade ao valor da condenação. Uma vez depositado o valor da condenação, nenhum outro poderá ser exigido".

Silenciou a Instrução Normativa quanto aos recursos na ação rescisória.

À época, com arrimo nessa decisão do TST, entendeu-se que, em se tratando de sentença rescindenda já em execução garantida pela penhora, nenhum depósito seria exigido.

A última convulsão do pré-falado § 1º, do art. 899 da CLT foi causada pela Lei n. 8.542, de 23.12.1992, com o novo texto que deu ao art. 40 da Lei n. 8.177. Passou, assim, esse artigo a ter os seguintes parágrafos vazados nos seguintes termos:

"Art. 899. .... (omissis).

§ 1º Sendo a condenação de valor até 10 (dez) vezes o valor de referência regional, nos dissídios individuais, só será admitido o recurso, inclusive o extraordinário, mediante prévio depósito da respectiva importância. Transitada em julgado a decisão recorrida, ordenar-se-á o levantamento imediato da importância de depósito, em favor da parte vencedora, por simples despacho do juiz.

§ 2º Tratando-se de condenação de valor indeterminado, o depósito corresponderá ao que for arbitrado, para efeito de custas, pela Vara ou Juízo de Direito, até o limite de 10 (dez) vezes o valor de referência regional.

§ 3º Revogado pela L. n. 7.033, 5.10.1982, DOU 6.10.1982.

§ 4º O depósito de que trata o § 1º far-se-á na conta vinculada do empregado a que se refere o art. 2º da Lei n. 5.107, de 13 de setembro de 1966, aplicando-se-lhe os preceitos dessa Lei, observado, quanto ao respectivo levantamento, o disposto no § 1º.

§ 5º Se o empregado ainda não tiver conta vinculada aberta em seu nome, nos termos do art. 2º da Lei n. 5.107, de 13 de setembro de 1966, a empresa procederá à respectiva abertura, para o efeito do disposto no § 2º.

§ 6º Quando o valor da condenação, ou o arbitrado para fins de custas, exceder o limite de 10 (dez) vezes o valor de referência da região, o depósito para fins de recursos será limitado a este valor".

Sublinhe-se que, quando se instituiu, pela vez primeira, o depósito recursal — em 1943 — a Constituição de 1937, então em vigor, não assegurava ao cidadão o duplo grau de jurisdição.

De conseguinte, nessa época, não se poderia dizer que o depósito se constituía em óbice ao exercício de um direito inexistente, no plano constitucional. De outra parte, a objeção de que o depósito, para garantia da execução de uma sentença, era inadmissível.

Posteriormente, as Constituições de 1946 (§ 25 do art. 141 e art. 122) e a Emenda n. 1/69 (§ 15 do art. 153) não silenciaram quanto ao duplo grau de jurisdição.

A Carta de 1988, no inciso LV do art. 5º, reporta-se a esse princípio de modo expresso: "aos litigantes em processo judicial ou administrativo e aos acusados em geral são assegurados o contraditório e ampla defesa, com os meios e recursos a ela inerentes".

Esse direito fundamental do cidadão, para ser exercido, não é nem pode ser condicionado a qualquer depósito para garantia do juízo recursal. Já aqui se vislumbra o vício da inconstitucionalidade do depósito prévio.

Como sabido, quando houver justificado receio de a sentença final do processo de conhecimento não atingir os fins colimados, há as medidas cautelares típicas ou inominadas.

Por que então exigir-se um depósito para garantia do juízo recursal ou do processo de execução?

Releva frisar que esse depósito, por seu vulto, vai impedir que inúmeras micro e pequenas empresas possam exercer seu direito ao reexame da matéria do julgamento.

Os defensores desse depósito, embora timidamente, afirmam que ela não criou uma taxa para fins recursais, mas visou apenas garantir uma futura execução.

Outros defensores do depósito em foco alegam que ele evita recursos protelatórios e agiliza a execução do crédito trabalhista. Chegam a opor-se à Instrução Normativa n. 3 para exigir, também, o depósito recursal nos processos de dissídio coletivo de natureza econômica, mas, prudentemente, não enfrentam a questão de sua base de cálculo. Acrescentam que o empregador, se vencedor, receberá afinal todos os depósitos realizados com juros e correção monetária e fecham eles os olhos à crônica pobreza do capital de giro da maioria das empresas brasileiras.

É do conhecimento geral que a Justiça do Trabalho está prestes a naufragar no mar de processos que se incluem na sua competência. Mas esse mal não será debelado com medidas que fecham, praticamente, as vias de acesso às instâncias superiores dessa Justiça especializada.

Há que se implantar mecanismo extrajudicial objetivando a solução de conflitos individuais e coletivos do trabalho e, no mesmo passo, aumentar o número de juízes.

O Tribunal Superior do Trabalho, por meio da Instrução Normativa n. 3, de 5.3.1993, procurou aparar as arestas da Lei n. 8.542, declarando que os questionados depósitos não têm natureza jurídica de taxa de recurso e adiantando que, depositado o valor total da condenação, nenhum depósito será exigido nos recursos das decisões posteriores, salvo se o valor da condenação vier a ser ampliado, verbis: "os depósitos de que trata o art. 40 e seus parágrafos da Lei n. 8.177/91, com a redação dada pelo art. 8º da Lei n. 8.542/92, não têm natureza jurídica de taxa de recurso, mas de garantia do juízo recursal, que pressupõe decisão condenatória ou executória de obrigação de pagamento em pecúnia, com valor líquido ou arbitrado".

Há ainda quem discuta a constitucionalidade dessa Instrução Normativa devido ao seu poder vinculante e a usurpação que faz do poder de legislar reservado a outro Poder da República.

Não resta dúvida de que a Instrução sob análise alterou, de certo modo, a Lei n. 8.542/92.

Mas, insistimos em dizer que o depósito — seja lá qual for a natureza jurídica que se lhe queira dar — não se concilia com o princípio do duplo grau de jurisdição.

Os embargos de declaração não figuram no rol de recursos processuais e, por isso mesmo, sua admissibilidade não depende de depósito recursal.

O rendimento do depósito feito (juros capitalizados e correção monetária) tem de ser considerado no cálculo final do débito do Reclamado. Se assim não fosse, o Reclamante seria duplamente beneficiado.

Se o Reclamado for vencedor na primeira instância e vencido na segunda, terá de realizar o depósito para interpor recurso de revista.

A propósito do lapso de tempo em que se deve fazer o depósito prévio para recurso à instância superior, cumpre-nos frisar que sua comprovação tem de ser feita dentro do prazo de oito dias, que é o do recurso. Nesse sentido, o TST editou, inclusive, a Súmula n. 245, *verbis: "Depósito recursal. Prazo — O depósito recursal deve ser feito e comprovado no prazo alusivo ao recurso. A interposição antecipada deste não prejudica a dilação legal".*

Assim, depósito feito regularmente no Banco, em conta vinculada do empregado, dentro do prazo legal mas comprovado depois de vencido o prazo legal, ficará deserto o recurso. Essa deserção também se configura quando o depósito for incompleto. Em alguns casos, tem o TST decidido que inexiste a deserção recursal se a diferença do depósito for insignificante.

Se o Tribunal, em grau de recurso, reforma a sentença originária e aumenta o valor da condenação, deve o Reclamado aumentar, também, o depósito, se for o caso.

O depósito será feito em espécie.

Apresenta-se o recurso ordinário à Vara do Trabalho. É ela o juízo de admissibilidade dessa modalidade de recurso.

Encaminha-o ao Tribunal Regional do Trabalho se atendidos os pressupostos subjetivos e objetivos: lesividade, tempestividade, preparo etc. Antes, porém, será a outra parte, o Recorrido, intimado para, em igual prazo, oito dias, apresentar suas contrarrazões.

Fato comum no foro trabalhista é a decretação da falência da empresa recorrente logo depois de haver efetuado o depósito aqui em foco. *In casu*, o valor depositado deve ser transferido ao juízo universal da falência? Em nosso entendimento, a resposta é negativa. Tal depósito é requisito indispensável ao aviamento do recurso e deve ser mantido para que o administrador judicial (denominação atual do ex-síndico), ao assumir o lugar do falido, possa utilizar, com plenitude, todos os meios processuais na defesa da massa. Transitando em julgado a sentença condenatória da empresa que quebrou e depois de tornada líquida, parece-nos razoável que o juízo da execução autorize o levantamento do depósito pelo Exequente, deduzindo o respectivo valor do *quantum debeatur* a ser levado ao juízo da falência.

Repetimos que esse depósito exigido como condição prévia de admissibilidade de recurso judicial é inconstitucional, sendo certo que esta matéria não foi examinada em termos meritórios pelo Supremo Tribunal Federal, que se limitou a examinar apenas a questão de liminar em ação direta de inconstitucionalidade.

De fato, o depósito recursal mencionado nos §§ 1º, 2º, 7º do art. 899, da CLT, e alterado pelas Leis ns. 8.177/91 (art. 40) e 8.542/92, a nosso sentir tem o vício da inconstitucionalidade. É um óbice ao direito de acesso à Justiça, como se depreende da leitura do art. 5º, XXXV ("a lei não excluirá da apreciação do Poder Judiciário lesão ou ameaça a direito"), e do inciso LV ("aos litigantes, em processo judicial ou administrativo, e aos acusados em geral são assegurados o contraditório e ampla defesa, com os meios e recursos a ela inerentes"), da CF.

O art. 40, da Lei n. 8.177/91, está vazado nos seguintes termos: "Art. 40. O depósito recursal de que trata o art. 899 da Consolidação das Leis do Trabalho fica limitado a Cr$ 20.000.000,00 (vinte milhões de cruzeiros), nos casos de interposição de recurso ordinário, e de Cr$ 40.000.000,00 (quarenta milhões de cruzeiros), em se tratando de recurso de revista, embargos infringentes e recursos extraordinários, sendo devido a cada novo recurso interposto no decorrer do processo. § 1º Em se tratando de condenação imposta em ação rescisória, o depósito recursal terá, como limite máximo, qualquer que seja o recurso, o valor de Cr$ 40.000.000,00 (quarenta milhões de cruzeiros). § 2º A exigência de depósito aplica-se, igualmente, aos embargos, à execução e a qualquer recurso subsequente do devedor. § 3º O valor do recurso ordinário, quando interposto em dissídio coletivo, será equivalente ao quádruplo do previsto no *caput* deste artigo. § 4º Os valores previstos neste artigo serão reajustados bimestralmente pela variação acumulada do INPC do IBGE dos dois meses imediatamente anteriores".

Contra esse depósito prévio recursal duas Confederações patronais ajuizaram perante o STF as ADIns ns. 836/93 e 884/93, sendo que não houve a concessão de liminar em sede de medida cautelar para a suspensão desse depósito. Posteriormente, em virtude de terem sido alterados os valores dos depósitos recursais, esse Tribunal julgou extintas as ações sob o fundamento de as autoras não terem aditado suas petições inicias. Dessa forma, não houve julgamento de mérito dessa matéria até o presente momento. Por essa razão, continuamos a insistir no pensamento de que esse depósito prévio está maculado pela inconstitucionalidade. Senão, veja-se.

Há muito tempo discute-se a constitucionalidade do depósito recursal (art. 899 da CLT, §§ 1º, 2º; art. 40, da Lei n. 8.177/91) ou do depósito prévio do valor da multa administrativa (art. 636, § 1º da CLT) como condição de admissibilidade do recurso judicial ou administrativo. Por exemplo, o TRF da 3ª Região, no julgamento do AI n. 98.03.104052 (Bol. da AASP de 24 a 30.5.99, p. 955) foi pela inconstitucionalidade dessa exigência do depósito prévio da multa administrativa. Desde aquela época sempre nos posicionâmo-nos a favor da tese do TRF da 3ª Região. Na esteira de nosso pensamento, o Supremo Tribunal Federal, revendo entendimento anterior, assentou que a exigência do depósito prévio do valor da multa questionada, como condição de admissibilidade de recurso administrativo, ofende o art. 5º, LV, da Constituição da República, que garante o princípio de ampla defesa e o contraditório, além de restringir o direito de petição inscrito no inciso XXXIV, desse mesmo artigo (RE 388.359, Pl, 28.03.07, M. Aurélio, Inf./STF 461).

Nesse mesmo diapasão, o STF julgou procedente a ADIn n. 1.976, Relator Ministro Joaquim Barbosa (DOU 18.5.07) e a ADI n. 1.074, Relator Ministro Eros Grau (DOU 25.5.07), ajuizadas contra leis que exigiam o depósito prévio da quantia discutida em recurso administrativo. Diante dessa farta jurisprudência contra o depósito prévio como condição do recurso administrativo, o STJ editou sua Súmula n. 373, com a seguinte redação: "É ilegítima a exigência de depósito prévio para admissibilidade de recurso administrativo". Reconhecendo a inconstitucionalidade desse depósito prévio, o STF editou a Súmula Vinculante n. 21 nestes termos: "É inconstitucional a exigência de depósito ou arrolamento prévios para admissibilidade de recurso administrativo".

Nesse mesmo sentido, o TST editou em 2009 a Súmula n. 424: "Recurso administrativo. Pressuposto de admissibilidade. Depósito prévio da multa administrativa. Não recepção pela Constituição Federal do § 1º do art. 636 da CLT — O § 1º do art. 636 da CLT, que estabelece a exigência de prova do depósito prévio do valor da multa cominada em razão de autuação administrativa como pressuposto de admissibilidade de recurso administrativo, não foi recepcionado pela Constituição Federal de 1988, ante a sua incompatibilidade com o inciso LV do art. 5º".

Tendo em vista esses precedentes judiciais, concluímos ser inconstitucional todo e qualquer dispositivo legal que restrinja o direito de petição na esfera administrativa ou na judicial, vg, o art. 56 da citada Lei n. 9.784/99; o § 1º, do art. 636, da CLT, ao estatuir que, na esfera administrativa, "o recurso só terá seguimento se o interessado o instruir com a prova do depósito da multa", depósito esse em valor integral.

É inegável que essas exigências legais criam um óbice sério e instransponível ao exercício do direito de petição, sem se falar que existe aí, também, uma ofensa ao princípio do contraditório.

O depósito prévio para a admissibilidade de um recurso administrativo é desarrazoado e descabido por fazer, como é evidente, tabula rasa do fato de que o recorrente pode não dispor de bens ou de determinada quantia para recorrer. Em outras palavras, quem não dispõe de recursos financeiros ficaria impedido de exercer o direito de defesa previsto na Constituição, caso o STF não considerasse inconstitucional tal exigência legal na esfera administrativa. Essa mesma linha de raciocínio adotado por esse Tribunal para considerar inconstitucional o depósito prévio quando da interposição do recurso administrativo pode e deve ser adotada para o depósito prévio de um recurso judicial, como previsto pelo art. 899, § 1º e 2º, da CLT, com as alterações introduzidas pelas citadas leis.

O TST, pela Instrução Normativa n. 3/93, ainda vigente, com algumas alterações, sustenta que tal depósito é para "garantia da execução". Não se deu conta do paradoxo desse entendimento. A execução é garantida pela penhora e nunca por um depósito exigido quando a sentença a ser executada ainda é passível de modificação, por mercê de recursos como o ordinário, de revista e embargos. E, antes do processo de execução, havendo o risco de a sentença, a final, não ser cumprida, restam as medidas cautelares. Como se vê, numa e outra hipótese não se justifica o depósito recursal. Em verdade, tal exigência desestimula a interposição de recursos, os quais se vinculam ao princípio do duplo grau de jurisdição.

O depósito em tela deve ser efetuado dentro do prazo do recurso.

270.1. Depósito Recursal e Condenação Solidária — Litisconsórcio

A Súmula n. 128 do TST deixa claro no seu item III que *"havendo condenação solidária de duas ou mais empresas, o depósito recursal efetuado por uma delas aproveita as demais, quando a empresa que efetuou o depósito não pleiteia sua exclusão da lide"*.

A SDI-1 do Tribunal Superior do Trabalho — TST, julgando os E-RR 412.030/1997.0 (*in* DJU de 21.6.02, p. 597), proferiu acórdão assim ementado:

"Depósito recursal. Recurso de embargos interpostos apenas pelo Banco X. Condenação solidária dos Reclamados. Orientação Jurisprudencial n. 190 da E. SDI-1. Deserção configurada".

Considerando-se que a soma dos depósitos efetuados pelo Banco X não atinge o valor da condenação e não houve depósito recursal quando da interposição de embargos, o recurso encontra-se deserto, nos termos da Instrução Normativa n. 3/93 do TST e da Orientação Jurisprudencial n. 190 da c. SDI (esclarecemos nós: essa OJ n. 190 foi convertida no item III da Súmula n. 128). Não lhe aproveitam os depósitos efetuados pelo litisconsorte, Banco Y, não obstante tenha havido condenação solidária e não pleiteie a sua exclusão da lide, conformando-se com a decisão embargada, a soma dos depósitos por ele realizados não é suficiente para garantir o juízo, uma vez que não atinge o valor total da condenação. Recurso de embargos não conhecidos por deserção. Alude a decisão supra à deserção de um recurso porque o comparte não efetuou o depósito em valor previsto na lei.

Emergem, desse acórdão, questões que sumariamos nos seguintes termos:

I) o litisconsórcio e a via recursal;

II) constitucionalidade do depósito recursal;

III) custas processuais e o litisconsórcio.

I — O litisconsórcio e a via recursal

Tem a força de dogma o princípio processual de que *judicium est actum, personarum, judicis, actoris, rei*.

Expressa, singela e concisamente, a estrutura tríplice da relação processual:

a) o Estado encarnado no Juiz incumbido do exercício da jurisdição;

b) o Autor, porque lhe é defeso a autotutela da sua pretensão; e

c) o Réu que, na sua defesa, é colocado no mesmo plano do Autor, com idênticos direitos e obrigações (princípio da isonomia).

Autor e réu ocupam os polos da relação processual.

Presentes os pressupostos mencionados na lei, esses polos podem ser ocupados por mais de um titular. São as hipóteses do litisconsórcio ativo ou passivo, isto é, vários autores ou vários réus.

É o litisconsórcio a cumulação subjetiva de ações e sobre ele preleciona Pontes de Miranda:

"O litisconsórcio supõe a comunidade de direito ou de obrigações, como acontece em caso de condomínio, comunhão de direito, créditos solidários, dívidas solidárias, ou com o devedor principal e o garante, ou conexão de causas, como a demanda de locatários contra o locador que os notificou do aumento do aluguer, ou a de credores que propõem a ação anulatória por fraude ou a ação revocatória falencial, ou a ação declaratória falencial, ou a afinidade de questões por ponto comum de fato ou de direito (= igualdade de pretensões, ou de ações, ou igualdade de fatos jurídicos ou de fundamento de direito)" ("Comentários ao CPC", Forense, 1974, tomo II, p. 7).

No processo julgado pela SDI1 do TST, estamos em que os dois estabelecimentos de crédito formavam um litisconsórcio passivo e, com arrimo no inciso III, do art. 77 da CPC (*"É admissível o chamamento ao processo: I — omissis; III — de todos os devedores solidários, quando o credor exigir de um ou de alguns deles, parcial ou totalmente, a dívida comum"*).

A ementa — que transcrevemos inicialmente — deixa-nos entrever duas hipotéticas situações processuais: a) os dois bancos eram devedores solidários, mas, um deles, ao oferecer embargos, fez o depósito recursal, mas postulando sua exclusão da lide; b) ambos eram devedores solidários e com interesses não-conflitantes.

Na hipótese *a*, criou-se um conflito de interesse entre os dois compartes, o que enseja a incidência do art. 509 do CPC, *in fine* — verbis:

"O recurso interposto por um dos litisconsortes a todos aproveita, salvo se distintos ou opostos os seus interesses".

A oposição de interesses faz com que o recurso de um comparte não aproveita ao outro, obrigando-o, portanto, também a recorrer.

A Súmula n. 128, em seu item III, prende-se à hipótese *a* e fulcra-se no precitado dispositivo ao assentar o seguinte: *"Depósito recursal. I — omissis II — omissis III — Havendo condenação solidária de duas ou mais empresas, o depósito recursal efetuado por uma delas aproveita as demais, quando a empresa que efetuou o depósito não pleiteia sua exclusão da lide"*.

Na hipótese *b*, em que são coincidentes os interesses dos litisconsortes, se um recorrer, o outro não precisa fazê-lo porque o recurso o aproveita.

Mas, se desejar recorrer e a soma dos depósitos não exceder ao valor da condenação, é exigível o depósito recursal.

Por qualquer ângulo que se examine o acórdão acima referido, tem ele respaldo no precitado art. 509 do Código de Processo Civil.

II — Constitucionalidade do depósito recursal

A jurisprudência dominante dos tribunais do trabalho afirma a constitucionalidade do depósito recursal a que faz menção o art. 899 da Consolidação das Leis do Trabalho.

Essa diretriz pretoriana cristalizou-se nas Instruções Normativas ns. 3 e 15, do TST, de, respectivamente, de 5 de março de 1993 e 8 de outubro de 1998.

No plano doutrinário, formou-se forte corrente condenando esse depósito recursal, fundada em argumentação que sintetizamos em seguida.

Na primeira das Instruções supramencionadas, seu inciso I declara que "os depósitos de que trata o art. 40, e seus parágrafos, da Lei n. 8.177/91, com a redação dada pelo art. 8º da Lei n. 8.542/92, não tem natureza jurídica de taxa de recurso, mas de garantia do juízo recursal, que pressupõe decisão condenatória ou executória de obrigação de pagamento em pecúnia, com valor líquido ou arbitrado."

De modo velado, o que está subjacente a essas expressões, é que, antes da sentença tornar-se irrecorrível, e, portanto, muito antes de iniciar-se o processo de execução, já se fala em garantia desta.

De outra parte, dizer-se que o depósito em foco equivalente a uma garantia do juízo recursal, não esclarece por que razão tem ele de ser garantido.

No processo comum, inexiste essa exigência, embora nas duas esferas — civil e trabalhista — o recurso, intrínseca e extrinsecamente, não se distingam.

A Instrução Normativa n. 15, também do TST, datada de 10 de abril de 1997, no item 5, estabelece — *verbis*:

"*Do Depósito Recursal. Depósito, referente a causas trabalhistas, previsto no artigo 899 da Consolidação das Leis do Trabalho — CLT, efetuado como condição necessária à interposição de recurso contra decisão proferida pela Justiça do Trabalho.*"

Na passagem de uma Instrução Normativa para outra, o depósito recursal, como "garantia recursal", ganhou o rótulo de "condição necessária à interposição de recurso".

A eiva de inconstitucionalidade do art. 899 da CLT é manifesta, por estabelecer algo parecido com uma taxa para permitir, ao cidadão, o exercício de um direito que lhe é assegurado pelo inciso LV do art. 5º da Constituição Federal, qual seja o direito ao duplo grau de jurisdição, o direito de pedir o reexame de uma decisão judicial por órgão judicante de grau mais elevado.

Não estatui a Constituição que o cidadão, para exercer direito por aquela previsto, tenha de efetuar depósito em dinheiro, além de pagar as custas de praxe.

Sobre a inconstitucionalidade do depósito recursal inscrito no art. 899, da CLT, remetemos o leitor para o item 270, deste livro.

III — Custas processuais e o litisconsórcio

É omissa a CLT (arts. 789 e 790) em relação à responsabilidade, pelas custas, dos litisconsortes vencidos em reclamação trabalhista.

Por esse motivo, recorremos ao Código de Processo Civil para o preenchimento desse claro da lei trabalhista.

Dispõe o art. 23 do CPC que "concorrendo diversos autores ou diversos réus, os vencidos respondem pelas despesas e honorários em proporção".

Cumpre-se o preceito integralmente, a menos que os vencidos tenham sido condenados *in solidum* expressamente, em atenção ao art. 896 do Código Civil.

A Corte Suprema já decidiu — *verbis*: "*Honorários legais máximos de 20%, em havendo pluralidade de autores ou réus, devem ser divididos em proporção. Não é admissível condenação do autor no máximo de 20% para cada réu vencedor. Recurso extraordinário conhecido e provido, em parte, para aplicação do art. 23 do CPC*" (in RTJ 79/667).

271. Recurso Ordinário no Tribunal Regional do Trabalho

Depois de ouvida a Procuradoria Regional do Trabalho, é sorteado o Relator, a quem compete: a) estudar o processo; b) elaborar relatório a ser apresentado aos demais membros do Tribunal; c) determinar novas diligências para perfeito esclarecimento do litígio; d) despachar a desistência de recursos.

É também sorteado o Revisor que, na sessão de julgamento, confirmará ou não o voto do Relator.

Quando o advogado da parte quiser fazer sustentação oral na sessão de julgamento do Tribunal, terá de fazê-lo após a leitura do relatório do Relator.

No curso do julgamento, os juízes poderão dirigir perguntas ao Relator para bem se informarem sobre todos os aspectos do litígio.

Cabe ao Relator redigir o acórdão, a menos que seu voto não tenha sido vencedor, hipótese em que o encargo de redigir o acórdão é transferido para o Juiz que apresentou a tese vencedora.

Publicado o resumo do acórdão na imprensa oficial, ficam as partes intimadas para o fim de interposição do recurso de revista.

Requerendo a parte a dispensa do pagamento das custas, há a presunção de que terá tempo para recolhê-las caso ocorra o indeferimento do seu pedido, uma vez que o prazo para o respectivo despacho é de 48 horas (art. 189 do CPC). Mas, se o despacho for feito após o transcurso do prazo para aquele pagamento, não será considerado deserto o recurso e abrir-se-á novo prazo para o interessado.

Se o Juiz da Vara do Trabalho silenciar quanto ao efeito em que recebe o recurso ordinário, é ele devolutivo como o prevê o art. 899 da CLT.

De exceção acolhida pela Vara do Trabalho e que ponha fim ao processo (exceções de litispendência, coisa julgada) é oponível o recurso ordinário. É este, também, admitido nas decisões que: reconhecem a ilegitimidade da parte; ordenam o arquivamento do processo ou declaram a inépcia da petição inicial.

Como corolário do *jus postulandi* conferido às partes (*caput* do art. 791 da CLT), é-lhes permitido firmar recurso ordinário. Embora esse dispositivo declare, *in fine* poderem as partes acompanhar suas reclamações até o final, é conveniente contarem com a assistência de um advogado na interposição do recurso de revista porque, neste, discutem-se questões de direito que só aquele profissional conhece e desenvolve adequadamente.

É uma erronia dizer que a procuração *apud acta* é mandato tácito. No mandato judicial, não se admite a forma tácita. A procuração *apud acta* resulta do comparecimento da parte em juízo acompanhada de advogado, e a procuração é passada nos próprios autos, a requerimento da parte. A partir daí, o advogado está regularmente credenciado a atuar não só no processo de conhecimento como no de execução e a interpor recursos. Para confirmar esse entendimento da inexistência de mandato tácito judicial, a Lei n. 12.437/11 introduziu o § 3º, a esse art. 791, da CLT, onde ficou consignado que a constituição de procurador com poderes para o foro em geral poderá ser efetivada mediante simples registro em ata de audiência, conforme requerimento verbal do advogado interessado, com anuência da parte representada,

Apesar desse nosso entendimento o TST reconhece a existência de um mandato tácito dentro de uma ação, como se infere da leitura de sua Orientação Jurisprudencial, n. 286, SDI-1, *verbis*: "**Agravo de instrumento. Traslado. Mandato tácito. Ata de audiência. Configuração.** I — A juntada da ata de audiência, em que consignada a presença do advogado, desde que não estivesse atuando com mandato expresso, torna dispensável a procuração deste, porque demonstrada a existência de mandato tácito. II — Configurada a existência de mandato tácito fica suprida a irregularidade detectada no mandato expresso".

Advertimos, porém, que a jurisprudência ainda se mostra vacilante a respeito desse ponto, pois nem sempre consta da ata da audiência a declaração da parte no sentido acima referido.

Reconhece o TST ser inválido o substabelecimento de mandato tácito, como se infere da leitura de sua Orientação Jurisprudencial n. 200, SDI-1, *verbis*: "*Mandato tácito. Substabelecimento inválido. É inválido o substabelecimento de advogado investido de mandato tácito*".

Cabe à Vara do Trabalho homologar acordo entre as partes que componha seus interesses em conflito.

É sentença de mérito aquela que acolhe a prescrição do direito de ação do reclamante. Por isso mesmo é-lhe dado interpor recurso ordinário. Na espécie, o Tribunal Regional tem a liberdade de aceitar, ou não, a extinção do direito de ação do Reclamante. Acolhendo-a, entendemos que lhe cabe apreciar, em sua plenitude, o pedido do Reclamante e a defesa do Reclamado e decidir a respeito. Não haverá, na hipótese, a quebra do princípio do duplo grau de jurisdição a teor do art. 269, inciso IV, do CPC:

"*Haverá resolução de mérito: I — omissis: IV — quando o juiz pronunciar a decadência ou a prescrição*".

Entretanto, se a questão não estiver madura mercê da prova produzida, só resta ao Tribunal devolver o processo à origem a fim de que as partes tenham a oportunidade de provar satisfatoriamente suas alegações.

De conformidade com o disposto no art. 563, do CPC (redação dada pela Lei n. 8.950/94), todo acórdão deve ter uma ementa.

De frisar-se que a discrepância só se comprova mediante certidão do acórdão na íntegra, o que importa dizer que a ementa — ela, apenas — não deve servir de supedâneo ao recurso.

A ementa tem, apenas, a utilidade de facilitar a localização do acórdão.

272. *Recurso de Revista*

No passado, o recurso de revista chamava-se recurso extraordinário, por comportar — como ainda comporta — apenas matéria jurídica.

Ocorrendo a inclusão da Justiça do Trabalho no Poder Judiciário, verificou-se a existência de uma situação anômala: num mesmo processo, a interposição de dois recursos com a mesma denominação, isto é, o recurso do Tribunal Regional para o Tribunal Superior do Trabalho e deste para o Supremo Tribunal Federal.

Temos, aí, sem maiores explanações, o motivo por que o antigo extraordinário, do arsenal de recursos trabalhistas, passou a chamar-se recurso de revista.

É esse recurso regulado, na CLT, pelo art. 896 e seus seis parágrafos, conforme a redação dada pela Lei n. 9.756/98 e pela Lei n. 9.957/00, *verbis*:

"*Art. 896 — Cabe recurso de revista para Turma do Tribunal Superior do Trabalho das decisões proferidas em grau de recurso ordinário, em dissídio individual, pelos Tribunais Regionais do Trabalho, quando:*

a) derem ao mesmo dispositivo de lei federal interpretação diversa da que lhe houver dado outro Tribunal Regional, no seu Pleno ou Turma, ou a Seção de Dissídios Individuais do Tribunal Superior do Trabalho, ou a Súmula de Jurisprudência Uniforme dessa Corte;

b) derem ao mesmo dispositivo de lei estadual, Convenção Coletiva de Trabalho, Acordo Coletivo, sentença normativa ou regulamento empresarial de observância obrigatória em área territorial que exceda a jurisdição do Tribunal Regional prolator da decisão recorrida, interpretação divergente, na forma da alínea a;

c) *proferidas com violação literal de disposição de lei federal ou afronta direta e literal à Constituição Federal.*

§ 1º O Recurso de Revista, dotado de efeito apenas devolutivo, será apresentado ao Presidente do Tribunal recorrido, que poderá recebê-lo ou denegá-lo, fundamentando, em qualquer caso, a decisão.

§ 2º Das decisões proferidas pelos Tribunais Regionais do Trabalho ou por suas Turmas, em execução de sentença, inclusive em processo incidente de embargos de terceiros, não caberá Recurso de Revista, salvo na hipótese de ofensa direta e literal de norma da Constituição Federal.

§ 3º Os Tribunais Regionais do Trabalho procederão, obrigatoriamente, à uniformização de sua jurisprudência, nos termos do Livro I, Título IX, Capítulo I do CPC, não servindo a súmula respectiva para ensejar a admissibilidade do Recurso de Revista quando contrariar Súmula da Jurisprudência Uniforme do Tribunal Superior do Trabalho.

§ 4º A divergência apta a ensejar o Recurso de Revista deve ser atual, não se considerando como tal a ultrapassada por súmula, ou superada por iterativa e notória jurisprudência do Tribunal Superior do Trabalho.

§ 5º Estando a decisão recorrida em consonância com enunciado da Súmula da Jurisprudência do Tribunal Superior do Trabalho, poderá o Ministro Relator, indicando-o, negar seguimento ao Recurso de Revista, aos Embargos ou ao Agravo de Instrumento. Será denegado seguimento ao Recurso nas hipóteses de intempestividade, deserção, falta de alçada e ilegitimidade de representação, cabendo a interposição de Agravo.

§ 6º Nas causas sujeitas ao procedimento sumaríssimo, somente será admitido recurso de revista por contrariedade a súmula de jurisprudência uniforme do Tribunal Superior do Trabalho e violação direta da Constituição da República."

Com o esgotamento dos recursos ordinários, não advém, automaticamente, o direito irrestrito de a parte recorrer de revista.

É indispensável a ocorrência de um dos pressupostos reunidos no art. 896.

Além disso, é necessário que a matéria objeto do recurso tenha sido examinada e julgada pelo Tribunal Regional. De fato, se a matéria não foi considerada na instância inferior, torna-se impossível a constatação de divergências jurisprudenciais.

Trata-se, em verdade, de prequestionamento. Se o Tribunal Regional deixou de apreciar determinado aspecto do litígio, deve o interessado instigá-lo a fazer tal coisa mediante embargos de declaração.

O silêncio da parte relativamente a um acórdão gera preclusão. É o que diz a Súmula n. 184 do TST: *"Ocorre preclusão se não forem opostos embargos declaratórios para suprir omissão apontada em recurso de revista ou de embargos".*

Nessa mesma linha de entendimento há a Súmula n. 356 do STF: *"O ponto omisso da decisão, sobre o qual não foram opostos embargos declaratórios, não pode ser objeto de recurso extraordinário, por faltar o requisito de prequestionamento".*

Pode ocorrer que, no juízo de admissibilidade exercido pelo presidente do Tribunal Regional — a quo — receba-se o recurso de revista e, no juízo de admissibilidade superior — ad quem —, não se ratifique tal decisão, uma vez que não é vinculativo o despacho do juízo de admissibilidade regional.

Por oportuno, frisemos que a competência do juízo *a quo* se cinge à verificação da tempestividade da revista, da efetivação do depósito e da procedência das alegações que legitimam a interposição do recurso. Não é lícito ao juízo da admissibilidade *a quo* declarar se recebe o recurso total ou parcialmente. Cabe à parte, com exclusividade, decidir se recorre contra todo ou parte do acórdão regional.

Tal posicionamento era defendido pelos processualistas há tempos e o fato acabou repercutindo no TST, que editou a seguinte Súmula, sob n. 285: *"Recurso de Revista. Admissibilidade parcial pelo Juiz-Presidente do Tribunal Regional do Trabalho. Efeito. O fato de o juízo primeiro de admissibilidade do recurso de revista entendê-lo cabível apenas quanto à parte das matérias veiculadas, não impede a apreciação integral pela Turma do Tribunal Superior do Trabalho, sendo imprópria a interposição do agravo de instrumento".*

Portanto, no caso de o juízo de admissibilidade *a quo* declarar que recebe a revista em parte, não se faz mister a apresentação de agravo de instrumento pelo recorrente, uma vez que a revista será apreciada, em sua inteireza, pela Turma do TST.

Uma restrição ao uso do recurso de revista é feita pela Súmula n. 333 do TST: " *Recurso de revista. Conhecimento Não ensejam recurso de revista decisões superadas por iterativa, notória e atual jurisprudência do Tribunal Superior do Trabalho".*

Denegado o seguimento da revista com fundamento nessa Súmula, resta ao interessado apresentar agravo de instrumento a fim de obter da Turma do TST a apreciação dos fundamentos do despacho do Presidente do Tribunal *a quo*.

Cuidando do descabimento do recurso de revista e dos embargos de divergência, o STF editou a Súmula n. 401, confirmando, inclusive, a jurisprudência cristalizada na Súmula n. 333 do TST acerca dessa matéria, *verbis: "Súmula n. 401 do STF — Recursos — Revista e Embargos de Divergência. Não se conhece do recurso de revista, nem dos embargos de divergência, do processo trabalhista, quando houver jurisprudência firme do Tribunal Superior do Trabalho no mesmo sentido da decisão impugnada, salvo se houver colisão com a jurisprudência do Supremo Tribunal Federal".*

Esclarece o TST em sua Orientação Jurisprudencial n. 111, SDI-1, que é inservível para a demonstração da divergência jurisprudencial o aresto oriundo do mesmo tribunal regional, *verbis: "Recurso de revista. Divergência jurisprudencial. Aresto *oriundo do mesmo Tribunal Regional. Lei n. 9.756/98. Inservível ao conhecimento. Não é servível ao conhecimento de recurso de revista aresto oriundo de mesmo Tribunal Regional do Trabalho, salvo se o recurso houver sido interposto anteriormente à vigência da Lei n. 9.756/98".*

O *jus postulandi* inscrito no art. 791, desta Consolidação, assegura às partes o direito de interpor recursos.

É certo, porém, que se avoluma, dia a dia, a corrente de opinião que entende estar o *jus postulandi* restrito à instância primária, sendo vedado à parte, no caso, interpor recurso para a instância superior. Estamos em que este direito previsto no art. 791 da CLT, é, porém, uma faculdade ilusória. Os recursos, no processo, exigem conhecimentos que as partes raramente possuem. Pacificando essa matéria, o TST editou a Súmula n. 425 restringindo o *jus postulandi* às vias ordinárias, nos seguintes termos: "Jus postulandi *na Justiça do Trabalho. Alcance.* "O jus postulandi *das partes, estabelecido no art. 791 da CLT, limita-se às Varas do Trabalho e aos Tribunais Regionais do Trabalho, não alcançando a ação rescisória, a ação cautelar, o mandado de segurança e os recursos de competência do Tribunal Superior do Trabalho".*

Ao recurso de revista não se aplica a regra do art. 899 desta Consolidação, isto é, seu emprego não é incondicional nem é interponível mediante simples petição. A tese defendida na revista deve ter sido prequestionada no decisório recorrido. Se não o foi, é imprescindível a apresentação de embargos declaratórios a fim de que a instância superior fique apta a conhecer o apelo. A admissibilidade da revista tem pressupostos examinados logo a seguir e é cabível — com efeito devolutivo — contra as decisões proferidas, em grau de recurso ordinário, pelos Tribunais Regionais do Trabalho.

O recurso de revista tem efeito apenas devolutivo e é apresentado ao Presidente do Tribunal recorrido que poderá recebê-lo ou denegá-lo, devendo fundamentar sua decisão. Se esta for denegatória, faz-se o destrancamento do recurso mediante agravo de instrumento no prazo de oito dias. Se a decisão impugnada estiver alicerçada em súmula da jurisprudência do Tribunal Superior do Trabalho, tem o Ministro Relator a faculdade (não o dever) de negar seguimento ao recurso ou ao agravo de instrumento. A divergência que permite o aviamento da revista deve ser atual, não podendo, portanto, estribar-se em jurisprudência já superada por súmula do TST ou por iterativa e notória jurisprudência daquela Corte. Se, porém, a decisão tiver vários fundamentos, não se receberá revista fundada em súmula que se não se ocupe de todos eles (Súmulas n. 23 do TST).

A admissibilidade do recurso de revista é aceita quando a decisão do Órgão Regional:

a) der ao mesmo dispositivo de lei federal interpretação divergente da que lhe tiver dado ou outro Tribunal Regional, no Pleno ou Turma, ou a Seção de Dissídios Individuais do TST ou contrariar súmula deste último;

b) der interpretação divergente, na forma da alínea *b* do artigo sob comento, de dispositivo de lei estadual, convenção coletiva de trabalho, acordo coletivo, sentença normativa ou regulamento empresarial de observância obrigatória em área que exceda a jurisdição do Tribunal. A Súmula n. 312 dissipou a dúvida sobre a constitucionalidade da alínea *b* em foco;

c) for proferida com violação literal de disposição de lei federal ou afronta direta e literal à Constituição Federal. (v. Súmula n. 221, do TST e Súmula n. 400, do STF).

Sobre esse tema relativo à violação de preceito legal, o TST editou a Súmula n. 221, verbis: "Recurso de Revista. Violação de lei. Indicação de preceito. A admissibilidade do recurso de revista por violação tem como pressuposto a indicação expressa do dispositivo de lei ou da Constituição tido como violado".

Se a decisão recorrida também desobedecer a preceito de Regimento Interno de um Tribunal, configura-se a ofensa a norma de lei federal, isto é, o art. 673 da CLT.

O § 4º, do art. 896, da CLT, declara que o pressuposto da admissibilidade do Recurso de Revista é a sua consonância com jurisprudência atual ou com súmula do TST. Entendemos, porém, ser cabível o apelo mesmo nessas hipóteses; sua rejeição *in limine* autoriza a parte, mediante agravo, a levar avante o recurso. Tese oposta à nossa leva à eternização de uma súmula, o que não se compatibiliza com as mutações inerentes à própria jurisprudência, a qual reflete as mudanças de matizes e de conteúdo das relações que os homens travam em sociedade. É certo que podemos dizer o mesmo em relação ao próprio Direito, mas é inegável — e a História o demonstra — ser a jurisprudência, nesse particular, mais sensível que a lei.

Negado seguimento à revista, cabe o agravo de instrumento.

Consoante o § 6º do artigo em estudo, é admitido o recurso de revista nas causas submetidas ao procedimento sumaríssimo em duas hipóteses: contrariedade à súmula de jurisprudência uniforme do TST e ofensa direta a dispositivo constitucional. Se a contrariedade for a orientação jurisprudencial, descabe o recurso de revista, conforme a jurisprudência pacificada na Súmula n. 442, do TST: "Procedimento sumaríssimo. Recurso de Revista fundamentado em contrariedade a Orientação Jurisprudencial. Inadmissibilidade. Art. 896, § 6º, da CLT, acrescentado pela Lei n. 9.957, de 12.1.2000. Nas causas sujeitas ao procedimento sumaríssimo, a admissibilidade de recurso de revista está limitada à demonstração de violação direta a dispositivo da Constituição Federal ou contrariedade a Súmula do Tribunal Superior do Trabalho, não se admitindo o recurso por contrariedade a Orientação Jurisprudencial deste Tribunal (Livro II, Título II, Capítulo III, do RITST), ante a ausência de previsão no art. 896, § 6º, da CLT". (2012)

Como já visto acima, do conteúdo do art. 896 da CLT, infere-se ser o recurso de revista cabível em várias hipóteses.

Vejamo-las uma a uma.

A) Interpretação divergente de lei federal. Objeto do Recurso de Revista. Distinção entre "Reexame de Fatos e Provas" com "Valoração das Provas": Ressaltemos, de início, que o recurso de revista tem por objeto, exclusivamente, questão de direito (*quaestio juris*); matéria de fato, não.

É o que afirma, também, a Súmula n. 126 do TST: "Incabível o recurso de revista ou de embargos (arts. 896 e 894, letra *b* da CLT) para reexame de fatos e de provas".

Todavia, existe uma distinção entre "reexame de fatos e provas" e "valoração da prova". Quando o recurso de revista objetivar uma efetiva "nova valoração da prova" constante dos autos e do próprio acórdão regional, pode ele ter regular tramitação dentro do TST.

A finalidade do recurso de revista é dar uniformidade à jurisprudência dos Tribunais Regionais do Trabalho. Além disso, ele visa preservar as disposições da lei federal e da Constituição. É da competência das Turmas do TST o julgamento dos recursos de revista.

Ressalte-se, novamente, que descabe o recurso de revista quando ele pretender discutir os fatos debatidos na fase instrutória. Contudo, quando ele objetiva o reexame do enquadramento da norma legal aos fatos, é curial que a ele não se aplica o óbice contido na Súmula 126 do TST.

Preleciona *Alcides Mendonça Lima* (Recursos Trabalhistas, RT, 1970, p. 251), citado por Francisco Antonio de Oliveira na obra "Comentários às Súmulas do TST", 6ª edição revista, atualizada e ampliada, Editora Revista dos Tribunais, 2005, p. 346: "No recurso de revista, os fatos, em si mesmos, naquilo que representam de realidade no mundo social, já se presumem provados, de modo que o Tribunal Superior do Trabalho, ao julgar o recurso, não deverá, nem poderá indagar da existência dele, mas apenas, da interpretação de seus efeitos jurídicos, à luz de norma a que se achem subordinados".

É preciso, portanto, diferenciar o "reexame da prova" de "valoração da prova". A esse respeito, observa *Francisco Antonio de Oliveira* o seguinte:

"Inicialmente, é de ter em mente que os recursos excepcionais não se prestam ao reexame da prova. Isso, todavia, não significa que não sirvam para propiciar nova valoração à prova. Existe aí uma sutileza que não deve passar desapercebida entre o reexame da prova e a valoração da prova. Vale aqui trazer à tona julgado do STF: 'Recurso Especial. Reexame da prova. Para efeito de cabimento do recurso especial, é necessário discernir entre a apreciação da prova e os critérios legais de sua valorização. No primeiro caso há pura operação mental de conta, peso e medida, à qual é imune o recurso. O segundo envolve a teoria do valor ou conhecimento, em operação que se apura se houve ou não a infração de algum princípio probatório' (RTJ 56/65 — STF-RE 70.568/GB, Relator Ministro Barros Monteiro)".

E esse eminente processualista laboral pátrio, arremata com o seguinte: "No julgamento do REsp 1.555-SC (3ª T., rel. Min. Gueiros Leite, RSTJ, 11.341) o Sr. Ministro-Relator bem explica a diferença: 'Nada impede, porém, que os seus fundamentos sejam examinados de acordo com a eventualidade e o princípio da causa *finalis*, mas sempre à luz dos textos negligenciados ou afrontados. A valoração da prova é uma delas e não deixa de ser questão de direito, pois o julgador deve descer ao exame da prova e considerar os fatos e fundado neles declarar a vontade da lei, que se concretizou no momento em que ocorreu a incerteza, a ameaça ou a violação. Quando o juiz sobe à verificação da existência ou não da norma abstrata da lei, a questão, é, pois, de direito (cf. RE 99.590-1-MG, Min. Alfredo Buzaid, JSTF-Lex 66/196, fls. 11). Nesse mesmo sentido, julgamento feito no REsp 982- RJ (RSTJ), rel. Min. Nilson Naves: ' distingue-se entre apreciação de prova e valoração de prova. A primeira diz respeito à pura operação mental de conta, peso e medida; na segunda apura-se se houve ou não a infração de algum princípio probatório" (s/ob. cit., p. 348).

Nessa mesma senda, pontua Carlos Henrique Bezerra Leite, em seu "Curso de Direito Processual do Trabalho", 7ª edição, Editora LTr, São Paulo, 2009, p. 697: "Ora, é sabido que o exame ou reexame de provas significa, na verdade, apreciar ou reapreciar questões de fato, o que se mostra incabível em sede de instância extraordinária. Daí a afirmação corrente de que os recursos de natureza extraordinária são eminentemente técnicos e não se prestam a corrigir justiça ou injustiça da decisão recorrido".

Salienta, no entanto, Estevão Mallet, a nosso ver com inteira razão, que: "não constituem matéria de fato, todavia, admitindo apreciação em recurso de revista, a interpretação da norma aplicável, a definição de seu alcance ou conteúdo, bem como o problema de sua aplicação ou não à situação sob julgamento. Tampouco é matéria de fato a qualificação jurídica dos fatos apurados ou mesmo controvérsia em torno do ônus da prova. ..." (s/ob em seu "Curso de Direito Processual do Trabalho", 7ª edição, Editora LTr, São Paulo, 2009, p. 697).

Uma vez mais invocando os pensamentos de Francisco Antonio de Oliveira acerca da nova valoração da prova capaz de viabilizar o recurso de revista, merece citação o seguinte: "Como vimos retro, é possível o uso do recurso excepcional quando houver erro quanto à valoração da prova. Necessária, entretanto, a conceituação desse erro de direito. E para isso recorremos às lições do saudoso Ministro do Supremo Tribunal Federal Rodrigues Alckmin, quando relator do RE 84.669 (RTJ 86/558): ' O chamado erro na valorização ou valoração das provas, invocado para permitir o conhecimento do recurso extraordinário, somente pode ser o erro de direito, quanto ao valor da prova abstratamente considerada. Assim, se a lei federal exige determinado meio de prova ofende o direito federal. Se a lei federal exclui baste (sic) certo meio de prova quanto a determinados atos jurídicos, acórdão que admita esse meio de prova excluído ofende à lei federal. ..."(s/ob. cit, p. 348/349).

Enfrentando essa complexa matéria relativa à valoração jurídica das provas capaz de permitir o processamento de um recurso de revista para o TST, Vantuil Abdala diz o seguinte: "A questão de direito não pode ser de modo absoluto separada da questão de fato. É do fato que nasce o direito, e toda lei tem uma parte dispositiva e enumera circunstâncias fáticas definindo a figura, a *facti species*, e uma parte impositiva, determinando as consequências jurídicas que resultam dos fatos. A qualificação da *facti species* é uma questão de direito".

"É lógico que nós não podemos nunca deixar de considerar de maneira absoluta os fatos, mesmo porque muitas vezes houve mal enquadramento jurídico dos fatos. Se os fatos estiverem narrados pelo Regional, nada impede que, embora a matéria seja fática, a questão seja reexaminada pelo Tribunal Superior, mas não para dizer se ocorreu ou não ocorreu esse fato, porque isso aí cabe ao Regional dizer. Isto era matéria de prova. Mas simplesmente para dizer que, partindo desse fato, o Tribunal aplicou mal a lei. Por isso, que os fatos têm importância" (s/artigo "Pressupostos intrínsecos de conhecimento do recurso de revista", Revista do TST, vol. 65, n. 1, p. 41/54, 1999).

Nessa mesma esteira, e analisando a distinção entre "matéria de fato" e "matéria de direito", Carlos Alberto Barata Silva diz: "Aqui, seria de suscitar-se a importante controvérsia jurídica sobre a distinção entre matéria de fato e matéria de direito. Poder-se-ia, *a priori*, afirmar que a primeira depende de prova e a segunda, salvo raras exceções, como por exemplo, o direito local (municipal, estadual, estrangeiro ou consuetudinário, art. 337, do CPC), independe. O problema teve sua complexidade afirmada por Antônio Castanheira Neves, em seu "Questão-de-facto" — Questão-de-direito", livraria Almedina, Coimbra, 1967, quando diz que: "Geralmente se reconhece que a distinção absoluta, ou logicamente pura, entre o direito e o facto não é realizável, dado que se, por um lado, os factos relevantes são já em si selecionados e determinados em função da norma aplicável, em função de uma perspectiva jurídica, a norma aplicável (o direito), por outro lado, não pode deixar de ser selecionada e determinada em função de uma estrutura concreta do caso a decidir. Ao considerar-se a questão-de-facto, está implicitamente presente e relevante a questão-de-direito; ao considerar-se a questão-de-direito, não pode prescindir-se da solidária influência da questão-de-facto. Ou numa formulação bem mais expressiva: para dizer a verdade o puro facto e o puro direito não se encontram nunca na vida jurídica: o facto não tem existência senão a partir do momento em que se torna matéria de aplicação do direito, o direito não tem interesse senão no momento em que se trata de aplicar ao facto" (...)" (em seu estudo "Recurso de Revista", publicado no livro "Processo do Trabalho — Estudos em memória de Carlos Coqueijo Torreão da Costa", 1989, LTr Editora, p. 282/318).

É preciso registrar que também o TST, neste ponto, já se pronunciou a respeito, como se observa das decisões abaixo transcritas: **(a)** "**Recurso de Revista — Cabimento.** A análise do merecimento do acórdão regional, considerados os fatos deste, não se confunde com o reexame dos fatos e provas. Ao Tribunal Superior do Trabalho incumbe dizer do acerto ou desacerto do enquadramento jurídico dado pela instância "a quo". (TST-PLENO, ERR-4776/79, Rel. Min. Marco Aurélio Mendes de Farias Mello; apud Calheiros Bomfim & Silvério dos Santos, "Dicionário de Decisões Trabalhistas", 19ª ed., p. 478, n. 4015); **(b)** "**Recurso de Revista — Matéria Fática — Enquadramento Jurídico** — 1. Ao Tribunal Superior do Trabalho, atuando como instância extraordinária no julgamento do recurso de revista, art. 896, ou dos embargos, art. 894, ambos da CLT, não cabe sopesar elementos dos autos e a prova produzida, campo no qual os Regionais são soberanos. Incabível o recurso de revista ou de embargos (arts. 896 e 894, "b", da CLT) para reexame de fatos e provas", verbete da Súmula n. 126, deste Tribunal. "Para simples reexame de prova não cabe recurso extraordinário" — verbete da Súmula n. 279 do Supremo Tribunal Federal. 2. A vedação supra é inconfundível com o reexame do enquadramento jurídico dado pelo Regional aos fatos constantes do acórdão impugnado. Toda a vez que a definição do acerto ou desacerto do decidido estiver na dependência de abandono do que conste no acórdão, e, portanto, de se compulsar os autos para exame de aspectos fáticos, a hipótese não comporta o conhecimento do recurso" (TST Pleno, ERR-596/81, Rel. Min. Marco Aurélio Mendes de Farias Mello, Repertório de Jurisprudência Trabalhista, vol 4, p. 818, n. 4.042, João de Lima Teixeira Filho); **(c)** "**Recurso de Revista — Conhecimento.** Não ofende o art. 896 da CLT o conhecimento da revista por divergência e violação de lei, quando para reenquadrar juridicamente a hipótese, louvou-se a Turma unicamente nas afirmações fáticas do acórdão regional, até mesmo transcritas no voto vencedor".(TST-PLENO, AG-RR-532/80, Rel. Min. Barata Silva; apud Calheiros Bomfim & Silvério dos Santos, "Dicionário de decisões trabalhistas", 18ª ed., p. 559, n. 3712).

O STF também já enfrentou essa matéria em acórdãos de lavra do Ministro Marco Aurélio: **(a)** "**Recurso de Natureza Extraordinária — Enquadramento jurídico de fatos — Valoração da Prova.** Descabe confundir a possibilidade de se ter, em sede extraordinária, o enquadramento jurídico dos fatos constantes do acórdão impugnado com o instituto da valoração jurídica das provas, que, em última análise, é traduzido no exame dos elementos probatórios coligidos, como se a instância não fosse extraordinária" (AI n. 471.565, Agravo Regimental/MA, DJ 24.2.006); **(b)** "**Recurso Extraordinário — Moldura Fática — Intangibilidade — Considerações.** No julgamento de recurso de natureza extraordinária, há de se distinguir entre o revolvimento de fatos e provas coligidos na fase de instrução e o enquadramento jurídico da matéria contida no próprio acórdão impugnado. A vedação limita-se ao assentamento de moldura fática diversa da retratada pela Corte de origem para, à mercê de acórdão inexistente, concluir-se pelo conhecimento do recurso" (RE 182.555/MG, DJ 24.5.1996).

Cabe, portanto, a valoração da prova em sede de recurso de revista para se obter um correto enquadramento jurídico a ser aplicado aos fatos trazidos ao processo na fase instrutória. Porém, se se pretender a mera revisão de fatos ou seu revolvimento, o recurso de revista estará fadado a não ser conhecido.

A jurisprudência discrepante, para o efeito da letra "a" do art. 896, prova-se por meio de certidão ou cópia autenticada do acórdão paradigma ou citação da fonte oficial ou do repositório autorizado em que foi publicado. Além disso, deve transcrever, nas razões recursais, as ementas e/ou trechos dos acórdãos trazidos à configuração do dissídio, demonstrando o conflito de teses que justifique o conhecimento do recurso, ainda que os acórdãos já se encontrem nos autos ou venham ser juntados com o recurso.

Esse pensamento é agasalhado, atualmente, na diretriz jurisprudencial cristalizada na Súmula n. 337, do TST, *verbis*:

"Comprovação de divergência jurisprudencial. Recursos de revista e de embargos.

I — Para comprovação da divergência justificadora do recurso, é necessário que o recorrente: a) Junte certidão ou cópia autenticada do acórdão paradigma ou cite a fonte oficial ou o repositório autorizado em que foi publicado; e b) Transcreva, nas razões recursais, as ementas e/ou trechos dos acórdãos trazidos à configuração do dissídio, demonstrando o conflito de teses que justifique o conhecimento do recurso, ainda que os acórdãos já se encontrem nos autos ou venham a ser juntados com o recurso.

II — A concessão de registro de publicação como repositório autorizado de jurisprudência do TST torna válidas todas as suas edições anteriores.

III — A mera indicação da data de publicação, em fonte oficial, de aresto paradigma é inválida para comprovação de divergência jurisprudencial, nos termos do item I, "a", desta súmula, quando a parte pretende demonstrar o conflito de teses mediante a transcrição de trechos que integram a fundamentação do acórdão divergente, uma vez que só se publicam o dispositivo e a ementa dos acórdãos.

IV — É válida para a comprovação da divergência jurisprudencial justificadora do recurso a indicação de aresto extraído de repositório oficial na internet, desde que o recorrente: a) transcreva o trecho divergente; b) aponte o sítio de onde foi extraído; e c) decline o número do processo, o órgão prolator do acórdão e a data da respectiva publicação no Diário Eletrônico da Justiça do Trabalho".

O item IV dessa Súmula n. 337 está em perfeita consonância com a norma contida no art. 541, parágrafo único, do CPC, que trata da prova da demonstração da divergência jurisprudencial em sede de recurso extraordinário.

Essa súmula trata da *possibilidade* de o recorrente provar a demonstração da divergência jurisprudencial por meio de cópia de acórdão extraída da mídia eletrônica ou da Internet. O art. 541, parágrafo único, do CPC, é destinado à prova dessa demonstração em sede de recurso extraordinário. Em edições anteriores à nova redação dada à Súmula n. 337 sempre defendemos que seu comando era aplicável ao processo trabalhista. De fato, esse dispositivo legal recebeu nova redação pela Lei n. 11.341, de 7.8.2006 (DOU 8.8.06), que passou a disciplinar as formas de comprovação da divergência jurisprudencial dentro de um recurso extraordinário. Aí ficou esclarecido que ela poderá ser provada, também, com cópia extraída na mídia eletrônica, inclusive na Internet, verbis: "Art. 541... (*"omissis"*). Parágrafo único. Quando o recurso fundar-se em dissídio jurisprudencial, o recorrente fará a prova da divergência mediante certidão, cópia autenticada ou pela citação do repositório de jurisprudência, oficial ou credenciado, inclusive em mídia eletrônica, em que tiver sido publicada a decisão divergente, ou ainda pela reprodução de julgado disponível na Internet, com indicação da respectiva fonte, mencionando, em qualquer caso, as circunstâncias que identifiquem ou assemelhem os casos confrontados".

Não existia incompatibilidade alguma de que esse parágrafo único do art. 541, do CPC, fosse aplicável ao processo do trabalho. Ao contrário, a aplicação deve ocorrer em virtude da desejável e recomendável celeridade processual que deve se imprimir no julgamento de uma ação trabalhista. Veio em boa hora essa atualização da Súmula do TST, adaptando os procedimentos aos tempos modernos.

Configura-se a controvérsia quando fatos idênticos tiverem enquadramento legal diferenciado.

Tal divergência não se comprova num dissídio individual tendo como paradigma sentença normativa prolatada em processo de dissídio coletivo.

Desenha-se a hipótese da alínea "a" do art. 896 quando o mesmo dispositivo de lei federal tiver exegese diversa dada por Turmas ou Pleno de outro Tribunal Regional ou da Seção Especializada em Dissídios Individuais do TST. A discrepância deve ter por objeto fatos idênticos.

Semelhante divergência é mencionada na alínea "b", do art. 896, mas em relação à lei estadual, pacto coletivo, sentença normativa ou regulamento de empresa de observância em área que exceda a da jurisdição do Tribunal Regional.

A violação literal de dispositivo de lei federal, de que trata a alínea "c", há de ser frontal e bem evidenciada. Se sujeita a controvérsias nos planos doutrinário e jurisprudencial, não se há de falar em afronta à lei federal.

Do consignado na alínea "a" do art. 896 da CLT, deduz-se ser recorrível de revista o acórdão de Tribunal Regional que dê ao mesmo dispositivo de lei federal interpretação diferente daquela que lhe houver dado outro Tribunal Regional, no seu Pleno ou Turma, ou a Seção de Dissídios Individuais do Tribunal Superior do Trabalho, ou a Súmula de Jurisprudência Uniforme dessa Corte.

De notar-se que o legislador, no preparo dessa norma, fez questão de sublinhar que a divergência de interpretação há de centrar-se num mesmo dispositivo da *Lei Federal*, repelindo categoricamente discrepância por analogia ou semelhança.

B) Interpretação divergente de Lei Estadual, pacto coletivo, sentença normativa e regulamento de empresa: É interponível, ainda, o Recurso de Revista, quando a decisão regional der interpretação divergente ao mesmo dispositivo de *Lei Estadual, pacto coletivo, sentença normativa ou regulamento empresarial,* de observância obrigatória em área territorial que exceda a jurisdição do Tribunal Regional prolator da decisão recorrida, tudo na forma da alínea "b", do art. 896, da CLT. De ordinário, a lei estadual corresponde ao território sob jurisdição de um Tribunal Regional, exceção feita do Estado de São Paulo, que possui dois Regionais (São Paulo e Campinas). Excluído o caso dessa unidade federativa, não há a menor possibilidade de interpretação discrepante de lei estadual.

Foi a Lei n. 7.701, de dezembro de 1988, que incluiu o regulamento da empresa entre as causas justificadoras do recurso em foco. Mas isso só no caso desse regulamento ser exigível em estabelecimentos da mesma empresa situados em área que exceda a da jurisdição do Tribunal Regional. É evidente, que em existindo tal Regulamento, surge a possibilidade de ser ele interpretado de modo diverso por mais de um Regional.

Pacto coletivo ou uma sentença normativa, que ultrapassem a base territorial do Tribunal Regional, quando tiverem interpretações controvertidas, podem ensejar a instauração da instância de um processo de dissídio coletivo de natureza jurídica. É certo, porém, que um trabalhador não está impedido, na hipótese, de propor ação individual contra seu empregador.

Sobre essa alínea "b", do art. 896, da CLT, o TST editou a Súmula n. 312, que a considerou constitucional, *verbis:* "*Constitucionalidade. Alínea b do art. 896 da CLT — É constitucional a alínea b do art. 896 da CLT, com a redação dada pela Lei n. 7.701, de 21.12.1988*".

Essa alínea *b* do art. 896, da CLT vige, atualmente, conforme a redação dada pela Lei n. 9.756/1998, e que, como aquela outra Lei de 1988, está revestida, também, pela constitucionalidade: *"b) derem ao mesmo dispositivo de lei estadual, convenção coletiva de trabalho, acordo coletivo, sentença normativa ou regulamento empresarial de observância obrigatória, em área territorial que exceda a jurisdição do Tribunal Regional prolator da decisão recorrida, interpretação divergente, na forma da alínea a".*

C) Violação literal de lei federal ou da Constituição: Violar literal disposição de lei federal ou da Constituição significa praticar um ato que não se concilia claramente com uma ou outra. Interpretação controvertida de tais normas não desenha a situação a que se refere a alínea *c* do art. 896 da CLT.

Lei federal, *in casu*, abrange o direito material e o direito processual.

Fica desguarnecida a revista quando o recorrente não traz à colação arestos que contrariem o acórdão recorrido e, também, quando este último não afrontou literalmente disposição de lei.

D) Execução: No processo de execução, duas situações podem apresentar-se em que é interponível o recurso de revista.

Numa, o recorrente demonstra — ou tenta demonstrar — que houve transgressão de norma constitucional.

Na hipótese, a jurisprudência dominante orienta-se no sentido de que o recurso à Corte Suprema deve percorrer todos os patamares da via recursal até chegar ao recurso extraordinário.

A outra situação se refere ao efeito com que a revista deve ser recebida.

A regra é a de atribuir-lhe efeito devolutivo. De consequência, não se questiona, no caso, a admissibilidade da execução provisória até a penhora.

Entretanto, se bem provado ficar, de plano, que essa execução parcial acarreta sérios prejuízos ao Recorrente, tem o TST deferido cautelar inominada para dar à revista o duplo efeito: devolutivo e suspensivo.

O caso mais comum de revista com duplo efeito reconhecido por medida cautelar inominada é o da reintegração do empregado, ordenada pelas instâncias inferiores.

De feito, *in casu*, a reintegração, se efetivada antes de a sentença passar em julgado, tem caráter satisfativo integral. Para nós, essa posição de alguns Ministros do TST é incensurável (v. despacho concessivo da cautelar, na espécie, no DJU de 14 de janeiro de 1994, p. 150, Processo MC-101389/93.2).

Nas ações submetidas ao *procedimento sumaríssimo,* é admissível o recurso de revista em, apenas, duas hipóteses: a) o acórdão regional contraria Súmula do Tribunal Superior do Trabalho e b) afronta direta a preceito constitucional.

Na hipótese "a", tem o recorrente de demonstrar o conflito entre a decisão impugnada e a Súmula; na hipótese "b", é inadmitida a ofensa oblíqua ao texto constitucional, assim considerada aquela que diz respeito a dispositivo de índole processual. Embora a lei não o afirme expressamente, temos como certo que, nas duas hipóteses supramencionadas, são cabíveis os embargos para a competente Seção Especializada do TST se existentes os pressupostos de admissibilidade do recurso de revista. E, conforme o caso, a causa pode ser levada ao Supremo Tribunal Federal se comprovada a ofensa direta a regra constitucional.

Se o acórdão regional contrariar uma Orientação Jurisprudencial, o TST entende que descabe o recurso de revista, como se lê de sua Súmula n. 442: "**Procedimento sumaríssimo. Recurso de Revista fundamentado em contrariedade a Orientação Jurisprudencial. Inadmissibilidade. Art. 896, § 6º, da CLT, acrescentado pela Lei n. 9.957, de 12.1.2000.** Nas causas sujeitas ao procedimento sumaríssimo, a admissibilidade de recurso de revista está limitada à demonstração de violação direta a dispositivo da Constituição Federal ou contrariedade a Súmula do Tribunal Superior do Trabalho, não se admitindo o recurso por contrariedade a Orientação Jurisprudencial deste Tribunal (Livro II, Título II, Capítulo III, do RITST), ante a ausência de previsão no art. 896, § 6º, da CLT".

Em sua composição plenária, o TST editou sua Instrução Normativa n. 17. Uniformizou, assim, a interpretação da Lei n. 9.756/98, que deu nova redação ao art. 896, da CLT, relativamente ao recurso de revista, que ora nós estamos examinando. Nessa uniformização de interpretação, o TST fixou os seguintes entendimentos:

a) Aplica-se ao processo do trabalho o disposto no parágrafo único do art. 120 do Código de Processo Civil, segundo a redação dada pela Lei n. 9.756/98, relativo ao conflito de competência, nos seguintes termos: "Havendo jurisprudência dominante no Tribunal sobre a questão suscitada, o relator poderá decidir, de plano, o conflito de competência, cabendo agravo, no prazo de oito dias, contado da intimação às partes, para o órgão recursal competente";

b) Aplica-se ao processo do trabalho o parágrafo único acrescido ao art. 481 do Código de Processo Civil, conforme redação dada pela Lei n. 9.756/98, no que tange à declaração de inconstitucionalidade, nos seguintes termos: "Os órgãos fracionários dos Tribunais não submeterão ao plenário, ou ao órgão especial, a arguição de inconstitucionalidade, quando já houver pronunciamento destes, ou do plenário do Supremo Tribunal Federal, sobre a questão";

c) Os beneficiários da justiça gratuita estão dispensados do recolhimento antecipado da multa prevista no § 2º do art. 557 do CPC;

d) As demais disposições oriundas de alteração do processo civil, resultantes da Lei n. 9.756/98, consideram-se inaplicáveis ao processo do trabalho, especialmente o disposto no art. 511, *caput*, e seu § 2º;

e) Aplica-se ao processo do trabalho o art. 557, *caput* e §§ 1º-A, 1º e 2º do Código de Processo Civil, segundo a redação dada pela Lei n. 9.756/98, adequando-se o prazo do agravo ao prazo de oito dias

Assim, ressalvadas as exceções apontadas, o relator negará seguimento a recurso manifestamente inadmissível, improcedente, prejudicado ou em confronto com súmula ou com jurisprudência dominante do respectivo Tribunal, do STF ou de Tribunal Superior.

Outrossim, aplicam-se ao processo do trabalho os §§ 1º-A e 1º e 2º do art. 557 do Código de Processo Civil, adequando-se o prazo do agravo à sistemática do processo do trabalho (oito dias).

Desse modo, se a decisão recorrida estiver em manifesto confronto com súmula ou com jurisprudência dominante do Supremo Tribunal Federal ou de Tribunal Superior, o relator poderá dar provimento ao recurso, cabendo agravo, no prazo de oito dias, ao órgão competente para o julgamento do recurso. Se não houver retratação, o relator, após incluir o processo em pauta, proferirá o voto. Provido o agravo, o recurso terá seguimento.

Examinemos, agora, a questão da Súmula Vinculante e a admissibilidade do Recurso de Revista.

Ora a hipótese de contrariedade expressa à Súmula Vinculante do STF, apesar de não estar prevista no art. 896, da CLT, deve ser considerada como causa de admissibilidade de um recurso de revista. Isso porque o art. 103-A, da Constituição, estabeleceu que o "Supremo Tribunal Federal poderá, de ofício ou por provocação, mediante decisão de dois terços dos seus membros, após reiteradas decisões sobre matéria constitucional, aprovar súmula que, a partir de sua publicação na imprensa oficial, terá efeito vinculante em relação aos demais órgãos do Poder Judiciário e à administração pública direta e indireta, nas esferas federal, e estadual e municipal, bem como proceder à sua revisão ou cancelamento, na forma estabelecida em lei".

Assim, a Súmula Vinculante, a partir de sua edição, por expressa determinação constitucional, passa a integrar, automaticamente, a jurisprudência dos órgãos do Poder Judiciário, devendo ser considerada, no caso do TST, para efeito de admissibilidade do recurso de revista. Nesse sentido de nosso pensamento, foi proferido o acórdão no Processo n. TST-RR 70300-28.2009.5.04.0521, DJe de 2.3.12, de lavra do Ministro Horácio Raymundo de Senna Pires.

272.1. Incidente de Uniformização de Jurisprudência nos Tribunais Regionais do Trabalho: Seus aspectos históricos. Sua natureza jurídica. Seus Pressupostos. Órgão competente para julgar o incidente

O § 3º do art. 896, da CLT, obriga os Tribunais Regionais do Trabalho a uniformizar sua jurisprudência.

É um meio preventivo de divergências. Não é um recurso o instituto da uniformização da jurisprudência. É — como o diz o CPC — um incidente no curso de um processo em julgamento.

Trata-se de um procedimento criado pelo legislador para que os tribunais, com diversas turmas julgadoras, pacifiquem sua jurisprudência, o que dará maior segurança jurídica a todos os jurisdicionados. Quer dizer, editada a Súmula conforme a Regimento Interno do Tribunal, o processo retorna ao curso normal, isto é, para o órgão julgador, que, aí sim, irá proceder seu julgamento. Contra esse acórdão é que caberá recurso. Não cabe recurso contra o ato de edição de uma Súmula pelo Tribunal Pleno.

Assim, no incidente de uniformização, não se julga nada, Afirma-se, apenas, uma tese jurídica. Nesse mesmo sentido, confere Nelson Nery, em sua obra "Recursos", p. 109.

Cada órgão fracionário de um Tribunal (as Turmas) tem a faculdade legal de formar sua própria jurisprudência; não raro suas decisões entram em conflito com os demais, o que gera dúvida e insegurança nas partes. Por meio do incidente de uniformização da jurisprudência é debelado o mal.

Em havendo discrepância jurisprudencial entre os vários Tribunais do Trabalho, é missão do Tribunal Superior do Trabalho, por meio de Súmulas, uniformizar esses decisórios.

Discutiu-se, durante largo período, a aplicação subsidiária ao processo trabalhista dos arts. 476 a 479, do CPC, reguladores dos incidentes de uniformização da jurisprudência perante os Tribunais Regionais do Trabalho. Nesse mesmo lapso de tempo, alguns deles têm encetado esse trabalho de uniformizar sua jurisprudência, porém, timidamente, o que recomenda que ele seja mais dinamizado. Inobstante, ganhava corpo, no âmbito doutrinário, a tese da aplicabilidade daqueles preceitos ao processo trabalhista.

Pondo termo à controvérsia, o Congresso Nacional aprovou a Lei n. 7.701, a 21 de dezembro de 1988, cujo art. 14 é vazado nos seguintes termos: "O Regimento Interno dos Tribunais Regionais do Trabalho deverá dispor sobre a súmula da respectiva jurisprudência predominante e sobre o incidente de uniformização, inclusive os pertinentes às leis estaduais e normas coletivas".

Supérfluo dizer que o novo diploma legal modificou, de imediato, o comportamento dos Tribunais Regionais do Trabalho diante das questões já enunciadas. Toda essa discussão foi pacificada com a edição do § 3º, do art. 896, da CLT: é aplicável o CPC à espécie.

Fato dos mais comuns é a variedade de interpretações que, num mesmo Tribunal, se dá a um dispositivo legal. Isso explica o surgimento do incidente da uniformização da jurisprudência, que é saudável na tramitação processual e, ao mesmo passo, dá mais segurança às partes.

Vejamos agora alguns aspectos históricos do incidente de uniformização de jurisprudência.

É essencial à tranquilidade social que os juízes singulares e os colegiados da organização judiciária deem às suas decisões, sobre o mesmo assunto, iguais fundamentos legais. Se divergentes essas sentenças, é lícito imaginar-se uma delas é injusta por negar um direito que a outra reconheceu.

Essa preocupação com a jurisprudência uniforme já existia nas Ordenações Manuelinas, V, Título 58, § 1º, *ad litteram*:

"E assim havemos por bem, que quando os Desembargadores que forem no despacho de algum feito, todos ou alguns deles tiverem alguma dúvida em Nossa Ordenação do entendimento dela, vão com a dita dúvida ao Regedor, o qual, na Mesa Grande com os desembargadores que lhe bem parecer a determinará, e segundo o que aí for determinado se porá a sentença. E se na dita Mesa forem isso mesmo em dúvida, que ao Regedor pareça que é bem de No-lo fazer saber, para a Nós logo determinarmos, No-lo fará saber, para Nós nisso provermos. E os que em outra maneira interpretem nossas Ordenações, ou derem sentenças em algum feito, tendo algum deles dúvida no entendimento da dita Ordenação, sem irem ao Regedor como dito e, serão suspensos até Nossa Mercê. E a determinação sobre o entendimento da dita Ordenação se tomar, mandará o Regedor escrever no livrinho para depois não vir em dúvida."

Esse texto foi absorvido pelas Ordenações Filipinas, Livro I, Título 5, § 5º (dados extraídos do volume VI dos "Comentários de Pontes de Miranda ao CPC", Forense, 1974, p. 5/6).

Antes da federalização da legislação processual, alguns códigos estaduais, como, por exemplo, os do Distrito Federal e do Estado de São Paulo, aludiam ao prejulgado como meio de uniformização da jurisprudência.

Quando o legislar sobre matéria processual passou a ser de competência privativa da União, sobreveio o Código de Processo Civil de 1939 que, no seu art. 861, prescrevia: "A câmara que conhece da causa pode, em questão de matéria fundamental, suscitar a decisão da Grande Câmara, se, segundo se entende, o aperfeiçoamento do direito ou a segurança de jurisprudência uniforme o exige."

Passemos a examinar, agora, a natureza jurídica do incidente de uniformização de jurisprudência.

No direito anterior — como adiantamos há pouco — era o prejulgado a decisão do órgão competente para pôr fim à discrepância entre sentenças e acórdãos.

Enquanto no processo comum era ele desprovido do poder de vincular, sobre a mesma matéria, os decisórios de instâncias inferiores, na Justiça do Trabalho, durante largo período, o prejulgado era dotado do atributo de vincular. É certo que, a final, a Corte Suprema nele reconheceu a pecha da inconstitucionalidade. Tais prejulgados se converteram nas Súmulas de hoje.

Mas, ainda se discute se o prejulgado, sem ser vinculativo, é, ou não, recurso. A nosso ver, não é recurso porque esse incidente pode ser invocado para dar fim a opiniões conflitantes sobre matéria dissociada de recurso. Sobre a controvérsia, preleciona Pontes Miranda (obra citada, vol. VI, p. 9): "Não é outro recurso; é recurso, porque é parte de recurso. Em si, abstraindo-se do julgamento em que se suscita, não é recurso; é *per saltum*. Diz-se per saltum o julgamento por tribunal superior, em que entrem ou não os juízes do tribunal ou corpo julgador a que está entregue a causa, de ordinário sobre *quaestio juris*. Os juízes aí não recorrem; os juízes devolvem a cognição."

José Carlos Barbosa Moreira (in "Comentários ao CPC", vol. V, Ed. Forense, 7. ed., 1998, p. 8) perfilha tese oposta a de Pontes de Miranda e, por isso, recusa, ao incidente de uniformização da jurisprudência, a natureza de recurso.

Para bem fundamentar sua opinião, esse respeitado processualista alinha dois argumentos: a) tal incidente não figura no rol de recursos aninhado no Título X do Livro I, do CPC; b) o incidente em causa não é oponível, só quando se trate de julgamento de recurso, pois, é cabível, também, nas ações de competência originária do tribunal e "nas hipóteses de que cogita o art. 473 (ou disposição análoga de lei extravagante" — obra citada p. 8/9).

Inclinâmo-nos a aceitar a posição de Barbosa Moreira. É apenas um meio que a lei coloca à disposição dos juízes e das partes para pôr cobro à divergência de interpretação de um mesmo preceito legal.

Indaga-se, agora: quais são os pressupostos do incidente de uniformização de jurisprudência. Do que se contém no art. 476 do CPC se retiram os dois pressupostos do incidente aqui em estudo. O primeiro deles é a existência de julgamento em tramitação num Tribunal, ou melhor, perante turma, câmara, grupo de câmaras e seções.

Temos como certo que o incidente em foco não pode ser suscitado no plenário de um Tribunal ou no Órgão Especial mencionado no inciso XI, do art. 93 da Constituição Federal. É incontroverso que a questionada uniformização seja postulada nas hipóteses do art. 475 do CPC, quais sejam: sentença proferida contra a União, o Estado, o Distrito Federal, o Município e as respectivas autarquias e fundações de direito público, e a que julgar procedentes, no todo ou em parte, os embargos à execução de dívida ativa da Fazenda Pública (art. 585, VII).

De assinalar-se que o inciso II do art. 476 se refere a "julgamento recorrido" para sublinhar que se discute um recurso, mas o inciso I, do mesmo dispositivo, empresta maior abrangência ao incidente em causa para alcançar todos os casos de divergência na interpretação do direito.

O segundo pressuposto hospeda-se no inciso II do art. 476: na sentença recorrida, adota-se exegese de norma legal — relativa a mérito ou não — diferente da que lhe haja dado outra turma, câmara, grupo de câmaras ou câmaras cíveis reunidas ou, adaptando o preceito à legislação processual do trabalho, interpretação diversa seguida por outra turma do Tribunal Superior ou Regional do Trabalho.

Afirma Barbosa Moreira (obra citada, p. 12) que é possível suscitar-se o incidente de uniformização da jurisprudência nas causas de competência originária quando "pelo número de votos se verifica, em dado momento, a prevalência de interpretação diferente da fixada noutro julgamento, qualquer juiz que haja de votar pode suscitar o incidente."

É exato que as pré-citadas e específicas normas legais não fazem menção à hipótese levantada pelo reputado jurista, mas é também inegável que ela responde aos fins do incidente de uniformização da jurisprudência.

Examinemos, agora, o órgão competente para julgar o incidente de uniformização de jurisprudência. Reza o art. 476 do CPC — aplicável ao processo do trabalho — *verbis*:

"Compete a qualquer juiz, ao dar o voto na turma, câmara ou grupo de câmaras, solicitar o pronunciamento prévio do tribunal acerca da interpretação do direito quando:

I — verificar que, a seu respeito ocorre divergência;

II — no julgamento recorrido a interpretação for diversa da que lhe haja dado outra turma, câmara, grupo de câmaras cíveis reunidas.

Parágrafo único. A parte poderá, ao arrazoar o recurso ou em petição avulsa, requerer, fundamentadamente, que o julgamento obedeça a disposto neste artigo."

Desde logo, cumpre-nos destacar que o preceito confere, ao magistrado membro do colegiado e, à própria parte, a faculdade e não o dever de suscitar o incidente de uniformização da jurisprudência.

Na órbita processual trabalhista não se olvidou o incidente que vimos apreciando.

É o que se comprova na Lei n. 7.701, de 21 de dezembro de 1988:

"Art. 4º. É da competência do Tribunal Pleno do Tribunal Superior do Trabalho:

a) *omissis*;

b) aprovar os enunciados da Súmula da jurisprudência predominante em dissídios individuais;

c) julgar os incidentes de uniformização da jurisprudência em dissídios individuais;

d) aprovar os precedentes da jurisprudência predominante em dissídios coletivos;

e) *omissis*".

E, a CLT, no art. 896, com redação dada pela Lei n. 9.756, de 17 de dezembro de 1998, estabelece, no seu § 3º:

"Os Tribunais Regionais do Trabalho procederão, obrigatoriamente, à uniformização de sua jurisprudência, nos termos do Livro I, Título IX, Capítulo I do Código de Processo Civil, não servindo a súmula respectiva para ensejar a admissibilidade do recurso de revista quando contrariar Súmula da Jurisprudência Uniforme do Tribunal Superior do Trabalho".

Esse dispositivo faz expressa referência à subsidiariedade das normas da lei processual comum em relação ao incidente em tela na esfera processual trabalhista.

Dispõe o art. 156, do Regimento Interno do Tribunal Superior do Trabalho (in DJU de 9.5.08), que o incidente de uniformização da jurisprudência se regerá pelos preceitos dos arts. 476 a 479 do Código de Processo Civil.

Diz-se, no § 1º desse dispositivo regimental, que "o incidente será suscitado quando a Seção Especializada constatar que a decisão se inclina contrariamente a reiteradas decisões dos órgãos fracionários sobre interpretação de regra jurídica, não necessariamente sobre matéria de mérito".

O incidente somente poderá ser suscitado por proposta firmada por Ministro ao proferir seu voto perante a Seção Especializada, pela parte ou pelo Ministério Público do Trabalho, por petição devidamente fundamentada a ser apresentada até o momento da sustentação oral, competindo à Seção Especializada apreciar, preliminarmente, o requerimento. Nos dois últimos casos a divergência jurisprudencial já deve estar configurada.

Verificado o dissenso jurisprudencial, a Seção Especializada deixará de proclamar o resultado e suscitará o incidente de uniformização de jurisprudência ao Tribunal Pleno. A determinação da remessa ao Tribunal Pleno é irrecorrível, assegurada às partes a faculdade de sustentação oral por ocasião do julgamento.

Embora nos pareça pouco provável que uma Turma, apesar de reconhecida a divergência de interpretação, venha a indeferir o pedido de uniformização, *in casu*, se suscitante a própria parte, é-lhe dado impugnar essa decisão.

O julgamento do incidente, pelo Tribunal Pleno do TST, é tomado pela maioria absoluta de seus membros efetivos.

É irrecorrível essa decisão.

Escusado dizer que o incidente em foco pode ser manifestado nos Tribunais Regionais do Trabalho, *ex vi* do disposto no § 3º do art. 896 da CLT *verbo ad verbum*: "Os Tribunais Regionais do Trabalho procederão obrigatoriamente à uniformização de sua jurisprudência nos termos do Livro I, Título IX, Capítulo I do CPC, não servindo a respectiva súmula para ensejar a admissibilidade do Recurso de Revista quando contrariar súmula da Jurisprudência Uniforme do Tribunal Superior do Trabalho".

Despiciendo observar que a heterogeneidade de julgados, tanto na Justiça Comum como na do Trabalho, desaparece com a superveniência de pronunciamento no plenário do Supremo Tribunal Federal.

No plano teórico, há consenso quanto aos fins do incidente de uniformização da jurisprudência, mas, na militância advocatícia, cabe perguntar: em que caso é de utilidade levantar tal incidente?

Estamos em que será, de todo em todo conveniente, o patrono da parte formular tal pedido, no arrazoamento do recurso ou por meio de petição em separado, quando o feito for distribuído a uma Turma que, anteriormente, já se manifestara sobre o mérito da causa em sentido contrário ao interesse da parte.

Servindo-se desse remédio legal, aumentará as probabilidades de êxito no litígio

272.2. Súmulas e Orientações jurisprudenciais do TST sobre o Recurso de Revista

Estas são as principais Súmulas do TST acerca do recurso de revista:

Súmula n. 23 — Recurso — Não se conhece de recurso de revista ou de embargos, se a decisão recorrida resolver determinado item do pedido por diversos fundamentos e a jurisprudência transcrita não abranger a todos.

Súmula n. 25 — Custas — A parte vencedora na primeira instância, se vencida na segunda, está obrigada, independentemente de intimação, a pagar as custas fixadas na sentença originária, das quais ficara isenta a parte então vencida

Súmula n. 126 — Recurso. Cabimento — Incabível o recurso de revista ou de embargos (arts. 896 e 894, *b*, da CLT) para reexame de fatos e provas.

Súmula n. 184 — Embargos declaratórios. Omissão em recurso de revista. Preclusão — Ocorre preclusão se não forem opostos embargos declaratórios para suprir omissão apontada em recurso de revista ou de embargos.

Súmula n. 218 — Recurso de revista. Acórdão proferido em agravo de instrumento — É incabível recurso de revista interposto de acórdão regional prolatado em agravo de instrumento.

Súmula n. 221 — Recurso de revista. Violação de lei. Indicação de preceito. A admissibilidade do recurso de revista por violação tem como pressuposto a indicação expressa do dispositivo de lei ou da Constituição tido como violado. (NR 2012)

Súmula n. 266 — Recurso de revista. Admissibilidade. Execução de sentença — A admissibilidade do recurso de revista interposto de acórdão proferido em agravo de petição, na liquidação de sentença ou em processo incidente na execução, inclusive os embargos de terceiro, depende de demonstração inequívoca de violência direta à Constituição Federal.

Súmula n. 283 — Recurso adesivo. Pertinência no processo do trabalho. Correlação de matérias — O recurso adesivo é compatível com o processo do trabalho e cabe, no prazo de 8 (oito) dias, nas hipóteses de interposição de recurso ordinário, de agravo de petição, de revista e de embargos, sendo desnecessário que a matéria nele veiculada esteja relacionada com a do recurso interposto pela parte contrária.

Súmula n. 285 — Recurso de revista. Admissibilidade parcial pelo Juiz-Presidente do Tribunal Regional do Trabalho. Efeito — O fato de o juízo primeiro de admissibilidade do recurso de revista entendê-lo cabível apenas quanto a parte das matérias veiculadas não impede a apreciação integral pela Turma do Tribunal Superior do Trabalho, sendo imprópria a interposição de agravo de instrumento.

Súmula n. 296 — Recurso. Divergência jurisprudencial. Especificidade — I. A divergência jurisprudencial ensejadora da admissibilidade, do prosseguimento e do conhecimento do recurso há de ser específica, revelando a existência de teses diversas na interpretação de um mesmo dispositivo legal, embora idênticos os fatos que as ensejaram. II. Não ofende o art. 896 da CLT decisão de Turma que, examinando premissas concretas de especificidade da divergência colacionada no apelo revisional, conclui pelo conhecimento ou desconhecimento do recurso.

Súmula n. 297 — Prequestionamento. Oportunidade. Configuração — I. Diz-se prequestionada a matéria ou questão quando na decisão impugnada haja sido adotada, explicitamente, tese a respeito. II. Incumbe à parte interessada, desde que a matéria haja sido invocada no recurso principal, opor embargos declaratórios objetivando o pronunciamento sobre o tema, sob pena de preclusão. III. Considera-se prequestionada a questão jurídica invocada no recurso principal sobre a qual se omite o Tribunal de pronunciar tese, não obstante opostos embargos de declaração.

Súmula n. 312 — Constitucionalidade. Alínea *b* do art. 896 da CLT — É constitucional a alínea *b* do art. 896 da CLT, com a redação dada pela Lei n. 7.701, de 21.12.1988.

Súmula n. 333 — Recurso de revista. Conhecimento — Não ensejam recurso de revista decisões superadas por iterativa, notória e atual jurisprudência do Tribunal Superior do Trabalho.

Súmula n. 337 — Comprovação de divergência jurisprudencial. Recursos de revista e de embargos. I — Para comprovação da divergência justificadora do recurso, é necessário que o recorrente: a) Junte certidão ou cópia autenticada do acórdão paradigma ou cite a fonte oficial ou o repositório autorizado em que foi publicado; e b) Transcreva, nas razões recursais, as ementas e/ou trechos dos acórdãos trazidos à configuração do dissídio, demonstrando o conflito de teses que justifique o conhecimento do recurso, ainda que os acórdãos já se encontrem nos autos ou venham a ser juntados com o recurso. II — A concessão de registro de publicação como repositório autorizado de jurisprudência do TST torna válidas todas as suas edições anteriores. III — A mera indicação da data de publicação, em fonte oficial, de aresto paradigma é inválida para comprovação de divergência jurisprudencial, nos termos do item I, "a", desta súmula, quando a parte pretende demonstrar o conflito de teses mediante a transcrição de trechos que integram a fundamentação do acórdão divergente, uma vez que só se publicam o dispositivo e a ementa dos acórdãos. IV — É válida para a comprovação da divergência jurisprudencial justificadora do recurso a indicação de aresto extraído de repositório oficial na internet, desde que o recorrente: a) transcreva o trecho divergente; b) aponte o sítio de onde foi extraído; e c) decline o número do processo, o órgão prolator do acórdão e a data da respectiva publicação no Diário Eletrônico da Justiça do Trabalho. (NR 2012)

Súmula n. 353 — Embargos. Agravo. Cabimento — Não cabem embargos para a Seção de Dissídios Individuais de decisão de Turma proferida em agravo, salvo: a) da decisão que não conhece de agravo de instrumento ou de agravo pela ausência de pressupostos extrínsecos; b) da decisão que nega provimento a agravo contra decisão monocrática do Relator, em que se proclamou a ausência de pressupostos extrínsecos de agravo de instrumento; c) para revisão dos pressupostos extrínsecos de admissibilidade do recurso de revista, cuja ausência haja sido declarada originariamente pela Turma no julgamento do agravo; d) para impugnar o conhecimento de agravo de instrumento; e) para impugnar a imposição de multas previstas no art. 538, parágrafo único, do CPC, ou no art. 557, § 2º, do CPC; f) contra decisão de Turma proferida em agravo em recurso de revista, nos termos do art. 894, II, da CLT. (NR 2013)

Súmula n. 383 — Mandato. Arts. 13 e 37 do CPC. Fase Recursal. Inaplicabilidade — I. É inadmissível, em instância recursal, o oferecimento tardio de procuração, nos termos do art. 37 do CPC, ainda que mediante protesto por posterior juntada, já que a interposição de recurso não pode ser reputada ato urgente. II. Inadmissível na fase recursal a regularização da representação processual, na forma do art. 13 do CPC, cuja aplicação se restringe ao Juízo de 1º grau.

Súmula n. 385 — Feriado local. Ausência de expediente forense. Prazo recursal. Prorrogação. Comprovação. Necessidade. Ato administrativo do juízo "a quo". I — Incumbe à parte o ônus de provar, quando da interposição do recurso, a existência de feriado local que autorize a prorrogação do prazo recursal. II — Na hipótese de feriado forense, incumbirá à autoridade que proferir a decisão de admissibilidade certificar o expediente nos autos. III — Na hipótese do inciso II, admite-se a reconsideração da análise da tempestividade do recurso, mediante prova documental superveniente, em Agravo Regimental, Agravo de Instrumento ou Embargos de Declaração.

Súmula n. 387 — Recurso. Fac-símile. Lei n. 9.800/1999 — I. A Lei n. 9.800/1999 é aplicável somente a recursos interpostos após o início de sua vigência. II. A contagem do quinquídio para apresentação dos originais de recurso interposto por intermédio de fac-símile começa a fluir do dia subsequente ao término do prazo recursal, nos termos do art. 2º da Lei n. 9.800/1999, e não do dia seguinte à interposição do recurso, se esta se deu antes do termo final do prazo. III. Não se tratando a juntada dos originais de ato que dependa de notificação, pois a parte, ao interpor o recurso, já tem ciência de seu ônus processual, não se aplica a regra do art. 184 do CPC quanto ao *dies a quo*, podendo coincidir com sábado, domingo ou feriado. IV) A autorização para utilização do fac-símile, constante do art. 1º da Lei n. 9.800/1999, somente alcança as hipóteses em que o documento é dirigido diretamente ao órgão jurisdicional, não se aplicando à transmissão ocorrida entre particulares.

Súmula n. 421 — Embargos declaratórios contra decisão monocrática do relator calcada no art. 557 do CPC. Cabimento — I. Tendo a decisão monocrática de provimento ou denegação de recurso, prevista no art. 557 do CPC, conteúdo decisório definitivo e conclusivo da lide, comporta ser esclarecida pela via dos embargos de declaração, em decisão aclaratória, também monocrática, quando se pretende tão somente suprir omissão e não, modificação do julgado. II. Postulando o embargante efeito modificativo, os embargos declaratórios deverão ser submetidos ao pronunciamento do Colegiado, convertidos em agravo, em face dos princípios da fungibilidade e celeridade processual.

Súmula n. 422 — Recurso. Apelo que não ataca os fundamentos da decisão recorrida. Não conhecimento. Art. 514, II, do CPC — Não se conhece de recurso para o TST, pela ausência do requisito de admissibilidade inscrito no art. 514, II, do CPC, quando as razões do recorrente não impugnam os fundamentos da decisão recorrida, nos termos em que fora proposta.

Súmula n. 425 — *Jus postulandi* na Justiça do Trabalho. Alcance. O *jus postulandi* das partes, estabelecido no art. 791 da CLT, limita-se às Varas do Trabalho e aos Tribunais Regionais do Trabalho, não alcançando a ação rescisória, a ação cautelar, o mandado de segurança e os recursos de competência do Tribunal Superior do Trabalho.

Súmula n. 426 — Depósito recursal. Utilização da guia GFIP. Obrigatoriedade. Nos dissídios individuais o depósito recursal será efetivado mediante a utilização da Guia de Recolhimento do FGTS e Informações à Previdência Social — GFIP, nos termos dos §§ 4º e 5º do art. 899 da CLT, admitido o depósito judicial, realizado na sede do juízo e à disposição deste, na hipótese de relação de trabalho não submetida ao regime do FGTS.

Súmula n. 434 — Recurso. Interposição antes da publicação do acórdão impugnado. Extemporaneidade. I) É extemporâneo recurso interposto antes de publicado o acórdão impugnado. II) A interrupção do prazo recursal em razão da interposição de embargos de declaração pela parte adversa não acarreta qualquer prejuízo àquele que apresentou seu recurso tempestivamente.

Súmula n. 442 — Procedimento sumaríssimo. Recurso de Revista fundamentado em contrariedade a Orientação Jurisprudencial. Inadmissibilidade. Art. 896, § 6º, da CLT, Acrescentado pela Lei n. 9.957, de 12.01.2000. Nas causas sujeitas ao procedimento sumaríssimo, a admissibilidade de recurso de revista está limitada à demonstração de violação direta a dispositivo da Constituição Federal ou contrariedade a Súmula do Tribunal Superior do Trabalho, não se admitindo o recurso por contrariedade a Orientação Jurisprudencial deste Tribunal (Livro II, Título II, Capítulo III, do RITST), ante a ausência de previsão no art. 896, § 6º, da CLT. (2012)

Além dessas súmulas, a SDI-1 do TST editou estas seguintes **Orientações Jurisprudenciais** relativamente ao recurso de revista:

Orientação Jurisprudencial n. 62. Prequestionamento. Pressuposto de admissibilidade em apelo de natureza extraordinária. Necessidade, ainda que se trate de incompetência absoluta. É necessário o prequestionamento como pressuposto de admissibilidade em recurso de natureza extraordinária, ainda que se trate de incompetência absoluta.

Orientação Jurisprudencial n. 111. Recurso de revista. Divergência jurisprudencial. Aresto oriundo do mesmo tribunal Regional. Lei n. 9.756/98. Inservível ao conhecimento. Não é servível ao conhecimento de recurso de revista aresto oriundo de mesmo Tribunal Regional do Trabalho, salvo se o recurso houver sido interposto anteriormente à vigência da Lei n. 9.756/98.

Orientação Jurisprudencial n. 115. Recurso de revista. Nulidade por negativa de prestação jurisdicional. O conhecimento do recurso de revista, quanto à preliminar de nulidade por negativa de prestação jurisdicional, supõe indicação de violação do art. 832 da CLT, do art. 458 do CPC ou do art. 93, IX, da CF/1988.

Orientação Jurisprudencial n. 118. Prequestionamento. Tese explícita. Inteligência da Súmula n. 297. Havendo tese explícita sobre a matéria, na decisão recorrida, desnecessário contenha nela referência expressa do dispositivo legal para ter-se como prequestionado este.

Orientação Jurisprudencial n. 119. Prequestionamento inexigível. Violação nascida na própria decisão recorrida. Súmula n. 297. Inaplicável. É inexigível o prequestionamento quando a violação indicada houver nascido na própria decisão recorrida. Inaplicável a Súmula n. 297 do TST.

Orientação Jurisprudencial n. *120. Recurso. Assinatura da petição ou das razões recursais. Validade.* O recurso sem assinatura será tido por inexistente. Será considerado válido o apelo assinado, ao menos, na petição de apresentação ou nas razões recursais.

Orientação Jurisprudencial n. 147. Lei estadual, norma coletiva ou norma regulamentar. Conhecimento indevido do recurso de revista por divergência jurisprudencial. I — É inadmissível o recurso de revista fundado tão somente em divergência jurisprudencial, se a parte não comprovar que a lei estadual, a norma coletiva ou o regulamento da empresa extrapolam o âmbito do TRT prolator da decisão recorrida. II — É imprescindível a arguição de afronta ao art. 896 da CLT para o conhecimento de embargos interpostos em face de acórdão de Turma que conhece indevidamente de recurso de revista, por divergência jurisprudencial, quanto a tema regulado por lei estadual, norma coletiva ou norma regulamentar de âmbito restrito ao Regional prolator da decisão.

Orientação Jurisprudencial n. 151. Prequestionamento. Decisão regional que adota a sentença. Ausência de prequestionamento. Decisão regional que simplesmente adota os fundamentos da decisão de primeiro grau não preenche a exigência do prequestionamento, tal como previsto na Súmula n. 297.

Orientação Jurisprudencial n. 219. Recurso de revista ou de embargos fundamentado em orientação jurisprudencial do TST. É válida, para efeito de conhecimento do recurso ou de embargos, a invocação de Orientação Jurisprudencial do Tribunal Superior do Trabalho, desde que, das razões recursais, conste o seu número ou conteúdo.

Orientação Jurisprudencial n. 256. Prequestionamento. Configuração. Tese explícita. Súmula n. 297. Para fins do requisito de prequestionamento de que trata a Súmula n. 297, há necessidade de que haja, no acórdão, de maneira clara, elementos que levem à conclusão de que o Regional adotou uma tese contrária à lei ou à Súmula.

Orientação Jurisprudencial n. 257. Recurso de revista. Fundamentação. Violação de lei. Vocábulo violação. Desnecessidade. A invocação expressa no recurso de revista dos preceitos legais ou constitucionais tidos como violados não significa exigir da parte a utilização das expressões "contrariar", "ferir", "violar", etc.

Orientação Jurisprudencial n. 260. Agravo de instrumento. Recurso de Revista. Procedimento sumaríssimo. Lei n. 9.957/00. Processos em curso. I — É inaplicável o rito sumaríssimo aos processos iniciados antes da vigência da Lei n. 9.957/00. II — No caso de o despacho denegatório de recurso de revista invocar, em processo iniciado antes da Lei n. 9.957/00, o § 6º do art. 896 da CLT (rito sumaríssimo) como óbice ao trânsito do apelo calcado em divergência jurisprudencial ou violação de dispositivo infraconstitucional, o Tribunal superará o obstáculo, apreciando o recurso sob esses fundamentos.

Orientação Jurisprudencial n. 282. Agravo de instrumento. Juízo de admissibilidade *ad quem*. No julgamento de Agravo de Instrumento, ao afastar o óbice apontado pelo TRT para o processamento do recurso de revista, pode o juízo *ad quem* prosseguir no exame dos demais pressupostos extrínsecos e intrínsecos do recurso de revista, mesmo que não apreciados pelo TRT.

Orientação Jurisprudencial n. 287. Autenticação. Documentos distintos. Despacho denegatório do recurso de revista e certidão de publicação. Distintos os documentos contidos no verso e anverso, é necessária a autenticação de ambos os lados da cópia.

Orientação Jurisprudencial n. 294. Embargos à SDI contra decisão em recurso de revista não conhecido quanto aos pressupostos intrínsecos. Necessária a indicação expressa de ofensa ao art. 896 da CLT. Para a admissibilidade e conhecimento de embargos, interpostos contra decisão mediante a qual não foi conhecido o recurso de revista pela análise dos pressupostos intrínsecos, necessário que a parte embargante aponte expressamente a violação ao art. 896 da CLT.

Orientação Jurisprudencial n. 295. Embargos. Revista não conhecida por má aplicação de enunciado ou de orientação jurisprudencial. Exame do mérito pela SDI. A SDI, ao conhecer dos Embargos por violação do art. 896 — por má aplicação de Súmula ou de orientação jurisprudencial pela Turma —, julgará desde logo o mérito, caso conclua que a revista mereça conhecimento e que a matéria de fundo se encontra pacificada neste Tribunal.

Orientação Jurisprudencial n. 334. Remessa *ex officio*. Recurso de revista. Inexistência de recurso ordinário voluntário de ente público. Incabível. Incabível recurso de revista de ente público que não interpôs recurso ordinário voluntário da decisão de primeira instância, ressalvada a hipótese de ter sido agravada, na segunda instância, a condenação imposta. ERR 522601/98, Tribunal Pleno. Em 28.10.03, o Tribunal Pleno decidiu, por maioria, ser incabível recurso de revista de ente público que não interpôs recurso ordinário voluntário.

Orientação Jurisprudencial n. 335. Contrato nulo. Administração pública. Efeitos. Conhecimento do recurso por violação do art. 37, II e § 2º, da CF/88. A nulidade da contratação sem concurso público, após a CF/1988, bem como a limitação de seus efeitos, somente poderá ser declarada por ofensa ao art. 37, II, se invocado concomitantemente o seu § 2º, todos da CF/88.

Orientação Jurisprudencial n. 336. Embargos interpostos anteriormente à vigência da Lei n. 11.496/2007. Recurso não conhecido com base em orientação jurisprudencial. Desnecessário o exame das violações de lei e da Constituição alegadas na revista. Estando a decisão recorrida em conformidade com orientação jurisprudencial, desnecessário o exame das divergências e das violações de lei e da Constituição alegadas em embargos interpostos antes da vigência da Lei n. 11.496/2007, salvo nas hipóteses em que a orientação jurisprudencial não fizer qualquer citação do dispositivo constitucional.

Orientação Jurisprudencial n. 377 — Embargos de declaração. Decisão denegatória de recurso de revista exarado por presidente do TRT. Descabimento. Não interrupção do prazo recursal. Não cabem embargos de declaração interpostos contra decisão de admissibilidade do recurso de revista, não tendo o efeito de interromper qualquer prazo recursal. (2010)

273. Procedimento do Recurso de Revista

A petição do Recurso de Revista é dirigida ao presidente do Tribunal Regional no prazo de oito dias, a contar da publicação do acórdão. Esse recurso terá efeito apenas devolutivo, como se infere da leitura do art. 896, § 1º, da CLT. Ressalte-se que o art. 899, desse diploma legal estatuí que *"os recursos serão interpostos por simples petição e terão efeito meramente devolutivo, salvo as exceções previstas neste Título, permitida a execução provisória até a penhora".*

A Instrução Normativa n. 23, do TST, de 5.8.2003 (DJU 14.8.03), dispõe sobre as petições de recurso de revista. Existe aí a recomendação (e não a obrigação, esclareça-se) de que sejam destacados os tópicos do recurso e, ao demonstrar o preenchimento dos seus pressupostos extrínsecos, sejam indicadas as folhas dos autos em que se encontram a procuração, o depósito recursal (ver item 270 sobre a inconstitucionalidade desse depósito), as custas e os documentos que comprovam a tempestividade, indicando o início e o termo do prazo.

Além disso, no recurso de revista deve haver a indicação do trecho da decisão recorrida que consubstancia o prequestionamento da controvérsia nele trazida; a indicação do dispositivo de lei, súmula, orientação jurisprudencial do TST ou ementa, que atrita com a decisão regional, prequestionamento da controvérsia trazida no recurso. Já para a comprovação da divergência jurisprudencial, é necessário que o recorrente junte certidão ou cópia autenticada do acórdão paradigma ou cite a fonte oficial ou repositório em que foi publicado, além de transcrever, nas razões recursais, as ementas ou trechos dos acórdãos trazidos à configuração do dissídio, demonstrando os conflitos de teses que justifiquem o conhecimento do recurso, ainda que os acórdãos já se encontrem nos autos ou venham a ser juntados com o recurso.

Toda essa matéria é aplicável às contrarrazões do recurso de revista, naquilo que couber.

A comprovação da divergência jurisprudencial é disciplinada pela Súmula n. 337, do TST, verbis: *I — Para comprovação da divergência justificadora do recurso, é necessário que o recorrente: a) Junte certidão ou cópia autenticada do acórdão paradigma ou cite a fonte oficial ou o repositório autorizado em que foi publicado; e b) Transcreva, nas razões recursais, as ementas e/ou trechos dos acórdãos trazidos à configuração do dissídio, demonstrando o conflito de teses que justifique o conhecimento do recurso, ainda que os acórdãos já se encontrem nos autos ou venham a ser juntados com o recurso. II — A concessão de registro de publicação como repositório autorizado de jurisprudência do TST torna válidas todas as suas edições anteriores. III — A mera indicação da data de publicação, em fonte oficial, de aresto paradigma é inválida para comprovação de divergência jurisprudencial, nos termos do item I, "a", desta súmula, quando a parte pretende demonstrar o conflito de teses mediante a transcrição de trechos que integram a fundamentação do acórdão divergente, uma vez que só se publicam o dispositivo e a ementa dos acórdãos; IV — É válida para a comprovação da divergência jurisprudencial justificadora do recurso a indicação de aresto extraído de repositório oficial na internet, desde que o recorrente: a) transcreva o trecho divergente; b) aponte o sítio de onde foi extraído; e c) decline o número do processo, o órgão prolator do acórdão e a data da respectiva publicação no Diário Eletrônico da Justiça do Trabalho.*

Apesar do art. 541, parágrafo único, do CPC, ser destinado à prova dessa demonstração em sede de recurso extraordinário, entendemos que seu comando é aplicável ao processo trabalhista. De fato, esse dispositivo legal recebeu nova redação pela Lei n. 11.341, de 7.8.2006 (DOU 8.8.06), que passou a disciplinar as formas de comprovação da divergência jurisprudencial dentro de um recurso extraordinário. Aí ficou esclarecido que ela poderá ser provada, também, com cópia extraída na mídia eletrônica, inclusive na internet, verbis: "Art. 541... (omissis). Parágrafo único. Quando o recurso fundar-se em dissídio jurisprudencial, o recorrente fará a prova da divergência mediante certidão, cópia autenticada ou pela citação do repositório de jurisprudência, oficial ou credenciado, inclusive em mídia eletrônica, em que tiver sido publicada a decisão divergente, ou ainda pela reprodução de julgado disponível na Internet, com indicação da respectiva fonte, mencionando, em qualquer caso, as circunstâncias que identifiquem ou assemelhem os casos confrontados".

Já nos manifestamos em edição anterior que não existe incompatibilidade alguma de que esse parágrafo único do art. 541, do CPC, seja aplicável ao processo do trabalho. Ao contrário, a aplicação deve ocorrer em virtude da desejável e recomendável celeridade processual que deve se imprimir no julgamento de uma ação trabalhista. A Súmula n. 337, item IV, acolheu esse pensamento.

Se a decisão recorrida estiver de acordo com Súmula do TST, poderá o Presidente do Tribunal Regional negar-lhe seguimento. Nesse caso, cabe ao interessado interpor agravo de instrumento, no prazo de oito dias, para o TST (art. 9º da Lei n. 5.584/70 e Regimento Interno do TST).

De observar que o recorrido, na hipótese, fica em condições de executar provisoriamente a sentença.

Pode ocorrer que, no Tribunal Regional do Trabalho, juízo primeiro da admissibilidade do recurso de revista, seja este aceito em parte. Isso, porém, não impossibilita o reexame de toda a matéria do recurso pelo Tribunal Superior do Trabalho.

Quando muito, o despacho do Presidente do Regional se equipara a uma recomendação à instância superior, mas sem o poder de estabelecer as fronteiras de sua atuação.

No TST, o Relator designado poderá recebê-lo ou denegá-lo, mas o despacho há-de ser fundamentado. É isso que autoriza o § 5º do art. 896 da CLT.

Dissentimos do legislador, no que tange ao trancamento da revista que conflita com Súmula do TST.

Deve-se admitir o recurso, pois de outro modo teremos a eternização de uma Súmula, o que não se compatibiliza com as mutações inerentes à própria jurisprudência, a qual reflete as mudanças de matizes e de conteúdo das relações que os homens travam em sociedade. Diz-se o mesmo em relação ao Direito material, mas é inegável — como a história o demonstra — ser a jurisprudência, nesse particular, mais sensível que a Lei.

O Recorrido, na revista, tem também o prazo de oito dias para oferecer suas contrarrazões. É óbvio que, no caso, o prazo se conta depois de ser intimado para manifestar-se a respeito das razões do Recorrente.

Apresentado o Recurso de Revista, a parte não terá de efetuar qualquer depósito se já o tiver feito em valor igual ao da condenação no recurso ordinário (ver o item 270 deste livro sobre a inconstitucionalidade do depósito recursal). Sobre essa questão de depósito recursal, o TST editou a Súmula n. 128 nos seguintes termos: *"Depósito recursal. I — É ônus da parte recorrente efetuar o depósito legal, integralmente, em relação a cada novo recurso interposto, sob pena de deserção. Atingido o valor da condenação, nenhum depósito mais é exigido para qualquer recurso. II — Garantido o juízo, na fase executória, a exigência de depósito para recorrer de qualquer decisão viola os incisos II e LV do art. 5º da CF/1988. Havendo, porém, elevação do valor do débito, exige-se a complementação da garantia do juízo. III — Havendo condenação solidária de duas ou mais empresas, o depósito recursal efetuado por uma delas aproveita as demais, quando a empresa que efetuou o depósito não pleiteia sua exclusão da lide.".*

Se, porém, no julgamento do recurso, verificar-se o aumento da condenação, é exigível depósito complementar, tendo em vista esse aumento, conforme o item II, da citada Súmula.

Consoante a Súmula n. 333 do TST, *"Não ensejam recurso de revista decisões superadas por iterativa, notória e atual jurisprudência do Tribunal Superior do Trabalho".*

A Súmula n. 218 do TST refere-se à inadmissibilidade do recurso de revista contra acórdão regional prolatado em agravo de instrumento. Trata-se de diretriz seguida, também, pelo Supremo Tribunal Federal.

De fato, se a Turma do TST reconheceu a procedência do alegado para a negação de seguimento do recurso, nada mais há que decidir.

Quando a matéria constitucional não é prequestionada, cria-se sério obstáculo ao conhecimento do recurso extraordinário pelo Supremo Tribunal.

Esse prequestionamento, de ordinário, é feito na instância ordinária (Vara do Trabalho e Tribunal Regional), mas pode ocorrer uma ofensa (é fato raro, mas pode acontecer) à *Lex Legum* no julgamento da revista ou dos embargos.

De modo expresso, o § 2º do art. 896 veda a interposição de recurso de revista das decisões proferidas pelos Tribunais Regionais de Trabalho em execução de sentença, inclusive em processo incidente de embargos de terceiros, salvo na ocorrência de ofensa direta à Constituição Federal.

In casu, firmou-se no Supremo Tribunal Federal o entendimento de que a parte deve interpor a revista e não o recurso extraordinário.

Tanto no processo de execução como nos embargos de terceiros acatou-se o princípio do duplo grau de jurisdição, o que significa dizer que o sobredito dispositivo consolidado está em harmonia com as normas da Constituição que guardam pertinência com o assunto.

É frequente a modificação do acórdão de um Tribunal Regional pelo Tribunal Superior do Trabalho, transformando em vencido o empregador que, na instância inferior, fora vitorioso. Nesse caso, tem ele de efetuar o depósito recursal, respeitados os limites legais (ver item 270 deste livro sobre a inconstitucionalidade do depósito recursal).

O Ato SETPOEDC.GP n. 310/2009 (DJeletrônico do TST de 20.5.09) autoriza o Presidente desse Tribunal a decidir, monocraticamente, os agravos de instrumento em recurso de revista e os recursos de revista pendentes de distribuição que não preencham os pressupostos extrínsecos de admissibilidade.

Contra essa decisão monocrática, cabe a interposição de agravo regimental, sendo ele distribuído para uma das Turmas do TST (art. 4º do Ato n. 310/09).

273.1. Transcendência em Recurso de Revista

A Medida Provisória n. 2.226, de 4.9.2001, enriqueceu a CLT do artigo 896-A: "O Tribunal Superior do Trabalho, no recurso de revista, examinará previamente se a causa oferece transcendência com relação aos reflexos gerais de natureza econômica, política, social ou jurídica".

O vocábulo "transcendência" é usado no artigo supra com o mesmo significado de "relevância". Na vigência da CF/67, EC n. 1/69, fazia-se remissão à questão de relevância invocável perante o Supremo Tribunal Federal como uma condição de admissibilidade do Recurso Extraordinário. Com o advento da CF/88, suprimiu-se qualquer alusão à matéria porque o Superior Tribunal de Justiça ficara com a competência de conhecer e julgar feitos de pouca expressão monetária, ainda que de singular projeção política, social, econômica ou jurídica.

O artigo sob comento tem o vício da obscuridade ou — o que é pior — é incompleto. De fato, não esclarece para que efeito deve o Tribunal Superior do Trabalho verificar, no recurso de revista, se a causa oferece transcendência. Não diz, claramente, se a transcendência, em sendo reconhecida, é para obstacularizar ou submeter à apreciação da Revista pela Turma do TST. Tudo está a indicar que a transcendência, como nova condição de admissibilidade desse recurso, tem por finalidade negar-lhe seguimento.

A precitada Medida Provisória n. 2.226/01 dispõe, em seu art. 2º, que *"O Tribunal Superior do Trabalho regulamentará, em seu regimento interno, o processamento da transcendência em sessão pública, com direito a sustentação oral e fundamentação da decisão".* Deflui do preceito que a transcendência será proclamada pela Turma do TST em cada caso concreto. A respectiva decisão poderá ser impugnada por meio de embargos. Estamos em que o Regimento Interno ficará maculado de inconstitucionalidade se declarar que a transcendência, quando afirmada pela Turma do TST, impede o julgamento da Revista. O Regimento de um Tribunal tem por objeto normas procedimentais. É-lhe vedado criar direitos ou obrigações que, em caráter abstrato, só têm como fonte uma lei aprovada pelo Congresso Nacional. Ademais, não cabe ao TST regulamentar uma lei.

Está o STF apreciando a Ação Direta de Inconstitucionalidade ADIn n. 2.527-9 (in DJU 8.11.02, p. 1). Encontrava-se esse art. 896-A suspenso em virtude da liminar concedida na medida cautelar, em trâmite perante esse Tribunal. Essa liminar, contudo, foi cassada quando do seu julgamento pela composição plenária desse Tribunal, conforme decisão publicada no DJU de 23.11.07. Argumentou-se nesse julgamento quanto à alegada ofensa à alínea *b* do inciso I do § 1º do art. 62 da CF, com a redação que lhe foi dada pela EC n. 32/2001, que vedou o trato de matéria processual por meio de medida provisória, que a norma atacada seria anterior a essa emenda. Além disso, afirmou-se que matéria relativa à competência do TST e ao recurso de revista ou a seu respectivo processamento não têm definição constitucional, sendo, portanto, viável o disciplinamento por meio de norma infraconstitucional.

Cassada a liminar, encontra-se o artigo 896-A, da CLT, em plena vigência até o julgamento definitivo da referida ADIn.

274. Embargos

Os embargos são tratados no art. 894, da CLT, possuindo eles a natureza própria de recurso. Esse dispositivo foi derrogado na parte em que colide com o disposto na Lei n. 7.701, de 21.12.88 (DOU 22.12.88).Em termos didáticos, e tendo em vista esse dispositivo legal, podemos dizer que os embargos são de duas modalidades: (a) *embargos infringentes*, que serão examinados no item 275 a seguir; e (b) de *divergência*.

Os embargos de nulidade, que eram uma terceira espécie de recurso no processo do trabalho, deixaram de existir com a Lei n. 11.496, de 22.6.2007, que modificou o cabimento do recurso de embargos no TST, alterando o art. 894, da CLT e a alínea b do inciso III do art. 3º da Lei n. 7.701/88. Com essa alteração, houve o reconhecimento de que eles descabem com relação à decisão de Turma que viole *"literalmente preceito de lei federal ou da Constituição da República"*.

São considerados *embargos de divergência* aqueles tratados no art. 3º, III, *b*, dessa Lei.

Assim, contra acórdão proferido em recurso de revista cabem embargos para a Seção de Dissídios Individuais (SDI) do Tribunal Superior do Trabalho, à qual, nos termos da alínea b do inciso III do art. 3º da Lei n. 7.701, de 21.12.88, com redação dada pela Lei n. 11.496/2007, compete julgar, em última instância, os embargos das decisões das Turmas que divergirem entre si, ou das decisões proferidas pela Seção de Dissídios Individuais.

De fato, a alínea *b* do inciso III do art. 3º da Lei n. 7.701, de 21.12.1988, estabelecia, *verbis*: *"Compete à Seção de Dissídios Individuais (do TST) julgar: I — omissis; III — em última instância; b) os embargos interpostos às decisões divergentes das Turmas, ou destas com a Seção de Dissídios Individuais, ou com enunciado da Súmula e as que violarem literalmente preceito de lei federal ou da Constituição da República"*. Contudo, essa alínea *b* recebeu nova redação pela Lei n. 11.496 de 22.6.2007 (DOU 25.6.07), onde ficou assentado que esses embargos ficaram restritos às decisões das Turmas que divergirem entre si, ou das decisões proferidas pela Seção de Dissídios Individuais, não sendo mais cabíveis eles quando as decisões violarem a literalidade do preceito de lei federal ou da Constituição. Eis como passou a ser redigido esse comando legal: *"Compete à Seção de Dissídios Individuais julgar: ..... III — em última instância: .... . b) os embargos das decisões das Turmas que divergirem entre si, ou das decisões proferidas pela Seção de Dissídios Individuais"*. Quer dizer, os embargos ao recurso de revista restou limitado à hipótese de divergência jurisprudencial entre Turmas do TST ou entre Turma e a SDI.

A alteração feita pela Lei n. 11.496/2007 nessa alínea "b", III, art. 3º, da Lei n. 7.701/88, foi para promover a adequação da competência da Seção de Dissídios Individuais do TST à nova sistemática introduzida por essa mesma lei na CLT, ao dar nova redação ao art. 894, II: *"Art. 894 — No Tribunal Superior do Trabalho cabem embargos, no prazo de 8 (oito) dias: II — das decisões das Turmas que divergirem entre si, ou das decisões proferidas pela Seção de Dissídios Individuais, salvo se a decisão recorrida estiver em consonância com súmula ou orientação jurisprudencial do Tribunal Superior do Trabalho ou do Supremo Tribunal Federal"*.

Assim, não há mais a possibilidade de interposição de recurso de embargos contra decisão proferida por Turma do TST fundado na hipótese de violação de preceito de lei federal e da Constituição. Doravante, havendo violação da Constituição, não mais caberão os embargos. Nesse caso, o interessado deverá interpor o recurso extraordinário para o STF, na forma do art. 102, III, a, da Constituição.

E na hipótese da decisão conter temas que incidam em divergência jurisprudencial e outros temas que violem a Constituição? Entendemos que para a primeira hipótese de divergência jurisprudencial deverá haver a interposição de embargos, concomitantemente à interposição de recurso extraordinário, ficando este sobrestado em seu regular processamento até o julgamento daqueles embargos interpostos. E, na hipótese dessa decisão dos embargos violar também a Constituição, claro está que se abre a oportunidade à parte aditar o recurso extraordinário anteriormente interposto, requerendo que ele seja regularmente processado no TST para posterior remessa, ou não, para o STF. Se não for recebido o recurso extraordinário, é evidente que contra tal decisão caberá a interposição de agravo para aquela Corte Suprema dentro do prazo de 10 (dez) dias, conforme o art. 544, do CPC, com nova redação dada pela Lei n. 12.322, de 9.9.2010, sendo que ele será processado nos próprios autos do processo principal. Isto é, a partir dessa alteração do nosso código, o agravo de instrumento passou a se denominar, simplesmente, de agravo em recurso extraordinário.

Pensamos que essa é a fórmula mais adequada para se evitar que ocorram retardamentos e incertezas processuais. Assim se procedendo, pensamos que ficam respondidas indagações que tais: "Como será no TST, quando a decisão contiver divergência jurisprudencial e violação constitucional? Haverá dois recursos, um para a Seção do TST e o recurso extraordinário para o STF?"

Sobre essa nova sistemática dos embargos, merecem ser lidos os artigos "Recurso de Embargos e Ação Rescisória — Alterações das Leis ns. 11.495 e 11.496, de 22 de junho de 2007", de Júlio César Bebber (Suplemento Trabalhista LTr 100/07, p. 421) e "Novos Embargos somente por divergência no Tribunal Superior do Trabalho" de José A. Couto Maciel (*in* Revista LTr, setembro/2007, p. 1.115).

São considerados **embargos de divergência** aqueles tratados no inciso II, do art. 894, com a redação dada pela Lei n. 11.496, de 22.6.2007.

Precipuamente, os embargos no TST têm como objetivo a unificação da jurisprudência de suas turmas, ou de decisões não unânimes em processos de competência originária do TST. Confirmando esse entendimento, o TST editou a Orientação Jurisprudencial n. 95, SDI-1, *verbis*: "**Embargos para SDI. Divergência entre a mesma turma. Inservível.** ERR 125320/94, SDI — Plena. Em 19.5.97, a SDI-Plena, por maioria, decidiu que acórdãos oriundos da mesma turma, embora divergentes não fundamentam divergência jurisprudencial de que trata a alínea b, do art. 894 da Consolidação das Leis do Trabalho para embargos à Seção Especializada em Dissídios, Individuais, Subseção I".

Descabem embargos quando se pretender interpretar cláusula de acordo ou convenção coletiva, sentença normativa ou regulamento interno de empresa. Sendo denegado seguimento aos embargos por despacho monocrático do Ministro Relator, cabe a interposição de agravo regimental (art. 896, § 5º, da CLT).

Também os embargos e o recurso de revista não serão conhecidos, se a decisão recorrida resolver determinado item do pedido por diversos fundamentos e a jurisprudência transcrita não abranger a todos, conforme a jurisprudência cristalizada na Súmula n. 23, do TST. Sobre esse tema, disserta o sempre citado Roberto Barretto Prado que "os fundamentos de determinado item do pedido, a que se refere a Súmula, podem se entrosar de tal forma que a apreciação do recurso exija o exame do seu conjunto. Entretanto, também é perfeitamente possível que sejam independentes e possam ser destacados, bastando um deles ou diversos deles para que seja acolhida a revista (ou os embargos, acrescentamos nós). Os fundamentos inócuos e não comprovados merecem ser rejeitados, mas sem prejuízo de outros que possam ser relevantes e mereçam ser acolhidos. Essa distinção, tão importante, não pode permanecer na total obscuridade". E arremata ele, com um conselho plenamente correto, que "é preciso muita cautela na interpretação do recurso de revista (acrescentamos, embargos também), dado o seu cunho restrito. Recursos protelatórios não devem ser estimulados" (conf. s/ob "Comentários às Súmulas do TST, LTr, p. 67, 1981).

Sobre essa Súmula n. 23 do TST recomenda Sérgio Pinto Martins que "a parte não poderá pinçar de decisões diversas os subsídios para os embargos, pois os fundamentos dos embargos devem advir de uma única decisão paradigma" (conf. s/ob. "Comentários à CLT", p. 972, 2006).

Além da cautela a ser adotada no cumprimento dos termos dessa Súmula n. 23, merece ser dito que a divergência jurisprudencial indicada há de ser específica, de forma tal que permita colocar em destaque a existência das teses divergentes na interpretação de um mesmo preceito de lei, embora idênticos os fatos que as ensejaram, como prevê a Súmula n. 296, do TST, *verbis*: "**Recurso. Divergência Jurisprudencial. Especificidade.** I — A divergência jurisprudencial ensejadora da admissibilidade, do prosseguimento e do conhecimento do recurso há de ser específica, relevando a existência de teses diversas na interpretação de um mesmo dispositivo legal, embora idênticos os fatos que as ensejaram. II — Não ofende o art. 896 da CLT decisão de Turma que, examinando premissas concretas de especificidade da divergência colacionada no apelo revisional, conclui pelo conhecimento ou desconhecimento do recurso".

Francisco Antonio de Oliveira, comentando essa Súmula n. 296, do TST, deixa claro que "o trabalho revisional da jurisprudência não está diretamente ligado ao interesse da parte, vez que a revista (acrescentamos, os embargos também) não busca a justiça ou a injustiça do julgado. Sensibiliza-se a ausência de interpretação uniforme das leis e, bem assim, o desrespeito à literal disposição de lei. Mesmo porque, em sede de revista (ou de embargos, com nosso acréscimo) não pode o Tribunal conhecer ou interpretar matéria fática, embora seja justamente na análise de provas que se cometem as maiores injustiças, e até mesmo absurdos, onde se dá ensejo ao protecionismo exacerbado, principalmente nos pedidos envolvendo dano moral, tema que, se não bem administrado, pode transformar-se em espécie de panaceia, com o beneplácito de juízes lenientes" (cf. s/ob "Comentários às Súmulas do TST", 6. ed., p. 750, 2005).

Quer dizer que, por meio dos embargos e da própria revista, busca-se determinar a unidade interpretativa dentro dos órgãos trabalhistas, fazendo-se, com isso, a aplicação fiel do princípio *una lex, una jurisdictio*.

Assim procedendo, o TST prestigia o princípio constitucional da segurança jurídica, como albergado no *caput* do art. 5º da Constituição e no seu próprio Preâmbulo, *verbis*: "Art. 5º — Todos são iguais perante a lei, sem distinção de qualquer natureza, garantindo-se aos brasileiros e aos estrangeiros residentes no País, a inviolabilidade do direito à vida, à liberdade, à igualdade, à segurança e à propriedade ..."; e no Preâmbulo da CF ..." Nós, representantes do povo brasileiro, reunidos em Assembleia Nacional Constituinte para instituir um Estado Democrático, destinado a assegurar o exercício dos direitos sociais e individuais, a liberdade, a segurança, o bem-estar, o desenvolvimento, a igualdade e a justiça como valores supremos de uma sociedade fraterna, pluralista e sem preconceitos, fundada na harmonia social e comprometida, na ordem interna e internacional, com a solução pacífica das controvérsias, promulgamos, sob a proteção de Deus, a seguinte Constituição da República Federativa do Brasil".

Bem se sabe que a delegação de poderes legisferantes ao Poder Executivo e ao Poder Judiciário, por ser uma anomalia dentro do Estado de Direito, precisa ser analisada e repudiada com efetivo fervor jurídico. Isso porque em nome da legalidade e da segurança jurídica com que a legalidade se acha visceralmente comprometida, o legislador, ao empregar a flexibilidade desse mecanismo e da própria cláusula geral da norma, deve indicar de forma clara e precisa os padrões e os limites da atividade complementar promovida pelo Executivo e pelo Judiciário, como reconhece a boa doutrina nacional e estrangeira.

A insegurança jurídica precisa ser combatida por todos os instrumentos disponíveis, pois é inaceitável que o cidadão seja lançado na falta de previsibilidade de como o órgão aplicador irá agir sobre a mesma realidade fática e jurídica.

A segurança jurídica não pode conviver com problemas desse porte. É fundamental que, para se ter uma ordem jurídica mergulhada no princípio da segurança jurídica, por primeiro, respeite-se a separação dos poderes entre o legislador, o administrador e o juiz, e que, por segundo, depois que a norma é criada pelo legislador, seja ela aplicada pelo administrador ou pelo juiz aos fatos supervenientes à sua edição de forma uniforme. Esta situação é defendida pela Suprema Corte dos Estados Unidos da América, quando não dá acolhida às *ex post facto laws*, permitindo, assim, que os indivíduos tenham um conhecimento prévio e estável das leis às quais devem se submeter e das penas às quais se expõem.

Ao se abeberar o Estado de Direito Democrático no princípio de segurança jurídica, exige ele que seus atos normativos sejam editados com precisão ou determinabilidade. Corresponde, conforme José Joaquim Gomes Canotilho, que haja de um lado a exigência de "clareza das normas legais" e, de outro, reclama-se "densidade suficiente na regulamentação legal" (cf. s/ob "Direito Constitucional e Teoria da Constituição", 4. ed., Edições Almedina, Coimbra, Portugal, p. 257), o que afasta a delegação de poderes contida em cláusulas gerais, despidas de um mínimo de concretude.

E mais. Na busca de harmonização de sua própria jurisprudência, é natural que o TST exija do embargante a comprovação da divergência justificadora do recurso mediante a juntada de cópia do acórdão paradigma, por certidão ou documento equivalente, e, ainda, a transcrição do trecho do aresto pertinente à hipótese, indicando a origem ou repertório idôneo de jurisprudência.

Esse posicionamento jurisprudencial foi cristalizado na Súmula n. 337, do TST: "**Comprovação de divergência jurisprudencial. Recursos de revista e de embargos.** I — Para comprovação da divergência justificadora do recurso, é necessário que o recorrente: a) Junte certidão ou cópia autenticada do acórdão paradigma ou cite a fonte oficial ou o repositório autorizado em que foi publicado; e b) Transcreva, nas razões recursais, as ementas e/ou trechos dos acórdãos trazidos à configuração do dissídio, demonstrando o conflito de teses que justifique o conhecimento do recurso, ainda que os acórdãos já se encontrem nos autos ou venham a ser juntados com o recurso. II — A concessão de registro de publicação como repositório autorizado de jurisprudência do TST torna válidas todas as suas edições anteriores. III — A mera indicação da data de publicação, em fonte oficial, de aresto paradigma é inválida para comprovação de divergência jurisprudencial, nos termos do item I, "a", desta súmula, quando a parte pretende demonstrar o conflito de teses mediante a transcrição de trechos que integram a fundamentação do acórdão divergente, uma vez que só se publicam o dispositivo e a ementa dos acórdãos. IV — É válida para a comprovação da divergência jurisprudencial justificadora do recurso a indicação de aresto extraído de repositório oficial na internet, desde que o recorrente: a) transcreva o trecho divergente; b) aponte o sítio de onde foi extraído; e c) decline o número do processo, o órgão prolator do acórdão e a data da respectiva publicação no Diário Eletrônico da Justiça do Trabalho. (NR 2012)

Essa súmula cuida da possibilidade do recorrente fazer a prova da demonstração da divergência jurisprudencial por meio de cópia de acórdão extraída da mídia eletrônica ou da Internet. O art. 541, parágrafo único, do CPC, é destinado à prova dessa demonstração em sede de recurso extraordinário. Entendemos que esse comando processual é aplicável ao processo trabalhista. De fato, esse dispositivo legal recebeu nova redação pela Lei n. 11.341, de 7.8.2006 (DOU 8.8.06), que passou a disciplinar as formas de comprovação da divergência jurisprudencial dentro de um recurso extraordinário. Aí ficou esclarecido que a divergência jurisprudencial poderá ser provada, também, com cópia extraída na mídia eletrônica, inclusive na Internet, verbis: "Art. 541... ("omissis"). Parágrafo único. Quando o recurso fundar-se em dissídio jurisprudencial, o recorrente fará a prova da divergência mediante certidão, cópia autenticada ou pela citação do repositório de jurisprudência, oficial ou credenciado, inclusive em mídia eletrônica, em que tiver sido publicada a decisão divergente, ou ainda pela reprodução de julgado disponível na Internet, com indicação da respectiva fonte, mencionando, em qualquer caso, as circunstâncias que identifiquem ou assemelhem os casos confrontados".

Não existe incompatibilidade alguma de que esse parágrafo único do art. 541, do CPC, seja aplicável ao processo do trabalho. Ao contrário, a aplicação deve ocorrer em virtude da desejável e recomendável celeridade processual que se deve imprimir no julgamento de uma ação trabalhista.

Lembre-se que os embargos são cabíveis contra acórdão proferido em agravo de instrumento desde que estejam enquadrados nas hipóteses apontadas na Súmula n. 353, do TST, verbis: "**Embargos. Agravo. Cabimento.** Não cabem embargos para a Seção de Dissídios Individuais de decisão de Turma proferida em agravo, salvo: a) da decisão que não conhece de agravo de instrumento ou de agravo pela ausência de pressupostos extrínsecos; b) da decisão que nega provimento a agravo contra decisão monocrática do Relator, em que se proclamou a ausência de pressupostos extrínsecos de agravo de instrumento; c) para revisão dos pressupostos extrínsecos de admissibilidade do recurso de revista, cuja ausência haja sido declarada originariamente pela Turma no julgamento do agravo; d) para impugnar o conhecimento de agravo de instrumento; e) para impugnar a imposição de multas previstas no art. 538, parágrafo único, do CPC, ou no art. 557, § 2º, do CPC; f) contra decisão de Turma proferida em agravo em recurso de revista, nos termos do art. 894, II, da CLT".

Além disso, a divergência a motivar a admissibilidade dos embargos (e do próprio recurso de revista, conforme o § 4º, do art. 896, da CLT) deve ser específica, conforme a Súmula n. 296, do TST: "**Recurso. Divergência Jurisprudencial. Especificidade.** I — A divergência jurisprudencial ensejadora da admissibilidade, do prosseguimento e do conhecimento do recurso há de ser específica, revelando a existência de teses diversas na interpretação de um mesmo dispositivo legal, embora idênticos os fatos que as ensejaram. II — Não ofende o art. 896 da CLT decisão de Turma que, examinando premissas concretas de especificidade da divergência colacionada no apelo revisional, conclui pelo conhecimento ou desconhecimento do recurso".

É de cautela, ainda, que a divergência jurisprudencial deve ser comprovada, sendo certo que o acórdão apontado como paradigma de divergência tem que abarcar todos os fundamentos do acórdão impugnado, consoante os termos da Súmula n. 23, do TST.

Sobre oponibilidade de embargos, consultar os Precedentes Jurisprudenciais da SDI (Seção de Dissídios Individuais) do TST. Além disso, consultar as seguintes Súmulas do TST:

a) Súmula n. 23:"**Recurso.** Não se conhece de recurso de revista ou de embargos, se a decisão recorrida resolver determinado item do pedido por diversos fundamentos e a jurisprudência transcrita não abranger a todos;

b) Súmula n. 184: "**Embargos Declaratórios. Omissão em Recurso de Revista. Preclusão.** Ocorre preclusão se não forem opostos embargos declaratórios para suprir omissão apontada em recurso de revista ou de embargos";

c) Súmula n. 337: "**Comprovação de Divergência Jurisprudencial. Recursos de Revista e de Embargos.** I — Para comprovação da divergência justificadora do recurso, é necessário que o recorrente: a) Junte certidão ou cópia autenticada do acórdão paradigma ou cite a fonte oficial ou o repositório autorizado em que foi publicado; e b) Transcreva, nas razões recursais, as ementas e/ou trechos dos acórdãos trazidos à configuração do dissídio, demonstrando o conflito de teses que justifique o conhecimento do recurso, ainda que os acórdãos já se encontrem nos autos ou venham a ser juntados com o recurso. II — A concessão de registro de publicação como repositório autorizado de jurisprudência do TST torna válidas todas as suas edições anteriores. III — A mera indicação da data de publicação, em fonte oficial, de aresto paradigma é inválida para comprovação de divergência jurisprudencial, nos termos do item I, "a", desta súmula, quando a parte pretende demonstrar o conflito de teses mediante a transcrição de trechos que integram a fundamentação do acórdão divergente, uma vez que só se publicam o dispositivo e a ementa dos acórdãos; IV — É válida para a comprovação da divergência jurisprudencial justificadora do recurso a indicação de aresto extraído de repositório oficial na internet, desde que o recorrente: a) transcreva o trecho divergente; b) aponte o sítio de onde foi extraído; e c) decline o número do processo, o órgão prolator do acórdão e a data da respectiva publicação no Diário Eletrônico da Justiça do Trabalho";

d) Súmula n. 433: "**Embargos. Admissibilidade. Processo em Fase de Execução. Acórdão de Turma Publicado na Vigência da Lei n. 11.496, de 26.6.2007. Divergência de Interpretação de Dispositivo Constitucional.** A admissibilidade do recurso de embargos contra acórdão de Turma em Recurso de Revista em fase de execução, publicado na vigência da Lei n. 11.496, de 26.06.2007, condiciona-se à demonstração de divergência jurisprudencial entre Turmas ou destas e a Seção Especializada em Dissídios Individuais do Tribunal Superior do Trabalho em relação à interpretação de dispositivo constitucional", todas do TST.

Além dessas Súmulas, merecem atenção as seguintes Orientações Jurisprudenciais quando do manejo dos embargos previstos neste art. 894, da CLT:

a) Orientação Jurisprudencial n. 95, da SDI-1, do TST: "**Embargos para SDI. Divergência oriunda da mesma Turma do TST. Inservível.** Em 19.05.1997, a SDI-Plena, por maioria, decidiu que acórdãos oriundos da mesma Turma, embora divergentes, não fundamentam divergência jurisprudencial de que trata a alínea "b", do artigo 894 da Consolidação das Leis do Trabalho para embargos à Seção Especializada em Dissídios Individuais, Subseção I";

b) Orientação Jurisprudencial n. 219, da SDI-1, do TST: "**Recurso de Revista ou de Embargos Fundamentado em Orientação Jurisprudencial do TST.** É válida, para efeito de conhecimento do recurso de revista ou de embargos, a invocação de Orientação Jurisprudencial do Tribunal Superior do Trabalho, desde que, das razões recursais, conste o seu número ou conteúdo";

c) Orientação Jurisprudencial n. 294, da SDI-1, do TST: "**Embargos à SDI contra decisão em Recurso de Revista não conhecido quanto aos pressupostos intrínsecos. Necessária a indicação expressa de ofensa ao art. 896, da CLT.** Para a admissibilidade e conhecimento de embargos, interpostos contra decisão mediante a qual não foi conhecido o recurso de revista pela análise dos pressupostos intrínsecos, necessário que a parte embargante aponte expressamente a violação ao art. 896 da CLT";

d) Orientação Jurisprudencial n. 295, da SDI-1, do TST: "**Embargos. Revista não conhecida por má aplicação de Súmula ou de Orientação Jurisprudencial. Exame do mérito pela SDI.** A SDI, ao conhecer dos Embargos por violação do art. 896 — por má aplicação de súmula ou de orientação jurisprudencial pela Turma —, julgará desde logo o mérito, caso conclua que a revista mereça conhecimento e que a matéria de fundo se encontra pacificada neste Tribunal";

e) Orientação Jurisprudencial n. 378, da SDI-1, do TST: "**Embargos. Interposição contra decisão monocrática. Não cabimento**. Não encontra amparo no art. 894 da CLT, quer na redação anterior quer na redação posterior à Lei n. 11.496, de 22.06.2007, recurso de embargos interposto à decisão monocrática exarada nos moldes dos arts. 557 do CPC e 896, § 5º, da CLT, pois o comando legal restringe seu cabimento à pretensão de reforma de decisão colegiada proferida por Turma do Tribunal Superior do Trabalho";

f) Orientação Jurisprudencial n. 405, da SDI-1, do TST: "**Embargos. Procedimento sumaríssimo. Conhecimento. Recurso interposto após vigência da Lei n. 11.496, de 22.6.2008, que conferiu nova redação ao art. 894, II, da CLT**. Em causas sujeitas ao procedimento demanda submetida ao rito sumaríssimo, em que pese a limitação imposta no art. 896, § 6º, da CLT à interposição de recurso de revista, admite-se os embargos interpostos na vigência da Lei n. 11.496, de 22.06.2007, que conferiu nova redação ao art. 894 da CLT, quando demonstrada a divergência jurisprudencial entre Turmas do TST, fundada em interpretações diversas acerca da aplicação de mesmo dispositivo constitucional ou de matéria sumulada.

No CPC de 1939, eram os embargos chamados de nulidade ou infringentes de julgado; o de 1973 chama-os, apenas, de embargos infringentes. A Consolidação das Leis do Trabalho dá-lhes denominação mais simples: embargos. A Lei n. 7.701, de 21 de dezembro de 1988, na alínea c, do inciso II do art. 2º, denomina embargos infringentes os interpostos contra decisão não unânime proferida em processo de dissídio coletivo de sua competência originária, salvo se a decisão atacada estiver em consonância com precedente jurisprudencial do TST ou da Súmula de sua jurisprudência predominante.

Trata-se de recurso que supera a regra de que a função estatal de dar tutela jurisdicional se esgota depois de cumprido o princípio do duplo grau de jurisdição. Este ganhou elastério em face do interesse privatístico de forçar o reexame da matéria no mesmo Tribunal. É indisfarçável que os embargos acarretam a procrastinação do feito.

Barbosa Moreira (in "Comentários ao CPC", vol. V, Forense, 1974, p. 401) chega a afirmar que os embargos deveriam ficar reservados às questões de direito e manifesta evidente simpatia pela tese de sua supressão.

Não resta dúvida de que os embargos dão aos feitos maior duração, mas acreditamos que nossa história processual atribui a esse recurso vantagens que justificam largamente sua permanência tanto no processo civil como no trabalhista, que é de oito dias.

O prazo de oposição dos embargos começa a correr da data da publicação da decisão, como o diz o Regimento Interno do TST. Admitidos os embargos, abre-se vista ao embargado, pelo prazo de oito dias, para impugnação. Em se tratando de dissídio individual, independentemente de despacho, serão os embargos juntados ao respectivo processo e conclusos ao presidente da Turma que julgou o feito.

Não se configurando a hipótese legal que admite os embargos, o Presidente da Turma os indefere, ou melhor, nega-lhes seguimento. A parte inconformada com o despacho denegatório do seguimento do recurso, com apoio no Regimento Interno do TST, pode opor agravo regimental, dentro de oito dias a contar da publicação daquele despacho. Será relator o prolator da decisão agravada.

Em grau de embargos, não é possível debater matéria não discutida na revista, uma vez que já se consumou a preclusão.

Vinha o TST (na esteira do STF) entendendo serem incabíveis os embargos contra decisão da Turma em agravo de instrumento que confirmou despacho indeferitório do recurso de revista.

Não perfilhamos a tese. A lei não encampa a restrição consagrada no TST. É de se admitir, outrossim, que a Turma do TST, ao desacolher o agravo de instrumento, crie uma das situações que a lei prevê como embargáveis.

Amenizando essa posição jurisprudencial, o TST editou a Súmula n. 353 onde ficou registrado o seguinte: "Não cabem embargos para a Seção de Dissídios Individuais de decisão de Turma proferida em agravo, salvo: a) da decisão que não conhece de agravo de instrumento ou de agravo pela ausência de pressupostos extrínsecos; b) da decisão que nega provimento a agravo contra decisão monocrática do Relator, em que se proclamou a ausência de pressupostos extrínsecos de agravo de instrumento; c) para revisão dos pressupostos extrínsecos de admissibilidade do recurso de revista, cuja ausência haja sido declarada originariamente pela Turma no julgamento do agravo; d) para impugnar o conhecimento de agravo de instrumento; e) para impugnar a imposição de multas previstas no art. 538, parágrafo único, do CPC, ou no art. 557, § 2º, do CPC; f) contra decisão de Turma proferida em agravo em recurso de revista, nos termos do art. 894, II, da CLT.".

No plano doutrinário, ainda há quem ponha em dúvida a legalidade dessa diretriz da jurisprudência daqueles tribunais superiores. Sobre o tema já nos manifestamos há pouco.

Tem-se como deserto o recurso de embargos se não for feito depósito da parte do acórdão da Turma do TST que, no julgamento da revista, agravou a condenação.

Aceitos os embargos e sejam eles impugnados, ou não, pelo embargado, serão os autos conclusos ao Presidente para a distribuição do feito e sorteio do relator e do revisor. Na sessão que incluiu na pauta os embargos, após a exposição do relator e pronunciamento do revisor, segue-se a votação.

Já assinalamos que há dissídios coletivos cujo julgamento cabe, privativamente, ao TST.

São aqueles que têm como partes trabalhadores e empresas espalhados por território que transcende à área sob a jurisdição de um Tribunal Regional.

A inconformidade da parte vencida em tal processo, depois de julgado pela Seção Especializada em Dissídio Coletivo, traduz-se em embargos infringentes se o acórdão não foi adotado por unanimidade; se o foi, não é embargável a decisão.

Sua admissibilidade é também rejeitada quando o acórdão fulcrar-se em precedente normativo da própria SDC ou em Súmula do TST. Mesmo nessa hipótese, é oponível o agravo regimental.

Apresenta a questão um outro aspecto que classificamos de relevante.

Trata-se do respeito ao princípio do duplo grau de jurisdição.

Na ocorrência das situações já apontadas e que impedem o processamento dos embargos, a decisão não é reexaminada como recomenda o princípio citado acima.

Na hipótese, o prequestionamento da mácula constitucional é feito nos embargos.

Merece aqui ser indica a tramitação dos embargos. A Instrução Normativa n. 35/2012, do TST, de 1.10.2012, dispõe sobre a admissibilidade do recurso de Embargos à Subseção I da Seção Especializada em Dissídios Individuais. Assim, na forma desse ato normativo, incumbirá ao Presidente da Turma proceder ao exame prévio de admissibilidade desse recurso, proferindo despacho fundamentado. Contra o despacho que não o admitir, cabe a apresentação de Agravo na forma do Regimento Interno, abrindo-se prazo para a intimação do embargado para apresentar a impugnação aos próprios Embargos e contrarrazões ao Agravo. No caso de interposição simultânea dos Embargos e de Recurso Extraordinário, seguirá o fluxo processual apontado apenas após o trâmite relacionado com o Recurso Extraordinário.

Para facilitar o estudo dos embargos, relacionamos todas as Súmulas e Orientações Jurisprudenciais do TST a seguir:

Súmula n. 23, do TST — Não se conhece da revista ou dos embargos, quando a decisão recorrida resolver determinado item do pedido por diversos fundamentos e a jurisprudência transcrita não abranger a todos;

Súmula n. 102, do TST — **Bancário. Cargo de confiança.** I. A configuração, ou não, do exercício da função de confiança a que se refere o art. 224, § 2º, da CLT, dependente da prova das reais atribuições do empregado, é insuscetível de exame mediante recurso de revista ou de embargos. II .... III ... IV ... V .... VI ... VII ...;

Súmula n. 126, do TST — Incabível recurso de revista ou de embargos (arts. 896 e 894, b, da CLT) para reexame de fatos e provas;

Súmula n. 184, do TST — Ocorre preclusão quando não forem opostos embargos declaratórios para suprir omissão em recurso de revista ou de embargos;

Súmula n. 192, do TST — **Ação rescisória. Competência e possibilidade jurídica do pedido.** I — Se não houver o conhecimento de recurso de revista ou de embargos, a competência para julgar ação que vise a rescindir a decisão de mérito é do Tribunal Regional do Trabalho, ressalvado o disposto no item II. II — Acórdão rescindendo do Tribunal Superior do Trabalho que não conhece de recurso de embargos ou de revista, analisando arguição de violação de dispositivo de lei material ou decidindo em consonância com súmula de direito material ou com iterativa, notória e atual jurisprudência de direito material da Seção de Dissídios Individuais (Súmula n. 333), examina o mérito da causa, cabendo ação rescisória da competência do Tribunal Superior do Trabalho. III — Em face do disposto no art. 512 do CPC, é juridicamente impossível o pedido explícito de desconstituição de sentença quando substituída por acórdão de Tribunal Regional ou superveniente sentença homologatória de acordo que puser fim ao litígio. IV — É manifesta a impossibilidade jurídica do pedido de rescisão de julgado proferido em agravo de instrumento que, limitando-se a aferir o eventual desacerto do juízo negativo de admissibilidade do recurso de revista, não substitui o acórdão regional, na forma do art. 512 do CPC. V — A decisão proferida pela SDI, em sede de agravo regimental, calcada na Súmula n. 333, substitui acórdão de Turma do TST, porque emite juízo de mérito, comportando, em tese, o corte rescisório. (NR 2008);

Súmula n. 283, do TST — **Recurso adesivo. Pertinência no processo do trabalho. Correlação de matérias.** O recurso adesivo é compatível com o processo do trabalho e cabe, no prazo de 8 (oito) dias, nas hipóteses de interposição de recurso ordinário, de agravo de petição, de revista e de embargos, sendo desnecessário que a matéria nele veiculada esteja relacionada com a do recurso interposto pela parte contrária;

Súmula n. 296, do TST — **Recurso. Divergência jurisprudencial. Especificidade.** I. A divergência jurisprudencial ensejadora da admissibilidade, do prosseguimento e do conhecimento do recurso há de ser específica, revelando a existência de teses diversas na interpretação de um mesmo dispositivo legal, embora idênticos os fatos que as ensejaram. II. Não ofende o art. 896 da CLT decisão de Turma que, examinando premissas concretas de especificidade da divergência colacionada no apelo revisional, conclui pelo conhecimento ou desconhecimento do recurso;

Súmula n. 297, do TST — **Prequestionamento. Oportunidade. Configuração.** I. Diz-se prequestionada a matéria ou questão quando na decisão impugnada haja sido adotada, explicitamente, tese a respeito. II. Incumbe à parte interessada, desde que a matéria haja sido invocada no recurso principal, opor embargos declaratórios objetivando o pronunciamento sobre o tema, sob pena de preclusão. III. Considera-se prequestionada a questão jurídica invocada no recurso principal sobre a qual se omite o Tribunal de pronunciar tese, não obstante opostos embargos de declaração;

Súmula n. 337, do TST — **Comprovação de Divergência Jurisprudencial. Recursos de Revista e de Embargos.** I — Para comprovação da divergência justificadora do recurso, é necessário que o recorrente: a) Junte certidão ou cópia autenticada do acórdão paradigma ou cite a fonte oficial ou o repositório autorizado em que foi publicado; e b) Transcreva, nas razões recursais, as ementas e/ou trechos dos acórdãos trazidos à configuração do dissídio, demonstrando o conflito de teses que justifique o conhecimento do recurso, ainda que os acórdãos já se encontrem nos autos ou venham a ser juntados com o recurso. II — A concessão de registro de publicação como repositório autorizado de jurisprudência do TST torna válidas todas as suas edições anteriores. III — A mera indicação da data de publicação, em fonte oficial, de aresto paradigma é inválida para comprovação de divergência jurisprudencial, nos termos do item I, "a", desta súmula, quando a parte pretende demonstrar o conflito de teses mediante a transcrição de trechos que integram a fundamentação do acórdão divergente, uma vez que só se publicam o dispositivo e a ementa dos acórdãos; IV — É válida para a comprovação da divergência jurisprudencial justificadora do recurso a indicação de aresto extraído de repositório oficial na internet, desde que o recorrente: a) transcreva o trecho divergente; b) aponte o sítio de onde foi extraído; e c) decline o número do processo, o órgão prolator do acórdão e a data da respectiva publicação no Diário Eletrônico da Justiça do Trabalho.

Súmula n. 353, do TST — Embargos. Agravo. Cabimento. Não cabem embargos para a Seção de Dissídios Individuais de decisão de Turma proferida em agravo, salvo: a) da decisão que não conhece de agravo de instrumento ou de agravo pela ausência de pressupostos extrínsecos; b) da decisão que nega provimento a agravo contra decisão monocrática do Relator, em que se proclamou a ausência de pressupostos extrínsecos de agravo de instrumento; c) para revisão dos pressupostos extrínsecos de admissibilidade do recurso de revista, cuja ausência haja sido declarada originariamente pela Turma no julgamento do agravo; d) para impugnar o conhecimento de agravo de instrumento; e) para impugnar a imposição de multas previstas no art. 538, parágrafo único, do CPC, ou no art. 557, § 2º, do CPC; f) contra decisão de Turma proferida em agravo em recurso de revista, nos termos do art. 894, II, da CLT. (NR 2013)

Súmula n. 385 do TST — Feriado local. Ausência de expediente forense. Prazo recursal. Prorrogação. Comprovação. Necessidade ato administrativo do juízo "a quo". I — Incumbe à parte o ônus de provar, quando da interposição do recurso, a existência de feriado local que autorize a prorrogação do prazo recursal. II — Na hipótese de feriado forense, incumbirá à autoridade que proferir a decisão de admissibilidade certificar o expediente nos autos. III — Na hipótese do inciso II, admite-se a reconsideração da análise da tempestividade do recurso, mediante prova documental superveniente, em Agravo Regimental, Agravo de Instrumento ou Embargos de Declaração.

Súmula n. 433, do TST — Embargos. Admissibilidade. Processo em Fase de Execução. Acórdão de Turma Publicado na Vigência da Lei n. 11.496, de 26.6.07. Divergência de Interpretação de Dispositivo Constitucional. A admissibilidade do recurso de embargos contra acórdão de Turma em Recurso de Revista em fase de execução, publicado na vigência da Lei n. 11.496, de 26.06.2007, condiciona-se à demonstração de divergência jurisprudencial entre Turmas ou destas e a Seção Especializada em Dissídios Individuais do Tribunal Superior do Trabalho em relação à interpretação de dispositivo constitucional;

Orientação Jurisprudencial n. 95 da SDI-1, do TST — Embargos para SDI. Divergência oriunda da mesma turma do TST. Inservível. Em 19.5.1997, a SDI-Plena, por maioria, decidiu que acórdãos oriundos da mesma Turma, embora divergentes, não fundamentam divergência jurisprudencial de que trata a alínea b, do art. 894 da Consolidação das Leis do Trabalho para embargos à Seção Especializada em Dissídios Individuais, Subseção I;

Orientação Jurisprudencial n. 147 da SDI-1, do TST — Lei estadual, norma coletiva ou norma regulamentar. Conhecimento indevido do recurso de revista por divergência jurisprudencial. I — É inadmissível o recurso de revista fundado tão somente em divergência jurisprudencial, se a parte não comprovar que a lei estadual, a norma coletiva ou o regulamento da empresa extrapolam o âmbito do TRT prolator da decisão recorrida. II — É imprescindível a arguição de afronta ao art. 896 da CLT para o conhecimento de embargos interpostos em face de acórdão de Turma que conhece indevidamente de recurso de revista, por divergência jurisprudencial, quanto a tema regulado por lei estadual, norma coletiva ou norma regulamentar de âmbito restrito ao Regional prolator da decisão;

Orientação Jurisprudencial n. 219 da SDI-1, do TST — Recurso de revista ou de embargos fundamentado em Orientação Jurisprudencial do TST. É válida, para efeito de conhecimento do recurso de revista ou de embargos, a invocação de Orientação Jurisprudencial do Tribunal Superior do Trabalho, desde que, das razões recursais, conste o seu número ou conteúdo;

Orientação Jurisprudencial n. 294 da SDI-1, do TST — Embargos à SDI contra decisão em recurso de revista não conhecido quanto aos pressupostos intrínsecos. Necessária a indicação expressa de ofensa ao art. 896, da CLT. Para a admissibilidade e conhecimento de embargos, interpostos contra decisão mediante a qual não foi conhecido o recurso de revista pela análise dos pressupostos intrínsecos, necessário que a parte embargante aponte expressamente a violação ao art. 896, da CLT;

Orientação Jurisprudencial n. 295 da SDI-1 do TST — Embargos. Revista não conhecida por má aplicação de Súmula ou de Orientação Jurisprudencial. Exame do mérito pela SDI. A SDI, ao conhecer dos Embargos por violação do art. 896 — por má aplicação de Súmula ou de Orientação Jurisprudencial pela Turma —, julgará desde logo o mérito, caso conclua que a revista mereça conhecimento e que a matéria de fundo se encontra pacificada neste Tribunal;

Orientação Jurisprudencial n. 336 — Embargos interpostos anteriormente à vigência da Lei n. 11.496/2007. Recurso não conhecido com base em orientação jurisprudencial. Desnecessário o exame das violações de lei e da constituição alegadas na revista. Estando a decisão recorrida em conformidade com orientação jurisprudencial, desnecessário o exame das divergências e das violações de lei e da Constituição alegadas em embargos interpostos antes da vigência da Lei n. 11.496/2007, salvo nas hipóteses em que a orientação jurisprudencial não fizer qualquer citação do dispositivo constitucional.

Orientação Jurisprudencial n. 378, da SDI-1, do TST — Embargos. Interposição contra decisão monocrática. Não cabimento. Não encontra amparo no art. 894 da CLT, quer na redação anterior quer na redação posterior à Lei n. 11.496, de 22.06.2007, recurso de embargos interposto à decisão monocrática exarada nos moldes dos arts. 557 do CPC e 896, § 5º, da CLT, pois o comando legal restringe seu cabimento à pretensão de reforma de decisão colegiada proferida por Turma do Tribunal Superior do Trabalho;

Orientação Jurisprudencial n. 405, da SDI-1, do TST — Embargos. Procedimento sumaríssimo. Conhecimento. Recurso interposto após vigência da Lei n. 11.496, de 22.6.2008, que conferiu nova redação ao art. 894, II, da CLT. Em causas sujeitas ao procedimento demanda submetida ao rito sumaríssimo, em que pese a limitação imposta no art. 896, § 6º, da CLT à interposição de recurso de revista, admite-se os embargos interpostos na vigência da Lei n. 11.496, de 22.06.2007, que conferiu nova redação ao art. 894 da CLT, quando demonstrada a divergência jurisprudencial entre Turmas do TST, fundada em interpretações diversas acerca da aplicação de mesmo dispositivo constitucional ou de matéria sumulada.

275. Embargos Infringentes

Não existem embargos infringentes no processo do trabalho relativamente aos dissídios individuais, não sendo aplicável a regra inscrita no art. 530 do CPC, que cuida de acórdão não unânime que reforma a sentença de mérito em grau de apelação: *"Art. 530. Cabem embargos infringentes quando o acórdão não unânime houver reformado, em grau de apelação, a sentença de mérito, ou houver julgado procedente ação rescisória. Se o desacordo for parcial, os embargos serão restritos à matéria objeto da divergência".*

Existem embargos infringentes no processo do trabalho, apenas, relativamente aos dissídios coletivos em trâmite perante o TST.

De fato, esses embargos infringentes são previstos no art. 2º, II, "c", da Lei n. 7.701, de 1988, *verbis: "Art. 2º, II, c) os embargos infringentes interpostos contra decisão não unânime proferida em processo de dissídio coletivo de sua competência originária, salvo se a decisão atacada estiver em consonância com precedente jurisprudencial do Tribunal Superior do Trabalho ou da Súmula de sua jurisprudência predominante".*

Assim, compete à Seção Especializada em Dissídios Coletivos (ou seção normativa) do TST julgar em última instância os embargos infringentes interpostos contra decisão não unânime proferida em processo de dissídio coletivo de sua competência originária e fundada em precedente jurisprudencial desse Tribunal ou da Súmula de jurisprudência predominante. Exemplo de dissídio coletivo de competência originária é aquele em que o conflito coletivo exceda a área de um Tribunal Regional, como é o caso do Banco do Brasil, Petrobrás, Rede Ferroviária Federal.

Extrai-se desse dispositivo a ilação de que, em sendo unânime a decisão da Seção em causa, fica a parte impossibilitada de obter novo julgamento para o dissídio coletivo. Parece-nos certo que, na espécie, há violação do princípio constitucional consagrador do duplo grau de jurisdição. Dever-se-ia promover a alteração da Lei supracitada a fim de admitir-se a interposição de recurso para o Pleno do Tribunal Superior do Trabalho.

Consoante o art. 531 do CPC cabe ao relator do acórdão embargado apreciar a admissibilidade do recurso, após vista ao recorrido para contrarrazões.

No Tribunal Superior do Trabalho, são cabíveis os embargos infringentes nos processos de sua competência originária de dissídios coletivos. Assim, essa matéria é tratada em seu Regimento Interno, nos arts. 232 a 234. Assim, tendo em vista essas normas regimentais, podemos dizer o seguinte: a) Cabem embargos infringentes das decisões não unânimes proferidas pela Seção Especializada em Dissídios Coletivos, no prazo de 8 (oito) dias, contados da publicação do acórdão no Órgão Oficial, nos processos de Dissídios Coletivos de competência originária do Tribunal; b) Registrado na petição o protocolo e encaminhada à Secretaria do Órgão julgador competente, será aberta vista dos autos à parte contrária, para impugnação, no prazo legal. Transcorrido o prazo, o processo será remetido à Secretaria de Distribuição para ser imediatamente distribuído; c) Desatendidas as exigências legais relativas ao cabimento dos embargos infringentes, o Relator denegará seguimento ao recurso, facultada à parte a interposição de agravo regimental, sendo que essa norma regimental está em harmonia com o disposto no art. 531, do CPC; d) Cabe agravo regimental, no prazo de 8 (oito) dias, para o Órgão Especial, Seções Especializadas e Turmas, observada a competência dos respectivos Órgãos, na hipótese do despacho do Presidente do Tribunal que denegar seguimento aos embargos infringentes.

Na forma do art. 232, parágrafo único, desse Regimento Interno, *"os embargos infringentes serão restritos à cláusula em que há divergência, e, se esta for parcial, ao objeto da divergência".*

276. Agravo de Instrumento

Dispõe a letra *b* do art. 897 da CLT que cabe agravo de instrumento, no prazo de oito dias, *"dos despachos que denegarem a interposição de recursos".*

Essa norma legal não é discriminatória deste ou daquele recurso; abrange qualquer deles cujo seguimento é recusado pelo juízo de admissibilidade.

É por demais evidente que o prazo de oito dias, no caso, é contado a partir da efetiva intimação do despacho denegatório do recurso.

Informa *Buzaid* ("Do Agravo de Petição", Saraiva, 1956, p. 34 a 37) ser o agravo recurso de origem lusitana, nas querimas ou querimônias.

Nas Ordenações Manuelinas, os recursos de agravo de instrumento e de petição eram remédios contra decisões interlocutórias. Outros agravos eram mencionados no direito das Ordenações.

O CPC de 1939 previa três espécies de agravos: de petição, de instrumento e no auto do processo. O de 1973 aboliu o agravo de petição e manteve o agravo de instrumento, criando, ainda, a figura do agravo retido (art. 522, § 1º). Aproveitando o sistema já usado pela CLT de considerar irrecorrível a decisão interlocutória, o legislador ordinário deu nova redação ao art. 522, do CPC, onde ficou consignado que *"das decisões interlocutórias caberá agravo, no prazo de 10 (dez) dias, na forma retida, salvo quando se tratar de decisão suscetível de causar à parte lesão grave e de difícil reparação, bem como nos casos de inadmissão da apelação e nos relativos aos efeitos em que a apelação é recebida, quando será admitida a sua interposição por instrumento"*.

Sob a ótica do processo do trabalho, repetimos, novamente, que o agravo de instrumento se interpõe contra o despacho que denegar o seguimento aos recursos ordinário, de revista e de agravo de petição.

No caso de denegação de Recurso Extraordinário, será interposto agravo a ser processado nos próprios autos principais do processo, no prazo de 10 (dez) dias, como se lê do art. 544, do CPC, com nova redação dada pela Lei n. 12.322/10.

Registre-se que o art. 557, do CPC, dá ao relator — Ministro ou Desembargador — o direito de negar monocraticamente seguimento a qualquer recurso, inclusive ao agravo de instrumento, desde que seja manifestamente inadmissível, improcedente, prejudicado ou em confronto com súmula ou com jurisprudência dominante do respectivo tribunal, do STF ou, então, de outro Tribunal Superior. Se a decisão recorrida estiver em manifesto confronto com súmula ou com jurisprudência dominante do STF, ou de Tribunal Superior, o relator poderá dar provimento ao recurso também de forma monocrática.

Contra essas decisões monocráticas, o § 1º desse art. 557, do CPC, assegura à parte interpor agravo dentro do prazo de cinco dias ao órgão competente para julgamento do recurso cuja tramitação foi obstada pelo relator. Se não houver retratação, o relator apresentará o processo em mesa, proferindo voto. E, sendo provido o agravo, o recurso terá seguimento dentro do tribunal.

Quando manifestamente inadmissível ou infundado esse agravo interno ou regimental, o tribunal condenará o agravante a pagar ao agravado multa entre 1% e 10% do valor corrigido da causa, ficando a interposição de qualquer outro recurso condicionada ao depósito do respectivo valor, como esclarece o § 2º, do art. 557, do CPC. A imposição dessa multa deve ser feita pelo tribunal e não monocraticamente pelo relator.

Esse agravo previsto no art. 557, § 1º, do CPC, é regrado pelo art. 239, do Regimento Interno do TST, *verbis*: *"Art. 239 — Caberá agravo ao órgão colegiado competente para o julgamento do respectivo recurso, no prazo de oito dias, a contar da publicação no órgão oficial; I — da decisão do Relator, tomada com base no § 5º do art. 896, da CLT; II — da decisão do Relator, dando ou negando provimento ou negando seguimento a recurso, nos termos do art. 557e § 1º-A, do CPC"*.

Alguns sustentam que esse art. 239 do Regimento Interno do TST seria inconstitucional em virtude da matéria processual ser de competência exclusiva da União, descabendo a esse tribunal fazer a fixação do prazo em oito dias para a interposição desse agravo interno. Todavia, quem assim sustenta olvida-se da norma processual específica da área trabalhista, que está inscrita no art. 6º, da Lei n. 5.584, de 26.6.1970, *verbis*: *"Art. 6º — Será de 8 (oito) dias o prazo para interpor e contrarrazoar qualquer recurso (art. 893, da CLT)"*.

Inexiste a possibilidade de agravo de instrumento interposto contra decisão interlocutória. Contra decisão interlocutória, resta a parte lançar mão, conforme o caso, do denominado protesto, da correição ou, então, do mandado de segurança, como já dissemos anteriormente.

O art. 528 do CPC, em sua primitiva redação, dispunha que o juízo da admissibilidade do recurso estava impedido de obstar seu seguimento em virtude de qualquer deficiência ou porque interposto a destempo. Esse dispositivo foi modificado pela Lei n. 9.139/95, o que deu lugar à controvérsia a propósito da sobrevivência, ou não, daquela limitação à competência da autoridade judiciária prolatora do despacho hostilizado pelo agravo de instrumento. O Supremo Tribunal Federal, no julgamento da Reclamação n. 645 (*in* DJU de 7.11.97, p. 57.237), decidiu que, sem embargo da alteração do texto do sobredito art. 528, continua o juiz obrigado a encaminhar o agravo de instrumento oposto intempestivamente. É este, também, o nosso pensamento. É inerente à natureza e fim do agravo de instrumento destravar o seguimento de um recurso.

O que aqui se estuda é um recurso objetivando a análise dos motivos que levaram o juízo de admissibilidade a negar seguimento ao recurso ordinário ou de revista, tais como a tempestividade, depósito recursal, custas etc.

Sobre essa questão do translado do comprovante de depósito recursal e de custas para a formação do agravo de instrumento, o TST editou a Orientação Jurisprudencial n. 217, SDI-1, *verbis*: *"Agravo de instrumento. Traslado. Lei n. 9.756/98. Guias de custas e de depósito recursal. Para a formação do Agravo de Instrumento, não é necessário a juntada de comprovantes de recolhimento de custas e de depósito recursal relativamente ao Recurso Ordinário, desde que não seja objeto de controvérsia no Recurso de Revista a validade daqueles recolhimentos".*

Essa Orientação Jurisprudencial se atrita com a redação da parte final do inciso I, do § 5º, do art. 897 da CLT, que exige, expressamente, a comprovação do depósito recursal e do pagamento de custas como peças obrigatórias do agravo de instrumento. Está orientação a merecer revisão pelo simples fato de que, caso o Tribunal entenda convolar o agravo de instrumento em recurso principal, em virtude de matéria meritória, ficará ele obstado de examinar a questão por ausência do preenchimento desses dois pressupostos objetivos: depósito recursal e guia de custas.

Na Justiça do Trabalho, rege-se o Agravo de Instrumento pela alínea *b* e pelos §§ 2º, 4º, 5º, 6º e 7º, todos do art. 897 da Consolidação das Leis do Trabalho e demais disposições do direito processual do trabalho e, nas omissões deste, pelo direito processual comum.

Como já dito, cabe Agravo de Instrumento contra os despachos que denegarem a interposição de recursos. Na hipótese de ser ele interposto contra o despacho que não receber o agravo de petição, não existe a suspensão da execução da sentença.

O agravo de Instrumento tem de ser apreciado pelo Tribunal que seria competente para conhecer o recurso, cujo seguimento foi obstado.

Estabelece o § 5º, do art. 897, da CLT, que, sob pena de não conhecimento, as partes promoverão a formação do instrumento do Agravo de Instrumento de modo a possibilitar, caso provido, o imediato julgamento do recurso denegado, instruindo a petição de interposição:

a) **obrigatoriamente,** com cópias da decisão agravada, da certidão da respectiva intimação, das procurações outorgadas aos advogados do agravante e do agravado, da petição inicial, da contestação, da decisão originária, da comprovação do depósito recursal e do recolhimento das custas; e

b) **facultativamente,** com outras peças que o agravante reputar úteis ao deslinde da matéria de mérito controvertida.

O agravado é intimado a responder ao agravo e ao recurso principal, podendo anexar cópias das peças do processo que reputar necessárias ao correto deslinde do litígio.

Provido o Agravo de Instrumento, a Turma deliberará sobre o julgamento do recurso principal, observando-se, se for o caso, daí em diante, o procedimento relativo a esse recurso, como se lê do § 7º, do art. 897, da CLT.

Quanto ao traslado de peças essenciais ao agravo de instrumento realizado pelo agravado, o TST editou a Orientação Jurisprudencial n. 283, SDI-1, *verbis: "Agravo de instrumento. Peças essenciais. Traslado realizado pelo agravado. Validade. É válido o traslado de peças essenciais efetuado pelo agravado, pois a regular formação do agravo incumbe às partes e não somente ao agravante".*

No prazo de oito dias a contar da intimação, é o agravo de instrumento dirigido à autoridade judiciária prolatora do despacho denegatório do recurso e processado em autos apartados.

As peças trasladadas conterão informações que identifiquem o processo do qual foram extraídas, autenticadas uma a uma, no anverso ou verso, como previa a citada Instrução Normativa n. 16, do TST.

Deve haver especial atenção ao traslado da certidão de publicação na formação do agravo de instrumento, posto que o TST firmou o entendimento seguinte na sua Orientação Jurisprudencial n. 284, SDI-1, *verbis: "Agravo de instrumento. Traslado. Ausência de certidão de publicação. Etiqueta adesiva imprestável para aferição da tempestividade. A etiqueta adesiva na qual consta a expressão "no prazo" não se presta à aferição de tempestividade do recurso, pois sua finalidade é tão somente servir de controle processual interno do TRT e sequer contém a assinatura do funcionário responsável por sua elaboração".*

Ainda quanto ao traslado de peças para a formação do agravo de instrumento, merece atenção também a Orientação Jurisprudencial n. 285, SDI-1, do TST, *verbis: "Agravo de instrumento. Traslado. Carimbo do protocolo do recurso ilegível. Inservível. O carimbo do protocolo da petição recursal constitui elemento indispensável para aferição da tempestividade do apelo, razão pela qual deverá estar legível, pois um dado ilegível é o mesmo que a inexistência do dado".* Quanto à autenticação do despacho denegatório do recurso de revista e sua certidão de publicação, o TST regrou o assunto em sua Orientação Jurisprudencial n. 287, SDI-1, *verbis: "Autenticação. Documentos distintos. Despacho denegatório do recurso de revista e certidão de publicação. Distintos os documentos contidos no verso e anverso, é necessária a autenticação de ambos os lados da cópia".*

Todavia, atendendo ao princípio da celeridade processual, o Tribunal Superior do Trabalho, pela Instrução Normativa n. 16, de setembro de 1999, com alterações pelas Resoluções ns. 102/2000, 113/2002 e 930/2003, decidiu que o agravo seria processado nos autos principais: a) se o pedido houvesse sido julgado totalmente improcedente; b) se houvesse recurso de ambas as partes e denegação de um ou de ambos; c) mediante postulação do agravante no prazo recursal, caso em que, havendo interesse do credor, seria extraída carta de sentença, às expensas do recorrente, sob pena de não conhecimento do agravo (inciso II, alíneas *a, b* e *c*). Essa Instrução Normativa foi revogada, descabendo, assim, a interposição do Agravo de Instrumento nos próprios autos da ação principal. A Lei n. 11.419, de 19.12.2006, que trata do processo eletrônico, fez com que o TST editasse a Resolução Administrativa n. 1.418, de 30.8.2010, que regulamenta o *processamento eletrônico do agravo de instrumento* interposto de despacho que negar seguimento a recurso de sua competência. Aí foi esclarecido que a existência do processo judicial eletrônico substitui o processo físico precisamente para se evitar desperdício, devendo ele ser processado nos próprios autos do recurso denegado. Assim, doravante, os agravos de instrumentos oriundos dos Tribunais Regionais do Trabalho somente tramitarão por meio eletrônico para o TST.

Não vacilamos em dizer que ao processo do trabalho aproveita o prescrito no § 2º do art. 523 do CPC: *interposto o agravo, o juiz poderá reformar sua decisão, após ouvida a parte contrária.*

No Tribunal, depois de recebido o agravo, pode o Relator atribuir efeito suspensivo ao recurso que o juízo de admissibilidade reteve.

Não se admite qualquer dúvida quanto ao prazo para a interposição do recurso de agravo — seja ele de instrumento ou de petição: oito dias a partir da intimação do despacho indeferitório do recurso principal. O *caput* do art. 897 da CLT é claro: cabe agravo (de instrumento ou de petição) no prazo de oito dias.

Não há que falar, portanto, em prazo de dez dias previsto no art. 522 do CPC, com redação dada pela Lei n. 11.187, de 20 de outubro de 2005.

Entretanto, como realçamos há pouco, o Relator do agravo de instrumento tem o poder legal de atribuir efeito suspensivo ao recurso que o juízo de admissibilidade não deferiu.

Não tem o recurso de agravo de instrumento efeito suspensivo, uma vez que ele devolve ao Tribunal o conhecimento do despacho denegatório de um dos recursos retrocitados. É pacífico na doutrina e na jurisprudência que tanto o agravante como o agravado podem oferecer documentos novos.

Desse modo, em se tratando de recurso ordinário, o agravo de instrumento não impossibilita o início do processo de execução, embora se difunda a cada dia a praxe de sobrestar-se o feito até o seu julgamento.

O agravo de instrumento: a) prescinde de revisão (art. 551, do CPC), de relatório (art. 549) e de sustentação oral (art. 554); b) pode o Relator indeferi-lo de plano (art. 557); c) no julgamento, tem precedência sobre o recurso ordinário na mesma causa (art. 559).

Ao tribunal competente para conhecer o recurso cujo seguimento foi obstado, cabe julgar o agravo de instrumento.

O Ato n. 310/2009, SETPOEDC.GP, do TST, (DJeletrônico do TST de 20.5.09) autoriza o Presidente do TST a decidir, monocraticamente, os agravos de instrumento em recurso de revista e os recursos de revista pendentes de distribuição que não preencham os pressupostos extrínsecos de admissibilidade.

Assim, na forma do art. 2º desse Ato, compete ao Presidente, antes da distribuição desses dois tipos de recursos: a) negar provimento a agravo de instrumento manifestamente incabível; b) negar provimento ao agravo de instrumento na hipótese de o recurso de revista não atender os pressupostos extrínsecos de admissibilidade; c) negar provimento ao agravo de instrumento para manter o despacho que denegou seguimento ao recurso de revista, por estar a decisão do Tribunal Regional em conformidade com súmula ou orientação jurisprudencial de direito material do TST.

Contra essa decisão monocrática, cabe a interposição de agravo regimental, sendo ele distribuído para uma das Turmas do TST (art. 4º do Ato n. 310/09).

O art. 3º desse mesmo Ato estabelece que os Embargos de Declaração perante o TST serão julgados pelo seu Presidente. Caso o embargante postule efeito modificativo nesses embargos de declaração, eles serão convertidos em agravo regimental, em face dos princípios da fungibilidade e celeridade processual, e distribuído para a Turma que tenha proferido o acórdão embargado.

Fazendo a aplicação do art. 557, do CPC, implicando no indeferimento de plano do recurso, o TST editou a Orientação Jurisprudencial n. 293, SDI-1, *verbis: "Embargos à SDI contra decisão de Turma do TST em agravo do art. 557, § 1º, do CPC. Cabimento. São cabíveis Embargos para a SDI contra decisão de Turma proferida em Agravo interposto de decisão monocrática do relator, baseada no art. 557, § 1º, do CPC".*

Essa OJ foi cancelada por ter sido incorporada na letra "f" da Súmula n. 353 do TST, mas com redação alterada, como se lê, *verbis*:

EMBARGOS. AGRAVO. CABIMENTO.

...

f) contra decisão de Turma proferida em agravo em recurso de revista, nos termos do art. 894, II, da CLT.

O TST consolidou seu entendimento acerca do juízo de admissibilidade dentro do agravo de instrumento, conforme se constata da leitura de sua Orientação Jurisprudencial n. 282, SDI-1, *verbis: "Agravo de instrumento. Juízo de admissibilidade ad quem. No julgamento de Agravo de Instrumento, ao afastar o óbice apontado pelo TRT para o processamento do recurso de revista, pode o juízo ad quem prosseguir no exame dos demais pressupostos extrínsecos e intrínsecos do recurso de revista, mesmo que não apreciados pelo TRT".*

A regra mais observada nos regimentos dos Tribunais do Trabalho é vedar a sustentação oral no julgamento do agravo de instrumento.

Para a interposição de agravo de instrumento na Justiça do Trabalho, não é necessário o pagamento de custas. (cf. item XI, da Instrução Normativa n. 16/99, do TST). Contudo, o art. 899, § 7º, da CLT, com a redação dada pela Lei n. 12.275, de 29.6.2010, exige a realização do depósito recursal no caso de interposição de Agravo de Instrumento. Na forma desse dispositivo legal, o valor do depósito corresponderá a 50% do valor do depósito do recurso ao qual se pretende destrancar.

Entendemos estar tal tipo de depósito recursal maculado pela inconstitucionalidade, conforme exposto no item 270 deste livro.

Estabelece o § 5º, do art. 897, da CLT, que deverá formar o agravo de instrumento a cópia do depósito recursal a que se refere o art. 899, § 7º, da CLT, depósito esse reputado por nós como inconstitucional.

O depósito recursal não será exigível no caso de agravo interposto em razão da denegação de seguimento de recurso extraordinário para o STF, eis que tem regra específica no art. 544 e art. 545, ambos do CPC, e no art. 321 e 329 do Regimento Interno desse Tribunal.

Sobre juntada de guias de custas e de depósito recursal relativamente ao recurso ordinário, o TST editou a Orientação Jurisprudencial n. 217, SDI-1, tornando-a desnecessária: *"Agravo de instrumento. Traslado. Lei n. 9.756/98. Guias de custas e de depósito recursal. Para a formação do agravo de instrumento, não é necessária a juntada de comprovantes de recolhimento de custas e de depósito recursal relativamente ao recurso ordinário, desde que não seja objeto de controvérsia no recurso de revista a validade daqueles recolhimentos"*.

Têm o STF e o TST entendido que é de dez dias o prazo para a interposição de agravo contra despacho que denega seguimento a recurso extraordinário, tendo em vista o disposto no art. 544, do CPC, com nova redação dada pela Lei n. 12.322, de 9.9.2010: *"Art. 544 — Não admitido o recurso extraordinário ou o recurso especial, caberá agravo nos próprios autos, no prazo de 10 (dez) dias"*. A partir dessa lei, o agravo de instrumento passou a se denominar simplesmente agravo em recurso extraordinário, não havendo mais a necessidade de juntar cópias do processo. O agravante deverá interpor nos próprios autos principais do recurso extremo um agravo para cada recurso não admitido. O agravado será intimado, de imediato à interposição do agravo, para oferecer resposta também no prazo de 10 (dez) dias.

Esse pensamento de que o prazo é de 10 (dez) dias é agasalhado inclusive no art. 269 do Regimento Interno do TST.

Ao argumento de que a CLT fixa o prazo de oito dias para qualquer espécie de recurso, contrapõe-se o de que o agravo interposto contra despacho denegatório do seguimento do recurso extremo é regulado, expressamente, pelo supracitado diploma legal.

A petição de agravo interposto contra despacho que denega seguimento a recurso extraordinário deverá ser dirigida à presidência do TST, não dependendo do pagamento de custas e despesas postais. E muito menos de depósito recursal a que alude o § 7º, do art. 899, da CLT, como dissemos linhas atrás. O agravado será intimado, de imediato, para no prazo de 10 (dez) dias oferecer resposta. Em seguida, subirá o agravo ao STF, onde será processado na forma regimental, conforme se lê do art. 544, § 4º, do CPC.

Ao isentar o agravante do pagamento de custas e despesas postais no caso de agravo em recurso extraordinário, parece que esse § 2º, do art. 544, do CPC, quis instituir a dispensa do preparo nesse caso. A doutrina tem entendido que o STF pode, por disposição regimental, exigir o preparo, mas não podem aplicar a pena de deserção, pois esta depende de previsão em lei federal, como bem analisa *Nelson Nery*, em sua obra "Recursos", p. 426/427). Nesse mesmo sentido, temos *Alcides Mendonça Lima* em seu livro "Dicionário do Código de Processo Civil Brasileiro", 2. ed., RT, 1994.

No Supremo Tribunal Federal, o julgamento do agravo obedecerá ao disposto no respectivo regimento interno, como já foi dito, podendo o relator: I) não conhecer do agravo manifestamente inadmissível ou que não tenha atacado especificamente os fundamentos da decisão agravada; II — conhecer do agravo para: a) negar-lhe provimento, se correta a decisão que não admitiu o recurso; b) negar seguimento ao recurso manifestamente inadmissível, prejudicado ou em confronto com súmula ou jurisprudência dominante no tribunal; c) dar provimento ao recurso, se o acórdão recorrido estiver em confronto com súmula ou jurisprudência dominante no tribunal (art. 544, § 4º, do CPC).

Da decisão do relator que (1) não conhecer do agravo, (2) negar-lhe provimento ou (3) decidir, desde logo, o recurso não admitido na origem, caberá agravo regimental, no prazo de 5 (cinco) dias, ao órgão competente do STF, observado o disposto nos §§ 1º e 2º do art. 557.

Quando o agravo era formado mediante instrumento, o STF editou a Súmula n. 288, que era reiteradamente aplicada por todos os tribunais do País, *verbis*: "Nega-se provimento a agravo para subida de recurso extraordinário, quando faltar no traslado o despacho agravado, a decisão recorrida, a petição de recurso extraordinário ou qualquer peça essencial à compreensão da controvérsia". Deixando de haver a necessidade da formação do instrumento para o STF com a nova redação do art. 544, do CPC, dada pela Lei n. 12.322/10, permitiu-se que o agravo fosse processado nos próprios autos principais do recurso extraordinário. Com isso, afastou-se o risco da ausência de peças essenciais do agravo prejudicar seu julgamento. Essa medida de se processar o agravo nos próprios autos do recurso extremo é, sem dúvida, um avanço para o jurisdicionado e seu advogado em termos de segurança jurídica.

O Presidente do TST não poderá negar seguimento ao agravo interposto em sede de recurso extraordinário, mesmo que esteja ele fora de prazo, pois isso seria uma usurpação dos poderes do STF, passível de reparo por meio de reclamação (art. 102, I, letra "l", da Constituição Federal).

Nesse sentido o Supremo Tribunal editou a Súmula n. 727, que consagra este pensamento: *"Não pode o magistrado deixar de encaminhar ao Supremo Tribunal Federal o agravo de instrumento interposto da decisão que não admite recurso extraordinário, ainda que referente a causa instaurada no âmbito dos juizados especiais".*

Contudo, se o acórdão recorrido tratar de matéria processual como requisito de admissibilidade recursal, a questão não será passível de agravo para o STF, cabendo ser denegado seguimento no próprio TST.

De fato, nos autos do RE n. 598.365/MG, o STF decidiu que não há repercussão geral da questão pertinente aos requisitos de admissibilidade de recurso no Tribunal de origem (Rel. Min. Carlos Ayres Britto, DJe de 26.3.10), fato esse que impede a interposição do recurso extraordinário e de seu próprio agravo. Nos termos dos arts. 543-A, § 5º, do CPC e 326 do RISTF, a decisão do STF que nega a existência de repercussão geral é irrecorrível e estende-se a todos os recursos que tratam de questão idêntica. Confira-se: "Art. 543-A. ...... — § 5º Negada a existência da repercussão geral, a decisão valerá para todos os recursos sobre matéria idêntica, que serão indeferidos liminarmente, salvo revisão da tese, tudo nos termos do Regimento Interno do Supremo Tribunal Federal" e "Art. 326 — Toda decisão de inexistência de repercussão geral é irrecorrível e, valendo para todos os recursos sobre questão idêntica, deve ser comunicada, pelo(a) Relator(a), à Presidência do Tribunal, para fins do artigo subsequente e do art. 329".

Assim, quando a matéria de fundo arguida no Recurso Extraordinário depender do exame prévio de questão processual que fundamentou o acórdão recorrido, descabe o Agravo para o STF. Aliás, o TST tem despachado nesse sentido denegando seguimento do Agravo em Recurso Extraordinário para esse tribunal, como se observa da leitura do despacho exarado no Processo n. TST-AIRR-18040-24.2007.5.02.0060, publicado no DeJT de 27.3.12. Somente nesse caso de o Agravo envolver matéria exclusivamente processual por ter sido ela restrita ao acórdão recorrido, é que o TST deve negar seguimento a tal tipo de recurso para o STF.

Contra essa decisão que denega seguimento ao Agravo em Recurso Extraordinário para o STF, cabe a interposição de Agravo Regimental dentro do TST.

Sublinhe-se que já existe decisão do STF, aplicável a esses casos acerca da inexistência de repercussão geral da questão pertinente aos requisitos de admissibilidade de recurso no Tribunal de origem. Nesse sentido são, inclusive, as recentes decisões proferidas por esse C. Supremo Tribunal Federal, verbis:

a) Direito do Trabalho. Pressupostos de Admissibilidade de Recurso. Repercussão Geral. Inexistência proclamada pelo Plenário do STF. Arts. 543-A, § 5º, do CPC e 327, § 1º, do RISTF. O plenário do Supremo Tribunal Federal já proclamou a inexistência de repercussão geral da questão relativa aos pressupostos de admissibilidade dos recursos. Incidência do art. 543-A, § 5º, do CPC e aplicação do art. 327, § 1º, do RISTF. Agravo regimental conhecido e não provido. (STF; AI-AgR 838.824; RJ; Primeira Turma; Relª Min. Rosa Weber; Julg. 11.9.12; DJE 27.9.12; p. 31);

b) Agravo Regimental no Agravo de Instrumento. Negativa de Prestação jurisdicional. Não ocorrência. Princípios do devido processo legal, do contraditório e da ampla defesa. Ofensa reflexa. Justiça do Trabalho. Pressupostos Recursais. Repercussão Geral. Ausência. Questão infraconstitucional. Precedentes. 1. A jurisdição foi prestada pelo tribunal de origem mediante decisão suficientemente motivada. 2. A afronta aos princípios da legalidade, do devido processo legal, da ampla defesa e do contraditório, dos limites da coisa julgada e da prestação jurisdicional, quando depende, para ser reconhecida como tal, da análise de normas infraconstitucionais, configura apenas ofensa indireta ou reflexa à Constituição da República. 3. O plenário desta corte, em sessão realizada por meio eletrônico, no exame do RE n. 598.365/MG, relator o Ministro Ayres Britto, concluiu pela ausência de repercussão geral do tema relativo aos pressupostos de admissibilidade de recursos da competência de outros tribunais, dado o caráter infraconstitucional da matéria. 4. Agravo regimental não provido. (STF; AI-AgR 816.042; MG; Primeira Turma; Rel. Min. Dias Toffoli; Julg. 11.9.12, 11.9.12, DJE 26.9.12, p. 23);

c) Agravo Regimental no Recurso Extraordinário. Requisitos de admissibilidade do Recurso de Revista. Questão atinente ao cabimento de recursos de competência de outros tribunais. Ausência de repercussão geral. Questão infraconstitucional. Agravo improvido. I. Os Ministros desta Corte, no RE 598.365-RG/MG, Rel. Min. Ayres Britto, manifestaram-se pela inexistência de repercussão geral da controvérsia acerca dos pressupostos de admissibilidade de recursos da competência de cortes diversas, por entenderem que a discussão tem natureza infraconstitucional, decisão que vale para todos os recursos sobre matéria idêntica. II. Agravo regimental improvido. (STF; Rec. 697.760; RS; Segunda Turma; Rel. Min. Ricardo Lewandowski; Julg. 11.9.12; DJE 24.9.12, p. 27.);

d) Agravo Regimental no Recurso Extraordinário com Agravo. Trabalhista. Reajuste salarial. Decreto n. 41.228/98. Recurso de Revista. Art. 896, "a", e "c", da CLT. Alegação de afronta ao art. 37, X, da Constituição Federal. Pressupostos dos recursos trabalhistas. Matéria infraconstitucional. Ofensa reflexa. 1. A violação reflexa e oblíqua da Constituição Federal decorrente da necessidade de análise de malferimento de dispositivo infraconstitucional torna inadmissível o recurso extraordinário. Precedentes. 2. Os pressupostos de admissibilidade dos recursos trabalhistas cingem-se ao âmbito infraconstitucional, por isso que a decisão acerca dos mesmos não desafia o apelo extremo. (precedentes: AI 720.779-AGR, Rel. Min. Celso de

Mello, 2ª turma, DJ 17.10.2008; AI 612.613-AGR, Rel. Min. Ricardo Lewandowski, 1ª turma, DJ 13.06.2008; AI 702.657-AGR, Rel. Min. Joaquim Barbosa, 2ª turma, DJ 30.03.2011). 3. *In casu*, o acórdão recorrido consignou: Agravo de instrumento. Recurso de revista. Salário. Reajuste. Não configurada violação direta e literal de preceito da Lei Federal ou da Constituição da República, nem divergência jurisprudencial hábil e específica, nos moldes das alíneas a e c do artigo 896 da CLT, inviável o trânsito da revista e, consequentemente, o provimento do agravo de instrumento. Agravo de instrumento conhecido e não provido. 4. Agravo regimental a que se nega provimento. (STF; AgRg-RE-AG 696.768; SP; Primeira Turma; Rel. Min. Luiz Fux; Julg. 28.9.12; DJE 2.10.12, pg. 27);

e) Agravo de Instrumento. Pressupostos de admissibilidade de recursos de competência de outros Tribunais. Alegada violação a preceitos inscritos na Constituição da República. Ausência de ofensa direta à Constituição. Controvérsia suscitada no RE 598.365-RG/MG. Matéria a cujo respeito não se reconheceu a existência de repercussão geral. Recurso de agravo improvido. (STF; AI-AgR 793.151; MG; 2ª T; Rel. Min. Celso de Mello; Julg. 7.2.12; DJE 28.8.12, p. 25).

Pressuposto do recurso extraordinário é o prequestionamento de matéria constitucional no processo de conhecimento ou de execução.

Estabelece a Súmula n. 218 do TST ser incabível o recurso de revista contra acórdão regional prolatado em agravo de instrumento.

A lei, de modo expresso, não alude à hipótese da sobredita Súmula.

Temos como certo que a parte, *in casu*, se arguir matéria constitucional, viabiliza-se o recurso de revista.

A Lei n. 10.352, de 26.12.2001, deu novo texto ao art. 527 do CPC, mas, apenas, seus incisos I e III são parcialmente aplicáveis ao processo do trabalho: atribuição ao Relator do agravo de instrumento de negar-lhe seguimento liminarmente nos casos do art. 557 também do CPC, bem como o de atribuir-lhe efeito suspensivo. A parte do sobredito inciso III que é estranha ao processo do trabalho é a seguinte: deferimento, em antecipação da tutela, total ou parcialmente, a pretensão recursal. É que, à luz do preceituado na alínea *b*, do art. 5º, da Lei n. 7.701, de 21 de dezembro de 1988, compete às Turmas do Tribunal Superior do Trabalho julgar, em última instância, os agravos de instrumento dos despachos de Presidente de Tribunal Regional do Trabalho que denegarem seguimento ao recurso de revista.

Lembre-se que o agravo de instrumento deve atacar os fundamentos do despacho recorrido. Se assim não o fizer, ele restará prejudicado. Nesse sentido, merece ser lida a Súmula n. 422, do TST, *verbis*: *"Recurso. Apelo que não ataca os fundamentos da decisão recorrida. Não conhecimento. Art. 514, II, do CPC. Não se conhece de recurso para o TST, pela ausência do requisito de admissibilidade inscrito no art. 514, II, do CPC, quando as razões do recorrente não impugnam os fundamentos da decisão recorrida, nos termos em que fora proposta"*.

Ostentando a decisão monocrática alguma omissão ou contradição, o TST editou a Súmula n. 421, tratando dos embargos declaratórios, *verbis*: *"Embargos declaratórios contra decisão monocrática do relator calcada no art. 557 do CPC. Cabimento. I — Tendo a decisão monocrática de provimento ou denegação de recurso, prevista no art. 557 do CPC, conteúdo decisório definitivo e conclusivo da lide, comporta ser esclarecida pela via dos embargos de declaração, em decisão* aclaratória, *também monocrática, quando se pretende tão somente suprir omissão e não, modificação do julgado. II — Postulando o embargante efeito modificativo, os embargos declaratórios deverão ser submetidos ao pronunciamento do Colegiado, convertidos em agravo, em face dos princípios da fungibilidade e celeridade processual"*.

Para facilitar o estudo do Agravo de Instrumento, transcrevemos a seguir as seguintes Orientações Jurisprudenciais do TST:

Orientação Jurisprudencial n. 110 da SDI-1, do TST — Representação irregular. Procuração apenas nos autos de agravo de instrumento A existência de instrumento de mandato apenas nos autos de agravo de instrumento, ainda que em apenso, não legitima a atuação de advogado nos processos de que se originou o agravo.

Orientação Jurisprudencial n. 217 da SDI-1, do TST — Agravo de instrumento. Traslado. Lei n. 9.756/98. Guias de custas e de depósito recursal. Para a formação do agravo de instrumento, não é necessária a juntada de comprovantes de recolhimento de custas e de depósito recursal relativamente ao recurso ordinário, desde que não seja objeto de controvérsia no recurso de revista a validade daqueles recolhimentos.

Orientação Jurisprudencial n. 260 da SDI-1, do TST — Agravo de instrumento. Recurso de revista. Procedimento sumaríssimo. Lei n. 9.957/00. Processos em curso. I — É inaplicável o rito sumaríssimo aos processos iniciados antes da vigência da Lei n. 9.957/00. II — No caso de o despacho denegatório de recurso de revista invocar, em processo iniciado antes da Lei n. 9.957/00, o § 6º do art. 896 da CLT (rito sumaríssimo), como óbice ao trânsito do apelo calcado em divergência jurisprudencial ou violação de dispositivo infraconstitucional, o Tribunal superará o obstáculo, apreciando o recurso sob esses fundamentos.

Orientação Jurisprudencial n. 282 da SDI-1, do TST — Juízo de Admissibilidade *ad quem*. No julgamento de Agravo de Instrumento, ao afastar o óbice apontado pelo TRT para o processamento do recurso de revista, pode o juízo *ad quem* prosseguir no exame dos demais pressupostos extrínsecos e intrínsecos do recurso de revista, mesmo que não apreciados pelo TRT.

Orientação Jurisprudencial n. 283 da SDI-1, do TST — Agravo de instrumento. Peças essenciais. Traslado realizado pelo agravado. Validade. É válido o traslado de peças essenciais efetuado pelo agravado, pois a regular formação do agravo incumbe às partes e não somente ao agravante.

Orientação Jurisprudencial n. 284 da SDI-1, do TST — Agravo de instrumento. Traslado. Ausência de certidão de publicação. Etiqueta adesiva imprestável para aferição da tempestividade. A etiqueta adesiva na qual consta a expressão "no prazo" não se presta à aferição de tempestividade do recurso, pois sua finalidade é tão somente servir de controle processual interno do TRT e sequer contém a assinatura do funcionário responsável por sua elaboração.

Orientação Jurisprudencial n. 285 da SDI-1, do TST — Agravo de instrumento. Traslado carimbo do protocolo do recurso ilegível. Inservível. O carimbo do protocolo da petição recursal constitui elemento indispensável para aferição da tempestividade do apelo, razão pela qual deverá estar legível, pois um dado ilegível é o mesmo que a inexistência do dado.

Orientação Jurisprudencial n. 286 da SDI-1, do TST — Agravo de instrumento. Traslado. Mandato tácito. Ata de audiência. Configuração. I — A juntada da ata de audiência, em que consignada a presença do advogado, desde que não estivesse atuando com mandato expresso, torna dispensável a procuração deste, porque demonstrada a existência de mandato tácito. II — Configurada a existência de mandato tácito fica suprida a irregularidade detectada no mandato expresso.

Orientação Jurisprudencial n. 374, da SDI-1, do TST — Agravo de instrumento. Representação processual. Regularidade. Procuração ou substabelecimento com cláusula limitativa de poderes ao âmbito do Tribunal Regional do Trabalho. É regular a representação processual do subscritor do agravo de instrumento ou do recurso de revista que detém mandato com poderes de representação limitados ao âmbito do Tribunal Regional do Trabalho, pois, embora a apreciação desse recurso seja realizada pelo Tribunal Superior do Trabalho, a sua interposição é ato praticado perante o Tribunal Regional do Trabalho, circunstância que legitima a atuação do advogado no feito. (2010)

Orientação Jurisprudencial n. 389, da SDI-1, do TST — Multa prevista no art. 557, § 2º, do CPC. Recolhimento. Pressuposto recursal. Pessoa jurídica de direito público. Exigibilidade. Está a parte obrigada, sob pena de deserção, a recolher a multa aplicada com fundamento no § 2º do art. 557 do CPC, ainda que pessoa jurídica de direito público. (2010)

276.1. Agravo de Instrumento e o poder do juiz em requisitar informações ao juízo a quo

Nos autos do Recurso Especial n. 327.459, o Superior Tribunal de Justiça proferiu decisão no sentido de que, ao constatar que não tinha sido juntado uma peça não essencial para a formação do agravo de instrumento, determinou que a parte complementasse a instrução desse recurso, assentando o seguinte: *"Se a peça não se acha prevista no art. 525 do CPC, como essencial, porém, se revela indispensável ao exame da controvérsia segundo entendimento do julgador, deve ele facilitar para que ela seja juntada, ou determinar complementação da instrução por parte do agravante".*

Como iremos expor a seguir, não comungamos com esse pensamento contido na citada decisão, posto que ela se atrita com o art. 527, IV, do CPC e com o pensamento contido na Súmula n. 288, do STF, ao cuidar das peças necessárias à compreensão da controvérsia.

Senão, vejamos.

a) Escorço Histórico do Agravo

Não era esse recurso conhecido no velho direito romano. Neste, a *interlocutio* era irrecorrível, isto é, as decisões que resolviam incidentes no curso do processo e que, por isso, não faziam coisa julgada nem preclusão. Só a *sententia* era apelável.

Todavia, revela *Scialoja* ("Procedimiento Civil Romano", Buenos Aires: EJEA, 1954, p. 386/7) que as exceções, anteriormente, eram parte da fórmula e cada uma delas alvo de recurso, o que tornava o processo praticamente interminável. Foi com Justiniano que as *interlocutiones* perderam seu valor de coisa julgada, *"pois não passam de sentenças de ordem interna, de importância processual"*. As decisões que resolviam as interlocutórias deixavam de ser recorríveis, mas a sentença final teria de apreciá-las.

Na concepção germânica do processo — que tomou o lugar do processo romano — as *interlocutiones* são recorríveis e isto por serem elas autênticas sentenças que se proferem nas diversas etapas em que se divide o julgamento da lide.

O processo civil canônico, no período clássico, sofreu a influência do direito germânico, mas, em sua essência, era romano (*in* "Derecho procesal según el Codigo de Derecho Canonico", 1931, p. 30 e ss.). Era constituído de seções autônomas denominadas *termini* ou *stadia*. Dessa estrutura processual decorre o princípio de que toda sentença prolatada, por exemplo, no *terminus ad dandum libellum* ou no termo para opor exceções *ad omnes ilatorias exceptiones proponendas*, torna-se imutável se não for impugnada por meio de recurso.

Lembra *Alfredo Buzaid* (in "Do Agravo de Petição", 2. ed., Saraiva, 1956, p. 25):

"A doutrina observa ainda que, ressurgindo o direito romano, não é ele aplicado, contudo, na pureza de sua forma originária. Os glosadores estudam-no diretamente nas fontes; mas ele se enriquece, na longa reelaboração por que passa, com a interpolação de institutos germânicos e é amoldado, cada vez mais, ao direito canônico. Este, que é a princípio direito particular da igreja, cresce de importância e passa a influir decisivamente nos institutos jurídicos, tornando-se uma espécie de direito geral."

O jurista patrício acrescenta, a seguir, que *"a confluência e a imistão (o mesmo que imisturabilidade) das três correntes jurídicas (romana, germânica e canônica) nos séculos XII e XIII, e ainda da legislação estatutária, comunal e municipal, operada nos séculos XII e XIII, geram o direito comum e em particular o processo misto, também conhecido por processo comum, aplicável sempre que sobre a matéria não disponha formalmente o direito local, que traduz ainda, em grande parte, institutos processuais germânicos".*

João Monteiro ("Teoria do Processo Civil", 6. ed., Borsoi, 1956, II tomo, p. 636 e ss.) e *João Mendes* ("Direito Judiciário Brasileiro", Freitas Bastos, 4. ed., 1954, p. 388 e ss.) oferecem-nos linhas evolutivas do recurso de agravo tendo, como ponto de partida, a constatação de que *"por todo direito romano, nem de todo magistrado era lícito apelar e isto em virtude das ideias da obediência devida aos princípios autoritários da hierarquia judiciária. Assim, era proibido apelar do Senado, por serem os senadores, como diz Lobão, uma parte do Corpo do Príncipe, e mais do Delegado do Príncipe, do Prefeito do Pretório, do Procurador do Sacro Colégio".*

Refere-se *João Monteiro* à nov. 82, endereçada pelo Imperador Justiniano a João, prefeito das pretorias do Oriente, que proibia a rejeição de qualquer apelação, exceto aquelas interpostas de sentenças proferidas por *João*, que tinha o privilégio de julgar em última instância, sendo-lhe permitido retratar-se.

Esse rígido sistema recursal foi temperado pelas *supplicationes* que nada mais são do que o óvulo do nosso antigo agravo ordinário" (*Monteiro*, obra citada, p. 636).

Humberto Cuenca ("Proceso Civil Romano", Buenos Aires: EJEA, 1957, p. 162), por seu turno, informa que a *supplicatio* era um recurso extraordinário dirigido ao Príncipe contra a sentença ditada pelo Prefeito do Pretório, representante, no local, do próprio Imperador.

Passando em revista os pronunciamentos dos vários autores que vimos de relacionar, concluímos que eles, antes de se contradizerem, se posicionaram em ângulos diferentes para examinar o processo civil romano ou eles fizeram o enfoque de períodos distintos do processo evolutivo do instituto em tela.

Cabe-nos salientar que, ao longo da história do direito processual, esforços permanentes foram feitos para abrir o caminho ao duplo grau de jurisdição (*supplicatio*) e para dar maior celeridade à prestação jurisdicional.

Buzaid, em sua preciosa monografia, narra a passagem do agravo pelo direito português para chegar ao direito brasileiro.

Foi com D. Afonso III, no século XIII, que as normas processuais se incrementaram, quando já eram conhecidas as sentenças interlocutórias e definitivas.

Nas Ordenações Afonsinas, o instituto do agravo é claramente recortado. No Código Manuelino, faz-se a distinção ente o agravo de petição e o de instrumento, mediante o emprego do critério territorial, o que as Ordenações Filipinas acolheram.

Após nossa emancipação política, o agravo passou por várias modificações até *Joaquim Ignacio Ramalho* (in "Practica Civil e Comercial", 1861, p. 255) defini-lo nos seguintes termos:

"Agravo é a provocação interposta do Juízo inferior para o Superior legítimo para reforma da interlocutória proferida pelo primeiro. É de três espécies: de Petição, de Instrumento e no Auto do Processo".

Chega-se ao Código de Processo Civil de 1939, cujo art. 846 dispunha que o agravo de petição seria processado nos próprios autos. Abandonou-se o critério territorial para distinguir o agravo de petição do de instrumento, e adotou-se a casuística.

Finalmente, o CPC vigente fala, apenas, de agravo de instrumento e retido nos autos.

O agravo de petição só é conhecido no processo de execução disciplinado pela Consolidação das Leis do Trabalho no art. 897, o qual também regula o agravo de instrumento.

b) CPC e Agravo de Instrumento

Os arts. 522 *usque* 529 do CPC têm por objeto o agravo por instrumento.

É interponível contra decisões interlocutórias e pode ficar retido nos autos.

No art. 525 é assentado que a petição de agravo de instrumento deva ser instruída:

a) obrigatoriamente com cópias da decisão agravada, da certidão da respectiva intimação e das procurações outorgadas aos advogados do agravante e do agravado;

b) facultativamente, com outras peças que o agravante entender úteis.

Depreende-se do preceito ser encargo do agravante a formação do instrumento com as peças obrigatórias e necessárias. Consoante numerosas decisões de vários Tribunais, a deficiência do instrumento autoriza o relator a negar seguimento ao recurso.

No caso do Recurso Especial e do Recurso Extraordinário, o agravo é interposto nos próprios autos principais do processo, conforme se lê do art. 544, do CPC, com nova redação dada pela Lei n. 12.322, de 9.9.2010.

Ao tempo em que havia instrumento de agravo em recurso extraordinário formado por cópias do processo principal, e, isso, anteriormente à nova redação do art. 544, do CPC, dada pela Lei n. 12.322/10, existia a Súmula n. 288, do STF, que cuidava do traslado das peças essenciais à compreensão da controvérsia, e que é aplicada, reiteradamente, por todos os tribunais do país: *"Nega-se provimento a agravo para subida de recurso extraordinário, quando faltar no traslado o despacho agravado, a decisão, recorrida a petição de recurso extraordinário ou qualquer peça essencial à compreensão da controvérsia".*

Repita-se que, não havendo mais a necessidade de se formar um instrumento no caso do extraordinário ou no caso do recurso especial o agravo será processado nos próprios autos principais. Na forma do art. 544, § 1º, do CPC, o agravante deverá interpor um agravo para cada recurso não admitido e que será processado, sempre, nos autos principais do recurso extraordinário.

c) CLT e Agravo de Instrumento

No processo do trabalho, o agravo de instrumento só se admite contra decisões denegatórias de recursos, como apontamos anteriormente.

Outras decisões interlocutórias são irrecorríveis.

O § 5º do art. 897 da CLT dispõe que, sob pena de não conhecimento, as partes promoverão a formação do instrumento do agravo de modo a possibilitar, caso provido, o imediato julgamento do recurso denegado, instruindo a petição de interposição: a) obrigatoriamente, com os mesmos documentos mencionados no CPC e acompanhados da petição inicial, da contestação, da comprovação do depósito recursal e do recolhimento das custas; b) facultativamente com outras peças que o agravante julgar úteis ao deslinde da matéria de mérito controvertida, sem se falar do depósito a que se refere o § 7º, do art. 899, da CLT (sobre esse depósito recursal, ver o item 270 deste livro)

A legislação processual trabalhista, no tangente à formação do instrumento do agravo, é mais explícita que o CPC. Inobstante, aplica-se ao processo do trabalho, subsidiariamente, a disposição que autoriza o Relator a requisitar informações do juiz da causa, como previsto no art. 527, IV, do CPC. E, é claro, fica-lhe vedado determinar que a parte faça a juntada de documento que deveria ter juntado por ocasião da formação do agravo.

O agravo de instrumento no tribunal será distribuído *incontinenti*, sendo que o relator poderá, com fulcro no art. 527, do CPC, negar-lhe seguimento quando ele for manifestamente inadmissível, improcedente, prejudicado ou em confronto com súmula ou com jurisprudência do respectivo tribunal, do Supremo Tribunal Federal ou do TST. Aliás, essa norma encontra, hoje, estatura constitucional, como se lê do art. 93, XV, da Constituição: "*XV — a distribuição de processos será imediata, em todos os graus de jurisdição*".

A Resolução Administrativa n. 1.171/06 do TST, publicada no DJ de 29.11.06, autorizou o Presidente do Tribunal a decidir, monocraticamente, os agravos de instrumento em recurso de revista, pendentes de distribuição, que não preencham os pressupostos extrínsecos de admissibilidade. Havendo interposição de recurso à decisão da Presidência, o processo será distribuído no âmbito das Turmas do Tribunal.

277. Agravo Regimental

Preleciona *Manoel Antonio Teixeira Filho* que o agravo regimental "*não constitui, propriamente, modalidade de recurso. Basta ver que, ao contrário dos demais agravos (de petição e de instrumento) não se pressupõe o julgamento por um órgão hierarquicamente superior, se não que é julgado pelo próprio órgão a que pertence o juiz prolator do despacho agravado*" ("Sistema dos Recursos Trabalhistas", 3ª ed., LTr, 1989, p. 269). Esse ilustre processualista, embora veja no agravo regimental alguns dos traços característicos do recurso, não o considera como tal.

Pesa-nos divergir do pensamento do ilustre magistrado e jurista. Como qualquer outro recurso, o agravo regimental propõe-se a obter o reexame de uma decisão.

Não é ele, de modo expresso, regido pela CLT, embora o mencione no § 1º do art. 709 ("*das decisões proferidas pelo Corregedor, nos casos do artigo, caberá agravo regimental para o Tribunal Pleno*").

A Lei n. 7.701, no art. 3º, veio estabelecer que a competência para julgar tais agravos regimentais é, em última instância, das Turmas do TST.

Faz menção a esse recurso, também: a Lei n. 5.584, de 26 de junho de 1970, com redação dada pela Lei n. 7.033/1982, *verbis*: "*No Tribunal Superior do Trabalho, quando o pedido do Recorrente contrariar súmula de jurisprudência uniforme deste Tribunal já compendiada, poderá o Relator negar prosseguimento ao recurso, indicando a correspondente súmula. Parágrafo único. A parte prejudicada poderá interpor agravo desde que à espécie não se aplique o prejulgado ou a súmula citada pelo Relator*", e esse agravo, com certeza, é o regimental; a Lei n. 7.701, de 21 de dezembro de 1988, na letra *d* do inciso II do art. 2º, informa que cabe à Seção Especializada de Dissídios Coletivos do TST julgar em última instância os agravos regimentais pertinentes aos dissídios coletivos.

Acolhemos o conceito de agravo regimental dado por *José Augusto Rodrigues Pinto* ("Recursos nos Dissídios do Trabalho", Forense, 1990, p. 157): "*Define-se o agravo regimental como o meio para obter-se de um tribunal o reexame e a cassação de ato de um de seus membros, que esteja entravando a apreciação de outro recurso ou de ação da competência do próprio tribunal*".

O agravo regimental é, sobretudo, de criação pretoriana e prende-se a decisões proferidas no tribunal que devam ser revistas por ele mesmo.

É inegável a semelhança existente entre os agravos regimental e de instrumento. Ambos buscam a anulação de ato do juiz que trancou o seguimento de um recurso. Essa semelhança não deixa de existir só porque o agravo regimental tem de ser julgado pelo mesmo tribunal e não por um outro, como ocorre com o agravo de instrumento. Repetimos: têm ambos a mesma finalidade.

De regra, é devolutivo o efeito do agravo regimental que tem por fim a revisão do despacho agravado. No caso especial de decisão do Corregedor, permite ele a modificação dessa decisão pela Turma do TST.

É silente a CLT quanto aos casos de cabimento do agravo regimental, também conhecido como "agravinho", enquanto, na lei processual comum, é um recurso inominado.

No Tribunal Superior do Trabalho, dispõe seu Regimento Interno, no art. 235, que o agravo regimental cabe, no prazo de oito dias, a contar da publicação do despacho ou da decisão no Diário Oficial, *"para o Órgão Especial, Seções Especializadas e Turmas, observada a competência dos respectivos Órgãos, nas seguintes hipóteses: a) do despacho do Presidente do Tribunal ou de Turma que denega seguimento aos embargos infringentes; b) do despacho do Presidente do Tribunal que suspende execução de liminares ou de decisão concessiva de mandado de segurança; c) do despacho do Presidente do Tribunal que concede ou nega suspensão da execução de liminar, antecipação de tutela ou da sentença em cautelar; d) do despacho do Presidente do Tribunal concessivo de liminar em mandado de segurança ou em ação cautelar; e) do despacho do Presidente do Tribunal proferido em pedido de efeito suspensivo; f) das decisões e despachos proferidos pelo Corregedor-Geral; g) do despacho do Relator que negar prosseguimento a recurso; h) do despacho do relator que indeferir inicial de ação de competência originária do Tribunal; i) do despacho ou da decisão do Presidente do Tribunal, de Presidente de Turma, do Corregedor-Geral ou Relator que causar prejuízo ao direito da parte, ressalvados aqueles contra os quais haja recursos próprios previstos na legislação ou neste Regimento; h) do despacho ou da decisão do Presidente do Tribunal, de Presidente de Turma ou do Relator que causar prejuízo ao direito da parte, ressalvados aqueles contra os quais haja recursos próprios previstos na legislação ou neste Regimento; i) da decisão do Presidente de Turma que denegar seguimento a embargos à Subseção I da Seção Especializada em Dissídios Individuais".*

Os regimentos internos dos Tribunais Regionais do Trabalho referem-se ao agravo regimental, conhecido, também, como "agravinho". Normalmente, ele é admitido nesses tribunais contra: a) as decisões prolatadas pelo Presidente do Tribunal Regional, quando exerce as funções de corregedor; b) as decisões do Presidente do Tribunal, do Vice-Presidente, do Corregedor ou do Vice-Corregedor, dos Presidentes de Grupos de Turmas, dos Presidentes de Turmas ou dos relatores, de que haja prejuízo às partes em relação à decisão praticada; c) o despacho do relator que indefere petição inicial de ação rescisória; d) o despacho do relator que indefere de plano o pedido de mandado de segurança; e) o despacho do relator que concede ou denega o pedido de medida liminar.

O Regimento Interno do Tribunal Regional do Trabalho da 2ª Região, nos arts. 175 e seguintes, fala ser ele cabível, para o Pleno, Grupo de Turmas ou Turma, contra as decisões do Presidente, do Vice-Presidente, do Corregedor ou do Vice-Corregedor, dos presidentes dos Grupos de Turmas, dos presidentes de turmas ou dos relatores que possam acarretar algum dano às partes.

É de oito dias o prazo de interposição do "agravinho".

Cabe-nos frisar que os Tribunais do Trabalho gozam de autonomia para regular, em seus regimentos, o agravo regimental. É certo, todavia, que o fazem todos, mais ou menos, da mesma maneira.

Observe leitor que em alguns tribunais o prazo era de cinco dias para a apresentação do agravinho, ao passo que, no TST, é de oito dias. Hoje, os tribunais regionais adotam, praticamente todos, esse prazo de oito dias para o agravo regimental.

Não é permitido à parte oferecer contrarrazões nem fazer sustentação oral quando do julgamento do agravo regimental. É essa a regra observada pela maioria dos tribunais. Alguns deles abrem exceção para o caso de despacho denegatório de mandado de segurança. Relativamente à regra regimental que impeça a apresentação de contrarrazões, entendemos que ela não pode prosperar, em virtude de violar flagrantemente o princípio do contraditório.

É dado ao Juiz prolator da decisão ou despacho agravados revê-los e consentir no processamento do recurso ou modificar a decisão.

O Supremo Tribunal Federal editou a Súmula n. 622 em que deixa claro descaber agravo regimental contra decisão do relator que concede ou indefere liminar em mandado de segurança. Contudo, esta súmula perdeu seu valor em virtude do disposto no parágrafo único do art. 16, da Lei n. 12.016, de 7.8.2009, que garante que *"da decisão do relator que conceder ou denegar a medida liminar, caberá agravo ao órgão competente do tribunal que integre"*. Da decisão colegiada proferida nesse agravo regimental caberá a interposição do recurso ordinário.

Tanto para o agravo regimental como para o agravo de instrumento, estabelece o art. 557, § 2º, do CPC a multa entre 1% a 10% do valor corrigido da causa, quando eles forem manifestamente inadmissíveis ou infundados: *"Quando manifestamente inadmissível ou infundado o agravo, o tribunal condenará o agravante a pagar ao agravado multa entre 1% (um por cento) e 10% (dez por cento) do valor corrigido da causa, ficando a interposição de qualquer outro recurso condicionada ao depósito do respectivo valor".*

O TST editou a Orientação Jurisprudencial n. 132, SDI-1, que trata das peças essenciais nos autos principais relativamente à interposição do agravo regimental, *verbis*: *"Agravo regimental. Peças essenciais nos autos principais. Inexistindo lei que exija a tramitação do agravo regimental em autos apartados, tampouco previsão no regimento interno do regional, não pode o agravante ver-se apenado por não haver colacionado cópia de peças dos autos principais, quando o agravo regimental deveria fazer parte dele".*

O TST editou, ainda, a Súmula n. 353, que trata da interposição de embargos em agravo regimental e em agravo de instrumento. Eis sua redação: *"Não cabem embargos para a Seção de Dissídios Individuais de decisão de Turma proferida em agravo, salvo: a) da decisão que não conhece de agravo de instrumento ou de agravo pela ausência de pressupostos extrínsecos; b) da decisão que nega provimento a agravo contra decisão monocrática do Relator, em que se proclamou a ausência de pressupostos extrínsecos de agravo de instrumento; c) para revisão dos pressupostos extrínsecos de admissibilidade do recurso de revista, cuja ausência haja sido declarada originariamente pela Turma no julgamento do agravo; d) para impugnar o conhecimento de agravo de instrumento; e) para impugnar a imposição de multas previstas no art. 538, parágrafo único, do CPC, ou no art. 557, § 2º, do CPC; f) contra decisão de Turma proferida em agravo em recurso de revista, nos termos do art. 894, II, da CLT (NR 2013)"..*

Essa súmula está em consonância com a tradição processual brasileira de oferecer aos litigantes todas as oportunidades de revisão de uma decisão judicial. Contudo, ela se choca com a tendência processual moderna de haver redução de recursos.

Estabelece o § 5º, do art. 896, da CLT, que, estando a decisão recorrida em consonância com súmula do TST, poderá o Ministro Relator negar seguimento ao Recurso de Revista, aos Embargos ou ao Agravo de Instrumento. Nesses casos, a parte prejudicada poderá interpor o cabível *agravo*, como se lê do art. 9º, parágrafo único, da Lei n. 5.584/70: *"A parte prejudicada poderá interpor agravo desde que à espécie não se aplique o prejulgado ou a súmula citada pelo Relator".*

Estabelece, ainda, esse § 5º, do art. 896, da CLT, que cabe, também, o agravo quando o Ministro Relator denegar seguimento a recurso sob o fundamento de ser intempestivo, deserto, de estar ele fora de alçada ou, então de ser a parte recorrente ilegítima.

Essas hipóteses de cabimento de agravo foram previstas e regulamentadas no Regimento Interno do TST, como se lê do art. 239: *"Caberá agravo ao órgão colegiado competente para o julgamento do respectivo recurso, no prazo de oito dias, a contar da publicação no órgão oficial: I) da decisão do Relator, tomada com base no § 5º do art. 896 da CLT; II) da decisão do Relator, dando ou negando provimento ou negando seguimento a recurso, nos termos do art. 557 e § 1º-A, do CPC".*

O TST firmou jurisprudência no sentido de que não cabem embargos para a Seção de Dissídios Individuais de decisão de Turma proferida em agravo. Sua Súmula n. 353 indica quais as hipóteses em que é cabível o agravo, *verbis*: "Súmula n. 353, do TST — Embargos. Agravo. Cabimento. Não cabem embargos para a Seção de Dissídios Individuais de decisão de Turma proferida em agravo, salvo: a) da decisão que não conhece de agravo de instrumento ou de agravo pela ausência de pressupostos extrínsecos; b) da decisão que nega provimento a agravo contra decisão monocrática do Relator, em que se proclamou a ausência de pressupostos extrínsecos de agravo de instrumento; c) para revisão dos pressupostos extrínsecos de admissibilidade do recurso de revista, cuja ausência haja sido declarada originariamente pela Turma no julgamento do agravo; d) para impugnar o conhecimento de agravo de instrumento; e) para impugnar a imposição de multas previstas no art. 538, parágrafo único, do CPC, ou no art. 557, § 2º, do CPC; f) contra decisão de Turma proferida em agravo em recurso de revista, nos termos do art. 894, II, da CLT. (NR 2013)".

Lembre-se que o art. 557, do CPC, agasalha a regra de que *"o relator negará seguimento a recurso manifestamente inadmissível, improcedente, prejudicado ou em confronto com súmula ou com jurisprudência dominante do respectivo tribunal, do Supremo Tribunal Federal, ou de Tribunal Superior".*

Da leitura dos §§ 1º-A e §§ 1º, do art. 557, do CPC, verifica-se que a norma contida no § 5º, do art. 896, da CLT, guarda paralelo com que aí ficou registrado. De fato, *"se a decisão recorrida estiver em manifesto confronto com súmula ou com jurisprudência dominante do Supremo Tribunal Federal, ou de Tribunal Superior, o relator poderá dar provimento ao recurso".* E, na forma desse § 1º, fica assegurado à parte prejudicada o direito de interposição contra tal decisão do competente agravo, a ser interposto, porém, dentro do prazo de 8 dias em virtude da norma específica contida na Lei n. 5.584/70 em seu art. 6º.

Para coibir a interposição inadmissível e infundada de agravos, existe a possibilidade do Tribunal aplicar a multa entre um a dez por cento do valor corrigido da causa, ficando a interposição de qualquer outro recurso condicionada ao depósito do respectivo valor (art., 557, § 2º, do CPC).

Vejamos agora o Agravo Regimental e o Agravo de Instrumento contra liminar no mandado de Segurança.

A propósito de liminar em mandado de segurança devemos examinar aqui se ela foi deferida ou não pelo juiz de 1ª ou 2ª instância.

Bem sabemos que a decisão que analisa o cabimento da liminar no mandado de segurança possui natureza eminentemente interlocutória. Daí dispor o § 1º do art. 7º da Lei n. 12.016/09 que, da decisão interlocutória do juiz de primeiro grau que conceder ou denegar a liminar, caberá agravo de instrumento. Com isso, pacificou-se a discussão que existia anteriormente por não conter a revogada Lei n. 1.533/51 uma regra específica sobre a matéria, o que levava muitos tribunais a sustentar que seria irrecorrível a não concessão de uma liminar em mandado de segurança.

Contudo, esse § 1º do art. 7º dessa Lei n. 12.016/09 não é aplicável ao processo do trabalho em virtude de o agravo de instrumento ser destinado pela CLT, exclusivamente, para destrancar um processo de uma instância para uma outra instância superior. Como não existe na CLT a previsão de recurso contra tal decisão, entendemos que fica aberta a possibilidade do interessado impetrar, na hipótese apontada, um novo mandado de segurança, mas perante o Tribunal Regional do Trabalho, contra a decisão que concede ou denega a liminar requerida no anterior mandado de segurança.

Nesse sentido, Carlos Henrique Bezerra Leite se manifesta, também, a favor do cabimento de um novo mandado de segurança interposto em superior instância, *verbis*: "Ocorre que, por força da EC n. 45/2004, o Juiz da Vara do Trabalho também passou a ser competente para processar e julgar mandado de segurança, mormente se este tiver por objeto atacar decisão dos órgãos de fiscalização do trabalho (CF, art. 114, VII). Neste caso, da decisão do Juiz da primeira instância que deferir ou indeferir liminar em mandado de segurança, por ser tipicamente interlocutória e não desafiar nenhum recurso, afigura-se-nos cabível, em tese o mandado de segurança para atacá-la" (s/ob "Curso de Direito Processual do Trabalho, 11ª ed., p. 1.355).

Quando à decisão de conceder ou denegar a liminar for de um juiz de 2ª instância, o parágrafo único, do art. 16, dessa mesma Lei, fixa o entendimento de que "da decisão do relator caberá agravo ao órgão competente do tribunal que integre".

Seguindo a jurisprudência do STJ, contrária ao entendimento anacrônico contido na Súmula n. 622, do STF ("Não cabe agravo regimental contra decisão do relator que concede ou indefere liminar em mandado de segurança"), o art. 16, parágrafo único dessa lei dá efetiva amplitude ao mandado de segurança.

Aliás, Teresa Arruda Alvim Wambier, sobre essa matéria disserta o seguinte: "Não se admitir o agravo contra as interlocutórias no mandado de segurança, especialmente no que diz respeito à liminar, acaba necessariamente por desembocar na inutilização completa do mandado de segurança, que é ação, como vimos, que tem por função política a de preservar o Estado de Direito, já que sua finalidade é reconduzir a atividade do Estado aos limites da legalidade" (s/ob "Os Agravos no CPC Brasileiro", p. 610, 5ª ed., 2007).

De qualquer forma, entendemos que a Orientação Jurisprudencial n. 140, da SBDI-2, do TST, perdeu a eficácia em virtude do art. 7º, § 1º e do art. 16, parágrafo único, da Lei n. 12.016/09, garantirem sempre a interposição de recurso contra as decisões de juiz de 1º e de juiz de 2º graus, que concedem ou denegam a liminar em mandado de segurança, verbis: "Mandado de Segurança contra liminar, concedida ou denegada em outra segurança. Incabível (art. 8º, da Lei n. 1.533/51. Não cabe mandado de segurança para impugnar despacho que acolheu ou indeferiu liminar em outro mandado de segurança".

278. Agravo de Petição

A simplicidade caracterizadora do processo trabalhista também levou o legislador a instituir, na execução, uma única modalidade de recurso para a parte insurgir-se contra uma decisão do Juiz. É o agravo de petição o recurso destinado a atacar as decisões de um Juiz em execução.

Trata-se do agravo de petição, previsto no art. 897 da CLT, cujo texto foi substancialmente alterado pela Lei n. 8.432, de 11 de junho de 1992.

É o agravo de petição interponível no prazo de oito dias e, de ordinário, não tem efeito suspensivo, mas é facultado ao Juiz dar-lhe esse efeito se julgar apropriado fazê-lo a fim de evitar dano irreparável a uma das partes.

Desnecessário frisar que a admissibilidade do agravo de petição fica na dependência da satisfação dos pressupostos processuais, tais como o pagamento de custas, garantia do juízo pela penhora. Considerado tempestivo o recurso, abre-se vista à parte contrária para contraminutá-lo também no prazo de oito dias.

Consoante o § 1º do art. 897 da CLT, o agravo de petição só será recebido se nele forem delimitados, justificadamente, as matérias e os valores impugnados, permitindo-se a execução imediata da parte remanescente, isto é, não atacada do título judicial, até o final nos próprios autos ou por carta de sentença.

O agravo será julgado pelo próprio Tribunal presidido pela autoridade recorrida, salvo se se tratar de decisão do Juiz da Vara do Trabalho ou do Juiz de direito, quando o julgamento competirá a uma das Turmas do Tribunal Regional a que estiver subordinado o prolator da sentença, observado o disposto no art. 679 da CLT, a quem este remeterá as peças necessárias, em autos apartados ou nos próprios autos, se tiver determinado a extração da carta de sentença.

Deu a Constituição da República novo encargo à Justiça do Trabalho: cobrança de contribuições sociais devidas à Previdência Social e decorrentes das sentenças prolatadas pelas Varas ou Tribunais do Trabalho. O Instituto Nacional do Seguro Social ganhou o direito de intervir no processo do trabalho, notadamente em sua fase executória, para defender seu crédito.

Movido pelo intuito de não quebrar o ritmo da execução trabalhista, o legislador houve por bem acrescentar ao art. 897 da CLT o § 8º, estatuindo que, no caso de o agravo de petição versar apenas sobre as contribuições sociais, o juiz da execução determinará a extração de peças necessárias que serão autuadas em apartado e remetidas à instância superior para apreciação, após contraminuta. É inquestionável que a petição do agravo, no caso, deve ser acompanhada de peças que permitam ao Tribunal *ad quem* a procedência, ou não, da irresignação do executado ou do INSS.

Não há a necessidade de pagamento de custas para a admissibilidade do agravo de petição. Isso porque as custas na execução são pagas ao final do processo, conforme o disposto no art. 789-A, da CLT. Quanto ao depósito recursal, ele é indevido em virtude do disposto no art. 40, da Lei n. 8.177/91. Esse dispositivo legal esclarece que ele é realizado no caso de recurso ordinário, de revista, de embargos infringentes, recurso extraordinário e no recurso interposto em ação rescisória, silenciando quanto ao agravo de petição. Lembre-se que nesse estágio da execução, a instância já está garantida pela penhora, não havendo razão, assim, para que haja a exigência de um novo depósito recursal.

Por força do art. 1.052, do CPC, os embargos de terceiro terão efeito suspensivo quando versarem sobre todos os bens objeto da execução. Quer dizer, a ação principal ficará suspensa. Nessa hipótese de suspensão total do processo em virtude dos embargos de terceiro, alguns sustentam que o agravo de petição interposto contra sentença que os julga terá efeito necessariamente suspensivo. Nesse sentido, confere *Sérgio Pinto Martins*, em sua obra "Direito Processual do Trabalho", 25ª ed., p. 437.

279. Recurso Especial

Trata-se de recurso criado pela Constituição Federal de 5 de outubro de 1988 e incluído na competência do Superior Tribunal de Justiça, novo órgão do Poder Judiciário para processar e julgar ações e recursos retirados da órbita competencial do Supremo Tribunal Federal.

É no inciso III do art. 105 da Lei Maior que se faz expressa referência ao recurso especial:

"Compete ao Superior Tribunal de Justiça: I — omissis; III — julgar, em recurso especial, as causas decididas, em única ou última instância, pelos Tribunais Regionais Federais ou pelos Tribunais dos Estados, do Distrito Federal e Territórios, quando a decisão recorrida: a) contrariar tratado ou lei federal, ou negar-lhes vigência; b) julgar válida lei ou ato de governo local contestado em face de lei federal; c) der à lei federal interpretação divergente da que lhe haja atribuído outro tribunal".

Fazemos rápida alusão ao recurso especial apenas para informar o leitor sobre a sua existência, pois, a rigor, nenhum outro tribunal está legalmente credenciado a interpretar uma lei trabalhista de modo diferente daquele feito pelos Tribunais do Trabalho, o que exclui, por completo, a hipótese da alínea *c* do inciso III do art. 105 da Lei Fundamental há pouco transcrita.

Compete ao Superior Tribunal de Justiça processar e julgar originariamente os conflitos de competência entre quaisquer tribunais, ressalvado o disposto no art. 102, I, *o*, bem como entre tribunal e juízes a ele não vinculados e entre juízes vinculados a tribunais diversos.

Todavia, o Superior Tribunal de Justiça, pela Súmula n. 180, decidiu que na lide trabalhista, compete ao Tribunal Regional do Trabalho dirimir conflito de competência verificado, na respectiva região, entre Juiz Estadual e o Juiz do Trabalho.

Ainda sobre o tema, há o art. 808 da CLT, que dá respaldo àquela súmula.

Assenta que os conflitos de competência entre os Juízes do Trabalho e os Juízes de Direito com investidura trabalhista serão resolvidos pelo Tribunal Regional do Trabalho em cuja região se encontrarem o suscitante e o suscitado.

O mesmo dizemos no que tange aos conflitos de atribuições entre autoridades administrativas e judiciárias da União, ou entre autoridades judiciárias de um Estado e administrativas de outro ou do Distrito Federal ou entre as deste e as da União.

Como se vê, dois são os conflitos: de competência e de atribuições.

Descabe o recurso extraordinário contra decisão do Superior Tribunal de Justiça, a menos que o julgamento do recurso especial suscite debate de matéria constitucional de competência originária do Supremo Tribunal Federal.

Fora daí, é irrecorrível a decisão do STJ.

Agravo para fazer subir o recurso extraordinário, de regra, não é acolhido pelo STF.

A Lei n. 11.672, de 8.5.2008 (DOU 9.5.08), com entrada em vigor em 8.8.08, acrescentou o art. 543-C ao Código de Processo Civil, estabelecendo o procedimento para o *julgamento de recursos repetitivos no âmbito do Superior Tribunal de Justiça.*

Com a nova lei, o trâmite de recursos especiais passa a funcionar da seguinte maneira: verificada a grande quantidade de recursos sobre uma mesma matéria, o presidente do tribunal de origem (Tribunal de Justiça ou Tribunal Regional Federal) poderá selecionar um ou mais processos referentes ao tema e encaminhá-los ao STJ. O julgamento dos demais feitos idênticos fica suspenso até a decisão final da Corte superior. Após a decisão do Superior Tribunal, os tribunais de origem deverão aplicar o entendimento de imediato. Subirão ao STJ apenas os processos em que a tese contrária à decisão da Corte seja mantida pelo tribunal de origem.

O Superior Tribunal de Justiça e os tribunais de segunda instância regulamentarão, no âmbito de suas competências, os procedimentos relativos ao processamento e julgamento do recurso especial previstos no art. 543-C, do CPC.

280. Recurso Extraordinário

É voz corrente, na doutrina, que o recurso extraordinário provém do direito norte-americano.

Sua idealização derivou da necessidade de, num regime federativo, haver uniformidade da jurisprudência reconhecedora da hegemonia do texto constitucional.

Nos anais da história política dos Estados Unidos da América do Norte, há registros concluindo que a federação se desmoronaria se cada Estado-membro pudesse decidir contrariamente a disposições da Lei Fundamental.

Pelo *Judiciary Act*, de 1789, criou-se o recurso extraordinário para levar à Corte Suprema quaisquer questões acerca da supremacia da Constituição.

Em nosso país, logo após a proclamação da República, o Decreto n. 848, de 11 de outubro de 1890, instituiu o recurso que depois ganharia a forma do recurso extraordinário.

Prescreve a Constituição Federal, no art. 102, inciso III, que *"compete ao Supremo Tribunal Federal, precipuamente, a guarda da Constituição, cabendo-lhe: I — omissis; III — julgar, mediante recurso extraordinário, as causas decididas em única ou última instância quando a decisão recorrida: a) contrariar dispositivo desta Constituição; b) declarar a inconstitucionalidade de tratado ou lei federal; c) julgar válida lei ou ato de governo local contestado em face desta Constituição e d) julgar válida lei local contestada em face de lei federal"*. Esta última hipótese foi introduzida pela Emenda Constitucional n. 45/2004.

Esse mesmo dispositivo da Lei Maior, em seu parágrafo único, diz que a *"arguição de descumprimento de preceito fundamental decorrente desta Constituição será apreciada pelo Supremo Tribunal Federal, na forma da Lei".*

É esse recurso regulado pelos arts. 541 a 546, do CPC, que foram revigorados pela Lei n. 8.950, de 13.12.1994. Assim, o recurso extraordinário, nos casos previstos na Constituição, serão interposto perante o presidente do TST, em petição que deverá conter: a) a exposição do fato e do direito; b) a demonstração do cabimento do recurso; c) as razões do pedido de reforma recorrida. O parágrafo único do art. 541, do CPC, com redação dada pela Lei n. 11.341, de 7.8.2006 (DOU 8.8.06), disciplina as formas de comprovação da divergência jurisprudencial dentro de um recurso extraordinário. Aí ficou esclarecido que a divergência jurisprudencial poderá ser provada, também, com cópia extraída na mídia eletrônica, inclusive na internet, verbis: *"Art. 541... (omissis). Parágrafo único. Quando o recurso fundar-se em dissídio jurisprudencial, o recorrente fará a prova da divergência mediante certidão, cópia autenticada ou pela citação do repositório de jurisprudência, oficial ou credenciado, inclusive em mídia eletrônica, em que tiver sido publicada a decisão divergente, ou ainda pela reprodução de julgado disponível na Internet, com indicação da respectiva fonte, mencionando, em qualquer caso, as circunstâncias que identifiquem ou assemelhem os casos confrontados".*

A Emenda Constitucional n. 45/2004, acrescentou o § 3º, ao art. 102, da Constituição, onde ficou esclarecido que no recurso extraordinário deverá o recorrente demonstrar a repercussão geral das questões constitucionais, conforme dispor a lei, verbis: *"§ 3º No recurso extraordinário o recorrente deverá demonstrar a repercussão geral das questões constitucionais discutidas no caso, nos termos da lei, a fim de que o Tribunal examine a admissão do recurso, somente podendo recusá-lo pela manifestação de dois terços de seus membros".*

Trata-se de um novo pressuposto objetivo para a admissibilidade do recurso extraordinário. Deverá haver a demonstração de que existe uma repercussão geral, isto é, que a matéria repercute em toda a sociedade e não apenas entre as partes litigantes, ou, então, repercute em parcela ponderável de um determinado grupo ou categoria de pessoas ou entidades.

Atento a essa questão, o legislador ordinário elaborou a Lei n. 11.418, de 19.12.2006. Esse diploma legal possibilita que o Supremo Tribunal Federal escolha os recursos extraordinários que irá julgar, levando em conta a relevância social, econômica, política ou jurídica da matéria a ser apreciada.

Esta espécie de "filtro recursal" é amplamente adotada por diversas Cortes Supremas, tais como: Suprema Corte Norte-Americana e o seu *writ of certiorari*; a Suprema Corte Argentina e o *Requisito de Transcendência* entre outras. O principal objetivo consiste na redução do número de processos na Corte, possibilitando que seus membros destinem mais tempo à apreciação de causas que realmente são de fundamental importância para garantir os direitos constitucionais dos cidadãos.

No caso do STF, são os Recursos Extraordinários e os Agravos as duas classes processuais que congestionam os trabalhos da Corte. Conforme o banco nacional de dados do Poder Judiciário, essas classes representavam no ano de 2006 pouco mais de 95% do número de processos distribuídos aos Ministros. Com a exigência da repercussão geral este percentual caiu para 81% em 2013, sendo que apenas cerca de 4% se referem à matéria trabalhista.

Do exame do novo art. 543-A, do CPC, introduzido por essa lei, podemos destacar os seguintes aspectos principais:

a) o STF, em decisão irrecorrível, não conhecerá do recurso extraordinário, quando a questão constitucional nele versada não oferecer repercussão geral, nos termos deste artigo;

b) para efeito da repercussão geral, será considerada a existência, ou não, de questões relevantes do ponto de vista econômico, político, social ou jurídico, que ultrapassem os interesses subjetivos da causa;

c) o recorrente deverá demonstrar, em preliminar do recurso, para apreciação exclusiva do Supremo Tribunal Federal, a existência da repercussão geral;

d) haverá repercussão geral sempre que o recurso impugnar decisão contrária a súmula ou jurisprudência dominante do Tribunal;

e) se a Turma decidir pela existência da repercussão geral por, no mínimo, 4 (quatro) votos, ficará dispensada a remessa do recurso ao Plenário;

f) negada a existência da repercussão geral, a decisão valerá para todos os recursos sobre matéria idêntica, que serão indeferidos liminarmente, salvo revisão da tese, tudo nos termos do Regimento Interno do Supremo Tribunal Federal;

g) o Ministro Relator poderá admitir, na análise da repercussão geral, a manifestação de terceiros, subscrita por procurador habilitado, nos termos do Regimento Interno do Supremo Tribunal Federal;

h) a Súmula da decisão sobre a repercussão geral constará de ata, que será publicada no Diário Oficial e valerá como acórdão.

Contudo, quando houver multiplicidade de recursos com fundamento em idêntica controvérsia, a análise da repercussão geral será processada nos termos do Regimento Interno do Supremo Tribunal Federal, observado o disposto nos parágrafos do art. 543-B, do CPC.

Assim, na forma dos parágrafos desse dispositivo legal (art. 543-B, CPC), caberá ao Tribunal de origem selecionar um ou mais recursos representativos da controvérsia e encaminhá-los ao Supremo Tribunal Federal, sobrestando os demais até o pronunciamento definitivo da Corte. Negada a existência de repercussão geral, os recursos sobrestados considerar-se-ão automaticamente não admitidos. Julgado o mérito do recurso extraordinário, os recursos sobrestados serão apreciados pelos Tribunais, Turmas de Uniformização ou Turmas Recursais, que poderão declará-los prejudicados ou retratar-se. Mantida a decisão e admitido o recurso, poderá o Supremo Tribunal Federal, nos termos do Regimento Interno, cassar ou reformar, liminarmente, o acórdão contrário à orientação firmada. Por fim, o Regimento Interno do Supremo Tribunal Federal disporá sobre as atribuições dos Ministros, das Turmas e de outros órgãos, na análise da repercussão geral, como prevê o citado art. 543-B, do CPC.

Daí ter sido editada a Emenda Regimental n. 21, de 30.4.2007, DOU 3.5.07, pelo Ministro Presidente do STF, cuidando dessa questão de **repercussão geral**. Do exame dessa Emenda Regimental, merecem ser destacadas as seguintes regras:

a) o Tribunal recusará recurso extraordinário cuja questão constitucional não ofereça repercussão geral. Para efeito da repercussão geral, será considerada a existência, ou não, de questões que, relevantes do ponto de vista econômico, político, social ou jurídico, ultrapassem os interesses subjetivos das partes (art. 322);

b) o Ministro Relator, na forma do § 1º, do art. 21, desse Regimento Interno do STF, deverá por despacho monocrático negar seguimento a recurso extraordinário ou seu agravo em que não esteja demonstrada a questão preliminar de repercussão geral. Quando não for caso de inadmissibilidade do recurso por outra razão, o Ministro Relator submeterá, por meio eletrônico, aos demais ministros, cópia de sua manifestação sobre a existência, ou não, de repercussão geral. Tal procedimento não terá lugar, quando o recurso versar questão cuja repercussão já houver sido reconhecida pelo Tribunal, ou quando impugnar decisão contrária a súmula ou a jurisprudência dominante, casos em que se presume a existência de repercussão geral. Mediante decisão irrecorrível, poderá o Ministro Relator admitir de ofício ou a requerimento, em prazo que fixar, a manifestação de terceiros, subscrita por procurador habilitado, sobre a questão da repercussão geral (art. 323);

c) recebida a manifestação do Ministro Relator, os demais ministros encaminhar-lhe-ão, também por meio eletrônico, no prazo comum de 20 (vinte) dias, manifestação sobre a questão da repercussão geral. Decorrido o prazo sem manifestações suficientes para recusa do recurso, reputar-se-á existente a repercussão geral (art. 324, § 1º). Não será reputada existente a repercussão geral quando o Relator declare que a matéria é infraconstitucional, caso em que a ausência de pronunciamento no prazo será considerada como manifestação de inexistência de repercussão geral, autorizando a aplicação do art. 543-A, § 5º, do Código de Processo Civil, se alcançada a maioria de dois terços de seus membros. O recurso extraordinário será redistribuído por exclusão do Relator e dos Ministros que expressamente o acompanharam nos casos em que ficarem vencidos.

d) O Ministro Relator juntará cópia das manifestações aos autos, quando não se tratar de processo informatizado, e, uma vez definida a existência da repercussão geral, julgará o recurso ou pedirá dia para seu julgamento, após vista ao Procurador-Geral, se necessária; negada a existência, formalizará e subscreverá decisão de recusa do recurso. O teor da decisão preliminar sobre a existência da repercussão geral, que deve integrar a decisão monocrática ou o acórdão, constará sempre das publicações dos julgamentos no Diário Oficial, com menção clara à matéria do recurso (art. 325). Reconhecida a repercussão geral, serão distribuídos ou redistribuídos ao Relator do recurso paradigma, por prevenção, os processos relacionados ao mesmo.

e) toda decisão de inexistência de repercussão geral é irrecorrível e, valendo para todos os recursos sobre questão idêntica, deve ser comunicada, pelo Ministro Relator, à Presidência do Tribunal (art. 326);

f) a Presidência do Tribunal recusará recursos que não apresentem preliminar formal e fundamentada de repercussão geral, bem como aqueles cuja matéria carecer de repercussão geral, segundo precedente do Tribunal, salvo se a tese tiver sido revista ou estiver em procedimento de revisão. Igual competência exercerá o Ministro Relator sorteado, quando o recurso não tiver sido liminarmente recusado pela Presidência. Da decisão que recusar recurso caberá agravo (art. 327);

g) protocolado ou distribuído recurso cuja questão for suscetível de reproduzir-se em múltiplos feitos, a Presidência do Tribunal ou o Ministro Relator, de ofício ou a requerimento da parte interessada, comunicará o fato aos tribunais ou turmas de juizado especial, a fim de que observem o disposto no art. 543-B do Código de Processo Civil, podendo pedir-lhes informações, que deverão ser prestadas em 5 (cinco) dias, e sobrestar todas as demais causas com questão idêntica. Quando se verificar subida ou distribuição de múltiplos recursos com fundamento em idêntica controvérsia, a Presidência do Tribunal ou o Ministro Relator selecionará um ou mais representativos da questão e determinará a devolução dos demais aos tribunais ou turmas de juizado especial de origem, para aplicação dos parágrafos do art. 543-B do Código de Processo Civil (art. 328).

Por se tratar de matéria absolutamente nova em nossos sistema jurídico, o STF irá envidar esforços para que haja a formação e atualização de banco eletrônico de dados a respeito dessa questão de repercussão geral. Atualmente já existe no sítio do STF na Internet, na área de jurisprudência, um espaço destinado exclusivamente à repercussão geral, apresentando, além de informações sobre esse instituto, uma listagem de matérias com e sem repercussão que já foram objeto de análise desse Tribunal. No final deste item apresentamos as matérias de cunho trabalhista que já foram analisadas.

Merece ser sublinhado que descabe ao presidente dos outros tribunais examinar a repercussão geral em sede de conhecimento e processamento dos recursos extraordinários interpostos para serem encaminhados ao STF. Essa matéria é privativa deste Tribunal e não daquele primeiro. A norma constitucional é expressa ao dispor dessa forma. Daí a jurisprudência dessa Suprema Corte ser maciça nesse sentido.

Destaque-se que é o STF o órgão uniformizador da jurisprudência dos demais tribunais do País.

No dizer de *Alfredo Buzaid* (*in* "Estudos de Direito", Saraiva, 1972, p. 181), foi o Supremo Tribunal Federal instituído com o propósito de assegurar o primado da Constituição e a unidade da jurisprudência do Direito Federal.

É de quinze dias o prazo para esse recurso ser interposto perante o Presidente do Tribunal recorrido.

Faz-se sua apresentação em petição distinta, cujo conteúdo será o seguinte: exposição do fato e do direito; a demonstração do cabimento do recurso, sublinhando a questão da repercussão geral da questão posta em juízo; as razões do pedido de reforma da decisão recorrida.

Depois de recebida a petição, abrir-se-á prazo de 15 dias para o recorrido apresentar suas contrarrazões.

Em seguida, serão os autos conclusos para a admissão ou não do recurso extremo. Como já apontado acima, descabe ao presidente do TST examinar a repercussão geral nessa oportunidade, posto que se trata de matéria privativa do STF. Se denegatório o despacho dele por não atender o recurso os outros pressupostos de seu processamento e remessa para o STF, é cabível agravo, no prazo de 10 (dez) dias, para o Supremo Tribunal, que será processado nos próprios autos do processo principal, conforme o art. 544, do CPC, com a nova redação dada pela Lei n. 12.322, 9.9.2010.

Sobre o agravo em recurso extraordinário, merece ser lido o item 276, parte final.

Defrontam-se duas teses a propósito da competência do juízo primeiro da admissibilidade do recurso extraordinário que, no foro trabalhista, cabe ao Presidente do Tribunal Superior do Trabalho.

A primeira não lhe recusa a faculdade de verificar a existência do pressuposto específico desse recurso, qual seja o prequestionamento da matéria constitucional; a segunda, recusa-lhe essa faculdade.

Entendemos caber ao juízo da admissibilidade a verificação, na espécie, da existência dos pressupostos gerais da recorribilidade: adequação, oportunidade, interesse de agir na via recursal, representação processual e preparo, bem como o que é essencial à utilização válida da estreita via recursal do apelo extremo: o prequestionamento.

De conseguinte, a nosso ver, nessa atuação do juízo de admissibilidade do recurso extraordinário não se configura usurpação de competência da instância superior.

Ver, nesse sentido, o Ag. 153.147, no DJU de 6.4.94 e RTJ 143/46.

Distribuído o agravo de instrumento, o relator proferirá decisão.

Dando provimento ao recurso, o Relator coloca-lo-á em pauta.

Da decisão do Relator que negar provimento ao agravo é cabível agravo regimental para o órgão julgador no prazo de cinco dias, o qual deve cingir-se ao exame do despacho impugnado.

Desatendido esse requisito, a Corte não conhecerá o agravo regimental. Ver, nesse sentido, acórdão da 1ª Turma do STF no julgamento Ag. Reg. n. 149.864, *in* DJU de 22.10.93 *e o RE 421387 Agr/DF, in DJ de 18.11.05*.

Recebido o recurso extraordinário, é ele encaminhado ao Supremo Tribunal.

Uma breve pausa para destacar que a petição do recurso deve ser entregue, no prazo de quinze dias, na secretaria do Tribunal de admissibilidade, prazo que se conta a partir da publicação do acórdão que se pretende atacar.

A regra é ter apenas efeito devolutivo o recurso extremo.

Todavia, tem o Supremo Tribunal, em casos especiais, deferido efeito suspensivo ao recurso extraordinário mediante medida cautelar para proteção de direito suscetível de grave dano de incerta reparação ou para garantir a eficácia da ulterior decisão da causa.

É imprescindível, no caso, que o feito já se encontre sob a jurisdição da Suprema Corte.

Consoante o inciso II do art. 546 do CPC (texto dado pela Lei n. 8.950/94) é embargável decisão de Turma do Supremo Tribunal Federal que divergir do julgamento de outra Turma ou do Plenário.

Não se admite recurso extraordinário de decisão de Turma da Seção Especializada em Dissídios Individuais do TST. Tem o recorrente de esgotar a via recursal nos termos da CLT e do Regimento do TST.

Por outras palavras, tem o interessado de apresentar, ainda, embargos e, depois, se estes não forem acolhidos, interpor o recurso extraordinário.

Tem o Supremo Tribunal decidido que o prequestionamento da matéria constitucional é admitido até o recurso de revista. Ocioso dizer que sem esse prequestionamento impede a admissibilidade do apelo extremo.

A excelsa Corte, por sua 2ª Turma, julgando o RE n. 97.269 já em 1983 (DJU de 16.12.83, p. 20.125), assim declarou:

"Por decisão do Plenário do Supremo Tribunal Federal firmou-se o entendimento de que, nas demandas perante a Justiça do Trabalho, somente é de admitir-se como prequestionado tema constitucional quando sido ele invocado até a oportunidade do recurso de revista, sendo tardio procurar debatê-lo, com fins de embasar recurso extraordinário".

Essa mesma linha jurisprudencial foi mantida pela Egrégia Corte Suprema mais recentemente em acórdão de lavra do Ministro Moreira Alves, *verbis*:

> *Agravo regimental. Não tem razão a agravante. Com efeito, não há dúvida de que o momento oportuno, na Justiça do Trabalho, para o prequestionamento das questões constitucionais para o recurso extraordinário é o da interposição do recurso de revista. Sucede, porém, que o acórdão recorrido extraordinariamente, tanto com relação à questão do artigo 5º, II, da Constituição quanto com referência à do artigo 37, II, da Carta Magna, ficou numa preliminar processual infraconstitucional de falta de prequestionamento dessas questões para poderem ser apreciadas em recurso de revista, o que teria de ser feito junto ao TRT, e não o foi por não terem elas sido ventiladas no recurso ordinário nem terem sido objeto de embargos de declaração. O prequestionamento, no caso, não é o relativo ao recurso extraordinário, mas, sim, o referente ao recurso de revista, preliminar processual infraconstitucional que, acolhida, não permitiu que o TST examinasse o mérito da causa relativo aos citados textos constitucionais. Agravo a que se nega provimento. STF, AI-AgR 248725/RS, 1ª Turma, DJ 12.5.00.*

A despeito da diretriz traçada pela Suprema Corte, parece-nos que se, no julgamento do recurso de revista, a turma do TST pôs em discussão matéria constitucional não aventada pela parte, fica esta com o caminho aberto para interpor embargos e, finalmente, o recurso extraordinário.

Matéria constitucional que deveria ser apreciada em grau de recurso ordinário ou de revista fica preclusa se a parte não opuser embargos de declaração. Há mesmo Súmula do Supremo de n. 282:

"*É inadmissível o recurso extraordinário quando não ventilada, na decisão recorrida, a questão federal suscitada*".

É mais ou menos o que vem estabelecido na Súmula n. 297 do TST:

"*1. Diz-se prequestionada a matéria ou questão quando na decisão impugnada haja sido adotada, explicitamente, tese a respeito.*

2. Incumbe à parte interessada, desde que a matéria haja sido invocada no recurso principal, opor embargos declaratórios objetivando o pronunciamento sobre o tema, sob pena de preclusão.

3. Considera-se prequestionada a questão jurídica invocada no recurso principal sobre a qual se omite o Tribunal de pronunciar tese, não obstante opostos embargos de declaração".

Nas linhas precedentes, sintetizamos o pensamento dominante na doutrina e na jurisprudência, antes do advento da Constituição Federal de 1988, a propósito das condições de admissibilidade do apelo extremo, as quais, no tempo presente, parece terem sofrido substancial modificação.

De fato, lê-se no inciso III do art. 102 da Lei Maior que "*Compete ao Supremo Tribunal Federal precipuamente a guarda da Constituição, cabendo-lhe: I — omissis; III — julgar, mediante recurso extraordinário, as causas decididas em única ou última instância, quando a decisão recorrida: a) contrariar dispositivo desta Constituição; b) declarar a inconstitucionalidade de tratado ou lei federal; c) julgar válida lei ou ato de governo local contestado em face desta Constituição; d) julgar válida lei local contestada em face de lei federal*".

É fora de dúvida que essa norma incide nos casos de ações de alçada das Varas do Trabalho ou de dissídios de natureza econômica de competência originária do Tribunal Superior do Trabalho.

A favor desse ponto de vista há o acórdão da 1ª Turma do Supremo Tribunal Federal proferido no Recurso Extraordinário n. 146.750-9, por unanimidade, entendendo que cabe recurso extraordinário contra juízo de primeiro grau da jurisdição em única instância (*in* DJU de 8.10.93).

Não resta dúvida de que esse decisório encontra estribo no inciso III do art. 102 da Lei Fundamental, mas, se a Corte Suprema já está congestionada pelos milhares de processos que tem de julgar, essa situação de crise irá agravar-se sobremaneira com a avalanche de ações de alçada em que se debate matéria constitucional.

A realidade dos nossos dias — por sinal sombria — pede que seja preservada a diretriz que ordena a submissão prévia aos Tribunais do Trabalho da matéria constitucional invocada nas ações de alçada das Varas do Trabalho.

À primeira vista, o supracitado inciso III do art. 102 da Constituição da República não se harmoniza com o princípio assegurador do duplo grau de jurisdição. Mas em verdade é esse princípio respeitado, em parte, mercê da possibilidade de recurso para a Corte Suprema.

Na Justiça do Trabalho, porém, prevalece o entendimento de que, na espécie, o apelo à Corte Suprema deve transitar pelas várias instâncias trabalhistas.

Admite-se o agravo regimental no STF contra o despacho denegatório do seguimento do seu agravo interposto nos autos principais, conforme o art. 544, do CPC.

Na hipótese, deve o agravo cingir-se ao exame da fundamentação do despacho impugnado. Quando não é isso cumprido, a Corte deixará de conhecer o agravo regimental.

Ver, nesse sentido, o acórdão da 1ª Turma do STF no julgamento do Agravo Regimental n. 149.864, *in* DJU de 22.10.93, p. 22.255.

De conformidade com o disposto no art. 475-I, § 1º do CPC, tem o credor a faculdade legal de promover a execução provisória no caso de interposição de recurso extraordinário recebido com efeito devolutivo.

De regra, o recurso extraordinário é recebido com efeito devolutivo (§ 2º do art. 542 do CPC), mas, presentes os pressupostos da cautelar — *fumus boni juris* e *periculum in mora*, tem a Corte Suprema, deferido o efeito suspensivo ao apelo extremo.

Deixou de existir o dissídio que lavrou sobre a existência da coisa julgada mesmo na hipótese de apresentação do recurso extraordinário. Este impede que a sentença faça coisa julgada e, por via de consequência, inviabiliza a execução definitiva. Enquanto estiver tramitando esse recurso, a execução somente poderá ser realizada provisoriamente.

O CPC de 1973 pôs termo à controvérsia.

280.1. Matérias do Direito do Trabalho com Repercussão Geral

Desde a sua implantação até maio de 2013, 70% dos temas levados a julgamento tiveram repercussão geral reconhecida. Isto resultou em uma redução de 52% na distribuição e de 60% no estoque de processos recursais.

Estas são os temas do Direito do Trabalho considerados como tendo repercussão geral pelo STF:

Tema 005 — Compensação da diferença de 11,98% resultante da conversão em URV dos valores em cruzeiros reais, com o reajuste ocorrido na data-base subsequente.

Tema 018 — Fracionamento de execução contra a Fazenda Pública para pagamento de honorários advocatícios.

Tema 019 — Indenização pelo não encaminhamento de projeto de lei de reajuste anual dos vencimentos de servidores públicos.

Tema 024 — Base de cálculo do adicional por tempo de serviço de servidor público admitido antes da Emenda Constitucional n. 19/98.

Tema 025 — Vinculação do adicional de insalubridade ao salário mínimo.

Tema 028 — Fracionamento da execução com expedição de precatório para pagamento de parte incontroversa da condenação.

Tema 032 — Reserva de lei complementar para instituir requisitos à concessão de imunidade tributária às entidades beneficentes de assistência social.

Tema 036 — Competência da Justiça do Trabalho para execução de contribuições previdenciárias.

Tema 043 — Competência para julgar reclamações de empregados temporários submetidos a regime especial disciplinado em lei local editada antes da Constituição de 1988.

Tema 072 — Inclusão do salário-maternidade na base de cálculo da Contribuição Previdenciária incidente sobre a remuneração.

Tema 074 — Competência para julgamento de ação de interdito proibitório cuja causa de pedir decorre de movimento grevista.

Tema 082 — Legitimidade de entidade associativa para promover execuções, na qualidade de substituta processual, independentemente da autorização de cada um de seus filiados.

Tema 090 — Competência para processar e julgar a execução de créditos trabalhistas no caso de empresa em fase de recuperação judicial.

Tema 100 — a) Aplicação do art. 741, parágrafo único, do Código de Processo Civil, no âmbito dos Juizados Especiais Federais. b) Possibilidade de desconstituição de decisão judicial de processo com trânsito em julgado fundada em norma posteriormente declarada inconstitucional.

Tema 106 — a) Competência para, após o advento da Lei n. 8.112/90, julgar os efeitos de decisão anteriormente proferida pela Justiça do Trabalho. b) Extensão do reajuste de 84,32%, relativo ao IPC do mês de março de 1990 (Plano Collor), concedido pela Justiça Federal em decisão transitada em julgado, a outros servidores.

Tema 112 — Conversão de precatórios expedidos antes da Emenda Constitucional n. 37/2002 em requisições de pequeno valor.

Tema 116 — Direito a honorários advocatícios nas ações que visam obter expurgos inflacionários de FGTS.

Tema 130 — Responsabilidade objetiva do Estado em caso de responsabilidade civil da pessoa jurídica de direito privado prestadora de serviço público em relação a terceiros não-usuários do serviço.

Tema 131 — Despedida imotivada de empregados de Empresa Pública.

Tema 132 — Incidência de juros moratórios e compensatórios durante o período de parcelamento previsto no art. 78 do ADCT.

Tema 136 — a) Cabimento de ação rescisória que visa desconstituir julgado com base em nova orientação da Corte; b) Creditamento de IPI pela aquisição de insumos isentos, não tributados ou sujeitos à alíquota zero.

Tema 137 — Prazo para oposição de embargos à execução contra a Fazenda Pública.

Tema 138 — Anulação de ato administrativo pela Administração, com reflexo em interesses individuais, sem a instauração de procedimento administrativo.

Tema 147 — Incidência de juros de mora durante o prazo previsto na Constituição Federal para o pagamento de precatório.

Tema 149 — Competência para processar e julgar causa que envolve contribuição previdenciária instituída pelo Estado membro incidente sobre complementação de proventos e de pensões por ele paga.

Tema 152 — Renúncia genérica a direitos mediante adesão a plano de demissão voluntária.

Tema 163 — Contribuição previdenciária sobre o terço constitucional de férias, os serviços extraordinários, o adicional noturno e o adicional de insalubridade.

Tema 190 — Competência para processar e julgar causas que envolvam complementação de aposentadoria por entidades de previdência privada.

Tema 191 — Recolhimento de FGTS na contratação de servidor público sem a prévia aprovação em concurso público.

Tema 222 — Extensão do adicional de risco portuário ao trabalhador portuário avulso.

Tema 235 — Imunidade tributária das atividades exercidas pela Empresa Brasileira de Correios e Telégrafos — ECT.

Tema 241 — Exigência da prévia aprovação no exame da OAB para exercício da advocacia.

Tema 242 — Competência para processar e julgar ações indenizatórias decorrentes de acidente do trabalho propostas por sucessores do trabalhador falecido.

Tema 246 — Responsabilidade subsidiária da Administração Pública por encargos trabalhistas gerados pelo inadimplemento de empresa prestadora de serviço.

Tema 253 — Aplicabilidade do regime de precatórios às entidades da Administração Indireta prestadoras de serviços públicos essenciais.

Tema 256 — Complementação de aposentadoria de ex-empregado da FEPASA.

Tema 258 — Competência para processar e julgar execuções ajuizadas pela OAB contra advogados inadimplentes quanto ao pagamento de anuidades.

Tema 265 — Diferenças de correção monetária de depósitos em caderneta de poupança, não bloqueados pelo BACEN, por alegados expurgos inflacionários decorrentes do plano Collor I.

Tema 266 — Citação da Fazenda Pública para expedição de precatório complementar.

Tema 282 — Subsistência, após a Emenda Constitucional n. 19/98, dos subtetos salariais criados com amparo na redação original do art. 37, XI, da Constituição Federal.

Tema 293 — Contagem especial de tempo de serviço, prestado sob condições insalubres, em período anterior à instituição do Regime Jurídico Único.

Tema 305 — Competência para processar e julgar ações de cobrança de honorários advocatícios arbitrados em favor de advogado dativo.

Tema 308 — Efeitos trabalhistas decorrentes de contratação pela Administração Pública de empregado não submetido à prévia aprovação em concurso público.

Tema 315 — Aumento de vencimentos e extensão de vantagens e gratificações pelo Poder Judiciário e pela Administração Pública.

Tema 326 — Incidência de ICMS sobre o fornecimento de água encanada por concessionárias.

Tema 339 — Obrigatoriedade de fundamentação das decisões judiciais.

Tema 344 — Incidência de contribuição previdenciária sobre a participação nos lucros da empresa.

Tema 350 — Prévio requerimento administrativo como condição para o acesso ao Judiciário.

Tema 355 — a) Penhora de bens da Rede Ferroviária S.A. realizada anteriormente à sucessão pela União; b) Possibilidade de execução, pelo regime de precatório, dos bens da Rede Ferroviária.

Tema 359 — Incidência do teto constitucional remuneratório sobre o montante decorrente da acumulação de proventos e pensão.

Tema 360 — Desconstituição de título executivo judicial mediante aplicação do parágrafo único do art. 741 do Código de Processo Civil.

Tema 361 — Transmudação da natureza de precatório alimentar em normal em virtude de cessão do direito nele estampado.

Tema 364 — Titularidade do produto de arrecadação do imposto de renda incidente sobre complementação de aposentadoria paga por autarquia estadual.

Tema 368 — Incidência do imposto de renda de pessoa física sobre rendimentos percebidos acumuladamente.

Tema 383 — Equiparação de direitos trabalhistas entre terceirizados e empregados de empresa pública tomadora de serviços.

Tema 385 — Reconhecimento de imunidade tributária recíproca a sociedade de economia mista ocupante de bem público.

Tema 395 — Incorporação de quintos decorrentes do exercício de funções comissionadas e/ou gratificadas.

Tema 414 — Competência para processar e julgar ação em que se discute a prestação de benefícios previdenciários decorrentes de acidentes de trabalho.

Tema 435 — Aplicação do artigo 1º-F da Lei n. 9.494/97 nas ações ajuizadas anteriormente à sua vigência.

Tema 450 — Incidência de correção monetária no período compreendido entre a data do cálculo e a do efetivo pagamento da requisição de pequeno valor.

Tema 481 — Direito de brasileiro contratado no exterior como "auxiliar local", antes da Constituição Federal de 1988, ao regime jurídico estabelecido pela Lei n. 8.112/90.

Tema 486 — Suspensão de habilitação para dirigir de motorista profissional condenado por homicídio culposo na direção de veículo automotor.

Tema 488 — Representatividade sindical de micro e pequenas indústrias artesanais.

Tema 494 — Limites objetivos da coisa julgada em sede de execução.

Tema 497 — Proteção objetiva da estabilidade de empregada gestante, em virtude de rescisão imotivada do contrato de trabalho.

Tema 499 — Limites subjetivos da coisa julgada referente à ação coletiva proposta por entidade associativa de caráter civil.

Tema 505 — Aplicação imediata EC n. 20/98 quanto à competência da Justiça do Trabalho para execução de contribuições previdenciárias decorrentes de sentenças anteriores à sua promulgação.

Tema 528 — Recepção, pela CF/88, do art. 384 da CLT, que dispõe sobre o intervalo de 15 minutos para trabalhadora mulher antes do serviço extraordinário.

Tema 530 — Desistência em mandado de segurança, sem aquiescência da parte contrária, após prolação de sentença de mérito, ainda que favorável ao impetrante.

Tema 542 — Direito de gestante, contratada pela Administração Pública por prazo determinado ou ocupante de cargo em comissão demissível *ad nutum*, ao gozo de licença-maternidade e à estabilidade provisória.

Tema 544 — Competência para julgamento de abusividade de greve de servidores públicos celetistas.

Tema 545 — Extensão da estabilidade excepcional do art. 19 do ADCT a empregados de fundação privada.

Tema 550 — Competência para processar e julgar controvérsia a envolver relação jurídica entre representante e representada comerciais.

Tema 551 — Extensão de direitos concedidos aos servidores públicos efetivos aos servidores e empregados públicos contratados para atender necessidade temporária e excepcional do setor público.

Tema 556 — Demissão sem justa causa de professor sem prévia instauração de inquérito administrativo, não obstante a previsão no regimento interno da instituição privada de ensino.

Tema 569 — Concurso público para a contratação de empregados por pessoa jurídica que integra o chamado "Sistema S".

Tema 598 — Sequestro de verbas públicas para pagamento de crédito a portador de moléstia grave sem observância à regra dos precatórios.

Tema 606 — a) reintegração de empregados públicos dispensados em face da concessão de aposentadoria espontânea e consequente possibilidade de acumulação de proventos com vencimentos; b) competência para processar e julgar a ação em que se discute a reintegração de empregados públicos dispensados em face da concessão de aposentadoria espontânea e consequente possibilidade de acumulação de proventos com vencimentos

Tema 608 — Prazo prescricional aplicável à cobrança de valores não depositados no Fundo de Garantia por Tempo de Serviço — FGTS

Tema 612 — Constitucionalidade de lei municipal que dispõe sobre as hipóteses de contratação temporária servidores públicos.

Tema 624 — Papel do Poder Judiciário na concretização do direito à revisão geral anual da remuneração dos servidores públicos, diante do reconhecimento da mora do Poder Executivo.

Tema 635 — Conversão de férias não gozadas em indenização pecuniária, por aqueles que não mais podem delas usufruir, seja por conta do rompimento do vínculo com a Administração, seja pela inatividade, tendo em vista a vedação do enriquecimento sem causa pela Administração. Extensão do entendimento a outros direitos de natureza remuneratória não usufruídos no momento oportuno, a exemplo da licença-prêmio.

Tema 638 — Necessidade de negociação coletiva para a dispensa em massa de trabalhadores.

Tema 639 — Definição do montante remuneratório recebido por servidores públicos, para fins de incidência do teto constitucional.

Tema 679 — Validade da exigência do depósito recursal como pressuposto de admissibilidade do recurso extraordinário na Justiça do Trabalho.

280.2. Matérias do Direito do Trabalho sem Repercussão Geral

Estas são os temas do Direito do Trabalho que o STF entendeu não ter repercussão geral:

Tema 062 — Aplicabilidade do prazo prescricional do art. 7º, XXIX, da Constituição Federal (na redação dada pela Emenda Constitucional n. 28/2000) às ações trabalhistas ajuizadas por trabalhadores rurais cujos contratos de trabalho estavam vigentes à época da publicação da referida Emenda.

Tema 144 — a) Termo inicial da prescrição para ação de cobrança da diferença decorrente da incidência dos expurgos inflacionários reconhecidos pela Lei Complementar n. 110/2001 na multa de 40% sobre os depósitos do FGTS; b) Responsabilidade do empregador pelo pagamento dessa diferença.

Tema 151 — Decretação de ofício da prescrição de crédito tributário sem a manifestação da Fazenda Pública.

Tema 181 — Pressupostos de admissibilidade de recursos da competência de outros Tribunais.

Tema 193 — Incorporação a contrato individual de trabalho de cláusulas normativas pactuadas em acordos coletivos.

Tema 196 — Responsabilidade subsidiária de tomador de serviços, em decorrência do não pagamento de verbas trabalhistas devidas.

Tema 197 — Cobrança de contribuição assistencial, instituída por assembleia, de trabalhadores não filiados a sindicato, bem como a aplicação de multa em julgamento de embargos de declaração tidos por protelatórios.

Tema 219 — Extensão a beneficiários de plano de previdência privada complementar de vantagem outorgada a empregados ativos.

Tema 236 — Natureza jurídica de verbas rescisórias para fins de incidência do imposto de renda.

Tema 245 — Base de cálculo do adicional de periculosidade dos empregados do setor de energia elétrica.

Tema 267 — Fixação de multa por descumprimento de ordem judicial de pagamento de precatório no prazo legal.

Tema 273 — Direito de servidores inativos da extinta FEPASA à extensão de vantagens salariais concedidas em dissídios e acordos coletivos aos ferroviários em atividade.

Tema 333 — Responsabilização do empregador no caso de sucessão de empresa.

Tema 356 — Adicional de periculosidade em decorrência de armazenamento de agentes inflamáveis em prédio vertical.

Tema 357 — Redução do intervalo intrajornada e majoração da jornada de trabalho, no regime de turnos ininterruptos de revezamento, por negociação coletiva.

Tema 401 — Multa por litigância de má-fé.

Tema 424 — Indeferimento de produção de provas no âmbito de processo judicial.

Tema 482 — Incidência de contribuição previdenciária sobre os valores pagos pelo empregador ao empregado nos primeiros quinze dias de auxílio-doença.

Tema 583 — Prescrição aplicável (total ou parcial) no âmbito da Justiça do Trabalho.

Tema 585 — Diminuição da base de cálculo de contribuições previdenciárias em decorrência de acordo celebrado em execução trabalhista.

Tema 591 — Extensão, às complementações de aposentadoria, de benefício concedido indistintamente aos empregados ativos em razão de acordo coletivo de trabalho.

Tema 610 — Incorporação de gratificação de função à remuneração de empregados públicos.

Tema 621 — Revogação da multa prevista no art. 600 da Consolidação das Leis do Trabalho, bem como sua aplicabilidade em razão do atraso no pagamento da contribuição sindical rural.

Tema 625 — Aplicabilidade dos juros de mora previstos no art. 1º-F da Lei n. 9.494/1997 aos casos em que a Fazenda Pública é condenada subsidiariamente pelas obrigações trabalhistas inadimplidas pelo empregador principal.

Tema 629 — Equiparação salarial de empregados de sociedade de economia mista integrantes de quadro de carreira cuja reestruturação não foi homologada pelo Ministério do Trabalho.

Tema 637 — Prazo prescricional relativo às ações de indenização por danos morais e materiais decorrentes de acidente de trabalho antes do advento da Emenda Constitucional n. 45/2004.

Tema 640 — Incidência dos juros de mora previstos no art. 1º-F da Lei n. 9.494/1997, nas ações em que a União figura como sucessora da Rede Ferroviária Federal S.A., em período anterior à referida sucessão.

Tema 662 — Direito adquirido ao recebimento de complementação de aposentadoria calculada de acordo com as normas vigentes à época da adesão a contrato de plano de previdência privada.

280.3. Interposição Prematura do Recurso Extraordinário

É corriqueiro, no âmbito processual, que o prazo para aviamento de recurso extraordinário começa a fluir na data da publicação do dispositivo do acórdão em órgão oficial.

O inciso III do art. 506 do CPC dá agasalho a essa regra.

Decorre do preceito que a intempestividade do recurso resulta da sua interposição após o vencimento do prazo legal.

Têm, ainda, a doutrina e a jurisprudência entendido que, na espécie, também é intempestivo o recurso se interposto prematuramente, isto é, após o julgamento, mas antes da publicação do acórdão.

É o que se depreende do art. 506 do CPC:

"O prazo para a interposição do recurso, aplicável em todos os casos o disposto no art. 184 e seus parágrafos, contar-se-á da data:

I — da leitura da sentença em audiência;

II — da intimação às partes, quando a sentença não for proferida em audiência;

III — da publicação do dispositivo do acórdão no órgão oficial."

O dispositivo supra completa-se com o art. 242 do CPC.

Os dois artigos que vimos de citar também se aplicam ao processo do trabalho.

As considerações supra foram motivadas pela decisão do Ministro relator de um agravo (n. 381.102-1, *in* DJU de 21.6.2002, p. 145/6) no Supremo Tribunal Federal e da qual retiramos o seguinte trecho:

"O recurso extraordinário — a que se refere o presente agravo de instrumento (nota: à época anterior à redação do art. 544, do CPC, dada pela Lei n. 12.322/10) — foi deduzido extemporaneamente eis que interposto em 19.12.2000 (fls. 89) data anterior àquela em que o Tribunal de Justiça local fez publicar o acórdão em questão. O cotejo das datas permite constatar que o recurso extraordinário em causa foi interposto prematuramente, posto que deduzido quando sequer existia, formalmente, o acórdão que a parte recorrente desejava impugnar. Cabe assinalar, por necessário, que a intempestividade dos recursos tanto pode derivar de impugnações prematuras (que se antecipam à publicação dos acórdãos) quanto resultar de oposições tardias (que se registram após o decurso dos prazos recursais)".

Não resta dúvida que a posição do relator do agravo supra se afina com o preceituado no art. 506 do CPC.

Moacyr Amaral Santos, José Frederico Marques e *José Carlos Barbosa Moreira* são mencionados na decisão em tela e todos eles reconhecem que o prazo recursal só se inicia depois da publicação do acórdão.

Pontes de Miranda ("Comentários ao CPC", Forense, 1975, vol. VII, p. 130) lembra que *Giuseppe Chiovenda* ("Saggi", II, 252) admitira que a notificação ou intimação tivesse nascido da necessidade ou conveniência de se documentar o vencedor com a fixação do dia em que o adversário conheceu, efetivamente, o julgado, ali pelos séculos XIII e XIV. Certamente, os princípios romanos já se haviam modificado e o fato de se discutir, no século XIII, se era da entrega da cópia da sentença, ou da publicação que corria o prazo, mostra que a confusão de regras jurídicas se estava avolumando. Não há dúvida que a notificação veio obstar a exceção da ignorância, como regra jurídica de prudência. À medida que essa notificação se assentou, entrou em declínio a citação ad audiendam sententiam, que se fazia para que os interessados estivessem presentes à publicação.

A decisão do Ministro do Supremo Tribunal Federal funda-se, inegavelmente, em correta interpretação da norma processual.

Na perspectiva histórica da notificação da sentença ou do acórdão, percebe-se que o inquinado ato processual tinha em mira a fixação do momento em que o vencido era cientificado do conteúdo do julgado.

Nessa mesma perspectiva, destaca-se, porém, o rigorismo da interpretação dada ao mencionado art. 506 do CPC.

A entrega prematura e extemporânea do recurso extraordinário não trouxe qualquer prejuízo à outra parte.

Ademais, observamos que os autores — de modo geral — ao analisar a questão dos prazos, não fazem menção ao recurso apresentado prematuramente.

Passando ao largo do fato de que a interposição prematura de um recurso não causa prejuízo algum à outra parte, o próprio TST converteu em 2012 a Orientação Jurisprudencial n. 357, da SDI-1 na Súmula n. 434, no seguinte sentido: "*Recurso. Interposição antes da Publicação do Acórdão impugnado. Extemporaneidade. I) É extemporâneo recurso interposto antes de publicado o acórdão impugnado. II) A interrupção do prazo recursal em razão da interposição de embargos de declaração pela parte adversa não acarreta qualquer prejuízo àquele que apresentou seu recurso tempestivamente.*".

Nesse mesmo diapasão o próprio Supremo Tribunal Federal assim decidiu:

Agravo regimental em agravo de instrumento. Recurso extraordinário. Extemporaneidade. Interposição prematura. Ratificação intempestiva. Agravo improvido. I — Como tem se orientado esta Corte, a intempestividade dos recursos tanto pode derivar de impugnações prematuras (que se antecipam à publicação dos acórdãos) quanto decorrer de oposições tardias (que se registram após o decurso dos prazos recursais). II — A ratificação intempestiva não conduz ao conhecimento do recurso interposto prematuramente. III — Agravo regimental improvido. STF, AI-AgR 631929/PR, Rel. Min. Ricardo Lewandowski, DJe 23.5.08

280.4. Da Súmula Vinculante

Desde os meados de 1998, discutia-se, no Congresso Nacional, propostas de emenda à Constituição (PEC) autorizando a implantação, no País, da súmula vinculante. Ela se tornou uma realidade com a Emenda Constitucional n. 45/2004, que introduziu o art. 103-A à Constituição, assegurando, apenas ao Supremo Tribunal Federal o direito de editá-la. Trata-se de norma constitucional de eficácia contida, posto que expressamente esse dispositivo exige que tal matéria seja disciplinada em lei, *verbis*: "Art. 103-A. O Supremo Tribunal Federal poderá, de ofício ou por provocação, mediante decisão de dois terços "dos seus membros, após reiteradas decisões sobre matéria constitucional, aprovar súmula que, a partir de sua publicação na imprensa oficial, terá efeito vinculante em relação aos demais órgãos do Poder Judiciário e à administração pública direta e indireta, nas esferas federal, estadual e municipal, bem como proceder à sua revisão ou cancelamento, na forma estabelecida em lei".

A súmula vinculante tem por objetivo a validade, a interpretação e a eficácia de normas determinadas, acerca das quais haja controvérsia atual entre órgãos judiciários ou entre esses e a administração pública que acarrete grave insegurança jurídica e relevante multiplicação de processos sobre questão idêntica (§ 1º, art. 103-A, da Constituição).

A par disso, e sem prejuízo do estabelecido em lei, a aprovação, revisão ou cancelamento de súmula poderá ser provocada por aqueles que podem propor a ação direta de inconstitucionalidade, como previsto no art. 103 da Constituição.

Por fim, o § 3º, desse art. 103-A da Constituição deixou registrado que, do ato administrativo ou decisão judicial que contrariar a súmula aplicável ou que indevidamente a aplicar, caberá reclamação ao Supremo Tribunal Federal que, julgando-a procedente, anulará o ato administrativo ou cassará a decisão judicial reclamada, e determinará que outra seja proferida com ou sem a aplicação da súmula, conforme o caso.

O Tribunal Superior do Trabalho não poderá, assim, editar súmula vinculante, como, aliás, se pensava quando dos debates constitucionais acerca da reforma do judiciário de 2004.

Em face da implantação da súmula vinculante em lei ordinária, achamos de bom alvitre redigir um item sobre a matéria, destacando que a Lei n. 11.417, de 19.12.2006, regulamentou esse dispositivo constitucional, disciplinando a edição, a revisão e o cancelamento de enunciado de súmula vinculante pelo STF.

Em nosso passado jurídico, há exemplos de decisões judiciais que as instâncias inferiores tinham de seguir ou respeitar. Nas Ordenações Manuelinas e Filipinas, os arestos das Casas de Suplicação, com diretrizes interpretativas, obrigavam os magistrados que lhes estavam subordinados.

A Constituição Imperial, de 1824, via com reservas a independência dos magistrados, tanto que, que no inciso VIII do art. 15, estatuía ser atribuição da Câmara dos Deputados e do Senado *"fazer leis, interpretá-las, suspendê-las e revogá-las"*.

Sabe-se que, em 1896, *Julio de Castilhos*, como Governador do Rio Grande do Sul, processou e condenou um juiz por haver declarado a inconstitucionalidade de uma lei estadual (*Luiz Flávio Gomes*, RT 739/12). O anteprojeto do Código de Processo Civil de 1973 agasalhava disposições que conduziam a algo parecido com jurisprudência vinculante. Quando da aprovação da Consolidação das Leis do Trabalho, em pleno Estado Novo (1937/45), teve consagração o prejulgado com força vinculante.

É claro que, ao longo do tempo, todas essas manifestações do desejo de jungir a magistratura à súmula vinculante atenderam a causas ou objetivos os mais variados. Nos dias que correm, a justificativa é dada pelo congestionamento dos órgãos do Judiciário, que se agrava, dia a dia, havendo quem preveja, para futuro próximo, o colapso do sistema.

No direito comparado, percebe-se que os Estados de estrutura democrática não vêem com simpatia as decisões dos tribunais superiores que os juízes são obrigados a seguir em suas sentenças.

Mas laboram em equívoco aqueles que invocam o exemplo norte-americano, em que os Tribunais, não raro, chegam a legislar. Nessa nação, a jurisprudência estratificada não obriga os juízes dos planos inferiores da hierarquia. Têm elas a liberdade de divergir dessa jurisprudência e nenhuma sanção sofrem por essa rebeldia. Nos Estados Unidos da América do Norte há uma espécie de ação em que a sentença tem efeito *erga omnes*, cabendo ao interessado que não figurou no processo provar posteriormente que sua pretensão é amparada por tal sentença. Assim chega à execução sem submeter-se ao processo de cognição na sua inteireza, devido à maior extensão dos efeitos subjetivos da coisa julgada.

Em nosso direito positivo, o Código de Defesa do Consumidor, pioneiramente, introduziu tal ação em nosso sistema legal.

Tem o Legislativo dado provas inequívocas do seu interesse pela questão de dar-se maior celeridade ao julgamento dos feitos judiciais. Aliás, já anteriormente, tivemos mais uma prova concreta do empenho do Congresso Nacional em agilizar os processos em todas as instâncias mediante o incremento de fórmulas extrajudiciais de composição de interesses. Afora as constantes reformas do Código de Processo Civil (com saudáveis reflexos no processo do trabalho), temos, ainda, a Lei n. 9.307, de 23 de setembro de 1996, que modernizou o instituto da arbitragem.

Ressaltamos, de novo, que alguns doutrinadores entendem ser aquele diploma legal inaplicável aos dissídios individuais do trabalho, aceitando-o apenas no tangente aos conflitos coletivos do trabalho. Quanto a nós, não vemos qualquer incompatibilidade entre o instituto em causa e os cânones do processo do trabalho.

Firme no seu propósito de aumentar a eficiência do Poder Judiciário, o Congresso vinha desde 1998 dando mostras da sua disposição de emendar a Lei Fundamental a fim de se inserir a súmula vinculante em nosso regramento processual.

Somos favoráveis à edição de súmulas vinculantes pelo Supremo Tribunal, desde que observados os pré-requisitos do quorum mínimo, da reiteração das decisões e do reexame da sentença monocrática pela instância imediatamente superior.

Lembre-se que, atualmente nestes idos de 2008, em nosso país, mais de 70% do movimento judiciário é representado por ações propostas contra a União e suas autarquias (notadamente o INSS) só porque, obstinadamente, cumprem determinado preceito legal depois que passa em julgado a respectiva sentença condenatória.

É claro que, para tal conduta, a súmula vinculante do STF é remédio eficaz em benefício das numerosíssimas partes vencedoras.

Sensível aos reclamos da sociedade, o legislador ordinário elaborou a Lei n. 11.417, de 19.12.2006, que regulamentou esse art. 103-A, da Constituição, disciplinando a edição, a revisão e o cancelamento de enunciado de súmula vinculante pelo STF. Esse Tribunal disciplinará, também, a matéria em seu Regimento Interno, como dispõe o art. 10 dessa Lei.

Do exame dessa Lei, merecem ser destacados estes aspectos mais relevantes:

a) o Supremo Tribunal Federal poderá, de ofício ou por provocação, após reiteradas decisões sobre matéria constitucional, editar enunciado de súmula que, a partir de sua publicação na imprensa oficial, terá efeito vinculante em relação aos demais órgãos do Poder Judiciário e à administração pública direta e indireta, nas esferas federal, estadual e municipal, bem como proceder à sua revisão ou cancelamento, na forma prevista nesta Lei;

b) O enunciado da súmula terá por objeto a validade, a interpretação e a eficácia de normas determinadas, acerca das quais haja, entre órgãos judiciários ou entre esses e a administração pública, controvérsia atual que acarrete grave insegurança jurídica e relevante multiplicação de processos sobre idêntica questão;

c) O Procurador-Geral da República, nas propostas que não houver formulado, manifestar-se-á previamente à edição, revisão ou cancelamento de enunciado de súmula vinculante;

d) a edição, a revisão e o cancelamento de enunciado de súmula com efeito vinculante dependerão de decisão tomada por 2/3 (dois terços) dos membros do Supremo Tribunal Federal, em sessão plenária;

e) no prazo de 10 (dez) dias após a sessão em que editar, rever ou cancelar enunciado de súmula com efeito vinculante, o Supremo Tribunal Federal fará publicar, em seção especial do Diário da Justiça e do Diário Oficial da União, o enunciado respectivo;

f) são legitimados a propor a edição, a revisão ou o cancelamento de enunciado de súmula vinculante: Presidente da República; a Mesa do Senado Federal; a Mesa da Câmara dos Deputados; o Procurador-Geral da República; o Conselho Federal da Ordem dos Advogados do Brasil; o Defensor Público-Geral da União; partido político com representação no Congresso Nacional; confederação sindical ou entidade de classe de âmbito nacional; a Mesa de Assembleia Legislativa ou da Câmara Legislativa do Distrito Federal; Governador de Estado ou do Distrito Federal; os Tribunais Superiores, os Tribunais de Justiça de Estados ou do Distrito Federal e Territórios, os Tribunais Regionais Federais, os Tribunais Regionais do Trabalho, os Tribunais Regionais Eleitorais e os Tribunais Militares;

g) o Município poderá propor, incidentalmente ao curso de processo em que seja parte, a edição, a revisão ou o cancelamento de enunciado de súmula vinculante, o que não autoriza a suspensão do processo;

h) no procedimento de edição, revisão ou cancelamento de enunciado da súmula vinculante, o relator poderá admitir, por decisão irrecorrível, a manifestação de terceiros na questão, nos termos do Regimento Interno do Supremo Tribunal Federal;

i) a súmula com efeito vinculante tem eficácia imediata, mas o Supremo Tribunal Federal, por decisão de 2/3 (dois terços) dos seus membros, poderá restringir os efeitos vinculantes ou decidir que só tenha eficácia a partir de outro momento, tendo em vista razões de segurança jurídica ou de excepcional interesse público;

j) revogada ou modificada a lei em que se fundou a edição de enunciado de súmula vinculante, o Supremo Tribunal Federal, de ofício ou por provocação, procederá à sua revisão ou cancelamento, conforme o caso;

k) a proposta de edição, revisão ou cancelamento de enunciado de súmula vinculante não autoriza a suspensão dos processos em que se discuta a mesma questão;

l) da decisão judicial ou do ato administrativo que contrariar enunciado de súmula vinculante, negar-lhe vigência ou aplicá-lo indevidamente caberá reclamação ao Supremo Tribunal Federal, sem prejuízo dos recursos ou outros meios admissíveis de impugnação;

m) contra omissão ou ato da administração pública, o uso da reclamação só será admitido após esgotamento das vias administrativas;

n) ao julgar procedente a reclamação, o Supremo Tribunal Federal anulará o ato administrativo ou cassará a decisão judicial impugnada, determinando que outra seja proferida com ou sem aplicação da súmula, conforme o caso.

A Lei n. 9.784, de 29.1.1999, que disciplina o processo administrativo em âmbito federal, estabelece em seu art. 56 que cabe recurso administrativo à autoridade superior contra as decisões administrativas acerca das razões de legalidade e de mérito. Aí é dito que, salvo exigência legal, a interposição de recurso administrativo independe de caução. Porém, se o recorrente sustentar que a decisão administrativa contraria enunciado da súmula vinculante, caberá à autoridade prolatora da decisão impugnada, se não a reconsiderar, explicitar, antes de encaminhar o recurso à autoridade superior, as razões da aplicabilidade ou inaplicabilidade da súmula, conforme o caso.

Sublinhe-se que, se o recorrente alegar violação de enunciado da súmula vinculante, o órgão competente para decidir o recurso explicitará as razões da aplicabilidade ou inaplicabilidade da súmula, conforme o caso.

Porém, acolhida pelo Supremo Tribunal Federal a reclamação fundada em violação de enunciado da súmula vinculante, dar-se-á ciência à autoridade prolatora e ao órgão competente para o julgamento do recurso, que deverão adequar as futuras decisões administrativas em casos semelhantes, sob pena de responsabilização pessoal nas esferas cível, administrativa e penal. A Resolução n. 388, de 5.12.2008, do STF, tratou dos diversos procedimentos para a edição de uma súmula vinculante.

281. Correição Parcial

A correição, do mesmo modo que *correção*, é derivada de *correctio*, de *corrigere*, sendo que, mais propriamente, é originada do verbo antigo *correger*, com o sentido de emendar, corrigir ou reparar algo que apresenta alguma imperfeição ou defeito.

Em um sentido lato ou de grande amplitude, as Ordenações no Livro 2º, título 45, § 8º, considerava a correição como o *poder de corrigir*, poder esse consistente em julgar e castigar quem houvesse cometido uma falta. Possuía, então, igual sentido de *correção*.

No regime anterior à Constituição/1988, teve ela a aplicação especial para indicar o *exame* ou *vistoria* realizada pela autoridade judiciária. Assim, no Direito Processual, era uma diligência procedida pelo corregedor no exercício de suas atribuições próprias de fiscalização para coibir ações ou omissões atentatórias à boa ordem processual, gerando prejuízo de direito das partes litigantes. No desempenho dessas atribuições, o corregedor, ou qualquer outro órgão a quem estejam afetas as correições, podia sindicar sobre os erros, abusos, desrespeito e inversões tumultuárias de atos e forma legal dos processos. Podia e pode a correição ser realizada *ex officio* ou mediante requerimento da parte interessada, requerimento este que é manifestação do direito de petição agasalhado no art. 5º, XXXIV, da Constituição: "*são a todos assegurados, independentemente, do pagamento de taxas: a) o direito de petição aos Poderes Públicos em defesa de direitos ou contra ilegalidade ou abuso de poder*".

Atualmente, a correição tem expressa previsão no art. 96, I, b, da Constituição, mas voltada para os serviços das secretarias do Poder Judiciário e de seus respectivos auxiliares, *verbis*: "*Compete privativamente: I) aos tribunais: a) ...; b) organizar suas secretarias e serviços auxiliares e os dos juízos que lhes forem vinculados, velando pelo exercício da atividade correicional respectiva*".

Trata-se de um dispositivo voltado à correição dos serviços auxiliares dos Tribunais e dos Juízos de primeira instância. E nada mais.

A Lei Complementar n. 35/1979 (LOMAN — Lei Orgânica da Magistratura Nacional) tem dois artigos voltados à correição: "*Art. 105 — A lei estabelecerá o número mínimo de Comarcas a serem visitadas, anualmente, pelo Corregedor, em correição geral ordinária, sem prejuízo das correições extraordinárias, gerais ou parciais, que entenda fazer, ou haja de realizar por determinação do Conselho de Magistratura*" e "*Art. 127 — Nas Justiças da União, dos Estados e do Distrito Federal e dos Territórios, poderão existir outros órgãos com funções disciplinares e de correição, nos termos da lei, ressalvadas as competências dos previstos nesta*".

Consoante o Código Judiciário do Estado de São Paulo (Lei Complementar n. 3, de 27.8.1969, art. 93) tem a correição parcial por finalidade "*a emenda de erro ou abusos, que importarem inversão tumultuária dos atos e fórmulas de ordem legal do processo, quando para o caso não houver recurso*".

É também expressamente previsto no inciso II do art. 5º da Lei do Mandado de Segurança (Lei n. 12.016/09: "*Não se concederá mandado de segurança: I — omissis; II — de despacho ou decisão judicial da qual caiba recurso com efeito suspensivo*".

Faz a ela remissão a CLT no inciso XI do art. 682 (*Competem privativamente aos Presidentes dos Tribunais, além das que forem conferidas neste e no título e das decorrentes do seu cargo, as seguintes atribuições: I — omissis; XI — exercer correição, pelo menos uma vez por ano, sobre as Varas ou parcialmente, sempre que se fizer necessário e solicitá-la, quando julgar conveniente, ao Presidente do Tribunal de Justiça relativamente aos Juízes de Direito investidos na administração da Justiça do Trabalho*"); inciso II do art. 709 ("*Compete ao Corregedor, eleito dentre os Ministros togados do Tribunal Superior do Trabalho: I — omissis; II — decidir reclamações sobre atos atentatórios da boa ordem processual praticados pelos Tribunais Regionais e seus presidentes, quando inexistir recurso*") e art. 678, I, d, 2 ("*Aos Tribunais Regionais, quando divididos em Turmas, compete: I) ao Tribunal Pleno, especialmente: d) julgar em única ou última instância: 2) as reclamações contra atos administrativos de seu presidente ou de qualquer de seus membros, assim como dos juízes de primeira instância e de seus funcionários*").

A correição parcial ou reclamação correicional contra atos jurisdicionais são disciplinadas exclusivamente pelos Regimentos Internos dos Tribunais.

Sustentam alguns doutrinadores do porte, v.g., de *Nelson Nery Jr.* e *Theotônio Negrão*, que muitas das normas inscritas nesses regimentos internos e nas legislações estaduais, que cuidam da organização judiciária do respectivo estado-membro, têm uma evidente natureza processual. E, por serem normas processuais, somente poderiam ser disciplinadas em lei federal, já que a Constituição reserva à União Federal a competência privativa de sua elaboração. Arrematam esses doutrinadores que a correição parcial, nos momentos atuais, está marcada pela inconstitucionalidade por estar disciplinada, apenas, pelos Regimentos Internos dos Tribunais, ou, então, em legislação estadual.

Com sua peculiar precisão de sempre, sustenta *Nelson Nery Jr.* que, como no sistema do CPC de 1939 o agravo de instrumento só cabia em hipóteses taxativas, criou-se nas legislações estaduais o expediente da correição parcial ou reclamação, com a finalidade de impugnar a decisão interlocutória irrecorrível. Seu cabimento era previsto quando a decisão fosse teratológica, ou causasse tumulto ou subversão da ordem processual, ou seja, quando o juiz agisse com *error in procedendo* na prática de um ato jurisdicional. Diz ele, ainda, que esse instituto de correição é inconstitucional, quer tivesse natureza administrativa (decisão administrativa não pode modificar uma decisão judicial), quer tivesse natureza processual (o estado-membro ou um tribunal não podem legislar sobre matéria processual, por força do art. 22, I, da Constituição). Acresce notar ainda que não tem mais nenhum significado relevante no sistema do CPC de 1973, no qual se admite agravo contra toda e qualquer decisão interlocutória, quer tenha o juiz incorrido em *error in procedendo*, quer em *error in iudicando* (cf. s/ob "CPC Comentado", 9. ed., 2006, p. 760).

Nesse mesmo diapasão, *Theotônio Negrão* sustenta que não há mais razão de se manter a correição no atual sistema processual (cf. s/ob "CPC e legislação processual em vigor", 38. ed., 2006, p. 592, nota 8).

Apenas no âmbito da Justiça Federal é que não há inconstitucionalidade da correição parcial, porque prevista em lei federal (LOJF, art. 6º, I), mas que restou inoperante, porque cabível *"contra ato de que não caiba recurso"*, quando no regime do CPC/1973 toda decisão é recorrível, mesmo após a edição da Lei n. 11.187, de 2005, que deu nova redação ao art. 522, do CPC. A interposição do agravo de instrumento foi aí previsto sempre na forma retida, salvo quando se tratar de decisão suscetível de causar à parte lesão grave e de difícil reparação, bem como nos casos de inadmissão da apelação e nos relativos aos efeitos em que a apelação é recebida, quando será admitida a sua interposição por instrumento (art. 522, do CPC).

Quanto à Justiça do Trabalho, bem se sabe que as decisões interlocutórias não são passíveis de agravo de instrumento, devendo a parte lançar seu protesto no primeiro momento em que falar nos autos, o que lhe permitirá reabrir a discussão sobre a matéria em grau de recurso.

Assim, seguindo essa trilha desses doutrinadores, é forçoso se concluir que todo e qualquer ato jurisdicional praticado pelo juiz do trabalho que se caracterize por *error in procedendo*, que venha tumultuar a tramitação do processo, é passível de mandado de segurança, já que a correição não pode ser regrada em regimento interno de tribunais ou, então, em legislação que não seja de âmbito federal (cf. *Theotônio Negra* e *Nelson Nery Jr.*). A Lei n. 1.533/1951, em seu art. 5º, II, que excluía a possibilidade de mandado de segurança se fosse possível a apresentação de correição, tinha validade, posto que editada quando da vigência do CPC/1939. Atualmente, o art. 5º, dessa Lei n. 12.016/09, nada fala com relação à correição.

Como demonstração de ser essa matéria bastante controvertida, merecem ser trazidos os seguintes julgados do TST:

"Recurso ordinário. mandado de segurança contra ato que ordena às reclamadas, e não ao sindicato autor, a juntada do rol dos substituídos. descabimento. inteligência da OJ n. 92 da SBDI-II. I — É sabido que o Processo do Trabalho distingue-se do Processo Comum por ter acolhido, em sua magnitude, o princípio da oralidade, representado, de um lado, pela concentração dos atos processuais, e, de outro, pela irrecorribilidade imediata das decisões interlocutórias. Dessa orientação extrai-se o intuito do legislador de prestigiar o seu desenvolvimento linear visando abreviar a fase decisória, de modo que as decisões, em que tenham sido examinados incidentes processuais, só sejam impugnáveis como preliminar do recurso ordinário ali interponível. II — Com isso, assoma-se a certeza de a irrecorribilidade das interlocutórias não ensejar a impetração de mandado de segurança, pois a apreciação do seu merecimento fora deliberadamente postergada à oportunidade do recurso manejável contra a decisão definitiva, não sendo por isso invocável a norma do art. 5º, inciso II, da Lei n. 1.533/51. III — As exceções de as decisões interlocutórias serem refratárias à impetração da segurança correm por conta das decisões concessivas de tutela antecipada e daquelas que se revelem teratológicas, a fim de reparar o prejuízo delas decorrente, que o seria de difícil ou impossível reparação se a possibilidade de impugnação ficasse circunscrita ao recurso interponível da decisão definitiva ou terminativa. IV — O ato impugnado na segurança, porém, acha-se consubstanciado em decisão pela qual a digna autoridade dita coautora recebeu a ação movida pelo sindicato profissional como reclamação trabalhista, na condição de substituto processual de todos os empregados da impetrante dispensados a partir de janeiro de 1983, e por conta disso lhe determinou fornecesse, no prazo de trinta dias, a relação dos substituídos por se encontrar em seu poder documentação pertinente, insuscetível por isso mesmo de ser qualificado como teratológico. V — Relevado o fundamento do acórdão recorrido consistente na inadmissibilidade do mandado de segurança por se cabível correição parcial, em virtude de o ato impugnado não ter incorrido em erro de procedimento, sobressai o acerto do outro fundamento lá invocado para não admitir a impetração da segurança, relacionado ao óbice da OJ n. 92 da SBDI-II, segundo a qual Não cabe mandado de segurança contra decisão judicial passível de reforma mediante recurso próprio, ainda que com efeito diferido. Recurso a que se nega provimento (Proc. n. TST-ROMS-1.608/2004-000-15-00.1);

"Reclamação correicional apresentada contra acórdão proferido em agravo de instrumento incabível. A função correicional, embora exercida por órgão judicial, não é senão atividade administrativa, que tem como objeto sujeito a seu controle apenas os vícios de atividade que possam comprometer o bom andamento do processo, jamais se dirigindo aos denominados vícios de

juízo. A atuação do órgão corregedor está adstrita aos limites de controle administrativo/disciplinar, não se confundindo com o controle processual sobre a atividade judicante. É incabível sua interferência quando o ato atacado consiste em acórdão proferido pelo órgão julgador competente, com estrita observância das fases processuais precedentes estabelecidas em lei e no respectivo Regimento Interno. Agravo regimental desprovido (Proc. n. TST-AG-RC-168.461/2006-000-00-00.5);

"Reclamação correicional. cabimento. Refoge à competência da Corregedoria-Geral da Justiça do Trabalho o reexame de decisão proferida por órgão colegiado de Tribunal Regional do Trabalho. Isto porque, oferecida a reclamação correicional contra decisão de colegiado, não se estaria a discutir um 'error in procedendo', mas sim, um pretenso 'error in judicando', ou seja, a matéria de direito decidida pelo órgão colegiado no exercício regular da magistratura, o que não é objeto de correição parcial. Agravo regimental desprovido" (TST, Pleno, AGRC 12855-2002-000-00-00, DJU 27.9.02, Rel. Min. Vantuil Abdala).

"Agravo regimental contra despacho que indeferiu petição inicial de reclamação correicional impugnação de decisão jurisdicional. Não cabimento. De acordo com o disposto no art. 709 da CLT, não é possível a intervenção da Corregedoria-Geral da Justiça do Trabalho para reexame de decisão de natureza jurisdicional. A decisão monocrática que entende incabível o agravo de instrumento interposto para reformar decisão colegiada que não conheceu do recurso ordinário, não inverte a boa ordem processual, já que amparada no art. 897, b, da CLT, dispositivo legal que regula o agravo. Merece ser mantido o despacho agravado que decretou o não-cabimento da reclamação correicional. Agravo regimental a que se nega provimento. (TST, Pleno, AG-RC-163.429/2005-000-00-00.4, DJ 24.3.06, Rel. Min. Rider de Brito).

"Mandado de Segurança. Decisão proferida na fase de execução. Não cabimento. O princípio da irrecorribilidade das interlocutórias, consagrado no art. 893, § 1º, da CLT, só se aplica ao processo de conhecimento, em virtude de não haver atividade cognitiva no processo de execução, em que os atos aí praticados se classificam como materiais e expropriatórios com vistas à satisfação da sanção jurídica. O que pode ocorrer durante a tramitação do processo de execução é a erupção de incidentes de cognição, quer se refiram aos embargos do devedor, quer se refiram a pretensões ali deduzidas marginalmente, em que as decisões que os examinam desafiam a interposição do agravo de petição do art. 897, alínea "a", da CLT. Com essas colocações, defronta-se com o não-cabimento do mandado de segurança, a teor do art. 5º, inciso II, da Lei n. 1.533/51, em virtude de a decisão do juiz da execução que recebeu como simples petição a peça denominada ação declaratória incidental de inexistência de atos processuais ser atacável mediante agravo de petição. Recurso a que se nega provimento (Processo ROAG n. 788986, DJU de 12.9.03)".

Além desse remédio processual extremo do mandado de segurança, a parte poderá lançar mão na Justiça do Trabalho do seu *direito de petição* ao Presidente do Tribunal ou ao Corregedor Regional do Trabalho ou, então, ao Corregedor Geral da Justiça do Trabalho, conforme o caso. Esse direito de petição, exercido com fulcro no art. 5º, XXXIV, "a", da Constituição, obriga essas autoridades a exercerem suas atribuições constitucionais, devendo elas terem a atenção de não lesionarem outros direitos das partes, inclusive, o decorrente do *princípio do devido processo legal* (art. 5º, LV, da Constituição).

Dito isso, devemos lembrar que o art. 39, do Regimento Interno do TST, não estabelece a competência do Ministro Corregedor-Geral. Relegou para o Regimento Interno da Corregedoria-Geral da Justiça do Trabalho tal obrigação.

Não figura a correição parcial no elenco de recursos de que nos dão notícia os arts. 893 e seguintes da CLT.

Ainda há controvérsia, no plano doutrinário, sobre a natureza jurídica da correição parcial.

Embora não neguem certa semelhança do instituto com o recurso, sobretudo sob o prisma teleológico, sustentam os que entendem não estar maculada a correição pela inconstitucionalidade que ela tem natureza própria de remédio processual usado contra atos do juiz prejudiciais à parte e para os quais não prevê a lei recurso específico.

Nos regimentos internos dos Tribunais Regionais há disposições sobre correição parcial e todas elas, em sua essência, não diferem entre si. É ela admitida apenas contra vícios de atividade (expressão chiovendiana) ou *errores in procedendo* e nunca contra vícios de Juízo (*errores in iudicando*).

Na forma do Regimento Interno da Corregedoria-Geral da Justiça do Trabalho, cabe-lhe, como órgão do TST, *"a fiscalização, disciplina e orientação da administração da Justiça do Trabalho sobre os Tribunais Regionais do Trabalho, seus juízes e serviços judiciários"* (art. 1º).

Costuma-se nesses regimentos internos dos Tribunais do Trabalho prever a fixação do prazo de cinco dias para a apresentação da reclamação correicional, contados da publicação do ato ou despacho no órgão oficial, ou de ciência inequívoca pela parte. O prazo para a Fazenda é em dobro. De qualquer forma, como salienta Theotônio Negrão, na obra citada acima, p. 592, o juiz não pode negar seguimento à correição parcial, mesmo quando interposta fora de prazo. Correto esse entendimento, posto que a parte está levando ao conhecimento do Corregedor ato que está marcado pela nulidade absoluta, por contrariar dispositivo de natureza processual, que é, por evidência, de ordem pública.

Nos Regimentos Internos dos Tribunais do Trabalho, costuma-se exigir que a petição inicial correicional seja instruída com a certidão de inteiro teor, ou documento autenticado que a substitua, da decisão ou despacho reclamado e das peças em que se apoiou a decisão.

Escusado dizer que se faz necessário juntar-se, também, procuração do interessado ao signatário do pedido de correição.

O Corregedor-Geral poderá: a) indeferir a petição inicial da Reclamação Correicional, caso seja incabível, inepta, intempestiva ou desacompanhada de documento essencial; b) deferir, liminarmente, a suspensão do ato impugnado; c) julgar, de plano, quando o pedido for manifestamente improcedente.

Estando a petição regularmente instruída, dar-se-á ao prolator da decisão impugnada prazo de dez dias, a contar da data do recebimento da notificação, para que se pronuncie sobre a reclamação correicional e preste as informações que entender necessárias. Devolvido o processo e concluso ao Corregedor, terá ele dez dias para exarar despacho fundamentado.

Em nenhum caso é a correição recebida como meio preventivo; tem, sempre, como objeto um erro já verificado nos autos.

Os que entendem que a correição não é inconstitucional sustentam, como já salientado anteriormente, que ela somente pode ser dirigida contra vícios de atividade ou *errores in procedendo*; não é ela admitida contra vícios de Juízo (*errores in iudicando*).

O cabimento da correição parcial é reservado aos atos do juiz e não aos dos Tribunais.

As Corregedorias não recebem reclamações contra decisões definitivas de Juízes de Varas do Trabalho ou dos Juízes de Direito com jurisdição trabalhista, inclusive aquelas que forem proferidas nos processos de execução quando impugnáveis por outras vias previstas em lei.

Contra a decisão proferida pelo Corregedor nos autos de uma correição, os regimentos internos dos tribunais do trabalho preveem o cabimento do agravo regimental para a seção especializada, conforme o caso. No TST, consoante o art. 40 do seu Regimento Interno, das decisões proferidas pelo Corregedor-Geral cabe agravo regimental para o Órgão Especial, cabendo ao Corregedor-Geral determinar sua inclusão em pauta.

Diz *Teixeira Filho*, com muita propriedade (*in* "Sistemas dos Recursos Trabalhistas", 3. ed., LTr, 1989, p. 309), figurar a correição parcial como um dos mais polêmicos meios de impugnação de resoluções judiciais e lamenta que, até agora, não tenha sido o instituto objeto de satisfatória sistematização.

De tudo que dissemos nas linhas precedentes, a reclamação correicional ou correição parcial, para ser conhecida, deve, cumulativamente, a parte provar que o ato (a) fere a ordem que o procedimento precisa respeitar, (b) que inexiste recurso contra esse ato e (c) que ele lhe causa algum prejuízo.

281.1. Reclamação para Preservar a Competência do Tribunal

A Lei n. 8.038, de 28.5.1990, nos arts. 13 e 18, regula o instituto da reclamação destinado a preservar a competência e a autoridade das decisões do Supremo Tribunal Federal e do Superior Tribunal de Justiça. A Reclamação nesses Tribunais tem assento no art. 102, inciso I, alínea I, e no art. 105, inciso I, alínea "f", ambos da Constituição Federal. Se a instância inferior pratica ato que hostiliza decisão do Tribunal, a parte interessada tem o direito de formular a reclamação.

A reclamação deve ser dirigida ao Presidente do Tribunal e instruída com prova documental. Depois de autuada e, na medida do possível, será distribuída ao Relator da causa principal. Despachando o pedido do Reclamante, o Relator requisita informações do autor do ato impugnado e, se necessário, para evitar dano irreparável, ordena a suspensão do processo ou do ato impugnado. Julgando procedente a reclamação, o Tribunal cassará a decisão exorbitante do seu julgado ou determinará medida adequada à preservação da sua competência.

Essa medida denominada Reclamação não existe na Justiça do Trabalho, não podendo ser ela disciplinada por meio de um simples Regimento Interno. Foi, aliás, nesse sentido que o Supremo Tribunal Federal decidiu, com base no voto do Ministro Relator Marco Aurélio, serem inconstitucionais os arts. 190 a 194, do Regimento Interno do Tribunal Superior do Trabalho, que pretendia criar e disciplinar essa figura da Reclamação. Essa decisão foi proferida no Recurso Extraordinário n. 405031 (DOU 17.4.09). Foi assentado nesse voto o seguinte: "Realmente, não se pode cogitar de disciplina em regimento interno, porquanto a reclamação ganha contornos de verdadeiro recurso, mostrando-se inserida, portanto, conforme ressaltado pelo Supremo, no direito constitucional de petição. Cumpre, no âmbito federal, ao Congresso Nacional dispor a respeito, ainda que o faça, ante a origem da regência do processo do trabalho, mediante lei ordinária. Relativamente ao Supremo e ao Superior Tribunal de Justiça, porque o campo de atuação dessas Cortes é delimitado na própria Carta Federal, a reclamação foi prevista, respectivamente, nos artigos 102, inciso I, alínea "I", e 105, inciso I, alínea "f".

Nesse v. acórdão, o Ministro Relator deixou consignado, ainda, que "assim, surge merecedora da pecha de inconstitucional a norma do Regimento Interno do Tribunal Superior do Trabalho que dispõe sobre a reclamação. Não se encontrando esta versada na Consolidação das Leis do Trabalho, impossível seria instituí-la mediante deliberação do próprio Colegiado. Esclareço, por oportuno, que a reclamação de que se trata não se confunde com a reveladora da ação trabalhista propriamente dita, com o dissídio individual do trabalho. O emprego da expressão reclamação trabalhista, em vez de simplesmente se cogitar de ação, vem de época anterior a 1946, quando a Justiça do Trabalho não integrava o Judiciário, sendo um órgão — administrativo, portanto — do Ministério do Trabalho. Nesse aspecto, o recurso está a merecer provimento, para assentar-se a impropriedade da reclamação com a qual se defrontou o Tribunal Superior do Trabalho, declarando-se a inconstitucionalidade dos artigos 190 a 194 do Regimento Interno do mencionado Tribunal. No mais, a Corte de origem deixou de observar o binômio segurança jurídica e Justiça. A busca incessante e inesgotável desta última colocaria em risco o primeiro predicado, enquanto a potencialização dele próprio acabaria por afastar do cenário jurídico todo e qualquer recurso, bastando um único crivo sob o ângulo jurisdicional".

Atento a essa decisão do STF, o TST revogou os dispositivos de seu Regimento Interno que regulavam a reclamação no âmbito da Justiça do Trabalho.

CAPÍTULO XXVI
Liquidação da Sentença

282. Conceito e Natureza Jurídica da Liquidação da Sentença

Nem sempre o comando judicial encerrado na sentença pode ser cumprido pelo Reclamado, ainda que ele o queira fazer espontaneamente.

No caso, porque ilíquida, a sentença não informa, com exatidão, o *quantum debeatur* do devedor, o que se obtém por meio da ação liquidatória.

Além da sentença de mérito, é título executivo judicial o acordo entre as partes que põe fim ao processo. Atende ao rigorismo da terminologia processual dizer que, na hipótese, o título executivo é a sentença que homologa o acordo. É ela que lhe dá eficácia executiva.

Cândido Rangel Dinamarco ("Execução Civil", Rev. dos Tribunais, 1987, vol. I, p. 293) afirma, sem titubear, que a liquidação de sentença "constitui impropriedade semântica e que só se compreende como forma elíptica de liquidação da obrigação constante da sentença".

Liquidação — no âmbito jurídico — pode, ainda, referir-se a atos ou ações completamente diferentes da integração de uma sentença a fim de fixar-se o *quantum debeatur*.

Temos "liquidação" para significar: a) o encerramento das atividades de uma empresa; b) venda de mercadorias a preços baixos; c) de natureza judicial — por realizar-se em juízo, sob a supervisão do juiz que decretou a dissolução de uma sociedade mercantil etc.

O certo, porém, é que as palavras "liquidação de sentença" se incorporaram, definitivamente, no vocabulário jurídico para significar o meio processual pelo qual se verifica o que ou quanto deve o vencido.

De registrar-se que a Lei n. 6.830, de 22.9.1980 (Lei de Execução Fiscal), subsidiária do processo trabalhista, *ex vi* do disposto no art. 889 da CLT, não oferece qualquer dado útil na liquidação de sentença, uma vez que, naquele diploma legal, só se trata de título executivo extrajudicial em que o débito do Executado é bem preciso.

A Lei n. 11.232, de 2005, transferiu a "liquidação de sentença" do Livro II, do Processo de Execução, do CPC (arts. 603 a 611) para o Livro I, do Processo de Conhecimento, do CPC (arts. 475-A a 475-R). Essa alteração não produziu efeitos de monta para o processo de execução do trabalho, como iremos analisar mais à frente, posto que a liquidação é tratada, expressamente, pela CLT no processo de execução, notadamente em seu art. 879.

Ofertava o art. 1.533 do Código Civil de 1916 o seguinte conceito de obrigação líquida: *"considera-se líquida a obrigação certa quanto à sua existência e determinada quanto ao seu objeto"*. Tal norma não tem correspondente no Código Civil de 2002. Contudo, e com respaldo em *Washington de Barros Monteiro*, entende-se que nesse tipo de obrigação, acham-se especificadas, de modo preciso, qualidade, quantidade e natureza de objeto devido. Assim, arremata esse mestre patrício, "obrigação que não pode ser expressa por um algarismo, que não se traduza por uma cifra, que necessita, enfim, de prévia apuração, não merece tal qualificativo" de líquida" (cf. s/ob "Curso de Direito Civil", vol. 4º, 2003, p. 221).

Nesse mesmo diapasão, observa, acertadamente, *Maria Helena Diniz* (in "Código Civil Anotado", Saraiva, 1995, p. 884), *"é líquida a obrigação quando especifica, expressamente, a qualidade, quantidade e natureza do objeto devido. Ilíquida, de conseguinte, a obrigação que não se expressa em algarismo, ou cifra, carecendo de apuração preliminar"*.

Assinalamos, há pouco, que nem sempre, na sentença terminativa do feito, se fixa o valor certo do crédito do Exequente ou do vencedor da *litis*, mas é indispensável que ela informe a natureza da obrigação e proclame sua existência.

De outro modo, seria nula a sentença que remetesse à execução a averiguação e a existência de um direito.

No plano doutrinário, ainda não se chegou a um consenso quanto ao conceito e natureza jurídica da liquidação de sentença.

Reunimos as várias opiniões em três grupos, a saber:

I — Liquidação de sentença é o conjunto de atos processuais objetivando a complementação da sentença condenatória.

É apenas descritivo esse conceito.

Ninguém contesta que se alcança a liquidez de uma sentença por meio de vários atos processuais. Mas o conceito em tela abstém-se de informar de que espécie é esse conjunto de atos ou se ele integra, ou não, o processo de conhecimento ou o de execução.

Guarda certa afinidade com essa corrente doutrinária, o acórdão da 4ª Turma do Superior Tribunal de Justiça, proferido no julgamento do Recurso Especial n. 586 (*in* DJU de 18.2.91), assim ementado:

"A liquidação não integra o processo executivo, mas o antecede, constituindo procedimento complementar do processo de conhecimento para tornar líquido o título judicial".

É-nos impossível aceitar esse entendimento, pois não se compreende que haja procedimento complementar a um processo já encerrado com a prolação da sentença de mérito.

II — *Manoel Antonio Teixeira Filho*, respeitado processualista (*in* "Execução no Processo do Trabalho", 2. ed., LTr, 1991, p. 244), é um dos expoentes da linha doutrinária que vêem, na liquidação de sentença, ato preparatório do processo executivo, conceituando-a nestes termos:

"É a liquidação (a) a fase preparatória da execução, (b) em que um ou mais atos são praticados, (c) por uma ou ambas as partes, (d) com a finalidade de estabelecer o valor da condenação, (e) ou de individualizar o objeto da obrigação, (f) mediante a utilização, quando necessário dos diversos meios de provas admitidos em lei".

O pensamento desse preclaro jurista aproxima-se do entendimento cristalizado no Código de Processo Civil de 1939 de que a liquidação de sentença era um processo incidente no processo de execução, sendo este — no dizer de *Pontes de Miranda* a fusão de dois processos: um destinado a liquidar a sentença e, o outro, a executá-la.

É esse conceito vulnerável à crítica de que a liquidação de sentença, em sendo preparatória da execução, antecede-a, o que autoriza a conclusão de que ela não faz parte da execução.

III — *Cândido R. Dinamarco* (obra citada, p. 293 e ss.) afirma ser dominante, na doutrina moderna, a ideia de que se trata de uma ação de liquidação, declaratória do valor da condenação.

Sintetizando o pensamento dos seguidores dessa tese, dizemos que, com a prolação da sentença condenatória, no processo de conhecimento, chega a seu termo a função jurisdicional do Juiz. De consequência, não é correto sustentar que a liquidação é parte do processo de cognição. Apesar disso, o legislador ordinário entendeu de forma contrária ao editar a sobredita Lei n. 11.232/2005, ao transferir a liquidação do processo de execução para o processo de conhecimento (art. 475-A, do CPC).

De outra parte, é inquestionável que o processo de execução só se inicia com a definição precisa do valor da condenação ou com a individuação do seu objeto. Antes disso, não se pode falar em execução, o que equivale a dizer que a liquidação também não integra o processo de execução.

Ficando a liquidação de sentença a meio caminho entre os processos de conhecimento e execução, estamos convencidos de ser ela uma ação, na qual se devem observar os requisitos rotulados de pressupostos processuais (*Araken de Assis*, "Manual do Processo de Execução", 3ª ed., Rev. dos Tribunais, 1996, p. 259).

A nosso ver, esse conceito é o que projeta mais luz sobre todos os aspectos da liquidação.

Firmado o entendimento de que a liquidação da sentença é, em verdade, uma ação que dá liquidez à obrigação emanada do título judicial, está ela, como natural, submetida aos requisitos rotulados de pressupostos processuais, sejam eles subjetivos ou objetivos.

Nos polos positivo e negativo da relação processual liquidatória estão, respectivamente, o credor e o devedor.

O art. 570 do CPC previa a inversão dessas posições: o devedor assumia a legitimidade ativa do processo executivo, se inerte o credor. Já no processo do trabalho, existe norma expressa no art. 878, da CLT, que estabelece o seguinte: *"A execução poderá ser promovida por qualquer interessado, ou ex officio, pelo próprio juiz ou presidente ou tribunal competente, nos termos do artigo anterior"*. Assim, a revogação do art. 570 do CPC não produziu efeito algum no processo do trabalho.

282.1. Liquidação para Individuar Objeto da Condenação

Há quem censure o legislador por incluir entre os casos de sentença ilíquida a ausência de individuação do objeto da condenação, asseverando que essa iliquidez corresponde a uma incerteza que só a sentença do processo de conhecimento deve espancar.

Improcede a crítica.

Como sabido, são comuns os casos em que, na fase de conhecimento, é impossível individuar-se o objeto da condenação, como ocorre nas demandas universais ou gerais, definidas por *Amílcar de Castro* ("Comentários ao Código de Processo Civil", vol. VIII, Rev. dos Tribunais, 1974, p. 118) como *"as que versam sobre coisas coletivas e, como tais, entendem-se as que consistem na reunião de muitas coisas individuais e distintas, consideradas em conjunto, formando um todo econômico".*

Entre essas universalidades, estão um rebanho, uma biblioteca, herança etc.

Assim, a falta de individuação do objeto da condenação não é uma incerteza jurídica que a sentença de mérito do processo de conhecimento deixou de enfrentar. É que, na fase de cognição, era inviável individuar-se o objeto da condenação.

282.2. Liquidação Mista

É aquela em que a sentença apresenta iliquidez que se resolve com o emprego de mais de uma das espécies de liquidação.

Não é fato raro a sentença condenatória ter uma parte que se liquida mediante cálculos e outra por arbitramento ou por artigos.

Sentença ilíquida, com tais características, enseja o que se convencionou chamar de liquidação mista.

282.3. Liquidações Distintas

Emergindo da sentença obrigações recíprocas mas ilíquidas, ou sejam, do Reclamante e do Reclamado, teremos duas liquidações distintas, autônomas.

Sentença que tal é prolatável em lides cujas partes têm créditos de exigibilidade recíproca.

O Reclamante é atendido em sua reivindicação, mas o Reclamado, por meio de reconvenção, também o é.

282.4. Liquidação e Terceiro

No item 69, analisamos a figura do assistente.

Terceiro é quem demonstrou ter interesse jurídico em que a sentença seja favorável a uma das partes da demanda.

Esse interesse se configura quando provado que da vitória da parte contrária advirá prejuízo para o terceiro. Ver, nesse sentido, acórdão do Pleno do Supremo Tribunal Federal na RTJ 132/652; RT 669/215.

Não se faz mister citar ou notificar o terceiro ou assistente, porque o ingresso deste no processo não é obrigatório; trata-se de simples faculdade, como decorre da parte final do referido art. 50 do CPC: "... *o terceiro... poderá intervir no processo...*".

Assistência não se confunde com chamamento ao processo. Neste há coobrigação e, naquela, não há.

Consoante o parágrafo único do art. 50 do CPC, admite-se a assistência em qualquer procedimento e em todos os graus da jurisdição, mas o assistente, como é óbvio, recebe o processo no estado em que se encontra. Dessarte, é-lhe vedado rediscutir situações já consumadas, marcadas pela preclusão.

A teor dessa disposição legal, é incontestável o direito de o assistente participar da fase liquidatória do processo.

282.5. Obrigações Alternativas. Sua Liquidação

Reza o art. 252 do Código Civil que, *"nas obrigações alternativas, a escolha cabe ao devedor, se outra coisa não se estipulou"*.

Deflui desse dispositivo ser a escolha da maneira de cumprir a obrigação uma faculdade do credor ou do devedor, conforme a pactuação feita.

Inexistindo cláusula contratual em contrário, a escolha cabe ao devedor.

Em se tratando de obrigação alternativa, sua liquidação tem de ser precedida da escolha do devedor. Para isso, tem ele prazo de dez dias, como consignado no *caput* do art. 571 do CPC. Vencido o prazo sem ter feito a opção, a escolha é transferida para o credor.

Será alternativo o pedido quando a obrigação, por sua natureza, permite ao devedor cumprir a prestação de mais de um modo.

Todavia, no caso, o direito do devedor de optar é preservado ainda que o Reclamante não tenha formulado pedido alternativo (parágrafo único do art. 288 do CPC).

Atente-se, de qualquer forma, para os parágrafos do art. 252, do Código Civil de 2002, que estabelece os seguintes preceitos:

a) Não pode o devedor obrigar o credor a receber parte em uma prestação e parte em outra;

b) Quando a obrigação for de prestações periódicas, a faculdade de opção poderá ser exercida em cada período;

c) No caso de pluralidade de optantes, não havendo acordo unânime entre eles, decidirá o juiz, findo o prazo por este assinado para a deliberação;

d) Se o título deferir a opção a terceiro, e este não quiser, ou não puder exercê-la, caberá ao juiz a escolha, se não houver acordo entre as partes.

282.6. Liquidação de Sentença e a CLT

A liquidação da sentença sob o prisma da legislação trabalhista, que, em suas linhas mestras, não se distingue do regramento do processo civil comum. Tem algumas singularidades que iremos precisar a partir do exame do art. 879 da CLT — *verbis*:

"Sendo ilíquida a sentença exequenda, ordenar-se-á, previamente, sua liquidação, que poderá ser feita por cálculo, por arbitramento ou artigos.

§ 1º Na liquidação não se poderá modificar a sentença liquidanda, nem matéria pertinente à causa principal.

§ 1º-A A liquidação abrangerá também o cálculo das contribuições previdenciárias devidas.

§ 1º-B As partes deverão ser previamente intimadas para a apresentação do cálculo de liquidação, inclusive da contribuição previdenciária incidente.

§ 2º Elaborada a conta e tornada líquida, o juiz poderá abrir às partes prazo sucessivo de 10 dias, para impugnação fundamentada, com a indicação dos itens e valores objeto da discordância, sob pena de preclusão".

§ 3º Elaborada a conta pela parte ou pelos órgãos auxiliares da Justiça do Trabalho, o juiz procederá à intimação da União para manifestação, no prazo de 10 (dez) dias, sob pena de preclusão.

§ 4º A atualização do crédito devido à Previdência Social observará os critérios estabelecidos na legislação previdenciária".

§ 5º O Ministro de Estado da Fazenda poderá, mediante ato fundamentado, dispensar a manifestação da União quando o valor total das verbas que integram o salário de contribuição, na forma do art. 28 da Lei n. 8.212, de 24 de julho de 1991, ocasionar perda de escala decorrente da atuação do órgão jurídico.

O caput deixa claro que, no processo trabalhista, são previstas as três maneiras de liquidação da sentença: *por cálculo, por arbitramento e por artigos.*

O § 1º desse dispositivo, sobre ser desnecessário, tem certo gosto acaciano, ao estatuir que, na liquidação, é vedado modificar ou inovar a sentença liquidanda, bem como rediscutir matéria pertinente à causa principal.

Se, no processo executivo, fosse possível reentrar no exame do mérito levado a cabo no processo de conhecimento, teríamos genuína heresia processual, qual seja, a de que, na execução, sentença passada em julgado é passível de reforma.

Ademais disso, na hipótese de execução provisória, inadmite-se, também, a revisão da sentença que pôs termo ao processo de cognição porque, aí, o juízo de execução estar-se-ia se antecipando ao julgamento do recurso pendente na instância superior.

O § 1º-A adverte as partes que, os cálculos de liquidação da sentença, devem incluir as contribuições previdenciárias derivantes da própria condenação.

O § 1º-B tem o pecado da obscuridade mesclado de incongruência, ao dizer que "as partes" deverão ser previamente intimadas para a apresentação dos supracitados cálculos.

Ora, a praxe, é o credor, ou o vitorioso na lide, tomar a iniciativa do processo executório.

Desde 1994, quando a Lei n. 8.898, de 29 de junho, deu novo texto ao art. 604 do CPC — então aplicável ao processo do trabalho — pacificou-se o entendimento, no âmbito da Justiça do Trabalho, de que em se tratando de, apenas, cálculos aritméticos para fixar o valor da condenação, procederá à execução instruindo seu pedido com a *memória* discriminada e atualizada do cálculo. Apesar desse art. 604, do CPC, ter sido deslocado pela Lei n. 11.232/2005 do processo de execução para o processo de conhecimento, conforme nova redação do art. 475-B, do CPC, continua esse critério de apresentação de memória de cálculos de execução plenamente aplicável ao processo do trabalho. Eis como está vazado este último dispositivo legal:

"Art. 475-B. Quando a determinação do valor da condenação depender apenas de cálculo aritmético, o credor requererá o cumprimento da sentença, na forma do art. 475-J desta Lei, instruindo o pedido com a memória discriminada e atualizada do cálculo.

§ 1º Quando a elaboração da memória do cálculo depender de dados existentes em poder do devedor ou de terceiro, o juiz, a requerimento do credor, poderá requisitá-los, fixando prazo de até trinta dias para o cumprimento da diligência.

§ 2º Se os dados não forem, injustificadamente, apresentados pelo devedor, reputar-se-ão corretos os cálculos apresentados pelo credor, e, se não o forem pelo terceiro, configurar-se-á a situação prevista no art. 362.

§ 3º Poderá o juiz valer-se do contador do juízo, quando a memória apresentada pelo credor aparentemente exceder os limites da decisão exequenda e, ainda, nos casos de assistência judiciária.

§ 4º Se o credor não concordar com os cálculos feitos nos termos do § 3º deste artigo, far-se-á a execução pelo valor originariamente pretendido, mas a penhora terá por base o valor encontrado pelo contador".

É fora de dúvida que o critério em tela de apresentação de memória de cálculo só se utiliza na hipótese de a sentença tornar-se líquida mediante simples cálculos aritméticos. O questionado § 1º-B, do art. 879, da CLT, não deu realce a essa circunstância.

O § 6º do art. 879, da CLT, estabelece que, quando os cálculos de liquidação forem complexos, o juiz poderá nomear perito para sua elaboração. E, terminada a conclusão desse trabalho, ele fixará o valor dos respectivos honorários periciais, conforme os critérios de razoabilidade e proporcionalidade, dentre outros. Esse dispositivo legal não esclarece em que consiste esse "cálculo de liquidação complexo", parecendo deixar ao critério do juiz decidir acerca dessa complexidade.

Contudo, em função do § 1º-B desse art. 879 estabelecer que as partes serão sempre previamente intimadas para a apresentação dos cálculos de liquidação, entendemos que o juiz somente poderá lançar mão dessa faculdade legal inscrita no § 6º, desse artigo, quando elas alegarem a impossibilidade de elaborá-los com seus próprios recursos por serem complexos.

Essa mecânica processual de nomeação de perito já é amplamente utilizada pelos juízes, sempre que há divergência entre as partes sobre os cálculos de liquidação.

A referência que esse dispositivo faz às "partes" é, em verdade, uma forma canhestra de dizer que, em face da inércia do credor, tem também o devedor de oferecer os cálculos de liquidação. Dizer-se que as partes devem oferecer, no mesmo momento processual, seus próprios cálculos de liquidação, é tornar o processo mais complexo do que já é.

Passemos à análise do § 2º do art. 879, da CLT: *"Elaborada a conta e tornada líquida, o juiz poderá abrir às partes prazo sucessivo de 10 dias, para impugnação fundamentada, com a indicação dos itens e valores objeto da discordância, sob pena de preclusão"*.

A expressão *"elaborada a conta..."* designa o *quantum debeatur* estabelecido por meio de qualquer das três espécies de liquidação.

É a conta "tornada líquida" pela sentença homologatória, a qual, anteriormente, só era impugnável nos embargos à execução.

Graças a esse texto, o § 2º em foco defere ao Juiz a faculdade de abrir prazo sucessivo de dez dias às partes para impugnarem a sentença que tornou líquida a conta, sob pena de preclusão, o que importa dizer que a omissão da parte cria-lhe a impossibilidade de atacar a sentença homologatória nos embargos à execução.

Como sublinhado há pouco, não é o juiz obrigado a dar o sobredito prazo; trata-se de mera faculdade que ele exercita, ou não. Não a utilizando, ficam os interessados em condições de, sem qualquer restrição, impugnar a sentença nos embargos à execução.

A impugnação, em qualquer caso, não será feita em termos genéricos.

Tem o impugnante de precisar os pontos da sentença dos quais discorda e fundamentar seu inconformismo. Atacar tal sentença, de modo diferente será inócuo; aí, a conduta da parte pode significar sua concordância com todos os pontos da sentença.

Se a parte manifestar-se sobre a sentença homologatória, fica ela apta a voltar ao assunto nos embargos à execução.

É silente a CLT sobre os procedimentos liquidatórios por cálculo, arbitramento e artigos. Daí o motivo por que se aplicam à matéria as respectivas disposições do Código de Processo Civil.

Por derradeiro, tem a doutrina e a jurisprudência entendido que não ofende a coisa julgada a postulação, após a sentença de homologação da liquidação, da correção monetária do crédito ou diferenças de cálculo verificadas nesta última. Isso porque a correção monetária do crédito é prevista em lei, que tem um caráter de norma de ordem pública. O mesmo ocorre relativamente aos juros. Assim, pouco importa se constou ou não da sentença o pagamento com juros e correção monetária. Mesmo não presente esse pedido na peça inicial ou na sentença exequenda, é possível a execução dessas verbas, consoante o entendimento cristalizado na Súmula n. 211, do TST: "Os juros de mora e a correção monetária incluem-se na liquidação, ainda que omisso o pedido inicial ou a condenação". Na atualização do valor da condenação é utilizado, atualmente, o critério da TRD (taxa referencial de juros diária), por força do art. 39, da Lei n. 8.177/91, que permanece em vigor apesar do disposto na Lei n. 8.660/1993, que fixou o critério da TR, extinguindo o sistema anterior, posto que a correção continua a ser diária por prever esse dispositivo legal esse sistema *"no período compreendido entre a data de vencimento da obrigação e o seu efetivo pagamento"*. Assim, permanece em vigor a correção monetária instituída pela Lei n. 8.177/1991, conforme o disposto no art. 27, § 6º, da Lei n. 9.060/1995, e no art. 15 da Lei n. 10.192/2001.

Acerca da correção monetária dos débitos trabalhistas, o TST editou a Orientação Jurisprudencial n. 300, SDI-1, *verbis*: *"Execução trabalhista. Correção monetária. Juros. Lei n. 8.177/91, art. 39 e Lei n. 10.192/01, art. 15. Não viola norma constitucional (art. 5º, II e XXXVI) a determinação de aplicação da TRD, como fator de correção monetária dos débitos trabalhistas, cumulada com juros de mora, previstos no artigo 39 da Lei n. 8.177/91 e convalidado pelo art. 15 da Lei n. 10.192/01"*.

Consoante o preceituado no § 3º, do art. 879, elaborada a conta de liquidação, é o INSS intimado para manifestar-se sobre ela no prazo de dez dias, sob pena de preclusão, isto é, de ficar impedido de, posteriormente, rebelar-se contra o valor que, a final, vier a ser homologado pelo juiz.

Enquanto o § 2º deixa claro que se trata de mera faculdade, dada pela lei ao Juiz, a abertura de prazo para que as partes se pronunciem sobre os cálculos apresentados, o § 3º estabelece, induvidosamente, que a intimação do INSS deve fazer-se antes da sentença homologatória dos citados cálculos.

De resto, é certo que, em obediência do princípio do contraditório, como albergado no art. 5º, LV, da Constituição, o juiz sempre deverá chamar os interessados a falar sobre o assunto na execução: *"LV — aos litigantes, em processo judicial ou administrativo, e aos acusados em geral são assegurados o contraditório e ampla defesa, com os meios e recursos a ela inerentes"*.

Por oportuno, salientamos que, no caso de rejeição dos cálculos oferecidos pela parte, é lícito ao juiz requisitá-los de um dos "órgãos auxiliares da Justiça do Trabalho".

Sustentam alguns que o art. 475-J, do CPC, introduzido pela Lei n. 11.232/05, é plenamente aplicável ao processo do trabalho, *verbis*: *"Caso o devedor, condenado ao pagamento de quantia certa ou já fixada em liquidação, não o efetue no prazo de quinze dias, o montante da condenação será acrescido de multa no percentual de dez por cento e, a requerimento do credor, e observado no art. 614, inciso II, desta Lei, expedir-se-á mandado de penhora e avaliação"*. Argumentam que é aplicável ao processo trabalhista em virtude do próprio art. 880, da CLT, prever a possibilidade do juiz fazer constar do mandado de citação e penhora a determinação para que o executado cumpra a decisão ou o acordo dentro do prazo pelo modo e "sob as cominações estabelecidas", dentre as quais a multa de 10% prevista no art. 475-J do CPC poderá ser uma delas. Concordamos com esta posição.

Contrariamente a esse pensamento, posiciona-se *Manoel A. Teixeira Filho* em seu artigo "As novas leis alterantes do processo civil e sua repercussão no processo do trabalho", publicado na Revista LTr 70-03/286. Nesse mesmo diapasão, ver *Carlos Henrique Bezerra Leite* (conf. s/ob "Curso de Direito Processual do Trabalho", p. 835, 4. ed.).

Outros doutrinadores afirmam que a norma contida no art. 475-J, do CPC não é aplicável ao processo de execução trabalhista em virtude dela estar localizada no processo de conhecimento do CPC. Sustentam eles que esse não pagamento caracteriza o ato atentatório à dignidade da Justiça. Assim, segundo eles, se alguma multa deve ser aplicada, é aquela prevista no processo de execução civil (art. 601, do CPC) de até 20% sobre a condenação, multa essa aplicável somente na hipótese do juiz entender que fique caracterizada a figura de ato atentatório à dignidade da justiça, como previsto no art. 600, desse mesmo diploma legal: *"Art. 600 — Considera-se atentatório à dignidade da justiça o ato do devedor que: I — frauda a execução; II — se opõe maliciosamente à execução, empregando ardis e meios artificiosos; III — resiste injustificadamente às ordens judiciais; IV — intimado, não indica ao juiz, em 5 (cinco) dias, quais são e onde se encontram os bens sujeitos à penhora e seus respectivos valores"*.

Essa alegação impressiona à primeira vista. Todavia, ela parte de uma premissa que nós consideramos inválida, posto que entende ser ato atentatório à dignidade da justiça o simples não pagamento de quantia certa ou já fixada em liquidação. Se o não pagamento dessa quantia certa, líquida e exigível fosse considerado um ato atentatório à dignidade da justiça, claro está que o legislador assim teria dito. Porém, ele preferiu caracterizar essa infração processual de outra forma, tipificando, claramente, que o não pagamento da quantia revestida de certeza, liquidez e exigibilidade implica na aplicação da multa de 10%. E, como o art. 598, do CPC diz expressamente que se aplicam "subsidiariamente à execução as disposições que regem o processo de conhecimento", não titubeamos em afirmar que o disposto no art. 475-J, desse mesmo diploma legal, é aplicável ao processo de execução trabalhista.

Ressalte-se, ainda, que tais doutrinadores, que esposam pensamento contrário ao nosso, esquivam-se de indicar em qual inciso do art. 600, do CPC, se enquadra esse não pagamento de quantia certa ou já fixada em liquidação.

Como corolário de nosso raciocínio, havendo a notificação ou citação do executado para que efetue tal pagamento e, a partir daí, além de não pagar a quantia, passa ele a praticar atos em fraude à execução; ou atos de oposição maliciosa à execução, empregando ardis e meios artificiosos, que descambam, inclusive, em evidente resistência injustificada às ordens judiciais, ou, então, atos omissivos de não indicação dos bens a serem penhorados, é curial que, além da multa prevista no art. 475-J, do CPC, poderá o Juiz aplicar-lhe aquela outra multa inscrita no art. 601, do CPC, o que não caracterizará em um *bis in idem*. Isso porque a multa inscrita no art. 475-J, do CPC, surge do não pagamento da quantia certa, líquida e exigível, aplicada subsidiariamente ao processo de execução do trabalho por força do art. 598 do CPC. E a multa inscrita no art. 601 desse Código decorre da caracterização do ato atentatório à dignidade da justiça, *verbis*: *"Nos casos previstos no artigo anterior, o devedor incidirá em multa fixada pelo juiz, em montante não superior a 20% (vinte por cento) do valor atualizado do débito em execução, sem prejuízo de outras sanções de natureza processual ou material, multa essa que reverterá em proveito do credor, exigível na própria execução"*.

Se o executado optar em não efetuar o pagamento no prazo fixado pelo Juiz na forma do art. 475-J, do CPC, e apenas garantir a instância com a nomeação de bens à penhora para permitir a interposição dos embargos à execução no forma do art. 884 da CLT, sendo estes julgados procedentes, entendemos que, neste caso, jamais a multa de 10% poderá ser aplicada, posto que havia justa razão para o pagamento não ser realizado, pois ficou confirmado que o crédito não era líquido e certo, e, portanto, não era ele exigível.

Lembre-se das características da litigância de má-fé e do ato atentatório à dignidade da Justiça para não se incidir em equívocos. Ora, bem se sabe que, no processo de conhecimento em que os litigantes se encontram em pé de igualdade perante o órgão jurisdicional do Estado, a conduta de má-fé de um deles agride, preponderantemente, os interesses do outro e, secundariamente, a autoridade investida da jurisdição. Daí porque a figura do litigante de má-fé estar prevista e disciplinada pelo CPC em seu Livro I, que cuida do processo de conhecimento. Já no processo de execução, em que o devedor já se encontra submetido à autoridade judiciária e da coisa julgada trabalhista, ocorre o contrário. Isso porque a conduta ímproba atenta contra dignidade da Justiça. Constitui o que a práxis judiciária anglo-saxônica denomina de atentado à corte (*contempt of court*). O *improbus litigator* se sujeita à cominação por litigância de má-fé no processo de conhecimento e, no processo de execução à multa por ato atentatório à dignidade da Justiça, como tal definido na lei processual (CPC art. 601 c/c art. 600, e seus incisos). É imprópria, portanto, a aplicação da litigância de má-fé à conduta ímproba no processo de execução.

Contrariamente a esse nosso pensamento, tem o TST considerado que a multa inscrita no art. 475-J, do CPC, não é aplicável ao processo do trabalho em virtude de existir norma específica no art. 880, da CLT. Além disso, é dito que inexiste compatibilidade para que haja a aplicação subsidiária desse dispositivo do processo comum nos termos do art. 769 da CLT, posto que esse art. 880 prevê que, citado o devedor, fica este obrigado a cumprir a decisão exequenda dentro do prazo de 48 horas, sob pena de penhora. Não existe, aí, a previsão de multa alguma (conf. RR 668/2006-005-13-40, 6ª Turma, Rel. Min.

Aloysio Corrêa da Veiga, DJ 28.3.08; RR 214/2007-026-13-40, 5ª Turma, Rel. Min. Emmanoel Pereira, DJ 30.5.08; RR 2/2007-038-03-00, 7ª Turma, Rel. Min. Ives Gandra Martins Filho, DJ 23.5.08).

Merece ser citada esta decisão de lavra da Ministra *Maria Cristina Irigoyen Peduzzi*, verbis:

"I — *Agravo de Instrumento. Execução. Inaplicabilidade do artigo 475-J do CPC ao Processo do Trabalho.* Ante possível violação ao artigo 5º, inciso LIV, da Constituição da República, dá-se provimento ao Agravo de Instrumento para determinar o processamento do apelo denegado. II — *Recurso de Revista. Execução. Inaplicabilidade do art. 475-J do CPC ao Processo do Trabalho.* 1. Segundo a unânime doutrina e jurisprudência, são dois os requisitos para a aplicação da norma processual comum ao Processo do Trabalho: i) ausência de disposição na CLT a exigir o esforço de integração da norma pelo intérprete; ii) compatibilidade da norma supletiva com os princípios do processo do trabalho. 2. A ausência não se confunde com a diversidade de tratamento: enquanto na primeira não é identificável qualquer efeito jurídico a certo fato a autorizar a integração do direito pela norma supletiva na segunda se verifica que um mesmo fato gera distintos efeitos jurídicos, independentemente da extensão conferida à eficácia. 3. O fato juridicizado pelo artigo 475-J do CPC, não-pagamento espontâneo da quantia certa advinda de condenação judicial, possui disciplina própria no âmbito do Processo do Trabalho (art. 883 da CLT), não havendo falar em aplicação da norma processual comum ao Processo do Trabalho. 4. A fixação de penalidade não pertinente ao Processo do Trabalho importa em ofensa ao princípio do devido processo legal, nos termos do art. 5º, inciso LIV, da Constituição da República. Recurso de Revista conhecido e provido" (TST, RR 765/2003-008-13-41, 3ª Turma, DJ 22.2.08)".

Apesar de serem respeitáveis esses e outros argumentos contrários aos nossos, devemos dizer que essa notificação do devedor sob pena de multa de 10%, como previsto no art. 475-J, do CPC, ocorre antes do início do processo de execução trabalhista, que se aperfeiçoa com a citação na forma do art. 880, da CLT. Daí não ser possível se cogitar da aplicação desse e dos demais dispositivos da CLT para se afastar a citada multa processual, posto que a notificação para que haja o pagamento sob pena de multa ocorre antes de se dar início ao processo de execução trabalhista.

Sublinhe-se que no processo de execução trabalhista, o juiz ou presidente do Tribunal, requerida a execução, mandará expedir mandado de citação ao executado, a fim de que cumpra a decisão ou o acordo no prazo, pelo modo e sob as cominações estabelecidas, ou, em se tratando de pagamento em dinheiro, incluídas as contribuições sociais devidas ao INSS, para que pague em quarenta e oito horas, ou garanta a execução, sob pena de penhora, conforme o art. 880, da CLT. Lamentavelmente, ainda a CLT exige que tal citação seja feita por oficial de justiça, como prevê o § 2º desse artigo. Já de há muito o legislador deveria adotar a sistemática prevista na Lei de Execução Fiscal, onde a citação do devedor pode ser feita por correio.

No processo civil (art. 475-J, §2º), formalizada a penhora com a lavratura do auto de penhora e de avaliação, haverá a notificação do advogado do executado para que apresente impugnação dentro do prazo de 15 dias. Esta impugnação envolverá as matérias elencadas no art. 475-L, do CPC. Contra a decisão relativa a essa impugnação, caberá agravo de instrumento, salvo quando houver a extinção da execução, caso em que caberá apelação. No processo do trabalho, garantida a instância com a penhora, o inconformismo apresentado pelas partes será examinado em sede de embargos à execução (art. 884). Contra essa decisão caberá o agravo de petição em qualquer hipótese, mesmo quando houver a extinção da execução.

282.7. Natureza Jurídica da Sentença de Liquidação

Para uns, é ela uma sentença condenatória, opinião que, no plano doutrinário, sofre críticas acerbas, praticamente irrespondíveis.

A sentença condenatória é proferida no processo de conhecimento, sob a ótica do processo do trabalho. É ela, portanto, a fonte da obrigação ilíquida e não a sentença de liquidação, que, apenas, a completa.

Há quem afirme ser liquidação da sentença *"processo complementar do processo de conhecimento"* (Willis Santiago Guerra, in Rev. de Processo, n. 83, de julho-setembro de 1996, da Rev. dos Tribunais, p. 57).

Encerrado o processo de conhecimento, com a prolação da sentença de mérito, não vemos como completá-lo depois desse ato.

Outros afirmam ser essa sentença constitutiva-integrativa. Ela não cria um direito ou uma situação jurídica nova, mas se limita a precisar o valor da obrigação saída da sentença condenatória. Não é, portanto, uma sentença constitutiva. Dizer que é integrativa é aproximar-se do entendimento dos que, como nós, reconhecem a natureza declaratória dessa sentença.

A sentença condenatória nos dá a certeza da existência da obrigação, o *an debeatur*, que não pode ser submetido a nova discussão no processo executivo ou no de liquidação. Preleciona *E. T. Liebman* (in "Processo de Execução", 3. ed., Saraiva, 1968, p. 55): *"A sentença de liquidação virá, pois, integrar o título executório, fixando o montante da dívida, desse modo, também a extensão da execução a ser feita. Sua natureza é meramente declaratória, porque a obrigação tem seu objeto perfeitamente determinado desde o momento em que surgiu, embora careça de ser expresso em termos monetários ou essa sua expressão não seja conhecida"*.

Concluindo: a sentença de liquidação é declaratória e integrativa.

Se a sentença tem uma parte líquida e outra ilíquida, é lícito ao credor executar imediatamente a primeira e requerer a liquidação da parte ilíquida. É o que se encerra no § 2º do art. 475-I do CPC, aplicável ao processo trabalhista.

Ao vencedor da ação compete requerer ao juiz a liquidação da sentença, mas, se não o fizer em tempo razoável, autoriza a lei ao devedor pedir ao Juiz que ordene a elaboração da conta. Essa possibilidade estava prevista no art. 570, CPC: *"O devedor pode requerer ao juiz que mande citar o credor a receber em juízo o que lhe cabe conforme o título executivo judicial; neste caso, o devedor assume, no processo, posição idêntica à do exequente"*. Apesar desse dispositivo legal ter sido revogado pela Lei n. 11.232/2005, entendemos que o reclamado, no processo do trabalho, continua a ter essa faculdade, posto que a execução trabalhista pode ocorrer por vontade deste, também, como prevê o disposto no art. 878, da CLT: *"A execução poderá ser promovida por qualquer interessado, ou ex officio, pelo próprio juiz ou presidente ou tribunal competente, nos termos do artigo anterior"*.

Se o promovente da liquidação da sentença requer ao Juiz meio inadequado de realizá-la (ou seja, por cálculo de contador quando deveria ser por artigos), fica o processo frustrado. A sentença que decretar a nulidade desse processo não impossibilita a proposição de nova liquidação.

No pedido inicial da liquidação por cálculo, arbitramento ou artigos, é imprescindível a notificação do devedor, tendo em vista o princípio do contraditório. Repudiamos a tese de que essa notificação ou citação é exigível, apenas, na liquidação por artigos.

A legitimidade da sentença de liquidação ficará prejudicada se o sucumbente não teve oportunidade de acompanhar os atos que a precederam.

Seja lá qual for o processo adotado para a liquidação da sentença, no respectivo cálculo deve consignar os valores devidos a título de contribuição previdenciária, para desconto no pagamento a ser efetivado. É claro que essa obrigação só abrange as verbas remuneratórias sobre as quais incide a contribuição ao INSS (v. a respeito os arts. 43 e 44 da Lei n. 8.212, de 24.6.1991, com a redação dada pela Lei n. 8.620, de 5.1.1993).

Ver item 282 em que a matéria é examinada sob outro ângulo e no qual nos manifestamos a favor da tese de a liquidação da sentença e uma ação.

283. Liquidação da Sentença por Cálculo

É a espécie de liquidação de sentença que se realiza da maneira mais simples, por meio de uma das quatro operações aritméticas.

Embora a CLT faça remissão à liquidação por cálculo, não nos oferece suas linhas procedimentais.

O § 2º, do precitado art. 879 da CLT não esclarece a quem cabe a incumbência de realizar o cálculo na espécie de liquidação em tela.

Durante longo tempo, ou melhor, durante o período em que o art. 604 do CPC vigorou com sua redação original datada de 1973 (*"Far-se-á a liquidação por cálculo do contador..."*), aquele cálculo era encargo deferido ao contador judicial. Como já se apontou no item anterior, esse dispositivo foi deslocado para o processo de conhecimento pela Lei n. 11.232/2005, passando ele a ser o art. 475-B, que cuida do cumprimento da sentença mediante a apresentação da memória de cálculo de execução: *"Art. 475-B. Quando a determinação do valor da condenação depender apenas de cálculo aritmético, o credor requererá o cumprimento da sentença, na forma do art. 475-J desta Lei, instruindo o pedido com a memória discriminada e atualizada do cálculo"*.

Na esfera trabalhista, obedeceu-se a norma do art. 604 revogado por duas ou três décadas, mas, devido ao número crescente de reclamatórias, o Contador Judicial ficou impossibilitado de atender aos pedidos de cálculo com a celeridade desejada por todos.

Cedendo à pressão dos acontecimentos, os Juízes do Trabalho acabaram por estabelecer, ao arrepio da lei, a praxe de os reclamantes instruírem o pedido de execução da sentença com u'a memória de cálculo que, partindo do *an debeatur*, levasse ao *quantum debeatur*.

Essa praxe foi absorvida pelo legislador ao emprestar nova redação ao art. 604 do CPC, pela Lei n. 8.898, de 29.6.1994, e que hoje foi praticamente repetido no art. 475-B, como já apontado. Eis como era a redação do art. 604: *"Quando a determinação do valor da condenação depender apenas de cálculo aritmético, o credor procederá a sua execução na forma do art. 652 e ss., instruindo o pedido com a memória discriminada e atualizada do cálculo"*.

Não se há de inferir desse preceito que o Contador Judicial foi afastado, definitivamente, da liquidação por cálculo aritmético. "Apenas" os cálculos simples se confiam ao Exequente, o que nos autoriza a crer que os cálculos mais complexos permanecem sob a responsabilidade daquele auxiliar da justiça.

É imprescindível que o credor demonstre, pormenorizadamente, como chegou aos resultados finais e, isso para facilitar o pronunciamento do Executado sobre a matéria.

O § 6º do art. 879, da CLT, estabelece que, quando os cálculos de liquidação forem complexos, o juiz poderá nomear perito para sua elaboração. E, terminada a conclusão desse trabalho, ele fixará o valor dos respectivos honorários periciais, conforme os critérios de razoabilidade e proporcionalidade, dentre outros. Esse dispositivo legal não esclarece em que consiste esse "cálculo de liquidação complexo", parecendo deixar ao critério do juiz decidir acerca dessa complexidade.

Contudo, em função do § 1º-B desse art. 879 estabelecer que as partes serão sempre previamente intimadas para a apresentação dos cálculos de liquidação, entendemos que o juiz somente poderá lançar mão dessa faculdade legal inscrita no § 6º, desse artigo, apenas quando elas alegarem a impossibilidade de elaborá-los com seus próprios recursos por serem complexos. Essa mecânica processual de nomeação de perito já é amplamente utilizada pelos juízes, sempre que há divergência entre as partes sobre os cálculos de liquidação.

De nenhum valor a impugnação genérica da memória apresentada pelo Exequente. É mister que o Executado mencione, minuciosamente, os itens e os valores com os quais não está de acordo.

Se, intimado a falar sobre essa memória, o Executado conservar-se silencioso, preclui-se seu direito, nos embargos à execução, de discordar dos valores constantes do memorial e ratificados na sentença homologatória.

É legítima a presunção de que, *in casu*, o silêncio do Executado se equipara à aprovação da memória com que o Exequente instruiu o pedido de execução.

Não há qualquer óbice legal à iniciativa do Juiz de ordenar a revisão, por um perito, de cálculos apresentados pelo credor que estiverem visivelmente errados. Essa decisão do magistrado se afina com os princípios informadores do processo trabalhista, notadamente aqueles que dizem respeito ao papel que, neste, deve ter o Juiz.

Se o Executado discordar do cálculo efetuado pelo Exequente, duas são as maneiras de o Juiz enfrentar a hipótese: a) decide eliminar a dúvida suscitada pelo devedor pedindo ao Contador Judicial, ou a um Perito, que promova novo cálculo e, depois de as partes falarem sobre o laudo apresentado, proferir a sentença homologatória; b) o Juiz, na sentença homologatória, resolve as dúvidas levantadas pelo Executado.

O texto do art. 604 do CPC, hoje revogado, criou certa confusão entre os que, por ofício, aplicam ou interpretam a lei processual Pensa-se que essa confusão irá continuar com o novo art. 475-B. Não ficou bem definido se a conta apresentada pelo Exequente deve ser, ou não, contestada pelo Executado e se, a final, terá o Juiz de proferir, ou não, a sentença homologatória.

Autores de nomeada chegaram a afirmar que a memória de cálculo prevista no revogado art. 604 prescindia-se da homologação, cabendo ao Executado impugnar a conta proposta, tão somente, nos embargos à execução (v. *Rosa Maria* e *Nelson Nery*, *in* "CPC Comentado", 2. ed., Rev. dos Tribunais, 1996, p. 1.033).

O Tribunal Regional Federal da 5ª Região, por sua 3ª Turma, julgando Apelação Cível n. 81.601, a 14.9.1995, proferiu acórdão sustentando que o executado "poderá, na ação incidental de embargos, não apenas impugnar a memória discriminada e atualizada do débito, mas também produzir provas para propiciar a correção de qualquer erro aritmético ou para reduzir a execução aos limites da condenação ou da obrigação.

Não é de se aceitar esse entendimento, pelas seguintes razões: a) porque tal procedimento, por ensejar penhoras excessivas, é susceptível de causar sérios danos ao Executado até que sejam julgados seus embargos à penhora, contrariando, assim, o disposto no art. 620 do CPC; b) negando ao Executado o direito de falar sobre a conta oferecida pelo Exequente, estará o Juiz ofendendo o princípio do contraditório; c) o art. 475-H do CPC reza que, *"da decisão de liquidação caberá agravo de instrumento"*, o que importa dizer que a conta só se torna líquida após a prolação da sentença homologatória; d) o juiz não pode, nem deve, aceitar, passivamente, a demonstração aritmética do *quantum debeatur* feita na conta do Exequente (v. art. 436 do CPC), como já decidiu o Órgão Especial do Tribunal Superior do Trabalho no julgamento do Ag-RC 239.613/96.5, acórdão n. 8/96:

"O juiz da execução não está subordinado aos cálculos das partes, competindo-lhe verificar se as contas oferecidas guardam conformidade com os limites objetivos da coisa julgada exequenda".

De todo o exposto, deduz-se que a força executiva da memória elaborada pelo credor deriva da sentença homologatória que lhe dê acolhimento, com observância do princípio do contraditório, que tem sede na própria Constituição como um direito fundamental do cidadão.

A CLT, pelo *caput* do art. 880, manda citar o executado em qualquer espécie de liquidação por meio de oficial de justiça (§ 2º, do art. 880, da CLT). Já o art. 475-A, do CPC, com redação dada pela Lei n. 11.232, de 2005, esclarece que haverá apenas a intimação do próprio advogado, quando houver o requerimento da parte contrária para que se dê início à liquidação da sentença.

Deduz-se, de todo o exposto, que a ação liquidatória por cálculo, no processo trabalhista, há-de ter o seguinte curso:

a) intimação das partes para a apresentação do cálculo de liquidação, inclusive da contribuição previdenciária incidente;

b) memória do crédito oferecida pelo Exequente ou pelo executado;

c) elaborada a conta e tornada líquida faculdade de o juiz abrir prazo às partes, para impugnação fundamentada com a indicação dos itens e valores objeto da discordância, sob pena de preclusão;

d) intimação por via postal do INSS para manifestação acerca da conta apresentada sob pena de preclusão; e

e) prolação da sentença de liquidação.

Frisamos, mais uma vez, que a conta só se torna líquida e passa a produzir todos os seus efeitos legais depois de homologada por sentença.

O art. 604, do CPC, revogado em 2005, recebeu dois parágrafos pela Lei n. 10.444/2002, que foram reproduzidos no art. 475-B com o acréscimo de mais dois outros parágrafos, conforme a Lei n. 11.232, de 2005, dispositivos esses que merecem análise, por serem aplicados ao processo do trabalho. Ei-los:

"*Art. 475-B. ... (omissis).*

§ 1º Quando a elaboração da memória do cálculo depender de dados existentes em poder do devedor ou de terceiro, o juiz, a requerimento do credor, poderá requisitá-los, fixando prazo de até trinta dias para o cumprimento da diligência.

§ 2º Se os dados não forem, injustificadamente, apresentados pelo devedor, reputar-se-ão corretos os cálculos apresentados pelo credor, e, se não o forem pelo terceiro, configurar-se-á a situação prevista no art. 362.

§ 3º Poderá o juiz valer-se do contador do juízo, quando a memória apresentada pelo credor aparentemente exceder os limites da decisão exequenda e, ainda, nos casos de assistência judiciária.

§ 4º Se o credor não concordar com os cálculos feitos nos termos do § 3º deste artigo, far-se-á a execução pelo valor originariamente pretendido, mas a penhora terá por base o valor encontrado pelo contador".

Em consonância com o disposto no § 3º, do art. 879, da CLT (redação dada pela Lei n. 11.457/07), a conta de liquidação da sentença pode ser elaborada pela parte. Esse dispositivo se inspirou, provavelmente, nesse ora revogado art. 604, do CPC, com roupagem dada pela Lei n. 8.898, de 29.6.1994), roupagem essa que foi repetida, praticamente em todos seus termos, no sobredito art. 475-B.

Essa circunstância nos autoriza a dizer que os parágrafos do art. 475-B do CPC são aplicáveis ao processo do trabalho.

Dessarte, se a memória do cálculo de liquidação depender de dados e informações em poder do Reclamado, o Juiz, a pedido do Reclamante, poderá requisitá-los. A recusa injustificada, no caso, importa no reconhecimento dos cálculos oferecidos pelo Reclamante e na prática do crime de desobediência.

Inobstante, antes de ordenar a citação do executado, tem o juiz a faculdade de valer-se do contador do juízo se os cálculos do credor, aparentemente, excederem os limites da decisão.

Causa espécie a parte final do § 4º do art. 475-B do CPC "se o credor não concordar com os cálculos feitos nos termos do § 3º deste artigo, far-se-á a execução pelo valor originariamente pretendido, mas a penhora terá por base o valor encontrado pelo contador". Essa redação foi dada pela Lei n. 11.232, de 2005, que praticamente reproduz o § 2º, do antigo art. 604: "... *Se o credor não concordar com esse demonstrativo (do contador do Juízo), far-se-á a execução pelo valor originariamente pretendido, mas a penhora terá por base o valor encontrado pelo contador*".

Homologados os cálculos do contador, torna-se líquida a sentença e ela passa a ser um título executivo judicial, sendo certo que o valor nele contido é que determinará os demais atos executórios. Não vemos como a execução possa ser feita pelo valor originariamente pretendido pelo credor.

In casu e na prática, será o Exequente levado a manifestar sue inconformismo por meio de agravo de petição para hostilizar a decisão homologatória do cálculo do contador.

E mais deve ser dito.

O § 2º do acima referido art. 475-B contém uma presunção *iuris et de iure* na hipótese do reclamado não carrear para os autos os dados necessários para a elaboração da conta e solicitados pelo reclamante. De fato, como a norma reputa como corretos os cálculos apresentados pelo credor na hipótese de recusa injustificada do devedor em fornecer esses dados para a elaboração da memória do cálculo, isso significa que o devedor, o reclamado no caso, fica impedido de opor embargos por excesso de execução.

Trata-se de uma presunção absoluta (*iuris et de iure*), que não aceita prova em contrário. Se não houvesse esse tipo de penalidade ao devedor faltoso, por certo que o sistema processual trabalhista ficaria desmoralizado.

É certo que alguns doutrinadores pensam que nesse caso inexiste uma presunção *iuris et de iure*, pois sustentam que contra essa recusa de devedor em fornecer os dados necessários indispensáveis para a feitura do cálculo, não pode o juiz, apenas por esse motivo, considerar corretos os cálculos apresentados pelo Reclamante. Se agir dessa forma, argumentam eles que o juiz estaria ampliando os limites objetivos da coisa julgada produzida pela sentença liquidanda.

Comungamos de pensamento contrário a eles. Argumentamos que, nesta fase de integração da coisa julgada, e por se tratar de direitos disponíveis por parte do empregador, claro está que a inércia deste no atendimento da determinação do juiz significa precisamente que ele está aceitando a aplicação da penalidade inscrita na lei de se presumir verdadeiros os cálculos apresentados pelo reclamante.

Não existe nenhuma mácula de inconstitucionalidade no caso de se punir tal inércia da parte com a presunção absoluta de direito, como deixam entrever esses doutrinadores.

Já quanto ao terceiro desidioso no atendimento das determinações feitas pelo Juiz ao acolher os requerimentos formulados pelo Reclamante de fornecer os dados necessários à elaboração da referida memória de cálculo, ele irá ser submetido, em tese, às penalidades de natureza civil, penal e administrativo.

Quando o juiz perceber que a memória de cálculo apresentada pelo credor é flagrantemente superior ao que determina o título executivo, pode o magistrado determinar que haja a realização de perícia, contando com o auxílio de contabilista, para que confira os cálculos.

De tudo que vimos falando acerca da liquidação da sentença, infere-se que, ao tempo de inflação elevada e sempre ascendente, muitos empregadores se apressavam em prevenir litígios com seus empregados por temerem a rápida e assustadora valorização nominal de seus débitos trabalhistas.

Com o advento do Plano Real, dominou-se amplamente o processo inflacionário e reduziu-o a proporções mínimas — cerca de quatro a seis por cento ao ano.

Este fato explica a relutância de alguns maus patrões em cumprir espontaneamente as prescrições legais relativas ao despedimento do empregado sem motivo justificado. Manifestado o litígio, tem o assalariado de ir à Justiça reivindicar o que lhe é devido. Só depois de dois ou mais anos o empregador é obrigado a desembolsar o dinheiro referente às verbas rescisórias.

É tempo de o legislador conceber sanção que desestimule essa prática eminentemente anti-social. Em parte, o legislador já atendeu a esse objetivo ao instituir a sanção de 10% no art. 475-J do CPC, plenamente, aplicável ao processo do trabalho.

283.1. Liquidação por Cálculo no Estrangeiro

Informa *José Alberto dos Reis* ("Processo de Execução", vol. 1º, 2. ed., 1982, p. 470) que, *"em princípio, a liquidação do pedido (no processo civil português) tem de fazer-se no processo de declaração. O Autor pode, na petição inicial da ação declarativa, formular um pedido genérico, mas, há-de depois, antes de começar a discussão da causa, deduzir o incidente da liquidação para tornar líquido o pedido genérico"*.

Como se vê, no direito processual lusitano contemporâneo, a liquidação da sentença por cálculo se faz no próprio processo de conhecimento.

Tal forma de liquidação é prevista, também, no direito processual da Itália.

O princípio de economia processual está mais bem atendido naqueles dois países do que no nosso.

A *res judicata* só alcança os cálculos corretos, excluindo aqueles, como não poderia ser de outra maneira, que estiverem errados.

Na liquidação da sentença teve papel relevante o Decreto-lei n. 75, de 21 de novembro de 1966.

Mandou aplicar a correção monetária aos débitos de natureza trabalhista.

Esse diploma legal, embora saído das entranhas de um regime autoritário, veio dar vida e força a quase todas as normas tutelares do contrato de trabalho.

Antes dele, negócio dos mais lucrativos era deixar pagar o devido ao trabalhador dispensado sem motivo justo e, assim, provocar uma reclamatória perante a Justiça do Trabalho, cujo desfecho, na maioria das vezes, ocorria (como ainda lamentavelmente ocorre) depois de três ou quatro anos.

Nesse ínterim, a ação corrosiva da inflação sobre o salário (base de cálculo das verbas rescisórias) lhe reduzia o valor real ou aquisitivo.

Decorrentemente a importância que, a final, o empregador pagava a seu antigo empregado, a despeito dos juros legais, ficava muito aquém do seu valor real. Não era por outra razão que, então, o assalariado aceitava qualquer acordo mesmo em bases irrisórias.

Com a superveniência do Decreto-lei n. 75, esse panorama se modificou para melhor.

Em consonância com o seu art. 1º, os débitos de salários, indenizações e outras quantias devidas a qualquer título, pelas empresas submetidas à Consolidação das Leis do Trabalho e ao Estatuto do Trabalhador Rural, aos seus empregados, quando não liquidados no prazo de noventa dias contados das épocas próprias, ficavam sujeitos à correção monetária. Nas decisões da Justiça, a condenação incluía, obrigatoriamente, a correção monetária.

Ainda que o Reclamante deixasse de pedir a correção monetária, tinha a Vara do Trabalho, por imposição legal, de ordená-la na liquidação da sentença.

Posteriormente ao referido Decreto-lei n. 75, um outro — de n. 2.284, a 10 de março de 1986 — foi editado a fim de conter a espiral inflacionária, que já era preocupante. Promoveu profunda reforma monetária e desindexou a nossa economia.

No primeiro momento, difundiu-se a crença de que o Decreto-lei n. 75 fora tacitamente revogado, uma vez que, desaparecida a inflação, nenhum prejuízo sofria o Reclamante com a demora no pagamento do que lhe era devido.

A "mágica" econômica teve curta duração.

Pouco tempo depois, o Poder Público publicava índices de atualização monetária e confessando que não debelara esse flagelo econômico que é a inflação.

Exame atento do Decreto-lei n. 2.284 revelou que, de fato, o de n. 75 permanecera intacto. Limitara-se o primeiro a dizer que a correção monetária dos créditos trabalhistas não se faria mensalmente, mas sim anualmente, quando se alteraria o valor da Obrigação do Tesouro Nacional — OTN.

O Decreto-lei n. 2.322, de 26 de fevereiro de 1987, veio modificar, profundamente, o critério de atualização monetária instaurado pelo Decreto-lei n. 2.284.

Em seu art. 3º estabeleceu: a) sobre a correção monetária dos créditos trabalhistas de que trata o Decreto-lei n. 75 e legislação posterior incidirão juros à taxa de 1% ao mês capitalizados mensalmente; b) nas decisões da Justiça do Trabalho, a correção seria calculada pela variação nominal da OTN; c) o novo critério de valorização do crédito trabalhista é aplicável aos processos em curso.

Era a volta ao regime anterior ao Decreto-lei n. 2.284. A correção monetária dos créditos trabalhistas mencionados no Decreto-lei n. 75 passa a ser feita mensalmente, de conformidade com a variação nominal da OTN.

Parece-nos certo, porém, que a correção monetária dos créditos trabalhistas se interrompeu a 28 de fevereiro de 1986 e recomeçou a 28 de fevereiro de 1987. No mesmo período, os juros eram de 6% ao ano e, depois desta última data, à razão de 1% ao mês, capitalizado.

O Decreto-lei n. 2.335, de 12 de junho de 1987, veio congelar preços e aluguéis, criou mecanismo de reajuste mensal dos salários, mas nenhuma referência fez à correção monetária dos valores inscritos numa sentença condenatória proferida por órgão da Justiça do Trabalho.

A OTN é extinta pela Medida Provisória n. 32, de 16 de janeiro de 1989, que logo em seguida se metamorfoseou na Lei n. 7.730, de 31 de janeiro de 1989, que instituiu o Índice dos Preços ao Consumidor — IPC, apurado com base na média dos preços entre o início da 2ª quinzena do mês anterior e o término da 1ª quinzena do mês de referência.

Seguiu-se uma série de medidas provisórias e leis objetivando o combate à inflação e criando novos índices de atualização monetária, mas o Decreto-lei n. 75 permaneceu incólume até a superveniência da Lei n. 8.177, de 1º de março de 1991, que, no seu art. 44, revogou-o de modo expresso. Permanece em vigor a correção monetária prevista nessa lei, conforme o art. 27, § 6º, da Lei n. 9.069, de 29.6.1995 e o art. 15 da Lei n. 10.192/2001.

Acerca da correção monetária dos débitos trabalhistas, o TST editou a Orientação Jurisprudencial n. 300, SDI-1, *verbis*: "*Execução trabalhista. Correção monetária. Juros. Lei n. 8.177/91, art. 39 e Lei n. 10.192/01, art. 15.* Não viola norma constitucional (art. 5º, II e XXXVI) a determinação de aplicação da TRD, como fator de correção monetária dos débitos trabalhistas, cumulada com juros de mora, previstos no art. 39 da Lei n. 8.177/91 e convalidado pelo art. 15 da Lei n. 10.192/01".

284. Liquidação da Sentença por Arbitramento

Nada diz a CLT, também, sobre o procedimento a ser cumprido na liquidação da sentença por arbitramento.

Mais uma vez temos de nos socorrer do CPC.

Reza seu art. 475-C:

"*Far-se-á a liquidação por arbitramento quando: I — determinada pela sentença ou convencionado pelas partes; II — o exigir a natureza do objeto da liquidação*".

O arbitramento é de iniciativa do Juiz quando o julgar necessário ou das partes, em petição conjunta.

De qualquer modo, o pressuposto da legitimidade dessa medida é o mesmo: a natureza do objeto da liquidação exige a presença de uma pessoa com conhecimentos especializados.

Compete ao Juiz designar o perito, sendo admitida a presença de assistentes indicados pelas partes, as quais formularão seus quesitos, sem exclusão daqueles que o juiz houver por bem formular.

Apresentado o laudo, têm as partes dez dias para pronunciar-se sobre seu conteúdo. Divergências sobre o laudo têm sua elucidação de conformidade com o preceituado no CPC (arts. 420 *usque* 439) em relação aos peritos em geral.

Não é o Juiz obrigado a aceitar passivamente o laudo. Poderá rejeitá-lo e designar um novo perito ou limitar-se a impugnar alguma parte do laudo.

Se as partes não impugnarem o laudo e o juiz se fundar nas suas conclusões para tornar líquida a sentença, não nos parece razoável que, depois, se pretenda atacar a sentença com estribo no § 2º do art. 879 da CLT ou nos embargos à execução. Configurou-se, aí, a preclusão.

Um dos raros casos em que a liquidação por arbitramento é feita no processo trabalhista se refere ao cálculo dos salários do reclamante que prestou serviços sem remuneração e cuja relação empregatícia é, a final, reconhecida pela Justiça do Trabalho.

Aí, se faz necessário pesquisar-se, no mercado de trabalho, a remuneração que se há de pagar ao Reclamante. E isso só um perito tem condições de fazê-lo.

285. Liquidação da Sentença por Artigos

É, também, a Consolidação das Leis do Trabalho omissa no que tange à liquidação da sentença por artigos. Em razão disso, temos de nos socorrer, outra vez, do Código de Processo Civil, que cuida do assunto nos arts. 475-E e 475-F.

Ambos os dispositivos, em síntese, dizem o seguinte: faz-se a liquidação por artigos quando, para determinar o valor da condenação, houver necessidade de alegar e provar fato novo. Observar-se-á, na liquidação por artigos, o procedimento ordinário. Por outras palavras, nesse processo de liquidação trabalhista respeitar-se-ão as disposição dos arts. 837 *usque* 852 da CLT.

Chama-se por artigos essa modalidade de liquidação da sentença porque a parte interessada tem de indicar os itens que demandam melhores esclarecimentos e sem os quais não se chega à quantificação do *debeatur* do Reclamado.

Denominam-se artigos esses itens.

É o que também diz, exemplarmente, *José Augusto Rodrigues Pinto* (in "Execução Trabalhista", 5. ed., 1992, LTr, p. 70):

"*A liquidação da sentença trabalhista pelo método de artigos é feita quando sua liquidez depender de comprovação de fatos ainda não esclarecidos suficientemente, no processo de cognição, de modo a permitir valoração imediata do título condenatório*".

Há quem sustente a tese de que o impulso inicial da liquidação por artigos cabe, com exclusividade, às partes, ficando de lado o dispositivo (art. 879 da CLT) que assegura, ao juiz da execução a faculdade de instaurar a instância *ex officio*. Semelhante entendimento tem como fundamento a circunstância de que o Juiz não tem pleno conhecimento dos fatos e, por isso, é impossibilitado de observar o princípio do contraditório.

Perfilhamos essa opinião, mas por outros fundamentos.

Sustenta-se que não integra o processo de execução a sentença de liquidação, seja ela por cálculo, arbitramento ou artigos. Daí a ilação de que a faculdade, atribuída ao Juiz da execução pelo art. 878 da CLT, não abrange a liquidação da sentença.

De conseguinte, se a parte vencedora (o empregado) estiver assistida por advogado, cumpre-lhe, privativamente, requerer a liquidação por artigos.

Na hipótese, porém, de estar a parte desacompanhada de advogado, terá o juiz — com estribo no art. 791, *caput*, da CLT — de tomar a iniciativa de instaurar a instância.

Nosso pensamento apoia-se na exegese desse art. 791, que permite à parte "acompanhar a reclamação até o final".

Se, na petição em que se requer essa espécie de liquidação, a parte deixa de articular os fatos que precisam ser provados ou enunciar o fato novo, cabe ao Juiz determinar a supressão da lacuna. Desatendida a determinação do Juiz, este indeferirá o pedido de liquidação por artigos. Nada impede, porém, que a parte renove, de modo regular, a liquidação da sentença.

A liquidação por artigos é um processo novo, que complementa o de conhecimento, e a respectiva sentença é declarativa do que se contém na condenação.

O fato novo é a prova do que já consta da ação principal. Por exemplo, no processo de conhecimento, declara-se que o reclamante realizou trabalho extraordinário, mas não informa quantas horas além da jornada normal foram trabalhadas.

Essa circunstância tem de ser provada na execução.

É o fato novo a que alude o art. 475-E do CPC.

Não se admite, na liquidação por artigos, a prova de fatos que a sentença definitiva não reconheceu. De outra maneira, estar-se-ia violando o disposto no § 1º do art. 879 da CLT ou, provavelmente, estar-se-ia alterando a coisa julgada.

Se, como se observou há pouco, o procedimento ordinário for o da liquidação por artigos, então as partes terão de cumprir as disposições dos arts. 837 *usque* 852 da CLT.

Depois da petição da liquidação por artigos, notifica-se o Reclamado para contestar o pedido e defender-se; em seguida, vêm a fase probatória e o julgamento.

No processo de execução propriamente dito, o Reclamado terá de ser citado (notificado) outra vez.

Vamos mais longe: entendemos que, em qualquer modalidade de liquidação de sentença, é indispensável a notificação do reclamado ou do executado.

Finalmente, intimada a manifestar-se sobre a conta de liquidação, a parte que se mantiver inerte fica impedida de impugná-la noutro momento processual.

Só será válida a notificação quando feita pessoalmente ao Executado ou ao seu representante legal ou a quem tiver poder expresso para recebê-la.

O mandado de notificação terá de ser acompanhado de cópia da petição, com indicação do dia e hora da audiência, quando o Executado oferecerá sua contestação ou defesa.

É facultado ao Juiz, *in casu*, interrogar as partes.

É óbvio que, na liquidação por artigos, não se faz necessário cumprir o dispositivo legal que manda o juiz tentar a conciliação entre as partes. Isso é repelido pela natureza do processo de execução. Não é, todavia, defeso à partes se conciliarem mesmo nessa etapa do processo.

Completada a prova, vem a sentença de liquidação por artigos, podendo o juiz abrir às partes prazo sucessivo de dez dias para impugnação fundamentada, com a indicação dos itens e valores objeto da discordância sob pena de preclusão (art. 879, § 2º, da CLT).

A via recursal na liquidação por artigos não é a mesma do processo ordinário em face do disposto na norma consolidada que acabamos de citar, a qual é dirigida a qualquer espécie de liquidação.

Se tiver impugnado a sentença liquidatória, a parte nos embargos à execução renovará seu inconformismo, abrindo campo para o agravo de petição e, eventualmente, para outras formas recursais.

Nosso pronunciamento, a propósito dos recursos admitidos na liquidação por artigos, coloca-nos à margem da controvérsia em que se envolveram *Campos Batalha*, *Victor M. Russomano* e *Manoel Antonio Teixeira Filho* (v. p. 348 e ss. de "Execução no Processo do Trabalho", de *Manoel Antonio Teixeira Filho*, 5. ed., LTr, 1995).

Nenhum óbice legal pode opor-se ao requerimento de uma perícia na liquidação por artigos.

Nossa opinião alicerça-se, precisamente, no art. 475-F, do CPC, *verbis*: "Na liquidação por artigos, observar-se-á, no que couber, o procedimento comum (art. 272)". Exigindo, no caso, a observância do procedimento ordinário da fase de conhecimento, está, corolariamente, admitindo a realização de perícias imprescindíveis ao deslinde de algum aspecto da lide.

286. Impugnação da Sentença de Liquidação

Como fecho às considerações em torno dos três processos de liquidação da sentença, vamos pôr em foco o § 2º do art. 879 da CLT — *verbis*:

"Elaborada a conta e tornada líquida, o Juiz poderá abrir às partes prazo sucessivo de 10 (dez) dias para impugnação fundamentada com a indicação dos itens e valores objeto da discordância, sob pena de preclusão".

Contudo o § 3º, do art. 884, da CLT, estabelece que *"somente nos embargos à penhora poderá o executado impugnar a sentença de liquidação, cabendo ao exequente igual direito e no mesmo prazo"*. Do cotejo destes dois parágrafos observa-se que surgem dúvidas quanto ao sentido e alcance da norma contida no § 2º do art. 879.

De fato, diz-se na norma que, a conta, tornada líquida o juiz poderá abrir às partes prazo para impugnação fundamentada, sob pena de preclusão.

A primeira observação crítica que fazemos é a de que a conta não se torna líquida, mas ela é que faz a sentença ficar líquida.

Há quem entenda que a regra só se refere à liquidação por cálculos de contador. Improcede a alegação, porque, no *caput* do art. 879 da CLT, faz-se menção às três maneiras de proceder à liquidação da sentença: por cálculo, por arbitramento e por artigos.

De conformidade com a boa técnica legislativa e consoante as boas normas de hermenêutica, o parágrafo jamais deve cuidar de matéria diferente daquela tratada no *caput* e muito menos reduzir-lhe o alcance. Nesta última hipótese, deveria a lei ter declarado, de modo expresso, que a norma se destinava exclusivamente à liquidação por cálculo de contador.

Dando mais amplitude ao argumento, acrescentamos que a conta se elabora em qualquer das formas de LIQUIDAÇÃO da sentença e, por via de consequência, não aceitamos a interpretação que limita a regra a apenas uma dessas formas de liquidação, qual seja, a por cálculos do contador.

Simples interpretação literal do questionado parágrafo do art. 879 põe de manifesto que ele conferiu ao Juiz a faculdade de abrir, ou não, prazo às partes para falarem da conta de liquidação da sentença.

De conseguinte, se ele não der às partes oportunidade para se pronunciarem sobre a conta, terão obrigatoriamente de fazê-lo nos embargos à execução e no agravo de petição.

Quando a parte falar sobre a conta de liquidação, logo depois de sua elaboração como o diz o § 2º do art. 879 da Consolidação, no futuro duas coisas diferentes poderão acontecer: se tiver concordado com a conta, fica-lhe precluso o direito de impugná-la nos embargos à execução; se discordar dos valores da conta ou do critério empregado na sua apuração, assiste-lhe o direito de renovar a impugnação nos embargos à execução e no agravo de petição.

Resta uma outra hipótese: a de o Juiz, na prolação da sentença de liquidação, introduzir qualquer alteração no laudo da respectiva forma de liquidação da sentença.

É fora de dúvida que, *in casu*, fica assegurado à parte o direito de impugnar a sentença nos embargos à execução e no agravo de petição. Ora, se a parte aceitou os cálculos reunidos na conta e o Juiz os modificou, surge uma situação nova em que se há de garantir ao interessado manifestar seu inconformismo nos embargos e no agravo já mencionados.

287. Casos Especiais de Liquidação da Sentença

A) Dos juros

No preparo da conta de liquidação, levam-se em conta os juros moratórios ainda que a eles não se reportem o pedido da parte ou a sentença condenatória.

São vantagens ou benefícios que lei de ordem pública outorga ao vencedor da lide e cuja exigibilidade prescindem da sua postulação expressa.

Nesse sentido a Súmula n. 254 do STF: *"Incluem-se os juros moratórios na liquidação, embora omisso o pedido inicial ou a condenação".*

A Súmula n. 211 do TST foi mais além da posição tomada pelo STF: *"Os juros de mora e a correção monetária incluem-se na liquidação, ainda que omisso o pedido inicial ou a condenação".*

Tanto os juros de mora como a correção monetária foram criados por lei imperativa e, de conseguinte, são exigíveis ainda que esquecidos pela parte ou pelo juiz.

É o que decorre das prescrições da Lei n. 8.177/91.

A Súmula n. 200, do TST, cuida da incidência dos juros de mora sobre o débito devidamente corrigido monetariamente: *"Juros de mora. Incidência — Os juros de mora incidem sobre a importância da condenação já corrigida monetariamente".*

Não incidem juros sobre os débitos das empresas em liquidação extrajudicial ou submetidas ao regime de intervenção. Contudo, ficam eles sujeitos à correção monetária, conforme a Súmula n. 304, do TST, *verbis*: *"Correção monetária. Empresas em liquidação. Art. 46 do ADCT/CF — Os débitos trabalhistas das entidades submetidas aos regimes de intervenção ou liquidação extrajudicial estão sujeitos a correção monetária desde o respectivo vencimento até seu efetivo pagamento, sem interrupção ou suspensão, não incidindo, entretanto, sobre tais débitos, juros de mora".*

A.1) Dos juros e o novo Código Civil

Na abordagem de alguns aspectos polêmicos da questão dos juros moratórios convencionais ou legais, reais, move-nos o propósito de realçar, apenas, a necessidade de serem uniformizadas, sobretudo, as normas legais sobre a matéria, mas restrita à execução da sentença prolatada na Justiça Comum ou do Trabalho.

Comecemos pelo Código do Processo Civil, cujo art. 293, estabelece que *"os pedidos (na ação) são interpretados restritivamente, compreendendo-se, entretanto, no principal, os juros legais".*

Informava o revogado Código Civil de 1916, no art. 1.062, que a taxa legal dos juros moratórios era de 6% ao ano. Assim, a tanto correspondiam os juros legais da época.

O novo Código Civil dispõe, no art. 406, que os juros moratórios serão fixados segundo a taxa em vigor para a mora do pagamento de impostos devidos à Fazenda Nacional, *verbis*: *"Quando os juros moratórios não forem convencionados, ou o forem sem taxa estipulada, ou quando provierem de determinação da lei, serão fixados segundo a taxa que estiver em vigor para a mora do pagamento de impostos devidos à Fazenda Nacional".*

No dispositivo seguinte, de n. 407 (cópia do art. 1.064 do velho Código Civil), é consignado: *"Ainda que se não alegue prejuízo, é obrigado o devedor aos juros de mora, que se contarão assim às dívidas em dinheiro, como às prestações de outra natureza, uma vez que lhes esteja fixado o valor pecuniário por sentença judicial, arbitramento ou acordo entre as partes".*

À evidência, trata-se de norma de caráter processual. Este fato não deve causar espécie, porque também o velho Código Civil mesclava disposições substanciais e processuais.

Não é por outra razão que o novo Estatuto de Direito Privado dispõe, no seu art. 2.043 — *verbis*: *"Até que por outra forma se disciplinem, continuam em vigor as disposições de natureza processual, administrativa ou penal, constantes de leis cujos preceitos de natureza civil hajam sido incorporados a este Código".*

Essa norma deixa bem patente que o preceituado no supracitado art. 407 não conflita com o conteúdo da regra do retrocitado art. 293 do Código de Processo Civil, mas complementa-o.

É fora de dúvida que, na execução perante a Justiça Comum, os juros moratórios passam a ser calculados com base na taxa em vigor para a mora do pagamento de tributos federais, o que leva a algo parecido com 2% (dois por cento) ao mês sobre o valor do *quantum debeatur*.

É inquestionável que o novo preceito não se aplica à execução sob a regência da Consolidação das Leis do Trabalho.

É o que ficará bem demonstrado a seguir.

Durante largo período, a teor do estabelecido no art. 893 da Consolidação das Leis do Trabalho, os juros moratórios, na execução eram os legais (6% ao ano) e contados desde a data do ajuizamento da reclamatória.

Com a superveniência do Decreto-lei n. 2.322, de 26 de fevereiro de 1987, a taxa de juros de mora passou a ser de 1% (um por cento) ao mês, mas capitalizados.

A nova norma contrariou o estatuído na Lei de Usura, que só admitia a capitalização anual dos juros.

Esse critério de contagem de juros na execução trabalhista foi modificado pelo § 1º do art. 39 da Lei n. 8.177, de 1º de março de 1991 — *ad litteram*:

"Aos débitos trabalhistas constantes de condenação pela Justiça do Trabalho ou decorrentes dos acordos feitos em reclamatória trabalhista, quando não cumpridos nas condições homologadas ou constantes do termo de conciliação, serão acrescidos, nos

juros de mora previstos no caput, juros de um por cento ao mês, contados do ajuizamento da reclamatória e aplicados pro rata die, ainda que não explicitados na sentença ou no termo de conciliação."

Durante algum tempo, a jurisprudência trabalhista vacilou em reconhecer a eliminação dos juros capitalizados na execução, mas, hoje, pacificou-se definitivamente o entendimento de serem simples.

Apesar da regra constante do § 1º, do art. 39, da Lei n. 8.177/91, que fixa os juros na base de 1% ao mês, há quem sustente que eles não são aplicáveis sobre os valores depositados à disposição do juízo quando da execução trabalhista. Quem assim pensa, afirma que a regra constante do § 4º do art. 9º, da Lei de Execução Fiscal (Lei n. 6.830/80), aplicável à execução trabalhista, por força do art. 889, da CLT, prevê que o depósito da quantia executada em juízo, sobre o qual incide a consequente penhora, impede que haja a responsabilidade do exequente pela fluição de juros e de correção monetária. Contudo, a fragilidade desse raciocínio é que passa ao largo da regra do § 1º, art. 39, da Lei n. 8.177/91. Quer dizer que essa norma expressa do processo do trabalho impede que se aplique subsidiariamente a Lei de Execução Fiscal.

Ora, o depósito bancário em dinheiro colocado à disposição do juízo rende apenas 0,5% ao mês, que é creditado pelo banco depositário. A norma expressa contida no art. 39, § 1º, da Lei n. 8.177, prevê os juros na base de 1%, sem fazer qualquer distinção. Com isso, a empresa executada deverá pagar a diferença, quando da final liberação do dinheiro ao empregado.

Nesse sentido, o TRT/SP editou sua Súmula n. 7, com a qual nós concordamos integralmente: *"Juros de mora. Diferença entre os juros bancários e os juros trabalhistas. Direito legal do trabalhador. CLT, arts. 881 e 882 e art. 39, § 1º, da Lei 8.177/91. É devida a diferença entre os juros bancários incidentes sobre o depósito da condenação e os juros trabalhistas, salvo se o depósito objetivou quitar a execução pelo valor fixado na sentença".*

Por seu turno, o TST já decidiu nesse mesmo sentido, como se lê da ementa de lavra do *Ministro Ives Gandra Martins Filho*:

"Existência de Depósito Judicial. Juros de Mora. Incidência até a Data da Efetiva Disponibilização do Crédito. 1. O art. 39 da Lei n. 8.177/91 dispõe que os débitos trabalhistas, quando não satisfeitos pelo empregador nas épocas próprias, sofrerão juros de mora no período compreendido entre a data de vencimento da obrigação e o seu efetivo pagamento. Já o § 1º do referido dispositivo determina que aos débitos trabalhistas constantes de condenação pela Justiça do Trabalho ou decorrentes dos acordos feitos em reclamatória trabalhista, quando não cumpridos nas condições homologadas ou constantes do termo de conciliação, serão acrescidos, nos juros de mora previstos no caput, juros de um por cento ao mês, contados do ajuizamento da reclamatória e aplicados pro rata die, ainda que não explicitados na sentença ou no termo de conciliação. 2. Por sua vez, o art. 883 da CLT prescreve que não pagando o executado, nem garantindo a execução, seguir-se-á penhora dos bens, tantos quantos bastem ao pagamento da importância da condenação, acrescida de custas e juros de mora, sendo estes, em qualquer caso, devidos a partir da data em que for ajuizada a reclamação inicial. 3. Nesse contexto, concluiu-se que os juros de mora são devidos pelo devedor até o efetivo pagamento de seu débito, de modo que o depósito judicial, que se destina não para pagamento do credor, mas para garantir a execução nos termos do art. 884 da CLT, não faz cessar a responsabilidade do devedor pelos referidos juros. 4. Assim sendo, e consoante precedentes desta Corte Superior, a decisão recorrida que entendeu que os juros deviam incidir até a data em que fosse disponibilizado o crédito para a Reclamante, independentemente da existência de depósito judicial, não merece reparos, na medida em que ao devedor cabe saldar a diferença da atualização entre a data do depósito e a do levantamento do alvará judicial, pois não se pode afastar a responsabilidade do Reclamado pelos juros moratórios, tendo em vista que o depósito efetuado como garantia do Juízo não é imediatamente disponibilizado à Obreira e só foi recolhido com o intuito de se recorrer e não de satisfazer o direito do trabalhador. Recurso de revista conhecido e desprovido" (Recurso de Revista TST-RR-294/2005-010-06-00.7; DJ 25.8.06).

Consoante os termos da Súmula n. 200, do Colendo Tribunal Superior do Trabalho, verbis: *"Juros de mora. Incidência — Os juros de mora incidem sobre a importância da condenação já corrigida monetariamente".*

Bem se sabe que os juros têm tratamento diferenciado na Justiça Comum e na Justiça do Trabalho. Seria, de todo em todo, recomendável que o legislador unificasse as normas relativas aos juros moratórios nessas duas esferas

Com a entrada em vigor do novo Código Civil, somos de pensamento de que urge haver a uniformização das normas legais que pertinem aos juros.

Para assim concluir, dissemos, em síntese o seguinte:

I — O CPC, no art. 293, estabelece que "os pedidos (na ação) são interpretados restritivamente, compreendendo, entretanto, no principal, os juros legais";

II — O Código Civil, de 1916, assentava que a taxa de legal dos juros moratórios era de 6% (seis por cento) ao ano.

III — O novo Código Civil dispõe, no art. 406, que "quando os juros moratórios não forem convencionados, ou o forem sem taxa estipulada, ou quando provierem de determinação de lei, serão fixados segundo a taxa que estiver em vigor para a mora do pagamento de impostos devidos à Fazenda Nacional."

IV — Na Justiça Comum, no processo de execução, os juros moratórios serão calculados com base na taxa relativa à mora do pagamento de tributos federais.

V — A partir de março de 1991, a contagem de juros moratórios, no processo executório na Justiça do Trabalho, obedece ao critério constante do art. 39, da Lei n. 8.177, de 1º de março de 1991, isto é, um por cento ao mês a contar do ajuizamento da reclamatória.

Contudo, o Centro de Estudos Judiciários do Conselho da Justiça Federal veio a público declarar que, consoante o preceituado no § 1º do art. 161 do Código Tributário Nacional, a taxa de juros moratórios é de 1% ao mês.

Vejamos, desde logo, o conteúdo da precitada norma do Código Tributário:

"Art. 161. O crédito não integralmente pago no vencimento é acrescido de juros de mora, seja qual for o motivo determinante da falta, sem prejuízo da imposição das penalidades cabíveis e da aplicação de quaisquer medidas de garantia previstas nesta Lei ou em lei tributária.

§ 1º Se a lei não dispuser de modo diverso, os juros de mora são calculados à taxa de 1% (um por cento) ao mês."

O dispositivo em foco não deixa margem a nenhuma dúvida: a taxa nele inscrita só é exigível no caso de omissão ou silêncio da lei referente ao tributo pago a destempo.

Abriu-se, desse modo, a porta para cada uma das leis de índole tributária estabelecer seu próprio critério para cobrança dos juros moratórios.

Assim é que — só para exemplificar — a Lei n. 9.311, de 24 de outubro de 1996, ao instituir a Contribuição Provisória sobre Movimentação ou Transmissão de Valores e de Créditos e Direitos de Natureza Financeira — CPMF — assentou, em seu art. 13 — *verbis*:

"A contribuição não paga nos prazos previstos esta Lei será acrescida de:

I — juros equivalentes à taxa referencial do Sistema Especial de Liquidação e Custódia — SELIC, para títulos federais, acumulada mensalmente, calculados a partir do primeiro dia do mês subsequente ao do vencimento da obrigação até o último dia do mês anterior ao do pagamento e de um por cento no mês de pagamento;

II — multa de mora aplicada na forma do disposto no inciso II do art. 84 da Lei n. 8.981, de 20 de janeiro de 1995."

Salientemos, desde logo, que o dispositivo, cujo texto oferecemos acima ao leitor, faz alusão à SELIC para títulos federais em geral e não apenas à CPMF.

Vejamos como a susocitada Lei n. 8.981 disciplina a multa moratória no art. 84:

"Os tributos e contribuições sociais arrecadados pela Secretaria da Receita Federal, cujos fatos geradores vierem a ocorrer a partir de 1º de janeiro de 1995, não pagos nos prazos previstos na legislação tributária serão acrescidos de:

I — juros de mora, equivalentes à taxa referencial do Sistema Especial de Liquidação e de Custódia — SELIC para títulos federais, acumulada mensalmente (redação dada pela Lei n. 9.065/95);

II — multa de mora aplicada da seguinte forma:

a) dez por cento, se o pagamento se verificar no próprio mês do vencimento;

b) vinte por cento, quando o pagamento ocorrer no mês seguinte ao do vencimento;

c) trinta por cento, quando o pagamento for efetuado a partir do segundo mês subsequente ao do vencimento."

Em tom imperativo, o *caput* do artigo que vimos de transcrever estatui que os tributos e contribuições arrecadados pela Secretaria da Receita Federal, quando pagos fora dos prazos legais, serão acrescidos de juros e multa moratória.

O § 8º desse mesmo artigo 84 reafirma que ele se aplica "aos demais créditos da Fazenda Nacional, cuja inscrição e cobrança como Dívida Ativa da União seja da competência da Procuradoria Geral da Fazenda Nacional."

Do que expusemos até aqui, é inexorável a conclusão de que o § 1º do art. 161 do Código Tributário perdeu toda a eficácia, uma vez que legislação posterior engendrou novo critério para cobrança de multa e juros moratórios nos casos de pagamento de quaisquer tributos ou contribuições federais recolhidos fora dos prazos previstos na lei.

Como se vê, não temos motivos para modificar nossa opinião sobre a conveniência de o legislador uniformizar e dar coesão às normas legais referentes aos juros moratórios.

B) *Débitos do empregado e a correção monetária*

A legislação vigente cuida, exclusivamente, da atualização monetária do valor dos débitos do empregador. Deixou à margem o débito do empregado.

Assim dispõe a Súmula n. 187 do TST: *"A correção monetária não incide sobre o débito do Reclamante"*.

Tal diretriz jurisprudencial, de certo modo, consagra o enriquecimento ilícito do empregado, máxime em época de altas taxas inflacionárias.

Exemplificando: obtém o empregado empréstimo de "x" reais na empresa e, depois de alguns meses, em reclamatória trabalhista, o empregador apresenta, em compensação a dívida referida, quando a sua real expressão monetária já foi devorada, em parte, pela inflação.

A nosso entender, a omissão do legislador viola o princípio da isonomia.

C) *Momento da contagem dos juros moratórios*

Houve, no âmbito da jurisprudência, durante largo período, uma incerteza quanto ao momento da liquidação da sentença em que incidem os juros moratórios, isto é, sobre o valor da condenação antes ou depois da sua atualização monetária.

Entendíamos que o *quantum* da dívida do Executado era aquele que resultasse, a final, da conta de liquidação da sentença.

Esse o entendimento que veio a prevalecer no TST, que editou a Súmula n. 200 do TST: "Os juros de mora incidem sobre a importância da condenação já corrigida monetariamente".

Quanto aos juros de mora relativamente aos danos morais, o TST editou a Súmula n. 439 estabelecendo seu termo inicial, verbis: "**Danos morais. Juros de Mora e atualização monetária. Termo Inicial.** Nas condenações por dano moral, a atualização monetária é devida a partir da data da decisão de arbitramento ou de alteração do valor. Os juros incidem desde o ajuizamento da cão, nos termos do art. 883, da CLT".

D) Horas in itinere *e liquidação por artigos*

Horas *in itinere*, para apurar na liquidação, durante o período em que o trabalho foi em local de difícil acesso. Deve a liquidação ser por arbitramento ou por artigos?

A resposta é por artigos, pois a liquidação por arbitramento se refere apenas àquela que exige conhecimentos especializados do perito.

E) Débitos da empresa e a sucessão causa mortis do empregado

Ao tempo em que vigia o Decreto-lei n. 75/66, era pacífico o entendimento de que a correção monetária nele prevista abrangia, tão somente, os débitos de natureza salarial.

Decorrentemente, os débitos das empresas com os sucessores de seus empregados eram corrigidos nos termos da Lei n. 6.889/81.

Sobrevindo a Lei n. 8.177, de 1º de março de 1991, a matéria teve novo tratamento jurídico.

O art. 39 desse diploma legal é taxativo: "*os débitos trabalhistas de qualquer natureza, quando não satisfeitos pelo empregador nas épocas próprias assim definidas em lei, acordo ou convenção coletiva, sentença normativa ou cláusula contratual sofrerão juros de mora equivalentes à TRD (Taxa Referencial Diária) no período compreendido entre a data de vencimento da obrigação e o seu efetivo pagamento. Acrescenta-se, no § 1º desse mesmo dispositivo, que aos débitos trabalhistas constantes de condenação pela Justiça do Trabalho ou decorrentes dos acordos feitos em reclamatórias trabalhistas, quando não cumpridas nas condições homologadas ou constantes do termo de conciliação serão acrescidos, nos juros de mora previstos no caput, juros de um por cento ao mês, contados do ajuizamento da reclamatória e aplicados pro rata die, ainda que não explicitados na sentença ou no termo de conciliação*".

A Lei n. 8.177 revogou o Decreto-lei n. 75.

F) Impugnação da conta de liquidação e os embargos

Se a parte impugnar a conta de liquidação e a respectiva sentença ignorar seu protesto, é, na hipótese, incabível qualquer recurso. Terá o interessado de aguardar o momento de apresentação dos embargos à execução para externar sua irresignação. Sendo esta repudiada, resta o agravo de petição.

As empresas em liquidação nos termos da Lei n. 6.024/74 estão sujeitas à correção monetária, observada a vigência do Decreto-lei n. 2.278/85, ou seja, a partir de 22.11.1985.

É precisamente o que diz a Súmula n. 304, do TST — *Correção monetária. Empresas em liquidação. Art. 46 do ADCT/CF*.: "*Os débitos trabalhistas das entidades submetidas aos regimes de intervenção ou liquidação extrajudicial estão sujeitos a correção monetária desde o respectivo vencimento até seu efetivo pagamento, sem interrupção ou suspensão, não incidindo, entretanto, sobre tais débitos, juros de mora*".

G) Forma de impugnar a sentença de liquidação

Na impugnação da conta de liquidação, não deve a parte cingir-se a considerações de ordem genérica, uma vez que os vários órgãos da Justiça do Trabalho não são centros de estudos contábeis. Semelhante proceder leva o juiz a considerar incontroversos os valores consignados na conta.

É mister que a parte indique precisamente os pontos errados da conta e explicar por que estão errados.

H) Compensação e liquidação da sentença

A compensação é matéria para ser apresentada e discutida no processo de conhecimento.

Na liquidação da sentença, é vedado inserir-se, na respectiva conta, uma compensação.

Pensar diferentemente é querer modificar a sentença definitiva do processo de conhecimento.

I) Sentença de liquidação e ação rescisória

A sentença de mérito dá a certeza do direito do autor, mas raramente indica o *quantum* devido pelo sucumbente.

A sentença que julga uma conta de liquidação é de mérito, pois não se limita a confirmar as conclusões do contador ou do perito. De consequência, essa sentença só se rescinde nos termos do art. 485 do CPC ou do art. 836 da CLT.

CAPÍTULO XXVII
Da Execução

288. Processo de Execução

O grupo social organizado possui estrutura normativa — leis, costumes, doutrina, jurisprudência e princípios gerais de direito — que se impõe coativamente sobretudo quando objetiva a tutela do indivíduo e a preservação da organização social.

Expressa-se a coatividade da norma jurídica através da sanção.

Na esfera do direito processual, a execução forçada dá materialidade à sanção ou, no dizer de *Liebman* ("Processo de Execução", 3. ed., Saraiva, 1968, p. 4): "A atividade desenvolvida pelos órgãos judiciários para dar a atuação à sanção recebe o nome de execução; em especial, execução civil é aquela que tem por finalidade conseguir por meio do processo e sem o concurso da vontade do obrigado, o resultado prático da regra jurídica que não foi obedecida".

Assim, se, espontaneamente, a regra jurídica não é obedecida ou não é satisfeita a obrigação emanada da sentença, a execução torna eficiente a respectiva sanção.

Pela execução, o patrimônio do devedor ou executado é desfalcado, compulsoriamente, em medida que atenda ao crédito do Exequente.

É o que também assevera *José Alberto dos Reis* ("Processo de Execução", 2. ed., 1º tomo, Coimbra, 1982, p.13): *"Se o imperativo jurídico não é respeitado, se o devedor não cumpre a obrigação, segue-se logicamente a sanção, visto que é da natureza da norma jurídica poder impor-se pela sanção".*

No direito romano, o único título executivo era o judicial.

Em tempos mais recuados, inexistia a execução.

A pessoa do devedor e seus bens materiais — se vencido na respectiva ação — ficavam à disposição do seu credor.

Depois de avanços e recuos, a execução só deixou de ser privada lá pelo ano 1000, quando a *"executio parata"* se tornou, inescusavelmente, o antecedente do atual processo de execução.

Desprezando-se a *actio iudicati* dos romanos, que possibilitava série interminável de execuções, o juízo da condenação, a pedido do vencedor, tinha o poder complementar de determinar providências para que se fizesse cumprir a vontade concreta da lei, ou melhor, a execução da sentença que proferira. Então, a execução era mero complemento do processo de conhecimento.

Séculos depois é que se reconheceu a autonomia da ação de execução porque esta não é, sistematicamente, efeito do processo de conhecimento, porque há as sentenças declaratórias ou apenas constitutivas e os casos em que o Réu cumpre voluntariamente a sentença condenatória; porque há execuções que não têm a sentença condenatória como antecedente obrigatório e que são aquelas instauradas com fundamento em títulos extrajudiciais; porque a execução provisória admite o desenrolar concomitante dos processos de conhecimento e executivo (*L. Rosenberg*, "Tratado de Derecho Procesal Civil", vol. III, 1955, p. 6).

Como ação autônoma e desligada da ação de cognição, a execução — a *actio iudicati* — tem condições e pressupostos. As primeiras não se distinguem da ação de cognição: possibilidade jurídica do pedido, legitimação para agir e interesse de agir.

No tocante aos pressupostos específicos da execução, não há essa identidade. São, apenas, dois: existência do título executivo — judicial ou extrajudicial; inadimplência do devedor que enseja a coação materializada pelo processo executivo.

O CPC de 1973 dá aos pressupostos da execução a denominação de requisitos necessários para realizar qualquer execução (arts. 580 a 590). A Lei n. 11.232, de 2005, revogou o art. 584, do CPC, deslocando-o para o art. 475-N, que está dentro da fase de conhecimento. Nesse dispositivo legal existe o elenco dos títulos judiciais passíveis de cumprimento.

Os estudiosos do processo são unânimes em dizer que o processo de execução se submete a *princípios* que lhe são próprios, mas há ligeiras discrepâncias no tangente ao número de princípios e quanto ao significado de alguns deles.

Fazemos, a seguir, uma síntese desses princípios, com aproveitamento das lições de *James Goldschmidt*, *Carnelutti*, *Calamandrei*, *Lopes da Costa*, *Pontes de Miranda* e outros.

I — Princípio de título

Escusado dizer que a sentença condenatória tem como efeito o título executivo.

Não é por outro motivo que o art. 876 da CLT estatui que as sentenças passadas em julgado e os acordos descumpridos permitem sua execução.

Ausente esse título judicial, é nula a execução: *nulla executio sine titulo*.

II — Princípio da patrimonialidade

A regra é dar-se à execução caráter real, isto é, tem ela em vista apenas o patrimônio do Executado.

É o que já se definiu como a responsabilidade patrimonial do Executado.

A teor do art. 591 do CPC, o devedor inadimplente terá seus bens presentes e futuros sujeitos à penhora.

Quanto aos bens futuros, tem a doutrina entendido que se trata de créditos.

O princípio da patrimonialidade exprime a humanização da execução, que, na velha Roma, sujeitava, também, a pessoa do devedor.

III — Princípio da disponibilidade da ação

Diversamente do que ocorre no processo de conhecimento, em que o Autor, depois da citação, não pode desistir do processo sem a aquiescência do Réu, no de execução tem o credor maior disponibilidade.

Se a execução teve início para atender, exclusivamente, ao interesse do credor, não seria razoável negar-lhe o direito de desistência da ação, respeitadas as ressalvas da lei.

O *caput* do art. 569 do CPC inadmite objeções do devedor ao pedido de extinção, total ou parcial, da execução, formulado pelo credor ou Exequente. Todavia, o parágrafo único desse mesmo dispositivo faz condicionamentos restritivos a essa faculdade do credor.

Senão, vejamos.

A desistência da execução faz extinguir os embargos que tenham em mira apenas questões processuais. Na hipótese, o credor terá de arcar com as custas e os honorários advocatícios.

Estamos que, no caso, as custas devem referir-se exclusivamente ao processo de execução e, quanto aos honorários advocatícios contratados pelo Executado abrangendo tanto o processo de conhecimento como o de execução, vai caber ao Juiz estabelecer a proporção de responsabilidade do credor e desistente da ação.

No processo do trabalho, a questão aqui abordada só se manifesta nos casos em que o trabalhador, com remuneração inferior a dois salários mínimos ou insuficiente para atender aos encargos processuais, é favorecido pela assistência judiciária prestada pelo sindicato que o representa e regulada pela Lei n. 5.584/70.

Nos demais casos (alínea *b*, do parágrafo único do art. 569 do CPC), a extinção depende da concordância do embargante.

Destarte, se nos embargos forem alegadas questões sem natureza processual, a desistência, para ser eficaz, fica na dependência de autorização do devedor.

IV — Princípio da limitação expropriatória

Tomamos de *Manoel Antonio Teixeira Filho* (*in* obra citada, p. 107) a denominação dada ao princípio que se refere à correta proporção entre a obrigação e a parte do patrimônio do Executado necessária ao seu cumprimento.

Por outras palavras, a expropriação deve ter como limite o valor da dívida.

Contudo, é de praxe penhorar-se parcela um pouco maior do patrimônio do devedor porque, na arrematação, é comum o lanço vencedor ser inferior ao valor que o bem teria no mercado.

Esse princípio inspirou o art. 659 do CPC. Estabelece que a penhora deve afetar bens que sejam suficientes ao cumprimento da obrigação e, correlatamente, suspende-se a arrematação quando o produto for suficiente para solver o pagamento do principal, juros, custas e, se houver, honorários advocatícios (art. 692, parágrafo único).

Está embutido no princípio *sub examen*, um outro: *a execução deve ser, efetivamente, útil ao credor*.

Suspende-se a penhora se, nos termos do § 2º do art. 659 do CPC, verificar-se que os bens do devedor, depois de alienados, servirão apenas para fazer face as custas processuais da execução.

A nosso ver, a essa situação não se aplica o art. 40 da Lei de Execução fiscal: *"O juiz suspenderá o curso da execução enquanto não for localizado o devedor ou encontrados bens sobre os quais possa recair a penhora e, nestes casos, não correrá o prazo de prescrição"*.

Sabemos que nossa opinião não casa com a de alguns processualistas de nomeada.

Nosso entendimento, porém, se funda no inciso XXIX do art. 7º da Constituição da República, o qual atribui ao empregado urbano e rural o direito de: *"ação, quanto a créditos resultantes das relações de trabalho, com prazo prescricional de cinco anos para os trabalhadores urbanos e rurais, até o limite de dois anos, após a extinção do contrato"*.

Em doutrina e na jurisprudência há o consenso quanto à aplicabilidade, à execução, do mesmo prazo de prescrição do processo de cognição. Entendemos, de conseguinte, que, no caso aventado há pouco, a prescrição é bienal, se a ação for proposta após a extinção do contrato de trabalho.

V — Princípio da não-onerosidade

Faz-se a execução com o fim de satisfazer-se obrigação provinda de título judicial ou de acordo descumprido.

Se o credor quiser servir-se desse meio para causar danos ao credor, estará agindo de modo ilícito.

O CPC, nos arts. 574 e 620, acolheu o princípio da não-onerosidade.

No primeiro dispositivo, assenta-se que o Exequente deverá indenizar o Executado dos prejuízos sofridos devidos à execução provisória se a obrigação que lhe serviu de fundamento vier a ser declarada inexistente pela Justiça, em decisão irrecorrível. É o preceito inaplicável ao processo de execução trabalhista.

No segundo dispositivo — o de n. 620 — estatui que, *"quando por vários meios o credor puder promover a execução, o juiz mandará que se faça pelo modo menos gravoso para o devedor"*.

Daí nasce, para o devedor, o direito líquido e certo a uma constrição judicial que lhe acarrete menores sacrifícios patrimoniais. Desrespeitado esse direito e ausente remédio processual de caráter suspensivo, é cabível mandado de segurança, se provado, também, o *periculum in mora*.

O título executivo é uma prova, mas provida da particular eficácia do título legal, e opera no princípio e não no curso do procedimento (v. *Carnelutti*, "Instituciones del Derecho Procesal Civil", 4. ed., III tomo, Buenos Aires: Europa-América, 1959, p. 4).

Na Justiça do Trabalho, acontece, de há muito, com lamentável frequência, o Juiz da Vara do Trabalho ou o Relator negar-se a homologar o acordo a que chegaram as partes porque dele constava matéria a que o pedido inicial não fazia alusão.

Tal posicionamento diante da questão decorria de errônea interpretação da norma hospedada no art. 128 do CPC: o juiz decidirá a lide nos limites em que foi proposta, sendo-lhe defeso conhecer de questões não suscitadas a cujo respeito a lei exige a iniciativa da parte.

Refere-se o preceito à solução jurisdicional do litígio, mas é indubitável que com ela não se confunde a solução por meio da autocomposição.

Graças à alteração trazida pela Lei n. 8.953/94, essa controvérsia deixa de existir. Doravante, numa transação, ficam as partes com as mãos livres para incluir matéria estranha ao pedido vestibular.

Esse acordo é executável no mesmo processo de conhecimento.

A atividade jurisdicional, sob a regência do Direito processual trabalhista, desenvolve-se em duas fases: do conhecimento e de execução.

Até aqui, estivemos entregues ao estudo do processo de cognição que chegou a seu termo com a sentença de mérito completada pela sentença de liquidação.

A partir de agora, cuidaremos da execução forçada, ou seja, o conjunto de medidas legais tendentes a compelir o devedor a satisfazer as obrigações nascidas de uma sentença condenatória.

Esse conceito de execução forçada (expressão sinônima de processo de execução ou processo executivo), no que tem de essencial, é adotado por todos os autores como, por exemplo, *Frederico Marques*: *"um conjunto de atos processualmente aglutinados, que se destinam a fazer cumprir, coativamente, prestação a que a lei concede pronta e imediata exigibilidade"* ("Manual de Direito Processual Civil", 4º vol., Saraiva, 1976, p. 1).

No mesmo sentido, *L. Rosenberg* ("Tratado de Derecho Procesal Civil", vol. III, 1955, p. 3); *Rangel Dinamarco* ("Execução Civil", vol. 1, 2. ed., Rev. dos Tribunais, 1987, p. 85); *Mascaro Nascimento* ("Curso de Direito Processual do Trabalho", 1978, Saraiva, p. 255); *Theodoro Júnior* ("Processo de Execução", 14. ed., LEUD, 1990, p. 2) e muitos outros processualistas.

No processo de execução, toda a atividade jurisdicional tem em mira atender ao direito já reconhecido no processo de cognição, o que conduz à afirmação de que o credor pode desistir de toda a execução ou de apenas algumas medidas executivas (art. 569 do CPC).

Não obsta o exercício desse direito potestativo do Exequente o fato de a iniciativa do processo de execução ter sido do Juiz da Vara do Trabalho.

Como observado em página anterior, tal faculdade do credor se exerce mediante concordância do devedor se este, nos embargos, fizer alegações que não tenham índole processual.

É a ação de execução proposta contra o devedor inadimplente, assim considerado aquele que não satisfizer espontaneamente o direito reconhecido pela sentença ou o que for assentado num acordo.

Diz-se infrutífera a execução quando o credor, dela, não obtém qualquer vantagem econômica.

No art. 659 do CPC, encontram-se os dois exemplos de execução dessa espécie: a) quando a penhora não pode ser realizada por ser evidente que o produto da execução dos bens encontrados será totalmente absorvido pelo pagamento das custas judiciais da própria execução; e b) quando os bens existentes forem considerados, por lei, impenhoráveis.

Reza o art. 889 da CLT que *"aos trâmites e incidentes do processo da execução são aplicáveis, naquilo em que não contrariarem ao presente Título (X da CLT), os preceitos que regem o processo dos executivos fiscais para a cobrança judicial da Dívida Ativa da Fazenda Pública Federal".*

Deflui desse dispositivo que, no processo de execução, aplicam-se, em primeiro lugar, o que vem consignado no Título X da CLT (do processo judiciário do trabalho, arts. 763 *usque* 910); em seus casos omissos, recorre-se à Lei n. 6.830, de 22 de setembro de 1980 (Lei de Execução Fiscal), e a aplicação subsidiária, ao processo de execução trabalhista, do Código de Processo Civil só é lícita em último lugar.

A primitiva lei de execução fiscal da dívida ativa da Fazenda Pública era o Decreto-lei n. 960, de 1938.

Quando da revogação desse diploma legal pelo Código de Processo Civil de 1973, chegou-se a discutir a sobrevivência, ou não, do referido art. 889 da CLT.

A Justiça do Trabalho manteve-se alheia a essa controvérsia. Nesse período, quando presente uma lacuna da CLT, utilizava-se simplesmente do CPC. Com a superveniência da Lei n. 6.830, passou a empregar suas disposições no preenchimento dos vazios da CLT. E nós também entendemos que o art. 889 da Consolidação em nada fora afetado pelo momentâneo desaparecimento de normas específicas do processo fiscal. V. item 296.1.

Não é fato comum na Justiça do Trabalho a cumulação de execuções. De modo geral, a sentença condenatória faz menção a obrigações díspares.

Frisamos, de modo perfunctório, que, com fundamento nos arts. 573 e 620 do CPC (*"É lícito ao credor, sendo o mesmo devedor, cumular várias execuções, ainda que fundadas em títulos diferentes, desde que para todas elas seja competente o juiz e idêntica a forma do processo"* e *"Quando por vários meios o credor puder promover a execução, o juiz mandará que se faça pelo modo menos gravoso para o devedor"*) e art. 28 da Lei n. 6.830, de Execução Fiscal (*"O juiz, a requerimento das partes, poderá, por conveniência da unidade da garantia da execução ordenar a reunião de processos contra o mesmo credor"*), o empregado que propôs duas ou três ações em Varas do Trabalho diferentes contra o mesmo empregador poderá requerer, com apoio no parágrafo único do art. 28 da Lei n. 6.830, a cumulação das execuções, e os respectivos processos serão redistribuídos à Vara do Trabalho da primeira distribuição.

Já ficou assentado que, na esfera trabalhista, a execução é de sentença passada em julgado ou de acordo homologado judicialmente descumprido pelo vencido. Em relação a este queremos focalizar aspecto que não raro induz o interessado a equívocos.

Frequentemente, nos acordos, o vencedor recebe da outra parte certa quantia em dinheiro correspondente a uma parcela do *quantum* devido e o restante sob a forma de notas promissórias.

A nosso ver, se esses títulos não forem resgatados na data prefixada, a competência continua a ser da Justiça do Trabalho, como demonstramos no item 293.1.

Além da sentença passada em julgado, do termo do acordo, do termo de ajuste de conduta firmado perante o Ministério Público do Trabalho e do termo de conciliação celebrado perante a Comissão de Conciliação Prévia, há mais dois títulos executivos: (a) a certidão das custas e (b) aquele que diz respeito aos honorários advocatícios exigíveis nas hipóteses legais em que o sindicato aparece como substituto processual de empregados que percebam menos de dois salários mínimos.

A doutrina e a jurisprudência ainda se mostram hesitantes quanto à inclusão, entre os títulos executivos, da sentença arbitral de que fala a Lei n. 9.307, de 23 de setembro de 1996, que dispõe sobre a arbitragem, destinada a dirimir litígios sobre direitos patrimoniais disponíveis.

E, sem maiores considerações, podemos assentar que é disponível o direito a que a parte pode renunciar ou transigir. Ficam de fora, portanto, aqueles direitos — chamados de indisponíveis — sobre os quais seu titular não tem nenhum poder de disposição; são estes direitos que nascem, vivem e morrem independentemente da vontade de seus titulares.

É a arbitragem o instituto jurídico fundado no acordo de vontades das partes de um litígio, as quais, por não desejarem submetê-lo à apreciação do Poder Judiciário, designam um ou mais árbitros e, assim, constituem o juízo arbitral com a incumbência de solucionar o conflito de interesses em que lhes é permitido transigir.

A natureza jurídica da arbitragem foi objeto de controvérsia desde *Chiovenda* ("Instituições de Direito Processual Civil", vol. I, Saraiva, 1965, p. 75 e ss.), que equiparava o instituto a um contrato, enquanto *Carnelutti* ("Estudios de Derecho Procesal", tomo II, p. 509 e segs.) entendeu que se trata de um acordo com cláusula compromissória que dá nascimento à arbitragem. É um ato complexo que não compõe interesses opostos, mas desenvolve interesses paralelos.

É certo que a sobredita Lei de Arbitragem n. 9.307/96 não faz referência expressa aos litígios de natureza trabalhista, mas, em nosso sentir, nem precisaria fazê-lo.

Condição de aplicabilidade de suas disposições é serem disponíveis os interesses em conflito, interesses que tanto podem estar sob a regência do Código Civil ou da CLT.

Insubsistente, a mais não valer, o argumento contrário à nossa posição de que a arbitragem não atende ao princípio estrutural da Justiça do Trabalho.

O argumento perde força ante o disposto no § 2º do art. 114 da Constituição da República, que autoriza o emprego da arbitragem voluntária como meio de solução da arbitragem nos conflitos coletivos de trabalho.

Afirma-se, outrossim, serem irrenunciáveis os direitos do trabalhador e, por isso, não devem ser objeto da arbitragem privada.

O correto é dizer-se que o princípio da irrenunciabilidade há que ser observado na elaboração e na execução do contrato de trabalho. Em tal ocasião, o princípio ampara, eficazmente, o trabalhador contra a manifesta superioridade do empregador quando oferece emprego em sua empresa.

No plano doutrinário e mesmo nos Tribunais do Trabalho, pacificou-se o entendimento de que a irrenunciabilidade, em juízo, não é exigível, uma vez que o trabalhador, ali, está a salvo de qualquer coação capaz de viciar seu consentimento.

E, se, no dizer de *Carnelutti*, a arbitragem *"é um equivalente judicial"*, temos que nela não deve prevalecer a irrenunciabilidade dos direitos trabalhistas.

Resta o argumento de que a CLT não faz à arbitragem qualquer referência e seu art. 876 só considera títulos executivos judiciais a sentença passada em julgado, o acordo não cumprido, o termo de ajuste de conduta firmado perante o Ministério Público do Trabalho e o termo de conciliação celebrado perante a Comissão de Conciliação Prévia.

Não é motivo idôneo para obstar-se a extensão da arbitragem aos conflitos individuais do trabalho.

Sabe-se que muitos institutos jurídicos foram transplantados para a esfera trabalhista, embora a legislação específica desta fosse silente a respeito.

Acatou-se, plenamente, o princípio da subsidiariedade do direito processual comum, hospedado no art. 769 da CLT.

Durante muito tempo, o recurso extraordinário ao Supremo Tribunal Federal não figurava na lista dos recursos contida no art. 893 da CLT e, no entanto, a jurisprudência sedimentada do TST sempre reconheceu a legitimidade da interposição desse recurso extremo. Só em 19 de janeiro de 1946, a Lei n. 8.737 acrescentou ao sobredito dispositivo consolidado um parágrafo — o segundo — fazendo menção expressa ao recurso extraordinário.

Ainda recentemente, devido à substancial reforma do Código de Processo Civil, surgiram novos institutos processuais que os Tribunais do Trabalho não vacilaram em incorporar ao processo do trabalho, como, por exemplo: consignatória extrajudicial; ação monitória; antecipação da tutela etc.

Os exemplos por nós lembrados não deixam de pé qualquer objeção ao emprego do instituto da arbitragem na solução de dissídios individuais do trabalho e, por via de consequência, ao reconhecimento da sentença arbitral como um novo título executivo judicial no âmbito do processo do trabalho. V. item 176.1, com esclarecimentos complementares sobre o instituto da arbitragem.

O inciso VI do art. 585 do CPC informa, de modo a não deixar dúvidas, que são títulos executivos extrajudiciais "o crédito de serventuário de justiça, de perito, de intérprete, ou de tradutor, quando as custas, emolumentos ou honorários forem aprovados por decisão judicial".

Cabe ao vencedor da lide requerer a execução com fundamento no art. 880 da CLT e, tratando-se de execução por quantia certa, instruir o pedido com um demonstrativo do débito atualizado até a data do pedido de execução do título judicial (juros e correção monetária), *ex vi* do disposto no inciso II do art. 614 do CPC. Recebido esse pedido, o Juiz ou Presidente do Tribunal ordenará a expedição de mandado de citação ao executado, a fim de que cumpra a decisão ou o acordo no prazo, pelo modo e sob as cominações estabelecidas ou, em se tratando de pagamento em dinheiro, para que pague em 48 horas, ou garanta a execução sob pena de penhora.

Consoante o § 2º do art. 8º da Lei n. 6.830, o despacho do Juiz que ordenar a citação interrompe a prescrição.

O mandado de citação deve conter a decisão exequenda ou o termo do acordo não cumprido. Por oportuno, de realçar-se que a lei exige não apenas a parte dispositiva da sentença mas ela por inteiro.

A citação do executado há-de ser pessoal e feita por oficial de justiça. É o que exige, imperativamente, o referido art. 880 da CLT.

É imprescindível a citação da mulher para que venha integrar o polo passivo da execução, quando estiver em risco o patrimônio do casal.

Entretanto, se o casamento do executado se realiza no curso da lide, não se impõe a citação da mulher, uma vez que a sentença condenatória passou em julgado quando o exequente ainda era solteiro.

É de se aplicar ao processo trabalhista o disposto no art. 7º da Lei n. 6.830, com exceção do seu inciso II, atinente às várias modalidades de citação previstas no art. 8º do mesmo diploma legal.

É que, no caso, consoante o § 3º do art. 880 já mencionado da CLT, se o executado for procurado por duas vezes, no espaço de 48 horas, e não for encontrado, far-se-á a citação por edital publicado no jornal oficial ou, na falta deste, afixado na sede da Vara do Trabalho ou Juízo, durante cinco dias.

Os demais incisos do art. 7º da Lei n. 6.830 são perfeitamente aplicáveis ao processo trabalhista: *"O despacho do juiz que deferir a inicial (da execução) importa em ordem para: I — omissis; II — penhora, se não for paga a dívida nem garantida a execução, por meio de depósito ou fiança; III — arresto, se o executado não tiver domicílio ou dele se ocultar; IV — registro da penhora ou do arresto; V — avaliação dos bens penhorados ou arrestados"*.

É induvidoso que essa norma processual beneficia a celeridade do processo trabalhista. Num único despacho, o juiz ordena várias providências úteis ao rápido desfecho do processo executivo.

O prazo prescricional da execução é igual ao do processo de conhecimento: cinco anos na vigência do contrato de trabalho e até dois anos após a sua extinção.

Assim pensando, concluímos, também, ser inaplicável ao processo trabalhista o disposto no art. 40 da Lei n. 6.830, mandando suspender o prazo de prescrição quando o juiz susta o processo de execução porque não se encontrou o devedor nem localizados bens sobre os quais possa recair a penhora.

288.1. Execução, Prescrição e a CLT

Em doutrina é acatado, sem tergiversações, o princípio de que o prazo de prescrição do processo executório é o mesmo da ação principal, princípio que encontrou consagração na Súmula n. 150, do Supremo Tribunal Federal: *"Prescreve a execução no mesmo prazo de prescrição da ação"*.

Em termos genéricos e mui amplos, é sabido que a prescrição do direito de ação pode decorrer da omissão, negligência ou desídia do juiz, do advogado ou da própria parte, conforme o caso.

Todavia, há duas situações que se subtraem a tais considerações.

Refere-se, a primeira, a não-localização do devedor para ser citado e, a segunda, ao fato de não terem sido encontrados bens sobre os quais possa recair a penhora e, nesses casos, reza o art. 40 da Lei n. 6.830/80 — *verbis*:

"O juiz suspenderá o curso da execução, enquanto não for localizado o devedor ou encontrados bens sobre os quais possa recair a penhora e, nesses casos, não correrá o prazo de prescrição.

§ 1º (não incide na execução trabalhista).

§ 2º Decorrido o prazo máximo de um ano, sem que seja localizado o devedor ou encontrados bens penhoráveis, o juiz ordenará o arquivamento dos autos.

§ 3º Encontrados que sejam, a qualquer tempo, o devedor ou os bens, serão desarquivados os autos para prosseguimento da execução."

A obscuridade do texto do dispositivo que acabamos de transcrever e sua colisão com outras normas legais, até de hierarquia superior, têm originado toda a sorte de interpretações.

Duas delas, por sua relevância, merecem nossa atenção.

A primeira sustenta que, a qualquer tempo, prossegue a execução, se localizado o devedor ou encontrados seus bens penhoráveis.

Trata-se de tese estribada em interpretação literal do dispositivo referenciado e dissociada de outras prescrições da mesma Lei n. 6.830/80.

A segunda interpretação — e que é a nossa — assinala que o § 2º, do art. 8º, da mesma Lei n. 6.830, reza que o despacho do juiz ordenando a citação do devedor, interrompe a prescrição.

Assim e decorrentemente, a prescrição reinicia seu curso após a prática desse ato processual.

Contraditoriamente, o questionado art. 40 informa que o juiz suspenderá a execução se o devedor não for localizado. Ora, esta já estava suspensa desde o despacho de citação já mencionado.

De outra parte, a citação do executado, em qualquer hipótese, aperfeiçoa-se por edital.

Decorrido um ano, sem localizar-se o devedor ou sem encontrar bens penhoráveis, é o processo arquivado. A partir daí, reinicia-se o prazo de prescrição.

Esta a única interpretação do art. 40 da Lei de Execução Fiscal, aplicável ao processo trabalhista e que se afina com as tradições da nossa processualística.

A suspensão por tempo indefinido do processo executório, com fundamento no precitado dispositivo, conflita com o assentado no art. 174 do Código Tributário Nacional: o crédito tributário, depois de constituído, prescreve em cinco anos.

Entretanto — no dizer de alguns — esse mesmo crédito se levado à execução judicial, torna-se imprescritível nas hipóteses arroladas no art. 40 acima transcrito.

Evidente que tal raciocínio é contraditório.

Ademais disso, de observar-se que o Código Tributário Nacional é uma lei complementar que não pode ser afrontada por lei de hierarquia inferior, como o é a Lei n. 6.830/90.

Ratificador do nosso entendimento é o acórdão da 1ª Turma do Supremo Tribunal Federal, proferido no julgamento do Recurso Extraordinário n. 106.217, de 8.8.86 (in RTJ 119/329) e cuja ementa é a seguinte:

"A interpretação dada pelo acórdão recorrido, ao art. 40 da Lei n. 6.830/80, recusando a suspensão da prescrição por tempo indefinido, é a única susceptível de torná-lo compatível com a norma do art. 174 do Código Tributário Nacional, a cujas disposições gerais é reconhecida a hierarquia de lei complementar".

Infere-se, claramente, do aresto supracitado, que a Lei n. 6.830/80 tem de curvar-se ao que prescreve uma lei complementar, como o é o Código Tributário Nacional.

De todo o exposto, conclui-se que a execução trabalhista prescreve dois anos após sua paralisação devido ao desaparecimento do devedor ou da não-localização dos seus bens penhoráveis.

289. Ações de Rito Sumaríssimo e Processo de Execução

É indubitável que a execução de sentença proferida em ação de rito sumaríssimo há-de obedecer às prescrições da CLT atinentes ao processo executivo.

Dessarte, deverá haver: a) liquidação da sentença — se ilíquida; b) penhora; c) embargos à execução; e d) agravo de petição.

O procedimento sumaríssimo, instituído pela Lei n. 9.957, de 12 de janeiro de 2000, é circunscrito ao processo de conhecimento, uma vez que a execução da sentença proferida em tal espécie de ação obedece às prescrições da CLT nos arts. 875 e seguintes.

V. ainda o item 246.

290. Juízo da Execução

Consoante o art. 877 da CLT "é competente para a execução das decisões o juiz ou o presidente do tribunal que tiver conciliado ou julgado originariamente o dissídio".

É a Justiça do Trabalho composta de: Varas do Trabalho, Tribunais Regionais do Trabalho e Tribunal Superior do Trabalho. Mas, em se tratando de processo de execução, é ele julgado — em primeira instância por juízo singular: o Juiz da Vara do Trabalho ou, conforme o caso, o juiz da Justiça comum.

Cabe, portanto, ao Juiz da Vara do Trabalho dirigir o processo de execução de título judicial ou de acordo judicial descumprido pelo Reclamado.

No tangente aos processos de dissídio coletivo, a execução do julgado não se inclui na competência do Tribunal prolator do acórdão, e isto devido às características peculiares da sentença normativa, cuja execução se faz por meio de uma ação especial, chamada de cumprimento (art. 872 da CLT).

A Lei n. 9.958, de 12 de janeiro de 2000, alterou o texto do art. 876 da CLT, para submeter ao processo de execução trabalhista dois títulos executivos extrajudiciais:

a) termo de ajuste de conduta firmado com o Ministério Público do Trabalho e

b) termos de conciliação emanados das Comissões de Conciliação Prévia.

Nos termos do art. 877-A da CLT (com redação dada pela Lei n. 9.958, de 12.1.2000), é competente para a execução de título executivo extrajudicial o juiz que teria competência para o processo de conhecimento relativo à matéria.

Diz o art. 66 da Consolidação dos Provimentos da Corregedoria-Geral da Justiça do Trabalho que cabe ao juiz na fase de execução ordenar a pronta liberação do depósito recursal, previsto no art. 899, § 1º, da CLT, em favor do reclamante, de ofício ou a requerimento do interessado, após o trânsito em julgado da sentença condenatória, desde que o valor do crédito trabalhista seja inequivocamente superior ao do depósito recursal, prosseguindo a execução depois pela diferença.

Trata-se de medida salutar para se imprimir maior eficácia à coisa julgada.

290.1. Contribuições Previdenciárias e a Execução

No item 123 fazemos remissão à Emenda Constitucional n. 20/98, que acrescentou ao art. 114, o § 3º, para dar competência à Justiça do Trabalho para executar, de ofício, *"as contribuições sociais previstas no art. 195, I, a e II, e seus acréscimos legais, decorrentes da sentença que proferir"*. Com a Emenda Constitucional n. 45/2004, essa norma passou a ser o inciso VIII, desse mesmo art. 114.

Na esfera trabalhista, só interessam as contribuições da empresa (ou empregador) e do trabalhador, como segurado.

Se a sentença condenatória aludir a verbas de índole salarial e computáveis no salário de contribuição do empregado, sobre elas incidem as duas contribuições (arts. 20 e 22 da Lei n. 8.212, de 24.7.1991).

Os §§ 1º-A e 1º-B, do art. 879 da CLT (texto dado pela Lei n. 10.035, de 25.10.2000) estatuem que a liquidação da sentença deve abranger, também, cálculo das contribuições previdenciárias.

Na apresentação do cálculo de liquidação, deve a parte referir-se à contribuição previdenciária incidente. É imprescindível, para a correta elaboração desse cálculo, que a parte conheça o art. 28 da Lei n. 8.212/91, e que foi regulamentado pelo art. 214, do Decreto n. 3.048, de 6.5.1999 (DOU 12.5.99) — verbis:

"Art. 28 — Entende-se por salário de contribuição:

I — para o empregado e trabalhador avulso: a remuneração auferida em uma ou mais empresas, assim entendida a totalidade dos rendimentos pagos, devidos ou creditados a qualquer título, durante o mês, destinados a retribuir o trabalho, qualquer que seja a sua forma, inclusive as gorjetas, os ganhos habituais sob a forma de utilidades e os adiantamentos decorrentes de reajuste salarial, quer pelos serviços efetivamente prestados, quer pelo tempo à disposição do empregador ou tomador de serviços nos termos da lei ou do contrato ou, ainda, de convenção ou acordo coletivo de trabalho ou sentença normativa."

Os vários parágrafos desse dispositivo explicitam os componentes que integram, ou não, o salário de contribuição.

Depois de elaborada a conta de liquidação, o juiz procederá à intimação, da União para manifestação, no prazo de 10 (dez) dias, sob pena de preclusão. Garantida a execução, a eventual impugnação, pela União, ao cálculo da contribuição previdenciária, será julgada com os embargos à execução.

Na forma do § 5º, do art. 879, da CLT, o Ministro de Estado da Fazenda poderá, mediante ato fundamentado, dispensar a manifestação da União nos processos judiciais quando o valor total das verbas que integram o salário de contribuição, na forma do art. 28 da Lei n. 8.212, de 24 de julho de 1991, ocasionar perda de escala decorrente da atuação do órgão jurídico. (redação dada pela Lei 11.457, de 16.3.2007)

Reza o *caput* do art. 889-A da CLT (com redação dada pela Lei n.10.035, de 25.10.2000) que os recolhimentos das importâncias devidas à Previdência Social serão efetuados nas agências locais da Caixa Econômica Federal ou do Banco do Brasil, por intermédio de documento de arrecadação da Previdência Social, dele constando o número do processo.

290.2. Contribuições Previdenciárias e a Justiça do Trabalho

Como já apontamos, a Emenda Constitucional n. 20, de 1998, acrescentou ao art. 114 da Constituição da República, o seguinte § 3º:

"Compete, ainda, à Justiça do Trabalho executar, de ofício, as contribuições sociais previstas no art. 195, I, a e II, e seus acréscimos legais, decorrentes das sentenças que proferir."

Essa norma foi repetida pela Emenda Constitucional n. 45/2004, sendo ela deslocada do § 3º para o inciso VIII, do art. 114, da Constituição.

Andou bem o legislador constituinte em servir-se de uma Emenda para ampliar a competência da Justiça e reduzir a da Justiça Federal. Se a Constituição, desde sua fase originária, definira a competência da Justiça do Trabalho, da Justiça Federal e da Justiça Comum, é defeso ao legislador ordinário, por meio de lei, modificar os lindes competenciais traçados desde a Assembléia Constituinte.

Essa a razão por que encarávamos, com reserva, lei ordinária anterior à sobredita Emenda n. 20/1998, que dava maior dimensão à competência da Justiça do Trabalho.

Uma palavra sobre a natureza jurídica da contribuição social.

Entre os mais reputados constitucionalistas e tributaristas nunca se pôs em dúvida que tal contribuição é uma espécie do gênero tributo. As opiniões divergiam no tocante à sua classificação como imposto ou como taxa.

Geraldo Ataliba (in "Sistema Constitucional Tributário Brasileiro", Rev. Tr., 1968, p. 189/191), a propósito da contribuição previdenciária, sustentou que a patronal é imposto e a do empregado é taxa. A primeira, sobre ser prevista no Texto Maior, fundamenta-se no poder de império do Estado. Seu fato gerador é a obrigação do empregador, derivada do contrato de trabalho, de pagar salário.

A contribuição do empregado é taxa. A Previdência Social coloca, à disposição do empregado, benefícios e serviços que lhe são concedidos mediante o recolhimento da precitada contribuição.

Aliomar Baleeiro afirmou que "as contribuições de empregado e empregador são tecnicamente taxas e correspondem ao valor de serviços e vantagens prestadas ou potencialmente postas à disposição desses contribuintes" (*apud Yves J. de Miranda Guimarães*, in "A situação da parafiscalidade no direito tributário", José Bushatsky, 1977, p. 112).

Alinhamo-nos ao lado de *Geraldo Ataliba* no tangente à natureza jurídica das supracitadas contribuições.

Neste passo, cabe-nos frisar que os debates em torno do tema se desenvolveram por volta de 1977, quando ainda vigia a Constituição de 1967, Emenda n. 1/69, a qual não previa todas as contribuições sociais que, hoje, são mencionadas no art. 195 da Carta de 1988.

Não hesitamos em sustentar que são impostos as contribuições a cargo do empregador e incidentes sobre a receita ou o faturamento e o lucros (respectivamente, alíneas *b* e *c* do inciso I, do art. 195 da Constituição Federal, de 1988).

A par dos argumentos oferecidos pela doutrina em favor dessa tese, temos de observar que, no Título VI — Da Tributação e do Orçamento, Capítulo I — Do sistema tributário nacional, da Constituição da República, encontra-se o art. 149 — *verbis*: *"Compete exclusivamente à União instituir contribuições sociais, de intervenção no domínio econômico e de interesse das categorias profissionais ou econômicas, como instrumento de sua atuação nas respectivas áreas, observado o disposto nos arts. 146, III, e 150, I e III e sem prejuízo do previsto no art. 195, § 6º, relativamente às contribuições a que alude o dispositivo"*.

Nesse art. 149 o legislador constituinte revela, com nitidez, seu pensamento sobre a natureza tributária das contribuições sociais elencadas no art. 195 da Constituição da República.

Das nossas breves considerações em torno da natureza jurídica das contribuições também se retira ilação que, eventualmente, será útil no curso do processo executório da dívida previdenciária: as contribuições sociais obedecem, em ordem decrescente: ao regramento constitucional; à legislação específica atinente à Previdência Social (Leis ns. 8.212 e 8.213, de 24.7.1991); ao Código Tributário e ao direito comum.

Vejamos, a seguir, quais as contribuições sociais que a Justiça do Trabalho passou a executar "de ofício".

Lê-se, no *caput* do art. 195 da Lei Maior — *verbis*:

"A seguridade social será financiada por toda a sociedade, de forma direta e indireta, nos termos da lei, mediante recursos provenientes dos orçamentos da União, dos Estados, do Distrito Federal e dos Municípios e das seguintes contribuições sociais:

I — do empregador, da empresa e da entidade a ela equiparada na forma das leis incidentes sobre:

a) a folha de salários, e demais rendimentos do trabalho pagos ou creditados, a qualquer título, à pessoa física que lhe preste serviço, mesmo sem vínculo empregatício;

II — do trabalhador e dos demais segurados da previdência social, não incidindo contribuição sobre aposentadoria e pensão concedidas pelo regime geral da previdência social de que trata o art. 201".

Dessarte, se uma sentença, prolatada por órgão da Justiça do Trabalho e tornada irrecorrível, condenar o empregador a pagar verbas a um empregado ou a um empreiteiro, sobre as quais incidam as supracitadas contribuições sociais, o que for devido à Previdência Social será executado *ex officio*.

A Emenda deixou, para o legislador infraconstitucional, a indicação do procedimento a ser cumprido em tal execução bem como a questão da responsabilidade pelo pagamento, não só das contribuições em tela, mas também da respectiva multa e dos juros moratórios.

Havendo consenso quanto à auto-aplicabilidade do novo parágrafo do art. 114 da Lei Maior, generalizou-se na Justiça do Trabalho o entendimento de que cabia ao Juiz, apenas, ordenar ao Exequente que incluísse, na estimativa do cálculo de liquidação, a dívida ativa da Previdência. Em seguida, era o INSS — Instituto Nacional do Seguro Social — intimado para pronunciar-se sobre a proposta de cálculo.

As opiniões divergiam sobre a maneira de aquela autarquia mostrar sua inconformidade com a sentença homologatória do cálculo.

Estavam em aberto os debates em torno dessa controvérsia, quando sobreveio a Lei n. 10.035, de 25 de outubro de 2000 (*in* DOU de 26.10.00, p. 1) indicando o procedimento a ser observado nas ações trabalhistas em que surgissem créditos previdenciários. Modificou e enriqueceu diversos dispositivos da CLT, analisados, em termos sumários, a seguir.

290.3. A Conciliação Judicial e o INSS

Deu-se ao parágrafo único do art. 831 a seguinte redação: *"No caso de conciliação, o termo que for lavrado valerá como decisão irrecorrível, salvo para a Previdência Social quanto às contribuições que lhe forem devidas"*.

É induvidoso que o novo preceito se refere à conciliação que se consuma em juízo, nos autos de uma reclamatória. Tal conciliação nenhuma relação tem com aquela outra de que trata o art. 625-E, da CLT, disciplinador da Comissão de Conciliação Prévia.

Subjacente a esse novo preceito consolidado está a obrigação de as partes acordantes inserirem, no respectivo termo, o valor das contribuições de índole previdenciária.

É indubitável que o recurso do INSS fica rigorosamente restrito ao crédito de natureza previdenciária.

Desnecessário ressaltar que, na hipótese, Exequente e Executado devem ser cientificados da interposição do recurso do INSS a fim de terem oportunidade de defender seus interesses mediante o emprego do remédio processual adequado.

290.4. As Contribuições Previdenciárias e as Decisões Cognitivas ou Homologatórias

O artigo 832 consolidado reporta-se às partes em que se divide a sentença. Esse dispositivo recebeu cinco novos parágrafos. Ei-los:

"*§ 3º As decisões cognitivas ou homologatórias deverão sempre indicar a natureza jurídica das parcelas constantes da condenação ou do acordo homologado, inclusive o limite de responsabilidade de cada parte pelo recolhimento da contribuição previdenciária, se for o caso.*

§ 4º A União será intimada das decisões homologatórias de acordos que contenham parcela indenizatória, na forma do art. 20 da Lei n. 11.033, de 21 de dezembro de 2004, facultada a interposição de recurso relativo aos tributos que lhe forem devidos.

§ 5º Intimada da sentença, a União poderá interpor recurso relativo à discriminação de que trata o § 3º deste artigo.

§ 6º O acordo celebrado após o trânsito em julgado da sentença ou após a elaboração dos cálculos de liquidação de sentença não prejudicará os créditos da União.

§ 7º O Ministro de Estado da Fazenda poderá, mediante ato fundamentado, dispensar a manifestação da União nas decisões homologatórias de acordos em que o montante da parcela indenizatória envolvida ocasionar perda de escala decorrente da atuação do órgão jurídico.

A fim de que seja possível identificar-se a verba sobre a qual incide uma contribuição social, é imprescindível que a sentença revele a natureza jurídica dessa mesma parcela. Portanto, parece-nos razoável e até lógica a exigência no bojo do novo § 3º do precitado dispositivo consolidado.

Exige esse parágrafo, na sua nova roupagem, que se mencione a responsabilidade de cada parte, no acordo ou na sentença condenatória, pelo pagamento do débito previdenciário.

Os artigos 238 *usque* 246 do Regulamento da Previdência Social, baixado pelo Decreto n. 3.048, de 6 de maio de 1999 (*in* DOU de 12.5.99, p. 1 e ss.) têm por objeto o recolhimento de contribuições fora do prazo. O intérprete ou aplicador da lei terá de socorrer-se especialmente dessas normas regulamentares para apontar as parcelas da sentença sobre as quais incidem as contribuições sociais.

O preceito legal que diz ser obrigação do empregador de arrecadar e recolher a contribuição de seu empregado; se não o faz, torna-se devedor da correspondente importância. Assim, a União, na Justiça do Trabalho, poderá exigir do empregador o pagamento dessa contribuição. De qualquer maneira, os consectários legais desse recolhimento feito a destempo (multa, juros, correção monetária) devem ser atribuídos ao empregador, pois, a inadimplência resultou de sua conduta irregular.

O § 3º exige que as sentenças condenatórias ou homologatórias de acordo devem fazer a qualificação legal de cada verba, inclusive o que cabe a cada parte recolher à Previdência Social. Bem definida a responsabilidade do empregador pelo não--pagamento das contribuições nas datas prefixadas em lei, temos para nós que a ele cabe o encargo de pagar a contribuição patronal, os juros moratórios e a multa prevista em lei, ficando o empregado obrigado a efetuar sua própria contribuição, despida de consectários legais.

Além disso, e na forma do § 4º, do artigo em comento, a União será intimada das decisões homologatórias de acordos que contenham parcela indenizatória, na forma do art. 20 da Lei n. 11.033, de 21 de dezembro de 2004, facultada a interposição de recurso relativo aos tributos que lhe forem devidos. De qualquer forma, intimada da sentença, a União poderá interpor recurso relativo à discriminação de que trata o § 3º do artigo 832 da CLT. Já o seu § 6º esclarece que o acordo celebrado após o trânsito em julgado da sentença ou após a elaboração dos cálculos de liquidação de sentença não prejudicará os créditos da União. O acordo judicial homologado só faz coisa julgada formal entre as partes. Daí a possibilidade da União impugnar esse acordo na parte relativa às contribuições previdenciárias dele decorrentes. Rejeitado seu dissentimento, a União poderá, depois, recorrer, com observância do disposto no § 8º do art. 897, se as partes também não se opuserem à decisão homologatória da conta de liquidação.

Resta a hipótese de aquela autarquia usar a faculdade contida no § 2º, do art. 276 do Decreto n. 3.048/99 (Regulamento da Previdência Social): nos acordos homologados em que não figurarem, discriminadamente, as parcelas legais de incidência da contribuição previdenciária, esta incidirá sobre o valor total do acordo homologado.

Torna-se imodificável a sentença se a União não oferecer recurso.

Por fim, o § 7º estabelece que o Ministro de Estado da Fazenda poderá, mediante ato fundamentado, dispensar a manifestação da União nas decisões homologatórias de acordos em que o montante da parcela indenizatória envolvida ocasionar perda de escala decorrente da atuação do órgão jurídico.

É previsível a inconformidade da União com o critério adotado pelo juiz do trabalho na divisão de responsabilidade das partes pelo crédito previdenciário.

Como já sublinhado, o § 4º reafirma que a União tem a faculdade legal de interpor recurso contra decisão homologatória de acordo judicial, ficando sua irresignação limitada às contribuições a que julga ter direito.

Parece-nos que, por amor à celeridade processual, deve o Juiz do Trabalho, antes de homologar o acordo, pedir a manifestação da União sobre os termos da conciliação.

Como já escrevemos anteriormente, cuida o inciso VIII, do art. 114, da Constituição, da competência da Justiça do Trabalho para processar e julgar *"a execução, de ofício, das contribuições sociais previstas no art. 195, I, a, e II, e seus acréscimos legais, decorrentes das sentenças que proferir"*.

Na forma desse dispositivo constitucional, são contribuições sociais as seguintes: a) do empregador, da empresa e da entidade a ela equiparada na forma da lei, incidentes sobre a folha de salários e demais rendimentos do trabalho pagos ou creditados, a qualquer título, à pessoa física que lhe preste serviço, mesmo sem vínculo empregatício e b) do trabalhador e dos demais segurados da previdência social, não incidindo contribuição sobre aposentadoria e pensão concedidas pelo regime geral de previdência social de que trata o art. 201 da Constituição.

São tratados por ato da Corregedoria Geral da Justiça do Trabalho diversas questões relativas à forma e à responsabilidade do pagamento da contribuição previdenciária e do pagamento do imposto de renda. Nesse sentido, temos a Consolidação dos Provimentos da Corregedoria, publicada no DEJT de 17.8.12.

A par disso, o TST editou a Súmula n. 368, que trata da competência da Justiça do Trabalho quanto à execução das contribuições previdenciárias decorrentes de suas sentenças condenatórias. Trata, ainda, dos descontos previdenciários e fiscais, de sua responsabilidade e forma de cálculo. Na forma dessa Súmula, a cobrança das contribuições previdenciárias decorrentes de sentenças proferidas em ações declaratórias e homologatórias de acordos acerca da existência da relação de emprego não é da competência da Justiça do Trabalho. Eis como está vazada essa Súmula n. 368:

"Descontos previdenciários e fiscais. Competência. Responsabilidade pelo pagamento. Forma de cálculo

I — A Justiça do Trabalho é competente para determinar o recolhimento das contribuições fiscais. A competência da Justiça do Trabalho, quanto à execução das contribuições previdenciárias, limita-se às sentenças condenatórias em pecúnia que proferir e aos valores, objeto de acordo homologado, que integrem o salário de contribuição.

II. É do empregador a responsabilidade pelo recolhimento das contribuições previdenciárias e fiscais, resultante de crédito do empregado oriundo de condenação judicial, devendo ser calculadas, em relação à incidência dos descontos fiscais, mês a mês, nos termos do art. 12-A da Lei n. 7.713, de 22/12/1988, com a redação dada pela Lei n. 12.350/2010.

III. Em se tratando de descontos previdenciários, o critério de apuração encontra-se disciplinado no art. 276, § 4º, do Decreto n. 3.048/1999 que regulamentou a Lei n. 8.212/1991 e determina que a contribuição do empregado, no caso de ações trabalhistas, seja calculada mês a mês, aplicando-se as alíquotas previstas no art. 198, observado o limite máximo do salário de contribuição". (NR 2012)

Pensamos que essa Súmula n. 368, ao restringir a competência da Justiça do Trabalho às sentenças condenatórias, excluindo as suas outras sentenças homologatórias de reconhecimento de vínculo de emprego, atritou-se com a Constituição. Isso porque seu art. 114, VIII, não ficou restrito, apenas, às sentenças condenatórias, mas, sim, a todas as sentenças que a Justiça do Trabalho venha a proferir, *verbis*: "a execução, de ofício, das contribuições sociais previstas no art. 195, I, "a", e II, e seus acréscimos legais, decorrentes das sentenças que proferir".

O TST editou a Orientação Jurisprudencial n. 363, SDI-1, onde ficou esclarecido que existe a responsabilidade do empregado pelo recolhimento das contribuições previdenciários e fiscais que estejam a seu cargo na forma da lei, *verbis*: **"Descontos previdenciários e fiscais. Condenação do empregador em razão do inadimplemento de verbas remuneratórias. Responsabilidade do empregado pelo pagamento. Abrangência.** *A responsabilidade pelo recolhimento das contribuições social e fiscal, resultante de condenação judicial referente a verbas remuneratórias, é do empregador e incide sobre o total da condenação. Contudo, a culpa do empregador pelo inadimplemento das verbas remuneratórias não exime a responsabilidade do empregado pelos pagamentos do imposto de renda devido e da contribuição previdenciária que recaia sobre sua quota-parte".*

O STJ, no julgamento do RESP 719355, decidiu que não deve haver incidência da contribuição previdenciária sobre o adicional de férias, sob o seguinte argumento: *"O Supremo Tribunal Federal vem externando o posicionamento pelo afastamento da contribuição previdenciária sobre o adicional de férias sob o fundamento de que somente as parcelas incorporáveis ao salário do servidor devem sofrer a incidência"*. O adicional de férias não se incorpora aos proventos de aposentadoria, não havendo, portanto, equivalência entre o ganho na ativa e os proventos recebidos durante a inatividade.

O Ministro José Augusto Delgado do STJ, em acórdão de sua lavra (REsp 973.436/SC, 1ª Turma, DJU 25.2.08), apresentou uma didática decisão em que indica, com clareza, a incidência da contribuição previdenciária e acidentária sobre as diversas verbas trabalhistas,

Segundo essa decisão incide a contribuição previdenciária sobre salário-maternidade, adicionais noturno, de insalubridade, de periculosidade e de horas extras, décimo terceiro salário, em função do caráter remuneratório dessas verbas.

Conforme essa mesma decisão, não incide a referida contribuição sobre auxílio-doença, auxílio-acidente, por serem verbas pagas pela previdência social e sobre aviso prévio indenizado, auxílio-creche, abono de férias e terço de férias indenizadas, tendo em vista o seu caráter indenizatório, bem como sobre o auxílio-doença pago pelo empregador nos primeiros 15 dias de afastamento, por não ser salário, mas apenas uma verba de caráter previdenciário.

Do cotejo entre essa decisão do STJ e o entendimento da Previdência Social acerca da matéria constata-se divergência apenas relativamente a incidência da contribuição previdenciária sobre o adicional de férias (1/3) e sobre os 15 primeiros dias do auxílio-doença,

Eis como está vazado o acórdão:

*"Contribuição previdenciária. SAT. Fundamento constitucional. Ausência de violação do art. 535 do CPC. Auxílio-doença. Quinze primeiros dias de afastamento. Auxílio-acidente. Salário-maternidade. Adicionais de hora extra, trabalho noturno, insalubridade e periculosidade. Precedentes.*1. Recursos especiais interpostos pelo Instituto Nacional do Seguro Social — INSS e por Cremer S/A e outro, contra acórdão proferido pelo Tribunal Regional Federal da 4ª Região, segundo o qual: Contribuição previdenciária sobre remuneração. Prescrição. LC. n. 118/2005. Natureza da verba. Salarial. Incidência. Salário-maternidade. Auxílio-doença. Auxílio-acidente. Aviso prévio indenizado. Adicionais. Noturno. Insalubridade. Periculosidade. Natureza indenizatória. Auxílio-doença nos primeiros quinze dias de afastamento. Aviso-prévio indenizado, auxílio-creche. Abono de férias. Terço de férias indenizadas. O disposto no artigo 3º da LC n. 118/2005 se aplica tão-somente às ações ajuizadas a partir de 09 de junho de 2005, já que não pode ser considerado interpretativo, mas, ao contrário, vai de encontro à construção jurisprudencial pacífica sobre o tema da prescrição havida até a publicação desse normativo. As verbas de natureza salarial pagas ao empregado a título de auxílio-doença, salário-maternidade, adicionais noturno, de insalubridade, de periculosidade e horas extras estão sujeitas à incidência de contribuição previdenciária. Já os valores pagos relativos ao auxílio-acidente, ao aviso-prévio indenizado, ao auxílio-creche, ao abono de férias e ao terço de férias indenizadas não se sujeitam à incidência da exação, tendo em conta o seu caráter indenizatório. O inciso II do artigo 22 da Lei n. 8.212/1991, na redação dada pela Lei n. 9.528/1997, fixou com precisão a hipótese de incidência (fato gerador), a base de cálculo, a alíquota e os contribuintes do Seguro de Acidentes do Trabalho — SAT, satisfazendo ao princípio da reserva legal (artigo 97 do Código Tributário Nacional). O princípio da estrita legalidade diz respeito a fato gerador, alíquota e base de cálculo, nada mais. O regulamento, como ato geral, atende perfeitamente à necessidade de fiel cumprimento da Lei no sentido de pormenorizar as condições de enquadramento de uma atividade ser de risco leve, médio e grave, tomando como elementos para a classificação a natureza preponderante da empresa e o resultado das estatísticas em matéria de acidente do trabalho. O regulamento não impõe dever, obrigação, limitação ou restrição porque tudo está previsto na Lei regulamentada (fato gerador, base de cálculo e alíquota). O que ficou submetido ao critério técnico do Executivo, e não ao arbítrio, foi a determinação dos graus de risco das empresas com base em estatística de acidentes do trabalho, tarefa que obviamente o legislador não poderia desempenhar. Trata-se de situação de fato não só mutável mas que a Lei busca modificar, incentivando os investimentos em segurança do trabalho, sendo em consequência necessário revisar periodicamente aquelas tabelas. A Lei nem sempre há de ser exaustiva. Em situações o legislador é forçado a editar normas "em branco", cujo conteúdo final é deixado a outro foco de poder, sem que nisso se entreveja qualquer delegação legislativa. No caso, os Decretos que se seguiram à edição das Leis ns. 8.212 e 9.528, nada modificaram, nada tocaram quanto aos elementos essenciais à hipótese de incidência, base de cálculo e alíquota, limitaram-se a conceituar atividade preponderante da empresa e grau de risco, no que não desbordaram das Leis em função das quais foram expedidos, o que os legitima (artigo 99 do Código Tributário Nacional). Recurso Especial DO INSS: I. A pretensão do INSS de anular o acórdão por violação do art. 535, II do CPC não prospera. Embora tenha adotado tese de direito diversa da pretendida pela autarquia previdenciária, o julgado atacado analisou de forma expressa todas as questões jurídicas postas em debate na lide. Nesse particular, especificou de forma didática as parcelas que não se sujeitam à incidência de contribuição previdenciária, tendo em conta o seu caráter indenizatório. Recurso Especial das empresas: I. Se o aresto recorrido não enfrenta a matéria dos arts. 165, 458, 459 do CPC, tem-se por não suprido o requisito do prequestionamento, incidindo o óbice da Súmula n. 211/STJ. II. A matéria referente à contribuição destinada ao SAT foi decidida com suporte no julgamento do RE n. 343.446/SC, da relatoria do eminente Min. Carlos Velloso, DJ 04.04.2003. A revisão do tema torna-se imprópria no âmbito do apelo especial, sob pena de usurpar a competência do egrégio STF. III. Não há violação do art. 535 do CPC, quando o julgador apresenta fundamento jurídico sobre a questão apontada como omissa, ainda que não tenha adotado a tese de direito pretendida pela parte. IV. Acerca da incidência de contribuição previdenciária sobre as parcelas discutidas no Recurso Especial das empresas recorrentes, destaco a linha de pensar deste Superior Tribunal de Justiça: a) auxílio-doença (nos primeiros quinze (15) dias de afastamento do empregado): — A jurisprudência desta Corte firmou entendimento no sentido de que não incide a contribuição previdenciária sobre a remuneração paga pelo empregador ao empregado, durante os primeiros dias do auxílio-doença, uma vez que tal verba não tem natureza salarial. (RESP 768.255/RS, Rel. Min. Eliana Calmon, DJ de 16.05.2006). — O empregado afastado por motivo de doença, não presta serviço e, por isso, não recebe salário, mas, apenas uma verba de caráter previdenciário de seu empregador, durante os primeiros 15 (quinze) dias. A descaracterização da natureza salarial da citada verba afasta a incidência da contribuição previdenciária. Precedentes. (RESP 762.491/RS, Rel. Min. Castro Meira, DJ de 07.11.2005). — A diferença paga pelo empregador, nos casos de auxílio-doença, não tem natureza remuneratória. Não incide, portanto, contribuição previdenciária. (RESP 951.623/PR, Desta Relatoria, DJ de 11.09.2007). b) salário-maternidade: — Esta Corte tem entendido que o salário-maternidade integra a base de cálculo das contribuições previdenciárias pagas pelas empresas. (RESP 803.708/CE, Rel. Min. Eliana Calmon, DJ de 02.10.2007). — A jurisprudência deste Superior Tribunal de Justiça pacificou entendimento no sentido de que o salário-maternidade tem natureza remuneratória, e não indenizatória, integrando, portanto, a base de cálculo da contribuição previdenciária. (RESP 886.954/RS, Rel. Min. Denise Arruda, DJ de 29.06.2007). c) adicionais de hora-extra, trabalho noturno, insalubridade e peri-

culosidade: Tributário. Contribuição previdenciária dos empregadores. Arts. 22 e 28 da Lei n. 8.212/91. Salário. Salário-maternidade. Décimo terceiro salário. Adicionais de hora-extra, trabalho noturno, insalubridade e periculosidade. Natureza salarial para fim de inclusão na base de cálculo da contribuição previdenciária prevista no art. 195, I, da CF/88. Súmula n. 207 do STF. Enunciado n. 60 do TST. 1. A jurisprudência deste Tribunal Superior é firme no sentido de que a contribuição previdenciária incide sobre o total das remunerações pagas aos empregados, inclusive sobre o 13º salário e o salário maternidade (Súmula n. 207/STF). 2. Os adicionais noturno, hora-extra, insalubridade e periculosidade possuem caráter salarial. Iterativos precedentes do TST (Enunciado n. 60). 3. A Constituição Federal dá as linhas do Sistema Tributário Nacional e é a regra matriz de incidência tributária. 4. O legislador ordinário, ao editar a Lei n. 8.212/91, enumera no art. 28, § 9º, quais as verbas que não fazem parte do salário de contribuição do empregado, e, em tal rol, não se encontra a previsão de exclusão dos adicionais de hora extra, noturno, de periculosidade e de insalubridade. 5. Recurso conhecido em parte, e nessa parte, improvido. (RESP 486.697/PR, Rel. Min. Denise Arruda, DJ de 17.12.2004). d) auxílio-acidente: Tal parcela, constitui benefício pago exclusivamente pela previdência social, nos termos do art. 86, § 2º, da Lei n. 8.212/91, pelo que não há falar em incidência de contribuição previdenciária. 2. Em face do exposto: — NEGO provimento ao Recurso Especial do INSS e; CONHEÇO PARCIALMENTE do apelo nobre das empresas autoras e DOU-LHE provimento apenas para afastar a exigência de contribuição previdenciária sobre os valores pagos a título de auxílio-doença, nos primeiros quinze (15) dias de afastamento do empregado do trabalho. STJ, REsp 973.436/SC, 1ª Turma, Rel. Min. José Augusto Delgado, DJU 25.2.08.

Entendemos que não existe a incidência da contribuição previdenciária sobre o aviso prévio pago em dinheiro.

Senão, veja-se.

Estabelece o art. 195, I e II, da Constituição Federal, que a seguridade social será financiada por toda a sociedade, de forma direta e indireta, nos termos da lei, mediante recursos provenientes *dos orçamentos da União, dos Estados, do Distrito Federal e dos Municípios.*

Além desses recursos públicos, diz esse dispositivo constitucional que haverá o pagamento de contribuições sociais, na forma da lei, a cargo do empregador e do empregado. Aí também foi esclarecido que a contribuição a cargo do empregador incidirá sobre *"a folha de salários e demais rendimentos do trabalho pagos ou creditados, a qualquer título, à pessoa física que lhe preste serviço, mesmo sem vínculo de emprego"* (art. 195, I, a, da CF, com redação dada pela Emenda Constitucional n. 20, de 15.12.1998).

Tendo em vista esse dispositivo constitucional, o legislador ordinário elaborou a Lei n. 8.212, de 24.7.1991, que tratou do plano de custeio da previdência social. Foi aí dito que a contribuição previdenciária incidirá, relativamente, ao empregado, sobre o denominado "salário de contribuição", que é assim disciplinado, verbis: "Art. 28. Entende-se por salário de contribuição: I — para o empregado e trabalhador avulso: a remuneração auferida em uma ou mais empresas, assim entendida a totalidade dos rendimentos pagos, devidos ou creditados a qualquer título, durante o mês, destinados a retribuir o trabalho, qualquer que seja a sua forma, inclusive as gorjetas, os ganhos habituais sob a forma de utilidades e os adiantamentos decorrentes de reajuste salarial, quer pelos serviços efetivamente prestados, quer pelo tempo à disposição do empregador ou tomador de serviços nos termos da lei ou do contrato ou, ainda, de convenção ou acordo coletivo de trabalho ou sentença normativa;" "... (omissis); § 8º — Integram o salário de contribuição pelo seu valor total: a) o total das diárias pagas, quando excedente a cinquenta por cento da remuneração mensal" (Nossa observação: esse parágrafo recebeu esta redação com a Lei n. 9.528, de 10.12.2007).

No § 9º desse art. 28, da Lei n. 8.212/91, esse mesmo legislador ordinário esclareceu quais as verbas trabalhistas que não integravam o salário de contribuição, *verbis:* "Art. 28 .... § 9º — Não integram o salário de contribuição: .... e) a importância recebida a título de aviso prévio indenizado, férias indenizadas, indenização por tempo de serviço e indenização a que se refere o art. 9º da Lei n. 7.236, de 20 de outubro de 1984".

Essa alínea *e* desse parágrafo recebeu nova redação pela Lei n. 9.528, de 10.12.1997, onde não constou mais o esclarecimento de que o aviso prévio indenizado não integrava o salário de contribuição.

Aliás, essa vedação da incidência da contribuição previdenciária sobre o aviso prévio pago em dinheiro era reconhecida pelo Decreto n. 3.048, de 6.5.1999, como se lê do seu art. 214, § 9º, f: "Art. 214 ... § 9º — Não integram o salário de contribuição, exclusivamente: ... f) aviso prévio indenizado".

Essa alínea "f", do § 9º, desse art. 214, do Decreto n. 3.048/99, foi revogada pelo Decreto n. 6.727, de 12 de janeiro de 2009. Essa revogação sugere a conclusão de que o Poder Público pretenderá fazer a incidência da contribuição previdenciária sobre o aviso prévio indenizado. Contudo, como iremos apontar mais à frente, por força até de norma constitucional e do preceito ordinário que a dinamizou, a contribuição previdenciária incide, apenas, sobre o salário percebido pelo empregado em virtude do trabalho por ele realizado, como se lê, da alínea a, do inciso I, do art. 195, da Constituição Federal e do art. 28, I, da Lei n. 8.212/91.

Poderá alguém sustentar que, atualmente, não existe mais a exclusão do aviso prévio indenizado do salário de contribuição, exclusão essa que teria ocorrido com a vigente Lei n. 9.528/97. Como se sabe, este diploma legal teve origem na Medida Provisória n. 1.523-11. É dito que, com essa exclusão, haveria a incidência da contribuição previdenciária sobre tal verba trabalhista indenizada.

Quem assim sustenta passa ao largo do esclarecimento feito pelo próprio dispositivo constitucional, que é repetido no art. 28, e no seu inciso I, da Lei n. 8.212/91, de que *a contribuição previdenciária incide, apenas, sobre o salário percebido pelo empregado por força do trabalho realizado por ele.*

Ora, com a indenização do aviso prévio, inexiste trabalho prestado pelo trabalhador a favor do empregado, não podendo haver a incidência sobre ela da contribuição previdenciária. Quer dizer, antes mesmo da alteração feita pela Lei de 1997 da alínea e, do § 9º, do art. 28, dessa Lei n. 8.212/91, já havia a fundamentação, até mesmo de natureza constitucional, de que não incide a contribuição previdenciária sobre o aviso prévio indenizado em virtude de que inexiste trabalho realizado durante esse período.

Apesar da clareza da legislação acerca da matéria, observa-se que a Advocacia Geral da União recorre para o Tribunal Superior do Trabalho, pretendendo obter dele uma decisão que lhe seja favorável no sentido de que existe a incidência da contribuição previdenciária sobre o aviso prévio indenizado.

Ressaltamos que, aliás, o Ministro Ives Gandra Filho segue exatamente nosso raciocínio, fazendo a regular aplicação do comando inserido no art. 28, da Lei n. 8.212/91, como se infere do seguinte excerto do v. aresto por ele relatado, verbis: "5. Com relação à natureza da verba em tela, cumpre notar que, não configurando o aviso prévio indenizado retribuição por labor prestado, tampouco compensação por tempo à disposição do empregador, mas, sim, indenização por serviço não prestado, fica patente a sua natureza indenizatória, pois, afinal, não existe salário sem trabalho efetivamente prestado. 6. Nesse contexto, é forçoso reconhecer a inviabilidade da incidência das contribuições para a seguridade social sobre o valor do aviso prévio indenizado. Recurso de revista não conhecido. (TST, RR 339/1996-037-01-00.8, 7ª Turma, Rel. Min. Ives Gandra da Silva Martins Filho, DEJT 7.11.08)".

Nesse mesmo diapasão, o Ministro Maurício Godinho Delgado afasta a enfocada contribuição previdenciária sobre o aviso prévio indenizado: "**Recurso de Revista. Contribuição previdenciária. Aviso prévio indenizado.** Pelo art. 28, I, da Lei n. 8.212/91, entende-se por salário de contribuição, para o empregado e trabalhador avulso, "a remuneração auferida em uma ou mais empresas, assim entendida a totalidade dos rendimentos pagos, devidos ou creditados a qualquer título, durante o mês, destinados a retribuir o trabalho, qualquer que seja a sua forma, inclusive as gorjetas, os ganhos habituais sob a forma de utilidades e os adiantamentos decorrentes de reajuste salarial, quer pelos serviços efetivamente prestados, quer pelo tempo à disposição do empregador ou tomador de serviços nos termos da Lei ou do contrato ou, ainda, de convenção ou acordo coletivo de trabalho ou sentença normativa". Infere-se daí que, não sendo o aviso prévio indenizado retribuição pelo trabalho prestado, não se insere entre as verbas passíveis de incidência da contribuição previdenciária. Recurso de revista provido. (TST, RR 757/2004- 017-15-40.0, 6ª Turma, Rel. Min. Mauricio Godinho Delgado, DEJT 31.10.08)".

Tendo em vista a legislação vigente e a atual jurisprudência do Egrégio TST, somos de entendimento de que é indevida a contribuição previdenciária sobre o aviso prévio indenizado. No entanto, apesar dessa farta jurisprudência do E. Tribunal Superior do Trabalho, secundada pela jurisprudência da Justiça Federal, nada impedirá que a fiscalização estatal venha promover um auto de infração, capitulando o aviso prévio indenizado como passível de contribuição previdenciária, mormente porque ela pretenderá lançar mão do Decreto n. 6.727, de 12 de janeiro de 2009, que revogou a alínea f, do art. 214, do Decreto n. 3.048/99.

Se isso ocorrer, é curial que, conforme a argumentação acima exposta, existe a possibilidade jurídica de se opor ao excesso estatal cometido de pretender impor tal exação ao empregador sobre a enfocada verba trabalhista indenizada.

Conclusão: como inexiste trabalho no caso de indenização do aviso prévio, inexiste a incidência da contribuição previdenciária sobre tal verba indenizada, lançando-se mão, de qualquer forma, da regra insculpida no art. 195, I, a, da Constituição Federal.

290.5. As Contribuições Previdenciárias e Execução *Ex Officio* de Crédito Previdenciário

Acrescentou-se ao art. 876, o parágrafo único vazado nos seguintes termos: "*Serão executadas ex officio as contribuições sociais devidas em decorrência de decisão proferida pelos Juízes e Tribunais do Trabalho, resultantes de condenação ou homologação de acordo, inclusive sobre os salários pagos durante o período contratual reconhecido*". O preceito é, de certo modo, redundante, uma vez que, anteriormente, as novas disposições consolidadas já asseguravam a intervenção da União no processo executório ou na homologação de acordo judicial. Todavia, cumpre-nos, neste passo, sublinhar que a execução *ex officio*, na espécie, se exaure nas seguintes providências que o Juiz do Trabalho deve adotar: a) quando da liquidação da sentença, a inclusão obrigatória dos créditos previdenciários na estimativa do Exequente ou no cálculo de que o contador do juízo venha a se incumbir; b) no acordo, em juízo, computar o que for devido ao INSS; c) intimar esta autarquia para manifestar-se sobre os cálculos de liquidação ou sobre os termos do acordo.

290.6. Pagamento da Dívida com o INSS

A Lei n. 10.035/00 inseriu, na CLT, um novo artigo — o 878-A, *verbis*: "Faculta-se ao devedor o pagamento imediato da parte que entender devida à Previdência Social, sem prejuízo da cobrança de eventuais diferenças encontradas na execução *ex officio*".

Como assinalado noutro trecho desta exposição, tanto o Exequente como o Executado podem contrair uma dívida com a Previdência Social. Em qualquer fase do processo executório, a parte tem a faculdade de pagar ao INSS o que entender que deve a este último. Entretanto, fica ressalvado o direito da sobredita autarquia reivindicar eventuais diferenças que venham a ser apuradas até o final da execução. Antecipando-se no resgate dessa obrigação, a parte é favorecida pelo fato de a multa, juros moratórios e correção monetária conduzirem a um resultado menos gravoso para o interessado.

290.7. Liquidação da Sentença e a contribuição previdenciária

A Lei n. 10.035/00 fez vários acréscimos ao art. 879, da CLT. Damos, em seguida, o texto de cada um deles:

"§ 1º-A. A liquidação abrangerá, também, o cálculo das contribuições previdenciárias devidas.

§ 1º-B. As partes deverão ser previamente intimadas para a apresentação do cálculo de liquidação, inclusive da contribuição previdenciária incidente.

§ 2º...

§ 3º Elaborada a conta pela parte ou pelos órgãos auxiliares da Justiça do Trabalho, o juiz procederá à intimação por via postal do Instituto Nacional do Seguro Social, por intermédio do órgão competente, para manifestação, no prazo de dez dias, sob pena de preclusão.

§ 4º A atualização do crédito devido à Previdência Social observará os critérios estabelecidos na legislação previdenciária".

O dispositivo supra estabelece, em tom imperativo, que, na liquidação da sentença, serão consideradas as contribuições previdenciárias incidentes sobre as verbas consignadas na sentença exequenda.

De conseguinte, o Exequente ou o contador do Juízo terão de incluir, nos cálculos da liquidação, as sobreditas contribuições.

Realizada essa providência, é o INSS intimado, por via postal, a pronunciar-se, em dez dias, sobre o ponto atinente ao seu provável crédito. Seu silêncio torna precluso seu direito de impugnar, posteriormente, tais cálculos. Estamos em que o enriquecimento do art. 879 não tornou ineficaz seu § 2º, no qual se defere, ao Juiz, a faculdade de ouvir as partes sobre a conta de liquidação. Como sabido, as partes poderão, ou não, ser intimadas a falar sobre a conta de liquidação, mas, nesse momento processual, o INSS obrigatoriamente terá de manifestar-se sobre ela.

Repita-se que, apresentada pela parte a estimativa da condenação, com o cômputo obrigatório das contribuições previdenciárias (do empregado e do empregador), tem o juiz a faculdade — não o dever — de abrir prazo sucessivo de dez dias para que as partes se manifestem sobre ela, sob pena de preclusão.

Se o Juiz não fizer uso dessa faculdade e sentenciar homologando o cálculo da liquidação, a impugnação só poderá ser feita, após a penhora, nos Embargos à execução pela Reclamada e pelo Exequente.

Se, quanto às partes, é facultado ao Juiz abrir prazo para se pronunciarem sobre a conta de liquidação, quanto ao INSS, é ele obrigado, nesse momento processual, a intimá-lo a falar sobre essa conta, no prazo de dez dias, sob pena de preclusão. Nessa passagem, é dado ao INSS insurgir-se contra erros de cálculo das verbas em que incidem a contribuição previdenciária. O silêncio dessa autarquia, cria-lhe a impossibilidade de, posteriormente, rebelar-se contra a conta homologada pelo Juiz.

É inócua a hostilização genérica do cálculo de liquidação. É mister que a parte indique sua irresignação de modo fundamentado, reportando-se aos valores inscritos na sentença ou bens atingidos pela penhora. Deve, também, agir assim o INSS.

A atualização do crédito previdenciário, a que alude o § 4º do artigo sob comento, prende-se ao caso de a Reclamada efetuar, a destempo, o recolhimento das duas contribuições.

Como frisamos anteriormente, é a sentença que constitui o crédito previdenciário e, por via de consequência, não se faz necessário corrigi-lo se satisfeito no prazo legal, isto é, no segundo dia útil do mês subsequente ao daquele em que a liquidação da sentença se tornou irrecorrível. Corolariamente, não são exigíveis juros moratórios e multa. Essa linha de raciocínio nos leva à conclusão de que o prazo de recolhimento das duas contribuições previdenciárias (do empregado e do empregador) se inicia na data em que a liquidez da sentença condenatória for definitivamente proclamada.

Se o Executado-empregador julgar conveniente, poderá deduzir, da quantia em dinheiro com que garantirá a execução, o valor da contribuição previdenciária do empregado e o imposto de renda incidente nos rendimentos tributáveis. Corre, apenas, o risco de ver a sentença modificada pela instância superior com reflexo naquelas verbas. Na hipótese, poderá complementar o recolhimento feito ou, conforme o caso, requerer a devolução do que pagou a mais. A legitimidade desse procedimento é dada pelo art. 878-A do Estatuto Obreiro.

290.8. Impugnação à Conta de Liquidação da Sentença e a Contribuição Previdenciária

O art. 880 consolidado estabelece o seguinte: "*Requerida a execução, o juiz ou presidente do tribunal mandará expedir mandado de citação ao executado, a fim de que cumpra a decisão ou o acordo no prazo, pelo modo e sob as cominações estabelecidas, ou, quando se tratar de pagamento em dinheiro, inclusive de contribuições sociais devidas à União, para que o faça em 48 (quarenta e oito) horas, ou garanta a execução, sob pena de penhora*".

Em decorrência do previsto nessa nova disposição consolidada, tem o executado de pagar, em 48 horas, não apenas o que deve ao Exequente, mas também as contribuições previdenciárias.

Nessa fase do processo de execução, é lícito ao devedor acordar com os credores trabalhista e previdenciário o pagamento escalonado de sua dívida. No que tange à dívida previdenciária representada pelas contribuições não recolhidas do empregado, tem o devedor de pagá-las integralmente, uma vez que a legislação pertinente impede o parcelamento dessa dívida.

290.9. Julgamento da Impugnação à Conta de Liquidação

O art. 884 da CLT é voltado para os embargos à execução. Seu § 4º tem nova redação — *verbis*: *"Julgar-se-ão, na mesma sentença, os embargos e as impugnações à liquidação apresentadas pelos credores trabalhista e previdenciário".*

Parece-nos desnecessário, neste passo, relembrar ao leitor que o Exequente e o INSS, se tiverem desatendido ao pedido do Juiz para que se pronunciem sobre a conta de liquidação (§ 2º do art. 879), ficarão impedidos de impugná-la após a garantia da execução mediante a penhora.

Se resguardarem devidamente essa faculdade, seus embargos e impugnação terão de ser apreciados pelo juízo da execução.Como assinalado há pouco, o pronunciamento das partes sobre os cálculos de liquidação pode ser feito em dois momentos: a) antes da sentença que os homologa e b) após a penhora. Quem falou sobre o cálculo antes de sua homologação, pode renovar a impugnação nos embargos à execução.

A sentença tem de julgar, a um só tempo, os embargos e as impugnações.

290.10. Procedimento do Recolhimento das Contribuições Previdenciárias

O art. 889-A, da CLT, está redigido nestes termos:

"Os recolhimento das importâncias devidas, referentes às contribuições sociais, serão efetuados em agências locais da Caixa Econômica Federal ou do Banco do Brasil S.A., por intermédio de documento de arrecadação da Previdência Social, dele se fazendo constar o número do processo.

§ 1º Concedido parcelamento pela Secretaria da Receita Federal do Brasil, o devedor juntará aos autos a comprovação do ajuste, ficando a execução da contribuição social correspondente suspensa até a quitação de todas as parcelas. (Redação dada pela Lei n. 11.457, de 2007)

§ 2º As Varas do Trabalho encaminharão mensalmente à Secretaria da Receita Federal do Brasil informações sobre os recolhimentos efetivados nos autos, salvo se outro prazo for estabelecido em regulamento. (Redação dada pela Lei n. 11.457, de 2007)

Mais uma vez advertimos que o parcelamento da dívida com o INSS não pode abranger as contribuições dos empregados não recolhidas pela empresa em tempo hábil. É o que estabelece o § 1º do art. 244 do Regulamento da Previdência Social, de 1999: "Não poderão ser objeto de parcelamento as contribuições descontadas dos segurados empregado, inclusive o doméstico, trabalhador avulso e contribuinte individual, as decorrentes da sub-rogação de que tratam os incisos I e II do § 7º do art. 200 e as importâncias retidas na forma do art. 219".

Os recolhimentos em apreço devem ser feitos na Caixa Econômica Federal ou no Banco do Brasil S.A. Reza o novo artigo consolidado que, do documento de arrecadação, deve constar o número do processo. A nosso ver, este dado é insuficiente, para saber-se a proveniência do processo. É necessário, ainda, que, no aludido documento de arrecadação, se identifique o órgão da Justiça em que tramitou o processo.

290.11. Das Contribuições Previdenciárias e do Agravo de Petição

O art. 897 da CLT disciplina a interposição dos agravos de instrumento e de petição no processo do trabalho.

A Lei n. 10.035/00 deu novo texto ao § 3º desse dispositivo e acrescentou-lhe o § 8º, como se vê a seguir:

"Art. 897 ...

§ 3º Na hipótese da alínea a deste artigo, o agravo será julgado pelo próprio tribunal presidido pela autoridade recorrida, salvo se se tratar de decisão de Juiz do Trabalho de 1ª instância ou de Juiz de Direito, quando o julgamento competirá a uma das Turmas do Tribunal Regional a que estiver subordinado o prolator da sentença, observado o disposto no art. 679, a quem este remeterá as peças necessárias para o exame da matéria controvertida, em autos apartados, ou nos próprios autos, se tiver sido determinada a extração de carta de sentença.

§ 8º Quando o agravo de petição versar apenas sobre as contribuições sociais, o juiz da execução determinará a extração de cópias das peças necessárias, que serão autuadas em apartado, conforme dispõe o § 3º, parte final, e remetidas à instância superior para apreciação, após contraminuta".

O § 3º não teve seu conteúdo modificado; trocaram-se algumas palavras por outras de igual sentido.

No tocante ao § 8º, é ele indisfarçavelmente inovador. Destina-se a dar exequibilidade à execução *ex officio* de débitos previdenciários resultantes de sentenças prolatadas em reclamatórias trabalhistas.

De feito, a nova regra consolidada estatui que, no caso de o agravo de petição vincular-se, tão somente, a contribuições sociais, cabe ao Juiz do Trabalho ordenar a extração de cópias das peças necessárias ao deslinde da controvérsia pela instância superior. Dessarte, não haverá solução de continuidade na execução da parte da sentença exequenda reservada aos créditos trabalhistas.

Assim, procedendo ao exame das novas disposições da CLT referentes à execução *ex officio* dos créditos previdenciários originados de sentenças proferidas em processos do trabalho, demo-nos conta de que os Juízes do Trabalho e os advogados que militam nesse ramo do Poder Judiciário vão ter de aprofundar-se no estudo de boa parte da legislação previdenciária.

Os juízes para decidir prováveis discrepâncias entre a conta de liquidação elaborada pela parte e o pronunciamento do INSS; os advogados para prevenirem precisamente esses choques de opiniões quando da liquidação da sentença favorável a seu cliente.

Fazendo essa reflexão, lembramo-nos de algo que ouvíramos do saudoso professor *Cesarino Júnior*.

Contou-nos que alguém — cujo nome agora nos escapa — lhe dissera serem de segunda classe o estudo e aplicação do Direito do Trabalho, inclusive as normas processuais do trabalho.

Em resposta a essa observação depreciativa da atuação dos juslaboristas, *Cesarino*, mal reprimindo sua indignação, disse, mais ou menos o seguinte: *"Está o eminente colega equivocado. Juízes e advogados no âmbito da Justiça do Trabalho têm de envidar esforços, no mínimo iguais, aos que seus companheiros de ofício desenvolvem na órbita da Justiça Comum. As controvérsias trabalhistas, frequentemente, apresentam aspectos que exigem a aplicação concomitante de normas constitucionais, do direito civil e comercial, do direito internacional privado e público. É sobretudo na esfera do processo, que o juslaborista mais se afadiga com a simultânea apreciação de normas específicas do processo do trabalho e do processo comum, bem como das disposições da execução fiscal, por serem estas últimas subsidiárias das primeiras, no processo de execução. Ademais, a bibliografia nacional e estrangeira sobre a temática trabalhista não se arreceia de enfrentar a problemática laboral, sob prismas que não a depreciam num cotejo com os estudos do direito comum e da filosofia do direito".*

É inegável que a interação dos vários segmentos do ordenamento jurídico se faz presente em litígios submetidos à Justiça Comum e à Justiça do Trabalho. De conseguinte, aqueles que atuam nesses dois ramos do Poder Judiciário se vêem na contingência de proceder estudos jurídicos digamos ecléticos.

Estamos de acordo com o saudoso *Cesarino Júnior*, sobretudo no que tange ao processo do trabalho.

290.12. Jurisprudência sobre a execução das contribuições previdenciárias e fiscais na Justiça do Trabalho

1) Súmula n. 368, do TST — *Descontos previdenciários e fiscais. Competência. Responsabilidade pelo pagamento. Forma de cálculo. I — A Justiça do Trabalho é competente para determinar o recolhimento das contribuições fiscais. A competência da Justiça do Trabalho, quanto à execução das contribuições previdenciárias, limita-se às sentenças condenatórias em pecúnia que proferir e aos valores, objeto de acordo homologado, que integrem o salário de contribuição. II. É do empregador a responsabilidade pelo recolhimento das contribuições previdenciárias e fiscais, resultante de crédito do empregado oriundo de condenação judicial, devendo ser calculadas, em relação à incidência dos descontos fiscais, mês a mês, nos termos do art. 12-A da Lei n. 7.713, de 22.12.1988, com a redação dada pela Lei n. 12.350/2010. III. Em se tratando de descontos previdenciários, o critério de apuração encontra-se disciplinado no art. 276, § 4º, do Decreto n. 3.048/1999 que regulamentou a Lei n. 8.212/1991 e determina que a contribuição do empregado, no caso de ações trabalhistas, seja calculada mês a mês, aplicando-se as alíquotas previstas no art. 198, observado o limite máximo do salário de contribuição. (NR 2012)*

2) Orientação Jurisprudencial n. 363 da SDI-1, do TST: *Descontos previdenciários e fiscais.* **Condenação do empregador em razão do inadimplemento de verbas remuneratórias. Responsabilidade do empregado pelo pagamento. Abrangência.** A responsabilidade pelo recolhimento das contribuições social e fiscal, resultante de condenação judicial referente a verbas remuneratórias, é do empregador e incide sobre o total da condenação. Contudo, a culpa do empregador pelo inadimplemento das verbas remuneratórias não exime a responsabilidade do empregado pelos pagamentos do imposto de renda devido e da contribuição previdenciária que recaia sobre sua quota-parte.

3) Habeas corpus. *Questão nova. Apropriação indébita previdenciária. Dolo específico.* **Animus rem sibi habendi.** *Retroatividade da lei mais benéfica. Art. 5º, XL, da CF/88.* I — Por conter questões novas, não apreciadas pelo Superior Tribunal de Justiça, o *habeas corpus* não pode ser conhecido, sob pena de supressão de instância. II — O exame da alegação de inexistência de dolo específico implicaria o revolvimento do conjunto fático-probatório, o que não se admite nos estreitos limites do *habeas corpus*. III — Para a configuração do delito de apropriação indébita previdenciária, não é necessário um fim específico, ou seja, o *animus rem sibi habendi*, exigido para o crime de apropriação indébita simples. IV — Tendo sido aplicada aos pacientes pena próxima à mínima cominada ao delito, não há que se falar em aplicação retroativa da lei nova que, transmudando a base legal de imputação para o Código Penal, apenas alterou a pena máxima do tipo. V — HC conhecido, em parte, e, nessa parte, indeferido. STF, T2, HC 84589/PR, Rel. Min. Carlos Velloso, DJ 10.12.04.

4) *Recurso em* **habeas corpus.** *Apropriação indébita previdenciária.* **Dosimetria. Continuidade delitiva. Fundamentação.** A fixação da pena-base observou as circunstâncias indicadas no art. 59 do CP, tanto que ressaltou os pontos favoráveis em benefício do réu, bem como os seus bons antecedentes, a conduta social e a personalidade exemplares. É legítimo o aumento da pena-base quando essa fixação se dá em virtude do alto valor que deixou de ser recolhido à Previdência Social e tendo em vista que não ocorreu o pagamento espontâneo. A sucessão de crimes autônomos da mesma espécie e as condições de tempo, lugar e execução no presente caso configuram a figura da continuidade delitiva. Não provimento do recurso. STF, T2, RHC 83718/SC, Rel. Min. Nelson Jobim, DJ 23.4.04.

5) *Imposto de renda. Décimo terceiro salário. Natureza salarial. Incidência.* 1. É cediço na Corte que têm natureza indenizatória, a fortiori afastando a incidência do Imposto de Renda: a) o abono de parcela de férias não-gozadas (art. 143 da CLT), mercê da inexistência de previsão legal, na forma da aplicação analógica da Súmula n. 125/STJ, verbis: "O pagamento de férias não gozadas por necessidade do serviço não está sujeito a incidência do Imposto de Renda", e da Súmula n. 136/STJ, verbis: "O pagamento de licença-prêmio não gozada por necessidade do serviço não está sujeito ao Imposto de Renda." (Precedentes: REsp 706.880/CE, Rel. Min. Teori Albino Zavascki, DJ 17.10.2005; REsp 769.817/PB, Rel. Min. Castro Meira, DJ 3.10.2005; REsp 499.552/AL, Rel. Min. Peçanha Martins, DJ 19.9.2005; REsp 320.601/DF, Rel. Min. Franciulli Netto, DJ 30.5.2005; REsp 685.332/SP, Rel. Min. Eliana Calmon, DJ 14.2.2005; AgRg no AG 625.651/RJ, Rel. Min. José Delgado, DJ 11.4.2005); b) as férias não-gozadas, indenizadas na vigência do contrato de trabalho, bem como as licenças-prêmio convertidas em pecúnia, sendo prescindível se ocorreram ou não por necessidade do serviço, nos termos da Súmula n. 125/STJ (Precedentes: REsp 701.415/SE, Rel. Min. Teori Albino Zavascki, DJ 4.10.2005; AgRg no REsp 736.790/PR, Rel. Min. José Delgado, DJ 15.5.2005; AgRg no AG 643.687/SP, Rel. Min. Luiz Fux, DJ 27.6.2005); c) as férias não-gozadas, licenças-prêmio convertidas em pecúnia, irrelevante se decorreram ou não por necessidade do serviço, férias proporcionais, respectivos adicionais de 1/3 sobre as férias, gratificação de Plano de Demissão Voluntária (PDV), todos percebidos por ocasião da extinção do contrato de trabalho, por força da previsão isencional encartada no art. 6º, V, da Lei n. 7.713/88 e no art. 39, XX, do RIR (aprovado pelo Decreto n. 3.000/99) c/c art. 146, *caput*, da CLT (Precedentes: REsp 743.214/SP, Rel. Min. Teori Albino Zavascki, DJ 17.10.2005; AgRg no AG 672.779/SP, Rel. Min. Luiz Fux, DJ 26.9.2005; AgRg no REsp 678.638/SP, Rel. Min. Francisco Falcão, DJ 3.10.2005; REsp 753.614/SP, Rel. Min. Peçanha Martins, DJ 26.9.2005; REsp 698.722/SP, Rel. Min. Castro Meira, DJ 18.4.2005; AgRg no AG 599.930/SP, Rel. Min. Denise Arruda, DJ 7.3.2005; REsp 675.994/CE, Rel. Min. Teori Albino Zavascki, DJ 1.8.2005; AgRg no AG 672.779/SP, Rel. Min. Luiz Fux, DJ 26.9.2005; REsp 331.664/SP, Rel. Min. Franciulli Netto, DJ 25.4.2005). 2. Deveras, em face de sua natureza salarial, incide a referida exação: a) sobre o adicional de 1/3 sobre férias gozadas (Precedentes: REsp 763.086/PR, Rel. Min. Eliana Calmon, DJ 3.10.2005; REsp 663.396/CE, Rel. Min. Franciulli Netto, DJ 14.3.2005); b) sobre o adicional noturno (Precedente: REsp 674.392/SC, Rel. Min. Teori Albino Zavascki, DJ 6.6.2005); c) sobre a complementação temporária de proventos (Precedentes: REsp 705.265/RS, Rel. Min. Luiz Fux, DJ 26.9.2005; REsp 503.906/MT, Rel. Min. João Otávio de Noronha, DJ 13.9.2005); d) sobre o décimo terceiro salário (Precedentes: REsp 645.536/RS, Rel. Min. Castro Meira, DJ 7.3.2005; e REsp 476.178/RS, Rel. Min. Teori Albino Zavascki, DJ 28.6.2004); sobre a gratificação de produtividade (Precedente: REsp 735.866/PE, Rel. Min. Teori Albino Zavascki, DJ 1.7.2005); e) sobre a gratificação por liberalidade da empresa, paga por ocasião da extinção do contrato de trabalho (Precedentes: REsp 742.848/SP, Rel. Min. Teori Albino Zavascki, DJ 27.6.2005); REsp 644.840/SC, Rel. Min. Teori Albino Zavascki, DJ 1.7.2005); f) sobre horas-extras (Precedentes: REsp 626.482/RS, Rel. Min. Castro Meira, DJ 23.8.2005; REsp 678.471/RS, Rel. Min. Eliana Calmon, DJ 15.8.2005; REsp 674.392/SC, Rel. Min. Teori Albino Zavascki, DJ 6.6.2005). 3. In casu, incide Imposto de Renda sobre décimo terceiro salário, ainda que decorrente da rescisão do contrato de trabalho, ante sua natureza salarial (art. 26 da Lei n. 7.713/88 e art. 16 da Lei n. 8.134/90). 4. Embargos de Divergência acolhidos. STJ, S1, Embargos de Divergência em REsp n. 515.148/RS, Rel. Min. Luiz Fux, DJ 20.2.06.

6) *Conflito negativo de competência entre Justiça Federal e Trabalhista. Execução das contribuições previdenciárias.* Acordo extrajudicial. Art. 114, § 3º CF/88. Inaplicabilidade. Competência da Justiça Federal. 1. A competência da Justiça do Trabalho, conferida pelo § 3º do art. 114 da Constituição Federal, para executar, de ofício, as contribuições sociais que prevê, decorre de norma de exceção, a ser interpretada restritivamente. Nela está abrangida apenas a execução de contribuições previdenciárias incidentes sobre pagamentos efetuados em decorrência de sentenças proferidas pelo Juízo Trabalhista, única suscetível de ser desencadeada de ofício. 2. Não compete à Justiça Trabalhista processar execução movida pelo Instituto Nacional do Seguro Social — INSS para cobrar contribuições sociais incidentes sobre pagamentos previstos em acordo celebrado extrajudicialmente, que não submetido à homologação judicial, do qual a autarquia sequer foi parte e que não traz qualquer menção a créditos previdenciários. 3. Compete à Justiça Federal processar e julgar a causa em que figurar a União, suas autarquias ou empresa pública federal na condição de autora, ré, assistente ou oponente (CF, art. 109,1).4. Conflito conhecido e declarada a competência do Juízo Federal da 19 Vara da Seção Judiciária do Estado do Rio de Janeiro/RJ, o suscitante. STJ, CC n. 46.136/RJ, Rel. Min. Teori Albino Zavascki. DJ 21.3.05.

7) *Contribuição previdenciária. Acordo judicial. Natureza das parcelas transacionadas.* A lei assegura ao INSS a possibilidade de recorrer das decisões, mesmo aquelas proferidas em acordo judicial. Admitir que o percebimento de parcelas de natureza indenizatória quite a integralidade das obrigações decorrentes do contrato de trabalho implicaria em renúncia às parcelas de natureza salarial. Caracterizado o intuito das partes de burlar a incidência das obrigações previdenciárias cabíveis resulta sem efeito, para os fins do § 3º do artigo 832 da CLT, a discriminação de parcelas procedida pelas partes. Ademais, os valores acordados somente guardariam proporcionalidade com as parcelas reclamadas a título indenizatório caso reconhecido

o direito às diferenças salariais postuladas. Contraria a lógica admitir que as partes transacionem o acessório e nada disponham quanto ao principal e, ainda assim, seja outorgada quitação de todas obrigações oriundas do contrato extinto. Justifica-se, em consequência, a incidência da contribuição previdenciária sobre a totalidade do acordo. Recurso de revista a que se dá provimento. TST, T1, RR-65.718/2002-900-12-00.0, DJ 20.5.05.

8) *INSS. Representação em juízo. Advogado autônomo. Lei n. 6.539/78. Possibilidade.* 1. A Lei n. 6.539/78 e a Ordem de Serviço n. 14, de 3.11.1993, do INSS autorizam a contratação da prestação de serviços de advogados para atuarem na representação judicial do órgão. 2. Da leitura do art. 1º da Lei n. 6.539/78, dispondo que a representação judicial do INSS poderá ser atribuída a advogado contratado na falta de procuradores do quadro daquele órgão, não se pode extrair que a existência de uma agência do INSS no município, por si só, impeça a contratação de advogados, pois a norma refere-se não à ausência de um órgão na localidade, mas, antes, à escassez de procuradores para atenderem, a contento, a demanda de processos em que o INSS figure como parte ou deva se manifestar, como é a hipótese dos autos. Proclamar o contrário implicaria em submeter o INSS a defender o interesse público, em processos como o presente, sem o necessário aparato para sua representação judicial, implicando em negar-lhe o devido direito de defesa com os meios recursais inerentes a esse direito (art. 5º, inc. LV, da Constituição da República). 3.Recurso de Revista de que se conhece e a que se dá provimento. TST, T5, RR-23.269/2002-902-02-00.0, DJ 1º.4.05.

9) *Previdenciário. Contribuição. Base de cálculo. Inclusão do seguro de vida em grupo.* 1. O valor pago pelo empregador por seguro de vida em grupo é atualmente excluído da base de cálculo da contribuição previdenciária em face de expressa referência legal (art. 28, § 9º, "p" da Lei n. 8.212/91, com a redação dada pela Lei n. 9.528/97). 2. O débito em cobrança é anterior à lei que excluiu da incidência o valor do seguro de vida mas, independentemente da exclusão, por força da interpretação teleológica do primitivo art. 28, inciso I, da Lei n. 8.212/91, pode-se concluir que o empregado nada usufrui pelo seguro de vida em grupo, o que descarta a possibilidade de considerar-se o valor pago, se generalizado para todos os empregados, como sendo salário-utilidade. 3. Recurso especial improvido. STJ, 2ª Turma, RESP n. 441.096/RS, DJ 4.10.04.

10) *Tributário. art. 43 do CTN. Imposto de renda. Demissão sem justa causa. Verbas indenizatórias. Não incidência.* 1. O fato gerador do Imposto de Renda é a aquisição de disponibilidade econômica ou jurídica decorrente de acréscimo patrimonial (art. 43 do CTN). Dentro deste conceito se enquadram as verbas de natureza salarial ou as recebidas a título de aposentadoria. 2. Diferentemente, as verbas indenizatórias, recebidas como compensação pela renúncia a um direito, não constituem acréscimo patrimonial. 3. As verbas recebidas em virtude de rescisão de contrato de trabalho, por iniciativa do empregador, possuem nítido caráter indenizatório, não se constituindo acréscimo patrimonial a ensejar a incidência do Imposto sobre a Renda. 4. Recurso especial improvido. STJ, T2, RESP 687.082/RJ, Rel. Min. Eliana Calmon, DJ 13.6.05.

11) *Descontos fiscais. Súmula n. 368/TST. Conhecimento. Provimento.* Os descontos fiscais incidem sobre a totalidade das parcelas que vierem a ser pagas ao Reclamante, inclusive juros de mora, por ocasião da liquidação do título executivo judicial, nos termos do Provimento n. 1/96 da Corregedoria-Geral da Justiça do Trabalho e da Súmula n. 368 deste Tribunal. Recurso de Revista conhecido parcial e provido. TST, T3, RR-700.215/2000.7, DJ 10.6.05.

12) *Vale-transporte. Pagamento em dinheiro de forma contínua. Arts. 28, § 9º, "F", da Lei n. 8.212/91 e 2º, "b", da Lei n. 7.418/85, regulamentados pelo art. 5º do Decreto n. 95.247/87. Incidência de contribuição previdenciária. Precedentes.* 1. O vale-transporte, não integra o salário de contribuição para fins de pagamento da contribuição previdenciária. Inteligência dos arts. 28, § 9º, "f", da Lei n. 8.212/91 e 2º, "b", da Lei n. 7.418/85. 2. O pagamento habitual do vale-transporte em pecúnia contraria o estatuído no art. 5º do Decreto n. 95.247/87 que estabelece que "é vedado ao empregador substituir o vale-transporte por antecipação em dinheiro ou qualquer outra forma de pagamento, ressalvado o disposto no parágrafo único deste artigo". 3. Não há incompatibilidade entre a Lei n. 7.418/85 e o art. 5º do Decreto n. 95.247/87, que apenas instituiu um modo de proceder a concessão do benefício do vale-transporte, de modo a evitar o desvio de sua finalidade com a proibição do pagamento do benefício em pecúnia. 3. O pagamento do vale-transporte em dinheiro, inobservando-se a legislação pertinente, possibilita a incidência de contribuição previdenciária. 4. Recurso especial provido. STJ, T2, RESP 508.583 — PR, Rel. Min. Eliana Calmon, DJ 12.9.05.

13) *Incompetência da Justiça do Trabalho. Contribuições a terceiros.* Havendo expressa remissão do § 3º do art. 114 da CF, ao art. 195, incisos I, letra a e II, do Texto Constitucional, a competência reconhecida a esta Justiça Especializada para execução das contribuições previdenciárias não alcança as contribuições de terceiros criadas por legislação ordinária, que reserva ao INSS o ônus para fiscalização e arrecadação, como mero intermediário. Revista conhecida e provida. TST, T4, RR-1610/1996-005-08-40.4, DJ 11.2.05.

14) *Homologação judicial de acordo. Contribuição previdenciária. Natureza indenizatória das verbas ajustadas.* 1 — Com a celebração de acordo judicial, a obrigação decorrente do ajuste faz as vezes da obrigação trabalhista originária. Assim, o dever de o empregador adimplir o crédito trabalhista não mais deriva, de forma direta, da relação de trabalho originalmente vigente, mas, sim, do acordo celebrado como empregado. Assim, a contribuição social deve ser calculada sobre o montante das parcelas remuneratórias acordadas, e, não, sobre a remuneração a que originalmente tinha jus o empregado. 2 — Havendo no acordo homologado apenas parcelas de caráter indenizatório, não há falar em execução de contribuições previdenciárias, visto que tais verbas não constituem base de cálculo das mencionadas contribuições. 3 — O caso em questão não atrai a

incidência do parágrafo único do artigo 43 da Lei n. 8.212/91, haja vista ter o Eg. Tribunal Regional de origem especificado a natureza jurídica da parcela ajustada, rechaçando qualquer indício de fraude. Recurso de Revista não conhecido. TST--RR-1.567/2002-009-11-00.0, T3, DJU 11.2.05.

15) *Competência material da justiça do trabalho. Contribuição previdenciária. Execução ex officio. Lide previdenciária e lide trabalhista. Fato gerador e base de cálculo. Acordo judicial. Decisão homologatória. Reconhecimento do vínculo de emprego.* 1 — A competência da Justiça do Trabalho para executar as contribuições sociais sobre as sentenças que proferir limita-se às hipóteses em que for configurada a exequibilidade do tributo, ou seja, quando delineados todos os elementos para o cálculo do crédito previdenciário, a saber: sujeito ativo, sujeito passivo, fato gerador e base de cálculo. 2 — O sujeito ativo do crédito previdenciário será sempre o INSS, que exerce a atribuição constitucional de arrecadar a contribuição social, e o passivo os integrantes da relação trabalhista. Sob essa perspectiva, ganha especial interesse para a fixação da competência da Justiça do Trabalho o exame do fato gerador e da base de cálculo das contribuições previdenciárias. 3 — O fato gerador da obrigação de contribuir para a Previdência Social origina-se quando é (i) paga, (ii) creditada ou (iii) devida a remuneração destinada a retribuir o trabalho (art. 22, I, da Lei n. 8.212/91). Na hipótese da remuneração devida, o fato gerador da obrigação de contribuir para a Previdência Social nasce simultaneamente com o direito objetivo à percepção da remuneração. 4 — Com a celebração de acordo judicial ou extrajudicial, a obrigação decorrente do ajuste faz as vezes da obrigação trabalhista originária. Assim, o dever de o empregador adimplir o crédito trabalhista não mais deriva, de forma direta, da relação de trabalho originalmente vigente, mas, sim, do acordo celebrado com o empregado. Assim, a contribuição social deve ser calculada sobre o montante das parcelas remuneratórias acordadas, e, não, sobre a remuneração a que originalmente tinha jus o empregado. 5 — Quando proferida sentença declaratória que homologa acordo judicial, o fato gerador da contribuição previdenciária decorre do acordo celebrado entre as partes, e, não, propriamente, da sentença. Isso porque, nesse caso, a decisão judicial apenas ratifica os termos do ajuste, atestando sua legalidade e conferindo-lhe os efeitos da coisa julgada material, sem influir na substância das prestações acertadas. Essas prestações, assim como a contribuição social, passam a ser devidas a partir da celebração do acordo. 6 — Nessa situação, apenas com relação às parcelas remuneratórias da sentença condenatória ou do acordo homologado torna-se possível a esta Justiça Especializada efetivar a execução das contribuições sociais. 7 — No que concerne à hipótese em que a sentença apenas determina a anotação na CTPS da Reclamante, mas não prevê o pagamento de qualquer parcela remuneratória, a Justiça do Trabalho não é competente para executar a contribuição social relativa ao período reconhecido. Isso porque, por um lado, não está delineada a base de cálculo para a definição do crédito previdenciário em relação a cada mês de competência e, por outro, o fato gerador não está comprovado, mas apenas presumido, visto que não há como confirmar o real pagamento ou crédito da remuneração. Assim, deve o INSS, sobre esse período, efetuar o lançamento do tributo e, se pertinente, mover a ação para execução do crédito, na Justiça Federal. 8 — No presente caso, não merece reparos o acórdão regional, visto que a sentença limitou-se a determinar a anotação na Carteira de Trabalho da Reclamante, sem deferir-lhe qualquer verba salarial. Recurso de Revista conhecido e desprovido. TST-RR-22.842/2002-003-11-00.1, DJ 11.2.05.

16) *Justiça do Trabalho. Competência. Contribuições previdenciárias. Acordo judicial. Reconhecimento de vínculo empregatício. Parcelas adimplidas pelo empregador durante a vigência de relação de emprego reconhecida em juízo.* O art. 114, § 3º, da Constituição Federal atribui competência à Justiça do Trabalho para a execução das contribuições sociais devidas ao INSS, "decorrentes das sentenças que proferir", não fazendo distinção entre sentenças declaratórias e condenatórias. No caso concreto, tem-se que da sentença proferida resultou o reconhecimento da relação de emprego, dando azo ao fato gerador da contribuição referida, na forma do art. 195, I, *a*, e II, da Constituição da República. Infere-se, daí, que, havendo o reconhecimento do vínculo de emprego, é cabível a execução das contribuições sociais devidas, de ofício, pela Justiça do Trabalho, relativas a todo o período laborado. Recurso de revista conhecido e provido. TST, T1, RR-10.115/2002-900-24-00.5, DJ 6.5.05.

17) *INSS. Irregularidade de representação. Advogados credenciados. Art. 1º da Lei n. 6.539/78. Provimento.* O art. 1º da Lei n. 6.539/78, ao admitir a representação do INSS no interior, por advogados particulares, não excluiu do seu âmbito de incidência, de forma expressa, os municípios que compõem a região metropolitana. O dispositivo de lei não faz qualquer distinção entre municípios do interior e municípios que compõem a região metropolitana da Capital, de modo que não cabe ao intérprete criar restrição não contida na lei. A denominação comarca do interior refere-se a todos os municípios que não sejam titulados como capital do Estado. Recurso de Revista conhecido e provido. TST, T5, RR-920/1994-271-02-00.0, DJ 16.9.05.

18) *Vínculo empregatício reconhecimento por decisão judicial. Período de vigência do contrato em que não se declara a existência de crédito ao reclamante. Descontos previdenciários. Incompetência da Justiça do Trabalho.* A interpretação do art. 43 da Lei n. 8.212/93, com a redação conferida pela Lei n. 8.620/93, segundo a qual "em caso de extinção de processos trabalhistas de qualquer natureza, inclusive a decorrente de acordo entre as partes, de que resultar pagamento de remuneração ao segurado, o recolhimento das contribuições devidas à Seguridade Social será efetuado incontinenti, autoriza a conclusão de que os descontos previdenciários têm como suporte a condenação em parcelas salariais. A pretensão da recorrente de promover a execução de parcelas devidas em razão do reconhecimento do vínculo empregatício, mas não definidas e muito menos objeto do título exequendo, extrapola os limites da competência da Justiça do Trabalho, por força da atração que exerce o art. 109, I, da Constituição Federal de 1988. Essa é a inteligência que se extrai da Orientação Jurisprudencial n. 228 da e. SBDI-1, segundo a qual a incidência das contribuições previdenciárias se dá não sobre os valores devidos mês a mês, mas sim sobre o valor total da condenação. Quando a sentença ou o acordo não fixa valor algum a título de condenação durante parte do pe-

ríodo do vínculo empregatício, não há contribuição previdenciária a ser executada pela Justiça do Trabalho, cabendo ao INSS mover a execução na Justiça Comum e/ou Federal. Recurso de revista não conhecido. TST-RR-805.411/01.0, 4ªT, DJ 21.11.03.

19) Os descontos do Imposto de Renda efetuados sobre os rendimentos pagos em cumprimento de decisão judicial incidem sobre o valor total, porque estabelece o artigo 46 da Lei n. 8.541/92 que o devedor está obrigado ao pagamento no momento em que o rendimento se torne disponível para o beneficiário. TST, 3ª T. RR-374.066/1997.4, in DJU de 30.3.01.

20) *Justiça do Trabalho. Competência material. Descontos previdenciários. Comprovação de recolhimento. Dissídio entre empregado e empregador.* 1. Refoge à competência material da Justiça do Trabalho o dissídio individual em que o empregado postula do empregador estritamente a comprovação do recolhimento das contribuições previdenciárias incidentes sobre parcelas de natureza salarial pagas no curso do contrato de emprego, não derivantes de decisão condenatória emitida pela própria Justiça do Trabalho. 2. Infere-se do art. 114, § 3º, da Constituição Federal, combinado com o art. 876, parágrafo único, da CLT, e § 3º do art. 832 da CLT, estes acrescentados pela Lei n. 10.035/00, que se outorgou à Justiça do Trabalho competência para execução de contribuições previdenciárias se e quando resultantes de título que ela própria, Justiça do Trabalho, emitir, em particular quando impuser condenação à obrigação de pagar parcela integrante do salário de contribuição, ou quando algum pagamento de tal natureza resultar de acordo homologado. 3. Não se cuidando de litígio de natureza trabalhista, mas previdenciária, e incumbindo ao INSS, único credor das contribuições previdenciárias, promover a respectiva cobrança judicial perante a Justiça Federal, após inscrição em dívida ativa, viola o art. 114 da Constituição Federal acórdão de Turma do TST que reconhece a competência material da Justiça do Trabalho, no caso. A incompetência material da Justiça do Trabalho, na espécie, ainda mais se realça quando se atende para a circunstância de que o INSS, credor das contribuições, não integra a relação processual e, se o fizer, necessariamente desloca a competência para o âmbito da Justiça Federal, pois ostenta natureza de autarquia federal. 4. Embargos de que se conhece, por violação, e, no mérito, a que se dá provimento para declarar-se extinto o processo, sem exame de mérito, ante a ausência de pressuposto processual. TST-E-RR-423.11 8/98.7, DJ 3.10.03.

21) *Previdência social. Benefícios. Execução das contribuições sociais previstas no art. 195, I, a, e II, da Constituição Federal. Competência da Justiça do Trabalho.* De acordo com o que dispõe o art. 114, inciso VIII, da Constituição Federal, compete à Justiça do Trabalho processar e julgar a execução, de ofício, das contribuições sociais previstas no art. 195, I, a, e II, e seus acréscimos legais, decorrentes das sentenças que proferir. Assim, nada há de abusivo ou ilegal na determinação do MM. Juízo impetrado de comprovação pela reclamada, do recolhimento previdenciário do período em que houve a prestação de serviços sem vínculo empregatício, nos termos do que dispõe o inciso III, do art. 22, da Lei n. 8.212/91, tendo em vista o acordo firmado entre as partes. Segurança que se denega. TRT/SP, MS 12161200400002007, DJ 16.8.05.

22) O empregador é responsável pelo recolhimento total da contribuição previdenciária mas tem o direito de dedução quanto à parte que é responsabilidade do empregado, comprovando nos autos o efetivo recolhimento. O mesmo se aplica ao imposto sobre a renda. Nesse caso, o fato gerador é o pagamento do *quantum* e não o seu vencimento. A retenção deve ser feita na oportunidade do pagamento dos direitos do empregado. TRT, 2ª R., Ac. 02970179843, in DOE 6.5.97.

23) *Contribuição previdenciária. Verba decorrente do trabalho, mas não decorrente de sentença proferida pela Justiça do Trabalho.* A Justiça do Trabalho é incompetente para cobrar a contribuição previdenciária em relação ao período trabalhado pelo reclamante, pois a sentença não reconheceu o referido período, nem a ele foi feita referência. Assim, a contribuição previdenciária não pode ser cobrada na Justiça do Trabalho, pois não decorre da sentença proferida por essa Justiça, na forma do § 3º do art. 114 da Constituição. O INSS, se quiser, deverá cobrar a contribuição na Justiça Federal, pois embora seja decorrente de rendimento pago ao segurado (art. 195, I, *a*, da Constituição), a Justiça do Trabalho não proferiu sentença sobre o tema. TRT, 2ª Reg., RO 02122200204102005, DJSP 23.9.03, p. 156.

24) *Contribuição previdenciária. Trabalhadora autônoma. Serviço de natureza doméstica.* Tratando-se de serviço de natureza doméstica, prestado sem relação de emprego, não há incidência da contribuição prevista no inciso III, art. 22, da Lei n. 8.212/91, alterada pela Lei n. 9.876/99, que instituiu a contribuição social prevista na alínea a, do inciso I, do art. 195, da Constituição Federal. Nos termos em que a referida contribuição foi criada pela mencionada norma constitucional, a parcela é devida somente pelo empregador, pela empresa e pela entidade equiparada à empresa, na forma da lei. O tomador de serviço doméstico, sem relação de emprego, não é devedor do referido tributo, porque não detém a condição de empregador, nem é equiparado à empresa, motivo pelo qual, por outro lado, também não está obrigado a reter e a recolher a contribuição social devida pela contribuinte individual que lhe presta serviço, porque a Lei n. 10.666/03 impõe essa obrigação somente às empresas. TRT 3ª Reg. AP 00810-2004-073-03-00-1 — 4ª T. DJMG 5.3.05.

25) *Acordo. Execução da contribuição previdenciária. Competência da Justiça do Trabalho.* A orientação jurisprudencial desta 2ª Turma do TRT da 3ª Região é no sentido de que a execução das contribuições previdenciárias, na Justiça do Trabalho, restringe-se às parcelas objeto de condenação e execução nesta Especializada. Fundamenta-se que, de acordo com o art. 43 da Lei n. 8.212/91, cabe ao órgão julgador determinar o imediato recolhimento das importâncias devidas à Seguridade Social, "nas ações trabalhistas de que resultar o pagamento de direitos sujeitos à incidência de contribuição previdenciária". Logo, ainda que a reclamada se obrigue, por força de acordo celebrado em juízo, a anotar na CTPS do empregado determinado período de trabalho, a cobrança da contribuição previdenciária atinente aos salários mensais, já pagos no curso do contrato, deverá ser feita na Justiça Federal. TRT, 3ª Reg., AP 8066/02, 2ª T., DJMG 12.2.03.

26) *Agravo de petição. Parcelas de natureza indenizatória.* Proporcionalidade entre os valores discriminados no acordo e as parcelas trabalhistas constantes da petição inicial. Se a parcela discriminada no acordo, como sendo de natureza indenizatória, não guarda qualquer correspondência com as pretensões deduzidas na petição inicial, mostra-se arrazoado o inconformismo do INSS relativamente aos valores devidos a título de contribuição previdenciária. A Previdência Social é custeada pelas contribuições, envolvendo normas de direito público, interessando toda a sociedade. Assim, a discriminação das parcelas deve se pautar pelo princípio da razoabilidade, devendo haver uma correlação lógica com o pedido formulado na peça de ingresso. TRT, 3ª Reg., AP 7413/02, 1ª T., DJMG 31.1.03.

27) *Contribuições previdenciárias. Acordo homologado posteriormente ao trânsito em julgado da decisão. Parcelas componentes da respectiva base de cálculo. Todas as de natureza salarial contidas na sentença.* Tendo-se em vista o disposto no art. 195, I, a, e II, da CF, c/c. os arts. 20, 22, 28, 43 e 44, da Lei n. 8.212/91, firma-se convencimento no sentido de que, havendo sentença proferida em ação trabalhista, o fato gerador dos recolhimentos previdenciários é o próprio decreto condenatório, no qual o Estado declara a existência de direitos ao trabalhador, com discriminação das parcelas remuneratórias sujeitas à contribuição. E uma vez verificada a existência de parcelas remuneratórias na sentença, emerge daí, por força da lei, o direito de o INSS reclamar o que lhe é devido. Ora, não há dúvidas, assim, de que a transação celebrada entre as partes, posteriormente à prolação da sentença, não pode atingir direitos do terceiro interessado no processo (o INSS). Isso porque a transação é um negócio jurídico e como tal só vincula os transigentes (CC, art. 844), jamais terceiros que dela não participaram. Aliás, tratando-se de matéria de ordem pública, os recolhimentos previdenciários sequer podem ser transacionados, ainda que deles pretendesse o ora recorrente abrir mão, observado o disposto no art. 195, § 11, da CF. TRT, 15ª Reg., RO 00201-1995-049-15-85-4; 9ª T., DJSP 19.9.03.

28) *Competência. Contribuições previdenciárias de todo o contrato de trabalho. Anotação de CTPS decorrente da sentença.* Nos termos da Súmula n. 368, item 1, do C. TST, compete à Justiça do Trabalho executar as contribuições previdenciárias de todo o contrato de trabalho, quando a anotação do contrato na CTPS do obreiro decorrer de sentença proferida por esta Especializada. TRT 18ª Reg., AP-00601-2004-052-18-00-5, DJGO 2.8.05.

29) *Contribuições previdenciárias. Empresa optante pelo "simples".* A cobrança da contribuição previdenciária da empresa que comprova nos autos ser optante pelo SIMPLES (Sistema Integrado de Pagamento e Impostos e Contribuições das Microempresas e Empresas de Pequeno Porte) deve se processar nos termos da norma específica. TRT, 20ª Reg., AP 0851-2002-920-20-00-1, *in Revista LTr* 67-03/383.

291. Extinção da Execução

Antes do advento da Lei n. 8.953, de 13 de dezembro de 1994, discutia-se, no foro trabalhista, se o Exequente tinha a livre disponibilidade da execução e, de conseguinte, se lhe era facultado renunciar a ela sem prévia audiência do Executado.

Em abono dessa tese, fazia-se remissão ao art. 569 do CPC (*"O credor tem a faculdade de desistir de toda a execução ou de apenas algumas medidas executivas"*).

Em oposição a esse entendimento, invocava-se o § 4º do art. 267, também do CPC (*"Depois de decorrido o prazo para a resposta, o autor não poderá, sem o consentimento do réu, desistir da ação"*), para concluir-se que, sem a anuência do Executado, estava o Exequente impedido de exercer a questionada faculdade.

Antes da vigência da Lei n. 8.953, que acrescentou um parágrafo ao precitado artigo, havia consenso sobre a subsidiariedade das normas do processo de conhecimento quanto ao processo de execução.

De regra, essa complementaridade só é válida se omissa a normação do processo executivo.

Ora, sobre o assunto em debate havia, como ainda há, norma expressa permitindo ao Exequente renunciar à execução, o que nos autoriza a concluir que, no caso vertente, o art. 267, § 4º, é inaplicável à execução.

O sobredito diploma legal veio acrescentar o parágrafo único ao art. 569 do CPC — *verbis: "Na desistência da execução, observar-se-á o seguinte: a) serão extintos os embargos que versarem apenas sobre questões processuais, pagando o credor as custas e os honorários advocatícios; b) nos demais casos, a extinção dependerá da concordância do embargante"*.

A nova norma limita o poder do Exequente de desistir da ação executiva e, ao mesmo passo, elimina, quase por completo, a controvérsia a propósito do verdadeiro alcance da regra albergada no referido art. 569 do CPC.

Vejamos, em termos sucintos, os momentos processuais em que é viável a desistência, facultada por lei ao credor, o qual, nas reclamatórias, de ordinário, é o trabalhador:

I — Desde o início da execução até a penhora dos bens do devedor, a desistência independe da aquiescência do devedor.

II — O mesmo afirmamos na hipótese de os embargos abordarem tão somente questões processuais.

III — É imprescindível a anuência do devedor se, nos embargos, o devedor debater matéria que não seja de índole processual atinente ao crédito ou ao título judicial.

Nos casos dos incisos I e II, ficam a cargo do Exequente as despesas processuais, inclusive os honorários advocatícios, se tratar de assistência judiciária nos termos dos arts. 14, 15 e 16 da Lei n. 5.584, de 26.6.1970.

É justo atribuir-se o encargo ao Exequente renunciante, porque os incidentes processuais debatidos pelo Executado são de responsabilidade do primeiro.

No caso do inciso III, as despesas processuais e a verba honorária — se houver — serão suportadas como se estipular no acordo para extinção do processo.

O art. 741 do CPC, que cuida da execução contra a Fazenda Pública, abriga o elenco de hipóteses que podem ser discutidas, por meio de embargos à execução, e dentre elas destacamos aquelas cuja existência — no caso de renúncia da execução — demanda o consentimento do Executado: a) inexigibilidade do título; b) ilegitimidade das partes; c) qualquer causa impeditiva, modificativa ou extintiva da obrigação, como pagamento, novação, compensação com execução aparelhada.

Nos casos em que se exige a concordância do Executado, se este a recusar, o processo prosseguirá normalmente.

Pensamos que a desistência da execução, pelo credor, não acarreta a destruição do título judicial ("Jurisprudência do Tribunal de Alçada Civil de S. Paulo", 107/337, em "CPC" de *Theotonio Negrão*, 28. ed., Saraiva, 1997, p. 455). Dessarte, a exceção de coisa julgada — por exemplo — não poderá ser arguida pelo executado se, por qualquer motivo, for renovada a execução antes da expiração do prazo prescricional.

Entretanto, se a desistência da execução resultou de um acordo entre as partes, desaparece a força executiva do título judicial.

De conformidade com o art. 1º da Lei n. 9.469, de 10 de julho de 1997, com alterações dadas pela Lei n. 11.941/2009, o Advogado-Geral da União e os dirigentes máximos das autarquias, das fundações e das empresas públicas federais poderão autorizar a realização de acordos ou transações, em juízo, para terminar o litígio, nas causas de valor até R$ 500.000,00 (quinhentos mil reais), a não propositura de ações e a não interposição de recursos, assim como requerimento de extinção das ações em curso ou de desistência dos respectivos recursos judiciais, para cobrança de créditos, atualizados, de valor igual ou inferior a R$ 10.000,00 (dez mil reais), em que sejam interessadas essas entidades na qualidade de autoras, rés, assistentes ou opoentes. Quando a causa envolver valores superiores ao limite fixado, o acordo ou a transação, sob pena de nulidade, dependerá de prévia e expressa autorização do Advogado-Geral da União e do Ministro de Estado, ou ainda do Presidente da Câmara dos Deputados, do Senado Federal, do Tribunal de Contas da União, de Tribunal ou Conselho, ou do Procurador-Geral da República, no caso de interesse dos órgãos dos Poderes Legislativo e Judiciário, ou do Ministério Público da União, excluídas as empresas públicas federais não dependentes, que necessitarão apenas de prévia e expressa autorização de seu dirigente máximo.

Consoante o art. 794 do CPC é a transação uma das formas de extinção da execução.

Sua homologação por sentença (art. 795 do CPC) não significa, de imediato, a extinção do processo executivo, se, pelo acordo, o executado ficou de pagar seu débito parcelado mensalmente. Inadimplente no pagamento de uma das parcelas, fica o Exequente autorizado a executar a parcela vencida e as vincendas.

As outras formas de extinção da execução, nos termos do sobredito art. 794, são: a) o devedor satisfaz a obrigação; b) o credor renuncia ao crédito.

A hipótese da alínea *a* é a que mais condiz com a natureza e os fins do processo executivo. O Executado paga, voluntária ou coercitivamente, o que deve ao Exequente.

A hipótese da alínea *b* não é comum na Justiça do Trabalho. Sendo o trabalhador, na maioria dos casos, o Exequente, parece-nos improvável que ele venha a renunciar a um crédito resultante de sentença passada em julgado.

Há quem entenda que a hipótese é inconciliável com o princípio da irrenunciabilidade de direitos, que protege o trabalhador.

Dissentimos desse entendimento.

Tal princípio é válido na celebração e constância de um contrato de trabalho, mas, em juízo, perde ele sua eficácia porque, aí, o maior poder econômico nenhuma influência pode ter na decisão do trabalhador de renunciar a seu crédito.

Ainda em favor da nossa opinião, há a circunstância de que o princípio da irrenunciabilidade de direitos não pode impedir (como não tem impedido) transações judiciais em que as partes fazem recíprocas concessões.

Sem embargo da regular transação, abrangendo apenas o crédito decorrente da sentença passada em julgado, o processo de execução pode prosseguir para cobrança de despesas processuais e, conforme o caso, de honorários advocatícios.

Consoante o art. 38 do CPC, a procuração geral para o foro, por instrumento público ou particular, só habilita o advogado a praticar todos os atos do processo, mas não o de desistir ou renunciar ao direito postulado na ação.

Assim, na desistência da execução, deve o advogado receber da parte poder específico para praticar tal ato.

De lembrar-se que o parágrafo único do art.158 do CPC estabelece, imperativamente, que a desistência da ação só produz efeito depois de homologada por sentença.

Incide essa norma no processo de execução porque se trata de norma geral capitulada como ato da parte (Título V — Dos atos processuais; Capítulo I — Da forma dos atos processuais; Seção II — Dos atos da parte, do CPC).

O que acabamos de expor se estende à execução trabalhista, uma vez que a CLT e a Lei de Execução Fiscal (Lei n. 6.830) são omissas sobre o ponto aqui debatido.

291.1. Extinção e Desistência da Execução

Como já apontamos no item anterior, extingue-se a execução quando: a) o devedor satisfaz a obrigação; b) o devedor, obtém, por transação ou por qualquer outro meio, a remissão total da dívida; c) o credor renuncia ao crédito (art. 794 do CPC).

São três situações que, depois de reconhecidas em sentença homologatória, têm o mesmo resultado: terminativa do feito.

A da alínea *a*, refere-se ao caso do devedor que, antes da penhora de seus bens, satisfaz a obrigação originária da sentença de mérito ou de título com força executiva.

Não se trata, porém, de extinção do processo executivo quando o devedor paga, espontaneamente, ao credor, o que consta da sentença transita em julgado.

No caso, ainda não se iniciara a ação executiva.

Idêntica assertiva fazemos no caso de o crédito derivar da liquidação da sentença. Temos sustentado que a liquidação da sentença não integra o processo de execução, mas, precede-o.

Extinguir a execução por meio de transação, é o que acontece com muita frequência em juízo.

Mas, é certo que, na hipótese, só se extingue a execução depois de cumprido integralmente o acordo. O descumprimento deste, total ou parcialmente, dá reinicio ao mesmo processo de execução.

Impropriamente, o CPC, no artigo em tela, faz alusão à "remissão", quando o correto seria dizer-se "remição".

No magistério de *Sahione Fadel* ("Código de Processo Civil Comentado", Forense, 2º tomo, 4. ed., 1982, p. 643): "Remição é o ato de remir, isto é, resgatar, salvar, livrar o que estava empenhado ou penhorado; remissão é o ato de remitir, vale dizer, perdoar, liberar o devedor, dar como satisfeito, devolver".

A última modalidade de extinção da ação executiva é o credor renunciar ao seu crédito, o que importa num perdão da dívida.

Desnecessário frisar que, nas três hipóteses acima indicadas, após a prolação da sentença homologatória, aperfeiçoa-se a extinção da execução e esta, depois disso, não mais poderá ser renovada.

Passemos ao exame da desistência do processo de execução.

Antes do advento da Lei n. 8.593, de 13 de dezembro de 1994, discutia-se, no foro trabalhista, se o Exequente tinha a livre disponibilidade da execução. De conseguinte, polemizava-se acerca da faculdade de a parte desistir da execução, sem prévia audiência do Executado ou do devedor.

Em abono da primeira tese, fazia-se remissão ao art. 569 do CPC, *verbis*: *"O credor tem a faculdade de desistir de toda a execução ou de apenas algumas medidas executivas"*.

Em oposição a esse entendimento, invocava-se o § 4º, do art. 267 do CPC (*"Depois de decorrido o prazo para a resposta, o Autor não poderá sem o consentimento do Réu, desistir da ação"*) para concluir-se que, sem a anuência do Executado, estava o Exequente impedido de exercer a questionada faculdade. Semelhante raciocínio fulcrava-se no princípio — então, já pacificado — da subsidiariedade das normas do processo de conhecimento quanto ao processo de execução.

É indubitável que o desencontro de opiniões, a propósito do conteúdo do sobredito artigo do CPC, resultava do fato de ele, de modo preciso, não esclarecer quando era lícito ao Exequente desistir de toda a execução ou de, apenas, algumas medidas executivas. Afora isto, indagava-se quais as medidas atingidas pela desistência do credor.

É flagrante a desvalia do argumento.

Existindo norma específica sobre a desistência da execução (o susocitado art. 569 do CPC), inviabilizava-se o uso subsidiário de disposição do processo de cognição. Na hipótese, era inadmissível que uma regra subsidiária viesse decretar a inocuidade da regra principal.

De fato, se no art. 569 do CPC se dizia ser facultado ao Exequente desistir da ação executiva, total ou parcialmente, seria incongruente que dispositivo complementar viesse impossibilitar o exercício de tal faculdade.

Confessamos, porém, que esse artigo da lei processual sobre ser obscuro, era incompleto, pois, não abrangia as várias situações em que o credor podia renunciar à execução. Mas, *in casu*, deveriam a doutrina e a jurisprudência orientar-se em direção a uma solução que desse exequibilidade ao poder legal de o Exequente desistir da execução, mas sem torná-lo letra morta.

Estavam as coisas nesse pé, quando sobreveio a Lei n. 8.953, de 13 de dezembro de 1994, que acrescentou ao referido art. 569 do CPC um parágrafo, aliás, o único: *"Na desistência da execução, observar-se-á o seguinte: a) serão extintos os embargos que versarem apenas questões processuais, pagando o credor as custas e os honorários advocatícios; b) nos demais casos, a extinção dependerá da concordância do embargante"*.

De um lado, a nova norma limitou o poder do Exequente de desistir da ação executiva, mas, de outro, eliminou, quase por completo, a controvérsia a propósito do verdadeiro alcance da regra albergada no questionado art. 569.

De fato, ficou acima e fora de qualquer discussão que o Exequente tem a faculdade legal de requerer a parada da execução sem a audiência do Executado, a menos que este, em seus embargos, tenha suscitado questões que afetem o próprio crédito em cobrança. Se apenas processuais essas questões, a faculdade em tela do credor não sofre qualquer restrição.

Vejamos, em apertada síntese, os momentos processuais em que é viável a desistência, facultada por lei ao credor, o qual, na maioria esmagadora dos casos, é um trabalhador:

I — Desde o início da execução até a penhora dos bens do devedor, independe da aquiescência deste último.

II — A mesma liberdade irrestrita do credor existe na hipótese de os embargos abordarem, tão somente, questões processuais.

III — É imprescindível a anuência do devedor se este, nos embargos, debater matéria atinente ao crédito ou ao título judicial.

Nos casos dos incisos I e II, ficam a cargo do Exequente as despesas processuais, inclusive os honorários advocatícios — se no caso forem exigíveis.

Tais ônus ficam circunscritos à ação executiva, eis que a sentença de mérito, definidora da sucumbência, é imodificável.

É justo atribuir-se o encargo ao Exequente porque, *in casu*, o incidente processual é de sua responsabilidade.

Na hipótese prevista no inciso III, as despesas processuais e a verba honorária — se houver — serão suportadas como se estipular no acordo com o executado.

O art. 741, do CPC, abriga o elenco de situações que podem ser discutidas, por meio de embargos à execução, e dentre elas destacamos aquelas cuja existência — no caso de desistência da execução — demanda o consentimento do Executado:

a) inexigibilidade do título;

b) ilegitimidade das partes;

c) qualquer causa impeditiva, modificativa ou extintiva da obrigação, como o pagamento, novação, compensação com execução aparelhada.

Nos casos em que se exige a concordância do Executado, se este a recusar, o processo prosseguirá normalmente.

Pensamos que a desistência da execução, pelo credor, não acarrete a destruição do título judicial (Jurisprudência do TAC de S. Paulo 107/337, em "CPC" de *Theotônio Negrão*, 28. ed., Saraiva, 1997, p. 445).

É o que preleciona *Pontes de Miranda*, depois de salientar a diferença entre a renúncia da ação, "que é, no plano do direito material, a desistência da ação, no sentido do direito processual" — assinala: *"Ali, há julgamento de mérito (arts. 269, V, 330, I e 456). Aqui, não há sentença sem julgamento de mérito (art. 267, VIII). Em consequência, extingue-se o processo e há proponibilidade, porque desistir não é renunciar, e tal extinção não obsta a que o autor proponha nova ação executiva, cuja petição é despachável se há prova do pagamento ou do depósito das custas e honorários de advogado (arts. 268 e 598)".*

Dessarte, a exceção de coisa julgada — por exemplo — não será arguível pelo Executado se, posteriormente, renovar-se a execução antes do término do prazo prescricional.

Entretanto, se a desistência da execução resultou de um acordo entre as partes, desaparece a força executiva do título judicial.

Julgamos oportuno ressaltar, neste trecho, que o parágrafo único do art. 158, do CPC, estabelece, imperativamente, que a desistência da ação só produz efeito depois de homologada por sentença.

291.2. Suspensão da Execução

Vamos, de primeiro, ver os casos de suspensão do processo de execução.

É a CLT omissa sobre o assunto, razão por que só nos resta recorrer subsidiariamente à Lei n. 6.830/80 (Lei de Execução Fiscal) e ao CPC.

A) Suspende-se o curso da execução — dispõe o art. 40 da Lei n. 6.830/80 (Lei de Execução Fiscal) — enquanto não forem encontrados bens sobre os quais possa recair a penhora. Decorrido o prazo máximo de um ano, sem a descoberta de bens penhoráveis, é o processo arquivado e, a partir, daí a passa a fluir o prazo de prescrição.

Não fazemos menção à outra hipótese de suspensão da execução de que fala o supracitado art. 40 — qual seja, a não-localização do devedor, porque sem a citação deste não há que falar em processo executório. Ademais disso, se não encontrado o devedor, mas, descobertos bens penhoráveis, deve prosseguir a execução, uma vez que a citação daquele pode ser feita por edital.

B) Suspende-se a execução, no todo ou em parte, quando recebidos os embargos do devedor.

Se parciais os embargos, a execução prosseguirá quanto à parte não embargada.

C) Fica a execução suspensa: 1) pela morte ou perda da capacidade processual de qualquer das partes, de seu representante legal ou de seu procurador; 2) pela convenção das partes, em que o credor concede ao devedor maior prazo para que cumpra voluntariamente a obrigação derivante do título judicial; 3) quando for oposta exceção de incompetência de juízo, bem como de suspeição ou impedimento do juiz.

D) Sobrestamento do feito devido ao deferimento de medida cautelar inominada, em caráter incidental, na ação rescisória. Vêm os Tribunais do Trabalho, iterativamente, concedendo, em ações rescisórias, liminar em cautelar inominada quando bem caracterizados o risco de dano irreparável e a lesão a direito do Requerente ou Executado.

Essa linha jurisprudencial está em harmonia com o disposto no art. 489 do CPC, *verbis*: *"O ajuizamento da ação rescisória não impede o cumprimento da sentença ou acórdão rescindendo, ressalvada a concessão, caso imprescindíveis e sob os pressupostos previstos em lei, de medidas de natureza cautelar ou antecipatória de tutela".*

A questionada suspensão é determinada numa cautelar e não resulta de decisão em ação rescisória.

O acordo a que se refere o item 2, da alínea C, *supra*, é objeto do art. 792 do CPC, ao qual a Lei n. 8.953/94 acrescentou um parágrafo para estatuir, desnecessariamente, que, *"findo o prazo sem cumprimento da obrigação, o processo retomará seu curso".*

Dissemos que o legislador, nesse parágrafo, estabeleceu o que há de mais evidente no direito processual: se uma das partes não cumpre o estipulado, no prazo acordado, o feito volta a processar-se de maneira regular.

No caso aqui colocado, de lembrar-se que o § 3º do art. 265 do CPC dispõe que a suspensão do processo por convenção das partes nunca poderá exceder a seis meses. Findo o prazo convencionado e permanecendo inadimplente a parte que deve cumprir a obrigação, vão os autos conclusos ao Juiz para que ordene o prosseguimento do processo.

É incontestável que a regra encerrada no supracitado dispositivo da lei processual comum, por ser de caráter geral, aplica-se ao processo de execução. Dessarte, entendemos que as partes do processo executivo estão impedidas de acertar prazo que exceda os seis meses já mencionados.

291.3. Outros Aspectos da Suspensão da Execução

Como já dissemos, a suspensão da execução significa a interrupção da marcha do processo, por um dos motivos previstos em lei.

Efetivada essa paralisação, não mais se pratica qualquer ato processual, mas o art. 793 do CPC autoriza o Juiz *"a ordenar providências cautelares urgentes"*, como — só para exemplificar — a alienação de bens penhorados mas que sejam perecíveis; produção antecipada de provas etc.

Do conjunto de hipóteses que levam à suspensão da execução, podemos dizer que esta resulta de convenção das partes ou de disposição legal. Ou, na dicção de *Ugo Rocco* ("Trattato di diritto processuale civile", 2. ed., vol. IV, UTET, 1966, p. 419): *"Como no processo de cognição, também no processo executivo, a suspensão do processo pode ser: a) necessária; b) discricionária e c) consensual, por acordo das partes".*

A Consolidação das Leis do Trabalho — CLT — é omissa quanto ao incidente processual aqui sob exame.

Em razão desse fato, temos de recorrer à Lei n. 6.830, de 22 de setembro de 1980 (Lei da Execução Fiscal), a teor do preceituado no art. 889 da CLT.

Reza o art. 40, daquele primeiro diploma legal:

"O Juiz suspenderá o curso da execução enquanto não for localizado o devedor ou encontrados bens sobre os quais possa recair a penhora e, nesses casos, não correrá o prazo da prescrição.

§ 1º Suspenso o curso da execução, será aberta vista dos autos ao representante judicial da Fazenda Pública.

§ 2º Decorrido o prazo máximo de 1 (um) ano, sem que seja localizado o devedor ou encontrados bens penhoráveis, o juiz ordenará o arquivamento dos autos.

§ 3º Encontrados que sejam, a qualquer tempo, o devedor ou os bens, serão desarquivados os autos para prosseguimento da execução".

No subitem 288.1, analisamos o dispositivo supra sob o ângulo da prescrição.

Demonstramos, ali, não ser imprescritível o direito de ação executiva fiscal e, corolariamente, não o é, também, a ação de execução trabalhista se não localizado o devedor ou não encontrados bens que garantam a execução.

Pois bem, aqui nos cabe ressaltar que esse mesmo art. 40, da Lei n. 6.830, não autoriza a suspensão da execução trabalhista por tempo indeterminado. É esta a conclusão lógica do raciocínio que desenvolvemos fundado na associação do § 2º, do art. 8º (*"o despacho do juiz que ordenar a citação interrompe a prescrição"*) ao art. 40, daquele diploma legal.

Feito o despacho de citação, é interrompido o prazo prescricional, o que vale dizer que ele, no ensejo, se reinicia.

Dessarte, desconhecido o paradeiro do devedor e não localizados seus bens, fica o processo de execução trabalhista suspenso até que se complete o prazo prescricional (que é o da ação de conhecimento).

É bem de ver que o supracitado art. 40, da Lei n. 6.830, não faz remissão à totalidade das situações que justificam a suspensão de uma ação executiva. De conseguinte, só nos resta recorrer ao art. 791 do CPC que tem por objeto os casos que provocam a suspensão do processo executivo.

Vejamos, por primeiro, as situações decorrentes de disposição legal.

I) Nos termos do art. 791 do CPC, suspende-se a execução:

a) no todo ou em parte, quando recebidos com efeito suspensivo os embargos à execução (art. 739-A);

b) pela morte ou perda de capacidade processual de qualquer das partes, de seu representante legal ou de seu procurador;

c) quando for oposta exceção de incompetência do juízo, da câmara ou do tribunal, bem como de suspeição ou impedimento do juiz (as alíneas *b* e *c* correspondem aos incisos I e III, do art. 265 do CPC, incidentes no processo executivo como disposto no art. 791, também do CPC);

d) quando o devedor não possuir bens penhoráveis, consoante a regra inscrita no art. 791, inciso III, do CPC.

O anotado acima, é bastante claro e, por isso mesmo, nossos comentários a seu respeito serão breves.

Evidente que o recebimento, na íntegra, dos embargos do devedor provocará a paralisação do processo, mas se o for parcial, a execução prosseguirá na parte não embargada.

Impõe-se esclarecer que o "recebimento dos embargos" não significa simplesmente sua apresentação em tempo hábil. São os embargos recebidos quando o juiz os declara recebidos, pois, como evidente, é-lhe facultado rejeitá-los.

A morte ou incapacidade processual da parte (exequente ou executado) tem de interromper o curso do processo a fim de que se promova sua substituição pelo inventariante ou herdeiro (no caso de morte) ou pelo curador (no caso de incapacidade).

Todavia, o § 1º, do art. 265 do CPC, encerra uma exceção a essa regra.

Se o juiz já tiver iniciado a audiência de instrução e julgamento o advogado continuará no processo até o encerramento da audiência e o processo só se suspenderá a partir da publicação da sentença ou do acórdão. Se falecer o procurador da parte, o juiz interromperá a audiência por vinte dias a fim de que a parte possa designar novo mandatário e, se não o fizer, extinguir-se-á o processo sem julgamento do mérito se a parte for o autor e, se o réu, o processo prosseguirá à sua revelia.

Tem-se entendido que, tanto na morte da parte como na do seu procurador, o processo fica suspenso automaticamente na data em que ocorrer o falecimento (STJ, 4ª Turma, REsp n. 32667-2, julgado em 24.6.96) sendo nulos os atos praticados após o falecimento (RT 606/90, RJTJSP 84/160, JTA 88/97, 94/265, 112/162, 112/367).

Decisórios que divergem desse entendimento são em número bem menor.

Somos partidários da opinião de que a morte, da parte ou de seu mandatário, acarreta, de modo automático, a suspensão do processo. Isto porque a ocorrência torna impraticáveis alguns dos princípios basilares da processualística, como por exemplo, o do contraditório.

O sobrestamento da execução nos casos de arguição de exceções de suspeição, impedimento ou incompetência do juízo é consequência da necessidade de serem elas previamente julgadas.

É ainda controvertida a natureza da relação das causas suspensivas da execução contidas no art. 791 do CPC, isto é, se taxativa ou exemplificativa.

Não há dúvida que, além das situações arroladas no sobredito dispositivo processual, outras podem ser lembradas para explicar a suspensão do processo de execução.

Ei-las:

I) Nas férias forenses, consoante o art. 173 do CPC, só se praticam alguns atos nessa espécie de processo.

II) É admissível a liminar em cautelar inominada, de caráter incidental, na ação rescisória.

Vêm os Tribunais do Trabalho, interativamente, concedendo tais liminares quando bem caracterizados o risco de dano irreparável e a lesão a direito do requerente ou executado.

Essa diretriz jurisprudencial está conforme o art. 489 do CPC ("O ajuizamento da ação rescisória não impede o cumprimento da sentença ou acórdão rescindendo, ressalvada a concessão, caso imprescindíveis e sob os pressupostos previstos em lei, de medidas de natureza cautelar ou antecipatória de tutela").

III) Na ocorrência de força maior, o processo deixa de tramitar provisoriamente e fica a parte desobrigada de ressarcir o dano consequente, se a causa não lhe for imputável.

A irresponsabilidade da parte pelo dano processual pode resultar de força maior, cujo requisito objetivo é a inevitabilidade do acontecimento e, o subjetivo, a ausência de culpa no evento.

A greve dos transportes ou dos correios, incêndio, inundações e outras calamidades têm sido invocados muitas vezes em juízo para justificar a suspensão do processo.

Sustentamos, portanto, ser exemplificativa a lista de situações susceptíveis de provocar a paralisação temporária do processo de execução, a que se reporta o art. 791 do CPC.

Cuidemos, neste passo, das hipóteses de suspensão da execução por vontade das partes:

I) Pela convenção das partes e sem assentimento do juiz, o processo executivo fica suspenso até seis meses (§ 3º do art. 265 do CPC). Findo esse prazo, serão os autos conclusos ao juiz que ordenará o prosseguimento do processo.

II) Reza o art. 792 do CPC que, convindo às partes, o juiz declarará suspensa a execução durante o prazo concedido pelo credor para que o devedor cumpra voluntariamente a obrigação.

Somos de parecer que, na hipótese, o credor está autorizado a conceder prazo superior àquele inscrito no § 3º, do art. 265, do CPC (seis meses, no máximo).

O art. 792 do CPC dá notícia de decisão unilateral do principal interessado que é o exequente ou credor. Se deseja dar, ao devedor, prazo superior a 6 meses para que ele possa resgatar a dívida, deve o juiz aceitar essa deliberação.

292. Sujeito Ativo da Execução

Na maioria dos casos de execução, há identidade entre o Reclamante na ação de cognição e o Exequente na de execução.

Consoante o art. 878 da CLT, a execução poderá ser promovida por qualquer interessado, ou *ex officio*, pelo próprio juiz ou presidente do tribunal competente, nos termos do artigo anterior, isto é, o magistrado que conciliou e julgou originariamente o dissídio.

Há, porém, que se ressalvar a exceção indicada no item 290 e referente às ações de cumprimento de sentença normativa.

Aqui se percebe um dos traços distintivos da execução trabalhista e da justiça comum. Na primeira, é lícito ao Juiz da Vara do Trabalho promover a execução da sentença *ex officio*, enquanto na justiça comum a lei não confere tal faculdade ao Juiz.

Esse preceito consolidado é por nós entendido e aceito como corolário do princípio do *jus postulandi* deferido às partes no âmbito da Justiça do Trabalho. Se principalmente o trabalhador se acha desassistido de advogado, tem o Juiz de tomar a iniciativa da execução porque o próprio interessado não saberia fazê-lo.

O parágrafo único do referido art. 878 da CLT autoriza o Ministério Público do Trabalho a promover a execução de decisões dos Tribunais Regionais.

É fora de dúvida que, na espécie, trata-se dos processos que se incluem na competência originária dos Tribunais. Queremos dizer que as decisões dos Tribunais, em grau de recurso, nos dissídios individuais, as respectivas sentenças terão de ser executadas nas e pelas Varas do Trabalho.

A expressão "qualquer interessado" que se vê no art. 878 da Consolidação, *caput*, tem alcance maior que, à primeira vista, possa parecer ter.

Designa o vencedor da lide, que, na maioria das vezes, é o empregado como Reclamante.

Se o vencedor da lide vier a falecer, seu sucessor poderá propor ou prosseguir na execução. Na hipótese, terá de apresentar ao juízo da execução documentos comprobatórios do falecimento da parte vencedora no processo e da sua condição de sucessor dele. Por outras palavras, por meio de petição, apresentará ao Juiz da execução o atestado de óbito e a certidão expedida pelo Juiz do inventário de que representa o espólio.

Ainda na hipótese, deve o juiz — se receber a notícia da morte do credor — suspender a execução, à vista do que preceitua o inciso II do art. 791 do CPC, que manda observar o disposto no inciso I do art. 265: *"pela morte ou perda da capacidade processual de qualquer das partes, do seu representante legal ou do seu procurador"*.

Informa o art. 567 do CPC que também podem promover a execução, ou nela prosseguir, o cessionário, quando o direito resultante do título executivo lhe foi transferido por ato entre vivos e o sub-rogado nos casos de sub-rogação convencional.

Na cessão, o possuidor do título executivo judicial ou extrajudicial transfere a um terceiro seus direitos. O título executivo judicial é a sentença passada em julgado e o extrajudicial, na esfera trabalhista, pode ser o título que o empregado houver recebido do vencido na lide por ocasião da conclusão de um acordo. Essa cessão, para valer contra terceiros, deve ser objeto de instrumento público ou particular. Se por instrumento particular, deverá ele estar revestido das solenidades do § 1º do art. 654, quais sejam, deve ele conter a indicação do lugar onde foi passado, a qualificação do outorgante e do outorgado, a data e o objetivo da outorga com a designação e a extensão dos poderes conferidos, ficando o terceiro com quem o mandatário tratar com o direito de exigir que a procuração traga firma reconhecida (art. 288 do Código Civil de 2002).

Consoante o art. 346 do Código Civil de 2002, a sub-rogação opera-se, de pleno direito, em favor (1) do credor que paga a dívida do devedor comum; (2) do adquirente do imóvel hipotecado, que paga ao credor hipotecário, bem como de terceiro que efetiva o pagamento para não ser privado de direito sobre o imóvel; (3) do terceiro interessado, que paga a dívida pela qual era ou podia ser obrigado, no todo ou em parte.

Nada impede que os interessados possam avençar outras hipóteses de sub-rogação de créditos.

Permite a lei que o devedor chame a si a iniciativa da execução, pois ele é, na forma do art. 878, da CLT, um *interessado* nela: "A execução poderá ser promovida por qualquer interessado, ou *ex officio*, pelo próprio juiz...".

Não deve causar espécie essa faculdade deferida pela lei ao devedor ou Executado. Tem-lhe grande utilidade na hipótese de transferir a um terceiro seu estabelecimento ou empresa, situação em que precisa estar "limpo" de quaisquer problemas com a Justiça.

293. Sujeito Passivo da Execução

A CLT não diz uma palavra sobre os sujeitos passivos da execução, ou seja, aqueles que devem cumprir o disposto na sentença como título judicial executivo.

Requerida a execução de sentença líquida, tem o Executado de ser citado, sob pena de nulidade do processo.

É pessoal a citação, por mandado e feita por oficial de justiça (art. 880, § 2º, da CLT: *"A citação será feita pelos oficiais de justiça"*).

O mandado, nos termos do § 1º do art. 880 da CLT, deve conter, obrigatoriamente: a) a decisão exequenda ou o termo do acordo não cumprido; b) identificação do Exequente e do Executado; c) número e localização do processo.

Generalizou-se a prática — sobretudo nas grandes cidades — de transcrever no mandado de citação do Executado, apenas a parte dispositiva da sentença. O fato não traz qualquer prejuízo ao Executado e, por isso, não dá ensejo à nulidade.

Só é válida a citação quando feita na pessoa do Executado, de seu representante legal ou de Procurador com poder expresso para recebê-la.

O oficial de justiça não pode obrigar o Executado a receber a contrafé do mandado de citação. No caso de recusa, deve limitar-se a certificar a conduta do Executado para, desse modo, aperfeiçoar a citação.

Se o Executado não for encontrado por duas vezes, no espaço de 48 horas, faz-se a citação por edital publicado no jornal oficial ou, na falta deste, afixado na sede da Vara do Trabalho ou do Juízo investido na jurisdição trabalhista.

Na hipótese do executado ser citado por edital e mesmo assim não atender ao chamamento judicial, deve o juiz nomear curador especial, na forma do art. 9º, II, do CPC. Sobre essa questão da necessidade de se nomear curador especial, deve ser lida a ementa do acórdão prolatado pelo TRT/SP no Processo n. 26.144/95, citado no item 105.1.

Por aplicação subsidiária do art. 8º da Lei n. 6.830, o prazo, consignado no edital, para o executado pagar o débito é de 30 dias.

Não acompanhamos aqueles que, em matéria de citação do Executado, admitem a subsidiariedade da Lei n. 6.830, isto é, a citação por via postal com aviso de recepção (AR).

Na hipótese, a ajuda supletiva do referido diploma legal é injustificável, uma vez que a CLT não é omissa no que tange à citação do Executado, como se lê do seu art. 880, § 2º.

Com fulcro no art. 230 do CPC (com redação dada pela Lei n. 8.710, de 24.9.1993), pode o oficial de justiça efetuar notificações, citações e intimações em comarca contígua, mas da mesma região metropolitana, em que o Executado tenha residência.

Clito Fornaciari Júnior ("A Reforma Processual Civil", Saraiva, 1996, p. 31) entende que o sobredito dispositivo autoriza o Oficial de Justiça a atuar em toda a região metropolitana em que se situe a comarca em que esteja lotado.

O preceito amplia, de modo considerável, os limites de atividade do Juiz e do oficial de justiça.

Reportando-nos ao art. 4º da Lei n. 6.830 e adaptando-o às peculiaridades do processo trabalhista, diremos que são sujeitos passivos da execução: a) o devedor ou o vencido, que quase sempre é a empresa ou o empregador individual; b) o fiador judicial que, nos autos da ação, ficou responsável pela obrigação alheia, caso o devedor principal não a cumpra; c) o espólio — no caso de morte do executado; d) a massa, representada pelo administrador judicial (ex-síndico), se sobrevier a falência do executado; d) a empresa sucessora; e e) o grupo econômico a que pertencer o vencido, desde que esse grupo tenha figurado no processo de conhecimento.

O § 1º do mesmo art. 4º da Lei n. 6.830 dispõe que o administrador judicial (ex-síndico) da falência, o liquidante, o inventariante e o administrador, nos casos de falência, liquidação, inventário, insolvência ou concurso de credores, se, antes de garantidos os créditos da Fazenda Pública (leia-se do vencedor na ação trabalhista), alienarem ou derem em garantia quaisquer dos bens administrados, respondem solidariamente pelo valor desses bens. Lembre-se que a Lei n. 11.101/2005, que editou a nova Lei de Falências, eliminou a concordata, criando em seu lugar a denominada recuperação judicial, que poderá ser administrada, também, por um administrador judicial nomeado pelo juiz. Assim, esse § 1º, do art. 4º, da Lei n. 6.830/1980, ao falar em "concordata", não se aplica à recuperação judicial.

Acrescenta o § 3º do mesmo art. 4º que os responsáveis, inclusive as pessoas indicadas no § 1º deste artigo, poderão nomear bens livres e desembaraçados do devedor, tantos quantos bastem para pagar a dívida. Os bens dos responsáveis ficarão, porém, sujeitos à execução se os do devedor forem insuficientes à satisfação da dívida.

Frustrada a execução contra o devedor, permite a lei que o fiador judicial, com os seus bens, tome o lugar daquele.

Na falência, constituirão créditos privilegiados os créditos derivados da legislação do trabalho, limitados a 150 salários mínimos por credor, e os decorrentes de acidentes de trabalho, conforme o art. 83, I, da Lei de Falência. Eles deverão ser pagos em primeiro lugar. O que sobejar a esse limite fica equiparado aos créditos quirografários (art. 83, VI, *c*, da Lei de Falência), e com eles serão pagos em quinto lugar.

Com o estabelecimento desse novo limite de 150 salário mínimos para os créditos trabalhistas como preferenciais a todos os outros créditos, ficou revogado parcialmente o disposto no art. 449, § 1º, da CLT: *"Na falência, constituirão créditos privilegiados a totalidade dos salários devidos ao empregado e a totalidade das indenizações a que tiver direito"*.

Estabelece o art. 186 do Código Tributário Nacional — *verbis*: *"O crédito tributário prefere a qualquer outro, seja qual for a natureza ou o tempo da constituição, ressalvados os créditos decorrentes da legislação do trabalho ou do acidente do trabalho"*.

Há quem veja nos arts. 29 e 31 da Lei n. 6.830, de 22 de setembro de 1980, a prova de que o privilégio do crédito trabalhista cedeu o lugar ao do crédito fiscal.

Não é esse o nosso pensamento.

É o Código Tributário uma Lei Complementar, enquanto a Lei n. 6.830 é uma lei ordinária, portanto hierarquicamente subordinada àquela. Ocioso dizer que uma lei ordinária não pode alterar uma lei complementar.

A solidariedade passiva de que fala o § 2º do art. 2º da CLT, se não foi arguida na fase de cognição, poderá sê-lo na execução. Isso porque a Súmula n. 205 do TST, foi cancelada na grande revisão de todas as Súmulas ocorrida em 2003, e que dispunha: *"O responsável solidário, integrante de grupo econômico, que não participou da relação processual como reclamado e que, portanto, não consta do título judicial como devedor, não pode ser sujeito passivo na execução"*.

Ajuizada a reclamação trabalhista contra um membro do grupo econômico, os demais dela tomavam ciência e, por isso, direta ou indiretamente participavam da defesa do reclamado individualizado na causa.

Estudo cuidadoso da *disregard doctrine*, que se encontra na raiz do sobredito dispositivo da CLT, fez-nos aceitar o pensamento supra.

Mais uma palavra sobre a *disregard doctrine* ou a desconsideração da personalidade jurídica.

Embora em época, anterior, a doutrina tenha verberado os abusos praticados à sombra da personalidade jurídica das sociedades comerciais, a verdade é que essa teoria só se desenvolveu a partir do século XIX (*Piero Verrucoli*, "Il Superamento della Personalita Giuridica delle Societá di Capitali nella 'Common Law' e nella 'Civil Law'", Milano, Giuffrè, 1964, p. 90 e ss.).

Deixou de ser dogma, nos tempos modernos, o princípio da separação dos patrimônios da sociedade e dos seus sócios. Se a sociedade mercantil é utilizada para causar danos a terceiros, há que se desconsiderar sua personalidade jurídica.

293.1. Dos Precatórios e dos Sequestros

Precatório nada mais é do que um ofício expedido pelo juiz da execução da sentença, em que a Fazenda Pública foi condenada a certo pagamento, ao presidente do Tribunal, a fim de que, por seu intermédio, se autorizem e se expeçam as necessárias ordens de pagamento às respectivas repartições públicas pagadoras.

No precatório devem ser indicadas a quantia a ser paga e a pessoa a quem a mesma se destina. Além disso, deve ser acompanhado de várias peças do processo, inclusive cópia autêntica da sentença e do acórdão que a tenha confirmado, e da certidão da conta de liquidação.

Assim, é pelo precatório é que se formula o processo para a requisição do pagamento devido a ser feito pelo presidente do Tribunal a quem se dirigiu. E a este cabe *ordenar* à repartição pública competente a satisfação do pagamento em cumprimento à execução promovida.

Na hipótese da Fazenda Pública não pagar ou não respeitar a ordem de preferência dos pagamentos, o prejudicado pode adotar as seguintes medidas: a) com esteio no art. 100, § 2º, da Constituição Federal, ele poderá requerer o sequestro da quantia necessária para satisfazer o débito; b) representar ao Ministério Público para que ingresse com ação direta para fins de intervenção, conforme o disposto nos arts. 34 e 35, da Constituição. Saliente-se que o ministério Público é o legitimado ativo exclusivo para o ajuizamento da ação direta de intervenção.

Como já apontado, o credor preterido é o titular exclusivo da ação de sequestro. Já no polo passivo desta ação deverá figurar a Fazenda Pública, que pagou indevidamente, e o credor beneficiado que preteriu os demais.

O sequestro é, portanto, uma exceção à impenhorabilidade do bem público, admissível porque vem prevista expressamente na própria Constituição Federal, art. 100, § 2º.

Analisando a natureza jurídica do sequestro, observam *Nelson* e *Rosa Nery* que poderá ele ser *satisfativo*, quando o credor primeiro da fila propõe a medida de sequestro porque visa entregar-lhe a quantia sequestrada para a satisfação de seu crédito na forma do art. 100, § 2º da Constituição Federal. Daí podermos nominá-lo de sequestro constitucional. Contudo, quando a medida é proposta por qualquer outro credor preterido, mas que não seja o que deva receber em primeiro lugar, ela será *cautelar*, conforme o art. 822, IV, do CPC (*"O juiz, a requerimento da parte, pode decretar o sequestro: ... IV) nos demais casos expressos em lei"*). Alertam eles que, em qualquer caso, satisfativa ou cautelar, a competência para decidir sobre o sequestro é originária de tribunal, porque o ofício requisitório é expedido pelo presidente do tribunal (CPC, art. 730, I).

Destacam esses autores que, na ação de sequestro, sempre deverá intervir obrigatoriamente o Ministério Público. Sem essa intervenção o processo é nulo, conforme o disposto no art. 84 c/c 246, do CPC.

Lembre-se que é preciso evitar que se burle a ordem cronológica dos precatórios. Assim, sob pretexto de transação, não se pode inverter a ordem deles, sob pena de violação da Constituição. Enfocando essa questão, o STF já decidiu em acórdão de lavra do Ministro Celso de Mello, e que assim está ementado: *"Medida constritiva extraordinária justificada, no caso, pela inversão da ordem de precedência de apresentação e de pagamento de determinado precatório. Irrelevância de a preterição da ordem cronológica, que indevidamente beneficiou credor mais recente, decorrer da celebração, por este, de acordo mais favorável ao Poder Púbico. Necessidade de a ordem de precedência ser rigidamente respeitada pelo Poder Púbico. Sequestrabilidade, na hipótese de inobservância dessa ordem cronológica, dos valores indevidamente pagos ou, até mesmo, das próprias rendas públicas (....)"* (STF, Pleno, AgRgRcl2132-SP, v.u., DJU 6.6.2003).

A matéria relativa aos precatórios e sequestros é disciplinada pelo art. 100 e seus parágrafos, da Constituição Federal/88, verbis:

"Art. 100. À exceção dos créditos de natureza alimentícia, os pagamentos devidos pela Fazenda Federal, Estadual ou Municipal, em virtude de sentença judiciária, far-se-ão exclusivamente na ordem cronológica de apresentação dos precatórios e à conta dos créditos respectivos, proibida a designação de casos ou de pessoas nas dotações orçamentárias e nos créditos adicionais abertos para este fim".

"§ 1º É obrigatória a inclusão, no orçamento das entidades de direito público, de verba necessária ao pagamento de seus débitos oriundos de sentenças transitadas em julgado, constantes de precatórios judiciários, apresentados até 1º de julho, fazendo-se o pagamento até o final do exercício seguinte, quando terão seus valores atualizados monetariamente". (NR)

"§ 1º-A Os débitos de natureza alimentícia compreendem aqueles decorrentes de salários, vencimentos, proventos, pensões e suas complementações, benefícios previdenciários e indenizações por morte ou invalidez, fundadas na responsabilidade civil, em virtude de sentença transitada em julgado".

"§ 2º As dotações orçamentárias e os créditos abertos serão consignados diretamente ao Poder Judiciário, cabendo ao Presidente do Tribunal que proferir a decisão exequenda determinar o pagamento segundo as possibilidades do depósito, e autorizar, a requerimento do credor, e exclusivamente para o caso de preterimento de seu direito de precedência, o sequestro da quantia necessária à satisfação do débito".

"§ 3º O disposto no caput deste artigo, relativamente à expedição de precatórios, não se aplica aos pagamentos de obrigações definidas em lei como de pequeno valor que a Fazenda Federal, Estadual, Distrital ou Municipal deva fazer em virtude de sentença judicial transitada em julgado".

"§ 4º São vedados a expedição de precatório complementar ou suplementar de valor pago, bem como fracionamento, repartição ou quebra do valor da execução, a fim de que seu pagamento não se faça, em parte, na forma estabelecida no § 3º deste artigo e, em parte, mediante expedição de precatório".

"§ 5º A lei poderá fixar valores distintos para o fim previsto no § 3º deste artigo, segundo as diferentes capacidades das entidades de direito público".

"§ 6º O Presidente do Tribunal competente que, por ato comissivo ou omissivo, retardar ou tentar frustrar a liquidação regular de precatório incorrerá em crime de responsabilidade".

Ora, na execução por quantia certa contra pessoa jurídica de direito público interno, dever-se-á observar o que dispõem os arts. 730 e 731 do CPC.

É a Fazenda Pública-Executada citada para opor embargos em dez dias e, se não os opuser, será proferida sentença sujeita ao duplo grau de jurisdição. Em seguida, o juiz requisitará o pagamento por intermédio do presidente do Tribunal Competente (Tribunal Regional do Trabalho ou Superior do Trabalho, conforme o caso); far-se-á o pagamento na ordem de apresentação do precatório e à conta de respectivo crédito.

À evidência, foi com fulcro no art. 730 do CPC que o Tribunal Superior do Trabalho, a 10 de abril de 1997, aprovou a Instrução Normativa n. 11, uniformizando os procedimentos para a expedição dos precatórios e ofícios requisitórios referentes a condenações decorrentes de decisões transitadas em julgado contra a União (Administração direta), Autarquias e Fundações.

Os incisos III e XII dessa Instrução Normativa autorizavam o Presidente do Tribunal Regional a determinar o sequestro de quantia necessária à satisfação do débito na hipótese da pessoa jurídica de direito público condenada não incluir no orçamento a verba destinada àquele pagamento, ou efetivar o pagamento por meio inidôneo, a menor, sem a devida atualização ou fora do prazo legal.

Eis como estão vazados estes dois incisos:

"III — O não cumprimento da ordem judicial relativa à inclusão, no respectivo orçamento, pela pessoa jurídica de direito público condenada, de verba necessária ao pagamento do débito constante de precatório regularmente apresentado até 1º de julho, importará na preterição de que tratam os §§ 1º e 2º do art. 100 da Constituição da República e autorizará o Presidente do Tribunal Regional do Trabalho, a requerimento do credor, expedir, após ouvido o Ministério Público, ordem de sequestro nos limites do valor requisitado" e

"XII — Na hipótese ressalvada no item anterior, caso efetivado o pagamento por meio inidôneo, a menor, sem a devida atualização ou fora do prazo legal, poderá o Juiz da Execução, a requerimento da parte interessada, requisitar ao Presidente do Tribunal o sequestro da quantia necessária à satisfação do crédito, após a atualização do débito e oficiada a entidade devedora com prazo para pagamento".

Essa hipótese de sequestro não foi prevista no § 2º do art. 100 da Constituição Federal, com redação dada pela Emenda Constitucional n. 30, de 13.9.00, *verbis*:

"As dotações orçamentárias e os créditos abertos serão consignados diretamente ao Poder Judiciário, cabendo ao Presidente do Tribunal que proferir a decisão exequenda determinar o pagamento segundo as possibilidades do depósito, e autorizar, a requerimento do credor, e exclusivamente para o caso de preterimento de seu direito de precedência, o sequestro da quantia necessária à satisfação do débito."

Deflui dessa norma da Lei Maior que só em havendo a preterição do direito de precedência é que fica o Presidente do Tribunal Regional do Trabalho autorizado a determinar o sequestro.

A lei não proíbe a execução provisória quando a Fazenda for a executada (STJ, 1ª Turma, REsp. 56.239-2, *in* DJU de 24.4.95, p. 10.388).

No caso de a Fazenda Pública ser condenada a cumprir obrigação de fazer, observa-se o disposto nos arts. 632 a 638, do CPC. A teor do preceituado no art. 730 do CPC, é vedado ao Tribunal expedir ofício requisitório antes de citar a Fazenda para opor embargos à execução. Dessarte, julgada a liquidação da sentença, deve-se citar a Fazenda para oposição dos embargos.

São penhoráveis os bens da sociedade de economia mista e, por via de consequência, a ela não se aplicam os arts. 730 e seguintes do CPC.

Releva notar que, a teor das disposições da Lei n. 9.469, de 10 de julho de 1997, é assegurado o direito de preferência aos credores de obrigação de natureza alimentícia, obedecida, entre eles, a ordem cronológica de apresentação dos respectivos precatórios judiciários.

É incontestável a natureza alimentícia dos créditos trabalhistas.

Como simples exigência fática, impõe-se a existência de duas relações de precatórios: uma dedicada aos precatórios comuns e, outras, aos precatórios originários de obrigações de índole alimentícia.

Consoante o art. 731 do CPC, se o credor for preterido no seu direito de preferência, o presidente do Tribunal do Trabalho que expediu a ordem poderá, depois de ouvido o Chefe do Ministério Público do Trabalho, ordenar o sequestro da quantia necessária para satisfazer o débito.

Contudo, o Órgão Especial do TST tem admitido o sequestro de verba pública para o pagamento de precatório quando o exequente esteja acometido de doença grave prevista em lei e corra risco de morte ou perigo iminente de debilidade permanente ou irreversível, como é o caso da tetraplegia completa, em razão dos princípios constitucionais da dignidade da pessoa humana e do direito à vida (Processo n. TST-ReeNecc e RO-14404-74.2010.5.04.0000, em que é Recorrente o Estado do Rio Grande do Sul).

Por oportuno, informamos que os arts. 730 e 731 do CPC, há pouco citados, não se aplicam às questões previdenciárias ou acidentárias e às questões de pequeno valor de cunho alimentar, assim consideradas. Essa causa obedecerá ao rito sumaríssimo e será liquidada imediatamente segundo o disposto no art. 128 da Lei n. 8.213, de 24.7.91, com a nova redação dada pela Lei n. 10.099, de 19.12.2000, que regulamentou o disposto no art. 100, § 3º da Constituição Federal, *verbis*:

"*As demandas judiciais que tiverem por objeto o reajuste ou a concessão de benefícios regulados nesta Lei cujos valores de execução não forem superiores a R$ 5.180,25 (cinco mil, cento e oitenta reais e vinte e cinco centavos) por autor poderão, por opção de cada um dos exequentes, ser quitadas no prazo de até sessenta dias após a intimação do trânsito em julgado da decisão, sem necessidade da expedição de precatório.*"

A Lei n. 10.099/00 prevê as seguintes situações:

a) É vedado o fracionamento, repartição ou quebra do valor da execução, de modo que o pagamento se faça, em parte, na forma estabelecida no *caput* e, em parte, mediante expedição do precatório;

b) É vedada a expedição de precatório complementar ou suplementar do valor pago na forma do *caput*;

c) Se o valor da execução ultrapassar o estabelecido no *caput*, o pagamento far-se-á sempre por meio de precatório;

d) É facultada à parte exequente a renúncia ao crédito, no que exceder ao valor estabelecido no *caput*, para que possa optar pelo pagamento do saldo sem o precatório, na forma ali prevista;

e) A opção exercida pela parte para receber os seus créditos na forma prevista no *caput* implica a renúncia do restante dos créditos porventura existentes e que sejam oriundos do mesmo processo;

f) O pagamento sem precatório, na forma prevista neste artigo, implica quitação total do pedido constante da petição inicial e determina a extinção do processo.

O disposto no art. 128, da Lei n. 8.213/91, não obsta a interposição de embargos à execução por parte do INSS.

Quando a causa for de valor superior à quantia supracitada, o processo fica jungido às normas disciplinadoras do precatório judicial.

Pacificando diversas questões relativas aos precatórios e sequestros, o Pleno do Tribunal Superior do Trabalho editou as seguintes Orientações Jurisprudenciais:

Orientação Jurisprudencial n. **1. Precatório. Crédito trabalhista. Pequeno valor. Emenda Constitucional n. 37/2002.** Há dispensa da expedição de precatório, na forma do art. 100, § 3º, da CF/1988, quando a execução contra a Fazenda Pública não exceder os valores definidos, provisoriamente, pela Emenda Constitucional n. 37/2002, como obrigações de pequeno valor, inexistindo ilegalidade, sob esse prisma, na determinação de sequestro da quantia devida pelo ente público;

Orientação Jurisprudencial n. **2. Precatório. Revisão de cálculos. Limites da competência do Presidente do TRT.** O pedido de revisão dos cálculos, em fase de precatório, previsto no art. 1º-E da Lei n. 9.494/1997, apenas poderá ser acolhido desde que: a) o requerente aponte e especifique claramente quais são as incorreções existentes nos cálculos, discriminando o montante que seria correto, pois do contrário a incorreção torna-se abstrata; b) o defeito nos cálculos esteja ligado à incorreção material ou à utilização de critério em descompasso com a lei ou com o título executivo judicial; e c) o critério legal aplicável ao débito não tenha sido objeto de debate nem na fase de conhecimento, nem na fase de execução;

Orientação Jurisprudencial n. **3. Precatório. Sequestro. Emenda Constitucional n. 30/2000. Preterição. ADIn 1662-8. Art. 100, § 2º, da CF/1988.** O sequestro de verbas públicas para satisfação de precatórios trabalhistas só é admitido na hipótese de preterição do direito de precedência do credor, a ela não se equiparando as situações de não inclusão da despesa no orçamento ou de não-pagamento do precatório até o final do exercício, quando incluído no orçamento.

Orientação Jurisprudencial n. **6. Precatório. Execução. Limitação da condenação imposta pelo título judicial exequendo à data do advento da Lei n. 8.112, de 11.12.1990.** Em sede de precatório, não configura ofensa à coisa julgada a limitação dos efeitos pecuniários da sentença condenatória ao período anterior ao advento da Lei n. 8.112, de 11.12.1990, em que o exequente submetia-se à legislação trabalhista, salvo disposição expressa em contrário na decisão exequenda.

Orientação Jurisprudencial n. **7. Juros de mora. Condenação da Fazenda Pública.** I — Nas condenações impostas à Fazenda Pública, incidem juros de mora segundo os seguintes critérios: a) 1% (um por cento) ao mês, até agosto de 2001, nos termos do § 1º do art. 39 da Lei n. 8.177, de 01.03.1991; b) 0,5% (meio por cento) ao mês, de setembro de 2001 a junho de 2009, conforme determina o art. 1º-F da Lei n. 9.494, de 10.09.1997, introduzido pela Medida Provisória n. 2.180-35, de 24.08.2001. II — A partir de 30 de junho de 2009, atualizam-se os débitos trabalhistas da Fazenda Pública, mediante a incidência dos índices oficiais de remuneração básica e juros aplicados à caderneta de poupança, por força do art. 5º da Lei n. 11.960, de 29.06.2009. III — A adequação do montante da condenação deve observar essa limitação legal, ainda que em sede de precatório.

Orientação Jurisprudencial n. **8. Precatório. Matéria administrativa. Remessa necessária. Não cabimento.** Em sede de precatório, por se tratar de decisão de natureza administrativa, não se aplica o disposto no art. 1º, V, do Decreto-Lei n. 779, de 21.8.1969, em que se determina a remessa necessária em caso de decisão judicial desfavorável a ente público.

Orientação Jurisprudencial n. **9. Precatório. Pequeno valor. Individualização do crédito apurado. Reclamação trabalhista plúrima.** Execução direta contra a Fazenda Pública. Possibilidade. Tratando-se de reclamações trabalhistas plúrimas, a aferição do que vem a ser obrigação de pequeno valor, para efeito de dispensa de formação de precatório e aplicação do disposto no § 3º do art. 100 da CF/88, deve ser realizada considerando-se os créditos de cada reclamante.

Orientação Jurisprudencial n. **10. Precatório. Processamento e pagamento. Natureza administrativa. Mandado de segurança. Cabimento.** É cabível mandado de segurança contra atos praticados pela Presidência dos Tribunais Regionais em precatório em razão de sua natureza administrativa, não se aplicando o disposto no inciso II do art. 5º da Lei n. 1.533, de 31.12.1951.

Orientação Jurisprudencial n. **12. Precatório. Procedimento de natureza administrativa. Incompetência funcional do presidente do TRT para declarar a inexigibilidade do título exequendo.** O Presidente do TRT, em sede de precatório, não tem competência funcional para declarar a inexigibilidade do título judicial exequendo, com fundamento no art. 884, § 5º, da CLT, ante a natureza meramente administrativa do procedimento.

Orientação Jurisprudencial n. **13. Precatório. Quebra da ordem de precedência. Não demonstração da posição do exequente na ordem cronológica. Sequestro indevido.** É indevido o sequestro de verbas públicas quando o exequente/requerente não se encontra em primeiro lugar na lista de ordem cronológica para pagamento de precatórios ou quando não demonstrada essa condição.

293.2. Sequestro de Rendas do Município

Dispõe o § 1º do art. 100 da Constituição Federal estatui ser "obrigatória a inclusão, no orçamento das entidades de direito público, de verba necessária ao pagamento de seus débitos oriundos de sentenças transitadas em julgado, constantes de precatórios judiciários, apresentados até 1º de julho, fazendo-se o pagamento até o final do exercício seguinte, quando terão seus valores atualizados monetariamente".

Compulsando repertórios de jurisprudência trabalhista, verificamos que, frequentemente, Tribunais Regionais do Trabalho ordenam o sequestro de rendas dos municípios que, desatendendo ao preceituado no dispositivo constitucional acima transcrito, não promovem o resgate de precatórios judiciários até o final do exercício seguinte e que foram apresentados até julho do ano anterior.

Na espécie, é inaplicável a norma legal que autoriza o sequestro de rendas municipais (ou de qualquer outra entidade de direito público), porque o fato se enquadra no inciso VI do art. 34 da Constituição Federal — *verbis*: *"A União não intervirá nos Estados nem no Distrito Federal, exceto para: I — omissis; VI — prover a execução de lei federal, ordem ou decisão judicial"*.

Temos como evidente que, a inobservância do § 1º do art. 100 da Lei Maior, não autoriza o questionado sequestro de rendas, mas justifica pedido de intervenção federal. O sequestro de rendas que essa norma constitucional autoriza é apenas no caso de preterição do direito do credor.

Semelhante entendimento teve a consagração do Supremo Tribunal Federal no julgamento da ADIn n. 1.662-8.

A Corregedoria Geral da Justiça do Trabalho tem acolhido (v. Processo n. TST-RC 27676-2002-000-00-00-0, *in* DJU de 21.8.2002, p. 521/2) pedido de cassação de ordem de sequestro de rendas municipais e sua decisão se funda nos susocitados dispositivos constitucionais e, também, por reconhecer a existência "de dano de difícil reparação, o qual ensejou o provimento da presente reclamação correicional, haja vista que os valores apreendidos e liberados, destinados a outros fins, dificilmente serão restituídos aos cofres públicos."

293.3. Precatórios e juros moratórios

Quando se fala em morosidade da Justiça, é de regra mencionar-se o exagerado número de recursos cujo trânsito pelos tribunais superiores leva anos, não porque os juízes sejam negligentes no desempenho de suas nobilitantes funções, mas porque não conseguem dar conta da avalanche de processos que, diariamente, desaba sobre suas cabeças.

Exame atento das publicações do Judiciário, nos órgãos oficiais, revela, de pronto, a importante contribuição das pessoas jurídicas de direito público interno (União, Estados, Municípios, suas autarquias e fundações públicas) para o fenômeno.

Mais de sessenta por cento dos processos têm, como partes, aquelas pessoas jurídicas e, entre estas, avulta o Instituto Nacional do Seguro Social — INSS. Atualmente, dentro do TST, o maior número de processos trabalhistas são de interesse exclusivo desse Instituto.

Todos os litígios dos segurados com essa autarquia não chegam a um fim antes de dez ou quinze anos.

Embora muitas de suas teses sejam sistematicamente rejeitadas nos Tribunais, o INSS — incansavelmente — as reproduz.

Dir-se-á que semelhante procedimento protege essa autarquia contra a aleivosia de que, com "a mão do gato", facilita a satisfação de descabidas pretensões.

Procede o argumento, mas, os casos de descabidas pretensões perdem longe para aqueles outros em que o segurado tem direito ao que deduziu em juízo.

Vejamos um caso real que demonstra a tenacidade com que o INSS defende o seu patrimônio, ou melhor, o patrimônio dos segurados.

Uma segurada foi vencedora em ação proposta contra o INSS. Estando em curso a execução da sentença, o respectivo precatório não foi atendido plenamente. A segurada pediu o complemento, enriquecido de juros moratórios, o que foi deferido pelo juiz e ratificado na instância superior. Sabia o INSS que, rebelando-se contra tal decisão, não teria o menor êxito na Corte Suprema pois, ali, já houvera pronunciamento favorável ao segurado. Inobstante, aviou o Recurso Extraordinário n. 330.600-6 (*in* DJU de 2.8.2002, p. 166).

O Ministro relator, ao negar seguimento ao recurso extremo, ponderou:

"*Em caso igual, Ag 379.889-SC proferi a seguinte decisão:*

O acórdão recorrido negou provimento ao agravo regimental, confirmando decisão em agravo de instrumento, que entendeu ser devida a inclusão dos juros moratórios na atualização da conta objeto do precatório complementar nos termos da Súmula n. 52/STJ.

Opostos embargos de declaração, estes foram rejeitados.

Daí o RE fundamentado no art. 102, III, a, da CF em que se alega ofensa ao art. 5º, LV e 100, § 1º, da mesma Carta, recurso que foi inadmitido.

No que toca à alegação de ofensa ao § 1º do art. 100, da CF, sem razão a autarquia agravante.

O que está no citado § 1º do art. 100 é isto: os precatórios, apresentados até 1º de julho, serão pagos até o final do exercício seguinte quando terão seus valores atualizados monetariamente. Todavia, ocorrendo resíduo inflacionário, é dizer, não tendo sido o débito devidamente atualizado, quando do seu pagamento, ou quando do pagamento do precatório, haverá resíduo a ser pago em precatório complementar. Aí, outra conta deverá de ser feita.

E a incidência dos juros decorrerá de norma infraconstitucional, que não integra, evidentemente, o contencioso constitucional. A ofensa à lei, se ocorresse, não autoriza a admissão do RE. E a ofensa à Constituição, se existente, seria indireta."

A decisão supra funda-se em argumentos irrespondíveis.

A autarquia gestora da Previdência Social não cumpriu o preceituado no § 1º do art. 100 da CF — *verbis*: *"É obrigatória a inclusão, no orçamento das entidades de direito público, de verba necessária ao pagamento de seus débitos oriundos de sentenças transitadas em julgado, constantes de precatórios judiciários, apresentados até 1º de julho, fazendo-se o pagamento até o final do exercício seguinte, quando terão seus valores atualizados monetariamente".*

O dispositivo tem clareza solar: a entidade devedora, ao liquidar dívida oriunda de precatório judicial, terá de atualizar seu valor. Se não o fizer, o precatório suplementar terá de incluir os juros moratórios.

A autarquia sabe disso, mas, também não ignora que até o seu recurso extraordinário ser julgado, terão transcorrido três ou mais anos que, somados aos que foram consumidos nas instâncias inferiores, farão com que, provavelmente, os herdeiros do segurado recebam o que lhe era devido.

293.4. Não Pagamento dos Precatórios: Responsabilidade Civil do Estado

Há algum tempo se vem falando na necessidade: a) de os Estados intervirem nos municípios e, b) da União intervir nos Estados, porque não resgataram os precatórios judiciários nos termos da Lei.

O instituto da intervenção federal é um direito público subjetivo. É de inquestionável importância no regime federativo, sobretudo quando houver ameaça de desagregação do conjunto das unidades que o compõem ou quando uma destas desrespeita princípios basilares e inerentes a este tipo de organização política.

Segundo noticiário da imprensa diária, há Estados e Municípios que, há vários anos, não cumprem as normas constitucionais referentes aos precatórios judiciários. Vejamos, em primeiro lugar, o que dispõe a respeito a Constituição da República.

Lê-se, no *caput* do seu artigo 100, *verbis*: *"À exceção dos créditos de natureza alimentícia, os pagamentos devidos pela Fazenda Federal, Estadual ou Municipal, em virtude de sentença judiciária, far-se-ão, exclusivamente, na ordem cronológica de apresentação dos precatórios e à conta dos créditos respectivos, proibida a designação de casos ou de pessoas nas dotações orçamentárias e nos créditos adicionais abertos para este fim".*

Consoante caudalosa e repetitiva jurisprudência da Corte Suprema, os créditos de natureza alimentícia — como o são os de natureza salarial — não obedecem à ordem cronológica dos demais créditos; é mister organizar para eles uma ordem cronológica própria.

Acrescenta-se, no § 1º, do supracitado dispositivo ser *"obrigatória a inclusão no orçamento das entidades de direito público, de verba necessária ao pagamento de seus débitos constantes de precatórios judiciários, apresentados até de 1º de julho, fazendo-se o pagamento até o final do exercício seguinte, quando terão seus valores atualizados monetariamente"* (redação dada pela Emenda Constitucional n. 30/2000)

A norma constitucional é imperiosa: a entidade de direito público (União, Estado ou Município) é obrigada a incluir, no orçamento de cada exercício, a verba destinada ao pagamento dos débitos constantes de precatórios judiciários.

Estranhamente, a Lei Maior silencia quanto à hipótese de uma das referidas entidades públicas deixar de inscrever, no orçamento, a verba necessária ao questionado pagamento. Limita-se a dizer, na segunda parte do § 2º, do pré-citado art. 100, que o Tribunal prolator da sentença exequenda pode autorizar, *"a requerimento do credor e exclusivamente para o caso de preterimento de seu direito de precedência, o sequestro da quantia necessária à satisfação do débito".*

O alheamento do legislador constituinte, nesse particular, foi, provavelmente, causado pela possibilidade de a entidade pública não dispor de recursos financeiros para satisfazer ao precatório.

No tangente ao preterimento já referido, há a presunção da existência dos meios financeiros, embora com aplicação distorcida pelo desrespeito à ordem de preferência do crédito devido ao fator temporal ou em virtude de sua natureza alimentícia.

Quanto à intervenção da União num Estado, pelo motivo já abordado, tem ela legitimidade quando fundada no prescrito no inciso VI, do art. 34: *"A União não intervirá nos Estados nem no Distrito Federal, exceto para: I — omissis; VI — prover a execução de lei federal, ordem ou decisão judicial".*

Nesse preceito da Lei Fundamental estão agrupadas as hipóteses, *numerus clausus*, que legitimam o uso de medida tão radical, como o é a intervenção da União num membro da federação.

Escusado dizer que esse mesmo preceito não tolera interpretação extensiva ou analógica.

Temos como certo que malfere o inciso VI do art. 34 da Constituição da República o Estado que deixa de incluir, no seu orçamento, as dívidas judiciais apresentadas até julho de cada ano.

Em nosso sistema legal, o processo de intervenção, num Estado devido ao não pagamento de precatório judiciário, é regulado pela Lei n. 8.038, de 28 de maio de 1990, nos arts. 19 a 22, cujo conteúdo resumimos nestes termos:

No caso de desobediência a ordem ou decisão judiciária. a requisição de intervenção federal será promovida de ofício, ou mediante pedido de Presidente de Tribunal de Justiça do Estado, ou de presidente de Tribunal Federal, quando se tratar de prover a execução de ordem ou decisão judicial, com ressalva, conforme a matéria, da competência do Supremo Tribunal Federal ou de Tribunal Superior.

Recebendo o pedido, o Presidente da Corte Suprema tomará as providências que lhe parecerem adequadas para remover, administrativamente, a causa do pedido ou mandará arquivá-lo se for manifestamente infundado, cabendo, de seu despacho, agravo regimental.

Prestadas as informações pela autoridade estadual e ouvido o Procurador Geral, o pedido de intervenção será distribuído a um relator.

Julgado procedente o pedido, será requisitada a intervenção ao Presidente da República.

Os arts. 350 a 354, do Regimento Interno do Supremo Tribunal Federal, traçam as linhas processuais da intervenção federal num Estado.

Vejamos, a seguir, a ementa de um acórdão do Supremo Tribunal Federal versando a matéria debatida neste tópico de nossa exposição: "Intervenção federal. Legitimidade ativa para o pedido. Interpretação do inciso II do art. 36, da Constituição Federal de 1988, e dos arts. 19, II e III da Lei n. 8.038, de 29.5.90, e 350, II e III do RISTF. A parte interessada na causa somente poderá se dirigir ao Supremo Tribunal Federal, com pedido de intervenção federal, para prover a execução de decisão da própria Corte. Quando se trate de decisão de Tribunal de Justiça, o requerimento de intervenção deve ser dirigido ao respectivo Presidente a quem incumbe, se for o caso, encaminhá-lo ao Supremo Tribunal Federal. Pedido não conhecido por ilegitimidade dos requerentes". STF, IF-QO, 105/PR, Pleno, Rel. Min. Sydney Sanches, DJ 4.9.92, RTJ 142/371.

De passagem anotamos que, na espécie, Presidente do Tribunal de Justiça ou do Tribunal Regional do Trabalho não se limita a receber o pedido de intervenção para, sem nenhum exame, passá-lo para a Corte Suprema. Compete-lhe pronunciar-se sobre a viabilidade do pedido. Do seu despacho denegatório, é admissível o agravo regimental.

Dando pela admissibilidade do pedido, o Presidente do Tribunal de Justiça Estadual, depois de instruir o processo com documentos comprobatórios dos fatos, enviará cópias dessas peças aos desembargadores que deverão decidir sobre o envio, ou não, ao Supremo Tribunal Federal, do pedido de intervenção no Estado.

Despiciendo dizer que a União, nos casos apontados, está impedida de intervir num município, cuja autonomia só pode ser enfrentada pela unidade federativa em que se situar, como deflui do art. 35 da Constituição da República: *"O Estado não intervirá em seus Municípios, nem a União nos Municípios localizados em Território Federal, exceto quando: I — omissis; IV — o Tribunal de Justiça der provimento a representação para assegurar a observância de princípios indicados na Constituição Estadual, ou para prover a execução de lei, de ordem ou de decisão judicial"*.

Está, portanto, perfeitamente assentado na Lei Fundamental que o não cumprimento de precatórios judiciários pelos Municípios autoriza o respectivo Estado a neles intervir.

Consoante o § 1º do art. 36 da Constituição Federal, "o decreto de intervenção, que especificará a amplitude, o prazo e as condições de execução e que, se couber, nomeará o interventor, será submetido à apreciação do Congresso Nacional (caso de intervenção em município de um Território Federal) ou da Assembleia Legislativa do Estado, no prazo de vinte e quatro horas."

O processo de intervenção num município guarda certa semelhança com aquele, já indicado, objetivando a intervenção da União num Estado.

De todo o exposto até aqui, é indisfarçável a ilicitude da recusa, do Estado ou do Município, de incluir em seu orçamento as dívidas oriundas de precatórios judiciários.

As Constituições da República e dos Estados, bem como a legislação infraconstitucional, não deixam margem a qualquer dúvida sobre a configuração, *in casu*, do ato ilícito.

Esse procedimento irregular dos poderes públicos estaduais e municipais, nos últimos tempos, deixou de ser fato raro em nosso País. A causa primária desse fato é, com certeza, a crise econômica e financeira em que se debate o País, desde a década de 80. Tendo de arrostar a respectiva e tormentosa problemática, não é incomum o governante dar prioridade a encargos relacionados com outros compartimentos da administração pública, "empurrando com a barriga" os precatórios judiciários mediante o uso de toda a sorte de recursos susceptíveis de eternizar uma demanda judicial.

Todavia, existe no caso a responsabilidade civil do Estado.

Ora, é inegável que alguns homens públicos vão longe demais. Simplesmente, não cumprem o disposto na Constituição Federal ou do Estado quanto à inserção, no orçamento, dos débitos oriundos dos questionados precatórios.

Não hesitamos em afirmar que tal conduta é enquadrável no art. 186 do Código Civil de 2002: "Aquele que, por ação ou omissão voluntária, negligência ou imprudência, violar direito ou causar dano a outrem, ainda que exclusivamente moral, comete ato ilícito".

Se o credor do poder público provar que o descumprimento das normas legais atinentes aos precatórios judiciários lhe causaram algum dano, não resta dúvida que o Estado ou o Município terão de responder por esse dano.

Ninguém contesta que o dano é pressuposto da responsabilidade civil. Embora provada a irregularidade imputada ao Poder Público, é imprescindível a demonstração da existência real do evento danoso.

A pretensão ressarcitória do cidadão, titular de crédito reconhecido em precatório judiciário, portanto, fulcra-se no desrespeito às normas legais atinentes ao resgate de tais ordens emanadas do Judiciário e num comprovado dano patrimonial, embora se admita, também, o dano moral.

É claro que a responsabilidade do poder público de indenizar o cidadão, na hipótese já aventada, é uma decorrência da quebra do equilíbrio econômico-jurídico provocada pelo dano.

Essa responsabilidade extracontratual ou aquiliana tem como fundamento a violação do dever legal de não prejudicar a ninguém, isto é, o *neminem laedere* dos romanos.

Exemplo: o proprietário e morador de um imóvel residencial, desapropriado pelo poder público municipal, teve de alugar um outro que lhe servisse de residência. É de toda a evidência que a aferição do seu dano será feita a partir da data em que o Municípios deveria colocar em seu orçamento o respectivo débito e não o fez.

Outro exemplo: o Estado desapropriou terras exploradas por um pecuarista ou cultivador de algodão. O já mencionado ato ilícito do Estado obrigou o expropriado a fazer ou a deixar de fazer algo com séria lesão a seu patrimônio.

Em alguns casos poder-se-á, até, demonstrar a existência do dano moral, resultante das situações embaraçosas e deprimentes do expropriado ou do credor do poder público causadas pela demora injustificada deste em cumprir o que a lei preceitua sobre precatórios judiciários.

293.5. Os Precatórios e a Emenda Constitucional n. 37/2002

As Mesas da Câmara dos Deputados e do Senado Federal, nos termos do § 3º do art. 60 da Constituição Federal, promulgaram, a 12 de junho de 2002, a Emenda Constitucional n. 37 (*in* DOU de 13.6.2002).

Altera os artigos 100 e 156 e acrescenta os artigos 84, 85, 86, 87 e 88 ao Ato das Disposições Constitucionais Transitórias — ADCT.

Tais dispositivos versam várias matérias, figurando entre elas os precatórios que, como sabido, são solicitações, partidas do juiz da execução, ao Presidente do Tribunal competente, para que requisite do Executivo federal, estadual ou municipal a quantia necessária a satisfação do seu débito.

Em se tratando de pessoa jurídica de direito público interno, são impenhoráveis os seus bens, o que implica em mudança no processo de execução quando o devedor é pessoa física ou jurídica de direito privado.

É evidente que nos referimos à execução por quantia certa, pois, quando executa obrigação de fazer ou não fazer ou de dar, sendo executada a Fazenda Pública, o processo executório é o mesmo para uns e outros.

De conformidade com o art. 100 da Lei Fundamental, à exceção dos créditos de natureza alimentícia, os pagamentos devidos pela Fazenda Federal, Estadual ou Municipal, em virtude de sentença judiciária, "far-se-ão exclusivamente na ordem cronológica de apresentação dos precatórios e à conta dos créditos respectivos, proibida a designação de casos ou de pessoas nas dotações orçamentárias e nos créditos adicionais abertos para este fim".

As disposições que vimos de citar demonstram que o procedimento observado no atendimento dos precatórios em nada se distinguia do que se fizera ao longo da nossa história constitucional: a requisição judicial era feita à Fazenda Pública e esta a atendia integralmente, mas num prazo que variava segundo as condições das finanças nacionais.

Esse quadro se modificou bruscamente com a Emenda Constitucional n. 30, de 2000, que acrescentou ao ATDC o art. 78 com o seguinte texto: *"Ressalvados os créditos definidos em lei como de pequeno valor, os de natureza alimentícia, os de que trata o art. 33 deste Ato das Disposições Constitucionais Transitórias e suas complementações e os que já tiverem os seus respectivos recursos liberados ou depositados em juízo, os precatórios pendentes na data da promulgação desta Emenda e os que decorram de ações iniciais ajuizadas até 31 de setembro de 1999, serão liquidados pelo valor real, em moeda corrente, acrescido de juros legais, em prestações anuais, iguais e sucessivas, no prazo máximo de dez anos, permitida a cessão dos créditos".*

Tem esse artigo quatro parágrafos em que se cogita da conduta do credor no caso de descumprimento do precatório dentro do prazo indicado.

Os círculos jurídicos do País ficaram perplexos com a ousadia do legislador ao afrontar o princípio do respeito à coisa julgada, consagrado por cláusula pétrea (inciso XXXVI do art. 5º da CF) e, portanto, invulnerável a normas emanadas do constituinte derivado. Ademais, é o que também estatui o inciso IV do § 4º do art. 60 da Carta Magna: *"A Constituição poderá ser emendada mediante proposta: ... § 4º Não será objeto de deliberação a proposta de emenda tendente a abolir: ... IV — os direitos e garantias individuais".*

De fato, o precatório origina-se de uma sentença judicial que passou em julgado e o débito que nela se reconhece há-de ser satisfeito pelo Executado (a Fazenda Pública) nos exatos termos estabelecidos pela Justiça, a menos que as partes acordem seu parcelamento.

Quando se noticiou que o Congresso Nacional preparava nova Emenda Constitucional tendo por objeto os precatórios judiciais, a consciência jurídica nacional ficou esperançosa de ver eliminada disposição ofensiva a norma pétrea alusiva à coisa julgada.

Com a superveniência da Emenda Constitucional n. 37, em data já enunciada, verificou-se que o Legislativo só reduzira, um pouco, os efeitos negativos da roupagem dada ao art. 78 do ADCT. Estendeu o manto protetor da coisa julgada apenas sobre os débitos da Fazenda de pequeno valor.

É o que se depreende do texto do art. 86 acrescentado ao ADCT:

"Serão pagos conforme disposto no art. 100 da Constituição Federal, não se lhes aplicando a regra de parcelamento estabelecida, no caput do art. 78 deste Ato das Disposições Constitucionais Transitórias, os débitos da Fazenda Federal, Estadual ou Municipal oriundos de sentenças transitadas em julgado que preencham, cumulativamente, as seguintes condições:

I — ter sido objeto de emissão de precatórios judiciários;

II — ter sido definidos como de pequeno valor pela lei de que trata § 3º do art. 100 da Constituição Federal ou pelo art. 87 deste Ato das Disposições Constitucionais Transitórias;

III — estar, total ou parcialmente, pendentes de pagamento na data da publicação desta Emenda Constitucional.

§ 1º Os débitos a que se refere o caput deste artigo, ou os respectivos saldos, serão pagos na ordem cronológica de apresentação dos respectivos precatórios, com precedência sobre os de maior valor.

§ 2º Os débitos a que se refere o caput deste artigo, se ainda não tiverem sido objeto de pagamento parcial, nos termos do art. 78 deste Ato das Disposições Constitucionais Transitórias, poderão ser pagos em duas parcelas anuais, se assim dispuser a lei.

§ 3º Observada a ordem cronológica de sua apresentação, os débitos de natureza alimentícia previstos neste artigo terão precedência para pagamento sobre todos os demais."

Acerca das limitações do poder de reforma da constituição, já de há muito defendemos que uma emenda constitucional é o instrumento à disposição do constituinte secundário ou derivado para inserir ou retirar do texto constitucional algumas disposições.

Em nosso sistema legal á a questão regulada pelo art. 60 da Constituição Federal.

Devido à sua própria natureza, não é esse poder incondicionado e irrestrito.

Sofre limitações oriundas da própria Constituição e estabelecidas pelo poder constituinte originário, o qual — quase sempre — resulta de um movimento revolucionário desencadeado para substituir todo um regime político (como ocorreu, entre nós, em 1824, 1889, 1930, 1946 e 1964).

O golpe de estado que se propõe, apenas, a substituir os detentores do poder, não é fato gerador do poder constituinte originário.

Este poder constituinte também pode derivar de u'a manifestação global do povo num plebiscito ou se a Constituição o admitir — quando convocado pelo chefe do governo para indicar representantes revestidos do poder constituinte originário.

Escusado dizer que as ideias motoras de um movimento revolucionário ou prevalecentes na consciência da população, darão o perfil da nova Carta.

Em 1988, infelizmente, no Congresso, seus membros, ao influxo de uma estranha mistura dos ideários liberal e socialista, tentaram modelar um Estado curvado diante do amplo elenco de direitos fundamentais e, contraditoriamente, autorizado a intervir nas atividades econômicas num grau susceptível de pôr em risco aqueles direitos. Para esses parlamentares escreveu *León Duguit* ("Traité de droit constitutionnel", Ancienne Librairie, 3. ed., 1927, tomo II, p. 733): *"A eterna quimera é a de colocar nas Constituições a perfeição que eles mesmos não têm"*.

Em suma: a nosso ver, só se viabiliza completa reforma da atual Carta Constitucional por meio de um plebiscito (inciso XV, do art. 49 da CF) ou da formação de uma Assembleia Constituinte.

Reforma parcial da Constituição, ainda vigente, é submetida às limitações formais, circunstanciais e materiais ao poder constituinte derivado, nos arts. 60, I, II e III, §§ 2º, 3º e § 5º; art. 60, § 1º e § 4º, I, II, III e IV.

Tais limitações se fazem em respeito às características das normas pétreas.

Formais são aquelas relativas ao processo de reforma da Constituição e contidas nos incisos I, II e III do seu art. 60 e §§ 2º, 3º e 5º desse mesmo dispositivo.

Circunstancial é a limitação mencionada no § 1º, do mesmo art. 60, porque proíbe emenda constitucional na vigência de intervenção federal, estado de defesa e de estado de sítio.

Finalmente, materiais são as regras aninhadas nos inciso I a IV do artigo em tela porque não permitem que o Congresso delibere sobre emenda tendente a abolir a forma federativa do Estado, o voto direto, secreto, universal e periódico, a separação dos poderes, os direitos e garantias fundamentais individuais.

Os constitucionalistas, de modo geral, reconhecem a necessidade de tais restrições ao poder constituinte de reforma.

Jorge Reinaldo A. Vanossi ("Teoria constitucional", Buenos Aires: Depalma, 1975) reputado jurista portenho, por exemplo, entende que tais limites assim se catalogam: a) autônomos porque vêm da própria Constituição e, por isso, são internos ao ordenamento que se pretende modificar; b) heterônomos que são aqueles derivantes de normas alheias à Constituição, ou seja, externas ao direito local, como o são os tratados internacionais, quando o direito local admite sua incorporação ao sistema nacional.

Silenciou *Vanossi* quanto aos limites circunstanciais — existentes em nossa Carta Política — porque a realidade por ele estudada os desconhecia.

Os limites autônomos se subdividem em formais e substanciais. Aqueles se referem ao procedimento da reforma e, os últimos, às cláusula pétreas.

Discorrendo sobre a normas constitucionais intangíveis, primeiro assinala que elas são peculiares às Constituições do tipo rígido, como a nossa o é, e depois, acrescenta: "Hoje em dia, com exceção dos autores jusnaturalistas mais renitentes, a maioria das opiniões é adversa à presença ou à conservação deste tipo de cláusulas, por estimá-las inúteis e até contraproducentes."

A argumentação que desenvolve em defesa dessa assertiva, resumimos assim:

"A intangibilidade de certas disposições constitucionais provoca, paradoxalmente, o efeito de privar o poder constituinte reformador de sua função primacial e que é a de evitar ou de fazer desnecessário o aparecimento do poder constituinte revolucionário ou originário que cabe à ciência política analisar.

A história política dos povos demonstra que as questionadas limitações ou proibições — prenhes de soberba eternidade — não se mantêm além dos tempos de normalidade e estabilidade, fracassando em sua finalidade quando sobrevém crise social ou política cuja problemática não puderam prever ou disciplinar.

As cláusula pétreas prendem-se ao renascimento do direito natural como defesa frente ao positivismo jurídico que conduz a uma certa flexibilidade das estruturas constitucionais."

Como se vê, *Vanossi*, anos depois de *Lowenstein*, é pessimista quanto à eficácia das normas constitucionais intangíveis na defesa da perenidade de certos direitos fundamentais. Ao mesmo passo, não dá maior atenção ao direito natural.

E, antes desses dois constitucionalistas, *Biscaretti di Ruffia* já sustentava:

"Assim como se admite amplamente que um Estado possa decidir com um procedimento plenamente jurídico, sua própria extinção, verdadeiramente não se compreende porque ele não poderia, em troca, modificar igualmente de maneira substancial, seu próprio ordenamento jurídico, ou seja, sua própria Constituição, ainda atuando sempre no âmbito do direito vigente" (apud Vanossi, obra citada p. 189/190).

De fato, *Biscaretti di Ruffia*, na segunda edição italiana do seu "Diritto Costituzionale" (Casa Ed. Eugenio Jovene, 1950, II tomo, p. 187) declara, sem qualquer eufemismo, ser "um absurdo pretender-se uma constituição rígida, imodificável, destinada a regular a vida de uma sociedade em contínuo progresso."

Não é de hoje, portanto, que se discute a legitimidade, ou não, de inserção de normas imodificáveis nos textos constitucionais.

Para *Carl Schmitt* ("Teoria de la constitución", Rev. de Derecho Privado, Madrid, 1934, tradução do original alemão de 1927) a reforma da constituição não deve chegar ao extremo de retirar-lhe a identidade e seus postulados básicos (p. 118 e ss.). Não é ele tão radical quanto *Ruffia* acerca do poder de reforma constitucional.

Quanto a nós, que não desprezamos o *jusnaturalismo*, parece-nos que a constituição rígida deve ser aquela que se sobrepõe à lei ordinária e cujas alterações devem obedecer a procedimento complexo que as dificultem, mas não as inviabilizem. Nesse modelo, há que se colocar algumas disposições destinadas a servir de escudo a certos direitos fundamentais e que não podem nem devem ser eliminadas, como aquelas que protegem a liberdade, a dignidade da pessoa humana e a propriedade privada com função social.

De todo o exposto nas linhas precedentes, conclui-se que *a EC n. 37 ofende a coisa julgada protegida por norma pétrea. Tem ela a mácula da inconstitucionalidade.*

De outra parte, essa Emenda deixa de fora os créditos trabalhistas devido a sua natureza alimentícia, o que significa dizer que sobre eles não incidem os arts. 78 e 86 do ADCT.

294. Espécies de Execução: Provisória e Definitiva. Penhora

Frisamos, mais uma vez, que, no processo trabalhista, são títulos executivos: a) as decisões passadas em julgado ou das quais não tenha havido recurso com efeito suspensivo; b) os acordos judiciais não cumpridos (ver no item 288 nossa digressão sobre o instituto da arbitragem); c) termos de ajuste de conduta firmados perante o Ministério Público do Trabalho e d) termos de conciliação emanados das Comissões de Conciliação Prévia.

Sentença transitada em julgado tem a força executiva em si mesma, se o devedor não a cumprir voluntariamente. A execução dessa sentença é definitiva porque irá até a alienação de tantos bens do devedor ou do executado quantos forem necessários para a liquidação do seu débito.

No caso de conciliação, o respectivo termo vale como decisão irrecorrível. Se o acordo não for cumprido nos termos que estabeleceu, será objeto de processo de execução (parágrafo único do art. 831 e art. 876 da CLT).

Ainda no caso de execução definitiva, *ex vi* do preceituado no § 1º do art. 899 da CLT, tão logo se forme a coisa julgada, por simples despacho do juiz é admitido o levantamento de dinheiro feito pelo vencido quando da interposição do recurso. É evidente que esse valor será compensado do total final do débito apurado na execução.

Temos aí uma das peculiaridades do processo trabalhista. Antes mesmo do início do processo de execução, é dado ao empregado proceder ao levantamento da quantia depositada à guisa de amortização da dívida do vencido ou do Executado.

A execução provisória vai até a penhora, apenas, e cujo título executivo é uma sentença atacada por recurso recebido com efeito meramente devolutivo, como se infere da leitura da parte final do art. 899, da CLT.

Na execução provisória, a penhora não deve incidir sobre dinheiro, caso o executado tenha nomeado outros bens. Nesse sentido, o TST firmou sua jurisprudência, como se lê do item III de sua Súmula n. 417: "III — Em se tratando de execução provisória, fere direito líquido e certo do impetrante a determinação de penhora em dinheiro, quando nomeados outros bens à penhora, pois o executado tem direito a que a execução se processe da forma que lhe seja menos gravosa, nos termos do art. 620 do CPC".

Assim, com fulcro nessa Súmula, a jurisprudência se inclina para a realização da execução da forma menos gravosa para o executado. Com isso, afastam-se decisões como esta proferida pelo TRT da 9ª. Região, que se encontra assim ementada: *"Execução provisória. Penhora on-line. Legalidade. A execução provisória da sentença far-se-á, no que couber, do mesmo modo que a definitiva. A restrição que se impõe é a transferência dos bens penhorados. Inteligência dos arts. 475-O do CPC e 899 da CLT. Todo provimento jurisdicional nasce dotado da eficácia que lhe é inerente. A sua inibição só poderá se dar quando previsto recurso com efeito suspensivo. Assim, a penhora "on-line" tem lugar, também, na execução provisória. A tecnologia eletrônica veio para disponibilizar e ampliar os meios viabilizadores e facilitadores da atividade jurissatisfativa, exigência que decorre dos princípios da celeridade e efetivação das decisões judiciais. Justiça moderna é aquela que se vale da tecnologia para encurtar distâncias e reduzir custos, obtendo-se o maior índice de satisfação para os jurisdicionados"* (TRT 9ª Reg. AP 18918-1999-652-09-01-0. DJPR 9.2.07) É a execução provisória admitida nas seguintes hipóteses: a) do recurso extraordinário e recurso especial regularmente recebidos (arts. 497 e 542, § 2º, do CPC); b) do agravo de instrumento contra despacho que denega o recurso extraordinário — art. 497 do CPC; c) do recurso de revista recebido com efeito devolutivo ou do agravo de instrumento que lhe nega seguimento; d) de agravo regimental contra despacho denegatório dos embargos opostos às decisões das turmas do TST; e) do recurso ordinário aceito com efeito devolutivo.

No CPC de 1939, o recurso extraordinário não era óbice à execução definitiva. O CPC de 1973 e ainda vigente adotou orientação diferente: admite a execução provisória no caso de apelo à Suprema Corte.

Há quem se apegue ao disposto no art. 497 do CPC ("O recurso extraordinário e o recurso especial não impedem a execução da sentença...") para concluir que, na atualidade, a hipótese aventada é a da execução definitiva.

Estamos que esse dispositivo apenas possibilita a execução provisória.

Chega-se a essa conclusão em face do que se contém no art. 475-I, § 1º "É definitiva a execução da sentença transitada em julgado e provisória quando se tratar de sentença impugnada mediante recurso ao qual não foi atribuído efeito suspensivo".

O dispositivo não distingue este ou aquele recurso para o fim indicado.

Qualquer recurso, inclusive o extraordinário, desde que recebido com efeito devolutivo, enseja a execução provisória. É o que se deduz do conteúdo desse art. 475-I, § 1º do CPC, *verbis*: "É definitiva a execução da sentença transitada em julgado e provisória quando se tratar de sentença impugnada mediante recurso ao qual não foi atribuído efeito suspensivo". Assim, esse dispositivo esclarece que somente com a coisa julgada é que ocorre a execução definitiva. Quando a sentença tiver sido impugnada por recurso recebido sem efeito suspensivo, a execução sempre será provisória. O regime jurídico dessa modalidade de execução está previsto no art. 475-O, do CPC. Assim, quando o acórdão tiver sido impugnado por recurso recebido sem efeito suspensivo, como por exemplo recurso extraordinário, recurso especial, recurso de revista, a execução somente terá caráter provisório.

De qualquer modo e em abono do raciocínio até aqui desenvolvido, temos o art. 899 da CLT: *os recursos serão interpostos por simples petição e terão efeito meramente devolutivo... permitida a execução provisória até a penhora.*

Embora a CLT, no art. 899, faça referência à execução provisória, não lhe dedica um único artigo destinado a regulá-la.

Daí a necessidade de recorrer ao CPC para preencher-se a lacuna.

A provisoriedade da execução de uma sentença tem como pressuposto de admissibilidade o efeito devolutivo do recurso com que se atacou a sentença, *"salvo as exceções previstas"* no Título X da CLT reservado ao "processo judiciário do trabalho" (art. 899, CLT).

Como exceção aí prevista nesse título, merece ser destacado o que estabelece o art. 897, § 1º, da CLT. Aí é dito que o agravo de petição só será recebido quando o agravante delimitar justificadamente as matérias e os valores impugnados, permitida a execução imediata da parte remanescente até o final, nos próprios autos ou por carta de sentença. O preceito enseja o seguinte raciocínio: se podem ser executadas as matérias não impugnadas no agravo de petição, vem a conclusão de que não são executáveis, provisoriamente, aquelas que o agravo de petição atacou.

Lembre-se que, por força do art. 896, § 1º, da CLT, o Recurso de Revista somente terá efeito devolutivo.

Como dito acima, a CLT não destinou dispositivo algum para disciplinar a execução provisória. Assim, o art. 475-O, do CPC deve ser aqui aplicado subsidiariamente.

Do exame do art. 475-O, do CPC, observa-se que a execução provisória de sentença far-se-á, no que couber, do mesmo modo que a definitiva, observadas as seguintes regras:

a) corre por iniciativa, conta e responsabilidade do exequente, que se obriga, se a sentença for reformada, a reparar os danos que o executado haja sofrido;

b) o levantamento de depósito em dinheiro, e a prática de atos que importem alienação de propriedade ou dos quais possa resultar grave dano ao executado, dependem de caução idônea, arbitrada de plano pelo juiz e prestada nos próprios autos;

c) fica sem efeito, sobrevindo acórdão que modifique ou anule a sentença objeto da execução, restituindo-se as partes ao estado anterior e liquidados eventuais prejuízos nos mesmos autos, por arbitramento.

Estabelece, ainda, o § 2º, desse art. 475-O, do CPC, que *"o juiz poderá dispensar a caução: a) nos casos de crédito de natureza alimentar ou decorrente de ato ilícito, até o limite de 60 (sessenta) vezes o valor do salário mínimo, quando o exequente demonstrar situação de necessidade; b) nos casos de execução provisória em que penda agravo junto ao Supremo Tribunal Federal ou ao Superior Tribunal de Justiça (art. 544), salvo quando da dispensa possa manifestamente resultar risco de grave dano, de difícil ou incerta reparação"*. Como dissemos acima, essas duas hipóteses de dispensa de caução não se aplicam ao processo do trabalho em virtude da CLT ter regra própria no sentido de que a execução provisória somente poderá ir até a penhora, o que impede o levantamento da quantia depositada, sob pena de violar o princípio da legalidade e do devido processo legal.

Alguns doutrinadores entendem que seja no levantamento de depósito em dinheiro, seja na alienação de domínio deverá o juiz exigir caução, real ou fidejussória, idônea. Estando caracterizado o estado de necessidade do exequente e sendo o crédito de até 60 vezes o salário mínimo, haveria a dispensa da caução.

Todavia, existe uma corrente doutrinária, na qual nós nos incluímos, que sustenta que a parte final do art. 899, da CLT, impede a aplicação plena desse dispositivo processual no processo do trabalho, posto que aí é assentado que a execução provisória somente poderá ir até a penhora, norma essa que inexiste no processo civil: "Os recursos serão interpostos por simples petição e terão efeito meramente devolutivo, salvo as exceções previstas neste Título, **permitida a execução provisória até a penhora**".

Para que haja a aplicação plena desse dispositivo processual comum ao processo do trabalho, impõe-se, com urgência, que a parte final desse art. 899 da CLT seja alterada, consignando-se aí o esclarecimento de que a execução provisória irá até a penhora, com exceção da situação prevista no § 2º do art. 475-O, do CPC. Lembre-se, mais uma vez, que, existindo norma especial na CLT, não pode a norma geral do processo comum ser aplicada ao processo trabalhista.

De qualquer forma, merece ser dito que estado de necessidade não se confunde com a declaração de pobreza, como disciplinada pela Lei n. 7.115/83. Deverá o requerente da tutela antecipada, na hipótese de pretender lançar mão da faculdade inscrita no § 2º, do art. 475-O, do CPC, demonstrar, à saciedade, que se encontra em efetivo estado de necessidade.

Esse estado de necessidade tem elementos comuns com o denominado *estado de perigo*, disciplinado pelo art. 156 do Código Civil de 2002: *"Configura-se o estado de perigo quando alguém, premido da necessidade de salvar-se, ou a pessoa de sua família, de grave dano conhecido pela outra parte, assume obrigação excessivamente onerosa. Parágrafo único. Tratando-se de pessoa não pertencente à família do declarante, o juiz decidirá segundo as circunstâncias"*.

Esse estado de necessidade muito se aproxima, também, do estado de necessidade do direito penal, porque em ambos o legislador salvaguarda o indivíduo que, entre dois bens jurídicos, opta por um deles em detrimento do outro, tendo razões jurídicas bastantes a justificarem a medida.

Dissertando acerca do § 2º do art. 588, do CPC, cuja norma foi transferida para o art. 475-O, pela Lei n.11.232/2005, alerta *Teixeira Filho*, com sua costumeira precisão, que, em virtude da precariedade da tutela antecipada, visto que pode ser modificada ou revogada a qualquer tempo, consoante o art. 273, § 4º, desse diploma legal, fica evidente o risco de autorizar-se a liberação de dinheiro depositado, sem prestação de caução. E arremata ele com as seguintes palavras:

"Não é diferente o nosso entendimento, com vistas ao processo do trabalho. Ou seja, também aqui, por mais forte razão, não cabe (CPC, art. 273, § 3º), na efetivação do ato antecipador dos efeitos da tutela, a incidência do disposto no art. 588, § 2º, do CPC (atual art. 475-O, esclarecemos nós). Conquanto o fundamento desta nossa opinião já tenha sido exposto no parágrafo anterior, a relevância do tema sugere que o repisemos, particularizando-o. Na execução provisória, a possibilidade de liberação de valores depositados, sem que o interessado preste caução, está expressamente prevista, embora em caráter excepcional, no § 2º, do art. 588, do CPC (atual art. 475-O). Imaginar-se que esta norma possa incidir, sem maiores problemas, na efetivação do ato antecipador dos efeitos da tutela, significa desconhecer os graves riscos dessa liberação, dada a já destacada precariedade do mencionado ato" ("Novas Alterações do CPC e suas Implicações no Processo do Trabalho (Lei n. 10.444/2002)", in Suplemento Trabalhista n. 087/02, p. 389). E para ilustrar esse pensamento, aí são arrolados os seguintes exemplos para demonstrar a gravidade dos riscos em torno da concessão da tutela antecipada para o levantamento de dinheiro sem a devida caução:

a) após autorizar a liberação de certa quantia depositada, sem exigir do autor a prestação de caução, o juiz, ouvindo o réu, se convence de que inexistia a prova inequívoca, a que alude o art. 273, caput, do CPC, e, em razão disso, revoga o ato antecipador da tutela;

b) o autor deixa de comparecer à audiência inicial, fazendo com que o processo seja extinto sem exame do mérito (CLT, art. 844, caput, primeira parte). A este respeito, cumpre lembrar a regra do art. 273, § 5º, do CPC, segundo a qual a concessão da tutela — como é óbvio — não implica o fim do processo, motivo porque o autor deveria comparecer à audiência;

c) ao emitir a sentença de mérito, o juiz rejeita os pedidos formulados na inicial, por entender que o autor não possuía os direitos alegados e que motivaram a antecipação dos efeitos da tutela.

Outra questão de interesse é aquela que se origina dos termos do art. 475-O, II, do CPC: a execução provisória da sentença far-se-á, no que couber, do mesmo modo que a definitiva (até a penhora, com exclusão de atos expropriatórios), mas *"fica sem efeito sobrevindo acórdão que modifique ou anule a sentença objeto da execução, restituindo-se as partes ao estado anterior e liquidados eventuais prejuízos nos mesmos autos, por arbitramento".*

A que acórdão se refere o dispositivo? Àquele que aprecia o recurso ordinário ou aquele que passou em julgado?

Estamos que é o acórdão proferido em grau de recurso (ordinário, revista e até embargos) que, embora desprovido da autoridade de coisa julgada, modifica ou anula a sentença executada provisoriamente. Esse pensamento encontra ressonância no art. 475-O, do CPC.

Se um acórdão da instância superior modifica ou anula a sentença que serviu de fundamento à execução provisória, esta é afetada na mesma medida.

Se anulada a sentença, cessa automaticamente a execução provisória; se apenas modificada, ficará ela sem efeito apenas na parte alterada.

Nas ações coletivas, o recurso é recebido, de ordinário, no efeito devolutivo. De maneira que o respectivo acórdão é executável, em definitivo, logo após sua publicação.

Trata-se de anomalia só explicável pela tensão social peculiar aos conflitos coletivos de trabalho. Entretanto, sob o prisma das tradições do nosso direito processual, trata-se de privilégio conferido aos autores da ação e que desatende ao princípio do duplo grau de jurisdição, pois, em verdade, na espécie, a execução de uma sentença normativa, logo após sua publicação, não é provisória, mas definitiva.

O precitado art. 475-O do CPC também estabelece que a execução provisória corre por conta do credor que prestará caução — real ou fidejussória — para garantir o ressarcimento dos prejuízos que, eventualmente, vier a causar ao devedor.

Como construção estritamente pretoriana, ao processo do trabalho, não é aplicável essa disposição da lei processual comum. O empregado não dispõe de recursos financeiros para prestar caução.

Tal entendimento enseja a prática de alguns abusos no emprego da execução provisória mesmo na hipótese de o devedor ser empresa de grande porte e cujas reservas financeiras garantem amplamente a efetiva execução de sentença condenatória que vier a passar em julgado.

No processo comum, a caução levanta barreira ao uso imoderado da execução provisória; no processo do trabalho, atenderia melhor aos fins visados pela lei, se a jurisprudência se orientasse no sentido de dispensar a caução na execução provisória, mas condicionando-a à comprovação do perigo de o devedor, a final, pôr em risco o fiel cumprimento da obrigação gerada pelo título executivo judicial.

Na hipótese, alguns processualistas de nomeada chegam a dizer que, na ocorrência de danos provocados pela execução provisória, deve o executado recorrer à Justiça comum. Não deixa de ser paradoxal essa recomendação. Se, na execução provisória, é o Exequente dispensado da caução porque se presume não possuir recursos financeiros para tanto, o mesmo deve acontecer na ação de perdas e danos perante a Justiça comum.

Daí a conclusão que se deve acolher o que propomos: a execução provisória, no processo do trabalho, deve ter como pré-requisito a prova de que o vencido não tem condições econômico-financeiras que assegurem o fiel cumprimento, no futuro, da sentença condenatória.

A lei trabalhista autoriza o juiz a iniciar a execução *ex officio*.

Estende-se essa faculdade à execução provisória?

Respondemos negativamente. A lei, de modo expresso, atribui, privativamente ao credor a execução provisória.

De outra parte, essa conduta significaria a quebra da imparcialidade a que está sujeito o magistrado.

Já assinalado que a execução provisória irá até a penhora.

Discute-se se, no caso, será a penhora declarada subsistente pelo julgamento dos embargos ou antes destes.

A nosso ver, é incontestável que a lei se refere à penhora pura e simples, antes da oposição dos embargos.

Quando da penhora, o oficial de justiça avaliador já estima o valor dos bens submetidos à constrição.

Se o bem penhorado pertencer a terceiro, os embargos deste devem ser conhecidos e julgados por dois motivos: primeiro, por economia processual; segundo, para evitar-se prejuízo maior a quem prova ser o dono ou ter a posse do bem penhorado (art. 1.046, § 1º, do CPC).

O § 2º do art. 542 do CPC, com redação dada pela Lei n. 10.352, de 26.12.2001, dispõe que os recursos extraordinário e especial serão recebidos no efeito devolutivo.

Evidenciou-se, assim, a provisoriedade da execução na hipótese do apelo extremo e do recurso especial. De conseguinte, perdeu eficácia a Súmula n. 228 do Excelso Pretório.

No item 179.6 analisamos a execução provisória de decisão antecipadora dos efeitos de sentença de mérito.

A execução definitiva é feita nos autos principais, ao passo que para a provisória o exequente deverá instruir sua petição com cópias autenticadas das seguintes peças do processo, podendo o advogado declarar sua autenticidade, sob sua responsabilidade pessoal: sentença ou acórdão exequendo; certidão de interposição do recurso não dotado de efeito suspensivo; procurações outorgadas pelas partes; decisão de habilitação, se for o caso; facultativamente, outras peças processuais que o exequente considere necessárias. Assim se há de fazer porque os autos principais sobem à instância superior com o recurso recebido com efeito devolutivo (art. 475-O, § 3º do CPC).

294.1. Tutela Antecipada e Execução Provisória

O Corregedor Geral da Justiça do Trabalho, pela RC 11.259-2002-000-00-00-6 (in DJU de 11 de março de 2002, p. 397), formulada por um Banco, tomou ciência do seguinte fato:

O TRT da 8ª Região deu provimento ao recurso ordinário da Reclamante para "deferir o pagamento de abono previsto em norma coletiva, concedendo a tutela antecipada, determinando o imediato cumprimento da obrigação da pagar".

Aquela Corte Regional expediu mandado de cumprimento.

Fez-se a reclamação correicional sob os seguintes fundamentos:

"a) nos termos do art. 877 da CLT e 575 do CPC (atual art. 475-O) o juiz competente para a execução do julgado seria aquele que decidiu a causa em primeiro grau de jurisdição. Dessa forma, o TRT não teria competência para determinar o imediato cumprimento da condenação;

b) se se tratasse mesmo de antecipação de tutela, deveria ser observado o art. 588 (atual art. 475-O) do CPC que trata da execução provisória." Diz, cautelosamente, o Ministro Corregedor:

"Especial atenção cabe a alegação do requerente no sentido de que a competência para proceder à execução da decisão proferida em antecipação da tutela pelo Eg. Tribunal Regional do Trabalho e, consequentemente, para a expedição do mandado de pagamento, ora atacado, pertenceria, nos termos do art. 877 da CLT ao Juiz ou Presidente do Tribunal que tivesse conciliado ou originariamente o respectivo dissídio.

Nessas circunstâncias, entendo prudente a concessão da liminar requerida, a fim de ser suspenso o cumprimento do mandado de pagamento expedido pela Juíza Presidente da 1ª Turma do Tribunal Regional do Trabalho da 8ª Região, pelo menos até o julgamento do mérito da presente reclamação correicional, após as informações da autoridade requerida".

Como é natural, o Ministro Corregedor se ateve aos fundamentos do pedido do Requerente e deixou à margem outros aspectos da controvérsia.

É o que vamos fazer em seguida, em breves termos.

Desde logo, parece-nos ser fora de dúvida que o cumprimento da decisão concessiva da tutela antecipada cabe ao Juiz que conheceu ação em que se postulou a antecipação da tutela. No caso vertente, não era o TRT competente para executar tal decisão.

Do despacho do Corregedor se infere que o Requerente atacou a decisão da Corte Regional do Trabalho alegando sua incompetência para executar o julgado e o desrespeito à norma legal (diz o Requerente ser o art. 588 do CPC — atual art. 475-O e a nosso sentir é o caput do art. 899 da CLT) atinente à execução provisória. Deixou de lado, porém, os pressupostos que levam o Juiz a deferir, total ou parcialmente, a antecipação da tutela desde que seja inequívoca a prova e o convença da verossimilhança da alegação. Para dar legitimidade a essa medida de índole cautelar, exige ainda o legislador que haja fundado receio de dano irreparável ou de difícil reparação ou que fique caracterizado o abuso de direito de defesa ou o manifesto propósito protelatório do réu.

É indubitável que, no caso concreto acima indicado, há o perigo da irreversibilidade do provimento antecipado, pois, na hipótese de reforma da decisão, serão bem escassas as probabilidades de recuperação do que se pagou ao autor ou o reclamante (§ 2º do art. 273 do CPC).

294.2. Execução em Processo Extinto: sentença normativa

Dispõe o art. 867, no seu parágrafo único, que vigorará a sentença normativa prolatada pelo Tribunal Regional do Trabalho (ou pelo Tribunal Superior do Trabalho em casos especiais):

"a) a partir da data de sua publicação, quando ajuizado o dissídio após o prazo do art. 616, § 3º, ou quando não existir acordo, convenção ou sentença normativa em vigor na data do ajuizamento;

b) a partir do dia imediato ao termo final de vigência de acordo, convenção ou sentença normativa, quando ajuizado o dissídio no prazo do art. 616, § 3º."

Deriva desses preceitos legais que as sentenças normativas, prolatadas em processos de dissídio coletivo, se tornam exigíveis a partir da sua publicação.

É inquestionável que certos princípios axiomáticos da processualística são agredidos de modo brutal por essas disposições consolidadas. A sentença de primeiro grau obriga o vencido a cumpri-la de imediato, mas não lhe recusa o direito de levar sua irresignação à instância superior. Todavia, se seu recurso for acolhido e modificar a sentença normativa de origem, o empregado (em se tratando obviamente de dissídio de natureza econômica) não terá de devolver o que recebeu a mais.

A nosso ver, está nitidamente configurado o desrespeito ao princípio do duplo grau de jurisdição.

O legislador, ao estabelecer esse singular efeito da sentença normativa, levou em conta as características da época em que se elaborou a precitada norma legal. Era o tempo em que a inflação imperava soberana na economia nacional. Os preços das utilidades variavam de modo significativo (cerca de 40, 50, 60% ou mais ao mês). É claro que a espera, de dois ou mais anos, da decisão final e irrecorrível, era insuportável nessa época.

Hoje, porém, com a estabilidade dos preços, seria desejável a revisão das questionadas disposições consolidadas.

Coerentes com os repetidos pronunciamentos feitos aqui mesmo contra o poder normativo da Justiça do Trabalho, limitando-o, na melhor hipótese aos conflitos coletivos nas atividades essenciais à normalidade da vida coletiva, aceitamos, entrementes, que se adapte o supracitado art. 867 da CLT à nova realidade econômica dos nossos dias.

Nossas reflexões sobre o tema foram provocadas pelo acórdão proferido pela SDI1, do Tribunal Superior do Trabalho, no julgamento dos E-RR 574.448/1999, em 22 de outubro de 2001.

Empresa marítima opôs embargos contra a execução de sentença promovida pelo Sindicato dos Conferentes de Carga e Descarga do Porto de Santos.

Tratava-se da execução de sentença normativa exarada em processo de dissídio coletivo, processo depois julgado extinto pelo TST.

No Boletim de Decisões do TST, veiculado pela internet a 31 de outubro de 2001, lê-se mais o seguinte:

"O Ministro Milton de Moura França, relator do processo, salientou que a extinção do processo, pelo TST, fez desaparecer a sentença normativa do TRT em que se baseava a execução, perdendo esta o suporte jurídico. Como se alegasse no caso, tratar-se de coisa julgada, contra o que não cabe recurso, o relator assinalou tratar-se de "coisa julgada atípica", porque a sentença proferida pelo TRT estava condicionada ao resultado do julgamento do recurso pelo TST".

O douto ministro usou da curiosa expressão "coisa julgada atípica" para dar nome ao retrocitado fato de uma sentença normativa ganhar eficácia e obrigatoriedade antes de satisfeito o princípio do duplo grau de jurisdição.

De qualquer modo, temos de reconhecer que a decisão do superior colegiado da Justiça do Trabalho não podia ser outra: a sentença normativa desaparecera em virtude do acolhimento do recurso interposto pelo suscitado e, por via de consequência, impossibilitara o processo executório.

295. Obrigações de Dar e de Fazer

Estabelece o CPC que a execução tem por objeto: entrega de coisa certa ou incerta (arts. 621 e 629); obrigação de fazer ou de não fazer (arts. 632 e 642).

Não é comum, no foro trabalhista, a execução por coisa certa. Mas pode acontecer.

Figure-se o caso de empregado despedido que alega ter o empregador retido em seu poder instrumentos de trabalho de sua propriedade. No processo de conhecimento, além de outras constatações, verificou-se que esses instrumentos pertenciam, efetivamente, ao empregado. Se o vencido não cumpre, voluntariamente, a sentença, terá o vencedor de executá-la. Na hipótese, prefigurou-se a obrigação de dar coisa certa.

Diz o art. 621 do CPC (redação dada pela Lei n. 10.444/2002) que *"o devedor de obrigação de entrega de coisa certa, constante de título executivo extrajudicial, será citado para, dentro de dez dias, satisfazer a obrigação ou, seguro o juízo (art. 737, II), apresentar embargos. Parágrafo único. O juiz, ao despachar a inicial, poderá fixar multa por dia de atraso no cumprimento da obrigação, ficando o respectivo valor sujeito a alteração caso se revele insuficiente ou excessivo".*

O sobredito dispositivo, em sua redação anterior, só previa a obrigação de entrega de coisa certa decorrente de título judicial; o novo texto admite a exequibilidade de tal obrigação quando derivada de título extrajudicial.

Em ambas as hipóteses, o procedimento é o mesmo: cita-se o devedor para entregar a coisa em disputa e, aí, de duas, uma: entrega a coisa ou a deposita apenas para, em seguida, oferecer embargos.

Se o executado entregar a coisa, lavrar-se-á o respectivo termo e dar-se-á por finda a execução, salvo se esta tiver de prosseguir para o pagamento de frutos ou ressarcimento de prejuízos, como está escrito no art. 624, do CPC, com redação dada Lei n. 10.444/2002.

Não constando do título o valor da coisa ou sendo impossível a sua avaliação, o exequente far-lhe-á estimativa, sujeitando-se ao arbitramento judicial. E serão apurados em liquidação o valor da coisa e os prejuízos, como se observa da leitura dos §§ 1º e 2º, do art. 627, do CPC com redação dada pela Lei n. 10.444/2002.

Esses dispositivos legais são aplicáveis ao processo do trabalho em virtude de ser um título executivo extrajudicial o termo de conciliação lavrado perante as denominadas Comissões de Conciliação Prévia.

Quanto à coisa incerta, julgamos não ser a hipótese encontrável no processo trabalhista

A Consolidação das Leis do Trabalho regulou, com imperdoáveis lacunas, a execução por quantia certa, tanto que no seu procedimento se faz necessário recorrer à Lei n. 6.830 e ao CPC em muitos dos seus aspectos mais relevantes.

A execução por quantia certa tem por objeto expropriar bens do devedor até a completa satisfação do direito do credor (indenização devida na despedida imotivada; férias não pagas; 13º salário; depósitos do FGTS etc.).

O art. 461 do CPC tem por objeto a obrigação de fazer, ou não fazer.

Na dicção de *Dernburg*, obrigações são "relações jurídicas, consistentes num dever de prestação, tendo valor patrimonial, do devedor ao credor" ("Diritto delle Obbligazioni", § 1º, p. 1).

Dentre as inúmeras definições conhecidas, é esta, talvez, a mais concisa.

Serpa Lopes ("Curso de Direito Civil", 2. ed., vol. II, Freitas Bastos, 1957, p. 12), embora considere o conceito de obrigação formulado por *Dernburg* como o melhor, adverte, porém, que há obrigações de conteúdo simplesmente moral. Contrapõe-se a essa observação, a tese sustentada por bons autores de que a obrigação moral só é exigível se tiver efeitos patrimoniais. Por esse ângulo, digamos doutrinário, a definição de *Dernburg* é irretocável. Por oportuno, salientamos que admitimos a existência de dano moral puro (ver item 177, "J").

O conteúdo da prestação é um *dare*, *facere* ou *non facere*.

Na obrigação de dar, a prestação do devedor prende-se à constituição ou transferência do direito real sobre a coisa.

Corpo certo e determinado, é o objeto da obrigação de dar coisa certa. Consoante o art. 313 do Código Civil de 2002, o credor de coisa certa não pode ser obrigado a receber outra, ainda que mais valiosa.

Dar coisa incerta (art. 243 do Código Civil de 2002) determina-se pelo gênero e pela quantidade, cabendo a escolha ao devedor, mas será do credor se assim se dispuser na fonte geradora da obrigação.

Não é o credor obrigado a aceitar de terceiro a prestação derivante da obrigação de fazer, se estipulado que o devedor a faria pessoalmente.

Reza o art. 250 do Código Civil que se extingue "a obrigação de não fazer, desde que, sem culpa do devedor, se lhe torne impossível abster-se do ato, que se obrigou a não praticar".

No processo trabalhista, as obrigações de dar e de fazer são as mais frequentes.

Fizemos essas considerações para que seja bem compreendido o nosso pensamento sobre o disposto no art. 461 do CPC — *verbis*:

"*Art. 461 — Na ação que tenha por objeto o cumprimento de obrigação de fazer ou não fazer, o juiz concederá a tutela específica da obrigação ou, se procedente o pedido, determinará providências que assegurem o resultado prático equivalente ao do adimplemento.*

§ 1º A obrigação somente se converterá em perdas e danos se o autor o requerer ou se impossível a tutela específica ou à obtenção do resultado prático correspondente.

§ 2º A indenização por perdas e danos dar-se-á sem prejuízo da multa (art. 287).

§ 3º Sendo relevante o fundamento da demanda e havendo justificado receio de ineficácia do provimento final, é lícito ao juiz conceder a tutela liminarmente ou mediante justificação, citado o réu (reclamado, no processo do trabalho). A medida liminar poderá ser revogada ou modificada, a qualquer tempo, em decisão fundamentada.

§ 4º O juiz poderá, na hipótese do parágrafo anterior ou na sentença, impor multa diária ao réu, independentemente de pedido do autor, se for suficiente ou compatível com a obrigação, fixando-lhe prazo razoável para o cumprimento do preceito.

§ 5º Para a efetivação da tutela específica ou a obtenção do resultado prático equivalente, poderá o juiz, de ofício ou a requerimento, determinar as medidas necessárias, tais como a imposição de multa por tempo de atraso, busca e apreensão, remoção de pessoas e coisas, desfazimento de obras e impedimento de atividade nociva, se necessário com requisição de força policial.

§ 6º O juiz poderá, de ofício modificar o valor ou a periodicidade da multa, caso verifique que se tornou insuficiente ou excessiva".

O texto *supra* reproduz quase que na íntegra o art. 84 do Código de Defesa do Consumidor.

Incide o preceito nas duas hipóteses mencionadas nos incisos IX e X do art. 659 da CLT, que conferem privativamente ao Juiz do Trabalho competência para conceder medida liminar, até decisão final do processo em reclamações trabalhistas que: a) visem a tornar sem efeito transferência disciplinada pelos parágrafos do art. 469 da CLT (transferência do empregado, sem sua anuência, para localidade diferente daquela prevista no contrato de trabalho); b) que visem reintegrar no emprego dirigente sindical afastado, suspenso ou dispensado pelo empregador.

A improcedência de inquérito para apuração de falta grave imputada a empregado estável não autoriza a este solicitar a conversão da medida reintegratória em perdas e danos, como prevê o § 1º do art. 461 acima transcrito.

Sobre o assunto há disposição expressa da CLT — art. 496 — outorgando ao Juiz a faculdade de converter, em indenização, a reintegração do estabilitário se elevado o grau de incompatibilidade entre este e seu empregador.

O art. 461 alude à ação condenatória que, por isso mesmo, é de conhecimento. Modificou o sistema instituído pelo Código Civil (arts. 247 a 249) de que o devedor tinha a faculdade de resolver, em perdas e danos, obrigação de fazer ou não fazer.

Doravante, tem o devedor de cumprir a obrigação específica. Esta só se resolve em perdas e danos: a) se o credor o quiser; b) se impossível a tutela específica ou a obtenção do resultado prático correspondente.

Na primeira hipótese, a questionada conversão depende de pedido do Reclamante; as duas últimas hipóteses podem ser de iniciativa do Juiz ou a pedido do Reclamante.

Na ocorrência da indenização por perdas e danos, mantém-se a multa, que, nos termos do art. 287 do CPC, é fixada pelo Reclamante na petição inicial, caso haja o descumprimento da sentença.

O inadimplemento da readmissão ou reintegração do empregado, ordenadas por sentença passada em julgado, acarreta a multa, prevista no art. 729 da CLT, de 1/5 do valor do salário mínimo por dia, até que seja cumprida a decisão.

A ninguém deve causar espécie a circunstância de o CPC abrigar normas de direito processual e de direito material, como acontece em relação ao cumprimento de obrigações de fazer ou de não fazer. Fenômeno idêntico se aponta no Código Civil, como se comprova nos seus arts. 212, 206, 1.615 e outros, que são normas nitidamente processuais.

A teor do *caput*, do art. 644 do CPC, "*a sentença relativa a obrigação de fazer ou não fazer cumpre-se de acordo com o art. 461, observando-se, subsidiariamente, o disposto neste Capítulo*". Assim, a requerimento da parte ou de ofício, pode ser modificado, para mais ou para menos, o valor da multa diária estabelecida na sentença de mérito se o Juiz, na execução, convencer-se de que ela é excessiva ou insuficiente para assegurar a efetivação do provimento.

Na espécie, não se ofende a coisa julgada porque se está aplicando a cláusula *rebus sic stantibus* e porque, também, após a prolação da sentença, operou-se mudança na situação de fato.

Admite-se, outrossim, a antecipação da tutela se relevante o fundamento da demanda e presente o *periculum in mora*, isto é, se existente o perigo de a demora tornar ineficaz a decisão final.

Como observado no item 179.1, a tutela antecipatória tratada no art. 273 do CPC tem como pré-requisitos: a) prova inequívoca do alegado e conducente à verossimilhança do alegado; b) fundado receio de dano irreparável ou de difícil reparação e c) caracterização do abuso de direito de defesa ou propósito protelatório do Reclamado.

No caso de obrigação de fazer ou de não fazer, temos a tutela antecipada como relevante com esse tipo de pedido do Reclamante, e desde que haja a demonstração do *periculum in mora*.

O art. 461, do CPC, acima transcrito, autoriza o Juiz a deferir, liminarmente — *inaudita altera pars* —, a antecipação da tutela específica ou após justificação prévia, com citação do Reclamado.

O despacho deferitório da tutela antecipada executa-se de pronto, não se exigindo caução. Se, a final, julgado improcedente o pedido do Reclamante, resolve-se em perdas e danos, cabendo-lhe pagar a respectiva indenização.

De acolher-se o escólio de *Nelson Nery Júnior* (obra citada, p. 1.023): "Concedida a antecipação da tutela de mérito, na forma do CPC, art. 273 ou do CPC, art. 461, § 3º, a execução da medida se opera segundo as regras estabelecidas para a execução provisória, notadamente as do CPC art. 588, II e III, no que couber, por expressa determinação do CPC art. 273, § 3º".

Têm a Vara do Trabalho ou o Tribunal, de ofício ou a pedido da parte, a faculdade de determinar medidas como a busca e apreensão, a remoção de pessoas e coisas, o desfazimento de obras e o impedimento de atividade nociva para garantir a efetividade da tutela específica ou para que o Reclamante obtenha resultado prático equivalente.

O multicitado art. 461 autoriza o Juiz a requisitar força policial, desde que isso seja necessário ao cumprimento de suas determinações.

296. *Execuções Singulares e Plúrimas*

Singular é a execução que tem como partes, de um lado, o empregado e, de outro, a empresa ou o empregador.

É a espécie de execução mais comum na Justiça do Trabalho.

A outra, envolvendo vários exequentes e uma empresa, ou um exequente e várias empresas, do mesmo grupo econômico, qualificamos de execução plúrima e não de execução coletiva, porque esta faz pensar na execução de uma ação coletiva — a do dissídio coletivo.

Não se deve confundir execuções plúrimas com cumulação de execuções. Aquelas têm como fundamento legal o art. 842 da CLT: *"... sendo várias as reclamações e havendo identidade de matéria, poderão ser acumuladas num só processo, se se tratar de empregados da mesma empresa ou estabelecimento"* — é permitida a acumulação de processos executivos ou execução plúrima desde que presentes os dois pressupostos: identidade da matéria e um mesmo estabelecimento ou empresa esta — cumulação de execuções — é assim definida no art. 573 do CPC: *"É lícito ao credor, sendo o mesmo o devedor, cumular várias execuções, ainda que fundadas em títulos diferentes, desde que para todas elas seja competente o juiz e idêntica a forma do processo".*

O art. 842 consolidado trata do litisconsórcio, pois há várias partes ou reclamantes, o que equivale a dizer pluralidade subjetiva.

Há quem alegue a necessidade de dar-se maior amplitude à execução plúrima, excluindo-se a identidade da matéria, desde que seja a mesma empresa demandada.

Não vemos com otimismo essa proposta.

A natureza da lide pode exigir forma de execução diferenciada daquela outra proposta contra a mesma empresa. Exemplificando: numa ação discute-se a existência, ou não, da relação empregatícia que levará na sua esteira a obrigação de pagar salários e outros consectários legais; noutro feito — sempre contra a mesma empresa — postula-se o pagamento de adicionais de insalubridade ou de periculosidade. Na primeira ação, a liquidação da sentença será por artigos porque se precisa apurar, no mercado, a remuneração do trabalho realizado pelo empregado; na segunda ação, a liquidação é por cálculos do contador.

Ademais disso, os feitos são, ordinariamente, apresentados em épocas diferentes a Varas do Trabalho também diferentes. Em razão dessa circunstância, é quase impossível os procedimentos chegarem a seu termo num mesmo momento para serem reunidos numa única execução. E, aí, qual a Vara do Trabalho competente para essa estranha execução?

Como se vê, há um quê de utopia na pretensão de dar-se u'a mesma execução a várias reclamatórias sem identidade de matéria, contra a mesma empresa.

296.1. Cumulação de Execuções

Sabido é que a execução singular tem, como partes, de um lado, o empregado e, de outro, o empregador.

É esta a espécie mais comum na Justiça do Trabalho.

A execução plúrima envolve: a) vários exequentes e uma empresa; b) um exequente e várias empresas do mesmo grupo econômico.

Execução plúrima e cumulação de execuções não se confundem. A primeira tem, como fundamento legal, o art. 842 da CLT: sendo várias as reclamações e havendo identidade de matéria, poderão ser acumuladas num só processo, se se tratar de empregados da mesma empresa ou estabelecimento. O que se desenha nesse dispositivo é o litisconsórcio ativo ou pluralidade subjetiva.

Permite o art. 573 do CPC ao credor, *"sendo o mesmo devedor, cumular várias execuções, ainda que fundadas em títulos diferentes, desde que para todas elas seja competente o juiz e idêntica a forma do processo".*

Ante o silêncio da CLT sobre o tema em estudo, não se deve pensar na subsidiariedade do art. 573 do CPC no processo do trabalho. *In casu*, a teor do disposto no art. 889 da CLT, na execução, a supletividade é dada pela Lei de Execução Fiscal — LEF, o que relega para plano inferior as prescrições da lei processual comum.

Preceitua o art. 28 da LEF: *"O Juiz, a requerimento das partes poderá, por conveniência da unidade da garantia da execução, ordenar a reunião de processos contra o mesmo devedor. Parágrafo único. Na hipótese deste artigo, os processos serão redistribuídos ao juízo da primeira distribuição".*

Na sua essência, as regras da LEF e do art. 573 do CPC não se distinguem. Mediante a aplicação do sobredito dispositivo da LEF, os títulos executivos, embora provenientes de diversas Varas do Trabalho da mesma cidade, poderão agrupar-se naquela em que ocorreu a primeira distribuição.

Desse modo, é inegável que o processo de execução se simplificará sem que se acentue a gravosidade em dano do executado. Temos como certo que há compatibilidade do instituto da cumulação de execuções com o processo do trabalho. Um e outro buscam a real efetividade da prestação jurisdicional no mais curto espaço de tempo.

Há consenso, na doutrina e na jurisprudência, de que a expressão "títulos diferentes", do art. 573 do CPC, compreende títulos executivos judiciais e extrajudiciais. Todavia e consoante o magistério de *Araken de Assis* ("Manual do Processo de Execução", 6ª ed., Rev. dos Tr., 2000, p. 307) "afigura-se impossível ao credor reunir sentenças originárias da Justiça Comum e da Justiça do Trabalho". Impossível porque, nesses dois ramos do Judiciário, o processo de execução obedece a regras distintas.

Com a superveniência da Lei n. 9.958, de 12 de janeiro de 2000, o art. 876 da CLT ganhou novo texto e veio estabelecer que serão executados, na forma do Capítulo V, do Título X, as decisões passadas em julgado, os acordos não cumpridos, os termos de conduta ajustados perante o Ministério Público do Trabalho e os termos de conciliação lavrados pelas Comissões de Conciliação Prévia.

De conseguinte, há atualmente títulos executivos judiciais e extrajudiciais exequíveis perante a Justiça do Trabalho.

A cumulação de execuções é uma faculdade deferida pela lei ao credor, mas não é ela recusada ao devedor que, com fulcro no art. 620 do CPC, a requeira por considerá-la o modo menos gravoso de realizar a execução. De outra parte, é evidente que se preserva o direito de o credor promover execuções autônomas, diferenciadas.

Os pressupostos da cumulação de execuções são três: a) o mesmo devedor; b) ser competente, para todas as execuções, o mesmo juiz; c) idêntica forma do processo.

A expressão "idêntica forma de processo" se tem atribuído significado diverso. Há autores que sustentam referir-se ela a idêntico procedimento; outros, porém, e nós também, afirmam que a expressão alude aos meios executórios correspondentes à natureza da obrigação. Por outras palavras, a cumulação de execuções se torna admissível, apenas, quando os títulos se originarem de obrigações da mesma espécie.

Decorrentemente, obrigações de fazer e dar não podem ser o objeto de uma cumulação de execuções.

É certo, outrossim ser inadmissível a cumulação na hipótese do § 2º, do art. 475-I do CPC — *verbis*: "Quando na sentença há uma parte líquida e outra ilíquida, ao credor é lícito promover simultaneamente a execução daquela e, em autos apartados, a liquidação desta".

Com estribo no art. 741, inciso IV, do CPC, que cuida da execução contra a Fazenda Pública, é lícito ao devedor impugnar a cumulação de execuções por meio de embargos à execução. Não se recusa, porém, ao Juiz o direito de apreciar, de ofício, a pretendida cumulação. Lembre-se que esse art. 741 trata da execução contra a Fazenda Pública, sendo certo que o art. 475 do CPC trata da execução contra os particulares.

Por derradeiro, lavra certa insegurança quanto à possibilidade de, na cumulação de execuções, constituir-se um litisconsórcio. A opinião mais difundida é a de que a lei faz alusão a credor no singular, o que impossibilita a cumulação subjetiva.

Em oposição a esse entendimento, recorda-se o caso de o credor vir a falecer, ainda em curso o processo de cobrança do crédito, cabendo a seus herdeiros — em litisconsórcio — concluir essa execução (*Alcides Mendonça Lima*, "Comentários ao CPC", Forense, 1991, vol. VI, p. 185). José Alberto dos Reis (in "Processo de Execução", 21. ed., Coimbra, 1982, vol. 1º, p. 169) evoca o mesmo exemplo e conclui que, aí, há pluralidade de exequentes. O exemplo é pouco convincente.

É impugnável com a lembrança de que, no caso, o credor é o espólio representado pelo inventariante e não pelos herdeiros. Posteriormente, estes receberão, na partilha dos bens do *de cujus*, parte do crédito cobrado do devedor.

Reconhecemos que existe a possibilidade de vários herdeiros receberem, na divisão do espólio, o crédito pendente de execução. Na hipótese vem, a talho, a preleção de *Mendonça Lima*: "A pluralidade de credores em torno de uma só dívida (como unidade jurídica) sim; a coligação de credores, porém, não" (obra citada, p. 166).

Nosso direito processual não admite uma coligação de credores contra o mesmo devedor.

Não conhecemos caso, na esfera trabalhista, em que vários reclamantes sejam titulares do mesmo crédito.

Por derradeiro, infere-se que o instituto da cumulação de execuções, embora não seja comum na órbita trabalhista, é nela admitida por não ser incompatível com as características do processo do trabalho.

297. *Execução e Falência. Recuperação Judicial. Considerações Gerais*

A Lei n. 11.101, de 9.2.2005, trata do novo instituto da recuperação judicial ou extrajudicial do empresário e da sociedade empresária, além da falência. Com essa lei, desapareceram as concordatas preventiva e suspensiva. Deixando de existir a concordata, ficou revogado o art. 429, § 2º, da CLT: "Havendo concordata na falência, será facultado aos contratantes tornar sem efeito a rescisão do contrato de trabalho e conseqüente indenização, desde que o empregador pague, no mínimo, a metade dos salários que seriam devidos ao empregado durante o interregno".

Essa Lei n. 11.101/2005 não se aplica à empresa pública, sociedade de economia mista, instituição financeira pública ou privada, cooperativa de crédito, consórcio, entidade de previdência complementar, sociedade operadora de plano de assistência à saúde, sociedade seguradora, sociedade de capitalização e outras entidades legalmente equiparadas às anteriores (art. 2º). Excluindo da apreciação do judiciário questões de insolvência de empresas e de recuperação destas, parece-nos que essa lei, neste tópico, está marcada pela inconstitucionalidade, conforme garantia fundamental inscrita no art. 5º, XXXV, da Constituição Federal: "a lei não excluirá da apreciação do Poder Judiciário lesão ou ameaça a direito".

Sob o prisma jurídico, é inquestionável ser a falência um processo de execução coletiva contra o sujeito passivo, que é o empresário ou a sociedade empresária. A falência é disciplinada pela Lei n. 11.101, de 9.2.2005.

Trata-se, em verdade, de um litisconsórcio necessário (art. 76, da Lei de Falência: *"O juízo da falência é indivisível e competente para conhecer todas as ações sobre bens, interesses e negócios do falido, ressalvadas as causas trabalhistas, fiscais e aquelas não reguladas nesta Lei em que o falido figurar como autor ou litisconsorte ativo"*).

Se a quebra do Reclamado for decretada no curso do processo de conhecimento, este prosseguirá normalmente depois de intimado o administrador judicial da falência (nova denominação do antigo síndico) para tomar o lugar daquele no processo.

Passada em julgado a sentença condenatória trabalhista, e tornado ela líquida perante a Justiça do Trabalho, ganha ela a situação de crédito privilegiado sobre todos os demais no processo falimentar, inclusive sobre o crédito tributário, mas desde que seu valor não ultrapasse a 150 (cento e cinquenta) salários mínimos por trabalhador (art. 83, I, da Lei n. 11.101/2005). Além desse valor, o crédito trabalhista fica equiparado ao crédito quirografário, e como ele será pago.

É matéria controvertida, ainda, a natureza jurídica da falência.

No direito pátrio, situa-se a falência no direito mercantil, embora seja inegável a presença, no instituto, de normas jurídicas processuais e de direito material.

O estado de falência tem como manifestação maior o não-pagamento, no vencimento, de obrigação líquida constante de título que legitime a cobrança judicial.

Em tal situação, entende-se ser insolvente o empresário ou a sociedade empresária porque seus bens são insuficientes para fazer face a seus débitos.

Improcede a alegação de que, no seio da Constituição Federal e na legislação comum, inclusive na trabalhista, há princípios que excepcionam a universalidade do juízo da falência.

O fundamento jurídico dessa objeção ao art. 76 da Lei de Falências (antigo § 2º do art. 7º, do Decreto-lei n. 7.661, de 21.6.45) é o art. 109 da Lei Maior, que define a competência dos juízes federais, dizendo que compete a estes processar e julgar as causas em que a União, entidade autárquica ou empresa pública federal forem interessadas na condição de autoras, rés, assistentes ou oponentes, exceto as de falência e as sujeitas à Justiça do Trabalho.

Os defensores dessa tese esclarecem que a exceção à indivisibilidade do juízo falimentar é decorrência do fato de a Lei Fundamental não haver excluído da competência da Justiça do Trabalho as causas falimentares.

O embasamento dessa posição é extremamente frágil.

Interpretação literal do texto constitucional citado deixa claro que as ações de falência não se inscrevem na competência da Justiça Federal e, por exclusão, são elas entregues à Justiça dos Estados.

É ir longe demais, na perquirição do sentido do art. 109 da Lei Fundamental, concluir que esta confiou à Justiça do Trabalho o encargo de conhecer as ações de falência e, corolariamente, que compete aos juízes do trabalho promover a execução contra a massa falida.

Ora, a indivisibilidade do juízo falimentar não passa de um aspecto do processo falimentar e, por isso, não é esgotante da "causa de falência" a que se reporta o sobredito dispositivo constitucional.

É a falência procedimento concursal e, obviamente, é imprescindível a unidade e a universalidade do juízo.

Pela unidade do juízo queremos dizer que nele devem ser julgadas todas as ações de interesse da massa falida, ressalvadas aquelas que não tenham por objeto "bens, interesses e negócios do falido" (art. 76, da Lei de Falências), não figurando entre elas, portanto, as ações trabalhistas. Estas podem ser iniciadas perante a Justiça do Trabalho mesmo depois da decretação da falência do empregador.

Pela universalidade, todos os credores ficam submetidos à *vis attractiva* do juízo falimentar.

Se fossem desprezadas pelo legislador essas duas características da ação de falência, tornar-se-ia impossível a correta e proporcional divisão (ou rateio) do patrimônio do falido entre seus credores.

De conseguinte, a ação trabalhista continua sendo conhecida e julgada pela Justiça do Trabalho e até a apuração do valor líquido do crédito trabalhista reconhecido em sentença.

Lembre-se que o art. 6º, § 2º, da Lei de Falência estabelece que *"é permitido pleitear, perante o administrador judicial, habilitação, exclusão ou modificação de créditos derivados da relação de trabalho, mas as ações de natureza trabalhista, inclusive as impugnações a que se refere o art. 8º desta Lei, serão processadas perante a justiça especializada até a apuração do respectivo crédito, que será inscrito no quadro-geral de credores pelo valor determinado em sentença"*.

Por evidência que é constitucional esse dispositivo legal, que confere a competência da Justiça do Trabalho para se processar e julgar a ação trabalhista contra a massa falida até a apuração do respectivo crédito do trabalhador, para após isso, ser levado à habilitação perante o juízo falimentar. E isso em virtude de estar previsto no próprio art. 113, da Constituição, que incumbirá à lei ordinária dispor, também, acerca da competência da Justiça do Trabalho, *verbis*: *"A lei disporá sobre a constituição, investidura, jurisdição, competência, garantias e condições de exercício dos órgãos da Justiça do Trabalho"*. E como o citado § 2º, do art. 6º da Lei de Falência cuida da competência da Justiça do Trabalho para processar e julgar uma ação trabalhista contra a massa falida, encontra-se esse dispositivo legal revestido de plena constitucionalidade.

Se o ajuizamento da reclamatória trabalhista é feito após a declaração da falência do empregador, é mister o requerimento da notificação do administrador judicial (nova denominação do antigo síndico); se a falência do empregador é declarada ainda com o processo trabalhista em curso, deve o Reclamante requerer a intimação do administrador judicial para tomar o lugar do empregador.

Passada em julgado a sentença trabalhista e sendo ela condenatória e já líquida, deve instruir, por certidão, petição de habilitação do respectivo crédito no processo falimentar. Escusado dizer que, no Juízo da Falência, sentença oriunda da Justiça do Trabalho não pode sofrer qualquer impugnação, como previsto no enfocado art. 6º, § 2º, da Lei de Falência.

No item 313, damos maior desenvolvimento ao privilégio do crédito trabalhista no processo falimentar.

De não acolher-se a tese de que o privilégio do crédito trabalhista torna desnecessária sua habilitação no processo falimentar. Os seguidores dessa opinião pensam também que a Vara do Trabalho pode penhorar bens incluídos na massa falida, o que importa dizer que se deve ignorar, na espécie, o juízo indivisível da falência.

Para pôr abaixo essa tese, basta lembrar a possibilidade de existirem várias ações trabalhistas propostas contra o falido. Aquela que chegasse em primeiro lugar à execução seguida de penhora deixaria os demais empregados em situação de inferioridade. Existindo a falência do devedor, não se justifica a continuidade da execução singular, sob pena de ser violentado o princípio da isonomia agasalhado na Constituição.

Portanto, em termos práticos, o melhor é respeitar o juízo universal da falência, pois nele será possível pôr em justa proporção eventuais créditos trabalhistas.

Afora isso, relembramos que a lei vigente enfatiza a indivisibilidade do juízo da falência (art. 76, da Lei de Falência).

A própria Lei de Falências dá margem a duas hipóteses que consideramos interessantes. A primeira diz respeito à falência declarada quando já se efetuou a penhora de alguns bens do falido.

Entendemos que, nesse caso, deve a execução prosseguir normalmente.

Estar-se-á violentando o princípio da economia processual obrigando-se a incluir, no acervo do falido, bens já sujeitos à constrição no foro trabalhista. De fato, se, devido ao privilégio de natureza preferencial absoluta do crédito trabalhista no processo falimentar, terão de ser destacados bens da massa para liquidá-lo, é indisputável que o mais conveniente é preservar a penhora anteriormente feita na ação trabalhista.

A outra hipótese é de a falência ser decretada quando os bens penhorados na Justiça do Trabalho já têm praça designada, mediante publicação de editais.

Quando da vigência da anterior Lei de Falência, dizíamos que, como era preceituado no § 1º do art. 24 da Lei de Falências, achando-se os bens já em praça, com dia definitivo para arrematação, far-se-ia esta, entrando o produto para a massa. Entretanto, se os bens já tivessem sido arrematados quando da declaração da falência, a massa receberia apenas o que sobejar depois da satisfação do crédito. Era o que estava previsto na Lei de Falência revogada.

Na atual Lei de Falência n. 11.101/2005, essas normas do revogado art. 24 não foram repetidas. Apesar disso, pensamos que elas devem continuar a ser aplicadas ao processo falimentar, por força do disposto no art. 5º, LXXVIII, da Constituição ("a todos, no âmbito judicial e administrativo, são assegurados a razoável duração do processo e os meios que garantam a celeridade de sua tramitação") c/c o art. 75, parágrafo único ("*O processo de falência atenderá aos princípios da celeridade da economia processual*") e art. 108, § 3º, ambos da ora vigente Lei de Falência ("*O produto dos bens penhorados ou por outra forma apreendidos entrará para a massa, cumprindo ao juiz deprecar, a requerimento do administrador judicial, às autoridades competentes, determinando sua entrega*").

Caso ainda não tenha o Reclamante o valor líquido do seu crédito trabalhista, a Lei de Falência lhe faculta requerer ao Juiz do Trabalho que expeça ofício ao Juiz do processo falimentar para que este faça a reserva de quantia que garanta a liquidação de valor estimado.

Parece-nos fora de dúvida que o pagamento do crédito no juízo falimentar deva ser corrigido até o dia da sua efetiva liquidação, *ex vi* do disposto no art. 39 da Lei n. 8.177, de 1º de março de 1991, *verbis*: "*Os débitos trabalhistas de qualquer natureza, quando não satisfeitos pelo empregador nas épocas próprias assim definidas em lei, acordo ou convenção coletiva, sentença normativa ou cláusula contratual, sofrerão juros de mora equivalentes à TRD acumulada no período compreendido entre a data de vencimento da obrigação e o seu efetivo pagamento*".

No caso de o empregador pretender elidir a falência, deve pagar os créditos dos trabalhadores corrigidos e com juros moratórios. É o que, acertadamente, informa a Súmula n. 29 do STJ, referindo-se a todos os débitos do falido, inclusive os de natureza trabalhista: "*No pagamento em juízo para elidir falência, são devidos correção monetária, juros e honorários de advogado*".

297.1. Massa Falida e as penalidades do art. 467 e do art. 477, § 8º, da CLT. Verbas incontroversas

Discute-se, ainda, a natureza jurídica da falência; se processual ou substancial.

Em verdade a Lei n. 11.101, de 9.2.2005 (Lei de Falências) agasalha disposições de índole processual e substancial.

Como são mais expressivas e numerosas as prescrições relativas aos créditos, estamos inclinados a crer que esse diploma legal integra o direito comercial.

Essa também é a posição do nosso legislador que até hoje teve o cuidado de não incluir a quebra no Codex processual.

Para que se configure o estado de falência concorrem alguns elementos, quais sejam seus pressupostos: a) condição de empresário ou sociedade empresária do devedor; b) sua insolvência; e c) declaração judicial da falência.

A insolvência, como estado de fato, converte-se em estado de direito por uma sentença declaratória da falência. Essa sentença, sobre ser declaratória do estado de insolvência do devedor, é de igual modo constitutiva.

Preleciona *Rubens Requião*, com o respaldo da melhor doutrina: "Destacamos, pela sua importância e imediatismo, as seguintes consequências da sentença declaratória da falência em relação aos direitos dos credores:

a) formação da massa dos credores;

b) suspensão das ações individuais dos credores;

c) vencimento antecipado dos créditos;

d) suspensão da fluência de juros contra a massa falida (esclarecemos nós, caso esteja caracterizada a hipótese prevista no art. 124, da Lei de Falência: *"Contra a massa falida não são exigíveis juros vencidos após a decretação da falência, previsto em lei ou em contrato, se o ativo apurado não bastar para o pagamento dos credores subordinados*)".

Estas considerações preliminares acerca da falência fizemos à vista do conteúdo da ementa do acórdão da 1ª Turma do Tribunal Superior do Trabalho, no julgamento do Recurso de Revista n. 18.546 (*in* DJU de 22.11.2002, p. 597) *verbis*: "*Massa falida. Art. 467 da CLT. Natureza alimentar das verbas salariais tidas por incontroversas. Compatibilidade do pagamento da multa com o procedimento falimentar.* A determinação da Lei de Falências de que a massa falida encontra-se impedida de satisfazer créditos fora do juízo universal da falência, não possibilita excepcionar a empresa do pagamento da dobra salarial do art. 467. Sendo incontroversos os valores devidos, a dobra determinada em lei deve incidir sobre os valores não satisfeitos em audiência, ainda que tais valores não sejam pagos na ocasião, ante a limitação a que está sujeita a massa falida".

Foi por maioria o provimento do recurso para incluir na condenação os valores decorrentes da dobra salarial.

Um dos julgadores divergiu do pensamento da maioria.

Da leitura da ementa do acórdão, é possível inferir-se que o julgamento da revista processou-se quando já houvera a prolação da sentença declaratória da falência.

Quer isto dizer que todos os créditos, componentes do que se costuma chamar de massa subjetiva, tiveram seu vencimento antecipado. Esta circunstância nos autoriza a concluir que, no caso vertente, cessou a fluência dos juros moratórios e, decorrentemente, todos os demais efeitos da mora, como a multa e a dobra salarial mencionadas no supracitado aresto (v. Súmula n. 565 do Supremo Tribunal Federal).

Embora o crédito trabalhista prevaleça sobre os demais, tem ele o momento certo para ser satisfeito no curso do processo falimentar.

E esse momento não é coincidente com a audiência de conciliação da reclamatória trabalhista, o que exclui a possibilidade de o síndico da falência atender ao que se prescreve no art. 467 do Estatuto Obreiro.

Na forma da Lei de Falência, o crédito trabalhista só pode ser liquidado depois de cumpridas as várias fases do processo falimentar e, sobretudo, depois da venda dos bens arrecadados.

Antes disso, o crédito trabalhista representado pela verba incontroversa, a que faz menção o art. 467 da CLT, não podia ser pago.

Temos, portanto, que, na espécie, o acréscimo de 50% sobre as verbas rescisórias incontroversas de que fala o art. 467 resultou da impossibilidade jurídica de fazer-se o pagamento da multicitada verba.

Esse acórdão do TST não pode mais prevalecer em face do contido em sua Súmula n. 388, que agasalha pensamento diametralmente oposto, *verbis*: "*A massa falida não se sujeita à penalidade do art. 467 e nem à multa do § 8º, do art. 477, ambos da CLT*".

Todavia, apesar da edição dessa Súmula n. 388, alguns doutrinadores sustentam o cabimento das penalidades inscritas no art. 467 e no art. 477, § 8º, da CLT, contra a massa falida. Argumentam eles que tais penalidades se equiparam às multas incorporadas ao contrato de trabalho por força de lei. Em virtude dessa equiparação das penalidades às multas contratuais, argumentam eles que estas são devidas e ficam classificadas como créditos trabalhistas não privilegiados e que ficam atrás dos créditos quirografários, por força do art. 83, VII, da Lei de Falência: "*Art. 83. A classificação dos créditos na falência obedece à seguinte ordem: ... (omissis); VII — as multas contratuais e as penas pecuniárias por infração das leis penais ou administrativas, inclusive as multas tributárias*".

Quem assim sustenta esse tipo de raciocínio tem bastante dose de razão, conforme se vê das conclusões de *Marcelo Papaléo de Souza*, em sua obra "A nova lei de Recuperação e Falência e as suas consequências no Direito e no Processo do Trabalho", LTr, março/2006, p. 254. De fato, as penalidades previstas nos enfocados dispositivos consolidados são multas contratuais. Daí serem elas devidas na forma do art. 83, VII, da Lei de Falência.

297.2. Liquidação Extrajudicial de Instituições Financeiras

Consoante o disposto no art. 1º da Lei n. 6.024, de 13 de março de 1974, *"as instituições financeiras privadas e as públicas não federais, assim como as cooperativas de crédito, estão sujeitas, nos termos desta Lei, à intervenção ou à liquidação extrajudicial, em ambos os casos efetuada e decretada pelo Banco Central do Brasil, sem prejuízo do disposto nos arts. 137 e 138, do Decreto-lei n. 2.627, de 26 de setembro de 1940, ou à falência nos termos da legislação vigente".*

A matéria contida nos arts. 137 e 138 do Decreto-lei acima referido (liquidação da sociedade) passou a ser regulada pelos arts. 206, 207 e 208 da Lei n. 6.404, de 15.12.76 (sociedades por ações).

É inquestionável que a liquidação extrajudicial de uma instituição financeira é um procedimento administrativo da falência, ao qual se aplicava subsidiariamente o Decreto-lei n. 7.661, de 21.6.45 (atual Lei n. 11.101/2005, Lei de Falências) em conformidade com o preceituado no art. 18 da Lei n. 6.024, *"a decretação da liquidação extrajudicial produzirá, de imediato, os seguintes efeitos: a) suspensão das ações e execuções iniciadas sobre direitos e interesses relativos ao acervo da entidade liquidanda, não podendo ser intentadas quaisquer outras, enquanto durar a liquidação ..."*.

A disposição acima transcrita não se compatibilizava, até, com o § 4º, do art. 153 da Emenda Constitucional n. 1/69 — verbis: *"A lei não poderá excluir da apreciação do Poder Judiciário qualquer lesão de direito individual"*.

Mais evidente se torna o vício da inconstitucionalidade da precitada norma da Lei n. 6.024, após o advento da Constituição de 1988, que deu maior alcance ao sobredito parágrafo da Emenda n. 1/69, no inciso XXXV do art. 5º, ao estatuir que é assegurado ao cidadão o acesso à Justiça no caso de lesão ou ameaça a qualquer direito, individual ou não. E, no inciso LIV do mesmo art. 5º temos o princípio do *due process law*, isto é, *"ninguém será privado da liberdade ou de seus bens sem o devido processo legal"*.

Do exposto até aqui, é fácil concluir que a liquidação extrajudicial de uma instituição financeira não pode suspender ação trabalhista contra ela proposta por seu empregado nem impedir a propositura dela após a prática do referido ato administrativo com feição falimentar.

Entendemos, outrossim, que o malsinado art. 18, sempre da Lei n. 6.042, não impossibilita a execução de sentença condenatória em ação trabalhista.

297.3. Recuperação Judicial da Empresa e os Créditos Trabalhistas

Fazendo um breve escorço histórico desse instituto de recuperação judicial de empresas, podemos dizer que ele surgiu, primeiramente, nos Estados Unidos da América logo após o *crack* de 1929 (*The Great Depression*). Em virtude da depressão econômica instalada nesse País, foram editadas leis especiais que cuidavam da reorganização das empresas. A sistematização dessas leis deu o surgimento ao denominado *Chandler Act*, promulgado em 1938. Com ele, foi outorgado às empresas em crise a solução jurídica da *corporate reoarganization*, em que os dirigentes da empresa eram afastados na hipótese do passivo ser superior a US$ 250.000. Para a materialização dessa reorganização da empresa, apresentava-se um plano, que deveria ser aprovado pelos credores e homologado pelo Juiz.

Em 1978, surgiu um novo sistema falimentar naquele País consubstanciado no *Bankruptcy Code*, em que seu capítulo 11 foi destinado à reorganização de empresas. Se economicamente viáveis, serão estas preservadas, consoante uma reestruturação prevista em um plano de recuperação devidamente aprovado pelos credores e homologado pelo juiz.

Essa nova visão do direito norte-americano referente às crises das empresas demorou a chegar no direito europeu continental. Somente em 1985, quase cinco décadas após o *Chandler Act*, é que se editou na França a Lei n. 85-98, objetivando disciplinar a preservação dessas empresas em dificuldades. Hoje, essa situação é regulamentada pelo novo Código de Comércio francês de 2001, por meio do instituto denominado *redressement* (reerguimento ou recuperação da empresa), ao lado da liquidação judicial da empresa.

Em seguida, a partir da década de 1990, essa disciplina jurídica da crise das empresas, após os pontos de partida dados pelo direito norte-americano e francês, propagou-se para os demais países europeus, inclusive para a América Latina, como se observa do direito argentino com sua pioneira lei n. 24.552, de 1995, que foi modificada pela Lei n. 25.589, de 16.5.2002.

No Brasil, somente a Lei n. 11.101, de 9.2.2005, é que veio tratar desse novo instituto da recuperação judicial ou extrajudicial do empresário e da sociedade empresária, além da falência. Com essa lei, desapareceram as concordatas preventiva e suspensiva. Deixando de existir a concordata, ficou revogado o art. 429, § 2º, da CLT: "Havendo concordata na falência, será facultado aos contratantes tornar sem efeito a rescisão do contrato de trabalho e conseqüente indenização, desde que o empregador pague, no mínimo, a metade dos salários que seriam devidos ao empregado durante o interregno".

Essa Lei n. 11.101/2005 não se aplica à empresa pública, sociedade de economia mista, instituição financeira pública ou privada, cooperativa de crédito, consórcio, entidade de previdência complementar, sociedade operadora de plano de assistência à saúde, sociedade seguradora, sociedade de capitalização e outras entidades legalmente equiparadas às anteriores. Excluindo da apreciação do judiciário questões de insolvência de empresas e de recuperação destas, parece-nos que essa lei, neste tópico, está marcada pela inconstitucionalidade, conforme garantia fundamental inscrita no art. 5º, XXXV, da Constituição Federal: "a lei não excluirá da apreciação do Poder Judiciário lesão ou ameaça a direito".

Esclarece o art. 47, dessa Lei, que *"a recuperação judicial tem por objetivo viabilizar a superação da situação de crise econômico-financeira do devedor, a fim de permitir a manutenção da fonte produtora, do emprego dos trabalhadores e dos interesses dos credores, promovendo, assim, a preservação da empresa, sua função social e o estímulo à atividade econômica"*. Trata-se de uma ação judicial de natureza constitutiva, como nós iremos ver mais à frente.

Do exame dessa lei, observa-se que é a negociação a palavra de ordem desse instituto de recuperação, que veio a substituir a concordata. Para se identificar a finalidade para a qual essa lei foi criada, basta-se ler as palavras do *Senador Ramez Tebet*, que foi relator desse Projeto de Lei, quando em tramitação no Senado, no sentido de que "sempre que for possível a manutenção da estrutura organizacional ou societária, ainda que com modificações, o Estado deve dar instrumentos e condições para que a empresa se recupere, estimulando, assim, a atividade empresarial". E, na área do Direito do Trabalho, repercute esse relatório na pretensão de proteger os trabalhadores em consequência da preservação da empresa. Eis o princípio esposado pelo *Senador Tebet* nesse passo: "os trabalhadores, por terem como único ou principal bem sua força de trabalho, devem ser protegidos, não só com precedência no recebimento de seus créditos na falência e na recuperação judicial, mas, com instrumentos que, por preservarem a empresa, preservem também seus empregos e criem oportunidades para a grande massa de desempregados".

Mas, a quem se aplica essa Lei n. 11.101/2005? Ela esclarece que é aplicável ao *empresário* e à *sociedade empresária*. E o que é sociedade empresária?

Ora, dentre as principais inovações introduzidas pelo atual Código Civil, temos o desaparecimento da sociedade civil e comercial ou mercantil. No lugar delas, surgem as denominadas *sociedades empresárias* e *sociedades simples* (antigas sociedades civis). Gize-se, desde já, o disposto no art. 1.150, desse diploma, que disciplina o local do registro de tais sociedades: "O empresário e a sociedade empresária vinculam-se ao Registro Público de Empresas Mercantis a cargo das Juntas Comerciais, e a sociedade simples ao Registro Civil das Pessoas Jurídicas, o qual deverá obedecer às normas fixadas para aquele registro, se a sociedade simples adotar um dos tipos de sociedade empresária".

Na forma do art. 966, do Código Civil, considera-se empresário aquela pessoa, natural ou jurídica, que exerce profissionalmente uma atividade econômica organizada para a produção ou a circulação de bens ou de serviços. Esse empresário deverá estar inscrito no Registro Público de Empresas Mercantis (art. 967, CC). Já o parágrafo único do art. 966, esclarece que *"não se considera empresário quem exerce profissão intelectual, de natureza científica, literária ou artística, ainda que com o concurso de auxiliares ou colaboradores, salvo se o exercício da profissão constituir elemento de empresa"*.

Basicamente, o empresário se caracteriza pela conjugação de três elementos essenciais: a iniciativa, o risco e a profissionalização. Compete-lhe, por consequência, identificar os destinos da empresa, imprimindo este ou aquele ritmo de atividade para alcançar o fim desejado. Assim, empresário é aquele que organiza uma certa atividade econômica na produção de bens ou serviços, fazendo sua devida circulação na estrutura social.

Já a sociedade empresária é aquela que exerce atividades econômicas de forma organizada para a produção ou circulação de bens ou de serviços. Neste sentido, as empresas prestadoras de serviços, anteriormente consideradas sociedades civis, sujeitas a registro perante o Cartório de Registro Civil de Pessoas Jurídicas, são consideradas pela nova legislação como sociedades empresárias, sujeitas ao Registro Público de Empresas Mercantis (i.é, Junta Comercial). Este registro mercantil só poderá ocorrer quando a sociedade adotar uma das formas societárias previstas no novo Código Civil, qual seja sociedade em nome coletivo (art. 1.039), comandita simples (art. 1.045, CC) ou limitada (art. 1.052). Quando isso ocorrer, essas sociedades empresárias, que antes eram conhecidas como sociedades civis, ficam, assim, submetidas ao disciplinamento desta Lei de Falência e de Recuperação de Empresas.

Repita-se: o atual Código Civil fez desaparecer a distinção entre sociedade civil e comercial ou mercantil. Agora, as sociedades são classificadas ou divididas entre sociedade empresária (antiga sociedade comercial) e sociedade simples (antiga sociedade civil). Nessa sociedade simples, como não tem natureza empresarial, admite-se que um sócio contribua, apenas, com serviços ou trabalho, tal como acontecia, anteriormente, com a sociedade civil e com a sociedade de capital e indústria, desaparecida esta última com o advento desse diploma legal.

Comentando o art. 966, do Código Civil (*"Considera-se empresário quem exerce profissionalmente atividade econômica organizada para a produção ou a circulação de bens ou de serviços"*), Ricardo Fiúza, que foi o Deputado Relator desse diploma legal, afiança que a definição nele albergado reproduziu, fielmente, o art. 2.082, do Código Civil italiano de 1942. E arremata dizendo, *verbis*:

"O conceito de empresário não se restringe mais, apenas, às pessoas que exerçam atividades comerciais ou mercantis. O novo Código Civil eliminou e unificou a divisão anterior existente entre empresário civil e empresário comercial. A partir de agora, o conceito de empresa abrange outras atividades econômicas produtivas que até então se encontravam reguladas pelo Código Civil de 1916, e assim, submetidas, dominantemente, ao direito civil. O empresário é considerado como a pessoa que desempenha, em caráter profissional, qualquer atividade econômica produtiva no campo do direito privado, substituindo e tomando o lugar da antiga figura do comerciante. A ressalva à caracterização do empresário constante do parágrafo único do art. 966 exclui desse conceito aqueles que exerçam profissão intelectual, de natureza científica, literária ou artística. Não seriam considerados assim como empresários os profissionais liberais de nível universitário, que desempenham atividades nos campos da educação, saúde, engenharia, música e artes plásticas, somente para citar alguns exemplo. Todavia, se o exercício da profissão intelectual constituir elemento de empresa, isto é, se estiver voltado para a produção ou circulação de bens e serviço, essas atividades inte-

lectuais enquadram-se também como sendo de natureza econômica, ficando caracterizadas como atividades empresariais" (cf. s/ob. "Novo Código Civil Comentado", 3. ed., Saraiva, 2004, p. 885/886).

Alguns sustentam que, apesar do exercício da profissão intelectual de advocacia constituir elemento de empresa, que é realizada por meio de sociedade de advogados, não se lhe aplica esse instituto de recuperação judicial de empresa. Essas mesmas pessoas sustentam, contraditoriamente, que uma sociedade de médicos, exteriorizada na figura de hospital, fica submetida ao novel instituto. Nesse sentido, confira-se o alentado livro *"Comentários à Lei de Recuperação de Empresas e Falência"*, nas notas ao art. 1º, ao tentar interpretar o disposto no art. 966, parágrafo único, do Código Civil, *verbis*:

"Assim, não é empresário, "quem exerce profissão intelectual, de natureza científica, literária ou artística", mesmo que conte com auxiliares ou colaboradores, "salvo se o exercício da profissão constituir elemento de empresa. Assim, por exemplo, não está sujeito à falência nem pode impetrar recuperação judicial ou extrajudicial, o advogado (ainda que a atividade seja exercida por meio de sociedade de advogados), nem o médico, quando atue individualmente. Mas serão consideradas sociedades empresárias o hospital e a empresa jornalística, por exemplo" (ob. cit., Saraiva, 2005, coautor Paulo F. C. Salles de Toledo).

Não concordamos com esse tipo de argumentação em que se sustenta estarem fora do conceito de empresário e de sociedade empresária, por exemplo, os serviços advocatícios ou os serviços de projetos de engenharia, ainda que prestados por sociedade de advogados ou sociedade de engenheiros projetistas. Argumentam, equivocadamente, que o caráter intelectual da atividade está presente nas atividades de advocacia ou de engenharia, sejam elas exercidas individualmente, sejam coletivamente. E, arrematam que não será a participação de auxiliares ou colaboradores que irá desnaturar essa atividade intelectual, que permanece sendo a mesma.

Ora, não é seguro esse critério da mesma presença intelectual seja na atividade empresarial, seja na atividade não empresarial. O que importa para se concluir que uma pessoa é empresária, mesmo exercendo uma atividade intelectual, é a constatação de que o exercício da profissão constitui um elemento de empresa, isto é, se existe um todo organizado voltado para a produção e circulação desses serviços intelectualizados, seja de advocacia, engenharia ou de medicina, com natureza econômica, o que caracteriza o profissionalismo nessas atividades empresariais.

Quer dizer que, na forma dos citados dispositivos legais, basta que o exercício da profissão intelectual constitua elemento de empresa, isto é, se estiver voltado para a produção ou circulação de bens e serviços, claro está que tal situação se enquadra também como sendo de natureza econômica, entrando na categoria de atividades empresariais. Aqui, nessa hipótese, fica aplicável a recuperação de empresas.

Existe um outro argumento na Lei de Falência para dar esteio à nossa conclusão de que uma sociedade empresária poderá ser constituída por profissionais liberais e, por essa razão, ser amparada pela recuperação judicial. De fato, na forma do art. 51, V, da Lei de Recuperação de Empresas e de Falência, o empresário deverá apresentar ao juiz a petição inicial de recuperação judicial instruída, necessariamente, dentre outros documentos, com a "certidão de regularidade do devedor no Registro Público de Empresas, o ato constitutivo atualizado e as atas de nomeação dos atuais administradores".

Da leitura desse inciso V, do art. 51, da Lei de Recuperação de Empresas, constata-se que o empresário-devedor deverá demonstrar ao juiz que existe regularmente no mundo jurídico mediante a apresentação de "certidão expedida pelo Registro Público de Empresas". Essa certidão deverá ser expedida pela Junta Comercial, no caso de sociedade empresária. Já no caso de sociedade simples (ou a antiga sociedade civil), pelo Cartório Civil de Registro Público de Pessoas Jurídicas. E quando a lei prever, expressamente, o registro da sociedade empresária em órgãos profissionais, a certidão de regularidade deverá ser expedida por estes, como é o caso da sociedade de advogados, que deve ser registrada na Ordem dos Advogados do Brasil, por força do art. 15, da Lei n. 8.906/04.

Note-se que o inciso V, do art. 51, da Lei de Recuperação de Empresas menciona que a certidão será expedida pelo "Registro Público de Empresas", sem fazer distinção do órgão certificante ser a Junta Comercial, Cartório Civil ou órgão profissional de classe, como a OAB. Quer dizer, esse dispositivo não restringe o benefício da recuperação judicial às sociedades empresárias assim definidas pelo art. 967, do Código Civil, isto é, sociedades empresárias mercantis registradas, apenas, na Junta Comercial, *verbis*: "É obrigatória a inscrição do empresário no Registro Público de Empresas Mercantis da respectiva sede, antes do início de sua atividade".

Essa é uma das conclusões que se extrai da leitura do inciso V, do art. 51, de que a recuperação judicial pode ser postulada por uma empresa ou sociedade empresária registrada no Registro Público de Empresas Mercantis (Junta Comercial), no Cartório Civil de Registro das Pessoas Jurídicas ou, então, no órgão que alguma lei especial venha assim determinar, como, v. g., na OAB que registra uma sociedade de advogados. A esse dispositivo legal deve ser aplicado o velho brocardo de que onde a lei não distingue, descabe ao intérprete distinguir.

Outra conclusão que se tira desse inciso V, do art. 51, da Lei de Recuperação de Empresas, é que esse novo instituto de recuperação somente é aplicável às sociedades empresárias regulares, isto é, que estejam devidamente registradas nos órgãos de registros públicos mencionados no parágrafo anterior. Os empresários e as sociedades empresárias irregulares, apesar de ficarem expostos à falência, não poderão lançar mão desse mecanismo legal de recuperação judicial, posto que eles precisam demonstrar ao juiz que estão devidamente registrados no Registro Público competente.

Essa conclusão nossa é esposada, também, pelo eminente Juiz do Trabalho *Marcelo Papaléo de Souza,* em sua preciosa e recente obra "A Nova Lei de Recuperação e Falência e as suas consequências no Direito e no Processo do Trabalho", editado pela LTr, 2006, p. 123.

É também a Lei de Recuperação de Empresas e de Falência aplicável ao *empresário rural,* conforme seu art. 1º c/c o art. 971, do Código Civil, verbis: *"O empresário, cuja atividade rural constitua sua principal profissão, pode, observadas as formalidades de que tratam o art. 968 e seus parágrafos, requerer inscrição no Registro Público de Empresas Mercantis da respectiva sede, caso em que, depois de inscrito, ficará equiparado, para todos os efeitos ao empresário sujeito a registro".*

Esse dispositivo da lei civil equipara, para todos os efeitos legais, o exercício de atividade rural ao empresário rural ou à sociedade empresária rural, quando a empresa tenha como objeto a exploração de atividade agrícola ou pecuária e esta for economicamente preponderante para quem a realiza, como principal profissão e meio de sustento. E, nesse caso, estando registrada no Registro Público de Empresas Mercantis, poderá se socorrer do instituto da recuperação judicial. Sublinhe-se que a Lei das Sociedade por Ações (Lei n. 6.404, 76, 2º, § 1º) sempre submeteu à legislação mercantil as empresas organizadas sob a forma de S/A, independentemente de seu objeto social, inclusive para abranger as companhias agrícolas e pecuárias, existente em grande quantidade em nosso País continental.

Consoante o art. 3º, da Lei n. 5.889/73 (Estatuto do Trabalhador Rural), empregador rural, sob a ótica do direito do trabalho, é aquele que desempenha *"atividade agro-econômica em caráter permanente ou temporário, diretamente ou através de preposto e com o auxílio de empregados".*

Qual é a natureza jurídica da recuperação judicial?

Primeiramente, a recuperação de empresa não se caracteriza como um contrato ou como transação universal. Tem ela a natureza de uma ação constitutiva, de caráter contencioso.

Entendemos indispensável descartar a natureza contratual da recuperação de empresa. O contrato depende da vontade das partes. Inexiste contrato obrigatório ou coacto.

Sublinhe-se que o art. 59, § 1º, da Lei de Falências, esclarece ser a decisão judicial que conceder a recuperação judicial um título executivo judicial, nos termos do art. 584, inciso III, do Código de Processo Civil. Apesar desse artigo do CPC ter sido revogado pela Lei n. 11.232, de 22.12.2005, continua o título executivo judicial a ser tratado pelo art. 475-N. Lembre-se que, muito embora a sentença constitutiva e condenatória proferidas no processo civil não mais se executem na forma e com o procedimento detalhado no Livro II, do CPC, que trata do "Processo de Execução", elas passaram a ser executadas conforme o denominado instituto de "cumprimento de sentença", como disciplinado no art. 475-I, I, do CPC, que é mais célere e informal, não perdendo sua natureza de ação. É curial que o cumprimento de uma sentença constitutiva tem que estar fundamentado em um título executivo judicial, pois *nulla executio sine titulo* como se infere da leitura do art. 475-I desse mesmo Código.

Contra essa decisão que concede a recuperação judicial, o § 2º, do art. 59, da Lei de Falências, esclarece que caberá agravo, que poderá ser interposto por qualquer credor e pelo Ministério Público.

A lei prevê as seguintes modalidades de recuperação:

a) Recuperação judicial de empresas, que é aplicável aos créditos trabalhistas (art. 54, da Lei de Falência);

b) Recuperação judicial das microempresas e empresas de pequeno porte, que não é aplicável aos créditos trabalhistas (art. 71, I, da Lei de Falência). Ela abrange, somente, os credores quirografários, *v. g.,* credores de títulos de crédito (letra de câmbio, nota promissória, duplicatas, cheque e outros);

c) Recuperação extrajudicial, que não é aplicável aos créditos trabalhistas, conforme o disposto no art. 161, § 1º, da Lei de Falência. Claro está que nada impede que os salários e jornada de trabalho sejam reduzidos, conforme a faculdade prevista no art. 7º, VI e XIII, da Constituição Federal, mediante a celebração de convenção ou acordo coletivo de trabalho.

Como já dito, "a recuperação judicial tem por objetivo viabilizar a superação da situação de crise econômico-financeira do devedor, a fim de permitir a manutenção da fonte produtora, do emprego dos trabalhadores e dos interesses dos credores, promovendo, assim, a preservação da empresa, sua função social e o estímulo à atividade econômica".

De forma exemplificativa, o art. 50 da Lei de Falência cuida dos meios de recuperação judicial. Poderão ser, dentre outros, alteração do controle societário; cisão, incorporação, fusão ou transformação da sociedade; aumento do capital social; trespasse do estabelecimento como unidade produtiva, que correspondente à alienação, na forma do art. 1.143, do Código Civil, ou arrendamento de estabelecimento, inclusive à sociedade constituída pelos próprios empregados; redução salarial, compensação de horários e redução da jornada de trabalho mediante a celebração de acordo coletivo de trabalho ou convenção coletiva de trabalho; venda parcial dos bens; usufruto da empresa etc.

Se requerida a ação de recuperação judicial pela empresa, não poderá esta dela desistir após o deferimento de seu pedido pelo Juiz, salvo se obtiver aprovação na assembleia-geral de credores.

Se deferido o processamento da ação, o devedor-empresário deverá apresentar o plano de recuperação judicial ao juiz dentro de 60 (sessenta) dias por meio de uma petição, que receberá objeções dos credores no prazo de 30 dias. Se não houver objeção, o plano é aprovado. Se houver objeção, o juiz convocará a assembleia-geral de credores para se manifestar, fazendo alterações ou aprovando plano alternativo, mas desde que haja expressa concordância do devedor e em termos que não impliquem diminuição dos direitos exclusivamente dos credores ausentes.

Se não for aprovado o plano de recuperação, o juiz decretará a falência (art. 56, §§ 3º e 4º, da Lei de Falência). Porém, se for aprovado, o plano de recuperação será homologado pelo juiz e essa decisão judicial passará a ser considerada como um título executivo judicial (art. 56, § 1º, da Lei de Falência c/c art. 475-N, do CPC).

Proferida a decisão judicial concessiva da recuperação, o devedor permanecerá nessa situação até que se cumpram todas as obrigações previstas no plano que vencerem em dois anos. Quanto aos créditos derivados da legislação do trabalho ou decorrentes de acidentes do trabalho vencidos até a data do pedido de recuperação judicial, o plano de recuperação judicial não poderá prever um prazo superior a 1 (um) ano.

Se não forem cumpridas as obrigações nos moldes e prazos previstos na sentença homologatória do plano de recuperação judicial, haverá a decretação da falência (art. 61, § 1º, da Lei de Falência).

A recuperação judicial poderá ser pedida pelo devedor que exercer regularmente suas atividades empresariais há mais de 2 (dois) anos, não seja falido, não tiver sido condenado pelos crimes previstos na lei e não tiver obtido recuperação há menos de cinco anos.

Já a recuperação extrajudicial poderá existir caso o devedor-empresário preencha os requisitos necessários para pedir a recuperação judicial, e desde que seja ela negociada com os credores, mas levada à homologação pelo juiz competente. Nessa modalidade de recuperação, fica vedado o pagamento antecipado de dívidas e o tratamento desfavorável aos credores que não estejam sujeitos a ela. Esse plano não se aplica aos créditos trabalhistas e tributários, acidentes de trabalho e a credores proprietários fiduciários de bens móveis ou imóveis, entre outros casos (art. 161 e seguintes da Lei de Falência).

A microempresa e empresa de pequeno porte podem se enquadrar na recuperação judicial. Contudo, ela abrangerá apenas os chamados créditos quirografários (v.g. letra de câmbio, nota promissória, duplicata, cheque e outros), que poderão ser parcelados em até 36 meses, com correção monetária e com acréscimo de 12% de juros ao ano. Por abranger créditos quirografários, esta modalidade de recuperação de microempresa e empresa de pequeno porte não abrange os créditos trabalhistas. Assim, os salários e demais direitos dos trabalhadores devem ser satisfeitos conforme a legislação trabalhista enquanto perdurar essa modalidade de recuperação judicial. Havendo atraso nos pagamentos, o trabalhador poderá acionar o empregador que esteja enquadrado nesse tipo de recuperação. Na forma do art. 71, IV, da Lei de Falência, esse microempresário ou empresário de pequeno porte ficam impedidos de contratar novos empregados, salvo expressa autorização judicial.

Na forma da Lei Complementar n. 123, considera-se microempresa a que tenha receita bruta igual ou inferior a R$ 360.000,00. Já a empresa de pequeno porte é a que aufere receita bruta superior a R$ 360.000,00 (trezentos e sessenta mil reais) e igual ou inferior a R$ 3.600.000,00 (três milhões e seiscentos mil reais).

A convolação da falência em recuperação judicial não restaura automaticamente os contratos de trabalho extintos se os empregados tiverem recebido a indenização prevista em lei. Não havendo o pagamento da indenização, estamos em que os contratos são restaurados, devem o empresário em recuperação judicial suportar os encargos daí decorrentes. Não nos parece comum, na convolação dos precitados institutos jurídicos, que o empregador procure restaurar contratos de trabalho já extintos.

297.3.1. Análise das Principais Repercussões da Recuperação Judicial sobre os Créditos Trabalhistas

Com essas considerações gerais acerca do novel instituto de recuperação judicial de empresas, passemos, agora, a analisar suas principais repercussões sobre os créditos trabalhistas. Assim, não pretendendo esgotar toda a matéria, devemos enfrentar as seguintes situações:

1) Juízo competente

É competente para deferir a recuperação judicial, ou homologar o plano de recuperação extrajudicial ou decretar a falência o juízo do local do principal estabelecimento do devedor ou da filial de empresa que tenha sede fora do Brasil (art. 3º, da Lei de Falência). Essa regra já existia na antiga Lei de Falência de 1945, como se infere da leitura do seu art. 7º.

2) Suspensão da Prescrição, das Ações e das Execuções

O art. 6º, § 4º, da Lei de Falência, estabelece a regra genérica de que, com o deferimento do processamento da recuperação judicial, ficam suspensas por 180 dias a prescrição e as ações e as execuções em face do devedor, inclusive aquelas dos credores particulares do sócio solidário (cf. nesse sentido o art. 52, II, da Lei de Falência). Após o decurso desse prazo, restabelece-se o direito dos credores de iniciar ou continuar suas ações e execuções, independentemente de pronunciamento judicial.

Bem se sabe que existe perfeita distinção entre suspensão e interrupção da prescrição. Suspensa a prescrição, esta não flui durante o interregno previsto, retomando-se o prazo pelo período restante. Já com a interrupção da prescrição, o prazo prescricional recomeça a fluir, por inteiro, da data do ato que a interrompeu.

É de se observar que não se confunde prescrição com a decadência. O prazo decadencial não se sujeita à suspensão ou interrupção. Ele flui regularmente até seu final. Assim, quanto à decadência, é irrelevante o deferimento do processamento da recuperação judicial. O prazo decadencial continua a fluir mesmo com esse deferimento até seu termo final. É o caso, por exemplo, do biênio decadencial para a propositura da ação rescisória ou, então, do trintídio decadencial para a propositura de inquérito judicial para apuração de falta grave de empregado estável.

Mencionou-se que fica suspensa a execução trabalhista por 180 dias com o deferimento pelo juiz do processamento da recuperação judicial. E, com o transcurso desse prazo, "as execuções trabalhistas poderão ser normalmente concluídas, ainda que o crédito já esteja inscrito no quadro-geral de credores", como se infere da leitura da parte final do § 6º, do art. 6º, da Lei de Falência. Esse dispositivo provoca, num primeiro momento, uma certa perplexidade ao deixar entrever que o crédito trabalhista dentro da recuperação judicial poderia ser concomitantemente executado dentro de um processo de execução trabalhista. Todavia, não é esse entendimento que merece prosperar.

Ora, se esse crédito trabalhista líquido, executado na Justiça do Trabalho, encontrar-se enquadrado no Plano de Recuperação Judicial devidamente homologado pelo juiz nos autos da Ação de Recuperação de Empresa, claro está que ele deverá ser cumprido não perante aquele juízo, mas, sim, perante este último, na forma e condição previstas nesse ato judicial. É o próprio art. 59, da Lei de Falência, que estabelece que "*o plano de Recuperação Judicial implica em novação dos créditos anteriores ao pedido, e obriga o devedor e todos os credores a ele sujeitos...*".

Ora, se a própria lei diz que o plano de recuperação judicial homologado pelo juiz provoca o surgimento da novação dos créditos anteriores ao pedido, não há que se cogitar em executar o crédito trabalhista por modo diverso daquele previsto neste momento. Recorde-se que a base da novação é a conversão imediata de uma obrigação em outra: a nova substituindo e extinguindo a velha. Assim, é compreensível que, para que ocorra a novação desse crédito trabalhista, é preciso que ele venha a ser substituído na recuperação judicial por uma outra obrigação, que o substitui, extinguindo-o.

Registre-se que a novação de uma obrigação é disciplinada pelos arts. 360 e seguintes do Código Civil. Ela provoca a extinção de uma obrigação pela formação de outra, destinada a substituí-la, no dizer de *Orlando Gomes*, em sua obra "Obrigações", 16. ed., Forense, 2004, p. 162. Nesse mesmo sentido, temos *Caio Mário da Silva Pereira*, em suas "Instituições de Direito Civil", 20. ed., Forense, 2004 v. II, p. 243, e *Maria Helena Diniz*, "Curso de Direito Civil brasileiro", 19. ed., Saraiva, 2004, v. 2, p. 291.

Na clássica definição de *Soriano* Neto, novação "é a extinção de uma obrigação porque outra a substitui, devendo-se distinguir a posterior da anterior pela mudança das pessoas (devedor ou credor) ou da substância, isto do conteúdo ou da *causa debendi* (cf. *Soriano de Souza Neto*, "Da Novação", 2. ed., 1937, n. 1).

O art. 362, do Código Civil, repete a regra constante do art. 999, do Código Civil, de 1916. Assim, ele prevê as três categorias de novação, quais sejam:

1) novação objetiva, que é dessa forma denominada por não ocorrer alteração nos sujeitos da obrigação. O mesmo devedor contrai com o mesmo credor novas dívida para extinguir e substituir a anterior;

2) novação subjetiva passiva, quando ocorre a substituição no polo passivo da obrigação. Novo devedor sucede e exonera o antigo, firmando novo pacto com o credor; e

3) novação subjetiva ativa, quando outro credor sucede ao antigo, em virtude de obrigação nova, ficando o devedor exonerado para com este.

Enquanto não ocorrer a homologação pelo juiz do enfocado plano de recuperação judicial, a execução trabalhista continuará a tramitar na Justiça do Trabalho logo após o transcurso desse prazo de 180 dias de suspensão da execução. O mesmo ocorrerá relativamente às ações trabalhistas em que existe a postulação de quantia ilíquida. Ultrapassado esse prazo, essas ações ilíquidas retomarão seu curso da mesma forma que as execuções, como se infere da leitura do art. 6º, § 1º, da Lei de Falência c/c o § 4º desse mesmo artigo.

Analisando essa questão da continuidade da execução após o transcurso do prazo de 180 dias de sua suspensão, *Marcelo Papaléo de Souza* afirma que "a aplicação do art. 6º, § 5º, da LRF, ou seja continuidade das execuções no juízo trabalhista, somente se justifica no caso de a aprovação do plano de recuperação ocorrer após o período da suspensão 6 meses, contados da data do deferimento do pedido de processamento (art. 52, da LRF). Assim, não tendo os envolvidos aprovado o plano de recuperação no período de 6 meses, as execuções trabalhistas voltam a fluir no seu curso normal, pois não se justifica o adiamento indefinidamente do pagamento" (ob. cit., p. 169, LTr, 2006).

Acrescentamos um argumento a mais à conclusão desse eminente Juiz de que, mesmo com a homologação judicial do Plano de Recuperação pelo juiz cível, após o transcurso do prazo de 180 dias, deverá o cumprimento do crédito trabalhista em execução na Justiça do Trabalho ser processado na forma e condição previstos nesse ato judicial homologatório já que aí se trata de uma expressa novação legal. Esse argumento nosso deve ser utilizado para que se evite negar vigência ao citado art. 59, da Lei de Falência que diz ocorrer novação de dívidas com a homologação desse Plano. Esclarecemos que o cumprimento dessa nova obrigação trabalhista deverá ser cumprida perante o juízo cível que homologou o Plano de Recuperação.

Sublinhe-se que o art. 73, IV, da Lei de Falência, estabelece que o juiz decretará, obrigatoriamente, a falência no caso de ocorrer o descumprimento de qualquer obrigação assumida no Plano de Recuperação, na forma do § 1º, do art. 61, dessa lei.

O deferimento do processamento da ação de recuperação judicial provoca a suspensão da prescrição, consoante norma prevista no art. 6º, da Lei de Falência. Entendemos que a suspensão da prescrição ocorre tanto às ações relativas às obrigações do devedor como às ações relativas aos direitos deste último. Existe a suspensão da prescrição da ação relativamente aos direitos dos credores da empresa em recuperação como, também, da ação relativamente aos direitos desta última, pois, caso contrário, haverá a violação do princípio constitucional que garante a isonomia processual das partes nessa ação de recuperação judicial.

3) Impugnação do Crédito Trabalhista no Quadro-Geral dos Credores

Da leitura do art. 8º, c/c o art. 6º, § 2º, da Lei de Falência, o crédito trabalhista poderá ser impugnado por qualquer credor, devedor ou seus sócios ou Ministério Público, mas, perante a Justiça do Trabalho, que terá a competência para decidir acerca de sua validade. Após essa decisão, o juiz da ação de recuperação judicial será dela cientificado pelo juiz do trabalho para que tome as medidas necessárias para a inclusão do crédito trabalhista no quadro-geral dos credores.

Essa impugnação dos créditos trabalhistas processada na Justiça do Trabalho deverá obedecer as normas processuais inscritas na CLT, aplicando-se, subsidiariamente, as normas do estatuto processual civil.

4) Reserva de Valor Estimado no Quadro-Geral dos Credores

Como acontecia na legislação revogada, é facultado ao trabalhador interessado requerer ao juiz do trabalho, tanto na falência como na recuperação judicial, a expedição de ofício ao juízo falimentar, solicitando reserva de valor que ele estimar devida, *ex vi* do disposto no art. 6º, § 3º, da Lei de Falência: *verbis*: "*O juiz competente para as ações referidas nos §§ 1º e 2º, deste artigo poderá determinar a reserva da importância que estimar devida na recuperação judicial ou na falência, e, uma vez reconhecido líquido o direito, será o crédito incluído na classe própria*".

Sublinhe-se que o art. 768, da CLT prevê a preferência em todas as fases processuais da ação trabalhista cuja decisão tiver de ser executada perante o juízo falimentar, aqui incluído o juízo da ação de recuperação judicial.

5) Prazo para Pagamento dos Créditos Trabalhistas na Recuperação Judicial

Prevê o art. 54, da Lei de Falência, o prazo máximo de um ano para o pagamento dos créditos trabalhistas, vencidos até a data do pedido de recuperação, *verbis*: "*O plano de recuperação judicial não poderá prever prazo superior a 1 (um) ano para pagamento dos créditos derivados da legislação do trabalho ou decorrentes de acidente de trabalho vencidos até a data do pedido de recuperação judicial*".

Atente-se que esse dispositivo legal usa da expressão "créditos derivados da legislação do trabalho". Alguns sustentam que essa expressão deve ser interpretada em sentido amplo para abranger os direitos trabalhistas, pela sua totalidade e de qualquer natureza, salariais ou não, indenizatórios ou não, previstos em convenções ou acordos coletivos de trabalho. Outros sustentam que devem ser interpretados de forma restrita, no sentido de abranger os direitos dos trabalhadores celetistas em geral.

De nossa parte, somos de entendimento de que essa expressão envolve todas as verbas salariais e as verbas indenizatórias previstas em lei disciplinadora do trabalho ou em contrato de trabalho, individual ou coletivo. Dentro dessa ótica, encontram-se, por exemplo, os créditos decorrentes da relação de emprego, como os decorrentes da relação de trabalho disciplinadora da pequena empreitada autônoma; ou disciplinadora do contrato do trabalhador avulso portuário ou, então, da relação de trabalho disciplinadora do representante comercial autônomo (art. 44, da Lei n. 4.886/1965, que disciplina as atividades dos representantes comerciais autônomos).

Além disso, o art. 54, da Lei de Falência, estabelece que os créditos decorrentes de acidente de trabalho deverão ser pagos na ação de recuperação judicial dentro do prazo de 12 meses, contados a partir do surgimento dessa modalidade de obrigação. Assim, devem ser pagos nesse prazo os primeiros quinze dias de afastamento ao trabalho em decorrência do acidente do trabalho, como, também, os danos sofridos pelo trabalhador em decorrência do acidente do trabalho de responsabilidade do empregador. Gize-se, novamente, que o *caput* desse dispositivo legal, usa da expressão "créditos", sem qualquer restrição, o que implica, como consequência, no pagamento das verbas salariais e indenizatórias.

Contudo, o parágrafo único desse art. 54, da Lei de Falência, estabelece uma restrição aos créditos trabalhistas de natureza salarial, que devem, em ação de recuperação judicial, ser pagos em trinta dias até o limite de 5 salários mínimos por trabalhador, *verbis*: "*O plano não poderá, ainda, prever prazo superior a 30 (trinta) dias para o pagamento, até o limite de 5 (cinco) salários mínimos por trabalhador, dos créditos de natureza estritamente salarial, vencidos nos três meses anteriormente ao pedido de recuperação judicial*".

6) Vencimento das Dívidas

Na recuperação judicial, estão englobados todos os débitos trabalhistas do devedor constituídos até a data da realização do pedido ao Juízo. Os outros débitos, inclusive trabalhistas, que surgirem após essa data, deverão ser pagos na forma da lei ou do contrato e fora do Plano de Recuperação homologado pelo juiz.

Destaque-se que a regra do vencimento antecipado de dívidas não se aplica aos casos de recuperação judicial. Essa modalidade abarca todos os créditos existentes na data da realização do pedido, ainda que não vencidos, conforme se lê do art. 49, da Lei de Falência. Contudo, a realização do pedido de recuperação judicial não acarreta o vencimento das dívidas. Não se aceita a antecipação do vencimento das obrigações, pois a empresa em recuperação judicial permanece existindo. E se houvesse o vencimento antecipado, isso acarretaria um inaceitável agravamento da situação de pagamentos do devedor.

7) Requisitos de Natureza Trabalhista dentro da Petição Inicial da Ação de Recuperação Judicial

Estabelece o art. 51, da Lei de Falência, que, dentre outras exigências, a petição inicial da ação de recuperação judicial deverá ser instruída com a (1) "relação integral dos empregados, em que constem as respectivas funções, salários, indenizações e outras parcelas a que têm direito, com o correspondente mês de competência, e a discriminação dos valores pendentes de pagamento" e (2) "a relação, subscrita pelo devedor, de todas as ações judiciais em que este figure como parte, inclusive as de natureza trabalhista, com a estimativa dos respectivos valores demandados".

8) Sindicato como Representante dos Trabalhadores, Associados ou não, na Assembleia Geral de Credores

Na forma do art. 37, § 5º, da Lei de Falência, os sindicatos de trabalhadores poderão representar apenas seus associados titulares de créditos derivados da legislação do trabalho ou decorrentes de acidente de trabalho que não comparecerem, pessoalmente ou por procurador, à assembleia geral de credores. Esses credores são classificados em 3 (três) categorias: *a) credores trabalhistas e acidentários; b) credores com garantia real;* c) *todos os demais credores* (privilégio especial, privilégio geral, quirografários e subordinados).

Como já apontado, a classe dos credores trabalhistas delibera pelo voto da maioria de credores presentes, independentemente dos valores de seus respectivos créditos. Quer dizer, cada credor trabalhista tem um voto, seja qual for a importância do seu crédito. Já as duas outras classes deliberam por maioria, mas segundo o critério do valor dos créditos respectivos. Sublinhe-se, ainda, que cada uma dessas classes só pode votar relativamente às matérias que lhe concernem. Não podem votar sobre os créditos e matérias relativas às outras classes de credores.

Para bem exercer essa prerrogativa, o sindicato deverá apresentar ao administrador judicial, até 10 dias antes da assembleia, a relação dos associados que pretende representar. Na hipótese de o trabalhador constar da relação de mais de um sindicato, deverá ele esclarecer, até 24 horas antes da realização da assembleia, qual o sindicato que o representa, sob pena de não ser aceita a representação.

Fazendo um comentário *de lege ferenda*, e apoiando-se em *Jairo Saddi*, sustenta *Maria Odete Duque Bertasi* que *"a representação do credor trabalhista (ou mesmo do trabalhador ainda empregado que não é credor) deveria ser efetuada por uma comissão eleita na fábrica e não por um sindicato, que muitas vezes não é representativo nem possui o conhecimento corrente de todos os problemas que levaram àquele estágio"* (ob. coletiva "Comentários à Nova Lei de Falências e Recuperação de Empresas", Quartier Latin, 2005, p. 144).

Sustentam alguns doutrinadores que está maculado por inconstitucionalidade o art. 37, § 5º, da Lei de Falência, ao estabelecer que o Sindicato representa apenas seus associados na assembleia geral de credores, e isso por violar disposto no art. 8º, III, da Constituição, *verbis*: *"ao sindicato cabe a defesa dos direitos e interesses coletivos ou individuais da categoria, inclusive em questões judiciais ou administrativas"*. Arrematam eles que, por força desse dispositivo constitucional, o Sindicato representa todos os trabalhadores, seus associados ou não. Vislumbram eles que esse dispositivo outorga ao sindicato a condição de substituto processual em todas as questões judiciais ou administrativas.

Tínhamos opinião contrária. Sustentávamos que esse dispositivo constitucional não era autoaplicável. Dizíamos que o inciso III do art. 8º da Constituição limita-se a dizer que *"ao sindicato cabe a defesa dos direitos e interesses coletivos e individuais da categoria, inclusive em questões judiciais ou administrativas"*.

Argumentávamos que essa defesa tanto pode ser feita mediante a representação processual como pela substituição processual. Logo, compete ao legislador infraconstitucional dizer como se materializará essa defesa.

Contudo, o Supremo Tribunal Federal entendeu que o sindicato tem a ampla capacidade processual para a defesa de qualquer tipo de interesse de seus representados seja na fase de conhecimento, seja na fase de cumprimento da sentença exequenda (RE 213.111; 210.029; 193.503; 193.579; 208.983; 211.152; 214.830; 211.874 e 214.668).

Assim, em decorrência dessa nova posição do STF, deve ser considerada inconstitucional a restrição contida no art. 37, § 5º, da Lei de Falência, que restringe os sindicatos de trabalhadores à defesa apenas de seus associados titulares de créditos derivados da legislação do trabalho ou decorrentes de acidente de trabalho. Atualmente, o sindicato deve defender os direitos de todos os trabalhadores dessa empresa em recuperação, associados ou não.

9) Redução Salarial, Compensação de Horários e Redução da Jornada de Trabalho dentro da Recuperação Judicial

É a Lei de Falência que estabelece a obrigação do devedor em elaborar um plano de recuperação a ser submetido ao Juízo, em que poderá constar, dentre outros meios de recuperação, a "redução salarial, compensação de horários e redução da jornada, mediante acordo ou convenção coletiva", como se infere da leitura do seu art. 50, VIII. Esse dispositivo se encontra em harmonia com o disposto no art. 7º, incisos VI e XIII, da Constituição Federal.

Ora, se o Plano de Recuperação contiver essas matérias (redução salarial, compensação de horários e redução da jornada), regradas em Acordo ou Convenção Coletivos de Trabalho, celebrados na forma dos arts. 611 e ss. da CLT, claro está que elas não poderão ser alteradas em plena Assembleia Geral dos Credores. Essas matérias, disciplinadas nos pactos coletivos, não poderão ser novamente discutidas na Assembleia Geral dos Credores.

Se houver a necessidade de alguma alteração desses pactos coletivos, deverão ser tomadas as providências cabíveis para que isso ocorra na forma da CLT, mas fora da Assembleia Geral dos Credores.

10) Sucessão de Empregador e a Recuperação Judicial

A regra geral é que a recuperação judicial não provoca efeitos em relação aos contratos do devedor, pois existe a continuidade dos negócios, havendo a manutenção da personalidade jurídica da empresa mesmo nessa situação.

Contudo, estabelece, expressamente, o art. 60, parágrafo único, da Lei de Falência uma norma especial, segundo a qual, ocorrendo a arrematação de parte ou da totalidade da empresa em recuperação judicial, inexistirá sucessão do arrematante nas obrigações desta, *verbis*:

"Art. 60. Se o plano de recuperação judicial aprovado envolver alienação judicial de filiais ou de unidades produtivas isoladas do devedor, o juiz ordenará a sua realização, observado o disposto no art. 142 desta Lei.

Parágrafo único — O objeto da alienação estará livre de qualquer ônus e não haverá sucessão do arrematante nas obrigações do devedor, inclusive as de natureza tributária, observado o disposto no § 1º, do art. 141 desta Lei".

Em virtude disso, não titubeamos em afirmar que a arrematação ocorrida dentro da ação de recuperação judicial não provocará o surgimento da responsabilidade do arrematante pelos créditos anteriores dos trabalhadores. Aqui é aplicada a regra de hermenêutica sob o critério da especialidade, e materializada no seguinte brocardo *lex specialis derrogat legis generali*.

Assim, relativamente à sucessão do empregador em recuperação judicial, a regra específica inscrita no parágrafo único do art. 60, da Lei de Falência, afasta a aplicabilidade das regras gerais contidas nos art. 10, 448 e 449, todos da CLT, quais sejam: a) qualquer alteração na estrutura jurídica da empresa não afetará os direitos adquiridos por seus empregados; b) a mudança na propriedade ou na estrutura jurídica da empresa não afetará os contratos de trabalho dos respectivos empregados e c) os direitos oriundos da existência do contrato de trabalho subsistirão em caso de falência, concordata ou dissolução da empresa.

Registre-se que a derrogação de uma lei implica na alteração apenas numa de suas partes ou em certas disposições. Já no caso de ocorrer a alteração integral de suas disposições, estaremos diante da revogação da lei.

Bem enfrentando a distinção entre uma norma especial e norma geral, impõe-se citar o seguinte ensinamento de *Maria Helena Diniz*, apoiando-se em *Bobbio*:

"Uma norma é especial se possuir em sua definição legal todos os elementos típicos da norma geral e mais alguns de natureza objetiva ou subjetiva, denominados especializantes. A norma especial acresce um elemento próprio à descrição legal do tipo previsto na norma geral, tendo prevalência sobre esta, afastando-se assim o bis in idem, pois o comportamento só se enquadrará na norma especial, embora também esteja previsto na geral (RJTJSP, 29:303). O tipo geral está contido no tipo especial. A norma geral só não se aplica ante a maior relevância jurídica dos elementos contidos na norma especial, que a tornam mais suscetível de atendibilidade do que a norma genérica. Para Bobbio, a superioridade da norma especial sobre a geral constitui expressão da exigência de um caminho da justiça, da legalidade à igualdade, por refletir, de modo claro, a regra da justiça suum cuique tribuere. *Ter-se-á, então de considerar a passagem da lei geral à exceção como uma passagem da legalidade abstrata à equidade. Essa transição da norma geral à especial seria o percurso de adaptação progressiva da regra de justiça às articulações da realidade social até o limite ideal de um tratamento diferente para cada indivíduo, isto porque as pessoas pertencentes à mesma categoria deverão ser tratadas da mesma forma, e as de outra, de modo diversos"* (cf. s/ob "Lei de Introdução ao Código Civil", 3ª ed., Saraiva, p. 74).

Esse mesmo entendimento de que inexiste sucessão de empregador é defendido, exemplarmente, por *Marcelo Papaléo de Souza* em sua obra já citada, p. 188.

O § 1º, do art. 141, da Lei de Falência, prevê as situações em que a arrematação realizada estará maculada por vício, tornando-se, assim, o arrematante responsável pelos débitos trabalhistas em decorrência do reconhecimento expresso da sucessão de empregador.

Eis as situações em que o arrematante passa a ser sucessor das dívidas trabalhistas por ocorrência de vício: a) quando ele for sócio da sociedade em recuperação ou de sociedade controlada por esta; b) quando ele for parente, em linha reta ou colateral até o 4º (quatro) grau, consanguíneo ou afim, da empresa em recuperação judicial ou de sócio de sociedade em recuperação judicial; ou c) quando o arrematante foi identificado como agente da empresa em recuperação com o objetivo de fraudar a sucessão trabalhista.

Além disso, e tendo em vista a parte final do art. 60, da Lei de Falência, o juiz, ouvido o administrador judicial e atendendo à orientação do Comitê, se houver, ordenará que se proceda a alienação do ativo em uma das seguintes modalidades: (a) leilão, por lances orais; (b) propostas fechadas e (c) pregão.

Já na recuperação extrajudicial, ocorrerá a sucessão trabalhista prevista no art. 10 c/c o art. 448, da CLT, posto que o art. 161, § 1º, da Lei de Falência impede a inclusão do crédito trabalhista no rol dos créditos passíveis de negociação.

O mesmo se diga relativamente à recuperação judicial da microempresa e da empresa de pequeno porte, hipóteses previstas no art. 70, da Lei de Falência.

11) Recuperação Judicial e a Manutenção da Personalidade Jurídica do Devedor

A decisão do juiz, deferindo o processamento da recuperação judicial na forma do art. 52, da Lei de Falência, não provoca a extinção da personalidade jurídica da empresa que a requereu. Quer dizer, ela continua a existir no mundo jurídico, podendo ser detentora de direitos e obrigações.

Assim, dúvidas não podem surgir se a nomeação pelo juiz do administrador judicial faz com que a pessoa jurídica passe a ter sua defesa conduzida por este. Por não haver a extinção da personalidade jurídica da empresa devedora, claro está que ela continua com sua capacidade processual plena. Não se deve confundir a figura do administrador judicial com a pessoa jurídica da empresa em recuperação judicial.

Já com a decretação da falência, a empresa devedora deixa de existir. Haverá a extinção da pessoa jurídica. Nesse caso o administrador judicial assumirá a representação judicial da massa falida, conforme o art. 22, III, "c", da Lei de Falência.

12) Exigibilidade do Depósito Recursal e do Pagamento das Custas Processuais da Empresa em Recuperação

Como a empresa em recuperação judicial continua com sua personalidade jurídica íntegra, sendo, portanto, detentora de todos os direitos e obrigações, deverá ela realizar o depósito recursal na hipótese de pretender recorrer da sentença trabalhista que lhe condenou no pagamento de verbas que não tenham sido objeto do Plano de Recuperação Judicial, devidamente homologado pelo juízo competente. Quer dizer, deverá ela cumprir com sua obrigação processual de realizar o depósito recursal e de pagar as custas processuais, obrigações essas inscritas no art. 899, § 1º e no art. 789, ambos da CLT.

Na hipótese do Plano de Recuperação Judicial, devidamente homologado pelo juízo competente, prever verbas trabalhistas pendentes de julgamento na Justiça do Trabalho, claro está que elas estarão disciplinadas por aquelas regras constantes desse Plano. Lembre-se que o Plano de Recuperação Judicial homologado provoca o surgimento da novação de dívida. Como consequência disso, o cumprimento dessa dívida novada irá obedecer as regras ajustadas nesse instrumento.

Já o depósito recursal e as custas processuais em caso de falência deixam de ser realizados, consoante os termos da Súmula n. 86, do TST: "Não ocorre deserção de recurso da massa falida por falta de pagamento das custas ou de depósito do valor da condenação. Esse privilégio, todavia, não se aplica à empresa em liquidação extrajudicial".

13) Efeito do Plano de Recuperação Judicial Homologado sobre a Penhora Judicial Trabalhista

Como já se disse, o Plano de Recuperação Judicial homologado implica na novação dos créditos anteriores ao pedido de recuperação, conforme a previsão contida no art. 59, da Lei de Falência. Assim, havendo expressa previsão nesse plano de recuperação acerca do bem penhorado na Justiça do Trabalho, será este disciplinado na forma dessas novas regras. Se houver no Plano de Recuperação a expressa previsão de que a penhora deverá ser levantada, somos de opinião de que o credor trabalhista não poderá se opor a ela.

Poderão alguns sustentar que a penhora trabalhista realizada anteriormente ao Plano de Recuperação não pode ser afastada pelas novas regras deste, argumentando nesse sentido com o disposto no art. 50, § 1º, da Lei de Falência, *"Na alienação de bem objeto de garantia real, a supressão da garantia ou sua substituição somente será admitida mediante aprovação expressa do credor titular da respectiva garantia"*.

Todavia, essa tese defendida por essas pessoas poderá ser refutada com a alegação de que a penhora judicial não tem a natureza de direito real de garantia, conforme as regras contidas no art. 1.419, do Código Civil, onde são previstos os seguintes direitos reais de garantia: penhor, anticrese e a hipoteca.

14) Juros e Correção Monetária dos Débitos Judiciais Trabalhistas na Recuperação Judicial

As empresas submetidas à recuperação judicial estão sujeitas aos juros e correção monetária, como inscritos no art. 39 e seu § 1º, da Lei n. 8.177/91. Assim, os débitos trabalhistas sofrerão a incidência dos juros e correção monetária, salvo se houver expressa previsão em contrário no Plano de Recuperação Judicial homologado judicialmente.

Contudo, contra a massa falida não são exigíveis juros vencidos após a decretação da falência, previstos em lei ou em contrato, se o ativo apurado não bastar para o pagamento dos credores subordinados, conforme o disposto no art. 124, da Lei de Falência. Quer isso significar que, se o ativo da massa falida bastar para o pagamento dos credores subordinados, haverá, então, a incidência de juros. Além disso, serão devidos juros pela massa falida desde que eles tenham sido vencidos antes da decretação da falência. Após, não.

O crédito subordinado é a última categoria a ser paga pelos valores alcançados com a realização da massa falido.

Consideram-se créditos subordinados aqueles previstos no art. 83, VIII, da Lei de Falências.

15) Débito Trabalhista Executado na Vigência do Plano de Recuperação Judicial

Como já se disse, o Plano de Recuperação Judicial, devidamente homologado judicialmente, implica na novação de dívida, sendo que ele é um título executivo judicial. Se a empresa devedora em recuperação judicial for citada na Justiça do Trabalho para pagar uma dívida que não mais existe em virtude de estar ela disciplinada pelo Plano de Recuperação Judicial homologado, terá ela o direito de se insurgir contra essa ameaça de execução de seus bens. Nesse caso, poderá ela ajuizar a denominada "exceção de pré-executividade".

Na hipótese do juiz do trabalho desacolher a exceção de pré-executividade para extinguir a execução, caberá contra esse ato o mandado de segurança a ser impetrado no Tribunal Regional do Trabalho.

16) Comitê de Credores e a Recuperação Judicial

Esse comitê é um órgão facultativo, tanto na falência, quanto na recuperação judicial, como se lê do art. 26, I, da Lei de Falência. Normalmente, ele deve existir apenas em casos de sociedade empresárias de grande porte, que seja capaz de suportar as despesas daí decorrentes de sua implantação e funcionamento. No caso dos credores ou do juiz deliberarem por sua constituição, a lei assegura aos trabalhadores a indicação de um representante seu e de dois suplentes.

17) Possibilidade do Crédito Trabalhista Ser Negociado Individualmente na Recuperação Judicial

Negociar tem origem do latim *negotiari*, com o sentido de comerciar, traficar, fazer qualquer sorte de comércio. Como expressão jurídica na técnica do comércio, exprime praticar qualquer ato de comércio ou realizar qualquer negócio ou operação de natureza mercantil, manter relações comerciais, exercer a mercância, comprar para vender. Extensivamente, é, porém, empregado no sentido de estabelecer condições ou assentar as bases para a execução de qualquer ato ou de qualquer ajuste. Nesse sentido, equivale a ajustar, convencionar, contratar, acordar, sobre qualquer ato, seja ou não de natureza comercial (cf. *De Plácido e Silva*, s/ob "Vocabulário Jurídico", p. 238, vol. III e IV).

Colocada a questão nesses termos, podemos lançar a indagação se existe a possibilidade do crédito trabalhista ser negociado individualmente na recuperação judicial. Para enfrentar essa questão, preferimos colocá-la nos seguintes termos: o empregado e a empresa em recuperação judicial poderão celebrar um contrato denominado de transação, com fulcro nos arts. 840 *usque* 850, do vigente Código Civil, tendo por objeto o crédito trabalhista de titularidade daquele primeiro?

A possibilidade do crédito trabalhista ser negociado (ou transacionado) individualmente na ação de recuperação judicial passa, necessariamente, pelo exame do fato desse crédito constar, ou não, do Plano de Recuperação Judicial homologado pelo juiz. Impõe-se, ainda, a feitura da análise de qual é a natureza jurídica desse Plano de Recuperação Judicial e suas repercussões processuais. Desde já, podemos dizer que esse plano, que foi homologado judicialmente, é uma sentença constitutiva onde existe uma novação de dívidas e um litisconsórcio necessário de credores em torno de uma obrigação indivisível.

Antes de responder essa questão, queremos tecer ligeiras considerações em torno de normas imperativas do Direito do Trabalho que cerceiam a autonomia da vontade com indisfarçáveis reflexos na prática daqueles atos jurídicos. Essas regras ora são proibitivas (como o são algumas delas, por exemplo, em relação ao trabalho da mulher ou do menor) ou restritivas, porque fixam limites à atuação das partes que têm de ficar aquém ou além deles, conforme a natureza da relação jurídica. Aqui fica o nosso reconhecimento da existência de normas dispositivas do nosso Direito do Trabalho e que não precisam ser consideradas quando da celebração do contrato de transação.

Nesse passo, lembre-se que o Código Civil de 1916 trata a transação como uma forma de extinção de obrigações. Já o atual Código, diz expressamente ser ela um contrato bilateral. De fato, na forma do seu art. 840, ela é considerada como sendo um contrato pelo qual as partes procuram dar fim a obrigações litigiosas ou duvidosas, mediante concessões recíprocas.

A transação não se distingue da renúncia apenas sob este aspecto. Na renúncia, além da unilateralidade do ato, existe como pressuposto a certeza do direito que se abandona ou que não se quer exercitar. Na transação, é a bilateralidade do ato e existe o intuito de se dar um fim ao litígio, ou, então, preveni-lo, podendo a parte abrir a mão até de um direito líquido e certo.

De forma geral, podemos dizer que a transação perante o Juiz do Trabalho ou perante outro juízo competente é admitida ainda que tenha por objeto direito protegido por regra de ordem pública. No caso, não se pode presumir que houve violação de qualquer preceito consolidado ou que o trabalhador sofreu qualquer coação para transacionar seu direito.

É inquestionável que a transação, no âmbito do Direito do Trabalho, se submete a regras rígidas vocacionadas para a proteção do empregado contra o maior poder, sobretudo econômico, do empregador. Todavia, na órbita trabalhista, tem o instituto facetas que exigem a aplicação subsidiária de disposições do Código Civil. Lembre-se que aplicar o Direito Civil, pura e simplesmente, é o mesmo que dar o atestado de óbito ao Direito do Trabalho, caso se venha tentar passar ao largo dos princípios norteadores deste último.

Assim, para se enfrentar a questão em exame, deve-se lançar mão, também, do disposto no art. 843, do Código Civil: "A transação interpreta-se restritivamente e por ela não se transmitem, apenas se declaram ou reconhecem direitos."

Para solucionar um conflito de interesses ou para evitá-lo, fazem as partes concessões mútuas que trazem, na sua esteira, a renúncia de direitos. Estes devem ser claramente enunciados, a fim de ensejar a interpretação restritiva a que se reporta o supracitado art. 843 do CC/02 (art. 1.027 do antigo CC).

Esta circunstância explica por que motivo o legislador declara ser restritiva a interpretação da transação. Esta abarca, tão somente, as questões que, às expressas, nela são mencionadas.

O magistério de *Arnaldo Süssekind*, enfrentando essa matéria relativa à transação, a) põe em relevo a circunstância de que, nas órbitas dos Direitos Civil e do Trabalho, é comum a exigência, na transação extrajudicial, de as concessões mútuas serem expressas e b) funda-se na melhor exegese do art. 843 do atual Código Civil.

Sustenta ele que *"em virtude dos princípios que norteiam o Direito do Trabalho, a renúncia e a transação de direitos devem ser admitidas como exceção. Por isto mesmo, não se deve falar em renúncia ou em transação tacitamente manifestadas, nem interpretar extensivamente o ato pelo qual o trabalhador se despoja de direitos que lhe são assegurados ou transaciona sobre eles. Neste sentido, o Tribunal Superior do Trabalho adotou a Súmula n. 330, sendo que as Leis ns. 5.562, de 1968 e 5.584, de 1970 (o art. 10 deu nova redação aos parágrafos do art. 477 da CLT), explicitaram esse entendimento, que os tribunais adotaram com esteio no art. 1.027 do velho Código Civil. A renúncia e a transação devem, portanto, corresponder a atos explícitos, não podendo ser presumidas"* ("Instituições de Direito do Trabalho", 20. ed., LTr, 2002, p. 211).

Ao se fazer um acordo acerca de um crédito trabalhista, é de bom alvitre que haja a atenção aos exatos termos da Súmula n. 330 do TST: *"A quitação passada pelo empregado, com assistência de entidade sindical de sua categoria, ao empregador, com observância dos requisitos exigidos nos parágrafos do art. 477 da CLT, tem eficácia liberatória em relação às parcelas expressamente consignadas no recibo, salvo se oposta ressalva expressa e especificada ao valor dado à parcela ou parcelas impugnadas. I — A quitação não abrange parcelas não consignadas no recibo de quitação e, consequentemente, seus reflexos em outras parcelas, ainda que estas constem desse recibo. II — Quanto a direitos que deveriam ter sido satisfeitos durante a vigência do contrato de trabalho, a quitação é válida em relação ao período expressamente consignado no recibo de quitação".*

Nosso CC/02 coloca-se na linha da melhor doutrina ao estatuir que a transação não transmite direitos; cinge-se a declará-los ou reconhecê-los.

Por derradeiro, lembramos que os notáveis *Mazeau* (*in* "Leçons de droit civil", Editions Montchrestien, 1960, tomo III, p. 1.307) advertem que no direito francês, *"a transação é, tradicionalmente, um ato declarativo; seu efeito não é o de transferir ou de criar direitos entre os contratantes, mas o de reconhecer a existência de direitos preexistentes; a transação tem, não um efeito translativo, mas um efeito declarativo".*

É esta, também, a nossa posição.

Além de não se perder de vista o disposto no art. 843, do CC/2002, para responder a questão em exame acerca da possibilidade de negociação individual (ou transação ou renúncia) de um crédito trabalhista na recuperação judicial de uma empresa, há-de se fazer a plena aplicação do disposto no art. 844, do Código Civil, de 2002 (ou art. 1.031 do CC/16):

"Art. 844. A transação não aproveita, nem prejudica senão aos que nela intervierem, ainda que diga respeito a coisa indivisível".

Desde logo, assinalemos o conceito legal de obrigação indivisível, como albergado no art. 258 do Código Civil:

"Art. 258. A obrigação é indivisível quando a prestação tem por objeto uma coisa ou um fato não suscetível de divisão, por sua natureza, por motivo de ordem econômica, ou dada a razão determinante do negócio jurídico".

Lembra *Clóvis Bevilacqua* que *"são indivisíveis de dar coisas certas infungíveis, cujas prestações não tiverem por objeto fatos determinados por quantidade ou duração de tempo; e as de não fazer, quando o fato, cuja abstenção se prometeu não pode ser executado por partes"* (s/ob "Código Civil Comentado", ed. histórica, tomo II, p. 29).

Em consonância com o art. 47 do Código de Processo Civil, *"há litisconsórcio necessário quando por disposição de lei ou pela natureza da relação jurídica, o juiz tiver de decidir a lide de modo uniforme para todas as partes, caso em que a eficácia da sentença dependerá da citação de todos os litisconsortes no processo".*

Tal litisconsórcio se forma independentemente da vontade das partes e pode ser ativo ou passivo, isto é, se houver pluralidade de credores ou pluralidade de devedores.

Formado o litisconsórcio passivo de vários trabalhadores, como credores do empregador, ao lado dos outros credores deste último, que está submetido ao Plano de Recuperação Judicial, é admissível uma transação com o efeito previsto no sobredito art. 844: extingue-se a dívida quando a transação é entre um dos credores e o devedor, mas desde que o valor seja inferior ao aprovado por aquela coletividade de credores naquele Plano de Recuperação Judicial, homologado pelo juiz comum.

Assim, a possibilidade do crédito trabalhista ser negociado ou transacionado individualmente na ação de recuperação judicial passa, necessariamente, pelo exame do fato desse crédito constar, ou não, do Plano de Recuperação Judicial homologado pelo juiz.

Bem se sabe que esse plano, devidamente homologado, é um título executivo judicial, estando aí materializada uma novação de dívidas. Se esse crédito trabalhista já está dentro dele, não pode a empresa em recuperação negociá-lo por um valor a maior. Para menos, pensamos que existe a possibilidade. Isso porque os termos do Plano de Recuperação precisam ser respeitados na integralidade para se evitar qualquer prejuízo aos demais credores. Lembre-se que o art. 73, IV, da Lei de Falência determina ao juiz a obrigação de decretar a falência durante o processo de recuperação judicial quando ocorrer o descumprimento de qualquer obrigação assumida no plano de recuperação.

Assim, se a empresa negociar o crédito trabalhista por um valor a menor do que o constante nesse plano, e, por essa razão, não provocar prejuízo aos demais credores, mas, sim, benefícios, por certo que aí inexiste irregularidade alguma. A transação é perfeita e acabada. Consumada essa negociação ou transação por um valor a menor do previsto no plano de recuperação, deve a empresa em recuperação lançar na contabilidade esse crédito a favor da coletividade dos credores.

Estabelece o art. 49 da Lei de Falência que *"estão sujeitos à recuperação judicial todos os créditos existentes na data do pedido, ainda que não vencidos"*. Isso significa dizer que os créditos que vierem a existir após essa data do pedido, deverão ser cumpridos conforme o que dispuser a lei ou o contrato que os disciplinem.

Em suma, o empresário ou a sociedade empresária, submetidos à recuperação judicial, perdem a disponibilidade do seu patrimônio que esteja presente e regulamentado no plano de recuperação judicial homologado pelo juiz. Quanto aos outros bens ou direitos não abrangidos pelos termos desse plano de recuperação, claro está que esse empresário tem a livre disponibilidade deles. Ao contrário da falência, a recuperação judicial não provoca o surgimento da massa falida, como ocorre na falência. Na falência, existe a extinção do empresário ou da sociedade empresária. A empresa em recuperação judicial continua a existir normalmente no mundo jurídico, podendo ser, assim, detentora de outros direitos e obrigações não previstos no multicitado plano de recuperação homologado judicialmente.

18) Possibilidade de Revisão da Sentença que Homologa o Plano de Recuperação Judicial

Como já apontamos anteriormente, a ação de recuperação judicial tem início com a formulação do pedido feito pelo empresário ou sociedade empresária ao juiz em petição inicial revestida dos requisitos previstos no art. 51, da Lei de Falências. Dentre esses requisitos, destacam-se na esfera trabalhista os seguintes: a) a relação integral dos empregados, em que constem as respectivas funções, salários, indenizações e outras parcelas a que têm direito, com o correspondente mês de competência, e a discriminação dos valores pendentes de pagamento e b) a relação, subscrita pelo devedor, de todas as ações judiciais em que este figure como parte, inclusive as de natureza trabalhista, com a estimativa dos respectivos valores demandados.

Estando a petição em termos com relação a esse dispositivo legal, o juiz deferirá o processamento da ação de recuperação judicial, oportunidade em que ele nomeará um administrador judicial para exercer as funções inscritas no art. 22, da Lei de Falência.

Após o deferimento do processamento da ação de recuperação judicial, o devedor deverá apresentar em juízo no prazo improrrogável de 60 dias, dentre outros documentos, o denominado plano de recuperação judicial, sendo que os credores poderão impugná-lo dentro do prazo de 30 dias após a publicação pelo administrador judicial do quadro geral dos credores (art. 55 c/c art. 7º, § 2º, ambos da Lei de Falências).

Não havendo impugnação ou objeção ao plano de recuperação apresentado pelo devedor, o juiz o homologará, tornando-se, assim, um título executivo judicial. Havendo impugnação ou objeção, o juiz convocará a assembleia geral de credores para deliberar sobre o referido plano, que poderá ser alterado por ela, desde que haja concordância do devedor e desde que não implique diminuição dos direitos exclusivamente dos credores ausentes. Se for rejeitado o plano pela assembleia geral dos credores, o juiz terá que decretar a falência.

Contudo e com fulcro no art. 56 da Lei de Falência, o juiz poderá conceder a recuperação judicial com base em plano que não obteve aprovação na forma do art. 45 desse diploma legal, desde que, na mesma assembleia, tenha obtido, de forma cumulativa: I) o voto favorável de credores que representem mais da metade do valor de todos os créditos presentes à assembleia, independentemente de classes; II) a aprovação de 2 das 3 classes de credores, quais sejam a) titulares de créditos derivados da legislação do trabalho ou decorrentes de acidentes do trabalho; b) titulares de créditos com garantia real e b) titulares de créditos quirografários, com privilégio especial, com privilégio geral ou subordinados (art. 41 da L.F.); III) na classe que o houver rejeitado, o voto favorável de mais de 1/3 dos credores, computados na forma dos §§ 1º e 2º, do art. 45, da Lei de Falência.

Assim, homologado ou concedido na forma do art. 56 da Lei de Falência o plano de recuperação judicial, tem ele as seguintes características: a) é um título executivo judicial; b) tem ele a natureza de uma sentença constitutiva, não sendo esse plano jamais um contrato, posto que não existe contrato coacto; c) provoca ele uma novação de dívidas; d) esse plano contém uma obrigação indivisível na forma do art. 258 do Código Civil (*"A obrigação é indivisível quando a prestação tem por objeto uma coisa ou um fato não suscetível de divisão, por sua natureza, por motivo de ordem econômica, ou dada a razão determinante do negócio jurídico"*) e d) dá o surgimento a um litisconsórcio passivo necessário, conforme o art. 47, do CPC (*"Há litisconsórcio necessário quando por disposição de lei ou pela natureza da relação jurídica, o juiz tiver de decidir a lide de modo uniforme para todas as partes, caso em que a eficácia da sentença dependerá da citação de todos os litisconsortes no processo"*).

Com essas características colocadas em destaque do plano de recuperação judicial, observa-se que a relação jurídica, que nele se estabelece entre todos os credores e o devedor, é de natureza continuativa dentro daquele prazo máximo de 2 (dois) anos como previsto no art. 61 c/c art. 54, da Lei de Falência.

Assim, o pronunciamento da sentença que homologou ou concedeu o plano de recuperação judicial não esgota aquela relação jurídica, porque é ela mantida e prossegue, variando em seus pressupostos fáticos. Tal sentença — que chamamos de determinativa — embora consolidada em um título executivo judicial, admite revisão quando provada a modificação do estado de fato ou de direito. A sentença determinativa contém a cláusula *rebus sic stantibus*, que enseja seu enquadramento nas novas circunstâncias de fato ou de direito. A natureza continuativa da relação jurídica obriga a sentença a um processo de integração que atenda às alterações ocorridas no caso concreto.

O art. 471, do CPC, cuida expressamente do assunto ao dispor: *"Nenhum juiz decidirá novamente as questões já decididas, relativas à mesma lide, salvo: I — se, tratando-se de relação jurídica continuativa, sobreveio modificação no estado de fato ou de direito, caso em que poderá a parte pedir a revisão do que foi estatuído na sentença"*.

Com fundamento nessa norma processual, pode o devedor em recuperação judicial propor a ação de revisão ou de modificação em processo diferente daquele em que se prolatou a sentença revisionanda, mas na Vara Falimentar que a proferiu.

Nesse sentido, consulte-se *Pedro Batista Martins*, que, apoiando-se em *Chiovenda*, defende a competência do juiz de 1ª Instância, mesmo quando a sentença revisionanda tenha sido alterada em superior instância (s/ob "Comentários ao Código de Processo Civil", vol. III, 2º Tomo, p. 313).

Em resumo, é dado rever a sentença que homologou ou concedeu o plano de recuperação judicial ao devedor, se sobreveio modificação no estado de fato ou de direito.

Com fundamento no já citado art. 471, do CPC, o devedor toma o papel de autor na ação objetivando a revisão da sentença que cuida do plano de recuperação judicial.

Acolhendo o juiz o processamento da ação revisional ou de modificação, deverá ele determinar a citação de todos os credores para que se reúnam em assembleia-geral para que eles deliberem acerca do pedido de revisão do plano de recuperação em execução. Se aprovado pela assembleia geral de credores o novo plano para viger pelo restante do prazo dos dois anos, o juiz o homologará. Se não for aprovado, poderá o juiz lançar mão do disposto nos parágrafos do art. 58, da Lei de Falência, como já apontado anteriormente, concedendo-o ao devedor.

É compreensível que os juízes e as partes devem cumprir esse caminho processual apontado acima para a revisão do plano de recuperação judicial (arts. 51 e seguintes da Lei de Falência). Isso porque é princípio básico de hermenêutica de que um ato jurídico pode ser alterado, modificado ou extinto, desde que obedecidas as mesmas formalidades legais para sua criação.

Se o plano de recuperação judicial, constante da sentença revisionanda, surgiu a partir de deliberação da assembleia geral de credores, sua revisão deverá obedecer as mesmas formalidades legais que deram surgimento a ele.

Ora, o princípio de direito processual que, em tese, impede o juiz de reapreciar as questões já decididas numa mesma lide, chama-se preclusão. Essas questões são aquelas dúvidas que as partes levam ao juiz para sua apreciação, sejam de fato, sejam de direito.

Há, porém, outras situações que estão sempre sujeitas a alterações, porque as questões propostas pelos litigantes, mesmo depois de resolvidas, permanentemente devem ser modificadas, porque não é vontade do Estado, que as resolveu, se mantenham estáveis e imutáveis, mas, ao contrário, que se ajustem às novas condições e aos fatos estranhos supervenientes (cf. *Sérgio Sahione Fadel*, s/ob "Código de Processo Civil Comentado", vol. III, p. 41).

No campo do direito obrigacional, a teoria da imprevisão já é um exemplo atual de que o negócio jurídico, para ser realmente perfeito e imutável, deve manter constantemente atualizadas as circunstâncias em que se celebrou.

Se houve modificação das condições e circunstâncias existentes quando da expedição do título executivo judicial materializado no multicitado plano de recuperação judicial, merece prosperar a ação revisional, notadamente para permitir que a atividade empresarial continue a existir como um fator de produção de riquezas, preservando-se, por consequência, os empregos dos trabalhadores do devedor.

298. Da Insolvência Civil

Configura-se a insolvência — regulada pelos arts. 748 e seguintes do CPC — toda vez que as dívidas excederem a importância dos bens do devedor.

É o instituto que, na esfera civil, corresponde à falência do comerciante ou do industrial.

No processo de execução por quantia certa contra devedor insolvente, prepondera o princípio de ordem pública de o patrimônio do executado servir de garantia a todas as suas dívidas com diversos credores.

Insuficiente esse patrimônio, ter-se-á de fazer um rateio a fim de que cada credor receba proporcionalmente ao seu crédito.

É sempre de execução coletiva o processo de insolvência civil, pois, em havendo um único credor, é impossível sua instauração.

A sentença que declarar a insolvência provoca: o vencimento antecipado das dívidas do executado; a arrecadação de todos os seus bens suscetíveis de penhora, quer os atuais, quer os adquiridos no curso do processo, e o concurso universal dos credores.

Outro efeito dessa sentença é o de tornar indisponíveis os bens do devedor até a liquidação total da massa.

A declaração de insolvência pode ser requerida por qualquer credor quirografário, pelo devedor ou pelo inventariante do espólio do devedor.

Se contra o mesmo Reclamante, não-comerciante (empregador doméstico, entidade filantrópica ou qualquer sociedade civil que não exerça atividade econômica), são propostas diversas ações trabalhistas em Varas do Trabalho diferentes e em datas também diferentes, acreditamos que um desses credores tenha interesse em requerer a declaração de insolvência do Reclamado a fim de ficar em pé de igualdade com os demais Reclamantes, no que tange ao pagamento proporcional dos seus créditos.

Estamos que o juiz competente para declarar a insolvência civil é o da Justiça comum.

As características dessa ação e a universalidade do respectivo juízo não indicam a Vara do Trabalho como competente para decretar a insolvência do devedor civil.

Essa solução guarda analogia com o juízo universal da falência, que sempre é da Justiça Comum, embora o crédito deflagrador desse processo possa ser um crédito trabalhista.

As razões que acabamos de expender, *venia permissa*, explicam melhor a exclusão da competência da Justiça do Trabalho da execução das dívidas do insolvente civil.

Por esse motivo, não nos apegamos ao art. 92 do CPC, que confere ao Juiz, com exclusividade, a atribuição de decretar a insolvência civil. Esse preceito é dirigido, de modo particular, aos Estados cuja organização judiciária concede aos juízes leigos algumas funções de natureza judicante.

O trabalhador se habilita no concurso de credores (insolvência civil) com sentença trabalhista passada em julgado e com valores líquidos.

299. *Fraude à Execução*

É atentatório à dignidade da Justiça o ato do devedor que: frauda a execução; opõe-se maliciosamente à execução, empregando ardis e meios artificiosos; resiste injustificadamente às ordens judiciais e, intimado, não indica ao juiz, em cinco dias, quais são e onde se encontram os bens sujeitos à penhora e seus respectivos valores (art. 600 do CPC).

Semelhante procedimento enseja a aplicação da penalidade prevista no art. 601 do CPC: "Nos casos previstos no artigo anterior, o devedor incidirá em multa fixada pelo juiz, em montante não superior a 20% (vinte por cento) do valor atualizado do débito em execução, sem prejuízo de outras sanções de natureza processual ou material, multa essa que reverterá em proveito do credor, exigível na própria execução. *Parágrafo único*. O juiz relevará a pena, se o devedor se comprometer a não mais praticar qualquer dos atos definidos no artigo antecedente e der fiador idôneo, que responda ao credor pela dívida principal, juros, despesas e honorários advocatícios".

Andou bem o legislador em alterar, de modo profundo, pela Lei n. 8.953, de 13.12.94, o artigo *supra*, uma vez que ele — em sua redação primitiva, é bem de ver —, com seu forte ranço autoritário, ofendia frontalmente o princípio da ampla defesa, constitucionalmente assegurado (art. 5º, inciso LV).

Dizia o dispositivo que *"se advertido, o devedor perseverar na prática de atos definidos no artigo antecedente, o juiz, por decisão, lhe proibirá que daí por diante fale nos autos. Preclusa essa decisão, é defeso ao devedor requerer, reclamar, recorrer ou praticar no processo quaisquer atos, enquanto não lhe for relevada a pena. Parágrafo único. O juiz relevará a pena, se o devedor se comprometer a não mais praticar qualquer dos atos definidos no artigo antecedente e der fiador idôneo que responda ao credor pela dívida principal, juros, despesas e honorários advocatícios".*

O novo texto aboliu a obrigatoriedade da advertência como pré-requisito da sanção pecuniária.

Permaneceu, porém, a faculdade de o Juiz, em qualquer momento do processo, advertir ao devedor que o seu procedimento se qualifica como atentatório à dignidade da justiça.

Temos como inquestionável que a simples promessa do Reclamado de não repetir qualquer ato ofensivo à dignidade da justiça obriga o Juiz a relevar a pena. Na espécie, a recusa da relevação da pena é agravável por petição.

É, outrossim, incontroverso que o Reclamado poderá ser punido mais de uma vez no processo de execução se voltar a praticar os tais atos arrolados no art. 600 do CPC.

Como se vê, o art. 601 do CPC — aplicável ao processo trabalhista — agora só prevê sanção pecuniária ao autor de qualquer dos atos enumerados no art. 600 do CPC. A respectiva decisão é impugnável por meio de agravo de petição, sendo arguível sua nulidade se não estiver bem fundamentada.

Se a autoria de ato atentatório da dignidade da justiça for atribuída ao advogado da parte, tem esta o direito de regresso contra aquele.

Consoante o art. 739-B, introduzido pela Lei n. 11.382/06, a cobrança de multa ou de indenizações decorrentes de litigância de má-fé será promovida no próprio processo de execução, em autos apensos, operando-se por compensação ou por execução.

Fraude contra credores e *fraude de execução* são dessemelhantes.

A primeira, tem como pressupostos o *consilium fraudis* e o *eventus damni* e é de direito material; a segunda, a fraude à execução, está *in re ipsa* e é de matéria processual. Diz, lapidarmente, o CPC no art. 593: "Considera-se em fraude de execução a alienação ou oneração de bens: I — quando sobre eles pender ação fundada em direito real; II — quando, ao tempo da alienação ou oneração, corria contra o devedor demanda capaz de reduzi-lo à insolvência; III — nos demais casos expressos em lei".

A nosso ver, só o inciso II do dispositivo *supra* se aplica à execução trabalhista.

É frequente, no foro trabalhista, o caso de uma reclamação individual ou plúrima provocar reação do reclamado sob a forma de fraude à execução a fim de salvar parte de seu patrimônio, pois há o risco de vê-lo totalmente absorvido pelo pagamento de vultosas quantias a título de indenização.

De observar que a fraude à execução se configura desde o instante da notificação do reclamado para vir defender-se em processo de conhecimento, uma vez que o inciso II do art. 593 do CPC declara que esse ilícito existe se ao tempo da alienação ou oneração do bem corria contra o devedor demanda capaz de reduzi-lo à insolvência; não diz que, para o efeito em tela, deva a ação estar na fase executória.

Não haverá, porém, fraude à execução se a alienação ou oneração de bens deixar outros capazes de garantir os direitos do exequente.

Tem acontecido o executado alienar linha telefônica não penhorada na pendência da execução, obstando a ampliação da penhora. No caso, é ineficaz a venda.

Caracterizada a fraude à execução, são declarados ineficazes todos os atos praticados com esse fim e os bens tornam-se penhoráveis sem maiores formalidades.

A arguição dessa fraude é simples incidente processual e que se formaliza mediante petição dirigida ao Juiz da Vara do Trabalho instruída com documentos que comprovem: a) a venda ou oneração de bens do demandado; b) a inexistência de outros bens que possam garantir o juízo da execução.

Não há que pensar em ação anulatória dos atos praticados pelo executado.

Antes de o juiz da execução decidir a respeito, tem o demandado de ser ouvido, sob pena de nulidade.

É conveniente levar ao Registro de Imóveis a decisão que reconheceu a fraude de execução e a informação sobre os bens nela envolvidos. Não dizemos que a sentença deva anular o registro público. Este fica no ar depois que a sentença no processo do trabalho reconhece a fraude à execução e declara ineficazes os atos que lhe deram corpo. Recomendamos, apenas, que a parte interessada leve ao registro público cópia por certidão da sentença em tela.

Tratamos, até aqui, da fraude de execução: vejamos, agora, a fraude pauliana (ou fraude contra credores).

Vem a ação pauliana do direito romano, assim chamada porque foi o pretor romano Paulo quem a introduziu nos éditos. Sua primeira notícia é de época a. C (*Jorge Americano*, "Ação Pauliana", 2. ed., Saraiva, 1932, p. 2).

Tem a ação pauliana por finalidade a anulação de ato de responsabilidade do devedor tendo por objeto seus bens e em prejuízo dos seus credores.

Dois são os elementos constitutivos da fraude contra credores: 1º o *eventus damni* (resultado do dano), isto é, o dano que o ato praticado causa efetivamente ao credor. É mister, ainda, provar-se que a alienação ou a oneração dos bens pelo devedor não deixaram disponíveis outros que possam liquidar as obrigações assumidas; 2º o *consilium fraudis*, o concerto com terceiro para prejudicar o ou os credores.

É a ação pauliana uma ação pessoal reipersecutória (*rei persecutio*).

São gratuitos ou onerosos os atos que se podem anular pela ação pauliana. Quanto à caracterização do primeiro, basta provar-se que o negócio foi praticado em dano dos credores sem precisar pesquisar-se se o beneficiário tinha, ou não, conhecimento da insolvência do devedor ou da sua verdadeira intenção. Igual direito assiste aos credores cuja garantia se tornar insuficiente. Atente-se para o fato de que só os credores, que já o eram ao tempo desses negócios, poderão pleitear a anulação deles (art. 158 do Código Civil de 2002 e seus §§ 1º e 2º).

O ato gratuito mais comum é o da doação, retendo o usufruto o doador.

É anulável a doação-partilha em vida, desde que presentes os pressupostos já indicados (*fraus enim inter proximos facile praesumitur* — "a fraude entre os parentes se presume facilmente").

Pode acontecer o devedor ser o legítimo usufrutuário de um bem e renunciar a essa condição. Seu ato é anulável, pois a renda do bem poderia garantir o cumprimento da obrigação contraída.

Aqui uma pausa para destacar caso não muito raro no processo falimentar: o falido renuncia à herança para prejudicar seus credores (entre eles pode figurar um empregado).

Consoante o art. 129 da Lei de Falências (Lei n. 11.101, de 9.2.2005), "São ineficazes em relação à massa falida, tenha ou não o contratante conhecimento do estado econômico-financeira do devedor, seja ou não intenção deste fraudar credores: I — *omissis*; V — renúncia à herança ou a legado, até 2 (dois) anos antes da declaração da falência".

No tangente ao ato oneroso, é preciso provar-se o *consilium fraudis*, como o declara o art. 159 do Código Civil de 2002: "Serão igualmente anuláveis os contratos onerosos do devedor insolvente, quando a insolvência for notória ou houver motivos para ser conhecida do outro contratante."

Essa breve informação sobre a ação pauliana é dada porque, no foro trabalhista, não é incomum registrar-se que velhas empresas, com numerosos empregados e sem possuir os recursos necessários para fazer face aos encargos trabalhistas quando do encerramento de suas atividades, têm usado do artifício de esvaziar seu patrimônio um pouco antes de cerrar as portas.

Lembramos o caso de, já ajuizada a execução, a mulher se separar do marido e oferecer embargos de terceiro. Tal iniciativa se equipara a uma fraude à execução.

Os bens já alcançados pela penhora tornam-se inatingíveis por uma pretensa partilha do patrimônio do casal.

Venda, pelo executado, de imóvel penhorado configura fraude à execução.

A nulidade da venda é feita incidentalmente nos próprios autos da execução.

Na espécie, não se exige a prévia inscrição da penhora no Registro de Imóveis, uma vez que o executado tinha ciência da constrição do bem.

299.1. Da Exceção de Pré-Executividade: sua denominação

Alguns autores entendem que o emprego de "exceção" tem, como conotação, tratar-se de algo disponível. Por isso, pensam que, no lugar desse vocábulo, dever-se-ia colocar "objeção". Assim, teríamos, "objeção de pré-executividade".

Divergimos dessa opinião.

Em doutrina, o que distingue a "exceção" da "objeção", é que, em relação a primeira, é vedado ao juiz suscitá-la de ofício, ao passo que, quanto à segunda, é isto admitido.

Desde os tempos mais recuados, a exceção é entendida como um meio de defesa do réu no processo de conhecimento.

No processo formulário romano, a *exceptio* designava o conjunto de meios à disposição do réu para defender-se (*Calamandrei*, "Instituciones de derecho procesal civil — segundo o novo código", Depalma, 1962, vol. I, p. 240).

Com o precioso respaldo da melhor doutrina, há que se considerar a possibilidade de o demandado utilizar a exceção no processo de execução.

Apegar-se ao princípio de que a defesa, na execução, só se realiza por meio de embargos, é abrir campo a situações incompatíveis com postulados fundamentais do processo, como os da economia, celeridade processual e não gravosidade da execução.

Ilustramos esta observação com o seguinte exemplo, sobremodo frequente no foro do trabalho. Em consonância com o art. 841 da Consolidação das Leis do Trabalho — CLT — *verbis*:

"Recebida e protocolada a reclamação, o escrivão ou chefe da Secretaria, dentro de 48 horas, remeterá a 2ª via da petição ou do termo (da reclamação verbal), ao reclamado, notificando-o ao mesmo tempo, para comparecer à audiência de julgamento, que será a primeira desimpedida depois de cinco dias."

Como essa "notificação em registro postal" (§ 1º do sobredito dispositivo) e, a teor da Súmula n. 16 do E. Tribunal Superior do Trabalho, se presume recebida depois de 48 horas de sua expedição, tem acontecido que o Reclamado só venha a ter ciência do processo quando na fase de execução. De posse de uma certidão da Empresa de Correios e Telégrafos provando que não foi notificado quando do início do processo de conhecimento, vai em Juízo e postula todos os atos processuais praticados depois da autuação da reclamação.

Essa defesa do reclamado antes da penhora ou da constrição de seus bens, é o objeto da exceção de pré-executividade.

Já dissemos que o sistema legal vigente não se refere expressamente à exceção de pré-executividade. Todavia, nos primeiros meses do regime republicano, editou-se o Decreto n. 848, de 11 de outubro de 1890, cujo artigo 199, assentava que, comparecendo o réu antes de efetivada a penhora, não será ele ouvido antes de segurar o juízo, "salvo se exibir documento autêntico de pagamento da dívida ou anulação desta."

299.2. Natureza Jurídica da Exceção de Pré-executividade

No Brasil, a exceção de pré-executividade, hodiernamente, não é disciplinada por meio de lei; é de criação doutrinária, o que explica a incerteza, ainda imperante, quanto à sua natureza jurídica.

Chegou-se a dizer que se equiparava a um pedido de reconsideração, à contestação, à ação declarativa e, com inspiração no direito português, à oposição.

A exceção em tela, evidentemente, não equivale a um pedido de reconsideração, porque este tem como pressuposto uma decisão interlocutória do Juiz, o que não se desenha no processo de execução, fundado num título judicial ou extrajudicial.

Contestação é peça-mater do processo de conhecimento. É a viga mestra da defesa do réu, no contra-ataque ao pedido do autor. Pela exceção de pré-executividade, o demandado invoca, na maioria das vezes, questão de ordem pública, para modificar ou extinguir o direito do exequente. Ademais, ausente a contestação, vem a revelia, o que não se pode alegar quando ausente a controvertida exceção.

Ação não pode ser, devido à sua índole manifestamente defensiva.

Estamos em que essa exceção nada mais é que um incidente defensivo, como já o proclamara *Manoel Antônio Teixeira Filho*, em artigo escrito para a *Revista LTr* (vol. 61, p. 1309).

O incidente corresponde a uma situação anômala, não prevista pelo procedimento regular.

A exceção de pré-executividade ampara-se nos princípios do *due process law* e do contraditório na esfera do processo de execução.

À semelhança do que ocorre com os embargos, a exceção em foco, intenta modificar ou extinguir o objeto da execução. Os dois institutos diferem, sobretudo, em dois pontos:

a) os embargos têm prazo prefixado em lei para sua apresentação, enquanto a exceção de pré-executividade é oponível independentemente de prazo;

b) os embargos ensejam a produção de qualquer prova, enquanto a referida exceção produz todos seus efeitos sem que se faça necessário provar o que por ela é alegado.

Sabe-se que, com esteio no art. 250 do CPC, já tem acontecido ser a exceção de pré-executividade recebida como embargos à execução.

Na espécie, é, de todo em todo inaceitável, essa aplicação da sobredita norma processual que manda aproveitar os atos processuais. No parágrafo único do preceito em questão, é dito que o tal aproveitamento é admitido desde que não resulte prejuízo à defesa. *In casu*, é manifesto o prejuízo da defesa, uma vez que os embargos, como defesa e contra-ataque, tem abrangência muito maior que a da exceção de pré-executividade.

299.3. Apresentação da Exceção e seu Prazo

Já assinalamos que no nosso ordenamento jurídico não se faz referência à exceção de pré-executividade.

Não há que falar, portanto, no procedimento dessa exceção.

Parece-nos que, no caso, o juiz ao receber a petição deve ouvir o Exequente, para em seguida decidir.

Na hipótese, é irrecusável a aplicação do princípio do contraditório.

Na falta de previsão legal, estamos em que, por analogia, o procedimento da exceção em foco deva obedecer às prescrições dos arts. 326 e 327 do CPC que, embora dirigidas ao processo de cognição, é possível, por analogia, sua incidência no processo de execução:

"Art. 326. Se o réu, reconhecendo o fato em que se fundou a ação, outro lhe opuser impeditivo, modificativo ou extintivo do direito do autor (aqui, o Exequente) este será ouvido no prazo de dias, facultando-lhe o juiz a produção de prova documental.

Art. 327. Se o Réu alegar qualquer das matérias enumeradas no art. 301, o juiz mandará ouvir o autor no prazo de dez dias, permitindo-lhe a produção de prova documental. Verificando a existência de irregularidades ou de nulidades sanáveis o juiz mandará supri-las, fixando à parte prazo nunca superior a trinta dias".

Lembramos os dois dispositivos do Estatuto Processual apenas para fundamentar nossa tese de que, no procedimento a ser observado pela exceção de pré-executividade, tem-se de respeitar o princípio do contraditório. O que se fala, em ambos os dispositivos, sobre produção de prova não é aplicável à hipótese em estudo, eis que a exceção em tela, de regra, deve conter todos os elementos para a manifestação da outra parte e para o pronunciamento do juiz. Se houver necessidade de prova, é o assunto remetido para os embargos à execução.

Do dito até aqui, deduz-se que o julgamento da exceção *inaudita altera pars* viola os princípios da igualdade das partes e do contraditório.

Como corolário da falta de previsão legal da exceção em debate, inexiste prazo para oferecer a exceção em estudo. Mas, a teor do prescrito no § 3º do art. 267 do CPC, deve o executado, no processo comum, fazê-lo na primeira oportunidade que lhe caiba falar nos autos, desde que a matéria alegada seja de ordem pública e, de conseguinte, não alcançada pela preclusão.

299.4. Da Exceção de Pré-Executividade no Processo do Trabalho

Não resta dúvida que a exceção de pré-executividade é oponível no processo do trabalho. Ela em nada contraria as peculiaridades desse processo nem os seus princípios particulares.

É certo, porém, que a CLT, casuística como é, coloca, nos embargos à execução, matérias costumeiramente veiculadas pela exceção em causa.

É o que se deduz ante o conteúdo do § 1º do art. 884 da CLT: *"A matéria de defesa será restrita às alegações de cumprimento da decisão ou do acordo, quitação ou prescrição da dívida".*

A interpretação literal dessa norma consolidada leva à conclusão de que o Executado terá de aceitar a constrição de seus bens para, em seguida, nos embargos, alegar a quitação da dívida...

É incontestável que se atende melhor aos princípios basilares do processo trabalho admitindo-se, antes da penhora, a exceção de pré-executividade fundada em quitação da dívida, na prova de cumprimento do acordo ou na arguição de fatos outros susceptíveis de modificar o *quantum debeatur* ou até de extinguir o processo de execução (nulidade, ausência de citação do devedor ou da notificação do demandado no processo do trabalho, falta de pressupostos processuais etc.).

Temos para nós que a exceção de pré-executividade é oponível no processo do trabalho.

Por oportuno, cabe-nos destacar que a decisão acolhedora da exceção de pré-executividade equivale a uma sentença, impugnável, portanto, por meio de um agravo de petição. Todavia, a decisão que rejeitar essa exceção será interlocutória, o que importa dizer que será irrecorrível. *In casu*, a matéria ventilada na exceção poderá ser reapresentada, apenas, nos embargos à execução, isto é, depois da garantia patrimonial do juízo.

De qualquer modo, mesmo no processo trabalhista é de se admitir a exceção em tela desde que fundada em prova sólida que exclua qualquer possibilidade de manobra procrastinatória, pois, na dicção de *Araken de Assis* ("Manual de Processo de Execução", 3. ed., Rev. dos Tribunais, 1996, p. 427), *"a utilização ampla da exceção de executividade, deduzida de má-fé, gera distorções dignas de nota. Existe o curial risco de dissipação ou ocultamento de bens na pendência de exceção incondicionada ao depósito e à penhora"*.

Tratando-se de fato ou circunstância que demande produção de prova ou perícia, não merece acolhida a exceção em causa.

299.5. Algumas Hipóteses de Cabimento da Exceção de Pré-Executividade

Frisamos, anteriormente, que nosso sistema legal não prevê o uso da exceção de pré-executividade no processo comum e do trabalho e, corolariamente, emudece quanto às hipóteses de seu uso.

Parece-nos certo que será inócua a perquirição das hipóteses de cabimento da exceção em foco no direito processual. Como a pesquisa há-de se realizar em campo jurídico de amplas dimensões, é impossível predeterminar o número de casos que legitimam a apresentação de uma exceção de pré-executividade.

Nessa ordem de idéias, é inelutável a conclusão de que a doutrina e a jurisprudência não nos oferecem o rol dessas hipóteses.

Queremos enfatizar, ainda, que a exceção de pré-executividade, por sua excepcionalidade, deve ser instruída de documentos que provem, de plano a inteira procedência da arguição. Se o alegado tiver quer ser provado, então é, insofismavelmente, matéria de embargos à execução.

a) Ausência de pressupostos processuais

Consoante o disposto no parágrafo IV, do art. 267 do CPC, extingue-se o processo, sem resolução do mérito, "quando se verificar a ausência de pressupostos de constituição e desenvolvimento válido do processo".

No item 13 deste livro, já esclarecemos — *verbis*:

"Para que uma relação jurídica processual se revista de utilidade é imprescindível que preexistam certos requisitos ou pressupostos processuais: a) capacidade das partes; b) competência do juízo; c) conflito real de interesses e satisfação de requisitos para a prática de atos processuais.

A nosso ver, dividem-se eles em duas categorias: a) dos que pertinem a um processo regular; e b) dos que dizem respeito à existência de certas circunstâncias obstativas da regularidade do processo que são as exceções processuais".

É bem de ver que não são invocáveis todos os pressupostos processuais para fundamentar uma exceção de pré-executividade, pois, alguns deles, se não arguidos em tempo hábil, acarretam a convalidação dos atos processuais até então praticados.

Por exemplo, a incompetência absoluta (mas, não a relativa), pode justificar uma exceção de pré-executividade, mas, na hipótese, incidirão o inciso LIII do art. 5º da Constituição Federal ("ninguém será processado nem sentenciado senão pela autoridade competente") e o art. 113 do CPC — *verbis: "A incompetência absoluta deve ser declarada de ofício e pode ser alegada, em qualquer tempo e grau de jurisdição, independentemente de exceção. § 1º Não sendo, porém, deduzida no prazo da contestação, ou na primeira oportunidade em que lhe couber falar nos autos, a parte responderá integralmente pelas custas"*.

Acolhida essa arguição, só se anulam os atos decisórios.

b) Falta de notificação no processo de conhecimento

É trilateral a relação processual: o autor, o réu e o Juiz.

Ora, se o réu (Reclamado, no foro do trabalho) não é notificado da existência da ação, fica impossibilitada a constituição da sobredita relação processual. Ainda nessa hipótese, o reclamado, na Justiça do Trabalho, pode, procedentemente, alegar que houve a vulneração, sobretudo, dos seguintes princípios:

a) do *due process legal*, insculpido no inciso LIV do art. 5º da Constituição Federal ("ninguém será privado da liberdade ou de seus bens sem o devido processo legal");

b) do contraditório, em estreita conexão com o da igualdade das partes.

Se o Reclamado vem a tomar ciência da demanda já na fase executória, mas antes da penhora, parece-nos inobjetável seu direito de defender-se, mediante uma exceção de pré-executividade, postulando a nulidade de todos os atos processuais desde a petição vestibular ou do termo de reclamação se formulada verbalmente.

Como já tivemos oportunidade de ressaltar, o § 1º, do art. 841 da CLT, estatui que a notificação do reclamado "será feita em registro postal com franquia" e a Súmula n. 16, do E. Tribunal Superior do Trabalho estabelece que se presume recebida a notificação por via postal, depois de 48 horas da sua expedição.

Com certeza, a Vara do Trabalho não deixará de acolher a questionada exceção se a respectiva petição for instruída com certidão da Empresa de Correios e Telégrafos informando que, efetivamente, o Reclamado não recebera a notificação.

c) Da coisa julgada

Há a possibilidade de o Reclamante, vencido numa Vara do Trabalho, propor nova ação perante juízo diferente e, ardilosamente, informar endereço errado do Reclamado para que não seja notificado e, dessa maneira, tornar-se revel.

Trata-se, na espécie, de ocultação da coisa julgada e exercício irregular do direito de ação.

Há, ainda, ausência de uma condição de ação — interesse de agir — o que acarreta a decretação da carência de ação.

É inquestionável que o segundo processo não pode produzir qualquer efeito jurídico.

Se o interessado ou o pseudo-devedor vier a saber do segundo processo quando já na execução, não se lhe pode recusar, no caso, o direito de opor exceção de pré-executividade.

d) Execução ex officio

Pode ocorrer o seguinte fato: as partes fazem um acordo extra-autos e se esquecem de levá-lo à homologação do juiz que prolatara a sentença terminativa do feito e que já passara em julgado.

O magistrado, depois de algum tempo, decide exercer a faculdade que lhe outorga o art. 878 da CLT e intima o Reclamante a apresentar a estimativa do seu crédito, por ser ilíquida a sentença. Não é o Reclamante encontrado mesmo após a publicação de edital. Ainda, com supedâneo no já citado art. 878 consolidado, faz idêntica determinação ao Reclamado.

Não incidirá em erro o Reclamado (agora, Executado) se apresentar exceção de pré-executividade acompanhado do instrumento do acordo e requerer a extinção do processo.

Entretanto, a maneira mais razoável de superar o incidente seria o emprego de simples petição assinada pelas partes e acompanhada do acordo, com o pedido de homologação deste.

CAPÍTULO XXVIII
Da Penhora e Forma de Sociedades Mercantis

300. Penhora: sua natureza jurídica

No seio da sociedade, pratica o homem certos atos que, por sua natureza e significado, são objeto de um conjunto de regras de conduta, tais como, as jurídicas, morais, religiosas, bons costumes.

Só certos aspectos do proceder humano em sociedade são o alvo de normas jurídicas, de costumes com eficácia jurídica, sem excluir a normação oriunda de outros centros elaborativos que não o estatal.

Que aspectos são esses da atividade humana que interessam à ordem jurídica, ou seja, ao conjunto das sobreditas normas?

São aqueles que não interessam, apenas, ao indivíduo, mas a outros, ou até, à coletividade.

É o que, em linguajar elegante, ensina *Marcos Bernardes de Mello* ("Teoria do Fato Jurídico", Saraiva, 1985, p. 23): "Na sua finalidade de ordenar a conduta humana obrigatória, o direito valora os fatos e, através das normas jurídicas, erige à categoria de fato jurídico aqueles que têm relevância para o relacionamento inter-humano."

Não é outro o magistério de *Recaséns Siches*: "Mas há determinados atos, ou melhor dito, há aspectos do comportamento que por afetar não somente ao sujeito, senão também, direta e indiretamente, a outros sujeitos, à convivência com os demais, necessitam — além de uma justificação ante o mesmo indivíduo e para ele — também outra classe de justificação a saber: uma justificação objetiva pelos demais, uma justificação já não satisfaça somente a minha vida, senão também a outro ou outros a quem afeta minha conduta." ("Tratado general de filosofia del derecho", 4. ed., Porrúa, 1970, p. 174).

Em suma: se o ato do indivíduo deve ser por ele justificado diante de sua consciência — sujeita-se a uma regra moral; se diante dos demais — a uma regra jurídica ou costume com eficácia jurídica.

A coatividade é a característica principal da norma jurídica.

E a coatividade de uma norma é realizada pela sanção, a qual se define como u'a medida inscrita na lei e imposta àquele que não cumpre voluntariamente a obrigação.

Se o ato praticado for capitulado como crime, temos a sanção penal; se o ato ilícito não é um delito, temos a sanção civil ou "satisfação coativa".

No magistério de *Enrico Tullio Liebman* ("Processo de Execução", 3. ed., Saraiva, 1968, p. 4), "a atividade desenvolvida pelos órgãos judiciários para dar atuação à sanção recebe o nome de execução; em especial, execução civil é aquela que tem por finalidade conseguir por meio do processo, e sem o concurso do obrigado, o resultado prático a que tendia a regra jurídica que não foi obedecida".

Na execução civil (inclusive, portanto, a trabalhista), a penhora é o ato processual pelo qual os bens do devedor ficam sujeitos ao poder do órgão do Judiciário (ou da Vara do Trabalho) autorizado a levá-los a satisfazer o direito do credor ou do exequente.

A penhora não acarreta a indisponibilidade ou inalienabilidade dos bens apreendidos.

Em sua essência, o direito do executado sobre seus bens é resguardado. Fica apenas impossibilitado de exercê-lo, plenamente, até que se verifiquem a arrematação ou adjudicação desses bens, nos termos da lei. É esta, em síntese apertadíssima, a doutrina moderna iniciada, a rigor, por *Carnelutti* ("Lezioni", vol. II, n. 267).

Já consignamos que, encerrada a liquidação da sentença, o credor requer a execução.

Para processá-la, é competente o Juiz da Vara do Trabalho (ou o juiz com jurisdição trabalhista) que julgou a ação principal.

Por oportuno, frisemos que o prazo de prescrição da execução é o mesmo da ação principal: cinco anos na vigência do contrato de trabalho e, no máximo, até dois anos após a sua extinção.

É a execução um ato de força para compelir o devedor a cumprir o disposto na sentença mediante o apresamento de seus bens. Compreende-se, portanto, a cautela do legislador, na CLT, em dar ciência ao devedor do início do processo de execução.

De lamentar-se que, na execução fiscal, não se tenha adotado o modelo da citação trabalhista.

Em nome da celeridade processual ou da fome crônica do Estado de recursos financeiros, cria-se mais um risco ao direito de propriedade, que vem somar-se àqueles que, já há tempos, ameaçam seu conteúdo e seu alcance.

Requerida a execução, expede-se mandado de citação do Executado a fim de que cumpra a decisão ou acordo no prazo, pelo modo e sob as cominações estabelecidas ou, em se tratando de pagamento em dinheiro, para que pague em 48 horas, ou garanta a execução sob pena de penhora (art. 880, da CLT).

O prazo de 48 horas começa a fluir da hora certificada pelo oficial de diligência no mandado de citação (art. 880, § 3º, da CLT).

Se o devedor desejar, de imediato, pagar a dívida, basta ir à secretaria da Vara do Trabalho e pedir guia de depósito em estabelecimento oficial, que inclua atualização monetária. Em seguida, a guia — com a chancela do banco-depositário — deve ser anexada aos autos como comprovante do depósito efetuado.

De conformidade com o disposto no § 6º do art. 9º da Lei de Execução Fiscal, é lícito ao executado pagar a parcela da dívida que julgar incontroversa e garantir a execução do saldo devedor.

Se, porém, quiser apenas garantir a execução, deve obedecer ao disposto no art. 882 da CLT, com a redação dada pela Lei n. 8.432, de 11 de junho de 1992: depositar importância abrangendo o principal corrigido e mais as despesas processuais. Sustentavam alguns que o depósito em dinheiro para garantia do juízo fazia cessar a responsabilidade pela atualização monetária e juros de mora. Contudo, o TST se posicionou em sentido contrário, como se lê da seguinte ementa, com a qual nós concordamos: *"Depósito em dinheiro. garantia do juízo em processo de execução. incidência de correção monetária e juros de mora. Art. 39 da Lei n. 8.177/91. A atualização dos débitos trabalhistas em face do Reclamado, sociedade de economia mista, é regulada pelo art. 39 da Lei n. 8.177/91 e não pela Lei n. 6.830/80, que trata da execução judicial para cobrança da Dívida Ativa da União, dos Estados, do Distrito Federal, dos Municípios e respectivas autarquias. De acordo com o art. 39, caput e § 1º, da Lei n. 8.177/91, os débitos trabalhistas, quando não satisfeitos na época própria, devem ser devidamente corrigidos até a data do seu efetivo pagamento. A mera garantia do juízo no processo de execução não obsta a incidência de correção monetária e de juros de mora, porquanto não efetivado o pagamento do débito, com a sua devida disponibilização ao credor. Agravo de Instrumento desprovido"* (TST, T4, AIRR-94/2005-003-03-40.7, DJ 7.12.06).

Essa garantia também pode ser feita de duas outras maneiras: a) fiança bancária (art. 9º da Lei n. 6.830) ou b) indicação de bens à penhora. Escusado dizer que a garantia da execução tem de ser feita no prazo de 48 horas após a citação do devedor (parte final do art. 880, da CLT).

Ainda consoante o art. 882 da CLT, a nomeação dos bens à penhora obedecerá à ordem preferencial a que faz menção o art. 655 do CPC, com a redação dada pela Lei n. 11.382, de 6.12.2006: dinheiro, em espécie ou em depósito ou aplicação em instituição financeira; veículos de via terrestre; bens móveis em geral; navios e aeronaves; ações e quotas de sociedades empresárias; percentual do faturamento de empresa devedora; pedras e metais preciosos; títulos da dívida pública da União, Estados e Distrito Federal com cotação em mercado; títulos e valores mobiliários com cotação em mercado; outros direitos.

Para possibilitar a penhora de dinheiro em depósito ou aplicação financeira, o juiz, a requerimento do exequente, requisitará à autoridade supervisora do sistema bancário, preferencialmente por meio eletrônico, informações sobre a existência de ativos em nome do executado, podendo no mesmo ato determinar sua indisponibilidade, até o valor indicado na execução. Estas informações limitar-se-ão à existência ou não de depósito ou aplicação até o valor indicado na execução. No caso das quantias depositadas se referirem a vencimentos, subsídios, soldos, salários, remunerações, proventos de aposentadoria, pensões, pecúlios e montepios; as quantias recebidas por liberalidade de terceiro e destinadas ao sustento do devedor e sua família, os ganhos de trabalhador autônomo e os honorários de profissional liberal, ou estiverem revestidas de outra forma de impenhorabilidade, compete ao executado comprovar tal fato.

Na penhora de percentual do faturamento da empresa executada, será nomeado depositário, com a atribuição de submeter à aprovação judicial a forma de efetivação da constrição, bem como de prestar contas mensalmente, entregando ao exequente as quantias recebidas, a fim de serem imputadas no pagamento da dívida.

Recaindo a penhora em bens imóveis, será intimado também o cônjuge do executado, cf art. 655, § 2º. Tratando-se de penhora em bem indivisível, a meação do cônjuge alheio à execução recairá sobre o produto da alienação do bem (art. 655-B).

Consoante o § 1º do art. 655 do CPC, na execução do crédito com garantia pignoratícia, anticrética ou hipotecária, a penhora, recairá, preferencialmente, sobre a coisa dada em garantia. Se a coisa pertencer a terceiro garantidor, será também esse intimado da penhora.

A parte pode requerer a substituição da penhora — di-lo o art. 656 do CPC: *"I — se não obedecer à ordem legal; II — se não incidir sobre os bens designados em lei, contrato ou ato judicial para o pagamento; III — se, havendo bens no foro da execução, outros houverem sido penhorados; IV — se, havendo bens livres, a penhora houver recaído sobre bens já penhorados ou objeto de gravame; V — se incidir sobre bens de baixa liquidez; VI — se fracassar a tentativa de alienação judicial do bem; ou VII — se o devedor não indicar o valor dos bens ou omitir qualquer das indicações a que se referem os incisos I a IV do parágrafo único do art. 668 do CPC".*

Tem o Exequente de ser intimado da nomeação de bens à penhora, a fim de se lhe dar oportunidade de manifestar-se a favor ou contra ela.

Consoante o art. 668, o executado pode, no prazo de 10 (dez) dias após intimado da penhora, requerer a substituição do bem penhorado, desde que comprove cabalmente que a substituição não trará prejuízo algum ao exequente e será menos onerosa para ele devedor

Nessa hipótese, incumbe-lhe: a) quanto aos bens imóveis, indicar as respectivas matrículas e registros, situá-los e mencionar as divisas e confrontações; b) quanto aos móveis, particularizar-lhes o estado e o lugar em que se encontrem; c) quanto aos semoventes, especificá-los, informando o número de cabeças e o imóvel em que se acham; d) quanto aos créditos, identificar o devedor e qualificá-lo, descrevendo a origem da dívida, o título que a representa e a data do vencimento. Deve, ainda, atribuir valor aos bens nomeados à penhora.

É silente a CLT quanto à forma e conteúdo do ato de constrição dos bens do executado.

Formaliza-se ele por meio do auto de penhora e depósito. Consumada a constrição, o oficial de justiça, no mesmo auto, nomeia fiel depositário do juízo (art. 665 do CPC) a pessoa que ficará responsável pelo bem penhorado.

De conformidade com o preceituado no art. 665 do CPC, o auto deve conter, obrigatoriamente, a identificação do Exequente e do executado, a identificação dos bens penhorados, com seus dados característicos e de propriedade, quando possível.

Diz o art. 884 da CLT que o executado tem cinco dias para oferecer embargos à execução, mas só após estar garantida a execução ou, então, penhorados os bens, cabendo igual prazo ao exequente para impugnação.

Aceita a nomeação, cumpre ao devedor, dentro de prazo razoável assinado pelo Juiz, exibir a prova de propriedade dos bens e, quando for o caso, a certidão negativa de ônus.

Cumpridas as exigências acima indicadas, será a nomeação reduzida a termo, havendo-se por penhorados os bens; caso contrário, devolve-se ao credor o direito à nomeação.

Não sendo o executado possuidor de bens no foro da causa, é a execução feita por carta, penhorando-se, avaliando-se e alienando-se os bens no foro da situação (arts. 658 e 747 do CPC).

Para adimplir suas obrigações, o devedor responde com todos os seus bens presentes e futuros, salvo as restrições estabelecidas em lei, às quais já fizemos remissão.

Ficam sujeitos à execução os bens: da sucessora da empresa devedora; do sócio, nos termos da lei; do devedor, quando em poder de terceiros; do cônjuge, nos casos em que os seus bens próprios, reservados ou de sua meação, respondem pela dívida; alienados ou gravados com ônus real em fraude de execução.

As sociedades, regidas pelos arts. 981 e ss. do Código Civil de 2002, são aquelas em que as pessoas mutuamente se obrigam a combinar seus esforços, recursos, bens ou serviços, para lograr fins comuns.

Nos termos do art. 1.023 da lei civil atual, se os bens da sociedade não cobrirem as dívidas, respondem os sócios pelo saldo, na proporção em que participem das perdas sociais, salvo cláusula de responsabilidade solidária.

Os devedores da sociedade não se desobrigam pagando a um sócio não autorizado a receber.

A lei civil atual tem o Livro II, que cuida do denominado Direito de Empresas (arts. 966 e seguintes do CC/2002). Prevê vários tipos de sociedades, determinando para cada um deles a responsabilidade de seus sócios.

No item seguinte iremos estudar essas várias sociedades em face do processo de execução.

Nos tempos modernos, acentua-se, cada vez mais, a tendência a minimizar o princípio da responsabilidade limitada dos sócios pelos débitos da sociedade.

Nosso velho Código Comercial de 1850 refletiu essa tendência no art. 314, ao dispor que "os sócios comanditários não podem praticar ato algum de gestão nem ser empregados nos negócios da sociedade, ainda mesmo que seja como procuradores, nem fazer parte da firma comercial, pena de ficarem solidariamente responsáveis com os outros sócios".

Nas sociedades de comandita simples, vem diminuindo gradativamente o espaço entre os gestores da sociedade e os prestadores de capital.

A breve análise dos vários tipos de associação comercial dará maior destaque à nossa observação sobre o declínio do princípio da responsabilidade limitada dos sócios e, no mesmo passo, como se situam num processo de execução.

A) *Da sociedade simples* — Na forma do art. 997 e ss. do Código Civil de 2002, ela é um tipo de sociedade personificada, que se constitui mediante contrato escrito, particular ou público, sendo certo que seu ato constitutivo é levado à inscrição no Registro Civil das Pessoas Jurídicas do local de sua sede.

As obrigações dos sócios entre si e relativamente a terceiros começam imediatamente com a assinatura do contrato, se este não fixar outra data, e terminam quando, liquidada a sociedade, se extinguirem as responsabilidades sociais.

Quer isso dizer que, sendo personificada a sociedade, distinguem-se os patrimônios desta e dos sócios. A pessoa jurídica é titular dos bens que lhe forem destinados ou vierem a ser adquiridos, sem que os sócios sejam considerados condôminos. Assim, os bens sociais, em um primeiro momento, respondem por obrigações contraídas pela sociedade, cabendo aos credores dirigirem suas pretensões contra ela e não contra a pessoa do sócio.

Haverá, é claro, responsabilidade do sócio, na hipótese prevista no art. 50 do Código Civil, isto é, quando houver abuso da personalidade jurídica, caracterizado pelo desvio de finalidade, ou pela confusão patrimonial.

Além disso, é preciso lembrar que a responsabilidade solidária dos sócios, administradores, associados decorre, também, da aplicação da teoria da responsabilidade civil por ato ilícito. Atente-se que a teoria da despersonalização da pessoa jurídica não passa, em última análise, da aplicação prática dessa teoria.

Portanto, a lei autoriza que pessoas naturais venham se unir para a criação de uma pessoa jurídica, com o objetivo de se praticar, com eficiência, atos jurídicos. Porém, quando esses atos estão revestidos da ilicitude, fica configurado o abuso de direito, que merece ser reprimido, pois tais sócios estariam objetivando a obtenção de vantagem indevida. Nessa hipótese, é possível que haja a aplicação da teoria da despersonalização da pessoa jurídica para se buscar a devida reparação no patrimônio das pessoas físicas responsáveis pela prática dos atos ilícitos.

Já o art. 1.003 do Código Civil estabelece que a cessão total ou parcial de quota, sem a correspondente modificação do contrato social com o consentimento dos demais sócios, não terá eficácia quanto a estes e à sociedade.

Contudo, até dois anos depois de averbada a modificação do contrato, responde o cedente solidariamente com o cessionário, perante a sociedade e terceiros, pelas obrigações que tinha como sócio. Tal vinculação do cedente perdura ainda por dois anos, contados da averbação da modificação do contrato social no cartório competente. Com isso, a sociedade e terceiros poderão demandar contra o cedente, o cessionário ou ambos com vistas ao cumprimento das obrigações que o primeiro tinha como sócio.

Atente-se, ainda, que, ocorrendo a distribuição de lucros ilícitos ou fictícios nesse tipo de sociedade, fica caracterizada a responsabilidade legal e solidária dos administradores que a realizarem e dos sócios que os receberem, conhecendo ou devendo conhecer-lhes a ilegitimidade, como esclarece o art. 1.009, do Código Civil de 2002.

É curial que, ao administrador que pagou de boa-fé e ao sócio que recebeu com o mesmo ânimo, não se aplica essa regra de responsabilidade solidária, ficando cada um deles obrigado, tão somente, pelo montante de sua participação na conduta irregular.

A.1) Da microempresa e da empresa de pequeno porte — Elas são disciplinadas pela Lei Complementar n. 123. Considera-se microempresa a que tenha receita bruta igual ou inferior a R$ 360.000,00. Já a empresa de pequeno porte é a que aufere receita bruta superior a R$ 360.000,00 (trezentos e sessenta mil reais) e igual ou inferior a R$ 3.600.000,00 (três milhões e seiscentos mil reais).

Nenhum privilégio tem essa espécie de empresa perante a Justiça do Trabalho. São seus bens penhoráveis como qualquer outra empresa; a responsabilidade de seus sócios depende do tipo de sociedade adotado.

B) Sociedades em comandita simples — Consoante o art. 1.045, do Código Civil de 2002, "na sociedade em comandita simples tomam parte sócios de duas categorias: os comanditados, pessoas físicas, responsáveis solidárias e ilimitadamente pelas obrigações sociais; e os comanditários, obrigados somente pelo valor de sua quota".

Modernamente, esse conceito tem sido lapidado de molde a reconhecer que comerciante é a própria empresa e que o prestador de capital é também sócio.

Só os sócios-gestores dessa sociedade são solidariamente responsáveis, enquanto o sócio comanditário não o é.

Registre-se, por oportuno, que, nos termos do art. 1.047, do Código Civil de 2002, "somente após averbada a modificação do contrato, produz efeito, quanto a terceiros, a diminuição do quota do comanditário, em consequência de ter sido reduzido o capital social, sempre sem prejuízo dos credores preexistentes".

O sócio comanditário torna-se solidariamente responsável se, também, praticar atos de gestão, como dispõe a parte final do art. 1.047, do Código Civil de 2002. Não se inclui nessa vedação a faculdade de tomar parte nas deliberações da sociedade nem o direito de fiscalizar as suas operações e estado, consoante esse mesmo artigo: "Sem prejuízo da faculdade de participar das deliberações da sociedade e de lhe fiscalizar as operações, não pode o comanditário praticar qualquer ato de gestão, nem ter o nome na firma social, sob pena de ficar sujeito às responsabilidades de sócio comanditado".

C) Sociedade em nome coletivo — Esse tipo de sociedade é regulado pelos arts. 1.039 usque 1.044, do Código Civil de 2002.

Assim, somente pessoas físicas podem tomar parte desse tipo de sociedade, respondendo todos seus sócios, solidária e ilimitadamente, pelas obrigações sociais. Todavia, sem prejuízo da responsabilidade perante terceiros, podem esses sócios, no ato constitutivo dessa pessoa jurídica, ou por unânime convenção posterior, limitar entre si a responsabilidade de cada um.

Na sociedade em nome coletivo, há a responsabilidade solidária de todos os sócios.

Recordamos, aqui, o que estabelece art. 596 do CPC: "Os bens particulares dos sócios não respondem pelas dívidas da sociedade senão nos casos previstos em lei; o sócio demandado pelo pagamento da dívida, tem direito a exigir que sejam primeiro excutidos os bens da sociedade".

Depreende-se dessa norma que o credor deve começar, obrigatoriamente, pela penhora dos bens da sociedade devedora. Se eles não existirem ou forem insuficientes, só aí lhe será dado penhorar o que pertencer a qualquer dos sócios.

D) Sociedade de capital e indústria — Era esse tipo de sociedade regrado pelo art. 317 do Código Comercial de 1850, que estabelecia ser sociedade de capital e indústria aquela que se forma entre pessoas que entram por uma parte com os fundos necessários para uma negociação comercial em geral ou para alguma operação mercantil em particular e por outra parte com a sua indústria (trabalho) somente.

Ao contrário que fazia o Código Comercial, o atual Código Civil não reservou um capítulo específico para a sociedade de capital e indústria. Contudo, vamos encontrar duas regras expressas disciplinadoras desse tipo de sociedade.

A primeira estabelece que o sócio, cuja contribuição consista em serviços, não pode, salvo convenção em contrário, empregar-se em atividade estranha à sociedade, sob pena de ser privado de seus lucros e dela excluído (art. 1.006). Essa norma repete aquela que prevista na parte final do art. 317, do Código Comercial.

A segunda norma do atual Código Civil diz que "salvo estipulação em contrário, o sócio participa dos lucros e das perdas, na proporção das respectivas quotas, mas aquele, cuja contribuição consiste em serviços, somente participa dos lucros na proporção da média do valor das quotas".

Era solidária a obrigação dos sócios capitalistas e estendia-se além do capital com que se obrigaram a entrar na sociedade" (art. 320 do Código Comercial).

Quanto ao sócio de indústria, declarava o art. 321 do Código Comercial que seu patrimônio não respondia por obrigações da sociedade.

Essa duas normas não foram repetidas expressamente no Código Civil de 2002. Contudo, este diploma reservou o direito aos sócios, em geral, que seus bens particulares não podem ser executados por dívidas da sociedade, senão depois de executados os bens sociais, como se infere da leitura do art. 1.024.

Claro está que a este tipo de sociedade pode ser aplicada aquela regra geral agasalhada no art. 50 do Código Civil de 2002 que trata da responsabilidade dos sócios com seus bens particulares. Assim, seja um sócio de capital ou apenas sócio de indústria, "em caso de abuso da personalidade jurídica, caracterizado pelo desvio de finalidade, ou pela confusão patrimonial, pode o juiz decidir, a requerimento da parte ou do Ministério Público quando lhe couber intervir no processo, que os efeitos de certas e determinadas relações de obrigações sejam estendidos aos bens particulares dos administradores ou sócios da pessoa jurídica".

De passagem, anotemos que o Direito do Trabalho encarava como efetivamente encara, com certa reserva, esse tipo de sociedade.

Podia como pode atualmente servir de máscara para esconder uma genuína relação de emprego.

E) Sociedade em conta de participação — Estabelece o art. 991 do novo Código Civil de 2002, que nessa espécie de sociedade, a atividade constitutiva do objeto social é exercida unicamente pelo sócio ostensivo, em seu nome individual e sob sua própria e exclusiva responsabilidade, participando os demais do resultados correspondentes. Obriga-se perante terceiro tão somente o sócio ostensivo; e, exclusivamente perante este, o sócio participante, nos termos que tenham sido ajustado no contrato social.

Saliente-se que o sócio participante não pode tomar parte nas relações do sócio ostensivo com terceiros, sob pena de responder solidariamente com este pelas obrigações em que intervier. Claro está que essa responsabilidade solidária não se manifesta, se ele exercer do seu direito de fiscalizar a gestão dos negócios sociais.

Portanto, o sócio ostensivo é o único responsável pelas obrigações da sociedade. Os sócios ocultos só ficam obrigados para com o sócio ostensivo.

F) Sociedade por quotas de responsabilidade limitada — Esse tipo de sociedade era regulado pelo Decreto n. 3.708, de 10 de janeiro de 1919, que não o definia. Atualmente, ele é disciplinado pelos arts. 1.052 e seguintes do Código Civil de 2002.

A responsabilidade de cada sócio é restrita ao valor de suas quotas, mas todos respondem solidariamente pela integralização do capital social.

Tem esse tipo de sociedade mercantil traços de sociedade de pessoas e de capital. Daí, ela se reger, também, pelas normas da sociedade simples, nas hipóteses de omissões do capítulo IV, do Livro II, do Código Civil de 2002, e, supletivamente, pelas normas da sociedade anônima.

O Código Civil de 2002 ampliou, significativamente, a responsabilidade dos sócios nas sociedades limitadas, estendendo-a tanto para as sociedades empresárias sob a forma de limitada como para as não empresárias ou civis que adotem esse tipo societários.

Assim, a regra é que a responsabilidade perante terceiros de cada sócio fica restrita ao valor de suas quotas do capital da sociedade, quotas essas integralizadas ou não, mesmo na situação de falência. Porém, esse novo Código prevê as seguintes exceções à limitação de responsabilidade dos sócios das sociedades limitadas, quais sejam:

a) Responsabilidade por perdas e danos, e, portanto, pessoal e ilimitada, do sócio que participar de deliberação sobre operação em que tenha interesse conflitante com o da sociedade, a qual seja aprovada graças a seu voto, como prevê o art. 1.010, § 3º);

b) Responsabilidade ilimitada, porém, não solidária, de todos os sócios que aprovarem deliberação infringente do contrato social ou da lei (art. 1.080);

c) Responsabilidade do sócio na qualidade de administrador da sociedade limitada (art. 1.012; art. 1.015; art. 1.016; art. 1.017; art. 1.158, § 3º).

Além dessas exceções à limitação da responsabilidade dos sócios quotistas, existem exceções previstas na lei previdenciária e tributária, sendo certo que a jurisprudência trabalhista tem criado a responsabilidade pessoal dos sócios para o pagamento das dívidas trabalhistas, a partir da aplicação da teoria da desconsideração da personalidade jurídica, embora com fundamentações muitas vezes discrepantes.

De qualquer forma, o simples fato do não pagamento das verbas trabalhistas e a inexistência de bens para se concretizar a penhora tem levado o juiz do trabalho aceitar a execução dos bens particulares dos sócios, aplicando, assim, a desconsideração da pessoa jurídica. Como demonstração da ampliação da regra da responsabilização pessoal dos sócios por dívidas trabalhistas, o Tribunal Superior do Trabalho cancelou sua Súmula n. 205, na revisão geral feita no ano de 2003, que estava vazada no seguintes termos:

"Grupo Econômico. Solidariedade. O responsável solidário, integrante do grupo econômico, que não participou da relação processual como reclamado e que, portanto, não consta do título executivo judicial como devedor, não pode ser sujeito passivo na execução".

Note-se que o art. 50, do Código Civil de 2002, prevê uma regra autorizando a desconsideração da personalidade jurídica, que passa, portanto, a ter previsão legal, válida para qualquer tipo de relação mantida pela sociedade com terceiros, e que pressupõe, para sua aplicação, o denominado "abuso da personalidade jurídica, caracterizado pelo desvio de finalidade, ou pela confusão patrimonial".

Com fulcro nesse artigo, poderá ser sustentado que abusa da personalidade jurídica aquele que não diligencia com o pagamento dos salários, concluindo-se, então, acerca da responsabilidade dos sócios com seus bens particulares.

Tanto a parte interessada no processo como o Ministério Público, quando obrigatória sua participação na lide, podem invocar a aplicação desse dispositivo legal para obter a responsabilização pessoal e ilimitada dos administradores ou sócios da pessoa jurídica por certas relações e obrigações da sociedade.

A lei previdenciária prevê a responsabilidade dos sócios relativamente às dívidas destes para com a seguridade social, como se infere da leitura do art. 13, da Lei n. 8.620/93: "os sócios das empresas por quotas de responsabilidade limitada respondem solidariamente, com seus bens pessoais, pelos débitos junto à Seguridade Social".

O Código Civil de 2002, que é uma lei geral posterior, não alterou essa lei de 1993, que é uma lei especial.

Na forma dessa lei especial, existe a plena responsabilidade dos sócios das sociedades limitadas para efeitos de cumprimento das obrigações securitárias ou previdenciárias, independentemente do fato de que tenham integralizado ou não as quotas do capital social.

G) Sociedade irregular ou de fato — Assim são chamadas as sociedades que, por motivos vários, não se organizam regularmente, mediante contrato escrito registrado no órgão competente (Junta Comercial ou, então, Cartório de Registro das Pessoas Jurídicas).

De consequência, não são realmente pessoas jurídicas.

No campo doutrinário, há quem queira distinguir a sociedade irregular da de fato. Todavia, tem prevalecido a ideia, em nosso País, de que uma e outra são a mesma coisa.

Não têm existência distinta da de seus membros. Os bens particulares destes respondem pelas obrigações sociais. Tais bens, de conseguinte, são penhoráveis, para garantir a execução de dívida contraída pela sociedade.

H) Sociedade de marido e mulher — Discute-se, há muito tempo, sobre a legitimidade de tal tipo de sociedade.

As Juntas Comerciais, de modo geral, recusavam-se a registrar os atos constitutivos dessas sociedades.

Após o advento do Estatuto da Mulher Casada (Lei n. 4.121/62), já entendíamos que restara incontroverso o direito de o marido associar-se à mulher numa atividade mercantil.

De fato, esse diploma legal deu ao art. 246 do Código Civil de 1916 o seguinte texto: "A mulher que exercer profissão lucrativa, distinta da do marido, terá direito de praticar todos os atos inerentes ao seu exercício e a sua defesa. O produto do seu trabalho, assim auferido e os bens com ele adquiridos, constituem, salvo estipulação diversa em pacto antenupcial, bens reservados, dos quais poderá dispor livremente...".

Esse dispositivo não encontra um correspondente no Código Civil de 2002.

Contudo, podemos observar que tal pensamento nosso foi agasalhado parcialmente pelo Código Civil de 2002, como se infere da leitura do seu art. 977: *"Faculta-se aos cônjuges contratar sociedade, entre si ou com terceiros, desde que não tenham casado no regime da comunhão universal de bens ou no da separação obrigatória".*

Essa restrição de haver sociedade entre marido e mulher, caso estejam casados sob o regime de comunhão de bens, é incompreensível e inaceitável, podendo até se pensar que se trata de uma severa restrição à liberdade de trabalho e da livre disponibilidade dos bens particulares, garantias essas inscritas na norma constitucional.

De fato, se à mulher é permitido exercer atividade lucrativa com outrem, por que não fazê-lo com o marido e vice-versa?

É claro que, mercê da posição inovadora do Estatuto da Mulher Casada, desde aquela época desapareceram os obstáculos legais à sua integração numa sociedade mercantil com o marido. Por essa razão, sustentamos que é incompreensível que o novo Código Civil venha pretender estabelecer uma restrição inaceitável para os tempos modernos para a criação de uma sociedade entre marido e mulher pelo simples motivo de estarem casados sob o regime de comunhão universal de bens.

I) Sociedade de economia mista — É "a entidade dotada de personalidade jurídica de direito privado, criada por lei para a exploração de atividade econômica, sob forma de sociedade anônima, cujas ações com direito a voto pertençam, em sua maioria, à União ou à entidade da administração indireta".

É esse o conceito de sociedade de economia mista adotado pelo Decreto-lei n. 200, de 25 de fevereiro de 1967, com a redação dada pelo Decreto-lei n. 900, de 29 de junho de 1969.

Estão as sociedades de economia mista sujeitas às disposições da Lei n. 6.404, de 15 de dezembro de 1976, como prescreve seu art. 235.

J) Empresa pública federal — "É a entidade dotada de personalidade jurídica de direito privado, com patrimônio próprio e capital exclusivo da União, criada por Lei para a exploração de atividade econômica que o Governo seja levado a exercer por força de contingência ou de conveniência administrativa, podendo revestir-se de qualquer das formas admitidas em direito" (art. 5º, II, do Decreto-lei n. 200, de 25.2.67).

À luz do disposto no inciso I do art. 109 da Constituição Federal, compete à Justiça Federal processar e julgar causas em que as empresas públicas forem interessadas na condição de autoras, rés, assistentes ou opoentes.

É perante essa Justiça que seus empregados terão de propor as eventuais reclamatórias.

São impenhoráveis os bens de uma empresa pública, seja federal, estadual ou municipal.

De consequência, resta ao Exequente requerer a expedição de precatório, o qual, por referir-se ao pagamento de salários ou indenizações, reveste-se de caráter alimentício. Nesse caso, o precatório — por força do disposto no art. 4º, parágrafo único, da Lei n. 8.197, de 27 de junho de 1991 — verbis: "*Tem assegurado o direito de preferência aos credores de obrigação de natureza alimentícia, obedecida, entre eles, a ordem cronológica de apresentação dos respectivos precatórios judiciais*".

Em decorrência dessa norma legal, tem o poder público de organizar duas listas de precatórios segundo a ordem de entrada de cada um: uma para os precatórios comuns e, outra, para aqueles que se prendem a obrigações de natureza alimentícia.

Mesmo após a Emenda Constitucional n. 19/98, que deu novo texto ao art. 173 da Constituição Federal, a jurisprudência dos Tribunais do Trabalho manteve o entendimento de que a empresa pública, por desenvolver atividade econômica, estaria sujeita aos ditames do processo executório e, por isso mesmo, eram penhoráveis os seus bens.

O Supremo Tribunal Federal, por decisões plenárias (RREE 220.906 e 225.011, julgados em 16.11.2000), reconheceu que os débitos trabalhistas da empresa pública são exequíveis por meio de precatórios.

Parece-nos certo que tal orientação jurisprudencial não se modificará no futuro e isto pelas razões que expendemos em seguida.

O § 1º do referido art. 173, com a nova roupagem, estatui que a lei estabelecerá o estatuto jurídico da empresa pública, da sociedade de economia mista e de suas subsidiárias que explorem atividade econômica de produção ou comercialização ou de prestação de serviços, dispondo, dentre outros aspectos da matéria, sobre "a sujeição ao regime jurídico próprio das empresas privadas, inclusive quanto aos direitos e obrigações civis, comerciais, trabalhistas e tributários" (inciso II, do § 1º do art. 173 da Constituição Federal). Com arrimo nessa norma constitucional, a lei instituidora das futuras empresas públicas, sociedades de economia mista e suas subsidiárias, sempre estabelecerá que elas, por desenvolverem atividades econômicas, terão de submeter-se ao mesmo regramento legal imposto às empresas do setor privado.

Acerca de bem penhorado de uma empresa que foi sucedida pela União Federal, Estado-Membro ou Município, o TST cristalizou sua jurisprudência na Orientação Jurisprudencial n. 343, SDI-1, verbis: "*Penhora. Sucessão. Art. 100 da CF/88. Execução. É válida a penhora em bens de pessoa jurídica de direito privado, realizada anteriormente à sucessão pela União ou por Estado-membro, não podendo a execução prosseguir mediante precatório. A decisão que a mantém não viola o art. 100 da CF/88*".

K) Sociedades por ações — São aquelas em que o capital se divide em ações e a responsabilidade dos sócios ou acionistas fica limitada ao preço de emissão das ações subscritas ou adquiridas (art. 1º da Lei n. 6.404, de 15.12.76).

Numa demanda trabalhista contra sociedade desse tipo, o crédito do empregado será atendido por todos os acionistas até o valor das ações que houverem subscrito.

Está consignado no art. 158 do sobredito diploma legal que o administrador de uma sociedade por ações responde com seus bens particulares, solidariamente, quando "proceder: I — dentro de suas atribuições ou poderes com culpa e dolo; II — com violação da lei ou do estatuto".

Só nas hipóteses descritas no referido art. 158 é que os bens do administrador de uma S.A. são passíveis de penhora, e isso mesmo se os bens da sociedade forem insuficientes para assegurar a liquidação do débito social.

Não utilizando desse dispositivo da Lei das S/A, mas, sim, do art. 28 do Código de Defesa do Consumidor, o TRT/SP entendeu, em acórdão proferido nos autos do Mandado de Segurança, desconsiderar a personalidade jurídica de uma S/A e confirmou a penhora em conta corrente de um sócio acionista, como se infere da leitura da seguinte ementa:

"A desconsideração da personalidade jurídica aplicada pelo d. magistrado tem amparo no art. 28 da Lei n. 8.078/90 e art. 1024 do Código Civil, permitindo que a execução avance no patrimônio dos sócios para satisfazer as dívidas trabalhistas quando a executada assim não fizer. No caso de sociedade anônima a falta de pagamento dos créditos de natureza alimentar significa infração de lei, justificando a responsabilidade do acionista. Assim, é perfeitamente lídima a execução sobre patrimônio dos acionistas, os quais seguramente se beneficiaram do trabalho realizado pela ora litisconsorte à época do contrato de trabalho". (TRT/SP — 10842200300002000 — MS — Ac. SDI 2003033031 — Rel. Juiz Marcelo Freire Gonçalves — DOE 13.1.2004").

L) Transformação, incorporação, fusão, cisão, dissolução, liquidação e partilha de sociedades mercantis — As sociedades MERCANTIS podem transformar-se, ser absorvidas por uma outra e se extinguir.

Vamos, rapidamente, examinar, em seguida, cada um desses meios e seus reflexos no processo de execução, estabelecendo-se a premissa, em todas as situações, de que a ação trabalhista foi proposta contra uma sociedade que, no curso da lide, converteu-se numa outra ou desapareceu.

M) Transformação — Ela é disciplinada pelos arts. 1.113 a 1.115 do Código Civil de 2002.

Além disso, e por se tratar de norma especial, merece ser dito que, segundo o disposto no art. 220 da Lei da Sociedade por Ações, "a transformação é a operação pela qual a sociedade passa, independentemente de dissolução e liquidação, de um tipo para outro".

É simples a transformação quando ela foi prevista em cláusula do contrato social.

Se não existe essa permissão contratual, só mediante o consentimento expresso de todos os sócios é que se aperfeiçoará a transformação que se qualifica de constitutiva (v. art. 221 da Lei das S.A.).

A transformação não acarreta qualquer dano a terceiros.

O art. 222 da Lei das S.A. declara, de modo que não deixa de pé qualquer dúvida sobre os débitos da sociedade, que a "transformação não prejudicará, em caso algum, os direitos dos credores, que continuarão até o pagamento integral dos seus créditos, com as mesmas garantias que o tipo anterior de sociedade lhes oferecia".

Operando-se a transformação no curso de uma lide trabalhista, é dever da Reclamada comunicar o fato à Vara do Trabalho a fim de facilitar a comunicação de atos processuais.

Nenhum reflexo tem a transformação na tramitação do processo.

O patrimônio do tipo primitivo da sociedade sofre, perfeitamente, a constrição judicial no caso de execução forçada da sentença.

N) Incorporação — Ela é tratada pelos artigos 1.116 e seguintes do Código Civil de 2002. Assim, na incorporação, uma ou várias sociedades são absorvidas por outra, que lhes sucede em todos os direitos e obrigações, devendo todas aprová-la, na forma estabelecida para os respectivos tipos. A deliberação dos sócios da sociedade incorporada deverá aprovar as bases da operação e o projeto de reforma do ato constitutivo.

De outra parte, diz o art. 227 da Lei das S.A. que *"é a operação pela qual uma ou mais sociedades são absorvidas por outras, que lhes sucede em todos os direitos e obrigações".*

Essa norma legal é cristalina: os créditos do trabalhador, proclamados em reclamatória perante a Justiça do Trabalho, terão de ser respeitados pela sociedade incorporadora.

Essa responsabilidade se mantém intacta ainda que a incorporação se efetive durante ou depois da conclusão do processo trabalhista.

Dir-se-á que nossa assertiva é de nenhum valor em face do art. 232 da Lei das S.A. — verbis: *"Até 60 dias depois de publicados os atos relativos à incorporação ou à fusão, o credor anterior por ela prejudicado poderá pleitear judicialmente a anulação da operação; findo o prazo, decairá do direito o credor que não o tiver exercido".*

Ora, o crédito do empregado só se constitui com a sentença passada em julgado, o que pode acontecer muito depois daquele prazo decadencial.

Ademais, o art. 227 da Lei das S.A. é que vale na hipótese. Nele se diz que a sociedade incorporadora sucede a incorporada em todos os direitos e obrigações.

O) Fusão — Ela é tratada pelo art. 1.119 e seguintes do novo Código Civil de 2002.

É o amalgama de duas ou mais sociedades.

Em consonância com o art. 228 da Lei das S.A. "é a operação pela qual se unem duas ou mais sociedades para formar sociedade nova, que lhes sucederá em todos os direitos e obrigações".

Fundindo-se duas ou mais sociedades numa só, fica bem estabelecido que a nova sociedade recebe todos os direitos e obrigações de todas elas.

Mais uma vez, sublinhamos que a nova sociedade deve dar ciência à Vara do Trabalho da realização da questionada operação e, assim, assumir o seu papel no polo passivo da relação processual.

São perfeitamente penhoráveis os bens da sociedade que houver resultado da fusão.

P) Cisão — É a operação pela qual a companhia transfere parcelas do seu patrimônio para uma ou mais sociedades, constituídas para esse fim ou já existentes, extinguindo-se a companhia cindida, se houver versão de todo o seu patrimônio, ou dividindo-se o seu capital, se parcial a versão.

É assim que o art. 229 da Lei das S.A. define a cisão de sociedade.

Se essa cisão, no curso de uma lide trabalhista, esvazia ou reduz consideravelmente o patrimônio da sociedade-reclamada de molde a torná-lo insuficiente para fazer face ao crédito do empregado, configura-se fraude à execução.

Na hipótese, é de nenhum valor a alegação, da sociedade que absorveu parcela do patrimônio da sociedade cindida, de que o crédito trabalhista não figurava na relação dos direitos e obrigações organizada no ato da cisão (v. art. 229, § 1º, da Lei das S.A.).

Operou-se a cisão quando já pendente a demanda trabalhista. Se, porém, houver a absorção da totalidade do patrimônio da sociedade cindida, a sociedade nova responderá solidariamente pelas obrigações daquela que se extinguiu.

É o que preceitua o art. 233 da Lei das S.A.

Q) Dissolução, liquidação e partilha — Dissolução equivale à extinção de uma sociedade mercantil.

Dissolve-se a sociedade, diz o art. 1.033, do Código Civil de 2002, quando ocorrer:

a) o vencimento do prazo de duração, salvo se, vencido este e sem oposição de sócio, não entrar a sociedade em liquidação, caso em que se prorrogará por tempo indeterminado;

b) o consenso unânime dos sócios;

c) a deliberação dos sócios, por maioria absoluta, na sociedade de prazo indeterminado;

d) a falta de pluralidade de sócios, não reconstituída no prazo de 180 (cento e oitenta) dias;

e) extinção, na forma da lei, de autorização para funcionar.

Além disso, e na forma do art. 1.034, a sociedade pode ser dissolvida judicialmente, a requerimento de qualquer dos sócios, quando:

a) anulada a sua constituição e

b) exaurido o fim social, ou verificada a sua inexequibilidade.

Ocorrida a dissolução, cumpre aos administradores providenciar imediatamente a investidura do liquidante, e restringir a gestão própria aos negócios inadiáveis, vedadas novas operações pelas quais responderão solidária e ilimitadamente.

Dissolvida a sociedade, os sócios autorizados para gerir durante a sua existência dão início à liquidação. Nessa fase, liquidarão as obrigações e exigirão os créditos da sociedade.

Essa fase é seguida pela partilha.

Se, no processo de dissolução de uma sociedade, estiver pendente uma reclamação trabalhista, cabe ao empregado propor ação cautelar de arresto de tantos bens da sociedade quantos forem necessários à garantia da execução.

R) Sociedade cooperativa — Ela é disciplinada pelos arts. 1.093 a 1.096, do Código Civil.

Nesse tipo de sociedade, existe o concurso de sócios em número mínimo necessário a compor a administração da sociedade, sem limitação de número máximo. Existe, também, a limitação do valor da soma de quotas do capital social que cada sócio poderá tomar, sem se falar que fica vedada a transferência das quotas do capital social que cada sócio poderá tomar.

Na sociedade cooperativa, a responsabilidade dos sócios pode ser limitada ou ilimitada, consoante a regra constante do art. 1.095, do Código Civil de 2002.

A responsabilidade é ilimitada quando a responsabilidade do sócio na cooperativa é solidária e ilimitada relativamente às obrigações sociais.

Já a responsabilidade é limitada, hipótese em que o sócio-cooperado responde (a) somente pelo valor de suas quotas e (b) pelo prejuízo verificado nas operações sociais, guardada a proporção de sua participação nas mesmas operações, conforme está escrito no § 1º, do art. 1.095.

Isto significa que esse § 1º restabeleceu o sistema implantado pelo Decreto-lei n. 59/66, acerca da responsabilidade pelos prejuízos, guardada a uma proporcionalidade da participação do cooperado nas mesmas operações, responsabilidade essa que tinha sido revogada pelo art. 11, da Lei n. 5.764/71. Por essa lei, a responsabilidade do cooperado ficava adstrita ao valor das quotas, não cogitando de sua responsabilidade proporcional pelos atos praticados nas respectivas operações.

Assim, o Código Civil de 2002 restabeleceu aquele sistema de 1966, pois o sócio de cooperativa de responsabilidade limitada passa a responder não somente pela parcela de sua contribuição ao capital social, correspondente às quotas por ele integralizadas, mas também pelos prejuízos porventura verificados, na proporção das operações que tiver participado.

A responsabilidade será sempre subsidiária no caso de responsabilidade limitada como também na responsabilidade subsidiária. E essa subsidiariedade decorre de expressa menção contida no art. 13, da Lei n. 5.764/71, *verbis*: "A responsabilidade do associado para com terceiros, como membro da sociedade, somente poderá ser invocada depois de judicialmente exigida da cooperativa".

Note-se que esse dispositivo legal, que cuida do caráter subsidiário da responsabilidade dos cooperados, não inibe a aplicação às cooperativas de responsabilidade limitada da teoria da desconsideração da personalidade jurídica, como prevista no art. 50, do Código Civil de 2002, notadamente nos casos em que houve a demonstração de condutas abusivas dos cooperados.

É de pertinência lembrar-se, ainda, que existe a possibilidade de haver a responsabilização solidária e pessoal dos cooperados, quando existe a prática de atos com excesso de poder ou, então, com infração à lei, conforme jurisprudência maciça da Justiça do Trabalho, aplicando, aqui, o raciocínio agasalhado no Código Tributário Nacional, arts. 134 e 135.

S) *Sociedades coligadas* — Elas são disciplinadas pelos artigos 1.097 e seguintes do Código Civil de 2002.

Em suas relações de capital, as sociedades podem ser consideradas coligadas. Estas sociedades coligadas podem ser de três modalidades: a) controladas, b) filiadas e c) de simples participação.

O Código Civil de 1916 não possuía norma alguma que tratasse da denominada concentração de empresas, situação essa compreensível, posto que à época inexistia esse fenômeno jurídico.

Observa-se que somente em 1940, com o Decreto-lei n. 2.627, houve o disciplinamento dessa situação, ao tratar do balanço comercial, em seu art. 135, § 2º: "Se a sociedade participar de uma ou mais sociedades, ou delas possuir ações, do balanço deverão constar, sob rubricas distintas, o valor da participação ou das ações e as importâncias dos créditos concedidos às ditas sociedades".

Posteriormente, esse fenômeno jurídico de concentração de empresas foi disciplinado pela Lei n. 4.137/62 e no Decreto n. 52.025/63, bem como na famigerada Circular n. 179/72 do Banco Central, que se referia às empresas coligadas, subsidiárias ou dependentes.

A Constituição de 1946, ao cuidar do abuso econômico, alçou para o plano constitucional essa figura de concentração de empresas, ao dispor no art. 148 que "a lei reprimirá toda e qualquer forma de abuso do poder econômico, inclusive as reuniões ou agrupamentos de empresas individuais ou sociais, seja qual for a sua natureza, que tenham por fim dominar os mercados nacionais, eliminar a concorrência e aumentar arbitrariamente os lucros".

Já com a Lei das Sociedades Anônimas n. 6.404, de 1976, foi essa concentração de empresas tratada amplamente, como se observa de sua "Exposição de Motivos", que alertou haver a necessidade de regramento ao processo de expansão das grandes empresas. Nesse processo de expansão, tais empresas criam constelações de sociedade coligadas, controladoras e controladas, ou grupadas, o que enseja a criação de normas específicas que redefinam, no interior desses grupamentos, os direitos das minorias, as responsabilidades dos administradores e as garantias dos credores.

Quanto à responsabilidade dos sócios nesse tipo de sociedades coligadas, ela pode ser de duas modalidades: ordinária e extraordinária.

Assim, na responsabilidade ordinária, ela será limitada à participação que o sócio tem na composição societária do capital, conforme o ato constitutivo que lhe deu origem na forma da lei.

Já a responsabilidade pessoal dos sócios poderá ser extraordinária. Esse tipo de responsabilidade extraordinária pressupõe a existência de fraude ou descumprimento do contrato, fazendo com que o sócio responda além do que previsto ordinariamente para cada espécie de sociedade.

Como ocorre em outras modalidades de sociedade, aplica-se aqui também a responsabilidade patrimonial subsidiária dos sócios. Repita-se que essa subsidiariedade deriva da aplicação do art. 596, do CPC: "os bens particulares dos sócios não respondem pelas dívidas das sociedade senão nos casos previstos em lei; o sócio, demandado pelo pagamento da dívida, tem direito a exigir que sejam excutidos os bens da sociedade".

301. Concurso de Credores

Se os mesmos bens do devedor — inexistindo outros — forem objeto de várias penhoras, soluciona-se a questão pelo concurso de credores (arts. 748 e ss. do CPC — execução por quantia certa de devedor insolvente).

302. Fiança Bancária

Já assinalamos que a ordem preferencial dos bens nomeados à penhora é a do art. 655 do CPC, como o determina expressamente o art. 882 da CLT.

Contudo, estamos persuadidos de que essa relação de meios de garantir a execução não é taxativa.

Dessarte, deve-se admitir o uso do meio assecuratório da execução indicado no art. 9º da Lei n. 6.830, de 22 de setembro de 1980, e que consiste na fiança bancária, deixando à margem qualquer outra espécie de fiança.

Não vacilamos em dizer que se aplica à execução trabalhista o disposto no art. 15 da Lei n. 6.830, de 22 de setembro de 1980: *"Em qualquer fase do processo será deferida pelo Juiz: I — ao executado, a substituição da penhora por depósito em dinheiro ou fiança bancária".*

Fiança bancária é dinheiro, uma vez que o estabelecimento de crédito assume solenemente o compromisso de liquidar o débito do executado.

O sobredito dispositivo é dotado de imperatividade e, por isso, se o Juiz rejeitar a pré-falada substituição, resta ao Executado impetrar mandado de segurança, uma vez que inexiste eficaz remédio processual para esse caso.

A Lei n. 11.382/06, ao alterar diversos artigos do CPC referentes à execução, estabeleceu de forma expressa a possibilidade da substituição da penhora por fiança bancária ou seguro garantia judicial, desde que em valor não inferior ao débito acrescido de 30%. Atente-se, como já explanado acima, que a Lei de Execução Fiscal n. 6.830, de 22.9.1980, que rege a execução no processo do trabalho, por força do art. 889 da CLT, já prevê no seu art. 9º, II, a possibilidade do executado garantir a execução por meio de fiança bancária. A inovação do CPC é que a carta de fiança deverá ter o seu valor majorado em 30% além do débito. Contudo, essa inovação não é aplicável à execução trabalhista, em virtude de que ela é regida pela Lei de Execução Fiscal, que não prevê essa majoração. De qualquer forma, não há que se esquecer do disposto no art. 620 do CPC, que garante que se faça a execução da forma menos gravosa para o executado.

303. Garantia da Execução por Terceiros

Terceiros podem oferecer bens para garantia da execução, desde que haja anuência do exequente.

Na hipótese, cumprir-se-á o disposto no art. 19 da Lei n. 6.830: "Não sendo embargada a execução ou sendo rejeitados os embargos, no caso de garantia prestada por terceiro, será este intimado, sob pena de contra ele prosseguir a execução nos próprios autos, no prazo de 15 dias: I — remir o bem, se a garantia for real ou II — pagar o valor da dívida" atualizada monetariamente, acrescida de custas e juros de mora.

O inciso II do referido dispositivo da Lei n. 6.830 foi por nós adaptado ao processo trabalhista.

304. Penhora dos Bens

Se o executado, depois de regularmente citado, não paga o que está inscrito na sentença condenatória nem oferece bens para garantia da execução, segue-se a penhora *"dos bens, tantos quantos bastem ao pagamento da importância da condenação, acrescida de custas e juros de mora, sendo estes, em qualquer caso, devidos a partir da data em que for ajuizada a reclamação inicial"* (art. 883 da CLT).

Chamado a pagar, ao credor, o *quantum* fixado na sentença ou instado a nomear bens à penhora, se o devedor não o fizer, ser-lhe-ão penhorados tantos bens quantos bastem para atender ao principal, juros, custas e honorários advocatícios — estes se o Exequente for trabalhador beneficiado pela assistência judiciária nos termos da Lei n. 5.584/70.

Não se efetua a penhora quando os bens encontrados forem de pequeno valor e não atenderem sequer às custas da execução.

Na ocorrência da penhora de bens imóveis, será intimado também o cônjuge do executado. O auto de penhora deve ser levado à averbação no ofício imobiliário, para presunção absoluta de conhecimento por terceiros (art. 659, § 4º).

O art. 168 da Lei n. 6.015, de 31.12.1973 (Registros Públicos), informa que "registro" compreende a inscrição e a transcrição.

A averbação da penhora do imóvel, no respectivo registro, tem por finalidade impedir que o devedor, no curso da execução, promova sua alienação fraudulenta. De notar-se, outrossim, que, consoante o art. 593, II, do CPC, há, também, fraude à execução na venda de imóvel no transcorrer do processo de conhecimento.

Cabe ao Exequente suportar o ônus das despesas com o registro em causa, despesas que se consideram processuais.

Como assinalado há pouco, o art. 882, da CLT, autoriza a incidência, no processo de execução trabalhista, do art. 655 do CPC, ficando aí esclarecido que incumbe ao devedor a nomeação de bens à penhora. Já no processo civil, esse direito de nomear bens à penhora é do credor-exequente, como se infere da leitura do art. 652, § 2º, do CPC.

Aquele estatuto, porém é silente quanto à ordem a ser observada na penhora quando o devedor não cumpre a regra contida no referido art. 655. Sendo descumprida a ordem, incumbirá ao credor-exequente e ao próprio juiz determinar a realização da penhora sobre quaisquer outros bens.

304.1. O Terceiro e a Penhora do Bem por ele Adquirido

Quando um bem imóvel é objeto da penhora, ocorre, com frequência, o seguinte: o Executado vendeu-o, anteriormente ao ajuizamento da ação de conhecimento ou de execução, por instrumento particular ou por meio de escritura pública de compromisso de compra e venda, mas sem inscrição no registro imobiliário.

Se o registro do contrato no ofício imobiliário é, ou não, precondição de admissibilidade de embargos de terceiro, paira uma dúvida, mesmo nos Tribunais.

O Superior Tribunal de Justiça, pela Súmula n. 84, declara *admitir embargos de terceiro fundados na alegação de posse advinda do compromisso de compra e venda de imóvel ainda que desprovido de registro.*

O Supremo Tribunal Federal, por seu turno, não permitiu a desconstituição da penhora de um apartamento transcrito no Registro de Imóveis como de propriedade do Executado e, por isso, julgou improcedentes os embargos de terceiro, compromissário de compra e venda do questionado apartamento, por escritura pública lavrada antes da penhora, mas sem inscrição no registro imobiliário (1ª Turma, Recurso Extraordinário n. 107.908, *in* DJU de 27.10.94, p. 29.166).

Venia permissa, divergimos desse decisório da Corte Suprema.

Se o compromisso de compra e venda, contraído antes da ação trabalhista seguida de penhora, foi objeto de instrumento particular sem registro no ofício imobiliário, há que se preservar a penhora, posto que subsiste o receio de a operação mascarar uma fraude atentatória à dignidade da Justiça.

Todavia, se o compromisso resultou de escritura pública, mesmo sem inscrição no Registro de Imóveis, é de se acatar a Súmula n. 84 do Superior Tribunal de Justiça acima referida, porque, *in casu,* é bem remota a possibilidade de fraude.

305. Natureza Jurídica da Penhora

No processo executivo, a penhora é a primeira agressão patrimonial.

Abre caminho à transmissão forçada dos bens do devedor.

Qual a natureza jurídica da penhora?

A doutrina oferece-nos várias respostas a essa indagação.

A maioria dos estudiosos sustenta que a penhora acarreta, para o Executado, a perda do poder de disposição, o que importa dizer que imobiliza seu direito dominial. Enfim, a penhora torna indisponíveis os bens do devedor.

Entre os processualistas pátrios, pontifica *Lopes da Costa* ("Direito Processual Civil Brasileiro", vol. IV, 2. ed., n. 120, p. 109) com o ensinamento de que a penhora limita-se a tornar ineficaz, em relação ao Exequente, os atos de disposição praticados pelo Executado sobre os bens penhorados.

Por outras palavras, o Executado continua a dispor de seus bens, mas a penhora torna ineficazes todos os atos que praticar em torno desses mesmos bens.

306. Nomeação de Bens à Penhora

Para garantia da execução e consoante o art. 882 da CLT, a nomeação de bens à penhora pelo devedor há-de respeitar a ordem preferencial de bens contida no art. 655 do CPC, qual seja: dinheiro, em espécie ou em depósito ou aplicação em instituição financeira; veículos de via terrestre; bens móveis em geral; navios e aeronaves; ações e quotas de sociedades empresárias; percentual do faturamento de empresa devedora; pedras e metais preciosos; títulos da dívida pública da União, Estados e Distrito Federal com cotação em mercado; títulos e valores mobiliários com cotação em mercado; outros direitos.

Para possibilitar a penhora de dinheiro em depósito ou aplicação financeira, o juiz, a requerimento do exequente, requisitará à autoridade supervisora do sistema bancário, preferencialmente por meio eletrônico, informações sobre a existência de ativos em nome do executado, podendo no mesmo ato determinar sua indisponibilidade, até o valor indicado na execução. Essas informações se limitarão à existência ou não de depósito ou aplicação até o valor indicado na execução. No caso de penhora sobre valores depositados em conta corrente bancária, compete ao executado comprovar que eles se referem: (a) a vencimentos, subsídios, soldos, salários, remunerações, proventos de aposentadoria, pensões, pecúlios e montepios; (b) as quantias recebidas por liberalidade de terceiro e destinadas ao sustento do devedor e sua família; (c) a ganhos de trabalhador autônomo; (d) a honorários de profissional liberal; (e) a valores revestidos de outra forma de impenhorabilidade (art. 655-A, do CPC).

Na hipótese da penhora incidir sobre um determinado percentual do faturamento da empresa executada, será nomeado depositário, com a atribuição de submeter à aprovação judicial a forma de efetivação da constrição, bem como de prestar contas mensalmente, entregando ao exequente as quantias recebidas, a fim de serem imputadas no pagamento da dívida".

Recaindo a penhora em bens imóveis, será intimado também o cônjuge do executado (art. 655, § 2º, do CPC). Tratando-se de penhora em bem indivisível, a meação do cônjuge alheio à execução recairá sobre o produto da alienação do bem (art. 655-B).

Tem o Executado a incumbência de: a) quanto aos bens imóveis, indicar-lhes as respectivas matrículas e registros, situá-los e mencionar as divisas e confrontações; b) particularizar o estado e o local em que se encontram os móveis; c) quanto aos semoventes, indicar o número de cabeças e o imóvel em que se acham; d) quanto aos créditos, identificar o devedor e qualificá-lo, descrevendo a origem da dívida, o título que a representa e a data do vencimento (art. 668, do CPC).

A parte pode requerer a substituição da penhora — di-lo o art. 656 do CPC: *"I — se não obedecer à ordem legal; II — se não incidir sobre os bens designados em lei, contrato ou ato judicial para o pagamento; III — se, havendo bens no foro da execução, outros houverem sido penhorados; IV — se, havendo bens livres, a penhora houver recaído sobre bens já penhorados ou objeto de gravame; V — se incidir sobre bens de baixa liquidez; VI — se fracassar a tentativa de alienação judicial do bem; ou VII — se o devedor não indicar o valor dos bens ou omitir qualquer das indicações a que se referem os incisos I a IV do parágrafo único do art. 668 do CPC".*

Consoante o art. 600, IV, do CPC, considera-se ato atentório à dignidade da Justiça se o executado intimado, não indica ao juiz, em 5 (cinco) dias, quais são e onde se encontram os bens sujeitos à penhora e seus respectivos valores. Isto sujeita o executado à multa fixada pelo juiz, em montante não superior a 20% (vinte por cento) do valor atualizado do débito em execução, sem prejuízo de outras sanções de natureza processual ou material, multa essa que reverterá em proveito do credor, exigível na própria execução.

É dispensável a avaliação dos bens se o credor concordar com a estimativa de valor feita pelo devedor; a impugnação dessa estimativa será comprovada por meio de avaliação. Sublinhe-se que o art. 887, da CLT, que cuida da avaliação, foi tacitamente revogado pela Lei n. 5.442, de 24.5.1968, que deu nova redação ao art. 721, da CLT. Nesse dispositivo legal, o oficial de justiça tem a incumbência de realizar a avaliação dos bens a serem penhorados. Essa norma está em consonância com o disposto no art. 680, do CPC, com redação dada pela Lei n. 11.382, de 6.12.2006, que estabelece que a avaliação é feita pelo oficial de justiça; caso sejam necessários conhecimentos especializados, o juiz nomeará avaliador, fixando-lhe prazo não superior a 10 (dez) dias para entrega do laudo.

Tem o Exequente de ser intimado da nomeação de bens à penhora, a fim de se lhe dar oportunidade de manifestar-se a favor ou contra ela.

Nos termos do art. 683, admite-se nova avaliação quando:

a) se provar erro ou dolo do avaliador;

b) se verificar, posteriormente à avaliação, que houve majoração ou diminuição do valor dos bens;

c) houver fundada dúvida sobre o valor atribuído ao bem (art. 655, § 1º, V).

Aplica-se essa disposição às avaliações feitas tanto pelo devedor como pelo oficial de justiça avaliador (art. 721 da CLT).

Na hipótese *a*, se a estimativa feita pelo devedor é viciada por erro ou dolo, sofrerá ele as sanções correspondentes à litigância de má-fé; na *b*, tem a penhora de ser reforçada e os bens acrescidos podem ter seu valor estimado pelo próprio devedor ou pelo avaliador oficial, a juízo do magistrado; na *c*, procede-se a nova avaliação se o credor suscitar, justificadamente, dúvida sobre o valor estimado pelo devedor.

306.1. Penhora de Créditos Futuros

No magistério de *Von Jhering* ("A Evolução do Direito", Progresso, 1950, p. 269), *"o direito pode ... definir-se exatamente — como o conjunto de normas em virtude das quais, num Estado, se exerce a coação. Esta definição encerra dois elementos, a saber: a norma e a realização desta pela coação. Os estatutos sociais sancionados pela coação pública, são os únicos que constituem o direito".*

Nos tempos que correm, já não se afirma, com a segurança de *Jhering*, ser o Estado a única fonte do direito.

Mas, transplantando para o plano processual o pensamento de *Jhering*, diremos que se o titular de um direito não obtém sua satisfação em termos amigáveis, cabe ao Estado intervir no conflito mediante o emprego do seu monopólio da coação fundado nos princípios fundamentais da justiça.

De nada valeria ao vencedor da demanda se o vencido não respeitasse o julgado.

É pela ação executória que o Estado obriga o vencido a dar, a fazer ou a não fazer o que se determina na sentença.

No mesmo diapasão, diz *Rangel Dinamarco* (in "Execução Civil", 6. ed., Malheiros, 1998, p. 29): *"Se hoje é possível a plena consciência do monopólio estatal do poder de realizar imperativamente os desígnios do direito objetivo substancial, é porque a civilização dos povos já evoluiu o suficiente para que, acima dos indivíduos, se instituísse e consolidasse a autoridade de um Estado responsável pela paz e pelo bem-comum".*

É o fim da autotutela imperante na sociedade primitiva, como também significa a superação das regras do velho processo civil romano que autorizavam atrocidades repudiadas pelo direito moderno.

Na própria Roma, com o correr dos séculos, houve a humanização da execução forçada: evoluiu da execução física, corporal, para a patrimonial.

Com propriedade, diz *Francisco Antonio de Oliveira* (in "Manual da Penhora", Rev. dos Tribunais, p. 20), que *"a penhora se traduz em meio coercitivo pelo qual se vale o exequente para vencer a resistência do devedor inadimplente e renitente na implementação do comando judicial. Esse poder de coerção é concedido ao Estado-juiz, o que não deixa de ser reminiscência da manus injectio, retirada da parte e colocada nas mão dos Estado. Esse poder coercitivo se alavanca até a venda do bem em hasta pública".*

Dentre os princípios informadores da penhora sobressai o da suficiência que compreende a constrição de tantos bens quantos bastem para viabilizar a execução.

Ir além dessa meta, é causar dano desnecessário ao patrimônio do devedor.

A leitura de um despacho do Corregedor Geral da Justiça do Trabalho na Reclamação Correicional n. 17.682, 2002 (*in* DJU de 1º.4.2002, p. 496) levou-nos à reflexão sobre o meio processual de constranger o devedor a resgatar o *quantum debeatur* definido na liquidação da sentença ou indicado no título executivo extrajudicial.

Trata-se de reclamação correicional apresentada por empresa contra ato do titular de uma das Varas do Trabalho de Brasília determinando "a penhora de créditos futuros, até que fosse atingido o limite do valor da execução, em conformidade com o pedido formulado pelo exequente FCPS."

O Requerente da reclamação fundamentou seu protesto nos incisos XXII, LIV e LV do art. 5º da Constituição da República e cujo teor é o seguinte: *"é garantido o direito de propriedade; ninguém será privado da liberdade ou de seus bens sem o devido processo legal; aos litigantes, em processo judicial ou administrativo, e aos acusados em geral são assegurados o contraditório e ampla defesa, com os meios e recursos a ele inerentes".*

O Ministro Corregedor, depois de salientar a frequência com que é debatida no Tribunal Superior do Trabalho a questão da penhora de crédito futuro do executado, lembra ser pacífico naquela Corte o "entendimento de que tal procedimento é ilegal, por o processo de execução ser conduzido de forma gravosa às entidades executadas, em total desrespeito aos arts. 620 e 655 do CPC, tendo em vista, inclusive, o fato de que o bloqueio de créditos futuros de faturamento efetuado pelas empresas sequer está contido no rol do referido art. 655 do CPC. Esse entendimento encontra-se registrado nos seguintes precedentes: ROMS 542.812/99, rel. Ministro Ives Gandra Martins Filho, *in* DJU de 23.6.2000; ROMS 653.854/2000, Ministro Relator Gelson Azevedo, *in* DJU de 4.5.2001; ROAG 726.799/2001, Relator Ministro Ronaldo Lopes Leal, *in* DJU de 16.11.2001".

Como se vê o embasamento legal que o Ministro Corregedor dá a sua decisão não é o do Requerente, pois, deixa de lado os precitados incisos do art. 5º da Lei Maior e reporta-se aos dois dispositivos do Código Processual.

Vejamos que normas processuais são essas.

Reza o art. 620 do CPC que *"quando por vários meios o credor puder promover a execução, o juiz mandará que se faça pelo modo menos gravoso para o devedor".*

A alguns é ambíguo esse dispositivo. A seu ver, falar em "vários modos" para promover a execução, é propor uma impossibilidade jurídica, uma vez que o CPC indica, precisamente, como executar em se tratando de entrega de coisa, das obrigações de fazer ou não fazer ou de quantia certa.

Como preleciona *Alcides de Mendonça Lima* (*in* "Comentários ao Código de Processo Civil", 7. ed., Forense, 1991) *"o que poderá acontecer é que, dentro da execução própria, pertinente hábil, haja possibilidade de atos menos gravosos ou mais gravosos, sem que isso altere da espécie escolhida pelo credor, segundo as determinações legais".*

Todavia, *Pontes de Miranda* (*in* "Comentários ao Código de Processo Civil", Forense, 1976. vol. X, p. 42) diverge de *Mendonça Lima* ao sustentar que o CPC fala em modos e não em espécies de execução. Deixa claro o texto que o dano pode ser causado ao devedor com o modo pelo qual se leva a termo a execução.

É este, também, o nosso pensamento. A censura ao legislador teria procedência se, no questionado artigo, se aludisse a espécies de execução.

A regra contida no art. 620 foi introduzida em nosso sistema legal pelo Código do Processo Civil de 1939 — art. 903 — com redação muito parecida com a de hoje. Tem, como fundamento, o princípio *favor debitoris* traduzido na vedação do uso de meios ou providências que, sem favorecer a execução ou o credor, causam dano ao executado. É certo, outrossim, que esse princípio se coloca na linha histórica de abrandamento dos meios coercitivos empregados pelo Poder Público visando ao completo cumprimento de uma decisão judicial.

Frederico Marques, em suas "Instituições" (vol. V, p. 139 e 186) e Pontes de Miranda ("Comentários ao Código de Processo Civil", Forense, 1976, vol. X, p. 41) lembram que o *favor debitoris* inspirou diversas normas processuais tais como os arts. 655 (nomeação de bens à penhor apelo devedor), 659, § 2º (não realização da penhor se os bens cobrirem apenas as custas processuais); 668 (antes da arrematação ou da adjudicação, permite a substituição dos bens penhorados por dinheiro) e outros.

Vejamos, agora, o art. 655 mencionado no despacho do Ministro Corregedor do TST.

Dispõe, atualmente, esse artigo que "incumbe ao devedor, ao fazer a nomeação de bens, observar a seguinte ordem: dinheiro, em espécie ou em depósito ou aplicação em instituição financeira; veículos de via terrestre; bens móveis em geral; navios e aeronaves; ações e quotas de sociedades empresárias; percentual do faturamento de empresa devedora; pedras e metais preciosos; títulos da dívida pública da União, Estados e Distrito Federal com cotação em mercado; títulos e valores mobiliários com cotação em mercado; outros direitos.

É um exagero afirmar que o contido no art. 882, da CLT, que garante o direito ao executado de nomear bens com base no art. 655, do CPC, venha a favorecê-lo. Aqui, o *favor debitoris* é temperado pelo estatuído no art. 656 no sentido de que a parte poderá requerer a substituição da penhora: I — se não obedecer à ordem legal; II — se não incidir sobre os bens designados em lei, contrato ou ato judicial para o pagamento; III — se, havendo bens no foro da execução, outros houverem sido penhorados; IV — se, havendo bens livres, a penhora houver recaído sobre bens já penhorados ou objeto de gravame; V — se incidir sobre bens de baixa liquidez; VI — se fracassar a tentativa de alienação judicial do bem; ou VII — se o devedor não indicar o valor dos bens ou omitir qualquer das indicações a que se referem os incisos I a IV do parágrafo único do art. 668 do CPC.

Em verdade, a gradação dos bens penhoráveis, a que faz remissão o artigo em tela, objetiva o cumprimento do princípio da celeridade processual na execução.

Como remate a esta ordem de considerações em torno do conteúdo do art. 655 do CPC, frisamos que nele não se faz menção à penhora de créditos futuros do devedor ou executado.

307. Bens Impenhoráveis

A penhora recai, como é óbvio, nos bens do Executado que sejam alienáveis e possam ser transmitidos, excluindo-se aqueles que a lei considera impenhoráveis ou inalienáveis (art. 648 do CPC).

Ainda que o bem esteja em poder de terceiro, mas obrigado a devolvê-lo, como o depositário, o arrendatário ou o comodatário, é ele penhorável. Não podem sê-lo aqueles que se encontrarem em poder do devedor ou em sua residência, mas que comprovadamente pertençam a terceiros.

Reza o art. 649 do CPC serem absolutamente impenhoráveis: os bens inalienáveis e os declarados, por ato voluntário, não sujeitos à execução (doações, testamentos, bens de família); os móveis, pertences e utilidades domésticas que guarnecem a residência do executado, salvo os de elevado valor ou que ultrapassem as necessidades comuns correspondentes a um médio padrão de vida; os vestuários, bem como os pertences de uso pessoal do executado, salvo se de elevado valor; os vencimentos, subsídios, soldos, salários, remunerações, proventos de aposentadoria, pensões, pecúlios e montepios; as quantias recebidas por liberalidade de terceiro e destinadas ao sustento do devedor e sua família, os ganhos de trabalhador autônomo e os honorários de profissional liberal, observado o disposto no § 3º deste artigo; os livros, as máquinas, as ferramentas, os utensílios, os instrumentos ou outros bens móveis necessários ou úteis ao exercício de qualquer profissão; o seguro de vida; os materiais necessários para obras em andamento, salvo se essas forem penhoradas; a pequena propriedade rural, assim definida em lei, desde que trabalhada pela família; os recursos públicos recebidos por instituições privadas para aplicação compulsória em educação, saúde ou assistência social; até o limite de 40 (quarenta) salários mínimos, a quantia depositada em caderneta de poupança.

Há bens relativamente penhoráveis. São aqueles mencionados no art. 650 do CPC. Só na falta de outros bens podem ser penhorados os frutos e os rendimentos dos bens inalienáveis, salvo se destinados à satisfação de prestação alimentícia.

A Lei n. 8.009, de 29 de março de 1990, dispõe sobre a impenhorabilidade do bem de família, isto é, do imóvel residencial próprio do casal ou da entidade familiar.

Essa impenhorabilidade compreende, além do imóvel sobre o qual se assentam a construção, as plantações, as benfeitorias de qualquer natureza, todos os equipamentos, inclusive os de um profissional liberal ou móveis que guarnecem a casa, desde que integralmente pagos (art. 1º, parágrafo único, daquele diploma legal).

Nas instâncias superiores, notadamente no Superior Tribunal de Justiça (4ª T., REsp. 30.758-6, in DJU de 22.3.93), consideram-se móveis que guarnecem a residência aqueles que se mostram necessários à regular utilização de uma casa, segundo um critério de essencialidade, como camas, armários, mesas, fogão, geladeira, televisão.

A lei que protege o bem de família incide nos casos em que já se efetuou a penhora do imóvel. Como norma processual é ela de aplicação imediata.

Para que o devedor possa invocar a proteção da Lei n. 8.009, não precisa fazer tal consignação no registro de imóveis.

Ficam à margem da impenhorabilidade do bem de família os veículos de transporte, obras de arte e adornos suntuosos.

Sendo o imóvel local, a proteção da Lei n. 8.009 se estende aos bens móveis quitados que guarnecem a residência e que sejam de propriedade do locatário.

308. Dupla Penhora

Autoriza a lei mais de uma penhora quando: a) a primeira for anulada; b) executados os bens, o produto da alienação não bastar para o pagamento do credor; c) o credor desistir da primeira penhora por serem litigiosos os bens ou por estarem penhorados, arrestados ou onerados.

Consoante o art. 685 do CPC, após a avaliação, poderá mandar o juiz, a requerimento do interessado e ouvida a parte contrária reduzir a penhora aos bens suficientes, ou transferi-la para outros, que bastem à execução, se o valor dos penhorados for consideravelmente superior ao crédito do exequente e acessórios ou ampliar a penhora, ou transferi-la para outros bens mais valiosos, se o valor dos penhorados for inferior ao referido crédito.

Na ampliação da penhora é imprescindível a intimação do executado, obedecendo-se o princípio do contraditório.

309. Penhora de Créditos

Prevê a lei (arts. 671 e ss. do CPC) a penhora de créditos e de outros direitos patrimoniais.

Dentre os bens nomeáveis à penhora aparece, em primeiro lugar, o dinheiro, que tanto pode estar em poder do Executado como de terceiro que lhe seja devedor.

Feita a prova de que o Executado é credor de terceiro, aperfeiçoa-se a penhora com a apreensão do título de crédito (nota promissória, letra de câmbio, duplicata ou qualquer outra cártula).

Enquanto não se faz a apreensão do título de crédito, faz-se a penhora mediante simples intimação: a) ao terceiro devedor para que não pague ao Executado e seu credor; b) ao credor do terceiro para que não pratique ato de disposição do crédito (texto dado pela Lei n. 5.925, de 1º.10.1973).

Desse modo, na primeira hipótese legal, fica o terceiro como depositário da importância referente ao crédito e, na segunda, é o Executado o próprio depositário.

Não localizado o título, se o terceiro, depois de regularmente intimado da penhora, assim mesmo efetuar o resgate de sua dívida com o Executado, isso será feito em fraude à execução, o que importa na ineficácia do pagamento.

De observar-se que nossas considerações nada têm que ver com pagamento de salários ou de prestação alimentar, cuja impenhorabilidade já assinalamos anteriormente.

Nas hipóteses indicadas acima, é mister intimar-se tanto o devedor como o credor, isto é, o terceiro e o Executado.

Entre os créditos do devedor que podem ser penhorados figuram os depósitos bancários, caso em que se deve intimar o estabelecimento de crédito para que bloqueie a importância destinada à garantia da execução.

A Consolidação dos Provimentos da Corregedoria-Geral da Justiça do Trabalho estabelece instruções para a realização de penhora on line de depósitos bancários, via Banco Central do Brasil (Sistema *Bacen Jud*). Nessa Consolidação há o entendimento de que, tratando-se de execução definitiva, esse sistema de penhora deve ter prioridade sobre outras modalidades de constrição judicial. Existe a recomendação de os juízes se absterem de requisitar às instituições financeiras, por ofício-papel, bloqueios, desbloqueios e transferências, quando for possível a prática pelo sistema *Bacen Jud*. Determina, ainda, que os juízes devem se abster de emitir ordem judicial de bloqueio em caso de execução provisória ou promovida em face de Estado estrangeiro ou Organismo Internacional.

O sistema da penhora de dinheiro em conta corrente criava inúmeros problemas, notadamente quando a empresa tinha diversas contas bancárias, pois todas elas eram bloqueadas.

Para minimizar esse problema, a Consolidação dos Provimentos da Corregedoria-Geral da Justiça do Trabalho permite às pessoas físicas e jurídicas o cadastramento de uma conta bancária, denominada "conta única", apta a sofrer bloqueios on line realizados pelo Sistema *Bacen Jud*, do Banco Central, por decisão do juiz responsável pela execução. Com essa medida, fica afastada a possibilidade de que haja o bloqueio de todas as contas bancárias da empresa ou da pessoa física, o que lhe causa danos apreciáveis. Esse cadastramento deve ser feito por escrito, dirigido ao Ministro Corregedor-Geral da Justiça do Trabalho, acompanhado de comprovante da titularidade da conta. A empresa deve manter recursos suficientes na conta cadastrada, sob pena de o bloqueio recair nas demais instituições financeiras/contas e de o cadastramento ser cancelado. Ocorrendo o descadastramento o interessado só poderá requerer novo cadastramento após 6 meses da publicação dessa decisão, ou um ano, no caso de reincidência.

O Conselho Nacional de Justiça, observando os resultados obtidos pela Justiça do Trabalho no que concerne aos bloqueios financeiros pelo sistema "BACEN-Jud", resolveu editar a Resolução n. 61, de 7.10.2008, disciplinando o procedimento de cadastramento de conta única para efeito de constrição de valores em dinheiro por intermédio desse sistema para todos os ramos do Poder Judiciário nacional. Trata-se de um esforço para desburocratizar a prestação jurisdicional do Estado. O Bacen-Jud é um sistema por meio do qual os juízes são cadastrados no Banco Central e podem reter judicialmente valores disponíveis em qualquer instituição bancária por meio eletrônico. Pelo regulamento criado pelo CNJ, a empresa se compromete a manter dinheiro suficiente na conta indicada, proporcional ao valor da execução. Caso contrário, outras contas poderão ser automaticamente incluídas na penhora.

Pode ocorrer, na hipótese de não ser encontrado o título de crédito a ser penhorado, que o terceiro confesse a dívida e, aí, passa ele a ser o depositário da respectiva importância.

É lícito ao terceiro depositar em juízo a importância da dívida.

O terceiro que seja devedor do Executado deve dar ciência a este da intimação da penhora do crédito para evitar que, mediante endosso, se transfira o título a terceiros. *In casu*, é prudente o depósito em juízo da importância correspondente ao débito, mesmo antes do vencimento da dívida, para resguardar-se das consequências da transferência do crédito a outra pessoa.

Por oportuno, chamamos a atenção para o *caput* do art. 672 do CPC: a penhora do crédito ou do título far-se-á pela apreensão do título, esteja ele ou não em poder do executado.

Assim, na hipótese de as duplicatas se encontrarem em cobrança num banco, assim mesmo esses títulos serão atingidos pela penhora.

Exclui-se dessa hipótese o título objeto da operação denominada *factoring*, em que o credor transfere definitivamente a um terceiro o seu crédito. É evidente que, na espécie, não deve existir vestígio de fraude à execução.

Se o direito do Executado estiver sendo reivindicado em juízo, averbar-se-á no rosto dos autos a penhora. Não padece dúvida que o Exequente, no caso, passa a ser parte legítima do processo, sendo-lhe permitido intervir nos autos da maneira que julgar adequada à defesa do seu crédito.

O art. 675 do CPC autoriza a antecipação do pagamento devido ao Exequente quando a penhora recair sobre dívidas de dinheiro a juros, de direito a rendas ou de prestações periódicas. Tem o credor a faculdade de levantar os rendimentos, os juros e as prestações à medida que forem sendo depositados, abatendo-se do crédito as importâncias recebidas.

Não se concilia essa norma processual com as características fundamentais do processo de execução.

A dedução autorizada pelo art. 675 do CPC equivale a pagamento, embora parcial, da dívida do Executado, e isso só se deve fazer após o julgamento definitivo dos embargos à execução.

Consoante o art. 676 do CPC, recaindo a penhora sobre direito que tenha por objeto prestação ou restituição de coisa determinada, o devedor será intimado para, no vencimento, depositá-la, correndo sobre ela a execução.

A coisa é a *res* corpórea.

310. Penhora de Empresa

Os arts. 677, 678 e 679 do CPC cuidam da penhora, do depósito e da administração de empresa e de outros estabelecimentos.

É indisfarçável a natureza protecionista desses dispositivos legais. Colocam o devedor em situação de ir pagando sua dívida aos poucos e sem sofrer o despojamento da propriedade do estabelecimento, dos semoventes, plantações ou edifício em construção.

Recaindo a penhora sobre esses bens, será nomeado, pelo juiz, um depositário que, em dez dias, terá de apresentar seu plano de administração, sobre o qual as partes se manifestarão previamente. Autoriza a lei ao Executado e ao Exequente para, de comum acordo, escolherem um depositário, cabendo ao juiz, no caso, homologar por despacho essa indicação.

Se a penhora recair em empresa que funcione mediante concessão ou autorização, a penhora — conforme o valor do crédito — far-se-á sobre a renda, sobre determinados bens, ou sobre todo o patrimônio, nomeando o juiz, de preferência, um dos seus diretores como depositário.

Não exige a lei que o depositário seja sempre um dos diretores da empresa; dá preferência a esse tipo de escolha de depositário, mas é facultado ao Juiz indicar um outro se houver razões para isso.

Quando a penhora é de navio ou aeronave, não ficam eles impedidos de navegar ou voar, mas o Juiz só concederá a respectiva autorização se o devedor provar que celebrou contrato de seguro contra os riscos inerentes às operações dos bens mencionados.

É dado ao Juiz, nos termos do art. 716 do CPC, conceder ao credor o usufruto do móvel ou imóvel "quando o reputar menos gravoso ao devedor e eficiente para o recebimento da dívida".

Decretado o usufruto, o devedor perde o gozo do imóvel ou da empresa, até que o credor seja pago do principal, juros, custas e honorários advocatícios — conforme o caso.

A partir da publicação da sentença, o usufruto tem eficácia tanto em relação ao devedor como a terceiros.

De regra, o usufruto é deferido por prazo indeterminado, até que se resgate a dívida do Executado. Nada impede, porém, que o prazo seja determinado, mas aí, na devolução do bem pelo usufrutuário, mesmo que não ocorra o pagamento do débito, ficará o Exequente impedido de requerer algo para a completa satisfação do que lhe cabe. O usufruto não se constituiu para garantir a execução mas para pagar a dívida.

Decretado o usufruto judicial e passada em julgado a respectiva sentença, torna-se ele irretratável, hipótese que impossibilita o devedor de pagar, de uma só vez, o saldo devedor, sem a anuência do credor.

O usufruto de uma empresa tem de ser registrado na Junta Comercial para que possa valer contra terceiros ou para dar legitimidade aos atos do administrador-usufrutuário.

311. Caução de Títulos ou Ações

É muito frequente a empresa garantir sua dívida com um banco ou outra instituição financeira oferecendo em caução títulos de dívida pública ou ações.

É um modo de garantia real do adimplemento de uma obrigação.

Parece-nos certo que a penhora pode recair sobre esses títulos ou papéis, pois, embora dados em caução a um terceiro, eles continuam a pertencer ao Executado.

É essa caução real e convencional.

Na concessão do usufruto terá o juiz de ouvir as partes.

312. Remição e Valor da Condenação

Consoante o art. 13 da Lei n. 5.584, de 26 de junho de 1970, a remição só se defere ao Executado se oferecer preço igual ao valor da condenação com os seus acréscimos legais.

313. A Penhora e a Falência da Empresa

A penhora, na execução trabalhista, não pode incidir sobre bens já arrecadados na falência.

O pagamento do crédito trabalhista, na hipótese, é feito no juízo falimentar. Estabelece o inciso I, do art. 83, da Lei n.11.101, de 9.2.2005 (Lei de Falências), que o crédito derivado da legislação do trabalho, limitado a 150 (cento e cinquenta) salários mínimos por credor tem privilégio sobre todos os demais. Nessa mesma situação estão os créditos decorrentes de acidentes de trabalho.

O crédito derivado da legislação do trabalho que sobejar a esse limite de 150 salários mínimos só será pago com os créditos quirografários (art. 83, VI, "c", da Lei de Falências).

Com o estabelecimento desse limite, a nova Lei de Falências derrogou parcialmente o disposto no art. 449, § 1º, da CLT: *"Os direitos oriundos da existência do contrato de trabalho subsistirão em caso de falência, concordata ou dissolução da empresa. § 1º Na falência, constituirão créditos privilegiados a totalidade dos salários devidos ao empregado e a totalidade das indenizações a que tiver direito".*

Tendo sido estabelecido na Lei de Falências que o crédito trabalhista tem privilégio, inclusive, sobre o crédito tributário, o legislador elaborou a Lei Complementar n. 118, de 9.2.2005, que deu nova redação ao art. 186, do Código Tributário Nacional, para que houvesse compatibilidade entre esses dois diplomas legais: *"Art. 186. O crédito tributário prefere a qualquer outro, seja qual for sua natureza ou o tempo de sua constituição, ressalvados os créditos decorrentes da legislação do trabalho ou do acidente do trabalho".*

Passemos à análise de um aspecto do processo alimentar que ainda provoca discussões dentro e fora dos Tribunais. Trata-se da elisão da falência mediante o pagamento do débito em juízo, que pode ser de natureza trabalhista.

Interpretação literal da Lei n. 11.101, de 9.2.2005, (Lei de Falência), conduz à conclusão da inviabilidade de tal pagamento, que repete quase literalmente em seu art. 94, I, a norma contida no art. 1º, da Lei de Falência de 1945.

No art. 94, I, desse diploma legal, é dito que o juiz decretará a falência do devedor que, sem relevante razão de direito, não paga, no vencimento, obrigação líquida materializada em título ou títulos executivos protestados cuja soma ultrapasse o equivalente a 40 (quarenta) salários mínimos na data do pedido de falência.

E, no art. 96 da Lei de Falência, são relacionadas as hipóteses impeditivas da decretação da falência quando o pedido tiver sido feito com base no art. 94, I, quais sejam falsidade do título; prescrição; nulidade de obrigação ou de título; pagamento da dívida; qualquer outro fato que extinga ou suspenda a obrigação ou não legitime a cobrança de título; vício em protesto ou em seu instrumento; apresentação de pedido de recuperação judicial no prazo da contestação, observados os requisitos do art. 51, dessa Lei.

Ora, uma das hipóteses impeditivas da decretação da falência é o pagamento da dívida, mesmo depois do protesto do título, mas sempre antes de requerida a falência. Feito tal requerimento, fica o devedor impossibilitado de pagar seu débito.

Afirma-se, outrossim, que o processo falimentar não é um meio de cobrança de dívida e, por isso, não se admite sua convolação em processo de cobrança.

De conformidade com essa exegese da Lei de Falências, decreta-se a quebra de empresa reclamada que, na Justiça do Trabalho, não nomeia bens à penhora nem deposita o valor da condenação dentro do prazo legal, como está previsto no art. 94, II: *"Será decretada a falência do devedor que: I — (omissis); II — executado por qualquer quantia líquida, não paga, não deposita e não nomeia à penhora bens suficientes dentro do prazo legal".* É certo, porém, que, em oposição a esse entendimento hermenêutico tão rigoroso, cresce a corrente de opinião tendente a amenizá-lo.

A Súmula n. 29 do Superior Tribunal de Justiça inspira-se no art. 5º da Lei de Introdução ao Código Civil, isto é, na aplicação da Lei deve o juiz ter em vista: a) os fins sociais a que ela se dirige; b) as exigências do bem comum.

Diz essa Súmula: "No pagamento em juízo para elidir falência, são devidos correção monetária, juros e honorários de advogado".

Se o sobredito pagamento se realiza em juízo é porque a falência já fora requerida.

A propósito do tema aqui sob análise, há, ainda, o seguinte acórdão também do Superior Tribunal de Justiça: "Pedido embasado em título executivo judicial. Desnecessidade de protesto. Requerente que deve tão-somente comprovar que o devedor citado para regular execução não pagou, não depositou a quantia reclamada e tampouco nomeou bens à penhora. RT 699/177".

A nosso sentir, não se anula a penhora se, depois de sua realização, sobrevém a falência da Executada. A partir desse momento processual, a massa falida deve ser representada nos autos pelo administrador judicial (denominação atual do síndico).

Despiciendo frisar que o crédito trabalhista que tem por título sentença transitada em julgado também faz coisa julgada no juízo da falência. Neste, não é viável qualquer discussão sobre a validade ou eficácia da sentença irrecorrível proferida por Vara do Trabalho.

Qualquer reparo que se queira fazer a essa decisão cabe à Justiça do Trabalho apreciá-lo, mediante propositura de ação rescisória. Orientação oposta, que permitisse o reexame dessa sentença pelo juízo falimentar, levaria a uma ofensa à norma constitucional que resguarda a coisa julgada.

314. Penhora e Alienação Fiduciária

O bem alienado fiduciariamente pode ser penhorado, assegurando-se ao credor fiduciário o pagamento do saldo de que é credor. Se o preço alcançado cobrir apenas o crédito trabalhista, o adquirente do bem o recebe com o gravame da alienação fiduciária.

Com *Orlando Gomes* dizemos que a alienação fiduciária em garantia é *"o negócio jurídico pelo qual o devedor, para garantir o pagamento da dívida, transmite ao credor a propriedade de um bem, retendo-lhe a posse direta, sob a condição resolutiva de saldá-la".*

Foi o instituto introduzido em nosso ordenamento jurídico pela Lei n. 4.728, de 14 de julho de 1965, alterada pelo Decreto-lei n. 911 de 1º de outubro de 1969.

Consoante o art. 5º, parágrafo único, do precitado Decreto-lei, não se aplica à alienação fiduciária o disposto nos incisos VI e VIII do art. 649 do CPC (incisos V e VII do atual art. 649, com redação dada pela Lei n. 11.382, de 6.12.2006), ou seja, não são impenhoráveis: a) os bens alienados fiduciariamente em garantia, ainda que sejam livros, máquinas, ferramentas, utensílios e instrumentos necessários ou úteis ao exercício de qualquer profissão; b) os materiais necessários para obras em andamento.

Contudo, em acórdão da sua 1ª Turma, o Supremo Tribunal Federal fixou entendimento contrário no sentido de que esse bem alienado fiduciariamente não pode ser penhorado, pois não pertence ao devedor e sim ao credor, conforme acórdão prolatado no RE 114.940 (DJU de 16.2.90, p. 932), e que está assim ementado:

"Recurso extraordinário. Embargos de terceiro. Impenhorabilidade de bens alienados fiduciariamente, por meio de cédula de crédito industrial vencida e não paga. Matéria constitucional. Direito de propriedade. Alienação fiduciária. Art. 153, § 22, da Emenda Constitucional n. 1/1969. Bens penhorados que haviam sido alienados fiduciariamente ao Banco embargante e ora recorrente, como garantia de financiamento, por meio de cédula de crédito industrial, permanecendo a posse com o financiado e alienante. Precedente do STF no sentido de que o bem alienado fiduciariamente não pode ser penhorado, pois não é propriedade do devedor e, sim, do credor. Muito embora seja proprietário resolúvel e possuidor indireto, dispõe o credor das ações que tutelam a propriedade de coisas móveis. Regular prequestionamento do art. 153, § 22, da Emenda Constitucional n. 1, de 1969. Recurso conhecido e provido."

315. Créditos de Natureza Alimentícia e a Fazenda Pública

Reza o art. 100 da Constituição Federal que, à exceção dos créditos de natureza alimentícia, os pagamentos devidos pela Fazenda Federal, Estadual ou Municipal, em virtude de sentença judiciária, far-se-ão exclusivamente na ordem cronológica de apresentação dos precatórios e à conta dos créditos respectivos, proibida a designação de casos ou pessoas nas dotações orçamentárias e nos créditos adicionais abertos para esse fim.

Ninguém discute que o salário tem caráter alimentício.

Logo, em sendo o devedor a Fazenda Federal, Estadual ou Municipal, o crédito trabalhista reconhecido em sentença passada em julgado não será submetido à ordem cronológica a que se refere o art. 100 da Lei Maior.

Os bens de entes de direito público interno estão protegidos pelos princípios da impenhorabilidade e da inalienabilidade.

Dessarte, é vedada, até, a penhora de sua conta bancária.

A Lei n. 9.469, de 10.7.1997, regula o pagamento de condenação judicial pelas pessoas de direito público, que se há de fazer por precatório com preferência de atendimentos aos credores de obrigação de natureza alimentícia.

Esta matéria é examinada por nós nos itens 293, 293.1, 293.2, 293.3 e 293.4.

316. Penhora Múltipla dos mesmos Bens

Refere-se o art. 612 do CPC ao caso de bens de um devedor que são objeto de mais de uma penhora.

No caso, o título de preferência é dado ao credor que se antecipou aos demais nas medidas executivas. O que sobrar da penhora e arrematação preferenciais é destinado ao credor que se coloca imediatamente depois, em ordem cronológica do ajuizamento da reclamatória. Não se trata, de consequência, de um rateio.

317. Localização de Bens do Executado e a Receita Federal

Há a possibilidade de o Executado não pagar espontaneamente o seu débito nem indicar bens à penhora.

No caso, o Exequente tem de realizar diligências objetivando a localização desses bens.

Depois de provar terem sido infrutíferos seus esforços, é facultado ao interessado requerer ao Juiz o envio de ofício à Receita Federal solicitando cópia dos bens declarados pelo Executado para fins do imposto de renda.

Há decisórios do STF (RE-92.377-SP, in RTJ 110/184; RE 94.608-SP, in RTJ 110/195) e do STJ (REsp. 2.777-PA, julgado em 21.8.90; REsp. 8.795, 4ª T., in DJU de 01.06.92) perfilhando essa tese. Eis como está ementado o RE 92.377, de lavra do Ministro *Moreira Alves*:

"Penhora. Pedido de requisição, pela Justiça, de informação a Repartição competente do Imposto de Renda sobre declaração de bens do executado, frustrados que foram todos os esforços para a localização de bens para a penhora. Essa requisição, ao contrário do que sustenta o acórdão recorrido, se faz no interesse da Justiça, pois a penhora e ato preliminar para a execução do patrimônio do devedor, e o titular desse poder de excutir e o Estado, que o tem como instrumento necessário para desincumbir--se do seu dever de prestar jurisdição. Dai, o preceito contido no artigo 600, IV, do Código de Processo Civil, o qual considera atentatório a dignidade da Justiça o ato do devedor que não indica ao juiz onde se encontram os bens sujeitos a execução. Recurso extraordinário conhecido e provido" (STF, RE 92377/SP, Rel. Min. Moreira Alves, DJ 18.5.84).

317.1. Localização de Bens do Executado e a Penhora on line. Banco Central

Resta a hipótese de interessar à execução conhecer os depósitos bancários do Executado.

A Lei Complementar n. 105 dá o embasamento legal à ordem judicial que ordene, no caso, a quebra do sigilo bancário.

Ademais disso, a decisão apontada no item anterior está em harmonia com a ordem de nomeação de bens à penhora, a qual coloca em primeiro lugar o dinheiro.

A 1ª Câmara Cível do Tribunal de Justiça de São Paulo, no julgamento do Agravo de instrumento n. 270.311-2/2, adotou esse entendimento e lê-se, na ementa do respectivo acórdão, o seguinte: *"A requisição judicial para fins de penhora de eventual saldo bancário, não constitui quebra de sigilo bancário"*.

Na espécie, não está em jogo apenas o interesse do Exequente, mas também e sobretudo o da Justiça no andamento dos processos como instrumento da jurisdição e, de conseguinte, na realização da penhora.

O supedâneo legal de tais arestos é o art. 198 do Código Tributário Nacional, permissivo da prestação de informações pela autoridade fazendária para atender a requisição regular de autoridade judiciária no interesse da justiça.

É fora de dúvida que o sigilo das informações dadas pelos contribuintes à Fazenda Federal é quebrado quando houver interesse legítimo da Justiça.

Sobre essa matéria o TST editou a Súmula n. 417, verbis: **Mandado de segurança. Penhora em dinheiro.** *I — Não fere direito líquido e certo do impetrante o ato judicial que determina penhora em dinheiro do executado, em execução definitiva, para garantir crédito exequendo, uma vez que obedece à gradação prevista no art. 655 do CPC. II — Havendo discordância do credor, em execução definitiva, não tem o executado direito líquido e certo a que os valores penhorados em dinheiro fiquem depositados no próprio banco, ainda que atenda aos requisitos do art. 666, I, do CPC. III — Em se tratando de execução provisória, fere direito líquido e certo do impetrante a determinação de penhora em dinheiro, quando nomeados outros bens à penhora, pois o executado tem direito a que a execução se processe da forma que lhe seja menos gravosa, nos termos do art. 620 do CPC.*

318. Desconsideração da Personalidade Jurídica (Disregard Doctrine)

Mercê da teoria da desconsideração da personalidade jurídica (*disregard doctrine*) — desenvolvida pelos tribunais americanos — tem a Justiça alargado o caminho que leva a u'a maior proteção dos créditos do empregado reconhecidos num processo trabalhista.

No Direito anglo-americano ela é conhecida por *disregard doctrine* ou *disregard of legal entity*; no direito italiano é conhecida como teoria do *superamento della personalità giuridica*; no direito germânico é tratada como *Durchgriff der Juristischen Personen*; na França, como *abus de la notion de personnalité sociale* ou *mise à l'écart de la personnalité morale*.

Essa teoria, em apertada síntese, consiste na desconsideração da pessoa jurídica, num caso concreto, para alcançar os bens que, ardilosamente, passaram a integrar seu patrimônio.

Não se trata de uma agressão à estrutura formal da pessoa jurídica. Trata-se, isso sim, de anular fraude à lei consumada mediante o emprego da tutela especial que a lei confere às pessoas jurídicas. Trata-se, enfim, de a hipótese de uma sociedade mercantil ser usada para fins contrários ao direito.

Ante o abuso de direito e da fraude à sombra da personalidade jurídica, é lícito ao Juiz atravessar a couraça que a protege para atingir o seu âmago, as pessoas que a dirigem ou compõem, bem como seu patrimônio.

Tem força de um axioma, em nosso sistema legal, a afirmativa de que a pessoa física do sócio não se confunde com a pessoa jurídica. Os patrimônios de um e outro são inseparáveis, inconfundíveis.

O certo, porém, é dizer que o escudo legal protetor das pessoas jurídicas não pode converter-se em instrumento de maquinações realizadas de conformidade com a lei, mas inconciliáveis com a sua finalidade social. Temos, aí, o cerne da teoria do abuso de direito sistematizada por *Josserand* e acolhida pelos tribunais franceses.

Foi a CLT, no art. 2º, o primeiro texto legal brasileiro a dar acolhida à *disregard doctrine* ao declarar todo o grupo econômico responsável por débitos trabalhistas de uma das empresas componentes.

Crescem, nos repertórios de jurisprudência, os arestos em que a teoria da desconsideração da personalidade jurídica é invocada.

Pesquisa que fizemos nos fez encontrar o acórdão proferido pela 8ª Câmara do Tribunal de Alçada Civil de São Paulo na Apelação n. 465.416-A, julgada a 5.3.92, e cuja ementa é a seguinte: *"Penhora sobre bem particular de sócio de sociedade por cotas de responsabilidade limitada. Sócio principal e gerente que não demonstram a integralização do capital. Teoria da desconsideração da personalidade jurídica. Embargos de terceiro improcedentes".*

Era tempo de o nosso legislador sistematizar, em nosso ordenamento jurídico, a *disregard doctrine*. Isso iria facilitar — e muito — a atuação do Juiz quando tivesse de penetrar no cipoal de preceitos legais atinentes à personalidade jurídica a fim de pôr a descoberto o ardil do Executado visando à ocultação de seus bens particulares.

Foi, então, que, atento a essa necessidade, o legislador fez consagrar no art. 50, do Código Civil de 2002, os elementos caracterizadores da *disregard doctrine:* "Art. 50. Em caso de abuso da personalidade jurídica, caracterizado pelo desvio de finalidade, ou pela confusão patrimonial, pode o juiz decidir, a requerimento da parte, ou do Ministério Público quando lhe couber intervir no processo, que os efeitos de certas e determinadas relações de obrigações sejam estendidos aos bens particulares dos administradores ou sócios da pessoa jurídica".

Bem se sabe que a pessoa jurídica é uma realidade autônoma, sujeita de direitos e obrigações, que existe de forma independentemente de seus sócios, posto que realiza negócios sem qualquer liame com a vontade deles. A par disso, se a pessoa jurídica não se confunde com os sócios que a integram, se o patrimônio da empresa não se identifica com o dos sócios, claro está que os credores da empresa seriam facilmente lesados, caso não houvesse a possibilidade de coibir tais atos praticados em evidente abuso de direito, caracterizando-se pelo seu desvio de finalidade.

Maria Helena Diniz comentando esse dispositivo legal, sustenta que *"por isso o Código Civil pretende que, quando a pessoa jurídica se desviar dos fins determinantes de sua constituição, ou quando houver confusão patrimonial, em razão de abuso da personalidade jurídica, o órgão judiciante, a requerimento da parte ou do Ministério Público, quando lhe couber intervir no processo, esteja autorizado a desconsiderar, episodicamente, a personalidade jurídica, para coibir fraudes de sócios que dela se valeram como escudo sem importar essa medida numa dissolução da pessoa jurídica. Com isso subsiste o princípio da autonomia subjetiva da pessoa coletiva, distinta da pessoa de seus sócios; tal distinção, no entanto, é afastada, provisoriamente, para um dado caso concreto, estendendo a responsabilidade negocial aos bens particulares dos administradores ou sócios da pessoa jurídica"* (in *"Novo Código Civil Comentado"*, 3. ed., Saraiva, 2004, p. 65).

O saudoso jurista e Deputado Federal Ricardo Fiúza, quando da votação do Código Civil, emitiu parecer acerca desse art. 50, deixando consignado que *"a questão referente à desconsideração da personalidade jurídica, finalmente normatizada, vem sendo objeto de importantes construções jurisprudenciais"*. Sublinha ele nesse parecer que a *disregard doctrine* pressupõe sempre a utilização fraudulenta da companhia pelos seus controladores. É o que deduz da lei inglesa *Companies Act* de 1948, em seu art. 332, e da própria jurisprudência norte-americana, arremata ele.

De fato, examinando-se essa questão na Inglaterra, constata-se que essa responsabilidade pessoal dos sócios só surge no caso de dolo, sendo que recentemente a *Comissão Jenkins* propôs a sua extensão aos casos de negligência ou imprudência graves na conduta dos negócios (*reckless trandig*), como anota *André Tunc* em sua preciosa obra "Le droit anglais des sociétés anonymes" (Paris: Dalloz, 1971, n. 45, p. 46).

Consoante a citada lei inglesa de 1948, em seu art. 333, admite-se a propositura de ação contra o administrador (*officer*), nos casos de culpa grave (*misfeasance* e *breach of trust*), com o objetivo para que sejam ressarcidos os danos causados à sociedade pelos atos contra ela praticados

Já nos Estados Unidos da América, a doutrina da transparência é utilizada com reservas, notadamente nos casos de evidente intuito fraudulento, quando a sociedade é utilizada com mero instrumento (*mere instrumentality*) ou *alter ego* ou agente do acionista controlador. Nessas situações de confusão de patrimônio da sociedade com o dos acionistas e de indução de terceiro em erro, a jurisprudência estadunidense admite que se levante o véu (*judges have pierced the corporate veil*) para responsabilizar pessoalmente os acionistas controladores (cf. *Should shareholders be peronally lieble for the torts of their corporations? Yale Law Journal*, n. 6, maio de 1967, 76/1.190 e ss.).

Daí se infere que a responsabilização pessoal, como corolário lógico, pressupõe que os efeitos de certas e determinadas relações obrigacionais sejam estendidos aos bens particulares dos sócios da pessoa jurídica.

Aplica-se a teoria da despersonalização da pessoa jurídica quando em uma determinada situação fática existe a identificação dos seguintes elementos: a) que o ato seja ilícito ou abusivo; b) que o ato concorra para fraudar a lei e c) que o ato seja para lesar terceiros.

Enfrentando essa questão, e antes mesmo da vigência do Código Civil de 2002, o Tribunal Superior do Trabalho fez a aplicação do art. 28, do Código de Defesa do Consumidor a uma relação trabalhista: *"Art. 28. O juiz poderá desconsiderar a personalidade jurídica da sociedade quando, em detrimento do consumidor, houver abuso de direito, excesso de poder, infração da lei, fato ou ato ilícito ou violação dos estatutos ou contrato social. A desconsideração também será efetivada quando houver falência, estado de insolvência, encerramento ou inatividade da pessoa jurídica provocado. § 1º (vetado); § 2º As sociedades integrantes dos grupos societários e as sociedades controladas são subsidiariamente responsáveis pelas obrigações decorrentes deste Código. § 3º As sociedades consorciadas são solidariamente responsáveis pelas obrigações decorrentes deste Código. § 4º As sociedades coligadas só responderão por culpa. § 5º Também poderá ser desconsiderada a pessoa jurídica sempre que sua personalidade for, de alguma forma, obstáculo ao ressarcimento de prejuízos causados aos consumidores".*

Eis como está ementado o acórdão do TST nesse sentido: *"Ação rescisória. Coisa Julgada. Ofensa. Desconsideração da Personalidade Jurídica. 1. Ação rescisória contra acórdão proferido em agravo de petição que mantém a desconsideração da personalidade jurídica da empresa executada e declara subsistente penhora em bens de ex-sócio. 2. Não viola os incisos II, XXXV, XXXVI, LIV e LVII do art. 5º, da Constituição Federal a decisão que desconsidera a personalidade jurídica de sociedade por quotas de responsabilidade limitada, ao constatar a insuficiência do patrimônio societário e, concomitantemente, a dissolução irregular da sociedade, decorrente de o sócio afastar-se apenas formalmente do quadro societário, no afã de eximir-se do pagamento de débitos. A responsabilidade patrimonial da sociedade pelas dívidas trabalhistas que contrair não exclui, excepcionalmente, a responsabilidade patrimonial pessoal do sócio, solidária e ilimitadamente, por dívida da sociedade em caso de violação à lei, fraude, falência, estado de insolvência ou, ainda, encerramento ou inatividade da pessoa jurídica provocados por má administração. Incidência do art. 592, II, do CPC, conjugado com o art. 10 do Decreto n. 3.708, de 1919, bem assim o art. 28 da Lei n. 8.078/90 ("Código de Defesa do Consumidor"). 3. Recurso ordinário a que se nega provimento"* (TST, ROAR 727179, SBDI 2, DJU de 14.12.2001).

Verifica-se que esse art. 28, do Código de Defesa do Consumidor, tem a destinação de proteger o direito do consumidor, ficando o juiz autorizado a desconsiderar a personalidade jurídica e atingir os sócios. Portanto, a teoria da despersonalização da pessoa jurídica não passa, em última análise, da aplicação prática da teoria da responsabilidade civil por atos ilícitos, encontrando, inclusive, ressonância no art. 50, do Código Civil de 2002.

Comentando esse art. 28, do Código de Defesa do Consumidor, já escrevemos o quanto segue:

"Da leitura desse dispositivo legal, infere-se que a responsabilidade dessas pessoas estaria limitada a duas hipóteses: desvio de finalidade da empresa e confusão patrimonial. Contudo, é oportuno destacar que a responsabilidade solidária dos sócios, administradores, associados, membros ou integrantes, decorre, em grande números de situações, da teoria da responsabilidade civil pela prática de um ato ilícito. Assim, a partir do momento em que tais pessoas se valem da pessoa jurídica para fins ilícitos, poderão elas ser responsabilizadas com seu patrimônio particular, pois estariam se prevalecendo dessa ficção legal para a obtenção de vantagem indevida, além dessas duas hipóteses previstas nesse art. 50 do CC/2002. Configurado o abuso do direito, é possível haver a despersonalização da pessoa jurídica, para se atingir o patrimônio das pessoas físicas responsáveis pela prática dos atos ilícitos.

O procedimento de se desconsiderar a personalidade jurídica, apontado no art. 28 do CDC, é admitido quando houver abuso de direito, excesso de poder, infração da lei, fato ou ato ilícito ou violação dos estatutos ou contrato social.

Deflui do texto do dispositivo aqui sob análise que o juiz tem a faculdade de desconsiderar a personalidade jurídica de uma sociedade. Temos para nós que essa faculdade converte-se em dever depois de feita a prova do prejuízo do consumidor devido a uma das circunstâncias elencadas nesse mesmo art. 28 do Código de Defesa do Consumidor.

"O silêncio da norma nos permite concluir que semelhante decisão do juiz não depende de requerimento da parte; o procedimento é admitido ex officio" (cf. n/ob "Código de Defesa do Consumidor Comentado", 6. ed., LTr, 2006, p. 446).

Essas nossas palavras relativas ao Código de Defesa do Consumidor são plenamente aplicáveis ao processo do trabalho: *para a aplicação da teoria de desconsideração da personalidade jurídica da sociedade não existe a necessidade de requerimento da parte.* Constatando o juiz os elementos fáticos que autorizam sua aplicação, deve ele *ex officio* responsabilizar o patrimônio particular dos sócios.

319. Penhora de Bens Vendidos a Terceiro

Têm os Tribunais entendido que não é alcançada pela fraude a aquisição, por terceiros, de bem vendido pelo comprador do Executado, quando não houve inscrição da penhora, sobretudo quando aqueles provarem sua boa-fé (acórdão da 6ª Câmara do 1º TAC de S. Paulo, na Ap. 482.753-6, julgada a 24.3.92; acórdão do mesmo Tribunal, 1ª Câmara, na Ap. 492.281-8, julgada em 1º.6.92; há precedentes do STJ).

320. Meação da Mulher e a Penhora

Embora excluída a meação da mulher, por embargos de terceiro, é penhorável a meação do Executado a despeito da indivisibilidade do bem.

Institui-se a comunhão do condomínio em caso de venda judicial.

321. Penhora de Concessão de Serviço Público

No dizer de *Cretella Jr.*, concessão de serviço publico é a "transferência temporária ou resolúvel por uma pessoa coletiva de direito público, de poderes que lhe competem, para outra pessoa singular coletiva pública ou privada, a fim de que esta execute serviços por sua conta e risco, mas no interesse geral" ("Dicionário de Direito Administrativo", Bushatsky, 1972, p. 62).

É, de conseguinte, o exercício de serviço público que, mediante concessão, é transferido a um particular.

No caso, o concessionário não integra a máquina administrativa.

Vencida num litígio trabalhista, a empresa concessionária pode ter seus bens penhorados.

Todavia, a própria concessão é excluída da constrição judicial.

Em sentido favorável as considerações que acabamos de fazer, há o acórdão proferido pela 2ª Turma do Tribunal Regional do Trabalho da 1ª Região no Agravo de Petição n. 79/93 (*in* Rev. LTr 58-01/31, de jan. 94), cuja ementa é a seguinte: "A concessão de serviço público não pode ser objeto de penhora. Ainda que um terceiro viesse a arrematar a concessão, nem por isso o Poder Público estaria obrigado a reconhecê-lo como concessionário".

De fato, cabe privativamente ao Poder Executivo fazer concessões de serviços públicos e não ao Judiciário por meio de um processo de Execução.

Repetimos: os bens da empresa concessionária de serviço público são penhoráveis, pouco importando que ela fique sem condições de cumprir o ajustado com o Poder Público. No caso, cabe a este promover licitação para escolha de novo concessionário.

321.1. Outros Casos Especiais de Penhora

Ao término de uma pesquisa de jurisprudência, acoplada ao entendimento predominante da doutrina, selecionamos alguns casos de penhora que, por sua singularidade, vale a pena recordar.

Ei-los:

321.1.1. Penhora Sobre Penhora

Reza o artigo 613 do CPC que "recaindo mais de uma penhora sobre os mesmos bens, cada credor conservará o seu título de preferência."

De conseguinte, consuma-se a segunda penhora depois de a primeira ter satisfeito o *quantum debeatur* do Exequente; a terceira depois de satisfeito o crédito do Exequente na segunda e assim por diante.

De modo singelo, exemplificamos o exercício do direito de preferência de cada credor.

Esse artigo — na dicção de *Alcides Mendonça Lima* (*in* "Comentários ao CPC", 7. ed., Forense, 1991, p. 573) completa o anterior — o art. 612 — ("ressalvado o caso de insolvência do devedor em que tem lugar o concurso universal (art. 751, III), realiza-se a execução no interesse do credor, que adquire, pela penhora, o direito de preferência sobre os bens penhorados").

À medida em que os bens forem suportando novas penhoras não se instaurará o concurso de credores. Este — quando insuficientes os bens do devedor — só se declara a pedido de um dos credores ou do próprio devedor, sendo vedado ao Juiz fazê-lo de ofício.

Em se tratando, porém, de um devedor empresário (comerciante ou industrial) a situação acima gizada leva à falência.

Consoante o art. 711 do CPC, "*concorrendo vários credores, o dinheiro (produto dos bens alienados) ser-lhes-á distribuído e entregue consoante a ordem das respectivas prelações; não havendo título legal à preferência, receberá em primeira lugar o credor que promoveu a execução, cabendo aos demais concorrentes direito sobre a importância restante, observada a anterioridade de cada penhora*".

321.1.2. Dívidas do Espólio

A regra, observada de há muito, é a de que os bens do espólio garantem o pagamento das dívidas do *de cujus*.

Para exemplificar — se a sentença, prolatada em processo do trabalho, passa em julgado depois da morte do devedor, os bens que este deixar poderão ser penhorados.

Se a irrecorribilidade da sentença se verifica depois da partilha, "*cada herdeiro responde por elas na proporção da parte que na herança lhe coube.*" É a responsabilidade *ultra vires hereditatis*.

Não obriga a lei ao herdeiro a suportar encargos que excedam ao valor da parte recebida do espólio. O restante será considerado insolvido.

A qualidade do herdeiro não o exime do cumprimento do preceituado no referido dispositivo do CPC bem como no art. 1.997 do Código Civil — *verbis*: "A herança responde pelo pagamento das dívidas do falecido, mas, feita a partilha, só respondem os herdeiros cada qual em proporção da parte que na herança lhe coube".

O legatário não é herdeiro, logo, nada tem a ver com o passivo deixado pelo *de cujus*.

321.1.3. Penhora de Imóvel Hipotecado

Os direitos reais sobre imóveis constituídos, ou transmitidos por ato entre vivos, só se adquirem com o registro no Cartório de Registro de Imóveis dos referidos títulos, salvo os casos expressos no Código Civil de 2002, como esclarece seu art. 1.227.

É a hipoteca um direito real de natureza civil que grava bem imóvel ou um outro a este equiparado por lei (art. 1.225, IX do CC/2002).

Portanto, de conformidade com o supracitado dispositivo do Código Civil ela passa (sequela) para a responsabilidade de quem adquirir o bem gravado por esse ônus.

Sobre o mesmo assunto vem o art. 333, também daquele Código:

"Ao credor assistirá o direito de cobrar a dívida antes de vencido o prazo estipulado no contrato ou marcado neste Código:

I — no caso de falência do devedor, ou de concurso de credores;

II — se os bens, hipotecados, empenhados ou dados em anticrese, forem penhorados em execução por outro credor;

III — se cessarem, ou se tornarem insuficientes, as garantias do débito, fidejussórias, ou reais, e o devedor, intimado, se negar a reforçá-las.

Parágrafo único. Nos casos deste artigo, se houver, no débito, solidariedade passiva, não se reputará vencido quanto aos outros devedores solventes".

Infere-se, claramente, desse preceito a penhorabilidade do bem hipotecado, desde que o credor seja intimado, *ex vi* do disposto no inciso II, do art. 615 do CPC.

Continuemos, embora perfunctoriamente, a examinar este caso singular de penhora, qual seja a penhora de bem com gravame hipotecário.

Ora, a hipoteca, em nosso ordenamento jurídico, é um dos direitos reais de garantia (penhor, anticrese e hipoteca), pelos quais se opera a vinculação de uma coisa a determinada obrigação. Garante-se, assim, uma relação creditória. Só os bens corpóreos e incorpóreos podem servir de garantia hipotecária.

De outro lado, tal direito real de garantia excepciona a regra pela qual o patrimônio do devedor responde pela totalidade de suas dívidas.

Particularizando, dizemos que a hipoteca afeta certa coisa devido a certa razão creditória.

Lançando-se os olhos para o passado da hipoteca, observa-se que ela, com as características básicas de hoje, foi concebida pelos gregos — a *conventio pignoris*. A coisa é mantida em poder do devedor, mas graças ao sistema de especialização e de publicidade fortalecido a partir do século XIII, o interesse do credor ficou mais bem protegido.

No direito romano antigo, a obrigação tinha como garantia a pessoa do devedor e, não raro, como *nexus*, uma pessoa da sua própria família.

A *Lei Poetelia* (326 a.C) aboliu a garantia física da obrigação e substituiu-a pelas coisas de valor patrimonial: o *pignus* e a *fiducia*. Aquele transmitia a posse ao credor e, este, a propriedade da coisa, com o direito de o devedor recuperar o domínio (pela *mancipatio* ou pela *in jure cessio*) assim que pagasse a dívida.

Para bem entendermos, as nuances da execução de um bem com esse gravame, examinemos as características da hipoteca.

Em nosso sistema legal, não é o direito real de garantia um privilégio, pois, este é instituído por lei, ao passo que aquele direito, embora com regulamentação legal, resulta do que for acordado pela partes.

O salário, por exemplo, goza de privilégio.

Como os demais direitos reais de garantia, a hipoteca tem dois requisitos: a publicidade e a especialização.

Dá-se publicidade a um direito mediante registro público, tornando-o oponível a terceiros.

A fim de que o credor tenha a certeza de que receberá de volta o que houver emprestado, é imprescindível que tenha ciência prévia de quaisquer operações tendentes a transferir o domínio da coisa dada em garantia. E isto se consegue mediante a transcrição, em registro público, do direito real de garantia ou da hipoteca — que vimos estudando nestas linhas.

Pela especialização é individuada a coisa, identificado o fato gerador do crédito e indicada a soma a pagar. Se especializada a coisa afetada pela obrigação, não será ela confundida com qualquer outra.

A principal relação jurídica é a creditória e, por isso mesmo, deve ser definida com precisão. A relação acessória é a garantia em si mesma.

Crédito assim garantido, é sobranceiro aos demais créditos, por gozar de preferência e, ao mesmo passo, resguarda sua posição frente a outros direitos reais sobre a mesma coisa.

Na esteira do direito de preferência vem o de sequela. Esta é que dá efetividade àquela. Acompanha a coisa sem embargo das mudanças dominicais por que passar.

Observa-se, a esta altura, que o credor hipotecário não se sujeita à lei do concurso, eis que lhe é dado, no caso de inadimplência do devedor, apreender judicialmente a coisa para, com sua alienação, pagar-se de modo preferencial.

Vejamos, agora, a questão do *prazo da hipoteca*.

A hipoteca que vimos analisando é a convencional que resulta de um acordo de vontades e, portanto, de um contrato. É esta a espécie mais comum de hipoteca, pois há, ainda, a hipoteca judiciária e a legal.

Na convencional, têm as partes a faculdade legal de estipular o prazo que desejarem.

Todavia, esse prazo não pode exceder a trinta anos.

Tal contrato de hipoteca pertence à categoria dos contratos solenes, eis que sua celebração se faz, obrigatoriamente, por escritura pública.

É mister levar esse título à inscrição no registro público imobiliário, porque só assim o crédito hipotecário terá escudo protetor contra qualquer artifício lesivo do devedor.

Existe a possibilidade de se ajustar a *sub-hipoteca*.

O mesmo imóvel pode ser hipotecado mais de uma vez.

O credor, no caso, pode ser um só ou um outro. No caso, temos a sub-hipoteca. O respectivo imóvel deve ter valor que ultrapasse dois ou mais créditos hipotecários. É certo, porém, que a vantagem é sempre do primeiro credor. Só depois de satisfeita a dívida deste é que a dos demais será atendida. Essa prioridade é provada pela ordem de inscrição das hipotecas no registro público.

Pode o credor sub-hipotecário remir a primeira hipoteca no seu vencimento ou não.

Se a alienação do imóvel servir, apenas, para remir a primeira hipoteca, a segunda torna-se quirografária, por perder os direitos de preferência e de sequela.

Colocada a questão nestes termos, podemos dar início ao exame do processo de execução e da penhora em face de um contrato de hipoteca.

A Consolidação das Leis do Trabalho não dá guarida a uma única disposição sobre a execução de imóvel hipotecado. Por isso, faremos a abordagem dessa questão mencionando preceitos do direito comum.

Rezava o art. 826 do Código Civil de 1916 que a execução do imóvel hipotecado far-se-ia por ação executiva e que não seria válida a venda judicial de imóveis gravados por hipotecas devidamente inscritas, sem que tivessem sido notificados judicialmente os respectivos credores hipotecários que não fossem de qualquer modo partes na execução.

Essa norma de 1916 não foi repetida pelo Código Civil de 2002. Explica-se: trata-se de matéria processual, e que é exaustivamente tratada pelo Código de Processo Civil, como se infere da leitura do art. 619. Esse dispositivo estatui que a alienação de bem gravado por hipoteca será ineficaz em relação ao titular daquele crédito.

Coerentemente, o CPC, no inciso III, do art. 585, classifica o contrato de hipoteca como um dos títulos executivos extrajudiciais.

Decorrentemente, tal gravame não obsta a penhora, promovida por terceiro, do bem dado em garantia.

Entretanto, cumpre ao credor requerer a intimação do credor hipotecário, bem como do credor sub-hipotecário, *ex vi* do preceituado no inciso II, do art. 615 do CPC. Dessa maneira, fica o credor em condições de zelar por seus interesses no processo.

É certo, outrossim, que o exequente ao promover a intimação do titular daquele crédito está emprestando publicidade à circunstância de que, levado imóvel gravado à praça, o arrematante estará sabendo da sequela, ou melhor, da hipoteca.

Se o credor hipotecário, regularmente intimado da penhora do bem que recebera em garantia, deixou fluir o processo sem praticar qualquer ato revelador do seu interesse, opera-se a extinção da hipoteca por configurar-se, tacitamente, a renúncia a seu crédito.

Na hipótese de o imóvel ser garantia de dívida contraída por terceiro, há um acórdão da 3ª Turma do Superior Tribunal de Justiça (Rec. Esp. n. 36.581, *in* DJU de 25.9.95, p. 31.102) inspirado na melhor doutrina — *verbis*:

"*Execução. Débito garantido por hipoteca de bem de terceiro. Rigorosamente, o que garante dívida alheia será considerado responsável, mas não devedor. Para fins de execução, entretanto, equiparam-se, e, constituindo o contrato de hipoteca título capaz de ensejar a execução, quem deu a garantia será necessariamente executado, quando se pretenda tornar aquela efetiva, não se impondo, também, o seja o devedor*".

Dessarte, é manifesta a necessidade de intimar-se da penhora o dono do imóvel que o ofereceu em garantia da dívida de terceiro. Terá, assim, a possibilidade de remir a hipoteca e evitar o mal maior que seria, talvez, a arrematação do imóvel.

Ocioso dizer que, na execução do crédito hipotecário, a penhora recai sobre a coisa dada em garantia (art. 655, § 1º, do CPC). Não se faz mister, *in casu* a nomeação pelo devedor, uma vez que o direito de sequela submete, automaticamente, a coisa ao processo de execução.

Em consonância com o art. 698 do CPC, não se pode levar a termo a praça de imóvel hipotecado, sem que seja intimado, com dez dias, pelo menos, de antecedência, o senhorio direto, o credor com garantia real ou com penhora anteriormente averbada, que não seja de qualquer modo parte na execução. Por outras palavras, não se realiza a praça enquanto não se efetua a intimação do credor hipotecário.

Na ocorrência de cessão de crédito hipotecário devidamente transcrita no registro imobiliário, impõe-se a intimação do cessionário da hipoteca.

Não tendo sido intimado da penhora, ao credor hipotecário é lícito impugnar a arrematação por meio de embargos de terceiro (inciso II, do art. 1.047 do CPC) ou desconstituí-la.

Resta-lhe, ainda no caso, a possibilidade de conservar seu direito real perante o adquirente do imóvel (TFR, 5ª T., AC 91.850 in Bol. do TFR 124/15).

Digno de menção, aresto de Tribunal de Alçada de São Paulo (JTA 34/60) assim ementado:

"Realizada a arrematação do imóvel hipotecado com notificação do credor hipotecário, o gravame cola-se ao preço por que se dá a sub-rogação real."

Tal modalidade de resgate de uma hipoteca não é prevista expressamente na lei.

Inobstante, não há ato lesivo ao interesse do credor hipotecário na decisão que computa, no preço do bem praceado, o valor da dívida.

Tanto faz que o crédito acompanhe o bem arrematado ou seu valor seja incluído na avaliação para efeito de licitação.

De todo o exposto, deduz-se que qualquer bem pode ser objeto de constrição judicial, ressalvados aqueles que forem inalienáveis por determinação expressa da lei, como o bem de família, por exemplo.

Na execução de um crédito trabalhista, o bem hipotecado — se arrematado — também carrega consigo o gravame (direito de sequela).

Preleciona *Manoel Antonio Teixeira Filho* ("Execução no Processo do Trabalho", 6. ed., LTr, 1998, p. 411) *verbis*: *"Por outro lado, havendo arrematação, atender-se-á a estas regras: a) se todo o produto da expropriação for consumido pelo crédito trabalhista, nada haverá a ser entregue ao credor hipotecário (CPC art. 711); b) havendo sobra, esta: b.a) se cobrir o total do crédito hipotecário, será entregue a esse credor, ficando extinta a hipoteca; b.b) se não cobrir a cláusula da garantia real permanecerá pelo saldo, incumbido ao credor hipotecário demonstrar o valor do seu crédito remanescente".*

Como assinalamos nas linhas precedentes, do edital da praça deve constar que o bem tem o gravame. O credor hipotecário intimado, dez dias antes, acompanha o desenrolar desse ato processual. Aí, de duas, uma: a) o arrematante adquire o imóvel com o ônus: b) na licitação, faz-se a remição da hipoteca.

Percebe-se que o eminente processualista *Teixeira Filho* e nós visualizamos a questão por ângulos diferentes.

Vejamos, agora, a questão da hipoteca e o processo falimentar.

O processo falimentar é, em verdade, um processo de execução coletiva contra o devedor comerciante insolvente.

A *vis atractiva* do juízo falimentar faz reunir, num litisconsórcio necessário, todos os credores do comerciante (*Amador Paes de Almeida*, "Os direitos trabalhistas na falência e concordata do empregador", 2ª ed., LTr, 1998, p. 68) É uma decorrência do preceituado no art. 76, da Lei de Falências (Lei n. 11.101, de 9.2.2005):

"O juízo da falência é indivisível e competente para conhecer todas as ações sobre bens, interesses e negócios do falido, ressalvadas as causas trabalhistas, fiscais e aquelas não reguladas nesta Lei em que o falido figurar como autor ou litisconsorte ativo". Assim, ao juízo da falência devem concorrer todos os credores do devedor comum, comerciais ou civis, alegando e provando seus direitos.

321.1.4. A Penhora e o "Leasing"

Leasing é vocábulo que provém do inglês.

O sufixo *ing* exprime ação verbal e *lease* significa arrendar ou alugar.

Temos em alta conta a definição que *Arnoldo Wald* nos dá do sobredito instituto: "É um contrato pelo qual uma empresa, desejando utilizar determinado equipamento, ou um certo imóvel, consegue que uma instituição financeira adquira o referido bem, alugando-o ao interessado por prazo certo, admitindo-se que, terminado o prazo locativo, o locatário possa optar entre a devolução do bem, a renovação da locação ou a compra pelo preço residual fixado no momento inicial do contrato" (*apud Arnaldo Rizzardo*, "O leasing — arrendamento mercantil no direito brasileiro", Rev. dos Tr., 1987, p. 3).

É, de conseguinte o *leasing* um contrato de arrendamento mercantil, mas imbricado numa promessa de compra e venda.

Como visto, o bem entregue ao locatário não integra seu patrimônio, não sendo, portanto, penhorável.

321.1.5. A Penhora e o Usufruto

É o usufruto um direito real que se destaca da propriedade.

É, outrossim, servidão pessoal por ser um direito de uso e gozo instituído para beneficiar uma pessoa.

Precisamente devido a esse caráter, o usufruto não se aliena nem é transmissível arbitrariamente. O artigo 1.393 do Código Civil reza que "não se pode transferir o usufruto por alienação; mas o seu exercício pode ceder-se por título gratuito ou oneroso".

Para compreender-se essa norma, vem a talho o magistério de *Clovis Beviláqua* ("Código Civil dos Estados Unidos do Brasil", Edição histórica, Rio, 1982, 5ª tiragem, 2º tomo, p. 1181): "O exercício do direito, porém, pode ser transferido, porque seria, muitas vezes, inútil e vexatório exigir que o titular do usufruto gozasse de coisa, pessoalmente; ele o usufrui igualmente, alugando-a ou cedendo a outrem o exercício do seu direito. Quem adquire o exercício do usufruto ou de uma de suas faculdades, em separado adquire, somente, um direito pessoal".

Consiste o usufruto na fruição das utilidades e dos frutos de uma coisa. Pode recair em um ou mais bens, móveis ou imóveis, em um patrimônio inteiro, ou parte deste, abrangendo-lhe, no todo ou em parte, os frutos e as utilidades.

Assim, consoante o art. 1.394 do Código Civil, o usufrutuário tem direito à posse, uso, administração e percepção dos frutos.

Ao nu-proprietário, em razão do usufruto, resta apenas o conteúdo do domínio, o *jus disponendi*.

Devido à sua natureza jurídica, o usufruto é impenhorável, mas não o são os prováveis frutos ou resultados.

No processo civil há uma espécie de usufruto não prevista no Código Civil.

Trata-se da hipótese de o Juiz da execução, nos termos do art. 716 do CPC, conceder ao credor o usufruto de móvel ou imóvel, quando o reputar menos gravoso ao devedor e eficiente para o recebimento da dívida.

Decretado o usufruto, perde o executado o gozo do móvel ou imóvel. Sua eficácia, tanto em relação ao devedor como a terceiros, é a partir da publicação da decisão que o concedeu (art. 718 do CPC).

321.1.6. Ordem Preferencial da Penhora

A gradação de bens a ser observada na penhora, no âmbito do processo do trabalho, obedece a duplo critério.

Quando é o Executado que se propõe a garantir a execução, terá ele de obedecer ao disposto no art. 655 do CPC, como se infere do preceituado no art. 882 da Consolidação das Leis do Trabalho — CLT: *"O executado que não pagar a importância reclamada, poderá garantir a execução mediante depósito da mesma, atualizada e acrescida das despesas processuais, ou nomeando bens à penhora, observada a ordem preferencial estabelecida no art. 655 do CPC"*.

E, no art. 883 também da CLT, é estabelecido que, não ocorrendo a garantia da execução pelo Executado, seguir-se-á a penhora dos seus bens.

Em suma e como demonstrado há pouco, a ordem preferencial inscrita no CPC deve ser respeitada pelo Executado.

321.1.7. Penhora e Condomínio

Como sabido de todos, o síndico de um condomínio representa, em juízo ou fora dele, todos os comunheiros.

Numa reclamatória trabalhista, se condenado o condomínio, todos os seus membros participam do respectivo pagamento na proporção de sua parte na propriedade.

É o que preceitua o art. 626 do Código Civil: *"Quando a dívida houver sido contraída por todos os condôminos, sem se discriminar a parte de cada um na obrigação, nem se estipular solidariedade, entende-se que cada qual se obrigou proporcionalmente ao seu quinhão, ou sorte, na coisa comum"*.

No caso, agirá com prudência o síndico que comunicar, previamente, a todos os condôminos, a existência da ação trabalhista.

321.1.8. Penhora de Créditos

A penhora de créditos tem, na sua esteira, intrincados problemas, cuja solução exige do intérprete toda a atenção.

Inquestionavelmente, essa incerteza deriva do deficiente disciplinamento da matéria, feito, principalmente, pelos arts. 671 e 672 do CPC.

Saliente a Consolidação das Leis do Trabalho — CLT — bem como sua legislação extravagante — a respeito da sobredita espécie de penhora, resta ao exequente, no processo do trabalho, recorrer — pela subsidiariedade — ao direito processual comum.

Estamos na crença de que o intérprete para enfrentar, com segurança, as questões vinculadas à constrição judicial dos créditos e direitos litigiosos, tem de voltar-se ao evoluir histórico dessa modalidade de penhora.

Dá-nos *Vittorio Colesanti* ("Il terzo debitore nel pignoramento del crediti", Giuffré, 1967) preciosa visão do passado do tema desta nota.

Nossa digressão sobre esse aspecto da matéria funda-se, em boa medida, nas informações de *Colesanti*.

Conhecia o direito romano a penhora de crédito do devedor executado, mas sujeitava-a a dois princípios restritivos: *ordo executionis* e a confissão do terceiro devedor (*debitor debitoris*) acerca da realidade do crédito ou mediante declaração acerca da eficácia da coisa julgada.

Pela *ordo executionis* só se realizava a penhora do crédito na ausência de outros bens, fossem eles móveis ou imóveis.

Como se vê, os romanos condicionavam a penhora do crédito à inexistência de outros bens e à certeza sobre crédito resultante de confissão do terceiro devedor ou de sentença passada em julgado.

Por mercê do desenvolvimento da economia já no crepúsculo medieval, a penhora do crédito ganhou relevância e manifestou-se a necessidade de simplificá-la. Assim, prescindiu-se da confissão do *debitor debitoris* bem como da prioridade a outros bens.

Dessarte, mesmo em face da negativa do terceiro devedor, efetuava-se a penhora se provada a existência do crédito do executado.

Por amor à regular circulação das riquezas e em respeito ao nascente liberalismo econômico, sacrificou-se, em boa parte, a defesa do terceiro devedor.

Como assinalamos, de início, a matéria aqui em foco é, principalmente regida pelos arts. 671 e 672 do CPC.

Impõe-se, de conseguinte, sua transcrição para facilitar a compreensão de nossas considerações em torno do conteúdo de ambos os dispositivos.

"Art. 671. Quando a penhora recair em crédito do devedor, o oficial de justiça o penhorará. Enquanto não ocorrer a hipótese prevista no artigo seguinte, considerar-se-á feita a penhora pela intimação:

I — ao terceiro devedor para que não pague ao seu credor;

II — ao credor do terceiro para que não pratique ato de disposição do crédito.

Art. 672. A penhora de crédito, representado por letra de câmbio, nota promissória, duplicata, cheque ou outros títulos, far-se-á pela apreensão do documento, esteja ou não em poder do devedor.

§ 1º Se o título não for apreendido, mas o terceiro confessar a dívida, será havido como depositário da importância.

§ 2º O terceiro só se exonerará da obrigação, depositando em juízo a importância da dívida.

§ 3º Se o terceiro negar o débito em conluio com o devedor, a quitação, que este lhe der, considerar-se-á em fraude à execução.

§ 4º A requerimento do credor, o juiz determinará o comparecimento, em audiência especialmente designada, do devedor e do terceiro, a fim de lhes tomar os depoimentos."

É imune de dúvida a regra contida no art. 671: todo e qualquer crédito, independentemente da sua natureza ou fonte, é penhorável, desde que exaurida a ordem constante do art. 11 da Lei n. 6.830, de 22 de setembro de 1980, aplicável ao processo de execução trabalhista.

Por oportuno, ressaltamos que, nessa ordem de penhora, "direitos e ações" aparecem em último lugar.

Ressalvadas as hipóteses mencionadas no art. 672, consuma-se a penhora pela intimação: a) do terceiro devedor para que não pague ao devedor e b) do devedor executado — titular do crédito — para que não o transfira a outrem.

A nosso sentir, a penhora só se aperfeiçoa, *in casu*, com a intimação do terceiro devedor e a do executado que é seu credor. É pacífico, em doutrina, que antes da intimação, o devedor executado pode receber do terceiro seu crédito.

Tal entendimento tem prosperado os Tribunais, como se infere do seguinte acórdão assim ementado:

"Quando a penhora é feita em crédito do executado junto a terceiro, só após a intimação deste se considera feita a penhora, para depois fazer-se a intimação do executado para embargar." (RT 557/129, 1ª col., em. Neste sentido, JTA 98/77 — apud Theotonio Negrão, "Código de Processo Civil e legislação processual em vigor", 34. ed., Saraiva, p. 727). A locução *"enquanto não ocorrer a hipótese prevista no artigo seguinte"*, contida no art. 671, dá margem a interpretações díspares.

A alguns, significa que a intimação só é exigível quando o crédito originar-se de documentos cambiários ou cambiariformes.

A outros — e entre eles nos colocamos — significa que não se tratando de crédito representado por um dos precitados documentos, far-se-á a intimação do terceiro devedor e do executado que é seu credor. A penhora, com representação cartular, faz-se por meio da apreensão do respectivo título.

Em suma, ambos os dispositivos fazem referência a duas espécies de créditos penhoráveis: uma, cartular e, outra, não.

Consoante o § 1º, do art. 672, se não for possível apreender-se o título, mas o terceiro confessar a dívida, torna-se ele depositário da importância.

Estatui o art. 352 do CPC que, no caso, a confissão é suscetível de retratação por erro de fato e revogada por ação anulatória, se pendente o processo em que foi feita ou por ação rescisória, depois de transitada em julgado a sentença da qual se constituir o único fundamento.

Mas, na hipótese em debate, a retratação se faz no processo de execução e, consequentemente, é aplicável o art. 1.048 também do CPC: no processo de execução, os embargos de terceiro são oponíveis até cinco dias depois da arrematação, adjudicação ou remição, mas sempre antes da assinatura da respectiva carta (v. *Pontes de Miranda*, "Comentários ao Código de Processo Civil", Forense, X volume, 1976, p. 302)

Na ocorrência da penhora em direito e ação do devedor e não tendo este oferecido embargos — diz o art. 673 do CPC — ou sendo estes rejeitados, fica o credor sub-rogado nos direitos do devedor até o montante de seu crédito.

Trata-se de sub-rogação pessoal definida por *Pedro Nunes* ("Dicionário", 12ª ed., Freitas Bastos, p. 799) como aquela pela qual "uma pessoa é substituída por outra, que adquire e pode exercer, em seu próprio nome, o direito e ação que competiam ao substituído".

A nosso ver, a sub-rogação em tela efetiva-se automaticamente em favor do credor, se o devedor não oferecer embargos ou se estes não forem acolhidos.

Assim entendemos porque o texto do art. 673 estabelece que "o credor fica sub-rogado" desde que presente um dos pressupostos inscritos no art. 673: oposição de embargos ou sua rejeição.

Pontes de Miranda (obra citada, p. 311) pontifica: *"A verdadeira construção (do art. 673) é a seguinte: quando o credor o requerer ou entender de cobrar a dívida ainda não cobrada, pode cobrá-la, tendo-se, então, como sub-rogado, e prestando contas oportunamente, inclusive respondendo pelo bom desempenho da sua procura processual (não mandato!); se não quer cobrar, responde pelo que possa ocorrer, se se opõe a que o executado a cobre; se já foi avaliada, a sub-rogação, é pelo valor que se atribuiu à pretensão ou ação".*

Parece-nos que o insigne jurista quis dizer que o art. 673 deveria condicionar a sub-rogação do credor a um requerimento deste.

Pode ocorrer que o credor exequente não venha a receber o crédito do devedor. Aí — reza o § 2º do art. 673 — esse insucesso não o impede de prosseguir na execução, nos mesmos autos, penhorando outros bens do devedor.

Como remate a esta nota, assinalamos que, no Tribunal de Justiça de São Paulo, sua iterativa jurisprudência é no sentido de legitimar-se a penhora de parte do faturamento de uma empresa, como se infere dos seguintes acórdãos:

"Nenhuma irregularidade existe na determinação da penhora de créditos e outros direitos patrimoniais, obedecendo-se ao disposto nos arts. 671 e 672 do CPC, e o limite estabelecido pela jurisprudência, de 30% do faturamento mensal, independentemente da distinção entre receita operacional bruta e resultado líquido." (TJSP, 9ª Câmara, MS 242.316-2/5, julg. em 12.8.94, in RT 710/79).

No mesmo sentido, acórdão da 12ª Câmara do TJSP, no Ag. 269.988, *in* RT 723/350 e cuja ementa é igual a que transcrevemos acima.

321.1.9. Penhora de Direito pleiteado em Juízo

Consoante o art. 674, do CPC, *verbis*: "Quando o direito estiver sendo pleiteado em juízo averbar-se-á, no rosto dos autos, a penhora que recair nele e na ação que lhe corresponder, a fim de se efetivar nos bens que forem adjudicados ou vierem a caber ao devedor".

Veicula o dispositivo a hipótese de o executado ser credor numa outra ação. A penhora recai sobre seu crédito.

É evidente que, na espécie, não se trata de ato preparatório da penhora; é a penhora mesma.

É imprescindível a intimação do executado, após a averbação em tela, para os fins inscritos no art. 884 da CLT: garantida a execução ou penhorados os bens, terá o executado cinco dias para apresentar embargos, cabendo igual prazo ao exequente para impugnação.

O credor exequente não é parte no processo em que o devedor exequente figura como credor; é, nos termos do art. 54 do CPC, assistente litisconsorte porque a sentença irá influir "na relação jurídica entre ele e o adversário do assistido".

A penhora de direito pleiteado em juízo só se configura, só adquire eficácia, depois da averbação no rosto do autos, o que importa dizer que, aí, fica a execução garantida.

Escusado dizer que a averbação tem, como efeito imediato, a impossibilidade de o devedor executado receber o que tiver postulado na ação.

Com todo o acerto, preleciona *Celso Neves* (*in* "Comentários ao Código de Processo Civil", 4. ed., Forense, 1992, p. 97): *"Consequência desse penhoramento é a vinculação do resultado do processo em cujo rosto se deu ao processo executivo de que partiu a ordem de apreensão. Embora não perca, no plano do direito material, a disponibilidade que tem sobre o direito penhorado, os atos de disposições que o executado praticar serão ineficazes no processo executório. Nem a penhora constitui óbice à tramitação normal do processo, em cujo rosto se efetivou".*

Do que dissemos, até aqui, resulta claro que o credor exequente deve tomar a iniciativa de ingressar na ação como litisconsorte facultativo do executado. Só assim conhecerá, a tempo e a hora, os trâmites vinculados ao seu crédito.

O objeto da penhora aqui sob análise não é a ação em si, onde o executado aparece como credor; é o direito litigioso.

322. Procedimento da Penhora e do Depósito

Se, nos termos do art. 883 da CLT, o executado não pagar nem garantir a execução, seguir-se-á a penhora de seus bens, tantos quantos bastem ao pagamento da importância da condenação, acrescida de custas e juros de mora.

Por oportuno, salientamos neste passo que não se aplica à execução trabalhista o art. 653 do CPC, o qual autoriza o oficial de justiça a arrestar os bens do devedor quando não o encontra para citá-lo.

Manda a CLT citar pessoalmente o Executado por oficial de justiça ou por edital.

Consumada a citação, aguardar-se-á o prazo de 48 horas para que se leve a termo a penhora, e isso no caso de o Executado não pagar a dívida ou não garantir a execução com depósito de dinheiro ou nomeação de bens.

É o oficial de justiça quem recebe o encargo de procurar esses bens onde quer que se encontrem, ainda que em repartição pública, caso em que haverá requisição do juiz ao respectivo chefe.

Evidenciado o valor inferior dos bens ao da condenação, não se levará a cabo a penhora. Nessa hipótese e bem assim quando não encontrar quaisquer bens penhoráveis, o oficial de justiça relatará o fato ou descreverá na certidão os bens que guarnecerem a residência do devedor ou do seu estabelecimento.

Passando em revista os atos praticados pelo oficial de justiça, no desempenho da missão recebida do juiz que preside a execução, verifica-se que ele, de certo modo, faz uma prévia avaliação dos bens que serão penhorados. De fato, isso acontece porque lhe cabe o apresamento do bem avaliado previamente a fim de verificar se o seu valor corresponde ao da condenação e seus consectários legais.

Se isso não for feito, o oficial de justiça poderá penhorar bens em demasia ou a menor.

Mas a CLT não se dispôs a aproveitar o modelo da Lei n. 6.830 para a penhora. Esse diploma legal, no art. 13, estabelece que o termo ou auto de penhora conterá, também, a avaliação dos bens penhorados efetuada por quem o lavrar.

A CLT, no art. 721, informa a existência de Oficiais de Justiça e de Oficiais de Justiça Avaliadores. Decorre desse fato que a penhora será realizada pelo oficial de justiça e, a avaliação, pelo oficial de justiça avaliador.

Este último, nos termos do art. 888 da CLT, tem dez dias, contados da sua designação, para proceder à avaliação dos bens penhorados. É fácil concluir que a avaliação se faz depois de consumada a penhora.

Mas, se obedecida fielmente a lei, poderá acontecer o seguinte: tem o Executado cinco dias para apresentar embargos depois de intimado da penhora. Entrementes, não se concluiu a avaliação (recordamos que o prazo desta é de dez dias) e, consequentemente, o Executado só poderá impugná-la depois de oferecidos os embargos.

Estará o Juiz da execução violando a lei ou causando algum prejuízo às partes se determinar ao oficial de justiça e ao oficial avaliador que, juntos e concomitantemente, realizem a penhora e a avaliação?

A resposta só pode ser negativa, tanto mais que a celeridade processual é altamente favorecida por essa medida.

O mesmo afirmamos onde houver apenas oficial de justiça.

Ademais disso, consoante o art. 721 da CLT, tem o Juiz da Vara do Trabalho a faculdade de conferir a qualquer serventuário da Justiça o encargo de realizar a avaliação dos bens penhorados. De passagem, registramos que a Lei n. 5.442, de 24 de maio de 1968, ao dar nova redação ao art. 721, derrogou tacitamente o art. 887 da CLT.

Finalmente, onde não houver oficial de justiça avaliador, é inegável que a lei permite ao Juiz designar o oficial de justiça para, ao mesmo tempo, proceder à penhora dos bens e à sua avaliação, pois não é o oficial de justiça um dos serventuários a que faz menção o § 5º do art. 721 da CLT?

Impugnada a avaliação pelo Executado, resta ao Juiz observar o que vem consignado no art. 13, § 1º, da Lei n. 6.830: designar novo avaliador.

Apresentado o respectivo laudo, o juiz decidirá de plano. O Executado poderá renovar a impugnação no agravo de petição oposto à sentença que rejeitar seus embargos à execução.

Se o devedor impedir a entrada do oficial de justiça na sua residência ou no seu estabelecimento, proceder-se-á ao arrombamento de portas, previamente autorizado pelo Juiz. Se a resistência for de ordem física, o oficial de justiça requisitará força policial.

Deferido pelo Juiz (art. 661 do CPC) o pedido de arrombamento, dois oficiais de justiça cumprirão o mandado, lavrando de tudo auto circunstanciado, que será assinado por duas testemunhas presentes à diligência. Em nosso entendimento, sempre que possível, o auto de penhora deve ser assinado por duas testemunhas, mas a omissão dessa exigência não acarreta, necessariamente, a nulidade do ato.

Deve o auto de penhora atender às prescrições do art. 665 do CPC, quais sejam: indicação do dia, mês, ano e lugar em que foi feito; nomes do credor e do devedor; descrição dos bens penhorados, com os seus característicos; nomeação de depositário dos bens.

Compete ao Juiz e não ao Exequente a designação do depositário.

E não tem validade o auto de penhora sem a assinatura do depositário. Enquanto não se satisfaz essa exigência, não se consuma a penhora, o que impossibilita a fluência do prazo para a oposição dos embargos à execução.

Se o credor não concordar em ser o depositário dos bens penhorados, admite a lei as seguintes soluções a critério do Juiz da execução:

a) o Executado como depositário, desde que com isso concorde o Exequente;

b) depósito de quantias em dinheiro, pedras e metais preciosos e papéis de crédito, no Banco do Brasil, a Caixa Econômica Federal ou outro banco, de que o Estado-membro da União possua mais da metade do capital social integralizado ou, em falta de tais estabelecimentos de crédito ou agências suas no lugar, em qualquer estabelecimento de crédito, designado pelo Juiz;

c) em poder de depositário judicial, os móveis e imóveis urbanos;

d) em mãos de depositário particular, os demais bens, nos termos dos arts. 677, 678 e 679 do CPC (estabelecimento comercial, industrial ou agrícola, plantações ou edifício em construção, empresa que funcione mediante autorização ou concessão, renda, navio ou aeronave etc.).

Consoante a Súmula n. 179 do Superior Tribunal de Justiça, *"o estabelecimento de crédito que recebe dinheiro, em depósito judicial, responde pelo pagamento da correção monetária relativa aos valores recolhidos".*

Fulcra-se essa diretriz jurisprudencial no *caput* do art. 628 do Código Civil de 2002, *verbis*: *"O contrato de depósito é gratuito, exceto se houver convenção em contrário, se resultante da atividade negocial ou se o depositário o praticar por profissão".*

Já assinalamos que o despacho do Juiz abrindo o processo de execução implica ordem para a série de cinco atos e, entre eles, o de registro no ofício próprio, se o bem for imóvel ou a ele equiparado; na repartição competente para emissão de certificado de registro, se for veículo; na Junta Comercial, na Bolsa de Valores e na sociedade comercial, se forem ações, debênture, parte beneficiária, cota ou qualquer outro título, crédito ou direito societário nominativo (art. 14 da Lei n. 6.830).

Do mandado e do auto de penhora, recebe o réu contrafé. Esta é também oferecida ao respectivo registro.

Permite a lei (art. 15 da Lei n. 6.830) que, em qualquer fase do processo, seja deferida pelo Juiz ao Executado a substituição da penhora por depósito em dinheiro ou fiança bancária. É claro que isso se admite antes da arrematação ou da adjudicação. Praticados esses atos, a substituição de bens torna-se impertinente.

Temos como certo que se aplica ao processo trabalhista o disposto no art. 15 da Lei n. 6.830, que, de certo modo, reproduz o art. 667 do CPC, no atinente à segunda penhora.

Feita a avaliação do bem, verifica-se que seu valor é inferior ao da condenação e complementos legais. Faz-se mister, aí, o reforço da penhora mediante a inclusão de outros bens. Mas, na hipótese, tem o Exequente de aguardar a adjudicação ou a arrematação. Se os resultados financeiros desses atos não forem suficientes, é cabível segunda penhora.

Nessa ampliação da penhora, por aplicação extensiva do inciso II do art. 15 da Lei n. 6.830, não é necessário cumprir-se a ordem do art. 655 do CPC, desde que o Exequente justifique adequadamente seu pedido, alegando, dentre outras coisas, serem litigiosos os bens penhorados; estarem eles gravados ou onerados; existência de bens livres e desembargados, quando os bens penhorados não o forem ou quando houverem bens no foro da execução e os penhorados sejam de outro foro ("Comentários à Nova Lei de Execução Fiscal", de *José da Silva Pacheco*, 2. ed., Saraiva, 1985, p. 94).

A execução provisória vai até a penhora nos casos já mencionados anteriormente. Entendemos, porém, que nessa hipótese é de serem recebidos os embargos à execução, meio ao dispor do Executado para pôr em evidência quaisquer irregularidades na constrição de seus bens.

Quando a penhora afeta bens imóveis, a mulher não é terceiro, mas parte do processo de execução, como efeito do litisconsórcio passivo necessário. De sorte que ela deve ser intimada da penhora para que, também, venha aos autos para defender o que lhe parecer justo.

323. *Execução por Carta*

Não possuindo o devedor bens no foro da causa, a execução será feita por carta, penhorando, avaliando-se e alienando-se os bens no foro da situação (art. 658 do CPC).

O juízo da execução depreca, apenas, os supraditos atos processuais.

O juiz deprecado tanto pode ser outro juiz de Vara do Trabalho como um juiz com jurisdição trabalhista.

Execução por carta é também utilizada quando o Executado não tiver, no foro da causa, bens suficientes para garantir a execução.

Regulando, no processo comum, os embargos na execução por carta, não foi muito feliz o art. 747 do CPC ao consignar que eles seriam recebidos, impugnados e decididos "no juízo requerido". A falta de clareza do texto deu origem a discussões acerca do verdadeiro significado daquela expressão.

Para pôr termo a essas dúvidas de interpretação, o legislador, pela Lei n. 8.953/94, deu ao *caput* do art. 747 do CPC a seguinte redação: "Na execução por carta, os embargos serão oferecidos no juízo deprecante ou no juízo deprecado, mas a competência para julgá-los é do juízo deprecante, salvo se versarem unicamente vícios ou defeitos da penhora, avaliação ou alienação dos bens".

O art. 20 da Lei n. 6.830, respeitado no processo trabalhista, dispunha desde 1980 que, "na execução por carta, os embargos do executado serão oferecidos no juízo deprecado, que os remeterá ao juízo deprecante, para instrução e julgamento. Quando os embargos tiverem por objeto vício ou irregularidade de atos do próprio juízo deprecado, caber-lhe-á unicamente o julgamento dessa matéria".

A regra, portanto, é competir ao juiz deprecante conhecer e julgar os embargos. Entretanto, se a matéria da impugnação restringir-se a atos praticados pelo juízo deprecado, cabe a este pronunciar-se sobre o assunto. Cabe-lhe, outrossim, manifestar-se sobre a tempestividade, ou não, dos embargos.

Há a Súmula n. 46 do STJ sobre o assunto: *"Na execução por carta, os embargos do devedor serão decididos no juízo deprecante, salvo se versarem unicamente vícios ou defeitos da penhora, avaliação ou alienação dos bens".*

Por outras palavras, se nos embargos são evidenciados defeitos em atos praticados pelo juízo deprecado, cabe a este julgá-los.

Pode ocorrer que, nos embargos, sejam evidenciadas possíveis irregularidades de responsabilidade de ambos os juízos — deprecante e deprecado. No caso — por certo, incomum mas provável — o prazo para o agravo de petição começará a fluir depois do completo julgamento dos embargos. Isso se verifica quando os juízos deprecante e deprecado se pronunciarem sobre os pontos dos embargos referentes a atos de sua responsabilidade.

Autoriza o art. 21 da Lei n. 6.830 a alienação antecipada dos bens penhorados e o produto será depositado em garantia da execução. Semelhante procedimento é legítimo quando os bens depositados forem de fácil deterioração ou avariados ou sua guarda e conservação forem muito dispendiosas. *In casu*, com o suporte do art. 1.113 do CPC, o Juiz ordenará sua alienação em leilão. A medida pode ser adotada de ofício pelo juiz ou a pedido de uma das partes ou do próprio depositário.

324. Casos Especiais de Impenhorabilidade

Vejamos, com mais vagar, alguns dos casos de impenhorabilidade, bem como outros que a legislação extravagante arrolou.

A) Bem de Família

No século passado o Estado do Texas, da Federação Americana, submetido à grave crise econômica, promulgou uma lei, em 1839, proibindo a penhora de imóvel em que tivesse residência o devedor. Assim nasceu o instituto do *homestead*.

Foi ele transplantado para o nosso País. Os arts. 70 a 73 do Código Civil de 1916 regulavam a matéria nestes termos: "É lícito ao chefe de família destinar um imóvel para domicílio desta com a cláusula de impenhorabilidade por dívidas, isenção que durará enquanto viverem os cônjuges e até que os filhos completem a maioridade. Na instituição dessa isenção, o chefe de família não deve ter dívidas.

O bem de família era objeto de escritura pública com transcrição no Registro de Imóveis".

Esta era a situação quando da superveniência da Lei n. 8.009, de 29 de março de 1990. A impenhorabilidade do bem de família, por essa lei, não depende do ato de vontade do chefe de família. Essa condição resulta tão somente do fato de o casal ter residência no imóvel ou a entidade familiar. O imóvel pode ser urbano ou rural.

Conforme o art. 3º dessa lei, a impenhorabilidade é oponível em qualquer processo de execução civil, fiscal, previdenciária, trabalhista ou de outra natureza salvo se movido: em razão de créditos de trabalhadores da própria residência e suas contribuições previdenciárias; pelo titular de crédito decorrente do financiamento destinado à construção ou aquisição do imóvel; pelo credor de pensão alimentícia; para cobrança de impostos predial ou territorial, taxas e contribuições devidas em função do imóvel; para execução de hipoteca sobre o imóvel oferecido como garantia real pelo casal; por ter sido adquirido com produto de crime.

A exceção à impenhorabilidade do bem de família inscrita no inciso VII, do art. 3º da Lei n. 8.009/1990 foi analisada pelo Supremo Tribunal Federal, que concluiu não estar ela em harmonia com o art. 6º da Constituição Federal. Na forma do entendimento do Ministro Relator Carlos Velloso, a moradia é um direito fundamental de 2ª geração que não pode ser mutilado pela penhora. Eis como ele concluiu em seu voto pela preservação da moradia, como um bem imune à penhora: *"A Lei n. 8.009, de 1990, art. 1º, estabelece a impenhorabilidade do imóvel residencial do casal ou da entidade familiar e determina que não responde o referido imóvel por qualquer tipo de dívida, salvo nas hipóteses previstas na mesma lei, art. 3º, inciso I a VI. Acontece que a Lei n. 8.245, de 18.10.91, acrescentou o inciso VII, a ressalvar a penhora por obrigação decorrente de fiança concedida em contrato de locação". É dizer, o bem de família de um fiador em contrato de locação teria sido excluído da impenhorabilidade. Acontece que o art. 6º da CF, com a redação da EC n. 26, de 2000, ficou assim redigido: "Art. 6º São direitos sociais a educação, a saúde, o trabalho, a moradia, a segurança a previdência social, a proteção à maternidade e à infância, a assistência aos desamparados, na forma desta Constituição." Em trabalho doutrinário que escrevi — "Dos Direitos Sociais na Constituição do Brasil", texto básico de palestra que proferi na Universidade de Carlos III, em Madri, Espanha, no Congresso Internacional de Direito do Trabalho, sob o patrocínio da Universidade Carlos III e da ANAMATRA, em 10.3.2003, registrei que o direito à moradia, estabelecido no art. 6º, CF, é um direito fundamental de 2ª geração e o direito social, que veio a ser reconhecido pela EC n. 26, de 2000. O bem de família, a moradia do homem e sua família justifica a existência de sua impenhorabilidade: Lei n. 8.009/90, art. 1º. Essa impenhorabilidade decorre de constituir a moradia um direito fundamental. Posto isso, veja-se a contradição: a Lei n. 8.245, de 1991, excepcionando o bem de família do fiador, sujeitou o seu imóvel residencial, imóvel residencial próprio do casal, ou da entidade familiar à penhora. Não há dúvida que a ressalva trazida pela Lei n. 8.245, de 1991, no inciso VII do art. 3º feriu de morte o princípio isonômico, tratando desigualmente situações iguais, esquecendo-se do velho brocardo latino: ubi eadem ratio, ibi eadem legis dispositio, ou em vernáculo: onde existe a mesma razão fundamental, prevalece a mesma regra de Direito. Isto quer dizer que, tendo em vista o princípio isonômico, o citado dispositivo, inciso VII do art. 3º, acrescentado pela Lei n. 8.245/91, não foi recebido pela EC n. 26, de 2000. Essa não recepção mais se acentua diante do fato de a EC n. 26, de 2000, ter estampado, expressamente, no art. 6º, CF, o direito à moradia como direito fundamental de 2ª geração, direito social. Ora, o bem de família da Lei n. 8.009/90, art. 1º encontra justificativa, foi dito linhas atrás, no constituir o direito à moradia um direito fundamental que deve ser protegido e por isso mesmo encontra garantia na Constituição. Em síntese, o inciso VII do art. 3º da Lei n. 8.009, de 1990, introduzido pela Lei n. 8.245, de 1991, não foi recebido pela CF, art. 6º, redação da EC n. 26/2000. Do exposto, conheço do recurso e dou-lhe provimento, invertidos os ônus da sucumbência"* (RE 352.940-4/SP, julgado em 25.4.2005).

Pelas mesmas razões que o STF afastou a penhora sobre o bem de família no caso do inciso VII, art. 3º (fiança), da multicitada lei, entendemos que se deve repelir esse tipo de penhora no caso de cobrança de créditos de empregado doméstico e de cobrança de contribuições previdenciárias dos pequenos empreiteiros, que trabalharam no âmbito da moradia da família (inciso I, do art. 3º). Aliás, apoiando-se nessa decisão, o Colendo STJ reconheceu esse tipo de impenhorabilidade do bem de família no caso de cobrança das contribuições previdenciárias relativas à pequena empreitada realizada na moradia, tais como, serviços de pedreiro, encanador, marceneiro etc (RESP n. 644733, Rel. Min. Francisco Falcão, Rel. p/acórdão Ministro Luiz Fux, DJ 28.11.05).

Quem já insolvente, adquire imóvel mais valioso para transferir sua residência abandonando ou não a antiga moradia, fica sujeito à decisão do Juiz, na ação do credor, retornando a impenhorabilidade ao antigo bem.

Em caso de imóvel locado, a impenhorabilidade abrange os bens móveis quitados que guarneçam a residência.

A Lei n. 8.009, não limita o valor do bem de família, como também o Código Civil não o fazia. Todavia, o Decreto-lei n. 3.200, de 19.4.41, e a Lei n. 2.514, de 1955, limitam esse valor. Temos como certo que ambos os diplomas legais não foram derrogados pela nova Lei. Esta é omissa sobre o ponto, o que exclui seu conflito com o direito anterior.

Não descaracteriza o bem de família o imóvel indivisível com finalidades residencial e comercial. Na hipótese, deve prevalecer a destinação principal que é a residência da família.

A Justiça do Trabalho tende a interpretar, literalmente, o parágrafo único do art. 1º da sobredita Lei: a impenhorabilidade compreende o imóvel e os móveis que guarnecem a casa, desde que quitados. Entende que a televisão não se inclui nesse rol.

O bem de família é regulamentado agora, também, pelos arts. 1.711 a 1.722 do Código Civil de 2002, sendo certo que seus dispositivos não têm correspondentes com as normas do Código anterior. Assim, podem os cônjuges, ou entidade familiar, mediante escritura ou testamento, destinar parte de seu patrimônio para instituir bem de família, desde que não ultrapasse 1/3 (um terço) do patrimônio líquido existente ao tempo da instituição, mantidas as regras sobre a impenhorabilidade do imóvel residencial estabelecida em lei especial, qual seja, a Lei n. 8.009/90.

Segundo o disposto na Lei n. 8.009, de 29 de março de 1990, o imóvel residencial próprio do casal ou da entidade familiar é impenhorável. Basta a prova de que é a residência do casal ou da entidade familiar e o imóvel estará a salvo de expropriação por dívida civil ou fiscal, comercial ou previdenciária ou de qualquer outra natureza. Excluem-se da impenhorabilidade os veículos de transporte e adornos suntuosos.

Entendemos ser impenhorável o imóvel que, a um só tempo, é moradia e estabelecimento comercial do Executado. No caso de indivisibilidade do bem, prevalece o fim social da lei que considera impenhorável o bem de família.

A sobredita Lei n. 8.009 abre algumas exceções à regra da impenhorabilidade do bem de família. São elas as seguintes:

a) créditos de trabalhadores da própria residência e das respectivas contribuições previdenciárias;

b) crédito decorrente do financiamento destinado à construção ou à aquisição imóvel, no limite dos créditos e acréscimos constituídos em função do respectivo contrato;

c) pensão alimentícia;

d) impostos predial ou territorial, taxas e contribuições devidas em função do imóvel familiar;

e) hipoteca sobre o imóvel oferecido como garantia pelo casal ou pela entidade familiar;

f) compra do imóvel com produto de crime ou para execução de sentença penal condenatória a ressarcimento, indenização ou perdimento de bens.

É incontroverso, nas hipóteses das alíneas *b* e *e*, ser imprescindível a anuência do outro cônjuge.

Quando a residência familiar se constitui em imóvel rural, a impenhorabilidade é limitada à sede de moradia, com os respectivos bens móveis. Estende-se a impenhorabilidade à área correspondente a uma pequena propriedade rural.

Tendo o casal vários imóveis utilizados para fins residenciais, o benefício da Lei n. 8.009 se restringe ao de menor valor.

Em se tratando de imóvel locado, a impenhorabilidade aplica-se aos bens móveis quitados e que sejam de propriedade do locatário, excluindo-se os veículos de transporte, obras de arte e adornos suntuosos.

O STJ editou a Súmula n. 486 que trata da impenhorabilidade de imóvel locado, *verbis*: "*É impenhorável o único imóvel residencial do devedor que esteja locado a terceiros, desde que a renda obtida com a locação seja revertida para a subsistência ou a moradia da sua família*".

B) Fundos líquidos de sociedade mercantil

Figuravam, no CPC de 39, os fundos líquidos de sociedade comercial entre os bens relativamente penhoráveis.

Essa restrição desapareceu com a superveniência do novo CPC.

A penhora abrange o saldo de lucros do Executado na sociedade comercial e, também, sua quota.

O credor, sub-rogado nos direitos do devedor na sociedade, não fica habilitado a tomar a posição deste. É-lhe lícito, apenas, requerer, perante juiz competente, a dissolução e a liquidação da sociedade.

Pode ser feita, a todo tempo, por meio de simples petição e independentemente dos embargos à execução, a alegação de que determinado bem é impenhorável, mas o devedor responde pelos encargos resultantes do retardamento.

Desnecessário dizer que essa advertência abrange não apenas o bem de família mas todo e qualquer bem considerado intransmissível e portanto inalienável por prescrição legal ou ato de vontade de particular.

C) Bem hipotecado

Não autoriza a lei o credor hipotecário a impugnar a penhora do bem imóvel recebido em garantia. Quando muito, fica-lhe assegurada a preferência no recebimento do seu crédito na hipótese da alienação do imóvel penhorado em hasta pública. Resta ao credor quirografário a sobra.

Nesse sentido, acórdão da 1ª Turma do Supremo Tribunal Federal proferido no julgamento do Recurso Extraordinário n. 103.425-A, *in* DJU de 27.2.87.

D) Elevador de edifício em condomínio

De acordo com o preceituado no art. 3º da Lei n. 4.591, de 16 de dezembro de 1964, é impenhorável o elevador de edifício em condomínio.

E) Direitos autorais e salários de artistas

Incide a cláusula de impenhorabilidade nos direitos autorais e nos salários dos artistas. É o que diz a Lei n. 5.988, de 14 de dezembro de 1973, em seu art. 79: "É impenhorável a parte do espetáculo reservada ao autor e aos artistas".

F) Condomínio e obrigação propter rem

"O condômino, em face da obrigação *propter rem*, pode ter sua unidade penhorada para satisfazer execução contra o condomínio" (STJ, 4ª Turma, REsp. n. 1.654-RJ *in* DJU de 5.3.90, p. 1.411).

G) Bem alienado fiduciariamente

O bem alienado fiduciariamente não pode ser objeto de penhora nas execuções ajuizadas contra o devedor fiduciário. Súmula n. 242 do ex-TFR.

É que a alienação fiduciária em garantia transfere ao credor o domínio resolúvel e a posse indireta da coisa móvel alienada, independentemente da tradição efetiva do bem, tornando-se o alienante ou devedor em possuidor direto e depositário com todas as responsabilidades e encargos que lhe incumbem de acordo com a lei civil e penal.

O devedor fiduciário, em sendo executado, não poderá nomear como bem à penhora aquele que obteve por meio de alienação fiduciária. Em verdade, o bem não lhe pertence e, de conseguinte, está impedido de aliená-lo.

H) Bem financiado pelo Sistema Financeiro da Habitação

Ele pode ser penhorado. Esse o nosso entendimento.

Na espécie, é costume fazer-se incidir, no bem questionado, uma hipoteca. Leiloado o bem, na sequência do processo executivo, aquele sistema receberá em primeiro lugar o que lhe for devido, ficando a sobrar para o Exequente.

I) Direitos derivados de reclamação trabalhista

São impenhoráveis os direitos do Executado decorrentes de reclamação trabalhista.

J) Telefone de profissional liberal

É impenhorável o direito de uso do telefone instalado em consultório médico ou em escritório de advocacia (v. JTAERGS 78/175; JTA 100/100).

O uso do telefone é indispensável ao exercício não apenas daquelas duas profissões, mas também do contabilista, do economista, do engenheiro e outras.

É impenhorável o único táxi do motorista profissional. O veículo é indispensável ao exercício da profissão de motorista e da qual depende sua subsistência bem como de seu grupo familiar.

K) Frutos e rendimentos de bens gravados com cláusula de impenhorabilidade

São impenhoráveis os frutos e rendimentos dos bens gravados com cláusula de impenhorabilidade, por disposição testamentária, visto serem indisponíveis (JTA 104/106).

325. Embargos à Execução

É obrigatória a citação, por mandado, do Executado (art. 880 da CLT).

Os embargos do devedor não são simples obstáculo à execução proposta pelo credor, nem se revestem da passividade da contestação a pedido do autor no processo de conhecimento.

Trata-se de uma ação declarativa ou de cognição objetivando uma sentença que extinga o processo de execução ou faça com que a realização da sanção expressa na sentença da ação principal se efetive sem excessos e ofensas ao direito do devedor ("Manuale di Diritto Processuale Civile", *Sergio Costa*, p. 591, 1963; "Processo de Execução", *José Alberto dos Reis*, vol. I, p. 109, 1943).

São oponíveis os embargos à execução depois que esta foi garantida mediante depósito ou nomeação de bens à penhora ou após a penhora coativa. Portanto, o pressuposto da admissibilidade dos embargos é a garantia da execução.

Mesmo na execução provisória que, como observado anteriormente, vai até a penhora, são oponíveis os embargos do Executado para compelir o Juiz a examinar possíveis excessos cometidos na realização daquele ato processual.

Insustentável a tese de que o prazo para os embargos à execução é de oito dias, porque este seria o prazo uniforme para todo e qualquer recurso.

Errônea a premissa de que os embargos são um recurso.

São eles — isso sim — uma ação e não um recurso.

Aliás, a Lei n. 5.584 não fez referência expressa aos embargos à execução ao uniformizar o prazo recursal de oito dias. Assim, o prazo para a apresentação de embargos à execução é de cinco dias, conforme o art. 884, da CLT.

A Medida Provisória n. 2.180-35, de 24.08.2001, diz, em seu art. 4º, que o prazo mencionado no caput do art. 884, da CLT, e no art. 730, do CPC, passa a ser de 30 (trinta) dias. Relutamos, em nossos escritos anteriores, consignar essa alteração da CLT por nos parecer por demais extravagante. Decorridos anos da edição desse ato do Poder Executivo, vem ele insistindo na validade de tal mudança, incidindo, portanto, em erro. Pretendeu-se dilatar, realmente, o prazo previsto no art. 884 da CLT de 5 para 30 dias e isto sem razão plausível, e num momento em que toda a sociedade clama por celeridade na prestação jurisdicional, clamor esse que foi, inclusive, ouvido por todo o Poder Judiciário para regozijo de todos seus jurisdicionados.

O Pleno do Tribunal Superior do Trabalho, em 4.8.2005, corroborando nossos pensamentos, declarou a inconstitucionalidade do art. 4º, dessa Medida Provisória, por ter ampliado o prazo de 5 (cinco) para 30 (trinta) dias para a Fazenda Pública apresentar seus embargos à execução, como se vê do acórdão proferido nos autos do Recurso de Revista n. 70/1992-011-04-00.

Onze dos 14 ministros que participaram da sessão julgaram que a mudança dessa norma processual não tem a urgência que justifique a edição de medida provisória, seguindo as palavras do eminente Ministro Relator Ives Gandra Martins Filho, que deixou assentado o seguinte: "O favor processual concedido aos entes públicos, no sentido de triplicar o prazo para a oposição dos embargos à execução, carece de urgência política, ou seja, não se revela proporcional, apresentando-se como um privilégio inconstitucional".

Arrematou ele que a urgência para a edição de MPs obedece a dois critérios, um objetivo — "verificação da impossibilidade de se aguardar o tempo natural do processo legislativo sumário" — e outro subjetivo, que se relaciona, principalmente, "a um juízo político de oportunidade e conveniência". Esclareceu, ainda, que a inconstitucionalidade deve-se apenas ao aspecto formal, ou seja, à utilização de Medida Provisória para a mudança de norma processual. Para reforçar seu voto, citou ele a decisão do Supremo Tribunal Federal reconhecendo a inconstitucionalidade da ampliação do prazo para ajuizamento de ação rescisória para 4 (quatro) anos para os entes internos de direito público, também, por meio de medida provisória.

Em 28.3.2007, posteriormente, portanto, a esse julgamento realizado pelo Pleno do TST, o Supremo Tribunal Federal entendeu de forma diametralmente oposta. Reconheceu que essa Medida Provisória estaria revestida dos requisitos formais de constitucionalidade no que se refere à urgência e à relevância da matéria, como se infere da leitura do acórdão proferido nos autos da ADC-MC n. 11/DF, que foi publicado no DJU de 29.6.07.

Daí ter sido concedida a liminar requerida pelo Governador do Distrito Federal nessa Medida Cautelar na Ação Declaratória de Constitucionalidade (ADC-MC) n. 11/DF, por entender que existia o *fumus boni iuris* e o *periculum in mora*. Assim, considerou, liminarmente, que essa Medida Provisória podia ampliar o prazo para 30 (trinta) dias para apresentação dos embargos à execução pela Fazenda Pública.

No voto condutor desse acórdão, e de lavra do Ministro Cezar Peluso, foi consignado que "nesse juízo prévio e sumário, estou em que o Chefe do Poder Executivo não transpôs os limites daqueles requisitos constitucionais, na edição da Medida Provisória n. 2.180-35, em especial no que toca ao art. 1º-B, objeto desta demanda". Ele arrematou, daí, com a afirmação de que "tal alteração parece não haver ultrapassado os termos de razoabilidade e proporcionalidade que devem pautar a outorga de benefício jurídico-processual à Fazenda Pública, para que se não converta em privilégio e dano da necessária paridade de armas entre as partes no processo, a qual é inerente à cláusula *due processo of law* (arts. 5º, incs. I e LIV; CPC, art. 125 — ADI n. 1.753-MC, rel. Min. Sepúlveda Pertence, DJ de 12.06.1998). A observação é, aliás, sobremodo conveniente ao caso do art. 884, da CLT, **cujo prazo se aplica a qualquer das partes, não apenas à Fazenda Pública**" (nossos grifos).

Sublinhe-se que, com base nesse voto, essa ampliação de prazo, concedida liminarmente pelo STF, beneficiaria não só a Fazenda Pública, como também os particulares em geral.

Contudo, o Ministro Relator Cezar Peluso, apesar de ter sustentado em seu voto na ADC-MC n. 11 que o prazo de trinta dias dos embargos à execução ".... se aplica a qualquer das partes, não apenas à Fazenda Pública", entendeu, posteriormente, em sede da Reclamação n. 5.858/ES-MC, por despacho monocrático publicado no DJe de 2.4.08, que esse prazo é aplicável apenas à Fazenda Pública. Nesse passo, foi afastada a regra de hermenêutica de que "onde a lei não distingue, descabe ao intérprete distinguir".

Diante disso, devemos dizer que tais decisões provocam certa perplexidade, que somente será eliminada quando houver o julgamento pelo Pleno do STF dessa ADC 11/DF. Enquanto isso, a Fazenda Pública continuará a insistir, certamente, no exercício desse lamentável e criticável privilégio, que lhe foi concedido provisoriamente, do alentado prazo de 30 (trinta) dias para a apresentação dos embargos à execução, enquanto o particular fica restrito ao prazo de 5 dias, segundo a ótica desse mesmo Tribunal, o que, por evidência, afronta a cláusula do *due process of law*.

Como demonstração dessas desgastantes discussões judiciais acerca do tema, temos duas decisões de 2008 do TRT da 19ª Região que assentavam o entendimento de que essa decisão cautelar do STF perdera eficácia em virtude do prazo de 180 dias previsto no parágrafo único, do art. 21, da Lei n. 9.868, de 10.11.99, ter sido ultrapassado, *verbis*: 1)"Fazenda Pública. Embargos à execução. Prazo. Aplicação do art. 884, da CLT. Devido à perda de eficácia da medida cautelar concedida na ADC-MC 11, do STF, prazo para a Fazenda Pública embargar à execução é de 5 dias, como previsto no art. 884, da CLT, tendo em vista que o TST julgou inconstitucional o art. 4º, da MP 2.180-35, que o ampliava para 30 dias. (TRT 19ª R.; APet 00892.2005.059.19.00-1; DJEAL 26.8.08); 2) "Fazenda Pública. Embargos à execução. Prazo. Conforme jurisprudência iterativa do TST, no sentido de que é inconstitucional o art. 4º da Medida Provisória n. 2.180-35/2001, que modificou a redação do art. 884 da CLT, alterando o prazo para oposição de embargos à execução pela Fazenda Pública, de 05 (cinco) para 30 (trinta) dias, e tendo perdido eficácia a medida cautelar deferida pelo STF na ADC-MC/DF 11/8, são intempestivos os embargos apresentados após ultrapassado o quinquídio legal, contado da citação da execução" (TRT 19ª R., EDcl n. 0869.2005. 008.19.00-4, DJEAL 31.10.08).

Contudo, o prazo de vigência da concessão da Medida Cautelar de 180 dias, como previsto no parágrafo único do art. 21, da Lei n. 9.868/99, foi prorrogado pelo STF nessa ADC n.11-MC, pelo acórdão publicado no DJe de 11.12.09, sob o fundamento de que, de 2007 até dezembro/2009, esse processo se encontrava na Procuradoria-Geral da República para parecer, não havendo, assim, a possibilidade de ser ele julgado dentro do prazo de vigência da cautelar concedida.

Eis a ementa dessa decisão do STF, onde restou vencido o eminente Ministro Marco Aurélio de Farias Mello, *verbis*: "Ação direta de constitucionalidade. ADC. Liminar deferida. Prazo vencido. Autos na Procuradoria-Geral da República. Prorrogação da eficácia da liminar. Deferimento. Questão de ordem resolvida nesse sentido. Prorroga-se a eficácia de liminar concedida em ação direta de constitucionalidade, quando, vencido o prazo, os autos se encontrem, para parecer na Procuradoria-Geral da República".

Mais recentemente, o TST tem reiterado seu posicionamento de 2005 tomado em seu plenário de que a Fazenda Pública não está submetida ao prazo de trinta dias, em função da perda de eficácia da decisão proferida na medida cautelar da ADC n. 11, mesmo considerando sua prorrogação, como se lê das seguintes ementas:

1) Agravo de Instrumento em Recurso de Revista. Embargos à Execução. Intempestividade. Inconstitucionalidade da Medida Provisória n. 2.180- 35/2001. Fazenda Pública. O Tribunal Pleno desta corte, no incidente de uniformização de jurisprudência suscitado nos autos do RR-70/1992-011-04-00.7, declarou a inconstitucionalidade do artigo 4º da Medida Provisória n. 2.180-35/2001, que ampliou para trinta dias o prazo para a Fazenda Pública interpor embargos à execução, alterando os artigos 730 do CPC e 884 da CLT. Diante da citada decisão proferida por esta corte em controle concreto de constitucionalidade, não se evidencia afronta ao artigo 62 da Constituição Federal. Não há impedimento para o julgamento imediato do recurso de revista em tela, em virtude da perda de eficácia da liminar concedida na ação direta de constitucionalidade n. 11, que determinou a suspensão de todos os processos que tratam da matéria em discussão. Segundo o que estabelece o parágrafo único do artigo 21 da Lei n. 9.868/1999, que dispõe sobre o processo e julgamento da ação direta de inconstitucionalidade e da ação declaratória de constitucionalidade perante o Supremo Tribunal Federal, concedida a medida liminar, deve o tribunal proceder ao julgamento da ação no prazo de cento e oitenta dias, sob pena de perda de sua eficácia. No caso, a decisão em que foi concedida a referida liminar pelo plenário do Supremo Tribunal Federal foi publicada no DJ de 29.06.2007, que foi prorrogada uma vez, mediante decisão publicada no DJe de 11.12.2009. Dessa forma, constata-se que a liminar em que se determinou a suspensão de todos os processos, mesmo considerando a referida prorrogação, ultrapassou o prazo de 180 (cento e oitenta) dias previsto no artigo 21, parágrafo único, da Lei nº 9.868/99, perdendo sua eficácia. Agravo de instrumento desprovido. TST, AIRR 166940-75.2004.5.15.0032, 2ª T, Rel. Min. José Roberto Freire Pimenta, DEJT 17.6.11;

2) Recurso de Revista. Execução. Prazo para interposição de embargos à execução — Fazenda Pública — Artigo 4º da Medida Provisória n. 2.180-35/2001 — Inconstitucionalidade. Esta corte decidiu, em sessão do pleno, realizada no dia 04.08.2005, declarar a inconstitucionalidade do artigo 4º da Medida Provisória n. 2.180- 35/2001, que ampliou o prazo fixado no artigo 730 do código de processo civil para os entes públicos oporem embargos à execução, porque não verificados os requisitos da relevância e da urgência necessários para a edição da medida provisória. Recurso de revista não conhecido.

Prejudicada a análise das demais matérias, em virtude da manutenção da intempestividade dos embargos à execução. (TST, RR 4100-30.2006.5.22.0105, 2ª. T, Rel. Min. Renato de Lacerda Paiva, DEJT 23.6.11;

3) Recurso de Revista. Embargos à Execução. Fazenda Pública. Prazo. Medida Provisória n. 2.180.35. Inconstitucionalidade. Seguindo a diretriz traçada pela decisão proferida no incidente de uniformização de jurisprudência, suscitado no processo TST-RR-70/1992-011-04-00.7, que declarou a inconstitucionalidade do artigo 4º da Medida Provisória n. 2.180-35/2001, o lapso temporal para a oposição de embargos à execução pela Fazenda Pública continua sendo o prazo previsto no artigo 884 da CLT. Recurso de revista de que não se conhece. TST, RR 137700-04.1986.5.15.0022, 7ª T, Rel. Min. Pedro Paulo Teixeira Manus,DEJT 19.4.11).

Assim, a prorrogação do prazo de vigência da Medida Cautelar, que foi concedida na ADC n. 11 em dezembro/2009, pelo STF, está expirada de há muito tempo, devendo a Fazenda Pública se conformar em cumprir com o prazo de 5 dias para apresentar seus embargos à execução, como inscrito no art. 884, da CLT.

E mais. Entendemos que ao STF descabe conceder uma nova prorrogação por mais outros 180 dias nessa cautelar, tendo em vista os exatos termos do parágrafo único do art. 21, da Lei n. 9.868/99, que não prevê, por sinal, qualquer tipo de suspensão ou interrupção desse prazo. Impõe-se, aqui, o respeito ao princípio da legalidade. Expirado o prazo de vigência da medida cautelar sem ter havido o julgamento de mérito da ADC n. 11 pelo STF, a Justiça do Trabalho e todos seus jurisdicionados continuarão lançados na insegurança jurídica e nos percalços das discussões estéreis realizadas na execução de uma coisa julgada trabalhista.

É curial que tais fatos impedem que o processo de execução trabalhista tenha uma duração razoável e que seja ele solucionado com celeridade. Sem muito esforço, observa-se que nessa situação existe uma clara violência cometida ao direito fundamental do cidadão, como está albergado no inciso LXXVII, do art. 5º, da Constituição: "a todos, no âmbito judicial e administrativo, são assegurados a razoável duração do processo e os meios que garantam a celeridade de sua tramitação".

Não titubeamos em sustentar que, atualmente, por não mais produzir efeitos a medida cautelar concedida nessa ADC n. 11 em virtude do decurso do prazo fatal de 180 dias, os particulares e a própria Fazenda Pública estão submetidos ao prazo comum de 5 (cinco) dias para apresentação dos embargos à execução, conforme a regra contida no caput do art. 884, da CLT. Aliás, Manoel Antonio Teixeira Filho afasta, inclusive, o prazo de 10 dias previsto no art. 730, do CPC, para a Fazenda Pública, com o que concordamos. Diz ele que "entendemos, portanto, que, no processo do trabalho, o prazo para a Fazenda Pública oferecer embargos, na qualidade de devedora, não é de dez dias (CPC, art. 730, nem de trinta dias (MP n. 2.180-35/2001), e sim, de cinco dias", como previsto no art. 884, da CLT (s/ob "Curso de Direito Processual do Trabalho", vol. III, pg. 2.247, 1ª ed, 2009).

Assim, o prazo para a Fazenda Pública será de 5 dias, não sendo aplicável ao processo do trabalho o prazo de 10 dias previsto no art. 730, do CPC, por se tratar o art. 884, da CLT, de uma norma especial, que não a privilegia em detrimento da figura do trabalhador

Diante disso, impõe-se que seja julgado, com rapidez, o mérito da multicitada ADC n. 11/DF pelo STF para impedir um maior retardamento na prestação jurisdicional, retardamento esse que prejudica aqueles trabalhadores que querem obter, licita e moralmente, dos Cofres Públicos aquilo que lhes é devido na forma da lei e da coisa julgada exequenda.

Como se conta esse prazo para o executado?

A partir de que momento?

O prazo para oposição de embargos à execução começa a fluir da intimação da penhora. Havendo vários devedores, a intimação deverá ser feita a cada um dos executados.

É a CLT omissa sobre esse ponto. É a Lei de Execução Fiscal n. 6.830, de 22.9.1980, que esclarece ser o prazo contado a partir da data da realização pelo executado do depósito; ou a partir da data da juntada aos autos da fiança bancária ou, então, a partir da data da intimação da penhora (art. 16 e seus incisos, da LEF). Lembre-se que não são admissíveis embargos do executado ou do exequente antes de ser garantida a execução (art. 884, da CLT c/c § 1º, art. 16, da LEF).

Em se tratando de execução de uma obrigação de fazer, o supracitado prazo começa a fluir depois da juntada aos autos do mandado de citação.

O que acabamos de afirmar serve, também, para o caso de a penhora ser feita por precatória. O prazo de cinco dias para os embargos conta-se, na hipótese, também, a partir da intimação e não da juntada da precatória.

Os embargos à execução são, a rigor, a defesa do Executado. Esta deveria ter denominação mais adequada.

Quando, no processo de conhecimento, formou-se o litisconsórcio passivo (grupo econômico) todos os membros desse grupo devem ser intimados da penhora.

É singular essa intimação.

Isso há de ser feito ainda que apenas um dos integrantes do grupo tenha sofrido constrição patrimonial.

A doutrina e a jurisprudência dominantes se inclinaram a favor da tese de que, na execução por carta, cabe ao juiz deprecante apreciar os embargos, embora estes sejam apresentados perante o juízo deprecado. Entretanto, se na defesa do Executado forem arguidos vícios ou irregularidades de atos do próprio juízo deprecado, cabe-lhe o julgamento da matéria.

Outras alegações do Executado, nos embargos, serão submetidas ao juízo deprecante. Por essa razão, deve o Executado apresentar os embargos em duas partes distintas: uma, com as alegações que devem ser apreciadas e julgadas pelo juízo deprecado; outra, com aquelas que o juiz deprecante deve conhecer e julgar.

Se oferecidos fora do prazo legal, os embargos serão liminarmente rejeitados (art. 739 do CPC). E, na hipótese, fica precluso o direito de o Executado interpor agravo de petição.

A matéria da defesa do Executado deve limitar-se às alegações respeitantes ao cumprimento da decisão ou do acordo, quitação ou prescrição da dívida.

De conformidade com o disposto no art. 791 do CPC, é suspensa a execução, no todo ou em parte, com o recebimento dos embargos do devedor com efeito suspensivo. Ocorre a mesma coisa, quando é aberto prazo para o devedor cumprir voluntariamente a obrigação. Vencido esse prazo e descumprida a obrigação, a execução retoma seu curso (parágrafo único do art. 792 do CPC).

Os embargos à execução, se acolhidos, terão efeito suspensivo, posto que é exigência legal que eles sejam processados só na hipótese de estar garantido o juízo (art. 884 da CLT).

A despeito da omissão da lei, é óbvio que serão os embargos rejeitados liminarmente se o juízo não estiver seguro (art. 884 da CLT c/c o § 1º do art. 16 da Lei n. 6.830, de 22.9.1980). O mesmo ocorrerá se eles forem intempestivos, quando inepta a petição ou quando manifestamente protelatórios (art. 739 e seus incisos, do CPC). E essa rejeição liminar dos embargos também se admite quando não versarem a matéria discriminada no § 1º do art. 884 da CLT.

No caso de serem protelatórios os embargos, o juiz imporá, em favor do exequente, multa ao embargante em valor não superior a 20% (vinte por cento) do valor em execução (art. 740, parágrafo único, do CPC). Se parciais esses embargos, a execução prosseguirá em relação à parte não embargada.

A Lei n. 11.382, de 6.12.2006, introduziu o art. 739-A ao CPC, que diz que os embargos do executado não terão efeito suspensivo. Poderá o Juiz, no entanto, atribuir o efeito suspensivo, a requerimento do embargante, quando forem relevantes seus fundamentos, ou o prosseguimento da execução possa, manifestamente, causar ao executado grave dano, de difícil ou incerta reparação, mas desde que a execução já esteja garantida por penhora, depósito ou caução suficientes (art. 739-A, § 1º).

A concessão de efeito suspensivo aos embargos oferecidos por um dos executados não suspenderá a execução contra os que não embargaram, quando o respectivo fundamento disser respeito exclusivamente ao embargante (art. 739-A, § 3º, do CPC). Desse preceito legal decorre o entendimento de que, na hipótese, os embargos suspenderão a execução quando seus fundamentos disserem respeito, também, aos demais litisconsorciados.

Quando o excesso de execução for fundamento dos embargos, o embargante deverá declarar na petição inicial o valor que entende correto, apresentando memória do cálculo, sob pena de rejeição liminar dos embargos ou de não conhecimento desse fundamento (art. 739-A, § 5º, do CPC).

Além dessas matérias, dispõe este novo artigo do CPC que: a) a decisão relativa aos efeitos dos embargos poderá, a requerimento da parte, ser modificada ou revogada a qualquer tempo, em decisão fundamentada, cessando as circunstâncias que a motivaram; b) quando o efeito suspensivo atribuído aos embargos disser respeito apenas a parte do objeto da execução, essa prosseguirá quanto à parte restante; c) a concessão de efeito suspensivo não impedirá a efetivação dos atos de penhora e de avaliação dos bens.

Entendemos que o art. 739-A do CPC, e seus parágrafos, são aplicáveis ao processo do trabalho, posto que são matérias que lhe são compatíveis, sendo certo que não estão elas previstas na Lei de Execução Fiscal.

É agravável por petição a decisão que rejeitou liminarmente, ou não, os embargos.

Não se admite a reconvenção nem compensação — reza o § 3º do art. 16 da Lei n. 6.830 (Lei de Execução Fiscal). Segundo o art. 767 da CLT a compensação é matéria de defesa no processo de conhecimento e a reconvenção — ação do reclamado contra o reclamante — há de ser proposta, também, naquela fase processual.

As exceções, salvo as de suspeição, incompetência e impedimento, são arguidas como matéria preliminar, processadas e julgadas com os embargos.

Reza o § 1º do art. 884 da CLT que, na execução, a matéria de defesa abrange, apenas, alegações de cumprimento da decisão ou do acordo, quitação ou prescrição da dívida.

Dando-se ao preceito interpretação ampla, verifica-se que ele não impede a aplicação à execução trabalhista do art. 475-L e do art. 741 do CPC.

De conseguinte, podem os embargos ser recebidos, quando a execução fundada em sentença, se o devedor alegar: a) falta ou nulidade da citação, se o processo correu à revelia; b) inexigibilidade do título; c) penhora incorreta ou avaliação errônea; d) ilegitimidade das partes; e) excesso de execução; f) qualquer causa impeditiva, modificativa ou extintiva da obrigação, como pagamento, novação, compensação, transação ou prescrição, desde que superveniente à sentença; g) incompetência do juízo da execução, bem como suspeição ou impedimento do juiz.

Com fulcro, ainda, no art. 475-L, § 1º, do CPC, poderá, o devedor alegar que o título executivo judicial é inexigível em virtude de estar fundado em lei ou ato normativo declarados inconstitucionais pelo Supremo Tribunal Federal, ou fundado em aplicação ou interpretação da lei ou ato normativo tidas pelo Supremo Tribunal Federal como incompatíveis com a Constituição Federal.

Essa norma é repetida no art. 884, § 5º, da CLT, onde é dito que em embargos à execução o executado poderá sustentar que é "inexigível o título judicial fundado em lei ou ato normativo declarados inconstitucionais pelo Supremo Tribunal Federal ou em aplicação ou interpretação tidas por incompatíveis com a Constituição Federal".

Sobre essa matéria, entendem alguns que o § 5º, do art. 884, da CLT e o art. 475-L, § 1º, do CPC, são inconstitucionais em virtude da autoridade da coisa julgada, que somente pode ser desconstituída pela ação rescisória. Contudo, devemos ponderar que não é necessário que se promova a rescisão dessa coisa julgada, em virtude de ser ela *absolutamente inexistente no mundo jurídico* por força do reconhecimento da inconstitucionalidade pelo STF.

Outros entendem que esse § 5º, do art. 884, da CLT, também é inconstitucional em virtude de ter sido introduzido pela Medida Provisória n. 2.180/2001, que já foi considerada inconstitucional por não estar revestida pela urgência e pela relevância, conforme foi julgado em caso símile pelo TST nos autos do RR 1.201/1996-020-04-00.8. 4ª Turma, Rel. Ministro Ives Gandra da Silva Martins Filho.

Mesmo que se entenda inconstitucional esse § 5º, do art. 884, por ter sido introduzido na CLT por essa Medida Provisória, poder-se-á sempre se sustentar que o § 1º, do art. 475-L, do CPC, é aplicável perfeitamente ao processo do trabalho, com o que nós concordamos.

A falta de citação só é alegável por quem não fez qualquer intervenção em todo o processo de conhecimento e cujo curso foi inteiramente à sua revelia. Só nessa hipótese provoca a nulidade de todo o processo, desde a peça inicial do processo de conhecimento.

Não é dado ao Executado alegar que os bens penhorados não lhe pertencem, ressalvada a hipótese do § 2º do art. 1.046 do CPC: *"Equipara-se a terceiro a parte que, posto figure no processo, defende bens que, pelo título de sua aquisição ou pela qualidade em que os possuir, não podem ser atingidos pela apreensão judicial".*

Afora essa exceção, a alegação do Executado sobre bens de terceiro serve de advertência ao juiz ou ao Exequente.

Julgamos conveniente frisar que, no agravo de petição, o Executado está impedido de ventilar matéria que não abordou nos embargos à execução. No caso, a matéria fica preclusa.

Consoante o § 1º do art. 897 da CLT, com redação dada pela Lei n. 8.432, de 11.6.1992, o agravo de petição só será recebido quando o agravante delimitar, justificadamente, as matérias e os valores impugnados, permitida a execução imediata da parte remanescente até o final, nos próprios autos ou por carta de sentença.

É inexequível uma sentença na pendência de recurso com efeito suspensivo.

A ilegitimidade da parte se configura quando o Exequente não é o titular da pretensão executiva garantida pela sentença. O caso mais comum é o sucessor que não se habilitou regularmente.

No foro trabalhista são julgados procedentes os embargos opostos numa execução de sentença com condenações alternativas e o credor exerceu a preferência, quando essa faculdade fora reservada ao Executado.

Há excesso de execução — diz o art. 743 do CPC: a) quando o credor pleiteia quantia superior à da sentença do processo principal, se líquida, ou da sentença de liquidação, quando ilíquida; b) quando se processa de modo diferente do que foi determinado na sentença.

A nulidade da execução até a penhora pode ter como pressupostos: falta ou nulidade da citação; nulidade da própria penhora coativa se o juiz, ao deferi-la, desconheceu o direito do Executado à nomeação de bens, segundo a gradação legal; incidência da penhora em bem diferente daquele que foi indicado ou aceito ou em bem inalienável ou impenhorável.

Escusado dizer que se trata de matéria própria dos embargos à execução.

Na execução só é cabível a alegação de prescrição que se consumou depois da sentença exequenda.

Vigente o contrato de trabalho, tem o credor cinco anos para requerer a execução da sentença; se extinto seu contrato, o prazo prescricional é de dois anos.

Acerca das consequências do silêncio do Exequente quando opostos embargos à execução, a jurisprudência ainda não se pacificou. Há decisórios que concluem pela aplicação dos efeitos da revelia; outros, não.

Na doutrina, o dissenso também existe.

Amaral Santos ("Primeiras Linhas de Direito Processual Civil", 3º vol., 3. ed., p. 377/8); *Calmon de Passos* ("Comentários ao CPC", III tomo, p. 475/80, 3. ed.); *Antonio C. Maris de Oliveira* ("Embargos do Devedor", *J. Butshasky*, 1977, p. 100/1), são favoráveis à aplicação dos efeitos da revelia na hipótese em estudo. *Theodoro Júnior* ("Comentários ao CPC", 4º tomo, 1. ed., p. 594/97); *José Frederico Marques* ("Manual de Direito Processual Civil", 4. ed., p. 200/1) não concordam com essa declaração de revel ao Exequente que deixa de impugnar os embargos do Executado.

Se o Exequente traz aos autos um documento de grande força probante (título executivo extrajudicial ou sentença passada em julgado) parece-nos fora de dúvida que sua revelia conferirá verossimilhança às alegações do Executado se este, por seu turno, apresentar provas susceptíveis de abalar a autenticidade do documento em que se alicerça a execução.

Simples alegações que não se estribam em qualquer prova não devem levar o juiz a aplicar os efeitos da revelia no caso de silêncio do Exequente diante dos embargos opostos pelo devedor à execução.

Não se estende à espécie o art. 319 do CPC (*"Se o réu não contestar a ação, reputar-se-ão verdadeiros os fatos afirmados pelo autor"*).

Nele é revel o réu; na execução, o autor é o Exequente. A contestação é do Executado; a réplica do Exequente.

Na defesa, o Executado pode arrolar testemunhas (§ 2º do art. 884 da CLT).

Se julgar necessário, o Juiz promoverá a inquirição dessas testemunhas em audiência para produção de provas, a qual deverá realizar-se dentro de cinco dias.

Dispõe o § 3º do art. 884 da CLT que "somente nos embargos à penhora poderá o executado impugnar a sentença de liquidação, cabendo ao exequente igual direito e no mesmo prazo".

Esse dispositivo teve seu alcance limitado pela Lei n. 8.432, de 11 de junho de 1992, que acrescentou um parágrafo ao art. 879, também da CLT, para dispor que o Juiz poderá abrir às partes prazo sucessivo de dez dias para se manifestarem sobre a conta de liquidação.

Se o juiz solicitou, na liquidação da sentença, o pronunciamento das partes sobre a respectiva conta, ficou precluso o direito de falarem sobre a mesma matéria por ocasião dos embargos à execução; se o juiz não usou da faculdade que lhe confere o art. 879, então o momento processual para se discutir a sentença de liquidação é a interposição de embargos à execução.

Resta a hipótese da impugnação da conta de liquidação pelo Reclamado e que o juiz, na respectiva sentença, rejeitou. Aí, é lícito ao Reclamado, nos embargos à execução, renovar as razões de seu inconformismo com a referida conta.

É bem de ver que há o direito incontrastável de o Exequente manifestar sua irresignação contra a sentença de liquidação. Seria ilógico entender-se que tal conduta se reserva com exclusividade ao Executado.

Estabelece, por fim, o § 4º, do art. 884, da CLT, que serão julgados na mesma sentença os embargos e as impugnações à liquidação apresentadas pelos credores trabalhistas e previdenciário. O credor previdenciário será o INSS.

O § 4º do art. 884, da CLT, teve a redação dada pela Lei n. 10.035, de 25.10.2000, que assegura ao INSS o direito de impugnar a sentença homologatória dos cálculos de liquidação da sentença em que figurem créditos previdenciários. Desnecessário frisar que lhe será defeso hostilizar tais cálculos se, anteriormente, depois de regularmente intimado, se omitiu na manifestação da conta de liquidação apresentada pelo exequente.

Se a execução tiver, como objeto único, a cobrança do crédito previdenciário, temos para nós que aí se há de respeitar o regramento especial da Lei n. 8.212/91 e, só subsidiariamente, a Lei n. 6.830/80, a CLT e o CPC. Assim, a citação do executado se fará por notificação postal (art. 8º, I, da Lei n. 6.830/80), a menos que o INSS, no próprio pedido inicial, mencione os bens que devam ser penhorados, caso em que a citação se formaliza por meio de mandado.

O prazo para embargos tem início após a citação da formalização da penhora. Se não houver indicação dos bens pelo exequente e nem o pagamento, a penhora poderá recair em qualquer bem do executado, exceto os que a lei declare absolutamente impenhoráveis. Na forma do art. 11 da Lei n. 6.830/80 (Lei de Execução Fiscal), a penhora obedecerá a seguinte ordem: dinheiro; título da dívida pública, bem como título de crédito, que tenham cotação em bolsa; pedras e metais preciosos; imóveis; navios e aeronaves; veículos; móveis ou semoventes; e direitos e ações. Consoante o § 1º do artigo em comento, excepcionalmente, a penhora poderá recair sobre estabelecimento comercial, industrial ou agrícola, bem como em plantações ou edifícios em construção. Já o § 2º determina que a penhora efetuada em dinheiro será convertida em depósito, à ordem do Juízo em estabelecimento oficial de crédito, que assegure atualização monetária. E o § 3º estabelece que o Juiz ordenará a remoção do bem penhorado para depósito judicial, particular ou da Fazenda Pública exequente, sempre que esta o requerer, em qualquer fase do processo.

Na hipótese de alienação antecipada dos bens penhorados, o produto será depositado em garantia da execução (art. 21, da Lei n. 6.830/80).

A alienação de quaisquer bens penhorados será feita em leilão público, no lugar designado pelo Juiz. A Fazenda Pública e o executado poderão requerer que os bens sejam leiloados englobadamente ou em lotes que indicarem. No caso de haver arrematação, o arrematante pagará a comissão do leiloeiro e demais despesas indicadas no edital (art. 23, da Lei n. 6.830/80 e parágrafos).

Na execução dos créditos previdenciários, a fim de não prejudicar o andamento da execução da sentença nos pontos de natureza trabalhista, seria conveniente o Juiz extrair cópias, apenas, das peças processuais vinculadas ao crédito do INSS.

Lembre-se que a União, representando o INSS, poderá impugnar os embargos à execução no prazo de 30 dias, como prevê o art. 17, da Lei n. 6.830.

325.1. Parcelamento da dívida exequenda

O art. 745-A, do CPC, estabelece que, no prazo para embargos, reconhecendo o crédito do exequente e comprovando o depósito de 30% (trinta por cento) do valor da execução, inclusive custas e honorários de advogado, poderá o executado requerer seja admitido a pagar o restante em 6 (seis) parcelas mensais, acrescidas de correção monetária e juros de 1% (um por cento) ao mês.

Entendemos que essa norma é aplicável ao processo do trabalho, tendo em vista a norma contida no art. 620, do CPC. E mais aplicável, ainda, torna-se quando o exequente concordar com o pagamento parcelado, eis que não prejudica nenhuma das partes litigantes. Todavia, a Justiça do Trabalho não pacificou o entendimento sobre a matéria.

Existem julgados favoráveis à aplicação desse dispositivo legal ao processo do trabalho, como se lê dos seguintes julgados: a) TRT 24ª R.; AP 1839/2005-71-24-0-4; Segunda Turma; Rel. Des. Francisco das C. Lima Filho; Julg. 03.09.2008; DOEMS 25.09.2008; b) TRT 23ª R.; AP 00616.2007.004.23.00-5; Primeira Turma; Rel. Des. Roberto Benatar; DEJTMT 17.05.2012; P. 30; c) TRT 4ª R.; AP 0001900-53.2009.5.04.0232; Seção Especializada em Execução; Relª Desª Rejane Souza Pedra; Julg. 25.09.2012; DEJTRS 01.10.2012; P. 609; d) TRT 23ª R.; MS 0000134-46.2012.5.23.0000; Tribunal Pleno; Rel. Des. Osmair Couto; DEJTMT 12.09.2012; P. 74; e) TRT 6ª R.;

Outros julgados são desfavoráveis à aplicação do art. 745-A, do CPC, ao processo do trabalho, dando destaque, inclusive, que a Lei de Execução não prevê esse tipo de pagamento parcelado, com o que nós não concordamos, pois a norma do art. 620 dessa lei processual civil assegura o princípio de que a execução deve ser realizada de forma menos onerosa ao executado. Eis julgados contrários à aplicação subsidiária dessa norma processual civil ao processo do trabalho: a) TRT 10ª R.; AP 0112200-42.1997.5.10.0101; Relª Desª Heloisa Pinto Marques; DEJTDF 19.10.2012; P. 312; b) TRT 2ª R.; AP 0000338-27.2010.5.02.0362; Ac. 2012/1246919; Décima Sétima Turma; Rel. Des. Fed. Paulo Kim; c) TRT 2ª R.; MS 0006476-92.2011.5.02.0000; Ac. 2012/004650; Primeira Seção Especializada em Dissídios Individuais; Rel. Des. Nelson Bueno do Prado; DJESP 11.05.2012; d) TRT 3ª R.; AP 5. 0001282-14.2010.5.03.0067; Relatora Maria Cristina D. Caixeta, DEJT de 6.12.11, p. 94; e) TRT 2ª R., AP 01075.2007.016.02.00; f) TRT 12ª R.; AP 0000234-45.2010.5.12.0010; Sexta Câmara; Rel. Juiz Gracio R. B. Petrone; DOESC 27.04.2012.

Há, ainda, outros julgados que asseveram que poderá haver o parcelamento desde que haja a concordância do exequente-credor (a) TRT 6ª R.; Proc. 0000602-34.2010.5.06.0103; Quarta Turma; Rel. Des. Pedro Paulo Pereira Nóbrega; DEJTPE 01.10.2012; P. 108; b) TRT 10ª R.; c) AP 0000988-44.2010.5.10.0009; Rel. Des. Alexandre Nery Rodrigues de Oliveira; DEJTDF 24.08.2012; p. 92)

326. Embargos de Terceiro

Quando a penhora for além dos bens do Executado e alcançar aqueles que pertencem a um terceiro, desenha-se o esbulho judicial.

Para defender-se dessa anomalia processual, oferece a lei ao interessado os embargos de terceiro, que, no processo trabalhista são usados, predominantemente, na execução e oponíveis por terceiro senhor e possuidor ou apenas possuidor.

Tais embargos, à luz do art. 1.048 do CPC, podem ser opostos a qualquer tempo, no processo de conhecimento, enquanto não transitada em julgado a sentença e, no processo de execução, até cinco dias depois da arrematação, adjudicação ou remição, mas sempre antes da assinatura da respectiva carta.

No item 358, sobre ação rescisória, é apreciada a hipótese de o terceiro deixar passar o momento adequado para rebelar-se contra a apreensão judicial de bem que lhe pertença.

É despiciendo lembrar que só o patrimônio do devedor está sujeito ao processo executivo.

Admite a lei (art. 592 do CPC) as seguintes exceções, também respeitadas no processo trabalhista quanto aos bens: a) do sucessor do empregador ou devedor; b) do sócio nos termos da lei; c) do devedor, quando em poder de terceiros; d) do cônjuge, nos casos em que seus bens próprios, reservados ou de sua meação respondem pelas dívidas; e) alienados ou gravados com ônus real em fraude à execução.

Ninguém mais discute a aplicabilidade dos embargos de terceiro à execução trabalhista.

Ainda há quem queira suscitar dúvida quanto à competência da Justiça do Trabalho para conhecer e julgar esse remédio processual, classificado, pela maioria dos estudiosos da matéria, como ação de natureza constitutiva que quer desfazer ato judicial considerado abusivo.

Para nós, é inquestionável ser da competência da Justiça do Trabalho julgar embargos de terceiro opostos em execução trabalhista.

Atende-se, assim, melhor aos princípios gerais do processo de trabalho fazer com que à Justiça do Trabalho fique afeta a questão.

Inadmissível e incongruente aceitar-se a Justiça Comum aferindo a legalidade, ou não, de ato praticado por um membro da Justiça especializada do trabalho.

Tanto pode ser um terceiro quem não figure no processo como pode sê-lo quem é parte no processo e "defende bens que, pelo título de sua aquisição ou pela qualidade em que os possuir, não podem ser atingidos pela apreensão judicial" (§ 2º do art. 1.046 do CPC).

Esta última forma é encontradiça no foro trabalhista sob a forma de sócios-cotistas ou diretores de sociedades por ações, cujos bens foram afetados para cobrir dívidas sociais, sem que os interessados tivessem cometido qualquer ato irregular capaz de legitimar a penhora de seus bens.

Os embargos de terceiro, na Justiça do Trabalho, são usados, além de no processo de execução, no depósito de arresto, sequestro e alienação judicial.

Esses embargos podem ser de terceiro senhor e possuidor ou apenas possuidor (§ 1º do art. 1.046 do CPC).

Embargos de terceiro possuidor são oponíveis por promitente-comprador de imóvel por contrato irrevogável, imitido na sua posse.

O § 1º do art. 1.046 do CPC prevê esses embargos, mesmo que se trate apenas de possuidor.

Não é pré-condição o registro do contrato no ofício imobiliário. Esse registro é útil na oponibilidade a terceiros que tenham interesse contrário ao do promitente-comprador.

É, também, terceiro o cônjuge na defesa de bens dotais próprios reservados ou de sua meação (§ 3º do art. 1.046 do CPC).

Há uma forte corrente jurisprudencial a favor da tese de que à mulher só cabe oferecer embargos de terceiro quando não for citada por ocasião da penhora do bem imóvel.

Estamos que, se não existir a hipótese tratada no inciso III do art. 10 do CPC (citação de ambos os cônjuges para as ações fundadas em dívidas contraídas pelo marido a bem da família, mas cuja execução tenha de recair sobre o produto do trabalho da mulher ou seus bens reservados), pode a mulher opor embargos de terceiro nos termos previstos nos arts. 1.046 e seguintes do CPC.

A doutrina e a jurisprudência dominante assentaram, sem tergiversação, que a mulher, mesmo intimada da penhora, tem preservado seu direito de embargar como terceira (v. RTJ 78/831 e 100/401; RE n. 93.351 *in* RTJ 105/274; REsp. n. 13.479, 4ª Turma *in* RT 693/256).

Dívida contraída apenas pelo marido que não veio em benefício do casal presume-se o prejuízo da mulher.

A regra é a exclusão da meação ser considerada em cada bem do casal e não na indiscriminada totalidade do patrimônio.

Reconhece-se a deficiência do disciplinamento legal da matéria, mas da jurisprudência predominante dos tribunais se extrai a orientação mais adequada, segundo a qual o bem, se indivisível, será levado por inteiro à hasta pública, cabendo à esposa a metade do que se apurar.

Assim deve ser porque, estando em jogo o interesse social na correta aplicação da lei, esse interesse não pode nem deve ficar subordinado ao interesse individual, que é o da esposa (v. nesse sentido Agr. 305.161 do 1º TACSP, *in* RT 567/124).

Resta a hipótese, muito comum nos anais forenses, da mulher que, ainda solteira, adquire bem imóvel e que só acaba de pagar depois de casada. Pensamos que, no caso, trata-se de bem reservado à mulher casada (Código Civil, arts. 246 e 263, XII e XIII, de 1916 e art. 1.642, I, do Código Civil de 2002).

Com arrimo na Lei n. 8.009/90, tem a concubina legitimidade para oferecer embargos de terceiro se a penhora incidir sobre imóvel residencial da entidade familiar (§ 3º do art. 226 da CF — "Para efeito da proteção do Estado, é reconhecida a união estável entre o homem e a mulher como entidade familiar, devendo a lei facultar sua conversão em casamento").

É claro que, na hipótese, tem a interessada de viver maritalmente com o Executado, como se marido e mulher fossem.

A competência para julgar os embargos de terceiro é do juiz que ordenou a apreensão do bem; na execução por carta, essa competência é transferida para o juiz da situação do bem (art. 1.049 do CPC).

A parte passiva da execução — o devedor —, sobretudo quando fez a nomeação de bens à penhora, será admitida como assistente na apreciação dos embargos de terceiro (arts. 50 a 55 do CPC).

Consoante o art. 1.049 do CPC, serão os embargos distribuídos por dependência e correrão em autos distintos perante o mesmo Juiz que determinou a apreensão do bem, senão — como salientamos há pouco — teríamos um juiz anulando o ato de responsabilidade de um outro colega, de idêntica posição na escala hierárquica.

São os embargos de terceiro um processo acessório — ação mandamental negativa —, e seu julgamento cabe ao juiz da ação principal.

Sob pena de ser declarada inepta, a petição inicial dos embargos de terceiro deve obedecer às prescrições do art. 282 do CPC: exposição dos fatos com clareza; prova hábil da posse; comprovação da apreensão judicial e da sua qualidade de terceiro; juntada de documentos e rol de testemunhas. Faculta o art. 1.050 do CPC a prova da posse em audiência preliminar, designada pelo juiz.

O possuidor direto pode alegar, com a sua posse, domínio alheio.

Quando um bem imóvel for o objeto da penhora, ocorre com frequência o seguinte: o Executado vendeu, anteriormente, esse bem por instrumento particular ou por meio de escritura pública de compromisso de compra e venda, sem inscrição no registro imobiliário.

Se o registro do contrato no ofício imobiliário é ou não pré-condição da admissibilidade desses embargos, paira uma dúvida, ainda, nos tribunais.

O Superior Tribunal de Justiça, pela Súmula n. 84, declara que admite embargos de terceiro fundados na alegação de posse advinda do compromisso de compra e venda de imóvel, ainda que desprovido de registro.

O Supremo Tribunal Federal, por seu turno, não permitiu a desconstituição da penhora de um apartamento transcrito no Registro de Imóveis como de propriedade do Executado e, por isso, julgou improcedentes os embargos de terceiro, compromissário de compra e venda do apartamento antes da penhora, mas sem inscrição no registro imobiliário (1ª Turma, Recurso Extraordinário n. 107.908, *in* DJU de 27.10.94. p. 29.166).

Venia permissa, divergimos desse decisório da Suprema Corte.

Se o compromisso de compra e venda, contraído antes do ajuizamento da ação trabalhista, foi objeto de instrumento particular sem registro no ofício imobiliário, há que se preservar a penhora, uma vez que subsiste o receio de toda a operação mascarar uma fraude.

Se, porém, o compromisso foi objeto de escritura pública, mesmo sem registro, é de se acatar a súmula do Superior Tribunal de Justiça acima referida, porque, na hipótese, é bem remota a possibilidade de fraude.

O valor da causa, nos embargos de terceiro, deve corresponder ao valor do bem disputado.

Nos embargos de terceiro, é admitida discussão sobre fraude à execução.

É lícito ao Juiz, em face da robustez da prova produzida com a petição inicial, deferir liminarmente os embargos e ordenar a expedição de mandado de manutenção ou de restituição em favor do embargante, que só receberá os bens depois de prestar caução que garanta a devolução do bem com seus rendimentos, caso sua pretensão, a final, seja julgada improcedente. A caução, na espécie, pode ser real ou fidejussória.

A suspensividade do processo de execução é uma decorrência dos embargos de terceiro, quando recebidos pelo juiz, isso quando envolverem todos os bens descritos no termo ou auto de penhora. Se versarem apenas alguns deles, o processo principal terá prosseguimento quanto aos bens não embargados (art. 1.052 do CPC).

São os embargos de terceiro oponíveis a qualquer tempo no processo de conhecimento, enquanto não transitada em julgado a sentença e, no processo de execução, até cinco dias depois da arrematação, adjudicação ou remição, mas sempre antes da assinatura da respectiva carta.

Lavrado o auto de arrematação, temos um ato jurídico perfeito e acabado, protegido pelo inciso XXXVI do art. 5º da Constituição Federal, o que nos faz duvidar da constitucionalidade do art. 1.048 do CPC.

É de dez dias o prazo para contestação dos embargos e, se o forem pelo embargado, o juiz marcará audiência para produção das provas indicadas pelas partes.

Se não houver prova a produzir, o juiz profere decisão.

Se o embargado não contestar no prazo legal, e for declarado revel, presumir-se-á a veracidade de todo o alegado pelo embargante.

Da sentença que julgar os embargos de terceiro, cabe agravo de petição para o Tribunal Regional, uma vez que se trata de um incidente dentro do processo de execução, assim classificado pelo § 4º, do art. 896, da CLT: "*Das decisões proferidas pelos Tribunais do Trabalho, ou por suas Turmas, em execução de sentença, inclusive em processo incidente de embargos de terceiro, não caberá recurso de revista, salvo na hipótese de ofensa direta à Constituição Federal*".

A nota 326.1, "E", deste livro, desenvolve essa questão.

A competência para julgamento de embargos de terceiro é do juízo da execução — repetimos. Quando, porém, os bens do devedor se situarem em foro que não o da causa, a penhora, avaliação e alienação se efetivarão por carta. Na hipótese, o juízo deprecado é apenas competente para apreciar embargos do Executado que disserem respeito a vícios e irregularidades atinentes àqueles atos processuais.

É assim que se interpreta — segundo a melhor doutrina — o art. 747 do CPC, aplicável ao processo trabalhista. Semelhante exegese é acolhida pelo Supremo Tribunal Federal (v. RTJ 82/630). Nesse sentido, o próprio TST editou a Súmula n. 419, *verbis*: "*Competência. Execução por carta. Embargos de terceiro. Juízo deprecante. Na execução por carta precatória, os embargos de terceiro serão oferecidos no juízo deprecante ou no juízo deprecado, mas a competência para julgá-los é do juízo deprecante, salvo se versarem, unicamente, sobre vícios ou irregularidades da penhora, avaliação ou alienação dos bens, praticados pelo juízo deprecado, em que a competência será deste último*".

Está assente na doutrina que os embargos de terceiro, depois de julgados na Justiça do Trabalho, não obstaculizam a propositura de ação perante a Justiça Comum para verificar a quem pertence, efetivamente, o bem questionado. A respectiva sentença não faz coisa julgada em relação ao domínio.

Tira-se daí a inferência de que o terceiro, cujos embargos foram rejeitados, tem a possibilidade legal de, em processo ordinário, provar que é, realmente, o possuidor ou dono do bem.

Nós, porém, advogamos a tese de que tais embargos devem ser julgados pelo Juiz do Trabalho porque à hipótese se aplica o art. 1.049 do CPC: *"Os embargos (de terceiro) serão distribuídos por dependência e correrão em autos distintos perante o mesmo juiz que ordenou a apreensão".*

326.1. Embargos de Terceiro: Antecedentes Históricos e Legislativos, Natureza Jurídica, Casos Especiais de Embargos, Procedimento e Recursos

Três perguntas merecem ser aqui feitas, para que, em seguida, venhamos respondê-las no transcorrer deste item. Ei-las:

1ª) São os embargos de terceiro uma ação ou simples incidente processual?

2ª) Cabem esses embargos na fase de conhecimento de uma reclamatória trabalhista?

3ª) Da decisão que rejeita tais embargos cabe agravo de petição ou recurso ordinário?

No plano doutrinário, certos aspectos dos embargos de terceiros suscitam controvérsias e discussões.

Damos em seguida a síntese das reflexões a que nos entregamos para dar resposta a essas indagações.

A) Antecedentes Históricos e Legislativos dos Embargos de Terceiro

O direito romano já conhecia o remédio processual à constrição judicial de bem de terceiro estranho, ou não, à lide (Digesto — *de re iudicata* — 42-1-15, § 4º): "a penhora deve ser levantada caso a coisa pertença ao embargante e não ao executado".

Zanzucchi (in "Diritto Procesuale Civile", 5ª ed., Giuffré, 1964, III tomo, p. 332 e seguintes) salienta que, no direito peninsular, os embargos de terceiro são *opposizioni di terzi* (ou *Widespruchsklagen,* no direito tedesco).

Dando o testemunho da complexidade e ancianidade do instituto, *Zanzucchi* evoca o magistério de Cino da Pistoia, em 1.312, de que a *oposizioni de terzi* era matéria que quotidianamente se discutia nos tribunais, pois, não raro a penhora — na execução — alcançava bens e direitos de quem não era parte na lide.

Nossas Ordenações Filipinas (III, 86, 17) assentavam que "e vindo alguma pessoa a embargar alguma coisa em que se pede a execução, assim móvel como de raiz, por dizer que a coisa pertence a ele e não foi ouvido sobre ela e que, portanto, não deve ser entregue ao vencedor, ou alegar qualquer embargo a se dar à sentença de execução, em tal caso mandamos que a execução se faça no condenado e vindo algum terceiro com embargos, dizendo ser possuidor dos bens em que se faz a execução, se o condenado não der logo outros bens livres e desembargados, será preso até os dar".

Então, ainda se obedecia à velha ideia romana de que o corpo do devedor também responde por suas dívidas... Se esse princípio ainda informasse nosso direito processual, em tempo de desemprego em grande escala como agora, as prisões não caberiam tantos inadimplentes.

Segundo *Pontes de Miranda* ("Comentários ao Código de Processo Civil", Forense, 1977, vol. XV, p. 6) a autorização judicial para a penhora e o arresto já aparece no 1.095 (Decreto do Governador da Galiciano) e no Foro de Miranda da Beira (Galicia Hist. Leges et Consuetudines, 373) começou o monopólio estatal da execução e da segurança. sendo que anteriormente existia a "prenda extrajudicial".

Em suma, na dicção do nosso eminente e saudoso processualista, a penhora judicial dos bens do devedor é obra do século XII. A partir daí, o terceiro deixou de opor-se a ato do credor (a prenda privada) para impugnar o ato do Estado.

Nosso Regulamento n. 737, de 1850, no art. 597, rezava: "Vindo algum terceiro com embargos à execução, porque a coisa penhorada lhe pertence por título hábil e legítimo e tendo a posse natural ou civil com efeitos de natural, ser-lhe-á concedida vista para alegar e provar os seus embargos, dentro em três dias".

Tanto o domínio como a posse serviam de fundamento aos embargos em foco.

B) Natureza Jurídica dos Embargos de Terceiro

Entre os processualistas há o consenso sobre a questão: os embargos de terceiro são ação.

A divergência manifesta-se quanto à classificação dessa ação.

Para *Nelson* e *Rosa Maria Nery* ("Código de Processo Civil Comentado", 2ª ed., Rev. dos Tribunais, 1996, p. 1248) é "ação de conhecimento, constitutiva negativa, de procedimento especial sumário, cuja finalidade é livrar o bem ou direito de posse ou propriedade de terceiro da constrição judicial que lhe foi injustamente imposta em processo de que não faz parte."

Tostes Malta ("A Execução no Processo Trabalhista", 2. ed., LTr, 1997, p. 163) limita-se a dizer que "os embargos de terceiro são uma ação incidental."

Pontes de Miranda (obra citada, vol. XV, p. 4) preleciona que *"os embargos de terceiro são a ação de terceiro que pretende ter direito ao domínio ou outro direito, inclusive a posse, sobre os bens penhorados ou por outro modo constritos. O usufrutuário por exemplo, é senhor; o locatário é possuidor. Se a penhora não lhes respeita o direito, um ou outro pode embargar como terceiro".*

Mais adiante (p. 7) *Pontes* completa seu pensamento dizendo: "Os embargos de terceiro, já vimos, são ação; e ação mandamental negativa. Se a lei a põe entre as ações acessórias, tal acessoriedade lhe vem de ser mandamental negativa."

Para *Lopes da Costa* (obra citada, vol. IV, p. 307) "serão, então, os embargos ação declaratória constitutiva de natureza especial, porém, pois visa a invalidação de uma to processual, assemelhando-se assim à constitutiva de nulidade dos atos jurídicos de direito privado e com as mesmas consequências que resultam da decisão favorável — a reposição das coisas no estado anterior (Código Civil art. 158)."

Manoel Antonio Teixeira Filho (in "Execução no Processo do Trabalho", 6. ed., LTr, 1998, p. 581 e segs.) discorre, com a segurança e erudição conhecidas de todos os militantes da advocacia, sobre os embargos de terceiro.

Desde logo, sublinha — com estribo nos escólios de *Liebman* — que terceiro não é apenas o estranho à demanda, mas também aquele que, embora figure no polo passivo da relação processual executiva, tenta retirar da constrição judicial bens que, pela natureza da titularidade e origem, não podem ser apresados.

Em seguida o conhecido magistrado e jurista de escol aduz que os embargos de terceiro *"constituem ação de tipo especial e de caráter incidental, que se encontra submetida a procedimento sumário"*. Noutro trecho adverte que tais embargos "apresentam preponderante carga de constitutividade, porquanto visam a desconstituir o ato da jurisdição retorne ao estado como se encontrava anteriormente à apreensão judicial."

Wilson S. Campos Batalha (in "Tratado de Direito Judiciário do Trabalho", 3. ed., LTr, 1995, II vol. p. 340) preleciona que *"os embargos de terceiro constituem ação especial (procedimento especial de jurisdição contenciosa, na terminologia do CPC), de natureza possessória. Seu objetivo é assegurar a posse turbada ou esbulhada por ato de apreensão judicial, em casos como o de penhora, depósito, arresto, sequestro, alienação judicial, arrecadação, arrolamento, inventário ou partilha. Por conseguinte, não constitui mero incidente de execução, mesmo quando assume o aspecto da interventio post sententiam, ou seja, quando se fundamenta em ato de turbação ou esbulho decorrente de providências tomadas ao ensejo de execução por título judicial"*.

Muitos outros autores poderíamos trazer à colação com seus conceitos e natureza jurídica dos embargos de terceiro, mas, para os fins desta nota acreditamos ter relacionado alguns dos mais reputados.

É inquestionável que os embargos de terceiros não são — como o diz *Campos Batalha* — mero incidente do processo de execução. São, em verdade, uma ação incidental e acessória da ação principal.

Estamos com *Pontes de Miranda* quando frisa que a acessoriedade da ação de embargos de terceiro (ou embargos de separação, como são também conhecidos) resulta da sua conexão com a causa do ato impugnado e encontrada na ação principal.

Como ação que é, entendemos ser ela ação incidental, constitutiva negativa.

Tanto as ações possessórias como os embargos de terceiro se identificam quanto aos seus pré-requisitos objetivos: ambos se opõem à lesão da posse ou previnem lesão iminente.

Todavia, sob o prisma subjetivo há entre eles diferença de monta e insuperável. Nas possessórias, os atos impugnados são de autoria de um particular, ao passo que os embargos de terceiro buscam neutralizar ato praticado pelo Estado, no exercício da atividade jurisdicional. Em resumo, nas possessória, o particular se encontra no polo passivo da relação, enquanto nos embargos de terceiro se acha o Estado.

C) A CLT, o CPC e os Embargos de Terceiro

a) A CLT e os Embargos de Terceiro: A Consolidação das Leis do Trabalho passou ao largo dos embargos de terceiro.

Em razão dessa circunstância, de há muito pacificou-se na doutrina, e mesmo na jurisprudência, o entendimento de, que na ocorrência, de turbação ou esbulho na posse dos bens do embargante por ato de apreensão judicial, num processo do trabalho, é-lhe lícito "requerer lhes sejam manutenidos ou restituídos por meio de embargos." (art. 1.046 do CPC).

A teor do disposto nessa lei processual, a constrição judicial de um bem reveste-se de lesividade por ato perpetrável tanto no curso do processo de conhecimento como no de execução. De fato, é consignado no dispositivo que, na fase de cognição, o ato em tela pode consistir em medida cautelar "quando houver fundado receio de que uma parte, antes do julgamento da lide, cause ao direito da outra lesão grave e de difícil reparação".

Com esse objetivo, é dado ao Juiz — para evitar o dano — autorizar ou vedar a prática de determinados atos, ordenar a guarda judicial de pessoas e depósito de bens e impor a prestação da caução. (art. 799 do CPC).

À esta altura já se percebe que, num processo trabalhista, não se discute o domínio ou posse de um bem, mas a violação de norma protetiva da relação de trabalho subordinado e a consequente indenização. Inobstante, ainda na fase de conhecimento do processo, existe a possibilidade de, mediante medida cautelar, um bem de terceiro sofrer apresamento judicial.

In casu, são cabíveis os embargos de terceiro.

Por oportuno, lembramos que o art. 1.048 do CPC diz, às expressas, que os embargos podem ser opostos a qualquer tempo no processo de conhecimento enquanto não transitada em julgado a sentença e, no processo de execução, até cinco dias depois da arrematação, adjudicação ou remição, mas sempre antes da assinatura da respectiva carta.

b) Pessoas Equiparáveis a Terceiro: De modo expresso, o § 2º, do art. 1.046 do CPC, equipara a terceiro a parte que, posto figure no processo, defende bens que, pelo título de sua aquisição ou pela qualidade em que os possuir, não podem ser atingidos pela apreensão judicial.

É também considerado terceiro o cônjuge que defende bens dotais próprios, reservados ou de sua meação.

Escusado dizer que, na hipótese, é indispensável provar-se a estipulação antenupcial, acerca dos bens dos cônjuges, aperfeiçoada antes do casamento e mediante escritura pública. Os efeitos dessas convenções para com terceiros depende de transcrição, em livro especial, pelo oficial do registro de imóveis do domicílio dos cônjuges.

O art. 1.668 do Código Civil arrola os casos de exclusão do regime da comunhão universal, como bens doados com a cláusula de incomunicabilidade ou gravados de fideicomisso; dote prometido ou constituído a filhos de outro leito e outros.

O art. 1.659 do Código Civil esclarece que no regime de comunhão parcial ou limitada, excluem-se da comunhão universal os bens que cada cônjuge possuir ao casar e os que lhe sobrevierem, na constância do matrimônio, por doação ou sucessão. Há outros casos que se prendem à comunhão parcial.

Os arts. 1.687 e ss. do Código Civil de 2002 referem-se a outras hipóteses de regimes patrimoniais do contraentes que restringem ou evitam por completo a comunhão universal.

Tais disposições codificadas servem de fundamento a embargos de terceiro opostos por um cônjuge quando um de seus bens reservados sofre indevida constrição judicial.

c) Casos Especiais de Embargos de Terceiro: O primeiro caso vamos encontrar no art. 1.047, do CPC, que admite embargos de terceiro propostos por credor com garantia real para obstar alienação judicial do objeto da hipoteca, penhor ou anticrese.

Se o credor foi notificado dos termos da execução e deixar o processo correr sem manifestar seu interesse, opera-se a extinção da hipoteca (RTJ 97/817). O silêncio do credor hipotecário faz precluir seu direito de, posteriormente, impugnar a alienação do bem gravado.

Há acórdão cuja ementa está vazada nos seguintes termos (RT 589/115):

"O bem hipotecado não é impenhorável, mas ao credor hipotecário está assegurado o direito de impedir a alienação judicial por meio de embargos de terceiro, desde que demonstrada a solvência do devedor, cujos ônus da prova não compete ao credor quirografário que executa (embargado)."

Se os embargos de terceiro se fundarem em garantia real, o embargado só poderá alegar que: a) o devedor comum é insolvente, o que inexiste na Justiça do Trabalho; b) o título é nulo ou não obriga a terceiro e c) outra é a coisa dada em garantia.

Já o segundo caso é relativo ao arrematante. De fato, o arrematante tem legitimidade para propor embargos de terceiro se o bem arrematado tiver ônus ao qual não se referiu o edital, como exige o inciso V, do art. 686 do CPC: *"Não requerida a adjudicação e não realizada a alienação particular do bem penhorado, será expedido o edital de hasta pública, que conterá: I — omissis; V — menção da existência de ônus, recurso ou causa pendente sobre os bens a serem arrematados".*

D) Do Procedimento dos Embargos de Terceiro

É ainda no CPC que há as normas procedimentais dos embargos de terceiro.

Sendo eles ação incidental mas autônoma, é evidente que se inicia por petição com os requisitos formais indicados no art. 282 do CPC, devendo conter *"a prova sumária de sua posse e a qualidade de terceiro, documentos e rol de testemunhas"* (art. 1.050).

Se a posse não puder ser provada documentalmente, faculta-se sua prova em audiência preliminar.

A despeito da sua incidentalidade, a ação de embargos de terceiros não prescinde da citação do embargado, é distribuída por dependência e corre em autos distintos perante a mesma Junta de Conciliação que tiver ordenado a apreensão do bem.

Se considerar suficiente a prova da posse e, com maior razão, do domínio, autoriza a Lei ao Juiz a deferir liminarmente os embargos. No caso não se exige manifestação preliminar do embargado (o exequente). Na espécie, é interlocutória a decisão e, por isso mesmo, irrecorrível.

Em consonância com o art. 1.051 do CPC, no caso de deferimento liminar dos embargos, a entrega dos bens só se fará depois de o embargante prestar caução de os devolver com seus rendimentos, caso seu pedido, a final, for julgado improcedente.

Semelhante exigência é compatível com os traços característicos do processo do trabalho. Ademais disso, a caução não é exigida de um trabalhador, mas do titular do direito ou do bem.

Essa liminar não semelha providência cautelar, o que nos permite dizer que sua natureza é de tutela antecipatória do provimento final (CPC art. 273).

Nos embargos de terceiro, o fim não é a obtenção de um bem, mas sua conservação. Por essa razão, ao deferir liminarmente os embargos, o juiz determina a expedição de mandado de manutenção ou de restituição em favor do embargante.

Se os embargos versarem a totalidade dos bens, tem o Juiz de suspender o processo principal, ou, conforme o caso, a execução; se o alvo é apenas parte dos bens, o processo principal prossegue somente quanto aos bens não embargados.

Quando o alvo dos embargos for a totalidade dos bens penhorados, tem o Juiz de suspender a execução e ordenar ao executado que nomeie outros; se for parte dos bens constristados e o restante garantir a execução, esta continuará normalmente.

Ocioso dizer que se os bens restantes não oferecerem garantia à execução, terá o executado de completá-los com outros até o limite necessário ao atendimento do *quantum debeatur.*

Reza o art. 1053 que o embargado tem 10 (dez) dias para oferecer contestação, oportunidade em que lhe poderá arguir fraude à execução, se provar conluio entre o embargante e o executado a fim de impedir que o processo de execução atinja plenamente seus fins.

Lembra *Teixeira Filho* (obra citada, p. 599) que "tendo sido oferecidos, ao mesmo tempo, embargos à execução e embargos de terceiro, a precedência para o julgamento deverá destes últimos, pois, em regra, acarretam reflexos jurídicos naqueles".

De fato, se acolhidos os embargos de terceiro, os do executado não poderão se recebidos e muito menos julgados antes de garantir a execução mediante a substituição, por outros, dos bens entregues a terceiro.

Se improcedentes os embargos de terceiro e rejeitados definitivamente, a respectiva sentença não faz coisa julgada no tangente aos direitos do embargante sobre os bens constritados judicialmente, os quais, induvidosamente, poderão ser levados à apreciação da Justiça comum.

E) Dos Recursos

É recorrível a sentença definitiva dos embargos de terceiros ofertados em processo de execução.

Qual o recurso cabível?

Durante muito tempo a doutrina pátria oscilou entre o recurso ordinário e o agravo de petição.

Nós mesmos — fazendo companhia a *Campos Batalha* (obra citada, p. 348) — entendíamos que a cabência, *in casu*, seria a do recurso ordinário, eis que os embargos de terceiro não se constituíam em simples incidente de execução, mas uma ação autônoma, embora acessória.

Outros, porém, sustentavam que os embargos de terceiro eram manifestados no curso do processo executivo e, consequentemente, a decisão era agravável por petição.

A controvérsia perdeu sentido com a superveniência da Lei n. 7.701, de 21 de dezembro de 1988, que deu ao § 4º do art. 896 a seguinte redação:

§ 4º *Das decisões proferidas pelos Tribunais do Trabalho, ou por suas Turmas, em execução de sentença, inclusive em processo incidente de embargos de terceiro, não caberá recurso de revista, salvo na hipótese de ofensa direta à Constituição Federal."*

A Lei n. 9.756, de 17.12.98, que deu nova redação ao art. 896, manteve essa redação do § 4º, só que agora no § 2º.

Infere-se desse dispositivo, com nova roupagem, que o agravo de petição é o único interponível nos embargos de terceiro, eis que no processo de execução só se admite tal recurso.

Sem embargo do *legem habemus*, temos de reconhecer que nossa primitiva posição doutrinária se casava melhor com a lógica digamos processual. De fato, se os embargos de terceiros são ação autônoma não podem ser, ao mesmo tempo, ação executiva. Logo, aquela deveria — em matéria recursal — seguir o procedimento das ações ordinárias.

F) Conclusão

De tudo que dissemos nas linhas precedentes, com o respaldo da melhor doutrina, é certo que:

a) os embargos de terceiros não são mero incidente de execução, mas uma ação autônoma, embora incidental;

b) o Estatuto Processual prevê o recurso ordinário contra a decisão denegatória dos embargos, mas, o objeto da reclamatória trabalhista inviabiliza o emprego desse instituto;

c) a teor do disposto no § 2º, do art. 896 (com redação da pela Lei n. 9.756/98) da CLT, o recurso interponível, na espécie, é o agravo de petição.

326.2. Embargos de Terceiro e o Supremo Tribunal Federal

Por unanimidade, a 2ª Turma do Supremo Tribunal Federal negou provimento ao agravo regimental em agravo de instrumento n. 209.792-1 (*in* DJU de 22.5.98, p. 9) e o respectivo acórdão está assim ementado:

"Constitucional. trabalho. recurso de revista em execução de sentença. ofensa direta à constituição federal. lei n. 7.701, de 21.12.88, art. 12 § 4º. I — Das decisões proferidas pelos Tribunais Regionais do Trabalho, em execução de sentença, inclusive em processo incidente de embargos de terceiro, não caberá o recurso de revista, salvo na hipótese de ofensa direta à Constituição Federal. Lei n. 7.701, de 21.12.88, art. 12, § 4º. Súmulas ns. 210 (esclarecemos, essa Súmula foi cancelada) e 266 do TST. II — R.E. inadmitido. Agravo não provido."

Em verdade, o § 4º, do art. 896 da Consolidação das Leis do Trabalho, com a redação dada pela Lei 7.701/88, dá respaldo ao aresto da Corte Suprema ao estatuir que "das decisões proferidas pelos Tribunais Regionais do Trabalho, ou por suas Turmas, em execução de sentença, inclusive em processo incidente de embargos de terceiros, não caberá recurso de revista, salvo na hipótese de ofensa direta à Constituição Federal".

Tem atualmente esse dispositivo consolidado a mesma redação, só que no § 2º do art. 896, de conformidade com a Lei n. 9.756/98.

A Súmula n. 266 mencionada na ementa acima transcrita repete, praticamente, o que se contém naquele preceito da Lei n. 7.701. O Embargante, na hipótese em foco, se fizer prova irrefutável de que lhe pertence o bem sujeito à indevida constrição judicial, abre a via do apelo extremo invocando o inciso XXII, do art. 5º, da Constituição Federal — verbis: "é garantido o direito de propriedade". Eis o teor dessa Súmula: "A admissibilidade do recurso de revista interposto de acórdão proferido em agravo de petição, na liquidação de sentença ou em processo incidente na execução, inclusive os embargos de terceiro, depende de demonstração inequívoca de violência direta à Constituição Federal".

Configura-se, assim, ofensa direta ao Texto Maior, como pressuposto da admissibilidade do recurso de revista contra decisão do Tribunal Regional para chegar à meta final que é a apreciação do litígio pela Suprema Corte.

CAPÍTULO XXIX
Trâmites Finais da Execução

327. Subsistência ou Insubsistência da Penhora

Já fizemos remissão ao art. 739 do CPC — extensível ao processo trabalhista —, que permite ao Juiz rejeitar, liminarmente, os embargos à execução quando: apresentados fora do prazo legal; quando inepta a petição (art. 295), ou quando manifestamente protelatórios.

Se o executado tiver arrolado testemunhas, o Juiz poderá marcar audiência, em cinco dias, para produção de provas.

O art. 886 da CLT não obriga o Juiz a autorizar a produção de provas só porque o executado a requereu; diz que ele a deferirá "caso julgue necessários" os depoimentos das testemunhas.

É óbvio que essa decisão é reformável caso se demonstre não ser a prova indispensável à elucidação do ponto controvertido.

A produção de provas, no curso dos embargos, obedece às mesmas disposições pertinentes ao processo de conhecimento.

Produzida a prova julgada necessária, tem o secretário da Vara do Trabalho 48 horas para fazer conclusos os autos ao juiz para proferir decisão, julgando subsistente ou insubsistente a penhora. Na hipótese, têm as partes de ser intimadas dessa decisão por registro postal com franquia.

A sentença que julga embargos opostos pelo Executado deve ter estrutura idêntica à das sentenças finais do processo de cognição: fundamentação e conclusão.

Inexistindo embargos, basta simples despacho declarando a subsistência ou a insubsistência da penhora.

328. Avaliação

Consoante o art. 656 do CPC, inciso VII, a parte poderá requerer a substituição da penhora se o devedor não indicar o valor dos bens ou omitir qualquer das indicações a que se referem os incisos I a IV do art. 655 do parágrafo único do art. 668 do CPC — indicar as respectivas matrículas e registros dos bens imóveis, situá-los e mencionar as divisas e confrontações; estado e lugar em que se encontram os bens móveis; número de cabeças de semoventes e o imóvel em que se encontram; quanto aos créditos, identificação do devedor, sua qualificação, origem da dívida o título que a representa e a data do vencimento.

Se o exequente aceitar a estimativa feita pelo executado na nomeação dos bens à penhora, não se procederá à avaliação (art. 684 do CPC).

O mesmo acontece com execução garantida por títulos ou mercadorias que tenham cotação em bolsa, comprovada por certidão ou publicação oficial (inciso II do mesmo art. 684).

As apontadas divisões do processo civil são aplicáveis à execução trabalhista porque a Lei n. 6.830 é omissa a respeito desse aspecto da avaliação. De outra parte, é incontestável que a diretriz traçada pelo CPC guarda compatibilidade com o princípio da economia processual.

As normas legais que pertinem à avaliação na execução trabalhista não primam pela clareza. Afora isso, distribuem-se de forma desordenada na CLT, o que contribui para a incerteza reinante na doutrina acerca do momento processual em que se há de levar a termo a avaliação do ou dos bens penhorados.

Para *Campos Batalha* ("Tratado de Direito Judiciário do Trabalho", p. 881, LTr) o momento processual da avaliação situa-se imediatamente após a decisão que deu pela subsistência da penhora; segue na esteira desse renomado autor *Tostes Malta* ("CLT Comentada", 3. ed., p. 1.096).

Como frisamos há pouco, a CLT não diz, de modo expresso, que a avaliação tenha de ser feita após declarada subsistente a penhora. Deixa entrever, no art. 721, que o oficial de justiça ou o de avaliação podem realizar essa diligência.

É certo, outrossim, que a fórmula consagrada pelos citados autores não ofende qualquer norma legal. O Juiz que a adotar receberá os embargos à execução após a avaliação. Desse modo, o Executado terá ensejo de impugnar o critério da avaliação ou de arguir excesso de penhora.

Para *Mascaro Nascimento* e *José Serson* o momento certo da avaliação é o da penhora, quando o oficial de justiça dá o valor dos bens ("Curso de Direito Processual do Trabalho", Saraiva, 1978, p. 274, e Suplemento Trabalhista n. 55/81 da LTr Editora, respectivamente).

Comungamos do pensamento destes dois últimos autores. Isso porque é indubitável que essa posição atende melhor ao princípio da celeridade processual. Assim, o Executado, ao opor os embargos à execução, já falará sobre a avaliação e a penhora, notadamente se esta foi coativa. O Exequente, por seu turno, também poderá manifestar-se sobre a nomeação dos bens à penhora feita pelo Executado e sobre os valores dados aos bens pelo oficial-avaliador.

Reconheçamos, desde já, que a CLT, no § 2º do art. 886, dispõe expressamente que a avaliação dos bens penhorados se realiza depois da decisão que julga subsistente ou insubsistente a penhora.

Portanto, não prevê avaliação feita concomitantemente com a penhora.

Dir-se-á que o art. 721 também da CLT, com a redação dada pela Lei n. 5.442, de 24 de maio de 1968, que estatui que *"incumbe aos oficiais de justiça e oficiais de justiça avaliadores a realização dos atos decorrentes da execução dos julgados das Varas do Trabalho..."* autoriza essa concomitância da penhora e da avaliação.

O texto há pouco invocado não abona tal conclusão.

Diz, apenas, que há duas classes de oficiais de justiça: uma para realizar diligências comuns no processo trabalhista e outra para avaliar bens penhorados.

Não percebemos qualquer conflito entre essa norma e a do § 2º do art. 886 do Estatuto do Trabalho. Cingiu-se a derrogar o § 2º do art. 867, que proíbe a designação de serventuários da Justiça do Trabalho para servir como avaliadores.

Ante o conteúdo do art. 721 da CLT, não se pode chegar à certeza de que a avaliação se realiza junto com a penhora nem de que, no processo de execução, o mesmo oficial de justiça pode receber, também, a incumbência de avaliar os bens penhorados.

Todavia, insistimos em dizer que somos favoráveis à concomitância da penhora e da avaliação, porque o fato não traz qualquer prejuízo às partes. Ao revés, como já observamos, a unificação dos dois atos processuais vai permitir ao Executado a arguição de excesso de penhora ou, em sendo esta coativa, ter sido desrespeitada a ordem legal e, quanto ao Exequente, alegar a insuficiência dos bens penhorados.

É flagrante a economia processual decorrente da simultaneidade dos dois atos.

De notar-se que a Lei n. 6.830, no seu art. 13, reza: *"O termo ou auto de penhora conterá, também, a avaliação dos bens penhorados, efetuada por quem o lavrar"*.

Acrescenta a Lei de Execução Fiscal que só será nomeado avaliador oficial se for impugnada a avaliação feita daquela maneira.

O mesmo não pode ocorrer na Justiça do Trabalho.

Em face do disposto no art. 721 da CLT o avaliador oficial é o oficial de justiça qualificado para proceder a tal diligência.

Em suma, a fluidez das normas da CLT propicia várias interpretações que autorizam a realização da avaliação em momentos processuais diferentes, quais sejam: a avaliação se consuma quando o Exequente aceita a estimativa feita pelo Executado na nomeação de bens para garantia da execução; b) o juiz pode determinar ao oficial de justiça que assuma o papel de avaliador ao realizar a penhora coativa; c) após declarada a subsistência da penhora, é permitido ao Juiz ordenar a avaliação dos bens penhorados.

Reza o art. 681 do CPC, aplicável ao processo de execução trabalhista, que o laudo do avaliador conterá: a descrição dos bens, com os seus característicos e a indicação do estado em que se encontram; o valor dos bens.

Quando o imóvel for susceptível de cômoda divisão, o avaliador, tendo em conta o crédito reclamado, avaliá-lo-á em suas partes, sugerindo os possíveis desmembramentos. Isto acontece num prédio de apartamentos pertencente a um só dono; se uma unidade do prédio servir para garantia da execução, não se faz necessário afetar todo o imóvel.

Admite-se nova avaliação quando se provar erro ou dolo do avaliador, se for comprovado que, após a avaliação, houve majoração ou diminuição do valor dos bens ou se houver fundada dúvida sobre o valor atribuído ao bem (art. 683 do CPC).

Consideramos justa segunda avaliação quando, devido ao espaço de tempo entre ela e a arrematação, os valores atribuídos aos bens ficaram aquém da realidade.

329. Impedimentos do Oficial de Justiça Avaliador

Pode o oficial de justiça avaliador ser recusado pelas partes quando: a) amigo íntimo ou inimigo capital de qualquer das partes; b) uma das partes for credora ou devedora dele, de seu cônjuge ou de parentes destes, em linha reta ou colateral até o terceiro grau, herdeiro presuntivo, donatário ou empregador de alguma das partes; c) receber dádivas antes ou depois de iniciado o processo; d) aconselhar algumas das partes acerca do objeto da causa ou subministrar meios para atender às despesas do litígio; e) interessado no julgamento da causa em favor de uma das partes.

É permitido ao oficial de justiça declarar-se impedido por motivo íntimo (art. 135 combinado com o art. 138 do CPC).

O impedimento do avaliador deve ser arguido, pela parte, em petição fundamentada e devidamente instruída. O juiz mandará processar o incidente em separado e sem suspensão da causa, ouvindo o arguido no prazo de cinco dias, facultando a prova quando necessária e julgando o pedido.

Nos Tribunais cabe ao relator processar e julgar o incidente (§ 2º do art. 138 do CPC).

330. Arrematação ou Alienação em Hasta Pública

Com razão chama *Tostes Malta* ("Prática do Processo Trabalhista", 24ª ed., LTr Editora, 1993, p. 781) nossa atenção para o fato de que não tem qualquer consistência a alegação de que importa em nulidade a publicação dos editais da praça em órgão oficial, porque a lei determina que a publicação se faça em órgão local. De fato, até hoje, nenhum órgão da Justiça do Trabalho proclamou essa espécie de nulidade.

É pela arrematação que a Vara do Trabalho promove a transferência forçada dos bens do devedor a terceiro estranho à execução ou ao próprio Exequente em virtude da oferta vitoriosa do maior lance feito em licitação.

Não é esse instituto jurídico uma venda judicial dos bens penhorados, porque o dono dos bens — o transmitente, portanto — transfere-os a outrem a contragosto; na venda, isso se faz consensualmente.

Em verdade, na execução, o Estado apreende os bens do devedor. É um ato expropriatório e pratica-o no exercício da função jurisdicional.

Consoante o art. 888 da CLT, concluída a avaliação, dentro de dez dias contados da designação do oficial-avaliador, realizar-se-á a arrematação em praça anunciada por edital afixado na sede do Juízo ou do Tribunal e publicado no jornal local, se houver, com a antecedência mínima de vinte dias. Em virtude desta norma, não se aplica aqui o art. 22 da Lei n. 6.830.

O edital conterá tudo que se consigna no art. 686 do CPC: a) descrição do bem penhorado com suas características e, tratando-se de imóvel, a situação e divisas com remissão à matrícula e aos registros; b) o valor do bem; c) o lugar onde estiverem os móveis, veículos e semoventes e, sendo direito e ação, os autos do processo em que foram penhorados; d) o dia e a hora de realização da praça, se bem imóvel, ou o local, dia e hora de realização do leilão, se bem móvel; e) a menção da existência do ônus, recurso ou causa pendente sobre os bens a serem arrematados; f) a comunicação de que, se o bem não alcançar lanço superior à importância da avaliação, seguir-se-á, em dia e hora que forem desde logo designados entre os dez e vinte seguintes, a sua alienação pelo maior lanço.

A propósito sobre recurso ou causa pendente sobre os bens expropriados executivamente, temos de considerar a possibilidade de estar pendente demanda em que se discute o próprio título judicial, isto é, a sentença em execução, o que não acontece se proposta ação rescisória, que esteja desprovida de efeito suspensivo. Esse fato deve constar do edital.

Quando se levam à praça títulos ou mercadorias que tenham cotação em bolsa, do edital deve constar o valor da última cotação antes da sua publicação.

A gratuidade da publicação do edital é apenas assegurada à Fazenda Pública (art. 22 da Lei n. 6.830).

O executado terá ciência do dia, hora e local da alienação judicial por intermédio de seu advogado ou, se não tiver procurador constituído nos autos, por meio de mandado, carta registrada, edital ou outro meio idôneo, conforme o art. 687, § 5º, do CPC. Entendemos que esse dispositivo é aplicável na Justiça do Trabalho, posto que a CLT e a própria Lei de Execução Fiscal são omissas quanto a isso.

Já de há muito tempo, existem decisórios no sentido de considerar válida a intimação da hasta pública quando esta é feita na pessoa do advogado da parte (TRT da 5ª. Reg., AP 01.07.89.2005-55, J. 05.07.2001; TRT 9ª Reg., Processo n. 12434/2001-2000; DJPR 4.6.2001).

A praça realiza-se no átrio do fórum; o leilão, onde estiverem os bens ou no lugar designado pelo Juiz (§ 2º do art. 686 do CPC).

Na Justiça do Trabalho, a praxe é realizar a praça no saguão da Vara do Trabalho.

A Lei n. 7.363, de 1º.9.1985, acrescentou um parágrafo 3º ao art. 686 do CPC, que teve sua redação alterada pela Lei n. 11.382 de 6.12.1986 para dispor que, quando os bens penhorados não excederem o valor correspondente a sessenta vezes o valor do salário mínimo vigente na data da avaliação, fica dispensada a publicação de editais, mas, na hipótese, o preço da arrematação não poderá ser inferior ao da avaliação.

A nosso ver, essa regra do CPC é inaplicável ao processo trabalhista, uma vez que o art. 888 não abriu qualquer exceção quanto à exigência da publicação de edital.

Pesa-nos fazer essa assertiva, uma vez que a publicação do edital acarreta vultosa despesa.

Não se realizando, por motivo justo, a praça ou leilão, o juiz mandará publicar novo edital. O escrivão, o porteiro ou o leiloeiro que, culposamente, der causa à transferência da data, responderá pelas despesas da nova publicação (art. 688 do CPC).

Sobrevindo a noite, prosseguirá a praça no dia útil imediato, à mesma hora em que teve início, independentemente de novo edital (art. 689 do CPC).

A Lei n. 11.382, de 6.12.2006, acrescentou um novo artigo ao CPC, o art. 689-A, dizendo que, a requerimento do exequente, o procedimento previsto nos arts. 686 a 689, que tratam da alienação judicial em hasta pública, poderá ser substituído por alienação realizada por meio da rede mundial de computadores, com uso de páginas virtuais criadas pelos Tribunais ou por entidades públicas ou privadas em convênio com eles firmado.

No praceamento dos bens, depois de observadas todas as formalidades previstas na CLT, Lei n. 6.830 e CPC, os lanços serão feitos por todo aquele que estiver na livre administração de seus bens.

Excetuam-se, conforme art. 690-A do CPC: I) os tutores, os curadores, os testamenteiros, os administradores os síndicos ou os liquidantes — quanto aos bens confiados à sua guarda e responsabilidade; II) os mandatários, quanto aos bens de cuja administração ou alienação estejam encarregados; III) o juiz, os membros do Ministério Público e da Defensoria Pública, o escrivão e demais servidores e auxiliares da Justiça.

É nula a arrematação feita por qualquer dos que acabamos de mencionar. Se feita por um deles, a arrematação será anulada ou desconstituída nos próprios autos da execução.

De ressaltar-se que o advogado do Exequente não está impedido de arrematar em praça pública.

A arrematação, isto é, a transferência coativa dos bens do devedor para quem der o maior lanço, faz-se no prazo de 24 horas depois de pagar sinal de 20% do valor do lanço vencedor (art. 888, § 4º, da CTL). Não sendo realizado esse depósito, o arrematante ou seu fiador perderá esse sinal em benefício da execução, voltando à praça os bens executados.

Já o art. 690 do CPC estabelece que a arrematação far-se-á mediante pagamento imediato do preço ou no prazo de quinze dias, mediante caução idônea. Essa regra não é aplicável ao processo do trabalho, posto que existe norma específica na CLT, como foi apontado acima.

Plenamente aplicável ao processo do trabalho, estabelece o § 1º do art. 690, do CPC, com redação dada pela Lei n. 11.382, de 6.12.2006, a possibilidade da arrematação de imóvel mediante o pagamento em prestações. Nesse caso, o interessado poderá apresentar por escrito sua proposta, nunca inferior à avaliação, com oferta de pelo menos 30% (trinta por cento) à vista, sendo o restante garantido por hipoteca sobre o próprio imóvel. As propostas para aquisição em prestações, que serão juntadas aos autos, indicarão o prazo, a modalidade e as condições de pagamento do saldo.

No caso de arrematação a prazo, os pagamentos feitos pelo arrematante pertencerão ao exequente até o limite de seu crédito, e os subsequentes ao executado.

O art. 695 do CPC admite um fiador que assegure o cumprimento da obrigação contraída pelo arrematante, e, se este não pagar o preço do seu lanço vencedor, aquele (o fiador) poderá fazer esse pagamento, caso em que poderá requerer que a arrematação lhe seja transferida (art. 696 do CPC). Esse requerimento deve ser dirigido ao Juiz antes de marcar nova praça.

No entanto, se o arrematante ou seu fiador não pagar o preço no prazo estabelecido, o juiz impor-lhe-á, em favor do exequente, a perda da caução, voltando os bens a nova praça ou leilão, dos quais não serão admitidos a participar o arrematante e o fiador remissos.

Suspende-se a execução assim que o produto da alienação bastar para o pagamento do credor (art. 692 do CPC). Pela execução, expropria-se do patrimônio do devedor apenas o necessário à satisfação do crédito do Exequente. Ir além desse limite ou dessa conveniência é sacrificar inutilmente o patrimônio do devedor.

Não é por outra razão que, quando da praça ou do leilão, deve o juiz providenciar uma conta bem atualizada do principal e das custas (e dos honorários advocatícios, nos casos de assistência judiciária), a fim de que a observância do disposto no art. 692 do CPC não enfrente maiores dificuldades.

De ordinário, é aceito qualquer lanço na praça. O único ou o maior de todos sempre deve ser levado ao Juiz para aprovar a arrematação.

Se a quantia proposta for claramente inferior ao valor real dos bens praceados, é dado ao Juiz recusá-la.

Se aceito o lanço, deve o arrematante obter na Secretaria da Vara do Trabalho, a guia para o depósito de 20% e complementar o preço no prazo de 24 horas. Decorrido esse prazo sem a integralização do lanço aprovado, perde o arrematante o sinal de 20% em benefício da execução e os bens penhorados voltam à praça.

É de toda a prudência que o Juiz encerre a praça depois de comprovado o recolhimento dos 20% do lanço vitorioso.

Escoado um prazo razoável sem que o arrematante retorne com a comprovação do pagamento da quantia equivalente aos 20% do lanço vencedor, deve o juiz determinar o prosseguimento da execução.

Cabe ao credor executar o arrematante pelo valor do sinal que não depositou, valendo como título executivo a certidão comprobatória dessa inadimplência, desde que haja documento firmado por aquele (o arrematante) do qual conste a obrigação de pagar o questionado sinal (inciso II do art. 585 do CPC).

Discute-se se o Exequente deve, ou não, participar da licitação.

Consoante o parágrafo único do art. 690-A do CPC — *verbis*: "*O exequente, se vier a arrematar os bens, não estará obrigado a exibir o preço; mas, se o valor dos bens exceder o seu crédito, depositará, dentro de 3 (três) dias, a diferença, sob pena de ser tornada sem efeito a arrematação e, neste caso, os bens serão levados a nova praça ou leilão à custa do exequente*".

Infere-se do preceito que o credor pode participar da praça como um arrematante qualquer.

Pensamos ser obrigatória essa participação.

Opinião discrepante da nossa é permitir que o credor entre na posse dos bens pelos valores da avaliação, quando, no praceamento, é perfeitamente previsível lanço de valor maior que a avaliação.

Há quem imagine que o art. 24 da Lei n. 6.830 seja de aplicação subsidiária ao processo trabalhista, isto é, após a licitação tem o Exequente prazo de 30 dias para requerer a adjudicação dos bens penhorados.

Parece-nos indefensável a extensão dessa norma à execução trabalhista.

A Lei n. 6.830 concede uma prerrogativa ou um benefício à Fazenda Pública. Não nos parece razoável outorgar igual a vantagem a um particular, como o é o credor na execução trabalhista.

Ademais disso, diz a CLT que à execução nela regulada são aplicáveis preceitos da Lei n. 6.830 que digam respeito "aos trâmites e incidentes" do processo e não estabelece a equiparação do Exequente à Fazenda Pública, no tangente a seus direitos e prerrogativas como pessoa de Direito Público Interno.

Na Justiça do Trabalho, a arrematação é feita pelo maior lanço, que será garantido com um sinal de 20% (art. 888, § 1º, da CLT).

Há quem sustente a tese de que estará violando a lei o Juiz que invalidar a praça porque o preço alcançado, para arrematação do bem penhorado, foi ínfimo.

Como frequentadores habituais, há pessoas cuja única ocupação é participar de praças e leilões para obter os maiores lucros possíveis. A estes, há uma barreira.

Trata-se do art. 692 do CPC, de aplicação subsidiária ao processo trabalhista, com a redação dada pela Lei n. 8.953, de 13 de dezembro de 1994, dispondo em seu *caput* que, em segunda praça, não será aceito lanço que ofereça preço vil.

Esse dispositivo, no seu texto anterior, dizia que o lanço vil seria rejeitado se não bastasse para a satisfação de parte razoável do crédito.

Discute-se, no plano doutrinário, o que se entende por preço vil e lamenta-se a ausência de um critério que leve a essa apuração.

Temos para nós que o assunto se resolve, na prática, de duas maneiras: a) é vil o preço que se distancia consideravelmente do valor que a avaliação atribuiu ao bem ou b) quando o preço oferecido está muito afastado do valor que, no mercado, tem esse bem.

De qualquer modo, temos como irrefutável que o novo texto do art. 692 é bem mais objetivo que o anterior. De fato, dizer — como o fazia o artigo anteriormente — que o lanço seria considerado vil se não satisfizesse, pelo menos, parte razoável do crédito era admitir o seguinte absurdo: se o lanço cobrisse boa parte do *quantum debeatur*, não estaria aviltado o valor do bem praceado, embora este, no mercado, pudesse alcançar estimativa bem mais elevada.

Interpretação literal do dispositivo em foco poderá ocasionar séria lesão ao patrimônio do Executado.

Se a praça ou o leilão for de diversos bens e houver mais de um lançador, dar-se-á preferência àquele que se dispuser a arrematá-los englobadamente, oferecendo, para os que não tiverem licitante, preço igual ao da avaliação e, para os demais, o de maior lanço (art. 691 do CPC).

Procura o Código de Processo Civil aumentar as probabilidades de obtenção de recursos pela praça, para a completa cobertura do débito do Executado.

A alienação englobada, se considerada mais conveniente pelo Juiz, há de merecer sua aprovação.

Nos termos do art. 619 do CPC, é ineficaz a alienação de bem aforado ou gravado por penhor, hipoteca, anticrese ou usufruto em relação ao senhorio direto ou ao credor pignoratício, hipotecário, anticrético ou usufrutuário que não houver sido intimado.

Reza o art. 701 do CPC que, se o imóvel do incapaz não alcançar, em praça, pelo menos 80% do valor da avaliação, o Juiz o confiará à guarda e administração de depositário idôneo, adiando a alienação por prazo não superior a um ano.

No § 1º desse mesmo artigo é informado que, durante o prazo de adiamento, se algum pretendente assegurar, mediante caução, o preço da avaliação, o Juiz determinará a alienação em praça, pois existe a possibilidade de aparecer alguém disposto a pagar preço mais elevado pelo bem.

No decorrer do prazo acima referido (um ano, no máximo) é lícito ao Juiz autorizar a locação do imóvel.

A arrematação consta de auto lavrado de imediato, nele mencionadas as condições pelas quais foi alienado o bem (art. 693 do CPC). A ordem de entrega do bem móvel ou a carta de arrematação do bem imóvel será expedida depois de efetuado o depósito ou prestadas as garantias pelo arrematante.

Assinado o auto pelo Juiz, pelo arrematante e pelo serventuário da justiça ou leiloeiro, a arrematação se aperfeiçoa, ainda que venham a ser julgados procedentes os embargos do executado. Contudo, o art. 694 do CPC admite que ela será tornada sem efeito: por vício de nulidade; se não for pago o preço ou se não for prestada a caução; quando o arrematante provar, nos cinco dias seguintes, a existência de ônus real ou de gravame não mencionado no edital; a requerimento do arrematante, na hipótese de embargos à arrematação; quando realizada por preço vil; se não tiverem sido intimados, com antecedência de pelo menos dez dias, o senhorio direto, o credor com garantia real ou com penhora anteriormente averbada que não figurem como partes na execução (art. 698 do CPC).

Arguindo nulidade da execução ou causa extintiva da obrigação (pagamento, novação, transação ou prescrição), desde que supervenientes à penhora (art. 746 do CPC), e desde que não estejam preclusas suas alegações, pode o Executado apresentar no prazo de cinco dias os embargos: *"Art. 746 — É lícito ao executado, no prazo de 5 (cinco) dias, contados da adjudicação, alienação ou arrematação, oferecer embargos fundados em nulidade da execução, ou em causa extintiva da obrigação, desde que superveniente à penhora, aplicando-se, no que couber, o disposto neste Capítulo".*

Oferecidos os embargos poderá o adquirente desistir da aquisição, caso em que o juiz deferirá de plano o requerimento, com a imediata liberação do depósito feito pelo adquirente. Caso os embargos sejam declarados manifestamente protelatórios, o juiz imporá multa ao embargante, não superior a 20% (vinte por cento) do valor da execução, em favor de quem desistiu da aquisição.

O TST consolidou sua jurisprudência no sentido de que descabe o mandado de segurança contra decisão homologatória da adjudicação, mas sim embargos à adjudicação, na forma do art. 746, do CPC.

Nesse sentido, ele editou a Orientação Jurisprudencial n. 66, SDI-2: *"Mandado de segurança. Sentença homologatória de adjudicação. Incabível — É incabível o mandado de segurança contra sentença homologatória de adjudicação uma vez que existe meio próprio para impugnar o ato judicial, consistente nos embargos à adjudicação (CPC, art. 746)".* O TST editou, também, a Súmula n. 399, item I, ao tratar da adjudicação: *"Ação rescisória. Cabimento. Sentença de mérito. Decisão homologatória de adjudicação, de arrematação e de cálculos. I — É incabível ação rescisória para impugnar decisão homologatória de adjudicação ou arrematação. II ...".*

Não sendo apresentados os embargos, o juiz mandará expedir o mandado para entrega do bem arrematado. Desse mandado ou carta de arrematação (art. 703 do CPC) deve constar: a descrição do imóvel, com remissão à sua matrícula e registros; a prova de quitação do imposto de transmissão; a cópia do auto de arrematação.

A carta de arrematação nada mais é que uma escritura de compra e venda ainda não transcrita no Registro de Imóveis. Se o bem arrematado não for imóvel, consuma-se a arrematação com a simples tradição da coisa.

Estatui o Código Tributário Nacional, no art. 130, que os impostos devidos pelo Executado não são exigíveis do arrematante; sub-rogam-se no preço da arrematação.

Não diz a lei a quem cabe pagar as custas da arrematação.

A praxe, na maioria das Varas, é cobrá-las do Executado.

A doutrina, de modo geral, afirma que cabe ao arrematante arcar com tal despesa.

Parece-nos que o problema, na maioria das vezes, resolve-se com um cálculo prévio da despesa para tentar satisfazê-la com o produto da alienação.

Segundo o disposto no art. 705, inciso IV, do CPC, cabe ao arrematante pagar a comissão do leiloeiro.

Prática muito antiga na Justiça do Trabalho é o arrematante ou o Exequente irem à procura do depositário dos bens levados à praça e solicitar-lhe a entrega destes mediante a exibição de uma via do auto de arrematação ou de adjudicação.

A recusa do depositário dá origem a mandado a ser cumprido por oficial de justiça. Não se faz mister ação de imissão na posse. Nos próprios autos da execução, obtém-se a imissão na posse mediante mandado contra o depositário.

Havia uma forte discussão se o depositário público ou particular (o devedor, por exemplo) desse sumiço aos bens confiados à sua guarda, estaria sujeito à prisão civil, caso não devolvesse a coisa que lhe foi entregue ou seu valor em dinheiro. O STF pacificou essa discussão ao editar a Súmula Vinculante n. 25, vazada nos seguintes termos: *"É ilícita a prisão civil de depositário infiel, qualquer que seja a modalidade do depósito".*

O depositário, no caso, nada mais é que um auxiliar da Justiça.

O depósito aqui tratado não tem qualquer semelhança com o depósito disciplinado pelo Direito Privado e que podem provocar a ação regulada nos arts. 901 a 906 do CPC.

O depositário, no processo executivo, tem funções de agente do Direito Público.

Já destacamos que o adquirente de imóvel alienado judicialmente obtém imissão na posse mediante simples mandado no processo em que obteve a carta de adjudicação ou arrematação, desde que o mandado se dirija contra o depositário judicial ou proprietário devedor.

Contudo, se o bem se encontrar em poder de terceiro (locatário, comodatário e outros) que não foi parte no processo, tem o adquirente-arrematante de propor ação de imissão de posse perante a Justiça Comum.

Damos particular importância ao significado do texto do art. 486 do CPC.

Há quem se louve nesse preceito para postular em juízo a anulação da carta de arrematação, por entender que se trata de mero ato judicial, de caráter homologatório.

Improcede esse entendimento, embora reconheçamos que a jurisprudência ainda se revele vacilante sobre a espécie de ação a ser proposta, se ordinária de anulação do ato ou rescisória.

Se os embargos à execução não foram oferecidos tempestivamente, parece-nos que a ação há de ser rescisória; se o foram dentro do prazo legal, propor-se-á ação ordinária.

330.1. Embargos à Arrematação, à Adjudicação e à Remição

São oponíveis embargos à arrematação, adjudicação e remição, visando à anulação de atos posteriores à penhora por ostentarem vícios de mérito ou de forma, tais como, falta de publicação de edital, nulidades surgidas no próprio leilão (vg leiloeiro declara a inexistência de licitantes, encerrando o leilão, e, ato contínuo, reabre-o, aceitando lance, quando deveria submeter a nova licitação com publicação de edital, caso seja ele necessário), desrespeito ao prazo mínimo ou deferimento de remição ou adjudicação a destempo.

Há quem considere aplicável ao processo de execução trabalhista o art. 746, do CPC: *"é lícito ao executado, no prazo de 5 (cinco) dias, contados da adjudicação, alienação ou arrematação, oferecer embargos fundados em nulidade da execução, ou em causa extintiva da obrigação, desde que superveniente à penhora, aplicando-se, no que couber, o disposto neste Capítulo".* Alguns entendimentos minoritários sustentam que, na espécie, tais embargos não são aplicáveis no processo trabalhista, posto que existe norma expressa contida na letra "a" do art. 897 desta Consolidação: cabe agravo de petição das decisões do juiz nas execuções. Todavia, nesse agravo só se deve arguir nulidade da execução, pagamento, novação, transação ou prescrição, desde que supervenientes à penhora, como reza o art. 746, do CPC.

Todavia, o entendimento majoritário é no sentido contrário. Admite-se a apresentação de embargos à arrematação ou à adjudicação. A jurisprudência atual do TST acompanha essa corrente, como se constata da leitura da Orientação Jurisprudencial n. 66, SBDI-2, *verbis:* "*Mandado de segurança. Sentença homologatória de adjudicação. Incabível —* É incabível o mandado de segurança contra sentença homologatória de adjudicação uma vez que existe meio próprio para impugnar o ato judicial, consistente nos embargos à adjudicação (CPC, art. 746)".

A lei não indica expressamente em que prazo poderão ser tais embargos oferecidos. Por analogia com os demais embargos (art. 884, da CLT), podemos concluir que o prazo também é de 5 (cinco) dias para o particular. Ver nota 1, do art. 884, deste livro, no que tange ao prazo da Fazenda Pública. Após esse prazo, descabem tais embargos, devendo, então, ser proposta a ação anulatória, conforme o disposto no art. 486, do CPC. Caso antes desse prazo seja assinada a carta de arrematação, também descabem os embargos e somente será possível discutir a questão em ação anulatória.

É lícito entender que a contagem do prazo desses embargos se inicia no momento em que esses atos de arrematação ou de adjudicação se tornam perfeitos e acabados, ou seja, na data da assinatura dos respectivos autos (arts. 693 e 715, § 1º, CPC). Se houver a apresentação antes da assinatura do auto, os embargos não devem ser admitidos.

Registre-se que o rol de matérias invocáveis nesses embargos, como constante do art. 746, do CPC, é meramente exemplificativo, abrangendo qualquer outra causa impeditiva, modificativa ou extintiva da obrigação, que tenha surgido após a penhora.. A matéria que pode ser alevantada é aquela que o devedor não pode invocar nos embargos à execução, porque resultante de fato posterior, de fato ou prova cujo conhecimento, cujo acesso ou cuja disponibilidade foi posterior (conf. "O Processo de Execução", de *Leonardo Greco*, p. 614, vol. II, 2001).

A carta de arrematação não se confunde com auto de arrematação. A arrematação, por ser um ato processual complexo, deve ser documentada em um AUTO, cuja lavratura deverá ser feita imediatamente à realização da praça ou do leilão, conforme o art. 693, do CPC. Quer dizer, praceado ou leiloado o bem, assina-se o auto de arrematação, que torna perfeita, acabada e irretratável a alienação ou venda judicial. No dizer de *José Frederico Marques*, o auto de arrematação é um elemento essencial para a validade do ato praticado por um licitante em hasta pública, como se lê deste seu precioso ensinamento: "Sem o auto, a arrematação não se completa, porquanto se trata (na arrematação) de ato processual complexo, que só se perfaz quando praticados todos os atos que o compõem. Sem o auto, a arrematação, além de incompleta, fica sem a devida formalização. No auto, está a documentação procedimental da praça e da alienação. É ele o elemento em que se formaliza a arrematação e que, ao mesmo tempo em que a documenta, a faz completa e acabada. Sem o auto, a arrematação fica incompleta e sem os sinais externos ou formalidades que a documentam" ("Manual de Direito Processual Civil", vol. 4, p. 288, Millenium Editora).

O auto de arrematação é um mero compromisso formal que não tem força translativa da propriedade, nem passível de inscrição no cartório de registro de imóveis. Após a assinatura desse auto, é expedida a carta de arrematação, na forma do art. 703, do CPC, sendo que ela é levada a registro no cartório no caso de bem imóvel. Sendo essa carta referente a um bem imóvel, ela equivale à escritura de compra e venda não transcrita no cartório respectivo. No caso de bem móvel, essa carta é apresentada ao depositório que ficará obrigado a entregar o bem. A arrematação de bem móvel se aperfeiçoa com a tradição da coisa, isto é, com a entrega ao arrematante.

330.2. Arrematação de bem imóvel hipotecado

Dispõe o art. 619, do CPC, ser ineficaz a alienação de bem aforado ou gravado por penhor, hipoteca, anticrese ou usufruto em relação ao senhorio direto ou credor pignoratício, hipotecário, anticrético ou usufrutuário que não houver sido intimado.

Ganha corpo a tese de que os créditos trabalhistas, relacionados no art. 449 da CLT, por serem superprivilegiados, sobrepõem-se, até, ao crédito hipotecário, isto é, aquele que tem garantia real. A nosso sentir, o bem hipotecado é penhorável numa execução trabalhista.

É certo que o art. 1.422, do Código Civil, dispõe que "o credor hipotecário e o pignoratício têm o direito de excutir a coisa hipotecada ou empenhada, e preferir, no pagamento a outros credores".

Contudo, o art. 186, do Código Tributário Nacional, estabelece que "o crédito tributário prefere a qualquer outro, seja qual for sua natureza ou o tempo de sua constituição, ressalvados os créditos decorrentes da legislação do trabalho ou do acidente de trabalho". Esse dispositivo encontra ressonância no art. 30, da Lei n. 6.830, que disciplina as execuções fiscais, onde ficou consignado que mesmo a hipoteca não afasta a possibilidade de haver a execução do crédito tributário sobre o imóvel gravado com esse tipo de garantia real: "Art. 30 — Sem prejuízo dos privilégios especiais sobre determinados bens, que sejam previstos em lei, responde pelo pagamento da Dívida Ativa da Fazenda Pública a totalidade dos bens e das rendas, de qualquer origem ou natureza, do sujeito passivo, seu espólio ou sua massa, inclusive os gravados por ônus real ou cláusula de inalienabilidade ou impenhorabilidade, seja qual for a data da constituição do ônus ou da cláusula, excetuados unicamente os bens e rendas que a lei declara absolutamente impenhoráveis".

Esses dois dispositivos da Lei de Execução Fiscal são plenamente aplicáveis à execução trabalhista, por força do art. 889, da CLT.

Ora, bem se sabe que a hipoteca constitui direito real de garantia em relação à obrigação principal, e não transfere a propriedade do bem hipotecado, tanto que deve ser primeiramente executado e o produto então arrecadado em praça pública é que servirá ao pagamento do credor hipotecário. A lei proíbe a instituição de cláusula que vede a alienação do bem penhorado, como se lê do art. 1.475, do Código Civil. E, se o bem é alienável, também poderá ser passível de penhora, tanto que a arrematação ou adjudicação é uma das formas de extinção da hipoteca, sendo, exigida, apenas a prévia ciência do credor hipotecário, tudo com base no art.1.499, VI e art. 1.501, ambos do Código Civil. O crédito trabalhista goza de integral preferência, inclusive sobre os créditos tributários, conforme se vê do art. 186, do Código Tributário Nacional, art. 83, II, da Lei n. 11.101/05 (Lei de falência) e art. 29 e art. 30, ambos da Lei n. 6.830/80 (Lei de Execução Fiscal, que é aplicada subsidiariamente à execução trabalhista). Essa preferência supera os créditos de qualquer outra natureza, seja qual for o tempo de sua constituição, motivo pelo qual eventual produto obtido em leilão deve ser direcionado, primeiramente, para o pagamento do crédito trabalhista.

Assim, não há óbice para a penhora de imóvel gravado por garantia real como a hipoteca, a teor do entendimento consubstanciado na Orientação Jurisprudencial SDI-1 n. 226, do Colendo TST, devendo haver, conforme o art. 619, do CPC, a notificação do credor hipotecário, verbis: "Crédito trabalhista. Cédula de crédito rural. Cédula de crédito industrial. Penhorabilidade. Diferentemente da cédula de crédito industrial garantida por alienação fiduciária, na cédula rural pignoratícia ou hipotecária o bem permanece sob o domínio do devedor (executado), não constituindo óbice à penhora na esfera trabalhista".

Nesse sentido, leia-se a seguinte ementa: "**Execução. Arrematação de bem imóvel gravado com ônus real de hipoteca. Extinção do gravame e sub-rogação da garantia real no produto da alienação. Preferência do credor hipotecário restrita apenas ao valor remanescente da liquidação acaso existente. Privilégio do crédito trabalhista.** A teor do disposto no artigo 30 da Lei n. 6.830/80, subsidiariamente aplicável à execução trabalhista por força do artigo 889 da CLT, responde pela dívida a totalidade dos bens e rendas do devedor, de qualquer origem ou natureza, seu espólio ou sua massa, "inclusive os gravados por ônus real ou cláusula de inalienabilidade ou impenhorabilidade, seja qual for a data da constituição do ônus ou da cláusula". Por outro lado, a arrematação e a adjudicação do imóvel hipotecado extinguem o gravame real sobre o bem, ainda que a execução não seja movida pelo próprio credor hipotecário, de acordo com a previsão estatuída no artigo 1.499, inciso VI, do Código Civil. Não obstante, faz-se imperiosa a notificação judicial do credor hipotecário, cientificando-lhe da praça ou leilão, com antecedência mínima de dez dias (artigos 615, inciso II, 619 e 698 do CPC e artigo 1.501 do Código Civil), para que o mesmo possa exercer o seu direito de preferência sobre o valor de alienação do bem, no qual se sub-roga a sua garantia real. Garantida ao credor hipotecário a faculdade de exercitar o seu direito de preferência sobre o produto da alienação, em se tratando de execução trabalhista, aquele só terá direito ao saldo remanescente da liquidação, se porventura existir. Isso porque o crédito trabalhista possui natureza alimentar e detém privilégio especialíssimo, sobrepondo-se, inclusive, ao crédito de natureza tributária (artigo 186 do CTN), pelo que assegurada a sua preferência sobre o crédito garantido pela hipoteca, independentemente da data de constituição deste gravame real." (TRT 3ª R.; AP 00674-2006-079-03-00-0; 7ª T.; Relª Juíza Conv. Wilméia da Costa Benevides; DJMG 25.1.07).

331. *Adjudicação e usufruto*

Adjudicação, em sentido geral, é um ato judicial, por meio do qual se estabelece ou, então, se declara que a propriedade de um bem se transfere de seu primitivo dono para outra pessoa, que, então, assume sobre a mesma todos os direitos de domínio e posse, que são inerentes a toda e qualquer alienação.

Lembre-se que a adjudicação não tem o mesmo sentido de arrematação, embora sejam idênticos os efeitos de uma e de outra, quais sejam, os de transmitir, a quem adjudica ou a quem arremata, a mesma propriedade do bem, como em venda ou alienação efetiva.

Contudo, na arrematação, há sempre licitação. Assim, a arrematação se atribui à pessoa que houver dado o maior lanço. Já na adjudicação, nem sempre se faz necessária a efetividade do leilão ou da hasta pública. E esta se opera, ou porque não houve licitação, ou porque a pessoa, como direito a pedi-la, preferiu receber a coisa pelo preço da maior oferta, quando houve, ou pelo valor da própria dívida exigível.

Quando a adjudicação recai sobre a coisa e se mostra perfeito ato de alienação, surge, então, uma aquisição em definitivo (ou aquisição in *perpetuum*). Isso porque, nesse caso, consumou-se uma compra efetiva do bem.

Contudo, recaindo o ato judicial sobre os rendimentos da coisa, estaremos diante do usufruto judicial, que existirá até que ocorra o pagamento integral da coisa. Nesse caso, não se fala em adjudicação.

O ato judicial de adjudicação deve ser levado à transcrição no cartório de registro de imóveis, quando se tratar da transferência de domínio do bem imóvel para o adjudicatório, ou a pessoa beneficiada pela adjudicação. E, além da obrigatoriedade de se levar à transcrição, claro está que deve esta última promover o pagamento a seu cargo dos tributos incidentes nessa transferência da propriedade.

Com estas considerações gerais, vejamos as principais regras disciplinadoras da adjudicação trabalhista.

Estabelece o art. 888, § 1º, da CLT, que a *"arrematação far-se-á em dia, hora e lugar anunciados e os bens serão vendidos pelo maior lance, tendo o exequente preferência para a adjudicação"*. Entendemos que a preferência deverá ser exercida com base no valor ofertado por quem deu o maior lance.

Contudo, inexistindo qualquer lance, o exequente somente poderá requerer a adjudicação se oferecer preço não inferior ao da avaliação, conforme o art. 685-A, do CPC, com redação dada pela Lei n. 11.382, de 6.12.2006. E, na forma do § 1º desse dispositivo legal, se o valor do crédito for inferior ao dos bens, o exequente, que requerer a adjudicação, depositará de imediato a diferença, ficando esta à disposição do executado. Se superior, a execução prosseguirá pelo saldo remanescente.

Na forma do § 3º, do art. 888, da CLT, não havendo licitante, e não requerendo o exequente a adjudicação dos bens penhorados, poderão os mesmos ser vendidos por leiloeiro nomeado pelo Juiz.

O direito de adjudicação é também deferido ao cônjuge, ao descendente e ao ascendente do executado. Havendo mais de um pretendente, proceder-se-á entre eles à licitação; em igualdade de oferta, terá preferência o cônjuge, descendente ou ascendente, nessa ordem, como se lê dos §§ 2º e 3º, do art. 685-A, do CPC.

No caso de penhora de quota, procedida por exequente alheio à sociedade, esta será intimada, assegurando preferência de adjudicação aos sócios. Decididas eventuais questões, o juiz mandará lavrar o auto de adjudicação (art. 685-A, § 4º e 5º, do CPC).

Como se lê do art. 685-B, do CPC, *"a adjudicação considera-se perfeita e acabada com a lavratura e assinatura do auto pelo juiz, pelo adjudicante, pelo escrivão e, se for presente, pelo executado, expedindo-se a respectiva carta, se bem imóvel, ou mandado de entrega ao adjudicante, se bem móvel"*.

O executado poderá requerer a remição até a lavratura do auto de adjudicação, e será deferida se ele oferecer preço igual ao valor da condenação, como se infere da leitura do art. 13, da Lei n. 5.584, de 26.6.1970. Esta regra se encontra repetida na redação do art. 651, do CPC, dada pela Lei n. 11.382, de 6.12.2006, *verbis*: " Antes de adjudicados ou alienados os bens, pode o executado, a todo tempo, remir a execução, pagando ou consignando a importância atualizada da dívida, mais juros, custas e honorários advocatícios".

A carta de adjudicação conterá a descrição do imóvel, com indicação de sua matrícula e registros, a cópia do auto de adjudicação e a prova de quitação do imposto de transmissão.

Não realizada a adjudicação dos bens penhorados, o art. 685-C, do CPC, faculta ao exequente apresentar o requerimento ao juiz no sentido de que eles sejam alienados por sua própria iniciativa ou por intermédio de corretor credenciado perante a autoridade judiciária. Acolhendo o requerimento apresentado, o juiz fixará o prazo em que a alienação deve ser efetivada, a forma de publicidade, o preço mínimo (art. 680), as condições de pagamento e as garantias, bem como, se for o caso, a comissão de corretagem.

Essa alienação será formalizada por termo nos autos, assinado pelo juiz, pelo exequente, pelo adquirente e, se for presente, pelo executado, expedindo-se carta de alienação do imóvel para o devido registro imobiliário, ou, se bem móvel, mandado de entrega ao adquirente.

O § 3º do art. 685-C do CPC esclarece que os Tribunais poderão expedir provimentos detalhando o procedimento dessa alienação, inclusive com o concurso de meios eletrônicos, e dispondo sobre o credenciamento dos corretores, os quais deverão estar em exercício profissional por não menos de 5 (cinco) anos.

Não requerida a adjudicação e não realizada a alienação particular do bem penhorado, será expedido o edital de hasta pública, como prevê o art. 686 do CPC.

Não se efetuará a adjudicação ou alienação de bem do executado sem que da execução seja cientificado, por qualquer modo idôneo e com pelo menos 10 (dez) dias de antecedência, o senhorio direto, o credor com garantia real ou com penhora anteriormente averbada, que não seja de qualquer modo parte na execução (art. 698, do CPC).

O 1º Tribunal de Alçada Civil de São Paulo foi chamado a dirimir o conflito entre dois arrematantes do mesmo bem que, em processos distintos, foi levado à praça.

Invocando o princípio da anterioridade, o Tribunal deu prevalência à adjudicação registrada em primeiro lugar (8ª Câmara, Ap. 472.797, julgada a 24.3.93).

Acerca da adjudicação compulsória e o registro do compromisso de compra e venda no registro de imóveis, o Superior Tribunal de Justiça editou a Súmula n. 239, vazada nos seguintes termos: "*O direito à adjudicação compulsória não se condiciona ao registro do compromisso de compra e venda no cartório de imóveis*".

O TST consolidou sua jurisprudência no sentido de que descabe o mandado de segurança contra decisão homologatória da adjudicação, mas sim embargos à adjudicação, na forma do art. 746, do CPC.

Nesse sentido, ele editou a Orientação Jurisprudencial n. 66, SDI-2: "*Mandado de segurança. Sentença homologatória de adjudicação. Incabível — É incabível o mandado de segurança contra sentença homologatória de adjudicação uma vez que existe meio próprio para impugnar o ato judicial, consistente nos embargos à adjudicação (CPC, art. 746).*

O TST editou, também, a Súmula n. 399, item I, ao tratar da adjudicação: "*Ação rescisória. Cabimento. Sentença de mérito. Decisão homologatória de adjudicação, de arrematação e de cálculos. I — É incabível ação rescisória para impugnar decisão homologatória de adjudicação ou arrematação. II ...*".

Como dissemos acima, a adjudicação não se confunde com o usufruto determinado em ato judicial. Assim, o juiz pode conceder ao exequente o usufruto de móvel ou imóvel, quando o reputar menos gravoso ao executado e eficiente para o recebimento do crédito. Decretado o usufruto, perde o executado o gozo do móvel ou imóvel, até que o exequente seja pago do principal, juros, custas e honorários advocatícios. O usufruto tem eficácia, assim em relação ao executado como a terceiros, a partir da publicação da decisão que o conceda (arts. 716 a 718 do CPC).

Quando o usufruto recair sobre o quinhão do condômino na copropriedade, o administrador exercerá os direitos que cabiam ao executado. Ouvido o executado, o juiz nomeará perito para avaliar os frutos e rendimentos do bem e calcular o tempo necessário para o pagamento da dívida. Após a manifestação das partes sobre o laudo, proferirá o juiz decisão; caso deferido o usufruto de imóvel, ordenará a expedição de carta para averbação no respectivo registro. Constarão da carta de usufruto a identificação do imóvel e cópias do laudo e da decisão. É lícito ao credor, antes da realização da praça, requerer-lhe seja atribuído, em pagamento do crédito, o usufruto do imóvel penhorado (arts. 720 a 722, do CPC).

Estando o imóvel arrendado, o inquilino pagará o aluguel diretamente ao usufrutuário ou ao administrador (art. 723).

Garante o art. 724, do CPC, ao exequente usufrutuário a faculdade de celebrar locação do móvel ou imóvel, ouvido o executado. Contudo, havendo discordância, o juiz decidirá a melhor forma de exercício do usufruto. É bem de ver que o prazo de locação, na espécie, não excederá ao prazo do usufruto judicial.

É lícito ao arrematante, depois de pagar ao credor o saldo a que tem direito, requerer a extinção do usufruto.

Corolariamente, o usufruto judicial não impede a penhora do bem e seu praceamento. Sua alienação, entretanto, não extingue o usufruto constituído anteriormente. O credor-usufrutuário continuará no gozo do bem até o vencimento do prazo considerado suficiente para satisfazer seu crédito.

Sublinhe-se que deixou de existir o usufruto de empresa com a nova redação do art. 716 e seguintes do CPC, dada pela Lei n. 11.382, de 6.12.2006. No entanto, permanece a possibilidade de penhora de percentual do faturamento da empresa executada, como se lê do art. 655-A, § 3º, do mesmo diploma legal. Veio em boa hora essa alteração legislativa, posto que, com o usufruto da empresa o empresário era destituído da administração, enquanto durasse o usufruto judicial, e, com isso era quase certo que seus negócios sofreriam retrocesso, dificultando a própria recuperação do crédito pelo exequente.

332. *Leilão*

A CLT, no § 3º do art. 888, diz expressamente que o leilão só se realiza quando, na praça, não aparece licitante ou quando o Exequente não requer a adjudicação. No CPC, arts. 705 e 706 — o leiloeiro público é escolhido livremente pelo Exequente: na execução trabalhista não é isso que acontece.

Em consonância com o preceituado no § 3º do art. 888 da CLT a nomeação do leiloeiro é feita pelo Juiz.

Por sua ambiguidade, o texto do dispositivo consolidado que vimos de mencionar parece que atribui ao juiz a faculdade de ordenar, ou não, a venda dos bens por leiloeiro.

De fato, nele se registra que, inexistindo licitante na primeira praça, "*poderão os mesmos (bens penhorados) ser vendidos por leiloeiro*".

A praxe seguida na Justiça do Trabalho é a de promover-se segunda praça, nela atuando um serventuário da Justiça e não um leiloeiro.

Aplica-se à praça ou ao leilão o disposto no § 5º do art. 687 do CPC: o executado terá ciência do dia, hora e local da alienação judicial por intermédio de seu advogado ou, se não tiver procurador constituído nos autos, por meio de mandado, carta registrada, edital ou outro meio idôneo.

Quando, porém, o devedor cria dificuldades ao cumprimento do mandado, admite-se a intimação por edital.

De fato, o processo de execução se eternizará na hipótese de o Executado ser bastante hábil para esquivar-se de um encontro com o oficial de justiça incumbido do cumprimento do mandado. Tal realidade não admite interpretação literal do supracitado dispositivo.

É omissa a CLT no tocante às atribuições do leiloeiro. A lacuna é coberta pelo art. 705 do CPC, que diz caber ao leiloeiro: publicar o edital, anunciando a alienação; realizar o leilão onde se encontrem os bens ou no lugar designado pelo Juiz; expor aos pretendentes os bens ou as amostras das mercadorias; receber do arrematante a comissão estabelecida em lei ou arbitrada pelo Juiz; receber e depositar, dentro de vinte e quatro horas, à ordem do Juízo, o produto da alienação; prestar contas nas 48 horas subsequentes ao depósito.

Efetuado o leilão e certificado o decurso do prazo para apresentação do agravo de petição tendo por objeto eventuais irregularidades na execução desse ato processual, lavra-se o auto de arrematação e expede-se a respectiva carta.

333. Remição

Remição significa comprar outra vez. Não se deve confundir com "remissão", que significa perdoar. Remição vem de remir. Remissão se origina de remitir.

Reza o art. 13 da Lei n. 5.584, de 26 de junho de 1970, que, *"em qualquer hipótese, a remição só será deferível ao executado se este oferecer preço igual ao do valor da condenação".* Na forma desse dispositivo, somente o executado pode exercer esse direito à remição.

Não previu a lei a hipótese de os bens penhorados serem os únicos que o devedor possui e cujo valor é inferior ao da condenação. No caso, entendemos que se há de dar preferência ao Executado, desde que pague preço igual ao do maior lanço alcançado na praça. Se a avaliação indicar valor superior ao da condenação, esta é que deve servir de base à remição.

A remição não pode ser parcial, quando há licitante para todos os bens.

Sublinhe-se que o direito á remição é outorgado ao executado. O cônjuge, ascendente ou descendente não são detentores do direito à remição, mas, sim, o direito à adjudicação. Para tanto, examine-se a nossa nota relativamente a essa matéria.

O direito do executado à remição somente poderá ser exercido até a assinatura do auto de arrematação ou de adjudicação.

334. Execução por Prestações Sucessivas

Com três artigos — 890, 891 e 892 — a CLT regula a execução para pagamento de prestações sucessivas.

Há prestações por tempo indeterminado e outra que se estabelecera sem estipulação de prazo.

O caso típico de prestações por tempo certo é derivado de acordo em que o empregador se obrigou a pagar seu débito em um número certo de prestações. Na hipótese, o não-pagamento de uma prestação acarreta o imediato vencimento das demais, o que importa dizer que a execução terá por objeto a totalidade das prestações vencidas e vincendas.

Quanto às prestações por tempo indeterminado, o caso mais comum é o de a empresa condenada a pagar diferenças salariais ocorridas no passado e no futuro.

A execução terá por objeto as prestações exigíveis até a data do início do processo executivo. Continuando inadimplente o empregador, a cada prestação será feita a execução nos mesmos autos. Se o empregador alegar que a relação de emprego desapareceu e provar essa circunstância, deve o juiz extinguir o processo executivo.

No processo de execução dos adicionais de insalubridade ou de periculosidade, é dado ao empregador provar que, a partir de determinada data, desapareceram os fatores que geravam a insalubridade ou que tornavam o trabalho perigoso. Com fundamento no art. 471, inciso I, do CPC, tem o Juiz o poder legal de modificar a sentença concessiva de um dos referidos adicionais: *"Art. 471. Nenhum juiz decidirá novamente as questões já decididas, relativas à mesma lide, salvo: I) se, tratando-se de relação jurídica continuativa, sobreveio modificação no estado de fato ou de direito; caso em que poderá a parte pedir a revisão do que foi estatuído na sentença".*

Sentenças condenatórias e homologatórias de conciliação, contendo verbas de natureza salarial, determinarão a obrigatoriedade do recolhimento das importâncias devidas à Previdência Social.

Os cálculos de liquidação de sentença exequenda consignarão os valores dessas contribuições, para desconto nos pagamentos a serem efetivados.

A teor do § 3º, do art. 114 da Constituição Federal (EC n. 20/98), é a Justiça do Trabalho competente para executar de ofício as contribuições sociais previstas no art. 195, I, *a*, e II, decorrentes das sentenças que proferir. Ver, ainda, sobre o assunto o parágrafo único do art. 876 e o art. 879 da CLT.

334.1. Processo do Trabalho e Ação Monitória

Este item é dividido em duas partes: na primeira, fazemos a análise da procedimento mônitório no processo comum; na segunda, adaptamos o novo instituto processual ao regramento do processo do trabalho.

Desse modo, estaremos facilitando ao leitor a compreensão do nosso pensamento sobre o tema.

A) Da ação monitória e o processo comum

Há algum tempo manifestou-se, na doutrina e no Legislativo, tendência a aumentar o número de títulos executivos extrajudiciais.

Faz-se a comprovação desse fato com as Leis ns. 8.953, de 13 de dezembro de 1994, e 9.079, de 14 de julho de 1995.

O primeiro diploma legal alterou o texto dos incisos I e II, do art. 585 do CPC, para classificar, como títulos executivos extrajudiciais, as debêntures e o instrumento de transação referendado pelo Ministério Público, pela Defensoria Pública ou pelos advogados dos transatores além da letra de câmbio, nota promissória, duplicata, cheque, documento público ou particular que já constavam da redação anterior do artigo.

Quanto ao inciso II, do art. 585, do CPC, salientamos que ele, em sua redação primitiva, assentava que do documento, público ou particular, assinado pelo devedor e subscrito por duas testemunhas, deveria constar a obrigação de pagar quantia determinada ou de entregar coisa fungível. Com a mudança do texto, atribuiu-se força executiva: a) ao documento particular assinado pelo devedor e duas testemunhas e b) ao instrumento de transação referendado pelas pessoas acima mencionadas.

Desnecessário frisar que, com a alteração, ampliou-se consideravelmente o elenco de documentos particulares susceptíveis de transformar-se em título executivo extrajudicial.

Ao CPC foram acrescentados os arts. 1.102a a 1.102c, pela Lei n. 9.079, de 14 de julho de 1995 (in DOU de 17.7.95), com *vacatio legis* de sessenta dias. O art. 1.102c sofreu alteração em 2005, pela Lei n. 11.232, determinando que o prosseguimento seja feito na forma do Livro I, e não mais do Livro II. Examinamos esses artigos, em seguida.

Como já observado, tais disposições regulam a ação monitória, que se situa na linha reformista do processo comum, traçada, a partir de 1992, para tornar mais efetiva a prestação jurisdicional, sem prejuízo da sua celeridade.

Embora essa nova ação (nova em nosso sistema processual, uma vez que já era conhecida na Idade Média) tenha alguns traços do processo de conhecimento, nela têm maior relevo os aspectos executivos. Em razão dessa circunstância, preferimos colocar logo após o estudo do processo de execução nossos comentários às disposições legais sobre a ação monitória.

É essa ação uma espécie de execução por título extrajudicial e *"compete a quem pretender, com base em prova escrita sem eficácia de título executivo, pagamento de soma de dinheiro, entrega de coisa fungível ou de determinado bem móvel"* (CPC, art. 1.102a).

Todavia, nela não há o mandado de citação do Executado ou do devedor para pagar a dívida em 24 horas, sob pena de penhora. O que há é apenas a citação do devedor acoplada a uma ordem de pagamento ou de entrega de coisa fungível ou móvel.

O direito comparado revela a existência de dois tipos de procedimento monitório:

I — O puro, em que o credor se limita a declarar ao Juiz a existência da obrigação do devedor de pagar-lhe certa soma em dinheiro ou de entregar-lhe coisa fungível ou móvel. Se o devedor não reconhecer essa dívida, estabelece-se o procedimento ordinário, abrangendo o contraditório e ampla defesa do devedor.

II — A segunda espécie de procedimento monitório é a documental, por lastrear-se em prova escrita da obrigação. Foi esse o modelo seguido por nosso direito processual, como se infere do art. 1.102a do CPC — *verbis*: "A ação monitória compete a quem pretender, com base em prova escrita sem eficácia de título executivo, pagamento de soma em dinheiro, entrega de coisa fungível ou de determinado bem móvel".

Esse título, pelo procedimento monitório, adquire força executiva.

Descabe a ação monitória contra a Fazenda Pública. Tem esta direito ao duplo grau de jurisdição, o que nem sempre é possível na ação sob exame (v. art. 100 da Constituição Federal e art. 475 do CPC).

A petição inicial (art. 1.102b do CPC), além de estar instruída com o documento que prova a obrigação, deve obedecer às prescrições dos arts. 282 e 283 do CPC.

É lícito ao juiz indeferir, de plano, a petição inicial da ação monitória nas mesmas hipóteses previstas para o processo de conhecimento, máxime se inexistir prova escrita da obrigação.

No caso, trata-se de uma sentença e, por isso, contra ela é cabível o recurso ordinário (art. 296 do CPC).

Dando a petição como regularmente instruía, o juiz emite mandado ordenando ao Réu que, no prazo de 15 dias, solva a obrigação. Esse prazo começa a fluir com a juntada aos autos da prova da entrega do mandado ao devedor.

Dentro desse lapso de tempo, três são as possíveis condutas do Réu — diz o art. 1.102c do CPC: a) cumprir o mandado, ficando isento de custas e honorários advocatícios (§ 1º do art. 1.102c do CPC); b) oferecer embargos que suspendem a eficácia do mandado; c) não oferecer embargos, o que acarreta a imediata transformação do mandado em título executivo judicial.

Dispõe, expressamente, o § 2º do art. 1.102c já citado que os embargos independem de prévia segurança do juízo e serão processados nos próprios autos, pelo procedimento ordinário. No caso, tem o credor de ser intimado ou o seu advogado para responder às alegações do devedor.

Estamos que o silêncio do credor, nessa ocasião, produz o mesmo efeito da revelia, desde que o devedor, na sua defesa, pelos embargos, requeira tal cominação. Os que discrepam desse entendimento não atentam para o disposto no § 2º do art. 1.102c, que ordena o processamento dos embargos, nos próprios autos e pelo procedimento ordinário.

Ao recomendar tal procedimento, está o legislador advertindo que, na ação monitória, o título executivo não tem a mesma força executiva do título genuinamente judicial, tanto que mandou observar o procedimento ordinário, o que não ocorre na ação executiva trabalhista fundada em sentença passada em julgado.

Se, nos embargos, o devedor provar que o autor lhe deve importância inferior a que lhe é exigida, ter-se-á a figura da compensação; se o crédito do devedor for superior ao do autor, admite-se a reconvenção, que inverte a posição das partes.

Rejeitados os embargos, cabe apelação, que será recebida com efeito suspensivo e devolutivo, conforme o art. 520 do CPC. Dessarte, desprovidos os embargos, e não sendo recebida a apelação com efeito suspensivo, tem o credor a faculdade de promover a execução provisória do título, em consonância com o disposto no art. 475-O do CPC.

Constituído o título executivo judicial, com a ausência ou rejeição dos embargos, aquele só é impugnável em ação rescisória.

Como remate a este item, colocamos na mesa das discussões a questão da disponibilidade do rito pelo credor.

Por outras palavras, tem o credor a faculdade legal de optar entre o rito monitório, ordinário ou o sumário?

Não hesitamos em responder afirmativamente à indagação.

A lei não classificou como irredutivelmente especial o procedimento da ação monitória.

Uma palavra sobre a origem da ação monitória.

Não é recente o interesse pela celeridade processual.

No Direito Romano, a ação monitória era desconhecida, mas, então, existia figura assemelhada: *a antecipação da tutela*.

Pelos interditos, o magistrado praticava ato de *imperium*, expedindo uma ordem. Se o devedor a cumpria, dispensava-se o contraditório; sua desobediência dava nascimento ao procedimento ordinário (v. *Arangio-Ruiz*, "Instituciones", Depalma, 1973, p. 158; *Scialoja*, "Procedimento Civil Romano". EJEA, 1954, p. 311).

A lei austríaca de 27.4.1873 previa o procedimento monitório puro.

É esse procedimento focalizado na legislação alemã (ZPO §§ 688-702).

Figura muito parecida com a ação monitória é encontrada nas Ordenações Manoelinas e no Regulamento n. 737 sob a forma de ação de assinação de dez dias ou ação decendiária.

O Superior Tribunal de Justiça aprovou a Súmula n. 339, onde ficou reconhecido que *"é cabível ação monitória contra a Fazenda Pública"*. Essa súmula, aprovada por unanimidade, na Corte Especial com base no projeto relatado pelo ministro *Luiz Fux*, é clara ao afirmar que contra a Fazenda Pública "a ação monitória serve para a pessoa buscar, com base em prova escrita sem eficácia de título executivo, pagamento de soma em dinheiro, entrega de coisa fungível ou de determinado bem imóvel". Para redigir essa Súmula, os ministros tiveram como referência o artigo 100 da Constituição Federal de 1988 e o artigo 730 do Código de Processo Civil. Além disso, a jurisprudência foi firmada com base no julgamento dos seguintes processos pelo STJ: EResp 345.752-MG, EResp 249.559-SP, Resp 603.859-RJ, Resp 755.129-RS, Resp 716.838-MG, Resp 196.580-MG e AgRG no Ag 711.704-MG.

B) Da ação monitória e o processo do trabalho

Afirmamos, desde logo, que a ação monitória é utilizável no processo do trabalho, não só porque inocorre qualquer atrito entre as características de ambos os institutos, como também porque buscam o objetivo comum de acelerar o ritmo da prestação jurisdicional.

Permitimo-nos, ainda, ir mais longe: a ação monitória contribui para que fique mais leve o fardo de trabalho dos vários braços do Poder Judiciário (inclusive o do Trabalho) que hoje lutam desesperadamente para evitar seu naufrágio no *mare magnum* de processos, que, dia a dia, se torna mais proceloso.

Com a razão *Teixeira Filho* (*in* "As Alterações no CPC e suas Repercussões no Processo do Trabalho", 3. ed., LTr, 1996, p. 186) quando preleciona:

"Lembramos, apenas, que doutrina e jurisprudência placitaram com a penetração, no processo do trabalho, de outras ações do processo civil regradas pelo procedimento especial, como as de consignação em pagamento (arts. 890/900); de depósito (arts. 901/906) de prestação de contas (arts. 914/919); de embargos de terceiro (arts. 1.046/1.054); de habilitação (arts. 1.055/1.062); de restauração de autos (arts. 1.063/1.069), sendo por isso injustificável que se venha a cerrar as portas para a ação monitória, com sua vocação para tornar menos larga e aflitiva a distância entre a pretensão do autor e o resultado prático que deseja obter com a entrega da prestação jurisdicional invocada".

Um exemplo dá maior realce à posição que assumimos diante da questão e, no mesmo passo, dá-nos o ensejo de adaptar os sobreditos arts. 1.102a, b e c, do CPC às disposições de natureza processual da CLT.

Um empresário assume, por escrito, a obrigação de pagar, no prazo de 30 dias, determinada quantia a um grupo de trabalhadores por ter atingido o volume de produção estipulado em acordo.

Vencido o prazo, o empregador não cumpre a obrigação.

No caso, é inquestionável que os trabalhadores — em litisconsórcio ativo — têm o direito de propor, perante a Vara do Trabalho, uma ação monitória, uma vez que são portadores da prova escrita da obrigação.

Considerando regular a petição inicial, o Juiz cita a Reclamada para comparecer na audiência em dia e hora prefixados a fim de pagar o devido aos Reclamantes ou oferecer embargos, sendo-lhe permitido não atender ao chamado da Vara do Trabalho. Se considerar imperfeita a petição, o Juiz, com estribo nos arts. 787 e 840 da CLT, dará prazo de 10 dias (art. 284) aos Reclamantes para sanar as irregularidades ou lacunas.

Se os autores não atenderem à solicitação do Juiz, será a petição inicial indeferida, o que dá lugar a recurso ordinário, uma vez que a decisão é uma sentença e como tal deve estruturar-se.

Como corolário do nosso pensamento, já externado anteriormente, de que predominam na ação monitória os traços da execução, entendemos ser competente para conhecer e julgar o feito a Presidência da Vara do Trabalho.

Na audiência inaugural e se oferecidos embargos, tem o Juiz de tentar a conciliação entre as partes.

É o ordinário o procedimento dos embargos.

A partir daí cabe ao devedor o ônus da prova para retirar do documento oferecido pelo credor sua força monitória atribuída pelo Juiz ao deferir a ação.

A rejeição dos embargos dá nascimento ao título executivo judicial.

A requerimento dos trabalhadores ou de ofício, é a empresa intimada a pagar o que deve aos Reclamantes ou nomear bens à penhora. Depois disso, é-lhe facultado interpor agravo de petição.

Daí em diante, há que se cumprir as prescrições da CLT, complementadas — quando necessário, pelas normas da Lei n. 6.830 (Lei de Execução Fiscal) e do CPC.

No mesmo prazo dos embargos, são cabíveis as exceções, como peças autônomas, apensadas aos autos principais.

Permite-se ao devedor, na ação monitória, suscitar o incidente de falsidade para obter a declaração judicial da falsidade do documento com que o autor instruiu a petição inicial. Provoca-se esse incidente por ocasião dos embargos em que se pode arguir tanto a falsidade intelectual como a material.

O incidente acarreta a suspensão do processo principal (art. 394 do CPC).

CAPÍTULO XXX
Poder Cautelar Geral

335. Processo Cautelar

No exame dos múltiplos aspectos dos processos de conhecimento e de execução trabalhistas, não nos cingimos à remissão das disposições pertinentes da CLT e sua legislação extravagante.

Trouxemos, também, à mesa da discussão disposições do Código de Processo Civil e da Lei de Execução Fiscal (Lei n. 6.830, de 22.9.1980).

Mercê desse planejamento da obra, julgamos conveniente incluir o exame de processos contenciosos e de jurisdição voluntária previstos no CPC e que podem ser apreciados pela Justiça do Trabalho.

Escusado dizer que não nos aprofundamos no exame de cada espécie processual nem nos esparramamos em longas digressões sobre temas doutrinários vinculados à matéria.

Dosamos nossas informações e nossos comentários de molde a permitir um rápido posicionamento do leitor diante da questão que estiver estudando. Diligenciamos, até o limite das nossas forças, para que a síntese das nossas notas não sacrificasse a qualidade de seu conteúdo doutrinário.

Como se vê, a fim de facilitar a ação dos profissionais do direito, envidamos nossos melhores esforços para que, numa única obra, encontrassem todo o necessário para atuar no foro trabalhista.

Objetivo tão amplo explica e justifica as omissões ou deslizes que eventualmente o leitor vier a detectar nestas páginas. Fique-lhe, porém, a certeza de que nos empenhamos ao máximo para que tais imperfeições fossem evitadas.

336. Da Ação Cautelar. Disposições Gerais

A ação cautelar objetiva garantir a propositura de outra demanda, seu normal desenvolvimento com sentença final e sua possibilidade de execução.

Informa *Ovídio Baptista da Silva* ("A Ação Cautelar Inominada no Direito Brasileiro", Forense, 1991, p. 3) que o nosso Código de Processo Civil constitui o primeiro no mundo a dedicar livro especial à disciplina do processo cautelar, elevando-o pois ao nível do processo de conhecimento e do de execução.

Sublinha esse autor, ainda, que o CPC de 39 dedicava ao tema 13 artigos, e o de 1973, nada menos de 93.

Há quem negue a existência da ação cautelar. Tem, contudo, prevalecido na doutrina o pensamento de *Liebman*. Sustenta que, no processo cautelar, não há cognição nem execução. Há, nele, tanto de um como de outro, pois se trata de procedimento único e indivisível.

Para *Carnelutti* ("Diritto e Processo", p. 360), o pressuposto da autonomia do processo cautelar reside na sua função diversa da do processo de conhecimento ou de execução.

A ação cautelar existe *per se*. Tem a função de tutelar o direito postulado na ação principal, assegurando-lhe, a final, sua plena realização. No mesmo sentido: *Giuseppe Tarzia*, "I Procedimenti Cautelari", Cedam, 1991, p. XIX; *Enrico Allorio*, "Per una Nozione del Processo Cautelare", in Riv. Dir. Proc., 1936, I, p. 18 e segs.; *Enrico Tullio Liebman*, "Unitá del Procedimento Cautelare", in Riv. Dir. Proc., 1954, I, p. 228 e seg.

Em nosso CPC, é reconhecida a autonomia da ação cautelar; dá realce ao seu caráter instrumental e preventivo.

Instrumental porque a ação cautelar surge a serviço de uma outra ação, para cujo normal desenvolvimento contribui decisivamente.

Seu caráter preventivo manifesta-se quando tem por finalidade a eliminação de óbices ao curso regular da ação principal. É preparatória da ação principal ou incidental.

Foi *Carnelutti* ("Sistema di Diritto Processuale Civile", 1º vol., p. 206 a 213, Cedam, 1936) quem se referiu ao processo cautelar *conservativo* e ao *innovativo*.

O primeiro tem por finalidade conservar a situação jurídica inalterada até o julgamento final da ação principal; o segundo — *innovativo* no dizer de *Couture* é destinado a impedir a modificação do estado de coisas existente ao tempo da petição, a fim de evitar um dano que possa surgir de sua modificação (v. também "Medida Cautelar Innovativa", de *Jorge Walter Peyrano*, Depalma, Buenos Aires, 1981, p. 13 e ss.; "Medidas Cautelares", de *Barluenga* e *outros*, Depalma, Buenos Aires, 1986).

Quando confrontado com outros procedimentos judiciais, os traços distintivos do cautelar são os seguintes: a) é temporário; b) é instrumental; c) é assecuratório apenas, ao passo que o principal é alienatório; d) é preventivo, enquanto o principal é condenatório ou constitutivo.

É temporária a medida cautelar (não é provisória, porque se o fosse teria de ser substituída por outra). Não é deferida com caráter satisfativo, porque se o for, estar-se-á, praticamente, prejulgando a questão posta em Juízo.

Cautelar que satisfaz amplamente a pretensão do requerente deduzida na ação principal enseja recurso ordinário na Justiça do Trabalho com efeito suspensivo, sob pena de violar-se o princípio do duplo grau de jurisdição (inciso LV do art. 5º da CF).

Tem a ação cautelar como pressupostos, o *fumus boni juris* e o *periculum in mora*.

A pretensão do requerente da medida cautelar deve ter toda a aparência de um bom direito e, no mesmo passo, a certeza de que a demora no julgamento da causa acarretar-lhe-á danos irreparáveis.

A exemplo do que ocorre nas ações em geral, na ação cautelar são exigidas as mesmas condições de possibilidade jurídica, legitimidade e interesse de agir.

É definitiva ou terminativa a sentença na ação cautelar, mas obedecidos os prazos legais. Concedendo a medida cautelar, o Juiz faz sumária *cognitio* dos fatos que envolvem a lide.

Como se irá ver logo mais, a medida cautelar é susceptível de tornar-se mero incidente no processo de execução.

Em face do art. 798 do CPC, dividem-se as ações cautelares em típicas e atípicas ou inominadas.

As primeiras estão expressamente previstas em lei e as segundas — as inominadas — são aquelas a que se reporta o art. 798 do CPC: "*Além dos procedimentos cautelares específicos, que este Código regula no Capítulo II deste Livro, poderá o Juiz determinar as medidas provisórias que julgar adequadas, quando houver fundado receio de que uma parte, antes do julgamento da lide, cause ao direito da outra lesão grave e de difícil reparação*".

Na história do direito, o instituto, aqui *sub examen*, aparece no direito romano para tutela preventiva do direito e tendo como princípio "melius est ante tempus accurrere, quam post causam vulneratum recursum quaerere".

Encaramos com reserva a opinião que sustenta terem as cautelares origem nas XII Tábuas, onde se fazia menção a duas medidas preparatórias da execução: o *adictus*, e o *nexus*, em que a pessoa do devedor aparecia como garantia de satisfação da obrigação.

No mundo germânico, notadamente no século XII, admitia-se — para garantia da execução — que esta incidisse preliminarmente na pessoa do devedor e, depois, em seus bens.

No século passado, na Itália, *Mattirolo* e *Mortara* deram início ao estudo aprofundado e ao aperfeiçoamento do instituto; neste século XX, *Chiovenda*, *Calamandrei* e *Carnelutti* prosseguiram na análise e burilamento das medidas cautelares.

Essas ações cautelares inominadas, como evidente, não têm nomenclatura específica no CPC.

Instaura-se o procedimento cautelar antes ou no curso do processo principal e deste é sempre dependente.

A regra é o Juiz ouvir previamente as partes antes de pronunciar-se sobre o pedido de cautelar. Entretanto, o art. 797 do CPC autoriza-o a deferir tal medida sem o cumprimento daquela exigência, isto é, *inaudita altera pars*.

Assim se procede quando qualquer demora pode causar dano sério ou irreparável ao requerente da medida.

No curso do processo, a cautelar é pedida ao Juiz da causa; quando preparatória, ao Juiz competente para conhecer da ação principal.

Em caso de urgência, a medida cautelar é deferível por Juiz relativamente incompetente, cabendo-lhe, porém, logo em seguida, remeter os autos ao Juiz competente, que, com apoio no art. 807 do CPC, confirmará, ou não, a medida liminar.

Interposto o recurso, a medida cautelar será requerida diretamente ao tribunal — diz o parágrafo único do art. 800 do CPC, com redação dada pela Lei n. 8.952, de 13 de dezembro de 1994.

Há lógica e coerência nessa disposição. Encerrada a prestação jurisdicional na instância de primeiro grau e articulado o recurso, ao Tribunal competente para julgá-lo é que deve ser dirigido o pedido da medida cautelar.

Há autores que discrepam da nossa opinião sobre esse ponto (v. *Clito Fornaciari Júnior*, "A Reforma Processual Civil", Saraiva, 1996, p. 197). Entendem que "o termo interposição deve ser interpretado como sendo o momento da subida dos autos, uma vez que, mesmo após a interposição do remédio processual, os autos continuam em primeira instância até ser ordenada sua subida".

Se antes da distribuição do processo e, por conseguinte, antes de designar-se relator, a competência para apreciar a cautelar deve ser do Presidente do Tribunal, se não for alvitrada outra solução pelo regimento interno do órgão.

O requerimento da medida, seja ela preventiva ou incidente, terá de obedecer às prescrições do art. 801 do CPC: a) indicar a autoridade a que é dirigida; b) o nome, o estado civil, a profissão e a residência do requerente e do requerido; c) a lide e seu fundamento (se for preparatória); d) exposição sumária do direito ameaçado e o receio da lesão; e) as provas que serão produzidas.

O processo cautelar é regulado pelo princípios gerais do processo de conhecimento.

O CPC não veda, categoricamente, a cumulação das ações cautelar e principal. *Galeno Lacerda* (*in* "Comentários ao CPC", 5. ed., tomo I, Forense, p. 235), depois de frisar o relacionamento íntimo entre ambas as ações, conclui: "Ora, se as circunstâncias muitas vezes impõem instrução e sentença conjuntas, não hesitamos em admitir, também a cumulação de ações, se afastado o risco de tumulto processual".

Não diz o CPC que se deva declarar o valor da causa. Parece-nos, porém, que, na medida preparatória, se deva satisfazer a essa exigência para efeito de custas, pois existe a possibilidade de o requerente, no prazo legal, não propor a ação principal.

Em qualquer espécie de procedimento cautelar, o requerido tem de ser citado para, no prazo de cinco dias, contestar o pedido e indicar as provas que deseja produzir.

Conta-se o prazo da juntada aos autos do mandado de citação devidamente cumprido ou da execução da medida cautelar, quando concedida liminarmente ou após justificação prévia.

Do que se contém no art. 802 do CPC se deduz que, no caso de concessão liminar de medida cautelar sem audiência do requerido, este se considerará citado na mesma data em que se executar a cautelar.

O CPC, além das medidas cautelares especificadas nos arts. 796 e seguintes, refere-se a duas situações diferentes em que o Juiz está autorizado *ex officio* a determinar tais medidas: a) no art. 266, é previsto que, durante a suspensão do processo, poderá o juiz determinar a realização de atos urgentes, a fim de evitar dano irreparável; b) suspensa a execução, é defeso praticar quaisquer atos, mas o Juiz poderá, entretanto, ordenar providências cautelares urgentes.

Se o requerido não contestar o pedido, seu silêncio gera a presunção de veracidade do alegado pelo requerente. Mesmo nessa hipótese, o juiz decidirá com prudência à vista da prova apresentada na inicial.

No caso de efetivar-se a contestação, só se realizará a audiência de instrução e julgamento se houver prova a ser nela produzida.

Consoante o art. 804 do CPC e como observamos há pouco, é lícito ao Juiz conceder liminarmente ou após justificação prévia a medida cautelar, sem ouvir o réu (o requerido), quando verificar que este, sendo citado, poderá torná-la ineficaz, caso em que poderá determinar que o requerente preste caução real ou fidejussória de ressarcir os danos que o requerido possa vir a sofrer".

Note-se que, nessa disposição, não se determina ao Juiz exija do requerente da cautelar *inaudita altera pars*, caução real ou fidejussória. Trata-se, tão só, de uma faculdade que o magistrado exercerá se achar conveniente.

Parece-nos que a exigência dessa garantia de um requerente que seja trabalhador é criar-lhe a impossibilidade de proteger seu direito contra dano iminente, irreparável ou de difícil reparação.

A Lei n. 8.952/94 deu ao art. 805 novo texto: "*A medida cautelar poderá ser substituída, de ofício ou a requerimento de qualquer das partes, pela prestação de caução ou outra garantia menos gravosa para o requerido, sempre que adequada e suficiente para evitar a lesão ou repará-la integralmente*".

O texto anterior não previa a possibilidade de o juiz, de ofício, substituir a cautelar por uma caução ou outra garantia menos gravosa para o requerido.

Cabe ao juiz decidir se a substituição em tela é menos gravosa que a cautelar, substituição que pode ser deferida em qualquer momento, inclusive após a entrada da reclamatória, na Vara do Trabalho.

Requerida a medida cautelar preventivamente, tem o autor o dever legal de propor a ação principal no prazo de trinta dias a contar da data em que se cumpriu aquela medida.

Vencido esse prazo sem que haja o ajuizamento da ação principal, extingue-se a medida cautelar. Esta perde, ainda, sua eficácia se não for executada em trinta dias ou se o juiz declarar extinto o processo principal, com ou sem julgamento do mérito.

Concedida a medida, conserva ela sua eficácia ao longo do processo principal e mesmo durante a suspensão deste. No processo civil, interpõe-se agravo de instrumento contra a decisão que concede ou nega medida cautelar. No processo trabalhista, como o agravo de instrumento é reservado apenas para a hipótese de denegação de seguimento de um recurso, deve-se cogitar da impetração de mandado de segurança contra a decisão que concede ou nega a liminar em medida cautelar.

Podem as cautelares, a qualquer tempo, ser revogadas ou modificadas se provado que os fatos que lhe deram fundamento deixaram de existir.

Os autos do procedimento cautelar serão apensos aos do processo principal.

O indeferimento da medida não cria qualquer obstáculo à propositura da ação principal nem tem qualquer influência no julgamento desta, salvo se o juiz, no procedimento cautelar, acolher a alegação de decadência ou prescrição do direito do requerente.

As disposições gerais a que nos reportamos sobre a ação cautelar são aplicáveis tanto nas medidas inominadas como nas específicas (art. 812 do CPC).

De ordinário, o depósito não é condição para a concessão de liminar, em face do poder cautelar atribuído ao Juiz pelo art. 798 do CPC.

Há casos excepcionais, devidamente fundamentados, que reclamam esse depósito (TRF, 3ª Reg., Ag. de Inst. 92.03.33839, in DJU de 1º.2.94).

336.1. Medida Cautelar em Via Recursal

Convive, harmoniosamente, a tramitação de um recurso trabalhista com as matérias relativas às medidas cautelares de urgência. Toda a doutrina e a jurisprudência acerca das medidas cautelares em sede de recurso extraordinário e de recurso especial — recursos esses com uma estrutura mais complexa que um recurso trabalhista — são uniformes no sentido de caber ao Tribunal de origem examinar requerimentos de cautela que tais.

Tratando dessa matéria com absoluta precisão, o Supremo Tribunal Federal editou suas Súmulas ns. 635 e 634 nesse sentido: *"Súmula n. 635: Cabe ao Presidente do Tribunal de origem decidir o pedido de medida cautelar em recurso extraordinário ainda pendente do seu juízo de admissibilidade"; "Súmula n. 634: Não compete ao Supremo Tribunal Federal conceder medida cautelar para dar efeito suspensivo a recurso extraordinário que ainda não foi objeto de juízo de admissibilidade na origem".*

Tal entendimento sumular vem sendo aplicado sem restrições pela jurisprudência do Supremo Tribunal Federal e do Superior Tribunal de Justiça, como se pode observar pelos julgados abaixo colacionados, *verbis*:

"Agravo regimental na ação cautelar. Concessão de efeito suspensivo a recurso extraordinário pendente de juízo de admissibilidade pelo Tribunal de origem. Impossibilidade. Súmulas ns. 634 e 635. Agravo improvido. 1. A competência do Supremo para análise de ação cautelar que pretende conferir efeito suspensivo a recurso extraordinário instaura-se após o juízo de admissibilidade do recurso pelo tribunal a quo [Súmula n. 634]. 2. Anteriormente a esse pronunciamento cabe ao presidente do tribunal local a apreciação de qualquer medida cautelar no recurso extraordinário [Súmula n. 635]. 3. Agravo regimental a que se nega provimento." (STF, 2ª Turma, AC-AgR n. 1137-MG, Rel. Min. Eros Grau, DJ 23.6.06)";

"Processo civil. Medida cautelar. Pretensão de atribuir efeito suspensivo a recurso especial ainda não admitido. Enunciados ns. 634 e 635 da Súmula do STF. Agravo Regimental.1. Não há como abrigar agravo regimental que não logra desconstituir o fundamento da decisão atacada. 2. Na esteira de orientação da Suprema Corte, firmou-se a compreensão de que a jurisdição do Superior Tribunal de Justiça para apreciar medida cautelar objetivando emprestar efeito suspensivo a recurso especial somente é instaurada com a prolação de juízo positivo de admissibilidade pelo Tribunal de origem. 3. A interposição de agravo de instrumento desafiando decisão que negou seguimento a recurso especial não tem o condão de abrir espaço para a atuação do Superior Tribunal de Justiça em sede de medida cautelar. 4. Agravo regimental a que se nega provimento." (STJ, 6ª Turma, AgRg na MC 9856-SP, Rel. Min. Paulo Gallotti, DJ 21.5.07)".

O TST segue, exatamente, a linha jurisprudencial cristalizada nas Súmulas ns. 635 e 634, do STF, como se infere do bem elaborado v. acórdão de lavra da Ministra *Rosa Maria Weber Candiota da Rosa*, prolatado nos autos da Reclamação n. 166561/2006-000-00-00, publicado no DJU de 9.2.07, assim ementado: *"Reclamação. Preservação da competência do TST. Recurso ordinário. Ação cautelar. Efeito suspensivo concedido no TRT. A jurisprudência do TST adota de forma analógica as Súmula n. 634 e 635 do STF, distinguindo dois momentos na aferição do órgão competente para apreciar, liminarmente, em sede de ação cautelar, pedido de efeito suspensivo a recurso: antes e depois de efetuado o juízo de admissibilidade. Se já admitido o recurso interposto no Tribunal a quo, a competência para o exame do pedido liminar incumbe ao Tribunal ad quem; pendendo o recurso do juízo de admissibilidade, por parte do Tribunal de origem, a este incumbe a concessão ou não do efeito pretendido. Reclamação julgada improcedente".*

Nesse mesmo sentido, o TST já decidiu nos autos do Agravo Regimental n. 124893/2004-000-00-00.4 (DJU de 7.5.04) de relatoria do Ministro *José Simpliciano Fontes de F. Fernandes*: *"Agravo regimental. Ação cautelar. Decisão monocrática, extinguindo o processo, sem julgamento do mérito, em face da ausência do juízo de admissibilidade a quo do recurso ordinário em mandado de segurança, que sequer foi interposto perante o Tribunal Regional de origem. 1. A competência funcional do TST, para examinar ação cautelar incidental ao processo principal de mandado de segurança, será definida, quando esgotada a jurisdição da instância a quo, que no caso dos autos ocorrerá após a interposição de Recurso Ordinário, perante o TRT da 2ª Região e conseqüente pronunciamento judicial, quanto aos pressupostos extrínsecos do Apelo. 2. No ponto em discussão, cumpre citar as Súmulas ns. 634 e 635 do excelso Supremo Tribunal Federal, que, tratando de situação análoga ao caso vertente, firmou jurisprudência, no sentido de que ao Tribunal a quo compete examinar medida cautelar em recurso extraordinário que ainda não foi objeto de admissibilidade na origem. 3. Agravo Regimental desprovido".*

Em sólida harmonia com essa jurisprudência, o TST assentou outra decisão conforme o voto condutor do Ministro Relator Gelson de Azevedo, *verbis*: *"Conforme verificação, feita nesta data, pela internet, do andamento do processo principal sobre o qual esta ação cautelar foi ajuizada incidentalmente, qual seja o ROMS-00956.2005.000.05.00-7, esse recurso ainda não foi submetido ao juízo de admissibilidade perante o Tribunal Regional do Trabalho da Quinta Região. As Súmulas ns. 634 e 635 do*

Supremo Tribunal Federal possuem, respectivamente, o seguinte teor: "Não compete ao Supremo Tribunal Federal conceder medida cautelar para dar efeito suspensivo a recurso extraordinário que ainda não foi objeto de juízo de admissibilidade na origem". "Cabe ao Presidente do Tribunal de origem decidir o pedido de medida cautelar em recurso extraordinário ainda pendente do seu juízo de admissibilidade". Desse modo, aplicando-se analogicamente o entendimento consubstanciado nos referidos verbetes sumulares, não detém o Tribunal Superior do Trabalho competência para apreciar ação cautelar incidental em recurso ordinário ainda não submetido ao juízo de admissibilidade do Tribunal a quo. Em abono a esse entendimento, merece transcrição o seguinte julgado desta Corte:

"AGRAVO REGIMENTAL. AÇÃO CAUTELAR. DECISÃO MONOCRÁTICA, EXTINGUINDO O PROCESSO, SEM JULGAMENTO DO MÉRITO, EM FACE DA AUSÊNCIA DO JUÍZO DE ADMISSIBILIDADE A QUO DO RECURSO ORDINÁRIO EM MANDADO DE SEGURANÇA. A competência funcional do TST, para examinar ação cautelar incidental ao processo principal de mandado de segurança, será definida, quando esgotada a jurisdição da instância a quo, que no caso dos autos ocorrerá após o pronunciamento do Juiz-Presidente do TRT da 5ª Região, quando da admissibilidade do Recurso Ordinário em Mandado de Segurança interposto pela ora Agravante. No ponto em discussão, cumpre citar as Súmulas ns. 634 e 635 do excelso Supremo Tribunal Federal que, tratando de situação análoga ao caso vertente, firmou jurisprudência, no sentido de que ao Tribunal a quo compete examinar medida cautelar em recurso extraordinário que ainda não foi objeto de admissibilidade na origem. Ressalte-se, por fim, que ainda que se admitisse, como pretende a Agravante, que in casu a falta de competência funcional deste Tribunal para examinar o pedido cautelar pode ser mitigada, em razão da urgência da medida perseguida, o pedido cautelar, na hipótese, encontra um segundo obstáculo, qual seja, o não-cabimento de medida cautelar para imprimir efeito suspensivo a recurso interposto contra decisão proferida em mandado de segurança, nos termos da Orientação Jurisprudencial n. 113 desta c. SBDI-2. Agravo Regimental desprovido (TST-AG-AC-144.615/2004-000-00-00.1, Relator: Ministro José Simpliciano Fernandes, DJ 26.11.2004). Diante do exposto, indefiro a petição inicial, por inepta, com fundamento no art. 295, I, parágrafo único, III, do CPC" (Processo RE-AG-ED-AC — 168202/2006-000-00-007, publicado no DJU de 21.3.06).

Em conclusão, somos de pensamento em que, estando em fase de processamento perante um Tribunal Regional do Trabalho o recurso interposto em dissídio individual ou plúrimo, deve a medida cautelar ser requerida a este Tribunal e não diretamente perante o TST. Sendo processado o recurso e remetido pelo TRT para o TST, entendemos que a partir deste momento a ação cautelar deverá ser requerida a este Tribunal e não àquele primeiro.

Contudo, na hipótese de dissídio coletivo, deve a ação cautelar ser apresentada, diretamente, no TST, mesmo estando o recurso ordinário em fase de processamento perante o TRT, em virtude de regramento próprio acerca da matéria. Nesse sentido, leia-se o disposto no art. 14, da Lei n. 10.192/01, *verbis*: *"Art. 14. O recurso interposto de decisão normativa da Justiça do Trabalho terá efeito suspensivo, na medida e extensão conferidas em despacho do Presidente do Tribunal Superior do Trabalho"*.

Registre-se que, sem a comprovação de o recurso ter sido admitido no Tribunal de origem, não se há de falar em concessão pelo TST de medida cautelar atribuindo-lhe efeito suspensivo.

337. Poder Cautelar Geral ou Medida Cautelar Inominada

Ante a impossibilidade de prever todos os casos em que a demora no julgamento de uma lide é susceptível de causar prejuízos à parte, o CPC deferiu ao Juiz o poder cautelar geral ou o poder de deferir medida cautelar inespecífica.

No regime processual anterior (CPC de 1939), era comum a parte ficar impossibilitada de defender eficazmente seu direito por inexistir medida cautelar que o protegesse adequadamente.

O CPC vigente, pelo art. 798, deu ao Juiz arma poderosa para resguardar bem jurídico ameaçado de lesão ou de perecimento antes da prolação da sentença final.

O exercício do poder de cautela geral tem dois pressupostos.

O *fumus boni juris* — a fumaça do bom direito — demonstrado, desde logo, pelo requerente em seu pedido. Basta existirem claros indícios de que a medida irá assegurar o fiel cumprimento da sentença final e que tem o respaldo da norma legal pertinente e aí estará caracterizado o *fumus boni juris*.

É mister outrossim que o requerente ofereça ao juiz elementos que provem a possibilidade de seu direito sofrer prejuízos de difícil reparação se tiver de aguardar a decisão final. É o *periculum in mora*.

Mais uma vez, frisamos ser o mesmo o procedimento, tanto na cautelar inominada como na específica, isto é, aquele constante do Capítulo I do Livro III do CPC (arts. 796 a 812). Não se biparte ele em duas fases: cognição e execução.

É uno o procedimento acautelatório. Demonstrada a periclitância do direito do requerente da medida e que estão presentes os pressupostos acima indicados, sobrevém a decisão do Juiz afastando o perigo que ameaçava o direito do requerente.

Agasalham os registros forenses casos em que o deferimento da cautelar inespecífica se faz em tais termos que equivale a uma decisão de mérito. São as cautelares denominadas de satisfativas.

Exemplo: em processo cautelar, é provido pedido liminar de suspensão da posse de nova diretoria e requerida a realização de novo pleito. O magistrado não apenas defere a liminar como ordena a realização de novo pleito.

A índole satisfativa da decisão autoriza a interposição da apelação com efeito suspensivo. Negado esse efeito, resta o mandado de segurança. A jurisprudência dos órgãos da Justiça Comum é, acentuadamente, em sentido favorável ao nosso entendimento.

Assim deve ser porque o processo cautelar procura prevenir mal maior ao requerente ou objetiva a segurança do cumprimento da sentença definitiva. Ora, se a decisão da cautelar, em liminar ou não, entra no mérito, a matéria tem de ser reexaminada na instância superior mediante a apelação.

Percebe-se nitidamente a ofensa ao princípio do duplo grau de jurisdição e, também, ao da ampla defesa (art. 5º, inciso LV, da Constituição Federal) se for obstaculizado o novo exame do litígio por órgão jurisdicional superior.

Tema de inegável relevância e que não tem merecido toda a atenção de nossos processualistas é o atinente à cautelar inominada no processo na ação rescisória.

Não merece o menor apreço o argumento de que a medida cautelar não pode nem deve alterar a *res judicata*.

Quem pensa assim dá à coisa julgada a força de um axioma. A ela se sobrepõem a verdade e a justiça. Tanto é assim que de longa data existe a ação rescisória para desconstituir a sentença irrecorrível.

A medida liminar, numa rescisória, é perfeitamente admissível quando se prova serem bem patentes os vícios da sentença já em fase de execução.

Teixeira Filho (*in* "Estudos em Memória de *Coqueijo Costa*", 1989, LTr, p. 153) relata interessante caso concreto em que se impunha o deferimento da liminar num ação rescisória.

Um empresário saiu vencedor numa reclamatória trabalhista em que o empregado pedira aviso prévio, férias, 13º salários etc.

O vencido, numa atitude de genuína litigância de má-fé, renovou o pedido perante uma outra Vara do Trabalho, ignorando o fato de que já transitara em julgado a sentença proferida na primeira reclamação. Intimado a comparecer na Vara do Trabalho a fim de defender-se no segundo processo, o empresário imaginou que se tratasse de alguma informação sobre o processo primitivo e, por isso, não atendeu ao chamado da Vara do Trabalho.

Aplicada a *confessio ficta*, o empregado obteve todas as vantagens que, anteriormente, haviam-lhe sido recusadas.

Quando o empresário veio a saber, realmente, o que acontecera, a sentença estava em execução já avançada.

Propôs ação rescisória, mas não requereu a suspensão do processo de execução em cautelar inominada.

Quando a rescisória chegou ao fim, os bens do empresário já haviam sido arrematados e entregues a um terceiro, sendo entregue ao empregado a quantia arrecadada.

O empresário, vendo acolhida a rescisória, não obteve qualquer vantagem material, porque o empregado se mudara para lugar desconhecido.

A ação cautelar preventiva interrompe a prescrição se, no prazo legal, for ajuizada a ação principal. Em falta desta, como a cautelar concedida perde toda a eficácia, é evidente que cessa também seu efeito sobre a prescrição.

O despacho deferitório *in limine* de u'a medida cautelar não é alvo de qualquer recurso.

Se, porém, ameaçar ou lesar claramente o direito do requerido, é caso de impetração de mandado de segurança.

No processo de dissídio coletivo, a sentença normativa é exequível na data de sua publicação. Para sustar a eficácia dessa sentença, total ou parcialmente, está o empregador autorizado, pela Lei n. 10.192, de 14.2.2001 a solicitar, ao Presidente do Tribunal Superior do Trabalho, o efeito suspensivo ao recurso interposto.

No item 259.1 analisamos o procedimento de tal pedido.

Com muita frequência a cautelar inominada vem sendo utilizada nos processos de dissídio coletivo.

As sentenças normativas proferidas nesses processos tornam-se exequíveis na data de sua publicação. Essa a razão por que só resta aos empregadores, isoladamente ou por intermédio de seus sindicatos representativos, requerer a medida cautelar inominada visando à suspensão da sentença normativa no seu todo ou em parte.

O pedido dessa cautelar há de ser dirigido ao presidente do Tribunal Superior do Trabalho que designará Relator para conhecê-lo.

No processo individual do trabalho, a CLT prevê expressamente, no inciso IX do art. 659, a concessão de liminar, até decisão final dos processos em reclamações trabalhistas que visem a tornar sem efeito transferência disciplinada pelos parágrafos do art. 469: a) de empregados que exerçam cargos de confiança e aqueles cujos contratos tenham como condição, implícita ou explícita, transferência quando esta decorra de real necessidade do serviço; b) transferência quando ocorrer extinção do estabelecimento em que trabalhar o empregado; c) em caso de necessidade de serviço, o empregador poderá transferir o empregado para localidade diversa da que resultar do contrato, não obstante as restrições do art. 468, mas nesse caso, ficará obrigado a um pagamento suplementar, nunca inferior a 25% dos salários que o empregado percebia naquela localidade, enquanto durar essa situação.

Comprovando-se, de plano, que a transferência do empregado desrespeitou as normas do art. 469 da CLT, é dado ao Juiz deferir medida liminar conservando o empregado em seu antigo local de trabalho até julgamento final do processo.

Na espécie, o requerimento da cautelar é apresentado preventiva ou incidentemente. Na primeira hipótese, terá o empregado de fazer, de imediato, prova cabal de que a transferência é violadora da Lei.

É certo que a CLT se refere, expressamente, a dois casos de reintegração de empregados. No inciso IX do art. 659, prevê concessão de medida liminar, até decisão final do processo em reclamações trabalhistas que visem a tornar sem efeito transferência disciplinada pelos parágrafos do art. 469 da CLT. No inciso X, também do art. 659, é o Juiz do Trabalho autorizado a deferir medida liminar reintegrando no emprego dirigente sindical afastado, suspenso ou dispensado pelo empregador.

Na hipótese, não é prudente conceder-se a medida cautelar *inaudita altera pars*. Dando oportunidade a que o empregador possa manifestar-se sobre o pedido, o Juiz formará seu juízo com mais segurança e identificará com mais facilidade a existência dos pressupostos da medida em tela: *periculum in mora* e *fumus boni juris*.

Na espécie, a aparência do bom direito se demonstra com o fato de o empregador não justificar a dispensa do dirigente sindical.

Passemos em revista os casos de medidas liminares que aparecem com mais frequência nos repertórios de jurisprudência.

I) Empregado vai à Vara do Trabalho propor ação contra empregador que o despediu sem motivo algum. Pede a reintegração no emprego, em medida liminar.

Se deferida essa cautelar, terá ela caráter satisfativo, o que importa dizer que estará afrontando o princípio do duplo grau de jurisdição o direito de ampla defesa do Reclamado.

Medida cautelar deferida em tais circunstâncias pode ser alvo de mandado de segurança.

Os repertórios de jurisprudência estão refertos de decisórios concessivos do *writ* no caso apontado.

II) Empregado no gozo de estabilidade decenal e que jamais optou pelo Fundo de Garantia do Tempo de Serviço é despedido sumariamente.

O interessado reclama perante a Vara do Trabalho e requer, concomitantemente, reintegração no emprego medida cautelar inominada.

Feita prova convincente de ser o empregado realmente estável e não tendo o Requerido (o empregador) feito qualquer prova da legitimidade do seu ato, entendemos que se há de ordenar a volta do Requerente ao emprego e, em caso de desobediência do empregador, cominar-se-lhe o pagamento mensal do salário do empregado até o julgamento final da ação.

III) Tem a empregada gestante direito a uma licença remunerada de 120 dias e a garantia do emprego desde a confirmação da gravidez até cinco meses após o parto.

Se despedida sem junto motivo durante o período da garantia do emprego, são raros os decisórios que lhe asseguram a volta ao serviço.

Reconhecido, a final, pela Vara do Trabalho que a dispensa foi sem justa causa, é a empresa condenada a pagar à empregada os salários relativos a todo o período já indicado.

Mas — indaga-se —, na hipótese, teria ela direito à reintegração no emprego por meio de cautelar inominada?

Feita a prova, *initio litis*, de que a empregada está grávida e que a dispensa foi sem motivo justo, é de se deferir a cautelar.

Entretanto, a própria interessada talvez prefira aguardar o término do processo porque aí fará jus à remuneração de todo o período da garantia do emprego.

Outro caso muito frequente de cautelar inominada é o que diz respeito à criação de novas entidades sindicais que pretendem representar categorias econômicas ou profissionais que presumidamente já contam com sindicatos próprios.

Desnecessário dizer que a matéria escapa à competência da Justiça do Trabalho por ser reconhecidamente da Justiça Comum.

Inobstante, deliberamos escrever algumas linhas a respeito porque se trata de algo que, de modo geral, interessa ao mundo do trabalho e, de modo particular, ao desenvolvimento das ações coletivas do trabalho e ao exercício do direito de greve.

Os repertórios de jurisprudência dos Tribunais de Trabalho estão refertos de arestos em que um sindicato recém-fundado instaura a instância de dissídio coletivo e provoca a reação do sindicato mais antigo que tenta ingressar nos autos da ação coletiva negando legitimidade ao primeiro.

Em tais casos, tem a Justiça do Trabalho se declarado incompetente para decidir quem, de fato, representa a categoria profissional.

É flagrante o reflexo negativo dessa situação nas relações entre a empresa e seus trabalhadores e, por isso, dispensamo-nos de tecer maiores considerações a respeito.

Essa situação, por todos os títulos desagradável, foi fruto da errônea interpretação que o Ministério do Trabalho fez do art. 8º da Constituição Federal. Logo após a promulgação desta, a 5 de outubro de 1988, os dirigentes daquela Pasta entenderam que nada mais tinham que ver com quaisquer questões ligadas ao sindicalismo pátrio.

Como corolário desse entendimento, veio o de que a nova Carta não recebera os dispositivos da CLT regedores da vida sindical.

Devido às sucessivas decisões do Superior Tribunal de Justiça e mesmo do Supremo Tribunal Federal contrariando a conduta do Ministério do Trabalho, este se viu na contingência de sair de seu estranho alheiamento e baixou Instruções Normativas criando o Arquivo dos Atos Constitutivos das novas entidades sindicais.

Se ocorresse a impugnação do pedido de arquivamento, o Ministério do Trabalho remetia as partes em conflito à Justiça Comum e limitava-se a reter o código para cobrança da contribuição sindical. Essa medida criava dificuldades financeiras ao novo sindicato, mas lhe preservava a capacidade jurídica adquirida depois da inscrição de seus atos formadores no Registro das Pessoas Jurídicas.

Não ficava, portanto, o novo sindicato impossibilitado de propor ações coletivas de trabalho e, por via de consequência, entrar em choque com o sindicato mais antigo que dizia desfrutar do privilégio de ser o único representante da categoria na mesma base territorial.

Diante da controvérsia, a Justiça do Trabalho lavava as mãos e dizia ser incompetente para decidir a quem cabia a titularidade do direito de ajuizar dissídio coletivo.

Desnecessário dizer que tal situação trazia sérios prejuízos ao relacionamento entre os empregados e as empresas.

Só seis anos depois, o Ministério do Trabalho resolveu sair de seu sono cataléptico e assumir o papel de órgão competente para registrar as novas entidades sindicais, até que uma lei venha a decidir diferentemente.

Foi preciso que um ex-ministro do Tribunal Superior do Trabalho assumisse a Pasta do Trabalho para que o assunto, de relevância indiscutível, tivesse tratamento adequado.

Pela Instrução Normativa n. 3, de 10 de agosto de 1994, o registro das entidades sindicais passou a ter sede no Ministério do Trabalho.

O art. 1º dessa Instrução Normativa não deixa margem a qualquer dúvida quanto ao novo encargo daquele Ministério:

"Compete ao Ministro de Estado do Trabalho decidir sobre o registro de sindicatos e das correspondentes federações e confederações, na conformidade do que dispõem a Constituição Federal e as leis vigentes, vedada qualquer alteração dos respectivos estatutos".

Bem andou o Ministro do Trabalho ao baixar a precitada Instrução Normativa, porque só a sua Pasta conta com elementos informativos que lhe permitem verificar, de plano, se já existe, ou não, entidade sindical de uma categoria profissional ou econômica na mesma base territorial.

É óbvio que o Registro Civil das Pessoas Jurídicas não tinha condições para pronunciar-se sobre esse ponto nuclear da questão.

Se a parte interessada não aceitar a decisão do Ministro do Trabalho, aprovando ou recusando o registro de uma entidade sindical, terá ainda o direito de levar a divergência ao Judiciário.

É certo, porém, que a Instrução Normativa já referida veio por fim à incerteza quanto à legítima representação de uma categoria num dissídio coletivo.

Manifestado o problema nos autos desse processo, o Tribunal dirige-se ao Ministério do Trabalho para saber quem efetivamente tem o direito de falar em Juízo em nome de dada categoria econômica ou profissional".

338. Poder Geral de Cautela e o Direito Estrangeiro

Façamos rápida incursão pelo direito estrangeiro sobre o poder cautelar inominado do Juiz.

Itália

Ao contrário do CPC de 1865, o de 1942 — influenciado pela poderosa crítica de *Chiovenda*, de *Calamandrei*, de *Andrioli* e de *Carnelutti*, o legislador italiano inseriu em seu texto normativo o poder geral de cautela do Juiz e, paralelamente, manteve o poder para os casos específicos elencados no CPC de 1865.

Alemanha

Funda-se o poder geral de cautela, na Alemanha, no § 940 da ZPO.

Atribui ao Juiz o poder de regular, provisoriamente, situações litigiosas a fim de evitar prejuízos à estabilidade dessas mesmas situações e até o de neutralizar ameaças a direitos, independentemente da sua natureza.

O § 935, também da ZPO, confere ao Juiz o poder de ordenar medidas provisórias objetivando a fiel execução da sentença que porá termo ao litígio.

Duas metas dá o direito germânico ao poder cautelar geral: proteção de um direito subjetivo contra atos violentos: resguardo da situação jurídica até o encerramento do processo.

Áustria

É inegável que o legislador austríaco orientou-se pelo modelo alemão.

É o que o se constata com a leitura do art. 381/1 e 2 da EO (*Executionsordnung*).

Prevê medidas provisórias que não se incluem naquelas destinadas a casos bem específicos.

França

A medida cautelar genérica, na França, é chamada *réferé*.

Essa espécie de cautelar é velha conhecida do direito gaulês. Seu Código anterior já a previa.

O Código Processual vigente, nos arts. 808 e 809, relaciona as várias hipóteses de caráter geral que admitem a medida cautelar inominada.

Todavia, é nos arts. 484 a 492 do atual Código de Processo Civil francês que se determina o procedimento do *réferé*.

O Juiz não pode estabelecer essa medida senão provisoriamente, sendo-lhe facultado impor multas na inadimplência (v. *Jean Vincent* e *Guinchard*, "Procédure Civile", 22ª ed., Dalloz, 1991, p. 425).

Espanha

Consoante o art. 1.428 da *Ley de Enjuiciamiento Civil*, está previsto o poder geral de cautela.

Está restrito à conservação do direito controverso. Deixa de lado a prevenção de danos ou o perecimento de direitos controversos.

Portugal

Seu CPC de 1961, no art. 398, define o poder geral de cautela nestes termos casuísticos: "Quando uma pessoa mostre fundado receio de que outrem, antes da propositura da ação ou na pendência desta, cause lesão grave e de difícil reparação ao seu direito, pode requerer, se ao caso não convier nenhum dos procedimentos especialmente regulados neste capítulo, as providências que julgue adequadas para evitar a lesão, nomeadamente a autorização para a prática de determinados atos, a intimação para que o réu se abstenha de certa conduta ou a entrega dos bens mobiliários ou imobiliários, que constituem objeto da ação, a um terceiro, seu fiel depositário".

A obscuridade desse texto deu margem a interpretações controvertidas, mas hoje vem prevalecendo que nele se cuida, tão-somente, do que denominamos poder geral de cautela do Juiz.

Grécia

Seu direito processual prevê, com nitidez, o poder de cautela para casos específicos e para os inominados.

O art. 682 do seu Código de Processo Civil de 1968, alterado em 1971, diz que, em caso de urgência ou para evitar perigo iminente, os tribunais podem ordenar medidas provisórias para assegurar ou conservar um direito ou para regular uma situação; eles podem, também, modificá-las ou reconsiderá-las.

Admite o legislador, de modo evidente, a fungibilidade das medidas cautelares, isto é, o pedido da parte de medida inadequada não impede o Juiz de determinar uma outra mais apropriada às características do fato litigioso.

Inglaterra

Nesse País, como em outros que seguem a *common law*, o poder geral de cautela está ínsito nesse sistema jurídico.

Tem o Juiz amplos poderes no conhecimento e julgamento dos litígios, incluindo-se entre eles o de ordenar medidas cautelares conservativas ou preventivas.

Na redação deste item servimo-nos, em boa medida, dos dados existentes na obra de *Marcus Vinicius de Abreu Sampaio* ("O Poder Geral de Cautela do Juiz", Rev. dos Tribunais, 1993, p. 115 e ss.).

CAPÍTULO XXXI
Procedimentos Cautelares Específicos

339. Arresto

Para *Galeno Lacerda*, "*o arresto consiste na apreensão e depósito judicial de bens pertencentes ao devedor, visando garantir a execução da sentença que vier a reconhecer o direito do credor*" ("Comentários ao CPC", Forense, 1988, vol. VIII, tomo II, p. 1/2). O arresto, medida cautelar que é, não se faculta à parte, segundo seu livre arbítrio, por ser medida de caráter excepcional, que o julgador autoriza quando presente o risco de o devedor livrar-se de seus bens antes do julgamento final do processo.

Impede, também, que o executado transfira a terceiros seus bens, com o intuito de fraudar a execução.

Pelo arresto, tornam-se indisponíveis os bens do devedor.

Reúnem-se no art. 813 do CPC as hipóteses em que o arresto é decretável: I) quando o devedor sem domicílio certo intenta ausentar-se ou alienar bens que possui, ou deixa de pagar a obrigação no prazo estipulado; II) quando devedor que tem domicílio: a) se ausenta ou tenta ausentar-se furtivamente; b) caindo em insolvência, aliena ou tenta alienar bens que possui, contrai ou tenta contrair dívidas extraordinárias, põe ou tenta pôr os seus bens em nome de terceiros; c) comete outro qualquer artifício fraudulento, a fim de frustrar a execução ou lesar credores; III) quando o devedor que possui bens de raiz intenta aliená-los, hipotecá-los ou dá-los em anticrese, sem ficar com algum ou alguns, livres e desembaraçados, equivalentes às dívidas; IV) nos demais casos expressos em lei.

Servimo-nos das informações de *Sahione Fadel* ("Código de Processo Civil Comentado", Forense, II tomo, 4. ed., 1982, p. 676/7) para elaborar o resumo desses casos expressos em lei (art. 813, IV, do CPC) que podem justificar o arresto em ações trabalhistas:

A) O patrão rural deixa de pagar os salários do trabalhador agrícola (Decreto n. 437, de 27.3.1907, art. 3º).

B) Os operários, no caso de não serem pagos pelo empreiteiro, têm ação para embargar, na mão do dono da obra, se ainda não tiver pago, quantia que baste para o pagamento do que lhes for devido.

C) Empregador que não paga há meses os salários de seus empregados e começa a transferir para terceiros seu *stock* de matérias-primas e de mercadorias ou que, mediante matéria paga em jornais, anuncia a venda de sua maquinaria pode ter seus bens arrestados.

Desse modo, desenham-se as situações relacionadas no art. 813 do CPC que autorizam a decretação do arresto, como o declara o art. 814 do CPC.

O arresto, *initio litis*, sem a justificação prévia, não é fácil de ser obtido, pois a prova de uma das situações enumeradas no art. 813 do CPC não é fácil de ser obtida.

Entretanto, parece-nos que existe sempre a possibilidade de o interessado cumprir todas as exigências legais para lograr obter o deferimento do arresto pela Vara do Trabalho.

A menos que o juiz, no exame do pedido do arresto, não declare a decadência ou a prescrição do direito de ação do requerente, a sentença proferida no arresto não faz coisa julgada na ação principal.

Julgada a ação principal a favor do requerente, o arresto se resolve em penhora. Por oportuno, sublinhamos que se aplicam ao arresto as disposições relativas à penhora (art. 821 do CPC).

Cessa o arresto: pelo pagamento pela novação e pela transação.

Pagando de imediato a dívida inscrita na sentença condenatória ou as prestações vencidas e vincendas de acordo descumprido, o devedor provoca a extinção do arresto. O mesmo acontece se as partes aceitam um novo acordo com a novação da dívida ou se, mediante concessões recíprocas e conseqüente transação, põem fim ao litígio.

340. Sequestro

A apreensão e guarda de uma coisa a fim de que não se extravie, danifique ou aliene é o sequestro.

É mantido até que, a final, se decida sobre sua propriedade ou posse. É uma medida cautelar que visa, enfim, resguardar a eficácia da tutela jurisdicional.

Preleciona *Campos Batalha* ("Tratado de Direito Judiciário do Trabalho", p. 657, 2. ed., 1985, LTr Editora) que não é admitido o sequestro no processo do trabalho "porque as obrigações trabalhistas não têm direção real".

Wagner Giglio e *Mascaro Nascimento* discrepam daquele eminente autor. E nós também.

O sequestro de bens móveis ou semoventes — quando lhes for disputada a propriedade ou a posse (art. 822 do CPC) — é compreensível no foro trabalhista se, em inquérito para apuração de falta grave, alegar-se que o empregado detém em seu poder instrumentos de trabalho pertencentes aos empregador. Este, é bem de ver, tem legítimo interesse em recuperar o que lhe pertence.

Outro caso previsível é do trabalhador em domicílio que utiliza equipamentos fornecidos pelos empregador e se recusa a devolvê-los.

Cabe ao juiz nomear o depositário dos bens sequestrados. Todavia, di-lo o art. 824 do CPC — a escolha poderá recair em pessoa indicada, de comum acordo, pelas partes ou em uma das partes, desde que ofereça maiores garantias e preste caução idônea.

Tem o depositário de assinar compromisso em juízo e só depois dessa formalidade é que ficará em condições de exigir a entrega do bem objeto do sequestro. Em havendo resistência, o depositário solicita ao juiz a requisição de força policial.

Com a entrega do bem, aperfeiçoa-se o sequestro.

Tanto no auto de sequestro como no de arresto, os bens devem ser descritos minuciosamente a fim de permitir sua individuação e caracterização e, assim, definir, com precisão, a responsabilidade do depositário.

Esse auto deve satisfazer os requisitos do auto de penhora e arrolados no art. 665 do CPC: indicação do dia, mês, ano e lugar em que se fez o sequestro ou arresto; os nomes do credor e do devedor; descrição dos bens com seus característicos; a nomeação do depositário do bem.

Nada impede que o juiz, ao decretar a medida cautelar, já designe o depositário que será compromissado se as partes não exercitarem as faculdades mencionadas nos incisos I e II do art. 824 do CPC.

Resta a hipótese de uma pessoa jurídica de direito público interno (União, Estados, Municípios e suas autarquias) ser vencida em reclamatória trabalhista e não atender ao disposto no art. 100 da Constituição da República:

"À exceção dos créditos de natureza alimentícia, os pagamentos devidos pela Fazenda Federal, Estadual ou Municipal, em virtude de sentença judiciária, far-se-ão exclusivamente na ordem cronológica de apresentação dos precatórios e à conta dos créditos respectivos, proibida a designação de casos ou de pessoas nas dotações orçamentárias e nos créditos adicionais abertos para este fins.

§ 1º É obrigatória a inclusão, no orçamento das entidades de direito público, de verba necessária ao pagamento de seus débitos constantes de precatórios judiciários, apresentados ate 1º de julho, data em que terão atualizados seus valores, fazendo-se o pagamento até o final do exercício seguinte, quando terão seus valores atualizados monetariamente.

§ 1º-A. Os débitos de natureza alimentícia compreendem aqueles decorrentes de salários, vencimentos, proventos, pensões e suas complementações, benefícios previdenciários e indenizações por morte ou invalidez, fundadas na responsabilidade civil, em virtude de sentença transitada em julgado".

Alguns tribunais do trabalho, por considerar de natureza alimentícia as verbas de índole trabalhista, entendem que tais créditos não devem obedecer à ordem cronológica mencionada no § 1º do art. 100 da CF. Uma dessas decisões foi adotada pela d. Presidência do TRT da 2ª Região, no Processo n. 925/84, que estava em fase de execução na 21ª Vara do Trabalho da Capital.

O Supremo Tribunal Federal, no julgamento do Recurso Extraordinário n. 158.682, decidiu que os débitos de natureza alimentícia da Fazenda Pública estão sujeitos ao precatório, como, também, a uma ordem cronológica especial, distinta dos débitos comuns.

É inatacável essa decisão, pois a Fazenda Pública recebe numerosos precatórios sobre débitos de índole alimentícia e, por isso mesmo, tem de organizar uma escala de atendimento especial para eles.

341. Caução

Caução equivale à garantia que se dá no sentido da preservação de uma relação jurídica ou do exercício de um direito.

Pode a caução ser real ou fidejussória.

Se a lei não determina a espécie de caução, é ela prestada mediante depósito em dinheiro, papéis de crédito, títulos da União ou dos Estados, pedras e metais preciosos, hipoteca, penhor ou fiança (arts. 826 e 827 do CPC).

Tanto é ela feita pelo interessado como por um terceiro.

É obrigatória a citação da pessoa favorecida pela caução e isso por meio de petição indicando: o valor a caucionar; o modo pelo qual a caução vai ser prestada; a estimativa dos bens; a prova da suficiência da caução ou da idoneidade do fiador.

Contestado o pedido, o juiz designará audiência de instrução e julgamento se for preciso produzir prova; caso contrário decidirá de imediato. Dando pela procedência do pedido, o juiz determinará a caução e assinará o prazo em que deve ser prestada.

Há a caução às custas (*cautio judicatum solvi*) quando o autor de uma ação precisa ausentar-se do País, a menos que ele possua em território nacional bens imóveis garantidores do pagamento em causa.

Notadamente nos casos de caução em dinheiro, é comum pedir-se seu reforço no curso do processo, se altas forem as taxas inflacionárias que acarretam a desvalorização da moeda.

Não é muito comum a caução no direito processual do trabalho.

Tem surgido no caso de arresto dos bens do devedor, o qual requer sua suspensão e oferece caução real ou fidejussória.

342. Busca e Apreensão

Fala o art. 839 do CPC em busca e apreensão de pessoas ou de coisas.

É fora de dúvida que, no processo do trabalho, inexiste a hipótese de o Juiz decretar a procura e a apreensão de uma pessoa; o que pode acontecer é a busca e apreensão de uma coisa.

Trata-se, nos termos do CPC, de medida cautelar para viabilizar o cumprimento de determinação judicial.

É ela empregada, com frequência, na execução de outra medida cautelar, como v. g. a entrega de coisa certa e móvel de conformidade com o preceituado no art. 625 do CPC.

Na petição inicial, tem o interessado de expor as razões justificativas da medida, descrever minuciosamente a coisa procurada, indicar o local em que ela se encontra e qual o seu destino depois de realizada a diligência.

Ocioso dizer que, a medida em foco também tem como pressupostos o *periculum in mora* e o *fumus boni juris*.

Se houver necessidade de prova, ordenará o juiz a justificação prévia. Provado quanto baste o alegado, expede-se mandado com: a) a indicação da casa ou lugar em que deve efetuar-se a diligência; b) a descrição da coisa procurada e o destino que, depois, ser-lhe-á dado; c) assinatura do juiz que expedir o mandado. Este é cumprido por dois oficiais de justiça, um dos quais o lerá ao morador, intimando-o a abrir as portas. A recusa autoriza aqueles auxiliares da Justiça a arrombar as portas externas e internas e quaisquer móveis onde presumam esteja oculta a coisa, desde que essa providência esteja prevista no mandado.

Exige-se a presença de duas testemunhas ao ato. Entretanto, não satisfeita essa exigência, estamos que esse fato não anula o auto circunstanciado que os oficiais têm de lavrar, finda a diligência.

Em que situação, no foro trabalhista, é utilizável essa medida cautelar específica?

Deve ser ela muito rara, pois muitos autores não relacionam essa medida cautelar entre aquelas que compete ao Juiz do Trabalho determinar.

Parece-nos, porém, ser ela enquadrável no caso de empregado admitido para inventar um bem qualquer e se afasta sem motivo justo da empresa, levando em seu poder um protótipo do invento.

Na espécie, não é competente a Justiça Comum, porque o empregado foi admitido para trabalhar no invento e utilizou equipamentos e materiais do seu empregador que, além disso, lhe pagava salário. O objeto da relação empregatícia era o invento.

É a matéria regulada pelo art. 454 da CLT e arts. 88 a 93 da Lei n. 9.279, de 14 de maio de 1996 (Lei que regula os direitos e obrigações relativos à Propriedade Industrial).

343. Exibição

Reza o art. 844 do CPC que a exibição judicial, como procedimento preparatório, é admitida em três hipóteses, das quais apenas duas são aplicáveis ao processo trabalhista: a) de coisa móvel em poder de outrem e que o requerente repute sua ou tenha interesse em conhecer; b) da escrituração comercial por inteiro, balanços e documentos de arquivo, nos casos expressos em lei.

O procedimento há-de atender às prescrições dos arts. 355 a 363, 381 e 382 — todos do CPC.

A exibição é, de fato, medida preparatória de ação futura. Todavia, nada impede que essa diligência se requeira estando a ação em sua fase instrutória.

Parece-nos que, mesmo na fase de execução, justifica-se a exibição de documento ou coisa considerados indispensáveis à liquidação da sentença por cálculo ou por artigos.

O pedido de exibição por meio de petição deve conter: a) individuação tão completa quanto possível do documento; b) a finalidade da prova indicando os fatos que se relacionam com o documento ou coisa; c) as circunstâncias em que se funda o requerente para afirmar que o documento ou coisa existe e se acha em poder da parte contrária.

Tem o requerido cinco dias para dar sua resposta; se negar, o requerente precisa provar, por qualquer meio, que tal declaração não é expressão da verdade.

Não admite o juiz a recusa em três hipóteses: se o requerido tiver obrigação legal de exibir; se o requerido aludiu ao documento ou à coisa, no processo, com o intuito de constituir prova; se o documento, por seu conteúdo, for comum às partes.

Ao decidir sobre o pedido de exibição, o juiz reputará como verdadeiros os fatos que se pretendia provar com o documento ou com a coisa: a) se o requerido não efetuar a exibição nem fizer qualquer declaração dentro do prazo legal; b) se a recusa for havida por ilegítima.

Se o documento ou a coisa estiverem em poder de terceiro, terá este dez dias para responder. Sua negativa acarretará a designação de uma audiência, em que o terceiro bem como as partes serão inquiridos e — se necessário — também testemunhas.

Se o terceiro, injustificadamente, recusar-se a exibir a coisa ou o documento no prazo de cinco dias, será expedido mandado de busca e apreensão sem prejuízo da responsabilidade por crime de desobediência.

Diz o art. 363 do CPC que o terceiro e as partes estão dispensados de exibir, em juízo, a coisa ou o documento: a) se concernentes a negócios da própria vida da família; b) se a sua apresentação puder violar dever de honra; c) se a publicidade do documento redundar em desonra à parte ou à terceiro, bem como a seus parentes consanguíneos ou afins até o terceiro grau, ou lhes representar perigo de ação penal; d) se a exibição acarretar a divulgação de fatos, a cujo respeito, por estado ou profissão, devam guardar segredo; e) se subsistirem outros motivos graves que, segundo o prudente arbítrio do juiz, justifiquem a recusa da exibição.

Se os motivos acima elencados disserem respeito a apenas uma parte do documento, da outra se extrairá uma suma para ser apresentada em juízo.

É indivisível a escrituração contábil, como o afirma o art. 380 do CPC.

Se dos fatos motivadores dos lançamentos uns são favoráveis ao interesse do requerente e outros não o são, todos eles terão de ser considerados englobadamente.

De ofício, o juiz está autorizado pelo art. 382 do CPC a ordenar à parte que exiba, parcialmente, os livros e documentos, extraindo-se deles a suma imprescindível ao deslinde do litígio, bem como reproduções autenticadas.

O Superior Tribunal de Justiça editou a Súmula n. 372 onde ficou assentado que *"na ação de exigição de documentos, não cabe a aplicação de multa cominatória"*.

344. Produção Antecipada da Prova

Dispõe o art. 846, do CPC, que a produção antecipada de prova pode consistir em interrogatório da parte, inquirição de testemunhas e exame pericial.

Far-se-á o interrogatório da parte ou a inquirição das testemunhas antes da propositura da ação ou na pendência desta, mas antes da audiência de instrução.

Duas são as hipóteses que justificam essa modalidade de produção antecipada de prova: necessidade de a parte ou a testemunha terem de ausentar-se e se, por motivo de idade ou de moléstia grave houver justo receio de que, ao tempo da prova, já não exista ou esteja impossibilitada de depor.

Tomado o depoimento, ou feito exame pericial, os correspondentes autos permanecerão em cartório, sendo lícito aos interessados requerer as certidões que quiserem (art. 851, do CPC).

Trata-se de procedimento cautelar largamente usado no processo trabalhista. Tem por finalidade preservar, *ad perpetuam*, esta ou aquela prova que, talvez, não possa ser produzida durante o curso da ação, devido ao risco da situação de fato modificar-se ou de perecer a coisa ou a pessoa.

Não existindo nenhum desses riscos, não pode o juiz autorizar a medida. Na produção antecipada da prova, não é ela examinada ou discutida. O juiz não entra no mérito da prova nem se manifesta sobre o seu valor.

Compete ao juiz da ação principal examinar a prova produzida antecipadamente e dizer se a aceita ou a repudia.

345. Arrolamento de Bens

Havendo justo receio de extravio ou dissipação de bens, procede-se ao arrolamento de bens (art. 855 do CPC).

Está credenciado a requerer essa medida quem tiver interesse na conservação dos bens.

Esse interesse pode resultar de direito já constituído ou que deva ser declarado em ação própria.

Aos credores só é permitido requerer arrolamento nos casos em que tenha lugar a arrecadação da herança.

No processo trabalhista, é de uso comum o arrolamento no caso de credor de herança jacente (arts. 1.142 e 1.152 do CPC). Ver nesse sentido RJTJESP 99/283.

Na petição inicial, o requerente falará sobre seu direito aos bens e sobre os fatos em que funda o receio de extravio ou de dissipação dos bens.

Feita a prova em justificação prévia e convencendo-se o juiz de que o interesse corre sério risco, deferirá a medida e nomeará depositário dos bens.

Dado que se trata de medida cautelar, lembramos que pode o juiz autorizar o arrolamento *in limine* sem ouvir o possuidor ou o detentor do bem.

346. Justificação

Pela justificação, busca-se a constituição de prova que, posteriormente, há-de ser apreciada e valorizada pelo juiz da ação ou pela autoridade administrativa a quem for oferecida.

Um princípio de prova por escrito é indispensável na justificação.

Reza o art. 861 do CPC, *ipsis verbis*: "*Quem pretender justificar a existência de algum fato ou relação jurídica, seja para simples documento e sem caráter contencioso, seja para servir de prova em processo regular, exporá, em petição circunstanciada a sua intenção*".

Salvo nos casos expressos em lei, é essencial a citação do interessado.

Na impossibilidade de sua citação pessoal, intervirá no processo o Ministério Público.

No processo de justificação não se admite defesa nem recurso.

O juiz, por seu turno, não se manifestará sobre o mérito da prova, limitando-se a verificar se foram observadas as formalidades legais (art. 866 do CPC). Essa sentença é constitutiva, integrativa da prova feita.

O exame da prova feita se efetuará pelo juiz na ação principal.

Dispõe o art. 863 do CPC que a justificação consistirá na inquirição de testemunhas sobre os fatos alegados, sendo facultado ao requerente juntar documentos.

Na petição inicial, o requerente da justificação deve mencionar qual o fato ou relação jurídica que deseja provar, apresenta rol de testemunhas que deverão depor e quais os pontos que elas deverão esclarecer.

Em se tratando de relação jurídica que se pretende provar, haverá sempre o outro sujeito, o qual obrigatoriamente precisará ser citado.

Requerente e requerido podem contraditar as testemunhas e reinquiri-las e manifestar-se sobre os documentos, dos quais terão vista em cartório por vinte e quatro horas.

É a justificação adotada principalmente nos casos de apuração do tempo de serviço ou de comprovação da relação empregatícia.

347. Protestos, Notificações e Interpelações

O protesto é a exteriorização da vontade de exercer uma pretensão qualquer.

Deflui o conceito do art. 867 do CPC: "*Todo aquele que desejar prevenir responsabilidade, prover a conservação e ressalva de seus direitos ou manifestar qualquer intenção de modo formal, poderá fazer por escrito o seu protesto, em petição dirigida ao juiz e requerer que do mesmo se intime a quem de direito*".

Temos como certo que o protesto é marcantemente acautelatório e para ressalva de direitos.

Pelo protesto, alguém afirma ser titular de um direito ou manifesta pretensão que nele encontre respaldo. Serve, outrossim, para alertar terceiros sobre as consequências de quaisquer atos contrários ao seu direito.

Em seu pedido, o requerente precisa definir com clareza o motivo legítimo do protesto.

Petição desfundamentada e que não se apoie em interesse legítimo não será, com certeza, deferida pelo juiz. O mesmo ocorrerá se a petição tiver um caráter genérico sem expressamente relacionar os direitos ou interesses que se deseja resguardar.

No foro trabalhista, é o protesto utilizado, na maioria das vezes, para interromper a prescrição ou para impossibilitar a venda de bens do devedor. Escusado dizer que a medida tem alcance maior, mas aquelas finalidades são as mais comuns no processo trabalhista.

Informa o art. 870 do CPC quais as hipóteses que autorizam a intimação por editais: se o protesto for para conhecimento do público em geral, nos casos previstos em lei, ou quando a publicidade seja essencial para que o protesto, notificação ou interpelação atinjam os seus fins; se o citando for desconhecido, incerto ou estiver em lugar ignorado ou de difícil acesso; se a demora da intimação pessoal puder prejudicar os efeitos da interpelação ou do protesto.

Consoante o art. 871 do CPC, o protesto ou interpelação não admite defesa nem contraprotesto nos autos, sendo porém lícito ao requerido contraprotestar em processo distinto.

Tanto a notificação como a interpelação serão processadas nos mesmos termos do protesto.

Uma palavra sobre os traços distintivos de ambos os institutos.

Pela notificação é o requerido advertido de que deve praticar ou não praticar determinado ato; pela interpelação é o devedor cientificado de que deve cumprir a obrigação, sob pena de cair em mora.

Mascaro Nascimento ("Curso de Direito Processual do Trabalho", 12ª ed., Saraiva, 1990, p. 309) diz lapidarmente: *"É o caso do protesto contra alienação dos bens do empregador; da notificação do empregado para retornar ao serviço sob pena de abandono de emprego e da interpelação do empregador sobre se transferirá o estabelecimento para outra localidade ou o extinguirá".*

348. Atentado

É aplicável ao processo trabalhista a parte do art. 879 do CPC que diz cometer o atentado a parte que, no curso do processo, viola penhora, arresto e sequestro.

Instituto dos mais antigos na processualística.

Existiu nas Ordenações Afonsinas, Manuelinas e Filipinas, na Consolidação Ribas (art. 911) em vários Códigos de Processo estaduais e no CPC de 1939.

Conserva atualidade o conceito de atentado dado por *Câmara Leal* ("CP de São Paulo Comentado", vol. 3º, nota ao art. 457) — verbis: *"Atentado, em nosso direito processual, é, na pendência da lide, a violação do mandado judicial coercitivo ou cominatório, ou a prática de qualquer ato que opere ilegal modificação no estado da coisa litigiosa. Deve-se entender por ilegal a modificação contrária a direito, capaz de prejudicar a causa ou lesar a parte contrária".*

O atentado pressupõe um processo.

Não há atentado quando as alterações, no estado de fato, ocorrem antes da propositura da ação.

CAPÍTULO XXXII

Procedimentos Especiais

349. Ação Declaratória

Além das ações individuais e coletivas reguladas pela CLT há algumas outras regidas pelo Código de Processo Civil e legislação extravagante que também se incluem na competência da Justiça do Trabalho.

Passemos em revista essas ações ainda que de modo sumário.

Afirma *Borchard* ("Actorum Academiae Universalis Jurisprudentiae Comparativae", Sirey, 1934, pars. II, p. 546) não ser a ação declaratória uma novidade do direito processual moderno, pois era ela conhecida e exercitada, há muitos séculos, em numerosos Países.

Buzaid ("Ação Declaratória no Direito Brasileiro", 2. ed., Saraiva, 1986, p. 5 e ss.) opõe-se a *Borchard* — e com razão — advertindo que *"o conceito de ação declaratória filia-se, na verdade, ao de ação prejudicial e de ação provocatória (do direito romano), mas não se identifica com eles"*.

Em nosso entendimento — afinado com o do ilustre mestre paulista — as ações prejudiciais do direito romano são apenas o marco inicial do processo que chegou aos tempos modernos apresentando a ação declaratória "como figura geral de proteção jurídica".

Com alguma razão, a doutrina condena a expressão "ação declaratória", pois as demais ações sempre têm por fim declarar o direito, com maior ou menor ênfase.

Essa a razão por que se dá preferência à denominação de ação meramente declaratória.

Tal designação está mais em harmonia com o pensamento de *Chiovenda* traduzido nas seguintes palavras: *"A sentença puramente declaratória é aquela que se limita a declarar a existência ou a não-existência de um direito"* ("Saggi di Diritto Processuale Civile", 1894-1937, vol. terzo, Giuffrè, 1993, p. 19).

Chamando a nossa ação declaratória de "puramente declaratória" estava o mestre dos mestres do processo nos alertando sobre a circunstância de que, nas demais ações, as sentenças também eram, em parte (mas não inteiramente), declaratórias.

Tal ação tem por objeto: a) a existência ou inexistência de uma relação jurídica; b) a autenticidade ou falsidade de um documento.

É ela, ainda, admissível mesmo que tenha ocorrido a violação do direito (v. art. 4º do CPC).

Resta a declaratória incidental a que alude o art. 5º também do CPC — *verbis*: *"Se, no curso do processo, se tornar litigiosa relação jurídica de cuja existência ou inexistência depender o julgamento da lide, qualquer das partes poderá requerer que o juiz a declare por sentença"*.

Para legitimar a propositura da ação declaratória, basta o interesse. Sua existência não é condicionada pelo direito material do autor contra o réu.

Com razão, diz *Buzaid* que a "natureza da ação declaratória é a de um direito abstrato de agir" ("Ação Declaratória no Direito Brasileiro", 2. ed., Saraiva, 1986, p. 125).

A CLT não faz menção expressa à ação declaratória, mas a doutrina e a jurisprudência aceitam-na sem qualquer resistência na Justiça do Trabalho.

Não mais se aceita a teoria de que a ação declaratória é um meio preventivo de litígios. Nessa ação há um litígio: um afirma a existência da relação jurídica e outro a nega. Sua finalidade é, em verdade, a certeza de uma relação jurídica.

O interesse de agir, na ação meramente declaratória, consubstancia-se na incerteza objetiva (e não apenas subjetiva), jurídica e atual. Além disso, a incerteza objetiva, jurídica e atual deve vir acompanhada do perigo de dano para o autor se não obtiver a declaração judicial.

A ação declaratória não pode ser proposta para se provar a existência ou inexistência de um fato. É incisivo o art. 4º do CPC: o interesse do autor limita-se à declaração da existência ou inexistência de uma relação jurídica. De recordar-se que esta última corresponde à relação entre pessoas ou entre a pessoa e a coisa, regulada juridicamente.

Nessa ótica, é fácil concluir que a ação meramente declaratória não é meio adequado para provar um fato ou ter como objeto declaração sobre lei em abstrato.

Há consenso entre os doutrinadores de que qualquer relação de direito privado ou público pode ser objeto de uma ação de "acertamento" (denominação que os italianos dão à ação declaratória).

Esse entendimento doutrinário obteve consagração pela Súmula n. 181 do Superior Tribunal de Justiça: *"É admissível ação declaratória, visando a obter certeza quanto à exata interpretação de cláusula contratual."*

Esteou-se a súmula no art. 4º do CPC. Assim, o interesse de agir, por meio de ação declaratória, pressupõe a necessidade, satisfatoriamente comprovada, de pôr fim à incerteza do direito ou da relação jurídica. Desenha-se, nitidamente, essa necessidade quando um contratante quer aclarar se é, ou não, alcançado pelos efeitos jurídicos de uma cláusula e pretendidos pelo outro contratante.

O próprio CPC abre uma única exceção à regra de que a ação declaratória não pode ter por objeto um fato, ao dizer, no inciso II do art. 4º, que o interesse do autor pode limitar à declaração de autenticidade ou falsidade de documento.

Proclamar a autenticidade de um documento não é afirmar serem verdadeiras as declarações nele inseridas. Para *Carnelutti* ("Sistema del Diritto Processuale Civile", vol. I, p. 701, Editrice Antonio Milani, 1936) *"la certezza della provenienza del documento dall'autore indicato si chiama autenticità".*

É a certeza da origem do documento apresentado nos autos que se chama autenticidade.

Aliás esse conceito se harmoniza com o preceituado no art. 369 do CPC: *"Reputa-se autêntico o documento, quando o tabelião reconhecer a firma do signatário, declarando que foi aposta na sua presença".*

A falsidade do documento pode ser material ou intelectual. É material quando falsa a assinatura ou se imita letra de terceiro; é, ainda, material quando o conteúdo de um documento verdadeiro é alterado com a inserção de novas expressões ou eliminação de algumas delas. A falsidade intelectual ou ideológica configura-se quando, sob o prisma material, é perfeito o documento, mas a declaração nele contida foi alterada.

Há controvérsia acerca da admissibilidade da ação declaratória para averiguação da falsidade ideológica. Os decisórios da Justiça tergiversam.

Em nosso entendimento, a ação declaratória pode ter por objeto a falsidade intelectual de um documento. Trata-se de relação jurídica decorrente desse documento. Logo, a certeza jurídica a respeito pode ser obtida pela ação meramente declaratória.

Se de um lado é vitorioso, na doutrina, o entendimento de que a ação declaratória é imprescritível, de outro é aceito que ela interrompe a prescrição.

O art. 219 do CPC é também aplicável à ação que vimos analisando ao dizer que a citação válida interrompe a prescrição.

Dentre os efeitos da sentença declaratória não aparece o da execução forçada.

Exemplificando: na declaratória ficou provado o vínculo empregatício e, consequentemente, o direito a vantagens pecuniárias diversas (gratificações, FGTS, 13º salário etc.).

Se o vencido não se dispuser a cumprir espontaneamente o que se contém na sentença declaratória, resta ao empregado propor ação para cobrança daquelas verbas.

Escusado dizer que essa ação condenatória terá tramitação simplificada, pois não haverá necessidade de provar-se outra vez o que já se consignou na sentença declaratória.

Estamos em que o § 1º do art. 791 da CLT não incide na ação declaratória.

Como consignado anteriormente, a Lei n. 8.096, de 4.7.1994 (Estatuto da OAB), aboliu o *jus postulandi* das partes na Justiça do Trabalho.

Patrões e empregados só podem ir a Juízo desacompanhados de advogados "nos dissídios individuais", isto é, nos litígios em que se faz mister provar fatos e circunstâncias que não se incluem no objeto da ação declaratória.

Há, ainda, a ação declaratória incidental, mencionada no art. 5º do CPC: *"Se, no curso do processo, se tornar litigiosa relação jurídica de cuja existência ou inexistência depender o julgamento da lide, qualquer das partes poderá requerer que o Juiz a declare por sentença".*

É uma ação autônoma que se desenvolve no mesmo processo da ação principal.

Essa declaratória incidente tanto pode ser requerida pelo Reclamante como pelo Reclamado, como o afirma o art. 5º do CPC há pouco transcrito.

Para o Reclamante o momento para requerer a declaração incidente é após ter tomado ciência da defesa do Reclamado em que contesta o direito que serve de fundamento ao pedido. A praxe é sempre a Vara do Trabalho mandar o Reclamante conhecer os termos da defesa do Reclamado e, aí, decidir se deve requerer a declaratória incidental.

O momento para o Reclamado requerer tal declaração é na contestação, quando já se inteirou do pedido do Reclamante e dos seus fundamentos. Passado esse momento, está precluso o direito do Reclamado.

A pertinência da ação meramente declaratória ao processo trabalhista já é reconhecida por todos. Quanto, porém, à declaratória incidental, inexiste a unanimidade de pensamento.

Coqueijo Costa dizia ser ela inútil ("Direito Processual do Trabalho", 2. ed., Forense, 1984, p. 99).

Permitimo-nos divergir do pensamento desse saudoso jurista.

Tanto a ação declaratória meramente declaratória como a incidental têm o mesmo objetivo, variando apenas seu procedimento.

Coqueijo, para ilustrar seu pensamento de modo concreto, mencionou que a relação de emprego, como questão prejudicial, só é proclamada, ou não, na sentença final do processo principal e, de consequência, não se faz mister a declaratória incidental.

O exemplo a favor da nossa postura é o seguinte: o Reclamado declara não ser o empregador do Reclamante, mas uma outra pessoa física ou jurídica. Na hipótese, é lícito ao Reclamante requerer a declaratória incidental a fim de apurar-se quem é seu empregador.

Pondo termo à controvérsia sobre a admissibilidade, ou não, da reconvenção em ação *declaratória*, o Supremo Tribunal Federal editou a Súmula n. 258: "É admissível a reconvenção em ação declaratória".

Quanto ao cabimento ou não da ação declaratória concernente à complementação de aposentadoria, o TST editou a Orientação Jurisprudencial n. 276, SDI-1, *verbis*: "*Ação declaratória. Complementação de aposentadoria. É incabível ação declaratória visando a declarar direito à complementação de aposentadoria, se ainda não atendidos os requisitos necessários à aquisição do direito, seja por via regulamentar, ou por acordo coletivo*".

Como fecho a este item, frisamos que a ação coletiva de natureza jurídica é, de fato, uma ação declaratória e que, como as demais, vale apenas como preceito.

350. Ação de Consignação em Pagamento

Se um empregado falta ao serviço durante largo tempo e não dá qualquer informação sobre seu paradeiro; se é despedido e não aparece para receber as correspondentes verbas indenizatórias — eis duas situações em que, afora outras mais, a inércia do empregador pode trazer-lhe problemas de toda sorte.

Para evitá-los e proteger-se contra eventuais reclamações trabalhistas, tem o empresário a ação de consignação em pagamento disciplinada pelos arts. 890 *usque* 900 do CPC.

Consoante o art. 335 do Código Civil de 2002, as hipóteses de cabimento dessa espécie de ação são as seguintes: a) se o credor, não puder, ou, sem justa causa, recusar receber o pagamento ou dar quitação na devida forma; b) se o credor (o empregado) não for nem mandar receber a coisa no lugar, tempo e condição devidos; c) se o credor for incapaz de receber, for desconhecido, declarado ausente, ou residir em lugar incerto ou de acesso perigoso ou difícil; d) se ocorrer dúvida sobre quem deva legitimamente receber o objeto do pagamento; e) se pender litígio sobre o objeto do pagamento.

Vejamos, sob a forma de exemplos, as situações concretas que podem corresponder às hipóteses legais aninhadas no art. 335 do Código Civil de 2002.

Alínea *a*: o empregado comparece na empresa para receber a remuneração das férias ou verbas indenizatórias. Recusa-se a dar quitação desses valores e desaparece. A fim de evitar juros de mora e correção monetária, só resta à empresa consignar em juízo aquela importância.

Alínea *b*: o empregado deixa de ir à empresa a fim de receber o que lhe é devido por dispensa imotivada.

Alínea *c*: é o empregado credor da empresa de quantia referente ao 13º salário e férias vencidas. Foi declarado ausente ou reside em lugar incerto ou de acesso perigoso ou difícil. Outro exemplo dessa alínea:

Acometido de doença mental, está o empregado impossibilitado de receber e dar quitação do que a empresa lhe deve.

Alínea *d*: esposa e concubina disputam o crédito, na empresa, do empregado que faleceu.

Alínea *e*: mesma hipótese da letra *d*.

Nos casos das letras *a, b, c* e *e*, é obrigatória a citação do credor.

A consignação tem de ser requerida no local da prestação de serviços.

As despesas processuais, no caso vertente, correrão por conta do empregado se julgada procedente a consignação e, no caso contrário, pelo empregador.

A ação de consignação em pagamento se inicia com petição, seguida de intimação para o Réu vir à audiência designada para receber a importância indicada pelo Autor, sob pena de ordenar-se o respectivo depósito.

Em havendo dúvida sobre quem deva, legitimamente, receber o pagamento, o Autor requererá o depósito e a citação dos que o disputam para provar o seu direito.

No foro trabalhista, o procedimento é algo diferente daquele indicado no CPC.

Depois de citado, o trabalhador comparece à Vara do Trabalho e contesta o pedido do Autor alegando: a) não houve recusa ou mora em receber a quantia ou coisa devida; b) foi justa a recusa; c) o depósito não no prazo ou no lugar do pagamento; d) o depósito não é integral.

Nos termos do parágrafo único do art. 896 do CPC (texto dado pela Lei n. 8.951, de 13.12.1994), no caso da alínea *d* supra, a alegação *"será admissível se o réu indicar o montante que entende devido".*

Ora, é frequente, no âmbito trabalhista, exigir-se o concurso de perito para estimar-se o devido pelo empregador (horas extras, insalubridade, trabalho extraordinário etc.), o que torna inviável o cumprimento, pelo empregado, da prescrição do parágrafo único do art. 896, do CPC. Inobstante, não vemos qualquer ilegalidade na hipótese de o empregado concordar em receber, em juízo, quantia adicional ao depósito considerado incompleto e que atenda a uma postulação não prevista pelo autor da ação consignatória.

Ainda na hipótese do depósito incompleto, temos como certo que se aplicam a uma relação de emprego os §§ 1º e 2º que a Lei n. 8.951 inseriu no art. 899 do CPC.

Assim, alegada a insuficiência do depósito, é facultado ao empregado levantar, desde logo, a quantia ou coisa depositada, com a conseqüente liberação parcial da obrigação do autor, prosseguindo-se o processo quanto à parcela controvertida.

A sentença que, a final, reconhecer a insuficiência do depósito determinará sempre que possível o montante devido e neste caso valerá como título executivo, facultado ao credor (o empregado), promover-lhe a execução nos mesmos autos.

Não vemos qualquer ofensa à lei se o Juiz, no caso de depósito incompleto, recorrer a um perito para fixar, com precisão, o devido pelo autor da ação consignatória. Ao revés, entendemos, ainda, que essa providência se afina com o princípio da economia processual.

Em nenhuma hipótese, o devedor (o empregador) será condenado ao pagamento de honorários advocatícios.

Não comparecendo o credor (o empregado) não se há de aplicar a regra abrigada no art. 897 do CPC (redação dada, também, pela Lei n. 8.951), isto é, "não oferecida a contestação e ocorrentes os efeitos da revelia, o juiz julgará procedente o pedido, declarará extinta a obrigação e condenará o réu nas custas e honorários advocatícios".

Na hipótese, há que se respeitar o disposto no art. 844 da CLT, que manda, apenas, arquivar a reclamação.

Não estaríamos atendendo às peculiaridades do direito processual do trabalho se, numa consignatória, a ausência do credor (o empregado) acarretasse a extinção da obrigação do devedor, o que não ocorre em caso mais significativo como o é a reclamação de indenização de eventuais lesões ao direito do trabalhador.

Quando a consignação fundar-se em dúvida sobre quem deva legitimamente receber, não comparecendo nenhum pretendente, converter-se-á o depósito em arrecadação de bens de ausentes; comparecendo apenas um, o juiz decidirá de plano; comparecendo mais de um, o juiz declarará efetuado o depósito e extinta a obrigação, continuando o processo a correr unicamente entre os pretendentes, caso em que se observará o procedimento ordinário.

Se o Réu, na contestação, alegar que o depósito não é integral, é lícito ao Autor completá-lo no prazo de 10 dias.

Sem embargo da ação consignatória, a que torna prevento o juízo, é lícito ao empregado propor, perante a competente Vara do Trabalho, reclamatória contra o autor da consignação judicial. A conexão exige o julgamento conjunto da consignatória e da ação trabalhista.

350.1. Consignação Extrajudicial em Pagamento

A Lei n. 8.951, de 13 de dezembro de 1994, inseriu quatro parágrafos no art. 890 do CPC.

Esse dispositivo, anteriormente, estabelecia: *"Nos casos previstos em lei, poderá o devedor ou terceiro requerer, com efeito de pagamento, a consignação da quantia ou da coisa devida".*

O respectivo procedimento judicial era indicado nos artigos subsequentes.

Tais disposições do CPC não previam a consignação extrajudicial. Isso foi incluído em nosso ordenamento jurídico pela supracitada Lei n. 8.951.

Vejamos, *verbo ad verbum*, os quatro parágrafos com que se enriqueceu o art. 890 do CPC:

"§ 1º Tratando-se de obrigação, poderá o devedor ou terceiro optar pelo depósito da quantia devida, em estabelecimento bancário, oficial, onde houver, situado no lugar do pagamento, em conta com correção monetária, cientificando-se o credor por carta com aviso de recepção, assinado o prazo de dez dias para a manifestação de recusa.

§ 2º Decorrido o prazo referido no parágrafo anterior, sem a manifestação de recusa, reputar-se-á o devedor liberado da obrigação, ficando à disposição do credor a quantia depositada.

§ 3º Ocorrendo a recusa, manifestada por escrito ao estabelecimento bancário, o devedor ou terceiro poderá propor, dentro de trinta dias, a ação de consignação, instruindo a inicial com a prova do depósito e da recusa.

§ 4º Não proposta a ação no prazo anterior, ficará sem efeito o depósito, podendo levantá-lo o depositante".

O preceituado nas disposições *supra* incide no processo do trabalho, embora encaremos com alguma reserva a utilidade do novo instituto, especialmente, para o empregador.

No âmbito trabalhista, essa consignação extrajudicial efetua-se na localidade em que o trabalhador prestou serviços e, por isso mesmo, ali percebia seus salários.

É lícito ao empregador depositar em estabelecimento bancário oficial, onde houver, a quantia que, por vários títulos, for devida ao empregado que abandonou o serviço.

A fim de prevenir futuros litígios, deve a empresa discriminar as verbas satisfeitas pelo depósito: saldo de salários, férias vencidas etc.

Se analfabeto o empregado, não é fácil comunicar-lhe o depósito em apreço, uma vez que a lei não previu semelhante situação. Não veda a lei que a direção do estabelecimento bancário ou o próprio empregador deem ciência ao credor (o empregado analfabeto) mediante a leitura, perante duas testemunhas, do instrumento da comunicação em causa.

É despiciendo dizer que, se o empregado não for encontrado, fica inviabilizada a consignação extrajudicial.

No caso de o trabalhador contar com mais de um ano de serviço, é indispensável a comunicação ao respectivo sindicato da existência do questionado depósito. Efetuado o levantamento deste, na presença do representante da entidade profissional, estar-se-á observando a prescrição do § 1º do art. 477 da CLT.

Embora o trabalhador retire a quantia depositada, fica, ainda assim, ressalvado seu direito de postular em juízo eventuais verbas não consideradas pelo empregador ao realizar o multicitado depósito bancário.

Regularmente cientificado da consignação em causa, tem o empregado dez dias para opor ao estabelecimento bancário sua recusa por escrito a essa forma de pagamento. Insurgindo-se contra o depósito extrajudicial, é dado ao credor alegar, nos termos do art. 896 do CPC, que: não houve recusa ou mora em receber a quantia devida; foi justa a recusa; o depósito não se efetuou no prazo ou no lugar do pagamento; o depósito não é integral, devendo informar o montante devido.

In casu tem o consignante o prazo de 30 dias para propor ação de consignação instruindo a inicial com a prova do depósito e da recusa.

Expirado esse prazo sem o ajuizamento daquela ação, fica sem efeito o depósito, podendo levantá-lo o devedor.

No caso vertente, é transparente o intuito dos autores da reforma do CPC de contribuir para o desafogamento dos vários braços do Poder Judiciário.

Não vacilamos em dizer que a liberação de uma dívida por meio da consignação extrajudicial é extremamente útil à consecução daquele objetivo em se tratando de conflitos não trabalhistas.

Todavia, na esfera do trabalho subordinado e assalariado, o novo instituto não terá a mesma utilidade.

Acreditamos que só em alguns casos a empresa verá vantagem em servir-se da modalidade extrajudicial de consignação.

De regra, na maioria dos casos, será mais conveniente ao interessado ajuizar a ação de consignação em pagamento.

351. Ação de Prestação de Contas

Compete a ação de prestação de contas a quem tiver o direito de exigi-las ou a obrigação de prestá-las.

É essa ação do gênero da cominatória. Pressupõe créditos líquidos, apresentados em forma contábil.

O autor deve requerer a citação do réu.

Entendemos que o rito obedecerá às normas da CLT atinentes ao processo. Assim, a contestação ou defesa do réu será apresentada em audiência de conciliação e de instrução.

Se apresentar as contas e o autor as aprovar ou se concordar com as que foram prestadas, o Juiz proferirá desde logo a sentença.

Exige o art. 917 do CPC que as contas sejam apresentadas sob a forma mercantil, com demonstrativo de receita e despesa, indicação do saldo e instruídas com os documentos justificativos.

O saldo credor reconhecido pela sentença será cobrado executivamente.

Temos como certo que, em se tratando de empregado que queira uma prestação de contas para fixar seu crédito sob a forma de comissões, não é ele obrigado a exigi-la do empregador; pode fazer essa reivindicação numa reclamatória.

Os arts. 914 *usque* 919 do CPC estabelecem o rito dessa ação de prestação de contas.

Quem tem o direito de pedir contas requer a citação do réu para, no prazo de cinco dias, apresentá-las ou contestar a ação na audiência de instrução e julgamento.

Prestadas as contas o Autor terá cinco dias para manifestar-se sobre elas; havendo necessidade de produzir provas, será designada audiência; em caso contrário, proferirá a Vara do Trabalho, desde logo, a sentença.

Quem estiver obrigado a prestar contas requer a citação do Réu para, no prazo de cinco dias, aceitá-las ou contestar a ação na audiência designada pela Vara do Trabalho.

Se não houver contestação ou se o Réu declarar que aceita as contas, serão estas julgadas dentro de dez dias.

Se o Réu contestar a ação impugnando as contas e houver necessidade de produzir provas, seguir-se-á o rito ordinário.

As hipóteses mais comuns de prestação de contas no foro trabalhista são as seguintes:

A) O vendedor pracista tem, ainda, a incumbência de receber dos clientes o que devem ao seu empregador.

Toma a iniciativa de desligar-se do emprego e quer prestar contas das quantias recebidas, mas recusadas pelo empregador.

B) Representante comercial, com vínculo empregatício, também está autorizado a receber dos clientes e a custear as próprias despesas de viagem pela área territorial que lhe foi reservada.

Demora a prestar contas. O empregador vai a juízo exigir que as preste.

A reconvenção não é admitida na ação de prestação de contas; repele-a a natureza desta.

352. Ações Possessórias

Tema dos mais controvertidos no mundo jurídico é o da posse.

Até hoje não se chegou a um consenso quanto à sua conceituação, seus fundamentos e meios de proteção.

Mas não nos abalançamos, em um manual de direito processual do trabalho, a examinar os vários aspectos polêmicos dessa tormentosa questão.

Limitamo-nos a dizer que a ação possessória é admissível no foro trabalhista no caso de o empregado ocupar imóvel residencial fornecido pelo empregador à guisa de prestação *in natura*.

Cessada a relação empregatícia, tem o empregado de devolver a casa recebida de seu empregador.

In casu, não tem o empregado um elemento sequer daqueles inerentes ao domínio ou propriedade (art. 1.196 do Código Civil de 2002) e encontra-se na situação que se encaixa, também, no art. 1.198 do Estatuto do nosso direito privado: *"Considera-se detentor aquele que, achando-se em relação de dependência para com outro, conserva a posse em nome deste em cumprimento de ordens ou instruções suas. Parágrafo único. Aquele que começou a comportar-se do modo como prescreve este artigo, em relação ao bem e à outra pessoa, presume-se detentor, até que prove o contrário".*

No caso que vimos focalizando não existe qualquer semelhança com a locação com pagamento de aluguel.

De consequência, vinculando-se a ocupação do imóvel a um contrato de trabalho, configura-se irrecusavelmente a competência da Justiça do Trabalho para determinar a imissão do empregador na posse de seu imóvel.

Em contraposição ao que acabamos de dizer, há quem pondere estar o aluguel embutido no salário sob a forma de prestação *in natura*.

Não nos impressiona o argumento.

O empregador admitiu a ocupação de seu imóvel por quem se obrigara a prestar-lhe serviços. Cessado o vínculo empregatício, não é justo que o empregador fique impossibilitado de oferecer o imóvel ao novo empregado.

Há ainda quem lembre o art. 47, inciso II, da Lei do Inquilinato (Lei n. 8.245, de 18.10.1991) *verbis: "Quando ajustada verbalmente ou por escrito e com prazo inferior a 30 meses, findo o prazo estabelecido, a locação prorroga-se automaticamente, somente podendo ser retomado o imóvel: I — omissis; II — em decorrência de extinção do contrato de trabalho, se a ocupação do imóvel pelo locatário estiver relacionada com o seu emprego".*

O legislador não se houve com felicidade na redação desse dispositivo, ou melhor, não atendeu às peculiaridades do contrato de trabalho regido pela CLT.

Ademais, é de se reconhecer que, na Justiça comum, não é muito fácil apreciar e discutir, com a segurança de um Juiz do Trabalho, as subtilezas e as controvérsias que soem envolver um contrato de trabalho.

Em abono da nossa tese de que a locação decorrente de um contrato de trabalho desloca, para a Justiça do Trabalho, o litígio fundado na ocupação do imóvel do empregador depois da despedida do empregado, há que considerar o disposto no art. 114, IX, da Constituição Federal: *"compete à Justiça do Trabalho processar e julgar: ... IX — outras controvérsias decorrentes da relação do trabalho, na forma da lei".*

Se o empregado é admitido por tempo indeterminado e com direito à ocupação do imóvel, não se há de falar em prazo de 30 meses, uma vez que até o contrato por prazo certo não excede a 24 meses. Essa ocupação do imóvel faz parte integrante do contrato de trabalho.

Dizer que o despejo, na hipótese, se torna legítimo *"se a ocupação do imóvel estiver relacionado com o seu emprego"*, fica-se sem saber se a relação entre a locação e o contrato de trabalho resulta da prestação *in natura* ou do simples fato de o empregador locar o imóvel de sua propriedade situado nas imediações do local de trabalho. Estamos na persuasão de que, na hipótese, o legislador quis dizer que o empregado entrou na posse do imóvel por ser empregado do proprietário.

Se, porém, o empregado pagar aluguel pelo imóvel pertencente a seu empregador, mediante pagamento de determinada quantia como aluguel ou desconto de importância equivalente do seu salário, desenhar-se-á situação litigiosa que cabe à Justiça Comum conhecer e julgar.

Se a ocupação do imóvel pelo empregado resulta simplesmente dessa sua condição, cabe à Justiça do Trabalho decretar a reintegração quando da extinção do contrato de trabalho.

Trata-se de tema ainda muito controvertido, mas nossa posição, em síntese é a que acabamos de mencionar.

353. Mandado de Segurança

Registra a história, desde tempos mais afastados, que o homem sempre lutou contra os desmandos dos seus governantes.

Despojou o soberano do poder de fazer leis; inscreveu, nas cartas políticas, um mínimo de direitos fundamentais limitando, também, os poderes do Legislativo, e instituiu o controle da constitucionalidade dos atos do legislador e do administrador.

E, assim, passo a passo, estruturou-se o Estado de Direito em que o cidadão é amplamente protegido contra desmandos dos detentores do poder.

No Brasil, a Lei n. 221, de 20 de novembro de 1894, que criou a Ação Anulatória de Atos da Administração, deu início à caminhada rumo ao integral amparo do cidadão contra atos arbitrários da Administração.

A etapa final desse processo foi a Lei n. 1.533, de 31 de dezembro de 1951, que foi revogada pela Lei n. 12.016/09.

Em havendo ameaça ou violação de direito líquido e certo (inciso XXXV do art. 5º da CF) por ato arbitrário de qualquer autoridade, o remédio processual rápido e eficaz é o mandado de segurança previsto no inciso LXIX do art. 5º da Constituição Federal: *"conceder-se-á mandado de segurança para proteger direito líquido e certo, não amparado por habeas corpus ou habeas data, quando o responsável pela ilegalidade ou abuso de poder for autoridade pública ou agente de pessoa jurídica no exercício de atribuições do Poder Público".*

Estabelece o art. 5º, da Lei n. 12.016/09 que não se concederá mandado de segurança quando se tratar (a) de ato do qual caiba recurso administrativo com efeito suspensivo, independentemente de caução; (b) de decisão judicial da qual caiba recurso com efeito suspensivo e (c) de decisão judicial transitada em julgado.

A jurisprudência não admitia mandado de segurança contra decisão que coubesse qualquer recurso, com ou sem efeito suspensivo, ou correição parcial capaz de alterá-lo. Daí ter sido editada a Súmula n. 267 pelo Supremo Tribunal Federal com esse viço literal, *verbis: "Não cabe mandado de segurança contra ato judicial passível de recurso ou correição".*

Todavia, com o exame de casos multifários, muitos deles com gritantes ilegalidades ou abusos de poder e manifesta irresponsabilidade do dano, passaram nossos Tribunais a admitir, excepcionalmente, o remédio constitucional contra o ato judicial mesmo impugnável por recurso específico, desde que não dotado de efeito suspensivo. No item 281 cuidamos dos aspectos inconstitucionais da correição ou reclamação correicional, como sustentado por certos autores.

Se assim não agissem nossos Tribunais, muitas das garantias com sede na Constituição ou na Legislação ordinária seriam afrontadas. Diante dessa necessidade, revisando a aplicação literal da lei contida na sua Súmula n. 267, o Colendo Supremo Tribunal Federal, em sua composição plenária, por voto do eminente *Ministro Relator Xavier de Albuquerque*, decidiu ser cabível a segurança contra ato judicial passível de recurso, desde que haja a demonstração do dano irreparável, conforme a ementa seguinte, *verbis: "Ação de Mandado de Segurança formulada para impugnar ato judicial. É admissível no caso em que do ato impugnado advenha dano irreparável cabalmente demonstrado"* (Recurso Extraordinário n. 76.909, RTJ 70/504).

Em seu voto, que é um marco na estruturação do instrumento constitucional pátrio de defesa dos direitos fundamentais, o Ministro *Xavier de Albuquerque* reconhece o quanto difícil é, senão mesmo impossível, aos Tribunais construir um sistema científico que distinga, com clareza, os casos de admissibilidade excepcional do mandado de segurança contra ato judicial. Daí ofertar a seguinte solução:

"... condições para admissibilidade do mandado de segurança contra ato judicial são, para mim, a não-suspensividade do recurso acaso cabível, ou a falta de antecipação de eficácia da medida de correção a que também alude a lei, uma ou outra somadas ao dano ameaçado por ilegalidade patente e manifesta do ato impugnado e, com menor exigência relativamente a tal ilegalidade, àquele efetiva e objetivamente irreparável" (Acórdão citado).

Fazendo a distinção entre o que seja o Dano *Ex Jure* e o Dano Real, o Ministro *Xavier de Albuquerque* assevera que:

"O dano irreparável, ameaçado pelo ato que se quer impugnar, parece-me idôneo e útil à solução de cada caso concreto. Este, porém, é critério de determinação a priori igualmente difícil, não tendo quanto à eficácia danosa do ato questionado, como quanto à efetiva irreparabilidade do mal ameaçado, se concretizado. Por isso, afasto, de logo, pelo menos em sua generalidade o dano ex jure, cuja irreparabilidade se tem como adjeta da ilegalidade do ato causador. Por um lado, sua aceitação incondicional produziria, na prática, o resultado anômalo de admitir-se mandado de segurança contra a virtual totalidade das decisões agraváveis e apeláveis apenas devolutivamente, pois de todas se diria, como se diz nos agravos e nas apelações, serem ilegais por decidirem contra a vontade da lei, ou à margem dessa vontade. Por outro lado, a noção de ilegalidade pode entender-se em termo de intensidade e gradação tal como fez este Supremo Tribunal relativamente ao cabimento, que nesse ponto oferece alguma afinidade com o discutido, do recurso extraordinário pela letra a, do que é patente exemplo a Súmula n. 400, só admito, portanto, relativamente ao dano ex jure, e assim mesmo em linha de princípio, aquele que se faz timbrar por ilegalidade patente ou manifesta do ato que o ameaça, ideia que penso poder abranger, como em alguns casos julgados pelo Supremo Tribunal, as hipóteses de radical incompetência ratione materiae, ou de falta pura e simples de jurisdição".

"Quanto ao dano real, que resulta da sua própria natureza, aperto-lhe as cravelhas da irreparabilidade, na qual ponho ênfase definitiva e da qual faço certa aproximação, ainda que em termos elásticos, com a impossibilidade objetiva de reparação".

Os próprios Tribunais paulistas civis têm ido além ao admitir o mandado de segurança até mesmo contra os efeitos da coisa julgada, como se observados seguintes pontos comuns em seus julgados:

a) manifesta ilegalidade ou abuso de poder a ofender direito líquido e certo apurável sem dilação probatória;

b) irreparabilidade do dano pelos remédios processuais comuns (cf. RT 373/287, 377/271, 396/219; Rev. Julg. dos Tribunais de Alçada Civil de São Paulo, 25/177, 26/125).

Bem estudando a aplicação do Mandado de Segurança como instrumento de controle dos atos judiciais, diz *Kazuo Watanabe* que:

"... é lícito concluir-se que o mandado de segurança é um instrumento diferenciado e reforçado, portanto de eficácia, de ativação da jurisdição constitucional das liberdades, destinado à tutela de direitos líquidos e certos, fundamentais ou apenas amparados por lei ordinária".

"Dessa natureza especial decorre a sua admissibilidade contra atos judiciais, mas não como remédio alternativo à livre opção do interessado, e sim como instrumento que completa o sistema de remédios organizados pelo legislador processual, cobrindo as falhas neste existentes no que diz respeito à tutela de direito líquidos e certos" (s/ob. "Controle Jurisdicional e Mandado de Segurança Contra Atos Judiciais", Rev. dos Tribunais, 1980, p. 106).

Apoiando-se em *Calmon De Passos*, o saudoso *Coqueijo Costa* elenca as condições de admissibilidade do Mandado de Segurança nos seguintes termos:

"a) a primeira condição de admissibilidade do mandado contra ato judicial é a inexistência do recurso ordinário com efeito suspensivo;

b) a segunda, que haja um direito subjetivo processual. Embora todo direito subjetivo material seja suposto para legitimar mandado de segurança, no campo do processo só o direito de ação e o direito de defesa podem servir para a admissibilidade do writ;

c) faz-se mister que a decisão do juiz tenha violado preceito legal do qual ele é destinatário (erro in procedendo ou vício de atividade). O agir do magistrado é vinculado a formas previamente estabelecidas, emitindo juízos a respeito de sua própria atividade ou sobre a atividade processual das partes (fatos e atos do procedimento), v.g., regularidade dos pressupostos processuais, das condições da ação, dos autos do procedimento etc.;

d) exigem-se a liquidez e a certeza do direito lesado pelo juiz. A liquidez diz respeito à prova exclusivamente documental do direito. É preciso verificar se os documentos bastam; se houver violação de direito subjetivo processual; se o erro do magistrado derivou de infração ao seu dever de agir segundo a lei, no processo; se não há recurso previsto em lei, ou se há, porém desprovido de efeito suspensivo. Constatados tais requisitos cabe o mandado.

e) o STF acresce mais uma condição: a exigência de "dano irreparável", aquele que repercute sobre a esfera jurídica do sujeito, privando-o de um direito ou limitando-lhe algum direito ou lhe impondo um ônus ou obrigação sem apoio legal. Haverá dano irreparável — remete o professor Calmon de Passos — "sempre que a ilegalidade ou abuso do poder praticado pelo magistrado, violando norma de que era destinatário, vale dizer, por força do erro "in procedendo" alcançar direito material do litigante ou de terceiro ou, principalmente, apresentar embaraço ilegítimo ao direito de ação ou ao direito de defesa dos demandantes" (cf. s. ob. "Mandado de Segurança e Controle Constitucional", LTr, p. 54/55).

Assim, antes da edição da Lei n. 1.533, de 31 de dezembro de 1951, era controvertida a inclusão do juiz no rol das autoridades cujos atos são impugnáveis por meio do mandado de segurança. Depois daquele diploma legal, cessou essa discussão, com esse posicionamento do Supremo Tribunal Federal. Essa situação é confirmada, também, pela Lei n. 12.016/09, que revogou aquela lei de 1951.

Quer dizer, pacificou-se a jurisprudência no sentido da admissibilidade do mandado quando o ato processual não for impugnável por meio de recurso, ressalvados os casos em que o recurso com efeito devolutivo possa ocasionar prejuízo considerável e irreparável ao impetrante.

Direito líquido e certo é aquele que se prova desde logo; é um direito perfeito e acabado, cuja existência não se põe em dúvida.

Conceituar dessa maneira o direito líquido e certo é dizer, também, que sem a comprovação, de plano, do direito do impetrante do mandado não será este concedido.

É esse o mandado de segurança individual, enquanto o inciso LXX do mesmo art. 5º da Lei Maior nos dá notícia do mandado de segurança coletivo, que pode ser impetrado por: "a) partido político com representação no Congresso Nacional; b) organização sindical, entidade de classe ou associação legalmente constituída e em funcionamento há pelo menos um ano, em defesa dos interesses de seus membros ou associados".

Não nos acodia à mente qualquer caso concreto que pudesse ser enquadrado na competência da Justiça do Trabalho para conhecer um mandado de segurança coletivo. Com a Emenda Constitucional n. 45/04, que ampliou a competência da

Justiça do Trabalho, podemos citar a situação do particular se insurgir contra ato, *vg.*, praticado pelo Ministério do Trabalho e Emprego. Aqui, discorreremos, com mais vagar, sobre o mandado de segurança individual, regulado pela Lei n. 12.016/09.

Como já apontado, ninguém mais discute sobre a admissibilidade do mandado de segurança no processo do trabalho como instrumento de controle do ato judicial.

É competente para conhecer um pedido de segurança o Tribunal Regional do Trabalho contra atos imputados aos juízes da primeira instância (juízes das varas do trabalho e juízes de direito com jurisdição trabalhista) e ao próprio Tribunal.

Tema polêmico no campo doutrinário é o da cassação automática, ou não, da medida liminar deferida em mandado de segurança, quando a sentença final denegar o *writ*.

Alcides Mendonça Lima (*in* Rev. Forense, vol. 178, p. 464) sustenta que, se os efeitos da sentença ficam suspensos com a interposição de recurso, há que se preservar a liminar anteriormente dada.

Hely Meirelles ("Mandado de Segurança", 12. ed., p. 54/5, Rev. dos Tribunais, 1989), por sua vez, dizia que ao juiz cabia dizer, na sentença, se mantinha, ou não, a liminar.

É bem verdade que a maioria maciça dos doutrinadores orientou-se em sentido favorável à Súmula 405 do Supremo Tribunal Federal: *"Denegado o mandado de segurança pela sentença, ou no julgamento (da apelação) dela interposta, fica sem efeito a liminar concedida, retroagindo os efeitos da decisão contrária"*.

Nosso pensamento se afina com essa linha doutrinária e jurisprudencial.

Se o mesmo juiz ou tribunal — que deferiram a medida liminar — negam a segurança pedida, estão indubitavelmente declarando que essa providência, à luz das provas produzidas, era desnecessária.

A propósito de liminar em mandado de segurança devemos examinar aqui se ela foi deferida ou não pelo juiz de 1ª ou 2ª instância.

Bem sabemos que a decisão que analisa o cabimento da liminar ou não no mandado de segurança possui natureza eminentemente interlocutória. Daí dispor o § 1º do art. 7º da Lei n. 12.016/09 que, da decisão interlocutória do juiz de primeiro grau que conceder ou denegar a liminar, caberá agravo de instrumento. Com isso, pacificou-se a discussão que existia anteriormente por não conter a revogada Lei n. 1.533/51 uma regra específica sobre a matéria, o que levava muitos tribunais a sustentar que seria irrecorrível a não concessão de uma liminar em mandado de segurança.

Contudo, esse § 1º do art. 7º dessa Lei n. 12.016/09 não é aplicável ao processo do trabalho em virtude de o agravo de instrumento ser destinado pela CLT, exclusivamente, para destrancar um processo de uma instância para outra instância superior.

Como não existe na CLT a previsão de recurso contra tal decisão, entendemos que fica aberta a possibilidade do interessado impetrar um novo mandado de segurança, mas perante o Tribunal Regional do Trabalho, contra a decisão de 1ª instância que concede ou denega a liminar requerida no anterior mandado de segurança.

Nesse sentido, Carlos Henrique Bezerra Leite se manifesta, também, a favor do cabimento de um novo mandado de segurança interposto em superior instância, *verbis*: "Ocorre que, por força da EC n. 45/2004, o Juiz da Vara do Trabalho também passou a ser competente para processar e julgar mandado de segurança, mormente se este tiver por objeto atacar decisão dos órgãos de fiscalização do trabalho (CF, art. 114, VII). Neste caso, da decisão do Juiz da primeira instância que deferir ou indeferir liminar em mandado de segurança, por ser tipicamente interlocutória e não desafiar nenhum recurso, afigura-se-nos cabível, em tese o mandado de segurança para atacá-la" (s/ob "Curso de Direito Processual do Trabalho, 11ª ed., pg. 1.355).

Quando à decisão de conceder ou denegar a liminar for de um juiz de 2ª instância, o parágrafo único, do art. 16, dessa mesma Lei, fixa o entendimento de que *"da decisão do relator caberá agravo ao órgão competente do tribunal que integre"*.

Seguindo a jurisprudência do STJ, contrária ao entendimento anacrônico contido na Súmula n. 622, do STF (*"Não cabe agravo regimental contra decisão do relator que concede ou indefere liminar em mandado de segurança"*), o art. 16, parágrafo único dessa lei dá efetiva amplitude ao mandado de segurança.

Aliás, *Teresa Arruda Alvim Wambier* disserta sobre essa matéria o seguinte: "Não se admitir o agravo contra as interlocutórias no mandado de segurança, especialmente no que diz respeito à liminar, acaba necessariamente por desembocar na inutilização completa do mandado de segurança, que é ação, como vimos, que tem por função política a de preservar o Estado de Direito, já que sua finalidade é reconduzir a atividade do Estado aos limites da legalidade" (s/ob "Os Agravos no CPC Brasileiro", p. 610, 5ª ed., 2007).

De qualquer forma, entendemos que a Orientação Jurisprudencial n. 140, da SBDI-2, do TST, perdeu a eficácia em virtude do art. 7º, § 1º e do art. 16, parágrafo único, da Lei n. 12.016/09, garantirem sempre a interposição de recurso contra as decisões de juiz de 1º e de 2º graus, que concedem ou denegam a liminar em mandado de segurança, *verbis*:

> "Mandado de Segurança contra liminar, concedida ou denegada em outra segurança. Incabível (art. 8º, da Lei n. 1.533/51. Não cabe mandado de segurança para impugnar despacho que acolheu ou indeferiu liminar em outro mandado de segurança".

Desnecessário ressaltar que da sentença negando ou concedendo o mandado de segurança cabe apelação — reza o art. 14 da Lei n. 12.016/09.

No processo trabalhista, temos o recurso ordinário.

Não sentimos necessidade de discorrer sobre esse ponto, uma vez que é ele apreciado devidamente em várias passagens deste livro.

Neste local, cabe-nos enfocar a possibilidade de, no mandado de segurança, interpor-se o recurso adesivo, isto é, se vencidos o requerido e o requerente *"ao recurso interposto por qualquer deles poderá aderir a outra parte"*, ficando o recurso adesivo subordinado ao recurso principal (art. 500 do CPC).

O Superior Tribunal de Justiça, no julgamento do Recurso n. 9.437.258-2 (*in* DJU 20.11.95, p. 39.596) proferiu acórdão assim ementado: *"Mandado de segurança contra ato judicial. Execução por título extrajudicial. Embargos julgados improcedentes. Efeito suspensivo à apelação. Recurso adesivo interposto. É inadmissível o recurso adesivo no recurso ordinário a que se refere o art. 105, inc. II, b, da Constituição Federal. Julgados improcedentes os embargos do devedor, a execução prosseguirá com a característica de definitividade. Precedentes do STJ. Inocorrência do* fumus boni juris".

Discrepamos do entendimento consubstanciado no aresto *supra*.

Há decisões em que o impetrante vê parte de sua pretensão acolhida e, noutras, não.

Desse modo, configura-se a situação em que se admite o recurso adesivo (v. *Othon Sidou, in* "Garantias Ativas dos Direitos Coletivos", Forense, 3a. ed., 1989, p. 269/70).

Consoante o art. 27 da Lei n. 12.016/09 extingue-se o direito de impetrar mandado de segurança se o interessado, decorridos 120 dias do ato impugnado, mantiver-se inerte.

É claro que esse prazo é decadencial.

A fluência do prazo é a partir da ofensa ao direito líquido e certo do impetrante.

O mandado de segurança preventivo não deve fundar-se em meras suposições; é imprescindível a indicação de fatos concretos que prenunciem a iminência da lesão ao direito do impetrante.

Desnecessário sublinhar que, aqui, estamos cuidando da possibilidade de ato lesivo ao direito, ou que só o ameace, atribuído a um dos membros da magistratura do trabalho.

Não se reconhece a legitimidade do mandado pedido por terceiro cujos bens foram apreendidos em processo de execução. Na hipótese, o remédio processual são os embargos de terceiro. Todavia, se provado que a lesão do direito ou sua ameaça só poderão ser evitadas por meio do mandado de segurança, este se reveste de legitimidade.

É permitido, em caso de urgência, observados os requisitos da lei, impetrar-se o mandado de segurança por telegrama ou fax ao juiz competente, o qual poderá determinar se faça, pela mesma forma, a notificação da autoridade coatora.

É o juiz um agente do poder público. Se praticar ato lesivo a direito líquido e certo e contra o qual inexista remédio processual capaz de evitar aquela lesão, é impetrável o mandado de segurança.

Tais atos podem ter conteúdo administrativo ou jurisdicional. Este último equivale a ato processual de responsabilidade do juiz.

O art. 162, do CPC, informa serem atos do juiz:

a) sentença — ato do juiz que implica alguma das situações previstas nos arts. 267 e 269 (isto é, extinção do processo sem ou com resolução de mérito);

b) decisão interlocutória — ato pelo qual o juiz, no curso do processo, resolve questão incidente;

c) despachos de expediente ou de mero expediente, qualificados de ordinatórios do processo; e

d) todos os demais atos do juiz, de ofício ou a pedido das partes, a cujo respeito não se exige forma especial.

Sem embargo da Súmula n. 267 do Supremo Tribunal Federal (já abrandada sensivelmente por decisórios posteriores da mesma Corte) é pacífica a admissibilidade do mandado de segurança contra decisão judicial objetivando a suspensividade do recurso, que não a tem normalmente.

Reconhece-se, porém, que, no caso, o remédio mais ajustado seria a medida cautelar inominada (v. STJ-RT 672/197), em que, como sabido, é imprescindível a demonstração do *fumus boni juris* e do *periculum in mora*.

O *mandamus* contra ato judicial, no âmbito jurisprudencial, tem como pré-requisitos: impugnação da decisão por meio processual apropriado; recurso sem efeito suspensivo; decisão claramente contrária à lei.

Na forma do art. 6º, da Lei n. 12.016, a petição inicial, deverá preencher os requisitos estabelecidos pela lei processual, e deverá ser apresentada em 2 (duas) vias com os documentos que instruírem a primeira via reproduzidos na segunda e indicará, além da autoridade coatora, a pessoa jurídica que esta integra, à qual se acha vinculada ou da qual exerce atribuições. Têm a doutrina e a jurisprudência entendido que o impetrante pode desistir do mandado, independentemente da anuência da autoridade coatora.

Se o documento indispensável à prova do alegado se encontra em repartição ou estabelecimento público ou em poder de autoridade que recuse fornecê-lo por certidão, autoriza a lei o Juiz a determinar, preliminarmente, por ofício, a exibição desse documento em original ou cópia autêntica, fixando prazo de 10 dias para cumprimento dessa ordem.

Quando o documento se encontrar em poder da própria autoridade coatora, aquela determinação será comunicada no próprio instrumento da notificação. No caso, cabe ao escrivão extrair cópias do documento para juntá-las à segunda via da petição.

Os requisitos da petição inicial do mandado de segurança são os seguintes: a) nome, qualificação e domicílio do impetrante e da autoridade coatora; b) relato dos fatos e os fundamentos do pedido de segurança, demonstrando, de modo cabal e insofismável, o ato ilegal ou abusivo da autoridade coatora e, ao mesmo tempo, a ofensa ou ameaça ao seu direito líquido e certo; c) o pedido de segurança; d) os documentos comprobatórios da liquidez do seu direito; e) requerimento para que seja notificada a autoridade coatora — a impetrada — e para que suspenda o ato que ensejou o pedido se relevante o fundamento e do ato impugnado puder resultar a ineficácia da medida caso seja deferida (*fumus boni juris* e *periculum in mora*).

Ao despachar a petição inicial, se o juiz verificar que, efetivamente, o caso é de mandado de segurança, ordenará a notificação da autoridade coatora, entregando-lhe cópia da petição inicial com os documentos que a instruem para que dê informações sobre o ato que praticou.

A inicial será desde logo indeferida quando: não for caso de mandado de segurança; não satisfizer requisito essencial ou for inepta; ausentes os pressupostos processuais.

Na forma do art. 10, do § 1º, da Lei n. 12.016/09, do indeferimento da inicial pelo juiz de primeiro grau caberá na Justiça do Trabalho o recurso ordinário e, quando a competência para o julgamento do mandado de segurança couber originariamente a um dos tribunais, do ato do relator caberá agravo regimental para o órgão competente do tribunal que integre.

Silva Pacheco ("O Mandado de Segurança e outras Ações Constitucionais Típicas", Rev. dos Tribunais, 1990, p. 188/9), depois de realizar cuidadosa pesquisa da jurisprudência sobre o tema elencou os seguintes casos em que é incabível o mandado de segurança: a) ato de que caiba recurso administrativo com efeito suspensivo, independente de caução; b) ato disciplinar, a menos que praticado por autoridade incompetente ou com inobservância de formalidade essencial; c) decisão ou sentença de que caiba recurso ou reclamação; d) lei em tese; e) simples orientação administrativa sem ato concreto da autoridade, causador de lesão a direito; f) resposta desfavorável a simples consulta prévia, sem que tenha ocorrido ato violador de direito ou que cause temor de violação; g) sentença de que pende recurso extraordinário cujo objeto é exatamente o do mandado pleiteado; h) arrecadação de bens em falência, de que caibam embargos de terceiro, uma vez que não deve o mandado de segurança substituir aqueles; i) liminar concedida em outro mandado de segurança; j) auto de infração legítimo que não viole direitos; l) decisão judicial passível de recurso e que verse matéria controvertida e complexa; m) discutir a injustiça de medida disciplinar; n) anular sentença que homologou acordo entre as partes; o) obter recebimento de quantias como se fosse ação de cobrança; p) exigir diligências de índole probatória estranhas às expressamente permitidas por lei; q) cogitar de matéria sujeita a diversas interpretações; r) nulidade processual de que não resultou qualquer prejuízo.

Ninguém mais discute ser incabível o mandado de segurança contra sentença judicial com trânsito em julgado. Há sobre esse ponto a Súmula n. 268 do STF.

Inexiste revelia no processo que vimos analisando.

Vencido o prazo legal, se as informações da autoridade não forem prestadas, é ouvido o Ministério Público e, depois, são os autos conclusos ao Relator.

Exceção feita do *habeas corpus*, tem o mandado de segurança prioridade sobre qualquer outro ato judicial, o que nos permite adiantar que ele terá de ser julgado mesmo nas férias forenses.

Tem a jurisprudência admitido que o impetrante possa juntar novos documentos para contraditar as informações prestadas pela autoridade coatora, *ex vi* do disposto no art. 397 do CPC.

O indeferimento liminar da petição inicial por uma das razões já apontadas não impede a renovação do pedido. Isso não se poderá fazer nos casos de renúncia expressa do impetrante ou de julgamento com exame do mérito.

De frisar-se que a sentença concessiva da segurança está sujeita ao duplo grau de jurisdição, podendo entretanto ser executada provisoriamente, salvo nos casos em que for vedada a concessão da medida liminar, nas hipóteses apontadas pelo art. 7º, § 2º c/c o art.14, § 3º, da Lei n. 12.016/09, *verbis*: "art. 7º, § 2º. Não será concedida medida liminar que tenha por objeto a compensação de créditos tributários, a entrega de mercadorias e bens provenientes do exterior, a reclassificação ou equiparação de servidores públicos e a concessão de aumento ou a extensão de vantagens ou pagamento de qualquer natureza."

Se a decisão originária é do Tribunal Superior do Trabalho, cabe ao Supremo Tribunal Federal julgar o recurso ordinário (art. 102, II, *a*, da CF).

Tem a autoridade prazo em dobro para recorrer da sentença ou acórdão que concedeu o mandado.

Como observado há pouco, é nosso entendimento que decisão denegatória do mandado revoga automaticamente a medida liminar anteriormente deferida.

Nos Tribunais, a instrução do processo cabe ao Relator.

Se o ato classificado como ilegal ou arbitrário foi praticado por autoridade que agiu em nome de Ministro de Estado, a competência é da Justiça Federal para julgar o mandado. Dessarte, se o ato impugnado é de responsabilidade de um Delegado Regional do Trabalho, a competência para julgar o mandado é da Justiça Federal.

O caráter autoexecutório da sentença que defere o mandado só admite recurso com efeito devolutivo.

Há que se interpretar com cuidado a Súmula n. 304 do STF: "Decisão denegatória de mandado de segurança, não fazendo coisa julgada contra o impetrante, não impede o uso da ação própria".

Contrario sensu, se o juiz ou o Tribunal julgarem o mérito, ter-se-á a coisa julgada dentro dos limites da matéria decidida (art. 468 do CPC), sendo indiferente que a sentença conclua pela procedência ou improcedência do pedido.

O art. 19 da Lei n. 12.016/09 diz, expressamente, que a sentença ou o acórdão que denegar o mandado de segurança, sem decidir o mérito, não impedirá que o requerente, por ação própria, pleiteie os seus direitos e os respectivos efeitos patrimoniais. Essa norma adota uma posição diversa daquela sedimentada pelo STF ao regulamentar que apenas a decisão denegatória sem análise do mérito poderá ser objeto de nova ação ordinária própria.

O direito de requerer mandado de segurança extingue-se decorridos cento e vinte dias, contados da ciência, pelo interessado, do ato impugnado.

É decadencial esse prazo e ele não se interrompe com o pedido de reconsideração na via administrativa (Súmula n. 430 do STF). Não se aplica essa súmula quando a lei exige o pedido de reconsideração a fim de que fique desimpedido o acesso ao tribunal. E, se existe recurso administrativo com efeito suspensivo, o prazo para ajuizamento do mandado de segurança passa a ser contado da data da decisão administrativa no citado recurso.

Não se aplica a Súmula n. 430 ao caso de recurso administrativo hierárquico (RTJ 124/835).

Frise-se que o prazo decadencial começa a fluir a partir da data da publicação da decisão administrativa no Diário Oficial. Esse prazo se interrompe mesmo que o pedido de segurança seja dirigido a autoridade incompetente.

A jurisprudência, porém, registra vários casos que excepcionam a Súmula n. 430: a) havendo sido a parte convidada a comparecer à repartição para tomar ciência da decisão, da data em que efetivamente notificado de seu conteúdo é que corre o prazo para impetrar segurança (RTFR 165/335); b) é de se ter como tempestivo o mandado de segurança, se foi ele impetrado no prazo de 120 dias contados da ciência do ato indeferitório do pedido de revisão de processo administrativo em razão do qual foi demitido o impetrante (STF, 2ª T., MS 20.603, *in* DJU de 03.10.86); c) a interposição de recurso administrativo cabível, tenha ou não efeito suspensivo, relega o início do prazo decadencial para após o seu julgamento (RTFR 114/320); d) o prazo para terceiro impetrar segurança contra decisão judicial não corre da data em que esta é intimada às partes, mas do momento em que a constrição judicial daí resultante causa prejuízo ao terceiro (RJTJESP 100/384); e) tratando de omissão da autoridade impetrada, que deixou de decidir pedido formulado na via administrativa pelo impetrante, não há que falar-se de decadência (RTFR 113/271).

Dispõe o art. 24 da Lei n. 12.016/09 que se aplicam ao processo de mandado de segurança as normas dos artigos 46 a 49 do Código de Processo Civil reguladoras do litisconsórcio.

Aceita-se a admissão de litisconsortes ativos facultativos antes da distribuição do mandado ou do pedido de informações à autoridade coatora e desde que haja concordância do impetrante.

O correto é formalizar-se o litisconsórcio voluntário ativo mediante petição inicial única.

Entende o Supremo Tribunal Federal, na Súmula n. 512, que *"não cabe condenação em honorários de advogado na ação de mandado de segurança"*.

Eliminando esse ônus processual, quer a Suprema Corte facilitar ao cidadão que viu seu direito afrontado por ato arbitrário da Administração Pública, o acesso aos tribunais.

Mas, no Superior Tribunal de Justiça, sustenta-se tese um pouco diferente, e, desde já, manifestamos nossa discordância dela.

Afirma-se nessa Corte que inexiste na Lei qualquer disposição que restrinja a aplicação do princípio da sucumbência e, assim, não é justo nem lógico que o impetrante, vitorioso na demanda, tenha de suportar a remuneração do seu patrono (v. REsp. n. 17124-0-RS, julgado pela 1ª T. do STJ em 9.12.93).

Em contrapartida, afirma-se no STJ, essa diretriz vai desestimular a impetração de temerários mandados de segurança.

Mais uma vez, manifestamos nossa adesão à Súmula n. 512 do Supremo Tribunal Federal por refletir interesse pela defesa do cidadão.

Finalmente, é nosso pensar que o mandado de segurança é oponível ao ato administrativo que, embora praticado por autoridade competente, revele-se ilegal e abusivo.

A Constituição Federal, no inciso LXIX do art. 5º, não fez qualquer restrição quanto à natureza do ato público que viole ou ameace direito líquido e certo. Por conseguinte, é vedado à lei ordinária restringir o alcance daquela regra da Lei Básica.

354. *Mandado de Segurança Coletivo*

É parte legítima para impetrar tal classe de mandado de segurança *"a organização sindical, entidade de classe ou associação legalmente constituída e em funcionamento há pelo menos um ano, em defesa dos interesses de seus membros ou associados"* (alínea *b* do inciso LXX do art. 5º da CF).

Trata este inciso de uma forma de substituição processual e, por via de consequência, não se fazia necessário erguer ao patamar constitucional. Uma lei ordinária poderia cuidar perfeitamente disso.

Dois são os pressupostos da legitimidade do pedido de segurança por uma entidade sindical: existir há mais de um ano e serem os beneficiários da medida os membros da categoria ou associados da entidade.

Em nosso entendimento, não pedia, o inciso em causa, disciplinamento por lei ordinária. A Lei n. 1.533, de 31 de dezembro de 1951, encerrava todos os elementos para a sua imediata aplicabilidade. Contudo, a Lei n. 12.016, de 7.8.2009, disciplinou o mandado de segurança individual e coletivo em seus artigos 21 e seguintes. Assim, foi repetida aquela norma constitucional de que a organização sindical, entidade de classe ou associação legalmente constituída e em funcionamento há, pelo menos, um ano, podem impetrar esse remédio constitucional na defesa dos direitos líquidos e certos da totalidade ou de parte dos seus membros ou associados, na forma dos seus estatutos, e desde que pertinentes às suas finalidades, dispensada, para tanto, autorização especial de assembleia.

Conforme o parágrafo único do art. 21 dessa Lei, os direitos protegidos pelo mandado de segurança coletivo podem ser: **a) coletivos**, assim entendidos, para efeito desta Lei, os transindividuais, de natureza indivisível, de que seja titular grupo ou categoria de pessoas ligadas entre si ou com a parte contrária por uma relação jurídica básica; **b) individuais homogêneos**, assim entendidos, para efeito desta Lei, os decorrentes de origem comum e da atividade ou situação específica da totalidade ou de parte dos associados ou membros do impetrante.

Esse dispositivo legal não prevê a hipótese do mandado de segurança coletivo ser impetrado pela entidade sindical para a defesa dos **interesses ou direitos difusos**, assim entendidos na forma do parágrafo único do art. 81, do Código de Defesa do Consumidor, os transindividuais, de natureza indivisível, de que sejam titulares pessoas indeterminadas e ligadas por circunstâncias de fato.

Saliente-se que, no mandado de segurança coletivo, a sentença fará coisa julgada limitadamente aos membros do grupo ou categoria substituídos pelo impetrante. O mandado de segurança coletivo não induz litispendência para as ações individuais, mas os efeitos da coisa julgada não beneficiarão o impetrante a título individual se não requerer a desistência de seu mandado de segurança no prazo de 30 (trinta) dias a contar da ciência comprovada da impetração da segurança coletiva.

No mandado de segurança coletivo, a liminar só poderá ser concedida após a audiência do representante judicial da pessoa jurídica de direito público, que deverá se pronunciar no prazo de 72 (setenta e duas) horas.

O direito de requerer mandado de segurança coletivo ou individual extinguir-se-á decorridos 120 (cento e vinte) dias, contados da ciência, pelo interessado, do ato impugnado. Ultrapassado esse prazo, os interessados terão à sua disposição a via ordinária.

É de toda a evidência que o interesse a ser resguardado por meio do mandado de segurança há de ter *in casu*, sempre, caráter profissional. Isto é simples decorrência do fato de uma organização sindical existir para defender os interesses de seus associados ou dos membros da categoria que representa como trabalhadores que são.

O pedido de mandado de segurança poderá ser renovado dentro do prazo decadencial de 120 dias, se a decisão denegatória não lhe houver apreciado o mérito, como se lê, o § 6º, do art. 6º, da Lei n. 12.016/09.

354.1. Jurisprudência do STF, STJ e do TST acerca do Mandado de Segurança

Elencamos, agora, a jurisprudência predominante cristalizada nas súmulas do STF, STJ e do TST.

A) Supremo Tribunal Federal

Súmula n. 266 — Não cabe mandado de segurança contra lei em tese.

Súmula n. 267 — Não cabe mandado de segurança contra ato judicial passível de recurso ou correição (v. no item 281 cuidamos dos aspectos inconstitucionais da correição ou reclamação correicional, como sustentado por certos autores).

Súmula n. 268 — Não cabe mandado de segurança contra decisão judicial com trânsito em julgado.

Súmula n. 272 — Não se admite como ordinário recurso extraordinário de decisão denegatória de mandado de segurança.

Súmula n. 294 — São inadmissíveis embargos infringentes contra decisão do supremo tribunal federal em mandado de segurança.

Súmula n. 319 — O prazo do recurso ordinário para o supremo tribunal federal, em "habeas corpus" ou mandado de segurança, é de cinco dias.

Súmula n. 405 — Denegado o mandado de segurança pela sentença, ou no julgamento do agravo, dela interposto, fica sem efeito a liminar concedida, retroagindo os efeitos da decisão contrária.

Súmula n. 429 — Existência de recurso administrativo com efeito suspensivo não impede o uso do mandado de segurança contra omissão da autoridade.

Súmula n. 430 — Pedido de reconsideração na via administrativa não interrompe o prazo para o mandado de segurança.

Súmula n. 433 — É competente o Tribunal Regional do Trabalho para julgar mandado de segurança contra ato de seu presidente, em execução de sentença trabalhista.

Súmula n. 474 — Não há direito líquido e certo, amparado pelo mandado de segurança, quando se escuda em lei cujos efeitos foram anulados por outra, declarada constitucional pelo supremo tribunal federal.

Súmula n. 506 — O agravo a que se refere o art. 4º da Lei 4348, de 26.6.1964, cabe, somente, do despacho do presidente do Supremo Tribunal Federal que defere a suspensão da liminar, em mandado de segurança; não do que a "denega".

Súmula n. 510 — Praticado o ato por autoridade, no exercício de competência delegada, contra ela cabe o mandado de segurança ou a medida judicial.

Súmula n. 512 — Não cabe condenação em honorários de advogado na ação de mandado de segurança.

Súmula n. 597 — Não cabem embargos infringentes de acórdão que, em mandado de segurança decidiu, por maioria de votos, a apelação.

Súmula n. 622 — Não cabe agravo regimental contra decisão do relator que concede ou indefere liminar em mandado de segurança (**Nossa observação:** esta súmula perdeu seu valor em virtude do disposto no parágrafo único do art. 16, da Lei n. 12.016, de 7.8.09, que garante que "da decisão do relator que conceder ou denegar a medida liminar, caberá agravo ao órgão competente do tribunal que integre").

Súmula n. 623 — Não gera por si só a competência originária do Supremo Tribunal Federal para conhecer do mandado de segurança com base no art. 102, i, "n", da Constituição, dirigir-se o pedido contra deliberação administrativa do Tribunal de origem, da qual haja participado a maioria ou a totalidade de seus membros.

Súmula n. 624 — Não compete ao Supremo Tribunal Federal conhecer originariamente de mandado de segurança contra atos de outros tribunais.

Súmula n. 625 — Controvérsia sobre matéria de direito não impede concessão de mandado de segurança.

Súmula n. 626 — A suspensão da liminar em mandado de segurança, salvo determinação em contrário da decisão que a deferir, vigorará até o trânsito em julgado da decisão definitiva de concessão da segurança ou, havendo recurso, até a sua manutenção pelo Supremo Tribunal Federal, desde que o objeto da liminar deferida coincida, total ou parcialmente, com o da impetração.

Súmula n. 627 — No mandado de segurança contra a nomeação de magistrado da competência do Presidente da República, este é considerado autoridade coatora, ainda que o fundamento da impetração seja nulidade ocorrida em fase anterior do procedimento.

Súmula n. 628 — Integrante de lista de candidatos a determinada vaga da composição de tribunal é parte legítima para impugnar a validade da nomeação de concorrente.

Súmula n. 629 — A impetração de mandado de segurança coletivo por entidade de classe em favor dos associados independe da autorização destes.

Súmula n. 630 — A entidade de classe tem legitimação para o mandado de segurança ainda quando a pretensão veiculada interesse apenas a uma parte da respectiva categoria.

Súmula n. 631 — Extingue-se o processo de mandado de segurança se o impetrante não promove, no prazo assinado, a citação do litisconsorte passivo necessário.

Súmula n. 632 — É constitucional lei que fixa o prazo de decadência para a impetração de mandado de segurança.

Súmula n. 633 — É incabível a condenação em verba honorária nos recursos extraordinários interpostos em processo trabalhista, exceto nas hipóteses previstas na Lei n. 5.584/70.

Súmula n. 634 — Não compete ao Supremo Tribunal Federal conceder medida cautelar para dar efeito suspensivo a recurso extraordinário que ainda não foi objeto de juízo de admissibilidade na origem.

Súmula n. 635 — Cabe ao Presidente do Tribunal de origem decidir o pedido de medida cautelar em recurso extraordinário ainda pendente do seu juízo de admissibilidade.

B) Superior Tribunal de Justiça

Súmula n. 41 — O Superior Tribunal de Justiça não tem competência para processar e julgar, originariamente, mandado de segurança contra ato de outros tribunais ou dos respectivos órgãos.

Súmula n. 105 — Na ação de mandado de segurança não se admite condenação em honorários advocatícios.

Súmula n. 169 — São inadmissíveis embargos infringentes no processo de mandado de segurança.

Súmula n. 177 — O STJ é incompetente para processar e julgar, originariamente, mandado de segurança contra ato de órgão colegiado presidido por Ministro de Estado.

Súmula n. 213 — O mandado de segurança constitui ação adequada para a declaração do direito à compensação tributária.

Súmula n. 460 — É incabível o mandado de segurança para convalidar a compensação tributária realizada pelo contribuinte.

C) Tribunal Superior do Trabalho

C.1. Súmulas

Súmula n. 33 — *Mandado de segurança. Decisão judicial transitada em julgado* — Não cabe mandado de segurança de decisão judicial transitada em julgado.

Súmula n. 201 — **Recurso ordinário em mandado de segurança**. Da decisão de Tribunal Regional do Trabalho em mandado de segurança cabe recurso ordinário, no prazo de 8 (oito) dias, para o Tribunal Superior do Trabalho, e igual dilação para o recorrido e interessados apresentarem razões de contrariedade.

Súmula n. 303 — *Fazenda Pública. Duplo grau de jurisdição.* I — Em dissídio individual, está sujeita ao duplo grau de jurisdição, mesmo na vigência da CF/1988, decisão contrária à Fazenda Pública, salvo: a) quando a condenação não ultrapassar o valor correspondente a 60 (sessenta) salários mínimos; b) quando a decisão estiver em consonância com decisão plenária do Supremo Tribunal Federal ou com súmula ou orientação jurisprudencial do Tribunal Superior do Trabalho. II — Em ação rescisória, a decisão proferida pelo juízo de primeiro grau está sujeita ao duplo grau de jurisdição obrigatório quando desfavorável ao ente público, exceto nas hipóteses das alíneas "a" e "b" do inciso anterior. III — Em mandado de segurança, somente cabe remessa *ex officio* se, na relação processual, figurar pessoa jurídica de direito público como parte prejudicada pela concessão da ordem. Tal situação não ocorre na hipótese de figurar no feito como impetrante e terceiro interessado pessoa de direito privado, ressalvada a hipótese de matéria administrativa.

Súmula n. 365 — *Alçada. Ação rescisória e mandado de segurança.* Não se aplica a alçada em ação rescisória e em mandado de segurança.

Súmula n. 397 — *Ação rescisória. Art. 485, IV, do CPC. Ação de cumprimento. Ofensa à coisa julgada emanada de sentença normativa modificada em grau de recurso. Inviabilidade. Cabimento de mandado de segurança.* Não procede ação rescisória calcada em ofensa à coisa julgada perpetrada por decisão proferida em ação de cumprimento, em face de a sentença normativa, na qual se louvava, ter sido modificada em grau de recurso, porque em dissídio coletivo somente se consubstancia coisa julgada formal. Assim, os meios processuais aptos a atacarem a execução da cláusula reformada são a exceção de pré-executividade e o mandado de segurança, no caso de descumprimento do art. 572 do CPC.

Súmula n. 414 — *Mandado de segurança. Antecipação de tutela (ou liminar) concedida antes ou na sentença.* I — A antecipação da tutela concedida na sentença não comporta impugnação pela via do mandado de segurança, por ser impugnável mediante recurso ordinário. A ação cautelar é o meio próprio para se obter efeito suspensivo a recurso. II — No caso da tutela antecipada (ou liminar) ser concedida antes da sentença, cabe a impetração do mandado de segurança, em face da inexistência de recurso próprio. III — A superveniência da sentença, nos autos originários, faz perder o objeto do mandado de segurança que impugnava a concessão da tutela antecipada (ou liminar).

Súmula n. 415 — *Mandado de segurança. Art. 284 do CPC. Aplicabilidade.* Exigindo o mandado de segurança prova documental pré-constituída, inaplicável se torna o art. 284 do CPC quando verificada, na petição inicial do *mandamus*, a ausência de documento indispensável ou de sua autenticação.

Súmula n. 416 — *Mandado de segurança. Execução. Lei n. 8.432/92. Art. 897, § 1º, da CLT. Cabimento.* Devendo o agravo de petição delimitar justificadamente a matéria e os valores objeto de discordância, não fere direito líquido e certo o prosseguimento da execução quanto aos tópicos e valores não especificados no agravo.

Súmula n. 417 — *Mandado de segurança. Penhora em dinheiro.* I — Não fere direito líquido e certo do impetrante o ato judicial que determina penhora em dinheiro do executado, em execução definitiva, para garantir crédito exequendo, uma vez que obedece à gradação prevista no art. 655 do CPC. II — Havendo discordância do credor, em execução definitiva, não tem o executado direito líquido e certo a que os valores penhorados em dinheiro fiquem depositados no próprio banco, ainda que atenda aos requisitos do art. 666, I, do CPC. III — Em se tratando de execução provisória, fere direito líquido e certo do impetrante a determinação de penhora em dinheiro, quando nomeados outros bens à penhora, pois o executado tem direito a que a execução se processe da forma que lhe seja menos gravosa, nos termos do art. 620 do CPC.

Súmula n. 418 — *Mandado de segurança visando à concessão de liminar ou homologação de acordo.* A concessão de liminar ou a homologação de acordo constituem faculdade do juiz, inexistindo direito líquido e certo tutelável pela via do mandado de segurança.

Súmula n. 425 — *Jus postulandi* na Justiça do Trabalho. Alcance. O *jus postulandi* das partes, estabelecido no art. 791 da CLT, limita-se às Varas do Trabalho e aos Tribunais Regionais do Trabalho, não alcançando a ação rescisória, a ação cautelar, o mandado de segurança e os recursos de competência do Tribunal Superior do Trabalho.

C.2. Orientações Jurisprudenciais do Pleno, do TST

Orientação Jurisprudencial n. 4 — *Mandado de segurança. Decisão de TRT. Incompetência originária do Tribunal Superior do Trabalho.* Ao Tribunal Superior do Trabalho não compete apreciar, originariamente, mandado de segurança impetrado em face de decisão de TRT.

Orientação Jurisprudencial n. 10 — *Precatório. Processamento e pagamento. Natureza administrativa. Mandado de segurança. Cabimento.* É cabível mandado de segurança contra atos praticados pela Presidência dos Tribunais Regionais em precatório em razão de sua natureza administrativa, não se aplicando o disposto no inciso II do art. 5º da Lei n. 1.533, de 31.12.1951.

C.3. Orientação Jurisprudencial da Seção de Dissídio Individual 2 (SDI-2), do TST:

Orientação Jurisprudencial n. 53 — Mandado de segurança. Cooperativa em liquidação extrajudicial. Lei n. 5.764/71 art. 76. Inaplicável. Não suspende a execução — A liquidação extrajudicial de sociedade cooperativa não suspende a execução dos créditos trabalhistas existentes contra ela.

Orientação Jurisprudencial n. 54 — Mandado de segurança. Embargos de terceiros. Cumulação. Penhora. Incabível — Ajuizados embargos de terceiros (art. 1.046 do CPC) para pleitear a desconstituição de penhora, é incabível a interposição de mandado de segurança com a mesma finalidade.

Orientação Jurisprudencial n. 56 — Mandado de segurança. Execução. Pendência de recurso extraordinário — Não há direito líquido e certo à execução definitiva na pendência de recurso extraordinário, ou de agravo de instrumento visando a destrancá-lo.

Orientação Jurisprudencial n. 57 — Mandado de segurança. INSS. Tempo de serviço. Averbação e/ou reconhecimento — Conceder-se-á mandado de segurança para impugnar ato que determina ao INSS o reconhecimento e/ou averbação de tempo de serviço.

Orientação Jurisprudencial n. 59 — Mandado de segurança. Penhora. Carta de fiança bancária — A carta de fiança bancária equivale a dinheiro para efeito de gradação dos bens penhoráveis, estabelecido no art. 655 do CPC.

Orientação Jurisprudencial n. 63 — Mandado de segurança. Reintegração. Ação cautelar — Comporta a impetração de mandado de segurança o deferimento de reintegração no emprego em ação cautelar.

Orientação Jurisprudencial n. 64 — Mandado de segurança. Reintegração liminarmente concedida — Não fere direito líquido e certo a concessão de tutela antecipada para reintegração de empregado protegido por estabilidade provisória decorrente de lei ou norma coletiva.

Orientação Jurisprudencial n. 65 — Mandado de segurança. Reintegração liminarmente concedida. Dirigente sindical — Ressalvada a hipótese do art. 494, da CLT, não fere direito líquido e certo a determinação liminar de reintegração no emprego de dirigente sindical, em face da previsão no art. 659 da CLT.

Orientação Jurisprudencial n. 66 — Mandado de segurança. Sentença homologatória de adjudicação. Incabível — É incabível o mandado de segurança contra sentença homologatória de adjudicação uma vez que existe meio próprio para impugnar o ato judicial, consistente nos embargos à adjudicação (CPC, art. 746).

Orientação Jurisprudencial n. 67 — Mandado de segurança. Transferência. Art. 659, IX, da CLT — Não fere direito líquido e certo a concessão de liminar obstativa de transferência de empregado, em face da previsão do inciso IX, do art. 659, da CLT.

Orientação Jurisprudencial n. 69 — Fungibilidade recursal. Indeferimento liminar de ação rescisória ou mandado de segurança. Recurso para o TST. Recebimento como agravo regimental e devolução dos autos ao TRT — Recurso ordinário interposto contra despacho monocrático indeferitório da petição inicial de ação rescisória ou de mandado de segurança pode pelo princípio da fungibilidade recursal, ser recebido como agravo regimental. Hipótese de não conhecimento do recurso pelo TST e devolução dos autos ao TRT, para que aprecie o apelo como agravo regimental.

Orientação Jurisprudencial n. 88 — Mandado de segurança. Valor da causa. Custas processuais. Cabimento — Incabível impetração de mandado de segurança contra ato judicial que, de ofício, arbitrou novo valor à causa, acarretando a majoração das custas processuais, uma vez que cabia à parte, após recolher as custas, calculadas com base no valor dado à causa na inicial, interpor recurso ordinário e, posteriormente, agravo de instrumento, no caso de o recurso ser considerado deserto.

Orientação Jurisprudencial n. 91 — Mandado de segurança. Autenticação de cópias pelas secretarias dos Tribunais Regionais do Trabalho. Requerimento indeferido. Art. 789, § 9º, da CLT — Não sendo a parte beneficiária da assistência judiciária gratuita, inexiste direito líquido e certo à autenticação pelas Secretarias dos Tribunais, de peças extraídas do processo principal, para formação do agravo de instrumento.

Orientação Jurisprudencial n. 92 — Mandado de segurança. Existência de recurso próprio — Não cabe mandado de segurança contra decisão judicial passível de reforma mediante recurso próprio, ainda que com efeito diferido.

Orientação Jurisprudencial n. 93 — Mandado de segurança. Possibilidade de penhora sobre parte da renda de estabelecimento comercial — É admissível a penhora sobre a renda mensal ou faturamento de empresa, limitada a determinado percentual, desde que não comprometa o desenvolvimento regular de suas atividades.

Orientação Jurisprudencial n. 98 — Mandado de segurança. Cabível para atacar exigências de depósito prévio de honorários periciais — É ilegal a exigência de depósito prévio para custeio dos honorários periciais, dada a incompatibilidade com o processo de trabalho, sendo cabível o mandado de segurança visando à realização da perícia independentemente do depósito.

Orientação Jurisprudencial n. 99 — Mandado de segurança. Esgotamento de todas as vias processuais disponíveis. Trânsito em julgado formal. Descabimento — Esgotadas as vias recursais existentes, não cabe mandado de segurança.

Orientação Jurisprudencial n. 100 — Recurso ordinário para o TST. Decisão do TRT proferida em agravo regimental contra liminar em ação cautelar ou em mandado de segurança. Incabível — Não cabe recurso ordinário para o TST de decisão proferida pelo Tribunal Regional do Trabalho em agravo regimental interposto contra despacho que concede ou não liminar em ação cautelar ou em mandado de segurança, uma vez que o processo ainda pende de decisão definitiva do tribunal *a quo*.

Orientação Jurisprudencial n. 113 — Ação cautelar. Efeito suspensivo ao recurso ordinário em mandado de segurança. Incabível. Ausência de interesse. Extinção — É incabível medida cautelar para imprimir efeito suspensivo a recurso interposto contra decisão proferida em mandado de segurança, pois ambos visam, em última análise, à sustação do ato atacado. Extingue-se, pois, o processo, sem julgamento do mérito, por ausência de interesse de agir, para evitar que decisões judiciais conflitantes e inconciliáveis passem a reger idêntica situação jurídica.

Orientação Jurisprudencial n. 127 — Mandado de segurança. Decadência. Contagem. Efetivo ato coator — Na contagem do prazo decadencial para ajuizamento de mandado de segurança, o efetivo ato coator é o primeiro em que se firmou a tese hostilizada e não aquele que a ratificou.

Orientação Jurisprudencial n. 137 — Mandado de segurança. Dirigente sindical. Art. 494 da CLT. Aplicável — Constitui direito líquido e certo do empregador a suspensão do empregado, ainda que detentor de estabilidade sindical, até a decisão final do inquérito em que se apure a falta grave a ele imputada, na forma do art. 494, *caput* e parágrafo único, da CLT.

Orientação Jurisprudencial n. 140 — Mandado de segurança contra liminar, concedida ou denegada em outra segurança. Incabível (art. 8º da Lei n. 1.533/51) — Não cabe mandado de segurança para impugnar despacho que acolheu ou indeferiu liminar em outro mandado de segurança.

Orientação Jurisprudencial n. 142 — Mandado de segurança. Reintegração liminarmente concedida — Inexiste direito líquido e certo a ser oposto contra ato de Juiz que, antecipando a tutela jurisdicional, determina a reintegração do empregado até a decisão final do processo, quando demonstrada a razoabilidade do direito subjetivo material, como nos casos de anistiado pela Lei n. 8.878/1994, aposentado, integrante de comissão de fábrica, dirigente sindical, portador de doença profissional, portador de vírus HIV ou detentor de estabilidade provisória prevista em norma coletiva.

Orientação Jurisprudencial n. 144 — Mandado de segurança. Proibição de prática de atos futuros. Sentença genérica. Evento futuro. Incabível — O mandado de segurança não se presta à obtenção de uma sentença genérica, aplicável a eventos futuros, cuja ocorrência é incerta.

Orientação Jurisprudencial n. 148 — Custas. Mandado de segurança. Recurso ordinário. Exigência do pagamento. — É responsabilidade da parte, para interpor recurso ordinário em mandado de segurança, a comprovação do recolhimento das custas processuais no prazo recursal, sob pena de deserção.

Orientação Jurisprudencial n. 151 — Ação rescisória e mandado de segurança. Irregularidade de representação processual verificada na fase recursal. Procuração outorgada com poderes específicos para ajuizamento de reclamação trabalhista. Vício processual insanável. A procuração outorgada com poderes específicos para ajuizamento de reclamação trabalhista não autoriza a propositura de ação rescisória e mandado de segurança, bem como não se admite sua regularização quando verificado o defeito de representação processual na fase recursal, nos termos da Súmula nº 383, item II, do TST.

Orientação Jurisprudencial n. 152 — Ação rescisória e mandado de segurança. Recurso de revista de acórdão regional que julga ação rescisória ou mandado de segurança. Princípio da fungibilidade. Inaplicabilidade. Erro grosseiro na interposição do recurso. A interposição de recurso de revista de decisão definitiva de Tribunal Regional do Trabalho em ação rescisória ou em mandado de segurança, com fundamento em violação legal e divergência jurisprudencial e remissão expressa ao art. 896 da CLT, configura erro grosseiro, insuscetível de autorizar o seu recebimento como recurso ordinário, em face do disposto no art. 895, "b", da CLT.

Orientação Jurisprudencial n. 153 — Mandado de segurança. Execução. Ordem de penhora sobre valores existentes em conta salário. Art. 649, IV, do CPC. Ilegalidade. Ofende direito líquido e certo decisão que determina o bloqueio de numerário existente em conta salário, para satisfação de crédito trabalhista, ainda que seja limitado a determinado percentual dos valores recebidos ou a valor revertido para fundo de aplicação ou poupança, visto que o art. 649, IV, do CPC contém norma imperativa que não admite interpretação ampliativa, sendo a exceção prevista no art. 649, § 2º, do CPC espécie e não gênero de crédito de natureza alimentícia, não englobando o crédito trabalhista.

Orientação Jurisprudencial n. 155 — Ação rescisória e mandado de segurança. Valor atribuído à causa na inicial. Majoração de ofício. Inviabilidade. Atribuído o valor da causa na inicial da ação rescisória ou do mandado de segurança e não havendo impugnação, nos termos do art. 261 do CPC, é defeso ao Juízo majorá-lo de ofício, ante a ausência de amparo legal. Inaplicável, na hipótese, a Orientação Jurisprudencial da SBDI-2 n. 147 e o art. 2º, II, da Instrução Normativa n. 31 do TST.

355. Habeas Data

Reza o inciso LXXII do art. 5º da Constituição Federal que se concederá *habeas data*: "a) para assegurar o conhecimento de informações relativas à pessoa do impetrante, constantes de registros ou bancos de dados de entidades governamentais ou de caráter público; b) para retificação de dados, quando não se prefira fazê-lo por processo sigiloso, judicial ou administrativo".

São conexos o *habeas data* e o direito de obter certidão em repartição pública para defesa de direitos e esclarecimento de situações de interesse pessoal (inciso XXXIV do art. 5º da Constituição Federal).

O *habeas data* é uma ação judicial criada pela nova Constituição. O autor há-de ser, sempre, a pessoa à qual se referem as informações solicitadas por aquele meio.

É parte ilegítima quem queira, pelo *habeas data*, obter informações que digam respeito a um terceiro.

Esse remédio processual só é utilizável contra os administradores ou responsáveis pelos "registros de bancos de dados de entidades governamentais ou de caráter público".

Antes da instituição dessa espécie processual, a recusa de informações por parte de uma autoridade só podia ser combatida por meio de mandado de segurança; agora, é cabível o *habeas data* cujo rito processual é estabelecido pela Lei n. 9.507, de 12 de novembro de 1997.

Consoante o parágrafo único do art. 1º desse diploma legal, tem caráter público todo registro ou banco de dados com informações que sejam ou possam ser transmitidas a terceiros ou que não sejam de uso privativo do órgão ou entidade produtora ou depositária de tais informações.

Devido a esse conceito, será público o banco de dados que apresente as características acima indicadas, sendo indiferente, para os fins do *habeas data*, que ele pertença a uma entidade oficial ou privada.

A Súmula n. 2 do Superior Tribunal de Justiça tem a seguinte redação: "Não cabe o *habeas data* (CF, art. 5º, LXXII, letra *a*) se não houve recusa de informações por parte da autoridade administrativa".

Na doutrina e na jurisprudência, prevalece a tese de que o direito de ação relativamente ao *habeas data* origina-se da recusa de fornecimento das informações ao interessado.

Releva notar que o acesso às informações não é absoluto, pois sofre limitação ante o disposto no inciso XXXIII do art. 5º da Constituição Federal: "Todos têm direito a receber dos órgãos públicos informações de seu interesse particular, ou de interesse coletivo ou geral, que serão prestadas no prazo da lei, sob pena de responsabilidade, ressalvadas aquelas cujo sigilo seja imprescindível à segurança da sociedade e do Estado".

À míngua de lei definidora do sigilo, na espécie, cabe ao juiz decidir a respeito da procedência, ou não, dessa alegação pela autoridade competente.

356. Mandado de Injunção

Estatui o inciso LXXI do art. 5º da Constituição Federal — *verbis*: "*conceder-se-á mandado de injunção sempre que a falta de norma regulamentadora torne inviável o exercício dos direitos e liberdades constitucionais e das prerrogativas inerentes à nacionalidade, à soberania e à cidadania*".

Interligam-se com essa norma os seguintes dispositivos também constitucionais:

A) *Art. 102 — Compete ao Supremo Tribunal Federal, precipuamente, a guarda da Constituição, cabendo-lhe:*

I — processar e julgar originariamente:

a) omissis;

q) o mandado de injunção, quando a elaboração da norma regulamentadora for atribuição do Presidente da República, do Congresso Nacional, da Câmara dos Deputados, do Senado Federal, das Mesas de uma dessas Casas Legislativas, do Tribunal de Contas da União, de um dos Tribunais Superiores ou do próprio Supremo Tribunal Federal.

B) *Art. 103 — Podem propor a ação de inconstitucionalidade:*

...

§ 2º Declarada a inconstitucionalidade por omissão de medida para tornar efetiva norma constitucional, será dada ciência ao Poder competente para a adoção das providências necessárias e em se tratando de órgão administrativo, para fazê-lo em 30 dias.

C) *Art. 105 — Compete ao Superior Tribunal de Justiça: I — processar e julgar originariamente: a) ... h) o mandado de injunção, quando a elaboração da norma regulamentadora for atribuição de órgão, entidade ou autoridade federal, da administração direta ou indireta, excetuados os casos de competência do Supremo Tribunal Federal e dos órgãos da Justiça Militar, da Justiça Eleitoral, da Justiça do Trabalho e da Justiça Federal*".

No art. 103, também da CF, declara-se que "*podem propor a ação de inconstitucionalidade: I — omissis; IX — confederação sindical ou entidade de classe de âmbito nacional*". Acreditamos ser de aplicação imediata a norma em tela.

Da leitura desses dispositivos constitucionais, verifica-se que, de prático, o mandado de injunção nos proporciona o seguinte: diante de uma situação concreta e da omissão do Legislativo ou do Executivo, é dado ao Juiz decidir como se fosse uma legislador; julgando procedente o mandado de injunção, o Supremo Tribunal Federal alerta o Legislativo sobre a sua lentidão em regular preceito constitucional focalizado na causa e sendo o responsável o Executivo, terá ele prazo de 30 dias para editar o ato administrativo relacionado com o feito.

Registre-se que a inércia do Poder Legislativo em elaborar a lei de greve do servidor público levou o STF a dar uma guinada em sua jurisprudência no julgamento do Mandado de Injunção n. 712, de relatoria do Ministro Eros Grau. Nessa ação, houve o entendimento desse Tribunal que a Lei n. 7.783/89, que disciplina a greve no setor privado, devia ser aplicada à greve do servidor público. Não era mais aceitável a omissão do legislador em elaborar tal tipo de lei.

De fato, estava prevalecendo no Supremo Tribunal Federal a tese de que, enquanto não fosse regulamentado o dispositivo constitucional que assegura ao funcionário público o direito de greve, seria ilegal o exercício deste. Entendia ele que esse dispositivo constitucional é de eficácia contida.

Contudo, no ano de 2007, houve uma guinada jurisprudencial, quando do julgamento dos Mandados de Injunção (MIs) ns. 670, 708 e 712, essa Corte Suprema decidiu declarar a omissão do Poder Legislativo quanto a seu dever constitucional em editar a lei que regulamentasse o exercício do direito de greve no setor público, e, que, por essa razão, deveria ser aplicada a esse setor, no que couber, a lei de greve vigente para o setor privado, qual seja, a Lei n. 7.783/89. No voto condutor do Ministro Celso de Mello, foram assentadas estas palavras: "*não mais se pode tolerar, sob pena de fraudar-se a vontade da Constituição, esse estado de continuada, inaceitável, irrazoável e abusiva inércia do Congresso Nacional, cuja omissão, além de lesiva ao direito dos servidores públicos civis — a quem se vem negando, arbitrariamente, o exercício do direito de greve, já assegurado pelo texto constitucional —, traduz um incompreensível sentimento de desapreço pela autoridade, pelo valor e pelo alto significado de que se reveste a Constituição da República*".

Nesse julgamento, foi assentada a ideia de que todo e qualquer serviço público é essencial para a sociedade, devendo assim ser tratado ao se aplicar a referida Lei de Greve do setor privado, enquanto não for elaborada a lei de greve para o setor público.

O rito da ação será ordinário.

A Lei n. 12.063, de 27.10.2009, introduziu o Capítulo II-A, na Lei n. 9.868, de 10.11.1999, estabelecendo a disciplina processual da ação direta de inconstitucionalidade por omissão, ou seja, desse mandado de injunção. Quanto à titularidade dessa ação, a lei esclarece que podem propô-la os legitimados à propositura da ação direta de inconstitucionalidade e da ação declaratória de constitucionalidade. A petição deverá conter os seguintes requisitos, sob pena de indeferimento liminar pelo relator, caso ele identifique a inépcia: a) a omissão inconstitucional total ou parcial quanto ao cumprimento de dever constitucional de legislar ou quanto à adoção de providência de índole administrativa; b) o pedido, com suas especificações. Proposta a ação direta de inconstitucionalidade por omissão, não se admitirá desistência.

O art. 83, X, da Lei Complementar n. 75/93, que disciplina a Lei Orgânica do Ministério Público da União, assegura ao membro do Ministério Público do Trabalho a atribuição de promover o Mandado de Injunção quando a competência for da Justiça do Trabalho. Contudo, e tendo em vista o disposto no art. 114, da Constituição, não existe a competência da Justiça do Trabalho para julgar esse mandado de injunção.

Assim, entendemos ser esse art. 83, X, da Lei Complementar n. 75/93, inconstitucional.

Em caso de excepcional urgência e relevância da matéria, o Tribunal, por decisão da maioria absoluta de seus membros, observado o disposto no art. 22, da Lei n. 9.868/99, poderá conceder medida cautelar nessa ação de mandado de injunção ou ação direta de inconstitucionalidade por omissão, após a audiência dos órgãos ou autoridades responsáveis pela omissão inconstitucional. Essas autoridades deverão se pronunciar no prazo de 5 (cinco) dias.

Declarada a inconstitucionalidade por omissão, com observância do disposto no art. 22, da Lei n. 9.868/99, será dada ciência ao Poder competente para a adoção das providências necessárias. Em caso de omissão imputável a órgão administrativo, as providências deverão ser adotadas no prazo de 30 (trinta) dias, ou em prazo razoável a ser estipulado excepcionalmente pelo Tribunal, tendo em vista as circunstâncias específicas do caso e o interesse público envolvido.

A declaração de inconstitucionalidade por omissão nesse mandado de injunção tem eficácia contra todos e efeito vinculante em relação aos órgãos do Poder Judiciário e à Administração Pública federal, estadual e municipal. Ressalte-se que à decisão proferida na ação direta de inconstitucionalidade por omissão aplica-se, no que couber, o disposto no Capítulo IV da Lei n. 9.868/99.

Acredita-se que tenha sido Portugal o primeiro País a criar a figura da inconstitucionalidade por omissão.

Preleciona *Jorge Miranda* ("Introdução à Teoria da Constituição", 2. ed., Coimbra, p. 402/3) que "seria errôneo assimilar a verificação da inconstitucionalidade por omissão à declaração de inconstitucionalidade (por ação), porque só esta tem efeitos jurídicos precisos ou específicos, não aquela".

Escusado dizer que as normas acima relacionadas têm subjacente o intuito do constituinte de dar aplicação imediata às normas definidoras dos direitos e garantias fundamentais (§ 1º do art. 5º da CF). Mas no Título II da Constituição estão concentrados os direitos e garantias fundamentais e vários deles não têm eficácia plena, ou, melhor esclarecendo, não têm aplicação imediata por não possuírem todos os elementos para isso. Dependem de lei ordinária, ou complementar, que venham regulamentá-los, como por exemplo a participação do trabalhador nos lucros da empresa (inciso XI do art. 7º).

Instituiu-se o mandado de injunção para aguilhoar o Congresso Nacional e torná-lo mais ágil.

O acolhimento do mandado, porém, não enseja, em nosso sistema legal, qualquer sanção ao Legislativo. Serve, apenas, para entregar à execração pública o *otium* do Poder Legislativo.

É certo que a Constituição se omite quanto às sanções imponíveis às autoridades que desatenderem à sentença concessiva do mandado de injunção. Temos como certo, porém, que o beneficiário da medida, se provar que a desobediência da autoridade lhe acarretou algum prejuízo, aquela sentença lhe será de extrema utilidade no êxito de uma ação de perdas e danos contra a pessoa jurídica de direito público interno responsável pela omissão.

A petição para impetrar o instituto em exame deve demonstrar, de modo cabal, que a ausência da norma regulamentadora está inviabilizando o exercício de um direito ou liberdade constitucionalmente assegurado e que isso acarreta prejuízo ao impetrante. No que acabamos de dizer, está implícito que qualquer cidadão está legitimado para requerer o mandado em tela.

Em repetidos decisórios o Supremo Tribunal Federal assentou que mandado de injunção com pedido é inacolhível.

E isso porque o mandado se resume em declaração do Judiciário, quanto à ocorrência de omissão inconstitucional, ao órgão inadimplente. Há, nesse sentido, MI n. 107-DF; 324-DF; 325-DF, do STF.

Venia concessa, não aceitamos a tese de *Irineu Strenger* ("Mandado de Injunção", FU, 2. ed., 1988, p. 44) de que *"o sujeito passivo da lide, no mandado de injunção, pode tanto ser uma pessoa jurídica pública, como a pessoa jurídica privada ou natural"*.

Desfilar as disposições constitucionais, como o fizemos há pouco, atinentes ao mandado de injunção, é reconhecer, de pronto, que o polo passivo no mandado de injunção só pode ser ocupado por uma autoridade, por um agente de qualquer dos três Poderes.

Só um servidor público pode ser acusado de não promover a norma regulamentadora tornando inviável o exercício dos direitos e liberdades constitucionais e das prerrogativas inerentes à nacionalidade, à soberania e à cidadania. Nunca uma pessoa física ou jurídica de direito privado.

Julgamos conveniente inscrever, num manual de direito processual do trabalho, breves considerações em torno desse instituto porque vemos nele meio eficiente, à disposição do trabalhador e dos seus sindicatos, para entregar à execração pública o legislador que negligencia no seu papel.

Tem o Supremo Tribunal Federal decidido que o mandado de injunção, com pedido de liminar, é inacolhível.

Essa diretriz jurisprudencial se afina com a natureza do mandado de injunção: declaração do Judiciário quanto à ocorrência da omissão do Poder Legislativo.

357. Habeas Corpus

Embora se veja no interdito de *homine libero exhibendo* dos romanos o antecedente mais remoto do *habeas corpus*, o que se assentou, em definitivo, na doutrina é que o instituto só veio a estruturar-se na Magna Carta, de João Sem Terra, de 15 de junho de 1215.

Não é sem razão que a maioria afirma que o *habeas corpus* é um instituto inglês.

Dispõe o inciso LXVIII do art. 5º da Constituição Federal que se "concederá *habeas corpus* sempre que alguém sofrer ou se achar ameaçado de sofrer violência ou coação em sua liberdade de locomoção, por ilegalidade ou abuso de poder".

É, em verdade, processo mandamental que visa à proteção da liberdade de locomoção e não recurso, como se diz no Código de Processo Penal.

Esclarece *Campos Batalha* que são três as hipóteses de admissibilidade do *habeas corpus* no processo trabalhista: a) determinação de prisão de testemunhas que desatendem a intimação para comparecer em juízo e na qual se cominou aquela penalidade; b) prisão de depositário infiel; c) prisão por desacato à autoridade, figura delituosa que, de ordinário, desenha-se em audiência ("Tratado de Direito Judiciário do Trabalho", 2. ed., p. 616, LTr, 1985).

Esse reputado jurista, quando ainda vigia a Emenda Constitucional n. 1, de 1969, demonstrou que a competência para o julgamento do *habeas corpus* nas hipóteses apontadas cabia aos Tribunais do Trabalho, fulcrando-se seu raciocínio no inciso VII do art. 125 daquele diploma constitucional — *verbis*: *"Aos juízes federais compete processar e julgar, em primeira instância: os habeas corpus em matéria criminal de sua competência ou quando o constrangimento provier de autoridade cujos atos não estejam diretamente sujeitos a outra jurisdição"*.

Defluía dessa norma que se excluíam da competência dos juízes federais os atos de responsabilidade de autoridade da jurisdição trabalhista.

No presente, a situação — vista pelo prisma constitucional — não sofreu alteração. Aliás, essa questão foi pacificada pela Emenda Constitucional n. 45/2004, que acrescentou o inciso IV, ao art. 114, da Constituição, onde ficou esclarecido que é da competência da Justiça do Trabalho "os mandados de segurança, *habeas corpus* e *habeas data*, quando o ato questionado envolver matéria sujeita à sua jurisdição".

E mais.

Dá-nos o art. 647 do Código de Processo Penal o perfil da coação ilegal a ensejar o *habeas corpus*: a) quando não houver justa causa; b) quando alguém estiver preso por mais tempo do que determina a lei; c) quando quem ordenar a coação não tiver competência para fazê-lo; d) quando houver cessado o motivo que autorizou a coação; e) quando não for alguém admitido a prestar fiança nos casos em que a lei autoriza; f) quando o processo for manifestamente nulo; g) quando extinta a punibilidade.

A petição de *habeas corpus* conterá: a) nome da pessoa que sofre ou está ameaçada de sofrer violência ou coação e o de quem exercer a violência, coação ou ameaça; b) declaração da espécie de constrangimento ou, em caso de simples ameaça, as razões em que funda o seu temor; c) assinatura do impetrante ou de alguém a seu rogo, quando não souber ou não puder escrever, e a designação das respectivas residências.

Recebida a petição, o juiz — se julgar necessário e estiver preso o paciente — mandará que ele lhe seja imediatamente apresentado em dia e hora que designar.

No caso particular da prisão do depositário infiel, cuja prisão foi decretada pela Vara do Trabalho, é desnecessária a ação de depósito. Interposto agravo de petição com pedido de suspensão da medida, é admissível o habeas corpus se for indeferitório o despacho do Juiz.

O TST já fixou a jurisprudência de que, caso a pessoa indicada como depositária não tenha assinado o termo do depósito, descabe a prisão civil, merecendo ser concedido o habeas corpus, como se lê de sua Orientação Jurisprudencial n. 89, da SDI-2: "Habeas Corpus. Depositário. Termo de depósito não assinado pelo paciente. Necessidade de aceitação de encargo. Impossibilidade de prisão civil — A investidura no cargo de depositário depende da aceitação do nomeado que deve assinar termo de compromisso no auto de penhora, sem o que é inadmissível a restrição de seu direito de liberdade".

Fixou, também, o TST a *Orientação Jurisprudencial* n. 143, da SDI-2, nos seguintes termos: "**Habeas corpus. Penhora sobre coisa futura e incerta. Prisão. Depositário infiel.** Não se caracteriza a condição de depositário infiel quando a penhora recair sobre coisa futura e incerta, circunstância que, por si só, inviabiliza a materialização do depósito no momento da constituição do paciente em depositário, autorizando-se a concessão de "habeas corpus" diante da prisão ou ameaça de prisão que sofra".

A Súmula Vinculante n. 25, do STF, estabelece que descabe a prisão civil do depositário infiel: "É ilícita a prisão civil de depositário infiel, qualquer que seja a modalidade do depósito".

Esclarece o art. 225, do Regimento Interno do TST, ser cabível o recurso ordinário em *habeas corpus* e em *habeas data* contra acórdão. Além disso, esse Regimento estabelece que, instruído o processo e ouvido o Ministério Público, o Ministro Relator colocará o habeas corpus em Mesa para julgamento, imediatamente, na primeira sessão da Subseção II Especializada em Dissídios Individuais, independentemente de pauta.

O TST editou a Orientação Jurisprudencial n. 156, SDI-2, em que foi dito o seguinte: "*Habeas corpus*" originário no TST. Substitutivo de recurso ordinário em "habeas corpus". Cabimento contra decisão definitiva proferida por Tribunal Regional do Trabalho. É cabível ajuizamento de *"habeas corpus"* originário no Tribunal Superior do Trabalho, em substituição de recurso ordinário em *"habeas corpus"*, de decisão definitiva proferida por Tribunal Regional do Trabalho, uma vez que o órgão colegiado passa a ser a autoridade coatora no momento em que examina o mérito do *"habeas corpus"* impetrado no âmbito da Corte local.

O Supremo Tribunal Federal editou a Súmula n. 691, onde fixa o entendimento de que não lhe compete *"conhecer de habeas corpus impetrado contra decisão do relator que, em habeas corpus requerido a Tribunal Superior, indefere a liminar"*.

358. Ação Rescisória

Nosso ordenamento jurídico conhece as duas tradicionais formas de ataque às decisões judiciais: a) o recurso que se interpõe no próprio processo e b) as ações impugnativas autônomas.

É a ação rescisória uma ação autônoma de que se socorre a parte para desconstituir a coisa julgada.

É essa espécie de ação que aqui será estudada.

Reza o art. 836 da CLT: *"É vedado aos órgãos da Justiça do Trabalho conhecer de questões já decididas, excetuados os casos expressamente previstos neste Título e a ação rescisória, que será admitida na forma do disposto no Capítulo IV do Título IX da Lei n. 5.869, de 11 de janeiro de 1973 — Código de Processo Civil, sujeita ao depósito prévio de 20% (vinte por cento) do valor da causa, salvo prova de miserabilidade jurídica do autor".*

As questões já decididas — a que faz alusão o dispositivo que acabamos de transcrever — são aquelas impugnadas por qualquer dos recursos arrolados no art. 893 da CLT e as decisões normativas passíveis de revisão.

A rescisória pode ter por finalidade a desconstituição parcial da sentença.

José Frederico Marques, por seu turno, adianta que, contra o julgamento passado em julgado, a lei processual admite, excepcionalmente, remédios especiais para anulá-los. São os embargos do executado fundados em nulidade da citação (esclarecemos nós, o art. 741, I, no caso de embargos à execução contra a fazenda pública, e o art. 475, para os demais casos de cumprimento de sentença entre particulares,) e ação rescisória ("Manual de Direito Processual Civil", 3. ed., Saraiva, 1975, 3º vol., p. 257).

É aceito, pela maioria dos estudiosos do direito romano, dividido em três períodos sucessivos — ações da lei, formulário e processo extraordinário —, que a *restitutio in integrum* é o antecedente mais distante da atual ação rescisória.

Na França e na Itália, não há ação rescisória, porque seu sistema de recursos inclui um deles com papel que lhe é semelhante. No primeiro País há os recursos de revisão e de cassação; no segundo — a Itália —, recursos de revogação e de cassação.

Na Alemanha e na Áustria, seu ordenamento processual prevê as ações autônomas de impugnação.

No direito reinol — Ordenações *Afonsinas, Manuelinas* —, nestas, distinguia-se a sentença nenhuma da sentença alguma — e nas Filipinas, previa-se a reabertura do processo na hipótese de erro. Coube ao Regulamento n. 737 estabelecer os pressupostos da ação rescisória.

É ela uma ação autônoma de natureza constitutiva-negativa.

Define-a *José Carlos Barbosa Moreira* como "ação por meio da qual se pede a desconstituição de sentença transitada em julgado, com eventual rejulgamento, a seguir, da matéria nela julgada" ("Comentários ao CPC", V tomo, 6ª ed., 1993, Forense, 1990).

Tal definição fica completa com a advertência de que há a admissibilidade da ação rescisória nos casos previstos em lei.

Por oportuno, destacamos que o CPC, no art. 485, estabelece que a "sentença de mérito transitada em julgado, pode ser rescindida". Sentença — nesse dispositivo — deve ser entendida em acepção ampla, de molde a abranger, também, os acórdãos das instâncias superiores.

É constitutiva a sentença de arrematação e, por isso, é ela rescindível.

Inexiste óbice legal à propositura de uma ação rescisória em outra ação rescisória, desde que o pedido e a causa de pedir não sejam idênticos. É cabível por alguns dos fatos arrolados no art. 485 do CPC, desde que ocorridos no curso da relação processual da ação rescisória antecedente. Seu prazo de decadência também é de dois anos.

Não se admite a rescisória nas seguintes hipóteses, por não se tratar de sentença de mérito: a) acórdão que se manifesta sobre competência; b) contra despacho que julga deserto o recurso; c) contra acórdão que não conhece de recurso, extraordinário inclusive; contra agravo regimental, no STF, que não admitiu recurso extraordinário; d) contra decisão do Presidente do Tribunal negando seguimento a recurso ordinário, de revista ou de embargos; e) contra acórdão que anula processo; f) contra acórdão ou sentença que dão pela carência da ação, proferidos em ação cautelar (a menos que tenha caráter satisfativo) e em procedimento de jurisdição voluntária.

Embora seja pacífico em doutrina que uma decisão homologatória de conciliação nos autos não seja de mérito, o Tribunal Superior do Trabalho, na Súmula n. 259, assumiu posição oposta: "Só por ação rescisória é impugnável o termo de conciliação previsto no parágrafo único do art. 831 da CLT".

Tem o verbete arrimo no precitado dispositivo consolidado: *"No caso de conciliação, o termo lavrado valerá como decisão irrecorrível".*

Por ser irrecorrível, essa decisão não significa ser ela uma sentença de mérito. Uma decisão interlocutória é irrecorrível e nem por isso alguém se aventura a afirmar que é uma sentença de mérito.

Ademais disso, temos o art. 486 do CPC, que, às expressas, declara a sentença meramente homologatória anulável como os atos jurídicos em geral. Não é ela, em última análise, uma sentença de mérito.

Ação que é, deve a rescisória ter os pressupostos processuais das demais ações (capacidade das partes; competência do juízo; conflito real de interesses e satisfação de requisitos para a prática de atos processuais) e outros que lhe são próprios ou específicos: sentença passada em julgado; ajuizamento da ação antes do término do prazo decadencial de dois anos a contar do trânsito em julgado da sentença e, eventualmente, cumulação do pedido de rescisão com o de novo julgamento.

Desnecessário frisar que as condições de ação — na rescisória — em nada diferem das ações em geral: possibilidade jurídica do pedido; interesse de agir e legitimidade para a causa.

Reza o art. 487 do CPC, aplicável ao processo trabalhista, que têm legitimidade para propor a ação rescisória: a) quem foi parte no processo ou o seu sucessor a título universal ou singular; b) o terceiro juridicamente interessado e c) o Ministério Público.

A legitimidade do *parquet* fica limitada às duas hipóteses contidas no inciso III do art. 487 do CPC: a) se não foi ouvido no processo em que lhe era obrigatória a intervenção; b) quando a sentença é o efeito da colusão das partes a fim de fraudar a lei.

Inadmite-se a rescisória para desconstituição de uma sentença por considerá-la injusta, por má apreciação da prova ou errônea interpretação de contrato. São hipóteses que, por seu subjetivismo, desaconselham a rescisão da sentença.

O art. 489 do CPC, aplicável ao processo do trabalho, declara, às expressas, que a ação rescisória não impede o cumprimento da sentença ou acórdão rescindendo, ressalvada a concessão, caso imprescindíveis e sob os pressupostos previstos em lei, de medidas de natureza cautelar ou antecipatória de tutela. Aí houve o reconhecimento de que a ação rescisória não suspende a execução. Mas, nessa ação é interponível a medida cautelar, desde que presentes seus pressupostos: *fumus boni juris* e *periculum in mora*. No caso, é lícito ao juiz deferir o pedido liminar de sustar a execução até o julgamento final da rescisória. Lembramos que a Medida Provisória n. 2.180-35, de dezembro de 1998, acrescentou o § 7º ao artigo 4º da Lei n. 8.437, de

30.6.1992, estabelecendo nas ações rescisórias propostas pela União, Estados, Distrito Federal e Municípios, bem como pelas autarquias e fundações instituídas pelo Poder Público, caracterizada a plausibilidade jurídica da pretensão, poderá o Tribunal, a qualquer tempo, conceder medida cautelar para suspender os efeitos da sentença rescindenda.

É aplicável à ação rescisória, no foro trabalhista, o art. 273 do CPC, regulador da antecipação da tutela. O juiz, ante prova inequívoca, convencendo-se da verossimilhança da alegação, defere essa medida, se houver fundado receio de dano irreparável ou de difícil reparação e ficar caracterizado o abuso de direito de defesa ou o manifesto propósito protelatório do réu.

O TST reconheceu o cabimento da ação cautelar em ação rescisória para suspender a execução da sentença rescindenda. Assim, pacificou essa matéria no âmbito trabalhista ao editar a Súmula n. 405, vazada nos seguintes termos: "*Ação rescisória. Liminar. Antecipação de tutela. I — Em face do que dispõe a MP n. 1.984-22/00 e reedições e o artigo 273, § 7º, do CPC, é cabível o pedido liminar formulado na petição inicial de ação rescisória ou na fase recursal, visando a suspender a execução da decisão rescindenda. II — O pedido de antecipação de tutela, formulado nas mesmas condições, será recebido como medida acautelatória em ação rescisória, por não se admitir tutela antecipada em sede de ação rescisória*".

O art. 485 do CPC oferece-nos o elenco dos pressupostos específicos da ação rescisória. Não é necessário que eles se conjuguem entre si para emprestar legitimidade à propositura da ação em foco; é suficiente um deles para levar à desconstituição da sentença.

Analisemos, em separado, cada um deles e, como natural, de maneira sintética.

I — Prevaricação, concussão ou corrupção do Juiz

Prevaricação é o *nomen juris* de um delito, capitulado no art. 319 do Código Penal e consistente em "retardar ou deixar de praticar, indevidamente, ato de ofício, ou praticá-lo contra disposição expressa de lei, para satisfazer interesse ou sentimento pessoal".

Concussão é outra figura delituosa descrita no art. 316 do Código Penal como o "exigir, para si ou para outrem, direta ou indiretamente, vantagem indevida".

Corrupção — a passiva —, reza o art. 317 também do Código Penal, é "solicitar ou receber, para si ou para outrem, direta ou indiretamente, ainda que fora da função ou antes de assumi-la, mas em razão dela, vantagem indevida, ou aceitar promessa de tal vantagem".

Devido à sua índole criminal, tais pressupostos específicos da ação rescisória não obrigam a parte a aguardar a instauração da ação penal e o trânsito em julgado da respectiva sentença.

As duas ações independem uma da outra, embora, em casos especiais, considere-se, oportuna a suspensão da ação rescisória, porque no Juízo criminal se irá aclarar aspecto da questão considerada imprescindível no foro trabalhista.

O art. 110 do CPC esclarece que, na hipótese, trata-se de mera faculdade conferida ao juiz para sobrestar o processo da rescisória até o trânsito em julgado da sentença criminal.

O inciso *sub examen* abrange, por igual, os casos de membros de colegiados das instâncias superiores. Incide a norma na hipótese de o voto do juiz infrator integrar a maioria. De conseguinte, em sendo voto vencido, não enseja a rescisória, pois a parte nenhum prejuízo sofreu. Ainda no caso, o juiz infrator só se expõe a sanções inscritas na Lei Orgânica da Magistratura.

Se o Juiz for condenado na ação rescisória em virtude de prova falsa, cabe-lhe propor ação rescisória de rescisória.

II — Impedimento e incompetência absoluta

Tanto o impedimento como a incompetência plena são pressupostos processuais de inegável relevância e, se configurados, motivam a propositura da ação rescisória.

Os motivos que impedem o juiz de dirigir um processo, reunidos nos arts. 134 e 135 do CPC, são de natureza objetiva e, por isso, devem ser provados. Inocorre qualquer das hipóteses alinhadas nos sobreditos dispositivos se fundadas no subjetivismo do comportamento do juiz no decorrer do processo.

Se o juiz não for afastado imediatamente do processo, se arguido e provado o impedimento, todos os seus atos são nulos e sua sentença impugnada por meio de ação rescisória.

Cumpre ressaltar que as disposições dos referidos arts. 134 e 135 são de ordem pública e, por via de consequência, arguíveis no curso do processo e em qualquer momento ou instância. Para isso, utiliza-se simples petição ou exceção de impedimento.

A incompetência que enseja a ação rescisória é a absoluta, uma vez que a relativa é sanável no correr do processo devido à preclusão e, aí, verificou-se a prorrogação da competência.

Quando absoluta a incompetência, não se admite sua prorrogação devido à inércia da parte interessada.

III — Dolo do vencedor, colusão entre as partes a fim de fraudar a lei

O dolo, *in casu*, é o processual é representado pela má-fé ou deslealdade com que, no processo rescindendo, a parte levou o juiz a elaborar a sentença impugnada. No conceito, vemos um ponto comum com aquele adotado no Código Civil: a intenção de prejudicar a outra parte, além de induzir em erro o magistrado.

Exemplo: dar o endereço errado do réu para abrir caminho à *confessio ficta* e à revelia.

O dolo do representante legal da parte caracteriza, por igual, a hipótese do inciso aqui em foco.

No litisconsórcio necessário, a conduta dolosa de um dos litisconsortes vencedores autoriza a rescisão da sentença; no litisconsórcio facultativo, em que o pedido ou a defesa é constituída de partes autônomas, a rescisão apenas à parte da sentença relativa à parte de comportamento doloso.

Fica excluída a simulação como pressuposto da rescisória, uma vez que por ela não se objetiva a fraude à lei.

No foro trabalhista, sabe-se que, muita vez, Reclamante e Reclamado se unem para obter o levantamento prematuro dos valores do FGTS, mediante a dispensa falsamente arbitrária do empregado, o qual, logo após a prolação da sentença, reassume seu posto na empresa.

Em suma, o dolo processual só se configura quando houver relação de causa e efeito entre o dolo e a sentença.

A colusão entre as partes é a hipótese de rescindibilidade, que está em íntima conexão com o art. 129 do CPC — *verbis*: *"Convencendo-se o juiz, pelas circunstâncias da causa, de que autor e réu se serviram do processo para praticar ato simulado ou conseguir fim proibido por lei, o juiz proferirá sentença que obste aos objetivos das partes".*

Se o juiz se aperceber da colusão, lavra sentença anulando o processo; se lhe escapar esse fato, é rescindível sua sentença.

IV — Ofensa à coisa julgada

Lide, em que pese a autoridade da coisa julgada, está o juiz impedido de rejulgá-la.

Fazendo-o, abre campo à rescisória.

Se dois juízes, competentes territorialmente e em razão da matéria, sentenciarem sobre o mesmo feito, prevalece o pronunciamento feito em primeiro lugar, pois o último vulnerou o princípio resguardador da coisa julgada. Tanto faz, para o efeito do art. 485 do CPC, que as sentenças, na espécie, sejam iguais ou diferentes: a segunda é nula e, por isso mesmo, atacável por meio de rescisória.

J. C. Barbosa Moreira (obra citada, p.116) diz que dá causa à rescisão *"a ofensa à auctoritas rei iudicatae de sentença estrangeira se a decisão do órgão nacional for posterior ao trânsito em julgado da homologação, pois, antes disso, ainda não se estavam produzindo, no Brasil, os efeitos relacionados com a coisa julgada da sentença alienígena".*

Aduz o conhecido processualista patrício ser rescindível a decisão homologatória da sentença estrangeira se posterior ao pronunciamento do órgão nacional que haja passado em julgado.

Ressalta o óbvio: a sentença estrangeira não pode ser objeto de uma ação rescisória.

Ousamos lembrar que mesmo a sentença homologatória, já transitada em julgado antes da sentença de juiz nacional, pode ser desconstituída se provado ficar que ela contrariou acordo firmado por ambos os países.

V — Violação de disposição literal da lei

Lei, nesse dispositivo, tem acepção das mais amplas.

A violação: é de norma de direito material como processual da União, dos Estados, do Distrito Federal e dos Municípios (Constituição, lei complementar, lei ordinária, decreto legislativo, decreto regulamentador de lei, Resolução do Legislativo, ato normativo do Judiciário); de direito estrangeiro quando aplicável ao caso concreto submetido à Justiça brasileira.

Sentença *citra*, *ultra* ou *extra petita*, por desrespeitar os arts. 128 e 460 do CPC, pode ser o alvo de uma ação rescisória.

Pode motivar ação rescisória a invocação, na sentença, de regra legal inexistente.

É indispensável a menção, pelo autor, na petição inicial, do dispositivo legal ofendido pela sentença rescindenda.

Não se caracteriza ofensa literal à lei quando o fundamento da decisão judicial é norma legal de interpretação controvertida ou quando afronta súmula de um Tribunal. Na primeira hipótese, não se pode recusar ao juiz sentenciante o direito de divergir da interpretação de determinada regra legal feita por outrem; na segunda hipótese, trata-se de situação não prevista na lei.

VI — Falsidade da prova

É rescindível a sentença que se louva, exclusivamente, na falsidade da prova.

Contrario sensu, se vários foram os fundamentos da sentença e se a exclusão da prova falsa não a alteraria em sua substância, inexiste motivo para a rescisória.

A falsidade tanto pode ser ideológica como material. Se a parte não suscitou o incidente porque ignorava o desvalor do documento, não fica impedida de propor a rescisão da sentença. Se era do seu conhecimento a falsidade e silenciou no momento processual apropriado, é evidente que se lhe nega o acesso à rescisória.

Não fica o juízo da rescisória submetido à declaração da falsidade de um documento em sentença prolatada numa ação declaratória ou em incidente de falsidade. A prova de que o documento é falso tem de ser empreendida na rescisória e nesta tem o juiz o poder legal de não aceitar a conclusão a que se chegou na declaratória ou no incidente de falsidade.

Se, porém, em ação penal, sentença passada em julgado, proclamou a falsidade de um documento, é óbvio que na rescisória não se poderá rediscutir esse ponto.

VII — Documento novo

À luz do disposto no art. 485, VII, do CPC, documento novo é aquele cuja existência era desconhecida do autor e, também, aquele cujo uso não lhe foi possível no momento processual adequado. Tal documento só justifica a rescisória se ele, por si só, levaria o Juiz a pronunciar-se favoravelmente à pretensão do autor.

Tem a doutrina estabelecido que documento não é apenas aquele que ganha corpo num papel escrito. Abrange, também, outras formas de materialização do pensamento, como diz *Rosenberg* ("Tratado de Derecho Procesal Civil", tomo II, 5. ed., Ediciones Europa-América, 1955, p. 244).

Na mesma linha favorável ao conceito amplo e genérico de documento está *Zanzucchi* ("Diritto Processuale Civile", vol. II, 5. ed., Giuffrè, 1962, p. 231): a palavra "documento" é entendida em sentido amplo, querendo em substância excluir somente a prova testemunhal.

Nessa linha doutrinária, situa-se o caso debatido na Ação Rescisória n. 2.052/96, julgada pelo TRT da 2ª Região.

Fundou-se o *judicium rescindens* na cópia autenticada do depoimento do Réu num outro feito. Contradizia, integralmente, a declaração em que se arrimara a sentença, e cuja desconstituição acabou por ser deferida pelo Tribunal.

Não é documento novo aquele formado depois do ajuizamento da ação principal ou da lavratura da sentença. É, isso sim, aquele que existia ao tempo e cuja existência o autor ignorava.

Alguns autores interpretam literalmente o inciso VI do art. 485 do CPC ("A sentença de mérito transitada em julgado pode ser rescindida, quando: VI — depois da sentença, o autor obtiver documento novo, cuja existência ignorava ou de que não pôde fazer uso, capaz, por si só, de lhe assegurar pronunciamento favorável") para concluir que o documento deve ser sempre posterior à sentença de mérito.

A *ratio legis* não é bem essa. O documento deve ser sempre anterior à sentença rescindenda, tanto que, no dispositivo, esclarece-se que a parte ignorava a sua existência. Daí a inferência de que o documento novo existia antes da prolação da sentença.

Impossibilidade da utilização de documento essencial à conclusão favorável ao autor não deve resultar da negligência ou inércia deste último.

O caso mais comum na Justiça do Trabalho é o da notificação pela via postal. Só muito depois o Reclamado prova, mediante declaração do Departamento dos Correios e Telégrafos, que não fora notificado ou citado onde tinha residência fixa.

VIII — Fundamento para invalidar confissão, desistência ou transação

Conforme o art. 485, VIII, do CPC, a sentença de mérito, transitada em julgado, pode ser rescindida quando *"houver fundamento para invalidar confissão, desistência ou transação, em que se baseou a sentença"*. São todos eles atos das partes. O Código de Processo Civil de 1939 não previa essa hipótese.

Inscreve-se no art. 352 do CPC que a confissão, emanada de erro, dolo ou coação, pode ser revogada: a) por ação anulatória se ainda pendente o processo em que foi feita ou, então, b) por ação rescisória, depois de transitada em julgado a sentença da qual constituir o único fundamento.

Assim, só se propõe a rescisória da sentença passada em julgado que teve como único fundamento a confissão. Exemplo dessa hipótese é apontada pelo saudoso *Coqueijo Costa* com as seguintes palavras: *"se foi o réu citado regularmente e mostrou-se revel, não respondendo, poderá haver fundamento para rescindir a sentença por vício da confissão deduzida e que constituiu o único fundamento da decisão rescindenda (por exemplo, o autor alega que trabalhava 24 horas por dia e assim admitiu a decisão, ante a confissão ficta do revel)"* (conf. s/ob "Ação Rescisória", 7. ed., LTr Ed., p.101)

Também inválidos os atos de desistência ou transação quando praticados por quem não tinha competência para fazê-lo ou quando os praticou por erro, dolo ou coação.

IX — Erro de fato

Para que o erro de fato legitime a propositura da ação rescisória é mister que haja uma relação de causa e efeito entre ele e a sentença.

Por outras palavras, a sentença baseou-se em erro de fato, não debatido nos autos pelas partes, e sua demonstração se deve fazer por meio das provas já reunidas no processo-matriz, sendo vedado produzir, na ação rescisória, provas em tal sentido.

Há lógica nessa assertiva. Se o interessado não provou o erro no processo primitivo, por que deveria ele fazê-lo na rescisória?

O § 1º do art. 485 do CPC estatui que *"há erro, quando a sentença admitir um fato inexistente, ou quando considerar inexistente um fato efetivamente ocorrido"*.

No caso, não houve correspondência entre o pensamento do juiz e a realidade e vice-versa.

Assenta o § 2º do mesmo art. 485 ser *"indispensável, num como noutro caso, que não tenha havido controvérsia, nem pronunciamento judicial sobre o fato"*.

Se não houve, nos autos originais, o prequestionamento do erro, fica o interessado impedido de invocá-lo para legitimar a rescisória.

E se não houve pronunciamento judicial sobre o erro é porque ele não serviu de fundamento à sentença.

Têm a doutrina e a jurisprudência admitido a rescisória fundada em matéria processual que afete a validade da sentença de mérito, como por exemplo: entre a data da publicação da pauta (no Tribunal) e a sessão de julgamento não mediou o espaço mínimo de 48 horas; realização da audiência de instrução e julgamento sem a regular notificação do Reclamado ou de litisconsorte necessário.

358.1. Procedimento

A petição inicial de uma ação rescisória deve obedecer às prescrições do art. 282 do CPC, isto é, apresentar sobretudo os fundamentos de fato (causa de pedir próxima) e fundamentos de direito (causa de pedir remota). Deve o autor cumular ao pedido de rescisão, se for o caso, o de novo julgamento da causa (ver item 179, com informações mais amplas sobre o assunto).

Nos casos indicados no art. 295 do CPC, a petição inicial da rescisória pode ser indeferida, especialmente nas seguintes hipóteses: parte manifestamente ilegítima; autor carecedor de interesse processual; quando o juiz verificar, desde logo, a decadência ou a prescrição e quando for inepta.

A inépcia da petição inicial se caracteriza quando: ausentes o pedido ou causa de pedir; da narração dos fatos não decorrer logicamente a conclusão; o pedido for juridicamente impossível e contiver pedidos incompatíveis entre si.

O valor da causa é um dos requisitos da petição inicial, como se infere da leitura do art. 488 c/c com o art. 259 e art. 282, V, todos do CPC. No art. 259, do CPC, não nos deparamos com regra específica atinente à ação rescisória. Entendemos que o valor da rescisória é o valor da ação-matriz, devidamente corrigido. Nesse sentido, o TST fixou a Instrução Normativa n. 31, de 2007 (DJU de 9.10.07), que regulamenta o valor da ação rescisória e o depósito prévio a que alude o art. 836, da CLT, com a nova redação dada pela Lei n. 11.495.

Quer dizer, a ação rescisória, proposta na Justiça do Trabalho, está inteiramente submetida às disposições do Código de Processo Civil, salvo no que diz respeito ao depósito de 5% do valor da causa, de que tratam os arts. 488, inciso II, e 494 do CPC. Isso porque no processo do trabalho, esse depósito prévio é na percentagem de 20%, por força da Lei n. 11.495, de 2.6.2007 (DOU 25.6.07), que deu nova redação ao art. 836, da CLT. Contra a nova redação desse artigo, dada por essa Lei, foi ajuizada a Ação Direta de Inconstitucionalidade ADIn n. 3.995, que se encontra em trâmite perante o STF, sendo seu relator o Ministro *Menezes Direito*.

A Instrução Normativa n. 31/07, do TST, regulamenta o valor da ação rescisória e a forma da realização do depósito prévio a que alude o art. 836, da CLT. Assim, o valor da causa da ação rescisória que visa desconstituir decisão da *fase de conhecimento* corresponderá: a) no caso de improcedência, ao valor dado à causa do processo originário ou aquele que for fixado pelo Juiz; b) no caso de procedência, total ou parcial, ao respectivo valor arbitrado à condenação. Na hipótese de decisão em *fase de execução*, o valor da causa da ação rescisória corresponderá ao valor apurado em liquidação de sentença. O valor da causa da ação rescisória, que objetive desconstituir decisão da fase de conhecimento ou decisão da fase de execução, será reajustado pela variação cumulada do INPC do IBGE até a data do seu ajuizamento.

O art. 5º, da Instrução Normativa n. 31, do TST, com nova redação dada pela Resolução n. 154, de 16.2.2009, estabelece, com fulcro no art. 494, do CPC, que o valor depositado será revertido em favor do réu, a título de multa, caso o pedido deduzido na ação rescisória seja julgado improcedente, desde que por unanimidade. Sendo a ação julgada procedente, o depósito prévio será devolvido ao autor da ação. A partir da edição dessa Instrução, ficaram canceladas a Súmula n. 194, do TST, e a Orientação Jurisprudencial n. 147, da SDI-2, do TST.

O depósito prévio não será exigido da massa falida e quando o autor perceber salário igual ou inferior ao dobro do mínimo legal, ou declarar, sob as penas da lei, que não está em condições de pagar as custas do processo sem prejuízo do sustento próprio ou de sua família.

A não realização do depósito prévio previsto no artigo sob comento implicará no indeferimento liminar da petição inicial, como se infere da leitura do art. 490, do CPC.

Esse depósito prévio não se aplica à União, ao Estado, ao Município e ao Ministério Público, como se infere da leitura do parágrafo único do art. 488, do CPC. Registre-se que o art. 24-A, da Lei n. 9.028/95, dispensa a União, suas autarquias e fundações da realização do depósito prévio e da multa em ação rescisória.

Contudo, as fundações de direito público estaduais não estão isentas desse depósito prévio previsto no artigo 836, porquanto o art. 488, parágrafo único, do CPC, aplicado subsidiariamente, somente excepciona a sua aplicação à União, aos Estados, aos Municípios e ao Ministério Público, e, com a inovação introduzida pelo art. 24-A, da Lei n. 9.028/1995, às autarquias e às fundações instituídas pela União. Nesse sentido, merece ser examinado o Recurso Ordinário n. 20463-78.2010.5.04.0000, de relatoria do Ministro Pedro Manus.

O STJ editou a Súmula n. 175 onde ficou consignado que *"descabe o depósito prévio nas ações rescisórias do INSS"*.

Caso a ação rescisória seja dirigida a apenas contra parte da coisa julgada, e não para sua totalidade, entendem alguns que o valor da ação deverá ser fixado proporcionalmente ao pretendido. *José Carlos Barbosa Moreira* defende esse tipo de raciocínio com o seguinte exemplo: *"Se se quer rescindir apenas a parte da sentença que, v.g., fixara os honorários de advogado abaixo do mínimo ou acima do máximo legal (art. 20, § 3º, CPC), o valor há de ser a diferença, para mais ou para menos, que se pleiteia na rescisória. Se a sentença rescindenda negara a verba honorária, quando deveria tê-la concedido, o valor, na rescisória será o do quantum* pretendido. *Aqui se ressalta com ofuscante nitidez o absurdo que constituiria atribuir-se à rescisória valor igual ao da causa anterior; este só indiretamente assumirá alguma relevância, na medida em que possa influir na fixação da verba honorária pleiteada (art. 20, § 4º, CPC)" (cf. s/ob.* "Comentários ao Código de Processo Civil", vol.V, 12. ed., Forense, 2005, p. 181).

Se a causa não tiver *"conteúdo econômico imediato"* (art. 258, do CPC), incumbirá ao autor indicar um valor estimativo.

Não se aplica à rescisória o disposto no art. 791 da CLT, que autoriza as partes a comparecer em juízo desacompanhadas de advogado e assistir a reclamatória até final. De consequência, só um advogado pode firmar a petição inicial da rescisória.

Em razão do que acabamos de informar sobre a posição do advogado na rescisória, é indubitável que o vencido terá de pagar os honorários do patrono do vencedor, a menos que tenha confessado previamente sua miserabilidade. O TST tinha posição contrária a esse nosso pensamento, mas em 2011 alterou seu posicionamento, como se lê do item II, da Súmula n. 219: *"II — É cabível a condenação ao pagamento de honorários advocatícios em ação rescisória no processo trabalhista".*

Todos os prazos da rescisória obedecem às prescrições do CPC.

A regra, consagrada pelo CPC, no art. 489, é a de que a rescisória não suspende a execução. Todavia, mediante o uso da cautelar inominada, em que a parte prova que há *periculum in mora* e *fumus boni juris*, tem sido deferido o pedido de suspensão do ato executório susceptível de causar dano irreparável ao requerente. Eis como está vazada a redação desse dispositivo legal, *verbis: "Art. 489. O ajuizamento da ação rescisória não impede o cumprimento da sentença ou acórdão rescindendo, ressalvada a concessão, caso imprescindíveis e sob os pressupostos previstos em lei, de medidas de natureza cautelar ou antecipatória de tutela".*

Já antes da nova redação do art. 489, do CPC, dada pela Lei n. 11.280/2006, em que houve a expressa previsão de requerimento de cautelar em ação rescisória para obstar a execução da coisa julgada, *Galeno Lacerda* ("Comentários ao CPC", Forense, tomo I, p. 63) advertia, com acerto, que *"seria hipocrisia invocar-se a garantia constitucional da coisa julgada, ou elidir-se o resultado útil da rescisória pelo veto ao emprego da cautela salvadora do bom direito, em virtude da interpretação inelástica do art. 489".* Nosso direito admite a cautelar sem quaisquer restrições como preparatória da ação ou no curso desta. Dessarte, nenhuma razão assiste àqueles que se agarram ao dogma da coisa julgada para se opor à cautela na ação rescisória.

Ao nosso pensar, principalmente após a nova redação do art. 489, do CPC acima transcrito, existe a expressa previsão da possibilidade da medida cautelar numa rescisória.

A MP n. 2.180-35, de 24.8.2001, de forma taxativa, prevê em seu art. 15 que se aplica *"à ação rescisória o poder geral de cautela de que trata o art. 798, do Código de Processo Civil".* Tendo em vista esse dispositivo, o TST reconheceu o cabimento da ação cautelar em ação rescisória para suspender a execução da sentença rescindenda. Assim, pacificou essa matéria no âmbito trabalhista ao editar a Súmula n. 405, vazada nos seguintes termos: *"Ação rescisória. Liminar. Antecipação de tutela. I — Em face do que dispõe a MP n. 1.984-22/00 e reedições e o artigo 273, § 7º, do CPC, é cabível o pedido liminar formulado na petição inicial de ação rescisória ou na fase recursal, visando a suspender a execução da decisão rescindenda. II — O pedido de antecipação de tutela, formulado nas mesmas condições, será recebido como medida acautelatória em ação rescisória, por não se admitir tutela antecipada em sede de ação rescisória".*

Pendente o recurso extraordinário, por impedir o trânsito em julgado da sentença, torna inviável a rescisória.

Estando a petição inicial "em termos", o relator ordena a citação do réu em prazo não inferior a 15 nem superior a 30 dias, sendo indispensável o depósito de 20% que fala o art. 836, da CLT.

Consoante o art. 492 do CPC, se os fatos alegados pelas partes dependerem de prova, o relator delegará a competência, à Vara do Trabalho ou ao juiz investido na jurisdição trabalhista, para produzi-la em prazo de 45 a 90 dias.

Concluída a instrução, o processo volta a tramitar com a abertura de vista ao autor e ao réu, pelo prazo de 10 dias a cada um.

Nesse prazo, cada parte poderá apresentar razões finais em que darão maior ênfase aos argumentos já oferecidos ou em que analisarão os dados resultantes da instrução do processo.

O Relator devolve os autos à Secretaria do Tribunal com o relatório dos pontos mais controvertidos. Dessa exposição serão extraídas cópias e distribuídas entre os membros do órgão que irá julgar a rescisória.

Como ocorre com os recursos em geral, na ação rescisória, os recursos interponíveis se diferenciam entre si em razão da natureza dos pronunciamentos judiciais que intentam atacar:

I — O recurso ordinário, contra decisão do Tribunal Regional, para a Seção Especializada em Dissídios Individuais ou para a Seção de Dissídios Coletivos do Tribunal Superior do Trabalho, conforme o caso.

II — Agravo regimental de despacho do Relator que indefere, de plano, a petição inicial.

III — Embargos de declaração quando for omisso, obscuro ou contraditório o acórdão.

IV — Embargos infringentes quando houver decisões conflitantes de turmas do TST ou delas com as da Seção Especializada em Dissídios Individuais ou Coletivos.

V — Recurso extraordinário ao Supremo Tribunal Federal contra decisões do TST e agravo de instrumento contra despacho que negue seguimento àquele recurso extremo.

O direito de propor ação rescisória extingue-se em dois anos, contados do trânsito em julgado da decisão.

359. Súmulas do TST e a Ação Rescisória

Vêm os Tribunais do País, de modo geral, decidindo que texto legal com várias interpretações doutrinárias ou judiciais não pode lastrear uma ação rescisória. Fiel a essa linha jurisprudencial, aprovou o TST a **Súmula n. 83**: *"Ação Rescisória. Matéria controvertida. I) Não procede o pedido formulado na ação rescisória por violação literal de lei se a decisão rescindenda estiver baseada em texto legal infraconstitucional, de interpretação controvertida nos Tribunais. II) O marco divisor quanto a ser, ou não controvertida nos Tribunais, a interpretação dos dispositivos legais citados na ação rescisória é a data da inclusão, na Orientação Jurisprudencial do TST, da matéria discutida".*

Parece-nos, porém, que a controvérsia deixa de existir quando o Pleno do Supremo Tribunal Federal ou a própria Súmula do TST derem ao texto legal exegese que, na rescisória, serve-lhe de fundamento.

A) Julgada improcedente a reclamatória, é proposta ação rescisória que, julgada em última instância, reforma o decisório para condenar o reclamado.

Na hipótese diz a Súmula n. 99: "**Ação rescisória. Deserção. Prazo.** Havendo recurso ordinário em sede de rescisória, o depósito recursal só é exigível quando for julgado procedente o pedido e imposta condenação em pecúnia, devendo este ser efetuado no prazo recursal, no limite e nos termos da legislação vigente, sob pena de deserção".

Reporte-se o leitor às considerações que fizemos aos vários recursos cabíveis no processo trabalhista.

B) Unissonamente, a doutrina e a jurisprudência — desde que o art. 836 da CLT recebeu o texto dado pela Lei n. 7.351, de 27 de agosto de 1985 — vêm entendendo que a rescisória só pode ter por finalidade a desconstituição de sentença que já fez coisa julgada. Ainda há quem se apegue à Súmula n. 100 do TST para sustentar que a rescisória pode ter por objeto decisão que não seja de mérito.

De fato, a Súmula em causa, à primeira vista, parece robustecer aquela tese ao dizer: "**Ação rescisória. Decadência.** I — O prazo de decadência, na ação rescisória, conta-se do dia imediatamente subsequente ao trânsito em julgado da última decisão proferida na causa, seja de mérito ou não. II — Havendo recurso parcial no processo principal, o trânsito em julgado dá-se em momentos e em tribunais diferentes, contando-se o prazo decadencial para a ação rescisória do trânsito em julgado de cada decisão, salvo se o recurso tratar de preliminar ou prejudicial que possa tornar insubsistente a decisão recorrida, hipótese em que flui a decadência a partir do trânsito em julgado da decisão que julgar o recurso parcial. III — Salvo se houver dúvida razoável, a interposição de recurso intempestivo ou a interposição de recurso incabível não protrai o termo inicial do prazo decadencial. IV — O juízo rescindente não está adstrito à certidão de trânsito em julgado juntada com a ação rescisória, podendo formar sua convicção através de outros elementos dos autos quanto à antecipação ou postergação do "dies a quo" do prazo decadencial. V — O acordo homologado judicialmente tem força de decisão irrecorrível, na forma do art. 831 da CLT. Assim sendo, o termo conciliatório transita em julgado na data da sua homologação judicial. VI — Na hipótese de colusão das partes, o prazo decadencial da ação rescisória somente começa a fluir para o Ministério Público, que não interveio no processo principal, a partir do momento em que tem ciência da fraude. VII — Não ofende o princípio do duplo grau de jurisdição a decisão do TST que, após afastar a decadência em sede de recurso ordinário, aprecia desde logo a lide, se a causa versar questão exclusivamente de direito e estiver em condições de imediato julgamento. VIII — A exceção de incompetência, ainda que oposta no prazo recursal, sem ter sido aviado o recurso próprio, não tem o condão de afastar a consumação da coisa julgada e, assim, postergar o termo inicial do prazo decadencial para a ação rescisória. IX — Prorroga-se até o primeiro dia útil, imediatamente subsequente, o prazo decadencial para ajuizamento de ação rescisória quando expira em férias forenses, feriados, finais de semana ou em dia em que não houver expediente forense. Aplicação do art. 775 da CLT. X — Conta-se o prazo decadencial da ação rescisória, após o decurso do prazo legal previsto para a interposição do recurso extraordinário, apenas quando esgotadas todas as vias recursais ordinárias. (NR 2005)".

Essa Súmula n. 100 do TST encontra-se em harmonia com a modificação do art. 836 da CLT feita pela Lei n. 7.351/85 e agora pela Lei n. 11.495, de 2007, que estabeleceu a exigência do depósito prévio de 20%.

Com a nova redação, o referido preceito consolidado afirma que a ação rescisória deve ser admitida nos termos previstos no CPC e este, no art. 485, reza que a rescisória objetivará, exclusivamente, a desconstituição de sentença de mérito.

C) Em época anterior à vigência do novo Código de Processo Civil, discutia-se a admissibilidade, ou não, de recurso ordinário para o TST.

Mas o TST aprovou em 1982, a Súmula n. 158, afastando qualquer dúvida a esse respeito: *"Da decisão do Tribunal Regional do Trabalho em ação rescisória é cabível o recurso ordinário para o Tribunal Superior do Trabalho, em face da organização judiciária trabalhista".*

Após a promulgação da Constituição Federal a 5 de outubro de 1988, dizemos, agora, que o recurso em foco é decorrência do princípio do duplo grau de jurisdição (inciso LV do art. 5º da CF) e por estar implícito na organização judiciária do País.

D) Dispõe a Súmula n. 192: "**Ação rescisória. Competência e possibilidade jurídica do pedido**. I — Se não houver o conhecimento de recurso de revista ou de embargos, a competência para julgar ação que vise a rescindir a decisão de mérito é do Tribunal Regional do Trabalho, ressalvado o disposto no item II. II — Acórdão rescindendo do Tribunal Superior do Trabalho que não conhece de recurso de embargos ou de revista, analisando arguição de violação de dispositivo de lei material ou decidindo em consonância com súmula de direito material ou com iterativa, notória e atual jurisprudência de direito material da Seção de Dissídios Individuais (Súmula n. 333), examina o mérito da causa, cabendo ação rescisória da competência do Tribunal Superior do Trabalho. III — Em face do disposto no art. 512 do CPC, é juridicamente impossível o pedido explícito de desconstituição de sentença quando substituída por acórdão de Tribunal Regional ou superveniente sentença homologatória de acordo que puser fim ao litígio. IV — É manifesta a impossibilidade jurídica do pedido de rescisão de julgado proferido em agravo de instrumento que, limitando-se a aferir o eventual desacerto do juízo negativo de admissibilidade do recurso de revista, não substitui o acórdão regional, na forma do art. 512 do CPC. V — A decisão proferida pela SDI, em sede de agravo regimental, calcada na Súmula n. 333, substitui acórdão de Turma do TST, porque emite juízo de mérito, comportando, em tese, o corte rescisório. (NR 2008)".

Infere-se dessa Súmula que, em sendo conhecidos os supracitados recursos, a competência passa a ser do Tribunal Superior do Trabalho. É o que já assinalamos há pouco.

E) O Código de Processo Civil de 1973, bem como o de 1939, prevê o depósito preparatório da ação (5% do valor da causa), que se converterá em pagamento de multa na hipótese da improcedência da causa por unanimidade.

Anteriormente, por construção pretoriana, dispensou-se tal depósito na rescisória trabalhista, como se depreendia da Súmula n. 194: *"As ações rescisórias ajuizadas na Justiça do Trabalho serão admitidas, instruídas e julgadas conforme os arts. 485 usque 495 do Código de Processo Civil de 1973, sendo, porém, desnecessário o depósito prévio, a que aludem os arts. 488, II e 494 do mesmo código". Todavia, o art. 836, da CLT, recebeu nova redação pela Lei n. 11.495/07, onde se estabeleceu que a ação rescisória fica sujeita ao depósito prévio de 20%, salvo prova de miserabilidade jurídica do autor. Com essa alteração, o TST resolveu cancelar sua Súmula n. 194, conforme publicação do Diário da Justiça de 10.10.07.*

F) A Súmula n. 259 estabelece o seguinte: "Termo de conciliação. Ação rescisória. Só por ação rescisória é impugnável o termo de conciliação previsto no parágrafo único do art. 831 da CLT" (1986).

G) A Súmula n. 298, com nova redação dada em 2012, é vazada nos seguintes termos:

"**Ação rescisória. Violação a disposição de lei. Pronunciamento explícito.** I — A conclusão acerca da ocorrência de violação literal a disposição de lei pressupõe pronunciamento explícito, na sentença rescindenda, sobre a matéria veiculada. II — O pronunciamento explícito exigido em ação rescisória diz respeito à matéria e ao enfoque específico da tese debatida na ação, e não, necessariamente, ao dispositivo legal tido por violado. Basta que o conteúdo da norma reputada violada haja sido abordado na decisão rescindenda para que se considere preenchido o pressuposto. III — Para efeito de ação rescisória, considera-se pronunciada explicitamente a matéria tratada na sentença quando, examinando remessa de ofício, o Tribunal simplesmente a confirma. IV — A sentença meramente homologatória, que silencia sobre os motivos de convencimento do juiz, não se mostra rescindível, por ausência de pronunciamento explícito. V — Não é absoluta a exigência de pronunciamento explícito na ação rescisória, ainda que esta tenha por fundamento violação de dispositivo de lei. Assim, prescindível o pronunciamento explícito quando o vício nasce no próprio julgamento, como se dá com a sentença "extra, citra e ultra petita". (NR 2012)

Ainda que a ação rescisória tenha por fundamento violação de dispositivo legal, é prescindível o prequestionamento quando o vício nasce no próprio julgamento, como se dá com a sentença *extra, citra* e *ultra petita*. Decorre dessa Súmula que, se não houver pronunciamento explícito, na sentença rescindenda, sobre a matéria em debate, é inviável a ação rescisória.

Como premissa do breve exame que iremos fazer dessa Súmula, temos a análise do inciso V do art. 485 do CPC: "violar literal disposição de lei".

É de toda a evidência que as *verba legis* exprimem a firme intenção do legislador de só aceitar uma ação rescisória no caso de afronta a preceito do direito material. Se a sentença aberra do que está claramente inscrito na lei (*sententia contra litteram legis*) pode ser ela objeto do *judicium rescindens*.

Voltando-nos para a Súmula, parece-nos que a violação da lei — na medida que acabamos de indicar — tanto pode ser por ação como por omissão.

Não foram felizes os integrantes da nossa mais alta Corte da Justiça do Trabalho ao declarar que a violação literal da Lei tem como pressuposto o pronunciamento explícito, na sentença rescindenda, sobre a matéria veiculada. E se esse pronunciamento foi pouco explícito, a ação rescisória é incabível? Temos como certo que, aí, ela o é. Não é razoável que devido a uma obscuridade do aresto, fique a parte impedida de tentar, pela ação rescisória, sua desconstituição.

Em face das normas processuais que hoje disciplinam a ação rescisória, permitimo-nos, em síntese, declarar que se caracterizará a ofensa literal à disposição de lei quando a sentença: a) nega validade a uma lei evidentemente válida; b) dá validade a uma lei que não vale; c) nega vigência a uma lei que ainda vige; d) admite a vigência de uma lei que ainda não vige ou já não vige; e) nega aplicação a uma lei reguladora da espécie; f) aplica uma lei não reguladora da espécie; g) interpreta tão erroneamente a lei que, sob a cor de interpretar, é a lei tratada ainda no seu sentido literal (adaptação de trecho de obra de *José Afonso da Silva* por *Sérgio Rizzi in* "Ação Rescisória", Rev. dos Tribunais, 1979, p. 107).

Esse mesmo jurista acrescenta, com muita propriedade, que não se configura violação de literal disposição de lei, *verbi gratia*, quando a sentença: a) afirma ocorrido ou não ocorrido um fato; b) rende ensejo a simples injustiça, aprecia erroneamente a prova ou interpreta com erronia o contrato, porque a má apreciação da prova consiste em má solução de *quaestio facti* ou de *questione facti*; c) viola a lei, mas a violação não está em relação de causalidade com a decisão, de modo que o declarar-se a violação tenha efeito prático.

Insistimos em dizer que "lei" no inciso V do art. 485 do CPC significa todo o direito material, seja ele federal, estadual ou municipal.

Na espécie, a lei a ser considerada é aquela vigente ao tempo em que se praticou o ato impugnado. Não pode prosperar ação rescisória que se alicerce em lei posterior a esse mesmo ato, pois aí se procuraria dar ao texto normativo efeito retrooperante, o que a Constituição veda de modo expresso.

H) Súmula n. 299: "*Ação rescisória. Decisão rescindenda. Trânsito em julgado. Comprovação. Efeitos.* I — É indispensável ao processamento da ação rescisória a prova do trânsito em julgado da decisão rescindenda. II — Verificando o relator que a parte interessada não juntou à inicial o documento comprobatório, abrirá prazo de 10 (dez) dias para que o faça, sob pena de indeferimento. III — A comprovação do trânsito em julgado da decisão rescindenda é pressuposto processual indispensável ao tempo do ajuizamento da ação rescisória. Eventual trânsito em julgado posterior ao ajuizamento da ação rescisória não reabilita a ação proposta, na medida em que o ordenamento jurídico não contempla a ação rescisória preventiva. IV — O pretenso vício de intimação, posterior à decisão que se pretende rescindir, se efetivamente ocorrido, não permite a formação da coisa julgada material. Assim, a ação rescisória deve ser julgada extinta, sem julgamento do mérito, por carência de ação, por inexistir decisão transitada em julgado a ser rescindida".

A Súmula n. 299 está em harmonia com o art. 284 do CPC ("verificando o Juiz que a petição inicial não preenche os requisitos nos arts. 282 e 283 ou que apresenta defeitos e irregularidades capazes de dificultar o julgamento do mérito, determinará que o autor a emende ou a complete, no prazo de 10 dias").

Uma outra Súmula — a de n. 263 — também mergulha sua raiz no art. 284 do CPC quando reza:

"*Petição inicial. Indeferimento. Instrução obrigatória deficiente — Salvo nas hipóteses do art. 295 do CPC, o indeferimento da petição inicial, por encontrar-se desacompanhada de documento indispensável à propositura da ação ou não preencher outro requisito legal, somente é cabível se, após intimada para suprir a irregularidade em 10 (dez) dias, a parte não o fizer.*"

I) A Súmula n. 219, estabelecendo que é cabível a condenação em honorários advocatícios em rescisória, *verbis*: "Súmula n. 219-II — É cabível a condenação ao pagamento de honorários advocatícios em ação rescisória no processo trabalhista."

J) Outras **Orientações Jurisprudenciais** foram também incorporadas à súmulas já existentes ou convertidas em novas Súmulas, cujos textos são transcritos a seguir:

Súmula n. 303 — Fazenda Pública. Duplo grau de jurisdição. I — Em dissídio individual, está sujeita ao duplo grau de jurisdição, mesmo na vigência da CF/1988, decisão contrária à Fazenda Pública, salvo: a) quando a condenação não ultrapassar o valor correspondente a 60 (sessenta) salários mínimos; b) quando a decisão estiver em consonância com decisão plenária do Supremo Tribunal Federal ou com súmula ou orientação jurisprudencial do Tribunal Superior do Trabalho. II — Em ação rescisória, a decisão proferida pelo juízo de primeiro grau está sujeita ao duplo grau de jurisdição obrigatório quando desfavorável ao ente público, exceto nas hipóteses das alíneas "a" e "b" do inciso anterior. III — Em mandado de segurança, somente cabe remessa *ex officio* se, na relação processual, figurar pessoa jurídica de direito público como parte prejudicada pela concessão da ordem. Tal situação não ocorre na hipótese de figurar no feito como impetrante e terceiro interessado pessoa de direito privado, ressalvada a hipótese de matéria administrativa.

Súmula n. 365 — Alçada. Ação rescisória e mandado de segurança. Não se aplica a alçada em ação rescisória e em mandado de segurança.

Súmula n. 397 — Ação rescisória. Art. 485, IV, do CPC. Ação de cumprimento. Ofensa à coisa julgada emanada de sentença normativa modificada em grau de recurso. Inviabilidade. Cabimento de mandado de segurança. Não procede ação rescisória calcada em ofensa à coisa julgada perpetrada por decisão proferida em ação de cumprimento, em face de a sentença normativa, na qual se louvava, ter sido modificada em grau de recurso, porque em dissídio coletivo somente se consubstancia coisa julgada formal. Assim, os meios processuais aptos a atacarem a execução da cláusula reformada são a exceção de pré-executividade e o mandado de segurança, no caso de descumprimento do art. 572 do CPC.

Súmula n. 398 — Ação rescisória. Ausência de defesa. Inaplicáveis os efeitos da revelia. Na ação rescisória, o que se ataca na ação é a sentença, ato oficial do Estado, acobertado pelo manto da coisa julgada. Assim sendo, e considerando que a coisa julgada envolve questão de ordem pública, a revelia não produz confissão na ação rescisória.

Súmula n. 399 — Ação rescisória. Cabimento. Sentença de mérito. Decisão homologatória de adjudicação, de arrematação e de cálculos. I — É incabível ação rescisória para impugnar decisão homologatória de adjudicação ou arrematação. (ex-OJs ns. 44 e 45). II — A decisão homologatória de cálculos apenas comporta rescisão quando enfrentar as questões envolvidas na elaboração da conta de liquidação, quer solvendo a controvérsia das partes quer explicitando, de ofício, os motivos pelos quais acolheu os cálculos oferecidos por uma das partes ou pelo setor de cálculos, e não contestados pela outra.

Súmula n. 400 — Ação rescisória de ação rescisória. Violação de lei. Indicação dos mesmos dispositivos legais apontados na rescisória primitiva. Em se tratando de rescisória de rescisória, o vício apontado deve nascer na decisão rescindenda, não se admitindo a rediscussão do acerto do julgamento da rescisória anterior. Assim, não se admite rescisória calcada no inciso V do art. 485 do CPC para discussão, por má aplicação dos mesmos dispositivos de lei, tidos por violados na rescisória anterior, bem como para arguição de questões inerentes à ação rescisória primitiva.

Súmula n. 401 — Ação rescisória. Descontos legais. Fase de execução. Sentença exequenda omissa. Inexistência de ofensa à coisa julgada. Os descontos previdenciários e fiscais devem ser efetuados pelo juízo executório, ainda que a sentença exequenda tenha sido omissa sobre a questão, dado o caráter de ordem pública ostentado pela norma que os disciplina. A ofensa à coisa julgada somente poderá ser caracterizada na hipótese de o título exequendo, expressamente, afastar a dedução dos valores a título de imposto de renda e de contribuição previdenciária.

Súmula n. 402 — Ação rescisória. Documento novo. Dissídio coletivo. Sentença normativa. Documento novo é o cronologicamente velho, já existente ao tempo da decisão rescindenda, mas ignorado pelo interessado ou de impossível utilização, à época, no processo. Não é documento novo apto a viabilizar a desconstituição de julgado: a) sentença normativa proferida ou transitada em julgado posteriormente à sentença rescindenda; b) sentença normativa preexistente à sentença rescindenda, mas não exibida no processo principal, em virtude de negligência da parte, quando podia e deveria louvar-se de documento já existente e não ignorado quando emitida a decisão rescindenda.

Súmula n. 403 — Ação rescisória. Dolo da parte vencedora em detrimento da vencida. Art. 485, III, do CPC. I — Não caracteriza dolo processual, previsto no art. 485, III, do CPC, o simples fato de a parte vencedora haver silenciado a respeito de fatos contrários a ela, porque o procedimento, por si só, não constitui ardil do qual resulte cerceamento de defesa e, em consequência, desvie o juiz de uma sentença não-condizente com a verdade. II — Se a decisão rescindenda é homologatória de acordo, não há parte vencedora ou vencida, razão pela qual não é possível a sua desconstituição calcada no inciso III do art. 485 do CPC (dolo da parte vencedora em detrimento da vencida), pois constitui fundamento de rescindibilidade que supõe solução jurisdicional para a lide.

Súmula n. 404 — Ação rescisória. Fundamento para invalidar confissão. Confissão ficta. Inadequação do enquadramento no art. 485, VIII, DO CPC. O art. 485, VIII, do CPC, ao tratar do fundamento para invalidar a confissão como hipótese de rescindibilidade da decisão judicial, refere-se à confissão real, fruto de erro, dolo ou coação, e não à confissão ficta resultante de revelia.

Súmula n. 405 — Ação rescisória. Liminar. Antecipação de tutela. I — Em face do que dispõe a MP 1.984-22/00 e reedições e o art. 273, § 7º, do CPC, é cabível o pedido liminar formulado na petição inicial de ação rescisória ou na fase recursal, visando a suspender a execução da decisão rescindenda. II — O pedido de antecipação de tutela, formulado nas mesmas condições, será recebido como medida acautelatória em ação rescisória, por não se admitir tutela antecipada em sede de ação rescisória.

Súmula n. 406 — Ação rescisória. Litisconsórcio. Necessário no polo passivo e facultativo no ativo. Inexistente quanto aos substituídos pelo sindicato. I — O litisconsórcio, na ação rescisória, é necessário em relação ao polo passivo da demanda, porque supõe uma comunidade de direitos ou de obrigações que não admite solução díspar para os litisconsortes, em face da indivisibilidade do objeto. Já em relação ao polo ativo, o litisconsórcio é facultativo, uma vez que a aglutinação de autores se faz por conveniência e não, pela necessidade decorrente da natureza do litígio, pois não se pode condicionar o exercício do direito individual de um dos litigantes no processo originário à anuência dos demais para retomar a lide. II — O Sindicato, substituto processual e autor da reclamação trabalhista, em cujos autos fora proferida a decisão rescindenda, possui legitimidade para figurar como réu na ação rescisória, sendo descabida a exigência de citação de todos os empregados substituídos, porquanto inexistente litisconsórcio passivo necessário.

Súmula n. 407 — Ação rescisória. Ministério Público. Legitimidade ad causam prevista no art. 487, III, "a" e "b", do CPC. As hipóteses são meramente exemplificativas. A legitimidade ad causam do Ministério Público para propor ação rescisória, ainda que não tenha sido parte no processo que deu origem à decisão rescindenda, não está limitada às alíneas "a" e "b" do inciso III do art. 487 do CPC, uma vez que traduzem hipóteses meramente exemplificativas.

Súmula n. 408 — Ação rescisória. Petição inicial. Causa de pedir. Ausência de capitulação ou capitulação errônea no art. 485 do CPC. Princípio iura novit curia. Não padece de inépcia a petição inicial de ação rescisória apenas porque omite a subsunção do fundamento de rescindibilidade no art. 485 do CPC ou o capitula erroneamente em um de seus incisos. Contanto que não se afaste dos fatos e fundamentos invocados como causa de pedir, ao Tribunal é lícito emprestar-lhes a adequada qualificação jurídica (*iura novit curia*). No entanto, fundando-se a ação rescisória no art. 485, inc. V, do CPC, é indispensável expressa indicação, na petição inicial da ação rescisória, do dispositivo legal violado, por se tratar de causa de pedir da rescisória, não se aplicando, no caso, o princípio *iura novit curia*.

Súmula n. 409 — Ação rescisória. Prazo prescricional. Total ou parcial. Violação do art. 7º, XXIX, da CF/88. Matéria infraconstitucional. Não procede ação rescisória calcada em violação do art. 7º, XXIX, da CF/88 quando a questão envolve discussão sobre a espécie de prazo prescricional aplicável aos créditos trabalhistas, se total ou parcial, porque a matéria tem índole infraconstitucional, construída, na Justiça do Trabalho, no plano jurisprudencial.

Súmula n. 410 — Ação rescisória. Reexame de fatos e provas. Inviabilidade. A ação rescisória calcada em violação de lei não admite reexame de fatos e provas do processo que originou a decisão rescindenda.

Súmula n. 411 — Ação rescisória. Sentença de mérito. Decisão de tribunal regional do trabalho em agravo regimental confirmando decisão monocrática do relator que, aplicando a súmula n. 83 do TST, indeferiu a petição inicial da ação rescisória. Cabimento. Se a decisão recorrida, em agravo regimental, aprecia a matéria na fundamentação, sob o enfoque das Súmulas ns. 83 do TST e 343 do STF, constitui sentença de mérito, ainda que haja resultado no indeferimento da petição inicial e na extinção do processo sem julgamento do mérito. Sujeita-se, assim, à reforma pelo TST, a decisão do Tribunal que, invocando controvérsia na interpretação da lei, indefere a petição inicial de ação rescisória.

Súmula n. 412 — Ação rescisória. Sentença de mérito. Questão processual. Pode uma questão processual ser objeto de rescisão desde que consista em pressuposto de validade de uma sentença de mérito.

Súmula n. 413 — Ação rescisória. Sentença de mérito. Violação do art. 896, "A", da CLT. É incabível ação rescisória, por violação do art. 896, "a", da CLT, contra decisão que não conhece de recurso de revista, com base em divergência jurisprudencial, pois não se cuida de sentença de mérito (art. 485 do CPC).

Súmula n. 425 — Jus postulandi na Justiça do Trabalho. Alcance. O *jus postulandi* das partes, estabelecido no art. 791 da CLT, limita-se às Varas do Trabalho e aos Tribunais Regionais do Trabalho, não alcançando a ação rescisória, a ação cautelar, o mandado de segurança e os recursos de competência do Tribunal Superior do Trabalho.

359.1. Orientações Jurisprudenciais da Seção de Dissídios Individuais (SDI-1) do TST e a Ação Rescisória

Não há orientações jurisprudenciais da SDI-1 tratando da ação rescisória.

359.2. Orientações Jurisprudenciais da Seção de Dissídios Individuais 2 (SDI-2) do TST e a Ação Rescisória.

A seguir elencamos todas as orientações jurisprudenciais da SDI-2, do TST, que tratam da ação rescisória. Ei-las:

Orientação Jurisprudencial n. 02 — Ação rescisória. Adicional de insalubridade. Base de cálculo. Salário mínimo. Cabível — Viola o art. 192 da CLT decisão que acolhe pedido de adicional de insalubridade com base na remuneração do empregado.

Orientação Jurisprudencial n. 04 — Ação rescisória. Banco do Brasil. Adicional de caráter pessoal. ACP — Procede, por ofensa ao art. 5º, inciso XXXVI, da CF/88, o pedido de rescisão do julgado que acolheu Adicional de Caráter Pessoal em favor de empregado do Banco do Brasil S/A.

Orientação Jurisprudencial n. 05 — Ação rescisória. Banco do Brasil. AP e Adi. Horas extras. Súmula n. 83 do TST. Aplicável — Não se acolhe pedido de rescisão de julgado que deferiu a empregado do Banco do Brasil S.A. horas extras após a sexta, não obstante o pagamento dos adicionais AP e ADI ou AFR quando a decisão rescindenda for anterior à Orientação Jurisprudencial n. 17 da Seção de Dissídios Individuais do TST (7.11.94). Incidência das Súmulas n. 83 do TST e n. 343 do STF.

Orientação Jurisprudencial n. 06 — Ação rescisória. Cipeiro suplente. Estabilidade. ADCT, art. 10, II. Súmula n. 83 do TST.— Rescinde-se o julgado que nega estabilidade a membro suplente de CIPA, representante de empregado, por ofensa ao art. 10, II, "a", do ADCT da CF/88, ainda que se cuide de decisão anterior à Súmula n. 339 do TST. Incidência da Súmula n. 83 do TST.

Orientação Jurisprudencial n. 07 — Ação rescisória. Competência. Criação de Tribunal Regional do Trabalho. Na omissão da lei, é fixada pelo art. 678, inc. I, c, item 2, da CLT — A Lei n. 7.872/89, que criou o Tribunal Regional do Trabalho da 17ª Região não fixou a sua competência para apreciar as ações rescisórias de decisões oriundas da 1ª Região, o que decorreu do art. 678, I, "c", item 2, da CLT.

Orientação Jurisprudencial n. 08 — Ação Rescisória. Complementação de Aposentadoria. Banespa. Súmula n. 83 do TST — Não se rescinde julgado que acolheu pedido de complementação de aposentadoria em favor de empregado do Banespa, antes da Súmula n. 313 do TST, em virtude da notória controvérsia jurisprudencial então reinante. Incidência da Súmula n. 83 do TST.

Orientação Jurisprudencial n. 09 — Ação rescisória. Conab. Aviso DIREH 2/84. Súmula n. 83 do TST. Aplicável — Não se rescinde julgado que reconheceu garantia de emprego com base no Aviso DIREH 02/94 da CONAB, antes da Súmula n. 355, do TST, em virtude da notória controvérsia jurisprudencial então reinante. Incidência da Súmula n. 83 do TST.

Orientação Jurisprudencial n. 10 — Ação rescisória. Contrato nulo. Administração pública. Efeitos. art. 37, II e § 2º da CF/88 — Somente por ofensa ao art. 37, II e § 2º da CF/88, procede o pedido de rescisão de julgado para considerar nula a contratação, sem concurso público, de servidor, após a CF/88.

Orientação Jurisprudencial n. 11 — Ação rescisória. Correção monetária. Lei n. 7.596/87. Universidades federais. Implantação tardia do plano de classificação de cargos. Violação da lei. Súmula n. 83 do TST. Aplicável — Não se rescinde julgado que acolhe pedido de correção monetária decorrente da implantação tardia do Plano de Classificação de Cargos da Universidade Federal previsto na Lei n. 7.596/87, à época em que era controvertida tal matéria na jurisprudência. Incidência da Súmula n. 83 do TST.

Orientação Jurisprudencial n. 12 — Ação rescisória. Decadência. Consumação antes ou depois da edição da Medida Provisória n. 1.577/97 Ampliação do prazo — I — A vigência da Medida Provisória n. 1.577/97 e de suas reedições implicou o elastecimento do prazo decadencial para o ajuizamento da ação rescisória a favor dos entes de direito público, autarquias e fundações públicas. Se o biênio decadencial do art. 495 do CPC findou após a entrada em vigor da referida medida provisória e até sua suspensão pelo STF em sede liminar de ação direta de inconstitucionalidade (ADIn 1753-2), tem-se como aplicável o prazo decadencial elastecido à rescisória. II — A regra ampliativa do prazo decadencial para a propositura de ação rescisória, em favor de pessoa jurídica de direito público, não se aplica se, ao tempo em que sobreveio a MP n. 1.577/97, já se exaurira o biênio do art. 495 do CPC. Preservação do direito adquirido da parte à decadência já consumada sob a égide da lei velha. (NR 2005)

Orientação Jurisprudencial n. 18 — Ação Rescisória. Decadência. União. Lei Complementar n. 73/93, art. 67. Lei n. 8.682/93, art. 6º — O art. 67 da Lei Complementar n. 73/93 interrompeu todos os prazos, inclusive o de decadência, em favor da União no período compreendido entre 14.2.93 e 14.8.93.

Orientação Jurisprudencial n. 19 — Ação rescisória. Desligamento incentivado. Imposto de renda. Abono pecuniário. Violação de lei. Súmula n. 83 do TST. Aplicável — Havendo notória controvérsia jurisprudencial acerca da incidência do imposto de renda sobre parcela paga pelo empregador (abono pecuniário) a título de desligamento incentivado, improcede pedido de rescisão de julgado. Incidência da Súmula n. 83 do TST.

Orientação Jurisprudencial n. 21 — Ação rescisória. Duplo grau de jurisdição. Trânsito em julgado. Inobservância. Decreto-lei n. 779/69, art. 1º, V. Incabível — É incabível ação rescisória para a desconstituição de sentença não transitada em julgado porque ainda não submetida ao necessário duplo grau de jurisdição, na forma do Decreto-lei n. 779/69. Determina-se que se oficie ao Presidente do TRT para que proceda à avocatória do processo principal para o reexame da sentença rescindenda.

Orientação Jurisprudencial n. 23 — Ação rescisória. Estabilidade. Período pré-eleitoral. Violação da lei. Súmula n. 83 do TST. Aplicável — Não procede pedido de rescisão de sentença de mérito que assegura ou nega estabilidade pré-eleitoral quando a decisão rescindenda for anterior à Orientação Jurisprudencial n. 51, da Seção de Dissídios Individuais do TST (25.11.96). Incidência da Súmula n. 83 do TST.

Orientação Jurisprudencial n. 24 — Ação rescisória. Estabilidade provisória. Reintegração em período posterior. Direito limitado aos salários e consectários do período da estabilidade — Rescinde-se o julgado que reconhece estabilidade provisória e determina a reintegração do empregado quando já exaurido o referido período de estabilidade. Em juízo rescisório, restringe-se a condenação quanto aos salários e consectários até o termo final da estabilidade.

Orientação Jurisprudencial n. 25 — Ação rescisória. Expressão "lei" do art. 485, V, do CPC. Não inclusão do ACT, CCT, Portaria, Regulamento, Súmula e Orientação Jurisprudencial de Tribunal. — Não procede pedido de rescisão fundado no art. 485, V, do CPC quando se aponta contrariedade à norma de convenção coletiva de trabalho, acordo coletivo de trabalho, portaria do Poder Executivo, regulamento de empresa e súmula ou orientação jurisprudencial de tribunal. (NR 2005)

Orientação Jurisprudencial n. 26 — Ação rescisória. Gratificação de nível superior. SUFRAMA — A extensão da gratificação instituída pela SUFRAMA aos servidores celetistas exercentes de atividade de nível superior, não ofende as disposições contidas nos arts. 37, XIII e 39, § 1º da CF/88.

Orientação Jurisprudencial n. 30 — Ação rescisória. Multa. Art. 920 do Código Civil de 1916 (art. 412 do Código Civil de 2002). Não se acolhe, por violação do art. 920 do Código Civil de 1916 (art. 412 do Código Civil de 2002), pedido de rescisão de julgado que: a) em processo de conhecimento, impôs condenação ao pagamento de multa, quando a decisão rescindenda for anterior à Orientação Jurisprudencial n. 54 da Subseção I Especializada em Dissídios Individuais do TST (30.5.94), incidindo o óbice da Súmula n. 83 do TST; b) em execução, rejeita-se limitação da condenação ao pagamento de multa, por inexistência de violação literal.

Orientação Jurisprudencial n. 34 — Ação rescisória. Planos econômicos — 1. O acolhimento do pedido em ação rescisória de Plano Econômico, fundada no art. 495, inc. V, do CPC, pressupõe, necessariamente, expressa invocação na petição inicial de afronta ao art. 5º, inciso XXXVI, da Constituição Federal de 1988. A indicação de ofensa literal a preceito de lei ordinária atrai a incidência da Súmula n. 83 do TST e Súmula n. 343, do STF. 2. Se a decisão rescindenda é posterior à Súmula n. 315 do TST (Res. n. 7, DJ 22.9.93), inaplicável a Súmula n. 83 do TST.

Orientação Jurisprudencial n. 35 — Ação rescisória. Planos econômicos. Coisa julgada. Limitação à data-base na fase de execução — Não ofende a coisa julgada a limitação à data-base da categoria, na fase executória, da condenação ao pagamento de diferenças salariais decorrentes de planos econômicos, quando a decisão exequenda silenciar sobre a limitação, uma vez que a limitação decorre de norma cogente. Apenas quando a sentença exequenda houver expressamente afastado a limitação à data-base é que poderá ocorrer ofensa à coisa julgada.

Orientação Jurisprudencial n. 38 — Ação rescisória. Professor-adjunto. Ingresso no cargo de professor titular. Exigência de concurso público (Lei n. 7.596/87). Decreto n. 94.664/87 e art. 206, V, CF/88 — A assunção do professor-adjunto ao cargo de professor titular de universidade pública, sem prévia aprovação em concurso público, viola o art. 206, inc. V, da Constituição Federal. Procedência do pedido de rescisão do julgado.

Orientação Jurisprudencial n. 39 — Ação rescisória. Reajustes bimestrais e quadrimestrais. Lei n. 8.222/91. Súmula n. 83 do TST. Aplicável — Havendo controvérsia jurisprudencial à época, não se rescinde decisão que aprecia a possibilidade de cumulação das antecipações bimestrais e reajustes quadrimestrais de salário, previstos na Lei n. 8.222/91. Incidência da Súmula n. 83 do TST.

Orientação Jurisprudencial n. 41 — Ação rescisória. Sentença citra petita. Cabimento — Revelando-se a sentença *citra petita*, o vício processual vulnera os arts. 128 e 460 do CPC, tornando-se passível de desconstituição, ainda que não opostos Embargos Declaratórios.

Orientação Jurisprudencial n. 69 — Fungibilidade recursal. Indeferimento liminar de ação rescisória ou mandado de segurança. Recurso para o TST. Recebimento como agravo regimental e devolução dos autos ao TRT — Recurso ordinário interposto contra despacho monocrático indeferitório da petição inicial de ação rescisória ou de mandado de segurança pode pelo princípio da fungibilidade recursal, ser recebido como agravo regimental. Hipótese de não conhecimento do recurso pelo TST e devolução dos autos ao TRT, para que aprecie o apelo como agravo regimental.

Orientação Jurisprudencial n. 70 — Ação rescisória. Manifesto e inescusável equívoco no direcionamento. Inépcia da inicial. Extinção do processo — O manifesto equívoco da parte em ajuizar ação rescisória no TST para desconstituir julgado proferido pelo TRT, ou vice-versa, implica a extinção do processo sem julgamento do mérito por inépcia da inicial. (NR 2002)

Orientação Jurisprudencial n. 71 — Ação rescisória. Salário profissional. Fixação. Múltiplo de salário mínimo. Art. 7º, inciso IV, da CF/88 — A estipulação do salário profissional em múltiplos do salário mínimo não afronta o art. 7º, inciso IV, da Constituição Federal de 1988, só incorrendo em vulneração do referido preceito constitucional a fixação de correção automática do salário pelo reajuste do salário mínimo. (NR 2004)

Orientação Jurisprudencial n. 76 — Ação rescisória. Ação cautelar para suspender execução. Juntada de documento indispensável. Possibilidade de êxito na rescisão do julgado — É indispensável a instrução da ação cautelar com as provas documentais necessárias à aferição da plausibilidade de êxito na rescisão do julgado. Assim sendo, devem vir junto com a inicial da cautelar as cópias da petição inicial da ação rescisória principal, da decisão rescindenda, da certidão do trânsito em julgado e informação do andamento atualizado da execução.

Orientação Jurisprudencial n. 78 — Ação rescisória. Cumulação sucessiva de pedidos. Rescisão da sentença e do acórdão. Ação única. Art. 289 do CPC — É admissível o ajuizamento de uma única ação rescisória contendo mais de um pedido, em ordem sucessiva, da rescisão da sentença e do acórdão. Sendo inviável a tutela jurisdicional de um deles, o julgador está obrigado a apreciar os demais, sob pena de negativa de prestação jurisdicional.

Orientação Jurisprudencial n. 80 — Ação rescisória. Decadência. Dies a quo. Recurso deserto. Súmula n. 100 do TST — O não-reconhecimento de recurso por deserção não antecipa o *dies a quo* do prazo decadencial para o ajuizamento da ação rescisória, atraindo, na contagem do prazo, a aplicação da Súmula n. 100 do TST.

Orientação Jurisprudencial n. 84 — Ação rescisória. Petição inicial. Ausência da decisão rescindenda e/ou da certidão de seu trânsito em julgado devidamente autenticadas. Peças essenciais para a constituição válida e regular do feito. Arguição de ofício. Extinção do processo sem julgamento do mérito — A decisão rescindenda e/ou a certidão do seu trânsito em julgado, devidamente autenticadas, à exceção de cópias reprográficas apresentadas por pessoa jurídica de direito público, a teor do art. 24 da Lei n. 10.522/02, são peças essenciais para o julgamento da ação rescisória. Em fase recursal, verificada a ausência de qualquer delas, cumpre ao Relator do recurso ordinário arguir, de ofício, a extinção do processo, sem julgamento do mérito, por falta de pressuposto de constituição e desenvolvimento válido do feito.

Orientação Jurisprudencial n. 94 — Ação rescisória. Colusão. Fraude à lei. Reclamatória simulada extinta — A decisão ou acordo judicial subjacente à reclamação trabalhista, cuja tramitação deixa nítida a simulação do litígio para fraudar a lei e prejudicar terceiros, enseja ação rescisória, com lastro em colusão. No juízo rescisório, o processo simulado deve ser extinto.

Orientação Jurisprudencial n. 97 — Ação rescisória. Violação do art. 5º, II, LIV e LV, da Constituição Federal. Princípios da legalidade, do devido processo legal, do contraditório e da ampla defesa — Os princípios da legalidade, do devido processo legal, do contraditório e da ampla defesa não servem de fundamento para a desconstituição de decisão judicial transitada em julgado, quando se apresentam sob a forma de pedido genérico e desfundamentado, acompanhando dispositivos legais que tratam especificamente da matéria debatida, estes sim, passíveis de fundamentarem a análise do pleito rescisório. (NR 2005)

Orientação Jurisprudencial n. 101 — Ação rescisória. Art. 485, IV, do CPC. Ofensa a coisa julgada. Necessidade de fixação de tese na decisão rescindenda — Para viabilizar a desconstituição do julgado pela causa de rescindibilidade do inciso IV, do art. 485, do CPC, é necessário que a decisão rescindenda tenha enfrentado as questões ventiladas na ação rescisória, sob pena de inviabilizar o cotejo com o título executivo judicial tido por desrespeitado, de modo a se poder concluir pela ofensa à coisa julgada.

Orientação Jurisprudencial n. 103 — Ação rescisória. Contradição entre fundamentação e parte dispositiva do julgado. Cabimento. Erro de fato — É cabível a rescisória para corrigir contradição entre a parte dispositiva do acórdão rescindendo e a sua fundamentação, por erro de fato na retratação do que foi decidido.

Orientação Jurisprudencial n. 107 — Ação rescisória. Decisão rescindenda de mérito. Sentença declaratória de extinção de execução. Satisfação da obrigação — Embora não haja atividade cognitiva, a decisão que declara extinta a execução, nos termos do art. 794 c/c 795 do CPC, extingue a relação processual e a obrigacional, sendo passível de corte rescisório.

Orientação Jurisprudencial n. 112 — Ação rescisória. Violação de lei. Decisão rescindenda por duplo fundamento. Impugnação parcial — Para que a violação da lei dê causa à rescisão de decisão de mérito alicerçada em duplo fundamento, é necessário que o Autor da ação rescisória invoque causas de rescindibilidade que, em tese, possam infirmar a motivação dúplice da decisão rescindenda.

Orientação Jurisprudencial n. 113 — Ação cautelar. Efeito suspensivo ao recurso ordinário em mandado de segurança. Incabível. Ausência de interesse. Extinção — É incabível medida cautelar para imprimir efeito suspensivo a recurso interposto contra decisão proferida em mandado de segurança, pois ambos visam, em última análise, à sustação do ato atacado. Extingue-se, pois, o processo, sem julgamento do mérito, por ausência de interesse de agir, para evitar que decisões judiciais conflitantes e inconciliáveis passem a reger idêntica situação jurídica.

Orientação Jurisprudencial n. 123 — Ação rescisória. Interpretação do sentido e alcance do título executivo. Inexistência de ofensa à coisa julgada — O acolhimento da ação rescisória calcada em ofensa à coisa julgada supõe dissonância patente entre as decisões exequenda e rescindenda, o que não se verifica quando se faz necessária a interpretação do título executivo judicial para se concluir pela lesão à coisa julgada.

Orientação Jurisprudencial n. 124 — Ação rescisória. Art. 485, II, do CPC. Arguição de incompetência absoluta. Prequestionamento inexigível — Na hipótese em que a ação rescisória tem como causa de rescindibilidade o inciso II do art. 485 do CPC, a arguição de incompetência absoluta prescinde de prequestionamento.

Orientação Jurisprudencial n. 128 — Ação rescisória. Concurso público anulado posteriormente. Aplicação da Súmula n. 363 do TST — O certame público posteriormente anulado equivale à contratação realizada sem a observância da exigência contida no art. 37, II, da Constituição Federal de 1988. Assim sendo, aplicam-se à hipótese os efeitos previstos na Súmula n. 363 do TST.

Orientação Jurisprudencial n. 131 — Ação rescisória. Ação cautelar para suspender execução da decisão rescindenda. Pendência de trânsito em julgado da ação rescisória principal. Efeitos — A ação cautelar não perde o objeto enquanto ainda estiver pendente o trânsito em julgado da ação rescisória principal, devendo o pedido cautelar ser julgado procedente, mantendo-se os efeitos da liminar eventualmente deferida, no caso de procedência do pedido rescisório ou, por outro lado, improcedente, se o pedido da ação rescisória principal tiver sido julgado improcedente.

Orientação Jurisprudencial n. 132 — Ação rescisória. Acordo homologado. Alcance — Ofensa à coisa julgada — Acordo celebrado — homologado judicialmente — em que o empregado dá plena e ampla quitação, sem qualquer ressalva, alcança não só o objeto da inicial, como também todas as demais parcelas referentes ao extinto contrato de trabalho, violando a coisa julgada, a propositura de nova reclamação trabalhista.

Orientação Jurisprudencial n. 134 — Ação rescisória. Decisão rescindenda. Preclusão declarada. Formação da coisa julgada formal. Impossibilidade jurídica do pedido — A decisão que conclui estar preclusa a oportunidade de impugnação da sentença de liquidação, por ensejar tão somente a formação da coisa julgada formal, não é suscetível de rescindibilidade.

Orientação Jurisprudencial n. 135 — Ação rescisória. Violação do art. 37, caput, da CF/1988. Necessidade de prequestionamento — A ação rescisória calcada em violação do art. 37, *caput*, da Constituição Federal, por desrespeito ao princípio da legalidade administrativa exige que ao menos o princípio constitucional tenha sido prequestionado na decisão.

Orientação Jurisprudencial n. 136 — Ação rescisória. Erro de fato. Caracterização — A caracterização do erro de fato como causa de rescindibilidade de decisão judicial transitada em julgado supõe a afirmação categórica e indiscutida de um fato, na decisão rescindenda, que não corresponde à realidade dos autos. O fato afirmado pelo julgador, que pode ensejar ação rescisória calcada no inciso IX do art. 485 do CPC, é apenas aquele que se coloca como premissa fática indiscutida de um silogismo argumentativo, não aquele que se apresenta ao final desse mesmo silogismo, como conclusão decorrente das premissas que especificaram as provas oferecidas, para se concluir pela existência do fato. Esta última hipótese é afastada pelo § 2º do art. 485 do CPC, ao exigir que não tenha havido controvérsia sobre o fato e pronunciamento judicial esmiuçando as provas.

Orientação Jurisprudencial n. 146 — Ação rescisória. Início do prazo para apresentação da contestação. Art. 774 da CLT — A contestação apresentada em sede de ação rescisória obedece à regra relativa à contagem de prazo constante do art. 774 da CLT, sendo inaplicável o art. 241 do CPC.

Orientação Jurisprudencial n. 150 — Ação rescisória. Decisão rescindenda que extingue o processo sem resolução de mérito por acolhimento da exceção de coisa julgada. Conteúdo meramente processual. Impossibilidade jurídica do pedido. Reputa-se juridicamente impossível o pedido de corte rescisório de decisão que, reconhecendo a configuração de coisa julgada, nos termos do art. 267, V, do CPC, extingue o processo sem resolução de mérito, o que, ante o seu conteúdo meramente processual, a torna insuscetível de produzir a coisa julgada material.

Orientação Jurisprudencial n. 151 — Ação rescisória e mandado de segurança. Irregularidade de representação processual verificada na fase recursal. Procuração outorgada com poderes específicos para ajuizamento de reclamação trabalhista. Vício processual insanável. A procuração outorgada com poderes específicos para ajuizamento de reclamação trabalhista não autoriza a propositura de ação rescisória e mandado de segurança, bem como não se admite sua regularização quando verificado o defeito de representação processual na fase recursal, nos termos da Súmula n. 383, item II, do TST.

Orientação Jurisprudencial n. 152 — Ação rescisória e mandado de segurança. Recurso de revista de acórdão regional que julga ação rescisória ou mandado de segurança. Princípio da fungibilidade. Inaplicabilidade. Erro grosseiro na interposição do recurso. A interposição de recurso de revista de decisão definitiva de Tribunal Regional do Trabalho em ação rescisória ou em mandado de segurança, com fundamento em violação legal e divergência jurisprudencial e remissão expressa ao art. 896 da CLT, configura erro grosseiro, insuscetível de autorizar o seu recebimento como recurso ordinário, em face do disposto no art. 895, b, da CLT.

Orientação Jurisprudencial n. 154 — Ação rescisória. Acordo prévio ao ajuizamento da reclamação. Quitação geral. Lide simulada. Possibilidade de rescisão da sentença homologatória de acordo apenas se verificada a existência de vício de consentimento. A sentença homologatória de acordo prévio ao ajuizamento de reclamação trabalhista, no qual foi conferida quitação geral do extinto contrato, sujeita-se ao corte rescisório tão somente se verificada a existência de fraude ou vício de consentimento. (2010)

Orientação Jurisprudencial n. 155 — Ação rescisória e mandado de segurança. Valor atribuído à causa na inicial. Majoração de ofício. Inviabilidade. Atribuído o valor da casa na inicial da ação rescisória ou do mandado de segurança e não havendo impugnação, nos termos do art. 261 do CPC, é defeso ao Juízo majorá-lo de ofício, ante a ausência de amparo legal. Inaplicável, na hipótese, a Orientação Jurisprudencial da SBDI-2 n. 147 e o art. 2º, II, da Instrução Normativa n. 31 do TST. (2010)

Orientação Jurisprudencial n. 157 — Ação rescisória. Decisões proferidas em fases distintas de uma mesma ação. Coisa julgada. Não configuração. A ofensa à coisa julgada de que trata o art. 485, IV, do CPC refere-se apenas a relações processuais distintas. A invocação de desrespeito à coisa julgada formada no processo de conhecimento, na correspondente fase de execução, somente é possível com base na violação do art. 5º, XXXVI, da Constituição da República. (2012)

Orientação Jurisprudencial n. 158 — Ação rescisória. Declaração de nulidade de decisão homologatória de acordo em razão de colusão (art. 485, III, do CPC). Multa por litigância de má-fé. Impossibilidade. A declaração de nulidade de decisão homologatória de acordo, em razão da colusão entre as partes (art. 485, III, do CPC), é sanção suficiente em relação ao procedimento adotado, não havendo que ser aplicada a multa por litigância de má-fé. (2012)

360. Súmulas do STF e do STJ e a Ação Rescisória

Súmulas do STF

I) A **Súmula n. 249** do STF tem o seguinte texto: *"É competente o STF para a ação rescisória quando, embora não tendo conhecido do recurso extraordinário, ou havendo negado provimento do agravo, tiver apreciado a questão federal controvertida".*

Tendo o Tribunal apreciado o mérito, sua decisão é a última a ser atacada pelo *iudicium rescindens*.

II) **Súmula n. 252**: *"Na ação rescisória, não estão impedidos juízes que participaram do julgamento rescindendo"*. De fato, inexiste na lei qualquer dispositivo proibindo a participação, no julgamento da ação rescisória, porque presentes à tomada da decisão rescindenda.

III) **Súmula n. 264** — *Verifica-se a prescrição intercorrente pela paralisação da ação rescisória por mais de cinco anos.*

IV) **Súmula n. 295** — *São inadmissíveis embargos infringentes contra decisão unânime do Supremo Tribunal Federal em ação rescisória.*

VI) **Súmula n. 338** — *Não cabe ação rescisória no âmbito da Justiça do Trabalho.*

VII) **Súmula n. 343**: *"Não cabe ação rescisória por ofensa à literal disposição de lei, quando a decisão rescindenda se tiver baseado em texto legal de interpretação controvertida nos Tribunais".*

É a ofensa à literal disposição de lei um dos fundamentos da ação rescisória arrolados pelo art. 485 do CPC.

Em sendo a sentença aberrante do que se contém na lei, desenha-se a situação em que é cabível a ação rescisória. Mas, se esse mesmo texto legal está sujeito a diversas interpretações pelos órgãos judicantes, não se há que falar em afronta literal à lei.

IV) **Súmula n. 514**: *"Admite-se ação rescisória contra sentença transitada em julgado, ainda que contra ela não se tenham esgotado todos os recursos".*

A lei processual reza que se admite a ação rescisória de sentença de mérito que haja passado em julgado.

Não condiciona a legitimidade dessa ação ao uso de todos os recursos à disposição do interessado. É-lhe indiferente, outrossim, se a parte foi negligente ou não na defesa de seus interesses no processo.

O pré-requisito principal da ação rescisória é a sentença que passou em julgado. Nada mais que isso.

V) **Súmula n. 515:** *"A competência para a ação rescisória não é do Supremo Tribunal Federal quando a questão federal, apreciada no recurso extraordinário ou no agravo de instrumento, seja diversa da que foi suscitada no pedido rescisório".*

De fato, se na postulação vestibular não se incluiu matéria federal, é inconcebível que ela apareça no agravo de instrumento.

Súmulas do STJ

Súmula n. 175 — *Descabe o depósito prévio nas ações rescisórias propostas pelo INSS.*

Súmula n. 401 — *O prazo decadencial da ação rescisória só se inicia quando não for cabível qualquer recurso do último pronunciamento judicial.*

360.1. Ação Anulatória de Ato Judicial

Consoante o art. 486 do CPC, *"os atos judiciais, que não dependem de sentença, ou em que esta for meramente homologatória, podem ser rescindidos, como os atos jurídicos em geral, nos termos da lei civil".*

É a reprodução, *ipsis litteris*, do art. 800 do antigo CPC de 1939.

Assentou-se, em definitivo, na doutrina e na jurisprudência, que "rescindidos" foi empregado no sentido de "anulados". Trata-se de impropriedade terminológica que vem de longe.

O art. 255 do Regulamento n. 737 também falava em "ação rescisória do contrato".

Passamos a decompor, em seus vários elementos, o dispositivo acima transcrito.

Ato judicial é aquele praticado em juízo ou no processo, o que vem a dar no mesmo. Na espécie, são os atos das partes, pois aqueles atribuídos ao juiz ou ao tribunal são impugnáveis por meio de recurso, sob pena de preclusão ou por meio de ação rescisória quando se tratar de sentença de mérito.

Não nos colocamos entre aqueles que imaginam ver, no inciso VIII (*"A sentença de mérito pode ser rescindida quando: I — omissis; VIII — houver fundamento para invalidar confissão, desistência ou transação, em que se baseou a sentença"*) do art. 485 do CPC, conteúdo idêntico ao do art. 486, que autoriza a ação anulatória de ato judicial que não constitui sentença ou de sentença meramente homologatória. No primeiro, alude-se a ato jurídico que induziu o juiz em erro na lavratura da sentença de mérito; no segundo — o art. 486 — fala-se de atos judiciais das partes passíveis de anulação por meio de ação própria.

O preceito *sub examine* menciona duas classes de atos judiciais: a) atos que independem de sentença; b) atos que demandam sentença homologatória.

Os primeiros antecedem sua processualização, ou melhor, existiam antes de sua inserção no processo.

Os segundos são aqueles que, para produzir todos os seus efeitos, exigem uma sentença homologatória.

Sobre estes últimos diz *Pontes de Miranda* (in "Comentários ao CPC", Forense, 1974, tomo VI, p. 345): *"A homologação é sempre julgamento sobre o que até então se passou. Examina-se o pretérito, para se atribuir certo efeito, ou se atribuírem certos efeitos, ou se marcar a terminação de certa fase, nos procedimentos que precisam de exame do que ocorreu. Daí haver, em toda homologação, preclusão que só a admissão de recurso ou de remédio jurídico infringente pode romper".*

Em suma, homologar é reconhecer a existência do que já foi empreendido e assegurar-lhe um lugar no universo jurídico.

As causas da nulidade de um ato judicial podem ser de ordem material ou processual.

Se o ato envolver uma declaração de vontade, é ele nulo ou anulável se verificado um dos vícios relacionados nos arts. 166 e 171 do Código Civil de 2002.

A nulidade dos demais atos judiciais, que não resultam de um acordo de vontades, é tratada nos arts. 794 a 798 da CLT, complementados pelos arts. 243 a 250 do CPC.

Há, nos repertórios de jurisprudência, decisórios divergentes sobre a ação cabível visando a anulação de ato de juiz. Uns concluem que, em qualquer caso, sendo ato de juiz, a ação há de ser rescisória: outros, porém, sustentam que só se justifica a ação rescisória quando se tratar de sentença de mérito, *ex vi* do disposto no art. 485 do CPC.

Em face do que preceitua o art. 485 do CPC, estamos em que, de fato, só é cabível a rescisória na hipótese de se tratar de sentença de mérito.

No item 358 analisamos a posição do TST diante da sentença homologatória de acordo, favorável à sua desconstituição pela rescisória, o que contraria a melhor doutrina.

Quanto a competência para o julgamento da ação anulatória, o TST fixou a Orientação Jurisprudencial n. 129, da SDI-2, que diz: *"Ação anulatória. Competência originária — Em se tratando de ação anulatória, a competência originária se dá no mesmo juízo em que praticado o ato supostamente eivado de vício".*

360.2. Ação Anulatória de Cláusula de Pacto Coletivo. Competência originária do TRT ou do TST.

Tem o TST se considerado competente originariamente, ou, então, o TRT para o exame da ação anulatória de pacto coletivo, fazendo a aplicação analógica do disposto no art. 678, I, "a", c/c o art. 702, I, "b", ambos da CLT.

Nesse sentido, é o entendimento agasalhado na sua Orientação Jurisprudencial n. 129, da SBDI-2: *"Em se tratando de ação anulatória, a competência originária se dá no mesmo juízo em que praticado o ato supostamente eivado de vício".*

Conforme esse posicionamento, esse Tribunal já decidiu nos seguintes termos:

"Recurso de Revista. Ação anulatória de Acordo Coletivo de Trabalho. Competência originária do Tribunal Regional do Trabalho. A controvérsia relativa à competência hierárquica ou funcional para apreciação e julgamento da ação anulatória de acordo coletivo ou convenção coletiva encontra-se pacificada, no âmbito desta Corte, no sentido de que o conhecimento e julgamento dessa ação compete originariamente aos Tribunais Regionais do Trabalho, por aplicação analógica do art. 678, I, 'a', da CLT, ou ao Tribunal Superior do Trabalho, art. 702, I, 'b', da CLT, conforme a base territorial dos sindicatos convenentes e a abrangência do instrumento coletivo objeto de impugnação estejam limitados, ou não, à jurisdição do Tribunal Regional. Tal entendimento encontra-se perfilhado na OJ-SBDI-II n. 129, que prevê que, em se tratando de ação anulatória, a competência originária se dá no mesmo juízo em que praticado o ato supostamente eivado de vício. Precedentes. Recurso de Revista conhecido e provido (TST; RR 20701/2003-902-02-00.1; Terceira Turma; Rel. Min. Carlos Alberto Reis de Paula; DJU 27.2.09)

361. *Controle Jurisdicional de Constitucionalidade: Ação Direta de Inconstitucionalidade; Ação Declaratória de Constitucionalidade e Arguição de Descumprimento de Preceito Fundamental. Central Sindical*

Diz *Michel Dran*, na abertura de sua clássica obra sobre o controle jurisdicional ("Le Controle Jurisdictionnel et la Garantie des Libertés Publiques", Paris: Librairie Générale, 1968, p. 2), que, fator de integração da atividade individual na vida coletiva e ordem social, a proteção das liberdades públicas aparece como ponto comum de duas tendências que se afrontam em todo homem: o desejo de liberdade cada vez mais profundo e, ao mesmo tempo, a aspiração a certa ordem e organização que implicam a existência de uma autoridade e a afirmação da solidariedade entre os indivíduos.

É claro que essa ordem, no convívio social, obtém-se, principalmente, por meio de um sistema de leis escalonadas, distribuídas em diversos níveis, tendo no seu topo a lei constitucional. A esta têm de se submeter todas as leis de um País que viva em Estado de Direito.

Quando uma lei — devido ao seu conteúdo ou em virtude de vício do seu processo elaborativo — conflita com a Constituição, configura-se sua inconstitucionalidade.

Há o controle não jurisdicional e o de constitucionalidade.

O primeiro é o controle popular, exercido por associações que congregam boa parcela da população e que têm como porta-voz, a maioria dos órgãos de informação de massa.

O segundo é exercido pelos órgãos do Poder Judiciário.

A expressão "controle jurisdicional de constitucionalidade" designa o ou os processos previstos no ordenamento constitucional para anular as leis que afrontam a Constituição.

Firma-se desse modo a posição hegemônica da Constituição no sistema legal do País.

Já no século XVIII havia o interesse pelo controle constitucional, mas por meio de um órgão político, como o é o Conselho Constitucional da França.

O controle pode ser efetuado antes ou depois da edição de uma lei. No primeiro caso, o projeto de lei tem de passar pelo crivo do órgão controlador e, em sendo aprovado, converte-se em lei. No segundo caso, o controle *a posteriori* é efetuado pelo Poder Judiciário.

No processo evolutivo desse controle, o primeiro procedimento foi o do controle difuso, exercido por qualquer órgão do Judiciário no julgamento de caso concreto. A declaração de inconstitucionalidade de uma lei, nessa hipótese, só é válida para as partes do processo judicial.

Foi na Suprema Corte dos Estados Unidos que esse controle difuso encontrou roupagem doutrinária, montada por *Marshall*.

O controle difuso de constitucionalidade das leis não é coisa nova em nossa história constitucional.

Exceção feita da Carta outorgada de 1937 (parágrafo único do art. 96), todas as nossas Constituições republicanas previram o controle da constitucionalidade.

A Constituição de 1988 manteve o sistema misto de controle de constitucionalidade pelo Poder Judiciário a que alude *Moreira Alves* na obra coletiva intitulada "As Garantias do Cidadão na Justiça" (Saraiva, 1993, p. 10).

E confessamos que a nova Carta aperfeiçoou o sistema de fiscalização da constitucionalidade, ampliando a legitimação ativa para a propositura da ação direta de inconstitucionalidade, instituindo a inconstitucionalidade por omissão (art. 103, § 2º) e o mandado de injunção.

De outra parte, pela Emenda n. 93, criou-se a ação declaratória de constitucionalidade de lei ou ato normativo federal.

No caso particular da Justiça do Trabalho, tanto as Juntas de Conciliação como os Tribunais Regionais e o Tribunal Superior do Trabalho exercem esse controle, mas, na espécie, como assinalamos há pouco, as decisões restringem sua validade e eficácia às partes do processo.

Com justeza, preleciona *Isis de Almeida* que a inconstitucionalidade de lei ou ato normativo se cataloga como incidente da ação, mas há uma corrente sustentando ser matéria da competência originária dos tribunais.

Não apoiamos essa linha de pensamento, pois o controle difuso da constitucionalidade das leis é exercitável, também, na primeira instância.

Acrescenta, textualmente, aquele reputado processualista: *"O fato, entretanto, é que qualquer das partes do processo pode argui-la, em petição inicial ou na contestação, em razões de recorrente ou contrarrazões de recorrido, em petição avulsa juntada aos autos durante a tramitação da causa ou do recurso, ou até, se for o caso, em sustentação oral, na sessão de julgamento"* (Isis de Almeida, "Manual de Direito Processual do Trabalho", 1º vol., LTr, 1985, p. 200).

Afirma *Barbosa Moreira* que "não há preclusão em se tratando de *quaestio juris* (*apud Isis de Almeida*, obra citada, p. 200).

No TST, consoante os arts. 244 *usque* 249 do seu Regimento Interno, o rito é o seguinte:

a) resolvido no Órgão Especial, Seções Especializadas ou Turmas ser imprescindível decidir-se sobre a constitucionalidade, ou não, de uma lei ou de ato do Poder Público, a arguição de inconstitucionalidade poderá ser suscitada pelo Relator, por qualquer Ministro ou a requerimento do Ministério Público, no curso do julgamento do processo nos órgãos judicantes da Corte, após concluído o relatório;

b) ouvido o órgão do Ministério Público do Trabalho, será a arguição submetida à apreciação do Colegiado em que transita o feito;

c) se rejeitada a arguição, prosseguir-se-á no julgamento;

d) se acolhida a arguição suscitada perante o Tribunal Pleno, a matéria será submetida de imediato à apreciação. Se suscitada nos demais órgãos judicantes da Corte, os autos serão remetidos ao Tribunal Pleno.

e) A decisão que declara imprescindível o pronunciamento do Tribunal Pleno sobre a inconstitucionalidade de lei, de disposição nela contida ou de ato normativo do Poder Público não é recorrível

e) A decisão declaratória de inconstitucionalidade de lei ou de ato do Poder Público, observadas as exigências regimentais, motivará a edição de Súmula.

f) ocorrendo nova alegação de inconstitucionalidade após a edição da Súmula prevista na letra anterior os órgãos judicantes só poderão encaminhá-la ao Tribunal Pleno caso fique demonstrado que o Supremo Tribunal Federal tenha julgado contrariamente ao decidido pelo TST.

A inconstitucionalidade em tese de uma lei, consoante o art. 102 da Constituição da República, só pode ser objeto da Ação Direta de Inconstitucionalidade, cujo julgamento cabe privativamente ao Supremo Tribunal Federal.

Podem propor essa ação: o Presidente da República; a Mesa do Senado Federal; a Mesa da Câmara dos Deputados; a Mesa de Assembleia Legislativa ou da Câmara Legislativa do Distrito Federal; o Governador de Estado ou do Distrito Federal; o Procurador-Geral da República; o Conselho Federal da Ordem dos Advogados do Brasil; partido político com representação no Congresso Nacional; confederação sindical ou entidade de classe de âmbito nacional.

Quanto a essas partes legítimas na Ação Direta de Inconstitucionalidade temos a fazer duas observações. A primeira é comum ao Conselho Federal da OAB e à Confederação Sindical ou entidade de classe de âmbito nacional. A nosso ver, esses órgãos devem fazer prova, com a petição inicial, de que estão autorizados por deliberação da assembleia de seus pares a promover a ação. A segunda observação prende-se às organizações profissionais.

Sabe-se que o Supremo Tribunal Federal tem recusado legitimidade às Federações Nacionais para serem partes na questionada ação, entendendo ser reservada, apenas, para as Confederações. Nesse sentido, foi decidido em acórdão relatado pelo Ministro Sepúlveda Pertence na ADI-AgR 3762/DF (DJ 24.11.06), que está assim ementado:

"Ação direta de inconstitucionalidade: ilegitimidade ativa ad causam da Federação Nacional dos Administradores — FENAD — para questionar, na via do controle direto, a constitucionalidade da MP 293, de 8.5.06, que "dispõe sobre o reconhecimento das centrais sindicais para os fins que especifica". É da jurisprudência do Supremo Tribunal que, no âmbito das entidades sindicais, a questionada legitimação é privativa das confederações (v.g., ADIn 398, 01.02.91, Sanches, RTJ 135/495; ADIn 17, 11.03.91, Sanches, RTJ 135/853; ADIn 360, 21.09.90, Moreira, RTJ 144/703; ADIn 488, 26.04.91, Gallotti, RTJ 146/42; ADIn 526, 16.10.91, RTJ 145/101; ADIn 689, 29.03.92, Néri, RTJ 143/831; ADIn 599, 24.10.91, Néri, RTJ 144/434; ADIn 772, 11.09.92, Moreira, RTJ 147/79; ADIn 164, 08.09.93, Moreira, RTJ 139/396; ADIn 935, 15.09.93, Sanches, RTJ 149/439; ADIn 166, 05.09.96, Galvão, DJ 18.10.96; ADIn 1795, 19.03.98, Moreira, DJ 30.4.98; AgADIn 1785, 08.06.98, Jobim, 7.8.98)".

Coerentes com essa orientação jurisprudencial, concluímos que a confederação — no âmbito sindical — é o único órgão habilitado a tomar iniciativa da propositura da ação direta de inconstitucionalidade. Segmentos sociais que não são sindicalizáveis mas que possuam organizações de alcance nacional também têm essa credencial, como, por exemplo, uma entidade nacional em defesa do consumidor.

Enfrentando a questão da legitimidade ativa dentro de uma ADI, o Supremo Tribunal Federal assentou o seguinte entendimento em acórdão de lavra do Ministro Relator Celso de Mello (DJ 9.9.05):

Ação direta de inconstitucionalidade: legitimação ativa: "entidade de classe de âmbito nacional": compreensão da "associação de associações" de classe: revisão da jurisprudência do Supremo Tribunal. 1. O conceito de entidade de classe é dado pelo objetivo institucional classista, pouco importando que a eles diretamente se filiem os membros da respectiva categoria social ou agremiações que os congreguem, com a mesma finalidade, em âmbito territorial mais restrito. 2. É entidade de classe de âmbito nacional — como tal legitimada à propositura da ação direta de inconstitucionalidade (CF, art. 103, IX) — aquela na qual se congregam associações regionais correspondentes a cada unidade da Federação, a fim de perseguirem, em todo o País, o mesmo objetivo institucional de defesa dos interesses de uma determinada classe. 3. Nesse sentido, altera o Supremo Tribunal sua jurisprudência, de modo a admitir a legitimação das "associações de associações de classe", de âmbito nacional, para a ação direta de inconstitucionalidade.

No mesmo sentido, foi julgada a ADI 15/DF, relatada pelo Ministro Sepúlveda Pertence, com acórdão publicado no DJ 14.6.07.

Posicionando-nos desse modo diante da questão, somos levados a acreditar que uma central sindical — enquanto for simples sociedade civil, porque ela não integra o sistema sindical brasileiro — está impossibilitada de propor, perante o Supremo Tribunal Federal, a multicitada ação. Nesse sentido, esse tribunal julgou a ADI n. 1.442, de relatoria do Ministro Celso de Mello, não reconhecendo legitimidade a uma central sindical para ajuizar um ADI, como se lê da seguinte ementa publicada no DJ de 29.4.05, pg. 7, *verbis*:

"Ação Direta de Inconstitucionalidade — Ausência de Legitimidade Ativa de Central Sindical (CUT). .... Prejudicialidade da ação direta. Falta de legitimidade ativa das centrais sindicais para o ajuizamento de ação direta de inconstitucionalidade. — No plano da organização sindical brasileira, somente as confederações sindicais dispõem de legitimidade ativa "ad causam" para o ajuizamento da ação direta de inconstitucionalidade (CF, art. 103, IX), falecendo às centrais sindicais, em consequência, o poder para fazer instaurar, perante o Supremo Tribunal Federal, o concernente processo de fiscalização normativa abstrata. Precedentes".

Aliás, a Lei n. 11.648, de 31.3.2008, disciplinou as centrais sindicais. Isto é, essa lei reconheceu as centrais sindicais para os fins que específica, sem que entre eles esteja o poder de representar os trabalhadores nas negociações com seus empregadores. Quer dizer, na forma do art. 1º, dessa Lei, têm apenas a atribuição de (a) coordenar a representação dos trabalhadores por meio das organizações sindicais a elas filiadas; e (b) participar de negociações em fóruns, colegiados de órgãos públicos e demais espaços de diálogo social que possuam composição tripartite, nos quais estejam em discussão assuntos de interesse geral dos trabalhadores. Uma central sindical não tem o poder de ser substituta processual dos trabalhadores, na forma da jurisprudência maciça do STF, e muito menos ter a titularidade de uma ADI ou ADC ou ADPF.

Considera-se central sindical, para os efeitos do disposto nessa Lei n. 11.648/08, a entidade associativa de direito privado composta por organizações sindicais de trabalhadores, mas desprovida de natureza sindical. São meras entidades civis devidamente registradas no cartório de registro civil de pessoas jurídicas.

Contudo, como entidades civis que são, as centrais sindicais possuem legitimidade para impetrar o mandado de segurança coletivo na forma do art. 5º, LXX, *b*, da Constituição Federal, e, também, ajuizar ação civil pública, conforme o disposto no art. 5º, da Lei n. 7.347/1985.

Repita-se, não detém elas legitimidade para propor dissídio coletivo ou ação de cumprimento, celebrar convenções, acordos coletivos de trabalho, funcionar como substituto processual das categorias profissionais e dos sindicatos associados a elas.

A Emenda Constitucional n. 3, de 17 de março de 1993 (*in* DOU de 18.3.93) alterou a alínea *a* do inciso I do art. 102 da Constituição Federal para criar a ação declaratória de inconstitucionalidade de lei ou ato normativo federal.

Tal tipo de ação só poderá ser proposto pelo Presidente da República, pela Mesa do Senado Federal, pela Mesa da Câmara dos Deputados ou pelo Procurador-Geral da República.

Inspirou essa emenda constitucional a preocupação que, nos últimos tempos, assaltou o Executivo com a avalanche de ações em que se arguia a incompatibilidade entre a lei e a Constituição.

Tomando a iniciativa de pedir ao Supremo Tribunal Federal a declaração de constitucionalidade de uma lei, o Executivo fica em condições de fechar as portas do Judiciário aos autores das questionadas ações.

A mencionada Emenda também alterou o § 2º do art. 102 da Lei Fundamental para dispor que as decisões de definitivas de mérito proferidas pelo Supremo Tribunal Federal, nas ações declaratórias de constitucionalidade de lei ou ato normativo federal, produzirão eficácia contra todos e efeito vinculante, relativamente aos demais órgãos do Poder Judiciário e ao Poder Executivo.

Não participamos do coro levantado dos que se opuseram à instituição da ação declaratória de constitucionalidade, com a alegação de que essa norma estava em conflito com a norma pétrea encerrada no inciso XXXV do art. 5º da Constituição: "a lei não excluirá da apreciação do Poder Judiciário lesão ou ameaça a direito".

É flagrante a inconsistência dessa alegação.

A emenda em foco não impede o exercício do direito contido no referido inciso constitucional. Evita, apenas, que sejam propostas ações judiciais tendo por objeto inexistente inconstitucionalidade de lei.

Atentos a esses preceitos constitucionais, o legislador ordinário disciplinou a ação direta de inconstitucionalidade (ADIn) e a ação declaratória de constitucionalidade (ADC) pela Lei n. 9.868, de 10.11.1999.

Assim, detém o STF o denominado controle concentrado da constitucionalidade perante as demais instâncias do judiciário.

Aliás, tem o STF decidido, recentemente, que possuem os cidadãos o direito de recorrerem diretamente a ele por meio da denominada "Reclamação", quando uma de suas decisões proferidas nessas ações de constitucionalidade ou de inconstitucionalidade for desrespeitada.

Na forma do art. 156 do Regimento Interno Supremo Tribunal Federal, caberá Reclamação do Procurador-Geral da República, ou da parte interessada, para garantir a autoridade das suas decisões. Essa Reclamação será instruída com prova documental, sendo que o Ministro Relator requisitará informações da autoridade, a quem for imputada a prática do ato impugnado, que as prestará no prazo de cinco dias.

O Ministro Relator da Reclamação poderá determinar a suspensão do curso do processo em que se tenha verificado o ato reclamado, ou a remessa dos respectivos autos ao Tribunal. Ressalte-se que qualquer interessado poderá realizar a impugnação do pedido do Reclamante.

Decorrido o prazo para a informações, terá vista dos autos o Procurador-Geral da República, quando a Reclamação não tenha sido por ele formulada.

Julgando procedente a Reclamação, o plenário ou a turma do STF poderá: a) avocar o conhecimento do processo em que se verifique usurpação de sua competência; b) ordenar que lhe sejam remetidos, com urgência, os autos do recurso para ele interposto; c) cassar decisão exorbitante de seu julgado, ou determinar medida adequada à observância de sua jurisdição.

Tal é a urgência da tramitação da Reclamação que, antes mesmo da lavratura do acórdão do seu julgamento, o Presidente do STF ou da Turma determinará o imediato cumprimento da decisão (cf. art. 162, do Regimento Interno do STF).

Contudo, o STF editou a Súmula n. 734 vazada nos seguintes termos: "Não cabe Reclamação quando já houver transitado em julgado o ato judicial que se alega tenha desrespeitado decisão do Supremo Tribunal Federal".

Em recente Reclamação formulada pelo Distrito Federal (Reclamação n. 1987) a esse Tribunal, sustentou-se que não era possível sequestrar suas verbas para o pagamento de precatórios, conforme já tinha sido decidido em anterior ADIn n. 1.662 em que envolvia o Estado de São Paulo.

Em seu voto, o Ministro Relator dessa Reclamação, Maurício Corrêa, destacou que o STF, ao julgar o mérito dessa ADIn n. 1.662, entendeu que o saque forçado de verbas públicas somente é autorizado pela Constituição Federal no caso de preterição do direito de precedência do credor. Arrematou ele que, *"assim, qualquer ato, administrativo ou judicial, que determine o sequestro de verbas públicas em desacordo com a Constituição revela-se contrário ao julgado e desafia a autoridade da decisão tomada na Ação Direta em referência".*

Com essa decisão de acolher a Reclamação formulada pelo Distrito Federal, o STF passou a dar, por consequência, uma amplitude perfeita à ADIn e à ADC, permitindo, assim, o efeito vinculante de suas decisões nessas duas frentes.

No entender do Ministro Gilmar Mendes, do STF, essas decisões reforçam o perfil desse Tribunal. Não será ele mais visto apenas como a última instância do Judiciário, onde todos os processos terminam. Mais do que isso, passa ele a exercer poder direto sobre os processos que tramitam nas demais instâncias.

Esse posicionamento trará maior segurança jurídica, pois não haverá mais dúvidas se os posicionamentos do STF serão seguidos por outros tribunais. Isso garante uma estabilidade para todos os cidadãos, inclusive aqueles que são investidores.

Além disso, haverá uma grande economia de tempo, pois existe a possibilidade de uma pessoa se dirigir diretamente ao STF, pulando as instâncias inferiores, para garantir o cumprimento de suas decisões. Com isso, todos não precisarão esperar anos por uma decisão judicial final.

Com essa mecânica, o próprio STF permitiu o surgimento do efeito vinculante de suas decisões nessas duas frentes: ações diretas de inconstitucionalidade (ADIns) e em Ações Declaratórias de Constitucionalidade (ADCs). Com isso, abriu-se um ponderável espaço para que qualquer pessoa, associação ou partido político derrube diretamente nesse Tribunal decisões judiciais proferidas pelas instâncias inferiores que sejam contrárias ao posicionamento por ele adotado na preservação da Constituição.

O terceiro tipo de mecanismo de controle concentrado de constitucionalidade está agasalhado no art. 102, § da Constituição Federal, que estabelece ser da competência do STF o julgamento da *arguição de descumprimento de preceito constitucional fundamental.*

Esse dispositivo constitucional foi dinamizado pelo legislador ordinário pela Lei n. 9.882, de 3.12.1999 (LADPF).

Não é todo e qualquer preceito constitucional que pode ser tratado pelo STF por intermédio dessa arguição de descumprimento. Podemos dizer que somente os preceitos que têm magnitude máxima na ordem constitucional é que se caracterizam como fundamentais para os efeitos desse dispositivo constitucional.

Assim, *além dos direitos sociais inscritos no art. 6º a 9º da Constituição Federal,* são fundamentais, entre outros, os seguintes preceitos constitucionais: a) estado democrático de direito; b) soberania nacional; c) cidadania (CF 1º, II); d) dignidade da pessoa humana (CF 1º, III); e) valores sociais do trabalho e da livre iniciativa (CF 1º, IV); f) pluralismo político (CF 1º, V); g) direitos e garantias fundamentais (CF art. 5º); h) forma federativa do Estado Brasileiro; i) voto universal, secreto, direto e periódico.

Além desses casos, lembre-se que caberá também a arguição de descumprimento de preceito fundamental quando for relevante o fundamento da controvérsia constitucional sobre lei ou ato normativo federal, estadual ou municipal, incluídos os anteriores à Constituição (parágrafo único, do art. 1º Lei n. 9.882/1999).

Podem formular essa arguição de descumprimento de preceito fundamental aqueles que estão legitimados para a ação direta de inconstitucionalidade. Lamentavelmente, o inciso II, do art. 2º da lei em foco, foi vetado, sob o fundamento de que a admissão de um acesso individual e irrestrito é incompatível com o controle concentrado de legitimidade dos atos estatais. Dispunha esse inciso que essa arguição podia ser formulada por "qualquer pessoa lesada ou ameaçada por ato do Poder Público". Esse veto esvaziou, enormemente, esse instituto, entendendo alguns que essa lei está marcada pela inconstitucionalidade.

Enquanto o STF não venha se manifestar em termos conclusivos acerca dessa matéria, resta, ainda, o direito de petição garantido a todos os cidadãos, havendo a possibilidade de se pedir socorro ao Procurador Geral da República. Nesse sentido, o Ministro Carlos Velloso, como Presidente do STF, fixou a seguinte decisão:

"Legitimação de particular. Inadmissibilidade. O particular que ajuíza ADPF com objetivo de suspender o bloqueio de sue bens e de sua empresa, para que possa desenvolver suas atividades, bem como suspender a sentença falimentar da empresa, até o final da ação civil pública, em face da indisponibilidade de seus bens, créditos e valores depositados em conta corrente, ainda que ofereça garantia real nos autos da ACP, proporcional à sua responsabilidade, não tem legitimidade para propor a arguição, somente deferida aos legitimados para a propositura da ADIn. Poderá, entretanto, solicita ao Procurador Geral da República a propositura da arguição" (STF, ADPF 11-SP, DJU 6.2.2001).

Com essa arguição formulada perante o STF, e "quando for relevante o fundamento da controvérsia constitucional", poderá este ser chamado a pronunciar-se a respeito da matéria em decisão de caráter geral, com eficácia contra todos (*erga omnes*) e vinculante aos demais órgãos do Poder Público.

Como bem observa *Nelson* e *Rosa Nery*, a utilização da arguição pela via incidental faz com que seja antecipada a solução sobre a interpretação, pelo STF, de preceito constitucional fundamental quando o feito ainda se encontra *sub judice* e na instância ordinária. Não se trata de "avocatória", pela qual o STF requisitaria o processo e decidiria a lide, por inteiro, subtraindo do juiz natural o exame da causa. Ao contrário, o incidente funciona como uma espécie de juízo prévio acerca da interpretação, pelo STF, do preceito constitucional fundamental questionado no juízo ordinário. Assemelha-se mais ao incidente de inconstitucionalidade (ou prejudicial de inconstitucionalidade) dos países europeus que têm corte constitucional. Não fosse assim o incidente seria inconstitucional como inconstitucional se nos afigura a avocatória (cf. s/ob "CPC Comentado", 6. ed., p. 1478/1479).

362. Juízo Arbitral

É o juízo arbitral um compromisso celebrado entre pessoas capazes para contratar com a finalidade de solucionar litígios judiciais ou extrajudiciais que tenham por objeto direitos patrimoniais, sobre os quais a lei admita transação (ver no item 171.7 comentários à nova Lei de Arbitragem).

363. Ação Cominatória

A ação cominatória para prestação de fato ou de abstenção de ato equivale à ação de preceito cominatório ou de embargos à primeira do velho direito lusitano ("Ações Cominatórias no Direito Brasileiro", *Moacyr Amaral Santos*, 3ª ed., I tomo, Max Limonad, 1962, p. 39).

As ações que tenham por fim obrigações de fazer ou de não fazer têm no processo cominatório precioso instrumento (v. arts. 461, 644 e 645 do CPC). Na esfera das relações de trabalho, há uma hipótese que tem induzido alguns a pensar no emprego do processo cominatório. Trata-se do caso do empregador que se recusa a anotar a carteira de trabalho de quem se diz ser seu empregado.

É fácil verificar a impossibilidade de propor-se tal ação na Justiça do Trabalho.

A CLT, nos arts. 36 a 41, propõe duas soluções para o problema. Se o interessado levar sua queixa à autoridade administrativa, esta determinará as anotações requeridas se apurar a procedência do alegado pelo empregado ou se for considerado revel o empregador (art. 37 da CLT).

Se a defesa do empregador consistir na negação da relação empregatícia e autoridade trabalhista não deslindar o litígio pelos meios administrativos, será a questão submetida à Justiça. Se a sentença concluir que há relação de emprego, a anotação em causa será feita pela Secretaria da Vara do Trabalho.

Embora se trate de obrigação de fazer, a recusa do inadimplente é superada, conforme o caso, pela autoridade competente do Ministério do Trabalho ou pela Vara do Trabalho.

Assim, não se faz mister o processo cominatório na Justiça do Trabalho com o fim de obrigar o empregador a anotar a Carteira Profissional.

Além desse caso, temos, ainda, o caso de garantia de emprego adquirida na empresa.

Se despedido sem a observância das exigências legais, tem o empregado o direito de propor ação para ser reconduzido ao emprego e com cominação de sanção no caso de desobediência por parte do empregador.

Acreditamos que ainda se arrastará por algum tempo a polêmica acerca da possibilidade, ou não, no exemplo dado, da conversão da recusa do empregador, em perdas e danos.

Somos pela conversão em perdas e danos.

Apreciando a hipótese aqui em análise, informa *Tostes Malta* ("Comentários à CLT", 6. ed., LTr, 1993, p. 407) que *"a jurisprudência e a doutrina não são pacíficas sobre a interpretação do art. 729 consolidado"*. Cita ele, inclusive, *Amauri Mascaro Nascimento* ("Curso de Direito Processual do Trabalho", 13. ed., Saraiva, 1992, p. 345): "se o executado resistir à reintegração, o juiz converterá a reintegração em indenização substitutiva ou, mantendo o vínculo mesmo sem prestação do trabalho garantirá o salário, mês a mês".

O ilustre professor paulista deixa transparecer a opinião de que tem o juiz a faculdade de transformar o desrespeito à sentença reintegrativa em uma indenização substitutiva ou a de manter o vínculo empregatício e exigir o pagamento do salário mensalmente.

Podemos sustentar, assim, que há uma espécie de reclamação trabalhista que admite o pedido cominatório: a do empregado estável que pleiteia a recondução ao emprego. Com fundamento no art. 287, do CPC, se o autor pedir que seja imposta ao réu a abstenção da prática de algum ato ou prestar o ato de recondução ao emprego, pode o reclamante, na petição inicial, requerer cominação de pena pecuniária para o caso de descumprimento da sentença ou da decisão antecipatória de tutela. Envolve essa recondução ao emprego uma obrigação de fazer. E, tendo em vista o art. 461, do CPC, o juiz concederá a tutela específica da obrigação ou, se procedente o pedido, determinará providências que assegurem o resultado prático equivalente ao do adimplemento.

Se a recondução ao emprego não for mais possível em virtude, por exemplo, do transcurso do prazo da garantia de emprego da gestante ou do dirigente sindical, a obrigação se converterá em perdas e danos, tendo em vista o comando inscrito no parágrafo 1º, do art. 461, do CPC. A indenização por perdas e danos dar-se-á sem prejuízo da multa postulada na inicial (art. 287), como prevê o § 2º, desse artigo.

Lembre-se que, conforme o § 3º, do art. 461, é lícito ao juiz conceder a tutela liminarmente ou mediante justificação prévia, citado o réu, sendo relevante o fundamento da demanda e havendo justificado receio de ineficácia do provimento final. A medida liminar poderá ser revogada ou modificada, a qualquer tempo, em decisão fundamentada.

Nessa concessão de liminar de recondução ao emprego, o juiz poderá impor multa diária ao réu, independentemente do pedido do autor feito com base no art. 287, do CPC, por ser suficiente ou compatível com esse tipo de obrigação, fixando-lhe prazo razoável para o cumprimento do preceito. O § 5º, do art. 461, do CPC, concedeu poderes ao juiz nesse caso. Assim, para a efetivação da tutela específica de recondução, poderá ele, de ofício, ou requerimento do autor, determinar todas as medidas necessárias, inclusive, e se necessário, com requisição de força policial.

No caso do juiz verificar que a multa em foco se tornou insuficiente ou excessiva, diz o § 6º, do art. 461, do CPC, que ele poderá, de ofício, modificar seu valor ou sua periodicidade.

Na execução de obrigação de fazer ou não fazer, fundada em título extrajudicial, o juiz, ao despachar a inicial, fixará multa por dia de atraso no cumprimento da obrigação e a data a partir da qual será devida. Exemplo de título extrajudicial de obrigação de fazer é o termo de conciliação relativamente ao reconhecimento do empregador em ver seu empregado reintegrado no emprego por existir a garantia de emprego de dirigente sindical, de acidentado no trabalho ou, no caso de mulher, garantia decorrente do fato de ser gestante. Ora, apesar de feito tal reconhecimento do direito ao emprego, o empregador não promove a reintegração do trabalhador. A execução desse título extrajudicial irá ser promovida com esteio no art. 645 do CPC.

363.1. A Ação Civil Pública na Justiça do Trabalho

Nos tempos modernos, ganhou novo perfil e nova dimensão o acesso à Justiça, como direito fundamental do cidadão.

Fatos sociais de extraordinária complexidade se manifestaram na sociedade pós-industrial, dando nascimento a situações de conflito que o direito tradicional não previra nem podia prever.

Dentre as causas desse fenômeno, damos realce ao extraordinário desenvolvimento da tecnologia aplicada, à explosão demográfica, à produção em grande escala, ao desenvolvimento econômico acompanhado da globalização.

Tais transformações, por sua magnitude, tinham de repercutir no direito material, mas, infelizmente, não deram ao princípio do acesso à justiça a correspondente abrangência humana.

Foi esse mal minimizado pelo direito processual — ainda que impregnado de individualismo — ao ceder espaço às ações coletivas que vieram fortalecer o direito básico do acesso à justiça e adequando-o, desse modo, à nova organização social caracterizada pela massificação dos conflitos intersubjetivos ou entre grupos sociais.

Coube à Áustria, em fins do século passado, a primazia no reconhecimento da ideia social no processo que leva à tutela jurisdicional de interesses que, por sua dimensão supraindividual, mal se acomodam no quadro dos esquemas processuais clássicos.

Esse impulso para o acolhimento da ideia social na ciência processual só se fez sentir em nosso País no último quartel do século XX, quando se editou, a 24 de julho de 1985, a Lei n. 7.347 — LACP, disciplinando a ação civil pública como arma poderosa na defesa dos interesses metaindividuais.

Tal ação ganhou consistência e maior alcance com a referida Lei n. 7.347, pois passou a ser empregada na responsabilização por danos causados ao meio ambiente, ao consumidor, a bens e direitos de valor artístico, estético, histórico, turístico e paisagístico.

Acredita-se ter sido *Piero Calamandrei* o primeiro a usar a expressão "ação civil pública". Para comprovar-se a veracidade dessa informação, é de praxe invocar-se a p. 276 do volume I, das suas "Instituciones de Derecho Procesal Civil" (Buenos Aires, Ed. Europa-Amércia, 1962), em que o saudoso jurista peninsular, depois de pontuar que a ação penal é sempre pública, adverte que a ação civil é, na maioria dos casos, privada, acentuando, porém, que tendem a aumentar os em que essa ação civil é também pública.

Todavia, é certo que na velha Roma já se fazia referência às ações populares (*Scialoja*, "Procedimento Civil Romano", Buenos Aires: Europa-América, p. 472) que conferiam à pessoa singular, não como titular de um direito, mas como participante do interesse público, o direito de tomar a iniciativa de defendê-lo.

Em nosso sistema legal, a Lei Complementar n. 40, de 13 de dezembro de 1981, disciplinadora do Ministério Público estadual, foi a primeira a mencionar a "ação civil pública" em seu art. 3º., III, *verbis*: "São funções institucionais do Ministério Público (esclareça-se, estadual) ... III — promover a ação civil pública, nos termos da lei".

A ação aqui em exame tem por objeto o ressarcimento de danos causados ao meio ambiente, ao consumidor, a bens e direitos de valor artístico, estético, histórico, turístico e paisagístico, assim como qualquer outro interesse difuso, coletivo ou individual homogêneo.

À vista dos fins desta obra, iremos cuidar, apenas, da ação civil pública quando voltada para interesses difusos, coletivos e individuais homogêneos.

Cappelletti diz, acertadamente, que a ação civil pública insere-se na segunda onda de abertura do acesso à justiça, caracterizada pela atuação em juízo das entidades intermediadoras dos interesses metaindividuais.

Detenhamo-nos, um pouco, no exame do objeto da ação civil pública no âmbito trabalhista.

Aceitamos a definição de interesse ou direito difuso que o Código do Consumidor nos dá, no art. 81: "*interesses ou direitos difusos, assim entendidos — para os efeitos deste Código — os transindividuais, de natureza indivisível, de que sejam titulares pessoas indeterminadas e ligadas por circunstâncias de fato*".

Desse modo, para identificar-se o direito difuso, é mister averiguar-se a presença de três requisitos: a) sua indivisibilidade; b) número indeterminado de pessoas e c) iguais circunstâncias do fato em que se envolveram.

É divisível ou indivisível a obrigação definida por *Beviláqua* "*como a relação transitória de direito que nos constrange a dar, fazer ou não fazer alguma coisa economicamente apreciável, em proveito de alguém, que por ato nosso ou de alguém conosco juridicamente relacionado ou em virtude da lei, adquiriu o direito de exigir de nós essa ação ou omissão*".

Obrigação divisível é aquela cuja prestação é exequível parcialmente e indivisível a que se cumpre de uma só vez, de modo integral.

A indivisibilidade do direito difuso significa, em última análise, que a satisfação de um único credor exige a satisfação de todos. É o que podemos chamar, na espécie, de indivisibilidade por determinação legal.

É também indivisível o interesse ou direito coletivo que se refere a uma categoria ou grupo em que seus titulares são identificáveis ou determináveis e partícipes da mesma relação jurídica-base com o credor.

No tocante aos interesses ou direitos individuais homogêneos, uma palavra a mais. São eles homogêneos por terem uma origem comum.

E, por serem individuais, são divisíveis e individualizáveis, circunstância que os distingue dos interesses difusos ou coletivos. A ação que os defende faz lembrar as *class actions* de criação jurisprudencial norte-americana.

A LACP não faz referência expressa a esse interesse individual homogêneo, mas em seu art. 21 — acrescentado pela Lei n. 8.078/90 — é dito: "*Aplicam-se à defesa dos direitos e interesses difusos, coletivos e individuais, no que for cabível, os dispositivos do Título III da Lei que instituiu o Código de Defesa do Consumidor*".

Mas o art. 81 do Título III do supracitado Código faz alusão aos direitos individuais homogêneos.

De outra parte, a Lei Complementar n. 75, de maio de 1993, dispondo sobre a organização e atribuições do Ministério Público da União, reza, no inciso XII do art. 6º, que lhe compete "propor ação civil coletiva para defesa de interesses individuais homogêneos".

Embora a Constituição Federal não faça menção ao interesse individual homogêneo como um dos alvos do Ministério Público da União, parece-nos que a sobredita Lei Complementar se reveste de constitucionalidade à luz do preceituado no inciso IX do art. 129. Autoriza a inclusão, entre as funções institucionais do Ministério Público, outras que "lhe forem conferidas, desde que compatíveis com sua finalidade, sendo-lhe vedada a representação judicial e a consultoria jurídica de entidades públicas".

Sustenta-se ser inquestionável que a ação em defesa de interesses individuais homogêneos é compatível com a finalidade do *parquet*.

Têm legitimação ativa para propor uma ação coletiva, além do Ministério Público e outras entidades públicas, as associações legalmente constituídas há pelo menos um ano e que incluam entre seus fins institucionais a defesa dos interesses e direitos protegidos por esse Código.

Embora a nosso ver o sindicato tenha a capacidade legal de propor ações em defesa de direitos difusos e coletivos, *ex vi* do disposto na alínea *a* do art. 513 da CLT, até agora não tivemos ciência do ajuizamento por ele de uma única ação coletiva com fulcro na Lei n. 7.347.

O certo é que o Ministério Público do Trabalho vem propondo numerosas ações coletivas para defesa de interesses coletivos dos trabalhadores, ações que nem sempre se enquadram em sua competência, como definida no art. 83 da já citada Lei Complementar n.75/93: "cabe-lhe, no âmbito da Justiça do Trabalho, promover a ação civil pública para defesa de interesses coletivos, quando desrespeitados os direitos sociais constitucionalmente garantidos".

Abundam as informações de que, no Ministério Público do Trabalho, prevalece o entendimento de que interesse coletivo seja o dos trabalhadores de uma única empresa.

No entanto, em doutrina e mesmo na maioria dos decisórios dos Tribunais do Trabalho, é reconhecido que interesse coletivo deve ser o de um segmento ponderável de toda uma categoria.

Sabemos que alguns intérpretes da Lei Complementar n. 75 sustentam a tese de que todas as atribuições do Ministério Público da União são conferidas ao Ministério Público do Trabalho. Este é um braço daquele e seu campo de atuação é demarcado pela Lei Complementar em tela, como também o faz em relação ao Ministério Público Federal, ao Militar.

Semelhante tese não é defensável.

A lei complementar em tela baliza, nitidamente, o campo de atuação do Ministério Público do Trabalho, o qual não se confunde com o do Ministério da União.

O art. 12 da LACP faculta ao juiz conceder mandado liminar, com ou sem justificação prévia, em decisão sujeita a agravo.

A concessão da liminar, *in casu*, condiciona-se à existência do *periculum in mora* e do *fumus boni juris*.

A propositura da ação civil pública deve obedecer às prescrições do Código de Processo Civil, sobretudo quanto à forma e conteúdo da petição inicial.

Tanto na Lei n. 7.347 como no Código de Defesa do Consumidor, tal espécie de ação não ficou limitada a ato de iniciativa, apenas, do Ministério Público, uma vez que, consoante o art. 82 do CDC, outras entidades estão também legitimadas para ajuizá-la.

Se a ação civil pública tiver por objetivo defender direitos ou interesses coletivos oriundos ou vinculados a relação de emprego, é inquestionável a competência da Justiça do Trabalho.

O art. 8º, § 1º, da Lei n. 7.347/85 atribui ao Ministério Público a faculdade de instaurar inquérito civil para coleta de informações e provas do fato reputado ilícito. Não se trata, evidentemente, de medida preliminar indispensável da ação civil pública; instaura-se o inquérito, apenas, quando insuficientes os elementos probantes do fato para a propositura da ação.

É admitido o litisconsórcio facultativo — ativo ou passivo — na ação em tela. Na espécie, podem ser litisconsortes o Ministério Público e as entidades legitimadas para tal espécie de ação.

Configura-se a litispendência quando, em duas ações, há coincidência de partes, causa de pedir e pedido.

É um pressuposto processual negativo que não pode ser invocado numa ação individual. Em relação a esta a ação civil pública não induz a litispendência (art. 104 da Lei n. 8.078/90, Código de Defesa do Consumidor).

O art. 12 da Lei n. 7.347 faculta ao juiz emitir mandado liminar, com ou sem justificação prévia, sendo agravável a respectiva decisão. Na esfera processual trabalhista, inadmite-se, na espécie, o agravo. É passível de mandado de segurança se a decisão não estiver devidamente fundamentada. A nosso ver, a liminar — *in casu* — deve aceitar-se em ações que envolvam obrigações de fazer ou não fazer.

É indiscutível a autorização legal para ajuizamento, simultâneo, de ação cautelar e ação civil pública (art. 4º da Lei n. 7.347).

De regra, é da Vara do Trabalho a competência para julgar uma ação civil pública, desde que a respectiva causa se situe no âmbito de sua jurisdição. Todavia, se se tratar de litígio cujo objeto transcenda aqueles limites, parece-nos que essa competência se desloca para o Tribunal Regional do Trabalho.

Tendo em vista a extensão do dano causado ou a ser reparado no bojo de uma ação civil pública, o TST editou a Orientação Jurisprudencial n. 130, SDI-II, acerca da competência territorial, aplicando analogicamente o art. 93, do Código de Defesa do Consumidor, *verbis*: "**Ação Civil Pública. Competência. Local do dano. Lei n. 7.347/1985, art. 2º. Código de Defesa do Consumidor, art. 93.** I — A competência para a Ação Civil Pública fixa-se pela extensão do dano. II — Em caso de dano de abrangência regional, que atinja cidades sujeitas à jurisdição de mais de uma Vara do Trabalho, a competência será de qualquer das Varas das localidades atingidas, ainda que vinculadas a Tribunais Regionais do Trabalho distintos. III — Em caso de dano de abrangência suprarregional ou nacional, há competência concorrente para a Ação Civil Pública das Varas do Trabalho das sedes dos Tribunais Regionais do Trabalho. IV — Estará prevento o juízo a que a primeira ação houver sido distribuída". (NR 2012)

Sobre as atribuições do Ministério Público do Trabalho dentro do processo do trabalho, remetemos os leitores para os itens 171.1 a 171.6, nos quais cuidamos de alguns aspectos da atuação dessa importantíssima instituição para o regime democrático.

363.2. Ação Revisional e a relação jurídica continuativa

Como apontamos no item 245.1. deste livro, admite-se a denominada ação revisional na Justiça do Trabalho quando se tratar a sentença de uma relação jurídica continuativa, como autoriza o art. 471 do CPC: *"Nenhum juiz decidirá novamente as questões já decididas, relativas à mesma lide, salvo: I) se, tratando-se de relação jurídica continuativa, sobreveio modificação no estado de fato ou de direito; caso em que poderá a parte pedir a revisão do que foi estatuído na sentença".*

Compulsando-se a CLT, podemos identificar inúmeras relações jurídicas continuativas. Assim, seu art. 194 estabelece que "o direito do empregado ao adicional de insalubridade ou de periculosidade cessará com a eliminação do risco à sua saúde ou integridade física, nos termos desta Seção e das normas expedidas pelo Ministério do Trabalho".

No que se refere à insalubridade, é continuativa a relação jurídica que se estabelece entre empregado e empregador. O pronunciamento da sentença que condenou a empresa ao pagamento do adicional não esgota aquela relação, porque é ela mantida e prossegue, variando em sue pressupostos de qualidade ou de quantidade. Tal sentença — que chamamos de determinativa — embora transitada em julgado, admite revisão quando provada a modificação do estado de fato ou de direito. A natureza continuativa da relação jurídica obriga a sentença a um processo de integração que atenda às alterações ocorridas no caso concreto.

Com fundamento no citado art. 471, I, do CPC, pode a empresa manifestar a ação de revisão ou de modificação em processo diferente daquele em que se prolatou a sentença revisionanda, mas sendo ela distribuída por dependência na Vara do Trabalho que a proferiu. Isto é admissível, ainda, que a sentença primitiva tenha sido objeto de recurso.

Em resumo, é dado rever a sentença que condenou a empresa a pagar o adicional de insalubridade, *v.g.*, se a causa geradora deste foi eliminada, na forma do art. 194, da CLT.

Com esteio nesse art. 471, I, do CPC, toma o empregador o papel de autor na ação objetivando a revisão da sentença.

Mas, com apoio nesse mesmo dispositivo legal, é dado ao empregado tomar a iniciativa de postular a revisão da sentença se julgar que ocorreu o agravamento da insalubridade.

O pedido de revisão deve ser distribuído, por dependência, ao juízo que proferiu a primeira sentença.

Opinião divergente da nossa significará sério agravo à economia e celeridade processuais e isto sem falar na impossibilidade de um juiz rever decisão de um outro juiz que se encontra em nível idêntico de hierarquia.

O tema deste item foi tratado por nós em nossa obra "Aspectos Jurídicos da Segurança e Medicina do Trabalho", LTr, 1979, p. 65.

Por se tratar de nova sentença, contra ela poderão ser interpostos todos os recursos cabíveis até seu trânsito em julgado.

363.3. Ação de Restauração de Autos

Poderá qualquer uma das partes litigantes promover a restauração de autos na hipótese destes terem desaparecido, conforme autoriza o art. 1.063, do CPC.

Havendo autos suplementares, não haverá a necessidade da restauração dos autos principais. Inexiste no processo do trabalho essa situação de autos suplementares, ocorrendo, apenas, nos Juízos de Direito.

Restaurar significa refazer, elaborar de novo, recompor o que já existia antes, de tal forma que se possam repor as coisas no estado em que se encontravam, isto é, restabelecer com o que no extraviado anteriormente se continha. Quer dizer, os autos devem ser restaurados de forma tal a que sejam repostos no estado em que se achavam quando do seu desaparecimento.

Após a sentença de restauração, o processo prossegue, ficando paralisado, por motivo de força maior (art. 265, V), enquanto não proferida aquela.

Por evidência que, caso os autos sejam extraviados ou desaparecidos por ato da parte, fica o faltoso sujeito, além dos encargos normais, às perdas e danos, desde que comprovadamente ocasionados, apuráveis estes em ação própria, e ainda ao procedimento criminal cabível desde que comprovado o dolo ou a fraude.

Na petição inicial dessa ação, deverá a parte requerente da restauração dos autos desaparecidos, fará declaração do estado da causa por ocasião do desaparecimento e juntar-lhe-á:

a) certidões das anotações cartorárias, da distribuição, dos livros de tombo, bem como de atos constantes do protocolo de audiência da Vara ou da secretaria onde corria o processo;

b) cópia dos requerimentos e petições dirigidas ao juiz pelo pretendente da restauração;

c) quaisquer outros documentos e papéis que permitam a realização da restauração.

No Código de Processo Civil português, o art. 1.074, 1, regula a reforma de autos no casos de destruição ou do desaparecimento de algum processo, permitindo a qualquer das partes requerer a reforma, no tribunal da causa, declarando o estado em que esta se encontrava e mencionando, segundo sua lembrança ou os elementos que possuir, todas as indicações susceptíveis de contribuir para a reconstituição do processo.

Esclarece mais o número 1 desse artigo que o requerimento é instruído com todas as cópias ou peças do processo destruído ou desencaminhado, de que o autor disponha, e com a prova do fato que determina a reforma, feita por declaração da pessoa em poder de quem se achavam os autos no momento da destruição ou extravio.

A parte contrária será citada para contestar o pedido de restauração dos autos no prazo de cinco dias, devendo exibir as cópias, contrafés e outros documentos que estiverem em seu poder. Há hipótese dele concordar com o pedido de restauração, será lavrado o respectivo auto que, assinado pelas partes e homologado pelo juiz, suprira o processo desaparecido.

Se incorrer contestação do pedido de restauração, ou, então, havendo concordância parcial, o juiz determinará a restauração no primeiro caso, e no segundo caso decidirá em seguida.

Estabelece o art. 1.066, do CPC, se o desaparecimento dos autos tiver ocorrido depois da produção das provas em audiência, o juiz mandará repeti-las.

Bem estudando essa norma, *Nelson* e *Rosa Nery* apontam que ela é colocada de maneira um tanto *"quanto estranha no procedimento, dando ensejo a interpretação confusa do que ele contém. Se o juiz chegou à conclusão de que, apesar de ter sido realizada audiência de instrução e julgamento nos autos desaparecidos, os documentos constantes dos autos da restauração não a reproduzem fielmente, deverá repetir o ato. Naturalmente isto se dará nos autos já restaurados, donde se conclui que o momento processual do refazimento da audiência, como oportunidade para coleta de prova sobre pontos de fato e direito da ação principal (CPC 1.066) é posterior ao julgamento da restauração (CPC 1.067), já estando a causa principal prosseguindo nos autos restaurados. Não teria sentido, nos autos da restauração a abertura de discussão acerca dos pontos da causa principal, que não estão em julgamento"* (cf. s/ob. "CPC Comentado", 4. ed., RT).

No máximo, o que se permite, na audiência da ação de restauração, é a produção de provas que autorizem reproduzir a realização do ato para o fim de justificar a sequencia dos outros que se seguiram ao que ainda não foi fielmente reconstituído. É vedado ao juiz da restauração colher provas para instruir a ação principal.

Quanto ao laudo, será apresentado cópia fiel dele, salvo se não existir. Inexistindo ele, o jeito é realizar nova perícia, se possível com o mesmo perito.

A sentença de restauração é de natureza declaratória. *Pontes de Miranda* não está correto ao afirmar que ela é constitutiva (s/ob "Comentários ao CPC", Tomo IX, p. 361).

A sentença apenas declara o que havia antes; não constitui nem reconstitui. Isso é efeito material da restauração; não na sentença que a julga.

Na sentença, o juiz analisará livremente todas as peças oferecidas pelas partes e por eventuais interessados que, nessa qualidade, ingressaram nos autos extraviados, com a alegação da validade ou invalidade de que possa cada uma delas merecer.

Se os autos originais aparecerem, nestes se prosseguirá.

Não poderá o juiz apreciar questão pertinente à causa principal ao julgar a restauração. Deverá ele ficar restrito aos contido na ação de restauração.

Cabe o recurso ordinário, com duplo efeito, contra sentença que julgar a restauração.

Se os autos que desapareceram, estavam no tribunal, a petição de restauração é dirigida e distribuída ao relator do processo desaparecido.

Quem fica vinculado ao processo é o juiz relator, salvo se aquele não mais está no tribunal, ou se estivesse de passagem, não chegou a praticar nenhum ato decisório no processo, nem haja lançado o relatório nos autos.

O relator delegará ao juízo a quo, perante quem se processara inicialmente a ação cujos autos se extraviaram, atribuições para restaurar o processo, relativamente aos atos que lá se tenham realizado.

Posteriormente, devolvidos ao Tribunal os autos, aí se completará a restauração e se procederá ao julgamento.

Não é impróprio discutir-se, no bojo dos autos de restauração, a questão da responsabilidade pelo extravio dos autos. Se verificar ter havido dolo, o juiz, na sentença, mandará instaurar processo criminal contra o responsável. Além disso, o prejudicado tem o direito, quando for o caso, de pleitear a reparação dos danos causados, sendo certo que o art. 18 do CPC incide no caso.

Sérgio S. Fadel assevera que nem sempre a responsabilidade pelo desaparecimento dos autos é das partes ou de seus advogados. Pode ser de qualquer serventuário, do juiz ou do perito. E o texto do art. 1.069, entre um e outro para fins de aplicação da penalidade decorrente dos ônus processuais e perdas e danos. E arremata ele com o seguinte:

"Se quem extraviou os autos foi o juiz, estará ele impedido de julgar a restauração, porque, ao fazê-lo, necessariamente terá de tecer considerações respeitantes ao seu próprio procedimento e, dado o seu interesse no resultado da restauração, seu impedimento é flagrante, devendo o processo ser encaminhado ao seu substituto legal" (cf. s/ob "CPC Comentado", José Konfino Editor, p. 238, vol. V, 1974).

2ª Parte

Jurisprudência

Índice Unificado das Súmulas do STF, STJ, ex-TRF e TST, OJs e PNs do TST

364. *Índice Único abrangendo as súmulas do STF, STJ, ex-TRF, TST, Orientações Jurisprudenciais e Precedentes Normativos do TST*

Codificação utilizada:

SV-STF	=	Súmula Vinculante do STF
Súm-STF	=	Súmula do STF;
Súm-STJ	=	Súmula do STJ;
Súm-TST	=	Súmula do TST;
Súm-TRF	=	Súmula do ex-TRF;
OJPl-TST	=	Orientação Jurisprudencial do Tribunal Pleno do TST;
OJ1-TST	=	Orientação Jurisprudencial da SDI-1 do TST;
OJTr-TST	=	Orientação Jurisprudencial Transitória da SDI-1 do TST;
OJ2-TST	=	Orientação Jurisprudencial da SDI-2 do TST.

A

ABANDONO DE EMPREGO
Inquérito judicial. Decadência........................ 62 Súm-TST

ABONO PECUNIÁRIO
Ação rescisória. Desligamento incentivado. Imposto de renda............................ 19 OJ2-TST

ABRANGÊNCIA
Categoria profissional diferenciada. Vantagens previstas em norma coletiva. Empresa não representada por órgão de classe de sua categoria .... 374 Súm-TST

AÇÃO
Abandono. Extinção .... 240 Súm-STJ
Condenatória. Prescrição. Marco inicial. Trânsito em julgado. Ação declaratória. Mesma causa de pedir. Ajuizada antes da extinção do contrato de trabalho 401 OJ1-TST
Indenizatória. Danos morais e materiais. Acidente de trabalho. Doença profissional. Ajuizamento perante a justiça comum antes da promulgação EC n. 45/2004. Posterior remessa dos autos à Justiça do Trabalho. Honorários advocatícios. Incidência 421 OJ1-TST
Pequeno valor. Extinção. Administração Federal... 452 Súm-STJ
Possessória. Justiça do Trabalho. Competência. Direito de greve .... 23 SV-STF
Sindicato e seus associados. Competência ..... 114 Súm-TRF

AÇÃO ANULATÓRIA
Competência originária 129 OJ2-TST

AÇÃO CAUTELAR
Ação rescisória. Suspensão da execução. Pendência de trânsito em julgado da ação rescisória principal............................... 131 OJ2-TST
Ação rescisória. Suspensão de execução. Documento indispensável. Juntada.................. 76 OJ2-TST
Concessão de reintegração. Mandado de segurança. Cabimento........................... 63 OJ2-TST
Efeito suspensivo. Recurso ordinário em mandado de segurança. Incabível. Ausência de interesse. Extinção 113 OJ2-TST
Liminar. Perda de eficácia. Não ajuizamento da ação principal.................................. 482 Súm-STJ
Recurso ordinário. Cabimento. Decisão regional proferida em agravo regimental contra liminar em ação cautelar ou em mandado de segurança... 100 OJ2-TST

AÇÃO CIVIL PÚBLICA

Competência territorial. Extensão do dano causado ou a ser reparado. Aplicação analógica do art. 93 do Código de Defesa do Consumidor 130 OJ2-TST

AÇÃO DECLARATÓRIA

Complementação de aposentadoria 276 OJ1-TST
Interpretação de cláusula contratual .... 181 Súm-STJ
Reconvenção .... 258 Súm-STF
Tempo de serviço. Fins previdenciários .... 242 Súm-STJ

AÇÃO DE COBRANÇA

Complementação de Aposentadoria. Prescrição ... 427 Súm-STJ
Contribuição sindical .... 87 Súm-TRF
Contribuição sindical rural. Atraso no recolhimento. Art. 600 da CLT. Inaplicabilidade .. 432 Súm-TST
Profissional liberal. Competência. Justiça estadual .... 363 Súm-STJ

AÇÃO DE CUMPRIMENTO

Ação rescisória. Ação de cumprimento. Ofensa à coisa julgada emanada de sentença normativa modificada em grau de recurso. Inviabilidade. Cabimento de mandado de segurança .... 397 Súm-TST
Acordo coletivo. Descumprimento. Existência de ação própria. Abusividade da greve deflagrada para substituí-la .... 1 TST-SDC
Cabimento. Decisão normativa que defere direitos. Falta de interesse de agir para ação individual 188 OJ1-TST
Decisão normativa que sofreu posterior reforma. Coisa julgada 277 OJ1-TST
Prescrição. Termo inicial. Sentença normativa ... 350 Súm-TST
Substituição processual. Sindicato. Convenção coletiva .... 286 Súm-TST
Trânsito em julgado. Sentença normativa .... 246 Súm-TST

AÇÃO MONITÓRIA

Fazenda Pública .... 339 Súm-STJ

AÇÃO PLÚRIMA

Custas processuais .... 36 Súm-TST
Decisão normativa que defere direitos. Falta de interesse de agir. Ação individual ou plúrima. Ação de cumprimento. Cabimento 188 OJ1-TST
Precatório. Pequeno valor. Individualização do crédito apurado. Reclamação trabalhista plúrima. Execução contra a Fazenda Pública. Possibilidade .... 9 OJPl-TST

AÇÃO RESCISÓRIA

Ação cautelar para suspender execução da decisão rescindenda. Pendência de trânsito em julgado da ação rescisória principal. Efeitos 131 OJ2-TST

Ação cautelar para suspender execução. Documento indispensável 76 OJ2-TST
Ação rescisória de ação rescisória. Violação de lei. Indicação dos mesmos dispositivos legais apontados na rescisória primitiva .... 400 Súm-TST
Acordo homologado. Alcance. Ofensa à coisa julgada 132 OJ2-TST
Adicional de insalubridade. Base de cálculo. Salário mínimo 2 OJ2-TST
Alçada. Inaplicável .... 365 Súm-TST
Arguição de incompetência absoluta. Prequestionamento inexigível 124 OJ2-TST
Art. 485, III, do CPC. Silêncio da parte vencedora. Descaracterizado o dolo processual .... 403 I Súm-TST
Art. 485, IV, do CPC. Ação de cumprimento. Ofensa à coisa julgada. Sentença normativa modificada em grau de recurso. InviabilidadeMandado de segurança. Cabimento .... 397 Súm-TST
Art. 485, IV, do CPC. Ofensa a coisa julgada. Necessidade de fixação de tese na decisão rescindenda 101 OJ2-TST
Ausência de defesa. Inaplicáveis os efeitos da revelia .... 398 Súm-TST
Banco do Brasil. Adicional de caráter pessoal. Cabimento 4 OJ2-TST
Banco do Brasil. AP e ADI ou AFR. Horas extras 5 OJ2-TST
Cabimento. Expressão "lei" do art. 485, V, do CPC. Não inclusão do ACT, CCT, portaria, regulamento, súmula e orientação jurisprudencial de tribunal 25 OJ2-TST
Cabimento. Restituição da parcela já recebida. Existência de ação própria 28 OJ2-TST
Cabimento. RO para o TST .... 158 Súm-TST
Cabimento. Trânsito em julgado. Inobservância. Duplo grau de jurisdição 21 OJ2-TST
Certidão de trânsito em julgado. Descompasso com a realidade. Presunção relativa de veracidade .... 100 IV Súm-TST
CIPA. Suplente. Estabilidade provisória 6 OJ2-TST
Colusão. Fraude à lei. Reclamatória simulada extinta 94 OJ2-TST
Competência .... 192 Súm-TST
Competência. STF .... 249 Súm-STF
Competência. STF. Questão federal não apreciada no recurso .... 515 Súm-STF
Complementação de aposentadoria. Banespa. ... 8 OJ2-TST
Conab. Estabilidade regulamentar. Aviso DIREH 0/1984 .... 9 OJ2-TST
Concurso público anulado posteriormente. Aplicação da Súmula n. 363 .... 128 OJ2-TST
Contradição entre fundamentação e parte dispositiva do julgado. Cabimento. Erro de fato .. 103 OJ2-TST
Contrato nulo. Ausência de concurso público. Servidor. Administração pública. Cabimento 10 OJ2-TST

Correção monetária. Universidades federais. Plano de classificação de cargos. Implantação tardia..	11 OJ2-TST
Cumulação sucessiva de pedidos. Rescisão da sentença e do acórdão. Ação única.................	78 OJ2-TST
Decadência..	401 Súm-STJ
Decadência afastada em recurso ordinário. Julgamento do mérito. Duplo grau de jurisdição..	100 VII Súm-TST
Decadência. *Dies a quo*. Recurso deserto. Súmula n. 100..	80 OJ2-TST
Decadência. *Dies ad quem*. Prazo. Prorrogação	100 IX Súm-TST
Decadência. *Dies a quo*. Interposição de recurso intempestivo ou incabível....................	100 III Súm-TST
Decadência. Exceção de incompetência.........	100 VIII Súm-TST
Decadência. Ministério Público. *Dies a quo* do prazo. Colusão das partes.................................	100 VI Súm-TST
Decadência. Não esgotamento das vias recursais. Prazo legal do recurso extraordinário.....	100 X Súm-TST
Decadência. Pessoa jurídica de direito público. Ampliação do prazo. Consumação antes ou depois da MP n. 1.577/1997......................	12 OJ2-TST
Decadência. Sentença homologatória de acordo. Momento do trânsito em julgado......	100 V Súm-TST
Decadência. Trânsito em julgado. Recurso parcial...	100 II Súm-TST
Decadência. União. Prazo. Interrupção..........	18 OJ2-TST
Decadência. Trânsito em julgado. Última decisão proferida na causa......................................	100 I Súm-TST
Decisão de mérito. Acórdão rescindindo do TST não conhecido. Súmula n. 333. Competência do TST...	192 II Súm-TST
Decisão de mérito. Recurso de revista ou de embargos não conhecidos. Competência do TRT...	192 I Súm-TST
Decisão rescindenda de mérito. Sentença declaratória de extinção de execução. Satisfação da obrigação..	107 OJ2-TST
Decisão rescindenda oriunda do TRT da 1ª Região. Competência funcional. Criação do TRT da 17ª Região...	7 OJ2-TST
Decisão rescindenda. Agravo de instrumento. Não-substituição. Impossibilidade jurídica.....	192 IV Súm-TST
Decisão rescindenda. Ausência de trânsito em julgado. Ação rescisória preventiva. Descabimento..	299 III Súm-TST
Decisão rescindenda. Preclusão declarada. Formação da coisa julgada formal. Impossibilidade jurídica do pedido.............................	34 OJ2-TST
Descontos legais. Fase de execução. Sentença omissa. Coisa julgada...	401 Súm-TST
Deserção. Depósito recursal. Prazo.................	99 Súm-TST
Desligamento incentivado. Imposto de renda. Abono pecuniário...	19 OJ2-TST
Documento novo. Dissídio coletivo. Sentença normativa..	402 Súm-TST
Embargos Infrigentes..	295 Súm-STF
Erro de fato. Caracterização.............................	136 OJ2-TST
Estabilidade provisória. Período eleitoral.......	23 OJ2-TST
Estabilidade provisória. Reintegração. Indenização. Período estabilitário exaurido..........	24 OJ2-TST
Fazenda Pública. Duplo grau de jurisdição...	303 Súm-TST
Fundamento para invalidar confissão. Confissão ficta. Inadequação do enquadramento no art. 485, VIII, do CPC.......................................	404 Súm-TST
Fungibilidade recursal. Indeferimento liminar de ação rescisória ou mandado de segurança em despacho monocrático. Recurso para o TST. Recebimento como agravo regimental....	69 OJ2-TST
Gratificação de nível superior. Suframa. Extensão aos servidores celetistas exercentes de atividade de nível superior	26 OJ2-TST
Honorários advocatícios. Condenação ao pagamento. Incabível..	219 II Súm-TST
Impedimento de juiz...	252 Súm-STF
Início do prazo para apresentação da contestação...	146 OJ2-TST
INSS. Depósito prévio......................................	175 Súm-STJ
Interpretação controvertida da lei	343 Súm-STF
Interpretação do sentido e alcance do título executivo. Inexistência de ofensa à coisa julgada..	123 OJ2-TST
Justiça do Trabalho...	338 Súm-STF
Litisconsórcio. Necessário no polo passivo e facultativo no ativo..	406 I Súm-TST
Manifesto e inescusável equívoco no direcionamento. Inépcia da inicial. Extinção do processo..	70 OJ2-TST
Matéria controvertida. Limite temporal. Data de inserção em Orientação Jurisprudencial do TST..	83 II Súm-TST
Ministério Público. Legitimidade *ad causam*..	407 Súm-TST
Multa. Art. 920 do CC/16. Art. 412 CC/02	
Decisão rescindenda anterior à Orientação Jurisprudencial n. 54. Decisão rescindenda em execução. Limitação. Rejeição...................	30 OJ2-TST
Pedido de antecipação de tutela. Descabimento..	405 II Súm-TST
Petição inicial. Ausência da decisão rescindenda e/ou da certidão de seu trânsito em julgado devidamente autenticadas. Peças essenciais. Arguição de ofício. Extinção do processo sem julgamento do mérito.	84 OJ2 -TST
Petição inicial. Causa de pedir. Ausência de capitulação ou capitulação errônea no art. 485, CPC	408 Súm-TST
Planos econômicos. Coisa julgada. Limitação à data-base. Fase de execução...........................	35 OJ2-TST
Planos econômicos. CPC, art. 485, V. Decisão rescindenda anterior à Súmula n. 315. Petição inicial. Indicação expressa........................	34 OJ2-TST

Prazo prescricional. Total ou parcial. Violação do art. 7º, XXIX, da CF/88. Matéria infraconstitucional..	409 Súm-TST
Prequestionamento. Matéria e conteúdo da norma. Dispositivo legal violado...................	298 II Súm-TST
Prequestionamento. Violação ocorrida na própria decisão rescindenda........................	298 V Súm-TST
Prescrição intercorrente..................................	264 Súm-STF
Preventiva. Decisão rescindenda. Ausência de trânsito em julgado. Descabimento	299 III Súm-TST
Professor-adjunto. Professor-titular. Concurso público	38 OJ2-TST
Prova do trânsito em julgado da decisão rescindenda	299 I Súm-TST
Reajustes bimestrais e quadrimestrais............	39 OJ2-TST
Reexame de fatos e provas. Inviabilidade.......	410 Súm-TST
Remessa de ofício. Prequestionamento. Decisão regional que simplesmente confirma a sentença	298 III Súm-TST
Réu sindicato. Substituto processual na ação originária. Legitimidade passiva *ad causam*. Inexistência de litisconsórcio passivo necessário	406 II Súm-TST
Salário profissional. Fixação. Múltiplo de salário mínimo	71 OJ2-TST
Sem esgotamento dos recursos	514 Súm-STF
Sentença *citra petita*...	41 OJ2-TST
Sentença de mérito. Decisão TRT em agravo regimental.Confirmação de decisão monocrática. Indeferimento. Inicial da ação rescisória. Competência recursal do TST............	411 Súm-TST
Sentença de mérito. Decisão homologatória de adjudicação e de arrematação. Incabível....	399 I Súm-TST
Sentença de mérito. Questão processual	412 Súm-TST
Sentença homologatória de acordo. Dolo da parte vencedora em detrimento da vencida. Art. 485, III, do CPC. Inviável.........................	403 II Súm-TST
Sentença homologatória de cálculo. Decisão de mérito...	399 II Súm-TST
Sentença meramente homologatória de cálculo. Prequestionamento	298 IV Súm-TST
Sentença. Substituição por decisão regional. Impossibilidade jurídica do pedido	192 III Súm-TST
Termo de conciliação..	259 Súm-TST
Trânsito em julgado da decisão rescindenda. Documento comprobatório. Prazo para juntada	299 II Súm-TST
Vício de intimação da decisão rescindenda. Ausência da formação da coisa julgada material. Carência de ação.......................................	99 IV Súm-TST
Violação de lei. Decisão rescindenda por duplo fundamento. Impugnação parcial.............	112 OJ2-TST
Violação de lei. Norma infraconstitucional. Interpretação controvertida	83 I Súm-TST
Violência de lei. Pronunciamento explícito....	298 I Súm-TST
Violação do art. 37, *caput*, da CF/88. Necessidade de prequestionamento............................	135 OJ2-TST
Violação do art. 5º, II, LIV e LV, da CF/1988. Princípios da legalidade, do devido processo legal, do contraditório e da ampla defesa. Fundamento para desconstituição de decisão judicial transitada em julgado	97 OJ2-TST
Violação do art. 896, "a", da CLT. Decisão que não conhece de recurso de revista, com base em divergência jurisprudencial. Sentença de mérito. CPC, art. 485 do CPC. Princípio *iura novit curia*	413 Súm-TST

ACIDENTE DO TRABALHO

Ação judicial. Multa...	311 Súm-STF
Ação. Honorários advocatícios	234 Súm-STF
Acidente de transporte. Indenização	314 Súm-STF
Cálculo do benefício. Remuneração variável do segurado	159 Súm-STJ
Competência da Justiça estadual	501 Súm-STF; 15 Súm-STJ
Competência. Justiça do Trabalho. Ação de indenização de danos morais e patrimoniais..	22 SV-STF
Estabilidade provisória. Auxílio-doença. Pressupostos. Doença profissional. Relação de causalidade..	378 II Súm-TST
Estabilidade provisória. Lei n. 8.213/91, art. 118. Constitucionalidade................................	378 I Súm-TST
Prescrição..	230 Súm-STF

ACÓRDÃO REGIONAL

Agravo de instrumento. Acórdão do TRT não assinado. Interposição anterior à Instrução Normativa n. 16/1999.....................................	52 OJTr-TST

ACORDO

Ação rescisória. Acordo homologado. Alcance. Ofensa à coisa julgada	132 OJ2-TST
Ação rescisória. Decadência. Sentença homologatória de acordo. Momento do trânsito em julgado	100 V Súm-TST
Ação rescisória. Sentença homologatória de acordo. Dolo da parte vencedora em detrimento da vencida. Art. 485, III, do CPC. Inviável...	403 II Súm-TST
Extrajudicial. Homologação. Justiça do Trabalho	34 TST-SDC
Homologado nos autos de dissídio coletivo. Extensão a partes não subscreventes	2 TST-SDC
Homologado. Após o trânsito em julgado da sentença condenatória. Contribuição previdenciária. Incidência sobre o valor homologado	376 OJ1-TST
Homologado. Descontos previdenciários. Inexistência de vínculo empregatício. Parcelas indenizatórias. Ausência de discriminação. Incidência sobre o valor total	368 OJ1-TST
Homologado. Estabilidade do acidentado. Violação do art. 118 da Lei n. 8.213/91	31 TST-SDC

Homologado. Sem reconhecimento de vínculo de emprego. Contribuição previdenciária. Contribuinte individual................................. 398 OJ1-TST

Mandado de segurança. Visando à concessão de liminar ou homologação de acordo .... 418 Súm-TST

ACORDO COLETIVO DE TRABALHO

Ação declaratória. Complementação de aposentadoria 276 OJ1-TST

Descumprimento. Existência de ação própria. Abusividade da greve deflagrada para substituí-la... 1 TST-SDC

Mineração Morro Velho. Base de cálculo. Adicional de insalubridade. Prevalência .... 4 OJTr-TST

Planos Bresser e Verão. Quitação com folgas remuneradas. Conversão em pecúnia após a extinção do contrato de trabalho................... 31 OJTr-TST

ADICIONAIS

Adicionais, gratificações e a indenização........ 459 Súm-STF

ADICIONAIS AP E ADI

Ação rescisória. Banco do Brasil. Horas extras. Decisão rescindenda anterior à Orientação Jurisprudencial n. 17. Súmula n. 83 do TST e Súmula n. 343 do STF 5 OJ2-TST

Integração. Complementação de aposentadoria. BANRISUL.. 7 OJTr-TST

ADICIONAL DE CARÁTER PESSOAL — ACP

Banco do Brasil. Ação rescisória. Cabimento. CF/1988, art. 5º, XXXVI................................ 4 OJ2-TST

ADICIONAL DE HORAS EXTRAS

Professor. Adicional de 50% 206 OJ1-TST

ADICIONAL DE INSALUBRIDADE

Ação rescisória. Cabimento. Base de cálculo. Salário mínimo 2 OJ2-TST

Agente nocivo diverso do apontado na inicial 293 Súm-TST

Diferenças. Substituição processual. Sindicato. Legitimidade... 121 OJ1-TST

Lixo urbano. Limpeza em residências e escritórios.. 4 II OJ1-TST

Limpeza em residências e escritórios. Laudo pericial... 4 II OJ1-TST

Mineração Morro Velho. Base de cálculo. Acordo coletivo. Prevalência .... 4 OJTr-TST

Necessidade de classificação da atividade insalubre na relação oficial elaborada pelo Ministério do Trabalho. Laudo pericial............... 4 I OJ1-TST

Perícia. Engenheiro ou médico....................... 165 OJ1-TST

Perícia. Local de trabalho desativado 278 OJ1-TST

ADICIONAL DE PERICULOSIDADE

Exposição eventual. Permanente e intermitente. Tempo reduzido.................................... 364 I Súm-TST

Inclusão em folha de pagamento.................... 172 OJ1-TST

Percentual inferior ao legal. Proporcionalidade. Previsão em instrumento coletivo. Prevalência .... 364 II Súm-TST

Perícia. Engenheiro ou médico....................... 165 OJ1-TST

ADJUDICAÇÃO COMPULSÓRIA

Registro do compromisso de comcompra e venda em cartório de imóveis........................ 239 Súm-STJ

ADMINISTRAÇÃO PÚBLICA

Administração Federal. Ação de pequeno valor. Extinção. .... 452 Súm-STJ

Contrato nulo. Administração pública. Efeitos. Conhecimento do recurso por violação do art. 37, II E § 2º, da CF/1988................... 335 OJ1-TST

Declaração de nulidade de seus atos .... 346 Súm-STJ

ADMISSIBILIDADE

Ação de cumprimento. Trânsito em julgado da sentença normativa.................................. 246 Súm-TST

Ação judicial. Depósito prévio. Inconstitucionalidade... 28 SV-STF

Ação rescisória de ação rescisória. Violação de lei. Indicação dos mesmos dispositivos legais apontados na rescisória primitiva............ 95 OJ2-TST

Ação rescisória. Prequestionamento. Violação ocorrida na própria decisão rescindenda . 298 V Súm-TST

Ação rescisória. RO para o TST .... 158 Súm-TST

Ação rescisória. Violência de lei. Prequestionamento... 298 I Súm-TST

Admissibilidade indevida do recurso de revista por divergência jurisprudencial. Lei estadual, norma coletiva ou norma regulamentar. Conhecimento dos embargos. Necessidade de arguição de afronta ao art. 896 da CLT...... 147 II OJ1-TST

Agravo de instrumento. Acórdão do TRT não assinado. Interposição anterior à Instrução Normativa n. 16/1999.................................... 52 OJTr-TST

Agravo de instrumento. Juízo de admissibilidade ad quem 282 OJ1-TST

Agravo de instrumento. Peças essenciais. Traslado realizado pelo agravado................... 283 OJ1-TST

Agravo de instrumento. Recurso de revista. Procedimento sumaríssimo. Processos em curso 260 OJ1-TST

Agravo de instrumento. Traslado. Ausência de certidão de publicação. Etiqueta adesiva imprestável para aferição da tempestividade .. 284 OJ1-TST

Agravo de instrumento. Traslado. Carimbo do protocolo do recurso ilegível..................... 285 OJ1-TST

Agravo de instrumento. Traslado. Mandato tácito. Ata de audiência 286 OJ1-TST

Apelo que não ataca os fundamentos da decisão recorrida .... 422 Súm-TST

Constitucionalidade. Alínea "b" do art. 896 da CLT .... 312 Súm-TST

Contrato nulo. Administração pública. Efeitos. Conhecimento do recurso por violação do art. 37, II e § 2º, da CF/1988	335 OJ1-TST
Decisão interlocutória. Irrecorribilidade	214 Súm-TST
Embargos à SDI. Recurso de revista não conhecido quanto aos pressupostos intrínsecos. Necessária a indicação expressa de ofensa ao art. 896 da CLT	294 OJ1-TST
Embargos declaratórios. Omissão em recurso de revista ou de embargos. Preclusão	184 Súm-TST
Embargos para a SDI . Agravo de instrumento. Agravo regimental	353 Súm-TST
Embargos para a SDI. Divergência oriunda da mesma Turma do TST	95 OJ1-TST
Embargos. Execução. Divergência jurisprudencial	433 Súm-TST
Recurso administrativo Depósito prévio da multa administrativa..	424 Súm-TST
Embargos. Recurso não conhecido com base em orientação jurisprudencial. Desnecessário o exame das violações legais e constitucionais alegadas na revista	336 OJ1-TST
Embargos. Revista não conhecida por má aplicação de Súmula ou de orientação jurisprudencial. Exame do mérito pela SDI	295 OJ1-TST
Fac-símile	387 I Súm-TST
Feriado local. Prazo recursal. Prorrogação. Comprovação..	385 Súm-TST
Fundamentação. Violação legal. Vocábulo "violação". Desnecessidade............................	257 OJ1-TST
Lei estadual, norma coletiva ou regulamento empresarial. Âmbito de aplicação além do TRT prolator da decisão recorrida. Comprovação...	147 I OJ1-TST
Mandado de segurança. Decisão judicial transitada em julgado	33 Súm-TST
Multa por litigância de má-fé. Recolhimento. Inexigibilidade...	409 OJ1-TST
Prequestionamento. Configuração. Tese explícita	256 OJ1-TST
Prequestionamento. Decisão regional que adota a sentença..	151 OJ1-TST
Prequestionamento. Oportunidade	297 Súm-TST
Prequestionamento. Pressuposto de recorribilidade em apelo de natureza extraordinária, ainda que a matéria seja de incompetência absoluta..	62 OJ1-TST
Prequestionamento. Tese explícita. Indicação expressa do dispositivo legal tido como violado	118 OJ1-TST
Prequestionamento. Violação nascida na própria decisão recorrida	119 OJ1-TST
Recurso adesivo. Pertinência no processo do trabalho. Correlação de matérias...................	283 Súm-TST
Recurso administrativo. Depósito prévio. Inconstitucionalidade	21 SV-STF
Recurso de Embargos. Divergência jurisprudencial. Discussão sobre especificidade de jurisprudência trazida no recurso de revista ..	296 II Súm-TST
Recurso de revista contra acórdão proferido em agravo de instrumento.................................	218 Súm-TST
Recurso de revista interposto antes da edição da Súmula n. 337. Inaplicabilidade	3 OJTr-TST
Recurso de revista ou de embargos. Comprovação de divergência jurisprudencial	337 I Súm-TST
Recurso de revista ou de embargos. Divergência jurisprudencial. Abrangência de todos os fundamentos da decisão recorrida	23 Súm-TST
Recurso de revista ou de embargos. Divergência jurisprudencial. Repositório autorizado. Validade das edições anteriores à concessão do registro...	337 II Súm-TST
Recurso de revista ou de embargos. Invocação de Orientação Jurisprudencial do TST.....	219 OJ1-TST
Recurso de revista ou de embargos. Reexame de fatos e provas	126 Súm-TST
Recurso de revista ou de embargos. Violação legal. Interpretação razoável	221 II Súm-TST
Recurso de revista. Nulidade por negativa de prestação jurisdicional. Conhecimento por violação..	115 OJ1-TST
Recurso de revista. Admissibilidade parcial pelo Juiz-Presidente do TRT. Apreciação integral pela Turma do TST	285 Súm-TST
Recurso de revista. Aresto oriundo do mesmo Tribunal Regional. Inservível ao conhecimento	111 OJ1-TST
Recurso de revista. Decisões superadas por iterativa, notória e atual jurisprudência	333 Súm-TST
Recurso de revista. Execução de sentença......	266 Súm-TST
Recurso de revista. Violação da lei..................	221 Súm-TST
Recurso. Apelo que não ataca os fundamentos da decisão recorrida	422 Súm-TST
Recurso. Divergência jurisprudencial específica. Interpretação diversa de idêntico dispositivo legal...	296 I Súm-TST
Remessa ex officio. Recurso de revista. Inexistência de recurso ordinário voluntário de ente público..	334 OJ1-TST

ADVOGADO

Ação de cobrança. Cliente. Competência. Justiça estadual..	363 Súm-STJ
Assinatura da petição ou das razões recursais. Validade	120 OJ1-TST
Atuação fora da seção da OAB onde está inscrito. Ausência de comunicação. Infração disciplinar..	7 OJ1-TST
Processo administrativo.....................................	343 Súm-STJ
Publicação em nome de advogado diverso do expressamente indicado. Nulidade.................	427 Súm-TST
Representação irregular. Autarquia.................	318 OJ1-TST
Representação regular. Estagiário. Habilitação posterior	319 OJ1-TST

AGRAVO DE INSTRUMENTO

Ação rescisória. Decisão rescindenda. Não--substituição. Impossibilidade jurídica............	192 IV Súm-TST
Acórdão do TRT não assinado. Interposição anterior à Instrução Normativa n. 16/1999	52 OJTr-TST
Cabimento. Embargos para a SDI...................	353 Súm-TST
Cabimento. Recurso de revista........................	218 Súm-TST
Certidão de intimação do acórdão. Peça obrigatória..	223 Súm-STJ
Desprovimento. Deficiência de fundamentação	287 Súm-STF
Desprovimento. Traslado deficiente...............	288 Súm-STF
Embargos declaratórios. Efeito modificativo. Decisão monocrática do relator.....................	421 II Súm-TST
Embargos à SDI contra decisão de Turma do TST em agravo do art. 557, § 1º, do CPC.......	293 OJ1-TST
Embargos. Não cabimento...............................	233 Súm-STF
Execução...	228 Súm-STF
Interposição. Ministério Público. Tempestividade. Comprovação. Traslado da certidão de publicação do despacho agravado. Juntada da cópia da intimação pessoal..............................	20 OJTr-TST
Juízo de admissibilidade *ad quem*....................	282 OJ1-TST
Mandado de segurança. Autenticação de cópias pelas secretarias dos tribunais regionais do trabalho para formação do agravo de instrumento. Requerimento indeferido...............	91 OJ2-TST
Mandado de segurança. Execução definitiva. Pendência de recurso extraordinário ou de agravo de instrumento.....................................	56 OJ2-TST
Obrigatoriedade de encaminhamento ao Tribunal...	727 Súm-STF
Peças essenciais. Traslado realizado pelo agravado..	283 OJ1-TST
Provimento. Cabimento. Recurso extraordinário...	289 Súm-STF
Recurso de revista. Admissibilidade parcial pelo Juiz-Presidente do TRT. Apreciação integral pela Turma do TST	285 Súm-TST
Recurso de revista. Rito sumaríssimo. Processos em curso	260 OJ1-TST
Recurso extraordinário. Traslado de peças necessárias. Verificação de sua tempestividade ..	639 Súm-STF
Representação irregular. Procuração apenas nos autos de agravo de instrumento...............	110 OJ1-TST
Representação processual. Regularidade. Procuração ou substabelecimento com cláusula limitativa de poderes ao âmbito do Tribunal Regional do Trabalho......................................	374 OJ1-TST
Traslado de peças dispensáveis à compreensão da controvérsia	19 OJTr-TST
Traslado de peças essenciais. Lei n. 9.756/1998. Instrução Normativa n. 16/1999	16 OJTr-TST
Traslado de peças. Certidão de publicação do acórdão dos embargos declaratórios. Comprovação de tempestividade da revista	17 OJTr-TST
Traslado de peças. Certidão de publicação do acórdão regional. Comprovação de tempestividade da revista	18 OJTr-TST
Traslado insuficiente..	315 Súm-STF
Traslado. Ausência de certidão de publicação. Etiqueta adesiva imprestável para aferição da tempestividade..	284 OJ1-TST
Traslado. Carimbo do protocolo do recurso ilegível..	285 OJ1-TST
Traslado. Certidão do Regional. Autenticidade das peças	21 OJTr-TST
Traslado. Guias de custas e de depósito recursal...	217 OJ1-TST
Traslado. Mandato tácito. Ata de audiência....	286 OJ1-TST

AGRAVO DE PETIÇÃO

Custas. Recolhimento. Embargos de terceiro interpostos anteriormente à Lei n. 10.537/2002	53 OJTr-TST
Mandado de segurança. Execução. Tópicos e valores não especificados no agravo de petição	416 Súm-TST

AGRAVO REGIMENTAL

Ação rescisória. Cabimento. Decisão de Tribunal Regional do Trabalho em agravo regimental confirmando decisão monocrática do relator que, aplicando a Súmula n. 83 do TST, indeferiu a petição inicial da ação rescisória. Competência recursal do TST	411 Súm-TST
Cabimento. Embargos para a SDI...................	353 Súm-TST
Em reclamação correicional ou em pedido de providência. Recurso ordinário. Descabimento..	5 OJPL-TST
Fungibilidade recursal. Indeferimento liminar de ação rescisória ou mandado de segurança em despacho monocrático. Recurso para o TST. Recebimento como agravo regimental...	69 OJ2-TST
Ou Agravo inominado. Interposição em face de decisão colegiada. Não cabimento. Erro grosseiro. Inaplicabilidade do princípio da fungibilidade recursal	412 OJ1-TST
Peças essenciais nos autos principais	132 OJ1-TST
Recurso ordinário. Cabimento. Decisão regional proferida em agravo regimental contra liminar em ação cautelar ou em mandado de segurança...	100 OJ2-TST

ALÇADA

Ação rescisória. Mandado de segurança. Inaplicável...	365 Súm-TST
Execução...	245 Súm-TRF
Valor da causa	71 Súm-TST
Vinculação ao salário mínimo	356 Súm-TST

ALTERAÇÃO CONTRATUAL

Prescrição. Prestações sucessivas. Trabalhador urbano...	294 Súm-TST

Substituição de avanços trienais por quinquênios. Prescrição total. CEEE 76 OJ1-TST

ANISTIA
Efeitos financeiros. ECT 91 OJ1-TST

ANTECIPAÇÃO DE TUTELA
Ação de natureza previdenciária .... 729 Súm-STF

Ação rescisória. Pedido de antecipação de tutela. Descabimento .... 405 II Súm-TST

Competência. Relator nos Tribunais. Colegiado 68 OJ2-TST

Concedida antes da sentença. Mandado de segurança. Cabimento .... 414 II Súm-TST

Concedida na sentença. Mandado de segurança. Não-cabimento. Efeito suspensivo. Existência de ação própria .... 414 I Súm-TST

Mandado de segurança. Reintegração liminarmente concedida. Estabilidade provisória prevista em lei ou norma coletiva 64 OJ2-TST

Mandado de segurança. Sentença superveniente. Perda de objeto .... 414 III Súm-TST

Pedido. Ação rescisória. Recebimento como medida acautelatória em ação rescisória .... 405 II Súm-TST

APLICAÇÃO DE OFÍCIO
Art. 462 do CPC. Fato constitutivo, modificativo ou extintivo do direito superveniente à propositura da ação .... 394 Súm-TST

APREENSÃO
Arresto. Depósito. Pretensões insuscetíveis de dedução em sede coletiva .... 3 TST-SDC

ARBITRAGEM
Lei da arbitragem. Aplicabilidade. Contratos anteriores .... 485 Súm-STJ

ARRESTO
Apreensão. Depósito. Pretensões insuscetíveis de dedução em sede coletiva .... 3 TST-SDC

ARQUIVAMENTO DO PROCESSO
Ausência do reclamante. Adiamento da instrução .... 9 Súm-TST

Prescrição. Interrupção .... 268 Súm-TST

ASSEMBLEIA DE TRABALHADORES
Dissídio coletivo contra empresa. Legitimação da entidade sindical. Autorização dos trabalhadores diretamente envolvidos no conflito .... 19 TST-SDC

Dissídio coletivo. Pauta reivindicatória não registrada em ata. Causa de extinção .... 8 TST-SDC

Edital de convocação da AGT. Disposição estatutária específica. Prazo mínimo entre a publicação e a realização da assembleia .... 35 TST-SDC

Edital de convocação da AGT. Publicação. Base territorial. Validade .... 28 TST-SDC

ASSISTÊNCIA
Intervenção. Interesse jurídico .... 82 Súm-TST

Prazo de recurso. Transcurso do prazo do Ministério Público .... 448 Súm-STF

ASSISTÊNCIA JUDICIÁRIA
Honorários advocatícios. Declaração de pobreza. Comprovação 304 OJ1-TST

Honorários advocatícios. Requisitos. Justiça do Trabalho 305 OJ1-TST

Requerimento de isenção de despesas processuais. Momento oportuno 269 OJ1-TST

Vigia. Ação penal .... 102 PN-TST

ASSISTENTE TÉCNICO
Honorários .... 341 Súm-TST

ASSOCIAÇÃO DE PAIS E MESTRES — APM
Contrato de trabalho. Responsabilidade solidária ou subsidiária do Estado 185 OJ1-TST

ATA DE ASSEMBLEIA
Dissídio coletivo. Pauta reivindicatória não registrada em ata. Causa de extinção .... 8 TST-SDC

Edital de convocação. Requisitos essenciais para instauração de dissídio coletivo .... 29 TST-SDC

ATA DE AUDIÊNCIA
Agravo de instrumento. Traslado Mandato tácito 286 OJ1-TST

ATESTADO MÉDICO E ODONTOLÓGICO
Apresentação. Requisito para desfazer a pena de revelia .... 122 Súm-TST

INSS. Doença profissional. Instrumento normativo 154 OJ1-TST

ATO COATOR
Mandado de segurança. Decadencia. Contagem. Efetivo ato coator 127 OJ2-TST

ATO CULPOSO
Empregado ou preposto. Culpa presumida do patrão ou comitente .... 341 Súm-STF

ATO ILÍCITO
Indenização. Correção monetária .... 562 Súm-STF

ATUALIZAÇÃO MONETÁRIA
Ver Correção Monetária

AUDIÊNCIA
Vinculação do juiz .... 262 Súm-TRF

AUTARQUIA

Duplo grau de jurisdição	34 Súm-TRF
Federal. Fazenda Estadual. Créditos. Preferência	497 Súm-STJ
Representação irregular	318 OJ1-TST
Recurso *ex officio*	620 Súm-STF

AUTENTICAÇÃO

Agravo de instrumento. Traslado. Certidão do Regional. Autenticidade às peças	21 OJTr-TST
Deserção. Custas. Carimbo do banco	33 OJ1-TST
Documento único. Verso e anverso	23 OJTr-TST
Documentos. Pessoa jurídica de direito público	134 OJ1-TST
Documentos distintos. Despacho denegatório do recurso de revista e certidão de publicação	287 OJ1-TST
Instrumento normativo. Cópia nãoautenticada. Documento comum às partes. Validade	36 OJ1-TST
Mandado de segurança. Autenticação de cópias pelas secretarias dos TRTs para formação do agravo de instrumento. Requerimento indeferido	91 OJ2-TST

AUXÍLIO-DOENÇA

Aposentadoria por invalidez. Suspensão do contrato de trabalho. Prescrição	375 OJ1-TST
Estabilidade provisória. Acidente do trabalho. Pressupostos. Doença profissional. Relação de causalidade	378 II Súm-TST
Inaplicabilidade aos servidores inativos	680 Súm-STF

AUXÍLIO-FUNERAL

Prescrição. Marco inicial	129 OJ1-TST

AVISO PRÉVIO

Indenizado. Prescrição. Marco inicial	83 OJ1-TST
Início da contagem	380 Súm-STJ
Renúncia	276 Súm-TST

B

BANCÁRIO

Banco do Brasil. Adicional de caráter pessoal. Ação rescisória. Cabimento	4 OJ2-TST
Banco do Brasil. AP e ADI ou AFR. Horas extras. Ação rescisória. Decisão rescindenda anterior à Orientação Jurisprudencial n. 17	5 OJ2-TST
Banespa. Complementação de aposentadoria. Ação rescisória. Decisão rescindenda anterior à Súmula n. 313. Súmula n. 83	8 OJ2-TST
Depósito recursal. Credenciamento bancário. Prova dispensável	217 Súm-TST
Sucessão trabalhista. Responsabilidade do sucessor. Obrigações trabalhistas	261 OJ1-TST

BASE DE CÁLCULO

Ação rescisória. Cabimento. Adicional de insalubridade. Salário mínimo	2 OJ2-TST
Férias, 13º salário e verbas rescisórias. Valor das comissões corrigido monetariamente	181 OJ1-TST
Honorários advocatícios. Valor líquido	348 OJ1-TST
Juros. Irretroatividade do Decreto-Lei n. 2.322/1987	307 Súm-TST
Mineração Morro Velho. Adicional de insalubridade. Acordo coletivo. Prevalência	4 OJTr-TST
Salário mínimo. Indexador	4 SV-STF

BEM DE FAMÍLIA

Impenhorabilidade	364 Súm-STJ

BENEFÍCIO ACIDENTÁRIO

Forma de cálculo. Remuneração variável	159 Súm-STJ

BENEFÍCIO PREVIDENCIÁRIO

Correção monetária	148 Súm-STJ

C

CARÊNCIA DE AÇÃO

CF, art. 173, § 1º	34 OJTr-TST
Ação rescisória. Vício de intimação da decisão rescindenda. Ausência da formação da coisa julgada material	299 IV Súm-TST

CARTA DE FIANÇA BANCÁRIA

Mandado de segurança. Penhora	59 OJ2-TST

CARTA PRECATÓRIA

Competência. Execução por carta. Embargos de terceiro. Juízo deprecante	419 Súm-TST
Competência. Rede Ferroviária Federal	89 Súm-TRF
Embargos de devedor	32 Súm-TRF
Embargos de terceiro	33 Súm-TRF
Expedição. Intimação. Desnecessidade de intimação. Audiência no juízo deprecado	273 Súm-STJ

CARTEIRA PROFISSIONAL — CTPS

Anotações. Presunção *juris tantum*	12 Súm-TST
Crime de falsa anotação	62 Súm-STJ
Valor probatório	225 Súm-STF

CATEGORIA DIFERENCIADA

Dissídio coletivo. Enquadramento sindical. Incompetência material da Justiça do Trabalho	9 TST-SDC
Empresa de processamento de dados	36 SDC-TST
Vantagens previstas em norma coletiva. Abrangência. Empresa não foi representada por órgão de classe de sua categoria	374 Súm-TST

CDHU

CONESP. Sucessão trabalhista .... 28 OJTr-TST

CÉDULA DE CRÉDITO RURAL PIGNORATÍCIA OU HIPOTECÁRIA

Crédito trabalhista. Penhorabilidade............. 226 OJ1-TST

CERCEAMENTO DE DEFESA

Confissão ficta. Produção de prova posterior   74 II Súm-TST

CERTIDÃO DE PUBLICAÇÃO

Agravo de instrumento. Traslado. Ausência. Etiqueta adesiva imprestável para aferição da tempestividade.. 284 OJ1-TST

Autenticação. Documentos distintos. Despacho denegatório do recurso de revista e certidão de publicação 287 OJ1-TST

CERTIDÃO DE TRÂNSITO EM JULGADO

Ação rescisória. Descompasso com a realidade. Presunção relativa de veracidade .... 100 IV Súm-TST

CIPA

Reintegração. Indenização............................ 339 II Súm-TST

Suplente. Estabilidade provisória. Decisão rescindenda anterior à Súmula n. 339. Matéria constitucional... 6 OJ2-TST

Suplente. Estabilidade provisória. Garantia de emprego a partir da CF/88 .... 339 I Súm-TST

CISÃO DE EMPRESAS

Cisão parcial de empresa. Responsabilidade solidária. PROFORTE..................................... 28 OJTr-TST

CITAÇÃO

Ação rescisória. Réu sindicato. Substituto processual na ação originária. Legitimidade passiva *ad causam*. Inexistência de litisconsórcio passivo necessário .... 406 II Súm-TST

Por edital. Execução fiscal............................. 414 Súm-STJ

Postal .... 429 Súm-STJ

CLÁUSULA DE ELEIÇÃO DE FORO

Validade .... 335 Súm-STF

CLÁUSULA PENAL

Multa. Valor superior ao principal 54 OJ1-TST

COBRANÇA

Excessiva. Boa-fé... 159 Súm-STF

COISA JULGADA

Ação de cumprimento fundada em decisão normativa que sofreu posterior reforma, quando já transitada em julgado a sentença condenatória... 277 OJ1-TST

Ação Rescisória. Acordo homologado. Alcance. Ofensa à coisa julgada............................. 132 OJ2-TST

Ação rescisória. Art. 485, IV, do CPC. Ação de cumprimento. Ofensa à coisa julgada emanada de sentença normativa modificada em grau de recurso. Inviabilidade. Cabimento de Mandado de segurança................................. 397 Súm-TST

Ação rescisória. Art. 485, IV, do CPC. Necessidade de fixação de tese na decisão rescindenda 101 OJ2-TST

Ação rescisória. Decisão rescindenda. Preclusão declarada. Formação da coisa julgada formal. Impossibilidade jurídica do pedido.... 134 OJ2-TST

Ação rescisória. Descontos legais. Fase de execução. Sentença omissa........................... 401 Súm-TST

Ação rescisória. Interpretação do sentido e alcance do título executivo. Inexistência de ofensa à coisa julgada 123 OJ2-TST

Ação rescisória. Pedido de antecipação de tutela. Descabimento. Cancelada...................... 121 OJ2-TST

Ação rescisória. Plano econômico. Limitação à data-base. Fase de execução...................... 35 OJ2-TST

Ação rescisória. Vício de intimação da decisão rescindenda. Ausência da formação da coisa juljulgada material. Carência de ação.... 299 IV Súm-TST

Mandado de segurança .... 268 Súm-STF

Mandado de segurança. Cabimento. Esgotamento de todas as vias processuais disponíveis. Trânsito em julgado formal 99 OJ2-TST

Planos econômicos. Limitação à data-base na fase de execução 262 OJ1-TST

Precatório. Execução. Limitação da condenação imposta pelo título judicial exequendo à data do advento da Lei n. 8.112/90 .... 6 OJPl-TST

COLUSÃO

Ação rescisória. Fraude à lei. Reclamatória simulada extinta 94 OJ2-TST

COMISSÕES

Valor corrigido monetariamente. Cálculo. Férias, 13º salário e verbas rescisórias............... 181 OJ1-TST

COMPENSAÇÃO

Arguição. Contestação .... 48 Súm-TST

Créditos trabalhistas reconhecidos em juízo. Compensação. Impossibilidade 356 OJ1-TST

Dívida trabalhista.. 18 Súm-TST

Indébito tributário. Precatório. Compensação 461 Súm-STJ

COMPENSAÇÃO DE HORÁRIO

Ver Acordo de Compensação de Horário

COMPETÊNCIA

Ação de servidor público estadual. Cargo em comissão estatutário. Justiça Comum............ 218 Súm-STJ

Ação rescisória. Decisão de mérito. Acórdão rescindendo do TST não conhecido. Súmula n. 333. Competência do TST .... 192 II Súm-TST

Ação rescisória. Decisão de mérito. Recurso de revista ou de embargos não conhecidos. Competência do TRT	192 I Súm-TST
Ações conexas. Menor	383 Súm-STJ
Banco do Brasil como parte em dissídio coletivo. Incompetência. TRT	10 PN-TST
Carta Precatória expedida por juiz federal	89 Súm-TRF
Competência residual. Justiça do Trabalho. Período anterior. Lei n. 8.112/1990. Execução. Limitação. Período celetista	138 OJ1-TST
Complementação de pensão. Viúva de ex-empregado	26 OJ1-TST
Conflito de competência entre juízes trabalhistas	236 Súm-STJ
Conflito de competência. Juiz federal e Juiz estadual	3 Súm-STJ
Conflito de competência. Inocorrência. Hipótese de coisa julgada	59 Súm-STJ
Conflito de competência. Juiz estadual e Vara do Trabalho	180 Súm-STJ
Contribuição sindical	87 Súm-TRF; 22 Súm-STJ
Crime contra organização do Trabalho	115 Súm-TRF
Crime de falsa anotação na CTPS. Empresa privada	62 Súm-STJ
Crime de falsificação ou uso de documento falso na Justiça do Trabalho	200 Súm-TRF
Crime de falso testemunho. Processo do trabalho	165 Súm-STJ
Crime praticado contra funcionário público federal no exercício da função	147 Súm-STJ
Descontos previdenciários e fiscais. Recolhimento. Execução	368 I Súm-TST
Disputa por titularidade de representação. Incompetência da Justiça do Trabalho	4 TST-SDC
Dissídio coletivo. Categoria diferenciada. Enquadramento sindical. Incompetência material da Justiça do Trabalho	9 TST-SDC
EC 45/2004. Processos já sentenciados	367 Súm-STJ
Embargos do devedor	46 Súm-STJ; 32 Súm-TRF
Embargos de terceiro	33 Súm-TRF
Execução por carta. Embargos de terceiro. Juízo deprecante	419 Súm-TST
FGTS. Execução fiscal. Justiça Federal	349 Súm-STJ
Ferroviários	180 Súm-TRF
Fixação do horário bancário	19 Súm-STJ
Funcional. Conflito negativo. TRT e Vara do Trabalho de idêntica região. Não-configuração	420 Súm-TST
Greve. Competência dos Tribunais para declará-la abusiva	29 PN-TST
Intervenção da União	250, 251 Súm-STF
Intervenção da União e suas autarquias	244 Súm-TRF
Juiz de direito	169 Súm-TRF
Junta instalada	10 Súm-STJ
Justiça do Trabalho. Acidente do trabalho. Ação de indenização de danos morais e patrimoniais	22 SV-STF
Justiça do Trabalho. Ação possessória. Direito de greve	23 SV-STF
Justiça do Trabalho. Cadastramento no PIS	300 Súm-TST; 82 Súm-TRF
Justiça do Trabalho. Complementação. Aposentadoria. RFFSA	106 Súm-TST
Justiça do Trabalho. Dano moral. Relação de trabalho	392 Súm-TST
Justiça do Trabalho. Execução de ofício. Seguro de Acidente de Trabalho (SAT)	414 OJ1-TST
Justiça do Trabalho. Greve. Abusividade	189 Súm-TST
Justiça do Trabalho. Indenização. Não-fornecimento. Guias. Segurodesemprego	389 I Súm-TST
Justiça do Trabalho. Normas de Segurança, Higiene e Medicina do Trabalho	736 Súm-STF
Justiça do Trabalho. Quadro de carreira	19 Súm-TST
Justiça Estadual. Acidente do trabalho	501 Súm-STF; 15 Súm-STJ
Justiça Estadual. SESI	516 Súm-STF
Justiça Federal. Justificações judiciais	32 Súm-STJ
Justiça Federal. Movimentação do FGTS	82 Súm-STJ
Levantamento dos valores relativos ao PIS/PASEP e FGTS. Falecimento do titular da conta	161 Súm-STJ
Mandado de segurança. Autoridade previdenciária	216 Súm-TRF
Mandado de segurança. Decisão de TRT. Incompetência originária do TST	4 OJPL-TST
Organização ou organismo internacional. Imunidade de jurisdição	416 OJ1-TST
Originária do STF. Licença-prêmio de Magistrado	731 Súm-STF
Pedidos trabalhista e estatutário e pedido remanescente	170 Súm-STJ
Rede Ferroviária Federal	251 Súm-STF; 88 Súm-TRF
RFFSA. Justiça Federal	365 Súm-STJ
Servidor público municipal. Regime estatutário	137 Súm-STJ
Servidor. Administração direta ou indireta do Distrito Federal	150 Súm-TRF
Sindicato e associados	114 Súm-TRF
Sindicato. Processo eleitoral	4 Súm-STJ
STF. Ação rescisória	249 Súm-STF; 515 Súm-STF
TRF. Conflito de competência entre juiz federal e juiz estadual	3 Súm-STJ
TRF. Juiz estadual não investido de jurisdição federal	55 Súm-STJ
TRT. Conflito de competência entre juiz estadual e juiz do trabalho	180 Súm-STJ

TRT. Declaração de nulidade .... 225 Súm-STJ
Vara do Trabalho .... 180 Súm-STJ

COMPETÊNCIA DO PRESIDENTE DO TRT

Ação anulatória. Competência originária 129 OJ2-TST

Ação civil pública. Competência territorial. Extensão do dano causado ou a ser reparado. Aplicação analógica do art. 93 do Código de Defesa do Consumidor 130 OJ2-TST

Ação rescisória. Art. 485, II, do CPC. Arguição de incompetência absoluta. Prequestionamento inexigível 124 OJ2-TST

Ação rescisória. Manifesto e inescusável equívoco no direcionamento. Inépcia da inicial. Extinção do processo 70 OJ2-TST

Antecipação de tutela. Competência. Relator nos Tribunais. Colegiado 68 OJ2-TST

Funcional. Ação rescisória. Decisão rescindenda oriunda do TRT da 1ª Região. Criação do TRT da 17ª Região 7 OJ2-TST

Precatório. Revisão de cálculos .... 2 OJPL-TST

COMPLEMENTAÇÃO DE APOSENTADORIA

Ação de cobrança. Prescrição .... 427 Súm-STJ
Ação declaratória 276 OJ1-TST
Banespa. Ação rescisória. Decisão rescindenda anterior à Súmula n. 313 .... 8 OJ2-TST
Diferenças. Prescrição parcial .... 327 Súm-TST
Prescrição total. .... 326 Súm-TST

COMPLEMENTAÇÃO DE PENSÃO

Prescrição. Marco inicial 129 OJ1-TST

COMPRA E VENDA

Automóvel. Transcrição no registro de títulos e documentos .... 489 Súm-STF
Imóvel. Ausência de registro. Embargos de terceiro .... 84 Súm-STJ
Promessa não registrada. Embargos de terceiro .... 621 Súm-STF

CONCORDATA

Execução .... 227 Súm-STF

CONCURSO PÚBLICO

Ação rescisória. Concurso público anulado posteriormente 128 OJ2-TST
Ação rescisória. Professor-adjunto. Professor-titular 38 OJ2-TST
Ausência. Contrato nulo. Servidor. Administração pública. Ação rescisória. Indicação expressa 10 OJ2-TST
Ministério Público do Trabalho. Legitimidade para recorrer. Sociedade de economia mista e empresa pública. Contrato nulo 338 OJ1-TST
Servidor público. Contrato nulo. Efeitos .... 363 Súm-TST

CONDENAÇÃO EM PECÚNIA

Depósito prévio .... 161 Súm-TST

CONDENAÇÃO SOLIDÁRIA

Contrato de prestação de serviços. Legalidade 331 Súm-TST
Depósito recursal. Deserção .... 128 III Súm-TST

CONESP

CDHU. Sucessão trabalhista .... 28 OJTr-TST

CONEXÃO DE AÇÕES

Ação já julgada. Impossiblidade .... 235 Súm-STJ

CONFISSÃO

Ação rescisória. Fundamento para invalidar confissão. Confissão ficta. Inadequação do enquadramento no art. 485, VIII, do CPC ..... 404 Súm-TST
Ficta. Prova pré-constituída. Cerceamento de defesa. Produção de prova posterior .... 74 II Súm-TST
Não comparecimento à audiência na qual deveria depor .... 74 I Súm-TST
Revelia. Salários incontroversos. Pagamento em dobro .... 369 Súm-TST

CONFLITO DE COMPETÊNCIA

Competência funcional. Conflito negativo. TRT e Vara do Trabalho de idêntica região. Não-configuração .... 420 Súm-TST
Juiz Estadual e Juiz do Trabalho. Competência do TRT .... 180 Súm-STJ
Juiz Federal e Juiz Estadual .... 3 Súm-STJ
Trânsito em julgado .... 59 Súm-STJ

CONGELAMENTO

Gratificação Semestral. Prescrição parcial ...... 373 Súm-TST

CONSTITUCIONALIDADE

§ 2º do art. 9º do Decreto-lei n. 1.971/1982 ... 336 Súm-TST
Alínea b do art. 896 da CLT .... 312 Súm-TST
Art. 118, Lei n. 8.213/1991. Estabilidade provisória. Acidente do trabalho .... 378 I Súm-TST
Art. 557 do CPC. Decisão exarada pelo Relator, sem a participação do Colegiado. CF/1988, art. 93, IX. Lei n. 9.756/1998 .... 73 OJ2-TST
Decisões contrárias. STF. Poder normativo do TST .... 190 Súm-TST
Decretos-leis ns. 2.012/1983, 2.024/1.983 e 2.045/1.983 .... 56 PN-TST

CONTESTAÇÃO

Ação rescisória. Início do prazo para apresentação da contestação 146 OJ2-TST

CONTINÊNCIA

Justiça Federal. Justiça Estadual .... 489 Súm-STJ

CONTRATO DE CONCESSÃO DE SERVIÇO PÚBLICO

Sucessão trabalhista. Responsabilidade. Contrato de trabalho extinto após a vigência da concessão..	225 I OJ1-TST
Sucessão trabalhista. Responsabilidade. Contrato de trabalho extinto antes da vigência da concessão..	225 II OJ1-TST

CONTRATO DE PRESTAÇÃO DE SERVIÇOS

Legalidade...	331 Súm-TST

CONTRATO DE TRABALHO

Ação rescisória. Concurso público anulado posteriormente..	128 OJ2-TST
Alteração. Substituição dos avanços trienais por quinquênios. Prescrição total. CEEE	76 OJ1-TST
Associação de Pais e Mestres — APM. Responsabilidade solidária ou subsidiária do Estado...	185 OJ1-TST
Contrato nulo. Administração pública. Efeitos. Conhecimento do recurso por violação do art. 37, II e § 2º, da CF/1988	335 OJ1-TST
Ministério Público do Trabalho. Legitimidade para recorrer. Sociedade de economia mista e empresa pública. Contrato nulo	338 OJ1-TST
Ministério Público do Trabalho. Nulidade do contrato de trabalho não suscitada pelo ente público no momento da defesa. Arguição em parecer. Impossibilidade	350 OJ1-TST
Nulo. Ausência de concurso público. Servidor. Administração pública. Ação rescisória. Cabimento. Indicação expressa	10 OJ2-TST
Nulo. Efeitos	363 Súm-TST
Prescrição. Soma de períodos descontínuos de trabalho...	156 Súm-TST
Regime celetista para estatutário. Extinção do contrato. Prescrição bienal	382 Súm-TST

CONTRIBUIÇÃO PREVIDENCIÁRIA

Súmula n. 83...	11 OJ2-TST
Ação rescisória. Descontos legais. Fase de execução. Sentença omissa. Coisa julgada	401 Súm-TST
Acordo homologado em juízo após o trânsito em julgado da sentença condenatória. Incidência sobre o valor homologado..................	376 OJ1-TST
Acordo homologado em juízo sem reconhecimento de vínculo de emprego. Contribuinte individual..	398 OJ1-TST
Descontos previdenciários e fiscais. Competência da Justiça do Trabalho........................	368 I Súm-TST
Descontos previdenciários e fiscais. Responsabilidade. Sen-tenças trabalhistas. Incidência sobre o valor total da conde-nação e calculado ao final..	368 II Súm-TST
Descontos previdenciários. Cálculo mês a mês..	368 III Súm-TST

CONTRIBUIÇÃO SINDICAL

Cobrança. Competência	87 Súm-TRF
Competência. Cobrança	222 Súm-STJ
Rural. Ação de cobrança. Atraso no recolhimento. Art. 600 da CLT. Inaplicabilidade.......	432 Súm-TST

CONVENÇÃO COLETIVA DE TRABALHO

Prescrição trabalhista...................................	349 Súm-STF
Sindicato. Substituição processual................	286 Súm-TST

COOPERATIVA EM LIQUIDAÇÃO EXTRAJUDICIAL

Mandado de segurança. Execu-ção. Suspensão..	53 OJ2-TST

CORREÇÃO MONETÁRIA

Ação rescisória. Universidades federais. Plano de classificação de cargos. Implantação tardia...	11 OJ2-TST
Ato ilícito. Indenização.................................	562 Súm-STF
Benefício previdenciário	148 Súm-STJ
Diferenças salariais. FUB..............................	28 OJ1-TST
Diferenças salariais. Universidades Federais ..	28 OJ1-TST
Execução trabalhista. Juros...........................	300 OJ1-TST
FGTS não recolhido. TR...............................	459 Súm-STJ
FGTS. Índice de correção. Débitos trabalhistas	302 OJ1-TST
Honorários advocatícios	14 Súm-STJ
Honorários periciais	198 OJ1-TST
Incidência. Débito trabalhista........................	187 Súm-TST
Indenização do dano moral	362 Súm-STJ
Juros. Liquidação extrajudicial.....................	304 Súm-TST
Juros. Omissão. Pedido inicial. Inclusão na liquidação	211 Súm-TST
Plano Collor. Execução. Índice de 84,32%	54 OJTr-TST
Salário..	381 Súm-TST
Valor das comissões. Cálculo. Férias, 13º salário e verbas rescisórias	181 OJ1-TST

CORRESPONDÊNCIA OU CORRELAÇÃO DE ATIVIDADES

Legitimidade *ad causam* do sindicato. Correspondência entre as atividades exercidas pelos setores profissional e econômico envolvidos no conflito	22 TST-SDC
Legitimidade *ad causam*. Sindicato representativo de segmento profissional ou patronal...	23 TST-SDC

CREDENCIAMENTO BANCÁRIO

Prova dispensável. Depósito recursal	217 Súm-TST

CRÉDITO

Natureza Alimentícia. Precatório. Preferência.	144 Súm-STJ
Tributário. Prescrição. Decadência.	8 SV-STF

CRIME DE FALSO TESTEMUNHO

Processo do trabalho.....................................	165 Súm-STJ
Contra organização do trabalho	115 Súm-TRF

CRITÉRIO DE APURAÇÃO

Descontos fiscais. Valor total da condenação .	368 II Súm-TST
Descontos previdenciários. Cálculo mês a mês	368 III Súm-TST

CULPA

Presumida do patrão ou comiten-te. Ato culposo do empregado ou preposto	341 Súm-STF
Recíproca. Rescisão contratual	14 Súm-TST

CUMULAÇÃO DE AÇÕES

Multa prevista em vários instrumentos normativos	384 I Súm-TST

CURADOR ESPECIAL

Nomeação. Revelia na ação de execução	216 Súm-STJ

CUSTAS PROCESSUAIS

Ações plúrimas	36 Súm-TST
Agravo de instrumento. Traslado. Guias	217 OJ1-TST
APPA	13 OJ1-TST
Ausência de intimação. Deserção	27 TST-SDC
Comprovação de recolhimento. DARF eletrônico. Pessoas da administração pública federal	158 OJ1-TST
Decisão reformada. Inversão do ônus	25 Súm-TST
Deserção. Carimbo do banco. Comprovação do recolhimento	33 OJ1-TST
Deserção. Condenação acrescida. Intimação..	104 OJ1-TST
Deserção. Diferença ínfima	140 OJ1-TST
Deserção. Inversão do ônus da sucumbência .	186 OJ1-TST
Deserção. Massa falida. Empresa em liquidação extrajudicial	86 Súm-TST
Embargos de terceiro interpostos anteriormente à Lei n. 10.537/2002. Recolhimento. Agravo de petição	53 OJTr-TST
Isenção. Sindicato	223 Súm-STF
Majoração. Alteração de ofício do valor da causa. Mandado de segurança incabível	87 OJ2-TST
Mandado de segurança. Deserção. Recurso Ordinário. Exigência do Pagamento. Comprovação	148 OJ2-TST
Prazo. Contagem. Intimação do cálculo	53 Súm-TST
Preparo. Interposição do recurso após expediente bancário. Dia útil subsequente	484 Súm-STJ
Recolhimento. Hospital de Clínicas de Porto Alegre. Isenção	74 OJTr-TST
Sem limite. Inconstitucionalidade	667 Súm-STF
Sociedade de economia mista	170 Súm-TST

D

DANO MORAL

Competência da Justiça do Trabalho. Relação de trabalho	392 Súm-TST
Dano estético. Indenização. Cumulatividade .	387 Súm-STJ
Dano material. Cumulação de indenizações...	37 Súm-STJ
Indenização. Correção monetária	362 Súm-STJ
Juros de mora e atualização monetária. Termo inicial	439 Súm-TST
Pessoa jurídica	227 Súm-STJ

DARF ELETRÔNICO

Custas. Comprovação de reco-lhimento. Entes da administração pública federal	158 OJ1-TST

DECADÊNCIA

Abandono de emprego. Ajuizamento de inquérito	62 Súm-TST
Ação rescisória	401 Súm-STJ
Ação rescisória. *Dies a quo*. Recurso deserto ..	80 OJ2-TST
Ação rescisória. *Dies ad quem*. Prazo. Prorrogação	100 IX Súm-TST
Ação rescisória. Certidão de trânsito em julgado. Descompasso com a realidade. Presunção relativa de veracidade	100 IV Súm-TST
Ação rescisória. Decadência afastada em recurso ordinário. Julgamento do mérito. Duplo grau de jurisdição	100 VII Súm-TST
Ação rescisória. *Dies a quo*. Interposição de recurso intempestivo ou incabível	100 III Súm-TST
Ação rescisória. Exceção de incompetência ...	100 VIII Súm-TST
Ação rescisória. Ministério Público. *Dies a quo* do prazo. Colusão das partes	100 VI Súm-TST
Ação rescisória. Não esgotamento das vias recursais. Prazo legal do recurso extraordinário	100 X Súm-TST
Ação rescisória. Pessoa jurídica de direito público. Ampliação do prazo. Consumação anterior à Medida Provisória n. 1.577/1997 ...	12 OJ2-TST
Ação rescisória. Pessoa jurídica de direito público. Ampliação do prazo. Não-consumação anterior à Medida Provisória n. 1.577/1997. CPC, art. 495. Suspensão pelo STF em sede liminar de Ação Direta de Inconstitucionalidade (ADIn 1753-2)	12 I OJ2-TST
Ação rescisória. Pessoa jurídica de direito público. Ampliação do prazo. Consumação anterior à Medida Provisória n. 1.577/1997 ...	12 II OJ2-TST
Ação rescisória. Prazo. Contagem Trânsito em julgado	100 I Súm-TST
Ação rescisória. Sentença homologatória de acordo. Momento do trânsito em julgado	100 V Súm-TST
Ação rescisória. Trânsito em julgado. Recurso parcial	100 II Súm-TST
Ação rescisória. Trânsito em julgado. Última decisão proferida na causa	100 I Súm-TST
Ação rescisória. União Federal. Prazo. Interrupção	18 OJ2-TST
Mandado de segurança. Contagem. Efetivo ato coator	127 OJ2-TST
Prescrição. Crédito Tributário	8 SV-STF

DÉCIMO TERCEIRO SALÁRIO

Cálculo. Valor das comissões corrigido monetariamente 181 OJ1-TST

Contribuição previdenciária. Incidência .... 688 Súm-STF

DECISÃO DE MÉRITO

Ação rescisória. Acórdão rescindendo do TST não conhecido. Súmula n. 333. Competência do TST .... 192 II Súm-TST

Ação rescisória. Art. 896, "a", da CLT. Decisão que não conhece de recurso de revista, com base em divergência jurisprudencial....... 413 Súm-TST

Ação rescisória. Cabimento. Decisão de Tribunal Regional do Trabalho em agravo regimental confirmando decisão monocrática do relator que, aplicando a Súmula n. 83 do TST, indeferiu a petição inicial da ação rescisória. Competência recursal do TST .... 410 Súm-TST

Ação rescisória. Competência do TRT. Recurso de revista ou de de embargos não conhecidos .. 192 I Súm-TST

Ação rescisória. Decisão homologatória de adjudicação e de arrematação. Incabível .... 399 I Súm-TST

Ação rescisória. Decisão rescindenda de mérito. Sentença declaratória de extinção de execução. Satisfação da obrigação 107 OJ2-TST

Ação rescisória. Decisão rescindenda. Agravo de instrumento. Não substituição. Impossibilidade jurídica.. 192 IV Súm-TST

Ação rescisória. Questão processual............. 412 Súm-TST

Ação rescisória. Sentença homologatória de cálculo .... 399 II Súm-TST

DECISÃO HOMOLOGATÓRIA DE ACORDO

Ver Sentença Homologatória de Acordo

DECISÃO HOMOLOGATÓRIA DE ADJUDICAÇÃO

Ver Sentença Homologatória de Adjudicação

DECISÃO HOMOLOGATÓRIA DE ARREMATAÇÃO

Ver Sentença Homologatória de Arrematação

DECISÃO HOMOLOGATÓRIA DE CÁLCULOS

Ver Sentença Homologatória de Cálculos

DECISÃO INTERLOCUTÓRIA

Irrecorribilidade... 214 Súm-TST

DECISÃO MONOCRÁTICA

Embargos declaratórios. Efeito modificativo.. 421 II Súm-TST

Embargos declaratórios. Omissão.................. 421 I Súm-TST

DECISÃO NORMATIVA

Ver Sentença Normativa

DECLARAÇÃO DE INSUFICIÊNCIA ECONÔMICA

Honorários advocatícios. Assistência judiciária. Comprovação 304 OJ1-TST

Justiça gratuita. Mandato. Poderes específicos desnecessários 331 OJ1-TST

DEFENSORIA PÚBLICA

Honorários advocatícios................................. 421 Súm-STJ

Opção pela carreira. Concurso público .... 14 OJTr-TST

DEPOSITÁRIO

Bem penhorado. Recusa .... 319 Súm-STJ

Habeas Corpus. Penhora sobre coisa futura. Prisão. Depositário infiel 143 OJ2-TST

Habeas corpus. Termo de depósito não assinado pelo paciente. Necessidade de aceitação do encargo. Prisão civil................................. 89 OJ2-TST

Infiel. Prisão.. 419 Súm-STJ

Infiel. Prisão civil... 25 SV-STF

DEPÓSITO

Arresto. Apreensão. Pretensões insuscetíveis de dedução em sede coletiva .... 3 TST-SDC

Judicial. Correção monetária. Independe de ação própria contra banco .... 271 Súm-STJ

Judicial. Responsabilidade do estabelecimento bancário pela correção monetária .... 179 Súm-STJ

DEPÓSITO PRÉVIO

Ação rescisória proposta pelo INSS .... 175 Súm-STJ

Admissibilidade. Ação judicial. Inconstitucionalidade.. 28 SV-STF

Admissibilidade. Recurso administrativo. Inconstitucionalidade .... 21 SV-STF

Condenação a pagamento em pecúnia .... 161 Súm-TST

INSS. Desnecessidade .... 483 Súm-STJ

Mandado de segurança. Cabimento. Exigência do depósito prévio dos honorários periciais. Incompatibilidade com o processo do trabalho... 98 OJ2-TST

Recurso administrativo................................... 373 Súm-STJ

DEPÓSITO RECURSAL

Ação rescisória. Deserção. Prazo .... 99 Súm-TST

Agravo de instrumento. Traslado. Guias 217 OJ1-TST

APPA. Depósito recursal e custas 13 OJ1-TST

Complementação. Ônus da parte recorrente. Deserção .... 128 I Súm-TST

Condenação a pagamento em pecúnia .... 161 Súm-TST

Condenação solidária .... 128 III Súm-TST

Credenciamento bancário. Prova.................... 217 Súm-TST

Deserção. Diferença ínfima............................. 140 OJ1-TST

Deserção. Massa falida. Empresa em Liquidação Extrajudicial.. 86 Súm-TST

Execução. Garantia do Juízo .... 128 II Súm-TST

Guia GFIP.. 426 Súm-TST

PIS/PASEP. Ausência de indicação na guia de depósito recursal... 264 OJ1-TST

Prazo. Interposição antecipada do recurso..... 245 Súm-TST

DESCONTOS

Ação rescisória. Fase de execução. Sentença omissa. Coisa julgada .... 401 Súm-TST

Acordo homologado em juízo. Inexistência de vínculo empregatício. Parcelas indenizatórias. Ausência de discriminação. Incidência sobre o valor total.. 368 OJ1-TST

Autorizados no salário pelo trabalhador. Limitação. 70% do salário base........................... 18 TST-SDC

Previdenciários e fiscais. Competência da Justiça do Trabalho... 368 I Súm-TST

Previdenciários e fiscais. Condenação do empregador em razão do inadimplemento de verbas remuneratórias. Responsabilidade do empregado pelo pagamento. Abrangência...... 363 OJ1-TST

Previdenciários e fiscais. Responsabilidade. Sentenças trabalhistas. Incidência sobre o valor total da condenação e calculado ao final... 368 II Súm-TST

Previdenciários. Critério de apuração. Cálculo mês a mês .... 368 III Súm-TST

DESERÇÃO

Ação rescisória. Decadência. *Dies a quo*. Recurso deserto 80 OJ2-TST

Ação rescisória. Depósito recursal. Prazo....... 99 Súm-TST

APPA. Depósito recursal e custas 13 OJ1-TST

Condenação solidária .... 128 III Súm-TST

Custas processuais. Ações plúrimas .... 36 Súm-TST

Custas processuais. Prazo. Contagem. Intimação do cálculo .... 53 Súm-TST

Custas processuais. Sociedade de economia mista .... 170 Súm-TST

Custas. Ausência de intimação .... 27 TST-SDC

Custas. Comprovação de recolhimento. DARF eletrônico. Pessoas da administração pública federal 158 OJ1-TST

Custas. Comprovação do recolhimento. Carimbo do banco... 33 OJ1-TST

Custas. Condenação acrescida. Intimação...... 104 OJ1-TST

Custas. Inversão do ônus da sucumbência..... 186 OJ1-TST

Custas. Recolhimento. Embargos de terceiro interpostos anteriormente à Lei n. 10.537/2002. Agravo de petição .... 53 OJTr-TST

Decisão reformada. Inversão do ônus. Custas processuais.. 25 Súm-TST

Depósito recursal e custas. Diferença ínfima.. 140 OJ1-TST

Depósito recursal. Complementação. Ônus do recorrente .... 128 I Súm-TST

Depósito recursal. Condenação em pecúnia... 161 Súm-TST

Depósito recursal. Credenciamento bancário. Prova.. 217 Súm-TST

Depósito recursal. Custas processuais. Massa falida. Empresa em liquidação extrajudicial.... 86 Súm-TST

Depósito recursal. Execução. Garantia do juízo... 128 II Súm-TST

Depósito recursal. PIS/PASEP. Ausência de indicação na guia de depósito recursal. Validade 264 OJ1-TST

Depósito recursal. Prazo. Interposição antecipada do recurso .... 245 Súm-TST

Mandado de segurança. Interposição de recurso ordinário. Custas. Exigência do pagamento. Comprovação 148 OJ2-TST

DESMEMBRAMENTO DE MUNICÍPIOS

Responsabilidade trabalhista 92 OJ1-TST

DESPEDIDA DE EMPREGADO

Despedimento. Ônus da prova .... 212 Súm-TST

Estabilidade da gestante. Renúncia ou transação de direitos constitucionais .... 30 TST-SDC

DESVIO DE FUNÇÃO

Reenquadramento. Prescrição parcial............ 275 Súm-TST

DIREITO LÍQUIDO E CERTO

Inexistência. Lei declarada inconstitucional pelo STF.. 474 Súm-STF

DIFERENÇAS SALARIAIS

Plano de cargos e salários. Descumprimento. Critérios de promoção não observados. Prescrição parcial.. 404 OJ1-TST

DIRIGENTE SINDICAL

Despedida. Falta grave. Inquérito judicial...... 379 Súm-TST

Estabilidade .... 197 Súm-STF

Estabilidade provisória. Categoria diferenciada. Atividade pertinente .... 369 III Súm-TST

Estabilidade provisória. Comunicação. Indispensável... 369 I Súm-TST

Estabilidade provisória. Extinção da atividade empresarial no âmbito da base territorial do sindicato. Insubsistência da estabilidade... 369 IV Súm-TST

Estabilidade provisória. Limitação do art. 522 da CLT. Recepcionada pela CF/88.................. 369 II Súm-TST

Estabilidade provisória. Registro da candidatura no curso do aviso prévio. Não assegurada 369 V Súm-TST

Mandado de Segurança. Dirigente sindical. Art. 494 da CLT. Aplicável.............................. 137 OJ2-TST

Mandado de segurança. Reintegração liminarmente concedida 65 OJ2-TST

DISSÍDIO COLETIVO

Acordo homologado. Extensão a partes não subscreventes... 2 TST-SDC

Arresto. Apreensão. Depósito. Pretensões insuscetíveis de dedução em sede coletiva .... 3 TST-SDC

Categoria diferenciada. Enquadramento sindical. Incompetência material da Justiça do Trabalho.. 9 TST-SDC

Contra empresa. Legitimação da entidade sindical. Autorização dos trabalhadores diretamente envolvidos no conflito...................... 19 TST-SDC

Contra pessoa jurídica de direito público. Impossibilidade jurídica.. 5 TST-SDC

Edital de convocação e ata da assembleia geral. Requisitos essenciais para instauração de dissídio coletivo.. 29 TST-SDC

Empregados de entidades sindicais. Estabelecimento de condições coletivas de trabalho distintas daquelas às quais sujeitas as categorias representadas pelos empregadores. Impossibilidade jurídica.. 37 TST-SDC

Natureza jurídica. Interpretação de norma de caráter genérico... 7 TST-SDC

Pauta reivindicatória não registrada em ata. Causa de extinção... 8 TST-SDC

Reivindicações da categoria. Fundamentação das cláusulas. Aplicação do Precedente Normativo n. 37 do TST... 32 TST-SDC

DIVERGÊNCIA JURISPRUDÊNCIAL

Admissibilidade indevida do recurso de revista por divergência jurisprudencial. Lei estadual, norma coletiva ou norma regulamentar. Conhecimento dos embargos. Necessidade de arguição de afronta ao art. 896 da CLT...... 147 II OJ1-TST

Admissibilidade. Recurso de revista ou de embargos. Abrangência de todos os fundamentos da decisão recorrida............................. 23 Súm-TST

Admissibilidade. Recurso de revista. Decisões superadas por iterativa, no tória e atual jurisprudência.. 333 Súm-TST

Aresto oriundo do mesmo Tribunal Regional. Inservível ao conhecimento. Recurso de revista.. 111 OJ1-TST

Lei estadual, norma coletiva ou regulamento empresarial. Âmbito de aplicação além do TRT prolator da decisão recorrida. Comprovação ... 147 I OJ1-TST

Oriunda da mesma Turma do TST. Admissibilidade. Embargos. SDI 95 OJ1-TST

Recurso de embargos. Divergência jurisprudencial. Discussão sobre especificidade de jurisprudência trazida no recurso de revista .. 296 II Súm-TST

Recurso. Divergência jurisprudencial específica. Interpretação diversa de idêntico dispositivo legal... 296 I Súm-TST

Recursos de revista e de embargos. Comprovação de divergência jurisprudencial .... 337 I Súm-TST

Recursos de revista e de embargos. Repositório autorizado. Validade das edições anteriores à concessão do registro .... 337 II Súm-TST

Recurso Extraordinário.................................. 291 Súm-STF

Súmula n. 337. Revista interposta anteriormente à sua edição. Inaplicável...................... 3 OJTr-TST

DOBRA SALARIAL

Massa falida... 388 Súm-TST

DOCUMENTO

Documento falso. Uso. Crime. competência .. 200 Súm-TRF

Novo. Ação rescisória. Dissídio coletivo. Sentença normativa... 402 Súm-TST

Procedência estrangeira. Registro Público...... 259 Súm-STF

Único. Autenticação. Verso e anverso .... 23 OJTr-TST

DOCUMENTOS DISTINTOS

Autenticação. Despacho denegatório do recurso de revista e certidão de publicação 287 OJ1-TST

DOENÇA PROFISSIONAL

Atestado médico. INSS. Exigência. Instrumento normativo.. 154 OJ1-TST

Estabilidade provisória. Acidente do trabalho. Auxílio-doença. Pressupostos. Relação de causalidade... 378 II Súm-TST

Estabilidade. Instrumento normativo. Vigência. Eficácia... 41 OJ1-TST

DOLO

Ação rescisória. Art. 485, III, do CPC. Silêncio da parte vencedora acerca de eventual fato que lhe seja desfavorável. Descaracterizado o dolo processual.. 403 I Súm-TST

Ação rescisória. Sentença homologatória de acordo. Dolo da parte vencedora em detrimento da vencida. Art. 485, III, do CPC. Inviável.. 403 II Súm-TST

DONO DA OBRA

Responsabilidade trabalhista 191 OJ1-TST

DUPLO GRAU DE JURISDIÇÃO

Ação rescisória. Cabimento. Trânsito em julgado.. 21 OJ2-TST

Ação rescisória. Decadência afastada em recurso ordinário. Julgamento do mérito .... 100 VII Súm-TST

Ação rescisória. Decisão contrária à Fazenda Pública.. 303 II Súm-TST

Alçada. Vinculação ao salário mínimo. Recorribilidade.. 356 Súm-TST

Decisão contrária à Fazenda Pública . Condenação que não ultrapassa 60 (sessenta) salários mínimos. Matéria superada por decisão plenária do STF ou por súmula ou orientação jurisprudencial do TST..................................... 303 I Súm-TST

Mandado de segurança. Fazenda Pública prejudicada pela concessão da ordem................. 303 III Súm-TST

Sentença. União. Estados. Município. Autarquias .... 34 Súm-TRF

E

EFEITO DEVOLUTIVO

Profundidade. Recurso ordinário. Art. 515, § 1º, do CPC. Aplicação .... 393 Súm-TST

EFEITO MODIFICATIVO

Embargos de declaração. Omissão no julgado ... 278 Súm-TST

Embargos declaratórios. Decisão monocrática do relator. Fungibilidade. Agravo. CPC, art. 557 .... 421 II Súm-TST

Embargos declaratórios. Vista à parte contrária ... 142 OJ1-TST

EFEITO SUSPENSIVO

Ação cautelar. Efeito suspensivo ao recurso ordinário em mandado de segurança. Incabível. Ausência de interesse. Extinção 113 OJ2-TST

Mandado de segurança. Não-cabimento. Antecipação de tutela concedida na sentença. Existência de ação própria .... 414 I Súm-TST

Recurso contra sentença normativa. Efeito suspensivo. Cassação .... 279 Súm-TST

EFEITOS FINANCEIROS

Ação rescisória. Estabilidade provisória. Reintegração. Período estabilitário exaurido 24 OJ2-TST

Anistia. ECT 91 OJ1-TST

Anistia. FUB 12 OJ1-TST

Contrato nulo. Servidor público. Ausência de concurso público .... 363 Súm-TST

Estabilidade provisória. Período estabilitário exaurido .... 396 I Súm-TST

EMBARGOS

Admissibilidade. Execução. Divergência jurisprudencial .... 433 Súm-TST

Art. 557 do CPC. Aplicação subsidiária. Processo do trabalho .... 435 Súm-TST

Interposição contra decisão monocrática. Não cabimento 378 OJ1-TST

Procedimento sumaríssimo. Conhecimento. Recurso interposto após vigência da Lei n. 11.496, de 22.6.2007, que conferiu nova redação ao art. 894, II, da CLT 405 OJ1-TST

EMBARGOS DECLARATÓRIOS

Agravo de instrumento. Certidão de publicação do acórdão dos embargos declaratórios. Comprovação de tempestividade da revista ... 17 OJTr-TST

Decisão denegatória de recurso de revista exarado por presidente do TRT. Descabimento. Não interrupção do prazo recursal 377 OJ1-TST

Decisão monocrática do relator. Agravo. Art. 557 do CPC 74 OJ2-TST

Decisão monocrática do relator. Art. 557 do CPC. Omissão .... 421 I Súm-TST

Decisão monocrática do relator. Art. 557 do CPC. Efeito modificativo. Fungibilidade. Agravo .... 421 II Súm-TST

Efeito modificativo .... 278 Súm-TST

Efeito modificativo. Vista à parte contrária 142 OJ1-TST

Julgado anterior .... 317 Súm-STF

Prazo em dobro. Pessoa jurídica de direito público 192 OJ1-TST

Preclusão. Omissão em recurso de revista ou de embargos .... 184 Súm-TST

Prequestionamento .... 98 Súm-STJ

Recurso extraordinário. Prequestionamento. Ausência .... 356 Súm-STF

EMBARGOS DE DIVERGÊNCIA

Cabimento .... 168 Súm-STJ

Imprestabilidade .... 158 Súm-STJ

Não cabimento. Agravo negado. Recurso Extraordinário não conhecido .... 233 Súm-STF

Valor. Indenização dano moral. Incabível ...... 420 Súm-STJ

EMBARGOS DE INFRINGÊNCIA

Mandado de segurança .... 169 Súm-STJ

EMBARGOS DE TERCEIRO

Admissibilidade. Compromisso de compra e venda de imóvel desprovido de registro .... 84 Súm-STJ

Anulação de ato por fraude contra Credores. Impossibilidade .... 195 Súm-STJ

Competência. Execução por carta. Juízo deprecante .... 419 Súm-TST

Interpostos anteriormente à Lei n. 10.537/2002. Custas. Recolhimento. Agravo de petição .... 53 OJTr-TST

Mandado de segurança. Desconstituição da penhora. Cumulação 54 OJ2-TST

Meação .... 134 Súm-STJ

Promessa de compra e venda .... 621 Súm-STF

Sociedade por cotas .... 184 Súm-TRF

União .... 34 Súm-TRF

EMBARGOS DO DEVEDOR

Execução por carta precatória .... 32 Súm-TRF

Competência .... 46 Súm-STJ

EMBARGOS INFRINGENTES

Ação rescisória .... 295 Súm-STF

Mandado de segurança .... 294 Súm-STF

Recurso extraordinário .... 296 Súm-STF

EMPREGADO DOMÉSTICO

Preposto .... 377 Súm-TST

EMPREITEIRO

Dono da obra. Responsabilidade solidária ou subsidiária 191 OJ1-TST

EMPRESA EM LIQUIDAÇÃO EXTRAJUDICIAL

Deserção configurada. Ausência de pagamento de custas e/ou depósito recursal .... 86 Súm-TST

Execução. Créditos trabalhistas 143 OJ1-TST

Juros de mora. Sucessão trabalhista 408 OJ1-TST

Juros. Correção monetária .... 304 Súm-TST

Minascaixa. Legitimidade passiva *ad causam* . 37 OJTr-TST

EMPRESA PÚBLICA

Estabilidade. Servidor público celetista .... 390 II Súm-TST

Ministério Público do Trabalho. Ilegitimidade para recorrer 237 OJ1-TST

Ministério Público do Trabalho. Legitimidade para recorrer. Sociedade de economia mista e empresa pública. Contrato nulo 338 OJ1-TST

PIS. Competência da Justiça do Trabalho .... 82 Súm-TRF

ENGENHEIRO

Perícia. Adicional de insalubridade e periculosidade 165 OJ1-TST

ENQUADRAMENTO FUNCIONAL

Prescrição total .... 275 II Súm-TST

ENQUADRAMENTO SINDICAL

Dissídio coletivo. Categoria diferenciada. Incompetência material da Justiça do Trabalho . 9 TST-SDC

ENTIDADE DE DIREITO PRIVADO

Ver Pessoa Jurídica de Direito Privado

ENTIDADE DE DIREITO PÚBLICO

Ver Pessoa Jurídica de Direito Público

ENTIDADE SINDICAL

Dissídio coletivo contra empresa. Legitimação. Autorização dos trabalhadores diretamente envolvidos no conflito .... 19 TST-SDC

Dissídio coletivo. Pauta reivindicatória não registrada em ata. Causa de extinção .... 8 TST-SDC

Edital de convocação da AGT. Disposição estatutária específica. Prazo mínimo entre a publicação e a realização da assembleia. Observância obrigatória .... 35 TST-SDC

Empregados de entidades sindicais. Estabelecimento de condições coletivas de trabalho distintas daquelas às quais sujeitas as categorias representadas pelos empregadores. Impossibilidade jurídica .... 37 TST-SDC

Legitimidade *ad causam*. Correspondência entre as atividades exercidas pelos setores profissional e econômico envolvidos no conflito .... 22 TST-SDC

Legitimidade *ad causam*. Sindicato representativo de segmento profissional ou patronal... 23 TST-SDC

Legitimidade *ad processum*. Registro no Ministério do Trabalho .... 15 TST-SDC

EQUIPARAÇÃO SALARIAL

Quadro de carreira. Preterição .... 127 Súm-TST

ERRO DE FATO

Ação rescisória. Contradição entre fundamentação e parte dispositiva do julgado. Cabimento 103 OJ2-TST

Ação rescisória. Erro de fato. Caracterização . 136 OJ2-TST

ESTABILIDADE

Art. 41 da CF/1988. Servidor público celetista. Administração direta, autárquica ou fundacional .... 390 I Súm-TST

Art. 41 da CF/1988. Servidor público celetista. Empresa pública e sociedade de economia mista .... 390 II Súm-TST

Dirigente sindical .... 197 Súm-STF

Mandado de segurança. Dirigente sindical. Art. 494 da CLT. Aplicável 137 OJ2-TST

ESTABILIDADE PROVISÓRIA

Ação rescisória. CIPA. Suplente. Decisão rescindenda anterior à Súmula n. 339. Matéria constitucional 6 OJ2-TST

Ação rescisória. Período eleitoral. Decisão rescindenda anterior à Orientação Jurisprudencial n. 51 .... 23 OJ2-TST

Ação rescisória. Reintegração. Indenização. Período estabilitário exaurido 24 OJ2-TST

Ação trabalhista ajuizada após o término do período de garantia no emprego. Abuso do exercício do direito de ação 399 OJ1-TST

Acidentado. Acordo homologado. Violação do art. 118 da Lei n. 8.213/91 .... 31 TST-SDC

Acidente do trabalho. Auxílio-doença. Pressupostos. Doença profissional. Relação de causalidade .... 378 II Súm-TST

Acidente do trabalho. Constitucionalidade .... 378 I Súm-TST

Acidente ou doença profissional. Instrumento normativo. Vigência 41 OJ1-TST

Dirigente sindical. Despedida. Falta grave. Inquérito judicial .... 379 Súm-TST

Doença profissional. Atestado médico. INSS. Exigência prevista em instrumento normativo 154 OJ1-TST

Mandado de segurança. Dirigente sindical. Art. 494 da CLT. Aplicável 137 OJ2-TST

Mandado de Segurança. Reintegração liminarmente concedida 142 OJ2-TST

Mandado de segurança. Reintegração liminarmente concedida. Dirigente sindical 65 OJ2-TST

Mandado de segurança. Reintegração liminarmente concedida. Estabilidade provisória prevista em lei ou norma coletiva 64 OJ2-TST

Pedido de reintegração. Salário relativo ao período estabilitário exaurido. Julgamento *extra petita* .... 396 II Súm-TST

Período estabilitário exaurido. Reintegração. Efeitos financeiros .... 396 I Súm-TST

ESTADOS E MUNICÍPIOS

Representação irregular. Autarquia................. 318 OJ1-TST

ESTAGIÁRIO

Representação regular. Habilitação posterior . 319 OJ1-TST

ETIQUETA ADESIVA

Agravo de instrumento. Traslado. Ausência de certidão de publicação. Etiqueta adesiva imprestável para aferição da tempestividade .. 284 OJ1-TST

EXCEÇÃO DE INCOMPETÊNCIA

Ação rescisória. Decadência. Prazo recursal. Prorrogação. Impossibilidade .... 100 VIII Súm-TST

EXCEÇÃO DE PRÉ-EXECUTIVIDADE

Execução fiscal .... 393 Súm-STJ

EXECUÇÃO

Ação de cumprimento fundada em decisão normativa que sofreu posterior reforma, quando já transitada em julgado a sentença condenatória. Coisa julgada 277 OJ1-TST

Ação rescisória. Ação cautelar para suspender execução. Juntada de documento indispensável sável 76 OJ2-TST

Ação rescisória. Ação cautelar para suspender execução da decisão rescindenda. Pendência de trânsito em julgado da ação rescisória principal. Efeitos... 131 OJ2-TST

Ação rescisória. Art. 485, IV, do CPC. Ofensa a coisa julgada. Necessidade de fixação de tese na decisão rescindenda 101 OJ2-TST

Ação rescisória. Decisão rescindenda de mérito. Sentença declaratória de extinção de execução. Satisfação da obrigação 107 OJ2-TST

Ação rescisória. Descontos legais. Sentença omissa. Coisa julgada .... 401 Súm-TST

Ação rescisória. Interpretação do sentido e alcance do título executivo. Inexistência de ofensa à coisa julgada 123 OJ2-TST

Ação rescisória. Multa. Art. 920 do Código Civil. Limitação. Decisão rescindenda em execução 30b OJ2-TST

Ação rescisória. Planos econômicos. Coisa julgada. Limitação à data-base na fase de execução 35 OJ2-TST

Admissibilidade. Recurso de revista .... 266 Súm-TST
Bem alienado fiduciariamente .... 242 Súm-TRF
Bens penhorados .... 44 Súm-TRF
Carta precatória .... 32, 33 Súm-TRF

Carta precatória. Embargos de terceiro. Juízo deprecante .... 419 Súm-TST

Certidão negativa ou positiva com efeito negativo. Recusa. Débito tributário .... 446 Súm-STJ

Coisa julgada. Planos econômicos. Limitação à data-base. Fase de execução........................ 262 OJ1-TST

Competência residual. Justiça do Trabalho. Período anterior. Lei n. 8.112/1990. Limitação. Período celetista 138 OJ1-TST

Competência. Execução por carta. Embargos de terceiro. Juízo deprecante .... 419 Súm-TST

Depósito recursal. Garantia do juízo .... 128 II Súm-TST
Dívida ativa... 34 Súm-TRF
Embargos.. 196 Súm-TRF

Embargos. Admissibilidade. Divergência jurisprudencial .... 433 Súm-TST

Empresa em liquidação extrajudicial. Créditos trabalhistas.. 143 OJ1-TST

Entidade de direito público. Exploração de atividade eminentemente econômica 87 OJ1-TST

Fazenda Pública. Cabimento de execução por título extrajudicial .... 279 Súm-STJ

Mandado de segurança. Cooperativa em liquidação extrajudicial. Execução. Suspensão 53 OJ2-TST

Mandado de segurança. Desconstituição da penhora. Cumulação. Embargos de terceiro... 54 OJ2-TST

Mandado de segurança. Execução definitiva. Pendência de recurso extraordinário ou de agravo de instrumento................................... 56 OJ2-TST

Mandado de segurança. Penhora em dinheiro. Execução definitiva .... 417 I Súm-TST

Mandado de segurança. Penhora em dinheiro. Execução definitiva. Depósito. Banco .... 417 II Súm-TST

Mandado de segurança. Penhora em dinheiro. Execução provisória .... 417 III Súm-TST

Mandado de segurança. Penhora. Carta de fiança bancária... 59 OJ2-TST

Mandado de segurança. Penhora. Renda mensal ou faturamento de estabelecimento comercial 93 OJ2-TST

Mandado de segurança. Tópicos e valores não especificados no agravo de petição.......... 416 Súm-TST

Pendência de Recurso extraordinário ou agravo .... 228 Súm-STF

Penhora em dinheiro. Ordem de nomeação de bens... 417 Súm-STJ

Penhora. Bens de pessoa jurídica de direito privado. Sucessão. União ou Estado-membro Execução.. 343 OJ1-TST

Penhora. Cédula de crédito rural. Cédula de crédito industrial 226 OJ1-TST

Plano Collor. Correção monetária. Índice de 84,32%... 54 OJTr-TST

Precatório. Crédito trabalhista. Pequeno valor... 1 OJPL-TST

Precatório. Limitação da condenação imposta pelo título judicial exequendo à data do advento da Lei n. 8.112/90............................... 6 OJPL-TST

Precatório. Pequeno valor. Individualização do crédito apurado. Reclamação trabalhista plúrima. Execução direta contra a Fazenda Pública. Possibilidade..................................... 9 OJPL-TST

Precatório. Revisão de cálculos. Limites da competência do Presidente do TRT .... 2 OJPL-TST
Precatório. Sequestro .... 3 OJPL-TST
Remição na execução trabahista .... 458 Súm-STF
Trabalhista. Correção monetária. Juros 300 OJ1-TST
Valor de Alçada .... 245 Súm-TRF

EXECUÇÃO FISCAL
Cabimento de honorários advocatícios .... 519 Súm-STF
Citação por edital .... 414 Súm-STJ
Exceção de pré-excutividade. .... 393 Súm-STJ
Massa falida .... 400 Súm-STJ
Prescrição de ofício .... 409 Súm-STJ
Segundo leilão. Lanço inferior a avaliação ..... 128 Súm-STJ
Sócio-gerente. Dissolução irregular .... 435 Súm-STJ

EXIBIÇÃO JUDICIAL
Livros comerciais. Medida preventiva .... 390 Súm-STF
Multa cominatóiria. Não cabimento .... 372 Súm-STJ

EXPOSIÇÃO PERMANENTE E INTERMITENTE
Adicional de periculosidade. Exposição eventual .... 364 I Súm-TST

EXPURGOS INFLACIONÁRIOS
FGTS. Multa de 40%. Diferenças decorrentes dos expurgos inflacionários. Prescrição. Termo inicial 344 OJ1-TST

EXTINÇÃO DO PROCESSO
Ação cautelar. Efeito suspensivo ao recurso ordinário em mandado de segurança. Incabível. Ausência de interesse 113 OJ2-TST

F

FAC-SÍMILE
Dies a quo .... 387 III Súm-TST
Prazo. Apresentação dos originais .... 387 II Súm-TST
Tempestividade .... 387 I Súm-TST

FALÊNCIA
Execução e bens penhorados .... 44 Súm-TRF
Restituição de dinheiro .... 417 Súm-STF

FALTA AO SERVIÇO
Comparecimento como parte na Justiça do Trabalho .... 155 Súm-TST

FALTA GRAVE
Abandono de emprego. Ajuizamento de inquérito. Decadência .... 62 Súm-TST
Dirigente sindical. Despedida. Inquérito judicial .... 379 Súm-TST

FATO SUPERVENIENTE
Fato constitutivo, modificativo ou extintivo do direito. Aplicação de ofício .... 394 Súm-TST

FAZENDA PÚBLICA
Ação monitória .... 339 **Súm-STJ**
Ação rescisória. Decisão contrária à Fazenda Pública .... 303 II Súm-TST
Condenação .... 45 Súm-STJ
Decisão contrária à Fazenda Pública . Condenação que não ultrapassa 60 (sessenta) salários mínimos. Matéria superada por decisão plenária do STF ou por súmula ou orientação jurisprudencial do TST .... 303 I Súm-TST
Depósito prévio dos honorários de perito ...... 232 Súm-STJ
Fazenda Pública .... 240 Súm-TRF
Interrupção do prazo. Prescrição .... 383 Súm-STF
Juros moratórios .... 255 Súm-STF
Mandado de segurança. Fazenda Pública prejudicada pela concessão da ordem .... 303 III Súm-TST
Precatório. Crédito trabalhista. Pequeno valor .... 1 OJPL-TST
Precatório. Juros de mora. .... 7 OJPL-TST
Precatório. Pequeno valor. Individualização do crédito apurado. Reclamação trabalhista plúrima. Execução direta contra a Fazenda Pública. Possibilidade .... 9 OJPL-TST
Precatório. Revisão de cálculos. Limites da competência do Presidente do TRT .... 2 OJPL-TST
Precatório. Sequestro .... 3 OJPL-TST
Substituição bem penhorado .... 406 Súm-STJ

FÉRIAS
Não gozadas por necessidade do serviço. Pagamento .... 125 Súm-STJ
Forenses. Prazos judiciais .... 105 Súm-TRF

FGTS
Competência. Execução fiscal. Justiça Federal 349 Súm-STJ
Custas. CEF. Não isenção .... 462 Súm-STJ
Incidência sobre parcelas prescritas .... 206 Súm-TST
Levantamento dos valores relativos ao PIS/PASEP. Falecimento do titular da conta .... 161 Súm-STJ
Movimentação. Competência .... 82 Súm-STJ
Multa de 40%. Diferenças decorrentes dos expurgos inflacionários. Não recolhido. Correção. TR .... 459 Súm-STJ
Multa de 40%. Diferenças dos expurgos inflacionários. Prescrição. Interrupção decorrente de protestos judiciais 370 OJ1-TST
Prescrição. Termo inicial 344 OJ1-TST
Prescrição .... 362 Súm-TST
Prescrição trintenária. Cobrança .... 210 Súm-STJ
Prescrição. Juros progressivos .... 398 Súm-STJ
Taxa progressiva de juros .... 154 Súm-STJ

FISCALIZAÇÃO TRIBUTÁRIA OU PREVIDENCIÁRIA

Exame dos livros comerciais. Possibilidade.... 439 Súm-STF

FORMA DE CÁLCULO

Descontos fiscais. Valor total da condenação . 368 II Súm-TST

Descontos previdenciários. Cálculo mês a mês................ 368 III Súm-TST

FORO

Cláusula. Validade .... 335 Súm-STF

FRAUDE

Ação rescisória. Colusão. Reclamatória simulada extinta 94 OJ2-TST

Cisão parcial de empresa. Responsabilidade solidária. PROFORTE .... 30 OJTr-TST

Contra credores. Embargos de terceiro. Impossibilidade de anulação de ato .... 195 Súm-STJ

Execução... 375 Súm-STJ

FUNDAMENTOS DE RESCINDIBILIDADE

Ação rescisória. Contradição entre fundamentação e parte dispositiva do julgado. Cabimento. Erro de fato...................................... 103 OJ2-TST

Ação rescisória. Fundamento para invalidar confissão. Confissão ficta. Inadequação do enquadramento no art. 485, VIII, do CPC...... 404 Súm-TST

Ação rescisória. Sentença homologatória de acordo. Dolo da parte vencedora em detrimento da vencida. Art. 485, III, do CPC. Inviável .. 403 II Súm-TST

Ação rescisória. Violação de lei. Decisão rescindenda por duplo fundamento. Impugnação parcial 112 OJ2-TST

Ação rescisória. Violação do art. 5º, II, LIV e LV, da CF/1988. Princípios da legalidade, do devido processo legal, do contraditório e da ampla defesa 97 OJ2-TST

Recurso. Apelo que não ataca os fundamentos da decisão recorrida .... 422 Súm-TST

FUNGIBILIDADE RECURSAL

Agravo inominado ou agravo regimental. Interposição em face de decisão colegiada. Não cabimento. Erro grosseiro.............................. 412 OJ1-TST

Embargos declaratórios. Efeito modificativo. Decisão monocrática do relator. Agravo. Art. 557 do CPC .... 421II Súm-TST

Indeferimento liminar de ação rescisória ou mandado de segu-rança em despacho monocrático. Recurso para o TST. Recebimento como agravo regimental 69 OJ2-TST

G

GARANTIA DE EMPREGO

Suplente. Estabilidade provisória. Garantia de emprego a partir da CF/88 .... 399 I Súm-TST

GESTANTE

Estabilidade. Renúncia ou transação de direitos constitucionais... 30 TST-SDC

GRATIFICAÇÃO

Adicionais. Indenização................................. 459 Súm-STF

De Natal. Contribuição previdenciária. Incidência .... 688 Súm-STF

GRATIFICAÇÃO DE NÍVEL SUPERIOR. SUFRAMA

Ação rescisória. Extensão aos servidores celetistas exercentes de atividade de nível superior 26 OJ2-TST

GRATIFICAÇÃO JUBILEU

BANRISUL. Prescrição................................... 27 OJTr-TST

GRATIFICAÇÃO NATALINA

Ver Décimo Terceiro Salário

GRATIFICAÇÃO SEMESTRAL

Congelamento. Prescrição parcial.................. 373 Súm-TST

GREVE

Abusiva. Não gera efeitos .... 10 TST-SDC

Ação possessória. Competência. Justiça do Trabalho.. 23 SV-STF

Competência dos Tribunais para declará-la abusiva... 29 PN-TST

Competência. Justiça do Trabalho. Abusividade .... 189 Súm-TST

Imprescindibilidade de tentativa direta e pacífica da solução do conflito. Etapa negocial prévia .... 11 TST-SDC

Qualificação jurídica. Ilegitimidade ativa *ad causam* do sindicato profissional que deflagra o movimento.. 12 TST-SDC

Serviços essenciais. Garantia das necessidades inadiáveis da população usuária. Fator determinante da qualificação jurídica do movimento.. 38 TST-SDC

GRUPO ECONÔMICO

Bancário. Venda de papéis ou valores mobiliários... 93 Súm-TST

Empregado de empresa de processamento de dados. Enquadramento como bancário .... 239 Súm-TST

H

HABEAS CORPUS

Depositário. Termo de depósito não assinado pelo paciente. Necessidade de aceitação do encargo. Prisão civil.. 89 OJ2-TST

Penhora sobre coisa futura. Prisão. Depositário infiel 143 OJ2-TST

HABEAS DATA

Não cabimento. Não recusa da autoridade administrativa. Informações .... 02 Súm-STJ

HABILITAÇÃO PROFISSIONAL

Representação regular. Estagiário. Habilitação posterior 319 OJ1-TST

HABITUALIDADE

Acordo nos autos de dissídio coletivo. Extensão. Partes não subscreventes .... 2 TST-SDC

Acordo. Estabilidade do acidentado. Violação do art. 118 da Lei n. 8.213/91 .... 31 TST-SDC

HOMOLOGAÇÃO

Justiça do Trabalho. Acordo extrajudicial ...... 34 TST-SDC

Rescisão contratual. Taxa. Ilegalidade .... 16 TST-SDC

Quadro de carreira. Equiparação salarial .... 6 I Súm-TST

HOMOLOGAÇÃO DE ACORDO

Ver acordo

HOMOLOGAÇÃO JUDICIAL

Poder normativo do TST. Condições de trabalho. Inconstitucionalidade. Decisões contrárias ao STF .... 190 Súm-TST

Mandado de segurança. Recusa à homologação de acordo. Inexistência de direito líquido e certo .... 418 Súm-TST

HONORÁRIOS ADVOCATÍCIOS

Ação de acidente do trabalho .... 234 Súm-STF

Ação de indenização. Danos morais e materiais. Acidente de trabalho. Doença profissional. Ajuizamento perante a justiça comum antes da promulgação EC n. 45/2004. Posterior remessa dos autos à Justiça do Trabalho. Incidência 421 OJ1-TST

Ação rescisória. Condenação ao pagamento. Incabível .... 219 II Súm-TST

Acordos e transaçõe anteriores à Lei 9.469/97. Repartição .... 488 Súm-STJ

Art. 133 da CF/1988 .... 329 Súm-TST

Assistência judiciária. Declaração de pobreza. Comprovação 304 OJ1-TST

Base de cálculo. Valor líquido 348 OJ1-TST

Cabimento .... 219 Súm-TST

Correção monetária .... 14 Súm-STJ

Defensoria Pública .... 421 Súm-STJ

Dispensa de pedido expresso .... 256 Súm-STF

Em salário mínimo. Vedação .... 201 Súm-STJ

Execução fiscal. Cabimento .... 519 Súm-STF

Hipótese de cabimento .... 219 I Súm-TST

Mandado de segurança .... 512 Súm-STF;
 105 Súm-STJ

Multa contratual. Admissibilidade .... 616 Súm-STF

Prestações vincendas nas ações previdenciárias .... 111 Súm-STJ

Requisitos. Justiça do Trabalho 305 OJ1-TST

Sucumbência. Omissão. Trânsito em julgado . 453 Súm-STJ

HONORÁRIOS PERICIAIS

Assistente .... 341 Súm-TST

Atualização monetária 198 OJ1-TST

Beneficiário da justiça gratuita. Responsabilidade da União pelo pagamento 387 OJ1-TST

Depósito prévio. Obrigação da Fazenda Pública .... 232 Súm-STJ

Mandado de segurança. Cabimento. Exigência do depósito prévio dos honorários periciais. Incompatibilidade com o processo do trabalho 98 OJ2-TST

HORAS EXTRAS

Ação rescisória. Banco do Brasil. AP e ADI ou AFR. Decisão rescindenda anterior à Orientação Jurisprudencial n. 17 .... 5 OJ2-TST

Imposto de Renda. Indenização .... 463 Súm-STJ

Ônus da prova quanto ao período não abrangido pela prova oral ou documental. Deferimento por presunção. Possibilidade 233 OJ1-TST

Ônus da prova .... 338 Súm-TST

Pré-contratadas e suprimidas. Prescrição total .... 199 Súm-TST

Prescrição total. Adicional de horas extras. Incorporação 242 OJ1-TST

Reconhecimento em juízo. Dedução/abatimento dos valores comprovadamente pagos no curso do contrato de trabalho 415 OJ1-TST

I

IDENTIDADE FÍSICA

Do juiz .... 222 Súm-STF

Do juiz. Inexistência do princípio .... 217 Súm-TRF

IMPOSSIBILIDADE JURÍDICA DO PEDIDO

Ação rescisória. Sentença. Substituição por acórdão regional .... 192 III Súm-TST

IMPOSSIBILIDADE JURÍDICA DO PEDIDO

Ação rescisória. Decisão rescindenda. Agravo de instrumento. Não-substituição .... 192 IV Súm-TST

Ação rescisória. Decisão rescindenda. Preclusão declarada. Formação da coisa julgada formal 134 OJ2-TST

Ação rescisória. Manifesto e inescusável equívoco no direcionamento. Inépcia da inicial. Extinção do processo 70 OJ2-TST

Ação rescisória. Sentença. Substituição por acórdão regional .... 192 III Súm-TST

Dissídio coletivo contra pessoa jurídica de direito público .... 5 TST-SDC

IMPOSTO DE RENDA

Ação rescisória. Descontos legais. Fase de execução. Sentença omissa. Coisa julgada ..... 401 Súm-TST

Ação rescisória. Desligamento incentivado. Abono pecuniário 19 OJ2-TST

Base de cálculo. Juros de mora. Não integração 400 OJ1-TST

Competência da Justiça do Trabalho. .... 368 Súm-TST

Descontos legais. Sentenças trabalhistas. Incidência sobre o valor total da condenação e calculados ao final .... 368 Súm-TST

Descontos legais. Sentenças trabalhistas .... 368 Súm-TST

Indenização. Danos morais. Não incidência... 498 Súm-STJ

Indenização. Horas extras................................ 463 Súm-STJ

Isenção. Indenização. Férias............................ 386 Súm.STJ

IMUNIDADE DE JURISDIÇÃO

Organização ou organismo internacional...... 416 OJ1-TST

INCOMPETÊNCIA

Absoluta. Prequestionamento. Pressuposto de recorribilidade em apelo de natureza extraordinária, ainda que a matéria seja de incompetência absoluta 62 OJ1-TST

Originária do STJ. Mandado de segurança impetrado contra órgão colegiado presidido por Ministro de Estado.. 177 Súm-STJ

Relativa .... 33 Súm-STJ

INDENIZAÇÃO

Ação rescisória. Estabilidade provisória. Reintegração. Período estabilitário exaurido 24 OJ2-TST

Aposentadoria espontânea. Período anterior à opção pelo FGTS.. 259 Súm-TST

Dano moral. Correção monetária .... 362 Súm-STJ

Dano moral. Dano estético. Cumulatividade.. 387 Súm-STJ

Dano moral. Imposto de Renda. Não incidência .... 498 Súm-STJ

Dano moral. Valor. Embargos de Divergência. Incabível .... 420 Súm-STJ

Gestante. Estabilidade provisória. Desconhecimento do estado gravídico............................ 244 I Súm-TST

Gestante. Estabilidade provisória. Reintegração 244 II Súm-TST

Gratificações. Adicionais .... 459 Súm-STF

Imagem da pessoa... 403 Súm-STJ

Imposto de Renda. Horas extras..................... 463 Súm-STJ

Indenização... 82 Súm-TRF

Não-fornecimento. Guias. Seguro-desemprego. Competência da Justiça do Trabalho .... 389 I Súm-TST

Programa de incentivo à demissão voluntária. Imposto de renda.. 207 OJ1-TST

Substitutiva. Guias. Seguro-desemprego. Não-fornecimento... 389 II Súm-TST

INDENIZAÇÃO EM DOBRO

Conversão. Reintegração .... 28 Súm-TST

ÍNDICE DE CORREÇÃO MONETÁRIA

Execução trabalhista... 300 OJ1-TST

FGTS. Índice de correção. Débitos trabalhistas 302 OJ1-TST

INÉPCIA DA INICIAL

Ação rescisória. Manifesto e inescusável equívoco no direcionamento. Inépcia da inicial. Extinção do processo.. 70 OJ2-TST

INQUÉRITO JUDICIAL

Decadência. Abandono de emprego .... 62 Súm-TST

Dirigente sindical. Despedida. Falta grave ..... 379 Súm-TST

Prazo de decadência .... 403 Súm-STF

INSALUBRIDADE

Perícia. MTE.. 460 Súm-STF

INSS

Mandado de segurança. Tempo de serviço. Averbação e/ou reconhecimento..................... 57 OJ2-TST

INSTRUÇÃO NORMATIVA

Agravo de instrumento. Acórdão do TRT não assinado. Interposição anterior à Instrução Normativa n. 16/1999...................................... 52 OJTr-TST

INSTÂNCIA

Absolvição. Paralisação do processo............... 216 Súm-STF

INSTRUMENTO NORMATIVO

Adicional de periculosidade. Proporcionalidade prevista em norma coletiva .... 364 Súm-TST

Atestado médico. INSS. Doença profissional.. 154 OJ1-TST

Categoria diferenciada. Abrangência. Empresa não foi representada por órgão de classe de sua categoria .... 374 Súm-TST

Cópia não-autenticada. Documento comum às partes. Validade 36 OJ1-TST

Multa. Cumulação de ações............................. 262 Súm-TST

Multa. Convencional. Cobrança..................... 384 Súm-TST

INTEGRAÇÃO SALARIAL

Horas extras. Habitualidade. Integração não limitada a duas horas diárias .... 376 II Súm-TST

INTERESSE DE AGIR

Ação cautelar. Efeito suspensivo ao recurso ordinário em mandado de segurança. Incabível. Ausência de interesse. Extinção............... 113 OJ2-TST

Intervenção assistencial. Interesse jurídico .... 82 Súm-TST

INTIMAÇÃO

Ação rescisória. Vício de intimação da decisão rescindenda. Ausência da formação da coisa julgada material. Carência de ação .... 299 IV Súm-TST

Custas. Ausência de intimação. Deserção.......	27 TST-SDC
Da sentença. Não juntada a ata ao processo. Contagem. Prazo para recurso........................	30 Súm-TST
Do cálculo. Prazo para pagamento das custas processuais...	53 Súm-TST
Na sexta-feira. Contagem. Prazo judicial	1 Súm-TST
Na 6ª feira. Prazo judicial..............................	310 Súm-STF
Prazo judicial. Notificação ou intimação em sábado..	262 I Súm-TST
Pluralidade de advogados. Publicação em nome de advogado diverso daquele expressamente indicado. Nulidade	427 Súm-TST
Recesso forense. Férias coletivas. Suspensão. Prazo recursal. RITST, art. 177, § 1º..............	262 II Súm-TST

IRRETROATIVIDADE DA LEI

Impossibilidade da entidade estatal de invocar...	654 Súm-STF

ISONOMIA SALARIAL

Salário normativo. Contrato de experiência. Limitação. Tempo de serviço	25 TST-SDC

J

JORNADA DE TRABALHO

40 horas. Salário-hora. Divisor 200	431 Súm-TST
Horas extras. Cartões de ponto. Registro de horários de entrada e saída invariáveis. Invalidade	338 III Súm-TST
Horas extras. Juntada de cartões de ponto. Ausência injustificada. Presunção relativa......	338 I Súm-TST
Horas extras. Presunção de veracidade. Previsão em instrumento coletivo. Elisão...............	338 II Súm-TST

JUIZ

Identidade física...	222 Súm-STF
Impedimento. Ação rescisória	252 Súm-STF

JUÍZO DE ADMISSIBILIDADE

Agravo de instrumento. Juízo de admissibilidade *ad quem*	282 OJ1-TST
Recurso de revista. Admis-sibilidade parcial pelo Juiz-Presidente do TRT. Apreciação integral pela Turma do TST. Interposição de agravo de instrumento....................................	285 Súm-TST

JUÍZO

Deprecado..	33 Súm-TRF
Deprecante...	32 Súm-TRF
Deprecante. Competência. Execução por carta. Embargos de terceiro	419 Súm-TST

JULGAMENTO *CITRA PETITA*

Ação rescisória..	41 OJ2-TST

JUNTADA DE DOCUMENTOS

Ação rescisória. Ação cautelar para suspender execução	76 OJ2-TST
Ação rescisória. Petição inicial. Ausência da decisão rescindenda e/ou da certidão de seu trânsito em julgado devidamente autenticadas. Peças essenciais. Arguição de ofício. Extinção do processo sem julgamento do mérito	84 OJ2-TST
Ação rescisória. Prova do trânsito em julgado da decisão rescindenda	299 Súm-TST
Fase recursal..	8 Súm-TST
Mandato. Art. 37 do CPC. Inaplicável na fase recursal	383 I Súm-TST
Mandato. Cláusula fixando prazo para juntada	395 Súm-TST
Não juntada a ata ao processo. Contagem. Prazo para recurso	30 Súm-TST

JULGAMENTO *EXTRA PETITA*

Inexistência. Estabilidade provisória. Pedido de reintegração. Concessão do salário relativo ao período de estabilidade já exaurido	396 II Súm-TST

JUROS

Ações relativas a benefícios previdenciários...	204 Súm-STJ
Art. 1º-F da lei n. 9.494, de 10.09.1997. Inaplicabilidade à Fazenda Pública quando condenada subsidiariamente	382 OJ1-TST
Atualização monetária. Danos morais. Termo inicial...	439 Súm-TST
BNCC...	10 OJTr-TST
Contagem a partir da citação.........................	163 Súm-STF
Correção monetária. Liquidação extrajudicial	304 Súm-TST
Correção monetária. Omissão. Pedido inicial. Inclusão na liquidação....................................	211 Súm-TST
Empresa em liquidação extrajudicial. Sucessão trabalhista..	408 OJ1-TST
Execução trabalhista. Correção monetária. Juros...	300 OJ1-TST
Fazenda Pública...	255 Súm-STF
Imposto de renda. Base de cálculo. Não integração	400 OJ1-TST
Incidência	200 Súm-TST
Irretroatividade do Decreto-lei n. 2.322/1987	307 Súm-TST
Justiça do Trabalho	224 Súm-STF
Liquidação	254 Súm-STF
Precatório...	17 SV-STF
Precatório. Fazenda Pública	7 OJPl-TST
Reais a 12% ano. Aplicabilidade condicionada à lei complementar	648 Súm-STF
Reais a 12%. Limitação. Condicionada à edição de lei complementar................................	7 SV-STF

JUSTIÇA DO TRABALHO

Acordo extrajudicial. Homologação	34 TST-SDC
Ação rescisória..	338 Súm-STF

Competência. Ação de indenização de danos morais e patrimoniais. Acidente do trabalho..   22 SV-STF

Competência. Ação possessória. Direito de greve ....   23 SV-STF

Competência. Normas de Segurança, Higiene e Medicina do Trabalho ....   736 Súm-STF

Jus postulandi...   425 Súm-TST

JUSTIÇA ESTADUAL

Ação de cobrança. Profissional liberal. Cliente. Competência..   363 Súm-STJ

JUSTIÇA FEDERAL

Competência. Execução fiscal. Contribuições FGTS..   349 Súm-STJ

Competência. RFFSA. União...........................   365 Súm-STJ

Justiça Estadual. Continência.........................   489 Súm-STJ

JUSTIÇA GRATUITA

Declaração de insuficiência econômica. Mandato. Poderes específicos................................   331 OJ1-TST

Honorários periciais. Responsabilidade da União pelo pagamento......................................   387 OJ1-TST

Pessoa jurídica sem fins lucrativos..................   481 Súm-STJ

Requerimento de isenção de despesas processuais. Momento oportuno 269 OJ1-TST

L

LEGITIMIDADE

Ação rescisória. Ministério Público. Legitimidade *ad causam* ....   407 Súm-TST

Ação rescisória. Réu sindicato. Substituto processual na ação originária. Legitimidade passiva *ad causam*. Inexistência de litisconsórcio passivo necessário ....   406 II Súm-TST

Disputa por titularidade de representação. Incompetência da Justiça do Trabalho ....   4 TST-SDC

Dissídio coletivo contra empresa. Legitimação da entidade sindical. Autorização dos trabalhadores diretamente envolvidos no conflito...   19 TST-SDC

Dissídio coletivo. Categoria diferenciada. Enquadramento sindical. Incompetência material da Justiça do Trabalho ....   9 TST-SDC

Dissídio coletivo. Pauta reivindicatória não registrada em ata. Causa de extinção..............   8 TST-SDC

Greve. Qualificação jurídica. Ilegitimidade ativa *ad causam* do sindicato profissional que deflagra o movimento......................................   12 TST-SDC

Legitimidade *ad causam* do sindicato. Correspondência entre as atividades exercidas pelos setores profissional e econômico envolvidos no conflito ....   22 TST-SDC

Legitimidade *ad causam*. Sindicato representativo de segmento profissional ou patronal...   23 TST-SDC

Minascaixa. Legitimidade passiva *ad causam*. Empresa em organização extrajudicial ....   37 OJTr-TST

Ministério Público. Empresa pública. Sociedade de economia mista. Ausência de interesse público..   237 OJ1-TST

Petromisa. Sucessão. Petrobras........................   48 OJTr-TST

Prescrição. Ministério Público. Arguição. *Custos legis*...   130 OJ1-TST

Substituição processual. Sindicato. Diferença. Adicional de insalubridade........................   121 OJ1-TST

LEGITIMIDADE PROCESSUAL

Sindicato. Legitimidade *ad processum*. Registro no Ministério do Trabalho........................   15 TST-SDC

LEILÃO

Execução fiscal. Lanço inferior à avaliação ....   128 Súm-STJ

LICENÇA-PRÊMIO

Competência originária do STF......................   731 Súm-STF

LIMINAR

Ver Medida liminar

LIMITAÇÃO

Descontos autorizados no salário pelo trabalhador. 70% do saláriobase ....   18 TST-SDC

Estabilidade provisória. Número de dirigentes sindicais. Recepcionada pela CF/88 ....   369 II Súm-TST

Salário normativo. Contrato de experiência. Tempo de serviço. Possibilidade.....................   25 TST-SDC

LIMITAÇÃO À DATA-BASE

Coisa julgada. Planos econômicos. Limitação à data-base. Fase de execução........................   262 OJ1-TST

Coisa julgada. Planos econômi-cos. Limitação à data-base. Fase de execução 35 OJ2-TST

LIQUIDAÇÃO

Juros moratórios ....   254 Súm-STF

Sentença. Coisa julgada ....   344 Súm-STJ

LIQUIDAÇÃO EXTRAJUDICIAL

BNCC. Juros ....   10 OJTr-TST

Correção monetária..   304 Súm-TST

Mandado de segurança. Coo-perativa em liquidação extrajudicial. Execução. Suspensão   53 OJ2-TST

LITISCONSÓRCIO

Ação rescisória. Litisconsórcio. Necessário no pólo passivo e facultativo no ativo ....   406 I Súm-TST

Ação rescisória. Réu sindicato. Substituto processual na ação ori-ginária. Legitimidade passiva *ad causam*. Inexistência de litisconsórcio passivo necessário ....   406 II Súm-TST

Procuradores distintos. Prazo em dobro. Art. 191 do CPC. Inaplicável ao processo do trabalho..   310 OJ1-TST

LIVROS COMERCIAIS

Ação judicial .... 260 Súm-STF

Exibição judicial. Medida preventiva .... 390 Súm-STF

M

MANDADO DE SEGURANÇA

Ação cautelar. Efeito suspensivo ao recurso ordinário em mandado de segurança. Incabível. Ausência de interesse. Extinção 113 OJ2-TST

Alçada. Inaplicável .... 365 Súm-TST

Antecipação de tutela. Sentença superveniente. Perda de objeto .... 414 III Súm-TST

Ato de autoridade com competência delegada 510 Súm-STF

Ato do Presidente do STF .... 506 Súm-STF

Ato jurídico passível de recurso .... 267 Súm-STF

Autenticação de cópias pelas secretarias dos tribunais regionais do trabalho para formação do agravo de instrumento. Requerimento indeferido 91 OJ2-TST

Autoridade Previdenciária .... 216 Súm-TRF

Cabimento. Ação rescisória. Art. 485, IV, do CPC. Ação de cumprimento. Ofensa à coisa julgada emanada de sentença normativa modificada em grau de recurso .... 397 Súm-TST

Cabimento. Alteração, de ofício, do valor da causa. Majoração das custas processuais 88 OJ2-TST

Cabimento. Esgotamento de todas as vias processuais disponíveis. Trânsito em julgado formal 99 OJ2-TST

Cabimento. Exigência do depó-sito prévio dos honorários periciais. Incompatibilidade com o processo do trabalho 98 OJ2-TST

Cabimento. Existência de recurso próprio 92 OJ2-TST

Cabimento. Reintegração concedida em ação cautelar 63 OJ2-TST

Cabimento. RO para o TST. Prazo .... 200 Súm-TST

Coisa julgada .... 268 Súm-STF

Coletivo. Entidade de classe. Impetração a favor dos seus associados .... 629 Súm-STF

Competência do STF. Atos de outros tribunais 624 Súm-STF

Competência do STJ. Atos de outros tribunais 41 Súm-STJ

Competência do TRT .... 433 Súm-STF

Concessão. Controvérsia sobre matéria de direito .... 625 Súm-STF

Cooperativa em liquidação extrajudicial. Execução. Suspensão 53 OJ2-TST

Custas. Recurso ordinário 148 OJ2-TST

Decadência. Contagem. Efetivo ato coator 127 OJ2-TST

Decisão de TRT. Incompetência originária do TST .... 4 OJPL-TST

Decisão denegatória. Ação própria .... 304 Súm-STF

Decisão homologatória de adjudicação 66 OJ2-TST

Descabimento de agravo regimental contra concessão de liminar .... 622 Súm-STF

Desconstituição da penhora. Cumulação. Embargos de terceiro 54 OJ2-TST

Dirigente sindical. Art. 494 da CLT. Aplicável 137 OJ2-TST

Efeito suspensivo em medida cautelar. Juízo de admissibilidade. Competência do STF .... 634 Súm-STF

Embargos de infringência .... 169 Súm-STJ

Embargos Infringentes .... 294 Súm-STF

Entidade de classe. Legitimação. Pretensão que atende parte da categoria .... 630 Súm-STF

Execução definitiva. Pendência de recurso extraordinário ou de agravo de instrumento .. 56 OJ2-TST

Execução. Tópicos e valores não especificados no agravo de petição .... 416 Súm-TST

Extinção. Não citação do litisconsorte passivo necessário .... 631 Súm-STF

Fungibilidade recursal. Indeferimento liminar de ação rescisória ou mandado de segurança em despacho monocrático. Recurso para o TST. Recebimento como agravo regimental 69 OJ2-TST

Honorários advocatícios .... 512 Súm-STF; 105 Súm-STJ

Honorários advocatícios em recurso extraordinário em matéria trabalhista. Indevidos ...... 633 Súm-STF

Impetração contra a nomeação de magistrado. Competência do Presidente da República 627 Súm-STF

Impetração por terceiro. Não condicionamento à interposição de recurso .... 202 Súm-STJ

INSS. Tempo de serviço. Averbação e/ou reconhecimento 57 OJ2-TST

Integrante de lista de candidatos a vaga em tribunal. Parte legítima .... 628 Súm-STF

Interposição de Recurso Ordinário. Deserção. Custas. Exigência do Pagamento. Comprovação 148 OJ2-TST

Lei em tese .... 266 Súm-STF

Liminar obstativa da transferência do empregado 67 OJ2-TST

Litígios trabalhistas .... 95 Súm-TRF

Mandado de Segurança contra liminar, concedida ou denegada em outra segurança. Incabível 140 OJ2-TST

Mandado de Segurança. Antecipação de tutela (ou liminar) concedida antes ou na sentença.. 414 III Súm-TST

Medida cautelar. Juízo de admissibilidade. Presidente do tribunal de origem. Competência .... 635 Súm-STF

Não cabimento. Antecipação de tutela concedida na sentença. Efeito suspensivo. Existência de ação própria .... 414 I Súm-TST

Pedido de reconsideração. Não interrupção do prazo .... 430 Súm-STF

Penhora em dinheiro. Execução definitiva ..... 417 I Súm-TST

Penhora em dinheiro. Execução definitiva. Depósito. Banco. CPC, art. 666, I .... 417 II Súm-TST

Penhora em dinheiro. Execução provisória.... 417 III Súm-TST

Penhora. Carta de fiança bancária 59 OJ2-TST

Penhora. Parte da renda de estabelecimento comercial 93 OJ2-TST

Prazo de decadência. Constitucionalidade da lei .... 632 Súm-STF

Prazo do recurso de concessão. Publicação do acórdão .... 392 Súm-STF

Precatório. Processamento e pagamento. Natureza administrativa. Cabimento .... 10 OJPl-TST

Proibição de prática de atos futuros. Sentença genérica. Evento futuro. Ocorrência incógnita. Incabível. 143 OJ2-TST

Prova documental pré-constituída .... 415 Súm-TST

Recurso administrativo com efeito suspensivo 429 Súm-STF

Recurso ordinário. Cabimento. Decisão regional proferida em agravo regimental contra liminar em ação cautelar ou em mandado de segurança 100 OJ2-TST

Reintegração liminarmente concedida. Dirigente sindical 65 OJ2-TST

Reintegração liminarmente concedida. Estabilidade provisória prevista em lei ou norma coletiva 64 OJ2-TST

Remessa *ex officio* .... 303 Súm-TST

Vigência de suspensão de liminar .... 626 Súm-STF

Visando à concessão de liminar ou homologação de acordo .... 418 Súm-TST

MANDATO

Agravo de instrumento. Traslado. Mandato tácito. Ata de audiência 286 OJ1-TST

Art. 37 do CPC. Inaplicável na fase recursal .. 383 I Súm-TST

Cláusula com ressalva de vigência. Prorrogação até o final da demanda .... 395 I Súm-TST

Cláusula fixando prazo para juntada .... 395 II Súm-TST

Contrato social. Juntada 255 OJ1-TST

Expresso. Ausência de poderes para substabelecer .... 395 III Súm-TST

Irregularidade de representação. Substabelecimento anterior à procuração .... 395 IV Súm-TST

Juntada de nova procuração. Ausência de ressalva. Efeitos 349 OJ1-TST

Justiça gratuita. Declaração de insuficiência econômica. Poderes específicos 331 OJ1-TST

Procuração. Juntada .... 164 Súm-TST

Procurador autárquico. Desnecessidade de apresentação .... 644 Súm-STF

Procurador da União, Estados, Municípios e Distrito Federal, suas autarquias e fundações públicas. Procuração 52 OJ1-TST

Regularização. Fase recursal .... 383 II Súm-TST

Representação irregular. Procuração apenas nos autos de agravo de instrumento 110 OJ1-TST

MANDATO TÁCITO

Agravo de instrumento. Traslado. Ata de audiência 286 OJ1-TST

Substabelecimento inválido 200 OJ1-TST

MASSA FALIDA

Deserção desconfigurada. Ausência de pagamento de custas e/ou depósito recursal .... 86 Súm-TST

Execução fiscal .... 400 Súm-STJ

Multa e dobra salarial .... 388 Súm-TST

Serviços a ela prestados. Créditos. Privilégios 219 Súm-STJ

MATÉRIA ADMINISTRATIVA

Precatório. Processamento e pagamento. Natureza administrativa. Mandado de segurança. Cabimento .... 10 OJPl-TST

Precatório. Remessa necessária. Não cabimento .... 8 OJPl-TST

Recurso em matéria administrativa. Prazo. Órgão Colegiado. Oito dias .... 11 OJPl-TST

Remessa *ex officio*. Mandado de segurança concedido. Impetrante e terceiro interessado pessoas de direito privado. Incabível, ressalvadas as hipóteses de matéria administrativa, de competência do Órgão Especial .... 303 Súm-TST

MATÉRIA CONSTITUCIONAL

Ação rescisória. Salário profissional. Fixação. Múltiplo de salário mínimo 71 OJ2-TST

Mandado de Segurança. Reintegração liminarmente concedida 142 OJ2-TST

MATÉRIA CONTROVERTIDA

Ação rescisória. Banco do Brasil. AP e ADI ou AFR. Horas extras. Decisão rescindenda anterior à Orientação Jurisprudencial n. 17 ... 5 OJ2-TST

Ação rescisória. Correção monenetária. Universidades federais. Plano de classificação de cargos. Implantação tardia 11 OJ2-TST

Ação rescisória. Desligamento incentivado. Imposto de renda. Abono pecuniário 19 OJ2-TST

Ação rescisória. Estabilidade provisória. Período eleitoral. Decisão rescindenda anterior à Orientação Jurisprudencial n. 51 .... 23 OJ2-TST

Ação rescisória. Matéria controvertida. Limite temporal. Data de inserção em Orientação Jurisprudencial do TST .... 83 II Súm-TST

Ação rescisória. Multa. Art. 920 do Código Civil. Decisão rescindenda anterior à Orientação Jurisprudencial n. 54 .... 30 OJ2-TST

Ação rescisória. Planos econômicos. CPC, art. 485, V. Decisão rescindenda anterior à Súmula n. 315. Petição inicial. Indicação expressa 34 OJ2-TST

Ação rescisória. Reajustes bimestrais e quadrimestrais 39 OJ2-TST

Ação rescisória. Violação literal de lei. Norma infraconstitucional .... 83 I Súm-TST

Banespa. Complementação de aposentadoria. Ação rescisória. Decisão rescindenda anterior à Súmula n. 313 .... 8 OJ2-TST

Conab. Estabilidade regulamentar. Aviso DI-REH 02/1984. Ação rescisória. Decisão rescindenda anterior à Súmula n. 355 .... 9 OJ2-TST

MATÉRIA FÁTICA

Ver Reexame de Fatos e Provas

MATÉRIA INFRACONSTITUCIONAL

Ação rescisória. Prazo prescricional. Total ou parcial. Violação do art. 7º, XXIX, da CF/88 .. 409 Súm-TST

MEAÇÃO

Embargos de terceiro .... 134 Súm-STJ

MÉDICO

Perícia. Adicional de insalubridade e periculosidade... 165 OJ1-TST

MÉDIA TRIENAL

Banco do Brasil. Cálculo complementação aposentadoria.. 18 III OJ1-TST

Complementação de aposentadoria. Banco do Brasil. Sucumbência. Inversão .... 32 OJTr-TST

MEDIDA CAUTELAR

Ver Ação Cautelar

MEDIDA LIMINAR

Ação rescisória. Pedido liminar de suspensão da execução. Petição inicial. Fase recursal. Cabível... 405 I Súm-TST

Mandado de Segurança. Antecipação de tutela (ou liminar) concedida antes ou na sentença.. 414 III Súm-TST

Mandado de segurança. Visando à concessão de liminar ou homologação de acordo .... 418 Súm-TST

MEDIDA PROVISÓRIA

Ação rescisória. Decadência. Pessoa jurídica de direito público. Ampliação do prazo. Não--consumação anterior à Medida Provisória n. 1.577/1997. CPC, art. 495. Suspensão pelo STF em sede liminar de ação direta de inconstitucionalidade (ADIn 1753-2) 12 OJ2-TST

Ação rescisória. Decadência. Pessoa jurídica de direito público. Ampliação do prazo. Consumação anterior à Medida Provisória n. 1.577/1997.. 12 II OJ2-TST

Autenticação de documentos. Pessoa jurídica de direito público... 134 OJ1-TST

Não apreciada pelo Congresso Nacional. Prazo de reedição de 30 dias .... 651 Súm-STF

Recebimento como medida acautelatória em ação rescisória do pedido de antecipação de tutela formulado por entidade pública em recurso ordinário, visando a suspender a execução até o trânsito em julgado da decisão proferida na ação principal............................... 3 OJ2-TST

MENOR

Ações conexas. Competência. Foro .... 383 Súm-STJ

MICRO E PEQUENA EMPRESA

Preposto .... 377 Súm-TST

MINASCAIXA

Legitimidade passiva *ad causam*. Empresa em liquidação extrajudicial .... 37 OJTr-TST

MINERAÇÃO MORRO VELHO

Adicional de insalubridade. Base de cálculo. Acordo coletivo. Prevalência .... 4 OJTr-TST

MINISTÉRIO DO TRABALHO

Sindicato. Legitimidade *ad processum*. Registro no Ministério do Trabalho....................... 15 TST-SDC

Acordo extrajudicial. Homologação. Justiça do Trabalho.. 34 TST-SDC

MINISTÉRIO PÚBLICO

Ação rescisória. Decadência. *Dies a quo* do prazo. Colusão das partes .... 99 VI Súm-TST

Ação rescisória. Legitimidade *ad causam* .... 407 Súm-TST

Ilegitimidade para recorrer. Interesse patrimonial privado, inclusive de empresas públicas e sociedades de economia mista 237 OJ1-TST

Legitimidade .... 99 Súm-STJ

Legitimidade para recorrer. Ação de acidente do trabalho... 226 Súm-STJ

Legitimidade para recorrer. Sociedade de economia mista e empresa pública. Contrato nulo.. 338 OJ1-TST

Nulidade do contrato de trabalho não suscitada pelo ente público no momento da defesa. Arguição em parecer. Impossibilidade 350 OJ1-TST

Prescrição. Arguição. *Custos legis*. Ilegitimidade. 130 OJ1-TST

MORA

Rescisão indireta. Pagamento os salários em audiência... 13 Súm-TST

MULTA

Ação rescisória. Multa. Art. 920 do Código Civil. Decisão rescindenda anterior à Orientação Jurisprudencial n. 54 .... 30a OJ2-TST

Ação rescisória. Multa. Art. 920 do Código Civil. Limitação. Decisão rescindenda em execução 30b OJ2-TST

Art. 477 da CLT. Contagem do prazo 162 OJ1-TST

Art. 477 da CLT. Massa falida .... 388 Súm-TST

Art. 477 da CLT. Pessoa jurídica de direito público... 238 OJ1-TST

Art. 557, § 2º, do CPC. Recolhimento. Pressuposto recursal. Pessoa jurídica de direito público. Exigibilidade 389 OJ1-TST

Cobrança. Instrumento normativo. Repetição de texto legal .... 384 II Súm-TST

Cominatória. Não cabimento. Exibição de documentos Contratual mais honorários advocatícios .... 616 Súm-STF

FGTS. Multa de 40%. Diferenças decorrentes dos expurgos inflacionários. Responsabilidade pelo pagamento 341 OJ1-TST

Litigância de má-fé. Recolhimento. Pressuposto recursal. Inexigibilidade 409 OJ1-TST

Obrigação de fazer. Intimação pessoal .... 410 Súm-STJ

N

NATUREZA JURÍDICA
Dissídio coletivo. Interpretação de norma de caráter genérico .... 7 TST-SDC

NEGATIVA DE PRESTAÇÃO JURISDICIONAL
Complementação de aposentadoria. Banco do Brasil. Sucumbência. Inversão .... 32 OJTr-TST

NEGOCIAÇÃO PRÉVIA
Greve. Imprescindibilidade de tentativa direta e pacífica da solução do conflito .... 11 TST-SDC

NORMA COLETIVA
Ação de cumprimento. Trânsito em julgado da sentença normativa .... 246 Súm-TST

Admissibilidade indevida da revista por divergência jurisprudencial. Lei estadual, norma regulamentar. Conhecimento dos embargos por divergência .... 147 II OJ1-TST

Categoria profissional diferenciada. Vantagens previstas em norma coletiva. Abrangência. Empresa não foi representada por órgão de classe de sua categoria .... 374 Súm-TST

Eficácia. Ultratividade .... 277 Súm-TST

Empregados de entidades sindicais. Estabelecimento de condições coletivas de trabalho distintas daquelas às quais sujeitas as categorias representadas pelos empregadores. Impossibilidade jurídica .... 37 TST-SDC

Lei estadual, regulamento de empresa. Art. 896, 'b', da CLT. Conhecimento de recurso por divergência .... 147 I OJ1-TST

Mandado de segurança. Reintegração liminarmente concedida. Estabilidade provisória prevista em lei ou norma coletiva 64 OJ2-TST

Recurso contra sentença normativa. Efeito suspensivo. Cassação .... 279 Súm-TST

NORMA DE CARÁTER GENÉRICO
Dissídio coletivo. Natureza jurídica. Interpretação .... 7 TST-SDC

Dissídio coletivo. Categoria diferenciada. Enquadramento sindical. Incompetência material da Justiça do Trabalho .... 9 TST-SDC

NORMA REGULAMENTAR
Ação declaratória. Complementação de aposentadoria 276 OJ1-TST

Admissibilidade indevida da revista por divergência jurisprudencial. Lei estadual, norma coletiva. Conhecimento dos embargos por divergência .... 147 II OJ1-TST

Banco do Brasil. Complementação de aposentadoria. Proporcionalidade .... 18 IV OJ1-TST

Conab. Estabilidade regulamentar. Decisão rescindenda anterior à Súmula n. 355 .... 9 OJ2-TST

Lei estadual. Norma coletiva. Art. 896, 'b', da CLT. Conhecimento de recurso por divergência .... 147 I OJ1-TST

NOTIFICAÇÃO
Prazo judicial. Notificação ou intimação em sábado .... 262 I Súm-TST

Recebimento. Ônus da prova .... 16 Súm-TST

Recesso forense. Férias coletivas. Suspensão. Prazo recursal .... 62 II Súm-TST

NULIDADE
Ação rescisória. Concurso público anulado posteriormente. Aplicação da Súmula n. 363 . 128 OJ2-TST

Contribuições para entidades sindicais. Inconstitucionalidade. Extensão a não associados 17 TST-SDC

Empregados sindicalizados. Admissão preferencial. Violação do art. 8º, V, da CF/88 .... 20 TST-SDC

Estabilidade da gestante. Renúncia ou transação de direitos constitucionais .... 30 TST-SDC

Estabilidade provisória. Pedido de reintegração. Salário relativo ao período estabilitário exaurido. Inexistência de julgamento *extra petita* .... 396 II Súm-TST

Ministério Público do Trabalho. Nulidade do contrato de trabalho não suscitada pelo ente público no momento da defesa. Arguição em parecer. Impossibilidade 350 OJ1-TST

O

OBRIGAÇÃO DE FAZER
Multa. Intimação pessoal .... 410 Súm-STJ

OBRIGAÇÃO DE TRATO SUCESSIVO
Prescrição quinquenal. Fazenda Pública .... 85 Súm-STJ

OFENSA À COISA JULGADA
Ver Coisa Julgada

OFICIAL DE JUSTIÇA

Ad hoc. Vínculo empregatício 164 OJ1-TST

ÔNUS DA PROVA

Horas extras. Cartões de ponto. Registro de horários de entrada e saída invariáveis. Invalidade .... 338 III Súm-TST

Horas extras. Juntada de cartões de ponto. Ausência injustificada. Presunção relativa...... 338 I Súm-TST

Horas extras. Presunção de veracidade. Previsão em instrumento coletivo. Elisão............... 338 II Súm-TST

Recebimento da notificação........................... 16 Súm-TST

Vale-transporte. Ônus................................... 215 OJ1-TST

ORGANIZAÇÃO OU ORGANISMO INTERNACIONAL

Imunidade de jurisdição.............................. 416 OJ1-TST

P

PARTE DISPOSITIVA

Ação rescisória. Contradição entre fundamentação e parte dispositiva do julgado. Cabimento. Erro de fato..................................... 103 OJ2-TST

PAUTA REIVINDICATÓRIA

Dissídio coletivo. Pauta reivindicatória não registrada em ata. Causa de extinção.............. 8 TST-SDC

Reivindicações da categoria. Fundamentação das cláusulas. Aplicação do Precedente Normativo n. 37 do TST .... 32 TST-SDC

PEÇA ESSENCIAL

Agravo de instrumento. Acórdão do TRT não assinado. Interposição anterior à Instrução Normativa n. 16/1999..................................... 52 OJTr-TST

Agravo de instrumento. Traslado realizado pelo agravado.. 283 OJ1-TST

Agravo de instrumento. Traslado. Carimbo do protocolo do recurso ilegível 285 OJ1-TST

Agravo de instrumento. Traslado. Etiqueta adesiva. Aferição da tempestividade 284 OJ1-TST

Agravo de instrumento. Traslado. Mandato tácito. Ata de audiência 286 OJ1-TST

Edital de convocação e ata da assembleia geral. Requisitos essenciais para instauração de dissídio coletivo.. 29 TST-SDC

Reivindicações da categoria. Fundamentação das cláusulas. Aplicação do Precedente Normativo n. 37 do TST .... 32 TST-SDC

PEDIDO CERTO E DETERMINADO

Vício da sentença ilíquida............................. 318Súm-STJ

PEDIDO DE PROVIDÊNCIA

Decisão de agravo regimental interposto em pedido de providência. Recurso ordinário. Descabimento... 5 OJPL-TST

PENHORA

Certificado de Quitação e Regularidade .... 38 Súm-TRF

Depositário. Recusa..................................... 319 Súm-STJ

Dinheiro. Execução. Ordem de nomeação de bens.. 417 Súm-STJ

Estabelecimento comercial. Legítima .... 451 Súm-STJ

Execução de sentença. Crédito trabalhista. Cédula de crédito rural. Cédula de crédito industrial. Penhorabilidade 226 OJ1-TST

Garantia de instância.................................... 38 Súm-TRF

Habeas Corpus. Penhora sobre coisa futura. Prisão. Depositário infiel 143 OJ2-TST

Imóvel residencial único locado. Impenhorabilidade.. 486 Súm-STJ

Mandado de segurança. Carta de fiança bancária 59 OJ2-TST

Mandado de segurança. Desconstituição da penhora. Cumulação. Embargos de terceiro... 54 OJ2-TST

Mandado de segurança. Penhora em dinheiro. Execução definitiva .... 417 I Súm-TST

Mandado de segurança. Penhora em dinheiro. Execução definitiva. Depósito. Banco .... 417 II Súm-TST

Mandado de segurança. Penhora em dinheiro. Execução provisória .... 417 III Súm-TST

Renda mensal ou faturamento de estabelecimento comercial. Mandado de segurança 93 OJ2-TST

PERÍCIA

Adicional de insalubridade. Agente nocivo diverso do apontado na inicial .... 293 Súm-TST

Adicional de insalubridade. Limpeza em residências e escritórios..................................... 4 II OJ1-TST

Adicional de insalubridade. Local de trabalho desativado... 278 OJ1-TST

Adicional de insalubridade. Necessidade de classificação da atividade insalubre na relação oficial elaborada pelo Ministério do Trabalho, não bastando a constatação por laudo pericial 4 I OJ1-TST

Engenheiro ou médico. Adicional de insalubridade e periculosidade................................. 165 OJ1-TST

Honorários do assistente técnico. Responsabilidade .... 341 Súm-TST

Insalubridade... 460 Súm-STF

Mandado de segurança. Cabimento. Exigência do depósito prévio dos honorários periciais. Incompatibilidade com o processo do trabalho e com a Súmula n. 236 .... 98 OJ2-TST

PESSOA JURÍDICA DE DIREITO PRIVADO

Domicílio. Agência ou estabelecimento. Ajuizamento da ação .... 363 Súm-STF

Penhora. Sucessão. União ou Estado-membro. Execução 343 OJ1-TST

Remessa ex officio. Mandado de segurança concedido. Impetrante e terceiro interessado pessoas de direito privado .... 303 Súm-TST

PESSOA JURÍDICA DE DIREITO PÚBLICO

Ação rescisória. Decadência. Ampliação do prazo. Consumação anterior à Medida Provisória n. 1.577/1997	12 OJ2-TST
Ação rescisória. Decadência. Pessoa jurídica de direito público. Ampliação do prazo. Não consumação anterior à Medida Provisória n. 1.577/1997. Suspensão pelo STF em sede liminar de ação direta de inconstitucionalidade (ADIn 1753-2)	12 OJ2-TST
Custas. Comprovação de recolhimento. DARF eletrônico	158 OJ1-TST
Dissídio coletivo. Impossibilidade jurídica.....	5 TST-SDC
Documentos. Autenticação	134 OJ1-TST
Embargos declaratórios. Prazo em dobro	192 OJ1-TST
Equiparação salarial. Quadro de carreira homologado	6 I Súm-TST
Execução	343 OJ1-TST
Execução. Exploração de atividade econômica	87 OJ1-TST
Multa. CLT, art. 477	238 OJ1-TST
Penhora. Bens de pessoa jurídica de direito privado. Sucessão. União ou Estado-membro. Precatório. Crédito trabalhista. Pequeno valor	1 OJPL-TST
Precatório. Juros de mora. Fazenda Pública...	7 OJPl-TST
Precatório. Pequeno valor. Individualização do crédito apurado. Reclamação trabalhista plúrima. Execução direta contra a Fazenda Pública. Possibilidade	9 OJPl-TST
Precatório. Revisão de cálculos. Limites da competência do Presidente do TRT	2 OJPL-TST
Precatório. Sequestro	3 OJPL-TST
Recebimento como medida acautelatória em ação rescisória do pedido de antecipação de tutela formulado por entidade pública em recurso ordinário, visando a suspender a execução até o trânsito em julgado da decisão proferida na ação principal	405 Súm-TST
Remessa *ex officio*. Ação rescisória. Decisões contrárias a entes públicos	303 Súm-TST
Remessa *ex officio*. Alçada. Decisão contrária a ente público	303 Súm-TST
Remessa *ex officio*. Mandado de segurança. Decisões proferidas pelo TRT e favoráveis a ente público	303 Súm-TST
Remessa *ex officio*. Recurso de revista. Inexistência de recurso ordinário voluntário de ente público	334 OJ1-TST
Revelia	152 OJ1-TST

PETIÇÃO INICIAL

Ação rescisória. Causa de pedir. Ausência de capitulação ou capitulação errônea no art. 485 do CPC. Princípio *iura novit curia*	408 Súm-TST
Ação rescisória. Petição inicial. Ausência da decisão rescindenda e/ou da certidão de seu trânsito em julgado devidamente autenticadas. Peças essenciais. Arguição de ofício. Extinção do processo sem julgamento do mérito	84 OJ2-TST
Ação rescisória. Prova do trânsito em julgado da decisão rescindenda	299 I Súm-TST
Adicional de insalubridade. Agente nocivo diverso do apontado na inicial	293 Súm-TST
Indeferimento. Instrução obrigatória deficiente	263 Súm-TST
Juros da mora e correção monetária. Independência do pedido inicial e do título executivo judicial	211 Súm-TST
Mandado de segurança. Prova documental pré-constituída	415 Súm-TST

PIS

Ausência de indicação na guia de depósito recursal	264 OJ1-TST
Competência da Justiça do Trabalho. Cadastramento no PIS	300 Súm-TST; 82 Súm-TRF
PIS/PASEP. Levantamento dos valores. Falecimento do titular da conta	161 Súm-STJ

PLANO COLLOR

Coisa julgada. Limitação à database na fase de execução	262 OJ1-TST
Execução. Correção monetária. Índice de 84,32%	54 OJTr-TST
Planos econômicos. Prescrição total	243 OJ1-TST

PLANO CRUZADO

Coisa julgada. Limitação à data-base na fase de execução	262 OJ1-TST
Planos econômicos. Prescrição total	243 OJ1-TST

PLANO DE CARGOS E SALÁRIOS

Diferenças salariais. Descumprimento. Critérios de promoção não observados. Prescrição parcial	404 OJ1-TST

PLANO DE CLASSIFICAÇÃO

Ação rescisória. Correção monetária. Lei n. 7.596/1987. Universidades federais	11 OJ2-TST

PLANOS ECONÔMICOS

Ação rescisória. Ação cautelar incidental	1 OJ2-TST
Ação rescisória. Coisa julgada. Limitação à data-base na fase de execução	35 OJ2-TST
Ação rescisória. Decisão rescindenda anterior à Súmula n. 315. Petição inicial	34 OJ2-TST
Ação rescisória. Reajustes bimestrais e quadrimestrais	39 OJ2-TST
Coisa julgada. Limitação à data-base na fase de execução	262 OJ1-TST
Indicação expressa	34 OJ2-TST
Plano Collor. Execução. Correção monetária. Índice de 84,32%	54 OJTr-TST
Prescrição total	243 OJ1-TST

PLANO VERÃO

Coisa julgada. Limitação à database na fase de execução 262 OJ1-TST

Planos econômicos. Prescrição total 243 OJ1-TST

PODER NORMATIVO

Constitucionalidade. Decisões contrárias. STF .... 190 Súm-TST

PORTUÁRIOS

Adicional de risco 316 OJ1-TST

Submissão prévia de demanda a comissão paritária. Inexigibilidade 391 OJ1-TST

PRAZO

Ação rescisória. Certidão de trânsito em julgado. Descompasso com a realidade. Presunção relativa de veracidade .... 100 IVSúm-TST

Ação rescisória. Decadência. Não esgotamento das vias recursais. Prazo legal do recurso extraordinário 145 OJ2-TST

Ação rescisória. Decadência. Pessoa jurídica de direito público. Ampliação do prazo 12 OJ2-TST

Ação rescisória. Decadência. Sentença homologatória de acordo. Momento do trânsito em julgado .... 100 VSúm-TST

Ação rescisória. Deserção. Depósito recursal. Prazo .... 99 Súm-TST

Ação rescisória. Início do prazo para apresentação da contestação 146 OJ2-TST

Ação rescisória. Interrupção. Decadência. União Federal 18 OJ2-TST

Ação rescisória. Prova do trânsito em julgado da decisão rescindenda .... 299 Súm-TST

Ação rescisória. Prova do trânsito em julgado da decisão rescindenda. Prazo para juntada .... 299 IISúm-TST

Agravo de instrumento. Traslado. Ausência de certidão de publicação. Etiqueta adesiva imprestável para aferição da tempestividade 284 OJ1-TST

Agravo de instrumento. Traslado. Carimbo do protocolo do recurso ilegível 285 OJ1-TST

Aviso prévio indenizado. Prescrição 83 OJ1-TST

Aviso prévio .... 380 Súm-TST

Contagem. Prescrição quinquenal .... 308 I Súm-TST

Custas processuais. Marco inicial .... 53 Súm-TST

Decadência. *Dies a quo*. Recurso deserto 80 OJ2-TST

Decadência. Representação de inconstitucionalidade .... 360 Súm-STF

Decadencial. Abandono de emprego. Inquérito .... 62 Súm-TST

Decadencial. Ação rescisória. *Dies ad quem*. Prazo. Prorrogação .... 100 IXSúm-TST

Decadencial. Ação rescisória. Exceção de incompetência 100VIIISúm-TST

Decadencial. Ação rescisória. Trânsito em julgado. Última decisão proferida na causa .... 100 I Súm-TST

Decadencial. Contagem. Ação rescisória .... 100 I-Súm-TST

Depósito recursal. Interposição antecipada do recurso .... 245 Súm-TST

Edital de convocação da AGT. Disposição estatutária específica. Prazo mínimo entre a publicação e a realização da assembleia .... 35 TST-SDC

Em dobro. Embargos declaratórios. Pessoa jurídica de direito público 192 OJ1-TST

Em dobro. Sucumbência de um dos litisconsortes. Não contagem .... 641 Súm-STF

Fac-símile. Lei n. 9.800/1999. Aplicável só a recursos interpostos na sua vigência .... 387 I Súm-TST

Fac-símile. Recurso. Contagem do quinquídio. Apresentação dos originais .... 387 IISúm-TST

Férias forense .... 105 Súm-TRF

FGTS. Multa de 40%. Diferenças decorrentes dos expurgos inflacionários. Prescrição. Termo inicial 344 OJ1-TST

Intempestividade. Parágrafo único art. 741. Inaplicabilidade. Sentenças transitadas em julgado anteriores 487

Judicial. Contagem. Intimação na sexta-feira .... 1 Súm-TST

Judicial. Intimação na 6ª feira .... 310 Súm-STF

Judicial. Notificação ou intimação aos sábados .... 262 I Súm-TST

Justiça gratuita. Requerimento de isenção de despesas processuais. Momento oportuno 269 OJ1-TST

Litisconsortes. Procuradores distintos. Prazo em dobro. Art. 191 do CPC. Inaplicável ao processo do trabalho 310 OJ1-TST

Mandado de segurança. Decadência. Contagem. Efetivo ato coator 127 OJ2-TST

Mandato. Art. 37 do CPC. Inaplicável na fase recursal .... 383 I Súm-TST

Mandato. Cláusula com ressalva de vigência. Prorrogação até o final da demanda .... 395 I Súm-TST

Mandato. Cláusula fixando prazo para juntada .... 395 IISúm-TST

Ministério Público do Trabalho. Nulidade do contrato de trabalho não suscitada pelo ente público no momento da defesa. Arguição em parecer. Impossibilidade 350 OJ1-TST

Notificação. Recebimento. Ônus da prova .... 16 Súm-TST

Para saneamento de vício. Petição inicial. Indeferimento. Instrução obrigatória deficiente .... 263 Súm-TST

Prescrição intercorrente .... 114 Súm-TST

Prescrição ou decadência. Interrupção. Demora na citação .... 106 Súm-STJ

Prescrição parcial. Desvio de função .... 275 I Súm-TST

Prescrição parcial. Equiparação salarial .... 6 IX Súm-TST

Prescrição quinquenal. Aplicação imediata .... 308 IISúm-TST

Prescrição total. Enquadramento funcional .... 275 IISúm-TST

Prescrição. Arguição. Momento oportuno .... 153 Súm-TST

Prescricional. Alteração contratual. Trabalhador urbano .... 294 Súm-TST

Prescricional. Complementação de aposentadoria. Diferenças .... 327 Súm-TST

Prescricional. Complementação de aposentadoria .... 326 Súm-TST

Prescricional. FGTS	362 Súm-TST
Prescricional. Interrupção. Demanda trabalhista arquivada	268 Súm-TST
Prescricional. Soma de períodos descontínuos de trabalho	156 Súm-TST
Prescricional. Termo inicial. Ação de cumprimento. Sentença normativa	350 Súm-TST
Prorrogação. Feriado local. Comprovação	385 Súm-TST
Recursal. Assistência. Transcurso do prazo do Ministério Público	448 Súm-STF
Recursal. Contagem. Não juntada a ata ao processo	30 Súm-TST
Recursal. Não interrupção. Embargos de declaração. Decisão denegatória de recurso de revista exarado por presidente do TRT. Descabimento	377 OJ1-TST
Recursal. Publicação da sentença. Ausência da parte à audiência	197 Súm-TST
Recurso adesivo	283 Súm-TST
Recurso em matéria administrativa. Órgão Colegiado. Oito dias	11 OJPl-TST
Recurso intempestivo. Interposição antes da publicação do acórdão impugnado. Não conhecimento	357 OJ1-TST
Recurso ordinário em mandado de segurança	201 Súm-TST
Suspensão. Recesso forense. Férias coletivas	262 II Súm-TST

PRAZO DE VIGÊNCIA

Mandato. Cláusula com ressalva de vigência. Prorrogação até o final da demanda	395 Súm-TST

PRECATÓRIO

Créditos de natureza alimentícia. Preferência	144 Súm-STJ
Crédito trabalhista. Pequeno valor	1 OJPL-TST
Execução. Limitação da condenação imposta pelo título judicial exequendo à data do advento da Lei n. 8.112/90	6 OJPl-TST
Indébito tributário. Compensação	461 Súm-STJ
Juros de mora	17 SV-STF
Juros de mora. Fazenda Pública	7 OJPl-TST
Matéria administrativa. Remessa necessária. Não cabimento	8 OJPl-TST
Pequeno valor. Individualização do crédito apurado. Reclamação trabalhista plúrima. Execução direta contra a Fazenda Pública. Possibilidade	9 OJPl-TST
Procedimento administrativo. Declaração de inexigibilidade do título. Incompetência funcional. Presidente do TRT	12 OJPl-TST
Processamento e pagamento. Natureza administrativa. Mandado de segurança. Cabimento	10 OJPl-TST
Necessidade de sua expedição. Crédito de natureza alimentar. Ordem cronológica	655 Súm-STF
Quebra da ordem de precedência. Sequestro indevido	13 OJPl-TST
Recurso Extraordinário. Descabimento	733 Súm-STF
Revisão de cálculos. Limites da competência do Presidente do TRT	2 OJPL-TST
Sequestro. Emenda Constitucional n. 30/2000. Preterição	3 OJPL-TST

PRECLUSÃO

Ação Rescisória. Decisão rescindenda. Preclusão declarada. Formação da coisa julgada formal. Impossibilidade jurídica do pedido	134 OJ2-TST

PREPOSTO

Empregado	377 Súm-TST
Empregado Doméstico. Micro e pequena empresa	377 Súm-TST
Interposição do recurso após expediente bancário. Dia útil subsequente	484 Súm-STJ
Revelia. Apresentação de atestado médico	122 Súm-TST

PREQUESTIONAMENTO

Ação rescisória. Arguição de incompetência absoluta. Prequestionamento inexigível	124 OJ2-TST
Ação rescisória. Prequestionamento quanto à matéria e ao conteúdo da norma, não necessariamente do dispositivo legal tido por violado	298 II-Súm-TST
Ação rescisória. Sentença homologatória de cálculos. Prequestionamento	298 IV-Súm-TST
Ação rescisória. Violação do art. 37, *caput*, da CF/88. Necessidade de prequestionamento	135 OJ2-TST
Ação rescisória. Violência de lei	198 I-Súm-TST
Ausência. Recurso extraordinário. Embargos declaratórios	56 Súm-STF
Complementação de aposentadoria. Banco do Brasil. Sucumbência. Inversão	32 OJTr-TST
Configuração. Tese explícita	256 OJ1-TST
Decisão regional que adota a sentença	151 OJ1-TST
Oportunidade. Configuração	297 Súm-TST
Pressuposto de recorribilidade em apelo de natureza extraordinária. Necessidade, ainda que a matéria seja de incompetência absoluta	62 OJ1-TST
Questão federal. Voto vencido	320 Súm-STJ
Remessa de ofício. Prequestionamento. Decisão regional que simplesmente confirma a sentença	298 III-Súm-TST
Tese explícita. Referência expressa do dispositivo legal	118 OJ1-TST
Violação nascida na própria decisão recorrida	119 OJ1-TST

PRESCRIÇÃO

Ação de acidente do trabalho	230 Súm-STF
Ação de cobrança. Complementação de aposentadoria	427 Súm-STJ
Ação de cumprimento. Sentença normativa	350 Súm-TST
Ação rescisória. Prazo prescricional. Total ou parcial. Violação do art. 7º, XXIX, da CF/88. Matéria infraconstitucional	409 Súm-TST

Arguição. Momento oportuno	153 Súm-TST
Auxílio-doença. Aposentadoria por invalidez. Suspensão do contrato de trabalho	375 OJ1-TST
Aviso prévio indenizado. Marco inicial	83 OJ1-TST
Bienal. FGTS	362 Súm-TST
Bienal. Regime celetista para estatutário. Extinção do contrato	382 Súm-TST
Decadência. Crédito Tributário	8 SV-STF
Decadência. Inocorrência em caso de demora na citação	106 Súm-STJ
De ofício. Execução fiscal	409 Súm-STJ
Empregado rural. Empresa de reflorestamento	38 OJ1-TST
Fazenda Pública. Interrupção do prazo	383 Súm-STF
FGTS. Incidência sobre parcelas prescritas	206 Súm-TST
FGTS. Juros progressivos	398 Súm-STJ
FGTS. Multa de 40%. Diferenças decorrentes dos expurgos inflacionários. Prescrição. Termo inicial	344 OJ1-TST
Intercorrente. Ação rescisória	264 Súm-STF
Intercorrente. Direito do trabalho	327 Súm-STF
Intercorrente. Inaplicabilidade	114 Súm-TST
Interrupção decorrente de protestos judiciais FGTS. Multa de 40%. Diferenças dos expurgos inflacionários	370 OJ1-TST
Interrupção. Ajuizamento de protesto judicial. Marco inicial	392 OJ1-TST
Interrupção. Demanda trabalhista arquivada	268 Súm-TST
Interrupção. Sindicato. Substituição processual. Legitimidade	359 OJ1-TST
Interrupção. Substituição processual. Sindicato. Legitimidade	359 OJ1-TST
Interrupção. Vistoria	154 Súm-STF
Marco inicial. Ação condenatória. Trânsito em julgado da ação declaratória com mesma causa de pedir remota ajuizada antes da extinção do contrato de trabalho	401 OJ1-TST
Marco inicial. Complementação da pensão e auxílio-funeral	129 OJ1-TST
Marco inicial. Soma de períodos descontínuos de trabalho	156 Súm-TST
Ministério Público. Arguição. *Custos legis*. Ilegitimidade	130 OJ1-TST
Parcial. Complementação de aposentadoria. Diferenças	327 Súm-TST
Parcial. Desvio de função	275 I Súm-TST
Parcial. Equiparação salarial	6 IX Súm-TST
Parcial. Gratificação semestral. Congelamento	373 Súm-TST
Prestações anteriores ao período previsto em lei	443 Súm-STF
Planos econômicos	243 OJ1-TST
Protesto cambiário	153 Súm-STF
Quinquenal. Fazenda Pública. Obrigação de trato sucessivo	85 Súm-STJ
Quinquenal. CF/1988. Aplicação imediata	308 IISúm-TST
Quinquenal. Contagem do prazo	308 I Súm-TST
Rurícola. EC n. 28. Contrato de trabalho em curso	417 OJ1-TST
Rurícola. Processo em curso	271 OJ1-TST
Termo inicial na ação de indenização de segurado previdenciário. Ciência inequívoca da incapacidade laboral	278 Súm-STJ
Total. Adicional de horas extras. Incorporação	242 OJ1-TST
Total. Alteração contratual. Comissões. Supressão	175 OJ1-TST
Total. Alteração contratual. Prestações sucessivas	294 Súm-TST
Total. Bancário. Pré-contratação de serviço suplementar quando da admissão. Supressão.	199 IISúm-TST
Total. Complementação de aposentadoria	326 Súm-TST
Total. Enquadramento funcional	275 IISúm-TST
Total. Substituição dos avanços trienais por quinquênios. CEEE	76 OJ1-TST
Trabalhista. Decisão normativa ou convenção coletiva de trabalho	349 Súm-STF
Vintenária. Ação de indenização contra sociedade de economia mista	39 Súm-STJ
Vintenária. Indenização por defeito da obra	194 Súm-STJ

PRESSUPOSTOS

De constituição. Reivindicações da categoria. Fundamentação das cláusulas. Aplicação do Precedente Normativo n. 37 do TST	32 TST-SDC
Recursal. Multa por litigância de má-fé. Recolhimento. Inexigibilidade	409 OJ1-TST
Recursal. Multa. Art. 557, § 2º, do CPC. Recolhimento. Pressuposto recursal. Pessoa jurídica de direito público. Exigibilidade	389 OJ1-TST

PRINCÍPIO DA LEGALIDADE ADMINISTRATIVA

Ação Rescisória. Violação do art. 37, *caput*, da CF/88. Necessidade de prequestionamento	135 OJ2-TST

PRINCÍPIOS DA LEGALIDADE, DO DEVIDO PROCESSO LEGAL, DO CONTRADITÓRIO E DA AMPLA DEFESA

Ação rescisória. Violação do art. 5º, II, LIV e LV, da CF/1988. Fundamento para desconstituição de decisão judicial transitada em julgado	97 OJ2-TST

PRINCÍPIO *IURA NOVIT CURIA*

Ação rescisória. Petição inicial. Causa de pedir. Ausência de capitulação ou capitulação errônea no art. 485 do CPC	408 Súm-TST

PRISÃO CIVIL

Depositário infiel	25 SV-STF; 419 Súm-STJ
Habeas corpus. Depositário. Termo de depósito não assinado pelo paciente. Necessidade de aceitação do encargo	89 OJ2-TST

Habeas Corpus. Penhora sobre coisa futura. Depositário infiel 143 OJ2-TST

PROCEDIMENTO ADMINISTRATIVO

Precatório. Declaração de inexigibilidade do título. Incompetência funcional. Presidente do TRT .... 12 OJPl-TST

PROCEDIMENTO SUMARÍSSIMO

Agravo de instrumento. Recurso de revista. Processos em curso 260 OJ1-TST

Recurso de Revista fundamentado em contrariedade a Orientação Jurisprudencial. Inadmissibilidade .... 442 Súm-TST

PROCESSO

Paralisação. Absolvição da instância .... 216 Súm-STF

PROCESSO ADMINISTRATIVO

Advogado .... 343 Súm-STJ
Disciplinar. Falta de defesa técnica. Advogado ... 5 SV-STF

PROCESSO DO TRABALHO

Crime de falso testemunho .... 165 Súm-STJ

Litisconsortes. Procuradores distintos. Prazo em dobro. Art. 191 do CPC. Inaplicável ao processo do trabalho.. 310 OJ1-TST

Mandado de segurança. Cabimento. Exigência do depósito prévio dos honorários periciais. Incompatibilidade com o processo do trabalho... 98 OJ2-TST

Prescrição intercorrente. Inaplicabilidade ...... 114 Súm-TST

Recurso adesivo. Pertinência no processo do trabalho. Correlação de matérias .... 283 Súm-TST

PROCESSO ELEITORAL

Competência. Sindicato .... 4 Súm-STJ

PROCURAÇÃO

Agravo de instrumento. Traslado. Mandato tácito. Ata de audiência 286 OJ1-TST

Apenas nos autos de agravo de instrumento. Representação irregular 110 OJ1-TST

Irregularidade de representação. Substabelecimento anterior à procuração....................... 395IVSúm-TST

Juntada... 164 Súm-TST

Justiça gratuita. Declaração de insuficiência econômica. Poderes específicos desnecessários... 331 OJ1-TST

Mandato expresso. Ausência de poderes para substabelecer .... 395 III Súm-TST

Mandato. Cláusula com ressalva de vigência. Prorrogação até o final da demanda .... 395 I Súm-TST

Mandato. Cláusula fixando prazo para juntada ... 395 II Súm-TST

Mandato. Contrato social. Juntada................. 255 OJ1-TST

Mandato. Procurador da União, Estados, Municípios e Distrito Federal, suas autarquias e fundações públicas 52 OJ1-TST

Mandato. Regularização. Fase recursal........... 383 II Súm-TST

Revelia. Ausência da reclamada. Comparecimento de advogado gado munido de procuração .... 122 Súm-TST

PROCURADOR

Litisconsortes. Procuradores distintos. Prazo em dobro. Art. 191 do CPC. Inaplicável ao processo do trabalho.. 310 OJ1-TST

Representação irregular. Autarquia................ 318 OJ1-TST

União, Estados, Municípios e Distrito Federal, suas autarquias e fundações públicas. Representação processual. Instrumento de mandato.. 436 Súm-TST

PROFESSOR

Ação rescisória. Professor-adjunto. Professor-titular. Concurso público 38 OJ2-TST

PROGRAMA DE INCENTIVO À DEMISSÃO VOLUNTÁRIA

Ação rescisória. Imposto de renda. Abono pecuniário.. 19 OJ2-TST

Créditos trabalhistas reconhecidos em juízo. Compensação. Impossibilidade 356 OJ1-TST

PROPORCIONALIDADE

Adicional de periculosidade. Percentual inferior ao legal. Tempo de exposição ao risco. Previsão em instrumento coletivo .... 364II Súm-TST

Portuários. Adicional de risco 316 OJ1-TST

PROVA

Ação rescisória. Art. 485, III, do CPC. Silêncio da parte vencedora acerca de eventual fato que lhe seja desfavorável. Descaracterizado o dolo processual.. 403 Súm-TST

Ação rescisória. Prova do trânsito em julgado da decisão rescindenda .... 299 Súm-TST

Acesso amplo. Procedimento investigatório... 14 SV-STF

Adicional de insalubridade. Perícia. Local de trabalho desativado... 278 OJ1-TST

Anistia... 91 OJ1-TST

Confissão ficta. Produção de prova posterior. Cerceamento de defesa .... 74 II Súm-TST

Comprovação de divergência jurisprudencial ... 337 Súm-TST

Custas. Carimbo do banco 33 OJ1-TST

Custas. DARF eletrônico 158 OJ1-TST

Depósito recursal. Credenciamento bancário. 217 Súm-TST

Depósito recursal. Indicação PIS/PASEP. Desnecessidade 264 OJ1-TST

Documento. Procedência estrangeira .... 259 Súm-STF

Feriado local... 385 Súm-TST

Horas extras. Cartões de ponto. Registro de horários de entrada e saída invariáveis. Invalidade .... 338 III Súm-TST

Horas extras. Juntada de cartões de ponto. Ausência injustificada. Presunção relativa...... 338 I Súm-TST

Horas extras. Ônus da prova quanto ao período não abrangido pela prova oral ou documen-tal. Deferimento por presunção. Possibilidade 233 OJ1-TST

Horas extras. Presunção de veracidade. Previsão em instrumento coletivo. Elisão.............. 338 II Súm-TST

Instrumento normativo. Cópia não autenticada. Documento comum às partes. Validade 36 OJ1-TST

Mandado de segurança. Prova documental pré-constituída... 415 Súm-TST

Ônus. Equiparação salarial .... 6 VIII Súm-TST

Ônus. Notificação. Recebimento .... 16 Súm-TST

Ônus. Rescisão do contrato .... 212 Súm-TST

Princípio da identidade física .... 262 Súm-TRF

Produção. Revel .... 231 Súm-STF

Reexame. Recurso de Revista. Incabível........ 126 Súm-TRF

Reexame. Recurso extraordinário................. 279 Súm-STF

Vale-transporte. Ônus................................... 215 OJ1-TST

Q

QUADRO DE CARREIRA
Competência da Justiça do Trabalho .... 19 Súm-TST

Reclamação. Preterição................................. 127 Súm-TST

QUALIFICAÇÃO JURÍDICA
Greve. Ilegitimidade ativa *ad causam* do sindicato profissional que deflagra o movimento ... 12 TST-SDC

Greve. Serviços essenciais. Garantia das necessidades inadiáveis da população usuária. Fator determinante da qualificação jurídica do movimento... 38 TST-SDC

QUESTÃO PROCESSUAL
Ação rescisória. Sentença de mérito .... 412 Súm-TST

QUITAÇÃO
Ação Rescisória. Acordo homologado. Alcance. Ofensa à coisa julgada 132 OJ2-TST

Validade .... 330 Súm-TST

R

RAZÕES RECURSAIS
Sem assinatura do advogado. Assinada a petição que apresenta o recurso. Validade 120 OJ1-TST

READMISSÃO
Anistia. Efeitos financeiros. ECT 91 OJ1-TST

REAJUSTAMENTO SALARIAL
Ação rescisória. Reajustes bimestrais e quadrimestrais 39 OJ2-TST

Coisa julgada. Planos econômicos. Limitação à data-base. Base de execução........................ 262 OJ1-TST

Planos econômicos. Prescrição total............... 243 OJ1-TST

RECLAMAÇÃO
Correicional. Não cabe recurso ordinário contra decisão de agravo regimental interposto em reclamação correicional..................... 5 OJPL-TST

Supremo Tribunal Federal. Descabimento. Decisão já transitada em julgado .... 734 Súm-STF

RECLAMAÇÃO TRABALHISTA
Ação rescisória. Colusão. Fraude à lei. Reclamatória simulada extinta 94 OJ2-TST

RECONHECIMENTO DE FIRMA
Substabelecimento....................................... 75 OJ1-TST

RECONVENÇÃO
Ação declaratória... 258 Súm-STF

RECURSO ADESIVO
Prazo. Pertinência no processo do trabalho. Correlação de matérias .... 283 Súm-TST

RECURSO ADMINISTRATIVO
Admissibilidade. Depósito prévio. Inconstitucionalidade .... 21 SV-STF

Depósito prévio. Ilegitimidade .... 373 Súm-STJ

Efeito suspensivo. Mandado de segurança ..... 429 Súm-STF

Pressuposto de admissibilidade. Depósito prévio da multa administrativa....................... 424 Súm-TST

RECURSO DE EMBARGOS
Admissibilidade indevida do recurso de revista por divergência jurisprudencial. Lei estadual, norma coletiva ou norma regulamentar. Conhecimento dos embargos. Necessidade de arguição de afronta ao art. 896 da CLT...... 147 II OJ1-TST

Admissibilidade. Invocação de Orientação Jurisprudencial do Tribunal........................... 219 OJ1-TST

Admissibilidade. Pressuposto. Violação legal. Indicação expressa de preceito .... 221 I Súm-TST

Admissibilidade. Violação legal. Interpretação razoável .... 221 II Súm-TST

Cabimento. Arts. 896 e 894, letra "b", da CLT. Reexame de fatos e provas .... 126 Súm-TST

Comprovação de divergência jurisprudencial ... 337 I Súm-TST

Conhecimento. Comprovação da divergência jurisprudencial. Abrangência de todos os fundamentos da decisão recorrida................. 23 Súm-TST

Contrato nulo. Administração pública. Efeitos. Conhecimento do recurso por violação do art. 37, I e § 2º, da CF/1988 .... 335 OJ1-TST

Decisão em agravo regimental e de instrumento.. 353 Súm-TST

Divergência jurisprudencial específica. Interpretação diversa de de idêntico dispositivo legal .... 296 I Súm-TST

Divergência jurisprudencial. Discussão sobre especificidade de jurisprudência trazida no recurso de revista. Alegação de ofensa ao art. 896 da CLT .... 296 IISúm-TST

Divergência jurisprudencial. Repositório autorizado. Validade das edições anteriores à concessão do registro................................. 337 IISúm-TST

Embargos à SDI. Recurso de revista não conhecido quanto aos pressupostos intrínsecos. Necessária a indicação expressa de ofensa ao art. 896 da CLT.. 294 OJ1-TST

Embargos. Recurso não conhecido com base em orientação jurisprudencial. Desnecessário o exame das violações legais e constitucionais alegadas na revista 336 OJ1-TST

Embargos. Revista não conhecida por má aplicação de Súmula ou de orientação jurisprudencial. Exame do mérito pela SDI.......... 295 OJ1-TST

Lei estadual, norma coletiva ou regulamento empresarial. Âmbito de aplicação além TRT prolator da decisão recorrida. Comprovação.. 147 I OJ1-TST

Para SDI. Admissibilidade. Divergência oriunda da mesma Turma do TST 95 OJ1-TST

Preclusão. Omissão. Embargos declaratórios . 184 Súm-TST

Prequestionamento. Oportunidade .... 297 Súm-TST

Recurso adesivo. Pertinência no processo do trabalho. Correlação de matérias..................... 283 Súm-TST

RECURSO DE REVISTA

Admissibilidade indevida do recurso de revista por divergência jurisprudencial. Lei estadual, norma coletiva ou norma regulamentar. Conhecimento dos embargos. Necessidade de arguição de afronta ao art. 896 da CLT...... 147 II OJ1-TST

Admissibilidade parcial pelo Juiz-Presidente do TRT. Apreciação integral pela Turma do TST .... 285 Súm-TST

Admissibilidade. Aresto oriundo do mesmo Tribunal Regional. Inservível ao conhecimento 111 OJ1-TST

Admissibilidade. Decisões superadas por iterativa, notória e atual jurisprudência .... 333 Súm-TST

Admissibilidade. Execução de sentença .... 266 Súm-TST

Admissibilidade. Invocação de Orientação Jurisprudencial do Tribunal............................ 219 OJ1-TST

Admissibilidade. Nulidade por negativa de prestação jurisdicional. Conhecimento por violação. Art. 458 do CPC ou art. 93, IX, da CF/1988... 115 OJ1-TST

Admissibilidade. Pressuposto. Violação legal. Indicação expressa de preceito .... 221 I Súm-TST

Admissibilidade. Violação da lei...................... 221 Súm-TST

Agravo de instrumento. Certidão de publicação do acórdão regional. Comprovação de tempestividade... 18 OJTr-TST

Agravo de instrumento. Juízo de admissibilidade *ad quem* 282 OJ1-TST

Agravo de instrumento. Rito sumaríssimo. Processos em curso...................................... 260 OJ1-TST

Agravo de instrumento. Traslado. Ausência de certidão de publicação. Etiqueta adesiva imprestável para aferição da tempestividade .. 284 OJ1-TST

Aplicação do direito à espécie......................... 457 Súm-STF

Art. 557 do CPC. Aplicação subsidiária. Processo do trabalho .... 435 Súm-TST

Autenticação. Documentos distintos. Despacho denegatório do recurso de revista e certidão de publicação 287 OJ1-TST

Cabimento. Agravo de instrumento .... 218 Súm-TST

Cabimento. Arts. 896 e 894, letra "b", da CLT. Reexame de fatos e provas .... 126 Súm-TST

Comprovação de divergência jurisprudencial 337 I Súm-TST

Comprovação de tempestividade. Traslado de peças. Agravo de instrumento. Certidão de publicação do acórdão dos embargos declaratórios .... 17 OJTr-TST

Conhecimento. Comprovação da divergência jurisprudencial. Abrangência de todos os fundamentos da decisão recorrida.................. 23 Súm-TST

Constitucionalidade. Alínea "b" do art. 896 da CLT .... 312 Súm-TST

Contrariedade a Orientação Jurisprudencial. Procedimento sumaríssimo. Inadmissibilidade .... 442 Súm-TST

Contrato nulo. Administração pública. Efeitos. Conhecimento do recurso por violação do art. 37, II e § 2º, da CF/1988 .... 335 OJ1-TST

Despacho denegatório. Embargos. Cabimento. Agravo regimental e de instrumento .... 353 Súm-TST

Divergência jurisprudencial específica. Interpretação diversa de idêntico dispositivo legal 296 I Súm-TST

Divergência jurisprudencial. Repositório autorizado. Validade das edições anteriores à concessão do registro..................................... 337 IISúm-TST

Embargos à SDI. Recurso de revista não conhecido quanto aos pressupostos intrínsecos. Necessária a indicação expressa de ofensa ao art. 896 da CLT.. 294 OJ1-TST

Embargos. Recurso não conhecido com base em orientação jurisprudencial. Desnecessário o exame das violações legais e constitucionais alegadas na revista 336 OJ1-TST

Embargos. Revista não conhecida por má aplicação de Súmula ou de orientação jurisprudencial. Exame do mérito pela SDI.......... 295 OJ1-TST

Fundamentação. Violação legal. Vocábulo violação. Desnecessidade.............................. 257 OJ1-TST

Interposição antes da publicação do acórdão impugnado. Extemporaneidade..................... 434 Súm-TST

Interposto antes da edição da Súmula n. 337. Inaplicabilidade .... 3 OJTr-TST

Jurisprudência do TST................................... 401 Súm-STF

Lei estadual, norma coletiva ou regulamento empresarial. Âmbito de aplicação além TRT prolator da decisão recorrida. Comprovação.. 147 I OJ1-TST

Multa. Art. 557, § 2º, do CPC. Recolhimento. Pressuposto recursal. Pessoa jurídica de direito público. Exigibilidade 389 OJ1-TST

Preclusão. Omissão. Embargos declaratórios . 184 Súm-TST

Prequestionamento. Oportunidade .... 297 Súm-TST

Procedimento sumaríssimo. Recurso de revista fundamentado em contrariedade a Orientação Jurisprudencial. Inadmissibilidade 352 OJ1-TST

Recurso adesivo. Pertinência no processo do trabalho. Correlação de matérias .... 283 Súm-TST

Remessa *ex officio*. Inexistência de recurso ordinário voluntário de ente público 334 OJ1-TST

RECURSO EM MATÉRIA ADMINISTRATIVA

Prazo. Órgão Colegiado. Oito dias .... 11 OJPl-TST

RECURSO ESPECIAL

Interposição anterior a acórdão de embargos de declaração .... 418 Súm-STJ

RECURSO *EX OFFICIO*

Ação rescisória. Decisão contrária à Fazenda Pública .... 303 II Súm-TST

Ação rescisória. Prequestionamento. Decisão regional que simplesmente confirma a sentença .... 298 III Súm-TST

Autarquia .... 620 Súm-STF

Decisão contrária à Fazenda Pública. Condenação que não ultrapassa 60 (sessenta) salários mínimos. Matéria superada por decisão plenária do STF ou por súmula ou orientação jurisprudencial do TST .... 303 I Súm-TST

Descabimento. Autarquia. Sucumbência em dívida ativa .... 620 Súm-STF

Mandado de segurança. Fazenda Pública prejudicada pela concessão da ordem .... 303 III Súm-TST

Omissão. Trânsito em julgado .... 423 Súm-STF

Precatório. Matéria administrativa. Remessa necessária. Não cabimento .... 8 OJPl-TST

Preparo. Interposição do recurso após expediente bancário. Dia útil subsequente .... 484 Súm-STJ

Pressuposto Recursal. Multa por litigância de má-fé. Recolhimento. Inexigibilidade 409 OJ1-TST

Recurso de revista. Inexistência de recurso ordinário voluntário de ente público 334 OJ1-TST

Reexame necessário. Dispensa. Valor inferior a 60 salários mínimos .... 490 Súm-STJ

Remessa Oficial .... 34 Súm-TRF

RECURSO EXTRAORDINÁRIO

Admissão parcial .... 528 Súm-STF

Aplicação do direito à espécie .... 456 Súm-STF

Art. 101, III, CF .... 292 Súm-STF

Cabimento. Agravo. Provimento .... 289 Súm-STF

Cabimento. Decisão proferida por juiz de primeiro grau. Causas de alçada .... 640 Súm-STF

Decisões da Justiça do Trabalho .... 432 Súm-STF; 505 Súm-STF

Descabimento de Embargos de divergência. Acórdãos já examinados .... 598 Súm-STF

Descabimento em caso de interpretação razoável da lei .... 400 Súm-STF

Descabimento. Concessão de medida liminar 735 Súm-STF

Descabimento. Decisão local em pedido de intervenção em Município .... 637 Súm-STF

Descabimento. Princípio da legalidade. Verificação dependente de interpretação de forma infraconstitucional .... 636 Súm-STF

Descabimento. Processamento de precatórios 733 Súm-STF

Descabimento. Simples interpretação de cláusula contratual .... 454 Súm-STF

Dissídio jurisprudencial .... 291 Súm-STF

Embargos declaratórios. Prequestionamento. Ausência .... 356 Súm-STF

Embargos Infringentes .... 296 Súm-STF

Inadmissibilidade. Deficiência na fundamentação .... 284 Súm-STF

Inadmissibilidade. Possibilidade de recurso ordinário .... 281 Súm-STF

Inadmissibilidade. Questão federal não ventilada .... 282 Súm-STF

Inadmissibilidade. Recurso não abrange todos os fundamentos .... 283 Súm-STF

Mandado de segurança. Execução definitiva. Pendência de recurso extraordinário ou de agravo de instrumento 56 OJ2-TST

Não conhecimento .... 285 Súm-STF

Não conhecimento. Divergência jurisprudencial .... 286 Súm-STF

Não conhecido. Embargos. Não cabimento ... 233 Súm-STF

Ofensa e direito local .... 280 Súm-STF

Pendente. Execução .... 228 Súm-STF

Prova. Reexame .... 279 Súm-STF

Seguimento .... 322 Súm-STF

RECURSO ORDINÁRIO

Ação cautelar. Efeito suspensivo ao recurso ordinário em mandado de segurança. Incabível. Ausência de interesse. Extinção 113 OJ2-TST

Ação rescisória .... 158 Súm-TST

Ação rescisória. Decadência afastada em recurso ordinário. Julgamento do mérito. Duplo grau de jurisdição .... 100 VII Súm-TST

Art. 557 do CPC. Aplicação subsidiária. Processo do trabalho .... 435 Súm-TST

Cabimento. Decisão em agravo regimental em reclamação correicional ou em pedido de providência .... 5 OJPL-TST

Cabimento. Decisão regional proferida em agravo regimental contra liminar em ação cautelar ou em mandado de segurança........... 100 OJ2-TST

Efeito devolutivo. Profundidade. Art. 515, § 1º, do CPC. Aplicação .... 393 Súm-TST

Fungibilidade recursal. Indeferimento liminar de ação rescisória ou mandado de segurança em despacho monocrático. Recurso para o TST. Recebimento como agravo regimental... 69 OJ2-TST

Interposição antes da publicação do acórdão impugnado. Extemporaneidade...................... 434 Súm-TST

Mandado de segurança. Revisão da Súmula n. 154.. 201 Súm-TST

Multa. Art. 557, § 2º, do CPC. Recolhimento. Pressuposto recursal. Pessoa jurídica de direito público. Exigibilidade 389 OJ1-TST

Preparo. Interposição do recurso após expediente bancário. Dia útil subsequente .... 484 Súm-STJ

Pressuposto recursal. Multa por litigância de má-fé. Recolhimento. Inexigibilidade............ 409 OJ1-TST

Recurso adesivo. Pertinência no processo do trabalho. Correlação de matérias..................... 283 Súm-TST

Remessa *ex officio*. Recurso de revista. Inexistência de recurso ordinário voluntário de ente público 334 OJ1-TST

RECURSO OU AÇÃO PRÓPRIA

Mandado de segurança. Cabimento. Existência de recurso próprio..................................... 92 OJ2-TST

Mandado de segurança. Cabimento. Restituição da parcela já recebida. Existência de ação própria 28 OJ2-TST

REEXAME DE FATOS E PROVAS

Ação rescisória. Inviabilidade......................... 410 Súm-TST

REGIME DE COMPENSAÇÃO DE HORÁRIO

Ver Acordo de Compensação de Horário

REGIME JURÍDICO

Competência residual. Justiça do Trabalho. Período anterior.. 138 OJ1-TST

Precatório. Execução. Limitação da condenação imposta pelo título judicial exequendo à data do advento da Lei n. 8.112/90 .... 6 OJPl-TST

Regime celetista para estatutário. Extinção do contrato. Prescrição bienal .... 382 Súm-TST

REGIMENTO

Emendas. Aplicação. STF .... 325 Súm-STF

REGISTRO NO MINISTÉRIO DO TRABALHO

Sindicato. Legitimidade *ad processum*............ 15 TST-SDC

REGULAMENTO DA EMPRESA

Ver Norma Regulamentar

REINTEGRAÇÃO

Ação rescisória. Estabilidade provisória. Indenização. Período estabilitário exaurido....... 24 OJ2-TST

Concedida em ação cautelar. Mandado de segurança. Cabimento.. 63 OJ2-TST

Estabilidade provisória. Pedido de reintegração. Salário relativo ao período estabilitário exaurido. Julgamento *extra petita* .... 396 II Súm-TST

Estabilidade provisória. Período estabilitário exaurido. Efeitos financeiros .... 396 I Súm-TST

Gestante. Estabilidade provisória. Desconhecimento do estado gravídico. Indenização ..... 244 I Súm-TST

Gestante. Estabilidade provisória. Reintegração .... 244 II Súm-TST

Mandado de Segurança. Reintegração liminarmente concedida 142 OJ2-TST

Mandado de segurança. Reintegração liminarmente concedida. Dirigente sindical 65 OJ2-TST

Mandado de segurança. Reintegração liminarmente concedida. Estabilidade provisória prevista em lei ou norma coletiva................... 64 OJ2-TST

RELAÇÃO DE EMPREGO

Ver Vínculo Empregatício

RENÚNCIA

Estabilidade da gestante. Renúncia ou transação de direitos constitucionais .... 30 TST-SDC

REPOSITÓRIO AUTORIZADO DE JURISPRUDÊNCIA

Autorizado após a interposição do recurso .... 337 II Súm-TST

REPRESENTAÇÃO PROCESSUAL

Advogado. Atuação fora da seção da OAB onde está inscrito. Ausência de comunicação. Infração disciplinar.. 7 OJ1-TST

Agravo de instrumento. Traslado. Mandato tácito. Ata de audiência 286 OJ1-TST

Irregularidade de representação. Substabelecimento anterior a procuração......................... 395 Súm-TST

Irregularidade. Substabelecimento não datado. Inaplicabilidade do art. 654, § 1º, do Código Civil... 371 OJ1-TST

Mandato expresso. Ausência de poderes para substabelecer .... 395 III Súm-TST

Mandato tácito. Substabelecimento inválido.. 200 OJ1-TST

Mandato. Art. 37 do CPC. Inaplicável na fase recursal .... 383 I Súm-TST

Mandato. Contrato social. Juntada 255 OJ1-TST

Mandato. Procurador da União, Estados, Municípios e Distrito Federal, suas autarquias e fundações públicas. Juntada de procuração ... 52 OJ1-TST

Mandato. Regularização. Fase recursal............ 383 II Súm-TST

Pessoa jurídica. Procuração. Invalidade. Identificação do outorgante e de seu representante... 373 OJ1-TST

Procuração. Juntada....................................... 164 Súm-TST

Procurador da União, Estados, Municípios e Distrito Federal, suas autarquias e fundações públicas. Instrumento de mandato .... 436 Súm-TST

Representação irregular. Autarquia 318 OJ1-TST

Representação irregular. Procuração. Agravo de Instrumento 110 OJ1-TST

Representação regular. Estagiário. Habilitação posterior 319 OJ1-TST

Substabelecimento sem o reconhecimento de firma do substabelecente 75 OJ1-TST

União. Assistente jurídico. Apresentação do ato de designação .... 65 OJTr-TST

REPRESENTAÇÃO SINDICAL

Disputa por titularidade de representação. Incompetência da Justiça do Trabalho .... 4 TST-SDC

Dissídio coletivo. Categoria diferenciada. Enquadramento sindical. Incompetência material da Justiça do Trabalho .... 9 TST-SDC

Legitimidade *ad causam* do sindicato. Correspondência entre as atividades exercidas pelos setores profissional e econômico envolvidos no conflito .... 22 TST-SDC

Legitimidade *ad causam*. Sindicato representativo de segmento profissional ou patronal... 23 TST-SDC

RESCISÃO CONTRATUAL

Mora salarial. Pagamento dos salários em audiência .... 13 Súm-TST

Ônus da prova .... 212 Súm-TST

Revelia. Confissão. Salários incontroversos. Pagamento em dobro .... 69 Súm-TST

Taxa de homologação .... 16 TST-SDC

RESPONSABILIDADE

Descontos previdenciários e fiscais. Recolhimento .... 368 Súm-TST

Bancos. Responsabilidade do sucessor. Obrigações trabalhistas 261 OJ1-TST

RESPONSABILIDADE SOLIDÁRIA OU SUBSIDIÁRIA

Cisão parcial de empresa. PROFORTE .... 30 OJTr-TST

Contrato de prestação de serviços. Legalidade 331 Súm-TST

Contrato de trabalho. Associação de Pais e Mestres — APM 185 OJ1-TST

Desmembramento de municípios 92 OJ1-TST

Dono da obra 191 OJ1-TST

SPTRANS. Não configuração. Contrato de concessão de serviço público. Transporte coletivo .... 66 OJTr-TST

Sucessão trabalhista. Responsabilidade. Contrato de trabalho extinto após a vigência da concessão .... 225 I OJ1-TST

Sucessão trabalhista. Responsabilidade. Contrato de trabalho extinto antes da vigência da concessão .... 225 II OJ1-TST

RESTITUIÇÃO DA PARCELA JÁ RECEBIDA

Ação rescisória. Cabimento. Existência de ação própria 28 OJ2-TST

REVELIA

Ação de execução. Nomeação de curador especial para apresentação de embargos .... 196 Súm-STJ

Ação rescisória. Ausência de defesa. Inaplicáveis os efeitos da revelia .... 398 Súm-TST

Ação rescisória. Fundamento para invalidar confissão. Confissão ficta. Inadequação do enquadramento no art. 485, VIII, do CPC .... 404 Súm-TST

Apresentação de atestado médico. Requisito para desfazer a pena de revelia .... 122 Súm-TST

Atraso à audiência 245 OJ1-TST

Confissão. Salários incontroversos. Pagamento em dobro .... 69 Súm-TST

Pessoa jurídica de direito público 152 OJ1-TST

Provas. Produção .... 231 Súm-STF

REVISÃO DOS CÁLCULOS

Precatório. Limites da competêntência do Presidente do TRT .... 2 OJPL-TST

RITO SUMARÍSSIMO

Ver Procedimento Sumaríssimo

RURÍCOLA

Ver Trabalhador Rural

S

SALÁRIO

Contrato nulo. Servidor público. Efeitos financeiros .... 363 Súm-TST

Conversão de cruzeiros para cruzados 43 OJ1-TST

Correção monetária .... 381 Súm-TST

Correção monetária. Diferenças. Universidades Federais 28 OJ1-TST

Data de pagamento. Alteração 159 OJ1-TST

Desconto autorizado. Limitação .... 18 SDC-TST

Estabilidade provisória. Período estabilitário exaurido. Reintegração não assegurada. Efeitos financeiros .... 396 I Súm-TST

Hora. Jornada de 40 horas. Divisor 200 .... 431 Súm-TST

Mínimo e *vacatio legis* .... 203 Súm-STF

Mora. Pagamento em audiência. Rescisão do contrato de trabalho .... 13 Súm-TST

Normativo. Menor empregado .... 26 SDC-TST

SALÁRIO MÍNIMO

Ação rescisória. Cabimento. Adicional de insalubridade. Base de cálculo 2 OJ2-TST

Ação rescisória. Salário profissional. Fixação. Múltiplo de salário mínimo 71 OJ2-TST

Honorários advocatícios .... 201 Súm-STJ
Indexador. Base de cálculo .... 4 SV-STF
V*acatio legis* .... 203 Súm-STF
Vinculação. Alçada .... 356 Súm-TST
Vinculação. Alçada. Ação Rescisória. Mandado Segurança. Inaplicável .... 365 Súm-TST

SEGURO DE ACIDENTE DO TRABALHO (SAT)
Competência. Justiça do Trabalho. Execução de ofício. 414 OJ1-TST

SEGURO-DESEMPREGO
Competência da Justiça do Trabalho .... 389 I Súm-TST
Guias. Não-fornecimento. Indenização substitutiva .... 389 II Súm-TST

SENTENÇA
Ação rescisória. Substituição por acórdão regional. Impossibilidade jurídica do pedido .... 192 III Súm-TST
De liquidação. Recurso cabível...................... 196 Súm-TRF
Duplo grau de jurisdição .... 34 Súm-TRF
Ilíquida. Vicio .... 318 Súm-STJ
Liquidação .... 344 Súm-STJ

SENTENÇA *CITRA PETITA*
Ação rescisória.. 41 OJ2-TST

SENTENÇA DECLARATÓRIA DE EXTINÇÃO DE EXECUÇÃO
Ação rescisória. Decisão rescindenda de mérito. Satisfação da obrigação 107 OJ2-TST

SENTENÇA DE MÉRITO
Ver Decisão de Mérito

SENTENÇA E ACÓRDÃO REGIONAL
Ação rescisória. Cumulação sucessiva de pedidos. Rescisão da sentença e do acórdão. Ação única 78 OJ2-TST
Ação rescisória. Substituição por decisão regional. Impossibilidade jurídica do pedido .... 192 III Súm-TST

SENTENÇA HOMOLOGATÓRIA DE ACORDO
Ação rescisória. Decadência. Momento do trânsito em julgado... 100 V Súm-TST
Ação rescisória. Dolo da parte vencedora em detrimento da vencida. Art. 485, III, do CPC. Inviável .... 403 II Súm-TST

SENTENÇA HOMOLOGATÓRIA DE ADJUDICAÇÃO
Ação rescisória. Sentença de mérito .... 399 Súm-TST
Mandado de segurança................................... 66 OJ2-TST

SENTENÇA HOMOLOGATÓRIA DE ARREMATAÇÃO
Ação rescisória. Sentença de mérito .... 399 Súm-TST

SENTENÇA HOMOLOGATÓRIA DE CÁLCULOS
Ação rescisória. Decisão de mérito .... 399 II Súm-TST
Ação rescisória. Prequestionamento............... 298 IV Súm-TST

SENTENÇA NORMATIVA
Ação de cumprimento fundada em decisão normativa que sofreu posterior reforma, quando já transitada em julgado a sentença condenatória. Coisa julgada 277 OJ1-TST
Ação de cumprimento. Trânsito em julgado da sentença normativa .... 246 Súm-TST
Ação rescisória. Documento novo. Dissídio coletivo .... 402 Súm-TST
Eficácia. Ultratividade.................................... 277 Súm-TST
Mandado de segurança. Decisão normativa que sofreu posterior reforma. Trânsito em julgado da sentença condenatória proferida na ação de cumprimento .... 397 Súm-TST
Prescrição. Termo inicial. Ação de cumprimento... 350 Súm-TST
Que defere direitos. Falta de interesse de agir para ação individual. Cabimento. Ação de cumprimento 188 OJ1-TST
Recurso. Efeito suspensivo. Cassação............. 279 Súm-TST

SENTENÇA SUPERVENIENTE
Mandado de segurança. Antecipação de tutela. Perda de objeto .... 414 III Súm-TST

SEQUESTRO
Crédito trabalhista. Pequeno valor................. 1 OJPL-TST
Precatório. Preterição .... 3 OJPL-TST

SERVIÇOS ESSENCIAIS
Garantia das necessidades inadiáveis da população usuária. Fator determinante da qualificação jurídica do movimento. Greve.......... 38 TST-SDC

SERVIDOR PÚBLICO
Ação rescisória. Estabilidade. Art. 41 da CF/1988. Celetista. Administração direta, autárquica ou fundacional.............................. 390 Súm-TST
Ação rescisória. Gratificação de nível superior. Suframa. Extensão aos servidores celetistas exercentes de atividade de nível superior 26 OJ2-TST
Ação rescisória. Salário profissional. Fixação. Múltiplo de salário mínimo........................... 71 OJ2-TST
Ausência de concurso público. Contrato nulo. Efeitos financeiros................................ 363 Súm-TST
Celetista. Estabilidade. Administração direta, autárquica ou fundacional.............................. 390 I Súm-TST
Celetista. Estabilidade. Empresa pública ou sociedade de economia mista .... 390 II Súm-TST
Contrato nulo. Ausência de concurso público. Ação rescisória. Cabimento. Indicação expressa 10 OJ2-TST
Contrato nulo. Efeitos .... 363 Súm-TST
Dissídio coletivo contra pessoa jurídica de direito público. Impossibilidade jurídica........ 5 TST-SDC
Equiparação salarial. Quadro de carreira. Homologação. Entidades de direito público da administração direta, autárquica e fundacional 6 I Súm-TST

Municipal. Regime estatutário.............................	137 Súm-STJ
Reintegração. Competência da Justiça Federal	173 Súm-STJ
Vencimentos. Impossibilidade de fixação em convenção coletiva..	679 Súm-STF
União...	82 Súm-TRF

SIMULAÇÃO DE RECLAMAÇÃO TRABALHISTA

Ação rescisória. Colusão. Fraude à lei. Reclamatória simulada extinta.......................................	94 OJ2-TST

SINDICATO

Ação rescisória. Réu sindicato. Substituto processual na ação originária. Legitimidade passiva *ad causam*. Inexistência de litisconsórcio passivo necessário.....................................	406 II Súm-TST
Competência. Processo eleitoral.........................	4 Súm-STJ
Disputa por titularidade de representação. Incompetência da Justiça do Trabalho.................	4 TST-SDC
Dissídio coletivo contra empresa. Legitimação da entidade sindical. Autorização dos trabalhadores diretamente envolvidos no conflito...	19 TST-SDC
Dissídio coletivo. Categoria diferenciada. Enquadramento sindical. Incompetência material da Justiça do Trabalho.....................................	9 TST-SDC
Dissídio coletivo. Pauta reivindicatória não registrada em ata. Causa de extinção................	8 TST-SDC
Edital de convocação da AGT. Disposição estatutária específica. Prazo mínimo entre a publicação e a realização da assembleia. Observância obrigatória...	35 TST-SDC
Empregados de entidades sindicais. Estabelecimento de condições coletivas de trabalho distintas daquelas às quais sujeitas as categorias representadas pelos empregadores. Impossibilidade jurídica...	37 TST-SDC
Empregados sindicalizados. Admissão preferencial. Violação do art. 8º, V, da CF/88..........	20 TST-SDC
Greve. Qualificação jurídica. Ilegitimidade ativa *ad causam* do sindicato profissional que deflagra o movimento...	12 TST-SDC
Interrupção. Sindicato. Substituição processual. Legitimidade..	359 OJ1-TST
Isenção de custas..	223 Súm-STF
Legitimidade *ad causam*. Correspondência entre as atividades exercidas pelos setores profissional e econômico envolvidos no conflito..	22 TST-SDC
Legitimidade *ad causam*. Sindicato representativo de segmento profissional ou patronal...	23 TST-SDC
Legitimidade *ad processum*. Registro no Ministério do Trabalho...	15 TST-SDC
Registro. Competência do Ministério do Trabalho..	677 Súm-STF
Sindicato..	114 Súm-TRF
Substituição processual. Convenção e acordos coletivos...	286 Súm-TST
Substituição processual. Legitimidade. Diferença do adicional de insalubridade................	121 OJ1-TST

SOCIEDADE DE ECONOMIA MISTA

Contrato de prestação de serviços. Legalidade	331 Súm-TST
Custas. Isenção. Decreto-lei n. 779/1969.........	170 Súm-TST
Estabilidade. Art.41, CF/1988. Servidor público celetista...	390 II Súm-TST
Justiça estadual. Intervenção da União. Justiça Federal...	517 Súm-STF
Ministério Público do Trabalho. Ilegitimidade para recorrer..	237 OJ1-TST
Ministério Público do Trabalho. Legitimidade para recorrer. Contrato nulo..........................	338 OJ1-TST
Prescrição vintenária. Ação de indenização....	39 Súm-STJ

STF

Regimento. Emendas. Aplicação........................	325 Súm-STF

SUBSTABELECIMENTO

Irregularidade de representação. Substabelecimento anterior à procuração.........................	395 IV Súm-TST
Mandato expresso. Ausência de poderes para substabelecer...	395 III Súm-TST
Mandato tácito...	200 OJ1-TST
Representação regular. Estagiário. Habilitação posterior...	319 OJ1-TST
Sem o reconhecimento de firma do substabelecente..	75 OJ1-TST

SUBSTITUIÇÃO PROCESSUAL

Ação rescisória. Réu sindicato. Substituto processual na ação originária. Legitimidade passiva *ad causam*. Inexistência de litisconsórcio passivo necessário.....................................	406 II Súm-TST
Sindicato. Convenção coletiva...........................	286 Súm-TST
Sindicato. Diferença do adicional de insalubridade. Legitimidade..	121 OJ1-TST
Sindicato. Legitimidade. Prescrição. Interrupção...	359 OJ1-TST

SUCESSÃO TRABALHISTA

Aquisição de empresa pertencente a grupo econômico. Responsabilidade solidária do sucessor por débitos trabalhistas de empresa não adquirida. Inexistência.............................	411 OJ1-TST
Bancos. Responsabilidade do sucessor. Obrigações trabalhistas..	261 OJ1-TST
CONESP. CDHU..	28 OJTr-TST
Juros de mora. Empresa em liquidação extrajudicial..	408 OJ1-TST
Penhora. Bens de pessoa jurídica de direito privado. Sucessão. União ou Estado-membro. Art. 100 da CF/88. Execução................................	343 OJ1-TST
Petromisa. Petrobras. Legitimidade.................	48 OJTr-TST
Responsabilidade. Contrato de trabalho extinto após a vigência da concessão................	225 I OJ1-TST

Responsabilidade. Contrato de trabalho extinto antes da vigência da concessão .... 225 II OJ1-TST

SUPERVENIÊNCIA
Fato constitutivo, modificativo ou extintivo do direito superveniente à propositura da ação. Aplicação de ofício .... 394 Súm-TST

SUPLENTE
Ação rescisória. CIPA. Estabilidade provisória. Decisão rescindenda anterior à Súmula n. 339. Matéria constitucional 6 OJ2-TST

SUPRESSÃO
Bancário. Pré-contratação de serviço suplementar quando da admissão. Prescrição total ... 199 II Súm-TST

SUSPEIÇÃO
Testemunha. Ação contra a mesma reclamada ... 357 Súm-TST

T

TAXA JUDICIÁRIA
Sem limite. Inconstitucionalidade .... 667 Súm-STF

TEMPESTIVIDADE
Agravo de instrumento. Certidão de publicação do acórdão dos embargos declaratórios. Comprovação de tempestividade da revista ... 17 OJTr-TST

Agravo de instrumento. Certidão de publicação do acórdão regional. Comprovação de tempestividade da revista .... 18 OJTr-TST

Agravo de instrumento. Traslado. Ausência de certidão de publicação. Etiqueta adesiva imprestável para aferição da tempestividade .. 284 OJ1-TST

Agravo de instrumento. Traslado. Carimbo do protocolo do recurso ilegível 285 OJ1-TST

Comprovação. Agravo de instrumento. Interposição. Ministério Público. Traslado da certidão de publicação do despacho agravado. Juntada da cópia da intimação pessoal .... 20 OJTr-TST

Fac-símile .... 387 I Súm-TST

Intempestividade. Parágrafo único art. 741. Inaplicabilidade. Sentenças transitadas em julgado anteriores .... 487 Súm-STJ

Litisconsortes. Procuradores distintos. Prazo em dobro. Art. 191 do CPC. Inaplicável ao processo do trabalho 310 OJ1-TST

Recurso especial. Interposição anterior a acórdão de embargos de declaração .... 418 Súm-STJ

Recurso. Interposição antes da publicação do acórdão impugnado .... 434 Súm-TST

TEMPO DE SERVIÇO
Contagem para efeitos de equiparação salarial. Tempo na função. Trabalho igual .... 6 II Súm-TST

Mandado de segurança. INSS. Averbação e/ou reconhecimento 57 OJ2-TST

Prescrição. Soma de períodos descontínuos de trabalho .... 156 Súm-TST

TERMO DE CONCILIAÇÃO
Ação rescisória .... 259 Súm-TST

TERMO DE DEPÓSITO NÃO ASSINADO
Habeas corpus. Depositário. Aceitação do encargo. Prisão civil 89 OJ2-TST

TESTEMUNHA
Ação contra a mesma reclamada. Suspeição ... 357 Súm-TST

TETO
Complementação de aposentadoria. Banco do Brasil. Sucumbência. Inversão .... 32 OJTr-TST

TITULARIDADE DE REPRESENTAÇÃO
Disputa por titularidade de representação. Incompetência da Justiça do Trabalho .... 4 TST-SDC

Dissídio coletivo. Categoria diferenciada. Enquadramento sindical. Incompetência material da Justiça do Trabalho .... 9 TST-SDC

Sindicato. Legitimidade *ad processum*. Imprescindibilidade do registro no Ministério do Trabalho .... 15 TST-SDC

TÍTULO EXECUTIVO JUDICIAL
Ação rescisória. Art. 485, IV, do CPC. Ofensa a coisa julgada. Necessidade de fixação de tese na decisão rescindenda 101 OJ2-TST

Ação rescisória. Interpretação do sentido e alcance do título executivo. Inexistência de ofensa à coisa julgada 123 OJ2-TST

Juros da mora e correção monetária. Independência do pedido inicial e do título executivo judicial .... 211 Súm-TST

TRABALHADOR RURAL
Empresa de reflorestamento. Prescrição 38 OJ1-TST

Prescrição. EC n. 28. Contrato de trabalho em curso 417 OJ1-TST

Prescrição. Processo em curso 271 OJ1-TST

TRABALHO INTELECTUAL
Equiparação salarial .... 6 VIII Súm-TST

TRANSAÇÃO
Mandado de segurança. Recusa à homologação de acordo. Inexistência de direito líquido e certo .... 418 Súm-TST

TRANSAÇÃO DE DIREITOS CONSTITUCIONAIS
Estabilidade da gestante. Renúncia ou transação de direitos constitucionais .... 30 TST-SDC

TRANSFERÊNCIA

Mandado de segurança. Liminar obstativa da transferência do empregado............................ 67 OJ2-TST

TRÂNSITO EM JULGADO

Ação Rescisória. Ação cautelar para suspender execução da decisão rescindenda. Pendência de trânsito em julgado da ação rescisória principal. Efeitos..................................... 131 OJ2-TST

Ação rescisória. Cabimento. Inobservância. Duplo grau de jurisdição 21 OJ2-TST

Ação rescisória. Certidão de trânsito em julgado. Descompasso com a realidade. Presunção relativa de veracidade............................. 100 IV Súm-TST

Ação rescisória. Decadência. Sentença homologatória de acordo. Momento do trânsito em julgado.. 100 V Súm-TST

Ação rescisória. Decisão rescindenda. Ausência de trânsito em julgado. Descabimento de ação rescisória preventiva................................. 299 III Súm-TST

Ação rescisória. Prova do trânsito em julgado da decisão rescindenda...................................... 299 I Súm-TST

Ação rescisória. Trânsito em julgado da decisão rescindenda. Documento comprobatório. Prazo para juntada.. 299 II Súm-TST

Ação rescisória. Vício de intimação da decisão rescindenda. Ausência da formação da coisa julgada material. Carência de ação........ 299 IV Súm-TST

Mandado de segurança. Cabimento. Esgotamento de todas as vias processuais disponíveis. Coisa julgada formal............................... 99 OJ2-TST

Mandado de segurança. Decisão normativa que sofreu posterior reforma. Trânsito em julgado. Sentença condenatória proferida na ação de cumprimento .... 397 Súm-TST

Omissão de recurso *ex-officio* .... 423 Súm-STF

TRASLADO DE PEÇAS

Ação rescisória. Petição inicial. Ausência da decisão rescindenda e/ou da certidão de seu trânsito em julgado devidamente autenticadas. Peças essenciais. Arguição de ofício. Extinção do processo sem julgamento do mérito 84 OJ2-TST

Agravo de instrumento. Acórdão do TRT não assinado. Interposição anterior à Instrução Normativa n. 16/1999...................................... 52 OJTr-TST

Agravo de instrumento. Certidão de publicação do acórdão dos embargos declaratórios. Comprovação de tempestividade da revista ... 17 OJTr-TST

Agravo de instrumento. Certidão de publicação do acórdão regional. Comprovação de tempestividade da revista..................................... 18 OJTr-TST

Agravo de instrumento. Certidão do Regional. Autenticidade às peças. Instrução Normativa n. 6/1996.. 21 OJTr-TST

Agravo de instrumento. Dispensáveis à compreensão da controvérsia .... 19 OJTr-TST

Agravo de instrumento. Guias de custas e de depósito recursal... 217 OJ1-TST

Agravo de Instrumento. Interposição. Ministério Público. Comprovação da tempestividade. Traslado da certidão de publicação do despacho agravado. Juntada da cópia da intimação pessoal... 20 OJTr-TST

Agravo de instrumento. Peças essenciais. Traslado realizado pelo agravado.................... 283 OJ1-TST

Agravo de instrumento. Traslado. Ausência de certidão de publicação. Etiqueta adesiva imprestável para aferição da tempestividade .. 284 OJ1-TST

Agravo de instrumento. Traslado. Carimbo do protocolo do recurso ilegível..................... 285 OJ1-TST

Agravo de instrumento. Traslado. Mandato tácito. Ata de audiência 286 OJ1-TST

Agravo regimental. Peças essensenciais nos autos principais 132 OJ1-TST

Essenciais. Obrigatoriedade. Agravo de instrumento... 16 OJTr-TST

Mandado de segurança. Autenticação de cópias pelas secretarias dos tribunais regionais do trabalho para formação do agravo de instrumento. Requerimento indeferido............... 91 OJ2-TST

TRANSPORTE PÚBLICO

SPTRANS. Responsabilidade subsidiária. Não configuração. Contrato de concessão de serviço público. Transporte coletivo............... 66 OJTr-TST

TRIBUNAL REGIONAL DO TRABALHO

Ação rescisória. Decisão rescindenda oriunda do TRT da 1ª Região. Competência funcional. Criação do TRT da 17ª Região......................... 7 OJ2-TST

Ação rescisória. Sentença de mérito. Decisão de TRT em agravo regimental, confirmando decisão monocrática. Indeferimento da petição inicial de ação rescisória aplicando a Súmula n. 83 do TST e Súmula n. 343 do STF. Competência recursal do TST .... 411 Súm-TST

Competência funcional. Conflito negativo. TRT e Vara do Trabalho de idêntica região. Não configuração... 420 Súm-TST

Mandado de segurança. Autenticação de cópias pelas secretarias dos tribunais regionais do trabalho para formação do agravo de instrumento. Requerimento indeferido............... 91 OJ2-TST

TUTELA ANTECIPADA

Ver Antecipação de Tutela

U

UNIÃO. AUTARQUIAS. EMPRESAS PÚBLICAS

Competência da Justiça Federal .... 150 Súm-STJ

União. Intervenção em 2ª instância. Não desloca para a Justiça Federal................................ 518 Súm-STF

União. Intervenção. Competência .... 250, 251 Súm-STF

URP
Coisa julgada. Planos econômicos. Limitação à data-base. Fase de execução......... 262 OJ1-TST

V

VALE-TRANSPORTE
Ônus da prova 215 OJ1-TST

VALOR DA CAUSA
Mandado de segurança. Alteração, de ofício, do valor da causa. Majoração das custas processuais 88 OJ2-TST

VARA DO TRABALHO
Competência funcional. Conflito negativo. TRT e Vara do Trabalho de idêntica região. Não-configuração .... 420 Súm-TST

VERBAS RESCISÓRIAS
Cálculo. Valor das comissões corrigido monetariamente 181 OJ1-TST

VÍNCULO EMPREGATÍCIO
Contrato de prestação de serviços. Legalidade ..... 331 Súm-TST

Dano moral. Competência da Justiça do Trabalho .... 392 Súm-TST

Ministério Público do Trabalho. Legitimidade para recorrer. Sociedade de economia mista e empresa pública. Contrato nulo 338 OJ1-TST

Oficial de justiça *ad hoc* 164 OJ1-TST

VIOLAÇÃO DA COISA JULGADA
Ver Coisa Julgada

VIOLAÇÃO LEGAL
Ação rescisória. Norma infraconstitucional. Matéria controvertida .... 83 I Súm-TST

Ação rescisória. Petição inicial. Causa de pedir. Ausência de capitulação ou capitulação errônea no art. 485 do CPC. Princípio *iura novit curia* .... 408 Súm-TST

Ação rescisória. Prequestionamento quanto à matéria e ao conteúdo da norma, não necessariamente do dispositivo legal tido por violado .... 298 II Súm-TST

Ação rescisória. Prequestionamento .... 298 I Súm-TST

Ação rescisória. Prequestionamento. Violação ocorrida na própria decisão rescindenda . 298 V Súm-TST

Ação rescisória. Reexame de fatos e provas. Inviabilidade .... 410 Súm-TST

Ação rescisória. Violação de lei. Decisão rescindenda por duplo fundamento. Impugnação parcial 112 OJ2-TST

Ação rescisória. Violação do art. 5º, II, LIV e LV, da CF/1988. Princípios da legalidade, do devido processo legal, do contraditório e da ampla defesa. Fundamento para desconstituição de decisão judicial transitada em julgado 97 OJ2-TST

Embargos à SDI. Recurso de revista não conhecido quanto aos pressupostos intrínsecos. Necessária a indicação expressa de ofensa ao art. 896 da CLT 294 OJ1-TST

Recursos de revista ou de Embargos. Admissibilidade. Pressuposto. Indicação expressa de preceito .... 221 I Súm-TST

Recursos de revista ou de Embargos. Interpretação razoável .... 221 II Súm-TST

VIÚVA
Competência da Justiça do Trabalho. Complementação de pensão................................. 26 OJ1-TST

365. *Súmulas selecionadas da Jurisprudência predominante do Supremo Tribunal Federal aplicável ao Direito Processual do Trabalho*

365.1. Súmulas Vinculantes

Súmula Vinculante n. 1 — Ofende a garantia constitucional do ato jurídico perfeito a decisão que, sem ponderar as circunstâncias do caso concreto, desconsidera a validez e a eficácia de acordo constante de termo de adesão instituído pela Lei Complementar n. 110/2001.

Súmula Vinculante n. 3 — Nos processos perante o Tribunal de Contas da união asseguram-se o contraditório e a ampla defesa quando da decisão puder resultar anulação ou revogação de ato administrativo que beneficie o interessado, excetuada a apreciação da legalidade do ato de concessão inicial de aposentadoria, reforma e pensão.

Súmula Vinculante n. 4 — Salvo nos casos previstos na Constituição, o salário mínimo não pode ser usado como indexador de base de cálculo de vantagem de servidor público ou de empregado, nem ser substituído por decisão judicial.

Súmula Vinculante n. 5 — A falta de defesa técnica por advogado no processo administrativo disciplinar não ofende a Constituição.

Súmula Vinculante n. 7 — A norma do § 3º do artigo 192 da Constituição, revogada pela Emenda Constitucional n. 40/2003, que limitava a taxa de juros reais a 12% ao ano, tinha sua aplicação condicionada à edição de lei complementar.

Súmula Vinculante n. 8 — São inconstitucionais o parágrafo único do artigo 5º do Decreto-lei n. 1.569/1977 e os artigos 45 e 46 da Lei n. 8.212/1991, que tratam de prescrição e decadência de crédito tributário.

Súmula Vinculante n. 10 — Viola a cláusula de reserva de plenário (cf, artigo 97) a decisão de órgão fracionário de tribunal que, embora não declare expressamente a inconstitucionalidade de lei ou ato normativo do poder público, afasta sua incidência, no todo ou em parte.

Súmula Vinculante n. 14 — É direito do defensor, no interesse do representado, ter acesso amplo aos elementos de prova que, já documentados em procedimento investigatório realizado por órgão com competência de polícia judiciária, digam respeito ao exercício do direito de defesa.

Súmula Vinculante n. 17 — Durante o período previsto no parágrafo 1º do artigo 100 da Constituição, não incidem juros de mora sobre os precatórios que nele sejam pagos.

Súmula Vinculante n. 21 — É inconstitucional a exigência de depósito ou arrolamento prévios de dinheiro ou bens para admissibilidade de recurso administrativo.

Súmula Vinculante n. 22 — A Justiça do Trabalho é competente para processar e julgar as ações de indenização por danos morais e patrimoniais decorrentes de acidente de trabalho propostas por empregado contra empregador, inclusive aquelas que ainda não possuíam sentença de mérito em primeiro grau quando da promulgação da Emenda Constitucional n. 45/04.

Súmula Vinculante n. 23 — A Justiça do Trabalho é competente para processar e julgar ação possessória ajuizada em decorrência do exercício do direito de greve pelos trabalhadores da iniciativa privada.

Súmula Vinculante n. 24 — Não se tipifica crime material contra a ordem tributária, previsto no art. 1º, incisos I a IV, da Lei n. 8.137/90, antes do lançamento definitivo do tributo.

Súmula Vinculante n. 25 — É ilícita a prisão civil de depositário infiel, qualquer que seja a modalidade do depósito.

Súmula Vinculante n. 28 — É inconstitucional a exigência de depósito prévio como requisito de admissibilidade de ação judicial na qual se pretenda discutir a exigibilidade de crédito tributário.

365.2. Súmulas

Súmula n. 49 — A cláusula de inalienabilidade inclui a incomunicabilidade dos bens.

Súmula n. 101 — O mandado de segurança não substitui a ação popular.

Súmula n. 121 — É vedada a capitalização de juros, ainda que expressamente convencionada.

Súmula n. 149 — É imprescritível a ação de investigação de paternidade, mas não o é a de petição de herança.

Súmula n. 150 — Prescreve a execução no mesmo prazo de prescrição da ação.

Súmula n. 153 — Simples protesto cambiário não interrompe a prescrição.

Súmula n. 154 — Simples vistoria não interrompe a prescrição.

Súmula n. 159 — Cobrança excessiva, mas de boa-fé, não dá lugar as sanções do art. 1.531 do Código Civil.

Súmula n. 163 — Salvo contra a fazenda pública, sendo a obrigação ilíquida, contam-se os juros moratórios desde a citação inicial para a ação.

Súmula n. 197 — O empregado com representação sindical só pode ser despedido mediante inquérito em que se apure falta grave.

Súmula n. 203 — Não esta sujeita a vacância de sessenta dias a vigência de novos níveis de salário-mínimo.

Súmula n. 216 — Para decretação da absolvição de instância pela paralisação do processo por mais de trinta dias, e necessário que o autor, previamente intimado, não promova o andamento da causa.

Súmula n. 222 — O princípio da identidade física do juiz não e aplicável as juntas de conciliação e julgamento da Justiça do Trabalho.

Súmula n. 223 — Concedida isenção de custas ao empregado, por elas não responde o sindicato que o representa em juízo.

Súmula n. 224 — Os juros da mora, nas reclamações trabalhistas, são contados desde a notificação inicial.

Súmula n. 225 — Não é absoluto o valor probatório das anotações da carteira profissional.

Súmula n. 227 — A concordata do empregador não impede a execução de credito nem a reclamação de empregado na Justiça do Trabalho.

Súmula n. 228 — Não é provisória a execução na pendência de recurso extraordinário, ou de agravo destinado a fazê-lo admitir.

Súmula n. 230 — A prescrição da ação de acidente do Trabalho conta-se do exame pericial que comprovar a enfermidade ou verificar a natureza da incapacidade.

Súmula n. 231 — O revel, em processo civil, pode produzir provas, desde que compareça em tempo oportuno.

Súmula n. 233 — Salvo em caso de divergência qualificada (Lei n. 623, de 1949), não cabe recurso de embargos contra decisão que nega provimento a agravo ou não conhece de recurso extraordinário, ainda que por maioria de votos.

Súmula n. 234 — São devidos honorários de advogado em ação de acidente do Trabalho julgada procedente.

Súmula n. 249 — É competente o Supremo Tribunal Federal para a ação rescisória quando, embora não tendo conhecido do recurso extraordinário, ou havendo negado provimento ao agravo, tiver apreciado a questão federal controvertida.

Súmula n. 250 — A intervenção da União desloca o processo do juízo cível comum para o fazendário.

Súmula n. 251 — Responde a Rede Ferroviária Federal S.A. perante o foro comum e não perante o juízo especial da fazenda nacional, a menos que a união intervenha na causa.

Súmula n. 252 — Na ação rescisória, não estão impedidos juizes que participaram do julgamento rescindendo.

Súmula n. 254 — Incluem-se os juros moratórios na liquidação, embora omisso o pedido inicial ou a condenação.

Súmula n. 255 — Sendo líquida a obrigação, os juros moratórios, contra a Fazenda Pública, incluídas as autarquias, são contados do trânsito em julgado da sentença de liquidação.

Súmula n. 256 — É dispensável pedido expresso para condenação do réu em honorários, com fundamento nos arts. 63 ou 64 do Código de Processo Civil.

Súmula n. 258 — É admissível reconvenção em ação declaratória.

Súmula n. 259 — Para produzir efeito em juízo não e necessária a inscrição, no registro público, de documentos de procedência estrangeira, autenticados por via consular.

Súmula n. 260 — O exame de livros comerciais, em ação judicial, fica limitado as transações entre os litigantes.

Súmula n. 264 — Verifica-se a prescrição intercorrente pela paralisação da ação rescisória por mais de cinco anos.

Súmula n. 266 — Não cabe mandado de segurança contra lei em tese.

Súmula n. 267 — Não cabe mandado de segurança contra ato judicial passível de recurso ou correição.

Súmula n. 268 — Não cabe mandado de segurança contra decisão judicial com trânsito em julgado.

Súmula n. 279 — Para simples reexame de prova não cabe recurso extraordinário.

Súmula n. 280 — Por ofensa a direito local não cabe recurso extraordinário.

Súmula n. 281 — É inadmissível o recurso extraordinário, quando couber, na justiça de origem, recurso ordinário da decisão impugnada.

Súmula n. 282 — É inadmissível o recurso extraordinário, quando não ventilada, na decisão recorrida, a questão federal suscitada.

Súmula n. 283 — É inadmissível o recurso extraordinário, quando a decisão recorrida assenta em mais de um fundamento suficiente e o recurso não abrange todos eles.

Súmula n. 284 — É inadmissível o recurso extraordinário, quando a deficiência na sua fundamentação não permitir a exata compreensão da controvérsia.

Súmula n. 285 — Não sendo razoável a arguição de inconstitucionalidade, não se conhece do recurso extraordinário fundado na letra *c* do art. 101, III, da constituição.

Súmula n. 286 — Não se conhece do recurso extraordinário fundado em divergência jurisprudencial, quando a orientação do plenário do Supremo Tribunal Federal já se firmou no mesmo sentido da decisão recorrida.

Súmula n. 287 — Nega-se provimento do agravo quando a deficiência na sua fundamentação, ou na do recurso extraordinário, não permitir a exata compreensão da controvérsia.

Súmula n. 288 — Nega-se provimento a agravo para subida de recurso extraordinário, quando faltar no traslado o despacho agravado, a decisão recorrida, a petição de recurso extraordinário ou qualquer peça essencial a compreensão da controvérsia.

Súmula n. 289 — O provimento do agravo, por uma das turmas do Supremo Tribunal Federal, ainda que sem ressalva, não prejudica a questão do cabimento do recurso extraordinário.

Súmula n. 291 — No recurso extraordinário pela letra *d* do art. 101, n. III, da Constituição, a prova do dissídio jurisprudencial far-se-á por certidão, ou mediante indicação do "diário da justiça" ou de repertório de jurisprudência autorizado, com a transcrição do trecho que configure a divergência, mencionadas as circunstâncias que identifiquem ou assemelhem os casos confrontados.

Súmula n. 292 — Interposto o recurso extraordinário por mais de um dos fundamentos indicados no art. 101, III, da constituição, a admissão apenas por um deles não prejudica o seu conhecimento por qualquer dos outros.

Súmula n. 294 — São inadmissíveis embargos infringentes contra decisão do Supremo Tribunal Federal em mandado de segurança.

Súmula n. 295 — São inadmissíveis embargos infringentes contra decisão unânime do Supremo Tribunal Federal em ação rescisória.

Súmula n. 296 — São inadmissíveis embargos infringentes sobre matéria não ventilada, pela turma, no julgamento do recurso extraordinário.

Súmula n. 304 — Decisão denegatória de mandado de segurança, não fazendo coisa julgada contra o impetrante, não impede o uso da ação própria.

Súmula n. 310 — Quando a intimação tiver lugar na sexta-feira, ou a publicação com efeito de intimação for feita nesse dia, o prazo judicial terá inicio na segunda-feira imediata, salvo se não houver expediente, caso em que começara no primeiro dia útil que se seguir.

Súmula n. 311 — No típico acidente do trabalho, a existência de ação judicial não exclui a multa pelo retardamento da liquidação.

Súmula n. 314 — Na composição do dano por acidente do Trabalho, ou de transporte, não é contrário a lei tomar para base da indenização o salário do tempo da perícia ou da sentença.

Súmula n. 315 — Indispensável o traslado das razões da revista, para julgamento, pelo Tribunal Superior do Trabalho, do agravo para sua admissão.

Súmula n. 317 — São improcedentes os embargos declaratórios, quando não pedida a declaração do julgado anterior, em que se verificou a omissão.

Súmula n. 322 — Não terá seguimento pedido ou recurso dirigido ao Supremo Tribunal Federal, quando manifestamente incabível, ou apresentando fora do prazo, ou quando for evidente a incompetência do tribunal.

Súmula n. 325 — As emendas ao regimento do Supremo Tribunal Federal, sobre julgamento de questão constitucional, aplicam-se aos pedidos ajuizados e aos recursos interpostos anteriormente a sua aprovação.

Súmula n. 327 — O direito trabalhista admite a prescrição intercorrente.

Súmula n. 335 — É válida a cláusula de eleição do foro para os processos oriundos do contrato.

Súmula n. 338 — Não cabe ação rescisória no âmbito da justiça do Trabalho.

Súmula n. 341 — É presumida a culpa do patrão ou comitente pelo ato culposo do empregado ou preposto.

Súmula n. 343 — Não cabe ação rescisória por ofensa a literal dispositivo de lei, quando a decisão rescindenda se tiver baseado em texto legal de interpretação controvertida nos tribunais.

Súmula n. 346 — A administração pública pode declarar a nulidade dos seus próprios atos.

Súmula n. 349 — A prescrição atinge somente as prestações de mais de dois anos, reclamadas com fundamento em decisão normativa da justiça do Trabalho, ou em convenção coletiva de trabalho, quando não estiver em causa a própria validade de tais atos.

Súmula n. 356 — O ponto omisso da decisão, sobre o qual não foram opostos embargos declaratórios, não pode ser objeto de recurso extraordinário, por faltar o requisito do pré-questionamento.

Súmula n. 360 — Não há prazo de decadência para a representação de inconstitucionalidade prevista no art. 8º, parágrafo único, da constituição federal.

Súmula n. 363 — A pessoa jurídica de direito privado pode ser demandada no domicilio da agência, ou estabelecimento, em que se praticou o ato.

Súmula n. 383 — A prescrição em favor da Fazenda Pública recomeça a correr, por dois anos e meio, a partir do ato interruptivo, mas não fica reduzida aquém de cinco anos, embora o titular do direito a interrompa durante a primeira metade do prazo.

Súmula n. 390 — A exibição judicial de livros comerciais pode ser requerida como medida preventiva.

Súmula n. 392 — O prazo para recorrer de acórdão concessivo de segurança conta-se da publicação oficial de suas conclusões, e não da anterior ciência a autoridade para cumprimento da decisão.

Súmula n. 400 — Decisão que deu razoável interpretação a lei, ainda que não seja a melhor, não autoriza recurso extraordinário pela letra *a* do art. 101, III, da constituição federal.

Súmula n. 401 — Não se conhece do recurso de revista, nem dos embargos de divergência, do processo trabalhista, quando houver jurisprudência firme do Tribunal Superior do Trabalho no mesmo sentido da decisão impugnada, salvo se houver colisão com a jurisprudência do Supremo Tribunal Federal.

Súmula n. 403 — É de decadência o prazo de trinta dias para instauração do inquérito judicial, a contar da suspensão, por falta grave, de empregado estável.

Súmula n. 417 — Pode ser objeto de restituição, na falência, dinheiro em poder do falido, recebido em nome de outrem, ou do qual, por lei ou contrato, não tivesse ele a disponibilidade.

Súmula n. 423 — Não transita em julgado a sentença por haver omitido o recurso *ex officio*, que se considera interposto *ex lege*.

Súmula n. 429 — A existência de recurso administrativo com efeito suspensivo não impede o uso do mandado de segurança contra omissão da autoridade.

Súmula n. 430 — Pedido de reconsideração na via administrativa não interrompe o prazo para o mandado de segurança.

Súmula n. 432 — Não cabe recurso extraordinário com fundamento no art. 101, III, *d*, da Constituição Federal, quando a divergência alegada for entre decisões da justiça do Trabalho.

Súmula n. 433 — É competente o Tribunal Regional do Trabalho para julgar mandado de segurança contra ato de seu presidente em execução de sentença trabalhista.

Súmula n. 439 — Estão sujeitos à fiscalização tributaria ou previdenciária quaisquer livros comerciais, limitado o exame aos pontos objeto da investigação.

Súmula n. 443 — A prescrição das prestações anteriores ao período previsto em lei não ocorre, quando não tiver sido negado, antes daquele prazo, o próprio direito reclamado, ou a situação jurídica de que ele resulta.

Súmula n. 448 — O prazo para o assistente recorrer, supletivamente, começa a correr imediatamente após o transcurso do prazo do Ministério Público.

Súmula n. 450 — *Honorários. Justiça gratuita.* São devidos honorários de advogado sempre que vencedor o beneficiário de Justiça Gratuita.

Súmula n. 454 — Simples interpretação de cláusulas contratuais não dá lugar a recurso extraordinário.

Súmula n. 456 — O Supremo Tribunal Federal, conhecendo do recurso extraordinário, julgará a causa, aplicando o direito a espécie.

Súmula n. 457 — O Tribunal Superior do Trabalho, conhecendo da revista, julgará a causa, aplicando o direito a espécie.

Súmula n. 458 — O processo da execução trabalhista não exclui a remição pelo executado.

Súmula n. 459 — *Indenização. Adicionais e gratificações.* No cálculo da indenização por despedida injusta, incluem-se os adicionais, ou gratificações, que, pela habitualidade, se tenham incorporado ao salário.

Súmula n. 460 — Para efeito do adicional de insalubridade, a perícia judicial, em reclamação trabalhista, não dispensa o enquadramento da atividade entre as insalubres, que é ato da competência do Ministro do Trabalho e Previdência Social.

Súmula n. 474 — Não há direito líquido e certo, amparado pelo mandado de segurança, quando se escuda em lei cujos efeitos foram anulados por outra, declarada constitucional pelo Supremo Tribunal Federal.

Súmula n. 489 — A compra e venda de automóvel não prevalece contra terceiros, de boa-fé, se o contrato não foi transcrito no registro de títulos e documentos.

Súmula n. 501 — Compete à justiça ordinária estadual o processo e o julgamento, em ambas as instâncias, das causas de acidente do Trabalho, ainda que promovidas contra a União, suas autarquias, empresas públicas ou sociedades de economia mista.

Súmula n. 505 — Salvo quando contrariarem a constituição, não cabe recurso para o Supremo Tribunal Federal, de quaisquer decisões da justiça do Trabalho, inclusive dos presidentes de seus tribunais.

Súmula n. 506 — O agravo a que se refere o art. 4 da Lei n. 4.348, de 26.6.1964, cabe, somente, do despacho do presidente do Supremo Tribunal Federal que defere a suspensão da liminar, em mandado de segurança, não do que a denega.

Súmula n. 510 — Praticado o ato por autoridade, no exercício de competência delegada, contra ela cabe o mandado de segurança ou a medida judicial.

Súmula n. 512 — Não cabe condenação em honorários de advogado na ação de mandado de segurança.

Súmula n. 514 — Admite-se ação rescisória contra sentença transitada em julgado, ainda que contra ela não se tenham esgotado todos os recursos.

Súmula n. 515 — A competência para a ação rescisória não é do Supremo Tribunal Federal, quando a questão federal, apreciada no recurso extraordinário ou no agravo de instrumento, seja diversa da que foi suscitada no pedido rescisório.

Súmula n. 516 — O Serviço Social da Indústria (SESI) esta sujeito a jurisdição da justiça estadual.

Súmula n. 517 — As sociedades de economia mista só tem foro na justiça federal, quando a União intervem como assistente ou opoente.

Súmula n. 518 — A intervenção da União, em feito já julgado pela segunda instância e pendente de embargos, não desloca o processo para o Tribunal Federal de Recursos.

Súmula n. 519 — Aplica-se aos executivos fiscais o princípio da sucumbência a que se refere o art. 64 do Código de Processo Civil.

Súmula n. 528 — Se a decisão contiver partes autônomas, a admissão parcial, pelo presidente do tribunal *a quo*, de recurso extraordinário que, sobre qualquer delas se manifestar, não limitará a apreciação de todas pelo Supremo Tribunal Federal, independentemente de interposição de agravo de instrumento.

Súmula n. 562 — Na indenização de danos materiais decorrentes de ato ilícito cabe a atualização de seu valor, utilizando-se, para esse fim, dentre outros critérios, os índices de correção monetária.

Súmula n. 565 — *Falência. Multa fiscal moratória.* A multa fiscal moratória constitui pena administrativa, não se incluindo no crédito habilitado em falência.

Súmula n. 598 — Nos embargos de divergência não servem como padrão de discordância os mesmos paradigmas invocados para demonstrá-la mas repelidos como não dissidentes no julgamento do recurso extraordinário.

Súmula n. 616 — É permitida a cumulação da multa contratual com os honorários de advogado, após o advento do código de processo civil vigente.

Súmula n. 620 — A sentença proferida contra autarquias não está sujeita a reexame necessário, salvo quando sucumbente em execução de dívida ativa.

Súmula n. 621 — Não enseja embargos de terceiro a penhora a promessa de compra e venda não inscrita no registro de imóveis.

Súmula n. 622 — Não cabe agravo regimental contra decisão do relator que concede ou indefere liminar em mandado de segurança.

Súmula n. 624 — Não compete ao Supremo Tribunal Federal conhecer originariamente de mandado de segurança contra atos de outros tribunais.

Súmula n. 625 — Controvérsia sobre matéria de direito não impede concessão de mandado de segurança.

Súmula n. 626 — A suspensão da liminar em mandado de segurança, salvo determinação em contrário da decisão que a deferir, vigorará até o trânsito em julgado da decisão definitiva de concessão da segurança ou, havendo recurso, até a sua manutenção pelo Supremo Tribunal Federal, desde que o objeto da liminar deferida coincida, total ou parcialmente, com o da impetração.

Súmula n. 627 — No mandado de segurança contra a nomeação de magistrado da competência do presidente da república, este é considerado autoridade coatora, ainda que o fundamento da impetração seja nulidade ocorrida em fase anterior do procedimento.

Súmula n. 628 — *Mandado de segurança. Integrante de lista de candidatos a vaga em Tribunal. Parte legítima.* Integrante de lista de candidatos a determinada vaga da composição de tribunal é parte legítima para impugnar a validade da nomeação de concorrente. Legislação: Lei n. 1.533/51, art. 1º, § 2º.

Súmula n. 629 — A impetração de mandado de segurança coletivo por entidade de classe em favor dos associados independe da autorização destes.

Súmula n. 630 — A entidade de classe tem legitimação para o mandado de segurança ainda quando a pretensão veiculada interesse apenas a uma parte da respectiva categoria.

Súmula n. 631 — Extingue-se o processo de mandado de segurança se o impetrante não promove, no prazo assinado, a citação do litisconsorte passivo necessário.

Súmula n. 632 — É constitucional lei que fixa o prazo de decadência para a impetração de mandado de segurança.

Súmula n. 633 — É incabível a condenação em verba honorária nos recursos extraordinários interpostos em processo trabalhista, exceto nas hipóteses previstas na Lei n. 5.584/70.

Súmula n. 634 — Não compete ao Supremo Tribunal Federal conceder medida cautelar para dar efeito suspensivo a recurso extraordinário que ainda não foi objeto de juízo de admissibilidade na origem.

Súmula n. 635 — Cabe ao presidente do tribunal de origem decidir o pedido de medida cautelar em recurso extraordinário ainda pendente do seu juízo de admissibilidade.

Súmula n. 636 — Não cabe recurso extraordinário por contrariedade ao princípio constitucional da legalidade, quando a sua verificação pressuponha rever a interpretação dada a normas infraconstitucionais pela decisão recorrida.

Súmula n. 637 — *Recurso extraordinário. Descabimento. Decisão local em pedido de intervenção em Município.* Não cabe recurso extraordinário contra acórdão de Tribunal de Justiça que defere pedido de intervenção estadual em Município. Legislação: CF, art. 34,VI.

Súmula n. 639 — Aplica-se a Súmula n. 288 quando não constarem do traslado do agravo de instrumento as cópias das peças necessárias à verificação da tempestividade do recurso extraordinário não admitido pela decisão agravada.

Súmula n. 640 — É cabível recurso extraordinário contra decisão proferida por juiz de primeiro grau nas causas de alçada, ou por turma recursal de juizado especial cível e criminal.

Súmula n. 641 — Não se conta em dobro o prazo para recorrer, quando só um dos litisconsortes haja sucumbido.

Súmula n. 644 — Ao procurador autárquico não é exigível a apresentação de instrumento de mandato para representá-la em juízo.

Súmula n. 648 — A norma do § 3º do art. 192 da Constituição, revogada pela EC n. 40/2003, que limitava a taxa de juros reais a 12% ao ano, tinha sua aplicabilidade condicionada à edição de lei complementar.

Súmula n. 651 — *Medida Provisória não apreciada pelo Congresso Nacional. Prazo de reedição de 30 dias.* A medida provisória não apreciada pelo Congresso Nacional podia, até a EC n. 32/98, ser reeditada dentro do seu prazo de eficácia de trinta dias, mantidos os efeitos de lei desde a primeira edição. Legislação: CF, art. 62, parágrafo único.

Súmula n. 654 — A garantia da irretroatividade da lei, prevista no art. 5º, XXXVI, da Constituição da República, não é invocável pela entidade estatal que a tenha editado.

Súmula n. 655 — A exceção prevista no art. 100, *caput*, da Constituição, em favor dos créditos de natureza alimentícia, não dispensa a expedição de precatório, limitando-se a isentá-los da observância da ordem cronológica dos precatórios decorrentes de condenações de outra natureza.

Súmula n. 667 — Viola a garantia constitucional de acesso à jurisdição a taxa judiciária calculada sem limite sobre o valor da causa.

Súmula n. 677 — Até que lei venha a dispor a respeito, incumbe ao Ministério do Trabalho proceder ao registro das entidades sindicais e zelar pela observância do princípio da unicidade.

Súmula n. 679 — A fixação de vencimentos dos servidores públicos não pode ser objeto de convenção coletiva.

Súmula n. 688 — É legítima a incidência da contribuição previdenciária sobre o 13º salário.

Súmula n. 727 — Não pode o magistrado deixar de encaminhar ao Supremo Tribunal Federal o agravo de instrumento interposto da decisão que não admite recurso extraordinário, ainda que referente a causa instaurada no âmbito dos juizados especiais.

Súmula n. 729 — A decisão na ADC-4 não se aplica à antecipação de tutela em causa de natureza previdenciária.

Súmula n. 731 — Para fim da competência originária do Supremo Tribunal Federal, é de interesse geral da magistratura a questão de saber se, em face da LOMAN, os juízes têm direito à licença-prêmio.

Súmula n. 733 — Não cabe recurso extraordinário contra decisão proferida no processamento de precatórios.

Súmula n. 734 — Não cabe reclamação quando já houver transitado em julgado o ato judicial que se alega tenha desrespeitado decisão do Supremo Tribunal Federal.

Súmula n. 735 — Não cabe recurso extraordinário contra acórdão que defere medida liminar.

Súmula n. 736 — Compete à justiça do Trabalho julgar as ações que tenham como causa de pedir o descumprimento de normas trabalhistas relativas à segurança, higiene e saúde dos trabalhadores.

366. Súmulas do Superior Tribunal de Justiça de Natureza Processual Trabalhista

Súmula n. 2 — Não cabe o habeas data (CF, art. 5º, LXXII, letra *a*) se não houve recusa de informações por parte da autoridade administrativa.

Súmula n. 3 — Compete ao Tribunal Regional Federal dirimir conflito de competência verificado, na respectiva região, entre juiz federal e juiz estadual investido de jurisdição federal.

Súmula n. 4 — Compete à Justiça Estadual julgar causa decorrente do processo eleitoral sindical.

Súmula n. 10 — Instalada a Junta de Conciliação e Julgamento, cessa a competência do juiz de direito em matéria trabalhista, inclusive para a execução das sentenças por ele proferidas.

Súmula n. 14 — Arbitrados os honorários advocatícios em percentual sobre o valor da causa, a correção monetária incide a partir do respectivo ajuizamento.

Súmula n. 15 — Compete à Justiça Estadual processar e julgar os litígios decorrentes de acidente do trabalho.

Súmula n. 32 — Compete à Justiça Federal processar justificações judiciais destinadas a instruir pedidos perante entidades que nela tem exclusividade de foro, ressalvada a aplicação do art. 15, II da Lei n. 5.010/66.

Súmula n. 33 — A incompetência relativa não pode ser declarada de ofício.

Súmula n. 37 — São cumuláveis as indenizações por dano material e dano moral oriundos do mesmo fato.

Súmula n. 39 — Prescreve em vinte anos a ação para haver indenização, por responsabilidade civil, de sociedade de economia mista.

Súmula n. 41 — O Superior Tribunal de Justiça não tem competência para processar e julgar, originariamente, mandado de segurança contra ato de outros tribunais ou dos respectivos órgãos.

Súmula n. 45 — No reexame necessário, é defeso, ao Tribunal, agravar a condenação imposta a fazenda pública.

Súmula n. 46 — Na execução por carta, os embargos do devedor serão decididos no juízo deprecante, salvo se versarem unicamente vícios ou defeitos da penhora, avaliação ou alienação dos bens.

Súmula n. 55 — Tribunal Regional Federal não é competente para julgar recurso de decisão proferida por juiz estadual não investido de jurisdição federal.

Súmula n. 57 — Compete à Justiça Comum Estadual processar e julgar ação de cumprimento fundada em acordo ou convenção coletiva não homologados pela Justiça do Trabalho.

Súmula n. 59 — Não ha conflito de competência se já existe sentença com transito em julgado, proferida por um dos juízos conflitantes.

Súmula n. 82 — Compete à Justiça Federal, excluídas as reclamações trabalhistas, processar e julgar os feitos relativos a movimentação do FGTS.

Súmula n. 84 — É admissível a oposição de embargos de terceiro fundados em alegação de posse advinda do compromisso de compra e venda de imóvel, ainda que desprovido do registro.

Súmula n. 85 — Nas relações jurídicas de trato sucessivo em que a Fazenda Pública figure como devedora, quando não tiver sido negado o próprio direito reclamado, a prescrição atinge apenas as prestações vencidas antes do quinquênio anterior a propositura da ação.

Súmula n. 97 — Compete à Justiça do Trabalho processar e julgar reclamação de servidor público relativamente a vantagens trabalhistas anteriores a instituição do Regime Jurídico Único.

Súmula n. 98 — Embargos de Declaração manifestados com notório propósito de prequestionamento não tem caráter protelatório.

Súmula n. 99 — O Ministério Público tem legitimidade para recorrer no processo em que oficiou como fiscal da lei, ainda que não haja recurso da parte.

Súmula n. 105 — Na ação de Mandado de Segurança não se admite condenação em honorários advocatícios.

Súmula n. 106 — Proposta a ação no prazo fixado para o seu exercício, a demora na citação, por motivos inerentes ao mecanismo da justiça, não justifica o acolhimento da arguição de prescrição ou decadência.

Súmula n. 111 — Os honorários advocatícios, nas ações previdenciárias, não incidem sobre as prestações vencidas após a sentença.

Súmula n. 128 — Na execução fiscal haverá segundo leilão, se no primeiro não houve lanço superior a avaliação.

Súmula n. 134 — Embora intimado da penhora em imóvel do casal, o cônjuge do executado pode opor embargos de terceiro para defesa de sua meação.

Súmula n. 137 — Compete à Justiça Comum Estadual processar e julgar ação de servidor público municipal, pleiteando direitos relativos ao vinculo estatutário.

Súmula n. 144 — Os créditos de natureza alimentícia gozam de preferência, desvinculados os precatórios da ordem cronológica dos créditos de natureza diversa.

Súmula n. 148 — Os débitos relativos a benefício previdenciário, vencidos e cobrados em juízo após a vigência da Lei n. 6.899/81, devem ser corrigidos monetariamente na forma prevista nesse diploma legal.

Súmula n. 150 — Compete à Justiça Federal decidir sobre a existência de interesse jurídico que justifique a presença, no processo, da União, suas Autarquias ou Empresas Públicas.

Súmula n. 158 — Não se presta a justificar embargos de divergência o dissídio com acórdão de turma ou seção que não mais tenha competência para a matéria neles versada.

Súmula n. 159 — O benefício acidentário, no caso de contribuinte que perceba remuneração variável, deve ser calculado com base na media aritmética dos últimos doze meses de contribuição.

Súmula n. 161 — É da competência da Justiça Estadual autorizar o levantamento dos valores relativos ao PIS/PASEP e FGTS, em decorrência do falecimento do titular da conta.

Súmula n. 165 — Compete à Justiça Federal processar e julgar crime de falso testemunho cometido no processo do trabalho.

Súmula n. 168 — Não cabem embargos de divergência, quando a jurisprudência do tribunal se firmou no mesmo sentido do acórdão embargado.

Súmula n. 169 — São inadmissíveis embargos infringentes no processo de mandado de segurança.

Súmula n. 170 — Compete ao juízo onde primeiro for intentada a ação envolvendo acumulação de pedidos, trabalhista e estatutário, decidi-la nos limites da sua jurisdição, sem prejuízo do ajuizamento de nova causa, com o pedido remanescente, no juízo próprio.

Súmula n. 173 — *Reintegração de Servidor Público. Competência da Justiça Federal.* Compete à Justiça Federal processar e julgar o pedido de reintegração em cargo público federal, ainda que o servidor tenha sido dispensado antes da instituição do Regime Jurídico Único.

Súmula n. 175 — Descabe o depósito prévio nas ações rescisórias propostas pelo INSS.

Súmula n. 177 — O STJ é incompetente para processar e julgar, originariamente, mandado de segurança contra ato de órgão colegiado presidido por ministro de estado.

Súmula n. 179 — O estabelecimento de crédito que recebe dinheiro, em depósito judicial, responde pelo pagamento da correção monetária relativa aos valores recolhidos.

Súmula n. 180 — Na lide trabalhista, compete ao TRT dirimir conflito de competência verificado, na respectiva região, entre juiz estadual e junta de conciliação e julgamento.

Súmula n. 181 — É admissível ação declaratória, visando a obter certeza quanto a exata interpretação de clausula contratual.

Súmula n. 194 — Prescreve em vinte anos a ação para obter, do construtor, indenização por defeitos da obra.

Súmula n. 195 — Em embargos de terceiro não se anula ato jurídico, por fraude contra credores.

Súmula n. 196 — Ao executado que, citado por edital ou por hora certa, permanecer revel, será nomeado curador especial, com legitimidade para apresentação de embargos.

Súmula n. 201 — Os honorários advocatícios não podem ser fixados em salários-mínimos.

Súmula n. 202 — A impetração de segurança por terceiro, contra ato judicial, não se condiciona a interposição de recurso.

Súmula n. 204 — Os juros de mora nas ações relativas a benefícios previdenciários incidem a partir da citação valida.

Súmula n. 210 — A ação de cobrança das contribuições para o FGTS prescreve em trinta (30) anos.

Súmula n. 216 — A tempestividade de recurso interposto no Superior Tribunal de Justiça é aferida pelo registro no protocolo da secretaria e não pela data da entrega na agência do correio.

Súmula n. 218 — *Competência. Ação de Servidor Público Estadual. Cargo em Comissão. Estatutário. Justiça Comum.* Compete à Justiça dos Estados processar e julgar ação de servidor estadual decorrente de direitos e vantagens estatutárias no exercício de cargo em comissão.

Súmula n. 219 — Os créditos decorrentes de serviços prestados à massa falida, inclusive a remuneração do síndico, gozam dos privilégios próprios dos trabalhistas.

Súmula n. 222 — Compete à justiça comum processar e julgar as ações relativas à contribuição sindical prevista no art. 578, da CLT.

Súmula n. 223 — A certidão de intimação do acórdão recorrido constitui peça obrigatória do instrumento de agravo.

Súmula n. 225 — Compete ao Tribunal Regional do Trabalho apreciar recurso contra sentença proferida por órgão de primeiro grau da justiça trabalhista, ainda que para declarar-lhe a nulidade em virtude de incompetência.

Súmula n. 226 — O Ministério Público tem legitimidade para recorrer na ação de acidente do trabalho, ainda que o segurado esteja assistido por advogado.

Súmula n. 227 — A pessoa jurídica pode sofrer dano moral.

Súmula n. 232 — A Fazenda Pública, quando parte no processo, fica sujeita à exigência do depósito prévio dos honorários do perito.

Súmula n. 235 — A conexão não determina a reunião dos processos, se um deles já foi julgado.

Súmula n. 236 — Não compete ao Superior Tribunal de Justiça dirimir conflitos de competência entre juízes trabalhistas vinculados a tribunais do trabalho diversos.

Súmula n. 239 — O direito à adjudicação compulsória não se condiciona ao registro do compromisso de compra e venda no cartório de imóveis.

Súmula n. 240 — A extinção do processo, por abandono da causa pelo autor, depende de requerimento do réu.

Súmula n. 242 — Cabe ação declaratória para reconhecimento de tempo de serviço para fins previdenciários.

Súmula n. 249 — A Caixa Econômica Federal tem legitimidade passiva para integrar processo em que se discute correção Súmula n. 253: O art. 557: do CPC, que autoriza o relator a decidir o recurso, alcança o reexame necessário.

Súmula n. 271 — A correção monetária dos depósitos judiciais independe de ação específica contra o banco depositário.

Súmula n. 273 — Intimada a defesa da expedição da carta precatória, torna-se desnecessária intimação da data da audiência no juízo deprecado.

Súmula n. 278 — O termo inicial do prazo prescricional, na ação de indenização, é a data em que o segurado teve ciência inequívoca da incapacidade laboral.

Súmula n. 279 — É cabível execução por título extrajudicial contra a Fazenda Pública.

Súmula n. 318 — *Pedido certo e determinado. Vício da sentença ilíquida.* Formulado pedido certo e determinado, somente o autor tem interesse recursal em arguir o vício da sentença ilíquida.

Súmula n. 319 — *Depositário. Bem penhorado. Recusa.* O encargo de depositário de bens penhorados pode ser expressamente recusado.

Súmula n. 320 — *Pré-questionamento. Questão federal. Voto vencido.* A questão federal somente ventilada no voto vencido não atende ao requisito do prequestionamento.

Súmula n. 324 — Compete à Justiça Federal processar e julgar ações de que participa a Fundação Habitacional do Exército, equiparada à entidade autárquica federal, supervisionada pelo Ministério do Exército.

Súmula n. 325 — A remessa oficial devolve ao Tribunal o reexame de todas as parcelas da condenação suportadas pela Fazenda Pública, inclusive dos honorários de advogado.

Súmula n. 326 — Na ação de indenização por dano moral, a condenação em montante inferior ao postulado na inicial não implica sucumbência recíproca.

Súmula n. 327 — Nas ações referentes ao Sistema Financeiro da Habitação, a Caixa Econômica Federal tem legitimidade como sucessora do Banco Nacional da Habitação.

Súmula n. 328 — Na execução contra instituição financeira, é penhorável o numerário disponível, excluídas as reservas bancárias mantidas no Banco Central.

Súmula n. 329 — O Ministério Público tem legitimidade para propor ação civil pública em defesa do patrimônio público.

Súmula n. 331 — A apelação interposta contra sentença que julga embargos à arrematação tem efeito meramente devolutivo.

Súmula n. 339 – É cabível ação monitória contra a Fazenda Pública.

Súmula n 343 – É obrigatória a presença de advogado em todas as fases do processo administrativo disciplinar.

Súmula n. 344 – *A liquidação por forma diversa da estabelecida na sentença não ofende a coisa julgada.*

Súmula n. 349 – *Compete à Justiça Federal ou aos juízes com competência delegada o julgamento das execuções fiscais de contribuições devidas pelo empregador ao FGTS.*

Súmula n. 362 – *A correção monetária do valor da indenização do dano moral incide desde a data do arbitramento.*

Súmula n. 363 – *Compete à Justiça estadual processar e julgar a ação de cobrança ajuizada por profissional liberal contra cliente.*

Súmula n. 364 – *O conceito de impenhorabilidade de bem de família abrange também o imóvel pertencente a pessoas solteiras, separadas e viúvas.*

Súmula n. 365 – *A intervenção da União como sucessora da Rede Ferroviária Federal S/A (RFFSA) desloca a competência para a Justiça Federal ainda que a sentença tenha sido proferida por Juízo estadual.*

Súmula n. 367 – *A competência estabelecida pela EC n. 45/2004 não alcança os processos já sentenciados.*

Súmula n. 372 – *Na ação de exibição de documentos, não cabe a aplicação de multa cominatória.*

Súmula n. 373 – *É ilegítima a exigência de depósito prévio para admissibilidade de recurso administrativo.*

Súmula n. 375 – *O reconhecimento da fraude à execução depende do registro da penhora do bem alienado ou da prova de má-fé do terceiro adquirente.*

Súmula n. 383 – *A competência para processar e julgar as ações conexas de interesse de menor é, em princípio, do foro do domicílio do detentor de sua guarda.*

Súmula n. 386 – *São isentas de imposto de renda as indenizações de férias proporcionais e o respectivo adicional.*

Súmula n. 387 – *É lícita a cumulação das indenizações de dano estético e dano moral.*

Súmula n. 393 – *A exceção de pré-executividade é admissível na execução fiscal relativamente às matérias conhecíveis de ofício que não demandem dilação probatória.*

Súmula 398 – *A prescrição da ação para pleitear os juros progressivos sobre os saldos de conta vinculada do FGTS não atinge o fundo de direito, limitando-se às parcelas vencidas.*

Súmula n. 400 — *O encargo de 20% previsto no DL n. 1.025/69 é exigível na execução fiscal proposta contra a massa falida.*

Súmula n. 401 — *O prazo decadencial da ação rescisória só se inicia quando não for cabível qualquer recurso do último pronunciamento judicial.*

Súmula n. 403 — *Independe de prova do prejuízo a indenização pela publicação não autorizada de imagem de pessoa com fins econômicos ou comerciais.*

Súmula n. 406 — *A Fazenda Pública pode recusar a substituição do bem penhorado por precatório.*

Súmula n. 409 — *Em execução fiscal, a prescrição ocorrida antes da propositura da ação pode ser decretada de ofício (art. 219, § 5º, do CPC).*

Súmula n. 410 — *A prévia intimação pessoal do devedor constitui condição necessária para a cobrança de multa pelo descumprimento de obrigação de fazer ou não fazer. (2010)*

Súmula n. 414 — *A citação por edital na execução fiscal é cabível quando frustradas as demais modalidades.*

Súmula n. 417 — *Na execução civil, a penhora de dinheiro na ordem de nomeação de bens não tem caráter absoluto. (2010)*

Súmula n. 418 — *É inadmissível o recurso especial interposto antes da publicação do acórdão dos embargos de declaração, sem posterior ratificação. (2010)*

Súmula n. 419 — *Descabe a prisão civil do depositário judicial infiel. (2010)*

Súmula n. 420 — *Incabível, em embargos de divergência, discutir o valor de indenização por danos morais. (2010)*

Súmula n. 421 — *Os honorários advocatícios não são devidos à Defensoria Pública quando ela atua contra a pessoa jurídica de direito público à qual pertença. (2010)*

Súmula n. 427 — *A ação de cobrança de diferenças de valores de complementação de aposentadoria prescreve em cinco anos contados da data do pagamento. (2010)*

Súmula n. 429 — *A citação postal, quando autorizada por lei, exige o aviso de recebimento. (2010)*

Súmula n. 435 — *Presume-se dissolvida irregularmente a empresa que deixar de funcionar no seu domicílio fiscal, sem comunicação aos órgãos competentes, legitimando o redirecionamento da execução fiscal para o sócio-gerente. (2010)*

Súmula n. 446 — *Declarado e não pago o débito tributário pelo contribuinte, é legítima a recusa de expedição de certidão negativa ou positiva com efeito de negativa. (2010)*

Súmula n. 451 — *É legítima a penhora da sede do estabelecimento comercial. (2010)*

Súmula n. 452 — *A extinção das ações de pequeno valor é faculdade da Administração Federal, vedada a atuação judicial de ofício. (2010)*

Súmula n. 453 — *Os honorários sucumbenciais, quando omitidos em decisão transitada em julgado, não podem ser cobrados em execução ou em ação própria. (2010)*

Súmula n. 459 — *A Taxa Referencial (TR) é o índice aplicável, a título de correção monetária, aos débitos com o FGTS recolhidos pelo empregador mas não repassados ao fundo.*

Súmula n. 461 — *O contribuinte pode optar por receber, por meio de precatório ou por compensação, o indébito tributário certificado por sentença declaratória transitada em julgado.*

Súmula n. 462 — *Nas ações em que representa o FGTS, a CEF, quando sucumbente, não está isenta de reembolsar as custas antecipadas pela parte vencedora.*

Súmula n. 463 — *Incide imposto de renda sobre os valores percebidos a título de indenização por horas extraordinárias trabalhadas, ainda que decorrentes de acordo coletivo. (2010)*

Súmula n. 481 — *Faz jus ao benefício da justiça gratuita a pessoa jurídica com ou sem fins lucrativos que demonstrar sua impossibilidade de arcar com os encargos processuais. (2012)*

Súmula n. 482 — *A falta de ajuizamento da ação principal no prazo do art. 806 do CPC acarreta a perda da eficácia da liminar deferida e a extinção do processo cautelar. (2012)*

Súmula n. 483 — *O INSS não está obrigado a efetuar depósito prévio do preparo por gozar das prerrogativas e privilégios da Fazenda Pública. (2012)*

Súmula n. 484 — *Admite-se que o preparo seja efetuado no primeiro dia útil subsequente, quando a interposição do recurso ocorrer após o encerramento do expediente bancário. (2012)*

Súmula n. 485 — *A Lei de Arbitragem aplica-se aos contratos que contenham cláusula arbitral, ainda que celebrados antes da sua edição. (2012)*

Súmula n. 486 — *É impenhorável o único imóvel residencial do devedor que esteja locado a terceiros, desde que a renda obtida com a locação seja revertida para a subsistência ou a moradia da sua família. (2012)*

Súmula n. 487 — *O parágrafo único do art. 741 do CPC não se aplica às sentenças transitadas em julgado em data anterior à da sua vigência. (2012)*

Súmula n. 488 — *O parágrafo 2º do art. 6º da Lei 9.469/97, que obriga à repartição dos honorários advocatícios, é inaplicável a acordos ou transações celebrados em data anterior à sua vigência. (2012)*

Súmula n. 489 — *Reconhecida a continência, devem ser reunidas na Justiça Federal as ações civis públicas propostas nesta e na Justiça estadual. (2012)*

Súmula n. 490 — *A dispensa de reexame necessário, quando o valor da condenação ou do direito controvertido for inferior a 60 salários mínimos, não se aplica a sentenças ilíquidas. (2012)*

Súmula n. 497 — *Os créditos das autarquias federais preferem aos créditos da Fazenda estadual desde que coexistam penhoras sobre o mesmo bem. (2012)*

Súmula n. 498 — *Não incide imposto de renda sobre a indenização por danos morais. (2012)*

367. Súmulas do Ex-Tribunal Federal de Recursos de Natureza Processual Trabalhista

Súmula n. 32 — *Execução por Carta. CPC, art. 747 c/c art. 658. Embargos do Devedor.* Na execução por carta (CPC, art. 747 c/c art. 658), os embargos do devedor serão decididos no juízo deprecante, salvo se versarem unicamente vícios ou defeitos da penhora, avaliação ou alienação dos bens.

Súmula n. 33 — *Execução por Carta. Embargos de Terceiro. Competência.* O juízo deprecado, na execução por carta, e o competente para julgar os embargos de terceiro, salvo se o bem apreendido foi indicado pelo juízo deprecante.

Súmula n. 34 — *Duplo Grau de Jurisdição.* O duplo grau de jurisdição (CPC, art. 475, II) e aplicável quando se trata de sentença proferida contra a união, o estado e o município, só incidindo, em relação as autarquias, quanto estas forem sucumbentes na execução da divida ativa (CPC), art. 475, III).

Súmula n. 38 — *Certificados de Quitação e de Regularidade de Situação.* Os certificados de quitação e de regularidade de situação não podem ser negados, se o debito estiver garantido por penhora regular (CTN, art. 206).

Súmula n. 44 — *Falência. Execução. Bens Penhorados.* Ajuizada a execução fiscal anteriormente a falência, com penhora realizada antes desta, não ficam os bens penhorados sujeitos a arrecadação no juízo falimentar; proposta a execução fiscal contra a massa falida, a penhora far-se-á no rosto dos autos do processo da quebra, citando-se o sindico.

Súmula n. 82 — *PIS. Competência da Justiça do Trabalho.* Compete à Justiça do Trabalho processar e julgar as reclamações pertinentes ao cadastramento no plano de integração social (PIS) ou indenização compensatória pela falta deste, desde que não envolvam relações de trabalho dos servidores da união, suas autarquias e empresas públicas.

Súmula n. 87 — *Competência da Justiça Comum Estadual. Cobrança de Contribuições Sindicais.* Compete à Justiça comum estadual o processo e julgamento da ação de cobrança de contribuições sindicais.

Súmula n. 88 — *Competência da Justiça do Trabalho.* **Reclamação ajuizada contra a Rede Ferroviária Federal S/A por Servidor cedido pela União Federal.** Compete à Justiça do Trabalho o processo e julgamento de reclamação ajuizada contra a Rede Ferroviária Federal S/A por servidor cedido pela União Federal.

Súmula n. 89 — *Competência da JCJ. Carta Precatória Expedida por Juiz Federal. Matéria Trabalhista.* Compete a Junta de Conciliação e Julgamento, sediada em comarca do interior, cumprir carta precatória expedida por juiz federal, em matéria trabalhista.

Súmula n. 105 — *Prazos. Férias Forenses.* Aos prazos em curso no período compreendido entre 20 de dezembro e 6 de janeiro, na Justiça Federal, aplica-se a regra do artigo 179 do Código de Processo Civil.

Súmula n. 114 — *Causas entre os Sindicatos e seus Associados. Competência da Justiça Comum Estadual.* Compete à Justiça Comum Estadual processar e julgar as causas entre os sindicatos e seus associados.

Súmula n. 115 — *Competência da Justiça Federal. Crimes contra a Organização do Trabalho.* Compete à Justiça Federal processar e julgar os crimes contra a organização do Trabalho, quando tenham por objeto a organização geral do Trabalho ou direitos dos trabalhadores considerados coletivamente.

Súmula n. 150 — *Competência da Justiça do Trabalho. Litígios entre a Administração Direta ou Indireta do Distrito Federal.* Compete à Justiça do Trabalho processar e julgar os litígios entre a administração direta ou indireta do Distrito Federal e os seus servidores, regidos pela legislação trabalhista.

Súmula n. 169 — Competência do Juiz de Direito nas Comarcas em que não foi criada JCJ. Na comarca em que não foi criada junta de conciliação e julgamento, é competente o Juiz de Direito para processar e julgar litígios de natureza trabalhista.

Súmula n. 180 — Ferroviários. Complementação de Proventos da Aposentadoria. Competência da Justiça Federal. Compete à Justiça Federal processar e julgar pedidos de complementação de proventos da aposentadoria dos ferroviários cedidos a Rede Ferroviária Federal S/A. Imprópria a reclamação trabalhista para a espécie.

Súmula n. 184 — Sociedade por Quotas. Sócio-gerente. Embargos de Terceiro. Em execução movida contra sociedade por quotas, o sócio-gerente, citado em nome próprio, não tem legitimidade para opor embargos de terceiro, visando livrar da constrição judicial seus bens particulares.

Súmula n. 195 — Mandado de Segurança. O mandado de segurança não é meio processual idôneo para dirimir litígios trabalhistas.

Súmula n. 196 — Embargos. Execução Trabalhista. Cabem embargos, e não agravo de petição, da sentença de liquidação no processo de execução trabalhista.

Súmula n. 200 — Crime de Falsificação ou Uso de Documento falso perante a Justiça do Trabalho. Competência da Justiça Federal. Compete à Justiça Federal processar e julgar o crime de falsificação ou de uso de documento falso perante a justiça do Trabalho.

Súmula n. 216 — Mandado de Segurança impetrado contra ato de Autoridade Previdenciária. Competência da Justiça Federal. Compete à Justiça Federal processar e julgar mandado de segurança impetrado contra ato de autoridade previdenciária, ainda que localizada em comarca do interior.

Súmula n. 217 — Identidade Física do Juiz. No âmbito da Justiça Federal, aplica-se aos feitos trabalhistas o principio da identidade física do juiz.

Súmula n. 240 — Embargos a Execução. Intimação do Representante da Fazenda Pública. A intimação do representante judicial da Fazenda Pública, nos embargos a execução fiscal, será feita pessoalmente.

Súmula n. 242 — Bem Alienado Fiduciariamente. Execução. O bem alienado fiduciariamente não pode ser objeto de penhora nas execuções ajuizadas contra o devedor fiduciário.

Súmula n. 244 — Competência para a Justiça Federal. Intervenção da União, suas Autarquias e Empresas Públicas. A intervenção da União, suas autarquias e empresas públicas em concurso de credores ou de preferência não desloca a competência para a Justiça Federal.

Súmula n. 245 — Execução de Sentença. Valor de Alçada. Na execução de sentença, prevalece, para efeito da alçada recursal de que trata a Lei n. 6.825, de 1980, o valor apurado na liquidação.

Súmula n. 262 — Juiz que não colheu prova em audiência. Não se vincula ao processo o juiz que não colheu prova em audiência.

368. Súmulas do TST de Natureza Processual

N. 1 — Prazo judicial. Quando a intimação tiver lugar na sexta-feira, ou a publicação com efeito de intimação for feita nesse dia, o prazo judicial será contado da segunda-feira imediata, inclusive, salvo se não houver expediente, caso em que fluirá no dia útil que se seguir. (1969)

N. 8 — Juntada de documento. A juntada de documentos na fase recursal só se justifica quando provado o justo impedimento para sua oportuna apresentação ou se referir a fato posterior à sentença. (1969)

N. 9 — Ausência do reclamante. A ausência do reclamante, quando adiada a instrução após contestada a ação em audiência, não importa arquivamento do processo. (1969)

N. 12 — Carteira profissional. As anotações apostas pelo empregador na carteira profissional do empregado não geram presunção *juris et de jure*, mas apenas *juris tantum*. (1969)

N. 13 — Mora. O só pagamento dos salários atrasados em audiência não ilide a mora capaz de determinar a rescisão do contrato de trabalho. (1969)

N. 16 — Notificação. Presume-se recebida a notificação 48 (quarenta e oito) horas depois de sua postagem. O seu não-recebimento ou a entrega após o decurso desse prazo constitui ônus de prova do destinatário. (NR 2003)

N. 18 — Compensação. A compensação, na Justiça do Trabalho, está restrita a dívidas de natureza trabalhista. (1969)

N. 19 — Quadro de carreira. A Justiça do Trabalho é competente para apreciar reclamação de empregado que tenha por objeto direito fundado em quadro de carreira. (1969)

N. 23 — Recurso. Não se conhece de recurso de revista ou de embargos, se a decisão recorrida resolver determinado item do pedido por diversos fundamentos e a jurisprudência transcrita não abranger a todos. (1970)

N. 25 — Custas. A parte vencedora na primeira instância, se vencida na segunda, está obrigada, independentemente de intimação, a pagar as custas fixadas na sentença originária, das quais ficara isenta a parte então vencida. (1970)

N. 28 — Indenização. No caso de se converter a reintegração em indenização dobrada, o direito aos salários é assegurado até a data da primeira decisão que determinou essa conversão. (NR 2003)

N. 30 — Intimação da sentença. Quando não juntada a ata ao processo em 48 horas, contadas da audiência de julgamento (art. 851, § 2º, da CLT), o prazo para recurso será contado da data em que a parte receber a intimação da sentença. (1970)

N. 33 — Mandado de segurança. Decisão judicial transitada em julgado. Não cabe mandado de segurança de decisão judicial transitada em julgado. (1970)

N. 36 — Custas. Nas ações plúrimas, as custas incidem sobre o respectivo valor global. (1970)

N. 48 — Compensação. A compensação só poderá ser arguida com a contestação. (1973)

N. 53 — Custas. O prazo para pagamento das custas, no caso de recurso, é contado da intimação do cálculo. (1973)

N. 62 — Abandono de emprego. O prazo de decadência do direito do empregador de ajuizar inquérito em face do empregado que incorre em abandono de emprego é contado a partir do momento em que o empregado pretendeu seu retorno ao serviço. (1974)

N. 69 — Rescisão do contrato. A partir da Lei n. 10.272, de 5.9.2001, havendo rescisão do contrato de trabalho e sendo revel e confesso quanto à matéria de fato, deve ser o empregador condenado ao pagamento das verbas rescisórias, não quitadas na primeira audiência, com acréscimo de 50% (cinquenta por cento). (NR 2003)

N. 71 — Alçada. A alçada é fixada pelo valor dado à causa na data de seu ajuizamento, desde que não impugnado, sendo inalterável no curso do processo. (1978)

N. 74 — Confissão. I – Aplica-se a confissão à parte que, expressamente intimada com aquela cominação, não comparecer à audiência em prosseguimento, na qual deveria depor. II — A prova pré-constituída nos autos pode ser levada em conta para confronto com a confissão ficta (art. 400, I, CPC), não implicando cerceamento de defesa o indeferimento de provas posteriores. III- A vedação à produção de prova posterior pela parte confessa somente a ela se aplica, não afetando o exercício, pelo magistrado, do poder/dever de conduzir o processo. (NR-2011)

N. 82 — Assistência. A intervenção assistencial, simples ou adesiva, só é admissível se demonstrado o interesse jurídico e não o meramente econômico. (NR 2003)

N. 83 — Ação rescisória. Matéria controvertida. I — Não procede pedido formulado na ação rescisória por violação literal de lei se a decisão rescindenda estiver baseada em texto legal infraconstitucional de interpretação controvertida nos Tribunais. II — O marco divisor quanto a ser, ou não, controvertida, nos Tribunais, a interpretação dos dispositivos legais citados na ação rescisória é a data da inclusão, na Orientação Jurisprudencial do TST, da matéria discutida. (NR 2005)

N. 86 — Deserção. Massa falida. Empresa em liquidação extrajudicial. Não ocorre deserção de recurso da massa falida por falta de pagamento de custas ou de depósito do valor da condenação. Esse privilégio, todavia, não se aplica à empresa em liquidação extrajudicial. (NR 2005)

N. 99 — Ação rescisória. Deserção. Prazo. Havendo recurso ordinário em sede de rescisória, o depósito recursal só é exigível quando for julgado procedente o pedido e imposta condenação em pecúnia, devendo este ser efetuado no prazo recursal, no limite e nos termos da legislação vigente, sob pena de deserção. (NR 2005)

N. 100 — Ação rescisória. Decadência. I — O prazo de decadência, na ação rescisória, conta-se do dia imediatamente subsequente ao trânsito em julgado da última decisão proferida na causa, seja de mérito ou não. II — Havendo recurso parcial no processo principal, o trânsito em julgado dá-se em momentos e em tribunais diferentes, contando-se o prazo decadencial para a ação rescisória do trânsito em julgado de cada decisão, salvo se o recurso tratar de preliminar ou prejudicial que possa tornar insubsistente a decisão recorrida, hipótese em que flui a decadência a partir do trânsito em julgado da decisão que julgar o recurso parcial. III — Salvo se houver dúvida razoável, a interposição de recurso intempestivo ou a interposição de recurso incabível não protrai o termo inicial do prazo decadencial. IV — O juízo rescindente não está adstrito à certidão de trânsito em julgado juntada com a ação rescisória, podendo formar sua convicção através de outros elementos dos autos quanto à antecipação ou postergação do "dies a quo" do prazo decadencial. V — O acordo homologado judicialmente tem força de decisão irrecorrível, na forma do art. 831 da CLT. Assim sendo, o termo conciliatório transita em julgado na data da sua homologação judicial. VI — Na hipótese de colusão das partes, o prazo decadencial da ação rescisória somente começa a fluir para o Ministério Público, que não interveio no processo principal, a partir do momento em que tem ciência da fraude. VII — Não ofende o princípio do duplo grau de jurisdição a decisão do TST que, após afastar a decadência em sede de recurso ordinário, aprecia desde logo a lide, se a causa versar questão exclusivamente de direito e estiver em condições de imediato julgamento. VIII — A exceção de incompetência, ainda que oposta no prazo recursal, sem ter sido aviado o recurso próprio, não tem o condão de afastar a consumação da coisa julgada e, assim, postergar o termo inicial do prazo decadencial para a ação rescisória. IX — Prorroga-se até o primeiro dia útil, imediatamente subsequente, o prazo decadencial para ajuizamento de ação rescisória quando expira em férias forenses, feriados, finais de semana ou em dia em que não houver expediente forense. Aplicação do art. 775 da CLT. X — Conta-se o prazo decadencial da ação rescisória, após o decurso do prazo legal previsto para a interposição do recurso extraordinário, apenas quando esgotadas todas as vias recursais ordinárias. (NR 2005)

N. 114 — *Prescrição intercorrente.* É inaplicável na Justiça do Trabalho a prescrição intercorrente. (1980)

N. 120 — *Equiparação salarial. Decisão judicial.* Presentes os pressupostos do art. 461 da CLT, é irrelevante a circunstância de que o desnível salarial tenha origem em decisão judicial que beneficiou o paradigma, exceto se decorrente de vantagem pessoal ou de tese jurídica superada pela jurisprudência de Corte Superior. (NR 2005)

N. 122 — *Revelia. Atestado médico.* A reclamada, ausente à audiência em que deveria apresentar defesa, é revel, ainda que presente seu advogado munido de procuração, podendo ser ilidida a revelia mediante a apresentação de atestado médico, que deverá declarar, expressamente, a impossibilidade de locomoção do empregador ou do seu preposto no dia da audiência. (NR 2005)

N. 126 — *Recurso. Cabimento.* Incabível o recurso de revista ou de embargos (arts. 896 e 894, *b*, da CLT) para reexame de fatos e provas. (1981)

N. 127 — *Quadro de carreira.* Quadro de pessoal organizado em carreira, aprovado pelo órgão competente, excluída a hipótese de equiparação salarial, não obsta reclamação fundada em preterição, enquadramento ou reclassificação. (1981)

N. 128 — *Depósito recursal.* I — É ônus da parte recorrente efetuar o depósito legal, integralmente, em relação a cada novo recurso interposto, sob pena de deserção. Atingido o valor da condenação, nenhum depósito mais é exigido para qualquer recurso. II — Garantido o juízo, na fase executória, a exigência de depósito para recorrer de qualquer decisão viola os incisos II e LV do art. 5º da CF/1988. Havendo, porém, elevação do valor do débito, exige-se a complementação da garantia do juízo. III — Havendo condenação solidária de duas ou mais empresas, o depósito recursal efetuado por uma delas aproveita as demais, quando a empresa que efetuou o depósito não pleiteia sua exclusão da lide. (NR 2005)

N. 153 — *Prescrição.* Não se conhece de prescrição não arguida na instância ordinária. (1982)

N. 155 — *Ausência ao serviço.* As horas em que o empregado falta ao serviço para comparecimento necessário, como parte, à Justiça do Trabalho não serão descontadas de seus salários. (1982)

N. 156 — *Prescrição. Prazo.* Da extinção do último contrato começa a fluir o prazo prescricional do direito de ação em que se objetiva a soma de períodos descontínuos de trabalho. (1982)

N. 158 — *Ação rescisória.* Da decisão de Tribunal Regional do Trabalho, em ação rescisória, é cabível recurso ordinário para o Tribunal Superior do Trabalho, em face da organização judiciária trabalhista. (1982)

N. 161 — *Depósito. Condenação a pagamento em pecúnia.* Se não há condenação a pagamento em pecúnia, descabe o depósito de que tratam os §§ 1º e 2º do art. 899 da CLT. (1982)

N. 164 — *Procuração. Juntada.* O não-cumprimento das determinações dos §§ 1º e 2º do art. 5º da Lei n. 8.906, de 4.7.1994 e do art. 37, parágrafo único, do Código de Processo Civil importa o não-conhecimento de recurso, por inexistente, exceto na hipótese de mandato tácito. (NR 2003)

N. 170 — *Sociedade de economia mista. Custas.* Os privilégios e isenções no foro da Justiça do Trabalho não abrangem as sociedades de economia mista, ainda que gozassem desses benefícios anteriormente ao Decreto-lei n. 779, de 21.8.1969. (1982)

N. 184 — *Embargos declaratórios. Omissão em recurso de revista. Preclusão.* Ocorre preclusão se não forem opostos embargos declaratórios para suprir omissão apontada em recurso de revista ou de embargos. (1983)

N. 187 — *Correção monetária. Incidência.* A correção monetária não incide sobre o débito do trabalhador reclamante. (1983)

N. 189 — *Greve. Competência da Justiça do Trabalho. Abusividade.* A Justiça do Trabalho é competente para declarar a abusividade, ou não, da greve. (NR 2003)

N. 190 — *Poder normativo do TST. Condições de trabalho. Inconstitucionalidade. Decisões contrárias ao STF.* Ao julgar ou homologar ação coletiva ou acordo nela havido, o Tribunal Superior do Trabalho exerce o poder normativo constitucional, não podendo criar ou homologar condições de trabalho que o Supremo Tribunal Federal julgue iterativamente inconstitucionais. (NR 2003)

N. 192 — *Ação rescisória. Competência e possibilidade jurídica do pedido.* I — Se não houver o conhecimento de recurso de revista ou de embargos, a competência para julgar ação que vise a rescindir a decisão de mérito é do Tribunal Regional do Trabalho, ressalvado o disposto no item II. II — Acórdão rescindendo do Tribunal Superior do Trabalho que não conhece de recurso de embargos ou de revista, analisando argüição de violação de dispositivo de lei material ou decidindo em consonância com súmula de direito material ou com iterativa, notória e atual jurisprudência de direito material da Seção de Dissídios Individuais (Súmula n. 333), examina o mérito da causa, cabendo ação rescisória da competência do Tribunal Superior do Trabalho. III — Em face do disposto no art. 512 do CPC, é juridicamente impossível o pedido explícito de desconstituição de sentença quando substituída por acórdão do Tribunal Regional ou superveniente sentença homologatória de acordo que puser fim ao litígio. IV — É manifesta a impossibilidade jurídica do pedido de rescisão de julgado proferido em agravo de instrumento que, limitando-se a aferir o eventual desacerto do juízo negativo de admissibilidade do recurso de revista, não substitui o acórdão regional, na forma do art. 512 do CPC. V — A decisão proferida pela SBDI, em sede de agravo regimental, calcada na Súmula n. 333, substitui acórdão de Turma do TST, porque emite juízo de mérito, comportando, em tese, o corte rescisório. (NR 2008)

N. 197 — *Prazo*. O prazo para recurso da parte que, intimada, não comparecer à audiência em prosseguimento para a prolação da sentença conta-se de sua publicação. (1985)

N. 199 — *Bancário. Pré-contratação de horas extras.* I — A contratação do serviço suplementar, quando da admissão do trabalhador bancário, é nula. Os valores assim ajustados apenas remuneram a jornada normal, sendo devidas as horas extras com o adicional de, no mínimo, 50% (cinquenta por cento), as quais não configuram pré-contratação, se pactuadas após a admissão do bancário. II — Em se tratando de horas extras pré-contratadas, opera-se a prescrição total se a ação não for ajuizada no prazo de cinco anos, a partir da data em que foram suprimidas. (NR 2005)

N. 200 — *Juros de mora. Incidência.* Os juros de mora incidem sobre a importância da condenação já corrigida monetariamente. (1985)

N. 201 — *Recurso ordinário em mandado de segurança.* Da decisão de Tribunal Regional do Trabalho em mandado de segurança cabe recurso ordinário, no prazo de 8 (oito) dias, para o Tribunal Superior do Trabalho, e igual dilação para o recorrido e interessados apresentarem razões de contrariedade. (1985)

N. 206 — *FGTS. Incidência sobre parcelas prescritas.* A prescrição da pretensão relativa às parcelas remuneratórias alcança o respectivo recolhimento da contribuição para o FGTS. (NR 2003)

N. 211 — *Juros de mora e correção monetária. Independência do pedido inicial e do título executivo judicial.* Os juros de mora e a correção monetária incluem-se na liquidação, ainda que omisso o pedido inicial ou a condenação. (1985)

N. 212 — *Despedimento. Ônus da prova.* O ônus de provar o término do contrato de trabalho, quando negados a prestação de serviço e o despedimento, é do empregador, pois o princípio da continuidade da relação de emprego constitui presunção favorável ao empregado. (1985)

N. 214 — *Decisão interlocutória. Irrecorribilidade.* Na Justiça do Trabalho, nos termos do art. 893, § 1º, da CLT, as decisões interlocutórias não ensejam recurso imediato, salvo nas hipóteses de decisão: a) de Tribunal Regional do Trabalho contrária à Súmula ou Orientação Jurisprudencial do Tribunal Superior do Trabalho; b) suscetível de impugnação mediante recurso para o mesmo Tribunal; c) que acolhe exceção de incompetência territorial, com a remessa dos autos para Tribunal Regional distinto daquele a que se vincula o juízo excepcionado, consoante o disposto no art. 799, § 2º, da CLT. (NR 2005)

N. 217 — *Depósito recursal. Credenciamento bancário. Prova dispensável.* O credenciamento dos bancos para o fim de recebimento do depósito recursal é fato notório, independendo da prova. (1985)

N. 218 — *Recurso de revista. Acórdão proferido em agravo de instrumento.* É incabível recurso de revista interposto de acórdão regional prolatado em agravo de instrumento. (1985)

N. 219 — *Honorários advocatícios. Hipótese de cabimento.* I — Na Justiça do Trabalho, a condenação ao pagamento de honorários advocatícios, nunca superiores a 15% (quinze por cento), não decorre pura e simplesmente da sucumbência, devendo a parte estar assistida por sindicato da categoria profissional e comprovar a percepção de salário inferior ao dobro do salário mínimo ou encontrar-se em situação econômica que não lhe permita demandar sem prejuízo do próprio sustento ou da respectiva família. II — É cabível a condenação ao pagamento de honorários advocatícios em ação rescisória no processo trabalhista. III – São devidos os honorários advocatícios nas causas em que o ente sindical figure como substituto processual e nas lides que não derivem da relação de emprego. (NR 2011)

N. 221 — *Recurso de revista. Violação de lei. Indicação de preceito.* A admissibilidade do recurso de revista por violação tem como pressuposto a indicação expressa do dispositivo de lei ou da Constituição tido como violado. (NR 2012)

N. 244 — *Gestante. Estabilidade provisória.* I — O desconhecimento do estado gravídico pelo empregador não afasta o direito ao pagamento da indenização decorrente da estabilidade. (art. 10, II, *b* do ADCT).. II — A garantia de emprego à gestante só autoriza a reintegração se esta se der durante o período de estabilidade. Do contrário, a garantia restringe-se aos salários e demais direitos correspondentes ao período de estabilidade. III — A empregada gestante tem direito à estabilidade provisória prevista no art. 10, inciso II, alínea "b", do Ato das Disposições Constitucionais Transitórias, mesmo na hipótese de admissão mediante contrato por tempo determinado (NR 2012)

N. 245 — *Depósito recursal. Prazo.* O depósito recursal deve ser feito e comprovado no prazo alusivo ao recurso. A interposição antecipada deste não prejudica a dilação legal. (1985)

N. 246 — *Ação de cumprimento. Trânsito em julgado da sentença normativa.* É dispensável o trânsito em julgado da sentença normativa para a propositura da ação de cumprimento. (1985)

N. 259 — *Termo de conciliação. Ação rescisória.* Só por ação rescisória é impugnável o termo de conciliação previsto no parágrafo único do art. 831 da CLT. (1986)

N. 262 — *Prazo judicial. Notificação ou intimação em sábado. Recesso forense.* I — Intimada ou notificada a parte no sábado, o início do prazo se dará no primeiro dia útil imediato e a contagem, no subsequente. II — O recesso forense e as férias coletivas dos Ministros do Tribunal Superior do Trabalho (art. 177, § 1º, do RITST) suspendem os prazos recursais. (NR 2005)

Intimada ou notificada a parte no sábado, o início do prazo se dará no primeiro dia útil imediato e a contagem, no subsequente.

N. 263 — *Petição inicial. Indeferimento. Instrução obrigatória deficiente.* Salvo nas hipóteses do art. 295 do CPC, o indeferimento da petição inicial, por encontrar-se desacompanhada de documento indispensável à propositura da ação ou não preencher outro requisito legal, somente é cabível se, após intimada para suprir a irregularidade em 10 (dez) dias, a parte não o fizer. (NR 2003)

N. 266 — *Recurso de revista. Admissibilidade. Execução de sentença.* A admissibilidade do recurso de revista interposto de acórdão proferido em agravo de petição, na liquidação de sentença ou em processo incidente na execução, inclusive os embargos de terceiro, depende de demonstração inequívoca de violência direta à Constituição Federal. (1987)

N. 268 — *Prescrição. Interrupção. Ação trabalhista arquivada.* A ação trabalhista, ainda que arquivada, interrompe a prescrição somente em relação aos pedidos idênticos. (NR 2003)

N. 275 — *Prescrição parcial. Desvio de função e reenquadramento.* I — Na ação que objetive corrigir desvio funcional, a prescrição só alcança as diferenças salariais vencidas no período de 5 (cinco) anos que precedeu o ajuizamento. II — Em se tratando de pedido de reenquadramento, a prescrição é total, contada da data do enquadramento do empregado. (NR 2005)

N. 276 — *Aviso prévio. Renúncia pelo empregado.* O direito ao aviso prévio é irrenunciável pelo empregado. O pedido de dispensa de cumprimento não exime o empregador de pagar o respectivo valor, salvo comprovação de haver o prestador dos serviços obtido novo emprego. (1988)

N. 277 — *Convenção coletiva de trabalho ou acordo coletivo de trabalho. Eficácia. Ultratividade.* As cláusulas normativas dos acordos coletivos ou convenções coletivas integram os contratos individuais de trabalho e somente poderão ser modificadas ou suprimidas mediante negociação coletiva de trabalho. (NR 2012)

N. 278 — *Embargos de declaração. Omissão no julgado.* A natureza da omissão suprida pelo julgamento de embargos declaratórios pode ocasionar efeito modificativo no julgado. (1988)

N. 279 — *Recurso contra sentença normativa. Efeito suspensivo. Cassação.* A cassação de efeito suspensivo concedido a recurso interposto de sentença normativa retroage à data do despacho que o deferiu. (1988)

N. 283 — *Recurso adesivo. Pertinência no processo do Trabalho. Correlação de matérias* O recurso adesivo é compatível com o processo do Trabalho e cabe, no prazo de 8 (oito) dias, nas hipóteses de interposição de recurso ordinário, de agravo de petição, de revista e de embargos, sendo desnecessário que a matéria nele veiculada esteja relacionada com a do recurso interposto pela parte contrária. (1988)

N. 285 — *Recurso de revista. Admissibilidade parcial pelo Juiz-Presidente do Tribunal Regional do Trabalho. Efeito.* O fato de o juízo primeiro de admissibilidade do recurso de revista entendê-lo cabível apenas quanto a parte das matérias veiculadas não impede a apreciação integral pela Turma do Tribunal Superior do Trabalho, sendo imprópria a interposição de agravo de instrumento. (1988)

N. 286 — *Sindicato. Substituição processual. Convenção e acordo coletivos.* A legitimidade do sindicato para propor ação de cumprimento estende-se também à observância de acordo ou de convenção coletivos. (NR 2000)

N. 293 — *Adicional de insalubridade. Causa de pedir. Agente nocivo diverso do apontado na inicial.* A verificação mediante perícia de prestação de serviços em condições nocivas, considerado agente insalubre diverso do apontado na inicial, não prejudica o pedido de adicional de insalubridade. (1989)

N. 294 — *Prescrição. Alteração contratual. Trabalhador urbano.* Tratando-se de ação que envolva pedido de prestações sucessivas decorrente de alteração do pactuado, a prescrição é total, exceto quando o direito à parcela esteja também assegurado por preceito de lei. (1989)

N. 296 — *Recurso. Divergência jurisprudencial. Especificidade.* I — A divergência jurisprudencial ensejadora da admissibilidade, do prosseguimento e do conhecimento do recurso há de ser específica, revelando a existência de teses diversas na interpretação de um mesmo dispositivo legal, embora idênticos os fatos que as ensejaram. II — Não ofende o art. 896 da CLT decisão de Turma que, examinando premissas concretas de especificidade da divergência colacionada no apelo revisional, conclui pelo conhecimento ou desconhecimento do recurso. (NR 2005)

N. 297 — *Prequestionamento. Oportunidade. Configuração* I. Diz-se prequestionada a matéria ou questão quando na decisão impugnada haja sido adotada, explicitamente, tese a respeito. II. Incumbe à parte interessada, desde que a matéria haja sido invocada no recurso principal, opor embargos declaratórios objetivando o pronunciamento sobre o tema, sob pena de preclusão. III. Considera-se prequestionada a questão jurídica invocada no recurso principal sobre a qual se omite o Tribunal de pronunciar tese, não obstante opostos embargos de declaração. (NR-2003)

N. 298 — Ação rescisória. violação a disposição de lei. Pronunciamento explícito. I — A conclusão acerca da ocorrência de violação literal a disposição de lei pressupõe pronunciamento explícito, na sentença rescindenda, sobre a matéria veiculada. II — O pronunciamento explícito exigido em ação rescisória diz respeito à matéria e ao enfoque específico da tese debatida na ação, e não, necessariamente, ao dispositivo legal tido por violado. Basta que o conteúdo da norma reputada violada haja sido abordado na decisão rescindenda para que se considere preenchido o pressuposto. III — Para efeito de ação rescisória, considera-se pronunciada explicitamente a matéria tratada na sentença quando, examinando remessa de ofício, o Tribunal simplesmente a confirma. IV — A sentença meramente homologatória, que silencia sobre os motivos de convencimento do juiz, não se mostra rescindível, por ausência de pronunciamento explícito. V — Não é absoluta a exigência de pronunciamento explícito na ação rescisória, ainda que esta tenha por fundamento violação de dispositivo de lei. Assim, prescindível o pronunciamento explícito quando o vício nasce no próprio julgamento, como se dá com a sentença *extra, citra e ultra petita*. (NR 2012)

N. 299 — Ação rescisória. Decisão rescindenda. Trânsito em julgado. Comprovação. Efeitos I — É indispensável ao processamento da ação rescisória a prova do trânsito em julgado da decisão rescindenda. II — Verificando o relator que a parte interessada não juntou à inicial o documento comprobatório, abrirá prazo de 10 (dez) dias para que o faça, sob pena de indeferimento. III — A comprovação do trânsito em julgado da decisão rescindenda é pressuposto processual indispensável ao tempo do ajuizamento da ação rescisória. Eventual trânsito em julgado posterior ao ajuizamento da ação rescisória não reabilita a ação proposta, na medida em que o ordenamento jurídico não contempla a ação rescisória preventiva. IV — O pretenso vício de intimação, posterior à decisão que se pretende rescindir, se efetivamente ocorrido, não permite a formação da coisa julgada material. Assim, a ação rescisória deve ser julgada extinta, sem julgamento do mérito, por carência de ação, por inexistir decisão transitada em julgado a ser rescindida. (NR 2005)

N. 300 — Competência da Justiça do Trabalho. Cadastramento no PIS. Compete à Justiça do Trabalho processar e julgar ações ajuizadas por empregados em face de empregadores relativas ao cadastramento no Programa de Integração Social (PIS). (1989)

N. 303 — Fazenda Pública. Duplo grau de jurisdição I — Em dissídio individual, está sujeita ao duplo grau de jurisdição, mesmo na vigência da CF/1988, decisão contrária à Fazenda Pública, salvo: a) quando a condenação não ultrapassar o valor correspondente a 60 (sessenta) salários mínimos; b) quando a decisão estiver em consonância com decisão plenária do Supremo Tribunal Federal ou com súmula ou orientação jurisprudencial do Tribunal Superior do Trabalho. II — Em ação rescisória, a decisão proferida pelo juízo de primeiro grau está sujeita ao duplo grau de jurisdição obrigatório quando desfavorável ao ente público, exceto nas hipóteses das alíneas "a" e "b" do inciso anterior. III — Em mandado de segurança, somente cabe remessa "ex officio" se, na relação processual, figurar pessoa jurídica de direito público como parte prejudicada pela concessão da ordem. Tal situação não ocorre na hipótese de figurar no feito como impetrante e terceiro interessado pessoa de direito privado, ressalvada a hipótese de matéria administrativa. (NR 2005)

N. 304 — Correção monetária. Empresas em liquidação. Art. 46 do ADCT/CF Os débitos trabalhistas das entidades submetidas aos regimes de intervenção ou liquidação extrajudicial estão sujeitos a correção monetária desde o respectivo vencimento até seu efetivo pagamento, sem interrupção ou suspensão, não incidindo, entretanto, sobre tais débitos, juros de mora. (1992)

N. 307 — Juros. Irretroatividade do Decreto-lei n. 2.322, de 26.2.1987. A fórmula de cálculo de juros prevista no Decreto-lei n. 2.322, de 26.2.1987 somente é aplicável a partir de 27.2.1987. Quanto ao período anterior, deve-se observar a legislação então vigente. (1992)

N. 308 — Prescrição quinquenal. Respeitado o biênio subsequente à cessação contratual, a prescrição da ação trabalhista concerne às pretensões imediatamente anteriores a cinco anos, contados da data do ajuizamento da reclamação e, não, às anteriores ao quinquênio da data da extinção do contrato. II. A norma constitucional que ampliou o prazo de prescrição da ação trabalhista para 5 (cinco) anos é de aplicação imediata e não atinge pretensões já alcançadas pela prescrição bienal quando da promulgação da CF/1988. (NR 2005)

N. 312 — Constitucionalidade. Alínea b do art. 896 da CLT. É constitucional a alínea *b* do art. 896 da CLT, com a redação dada pela Lei n. 7.701, de 21.12.1988. (1993)

N. 326 — Complementação de aposentadoria. Prescrição total. A pretensão à complementação de aposentadoria jamais recebida prescreve em 2 (dois) anos contados da cessação do contrato de trabalho. (NR 2011)

N. 327 — Complementação de aposentadoria. Diferenças. Prescrição parcial. A pretensão a diferenças de complementação de aposentadoria sujeita-se à prescrição parcial e quinquenal, salvo se o pretenso direito decorrer de verbas não recebidas no curso da relação de emprego e já alcançadas pela prescrição, à época da propositura da ação. (NR 2011)

N. 329 — Honorários advocatícios. Art. 133 da CF/1988. Mesmo após a promulgação da CF/1988, permanece válido o entendimento consubstanciado no Enunciado n. 219 do Tribunal Superior do Trabalho. (1993)

N. 330 — Quitação. Validade. A quitação passada pelo empregado, com assistência de entidade sindical de sua categoria, ao empregador, com observância dos requisitos exigidos nos parágrafos do art. 477 da CLT, tem eficácia liberatória em relação às parcelas expressamente consignadas no recibo, salvo se oposta ressalva expressa e especificada ao valor dado à parcela ou parcelas impugnadas. I — A quitação não abrange parcelas não consignadas no recibo de quitação e, uconsequentemente, seus reflexos em outras parcelas, ainda que estas constem desse recibo. II — Quanto a direitos que deveriam ter sido satisfeitos durante a vigência do contrato de trabalho, a quitação é válida em relação ao período expressamente consignado no recibo de quitação. (nr 2001)

N. 331 — Contrato de prestação de serviços. Legalidade. I — A contratação de trabalhadores por empresa interposta é ilegal, formando-se o vínculo diretamente com o tomador dos serviços, salvo no caso de trabalho temporário (Lei n. 6.019, de 03.01.1974). II — A contratação irregular de trabalhador, mediante empresa interposta, não gera vínculo de emprego com os órgãos da Administração Pública direta, indireta ou fundacional (art. 37, II, da CF/1988). III — Não forma vínculo de emprego com o tomador a contratação de serviços de vigilância (Lei n. 7.102, de 20.06.1983) e de conservação e limpeza, bem como a de serviços especializados ligados à atividade-meio do tomador, desde que inexistente a pessoalidade e a subordinação direta. IV — O inadimplemento das obrigações trabalhistas, por parte do empregador, implica a responsabilidade subsidiária do tomador dos serviços quanto àquelas obrigações, desde que haja participado da relação processual e conste também do título executivo judicial. V — Os entes integrantes da Administração Pública direta e indireta respondem subsidiariamente, nas mesmas condições do item IV, caso evidenciada a sua conduta culposa no cumprimento das obrigações da Lei n. 8.666, de 21.06.1993, especialmente na fiscalização do cumprimento das obrigações contratuais e legais da prestadora de serviço como empregadora. A aludida responsabilidade não decorre de mero inadimplemento das obrigações trabalhistas assumidas pela empresa regularmente contratada. VI – A responsabilidade subsidiária do tomador de serviços abrange todas as verbas decorrentes da condenação referentes ao período da prestação laboral. (NR 2011)

N. 333 — Recurso de revista. Conhecimento. Não ensejam recurso de revista decisões superadas por iterativa, notória e atual jurisprudência do Tribunal Superior do Trabalho. (NR 2009)

N. 336 — Constitucionalidade. § 2º do art. 9º do Decreto-lei n. 1.971, de 30.11.1982. É constitucional o § 2º do art. 9º do Decreto-lei n. 1.971, de 30.11.1982, com a redação dada pelo Decreto-lei n. 2.100, de 28.12.1983. (1994)

N. 337 — Comprovação de divergência jurisprudencial. Recursos de revista e de embargos. I — Para comprovação da divergência justificadora do recurso, é necessário que o recorrente: a) Junte certidão ou cópia autenticada do acórdão paradigma ou cite a fonte oficial ou o repositório autorizado em que foi publicado; e b) Transcreva, nas razões recursais, as ementas e/ou trechos dos acórdãos trazidos à configuração do dissídio, demonstrando o conflito de teses que justifique o conhecimento do recurso, ainda que os acórdãos já se encontrem nos autos ou venham a ser juntados com o recurso. II — A concessão de registro de publicação como repositório autorizado de jurisprudência do TST torna válidas todas as suas edições anteriores. III — A mera indicação da data de publicação, em fonte oficial, de aresto paradigma é inválida para comprovação de divergência jurisprudencial, nos termos do item I, "a", desta súmula, quando a parte pretende demonstrar o conflito de teses mediante a transcrição de trechos que integram a fundamentação do acórdão divergente, uma vez que só se publicam o dispositivo e a ementa dos acórdãos. IV — É válida para a comprovação da divergência jurisprudencial justificadora do recurso a indicação de aresto extraído de repositório oficial na internet, desde que o recorrente: a) transcreva o trecho divergente; b) aponte o sítio de onde foi extraído; e c) decline o número do processo, o órgão prolator do acórdão e a data da respectiva publicação no Diário Eletrônico da Justiça do Trabalho. (NR 2012).

N. 338 — Jornada de trabalho. Registro. Ônus da prova. I — É ônus do empregador que conta com mais de 10 (dez) empregados o registro da jornada de trabalho na forma do art. 74, § 2º, da CLT. A não-apresentação injustificada dos controles de frequência gera presunção relativa de veracidade da jornada de trabalho, a qual pode ser elidida por prova em contrário. II — A presunção de veracidade da jornada de trabalho, ainda que prevista em instrumento normativo, pode ser elidida por prova em contrário. III — Os cartões de ponto que demonstram horários de entrada e saída uniformes são inválidos como meio de prova, invertendo-se o ônus da prova, relativo às horas extras, que passa a ser do empregador, prevalecendo a jornada da inicial se dele não se desincumbir. (NR 2005)

N. 339 — CIPA. Suplente. Garantia de emprego. CF/1988. I — O suplente da CIPA goza da garantia de emprego prevista no art. 10, II, *a*, do ADCT a partir da promulgação da Constituição Federal de 1988. II — A estabilidade provisória do cipeiro não constitui vantagem pessoal, mas garantia para as atividades dos membros da CIPA, que somente tem razão de ser quando em atividade a empresa. Extinto o estabelecimento, não se verifica a despedida arbitrária, sendo impossível a reintegração e indevida a indenização do período estabilitário. (NR 2005)

N. 341 — Honorários do assistente técnico. A indicação do perito assistente é faculdade da parte, a qual deve responder pelos respectivos honorários, ainda que vencedora no objeto da perícia. (1995)

N. 350 — Prescrição. Termo inicial. Ação de cumprimento. Sentença normativa. O prazo de prescrição com relação à ação de cumprimento de decisão normativa flui apenas da data de seu trânsito em julgado. (1996)

N. 353 — Embargos. Agravo. Cabimento. Não cabem embargos para a seção de dissídios individuais de decisão de turma proferida em agravo, salvo: a) da decisão que não conhece de agravo de instrumento ou de agravo pela ausência de pressupostos extrínsecos; b) da decisão que nega provimento a agravo contra decisão monocrática do relator, em que se proclamou a ausência de pressupostos extrínsecos de agravo de instrumento; c) para revisão dos pressupostos extrínsecos de admissibilidade do recurso de revista, cuja ausência haja sido declarada originariamente pela turma no julgamento do agravo; d) para impugnar o conhecimento de agravo de instrumento; e) para impugnar a imposição de multas previstas no art. 538, parágrafo único, do CPC, ou no art. 557, § 2º, do CPC; f) contra decisão de Turma proferida em agravo em recurso de revista, nos termos do art. 894, II, da CLT. (NR 2013)

N. 356 — Alçada recursal. Vinculação ao salário mínimo. O art. 2º, § 4º, da Lei n. 5.584, de 26.6.1970 foi recepcionado pela CF/1988, sendo lícita a fixação do valor da alçada com base no salário mínimo. (1997)

N. 357 — Testemunha. Ação contra a mesma reclamada. Suspeição. Não torna suspeita a testemunha o simples fato de estar litigando ou de ter litigado contra o mesmo empregador. (1997)

N. 362 — FGTS. Prescrição. É trintenária a prescrição do direito de reclamar contra o não-recolhimento da contribuição para o FGTS, observado o prazo de 2 (dois) anos após o término do contrato de trabalho. (NR 2003)

N. 363 — Contrato nulo. Efeitos. A contratação de servidor público, após a CF/1988, sem prévia aprovação em concurso público, encontra óbice no respectivo art. 37, II e § 2º, somente lhe conferindo direito ao pagamento da contraprestação pactuada, em relação ao número de horas trabalhadas, respeitado o valor da hora do salário mínimo, e dos valores referentes aos depósitos do FGTS. (NR 2003)

N. 364 — Adicional de periculosidade. Exposição eventual, permanente e intermitente. Tem direito ao adicional de periculosidade o empregado exposto permanentemente ou que, de forma intermitente, sujeita-se a condições de risco. Indevido, apenas, quando o contato dá-se de forma eventual, assim considerado o fortuito, ou o que, sendo habitual, dá-se por tempo extremamente reduzido. (NR 2011)

N. 365 — Alçada. Ação rescisória e mandado de segurança. Não se aplica a alçada em ação rescisória e em mandado de segurança. (2005)

N. 368. Descontos previdenciários e fiscais. Competência. Responsabilidade pelo pagamento. Forma de cálculo. I — A Justiça do Trabalho é competente para determinar o recolhimento das contribuições fiscais. A competência da Justiça do Trabalho, quanto à execução das contribuições previdenciárias, limita-se às sentenças condenatórias em pecúnia que proferir e aos valores, objeto de acordo homologado, que integrem o salário de contribuição. II. É do empregador a responsabilidade pelo recolhimento das contribuições previdenciárias e fiscais, resultante de crédito do empregado oriundo de condenação judicial, devendo ser calculadas, em relação à incidência dos descontos fiscais, mês a mês, nos termos do art. 12-A da Lei n. 7.713, de 22.12.1988, com a redação dada pela Lei n. 12.350/2010. III. Em se tratando de descontos previdenciários, o critério de apuração encontra-se disciplinado no art. 276, § 4º, do Decreto n. 3.048/1999 que regulamentou a Lei n. 8.212/1991 e determina que a contribuição do empregado, no caso de ações trabalhistas, seja calculada mês a mês, aplicando-se as alíquotas previstas no art. 198, observado o limite máximo do salário de contribuição. (NR 2012).

N. 373 — Gratificação semestral. Congelamento. Prescrição parcial. Tratando-se de pedido de diferença de gratificação semestral que teve seu valor congelado, a prescrição aplicável é a parcial. (2005)

N. 374 — Norma coletiva. Categoria diferenciada. Abrangência. Empregado integrante de categoria profissional diferenciada não tem o direito de haver de seu empregador vantagens previstas em instrumento coletivo no qual a empresa não foi representada por órgão de classe de sua categoria. (2005)

N. 377 — Preposto. Exigência da condição de empregado. Exceto quanto à reclamação de empregado doméstico, ou contra micro ou pequeno empresário, o preposto deve ser necessariamente empregado do reclamado. Inteligência do art. 843, § 1º, da CLT e do art. 54 da Lei Complementar nº 123, de 14 de dezembro de 2006. (NR 2008)

N. 378 — Estabilidade provisória. Acidente do trabalho. Art. 118 da Lei n. 8.213/1991. I — É constitucional o artigo 118 da Lei n. 8.213/1991 que assegura o direito à estabilidade provisória por período de 12 meses após a cessação do auxílio--doença ao empregado acidentado. II — São pressupostos para a concessão da estabilidade o afastamento superior a 15 dias e a consequente percepção do auxílio-doença acidentário, salvo se constatada, após a despedida, doença profissional que guarde relação de causalidade com a execução do contrato de emprego. III – O empregado submetido a contrato de trabalho por tempo determinado goza da garantia provisória de emprego, decorrente de acidente de trabalho, prevista no art. 118 da Lei n. 8.213/91. (NR 2012).

N. 379 — Dirigente sindical. Despedida. Falta grave. Inquérito judicial. Necessidade. O dirigente sindical somente poderá ser dispensado por falta grave mediante a apuração em inquérito judicial, inteligência dos arts. 494 e 543, § 3º, da CLT. (2005)

N. 380 — Aviso prévio. Início da contagem. Art. 132 do Código Civil de 2002. Aplica-se a regra prevista no *caput* do art. 132 do Código Civil de 2002 à contagem do prazo do aviso prévio, excluindo-se o dia do começo e incluindo o do vencimento. (2005)

N. 381 — Correção monetária. Salário. Art. 459 da CLT.. O pagamento dos salários até o 5º dia útil do mês subsequente ao vencido não está sujeito à correção monetária. Se essa data limite for ultrapassada, incidirá o índice da correção monetária do mês subsequente ao da prestação dos serviços, a partir do dia 1º. (2005)

N. 382 — Mudança de regime celetista para estatutário. Extinção do contrato. Prescrição bienal. A transferência do regime jurídico de celetista para estatutário implica extinção do contrato de trabalho, fluindo o prazo da prescrição bienal a partir da mudança de regime. (2005)

N. 383 — *Mandato. Arts. 13 e 37 do CPC. Fase recursal — Inaplicabili-dade.* I — É inadmissível, em instância recursal, o oferecimento tardio de procuração, nos termos do art. 37 do CPC, ainda que mediante protesto por posterior juntada, já que a interposição de recurso não pode ser reputada ato urgente.II — Inadmissível na fase recursal a regularização da representação processual, na forma do art. 13 do CPC, cuja aplicação se restringe ao Juízo de 1º grau. (2005)

N. 384 — *Multa convencional. Cobrança.* I — O descumprimento de qualquer cláusula constante de instrumentos normativos diversos não submete o empregado a ajuizar várias ações, pleiteando em cada uma o pagamento da multa referente ao descumprimento de obrigações previstas nas cláusulas respectivas. II — É aplicável multa prevista em instrumento normativo (sentença normativa, convenção ou acordo coletivo) em caso de descumprimento de obrigação prevista em lei, mesmo que a norma coletiva seja mera repetição de texto legal. (2005)

385 — *Feriado local. Ausência de expediente forense. Prazo recursal. Prorrogação. Comprovação. Necessidade. Ato administrativo do juízo "a quo".* I – Incumbe à parte o ônus de provar, quando da interposição do recurso, a existência de feriado local que autorize a prorrogação do prazo recursal. II – Na hipótese de feriado forense, incumbirá à autoridade que proferir a decisão de admissibilidade certificar o expediente nos autos. III – Na hipótese do inciso II, admite-se a reconsideração da análise da tempestividade do recurso, mediante prova documental superveniente, em Agravo Regimental, Agravo de Instrumento ou Embargos de Declaração. (NR-2012).

N. 387 — *Recurso. Fac-símile. Lei n. 9.800/1999.* I — A Lei n. 9.800, de 26.05.1999, é aplicável somente a recursos interpostos após o início de sua vigência. II — A contagem do quinquídio para apresentação dos originais de recurso interposto por intermédio de fac-símile começa a fluir do dia subsequente ao término do prazo recursal, nos termos do art. 2º da Lei n. 9.800, de 26.05.1999, e não do dia seguinte à interposição do recurso, se esta se deu antes do termo final do prazo. III — Não se tratando a juntada dos originais de ato que dependa de notificação, pois a parte, ao interpor o recurso, já tem ciência de seu ônus processual, não se aplica a regra do art. 184 do CPC quanto ao "dies a quo", podendo coincidir com sábado, domingo ou feriado. IV – A autorização para utilização do fac-símile, constante do art. 1º da Lei n. 9.800, de 26.05.1999, somente alcança as hipóteses em que o documento é dirigido diretamente ao órgão jurisdicional, não se aplicando à transmissão ocorrida entre particulares. (NR 2011)

N. 388 — *Massa falida. Arts. 467 e 477 da CLT. Inaplicabilidade.* A Massa Falida não se sujeita à penalidade do art. 467 e nem à multa do § 8º do art. 477, ambos da CLT. (2005)

N. 389 — *Seguro-desemprego. Competência da Justiça do Trabalho. Direito à indenização por não liberação de guias.* I — Inscreve-se na competência material da Justiça do Trabalho a lide entre empregado e empregador tendo por objeto indenização pelo não-fornecimento das guias do seguro-desemprego. II — O não-fornecimento pelo empregador da guia necessária para o recebimento do seguro-desemprego dá origem ao direito à indenização. (2005)

N. 390 — *Estabilidade. Art. 41 da CF/1988. Celetista. Administração direta, autárquica ou fundacional. Aplicabilidade. Empregado de empresa pública e sociedade de economia mista. Inaplicável.* I — O servidor público celetista da administração direta, autárquica ou fundacional é beneficiário da estabilidade prevista no art. 41 da CF/1988. II — Ao empregado de empresa pública ou de sociedade de economia mista, ainda que admitido me-diante aprovação em concurso público, não é garantida a estabilidade prevista no art. 41 da CF/1988. (2005)

N. 392 — *Dano moral. Competência da Justiça do Trabalho.* Nos termos do art. 114 da CF/1988, a Justiça do Trabalho é competente para dirimir controvérsias referentes à indenização por dano moral, quando decorrente da relação de trabalho. (2005)

N. 393 — *Recurso ordinário. Efeito devolutivo em profundidade. Art. 515, § 1º, do CPC.* O efeito devolutivo em profundidade do recurso ordinário, que se extrai do § 1º do art. 515 do CPC, transfere ao Tribunal a apreciação dos fundamentos da inicial ou da defesa, não examinados pela sentença, ainda que não renovados em contrarrazões. Não se aplica, todavia, ao caso de pedido não apreciado na sentença, salvo a hipótese contida no § 3º do art. 515 do CPC. (NR 2010)

N. 394 — *Art. 462 do CPC. Fato superveniente.* O art. 462 do CPC, que admite a invocação de fato constitutivo, modificativo ou extintivo do direito, superveniente à propositura da ação, é aplicável de ofício aos processos em curso em qualquer instância trabalhista. (2005)

N. 395 — *Mandato e substabelecimento. Condições de validade.* I — Válido é o instrumento de mandato com prazo determinado que contém cláusula estabelecendo a prevalência dos poderes para atuar até o final da demanda. II — Diante da existência de previsão, no mandato, fixando termo para sua juntada, o instrumento de mandato só tem validade se anexado ao processo dentro do aludido prazo. III — São válidos os atos praticados pelo substabelecido, ainda que não haja, no mandato, poderes expressos para substabelecer (art. 667, e parágrafos, do Código Civil de 2002). IV — Configura-se a irregularidade de representação se o substabelecimento é anterior à outorga passada ao substabelecente. (2005)

N. 396 — *Estabilidade provisória. Pedido de reintegração. Concessão do salário relativo ao período de estabilidade já exaurido. Inexistência de julgamento extra petita.* I — Exaurido o período de estabilidade, são devidos ao empregado apenas os salários do período compreendido entre a data da despedida e o final do período de estabilidade, não lhe sendo assegurada a reintegração no emprego. II — Não há nulidade por julgamento *extra petita* da decisão que deferir salário quando o pedido for de reintegração, dados os termos do art. 496 da CLT (2005)

N. 397 — *Ação rescisória. Art. 485, IV, do CPC. Ação de cumprimento. Ofensa à coisa julgada emanada de sentença normativa modificada em grau de recurso. Inviabilidade. Cabimento de mandado de segurança.* Não procede ação rescisória calcada em ofensa à coisa julgada perpetrada por decisão proferida em ação de cumprimento, em face de a sentença normativa, na qual se louvava, ter sido modificada em grau de recurso, porque em dissídio coletivo somente se consubstancia coisa julgada formal. Assim, os meios processuais aptos a atacarem a execução da cláusula reformada são a exceção de pré-executividade e o mandado de segurança, no caso de descumprimento do art. 572 do CPC. (2005)

N. 398 — *Ação rescisória. Ausência de defesa. Inaplicáveis os efeitos da revelia.* Na ação rescisória, o que se ataca na ação é a sentença, ato oficial do Estado, acobertado pelo manto da coisa julgada. Assim sendo, e considerando que a coisa julgada envolve questão de ordem pública, a revelia não produz confissão na ação rescisória. (2005)

N. 399 — *Ação rescisória. Cabimento. Sentença de mérito. Decisão homologatória de adjudicação, de arrematação e de cálculos.* I — É incabível ação rescisória para impugnar decisão homologatória de adjudicação ou arrematação. II — A decisão homologatória de cálculos apenas comporta rescisão quando enfrentar as questões envolvidas na elaboração da conta de liquidação, quer solvendo a controvérsia das partes quer explicitando, de ofício, os motivos pelos quais acolheu os cálculos oferecidos por uma das partes ou pelo setor de cálculos, e não contestados pela outra. (2005)

N. 400 — *Ação rescisória de ação rescisória. Violação de lei. Indicação dos mesmos dispositivos legais apontados na rescisória primitiva.* Em se tratando de rescisória de rescisória, o vício apontado deve nascer na decisão rescindenda, não se admitindo a rediscussão do acerto do julgamento da rescisória anterior. Assim, não se admite rescisória calcada no inciso V do art. 485 do CPC para discussão, por má aplicação dos mesmos dispositivos de lei, tidos por violados na rescisória anterior, bem como para arguição de questões inerentes à ação rescisória primitiva. (2005)

N. 401 — *Ação rescisória. Descontos legais. Fase de execução. Sentença exequenda omissa. Inexistência de ofensa à coisa julgada.* Os descontos previdenciários e fiscais devem ser efetuados pelo juízo executório, ainda que a sentença exequenda tenha sido omissa sobre a questão, dado o caráter de ordem pública ostentado pela norma que os disciplina. A ofensa à coisa julgada somente poderá ser caracterizada na hipótese de o título exequendo, expressamente, afastar a dedução dos valores a título de imposto de renda e de contribuição previdenciária. (2005)

N. 402 — *Ação rescisória. Documento novo. Dissídio coletivo. Sentença normativa.* Documento novo é o cronologicamente velho, já existente ao tempo da decisão rescindenda, mas ignorado pelo interessado ou de impossível utilização, à época, no processo. Não é documento novo apto a viabilizar a desconstituição de julgado: a) sentença normativa proferida ou transitada em julgado posteriormente à sentença rescindenda; b) sentença normativa preexistente à sentença rescindenda, mas não exibida no processo principal, em virtude de negligência da parte, quando podia e deveria louvar-se de documento já existente e não ignorado quando emitida a decisão rescindenda. (2005)

N. 403 — *Ação rescisória. Dolo da parte vencedora em detrimento da vencida. Art. 485, III, do CPC.* I — Não caracteriza dolo processual, previsto no art. 485, III, do CPC, o simples fato de a parte vencedora haver silenciado a respeito de fatos contrários a ela, porque o procedimento, por si só, não constitui ardil do qual resulte cerceamento de defesa e, em consequência, desvie o juiz de uma sentença não-condizente com a verdade. (ex-OJ n. 125). II — Se a decisão rescindenda é homologatória de acordo, não há parte vencedora ou vencida, razão pela qual não é possível a sua desconstituição calcada no inciso III do art. 485 do CPC (dolo da parte vencedora em detrimento da vencida), pois constitui fundamento de rescindibilidade que supõe solução jurisdicional para a lide. (2005)

N. 404 — *Ação rescisória. Fundamento para invalidar confissão. Confissão ficta. Inadequação do enquadramento no art. 485, VIII, DO CPC.* O art. 485, VIII, do CPC, ao tratar do fundamento para invalidar a confissão como hipótese de rescindibilidade da decisão judicial, refere-se à confissão real, fruto de erro, dolo ou coação, e não à confissão ficta resultante de revelia. (2005)

N. 405 — *Ação rescisória. Liminar. Antecipação de tutela.* I — Em face do que dispõe a MP n. 1.984-22/00 e reedições e o artigo 273, § 7º, do CPC, é cabível o pedido liminar formulado na petição inicial de ação rescisória ou na fase recursal, visando a suspender a execução da decisão rescindenda. II — O pedido de antecipação de tutela, formulado nas mesmas condições, será recebido como medida acautelatória em ação rescisória, por não se admitir tutela antecipada em sede de ação rescisória. (2005)

N. 406 — *Ação rescisória. Litisconsórcio. Necessário no pólo passivo e facultativo no ativo. Inexistente quanto aos substituídos pelo sindicato.* I — O litisconsórcio, na ação rescisória, é necessário em relação ao polo passivo da demanda, porque supõe uma comunidade de direitos ou de obrigações que não admite solução díspar para os litisconsortes, em face da indivisibilidade do objeto. Já em relação ao pólo ativo, o litisconsórcio é facultativo, uma vez que a aglutinação de autores se faz por conveniência e não, pela necessidade decorrente da natureza do litígio, pois não se pode condicionar o exercício do direito individual de um dos litigantes no processo originário à anuência dos demais para retomar a lide. II — O Sindicato, substituto processual e autor da reclamação trabalhista, em cujos autos fora proferida a decisão rescindenda, possui legitimidade para figurar como réu na ação rescisória, sendo descabida a exigência de citação de todos os empregados substituídos, porquanto inexistente litisconsórcio passivo necessário. (2005)

N. 407 — *Ação rescisória. Ministério Público. Legitimidade ad causam prevista no art. 487, III, "a" e "b", do CPC. As hipóteses são meramente exemplificativas.* A legitimidade ad causam do Ministério Público para propor ação rescisória, ainda que não tenha sido parte no processo que deu origem à decisão rescindenda, não está limitada às alíneas "a" e "b" do inciso III do art. 487 do CPC, uma vez que traduzem hipóteses meramente exemplificativas. (2005)

N. 408 — *Ação rescisória. Petição inicial. Causa de pedir. Ausência de capitulação ou capitulação errônea no art. 485 do CPC. Princípio iura novit curia.* Não padece de inépcia a petição inicial de ação rescisória apenas porque omite a subsunção do fundamento de rescindibilidade no art. 485 do CPC ou o capitula erroneamente em um de seus incisos. Contanto que não se afaste dos fatos e fundamentos invocados como causa de pedir, ao Tribunal é lícito emprestar-lhes a adequada qualificação jurídica (*iura novit curia*). No entanto, fundando-se a ação rescisória no art. 485, inc. V, do CPC, é indispensável expressa indicação, na petição inicial da ação rescisória, do dispositivo legal violado, por se tratar de causa de pedir da rescisória, não se aplicando, no caso, o princípio *iura novit curia* (2005)

N. 409 — *Ação rescisória. Prazo prescricional. Total ou parcial. Violação do art. 7º, XXIX, da CF/88. Matéria infraconstitucional.* Não procede ação rescisória calcada em violação do art. 7º, XXIX, da CF/88 quando a questão envolve discussão sobre a espécie de prazo prescricional aplicável aos créditos trabalhistas, se total ou parcial, porque a matéria tem índole infraconstitucional, construída, na Justiça do Trabalho, no plano jurisprudencial (2005)

N. 410 — *Ação rescisória. Reexame de fatos e provas. Inviabilidade.* A ação rescisória calcada em violação de lei não admite reexame de fatos e provas do processo que originou a decisão rescindenda. (2005)

N. 411 — *Ação rescisória. Sentença de mérito. Decisão de tribunal regional do trabalho em agravo regimental confirmando decisão monocrática do relator que, aplicando a Súmula n. 83 do TST, indeferiu a petição inicial da ação rescisória. Cabimento.* Se a decisão recorrida, em agravo regimental, aprecia a matéria na fundamentação, sob o enfoque das Súmulas ns. 83 do TST e 343 do STF, constitui sentença de mérito, ainda que haja resultado no indeferimento da petição inicial e na extinção do processo sem julgamento do mérito. Sujeita-se, assim, à reforma pelo TST, a decisão do Tribunal que, invocando controvérsia na interpretação da lei, indefere a petição inicial de ação rescisória. (2005)

N. 412 — *Ação rescisória. Sentença de mérito. Questão processual..* Pode uma questão processual ser objeto de rescisão desde que consista em pressuposto de validade de uma sentença de mérito. (2005)

N. 413 — *Ação rescisória. Sentença de mérito. Violação do art. 896, "A", da CLT.* É incabível ação rescisória, por violação do art. 896, "a", da CLT, contra decisão que não conhece de recurso de revista, com base em divergência jurisprudencial, pois não se cuida de sentença de mérito (art. 485 do CPC). (2005)

N. 414 — *Mandado de segurança. Antecipação de tutela (ou liminar) concedida antes ou na sentença.* I — A antecipação da tutela concedida na sentença não comporta impugnação pela via do mandado de segurança, por ser impugnável mediante recurso ordinário. A ação cautelar é o meio próprio para se obter efeito suspensivo a recurso. II — No caso da tutela antecipada (ou liminar) ser concedida antes da sentença, cabe a impetração do mandado de segurança, em face da inexistência de recurso próprio. III — A superveniência da sentença, nos autos originários, faz perder o objeto do mandado de segurança que impugnava a concessão da tutela antecipada (ou liminar). (2005)

N. 415 — *Mandado de segurança. Art. 284 do CPC. Aplicabilidade.* Exigindo o mandado de segurança prova documental pré-constituída, inaplicável se torna o art. 284 do CPC quando verificada, na petição inicial do *mandamus*, a ausência de documento indispensável ou de sua autenticação. (2005)

N. 416 — *Mandado de segurança. Execução. Lei n. 8.432/92. Art. 897, § 1º, da CLT. Cabimento.* Devendo o agravo de petição delimitar justificadamente a matéria e os valores objeto de discordância, não fere direito líquido e certo o prosseguimento da execução quanto aos tópicos e valores não especificados no agravo. (2005)

N. 417 — *Mandado de segurança. Penhora em dinheiro.* I — Não fere direito líquido e certo do impetrante o ato judicial que determina penhora em dinheiro do executado, em execução definitiva, para garantir crédito exequendo, uma vez que obedece à gradação prevista no art. 655 do CPC. II — Havendo discordância do credor, em execução definitiva, não tem o executado direito líquido e certo a que os valores penhorados em dinheiro fiquem depositados no próprio banco, ainda que atenda aos requisitos do art. 666, I, do CPC. III — Em se tratando de execução provisória, fere direito líquido e certo do impetrante a determinação de penhora em dinheiro, quando nomeados outros bens à penhora, pois o executado tem direito a que a execução se processe da forma que lhe seja menos gravosa, nos termos do art. 620 do CPC. (2005)

N. 418 — *Mandado de segurança visando à concessão de liminar ou homologação de acordo.* A concessão de liminar ou a homologação de acordo constituem faculdade do juiz, inexistindo direito líquido e certo tutelável pela via do mandado de segurança. (2005)

N. 419 — *Competência. Execução por carta. Embargos de terceiro. Juízo deprecante.* Na execução por carta precatória, os embargos de terceiro serão oferecidos no juízo deprecante ou no juízo deprecado, mas a competência para julgá-los é do juízo deprecante, salvo se versarem, unicamente, sobre vícios ou irregularidades da penhora, avaliação ou alienação dos bens, praticados pelo juízo deprecado, em que a competência será deste último. (2005)

N. 420 — *Competência funcional. Conflito negativo. TRT e Vara do Trabalho de idêntica região. Não configuração.* Não se configura conflito de competência entre Tribunal Regional do Trabalho e Vara do Trabalho a ele vinculada. (2005)

N. 421 — Embargos declaratórios contra decisão monocrática do relator calcada no art. 557 do CPC. Cabimento. I — Tendo a decisão monocrática de provimento ou denegação de recurso, prevista no art. 557 do CPC, conteúdo decisório definitivo e conclusivo da lide, comporta ser esclarecida pela via dos embargos de declaração, em decisão aclaratória, também monocrática, quando se pretende tão-somente suprir omissão e não, modificação do julgado. II — Postulando o embargante efeito modificativo, os embargos declaratórios deverão ser submetidos ao pronunciamento do Colegiado, convertidos em agravo, em face dos princípios da fungibilidade e celeridade processual. (2005)

N. 422 — Recurso. Apelo que não ataca os fundamentos da decisão recorrida. Não conhecimento. Art. 514, II, do CPC. Não se conhece de recurso para o TST, pela ausência do requisito de admissibilidade inscrito no art. 514, II, do CPC, quando as razões do recorrente não impugnam os fundamentos da decisão recorrida, nos termos em que fora proposta. (2005)

N. 424 — Recurso administrativo. Pressuposto de admissibilidade. Depósito prévio da multa administrativa. Não recepção pela Constituição Federal do § 1º do art. 636 da CLT. O § 1º do art. 636 da CLT, que estabelece a exigência de prova do depósito prévio do valor da multa cominada em razão de autuação administrativa como pressuposto de admissibilidade de recurso administrativo, não foi recepcionado pela Constituição Federal de 1988, ante a sua incompatibilidade com o inciso LV do art. 5º. (2009)

N. 425 — Jus postulandi na Justiça do Trabalho. Alcance. O jus postulandi das partes, estabelecido no art. 791 da CLT, limita-se às Varas do Trabalho e aos Tribunais Regionais do Trabalho, não alcançando a ação rescisória, a ação cautelar, o mandado de segurança e os recursos de competência do Tribunal Superior do Trabalho.

N. 426 — Depósito recursal. Utilização da guia GFIP. Obrigatoriedade. Nos dissídios individuais o depósito recursal será efetivado mediante a utilização da Guia de Recolhimento do FGTS e Informações à Previdência Social — GFIP, nos termos dos §§ 4º e 5º do art. 899 da CLT, admitido o depósito judicial, realizado na sede do juízo e à disposição deste, na hipótese de relação de trabalho não submetida ao regime do FGTS. (2011)

N. 427 — Intimação. Pluralidade de advogados. Publicação em nome de advogado diverso daquele expressamente indicado. Nulidade. Havendo pedido expresso de que as intimações e publicações sejam realizadas exclusivamente em nome de determinado advogado, a comunicação em nome de outro profissional constituído nos autos é nula, salvo se constatada a inexistência de prejuízo. (2011)

N. 431 — Salário-hora. Empregado sujeito ao regime geral de trabalho (art. 58, caput, da CLT). Cálculo. Aplicação do divisor 200. Para os empregados a que alude o art. 58, caput, da CLT, quando sujeitos a 40 horas semanais de trabalho aplica-se o divisor 200 (duzentos) para o cálculo do valor do salário-hora. . (NR 2012)

N. 432 — Contribuição sindical rural. Ação de cobrança. Penalidade por atraso no recolhimento. Inaplicabilidade do art. 600 da CLT. Incidência do art. 2º da Lei n. 8.022/90. O recolhimento a destempo da contribuição sindical rural não acarreta a aplicação da multa progressiva prevista no art. 600 da CLT, em decorrência da sua revogação tácita pela Lei n. 8.022, de 12 de abril de 1990. (2012)

N. 433 — Embargos. Admissibilidade. Processo em fase de execução. Acórdão de turma publicado na vigência da Lei n. 11.496, de 26.6.2007. Divergência de interpretação de dispositivo constitucional. A admissibilidade do recurso de embargos contra acórdão de Turma em recurso de revista em fase de execução, publicado na vigência da Lei n. 11.496, de 26.6.2007, condiciona-se à demonstração de divergência jurisprudencial entre Turmas ou destas e a Seção Especializada em Dissídios Individuais do Tribunal Superior do Trabalho em relação à interpretação de dispositivo constitucional. (2012)

N. 434 — Recurso. Interposição antes da publicação do acórdão impugnado. Extemporaneidade. I) É extemporâneo recurso interposto antes de publicado o acórdão impugnado. II) A interrupção do prazo recursal em razão da interposição de embargos de declaração pela parte adversa não acarreta qualquer prejuízo àquele que apresentou seu recurso tempestivamente. (2012)

N. 435. — Art. 557 do CPC. Aplicação subsidiária ao processo do trabalho. Aplica-se subsidiariamente ao processo do trabalho o art. 557 do Código de Processo Civil. (2012)

N. 436 — Representação processual. Procurador da União, Estados, Municípios e Distrito Federal, suas autarquias e fundações públicas. Juntada de instrumento de mandato. I. A União, Estados, Municípios e Distrito Federal, suas autarquias e fundações públicas, quando representadas em juízo, ativa e passivamente, por seus procuradores, estão dispensadas da juntada de instrumento de mandato e de comprovação do ato de nomeação.II. Para os efeitos do item anterior, é essencial que o signatário ao menos declare-se exercente do cargo de procurador, não bastando a indicação do número de inscrição na Ordem dos Advogados do Brasil. (2012)

N. 439 — Danos morais. Juros de mora e atualização monetária. Termo inicial. Nas condenações por dano moral, a atualização monetária é devida a partir da data da decisão de arbitramento ou de alteração do valor. Os juros incidem desde o ajuizamento da ação, nos termos do art. 883 da CLT. (2012)

N. 442 — Procedimento sumaríssimo. Recurso de Revista fundamentado em contrariedade a Orientação Jurisprudencial. Inadmissibilidade. Art. 896, § 6º, da CLT, Acrescentado pela Lei n. 9.957, de 12.01.2000. Nas causas sujeitas ao procedimento sumaríssimo, a admissibilidade de recurso de revista está limitada à demonstração de violação direta a dispositivo da Constituição Federal ou contrariedade a Súmula do Tribunal Superior do Trabalho, não se admitindo o recurso por contrariedade a Orientação Jurisprudencial deste Tribunal (Livro II, Título II, Capítulo III, do RITST), ante a ausência de previsão no art. 896, § 6º, da CLT. (2012)

369. *Orientações Jurisprudenciais de natureza processual do Tribunal Superior do Trabalho — Tribunal Pleno*

N. 1 — *Precatório. Crédito trabalhista. Pequeno valor. Emenda Constitucional n. 37/2002.* Há dispensa da expedição de precatório, na forma do art. 100, § 3º, da CF/1988, quando a execução contra a Fazenda Pública não exceder os valores definidos, provisoriamente, pela Emenda Constitucional n. 37/2002, como obrigações de pequeno valor, inexistindo ilegalidade, sob esse prisma, na determinação de sequestro da quantia devida pelo ente público. (2003)

N. 2 — *Precatório. Revisão de cálculos. Limites da competência do Presidente do TRT.* O pedido de revisão dos cálculos, em fase de precatório, previsto no art. 1º-E da Lei n. 9.494/1997, apenas poderá ser acolhido desde que: a) o requerente aponte e especifique claramente quais são as incorreções existentes nos cálculos, discriminando o montante que seria correto, pois do contrário a incorreção torna-se abstrata; b) o defeito nos cálculos esteja ligado à incorreção material ou à utilização de critério em descompasso com a lei ou com o título executivo judicial; e c) o critério legal aplicável ao débito não tenha sido objeto de debate nem na fase de conhecimento, nem na fase de execução. (2003)

N. 3 — *Precatório. Sequestro. Emenda Constitucional n. 30/2000. Preterição. ADIn 1662-8. Art. 100, § 2º, da CF/1988.* O sequestro de verbas públicas para satisfação de precatórios trabalhistas só é admitido na hipótese de preterição do direito de precedência do credor, a ela não se equiparando as situações de não inclusão da despesa no orçamento ou de não-pagamento do precatório até o final do exercício, quando incluído no orçamento. (2003)

N. 4 — *Mandado de segurança. Decisão de TRT. Incompetência originária do Tribunal Superior do Trabalho.* Ao Tribunal Superior do Trabalho não compete apreciar, originariamente, mandado de segurança impetrado em face de decisão de TRT. (2004)

N. 5 — *Recurso ordinário. Cabimento.* Não cabe recurso ordinário contra decisão em agravo regimental interposto em reclamação correicional ou em pedido de providência. (2005)

N. 6 — *Precatório. Execução. Limitação da condenação imposta pelo título judicial exequendo à data do advento da Lei n. 8.112, de 11.12.1990.* Em sede de precatório, não configura ofensa à coisa julgada a limitação dos efeitos pecuniários da sentença condenatória ao período anterior ao advento da Lei n. 8.112, de 11.12.1990, em que o exequente submetia-se à legislação trabalhista, salvo disposição expressa em contrário na decisão exequenda. (2007)

N. 7. *Juros de mora. Condenação da Fazenda Pública.* Nas condenações impostas à Fazenda Pública, incidem juros de mora segundo os seguintes critérios: a) 1% (um por cento) ao mês, até agosto de 2001, nos termos do § 1º do art. 39 da Lei n. 8.177, de 01.03.1991; b) 0,5% (meio por cento) ao mês, de setembro de 2001 a junho de 2009, conforme determina o art. 1º-F da Lei n. 9.494, de 10.09.1997, introduzido pela Medida Provisória n. 2.180-35, de 24.08.2001. II – A partir de 30 de junho de 2009, atualizam-se os débitos trabalhistas da Fazenda Pública, mediante a incidência dos índices oficiais de remuneração básica e juros aplicados à caderneta de poupança, por força do art. 5º da Lei n. 11.960, de 29.06.2009. III — A adequação do montante da condenação deve observar essa limitação legal, ainda que em sede de precatório. (NR 2011)

N. 8. *Precatório. Matéria administrativa. Remessa necessária. Não cabimento.* Em sede de precatório, por se tratar de decisão de natureza administrativa, não se aplica o disposto no art. 1º, V, do Decreto-Lei n. 779, de 21.08.1969, em que se determina a remessa necessária em caso de decisão judicial desfavorável a ente público. **(2007)**

N. 9. *Precatório. Pequeno valor. Individualização do crédito apurado. Reclamação trabalhista plúrima. Execução direta contra a Fazenda Pública. Possibilidade.* Tratando-se de reclamações trabalhistas plúrimas, a aferição do que vem a ser obrigação de pequeno valor, para efeito de dispensa de formação de precatório e aplicação do disposto no § 3º do art. 100 da CF/88, deve ser realizada considerando-se os créditos de cada reclamante. **(2007)**

N. 10. *Precatório. Processamento e pagamento. Natureza administrativa. Mandado de segurança. Cabimento.* É cabível mandado de segurança contra atos praticados pela Presidência dos Tribunais Regionais em precatório em razão de sua natureza administrativa, não se aplicando o disposto no inciso II do art. 5º da Lei n. 1.533, de 31.12.1951. **(2007)**

N. 11. *Recurso em matéria administrativa. Prazo. Órgão colegiado. Oito dias. Art. 6º da Lei n. 5.584, de 26.06.197.* Se não houver norma específica quanto ao prazo para interposição de recurso em matéria administrativa de decisão emanada de órgão Colegiado do Tribunal Regional do Trabalho, aplica-se, por analogia, a regra geral dos prazos adotados na Justiça do Trabalho, ou seja, oito dias, conforme estabelecido no art. 6º da Lei n. 5.584, de 26.06.1970. O prazo de dez dias a que alude o art. 59 da Lei n. 9.784, de 29.01.1999, aplica-se somente à interposição de recursos de decisões prolatadas monocraticamente. **(2007)**

12 — *Precatório. Procedimento de natureza administrativa. Incompetência funcional do Presidente do TRT para declarar a inexigibilidade do título exequendo.* O Presidente do TRT, em sede de precatório, não tem competência funcional para declarar a inexigibilidade do título judicial exequendo, com fundamento no art. 884, § 5º, da CLT, ante a natureza meramente administrativa do procedimento. (2010)

13 — *Precatório. Quebra da ordem de precedência. Não demonstração da posição do exequente na ordem cronológica. Sequestro indevido.* É indevido o sequestro de verbas públicas quando o exequente/requerente não se encontra em primeiro lugar na lista de ordem cronológica para pagamento de precatórios ou quando não demonstrada essa condição. (2010)

370. *Orientações Jurisprudenciais da SDI-1 do TST de natureza processual*

Consoante a Súmula n. 333 do TST, "Não ensejam recursos de revista ou de embargos decisões superadas por iterativa, notória e atual jurisprudência do Tribunal Superior do Trabalho".

Com fundamento na Súmula n. 333, a SDI1 elaborou a seguinte relação de precedentes jurisprudenciais de natureza processual:

N. 7. Advogado. Atuação fora da Seção da OAB onde o advogado está inscrito. Ausência de comunicação (Lei n. 4.215/63, § 2º, art. 56). Infração disciplinar. Não importa nulidade. A despeito da norma então prevista no art. 56, § 2º, da Lei n. 4.215/63, a falta de comunicação do advogado à OAB para o exercício profissional em seção diversa daquela na qual tem inscrição não importa nulidade dos atos praticados, constituindo apenas infração disciplinar, que cabe àquela instituição analisar. (NR 2005)

N. 13. APPA. Dec.-lei n. 779/69. Depósito recursal e custas. Não isenção. A Administração dos Portos de Paranaguá e Antonina — APPA, vinculada à Administração Pública indireta, não é isenta do recolhimento do depósito recursal e do pagamento das custas processuais por não ser beneficiária dos privilégios previstos no Decreto-lei n. 779, de 21.8.1969, ante o fato de explorar atividade econômica com fins lucrativos, o que descaracteriza sua natureza jurídica, igualando-a às empresas privadas. (NR 2010)

N. 26. Competência da Justiça do Trabalho. Complementação de pensão requerida por viúva de ex-empregado. A Justiça do Trabalho é competente para apreciar pedido de complementação de pensão postulada por viúva de ex-empregado, por se tratar de pedido que deriva do contrato de trabalho. (NR 2005)

N. 28. Correção monetária sobre as diferenças salariais. Fundação Universidade de Brasília (FUB). Devida. Lei n. 7.596/87. Incide correção monetária sobre as diferenças salariais dos servidores das universidades federais, decorrentes da aplicação retroativa dos efeitos financeiros assegurados pela Lei n. 7.596/87, pois a correção monetária tem como escopo único minimizar a desvalorização da moeda em decorrência da corrosão inflacionária. (NR 2005)

N. 33. Deserção. Custas. Carimbo do banco. Validade. O carimbo do banco recebedor na guia de comprovação do recolhimento das custas supre a ausência de autenticação mecânica. (1996)

N. 36. Documento comum às partes (instrumento normativo ou sentença normativa), cujo conteúdo não é impugnado. Validade. O instrumento normativo em cópia não autenticada possui valor probante, desde que não haja impugnação ao seu conteúdo, eis que se trata de documento comum às partes. (NR 2005)

N. 38. Empregado que exerce atividade rural. Empresa de reflorestamento. Prescrição própria do rurícola. (Lei n. 5.889/73, art. 10 e Decreto n. 73.626/74, art. 2º, § 4º). O empregado que trabalha em empresa de reflorestamento, cuja atividade está diretamente ligada ao manuseio da terra e de matéria-prima, é rurícola e não industriário, nos termos do Decreto n. 73.626, de 12.02.1974, art. 2º, § 4º, pouco importando que o fruto de seu trabalho seja destinado à indústria. Assim, aplica-se a prescrição própria dos rurícolas aos direitos desses empregados. (NR 2010)

N. 54. Multa. Cláusula penal. Valor superior ao principal. O valor da multa estipulada em cláusula penal, ainda que diária, não poderá ser superior à obrigação principal corrigida, em virtude da aplicação do art. 412 do Código Civil de 2002 (art. 920 do Código Civil de 1916). (NR 2005)

N. 62. Pré-questionamento. Pressuposto de recorribilidade em apelo de natureza extraordinária. Necessidade, ainda que a matéria seja de incompetência absoluta. É necessário o pré-questionamento como pressuposto de admissibilidade em recurso de natureza extraordinária, ainda que se trate de incompetência absoluta. (NR 2010)

N. 75. Substabelecimento sem o reconhecimento de firma do substabelecente. Inválido (anterior à Lei n. 8.952/94). Não produz efeitos jurídicos recurso subscrito por advogado com poderes conferidos em substabelecimento em que não consta o reconhecimento de firma do outorgante. Entendimento aplicável antes do advento da Lei n. 8.952/94. (NR 2005)

N. 76. Substituição dos avanços trienais por quinquênios. Alteração do contrato de trabalho. Prescrição total. CEEE. A alteração contratual consubstanciada na substituição dos avanços trienais por quinquênios decorre de ato único do empregador, momento em que começa a fluir o prazo fatal de prescrição. (NR 2005)

N. 83. Aviso prévio. Prescrição. A prescrição começa a fluir no final da data do término do aviso prévio — Art. 487, § 1º, CLT.

N. 87. Entidade pública. Exploração de atividade eminentemente econômica. Execução. Art. 883, da CLT. É direta a execução contra a APPA, Caixa Econômica do Estado do Rio Grande do Sul e Minascaixa (§ 1º do art. 173, da CF/88). (NR 2004)

N. 91. Anistia. Art. 8º, § 1º, ADCT. Efeitos financeiros. ROAR 105608/94, SDI-Plena. Em 19.5.97, a SDI-Plena decidiu, pelo voto prevalente do Exmo. Sr. Presidente, que os efeitos financeiros da readmissão do empregado anistiado serão contados a partir do momento em que este manifestou o desejo de retornar ao trabalho e, na ausência de prova, da data do ajuizamento da ação. (1997)

N. 92. Desmembramento de municípios. Responsabilidade trabalhista. Em caso de criação de novo município, por desmembramento, cada uma das novas entidades responsabiliza-se pelos direitos trabalhistas do empregado no período em que figurarem como real empregador. (1997)

N. 95. Embargos para SDI. Divergência entre a mesma turma. Inservível. Em 19.5.97, a SDI-Plena, por maioria, decidiu que acórdãos oriundos da mesma turma, embora divergentes não fundamentam divergência jurisprudencial de que trata a alínea *b*, do art. 854 da Consolidação das Leis do Trabalho para embargos à Seção Especializada em Dissídios, Individuais, Subseção I. (1997)

N. 104. Custas. Condenação acrescida. Inexistência de deserção quando as custas não são expressamente calculadas e não há intimação da parte para o preparo do recurso, devendo, então, ser as custas pagas ao final. Não caracteriza deserção a hipótese em que, acrescido o valor da condenação, não houve fixação ou cálculo do valor devido a título de custas e tampouco intimação da parte para o preparo do recurso, devendo, pois, as custas ser pagas ao final. (NR 2008

N. 110. Representação irregular. Procuração apenas nos autos de agravo de instrumento. A existência de instrumento de mandato apenas nos autos de agravo de instrumento, ainda que em apenso, não legitima a atuação de advogado nos processos de que se originou o agravo. (NR 2010).

N. 111. Recurso de revista. Divergência jurisprudencial. Aresto oriundo do mesmo Tribunal Regional. Lei n. 9.756/98. Inservível ao conhecimento. Não é servível ao conhecimento de recurso de revista aresto oriundo de mesmo Tribunal Regional do Trabalho, salvo se o recurso houver sido interposto anteriormente à vigência da Lei n. 9.756/98. (NR 2005)

N. 115. Recurso de revista. Nulidade por negativa de prestação jurisdicional. O conhecimento do recurso de revista, quanto à preliminar de nulidade por negativa de prestação jurisdicional, supõe indicação de violação do art. 832 da CLT, do art. 458 do CPC ou do art. 93, IX, da CF/1988. (NR 2012).

N. 118. Prequestionamento. Tese explícita. Inteligência da Súmula n. 297. Havendo tese explícita sobre a matéria, na decisão recorrida, desnecessário contenha nela referência expressa do dispositivo legal para ter-se como prequestionado este. (1997)

N. 119. Prequestionamento inexigível. Violação nascida na própria decisão recorrida. Súmula n. 297. Inaplicável. É inexigível o prequestionamento quando a violação indicada houver nascido na própria decisão recorrida. Inaplicável a Súmula n. 297 do TST. (NR 2010)

N. 120. Recurso. Assinatura da petição ou das razões recursais. Validade. O recurso sem assinatura será tido por inexistente. Será considerado válido o apelo assinado, ao menos, na petição de apresentação ou nas razões recursais. (NR 2005)

N. 121. Substituição processual. Diferença do adicional de insalubridade. Legitimidade. O sindicato tem legitimidade para atuar na qualidade de substituto processual para pleitear diferença de adicional de insalubridade. (NR 2005)

N. 129. Prescrição. Complementação da pensão e auxílio-funeral. A prescrição extintiva para pleitear judicialmente o pagamento da complementação de pensão e do auxílio-funeral é de 2 anos, contados a partir do óbito do empregado. (1998)

N. 130. Prescrição. Ministério Público. Arguição. Custos legis. Ilegitimidade. Ao exarar o parecer na remessa de ofício, na qualidade de *custos legis*, o Ministério Público não tem legitimidade para arguir a prescrição em favor de entidade de direito público, em matéria de direito patrimonial (arts. 194 do CC de 2002 e 219, § 5º, do CPC). (NR 2005)

N. 132. Agravo regimental. Peças essenciais nos autos principais. Inexistindo lei que exija a tramitação do agravo regimental em autos apartados, tampouco previsão no regimento interno do regional, não pode o agravante ver-se apenado por não haver colacionado cópia de peças dos autos principais, quando o agravo regimental deveria fazer parte dele. (1998)

N. 134. Autenticação. Pessoa jurídica de direito público. Dispensada. Medida Provisória n. 1.542, de 18.12.96. São válidos os documentos apresentados, por pessoa jurídica de direito público, em fotocópia não autenticada, posteriormente à edição da Medida Provisória n. 1.542/96 e suas reedições. (1998)

N. 138. Competência residual. Regime jurídico único. Limitação da execução. Compete à Justiça do Trabalho julgar pedidos de direitos e vantagens previstos na legislação trabalhista referente a período anterior à Lei n. 8.112/90, mesmo que a ação tenha sido ajuizada após a edição da referida lei. A superveniência de regime estatutário em substituição ao celetista, mesmo após a sentença, limita a execução ao período celetista. (NR 2005)

N. 140. Depósito recursal e custas. Diferença ínfima. Deserção. Ocorrência. Ocorre deserção do recurso pelo recolhimento insuficiente das custas e do depósito recursal, ainda que a diferença em relação ao "quantum" devido seja ínfima, referente a centavos. (NR 2005)

N. 142. Embargos declaratórios. Efeito modificativo. Vista à parte contrária. I — É passível de nulidade decisão que acolhe embargos de declaração com efeito modificativo sem que seja concedida oportunidade de manifestação prévia à parte contrária. II — Em decorrência do efeito devolutivo amplo conferido ao recurso ordinário, o item I não se aplica às hipóteses em que não se concede vista à parte contrária para se manifestar sobre os embargos de declaração opostos contra sentença. (NR 2012)

N. 143. Empresa em liquidação extrajudicial. Execução. Créditos trabalhistas. Lei n. 6.024/74. A execução trabalhista deve prosseguir diretamente na Justiça do Trabalho mesmo após a decretação da liquidação extrajudicial. Lei n. 6.830/80, arts. 5º e 29, aplicados supletivamente (CLT, art. 889 e CF/1988, art. 114). (1998)

N. 147. Lei estadual, norma coletiva ou norma regulamentar. Conhecimento indevido do recurso de revista por divergência jurisprudencial. I — É inadmissível o recurso de revista fundado tão-somente em divergência jurisprudencial, se a parte não comprovar que a lei estadual, a norma coletiva ou o regulamento da empresa extrapolam o âmbito do TRT prolator da decisão recorrida. II — É imprescindível a arguição de afronta ao art. 896 da CLT para o conhecimento de embargos interpostos em face de acórdão de Turma que conhece indevidamente de recurso de revista, por divergência jurisprudencial, quanto a tema regulado por lei estadual, norma coletiva ou norma regulamentar de âmbito restrito ao Regional prolator da decisão. (NR 2005)

N. 151. Prequestionamento. Decisão regional que adota a sentença. Ausência de prequestionamento. Decisão regional que simplesmente adota os fundamentos da decisão de primeiro grau não preenche a exigência do prequestionamento, tal como previsto na Súmula. n. 297. (1998)

N. 152. Revelia. Pessoa Jurídica de Direito Público. Aplicável (art. 844, da CLT). Pessoa jurídica de direito público sujeita-se à revelia prevista no art. 844 da CLT. (NR 2005)

N. 158. Custas. Comprovação de recolhimento. DARF eletrônico. Validade. O denominado "DARF Eletrônico" é válido para comprovar o recolhimento de custas por entidades da administração pública federal, emitido conforme a IN SRF n. 162, de 4.11.88. (1999)

N. 159. Data de pagamento. Salários. Alteração. Diante da inexistência de previsão expressa em contrato ou em instrumento normativo, a alteração de data de pagamento pelo empregador não viola o art. 468, desde que observado o parágrafo único, do art. 459, ambos da CLT.

N. 164. Oficial de Justiça ad hoc. Inexistência de vínculo empregatício. Não se caracteriza o vínculo empregatício na nomeação para o exercício das funções de oficial de justiça *ad hoc*, ainda que feita de forma reiterada, pois exaure-se a cada cumprimento de mandado. (NR 2005)

N. 165. Perícia. Engenheiro ou médico. Adicional de insalubridade e periculosidade. Válido. Art. 195 da CLT. O art. 195 da CLT não faz qualquer distinção entre o médico e o engenheiro para efeito de caracterização e classificação da insalubridade e periculosidade, bastando para a elaboração do laudo seja o profissional devidamente qualificado. (1999)

N. 172. Adicional de insalubridade ou periculosidade. Condenação. Inserção em folha de pagamento. Condenada ao pagamento do adicional de insalubridade ou periculosidade, a empresa deverá inserir, mês a mês e enquanto o trabalho for executado sob essas condições, o valor correspondente em folha de pagamento. (2000)

N. 175. Comissões. Alteração ou supressão. Prescrição total. A supressão das comissões, ou a alteração quanto à forma ou ao percentual, em prejuízo do empregado, é suscetível de operar a prescrição total da ação, nos termos da Súmula n. 294 do TST, em virtude de cuidar-se de parcela não assegurada por preceito de lei. (NR 2005)

N. 185. Contrato de trabalho com a associação de pais e mestres — APM. Inexistência de responsabilidade solidária ou subsidiária do Estado. O Estado-Membro não é responsável subsidiária ou solidariamente com a Associação de Pais e Mestres pelos encargos trabalhistas dos empregados contratados por esta última, que deverão ser suportados integral e exclusivamente pelo real empregador. (NR 2005)

N. 186. Custas. Inversão do ônus da sucumbência. Deserção. Não-ocorrência. No caso de inversão do ônus da sucumbência em segundo grau, sem acréscimo ou atualização do valor das custas e se estas já foram devidamente recolhidas, descabe um novo pagamento pela parte vencida, ao recorrer. Deverá ao final, se sucumbente, ressarcir a quantia. (NR 2000)

N. 188. Decisão normativa que defere direitos. Falta de interesse de agir para ação individual. Falta interesse de agir para a ação individual, singular ou plúrima, quando o direito já foi reconhecido através de decisão normativa, cabendo, no caso, ação de cumprimento. (2000) (Nota: este verbete contraria o parágrafo único do art. 872 da CLT).

N. 191. Contrato de empreitada. Dono da obra de construção civil. Responsabilidade. Diante da inexistência de previsão legal específica, o contrato de empreitada de construção civil entre o dono da obra e o empreiteiro não enseja responsabilidade solidária ou subsidiária nas obrigações trabalhistas contraídas pelo empreiteiro, salvo sendo o dono da obra uma empresa construtora ou incorporadora. (NR 2011)

N. 192. Embargos declaratórios. Prazo em dobro. Pessoa jurídica de direito público. Decreto-lei n. 779/69. É em dobro o prazo para a interposição de embargos declaratórios por Pessoa Jurídica de Direito Público. (2000)

N. 198. Honorários periciais. Atualização monetária. Diferentemente da correção aplicada aos débitos trabalhistas, que têm caráter alimentar, a atualização monetária dos honorários periciais é fixada pelo art. 1º da Lei n. 6.899/81, aplicável a débitos resultantes de decisões judiciais. (2000)

N. 200. Mandato tácito. Substabelecimento inválido É inválido o substabelecimento de advogado investido de mandato tácito. (NR 2005)

N. 217. Agravo de instrumento. Traslado. Lei n. 9.756/98. Guias de custas e de depósito recursal. Para a formação do Agravo de Instrumento, não é necessário a juntada de comprovantes de recolhimento de custas e de depósito recursal relativamente ao Recurso Ordinário, desde que não seja objeto de controvérsia no Recurso de Revista a validade daqueles recolhimentos. (2001)

N. 219. Recurso de revista ou de embargos fundamentado em orientação jurisprudencial do TST. É válida, para efeito de conhecimento do recurso ou de embargos, a invocação de Orientação Jurisprudencial do Tribunal Superior do Trabalho, desde que, das razões recursais, conste o seu número ou conteúdo. (2001)

N. 225. Contrato de concessão de serviço público. Responsabilidade trabalhista. Celebrado contrato de concessão de serviço público em que uma empresa (primeira concessionária) outorga a outra (segunda concessionária), no todo ou em parte, mediante arrendamento, ou qualquer outra forma contratual, a título transitório, bens de sua propriedade: I — em caso de rescisão do contrato de trabalho após a entrada em vigor da concessão, a segunda concessionária, na condição de sucessora, responde pelos direitos decorrentes do contrato de trabalho, sem prejuízo da responsabilidade subsidiária da primeira concessionária pelos débitos trabalhistas contraídos até a concessão; II — no tocante ao contrato de trabalho extinto antes da vigência da concessão, a responsabilidade pelos direitos dos trabalhadores será exclusivamente da antecessora. (NR 2005)

N. 226. Crédito trabalhista. Cédula de crédito rural. Cédula de crédito industrial. Penhorabilidade. Diferentemente da cédula de crédito industrial garantida por alienação fiduciária na cédula rural pignoratícia ou hipotecária, o bem permanece sob o domínio do devedor (executado), não constituindo óbice à penhora na esfera trabalhista (DL n. 167/67, art. 69; CLT arts. 10 e 30 e Lei n. 6.830/80). (NR 2005)

N. 233. Horas extras. Comprovação de parte do período alegado. A decisão que defere horas extras com base em prova oral ou documental não ficará limitada ao tempo por ela abrangido, desde que o julgador fique convencido de que o procedimento questionado superou aquele período. (NR 2005)

N. 237. Ministério Público do Trabalho. Ilegitimidade para recorrer. O Ministério Público não tem legitimidade para recorrer na defesa de interesse patrimonial privado, inclusive de empresas públicas e sociedades de economia mista. (2001)

N. 238. Multa. Art. 477 da CLT. Pessoa jurídica de direito público. Aplicável. Submete-se à multa do art. 477 da CLT a pessoa jurídica de direito público que não observa o prazo para pagamento das verbas rescisórias, pois nivela-se a qualquer particular, em direitos e obrigações, despojando-se do *jus imperii* ao celebrar um contrato de emprego. (NR 2005)

N. 242. Prescrição total. Horas extras. Adicional. Incorporação. Embora haja previsão legal para o direito à hora extra, inexiste previsão para a incorporação ao salário do respectivo adicional, razão pela qual deve incidir a prescrição total. (2001)

N. 243. Prescrição total. Planos econômicos. Aplicável a prescrição total sobre o direito de reclamar diferenças salariais resultantes de planos econômicos. (2001)

N. 245. Revelia. Atraso. Audiência. Inexiste previsão legal tolerando atraso no horário de comparecimento da parte à audiência. (2001)

N. 247. Servidor público. Celetista concursado. Despedida imotivada. Empresa pública ou sociedade de economia mista. Possibilidade. I — A despedida de empregados de empresa pública e de sociedade de economia mista, mesmo admitidos por concurso público, independe de ato motivado para sua validade; II — A validade do ato de despedida do empregado da Empresa Brasileira de Correios e Telégrafos (ECT) está condicionada à motivação, por gozar a empresa do mesmo tratamento destinado à Fazenda Pública em relação à imunidade tributária e à execução por precatório, além das prerrogativas de foro, prazos e custas processuais. (2001)

N. 255. Mandato. Contrato social. Desnecessária a juntada. O art. 12, VI, do CPC, não determina a exibição dos estatutos da empresa em juízo como condição de validade do instrumento de mandato outorgado ao seu procurador, salvo se houver impugnação da parte contrária. (2002)

N. 256. Prequestionamento. Configuração. Tese explícita. Súmula n. 297. Para fins do requisito de prequestionamento de que trata a Súmula n. 297, há necessidade de que haja, no acórdão, de maneira clara, elementos que levem à conclusão de que o Regional adotou uma tese contrária à lei ou a Súmula. (2002)

N. 257. Recurso de revista. Fundamentação. Violação de lei. Vocábulo violação. Desnecessidade. A invocação expressa no recurso de revista dos preceitos legais ou constitucionais tidos como violados não significa exigir da parte a utilização das expressões "contrariar", "ferir", "violar", etc. (NR 2012).

N. 260. Agravo de instrumento. Recurso de Revista. Procedimento sumaríssimo. Lei n. 9.957/00. Processos em curso. I — É inaplicável o rito sumaríssimo aos processos iniciados antes da vigência da Lei n. 9.957/00. II — No caso de o despacho denegatório de recurso de revista invocar, em processo iniciado antes da Lei n. 9.957/00, o § 6º do art. 896 da CLT (rito sumaríssimo) como óbice ao trânsito do apelo calcado em divergência jurisprudencial ou violação de dispositivo infraconstitucional, o Tribunal superará o obstáculo, apreciando o recurso sob esses fundamentos. (2002)

N. 261. Bancos. Sucessão trabalhista. As obrigações trabalhistas, inclusive as contraídas à época em que os empregados trabalhavam para o banco sucedido, são de responsabilidade do sucessor, uma vez que a este foram transferidos os ativos, as agências, os direitos e deveres contratuais, caracterizando típica sucessão trabalhista. (2002)

N. 262. Coisa julgada. Planos econômicos. Limitação à data-base na fase de execução. Não ofende a coisa julgada a limitação à data-base da categoria, na fase executória, da condenação ao pagamento de diferenças salariais decorrentes de planos econômicos, quando a decisão exequenda silenciar sobre a limitação, uma vez que a limitação decorre de norma cogente. Apenas quando a sentença exequenda houver expressamente afastado a limitação à data-base é que poderá ocorrer ofensa à coisa julgada. (2002)

N. 264. Depósito recursal. PIS/PASEP. Ausência de indicação na guia de depósito recursal. Validade. Não é essencial para a validade da comprovação do depósito recursal a indicação do número do PIS/PASEP na guia respectiva. (2002)

N. 269. Justiça gratuita. Requerimento de isenção de despesas processuais. Momento oportuno. O benefício da justiça gratuita pode ser requerido em qualquer tempo ou grau de jurisdição, desde que, na fase recursal, seja o requerimento formulado no prazo alusivo ao recurso. (2002)

N. 271. Rurícola. Prescrição. Contrato de emprego extinto. Emenda Constitu-cional n. 28/00. Inaplicabilidade. O prazo prescricional da pretensão do rurícola, cujo contrato de emprego já se extinguira ao sobrevir a Emenda Constitucional n. 28, de 26.5.00, tenha sido ou não ajuizada a ação trabalhista, prossegue regido pela lei vigente ao tempo da extinção do contrato de emprego. (NR 2005)

N. 276. Ação declaratória. Complementação de aposentadoria. É incabível ação declaratória visando a declarar direito à complementação de aposentadoria, se ainda não atendidos os requisitos necessários à aquisição do direito, seja por via regulamentar, ou por acordo coletivo. (2003)

N. 277. Ação de cumprimento fundada em decisão normativa que sofreu posterior reforma, quando já transitada em julgado a sentença condenatória. Coisa julgada. Não-configuração. A coisa julgada produzida na ação de cumprimento é atípica, pois dependente de condição resolutiva, ou seja, da não-modificação da decisão normativa por eventual recurso. Assim, modificada a sentença normativa pelo TST, com a consequente extinção do processo, sem julgamento do mérito, deve-se extinguir a execução em andamento, uma vez que a norma sobre a qual se apoiava o título exequendo deixou de existir no mundo jurídico. (2003)

N. 278. Adicional de insalubridade. Perícia. Local de trabalho desativado. **A realização de perícia é obrigatória para a verificação de insalubridade.** Quando não for possível sua realização, como em caso de fechamento da empresa, poderá o julgador utilizar-se de outros meios de prova. (2003)

N. 282. Agravo de instrumento. Juízo de admissibilidade ad quem. No julgamento de Agravo de Instrumento, ao afastar o óbice apontado pelo TRT para o processamento do recurso de revista, pode o juízo *ad quem* prosseguir no exame dos demais pressupostos extrínsecos e intrínsecos do recurso de revista, mesmo que não apreciados pelo TRT. (2003)

N. 283. Agravo de instrumento. Peças essenciais. Traslado realizado pelo agravado. Validade. É válido o traslado de peças essenciais efetuado pelo agravado, pois a regular formação do agravo incumbe às partes e não somente ao agravante. (2003)

N. 284. Agravo de instrumento. Traslado. Ausência de certidão de publicação. Etiqueta adesiva imprestável para aferição da tempestividade. A etiqueta adesiva na qual consta a expressão "no prazo" não se presta à aferição de tempestividade do recurso, pois sua finalidade é tão-somente servir de controle processual interno do TRT e sequer contém a assinatura do funcionário responsável por sua elaboração. (2003)

N. 285. Agravo de instrumento. Traslado. Carimbo do protocolo do recurso ilegível. Inservível. O carimbo do protocolo da petição recursal constitui elemento indispensável para aferição da tempestividade do apelo, razão pela qual deverá estar legível, pois um dado ilegível é o mesmo que a inexistência do dado. (2003)

N. 286. Agravo de instrumento. Traslado. Mandato tácito. Ata de audiência. Configuração. I — A juntada da ata de audiência, em que está consignada a presença do advogado, desde que não estivesse atuando com mandato expresso, torna dispensável a procuração deste, porque demonstrada a existência de mandato tácito. II — Configurada a existência de mandato tácito fica suprida a irregularidade detectada no mandato expresso. (NR 2010).

N. 287. Autenticação. Documentos distintos. Despacho denegatório do recurso de revista e certidão de publicação. Distintos os documentos contidos no verso e anverso, é necessária a autenticação de ambos os lados da cópia. (2003)

N. 294. Embargos à SDI contra decisão em recurso de revista não conhecido quanto aos pressupostos intrínsecos. Necessária a indicação expressa de ofensa ao art. 896 da CLT. Para a admissibilidade e conhecimento de embargos, interpostos contra decisão mediante a qual não foi conhecido o recurso de revista pela análise dos pressupostos intrínsecos, necessário que a parte embargante aponte expressamente a violação ao art. 896 da CLT. (2003)

N. 295. Embargos. Revista não conhecida por má aplicação de enunciado ou de orientação jurisprudencial. Exame do mérito pela SDI. A SDI, ao conhecer dos Embargos por violação do art. 896 — por má aplicação de enunciado ou de orientação jurisprudencial pela Turma —, julgará desde logo o mérito, caso conclua que a revista mereça conhecimento e que a matéria de fundo se encontra pacificada neste Tribunal. (2003)

N. 300. Execução trabalhista. Correção monetária. Juros. Lei n. 8.177/91, art. 39 e Lei n. 10.192/01, art. 15. Não viola norma constitucional (art. 5º, II e XXXVI) a determinação de aplicação da TRD, como fator de correção monetária dos débitos trabalhistas, cumulada com juros de mora, previstos no art. 39 da Lei n. 8.177/91 e convalidado pelo art. 15 da Lei n. 10.192/01. (NR 2005)

N. 302. FGTS. Índice de correção. Débitos trabalhistas. Os créditos referentes ao FGTS, decorrentes de condenação judicial, serão corrigidos pelos mesmos índices aplicáveis aos débitos trabalhistas. (2003)

N. 304. Honorários advocatícios. Assistência judiciária. Declaração de pobreza. Comprovação. Atendidos os requisitos da Lei n. 5.584/1970 (art. 14, § 2º), para a concessão da assistência judiciária, basta a simples afirmação do declarante ou de seu advogado, na petição inicial, para se considerar configurada a sua situação econômica (art. 4º, § 1º, da Lei n. 7.510/1986, que deu nova redação à Lei n. 1.060/1950). (2003)

N. 305. *Honorários advocatícios. Requisitos. Justiça do Trabalho.* Na Justiça do Trabalho, o deferimento de honorários advocatícios sujeita-se à constatação da ocorrência concomitante de dois requisitos: o benefício da justiça gratuita e a assistência por sindicato. (2003)

N. 310. *Litisconsortes. Procuradores distintos. Prazo em dobro. Art. 191 do CPC.* **Inaplicável ao processo do trabalho.** A regra contida no art. 191 do CPC é inaplicável ao processo do trabalho, em face da sua incompatibilidade com o princípio da celeridade inerente ao processo trabalhista. (2003)

N. 318. *Representação irregular. Autarquia.* Os Estados e os Municípios não têm legitimidade para recorrer em nome das autarquias detentoras de personalidade jurídica própria, devendo ser representadas pelos procuradores que fazem parte de seus quadros ou por advogados constituídos. (2003)

N. 319. *Representação regular. Estagiário. Habilitação posterior.* Válidos são os atos praticados por estagiário se, entre o substabelecimento e a interposição do recurso, sobreveio a habilitação, do então estagiário, para atuar como advogado. (2003)

N. 331. *Justiça gratuita. Declaração de insuficiência econômica. Mandato. Poderes específicos desnecessários.* Desnecessária a outorga de poderes especiais ao patrono da causa para firmar declaração de insuficiência econômica, destinada à concessão dos benefícios da justiça gratuita. (2003)

N. 334. *Remessa ex officio. Recurso de revista. Inexistência de recurso ordinário voluntário de ente público. Incabível.* Incabível recurso de revista de ente público que não interpôs recurso ordinário voluntário da decisão de primeira instância, ressalvada a hipótese de ter sido agravada, na segunda instância, a condenação imposta. ERR 522.601/1998, Tribunal Pleno. Em 28.10.2003, o Tribunal Pleno decidiu, por maioria, ser incabível recurso de revista de ente público que não interpôs recurso ordinário voluntário. (2003)

N. 335. *Contrato nulo. Administração pública. Efeitos. Conhecimento do recurso por violação do art. 37, II e § 2º, da CF/88.* A nulidade da contratação sem concurso público, após a CF/1988, bem como a limitação de seus efeitos, somente poderá ser declarada por ofensa ao art. 37, II, se invocado concomitantemente o seu § 2º, todos da CF/88. (2004)

N. 336. *Embargos interpostos anteriormente à vigência da Lei n. 11.496/2007. Recurso não conhecido com base em Orientação Jurisprudencial. Desnecessário o exame das violações de lei e da Constituição alegadas na revista.* Estando a decisão recorrida em conformidade com Orientação Jurisprudencial, desnecessário o exame das divergências e das violações de lei e da Constituição alegadas em embargos interpostos antes da vigência da Lei n. 11.496/2007, salvo nas hipóteses em que a Orientação Jurisprudencial não fizer qualquer citação do dispositivo constitucional. (NR 2012)

N. 338. *Ministério Público do Trabalho. Legitimidade para recorrer. Sociedade de economia mista e empresa pública. Contrato nulo.* Há interesse do Ministério Público do Trabalho para recorrer contra decisão que declara a existência de vínculo empregatício com sociedade de economia mista, após a CF/88, sem a prévia aprovação em concurso público. (2004)

N. 343. *Penhora. Sucessão. Art. 100 da CF/88. Execução.* É válida a penhora em bens de pessoa jurídica de direito privado, realizada anteriormente à sucessão pela União ou por Estado-membro, não podendo a execução prosseguir mediante precatório. A decisão que a mantém não viola o art. 100 da CF/88. (2004)

N. 344. *FGTS. Multa de 40%. Diferenças decorrentes dos expurgos inflacionários. Prescrição. Termo inicial.* O termo inicial do prazo prescricional para o empregado pleitear em juízo diferenças da multa do FGTS, decorrentes dos expurgos inflacionários, deu-se com a vigência da Lei Complementar n. 110, em 30.6.01, salvo comprovado trânsito em julgado de decisão proferida em ação proposta anteriormente na Justiça Federal, que reconheça o direito à atualização do saldo da conta vinculada. (NR 2005)

N. 348. *Honorários advocatícios. Base de cálculo. Valor líquido. Lei n. 1.060, de 05.02.1950.* Os honorários advocatícios, arbitrados nos termos do art. 11, § 1º, da Lei n. 1.060, de 05.02.1950, devem incidir sobre o valor líquido da condenação, apurado na fase de liquidação de sentença, sem a dedução dos descontos fiscais e previdenciários. (2007)

N. 349. *Mandato. Juntada de nova procuração. Ausência de ressalva. Efeitos.* A juntada de nova procuração aos autos, sem ressalva de poderes conferidos ao antigo patrono, implica revogação tácita do mandato anterior. (2007)

N. 350. *Ministério Público do Trabalho. Nulidade do contrato de trabalho não suscitada pelo ente público no momento da defesa. Arguição em parecer. Possibilidade. (alterada em decorrência do julgamento do processo TST IUJ-ERR 526538/1999.2).* O Ministério Público do Trabalho pode arguir, em parecer, na primeira vez que tenha de se manifestar no processo, a nulidade do contrato de trabalho em favor de ente público, ainda que a parte não a tenha suscitado, a qual será apreciada, sendo vedada, no entanto, qualquer dilação probatória. (NR 2009)

N. 356. *Programa de incentivo à demissão voluntária (PDV). Créditos trabalhistas reconhecidos em juízo. Compensação. Impossibilidade.* Os créditos tipicamente trabalhistas reconhecidos em juízo não são suscetíveis de compensação com a indenização paga em decorrência de adesão do trabalhador a Programa de Incentivo à Demissão Voluntária (PDV). (2008)

N. 359. *Substituição processual. Sindicato. Legitimidade. Prescrição. Interrupção.* A ação movida por sindicato, na qualidade de substituto processual, interrompe a prescrição, ainda que tenha sido considerado parte ilegítima "ad causam". *(2008)*

N. 363 — *Descontos previdenciários e fiscais. Condenação do empregador em razão do inadimplemento de verbas remuneratórias. Responsabilidade do empregado pelo pagamento. Abrangência.* A responsabilidade pelo recolhimento das contribuições social e fiscal, resultante de condenação judicial referente a verbas remuneratórias, é do empregador e incide sobre o total da condenação. Contudo, a culpa do empregador pelo inadimplemento das verbas remuneratórias não exime a responsabilidade do empregado pelos pagamentos do imposto de renda devido e da contribuição previdenciária que recaia sobre sua quota-parte. (2008)

N. 368 — *Descontos previdenciários. Acordo homologado em juízo. Inexistência de vínculo empregatício. Parcelas indenizatórias. Ausência de discriminação. Incidência sobre o valor total.* É devida a incidência das contribuições para a Previdência Social sobre o valor total do acordo homologado em juízo, independentemente do reconhecimento de vínculo de emprego, desde que não haja discriminação das parcelas sujeitas à incidência da contribuição previdenciária, conforme parágrafo único do art. 43 da Lei n. 8.212, de 24.07.1991, e do art. 195, I, "a", da CF/1988. (2008)

N. 370 — *FGTS. Multa de 40%. Diferenças dos expurgos inflacionários. Prescrição. Interrupção decorrente de protestos judiciais.* O ajuizamento de protesto judicial dentro do biênio posterior à Lei Complementar n. 110, de 29.6.2001, interrompe a prescrição, sendo irrelevante o transcurso de mais de dois anos da propositura de outra medida acautelatória, com o mesmo objetivo, ocorrida antes da vigência da referida lei, pois ainda não iniciado o prazo prescricional, conforme disposto na Orientação Jurisprudencial n. 344 da SBDI-1. (2008)

N. 371 — *Irregularidade de representação. Substabelecimento não datado. Inaplicabilidade do art. 654, § 1º, do Código Civil.* Não caracteriza a irregularidade de representação a ausência da data da outorga de poderes, pois, no mandato judicial, ao contrário do mandato civil, não é condição de validade do negócio jurídico. Assim, a data a ser considerada é aquela em que o instrumento for juntado aos autos, conforme preceitua o art. 370, IV, do CPC. Inaplicável o art. 654, § 1º, do Código Civil. (2008)

N. 373 — *Representação. Pessoa jurídica. Procuração. Invalidade. Identificação do outorgante e de seu representante.* É inválido o instrumento de mandato firmado em nome de pessoa jurídica que não contenha, pelo menos, o nome da entidade outorgante e do signatário da procuração, pois estes dados constituem elementos que os individualizam. (NR 2010)

N. 374 — *Agravo de instrumento. Representação processual. Regularidade. Procuração ou substabelecimento com cláusula limitativa de poderes ao âmbito do Tribunal Regional do Trabalho.* É regular a representação processual do subscritor do agravo de instrumento ou do recurso de revista que detém mandato com poderes de representação limitados ao âmbito do Tribunal Regional do Trabalho, pois, embora a apreciação desse recurso seja realizada pelo Tribunal Superior do Trabalho, a sua interposição é ato praticado perante o Tribunal Regional do Trabalho, circunstância que legitima a atuação do advogado no feito. (2010)

N. 375 — *Auxílio-doença. Aposentadoria por invalidez. Suspensão do contrato de trabalho. Prescrição. Contagem.* A suspensão do contrato de trabalho, em virtude da percepção do auxílio-doença ou da aposentadoria por invalidez, não impede a fluência da prescrição quinquenal, ressalvada a hipótese de absoluta impossibilidade de acesso ao Judiciário. (2010)

N. 376 — *Contribuição previdenciária. Acordo homologado em juízo após o trânsito em julgado da sentença condenatória. Incidência sobre o valor homologado.* É devida a contribuição previdenciária sobre o valor do acordo celebrado e homologado após o trânsito em julgado de decisão judicial, respeitada a proporcionalidade de valores entre as parcelas de natureza salarial e indenizatória deferidas na decisão condenatória e as parcelas objeto do acordo. (2010)

N. 377 — *Embargos de declaração. Decisão denegatória de recurso de revista exarado por presidente do TRT. Descabimento. Não interrupção do prazo recursal.* Não cabem embargos de declaração interpostos contra decisão de admissibilidade do recurso de revista, não tendo o efeito de interromper qualquer prazo recursal. (2010)

N. 378 — *Embargos. Interposição contra decisão monocrática. Não cabimento.* Não encontra amparo no art. 894 da CLT, quer na redação anterior quer na redação posterior à Lei n. 11.496, de 22.6.2007, recurso de embargos interposto à decisão monocrática exarada nos moldes dos arts. 557 do CPC e 896, § 5º, da CLT, pois o comando legal restringe seu cabimento à pretensão de reforma de decisão colegiada proferida por Turma do Tribunal Superior do Trabalho. (2010)

N. 382 — *Juros de mora. Art. 1º-F da Lei n. 9.494, de 10.09.1997. Inaplicabilidade à Fazenda Pública quando condenada subsidiariamente.* A Fazenda Pública, quando condenada subsidiariamente pelas obrigações trabalhistas devidas pela empregadora principal, não se beneficia da limitação dos juros, prevista no art. 1º-F da Lei n. 9.494, de 10.9.1997. (2010)

N. 387 — *Honorários periciais. Beneficiário da justiça gratuita. Responsabilidade da União pelo pagamento. Resolução n. 35/07 do CSJT. Observância.* A União é responsável pelo pagamento dos honorários de perito quando a parte sucumbente no objeto da perícia for beneficiária da assistência judiciária gratuita, observado o procedimento disposto nos arts. 1º, 2º e 5º da Resolução n. 35/2007 do Conselho Superior da Justiça do Trabalho — CSJT. (2010)

N. 389 — *Multa prevista no art. 557, § 2º, do CPC. Recolhimento. Pressuposto recursal. Pessoa jurídica de direito público. Exigibilidade.* Está a parte obrigada, sob pena de deserção, a recolher a multa aplicada com fundamento no § 2º do art. 557 do CPC, ainda que pessoa jurídica de direito público. (2010)

N. 391 — *Portuários. Submissão prévia de demanda a comissão paritária. Lei n. 8.630, de 25.2.1993. Inexigibilidade.* A submissão prévia de demanda a comissão paritária, constituída nos termos do art. 23 da Lei n. 8.630, de 25.2.1993 (Lei dos Portos), não é pressuposto de constituição e desenvolvimento válido e regular do processo, ante a ausência de previsão em lei. (2010)

N. 392 — Prescrição. Interrupção. Ajuizamento de protesto judicial. Marco inicial. O protesto judicial é medida aplicável no processo do trabalho, por força do art. 769 da CLT, sendo que o seu ajuizamento, por si só, interrompe o prazo prescricional, em razão da inaplicabilidade do § 2º do art. 219 do CPC, que impõe ao autor da ação o ônus de promover a citação do réu, por ser ele incompatível com o disposto no art. 841 da CLT. (2010)

N. 398 — Contribuição previdenciária. Acordo homologado em juízo sem reconhecimento de vínculo de emprego. Contribuinte individual. Recolhimento da alíquota de 20% a cargo do tomador e 11% a cargo do prestador de serviços. Nos acordos homologados em juízo em que não haja o reconhecimento de vínculo empregatício, é devido o recolhimento da contribuição previdenciária, mediante a alíquota de 20% a cargo do tomador de serviços e de 11% por parte do prestador de serviços, na qualidade de contribuinte individual, sobre o valor total do acordo, respeitado o teto de contribuição. Inteligência do § 4º do art. 30 e do inciso III do art. 22, todos da Lei n. 8.212, de 24.07.1991. (2010)

N. 399 — Estabilidade provisória. Ação trabalhista ajuizada após o término do período de garantia no emprego. Abuso do exercício do direito de ação. Não configuração. Indenização devida. O ajuizamento de ação trabalhista após decorrido o período de garantia de emprego não configura abuso do exercício do direito de ação, pois este está submetido apenas ao prazo prescricional inscrito no art. 7º, XXIX, da CF/1988, sendo devida a indenização desde a dispensa até a data do término do período estabilitário. (2010)

N. 400 — Imposto de renda. Base de cálculo. Juros de mora. Não integração. Art. 404 do Código Civil Brasileiro. Os juros de mora decorrentes do inadimplemento de obrigação de pagamento em dinheiro não integram a base de cálculo do imposto de renda, independentemente da natureza jurídica da obrigação inadimplida, ante o cunho indenizatório conferido pelo art. 404 do Código Civil de 2002 aos juros de mora. (2010)

N. 401 — Prescrição. Marco inicial. Ação condenatória. Trânsito em julgado da ação declaratória com mesma causa de pedir remota ajuizada antes da extinção do contrato de trabalho. O marco inicial da contagem do prazo prescricional para o ajuizamento de ação condenatória, quando advém a dispensa do empregado no curso de ação declaratória que possua a mesma causa de pedir remota, é o trânsito em julgado da decisão proferida na ação declaratória e não a data da extinção do contrato de trabalho. (2010)

N. 404 — Diferenças salariais. Plano de cargos e salários. Descumprimento. Critérios de promoção não observados. Prescrição parcial. Tratando-se de pedido de pagamento de diferenças salariais decorrentes da inobservância dos critérios de promoção estabelecidos em Plano de Cargos e Salários criado pela empresa, a prescrição aplicável é a parcial, pois a lesão é sucessiva e se renova mês a mês. (2010)

N. 405 — Embargos. Procedimento sumaríssimo. Conhecimento. Recurso interposto após vigência da Lei n. 11.496, de 22.6.2007, que conferiu nova redação ao art. 894, II, da CLT. Em causas sujeitas ao procedimento sumaríssimo, em que pese a limitação imposta no art. 896, § 6º, da CLT à interposição de recurso de revista, admite-se os embargos interpostos na vigência da Lei n. 11.496, de 22.6.2007, que conferiu nova redação ao art. 894 da CLT, quando demonstrada a divergência jurisprudencial entre Turmas do TST, fundada em interpretações diversas acerca da aplicação de mesmo dispositivo constitucional ou de matéria sumulada. (2010)

N. 408 — Juros de mora. Empresa em liquidação extrajudicial. Sucessão trabalhista. É devida a incidência de juros de mora em relação aos débitos trabalhistas de empresa em liquidação extrajudicial sucedida nos moldes dos arts. 10 e 448 da CLT. O sucessor responde pela obrigação do sucedido, não se beneficiando de qualquer privilégio a este destinado. (2010)

N. 409 — Multa por litigância de má-fé. Recolhimento. Pressuposto recursal. Inexigibilidade. O recolhimento do valor da multa imposta por litigância de má-fé, nos termos do art. 18 do CPC, não é pressuposto objetivo para interposição dos recursos de natureza trabalhista. Assim, resta inaplicável o art. 35 do CPC como fonte subsidiária, uma vez que, na Justiça do Trabalho, as custas estão reguladas pelo art. 789 da CLT. (2010)

N. 411 — Sucessão trabalhista. Aquisição de empresa pertencente a grupo econômico. Responsabilidade solidária do sucessor por débitos trabalhistas de empresa não adquirida. Inexistência. O sucessor não responde solidariamente por débitos trabalhistas de empresa não adquirida, integrante do mesmo grupo econômico da empresa sucedida, quando, à época, a empresa devedora direta era solvente ou idônea economicamente, ressalvada a hipótese de má-fé ou fraude na sucessão. (2010)

N. 412 — Agravo inominado ou agravo regimental. Interposição em face de decisão colegiada. Não cabimento. Erro grosseiro. Inaplicabilidade do princípio da fungibilidade recursal. É incabível agravo inominado (art. 557, § 1º, do CPC) ou agravo regimental (art. 235 do RITST) contra decisão proferida por órgão colegiado. Tais recursos destinam-se, exclusivamente, a impugnar decisão monocrática nas hipóteses expressamente previstas. Inaplicável, no caso, o princípio da fungibilidade ante a configuração de erro grosseiro. (2012)

N. 414 — Competência da Justiça do Trabalho. Execução de ofício. Contribuição social referente ao Seguro de Acidente de Trabalho (SAT). Arts. 114, inciso VIII, e 195, inciso I, alínea a, da Constituição da República. Compete à Justiça do Trabalho a execução, de ofício, da contribuição referente ao Seguro de Acidente de Trabalho (SAT), que tem natureza de contribuição para a seguridade social (arts. 114, inciso VIII, e 195, inciso I, alínea a, da CF), pois se destina ao financiamento de benefícios relativos à incapacidade do empregado decorrente de infortúnio no trabalho (arts. 11 e 22 da Lei n. 8.212/1991). (2012)

N. 415 — *Horas extras. Reconhecimento em juízo. Critério de dedução/abatimento dos valores comprovadamente pagos no curso do contrato de trabalho.* A dedução das horas extras comprovadamente pagas daquelas reconhecidas em juízo não pode ser limitada ao mês de apuração, devendo ser integral e aferida pelo total das horas extraordinárias quitadas durante o período imprescrito do contrato de trabalho. (2012)

N. 416 — *Imunidade de jurisdição. Organização ou organismo internacional.* As organizações ou organismos internacionais gozam de imunidade absoluta de jurisdição quando amparados por norma internacional incorporada ao ordenamento jurídico brasileiro, não se lhes aplicando a regra do Direito Consuetudinário relativa à natureza dos atos praticados. Excepcionalmente, prevalecerá a jurisdição brasileira na hipótese de renúncia expressa à cláusula de imunidade jurisdicional. (2012)

N. 417 — *Prescrição. Rurícola. Emenda Constitucional n. 28, de 26.05.2000. Contrato de trabalho em curso.* Não há prescrição total ou parcial da pretensão do trabalhador rural que reclama direitos relativos a contrato de trabalho que se encontrava em curso à época da promulgação da Emenda Constitucional n. 28, de 26.5.2000, desde que ajuizada a demanda no prazo de cinco anos de sua publicação, observada a prescrição bienal. (2012)

N. 421 — *Honorários advocatícios. Ação de indenização por danos morais e materiais decorrentes de acidente de trabalho ou de doença profissional. Ajuizamento perante a justiça comum antes da promulgação da emenda constitucional n. 45/2004. Posterior remessa dos autos à Justiça do Trabalho. Art. 20 do CPC. Incidência.* A condenação em honorários advocatícios nos autos de ação de indenização por danos morais e materiais decorrentes de acidente de trabalho ou de doença profissional, remetida à Justiça do Trabalho após ajuizamento na Justiça comum, antes da vigência da Emenda Constitucional n. 45/2004, decorre da mera sucumbência, nos termos do art. 20 do CPC, não se sujeitando aos requisitos da Lei nº 5.584/1970. (2013)

371. *Orientações Jurisprudenciais Transitórias de Natureza Processual da Seção de Dissídio Individual (SDI-1), do TST*

Temas não inseridos na Orientação Jurisprudencial do Tribunal, por tratarem de matérias transitórias e/ou de aplicação restrita no TST ou a determinado Tribunal Regional.

N. 3. *Súmula n. 337. Inaplicabilidade.* (A Súmula n. 337 do TST é inaplicável a recurso de revista interposto anteriormente à sua vigência. (NR 2005)

N. 6. *Adicional de produtividade. Decisão normativa. Vigência. Limitação.* O adicional de produtividade previsto na decisão normativa, proferida nos autos do Dissídio Coletivo n. DC-TST n. 6/1979, tem sua eficácia limitada à vigência do respectivo instrumento normativo. (2000)

N. 10. *BNCC. Juros. Súmula n. 304 do TST. Inaplicável.* A extinção do BNCC não foi decretada pelo Banco Central mas por deliberação de seus acionistas. Portanto, inaplicável a Súmula n. 304 do TST e, em seus débitos trabalhistas, devem incidir os juros de mora. (2000)

N. 16. *Agravo de instrumento interposto na vigência da Lei n. 9.756/1998 e anteriormente à edição da IN n. 16/1999 do TST. Traslado de peças. Obrigatoriedade.* Não há como dizer que a exigência de traslado de peças necessárias ao julgamento de ambos os recursos (o agravo e o recurso principal) somente se tornou obrigatória após a edição da IN n. 16/1999, pois trata-se apenas de meio destinado à interpretação acerca das novas exigências que se tornaram efetivas a partir da vigência da Lei n. 9.756/1998. (2001)

N. 17. *Agravo de instrumento interposto na vigência da Lei n. 9.756/1998. Embargos declaratórios.* Para comprovar a tempestividade do recurso de revista, basta a juntada da certidão de publicação do acórdão dos embargos declaratórios opostos perante o Regional, se conhecidos. (2001)

N. 18. *Agravo de instrumento interposto na vigência da Lei n. 9.756/1998. Peça indispensável. Certidão de publicação do acórdão regional. Necessária a juntada, salvo se nos autos houver elementos que atestem a tempestividade da revista.* A certidão de publicação do acórdão regional é peça essencial para a regularidade do traslado do agravo de instrumento, porque imprescindível para aferir a tempestividade do recurso de revista e para viabilizar, quando provido, seu imediato julgamento, salvo se nos autos houver elementos que atestem a tempestividade da revista. (2001)

N. 19. *Agravo de instrumento. Interposto na vigência da Lei n. 9.756/1998. Peças dispensáveis à compreensão da controvérsia. Desnecessária a juntada.* Mesmo na vigência da Lei n. 9.756/1998, a ausência de peças desnecessárias à compreensão da controvérsia, ainda que relacionadas no inciso I do § 5º do art. 897 da CLT, não implica o não-conhecimento do agravo. (2001)

N. 20. *Agravo de instrumento. Ministério Público. Pressupostos extrínsecos.* Para aferição da tempestividade do AI interposto pelo Ministério Público, desnecessário o traslado da certidão de publicação do despacho agravado, bastando a juntada da cópia da intimação pessoal na qual conste a respectiva data de recebimento (Lei Complementar n. 75/1993, art. 84, IV). (2001)

N. 21. *Agravo de instrumento. Traslado. Certidão. Instrução Normativa n. 6/1996 do TST.* Certidão do Regional afirmando que o AI está formado de acordo com IN n. 6/1996 do TST não confere autenticidade às peças. (2001)

N. 23. *Autenticação. Documento único. Cópia. Verso e anverso.* Inexistindo impugnação da parte contrária, bem como o disposto no art. 795 da CLT, é válida a autenticação aposta em uma face da folha que contenha documento que continua no verso, por constituir documento único. (2001)

N. 27. BANRISUL. Gratificação jubileu. Prescrição. A Gratificação Jubileu, instituída pela Resolução n. 1.761/67, que foi alterada, reduzindo-se o seu valor, pela Resolução n. 1.885/70, era devida a todo empregado que completasse 25, 30, 35 e 40 anos de serviço no Banco. Era vantagem a ser paga de uma única vez, na data da aposentadoria, fluindo desta data o prazo prescricional, sendo inaplicável a Súmula n. 294 do TST, que é restrito aos casos em que se postulam prestações sucessivas. (2003)

N. 28. CDHU. Sucessão trabalhista. Considerando a moldura fática delineada pelo Regional, conduz-se à ilação de que a CDHU foi a sucessora da CONESP, uma vez que ocupou os imóveis e assumiu os contratos anteriores, dando sequência às obras com o mesmo pessoal. (2003)

N. 30. Cisão parcial de empresa. Responsabilidade solidária. PROFORTE. É solidária a responsabilidade entre a empresa cindida subsistente e aquelas que absorverem parte do seu patrimônio, quando constatada fraude na cisão parcial. (2003)

N. 32. Complementação de aposentadoria. Banco do Brasil. Sucumbência. Inversão. Imposta condenação originária em diferenças de complementação de aposentadoria, por ocasião do julgamento de recurso de revista, imperativo o exame no acórdão, sob pena de negativa de prestação jurisdicional, de postulação aduzida em contestação e/ou em contra-razões visando à limitação da condenação à média trienal e ao teto, matéria insuscetível de prequestionamento. (2004)

N. 37. MINASCAIXA. Legitimidade passiva ad causam enquanto não concluído o procedimento de liquidação extrajudicial. A Minascaixa tem legitimidade passiva *ad causam* para figurar nas demandas contra ela ajuizadas enquanto não tiver concluído o processo de liquidação extrajudicial ao qual se encontra submetida. (2005)

N. 48. PETROMISA. Sucessão. Petrobras. Legitimidade. Em virtude da decisão tomada em assembleia, a Petrobras é a real sucessora da Petromisa, considerando que recebeu todos os bens móveis e imóveis da extinta Petromisa. (2005)

N. 52. Agravo de instrumento. Acórdão do TRT não assinado. Interposto anteriormente à Instrução Normativa n. 16/1999. Nos agravos de instrumento interpostos anteriormente à edição da Instrução Normativa n. 16/1999, a ausência de assinatura na cópia não a torna inválida, desde que conste o carimbo aposto pelo servidor certificando que confere com o original. (2005)

N. 53. Custas. Embargos de terceiro. Interpostos anteriormente à Lei n. 10.537/2002. Inexigência de recolhimento para a interposição de agravo de petição. Tratando-se de embargos de terceiro, incidentes em execução, ajuizados anteriormente à Lei n. 10.537/2002, incabível a exigência do recolhimento de custas para a interposição de agravo de petição por falta de previsão legal. (2005)

N. 54. Plano econômico (COLLOR). Execução. Correção monetária. Índice de 84,32%. Lei n. 7.738/89. Aplicável. Aplica-se o índice de 84,32%, relativo ao IPC de março de 1990, para a correção monetária do débito trabalhista, por ocasião da execução, nos termos da Lei n. 7.738/89. (2005)

N. 65 — Representação judicial da União. Assistente jurídico. Apresentação do ato de designação. A ausência de juntada aos autos de documento que comprove a designação do assistente jurídico como representante judicial da União (art. 69 da Lei Complementar n. 73, de 10.2.1993) importa irregularidade de representação. (2008)

N. 66 — SPTRANS. Responsabilidade subsidiária. Não configuração. Contrato de concessão de serviço público. Transporte coletivo. A atividade da São Paulo Transportes S/A — SPTrans de gerenciamento e fiscalização dos serviços prestados pelas concessionárias de transporte público, atividade descentralizada da Administração Pública, não se confunde com a terceirização de mão-de-obra, não se configurando a responsabilidade subsidiária. (2008)

N. 74 — Hospital de Clínicas de Porto Alegre. Custas processuais. Recolhimento. Isenção. Art. 15 da Lei n. 5.604, de 2.9.1970. A isenção tributária concedida pelo art. 15 da Lei n. 5.604, de 2.9.1970, ao Hospital de Clínicas de Porto Alegre compreende as custas processuais, por serem estas espécie do gênero tributo. (2010)

372. Orientação Jurisprudencial da Seção de Dissídio Individual 2 (SDI-2), do TST de natureza processual

Estas orientações estão incluídas no item 359.2 — Orientações Jurisprudenciais da Seção de Dissídios Individuais 2 (SDI-2) do TST e a Ação Rescisória e no item 354.1 — Jurisprudência do STF, STJ e do TST acerca do Mandado de Segurança.

373. Orientação Jurisprudencial da Seção de Dissídio Coletivo (SDC), do TST

Estas orientações estão incluídas no item 359.2 — Orientações Jurispruden-ciais da Seção de Dissídios Individuais 2 (SDI-2) do TST.

Bibliografia

ABREU, José. "Os procedimentos cautelares no novo CPC". 2ª ed. Forense, 1986.
ABREU SAMPAIO, Marcus Vinicius de. "O poder geral de cautela do Juiz".Revista dos Tribunais, 1993.
ALBUQUERQUE ROCHA, José. "O procedimento da uniformização da jurisprudência". Revista dos Tribunais, 1977.
ALLORIO, Enrico. "Problema de derecho procesal". Europa-América, 1963.
ALMEIDA, Isis. "Manual de direito processual do trabalho". LTr, 1998.
ALONSO GARCÍA. "Derecho del Trabajo". Barcelona, 1960.
ALONSO OLEA, Manuel e outro. "Derecho procesal del trabajo". 6ª ed. Madrid: Civitas, 1991.
ALSINA, Hugo. "Las questiones prejudiciales en el proceso civil". Buenos Aires: EJEA, 1959.
AMARAL SANTOS, Moacyr. "Primeiras linhas de direito processual civil". 8ª ed., Saraiva, 1985.
_____. "Prova judiciária no cível e comercial". 3ª ed. Max Limonad, sem data.
AMARO DE SOUZA, Gelson. "Processo e jurisprudência no estudo do direito". Forense, 1989.
AMILCARE CARLETTI. "Brocardos jurídicos". EUD, 1989.
ANDRIOLI, Virgilio. "Commento al Codice di Procedura Civile". 3ª ed. Eugenio Jovene, 1957.
ANGELIS, Luigi de. "Giustizia del lavoro". Padova: Cedam, 1992.
ARAGONESES ALONSO, Pedro. "Proceso y derecho procesal". Madrid: Aguilar.
ARAZI, Roland. Coordenador de obra coletiva "Derecho procesal en vísperas del siglo XXI". Ediar, 1997.
ARCHI, Gian Gualberto. "critti di diritto romano". Giuffré, 1981.
AROCA, J. Monteiro. "Introducción al proceso laboral". 3ª ed. Barcelona: Bosch Editor, 1996.
ARRUDA ALVIM PINTO, Teresa Celina de. "Medida cautelar. Mandado de segurança e ato judicial". Malheiros, 1992.
ARRUDA ALVIM, Teresa Arruda. "Nulidades processuais". Revista dos Tribunais, 1986.
ASSIS, José de. "Do mandado de segurança contra ato judicial". 1ª ed. Forense, 1987.
ASSIS CORRÊA, Orlando de. "Sentença civil. Elaboração-nulidades". 3ª ed. 2ª tiragem, AIDE, 1987.
BAPTISTA DA SILVA, Ovídio A. "A ação cautelar inominada no direito brasileiro". 2ª ed. Forense, 1991.
_____. outro. "Teoria geral do processo civil". Revista dos Tribunais, 1997.
BARACHO, José Alfredo de Oliveira. "Processo constitucional". Forense, 1984.
BARBI, Celso Agrícola. "Do mandado de segurança". 8ª ed. Forense, 1998.
BARBOSA MOREIRA, José Carlos. "Juízo arbitral. Cláusula compromissória, efeitos, in *Temas de Direito Processual*. Saraiva, 1980.
_____. "Questões prejudiciais e coisa julgada".
BARROS, Hamilton de Moraes E. "Comentários ao Código de Processo Civil". IX vol. Forense.
BASAVILHASO, Villegas. "Derecho administrativo", 1951.
BATALHA, Wilson de Souza Campos. "Tratado de Direito Judiciário do Trabalho". 3ª ed. LTr, 1995.
_____. "Direito processual das coletividades e dos grupos", LTr, 1991.
BATHMANABANE, Pascal. "L'abus du droit syndical". Paris: EJA, 1993.
BATTAGLINI e NOVELLI. "Codice di Procedura Civile". 5ª ed. Giuffrè, 1971.
BAYLOS GRAU, Antonio e outra. "Instituciones de derecho procesal laboral". Madrid: Trotta, 1991.
BEMFICA, Francisco Vani. "O juiz, o promotor, o advogado", 1ª ed. Forense, 1983.
BENTHAM. "Tratado de las pruebas judiciales". Buenos Aires: Ed. Jur., 1971.
BERIZONCE, Roberto O. e outros. "Estudios de nulidades procesales". Buenos Aires: Hammurabi, 1980.

BERMUDES, Sergio. "A reforma do Código de Processo Civil". 2ª ed. Saraiva, 1996.

BESSONE, Darcy. "Direitos Reais". Saraiva, 1988.

BETTI, Emilio. "Diritto, metodo, ermeneutica". Giuffrè, 1991.

BISCARDI, Arnaldo. "Lezioni sul processo romano antico e clássico". Giappichelli Editore, 1968.

BOBBIO, Norberto. "Teoria do ordenamento jurídico". Editora Polis, 1990.

CALAMADREI, Piero. "Instituciones de derecho procesal civil". EJEA, 1962.

_____ . "Instituciones de derecho procesal civil, según el nuevo Codigo". Ed. Euro-América, 1962.

_____ . "Opere giuridiche". Nápolis: Morano Editore, 1983.

CALMON DE PASSOS, José Joaquim. "Comentários ao CPC". 8ª ed., vol. III, Forense, 1998.

CAMPOS BATALHA, Wilson de Souza e RODRIGUES NETO, Silvia Batalha de. "Prescrição e decadência no direito do trabalho". LTr, 1996.

_____ . "Cautelares e liminares", com Silvia Marina Labate Batalha, 2ª ed. LTr, 1995.

CAPPELLETTI, Mauro. "Formazione sociali e interessi di grupo davanti della giustizia civile". *In Riv. di Diritto Proc. Civile*. Padova, 1975, p. 30/367.

_____ . "El proceso en el derecho comparado". Europa América, 1973.

_____ . "Procédure orale et procédure écrite". Milano: Giuffrè, 1971.

CARMONA, Carlos Alberto. "A arbitragem no processo civil brasileiro". Malheiros, 1993.

CARNELUTTI, Francesco. "Estudios de derecho procesal civil". AJEA, 1952.

_____ . "La prueba civil". Buenos Aires: Depalma, 1979.

_____ . "Sistema del diritto processuale civile". Padova: Cedam, 1936.

_____ . "Instituciones del proceso civil". Europa América, 1959.

_____ . "Teoría general del derecho". 2ª ed. Madrid: Rev. de Derecho Privado.

CARRION, Valentin. "Comentários à CLT". 16ª ed. Revista dos Tribunais, 1993.

CASTELO, Jorge Pinheiro. "O direito processual do trabalho na moderna teoria geral do processo". 2ª ed. LTr, 1996.

CASTRO, Anselmo. "Direito processual civil". Coimbra: Almedina, 1981.

CASTRO NUNES. "Teoria e prática do Poder Judiciário". Forense, 1943.

CASTRO VILLAR, Willard de. "Ação cautelar inominada". 2ª ed. Forense, 1988.

CAVALCANTE KOURY, Suzy Elisabeth. "A desconsideração da personalidade jurídica e os grupos de empresas". Forense, 1993.

CAVALLONE, Bruno. "Il giudice e la prova nel processo civile". CEDAM, 1991.

CHIOVENDA, Francesco. "Instituições de direito processual civil". Saraiva, 1965

CHIOVENDA, Giuseppe. "Principii di diritto processuale civile". Ristampa: Editrice Dott, 1965.

_____ . "Saggi di diritto processuale civile". Giuffrè, 1993.

_____ . "Instituições de direito processual civil". 2ª ed. Saraiva, 1965.

CLÉVE, Clémerson Merlin. "A fiscalização abstrata de constitucionalidade no direito brasileiro". Revista dos Tribunais, 1995.

COLIN ET CAPITANT. "Cour de droit civil". 4ª ed. Paris, 1965.

COQUEIJO COSTA. "Direito processual do trabalho". 2ª ed. Forense, 1984.

COSTA LIMA, Jesus. "Comentários às súmulas do STJ". 2ª ed. Brasília Jurídica, 1993.

COUTO MACIEL, José Alberto e outro. "Recursos trabalhistas". LTr, 1993.

COUTURE, Eduardo J. "Interpretação das leis processuais". Max Limonad, 1956.

COVELLO, Sergio Carlos. "A presunão em matéria civil". Saraiva, 1983.

CUNHA DE SÁ, Fernando Augusto. "Abuso do direito", Lisboa, 1973.

CUNHA GONÇALVES, Luis da. "Tratado de direito civil". Coimbra Editora, 1930.

CUCHEVAL, Victor. "Étude sur les tribunaux athéniens". Durand: Librairie Editeur, 1863.

CUENCA, Humberto. "Proceso civil romano, Europa-América", 1957.

DE LA CHINA, Sergio. "Diritto Processuale civile". Giuffrè, 1991.

DELGADO GUASP, Jaime. "Derecho procesal civil". 3ª ed. Madrid, 1965.

DELLEPIANE, Antonio. "La carga de la prueba". 8ª ed. Bogotá: Temis, 1981.
DENTI, Vittorio. "Le recente riforme del processo civile: valutazione e prospettive". Giuffrè, 1994.
DIAS VIANNA, Aldyr. "Da prescrição no direito civil brasileiro". 1ª ed. Forense, 1983.
DINAMARCO, Candido Rangel. "Litisconsórcio". 3ª ed. Malheiros,1994.
_____ . "Execução civil". 6ª ed. Rev. dos Tribunais,1998.
_____ . "Intervenção de terceiros". Malheiros, 1997.
_____ . "Instituições de Direito Processual Civil". Malheiros, 2001.
DINIZ, Maria Helena. "As lacunas do direito". 2ª ed. Saraiva, 1989.
_____ . "Curso de Direito Civil Brasileiro". 19ª ed. Saraiva, 2004
_____ . "Lei de Introdução ao Código Civil". 3ª ed. Saraiva.
_____ . "Novo Código Civil Comentado". 3ª ed. Saraiva, 2004.
DINIZ DE MORAES, José. "Confissão e revelia de ente público no processo do trabalho". LTr, 1999.
DRAN, Michele. "Le controle juridictionnel et la garantie des libertés publiques". Paris: Librairie Generale, 1968.
DOMINGUES, Serra. "Estudios de derecho procesal civil". Barcelona: ARIEL, 1969.
ECHANDIA, Hernando Devis. "Compendio de derecho procesal". 7ª ed. Bogotá: ABC, 1989.
ELESBÃO JÚNIOR, Aristóteles Camargo e outros. "Tutela de urgência". Síntese, 1997.
_____ . "Enciclopedia del diritto", Giuffrè.
_____ . "Enciclopédia Saraiva", 1977.
_____ . "Estudios sobre el proceso laboral". "El nuevo proceso laboral". Jornada de 1989, Instituto Vasco.
_____ . "Estudos em homenagem ao Prof. Amauri Mascaro Nascimento". LTr, 1991.
_____ . "Estudos em memória de Coqueijo Costa". LTr, 1989.
FAIREN GUILLEN, Victor. "Doctrina general del derecho procesal". Barcelona: Bosch, 1990.
_____ . "El juicio ordinário y los plenarios rapidos". Barcelona: Bosch, 1953.
FERRARA, Francesco. "Interpretação e aplicação das leis". 4ª ed. Coimbra: Armênio Amado Editor, 1987.
FIGUEIREDO, Marcelo. "O mandado de injunção e a inconstitucionalidade por omissão". Revista dos Tribunais, 1991.
FIGUEIREDO TEIXEIRA, Sálvio. "O processo civil no STJ". Saraiva, 1992.
_____ . Coordenador de obra coletiva: "Mandados de segurança e de injunção". Saraiva, 1990.
_____ . "O Judiciário e a Constituição" (obra coletiva). Saraiva, 1994.
FIÚZA, Cesar. "Teoria geral da arbitragem". Del Rey, 1995.
FLAH, Lily R. e outra. "Teoria de la imprevisión". Buenos Aires: Depalma, 1989.
FONSECA, Arnoldo Medeiros da. "Verbete *cláusula rebus sic stantibus*", in Repertório Enciclopédico Brasileiro. Rio de Janeiro: Borsoi, vol. 9.
FORNACIARI, Clito Jr. "A reforma processual civil". Saraiva, 1996.
FRAGA, Afonso. "Instituições do processo civil". São Paulo, 1940.
FURTADO, Paulo. "Juízo arbitral". 2ª ed. Nova Alvorada, 1995;
_____ . "Lei da arbitragem comentada". Saraiva, 1997.
FURTADO FABRÍCIO, Adroaldo. "Doutrina e prática do procedimento sumaríssimo". 2ª ed. Aide, 1980.
GASSET, Ramon Badenes. "El riesgo imprevisible". Barcelona: Bosch, 1946.
GENY, François. "Méthode d'interpretation et sources de droit privé positif". 2ª ed. Paris: Librairie, 1954.
GIANESANI, Rita. "Da revelia no processo civil brasileiro". Revista dos Tribunais, 1977.
_____ . "Da revelia no processo civil". Revista dos Tribunais, 1977.
GIGLIO, Wagner D. "Direito processual do trabalho". 7ª ed. LTr, 1993.
_____ . "A conciliação nos dissídios individuais do trabalho". Tese de concurso, 1982.
GIMENO SENDRA, Vicente. "Constitución y proceso". Tecnos, 1988.
GIORGIANNI, Virgilio. "L'abuso dell diritto nella teoria della norma giuridica". Milano, 1963.
GIULIANI, Alessandro e outro. "La responsabilità del giudice". Giuffrè, 1995.
GOLDSCHMIDT, James. "Principios generales del proceso". Buenos Aires: EJEA, 1961.

GOMES, Fábio Luiz. "Teoria Geral do processo civil". Revista dos Tribunais, 1997.

GOMES, Gilberto. "Os recursos trabalhistas — aspectos". *In Obra coletiva em homenagem a Otavio B. Magano*. LTr, 1996.

GOMES, Orlando. "Direitos Reais". 6ª ed. Forense, 1976.

GONÇALVES, Carlos. "Impenhorabilidade do bem de família". 2ª ed. Síntese, 1993.

GONÇALVES, Cunha. "Tratado de direito civil". Rio de Janeiro, 1951.

GONÇALVES, Emílio. "Exceção, contestação e reconvenção no processo trabalhista". LTr, 1993.

GONZALEZ BIEDMA, Eduardo. "Derecho de huelga y servicios de mantenimiento y seguridad en la empresa". Madrid: Civitas, 1992.

GOZAÍNI, Osvaldo Alfredo. "Teoría general del derecho procesal". Ediar, 1996.

GRANDINO RODAS, João. "Direito Internacional privado brasileiro". Revista dos Tribunais, 1993.

GRECO FILHO, Vicente. "Direito processual civil brasileiro". 7ª ed. Saraiva, 1992.

GRINOVER, Ada Pellegrini e outros. "As garantias do cidadão na Justiça". Saraiva, 1993.

_____ . e outros. "Teoria geral do processo". 3ª ed. Revista dos Tribunais, 1981.

_____ . "La pretensión procesal", *Cuadernos Civitas*, 2ª ed. 1985.

GUIMARÃES, Mario. "O juiz e a função jurisdicional". Forense, 1958.

GUSMÃO CARNEIRO, Athos. "Audiência de instrução e julgamento". 3ª ed. Forense, 1989.

_____ . "Audiência de instrução e julgamento e audiências preliminares". 7ª ed. Forense, 1995.

HUET, André. "Les conflits de lois en matière de preuve". Dalloz, 1965.

HUGO SILVA, Ivan de. "Recursos no novo CPC". Forense, 1976.

JAEGER, Nicola. "Diritto processuale civile", 1944.

KANTOROWICZ. "La definición del derecho". Madrid, 1964.

KISCH. "Elementos de derecho procesal civil".

KOMATSU, Roque. "Da invalidade no processo civil". Revista dos Tribunais, 1991.

LA CHINA. "Diritto processuale civile: la novella del 1990". Giuffrè, 1991.

_____ . "La formation des magistrats en Europe et le role des syndicats et des associations professionelles" (colóquio). Cedam, 1992.

LAMARCA, Antônio. "O processo do trabalho comentado". Revista dos Tribunais, 1982.

LAURIA TUCCI, Rogério e outro. "Constituição de 1988 e processo". Saraiva, 1989.

LE TOURNEAU, Philippe e outro. "Droit de la responsabilité". Dalloz, 1996.

LESSONA, Carlo. "Teoria general de la prueba en derecho civil". 4ª ed. Madrid: Reus, 1964.

LIEBMAN, Enrico Tullio. "Manuale di diritto processuale civile". 4ª ed. Giuffrè, 1980.

_____ . "Processo de execução", 3ª ed. Saraiva, 1968.

LINDBERGH C. MONTENEGRO, Antonio. "Ressarcimento de danos". 4ª ed. Âmbito Cultural, 1992.

LOPES DA COSTA. "Direito processual civil". 2ª ed. Forense, 1959.

LOPES DE ANDRADE, Everaldo Gaspar. "Dissídio coletivo". LTr, 1993.

LÓPEZ-MONIZ, Carlos. "O direito de greve". LTr, 1986.

LUCA, Carlos Moreira de. "Origens, natureza jurídica e tipos de greve", *in Estudos em homenagem a Orlando Teixeira da Costa*, LTr, 1998.

MACHADO JÚNIOR, César Pereira da Silva. "Os embargos do devedor na execução trabalhista". LTr, 1996.

MALLET, Estevão. "Antecipação da tutela no processo do trabalho". LTr, 1998.

MANCINI, Jorge Rodriguez. "Curso de derecho del trabajo y de la seguridad social". Buenos Aires: Astrea, 1993.

MARINONI, Luiz Guilherme. "A antecipação da tutela na reforma do processo civil". Malheiros, 1995.

MARQUES, José Frederico. "Manual de direito processual civil". 2ª ed. Saraiva, 1974.

MARTINS, Pedro Baptista. "O abuso do direito e o ato ilícito". 3ª ed. Forense, 1997.

MARTINS, Sérgio Pinto. "Direito processual do trabalho". 25ª ed. Atlas, 2005.

_____ . "A terceirização e o direito do trabalho". 4ª ed. Atlas, 2000.

_____ . "Comentários à CLT". Atlas, 2006.

MARTINS FILHO, Ives Gandra. "Processo Coletivo do Trabalho" 2ª ed. LTr, 1996.
MARTINS NETTO, Modestino. "Estrutura do direito processual do trabalho". 1ª ed. Trabalhistas, 1974.
MASCARO NASCIMENTO, Amauri. "Curso de direito processual do trabalho". 12ª ed. Saraiva, 1990.
_____ . "Teoria da norma jurídica trabalhista". LTr, 1976.
MEIRELLES, Edilton. "Ação de execução monitória". LTr, 1997.
MEIRELLES, Hely L. "Direito administrativo". 14ª ed. Revista dos Tribunais, 1989.
MENENDEZ, Pidal. "Derecho procesal social".
MICHELLI, Gian Antonio. "La carga de la prueba". Bogotá: Temis, 1989.
MILHOMENS, Jônatas. "Das exceções". 1ª ed. Forense, 1988.
MIRANDA, Vicente. "Poderes do juiz no processo civil brasileiro". Saraiva, 1993.
MONTEIRO, João. "Teoria do processo civil". 6ª ed. Borsoi, 1956.
MONTEIRO DE BARROS, Alice. "Fundamento Social da Greve", in Curso de direito coletivo do trabalho, obra coletiva. LTr, 1998, p. 458 e ss.
MONTESANO, Luigi. "Attuazione delle cautele e diritti cautelabili nella riforma del processo civile". In Rivista di Diritto Processuale, out.-dez. 1991, p. 935 e ss.
_____ . "La tutela giurisdizionale dei diritti". UTET, 1989.
MOREIRA, José Carlos. "Comentários ao CPC". Forense, V tomo, 1993.
_____ . "Temas de direito processual". 3ª série, Saraiva, 1984.
MOREIRA ANTUNES, Oswaldo. "A prescrição intercorrente no direito processual do trabalho". LTr, 1993.
MOREIRA TEXEIRA, Paulo Cesar e outro, "A nova arbitragem". Síntese, 1997.
MORELLI, Gaetano. "Derecho procesal civil internacional". Europa-América, 1953.
MORIN, Marie-Laure. "Le droit des salariés à la négociation collective principe général du droit". Paris: EJA, 1994.
MORTARA. "Commentario del Codice e delle leggi di procedura civile". 3ª ed. Milão: Vallardi, 1905.
NEGRÃO, Theotonio. "CPC anotado". 24ª ed. Malheiros, 1993.
_____ . et all. "CPC e legislação processual em vigor". 38ª ed. 2006.
NERY JÚNIOR, Nelson. "Princípios fundamentais — teoria geral dos recursos". 2ª ed. 1992.
_____ . "Princípios do processo civil na Constituição federal". 4ª ed. Revista dos Tribunais, 1997.
_____ . e outra. "Código de Processo Civil Comentado e Legislação Extravagante". 9ª ed. Revista dos Tribunais, 2006.
NIGRO MAZZILLI, Hugo. "Ministério Público na Constituição de 1988". Saraiva, 1989.
NODA, Yosiyuki. "Introduction au droit japonais". Dalloz, 1966.
OLIVEIRA, Anísio José de. "A teoria da imprevisão nos contratos". Universitária de Direito, 1991.
OLIVEIRA, Fabio Leopoldo de. "Curso expositivo de direito processual do trabalho". LTr, 1991.
OLIVEIRA, Francisco Antonio de. "Medidas cautelares, procedimentos especiais, mandado de segurança, ação rescisória e ação anulatória no processo trabalhista". 2ª ed. Revista dos Tribunais, 1991.
_____ . "O processo na Justiça do Trabalho". Revista dos Tribunais, 1990.
_____ . "Comentários aos Enunciados do TST". Revista dos Tribunais, 1991.
_____ . "Manual de penhora". Revista dos Tribunais, 2001.
_____ . "A execução na Justiça do Trabalho". 4ª ed. Revista dos Tribunais, 1999.
OLIVEIRA SANTOS, Roberto Araújo de. "Trabalho e sociedade na lei brasileira". LTr, 1993.
ORTEGA TORRES, Jorge. "Código substantivo del trabajo y código procesal del trabajo". 23ª ed. Bogotá: Temis, 1990.
PAES DE ALMEIDA, Amador. "Os direitos trabalhistas na falência e na concordata". LTr, 1996.
PALLARES, Eduardo. "Derecho procesal civil". 7ª ed. Porrúa, 1978.
PASSARELLI, F. Santoro. "Teoria Geral do Direito Civil", Coimbra: Atlântida, 1967.
PASSOS DE FREITAS, Gilberto e Vladimir. "Abuso de autoridade". Revista dos Tribunais, 1979.
PEREIRA, Caio Mário da Silva. "Instituições de Direito Civil". 4ª ed. Forense, 1974.
PERUGINI, Eduardo R. "Procedimiento laboral". Buenos Aires: Abaco, 1982.
PEYRANO, Jorge Walter. "Medida cautelar inovativa". Buenos Aires: Depalma, 1981.

PIZZORUSSO, Alessandro. "Assiationisme et modéles européens de systemes judiciaires". Cedam, 1982.

PONTES DE MIRANDA. "Comentários ao CPC". Forense, 1974.

PRIETO-CASTRO, Leonardo. "Derecho procesal civil". Madrid: Tecnos, 1974.

_____ . "Trabajos y orientaciones de derecho procesal". Madrid: Revista de Derecho Privado, 1964.

PRUNES, José Luiz Ferreira. "A prova pericial no processo trabalhista". 2ª ed. LTr, 1995.

PUIG BRUTAU. "La jurisprudencia como fonte del derecho". Barcelona: Bosch, 1980.

RANGEL DINAMARCO, Cândido. "Excução civil". 2ª ed. Revista dos Tribunais, 1987.

RÁO, Vicente. "Ato jurídico". Max Limonad, 1961.

_____ . "Direito e vida dos direitos". Max Limonad, 1952.

RECASÉNS SICHES. "Introducción al estudio del derecho". 7ª ed. México: Porrúa, 1985.

_____ . "Nueva filosofía de interpretación del derecho". México, 1973.

REDENTI, Enrico. "Derecho procesal civil". Europa-América, 1957.

_____ . "El compromiso y la clausula compromisória". EJEA, 1961.

REIS, R. Friede. "Medidas liminares". 1ª ed. Forense, 1993.

_____ . "Repertório enciclopédico do direito brasileiro". Editor Borsoi.

REZENDE FILHO, Gabriel de. "Curso de direito processual civil". 5ª ed. 1959.

RENOUX THIERRY. "Le conseil constitutionnel et l'autorité judiciaire". Presses Universitaires d'Aix-Marseille, 1984.

REZZÓNICO, Luis Maria. "La fuerza obrigatoria del contrato y la teoria de la imprevisión". Buenos Aires: Editorial Perrot, 1954.

RIPERT, Georges. "Forces créatrices du droit". Paris: Librairie Generale, 1955.

RIZZI, Sergio. "Ação rescisória". Revista dos Tribunais, 1979.

ROCCO, Ugo. "Trattato di diritto processuale civile". 2ª ed. Utet, 1966.

ROCHA, Ibraim. "Ação civil pública e o processo do trabalho". 2ª ed. LTr, 2001.

RODIÉRE. "Introduction au droit comparé". Paris: Dalloz, 1979.

RODRIGUES Pinto, José Augusto. "Execução Trabalhista". 5ª ed. LTr, 1992.

_____ . "Processo trabalhista de conhecimento". 2ª ed. LTr, 1993.

ROMANO, Santi. "L'ordre juridique", Dalloz, 1975.

ROSAS, Roberto. "Direito processual constitucional". 2ª ed. Revista dos Tribunais, 1997.

ROUBIER, Paul. "Droits subjetifs et situations juridiques". Dalloz, 1963.

RUSSOMANO, Mozart Victor. "Comentários à CLT". 13ª ed. Forense, 1990.

SAHIONE FADEL. "CPC comentado". 4ª ed. Forense, 1983.

SAID CAHALI, Youssef. "Responsabilidade civil". Obra coletiva. 2ª ed. Saraiva, 1988.

SANTO TOMAZ. "Summa Teologica". Trad. de Alexandre Correia.

SANTOS, Ulderico Pires dos. "Medidas cautelares". 2ª ed. Paumape, 1990.

SATTA, Salvatore. "Commentario al Codice di Procedura Civile". Editrice Francesco Vallardi, 1976.

SAVATIER, René. "Traité de la responsabilité civile en droit français". Paris, 1951.

SAVIGNY, M. F. C. von. "Traité de droit romain". Paris: Firmin Didot, 1841.

SCIALOJA, Vittorio. "Procedimiento civil romano". Europa-América, 1954.

SCOGNAMIGLIO, Renato. "Contributo alla teoria del negocio jurídico". 2ª ed. Nápoles: Eugenio Jovene, 1969.

SENTO SÉ, João. "Responsabilidade civil do Estado por atos judiciais". Bushatsky Editor, 1976.

SERENI, Angelo Piero. "El proceso civil en los Estados Unidos". Buenos Aires: Europa-América, 1958.

SERPA LOPES. "Lei de Introdução ao Código Civil". Freitas Bastos, 1959.

SETTE LOPE, Mônica. "A equidade e os poderes do juiz". Del Rey Editora, 1993.

SICHES, Luis Recaséns. "Filosofia del derecho". 4ª ed. Porrúa, 1970.

SIDOU, Othon. "A revisão judicial dos contratos e outras figuras jurídicas". Forense, 1978.

SILVA, Ovídio A. Baptista da. "As ações cautelares e o novo processo civil". 2ª ed. Forense, 1976.

SILVA PACHECO, José da. "O mandado de segurança e outras ações constitucionais típicas". Revista dos Tribunais, 1992.

SILVA PEREIRA, Caio Mário da. "Instituições de direito civil". 12ª ed., Forense, 1990.
SINAY, Hélène. "La greve". Dalloz, 1966, 6º tomo do *Traité de droit du travail*, dirigido por G. H. Camerlynck.
SODRÉ, Ruy de Azevedo. "Ética profissional e Estatuto do Advogado". LTr, 1975.
SPINELLI, Michele. "Las pruebas civiles". Buenos Aires: Europa-América, 1973.
STAFFORINI. "Derecho procesal del trabajo".
SUSSEKIND, Arnaldo; MARANHÃO, Délio & VIANNA, Segadas. "Instituições de direito do trabalho". 19ª ed. LTr, 2000.
TARZIA, Giuseppe e outros. "I procedimenti cautelari". Padova: Cedam, 1990.
TEIXEIRA FILHO, Manoel Antonio de. "As ações cautelares no processo do trabalho". 2ª ed. LTr, 1991.
_____ . "Ação rescisória". 3ª ed. LTr, 1998.
_____ . "As alterações no CPC e suas repercussões no processo do trabalho". 3ª ed. LTr, 1996.
_____ . "Execução no processo do Trabalho", LTr, 1998.
_____ . "Liquidação da sentença no processo do trabalho". 3ª ed. LTr, 1992.
_____ . "Mandado de segurança individual e coletivo". LTr, 1992.
_____ . "Petição inicial e resposta do réu". LTr, 1996.
_____ . "Sistema dos recursos trabalhistas". 9ª ed. LTr, 1997.
TENORIO, Oscar Tenorio. "Lei de Introdução ao Código Civil".
TESORIERE, Giovanni. "Diritto processuale del lavoro". Padova: Cedam, 1991.
THEODORO JÚNIOR, Humberto. "Lei de execução fiscal". 3ª ed. Saraiva, 1993.
_____ . "As inovações no Código de Processo Civil". 6ª ed. Forense, 1996.
_____ . "Código de Processo Civil Anotado". Forense, 1995.
_____ . "Curso de direito processual civil". 6ª ed. Forense, 1990.
_____ . "Processo cautelar". 12ª ed. 1990.
_____ . "Processo de execução". 14ª ed. EUD, 1990.
THIBAUT-SAVIGNY. "La codificación". Madrid: Aguilar, 1970.
TOBENAS CASTAN. "Teoría de la aplicación e investigación del derecho privado positivo". Madrid: Reus, 1947.
TOSTES MALTA, Christovão Piragibe. "Comentários à CLT". 6ª ed. LTr, 1993.
_____ . "A execução no processo trabalhista". 2ª ed. LTr, 1997.
_____ . "Prática do processo trabalhista". 24ª ed. LTr, 1993.
TUHR, Andreas von. "Teoria General del derecho alemã", Depalma, 1946.
VANDERLINDEN, Jacques. "Le concept de Code en Europe Occidentale du XIIIème au XIXème siècle". Bruxelas, 1967.
VARALLO PONT, Juarez. "Cálculo de liquidação no processo trabalhista". 2ª ed. Juruá, 1992.
VASCONCELOS, Arnaldo. "Teoria da norma jurídica", Forense, 1978.
VELLANI, Mario. "Il público ministero nel processo".
VERRUCOLI, Piero. "Il superamento della personalità giuridica della società di capitali nelle *common law* e nella *civil law*". Milano: Giuffrè, 1964.
VINCENT, Jean. "Procédure civile". 22ª ed. Dalloz.
VITRAL, Waldir. "Deontologia do magistrado, do promotor e do advogado" (coletânea). Forense, 1992.
_____ . outros. "La justice et ses institutions". 4ª ed. Dalloz, 1996.
VON WAHLENDORF, H. A. Scharz-Liebermann. "Droit comparé". Paris: Librairie Generale, 1978.
WALD, Arnoldo. "Questões de responsabilidade civil". CEJUP, 1990.
WATANABE, Kasuo. "Controle jurisdicional e mandado de segurança contra atos judiciais". Revista dos Tribunais, 1980.
ZANZUCHI, Marco Tullio. "Diritto processuale civile". 6ª ed. Giuffrè, 1964.
ZAVASCKI, Teori Albino (obra coletiva). "Inovações do Código de Processo Civil". Livraria do Advogado, 1996.

Índice Analítico e Remissivo

Parte Teórica
Os números indicam os itens.

Este índice só abrange a parte teórica ou a primeira parte da obra.

A

Abuso de direito
    Capacidade recursal, 19.1
    Defesa. Espécies, 179.4
    Greve, 262.1.D
    Processo, 179.4
    Processual. Conceito, 19
    Tutela antecipada, 179.4

Ação
    Anulatória. Ato judicial, 360.1
    Categorias, 46
    Causa de pedir, 53
    Classificação, 46
    Cominatória. Conceito, 363
    Conceito, 9
    Condenatória. Conceito, 47
    Condições, 11
    Constitutiva. Conceito, 48
    Cumulação. Conceito, 58
    De arguição de descumprimento de preceito constitucional, 361
    De consignação em pagamento, 350
    Desistência. Reconvenção, 247
    Direta de inconstitucionalidade, 16, 361
    Executiva. Conceito, 50
    Identificação, 53
    Individualização, 10
    Liquidatória da sentença, 282
    Objeto, 53
    Pauliana. Fraude à execução, 299
    Plúrima. Custas, 265.1
    Possessória, 352
    Prescrição do direito, 42
    Repetitiva. Julgamento de Plano, 230.1
    Representação sindical, 122.5
    Restauração de autos, 363.3
    Sujeitos, 53
    Teorias do direito, 9
    Trabalhista. Liquidação de instituições financeiras, 297.2
    Transmissibilidade, 71
    Transmissibilidade. *Causa mortis*, 71

Ação cautelar
    Ações cautelares. Divisões das, 336
    Ação civil pública, 363.1
    Antecedentes históricos, 336
    Conceito, 51, 336
    Procedimento, 336

Ação civil pública
    Ação cautelar, 363.1
    Antecedentes históricos, 363.1
    Antecipação da Tutela, 171.11.9
    Aplicação da lei de licitações pelo MPT e a terceirização, 117.12
    Carência de Ação. Ministério Público do Trabalho, 171.14
    Direito comparado, 363.1
    Direito lesado, 171.11.7
    Edital, 171.13
    Fundamentos, 171.11.3
    Indenização por violação da ordem jurídica, 171.11.8
    Interesse coletivo, 171.11.3
    Interesses e direitos Difusos, coletivos e individuais homogêneos, 171.11.4
    Justiça do trabalho, 171.11.3; 363.1
    Legitimação ativa, 363.1
    Legitimatio ad causam e interesse de agir, 171.11.6
    Lei de Licitações. Terceirização de Serviços, 171.12
    Liminar, 363.1
    Litisconsórcio, 363.1
    Litispendência, 363.1
    Ministério Publico do Trabalho, 171.11
    Ministério Público. Constituição, 171.11.2
    Obrigação divisível, 363.1
    Obrigação indivisível, 363.1
    Publicação de edital. Necessidade, 171.13
    Terceirização, 171.11

Ação coletiva
    Ação coletiva e comissão de greve, 253
    Ajuizamento, 253
    Aspectos gerais, 52
    Conceito, 52
    Dissídio coletivo, 250

Ação de alçada
    Constituição federal, 16

Duplo grau de jurisdição, 246
Execução, 289
Impugnação do valor, 246
Reconvenção, 247
Recurso extraordinário, 246
Trabalhista, 247

Ação de cumprimento
Prescrição da, 257
Sentença normativa, 54.6, 257

Ação de prestação de contas
Conceito, 351
Procedimento, 351

Ação declaratória
Aspectos gerais, 349
Declaratória. Conceito, 49
De constitucionalidade, 16, 361
E o contrato, 349
E a reconvenção, 198, 243, 349
Incidental. Descabimento. Procedimento sumaríssimo, 248.1
Interesse de agir, 349

Ação monitória
Antecedentes históricos, 334.1
Conceito, 334.1
Disponibilidade de rito, 334.1
Justiça do trabalho, 334.1
Origem, 334.1
Procedimento, 334.1
Processo do trabalho, 334.1
Reconvenção, 334.1

Ação rescisória
Antecedentes históricos, 358
Casos em que não cabe, 358
Coisa julgada e correção da sentença, 245
Conceito, 358
Desconstituição parcial da sentença, 358
Direito comparado, 358
Documento novo, 358
Erros da sentença e coisa julgada, 245.3
Homologação de acordo em, 358
Honorários advocatícios, 358
Jurisprudência do TST, 359.2
Medida cautelar, 358.1
Ministério Público do Trabalho, 245.2, 358
Orientações jurisprudenciais da SDI-1 do TST, 359.1
Pressupostos, 358
Procedimento, 358
Procedimento sumaríssimo, 246
Recursos, 358
Sentença de arrematação, 358
Sentença de liquidação, 287.1
Sentença errada. CLT, 245.3.a
Súmulas do TST, 359
Súmulas do STF, 360
Tutela antecipada, 179.2

Ação revisional
De sentença, 245.1
Relação jurídica continuativa, 363.6

Acesso à Justiça e arbitragem, 171.7

Acordo
Ação rescisória. Homologação, 358
Coletivo. Sentença normativa, 256
Homologação além do pedido, 288
Recusa de homologação. Correição, 30

Acumulação de reclamações, 57

Adjudicação, 331
Embargos à adjudicação, 330.1

Administrador
Depositário, 98
Judicial (ex-Síndico) da falência e a execução, 293

Advocacia geral da União, 17

Advogado
Código de ética, 62
Direitos, 62
Embargos de terceiro, 63
Estatuto, 62
Exame de autos findos, 62
Jus postulandi da parte, 10
Justiça gratuita, 265.1
Preposto, 221
Processo, 62
Procuração *apud acta*, 62
Renúncia ao mandato, 62
Sem procuração no processo, 62
Uso de documento falso, 62.1

Agentes diplomáticos. Justiça do Trabalho, 135

Agravo de instrumento
Antecedentes históricos, 276
Aspectos gerais, 276
Autenticação de peças, 276
Documentos novos, 276
Efeito suspensivo, 276
Escorço histórico, 276.1.a
Procedimentos, 276
Requisição de informações, 276.1

Agravo de petição
Contribuições sociais, 278
E terceiro, 326
Efeitos, 278
Pressupostos, 278

Agravo regimental
Conceito, 277
Contra decisão do corregedor, 170
Efeitos, 277
Recurso, 277
TST. Efeitos, 277

Agravo retido, 276

Alçada. Ver ação de alçada

Alemanha e direito processual do trabalho, 8

Alienação fiduciária
Penhora, 314

Ampla defesa e o processo, 16

Analogia
Conceito, 36

Jurídica. Conceito, 36
Legal. Conceito, 36
Princípio, 36
Antecedentes legislativos
Ministério Público do Trabalho, 171
Antecipação da prova, 223
Antecipação da tutela
Ação rescisória, 179.2
CLT, 179.3
De mérito, 179.1
Específica, 295
Mandado de segurança. Descabimento, 179.3
Multa diária, 179.10
Perdas e danos, 179.11
Processo do trabalho, 179.1
Reconvenção, 179.5
Anulação
Da conciliação, 30
De ato jurídico homologado pelo juiz, 42
Aplicação e interpretação da lei processual, 35
Arbitragem
Acesso à justiça, 171.7
Antecedentes legislativos, 171.7
Arbitrador e árbitro, 171.7
Campo de aplicação, 171.7
Conceito, 171.7
Direitos disponíveis, 171.7
Equidade, 171.7
Execução, 288
Heterocomposição, 4
Natureza jurídica, 171.7
Rapidez na solução do litígio, 171.7
Arguição de Descumprimento de Preceito Fundamental, 361
Arquivamento do processo, 189
Arrematação
Conceito, 330
Edital, 330
Embargos. Custas, 265.1.5
Embargos, 330.1
Imóvel hipotecado, 330.2
Preço vil, 330
Sentença. Ação rescisória, 358
Arresto. Conceito, 339
Arrolamento de bens, 345
Assistência
Dissídio coletivo, 259.2
Judiciária, 63
Judiciária. Constituição, 102
Judiciária. Histórico, 63
Judiciária. Honorários advocatícios, 63
Judiciária. Sindicato, 102
Procedimento sumaríssimo, 246
Assistente
Ad adjuvandum, 69
Interesse processual, 69
Intervenção de terceiro, 69

Poderes, 69
Técnico. Laudo, 226
Técnico. Perícia, 96
Astreintes, 179.10
Atentado, 348
Atleta profissional
Competência da Justiça do Trabalho, 137.16
Ato
Atentatório à dignidade da Justiça, 299
Dispositivo. Conceito, 80
Do juiz. Classificação, 77
Dos serviços auxiliares da justiça do trabalho, 91
Ilícito e o dano, 136.1
Jurídico. Anulação. Homologado pelo juiz, 42
Ordinatório e o juiz, 77
Postulatório. Conceito, 79
Probatório, 81
Que configura litigância de má-fé, 19.2
Ato judicial
Ação anulatória, 360.1
Conceito, 360.1
Mandado de segurança, 353
Ato processual
Assinatura, 83
Classificação, 74
Comunicação, 103
Conceito, 73
Das partes, 78
Das partes. Classificação, 78
Divisão, 107.2
Do juiz, 77
Eficácia, 107
E-mail, 76
Forma, 76
Inexistente, 107
Informatizado, 76
Lei nova, 41
Nulo ou anulável, 107
Pressupostos da validade, 107
Publicidade, 16, 75
Tempestividade, 75
Tradutor juramentado, 76
Transmissão por fax, 75
Vícios que invalidam, 107
Audiência
Aspectos gerais, 186
Ausência da reclamada, 190
Ausência do reclamante, 189
Comparecimento das partes, 187
De instrução e julgamento, 231
Intimação, 106
Pena de confissão, 189
Prazo recursal, 230
Revelia, 189
Ausentes e incapazes no processo do trabalho, 54.3
Auto de infração
Fiscalização trabalhista, 122.9

Autocomposição
    Conceito, 4
    Mediação, 4
Autodefesa, 3
Autonomia do direito processual do trabalho, 1
Autos. Exame pelas partes, 61
Autotutela e greve, 3
Avaliação
    Dos bens pelo devedor na penhora, 306
    Pelo devedor na execução, 328
Avulso
    Competência da Justiça do Trabalho, 148
    Justiça do Trabalho, 124
    Portuário. Justiça do Trabalho, 137

B

Bem de família e a penhora, 307
Bens
    Arrolamento, 345
    Avaliação pelo devedor na penhora, 306
    Do executado. Localização, 317
    Do executado. Não localização. Prescrição, 42
    Impenhoráveis, 307
    Nomeação à penhora, 300, 306
    Nomeados à penhora. Valor, 306
    Ordem na penhora, 304
Boa-fé e lealdade no processo, 28
Brasil
    Antecedentes legislativos do processo do trabalho, 8
    Direito processual do trabalho, 8
Busca e apreensão
    Procedimento, 342

C

Capacidade
    De estar em juízo, 13, 54.1
    Processual, 180
    Recursal. Uso abusivo, 19.1
Carência de ação
    Ação civil pública. MPT, 171.14
Carta de sentença
    Execução provisória, 294
Carta precatória
    Aspectos gerais, 104
    E o CPC, 104
Carta rogatória
    Mercosul, 104
    Conceito, 104
Cartório
    Juízos de direito, 93
    Servidores. Competência da Justiça do Trabalho, 137.17
Casuística *ratione materiae*, 137
Caução
    Aspectos gerais, 341
    Execução provisória, 294
    Penhora de títulos, 311
Causa de pedir, 10, 53
Cautelar
    Chamamento ao processo, 68
    Cautelar inominada, 337
Central sindical.
    Sua ilegitimidade ADI, ADC e ADPF, 361
    Sua legitimidade no Mandado de Segurança Coletivo, 361
Cerceamento da defesa
    Preclusão, 110
Chamamento
    Ao processo e cautelar, 68
    Ao processo e execução, 68
    Ao processo e reconvenção, 68
    Ao processo. Conceito, 68
Cisão de sociedades, 300
Citação
    Executado, 293
    Execução, 183
    Edital. Revelia. Nomeação de curador, 105.1
    Ver também notificação
CLT
    Antecipação da tutela, 179.3
    Atualização, 18
    Direito comparado, 40
    Processo, 18
    Prova, 214
Coação, 114.1.9
Cobrança
    Contribuições de natureza sindical, 122.5
    Honorários advocatícios, 62
Código processual do trabalho, 6
Codificação do direito do trabalho, 6
Coisa julgada
    Correção da sentença, 245.3
    Embargos de declaração, 244
    Erros da sentença. Ação rescisória, 245.3
    Formal. Conceito, 245
    Material. Conceito, 245
    Preclusão, 34, 245
    Questão prejudicial, 245
Coisa. Exibição, 193
Conta de liquidação
    Impugnação. Embargos, 287.F
Comissão de Conciliação Prévia
    Aspectos Gerais, 171.9
    Contribuição Previdenciária, 290.5
Comissão de greve
    Ação coletiva, 253
    Pactos coletivos, 253
Comitê de Credores
    Recuperação Judicial, 297.3.1.16
Compensação
    Aspectos gerais, 199
    De horários. Redução salarial, 297.3.1.9

Liquidação da sentença, 287.h
Reconvenção, 200

Competência
Atleta profissional, 137.16
Casos especiais, 137
Casuística, 149
Conceito, 120
Conexão de causas, 143
Conflitos, 121
Constituição, 122
Contrato de adesão. Foro de eleição, 139
Contribuição previdenciária, 137.18
Crime de falsificação. Uso de documento falso. Justiça do trabalho, 137.12
Ex ratione loci, 139
Ex ratione materiae, 123
Ex ratione personae, 123
Foro de eleição, 139
Funcional, 146
Juízo. Recuperação judicial. Falência, 297.3.1.1
Lei nova, 41
Ministério Público do Trabalho, 171.4
Normas de segurança, higiene e medicina do trabalho, 137.11
Orientações jurisprudenciais – Tribunal Pleno do TST, 137.14.1
Orientações jurisprudenciais – SDC do TST, 137.14.2
Precedentes Normativos – SDC do TST, 137.14.3
Prorrogação, 142
Prorrogação legal, 145
Servidor de cartório extrajudicial, 137.17
Súmulas do STF, STJ e TST, 137.13
Trabalhador eventual e avulso, 130
Tribunais superiores, 122
Tribunal. Reclamação para preservar, 281.1
TRTs, 150
TST, 151
TST. Dissídio coletivo, 153
TST. Dissídio individual, 154
TST. Órgão Especial, 152
TST. Pleno, 151.1
TST. Turmas, 155
Vara do trabalho, 147
Vara do trabalho e os avulsos, 148

Competência da Justiça do Trabalho
Atleta profissional, 137.16
Autarquias. Fundações públicas, 133
Banco do Brasil, 137.14.3
Casos práticos, 122.13
Contribuições previdenciárias, 290.2
Execução. Contribuição Previdenciária, 137.18
Greve abusiva, 137.14.13
Para processar e julgar, 122.2
Servidores de cartórios extrajudiciais, 137.17

Concentração e o processo, 25

Conciliação
Anulação, 30
Conceito, 30, 201
Contribuição previdenciária, 290.3
Dissídio coletivo, 250
Processo do trabalho, 201
Proposta conciliatória, 30
Sentença homologatória, 201
Título executivo extrajudicial, 171.9

Concordata
Reclamação trabalhista, 54.3

Concurso de credores, 301

Condenação
Custas, 265.1

Condições de ação
Aspectos gerais, 11
Comissão de Conciliação Prévia, 171.9
Extinção do processo, 11

Condomínio
Penhora, 321.1.7

Conexão
Celeridade processual, 230.1
Continência. Cumulação de ações, 58
De causas e competência, 143

Confissão
Anulável, 229.1.2
Aspectos gerais, 216
Conceito, 192
Espécies, 216
Ineficaz, 229.1.1
Litisconsórcio, 192
Preposto, 192
Representante de pessoa jurídica pública, 192

Conflito
De competência e o STJ, 279
De competência na Justiça do Trabalho, 122.8
De competência, 121
De interesses e lide, 11
De interesses. Meios de solução, 3

Conselho
Nacional do Ministério Público, 171
Superior da Justiça do Trabalho, 170

Consignação
Em pagamento, 350
Extrajudicial em pagamento, 350.1
Extrajudicial. Sindicato, 350.1
Extrajudicial. Recusa do credor, 350.1

Constituição
Ações de alçada, 16
Competência, 122
Contraditório, 16
Direito processual do trabalho, 7
Duplo grau de jurisdição, 16, 32
Estrangeira. Greve, 3
Greve, 3
Ministério Público, 17
Prescrição, 42
Processo, 16
Regimento interno dos tribunais, 20

Conta de liquidação
    Julgamento da impugnação, 290.9
Contestação
    Revelia, 196
Continência e competência, 144
Contraditório
    Constituição, 16
    Igualdade das partes, 29
    Processo do trabalho, 29
    Revelia, 29
Contrato de trabalho
    Ação declaratória, 349
    Suspensão. Greve, 3
    Suspensão. Prescrição, 42
Contribuição
    Assistencial, 137
    Assistencial. Justiça do trabalho, 16.1
    Confederativa, 137
    Sindical. Justiça do trabalho, 16.1, 137
    Social. Execução de ofício, 122.10
Contribuição previdenciária
    Agravo de petição, 278, 290.11
    Comissão de Conciliação prévia, 171.9, 290.5
    Competência, 290.2
    Competência. Justiça do Trabalho, 137.18
    Conciliação, 290.3
    Contribuição fiscal. Jurisprudência, 290.12
    Decisões cognitivas ou homologatórias, 290.4
    Dívida com o INSS. Pagamento, 290.6
    Evolução legislativa. Justiça do Trabalho, 290.2
    execução, 290.1
    Execução. Competência da Justiça do Trabalho, 137.18
    Execução *ex officio*, 290.5
    Impugnação. Conta de liquidação, 290.8, 290.9
    Justiça do Trabalho, 123
    Liquidação da sentença, 282.6, 290.7
    Recolhimento. Procedimento, 290.10
Controle
    De constitucionalidade das leis e atos normativos, 16
    Jurisdicional de constitucionalidade, 361
Contumácia
    Conceito, 196
Convenção coletiva
    Comissão de greve, 253
    Descumprimento, 257
Cópia fotográfica de documento. Prova, 229.1.4
Corregedor-Geral da Justiça do Trabalho
    Agravo regimental contra decisões, 170
    Atribuições, 170
Correção monetária
    Débitos do empregado, 287.B
    Recuperação judicial. Juros, 297.3.1.14
Correição
    Natureza, 166
    Parcial. Conceito, 281
    Parcial. Natureza jurídica, 281
    Parcial. Prazo, 281
    Recusa de homologação de acordo, 30
Costume
    Definição, 38
    Finalidade, 38
    Fonte de direito, 38
CPC
    Reflexos na CLT, 1.1
    Reforma, 1
Crédito
    Alimentício. Fazenda pública, 315
    Futuro. Penhora, 306.1
    Penhora, 309
Crédito trabalhista
    Falência da empresa, 313
    Privilégio na falência, 293
    Negociação Individual. Recuperação judicial, 297.3.1.17
Credores. Concurso, 301
Cumulação de ações
    Conceito, 58, 296.1
    Conexão ou continência, 58
    Requisitos, 58
Cumulação de execuções
    Pré-requisitos, 296.1
Custas
    Ações plúrimas, 265.1
    Aspectos gerais, 265.1
    Benefício da justiça gratuita, 265.1.4
    Casos especiais, 265.1
    Comprovação do pagamento, 265.1
    Dissídio coletivo, 256
    Dissídios coletivos, 265.1
    Dissídios individuais, 265.1
    Emolumentos. Fixação por lei, 265.1
    Instruções do TST, 265.1.3
    Isenção das. Pessoas jurídicas de direito público interno, 265.1
    Isenção de pagamento, 265.1.7
    Natureza jurídica, 265.1.1
    Prazo para pagamento, 265.1
    Processo de execução, 265.1.5
    Processo e procedimento, 265.1.2
    Recuperação judicial. Depósito recursal, 297.3.1.12
    Recurso de revista, 265.1.6
    Sentenças, 265.1
    União, 265.1
    Valor da condenação, 265.1

D

Dano
    Ato ilícito, 136.1
    Irreparável. Tutela antecipada, 179.4
    Moral e patrimonial, 122.7; 122.8
    Moral. Fixação da indenização. Critérios, 137.10
    Moral. Justiça do trabalho, 137
    Processo, 107

Débitos do empregado
    Correção monetária, 287.B
Decadência
    Código Civil, 43.1
    Conceito, 43
Decisão interlocutória
    Terminativa do feito, 77
    TST, 77
Decisão Normativa
    Extensão, 257.2 a 257.4
Declaração de pobreza e tutela antecipada
    Estado de necessidade, 179.6
Defensoria Pública da União
    Funções, 63
Defesa do Reclamado
    Aspectos Gerais, 197
    Exceções, 197
Demissão
    Nulidade. Sentença *ultra petita*, 232.1
Denominação da disciplina, 2
Denunciação da lide
    Conceito, 67
    Sucessão de empregadores, 67
Depoimentos pessoal, 215
Depositário
    Administrador, 98
    Empresa penhorada, 310
Depósito
    Procedimento na execução, 322
Depósito bancário
    Penhora, 309
Depósito prévio
    Multa administrativa, 16; 270
Depósito recursal
    Condenação solidária. Litisconsórcio, 270.1
    Dissídio coletivo, 259.4
    Em caso de falência, 270
    Embargos de declaração, 270
    Inconstitucionalidade, 16; 270
    Levantamento na execução definitiva, 290
    Pessoas jurídicas de direito público interno, 265.1
    Recuperação judicial. Custas, 297.3.1.12
    Recurso ordinário, 270
    Recurso por pessoas públicas, 270
Desconsideração da personalidade jurídica
    Penhora, 318
Desentranhamento de documentos, 60
Deserção do recurso, 263.6
Despesas processuais
    Conceito, 265.1
    Sucumbência, 265.1
Devedor
    Prescrição. Não localização, 42
Direito comparado
    Cautelar, 338
    CLT, 40

    Experiência francesa, 8a
    Experiência alemã, 8b
    Experiência italiana, 8c
    Experiência espanhola, 8d
    Experiência portuguesa, 8e
    Experiência brasileira, 8f
    Omissão da lei, 40
    Resenha, 8
Direito de ação
    Prescrição, 42
    Teorias, 9
Direito líquido e certo, 353
Direito processual costumeiro, 38
Direito processual do trabalho
    Autonomia, 1
    Conceito, 1
    Constituição, 7
    Dualismo, 5
    Fontes, 14
    Fontes formais, 14
    História, 1
    Posição enciclopédica, 5
    União, 7
Direito subjetivo
    Lesão. Prescrição, 42
Direitos disponíveis
    Arbitragem, 171.7
Direitos indisponíveis
    Conceito, 171.7
Dirigente sindical
    Reintegração, 179.3
    Tutela antecipada, 179.3
Dispositivo
    Princípio, 22
Disregard doctrine
    Execução, 293
    Penhora, 318
Dissídio coletivo
    Aspectos gerais, 250
    Assistência, 259.2
    Conciliação, 250
    Custas, 265.1, 256
    Depósito recursal, 259.4
    E o terceiro, 65
    E o Tribunal, 253
    Embargos infringentes, 259.3
    Exercício irregular do direito de greve, 262.1
    Natureza econômica, 254
    Natureza Econômica. Ajuizamento de Comum Acordo, 122.12
    Natureza jurídica, 255
    Orientações jurisprudenciais do TST, 261
    Política salarial, 260
    Produtividade, 250
    Recurso ordinário, 259.1
Dissídio do trabalho
    Prevenção extrajudicial, 138
    Solução extrajudicial, 138

Dissídio individual
　Custas, 265.1
　Procedimento, 177
Dissolução, liquidação e partilha de sociedades, 300
Distribuidor
　Funções, 92
Dívida do executado
　Subrogação, 292
Doação e fraude à execução, 299
Documento
　Desentranhamento, 60
　Exibição, 193
　Falso. Uso pelo advogado, 62.1
　Juntada no recurso, 263.7
　Novo. Ação rescisória, 358
　Novo. Agravo de instrumento, 276
　Novo. Conceito, 263.7
　Novo. Processo, 263.7
Dolo, 114.1.8
Doméstico
　Justiça do Trabalho, 127
Doutrina como fonte secundária, 14
Dualismo
　Direito processual do trabalho, 5
Dupla penhora, 308
Duplo grau de jurisdição
　Ação de alçada, 246
　Constituição, 16, 32
　Fazenda pública, 33.1
　História, 32
　Obrigatório, 263.1
　Pessoa jurídica de direito público, 263.1
　Princípio, 269.1
　Recurso, 263.1

E

E-Doc. Processo Informatizado, 76
Edital
　Notificação, 105
Efeito devolutivo do recurso
　Aspectos gerais, 263.4
　Execução provisória, 263.4
Efeito suspensivo do recurso, 263.4
Eleição sindical, 122.5
Elementos identificadores das ações, 53
Elisão em juízo da falência, 313
E-mail
　Forma do ato processual, 76
Embargos
　Aspectos Gerais, 274
　À arrematação. Custas, 265.1.5
　À arrematação, à adjudicação e à remição, 330.1
　Impugnação da conta de liquidação, 287.E
　Litisconsórcio passivo, 325
　STF, 280

Embargos à arrematação, à adjudicação e à remição, 330.1
Embargos à execução
　Custas, 265.1.5
　Exceções, 325
　Juízo deprecante, 323
　Natureza jurídica, 325
　Parcelamento da dívida exequenda. 6 meses, 325.1.
　Prazo, 325
　Silêncio do credor, 325
Embargos de declaração
　Aspectos gerais, 244
　Coisa julgada, 244
　Depósito recursal, 270
　Recurso, 244
　Modificativos da sentença, 244
　Tribunais, 244
　Procrastinatórios. Efeitos, 244
　Prazo, 244
Embargos de terceiro
　Advogado, 63
　Antecedentes históricos e legislativos, 326.1
　Casos especiais, 326.1
　Conceito, 326
　Custas, 265.1.5
　Natureza jurídica, 326.1
　Pessoas equiparáveis, 326.1
　Por mulher, 326
　Possuidor ou senhor e possuidor, 326
　Procedimento e recursos, 326.1
　Supremo Tribunal Federal, 326.2
Embargos infringentes
　Aspectos gerais, 275
　Casuística, 275
　Dissídio coletivo, 259.3
Emenda Constitucional n. 37/2002, 293.5
Emolumentos, 265.1
Empregado
　Brasileiro no estrangeiro, 140
　Perícia, 226
Empregador
　Quem pode ser, 180.2
　Rural. Preposto, 221.2
Empreiteiro
　Justiça do Trabalho, 136
Empresa
　Penhora, 310
　Penhorada. Depositário, 310
　Pública. Execução, 300
　Pública. Impenhorabilidade, 300
　Pública. Justiça do trabalho, 132
Equidade
　Aplicação da lei processual, 35
　Arbitragem, 171.7
　Conceito, 164
　Dissídios coletivos, 256
　Juiz. CLT, 164

Juiz. CPC, 164
Processo, 39
Erro
Cálculo na liquidação da sentença, 282.6
Obscuridade da sentença, 238
Ou ignorância, 114.1.7
Sentença, 244
Escola Nacional de Formação e Aperfeiçoamento de Magistrados do Trabalho, 170
Espanha e direito processual do trabalho, 8
Espólio
Representação no processo, 180.1
Estabelecimento
Penhora, 304
Estabilidade provisória
Membros da Com. de Conc. Prévia, 171.9
Estado de perigo
Negócio jurídico, 114.1.10
Tutela antecipada, 179.6
Estado
Abuso de direito, 19
Estrangeiro. imunidade de jurisdição, 137.15
Estagiário. Processo, 64
Eventualidade
Princípio, 28
Exame
Dos autos fora do cartório, 59
Dos autos pelas partes, 61
Pericial, 96
Exceção de incompetência, 13 e 117
Exceção de pré-executividade
Aspectos gerais, 299.1
Ausência de pressupostos processuais, 299.5
Coisa julgada, 299.5
Denominação, 299.1
Execução *ex officio*, 299.5
Falta de notificação no processo de conhecimento, 299.5
Hipóteses de cabimento, 299.5
Natureza jurídica, 299.2
Prazo, 299.1
Prazo de sua apresentação, 299.3
Processo do trabalho, 299.4
Exceção de suspeição, 13 e 116
Exceções
Classificação, 115
Conceito, 115
Defesa do reclamado, 197
Embargos à execução, 325
Execução
Ação autônoma, 288
Ação de alçada, 289
Ação pauliana. Fraude, 299
Administrador judicial (ex-síndico) da falência, 293
Arbitragem, 288
Avaliação, 328
Características da fraude, 299

Casuística da suspensão, 291.2
Chamamento ao processo, 68
Citação, 183
Conceito, 288
Contribuições previdenciárias, 290.1
Cumulação, 296.1
De ofício. Contribuições Sociais, 122.10
Débito trabalhista. Plano de recuperação judicial, 297.3.1.15
Definitiva, 294
Depósito recursal. Levantamento. Oportunidade, 290.
Desistência, 288
Disregard doctrine, 293
Doação e fraude, 299
Embargos no juízo deprecante, 323
Empresa púbica federal, 300
Espécies, 294
Exceções, 294
Extinção e desistência, 291.1
Extinção, 291
Falência, 297
Fiança bancária, 302
Formas de extinção, 291
Garantia por terceiros, 303
Ineficácia de atos. Fraude, 299
Instituições financeiras em liquidação, 297.2
Juízo, 290
Litisconsórcio, 55
Microempresa, 300
Notificação, 183
Obrigação de fazer ou não fazer, 295
Passado histórico, 288
Plúrima. Conceito, 296
Por carta, 323
Por prestações sucessivas, 334
Prazo da garantia, 300
Prazo de suspensão, 291.2
Prescrição, 288.1
Prescrição intercorrente, 42
Pressupostos, 288, 294
Princípio da irrenunciabilidade, 291
Princípio inquisitivo, 23
Princípios, 288
Procedimento do depósito, 322
Processo, 12
Processo extinto. Sentença normativa, 294.2
Recurso de revista, 272
Sentença arbitral, 288
Sentença normativa, 294
Singular. Conceito, 296
Singular. Plúrima, 296
Sociedade civil, 300
Sociedade de capital e indústria, 300
Sociedade de economia mista, 300
Sociedade de marido e mulher, 300
Sociedade em comandita simples, 300
Sociedade em conta de participação, 300

Sociedade em nome coletivo, 300
Sociedade irregular ou de fato, 300
Sociedade por ações, 300
Sociedade por quotas de responsabilidade limitada, 300
Sucessão de empresas, 300
Sujeito ativo, 292
Sujeito passivo, 293
Suspensão, 291.3
Suspensão por liminar na rescisória, 291.2
Suspensão. Recuperação judicial. Falência, 297.3.1.2
Transação, 291
Tutela antecipada, 179.6

Execução provisória
Aspectos gerais, 294
Carta de sentença, 294
Caução, 294
Efeito devolutivo do recurso, 263.4
Penhora, 294
Permissão até a penhora, 179.6
Recurso extraordinário, 280
Reforma da sentença, 294
Tutela antecipada, 294.1

Exibição
Conceito, 343
De coisa, 193
De documento, 193
De livros, 227
Obrigação de fazer, 343

Extensão da sentença normativa
Aspectos gerais, 257.1
Procedimento, 257.1

Extinção da execução
Aspectos gerais, 291
Momentos, 291

Extinção do processo
Aspectos gerais, 172 e 176
Casuística, 172 e 176
Condições de ação, 11

F

Factum principis, 67.1
Fac-símile – veja fax
Falência
Crédito trabalhista, 313
Depósito recursal, 270
Elisão em juízo, 313
Execução, 293, 297
Impugnação de crédito trabalhista. Juízo competente, 297.3.1.3
Indivisibilidade do juízo, 297
Juros. Correção monetária, 297
Limite do privilégio do crédito trabalhista, 297
Penalidades do art. 467, art. 477, § 8º, da CLT, 297.1
Penhora, 297, 313
Privilégio do crédito trabalhista, 293
Suspensão da execução, 297.3.1.2
Suspensão. Execução trabalhista, 297

Falta grave
Inquérito para apuração, 249
Fato notório
Prova, 211
Fax
Forma do ato processual 76.1
Transmissão de atos processuais, 76.1
Fazenda pública
Créditos de natureza alimentícia, 315
Duplo grau de jurisdição, 33.1
Fiança bancária
Execução, 302
Fiscalização trabalhista
Auto de infração, 122.9
Flexibilização da legislação trabalhista, 18
Fontes
Direito processual do trabalho, 14
Secundárias do direito processual. Doutrina, 14
Foro de eleição
Competência, 139
Fotografia
Prova, 229.1.5
França e direito processual do trabalho, 8
Fraude à execução
Ação pauliana, 299
Características, 299
Conceito, 299
Doação, 299
Indeferimento da petição inicial, 179
Ineficácia de atos, 299
Fraude contra credores
Aspectos gerais, 114.1.12
Conceito, 299
Funcionário público e a Justiça do Trabalho, 16, 134
Fungibilidade recursal, 263.2
Fusão de sociedades, 300

G

Garantia
Constitucional do juiz, 31
Do juiz, 159
Execução. Prazo, 300
Greve
Abuso do direito, 262.1.d
Atividade essencial e não essencial, 122.4
Autotutela, 3
Comissão. Convenção coletiva, 253
Conceito, 262.1.b
Constituição, 3
Constituições estrangeiras, 3
Dissídio coletivo, 262.1.e
Empregados sem sindicato, 54.6
Exercício irregular do direito. Ação coletiva, 262.1
Fins políticos, 3
Inexistência de sindicato, 253
Ministério Público do Trabalho, 251

Negociação coletiva, 3
Ocupação da empresa e as ações possessórias, 122.4
Quorum da assembléia, 253
Salário, 3
Serviços essenciais, 3, 253
Servidor público, 160, 262.2, 262.3
Sistema legal pátrio, 262.1.c
Substituição processual, 54.6
Suspensão do contrato de trabalho, 3

Grupo econômico
Características, 180.3
Execução, 57
Processo, 180.2
Responsabilidade solidária ativa e passiva. Distinção, 180.4
Responsabilidade solidária ativa e passiva. Jurisprudência, 180.5

Guarda de documentos contáveis. Prazo, 227

H

Habeas corpus
Antecedentes, 357
Competência, 122.6
Juiz competente, 357

Habeas data
Competência, 122.6
Conceito, 355
Rito processual, 355

Hermenêutica da norma constitucional
Geral e Processual do Trabalho, 122.1

Heterocomposição
Arbitragem, 4
Conceito, 4

Hierarquia das leis subsidiárias, 35

História
Duplo grau de jurisdição, 32
Direito processual do trabalho, 1
Justiça do Trabalho, 156
Prescrição, 42

Homologação de acordo além do pedido, 288

Honorários advocatícios
Ação rescisória. Indevidos, 358
Assistência judiciária, 63
Cobrança, 62
Critério, 265.1
Sucumbência, 102

Honorários periciais
Correção, 96
Justiça Gratuita, 265.1.4.2
Perito, 96
Prova pericial, 226

I

Identidade
Das ações, 53
Física do juiz, 27, 159, 186.1
Física do juiz e o TST, 186.1

Idoso e tramitação preferencial do processo, 54.1

Igualdade das partes
Contraditório, 29
No processo, 16

Imediatidade
Princípio, 27

Imóvel hipotecado
Arrematação, 330.2
Penhora, 321.1.3

Imparcialidade do juiz, 31

Impenhorabilidade
Casos especiais, 324
Dos bens, 307

Imposto de renda
Comissão de Conciliação Prévia, 171.9
Conciliação judicial e extrajudicial, ...290.3
Jurisprudência, 290.12
Juros de Mora. Não incidência, 123
Justiça do trabalho, 123, 290.2
Sentença da Justiça do Trabalho, ..290.7
Verbas isentas. Verbas tributáveis, 241

Impulso processual
Conceito, 90

Imunidade
De jurisdição, 137
De jurisdição. Estado estrangeiro, 137.15

Incidente de falsidade
Conceito, 224

Incidente de uniformização da jurisprudência
Aspectos gerais, 15
Órgão competente para julgar, 15.1

Incidentes de falsidade
Espécies, 224

Incompetência
Absoluta e relativa, 117
Exceção, 117
Ratione loci, 117
Ratione materiae, 117

Incorporação de sociedades, 300

Indenização
Litigância de má-fé, 19.2
Obrigações de fazer e não fazer, 179.8

Individualização das ações, 10
Informatização processual, 76
Inquérito para apuração de falta grave, 249
Inquirição das testemunhas, 222

Inquisitivo
Princípio, 23

Insalubridade
Perito, 96
Revisão da sentença, 245.1
Sindicato, 54.5
Substituição processual, 54.5

Insolvência civil
Conceito, 298
Justiça Comum, 298

Inspeção judicial, 228
Instância, 45
Institucionalização do Ministério Público do Trabalho, 17
Instituições financeiras
    Liquidação extrajudicial, 297.2
Interesse
    De agir, 11
    De agir na declaratória, 349
    Processual e assistente, 69
Interpelação
    Conceito, 347
Interpretação
    Transação, 30
    Aplicação da lei processual, 35
Intérprete, 99
Intervenção
    Coacta ou necessária, 66
    De terceiros, 66
    De terceiro e assistente, 69
    De terceiro. Descabimento no procedimento sumaríssimo, 248.1
Intimação
    Conceito, 106
    Em audiência, 106
Irrenunciabilidade de direitos
    Princípio, 54.4
Irretroatividade
    Princípio. Processo, 41
Itália e direito processual do trabalho, 8

J

Juiz
    Atos ordinatórios, 77
    Atos processuais, 77
    Classificação dos atos, 77
    Classista no TRT, 169
    De direito com jurisdição trabalhista, 163
    Dinâmica do processo, 22
    Equidade, 164
    Função criadora, 35
    Garantias, 159
    Garantias constitucionais, 31
    Identidade física, 159, 186.1
    Identidade física. TST, 186.1
    Imparcialidade, 31
    Laudo do assistente técnico, 226
    Papel na prova, 204
    Perícia, 226
    Responsabilidade civil, 361
    Sindicato, 160
    Substituto, 162
    Suspensão do processo, 175
Juízo
    Arbitral, 362
    Auxiliares eventuais, 100
    Da execução, 290
    De admissibilidade. Conceito, 264
    De direito. Cartórios, 93
    Deprecante. Embargos à execução, 323
Julgamento antecipado da lide, 109
Jurisdição
    Ato atentatório ao seu exercício, 62
    Conceito, 118
    Contenciosa, 119
    Formas, 118
    Teorias sobre natureza jurídica, 118
    Voluntária, 119
Jurisprudência
    Fonte de direito processual, 14
Juros
    Correção monetária. Recuperação judicial, 297.3.1.14
    Moratórios, 287.a.1
    Moratórios. Momento de sua contagem, 287.c
    Moratórios. Não incidência do Imposto de Renda, 123
    Moratórios. Novo Código Civil, 287.a.1
Jus postulandi
    E a OAB, 10
    E o advogado, 10
Justiça do Trabalho
    Ação monitória, 334.1
    Agentes diplomáticos, 135
    Avulso, 124
    Competência, 122.8
    Competência. Lei ordinária, 16.1
    Contribuição assistencial, 16.1
    Contribuição sindical, 16.1
    Contribuições previdenciárias, 123
    Dano moral, 137
    Doméstico, 127
    Empresa pública, 132
    Espaço territorial, 158
    Funcionário público, 134
    Imposto de renda, 123
    Parceria rural, 128
    Poder normativo, 262
    Representação paritária, 157
    Serviços públicos, 126
    Servidor público, 16
    Sociedades de economia mista, 132
    Territórios, 125
    Trabalhador autônomo, 16
    Trabalhador rural, 128
Justiça gratuita
    Advogado, 265.1
    Aspectos gerais, 265.1.4
    Constituição, 265.1.4.1.d)
    Honorários periciais, 265.1.4.2
    Livre acesso à justiça, 265.1.4.1.f)
    Perito, 97
    Processo civil, 265.1.4.1.c)
    Processo do trabalho, 265.1.4.1.g)
    Sindicato, 265.1.4.1
    Tribunais, 265.1.4.1.e)

Justiça
  Ato atentatório à dignidade, 299
Justificação no processo do trabalho, 346

L

Lacunas da lei
  Princípio da subsidiariedade, 35
Lealdade e boa-fé no processo, 28
Leasing
  Penhora, 321.1.4
Legitimação ativa, 11
Legitimatio ad Processum, 180
  Central sindical. Legitimidade em ADI, ADC, ADPF e Mandado de segurança, 361
Lei
  Inconstitucionalidade, 361
  Omissão. Direito comparado, 40
  Salarial, 260
Lei nova
  Atos processuais, 41
  Competência, 41
  Prazo em curso, 41
  Processos pendentes, 41
  Prova, 41
  Recurso, 41
Lei ordinária
  Competência da Justiça do Trabalho, 16.1
Lei processual
  Aplicação e interpretação, 35
  No espaço, 44
  No tempo, 41
  Territorialidade, 44
Leilão, 332
Lesão, 114.1.11
Lide
  Conflito de interesses, 11
  Julgamento antecipado, 109
  Temerária, 19
Liminar
  Ação civil pública, 363.1
  Mandado de injunção, 356
Linha telefônica
  Penhora, 304
Liquidação da sentença
  Ação rescisória, 287.I
  Casuística, 287
  CLT, 282.6
  Compensação, 287.H
  Conceito, 282
  Contribuições previdenciárias, 282.6, 290.7
  E terceiro, 282.4
  Erro de cálculo, 282.6
  Forma de Impugnar, 287.G
  Impugnação, 282.6, 286
  Impugnação da conta, 290.8
  Liquidações distintas, 282.3
  Mista, 282.2
  Natureza jurídica, 282
  Obrigações alternativas, 282.5
  Por arbitramento, 284
  Por artigos. Horas *in itinere*, 287.D
  Por artigos. Conceito, 285
  Por cálculo, 283
  Por cálculo no estrangeiro, 283.1
  Por cálculo. Discordância, 283
  Reconvenção, 282.3
Litigância de má-fé
  Aspectos gerais, 19.2
  Atos que configuram, 19.2
  Dissídio coletivo, 19.3
  Indenização, 19.2
  Penhora, 306
  Quem é, 19.2
  Recurso protelatório, 19.2
Litisconsórcio
  Ação civil pública, 363.1
  Ativo ou passivo, 55
  Conceito, 55
  Confissão, 192
  Depósito recursal. Condenação solidária, 270.1
  Execução, 55
  Facultativo, 55
  Facultativo. Conceito, 57
  Facultativo. Processo do trabalho, 57
  Facultativo. Representação processual, 57
  Necessário. Definição, 56
  Necessário. Insalubridade, 57
  Necessário. Procedimento sumaríssimo, 246
  Passivo. Execução, 325
  Pressupostos, 55
  Recurso, 263.3
  Rito sumaríssimo, 248
Litispendência
  Ação civil pública, 363.1
  Notificação, 184
Livros
  Mercantis. Exame, 227
  Mercantis. Prova, 229.1.6
  Sociedade empresária, 227

M

Má-fé
  Casos, 19
  Processo, 19
Mandado de busca e apreensão
  Tutela antecipada específica. Entrega de coisa específica, 179.12
Mandado de injunção
  Antecedentes, 356
  Conceito, 356
  Liminar, 356

Mandado de segurança
    Antecedentes, 353
    Antecipação de tutela, 179.3
    Coletivo, 354
    Coletivo. Sindicato, 354
    Competência, 122.6
    Contra ato judicial, 353
    Jurisprudência dos tribunais superiores, 354.1
    Liminares, 353
    Prazo decadencial, 353
    Procedimento, 353
    Recurso adesivo, 353
    Tutela antecipada, 179.6
Mandato
    Legitimidade da renúncia, 62
    Renúncia pelo advogado, 62
Marido e mulher
    Execução. Sociedade, 300
Massa falida
    Custas. Depósito Recursal. Deserção, 102
    Pagamento de verba incontroversa na audiência inicial, 297.1
Meação da mulher
    Penhora, 320
Mediação
    Autocomposição, 4
Medida cautelar
    Ação rescisória, 358.1
    Aspectos gerais, 336, 335
    Incidental. Antecipação de tutela, 179.3
    Via Recursal. Competência TRT e TST, 336.1
Medidas autocompositivas, 4
Meios de solução de conflitos de interesses, 3
Memorial
    Legitimidade, 230
Menor sem representação legal, 54.3
Mercosul
    Carta rogatória, 104
Mérito
    Antecipação da tutela, 179.1
Microempresa
    Empresa de pequeno porte. Recuperação judicial, 297
    Execução, 300
    Penhora, 300.a.1
    Preposto não empregado, 221
Ministério Público
    Ação rescisória, 358
    E a Constituição, 17
Ministério Público do Trabalho
    Ação rescisória, 245.2
    Antecedentes legislativos, 171.2
    Árbitro na greve, 251
    Competência do MPT, 171.4.1
    Estrutura do Ministério Público da União, 171.4.1
    Funções, 171.4
    Garantias, prerrogativas e vedações, 171.4.1
    Greve, 251
    Institucionalização, 17
    Lei Complementar 75/93, 171.4.1
    Nulidades processuais, 112
    Órgãos do MPT, 171.4.1
    Prescrição, 42
    Vitaliciedade e inamovibilidade, 171.4.1
Modelos de petição – ver índice da parte prática
Mulher
    Execução e citação, 288
Multa
    Abuso de Direito na capacidade recursal, 19.1
    Cálculo, 265.1
    Diária. Antecipação da tutela, 179.10
    Diária. Petição inicial, 179.10
    Litigância de má-fé no dissídio coletivo, 19.3
    Moratória. Tutela antecipada, 179.10

N

Natureza jurídica do processo, 1 e 12
Negociação coletiva
    Aspectos gerais, 250
    Greve, 3
    Conceito, 252
Negócio jurídico
    Defeitos, 114.1.13
    Nulidade, 114.1.2
Nomeação à autoria
    Conceito, 66.1
    Justiça do Trabalho, 66.1
    Momento processual, 66.1
    Nomeação de bens à penhora, 300
Non reformatio in peius, 33
Notificação
    Conceito, 105, 183 e 347
    Edital, 105
    Efeitos, 184
    Execução, 183
    Formas, 185
    Mandado, 105
    Pessoa de direito público, 105
    Prescrição, 184
Novação de dívidas
    Espécies, 297.3.1.2
    Recuperação judicial, 297.3.1.2.
Nulidade
    Conceito, 114.1.1
    Declaração, 114.1.4
    Negócio jurídico. Invalidade, 114.1.2
    Silêncio da parte, 108
    Simulação, 114.1.3
Nulidades processuais
    Aspectos gerais, 107
    Casuística, 107.2
    CLT, 114
    Ministério Público do Trabalho, 112

Novo Código Civil, 114.1
Princípios, 107.1
Princípio da especificidade, 107.1.1
Princípio da transcendência, 107.1.2
Princípio da convalidação, 107.1.3
Princípio da proteção, 107.1.4
Princípio da conservação, 107.1.5
Sistema, 107

Nulidades relativas
Causas, 114.1.6
Negócio jurídico, 114.1.5

O

Objeto
Da ação, 10 e 53
Da condenação. Individuação do, 282.1
Do processo, 12

Obrigação
Alternativa. Liquidação, 282.5
De dar, 295
De fazer e não fazer, 179.8
De fazer e não fazer. Conceito, 179.8
De fazer e não fazer. Indenização, 179.8
De fazer e não fazer. Tutela antecipada, 179.7
De fazer ou não fazer. Execução, 295
De fazer. Perdas e danos, 295
Divisível. Ação civil pública, 363.1
Indivisível. Ação civil pública, 363.1

Oficial
Avaliador, 95
Avaliador. Impedimentos, 329
De justiça, 95

Omissão da lei
Direito comparado, 40

Ônus da prova, 206

Oposição
Ad excludendum, 70
Procedimento da, 70
Processo do trabalho, 70
Oralidade e o processo, 26

Oralidade
Conceito, 26

Orientação jurisprudencial
TST. Ação rescisória, 359
TST. Competência, 137.14
TST. Prescrição, 42.1
TST. Processo do Trabalho, 369 a 373
TST. Prova, 229.2
TST. Recurso de revista, 272.1
TST. SDC, 261

P

Pactos coletivos
Comissão de greve, 253
Substituição processual, 54.6

Pagamento de verba incontroversa na audiência inicial
Massa falida, 297.1

Parceria rural
Justiça do Trabalho, 129

Partes
Atos processuais, 78
Audiência. Presença, 187
Conceito, 54.1
Dever, 62
Exame dos autos, 61
Igualdade. Contraditório, 29
Local da perícia, 96
Perícia. Quesitos, 96
Portadoras de doença grave. Preferência no processo, 54.2
Quem pode ser, 180
Recurso, 265

Pena de confissão
Audiência, 189, 190
Conceito, 190
Perícia, 191
Preposto de empregador rural, 221.2
Revelia. Ação Rescisória, 196

Penhora
Alienação fiduciária, 314
Avaliação dos bens pelo devedor, 306
Bem adquirido por terceiro, 304.1
Bem de família, 307
Bens do devedor, 304
Bens imóveis. Registro público, 304
Bens vendidos a terceiro, 319
Casos especiais, 321.1
Casos especiais. Penhora sobre penhora, 321.1.1
Conceito, 300
Concessão de serviço público, 321
Condomínio, 321.1.7
Créditos futuros, 306.1
De créditos, 309 e 321.1.8
De depósito bancário, 309
De empresa, 310
De estabelecimento, 304
De linha telefônica, 304
De títulos em caução, 311
Direito pleiteado em juízo, 321.1.9
Disregard doctrine, 318
Dívidas do espólio, 321.1.2
Dupla, 308
Falência da empresa, 313
Imóvel hipotecado, 321.1.3
Leasing, 321.1.4
Litigância de má-fé, 306
Localização de bens, 317
Meação da mulher, 320
Microempresa, 300.a1
Múltipla dos mesmos bens, 316
Natureza jurídica, 305
Nomeação de bens, 300, 306

On line, 309
Ordem de bens, 304
Ordem preferencial, 321.1.6
Plano de recuperação judicial, 297.3.1.13
Procedimento, 322
Sociedade cooperativa, 300.r
Sociedade simples, 300.a
Sociedades coligadas, 300.s
Subsistência ou insubsistência, 327
Subsistência, 294
Usufruto, 321.1.5
Valor dos bens, 306

Perdas e danos
Na antecipação da tutela, 179.11
Obrigação de fazer, 295

Perempção
Conceito, 34
Processo do trabalho, 34

Perícia
Acompanhamento pela parte, 96
Ad perpetuam rei memoriam, 97
Ad perpetuam rei memoriam. Nova perícia, 226
Assistência das partes, 96
Assistentes técnicos, 96
Complexa. Número de peritos, 96
Empregado, 226
Juiz, 97; 226
Justiça gratuita, 97
Local, 96
Objetivo, 97
Pena de confissão, 191
Perito, 96
Poder do juiz, 96
Prova pericial, 226
Quesitos complementares, 96
Quesitos das partes, 96

Perito
Aspectos gerais, 96
Correção dos honorários, 96
Dispensa do compromisso, 96
Honorários, 96
Honorários prévios, 96
Insalubridade, 96
Perícia complexa, 96

Pessoa jurídica
De direito público externo, 122.3
Sem fim lucrativo, 180.2

Petição inicial
Comissão de Conciliação Prévia, 171.9
Conceito, 179
Indeferimento, 173 e 179
Indeferimento. Fraude à execução, 179
Modificação, 179
Multa diária, 179.10
Provas, 181
Requisitos, 179
Vários pedidos, 179

PIS, 137

Plano de Recuperação Judicial
Execução de débito trabalhista, 297.3.1.15
Revisão, 297.3.1.18

Poder cautelar geral, 337

Poder geral de cautela no direito comparado, 338

Poder normativo
Justiça do Trabalho, 262
Limites, 251
STF, 16

Política salarial
Dissídio coletivo, 260
Legislação, 254

Portugal
Direito processual do trabalho, 8

Posição enciclopédica do direito processual do trabalho, 5

Prazo
Casos especiais, 89
Casuística, 89
Classificação, 86
Conceito, 85
Correição parcial, 281
Decadencial do mandado de segurança, 353
Dilatório, 88
Em curso. Lei nova, 41
Embargos à execução, 325
Embargos de declaração, 244
Exceção de pré-executividade, 299.1
Garantia da execução, 300
Guarda de documentos contábeis, 227
Interposição recursal prematura, 263.6
Interrupção. Embargos declaratórios, 244
Pagamento das custas, 265.1
Peremptório, 88
Prova documental, 225
Recursal. Audiência, 230
Recursal. Contagem, 265
Recursal. Embargos de declaração, 244
Recursal. Pedido de correção da sentença, 245.3.d
Recursal. Peremptório, 263.6
Recursal. Procedimento, 263.6
Recurso. Matéria Administrativa, 89
Recurso de embargos, 274
Recurso extraordinário, 280
Termos inicial e final, 87 e 263.6
União, estados, municípios, 88

Precatórios
Crédito trabalhista. Pequeno valor, 293.1
Débitos alimentícios. Ordem especial, 340
Emenda constitucional n. 37/2002, 293.5
Juros moratórios, 293.3
Não pagamento. Responsabilidade civil do Estado, 293.4
Revisão de cálculos, 293.1
Sequestro, 293.1
Sequestro. Emenda constitucional n. 30/2000, 293.1

Precedentes normativos da SDC do TST, 261.2

Preclusão
    Cerceamento da defesa, 110
    Coisa julgada, 34, 245
    Conceito, 34
    Processo do trabalho, 34
Preço vil na arrematação, 330
Prejudicial
    Conceito de questão, 269.1
Preliminar
    Conceito, 269.1
Preposição
    Casuística, 221
Preposto
    Advogado, 221
    Conceito, 221
    Confissão, 192
    Depoimento evasivo, 221
    Empregado, 221
    Empregador, 188
    Empregador rural, 221.1
    Não empregado. Empregador rural, 221.2
    Não empregado. Micro e pequena empresa, 221.3
    Procuração *apud acta*, 221
    Profissional, 221
    Testemunho, 221.1
Prescrição
    Ação de cumprimento, 257
    Ação de cumprimento. Termo inicial, 42.1
    Alegação na via ordinária e na via extraordinária, 42
    Arguição, 42
    Carteira profissional, 42.1
    Causas impeditivas, 42, 42.2.10
    Causas interruptivas, 42, 42.2.11
    Causas suspensivas, 42, 42.2.11
    Comissões de conciliação prévia, 171.9
    Conceito, 42
    Constituição federal, 42
    Da ação, 42
    Da exceção. Novo código civil, 42.2.3
    Declaração *ex officio*, 42
    Decretação, 42.2.7
    Do direito de ação. Novo código civil, 42.2.2
    Execução, 288.1
    FGTS, 42.3
    FGTS. STF, 42.3.4
    FGTS. Principal e acessório, 42.3.2
    Fluência do prazo, 42
    História, 42
    Intercorrente, 42.2.9
    Intercorrente. Execução, 42.2.9
    Intercorrente. Processo do trabalho, 42.2.9
    Interrupção. Caso de arquivamento, 42.1
    Invocação em juízo, 42.2.6
    Lesão de direito subjetivo, 42
    Momento de sua alegação, 42
    Momento inicial, 42
    Não localização do devedor, 42
    Não localização dos bens do executado, 42
    Notificação, 184
    Novo código civil, 42.2
    O Ministério Público do Trabalho, 42
    Orientações jurisprudenciais do TST, 42.1
    Renúncia, 42
    Trabalhador rural, 42
    Trabalho rural, 42.2.1
    Ocorrência. Prejuízos, 42
    Parcial. Desvio de função, 42.1
    Parcial. Equiparação salarial, 42.1
    Prazos, 42.2.1
    Pretensão, 42
    Recurso ordinário, 42
    Renúncia. Novo código civil, 42.2.4
    Responsabilidade dos representantes dos relativamente incapazes, 42.2.8
    Súmulas do TST, 42.1
    Súmulas do TST. FGTS, 42.3.3
    Suspensão do contrato de trabalho, 42
    Suspensão. Recuperação judicial, 297.3.1.2
    Total, 42.1
    Total. Parcela nunca recebida de complementação de aposentadoria, 42.1
    Unificação do prazo para o trabalho urbano e rural, 42.1.1
    Vontade das partes. Novo código civil, 42.2.5
Pressupostos processuais
    Aspectos gerais, 13
    Categorias, 13
    Divisão, 265
Pressupostos recursais
    Conceito, 265
Prestação de contas, 351
Prestações sucessivas
    Execução, 334
Presunção relativa
    Revelia, 196
Presunções
    Natureza jurídica, 205
Pretensão
    Prescrição, 42
Prevenção extrajudicial do dissídio de trabalho, 138
Previsão legal e processo, 16
Princípio
    Da irrenunciabilidade. Execução, 291
    Da isonomia. Prova, 208
    Da subsidiariedade. Lacunas da lei, 35
    Dispositivo, 22
    Do duplo grau de jurisdição, 269.1
    Inquisitivo, 23
    Inquisitivo. Execução, 23
    Do sistema das nulidades processuais, 107
    Do direito processual do trabalho, 24 a 28
Princípios fundamentais
    Direito Processual do Trabalho, 21

Princípios gerais do direito, 14, 37
Princípios processuais, 16
Privilégios processuais da União, 131
Procedimento
    Arbitral, 171.7
    Conceito, 12
    Dissídio individual, 177
    Fases, 177
    Sumário. Conceito, 246
    Sumaríssimo, 246
    Sumaríssimo. Medidas processuais não admitidas, 248.1
    Sumaríssimo. Recurso ordinário, 263.6
    Sumaríssimo. Revelia, 246
Processo
    Advogado, 62
    Alteração da verdade dos fatos, 19.2
    Ampla defesa, 16
    Boa-fé e lealdade, 28
    Casuística da extinção, 172 e 176
    Cautelar, 12, 335
    Conceito, 12, 72
    Dano, 107
    De conhecimento, 12
    De execução, 12 e 288
    De Execução. Custas, 265.1.5
    Documentos novos, 263.7
    Duração Razoável. Princípio, 24
    E a CLT, 18
    E a concentração, 25
    E a Constituição, 16
    Eletrônico. Informatização processual, 76.2
    Equidade, 39
    Estagiário, 64
    Extinção, 172 e 176
    Extinção sem resolução de mérito, 176
    Extinção. Condições de ação, 11
    Formação, 172 e 173
    Grupo econômico, 180.2
    Idoso e tramitação preferencial do processo, 54.1
    Igualdade das partes, 16
    Individual e recurso ordinário, 263.5
    Juiz. Dinâmica, 22
    Má-fé, 19
    Natureza jurídica do, 1, 12
    Objeto, 12
    Oralidade, 26
    Previsão legal, 16
    Princípio da imediatidade, 27
    Princípio da irretroatividade, 41
    Representação do espólio, 180.1
    Sem procuração, 62
    Suspensa. Causas, 172 e 174
    Suspensão. Juiz, 175
    Terceiro, 65
    Terceiro. Conceito, 54.1
    Trâmites finais, 230

Processo do trabalho
    Ausentes e incapazes, 54.3
    Conceito, 1
    Conciliação, 201
    Contraditório, 29
    Justificação, 346
    Litisconsórcio facultativo, 57
    Orientações jurisprudenciais do TST, 369 a 373
    Oposição, 70
    Perempção, 34
    Preclusão, 34
    Prescrição intercorrente, 42
    Princípio da eventualidade, 28
    Prova emprestada, 27
    Tutela antecipada, 179.1
Processos
    Pendentes. Lei nova, 41
    Tipos, 12
Procuração
    Advogado sem no processo, 62
    Apud acta. Preposto, 221
    Apud acta. Advogado, 62
    Geral. Poder de desistir da ação, 291
    Substabelecimento, 62, 365
Produção antecipada da prova, 344
Produtividade
    Dissídio coletivo, 250
Prorrogação
    Da competência, 142
    Legal da competência, 145
    Legal da competência. Casuística, 145
Protesto
    Conceito, 347
Prova
    Antecipação da prova, 223
    Antecipação, 97
    Classificação, 213
    CLT, 214
    Código civil, 229.1
    Conceito, 202
    Confissão anulável, 229.1.2
    Confissão ineficaz, 229.1.1
    Cópia fotográfica de documento, 229.1.4
    Depoimento pessoal, 215
    Documental, 220
    Documental. Prazo, 225
    Dos livros e fichas mercantis, 229.1.6
    Código civil de 1916 e de 2003, 229.1
    Emprestada, 229
    Emprestada e o processo do trabalho, 27
    Espécies, 210
    Fato notório, 211
    Forma. Distinção, 202
    Ilícita, 214.1
    Ilicitude, 16
    Impulso processual da prova, 204.1

Inequívoca. Conceito, 179.4
Lei nova, 41
Licitude dos meio, 207
Momento de produção, 209
Natureza jurídica, 203
Normas jurídicas, 212
Ônus, 206
Orientações jurisprudenciais do TST, 229.2
Papel do juiz, 204
Pericial, 226
Petição inicial, 181
Pontos controvertidos, 204
Possibilidade de indeferimento pelo juiz de oitiva de testemunha, 204.1
Pré-constituída, 203
Princípio da isonomia, 208
Produção antecipada, 344
Quem não pode depor, 229.1.8
Registros fotográficos. Outros registros, 229.1.5
Telegrama, 229.1.3
Testemunhal. Valor, 218
Testemunhal. Presunções, 229.1.9
Testemunhal. Quem não pode ser testemunha, 229.1.7

Publicidade
Da sentença, 245.3.B
Dos atos processuais, 16, 75

Q

Quesitos
Complementares da perícia, 96
Das partes. Perícia, 96

Questão prejudicial
Coisa julgada, 245
Conceito, 245, 269.1

Questões
De direito. Conceito, 269.1
De fato. Recurso, 269.1

Quorum **da assembleia**
Greve, 253

R

Razões finais, 230
Receita federal
Bens do executado, 317

Reclamação
Acumulação, 57
Para preservar competência do tribunal, 281.1
Plúrima e revelia, 195
Supremo Tribunal Federal, 360.1
Termo, 178
Trabalhista. Concordata, 54.3
Verbal, 178

Reclamado
Defesa, 197
Quem pode ser, 180.2

Reclamante
Quem pode ser, 180
Representação, 194

Reconvenção
Ação de alçada, 247
Ação declaratória, 198, 243, 349
Ação monitória, 334.1
Antecipação da tutela, 179.5
Chamamento ao processo, 68
CLT, 198
Conceito, 198
Desistência da ação, 247
Instrução, 200
Liquidação da sentença, 282.3
Procedimento, 200

Recuperação judicial
Comitê de Credores, 297.3.1.16
Crédito trabalhista. Negociação individual, 297.3.1.17
Depósito recursal. Custas, 297.3.1.12
Empresário e Sociedade empresária, 297
Empresário Rural, 297
Execução. Plano de Recuperação judicial, 297.3.1.15
Falência, 297
Impugnação de crédito trabalhista. Juízo competente 297.3.1.3
Juízo competente, 297.3.1.1
Juros e Correção monetária, 297.3.1.14
Manutenção da personalidade jurídica, 297.3.1.11
Meios de realização, 297
Modalidades, 297
Natureza jurídica, 297
Novação de dívidas, 297.3.1.2
Penhora judicial trabalhista. Plano de recuperação judicial 297.3.1.13
Pessoas não abrangidas, 297
Plano. Revisão, 297.3.1.18
Prazo. Pagamento. Créditos Trabalhistas, 297.3.1.5
Quadro-Geral dos credores, 297.3.1.3
Redução salarial. Compensação de horários. Redução da jornada 297.3.1.9
Requisitos da petição inicial, 297.3.1.7
Reserva de valor. Quadro-Geral dos Credores, 297.3.1.4
Sindicato. Representação totalidade dos trabalhadores, 297.3.1.8
Sociedade de advogados e engenheiros, 297
Sucessão de empregador, 297.3.1.10
Suspensão das ações, 297.3.1.2
Vencimento das dívidas, 297.3.1.6

Recurso
Ação rescisória, 358
Antecedentes históricos, 263
Conceito, 263
Contagem do prazo, 265
Deserção. Impedimento, 263.6
Desistência, 265
Duplo grau de jurisdição, 263.1
E o terceiro, 263
Efeito devolutivo, 263.4

Efeitos, 263.4
Embargos de declaração, 244
Embargos. Prazo, 274
Especial, 279
Espécies, 268
Falta de preparo, 263.6
Fundamentos, 263.1
Juntada de documentos, 263.7
Lei nova, 41
Litisconsórcio, 263.3
Natureza jurídica, 263
Pela parte, 265
Pessoas públicas. Depósito recursal, 270
Por terceiro, 265 e 266
Pressupostos objetivos, 265
Princípios do sistema legal, 263.2
Questões de fato, 269.1
Reformatio in peius, 265
Renúncia, 265
Sistema legal, 263.2
Sustentação oral, 263.7
Uso abusivo, 19.1

Recurso adesivo
Admissibilidade, 267
Conceito, 267
Mandado de segurança, 353

Recurso de revista
Aspectos Gerais, 272
Custas, 265.1.6
Execução, 272
Pressupostos, 272
Procedimento, 273
Rito sumaríssimo, 272
Súmula Vinculante-STF, 272
Súmulas e Orientações jurisprudenciais do TST, 272.1
Transcendência, 273.1

Recurso extraordinário
Ação de alçada, 246
Antecedente, 280
Demonstração de repercussão da questão, 279
Execução provisória, 280
Interposição prematura, 280.3
Matérias de direito do trabalho com repercussão geral, 280.1
Matérias de direito do trabalho sem repercussão geral, 280.2
Prazo, 280
Prequestionamento, 280
Repercussão geral, 280
STF, 280

Recurso ordinário
Conceito, 269
Depósito recursal, 270
Dissídio coletivo, 259.1
Prescrição, 42
Pressupostos, 269
Procedimento, 270
Procedimento sumaríssimo, 263.6

Processo individual, 263.5
TRT, 271
Regimento interno dos Tribunais, 20
Registros fotográficos
Prova, 229.1.5
Reintegração do empregado
Ação Revisional, 363.6
Multa, 179.11
Relação jurídica continuativa
Relação de consumo
Pequeno empreiteiro, 136
Relação de emprego, 122.3
Relação de trabalho
Espécies, 122.3
Mediante lei. Outras controvérsias, 122.11
Relação processual
Estrutura, 55
Remição
Conceito, 333
Deferimento ao executado, 312
Embargos, 330.1
Renúncia
Em juízo. Procuração geral, 291
Mandato. Legitimidade, 62
Repercussão geral
Matérias de direito do trabalho com repercussão geral, 280.1
Matérias de direito do trabalho sem repercussão geral, 280.2
Recurso extraordinário, 280
Representação
Do espólio no processo, 180.1
Do reclamante, 194
Legal ou convencional, 54.3
Legal. Menor, 54.3
Paritária na justiça do trabalho, 157
Processual. Conceito, 54.3
Processual. Litisconsórcio facultativo, 57
Processual. Tipos, 54.3
Sindical, 122.5
Rescisória
Suspensão da execução por liminar, 291.2
Responsabilidade civil do Estado
E a Justiça, 136.1
Não pagamento dos precatórios, 293.3
Responsabilidade civil do juiz, 363.1
Responsabilidade objetiva do Estado, 136.1
Restauração de autos
Ação, 363.7
Retenção, 199 e 200
Revelia
Ação Rescisória. Pena de confissão, 196
Antecedentes históricos, 196
Audiência, 189
Ausência. Citação por edital. Nomeação de curador, especial, 105.1
Com contestação, 196

Conceito, 196
Contraditório, 29
Efeitos, 196
Presunção relativa, 196
Procedimento sumaríssimo, 246
Reclamação plúrima, 195

Revisão
Da sentença, 245.1
Da sentença normativa, 258
Plano de recuperação judicial, 297.3.1.18

Revista
Procedimento do recurso, 273
Recurso, 272

Rito sumaríssimo
Litisconsórcio, 248
Processo de execução, 289
Recurso de revista, 272

S

Salário
Dias de greve, 3
Reajuste, 254
Redução. Recuperação judicial, 297.3.1.9

Secretarias dos TRTs, 94

Sentença
Ato público, 237
Citra petita, 232
Clareza, 236
Conceito, 232
Condenatória, 241
Constitutiva, 242
Custas, 265.1
De liquidação. Natureza jurídica, 282.6
De Plano. Improcedência, 230.1
Declaratória, 243
Desconstituição parcial pela rescisória, 358
Efeitos, 240
Embargos de declaração modificativos, 244
Errada. Ação rescisória, 245.3.a
Erro e obscuridade, 238
Erro, 244
Erros ou enganos, 245.3.c
Extra petita, 232
Fundamentação, 233
Homologatória da conciliação, 201
Homologatória da transação, 30
Homologatória de acordo em ação rescisória, 358
Juiz incompetente, 107
Nula. Conceito, 234
Parte dispositiva, 233
Pedido de correção da sentença. Prazo recursal, 245.3.d
Publicação, 239
Publicidade da sentença, 245.3.b
Questões anteriores, 269.1
Relatório, 233
Requisitos, 233
Revisão. Insalubridade, 245.1
Revisão, 245.1
Sem julgamento de mérito, 235
Ultra petita, 232
Ultra petita. Nulidade de demissão, 232.1

Sentença arbitral
Efeitos, 171.7
Estrangeira, 171.8
Execução, 288
Execução. Citação da mulher, 288

Sentença normativa
Ação de cumprimento, 257
Acordo coletivo, 256
Aspectos gerais, 256
Conceito, 250
Efeitos, 259.1
Execução, 294
Execução em processo extinto, 294.2
Extensão, 257.1
Fundamentação, 250
Revisão, 258
Vigência, 256, 259.1

Sequestro
Conceito, 340
Precatórios, 293.1
Rendas do município, 293.2

Serviço Público
Penhora de concessão, 321

Serviços
Auxiliares da Justiça do Trabalho. Atos, 91
Essenciais. Greve, 3, 253
Públicos. Justiça do Trabalho, 126

Servidor
Celetista, 122.3
Estatutário, 122.3

Silêncio da parte
Nulidade, 108

Sindicato
Assistência judiciária, 102
Consignação extrajudicial em pagamento, 350.1
Greve de empregados, 54.6
Inexistência. Greve, 253
Insalubridade, 54.5
Juiz, 160
Mandado de segurança coletivo, 354
Representação total dos trabalhadores. Recuperação judicial, 297.3.1.8
Substituição processual, 54.4
Substituto processual irrestrito, 54.4

Sociedade
Cisão, 300
Civil. Execução, 300
Coligadas, 300.s
Cooperativa, 300.r
De capital e indústria, 300

De economia mista. Execução, 300
De economia mista. Justiça do trabalho, 132
De marido e mulher. Execução, 300
Em comandita simples. Execução, 300
Em conta de participação. Execução, 300
Em nome coletivo. Execução, 300
Fusão, 300
Incorporação, 300
Irregular ou de fato. Execução, 300
Liquidação, dissolução e partilha, 300
Mercantil. Transformação, 300
Por quotas de responsabilidade limitada. Execução, 300
Simples. Penhora, 300.a

Solução extrajudicial do dissídio do trabalho, 138
Sub-rogação na dívida do executado, 292
Subsidiariedade
Hierarquia das leis, 35
Substabelecimento da procuração, 62, 365
Substituição processual
Aspectos históricos, 54.4.1
CLT, 54.4.5
Código de Processo Civil, 54.4.3
Conceito, 54.2
Conclusões doutrinárias, 54.4.6
Constituição, 54.4. e 54.4.4
Doutrina estrangeira, 54.4.2
Greve, 54.6
Insalubridade, 54.5
Pactos coletivos, 54.6
Sindicato, 54.4
STF. TST, 54.4.6
Substituto processual
Conceito, 54.4
Poderes limitados, 54.4
Sucessão
Causa mortis do empregado. Débitos da empresa, 287.E
De empregadores. Denunciação da lide, 67
De empregador. Recuperação judicial, 297.3.1.10
De empresas. Execução, 300
Processual. Casuística, 54.2
Processual. Conceito, 54.2
Sucumbência
Conceito, 101
Despesas processuais, 265.1
Sujeito ativo da execução, 292
Sujeitos da ação, 53
Súmula vinculante
Emenda constitucional, 280.2
Súmula vinculante e o Poder Judiciário, 280.2
Súmula vinculante. Antecedentes históricos da, 280.2
Súmulas aplicáveis ao processo do trabalho
Ex-TRF, 471
Ex-TRF. Prova, 229.2.2
STF, 469
STF. Ação rescisória, 360
STF. Prova, 229.2.1
STJ. Prova, 229.2.3
STJ, 470
TST, 472
TST. Ação rescisória, 359
TST. Prova, 229.2.4
TST. Recurso de revista, 272.1
Suspeição
Exceção, 116
Suspensão
Contrato de trabalho. Greve, 3
Processo. Casos, 172 e 174
Suspensão da execução
Execução. Casuística, 291.2
Prazo, 291.2
Sustentação oral do recurso, 263.7

T

Telegrama
Prova, 229.1.3
Termos processuais
Secretários das Varas, 84
Teorias
Da natureza jurídica do processo, 1
Do direito de ação, 9
Terceiros
Agravo de petição, 326
Conceito, 54.1, 65
Dissídio coletivo, 65
Garantia da execução, 303
Intervenção, 66
Liquidação da sentença, 282.4
Penhora de bem adquirido, 304.1
Penhora de bens vendidos, 319
Processo, 65
Recurso, 263
Recurso, 265 e 266
Termo
De reclamação, 178
Processual, 82
Territorialidade da lei processual, 44
Territórios
Justiça do Trabalho, 125
Testemunha
Capacidade de ser, 219
Inquirição, 222
Meios tecnológicos, 217
Recusa de ser. Prisão ou multa?, 221.1
Testemunho
Conceito, 217
Preposto, 221.1
Título executivo
Extrajudicial, 334.1
Extrajudicial. CLT, 290
Extrajudicial. Conciliação prévia, 171.9
Judicial, 282

Títulos em caução
  Penhora, 311
Trabalhador
  Autônomo. Justiça do Trabalho, 16 e 137
  Avulso. Justiça do Trabalho, 137
  Dano moral, 137
  Rural. Justiça do Trabalho, 129
  Rural. Prescrição, 42
Tradutor
  Juramentado. Atos processuais, 76
  Público, 99
Transação
  Desvinculada de questão posa em juízo, 30.1
  Execução, 334
  Interpretação, 30
  Judicial. Conceito, 30
  Sentença homologatória, 30
Transcendência
  Recurso de revista, 273.1
Transformação de sociedades mercantis, 300
Transmissibilidade da ação, 71
TRT
  Competência, 150
  Divisão em turmas, 167
  Jurisprudência predominante, 169
  Organização e funcionamento, 165
  Secretarias, 94
  Sua localização, 168
TST
  Competência, 151 a 155
  Organização e funcionamento, 170
Tutela antecipada
  Abuso de direito, 179.4
  Contra o Poder Público. Admissibilidade, 179.13
  Dano irreparável, 179.4
  Decisão interlocutória, 179.5
  Descabimento de mandado de segurança, 179.3
  Dirigente sindical, 179.3
  Específica. Entrega de coisa específica, 179.9
  Estado de necessidade, 179.6
  Estado de perigo, 179.6
  Execução, 179.6
  Execução provisória, 294.1
  Mandado de segurança, 179.6
  Momento processual, 179.4
  Multa moratória, 179.10
  Obrigação de fazer e não fazer, 179.7
  Pedido, 179.5
  Pedido, 179.9
  Pelo art. 293 do CPC, 179.4
Tutela específica
  Medidas para efetivação, 179.12

U

União
  Custas, 265.1
  Direito processual do trabalho, 7
  Privilégios processuais, 131
Uniformização da jurisprudência
  Incidente, 15
  Natureza jurídica, 15
Unirrecorribilidade recursal, 263.2
Uso
  Definição, 38
Usufruto
  Penhora, 321.1.5

V

Valor da causa
  Aspectos gerais, 182
  Impugnação, 182
Varas do Trabalho
  Critério legal para sua criação, 161
Variabilidade do recurso, 263.2
Verdade dos fatos
  Alteração, 19.2

Produção Gráfica e Editoração Eletrônica: LINOTEC
Projeto de Capa: FÁBIO GIGLIO
Impressão: ORGRÁFIC GRÁFICA E EDITORA

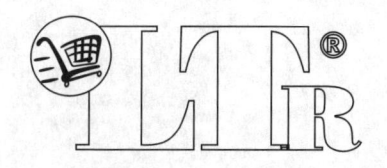

LOJA VIRTUAL
www.ltr.com.br

BIBLIOTECA DIGITAL
www.ltrdigital.com.br

E-BOOKS
www.ltr.com.br